人·民·文·库

人文科学·撰著

# 中国近代经济史

## 1840-1894

### 【下册】

严中平 主编

人民出版社

# 第 四 章

# 70年代初至90年代初国际
# 资本主义发展的新形势和中国
# 经济半殖民地性的深化

从19世纪70年代初叶开始,中国经济的发展过程进入了新阶段。其主要特征是国际资本主义的社会生产力的发展出现了新形势,从而中国经济的半殖民地性也就更加深化了。

列宁总结19世纪国际资本主义发展的基本特点时,把70年代看成自由资本主义开始走向垄断资本主义的过渡时期。"大转变"开始于1873年的破产时期,更确切地说,开始于破产后的萧条时期。这次萧条占据了欧洲经济发展史的22年,只有在80年代初稍有间断;在1889年左右发生过异常蓬勃然而为时甚短的高涨;在1889—1890年的短促高涨以后,又过了5年的业务不振和价格低落的时期。① 可见1873—1895年就是"大转变时期"。

"大转变"时期,随着自由资本主义向垄断资本主义的过渡,国际政治经济出现了新形势。资本主义愈发达,对外输出工业制成品和搜罗原料的要求就愈强烈。这种要求所突出的不是自由,而是垄断,从而促进了资本输出。帝国主义国家不仅把眼睛盯着已经存在的市场,也"估计到可能的原料产地,惟恐在争夺世界上

---

① 列宁:《帝国主义是资本主义的最高阶段》,《列宁全集》第22卷,第192—193页。

尚未分割的最后几块土地或重新分割已经分割了的一些土地的疯
狂斗争中落后于他人,因此总想不择手段地尽量夺取更多的土地,
不管这块土地好坏如何,也不管它在什么地方"①。总之,它们走
遍全世界,把一切能够得手的独立国沦为殖民地,对一时尚难以得
手的国家则尽量夺取势力范围,以便将来分割之。

在自由资本主义时代,资本主义先进国家有那么一些人,
幻想只凭先进的生产技术就能征服世界,不必建立殖民地统
治,因而出现一种"白人负担"的论调。例如1852年,英国著
名政治家迪斯累里就说过,"殖民地是吊在我们颈子上的石
磨"。这种论调,看起来好像是把殖民地当做"负担",实际上
是把殖民地引为骄傲。试看就在迪斯累里发出这个论调以后
的第五年,英国人并不曾卸下印度那块巨大殖民地的"石磨",
而是残酷镇压了印度人民争取独立的大起义。到1884—1900
年那16年内,英国又征服了5700万人口所居住的370万平方
英里的殖民地。同时,法国也征服了3650万人口所居住的
360万平方英里的殖民地;德国征服了拥有1470万人口的
100万平方英里的殖民地;比利时征服了拥有3000万人口的
90万平方英里的殖民地;就连葡萄牙也征服了拥有900万人
口的80万平方英里的殖民地。② 到1899年为止,本土只有4080
万人的英国统治着拥有30900万人口的殖民地,后者相当于前者
的7.6倍;法国本土4060万人,其殖民地人口为5640万人,后者相
当于前者的1.4倍。从1865年到1898年,英国本土的国民收入

---

① 列宁:《帝国主义是资本主义的最高阶段》,《列宁全集》第22卷,第
254页。

② 列宁:《帝国主义是资本主义的最高阶段》,《列宁全集》第22卷,第
248页。

大约增加 1 倍,而所谓"国外"收入则增加了 8 倍。① 这就是"大转
变"时期西方几个资本主义国家在世界范围进行侵略扩张的概
貌。它们在中国的友邻国家和中国本土,也不择手段地抓住一切
机会进行殖民地征服和夺取势力范围。

恰恰就在国际资本主义的"大转变"时期,中国的政治经济也
出现了新形势。前面说过,在农民大起义的沉重打击下,清政府推
行一种对外既投降又投靠的反动政策。1874 年农民大起义的最
后失败是在清政府对外投靠,求得外国势力的支持之下造成的,
1873—1895 年,清政府又是在对外投靠以求得外国支持之下,才
能维持国内政治的稳定局面的。这 22 年的政治稳定时期,恰恰也
就是国际资本主义的"大转变"时期。清政府对外既投降又投靠
的行径是十分惊人的。例如,他们竟然委派外国人代表中国政府
和外国政府签订丧权辱国的不平等条约,等等。在这种情况下,外
国人侵势力肆无忌惮地从四面八方向中国伸手,把中国的部分边
境领土变成殖民地,又迫使中国进一步开放内地市场,把中国的广
大腹地变成势力范围,以便它们更加深入地进行侵略。这一切就
造成中国经济半殖民地性的深化。

## 第一节 国际资本主义发展的新形势

在"大转变"的 20 多年里,国际资本主义的生产在广度方面的
发展,首先表现为,从过去基本上只是英国一个国家实现了突飞猛
进的发展,一变而为许多国家,特别是美、德、法 3 个国家的飞跃发

---

① 列宁:《帝国主义是资本主义的最高阶段》,《列宁全集》第 22 卷,第
247 页;世界经济研究室编:《主要资本主义国家经济统计集》,第 174、315
页。

展。这就打破了作为"世界工厂"的英国在国际市场上的垄断地位，出现了多国竞争的局面；其次表现为从过去基本上只是纺织部门，特别是棉纺织业实现了突飞猛进的发展，一变而为各产业部门的全面飞跃。这就既扩大了先进国家输出机制品的品种结构，也扩大了后进国家输出原料的品种结构。这个时期，资本主义先进国家的生产技术实现了全面革新，生产成本大幅度地长期下降，大大加强了它们对后进国家古老产业的摧残能力。此外，从70年代初叶开始，各先进国家相继抛弃银本位制或金银复本位制，采行金本位制，从而造成了国际银价的长期下跌，这对还在通行银两制的中国，在国际收支上造成了极大的问题。总之，从70年代初叶开始，国际资本主义的发展出现了新形势，从而中国的对外经济关系也出现了新形势。外国入侵势力对中国对外贸易领导地位的控制和中国买办资本商业高利贷剥削网的形成，就是在这种形势之下出现的。

## 一、炼钢工艺的革新和人工合成染料的创造

资本主义世界各国各部门的发展各有其不同的历程，情况复杂，这里不可能进行全面考察，只能从对华关系的意义上，就其起关键作用和发挥重大影响者，略说一二。

先从生产资料的革新和创造说起。生产工具和劳动对象的改进无非是两个方面，或者是对旧有资料进行新法加工和扩大利用范围，或者是发明创造新的生产方法，制造新型材料和产品。19世纪中叶以后，这两大类的技术革新，丰富多彩，影响特别重大的是炼钢工业和化学工业两个部门。

在19世纪中叶以前，技术革新已经使生产工具用材从木质向铁质过渡。到19世纪中叶以后，生产技术的进一步革新，强烈要求使用受力大、精度高、易于成型而又耐磨损的钢材代替铁材。

钢、铁不同,是以含碳量来区分的。生铁含碳 2.5%—4%,熟铁含碳 0.1% 以下,而钢则在 0.1%—2% 之间。铁的含碳量越高,其质越硬;反之,其质越韧,可塑性越好。生铁硬度高而易碎,只能浇铸成型,不能锻压;熟铁易于锻压拉伸而不耐磨损。钢则适于锻压拉伸成型而又耐磨损,是受力大、精度高、可塑性大的上好材料,同等体积的钢材又远比铁材为轻。所以小自螺丝、弹簧,大至火车、轮船,无不以钢材为上,甚至必须用钢材才能制造。

在 19 世纪 50 年代,钢材的生产,远远不能适应技术革新的需要。以当时最大产钢国的英国而论,时至 1850 年,每年已产铁 50 万吨,产钢仅 6 万吨。1854 年,生铁每吨售价仅 3—4 镑,熟铁 8—9 镑,钢则高达 50 镑。[①] 当时只有剃刀、剪刀、锉刀、钟表等小器件才用钢材制造,对其他生产设备而言,钢完全是奢侈品。

对钢材的迫切需要引起人们狂热致力于炼钢工艺的革新改造。英、法、美、德、瑞典等国都力求革新炼钢工艺,而新工艺一经出现,很快便超越国界,在世界范围内促成炼钢工业的快速发展。

炼钢工艺的革新,是从 19 世纪 50 年代后期开始的。本来,美国人凯莱(William Kelly)在 1851 年就已发明转炉炼钢法,但不够完善,没有得到推广。1856 年,英国人贝色麻(Henry Bessemen)用转炉炼出了第一炉钢。就在 1856 和 1857 年两年,英国人莫希特(Robert Forester Mushet)和瑞典人葛朗森(Göran Fredrik Göransson)对贝色麻转炉进行了改进。跟着法国在 1858 年便采用改进后的炼钢转炉,建厂炼钢。德国于 1862 年,奥地利于 1863 年,美国于 1864 年,也采用同一方法炼钢。在此同时,归化英国的德国人西门子兄弟(Charler Welliam Siemens, Frederick Siemens)

---

① 柏纳尔:《十九世纪的科学和工业》(J. D. Bernal, Science and Industry in the Nineteenth Century),第 95 页。

于 1861 年发明敞炉炼钢法；1864 年，法国人马丁（Piere Martin）对西门子炼钢法进行了改进。1866 年，西门子和马丁联合建厂，奠定了西门子马丁敞炉炼钢的工业基础。

贝色麻是幸运地用含磷量低的生铁作原料进行冶炼的，他的转炉降低了钢的含碳成分，却未能降低其含磷成分。这个问题是由英国人托马斯（Sidney Gilchrist Thomas）和吉尔克里斯特（Sidney Gilchrist）在 1879 年解决的。他们的炼钢法，对法国、比利时和德国高磷铁矿砂具有特殊的重要意义。在短短的 4 年内，西欧各国和奥、匈两国便建起了 84 座这种炼钢炉，年产量达 60 万吨。①

也就在这同一时期，合金钢的制造大有进展。1855 年，奥地利人柯勒尔（Franz Köller）发明了钨合金钢；1865 年，美国人包尔（Julius Baur）制造了铬合金钢；1868 年，英国人哈特费尔特（Sir Rober Hadfield）制造了锰合金钢，成为硬度最高的钢种。②

以上这许多炼钢工艺的革新和改进，除猛合金钢外，其他都是在 1856—1879 年这 20 多年内获得的，发明人出自英、美、德、法、瑞典 5 个国家，其中贝色麻炼钢法在发明的当年和次年就已有人进行改进，并迅速为 5 个国家所采用。这一切反映 50 年代国际资本主义对新型设备材料的需要十分迫切，也反映新发明的钢材在成本和质量两方面都能适应这种需要。

炼钢成本的下降幅度十分惊人。有人统计，从 60 年代中叶到 90 年代中叶，钢的生产成本下降了 80%—90%。不仅如此，钢的优异质量超越于铁的程度也十分惊人。例如钢耐磨损，因而钢轨

---

① 盛加等：《工艺史》（C. Singer, E. J. Holmy and A. R. Hall, T. I. Williams, ed, A History of Technology）第 5 卷，第 53—60 页。

② 盛加等：《工艺史》（C. Singer, E. J. Holmy and A. R. Hall, T. I. Williams, ed, A History of Technology）第 5 卷，第 65 页。

的更新周期要长过铁轨 15—20 倍,而用莫希特高碳钢所制成的机件,其寿命又比前此各种钢要长上 5—6 倍。[①]

低价优质钢材加速了七八十年代生产设备从铁材向钢材的过渡。例如铁路,美国于 1865 年开始铺设钢轨,七八十年代钢轨的使用大规模推广,到 90 年代,所有铁路基本上都铺设钢轨,不复采用铁轨了。

生产设备从铁材向钢材过渡的要求和低价优质钢材的生产促进了世界钢产量的飞速增长。在 1870 年,世界钢产量刚超过 50 万吨,到 1900 年便上升到 2800 万吨,即 30 年内增长 55 倍。[②] 而所有产业部门的科学问题和技术革新都直接、间接和炼钢工艺的革新改造以及钢产量的迅速增长相联系,直接、间接推动了各生产部门的技术革新和生产发展。在现代加工工业史上,冶金学和金属工艺具有绝对的首要地位。[③] 对于资本主义国家来说,"钢的采用,是打破世界大门,为贸易和开发上升到新水平达几十年之久的主要因素。钢使殖民地附属国和不发达国家变得更加有利可图,促进了资本的扩张,是本世纪末新型帝国主义的物质基础"[④]。这就难怪有人说,自从 19 世纪 70 年代起,世界进入了钢的时代。

在 19 世纪 70 年代初叶至 90 年代初叶,纺织品在中国全部进口贸易中的地位,逐步由第 2 位上升至第 1 位。纺织品的染色和印花对市场销路关系极大。因此,对人工合成染色的发明创造,需

---

① 盛加等:《工艺史》第 5 卷,第 62、65 页;赫巴库克:《经济史》第 6 卷上册,第 487 页。

② 盛加等:《工艺史》第 5 卷,第 61 页。

③ 克拉潘:《近代英国经济史,1850—1886》( Sir John Clapham, An Economic History of Modern Britain,1850—1886),第 47 页。

④ 盛加等:《工艺史》第 5 卷,第 61 页。

要做一简单说明。

本来,千百年来,世界各国都采用天然物质对纺织品染色印花,直到 19 世纪中叶,无所谓染料工业。天然染料包括茜草根、蓝靛、苏木、巴西木、费斯蒂(Fustie)木、木犀草(Weld)、番红花、安纳多(Annatto)树子等等,都是植物,只有一种胭子虫的分泌物是昆虫所产。这些天然染料,能染红、黄、蓝等几种颜色。当时纺织工业的大量产品,向世界各国市场推销。各国的不同风尚,要求各种色彩的印染织品。因此,许多职业染色家、化学家都狂热致力于人工合成染料的发明创造,借以突破天然染料的产量小和成本高的限制。

最先对合成染料作出巨大贡献的是英国人帕金斯(W. H. Perkins)。他在 1857 年建成合成黑色染料的工厂。他对苯胺及其同类物质的理论研究,导致多种染料的人工合成。例如费金(E. Verguin)就在 1859 年合成了洋红,接着德国人霍夫曼(A. W. von Hofmann)用洋红合成了蓝紫色染料,法国人吉拉德(Girard)和莱尔(De Laire)、英国人尼科森(F. C. Nicbolson)又合成玫瑰紫颜料,1863 年英国人拉特福特(John Lightfoot)则合成苯胺黑。另一方面,在 50 年代末至 60 年代初,德国人格里斯(Peter Griess)对碳酸的研究则导致 1863 年马休斯(Martius)合成卑士马克棕色染料。同年,有人发明三环烟族(Induline)化合物,从而合成从蓝紫色到绿蓝色的一系列染料。1865 年,德国人凯库勒(F. A. Kekule von Straolonitz)对苯分子结构的研究,为茜草素和蓝靛的合成开辟了道路。1869 年,德国人李伯尔曼(Graebe Luberman)和伽罗(Heinrich Caro)终于合成了茜草素。1869—1870 年英国人魏尔顿(Walter Weldon)在改进苏打制造法中,制成大量的漂白粉。1876 年,伽罗合成亚甲基蓝(Methylene)。1878 年,费雪(Otto

Fischer）合成孔雀绿。① 总之,在 1857 年后的 20 年内,各色染料的人工合成已研制成功了。合成染料的创造发明,许多都出自德国人之手。他们为德国染料工业的发展奠定了基础,直到第一次世界大战时为止,德国染料工业的发展一直居于世界领先地位。

## 二、英、美、法、德四国社会生产力的不平衡发展

新型生产技术和生产设备的发明创造,从广度和深度两方面促进资本主义国家生产事业的迅速发展。在广度方面,表现为新旧各生产部门的扩大经营、提高机制品的生产量;在深度方面,表现为工人的劳动强度和单位时间劳动生产力的提高。下面所列英、美、德、法 4 国劳动生产力的资料,起讫年代不一致,大致可以看出,在 19 世纪 50 年代末至 90 年代初这段时期里,诸凡采煤、炼铁、炼钢、棉纺和棉织的劳动生产力都有大幅度地提高,从而在 1870 年至 1894 年间,4 国的批发物价指数都有大幅度地下降,降落最快的德国达 84.8% ,最慢的美国也达 46.7% 。物价如此大幅度地下降,对国际市场当然不能不发生巨大的影响。

| | |
|---|---|
| 英国棉纺工人每人每小时产纱量在 1859—1861 年至 1891—1893 年增长 | 19% |
| 英国棉织工人每人每小时织布量在 1859—1861 年至 1891—1893 年增长 | 13% |
| 英国批发物价指数在 1890—1894 年较 1865—1869 年平均下降 | 68.6% |
| 美国采煤工人采煤量在 1889 年至 1894 年增长 | 21% |

---

① 盛加等:《工艺史》第 5 卷,第 257—258、271—277、279—281、235 页。

| | |
|---|---|
| 美国批发物价指数在 1890—1894 年较 1865—1869 年平均下降 | 46.7% |
| 德国采煤工人每人所采硬煤在 1868—1878 年至 1887—1894 年增长 | 23% |
| 德国采煤工人每人所采软煤在 1868—1878 年至 1887—1894 年增长 | 18% |
| 德国钢铁工人每人生产生铁量在 1852—1859 年至 1887—1894 年增长 | 69% |
| 德国批发物价指数在 1890—1894 年较 1865—1869 年平均下降 | 84.8% |
| 法国钢铁工人每人年生产力在 1870 年至 1890 年增长 | 26% |
| 法国批发物价指数在 1890—1894 年较 1865—1869 年平均下降 | 71.9% |

注:批发物价指数据瓦尔加著,戴有振等译:《世界经济危机 1848—1935 年》相应各页。

资料来源:生产力增长率据库钦斯基:《产业资本主义下的工人简史》(Jürgen Kuczynski, Short History of Labour Conditions under Industrial Capitalism),英国卷,第 49 页;美国卷,第 100 页;德国卷,第 150、153 页;法国卷,第 136 页。

这里不可能对资本主义各国各部门生产力在广度方面的发展状况进行考察,而是着重指出各主要资本主义国家的发展不平衡性。下面就英、美、德、法 4 国煤、铁等 6 个部门在 1870 和 1894 年的绝对产量及其发展速度进行比较。据此可知美、德两国煤、生铁、钢、铁路、机动船 5 个部门的发展速度都超越于英、法;德国的机动船吨位几乎增长了 6.5 倍,而英国不过增长 95%;美国的钢产量增长 5 倍以上,而英国不过增长 44%;美国的煤产量增长 3 倍以上,而英国不过增长 67%;美国的生铁产量几乎增长 3 倍,而英国不过增长 26%。如果结合绝对产量进行比较,那么由于 1870 年的起点太低,所以法国在煤、生铁、钢和机动船的发展速度虽然比英国为高,但它的绝对产量还是落在英国之后。总之,在 1870 年后的 24 年里,英、美、德、法 4 个国家的发展极不平衡。

## 英、美、德、法 4 国煤、铁等工业产品发展比较表

### 1870—1894 年

|  | 1870 | 1894 | 1894/1870 = % |
|---|---|---|---|
| 煤产量（千吨） |  |  |  |
| 美　国 | 36677 | 154897 | 422 |
| 英　国 | 112198 | 190300 | 170 |
| 德　国 | 31978① | 98806 | 309 |
| 法　国 | 13330 | 27417 | 206 |
| 生铁产量（千吨） |  |  |  |
| 美　国 | 1692 | 6764 | 400 |
| 英　国 | 5970 | 7550 | 126 |
| 德　国 | 1390 | 5380 | 387 |
| 法　国 | 1178 | 2874 | 244 |
| 钢产量（千吨） |  |  |  |
| 美　国 | 682 | 4412 | 647 |
| 英　国 | 220 | 3160 | 1436 |
| 德　国 | 170 | 3642 | 2142 |
| 法　国 | 94 | 1461 | 1554 |
| 蒸汽引擎（千马力） |  |  |  |
| 美　国 | 4040 | 13700 | 339 |
| 英　国 | 2480 | 8080 | 325 |
| 德　国 | 1850 | 5920 | 320 |

---

① 1870 年德国煤产量系 1866—1870 年平均数。

续表

|  | 1870 | 1894 | 1894/1870 = % |
|---|---|---|---|
| 蒸汽引擎(千马力) |  |  |  |
| 法　国 | 5590 | 18060 | 323 |
| 铁路(英里) |  |  |  |
| 美　国 | 52922 | 178709 | 338 |
| 英　国 | 13562① | 30079 | 222 |
| 德　国 | 18876 | 44800 | 237 |
| 法　国 | 10316 | 22871 | 222 |
| 机动船(千吨) |  |  |  |
| 美　国 | 975 | 1985 | 204 |
| 英　国 | 343 | 669 | 195 |
| 德　国 | 177 | 1319 | 745 |
| 法　国 | 151 | 528 | 350 |

　　资料来源:世界经济研究室编:《主要资本主义国家经济统计集》,相应各页。机动船吨位,据密比尔:《欧洲历史统计,1750—1970》(B. R. Mitchell, European Historical Statistics),第 344—345、316—318 页。蒸汽引擎马力数,据赫巴库克:《经济史》第 6 卷,第 449 页。

　　上面所列煤、铁和钢的采矿冶金业,铁路和机动船的运输业以及蒸汽引擎动力业是轻重工业全面发展的基础。若只就加工工业而论,则英、美、德、法 4 国的发展,同样也是很不平衡的。从下列统计可知,在 1870—1890 年间,美、德两国的发展速度都超过英、法,并分别以 43% 和 47% 超过世界平均水平 41%。因此,有人总结这 4 个国家工业生产的地位顺序,在 1860 年为英、法、美、德,在 1870 年为英、美、法、德,在 1880 年为美、英、德、法,到 1890 年便

---

　　① 1870 年英国铁路里程数,据克拉潘:《近代英国经济史,1850—1886》,第 181 页。

成为美、德、英、法了。①

**英、法、德、美 4 国工业生产的发展速度比较表**

1860—1900 年　　　　　　　　　　　　1913＝100

|        | 英  | 法  | 德  | 美  | 世界平均 |
|--------|-----|-----|-----|-----|----------|
| 1860   | 34  | 26  | 14  | 8   | 14       |
| 1870   | 44  | 34  | 18  | 11  | 19       |
| 1880   | 53  | 43  | 25  | 17  | 26       |
| 1890   | 62  | 56  | 40  | 39  | 43       |
| 1900   | 79  | 66  | 65  | 54  | 60       |

资料来源：瓦尔加：《世界经济危机》，第 32 页。

　　资本主义各国经济的不平衡发展，改变它们在国际市场上的相对地位。本来，自从 18 世纪 70 年代开始，最先发生产业革命的英国，在国际市场上处于垄断地位，成为所谓"世界工厂"。在国际市场上，英国的新兴机器制造品，除非受到关税壁垒的阻挡，就基本上无敌于天下。但是，进入 19 世纪 40 年代以后，许多资本主义后进国也开始发生了产业革命。"从 1870 年起，由于美国和德国的竞争，英国在世界市场上的垄断地位已经开始进入尾声。"②这就是说，从 19 世纪 70 年代以后，国际资本主义发展的新形势必然在中国市场上造成激烈竞争，不过在 19 世纪的最后 30 年内，这种竞争主要还只是英、美、德、法等少数几个国家之间的事情。在国际市场上，和中国出口商品相竞争的却是印度、锡兰和日本的茶叶和日本的生丝。

---

　　① 　瓦尔加：《世界经济危机》，第 32 页。
　　② 　《恩格斯致倍倍尔》1884 年 1 月 18 日，《马克思恩格斯〈资本论〉书信集》，第 424 页。

## 三、国际水陆运输业的发展和各国
## 对中西轮船运输业的争夺

"机器产品的便宜和交通运输业的变革是夺取国外市场的武器。机器生产摧毁国外市场的手工业产品,迫使这些市场变成它的原料产地。"[1]可见在摧毁国际市场的手工业产品过程中,运送货物的水陆运输业和生产机制品的加工工业具有同等的重要意义。经营国际远洋运输的商船队和经营国内业务的水陆运输业具有同等的重要意义。70 年代以后,国际水陆运输业都有突飞猛进的发展。这个时期,各国的陆上运输业,以铁路的快速发展最为突出。资本主义世界的铁路里程,在 40 年代总共不过 5000 英里,到80 年代初期已发展到 239000 英里,40 年内,铁路里程增加了 46倍以上。在 1840—1850 年这 10 年间,世界铁路里程增加了 19000英里,平均每年增加 1900 英里。五六十年代炼钢技术的革新,为铁路的建设日益发展供应优质材料后,到 80 年代,世界铁路出现了飞跃的发展。在 1880—1890 年这 10 年间,世界铁路里程增加了 147000 英里,即平均每年增加 14700 英里。这个速度超过1840—1850 年的速度将近 7 倍。1869 年,美国横贯大陆的太平洋铁路完工,对美国西海岸的对亚洲贸易,尤其具有重大意义。资本主义各国不仅在本土大造铁路,在殖民地也同样积极筑路,例如亚洲各殖民地的铁路里程,就从 1870 年的 9800 英里增长到 1890 年的17000英里。[2]

无论欧、美,资本主义国家对中国的贸易都必须经过海运。所

---

[1]　马克思:《资本论》第 1 卷,《马克思恩格斯全集》第 23 卷,第 494 页。

[2]　克拉潘:《近代英国经济史,1850—1886》,第 213—214 页。

以远洋货运就具有极大意义。

轮船是在 19 世纪 30 年代就已出现于中国沿海的。但当时轮船的制造工艺还不够完善,在中国对欧美的远洋航线上,极少行驶轮船。在 30—60 年代,盛行于中外航线上的快航船只,是一种飞剪型(Clipper)木质帆船。这种船能够顶冒西南太平洋的季风,全年航行,所以被英国人用于从印度向中国输送鸦片和从中国向欧洲抢运新茶。这种船的最大载重量不超过 1000 吨。

50 年代以后,国际市场的大量货运,迫切要求制造载重量大和抗风力强的新型商船,于是首先引起铁船对木船和轮船对帆船的竞争,从 1870 年起,又引起钢制螺旋桨的轮船对铁制明轮船的竞争。在 1874 年至 1877—1878 年间,铁制轮船的竞争迫使大西洋航线上的木质帆船的运输收费降低到仅够成本的水平,在 1877—1878 年至 1885—1890 年间运输费又降低了 40%。[1]

用钢制造船壳、锅炉、引擎、螺旋桨和其他各种设备的轮船,被称为"现有各种发明的综合体系"(Synthesis of Existing Inventions)。和铁材相比,钢材的硬度高、弹性强,适宜于制造新型蒸汽发动机和大型船只。新型蒸汽机既大大降低煤耗成本,又大大提高载货空间。例如,1871 年使用复式蒸汽机的轮船就节省煤耗开支 30%,节省储煤空间 25%。[2] 到 1880—1890 年间,复式机的进一步改进,又使每一马力每小时的耗煤量由 6 磅降为 $1\frac{1}{4}$

---

[1] 赫巴库克等编:《剑桥欧洲经济史》第 6 卷,第 171 页,原文将 1885—1890 误为 1885—1880。

[2] 海德等:《蓝烟囱》(F. E. Hyde and J. R. Harrio, The Blue Funnel),第 22 页。

磅。在此同时,又出现以油代煤的技术革新,成本更低,节省空间更大。① 在船型的扩大方面,1873 年世界平均每艘船只仅载 841吨,到 1898 年便提高到 1587 吨;在 1873 和 1898 年间,世界 20 家大轮船公司每艘船的载重量从 4413 吨提高到 10717 吨。② 不仅如此,以同等载重量相比,钢船的运输能力又比铁船大。1875 年英国 190 万吨的轮船运输量超过 420 万吨的帆船运输量;1888年,将近 400 万吨的轮船运输量超过 340 万吨的帆船运输量的6—7 倍。这里所说的轮船包括铁船和钢船两类,其中钢船的运输量超过帆船的 6—7 倍。因此,自 60 年代以后,在国际远洋航线上,钢船迅速代替了铁船。以英国而论,1878 年登记的钢船仅 3.8万吨,登记的铁船还有 48.7 万吨,到了 1890 年,前者便上升为91.3 万吨,后者则下降为 4.6 万吨。③ 1890 年英国 500 万吨的轮船,绝大部分都是钢船,在世界范围内,货运轮船也从 1873 年的2700 万吨增长到 1898 年的 6300 万吨。④

在此同时,中国对欧美的航线也缩短了。本来,美国对中国的海上货运,是从美国东部的工业区经大西洋再绕过好望角到达中国的。1869 年,美国横贯北美大陆的第一条铁路建成通车,同年苏伊士运河也开始通航,把英国到上海的航线从 14000 英里缩短为 11000 英里。当年,从中国运向英国去的货物便有 14% 是通过苏伊士输送的,这个比例,到 1873 年上升为 70%,再到 1880 年,更上升为 90%。⑤ 从 1884 年起,这条运河又进行了拓宽和挖深的工

---

① 诺拉斯:《英国产业革命史论》,第 345—347 页。
② 赫巴库克:《经济史》第 6 卷,第 267—268 页。
③ 克拉潘:《近代英国经济史,1850—1886》,第 72 页。
④ 赫巴库克等编:《剑桥欧洲经济史》第 6 卷,第 268 页。
⑤ 兰托姆:《不发达世界的国际经济,1865—1914》(A. J. H. Latham, The International Economy of Underdevelopment World,1865—1914),第 28 页。

程,1887 年安置夜航设备,到 1889 年,通过运河的船舶吨位从
1879 年的 2263300 吨,提高到 6783200 吨。① 红海是无风地带,帆
船进入红海必须靠人力牵拉航行,1869 年企图通过苏伊士的帆船
便触礁沉没了,因此,苏伊士运河只是一条通行轮船的水道,并未
缩短帆船的航线。这就更加促进了轮船取代帆船的过程。

　　随着国际交通运输业的新发展,西方几个资本主义先进国家
对中西远洋航运业,也展开了剧烈的竞争。中西航运关系到货运
成本,也是研究中西贸易值得注意的一个问题。

　　早在 40 年代,英国的大英轮船公司就已经营中外输运业务。
直到 60 年代,这家公司一直独占中外输运业务。1862 年,法国的
法兰西火轮公司(Messageries Maritime Co.)开辟中欧航线。②
1868 年,英国的海洋轮运公司(Ocean Steamship Co.)也开辟了中
欧航线。1869 年苏伊士运河的通航,更激化了西方各国在中欧航
线上的竞争。

　　竞争曾导致暂时的妥协。1878 年,以大英、法兰西和海洋三
巨头为首的 5 家轮船公司采取分配货运、统一运价的办法成立齐
价协议。③ 但妥协并不能从根本上解决竞争各方的内外矛盾。以
利物浦船业资本家为后台的海洋轮运公司,原来垄断曼彻斯特棉
纺织品的对华运输,要损害它这种利益而不给以相应的补价是不
行的④;因而协议在 5 家内部便埋下分裂的种子,而就在把上海至
伦敦的运费统一在每吨 75 先令的协议一经成立后,不属于齐价协
议的其他公司立即把运费下降到每吨 45 先令。齐价实际存在不

---

① 克拉潘:《近代英国经济史,1850—1886》,第 214—215 页。
② 《中国陆路贸易报告》1862 年 12 月 14 日,第 13—14 页。
③ 《英领报告》,1879 年,上海,第 202 页。
④ 海德等:《蓝烟囱》,第 41、61 页。

过一两个月的光景。①

苏伊士运河通航以后，老的航运公司也大力更新自己的设备，增强竞争力量。大英轮船公司在 70 年代中期一口气处理了 21 艘过时的轮船，新建了 24 艘先进轮船，改进了 14 艘原有轮船的引擎装置。② 为此，大英轮船公司支出的费用达 250 万英镑，差不多相当于当时已缴资本的总额。而装置了先进的复式引擎的轮船，燃料消耗也节省了一半，可以腾出大量舱位装载货物。③ 因此，大英轮船公司的资本家志满意得，说是公司现在已经有了一支高效率的能战胜所有对手的船队。④

新的公司更如雨后春笋。80 年代以后，通过苏伊士运河，以中国为对象的远洋轮运公司，包括英、法、德、俄等国在内，不下 10 个之多。其中 1882 年成立的以格拉斯哥的船业资本家为后台的招商协力中英轮船有限公司（The China Sippers' Mutual Steam Navigation Co. Ltd.），就专门扩张对中国的远洋运输，最为引人注目，它的发起书写道：公司的成立，是"要把相互协力的原则引进到〔对中国〕的贩运贸易中来"，"使航运业者从加在他们身上，危害他们利益的处境中解脱出来"。⑤ 实际上"相互协力"变成了相互打入。它的成立，就是为了打入海洋轮运公司的禁区——利物浦，而海洋轮运公司也就可以打入它的禁区——格拉斯哥，作为回敬。因此，协力公司所谓从"危害他们的利益的处境中解脱出来"，实际上就是要打破 5 家公司协议的限制。它成立以后，就联合几家协议以外的公司，同参加协议的

---

① 《英领报告》，1879 年，上海，第 202 页。
② 《字林西报》1877 年 2 月 3 日，第 115 页。
③ 克拉潘：《近代英国经济史，1850—1886》第 2 卷，第 72 页。
④ 《字林西报》1877 年 2 月 3 日，第 115 页。
⑤ 海德等：《蓝烟囱》，第 70 页。

公司进行对抗,变成联盟以外的联盟,给参加协议的公司以巨大的威胁。① 而所有这些活动的目的,都是为了夺取更多的对中国的远洋运输的生意。

这家公司的船只于 1884 年首次进入中国港口,随即在上海、汉口、福州、厦门、广州、澳门设立代理机构②,并且吸收中国商人的资本。公司刚一成立,就在上海刊登招股广告。为了吸收本地资本,公司的招股章程中特别规定:凡是"相帮装货"的股东,不但可以分得 10% 的股息,而且可以得到分配股息以后的盈余。③ 在这里,"相互协力"又变成了和中国商人的结合,通过这种结合以扩大侵略。一个远洋运输公司在中国的势力达到这样深入的程度,这在 80 年代以前是罕见的。

70 年代以后,在中美太平洋航线上,也起了新的变化。70 年代之初,美国在中国的最大一家洋行——旗昌洋行的老板就着手进行组织两个航行太平洋的邮轮公司,一个航行加利福尼亚和香港之间④,另一家美国大洋行同孚洋行在 70 年代下半叶开辟了中国至秘鲁的轮船航线。⑤ 所有这些活动,都只是昙花一现,没有产生实际的影响。70 年代中期,日本成立了一家航行日本与上海之间的三菱邮轮公司,和美国的太平洋邮轮公司展开竞争。⑥ 两年内,三菱接收了太平洋邮轮公司,把中、日、美全部贸易运输"控制

---

① 海德等:《蓝烟囱》,第 72 页。
② 海德等:《蓝烟囱》,第 70 页。
③ 《申报》1882 年 11 月 27 日;《捷报》1882 年 11 月 29 日,第 579 页。
④ 刘广京:《势力的对抗》,第 127 页。
⑤ 《海王》,1957 年 4 月,第 141—142 页。
⑥ 《英领报告》,1875—1876 年,上海,第 36 页。

在自己的手里"①。其后 10 年，又有加拿大的太平洋铁路公司（Canadian Pacific Railway Co.）参加进来，在中国和加拿大西海岸之间，开辟了一条新的轮运航线。② 巴拿马铁路通车后，到 80 年代初期，美国的远洋轮运公司便利用巴拿马铁路，开辟了一条由纽约到上海的捷径。新的航线改变了中美贸易运输的局面，原来通过苏伊士运河到中国的美国棉纺织品，总是先运往伦敦，在那里重新装载，再经由苏伊士运河运到上海。每吨运费一般需要 55 先令乃至 75 先令。通过巴拿马的新航线，则只需要 40 先令。因此，利用新航线的美国轮运公司，"几乎独揽出口到中国的美国棉纺织品的运输"③。

此外，在南太平洋上，中国和澳大利亚以及南洋群岛之间，也出现了一些外国远洋航运公司，不过影响不大，可略而不论。

许多外国远洋轮运公司的早期活动，都得到本国政府的财政资助。大英轮船公司一直到 70 年代末，每年得到英国政府的补贴都在 40 万到 50 万英镑之间。④ 美国政府对太平洋邮轮公司的补贴，在 1865 年以后的 10 年中，一共达到 450 万美元。⑤ 其他接受本国政府补贴的远洋轮船公司，就现在已经确知的，有法国的法兰西火轮公司⑥、日本的三菱公司⑦和航行不来梅与中国之间的一

---

① 《海王》，1957 年 10 月，第 313 页；《通闻西报》1878 年 5 月 7 日，第 2 页。

② 海德等：《蓝烟囱》，第 41 页；太平洋铁路公司所设的轮船公司，中文名称为昌兴火轮公司。

③ 《英领报告》，1880 年，上海，第 99 页。

④ 阿米拉：《英国国会文件：区域研究，中国》（J. J. O'meara，B. P. P.，Area Studies，China）第 42 卷，第 44—45 页。

⑤ 丹涅特：《东亚》，第 584 页。

⑥ 《中国陆路贸易报告》1862 年 12 月 14 日，第 13—14 页。

⑦ 《通闻西报》1878 年 5 月 7 日，第 2 页。

家德国轮船公司。① 而航行汉口与敖德萨之间的一家俄国航运公
司,就直接采用政府公司的名称。② 政府借口远洋轮运为政府提
供邮运便利给予补贴,但是,它的主要作用,是扶植远洋运输公司
进行对外扩张。英国政府对大英轮船公司的补贴,有一个 100 万
英镑的机动额,目的就是为的保证大英轮船公司每年都能付出至
少 6% 的股息。③ 和大英轮船公司处于同等地位的英国海洋轮船
公司的老板,嘴里咒骂大英公司从英国政府取得补贴,手里却一刻
也不停止想方设法要把这一笔"可诅咒的"补贴从大英公司的手
中捞到自己的手里。④ 对航运公司的补贴,从一个侧面反映"大转
变"时期,资本主义先进国对外扩张的野心。以后即将看到它们
的这种扩张彻底扼杀了中国的远洋航运业。

## 四、国际电讯事业的发展和中国丝茶
在世界市场上领导地位的丧失

国际远洋轮运业的发展,大大降低了中西货运成本,缩短了货
运时间,而国际电讯事业的发展则彻底改变了中西贸易的经营
方式。

早在 19 世纪 40 年代,西方国家就已研究成功架设陆上电线
的技术,50 年代前期能在浅海水下架线,50 年代后期已能架设水
深达 2000 至 3000 英寻的海底电线。1866 年,英美两国之间,架
设了横过大西洋的海底电线。60 年代后期,沙俄把陆线架过西伯

---

① 《海关十年报告》,1882—1891 年,第 324 页。
② 《英领报告》,1875 年,汉口,第 48 页。
③ 阿米拉:《英国国会文件:区域研究,中国》第 42 卷,第 45 页。
④ 海德:《蓝烟囱》,第 42 页。

利亚,直达海参崴;1872 年,这条陆线越海通达日本和中国。1871
年 4 月 17 日,英国人所架设的香港至上海的海底电线开始营业,
同年 6 月 2 日,香港至伦敦的海底电线也接通营业。① 从此,欧美
两洲对中国的信息传递便都由电线联系。过去传递时间以旬、月
计的信息,如今在几小时内,便可到达。

在苏伊士运河通航以前,从上海到伦敦的航线,必须绕过好望
角,一般帆船要行驶 120 天左右;就是抢运茶叶的飞剪船,也需时
90 多天。② 当时传递信息,是先用帆船送到苏伊士,改由陆路送到
亚历山大,再用帆船送达伦敦,这样最快也需时 6—8 周。在中国
的西方大洋行,为了取得伦敦信息,常包租快船专驶新加坡,接取
邮件,只要比其他洋行能早几天甚至几小时,也在所不惜。③

海底电线的铺设,彻底改变了信息传递的旧局面。"如果今
天伦敦的需要超过供给,这个需要立刻可以得到满足。……从印
度(向伦敦)运送货物,只要一个月的时间,从中国或澳洲来货,也
不过两个月,电讯在几天甚至几小时内,便可传遍全世界。"④"在
英国本土的商人只打出一个电报,便能在六个星期后收到他在英
国所需要的任何定货。"⑤

电讯的通联从多方面改变了中西贸易的传统方式,例如用电
汇代替信汇就改变了中西贸易的资金周转方式等等,这些可留待

---

① 赫巴库克:《经济史》第 6 卷,第 270 页;克拉潘:《近代英国经济史,
1850—1886》,第 215—217 页;《年鉴和指南》(Chronicle and Directory),1880
年,第 12—16 页。

② 勒伯克:《鸦片飞剪船》,第 305 页。

③ 胡伯纳:《世界漫游记》(M. L. Hübner, A Ramble Round the World),
第 2 卷,第 213—214 页。

④ 《字林西报》1888 年 10 月 16 日,第 367 页。

⑤ 《捷报》1889 年 4 月 5 日,第 417 页。

以后去说。这里要说的,是电讯彻底摧毁了中国丝茶在世界市场
上的领导地位问题。一种商品在世界市场上的地位,归根结底,当
然取决于这种商品生产方法的先进性或落后性。关于中国丝茶生
产方法的落后性及其在国际竞争中的失败问题,以后即将加以说
明。假定以同等生产力水平相竞争,出口市场和进口市场的产销
状况和贸易方式便具有决定性的作用。

在 70 年代以前,中国基本上是世界市场上惟一的茶叶供应国
和最大的生丝供应国。这两种出口商品,基本上都先行运到伦敦,
供应英国消费之余才分运其他国家销售。在当时货运和消息传递
条件下,英国商人为了满足英国和其他国家的丝茶需求,都在丝茶
的上市季节,尽快买足全年的销售量,囤货待售,而帆船的结队航
行,则又使尽快买足的丝茶几乎同时到达伦敦。因此,伦敦市场的
丝茶销售数量和销售价格,主要是由中国丝茶的出口数量和出口
价格决定的。中国丝茶的出口数量和出口价格是由中国蚕农、茶
农的生产状况决定的。而蚕农、茶农的丝茶生产则深受气候变化
的影响。丰年价廉,歉年价贵。直到 60 年代,伦敦的华茶市场常
常出现这样的情况,茶叶市价随着茶叶存货的增加而下降,但伦敦
茶价的下降却很难"使汉口过高的茶价(每担)下降二两"。

进入 70 年代以后,中英之间建立了电讯交通,既然伦敦英商
"打出一个电报,便能在 6 个星期后收到他在英国所需要的任何
定货",他当然就不必在丝茶上市季节买足全年的销售量,把资金
呆滞在囤货上,这时伦敦英商"完全控制了贸易局面"[1],从而中国
茶叶便只能依据伦敦的标价出口。同样原因,使中国的生丝也只
能以伦敦、纽约、或里昂的标价出口。这就是说,中国丝茶的销售

---

[1] 《捷报》1889 年 4 月 15 日,第 417 页。

价格和销售数量都追随世界经济景气的变幻而波动,中国这两种出口大宗在世界市场上的领导地位彻底丧失无遗了。到1880年,事情终于发展成"世界贸易中的重要大宗货物的价格都是在中国以外决定的"①。

还必须指出,中国商人绝少出国到国外市场上去经营中西贸易,在中西市场相隔如此遥远而电讯工具又掌握在外商手里的条件下,他们对世界市场的变幻一无所知,他们能以什么价格出售多少丝茶,惟外商的鼻息是赖。因此,外国商人所经营的中西丝茶贸易便带有资本主义发展初期宗主国和殖民地之间的那种贩运贸易的性质,他们的活动具有极大的欺骗性。

1887年的汉口海关报告说:"茶叶虽然迅速涌入市场,但销售很慢。(洋行)买主以市场主人的安闲态度对待茶市。价格一跌再跌,直至最后才按低于常年20%左右的价格,慢慢地做了少量的交易。……外商买卖的一般情况良好,其中某些人,特别是经营上等茶的外商利润很大,而中国商人的损失极重,并且还要继续遭受损失。"②这里所说,洋行买主"以市场主人的安闲态度对待茶市",生动地刻画了洋行掌握茶市领导地位的情态。他们是掌握了这种领导地位,才能迫使茶价一跌再跌,取得"很大"利润的,而华商则"损失极重","并且还要继续遭受损失"。不难设想,通商口岸的中国商人听任外国商人如此随意摆布,中国的蚕农、茶农将会遭遇什么样的命运。

---

① 《字林西报》1880年10月16日,第367页。
② 《贸易报告》,1887年,汉口,第79页。

## 五、国际茶叶生产的现代化

中国是最早发现茶叶可作饮料的国家。自从 17 世纪欧洲各国经常性地开展对华贸易以后,中国垄断世界茶叶供应达 200 多年。19 世纪 30 年代以后,中国茶树种子传遍五大洲,到处都在种茶制茶,多少能够制成茶叶供应者凡 23 个国家,其中有 9 个能进行商业性生产,到同一世纪的 70 年代以后,印度茶、锡兰茶和日本茶开始日益成为中国茶叶的剧烈竞争对手。它们的对华竞争能力来自茶叶生产的现代化。

英国一向是中国茶叶在国际市场上的最大主顾。早在 1780年,就有人把中国茶种带到了印度。但是,当时从垄断中英茶叶贸易获得巨大利润的英国东印度公司反对在印度种茶制茶。1834年,英国政府废除了东印度公司的对华贸易专利权。同年,英国的印度总督本廷克勋爵(Lord William Charles Cavendish Bentinck)便组织一个委员会,研究从中国引进种茶和制茶方法。也就在 1834年,英国人高登(G. J. Gordon)在传教士郭士力(Charles Gützlaff)的引导下,潜入武夷山区,窃去了不少茶种,在加尔各答植物园培育出 5 万多株树苗,分发给印度地方政府和私人试种,于 1836 年制成第一批样品。

与此同时,本廷克所组织的委员会也在阿萨姆(Assam)丘陵和喜马拉雅山下尼尔吉里(Nilgiri)低山地带发现了野生茶树。为了培育高登的茶苗,英国人从加尔各答和新加坡运送数百名中国人到阿萨姆种茶制茶。但这些中国人多半都是鞋匠、木匠之类的小手艺人,不谙种茶制茶方法。他们的待遇也极低,每月只能得到百个卢比的工资,人格亦备受侮辱。阿萨姆公司的负责人马斯特(J. Master)说,"如果他们调皮,就停发两三个月的工资,叫他们丧失生活来源,他们就会懂得他们是靠公司活命的"。这些中国人大概是因为受虐待而进行反抗,有 57 人被英国人抓捕监禁,其他人被送回加尔各答。在加尔各答,英国人又说他们是一群吵吵嚷嚷的,贪得无厌的、顽固不化的乌合之众,最后把他们流放到法兰西岛(Isle of France)。①

阿萨姆茶叶生产的主要奠基人是英国人白鲁斯(Charles Aleander Brance)。此人于 1838 年散发小册子,鼓吹阿萨姆的自然条件适于种茶,同年,把 350 磅的阿萨姆茶送往伦敦。1841 年,阿萨姆产茶 29267 磅,耗费成本 16 万镑,即每磅合成本 5.5 镑左右。但到 1847 年,已盈利 3000 镑,于是决定扩大种植。1852 年,阿萨姆公司分发股息 2.5%,1856 年更上升至 9%。

英国人开发阿萨姆茶园,起初是把希望寄托在引种中国茶树上的。但经过几年的摸索后发现,驯化印度野生茶树更为有利。1847 年,威廉森(George Williamson)主持阿萨姆茶园后,即决定以阿萨姆土生茶种代替中国茶种。尽管英国植物学家复庆在 1848—1852 年间又伪装中国人,先后三次窜到中国产茶区盗窃茶种,但后来阿萨姆大量生产的茶叶并非中国原种,连中印杂交种也很少,主要都是印度野生茶树的驯化品种。②

就茶叶所含的化学成分而论,阿萨姆茶赶不上中国茶。1886 年,英国皇家学会会员迪特马尔教授(W. Dittmar)化验,售价为每磅 1 先令 8 便士的中印茶样,结果如下页表③:

---

① 乌克斯:《茶叶全书》(William H. Ukers, All About Tea)第 1 卷,第 149 页。

② 乌克斯:《茶叶全书》第 1 卷,第 149—151、154 页。

③ 海关总税务司:《访察茶叶情形文件》,1888 年,第 54 页。

| | 印度茶（%） | 中国茶（%） |
|---|---|---|
| 茶素（Theine） | 3.78 | 4.10 |
| 丹宁（Tannin） | 9.68 | 6.01 |
| 其他 | 86.54 | 89.89 |

这个结果表明,中国茶的茶素含量高于印度茶,所以比印度茶更能使人神清气爽,而印度茶的丹宁含量高于中国茶。丹宁具有收敛性能,苦涩而有刺激性,使人产生消化道不舒适的感觉。

然而印度茶在英国市场上毕竟成为中国茶的劲敌。这完全是由于价值规律的作用。首先,英国人在阿萨姆开始试种茶树时,那里本来还是土著酋长的统治区,不久就被英国人吞并,成为殖民地,从而拥有了大面积推广种茶的政治条件。其次,阿萨姆茶园的发展,一开始就受到殖民政府的支持和优待,没有任何捐税负担,并在交通运输等许多方面享有各种便利条件。再次,从一开始,阿萨姆的茶园就实行资本主义大企业的经营方式,拥有雄厚的资本和技术人才,从选土、施肥、除草、灌溉、采摘、加工以及装箱外运的全过程,都实行科学的生产方法和管理方法,这就大大降低了生产成本,远非一家一户的小生产可比。

更重要的是茶叶加工制造的机械化。

印度的机械化制茶工艺,从 50 年代起就已不断有发明创造,重要进展始于 1872 年。这一年,英国人甲克森（William Jackson）制成了第一架揉茶机,接着又于 1884 年制成烘茶机,1887—1889年先后制成碎茶机、拣茶机和包装机。揉茶机和烘茶机经过改进后成为定型产品,一直使用了 20 年。此外,英国人大卫森于 1877

年发明另一种烘茶机，后来，大卫森也发明了揉茶、碎茶、拣茶、包装等各种机器。总之到 19 世纪七八十年代，制茶工艺的各项技术革新都已陆续完成。[①]

制茶机器的发明，为茶叶的大规模生产铺平了道路，也提高了茶叶的质量，降低了生产成本。例如，8000 架揉茶机的产量就足可抵得上 150 万人的手工劳动。又如过去中国人烘茶必须使用上等木炭，每磅茶叶需耗木炭 8 磅，机器烘茶则不拘燃料品种。如用煤，每磅茶叶只需四分之一磅即可烘成，大大降低了成本。在 1872 年甲克森发明揉茶机以前，阿萨姆茶叶的每磅成本为 11 便士，到了 19 世纪末，降至 3 便士，甚至更低。[②]

上述各种制茶机器很快被推广。马歇尔子公司（Mashall Sons & Co.）所生产的甲克森制茶机遍销各个产茶国，大卫森公司（Davidson & Co.）的西罗科机械工厂（Srirocco Engineering Works）在许多国家都设有分厂，生产大卫森发明的各种制茶机。使用这些机器大规模发展茶叶生产的主要国家则是印度和锡兰。

锡兰是 19 世纪 40 年代初才开始试种中国茶树的，1866—1867 年首次出现于伦敦市场的锡兰茶，就是武夷茶种的产品。1875 年，锡兰开始商业性茶叶生产，当年，锡兰茶园面积仅 1080 英亩，到 1895 年便增至 305000 英亩。终于成为中国红茶在世界市场的第二大竞争者。

中国茶叶外销的最大主顾是英、美、俄 3 国。英国消费的主要是红茶，美国主要是绿茶，俄国主要是砖茶。印度阿萨姆和锡兰所生产的红茶对中国红茶的销路展开竞争，日本所产的绿茶则对中国绿茶的对美销路展开竞争。从 70 年代初叶以后，日本的绿茶输

---

① 乌克斯：《茶叶全书》第 1 卷，第 157—159 页。
② 乌克斯：《茶叶全书》第 1 卷，第 467— 490 页。

出飞速提高。上表说明，1893—1897 年日本的绿茶出口量较
1868—1872 年增长了 197%，可见日本绿茶在国际市场上对中国
绿茶的威胁也越来越严重。

**日本茶叶出口数量统计(5 年平均)**

1868—1897 年　　　　　　　　　　　单位:吨

| 年　　度 | 绿　茶 | 红　茶 | 砖　茶 | 合　计 |
|---|---|---|---|---|
| 1868—1872 | 7179 | — | — | 7179 |
| 1873—1877 | 11363 | — | — | 11363 |
| 1878—1882 | 16542 | — | — | 16542 |
| 1883—1887 | 18794 | 27 * | 14 | 18835 |
| 1888—1892 | 21567 | 46 | 12 | 21625 |
| 1893—1897 | 21351 | 35 | 56 | 31442 |

注：* 为 1865—1887 年 3 年平均数。

资料来源:《世界大百科事典》第 20 卷，第 184 页。

## 六、国际生丝生产的现代化

中国是首先发明育蚕制丝的国家，但是到了 19 世纪，中国只
是向世界市场大量供应生丝的国家，而不是惟一的供应国家。19
世纪六七十年代以后，随着西方产业革命的新高涨，西方丝织业的
生产技术也有所革新，提高对生丝的需求量，从而也就促进了蚕丝
业的科学化和机械化，法国和意大利更走在前列。

法国是欧洲最大的生丝消费国，在 19 世纪 40 年代，法国
产茧2500 万公斤，不足自给，必须从意大利和近东输入生丝。
50 年代，法国发生蚕瘟，产茧量一落千丈。在 1856—1866 年

间，法国年平均产茧量刚超过700万公斤，其后直到1894年的20多年里，只有1870年等很少年份恢复到1000万公斤，多数年份都维持在低水平上。1869年，苏伊士运河的通航，为法国的生丝消费提供了大量的远东供应，其时法国的生丝自给率不足二十分之一，其余取自欧洲和近东的约15%，取自远东的约80%。美国的生丝需求，主要也取自远东。远东的生丝供应，起初来自中国，后来日本逐步代替了中国。① 日本生丝对中国生丝的排挤，是日本缫丝业资本主义先进生产制度对中国缫丝业落后的农家副业的胜利。

日本缫丝业的资本主义生产方式和中国一样，是在19世纪的70年代初期同时起步的。日本的快速发展，一则是由于日本所由以出发的基础高于中国，再则是由于日本政府对缫丝业的资本主义发展给予了大力支持。

时至19世纪中叶，中国蚕茧生产的商品化程度还很低，缫丝业还是一种蚕农的家庭副业。但早在18世纪30年代后期，日本的秋田地区就已出现了养蚕和缫丝的专业化分工。70年代的信州地区，已出现了"放茧收丝"的"贷锅代缫"制度，这可以视为资本主义生产关系的萌芽。进入19世纪后，秋田的有些地方，蚕茧生产的商品率高达50%；上野、下野、信州等地，有些富裕农户发展为资本主义包买主。1855年左右，上州的有些地方，出现了利用水力发动的资本主义手工缫丝工场，所雇女工达30人之多。从对外"开关"的1858年到明治维新的1868年这10年间，是包买主

① 克拉潘：《法德的经济发展，1815—1914》（J. H. Clapham, The Economic Development of France and Germany, 1815—1914），第252—253页。

制度的进一步发展时期。① 维新以后,日本资本主义的发展就是
在这个基础上接力前进的。

这种接力发展是在明治维新后全新的政治经济条件下前进
的。原来在 17 世纪以后的 200 多年里,商品货币经济的发展加速
了日本的阶级分化,幕府诸藩的财政破产了,他们领有的下级武士
贫困无依,而商人则大发其财,有人说,日本财富的 70% 都集中在
大阪商人手里。在这种情况下,下级武士就成为率兵倒幕的急先
锋和领导人,商人则为他们的军事行动提供经济支援。有人说,所
谓"王师"所需要的贷款,"大部分都是三井所提供的"。这种"日
元和宝剑"相结合的势力所建立的明治政府,对封建制度进行了
全面改革。他们摧毁封建割据的幕府诸藩统治,建立中央集权的
统一政府,为资本主义的发展创造了必要的政治前提。他们废除
领主的特权制度和秩禄制度,废除了人身等级制度,肯定全国人民
的职业、居住和迁移、婚姻、财产的所有和处理等自由,这就为资本
主义的发展创造了所谓"市民自由"。他们废除幕府诸藩所设置
的关卡,废除商业垄断和封建行会制度,统一币制,开设银行,修复
港口,设置灯塔,促进海上交通的发展,这就为国内统一市场的形
成创造了条件。他们强制实行义务教育制度,并进一步发展中高
级科学文化事业。这就为资本主义的发展提供了科学技术
人才。②

明治维新政府对日本资本主义的推进作用,固然在于它打碎
了阻碍资本主义发展的封建束缚,同时也在于它引进了西方的资

---

① 徐新吾、韦特孚:《中日两国缫丝手工业资本主义萌芽比较研究》
《历史研究》1983 年第 6 期,第 135—142 页;守屋典郎著,周锡卿译:《日本经
济史》,第 17—18、27—28 页。

② 诺曼著,姚曾廙译:《日本维新史》,第 21、27、29、32、51、63、97、99
页。

本主义先进事物,尤其是西方先进的生产技术。1868 年 3 月 14 日颁布的根本大法,即所谓"御誓文",全文只有 5 条,其中有一条就说,"应求知识于世界,大张皇基"。① 把向西方学习提高到"大张皇基"的高度加以强调,可见其多么重视。到了 1871 年,维新政府终于派出一个 48 名高级官员组成的庞大使团,走访欧美 12 个国家,历时达 1 年零 10 个月。该使团使国家最高领导层中一半的人坚定地树立了一个观念,即把西方资本主义的现实,作为日本今后追求的理想。②

明治政府为实现西方式经济模式,从两方面为培养西方式资本主义生产事业建立温室。一方面,从西方延聘教师和技工传授先进技术,并选派优秀青年到西方去学习先进科技,回国推广;另一方面,为改变私人不敢冒创业风险的迟疑态度,由政府出资创办新式企业,而当这些企业规模具备,业务发达以后,又低价出让,改归民办。1880 年的《工厂转让概则》便体现了这个原则。③ 具体到现在所讨论的缫丝工业,这两方面的温室都发挥了很大的作用。

生丝出口一向是日本出口商品的最大宗,在抵补贸易逆差上有极大的作用。但幕府末期以后的粗制滥造,败坏了生丝在海外的声誉,致明治初年,生丝的出口迅速下降。1868 年,出口生丝尚值 625.3 万日元,占出口总值的 40.2%,到 1872 年,降至 500.5 万日元,只占出口总值的 30.6%。因此,明治政府在维新之初,便十分重视生丝生产的现代化,如颁布多种取缔规则,由通商司和国立银行给丝业经营者以贸易、金融上的便利,授予士族以生产资金,

---

① 诺曼:《日本维新史》,第 93 页。

② 井上清:《中国的洋务运动和日本的明治维新》,《近代史研究》1985 年第 1 期,第 223—224 页。

③ 诺曼:《日本维新史》,第 128 页。

奖励他们创办企业,举办旨在促进生产发展的劝业博览会和共进
会,等等。政府为发展养蚕业和提高生丝质量,于 1884 年设立东
京蚕瘟研究实验所,1885 年组织丝业公会以监督生产,1886 年颁
布蚕种科学检验条例,设立蚕桑学校和巡回检察员。此外,政府又
率先致力于西方技术的引进,聘请西方技师和派遣青年到西方留
学。1870 年,政府从法国进口机器设备,聘请技术人员,在群马县
的富冈开设了"官营模范工厂富冈制丝厂",于 1872 年开工生产
时,令全国士族的妻女 400 余名入厂学习操作。该厂的主要目的
就是学习法国先进的机械缫丝技术,将其普及全国。该厂并无营
利,但普及先进技术的目的"是充分达到了"。到 1893 年,这家缫
丝厂既完成历史使命,便以极低的代价转让给了三井,而政府所开
办的福冈制丝厂则早在 1887 年就已转让给同一家公司了。①

　　不过,引进西方先进的缫丝技术的日本资本主义缫丝业,开始
并不是使用机器动力的现代化大工业,而是使用人力或天然能源
发动的工场手工业。1870 年创设的富冈制丝厂、前桥制丝厂、筑
地制丝厂等,都是把法国和意大利的缫丝机械和日本原有手工缫
丝技术结合起来的折衷制丝技术。当时把这种既简单又实用的缫
丝法称为"机器制丝",实际都是工场手工业的资本主义组织形
式。② 由于这种新型工场手工业是一种在原有包买主制度和工场
手工业基础上接力前进的组织形态,又由于小野组商业资本的大
力支援,这种形态在维新开始后的十年间获得了很大发展,长野、
岐阜和山梨等地尤其如此。1879 年的一份调查说,日本全国雇用
10 人以上的缫丝场(厂)共 666 家,丝锅(釜)16856 具,其中使用
蒸汽动力的仅 4 家,使用水力的 552 家,用人力发动的还有 110

---

① 　守屋典郎:《日本经济史》,第 66 页;诺曼:《日本维新史》,第 129 页。
② 　楫西光速等著,阎静先译:《日本资本主义的发展》,第 47—48 页。

家,全部工人19113人。①

日本的丝业生产,为了克服粗制滥造的旧传统,不仅从西方引进先进的缫丝技术,还多方设法改进传统的生产技术和经营方式。从1877年起,福岛和群马县的制丝业者和批发商就已开始精选联合工厂和坐缫户的生产成品。1878年后,以上州为中心发展了"改良坐缫制",既改进了生丝质量,又提高了缫丝产量。福岛地方又发明了脚踏机,以"折叠丝"代替原有的"枪丝",也提高了生丝质量。② 而丝厂也联合起来进行统一贩卖、包装和运输。丝厂为提高产丝质量,且按产丝的质量等级确定工资等级。③ 1885年,政府颁布蚕丝业同业组合准则后,各府县蚕丝业同业组合便强迫制丝户加入组合,将生丝送到横滨检查,只有质量合格的生丝,才准许出口。④ 这样,到了1894年,经过改进技术的所谓机械制丝便占到生丝总产量的57%。⑤

起初,日本的出口生丝本来也以法国为最大主顾,以法国和意大利的生丝为竞争对手,但到了80年代,日丝的对法输出增长速度减慢,甚至呈现下降趋势,而对美国的输出增加很快。美国的丝织业是从70年代以后开始发展起来的。1877年太平洋轮船公司对中国航线的开辟和1879年美国横贯大陆铁路的通车,为日本生丝的对美销路打开了大门。下页表说明日本生丝对欧美的输出情况。

据此可见,在明治维新以后的30年内,日本的生丝出口增长了281.5%,而增长的速度,对美出口大大超过对欧出口。期初的

---

① 徐新吾、韦特孚:《中日两国缫丝手工业资本主义萌芽比较研究》《历史研究》1983年第6期,第146页。

② 守屋典郎:《日本经济史》,第67页。

③ 赫巴库克等:《剑桥欧洲经济史》第7卷下册,第173—175页。

④ 守屋典郎:《日本经济史》,第93页。

⑤ 野吕荣太郎著,张廷铮译:《日本资本主义发展史》,第227—228页。

1868—1872 年间,对欧出口平均每年占总出口的 97.6% ,对美出口只占 2.4% ;而期末的 1893—1898 年,则倒过来,对美出口占总出口的 54.7% ,对欧出口只占 45.3% 。与此同时,日本生丝的在美销路,日益严重地排挤中国生丝,并于 1885 年超过中国,占据美国进口生丝的第一位。①

**日本生丝出口数量统计(5 年平均)**

1868—1898 年　　　　　　　　　单位:包

| 年度 | 欧洲 | 美国 | 共计 |
| --- | --- | --- | --- |
| 1868—1872 | 13066 | 328 | 13394 |
| 1873—1877 | 16271 | 470 | 16741 |
| 1878—1882 | 15929 | 6874 | 22803 |
| 1883—1887 | 15144 | 14052 | 29196 |
| 1888—1892 | 18049 | 23251 | 41300 |
| 1893—1998 | 23125 | 27976 | 51101 |

资料来源:早川直赖:《生丝与其贸易》(日文),1928 年,第 18 页。

## 第二节　中国市场的进一步对外开放

国际资本主义发展的新形势加强了国际资本主义入侵中国的政治经济实力;清政府对外既投降又投靠的方针政策,则顺从了国际资本主义入侵中国的各项要求。从 1842 到 1872 年这 30 年里,清政府和外国签订了 76 个不平等条约,使中国主权在多方面受到破坏;从 1873 年到 1894 年这 21 年里,清政府又和外国签订了 95 个条约,其中除中国和朝鲜的几个条约并未破坏中国主权外,其他

① 守屋典郎:《日本经济史》,第 91 页。

无不破坏了中国的主权。或者是新的破坏,或者是扩大既有的破坏,没有一个条约是收回中国已被破坏的主权的。这样,就从广度和深度两个方面扩大中国市场的对外开放,同时也导致了国际资本主义对中国市场的争夺。

## 一、边疆危机和陆路边境商埠的开辟

所谓边疆危机,是指外国入侵者对中国友邻国家的征服和对中国边疆地带的侵占,从而以征服和侵占的地带为根据地,向中国扩张侵略势力。那些被征服的友邻国家,本来和中国都保持政治形式上的宗藩关系,定期向中国朝贡。但是这种从属仅仅是交往礼仪上主从形式的关系,丝毫并不损害从属国家政治统治的独立性。中国从来没有像西方国家对待殖民地那样对它们进行直接统治;相反,中国和它们友好相处,还负有援助它们反侵略斗争的义务。

边疆危机是在投降派奕䜣、李鸿章等主管总理各国事务衙门以后出现的新形势。投降派对外抱定既投降又投靠的方针,就连自己的领土也难以保全,更谈不上援助朝贡国家的反侵略斗争。因此,边疆危机便导致外国入侵者在中国的国境以外建立入侵中国的根据地。

早在 1787 年,法国的百多禄主教就在上给路易十六的奏章里建议法国在印度支那建立法国殖民地,在战时,可以截止任何船只进出中国港口,在平时,可以开辟通入中国腹地的商道,把法国置于有利地位,削弱英国人在印度的商业,阻抑英国人把边界更向东扩展。[①] 到了第二次鸦片战争时期,法帝国主义武装入侵越南的

---

① 诺曼:《东京或法国在远东》(C. B. Norman, Tonkin or France in the Far East),转引自姚贤镐:《外贸史资料》第 2 册,第 704—705 页。

西贡,1862—1867年间,法国先后占领嘉定、永隆、河仙等省。
1873年,法国再犯河内。当时留驻在中越边境的中国农民武装黑
旗军曾在刘永福的领导下,应顺化阮氏王朝的要求,驰往河内救
援,大破法军。但阮氏王朝还是在法国的讹诈之下,于1874年和
法国签订《西贡条约》,承认法国对越南的中部和北部拥有"保护
权",并得在红河航行通商。法帝国主义丝毫不隐讳他们从越南
入侵中国的野心。例如1873年法国驻西贡总督就向本国政府阐
述侵入越南北部的意义,说是立足于和中国毗连的这个地区"是
与我们将来在远东的统治生死攸关的问题"①。1879年,法国驻
海防领事说,法国占领越南北部这个理想的军事基地,"一旦欧洲
各强国企图瓜分中国时,我们将是一些先到中国腹地的人"②。

到了80年代初,法国加紧征服越南。1883年,法国迫使越南
签订《顺化条约》,把越南的中部和北部沦为殖民地,当时法国的
外交部长坦率承认,"我们在东京(越南北部——引者注)的行动
所能获得的利益,主要将由中国领土的开放得来"③。所谓中国领
土的开放,当时指的是迫使中国把云南的蛮耗(后改为河口)辟为
商埠,以便法国势力的入侵。

法国对越南的征服,激起了两广人民对法国的愤慨,也引起了
清政府的忧虑。就在《顺化条约》签字后的一个月,广州人民因仇
恨法国人的侵略行径,举行了反对一切外国入侵者的群众性大示
威,清政府也调集正规军履行援助越南的义务。于是从1883年
12月起,中法双方便在越南前线发生正面战斗。1884年8月,法

①　鲍尔吉:《马格里传》,第363页。
②　伊罗神甫:《法国—东京四十乙录》,第25页,转引自陈辉燎著,范宏
科等译,《越南人民抗法八十年史》第1卷,第71页。
③　邵循正等编:《中法战争》第7册,第178页。

军进袭台湾基隆,把战火引向中国本土;同月,法舰队又突袭福建马江,毁中国兵船 11 艘,商船 19 艘。不过 1885 年 3 月,清军却在镇南关至谅山之役中歼法军千余人。就在这次陆上大捷后的 4 月 4 日,以李鸿章为首的投降派在巴黎和法方签订"停战条约";接着,在 6 月 9 日又和法方在天津签订《越南条款》。这个条约切断了中越的传统关系,使越南沦为法国的独享禁区。

在经济方面,《越南条款》规定中国边境的保胜以上和谅山以北两处许法商居住通商,由法国派驻领事官。此后中法又于 1886 年 2 月签订《越南边界通商章程》,于 1887 年 5 月签订《续议商务专款》。《专款》基本上都是对《章程》规定的具体化,也有扩充。

1886 年的《越南边界通商章程》第一条重申 1885 年《越南条款》关于保胜以上和谅山以北两处准予通商的规定。1887 年《续议商务专款》的第二条把保胜以上定为广西的龙州,把谅山以北定为云南的蒙自,但又说,蛮耗系保胜至蒙自的水道必由之处,亦辟为商埠,与龙州、蒙自无异。这就在南中国的边境打开了三个大门。

《通商章程》第五条规定,"法国人及法国所保护人与别国居住北圻人等,欲行过边界入中国者",只要取得中国官员所发护照即可通行。这就把和北圻接壤的中国陆路边界一切地方,开放给任何法国和法属各国人自由进出,只要取得中国护照即可。

《通商章程》第六、第七两条规定,洋货进入广西和云南边关,按中国海关所定进口税则减纳五分之一;自边关出口土货,按海关所定出口税则减纳三分之一。在《商务专款》第三条上,又把进出口税改为减纳十分之四。在文字规定上,这种减税制度对一切外商都是一视同仁的,但越南既成为法国的禁区,这些当然就都是对法商的特殊优待。

《通商章程》第八条规定,凡进口洋货在边关已纳进口正税后,未经拆动抽换者,在 36 个月之内,欲转运另一边关进口者,应由中国关署发给正税"免单"或"存票",到另一边关进口时,可用"免单"或"存票"抵纳进口正税;欲转运中国通商各口则交纳进口正税,不得以"免单"或"存票"作抵。第九条规定,凡土货已在边关完纳子口税和出口正税后,欲转运另一边关进口时,应在该关交纳复进口半税;若转运通商海口者,则交纳进口正税。凡土货自海口运经越南至边关进口者,则照洋货一律交纳进口正税;诸凡这些转口的土货,欲销入内地者,都交纳子口半税。这一切都是重税转口土货和优待转口洋货的规定。

就在法国从越南向中国伸手的同时,英国也从缅甸向中国伸手。1868 年,英国派出探险队,从八莫进到云南的腾越,探测路线。当时云南的回民正在进行反抗清王朝的大起义,这个探险队在腾越和回民首领达成口头协议,建立互市贸易关系。英国资产阶级把"中国西部几千万主顾"看成是"最大的未开辟市场",迫切要求从缅甸进入云南的中国"后门"。1872 年 9 月,英国各地商会联合会向英国政府指出,"虽然大不列颠和中国有了很长时间的通商关系,但和中国疆土之辽阔,人口之众多相比,英国货对这个帝国的输出是极其有限的,因为这些货物只能通过中国极为遥远的海岸通商口岸输入",所以要求政府拟定和中国西南各省建立商务关系的"最好办法"。他们所说的"最好办法"就是超过缅甸进入云南边境的"后门"。①

1873 年,云南回民起义失败后,只隔一年,即 1875 年 2 月,英国便再次组成探险队,考察八莫至云南的路线,同时,英国使馆译员马嘉理(A. R. Margary)②则以游历为名,经内陆前往云南和探险

---

① 伯尔考维茨:《中国通》(英文本),第 113、119、120 页。
② 王绳祖:《马嘉理案和烟台条约》,第 117 页。

队会合。缅甸探险队员连同护送士兵共近 200 人,引起了中国边民的极大疑虑,以致马嘉理在云南边境的蛮允被杀死,探险队也未取得任何商务利益而回。

马嘉理的被杀,正好为英国提供了大事敲诈勒索的绝好借口。当时英国驻华公使威妥玛报告英国政府说,"我们怎么说或怎么做都好"。此人在谈判的一开始,就扯上和马案毫不相干的中英贸易问题,后来又不断提出损害中国主权的要求,一再以撤使、绝交、用兵相威胁。李鸿章则转过头来恫吓清政府,说什么"若果决裂,不仅滇边受害,通商各口先自岌岌莫保"①。最后终于 1876 年 9 月 13 日签订了《烟台条约》。

《烟台条约》第一端的第三节和第四节规定,云南边境和缅甸通商一节,中国方面于滇案议结折内,一并请旨饬下云南督抚和英国所派官员议定章程。英国方面,自 1876 年起 5 年内,派员驻寓大理或其他地方和中国官员随时商办。在签订《烟台条约》的 1876 年,英国的侵略势力虽已渗入缅甸,毕竟还没有把缅甸全境沦为殖民地。所以在《烟台条约》上,英国从缅甸入侵中国的意图,只有上述两条不很确切的规定。

另一方面,《烟台条约》却扩大中英不平等条约的现有规定,给予英商以进入中国腹地市场的许多新特权。有人评论说,谈判《烟台条约》的英国公使威妥玛为英国商人"争得了卜鲁斯在 1862 年所没有获得的权利"②。

正如法国入侵越南的意图之一是和英国争夺从中国南部边疆入侵中国一样,英国入侵缅甸的意图之一,也是从中国南部边疆入

---

① 李鸿章:《全书》,译署函稿,第 3 卷,第 47 页。

② 王绳祖:《马嘉理案和烟台条约》,转引自姚贤镐:《外贸史资料》第 2 册,第 684 页。

侵中国。英法的这一矛盾,随着法国对华的进一步侵略而尖锐化。
就在中法谈判《越南条款》的 1885 年,英国驻华代办欧格纳(N.
R. O'Conor)一再向总理衙门发出警告,不得让予法国"任何有损
英国利益的特权"。"如果法国要求任何边界上的商业利益,我们
就要求开放西江的贸易,作为补偿。"①因此,《越南条款》第七条
便出现了这样的规定,"由法国在北圻一带开辟道路,鼓励建
设铁路。彼此言明,日后若中国酌拟创造铁路时,中国自向法
国业此之人商办;其招募人工,法国无不尽力勷办。惟彼此言
明,不得视此条系为法国一国独受之利益"。中国是无权到法
国的越南殖民地去建造铁路的,所谓"日后若中国酌拟创造铁
路",当然是指中国在邻接越南的中国领土上创造铁路而言,
所谓"不得视此条系为法国一国独受之利益",显然是指英国
和法国享有同等权利而言。这一条是资本主义国家争夺中国
铁路建筑权的最早条约规定,所以法国商会联合会说,关于修
筑第一条中国铁路的对华贷款问题,在天津敌对银行之间,即
将开始一场斗争。②

也就在中法签订《越南条款》的 1885 年,英国铁路公司鼓吹
由上缅甸进入云南的宣传运动,达到了前所未有的热烈程度。③
又是在签订《越南条款》的同一年,英国攻占缅甸首都曼德勒。次
年,英国公开宣布缅甸为其殖民地。缅甸对中国也有政治形式上
的从属关系。在抗英斗争中,缅甸稔祚土司多次请求中国救援。
但清政府始终不敢履行救援义务,未能支持缅甸人民的抗英斗争,
以致缅甸完全沦为英国的殖民地。

---

①　伯尔考维茨:《中国通》,第 147—148 页。

②　伯尔考维茨:《中国通》,第 153 页。

③　伯尔考维茨:《中国通》,第 147—148 页。

中法《越南条款》是 1885 年 6 月 9 日签订的,同年 7 月 18 日英国便迫使清政府签订了《烟台条约续增专条》。1886 年 3 月 25 日中法签订《桂越边界勘界节录》,4 月 25 日中法又签订《越南边界通商章程》,同年 7 月 24 日英国也迫使清政府签订《缅甸条款》,9 月 11 日又迫使清政府签订《香港鸦片贸易协定》,而法国也于 10 月 19 日迫使清政府签订《滇越边界勘界节略》。次年,法国更迫使清政府签订《粤越边界勘界节录》(3 月 29 日)、《续议界务专条》(6 月 26 日)、《续议商务专条》(6 月 26 日)。并和清政府交换了《续议商务专条》来往照会(6 月 23 日)。这一切都说明,英法两个帝国主义从南部边疆入侵中国的竞争多么激烈。

1886 年 7 月 24 日,中英签订的《缅甸条款》第二条规定,“中国允英国在缅甸现时所秉一切政权,均听其便”。这就切断了中国和缅甸的传统关系,把缅甸划为英国的禁区。为了把缅甸建成入侵中国的根据地,英国还办了两件事情,其一是划定中缅边界,其二是取得云南边境的通商权。

为了解决这两个问题,英国迫使清政府在 1894 年 3 月签订了《续议滇缅界、商务条款》。关于边界的勘定,这个条约把英国在缅禁区固定下来。关于商务,条款的第八、第九两条规定,自签约以后 6 年内,中缅陆路通商,土货入缅,除食盐以外,概不收税,英缅货物入滇,除米以外,概不收税;其经由蛮允(后改名腾越)盏西过界者,土货入缅,按海关税则减收十分之四,英缅货入滇,按海关税则减收十分之三。同约第十一条规定,食盐不得由缅入滇,铜钱、米、豆、五谷不得由滇入缅,鸦片和酒不得出入。同约第十二条规定,中国货船可在伊洛瓦底江往来行驶,英国对此等货船所征税钞与英船无异。

在谈判《续议滇缅界、商务条款》过程中,英国为了和法国争夺西南地区的势力范围,坚持以中越边界贸易条款为蓝本①,清政府完全满足了这一要求。

英帝国主义从陆路向中国伸手,并不限于缅甸云南一路,他们还阴谋从印度向西藏入侵。早在 1841 年和 1855 年两年,他们就以锡克人和尼泊尔人的名义向西藏发动武装侵略了。1876 年,英国在迫使清政府签订《烟台条约》的同时,还签订《另议专条》。专条授权英国可以派员从北京出发遍历甘肃、青海或四川等处前往西藏探路。1879 年,达赖和班禅领衔,以全藏僧俗名义拒绝英人入藏。1881 年,英国把印度铁路伸展到大吉岭,使入藏交通大为便捷。1884 年,英属孟加拉政府财政厅长马科蕾(C. MaCaulay)窜到藏边的康坝宗窥探,筹划组织所谓"使团",前往西藏活动。1886 年,在关于缅甸问题的交涉中,清政府幻想以缅甸问题的让步换得英国放弃入藏。结果,英国同意撤销马科蕾"使团",在《缅甸条款》的第四条上,英国也放弃从北京入藏探路的权利。但1888 年,英军 2000 余人便占领了亚东等地。事情闹到 1893 年,清政府终于被迫和英国签订《藏印条约》。该约第一条规定,中国辟亚东为商埠;第四条规定,进出亚东的洋、土货免税 5 年,期满另议;又,在 5 年内,印度茶叶不得入藏销售,5 年后,中国对印茶所征进关税不得超过英国对华茶所征之税。这样,英国长期来蓄意从印度入侵西藏的阴谋,终于如愿以偿。

19 世纪前期,英国和沙俄就已在中亚地区争夺势力范围,这两个帝国入侵西藏和新疆是他们争夺中亚势力范围的延伸。英国对新疆和沙俄对西藏都未能深入,而沙俄对新疆却十分猖獗。

1871 年,沙俄乘阿古柏的骚乱,出兵占领伊犁。1878 年,左宗

---

① 薛福成:《出使公牍》第 6 卷,第 25 页,第 10 卷,电报,第 34 页。

棠最后肃清阿古柏势力后,收回伊犁,伊犁便成为确保西北边疆安全的关键。1879 年,由崇厚和沙俄签订的《伊犁条约》大失领土主权。1881 年 2 月,由曾纪泽和沙俄签订的《改订条约》和《改订陆路通商章程》,清政府以偿付银 500 万两的代价,收回《伊犁条约》所丧失的部分领土,另一部分仍被沙俄所吞并。后来,沙俄又通过1882—1884 年的《伊犁界约》等多次勘定边界线的条约,从中国夺去 7 万多平方公里的土地,建成为入侵新疆的根据地。在通商方面,1881 年 2 月的《改订陆路通商章程》第一条规定,在边界百里之内,准中俄人民任便贸易,均不纳税。这就是说,中俄边界全部开放贸易,其惟一限制只是在百里以内。第二条又规定,俄国商人前往蒙古及天山南北两路贸易者,须经章程所附卡伦过界,而章程所附卡伦竟达 35 处,实即无异于开辟 35 个商埠。

英、法、俄三国从中国的陆地邻国向中国伸手,形成中国陆上的边疆危机。在海上,开始明治维新不过几年时间,但历史上具有对外侵略传统的日本从 70 年代初就已向中国伸手了。在东部海疆,琉球是中国传统的朝贡国家,台湾是中国的神圣领土。1871年中日曾签订一个《通商章程海关税则》。这个条约许日商到上海、宁波、汉口、牛庄、广州、琼州、厦门、淡水 8 个口岸通商,尚未把中国对西方各国开放的全部口岸都对日开放,其第二十三条还禁日商到登州和牛庄两口岸贩运豆石、豆饼出口。关于对日进出口海关税则和 1858 年中英《通商章程善后条约:海关税则》的规定基本上一致,只有极少数例外,例如中英条约规定鸦片进口每百斤征税 30 两,对日则没有规定等等。

日本对中国的侵略野心很大,还阴谋从台湾和朝鲜下手。1872 年,日本强行封琉球国王为藩王,否认琉球为独立国家。1874 年,日本以 1871 年 50 多名失事琉球船民在台湾琅㺛(今恒春)被害为借口,声称和杀害事件有关的高山族所居住的台湾东

部地区不在中国版图之内,向台湾发动武装侵略。结果,李鸿章和
日方于同年10月签订了《北京专条》。这时,日本在经济实力方
面,毕竟羽毛未丰,所以他们在《北京专条》上,只以榨取对琉球被
难家属抚恤银10万两和日兵在台开支40万两为已足。不过,专
条明确指出,日本出兵台湾"原为保民义举"。这就迫使清政府明
确肯定琉球人为日本国民,切断了中国和琉球的传统关系。

朝鲜也是中国政治形式上的从属国家,中朝之间的和平友好
关系,远比中越、中缅、中琉更加密切。而长久以来,日本把入侵朝
鲜,进而以朝鲜为根据地入侵中国作为国策。1885年2月,日本
迫使清政府签订《天津会议专条》。专条的第三条规定,"将来朝
鲜国若有变动重大事件,中、日两国或一国要派兵,应先互行文知
照"。这就在条约上剥夺了中国救援朝鲜反侵略斗争的传统权
利。1885年后,日本对朝鲜的侵略步步紧逼。在1894年以前,日
本尚未在中朝边境取得什么入侵中国的特殊权利,到甲午战争以
后,地处中国东北边疆的朝鲜,终于逐步成为日本入侵中国的巨大
根据地,成为边疆危机中最为严重的危机。

## 二、腹地市场的进一步对外开放

在经济上,边疆危机所造成的灾难,并不限于陆路边境商埠的
对外开放,更加严重的,毋宁是西方入侵者乘机迫使清政府进一步
对外开放腹地市场。此中最突出的首推1876年的中英《烟台条
约》。

《烟台条约》第三端第一节规定中国准开宜昌、芜湖、温州、北
海4口对外通商;又大通、安庆、湖口、武穴、陆溪口、沙市6口,准
轮船停泊,上下货物,洋货有半税单者,照章查验免厘,惟外国商民
不得在此6口居住,开设行栈。外商经营进出口贸易,从来都依赖

华商进出大小城镇,不必自行到那些地方去居住,开设行栈。所以大通、安庆等6口限制外商居住的规定,实际上毫无意义,倒是无异于一举增开6个口岸,对外通商。

《烟台条约》关于子口半税制度的规定,后果尤其严重。外商居住通商口岸,依赖华商进出大小城镇,推销洋货,收购土产。在内地大小城镇和通商口岸之间运送货物,除运输成本而外,内地捐税构成商品贩运成本的重要负担。英国人早在1842年签订《江宁条约》时,就已注意到这个问题。《江宁条约》第十条规定"英国货物自某港按例纳税后,即准由中国商人遍运天下,而路所经过税关,不得加重税例,只可按估价则例若干,每两加税不过某分"。1843年的中英过境声明,对"路所经过税关,不得加重税例"解释道:"查中国内地关税定例本轻,今复议明内地各关收税,洋货各税,一切照旧轻纳,不得加增"。这两条说的都是进口洋货在内地课税问题,内地课税若干,只含糊其辞地说:"每两不过某分",和"照旧轻纳,不得加增",并未做具体规定。又1843年中英《五口通商附粘善后条款》第六条规定,英商在五口居住贸易,"不可妄到乡间任意游行,更不可入内地贸易"。这就是说,洋货只能由中国商人遍运天下,洋货在内地负税,采取按货源国籍征税原则,并非根据运销人的国籍征税,至于出口土货在内地如何征税,更没有任何规定。

1853年始创厘金制度以后,各省迅速推广,无论洋货土货,都逢关纳税,遇卡抽厘,负担十分沉重。因此,在1858年的中英《天津条约》上,英方强迫清政府承担义务,在第九款上明确规定,"英国民人准听持照前往内地各处游历、通商",在第二十八款上明确规定,"英商已在内地买货,欲运赴口下载,或在口有洋货欲售内地,倘愿一次纳税","准纳一次之课",其内地货则在路上道经之子口输交,洋货则在海口完纳,给票为他子口毫不另征之据"。

这些规定,是对第一次鸦片战争后所签各项条约的彻底否定。它否定了过去洋商不得入内地贸易的原则,放任洋商自由进出内地市场;否定了过去根据货源国籍考虑内地过境税的原则,改为根据运货人国籍发放子口税单的制度,凡外商均可领取,而华商则无权;否定了过去只对洋货考虑内地过境税的原则,改为洋货土货一律对待;明确规定子口税率不得超过进出口海关税 5% 的一半水平,即 2.5% 。这一切都大大便利了洋商深入内地市场,推销洋货,收购土产,大大加深了中国经济的半殖民地化。

优待洋商,重征华商的子口税制度,引起华商假冒洋商的活动,出现许多纠纷。1871 年,两江总督曾国藩为解决纠纷,宣布华商也和洋商同样有权领取子口税单,但在条约上并无根据。到了1876 年中英《烟台条约》第三端第四节上终于明确规定"不分华、洋商人均可请领"子口税单。从此,内地过境税制度便由行政措施变成了条约义务,后果十分严重。

《烟台条约》对领事裁判权又做了新的规定。该约第二端第三节说,通商各国审断中外交涉案件,只能就被告为何国之人,即赴何国官员处控告,原告为何国之人,其本国官员只可赴承审官员处观审。倘观审之员,认为办理未妥,可以"逐细辩论,庶保各无向隅,各按本国法律审断"。这一条是对 1858 年中英《天津条约》第十六款的解释。第十六款说,"两国交涉事件,彼此均须会同公平审断"。所谓"公平审断"的最后审断权究竟掌握在谁的手里呢? 如今把会同审断明确规定为:"观审"。所谓"观审",即无异于旁听。这就为领事裁判权包庇外国罪犯做了更加具体细致的规定,外国一切不法之徒可以更加为所欲为了。

1885 年 7 月,中英《烟台条约续增专条》第二条改变《烟台条约》第三端第三节对进口鸦片的征税办法:税厘并征,规定进口鸦片除征收海关正税每百斤 30 两外,另征厘金每百斤 80 两。鸦片既在海关交纳税厘后,便可通销中国全境,不再重征。

第五条又规定,外来鸦片在行销地方,拆包销售其应纳税捐,或当时所征,或日后所设,或由明收,或由暗取,均不得较土烟所纳税捐等项格外加增,亦不得别立税课。可见《续增专条》对外来鸦片和土产鸦片的竞争,又做了无微不至的规定。

沙俄通过解决边疆问题的条约,把通商势力向中国腹地深入得更远。在1881年2月《改订陆路通商章程》第二条上,中国许俄国商人运到蒙古及天山南北两路的货物,有未经销售者,准其运往天津及肃州(即嘉峪关)或嘉峪关以东内地销售。此项货物在路经张家口时,可酌留若干在该地销售(第四条),其运至天津销售者照海关所定正税减纳三分之一(第五条)。凡俄商运至肃州销售的货物亦减三分之一(第七条)。凡酌留张家口销售的货物,如已纳正税后销入内地,应交纳子口半税,如运往通州或天津销售,即不再纳税(第六条)。凡俄商由陆路运至天津之货物,再由海道运往通商口岸销售者,应在天津关补交原免三分之一的税银,到通商口岸时,不再纳税,其自天津销往内地者应纳子口半税(第九条)。俄商由天津贩卖土货回国者,应由张家口一路行走,在天津交纳出口正税,其由肃州贩运回国者,照天津一律办照(第十条)。俄国在通州贩卖土货经陆路回国者,照海关税则纳出口正税。第十条规定俄商在张家口贩卖土货经陆路回国者,只在张家口纳子口半税。

此外,1880年3月中德《续修条约》第一款规定,中国允许德商在吴淞口暂停,上下客货。这实际上无异于把吴淞口增辟为通商口岸,不过只是未许德国在吴淞口开设领事馆而已。

新约其他条款,最多的是关于船钞关税、厘金和其他捐税的规定。

中德《续修条约》第二款规定,中国允许德国船只已在中国完

纳船钞者,如开往"中国通商各口,或往各国口岸",在 4 个月限
内,均不重征。在第一章里,已经述及洋船进口,交纳一次船钞以
后,在 4 个月内不再重征的条约规定,但那些规定都指的是从中国
开往特定外国如越南、菲律宾、日本或俄国的尼古拉耶福斯克海口
至图们江海口而言,中德《续修条约》的这一款,把特定国家扩大
为"各国口岸",这使进口德船交纳一次船钞以后,在 4 个月期限
内,往来于任何外国港口,都不再重征船钞。这就大大减轻了在中
外各国进行贸易的德船船钞负担。不仅如此,同款还规定,德国夹
板在中国口岸停泊 14 日以外者,自第 15 日起,"即于应交正数船
钞减半"。

　　在第一章里,已经对千奇百怪的免税品目,进行过分析,特别
是所谓"家用杂物"和"船用杂物"几乎无所不包。1880 年 3 月,
中德《续修条约善后章程》的第八款对所谓"船用杂物"明确推广
到用于修理船只的各项杂物。这款规定说,"德商船厂应用杂物,
实系修理船只者,方准免税进通商口岸。一面由关派员进厂,将其
如何使用各物之处眼目阅看。如系制造新船,其进出口税则内所
载之货照税则办理"。"至开船厂者,必先赴关领照并具结保,结
内所注明各节,悉由该关妥议酌办"。据此,则实系用于修理船只
的一切物料,都可免税,其用于制造新船者,则须照章征税。这里
不去追问海关所派人员怎样识别同一物料究竟用于修船还是用于
造船的差别问题,所要指出的是,这一规定也就意味着中国给予德
商在中国领土上设厂修造船舶之权。洋商在中国开设船舶修造厂
是从 40 年代就已开始的,后来又开设进出口商品加工等一系列工
厂,都是并无条约根据的违法行为。通常人们都以为,在甲午战争
以后的《马关条约》上,中国才开始给予洋商在中国设厂权。其
实,在 1880 年 3 月的中德《续修条约善后章程》上,德商就已取得
在中国领土上建立船舶修造厂的权益了。

1882年4月,中国和英、法、德、俄4国所签订的《议定天津码头捐节略》规定,天津新关对华洋进出口各货所征的码头捐,中国得三分之二,英、法租界得三分之一,用作修路工程经费。这一条竟把天津中国政府对码头捐这样的财政收支权也开放给国际共管了。

### 三、内河航行权的进一步丧失

第一次鸦片战争后,不平等条约上关于广州至香港行驶洋船的规定,已经破坏了中国的内河航行权。不过,那只涉及珠江的很短一段航线。第二次鸦片战争后,清政府被迫开放长江沿岸的3个城市为通商口岸,很自然地便产生内河航行权的问题。外商除非取得内河航行权,就无从利用自己的先进的轮船设备,得心应手地运送洋货和收购土产。

1858年中英《天津条约》第九条规定,清政府许外国人取得外国领事馆所发又经中国地方官盖印的执照,前往内地游历、通商、雇船、雇人,装运行李、货物,但并未许外国人驾驶外国船只驶入内河未开口岸。相反,同约第四十七条说,"英商船只独在约内准开通商各口贸易,如到别处沿海地方私做买卖,即将船货一并入官"。据此,就在沿海,外国船只也不得到非条约口岸做买卖,其在内河,除条约所定口岸外,当然更不得私至任何处所做买卖。

但是,外商把船只驶入长江未开口岸做买卖的非法活动,早在天津订约的同时,就已开始。当时英国琼记洋行就派船到苏州,并越过清军封锁线,到太平军地区贱价收购茶叶;美商也到太平军占领区去收购太平军战利品和出卖鸦片。1862年,又有一艘外商小轮开到嘉兴和湖州去采办生丝。1864年,外商旗昌、鲁麟(Pustan & Co.)和吠礼查(Frazer & Co.)等洋行纷纷派出小轮,驶入内地,或搭客至苏州,或至棉花和湖丝产地收购土产。总理衙门发现后,便在 1864 年明令地方官员查禁。

外商当然是决不善罢甘休的。他们不断地制造舆论,向外国驻上海领事发出呼吁,歪曲《天津条约》第九条,要求撤销禁令。对此,就连千方百计疯狂侵略中国的英国驻华公使阿礼国也在 1868 年 5 月的私人信件里说,"条约以最明确的方式否定了外国船在内河航行不受限制的任何借口,……没有任何一个西方强国准许外国船只不受限制地驶入国内"。阿礼国还说,如果认为根据习惯就可以取得权利,不管这种习惯是出于什么原因形成的,"任何国家都不容许以违反该国法律的行动来解释该国法律和权利"。"像现在这样提出这样一种权利,不论是根据条约、国际惯例、传统或船籍,同样是缺乏根据的。"

事实上,外商的在华行动,在外国入侵者的政治声势和领事裁判权的庇护之下,从来不顾中国政府的任何禁令,自行其是。在掠夺内河航行权上,他们从 1864 年起,就不断地把船只驶入未开水道和非条约口岸,搭客载货;其轮船还横冲直撞,多次撞沉中国商船,沉没财物,溺毙人命,从来不受"船货一并入官"的惩处。1879 年,英国领事报告说,"为了取乐,艾利斯公司(Elles & Co.)的艾利斯先生,6 年来一向可以把他的游艇开往内河不同港口,凡可以通航的全部去过,从来没有受到过什么干涉"。游艇如此,商船也莫不如此。

不过,违约行动,毕竟不如取得合法行动的条约特权之能放开手脚。1867 年,上海英商向英国官方提交备忘录,要求在修约谈判中取得内河航行权,说是"关于内河航行权,……力量在我们手里,如果我们说轮船要开往内地,中国人既不能也不会加以阻止。……但是,把内河航运置于章程管理之下,还是有必要和合人心意的。总之,这个目的是否能够达到,问题完全以我们的意志为转移。因此,我们希望如果我们本国政府和当局施加压力,这个目的是可以达到的"。

然而英国政府比英国在华商人看得更远。这时,他们的对华政策是支持清政府维持政治稳定局面,以便进行经济侵略。所以英国政府只是训令英国代表在修约谈判中"劝告和诱导"中国政府允许内河航行,并举办铁路和电报;但是,"这些可希望的变更,不能用危及中国现在政府的稳定或内部的和平与安谧那样的紧张手段来压迫行事"。

在1867—1869年间,就是那个说过"没有任何一个西方强国准许外国船只不受限制地驶入国内"的英国驻华公使阿礼国周历通商各口,收集英商的各项愿望,向清政府提出多种要求。例如,增辟通商口岸(东北1口,浙江沿海2口,长江沿岸3口,广东沿海3口),长江、洞庭湖和鄱阳湖特许英国行驶轮船等。1871年,甚至有人提出,可以放弃沿海两三个小口的通商权以换取长江航行权,说什么"这样做的结果将使英国北部的制造品对中国的输出增加四倍"。支持这个建议的论调,则强调"中国市场对英纺织品开放的巨大重要性"。"除非我们为我们的商品获得新的出路——而中国不仅实际上是取之不尽的,而且几乎是剩下的惟一出路——否则我们的许多织布机和生产能力不久一定要闲置起来。"所有这些要求,都被清政府以内河行轮,"凡有华民,鲜不从此失业,……失业之后,铤而走险",婉词拒绝。阿礼国也碍于政府训令,并未使用"危及中国现在政府的稳定或内部的和平与安谧那样的紧张手段压迫行事"。因此,在1869年10月23日签订《新定条约》和《新修条约善后章程》上,只取得英商可以用"中国式样之篷桨篙橹各船"至内河运输货物之权。这个条约和英商的愿望相距太远,受到英商的激烈反对,英国政府未予批准。

事隔7年以后,出现了马嘉理被杀案。英国驻华公使威妥玛在烟台谈判中,终于使出"紧张手段"对清政府以撤使、绝交、用兵相威胁,在《烟台条约》上榨取了许多新的特权。除前面已经提到的破坏中国主权的许多规定外,就是内河航行权的攫取。

《烟台条约》第三端第一条规定,关于重庆辟为商埠问题,"俟轮船能上驶后,再行议办"。1890 年,李鸿章回顾他在谈判中的心情说,"威使必欲重庆通商,广运川滇之货。鸿章忆及同治八年(1869 年)赴川查案,往来蜀江两次。自夔州下至归巫,险滩林立,民船迂回绕避,然犹触礁即碎。轮船迅急直驶,断难畅行。故设词以难之曰,俟轮船上驶后,再行议办"。李鸿章的逻辑,十分令人发噱。在他看来,轮船一经开航,既不可能缓行,又不可能转弯,那么轮船到岸时,岂不是要一直冲上码头吗?

英国一向把长江流域看成是它的势力范围,马嘉理案虽因英国力图从缅甸入侵中国而起,但在解决马嘉理案的烟台条约上,英国对滇缅(甸)边境贸易上,并没有取得多大的进展,他们所得最多的是在长江流域。在深入川江方面,条约给予他们宜昌开埠权,有条件的重庆开埠权和川江航行权。他们的目的显然是通过重庆把势力深入到四川、云南、贵州三省,和法国争夺西南地区的势力范围。

《烟台条约》一经签订,英国入侵者立刻就行动起来。从 1877 年开始,他们就"驻寓"宜昌,把那里经营成货物转运站。同时,多次派人勘察宜昌以上的川江水道,积极准备把轮船驶入川江。早在 1877 年 6 月,英国人贝德禄(Baber)就向汉口英国领事报告过有关险滩的情况。起初,英国人对轮船是否能够上驶川江,也有不同意见。例如 1880 年英国驻重庆领事史盘斯(Spence)说,他曾在春、夏、秋、冬四季乘帆船往来宜渝,坚决相信"这条水道全年足有 9 个月的时间可以毫无阻碍行驶小轮,其余 3 个月,也可以用通常的方法帮助轮船过滩。史盘斯估计宜昌至重庆江面的帆船多至六七千只,说什么"中国人用他们笨拙的帆船都能到达的地方,而我们以我们的科学和能力却不能用轮船尾随而至,这能令人信服吗"? 但1882年,威妥玛的报告却说,"目前上行的轮船中还没有一艘进行宜昌以上的航行。据我所知,最大胆的一艘也曾知难而退,因为它惟恐宜昌以上的急流是不可逾越的障碍"。

不过,川江行轮的利益是十分诱人的。1886年《捷报》上的一份报道说,在四川住了3年的霍西(Hoise)说,中国帆船在宜昌到重庆之间运输货物,每吨最低运费70先令,所运货物不下24万吨。所以单是运费收入就不下100万镑。到1884年12月31日为止的5年间,单是凭子口税单运至重庆的洋货,平均就值75万镑,不领子口税单的土货还不在内。至于险滩问题,霍西说,这段航道上真正称得上是险滩的只有一处。1881年12月,他乘吃水3—4英尺的帆船安然渡过,同样吃水而有特殊构造的轮船,当然也能安然渡过。不仅如此,轮船自重庆上驶,还能远达泸州、叙府、嘉定和合川。

然而促使英国人更加急于入侵川江的,还是英、法对中国势力范围的争夺。1885年中法战争后,法国迫使清政府签订了多项条约,取得从越南入侵的许多特权,因此,英国也迫使清政府签订了多项条约,取得从缅甸入侵中国的许多特权。英国为了和法国争夺两广的势力范围,从1886年起,就多次向清政府提出要求,开辟梧州为通商口岸,开放西江的航行水道。这些要求到1897年的《续议缅甸条约附款》上才得到满足。

中法战争后,英国更加急于进入川江,和法国争夺四川、云南和贵州的势力范围了。

也就在1886年,英国商人便已造成一艘轮船,长175英尺,宽35英尺,装配两副推进器以便逆流上驶重庆。这艘船开到镇江,镇江海关说它没有行船执照,未予放行。

　　最后打通川江航道的是一个名叫立德（Archibald J. Little）
的英国人，此人于 1859 年来到中国，起初只在香港禅臣洋行
（Siemssen & Co.）当一名茶叶品尝员。1860 年，英法当局公开宣
称他们和清政府站在一边，"保卫上海"。1862 年，立德加入外国
流氓所组织的"洋枪队"和太平军作战，接着便窜到浙江、江西、安
徽内地，出入清军和太平军防线，采购丝茶，几乎到处挨揍。1884
年，立德经营起汉口至宜昌的航运生意。1885 年，立德跑到并非
对外通商的打箭炉和松潘去设立行栈，收购羊毛，并要求清政府发
给他在宜昌至重庆行驶轮船的执照。当时英国驻华代办欧格纳全
力支持他的计划，说什么"对待像中国人这样的人，提抽象的问题
是没有用的，你只管把船造好，然后开来提出要求，保管没有问
题"。

　　1887 年，立德集资 1 万英镑，组织一家川江轮船公司（Upper
Yangtze Steamship Navigation Co.），向英国订造特制小轮。这艘小
轮长 160 英尺，宽 27 英尺，吃水 4 英尺 6 英寸，载货 350 吨，载客
92 人，于 1888 年年底在上海装配完工，取名"固陵号"。

　　早在 1887 年 6 月，英国驻华公使华尔身（J. Walsham）已正式
向清政府要求，发给"固陵号"行船执照。当时宜昌到重庆段的川
江纤工约达 20 万人。四川总督刘秉璋在发给湖广总督张之洞的
电报中说，立德行驶轮船消息传出后，"民船畏碰，群起哗然"。船
户的哗然态度使李鸿章也认为"难以虚言欺哄"，于是引起一场如
何赔偿损失的交涉。

　　在这场交涉中，清方先是提出必须"船货全赔"，而立德则坚
持要经过宜昌英领的"合法调查"才给赔偿，且最高不得过 1 万
两。面对其如此无理取闹的蛮横态度，清方提出每月许外商行轮
两天，暂时禁止帆船行驶，以免碰撞。而英方则坚持不限时日，每
于行轮时，"于岸旁悬旗示警，暂止民船"。这就等于让外轮独占

这段航道。李鸿章是有意退让的。但是他说,"虽欲姑且含糊,怎奈百姓不肯含糊何"?

这场交涉于 1889 年冬,根据赫德的意见,达成协议,1890 年 3 月中英《新订烟台条约续增专条》第一条规定,"重庆即准作为通商口岸,……英商自宜昌至重庆往来运货,或雇用华船,或自备华式之船,均听其便";第五条又规定,"一俟有中国轮船贩运货物往来重庆,亦准英国轮船一体驶往该口"。英国为什么放弃蓄谋已久的川江行轮阴谋呢?后来为赫德作传的莱特说,赫德比(川江轮船)公司和英国政府更清楚地懂得,坚持下去,"就会招致地方叛乱"。可见还是从维持清王朝政治统治的稳定局面更便于深入侵略的观点出发的。李鸿章和赫德的口头谅解是在 10 年以内,立德不再试航川江。同时,清方又以 23400 镑的代价收买"固陵号"轮船和立德在宜昌的地皮。这就是说,立德以 1 万英镑资金开办的川江轮船公司,在两年的时间内,获得 134% 的暴利,李鸿章对这个结果,深为满意,他说,"明知立德赚银不少,实属万分周旋,姑求十年无事"。但是仅仅在 8 年以后(1898 年),立德便把他的"利川号"小轮开到重庆去了。①

在英国蓄意破坏中国内河航行权的同时,沙俄也把手伸向东北内河。

沙俄的这项行径,早在 1858 年签订《爱珲条约》时,就已开始。该约第一条规定,"由黑龙江、松花江、乌苏里河,此后只准中国、俄国行船,各别外国船只不准由此江河行走"。此后,沙俄官商于 1863、1864、1866、1868、1869、1879 年各年,前后派遣轮船驶

---

① 以上所据史料,都转引自聂宝璋:《中国近代航运史资料》,第一辑,1840—1895 年,上册,第 349—382、397—430 页;又《川江航权是怎样丧失的》,《历史研究》1962 年第 5 期,第 131—136 页。

入黑龙江和松花江,到达三姓、黑河口、呼兰河口各地,或要求清方
为其"沿途预备柴木",或探测水道深度,或"观绘山川形(势)",
甚至在黑龙江夹心滩刈草种地。这些活动,有些因中俄双方对
《爱珲条约》"讲解各异",受到清方的阻挠;有些则不顾清方的拦
阻,悍然自行其是,1879年那次进入松花江,且买得小麦650吨而
去。到了1879年10月2日签订《伊犁条约》的当天,又签订了
《爱珲专条》,终于明确规定,《爱珲条约》关于行船、贸易的规定,
"仍旧全留不改";至"开办行船、贸易等事,于两国未经商定之前,
准许俄民在松花江行船至伯都讷,并与沿江一带地方居民贸
易,……中国官员并不阻止"。据此,则俄商便有权在松花江行驶
轮船,与沿江一带居民贸易,并无是否通商口岸之别,随处都得贸
易。这是洋商在长江沿岸所不得享受的更大自由。除黑龙江和松
花江、乌苏里江外,1872年,沙俄代表还向清方要求用小火轮自天
津运货至通州,没有得逞。

## 四、澳门主权的破坏和九龙、
## 拱北海关行政权的丧失

清政府对外既投降又投靠政策的一个典型事例,是1887年3
月26日中葡里斯本的《会议草约》。这个草约在国际关系史上形
成一个在并未发生战争,也未以战争相威胁的条件下,一个国家通
过和平谈判割取另一个国家领土的奇异现象。通过这个草约,当
时并没有强大政治、经济、军事实力,本身尚在英国保护之下的小
小"大西洋国"(即葡萄牙),在事实上割去了中国的神圣领土澳门
及其附属地,并把一直在中国官员管辖之下,并非条约商埠的九龙
和澳门附近的拱北两个地方的关卡交给外国在华代理人的海关总
税务司去管理,断送了这两个地方的海关行政权。

　　葡萄牙人在建立东方殖民帝国的过程中，于 1553 年贿赂广东海道副使汪柏，租得澳门，在澳门定居。从那以后的 300 余年中，澳门一直是窝藏海盗、贩卖奴隶、蓄养娼妓、走私贩毒、群魔乱舞的黑窟。但中国政府对澳门并未丧失全部行政管辖权。第一次鸦片战争后，在清政府的对外投降政策之下，澳门的葡萄牙人于 1849 年抗不交租，侵占莲花茎关闸以内的土地，封闭中国税关，实际上全面掠夺了中国政府对澳门的行政管辖权，把澳门沦为葡属殖民地。但这一切并无条约依据，中国一直保有土地原主权，还不能算是正式割让领土。

　　1887 年的中葡《会议草约》是英国和葡萄牙争夺在华利益的产物。原来中国政府在拱北和九龙两地，都设有关卡，征收进出口货税，对进出澳门的货物，按国内商货征收常关税，税率较轻，对进出香港的货物，按外国商货征收海关税，税率较重。这个税率差别，把澳门的葡萄牙人置于远比香港英国人更加有利的地位。事实上，澳门连接拱北，往来走私，由来已久；九龙和香港仅一水之隔，走私也很猖獗。这两个地方的走私活动都在外国人的暴力庇护之下，清政府眼看两处都损失大量税收而莫可如何。

　　1885 年 7 月，中英《烟台条约续增专条》的第二条，改变 1876 年中英烟台条约第三端第三节对进口鸦片的征税办法，税厘并征，规定进口鸦片除征海关正税每 100 斤 30 两外，另征厘金每 100 斤 80 两。鸦片改在海关交纳税厘后，就可通销中国全境，不再重征。

　　中英《续增专条》为英国向中国出口的鸦片免除逢关纳税，遇卡抽厘的负担，并未触及香港至九龙和澳门至拱北的走私问题，也未解决九龙和拱北在合法贸易上的负税不均问题。1886 年 7 月，清政府为了在九龙实行税厘并征制度和防止走私，指派总税务司赫德和江海关道邵友濂到香港去和英国当局进行谈判。赫德自己报告他和邵友濂跟香港官方的初次接触

情况说,他们"被人看做是来求乞的叫化子"。香港官方提出,
要在九龙实行税厘并征制度和协助中国政府查禁香港至九龙
的走私,就必须在澳门也实行同样的税厘并征制度,并使拱北
对合法贸易也置于海关的管辖之下,和九龙征收同等水平的海
关税。为了满足香港当局的要求,赫德跑到澳门去和葡萄牙总
督罗沙(Thomaz de Souza Roza)进行协商,罗沙则提出协作以
中国承认葡萄牙人在澳门的永驻管理权为交换条件。用赫德
自己的话说,"为了谈判,我们必须答应签订条约,而任何条约
如果不用若干字句承认葡萄牙在澳门的地位,是决不会被(葡
萄牙)接受的"①。所以赫德便于 1886 年 8 月 10 日既未请示
总理衙门,又把邵友濂撇在一边,私自和罗沙签订一份《拟议
条约摘要》。"摘要"首先规定中国对葡萄牙给予片面最惠国
待遇的特权,接着开列四项"专条"。"专条"的第一条说,"中
国以葡萄牙国人居住澳门、并澳门所属之地业有 300 余年,现
允葡萄牙国永远驻扎管理,嗣后即凭此条为例"。其第二条
说,"葡萄牙国允按照此约续订之专条,会同中国在澳门设法
相助中国征收洋药税项事宜"。② 这就是说,中国以允许葡萄牙
人在澳门永驻管理为条件,换得葡萄牙在澳门相助中国征收洋药
税项事宜。

　　1886 年 8 月 30 日,赫德通知他的亲信金登干(James Duncan
Campbell)到里斯本去和葡萄牙政府谈判签订中葡条约。在条约
谈判中,赫德向总理衙门提出过备款赎回澳门的建议,被葡萄牙所
拒绝,葡萄牙向金登干提出过割让拱北的要求,被清方所拒绝,此

---

　　① 《赫德致金登干》1886 年 7 月 11 日,转引自中国近代经济史资料丛
刊编辑委员会编:《中国海关与里斯本草约》,第 3 页。
　　② 《拟议条约摘要》,《中国海关与里斯本草约》,第 9 页。

外还有其他一些问题,如引渡问题等等。总之,到了 1887 年 3 月 26 日,金登干终于以"大清税务司"的身份"代表中国政府"①和葡萄牙外交大臣签订了《会议草约》。该草约四条,都是以《拟议条约摘要》为蓝本。其第一条规定,今后将在北京互换修好通商条约,"此约内亦有一体均沾之一条",所谓"一体均沾"就是指的中国给予葡萄牙片面最惠国待遇的特权。其第二条规定"定准由中国坚允,葡国永驻、管理澳门以及属澳之地,与葡国治理他处无异"。所谓"永驻管理"当然就意味着割让。第三条规定,葡国若未经中国首肯,永不得将澳地让与他国。第四条规定,"定准由葡国坚允,洋药税征事宜应如何会同各节,凡英国在香港施办之年,则葡国在澳类推办理"。这一条为香港对九龙的查禁走私和合法贸易的税厘负担取得和澳门的同等地位。

中葡里斯本《会议草约》是清政府对外奉行既投降又投靠政策的一个突出事例。首先,实行税厘并征制度,如何防止走私,完全是中国政府的内政问题。但是清政府对外抱定投降政策,不敢触动外国亡命之徒的暴力走私,所以便又实行对外投靠政策,派遣英国人赫德代表中国政府去和港澳当局谈判这个内政问题。而赫德则并未请示总理衙门,并把邵友濂撇在一边,于 1886 年 8 月 10 日私自和葡萄牙总督签订了《拟议条约摘要》。赫德是迟至签订"摘要"以后一个多月的 10 月 27 日才向总理衙门报告他和港澳当局交涉经过并附送"摘要"的。赫德在报告里说,"欲得香澳两处之臂助,若不肯从澳门所请,似不可望。至通商条约写明澳门地方驻扎管理之请,伏思如此注写数字,并非格外允新异事,只系多年相沿之事,作为固有之事,该国并不能从若等字样内另生别事,

---

① 1887 年 3 月 31 日,《赫德致(葡萄牙)外交大臣》,《中国海关与中葡里斯本草约》,第 78 页。

而其字样又不能拦阻中国日后之事,且与两国今日欲办之事不无
用处"①。所谓"香澳两处之臂助",指的是香港、澳门当局协助查
禁走私,这种协助"若不从澳门所请",是"似不可望"的。这就是
说,赫德用香港和澳门当局协助查禁走私及清政府增加税收来源
为诱饵,骗取清政府割让澳门领土。但是,到了同年 12 月,赫德在
发给金登干的函件里,一则曰"我们本来可以不要香港和澳门的
合作","我们的缉私措施能作到很彻底,也就是说能够严重损害
澳门"(12 月 4 日);二则曰,"我们现在正不等候香港和澳门的合
作而完成洋药税厘并征的布置。缉私措施必定极其彻底"(12 月
10 日);三则曰,"明年二月一日,我将接管香港和澳门四周的关
卡,也就是所谓'封锁'港澳的关卡。如有必要,我就叫他们,特别
澳门,晓得这些关卡的厉害"(12 月 22 日)。② 可见在洋税务司管
理之下的九龙、拱北海关,只要洋税务司愿意,即使没有港澳当局
的协助,也是完全能够查禁走私的,能否禁绝走私的关键不掌握在
清政府手里,而掌握在洋税务司的手里。

葡萄牙方面曾经提出明确规定中国割让澳门及其附属对面
山、(拱北) 马溜洲等小岛的要求,使交涉暂时陷于停顿状态。
1887 年 9 月 26 日,赫德在发给金登干的函件里回顾当时情况说,
"总理衙门不肯有所牵动,我们不便强迫,以免谈判整个失败,只
有连哄带骗,下种以后,顺其自然,慢慢让它开花结果"③。"连哄
带骗",正是赫德操纵总理衙门使其在不平等条约上签字画押的
一套花招。试问,既然在"草约"上写明葡萄牙在澳门地方"永驻

---

① 《赫德呈总理衙门》1886 年 10 月 27 日,《中国海关与里斯本草约》,
第 7 页。

② 《中国海关与里斯本草约》,第 23、24、29 页。

③ 《中国海关与里斯本草约》,第 95 页。

管理"，"与葡治理他处无异"，那就意味着把澳门永久割让给葡萄牙，这种字样怎么"又不能拦阻中国日后之事"呢？

清政府指靠赫德去香港和澳门交涉中国的内政问题，赫德也就飞扬跋扈，为所欲为。此人早在1886年10月27日向总理衙门提出报告以前的8月30日，就已通知金登干到里斯本去谈判中葡条约了。就算赫德是中国政府派遣的对外使节，他也没有权利私自委派另一个对外使节和外国政府去谈判条约！然而金登干之充任中国政府的对外使节，却并不始于里斯本谈判。他早在1885年4月4日就以中国全权代表的身份在巴黎和法国政府签订结束中法战争的"停战条件"了。

里斯本草约签订后，赫德在1887年4月1日发给金登干的信里说，"草约终于签订了"。"我们给澳门的，对于中国不算什么，而对葡萄牙却所获甚大。"当时赫德正积极在非条约口岸的九龙和拱北设立海关，征收进出口税厘。所以，赫德又说，"这一次不小的扩大权势，看上去总税务司早晚可以管理通商口岸以外的事情了"①。请看，把中国的神圣领土实际上无异于割让给葡萄牙，居然"对于中国不算什么"。

中葡里斯本《会议草约》并不等于条约，但它约束中国和葡萄牙全权代表签订正式条约，以确认草约所达到的协议原则。到1887年12月1日，中葡终于又签订了《和好通商条约》、《会议专约》和《会订洋药如何征税厘之善后条款》3个条约。这3个条约的各项规定都是《会议草约》所定原则的具体化，或者以中外其他通商条约为蓝本。不过，有一点需要说明，《会议草约》第二条说中国许葡萄牙永驻管理澳门以及"属澳之地"。所谓"属澳之地"，

---

① 《中国海关与里斯本草约》，第79—80页。

葡方要求包括拱北、马溜洲、氹仔岛（Tyka）等六七个小岛，总理衙门认为"附属地反倒比澳门大，馒头比蒸笼还大"①，坚决加以拒绝，葡方终于被迫撤回关于拱北的要求。② 但所谓"属澳之地"究竟何所指，并不明确。对此，《和好通商条约》第二条规定，"俟两国派员妥为会订界址，再行特立专约"。实际上，签订《通商条约》以后，一直并未"会订界址"。

对"属澳之地"不做明确规定是赫德的又一个阴谋。在赫德看来，"葡萄牙'占领'澳门三百多年，按葡萄牙殖民地'治理'了四十多年，因此占领和治理已经很久，并且也是今天的事实。中国方面既无所举动以改变这局面，其他国家也派遣了领事而或多或少地加以承认。当然，也许中国有一天会找到葡萄牙而使这种局面无法继续维持。那是葡萄牙所害怕的一件事，既然害怕就要设法避免。简单说，中国现在所作的，就是'承认'了这局面并且不去变动它，让'事实'可以像以前一样维持下去，再加上一个'明文'——即答应给葡萄牙以一个文件——以取得葡萄牙对中国洋药征税工作的合作。葡萄牙方面承担了未经中国首肯决不滥用这个'明文'而出让澳门。这样双方政府的体面都照顾到了，除此以外，局面完全像过去一样"③。但是，赫德这样做，完全是"下种以后，顺其自然，慢慢让它开花结果"的诡计。用赫德自己的话说，葡方的地图对附属地的画法，包括许多总理衙门不敢答应的地方。

---

① 《赫德致金登干》1887 年 8 月 21 日，《中国海关与中葡里斯本草约》，第 93 页。

② 《金登干致赫德》1887 年 2 月 21 日，《中国海关与中葡里斯本草约》，第 60 页。

③ 《赫德致金登干》1887 年 4 月 1 日，《中国海关与中葡里斯本草约》，第 80 页。

"我认为目前最稳妥的办法是不指明附属地,先签立条约。条约的条款内有了'澳门及其附属地'等字样,将来日子一久,自会形成更有利(于葡萄牙)的东西。葡萄牙按约占据澳门和治理澳门已经没有疑问,到那时如有必要,再在纸面上规定澳门的附属地。谈判由总理衙门以全体名义参加,议妥以后,再选派两位衙门的大臣充任全权代表签署条约。"①请看赫德为葡萄牙谋划得多么周到细致而又长久!

## 第三节　外国银行对中国金融市场的控制及其对华资本输出

1870—1874 年间,中国每年平均进口洋货值 68868600 海关两,1890—1894 年上升到 144233000 海关两。同时期内,平均每年出口土货值从 66720000 关两上升到 107082600 关两。如此大量而迅速膨胀的进出口贸易,要求国际贸易资金的周转也有所扩张。本来,从事对华贸易历史悠久的大洋行都兼营中西汇兑,70年代中西电讯接通后,中西贸易方式的一项重要变革,就是由信汇向电汇的过渡,同时,汇兑业务也由洋行向银行过渡,银行逐步控制了中国的外汇市场。

在通商口岸内部,商业资金的周转业务,本来是由中国的钱庄经营的,贸易量扩大以后,资力薄弱的钱庄不得不以拆款方式向外国银行拆借大笔资金,应付市面需要。于是钱庄的命运便完全落入外国银行之手。从而,外国银行于控制外汇市场之余,又控制了通商口岸的本地资金周转市场。一句话,控制了通商口岸的金融

---

① 《赫德致金登干》1887 年 7 月 17 日,《中国海关与中葡里斯本草约》,第 91 页。

市场,操纵自如,兴风作浪,使中国经济的半殖民地性更加深化。

外国在华银行活动的另一个值得注意的现象是对清政府贷款的扩大。清政府向外商借款早在 50 年代就已开始,但那些借款数额小、借期短,基本上属于临时周转性质。到 70 年代以后,外国银行日益向清政府出贷为数庞大的长期借款,并在外国市场上发行中国债券。这就是说,外国银行已向中国进行资本输出了。

## 一、在华外国银行势力的扩张

在 1864 年以前,所有向中国伸手的外国银行,都是总行设在外国,从事宗主国对殖民地贸易的商业银行,主要是英国的商业银行,它们的名称就说明这一点。那个在 1845 年最早来香港和广州设立分支机构的所谓丽如银行,本来叫做西印度银行(Bank of Western India),总行先设孟买,后迁伦敦,1845 年来华后才改称远东银行(Oriental Bank),中文称为"丽如"。这家银行于 1847 年在香港发行钞票。这是流通于中国市场的第一批外国纸币。那个于 1851 年在广州设立分行的所谓汇隆银行,原文名叫印度商业银行(Commercial Bank of India),总行先设孟买,后迁伦敦。1855 年在上海设立代理处,1862 年又在香港、汉口、福州"开展业务"。这是最先侵入中国内地的一家外国银行,1866 年停闭。那个于 1854 年在上海设立分行的所谓呵加剌银行(Agra and United Service Bank),本来也是专营英国对印度贸易的殖民地银行,总行先设印度,后迁伦敦。1854 年,一家印度、伦敦和中国商业银行(Mercantile Bank of India, London and China)在上海和广州设立代理机构。1857 年,这家银行和亚细亚特许银行(Chartered Bank of Asia)合并成印度、伦敦和中国特许商业银行(Chartered Mercantile Bank of India, London and China)。这是在名称上标有中国字样的第一家银行,但中文名称叫做"有利"。有利成立后,立即在香港设立分行。1860 年又把上海的代理处改为分行。那个于 1858 年在香港设立代理处,又在上海设立分行的所谓麦加利银行,原文名称叫做印度、澳大利亚和中国特许银行(Chartered Bank of India, Australia and China)。1858 年后不久,麦加利就到汉口去设立代理处,成为汇隆以次向中国内地伸手的又一家外国银行。总计在 1845 年至 1860 年这 15 年间,以经营殖民地贸易为主的 5 家英国商业银行共在中国设立了 13 个据点。

1860 年到中国开设分行的法兰西银行(Comptoir D'Escompte de Paris)和法兰西火船公司是法国和英国在远东争夺殖民地经济利益的两大机构。它来华设立分行的目的是扭转从中国进口生丝路经伦敦转手的局面。但当时英国在华银行势力已经捷足先登,法国难以匹敌。

60 年代初,美国内战造成欧洲棉花供应危机,以致欧洲吸引中国棉花出口。在 1861—1864 年的 4 年内,本来以印度为主要活动地区的 4 家银行,即汇川(Central Bank of Western India)、利华(Asiatic Banking Corporation)、利生(Bank of Hinduston China and Japan)和利升(Bank of India)都向中国伸手。它们把在中国的分支机构看成是未来利润的重要源泉。但这是由异常的国际贸易形势所造成的一场投机浪潮。狂热的投机造成外汇市场的剧烈波动。例如在 1864 年的一次邮汇中,付邮时的银行汇率牌价为每元合 6 先令 6 便士半,而在邮船离埠前,汇率又回升到 6 先令 11 便士。"无论何时,只要有一家提高汇率四分之一便士,汇票的收进就会陡增 10 万—20 万镑。同样,降低四分之一便士,便会有人抛出一两百万镑的商业汇票。"银元和汇票的买卖,日以百万计,投机交易,有时延续到深夜,市场利率,经常保持在高水平上,从来没有低过 12%,高的时候达到 36%,整个 1864 年,上海的金融市场,

"没有一夜安宁"。高额的利润为银行股票带来大幅度的升水。
在投机达到顶点的 1864 年,一张面值 10 镑的银行股票,市价售至
25 镑,即升水 150%,有的银行股票升水近 200%。但是棉花危机
因美国内战的结束而复苏,伦敦的金融市场因危机的复苏而陷入
困境。1866 年,上海金融市场终于因伦敦金融市场的变动而发生
开埠以来的第一次金融危机。利华银行的股票行市由 25 镑下泻
到 4 镑;呵加剌银行因负债 1800 万镑被迫改组,它在上海的分行
则完全关闭了。在 1861—1864 年投机浪潮中进入上海的汇川、利
华、利生、利升 4 家新银行全部倒闭,就连先前进入中国的汇隆银
行也因股票"几乎一文不值"而破产。

1866 年的上海金融危机,导源于政治动荡的美国内战所引起
的棉花危机,形成于外国银行在上海所进行的外汇投机,引爆于伦
敦市场上的金融动荡,导致了上海外国银行的股票惨跌和破产。
这段历史表明,时至 60 年代前期,中国经济之被卷入世界经济体
系已经深入到这样的程度,它已不能不受世界重大政治经济动荡
所播弄,不能自主。但这个时候,外国银行的投机活动还只限于外
汇领域,金融危机的破坏力还局限于外国银行,尚未发现危机对上
海或全国性的商业金融市场出现严重破坏的记载。这表明,外国
银行资本的侵略还处在初期阶段。到 60 年代后期,情况就大不相
同了。

就在 1866 年危机的前夕,出现了一家以控制中国金融市场为
首要目的的汇丰银行。这是把总行设在香港的第一家外国银行。
不用说,总行设在香港就无异于设在中国。这家银行的最初投资
人都是"本地利益集团的业主和股东"。也就是在中国具有长期
侵略历史和多方面活动的洋行老板。它的发起书上明确写道,
"目前在中国的银行,只是总行设在英国或印度的分支机构,它们
的目的,局限于本国和中国之间的汇兑业务,很难满足本地贸易的

需要。……汇丰银行就要弥补这个缺陷"。它在发给英国殖民大臣的申请书上更说汇丰的目的在于满足一项性质极为广泛的绝对的需要,"需要用更为特殊的方式"去实现。后来的事实表明,所谓"性质极为广泛"的需要,就是经济活动的一切方面,其中包括政治借款;所谓"更为特殊的方式"就是控制一个半殖民地国家的金融财政命脉。

汇丰银行额定资本 500 万元,于 1864 年 7 月开始招股,"几乎每一个在香港、中国和日本做生意的商号和个人,都对它发生兴趣",以致在不到半年的时间内,便认满股份;1865 年 3 月,股款就缴足半数;4 月,香港总行和上海分行同时营业;同年,在香港发行纸币;次年,在香港殖民政府注册,正式成立公司组织;同年,在福州、宁波、汉口、汕头分设分理处;1867 年,在上海开始发钞;1868 年,把汉口、福州的分理处升格为分行。这家银行在 1865—1868 年的最初营业期内,年年获利,以致在 1868 年,股票便出现升水。1868 年 12 月,上海一家外国报纸评论说,"在东方的全部企业中,无论在发展的速度方面,在成就的可靠方面,在影响的广泛方面,在基础的稳固方面,在前景的美妙方面,很少有几家能赶上汇丰银行的"。进入 70 年代以后,汇丰迅速向各通商口岸扩张势力,计先后在厦门(1873 年)、烟台(1876 年)、九江(1879 年)、广州(1880 年)、北海(1880 年)、天津(1881 年)、澳门(1881 年)、打狗(1886 年)、北京(1889 年)、牛庄(1892 年)和基隆(1894 年)11 个城市开设分支机构。

70 年代前期到 90 年代前期的一个新的现象是,一些资本主义国家运用国家政权的力量支持银行资本向中国伸展侵略势力。例如,德国政府支持德意志银行(Deutsche Bank Aktien Gesellschaft)于 1872 年到中国设立据点,为后来的德华银行(Deutsche Asiatische Bank,1890)的入侵起了先锋作用。与此同时,法国政府所支持的法兰西银行则加强了它在中国的势力,把触须由上海伸向内地,在周转中法直接贸易,特别是生丝贸易上削弱了伦敦的中介作用。到了 90 年代,法国政府支持的东方汇理银行(Banque de L'Indo Chine)取代了法兰西银行,为法国银行资本的对华侵略,发挥了更为有效的作用。此外,日本政府支持的横滨正金银行和沙俄政府支持的华俄道胜银行也进入中国。在这个时期,英国的银行资本更加强其在中国的竞争。例如麦加利银行就加强其东方每一个子行的地位。"在剧烈竞争中,丽如银行和呵加剌银行虽被挤出中国,新的银行却还有所出现,这在 70 年代有德丰银行(National Bank of India, 1875),在 90 年代有大东惠通银行(The Trust and Loan Company of China, Japan and the Straits, 1890)和中华汇理银行(National Bank of China,1891)。它们在中国的活动时间,长短不一,但都力图扩大在中国的活动场所。"①只有美国的花旗银行和比利时的华比银行是迟至 1902 年才入侵中国的。总计在 70 年代以后的 20 多年内,各外国银行在中国已开设了 45 个分支机构,基本上遍及中国的通商各口,后来肆虐于中国金融市场的几个主要资本主义国家的银行资本,基本上都已在中国站稳了脚跟。

银行活动能量的大小,取决于它资本的多少。银行资金主要来自实缴资本、纸币发行和各项存款。我们不掌握这个时期各外国在华银行这些情况的全面统计,只能依据零星材料进行研究。

前面说过,丽如银行早在 1847 年就已在香港发行钞币。但是在很长时期内,中国人民对外国银行的纸币并不信任。在整个 50

---

① 《申报》1875 年 5 月 15 日,又 1890 年 11 月 23 日;《捷报》1875 年 5 月 15 日,第 467 页,又 1890 年 8 月 22 日,第 233 页;《字林西报》1891 年 9 月 8 日,第 239 页。

年代,丽如以外的其他外国银行都未发钞。1863 年上海市面开始有外钞流通,"但是上海的中国人不像香港的中国人那样,对钞票不大理会,因此,没有一家银行有过大量的流通额"①,一直到了 80 年代以后,外钞才逐步取得中国人民的信任。1881 年 6 月,上海的一家外国报纸说,"东方本地居民正年复一年地越来越欣赏一种对他们说来经常保持固定价值的通货"②。汇丰银行的钞票是在 80 年代初才进入汉口和天津的,在厦门,迟至 1878 年才开始发钞。但 1887 年,在厦门一隅所流通的外钞已达六七十万元,外商支付出口茶叶货价和本地人提取华侨汇款都已用银元钞票支付。到 80 年代末,汇丰银行的纸币在福州已普遍流行,并取代了福州有长久流通历史的钱票,一般说来,到了 80 年代,所有通商口岸,几乎没有一处没有汇丰银行的钞票在流通。外国报纸说,"本地人宁愿要汇丰银行的票子,不愿要他们自己钱庄的票子";有些交易契约,甚至"特别规定须用汇丰的钞票支付";"现在钱庄和商人都欣然接受"所有外国银行的钞票,"这一点无疑增加了贸易的便利"云云。③

在 70 年代以前,外国在华银行并不招揽活期存款,对存款不仅不付利息,还要抽取手续费。1850 年,丽如银行规定,活期存款,每半年结算一次,半年中存取款项在 2000 元以下者,抽手续费 5 元;存款愈多,手续费愈高;凡超过 2.5 万元者,手续费另做特别规定。这种情况,在某些银行中,一直延续到 60 年代。如 1866 年,有一家银行实行了一个时期的活期计息存款以后,就又停止付息。汇丰银行在 60 年代,只吸收存款五六百万元。从 70 年代起,

---

① 麦肯齐:《白银王国》(C. Mackenzie, Realms of Silver),第 59 页。

② 《捷报》1881 年 6 月 3 日,第 521—522 页。

③ 《捷报》1889 年 11 月 29 日,第 662 页;《海关十年报告》,1882—1891 年,汉口,第 177 页。

汇丰的存款才开始增长,到 70 年代终了,存款已增至 2200 万元;
80 年代以后,增长更快。

各外国银行在华势力的扩张,并不平衡,其中以汇丰最为突
出。最早入侵中国的丽如银行,在 1864—1882 年间的实收资本为
150 万镑,到 1883 年便收缩到 100 万镑以下。这家银行的资产总
值,在 1859—1883 年间的最高额为 1874 年的 23433929 镑,1884
年也开始下降了。这家银行在 1851—1883 年的 30 多年内的最高
发钞额不过 70 多万镑。但汇丰银行的发钞额却由 1874 年的
2242171 元上升到 1892 年的 9761433 元,即 20 多年内增加了 3 倍
多。汇丰银行的资产总值由 1870 年的 3805.3 万元上升到 1890
年的 14968.6 万元,即 20 多年内增加了将近 3 倍,而同时期内,它
的存款则由 939.9 万元上升到 10311.3 万元,即增加了将近 10
倍。这样,汇丰银行终于成为外国银行在中国金融市场上的最大
势力,亦即控制中国金融市场的最大势力。

## 二、外国银行对中国金融市场的控制

外国银行对中国金融市场的控制,首先从控制中国进出口贸易
的外汇市场入手。在 60 年代以前,清偿进出口贸易货价的外汇业
务,全部都掌握在来华已久的所谓"商业大王"(Merchant Prince)即
大洋行手里。例如怡和洋行就经营了中国汇兑的最大部分。1845
年丽如银行开始进入中国,其目的主要就是经营外汇业务。但在 50
年代初,它就竞争不过美国的旗昌洋行。当时大洋行叫嚷"经纪汇
票是商人独享的合法业务,从来不是银行家的业务"①。到了 60 年

---

① 《捷报》1852 年 8 月 7 日,第 3 页。

代前期,外国银行在上海才大量进行外汇投机。

70 年代初叶,国际交通运输业的发展,从根本上变革了中西贸易方式。苏伊士运河的通航和远洋轮运业的发展,把中国对欧洲的货运时间从 6 个月缩短为 3 个月至 6 个星期。国际电讯事业的发展,把中、欧的信息传递时间缩短为几个小时,因此,伦敦商人只要"打出一个电报便在 6 个星期以后,收到他所需要的任何订货"①。

在中西交通运输业的低级发展阶段,中西进出口贸易,一般都由进货人囤货待售。货价清偿方法是由进货人向大洋行购买信汇期票向发货人拨付。发货人必须在货运航程终了并货物到岸出售以后,才能从收货人那里取得货价。此中仅货运时间就长达 6 个月,所以信汇期票的兑现时间,至少长达 6 个月。苏伊士运河通航后,由于航程的缩短,期票的兑现时间也缩短为 3 个月。1872 年,麦加利的报告说,"苏伊士运河的通航,剧烈地改变了商业过程,使得以 6 个月为期的汇票给予的长期信用,对我们来说,是不必要的,也是不稳妥的。……不久以前,我们已指示我们的一切分支机构,尽可能地只买 3 个月到期的运河期票"②。汇丰银行本来是抵制这种变革的,到 1875 年也改变了态度。③ 1878 年呵加剌银行经营的汇兑中,已有五分之三是不超过 3 个月的期票;再到 1884 年,这个比例更上升为五分之四。④ 一般地说,在 1878 年,中英汇兑以 3 个月为期,中美汇兑以 4 个月为期,几乎已成为通例。⑤

---

① 《捷报》1889 年 4 月 5 日,第 417 页。
② 《字林西报》1872 年 11 月 29 日,第 523 页。
③ 《字林西报》1875 年 6 月 15 日,第 547 页。
④ 《字林西报》1884 年 4 月 30 日,第 400 页。
⑤ 《通闻西报》1878 年 12 月 20 日,第 3 页。

国际电讯事业的发展,更加剧烈地变革了中西贸易方式。电讯接通后,进货人囤售的制度一变为发货人为预售而发货;由进货人购买期票以清偿货价的制度一变而为由发货人出卖汇票。发货人在订立合同、发出货物以后,就可向收货人签发汇票,并在本地外汇市场上举借押汇贷款或者进行票据贴现,从而取得再次进行贸易所需的资金。① 1872 年,英国驻上海领事麦华陀说,上海至伦敦接通电报的直接结果是,在上海一经买到生丝,就可在伦敦出卖生丝。运销生丝的商人用这种办法脱手生丝以后,马上就可以取得资金进行新的收购,只要能赚到一点点利润就行。这样,伦敦进货人在一包生丝都未到达伦敦以前,就已签订了大量的预购合同,充分发挥他们资金的购买力。② 现在,"几乎没有一条轮船到埠时,它的货物不是预先已经出卖了的,或者是起岸后,立刻就卖掉的"③。押汇贷款和票据贴现都是银行的业务。在华外国银行对在华外国洋行进行押汇贷款和票据贴现,并不始于 70 年代,但普遍展开押汇和贴现,成为外国银行的主要业务,却是 70 年代以后的事情。例如一向以"保守"著称的丽如银行,本来只经纪汇票,从不进行押汇贷款和票据贴现,到了 70 年代中期以后,也开展了这两个方面的业务,"成为贴现的放款市场上的激烈竞争者"。④ 押汇贷款的发展,使电汇日多,信汇日少。1883 年,汇丰银行的报告就说,"应付信汇的减少是一个显著的现象。……这无疑是由

---

① 《英领报告》,1874 年,第 36 页。

② 《英领报告》,1872 年,上海,第 149 页。

③ 《北华捷报》馆:《中国政治和商务之回顾,1868—1872》( North-China Herald Office, Reprospect of Political and Commercial Affairs in China, 1868—1872),第 127 页。

④ 《新闻纸》1878 年 10 月 18 日,第 1108 页。

电汇增加造成的"①。

押汇贷款和票据贴现制度,提高了商业资金的周转速度,使只有少量资金的小洋行也能充当大商人的代理人,经纪大量的进出口贸易。1873 年,上海一家给里昂的波伊·贝雷公司(Milson Poy & Ch. Berrg Co.)做生丝贸易的利杭洋行(Milson of Todd)老板多德(Will Todd)说,他们只给波伊·贝雷公司办理生丝运输,不干别的。② 可见利杭实际上只是波伊·贝雷公司的经纪人。1877年,上海兆丰洋行(Hogg & Co.)只有 6000 两银子的资本,却做了207000 两银子的生丝贸易,其中自营的不过 6 万两,其余都是受委托替别人经营的。兆丰是同时从汇丰、麦加利等 4 家银行取得抵押贷款,加速资金的周转,才能以那么小的资本做了那么大的生意的。③ 就这样,外国银行终于摧毁大洋行在外汇市场上的垄断地位。而大批洋商也涌到中国来开设小洋行。海关报告说,1882年的在华外国洋行凡 440 家,到 1894 年便增加至 552 家,是即在短短的 12 年内超过以往发展的 25.5% 。同时,在华外国人数则从4894人增加到 9350 人。其中扣去使领官员、海陆军人和传教士,商人数大约增加了 1 倍。④

必须指出,在中国通商口岸经营进出口贸易者并不全都是外国商人,中国商人同样也从外国订购洋货。有人说,到了 90 年代中期,从英美进口的棉纺织品,几乎有一半都是华商的订货;其他进口货之由华商订购的比例更大。上海一口,除棉毛织品外,进口

---

① 《捷报》1883 年 8 月 24 日,第 220 页。
② 《字林西报》1873 年 5 月 10 日,第 431 页。
③ 《字林西报》1878 年 7 月 2 日,第 7 页。
④ 《海关十年报告》,1922—1931 页,第 1 卷,第 176 页。

洋货有 75% 都是华商订购的。① 但中国商人没有任何人到外国去
开设银行,从外国订购洋货进口的中国商人只能向外国银行举借
押汇贷款和票据贴现。总而言之,中国的外汇市场完全处在外国
银行的掌握之中,汇价的涨落,完全以外国银行的牌价为定。银行
的牌价总是根据银价涨落的趋势来规定的,而银价的涨落,则又紧
紧跟着伦敦的金银比价变化。时至 70 年代以后,世界各国的外汇
牌价都不能不受伦敦金融市场的制约,但外汇牌价的变动,朝夕悬
殊,外国银行操纵中国的外汇牌价,也就大大损害中国人民的利
益,这是不言而喻的。

　　人们谈论外汇问题,一般都是指上海的外汇市场而言。但是,
中国被迫开放许多口岸对外通商,随着外国洋行向各通商口岸伸
张势力,它们支持各通商口岸外国洋行的直接对外贸易,当然也就
控制它们的对外汇兑。汇丰银行是在 1881 年到天津去开设分行
的。天津是外国势力搜刮中国大宗出口毛类的枢纽,也是它们向
华北推销洋货的重镇。1883 年,英国驻天津领事说,"汇丰银行在
这个港口有了一个营业鼎盛的分行,使得天津的洋行在金融周转
方面得以享受和上海洋行同样的便利,能够直接进口,节省了从上
海转运的费用,从而得以较低的价格把货物运到天津"。他预测
这个在当时"还只占很小比例"的直接贸易,"往后每一年都肯定
可以看到增加"。② 15 年后,另一个英国驻津领事回顾这段历史
时说,天津出口贸易的最初增加,是和汇丰银行在天津开设分行密
切联系在一起的。不用说,天津直接对外贸易的外汇市场,当然是
在汇丰银行的掌握之中。天津以次,汉口、广州等一切直接对外贸

---

① 布莱南:《中国条约口岸对外贸易报告》(B. Brenan, Report on the
State of Trade at the Treaty Ports of China)(简称《报告》),第 5 页。

② 《英领报告》,1883 年,天津,第 272 页。

易的港口,也是如此。

最后还必须提到华侨汇款问题。自从 19 世纪中叶以后,华南沿海有许多贫苦人民流出国外,其中除被外国人口贩子掳到美洲去的所谓"契约劳工"外,还有许多通过其他方式被骗到外国去的。这些人经过一段时间的劳动以后,都能取得一定程度的人身自由,从事各项体力劳动或经营小本买卖。他们节衣缩食,有些还能向国内家属汇款接济,这就是通常所说的华侨汇款。侨汇大部分来自南洋各地。早在 70 年代中期,在南洋华侨集中地设有分支机构的汇丰银行就已经营华侨对国内的汇款业务。据侨汇中心之一的厦门报道说,1886 年年终的 1 个月内,汇丰银行所经营的侨汇就达一百二三十万元。汇丰的汇票,"久已为绅商所信任"。可见整个说来,侨汇必然有很为可观的数量。这些侨汇在平衡华南各埠对华中、华北埠际贸易的逆差上是有重要作用的。值得注意的是,侨汇是一种只有汇入而无汇出的单线汇兑业务,汇丰银行垄断侨汇业务,如何上下其手,恣意损害中国人民的利益,现在已经很难查考了。

外国银行运用其强大的资本势力,不仅控制了中国的外汇市场,还控制了通商口岸和口岸通向内地的资金周转市场。

在对外贸易不断扩大的情况下,资本微弱的钱庄无论如何是负担不起庞大贸易量的资金周转任务的。它们必须运用庄票向外国银行拆借大笔款项。到 60 年代后期,外国银行对汉口华商进行抵押放款,已成为外国银行业务的一部分。[①] 再到 80 年代,钱庄已"比较愿意以外国银行的汇票向上海汇款"。这种现象被汉口海关认为是"中国商人对外国银行,特别是汇丰银行的信任日增"

---

① 《英领报告》,1869—1870 年,汉口,第 223 页。

的表现,是汉口金融市场的"一个主要特点"。①

外国银行在通商口岸对钱庄和华商的这种抵押放款和埠际汇兑究竟达到多大的规模,史料甚少。这里只找到很少记载。例如在福州,70年代以前,华商是依靠洋行的贷款到内地去收购茶叶的,到70年代以后,外国银行取代了洋行进行这种贷款。1880年,外国银行的这种贷款已达570万元之多。② 在上海,1878年的一家外国报纸说,"中国钱庄大半都用外国银行的资本做生意,这是众所周知的事情"③。1884年的《沪报》说,10余年来,外国银行对钱庄拆放数百万两,"获息无算"④。80年代后期,上海汇丰银行的分行经理总结过去20多年的经验说,他已和中国人做了数亿两计的交易,他要求他的银行,"对中国的钱庄老板或商人给予无限制的信任"⑤。

钱庄利用外国银行的资本做生意,就意味着钱庄遭受外国银行的控制,同时也意味着钱庄必然进行反控制。这种控制和反控制的矛盾斗争,谁胜谁负,最后取决于双方力量大小的对比。一般说在外国银行开始进入某些通商口岸的初期,它们的力量还不够强大,因而钱庄的反控制也比较有效。例如在六七十年代之交,当外国银行对中国商人的抵押放款由上海推向汉口之初,汉口的钱庄就曾全力阻碍外国银行侵夺它们的这项业务。⑥ 80年代初,汇丰银行才开始进入天津,天津的钱业公所有时就不顾汇丰的牌价,

---

① 《海关十年报告》,1882—1891年,汉口,第177页。
② 《贸易报告》,1881年,福州,第6页。
③ 《捷报》1878年8月17日,第159页。
④ 《沪报》1884年1月11日。
⑤ 《英领报告》,1888年,上海,第10页。
⑥ 《英领报告》,1869—1870年,汉口,第223页。

以较低的利率把汇丰的放款对象吸引到自己方面来,使汇丰遭受损失。① 其次,越是接近通商口岸,外国银行对资金周转的控制能力就越强;反之,就越弱。例如江浙丝茶产区接近上海,外国银行对上海通向那些地区之间资金周转的控制力就特别强大,而汉口外国银行对汉口通向西南各省之间资金周转的控制力就微不足道。再次,就在上海,钱庄固然仰赖外国银行拆借现金,同时也还有票号的贷款,可以"移东补西","挹彼注兹","殊觉便捷"。② 不过,票号的实力,远不如外国银行。而且,随着外国银行势力的膨胀,外国银行掌握市面流动资金的比重也越来越大。它们只要占到举足轻重的比重,就能兴风作浪,制造金融危机。到了 80 年代,票号对钱庄的贷款凡一百几十万至二百万两,而外国银行对钱庄的拆款则经常达二百万两之数,这种形势,自然更加有利于外国银行对上海金融市场的掌握。

## 三、外国银行操纵下的上海金融危机

在上海市场上,拆息行市和洋厘行市是反映市面金融动态的灵敏指标。"拆息"是外国银行接受钱庄拆借现金所取的利息,按日计算,在正常情况下,每千两每日取息 0.4 两左右。拆息随着市面流动资金的多少波动,当市面资金短缺,即所谓银根紧张时,拆息上升至 0.4 两以上;反之,则下降。问题的严重在于,钱庄用以向银行拆借现金的庄票,并非定期兑现的期票,而是银行随时都可要求兑现的凭证。这就是说,外国银行不仅可以根据国际金融市场的动态操纵外汇市场的升降,从而操纵拆息行市的升降,而且可

---

① 《捷报》1883 年 1 月 24 日,第 92 页。
② 《申报》1884 年 1 月 23 日。

以随时收回对钱庄的拆款,造成市面的银根紧张状态。总之,它们利用拆息扼住钱庄的喉咙,任何时候,都可随心所欲地对金融市场兴风作浪。

"洋厘"是银元 1 元所折合的白银重量。这时,中国市面所流通的银元都来自外国,以西班牙人所铸的"鹰洋"为准,每元重七钱二分,并非全属纯银。市面商务习惯,计价以两为单位,而收支却多用银元。由于银元有固定的重量和成色,计数便利,将银元折合银两便高于每元七钱二分。在正常情况下,这种所谓洋厘都在每元折合七钱三分上下波动。这种计价用两,收支用元的奇异制度,使得上海金融市场上出现了银拆和洋厘两种既有联系又可背离的行市,为冒险家提供了投机的条件。银根紧,则洋厘未长而银拆上升;洋用繁,则银拆未升,而洋厘陡长。洋价看长,投机家便买洋卖银,"一昼夜而利巨万";反之,洋价看疲,投机家便卖洋买银,又一昼夜而"息数倍"。[①] 这些在金融市场上兴风作浪的人物,十之八九都是麇集在外滩外国银行门口的钱庄老板和投机家,但他们扮演的不过是外国银行操纵下推波助澜的角色。

1871 年,上海已出现过一次金融危机。这年的 11 月,由于淮盐汇款的需要,上海流向扬州的资金,突然上升至 300 万两,致使上海银根一度十分紧张。[②] 1872 年 6 月,上海金融市场还没有从前一年金融危机中完全恢复过来,又发生了更加严重的金融危机。当时市面银根奇紧,拆息行市最高达 1.5 两,洋厘最高达 7 钱 7 分,达到 0.865 两,外汇的汇率之高,"使出口陷于相对停顿","买

---

① 《申报》1879 年 1 月 20 日;《沪报》1881 年 12 月 20 日。
② 《字林西报》1871 年 11 月 15 日,第 9199 页。

方缩手",卖方则"被迫保留货物而接受毁灭性的利率"。① 1873
年8月,南市的拆息再升至2.8两。② 在如此危机的袭击下,在
1873年1年内,上海各业商号倒闭了五六十家,亏损200万两③,
半数以上的钱庄,在年终结账时收歇。④

上海一家外国报纸把1871年11月和1872年6月的两次危
机进行比较说,"在11月恐慌中,人们可能记得外国银行多多少
少对中国的商号提供了一些帮助以应付他们的迫切需要,从而渡
过了那个时刻而没有遭到严重的损失"。而6月的这一次,却"由
于中国钱庄和外国银行之间缺乏一致的行动,后果就严重了"。
这一次,"外国银行发现有必要保持一批现银做准备,以应付中国
出口贸易的可能需要。另一方面,中国钱庄由于对货物进行押放,
把自己的资金挤得一干二净。而这些货物却正是同一市场上另一
方(外国银行所代表的洋行)把现款扣住要买(而未买)的货物"。
这家外国报纸把这种现象归结为"上海的贸易还处在它的幼年
期"。因为,"在正常情况下,这些资本本来可以用来周转出口贸
易,……但是,由于通过中国钱庄所进行的放款,难以保证准时收
回,这就使得这一过程在目前不能不具有危险性,而中国钱庄也只
好承受这个突然而来的压力"。⑤

但实际情况说明,6月恐慌正是外国银行对上海钱庄,即对上
海金融市场的控制已进入成年期的结果。据华文报纸透露,当时

---

① 《字林西报》1872年6月13日,第547页;《捷报》1872年5月15
日,第476页。

② 《申报》1873年9月22日;《上海钱庄史料》,第612页。

③ 《申报》1874年2月7日。

④ 《申报》1874年2月26日。

⑤ 《字林西报》1872年6月13日,第547页;《捷报》1872年6月15
日,第476页。

外国银行不仅正当"各路丝茶旺出"的时候,把"存银八九十万"扣在手中"不肯放出"①,同时还高抬汇价,对中国丝茶出口商施加压力。② 总之,对中国丝茶出口商施加压力才是外国银行制造危机的真正目的。

　　紧接着,在这次危机尚未恢复元气的 1873 年,上海的外国银行又制造了另一次危机。这一年新丝上市时,"西人开办较迟",上海市面银根已开始紧张。通常在这种时候,外国银行的放款总多至 300 万两。③ 但就在银根趋紧的时机,外国银行不仅"敛手不放",还把已经放出的款项,一口气收回 200 万两。④ 在银根最紧的 9 月的一个星期天,有些外国银行竟打破"每逢礼拜天,诸事不作"的惯例,"仍然做事收银",要在"数日之内",把所有"放出在外"的押款、借款 300 余万两"齐收起",使上海"贸易场中"陷入"实难措手"的境地。⑤ 可见这次上海的金融危机又是外国银行一手制造的。

　　到了 70 年代后期,上海钱庄向外国银行拆进款项做生意的总数经常在 300 万两左右。⑥ 一旦拆款低于这个数额,银根便立刻陷于紧张状态。1878 年和 1879 年的两次危机就是在这种情况下出现的。

　　1878 年,从年初开始,银根就始终处在紧张状态,全年通扯,拆息比前一年高出 25%,以致到了年底,钱庄"为坏账所累",不复

---

①　《申报》1872 年 6 月 8 日。

②　《申报》1872 年 6 月 19 日。

③　《申报》1873 年 9 月 22 日。

④　《申报》1873 年 12 月 25 日。

⑤　《申报》1873 年 9 月 17 日,9 月 22 日。

⑥　《字林西报》1879 年 5 月 23 日,第 475 页;《捷报》1879 年 5 月 27 日,第 514 页。

开业者二三十家。① 这一次，还是上面提到的那家外国报纸直截了当地说，中国钱庄没有外国银行的"调剂"就无法渡过难关。它接着指出：当市面的银两超过对它的需要三数万两时，日息不过 2 钱，或者相当 8% 的年息。但是一旦外国银行收回这种"调剂"，它立即使日息上升到 1 两，或者相当于 33% 的年息。② 正由于此，"我们发觉星期天的利率照例比其他各天要高得多，原因就是由于外国银行的金库这一天对他们不开放"③。从前要操纵上海金融市场，外国银行需要打破"例规"，在星期天"仍然做事收银"才能办到。现在星期天"诸事不作"，也能照旧把上海金融市场纳入自己的掌握之中。

1879 年的货币危机，发生在丝茶上市需款孔急的 5 月。就在这个时候，经常需要 300 万两资金的上海金融市面，却被外国银行收缩到只有 90 万两的奇紧状态。"这个数目，全然不能适应本地贸易的正常需要。"但是外国银行并不到此为止，它们又进一步"把库银块增加到 60 万两"，从而使"事态更加复杂化"。这种行径，连外商的言论机关，也不得不承认。"没有理由容许像目前这样可以补救的临时货币危机发生"；因为"从长期看来，这种操纵本地通货的办法，很难理解为有利地从事中国贸易的外国银行本身的利益"。④ 然而，危机毕竟发生了。显然，它的发生，对外国银行有更大的利益。

事情还有另外一面。外国银行和中国钱庄从事金融活动，都是为的取得最大利润。它们之间存在着控制和反控制的矛盾斗

① 《申报》1878 年 12 月 10 日。
② 按日息 2 钱，年息应为 7.2%；日息 1 两，年息应为 36%。
③ 《捷报》1878 年 8 月 17 日，第 159 页。
④ 《捷报》1879 年 5 月 27 日，第 514 页。

争,这并不妨碍它们在某些活动中具有一致性。这在上海金融市场的投机活动上表现得相当清楚。1875 年 10 月,钱庄就和银行一致行动,押存银行抬高洋厘。① 1881 年六七月间,钱庄又和银行同时从市场上抽回 170 万两的现款,其中 100 万两是由银行抽回的,70 万两是由钱庄抽回的。它们的这一行动,在几天之内,就把市面的利率提高到年息 30%,以致华商付出 3 倍于正常的利息。②

1883 年,上海市场上发生一次规模空前的金融危机。这次危机在 1883 年 1 月 12 日就已开端,这一天,上海的金嘉记源号丝栈,因亏拆 56 万两突然倒闭,受到牵累的钱庄达 40 家,银根大紧,到了 2 月初,各业商号因周转不灵而倒闭者 20 余家。2 月 11 日,春节后开业,南北两市原有的 78 家钱庄中,继续营业者仅 58 家。10 月上旬,又爆发新的危机,各业再次纷纷倒闭,到年底,全市的钱庄只剩下 10 家,总计全年被迫歇业的商号共三四百家。

过去已经有人对这次危机的形成进行过相当全面的研究,有的强调中法战争和华北连年灾荒的影响。③ 有的强调矿局股票是直接导火线。④ 这里的篇幅不允许我们对如此复杂的问题进行冗长的讨论。我们则认为外国银行的作用,可能更大。

这个时候,直接为华商周转资金的钱庄,资力薄弱,都要向山西票号或外国银行借贷现金进行活动。山西票号对钱庄发放的所

---

① 《申报》1875 年 11 月 8 日。

② 《捷报》1881 年 7 月 15 日,第 45 页;《字林西报》1881 年 7 月 16 日,第 55 页。

③ 全汉升:《从徐润的房地产经营看光绪九年的经济恐慌》,《中国经济史论丛》第 2 册,第 777—794 页。

④ 刘广京:《1883 年上海金融风潮》,《复旦学报》1983 年第 3 期,第 97 页。

谓"长期贷款",也和外国银行对钱庄的拆款一样,是随时可以要求回收的借贷款项。一旦市面银根紧张,票号和银行都可以对钱庄施加压力。1883 年 10 月 24 日的《申报》说,"近闻晋帮票号已以本月(阴历九月)为限,将放出市面之银百数十万,一齐收回,闭不再放"。10 月 29 日,怡和洋行香港经理就华商贸易几乎停顿的原因写信给怡和上海经理说,"怕和法国打仗,使目前贸易停滞,但是依我的意见,最主要的原因是全部外国资本退出香港和上海的中国钱庄。近年外国资本借放钱庄的总数,平均随时都有二百万两。中国商人在这里(香港)投机地产,在你那里(上海)投机矿务等企业失败之后,接着这一批外国资本撤出,这就足够解释生意的一蹶不振了"。山西票号收回放款"百数十万",外国资本"撤出"200 万,据此可知,外国资本在直接导致这次危机的爆发上,发挥了更大的作用。

外国势力对金融危机的作用,在胡光墉的破产上表现得更为明显。有人说,胡光墉在商业、金融业大约拥资 1000 万两以上,堪称当时中国最大的富翁之一。此人从 1881 年起就大量囤积生丝,迫其涨价,使外商不得不以高价收买。1882 年 9 月,上等生丝在伦敦的每包售价仅 16 先令 3 便士,上海市价却因胡的囤积操纵上升至每包 17 先令 4 便士。1883 年 5 月,胡已囤丝 15000 包,但鉴于浙江气候不佳,蚕桑有虫害,估计生丝供应将较 1882 年为少,继续订购生丝。不料这一年意大利的生丝丰收,可以暂时满足欧洲需要,上海外商消息灵通,不肯抬价买丝,而胡光墉则不知国际信息。1883 年 10 月上海已出现金融危机,胡是迟至 11 月底才大量抛售生丝,据说共抛出 2 万包之多。胡光墉在囤积生丝上受到严重损失,影响到各方面纷纷向他所设的钱庄提款。12 月 1 日,胡在上海的阜康雪记钱庄倒闭,接着他在上海、镇江、宁波、杭州、温州、福州、厦门、汉口、北京等地所开的钱庄,全部倒闭。胡光墉的

故事表明,仅仅凭垄断国际经济信息,外国势力就能造成多么大的
危害。①

　　1883 年的上海金融危机,破坏力极大,波及面极广。例如洋
务派的左右手、大买办徐润就因投机于地产和股票 200 多万两,于
同年 11 月中旬宣告破产,洋务派所依靠的另外两个大买办郑观应
和唐廷枢也都遭受严重的损失。他们的失败对洋务派兴办新式企
业的政策也产生了一定的影响。

　　这次危机的破坏性的影响几乎遍及全国的各重要商业城市。
这个时期,作为全国最大贸易中心的上海,货物成交和款项调拨约
占全国的 80%。早在 1866 年由外国银行的滥设所引起的金融风
潮,就曾经自上海扩散到"其他的中国通商口岸和各个商业部
门"②。甚至远离上海的福州,也没有"躲过它的影响"③。80 年
代以后,在加强上海与内地通商口岸金融市场的联系方面,又出现
了一些新的因素:外国银行在内地通商口岸的分支机构增加了,上
海与内地通商口岸的电讯网基本上建立起来了。④ 这一切扩大
了上海金融市场波动的辐射性。这时江、浙两省银根市价皆视
上海丝茶贸易上的出入款项而定其低昂⑤,各处钱庄也"皆探上
海之行情",安排自己的资金和行市。⑥ 在这种情况之下,其他通
商口岸的商业和金融市场,更难躲过上海金融波动的影响。以
后的历次危机中,"作为商业、金融和投机的主要中心的上海,

――――――――――

　　① 　以上关于历史事实的材料,转引自刘广京:《1883 年上海金融风潮》
一文。
　　② 　《英领报告》,1865—1866 年,上海,第 67 页。
　　③ 　《贸易报告》,1867 年,福州,第 45 页。
　　④ 　《申报》1883 年 3 月 7 日。
　　⑤ 　《申报》1879 年 4 月 27 日。
　　⑥ 　《申报》1880 年 1 月 3 日。

自然承受着最大的痛苦,而次要的条约口岸,看来也难有好日子过"①。

胡光墉在全国十来个城市所设钱庄的倒闭,自然把上海的金融危机推向那十来个城市,从而更波及其他许多城市。可惜我们只找到镇江和汉口两地的材料。镇江的钱庄在1883年内就倒闭了45家。在汉口,1883年年底"就出现了一个历史上从未有过的商业危机",在危机中,"一些出名的茶栈统统倒闭了",钱庄中只有几家境遇较好的勉强渡过了旧历年关。汉口海关在这一年的报告中说,汉口的这次危机决不仅仅是由地方的原因所引起的,而是上海金融危机的反应。②

上海金融市场波动的辐射性,以后愈来愈趋明显。进入90年代以后,上海以外的通商口岸金融市场的波动,日益趋于频繁。在90年代的前半期,福州、厦门、天津、汉口、宁波、镇江乃至非通商口岸的长沙、南昌等地,几乎年年都出现金融动荡不安的局面。90年代初期,由厦门汇丰银行买办叶鹤秋兄弟所开的源通钱庄的倒闭所引起的金融风潮,曾经使福建许多地方的商业金融受到剧烈的影响。而这次风潮的发生,除了汇丰银行的直接作用以外,上海商业金融对厦门市场的作用,是一个重要的因素。③ 外国银行通过上海金融市场的控制以左右广大的内地城市的金融市场,在90年代以后,已经是人们不难察觉出来的现象。

---

① 《新闻纸》1884年1月11日,第43页。

② 《英领报告》,1883年,镇江,第206页;《贸易报告》,1883年,汉口,第75页。

③ 《申报》1891年5月20日、11月8日、11月15日。

## 四、外国银行对中国的资本输出

在鸦片战争以前,广东地方曾通过"十三行"的行商向外商举
借过债款。① 到了鸦片战争以后,清政府的地方官员或中央政府
继续通过和外国人有密切关系的人物向外国人借债。经手举债成
为这些"假洋鬼子"发财致富的一条门径。

在 1853—1890 年,清政府向外国人举借过 43 笔外债,共银
45922969 库平两。② 这些外债绝大部分都以关税收入作保,由洋
税务司从关税收入中直接拨付本息,成为西方入侵者继掠夺中国
海关行政权以后,对中国关税主权的进一步破坏,而且破坏的深度
随着外债的增加越来越严重。

上述 43 笔外债,以 70 年代为界,显示了明显的变化。第一,
在这以前的 1853—1868 年 15 年间,清政府共举借了 16 笔外债,
总额为 4526348 库平两,只有 1867 年和 1868 年的两笔左宗棠"西
征借款",债额在 100 万两以上,其余都不过几十万两,平均每笔
为 282895 两。到这以后的 1872—1890 年这 18 年,共举借的 27
笔外债,只有少数几笔在 100 万两以下,平均每笔高达2299813两。
第二,在这以前,债务的偿还时限,最长不超过 1 年,多数只有几个
月。到这以后,只有 1887 年的郑州河工借款为期 1 年,其余都在
1 年以上,有的长达 30 年。第三,在这以前,多数外债都借自外国
洋行,到这以后,绝大多数都借自外国银行,只有极少数几笔借自
外国洋行。第四,从 1874 年的福建台湾海防借款开始,外国银行

---

① 莱特:《赫德》,第 363 页。

② 徐义生:《中国近代外债史统计资料》,第 4—10 页,另吴煦所借 40
万两未计。

在外国市场上发行中国债券。这就是说,从此向外国银行所借外债,已属于资本主义国家对中国进行资本输出的性质。

纵观 1853—1890 年间清政府所借外债的目的,人们不难发现,在 80 年代以前,绝大多数都用作镇压起义人民的军费开支。1874 年的台防借款 200 万两是以筹办台湾海防的名义举借的,实际则用于镇压台湾少数民族起义。80 年代后,出现了国防借款和实业借款。国防借款确实用于军费,但对法国打了胜仗却签订了屈辱条约。这一切说明清政府对内凶残、对外投降的反动性。1885 年的神机营借款 500 万两,名义上是为建筑京西铁路举借的,实际上,除拨付船炮用款 248 万两外,其他都用去修建了颐和园。1886 年的南海工程借款 100 万两和 1887 年的三海工程借款 98 万两,根本就是以奉宸苑修缮三海工程的名义举借的。这就是说,1884 年法国军舰彻底摧毁马尾的炮火一过,腐朽的清王朝的显贵便忙于修整林园,寻欢作乐了。

## (一)频繁的军需借款和英国的独占地位

清政府借外债镇压起义人民,是从 1853 年开始的。这一年的 3 月 19 日,太平军攻陷南京,9 月 7 日小刀会占领上海县城。南中国神经中枢和最大贸易港的陷落,像是两次大地震,把清政府从中央到地方送进了恐怖的深渊。当时掌管江海关行政权的前"十三行"同顺行商,而又是旗昌洋行七大股东之一的苏、松、太道吴健彰,为了雇募船炮镇压小刀会和防止太平军东下上海,便向上海洋行举借外债。这笔外债数额不详,仅就 1855 年和 1856 年两年从江海关税收拨还的数额而言,是 127728.4 两,利率大约是 15%。

1858 年,英法联军占领广州时,广东人民纷起抗战,并配合太平军就地起义,两广总督黄宗汉经由十三行另一行商伍崇曜以粤海关印票作抵,向旗昌洋行借银 320000 两,月息 6 厘,用以镇压起义人民。

进入 60 年代以后，江苏、福建、广东等省的地方官僚，在
1861—1865 年间，为了镇压太平天国起义军，先后向洋商举借了
12 笔外债，共银 1878620.1 两，年息低者 8 厘，高者达 1 分 5 厘。
这 12 笔中有 11 笔以海关税作保，只有 1865 年的广东借款 10 万
两由广东藩司出票，用厘金收入摊还。

外国银行的对华借款是从英国的殖民地银行呵加剌银行开始
的。1862 年，呵加剌银行对上海道台吴煦两次发放借款。吴煦是
和洋人关系极其密切的活跃人物，乃是替清政府筹军饷、买军火和
侵略者打交道的大总管。他在 1861—1864 年间，为了镇压太平天
国革命，在上海洋商之间，多次奔走，为清政府筹集军需款项。他
第一次借款 10 万两，就是为了开支外国雇佣军入江攻击太平军的
轮船租价，借期为 10 个月。① 第二次借款 40 万两②，仍然是为的
同样用途。以上这些借款，都属于临时周转性质的地方借款。

1874 年，汇丰银行对华进行了第一次大规模借款——福建台
防借款。

这一年，日本的侵略势力从琉球向台湾扩展。当时的台防大
臣沈葆桢以"台湾防务吃紧，调兵募勇以及购买军火船炮各件，在
在需饷"为由③，与汇丰银行立约，一次借银 200 万两。④ 这次借
款，有几个明显特点：

第一，这笔借款，第一次以英国货币为计算单位。在此以前，
所有借款都是借银还银，而这次借款，则将银两按汇兑时价折成英

① 静吾等：《吴煦档案中的太平天国史料选辑》，第 147—148 页。
② 据借据原件，苏州博物馆藏。
③ 《夷务始末》，同治朝，第 95 卷，第 38 页。
④ 《夷务始末》，同治朝，第 96 卷，第 18—19 页。

镑,贷款归还,都按英镑计算。由于当时银价不断下落,使得在利息负担之外,还要承受汇价的损失。① 70 年代大借外债的左宗棠,在谈到这笔外债时,也不得不承认外国银行按"先令时价,以烂洋圆作足纹抵付,将来仍照先令时价,以足纹作算匀还"。"一收一付,暗中亏折不少",使洋商"计息虽少,获利转饶"。② 外国人自己说,虽然贷款利率较低,但汇丰银行所索取的高汇率,足以充分弥补利率方面的损失。③

第二,所谓低利,也不是事实。按这次借款年利为 8%,这个利息超过了当时乃至以后一个相当长的时期中汇丰的股息④,比外国通行的利率高出 1 倍乃至 1 倍以上,比当时外国在华银行对洋商的垫支或贷借利息也要高出 30% 左右。此外,在债券的发行上,银行还有一个九五折扣的好处。⑤ 这笔借款折合英金,一共627615 镑。但是,当 1875 年 1 月汇丰银行发行债券之时,当地认购竟超过 200 万镑。⑥ 要不是和清政府成交这笔贷款,当年正处在困境的汇丰银行,"就捞不到一文利润"⑦。从此以后,发行中国政府公债,成为"外国银行追求最力的最赚钱生意"⑧。

---

① 《捷报》1885 年 1 月 14 日,第 31 页。

② 左宗棠:《左文襄公全集》(以下简称《全集》),奏稿,第 46 卷,第55—56 页,第 50 卷,第 68 页。

③ 《字林西报》1875 年 3 月 13 日,第 231 页。

④ 从 1874—1879 年,汇丰银行的股息,一直没有超过 8%(参阅《捷报》,各年汇丰营业报告)。

⑤ 《捷报》1885 年 1 月 14 日,第 31 页。

⑥ 伯尔考维茨:《中国通》(英文本),第 134 页。

⑦ 巴斯特:《国际银行》,第 172 页。

⑧ 季南:《英国对华外交,1880—1885 年》(E. V. G. Kiernan, British Diplomacy in China, 1880 to 1885),第 270 页。

第三,这笔生意原来是由汇丰和另一家英国银行丽如合作的。但是,丽如由于坚持要在伦敦发行的要求没有得到满足,中途退出①,落在汇丰手中的借款合同最后还是规定只在中国发行30万镑②,其余仍在国外发行。从此中国政府公债正式卷入世界资本市场,受到国际金融资本的支配。

第四,借款以各关洋税作抵押,必须有"税务司印押方能兑银"。自借款之日起,18个月以后,匀作10年,本利归清。③ 每季各关摊额,计牛庄3000两,宁波、镇江、上海各4000两,烟台、天津各5000两,广州、福州、九江各6000两。④ 清王朝借用洋债,以前多半是一个海关的收入作为担保,现在则要外国总税务司出面。难怪盘踞海关总税务司职位的赫德(R. Hart)不久就得意地说:"借款将逐渐归我掌握。"⑤而在西方的著作中,也把这次借款看做是"第一笔以外国人管理的中国海关作担保的贷款,为以后的贷款造成了先例"⑥。

最后,这笔借款名义上是用来加强海防,抵御日本对台湾的觊觎,实际上用这笔借款所购买的船舰、军火,却是拿来"剿台北生番"⑦,也就是镇压台湾高山族的起义人民。对于日本,"他准备给

---

① 莱特:《赫德》,第465页。

② 《捷报》1885年1月14日,第31页。

③ 《夷务始末》,同治朝,第96卷,第18—19页。

④ 《捷报》1874年12月10日,第563页。

⑤ 费正清等:《总税务司在北京:中国海关总税务司赫德书简,1868—1907》(John King Fairbank, The I. G. in Peking: Letters of Robert Hart, Chinese Maritime Customs, 1868—1907)(以下简称《总税务司在北京》),第253页。

⑥ 伯尔考维茨:《中国通》(英文本),第137页。

⑦ 欧阳昱:《见闻琐录》第1卷,第5页。

钱却不准备打仗"①，因为他们拿这笔款子买来的，都是洋人的"废炮废枪"②。

　　70年代的军需借款，以左宗棠的西征借款达到高峰。西征借款，前后共计6次。借款总额达到1595万两，占西征军需总额的15%。这些借款中，外国银行特别是汇丰银行担任了主要的角色。6次借款之中，有4次是由银行承借的，借款额为1375万两，占全部西征借款的86%。③ 其中只有1次由丽如银行承揽，其余3次由汇丰银行一手包办。

　　丽如承揽的一笔，是1875年的第三次西征借款，这是外国银行插手西征借款的第一次。④ 这次借款还是丽如银行和怡和洋行共同承担的。借款额共300万两，内中怡和洋行100万两。从第四次起，就全部落在汇丰银行手中。这三次借款，一在1877年，借款额为500万两；二在1878年，借款额为175万两；三在1881年，借款额为400万两。⑤ 这几次银行借款，也有几个值得注意的地方。

　　第一，这几笔借款，几乎每一笔都出现了4种不同的利息。这就是：中国所付的利息，经手人所报的利息，银行贷出的利息和银行在市场上发行债券的利息。4种利息之间，依次发生不同的差距。中国政府实际付出的利息和银行最后在市场上发行债券的利

---

① 宓吉：《英国人》第2卷，第255页。
② 刘锡鸿：《英轺日记》，第193页。
③ 徐义生：《中国近代外债史统计资料》，第18页。
④ 1868年第二次西征借款，据说中国政府就曾通过赫德和一家外国银行秘密地进行过接洽，但没有成功。估计这家外国银行可能也是丽如。参阅《通闻西报》1869年3月29日，第590页。
⑤ 徐义生：《中国近代外债史统计资料》，第18页。按1878年第五次借款总额为350万两，其中华商贷款175万两，参阅下文。

息,有的相差竟达 100% 。

在这方面,1877 年的第四次西征借款是一个最典型的例子。
这次借款,汇丰银行索取的利息是年息 1 分(10%)①,左宗棠向清
政府呈报时,却含糊其辞地改为"每月一分行息"。这样年息就变
成了 1 分 2 厘(12%),其后又以德商泰来洋行(Telge and
Schroater)"包认实银"为辞,每月加息银 2 厘 5 毫②,折合年息,就
是 1 分 5 厘(15%),比银行承揽的利息,高出了 50% 。等到债券
拿到市场公开发行的时候,银行付出的利息,却是年息 8 厘
(8%)。而且还有一个九八折扣。③ 从中国政府实际付出的利息
到外国银行实际发行的利息相差整整 100% 。

银行得的好处是显而易见的。银行取利一分而付出利息八
厘,此外还有汇价上的巨额利润。这对银行是非常有利的。④ 汇
丰银行的老板亲口证实了这一点。在 1877 年下半年的股东大会
上,董事长报告说:借款的条件很有利,预期有很可观的利润。⑤
在 1879 年上半年的股东大会上,董事长再一次说:在损益计算书
里,"从 1877 年中国借款中所得的好处是很可观的"⑥。不到两
年,"预期"就完全实现。

经手人的好处更不用说。这 4 笔借款的取得,左宗棠所依靠

---

① 《北华捷报》馆:《中国政治和商务之回顾》,1873—1877 年,第
77 页。

② 左宗棠:《全集》,书牍,第 18 卷,第 56 页。

③ 《北华捷报》馆:《中国政治和商务之回顾》,1873—1877 年,第 77
页。有的说是九五折,参阅莱特:《赫德》,第 390 页。

④ 《北华捷报》馆:《中国政治和商务之回顾》,1873—1877 年,第
77 页。

⑤ 《捷报》1877 年 8 月 18 日。

⑥ 《捷报》1879 年 2 月 28 日。

的是他的采办委员,"深通夷情"的胡光墉。左宗棠之所以把年息1分不露痕迹改为月息1分,不用说,这是对经手人胡光墉的酬劳。至于所谓"包认实银"的加息,则是由于借款以英币计算,考虑先令价值无常,异日归还增累,故加息2厘5毫,包给德商承认。① 一笔借款要第三者承担汇兑上的风险,这是很离奇的。事实上,这不过是胡光墉的中饱手法。当时的报纸上就揭露说:政府给胡光墉一笔承担风险的巨款,"看来这是一个非常有利可图的风险"②。

第二,在汇丰银行承做的三笔贷款中,银行本身实际上并不是贷出款项的债主,而只是债券的经销人。它从清朝政府那里承揽的每一笔借款都立即在市场上公开销售。在第六次西征借款的销售中,甚至规定凡出贴水3.5%者,可得半数,其余则配售给出更高的贴水的人。③ 这就是说,汇丰自己没有贷出资本,却收取了资本的利息。因此,就连外国人也提出质问:汇丰银行根据什么获得这一笔利润? 它提供了什么服务?"如果它只是作为一个代理人,那末,对借款者而言,它除了收取佣金以外,还能收取别的东西吗? 而对贷款者(或者说对债券的购买者)而言,它能收取任何费用吗?"他们要求汇丰说明自己的身份,"究竟是债主还是代理人"④。不仅如此,海关税务司为了保证以关税收入偿还外债本息,是把关税收入存放在汇丰银行的。汇丰向清政府支付4%的年息,一转眼又以10%的年息出贷给清政府。⑤ 总之,汇丰像是一

---

① 左宗棠:《全集》,奏稿,第51卷,第10—11页。
② 《字林西报》1877年9月11日,第247页。
③ 《捷报》1885年1月14日,第31—32页。
④ 《通闻西报》1878年7月10日,第3页。
⑤ 柯利斯:《汇丰》(M. Collis, Way Fong)。

个魔术师,它不花一个小钱,通过这样那样的手法,把中国人民的膏脂变到它的荷包里去。

第三,这些借款以及 1874 年的台防借款,虽然仍由左宗棠和沈葆桢等大员出面,这和鸦片战争以前乃至 50 年代中地方官员的借款比较,有很大不同。前者纯粹属于地方官的活动,现在的借款,需要得到朝廷的批准,已经具有政府借款的性质。海关总税务司赫德在评论西征借款时说,"中枢将不由自己出面,而是授权地方当局自己设法筹集他们经常所需的款项"①。这种近于国债的借款,在 70 年代初期,除了特殊需要以外,地方官吏还不敢轻易尝试。正如刘坤一对左宗棠所说:认借洋款,是"万不得已而偶一为之"之举。② 然而从此以后,国库空虚,"偶一为之"变成了封疆大吏乃至中枢朝廷乐此不疲的局面。

第四,在西征借款中,第一次出现了中外商人的"合作"。原来在第四次借款以后,不到一年工夫,左宗棠又感到库款未能应手,经费无措。也许是由于刚刚向汇丰借过款项,不便再伸出手来,于是以"楚亏楚得"为辞,从华商身上打主意。在第四次西征借款的第二年(1878 年),他就函商胡光墉,嘱其向华商议借银款,并准仿照外国章程,设立公司,纠集众商,凑资待借。这一年九月,胡光墉在上海组织了一个专办借款的乾泰公司,以 5000 两为一股,听华商"各自拼凑"。当华商还只凑到 175 万两而心存犹疑之时,汇丰银行却自请以同等数目"附入华款出借"③。汇丰一出面,华商的疑虑,立刻消失了,左宗棠的急需也立刻解决了,而汇丰银行的欲望,自然也立刻得到满足。这就是 350 万两的第五次西征

---

① 费正清等编:《总税务司在北京》,第 253 页。
② 刘坤一:《遗集》,书牍,第 5 卷,第 39 页。
③ 左宗棠:《全集》,奏稿,第 53 卷,第 20—21 页。

借款的成立经过。因而为了纪念这个得意之笔,左宗棠特地把这个乾泰公司,正名为中西合股的乾泰银行。①

第五,在西征借款中,西方各国之间的争夺已经开始。当左宗棠在 1876 年计划向汇丰银行进行第四次西征借款之时,正值中英马嘉理事件交涉之际。英国侵略者在交涉过程中,故作姿态,宣称滇案未结之先,不准英国商人对中国贷款。② 急等用钱的左宗棠,迫不及待地要胡光墉向其他各国拱手告贷。胡和德国、沙俄、美国,都有过频繁的接触③,而新起的日本,也乘机大肆活动,企图以本国剩余大米,进行实物贷款。④ 这些计划都没有实现,最后还是由汇丰出贷 500 万两。这 500 万两债券在 1878 年年初刚刚进入市场,立刻被抢购一空。香港认购的数量,据说竟达分配额的 17 倍⑤,而分配到伦敦销售的债券,在进入市场的几天以内,就出现升水。⑥ 可以想见,如果没有激烈的争购,市场是不会出现这种现象的。

总的看来,在整个 70 年代,是英国银行资本,特别是汇丰银行资本独占中国外债投资的时期。所以 1876 年,左宗棠说:"查向借洋款,各国均须问英国允否。"⑦不过,到了 80 年代以后,当中国外债由军需借款转向铁路、工矿等实业借款,西方各国的争夺就剧烈起来了。

---

① 左宗棠:《全集》,书牍,第 20 卷,第 51—52 页。
② 左宗棠:《全集》第 16 卷,第 17 页。
③ 左宗棠:《全集》第 17 卷,第 51 页。
④ 《捷报》1877 年 4 月 5 日,第 341 页。
⑤ 《通闻西报》1878 年 1 月 9 日,第 3 页。
⑥ 《捷报》1878 年 1 月 3 日,第 9 页。
⑦ 左宗棠:《全集》,书牍,第 16 卷,第 17 页。

### (二)实业借款的开始和西方各国对借款的争夺

80 年代西方侵略者争夺中国借款权的高潮,是从中法战争开始的。战争期间和战后年代,中国的财政愈加陷入困难的境地。而腐朽的封建王朝的挥霍则愈来愈没有节制。奉宸苑修缮三海工程,需要借款;修整皇宫里无数的广厦楼台,也需要借款;为颐和园装设电灯、电铃、冷热水浴室、西洋器具等等,同样需要借款。总之,只要挥霍有资,便可放手进行。门户洞开,来者不拒。

另外,80 年代以后,洋务派官僚修建铁路、矿厂等等"自强"的议论和主张,在清政府统治集团内部逐渐占了上风。津沽铁路刚一动工,要借洋债;津浦铁路还没有着手,也要借洋债。湖北纱布局刚一开办,要借洋债,轮船招商局开办多年,仍是要借洋债。开平煤矿,为了换取贷款,不惜由怡和洋行经办[1];轮船招商局为了取得贷款,接受汇丰银行监督。[2] 所有已成或拟借未成的债款,几乎遍及洋务派官僚的大小企业,胃口之大前所未有。

在中国一方"门户洞开,来者不拒"的条件下,必然在另一方出现争先恐后,竭力营谋的场面。"许多规模巨大的辛迪加,在欧洲组织起来了。"在 1885—1887 年间,"天津和北京麇集了中国向所未见的最大的一群猎取权利让予的人"[3]。许多代理商和掮客来到北京,声称他们有全权来为最尊崇的人物筹办借款。[4]

竞争的形势,一方面是英国力图维持它的大债主的传统地位,另一方面是德、法、美等国资本加紧对英国的传统地位的冲击和在

---

① 《字林沪报》1885 年 12 月 8 日;勒费沃:《晚清西方在华企业》,第 81 页。

② 《招商局向汇丰银行借款合同》,1855 年。

③ 丹涅特:《东亚》,第 597 页。

④ 《捷报》1887 年 5 月 6 日,第 494 页。

它们之间展开越来越剧烈的斗争。

英国在进入 80 年代以后,继续包揽了几笔大的借款。南方各省的地方借款,包括四次广东海防借款,一次福建海防借款和两次军饷借款,基本上仍由英国一手包办。北方的中枢和各省地方借款,英国包揽者居其大半。总计 80 年代初至甲午战前 15 年间的 22 笔借款中,由英国包揽的占了 18 笔(其中有一笔和德国合借),借款额占总数的 93%,其中单是汇丰银行一家就承揽了 14 笔,借款额占总数 68%。①

在激烈的竞争浪潮中,英国资本家总是"尽最大的努力把自己的头露在水面上"②。首先,尽管他们捞到中国借款的最大部分,但是他们仍然时刻提防他们的对手走到自己的前面去,当中法战争结束、中国和法国进行谈判之时,英国公使欧格纳就警惕地注意到谈判中有关铁路修建的条款。他在 1885 年 4 月 29 日,也就是中法《越南条款》签订之前 40 天,就向英国外交大臣报告说:中法条款规定"中国建筑铁路时,中国政府将(Shall)请求法国的帮助及材料的供应。假若'将'(Shall)字可以作命令式的解释的话,则此条款将造成一个吾人最应反对的垄断"。一直到他打听到这一条并不给予法国"专有利益",他心头上的一块石头才算掉了下来。③ 90 年代初,当各国竞争借款趋于白热化之时,海关总税务司赫德给他的伦敦代理人亲笔写道:"你一有〔借款〕的消息就打电报给我,因为即使了解到一个假的报告也常有助于提防一条隐蔽的蛇。"④人们不会忘记这个代表英国利益的侵略分子在 80 年代

---

① 据徐义生:《中国近代外债史统计资料》,第 6—10 页。
② 《中国时报》(The Chinese Times)1887 年 9 月 10 日,第 742 页。
③ 宓汝成:《中国近代铁路史资料》第 1 册,第 61 页。
④ 费正清等编:《总税务司在北京》,第 836 页。

初的一句话:"如果有大笔借款在我手中,我大约第一个就找丽如银行"①,或者"宁愿交给丽如和汇丰,大笔金镑的,由丽如来,小笔银两的,由汇丰来"②。

其次,尽管英国侵略者通过借款已经在很大程度上控制了中国的海关收入,但是他们仍不满足,想方设法要获取更大的支配权力。早在 70 年代,英国公使威妥玛就鼓吹中国铁路借款应以铁路作为抵押。他说:"海关税多寡无定,不足作押,惟即以所造铁路质之于英,待收足本利,乃归中国,是为两便。"③赫德的主张,则更加娓娓动人。他说:以关税作抵押的借款,即使不是纯粹浪费,至少是消极和不事生产的。只有把中国的铁路、矿山抵押给英国的资本家,组织共管机构,雇用外国技师,并取得扩充的让与权,才足以保存中国的资源并且有进一步发展的机会。④ 威妥玛所说的关税之所以不足作押,决不是税收多寡无定,而是海关已经落入英国掌握,铁路作质之所以两便,也决不是由于"收足本利,乃归中国",而是一旦质之于英,就永远落入英国的魔掌。一句话,威妥玛阴谋控制中国的交通大动脉。

从 80 年代中期起,英国资本家已经通过借款开始发挥了对中国企业的控制作用。例如,当 1885 年汇丰银行对轮船招商局进行了一次 30 万英镑的贷款以后,就直接干预招商局的内部事务,在招商局的洋员进退上,甚至李鸿章也不得不看汇丰老板的眼色。1886 年,汇丰经理嘉谟伦(E. Cameron)就曾为一个洋员的退出招商局,要向李鸿章提出抗议。⑤ 然而,就是这个李鸿章,当年却一

---

① 费正清等编:《总税务司在北京》,第 379 页。
② 费正清等编:《总税务司在北京》,第 366 页。
③ 清代抄档:路电邮航类第 4 册。
④ 莱特:《赫德》,第 654 页。
⑤ 费维恺:《中国的早期工业化:盛宣怀和官办企业》,第 141 页。

再声称："有需借款,则英商最称殷实,谅无舍此而与他国商借者。"①由此看来,英国资本在中国外债领域中的传统地位,在 80 年代以后,仍然还在继续加强之中。

但是,这个传统地位所受的威胁,却也在日益增长。

最大的冲击力量,来自德国。

前面说过,还在 70 年代,在汇丰银行承借第四次西征借款的过程中,德国的泰来洋行就曾经以"包认实银"的方式,插进一手。到了 1881 年第六次西征借款前夕,这个和汇丰合作过的泰来洋行,却背着汇丰向左宗棠做起手脚:既有巨款可借,又是息耗亦轻,而且只要陕甘总督出票,无须海关担保。② 这样引人的优待条件,使一向借惯了汇丰金镑的左宗棠也感到非常惬意。只是由于细节还没有来得及商议,就被借款老手的汇丰银行捷足先登。

在 1884—1885 年的广东海防借款中,德国资本和汇丰银行进行了再一次的较量。这次出面的是在国内有雄厚资本实力的国家贴现公司(Discount & Gesellschaft)和德意志银行。他们通过中国驻德公使许景澄提出 50 万镑的贷款。③ 但是已经和借款的当事人张之洞打过多次交道的汇丰银行,在它的公使巴夏礼的支持下,这次又占先了一步。④

中法战争结束以后,出现了一个铁路借款的高潮。在这个高潮中,德国银行资本家野心勃勃。修筑铁路、整治黄河、建造铸币

---

① 李鸿章:《李文忠公全书》(以下简称《全书》),译署函稿,第 12 卷,第 32 页。

② 左宗棠:《全集》,奏稿,第 58 卷,第 8—9 页。

③ 《清实录》,德宗朝,第 199 卷,第 6 页。

④ 《清实录》,德宗朝,第 201 卷,第 13 页;张之洞:《全集》,电稿,第 2 卷,第 4 页;伯尔考维茨:《中国通》(英文本),第 137—138 页。

厂和其他类似工程，都是他们"沉醉的梦想"①。1885 年秋天，一
个以获得铁路让予权为目标的德国辛迪加，由德意志银行、国家贴
现公司和克虏伯公司（Messrs Krupp）共同组成。他们首先仍是通
过许景澄的引线②，接着在 1886 年 1 月派出了一个 3 人代表团，
向清政府提出了一个专供中国建筑铁路需要的 3500 万镑的贷款
计划。③ 这一次，他们空手回去了。因为中国政府这时还不敢咽
下这样大的一笔借款。但是代表团的报告中，却也泄露了一个隐
秘，那就是，如果将来再有机会修建铁路，"必须小心注意英国的
竞争"④。

　　一年以后（1887 年），津沽铁路的修建，最后实现了德国资本
家的愿望。这一次出面贷款的，是在这一年同时取得三海工程借
款的华泰银行（Berliner Handelsgellschaft）。⑤ 在三海工程借款中，
华泰银行以 5.5% 的年息，换得了李鸿章的"岁息减轻无过于此"
的赞赏，从而击退了英国资本的汇丰和丽如的竞争。⑥ 而在这一
次铁路借款中，英国的竞争冲击着德国的独占。李鸿章在"英法
各银行争来询商"的包围中，终究把借款的一大半分给了英国的
怡和洋行。⑦

　　不过，缺口总算打开了。在以后的两三年中，在中国扎下老根

---

① 《捷报》1888 年 3 月 2 日，第 255 页。
② 许景澄：《许竹筼先生出使函稿》第 2 卷，第 5 页。
③ 《字林西报》1886 年 2 月 23 日，第 172 页；丹涅特：《东亚》，第 597—
598 页。
④ 《捷报》1886 年 8 月 6 日，第 145 页。
⑤ 徐义生：《中国近代外债史统计资料》，第 8—11 页。三海工程指奉
宸苑修缮三海之工程。
⑥ 李鸿章：《全书》，奏稿，第 59 卷，第 1—2 页；《字林西报》1887 年 2
月 22 日，第 167 页，1887 年 3 月 16 日，第 243 页。
⑦ 李鸿章：《全书》，海军函稿，第 3 卷，第 4、28—31 页。

的泰来洋行和新近成立的德华银行,把贷款的触须伸向中央以外的地方当局。在 1890 年 4 月间,它们同时进入山东,分别向山东巡抚张曜兜揽了一笔嵩武军借款和河工借款。① 第二年(1891年),德华银行又和福州将军希元进行勾搭。② 而当英国汇丰银行在 1890—1891 年先后对张之洞的湖北纱布官局和李鸿章的上海织布局进行贷款把银行资本的触须伸向工业领域之时③,泰来和德华立即跟踪而至,把贵州青溪铁厂和上海织布局作为自己的猎取目标。④

冲击英国资本的第二支力量,来自法国。

早在 60 年代初期,当英国银行用借款方式帮助上海地方当局进攻太平天国之时,法国资本在宁波也有类似活动。⑤ 中法战争以后,法国以战胜者的身份,对中国的外债活动开始积极起来。当战争还在进行之际,法国侵略者就通过李鸿章的亲信德璀琳(G. Detring)向中国提出一个野心勃勃的贷款计划,作为"止兵"的条件。计划中的贷款额为 2000 万两,其中一半必须用之于购买法国兵船枪炮以及铁路器材。并规定中国兴办铁路之时,必须借用法国监工,借款先以关税作保,铁路建成,即以铁路作保。据说这还是显示两国和好的优待条件。⑥ 这个计划,在 1885 年的中法新约中得到了体现。新约第七款规定中国日后新建铁路,应向法国

---

① 徐义生:《中国近代外债史统计资料》,第 10—11 页。

② 《字林西报》1891 年 4 月 28 日,第 379 页。

③ 张之洞:《张文襄公全集》(以下简称《全集》),电稿,第 12 卷,第 30—31 页,第 13 卷,第 2 页;《捷报》1891 年 5 月 22 日,第 619 页。

④ 徐义生:《中国近代外债史统计资料》,第 12—13 页。

⑤ 《中国陆路贸易报告》1861 年 12 月 31 日,第 5 页,1862 年 1 月 31 日,第 7 页。

⑥ 《中法战争》第 5 册,第 626— 627 页。

商办。不言而喻,"商办"二字是可以把借款和让与权都包括在内的。

在这个条约的鼓舞下,继德国辛迪加之后,一个法国辛迪加在天津成立了,作为这个辛迪加的主要支柱在幕后进行活动的,则是在中国大部分口岸有它的活动据点的法兰西银行。①

新的辛迪加成立之后,立即展开了紧张的活动,当德国辛迪加向中国提出 3500 万英镑的贷款要求时,它立即提出 3200 万英镑的贷款计划,以显示自己的竞争力量。② 它的后台法兰西银行跟着就在天津设立分行③,接着又在北京设立分行,专门"和首都官员在金融上打交道"④。1887 年 5 月,当李鸿章为津沽铁路向天津商人借款失败之后,法国辛迪加的代表德威呢(M. Thevenet)立刻抓住机会和李鸿章的亲信周馥商洽 300 万两的借款。⑤ 当一个打着工程师招牌的美国侵略者威尔逊(J. H. Wilson)向中国政府呈献铁轨模型和小型机车以显示美国铁路工程的优越性时,法国辛迪加马上以一套法国设计的更加精致的车辆为礼品,立刻把美国的一点点收获抵消得一干二净。⑥ 然而,它自己的目的,却也没有达到。在 300 万两贷款的企图失败以后,法国资本又转而致力于旅顺口的防御工事。这个由法国 3 个最大的银行之一的法兰西银行直接担保的德威呢合同,矛头直对英、德两国。因为在此前一

---

① 《新闻纸》1889 年 3 月 5 日,第 278 页,5 月 3 日,第 450—451 页;《英领报告》,1886 年,天津,第 3 页。

② 《捷报》1886 年 3 月 10 日,第 252 页。

③ 《英领报告》,1886 年,天津,第 3 页。

④ 《捷报》1887 年 8 月 3 日,第 143 页。

⑤ 《字林西报》1887 年 4 月 30 日,第 395 页,6 月 4 日,第 515 页;《中国时报》1887 年 4 月 30 日,第 399 页。

⑥ 丹涅特:《东亚》,第 598 页。

年,由德国人孙威尔(Samwer)设计的旅顺港口工程,刚刚转到英国人张伯斯(Chambers)的手中。就在张伯斯向李鸿章承揽这项工程的时刻,德威呢宣布了他的计划。当他知道张伯斯提出的工程预算是130万两,他立刻提出一个保用10年而工程费用只需115万两的低标准预算。竞争失败了的英国资本家以一种讽刺的口吻说道:"把石灰搀上大量的泥巴冒充上等水泥,也可以保用十年。"①而接纳了这个计划的周馥却说:"我们得到了很大的节省。"②虽然,在这场交易中,和首都官员在金融上打交道有特殊方便的法兰西银行,显然占了上风,但是,由于旅顺口工程最后还是没有执行,所以法国侵略者的计划,也没有实现。

除了从后面支持法国辛迪加以外,法兰西银行也没有错过自己出面兜揽生意的机会。当德国泰来洋行向醇亲王奕𫍽包揽三海工程借款之时,它和英国汇丰、丽如一齐挤了进来,企图分享一份。③ 不成之后,则又以借款修缮内宫为名,和内务府进行勾搭,以便在宫廷圈内取得和德国资本的均势地位。④ 同一年,它又把目光转向山东,以年息6%的贷款拉拢山东巡抚张曜。⑤ 其结果虽不得而知,但由此引起了德国银行资本进入山东,其间包含着一场激烈的竞争,则是可以想象得到的。

八十、九十年代之交,当清王朝先后拟修芦汉和关东铁路时,法国侵略者又转而注视这个新的投资机会。1889—1892年间,法国驻华公使李梅(V. G. Lemaire)多次向清政府提出,要求参加承

---

① 丹涅特:《东亚》,第598页。
② 《字林西报》1887年4月12日,第331页。
③ 李鸿章:《全书》,奏稿,第59卷,第1—2页。
④ 《字林西报》1887年8月1日,第107页。
⑤ 《捷报》1887年1月26日,第91页。

办中国铁路。这一次由法兰西银行会同其他外国银行准备提供
2000 万两,不但要求中国全部承借,而且规定必须购买法国器材。
这一次法国还端出中法新约第七条的规定说,这条是"抵作赔
款","补与法国厂商的利益";买不买法国的材料,就是履行不履
行条约义务的问题,而不履行就等于中国还欠法国的债。法国侵
略者的要求,又引起了德国侵略者的觊觎。当德国公使巴兰德
(M. A. S. Brandt)打听到李梅的活动,马上也向清朝政府施加压
力,援引最惠国条款,要求享受同样的权利。如今我们只知道清朝
政府后来的确购用了德国的材料。① 法国的要求,虽然没有下文,
但其催逼之烈,也是可以想象得到的。

最后,应该提到美国。

美国在 70 年代以前就已涉足中国地方政府的借款。中国历
史上的第一笔外债,——1853 年镇压小刀会起义的借款,它的贷
款者,很可能就是美国的旗昌洋行。因为借款的上海道台吴健彰,
原来就是旗昌洋行的股东②,而接踵而来的第二笔外债——1858
年两广总督黄宗汉的借款,则已被确认是旗昌洋行的债权。③

进入 70 年代以后,美国对中国的借款活动有进一步的扩展。
要求向外扩张的美国资本家,对英国人在中国的独占地位,表示不
甘坐视。④ 当 70 年代汇丰银行一次又一次供给左宗棠的西征借
款时,美国国内资本家就垂涎三尺,打过不少主意。⑤ 等到 80 年
代,中国的借款主角换上了李鸿章、张之洞这一批更容易打交道的

---

① 清总理各国事务衙门档案:《李鸿章、李梅晤谈节略》。
② 《夷务始末》,咸丰朝,1979 年版,第 283 页。
③ 《夷务始末》,同治朝,第 23 卷,第 29 页,第 28 卷,第 27—29 页。
④ 季南:《英国对华外交》,第 275 页。
⑤ 左宗棠:《全集》,书牍,第 17 卷,第 51—52 页。

人物以后,他们又看上了这些新的对象,在张之洞的广东海防借款和李鸿章的津沽铁路借款中,大肆活动。1885 年,美国公使馆的参赞何天爵亲自出马,拉拢美国国内资本家,企图以 2000 万两的巨款包揽中国铁路的兴建,并且扬言,只要双方谈妥,所借款项两个月内就可以送到上海。①

与此同时,在中国的旗昌洋行也加紧活动,由广州、上海积极向外伸延。在北方,美国国内资本家对津沽铁路的活动,最初就由它出面纠合。② 在南方,在 1885 年的福建海防借款中,它和汇丰银行也一度展开过激烈的竞争。③ 大约就在这个时候,旗昌在台湾铁路的投标中败于英国人。"敌对的投标者之间的竞争这样的激烈,以至有一家表示只要取得投标,它就愿意白送 80 英里铁路的修建费。"④

美国囊括中国借款权和野心,到 1887 年的所谓米建威计划中,彻底地暴露无遗。

米建威(Mitkiewicz)是一个美国籍的波兰人。他的后台是美国东部金融中心费城的一批白银集团的金融资本家。他于 1887 年来到中国,通过李鸿章手下的一批官员如周馥、盛宣怀等,兜售他的计划,很快取得李鸿章的信任,造成了很大的声势。

所谓米建威计划,是通过建立一个庞大的金融机构,包揽中国的借款和其他投资活动。执行这个任务的华美银行(American Chinese Bank),将把总行设在天津,并在上海、费城、伦敦设立分行,以后还要在"中国所有的政治和商业中心以及所有对中国发

① 《捷报》1885 年 1 月 7 日,第 11 页。
② 丹涅特:《东亚》,第 598—599 页。
③ 《清实录》,德宗朝,第 201 卷,第 3、5 页。
④ 《英领报告》,1885 年,天津,第 4 页。

生政治和商业联系的外国城市"，都要设立分支机构。①

　　银行的资本最初定为 1000 万两，中美各半。发起人的意图
是，开始的时候，资本小一点，以后可逐渐增加到 10000 万两，甚至
15000 万两。值得注意的是：中国的一半资本，除了用借款补充以
外，中国政府再发行年息 3% 的长期公债在美国推销。② 实际上，
全部资本，都将来自美国。

　　银行的组成人员，名义上也是中美各半，但董事长一职，中国
人却没有份。而中国方面的经理也得由董事长，也就是美国人
指派。③

　　银行业务包括经理贷款、发行货币、采办物资、经理国库和包
揽汇兑五大项。

　　经理贷款包括私人贷款和政府贷款两项。政府贷款则包括所
有修建铁路、矿山以及电讯、治河工程、排灌系统、要塞、军营、舰
只、军火工厂等等贷款。用他们的话说："凡是目的在于这个国家
的繁荣昌盛的"统统包括在内。④

　　发行货币包括铸造金币、银币和发行纸币，这就是说，既是发
行银行，又是铸币厂。⑤

　　关于采办物资，银行章程第六条规定，中国政府"其有应购之
物料，须先向该银行商酌"。至"所言购买各物，包括甚广，大地之
上，何物不在其间"。⑥

---

① 《捷报》1887 年 8 月 5 日，第 154 页，10 月 13 日，第 406 页；《新闻
纸》1887 年 9 月 23 日，第 937 页。
② 《捷报》1887 年 8 月 12 日，第 186 页。
③ 《捷报》1887 年 8 月 12 日，第 186 页。
④ 《捷报》1887 年 10 月 13 日，第 406 页。
⑤ 《捷报》1887 年 10 月 13 日，第 406 页。
⑥ 屠仁守：《马相伯先生年谱》（以下简称《马相伯年谱》），第 163 页。

　　关于经理国库,这是前述三项业务的题中应有之义。章程上虽没有明文规定,但据经手交涉的马建常说:"银行作为经济支出的总枢,各项新政经费,皆由此行出纳。"①至于汇兑,那是它的本行,别人更不能插手了。

　　这意味着:"它在中国国内的地位,超过了英格兰银行在英国的地位;而在国外,它为中国政府和中国商业充当了其他国家的外汇银行的角色。"②它是中国的国家银行,又超越了国家银行。

　　当然,它所要吞噬的东西,在时间上是有先后的。显然,包括铁路、轮船、电讯在内的交通事业,是它所要攫取的第一批目标。

　　铁路:在双方签订的契约中,将规定"银行可以成为中国任何铁路的共同所有者"③。

　　轮船:在双方交涉的过程中,就已透露:"招商局的轮船,不久要悬美国旗。"④

　　电讯:在米建威后来公布的秘密信件中透露:李鸿章"已经准许将中国所有通商口岸的电话交通权让给由费城的黄腾培克(Wharton Barker)和纽约的米建威所代表的中美电话公司(Chinese-American Telephone Co. )"⑤。

　　至于为攫取这些目标而进行的贷款更是骇人听闻。据代表李鸿章到美国去进行接洽的马建常说:他到纽约之后,"便和他们大家商量借款事宜,他们都争着要借,结果大家商订了的数目,凑拢

---

① 《屠仁守集》第 3 卷,第 29 页。
② 《捷报》1887 年 8 月 5 日,第 147 页。
③ 《捷报》1887 年 8 月 12 日,第 186 页。
④ 《捷报》1887 年 8 月 12 日,第 186 页。
⑤ 《捷报》1888 年 2 月 24 日,第 221 页。

起来共有五万万两"①。有人还说是五万万美金。② 在银行章程中,最后确定下来的政府贷款是 150 万元,另外还有一笔 50 万元的免息贷款,给李鸿章享受一年。

关于贷款的条件和利息,银行一再吹嘘,给借款人以"最优惠、最便利的条件","对贷款课以最低的利息"。它计划给清政府贷款的年利,有的说是 3.6% ,有的说是 3.5% ,也有人说是 3% 。③无论如何比当时其他国家的贷款利息的确要低得多。但是,这种手法,当时即为人所识破:不过是一剂"引人之饵"④。目标既然在于整个中国的主权,自然不得不在这一方面作出一点"牺牲的姿态"。其实,这一点牺牲,也不是轻易给的。因为当时就有这样的传说:这个计划中的低利贷款,一半为墨西哥银元,在银价看跌的形势下,5 年以后,却要中国全部以黄金偿还。⑤

但是,米建威的计划,由于英、法、德等国的反对以及美国资本家集团内部和中国封建官僚集团内部的矛盾而未能实现。一直到甲午战争以前,美国在中国的金融资本,不但不能与占传统优势地位的英国相抗衡,而且始终屈居在法、德侵略者的后面。

总起来看,甲午战争以前,外国侵略者对中国的贷款活动,虽然争夺激烈,野心勃勃,但是和甲午战争以后比较起来,还只能算是一个序幕。从 50 年代初到甲午战争前夕,这 40 多年中,外国对中国的贷款额,一共是 4500 余万两;而自甲午战争到辛亥革命爆

---

① 《马相伯年谱》,第 168 页。
② 《马相伯年谱》,第 170 页。
③ 《捷报》1887 年 8 月 5 日,第 154 页,1887 年 8 月 12 日,第 186 页,1887 年 7 月 29 日,第 124 页。
④ 《屠仁守集》第 3 卷,第 32 页。
⑤ 《捷报》1887 年 8 月 5 日,第 147 页。

发的 10 多年中,外国对中国的贷款达到 12 亿两。① 这是甲午以前所不能比拟的。尽管如此,外国贷款对中国财政经济的伤害仍然是不能低估的。从 80 年代中期算起,中国每年支付外国债款的本息,一般都占国家财政总支出的 3%—6%,占海关税收的 12%—20%。② 仅仅 80 年代前 5 年的外债,就占中国当时财政收入的三分之一以上。③ 曾经尝过借债滋味的沈葆桢在 1876 年也认识到"借用洋款耗息甚多,海关部库,均受其害"④。金融资本的威胁,在它的序幕阶段,已经被人们清楚地察觉出来,甚至统治集团中有识之士也有所认识。

## 第四节　买办资本商业高利贷剥削网的形成

西方入侵者对中国的经济侵略,有许多是自己直接行动的。但是,他们不可能事事都自己直接行动。这不仅仅是因为炮舰毕竟爬不上大陆,进行武装威胁,而且还因为他们根本就没有力量深入内地初级市场。试以洋行而论,从 1872 年到 1892 年这 20 年内,其数不过由 343 家增加到 579 家,而进出口贸易总值却由 14260.5 万关两增加到 23768.5 万关两。那么为数有限的洋行无论如何都是不可能深入内地去进行那么大量的购销业务的。他们必须依赖御用工具去进行。第一章已经对这种御用工具,即买办资产阶级的发生及其职能进行了分析研究。这里需要指出,相对

---

① 徐义生:《中国近代外债史统计资料》,第 6—10、52、21 页。
② 徐义生:《中国近代外债史统计资料》,第 6—10、52、21 页。
③ 季南:《英国对华外交》,第 272 页。
④ 《光绪朝东华录》,总第 194 页。

于如此庞大的贸易量而言,买办资产阶级仍然是一个人数不足的
阶级,他们也必须拥有自己的工具。这就是前文所说的,接受外国
势力或其买办直接庇护、指使或控制,但和外国势力并不形成人身
雇佣关系或资本合作关系的买办化商人阶级。

第一次鸦片战争以后,在外国开始大举入侵的那些年代里,中
国经济已经是一个具有高度发达的商品流通网的完整体系。这个
体系具有浓厚的封建性。买办资产阶级和买办化华商是利用这个
古老的商品流通渠道为外国势力服务的,其结果,很自然地便形成
买办资本商业高利贷剥削网。这个剥削网,在第一次鸦片战争以
后便已开始露头,到 70 年代以后逐步形成。

买办资本商业高利贷剥削网的发生、发展过程就是商品流通
领域买办化的发生、发展过程。这一过程主要表现在商品输送渠
道的买办化、资金周转渠道的买办化和商业网点的买办化等几个
方面。在这些方面活动的中国商人,越是直接接受外国势力或其
买办庇护、指使或控制的,买办化的程度就越深。

## 一、外力庇护下买办和买办化华商势力的扩张

前面说过,自从第一次鸦片战争以后,来到中国的外国人都具
有胜利者的政治声势和为所欲为的行动威风,就连和外国人搭上
某种关系的中国人也具有类似的威风。这就形成一种崇洋媚外的
社会风气,凡意在发财致富者,都力求和外国人搭上某种关系。买
办和买办化华商正是得风气之先的人物。他们对外奴颜婢膝,对
内狐假虎威,以"假洋鬼子"的姿态出现。

买办和买办化华商托庇于外国人的方式是多种多样的,其中
最彻底的办法是取得外国的国籍。在香港,他们只消花 5 元银币
的代价向英国殖民当局去登记,就能取得临时性英国臣民的身份

受到英国政府的保护。① 而取得这种身份的人物,又不是个别的,而是越来越多。据统计,在 1876 年至 1881 年这 5 年内,香港由中国"富商"经营的商号(批发商)即由 287 家增加到 359 家,由中国一般商人经营的商号,即由 287 家增加到 2377 家。② 这些显然都具有临时性英国臣民的身份,而这又不妨碍他们进入大陆来进行活动。

无缘取得外国国籍身份的买办或买办化华商,可以买通外国驻华领事的同意,假借外国人的名义,挂起洋行的招牌。在 1860 年,商人高九山、李振玉等就以和美商在马来合伙的名义开设清美洋行了。③ 70 年代以后,这种冒牌洋行成为很普遍的现象。在芝罘,盛泰洋行(C. Myres & Co.),多半就是高九山、梁玉珊、梁业阶等开设的另一家买办商人字号。④ 在天津,邓松山和俄商米理素合伙的裕顺和洋行,多半也是假冒俄商的字号。⑤ 在烟台,怡和洋行买办唐茂枝投资于外商"烟台矿丝局",用的就是广丰洋行(Janmeyerd & Co.)的名义。⑥ 在镇江,一个外国商人瓦克(W. F. Walker)以合伙的名义和买办开设 3 家洋行,其资本和业务与瓦克毫无关系,瓦克仅以洋行名义领取子口半税单照,逃避厘金,走私贩毒,坐享洋行一半的利润。⑦ 上海有一家沪光洋行(Hug Kang &

---

① 《字林西报》1879 年 2 月 8 日,第 123 页。

② 《捷报》1881 年 8 月 26 日,第 220 页;《字林西报》1881 年 6 月 14 日,第 547 页。

③ 《捷报》1882 年 3 月 15 日,第 294 页;《通商条约类纂》第 24 卷,第 48 页。

④ 《通闻西报》1872 年 1 月 31 日。

⑤ 《通商条约类纂》第 24 卷,第 48 页。

⑥ 《申报》1883 年 7 月 25 日,1887 年 12 月 3 日。

⑦ 《字林西报》1879 年 10 月 14 日。

Co.），对外扬言是洋商戴维德（D. M. David）和华商的合伙企业。但该行所经营的鸦片，一部分属于戴维德，另一部分属于买办。① 行址租金各付一半，二人一在楼上，一在楼下，各不相干。戴维德既不付给买办薪俸，买办也不付给戴维德任何报酬，只是经营鸦片的利润彼此平分。另外由于戴维德负责出名报关，每箱鸦片另取1角的酬劳。② 因此，人们都把这家洋行称做"饭店"，说它空托洋行之名，实际乃是买办的企业。③ 上海更有一种外国人，"毫无本钱，但赁一房屋，挂一招牌，觅一垫钱之糠摆渡（即买办），使之应酬逐日之开销，而彼则高车驷马，各处兜揽生意"。④ 天津鸦片巨商沙通洋行的买办侯梅平（Hoo Mei Ping）公然在华人居住区挂出"英商沙通洋行买办"的招牌，"吓唬中国人，便于收回鸦片价款"。⑤ 这样，通商口岸便形成一种风气，凡从事贸易活动者，多假托洋商名义，悬挂洋行招牌，借以"吓唬中国人"。所以有人说，"通商口岸，洋行如林，其真正洋商东家，十中不过一二，而挂洋行牌子，则比比皆是"⑥。

　　为取得外国人的庇护而甘愿"垫钱开洋行的糠摆渡"，是很有本钱可垫的。在80年代，有一个买办在很短时间内就集资10万两，另一个在五六年内，集资15万两。⑦ 他们以不同的方式为外国人提供营运资金。本来，洋行雇用买办，只要买办提供"一纸保单"，就可签订合同。后来除保单外，还要求有现银和房屋等财产

---

① 《字林西报》1879 年 9 月 18 日，第 275 页。
② 《字林西报》1879 年 10 月 9 日，第 347—348 页。
③ 《字林西报》1879 年 9 月 18 日，第 275 页。
④ 《新报》1881 年 1 月 19 日。
⑤ 《字林西报》1885 年 4 月 17 日，第 356 页。
⑥ 《皇朝经世文编》第 45 卷，第 34 页。
⑦ 《字林西报》1885 年 1 月 1 日，第 15 页。

作保,"并有钱庄可靠"①。表面上,提高作保条件,似乎是为了保障买办的可靠性,实际上,洋行都是为利用这种"押柜"或"押存"作资金,从事贸易活动。这种"押柜"或"押存"随着洋行贸易量的提高而增加。有的资料说,香港旗昌洋行的买办吴秋舫和上海旗昌洋行的买办杨经德都向旗昌提交了巨额"押柜",后者竟达数十万元之多。② 1891 年,这家洋行歇业后,该行经理楷司继另组范嘉士洋行,接管旗昌投资的德忌利斯轮船公司和淡水的毒品和茶叶业务,其所需的 10 万元资本都是由买办提供的。③

买办或买办化华商挂起洋行招牌,便以假洋鬼子的身份活动,能为真洋鬼子大开方便之门。前面说过,在 70 年代前,有些买办就已自设商号,和洋行对口交易;有些买办则投资于钱庄,为洋行融通资金。70 年代以后,这些活动继续发展。例如上海福隆洋行(Pustan & Co.)的买办程庆山(Cheng Ching Sam)就经常向钱庄融通资金,代福隆清偿债务。④ 在天裕洋行(John Foster & Co.)、复升洋行(Chapmaun, King & Co.)和泰隆洋行(Barlow & Co.)先后担任过 8 年买办的何天松(Ho Tien Sun)经常向钱庄为老板押借款项,3 个老板"谁的口袋里都不要付出一分钱"⑤。任过吠礼查洋行 16 年买办的王克明(Wong Cum-Ming)总结自己的经历说,买办经常以售货本票为洋行向钱庄融通资金。⑥ 元丰洋行(J. Pollak & Co.)所需的营业资金和应付税款几乎都是它的买办沈梅生

---

① 《沪报》1885 年 3 月 20 日。

② 《字林西报》1891 年 12 月 18 日。

③ 《申报》1891 年 2 月 23 日。

④ 《字林西报》1887 年 1 月 7 日,第 19 页。福隆亦称鲁麟。

⑤ 《捷报》1887 年 1 月 12 日,第 40 页;《字林西报》1887 年 1 月 8 日,第 23 页。

⑥ 《捷报》1887 年 1 月 12 日,第 40 页。

(Shun Mai Sung) 垫付的。可见洋行不仅利用买办的"押柜"扩大经营资本,更重要的还是利用买办的信用扩大营业。

真、假洋鬼子在资金关系上如此水乳交融,导致包购包销制度的出现。所谓包购包销,就是买办和洋行成立协议,对洋行承担包购全部土产和包销全部洋货的责任,而洋行则承诺不把购销业务交由其他人经办。1891 年天津宁通洋行和买办张松甫签订的合同规定,在 3 年合同期内,凡宁通在天津所经营的买卖都由张松甫经办,凡宁通进口的洋货,如非签约订购者,张松甫应在 4 个月内付清货款,如系签约订购者,在 1 个月内付清货款,不论是否签约订购,各货到岸后,一切费用都由张松甫支付。合同又规定,凡宁通出口土货,在货物装船时,由宁通向张松甫支付 80% 的货价,其余 20% ,在 4 个月内交清。如宁通不经张松甫之手,在天津购买土货,应向张松甫支付罚款 2000 两。张松甫为宁通垫付收购土货本银,在 1 万两以内时,免收利息,在 1 万两以上时,按年息 9 厘计息。合同还规定,对出口土货,张松甫可向土货出售人收受 2% 的佣金;对进口洋货,如宁通所得利润允许,宁通对布匹付 1.5% 的佣金,对其他洋货付 2% 的佣金。①

此外,1890 年,旗昌在台南和它的买办森泰行也约定,"旗昌所到各货,必归森泰招售"②。后来,三井洋行在台湾收购糖、米等货,都由买办卢经堂负责,不得向他人直接收购。③ 诸如此类的包购包销,把买办和洋行的关系拉得更近了。这也就是说,洋行对买办的庇护更有必要,更加尽力,而买办的身价也就更高了。

在真洋鬼子庇护之下的假洋鬼子,给清地方政府造成了无所

① 姚贤镐:《外贸史资料》第 2 册,第 1014—1015 页。
② 临时台湾旧惯调查会:《台湾私法附录参考书》第 3 卷上,第 106 页。
③ 临时台湾旧惯调查会:《台湾私法附录参考书》第 3 卷上,第 177 页。

措手足的许多难题，其中以税收方面较为突出。

买办的日常职责之一是替洋行向海关"磋商"报关条件，办理报关纳税手续。① 在第一章里，已对70年代前所谓中国海关官吏贪污腐化、走私漏税问题，进行过分析研究，并指出走私漏税是在外国领事庇护下，由外商指示通事和关员勾串形成的，取得最大利益的是外商，而不是通事和关员。到了70年代以后，在华外国人的气焰更加嚣张了，经手报关的人物由通事改为买办的变化，改变不了"磋商"报关条件的实质，因为仍然是在外国领事庇护之下，由外商指示买办去勾串关员的事情。史料还说，上海"华商避捐，因托洋行，洋行图利，愿为代报"。当时上海中国船只"与洋商贸易者十之七八，自置货物贸易者十之二三。合伙贸易之船，凡报关纳税等事，固有洋行出面，即自行贸易之船，亦多托洋行代报"②。这种悬挂外国旗帜，由洋行出面报关的华商船只，甚至"无所不为，犯案累累，流弊无穷"③。可见就是假冒洋商的买办化华商也是"无所不为"的。

在外力庇护之下的买办和买办化华商的如此行径，大大损害了清政府的财政收入。广东巡抚郭嵩焘根据切身感受报告清中央说，这些人，"恃夷人为奥援，借轮船为捷径"，"遇事辄勾通夷人，横生枝节，遂使情法两穷"。④ 同时，买办和买办化华商又是当时社会上掌握流动资金最为豪富的人物，这就迫使清地方大吏在筹措资金和课征捐税两方面都不得不向他们低头。

---

① 伯尔考维茨：《江载华、陈衍译中国通与英国外交部》（以下简称《中国通》），第25页。

② 《海防档》甲，购买船炮，下，第809页。

③ 《成案》第4卷，第6—7页。

④ 郭嵩焘：《郭侍郎奏疏》上册，第1卷，第24—25页。

　　在 60 年代前期,清政府在镇压起义人民的紧要关头,库款空虚,以致清地方大吏不得不千方百计向中外拥资者恳请告贷。例如江苏巡抚李鸿章本来以"国体攸关",斥责吴煦"向洋行告贷"助饷,但是就在发出这种斥责后的第二年,即向洋泾浜洋行借银 2 万两,以致饱受外国人的一顿奚落。① 2 万两当然不足支付浩大的军需,转而想在厘捐上"加意整顿",妄图增捐补亏。但厘捐同样受阻于洋商和买办、买办化华商,不足济事,于是便不得不求助于上海的"富商大捐"。他把上海的嘉湖丝栈、闽广洋药糖栈、宁波杂货行、洋商通事,影射洋商名下的富商都当做劝捐对象。② 这些对象中,除宁波杂货行情况不明外,其他都是买办或买办化商人。所谓"通事"是买办的同义语。影射洋商名下的富商是典型的买办化华商。闽广洋药糖栈的商人主要来自广州、潮州、汕头的买办或买办化华商。尤其是洋药即鸦片贸易,几乎由买办所独占。至于嘉湖丝栈,基本上也是在顾春池、陈竹坪等买办巨头控制之下的行业。

　　李鸿章清楚地认识到,在洋人势力庇护之下的吴煦和杨坊等买办化华商,"与洋商洋行合为一气,通融缓急,他人所弗及"③,"沪上舍此巨富,无从着手"④。所以他开办"富商大捐",便恳求

---

　　①　同治二年九月二十二日《上海新报》载:"昨闻前礼拜,李抚台在洋泾浜洋行内借银两万两,言明尽两月归楚,洋行立即应允。但去岁(1862 年)吴道台(煦)曾有此举,李抚台闻之,大以为国体攸关,不应向洋行告贷。现在李抚台复蹈吴道台前辙,是自相矛盾,是责人而不责己也。焉有居上位者言与行违乎?殊不足以率属临民,使中外闻之,咸相非笑也。"

　　②　李鸿章:《全书》,朋僚函稿,第 3 卷,第 18、19 页。

　　③　李鸿章:《全书》,朋僚函稿,第 1 卷,第 10 页。

　　④　李鸿章:《全书》,朋僚函稿,第 5 卷,第 15—16 页。

他们"创首"。① 但事实上,洋行通事"未必肯捐巨款",而向买办化华商办捐又"几于升天入地之难"。② 最后终于连曾国藩也不得不向吴煦发出恳求,告急说,"东征饷需","非尊处赶紧接济,断难启行前进"。③ 以后即将看到,曾国藩是痛恨假托洋商名义、狐假虎威的买办化华商的,他指示下属对这种人严加惩处。这里却看到同一个曾国藩对吴煦又是何等的卑躬屈膝呵!曾国藩的恳求是有结果的。就是这个吴煦为洋务派官僚,"以一隅之地,每年筹饷至二三百万"(两)④,感动得李鸿章特地上奏同治皇帝,请求为他建祠表彰。历史的逻辑,就是这样捉弄人的。

历史逻辑之无情,不仅表现在捉弄曾国藩、李鸿章身上,还表现在清政府不得不对捐税征收制度进行重大改革,实行包厘制度。

所谓包厘制度,就是清地方政府以预收一笔款项为条件,把特定商品在特定地区内一定年限的厘金,全部交给承包人去征收的制度。出包的商品主要是棉布、棉纱、煤油和鸦片等进口货,出包的地区先行于广东、广西、台湾各口和福州,后来宁波、温州、上海等口也次第推行。⑤ 广东对煤油,按每年60万箱计,出包给一个"私人团体",预收18万元。⑥ 台湾的一个"包税商团"对1884年一年内某项商品的预付款达33万元。⑦ 鸦片、棉布、棉纱是这个

---

① 李鸿章:《全书》,朋僚函稿,第1卷,第57页。

② 李鸿章:《全书》,朋僚函稿,第4卷,第14页。

③ 江世荣:《曾国藩未刊信稿》,第28页。

④ 李鸿章:《全书》,奏稿,第21卷,第10—11页。

⑤ 《贸易报告》,1881年,温州,第7页。

⑥ 郭嵩焘:《郭侍郎奏疏》第1卷,第24—25页。

⑦ 《布莱克布恩商会赴华团报告,1896—1897年》(Report of the Mission of China of the Blackburn Chamber of Commerce,1896—1897),耐维耶及贝尔部分(H. Neville and H. Bell's Section)(以下简称《耐维耶报告书》),第157—159页。

时期销售价值最大的进口货,煤油是增长速度最快的进口货。清
地方政府把口岸地区这些商品的厘金出包给所谓"商团"去征收,
反映在这些地区经营这些进口货贸易的所谓商人在外国势力的庇
护之下,偷漏厘金,行动猖獗,使清政府"法情两穷",不得不出此
包厘下策。包厘预交款额之大,表明非拥资豪富者无此承包能力;
而尤其重要的是,除非是具有外国势力为后台者,根本没有条件组
织征厘机构,进行厘金的征收工作。事实上,台湾的那个"包税商
团"就是由几家英国大洋行的买办带头组成的。① 在上海,除去由
买办承包而外,也有由同业公所出头承包的,如匹头公所就承包洋
布厘金。② 而在这些公所中,买办也具有重要地位。香港的一些
大洋行的买办,差不多同时都是包厘者。③ 所以郭嵩焘说,"出厘
之人即系包厘之人"④。

在外国势力庇护之下的买办和买办化商人倚势逃避厘金,使
清地方政府束手无策,不得不出包厘金。他们既承包厘金,当然也
倚仗同一势力征收厘金。他们既包得厘金征收权以后,便以官府
名义,把原政府所设各局的厘卡委员、司事、巡房人等一并裁撤,自
行指派人役,组成自己的征厘机构。⑤ 他们发布告示,"命令所有
进口商人向该代征机构交纳税款,违者重罚"⑥。为了防止走漏,
他们还组织武装人员,雇用暗探和"私人保镖,严密缉私"⑦。

买办和买办化华商出巨资承包厘金的征收,当然不是为的救

① 《英领报告》,1885年,台湾,第106—107页。
② 《耐维耶报告书》,第159、318页。
③ 刘璈:《巡台退思录》第2册,第107—108页。
④ 姚贤镐:《外贸史资料》第3册,第1512—1513页。
⑤ 刘璈:《巡台退思录》第2册,第107—108页。
⑥ 姚贤镐:《外贸史资料》第3册,第1512—1513页。
⑦ 《英领报告》,1885年,台湾,第106—107页。

济清政府的财政收入,而是为自己发财致富。例如,前述广东的
"私人团体"以18万元的预支承包每年60万箱进口煤油的厘金
征收权,实际进口却达180万箱。① 可见另120万箱的煤油厘金
全部都落入承包"私人团体"的腰包里去了。至于那个"私人团
体"对小商人的敲诈勒索,则又不知凡几。

这里必须指出,承包厘金的商人团体,还是一种垄断机构,它
排斥承包集团以外的商人进行该项商品的贸易。② 承包集团既然
垄断某种商品的贸易,也就能够操纵该项商品的市场价格③,甚至
控制其流向。④ 广东的洋货贸易就曾一度完全被厘金局官员和包
厘集团所垄断。⑤ 而获得垄断地位的买办商人有时则利用征厘机
构掌握商品的分销机构向洋行大量购进期货,操纵市场供应,兴风
作浪。⑥ 在这种情况下,买办和买办化商人之任意剥削广大消费
者是不言而喻的。

## 二、商品输送渠道的买办化

中国商人之寻求外国人的庇护,不限于假托洋人名义,开设冒
牌洋行;在商品输送渠道里,他们同样托庇于洋人,领取子口半税
单照,借以逃避商品在内地的过境捐税,这就造成商品输送渠道的
买办化。

---

① 《耐维耶报告书》,第157—159页。
② 布莱南:《报告》,第12页。
③ 《耐维耶报告书》,第158页。
④ 布莱南:《报告》,第64页。
⑤ 布莱南:《报告》,第13—14页。
⑥ 姚贤镐:《外贸史资料》第3册,第1512—1513页。

　　子口半税制度是第二次鸦片战争后,西方侵略者强迫清政府签订不平等条约所确立的制度。1858 年,中英《天津条约》第九条规定,"英国民人准听持照前往内地各处游历、通商",这就赋予外国人以深入内地任何地方进行通商的特权。第二十六条确定进出口关税都按从价 5% 的税率征收的原则。第二十八条针对内地货运途中厘金关卡繁多、负担苛重的情况,明确规定"英商"运输进出口货物,交纳子口税 2.5% 以后便可通运天下,不再交纳任何捐税。这是"英商"享受的特权,华商不得享受同等权利。中外商人的这种差别待遇,导致上海以南各口和长江沿岸各口凡实行子口税制度的各地华商假冒洋商领取子口半税单照问题的出现。

　　早在 1861 年,就有人指出华商冒领子口税单的现象了。据说,"现有内地商人赴湖南、湖北产茶所在,购买茶叶等货,动称英商雇伙,多抗不完纳厘金。似此情形,则内地奸商,人人皆可称为洋行雇伙,内地货物,种种皆可指为洋商采购"①。1866 年的上海海关报告说,从内地运送生丝到宁波每包须纳过境厘金 30 两以上,而子口税每担仅纳 5 两。② 有无子口税单作掩护的经济利益如此悬殊,终于使子口税单本身成为买卖对象。1866 年的上海海关和 1867 年宁波海关都说,外商每月为几千件棉花请领子口税单,每件"取费五角,华商尚求之不得"。条约规定,土货请领子口税单,本为出口至国外而言。但外商从宁波出口货销往国外者微不足道,从浙江内地持子口税单集中到宁波的棉花,其实多半都是运销国内市场的。③

　　华商以子口税单为护符进行购销,为外商向内地伸张势力发

---

① 夏燮:《中西纪事》第 17 卷,第 17 页。
② 《贸易报告》,1866 年,上海,第 8 页。
③ 《贸易报告》,1866 年,宁波,第 8 页;1867 年,宁波,第 43 页。

挥了极大作用。例如镇江,向来河南和山东的商人从镇江贩运洋货内销,都要向华商匹头公所进货。实行子口税制度以后,这些商人凭一纸子口税单,就可撇开公所,直接向外商进货。① 这样,镇江这个口岸,很快便成为进口洋布的一大市场。据统计,通过镇江内销的洋布,1867 年较 1866 年增长 4 倍,1868 年较 1867 年增长 3 倍,1869 年又较 1868 年增长 2.5 倍。② 1870 年在子口税单庇护之下,从镇江内销的洋布遍销 13 个府 135 个城镇,总计达 656586 匹。③ 在镇江,不用子口税单内销的土糖要纳税 31%,利用子口税单内销的所谓洋糖,在市场上售价大大低于土糖。所以,1868 年,镇江进口红、白糖 10994 担,分销至 16 个内地城镇,到 1869 年便猛增至 84851 担,分销到 93 个城镇。糖和市布这两种生活必需品,在子口税保障之下,很快就打开了内地市场。

早在 1867 年,两江总督曾国藩鉴于华商假冒洋商,利用子口税单逃避厘金,损害了他的财政收入,曾经指示他的下属官员,对这种商人,“不动声色,一经拿获,重则立毙杖下,轻则痛打重枷,不用公牍,不用审供,不提洋人一字,专用蛮干”④。但措施越严,买办和买办化华商之托庇于洋商者越深,“利之所趋,虚文有所不能制也”⑤。事情的发展,终至于小商人也可借子口半税单的庇护,摆脱政府的束缚,营运自如。⑥ 到了 1871 年,曾国藩终于改变主意,通令所属,许华商和洋商享受同等待遇,也可请领子口半税

---

① 《贸易报告》,1869 年,镇江,第 42 页。
② 班思德:《中国对外贸易史,1834—1881》,第 110 页。
③ 《贸易报告》,1870 年,镇江,第 55—56 页。
④ 《曾国藩未刊信稿》第 1 册,第 138 页。
⑤ 夏燮:《中西纪事》第 17 卷,第 17 页。
⑥ 《贸易报告》,1869 年,镇江,第 42 页。

单,以便控制,不过见诸实行的,只有宁波和九江两口。① 在镇江,
1873 年英国领事报告说,华商冒领子口税单已成为司空见惯的
事情。②

在通商各口,华商冒领子口半税单的情况,并不相同。凡内地
过境税的负担高于子口半税的地区,华商冒领子口半税单较多,洋
商也以出卖子口半税单谋利;反之,并不盛行。试以汉口、九江、镇
江、上海、宁波、福州、厦门比较盛行的 7 口而论,1875 年共发出子
口半税单 44053 张,这些子口半税单掩护进口的洋货值 8602221
关两,相当于 7 口进口洋货总值(鸦片不得享受子口半税待遇)
26353270关两的 32.6%。这个比例在上海为 12.9%,在镇江为
78.4%。这一年,海关税务司评论这种制度说,"子口税的办法,
在为外国避免地方捐税而要求实施的地方,其实行的情况是令人
满意的"③。

70 年代后期,子口税单的制度,推行得越来越广泛。当时英
国驻宜昌领事报告说,"由于各种原因,华商总觉得假冒外商名义
运输货物,并把他们的商号冒充洋商较为便利"。而少数英商则
"不能代表我们的最高品格","甘愿充当华商护符,困扰领事,甚
至斥责领事不关心他们所代表的英国利益"。④ 汉口的英国领事
也报告说,从上海运到汉口的洋华,从离开上海的时候起,就都是
华商的货物。但从汉口销往四川或陕西时,都作为外商货物领取
子口半税单,因为有那么一些"靠说谎为生,靠作伪谋利的(英国)
人,以货物所有者的名义为华商申请子口半税单"。当时汉口甚

---

① 《英领报告》,1873 年,镇江,第 203 页。
② 《贸易报告》,1875 年,全国,第 36 页;1873 年,宁波,第 77 页。
③ 《贸易报告》,1875 年,全国,第 35—40 页。
④ 《英领报告》,1878—1880 年,宜昌,第 42 页。

至有以出卖子口半税单为业的洋行。① 1880 年,汉口英国领事报告说,在汉口一地,专门以出卖子口半税单为业的洋行就达 6 家之多。② 1882 年,汉口英国领事又报告说,子口半税单的买卖很多。"华商乐于付出代价,借用外商名义直接从海关请领子口半税单","而实际与外商毫无关系"。③ 总之,华洋商人串通买卖子口半税单的现象,越来越猖狂。

前面说过,1876 年的中英烟台条约把中国政府许华商领取子口半税单的国内行政措施订为条约义务。英国政府是到 1886 年才批准烟台条约的,但清政府在 1880 年就在英国驻华公使威妥玛的压力之下,片面按约施行了。④

条约赋予华商和洋商享有领取子口半税单的同等权利,华商似乎不必再假冒洋商去领取子口半税单了。事实上,"相许予华民者事虽同而行之则不同,盖华民有屈不敢求申,宁自忍耐而不敢触犯官威,洋人则无此畏心,……设有所捐,即可告诉领事官而取偿于中朝"⑤。因此,1880 年后,华商假冒洋商领取子口半税单的活动,继续盛行。

子口半税单的作用,在扩大洋货内销上特别显著。1886 年,英国驻镇江领事报告说,从镇江利用子口半税单发往内地的洋货达 800 种,"如果没有子口半税制度的帮助,很小数量的进口,就可以满足镇江当地的消费"⑥。1887 年,镇江英国领事又报告说,"子口税对于外国进口商的价值是难以估计的。镇江位于流贯南

---

① 《英领报告》,1878—1880 年,汉口,第 22、29 页。
② 《英领报告》,1880 年,汉口,第 23 页。
③ 《英领报告》,1882 年,汉口,第 62 页。
④ 《海关文件汇编》第 1 卷,第 413 页。
⑤ 布李难:《中国商埠情形记》,《皇朝经世文新编》,第 10 卷。
⑥ 《英领报告》,1886 年,镇江,第 13—14 页。

北的河道交叉处,其位置对于发展子口贸易很合理想,开封是河南
省会,……是中国人爱国心的策源地。……洋人在城里受到憎恶,
可是对于洋货,则没有这样的反感。……河南……有许多人口众
多的大城市,全省的洋货完全由镇江供应,……没有(镇江)这一
条约口岸,洋货就无法大量深入"①。同年,汉口英国领事报告说,
从汉口利用子口税单内销湖北的货物值 85 万两,内销湖南的值
160 万两,内销河南的值 40 万两,内销四川的值 100 万两,内销贵
州的值 15.3 万两,内销陕西的值 26.5 万两,内销广西的值 2.8 万
两。② 可见内销范围何等的广泛。就全国范围而论,1882 年,各关
共发出子口税单 91500 余张,内销洋货值 1200.6 关两,1891 年子
口税单增至 186700 余张,内销洋货值 2186.3 关两。③ 下表说明
领取子口税单进出口货值增长的情况。

领取子口税单进出货值(5 年平均)

| 年　　度 | 进　口　值 | 出　口　值 |
|---|---|---|
| 1875—1879 | 9480 | 1839 |
| 1880—1884 | 12960 | 2263 |
| 1885—1889 | 15562 | 3872 |
| 1890—1894 | 19644 | 3483 |

1875—1894 年　　　　　　　　　　　　单位:千关两

资料来源:历年海关报告。

上表说明,从 70 年代后期至 90 年代前期,在子口半税单庇护
之下的进出口贸易货值都在不断地增长,进口洋货的价值大大高

① 《英领报告》,1887 年,镇江,第 12 页。
② 《英领报告》,1887 年,汉口,第 13 页。
③ 《通商各口华洋贸易总册》,1891 年,总论,第 3 页。

于出口货。这些所谓洋货，绝大部分都来自外国，但也有相当部分本是国产的埠际贸易土货，是被子口半税制度把埠际贸易货物变成了进口贸易货物。

早在 1872 年，英国的驻上海领事就报告说，上海进口的所谓洋糖，可以说都是汕头和台湾所制的土产红糖，但为了免受内地过境的苛征，都先运去香港，取得"洋糖"身份，从而"有权享受条约赋予洋货的一切权利和保护。这就是英商以及香港的所产生的许多奇异问题之一"。外国人也曾试销精制白糖，但是"中国人功利主义的精神使得他们对于所买的糖是粗劣的或者精制过的，完全不以为意。他们的目的是以最低的价格买到味甜的糖"①。后来香港的精制白糖运到镇江试销，进口外商还因中国消费者并不欢迎而受到相当大的损失。②

途经香港取得洋货身份的国产红糖，和不经香港而以土货身份销售的国产红糖，在捐税负担上，可以简单比较如下。所谓"洋糖"从中国口岸运往香港作为土货纳全部出口税，从香港运入中国口岸时，作为洋货纳全部进口税，但销往内地时，只纳子口半税，便可通运天下。与此同时，不经香港的红糖从一个口岸运入另一口岸时，在出口港纳全部出口税，到另一口岸进口时纳转口半税，从而在关税负担上较洋糖节省一份半税。但作为土货运销内地时，不得领取子口半税单，必须缴纳内地一切捐税。这些捐税，可能超过子口半税的 10 倍，即相当洋糖两份半税的 5 倍。这就使得国产红糖多数都先运香港，然后作为洋糖进口，即使未经香港转运的国产红糖，也"企图作为洋糖经此向（上海）转口"③。在外国人

---

① 《英领报告》，1872 年，上海，第二部分，第 142 页。
② 《英领报告》，1879 年，镇江，第 5 页。
③ 《捷报》1874 年 10 月 29 日，第 417—418 页。

以出卖子口税单取利,而华商又力图寻找子口税单庇护的情况下,这种"企图"是完全能够实现的。上海的外国报纸把中国政府对食糖所采取的措施称为"离奇措施","其荒谬悖理可能仅次于他们对于鸦片贸易的处理"。① 但是,这种"荒谬悖理"的"离奇措施"正是西方入侵者强迫清政府签订不平等条约所造成的,其危害,在土产红糖的运销上,特别显著。1890 年,英国驻芜湖领事报告说,在各种进口洋货中,糖是最值钱的商品。这项进口,1890 年较 1889 年数量增加近 44%,价值增加 55% 以上,占同年进口洋货值的三分之一以上。这种进口的很大部分都是由香港转运的国产土货。

取得洋货身份的土产显然很多,两广、福建沿海的土货,多数都经香港转口,就连位处内陆的西江地区也出现这种现象。据西江某税吏对一个外国人说,西江所产的烟草大部分都销往广东北部地区,但从产地直接运往消费地,需要交纳为数颇大且无法预计的厘金,使看来可以获利的交易遭受严重损失。于是商人为避免这种风险,就先把烟草运往香港,再从香港作为洋货进口,可以领取子口半税单运往目的地。商人虽因此负担 5% 的进口税、2.5% 的子口税和往来香港的运费,以及起岸、装船等等费用,但这些都是预先可以正确计算,而厘金的负担却可能高达 10% 至 50% 以上。②

当时中国的有识之士,早就对不平等条约所造成的这种"荒谬悖理"的"离奇措施"深恶痛绝了。他们中有的说,"洋商以半税而免内地厘金。……华商之巧者,不免与洋商狼狈相倚,诪张为幻。于是有代华商领半税单而取其规费,有用运照庇送无运照之

---

① 《英领报告》,1890 年,芜湖,第 8 页。
② 帕逊士:《一个美国工程师在中国》,第 156—157 页。

土货,有用洋船代华商携带洋药各货,有凭运照免纳厘金,来到子口之先,已将土货销售,是洋税与厘金均受其病也,是使守分之华商不能获利也,是驱守分之华商不得不为奸商也"①。洋商代华商冒领子口税单,利益优厚。原来"关道署发给三联单,办清公事,绝无丝毫之费;彼领事衙门及洋行转可收费每张四五元不等,甚至每一次请发数百张"②。

然而华商之诡寄洋商并不单纯是负税轻重的问题,1885 年英国驻天津领事报告说,差不多所有准备出口的骆驼绒、山羊皮等土产都是中国代理人持子口半税单从内地运到天津的,"子口税单不仅是纳税的收据,更重要的是可以拿来做一张护照和抵御勒索的保票"③。另一记载也说,清政府关卡对厘金关税"节节而稽之,铢铢而校之"。司事巡丁"贪狼猛虎,砺齿磨牙,皆敲商人之骨而吸商人髓者也。外国之商,……除入口一正税,一子口税之外,任意畅行。三联税单,充斥内地。偶有西商过埠,则丁役围护,官吏趋迎,即验即行,惟恐稍拂其意。噫! 丛雀渊鱼,不自知其身之为鹯为獭已"④。又说,"洋货入口,一税一半税之外,一无稽阻。西商偶到,趋媚不遑,所以待外人如彼其厚。土货则口口而查之,节节而税之,恶声厉色,百计留难,甚则加以鞭扑,所以待己民者如此其薄。黠商乃赁其牌号借为护符,三联单充斥内地,厘局无如何也。倚洋人则生,否则死;冒洋人则安,否则危。丛雀渊鱼,不至尽殴〔驱〕为洋人不止"⑤。清政府官吏崇洋媚外,鱼肉小民,即使华

---

① 薛福成:《筹洋刍议,利权》,四,见《自强学斋治平十议》。
② 《皇朝经世文编》第 45 卷,第 34 页。
③ 《英领报告》,1885 年,天津,第 2 页。
④ 陈炽:《续富国策》第 4 卷,第 5—6 页。
⑤ 陈炽:《庸书》内篇,上卷,第 34—35 页。

洋商人负税均等,也必驱华商诡寄洋商。一个国家的吏治腐败到
如此程度,它的对外经济关系,绝不是经济规律所能充分说明得
了的。①

### 三、资金周转渠道的买办化

　　商业资金的周转,是商品流通领域的中心环节。市面上,周转
资金的松紧,直接决定着商品购销的盛衰。不幸的是,到了 70 年
代以后,通商口岸本地和口岸通向内地的商业资金周转渠道,日益
被外国银行所控制,以致这一渠道日益买办化。

　　中国社会本来就已具有高度发达的商品流通网,因而也就具
有高度发达的商业资金周转机构,这就是钱庄。例如在上海,至迟
在 18 世纪的中叶,钱庄就已成为一个独立的行业。② 它所发的庄
票享有很高的信誉,为商界所普遍接受。商人买卖豆、麦、花、布
时,不仅可用庄票代替现金支付货价,还可"到期转换","收到银
钱"③,流通得相当广泛。福州在对外开放之初,钱庄就有 100 家
之多,一般大宗交易都用钱庄票据收支。④ 宁波的钱庄,也实行过
账制度,融通资金,不必过手现金。⑤ 所有这些钱庄,都是外国入
侵者为了推销洋货和收购土产所必须利用的现成渠道。

　　钱庄服务于进出口贸易的信用手段,在口岸用的是庄票,在口

---

　　①　以上史料,参看姚贤镐:《外贸史资料》第 2 册,第 817—842 页。

　　②　中国人民银行上海分行编:《上海钱庄史料》,第 2 页。

　　③　道光二十一年闰三月二十一日,上海县告示牌,见江苏省博物院编:
《江苏明清以来碑刻资料选集》,第 485 页;《上海钱庄史料》,第 12 页。

　　④　《贸易报告》,1846 年,第 20—21 页。

　　⑤　张恕等纂:同治《鄞县志》第 2 卷,第 6 页;段光清:《镜湖自撰年
谱》,第 122 页。

岸和内地之间用的是汇票。钱庄所签发的庄票,可以代替现金在市面流通。钱庄对所签发的庄票负有完全责任,到期照付。庄票有即期和远期两种。即期庄票见票即付;远期庄票则在到期时付现。上海各商号在交易中一般使用远期庄票。在50年代,远期庄票通常以10—20天为期,进入60年代后,普遍缩短为5—10天。

上海钱庄按资本大小分为汇划庄(或称"大同行")和非汇划庄(或称"小同行")两类。① 汇划庄在开业以前必须加入内园钱业总公所,缴纳会费,成为所谓"入园钱庄"。钱庄之间对庄票的清算,起初大约无论汇划庄还是非汇划庄,彼此都是直接进行的。1863年,汇划庄为了维持庄票的信用,决议规定,"钱业不入同行(即不加入内园钱业总公所),庄票概不收用"②。到了八九十年代之交,汇划庄之间的庄票清算,开始实行"公单制度",那已经是一种具有现代意义的票据交换制度了。

早在1846年,上海的洋商就已开始利用庄票进行贸易活动。③ 1858年的《北华捷报》报道说,当时上海县城和租界区有120家钱庄,其中资力雄厚者都以10—20天的庄票为华商批发鸦片和棉制品向洋行支付货价。④ 到60年代初,一家英国洋行在报纸上刊登广告,表示愿意接受"任何一家本地钱庄的庄票,或任何其他合格票据"⑤。可见在洋行商人中,庄票的信誉极高。

---

① 非汇划钱庄包括"挑打钱庄"和"零兑钱庄"两类。挑打钱庄资金不足,不能加入钱业总公所,其往来收解多委托汇划庄代理。零兑钱庄资力更弱,专做银圆辅币的零兑买卖,不做存放业务。

② 《捷报》1863年3月7日。

③ 福卑士:《旅华五年记》(F. E. Forbes, Five Years in China, 1842—1847),第68页。

④ 《捷报》1858年6月12日,第182页。

⑤ 《捷报》1863年3月1日,第34页。

对于批发进口货的华商而言,用庄票代现金支付货价,意味着自己对洋行的债务由钱庄作保,取得洋行的更大信任,而自己则可以利用庄票到期的 10—20 天的时间调度现金,付清债务,因而周转灵活。对于销售进口货的洋行而言,接受庄票作为收得货价的凭证,就意味着对进口货商的债权有了钱庄做保证,把销售货物的风险降至最低限度。须知内地华商在上海进货以后,只身返回内地,洋行是无从找人讨债的。不仅如此,洋行收得庄票,就能用庄票支付采购出口货的货价,不必等候以进口货换取现金以后才能进货。① 例如,在 50 年代末叶,上海沙逊洋行大量收购黄金,就经常用庄票支付金价。② 可见洋行无论经营的是进口还是出口贸易,都能因收支庄票而加速进行,这也就意味着加速资金的周转,获得更大的利润。实践证明,洋行接受庄票支付进口货价,远比用进口货卖得现金再采购出口货,能够卖出更多的洋货。③

在洋行、钱庄和华商三者之间周转资金、保证信用的连锁关系中,发挥关键作用的是买办资产阶级。前面说过,有些买办,一面充当洋行买办,一面自设钱庄;有的洋行还和买办合伙开设钱庄。因此,有些洋行所接受的庄票,就是自己买办所开设的钱庄发出的。④ 买办向洋行保证庄票的信用,没有买办保证的庄票,则得不到洋行的信任。⑤ 同时,有些洋行也出头保证自己买办所设钱庄庄票的信用。例如上海沙逊洋行就出头保证自己买办罗某(Loo)

---

① 《英领报告》,1869 年,广州,第 45 页。
② 《捷报》1859 年 9 月 17 日,第 27 页,1859 年 10 月 29 日,第 50 页。
③ 《英领报告》,1869—1871 年,汉口,第 192 页。
④ 《捷报》1866 年 1 月 27 日,第 14 页。
⑤ 《字林西报》1868 年 5 月 8 日,第 411 页。

所设钱庄庄票的信用。① 这样，买办资产阶级的势力，便从单纯媒介贸易的领域扩张到了金融周转领域，他们的历史作用也就从造成商品流通领域的买办化扩展到金融周转领域的买办化。

金融周转领域的买办化，更加突出地表现在钱庄和外国银行的拆款关系上。

有人说，上海外国银行对钱庄进行拆款是 1869 年由汇丰银行开始的。② 查 1865 年汇丰银行的资产总值已达 1339.7 万元，存款和发钞达 338.5 万元。③ 次年，海关报告说，上海最大的钱庄只有 8 万—10 万两的资本。④ 一方拥有庞大的资金活动能量，一方无力适应资金周转的庞大的需要，于是发生拆款关系。汇丰对钱庄的拆款可能在 60 年代中叶就已开始，无论如何，当汇丰银行的存款从 1870 年的 940 万元增长到 1890 年的 10300 多万元的过程中，汇丰银行对钱庄的拆款大为扩张，从而汇丰对上海金融市场的控制也就步步加紧。

所谓拆款，是由钱庄以庄票作抵向外国银行拆借信用贷款的制度。拆款使中国钱庄"每天依照它们的需要"，"向外国银行拆借其所必要的资金"，以便于"做庞大的生意"，而外国银行也"乐意用最好的方式"，利用它们多余的头寸。⑤

银行拆放，通常两天结算一次，取利比市面利率为低。⑥ 但银行认为必要时，可随时要求收回拆款。⑦ 这个随时收回拆款的制

---

① 《捷报》1859 年 9 月 7 日，第 27 页。

② 《上海钱庄史料》，第 28—29 页。

③ 《汇丰银行营业报告》，各年。

④ 《贸易报告》，1866 年，上海，第 14 页。

⑤ 魏格尔:《中国金融论》(S. R. Wagel, Finance in China)，第 238 页。

⑥ 《上海钱庄史料》，第 38 页。

⑦ 交通银行编:《金融市场论》，1947 年，第 79 页。

度,把钱庄纳入外国银行的操纵之下,钱庄对银行的拆款愈多,银行对钱庄的操纵也就愈紧。从 70 年代起,外国银行对中国金融行市的控制就是通过拆款进行的。

在钱庄与外国银行建立起拆款关系以后,原先洋行与钱庄之间的清算关系便转移到外国银行去进行。这就是:出售洋货的外国洋行在收到钱庄庄票时,可以将其送交外国银行,存入它的账户;外国银行这时并不就把这笔款项算做现金,它不过暂时记在外商的账户上代为收取。另外,出售土产的中国商人在成交时所收到的又是洋行开发的外国银行的支票,他可以把这些支票委托给往来钱庄到外国银行去兑现。于是,在外国银行那里由洋商所付出的支票就可以和钱庄所签发的庄票相轧抵,进行冲销。[①] 这种划拨方法避免了不必要的现金搬运,大大便利了贸易的进行。从此,中外商人的进出口贸易就都离不开外国银行和中国钱庄的支持,这也就是说,钱庄职能的买办化更深了。

上述情况仅仅是钱庄在上海本地华洋商人之间所起的买办作用。但是,上海不过是外国商品向内地转运的枢纽。70 年代初叶的统计表明,上海本市所消费的洋货只不过占进口洋货总额的 20% 左右[②],其余 80% 都是销往内地去的。钱庄对这部分洋货的内销起有极其重要的作用。发挥这一作用的手段则是钱庄的汇票。

在上海左近,镇江和宁波是上海进口洋货向南、北扩散的两个重要的枢纽。在这两个地方,洋货的扩散和土货的汇聚都依赖钱庄周转资金。

根据海关报告,60 年代进入镇江的洋货净值在 300 万两到

---

① 参见魏格尔:《中国金融论》,第 238 页。
② 《英领报告》,1872 年,上海,第 150 页。

500 万两之间；70 年代上升到 600 万关两到 900 万关两之间；同时期中土货的出口也由 40 余万两上升为 100 余万关两。① 进入镇江的洋货主要是为了满足更为遥远的内地市场的需要。譬如，山东省所消费的洋布和其他各种洋货都是从镇江转运去的②；河南省各大商业中心所出售的洋货也完全是从镇江得到供应的。③

镇江的钱庄是用汇票为这些洋货的内销周转资金的。

60 年代镇江有 27 家钱庄，信誉卓著的大钱庄能够吸收存款到 10 万两左右④；到 70 年代初期，镇江的 8 家主要钱庄在苏州都设有分支机构，两地之间的金融往来非常密切。⑤ 1869 年的一份材料说：在镇江，支付进口洋货的主要方法是开出由上海钱庄付款的汇票，而商人则把铜钱或银锭运入苏州，从那里收购土产到上海去变价付款。⑥

1876 年，另一项记述镇江贸易方法的材料指出："上海洋行把鸦片和匹头运给镇江的外商，指望他们付款。镇江的外商按照自己认为能销售的数量，尽快地把货物交给买办"；"如果买办不能在约定时间付款，他就用目前暂时毋需付款的货物到钱庄去押借款项来支付"。⑦ 这就非常清楚地说明了钱庄对买办的贷款在推销洋货上起着多么重要的作用。如果没有钱庄的支持，不用说，买

① 《贸易报告》，各年。

② 《贸易报告》，1869 年，镇江，第 42 页；《英领报告》，1878 年，烟台，第 47 页。

③ 《英领报告》，1887 年，镇江，第 12 页。

④ 《英领报告》，1868 年，镇江，第 178 页；《字林西报》1869 年 5 月 17 日，第 6103 页。

⑤ 《英领报告》，1873 年，镇江，第 204 页。

⑥ 《英领报告》，1869—1870 年，镇江，第 117 页。

⑦ 《英领报告》，1876 年，镇江，第 66 页。

办的活动当然是要受到很大限制的。

宁波的钱庄在推销洋货上也起着同样的作用。本来,宁波和上海一向存在着金融联系。70 年代初,曾经多次为左宗棠向外国银行洽借巨款的豪商胡光墉所经营的阜康银号,在上海、宁波、杭州、镇江等地都设有分号,经营宁波与各地间的金融往来。[1] 80 年代后,这种情况还有所发展。所有设立在宁波的 22 家钱庄都与上海、绍兴、杭州等地有直接的联系。[2] 所以,人们每在提到宁波的商业金融时,总是指出它与上海等地是"呼吸相通"的。[3]

宁波虽然在 40 年代初就被辟为口岸,但直接对外贸易一向很少,进入宁波的洋货绝大部分都是由上海转口去的。[4] 据海关记载,60 年代进入宁波的洋货净值在 300 万到 500 万两,土货出口值五六百万两;70 年代进出口货值各升至 600 万和 700 万关两的水平。[5]

如此大量进出于宁波的货物肯定需要依靠当地钱庄的信用支持。在 40 年代前后,宁波钱庄的"过账制度"是:凡与钱庄有往来关系的商人在买卖成交时,不论其数值大小,只需要到钱庄记账,"钱庄只将银洋登记客人名下,不必银洋过手"[6]。早期"过账"的记载单位以"钱"计,70 年代以后则以"番银"(即鹰洋)计。[7] 这种制度的目的在于把现金的交接减少到最低限度,使商人之间的

① 《贸易报告》,1875 年,宁波,第 175 页。
② 《海关十年报告》,1882—1891 年,宁波,第 379 页。
③ 张恕等纂:同治《鄞县志》第二卷,第 6 页。
④ 班思德:《中国对外贸易史 1834—1881》,第 37 页。
⑤ 《贸易报告》,各年。
⑥ 段光清:《镜湖自撰年谱》,第 122 页。
⑦ 张恕等纂:同治《鄞县志》第 2 卷,第 6 页。

债务关系依赖钱庄的信用,在账面上去互相划抵。① 洋货进入宁波以后,就利用了钱庄汇票的便利,循着绍兴、金华、衢州水路销到内地,泛滥于整个浙西市场,并往西延伸,进入了江西省境。例如,70 年代江西广信府的玉山县年销来自宁波的棉织品在 2 万匹以上②,而 80 年代后输往宁波的洋货还远销安徽徽州。③ 这就是说,有了宁波钱庄汇票的支持,进口洋货才能够方便地出入于远离口岸的浙西、赣东和皖南一带。

在长江中游,汉口钱庄的汇票对于洋货渗入西南穷乡僻壤的过程也起着重大的作用。

汉口一向被称为"江海贸易"的"总汇"。④ 60 年代初开埠以后,这个"总汇"立即成为上海进口洋货转销西南地区的必经要道。⑤ 80 年代以后,国外远洋船只已可直达汉口,但那里仍然还是上海大量洋货的转运中心。⑥

洋货进入汉口的具体办法是:中国商人从上海贩货到汉口来转手出售⑦,至于汉口和上海之间的资金周转则依靠两地的钱庄或票号的汇票调拨。⑧ 同时,设在汉口的钱庄或票号又对洋货向西南内销给予资金通融上的便利。

例如湘潭,这是 40 年代广州进口洋货内销的一个重要据点。

---

① 《英领报告》,1878 年,宁波,第 151—152 页。

② 《贸易报告》,1870 年,宁波,第 64 页。

③ 《海关十年报告》,1882—1891 年,宁波,第 361 页。

④ 郭嵩焘:《郭侍郎奏疏》第 4 卷,第 36 页。

⑤ 《英领报告》,1870 年,汉口,第 180 页。

⑥ 《英领报告》,1884 年,汉口,第 111 页。

⑦ 《英国外交部档案原稿》,F. O. 17/507,转引自伯尔考维茨:《中国通》,第 43 页。

⑧ 《字林西报》1875 年 8 月 14 日,第 154 页。

当时,从"外国运来货物至广东上岸后,必先集湘潭,再分运至内
地",而"中国丝茶之运向外国者",也"必先在湘潭装箱,然后再运
广东放洋。①50 年代以后,广州对外贸易地位中落,湘潭成为连接
上海、汉口和西南地区的商业枢纽。湘潭商人在汉口十分活跃。
他们尽管手头很少留有现款,但是,仍然能够顺利地向湘潭运去洋
货。他们所凭借的就是汉口票号或钱庄所给予的信用支持,即
7—10 天为期的期票。60 年代,差不多所有从汉口运往湘潭的货
物都是用这种期票支付的。②因此,汉口和湘潭虽相距遥远,商业
上的频繁往来却把两地金融行情的变动密切联系起来,以致汉口
的钱庄每每为湘潭金融上的波动而"具有戒心"③。

尤其值得注意的是汉口的票号或钱庄对四川商人的信用支
持,使洋货能够溯江渗入西南地区。

长江上游的交通条件使外国商品进入四川需要较长的运输时
间。通常四川商人在汉口购进洋货总需要当地票号给予长达 3 至
6 个月的长期信用,然后通过两地票号的汇划关系来清算。在 60
年代前期,川汉之间的商品流量已经十分庞大,但是,由于运用汇
划清算,只需要小额的现金来平衡两地间的差额就够了。④

不过也就在 60 年代,汉口票号的这项作用逐渐转移到上海钱
庄的手中去了。这是因为 50 年代中叶以后,随着太平天国革命形
势的变化,长江中部几度成为革命与反革命势力剧烈争夺的地区。
汉口的山西票号在总号的一再命令下,收缩了业务,把大量资金分
向山西和上海两地转移,从而使汉口的金融力量大为减弱。汉口

---

① 容闳:《西学东渐记》,第 54 页。
② 《英领报告》,1869—1871 年,汉口,第 191—192 页。
③ 《申报》,光绪十四年八月初一日。
④ 《英领报告》,1869 年,汉口,第 191—192、78 页。

的钱庄无力支持四川商人所需要的大量长期信用，四川的商人随着汉口票号的收缩便转向上海去进货。据估计，在 60 年代中叶，四川所销售的进口洋货中，购自汉口的已经不到 20%，到了 1869 年又继续减少到 10% 左右。[①] 其关键就在于支持此项贸易所必需的长期汇票是由"上海殷实钱庄承兑的"，一度集中在汉口的川商信用支援随着贸易关系的变化转移到"更集中和更富有的上海钱庄的手中去了"。[②]

重庆商人必须得到上海钱庄的长期信用支持，不仅是因为沪渝之间长途转运，资本周转为期甚久的缘故，而且还因为洋货自重庆分流成都、嘉定、叙州、绵州和合州等地市场也需要长期信用的支持。重庆商人正是在长期信用所允许的期限以内向内地运去洋货以换回生丝、药材等各种土产的。70 年代，云南东北部的昭通就出现了不少洋货，其中以花色洋布最为触目。这些洋货就是从重庆转运去的。[③] 总之，从通都大邑到穷乡僻壤，钱庄为外国侵略势力的伸展尽了助纣为虐的买办作用。

钱庄协助了洋货的内销，同时也就协助侵略势力搜刮土产。这是钱庄买办作用不可分割的两个方面。在土产中，丝、茶历来是外商搜罗的主要对象。80 年代以前，他们在土产的输出总值中一直占着 80% 以上的比重。

70 年代以前，外商在收购丝、茶上所需要的资金基本上是由外国洋行自己筹划的。每当丝汛时节，它们通过买办把大量资金

---

① 《英领报告》，1869 年，汉口，第 191—192、78 页。

② 《英领报告》，1869 年，汉口，第 191—192、78 页。

③ 达文波德：《云南调查团关于调查地区商业潜力的报告》(Reported by Mr. Davenport upon the Trading Capabilities of the Country Traversed by the Yunnan Mission, 1877)，《英领报告》，1877 年，第 15 页。

送到乡村去,或者垫款给丝行,与之订立收购合同,然后才能买到
生丝。进入 70 年代以后,售给外国洋行的生丝大多改由各地丝行
自行收购和贩运了。但丝行的资金都要依靠钱庄周转。上海的惯
例是,每到春季,钱庄就对丝行贷出巨款,到新丝开盘成交后才收
回款项。① 显然,没有钱庄的贷款,丝行是根本不可能收购生丝
的。茶行收购茶叶的情况亦复如此。而钱庄如果得不到外国银行
的拆款,又不可能进行巨额的贷放。从这个意义上说,通商口岸,
特别是上海钱庄的职能便彻底买办化了。

## 四、商品购销网点的买办化和买办
资本商业高利贷剥削网的形成

外力的侵略和庇护造成商品输送渠道和资金周转渠道的买办
化,在此同时,也就造成了商品购销网点,大小转手,层层衔接,总
的说来,都在外国势力、买办资本及其所控制的商业高利贷资本的
控制之下,为外国侵略势力服务。不过,越到中级市场和初级市
场,购销网点买办化的程度越浅,直到内地城镇的小商小贩,就成
为和消费者、生产者一样,都是外国景气变幻的最后受害者。这就
是半殖民地商品流通领域的基本特征。

### (一)推销洋货的商业高利贷剥削网②
外商洋行为了推销洋货,也曾企图和内地华商直接挂钩,建立

---

① 《申报》1873 年 12 月 25 日。
② 本页的(一)和其后的(二)两目,均采自聂宝璋著《中国买办资产阶级
的发生》一书第 126—145 页。个别讹误,凡能作出改正者,均一一加以改正。

推销路线。① "这种尝试不止一次地为买办所阻断。"②

　　买办推销洋货不外两条途径。一是买办交由当地或其他口岸买办化华商承销；二是买办直接与内地华商挂钩。很多买办都与内地商人保持一种"巧妙的联盟"。他们与坐商、行商勾串一起，构成各自推销洋货的渠道。这就使那些由于买办势力的梗阻难以与内地商人直接交往的洋行同样能向内地渗透。例如著名的大进口商仁记洋行进口的各种牌号的匹头，单在芜湖一地就有 7 家华商商号经销（即同茂、荫记、德升、义和、和生，莆康及同春和），其中一部分再转由汉口的 4 家华商商号向内地贩售（即人和义、祥和裕、同慎祥及信和裕）。③ 正如买办向洋行包销一样，有些华商商号通过买办也与洋行建立包销关系。香港有一家制糖公司（可能即太古糖厂）与宁波的华商就曾订有"认销之约"，因而使原来闽糖在宁波的销路遭到排挤。④

　　值得注意的是，一些与口岸洋行势力保有千丝万缕联系的买办化华商在比较偏远的内地城镇从事推销洋货的活动。早在 70 年代以前，很多地方都可以看到一批"广东商人"的行迹。此后，他们的活动范围日益扩大。许多广东商人开设的行号陆续出现在某些城镇。例如广西的樟南司（Chang Ngan Su）曾经有过五六家粤商洋货匹头行。⑤ 川滇黔交界的小集镇黄草坝（Huang Tsao Pa）经营匹头洋纱的也都是来自广东的商人。他们在百色、南宁都设

---

① 布莱南：《报告》，第 15 页。
② 《新闻纸》1884 年 8 月 1 日，第 823 页。
③ 《字林西报》1890 年 9 月 29 日。
④ 《贸易报告》（中文本），光绪十六年，下卷，宁波口，第 71 页。
⑤ 伯恩：《华中及华南地区的贸易》（Bourne, Trade of Central and Southern China 1896—1897）（以下简称《华中贸易》），第 53 页。

有分号。① 活动在台湾的广东商人在设店经营棉毛洋货的小额零售业务的同时,更在香港开设联号。②

所有上述各色买办化商人,无疑是洋行及其买办推销洋货的有力工具。据说买办商人向内地发货,一个人一次就能发出匹头 500 包。③ 可见其销货规模之大。

至于贩销洋货的内地商人,大致可分为批发与零售两种。随着侵略势力的扩张,在买办商人势力发展的同时,很多内地中心城镇都先后出现有大批洋货批发商号。例如绍兴曾有 5 家,即:广益丰(Kwang I Feng)、盛记(Shang Chi)、福盛恒(Fu Sheng Heng)、洪元泰(Hwng Yuan Tai)及西兴隆(Hsich Hsing Lung),杭州 4 家:厚德利(Heu Toli)、益顺隆(I Shun Lung)、益合盛(I Ho Shang)及天利(Tien Li)。④ 湖州虽然不曾见到专营洋货生意的商号,然而兼营洋货的商号竟达 11 家之多。⑤ 在四川内地推销洋货的中心重庆,洋布进口贸易则全部操在 27 家批发商之手。成都共有 3 家,嘉定 1 家。⑥ 云南境内共有 4 家。⑦

内地批发商人贩购洋货的方法是先派自己的代理人到口岸洽购,然后再经零售商人之手向内地城乡推售。可以设想,每个批发商人都需要与更多的零售商人建立联系。

重要的是,大量进口的洋货,不论由买办或买办化华商向内地贩销,还是由内地洋货批发商人先由口岸购进,然后经零售商人转

---

① 伯恩:《华中贸易》,第 45 页。
② 《英领报告》,1880 年,台湾,第 117 页。
③ 伯恩:《华中贸易》,第 11—12 页。
④ 《美领报告》,1905 年 4 月,第 8—10 页。
⑤ 《美领报告》,1905 年 4 月,第 11 页。
⑥ 《耐维耶报告》,第 240—241 页。
⑦ 伯恩:《华中贸易》,第 40 页。

售,其普遍采用的交易方式是赊销。

赊销代表一种信用关系。洋货赊销早在第二次鸦片战争前后即已见诸实行。进入 70 年代以后,随着外商银行与钱庄间借贷业务的展开,赊销也就在更大的范围内推行开来。按照赊销方式,承销洋货的商人可以约定一个信用期限偿付货款。因此,洋货承销商有可能不需要大量资本即能从事洋货贸易。甚至还有人把"出售赊来的货物尚未归还的货款"权充自己的营运资金。① 这种赊销方式,对于缺乏资本的华商无疑很有吸引力。在外商利用华商扩大洋货贸易方面,赊销信用曾经起过不小的作用。在镇江,外商不给以 1 个月期限的信用,"一包洋布都卖不出去"。很多从事洋货贸易的华商都有赖于赊销信用的周转。②

洋行进货既然一般由买办承销或包销,因而买办也就能最先得到外商的赊销信用。1878 年,镇江的英国领事在其报告中透露当时洋货贸易方式说,上海的洋行把洋货(鸦片、匹头、洋纱等)送交镇江的外商,委托代售,并"指望着他们付款"。当镇江的外商佣金代理行号接到这笔生意以后,便尽快地把货物按照买办自己认为能够销售的数量交给买办。买办既有销货的义务,也就有获取赊销信用的权利。信用期限,鸦片为 2 周,匹头为 4 周。这时外商关心的只是按期收款,至于买办对货物如何处理,是"向来不问的"③。

买办向洋行承销(或包销)的货物在向华商转销之时,当然也要有一定期限的赊销信用。这样,买办就不仅以子口半税制度及包税收厘等强权压制内地商人,而且又可以乘机进行经济上的盘

---

① 《贸易报告》,1883 年,汕头,第 3—4 页。
② 《字林西报》1879 年 9 月 20 日,第 283 页。
③ 《英领报告》,1878 年,镇江,第 66 页。

剥。正如买办须向洋行提供保证一样,内地商人又要向买办提供保证。外商以买办提供的保证来利用、控制买办,买办遂即假手华商提供的保证来利用、控制与他往来的内地商人。这就构成了外商、买办与华商之间的连锁保证关系。① 这是一种情况。

另一种情况是,内地商人直接由口岸贩购洋货。例如四川的批发商人每年 8 月派出自己的代理人到上海购货。这个代理人可以向上海的捎客购货,也可以通过捎客(或买办)向洋行订购。由捎客媒介者,自然要支付其经手佣金;向洋行订购者往往需签订合同。合同中一般规定有成交条件。货款通常都用 5 天期钱庄庄票支付,洋行则见票发货。交货期限规定 4 周。如果届期不能交货,四川批发商即可退货;如果货到 1 个月内不能提货,外商亦可自由处理,而因此所引起的损失,则归四川批发商人负担。② 内地商人除由买办保证信用外,还要在购货之时,向洋行交纳货价 5% 的押金。如不能按约及时归款、洋行即将没收押金 。③

由此可见,四川批发商人除去负担佣金及钱庄利息外,还须预付押金。上海市面利率是随银根松紧上下起伏的。七八十年代利率约在 11% 至 29. 2% 之间。④ 如果洋货是以子口单照贩运的,自然还要负担请领这项单照的一切开支。不待说,所有这些费用与开支,必然要转嫁到零售商人身上。

批发商以 5 天期庄票向外商或买办支付货款,但他们与零售商却很少作短期信用交易。⑤ 零售商往往要靠批发商给以长期赊

---

① 《美领报告》,1906 年 1 月,第 98—99 页。
② 《耐维耶报告》,第 242—243 页。
③ 伯恩:《华中贸易》,第 17 页。
④ 《耐维耶报告》,第 248—249 页。
⑤ 《耐维耶报告》,第 250 页。

销信用才能承销洋货。如果期满而零售商不能售货归款,洋货贸易就会受到"突然障碍"①。可见赊销信用在批发商与零售商之间也具有十分重要的作用。正是因为如此,所以批发商又有可能向零售商人施其盘剥伎俩。

给予零售商赊销信用的期限及利息负担也随不同地区而有所差异。福州地区是两三个月。② 匹头一般为 3 个月,鸦片、铅则为 2 个月。③ 重庆的信用期限为三四个月。信用期限越长,利息额负担也必然越多。

有的地区曾经实行过一种提前归款的"折扣"。所谓提前归款的折扣,就是因提前归款而减收的利率。例如贵州黄草坝洋货贸易信用 1 个月期限,其"折扣"为每月 1%。④ 云南亦相仿佛。⑤ 重庆在五六个月信用期限之内,其"折扣"仍达 1.5%。⑥ 按年利计算,重庆批发商人给予零售商的利息负担高至 18%。⑦ 成都较此稍低,每月为 1.2%,然而期限则长达 1 年。⑧

显然,这是刺激内地商人的又一种手法。为了减轻哪怕是极其有限的利息负担,零售商人也要尽快地出货清款。究其实际,即使打了"折扣"的利率,仍然还是高利借贷。

不用证明,与子口半税单照的费用一样,零售商人的高利贷负担,总是通过价格最终转嫁给广大消费者。但零售商人毕竟要屈

---

① 《贸易报告》,1888 年,宜昌,第 65 页。
② 《英领报告》,1871 年,福州,第 17 页。
③ 《英领报告》,1877 年,福州,第 54—55 页。
④ 伯恩:《华中贸易》,第 45 页。
⑤ 伯恩:《华中贸易》,第 40 页。
⑥ 伯恩:《华中贸易》,第 19 页。
⑦ 伯恩:《华中贸易》,第 17—21 页。
⑧ 伯恩:《华中贸易》,第 28 页。

服于批发商人的信用压力。市面信用的松紧,直接影响洋货销售额的大小。市面信用越紧,批发商越能通过信用控制零售商人,也就越能"促使穷人尽快地推销洋货"①。

事情非常清楚,以子口半税单照及包税等特权支持的洋货贸易,通过买办势力,又与高利贷的盘剥结合起来了。自口岸到内地,自买办商人到内地零售商人,环环相扣,递层控制,构成了洋货贩销的完整渠道。这就是导源于买办势力的洋货推销网。网络交织重叠,从口岸通向各个内地市场。通过这个推销网,使洋货能够远送到外国侵略者的足迹根本不曾到过的边远地区。

我们知道,四川批发商人的采购基地是上海。云南、广西、台湾、福建等地的批发商人大抵都以香港为其贩购洋货活动的中心。来自汉口、重庆及镇江等地的批发商人也都先自上海订购,然后转销内地。因而可以说这些口岸是上海的洋货转运站。

以汉口为例,兰开夏棉货的推销,是由 11 家在上海设有分号的华商(批发庄)经营的。著名的瑞生祥(Jui Sheng Hsiang)便是其中之一。② 汉口转销洋货的范围,除邻近各省外,更远达陕西。西安的洋货商人在汉口派驻代理人,不仅经营进口洋货,而且同时贩运出口皮毛。③

在重庆,主要洋货批发商号约 27 家。他们通过零售商贩销洋货的范围包括:保宁、遂宁、合川、潼川与叙府等府县。④ 如果再加上成都与嘉定两个批发中心,及其所属的销货范围,可以说无远弗届,整个四川省基本上囊括在内了。因此,四川省的洋货销售量直

---

① 伯恩:《华中贸易》,第 17—21 页。
② 伯恩:《华中贸易》,第 11—12 页。
③ 伯恩:《华中贸易》,第 10 页。
④ 《耐维耶报告》,第 240—241 页。

线上升。1875 年,重庆进口洋货总值仅 156000 两,到 1877 年已
达 1157000 两,1881 年更增至 4059000 两。① 子口单照贸易的发
展同样异常迅速。直到 1891 年重庆才有人公开领用子口单照。②
然而仅仅隔了 5 年,到 1896 年,以子口半税单照进口洋货总额即
实增至 1011000(海关)两。③

　　在云南,由广东商人自香港购进的洋货,途经越南海防、红河
和云南蒙自运入。然后再由 4 家批发商号转销内地。当地洋货贸
易一般都是以鸦片、锡、铅交换的。有时先将鸦片运往梧州,换取
香港汇票,从香港购进洋货,然后再循上述路线向内地运销。④ 进
口洋货就这样在西南几省地区得到广泛的销售。

　　在子口半税单照通行的口岸,洋货的泛滥尤其显著。70 年代
的统计显示:14 个口岸中,有 7 个口岸是利用子口税制度贩销洋
货的⑤,它们是镇江、宁波、汉口、九江、福州、厦门与芜湖。其中镇
江与宁波最富有典型意义。镇江从上海进口洋货北销山东、河南
以及西北各省。据 1871 年统计,这项贸易约占总额 66%,价值达
230 余万两。⑥ 贸易项目本来只有匹头、毛织品及香港转口土糖等
少数几种,到 1886 年经由镇江运销内地的洋货品目竟达 800 种之
多。⑦ 其中匹头一项经由华商之手运销开封者计 13 万匹。济宁、

---

　　① 史盘斯:《重庆进口贸易备忘录》(William D. Spence, Memorandum
by Mr. Spence on the Import Trade of Chunking of the Navigation by Steamers of
the Upper Yangtze);《英领报告》,1881—1882 年,第 15 页,附件。
　　② 《耐维耶报告》,第 160 页。
　　③ 《耐维耶报告》,第 162 页。
　　④ 伯恩:《华中贸易》,第 40 页。
　　⑤ 《贸易报告》,1875 年,九江,第 35—40 页。
　　⑥ 《字林西报》1871 年 12 月 22 日,第 9327 页。
　　⑦ 《英领报告》,1886 年,镇江,第 13—14 页。

徐州与海州各为10万匹。然后再由这几个重要城镇销向各州县。1869年的关册曾经记载说,由镇江利用子口税单向内地贩运的糖和匹头,已经深入到安徽及其邻近诸省的"每一个角落"①。稍后的记载透露说,这项贸易更越过安徽扩散到河南全省各地。而由侵略势力集中的上海直接供应的地区,不过苏南各城镇而已。②

宁波洋货的扩散区域,不仅包括衢州、绍兴、金华、温州与杭州,以及整个浙西地区,广信、玉山及徽州都已成为洋货的集散中心了。③

九江与芜湖的子口税单贸易同样十分广泛。但只有汉口例外。这是因为自《烟台条约》以后,宜昌已辟为商埠。汉口的子口税单贸易虽有所缩减,但宜昌却有了大幅度的增长。据英国领事报告统计,自宜昌用子口半税单照运往内地的洋货总值从1878年的15223两增至1879年的194272两,到了1880年更增至989188两,仅仅3年时光,几增64倍。④

这就是19世纪末期买办商人勾串内地商人所构成的洋货推销网及其在贩销洋货上所显示的作用。随着推销网的逐步展开,对于外商来说,通商口岸的意义也随着发生变化。本来,增开口岸,便于侵略者设行通商,就地开展贸易。现在,有华商的现成商业渠道可用,增开口岸主要在于提供外商与华商交往的接触点,而

---

① 《贸易报告》,1869年,镇江,第79页。
② 《英领报告》,1887年,镇江,第12页。
③ 《贸易报告》,1870年,宁波,第64页。《海关十年报告》,1882—1891年,宁波,第361页。
④ 《英领报告》,1878—1880年,宜昌,第45页;1887年,汉口,第13页。

不在于"定居下来经营赚钱的生意"①。所以《烟台条约》签订以后，虽然增开了宜昌、芜湖、温州与北海4个口岸，但都没有立刻出现洋行。迟至19世纪末叶，在18个通商口岸中，也只有12个口岸有英国商人从事贸易活动，其中经营进口贸易的口岸更少。②另一条资料记载说，整个扬子江流域没有一个外国商人直接经营棉毛进口洋货。③ 就是香港与上海两个洋货贸易中心，外国洋行也大半都以代理华商的订购为业。拿上海来说，从英、美两国进口的纺织品有一半是由华商订购的。兰开夏的棉货一半是华商订购的，另外一半则是由三四家大进口洋行自己经营的。其他进口洋货品目华商订购者所占比例更大，有些竟占75%。④ 所有这些都足以证明在洋货贸易中，上述推销网所起的买办作用。

洋货的泛滥对于中国手工业产品的排挤、打击作用也日益显著。"洋货捆载而来，连帆而至，从前土货行销之地，今悉为洋货所充斥。"⑤结果，中国手工业产品市场遂受到严重冲击并逐步为洋货市场所取代。以洋布为例，据说最初"只风行于沿海之地"，而且限于南方数省；购用土布洋布者，"犹属参半"，后来洋布越销越广，"土布销场遂日见其滞"。1880—1881年之交，土布在口岸之生意，"可谓一败涂地"。上海以标布为业的商人，"大多折阅，倒闭纷纷，而闾阎生计，于是奇绌"，"从前各市镇收布不下一二十

---

① 《捷报》1878年2月14日，第149—150页；《英领报告》，1883年，宜昌，第282页。

② 宜昌1883年曾经出现一家英商立德洋行（Little & Co.）。这家洋行主要不是为了开展当地贸易，而是作为向四川内地市场伸张势力的跳板。参见聂宝璋：《川江航权是怎样丧失的》，《历史研究》1962年第5期。

③ 布莱南：《报告》，第4页。

④ 布莱南：《报告》，第4—5页。

⑤ 《汇报》，光绪元年二月二十五日。

庄者,今则仅一二庄"。① 不言而喻,以土布为业的广大直接生产
者必然遭受残酷的剥夺。

### (二)采购土货的商业高利贷剥削网

丝、茶、土糖是我国历来出口的大宗。以下主要通过以这 3 个
具有典型意义的项目来考察外国商人掠夺出口商品的渠道是怎样
形成的。

与洋货内销渠道一样,由产区到口岸,即由直接生产者到出口
洋行之间,有各种不同名目的中间商人。丝、茶业中均有行、庄、栈
号之分,糖业中亦有屯庄、行商之别。②

这些中间商人因所居地位不同,其职能也彼此互异。丝业以
浙丝中心南浔镇为例,"招接广东商人及载往上海与夷人交易者
曰广行,亦曰客行;专买乡丝者曰乡丝行,买经造经者曰经行。别
有小行以饷大行者曰划庄,更有招乡丝代为之售稍抽微利者曰小
领头,俗呼白拉主人,镇之人大半衣食于此"③。另外在口岸还有
丝栈承接丝货,转售洋行。这种丝栈招接"丝客人"代客储货,有
时亦为"丝客人"融通款项;而自己并不售现货,主要代洋行收购。
所以外商往往把丝栈视为"代理人"。丝栈也就这样成了内地丝
商与洋行之间不可缺少的中间环节。④

茶与丝的情况大同小异。活动于直接生产者与茶庄之间的有
茶贩。茶庄亦称茶行,在台湾则称为茶馆或番口庄,是散处于各
地、承购茶贩所售之茶的另一种中间商人。茶栈(台湾又称之为

---

① 《字林沪报》,光绪十年二月初六日。
② 《贸易报告》(中文本),光绪十六年,下卷,汕头口,第 92 页。
③ 汪曰桢纂:同治《南浔镇志》第 24 卷,第 10 页。
④ 参见《上海文史资料》第 20 辑,第 127 页。

"妈振馆"),就其趸售经销性质而言,"犹如各业之行"。① 前曾提到,茶栈除承转经销茶叶以外,金融周转也是它的主要业务。它既不是纯粹的茶商,也不是简单的中介人,而是介于茶行与外商之间,经营茶的委托贩卖,同时以茶为抵押而进行贷款的机构。②

茶农采茶,一直是随采随制,然后外销。后来为了适应国外市场的需求,需要加工重制,因而又出现一种以加工制造为主的茶栈。这种茶栈与上述代客堆存买卖之栈不完全相同,它已经带有茶厂性质。浙江平水、上虞、嵊县、永嘉等地茶栈大致都属于这种类型。③ 不仅茶栈,后来茶庄也普遍地兼作毛茶的加工业务。④

根据上述叙述,可知丝行、丝庄、丝栈,茶贩、茶庄、茶栈等等都有各自不同的专业职能。丝农先将生丝卖给丝行(即小领头、乡丝行或囤户)或是转售于经行或缫丝行,选级配色,加工印牌,就地出售,或是转售予划庄、丝庄,再由广行与丝客人运往口岸丝栈屯储待售。⑤ 茶农植茶"皆系零星散处"⑥。茶贩在产地零星购买,"积多始行送至立庄之处"⑦。然后再由各庄(行)运送茶栈(或妈振馆)转销洋行。

当然,实际情况远不止于这样简单,以茶叶情况为例,茶栈也

---

① 《申报》,光绪十五年十月二十九日。

② 台湾银行经济研究室:《台湾经济史初集》,第113—114页。

③ 《中国实业志》,浙江省,第7编,第158—159页。

④ 两湖之茶最初均由选茶之人发给女工,携回家中拣制,后来则在栈房雇用女工"入拣加工"。参见《芜湖关税务司李华达申呈总税务司》,光绪十三年九月初四日,《访察茶叶情形文件》,第29—30页。

⑤ 《上海文史资料》第20辑,第127页。

⑥ 《总税务司申呈总理衙门》,光绪十四年七月二十四日,《访察茶叶情形文件》,第4—5页。

⑦ 《江汉关税务司斐式楷申呈总税务司》,光绪十三年十月十四日,《访察茶叶情形文件》,第18—20页。

有自设茶庄(行)的,茶栈也有时可以越过茶庄直接派人到产区收购的。[1] 洋行最初也曾直接与茶庄交往,并不一定非经茶栈不可。[2] 彼此纷杂交错,不相统属。但总起来说,各色名目的行、庄、栈却都是洋行向内地收购出口物资的必要中间环节。

　　所有这些行号,大半都是在外商出口贸易的扩张下兴起的。几乎在每一个产区都聚集着大批的行号。例如九江在 1861 年开埠之初尚无茶行、茶栈之设,次年即出现十六七家。[3] 20 年后,到了 1881 年,九江地区的茶行已达 252 家,1882 年更增至 344 家。[4]据 1886 年统计,连同宁州、武宁、祁门等地的"庄口"(即茶庄)竟达 412 家之多。[5] 至于两湖地区的茶行,增长同样迅速。1871 年,湖南 14 个地区的茶行计 160 家,湖北 7 个地区的茶行 94 家,共计254 家。[6] 汉口地区的茶行,1874 年统计为 237—262 家。[7] 1886年时增至 299 家,分布在崇阳、羊楼司、羊楼峒等地。[8]

　　外商出口花茶,全靠这些行号供应。而茶号采茶,不仅依赖茶农种植,还要雇工拣制。例如台茶外销中心的大稻埕(Twatutia)一处,从事台茶出口的洋行不过 6 家,而当地华商茶庄大大小小即达 150 家之多。每家雇用女工 100—300 名,多的时候达到四五百

---

①　《申报》,光绪十五年十月二十九日。

②　台湾银行经济研究室:《台湾经济史初集》,第 112—113 页。

③　《英领报告》,1862 年,九江,第 51 页。

④　《英领报告》,1882 年,九江,第 106 页。

⑤　《申报》,光绪十三年二月二十六日。

⑥　《英领报告》,1872 年,汉口,第 59 页。其中 100 家是江西商人开设的,广东人开设者 70 家,湖广商人开设者 60 家,其他各地商人开设者 19 家。还有 5 家是俄商开设的。

⑦　《英领报告》,1874 年,汉口,第 2 页。

⑧　《申报》,光绪十三年二月二十四日。

名。平均每天雇用人数总在 12000 名以上。① 屯溪为徽茶的集散中心。在这里,茶行(庄)林立,共有七八十家,"每当茶市初开,贫孀少女,云集拣茶"②。

可见茶行、茶庄之设,星罗棋布。内地茶区城镇,这种情况也到处可见。藉茶业为生的工农群众也越来越多。外国商人从而对广大直接生产者得以施其压榨剥削伎俩。

茶叶如此,丝糖也约略相同。这就形成了外商控制下的一套相当完整的中国出口货物收购网。在这里,利用这条链索束缚华商的方法是贷款,操纵这条链条的人物是外商和买办。

五口通商之初,由于中外商人之间的信用关系还没有建立,外商收购土产的方法,主要是派出各自的买办携现款到内地活动。个别洋行也有通过买办建立自己的收购点的。在临近口岸的若干丝茶产区,经常有外商代理人进行活动。然而所有这些都还谈不上由内地到口岸、由直接生产者到洋行之间输送出口商品的完整线路。

到了 60 年代,在采购生丝方面,由"中国雇员(按即买办人物)将大量货币送往乡村,向丝行签订合同预约订购"的方式已经在上海洋行当中得到推行。③ 在茶业贸易中,行使这项方式的时间,可能还要更早一些。

"预约订购"的作用,在于保证出口商的货源。接受贷款的业主或内地商人有义务按期提交商品。通过"预约订购"方式,外商完全可以不必深入内地即能作成交易。经营华茶出口的外商,只

---

① 达卫森:《台湾岛》,第 385 页。

② 《字林沪报》,光绪十六年四月初三日。

③ 《贸易报告》,1866 年,上海,第 8 页。

消蹚在汉口或九江即能购买,而无须到产区安化或宁州。①

　　进入 70 年代以后,由于大批中间商人的出现及外商银行贷放
业务乃至钱庄抵押借款业务的展开,使出口贸易的中间环节大大
扩大了。层层贷款关系的建立,形成沉重的高利贷盘剥。因而在
出口贸易中,贷款购货作为一个手段,它不仅保证了出口商的货
源,而且构成对农村广大小生产者的高利贷盘剥网。

　　对华商的贷款,最初大半出自洋行。② 外商银行贷放业务开
展以后,也往往先贷洋行,然后再由洋行转贷。③ 洋行可以直接向
华商贷放,也可以通过买办的中间环节向华商贷放。由于栈号钱
庄的买办作用日益显著,经营贷放业务者越来越多,使一些地区洋
行直接对华商贷款的比重有所下降。例如福州洋行的贷款,1876
年时尚占总额 40% ,5 年之后的 1881 年即落至 10% 。④ 然而这只
是说明买办势力的扩张,并不意味着洋行势力有任何衰退。人们
可以看到洋行贷款的具体数额仍然十分庞大。据统计,1880 年,
福州外商以"较好的担保"贷出了购买头春茶的款项仍达 500 万
元。⑤ 1885 年,外商送入福建内地购茶款项的记录是 380 万两,
1886 年 460 万两,1887 年亦达 400 万两之数。⑥

　　外商银行在出口贸易市场中更能起决定性作用。据说 1872
年茶季之时,福州几乎所有外商银行都进行贷放活动⑦,使每一个

---

　　①　马士著,张汇文等译:《中华帝国对外关系史》第 2 卷,第 162 页。

　　②　《字林西报》1873 年 11 月 13 日,第 467 页。

　　③　艾伦等:《远东经济发展中的西方企业》( G. C. Allen, Western
Enterprise in Far Eastern Economic Development),第 111 页。

　　④　《英领报告》,1881 年,福州,第 15 页。

　　⑤　《英领报告》,1881 年,福州,第 13 页。

　　⑥　《捷报》1887 年 4 月 29 日,第 474 页。

　　⑦　《英领报告》,1872 年,福州,第 48 页。

能提出充分担保的人,均能从银行借到钱,从事各种投机活动。①
在台湾茶叶出口中心的厦门,差不多全靠汇丰银行的周转才能展
开业务活动,仅仅这一家银行的茶季贷款即高达 100 万元。②

　　银行贷款给洋行的利率是比较低的。一般约合当时市面利率
的一半,即 6 厘,因此洋行都"乐于借用"。洋行转贷买办商人之
时所收利息较高。③ 而买办商人再转贷茶商,则"名曰采箱行而倍
取之"④。茶栈向山客(内地茶商)贷款购茶,稳收栈租、子金之
利。有不少人都经常靠借来的钱充作资金在内地收茶。⑤ 山客则
又将重重盘剥转嫁给茶农,拼命压低收购价格。在商业高利贷残
酷剥削下,茶农"终岁栽植辛勤,不获一饭之饱"⑥。

　　买办在糖业中的贷放线路,尤其明显。汕头糖商历来都息借
银号款项转借糖庄,再由糖庄转借与蔗农。⑦ 台湾砂糖贸易中的
糖行、糖商以日息三钱获得贷款以后,再以四钱五厘转贷给"制糖
业主"(糖坊),从中牟利。⑧ 糖坊又转手贷予内地商贩与蔗农,获
取更高的利息。向洋行承担包购之责的买办和糖行之间,糖行和
掮客之间;掮客与糖坊之间,以及糖坊与蔗农之间,在递层贷放关
系中,还依次订立购糖契约。其中除规定借贷双方权利义务外,有
时还附加保证货源的条件。即糖行(商)要向贷方(买办)保证交

---

① 胡伯纳:《世界漫游记》第 2 卷,第 213—214 页。
② 台湾银行经济研究室:《台湾经济史初集》,第 113—114 页。
③ 台湾银行经济研究室:《台湾经济史初集》,第 113—114 页。
④ 《字林沪报》,光绪十五年二月十六日。
⑤ 《贸易报告》,1884 年,汉口,第 73 页。
⑥ 江汉关税务司斐式楷:《汉口茶叶公所报茶市情形节略》(中文),光绪十三年,《访察茶叶情形文件》,第 24 页。
⑦ 《贸易报告》(中文本)光绪二十九年,下卷,汕头口,第 78 页。
⑧ 根岸佶:《买办制度之研究》(日文),第 223 页。

货。如不能按约交货,则糖行须向贷方负担每笼 2 元的"违约
金"。如有货而企图改约不卖,借方尚须负担 2 分"手续费",否则
不得转卖他人。① 这就无异表明,借款者不仅要支付高额利息,而
且在任何情况下,都要保证贷款者有货可买,有钱可赚。为了保证
贷款的安全,借款者还要提供一定的实物抵押。如借款者不能及
时归还款项,洋行将以抵押品抵债。②

　　事情还不止如此。原来贷款者的目的,并不仅仅在于扩大出
口货源。对他更为重要的还是利用利率来操纵市场和控制价格。
这样他可以格外提高利润额。贷款利息之高低与贷款期限之长
短,可以直接影响市场之荣枯盛衰。③ 按照一般茶市供求规律,
"息贵则办茶者少而买茶者多,利权可以独擅,故洋商以及买办诸
色人等下至茶栈中之侍役,皆沾利益"。反之,"息贱则办茶者多
而买茶者少,利亦因之愈少"④。这就是说,一方面,如果利率上
升,办茶华商利息负担增重,内地茶叶势将无人问津。在这种情况
下,生产者及内地茶贩就不得不降价求售;外商于是乘机压价,提
高利润。例如汉口茶市在 80 年代初期即曾因贷款"息高期短",
而使华商处于不得不卖茶清偿,遭受外商胁迫的境地。⑤ 另一方
面,如果利率下跌,又会引起"办茶者"抢购竞买,多运多贩,造成
茶叶积压,以致照样得降价求售。可见利率变动,对于外商可说是
无往而不利,而对于华商则在任何情况下都难以逃脱外商及其买
办的高利贷的魔掌。

---

① 根岸佶:《买办制度之研究》(日文),第 221—222 页。
② 《晋源报》1873 年 4 月 24 日。
③ 《贸易报告》,1884 年,汉口,第 73 页。
④ 《字林沪报》,光绪十三年三月二十七日。
⑤ 《贸易报告》,1884 年,汉口,第 73 页。

在订购契约及高利贷双重逼迫之下,内地华商已经完全失去讲价能力。当然,出口物资运抵口岸之时,华商就更陷入外商及其买办势力的牢笼。盘踞在口岸的外国商人借助于轮船电讯的便捷,对于各口市场行情了如指掌。有些以出口为业的洋行更彼此保持"默契",即"此一家未能买成,另一家绝不再买"。① 买办也同时运用自己的垄断势力胁迫华商。例如盛产甘蔗的台南地区糖市,就完全为宝顺、三井及增田屋等少数几家大洋行买办所独占。② 因此,不通过买办就不能出售土糖,通过买办出售土糖,也就势必要接受买办的条件。

外国商人于是乘机对华商极尽压榨之能事。"洋人窥客情急",就趁时退盘、割价。"情弊百出,再再(在在)皆然。""而客人(即华商)惟有忍从而已。"这就是所谓"跪买跪卖"③。将茶货运抵汉口急于求售的华商,往往不管是什么外商行家,一概给予样茶,于是外商"洞见底里,致令附同抑勒",想方设法压低价格,使华商意欲速售亦有所不能。④ 虽华商企图转售他处,然而外商利用电讯,"一日遍划其价而一之,求多不可"。因此,华商就只有甘受重息盘剥与压价亏折,舍此别无其他出路。⑤ 而一经亏折,便相率倒闭。其资本充足的华商,也势必随之贱售。"茶务之坏,多由于此。"⑥

不仅如此,在定价成交之后,到了交货付价时,外商还要倚势

---

① 《新闻纸》1882 年 9 月 1 日。
② 根岸佶:《买办制度之研究》,第 223 页。
③ 《申报》,光绪七年三月初七日。
④ 《字林沪报》,光绪十九年五月十一日。
⑤ 《字林西报》,光绪十五年二月十六日。
⑥ 张之洞:《全集》,奏稿,第 20 卷,第 27—28 页。

制造借口,提高所谓"秤扣"等等手法克扣货价。据一个"彻底了
解这一贸易情况"的英国通讯员说,外商在验货付款时少付银两;
"然后是过秤,通过巧妙的手法,可以取得 5% 、8% 、10% ,乃至更
高的秤耗。汉口海关承认 3% 的秤耗,其他扣头还不在内。因此
一个茶商可能通过这样那样的方式得到 10% 至 15% 的扣头。"
"一个汉口购茶外商在去年这样说,他运往英国的茶叶,账面上虽
然亏损了 6% ,但仍留下 12% 的利润。这是千真万确的。""除了
这些欺骗行为以外,在所有包装和装船费用方面,还有很大的回
扣,都为汉口购茶外商所攫取,在席包、力资等方面的回扣为
20% —40% 。"①

　　华茶如此,华丝亦同。在内地市场则"买多货少而贵",在口
岸则又"买少货多而贱"。中间丝商完全不能控制自己的命运。
华商为了偿还贷款,急于抛售,外商"见货旺到,自然煞价"。致使
华商亏损倒闭。② 80 年代初期,上海丝行连年亏折,丝行倒闭的风
波,就导源于此。买办商人也不会错过机会混水摸鱼,他们利用自
己的垄断势力,联合起来,协议购买数量,压迫内地华商。例如
1892 年平水茶产量虽达十七八万箱,但茶栈及中间商人竟议定只
收 14 万箱为止,以致"山户余下三四万箱无从售出"③。他们控制
数量的目的无非在于压低价格。彼此协同压低收购价格,正是他
们向内地商贩施加压力的手段。④ 俟货物运抵口岸以后,他们又
往往与外国商人勾串起来,"讲定暗盘,谎骗客人,故意迟延,直到

---

① 《新闻纸》1882 年 9 月 1 日,第 939 页。
② 《申报》,光绪七年五月二十八日。
③ 《申报》,光绪十八年闰六月十九日。
④ 《贸易报告》,1890 年,九江,第 124 页。

过磅之日,则十两八两任其割价,贪一己之用钱"①。

通过这种种手段,外国商人从掠夺出口物资中获取的盈利,简直难以估计。有的地方仅"秤扣"一项,外商就能攫夺 10%—15% 的利润。在华商方面,表面看来,似乎丝茶贸易仍在照常进行,实则已经大受亏累。② 有人描述当时华商的处境说:"自有之货,不能定价,转听命于外人,每岁受亏,动辄百万。"③这就是中外商人之间的鲜明对照。

内地商人固然受到侵略者及其买办势力的盘剥压迫,然而他们毕竟置身于中间商人的地位,因而他们所遭受的盘剥,最终又转嫁到直接生产者身上。遭到沉重剥削的广大农民群众,遂处于更加艰难困苦的境地。他们不仅丧失产品的自由处理权,还往往丧失产品的所有权。形式上的独立生产者,实际已经沦为买办商人高利贷者的依附农民。

例如琼州地区"种蔗之家,专恃本地富户借给资本。成糖之后即缴存富户,堆存栈内,以待香港买客前来购运"④。在汕头,高息借银号款项的糖商转贷糖庄之时,"期以糖抵";由糖庄出现银或豆饼(即肥料)贷予糖农之时,则又"以蔗抵"。⑤ 这种指物贷放有可能使高利贷者的魔掌自流通领域向生产领域伸张。贷放的关键在于利率。内地商人对于生产者的贷款,利息率都很高。台南垄断糖业的商人贷款给"种蔗之家",一般月息都在一分半到二分之谱(年利约在 15%—20% 之间),使届期偿债的种蔗农民常常陷于破产的境地,"负债累累,年深一年,无以归款"。于是高利贷者

① 《字林沪报》,光绪十九年五月十一日。
② 《洋务经济通考》第 7 卷,第 37—38 页。
③ 陈炽:《续富国策》第 4 卷,第 6 页。
④ 《贸易报告》(中文),光绪廿九年,下卷,琼州口,第 101 页。
⑤ 《贸易报告》(中文),光绪廿九年,下卷,汕头口,第 78 页。

遂有机可乘。他们"不独挟制种蔗者限其办糖多少到口,以为自定时价高低之计,且又能自指田亩,以为每年种蔗之区"①。还有一批"华商资本家"(亦即高利贷者)更雇用专人分赴各处监视甘蔗的生产,甚至插手蔗田的种植计划。② 又如台湾茶叶贸易中的贷款者茶栈(妈振馆)则限制茶农,只能把茶叶出售给贷款者,不得自由出卖。③ 贷款者一般除利息收入外,都同时有包购产品的权利。"凡受其银者,所采之茶,必归掮客之手,转售予洋商。"④这样就使向洋行承担包购职责的买办,通过贷款活动能够一直包到直接生产者的产品。不用说,贷款既然来源于外商及买办,以贷款而获取包购产品的权利,最终也必操于外商与买办之手。

在重利盘剥之下,失去了自由出卖产品权利的直接生产者同时也失去了价格控制权;在出口产品加工业务中占有明显优势地位的外商也一定能跟着左右市场。直接生产者未尝不想对自己的劳动产品善价而沽,以摆脱高利贷的束缚。然而各种封建行帮势力的压迫,往往使他们从一开始就没有定价的权利。例如在生丝贸易中还有一种"特权经纪人",烘茧设备都掌握在他们少数人手里。在他们的摆弄下,茧农根本没有讲价的余地。茧农无法推迟出售,否则茧蛾长成,损失更大。于是他们就只好接受来自上海的买办的讲价。⑤ 在茶叶及土糖贸易中,情况也并不比这好些。有些地区的茶农(如三都澳)"必俟所种茶叶觅有省垣(福州)买主,

① 《贸易报告》,1894 年,台南,总册,下卷,第 83 页。
② 《英领报告》,1890 年,台湾,第 13—15 页。
③ 台湾银行经济研究室:《台湾经济史初集》,第 113—114 页。
④ 《字林沪报》,光绪十五年二月十六日。
⑤ 《上海滩》,中译本,第 88 页。

始将余银兑清"①。糖商贷款者又可以"按开市的价格取得购糖的优先权"②。生产者在市场上完全处于被动地位,听任摆布。不论糖价高低,届期必须送售货主。贷款者则乘机予取予求,任意杀价,使广大生产者遭受无比深重的灾难与损失。宁州地区的茶农不得不有改业之图,"改种别产,或可餬口"③。福建茶农甚至"将茶树焚去,改种山芋"④。

当然,受到打击摧残的并不止于生产者农民,在出口贸易中的各种劳役工人都不免于遭受剥削及失业的痛苦。例如,福州一地由于茶叶衰落及贸易的停滞,竟导致装置茶箱的工人大批失业,运船的船夫和苦力也有一半不能维持旧业。⑤

总之,19世纪末期买办商业高利贷剥削网的形成过程,充满着范围广泛、十分尖锐的阶级矛盾与阶级斗争。在半殖民地化的道路上,中国的经济也随着买办商业高利贷剥削网的形成越陷越深,从而使原有的侵略与被侵略之间的民族矛盾也进一步激化。进入20世纪以后,在帝国主义争夺中国权益的激烈斗争中,这些问题就更加暴露得一清二楚了。

如前所述,进出口贸易中的资金贷放,通常都是外国银行或洋行通过钱庄进行的。假手买办从钱庄获取贷款的中间商人,为了追求利润或免于亏赔,往往竭尽全力利用扩大贸易额的办法弥补因竞争而降低的利润水平。以购丝为例,"在内地办丝贸易,买多货少而贵,拥之上海则又买少货多而贱"。其结果或者是买贵卖贱,必然亏本无疑;或者是买办巨商囤积居奇,兴风作浪。此其一。

---

① 《贸易报告》(中文),光绪三十二年,下卷,三都澳口,第59页。
② 《英领报告》,1885年,打狗,第275页。
③ 《申报》,光绪十三年闰四月二十九日。
④ 《申报》,光绪十二年九月初八日。
⑤ 《英领报告》,1889年,福州,第8—10页。

其次,在无限扩大贸易额的同时,则必然千方百计地速买速卖,加速周转,以便继续向钱庄抵借。这不仅可以减少高利贷的重负,而且可以扩大贸易额,增加利润。但其结果仍然是:"一日之间,我争尔夺,内地之丝,一气抢贵,及至申地,不约而齐,西人见货旺到,自然杀价,此又亏耗无疑。"①

在这种情况下,丝茶以及其他商品贸易之盛衰又直接影响到市面钱价起落与金融市场之荣枯。丝茶有利,则贷放必多,"而息见其薄";反之,丝茶或其他商品贸易不振,贷放者势必不敢轻易试探,"而息日益长"②,于是这又给一些买办巨商造成投机倒把、从中渔利的机会。

例如 1876 年,由于大买办商人胡光墉大量囤丝,造成"丝价陡涨"。"今日三百数十两者,明日即昂至四百余矣,又隔宵而五百余矣"。丝价暴涨,扒进者越多,又必导致银根吃紧与洋价上涨。洋价涨而钱价又疲。于是乎由贸易上的风浪而及于钱市;钱市因之又成为买办商人投机的对象。据说钱市投机者"一昼夜而利百万"③。中国通商口岸就这样出现一种表面看来十分"繁荣",实则十分脆弱的景况。

因此,一方面人们固然可以看到,在巨额对外商品贸易的急骤发展中,有不少外商洋行及买办商人深受其惠,买办财富得到迅速积累,买办富商越来越多。资料记载说,江西"因茶叶致富者,不下数十百家"④。福建的各个茶区,曾经出现 18 个名声卓著的"百万富翁",其中最少的也有 200 万元的资财,最富者达 800 万之巨。

---

① 《申报》,光绪七年五月二十八日。
② 《申报》,光绪四年十二月二十八日。
③ 《申报》,光绪四年十二月二十八日。
④ 《申报》,光绪十八年十月十九日。

虽然贸易不振,他们仍不肯歇手,继续业茶。[1] 至于湖州等丝业中心经商致富者也大有人在。那些染指于贸易贷款而发家致富的外国银行、洋行买办就更多了。洞庭山席氏家族就是一个例证。

另一方面,人们同样可以看到在日益半殖民地化的通商口岸不断出现经济危机及大批华商破产的严峻事实。在商品供求、利率起落,银根松紧、金银钱市荣枯等各种复杂因素交互作用下,几乎任何一个华商都难于控制自己的命运。层层中间环节中的任何一个发生阻障,就能导致一场或大或小的危机。例如1871年,宁波三茂糖行亏空20万,不得不清算倒闭。由此而累及钱庄13家同时"废业"。糖行及钱庄"废业"倒闭,"存银生息者亦付之东流",另有数行也难以支持。[2]

1877年,汉口也曾发生一场不小的风波。最初由于"汇项便易(钱庄及外商贷放)",华商贪多,以致"销场积滞",供过于求,造成茶商亏赔。自该年三月以后,"倒塌各铺约计有五十余家",有些茶号亏赔三四万至数十万不等。其中彭人和号亏银达三百数十万两![3]

规模最大而且最为严重的一场危机要算是发生于80年代初期上海的一次了。在这场危机中,资力雄厚、财势两全的买办官僚巨商徐润及胡光墉也未能幸免。这场危机的前后的详细历程还有待资料证实,危机的起因也有待进一步分析。但有一个事实是,在危机发生时,胡光墉手中仍有14000包存丝。[4] 就是说,丝货未售就已经亏累。这就从侧面证明了口岸市场主宰权已由外商掌握,

---

① 《捷报》1893年1月20日,第81页。
② 《上海新报》1871年2月9日。
③ 《申报》,光绪三年六月初二日。
④ 《英领报告》,1883年,上海,第230—231页。

即使徐、胡一类巨商也不是对手。危机发生,胡光墉只得削价乞求
怡和等外商收购。怡和于是趁机完成一笔空前的巨额生丝交易,
数达 12000 包。胡光墉损失 150 万两。① 危机影响所及,除上海、
宁波、杭州等口岸外,更远及京师、天津等城市。不仅钱业大受其
累,如杭州的衣庄、绸庄、皮货庄莫不受累。米行停斛、丝行停秤、
各箔作坊散伙十有其六,城乡内外妇女以此谋生者约千余人,"研
纸"一业人共数千,"皆系极贫苦之民","一日停手,即须枵腹"。
这场危机简直构成中国人民的一场不小的浩劫。

总之,在买办资本商业高利贷剥削网中,充满了外来侵略势力
及其培植起来的买办资产阶级和中国人民之间剥削与被剥削的阶
级斗争。买办资本商业高利贷剥削网在促进了进出口洋土货的转
运与贸易的同时,促进了通商口岸半殖民地畸形市场的发展。正
如马克思所说,高利贷资本"不改变生产方式,而是像寄生虫那样
紧紧地吸在它身上,使它虚弱不堪"②。19 世纪后期中国买办资
本商业高利贷剥削网的形成,说明中国半殖民地经济进一步沉沦。
至于由此而得到进一步发展的买办资产阶级,就其性质而言,则
"完全是国际资产阶级的附庸","这些阶级代表中国最落后的和
最反动的生产关系,阻碍中国生产力的发展"。③

## 第五节  国际资本主义发展新形势下的
中国对外贸易

前面从四个方面分析了深刻影响中国经济发展的新形势,即

---

① 《英领报告》,1883 年,上海,第 230—231 页。
② 《资本论》第 3 卷下,《马克思恩格斯全集》第 25 卷,第 674 页。
③ 《毛泽东选集》(合订本),第 4 页。

国际社会生产力的革新和创造,中国市场的进一步开放,外国银行对中国金融市场的控制和买办资本商业高利贷剥削网的形成。这四个方面的发展都为外国入侵者向中国倾销机制洋货和搜刮土货开辟了更加广阔的道路。国际社会生产力的广泛发展,导致进口洋货品种的多样化及其对中国传统出口商品的剧烈竞争;国际资本主义各国的不平衡发展,导致各国对中国市场的争夺;外国多样化机制品对中国的倾销,导致中国各部门手工业多方面的破坏;而外国银行对中国金融市场的控制和买办资本商业高利贷剥削网的形成,则导致中国小生产的贫困化。总之,中国经济的半殖民地性更加恶化了。

## 一、国际机器制成品对中国的进口贸易

通商各口进口贸易的一个非常突出的现象是,进口洋货普遍多于进口土货,只有广州一口例外。下表开列上海、汉口、广州和天津四口洋土货净进口的比较。

### 通商四口洋、土货净进口货值比较(5 年平均)

1875—1894 年　　　　　　　　　　　　　　单位:千关两

| 年　　度 | 上　　海 | | 汉　　口 | | 广　　州 | | 天　　津 | |
|---|---|---|---|---|---|---|---|---|
| | 进口洋货 | 进口土货 | 进口洋货 | 进口土货 | 进口洋货 | 进口土货 | 进口洋货 | 进口土货 |
| 1875—1879 | 12660 | 7684 | 8653 | 4974 | 3866 | 5538 | 9195 | 979 |
| 1880—1884 | 13667 | 7601 | 12440 | 6841 | 4178 | 8189 | 10235 | 905 |
| 1885—1889 | 16727 | 6966 | 11549 | 5953 | 8140 | 8219 | 13821 | 10315 |
| 1890—1894 | 19480 | 8099 | 11341 | 5319 | 12519 | 13057 | 18967 | 12945 |

资料来源:姚贤镐:《外贸史资料》第 3 册,第 1618—1622 页。

上海、汉口、广州和天津 4 口是洋货进口量最大的港口。由上表可知,除广州而外,其他 3 口进口洋货的价值都高于进口土货。以 1890—1894 年的 5 年平均值而论,则上海进口的洋货值相当于土货进口值的 240.5%,在汉口,前者相当于后者的 213.2%,在天津,前者相当于后者的 146.5%,仅广州的前者相当于后者的 95.9%。以发展趋势而论,则在 70 年代后期至 90 年代前期的 15 年内,除了天津土货进口增幅较大于洋货进口以外(前者为 1222.3%,后者为 106.3%)上海的洋货进口值增加了 53.9%,土货仅增加 5.4%;汉口的洋货进口值增加了 31.1%,土货值仅增加了 6.9%;就连广州的土货增长速度也落后于洋货,土货仅增长了 135.8%,而洋货则增长了 223.8%。

这种洋土货对比,从一个侧面显示出洋土货在中国市场上的发展趋势。洋货的势力,越来越超过土货。这就是说,中国经济的半殖民地化越来越严重。除去鸦片而外,进口洋货基本上都是工业制成品。下面分析工业制成品的进口情况及其所发生的历史作用。

### (一)进口洋货的多样化发展

70 年代前期到 90 年代前期进口洋货的主要商品值如下

### 主要进口商品占进口总值比重(5 年平均)

1870—1894 年

| 年　度 | 进口总值<br>(千关两) | 鸦片值<br>(千关两) | 鸦片占<br>总值<br>(%) | 棉制品值<br>(千关两) | 棉制品<br>占总值<br>(%) | 其他商品<br>值<br>(千关两) | 其他商<br>品值占<br>总值(%) |
|---|---|---|---|---|---|---|---|
| 1870—1874 | 68869 | 25987 | 37.7 | 21451 | 31.1 | 21431 | 31.1 |
| 1875—1879 | 75278 | 30486 | 40.5 | 19547 | 26.0 | 25245 | 33.5 |

| 年　度 | 进口总值（千关两） | 鸦片值（千关两） | 鸦片占总值（%） | 棉制品值（千关两） | 棉制品占总值（%） | 其他商品值（千关两） | 其他商品值占总值（%） |
|---|---|---|---|---|---|---|---|
| 1880—1884 | 80883 | 29636 | 36.6 | 23265 | 28.8 | 27982 | 34.6 |
| 1885—1889 | 104660 | 28226 | 27.0 | 35646 | 34.1 | 40788 | 39.0 |
| 1890—1894 | 173528 | 29947 | 17.3 | 49653 | 28.6 | 93928 | 54.1 |

资料来源：姚贤镐：《贸易史资料》第 3 册，第 1602—1606 页；肖梁林：《中国国际贸易统计》，第 22、38—39、52—53 页。

　　自从第一次鸦片战争以后，外国向中国推销的主要商品以鸦片和棉制品为最大宗，到 70 年代前期，进口鸦片占进口洋货总值的 37.7%，棉制品占 31.1%。从那以后，经过 20 年的发展，进口洋货总值从 68869 千关两增加到 173528 千关两，即增加了 152%，其中鸦片从 25987 千关两增加到 29947 千关两，但在进口洋货总值中的比重则从 37.7% 下降为 17.3%。鸦片的大量进口表明这个时期的外国对华进口贸易仍带有资本原始积累时期的转运贸易的性质，也就是暴力掠夺的性质，不过是用暴力强迫清政府签订不平等条约，披上合法商品的外衣罢了。

　　这个时期进口的棉制品从 21451 千关两，上升为 49653 千关两，但其所占进口洋货总值的比重从 31.1% 下降为 28.6%。棉制品进口值在进口洋货总值中的比重是从 80 年代后期起，开始超过鸦片的，这表明外国对华进口贸易的性质从资本原始积累的性质向现代资本主义性质过渡。

　　不过，最能说明这种过渡的还是鸦片和棉制品以外其他杂项商品的迅速增长。这部分从 70 年代前期的 21431 千关两增长到 90 年代前期的 93928 千关两，即增长了 338%，其在进口洋货总值中的比重，从 31.1% 增长到 54.1%。所谓杂项，基本上都是工矿产品,这反映国际资本主义社会生产力发展的广泛性。

进口各种杂项商品的品目繁多,这里不可能逐项加以分析,只就其比较显著的略说一二。

毛织品一向是鸦片和棉制品以次的第三大项。到了 70 年代以后,华北和东北冬寒地区的开放,并未提高毛织品的进口,试以 1870—1874 年和 1890—1894 年的 5 年平均值相比,则从 4771 千关两下降为 4200 千关两,即下降了 12%。这说明外国毛纺织工业的发展,仍旧无力向中国大量推销毛织品。

其他杂项商品的进口,如以 1870—1874 年和 1890—1894 年的 5 年平均数相比,则铁从 633 千关两上升为 2513 千关两,即上升了 297%;锡从 1172 千关两上升为 1872 千关两,即上升了 37.4%。这是外国采矿冶金业生产力发展的结果。煤从 745 千关两上升为 2201 千关两,即上升了 195.4%,这是在华中外轮船航运业和加工制造业提高了燃料需求的结果。主要都来自东方国家,来自欧美者较少。

进口增长得特别迅速的有糖、火柴和煤油三项。试以 1870—1874 和 1890—1894 年的 5 年平均数相比,糖从 848 千关两上升为 4447 千关两,即上升了 424.4%;火柴从 163 千关两上升为 1490 千关两,即上升了 814.1%;有记录可查的煤油进口值,在 1885—1888 年平均每年为 1735 千关两,到 1890—1894 年平均就达 5548 千关两,即上升了 219.8%。① 火柴和煤油都是新兴商品,一个用于引火,一个用于照明,物美价廉,非常适合于广大民众的日常生活需要,一经引进,很快就为群众所接受。1885 年,英国驻九江领事报告说,在 1881—1885 年的 5 年间,九江进口的煤油增长了 55

---

① 以上统计见姚贤镐:《外贸史资料》第 3 册,第 1604—1605 页。

倍①,可见群众接受煤油是多么的迅速。

按进口价值的大小排列前八位的顺序,那么 1870—1874 年平均每年进口值的顺序是鸦片(25987 千关两)、棉织品(19381 千关两)、毛织品(5138 千关两)、棉花(2137 千关两)、棉纱线(2070 千关两)、锡(1172 千关两)、糖(848 千关两)、煤(785 千关两);到 1890—1894 年平均每年进口值的顺序变成鸦片(29947 千关两)、棉织品(29317 千关两)、棉纱线(20358 千关两)、煤油(5428 千关两)、糖(4447 千关两)、铁(4200 千关两)、煤(2201 千关两)、锡(1872 千关两)。这个顺序中特别值得注意的是,在前期只居第五位的棉纱线到后期升为第三位,前期高居第四位的棉花,到后期已排不上名次;前期排不上名次的煤油,到后期却跃居第四位;前期排不上名次的铁也列为第六位。对这些变化,除去前面已加解说的原因而外,关于棉花和棉纱线的变化,留待以后说明。

品种繁多的杂项洋货拥进中国市场,当时就引起人们的注意。熟悉对外贸易情况的郑观应就说过,"洋药、丸药、药粉、洋烟、吕宋烟、夏湾拿烟、俄国美国纸卷烟、鼻烟、洋酒、火腿、洋肉铺、洋饼饵、洋糖、洋盐、洋果干、洋水果、咖啡,其零星莫可名者尤夥,此食物之凡为我害者也。洋布之外,又有洋绸、洋缎、洋呢、洋羽毛、洋漳绒、洋羽纱、洋被、洋毯、洋毡、洋手巾、洋花边、洋钮扣、洋针、洋线、洋伞、洋灯、洋纸、洋钉、洋画、洋笔、洋墨水、洋颜料、洋皮箱箧、洋瓷、洋牙刷、洋牙粉、洋胰、洋火、洋油,其零星莫可指名者亦夥,此用物之凡为我害者也。此外更有电气灯、自来水、照相玻璃、大小镜片、铅、铜、铁、锡、煤斤、马口铁、洋木器、洋钟表、日规、寒暑表,一切玩好奇淫之具,种类殊繁,指不胜屈,此又杂物之凡为我害者也。以上各种类皆畅行各口,销入内地。人置家备,弃旧翻新,

---

① 《英领报告》,1885 年,九江,第 70 页。

耗我赀财,何可悉数"①。

进口杂货的增加,在西方侵略者的言论中,也得到充分的反映。"玩具、文具、铅笔、图片、装饰品、洋伞、刀剑、料器、肥皂等等,都构成大商店的贸易品"②;金属品、钟表、窗玻璃和煤油的进口,有"广阔的发展余地"③;窗玻璃已逐渐取代"中国窗纸的地位";火柴取代了"过去的火石和火镰"④;煤油"几乎被中国人普遍使用"⑤;针在不久以前几乎当作"珍品"出售,现在很快也变成"普遍使用"的日用品⑥;中国人现时已使用大量的"和欧洲人使用的无所区别的物品";"一个机灵的旅行商人能够很快地找到这些物品的大批订货单"⑦,等等。这些说法充斥了 80 年代以后西方驻华外交官员的报告。为了开拓新产品的市场,他们还想尽各种办法掌握市场的脉搏。他们输入的橡皮鞋,"按照中国式样和中国人的身材制造"⑧,进口玻璃"裁成合于中国居民普通窗户的大小,从而节省用户剪裁及安装的费用"⑨,"皆能体华人之心,仿华人之制"⑩。总之,日常生活之所需,无不有洋货。

### (二)国际资本主义国家对中国市场的争夺

关于西方资本主义国家对中国市场的争夺,不幸由于旧中国

---

① 郑观应:《盛世危言》第 3 卷,第 17—18 页。

② 《英领报告》,1881 年,汉中,第 19 页。

③ 《英领报告》,1884 年,中国,第 73 页。

④ 《英领报告》,1884 年,中国,第 75 页。

⑤ 《英领报告》,1885 年,汕头,第 98 页。

⑥ 《英领报告》,1884 年,中国,第 75—76 页。

⑦ 《英领报告》,1886 年,汕头,第 5 页。

⑧ 《英领报告》,1887 年,广州,第 7 页。

⑨ 《英领报告》,1884 年,镇江,第 75 页。

⑩ 姚贤镐:《外贸史资料》第 2 册,第 1094 页。

的海关统计方法的局限,对进口洋货的原产国籍很难进行精确的统计分析。首先,所有一切原产外国的商品,只要先运经香港,然后再转销中国,都记为来自香港,而不记其原产国籍。在海关统计上,这种来自香港的洋货,在 1870—1874 年间平均每年达 2229.5 千关两,占进口洋货总值(不包括鸦片)的 32.4%,到 1890—1894 年,平均每年更高达 74669 千关两,占进口洋货总值的 51.5%。这么大量的香港来货,既有原产欧美各国的洋货,也有原产中国的土货,我们都无从区别其原产国籍。其次,海关统计所列来自印度的洋货值,在 1870—1874 年平均每年为 1764.1 万关两,占进口总值的 25.6%;到 1890—1894 年,平均每年值 1466.1 万关两,占进口总值的 10%。这个比重,高于可以确认来自美国的进口值,也高于可以确认来自沙俄以外所有欧洲大陆各国的进口值。在这个时期中,印度虽已向中国推销棉纱,但还不是高度发达的现代工业国家,海关统计上所记来自印度的货物,显然有很大部分来自其他国家,特别是英国。因此也无从区别印度来货的原产国籍。

就各国对华的直接输出而言,在 1870—1874 年间,美国、沙俄和沙俄以外的欧洲大陆各国输华洋货在洋货进口总值中的比例都不足 1%,日本不足 5%。在 1890—1894 年间的洋货进口总值中的比例,沙俄不足 1%,沙俄以外欧洲大陆各国不足 4%,美国和日本不足 6%,但英国的对华直接输出,从 1870—1874 年的平均每年占 34.1% 降为 1890—1894 年的平均每年占 19.9%。这一点透露出,在中国市场上,英国来货虽然仍居各国的首位,但它的垄断地位已经受到其他国家的威胁。从文字记载上,我们看到,英国在华的粗棉布销路受到美国货的威胁,其棉纱销路受到印度货的威胁。此外,有关国家在煤油和火柴的在华销路,也有竞争。

(1)棉布 美国在 1814 年才建成第一座机器棉纺织厂,但美国棉纺织业的现代化进程颇为迅速。早在 19 世纪 20 年代中期,美国就已开始对华输出棉布,40 年代初期,就能成功地同英国竞争。① 不过就输华棉布的总值而言,美国还是远在英国之后。1860—1865 年,美国商船毁于内战,美布来华,一时受到很大的阻碍。从 70 年代起,美布输华,逐渐恢复,特别是粗布在中国市场上的销售量,大大超过了英国。

美国粗布之所以超过英国,有其国内的生产技术和中国市场需要两方面的因素。

在生产技术上,美国在粗棉布的纺、织两道主要工序上都比英国优越。在纺纱方面,美国在采用适于纺制粗纱的环锭纺机上有着技术上的优势,而英国流行的是适于纺制细纱的走锭纺机。在织布方面,动力织机虽然在英国最先发明,但在广泛使用上,美国却远胜于英国。此外,在原料和劳动力的成本方面,美国的工资水平,一般虽高于英国,而棉花的价格则低于英国。这有利于美国生产用原料相对较多而劳动力相对较少的粗布。② 至于中英、中美之间运费上的差异,一般也有利于美国棉布的竞争。

在中国,广大民众的购买力低下,粗制棉布更适合中国市场的需要。"价格方面的经济毕竟是中国买主首先考虑的问题,哪怕是几分钱甚至几文钱之差。"③这对美国推销价格较低的粗布,无疑是一个有利的条件。

美国销华棉布在生产方面和市场方面的有利条件所产生的效果,在 80 年代中期,已经充分表现出来。这时,中国市场上的进口粗斜纹布,美国生产的占将近 60%,而粗市布中,美国生产的达

---

① 丹涅特:《东亚》,第 74 页。
② 《捷报》1892 年 9 月 23 日,第 436 页。
③ 《贸易报告》,1887 年,牛庄,第 1 页。

到 85%。①

英国在粗棉布的推销方面,虽然不是美国的对手,但是在细棉布方面,70 年代以后,仍然继续处于优势地位。英国人把他们所垄断的中国细棉布市场,夸之为攻不破的堡垒。② 整个 80 年代,美国对中国的细棉布的输入,少的时候,甚至连英国的十分之一都不到。③ 不但在中国市场如此,就是在美国国内市场,亦复如此。尽管当时美国有了高度的保护关税,却仍然不能完全杜绝英国细棉布对美国的输入。④ 总的说来,在中国的棉布市场上,一直到 1894 年,英国仍然占据统治地位。他们不但始终保持细布市场上的优势,而且使尽一切手段,力图保持自己在粗棉布市场上的竞争能力。他们先是在 70 年代用加重浆料和搀杂的办法,企图以此降低价格,对抗美国粗布,蒙骗消费者,增加销路。这个办法,不但没有见效,反而破坏了英国粗布的声誉。于是又转而竭力模仿美国的粗布。整个 80 年代,人们从海关的贸易报告中,不断看到有关英国粗布改进质量的报道。在芜湖,"美国的粗斜纹和粗布已经大为减少",因为"曼彻斯特的厂家,近来已经能够织造在质料包装方法及外表上与美国粗布非常相似的布匹,供应市场"。⑤ 在牛庄,英国粗布"已将它的对手大部分驱出了市场",因为"近年来英国织造的粗斜纹布、粗市布和细斜纹布,是用与美国这类布匹同等的最好质料制成的"⑥;在九江,"英国粗布因质量已大加改良,现

---

① 严中平:《中国棉纺织史稿》,第 90 页。
② 《英领报告》,1886 年,宜昌,第 2 页。
③ 严中平:《中国棉纺织史稿》,第 90 页。
④ 陶雪格:《美国关税史》,第 288—293 页。
⑤ 《贸易报告》,1883 年,芜湖,第 128 页。
⑥ 《贸易报告》,1884 年,牛庄,第 883 页。

在很受欢迎"①。在牛庄,"英国粗布由于认真改进质料,而且价格公允,也受到〔与美国粗布〕同等的欢迎"②。在镇江,美国粗棉布"显然是逐渐为英国粗布所排挤。因为英国粗布质料已有改良,同时定价仍然低于美国货。"③在上海,1887 年一年之中,英国粗布进口几乎增加了 2 倍,"这是因为兰开夏努力织出一种模仿美国粗布的结果"④。如果说,80 年代中期,美国的粗市布在中国进口粗市布中占 85% 的压倒优势,那么,到了 90 年代初期,这个比例,就下降到 60% 左右。⑤

除了美国棉布以外,荷兰、印度和日本所产的棉布,在 90 年代以后的中国市场上,也开始显示了竞争能力,荷兰向中国出口的粗斜纹布,在 1894 年几乎达到从英国进口的一半,而细斜纹布则超过了美国。⑥ 从印度孟买输到中国的粗厚棉布,从 90 年代初期开始,也有缓慢的增加,"已经暗示着英美都不能永远保持其垄断地位"⑦,特别是日本棉布,在 90 年代的开头几年,有了迅速增长。输入中国的棉织品货值,由不足 20 万日元猛增到 230 多万日元⑧,骎骎乎成为英美棉布的"一个可怕的劲敌"⑨。

(2)棉纱  在 70 年代至 90 年代的中国市场上,出现了英国

---

① 《贸易报告》,1886 年,九江,第 107 页。

② 《贸易报告》,1887 年,牛庄,第 1 页。

③ 《贸易报告》,1887 年,镇江,第 155 页。

④ 《英领报告》,1891 年,上海,第 8 页。

⑤ 严中平:《中国棉纺织史稿》,第 90 页。

⑥ 《贸易报告》,转见姚贤镐:《外贸史资料》,第 1155 页。

⑦ 沙琴特:《英中贸易与外交》(A. G. Sargent, Anglo-Chinese Commerce and Diplomacy),第 259 页。

⑧ 东洋经济新报社编纂:《日本贸易精览》(Foreign Trade of Japan),第 49—50 页。

⑨ 《海关十年报告》,1882—1891 年,淡水,第 434 页。

本土和印度棉纱的竞争。

印度机器棉纺织业的发生,开始于 19 世纪 50 年代中期,70 年代以后,有比较明显的发展,在印度棉纺织业的发展过程中,纺与织的设备能力一直不平衡。印度的纺纱能力大于织布能力。这就决定了印度的棉纱,必然向国外输出。邻近印度人口众多的中国,就自然成为印度棉纱的一个理想的输出场所。事实上,在 70 年代以后,印度棉纺织业的迅速扩充中有许多纱厂就是专为中国市场而生产的。在 80 年代至 90 年代中,输华棉纱在印度棉纱输出总量中所占的比例,一般都在 80% 以上,最高达到 94%。① 这时,可以说中国是印度棉纱的惟一国外市场。

印度棉纱对华输出的增长速度,也是惊人的。整个 70 年代,当印度棉纱刚刚开始向中国输出时,每年平均不过 100 万磅。10 年以后,就增加到了 8000 万磅,再过 10 年达到 18100 万磅,20 年中,增加了将近 200 倍。②

和美国棉布之于英国棉布一样,印度棉纱之所以能够排挤英国棉纱出中国市场,也有两方面的因素。

从印度棉纺织工业的生产条件看,相对英国而言,它具备三个有利条件。第一,印度纱厂的原料成本低于英国本土。英国纱厂所用棉花,都靠海外输入,而印度盛产棉花,可以满足纱厂的需要,节省了输入棉花的运费。第二,印度劳动力的价格,也低于英国本土。虽然印度纺织工人的生产效率低于兰开夏的工人,但是,在粗纱的生产方面,印度纱厂仍然有一定竞争能力。第三,印度邻近中国,由孟买到香港的航程差不多只有伦敦到香港的航程的三分之一。这对印度棉纱,无疑是一个有利条件。这三个条件造成英印

---

① 严中平:《中国棉纺织史稿》,第 84 页。
② 严中平:《中国棉纺织史稿》,第 84 页。

棉纱在中国市场上价格的悬殊。从 80 年代后期到甲午战争前夕，印度棉纱在中国市场上的价格，和同级的英纱比较，一般要低 10% 左右。①

再从中国的市场条件看，进口棉纱的销售对象主要是中国广大的手织业者。而中国手织业所需棉纱，一向就限于 24 支以下的各级粗纱。而兰开夏的传统则是生产 24 支以上的细纱，24 支以下的粗纱，基本上是一个空白，它正好由专门生产粗纱的孟买纱厂填补。它们向中国出口的棉纱主要是 10 支、12 支和 16 支的粗纱②，最适合中国手织业者的需要。同时，印纱具有比英纱更易染色的优点。它的质地，更接近中国的手纺纱，而孟买商人在研究中国的需求上又比英国商人做了更多的努力。③ 所有这些，决定了印纱在中国市场上对英纱的优势地位。

此外，80 年代以后，国际上还出现了一个有利于印纱销华的临时因素，这就是国际银价的跌落。用金镑表示的银价跌落，发生于 70 年代初，在 80—90 年代的国际汇兑中是一个相当突出的现象。这种变动，不利于金本位国家对银本位国家的出口，具体到现在讨论的问题，那就是不利于英国棉纺织品对中国的出口。但印度没有这个问题。因为中国和印度都是用银的国家，汇率变动不影响两国贸易，或者影响很小。

尽管如此，印度棉纱在中国市场的优势仍然只限于粗纱，细纱则始终是英国的禁脔。进入 90 年代以后，日本棉纱也开始输入中国，而且势力迅速上升，从此形成了日、印、英瓜分中国棉纱市场的局面。

---

① 《海关十年报告》，1892—1901 年，第 2 卷，第 112 页。
② 《英领报告》，1887 年，北海，第 3 页。
③ 《捷报》1889 年 3 月 1 日，第 240 页。

（3）煤油　煤油提炼是 19 世纪的一个新兴工业部门。它的现代化生产，最先出现在 50 年代后期的美国，后来的发展极为迅速。1859 年，美国的德拉克（Drake）首次用现代方法开凿油井，提取石油，这一年的煤油产量不过 2000 桶（每桶 42 加仑）。1861 年就激增到 210 多万桶。① 这一年美国开始输出煤油。不过 5 年（1865 年），输出价值达到 1500 万美元。再过 10 年（1875 年），美国的煤油产量占世界产量的 90%。

美国煤油之输入中国，最早见于 1864 年的海关报告。也就是说，在美国煤油开始出口的第三年，中国市场就已经发现了美国的煤油。和它的生产一样，美国煤油对中国的出口，也呈现出急速增长的步伐。在刚开始输入中国的 1864 年，进口量不过 11000 加仑，14 年后（1878 年）就猛增到 400 万加仑。② 其后又不到 10 年（1886 年）就上升到 2300 万加仑，价值 220 多万海关两③，成为仅次于棉毛纺织品的第三项进口大宗。④

就在这时，美国煤油在中国市场上开始碰到一个强硬的对手——俄国煤油。

俄国生产煤油的历史，先于美国。但长期处在沙皇的专卖垄断之下，生产力受到严重的束缚。加之它的产地集中在黑海之滨的巴库，交通不便，因此，生产长期得不到发展。1873 年，沙皇政府放弃专卖政策，70 年代中期，又特许修建巴库到黑海港口巴统的铁路，使巴库煤油有一个方便的输出口岸。从此俄国煤油才开

---

① 皮顿：《石油企业：美国壳牌石油公司》（K. Beaton, Enterprise in Oil, A History of Shell in the United States），第 18 页。

② 徐润：《年谱》，上海杂记，火油，第 11—12 页。

③ 姚贤镐：《外贸史资料》，第 1605 页。

④ 姚贤镐：《外贸史资料》，第 1602—1603 页。

始和美国角逐于世界市场。就在巴库—巴统铁路建成的 1883 年,
美俄煤油在奥匈帝国和英国市场上发生了第一次遭遇战。①

　　俄国煤油首次输入中国,至少不晚于巴库—巴统铁路建成以
后的第五年(1888 年)。这一年从上海进口的俄国煤油,就达到将
近 250 万加仑②,打破了美国煤油在中国的长期垄断地位。第二
年(1889 年),中国进口的美国煤油下降到不满 1500 万加仑,而俄
国煤油则继续上升到 560 多万加仑。从 1889 年到甲午战争即
1894 年,美国煤油由 1500 万加仑上升到 5100 万加仑,俄国煤
油则由 560 多万加仑上升到 1800 多万加仑。③ 美国煤油在中国
市场上所占的比重虽然大于俄国煤油,但增长的速度,则落在俄国
的后面。俄国煤油输入中国的迅速,使美国的煤油大王们感到非
常不安。④

　　俄国煤油之所以能挤进美国独占的世界煤油市场,有它优越
于美国的生产条件。由于产地的集中和每口油井的日产量高出美
国,它的采油和炼油的成本都相对低于美国。在中国市场上,俄国
煤油往往能以低于美国煤油的价格出售,给美国煤油以很大的威
胁。在 80 年代后期和 90 年代前期的关册中,充满了这方面的报
道。有的说,俄国煤油"每箱价格比美国煤油大约要少纹银一钱,
而油质显然是同样的好"⑤;有的说:俄国煤油比美国煤油总要稍
微便宜一点,前者每桶售价 1.62 元,后者为 1.68 元,就是这个 6

---

　　①　海德等:《蓝烟囱》,第 32 页。
　　②　《贸易报告》,1888 年,上海,第 182 页。
　　③　姚贤镐:《外贸史资料》,第 1172 页。
　　④　《捷报》1886 年 4 月 17 日,第 391—392 页。转见姚贤镐:《外贸史资料》,第 1167 页。
　　⑤　《贸易报告》,1889 年,芜湖,第 141 页。

分钱之差,使得俄国煤油"成为美国煤油的可怕的劲敌"①。

为了和美国煤油竞争,俄国煤油在中国市场上特地采用小额零销的办法。在美国煤油不愿打破整箱出售的传统时,这是一种吸引消费者的有效办法。而零销的俄国煤油和整售的美国煤油在价格上,又完全一样②,这就更加有利于俄国煤油插足于中国市场。

当然,俄国煤油并不总是在美国煤油价格之下出卖。当它在市场上立稳脚跟之后,立刻就抬高自己的身价。这方面的报道,也充满当时的关册中。例如在上海,俄国煤油刚刚进入市场时,碰到的是"迟疑不决"的消费者,但是一当"它的优良质量开始建立信用之后,每箱价格就提高了 0.20 至 0.25 两"③。在芜湖,当散装的俄国煤油第一次投放市场时,每听售价较美国煤油便宜 1 钱,等到人们熟悉了这种散装煤油,它和美国煤油在价格上的差距,即行缩小。原来每听相差 1 钱,现在只有 4 至 5 分了。④ 在某些情况下,俄国低价煤油的出现,也迫使美国煤油不得不跌价竞争。如1892 年年初,厦门进口的美国煤油每箱售价 2 元,后因俄国煤油输入,价格遂落至 1 元 6 角。⑤ 尽管这时还有人说:"俄国的煤油不能与其较老的对手〔指美国煤油〕并驾齐驱。"⑥但是,普遍的反映却是俄国煤油已经成为"美国煤油贸易的可怕对手"⑦。

---

① 《海关十年报告》,1882—1891 年,宁波,第 355 页。

② 《贸易报告》,1889 年,温州,第 268 页。

③ 《贸易报告》,1888 年,上海,第 182 页。

④ 《贸易报告》,1894 年,芜湖,第 174 页。

⑤ 《英领报告》,1892 年,厦门,第 6 页。

⑥ 《贸易报告》,1890 年,芜湖,第 145 页。

⑦ 《贸易报告》,1888 年,上海,第 182 页,1889 年,芜湖,第 141 页;《海关十年报告》,1882—1891 年,宁波,第 355 页。

　　90 年代以后,在中国市场上,除了美、俄煤油的竞争以外,又加入了第三者——荷兰煤油的竞争。1890 年,荷兰的皇家石油公司在它的殖民地苏门答腊进行开采,1892 年就开始对外输出。[①] 1893 年,苏门答腊出产的煤油第一次出现在海南岛上的琼州和广东的汕头。[②] 接着在第二年,华南口岸进口的荷兰煤油,向东扩展到台湾淡水[③],西向延伸广东北海[④],销量激增。汕头在 1893 年进口不过 100 加仑,1894 年就上升到 116700 加仑[⑤],超过俄国煤油的销量,仅次于美国煤油而居第二位。北海在 1894 年进口了 125700 加仑荷兰煤油,销路很好,实际上已取代了俄国煤油。[⑥] 在以后的年代中,荷兰煤油的进口,增长迅速,形成了一个新的争夺局面。[⑦]

　　(4)火柴　安全火柴的制造和推广,在世界范围内,是在 19 世纪中叶。中国进口外国火柴,开始于 60 年代,而市场上进口火柴的竞争,则是 70 年代以后出现的。在 70 年代以前,中国市场上的进口火柴,全为欧洲产品,主要是英国货。70 年代初期,瑞典火柴开始进口,动摇了英国火柴的垄断地位。70 年代下半期,日本火柴大批拥入中国市场,开始了中国市场上进口火柴的激烈竞争。

　　日本火柴在中国市场上的迅速扩展和它取代欧洲火柴的进

①　皮顿:《石油企业:美国壳牌石油公司史》,第 20—30 页。
②　《英领报告》,1893 年,琼州,第 4 页,1894 年,汕头,第 3—4 页。
③　《贸易报告》,1894 年,淡水,第 6 页。
④　《贸易报告》,1894 年,北海,第 575 页。
⑤　《贸易报告》,1894 年,汕头,第 3—4 页。
⑥　《贸易报告》,1894 年,北海,第 575 页。
⑦　例如,在 10 年以后的 1905 年,中国进口的 15700 万加仑煤油中,美国煤油为 8200 万加仑,俄国煤油为 1300 万加仑,其余 6200 万加仑为荷兰煤油,美国虽仍居第一位,荷兰则远远超过了俄国。参阅莱特:《赫德》,第 779 页。

程,从 80 年代以后中国各通商口岸的海关报告中,看得非常清楚。这些报告说:在 1886 年上海市场上的火柴,"约有六分之一,来自日本。① 1888 年,重庆进口的火柴,大部分是日本货","以前畅销的瑞典和德国火柴,都被逐渐驱出了市场"②;琼州进口的火柴中,日本火柴占 90%以上。③ 在 90 年代初期的宁波和福州,火柴"现在大部分来自日本"④,"日本火柴几乎已经把他种火柴排斥在这个市场以外"⑤。1891 年,福州进口的日本火柴"超过他种火柴五倍之多。"1892 年,福州"进口的欧洲火柴,只有 1891 年的一半,而日本火柴,却大大增加,二者成 31 与 1 之比"⑥。到了甲午战争的 1894 年,欧洲火柴已在福州市场上绝迹。⑦ 在福州的这种变化,可以说是全国的缩影。就在 1894 年这一年,整个中国进口的火柴中,日本火柴占 88%,欧洲各国只占 12%。⑧

　　日本火柴在中国市场之所以能迅速排挤欧洲火柴,一个主要的原因,是它的价格低廉。在 80 年代初期的汉口市场上,最好的瑞典火柴,每 600 打售价 30 两,一般的英国火柴售价 20 两,而日本火柴只售 15 两。⑨ 80 年代中期的上海,最好的欧洲进口火柴,每盒 16 文,日本火柴只须 3 文就可以买到一盒。⑩ 其他各地的情

---

① 《英领报告》,1886 年,上海,第 4 页。
② 《贸易报告》,1888 年,重庆,第 59 页。
③ 《贸易报告》,1888 年,琼州,第 470 页。
④ 《海关十年报告》,1882—1891 年,宁波,第 355—356 页。
⑤ 《英领报告》,1891 年,福州,第 10 页。
⑥ 《英领报告》,1891 年,福州,第 10 页,1892 年,福州,第 8 页。
⑦ 《英领报告》,1894 年,福州,第 3 页。
⑧ 《贸易报告》,1900,第 3 页。
⑨ 《贸易报告》,1880 年,汉口,第 49 页。
⑩ 《英领报告》,1886 年,上海,第 4 页。

形大体类似。如 1891 年福州市场上日本火柴的售价,"只有欧洲火柴的一半"①,1892 年北京进口日本火柴的价格只相当于它们所模仿的火柴的三分之一。②

模仿欧洲火柴的外表,甚至假冒它的商标,是日本火柴在中国市场和它的对手展开竞争的一个手段。这说明日本火柴之所以能在欧洲火柴的价格以下出售,主要是由于它的质量的低劣。因此,在 80 年代以后,中国市场上充斥着"擦不着火的火柴"。尽管日本火柴的价格比欧洲火柴便宜一半乃至三分之二,尽管从外国火柴开始输入中国的 60 年代后期到 90 年代中期的 20 多年中,火柴进口的数量上升了 80 多倍,而价值不过上升 23 倍。③

### (三)国际机器制成品对中国手工业的分解作用

外国机器制成品对中国手工业的分解作用,归根结底,是以低廉的售价攘夺手工产品销售市场的结果。第一章已从外国使用机器的工厂生产力还不够强大,和中国工农结合的手工业生产对洋货的顽强抵抗两方面作了说明。到了 70 年代以后,随着西方资本主义社会生产力的进一步发展,使几个主要资本主义国家的批发物价都出现了长期下降趋势,下降得最猛的美国竟削减了 53.3%,最慢的德国也削减了 15.2%。这里必须指出的是,在 70 至 90 年代这 20 年里,国际金融市场上用金计算的白银市价,出现了长期下跌趋势,这就是说,同量金币所兑换的白银数量长期上升。这个时期的西方各国都已采行金本位制,而中国却仍通行银

---

① 《英领报告》,1891 年,福州,第 10 页。
② 《英领报告》,1892 年,北京,第 38 页。
③ 1867 年火柴进口为 79236 罗,价值 71127 海关两;1894 年火柴进口为 6615327 罗,价值 1638931 海关两,参阅《贸易报告》,各年。

两制。金银比价的这种趋势并不利于洋货对中国的销售。但事实上,国际资本主义社会生产力的发展却抵补了这种不利条件,使洋货对中国的销售价格,也保持长期下跌的趋势。下表用指数来列示若干种洋货起岸价格的变动情况。

起岸价格指洋货从外国港口装船启航的价格,不包括海运、保险成本和到中国后的关税、卸船、仓储等等开支,这个价格更能反映外国加工制造厂的生产力发展水平。据此可见,在1870—1884年这15年内,16种洋货价格因外国厂家生产力水平的提高而直线下降了19.4%,仅1890—1894年稍有回升,但只相当于1870—1874年水平的五分之四左右。在此同时,以中国广大民众为销售对象的粗棉布下降了27.8%,棉纱下降了52.6%,火柴下降了57.5%,等等。在如此直线下降的价格攻势之下,中国相应的手工业生产便被分解了。

### 进口洋货的起岸价格指数
#### 1870—1894 年

| 年度 | 16 种商品 1873 = 100 | 粗布 1870—1874 = 100 | 羽纱 1870—1874 = 100 | 棉纱线 1870—1874 = 100 | 铅块 1870—1874 = 100 | 钉条铁 1870—1874 = 100 | 火柴 1870—1874 = 100 |
|---|---|---|---|---|---|---|---|
| 1870—1874 | 100.1 | 100.0 | 100.0 | 100.0 | 100.0 | 100.0 | 100.0 |
| 1875—1879 | 85.6 | 74.9 | 85.6 | 68.2 | 99.6 | 78.3 | 75.3 |
| 1880—1884 | 80.6 | 71.1 | 69.8 | 63.3 | 77.5 | 67.3 | 70.9 |
| 1885—1889 | 73.6 | 69.4 | 63.0 | 54.1 | 80.1 | 68.3 | 54.1 |
| 1890—1894 | 79.1 | 72.2 | 69.4 | 47.4 | 79.3 | 73.0 | 42.5 |

注:16 种商品为本色市布、漂白市布、洋标布、粗细斜纹布、粗布、羽纱、英国羽绫、棉纱线、棉花、米、铅块、锡块、钉条铁、煤、火柴、鸦片。起岸价格 = 市价 - 进口税 - (市价 - 进口税)×7%。

资料来源:姚贤镐:《外贸史资料》第 3 册,第 1641—1643 页。

　　这里所说的分解作用,并不单纯是机器战胜手工的破坏过程,
也包含促进手工业生产发展的过程。这个复杂的过程,在洋纱布
的作用上表现得非常清楚。进口洋纱在破坏手工纺纱业的同时,
也对手工织布业产生了促进作用。简单说,洋纱造成了纺织分离,
或者更确切些说,使中国的手工纺织业者舍纺就织,而洋布则造成
了耕织分离。

　　用机器纺制棉纱,当然能比手工纺纱降低加工成本,但纺纱需
用棉花做原料,因而棉花价格的波动对棉纱的销售价格具有制约
作用。使用机器织布,当然能比手工织布降低加工成本,但织布需
用棉纱做原料,因而棉纱的价格波动对棉布的销售价格具有制约
作用,从而棉花的价格波动也间接地对棉布的销售价格具有制约
作用。正因为这样,许多历史文献都用棉花的产销变化说明洋纱、
布销售量的升降。

　　早在1850年的8月,《北华捷报》就报道说,美国棉花减产致
使英国棉布的成本提高,上海市场上的大批英国本色市布"只有
以低于本地土布的价格出售时,才能找到顾主。这种土布是在上
海近郊织造的"①。1863年英国驻天津领事报告说,1861年洋布
的售价仅及土布的一半,所以直隶和邻省的城镇居民便舍土布而
取洋布,不过农村居民还是因为要进行粗重的劳动而仍然服用耐
穿的土布。洋布比土布美观,首先以比较富有的阶层为对象突入
中国市场。即使如此,比较富有的阶层也是在洋、土布的市价悬殊
的情况下,才舍土布而穿洋布,一旦差价缩小,便出现另一种变化。
同一个英国驻天津领事又说,1863年,美国内战削减了美棉对英
国的供应,致使英国厂家不得不把洋布的售价提高到接近土布的

---

① 《捷报》1850年8月17日,第9页。

水平,于是中国城镇居民也不复服用洋布了。① 这个报告,把我们的视线引向棉花的对外贸易上去,请看上表统计。

<h4 style="text-align:center">棉花进出口贸易和出口棉花价格</h4>

| 年　度 | 进口棉花（担） | 出口棉花（担） | 棉花出(+)入(-)超 | 出口棉花价（每担关两） |
|---|---|---|---|---|
| 1870—1874 | 197816 | 31698 | −166248 | 7.9 |
| 1875—1879 | 168609 | 28695 | −139914 | 9.8 |
| 1880—1884 | 160449 | 31664 | −128785 | 10.5 |
| 1885—1889 | 137199 | 177133 | +39934 | 10.4 |
| 1890—1894 | 92667 | 497340 | +404679 | 10.2 |

1870—1894 年　　　　　　年平均数

资料来源:姚贤镐:《外贸史资料》第 3 册,第 1603、1606 页。

上表所列 70 年代前期至 90 年代前期中国的棉花进口量持续下降,出口棉花自 80 年代前期以后,持续上升,结果造成了棉花的入超持续下降,到 80 年代后期便由长期入超变为出超,且出超的数量很大。我们不知道,这 20 年间,中国的棉花生产究竟有多大的发展,看来由于棉花生产的发展以致变入超为出超的成分可能较少,由于国际棉花消费量的增加,而吸引中国棉花出口的成分可能较多。在国产棉花的市价变动上,70 年代前期至 80 年代前期的 10 年内是持续上升的,到 80 年代后期有所下降,但很微弱,这似乎也从侧面印证我们的推测。这种棉花对外贸易的长期发展趋势,显然会提高中国手纺业的原料价格,不利于手工棉纺织业对进口洋纱布的抗争。

1887 年,英国驻北海领事为我们提供一幅有趣的图画。据他

---

① 《英领报告》,1863 年,天津,第 133 页。

说这个口岸既进口印度的棉花,也进口中国的棉花。北海地区冬季不太冷,人们很少穿着棉花,进口的棉花都是用于手工纺纱的。但在此同时,北海又进口印度棉纱和用印棉、国棉织成的土布和外国洋布。"穿洋布的主要是城镇的商人和富裕阶层,穷苦的城市居民和乡村居民都服用土布。"①在这里,印度棉花、国产棉花,用这些棉花纺成的土纱和织成的土布,以及用印度棉纱掺合土纱织成的土布和进口洋布,这几种商品在市场价格上似乎保持某种平衡状态,所以它们相互之间,并未出现显著的排斥作用,而是和平共处。这里所出现的,仅仅是城镇商人和富裕阶层以及穷苦的城乡居民各按美观或耐用而选用不同布匹的差异。可见洋纱布尚未能利用低廉的售价打破这种平衡。

然而,中国棉花生产的丰歉常常打破上述平衡状态。1869 年天津海关报告说,棉花歉收,导致和洋标布有同样用途的土布售价过高,因而洋标布的进口,便有了"可惊的增长"②。但 1871—1872 年的天津海关报告又说,1872 年洋标布的进口较 1871 年为少,因为陕西和四川的棉花丰收,棉花市价下降,导致土布对洋布的竞争处于有利的地位。③ 同年,烟台的海关报告也说,过去两年,山东的棉花收成非常好,上海又向烟台运进棉花,以低于本地花的价格出售,因而用国产棉花织成的土布便比洋布更受欢迎。④ 1874 年英国驻上海领事报告说,影响对曼彻斯特棉布需求的一个原因是,过去两年,江苏和其他省份的棉花丰收,"棉花产量的任何重大波动,都会显著地影响洋布的进口","任何造成棉花价格

---

① 《英领报告》,1887 年,北海,第 1—2 页。

② 《贸易报告》,1869 年,天津,第 98 页。

③ 《贸易报告》,1871—1872 年,天津,第 36 页。

④ 《贸易报告》,1871—1872 年,烟台,第 48 页。

上涨或下降的原因都会立即影响对洋布的需求,棉花价格大增,就可能使我们产品的消费增加到无法估量的程度"。① 1877 年九江的海关报告说,"今年农民收获了如此丰厚的棉花,他们在家里织成的土布大为便宜,这自然有害于进口棉布的销售"②。1878 年的汉口海关报告说,由于湖北的棉花丰收,农家的手工纺织机得以充分利用,他们织的布匹不仅能满足家庭成员的需要,还能以比较低廉的售价把剩余部分送到市场上去。③ 这一类的记载,还可以列举很多。例如,1874 年英国驻上海领事的报告④,1878 年英国驻台湾领事的报告⑤,1878—1880 年英国驻汉口领事⑥和驻宁波领事⑦的报告,1880 年宁波的海关报告⑧,1888 年宜昌的海关报告⑨等等。一个研究这一时期中英贸易史的作者甚至说,棉纺织品对华贸易的一个显著特征就是,"中国的棉花市价低廉,在中国广大人民群众的日常衣着上,我们和土制品的竞争是不可能的"⑩。总之,地无分南北,任何造成棉花价格上涨或下降的原因,都会立即影响对洋布的需求。

然而花纱布的某种平衡,还是被破坏了。这首先是从洋纱以其低廉的售价突破棉花、土纱和洋纱之间的平衡开始的。1879 年

---

① 《英领报告》,1874 年,上海,第 121 页。
② 《贸易报告》,1877 年,九江,第 35 页。
③ 《贸易报告》,1878 年,汉口,第 44 页。
④ 《英领报告》,1874 年,上海,第 12 页。
⑤ 《英领报告》,1878 年,台湾,第 135 页。
⑥ 《英领报告》,1878—1880 年,汉口,第 23 页。
⑦ 《英领报告》,1878—1880 年,宁波,第 95 页。
⑧ 《贸易报告》,1880 年,宁波,第 136 页。
⑨ 《贸易报告》,1888 年,宜昌,第 62 页。
⑩ 沙琴特:《英中贸易与外交》,第 205 页。

的汕头海关报告说,"中国人用洋纱织成的土布比外国市布为贵,
但比较耐穿,当中国人能出得起价钱时,他们就宁愿买洋纱织成的
土布,而不买洋布"①。所谓用洋纱织成的土布是用洋纱为经,土
纱为纬织成的土布。1887 年的广州海关报告说,"进口洋布下降
其关键在于棉纱进口大增,本省内地乡村居民,广泛地用洋纱掺和
土纱混合织布"②。同年宜昌的海关报告说,"棉纱进口的增加是
值得注意的,因为用洋纱织成的土布和洋布相竞争"③。同年牛庄
的海关报告说,300 斤的洋纱售银 57 两,同量土纱却售银 87 两,
土纱和洋纱无力竞争。④ 1888 年的广州海关报告说,"洋纱供应
大量增加,造成对洋布的需求削减,进口洋纱和土纱混合织成的土
布比同样成本的任何洋布都便宜耐穿,更适合民众的需要"⑤。
1891 年广州的海关报告说,1882 年全国进口洋纱仅 185000 担,而
1891 年仅广州一口的进口就高达 482000 担。洋纱的大量消费正
扩大到全国。用洋纱织成的土布和用土纱织成的土布相似,也耐
穿。这种土布的销售,"无疑能够说明洋布交易之所以停滞的原
因"⑥。1890 年宜昌的海关报告说得更清楚。据说,进口洋纱激
增的原因是,"由于四川必须依赖东部诸省供应棉花,而现时印度
棉纱和(东部诸省来的)棉花的零售价格相差无几,所以买进棉花
纺纱,反而比直接使用洋纱更贵"⑦。1882—1891 年琼州的海关
报告更说,"随着洋纱的大量进口,文昌县的土纱纺制业几乎完全

---

① 《贸易报告》,1879 年,汕头,第 212 页。
② 《贸易报告》,1887 年,广州,第 373 页。
③ 《贸易报告》,1887 年,宜昌,第 60 页。
④ 《贸易报告》,1887 年,牛庄,第 2 页。
⑤ 《贸易报告》,1888 年,广州,第 380 页。
⑥ 《贸易报告》,1891 年,广州,第 2 页。
⑦ 《海关十年报告》,1882—1891 年,宜昌,第 131—132 页。

停歇了。孟买纱的质地本较土纱为劣,但价格上,土纱却不能和孟买纱相竞争。土纱业的停歇,使棉花的进口也终止了"①。

如以香港的市价为准,那么在 70 年代初叶到 90 年代初叶洋纱的价格下降了将近四分之一。② 在洋纱如此大幅度降价推销的攻势之下,中国农村妇女儿童终于不得不放弃手工纺纱业。但是,穷苦的农民是必须全力抓住某种手工副业以维持生计的,他们放弃手纺业以后走向何处去呢?

马克思说:"一旦工具由机器来操纵,劳动力的交换价值就随同它的使用价值一起消失。……工人阶级的一部分就这样被机器变成了过剩的人口,也就是不再为资本的自行增殖所直接需要的人口,这些人一部分在旧的手工业和工场手工业生产反对机器生产的力量悬殊的斗争中毁灭,另一部分则拥向所有比较容易进去的工业部门,充斥劳动市场,从而使劳动力的价格降低到它的价值以下。"③又说,"在一些较老的发达国家,机器本身在某些产业部门的使用,会造成其他部门的劳动过剩,以致其他部门的工资降到劳动力价值以下,从而阻碍机器的应用,并且使机器的应用在资本看来是多余的,甚至往往是不可能的,因为资本的利润本来不是靠减少所使用的劳动得来的,而是靠减少有酬劳动得来的"④。

马克思说的是在一些较老的发达国家内部的情况,但是他所说机器在某些产业部门的使用,造成旧手工业生产中的工人成为

① 《海关十年报告》,1882—1891 年,琼州,第 620—621 页。以上史料转引自姚贤镐:《外贸史资料》第 3 册,第 1345—1349 年、1361—1367 年;彭泽益:《中国近代手工业史资料》第 2 卷,第 225—230 页,有更多事例。

② 严中平:《中国棉纺织史稿》,第 72 页。

③ 马克思:《资本论》第 1 卷,《马克思恩格斯全集》第 23 卷,第 471—472 页。

④ 马克思:《资本论》第 1 卷,《马克思恩格斯全集》第 23 卷,第 431 页。

过剩人口,其中一部分在反对机器生产的斗争中被毁灭,另一部分则拥向比较容易进去的工业部门,把劳动力价格降低到它的价值以下,这个原理却完全适用于对当时问题的分析。这就是说,外国,特别是印度和英美等等国家在棉纺织部门对机器的使用,以棉纱布的低廉售价破坏中国的手工棉纺织业,使中国原有的手工棉纺织业者,一部分在反对机器的斗争中被毁灭掉,另一部分则拥向比较容易进去的工业部门。被毁灭掉的部分造成耕织分离,根本放弃棉纺织业,另谋其他手工业门路去了,拥向比较容易进去的部门的部分则舍纺就织。但这两部分都把劳动价格降低到劳动力价值以下,在贫困线上悲惨地挣扎着。

在历史文献上,不难发现这样的事例。1887 年芝罘的海关报告说,山东的"土纱纺制业几乎全部停顿了,因为纺工每天只能得到 20 个制钱的工资,而他们如果编制草帽辫,便能得到加倍的工资,甚至更多。① 这是说在洋纱布的低价推销下,手工棉纺织业者根本放弃棉纺织业,转到其他"比较容易进去的"手工业部门去了。1882—1891 年的琼州海关报告说,随着洋纱的大量进口,文昌县的土纱纺制业几乎完全停歇了,停歇以后,他们都"转移他们的力量于织布,以为补偿"②。这就是说,他们舍纺就织了。

手工棉纺织业者舍纺就织,利用洋纱织造土布,转而对洋布的推销产生了很大的阻力。这在进口洋纱布的发展速度上表现得很清楚。

---

① 《贸易报告》,1887 年,芝罘,第 42 页。
② 《海关十年报告》,1882—1891 年,琼州,第 620— 621 页。

### 洋纱洋布进口统计(5 年平均)
#### 1870—1894 年

| 年　　度 | 进　口　洋　布 | | 进　口　洋　纱 | |
|---|---|---|---|---|
| | 匹 | 指数 | 担 | 指数 |
| 1870—1874 | 10830201 | 100.0 | 61692 | 100.0 |
| 1875—1879 | 10799619 | 99.8 | 113344 | 183.7 |
| 1880—1884 | 12485469 | 115.2 | 199681 | 323.7 |
| 1885—1889 | 15906725 | 146.9 | 546163 | 885.3 |
| 1890—1894 | 15363161 | 141.9 | 1149398 | 1863.1 |

资料来源:姚贤镐:《外贸史资料》第 3 册,第 368 页。

上表记录从 70 年代前期到 90 年代前期这 20 年内,进口的洋布匹头只增加了 41.9%,而进口洋纱量却增加了 1763.1%。洋纱、布进口量增长速度的巨大差异,表明同是洋货,但进口洋纱的作用在于破坏中国原有手工纺织业的纺纱业,其结果是发展了手织业,而手织业的发展则抵制了洋布的进口。这显然是外国棉纺织资本家始料所不及的。

就手工棉纺和棉织两个部门而言,手纺产量总是不足供应手织的消费,成为手织业发展的一大障碍。洋纱的充分供应,为手织业解除了这个障碍,从而使手织业取得了充分发展的良好条件。这一点,在土布的出口贸易上就有反映。在鸦片战争以前,出口土布曾经是出口丝茶以次的第三大项,1800—1804 年平均每年对英美出口,将近 140 万匹。其后外国棉纺织工业的机械化发展,使土布出口量逐年下降,到 1830—1833 年平均每年对英美的出口只剩下 40 多万匹[①],再以后,出口量显然更少。但是,到了 19 世纪的

---

① 严中平:《中国棉纺织史稿》,第 33 页。

70年代以后,土布的出口量又恢复了逐年上升的发展趋势,从70年代前期的将近4000担、20多万关两,增长到90年代前期的88528担、320多万关两。① 20年内出口量值分别增长20多倍和10多倍,并且以后还继续增长。这就是洋纱的充分供应为手织业提供了充分发展条件的结果。出口土布都是供应在国外华人的。70年代以后,中国劳动人民大量拥向南洋和美洲各地,从事工农业和小商小贩等类职业。这些劳动者也和在国内时一样,偏爱坚实耐穿的土布,不喜美观但不耐穿的洋布。

马克思说:"那些造成资本主义生产的基本条件,即雇佣工人阶级的存在的情况,也促使一切商品生产过渡到资本主义的商品生产。资本主义的商品生产越发展,它对主要是直接满足自己需要而只把多余产品转化为商品的任何一种旧生产形式,就越发生破坏和解体的作用。它使产品的出售成为人们关心的主要事情,它起初并没有显著地侵袭到生产方式本身,例如,资本主义的世界贸易对中国、印度、阿拉伯等国人民最初发生的影响就是如此。但是接着,在它已经扎根的地方,它就会把一切以生产者本人劳动为基础或只把多余产品当做商品出售的商品生产形式尽行破坏。它首先是使商品生产普遍化,然后使一切商品生产逐步转化为资本主义的商品生产。"②

用马克思的这段分析来研究进口洋纱布对中国所发生的"破坏和解体作用",可以发现,洋纱的进口造成了中国手工棉纺业者的失业,还只是"使商品的出售成为人们关心的主要事情,它起初并没有显著地侵袭到生产方式本身"。土布出口的快速增长显然

---

① 严中平:《中国棉纺织史稿》,第97页。

② 马克思:《资本论》第2卷,《马克思恩格斯全集》第24卷,第43—44页。

正是这样出现的。但还没有使棉纺织业的商品生产"转化为资本主义的商品生产"。到了 20 世纪,棉织业"转化为资本主义的商品生产"的形式是包买主制度。

舍棉纺而论棉织,人们不难发现棉布匹头的进口值从 1870—1874 年的平均每年 19381 千关两,占进口洋货总值的 28.1% 增长到 1890—1894 年的平均每年 29295 千关两,占进口洋货总值的 20.3%,仍然是鸦片以次的第二大宗。这么大量的进口洋布,当然会对中国的手工棉织业发生极大的破坏作用。

和机制洋纱以低廉售价破坏手纺业一样,机织洋布也是以低廉售价破坏手织业的。从 70 年代初叶到 90 年代初叶,本色市布、标布和粗斜纹布的平均市价下降了将近四分之一。[1] 中国各通商口岸有许多记载都能说明洋布降价推销的破坏作用。例如 1871 年汉口的英国领事报告就说,洋布比土布便宜得多,在某种程度上,洋布的低廉售价抵补了洋布不耐穿的缺点。[2] 1871—1872 年的宁波海关报告说,尽管洋标布不如土布耐穿,但土布的幅宽不到洋标布的一半,而售价却相等,所以市场对洋标布的需求还是很大。这种布主要销行于浙江那些贫瘠和人口稀少的地区,如衢州、余姚、金华等地。[3] 1875—1876 年的上海英国领事报告说,土布的售价较洋布为高,因而贫苦的中国人便不得不买便宜但不耐穿的洋布。[4] 1878—1880 年的琼州英国领事报告说,由于洋布进口的增长,琼州人正在停止家庭织布业而购买洋布。[5] 1888 年九江英

---

① 严中平:《中国棉纺织史稿》,第 72 页。
② 《英领报告》,1871 年,汉口,第 34 页。
③ 《贸易报告》,1871—1872 年,宁波,第 133—134 页。
④ 《英领报告》,1875—1876 年,上海,第 17 页。
⑤ 《英领报告》,1878—1880 年,琼州,第 75 页。

国领事报告说,5 年来,洋布的进口增加了 1 倍,代替了土布。①
1882—1891 年的牛庄海关报告说,10 年来,洋布的进口增加了
116%,土布减少了 28%。② 1894 年的北海海关报告说,尽管洋布
因金价上涨而腾贵,但还是比土布便宜。③ 总之,外国棉纺织业生
产力的发展,还是能够克服金价上涨的不利条件和洋布不耐穿的
缺点,以低廉的售价战胜土布,甚至能负担运输费用,销往内地,就
连贫瘠地区的贫苦人民也舍土布而用洋布。这就造成了耕织
分离。

　　舍棉制品而论其他工矿产品,前面指出过,西方资本主义社会
生产力的广泛发展,导致中国进口洋货品种的多样化。一切机制
洋货的输入,无不对中国的相应手工业发生破坏作用。例如洋铁、
洋钢的输入就破坏了中国的手工采矿冶炼业;洋钉、洋针的输入就
破坏了中国的手工钉、针制造业;火柴的输入就破坏了中国的火石
采掘业;煤油的输入就破坏了中国的植物油生产业;合成染料的输
入就破坏了中国的天然染料生产业,如此等等。这许多机制洋货
对中国经济的破坏作用,早就有人慨乎言之了。例如,郑观应就说
过,"洋布、洋纱、洋花边、洋袜、洋巾入中国,而女红失业;煤油、洋
烛、洋电灯入中国,而东南数省之柏树皆弃不材;洋铁、洋针、洋钉
入中国,而弃冶者多无事投闲,此其大者。尚有小者,不胜枚举。
所以然者,外国用机制,故工致而价廉,且成功亦易;中国用人工,
故工笨而价费,且成功亦难。华人生计,皆为所夺矣"④。又有人
说,"中国自通商以来,洋货日销,土货日绌,洋纱洋布岁销五千三

　　① 《英领报告》,1888 年,九江,第 2 页。
　　② 《海关十年报告》,1882—1891 年,牛庄,第 5 页。
　　③ 《贸易报告》(中文本),1894 年,下卷,北海口,第 108 页。以上史料
转引自彭泽益:《中国近代手工业史资料》第 2 卷,第 231—232 页。
　　④ 郑观应:《盛世危言》第 7 卷,第 20 页。

百万,其余钟表、机器、呢绒、毡毯、火油、食物,以至钮扣、针线之细,皆窥我情形,探我玩好,务夺小工小贩一手一足之业者,而乃销流日广,始于商埠,蔓于内地,流于边鄙,吾华人靡贫靡富,靡长靡幼,日用之需,身体之间,靡不有洋式之物,舍此莫好,相习而忘,故岁耗万万,罔知底极。夫彼耗万万之资财者,耗于有形,犹可数计,而小工小贩因失业以坐失万万之资财者,实耗于无形,而不可以算"①。这一切,就是进口机制品对中国小生产者所造成的贫困化灾难。

舍洋纱布而论其他进口洋货,也可发现有类似洋纱布那样的分解作用。这就是某些外国机制品因价格低廉对同类手工产品的生产发生了破坏作用,但对利用这类机制品进行生产的相关手工业,却发生促进作用。例如,进口洋布就促进了汕头、镇江、宁波、烟台、淡水的布匹染色业的发展;进口各种铁料就促进了烟台、镇江、温州、上海、天津、琼州铁器制造业的发展;进口铅锡,就促进了宁波、汕头、福州、芜湖、镇江、上海、汉口、九江、温州铅锡器的生产等等。②

## 二、国际市场上外国产品对中国
## 传统出口商品的竞争

在70年代前期至90年代前期,进口洋货的最大宗是鸦片和棉制品两项,以1870—1874年的5年平均数计,二者占进口总值的71.4%,到1890—1894年的5年平均数仍占进口总值的

---

① 刘桢麟:《论各省善堂宜设工艺厂以济贫民》,见阙名编:《新辑志士文录初编》第14卷,第5页。

② 参看姚贤镐:《外贸史资料》第3册,第1432—1444页。

56.4%。出口土货方面,由于中国外汇银价的下跌,外商为避免汇回现金,宁愿收购廉价土货出口,从而也使中国的出口土货多样化。例如糖、烟草、牛皮、驼毛、草帽缏、豆类、棉花、麻类、羊毛等等①,但最大宗还是茶叶和生丝两项,以 1870—1874 年的 5 年平均数计,二者占出口总值的 89.6%,1890—1894 年的 5 年平均数仍占出口总值的 42.8%。因此可以说,这个时期的中国对外贸易,主要就是出口丝茶对进口鸦片和棉制品的交换关系。下表开列这种交换关系的发展情况。

**茶叶和生丝对鸦片和棉制品的出进口值对比(5 年平均)**

1870—1894 年　　　　　　　　　　单位:千关两

| 年　　度 | 鸦片进口值 | 棉制品进口值 | 鸦片、棉制品共值 | 茶叶出口值 | 生丝出口值 | 茶叶、生丝共值 |
|---|---|---|---|---|---|---|
| 1870—1874 | 25987 | 21451 | 47438 | 35153 | 25723 | 61876 |
| 1875—1879 | 30486 | 19547 | 50033 | 34393 | 21864 | 56657 |
| 1880—1884 | 29636 | 23265 | 52901 | 32236 | 18403 | 50639 |
| 1885—1889 | 28226 | 35646 | 63872 | 30873 | 18390 | 49263 |
| 1890—1894 | 29947 | 49653 | 79872 | 29218 | 24121 | 53339 |

资料来源:姚贤镐:《外贸史资料》,第 3 册,第 1602—1603、1606 页。

这个统计表明,以进出口的绝对价值相比,90 年代前期以前,出口茶叶一项就足以抵补进口鸦片所需支付的外汇。在 80 年代后期以前,出口茶叶一项,就足以抵补进口棉织品所需支付的外汇。就是出口值居第二位的生丝出口值,在 80 年代前期以前,也足以抵补进口棉制品所需支付的外汇。以丝、茶两项出口值足以

---

① 郑友揆:《十九世纪后期钱价的变动与我国对外贸易的关系》,《中国经济史研究》1986 年第 2 期,第 19—20 页。

抵偿鸦片、棉织品两项进口值,在 1870—1874 年间,前者超过后者
30%;但到了 1890—1894 年却不足抵补,前者仅相当于后者的
66.8%。这个时期里,棉制品进口迅速增长,丝、茶出口却下降了。
丝、茶出口的下降乃是国际市场上外国产品对中国丝、茶出口展开
剧烈竞争的结果。

### (一)印度、锡兰和日本茶叶对中国茶叶的竞争

自从 17 世纪西方国家和中国建立经常性的贸易关系以后,中
国始终是世界市场惟一的茶叶供应国,前后历时 300 多年。到鸦
片战争前夕,中国每年的对外贸易总值,进出口各约2500万元,其
中茶叶出口 35 万担,价值 945 万元①,占进口或出口总值的 37.8%
左右。五口通商以后,茶叶仍旧是中国各种出口商品中的最大项,
独占世界市场的茶叶供应。世界各国对中国茶叶的需求迅速上升,
中国茶叶的出口迅速增加。到了 70 年代初叶,以 1870—1874 年 5
年平均计算,出口茶叶 176 万担,价值 3515.3 万海关两,和鸦片战争
前夕相比,出口的量值都增加 4 倍以上。70 年代后 20 年内,出口茶
叶价值在进出口商品总值中所占的地位如下表。

#### 出口茶叶价值占进出口总值的百分比

1870—1894 年

| 年 度 | 出口总值<br>(千海<br>关两) | 进口总值<br>(千海<br>关两) | 茶叶出口值<br>(千海<br>关两) | 出口茶叶值 | |
|---|---|---|---|---|---|
| | | | | 占出口总值<br>% | 占进口总值<br>% |
| 1870—1874 | 66720.0 | 68868.6 | 35152.8 | 52.7 | 51.0 |

---

① 英国外交部档案,编号 F.O.228/32。

续表

| 年　　度 | 出口总值（千海关两） | 进口总值（千海关两） | 茶叶出口值（千海关两） | 出口茶叶值 | |
| --- | --- | --- | --- | --- | --- |
| | | | | 占出口总值 % | 占进口总值 % |
| 1875—1879 | 71332.4 | 75273.2 | 34392.6 | 48.2 | 45.7 |
| 1880—1884 | 70804.0 | 80862.2 | 32235.8 | 45.5 | 39.9 |
| 1885—1889 | 83484.4 | 104660.2 | 30873.0 | 37.0 | 29.5 |
| 1890—1894 | 107082.6 | 144233.0 | 29218.9 | 27.3 | 20.3 |

资料来源:姚贤镐:《外贸史资料》第三册,第 1606 页。

从上表可知,经过鸦片战后 30 年的发展,到了 70 年代初叶,出口茶叶价值所占出口总值的比例,从战前的 37.8% 左右上升为 52.7%,出口茶叶价值所占进口总值的比例,从战前的 37.8% 上升为 51%。这就是说,中国全部出口商品所换得的外汇有 52.7% 得自茶叶,中国全部进口商品所需要的外汇有 51% 是靠茶叶去支付的。可见出口茶叶在中国的进出口贸易上都具有头等的重要意义。但是在 70 年代以后的 20 年内,出口茶叶价值却直线下降,其所占进口总值的比例由 51% 下降为 20.3%,这对中国进出口贸易发生极不利的影响,情况十分严重。

中国所产茶叶,主要是红茶、绿茶和砖茶三类。在国际市场上,这三类茶叶的最大主顾:红茶销英国,绿茶销美国,砖茶销俄国。下表说明,在 70 年代初叶以后 15 年内,中国茶叶的出口总量一直保持上升的趋势,到 90 年代初叶才开始下降:其中对英输出在 80 年代后期大为下降,到 1890—1894 年平均每年输出较 1870—1874 年平均每年输出下降 63.1%;其中对美输出不很稳定。但对俄国输出则直线上升,计 1890—1894 年平均输俄量较 1870—1874 年平均每年输俄量增加 3.6 倍。至于输往其他国家者增减亦不稳定。

### 中国茶叶输出统计(5 年平均)

#### 1870—1894 年

| 年度 | 出口总量 | | 输英红茶 | | 输美绿茶 | | 输俄砖茶 | | 输往其他各国 | |
|---|---|---|---|---|---|---|---|---|---|---|
| | 担 | % | 担 | % | 担 | % | 担 | % | 担 | % |
| 1870—1874 | 1760213 | 100.0 | 1019279 | 100.0 | 255948 | 100.0 | 139053 | 100.0 | 187024 | 100.0 |
| 1875—1879 | 1996615 | 113.4 | 1042714 | 102.3 | 226364 | 88.4 | 285136 | 205.1 | 266345 | 142.4 |
| 1880—1884 | 2124480 | 120.7 | 1028532 | 100.9 | 279260 | 109.1 | 395558 | 284.5 | 298561 | 159.6 |
| 1885—1889 | 2272119 | 129.1 | 809381 | 79.4 | 292708 | 114.4 | 570108 | 410.0 | 327935 | 175.3 |
| 1890—1894 | 1799471 | 102.2 | 376286 | 36.9 | 319449 | 124.8 | 639722 | 460.1 | 281149 | 116.6 |

注:其他各国包括香港地区、澳洲和俄国以外的欧陆各国。出口总计包括樊城运往俄国者在内,故总计较各国合计为大。

资料来源:姚贤镐:《外贸史资料》第 2 册,第 1204—1205 页。

试比较前述两表的茶叶出口总量和茶叶出口总值各栏,人们就不难发现,在 70 年代初叶以后的 20 年内,出口量先有上升,到 1890—1894 年平均每年仍相当于 1870—1874 年每年平均的 102.2%。但茶叶出口值却直线下降,以 1890—1894 和 1870—1874 年的每年平均数相比,竟惨落至 26.2%。出口量有所增加而出口值惨落,当然是单位销售价格下跌的结果。据海关统计,3 种主要出口茶叶的单位销售价格如下表。

### 中国 3 种茶叶单位销售价格(5 年平均)

#### 1870—1894 年 　　　　单位:每担值海关两

| 年　度 | 红　茶 | 绿　茶 | 砖　茶 |
|---|---|---|---|
| 1870—1874 | 26.06 | 37.27 | 11.11 |

| 年　度 | 红　茶 | 绿　茶 | 砖　茶 |
|---|---|---|---|
| 1875—1879 | 23.11 | 26.99 | 10.88 |
| 1880—1884 | 20.11 | 25.99 | 7.93 |
| 1885—1889 | 19.75 | 22.74 | 7.42 |
| 1890—1994 | 22.82 | 24.80 | 8.27 |

资料来源:姚贤镐:《外贸史资料》第 3 册,第 1644 页。

　　出口茶叶单位销售价格的下降的部分原因,在于中国茶叶生产的扩张速度过快,以致库存太多,不得不降价以刺激外销。这种情况在输俄砖茶上表现得很显著。砖茶是专门为俄国市场生产的。在 70 年代初叶以后的 20 年内,砖茶的单位销售价格由每担 11.11 海关两减为 8.27 海关两,即下降了 25.6%。俄国的砖茶消费本来是在逐步扩张之中的,同时也是因为砖茶单位销售价格的不断下降才把砖茶消费量由 70 年代初叶的平均每年 139053 担提高到 90 年代初叶的平均每年 639722 担,即增加了 3.6 倍。

　　上表说明,在 70 年代初叶以后的 20 年内,红茶和绿茶的销售价格分别下降了 12.4% 和 33.5%。这种下降的主要原因出于印度和锡兰红茶对中国红茶的竞争,以及日本绿茶对中国绿茶的竞争。这两种竞争开始于 70 年代初叶,其中印度和锡兰红茶对中国红茶的对英销路的排挤,到 80 年代后期有严重的影响,所以中国红茶的对英输出便猛烈下降,计 1885—1889 年平均每年销量仅相当于 70 年代初叶的 79.4%,到 1890—1894 年更下降至 36.9%。对英销路的这种猛烈下降,对中国的茶叶出口贸易具有决定性的影响。下表说明华茶对英输出在中国茶叶总输出中所占的地位,据此可以看出,在 70 年代初叶,华茶的对英输出在中国茶叶总输出中的比重高达 57.9%,到 90 年代初叶便惨落为 20.9% 了。

### 华茶出口分国统计(5 年平均)

#### 1870—1894 年

| 年　　度 | 出口总计(担) | 英国占% | 美国占% | 沙俄占% | 其他各国占% |
|---|---|---|---|---|---|
| 1870—1874 | 1760213 | 57.9 | 14.5 | 7.9 | 10.6 |
| 1875—1879 | 1996615 | 52.2 | 11.3 | 14.3 | 13.3 |
| 1880—1884 | 2124480 | 48.4 | 13.1 | 18.6 | 14.1 |
| 1885—1889 | 2272119 | 35.6 | 12.9 | 25.1 | 14.4 |
| 1890—1994 | 1799471 | 20.9 | 17.8 | 35.6 | 15.6 |

注:其他各国包括香港地区、澳洲和欧陆英俄以外各国。

　　总计内包括经樊城陆路运往俄国者在内,故总计较分国统计总和为大。

资料来源:姚贤镐:《外贸史资料》第 2 册,第 1204—1205 页。

　　中国红茶对英销量的这样惨落,使中国红茶在英国市场上的相对地位也惨落下去。下表以中印两种红茶的在英销售量为100%,比较两者的相对地位。据此可知从 70 年代开始,中国的相对地位直线下降,印度的地位直线上升。大约到 80 年代后期,印度便已凌驾于中国之上了。如果再计入锡兰红茶,中国的地位自然更低。

### 中印红茶在英国市场上的相对地位(5 年平均)

#### 以中印总销量为 100 年

| 年　　度 | 中国红茶 | 印度红茶 |
|---|---|---|
| 1865—1869 | 94.0 | 6.0 |
| 1870—1874 | 87.4 | 12.6 |
| 1875—1879 | 80.6 | 19.4 |
| 1880—1884 | 68.0 | 32.0 |

资料来源:姚贤镐:《外贸史资料》第 2 册,第 1194 页。

　　中国出口的绿茶,以美国为最大销场。下表记录中日两国绿茶的对美销售情况。据此可知,日本绿茶的销售价值直线上升,中国绿茶的销售价值直线下降。在 70 年代初叶,中国占有绝对的优势地位,至迟到 80 年代初叶,日本便已超越中国占据第一位了。

中日绿茶输出增减统计(5 年平均)
1870—1894 年

| 年　　度 | 日本绿茶输出 | | 中国绿茶输出 | |
|---|---|---|---|---|
| | 价值(元) | 指　　数 | 价值(海关两) | 指　　数 |
| 1870—1874 | 4986713 | 100.0 | 7570491 | 100.0 |
| 1875—1879 | 5589321 | 112.1 | 4335270 | 57.3 |
| 1880—1884 | 6537053 | 131.1 | 4340268 | 57.3 |
| 1885—1889 | 6663490 | 133.6 | 3734173 | 49.3 |
| 1890—1894 | 7004848 | 140.5 | 3422534 | 45.2 |

资料来源:姚贤镐:《外贸史资料》第二册,第 1201、1218 页。

　　前面说过,五口通商以后,中国仍然独占世界市场的茶叶供应。这就是说,世界市场上茶叶的销售数量和销售价格都是由中国茶叶的经营者所决定的。到了 70 年代初叶以后,印度红茶和锡兰红茶对中国红茶的在英销路展开了竞争,日本绿茶对中国绿茶的在美销路展开了竞争,从此中国红、绿茶对英、美市场的决定性垄断地位便一去不复返了。前面说过,70 年代初叶,国际电讯业的发展,从根本上改变了国际贸易的经营方式,中国垄断地位的丧失,意味着中国茶叶的产销不得不受国际茶叶市场的变幻所播弄。这是 300 多年来的空前剧变。这一空前剧变对中国经济的发展,后果十分严重。

　　研究中国茶叶的对外贸易问题,还需要注意茶叶生产的特殊性问题。一般说,生产周期越是短的生产事业,越能适应市场的变幻,调整产销;反之,越是生产周期长的,适应周期变幻的能力就越低。茶叶的生产周期特长。茶叶采自茶树,茶树从植苗到产茶旺盛期,需生长 8 年,旺产期可维持 10 年。实际上,中国茶农往往迟迟不更新老树,把采茶时间延长至 10 年以上。这样,当茶叶市价上升,茶销畅盛时,人们决定扩大茶园,栽种茶苗以后,他们就很难按照茶市的变化,增减茶叶的生产。栽茶树以后,茶农在长达 8 年的幼树生长期,根本没有多少收益可得,要到长达 10 年以后的旺产期,才能分年收回投资,取得收益。在此 18 年里,如遇市价惨跌,他们弃茶于树,固然必须忍受损失,而尽量采摘,也必须降价求售,忍受损失。

前面说过,在 40 年代至 70 年代那 30 年里,国际市场对茶叶需求的扩大,刺激了中国这个惟一供应国的茶农,扩大茶园,增加茶叶生产达 4 倍之多。到了 70 年代初叶以后,中国红绿茶在印度、锡兰和日本的剧烈竞争之下,已经扩大生产的茶农,如果不根本毁弃茶园,忍受更大的损失,便只有降价求售的惟一出路。而随着国际竞争的严重化,他们也就不免陷入难以收回采制成本的困境。

在国际市场上,印度和锡兰红茶、日本绿茶对中国红、绿茶的排挤,情况最为严重,影响最为重大的首先是英国的红茶市场。下面分析印度红茶排挤中国红茶的过程。前面已经对印度茶叶生产的现代化发展过程有所叙说,下面单就中印对比情况,进行研究。

1890 年,英国驻汉口领事的商务报告总结印度红茶对中国红茶相竞争的有利条件说,"第一,可资运用的资本较大;第二,有低利借款的便利条件;第三,没有厘金、入市税和出口税;第四,有更好和更廉价的劳动力市场;第五,具有化学和农业知识;第六,对购买者的嗜好和要求了解得更加彻底;第七,有便利的运输工具;第八,大大接近购买者的国家;第九,有无数公共工程,旱季便于灌溉,雨季避免淹没;第十,茶园面积庞大;第十一,有优良的机器"①。应当说,这种对比基本上符合实际情况。这一切说的是印度先进的资本主义产销方式对中国落后的封建半封建产销方式的优越性。这多方面的优越性集中表现为中国红茶的产销成本过高和质量混杂。

1887 年,总理衙门饬令总税务司赫德对华茶在世界市场上处于劣势地位和补救方策进行调查研究。截至 1888 年 8 月,总税务司署共收到汉口、九江、芜湖、上海、宁波、福州、厦门、广州和淡水 9 个海关税务司的调查报告。这些报告对比了印度和中国茶叶产销的先进性和落后性,得出结论说,中国如不急求改进,则华茶将在国际市场上绝迹。

大家知道,中国茶叶的生产都是封建半封建的小农经营。小农经济是谈不上科学实验、机械化加工和科学管理的。这方面,中印形成显著的对比。试以印度阿萨姆的茶树种植而论,那里的茶园,都是大面积经营,有些茶园的面积扩大至 1000 英亩以上。这种大经营,资本雄厚,有力量对茶叶生产的各道工序进行科学试验。例如品种,英国人经过对比试验,最后决定采用印度土产茶种,放弃引进中国茶种的最初尝试,连中印杂交种也不复栽培。至于中国小农,则资力薄弱,既没有力量,也没有知识进行品种的科学试验,谈不上品种的选择和改良。

茶树要在温湿的气候条件下,植株于排灌通畅,具有高肥力的酸性黏土里,才能生长茂盛。武夷山区的红色土壤,田边常有溪水流过,自然排水,其平地茶园,也位于距水面颇高的滩地上。这些方面,有利于排水,不利于灌溉,而山坡土层太浅,肥力不足,又是

---

① 《英领报告》,1890 年,汉口,第 8—11 页,转引自姚贤镐:《外贸史资料》第 2 册,第 1215 页。

严重缺点。

英国人在阿萨姆种茶,起初也仿效中国人,选择山坡地带种植。试验结果表明,这种地方并不是种茶的理想地带,于是转向大河冲积地带。阿萨姆的大河冲积带本来多是丛林荒原地区,这种地方一经开垦,其土壤具有很高的肥力。英国人又选择土层深厚的地方植茶,其厚度至少达 3 英尺,同时更施加重肥以提高其肥力。土壤的肥力,影响极大,阿萨姆的一般土壤,每英亩每年只能采茶 240 磅,较好的土壤,可得 640 磅,上好土壤,可高达 1280 磅。肥力还影响茶叶质量,一般说,凡新区所产茶叶的质量都较老区为好。

茶树生长缓慢,移栽后两三年可以开始采茶,但一般需历时 8 年才达到盛产期。复庆在茶区的观察表明,成树采叶 10 年,就需汰老更新。在此期间,阿萨姆茶园,精心修剪,适时更新,以保持其出叶整齐。而中国茶园则修剪不精,更新不常,只要老树还在发芽生叶,便一直采摘下去,凡此都影响茶叶的质量。

茶叶的采摘是一项时间性很强而又选择很精的劳动。首先,茶树发芽生叶,长到两三片嫩叶时质量最好,必须在三至五天以内采摘完毕,超过这个时间的日期越久,质量越低,最后完全不能制茶。其次,茶树的发芽吐叶,参差不齐,为了保证茶叶质量的一致性,每次采摘都不把每株可采的茶叶摘尽,而仅选摘老嫩相当的叶片,不使老叶混入嫩叶,降低茶叶质量。阿萨姆茶园,雇佣女工采茶,清晨入园,采至十一点钟为止,每人只采得 20 磅,是为同一等级的原茶,随即分等加工。为严格保证茶叶的质量,阿萨姆的茶园,每次采摘后,需经两周,才能再采,这样,每年采摘多至 16 茬。"一切采摘劳动都是在最为精心的欧洲监工的最经常、最严格的监督之下进行的。"

中国茶园的采摘方法和阿萨姆形成显明的对照。阿萨姆大茶

园是在统一领导之下按时统一采摘的,中国小农茶园则一家一户
独立行动,无所谓统一,时间参差不齐,茶质好坏不一。不仅如此,
小农植茶,都依靠家庭成员采摘,在三五天内赶摘新茶,操作粗疏,
一则不分等级,再则有伤茶树。每到采茶旺季,雇工的工价上涨。
汉口税务司曾报告说,茶价每斤不足 100 文,每 4 斤青茶才能制成
1 斤成茶,"开除采摘工资后,农民即一无所得"。因此,茶农非至
万不得已时,绝不雇工采茶,他们通常都延长采摘时日。但茶树是
在不断生长的,延迟十天采摘,产茶量可提高 10%,但茶价却因茶
质下降而降低 35%。中国茶农,每年不是采茶 16 茬,而是只采 3
茬,至多 4 茬。仅此一端,就使华茶在质量上难以和阿萨姆茶相
竞争。

　　青茶采摘后的加工制造也是必须严格控制时间和精心操作的
生产过程。中国茶农在全年的 3 次采摘中,第一次所采的分量最
大,以致小农的人手赶不上加工,把茶叶停放在那里等上几天至几
个星期的时间,以致上等的好茶变成次品,这是中国制茶工艺上致
命的弱点。阿萨姆茶园则相反,每年采茶 16 次,各次所采都能得
到及时加工,保证质量。

　　阿萨姆茶园在每天上午 11 时采得青叶后,都放在阳光下晾晒
10—20 小时。这一过程必须严密监视,以防晒得过度枯萎,只有
在最好的天气条件下才能制成最好的茶叶。但是,天气是变化无
常的,中国小农常因天气恶劣,蒙受很大的损失。阿萨姆茶园则有
条件放在室内,在人工控制温度的条件下晾干,保证茶叶质量。

　　青茶需要经过一道搓揉工序以去除水分。中国茶农有的用脚
踩压青茶,这样做,既不卫生,又用力过猛,有损茶的质量。中国茶
农也用人手搓揉,这样做,每人每次所能搓揉的分量不可能超过两
手合掌的分量,既拖延揉制时间,又耗费劳力,提高人工成本。阿
萨姆茶园采用机器揉茶,每次只揉制两三分钟,既节省了大量的揉

制成本,又能保证茶叶的质量。有消息说,1866 年,中国曾从锡兰进口一架揉茶机,由于惟恐引起揉茶"苦力"的骚动而未敢装配应用。

揉茶以后的青茶,要经过发酵和烘炒两道工序,才能最后成茶,这是两道需要仔细监视的生产过程,发酵不足,便泡不出浓度来,而高浓度的茶质则是印度和锡兰红茶取得英国人喜爱的一大特点。但烘炒不到火候,则成茶在几个月内便丧失一半浓度和香气,印度和锡兰都运用机器进行这两道工序的加工,严格控制火候和时间,既能保证茶质的一致性,又大大降低加工成本。与此形成显著对照的是,中国茶农多半都是以种茶为副业的小农户,他们生产 50 磅至 500 磅的叶子,背在背上,送到附近市场上去,一处的价格不满意,就背到第二个地方去。这样就拖延烘炒和揉制的时间,风吹日晒,以致未经烘炒的茶叶迅速凋萎,降低了质量。

外国消费者指责中国茶叶的缺点之一是茶叶掺杂,质量不一。茶叶的市场价格是根据茶叶质量的优劣确定的,差别很大。上海的报告说,同一篮子的青茶,如果精心挑选,精心加工,最上等的,每担售价可高达 70 海关两,最次者不过 7—8 海关两。而茶质的优劣,从外形上又是很难辨认的。所谓掺杂,首先是小农的采摘和初步加工方法不科学造成的,有些是茶商在收购和装箱过程中造成的。茶商下乡收茶,向茶农零星收购茶叶,把来自不同地方不同茶农的叶子混杂在一起,纯粹一种香味的茶叶很少。[①] 有时茶农也故意作弊。芜湖的报告说,茶行派到农村去的收茶人,品德恶劣,脾气很坏,威胁和虐待茶农,茶农便故意掺杂劣茶以泄愤,从当时的社会风气看来,这也是很有可能的。

---

① 《英领报告》,1875—1876 年,上海,第 27—28 页。

中国茶叶在离岸出口以前,从茶农到出口商之间,至少要经过
5 道转手,每经一道转手,都提高一次运销成本。运销成本包括捐
税、运费、加工费等许多项目。根据 1858 年 11 月中英《通商章程
善后条约海关税则》的规定,清政府对出口茶叶每担征出口关税
2.5 两,子口半税 1.25 两。各省地方政府对内地运销过程中的茶
叶,各自征收厘金等各种名目的捐税,多少不等。所有这些捐税都
采取从量征收制度,因而随着茶价的逐步下降,捐税的从价税率便
逐步提高。到 80 年代,苛重的捐税降低华茶在国际市场上的竞争
能力,已经成为人所共知的常识。闽浙总督和两江总督都曾向中
央呼吁削减捐税。但当时中央政府从茶叶出口税上每年获得 400
万—500 万两的财政收入,省一级地方政府所征得的茶叶捐税也
与此相当,无论中央或地方政府,都难以割舍如此大量的财政收
入。他们呼吁的结果仅把湖北产地所征的"山厘",从每担 800 文
减为 760 文。这样的减厘,当然无补于从根本上提高华茶在国际
市场上的竞争能力。

1875—1876 年,上海的英国领事报告说,绿茶的内地捐税至
少比出口关税高出将近 1 倍。一担茶叶从婺源运到九江,全程
150 英里,除地亩税外,还要交纳消费税、救贫税和转口税,总计银
4 两。一担茶叶从绩溪运到宁波,须纳税 3.5 两。绩溪茶叶本来
可以通过大运河送往上海出口,但商人为了逃避杭州每担 0.5 两
的海塘捐,改道宁波,由小汽船运往上海。[①] 1888 年厦门的海关报
告说,出口关税每担 2.5 两,按当地茶叶的市价计算,折合从价
34%。同年英国驻汉口领事的报告说,集中汉口外销的茶叶,在内
地每担纳捐税 4.1 两至 5.4 两,平均相当于从价的 35.5%。印度

---

① 《英领报告》,1875—1876 年,上海,第 28—29 页。

政府对出口茶叶不征任何关税,日本政府的茶叶出口税也不过每担1元。可见即使中国茶叶在其他方面都和印、日茶叶花费同样的成本,这种高达34%—35.5%的捐税,就使中国茶叶无力和日、印茶叶相竞争。

中国茶叶的产销全过程,从茶树的种植、茶叶的采摘加工、茶商的贩运转手到捐税负担,这一系列封建半封建的开支都抬高了中国茶叶的外销成本。1887年汉口英国领事的商务报告说,中国次等的工夫茶在上海的离岸价格,已经高出印度和锡兰上等工夫茶在加尔各答和科伦坡的离岸价格。[①] 1889年福州的海关报告说,一担工夫茶的包装、运费和捐税支出,几乎相当于它在伦敦的全部销售价格。[②] 在这种情况下,洋行从中国向伦敦贩销中国工夫茶,除非压低收购价格,否则无从获取利润。

问题的严重性还在于,中国茶叶在国际市场上既然丧失了垄断地位,国际市场上茶叶的销售价格和销售数量的决定大权,也就从中国茶叶经营者的手里转移到了外国消费市场的茶叶经营者手里。外国的茶叶经营者随时都利用国际电讯向中国的出口洋商通报市场信息,以便他们操纵中国茶叶的出口市场。而洋商在这方面拥有多种优越条件:第一,他们熟悉外国消费者的嗜好和风尚,能随时得知国际市场的动态,而华商对此一无所知,完全蒙在鼓里。第二,洋商拥有雄厚的资本,强大的势力,掌握了茶叶出口的商品运输和资金周转渠道的领导地位,而华商则资力薄弱,俯仰由人。第三,各国在华外商经常互通信息,采取一致行动,而华商则分散孤立,竞争内讧。第四,外商挟征服者、胜利者的政治声势行事,以享有治外法权的领事为靠山,不讲商业道德,不遵守商业合

---

① 《英领报告》,1887年,汉口,第8页。
② 《贸易报告》,1889年,福州,第87页。

同,总立于不败之地,而华商不过是任人宰割的俎上鱼肉而已。凡此都说明,在国际市场上,中国茶叶不得不走向下坡路。

### (二)日本生丝对中国生丝的竞争

生丝一向是中国出口贸易中的主要商品之一。在第一次鸦片战争前夕的 19 世纪 30 年代末叶,广东对外出口的各种商品总值为 13839750 元,其中以茶叶为最大宗,计 35 万担,值 945 万元,占总值的 68.3%。仅次于茶叶的第二大宗便是生丝,计"南京丝"3000 担,值 105 万元,广东丝 2000 担,值 40 万元,各种粗丝、废丝、丝线等 875 担,值 95 万元,总计丝类共值 240 万元,占总值的 17.3%。

广东和江浙是中国出口生丝的两大产区。所谓"南京丝"就是江浙产品,浙江南浔的辑里(七里)丝尤为著名。在五口通商时期,西方来华商人所急于搜求的第二大宗,仍然是生丝。在西方市场的刺激之下,广东和江浙两大产区的生丝生产,都有了迅速的扩张。到 1851 年,上海和广州两口的出口生丝就增至 642.7 万元,占两口各种出口总值的 48.7%。[①] 不过,1853 年后,江浙产区却有过一段曲折。

五口通商开始后,经过不到 10 年的发展,中国生丝的出口量已达到 16000 多包至 27000 多包,计 1845—1852 年 8 年内,平均每年出口 21137 包。1853 年,太平军占领南京,当年的出口生丝突然上升到 61984 包,其后 10 年内,一直保持上升势头,计 1853—1857 年 5 年平均每年出口 59782 包,1858—1863 年 5 年平均每年出口 79123 包,到 1863—1864 年 2 年,才突然下降为 46863 包和

---

① 《海关十年报告》,1922—1931 年,第 1 卷,第 28、33 页。

41128 包。①

江浙产区的生丝生产,一向内销重于外销。内销的最大去路是专为清政府织造绸缎的南京、苏州和杭州的 3 个官营织造局,其次便是为达官贵人、富商大贾织造的私营织户。在太平军进入长江下游以前,南京城内有丝织机 35000 台,附近郊区有丝织机 15000 台;苏州有丝织机 12000 台;杭州机户"以万计"。太平军占领这 3 个城市后,丝织工人大多畏惧逃避,织机停业。直到 1880年,据镇江和上海税务司的调查,南京还只恢复到织机 4000 台,苏州 5500 台,杭州仅 3600 台。② 但城市织机停业,农村蚕农照旧育蚕制丝,于是大量生丝便由内销转为外销。"太平天国革命并没有阻碍生丝的出口,却反而促进了它。因为南京及其他城市丝织业的破坏,人民的普遍穷困,使国内的生丝需求大为削减,乡村不得不向国外市场寻求出路。"③到了 1863—1864 两年,清军在镇压太平军的反革命战争中,所到之处,无不进行毁灭性的大破坏,造成了生丝出口的惨跌。

1864 年太平天国失败后,江浙产区的生丝生产逐步恢复。例如浙江产丝最盛的湖州,到 1864 年后约 10 年,"流亡在外者,逐渐来归,务力蚕桑。外商需求既殷,收买者踊跃赴将,于是辑里丝价鹊起,蚕桑之业,乃因之而愈盛"。"丝业出口贸易正盛之时,即湖州蚕桑农村极端繁荣之时。一般农民衣食饱暖,悠闲安适,有史以来,以此时为最盛。"④

就在这"外商需求既殷"的 70 年代前期,国际生丝的产销情

---

① 彭泽益:《中国近代手工业史资料》第 1 卷,第 545—546 页。
② 海关总署编:《丝》,第 63、72、81 页。
③ 班思德:《中国对外贸易史,1834—1881》第 1 卷,第 25 页。
④ 中国农业经济研究所:《吴兴农村经济》,第 122 页。

况,开始发生了巨大的变化。本来,1869 年苏伊士运河通航,欧洲
最大生丝消费国的法国,生丝自给率不足二十分之一,这正是中国
生丝拥向欧洲市场的大好时机,而 1877 年太平轮船公司对华航线
的开辟,1879 年美国横贯大陆铁路线的通车,又正是中国生丝扩
张对美销路的大好时机。但是此后 20 年内,中国生丝的对欧美销
路,并未大幅度上升。

中国生丝出口发展的停滞是受到日本生丝竞争的结果。前面
已经对 70 年代初叶以后,日本明治政府多方面发展生丝生产的经
过,做了简单的叙说。反观中国,要说清政府官方完全不顾这行产
业的发展,是不公平的。

中国士大夫具有提倡耕织的历史传统。农民大起义期间,清
政府为镇压起义农民所采取的许多措施,造成全国经济的大衰退,
特别是长江中下游地区的反革命战争,破坏尤烈。农民大起义失
败后,清政府面临着恢复生产、安辑流亡的紧迫问题,于是招民垦
殖,推广纺织,成为许多大小官员的一项所谓"善政",育蚕制丝也
是颇受重视的"善政"之一。无论地方是否受到战争的破坏,也无
论自然条件是否适于种桑养蚕,都有人加以提倡。下面略举数例。

同治初(1862 年)"当道以厘余",在福州设桑棉局,"延蚕师
司道缙绅司其事。越数年,桑叶之柔而大者渐粗而小矣。叶粗则
丝僵"。至光绪三四年(1877、1878 年)"蚕事遂废"[1]。1864 年天
国失败后,江苏丹阳"闲田既多,大吏采湖桑教民栽种,不十年,桑
荫遍野,丝亦渐纯,获利以十数万计"[2]。1886 年,闽浙总督左宗
棠又在福州设桑棉局,推广植棉种桑,也因自然条件失宜,未取得

---

① 郭柏苍:《闽丝异》第 1 卷,第 9—10 页。

② 徐锡麟等纂:光绪《丹阳县志》第 29 卷,第 7 页。

成果。① 江苏的昆山和新阳两县"本无蚕桑",1867 年,昆山知县王定安、新阳知县廖纶倡始"捐俸购隙地栽桑,延娴其事者教以树桑养蚕调丝之法"②。1871 年,浙江省地方当局免费向农民分发湖州桑苗,鼓励植桑养蚕。③ 1874 年,武昌署知县宗景藩"捐廉俸于浙江买鲁桑万株,分给各乡,叶圆厚而多津,民间呼为宗公桑"④。广西容县,"地宜蚕丝,伊古已然。同治年间(1862—1874 年),前容县知县陈师舜劝办有效,现(1889 年)每岁可出丝 25000 斤"。⑤ 河南本来只有"土桑野蛹,远逊湖桑家蚕"。1880 年,河南巡抚涂宗瀛"通饬所属劝办蚕桑,设立蚕桑总局,派员至湖州买湖桑 25 万株,蚕种 360 余张,雇觅工匠 24 名,并各种器具多副,又购买本土桑 3 万株,一并饬发各属散给民间,认真劝办"⑥。1882 年,左宗棠"从藩太守纪恩之情,捐廉市嘉兴桑种 10 万株运解(安徽)婺源种植"⑦。1888 年,广西巡抚马丕瑶认为,"桂林宜蚕,开办蚕桑",到 1889 年春,"请领桑本者日多"。同年秋,马丕瑶又于桂林、梧州两地设机坊,"每坊觅雇广东机匠 3 名,教民学织。本地转相效法,日久能自织纴,绸匹通行,则利愈溥,而民有赖,可化游惰,而清盗源"⑧。到了 1890 年,"桂梧两局约各得丝两万余斤,容、藤两县共得丝五万余斤,其余各属出丝,或一万或千数百斤不

① 海关总署编:《丝》,第 134 页。

② 汪堃等纂:光绪《昆新两县续修合志》第 1 卷,第 23 页。

③ 海关总署编:《丝》,第 59 页。

④ 柯逢时:光绪《武昌县志》第 3 卷,第 20—21 页。

⑤ 马丕瑶:《马中丞遗集》,奏稿,第 1 卷,第 18—19 页。

⑥ 涂宗瀛:《试办蚕桑渐著成效疏》,葛士濬:《皇朝经世文续编》第 35 卷,第 10—11 页。

⑦ 汪正元纂:光绪《婺源县志》第 3 卷,第 5 页。

⑧ 马丕瑶:《马中丞遗集》,奏稿,第 1 卷,第 18—19 页。

等。查(广)东贩来梧属设栈收买者不下八九家,官局虽有织成绸匹,购丝者多,购绸者少"①。1891 年,除"桂、梧、柳、庆四府,前已开机坊外,其全州、义宁、贺县、容县、藤县,浔州府平南、贵县、罗城,思恩府宾州、安定土司,镇安府,郁林府博白、北流、兴业、宣化、平乐、融县、龙州厅等府州县,先后陆续报开机坊,以便民间就近销售"②。约计 1891 年,广西通省各府州县共出丝 206180 斤,另织成绸、绉、纱、绫 2690 余匹。③ 另外,台湾巡抚刘铭传也于 1889 年派员至江苏、浙江、安徽各省"搜集蚕桑之种,及其栽饲之法,编印成书,颁与人民,大为奖励"。"于是淡水富绅林维源树桑于大稻埕,以筹蚕桑之业,一时颇盛,迨铭传去,而事亦止矣。"④大约也就在 80 年代,云贵总督也从江西输入蚕种,鼓励贵阳植桑育蚕,"但实验结果,证明是失败了"⑤。

　　除上面所举事例外,官僚士大夫之提倡植桑育蚕者可能还有不少,不过,就是根据这少数事例,也可以看出问题:第一,有些官僚提倡种桑养蚕只是捐出"廉俸"施行的所谓"善政",并非奉行中央政府所下达的统一政令,影响范围很小。第二,有些官僚的这种"善政"是取得一定成效的,那只是碰上比较适宜的自然条件和社会条件的结果,并不是推广先进科学技术的结果。第三,有些官僚对中国这行古老生产技术的起码常识都毫无所知,例如在自然条件绝对不适种桑养蚕的福州和贵阳也妄图推广蚕桑,终不得不以失败告终。这和日本明治政府推广西方先进技术,设立东京蚕瘟

---

① 马丕瑶:《马中丞遗集》,奏稿,第 2 卷,第 27—28 页。
② 马丕瑶:《马中丞遗集》,奏稿,第 3 卷,第 18—19 页。
③ 连横:《台湾通史》第 26 卷,工艺志,第 436 页。
④ 连横:《台湾通史》第 26 卷,工艺志,第 436 页。
⑤ 《耐维耶报告》,第 15—24 页。

研究实验所,颁布蚕种检验条例,形成明显的对照。第四,所有官僚提倡种桑育蚕,都同时提倡织造绸缎,不是为的外销生丝,即使生丝出口大盛的年代,他们的眼睛也是向内而不向外的。第五,有些官僚育蚕织绸是奏报北京中央政府得到支持的,为的是这项生产事业"可化游惰,而清盗源"。这就是说,从中央到地方,都是从巩固耕织结合的农本主义思想出发去发展蚕桑事业的,这也和明治政府发展资本主义蚕桑事业形成明显的对照。

耕织结合的小农经济和上下一致的农本主义思想是阻碍变革的顽固堡垒。前面说过,70 年代以后,日本缫丝业的资本主义化进程是在日本已经出现缫丝业资本主义萌芽的基础上接力前进的。而中国蚕茧生产的商品化水平则很低,缫丝业还是和养蚕业紧密联系而成的蚕农家庭副业。1880 年,镇江海关税务司的调查报告说,养蚕作茧,要付出 30 多天的紧张劳动,每斤蚕茧只能缫出 1.3 两的生丝,得钱 260 文。如果蚕农自行缫丝,可以得到相当的收益。如果雇工缫丝,需支付工资 26 文,即丝价的 10%。这样,养蚕的"大部分利润便被缫丝工得去了"[1]。因此,蚕农总是紧紧地抓住缫丝不放。以后即将看到,1862 年英商怡和洋行在上海所开设的缫丝工厂,装备现代缫丝车 100 部,就是由于蚕农和手工缫丝业者的抵制,原料得不到保证,拖延到 1866 年终于被迫停闭。1866 年,另一家只有缫车 10 部的小丝厂,也只开工几个月便停闭了。此后,直到 1909 年,上海也只有现代化缫车 11000 部,其所缫生丝不过占上海地区生丝总产量的 35%。所以有人说,从五口通商到民国成立,所谓辑里丝都是用土办法生产出来的。[2]

---

[1] 海关总署编:《丝》,第 58 页。

[2] 刘大钧:《中国蚕丝工业》(D. K. Liu, The Silk of China),第 89、12 页。

　　前面说过，"日圆和宝剑"相结合的日本明治政府，为全面推行向西方学习科技知识的立国大计，创造了中央集权的政治前提，而以镇压起义农民起家的清政府军阀官僚，则霸占了省以下的政治、经济、军事大权，俨然成为独立王国。明治政府废除了束缚人身自由的封建身份制度，实现了"市民自由"；废除了束缚商品产销的封建行会制度，撤除幕府诸藩所设置的关卡，统一币制，为国内统一市场的形成，创造了政治经济前提。从濒临灭亡的危机中侥幸稳住宝座的清王朝，则采取各种手段强化封建统治，全面推行厘金制度，以致堵塞商品流通渠道。明治政府早在 1872 年就已出资兴办富冈制丝厂，作为引进西方缫丝技术的示范企业；到 1893 年，这个工厂完成它的历史使命后，明治政府又以几乎是无偿的代价转让给三井公司去进行私营。就在这以后的第二年（1895 年），湖广总督张之洞所办的武汉缫丝厂，则因经费困难，只有小部分开工生产。

　　洋务派大官僚在他们各自的势力范围内引进西方先进技术，企图在"中学为体"的基础上"求富"。在缫丝工业方面，曾经微有成效的仅张之洞一人。而所谓"中学为体"之体，本质上则是在农本主义思想基础上，所形成的整套封建秩序，这种统治秩序和资本主义的发展是难以相容的。以后即将看到，正当日本明治政府开始向西方学习先进的缫丝技术、推进缫丝业的资本主义现代化进程的 70 年代初叶，中国广东民间也自发地引进西方缫丝技术，开始出现了资本主义现代化缫丝业。但是这种发展却受到了封建势力的摧残。进入 80 年代以后，上海中国商人也自发地开办现代化缫丝工厂，而外商丝厂的势力则又远在华商之上。总的说来，中国现代化缫丝工业的发展，虽和日本同时起步，其前进速度却远远落后于日本。所以到了 1895 年，中国生丝出口总额的 94678 担中，由土法手工生产者还达 70223 担，即 74.2%，由新法机器生产者仅 24455 担,即 25.8%。而 1894 年日本机缫丝却占出口总额的 57%。

在五口通商时期,作为桑蚕祖国的中华大地,特别是江浙产区,具有千年以上生产经验的蚕农,本来能够生产出世界上最好的蚕丝。80 年代,外国人的公正评价说:"世界上没有任何地方能制出比江苏及其邻省浙江更好的生丝。然而现在购买华丝的人,并不是因为它质量好,而不过是买来补充别地丝产的不足。美国市场购买很少的华丝,而且只是用来做丝线;另一方面,日本(原来)的生丝,本质上既不优于华丝,也不能与华丝媲美,然而自从国际贸易开展以来,其出口已增加了 10 倍。这完全是因为日本迅速采用一切西方关于改良育蚕的知识,以及西方工艺为制造精美产品而设的一切发明。在这些措施方面,日本政府曾予以倡导。"[1]外国人的另一观察也说,生丝的质量要求洁净、均匀、有胶性,法国、意大利和日本大量供应这种生丝,"因而中国丝的价格便告低落……中国蚕茧可以缫成最结实的丝,质量也最高"。但是,"中国人不会改善丝的缫制",所以质量下降。"许多对于蚕丝业非常熟悉的人认为,除非大规模建立丝厂,中国丝的前途很少希望。"[2]

提高生丝质量,有赖于对蚕、桑品种和缫制方法不断地进行科学试验和技术革新。中国蚕农既没有这方面的科学知识,也没有这种资金力量。以后即将对先进缫丝机器和手工缫丝车的生产工效,进行对比,这里只对这两种方法在生丝的色泽光洁和粗细均匀两方面略加比较。

1849 年,有一个外国传教士伪装中国人窜到江浙产丝区,特别是湖州去对蚕农植桑、养蚕和缫丝的全过程进行仔细观察,又把

---

① 《海关十年报告》,1882—1891 年,第 324 页。
② 见海关总署编:《丝》,第 124—133 页。

浙江省当局所颁普及蚕桑知识的"第一流权威性著作"译成英文,
登载在上海出版的《中国杂记》(Chinese Miscellany)上。① 1880
年,总税务司赫德曾应法国里昂商会的要求,通饬全国各关税务司
对各自地区植桑、养蚕、缫丝和丝织业的生产情况,进行调查研究。
从 1849 年和 1880 年这两份材料上,看不出中国蚕农在植桑、养蚕
和缫丝的整个生产技术上有什么进步。

保持生丝光洁的关键在于煮茧用水。蚕农自养蚕、自缫丝,可
能需要煮茧两次。首先是蚕儿做成蚕茧后,在 8—12 天内便要羽
化出蛾,如果蚕农家庭人手不足以在这个时期以内煮茧缫丝,就必
须煮茧杀蛹;其次便是煮茧缫丝。这两次煮茧都不能使用井水,最
好使用溪水,至少应用流动河水。为了净化用水,不能使用明矾,
而要用一种叫做"清水螺"的水生小动物去污。西式先进的缫丝
方法是用蒸汽煮茧的。用"清水螺"去污,无论如何都不如使用蒸
汽更能保持用水洁净,必然影响生丝的光洁度。

煮茧缫丝的温度必须保持稳定。为此,锅的四周需要涂上泥
土,从锅口厚 4 指向锅底逐渐变薄。当水加热到适当温度时,就要
随时观察蚕茧的浮沉情况,如蚕茧上浮,就需要降温,如蚕茧下沉,
就要加热。当蚕茧因抽去丝缕变成厚薄如纸,可以看到茧内蚕蛹
时,就要取出换茧,以免蚕蛹破损,污染水质。为保持水温的稳定
和水质的洁净,需要随时倒进新水,每次可替换水量的三分之一。
水温不当,必然影响生丝质量。显然,如此加热降温和替换新水,
远不如用蒸汽煮茧之能保持生丝的光洁度。

各地每缕生丝的用茧量,颇有差异。海宁细丝由 6—7 个蚕茧
缫成,质量最好。嘉兴生丝由 11—12 个蚕茧缫成,溧阳用茧 15—

————————

① 见海关总署编:《丝》,第 124—133 页。

16 个,扬州用茧 18—19 个,宜兴用茧达 20 个,甚至更多,是为最粗。无论哪种蚕茧,最初引出的一段都嫌过粗,应去除不用;同时,煮茧抽丝必须密切注意断头和接头,以保持生丝粗细均匀。丝缕抽出后,需烘干才能缫为成丝;烘干需用木炭,以防烟熏。总之,缫丝是一系列必须精心操作的工艺过程。操作不当,即使是上等白茧,也不洁不匀,只能用做丝线,不能织绸。如生丝粗细不匀而再缫,则要损失 10%—15% 的重量。①

尤其值得注意的是,随着蚕桑的增产,手工缫丝的质量便出现了下降的趋势。早在 1873 年,上海的英国领事便已观察到,江浙产区的蚕农在家内用手工缫丝,为了保持生丝的光泽,必须在蚕蛹尚未羽化的短短几天以内,把蚕茧缫制完毕。但成茧既多,自行缫制,劳力不足,因而对缫制加工,也就匆促草率,结果使生丝光泽不佳,粗细不匀。② 海关报告回顾 80 年代上海的生丝出口情况说,从各方面都听到外国商人对中国缫丝方法的指责,说是现在的生丝质量大不如前,老字号的声誉都被他们的后继人丢弃了。③ 这指的就是蚕农扩大生产,而又人力不足,以致自行缫丝进行得过分匆促草率所造成的质量下降。

另一方面,苏伊士运河的通航和中西电讯的通联,使中国丧失了驾驭国际生丝市场的条件,而洋商则根据欧洲丝织业的景况变动和地中海沿岸几个生丝生产国的产丝情况来决定从中国采购生丝的数量和价格。④

在这种情况下,洋商自然有条件尽量压低中国手缫丝的市价。

① 海关总署编:《丝》,第 53、57—58、79、130—131 页。
② 《海关十年报告》,1922—1931 年,第 1 卷,第 128 页。
③ 《海关十年报告》,1922—1931 年,第 1 卷,第 126 页。
④ 《海关十年报告》,1922—1931 年,第 1 卷,第 126 页。

早在 1872 年,上海的英国领事就已报告说,每磅手工缫丝的市价
要低于机缫丝 10 先令。① 上海英国领事在 1877—1878 年的报告
里又说,中国经营生丝的商人,每担损失白银 50 两。② 上海的一
家英文报纸报道说,1887 年 5 月的横滨报单中有这样一段话:"从
各方面都可以看到(日本)政府鼓励蚕桑的事例,每年都有大片土
地改植桑树,每个小镇都可以看到政府鼓励的文告,指示大力养蚕
和精心缫丝",结果是,目前日本的出口生丝中,有三分之二都是
厂丝和经丝,前者每担售价比土丝高 170 圆,后者高 70 圆。③ 同
时有报道说,上海几家外国人开设的缫丝厂,用无锡蚕茧所缫成的
生丝,每担市价比土丝高出银 200 两。④ 1892 年,上海的英国领事
又报告说,上海 3 家缫丝厂所出产的生丝,平均售价高于土丝
20%—50%。⑤ 1894 年,上海英国领事又报告说,上海缫丝厂所用
的蚕茧"是从内地买的,运到上海,在有技术的外国人的监督之下
缫丝。产品在世界生产的蚕丝中,是最好最贵的"。这些厂丝的
售价比土丝高出 25%—50%。⑥

　　也就在 90 年代前期,中国也有人注意到这个问题。陈炽说:
"中国出口之(土)丝,仅值 300 余金,上海西人所设缫丝各厂,购
中国蚕茧以机器缫之,每包值 700 余金,高下悬殊,理不可解。后
知中国手缫之丝,不匀不净,不合西人织机之用,伊购归里昂各埠,
必以机器再缫,则以 300 余金购之华人,仍以 700 余金售之西人,

---

① 《海关十年报告》,1922—1931 年,第 1 卷,第 128 页。
② 《英领报告》,1877—1878 年,上海,第 5—6 页。
③ 《海关十年报告》,1922—1931 年,第 1 卷,第 128 页。
④ 《捷报》1888 年 5 月 26 日,第 589—590 页。
⑤ 《英领报告》,1892 年,上海,第 18 页。
⑥ 《英领报告》,1894 年,上海,第 17 页。

此400余金约为再缫之本"①。张之洞就是看到机缫丝和手缫丝售价的巨大差异,认为有利可图,才决定购进外国机器,在武昌创办缫丝局的。1894年,他在奏章里说,"近十年来,上海、广东等处商人,多有仿照西法用机器缫丝者,较之人工所缫,其价顿增三倍,专销外洋,行销颇旺"②。

上面所说机缫丝和手缫丝的差价,多少不等。值得注意的是,广东地区,自从1873年陈启源开设继昌隆缫丝厂以后,引进外国缫丝机和陈启源所改制的缫丝机有了相当广泛的发展。1889年,广东且成立一个类似欧洲商品检验局的机构,对出口生丝发给检验合格证,因而取得外商对新法缫丝产品的更大信任。③ 这种所谓"厂丝"也取得远较手工缫丝为高的市价。

广州出口厂丝和手缫丝的市价每担银元数

1883—1892 年

| 年　度 | 厂　丝 | 手缫丝 | 手缫丝相当厂丝% |
|---|---|---|---|
| 1883—1884 | 577 | 383 | 66.4 |
| 1884—1885 | 535 | 370 | 69.2 |
| 1885—1886 | 576 | 408 | 70.8 |
| 1886—1887 | 673 | 415 | 61.7 |
| 1887—1888 | 578 | 402 | 69.6 |
| 1888—1889 | 585 | 435 | 74.4 |
| 1889—1890 | 635 | 429 | 67.6 |
| 1890—1891 | 563 | 422 | 75.0 |

① 陈炽:《续富国策》第1卷,《种桑育蚕说》,按此书成于1896年前。

② 张之洞:《全集》,奏议,第35卷,《开设缫丝局片》。

③ 《海关十年报告》,1882—1891年,第129页。

续表

| 年　度 | 厂　丝 | 手缫丝 | 手缫丝相当厂丝% |
|---|---|---|---|
| 1891—1892 | 535 | 408 | 76.3 |

注:生丝出口季节,从前一年的 6 月到后一年的 2 月。

资料来源:《海关十年报告》,1882—1891 年,第 560 页。

　　上表说明,广东手缫丝的出口市价无不低于"厂丝",最高仅相当于"厂丝"的 76.3%,最低不过 61.7%,9 年平均为 70.1%,"厂丝"的优越性非常显著。

　　中国的出口生丝,以江浙产区为最大宗。总的说来,广东区的"厂丝"不足以扭转中国手缫丝在国际市场上的不利地位。从下列两表可以看出,在 70 年代初叶至 80 年代后期,中国的生丝出口总量,平均每年都在 6 万担以上,但增减很不稳定,以英镑计的出口价值则直线下降,到 90 年代前期,出口值已下降了 38.5%,平均每担英镑值更下降了 51.7%。至于日本的生丝出口量则直线上升,计 90 年代前期较 70 年代前期增加了 3.3 倍,其出口价值增加了 2 倍以上,其每担平均英镑值只下降了 26.7%。日本生丝生产的现代化进程走在中国的前面,从而在国际市场构成对中国生丝的严重威胁。

**中国生丝出口的量值(年平均数)**

1872—1894 年

| 年　度 | 担 | % | 千镑 | % | 每担值镑 | % |
|---|---|---|---|---|---|---|
| 1872—1874 | 61848 | 100.0 | 8332 | 100.0 | 134.7 | 100.0 |
| 1875—1879 | 69137 | 111.8 | 6482 | 77.8 | 93.8 | 69.6 |
| 1880—1884 | 63857 | 103.2 | 5203 | 62.4 | 81.5 | 60.5 |
| 1885—1889 | 63978 | 103.4 | 4489 | 53.9 | 70.2 | 52.1 |

续表

| 年 度 | 担 | % | 千镑 | % | 每担值镑 | % |
|---|---|---|---|---|---|---|
| 1890—1894 | 78752 | 127.3 | 5127 | 61.5 | 65.1 | 48.3 |

资料来源:海关总署编:《丝》,1917 年,第 203 页。

**日本生丝出口的量值(年平均数)**

1872—1894 年

| 年 度 | 担 | % | 千镑 | % | 每担值镑 | % |
|---|---|---|---|---|---|---|
| 1872—1874 | 10255 | 100.0 | 1291 | 100.0 | 125.9 | 100.0 |
| 1875—1879 | 15712 | 153.2 | 1799 | 139.3 | 113.3 | 90.0 |
| 1880—1884 | 22732 | 221.7 | 2398 | 185.7 | 105.5 | 83.8 |
| 1885—1889 | 33996 | 331.5 | 3310 | 256.4 | 97.4 | 77.4 |
| 1890—1894 | 44076 | 429.8 | 4075 | 315.6 | 92.3 | 73.3 |

资料来源:海关总署编:《丝》,1917 年,第 203 页。

下表说明,从 70 年代前期到 90 年代前期这 20 年内,中国出口的生丝在世界生丝总产销量中仍占有最大的份额。就在江浙产区还处在战后恢复期的 70 年代前期,中国生丝所占的份额还高达 41.3%,但到了八九十年代,这个比重便下降到 35% 强。在此同时,日本生丝所占的份额却从 7.2% 上升至 19.7%。可见威胁中国生丝出口的一股颇大的势力就是日本的生丝。

**世界丝产量统计(5 年平均)**

1871—1895 年

| | | 1871—1875 | 1881—1885 | 1891—1895 |
|---|---|---|---|---|
| 世界总计 | 千公斤 | 9546 | 9438 | 15295 |
| 中 国 | 千公斤 | 3941 | 3342 | 5403 |
| | 占总计% | 41.3 | 35.4 | 35.3 |

续表

|  |  | 1871—1875 | 1881—1885 | 1891—1895 |
|---|---|---|---|---|
| 意 大 利 | 千公斤 | 2880 | 2760 | 4428 |
|  | 占总计% | 30.2 | 29.2 | 29.0 |
| 日　　本 | 千公斤 | 691 | 1360 | 3006 |
|  | 占总计% | 7.2 | 14.4 | 19.7 |
| 其他各国 | 千公斤 | 2034 | 1976 | 2458 |
|  | 占总计% | 21.3 | 20.9 | 16.1 |

注:其他各国包括法国、西班牙、奥匈、近东各国、印度;中国和印度为出口统计,日
本为估计数。

资料来源:松井七郎:《美国蚕丝工业史》(Shichiro Matsui, The History of the Silk
Industry in the United States),第 57—58 页。

中国育蚕缫丝技术的落后,给中国经济带来了严重后果。根据
1872 年上海英国领事的估计,手缫丝每磅的售价低于机缫丝 10 先
令,按中国平均出口总值计算,即达 275 万镑,折合白银 800 万两。
这就意味着,如果普遍改用先进的技术进行生产,则中国生丝的出
口总值可以提高三分之一。[1] 这种巨额损失对中国进出口贸易所造
成的后果是,生丝的出口总量并未降低,而出口总值却大幅度减少。
下表记录生丝出口值及其在进出口总值中所占比重的变化情况。

### 中国生丝出口值占进出口总值的百分比(年平均数)
#### 1870—1894 年

| 年　度 | 出口总值<br>千海关两 | 进口总值<br>千海关两 | 生丝出口值<br>千海关两 | 出口生丝占<br>出口总值% | 出口生丝占<br>进口总值% |
|---|---|---|---|---|---|
| 1870—1874 | 66720.0 | 68868.6 | 25723 | 38.6 | 37.4 |

----

① 《海关十年报告》,1922—1931 年,第 1 卷,第 128 页。

续表

| 年　度 | 出口总值<br>千海关两 | 进口总值<br>千海关两 | 生丝出口值<br>千海关两 | 出口生丝占<br>出口总值% | 出口生丝占<br>进口总值% |
|---|---|---|---|---|---|
| 1875—1879 | 71332.4 | 75273.2 | 21864 | 30.7 | 29.0 |
| 1880—1884 | 70804.0 | 80862.2 | 18403 | 26.0 | 22.8 |
| 1885—1889 | 83484.4 | 104660.2 | 18390 | 22.0 | 17.6 |
| 1890—1894 | 107082.6 | 144233.0 | 24121 | 22.5 | 16.7 |

注:生丝出口值 1870—1874 年间为 1872—1874 年 3 年平均数,原数见海关总署编:《丝》,第 203 页。

据表可知,生丝出口总值从 70 年代前期的平均每年 25723 千海关两下降为 80 年代后期的 18390 千海关两,其在中国各种商品出口总值中的比重,由 70 年代前期的 38.6% 下降为 80 年代后期的 22%。出口生丝所换得的外汇,是中国借以平衡贸易的第二大项,这种平衡能力,从 70 年代的 37.4% 下降为 90 年代前期的 16.7%。

### 三、世界银价长期跌落下的中国<br>对外贸易平衡和金银进出口

世界银价的长期下跌,是从 19 世纪 70 年代开始的。在此以前的 40 年中,白银的金价变化甚微,伦敦市场上每盎司银条的价格总是在 60 便士上下波动。① 这是因为白银的供给和需求大致以同样的比例增长,金银比价基本上保持稳定。自 70 年代开始,白银的供求关系发生了巨大变化,在银产量迅速增长的情况下,西

---

① 平涅克:《白银与中国》(A. W. Pinnick, Silver and China),第 22—23页。

方国家相继采行金本位制,致使白银需求骤减,白银市场受到一系列严重冲击。1871 年,伦敦市场上每盎司标准银条平均值 60.5 便士,到 1894 年平均仅值 $28\frac{15}{16}$ 便士,下降了 52%。白银是中国货币体系的基础,但中国不能控制世界市场上的银价变化,而世界银价的变动则直接影响中国白银的对外汇价。从中国的海关报告中可以看到,海关两的对外汇率随世界银价同步下跌,1871 年 1 海关两平均合 78 便士,至 1894 年即下降为 $38\frac{3}{8}$ 便士,下降了 51%。

世界银价及中国银汇率的下跌,无疑对中国的贸易平衡和收支平衡具有重大的影响。这种影响与中国国内的银钱比价及国外物价的变化交织在一起,使中国的对外贸易和金银进出口呈现出复杂的局面。

### (一)银价下跌与中国贸易由顺差向逆差的转化

一般说来,世界银价及中国银汇率的下跌,有利于以银计价的中国土货出口而不利于以金计价的洋货进口。但中国对外贸易的实际却由顺差转为逆差。这一逆转开始于何时,因不同的计值方法而有不同说法。

中国海关对进出口货物的计值,在 1904 年以前以中国口岸市价为根据,亦即在进口货值中,不仅包括所征进口关税,而且还包括起岸以后的各项杂费如起运费、货栈费、佣金等。出口货值则不包括出口税和离岸以前的杂费。从对外收支的意义上说,这种计值方法显然夸大了进口货值而缩小了出口货值。1889 年,海关当局已注意到这一点,在每年贸易报告中都附上了一个进口按起岸价格、出口按离岸价格计值的修正数字,但计算杂费则又草率从事,未必反映实际的情况,因此有必要对之加以修正。此外还有一些需要修正或补充的项目,如在海关统计中不列鸦片的走私进口值,需要进行估计。个别几年内对朝鲜的进出口贸易海关统计也未计入中国对外贸易总值中,后来在海关的修正中虽已列入,但未考虑其杂费问题。还有一些项目如边境陆路贸易、沿海帆船贸易等也影响进出口货值。但这部分资料不足,且与总的贸易值影响不大,故未予以估计修正。根据可能修正的方法,我们重新估计了1870—1894年的进出口货值。① 现将修正后的贸易平衡状况与海关原统计加以比较,列表于下。

由下表可以看出,无论进口还是出口,在80年代中期以前增长极为缓慢,80年代中期以后才有较快增长。拿1870—1874年与1890—1894年两个5年的年平均数相比,进口值由7084.5万关两增加到12540万关两,增长了近80%;出口值由7476.2万关两增长到11768.7万关两,增长了近60%;贸易总值则由14560.7万关两增长到24308.7万关两,增长了近70%。若以金价计值,按各年汇率折算,则贸易值几乎没有什么增长。这时期贸易的增长主要体现在进出口商品种类的增多和贸易量的增长上。仍以这时期首尾两个5年的年平均数进行比较,进口的货量指数由28.1增长到56.0,增长了近1倍;出口货量指数由39.0增长到51.4,增长了32%。②

---

① 估计修正方法,详见周广远:《1870—1894年中国对外平衡和金银进出口的估计》,《中国经济史研究》1986年第4期。

② 物量指数系根据《南开指数年刊》,1936年,第37页。

## 中国对外贸易平衡统计(修正值)

1870—1894 年　　　　　　　　　　　　单位:千关两

| 年　份 | 进口值修正 | | 出口值修正 | | 修正前的贸易平衡 | 修正后的贸易平衡 |
|---|---|---|---|---|---|---|
| | 原统计值 | 修正值 | 原统计值 | 修正值 | | |
| 1870 | 63693 | 73081 | 55295 | 61773 | −8398 | −11308 |
| 1871 | 70103 | 78250 | 66853 | 74773 | −3250 | −3477 |
| 1872 | 67317 | 70506 | 75288 | 84140 | +7971 | +13634 |
| 1873 | 66637 | 66531 | 69451 | 78207 | +2814 | +11676 |
| 1874 | 64361 | 65856 | 66713 | 74917 | +3352 | +9061 |
| 1875 | 67803 | 68798 | 68913 | 77310 | +1110 | +8512 |
| 1876 | 70270 | 73760 | 80851 | 89859 | +10581 | +16099 |
| 1877 | 73234 | 74527 | 67445 | 75846 | −5789 | +1319 |
| 1878 | 70804 | 72821 | 67172 | 75662 | −3632 | +2841 |
| 1879 | 82227 | 83861 | 72281 | 81130 | −9946 | −2731 |
| 1880 | 79293 | 82826 | 77884 | 87695 | −1410 | +4869 |
| 1881 | 91911 | 91674 | 71453 | 81180 | −20458 | −10497 |
| 1882 | 77715 | 77634 | 67337 | 76618 | −10378 | −1016 |
| 1883 | 73568 | 74766 | 70198 | 79165 | −3370 | +4399 |
| 1884 | 72761 | 72021 | 67148 | 76124 | −5613 | +4103 |
| 1885 | 88200 | 87591 | 65006 | 73901 | −23194 | −13690 |
| 1886 | 87479 | 88500 | 77207 | 87330 | −10273 | −1170 |
| 1887 | 102264 | 89835 | 85860 | 95933 | −16403 | +6098 |
| 1888 | 124783 | 108580 | 92401 | 102606 | −23382 | −5974 |
| 1889 | 110884 | 96510 | 96948 | 107215 | −13937 | +10705 |
| 1890 | 127093 | 110820 | 87144 | 96752 | −39949 | −14068 |
| 1891 | 134004 | 116474 | 100948 | 111606 | −33056 | −4868 |
| 1892 | 135101 | 118586 | 102584 | 112667 | −32518 | −5919 |
| 1893 | 151363 | 135065 | 116632 | 127406 | −34731 | −7659 |
| 1894 | 162103 | 146054 | 128105 | 140005 | −33998 | −6049 |

在这种贸易货值的慢速增长中,中国对外贸易正经历着由顺差向逆差的转化。从上表的修正值中可以看出,这 25 年大体上经历了 3 个阶段:1870—1878 年基本上维持贸易的出超,1879—1889 年为出入超交叉出现阶段,1890—1894 年则转入入超阶段。

由计算可知,这 25 年的中国对外贸易出入超大致相抵,但第一个阶段年均出超 450 多万关两,最后一个阶段却年均入超 770 多万关两,逆转的趋势是相当明显的。

中国白银对外汇价的降低本来有利于中国货的出口而不利于外国货的进口。但是,中国在 19 世纪 70 年代以后出现的这种有利汇率,并没有起到最终抑制进口、刺激出口的作用,不能使中国对外贸易维持有利的平衡。这和中国当时的内部经济条件和它在世界经济中所处的地位,有密切的关系。

从根本上说,这种转化是由中国经济的落后状况和外国社会生产力高速发展造成的。在本章第一节中,已指出进出口商品结构在这一时期发生了重大变化。为数众多的进口货,无论是传统的棉纺织品,还是新兴的煤油、火柴等,无一不是在工艺不断进步、价格持续下跌的条件下进入中国的;尽管中国的汇价下跌,但外国商品折算成价则下跌得更多,洋货的进口人仍有利可图。至于中国出口商品的生产,无论是传统的丝、茶,还是后起的棉花、烟草等,都仍然运用古老的技术进行生产,其价格虽然也在下跌,但并不是因生产成本的降低引起,而是迫于国际市场竞争不得不削价处理。这形成对中国商品出口的致命打击。

在 70 年代以前,世界市场上的丝、茶价格是由中国决定的,到了 70 年代以后,资本主义世界加工制造业和交通运输业的技术革新,日益把中国卷入世界经济体系。至八九十年代,华丝的价格完全由纽约、伦敦、里昂的丝价决定,华茶的价格完全由伦敦标价决定。其他新增出口产品如棉花、大豆和豆油、草帽辫、红糖、皮毛、

烟叶等,有的因出口量甚少对国外同类产品价格不发生影响,有的
虽为中国特产,其出口的较高利润也为外国在华出口商所得。总
起来说,80 年代以后,"世界贸易主要商品的价格,是在中国以外
决定的。中国商人的任何努力,对这些价格不能有严重的影
响"①。这就是中国的半殖民地经济的特征之一。

出口商品价格决定权的旁落,对中国的出口贸易产生了极为
不利的影响。世界市场上的价格变幻无常,而丝、茶的生产周期很
长,从桑树、茶树的栽培到产生经济效益非要有几年的时间不可。
丝、茶又是由毫无组织的小农分散经营,进行被动的、盲目的生产。
在出口价格跌落时,直接生产者就成了洋行、买办转嫁损失的对
象。而在价格上涨时,他们也不能很快作出反应,及至作出反应
时,有利的价格又往往成为明日黄花。所以这种价格波动总是使
小生产者遭受损失。

在进口方面,由于进口物价的下跌往往超过银价的下跌,所以
银价下跌并没有对进口贸易造成多大不利的影响。

中国国内银、钱比价的变动也对中外贸易发生作用。

长期以来,中国国内市场上通行白银和制钱两种价值尺度和
支付手段。大宗交易用银两,小宗交易用制钱。法定银、钱比价为
银 1 两合钱 1000 文,但市场上银、钱比价经常受多种因素影响,发
生波动。无论洋货内销,还是土货外销,都要经过银、钱折换。因
此,白银对外汇率和银、钱国内比价都对进出口物价有着直接的
影响。

上面已经提到,70—90 年代,银价不断下跌,进口反有增加,
其原因之一是以金计的进口物价也在下跌,有时下跌的幅度比银

---

① 马士:《论上海贸易与商品陈列馆》,载《字林西报》1888 年 10 月 16
日,第 367 页。

汇率下跌还大,使进口商品可以在原价或低于原价的水平上进入
中国;另一个原因则是中国国内制钱对银两的比价也在上涨,又抵
消了一部分银价下跌对银计物价的影响,使进口商品在向内地销
售时,以钱计的价格仍较当地土货物价为低。具体情况可归结为
下表①:

**银计、钱计进出口物价及与内地土货物价比较**

1870—1895 年 　　　　　　　　1870—1872 年＝100

| 时期(各年平均) | 1870—1875 | 1876—1880 | 1881—1885 | 1886—1890 | 1891—1895 |
|---|---|---|---|---|---|
| 1 中国对外汇价指数 | 97.91 | 88.86 | 84.15 | 74.29 | 59.72 |
| 2 英、美、德3国批发物价指数(金价) | 101.2 | 88.3 | 82.3 | 77.4 | 71.9 |
| 3 进口商品物价指数(银计) | 97.9 | 80.7 | 76.0 | 75.8 | 83.7 |
| 4 出口商品物价指数(银计) | 98.8 | 88.4 | 80.3 | 82.9 | 90.0 |
| 5 银、钱比价(银1两合钱文数) | 100.7 | 94.3 | 95.5 | 89.1 | 86.5 |
| 6 进口物价指数(钱计:3×5) | 98.5 | 76.1 | 72.6 | 67.6 | 72.2 |
| 7 出口物价指数(钱计:4×5) | 99.5 | 83.4 | 76.7 | 73.9 | 77.8 |

---

① 表中第1项据海关报告计算;第2项根据莱顿:《物价研究引论》
(Walter T. Layton, An Introduction to the Study of Price)第238页表3计算;第
3—9项摘自郑友揆:《十九世纪银价钱价的变动与物价及对外贸易的关
系》,《中国经济史研究》1986年第2期。

| 时期(各年平均) | | 1870—1875 | 1876—1880 | 1881—1885 | 1886—1890 | 1891—1895 |
|---|---|---|---|---|---|---|
| 8 | 内地土货物价指数(钱计) | 93.1 | 86.6 | 77.5 | 75.7 | 73.5 |
| 9 | 钱计进出口物价与内地物价比较 进口 | +5.4 | −10.5 | −4.9 | −8.1 | −1.3 |
| | 出口 | +6.4 | −3.2 | −0.8 | −1.8 | +4.3 |

　　表中第 1—4 项是不考虑银、钱比价时的情况,可以看出这 4
项的指数都有不同程度的下降,其中英、美、德 3 国批发物价指数
及中国进出口物价指数,在 1870—1875 年至 1881—1885 年时期
内比银汇率下跌的幅度还要大。这就是说,在这一时期内,银汇下
跌起不到抑制进口的作用。而进口物价指数下跌幅度总是大于出
口物价指数,说明对进口有利。表中第 6—8 项考虑到银、钱比价
问题。可以看出钱计进口物价指数从相对高于内地土货物价指数
迅速下降到低于内地土货物价指数,这显然对进口货的内销有利。
而土货出口物价指数也相对低于土货内销物价指数,这对出口贸
易当然是不利的。

　　总结以上,中国对外贸易发展的缓慢以及由顺差向逆差的转
化,是由中外经济发展的不平衡决定的,也是中国半殖民地、半封
建经济在对外经济交往中的必然结果,而银、钱比价这一特殊因素
又在一定程度上加速了这一转化过程。

### (二)贸易差额与金银进出口

　　金银进出口是伴随中国商品进出口贸易的不平衡出现的。在
外国在华投资大量出现以前,它是平衡中国对外贸易差额最重要
的手段。

　　中国海关之有全国金银进出口统计始于 1888 年,而 1870—1887 年海关当局对金银进出口没有完整统计,只是各分关中有一些关对进出各该关的金银流动做了残缺不全的记录,现对这些残缺不全的记录加以整理,从而推断估计这一时期全国金银进出口的总情况。1888—1894 年,海关虽有全国金银进出口统计,但在 1891 年以前,只有出入超净数而无进出口细数,1892—1894 年虽有进出口细数和出入超净数,但海关在不同时期、不同场合公布的这几年的金银进出口数字有极大差别(有的年份竟相差近 3 倍)。因此,我们一方面要弥补 1888—1891 年只有出入超净数而无进出口细数的缺陷,另一方面还要鉴别 1892 年以后那些有差别数字的正误。这方面,由于从 1889 年起全国各关有了详细完整的金银流动记录,通过对这些分散的记录整理和合计,既可以得到全国金银进出口细数,又可以对有差别的数字作出鉴别。至于对 1870—1887 年间金银进出口的估计,主要的依据,是各分关不完备的金银进出口记录。这里只扼要说明估计的方法和过程。①

　　第一步先估计出上海以外其他各关这期间历年的金银进出口数,并据资料情况分出对上海和对外国的金银进出口细数,以利于下一步的推算。

　　接下去估计上海一埠的金银进出口情况。江海关这方面的记录远不如其他关清楚,1870—1885 年全无记录可言,1886—1888 年只有不分国内外的金银进出口总数,1889 年起才有完全可用的记录资料。我们根据已知一些年内上海商品入超与金银出超的关系,推断 1870—1888 年间上海金银出入超情况。推断出的结果是不分对国内外金银进出口的总数。

---

　　①　估计方法及过程的详细说明见周广远:《1870—1894 年中国对外平衡和金银进出口的估计》,《中国经济史研究》1986 年第 4 期。

最后,由于有了其他各关对上海金银进出口的数字,又有了上海对国内外金银进出口的总数,自然不难计算出上海对外国的金银进出口数字。将此数字与其他各关对国外金银进出口数字相应合计起来,就是全国对外金银进出口的估计数额。

仅根据以上估计出的数字虽然也能表明贸易出入超与金银入出超之间相反相成的密切关系,从而用不着再去寻求诸如华侨汇款之类的因素来解释贸易的差额。[①] 但合理的做法是将黄金的因素撇开,单纯考虑白银出入超对贸易差额的弥合程度。这是因为黄金在中国只是一种商品,其进出口主要受金银比价变化的影响,与商品贸易的差额无关。当然,撇开黄金因素并不是简单地不计黄金出入超值,还应当考虑到白银入超在多大程度上是由黄金的出超造成的,或者白银的出超在多大程度上被黄金的出超引起的白银内流所抵消。这一点被人们普遍忽视,这在黄金进出口量甚小的年份内是无关紧要的,但在黄金流动量较大的年份内对白银的流动影响甚巨。以 1894 年为例,该年白银入超为 2640 万关两,黄金出超值银 1280 万关两,这就意味着,如果该年没有黄金出超,白银的入超就只有 1360 万关两了。在白银出超年份也应作如是观,如在 1892 年,白银和黄金分别出超 480 万关两和 730 万关两,如没有黄金出超的补充,那么白银的出超还要大得多,应为 1210 万关两。

1888—1894 年,黄金和白银的进出口,海关有清楚的记录,1888 年以前的黄金出口数字则还需大致估计,好在这期间黄金出口数额不是大量的。黄金流动不受银、钱比价的影响,对银汇率的变化有着敏感的反应,而且在整个 1870—1895 年这一时期内,中

---

① 参看周广远:《1870—1894 年中国对外平衡和金银进出口的估计》,《中国经济史研究》1986 年第 4 期。

国国内秩序基本安定,贵金属可以自由流动,因此银汇率的变化大致可以决定黄金流动的水平。由计算可知,1888—1894 年银汇率下跌与黄金外流二者之间的相关系数为−0.94,亦即中国银汇率下跌与黄金出超之间有着高度负相关:银汇率下跌幅度与黄金出超幅度成正比。同时,由相关系数公式还可以看出,当 1 关两合到 63 便士时,便很可能不再有黄金净出超。在 1885 年以前,1 关两兑换便士数从未低于 66.5,所以从统计学的原则上讲,1885 年以前不可能有黄金净出超。这一点也与前人的研究相吻合。[①] 至于说 1885 年以前是否有黄金净入超,这只是在统计学上讲是有可能的,而实际上海关报告在 1885 年以前从未提到黄金流动,因此即便有一些黄金流动,其量也不会太大。可以假定 1885 年以前的所谓金银流动基本上就是白银流动。1885—1887 年的黄金出超无法估算,只好根据汇率变化情况认定其与 1888 年和 1889 年的黄金出超水平大致相当,这两年的出超都是 160 多万关两。现将撇开黄金影响后的白银流动与贸易差额列成下表以供分析:

### 白银流动及对贸易差额的补偿

1870—1894 年　　　　　　　　　单位:千关两

| 年　度 | 1 | 2 | 3 |
| --- | --- | --- | --- |
| | 对外贸易差额 | 白银出入超 | 待解释差额(年平均) |
| 1870—1871 | −14785 | +13695 | −545 |
| 1872—1881 | +54783 | −72420 | −1764 |

---

① 如雷麦的研究认为 1885—1898 年是银价上涨最快、黄金出口量最大的时期。他引用的一家德国期刊上公布的中国金银流动资料表明,在 1881—1885 年期间,中国只有极小数量的黄金净出口。见雷麦:《中国对外贸易》(C. F. Remer, The Foreign Trade of China),第 209—212 页。

续表

| 年　度 | 1 对外贸易差额 | 2 白银出入超 | 3 待解释差额(年平均) |
|---|---|---|---|
| 1883—1884 | +8502 | −12359 | −1929 |
| 1885—1887 | −8762 | +4687 | −1562 |
| 1888 | −5974 | +3583 | −2391 |
| 1889 | +10705 | −4379 | +6326 |
| 1890 | −14068 | +5341 | +8727 |
| 1891 | −4868 | +6825 | +1957 |
| 1892 | −5919 | +12157 | +6238 |
| 1893 | −7659 | −3345 | −11004 |
| 1894 | −6049 | −13613 | −19662 |

　　上表显示了整个时期内白银流动对贸易差额的弥合程度。在
1870—1888 年期间,贸易的差额基本上全部为白银出入超所弥
补,二者之间待解释的差额很小,年平均在 50 万至一二百万关两
之间,这个数额只相当于当时贸易总额的 0.4%—1.2% 之间,这
在宏观估计中,可以说是合理的存在。

　　至于 1889—1894 年的情况,则需要做必要的解释。这里存在
三类情况:第一类是贸易出超值远大于白银入超值,或贸易的入超
值远小于白银出超值。这意味着贸易的出超并未引起等量的白银
内流或者白银在补偿了贸易差额后还有净外流,6 年中有 3 年属
于这种情况。第二类是贸易的入超大于白银的出超,就是说白银
的出超不足以弥补贸易的入超,这种情况只有 1890 年一年。第三
类情况是贸易入超与白银入超同时出现,白银流动不再成为贸易
的补偿因素,而是相反,它与贸易逆差一起加大了中国国际收支赤
字。属于这类情况的只有最后两年。

在第一种情况下,即白银补偿了贸易差额后还有净外流,或者贸易的出超并未引起等量白银的内流,很可能是因为在华外人所得收入及利润汇回母国的数目增大了,或中国向外国购买军火、舰只等费用增大所致,因为军火进口虽然不计入海关商品进口统计,但所支付给外国的外汇却可能为海关所记录。在第二种情况下,即白银的出超不足以弥补贸易的逆差,这种情况有可能是外人在华以商品货物形式的投资(建筑码头、仓库、房产、水电公用施设等所需原材料的进口)在那一年的增大所致,这种形式的投资只能使中国的进口值或入超值增大,却不能引起中国白银出口或出超值的相应增大。此外,从 1870 年到 1895 年,其中 14 年有中国对外借款,总计借款额为 1670 多万关两。① 由于无法得到这些借款的详细合同,因此无法了解这些借款历年的本息偿付情况,但这些款项的举借和清还,对海关统计白银流动是有影响的。

对于第三种情况,即贸易入超与白银入超同时出现,原因可能更为复杂。白银不再成为补偿贸易差额的最后手段,这是因为它的流动不仅与贸易差额有关,同时还受到国内存银量、白银在国内国外购买力的差价、国内经济的膨胀与萎缩等多种因素的制约。在贸易出超的情况下,白银的内流是很自然的,由于白银的内流,世界银价下跌造成的白银在国内、国外购买力的差价有自然趋于一致的倾向,也适应了由贸易出超而引起的国内经济膨胀对白银货币的需求。在这种情况下,中国并不缺少白银,偶尔有个别年内的贸易入超,中国也能够以白银来偿付,而不至于引起银根紧张。在我们讨论的整个时期内,个别通商口岸虽然发生过几起金融危机,但这些危机显然都是在华外国银行有意制造的,并非真正缺乏

---

① 据徐义生:《中国近代外债史统计资料》,第 4—10 页。

白银所致。

但是在贸易入超,特别是连续入超的情况下,中国白银却不能无限制地外流来抵补贸易的差额,因为中国并不生产大量的白银,而市场对白银存量的需求又缺乏必要的弹性。当白银存量因白银外流而低于正常的周转额时,商业金融界便会银根紧张,市场交易周转不灵,金融业的利润特别高,如果不设法向市场投放白银,白银在国内的购买力就会大大高于在国外的购买力。这给外籍商人制造了白银投机的好机会,于是在世界市场上贬了值的白银便被运入中国来谋取暴利。1893—1894 年两年的贸易入超、白银也入超的情况就生动地说明了这一点。在 1893 年以前,中国的商品贸易已有连续 3 年的大入超,白银则连续 3 年大出超,而且贸易的入超额与白银的出超额大致相等。到了 1893 年,贸易依然是入超,而白银却再也无力出超了,因为连续 3 年的白银出超已使中国感到严重缺乏白银。关于这一点,1893 年的海关报告说得很清楚:“在 1893 年的后半年,中国严重缺乏白银,以致有银锭进口达20687500 关两,比出口多 10804000 关两。”①这不仅说明中国严重缺乏白银,而且也说明当中国缺乏白银时,是可以通过进口来解决的。当然,进口不进口,进口多少,是由通商口岸的外国金融机构决定的,它们放出和收回多少白银,可以完全不顾及中国市场对白银的需求状况,完全视其本身的最大利润率而定。有时正是中国市场需款孔亟的时候,外国银行却非但不放款,反而将已放出的款项大力回收,造成自 19 世纪 70 年代以来多次的金融危机。② 但总的说,危机的年份还是比较少的,在大部分年份里,中国并不感

---

① 《贸易报告》,1893 年,第一部分,第 4 页。

② 详见汪敬虞:《十九世纪西方资本主义对中国的经济侵略》,第174—182 页。

到银根紧张,这在后来的年份也是如此,如 1898 年的海关报告曾这样报道:"尽管在条约口岸偶尔发生银根紧张,从这个国家各个地方来的信息指明它并不缺少白银,而且银价变化的一般趋势也表明〔中国的〕白银是充足的。"①在中国贸易长期处于逆差时,这些"充足的"白银从哪里来?事情只能是这样:在世界市场上找不到出路的白银被运入中国市场。这些白银不仅在中国获得了超额利润,而且使中国的金融越来越控制在外人之手,成为替外国服务的工具。

白银流动机制发生了这样的转化,意味着外国对中国金融市场的操纵加强了。在现在讨论的这一时期,中外贸易还基本上属于正常的商品交换关系,中国的贸易差额主要由白银流动来弥补,在这一时期的最后两年,中外贸易便不仅仅是纯商品交换关系了,而是与大量的资本流动相联系。外国在华投资,或者通过白银的输入和汇兑的形式,或者通过进口生产资料和工业原料的方式,或者把贸易入超资金转作当地投资,这都成了与中外贸易密切相关的内容。可见,中外经济发展的不平衡最终导致了中国对外贸易由顺差向逆差的转化,这一转化必然导致中国白银流动的改变,而白银流动一旦发生了相反的改变,即标志着中外贸易性质的变化。这些从一个方面说明了中国经济殖民地化加深的过程和必然表现。

## 第六节　西方入侵者在加工、采矿、铁路、电报等业的侵略活动

在 1840—1894 年这 50 多年里,西方入侵者对中国的经济侵

---

① 《贸易报告》,1898 年,第一部分,第 2 页。

略,主要都是在商品流通领域里进行的,即推销洋货,搜刮土产。但是为了顺利进行这种侵略,他们也有必要把手伸进商品生产领域。例如,他们为运送进出口商品,就不仅需要发展中西方之间的远洋航运业,也需要发展中国埠际之间的短程航运业;而为了确保航运业的顺利进行,他们就不仅需要经营船舶修造业以修造船只,也需要开采煤矿以供应轮船燃料。又如,他们为了降低出口商品的生产成本和确保出口数量,就需要运用先进生产技术经营出口加工业;为了降低陆运成本,就需要建筑铁路;为了传递信息,就需要架设电线;为了创造贸易和生活的良好条件,就需要经营通商口岸的公用事业;在此同时,他们鉴于中国资源丰富,劳动力低廉,也未尝不想在中国就地经营其他各种生产事业。

西方入侵者对中国生产领域的侵略活动,从 40 年代就已开始了。为了行文方便,40 年代以后的历史,也放在本章里来说。综观他们的这些活动,有些动手较早,有些动手较晚;有些已经形成垄断势力,有些则未能得逞。不管怎样,都暴露了他们对中国的侵略野心,都是 90 年代以后对中国进行大规模资本输出的前导。

## 一、船舶修造业

时至鸦片战争前夕,广东的黄埔久已就是一个古老的船舶修造中心。这里不仅修造大量的中国船舶,也维修外国来华船舶。泊在这里的外国船只,常多至 100 多艘,绵延 3 英里。[①] 1845 年进入广州的外国船舶凡 302 艘,136850 吨;到 1870 年,进出中国各

---

① 卫三畏:《1840 年中国回忆录》,(S. W. Williams, Recollections of China Prior to 1840)(以下简称《回忆录》),见《亚洲文汇报》(Journal of the North China Branch of Royal Asiatic Society)1874 年第 8 期。

口的外国船舶便增至 14136 艘,6917828 吨。在 60 年代,进出中
国各口的外国船舶,轮船和帆船各半,其中行驶外国的远洋船舶约
占 30%,行驶各通商口岸的短程船舶占 70%。[1] 外国船舶如此迅
速增加,要求船舶维修业务有相应的扩大,因而外国入侵者便在中
国领土上非法经营起船舶修造业来。起初,他们只经营小型泥坞,
进行手工作业,后来,随着轮船的增加,便经营大型石坞,进行机器
作业;起初,以维修帆船为主,后来便扩大经营,制造轮船。起初,
他们只在黄埔、香港地区设厂,后来便在上海和其他口岸设厂。总
之,外国在这方面的侵略活动,是不断扩大的。

### (一)黄埔香港地区

最早阴谋在中国建设船舶修造厂的是美国人奄美利
(W. Emery)和非沙(G. Frazer)。这两人于 1844 年来到广州,准备
了大批材料,企图在广州附近的英沙嘴地方租地建厂,被广东当局
阻止,便把厂址迁到了香港。[2] 1845 年,大英轮船公司开辟中西航
线以后,它的船只都进入黄埔华商船坞维修,但派一个名叫柯拜
(J. Couper)的苏格兰人进行监督。这个柯拜不久就从中国人手里
租得几个船坞,雇用中国工人维修大英等几家公司的来华船只。
后来,柯拜又自行投资,修造一座石坞,取名曰柯拜船坞(Couper
Dock)。[3] 这是西方入侵者破坏中国领土主权,非法开设加工制造
厂的最早活动。

50 年代初,外商在黄埔又开了 3 家船厂,其中诺维(J. Rowe)

---

[1] 孙毓棠:《抗戈集》,第 65— 66 页。
[2] 卫三畏:《回忆录》。
[3] 《东西商报》,光绪二十六年,商 39,第 6 页。

船厂,不久停闭。① 英商于仁船坞公司(Union Cock Co.)有 4 个船坞,美商旗记船厂(Thomas Hunt & Co.)有 3 个船坞。于仁用蒸汽机抽水,"有修理帆船、轮船和蒸汽机的全套设备"②。旗记船厂显然也是一家现代化船厂,所以在 1856 年便装配了一艘升发号(Cum Fo)轮船,打算行驶黄埔广州线③;同年,又制成一艘载重 150 吨的"飞马号"(Fei Ma)轮船。④ 这是西方入侵者在中国制造轮船的最早记载。

在第二次鸦片战争中,柯拜船坞毁于炮火,柯拜本人也死于炮火。战后,英国人为柯拜的儿子向清政府勒索了 12 万元的"赔偿费"。小柯拜就用这笔横财在黄埔一口气新建了 4 个船坞。⑤ 其中有一个长 550 英尺,宽 70 英尺,可同时容纳两艘轮船入坞维修,被称为"当时中国的最大船坞"⑥。

60 年代是外国人在黄埔地区猖狂创建船厂的时代。首先,香港的英国大亨所组织的香港黄埔船坞公司(Hongkong and Whampoa Dock Co.)于 1863 年收买了柯拜船坞。其他外商也在黄埔开办了高阿船厂(Cow & Co.)、洛克森船厂(Lookson Dock)和

---

① 《华英年历》,1851 年,第 117 页。

② 《字林西报》1865 年 4 月 4 日,第 309 页。

③ 哈维兰:《美国在华轮运业,1845—1878》(E. K. Haviland, American Steam Navigation in China),见《海王》,1957 年 4 月号,第 144 页。

④ 《捷报》1862 年 4 月 5 日,第 53 页;《字林西报》1865 年 2 月 23 日,第 175 页。

⑤ 莱特:《二十世纪之香港、上海及其他中国商埠志》(Arnold Wright, Twentieth Century Impressions of Hongkong, Shanghai and Other Treaty Ports of China)(以下简称《商埠志》),第 196—197 页。

⑥ 卫三畏:《中国商业指南》,第 157 页。

花娇臣船厂（Ferguson & Co.）。① 这3家各有船坞1至3座,吸引了很多广东人都迁往黄埔。② 不过到1867年为止,经过彼此竞争,黄埔地区只剩下香港、黄埔、于仁、高阿和花娇臣4家。这4家共有泥坞、碎石坞、碎石洋灰坞等各种船坞12座,其中半数长240英尺以上,两座较大的长550英尺和350英尺。香港黄埔公司的船厂"都装备着钳机、浮门、蒸汽抽水机、旋床、刨床、螺钻机、截斩机和压穿机,还有锅炉厂、炼铁厂、铁工厂和造船厂。总之,各方面都很齐全"③。可见,这个时候,黄埔已发展成为现代化外商船舶修造中心,那里原有的中国船舶修造业便没有立足之地了。

香港被英国割占后,很快就成为船舶的转运中心。1845年停靠香港的外国船舶刚超过20万吨,1867年便增长至573万多吨。④ "再没有别的东西比得上兴建干船坞那样能增进这个港口繁荣的了。"因为船坞不仅替日益增加的来泊船只服务,而且它在船舶修造方面所需的"木料、钢铁、防水材料、沥青、焦油以及数以千计的辅助材料都会被带到这里来,在这里卖,在这里消费,从而大大地扩大这个港口的贸易"⑤。

早在1843年,就有一个叫做榄文（J. Lamont）的苏格兰船长在香港的东边山（East Point）建一个小船坞,当年就装成一艘载重80

---

① 《英领报告》,1867年,广州,第54—55页;《中国行名录》,1863年,第11、20、28页。

② 卫三畏:《中国商业指南》,第157页;莱特:《商埠志》,第196页;《中国行名录》,1864年,第29页;《英领报告》,1867年,广州,第54—55页。

③ 《英领报告》,1867年,广州,第54—55页。

④ 塞伊尔:《香港,其出生、幼年及壮年》（G. R. Sayer, Hongkong, Birth Adolescence and Coming of Age）,第221页;安达柯特:《香港史》,第126、195页。

⑤ 《中国陆路贸易报告》1862年10月14日,第15页。

吨的"天朝号"(Celestial)轮船。① 1845—1851 年间,又先后出现了巴登诺奇公司(P. Badenoch & Co.)、杨赫士板公司(Younghusband & Co.)和帕金斯·安德生公司(Perkins Anderson & Co.)3 家船厂。② 1857 年德忌利士火轮公司(Dauglas Lapraik & Co.)和榄文在香港南端的押巴颠(Aberdeen)建造 1 座贺伯(James Hope)大船坞,长 335 英尺,宽 78 英尺,深 22 英尺,设有铸工场、锯木场和各种车床等修理轮船的全套设备。③

进入 60 年代以后,香港的船舶修造工业有了进一步的发展。到了 60 年代中期,在香港经营船舶修造业的,计有合罢(G. Harper & Co.)(1863 年)、麦当拿厘(MacDonald & Co.)(1863 年)、罗塞·米契尔(Russell Mitchell & Co.)(1863 年)、瓦格纳(S. M. Wagner)(1864 年)、罗士担臣(Ross & Thompson)(1866 年)、合巴(Riach & Co.)(1866 年)、蔑者士吉(Mitchell & Scott)(1866 年)、急顿荷(1863 年)和花娇臣船厂(1863)9 家。④ 除此以外,黄埔的两家最大的船厂——于仁和香港黄埔分别于 1865 年和 1866 年在香港登记为股份公司,把重心转移到这里。⑤ 从 1867 年起,于仁公司在九龙和香港黄埔公司在押巴颠的石排湾同时兴建巨型船坞,其中石排湾的新船坞长 400 英尺、宽 90 英尺、

---

① 埃德尔:《香港史》,第 453 页。

② 《香港年历》,1846 年;《华英年历》,1851 年。

③ 《中国陆路贸易报告》1862 年 4 月 26 日,第 8 页;迈伊尔:《中日条约商埠》,第 74 页。

④ 《中国行名录》,1863 年,第 20 页,1864 年,第 22 页;《中国、日本、菲律宾等地行名纪事录》(The Chronicle & Directory for China, Japan & the Philipine)(简称《中、日、菲行名纪事录》)1886 年;《英领报告》,1867 年,广州,第 54—55 页,按花娇臣港厂黄埔分厂成立于 1867 年。

⑤ 埃德尔:《香港史》,第 453 页;《字林西报》1866 年 9 月 24 日,第 2123 页。

深 24.5 英尺,"在栈桥上竖立着巨大的起重机,船舶可以靠着栈桥停泊"。"船坞所属工厂具有各种修理船只与汽机的设备,机械厂的装备有旋床、刨床、螺钻机、截斩机和压穿机等,能进行大规模修理工程,机械皆用蒸汽发动。"①显然,这时香港的现代化船舶修理设备,已经超越黄埔了。

设备的更新,提高了香港船厂的造船能力,在整个 60 年代,不仅大型船厂如香港黄埔公司制造和装配了许多船只,就是小型船厂,也开展制造轮船的业务。例如在 1865 年一年之中,急顿荷和花娇臣船厂,就分别制成"道格拉斯号"(Douglas)和"微特·德·贺杨号"(Vield de Hoe)两艘轮船。其中"道格拉斯号"是一艘载重 615 吨、马力 160 匹的铁质暗轮轮船。② 它不但排水量超过了前此制造的轮船,而且暗轮装置在香港的造船历史上也是第一次。

黄埔、香港、九龙船舶修造业的发展,形成香港黄埔船坞公司的垄断地位。

1863 年收买黄埔柯拜船坞的香港黄埔船坞公司,一开始就是拥有资本 24 万元的大企业,这家公司有香港的英国大资本家为后台。例如,它的董事长就是怡和洋行的经理惠代尔(J. Whittal),董事会的秘书长是德忌利士火轮公司的老板拿蒲那,主要投资人中有大英轮船公司的代理人苏石兰(J. Sutherland)等。③ 因此,公司成立后,很快就不断扩充资本,兼并其他船厂。1863 年收买柯拜船坞后,在黄埔地区已拥有 5 个船坞④,两年后,又收买了香港的

---

① 迈伊尔:《中日条约商埠》,第 15—16 页。

② 《字林西报》1866 年 7 月 2 日,第 1837 页;迈伊尔:《中日条约商埠》,第 114 页。

③ 埃德尔:《香港史》,第 453 页。

④ 《字林西报》1863 年 1 月 17 日,第 51 页。

榄文船坞和贺伯船坞①,把资本增加到 75 万元。到 1870 年,它又吞并了另一家大型企业——于仁船坞公司,同时把资本增加到 100 万元,终于成为黄埔香港地区最大的船舶修造企业。

70 年代以后,苏伊士运河的通航,为中西远洋航运业带来了从飞剪型木质帆船向铁质轮船过渡的新时代。飞剪帆船一般长不超过 300 英尺,吃水不超过 25 英尺。② 远洋轮船都超过这两个极限。③ 但 70 年代以前的黄埔船坞,一般长不超过 240 英尺,深不超过 25 英尺,完全不能适应维修远洋轮船的需要。在此同时,航行于中国领水的外国船舶,也从帆船向轮船过渡,外国在华的船舶修造业不仅需要装备新式机械维修轮船,还需要在华就地制造轮船。在 1843—1869 年间,外国的船舶修造业 47 家总计仅造成新船 21 艘,到 1869—1894 年间,他们只新建了 19 家船舶修造厂,而所造新船却达 69 艘,其中多数都是轮船。④

面对这种新形势,香港黄埔船坞公司便决定放弃黄埔那些不能适应需要的船坞船厂,全力在香港发展大型船坞和新式船厂。

1876 年,香港黄埔船坞公司把他们在黄埔的船坞及附属工厂设备以 8 万元的高价卖给了两广总督刘坤一。这笔交易为公司每年节省 15000 元的地租和利息负担,同时还留下一根毒刺,即在今后 25 年内,地方当局不得利用这些设备修理外国船只。⑤ 这根毒

---

① 《海王》,1957 年 4 月号,第 145—146 页。

② 勒伯克:《鸦片飞剪船》,附录,第 1—4 页。

③ 海德:《蓝烟囱》,第 182 页。

④ 汪敬虞:《十九世纪西方资本主义对中国的经济侵略》,第 364—365 页。

⑤ 刘坤一:《遗集》,书牍,第 6 卷,第 20 页;《海关报告》,1876 年,广州,第 183 页;莱特:《商埠志》,第 196—198 页;丁仁长等纂:宣统《番禺县续志》第 4 卷;《捷报》1876 年 11 月 2 日,第 438 页;《申报》1876 年 10 月 31 日。

刺绞杀了黄埔地区的船舶修造业。在交易成立后的第五年,这里就"情景萧条"①;再过12年,这里船坞的坞口便积满淤泥,闸门、船闸、吸水机器以及房屋、码头、起重机器等都已不能使用了。②

从70年代中叶开始,香港和九龙地区的船舶修造业开始大发展。在1875—1885年10年内,新开了桑兹船台(Sands Patent Ship)、寰球船坞公司(Cosmopolitan Dock Co.)等8家船厂。③ 这些船厂中,有不少备有能维修远洋大型轮船的设备。例如1880年寰球公司在九龙三水铺就修建了长达560英尺的大船坞。80年代,香港的一家外文报纸说,"现在航行远东的各种船舶,不管遭到什么损坏,都可以得到充分的修理"④。这些船厂还开展造船业务。例如1877—1878年间,单是桑兹船台和寰球公司就造成轮船和炮艇8艘。⑤

1876年,香港黄埔船坞公司利用出卖黄埔船坞设备的那8万元,在九龙建了一个现代化的船坞,使公司的"机器和工厂完全处

---

① 《海防档》,丁,电线(二),第301页。

② 李瀚章:《合肥李勤恪公政书》第10卷,第21页。

③ 其他是1877年前后成立的英格厘士公司(Inglis & Co.)和斯普拉特公司(W. B. Spratt & Co.),1880年成立的广泰公司(Brandt & Co.),1881年成立的吩叻公司(Fenwick, Morrison & Co.),1883年成立的卡特公司(Carter, Thomas & Co.)和1886年成立的贾梅生·克鲁克公司(Jameson, Croker & Co.),见埃德尔:《香港史》,第519、565页;莱特:《商埠志》,第198页;《字林西报》1877年10月9日,第343页;《中、日、菲行名纪事录》,1880年、1881年、1883年、1886年、1887年。

④ 《德臣报》(China Mail),转引自孙毓棠:《中国近代工业史资料》第1辑,第11页。

⑤ 《字林西报》1877年8月23日,第183页,10月9日,第343页,12月10日,第555页;埃德尔:《香港史》,第519、563页。

于有效的经营状态"①。公司的股票随即出现 50% 的升水。②
1879 年和 1880 年两年,香港黄埔公司吞并了桑兹船台和寰球两
大船厂;1882 年和 1886 年两年,公司两次扩充资本,终于成为一
个拥资 156 万元以上的大企业。③ 这是一家在香港九龙地区,也
是西方在华全部船舶修造业中规模最大具有垄断地位的企业。

香港黄埔公司的营业利润,随着设备的扩充而迅速增加。在
60 年代中期至 70 年代,每年赢利大都在七八万元之间,相当于资
本的 10% 左右;1886 年赢利上升为 375000 元,相当于资本的
24% 。在此同时,公司支付的股息由不足 10% 上升为 16%。④ 到
了 90 年代,还有进一步的提高。

船舶修造业是建设海军的首要条件,西方入侵者在中国发展
船舶修造业的历史意义,决不限于发展西方入侵者在中国的商船
航运业。香港黄埔公司在 80 年代以优先修理英国军舰为条件,取
得英国海军部 25 万元的巨额补助,拨款 75 万元在九龙兴建一座
可容英国最大舰只的大船坞。⑤ 这座船坞大约是 1888 年投产的,
在 1888—1908 这 20 年间,一直维修英国军舰。到了 90 年代
初,就连清政府的大型军舰,也要靠这家公司进行修理。⑥

---

① 《通闻西报》1878 年 8 月 27 日,第 3 页。

② 《新闻纸》1878 年 10 月 18 日,第 1108 页。

③ 《捷报》1882 年 8 月 25 日,第 213 页,1883 年 8 月 27 日,第 215 页,
1887 年 3 月 2 日,第 231 页。

④ 《字林西报》1866 年 9 月 6 日,第 2063 页,1877 年 8 月 23 日,第 183
页;《捷报》1871 年 1 月 18 日,第 36 页,1873 年 8 月 30 日,第 176 页。

⑤ 《捷报》1882 年 8 月 25 日,第 213 页,1887 年 3 月 2 日,第 231 页。

⑥ 《捷报》1890 年 2 月 7 日,第 132 页。

### (二)上海地区

上海是外国在华船舶修造工业的另一个重要基地。

从 19 世纪 40 年代末期起,随着上海对外贸易地位的上升,西方侵略者开始有了在这里建立船舶修造工业的企图。1848 年,英国侵略者编纂的一本《华英年历》中写道:"造船以及与造船有关的锻冶、制绳是十分引人注目的,目前经营这个行业的气势和冒险心,在上海哪一个行业中都看不到。"①

50 年代的第一年,上海同时出现了 5 个"造船以及与造船有关"的外国行号。第二年,接着又添了 1 家。其中最早进入上海的美商杜那普(J. Dewsnap)在虹口设立的新船坞(New Dock),就是日后成为垄断上海造船工业的耶松船厂(Farnham & Co.)的基础之一。另外 5 家——1851 年成立的伯维(Purvis & Co.)、拉蒙(M. Lamond & Co.)、美里的士(R. Meredith)和彼得果刚(Peter Gougon)以及 1852 年的罗吉士(James Rogers)都只是昙花一现。即使是杜那普的虹口船坞,在当时也不过"仅仅是一座泥坞","它连拉拽船只出入坞门的绳索都没有","坞门里总有一滩淤泥"。② 至于其他 4 家,除了伯维有 1 个船坞,专门制作小船以外③,下余 3 家连固定的场所都没有。例如彼得果刚和罗吉士,在 1852 年还是借用伯维公司的船场。④ 从西方侵略者建立这个基地的整个历史看来,这只是一个序幕。

50 年代中期以后,情形开始有些变化。这时,中国的对外贸易中心已由广州移至上海,随着贸易中心地位的形成;进出上海港

---

① 《华英年历》,1848 年,第 90 页。
② 兰宁、库寿龄:《上海史》,第 384—385 页。
③ 《捷报》1851 年 6 月 14 日,第 181 页。
④ 《捷报》1852 年 7 月 17 日,第 201 页,1852 年 8 月 7 日,第 4 页。

口的外国船只,在 50 年代中期以后,开始扩张。

1856 年,有两个美国人组织的船厂,同时进入上海。一个是贝立斯船长(Captain Nicholas Baylies)在吴淞成立的,另一个是包德(M. L. Potter)在下海浦建立的。与此同时,在上海对岸的浦东,第一次出现了一家外国船厂,经理者是一个名叫密契尔(A. Mitchell)的英国人。① 贝立斯在 1856 年先后在吴淞制成了两艘小轮船,第一艘轮船船长 68 英尺、载重 40 吨、马力 12 匹、吃水 2 英尺 8 英寸,在这年七月下水。② 这只命名为"先驱号"(Pioneer)的轮船,和同时期在广东黄埔制成的"飞马号"轮船比较,要小得多("飞马号"长 158 英尺、载重 150 吨、马力 80 匹),但它是西方侵略者在上海制成的第一艘轮船。

1857—1859年间,虹口和浦东逐渐形成为上海船舶修造业的两个中心。头一年,虹口新船坞在监工连那士(E. A. Reynolds)主持下,做了一些改进,到 1858 年,"这个船坞据说已经建得完整一新"③。在连那士主持虹口新船坞的同时,上海还出现了一个名叫丹拿克(Trannack & Co. )的船厂。④ 1859年一个有造船经验的苏格兰人莫尔海(D. Muirhead)在浦东又设立了一个浦东火轮船厂(Pootung Dock)。1859 年的《上海年历》中记载道:这个船厂经营的业务有造船、铁工、机器工程和炼钢等项⑤,项目的繁多,为前此所未见。

---

① 兰宁、库寿龄:《上海史》,第 384 页;《捷报》1856 年 9 月 6 日,第 24 页,9 月 27 日,第 34 页。

② 兰宁、库寿龄:《上海史》,第 384 页。

③ 《捷报》1857 年 8 月 1 日,第 209 页;兰宁、库寿龄:《上海史》,第 385 页。

④ 《上海年历》(Shanghai Almanac) ,1857 年。

⑤ 《上海年历》,1859 年。

然而,终 50 年代,上海外国船厂的规模,还是比较小的。经营这些船厂的人并没有充足的资本,他们都是一些白手起家的人物。例如在下海浦建立船厂的美国人包德,1847 年刚到上海时,还是一名引水,只是在从事经营船坞以后,才"大发横财,把赚来的大量银钱,投资于美国西部的开发事业"①。在吴淞制造轮船的贝立斯原来也是一名引水,后来凭借外国的侵略势力在 1851 年当上了上海的领港。② 主持虹口新船坞的连那士,在 1839 年就来到上海,先后在大鸦片贩子宝顺洋行和怡和洋行当差,在贩卖鸦片的双桅船上鬼混,从澳门到吴淞口的中国海岸,都有过这个流氓的踪迹。太平天国革命时期,他经常混进太平军占领区,窃取情报。浪人—流氓—间谍,就是连那士开办船厂以前的历史。③ 被连那士和莫尔海大吹大擂的虹口船坞和浦东船厂,最初都不过是"在河岸上挖一个空槽"的泥坞。④ 至于美里的士、彼得果刚之流,都是典型的冒险家,他们空手来到上海,最初甚至连一个船坞都修不起。

进入 60 年代以后,长江被开放了,汉口成为侵略者深入内地市场的跳板;北方的广大地区也被开放了,天津、营口、烟台相继辟为商埠,成为洋货的消纳地和转运站;日本的对华贸易在迅速扩大。而所有这些贸易,几乎全都通过上海。特别是在 60 年代上半期,由于美国内战,影响到世界市场上的棉花供应,中国的棉花,在

① 格里芬:《飞剪船与领事》,第 20—21 页。

② 兰宁、库寿龄:《上海史》,第 380 页;《捷报》1851 年 10 月 4 日,第 38 页。

③ 《捷报》1883 年 8 月 24 日,第 219 页。

④ 兰宁、库寿龄:《上海史》,第 384—385 页;《捷报》1889 年 1 月 25 日,第 99 页。

一个短时期内,成为丝茶以外的出口大宗。数以几十万乃至百万
担的棉花,蜂拥而至上海港口。60 年代的第一年,上海进出口的
船只吨位,是 43 万吨,到了棉花贸易高潮的 1864 年,就已经超过
了 187 万吨。[1] 和航运直接发生联系的船舶修造业,自然也就引
起外国资本家的注意。

这种情形,在 1864 年年初就已经为上海的一家英国报纸《北
华捷报》注意到。该报在详细叙述了前一年棉花出口贸易的情形
以后说,"由于这个港口贸易的增加,为船只提供的设备的扩大以
及与之有关的全部必需品,成为最紧急的需要。因此,我们发现新
的船坞建筑起来了;老的船坞也已经进行了扩建,而修理和建造船
只的各项必需品,也都得到了充分的供应。翻砂铸铁很自然地紧
随着造船的步伐。现在我们既是居住在一个大的商业港口,同时
也是处在一个大的工业城市之中"[2]。

1860—1864 年的 5 年中,上海一共新成立了 9 家船厂,在虹
口出现了一个专门制造快艇的虹口造船场(Hongque Ship Yacht &
Boat Building Yard)和一家名叫宾夺(Pinder G. H. & Co.)的船
厂。[3] 其后 3 年,浦东又先后成立了柯立·兰巴(Collyer &
Lambert)(1861 年)、祥生(Nicholson & Boyd Co.)(1862 年)和德
卢(G. H. Drew)(1863 年)3 家船厂。[4] 与此同时,美国旗记洋行
也在虹口设立了船厂。[5] 在这 6 家船厂中,柯立·兰巴和旗记的

---

[1] 《捷报》1864 年 1 月 16 日,第 11 页,1865 年 6 月 24 日,第 98 页。

[2] 《捷报》1864 年 1 月 9 日,第 6 页。

[3] 《捷报》1860 年 7 月 28 日,第 118 页;《上海年历》,1860 年。

[4] 《上海年历》,1861 年;《字林西报》1914 年 7 月 1 日,第 8 页;《中国
行名录》,1863 年。

[5] 《上海年历》,1863 年。

老板都在中国有过长期活动的历史。前面已经说过，旗记在 50 年代已经开始侵入广东黄埔，上海的船坞是它的侵略活动的进一步发展。至于柯立·兰巴公司的老板柯立（C. S. Collyer），在 50 年代后期就已经是连那士的船厂的合伙人。① 柯立·兰巴船厂成立以后不久（1863 年），就曾经为大鸦片贩子宝顺洋行装配成了一艘"福希·雅马号"（Fwsi-Ya-ma）轮船，这是继"先锋"号之后外国侵略者在上海制成轮船的最早记载之一。②

在这些船厂之外，60 年代初第一个入侵长江的外国航运企业——美国旗昌轮船公司，也于 1862 年附设了一个机器厂，专门修理自己的船只。这个机器厂经营了两年，于 1864 年停业。③ 但在 1864 年的一年里，上海又成立了 3 个外国船厂。它们是虹口的耶松船厂、浦东的莫立司船厂（Morrice & Behucke Ship wright & Blacksmith）和布莱船厂（Bulley & Co.）。④ 其中耶松在以后得到迅速的发展，和祥生并列为上海两大船厂。

祥生船厂是由英国人尼可逊（A. M. Nicolson）和包义德（G. M. Boyd）创办的。成立后的第三年（1865 年），由于尼可逊死亡，进行过一次改组，这时公司的船场占地 18 亩，临江还占有一块长 167 英尺的地段。此外还有机工场、铁工场、木工场、锅炉房各 1 间，翻砂铸工场 2 间，堆栈 2 座。船厂机器包括蒸汽引擎、锅炉、车床、刨床、轧床、钻孔机、剪截机、蒸汽铁锤、熔铁炉等，当时被称

---

① 《捷报》1859 年 6 月 25 日，第 185 页。

② 《捷报》1864 年 1 月 9 日，第 7 页。

③ 1864 年 1 月 18 日旗昌轮船公司报告书，参阅刘广京：《势力的对抗》，第 44—46 页。

④ 《中国行名录》，1864 年，第 50 页。

为"东方设备最完备的企业之一"①。到 1865 年,这家船厂已制成
了两艘载重 200 吨、马力 70 匹的小轮船。至于在这里进行过修理
的船只,共有 17 艘,总吨位合计在 4000 吨以上。② 公司改组以
后,一个在上海进行了多年商业活动,很有一些手腕的苏格兰浪人
格兰特(P. V. Grant)参加了进来,并且不久当上了公司的经理。
这个苏格兰浪人以后在上海工业界非常活跃,他勾结中国买办进
行过许多非法活动。③ 而祥生船厂在他经营之下,也很快"发展成
为一个大型企业"④。

耶松船厂成立于 1864 年 9 月。⑤ 这是一个美国侵略者的企
业。⑥ 在初创时,它只是一个设计图样的建筑公司,经营的项目也
不限于船坞,诸凡码头、堤岸、仓库的设计、施工,都在其经营范围
之内⑦,但是不久就成为一个专业的船坞公司。开业第二年(1866
年),就建成一只载重 195 吨的"南沙号"(Nan Cai)轮船。⑧ 以后,
公司逐渐加入了不少的英国资本。⑨ 70 年代起,先后兼并了许多
设在上海的老的英国船厂,而公司本身也就变成一个英国资本的
企业了。

正如《北华捷报》所说,在新的船坞公司之外,原有的船厂也
在进行扩建。在这里,50 年代初期成立的虹口新船坞及末期成立

---

① 《字林西报》1865 年 4 月 21 日,第 367 页。

② 《字林西报》1865 年 1 月 6 日,第 14 页。

③ 《美国外交文件》,1883 年,第 132—133 页;《天津日报》1888 年 8 月
6 日。

④ 《捷报》1894 年 3 月 30 日,第 463—464 页。

⑤ 《字林西报》1865 年 5 月 15 日,第 448 页,广告。

⑥ 《海王》,1957 年 4 月号,第 151 页。

⑦ 《字林西报》1865 年 5 月 15 日,第 448 页,广告。

⑧ 《海王》,1857 年 4 月号,第 151 页。

⑨ 《海王》,1857 年 4 月号,第 150 页。

的浦东火轮船厂的发展,是两个最突出的例子。

前面说过,虹口新船坞,在监工连那士主持之下,曾经在 1858 年做过一次修整。1861 年这个船坞转到另一个美国监工霍金斯(E. Hawkins)手中。[①] 1862 年,在原有船坞之外,又建立了一个长 280 英尺、吃水 14 英尺的船坞。[②] 从此以后,"新船坞"的名称,就由 1862 年新建的这个船坞专用,原来的那个"新船坞",被称做"老船坞"。[③] 这个拥有两个船坞的船厂,此时正式定名为上海船坞公司(Shanghai Dock & Co.)。

改为公司以后的虹口船坞,规模继续扩充,1864 年,在老船坞的附近,建立了"一所规模宏大的翻砂车间和机器工场"[④]。接着,船坞也进行扩建,两个船坞分别扩大为长 374 和 335 英尺、宽 60 和 52 英尺、吃水 18 英尺和 14 英尺的大型船坞。[⑤] 整个 60 年代,美、法、德等国的军舰,都在这里进行修理。[⑥] 公司的迅速发展,在 70 年代变成了耶松船厂的垂涎对象。

至于浦东火轮船厂原来只是一个简陋的泥坞,1865 年,在莫尔海的主持下,船坞进行了彻底的改建。改建以后的船坞,长达 380 英尺、宽 125 英尺、深达 16—21 英尺,船坞的进口处宽达 75 英尺,有 4 个蒸汽引擎,在 4 小时之内,可以把坞中蓄水抽干,使进坞

---

① 《捷报》1861 年 5 月 4 日,第 70 页;1861 年 7 月 27 日,广告。

② 《捷报》1863 年 10 月 10 日,附页;《通闻西报》1873 年 7 月 17 日,第 59 页。

③ 兰宁、库寿龄:《上海史》,第 384 页。

④ 《字林西报》1865 年 1 月 6 日,第 13 页。

⑤ 《字林西报》1866 年 3 月 15 日,第 1468 页。

⑥ 《华北、日本等地案头行名录》(The North China and Japan Desk Hong List),1870 年,第 98 页。

船只得到迅速的修理。① 在船坞之外,还有一个机器工场,这里面有各种刨床、穿孔机、凿孔机、造形机、穿压机和剪截机。当时上海一家外国报纸的记者在参观这家船厂以后写道:剪截机"切一块一英寸厚的铁板,就像一把餐刀切一块牛油那样容易"。这个侵略者宣扬说,"上海以有这样的船厂而感到骄傲",甚至把这家船厂说成是侵略者"在上海得以显示自己的少数几样东西当中最令人注目"的一个。②

　　进入 70 年代以后,耶松和祥生展开了剧烈的竞争。这种竞争持续了将近 30 年,最后导致两家船厂的合并,形成外国在华船舶修造业的又一个具有垄断地位的大企业。

　　从 1872 年起,耶松和祥生开始兼并上海规模较大的船厂。第一个目标是在 60 年代迅速发展的浦东火轮船厂。这家船厂的船坞部分,由当时在上海非常活跃的英美侵略人物立德(A. J. Little)和华地玛(W. S. Wetmore)等人组成的浦东船坞公司(Pootung Dock Co.)接手,转租给耶松船厂,原来的主人莫尔海则另组一家上海浦东炼铁机器公司(Shanghai and Pootung Foundry and Engineering Co.),继续经营,专门从事造船机器的制造。③ 这个公司存在不过两年,就转卖给了祥生船厂。④ 这是耶松和祥生角力的第一个回合。

　　耶松在租入浦东船坞后,把船台由 320 英尺扩充到 450 英尺⑤,装置了新的起重机、锅炉和抽水机。从 1865 年和 1885 年上

---

　　① 《字林西报》1865 年 2 月 23 日,第 174 页。
　　② 《字林西报》1865 年 5 月 27 日,第 490 页。
　　③ 《捷报》1872 年 2 月 1 日,第 79 页,1873 年 4 月 26 日,第 358 页。
　　④ 《通闻西报》1874 年 2 月 4 日,第 115 页;《捷报》1874 年 2 月 5 日,第 107 页。
　　⑤ 《捷报》1872 年 9 月 7 日,第 185 页。

海一家外国报纸记者的《参观记》中,可以比较出这次设备更新的程度。单拿抽水机一项来说,在 1865 年的《参观记》中,那个记者说,这个船坞安上了 40 匹马力的蒸汽抽水机 4 台,一天之内可以抽干坞水 3 次到 4 次,他称赞道:"这种安排在每一个细节上都是完美无缺的。"①而在 1885 年的《参观记》中,另一个记者却这样说:"在船坞一头的老抽水间里,有一堆笨重的弯管和轮盘,这是当初用来抽水出坞的。发动机的飞轮相当重,直径长约 13 英尺。"而"新抽水间是在坞的另一头,构造轻巧","飞轮的直径只有 3 英尺","每分钟最快能转动 400 转","比起旧机来的确是大大的改进了"。②

耶松和祥生争夺的第二个目标,是虹口的上海船坞公司。

前面说过,这个船厂在霍金斯经营下,在 60 年代中期,已经进行了大规模的扩充,成为近在咫尺的耶松的垂涎对象。当 1871 年上海船坞公司公开招租它的两座船坞时,耶松就首先以最高的标价取得其中"老船坞"的租赁权③,而另一个船坞——"新船坞",后来则为祥生所取得。④ 从此以后,上海几个较大的船坞,基本上都分别进入了耶松和祥生的掌握之中。因此,当 80 年代初耶松进一步对柯立·兰巴这种小厂进行兼并时,就显得轻而易举,毫不费力了。⑤

在兼并原有船厂的同时,祥生厂在 1880 年增建了一个长 450

① 《字林西报》1865 年 5 月 27 日,第 490 页。
② 《字林西报》1885 年 4 月 17 日,第 355 页。
③ 《字林西报》1871 年 1 月 24 日,广告,1872 年 9 月 7 日,第 185 页。
④ 《中、日、菲行名纪事录》,1881 年。
⑤ 《捷报》1883 年 8 月 24 日,第 221 页。

英尺、宽 80 英尺的新船坞,可以"容纳和修理上海港内最大的轮船"①。耶松厂对它所兼并的船厂,也进行了一系列的扩建和更新,大大增加了船舶修造的能力。在 80 年代,这两个船厂的生产,有了迅速的发展。祥生在其成立以后的将近 20 年间(1862—1879年),一共制造了 15 艘轮船,而在 1880—1888 年不及 10 年之中,就制成了 16 艘。② 耶松在 1884 年为怡和轮船公司修造的轮船"源和号"(Yuen Wo),船长 280 英尺、载重 2000 吨,时速 11 海里。③ 10 年以前(1874 年),当祥生船厂制成"鄂穆克号"(Ormoc)轮船下水时,西方侵略者就把它说成是上海造船史上的"最高时刻"的来临。④ 而"鄂穆克号"长 156 英尺、载重 300 吨、时速 10 海里⑤,和"源和号"比起来,已经是瞠乎其后了。

对于日益扩张的外国侵略企业,清政府不但不加以反对,反而给予充分的支持。例如,1881 年的中德《德商船厂修船免税新章》就列举了修船用免税物资达 76 项之多,从钢、铁、铜、锡、铅、锌到绳索、玻璃、橡皮、油漆乃至茅厕具等,事实上把所有制造新船的物料统统包括在内,最后还要加上"一切未能预言实用修船各物"!⑥

不仅如此,这个王朝还是外国船厂的最大顾主。在外国船厂的定户中,有清政府的各级政权机构,也有它的各种企

---

① 《捷报》1880 年 11 月 18 日,第 458 页,1881 年 4 月 5 日,第 339 页。

② 《捷报》1879 年 6 月 24 日,第 619—620 页;《字林西报》1888 年 5 月16 日,第 447 页。

③ 《捷报》1884 年 6 月 13 日,第 677 页;《字林西报》1884 年 7 月 7 日,第 23 页。

④ 《通闻西报》1874 年 5 月 30 日。

⑤ 《通闻西报》1874 年 5 月 30 日。

⑥ 1881 年德商船厂修船免税新章,见王铁崖编:《中外旧约章汇编》第1 册,第 394 页。

业机关；有海关和其他税收机构，也有轮船公司和煤铁矿场。以定购的船只而言，则既有轮船，又有驳船、缉私船、巡逻艇、水雷船、浮江炮舰。单是耶松、祥生两厂在 1882—1893 年所制造的 37 艘大小船只中，由清政府订购的，达到 19 艘①，占总数一半以上。

祥生、耶松的迅速扩张，坚定了外国侵略者投资的野心。1880年 11 月 18 日《北华捷报》几乎用了整版的篇幅对当时祥生船厂新落成的船坞进行鼓吹，认为"这不仅标志了进步与繁荣，而且表现出富商们对本埠前途的信心和他们在投资方面的果断与慎重"②。说什么"如果在航运和堆栈业中的投资证明商人们已相信本埠贸易具有永久性，那么，在造船业中的投资就越发证明造船业者的同样的信心"③。正是在这种"信心"的支持下，这两个垄断企业又得到进一步的扩展。到了 90 年代初期，它们都各自成为拥有 80 万两和 75 万两资本的大企业。④ 赢利经常在 18%—20%之间⑤，分配给一般股东的股息，通常都在 10% 以上，而少数发起股

---

① 据《捷报》1883 年 6 月 15 日，第 675 页，6 月 29 日，第 735 页；1884年 4 月 2 日，第 374 页，1885 年 3 月 4 日，第 242 页，5 月 15 日，第 552 页，1887 年 10 月 27 日，第 447 页，1898 年 8 月 17 日，第 218 页，1891 年 1 月 8日，第 20 页，1892 年 3 月 18 日，第 332 页，5 月 20 日，第 660 页，1893 年 9 月8 日，第 367 页；《京报》，光绪二年十月十六日。

② 《捷报》1880 年 11 月 18 日，第 460 页。

③ 《捷报》1880 年 11 月 18 日，第 458 页。

④ 《捷报》1893 年 9 月 1 日，第 345 页，11 月 18 日，第 816 页；字林西报馆：《上海今昔观》(North China Herald Office, Shanghai, Past and Present)，第9—12 页。

⑤ 《字林西报》1892 年 6 月 18 日，第 559 页；《捷报》1894 年 9 月 7 日，第 404 页。

的股息率,甚至高达 117%。① 通过这样惊人的利润,企业资本得
到迅速的积累。等到进入 20 世纪,两厂合并为耶松船厂公司
(S. C. Farnham, Boyd & Co. Ltd.)之后,它的资本已经达到 557 万
两,成为东方最大的船业垄断组织之一了。②

垄断并不能限制竞争。70 年代中期以后的上海,在耶松、祥
生之外,仍然不断有新的外国船厂出现。见于记载的就有 1875 年
的孚中船厂(Fau-Chung & Co.)③、1888 年的大成机器厂(The
Hongkew Engine Company)④、1889 年 的 亚 古 船 场 (A-cums
Yard)⑤、1891 年的伍德船厂(Geo. A. Woods)⑥和 1896 年的和丰
船厂(Shanghai Engineering, Shipbuilding and Dock Co.)⑦,其中亚
古还制成过两艘小轮船。⑧ 但是这些小船厂,并不能动摇耶松和
祥生的垄断地位,他们本身后来也没有得到充分的发展。

### (三)其他地区

黄埔、香港和上海以外,福州、厦门、汕头、烟台、天津等处,也
都先后有外国船业资本的活动。

1854 年,在福州罗星塔出现了一个兼营船料供应和船舶修理
的道比船厂(Dobie & Co.)。这个工厂,当时还没有建立船坞,它

---

① 《捷报》1898 年 6 月 20 日,第 1081—1082 页,1899 年 7 月 3 日,第
21 页。

② 莱特:《商埠志》,第 456 页;参阅高卢:《英国在远东的经济权益》
(E. M. Gull, British Economic Interest in the Far East),第 60 页。

③ 《字林西报》1875 年 8 月 16 日,第 158 页。

④ 《捷报》1888 年 12 月 21 日,第 675 页。

⑤ 《捷报》1889 年 7 月 20 日,第 71 页。

⑥ 《中、日、菲行名纪事录》,1891 年。

⑦ 《贸易报告》,1896 年,上海,第 40 页。

⑧ 《捷报》1889 年 7 月 20 日,第 71 页,9 月 7 日,第 288 页。

只有一个小的木工和铁工场①，大抵这时修理船只，还没有采用新式的立修方法。过了 10 年（1864 年），在罗星塔第一次出现专门修理船只的石坞——福州船坞（Foochow Dock），这个船坞是由一个名叫士开（John V. Skey）的外国人经理的，坞长 300 英尺、底宽 40 英尺、深 14—17 英尺，并用蒸汽引擎抽水，此外还有一艘专门拖运船只进坞修理的拖船。② 5 年以后（1869 年），在船坞附近，又建起一个大的机器工厂与堆栈，机器工厂中设有 10 英寸的凹底旋床 1 台和各式钻孔机、螺旋机，并有一个大的铸铁工场。③ 过了 4 年（1873 年），这家船厂在新的业主福士得举行（John Forster & Co.）经营下，又得到进一步的扩充，首先是船坞的坞长加长到 400 英尺，上宽扩大到 80 英尺，这样就可以容纳船长在 380 英尺以内的各种轮船。其次修理船只的附属设备，也得到改进，在机器工厂之外，又建立了 1 座新的翻砂铸铁工厂，可以铸造修理船只所必需的铜铁铸件。④ 80 年代起，这个船坞在修理船只之外，又开始制造轮船，1880 年第一次为福州的一家外国制冰厂修造了一艘长 60 英尺、吃水 3 英尺的小轮专门行驶闽江。⑤ 以后随着福州贸易地位的衰落，这个船厂的营业也就一天一天地萧条下去，1884 年曾一度酝酿出卖给福州船政局⑥，从此以后，就不再见它有什么活动了。

外国船业资本之侵入厦门，后于福州 5 年。1859 年年初，一个名叫包义特（Thos. D. Boyd）的美国人在厦门建立了一个厦门船坞

---

① 《捷报》1855 年 5 月 5 日，第 159 页。
② 《字林西报》1868 年 9 月 21 日，第 4573 页。
③ 《字林西报》1869 年 8 月 21 日，第 6433 页。
④ 《字林西报》1873 年 6 月 30 日，第 602 页。
⑤ 《捷报》1880 年 11 月 25 日，第 490 页。
⑥ 沈瑜庆等纂：民国《福建通志》，福建船政志，第 17 页。

公司(Amoy Dock Co., Ltd.),这个船厂有长 300 英尺、宽 60 英尺的
石坞 1 座。① 为了和黄埔、香港地区的船坞竞争,它在成立以后的
数年间,一连开辟了两个新的船坞。② 它所修理的船只,除了轮
船、兵舰外,还包括大量帆船,在 1862—1867 年 5 年中,就修理了
帆船 328 只。③ 与此同时,它还开始制造小轮船在厦门港内航行,
"和本地的舢板船争着拉拢买卖"④。由于它和中国的帆船修理业
的竞争有了成效,所以在进出厦门的外国船只日益减少的情况下,
这家船坞公司仍然得到发展。1892 年,公司又经过了一次改组。改
组以后的厦门新船坞公司(The New Amoy Dock Co.),不但改建了
船坞,能修长达 310 英尺的船只,而且在船坞之外,又兴建了机器
厂、炼冶厂、锅炉房、铁工和木工等工厂,这些厂房"都装配着现代机
器"。这家公司最初的额定资本不过 67500 元,但实际的投资,远远
超过了这个数目。在改组以前,投下的资本前后一共达到 13 万元,
改组以后,单是在设备更新和改进方面的投资,就达 10 万元。⑤

　　厦门新船坞公司成立之次年(1893 年),在厦门对岸鼓浪屿又
出现一个厦门机器公司(Amoy Engineering Company)。这是一个
资本为 3 万元的小型企业,它的股东,据说大部分是当地的中国买
办,但是工厂的管理和经营,却掌握在外国人手中,它有一个长
110 英尺的小船台,除了修理汽船外,还兼营各种机器制造和铸
铁。这样一个小企业,由于有了中国买办资本的"合作","在厦门

---

　　①　《捷报》1859 年 2 月 12 日,第 110 页。

　　②　迈伊尔:《中日条约商埠》,第 255 页;《贸易报告》,1867 年,厦门,第
17 页;《字林西报》1867 年 11 月 9 日,第 35、15 页。

　　③　朱士嘉编:《十九世纪美国侵华档案史料选辑》下册,第 418 页。

　　④　《贸易报告》,1867 年,厦门,第 68 页。

　　⑤　朱士嘉编:《十九世纪侵华档案史料选辑》下册,第 418 页;莱特:
《商埠志》,第 826—827 页。

工业界中,却居于很显著的地位"。①

福州、厦门以外,汕头、烟台、天津 3 地,也有外国资本经营船舶工业。例如在汕头,1863 年有巴特福洋行(Botefuhr & Co.)②,1880 年有梅耶洋行(J. D. Meyer & Co.)和哈雷斯洋行(Harris & Co.)③,1886 年有李弗斯洋行(Wilfred Reeves & Co.)④的活动。在烟台,1866 年有李契曼洋行(H. W. Richelmann)⑤的活动。在天津,1879 年有建兴洋行(L. Anderson)⑥,1886 年有李弗斯洋行⑦,1888 年有大沽驳船公司(Taku Tug and Lighter Co.)⑧的活动。这些洋行都以修理船舶为附带业务,我们只知道其中大沽驳船公司在 1888 年设立了船厂,1889 年每月支付铁木两作工人的工资达 2000 余两。⑨ 可见其规模相当大。不过,上举这些洋行的活动,包括大沽驳船公司在内,都没有什么发展,历史文献上很少记载。⑩

## 二、矿山开采业

第一次鸦片战争以后,水上运输工具已开始从帆船向轮船过渡。轮船用煤成为发展轮运事业的一大问题。无论从西方来华的

---

① 莱特:《商埠志》,第 827 页。
② 《中国行名录》,1863 年,第 31 页。
③ 《中、日、菲行名纪事录》,1880 年。
④ 《中、日、菲行名纪事录》,1886 年。
⑤ 《中、日、菲行名纪事录》,1866 年。
⑥ 《华北、日本等地案头行名录》,1879 年。
⑦ 《中、日、菲行名纪事录》,1886 年。
⑧ 《申报》1889 年 9 月 27 日。
⑨ 《申报》1889 年 9 月 23 日。
⑩ 以上转引自汪敬虞:《十九世纪西方资本主义对中国的经济侵略》,第 338—363 页。

远洋轮船,还是航行中国埠际之间的短程轮船,都迫切需要在中国
就近取得煤炭以降低运输成本。有的记载说,在 60 年代中叶,单
旗昌一家轮船公司,每年就耗煤二三十万吨。① 当时旗昌轮船基
本上都是行驶长江航线的。同时期内,行驶沿海航线的外国轮船,
每年耗煤 40 万吨。② 从 50 年代中叶到 70 年代初叶,每年输入上
海的煤炭就从 3 万吨增加到 16 万吨。③ 中国煤炭对外商轮船航
运业的发展关系极大。据旗昌轮船公司的材料,在 1870 年上半
年,这家公司由于改进了用煤技术,采用湖北和江西的土产煤炭,
大大降低了航运成本,所以能提出 112500 两银子作为红利分给股
东。④ 这一切足以说明西方入侵者掠夺中国煤炭资源的要求是十
分迫切的。

### (一)台湾基隆煤矿

台湾基隆煤矿,久已为人所知。鸦片战争后,英国军舰不时闯
到台湾,派人勘察基隆煤矿,为轮船筹划燃料。⑤ 航行远东的大英
轮船公司早在 1847 年就和台湾的一个中国商人订立了购煤 700
吨的合同。⑥ 1848 年,美国开辟横渡太平洋的轮运航线,把利用基
隆煤炭视为轮运成败的关键。1849 年,美国驻华公使德威仕
(J. W. Davis)亲自跑到台湾去鉴定煤的质量。德威仕在发给美国

---

① 《矿务档》,三,1950 年版,第 1951 页。

② 《美国外交文件》,1864 年,第 362 页。

③ 《英领报告》,1865 年,上海,第 86 页,1872 年,上海,第 140 页。

④ 刘广京:《势力的对抗》,第 93、197 页。

⑤ 《夷务始末》,咸丰朝,第 3 卷,第 14 页。

⑥ 戈登:《台湾东北部煤矿考察记》(Observations on Coal in the N. E.
Part of the Island of Formosa),转引自黄嘉谟:《甲午战前之台湾煤务》,第
11—13 页。

国务院的报告里建议以"合理的条件"，取得基隆煤矿开采权。在德威仕的鼓吹下，美国海军随即派遣军舰到达台湾，勘察基隆煤矿，结果证实基隆煤炭完全适于用作轮船燃料。亲自进行勘察的舰长奥格登（W. S. Ogden）在报告中说，"有可能及时签订一项协议，取得这项重要物资的供应，甚至建立一个堆栈，以备将来由加利福尼亚到达这个口岸的轮船之用"①。当时的《中华丛报》宣称，"既然在这个可以往来出入的地点蕴有煤产，减少对欧洲煤斤的倚赖又最为求之不得，那么，各外国当局必然会对于这件事情立刻有所行动"②。

1850 年，英国的驻华公使文翰和驻福州领事金执尔（W. R. Cingell）一再提出购运基隆煤炭的要求，未能得逞。③ 4 年以后（1854 年），厦门领事巴夏礼又为英国轮船提出申请，同样遭到拒绝。④ 但事实上，在此之前一年，大英轮船公司早已不断擅自进行采购。⑤ 第二次鸦片战争结束以后，台湾终于对外开放。英国垂涎已久的台煤，从此成为他们公开攫取的一项资源。而在战争期间对矿区进行过调查的侵略分子士委诺（R. Swinhoe），这时又担任了英国驻台湾府的第一任领事。⑥

美国在这个时期的活动，比英国猖狂得多。

---

① 达维斯：《美国公文汇编》第 1 辑，第 12 卷，第 4 页。

② 丹涅特：《东亚》，第 245 页。

③ 《夷务始末》，咸丰朝，第 2 卷，第 19 页，第 3 卷，第 14—16 页。

④ 戴维逊：《台湾今昔》(J. W. Davidson, The Island of Formosa, Past and Present)，第 479 页。

⑤ 喀布：《大英轮船公司百年史》(B. Cable, A Hundred Year History of the P. & O. )，第 135 页。

⑥ 士委诺：《台湾杂记》(Notes on the Island of Formosa)，转引自黄嘉谟：《甲午战前之台湾煤务》，第 24—26 页。

1850 年,美国驻厦门领事布莱特雷继美国海军之后,派人到台湾进行活动,打着寻找失事船只和海员的幌子,企图对台煤做进一步的窥探,取得了更多的台煤资料。① 1854 年,美国远东舰队司令贝勒(M. C. Perry)率领的远东舰队,在远征日本之后,开到台湾,对煤的产量、质量、价格以及采掘和运输条件,进行了周密的考察,发现了 8 个到 10 个"极其广大和富有价值的煤区"。他叫嚷这些矿区"如果归一个美国的矿产公司掌握,其价值当不可限量"。他嚣张到这种地步,以致完全蔑视中国主权,认为只要停泊在中国及日本海域的美国舰队的一二船舰不时在岛上出现,不需要美国政府的保护,"一个兴旺的美国居留地就可以很快地建立起来"②。

贝勒的狂妄主张,得到美国商人的普遍响应。一个长期居留中国的美国商人哈里斯(T. Harris)以同样的腔调,说什么为了台湾煤矿,美国可以把整个台湾买下来。这样中国政府既得了一笔钱,又能和美国友好,一举两得。至于"对台湾的居民说来,美国的统治不啻是一个福音,因为他们不但不再遭受不能容忍的剥削,而且享受人身和财产的保护和安全"③。

贝勒的狂妄计划,也获得美国驻华官员的全力支持。美国公使麦莲在看到贝勒提供的台煤资料以后,立即表示要设法使美国人获得利用台湾煤炭的权利,其后又进一步利用修约的机会,纠合英国公使包令威胁清政府开放"中国海岸洲岛,捕鱼采矿"④。不

---

① 达维斯:《美国公文汇编》第 1 辑,第 12 卷,第 80—85 页。
② 卿汝楫:《甲午战争以前美国侵略台湾的资料辑要》,见《近代史资料》1954 年第 3 期,第 153—155、158 页。
③ 达维斯:《美国公文汇编》第 1 辑,第 12 卷,第 95— 96 页。
④ 《夷务始末》,咸丰朝,第 9 卷,第 47 页。

言而喻,麦莲心目中的海岸洲岛,首先就是台湾。

接替麦莲的伯驾又向前走了一步。在清朝政府拒绝修约要求之后,伯驾极力主张与英、法合作,继续对中国施加压力,他甚至提出英、法、美三国分别占领舟山、朝鲜和台湾的狂妄主张,作为压迫中国同意修约的"最后手段"①。就在这个时候,一个曾经在台湾活动多年的美国商人拉毕雷(W. M. Robinet)向伯驾建议:干脆由美国人在台湾建立政府,直接开发煤矿。他认为这是一个从来没有那么好的赚钱的生意,如果美国不采取直接控制台湾的行动,只要对自愿在台湾建立"独立政府"的美国人给予保护,也是一样的。而且,据说这样做是"有利于人道、宗教及文明的进展"②。对于这个狂妄的计划,伯驾视若圭璧,认为"具有真正的美国观点"。他在给美国政府的秘密报告中,公开煽动台湾脱离中国,说什么只要台湾一旦在政治上"和帝国脱离关系",美国就显然有必要加以占领。③

这个独霸台湾的计划,和英国的利益发生直接的冲突。不管伯驾怎样严重抗议英国的插手,怎样叫嚣美国有"占领台湾的优先权利",英国公使包令却始终抱定讨论美国在台湾的优先权问题,"既不适宜,也无必要"。④ 随着伯驾的去职,英国侵略者的活动又积极起来。

60年代初期,英国再度把注意力投向台湾煤矿,这一次出面

---

① 丹涅特:《东亚》,第243—244页;达维斯:《美国公文汇编》第1辑,第13卷,第226页。

② 达维斯:《美国公文汇编》第1辑,第12卷,第232页。

③ 丹涅特:《东亚》,第247页;达维斯:《美国公文汇编》第1辑,第12卷,第233页。

④ 达维斯:《美国公文汇编》第1辑,第12卷,第260页。

的人,换上了一批勾结地方官吏的海关洋员。在 1864 年一年之中,福州和淡水的海关税务司同时出面要求让英国商人在基隆租地开矿。① 过了两年,英国驻华公使阿礼国又亲自出马向闽浙总督提出要求,并且第一次把澎湖地区划入开采范围之内。② 这些要求都没有如愿以偿。

这时,《天津条约》即将届满 10 年,修约问题又提到日程上来。在准备谈判的过程中,英国在华商人叫嚣得特别厉害,他们要求把开采矿山的特权作为"整个中国都要敞开大门"的重要构成部分。③ 秉承他们的旨意,阿礼国也就在修约谈判中,扩大胃口,在基隆煤矿之外更要求开放直隶宛平县之斋堂和江苏江宁府之句容两处煤矿,"先准洋人开挖"④。其他都可商量,独有开挖煤窑和内河轮船、内地栈房三项,"始终坚持,志在必行"⑤。谈判结果,清政府终于在 1869 年的中英《新修条约善后章程》上屈从了他们的要求,同意 3 处煤矿对外开放(其中直隶斋堂改换为江西乐平)。

在整个 60 年代,美国的侵略活动,同样没有停止过。伯驾的计划虽然没有实现,但是他的继任者,从列卫廉到劳文罗斯(J. R. Browne)都没有放弃伯驾的野心。特别是劳文罗斯,他在驻北京的公使中,是号称"一向特别注意矿业的人"⑥。在中英谈判修约期间,他与英国侵略者一个鼻孔出气,对开放中国煤矿极尽怂恿之能事。⑦ 兼管台湾商务的美国驻厦门领事李让礼则大肆诽谤

---

① 陈培桂等纂修:同治《淡水厅志》第 4 卷,第 213 页。
② 沈瑜庆、陈衍等纂:民国《福建通志》第 83 册,外交志,第 6 页。
③ 伯尔考维茨:《中国通》,第 45、55 页。
④ 《夷务始末》,同治朝,第 63 卷,第 2 页。
⑤ 《夷务始末》,同治朝,第 63 卷,第 3 页。
⑥ 《中国政治和商务之回顾》,1868—1872 年,第 9—10 页。
⑦ 《夷务始末》,同治朝,第 63 卷,第 4 页。

中国抵制外国开矿的正义行动是一种"逆流的势力",在所谓"缓进的说服"以外,还主张对之采取强硬的措施,叫嚷什么除了"由列强方面断然的干预","再也没有可以收效的办法"。① 一些美国商人,更是跃跃欲试。1865 年和 1869 年,美国商人费尔德(Field)和高林士(C. E. Collins)先后在台湾拉拢买办和地主进行各种活动,甚至向当地的地主私典矿山,妄图非法开采。② 不过,从清政府官方手中掠夺基隆矿权几乎得逞,却是 70 年代以后的事情。

1875 年,官办的基隆煤矿正式开工。从这时起一直到中法战争爆发止,将近 10 年中,外国侵略者暂时中止了侵略台煤的活动。但在中法战争中,台湾煤矿资源自始至终是法国企图攫取的一个主要目标。在福州海战之前,法国总理茹费理(J. Ferry)即曾经要求以基隆港口及其矿山作为中国赔款的担保,基隆被法军占领以后,茹费理又提出所谓"同等价值赔偿问题",企图长期霸占基隆煤矿,在给驻华公使巴德诺(J. Patenotre)的指示中,茹费理说,"我们需要的同等价值的赔偿,要有实在价值",而"基隆的埠口及矿区的收入,可视为惟一的同等价值赔偿"。因此,必须"在 99 年期间,把基隆埠口的行政和经营海关、矿区并与该埠口有关系的各种有用的权利,让给我们"③。在战争中站在法国一边的英国侵略者也为茹费理的无理要求打圆场,以调解人自居的海关总税务司赫德甚至说,基隆煤矿由法国管理若干年,"与中国国体尚不致有所谓妨损之处"!④

中法战争结束,清政府在承受了许多屈辱条件之余,总算保全了受到巨大破坏的基隆煤矿,但是在战后恢复煤矿生产的过程中,

①②③④ 黄嘉谟:《甲午战前之台湾煤务》,第 83、80、84、188—189、196 页。

英国资本却乘虚而入。

在英国资本企图打入之前,基隆煤矿的经营大权实际上已经掌握在英国人的手里。主持煤矿善后事宜的台湾巡抚刘铭传,把全矿交给一个名叫玛体荪(H. C. Matheson)的英国矿师,要他不仅"监督职工",而且"经营财务、销售和管理全权"。① 在玛体荪手中,这个官办企业,每月亏银三四千两,不到两年,便难以为继。② 早已做好接收准备的英国商人与"急于将此累赘脱手"的台湾巡抚一拍即合,一幕盗卖基隆煤矿的丑剧,立即上演了。③

刘铭传出卖了多少主权,在 1889 年基隆矿局与出面承办煤矿的范嘉士(Hankard)所签订的合同章程中,规定得清清楚楚:第一,基隆煤矿,包括所有机器、煤炭、房屋在内,全部交出;第二,在基隆矿区以外,再让英商自由另选直径 6 英里的煤区两处,专利 20 年,直径 20 英里的油矿两处,专利 15 年,限期以内,"全台非该商不准添用机器"采取煤炭、煤油;第三,所挖煤山,所开油井,以及矿区小铁路和新建厂房、码头、堆栈所占之公地,"毋庸纳租";第四,煤斤出口,每吨纳税 1 角,不及值百抽五,而原来并不纳税的土煤,现在则要交纳厘捐,为的是防止土煤"轻价而卖,殊碍该商售路"。至于范嘉士所出的代价,则仅仅是基隆煤矿的官本 14 万两。而所谓"官本",戳穿了,就是刘铭传经手以后的亏空。对于这样廉价的拍卖,这个守土有责的疆臣,却把它吹得天花乱坠,说什么它既足以辟利源,又可以奖商务,还大有裨于民生,而所拟章程,经他再三推求,亦无后累。

刘铭传的盗卖活动,由于廷臣的反对,最后没有实现。但不出

---

① 《贸易报告》,1887 年,淡水,第 282 页。
② 刘铭传:《奏议》第 8 卷,第 22—28 页。
③ 《捷报》1889 年 8 月 3 日,第 142 页。

5 年,基隆煤矿随着整个台湾一起落入日本侵略者之手,从此沦亡了整整 50 年。

### (二)直隶斋堂煤矿

邻近京畿的京西地区,也是一个传统的手工产煤处所。"京师百万户,皆仰给于西山之煤",数百年未尝匮乏。① 因此,它很自然地成为西方侵略者掠夺的又一个对象。他们首先注意到的是京西的斋堂煤矿。在《天津条约》的签订到修约谈判前的 10 年中,西方侵略者已经进行了一系列的活动。1862 年,一个名叫柏卓安(J. M. Brown)的英国驻华使馆翻译首先进入斋堂矿区,在那里进行了详细的"调查",在给英国政府的报告中,他明目张胆地说他之所以"调查"斋堂煤矿,就是要为通商口岸外国用煤,特别是英国海军舰队用煤寻找一个"数量多、质量好、价钱便宜"的产煤地;而根据"调查"结果,他认为应该采用西法来"开发"这个煤矿。② 柏卓安的建议,得到英国政府的同意,成为后来英国在修约谈判中所提的主要要求之一。

与此同时,英国商人也有所行动。从 60 年代中期起,天津一家经营煤炭的英商广隆洋行老板海德逊(J. Henderson)就开始每年到京津一带四处"踏勘煤苗",并且从斋堂煤矿运出大批煤炭到天津,供应外国轮船使用。③ 在《天津条约》修约谈判期间,他又进一步怂恿天津英国领事,要求总理衙门准行由他修筑一条斋堂矿

---

① 彭泽益:《中国近代手工业史资料,1840—1949》第 1 卷,第 318 页。
② 英国蓝皮书:《中国》,第 3 号,1864 年,第 52—57 页。
③ 《中西见闻录》,1874 年 10 月。

区到北京天津的运煤通道。① 后来阿礼国坚持要求从西山煤窑到
北京一线"先造木路"②，大约就是反映海德逊的要求。当这个要
求被拒绝后，海德逊又把注意力转向开平矿区，他在 1870 年怂恿
天津英领事转向崇厚提出申请，要求在开平"先立煤窑"，并修建
由开平至天津的运煤铁道，以所产煤之一部分供给官用为条件，豁
免一切税负。③ 这个野心虽然没有实现，他的活动却得到洋务派
官僚的青睐，以致洋务派在兴办煤矿的过程中，也不得不借重他的
力量。当李鸿章兴办第一座煤矿——磁州煤矿时，从勘察矿址到
购办机器以及觅雇工匠，都由海德逊一手包办。④

　　和基隆煤矿一样，美国侵略者在京西一带煤矿的活动，也紧跟
着英国的步伐。

　　就在柏卓安到斋堂煤矿活动的次年(1863 年)，美国驻京公使
蒲安臣也向总理衙门推荐一个名叫庞伯里(Raphael Pumpelly)的
美籍矿师，勘察京西煤矿。这个以矿师面目出现的庞伯里的活动，
名义上是为清政府计划成立的海军舰队提供燃料，实际上则专门
窃取中国矿产情报，为进一步掠夺中国矿产做准备。他在前一年
即曾只身闯进华中内地，深入到湖南湘潭和四川夔州，专门寻找煤
矿，每到一处，都受当地人民的驱逐，不得不狼狈逃窜。但是，就是
这样一个受到人民驱逐的家伙却成为总理衙门的座上客，口口声
声要协助中国政府开发资源。他在斋堂、门头沟和房山一带跑了
许多地方，搜集到不少资料。后来只是由于清政府创立海军，采矿

---

① 《字林西报》1868 年 6 月 12 日，第 4231 页；《捷报》1870 年 1 月 18
日，第 35 页。
② 《夷务始末》，同治朝，第 63 卷，第 4 页。
③ 《汇报》1874 年 10 月 26 日。
④ 《中西见闻录》，1874 年 10 月。

的事中途发生变化,他的勘察活动,才随之中止。①

洋务派官僚因新式企业需煤孔急,于 1877 年决定开办开平煤矿,4 年后,开始出煤,又 4 年后,英商怡和洋行便企图以贷款为诱饵,控制这个煤矿。② 而一个小型的民营煤矿,也确实因结欠德国礼和洋行的债务,于 1889 年落入这家洋行之手,把所有煤斤都交给这家洋行支配,最后还是因为债台高筑,不得不封闭停产。③

### (三)江苏句容煤矿

最先发现句容煤矿的是一个名叫葛乃(J. M. Canny)的英国人。这个矿的范围包括句容县的宝华山、湖山和高资一带。据葛乃说:宝华山、湖山一带,"不但煤好而旺",而且地近长江,"转运利便"。④ 高资那里"有一条很不错的小河,终年能走平底货船,夏秋间水深至 8 尺"⑤。对航行长江的外国轮船公司而言,这是一个理想的煤栈。因此,葛乃在 1867 年秋天发现了这个矿区,第二年 8 月就急急忙忙向镇江道台要求开采,而在正式要求开采的前半年,却已拟好了一份《按照西法挖煤章程》!⑥

这个葛乃和英国驻镇江的领事有密切的联系。据他自己说,这个煤区是他和镇江领事马安(J. Markham)一块发现的。在这些非法活动和以后的无理要求中,马安实际上是一个同谋者。一方面,葛乃在其所拟的《挖煤章程》中,明目张胆地提出矿区要由领

---

① 庞伯里:《回忆录》第 1 卷,第 28、31 章;《美国外交文件》,1864 年,第 332、362 页。

② 《沪报》1888 年 12 月 8 日。

③ 《捷报》1891 年 2 月 20 日,第 211 页。

④ 《矿务档》,三,第 1944 页。

⑤ 《字林西报》1868 年 3 月 26 日,第 3967 页。

⑥ 《矿务档》,三,第 1943—1945 页。

事来"照顾弹压"①,另一方面,马安也不惜为葛乃一再奔走,在曾
国藩面前吹嘘他是一个"很体面的人",和那些在中国借开银矿
"想立刻发财"的外国"穷恶人",很不相同。② 实际上,葛乃用以
开矿的全部财产,不过是两箱钻探器。③ 他是一个道道地地"想立
刻发财"的"穷恶人"。

在马安之外,他和李鸿章的洋顾问马格里也有密切的关系,要
马格里秘密鼓动曾国藩出面开矿。他的如意算盘是:第一步,自己
开;退一步,名义上中国开,实际由他来办。大约他看到第一步走
不通,所以在给马格里的信中说,他"把这件事前后仔细想了一
下,觉得最好是能劝曾国藩自己开"④。在他所拟的章程中,也说
要由中国政府"派候补道府大员一位,作为督办,稽察窑厂一切公
事",而"总理窑厂各等事件"的位子,却留给马格里的"外国总
办"。⑤ 这两个侵略分子一唱一和,一个说"我认为我们应该领头
从事开矿"(葛乃致马格里),一个说:"在中国,一切的进步,都是
英国出力的结果"(马格里致葛乃)。他们还在密谋的过程中,彼
此告诫"不要声张"⑥。

当然,最重要的,还是英国商人集团的支持和鼓励。在现存的
怡和档案中,还保留了这家洋行准备贷款给葛乃进行开矿的记
载。⑦ 而据葛乃自己泄露,同他一道勘察这个矿区的,除了马安以

---

① 《矿务档》,三,第 1944 页。
② 《矿务档》,三,第 1948 页。
③ 《矿务档》,三,第 1953 页。
④ 鲍尔吉:《马格里传》,第 168—169 页。
⑤ 《矿务档》,三,第 1944 页。
⑥ 鲍尔吉:《马格里传》,第 168—169 页。
⑦ 1869 年 1 月 25 日,怡和经理约翰逊(F. B. Johnson)致机昔
(W. Keswick)函,转见《清华学报》1961 年 6 月,第 162 页。

外,还有一个"熟知采煤"的金义司末而(T. W. Kingsmill)。① 这个金义司末而在上海英国商人集团中是大名鼎鼎的。② 因此,当消息一公开,上海英商商会立刻提醒英国公使阿礼国,叫嚷有效地开采中国煤矿,已有实行必要。③ 而上海英商的喉舌《字林西报》也跟着大事吹捧马安,说他"的确值得在华全体外商的感谢"④。

这个计划由于中国政府的拒绝,到底没有实现。但是,侵略者是不死心的。一直到《天津条约》的修约谈判已定,句容煤矿已被迫对外开放,只是由于条约没有明确规定引用外国资本和技术,上海英国商会还悻悻地向阿礼国声明:"中国的主要通商地区和全国的矿藏,应该对欧美资本和技术一体开放,目前本会虽然同意阿礼国爵士来文中的条件,……但这并不能被视为本会放弃对中国全部地区进行商业交易的充分自由权。"特别是煤矿,"鉴于廉价的燃料对于本会所竭力提倡的轮船企业之成败,至关重要,因此,要求中国各处煤矿之自由开采,以利于外国的竞争,成为本会的正当目的"。⑤

### (四)海南昌化铜矿

在整个 19 世纪中,西方侵略者除了搜寻"廉价燃料"的煤矿以外,还注意到可以"立刻发财"的各种金属矿。在这方面,广东石碌山的铜矿,首开其端。

---

① 《矿务档》,三,第 1953 页。
② 1868 年前,金义司末而即在上海、汉口等处设有有恒洋行,一直到 90 年代中,仍然存在。参阅《中、日、菲行名纪事录》,1867—1868 年。
③ 英国蓝皮书:《中国》,第 12 号,1869 年。
④ 《字林西报》1868 年 3 月 26 日,第 3967 页。
⑤ 《字林西报》1869 年 2 月 9 日,第 5783 页。

石碌山在海南岛昌化县,邻近海滨,富有铜矿矿藏。鸦片战争以前,当地居民已经长期用土法进行开采。鸦片战争以后,这一片滨海铜矿,很快被外国侵略者看中。首先觊觎这个矿区的,也是一个英国侵略分子,时间正是他们在各地煤矿中进行猖獗活动的1865 年。筹划这次活动的英国商人高露云最初躲在幕后,却让一个香山监生林腾汉出面呈请官方"自行承办",这个林腾汉是不是洋行买办,现在还不清楚,但是他在当地显然有很大势力。他和一个姓马的江苏候补道拉上关系,以恢复停废多年的"粤东鼓铸"为名,骗取了广东巡抚郭嵩焘的批准,手下豢养了一批流氓"大棍",专门"串引洋人"。

高露云,是一个道道地地的外国流氓。他在得到林腾汉的串通和向导以后,连中国地方官都不通知,就带了几名新加坡浪人和一些钻探机器,坐着一只小汽船跑到昌化,公然招募工人准备进山开采。这个肆无忌惮地闯进非通商口岸的流氓,身上连张护照都没有。①

这一伙流氓的活动,引起了当地人民的强烈反对,他们向官府揭露了高露云和林腾汉的不法活动。在人民的压力下,广东巡抚不得不把林腾汉"严拿解省"。而高露云则逍遥法外,这位巡抚不但叫他坐船"赶快驶回香港",而且还特别关照地方官,"不可稍有凌虐"。至于铜矿,则"照例封禁"完事。②

### (五)山东金矿、煤矿

在金属矿上,西方侵略者瞩目的第二个地区,是以平度、宁

---

① 张岳崧等纂:《琼州府志》,1890 年补刻本,第 44 卷,第 36—41 页;
《沪报》1890 年 6 月 19 日。

② 张岳崧等纂:《琼州府志》,第 42 页。

海为中心的山东半岛。在这里,英美两国侵略者的活动最为猖狂。

从平度东向以至宁海,包括招远、栖霞在内,是山东的一个产金区。这个矿区的东部,邻近烟台,1862 年,烟台开放为通商口岸以后,这一大片产金区,很快受到了西方侵略者的注意。虽然在这片矿区中,平度距烟台最远,但是他们的视线却首先投向平度。

1867 年秋,有两个美国侵略分子最先来到平度,他们连当地政府都不通知,就雇了 100 多人进行开挖。这两个侵略分子都是美国在烟台一家洋行——清美洋行的老板。其中的花马太在 60 年代初,即曾勾结过中国买办商人伙开轮船公司,干过不少非法活动[1];另一个叫山福尔的却顶着烟台领事的头衔,一方面自己捏名为德爱礼,另一方面又伏着领事的身份为花马太和这个莫须有的德爱礼冒领游历执照,并且在领得执照之后,又擅自私添游历处所,然后假借游历之名,到执照上并未允准的地方干起私挖金矿的勾当。当其诡计被识破后受到中国当局的质问时,美国公使却反咬一口,居然责怪中国地方官不应该在驱逐花马太和由山福尔所顶替的德爱礼的时候,不事先知会这个冒名顶替的领事官![2]

花马太和山福尔的活动,在侵略者中间引起了强烈的"兴趣"。曾经觊觎过句容煤矿的英国领事马安,现在又跟踪来到这里,于 1868 年秋天伙同一批英国军官和商人"各带洋枪洋炮"来到平度矿区,一路上"沿山试放〔枪炮〕示威",强迫当地地方官雇工为之开挖,同时到处"强行邀截"当地居民,"迫至河干,胁以洋枪",为他们淘取金砂。当他们受到抵制的时候,却责怪地方官替他们卖力不够,"咆哮"一番之后,才离开矿区[3],并指使上海英国

---

① 《捷报》1882 年 3 月 1 日,第 238 页,3 月 15 日,第 294 页。
② 《矿务档》,二,第 739、761、745 页。
③ 《矿务档》,第 849—850 页。

报纸,替他们吹嘘,宣扬他们的侵略活动,"增进了和当地居民的友谊"!①

　　侵略者对宁海矿区的活动,更加频繁,也更加猖獗。如果说平度基本上是英美两国角逐的场所,那么宁海就是一个小小的国际竞争舞台。这里,除了英美那班人马以外,还出现了德国、法国、意大利乃至丹麦这样一些国家的侵略分子。② 他们之中,有商人,有领事③,有海军军官,有兵船水手④,也有连船票都付不起的浪人。⑤ "流氓"、"无赖之尤",这是他们的共同称号。⑥ 他们来到这里,有的串通中国奸民暗中进行活动⑦,有的则匹马单枪,公开侵占矿场,甚至打家劫舍,形同匪盗。⑧ 宁海产金中心的金山寺,在1868 年秋天一两个月之间,挖金人"车马阗溢,纷至沓来"⑨。一支法国的挖金队,公然挂起法金匠公司的旗帜。他们"掘地为灶","伐木为薪",有时"携洋枪利刃","逐人为戏",有时又"跋扈踞傲,不许一人近前"。⑩ 这些匪徒们,只要见有金砂,不论官荒民地,一律任意开挖,他们横行霸道到这种地步,以致公然宣称:"权在我手,要做就做。"⑪而当他们挖不出金砂时,却厚着脸皮,要中

---

① 《字林西报》1868 年 10 月 17 日,第 4667 页。
② 《矿务档》,二,第 761—762、773—774、812、832、866 页。
③ 《矿务档》,第 762 页。
④ 《字林西报》1868 年 8 月 25 日,第 4483 页;《矿务档》二,第 813 页。
⑤ 《字林西报》1868 年 5 月 27 日,第 4175 页。
⑥ 《矿务档》,二,第 866 页。
⑦ 《矿务档》,二,第 765 页。
⑧ 《矿务档》,二,第 869—871 页。
⑨ 《矿务档》,二,第 831 页。
⑩ 《矿务档》,二,第 832—833 页。
⑪ 《矿务档》,二,第 786—787 页。

国地方官代筹路费,才肯出境。① 这一群"想立刻发财"的"穷恶人",在 1869 年以后,才慢慢地绝迹。但是,这一批绝迹了,另一批又来了。当这一片矿区后来由中国人自己开办的时候,在中国最老的一家英国殖民地银行——汇丰银行,一直就是它的大债主。这个采矿公司存在不过 6 年,却欠了汇丰银行 18 万两的债款。②而其所以最后封闭停工,还是由于洋债无着。

在金矿以外,山东的煤矿,也是侵略者垂涎的对象。在 1867年《天津条约》修约谈判的准备期中,烟台的英国商人就曾向英国驻华公使阿礼国提出深入山东、河南和山西进行贸易的要求,在这一幅"美妙的远景"中,开采山东地区的煤矿是一个重要对象。"他们认为如果可以修建由烟台到济南的铁路以及获得开采这一地区煤矿的特权,这个远景便可以实现"。③

在英国侵略者还在纸面上议论的时候,美国侵略者却已行动起来,1867 年秋天,有两个美国人首先进入离烟台 17 英里的一个矿区,企图开采那里的煤矿。④ 这个企图没有实现。第二年又有一个美国教士高第丕(T. P. Crawford)串通中国奸民在滨海的蓬莱县占买矿山,私挖煤斤。⑤ 当事机败露,受到当地居民的反对时,"一向特别注意矿业"的美国公使劳文罗斯还三番五次为之辩护,硬逼清政府去昭雪他们的"冤情"!⑥

当然,向他们的公使提出那么"美妙的远景"的英国商人,也不会没有行动。从 70 年代开始,他们在山东中部的济南和博山一

① 《矿务档》,第 863、866 页。
② 李秉衡:《李忠节公奏议》第 10 卷,第 26 页。
③ 伯尔考维茨:《中国通》,第 46 页。
④ 《英领报告》,1866—1868 年,烟台,第 133 页。
⑤ 《矿务档》,二,第 881 页。
⑥ 《矿务档》,二,第 898 页。

线,到处乱窜,进行"勘察"(如 1892 年金义司末而在济南的活动)①;甚至占买矿山,企图开采(如 1870 年天津英商马克德珂在博山的活动)②;有的则拉拢中国商人,公然订立合同,组织合股公司。③ 而他们的"舆论",也不断为他们制造空气,"诚恳期望他们的事业能够成功"。④ 虽然这些"事业"最后一项也没有"成功",但是他们都朝着他们的"美妙的远景"一致行事,这是没有疑问的。

### (六)东北、西北边境各矿

从吉林、黑龙江到新疆的东北西北边境地区,是沙俄处心积虑掠夺中国矿产资源的广阔地带。早在 50 年代后期,沙俄为了掠夺新疆边境中国一侧的矿山资源,就已采取恶人先告状的伎俩,诬告塔城的中国人私出卡伦,到俄属境内私挖金砂,说什么这些人的活动"有伤两国百余年和好之道"。但是,经过实地察看,所指地方"并无挖金之人"。60 年代初,沙俄又妄图以向清政府运送枪炮为诱饵,取得中国境内的矿山开采权。⑤ 从 60 年代中期到 90 年代中期,俄国人在吉林的珲春和宁古塔地区,黑龙江的漠河、粗鲁海图卡内和呼伦贝尔至额尔古纳一线,和新疆的和阗至克里雅(即于阗)一线⑥,不断私越边界,勘察矿山,甚至公然进行采掘。

---

① 《捷报》1892 年 8 月 12 日,第 221 页。
② 《矿务档》,二,第 904 页。
③ 《捷报》1892 年 3 月 25 日,第 397 页。
④ 《捷报》1892 年 8 月 12 日,第 221 页。
⑤ 故宫博物馆档案部编:《清代中俄关系档案史料选编》第三编,第1096、1184、363 页。
⑥ 《矿务档》,七,第 3957—3966、4171 页,八,第 4847—4849 页。

漠河金矿是东北首要的黄金产地。根据现有文献，至迟从1877年起，就已经有大批俄国人越境盗采了。① 1883年，有一个名叫谢列杜金的冒险家，曾潜入漠河，盗挖金矿，几年之间，所雇矿工从几百人激增至15000人之多。② 清政府对俄国匪徒曾多次派兵驱逐，总难根绝。1886年，清政府驻俄公使刘瑞芬获知沙俄官绅正进行集股，阴谋开采漠河金矿。清政府为了"杜患防边"，决定"及时开采，以杜外人觊觎"。③

也是在1886年，俄国商人瓦西里和萨比汤先后到黑龙江的粗鲁海图卡内进行活动。他们一个要求"约租"土地，"挖金伐木"；一个要求"约租地段，设立公司，开采金石各矿"。④ 而所要约租的地盘，竟将"内兴安岭阴一带山河，包括无遗"⑤。这些阴谋都遭到清政府的拒绝，没有得逞。但清政府对待沙俄的态度，仍然软弱得可耻。例如1889年，俄国军官伊瓦诺夫要求越入吉林境内勘察煤矿，清政府竟认为"无从违碍"，其所以未加允准，只是由于"越界并未定期，又未指明过境之处"，中国官员"无从迎护"而已。⑥

进入90年代以后，俄国以外的其他西方入侵者也注意到东北地区的矿产资源。例如1891年，外国商人就曾勾结通化士绅，阴谋开采煤炭和石油，1892年，英国人又曾阴谋开采奉天的煤矿。⑦

---

① 《漠河金矿沿革纪略》。

② 《满洲通志》，第480、489页，转见复旦大学《沙俄侵华史》编写组：《沙俄侵华史》，第286页。

③ 《光绪东华录》第2册，总第2215页。

④ 《矿务档》，七，第4171页。

⑤ 徐宗亮：《黑龙江述略》第4卷；见复旦大学《沙俄侵华史》编写组编：《沙俄略华史》，第287页。

⑥ 《矿务档》，七，第3862页。

⑦ 孙毓棠：《中国近代工业史资料》第1辑，第219—220页。

就我们所见到的史料而言,除上述各矿外,还有 1873 年外国入侵者曾窜到广东的恩平去勘察过铁矿①,1888 年他们又曾企图勾结买办人物开采广东天华银矿。天华银矿由大买办唐廷枢和徐润接办后,也有过"容许外国资本参加"的传闻②,只是由于中途停办,才没有实现。

纵观 50 多年内,西方入侵者对中国矿山的侵略活动,可以看出在五六十年代,清政府的对策是比较坚定的,到 70 年代便退到"雇用洋人"和"租买外国机器"的地步。既然中国采矿技术落后,这当然是可以理解的。但是到了 80 年代,随着买办资产阶级的成长,外国侵略势力终于出现了利用买办掠夺中国矿产资源的活动。这一点,在林腾汉之于广东石碌山铜矿,徐润、唐廷枢之于广东天华银矿,以及地主、买办和美国商人之"合作"开采台湾煤矿,以及中国商人与英商"合股"开采山东和东北矿山,都可以看得出来。此外,还有不少"奸民"和洋人"串通开挖"。③ 这些所谓"奸民",除非通过买办或买办化的人物,是不可能和洋人"串通"的。这就从一个侧面说明,中国经济的半殖民化进一步深化了。

## 三、农产品加工业

在 40—90 年代,西方入侵者搜刮中国土产,集中在生丝和茶叶两大项上。为此,他们从 60 年代开始,就前后在这两方面引进西方先进技术,减低加工成本,确保外销数量。到了 90 年代中叶,中国出口的生丝中,有将近 30% 是外国在华缫丝厂的产品,而出

---

① 《捷报》1873 年 5 月 24 日,第 455 页。
② 《捷报》1889 年 11 月 8 日,第 565 页。
③ 《夷务始末》,同治朝,第 63 卷,第 40 页。

口砖茶,则几乎全部都是外国在华砖茶厂的产品。在此同时,西方入侵者,还曾尝试运用先进技术进行大豆榨油和甘蔗制糖,都没有站住脚。

### (一)缫丝业

1861 年的怡和纺丝局,是中国境内的第一家外国丝厂。主持这个工厂的,是一个名叫美哲(John Major)的英国人。美哲在意大利的那不勒斯经营一家使用蒸汽动力的缫丝厂,有 16 年的历史。纺丝局兴建于 1860 年一月,第二年五月完工开车。最初有缫车 100 部,1863 年扩充为 200 部。机器设备主要是在香港制造的,从法国引进技术工人。① 他宣传所缫的丝,质地优良,售价可以高过欧洲的厂丝。② 但是,由于长期储茧的设备没有得到解决,蚕茧的供应不能及时,缫丝的质量并不理想,在欧洲市场上并没有打开局面。③ 因此,1869 年美哲病死以后,怡和洋行就不再继续经营下去。1870 年五月丝厂的最后一包生丝出口到欧洲以后不久,即停工关厂。10 年之中,工厂的生丝收入一共是 51 万余元,而营业开支却达 79 万多元,入不敷出达 27 万余元。④

1867 年后不久,上海一家美国人的哥立芝公司(Ezra Goodridge & Co.)也设立了 1 家丝厂。⑤ 它的规模很小,只有缫车 10

---

① 布朗(S. R. Brown):《怡和丝厂》(The Ewo Filature),载《技术与文化》,1979 年 7 月,第 553—559 页。
② 《英领报告》,1864 年,上海,第 22 页。
③ 《捷报》1875 年 4 月 1 日,第 301 页;艾伦等:《远东经济发展中的西方企业》,第 65 页。
④ 布朗:《怡和丝厂》,见《技术与文化》,1979 年 7 月,第 563 页。
⑤ 艾伦:《远东经济发展中的西方企业》,第 65 页。

架,据说开工不到 1 年,即行停业,机器随后也拆迁到日本去了。①

70 年代以降,中国手工缫丝在国际市场上的地位,一天天下降,机制丝和手工缫丝的价格悬殊。机制丝的巨额利润,越来越吸引西方侵略者的贪婪欲望。例如,1875 年,美国商人李克劳就曾串通中国的彭济泰丝行(Pengeetai Silk Hong),在上海设立丝厂。②这次活动看来没有获得成功。又如 1877 年,德国的宝兴洋行(Crasemann & Hagen)也在山东烟台利用中国人的资本成立了 1 家烟台矿丝局。③

烟台矿丝局是一个缫丝兼织绸的工厂,它宣称使用"最新式的外国机器"④,并由"有技术的外国技师监督制造"⑤。但是实际上乃是一个手工工场,它的缫丝和织绸两个主要工序完全是用手工进行的。⑥ 每日缫丝不过 50 斤。⑦ 它设有织机 200 架⑧,即使以全部缫制之丝供织机使用,每机每日用丝量也不过 2.5 斤,可见这些织机的生产能力也很小。

即使如此,这个丝厂对当时山东的手工织绸业,仍然起了很大

---

① 《海关特种报告第三种——丝》(Special Series, No. 3 Silk, Replies from Commissioners of Customs to Inspector General's Circular; No. 103, Second Series Reprinted in 1917, with a Treatise on Manchurian Tussore Silk),1881 年,第 70 页。

② 《字林西报》1893 年 5 月 15 日,第 431 页。

③ 《英领报告》,1877 年,烟台,第 39 页;施丢克尔著,乔松译:《十九世纪的德国与中国》,第 153 页;《新报》1881 年 9 月 30 日。

④ 《英领报告》,1877 年,烟台,第 39 页。

⑤ 《贸易报告》,1879 年,烟台,第 18 页。

⑥ 《海关十年报告》,1882—1891 年,烟台,第 75 页,1892—1901 年,烟台,第 80—81 页。

⑦ 《海关十年报告》,1892—1901 年,烟台,第 80 页。

⑧ 《贸易报告》,1880 年,烟台,第 34 页。

的打击作用。原来山东的手工织绸集中在烟台附近的栖霞、昌邑和宁海等地。这种手织茧绸的最大缺点，是不易染色，因此它只能生产素绸，而且丝经深淡不匀，颜色十分黯淡。烟台矿丝局尽管也是手工织造，但在染色方面，却比中国手织业先进，它能生产各种花纹的绫绸，价格"比本地所织茧绸的价格高得多"①。根据80年代初期的调查，山东昌邑、宁海、栖霞3地的手工茧绸织机，一共不过950架②，拥有200架织机的烟台矿丝局自然构成手工织绸业者的严重威胁。

这个丝厂在成立后的第四年（1881年），就进行了一次改组。改组的目的，一方面是吸收中国商人的资本扩大经营；另一方面则是要利用中国官僚的势力，企图垄断。从改组的招股广告中可以看出，它打算把资本由原来的4万两扩大到10万两。招股广告中写道："局内资本准华商入股至十分之六，与局洋商得失均沾，无或少减。"③据当时烟台的海关报告说，改组为股份公司的缫丝局"几乎全部是中国人出资"④。至于利用中国官僚的力量以达到垄断的目的也进行得很顺利。招股广告说，它已经得到北洋通商大臣李鸿章的批准，许以10年营业期限。在山东，东海关道和海关税务司对公司事务有"秉公评断"之权。

买办在这个公司里发挥了不小的作用。这次改组活动的中心人物，是著名的买办唐茂枝。这个以投靠怡和洋行起家的买办，这

---

① 《丝》，第25—27页。
② 《贸易报告》，1880年，烟台，第34页。
③ 《新报》1881年9月30日；《申报》1881年10月6日。
④ 《贸易报告》，1881年，烟台，第9页，参阅《海关十年报告》，1882—1891年，烟台，第75页。

次却以广丰洋行的代表身份担任了改组以后的烟台缫丝局的总董事。① 人们都知道唐茂枝是上海怡和洋行老买办唐廷枢之兄,他自己从1871年起担任了这家洋行天津分行的买办。② 1873年,唐廷枢离开怡和进入李鸿章发起的招商局以后,正是其兄接替了唐廷枢的职位。当1876年李鸿章派唐廷枢主办开平煤矿时,又是其兄替唐廷枢筹集了开办煤矿所需的资本。③ 既然开平煤矿几十万两的巨额资本,他都可以一手包办,那么几万两的烟台缫丝局的资本的筹措自然是轻而易举的了;既然其兄在经济上支援了其弟,那么,已经进入李鸿章幕中的唐廷枢在政治上支援其兄,也是题中应有之义了。烟台缫丝局之所以顺利地达到它改组的目的,看来关键就在这里。

以买办为主要力量的改组后的烟台缫丝局,对公司的前途原来抱有很大的希望。当年的烟台海关报告说:"在集股章程里,公司的发起人很有信心地预料这个新公司开业之后,本省丝业一定会获得大大地改进。"④但是,事情并不顺利,转眼到第二年(1882年),公司虽然添置了机器,实行了部分的机器生产⑤,但有人却说:"作为一个中国股份公司的缫丝局,年来很不成功",一张票面200两的股票在市面上只值50两银子。⑥ 因此一度有过转让给德国债权人的酝酿⑦,但没有成为事实。第三年(1883年)上海《申

————————

① 《申报》1883年7月25日,1887年12月3日。

② 《捷报》1875年8月28日。

③ 《捷报》1897年9月3日,第459—460页。

④ 《贸易报告》,1881年,烟台,第9页。

⑤ 《海关十年报告》,1882—1891年,烟台,第75页。

⑥ 《英领报告》,1882年,烟台,第17页,原报告谓股票面值为250两,非是。参阅《新报》1881年9月30日;《申报》1881年10月6日。

⑦ 《英领报告》,1882年,烟台,第17页。

报》上出现了烟台缫丝局再次增资的广告。这次没有增加新股，而是要求老股每股加收本银 100 两。如果不愿加股，则"将老股股本 200 两折归实本 120 两，将来分派官利余利亦以 120 两本银照算"①，由此可见，新公司在两年之中股本亏折了 40%。

从 1884 年起，公司继续营业，这一年烟台的海关报告写道：缫丝局的业务可能逐渐发达起来，其所产的丝经在欧洲的销路也有起色，茧绸的质量也有所改进。② 但是，由于增资的工作进行得很迟缓，到 1883 年年底还有 30% 的股款没有缴足。③ 1884 年虽然勉强经营了 1 年，终以资本周转不灵，于 1885 年歇业。④

这个得到营业 10 年权利的丝厂的歇业，引起了当初给予这项权利的李鸿章的注意。他在丝厂歇业的当年 8 月，委派熟悉洋务的伍廷芳到烟台去和德国人交涉复工事宜。⑤ 就在第二年年底，当时任山东海关监督的盛宣怀接收了这个工厂。据说，这个时候，公司的原本和续本已达 123000 余两，而德国总办盎斯以公司负有德国一家银行的借款 46000 余两为借口，拒不交出。交涉结果，盛宣怀以 3 万两的代价，将盎斯撤换⑥，随后又加入了大买办徐润等人的股份。⑦ 从此德国资本便退出了这个企业。

烟台毕竟不是中国缫丝业的中心，70 年代以降，外国资本对中国缫丝业的侵略活动，集中在江浙蚕丝贸易中心的上海。在这

① 《申报》1883 年 7 月 25 日。

② 《贸易报告》，1884 页，烟台，第 39 页。

③ 《申报》1883 年 12 月 12 日。

④ 《海关十年报告》，1882—1891 年，烟台，第 75 页。

⑤ 《申报》1885 年 9 月 19 日；《捷报》1885 年 10 月 7 日，第 395 页。

⑥ 《申报》1887 年 2 月 5 日；《海关十年报告》，1882—1891 年，烟台，第 75 页；王元绽：《野蚕录》第 3 卷，第 77 页。

⑦ 《沪报》1887 年 10 月 27 日；徐润：《年谱》，第 73 页。

里,有过长期活动的美英侵略者,仍然是两个主角。

美国的侵略活动是以当时在华最大的生丝出口商旗昌洋行所创设的旗昌丝厂(Kee Chong Filature Association)重新开始的。这家丝厂建厂于1878年①,开工于1879年。② 开办时只有缫车50架,试验了两年以后,扩大规模,缫车增至200架③,其后又大肆扩充。到1882年年初,有人估计它的设备和产量扩充不止1倍。④ 与此同时,另一家美商有恒洋行(Kingsmill Thos. W.)纠合了上海的洋商德兴、申隆、升宝等洋行打算创办1家丝绸公司,这家公司以织绸为主,兼营缫丝染色,资本计划为30万两,织机200张。⑤ 其筹办之日,正当旗昌丝厂进行扩充以后的1882年8月。当时上海的外国报纸为它吹嘘道:"这是一个值得赞美的计划,它的发起者准能很快地捞上一笔。"⑥由此可以想见美国资本在80年代初期的活跃情况。

英国在上海的第二次设厂是在1882年开始的。这一年它一连设立了公平和怡和两个丝厂,和旗昌丝厂形成了三足鼎立的局面。

公平丝厂是公平洋行(Lveson & Co.)创办的。董其事者则为英国在华最老的一家保险公司保家行的老板和一个在中国有过长期活动的立德洋行(Little & Co.)老板英国人立德。⑦ 这家丝厂成

---

① 《海关特种调查报告第三种——丝》,第70页。

② 《贸易报告》,1879年,上海,第58页。

③ 字林西报馆:《上海今昔观》,第10页;《捷报》1893年11月24日,第816页;《蚕丝》,第70页。

④ 《捷报》1882年1月17日,第63页。

⑤ 《申报》1882年8月19日,1882年9月14日。

⑥ 《捷报》1882年9月15日,第293页。

⑦ 《申报》1882年8月3日。

立于 1882 年 1 月。① 成立之初,有缫车 216 架。②

怡和丝厂成立于 1882 年八月。③ 这家丝厂的创办者,就是 20 年前首先在上海成立纺丝局的怡和洋行。它设有缫车 200 架④,和旗昌丝厂规模相等。

这 4 个企业,除了有恒洋行的织绸厂是以织绸为主外,其他 3 家缫丝厂在开办时共有缫车 616 架。根据当时的实地调查,1 架缫车每天可出丝 12—13 两。⑤ 如果全年开工,这 3 家丝厂的年产量将达到 1600—1700 担。这种厂丝在市场上的价格比中国的手工缫丝约高 20% 至 50%,即平均每担高出 200 两。⑥ 因此 3 家丝厂年产值中溢出土丝价格的部分,将达到 30 万两以上。

由于预期缫丝业有巨额利润,80 年代上海的外国丝厂中,中国商人的附股活动,十分突出。在英国的 2 家丝厂中,怡和丝厂的股票,由中国人购买的占 50%。丝厂的 6 名董事中,中国人也占了一半。⑦ 公平丝厂开始就是由湖州丝商与公平洋行合伙开设的。⑧ 它的第一批缫车是从杭州巡抚梅启照拟办未成的一家缫丝官局那里承购得来的。⑨ 至于美国的 2 家丝厂,也很可能有中国

---

① 《捷报》1882 年 1 月 17 日,第 63 页。

② 《申报》1882 年 8 月 3 日。

③ 《捷报》1882 年 8 月 18 日,第 167 页。

④ 字林西报馆:《上海今昔观》,第 10 页;《捷报》1893 年 11 月 24 日,第 816 页。

⑤ 《申报》1882 年 8 月 3 日。

⑥ 《英领报告》,1892 年,上海,第 18 页;《字林西报》1888 年 5 月 21 日,第 463 页。

⑦ 布朗:《怡和丝厂》,见《技术与文化》,1979 年 7 月,第 566 页;《捷报》1882 年 8 月 18 日,第 167 页。

⑧ 《申报》1882 年 2 月 5 日。

⑨ 《申报》1882 年 8 月 9 日,1884 年 12 月 26 日。

商人的附股,因为有恒洋行的丝绸厂,曾经在上海公开招募股份。① 据当时上海一家外国报纸透露:"中国公众以极大的热忱支持这个计划。"②而旗昌则是以利用中国买办商人的资本而出名的一家洋行。1882 年,美国驻上海的副领事曾经公开说:"上海洋商所办的一些缫丝厂早已有中国人入股。"③按常理推测,这里所指的洋商,首先应该是内情为他所熟悉的旗昌洋行。

从 1861 年怡和的纺丝局起,中国烟台矿丝局以迄 80 年代初期的旗昌、公平和怡和丝厂,20 年间,清政府始终没有进行任何干涉。但是在 1882 年年底,洋务派官僚李鸿章、左宗棠等,却对当时上海的外国丝厂发起了一场打击活动。洋务派的这一次行动,是由 1882 年美国商人华地码的丰祥纱厂的计划引起的。这个计划直接触犯了洋务派主持下的上海织布局的利益,以李鸿章、左宗棠为首的官僚的打击行动,目的在于钳制华地码。

当时的南洋大臣左宗棠不但指示上海道台要他克日关闭上海所有的外商丝厂④,而且晓谕各产茧地区增抽外厂收购干茧的厘金,平毁外厂烘茧的炉灶,以限制蚕茧的供应。⑤ 对于正在筹备的有恒绸厂则下令"切实议阻"⑥。

这些措施发生了一定的效果,特别是限制干茧的供应,对上海

---

① 《申报》1882 年 8 月 19 日。

② 《捷报》1882 年 8 月 19 日。

③ 《美国外交文件》,1883 年,第 132 页。

④ 《捷报》1882 年 11 月 15 日,第 518—519 页;《美国外交文件》,1883 年,第 159—160 页。

⑤ 《沪报》1883 年 4 月 25 日;《捷报》1883 年 4 月 27 日,第 449—450 页。

⑥ 《申报》1882 年 11 月 15 日;孙毓棠:《中国近代工业史资料》第 1 辑,第 95 页。

的外国丝厂是一个严重的打击。1883 年,上海的英国领事说:"中国当局在某些地区的售茧禁令若不取消,恐怕这种企业不会有成功的可能。"①关闭外国丝厂,看来没有立即实行,但是由于蚕茧供应的困难,三家丝厂中,有一家在 1883 年一度停业,另外两家则缩小生产规模。② 至于正在筹备的有恒丝绸厂,则偃旗息鼓,再也没有活动了。

但是雷厉风行的措施转瞬成为过去。当华地码计划中止,上海织布局所受的威胁随之解除以后,洋务派官僚即一改原来对丝厂的阻禁态度,李鸿章还应上海美国总领事丹尼(O. W. Denny)的邀请和美国驻华公使杨越翰(J. R. Young)一道参观了旗昌丝厂,"对他所看到的一切,发生了很大的兴趣"③。

80 年代中期以后,这 3 家丝厂发生了不同的变化。公平丝厂的营业不很顺利,1885 年停工出让,由中国人租办了一个时期,80 年代末再度停工,后来终于转到中国人的手里。④ 旗昌丝厂在 1891 年由于旗昌洋行的倒闭,也进行了一次改组,由厂东之一卜鲁纳(Pawl Brunat)接办改组为宝昌丝厂(Shanghai Silk Filature Ltd. ),资本扩大为 15 万两,缫车据说也增至将近 1000 架。⑤ 怡和丝厂的营业则始终兴盛,它不但扩大了缫丝的规模,而且于 1888 年在丝厂之外又成立了一专门整理废丝的怡和丝头厂(Ewo Silk

---

①  《英领报告》,1882—1883 年,上海,第 227 页。

②  《英领报告》,1882—1883 年,上海,第 227 页。

③  《捷报》1883 年 7 月 6 日,第 19 页。

④  《申报》1885 年 3 月 20 日,1887 年 12 月 22 日;《中国时报》1889 年 8 月 17 日,第 516 页;《中外日报》1901 年 5 月 23 日。

⑤  《捷报》1891 年 11 月 27 日,第 727 页;字林西报馆:《上海今昔观》,第 10 页。

Spinning Weaving and Dyeing Co. )。① 80 年代末期,由于蚕茧供应
的缺乏,它停工了一个时期。② 到了 19 世纪和 20 世纪之交,它的
资本已经增至 50 万两,缫车增至 500 架,年产量达到 750 担③,成
为当时上海基础最巩固的一家外国丝厂。

　　90 年代上半期,上海又增加了 4 家外国丝厂,这就是 1891 年
英国的纶昌丝厂(Lun Chong Silk Filature),1892 年美国的乾康丝
厂,1893 年法国的信昌丝厂(Sin Chong Silk Filature Co. )和 1894
年德国的瑞纶丝厂。根据 20 世纪初年的记载,这 4 家丝厂共有缫
车近 1500 架,资本估计在 150 万两左右。④ 这些丝厂很多都是中
国买办的资本和外国洋行的资本相结合的产物。例如瑞纶丝厂是
由丝商兼瑞记洋行(Arnhold, Karberg & Co. )买办吴少卿经手创
办的,后来实际成为吴少卿的企业。⑤ 乾康丝厂是由拔维晏洋行
(Bavier & Co. )和中国商人合资开办的,后来也转卖给中国商
人。⑥ 其他 2 家丝厂,似乎也没有得到发展。因此进入 20 世纪,
上海的外国丝厂中,仍以资格最老的怡和丝厂居于领先的地位。

---

①　字林西报馆:《上海今昔观》,第 10 页;《中国时报》1889 年 8 月 17
日,第 516 页。

②　《中国时报》1889 年 8 月 17 日,第 516 页。

③　日本东亚同文会:《江南事情》,经济篇,第 150 页;莱特:《商埠志》,
第 573 页。

④　《江南事情》,经济篇,第 150—152 页;藤户计太:《扬子江》,第 38—
39 页。

⑤　布尔果英:《远东工商业》( J. Burgoyne, Far Eastern Commercial and
Industrial Activity),第 174—175 页;《捷报》1906 年 2 月 23 日,第 397 页。

⑥　麦仲华编:《皇朝经世文新编》第十卷,下,商政,第 60 页;熊本绪、方
南溟撰:《中国工商业考》,第 16 页;《时务报》1897 年,第 27 册,第 14—15
页。

### （二）砖茶业

从 60 年代起，西方侵略者开始直接控制茶叶的生产。英美侵略者的目光，首先投向台湾。1862 年，台北淡水开港不久，英国人就企图在那里开辟茶园。[①] 其后第 6 年（1868 年），多得洋行（Dodd & Co.）径自在台北板桥设立一家精制毛茶的焙茶厂。[②] 80 年代末期，美国旗昌洋行也在距台北不远的大稻埕设立了一家机器焙茶厂。[③] 但是，所有这些活动，都没有取得预期的结果。

在砖茶制造方面，情形就完全不同。在这里，垄断了砖茶出口贸易的俄国商人，同时垄断了砖茶的加工制造。

1861 年以前，砖茶一向是由山西商人在湖北、湖南收购，由陆路经张家口运往恰克图市场。[④] 据说在 50 年代末期，张家口—恰克图一路，还有中国茶商 28 家，经营茶叶出口贸易，"利息丰盛"[⑤]。1863 年第一批俄国茶商进入当时的茶叶贸易中心汉口。1864 年，据说汉口已经有了 9 家俄国茶商。他们每逢春季就前往茶区直接收购茶叶[⑥]，很快地控制了茶叶贸易。并且从事砖茶制造。1866 年，所有经由天津到西伯利亚的砖茶，全部是由俄国人自制或是在他们监督之下制造的。[⑦] 原来经营华茶对俄贸易的中国商人，迅速衰落下去。张家口至恰克图一线的 28 家中国茶商在

---

① 《英领报告》，1877 年，淡水，第 146 页；戴维逊：《台湾今昔》，第 373 页；吴锡璜纂：民国《同安县志》第 36 卷，第 5 页。

② 威廉·乌克斯：《茶叶全书》下册，第 77—78 页；《英领报告》，1871 年，淡水、基隆，第 135 页。

③ 《美国外交文件》，1888 年，第 329 页。

④ 《贸易报告》，1866 年，天津，第 95 页。

⑤ 《清季外交史料》第 23 卷，第 10 页。

⑥ 《英领报告》，1864 年，汉口，第 121 页。

⑦ 《英领报告》，1868 年，天津，第 165 页。

70 年代末期只剩下了 3 家。① 短短的时间内,"俄国人彻底地改
变了茶叶贸易的结构",取得了从生产以至运销的全部控制权。②

对于生产的控制,俄国商人采取了双管齐下的办法。首先他
们实行了买青的制度。当茶叶尚未采摘时,他们就和茶农订约收
购。③ 这和 50 年代英美茶商在上海实行的预购制度,有类似之
处;不同的是,英美商人一般利用了中国商人的中介,而俄国商人
则"在产茶地区建立了他们自己的茶栈"④,和茶农发生更加直接
的接触,因而更加便利他们对茶农的剥削和控制。

他们控制生产的第二个步骤,是把砖茶的制造,全部掌握在自
己手中。70 年代以前,所有砖茶的制造厂都设在他们的茶栈所在
地,沿用着手工生产的方式。⑤ 然而,手工生产究竟不能满足侵略
者的要求。因此当砖茶的贸易进一步扩大时,他们就逐渐把砖茶
的生产中心由产区崇阳、羊楼峒一带向茶叶的集散中心汉口集中。
与此同时,中国的砖茶生产,第一次使用动力的机器。

俄国商人在汉口设立机器砖茶工厂,是从 19 世纪 70 年代中
期开始的。1875 年汉口的英国领事报告说:"这里有两家俄国商
人经营的砖茶制造工厂,他们用蒸汽机器代替了本地人多年使用
的粗笨的压机。"⑥1876 年的海关报告说:"最近两年内,有 3 个使

---

① 《清季外交史料》第 23 卷,第 10 页。

② 艾伦:《远东经济发展中的西方企业》,第 58 页。

③ 屠加雪夫:《茶》( B. P. Torgasheff, China as a Tea Producer ),第 11
页。

④ 《贸易报告》,1866 年,天津,第 95 页。

⑤ 《贸易报告》,1865 年,汉口,第 40 页,1877 年,汉口,第 14—15 页;
艾伦:《远东经济发展中的西方企业》,第 59 页。

⑥ 《英领报告》,1875 年,汉口,第 46 页。

用蒸汽机的茶厂已经迁移到汉口租界或其附近。"①但 1877 年的海关报告却说汉口现在有 4 家砖茶工厂,其中只有 2 家使用蒸汽机。② 1878 年时,汉口已经有了 6 家砖茶工场,但产茶区的崇阳和羊楼峒仍然保留了 2 家手工制造砖茶的工场。而汉口 6 家茶厂中也有 3 家仍然使用手工制造。③

机器之不能立刻代替手工是有其客观原因的。1877 年的海关报告说,内地的手工砖茶厂,"厂中雇的工人就住在厂的附近,厂房是普通中国式的房屋。自从这些工厂从内地迁移到汉口,开销必然地增多了,加以工人是从远处雇来的,工资也要有所提高"④。根据后人的估计,一个机器砖茶厂所需要的投资大约在 100 万至 200 万元之间。⑤ 这样大的投资在当时不能不是"一个巨大的冒险"⑥。

然而这种"巨大的冒险"又的确带来了"巨大的利润"。1878 年的海关报告这样写道:"一部手压机每天出茶砖 60 筐,25% 是废品;而蒸汽机每天出茶砖 80 筐,只有 5% 的废品。而且,由于采用机器而节省的〔生产〕费用,每筐计银 1 两,依上述产量计算,〔一部蒸汽压机〕每天就可节省〔生产费用〕80 两,相当于英金 20 镑。"⑦因此到了 70 年代至 80 年代之交,手压机就完全为蒸汽压

---

① 《贸易报告》,1876 年,总论,第 64—65 页。

② 《贸易报告》,1877 年,汉口,第 14—15 页。

③ 《贸易报告》,1878 年,汉口,第 42—44 页。

④ 《贸易报告》,1877 年,汉口,第 14—15 页。

⑤ 朱祖晦:《华中茶叶贸易》(T. H. Chu, Tea Trade in Central China),第 210 页。

⑥ 艾伦:《远东经济发展中的西方企业》,第 59 页。

⑦ 《贸易报告》,1878 年,汉口,第 43—44 页。

机所代替。① 而那些最先采用新法的侵略者,这时也都"庆幸他们
自己的远见"了。②

这些"有远见"的茶厂老板,首先当然指的是俄国人,而顺丰
(S. W. Litvinoff & Co.)、新泰(Tokmakoff, Molotkoff & Co.)、阜昌
(Molchanoff, Pechatnoff & Co.)则是被他们认为最值得"庆幸"的
3家。这些经历了由手工到机器的砖茶厂③,在80年代后期已经
完全垄断了出口砖茶的制造。它们使用最新式的机器,有自己的
发电设备。工厂的高烟囱,成为"租界里最引人注目的建筑"④。
90年代中期又出现了第四家俄国茶厂,它们共拥有砖茶压制机15
架,茶饼压制机7架,日产茶砖2700担,茶饼160担。⑤ 在整个90
年代的10年中,有价值2640多万两的茶砖和茶饼从这几家茶厂
中生产出来⑥,给茶厂资本家带来了难以估计的利润。

立定脚跟以后的机器砖茶厂,又从汉口向另外两个砖茶贸易
中心——九江和福州发展。

九江是江西茶叶的集散中心,从60年代末期起,俄国商人就
已经注意到这个地区的砖茶输出潜力。1869年夏天,汉口的一家
俄国洋行曾派人进驻产茶中心的宁州,专门进行收购,第二年经由

---

① 《贸易报告》,1879年,汉口,第269页,1881年,汉口,第6页。

② 《贸易报告》,1878年,汉口,第42页。

③ 这3家茶厂中,新泰成立于1886年,显然是先设于产茶区,迁移至
汉口的。其他两家估计也和新泰的情况相类似,参阅《捷报》1891年5月1
日,第525页。

④ 《捷报》1888年9月1日,第256页。

⑤ 《海关十年报告》,1892—1901年,汉口,第304页,日产量原为筐,
由作者加以换算估计。

⑥ 《海关十年报告》,1892—1901年,汉口,第304页;莱特:《商埠志》,
第694页。

九江出口的砖茶就陡然比往年增加了 2 倍到 3 部。① 1875 年在汉口设厂不久的新泰砖茶厂最先在九江开设了一个分厂。这一年九江的砖茶出口,就由前一年的 698 担增加到 14324 担;而茶末的出口则大大减少。② 当年的九江海关报告说:"砖茶出口增多的原因是由于俄国商人管理下的一家砖茶厂在这一年春天建成开工。"而茶末出口的减少,则是"因为很大一部分都被买去掺和茶叶制造砖茶了"③。两年以后(1877 年),顺丰砖茶厂跟着由汉口入侵九江④,进一步"推动了本埠的〔砖茶〕贸易"⑤。一直到 80 年代中期,这两个砖茶厂的"制造规模仍然很大,夏秋两季都十足开工,产量达到23000担"⑥。整个 80 年代(1882—1891 年)由九江出口的砖茶累积为 259268 担,价值 1894158 两,出口量、值均比前 10 年(1872—1881 年)增加将及 2 倍。⑦ 90 年代中期以后,增长的速度,有所减缓,但仍居九江输出品的首位。进入 20 世纪,据说九江已有茶厂 3 家⑧,大约阜昌茶厂这时也进入九江了。

福建是中国另一个产茶中心地区。其砖茶出口大约是从 70 年代初期开始的。1872 年,汉口的俄国茶商在福州设立的砖茶厂,是福建出现的第一个外国茶厂。其后 4 年间,俄商更在产茶区的建宁府(1873 年)、延平府的西芹(1874 年)以及建宁府的南雅

---

① 《贸易报告》,1870 年,九江,第 31 页。

② 《英领报告》,1875 年,九江,第 61 页;《贸易报告》,1875 年,九江,第 112 页。

③ 《贸易报告》,1875 年,九江,第 112 页。

④ 据莱特:《商埠志》,第 716 页记载,顺丰在九江成立已 30 年之久,按该书出版于 1908 年,据此判断其成立为 1877 年。

⑤ 《英领报告》,1882 年,九江,第 98 页。

⑥ 《贸易报告》,1884 年,九江,第 109 页。

⑦ 《海关十年报告》,1882—1891 年,九江,第 201 页。

⑧ 藤户计太:《扬子江》,第 136 页。

口(1875 年)和太平(1876 年)、三门(1876 年)等地方,从事设厂
活动。到 1875 年年底为止,福州、建宁、西芹 3 处,各有茶厂 2 家,
南雅口有 1 家,合计为 7 家。至 1876 年,建宁 2 家分别迁至三门
和南雅口,而太平与福州、南台,则各新增 1 厂,合计为 9 家。① 在
这几个茶厂中,我们只知道西芹 2 厂是汉口的阜昌和新泰两洋行
分别开设的。② 估计其他各厂的创办者,也不出阜昌、新泰和顺丰
之外。这几家茶厂的产量,1875 年合计为 42403 担,1876 年为
53624 担③,平均每厂年产量不超过 6000 担,其生产规模不但不足
与汉口相比,就是和九江比较,也要大为逊色。

1872 年以前,福州海关报告还没有关于砖茶出口的记载,在
第一个俄国砖茶厂出现于福州的当年,砖茶出口还不过 700 多担。
等到 1876 年 9 个茶厂全部建成之日,出口就上升为 53000 多担。
而 70 年代终了时,则已增至 102000 担。④ 但是,80 年代以后,福
建茶业已日趋衰落。福州逐渐失去了茶叶出口中心之一的地位。
这些小规模的砖茶厂也就随之陆续停业,原因不详。

综上所述,人们可以清楚地看到,以俄国为主要输出对象的砖
茶,它的加工制造主要掌握在俄国商人手里。但是,也要看到,早
在 70 年代初期,一家英国洋行就已经和汉口的中国商人勾结,打
算经营砖茶制造业,"以与俄国商人竞争"⑤。其后上海和汉口的
英国洋行也曾多次购办各式制茶机器,或自己试用,或向中国商人

---

① 《贸易报告》,1875 年,福州,第 189—199 页,1876 年,福州,第 78
页。
② 《捷报》1881 年 10 月 4 日,第 351 页。
③ 《贸易报告》,1876 年,福州,第 78 页。
④ 《贸易报告》,1876 年,总编,第 64—65 页,1879 年,福州,第 164 页。
⑤ 《贸易报告》,1871—1872 年,汉口,第 55、56 页。

推销。①

现存的历史文献还提供了一个值得注意的事实,这就是在俄国侵略者控制砖茶生产的过程中,一方面固然把中国所有的手工砖茶制造业者从这个生产领域中排挤出去,另一方面却又把和这项贸易有联系的中国商人吸引到这个领域中来。在福州,几乎和俄国人进入福州的同时,一个外国洋行的买办也在那里开办了一家砖茶厂。② 当建宁的俄国茶厂迁移到三门时,中国商人也立刻在那里设立了自己的茶厂,和俄国人进行竞争。③ 这些中国人开办的茶厂最初可能是手工工场,但在 90 年代初,它们已经开始转向机器生产。据说1891 年建宁的富商就打算购买机器,改手工生产为机器生产,他们并打算在开办的第一年免费为中国出口茶叶进行加工,而以后的加工费,也大大低于手工制造。这个计划反映了中国商人颇有意于竞争。④ 然而总的看来,他们的力量究竟是微弱的。例如福州的一家中国茶厂,成立不及两年,就被俄国人兼并过去。⑤ 至于在俄国资本集中的汉口、九江,则更难指望有中国茶厂的设立了。

## (三)棉纺织业

棉纺织品是外国销售量最大的机器制成品。西方入侵者很自然地想到运用西方技术在中国就地制造这种工业品。他们从 40 年代中叶就已在这方面进行活动,但直到 90 年代中叶,并没有取

---

① 《皇朝经世文编》第 10 卷,商政,第 72—73 页。
② 《贸易报告》,1875 年,福州,第 189—199 页。
③ 《贸易报告》,1876 年,福州,第 78 页。
④ 《字林西报》1891 年 1 月 5 日,第 8 页;《捷报》1891 年 1 月 9 日,第 33 页;《益闻录》,光绪 16 年 12 月 5 日。
⑤ 《贸易报告》,1876 年,福州,第 78 页。

得成功。

　　大约在 1844—1846 年间,一个在中国通商口岸进行传教活动的英国牧师乔治·斯密士(Rev. George Smith)就曾经通过一个名叫李云堂(译音)的中国人企图把蒸汽纺织机介绍到中国来。这个李云堂是广州某盐务监督之子,又是行商潘正炜的亲戚,在广州颇有势力。据斯密士说,李云堂要他提供蒸汽纺织机的图样和纺织方法,而他则利用这个机会,宣传"除非外国人能在中国所有口岸通行无阻,开放交换友谊机构的通道,完全的友好和信任,是无法存在的"①。斯密士和李云堂之间的交易,没有成功。大约在 1858 年,上海的一个美国商人和一个名叫席长卿的中国商人"谈论机器织布之道"②。席长卿原籍太湖洞庭山,自称"以织业世其家","湛深西学"。从他的言论看来,他是懂得一些新式棉纺织和缲丝的生产技术的。估计如果和外国商人没有较深的接触,他是不会得到这样一些知识的。③ 太湖洞庭山是和上海商业界联系比较密切的地区,那里曾经产生了不少买办人物。在洞庭山的席姓家族中,席正甫和席嘏卿一系,就是一个买办世家,在上海商业界中非常活跃。④ 正当席长卿和美国商人谈论织布之道时,有人就

---

① 乔治·斯密士:《中国各领事城市访问记》(G. Smith, A Narration of an Explanatory Visit to Each of the Consular Cities of China in the Year 1844、1845、1846),第 108—109 页。

② 《新报》1878 年 8 月 6 日。

③ 《新报》1879 年 2 月 27 日。

④ 按席正甫与席嘏卿为兄弟。席正甫亦于 50 年代后期来到上海,先营钱庄,不久即任汇丰银行买办。其子席裕成等 4 人,分任汇丰、麦加利、德丰和沙逊等行买办。席嘏卿为上海麦加利银行最早的买办韦文圃之账房,其子席裕康亦为麦加利买办。参阅莱特:《商埠志》,第 540、560 页;《上海洞庭东山会馆落成报告书》,各页。

说：江苏之席姓，已是上海的"殷富华商"，"买卖最大，与夷商交易最久"。① 这个席长卿显然正是席姓家族中的一员。

席长卿以后又先后和法国以及其他各国的商人发生过接触，1865年，他还进一步和外国资本家聚议招股和详细考究自制颜料，筹备布匹等事，着手进行设厂的具体工作，只是由于纠合不到足够的股东，计划没有实现。②

1868年，上海英商轧拉佛洋行，创设一家火轮机织本布公司，这是西方侵略者在中国领土上非法设立的第一家棉纺织厂。这个机织本布公司，在招股章程中宣称：洋布在中国没有销路，卖不出高的价钱，因之，织洋布其利必小。而土布虽然有销路，但用手工织造，效率低，至多不过维持工食，惟有用机器织造土布，效率高，销路广，又能维持较高的价格，所得毛利至少相当成本1倍，高的时候，可以达到3倍以上。③ 又说，它所出的土布，为数不多，不过占松江府属所出土布的百分之一二，因此既"不致存搁不销"，也"不致有碍各乡机户"。④ 然而，这个计划一出来，就遭到中国手纺织业者的反对。他们认为"如果机器代替了他们的职业，就会马上面临饥饿的威胁"，要上海道台"阻止这个灾难的发生"。⑤ 这个反对不知是否发生了效力。事实是，这个公司最初打算招徕750股，共75000两，在招股书中并声称："已有三百余股定去"⑥，但是剩下来的450股，却始终没有招到，以后也就无形中流产了。

1871年，广州出现一个美国人富文所办的厚益纱厂。富文

---

① 《四国新档》，英国档，第428—429页。

② 《新报》1878年8月6日。

③ 以上见《上海新报》1868年9月12日、9月24日。

④ 《上海新报》1868年9月12日。

⑤ 《字林西报》1868年10月9日，第4639页。

⑥ 《上海新报》1868年9月12日；《字林西报》1868年9月18日。

说,厚益纱厂从筹办的第一天起,就有中国人参加投资,纱厂的机器,就是由他的"华友"和他一起集股自旧金山购买得来的。而广东行商伍绍荣就是富文的"老朋友"。① 在创办这个纱厂的时候,富文同时还兼任美国驻广州的领事②,厂址就设在美国领事馆的所在地。③ 工厂是 1871 年七月开工的④,由一个名叫霍拿的英国人担任技师⑤,全部设备只值2万元,纱锭1280枚⑥,只能纺制15支的粗纱。据霍拿说:即使每天24小时全部开工,也只能纺纱800磅。⑦

这个公司在开张时,就很吸引了一些中国商人的注意。据说,它的股票一开始就出现40%的升水。⑧ 但是,工厂开工不到半年便全部停工了。原来,富文自己并没有什么资本,工厂开工以后,一切费用,全靠中国股东垫支,而工厂生产效率低下,资金周转失灵,以致订机的欠款,不能及时还清。就在这个当口,美国驻广州的新任领事,却以公司的订机欠款 600 元为理由,扣住工厂的全部机器不让开工,而富文也就"武断地"宣告停工。⑨ 中国股东先是抗议洋经理和美国领事的武断行为,当富文试图把工厂转为己有、擅自开工时,中国商人则采取拒绝的态度,以致工厂纺出来的纱,

---

① 《教会新报》1873 年 9 月 6 日;《捷报》1872 年 5 月 18 日,第 391 页。

② 《捷报》1872 年 4 月 4 日,第 262 页。

③ 《捷报》1871 年 4 月 12 日,第 260 页。

④ 《捷报》1871 年 7 月 7 日,第 503 页。

⑤ 《教会新报》1871 年 10 月 28 日。

⑥ 《教会新报》1871 年 10 月 28 日,1873 年 9 月 6 日。

⑦ 《捷报》1871 年 7 月 7 日,第 503 页。

⑧ 《捷报》1871 年 4 月 22 日,第 260 页。

⑨ 《捷报》1872 年 2 月 15 日,第 122 页,4 月 4 日,第 262 页。

竟"找不到一个买主"①。

在这种情况之下,富文又转而要求他的"老朋友"伍绍荣家族接办这个工厂,而以增加资本以偿付机器及其他机件的成本为条件。② 这个交易也没有成功,最后只得以 4900 元的代价将机器拆散拍卖完事。③ 而中国股东的资本却从此不见着落了。

在上海,英国人施克士(C. T. Skeggs),早在 1865 年便蓄意兴建一座棉纺织厂。但是,他自己并没有足够的资本,计划中的纺织公司,股份由"中西人分买"。而中国商人"绝无顾而问者"④。因此他的计划只好搁置下来。过了 10 年以后,英国资本在印度有了迅速的发展,"所获的利润已远远超过了投资者最初的期望,而印度的经营情况和一般环境与上海很相似"⑤。因此,从 70 年代中叶起,英国人又开始把目光转向上海⑥;就在这时,施克士再度提出计划,于 1877 年 4 月成立了另一家上海火轮机织本布公司(Shanghai Steam Cotton Mill Co.)。

这一次,施克士对他的计划做了周密的安排,对地基的选择,厂房的结构,机器的规格,棉花的品种,燃料的来源,以及办事人员的选拔,都做了具体规划;对于各项开支,从买地、购机、修筑厂房到原料、人工等项费用,也都做了精确的计算。按照他的计划,这个公司需要资本 20 万两。开工以后,每年可产布 60 万匹,除去棉花成本,每年可获毛利 18 万两,其中公司股东可净得 9 万两,也就

---

① 《字林西报》1872 年 5 月 16 日,第 451 页。

② 《捷报》1872 年 5 月 18 日,第 391 页。

③ 《捷报》1872 年 6 月 1 日,第 431 页。

④ 《申报》1879 年 3 月 21 日;《捷报》1879 年 3 月 21 日,第 267 页。

⑤ 《英领报告》,1877—1878 年,第 17—18 页。

⑥ 《捷报》1875 年 1 月 21 日,第 60 页;《申报》1875 年 3 月 22 日。

是 45% 的年息①, 比当时高利贷的利息还要高。

施克士最初也是只打算织窄面土布的, 认为土布最适合中国人的需要, "基业最为永久"②。他说, 洋布进口虽"日见其多", "究不及本布 1%"。③

事实上, 这时中国土布在洋布的竞争之下, 价格正在下降。因此, 当施克士的计划刚一公开, 就有人怀疑机织土布能不能获得像他所说的那样高的利润。④ 而公司的发起人也就随即"按照股东们的愿望", 计划"织造类似英国商人输入的各种棉布"了。⑤

施克士的计划公开之后, 一开始就"得到很多本地富商的支持"。据他自己说: 公司的全部股本, 在 1 个月之内, 被中国商人认去了十分之三, 这些搭股者的籍贯, 遍布江苏、浙江、福建、广东和山东等省, 其中有不少大棉花商和棉布商。据说有人甚至要求包认公司股份的四分之一, 而以纱厂专买他的棉花并将布也交他贩卖为交换条件。中国商人投资的踊跃, 使得施克士到处宣扬: 外国人要搭股份, 他都不答应。⑥

但是, 施克士的这个计划, 还是失败了。中国手工棉织业者, 对这个侵略计划表现了强烈的反对, 他们"认为这样的计划, 一旦实现, 他们的生意便要立刻完结"。以销售土布为主的上海的布业公所也通过了一项决议: "禁止贩卖机器织的布匹。"⑦在这种情

---

① 《新报》1877 年 8 月 10 日。

② 《申报》1877 年 7 月 2 日。

③ 《申报》1877 年 7 月 2 日。

④ 《申报》1877 年 7 月 3 日。

⑤ 《捷报》1879 年 3 月 21 日, 第 267 页;《英领报告》, 1877 年, 上海, 第 18 页。

⑥ 《新报》1877 年 8 月 10 日。

⑦ 《英领报告》, 1877—1878 年, 上海, 第 17—18 页。

况下,施克士不但难以再招徕新股,就是已经入股的华商,现在也都纷纷要求退股拆伙了。

公司的流产,可能和得不到中国当局的支持有关。据施克士透露,中国地方当局"怕引起中国人民的暴动",不肯支持这项计划。为施克士撑腰的英国领事,也说投靠施克士的华商害怕一旦参加这个企业,"便会造成对他们财产征税的口实",也害怕"官员们插足进来,攫取大部分的利润"。① 这些话,不完全可信,但和施克士勾结的中国商人,从此踌躇不前,则是事实。

施克士的计划失败了,但他的野心却并未完全放弃。过了两年(1879 年),当彭汝琮纠合一批买办商人所办的上海织布局得到李鸿章的批准以后,施克士认为他的机会也再次到来,"仍欲踵行前议"②。只是这时洋务派已经进一步通过上海织布局把持整个棉纺织工业,他的计划,又没有希望了。

进入 80 年代以后,西方侵略者在中国设立工厂,就地利用中国资源剥削中国廉价劳动力的要求,愈来愈趋于迫切。从 1881 年起,北京的外国公使团就开始和总理衙门纠缠所谓设厂权的问题,企图为大规模的工业投资寻找条约根据。在这问题还没有解决时,一个美国人华地码却已经动手在上海设立纱厂了。

华地码于 1848 年就已来到广州,参加他的叔父威廉·华地码(William S. Wetmore)所主持的华地码洋行(Wetmore & Co.)。③这个在当时和旗昌、同孚、琼记并列为美国四大行的华地码洋行④曾经为华地码家族积累了不少资本。1851 年,华地码第一次来到

---

① 《英领报告》,1877—1878 年,上海,第 17—18 页。
② 《申报》1879 年 3 月 21 日。
③ 《捷报》1898 年 8 月 1 日,第 218 页。
④ 丹涅特:《东亚》,第 72 页。

上海,纠合他的表弟克莱德(Wetmore Cryder),把华地码洋行扩大
为华地码·克莱德洋行(Wetmore Cryder & Co.),不久又参加了丰
泰洋行(Fragar & Co.),并且一直担任经理职位。① 1872 年,他又
纠合英国人组织了一个浦东船坞公司。② 从此以后,在上海工业
界中,非常活跃。在这次企图设立纱厂之前,他已经先后担任了上
海电光公司(Shanghai Electric Co.)的董事长和文和招商点铜矿公
司的经理。③

　　事实上,华地码的侵略活动,并不限于经济方面。他在上海参
加过 1854 年的"泥城之战"。从 1855 年起,他就担任了工部局的
总董。④ 在太平军进攻上海时,他又和清政府雇用的侵略军头子
华尔搭上关系。⑤

　　华地码计划中的纱厂——丰祥洋纱线公司,是 1882 年 8 月成
立的。⑥ 和此前的札拉佛及施克士的计划不同,这个公司只打算
纺纱,并不织布,按照华地码的计划,公司每天要出纱 1800 担。他
说:上海进口棉纱,每年已不下三四万担,然尚不敷天津、烟台、长
江等处之销场",因此他估计棉纱的销路是不成问题的。⑦

　　据华地码自己说,他在进行筹备工作之前,就曾经和美国驻沪
总领事丹立举行过数次谈话,丹立告诉他"有一切理由进行这一
计划"⑧。在此同时,他又邀得当时英国在上海最大一家造船厂的

---

① 《捷报》1898 年 8 月 1 日,第 218 页。
② 《通闻西报》1872 年 10 月 10 日。
③ 《捷报》1883 年 6 月 15 日,第 688 页;《申报》1882 年 6 月 10 日。
④ 《字林西报》1893 年 11 月 17 日,增刊。
⑤ 《捷报》1898 年 8 月 1 日,第 218 页。
⑥ 《申报》1882 年 8 月 24 日。
⑦ 《申报》1882 年 9 月 2 日。
⑧ 《美国外交文件》,1883 年,第 133 页。

老板格兰特共同经营。这个格兰特也是一个老中国通,他在1865年就来到中国①,在上海横行霸道,他所经营的祥生船厂侵占了大量的中国土地,危害众多中国船工的生计,在1869年曾被船厂附近的中国人"用竹竿痛打了一顿"②。由于他有近20年经营船厂的经验,被华地码看中,请他担任纱厂的监工,所有"机上一切",都交给他一手经理。而华地码自己专管银钱货物。③ 班底凑齐以后,华地码又进一步和英国的呵加剌银行搭上关系,把招来的股本全部存在这家银行。④ 经过这样一番部署,丰祥洋纱线公司,就在上海露面了。

华地码的计划,还得到中国买办商人的支持。这个计划的执行人,是曾在丰泰洋行当了20多年买办的王克明。他不仅负责招股,自己也入了股份,还提供了纱厂的地基。⑤ 和王克明在一起的,还有俞少山、吴蟾卿等人,他们可能都是洋行买办或者和洋行有联系的买办化商人。据公司招股广告中透露,华地码除了以丰泰洋行的名义招股以外,还委托同孚祥号代招华股,这个同孚祥就是俞少山假借一个英国商行的牌号开办的。⑥

丰祥的资本额定为30万两,共分3000股⑦,在中国商人支持

---

① 《捷报》1894年3月30日,第463—464页。

② 《通闻西报》1869年3月8日,第526页。

③ 《申报》1882年8月24日。

④ 《申报》1882年8月24日。

⑤ 《美国外交文件》,1883年,第164页;朱士嘉:《十九世纪美国侵华档案史料选辑》第423页;《捷报》1882年10月18日,第402页,1883年1月17日,第54页。

⑥ 《捷报》1882年10月18日,第402页;《沪报》1883年9月13日;《申报》1882年8月24日。

⑦ 《美国外交文件》,1883年,第133页;《申报》1882年8月24日。

下,招股工作进行非常顺利。据华地码说,股份很快地即已招足,
而且"已经收入的股本达到三分之一"①。

但是,华地码计划,最终还是流产了。流产的原因,是由于这
个计划触犯了洋务派集团的利益。

原来华地码提出计划时,李鸿章已经为他庇护下的上海织布
局呈准了专利 10 年的办法:"十年以内,只准华商附股搭办,不准
另行设局。"②华地码计划,和上海织布局的专利发生了直接冲突,
因此,在上海美国总领事对上海道和两江总督之间,在北京美国公
使以及外交使团对总理衙门之间,便掀起了一场剧烈的交涉。

尽管外商设厂,并无条约根据,但是在这场交涉中,侵略者却
气势汹汹,美国公使杨越翰拿 1858 年中法《天津条约》第七款所
规定的外国人可在通商口岸居住贸易工作为借口,把它歪曲成
"外人绝对有权在中国通商口岸设立工厂",说什么中国禁止丰祥
的成立,是中国干涉美国利益的"极不礼貌"的"暴行",从而"必须
提出最强烈的抗议",要求对于那些"压迫和摧残美国利益的官
吏,予以严厉申斥"。③ 侵略者的喉舌上海《北华捷报》更牛头不
对马嘴地把中法《天津条约》第十四条所规定的"中国不可另有别
人联情结行,包揽贸易",作为反对上海织布局 10 年专利的口实,
要求上海英美领事采取强硬的态度。④

在蛮横的侵略者面前,负责交涉的中央大员,表现出一副可耻
的乞怜嘴脸。总署大臣奕䜣给美国政府的照会,在美国公使的眼
中,"一方面是辩论,一方面也是恳求,它向美国请愿,希望美国用

---

① 《美国外交文件》,1883 年,第 133 页。
② 李鸿章:《全书》,奏稿,第 43 卷,第 43—44 页。
③ 《美国外交文件》,1883 年,第 160、165、197 页。
④ 《捷报》1882 年 11 月 1 日,第 458 页,11 月 15 日,第 518—519 页。

人道的眼光看待中国"①。负责处理华地码事件的两江总督左宗棠则借口王克明的远年讼案,将其逮捕法办②,又下令封闭外商在上海擅自设立的丝厂③,断绝这些丝厂的蚕茧供应。④ 左宗棠还要上海华商拒绝使用上海电光公司的电灯,以示抵制。⑤ 不过,洋务派官僚对于这些措施,仍然心存畏惧。当左宗棠建议封闭美商丝厂时,李鸿章就说:"已办者恐难谕禁。"⑥左宗棠虽然扣押了王克明,但又说上海织布局和华地码发生"龃龉","其曲不在洋商"。⑦ 不过无论如何,扣押王克明一举,终于制止了华地码的计划。

前面说过,丰祥纱厂的资本,有很大一部分来自中国商人,在这里,王克明、俞少山等人发挥了极大的作用。美国公使杨越翰说:扣押王克明对华地码的计划"是一个严重的威胁",因为这个时候,买办不仅是"一个中间人、翻译员",而且是"洋行代表、洋行的亲信代办,洋商与中国商人之间的桥梁"。⑧ 缺乏这样一个重要的角色,当然使华地码的计划,遭遇到严重的困难。

但是,美国人之所以终于放弃这个计划,还有另一层原因。时至 19 世纪 80 年代,美国国内的工业正以空前的速度向前发展,

---

① 《美国外交文件》,1883 年,第 191 页。

② 左宗棠:《左文襄公书牍》第 26 卷,第 13 页;《捷报》1882 年 10 月 18 日,第 402 页。

③ 《捷报》1882 年 11 月 15 日,第 518—519 页;《美国外交文件》,1883 年,第 159—160 页。

④ 《沪报》1883 年 4 月 25 日;《捷报》1883 年 4 月 27 日,第 450 页。

⑤ 《捷报》1882 年 11 月 8 日,第 490 页;《美国外交文件》,1883 年,第 159 页;《新闻纸》1883 年 1 月 12 日,第 34 页。

⑥ 李鸿章:《全书》,朋僚函稿,第 20 卷,第 35 页。

⑦ 左宗棠:《左文襄公书牍》第 26 卷,第 15 页。

⑧ 《美国外交文件》,1883 年,第 155 页。

"把美国资本用到中国国内,雇用中国劳工制造,事实上将使该项
制造产品与美国国内工业产品所要控制的中国市场发生竞争"①。
因此美国政府对清政府施加的压力,也就适可而止了。

　　至于洋务派官僚,他们所要求的,只是自己的利益不被触犯。
他们打击了触犯他们的利益的买办,并不反对买办和外国势力勾
结。所以华地码的计划一经停止,王克明就被释放出来继续当他的
买办去了。不仅如此,当初对王克明提出控诉的是上海织布局的总
办龚寿图②,后来保释王克明的却又是曾经主持过上海织布局的
经元善。③ 而华地码的计划中止以后,左宗棠不仅指责龚寿图"办
理未能妥协",要撤他的职,以服外人之心,而且还告诚李鸿章说:上
海织布局从此只能织布,不能推广纺纱,以免"洋人得有借口"④。
这就是说,由于畏惧外国侵略势力,连自己的工厂也不敢扩充了。

　　西方入侵者鉴于暂时难以打破上海织布局的专利,有的就到
上海以外的通商口岸进行活动,例如最早在中国煤矿业中进行活
动的英国广隆洋行,在 1886 年就在天津进行了机器织布的试
探⑤;有的则企图通过借款的办法打入上海机器织布局。据说当

---

　　① 《美国外交文件》,1883 年,卷首,第 8 页。

　　② 《申报》1882 年 9 月 5 日;《万国公报》1882 年 9 月 16 日,第 52 页;
《美国外交文件》,1883 年,第 137 页。

　　③ 《申报》1882 年 9 月 5 日;《万国公报》1882 年 9 月 16 日,第 52 页;
《美国外交文件》,1883 年,第 137 页。

　　④ 朱士嘉:《十九世纪美国侵华档案史料选辑》第 424 页。左宗棠:
《左文襄公书牍》第 26 卷,第 29 页;李鸿章:《全书》,朋僚函稿,第 20 卷,第
40 页。

　　⑤ 《益闻录》,光绪十二年二月二十二日(1886 年 3 月 27 日)。广隆洋
行老板海德逊(James Henderson),在 60 年代末至 70 年代初,即曾在开平、磁
州等煤矿中进行活动。参阅韦廉臣:《华北纪游》第 2 卷,第 432—436 页;丁
韪良编:《中西闻见录》,1874 年 3 月,1874 年 10 月。

1887 年年初上海织布局因缺乏资本而陷于停顿时,有一个欧洲的金融机构就打算乘机而入,为织布局提供资本。① 3 年以后,德国的泰来洋行(Messrs. R. Telge & Co.)和上海织布局还进行过贷款 25 万两的谈判。② 总之,他们总在寻找机会伸进手来。③ 不过,广隆洋行的织布机器局曾经邀集华洋富商集股 100 万两,以后不见下文。④ 上海织布局的两次借款,也都没有成立。

惟一的缺口是日本人打开的,这就是三井洋行为首的上海机器轧花局(The Cotton Cleaning and Working Company)。这个机构是 1888 年成立的。虽然由三井主持,但股权则"操在欧洲人和日本人手中"⑤。英、美、德、法 4 国商人,都在这个公司投下了资本。⑥ 曾经参预过华地码计划的祥生船厂老板格兰特,这时又是这个计划的积极参加者;他不但担任招股工作,而且还主持"经造房屋,设局安置机器"⑦。该厂还得到中国商人的"赞助"。"督理"工厂的,除了外国人,还有中国的广东人。⑧ 它的资本,共分1500 股,每股 50 两,总共 75000 两。厂址在浦东,开工于1888 年。⑨

----

① 《字林西报》1887 年 6 月 16 日,第 555 页;《捷报》1887 年 6 月 17日,第 667 页。

② 《字林西报》1890 年 9 月 8 日,第 237 页。

③ 《捷报》1888 年 8 月 24 日,第 225 页。

④ 《益闻录》,光绪十二年二月二十二日(1886 年 3 月 27 日)。

⑤ 《海关十年报告》,1882—1891 年,上海,第 340 页。

⑥ 施丢克尔:《十九世纪的德国与中国》,第 281 页;日本东亚研究所:《日本对华投资》,1940 年版,第 4 页。

⑦ 《申报》1888 年 7 月 29 日;《沪报》1889 年 11 月 17 日。

⑧ 《沪报》1889 年 11 月 7 日。

⑨ 《海关十年报告》,1882—1891 年,上海,第 340 页;《日本对华投资》,第 4 页。

这个工厂从筹办到开工,是在完全不顾中国反对的情况下进行的。北洋大臣李鸿章在工厂筹办以迄开工的1年里面,曾经以祥生厂出面设局为由,3次照会英国,要求"克日停办,以符约章"①。英国一方面把责任一手推到日本身上,说什么祥生只是根据合同代为"经造房屋",于轧花局"并无干涉"②;另一方面又动员他们的"舆论",极力诽谤中国既"不聪明"又"不必要"。③ 而日本政府则以轧花厂并不"纺纱织布售与中国人",只是减低棉花重量以便利出口为口实,坚持这一项破坏中国主权的行动。④ 日本驻华公使甚至要本国政府对中国的反对,根本不予理会,即使没有条约根据,也要"先着手进行",不要"在不需要之交涉上空耗时日"。⑤ 在英、日的狡猾和蛮横态度面前,洋务派官僚束手无策,只好由他们横行霸道了。

这个工厂有轧花机32架,每天轧花约90担。⑥ 并不纺纱,更不织布。它的目的,显然为外国(主要是日本)国内纺织业资本家服务的。事实上,日本国内的棉纺织工业,这时正以迅速的步伐向前发展,它需要从中国输入大量的棉花。三井之出面组织这个轧花厂,实际上是接受了大阪纺绩会社的委托。⑦ 这个轧花厂也完成了它的使命,在它成立的前一年,中国出口棉花还不到7万担,开工的当年,就上升到50万担。⑧ 到中日甲午战争结束以后的

---

① 《沪报》1889年11月7日。
② 《沪报》1889年11月7日。
③ 《新闻纸》1889年8月9日,第794页。
④ 中国社会科学院经济研究所藏日文档案。
⑤ 中国社会科学院经济研究所藏日文档案。
⑥ 《海关十年报告》,1882—1891年,上海,第340页。
⑦ 中国社会科学院经济研究所藏日文档案。
⑧ 《贸易报告》,1889年,上海,第62页。

1895 年,中国棉花出口总数差不多达到了 90 万担。①

但是,上海机器轧花局最初的目的还是在纺纱的,只是"考虑到中国官厅拒绝外国工业企业的态度",才"打算用一笔不大的资金进行试办",成功了以后,再"大事扩充"。② 当上海机器轧花局正在由祥生的老板格兰特进行筹建时,怡和洋行立刻要"效祥生之尤",也"拟设轧花厂",并"不日即将择地建造"。③ 当机器轧花局顺利地开工,证明中国政府无力进行干涉时,美国商人伽士连又串通中国买办商人丁玉墀在上海开设了一家新棉利轧花局。④ 到了甲午战争前夕,怡和洋行就正是利用轧花机允许进口的事实,强行把纺纱机运进中国的。

怡和洋行强运纺纱机器的事,发生在 1894 年年初。但是要把这件事的经过说清楚,需要从 1893 年的日本轧花机的进口交涉谈起。

1893 年 4 月,宁波的通久机器轧花局从日本购进脚踏轧花机 36 部。当机器到达上海转运宁波时,上海道台根据李鸿章的指示,通知海关税务司禁止进口,并不许装运宁波。⑤ 这件事立刻引起了侵略者的注意,以美国公使田贝为首的公使团,向总理衙门提出照会,要求取消禁令,照会中一方面以轧花机"不过将棉花中之子轧出,并不是制造棉布"为理由,要求准许进口;另一方面却又

---

① 杨端六:《六十五年来中国国际贸易统计》,第 36 页。

② 《德国驻华总领事徐布尔煦致德国驻华公使巴兰德》,1888 年 8 月 9 日,转见施丢克尔:《十九世纪的德国与中国》,第 287—288 页。

③ 《沪报》1889 年 11 月 6 日。

④ 《申报》1891 年 12 月 16 日;《海关十年报告》,1882—1891 年,上海,第 340 页。

⑤ 《新辑时务汇通》第 5 卷,第 3—4 页;《捷报》1893 年 9 月 15 日,第 426—427 页;《贸易报告》,1893 年,宁波,第 71 页。

说"外国人进口蒸汽机器,并且用来在通商口岸改造土产为制造品","是无可怀疑的权利"。① 这显然是自相矛盾的。戳穿了,他们之所以要进口轧花机,并不是不要制造棉布,而正是要为制造棉布开辟道路。这个目的,北京的公使团不敢明言,上海的侵略者喉舌——《字林西报》,却公开说出来了,它借一个读者来信的形式说道:"轧花机固然没有把棉花变为棉布,但是它把棉花向棉布推进了非常重要的一步,而我们输入轧花机器的主要目的,正是为了便利于这种重大改变的发生。"②这里所谓"重大的改变",正是公使团的照会中矢口抵赖的"制造棉布"。

外国机器进口,本来并没有受到禁止。甚至早在鸦片战争以前,就已经有机器输入中国的记载。③ 就纺织机器的入口而言,至少在 19 世纪 60 年代,就可看到这样的记录。④ 外国纺纱织布机器之受到禁止,是从洋务派官僚插手棉纺织业以后开始的。显然,洋务派以"有关华民生计"为由,力主"机器非官办不准验收"⑤,目的并不在制止外国的侵略,而是便利自己的垄断。因此 1893 年日本轧花机的进口和 1894 年怡和纺织机的进口,便受到两种不同的对待。

关于日本轧花机进口交涉的详细经过,现在还不甚明了,但结果是很清楚的。这就是不仅日本的轧花机终于进口,而且继之而

---

① 《捷报》1893 年 9 月 15 日,第 426—427 页。

② 《捷报》1893 年 9 月 15 日,第 425 页。

③ 参阅英国蓝皮书:《上院小组委员会关于东印度公司事务的报告书》( Reports from the Select Committee of the House of Lord Appointed to Enquire into the Present State of Affairs of the East India Company 1830),附录 4,第 200 页。

④ 《上海新报》1869 年 10 月 20 日。

⑤ 李鸿章:《全书》,电稿,第 15 页。

来美国仁记洋行进口的轧花机，也以其"轧花公司在新章未立以前已设五六年之久"，"准其起岸"。① 侵略者向织布推进的"重要的一步"，究竟还没有触及到洋务派官僚的切身利益，因此也就没有什么"华民生计"的问题了。

1894 年怡和纱机的进口，则完全是另一种情况，洋务派官僚的阻禁前后坚持了一年的时间。

这时正当上海织布局被焚之后，盛宣怀以恢复布局的名义创办华盛总局，企图垄断整个棉纺织工业的时刻。这个大官僚，从他本身的利益出发，对禁阻怡和的纱机，提出了自己的对策，他反对李鸿章以上海海关名义"暂予通融"的办法，主张命令海关"坚持阻止"。② 他打听到怡和进口纱机为数只 2 万锭，值银 5000 两时，就利用上海纺织绅商名义，出价购买。③ 然而，就在这时，李鸿章已经把外国在华设厂权正式签订在屈辱的《马关条约》上，从此"藩篱尽破"，"挽回乏术"了。

在这以后，不但怡和纱厂（Ewo Cotton Spinning and Weaving Co. Ltd.）很快设立，而且在 1897 年一年之中，长期垂涎棉纺织工业的英、美、德 3 国资本家又分别设立了老公茂（Lao Kung Mow Cotton Spinning and Weaving Co. Ltd.）、鸿源（International Cotton Manufacturing Co., Ltd.）和瑞记（Soy Chee Cotton Spinning Co., Ltd.）3 家纱厂。这 4 家纱厂共拥有 185000 纱锭，和 4208000 两资

---

① 《上海道刘麒祥致署两江总督张之洞电》，光绪二十年十一月二日，《张之洞电稿》抄本。关于仁记洋行轧花公司的成立经过，现在还不清楚，它可能就是 1888 年成立的上海机器轧花局，也可能是 1891 年成立的新棉利轧花局。

② 张之洞：《全集》第 142 卷，电牍 21。

③ 《张之洞电稿》，抄本，经济研究所藏。

本。① 它们不但构成 19 世纪中国民族资本棉纺织工业的一个严
重的威胁,而且为它们自己在 20 世纪的进一步扩张奠定了坚实的
基础。

## 四、铁路电报业

铁路是资本主义国家入侵和奴役殖民地、半殖民地的重要工
具。这方面,西方入侵者早在 40 年代就已开始策划伸手了。1847
年,英国海军军官戈登上尉私自窜到基隆煤矿去进行勘察,鼓吹在
基隆到矿区之间建造铁路,以便利台煤出口,供应英国在东方海上
运输的需要。② 1849 年,外国人在广州所办的刊物更鼓吹在中国
大陆上建造铁路,以扩大对华贸易。据说,中国的国内贸易量一定
很大,销售路线遍及全国,如果能从上海修建铁路到杭州和苏州,
并许外国人到那两个城市去自由贸易,那么上海的国际和国内贸
易量就会大得多。③ 1854 年,美国海军军官裴理(M. C. Perry)派
遣其下属,也窜到基隆勘察煤矿,提出修建基隆至矿区铁路的
倡议。④
第二次鸦片战争勾起西方入侵者掠夺铁路建筑的猖狂野心。
1857—1858 年间,列卫廉和华若翰先后担任美国驻华公使时,美
商琼记洋行的老板约翰·何德(John Heard)都曾向他们提出掠夺

① 参阅汪敬虞:《中国近代工业史资料》第 2 辑,第 180 页。
② 勒费沃:《晚清西方在华企业》,第 10 页。
③ 《中国丛报》1848 年,第 391—392 页。
④ 霍克斯:《美国裴理舰队出航中国海和日本纪事》(F. L. Hawks,
Narrative of the Expedition of an American Squadron to the China Seas and Japan,
Performed in the Years 1852, 1853 and 1854,under the Command of Commodore
M. C. Perry, United States Navy),第 2 卷,第 158 页。

铁路建筑权的建议,并得到他们的支持。1859 年 4 月约翰·何德的计划包括下列七条①:

(1)"允许修建运行上海、苏州之间的铁路,包括中途的车站、煤站和其他必要的设备";

(2)"保证琼记洋行对铁路的永久专利。如果永久专利办不到,则应保证尽可能长的长期专利,并不得少于一百年";

(3)"准许购买足够的地段,以建造和运行上述铁路。如果不能购买,应准许向中国政府或私人租赁,并应享受和外国租界同样的租地条件。无论是购买或租赁必需的土地,中国地方或其他当局,都应该给予积极的合作";

(4)"保护路基和所有机厂、房屋、堆栈以及所有属于路局的财产,不受侵犯";

(5)"由于公众的暴乱或中国官员和当局采取的行动,使路局财产受到破坏、抢劫或营业中断而遭受的损失,中国政府应给予全部赔偿";

(6)"中国政府对铁路的利用,应予鼓励,不得对本地人民进行任何阻挠、压制或施加不利的影响";

(7)"中国政府应补助路局成本的 6% 至 12%,或给予修建铁路的土地以代替补贴。路局则免费或减费运送政府的储备、军队和邮件"。

撇开要求清政府"积极合作",保护铁路的一切财产"不受侵犯",给予受损财产以"全部赔偿"等等外,对铁路所经地段的"永久专利"和"享受和外国租界同样的租地条件"两条,就开创了国际关系史上前所未有的先例,是只有资本主义侵略者对半殖民地

① 洛克伍德:《琼记洋行》,第 77 页。

国家才能提得出来的蛮横要求,而后来的事实证明,这一切却成为
"未来50 年的预兆"。①  在此同时,1858 年,英国外交大臣马尔斯
伯里也把在华建造铁路作为英国的一项国策。1860 年,英国全权
代表额尔金更向上海英商指明筑路应成为今后的一项行动方针。

不过,在结束第二次鸦片战争的天津、北京两批条约上,西方
入侵者亦未为铁路建筑权取得条约依据。直到 1861 年辛酉政变
以后,他们还向恭亲王奕䜣提出这项要求,只是由于当时清王朝在
起义人民的打击之下,正濒临灭亡的绝境。他们看到在中国建造
铁路,就会引进更大动荡,造成清王朝的加速灭亡,反而不如维护
清王朝的统治,用作傀儡,更有利于侵略,因而对铁路建筑权的掠
夺,便采取了暂时"等待"的策略。

官方的暂时"等待"并不妨碍私人进行阴谋活动。1862 年,英
国驻华使馆译员梅辉立(S. F. Mayers)从广州窜到大庾岭探勘广
东至江西的铁路线,同年,英使馆馆员柏卓安窜到斋堂煤矿去勘
察,也阴谋修建铁路。1863 年,上海英、美、法 3 国洋行 23 家联名
向江苏巡抚李鸿章要求建造上海到苏州的铁路。其时李鸿章正勾
结外国流氓进攻太平军据守的苏州。这批洋行企图用"即由此路
以扫逆氛,其便捷轻利莫有过于此者"为诱饵,骗取李鸿章许以
"买受"地基,"豁免一切钱粮"②的特权。李鸿章怀疑"三国同声
造请,必有为之谋者,未必尽出商人"③,更害怕"一旦因筑路而剥

---

① 洛克伍德:《琼记洋行》,第 78 页。
② 美国国务院摄制缩微胶卷,FM112R6,第 6 卷。见宓汝成:《中国近
代铁路史资料》第 3 册,第 1308—1309 页。
③ 《李鸿章致总署函》,见宓汝成:《中国近代铁路史资料》第 1 册,第 4
页。

夺中国人民土地的时候,将会引起极大的反对"①,未敢同意。

1864年,英商怡和洋行特地把在印度具有多年筑路经验的工程师斯蒂文生(R. M. Stephenson)请到中国来,全面规划"中国铁路网"。所谓"中国铁路网"拟设4条干线,3条支线。干线一是从上海沿长江至汉口;二是从汉口至广州;三是从汉口经四川、云南直通缅甸;四是从上海经镇江至天津和北京。支线一是从上海经杭州、宁波至福州;二是从福州通入内地产茶区;三是从广州至第三条干线的某站相联结。这个铁路网把中国的四大商业中心的广州、汉口、上海、天津和政治中心的北京都联结起来,并把华中华南广大地区和英国殖民地的缅甸连成一片,可见其野心是何等的狂妄。就连外国人也认为"未免过于忽视中国政府对外国势力在中国内地的扩张所应有的反感"②。

1865年,伦敦和对华贸易有关的商人成立了中国铁路有限公司(China Railway Co. Ltd.),分别在伦敦和上海挂牌活动。这家公司拟建的铁路,除上海苏州一线外,还有广州佛山线,其中对沪苏线准备投资214万两。③

洋商掠夺中国铁路建筑权的阴谋,是得到他们各自国家的官方支持的。例如1864年,英国驻广州领事罗伯逊就向两广总督毛鸿宾游说,要求"开办"铁路;英国驻上海领事巴夏礼和使馆翻译梅辉立也向李鸿章"再三吁求"承办上海—苏州铁路;而英国公使阿礼国、美国公使蒲安臣在60年代头六七年间,也向清政府总理各国事务大臣奕䜣、文祥等人絮聒不休。他们或个别地、或配合一起"成百次"地陈说铁路有利于通商和治安。1867年9月20日,

---

① 肯特著,李抱宏译:《中国的铁路》,第4页。

② 迈伊尔:《中日条约商埠》,1867年,第412页。

③ 迈伊尔:《中日条约商埠》,1867年,第412页。

美国国务卿西华德则训令蒲安臣加紧谋求在中国筑路的特权。①
而阿礼国在 1866 年还提出具体要求,说什么黄浦江岸不便起卸货
物,应在上海修一条铁路到吴淞,以便在吴淞起卸货物,往来上
海。② 这个要求被总理衙门拒绝,但后来,终于偷偷摸摸地建造了
淞沪铁路。

此外,福州税务司、法人美里登(Meritens)向福建巡抚徐宗干
要求在福州到海口罗星塔之间修建一条铁路;海关总税务司赫德
也在 1865 年秋交给总理各国事务衙门一份题作《局外旁观论》的
说帖,威胁清朝政府必须信守不平等条约的一切规定,并以教训的
口气说,"做轮车以利人行",是"外国可教之善法",清朝政府"应
学应办"。③ 第二年,英国驻华公使馆参赞威妥玛又在阿礼国授意
下,草成题作《新议略论》的节略,由阿礼国递给总理各国事务衙
门,要求清朝政府准许在"各省开设铁道",以博取"各国"的"欣
悦"。④

1858 年,中英《天津条约》订有 10 年后可以修改的条文。据
此,西方各国从 1867 年起便纷纷进行修约活动。其中英国公使阿
礼国窜到通商各口去,煽动英商要求筑路的热潮。当时英商发出
的叫嚣说,清政府不许英商筑路,则《天津条约》关于洋商可向内
地运货的条款,便等于虚设。他们主张采取"猛进政策",即使"冒
着使中国(清政府)崩溃的危险,也在所不惜"。⑤ 在这种舆论的
配合下,英、美、法、德、俄各国在华使节接踵跑到总理衙门去"哓

---

① 《美国外交文件》,1866 年,第 509 页。
② 《清季外交史料》第 5 卷,第 19—21 页。
③ 《夷务始末》,同治朝,第 40 卷,第 20 页。
④ 《夷务始末》,同治朝,第 40 卷,第 30 页。
⑤ 伯尔考维茨:《中国通》,第 45—46 页。

晓再四",声称"不办不休"。①

清中央政府为修约问题,通饬曾国藩、刘坤一、崇厚、官文等通商各省的将军、督抚16人筹划对策。他们对于建造铁路问题的态度,可以曾国藩为代表。曾国藩说,内地筑路,将使"车驴任辇旅店脚夫之生活穷矣","中国亿万小民穷极思变",势必"与彼为仇",故对于筑路要求,"但以婉言求之,诚意动之",以"至诚"求得外国人的垂怜,撤销要求。② 曾国藩故意把他的奏稿泄露给上海的外文报纸,进行试探。

美国驻华代办卫三畏几乎把曾国藩的奏稿全文照译送交美国国务院,并签具意见说:"一当粗野的、紧握拳头的、一向恃劳动为生的船夫、车夫等亿万中国人民的生计,忽被汽船或铁路所剥夺,以至穷蹙无归时,是可能成为他们统治者的严重灾害和真正危险的。"他认为"除非等待到这些人的知识增长了,这个政府的力量增强了,所有各省的秩序更稳定了,企图在目前就从事铁路网的修建,是否安全,确实是一个问题"③。

这个时候,震撼清王朝统治的太平天国大起义刚刚被镇压下去,遍及清帝国许多地区的起义烽火,还正在熊熊燃烧,清王朝的统治"秩序"还说不上多么"稳定"。不管西方商人和在华使领人员多么急于扩大侵略,他们政府的根本政策并不是要造成中国的更大动乱,而是要稳定清王朝的统治,就连阿礼国也说,铁路"不能作为一种条约的权利提出要求,开始应该以实验的方式介绍进来"④。只有使清政府"感觉自己是自由的,不受列强和它们的外

---

① 《夷务始末》,同治朝,第50卷,第32页。
② 《夷务始末》,同治朝,第54卷,第4页。
③ 《美国外交文件》,1868年,第1卷,第516—517页。
④ 《捷报》1870年1月18日。

交领事人员的令人愤慨的干预"时①,才能"更快更好"地达到在
中国修建铁路的目的。② 因此,在1868年中美《天津条约续增条
约》上终于出现这样的规定,"如通线(电报线)铁路各机法,于何
时、照何法、因何情,欲行制造,总由中国皇帝自主,酌度办理,美国
声明,并无干预之权及催问之意"。

1872年,上海英、美商人开始阴谋"介绍"铁路。他们组织一
个"吴淞道路公司"(Woosung Road Co.)采取扒手小偷的伎俩,用
建筑道路的招牌建筑吴淞至上海的10英里铁路。③ 他们通过英
国驻上海领事麦华陀以修筑"一条寻常马路"的谎言,骗得上海道
台冯焌光给予收购地基的特权④,妄图造成铁路后,以既成事实迫
使清方当局屈服。

1872年,吴淞道路公司买得地基后,所剩资本仅2万镑,而估
计全路工程却需款10万镑⑤,于是进行改组。改组后的公司总部
设在伦敦,公开亮出吴淞铁路的招牌。⑥ 1874年12月,吴淞铁路
破土动工,1876年7月正式通车。在1876年12月至1877年10
月的10个月内,收得票价38300元⑦,换得了他们的"高度满
意"⑧。

然而,不管是马路还是铁路,都是破坏中国领土主权的强盗行

---

① 伯尔考维茨:《中国通》,第56—57页。
② 马士著,张汇文等译:《中华帝国对外关系史》第2卷,第233页。
③ 勒费沃:《晚清西方在华企业》,第107—108页。
④ 《苏松太兵备道冯焌光致英国驻上海领事麦华陀照会》,光绪二年
二月二十六日,清华大学图书馆藏抄本,转引自宓汝成:《中国近代铁路史资
料》第1册,第42—44页。
⑤ 肯特:《中国的铁路》,第10页。
⑥ 《英领报告》,1876年,上海,第19页。
⑦ 《英领报告》,1877—1878年,上海,第20页。
⑧ 勒费沃:《晚清西方在华企业》,第108页。

为。所以早在收买地基的最初阶段，就受到沿线人民的抵制；后来修建桥梁，"乡民迭次拔去木桩"①；铁路即将开车营业时，沿线人民群起要求归还铁路用地，公司中人则骑马挥鞭打人；1876 年 6 月，江湾一带居民为反击英商暴行，鸣锣"聚集数百人"，捣毁公司的房屋家具，拆毁路轨。② 人民群众起来进行反侵略斗争的直接行动，迫使清政府不得不急图解决办法。

负责办理这项交涉的冯焌光向英国驻沪领事麦华陀提出 17 条理由，指责英商以"道路"为名，盗窃中国领土，建造铁路，肆意违反国际公法，并下令将英商收购地基的契约，作为废纸。③ 但是当时正在借马嘉理案对北洋大臣李鸿章进行讹诈谈判的英国驻华公使威妥玛却赤裸裸地向李鸿章发出恫吓，一则说，"已派水师提督到上海，竭力保护"；再则说，"已调兰提督大兵船两只，由大连湾星夜赴沪"，"兵端将开"，"若令停办，必闹大事"。④ 李鸿章被威妥玛吓得胆战心惊，斥责冯焌光"多方扰阻"，是"无聊之极思"，力主"稍予通融"，以免"一波未平，一波又起"。⑤

然而不管威妥玛怎样虚张声势进行恫吓，中国人民的反侵略斗争总是可畏的，英美商人盗窃中国领土总是事实，对于冯焌光的坚决态度，就连上海的英籍法官何恩比(E. Hornby)也认为"殊难

---

① 《申报》，同治十一年十二月二十六日，同治十二年二月初八日。

② 北华捷报馆：《中国政治和商务之回顾》，1873—1877 年，第 67 页；《申报》1876 年 6 月 24 日。

③ 前引冯焌光致麦华陀照会。

④ 李鸿章：《全书》，译署函稿，第 4 卷，第 50—51 页；朋僚函稿，第 16 卷，第 18—19 页。

⑤ 李鸿章：《全书》，译署函稿，第 4 卷，第 43—44 页。

言其有违反国际公法之处"①，所以交涉结果，最后便以中国出价买断了结。清政府为了买断这条长不过 10 英里的铁路耗银285000两。② 后来美国驻华公使杨越翰说，"中国政府当局出高价收买，使投资人获得极大的利润"③。这就是说，他们偷偷摸摸地进行盗窃，光明正大地"获得极大的利润"。

美国驻上海领事韦尔士（G. W. Wells）评论吴淞铁路事件说，中国当局拆除这条铁路，"完全因为在政治上有这样做的必要"，不然"又会给类似的侵犯中国领土和她的独立行动以一种强有力的鼓励"。④ 应当说，断然清除外国人对吴淞铁路的任何干预是完全必要的，但高价买断并加拆除，则既反映清政府对外政策的软弱性，又反映他们对待先进事物的愚昧性。英国驻上海领事根据这一事件所得出的看法是，"在这个国家，最近几年里不可能建筑铁路"⑤。事实上，就连西方入侵者掠夺中国铁路建筑权的活动，也暂时沉寂了一阵。

进入 80 年代以后，西方入侵者掠夺中国铁路建筑权的阴谋又活跃起来。1881 年，英国公使威妥玛在鸦片税厘问题的谈判中，强制李鸿章作出口头承诺，"若将来中国准造铁路，有需借款，则英国最称殷实，谅无舍此而与他国商借"⑥。1883 年 4 月，英国下院有人发出叫嚣说："目前英国资本的出路好像完全被堵塞了。本国最需要的就是使它的资本能够进入广大的地域。世界上有什

---

① 豪塞尔：《出卖上海》（E. O. Hauser, Shanghai, City for Sale），第 75 页。

② 沈葆桢：《政书》第 6 卷，第 76—77 页。

③ 《美国外交文件》，1883 年，第 198 页。

④ 丹涅特：《东亚》，第 596 页。

⑤ 《英领报告》，1876 年，上海，第 21 页。

⑥ 李鸿章：《全书》，译署函稿，第 12 卷，第 32 页。

么地域能和中国相比呢?"同时,英国商人也要求政府向中国"取得铁路特权和其他投资的便利"①。第二年,另一个议员又叫嚷,中国如果建筑铁路,"对我们凋敝的钢铁业来说,对我们的为外国竞争所残酷折磨的机器制造业来说,都会给予出路"②。据此可知,如果说,过去西方入侵者掠夺中国的铁路建筑权,主要还是为的便利商品运输,那么,从80年代初叶开始,已经转化为资本输出的性质了。

为输出资本而阴谋掠夺中国的铁路建筑权,引起了西方各国的尖锐矛盾。1882年,美国的《银行家杂志》制造舆论,说是不能让英国独占对中国铁路的投资。德国认为李鸿章对威妥玛的承诺是针对德国的,德国驻华公使巴兰德为取得对中国铁路的投资权益,和李鸿章进行了异乎寻常的紧张交涉。1884年,法国内阁总理茹费理发动侵华战争后,公开宣称,为了给法国冶金工业找出路,要向中国索要铁路权益。③ 在中法和谈过程中,英美两国都进行了紧张的幕后活动,既联合,又斗争。最后,在1885年的中法《越南条款》上,终于出现这样的规定,"日后若中国酌拟创造铁路时,中国自向法国业此之人商办";又"彼此言明,不得视此条为法国一国独受之利益"。这是把中国的铁路权益对任何国家都实行开放的第一个条约规定。从此,欧美各帝国主义国家争夺中国铁路权益便有了合法借口。

后来的事实表明,帝国主义掠夺中国铁路权益,主要是通过出借贷款以取得铁路器材的供应权和通过派遣技术人员以掌握铁路营运的管理权两种方式进行的。《越南条款》签订后,法兰西银行

---

① 伯尔考维茨:《中国通》,第164页。
② 季南:《英国对华外交》,第266—267页。
③ 海关总署研究室编:《中国海关与中法战争》,第85、87—88页。

立即在天津设置办事处以窥伺贷款机会,同时,巴黎又出现一家名
为东京铁路建设筹备处的机构,进行滇越铁路的筹备工作。

美国驻华使馆参赞何天爵在 1884 年就已向总理衙门提出借
贷白银 2000 万两的建议。① 1885 年,曾任美国驻华公使的西华又
向总理衙门游说举荐铁路经营人员。② 1885 年,德国驻华公使馆
参赞阿恩德(K. Arendt)曾向总理衙门提交节略,鼓吹聘用德国技
术人员和采用德国铁路器材。③ 1886 年,德国的银行家和工商界
又特派代表团到中国来向清政府表示愿为中国实现"庞大的铁路
计划"提供巨额贷款。④ 甚至比利时的钢铁界也派人来中国"寻求
铁路和其他承办契约"⑤。

在中国方面,从 70 年代中叶起,洋务派官僚也开始认识到有
必要修建铁路。在 1887—1894 年间,清政府为修建津沽铁路、津
通铁路和津榆铁路共举借过 5 笔贷款,共 641 万两。法、德、比等
国都为铁路借款进行过剧烈的争夺,实际上,这 5 笔借款都为侵华
老手的英国在华势力所贷。5 笔借款中,最大的一笔是 1885 年的
神机营借款 500 万两。这笔借款名义上是为修筑京西铁路举借
的,实际上,除拨付舰炮用款 248 万两外,其余都被用于修建颐和
园工程,供慈禧玩耍享乐去了。总观这些借款的条件,对于铁路权
益的损害,还不算很大。欧美各帝国主义国家大规模掠夺中国铁

---

① 《美国使馆参赞何天爵致总理衙门函》,光绪十年六月二十四日,见
宓汝成:《中国近代铁路史资料》第 1 册,第 71—72 页。

② 《美国前公使西华建造铁路说略》,光绪十一年正月二十九日,宓汝
成:《中国近代铁路史资料》第 1 册,第 54—55 页。

③ 《德国参赞阿恩德致总署论开铁路节略》,光绪十一年九月十四日,
宓汝成:《中国近代铁路史资料》第 1 册,第 71—72 页。

④ 《捷报》1886 年 8 月 6 日,第 145 页。

⑤ 《捷报》1889 年 4 月 29 日,第 467 页。

路权益是 1895 年以后的事情。

这里有必要对西方入侵者运用铁路从中国边疆向中国腹地伸张侵略势力的阴谋活动,略作补充。早在 1858 年,中英《天津条约》谈判期间,英国退役军官斯不莱( R. Sprye)就已向英国外交大臣马尔斯伯里建议修建仰光至思茅的铁路,说什么这是一项"伟大的国家工作",必将成为英国对华贸易的"捷径"。① 进入 60 年代以后,鼓吹从中国的"后门"进入西南腹地,成为英国资产阶级的一时风尚。曼彻斯特、哈德菲尔德、格拉斯哥、利兹、利物浦、哈里法克斯等地的工商团体纷纷向英国政府提交备忘录、请愿书,一致要求从缅甸修建铁路通向云南,采取什么路线都可以。② 1865 年,英国工程师威廉斯( J. M. Williams)向英国政府建议修建仰光—景洪铁路。英国政府采纳了他的意见,随即就派他率队从仰光出发向中缅边境进行勘察。③

1866 年,法国人安邺( F. Garnier)率探险队沿湄公河闯到云南大理,意在建筑滇越铁路,从另一方面深入西南腹地。从此,英法就为向西南伸张侵略势力进行了剧烈的竞争。其中 1867 年,英国政府曾组织施兰登( H. B. Sladen)勘察八莫至云南一线,"如果可能的话,继续前进到广州"④。前面说过,1864 年的斯蒂文生的"中国铁路网"中有一条路线是从广州出发至汉口至四川、云南线的某站相联结,把华中华南地区和缅甸连成一片的,如今施兰登勘

---

① 伯尔考维茨:《中国通》,第 140 页。

② 兰姆:《不列颠和中国的中亚细亚》( A. Lamb, British and Chinese Central Asia, The Road to Lhasa, 1667 to 1905),第 125 页。

③ 英国蓝皮书《拟议联络仰光与中国西部交通路线文件集》,第 258 页,参看宓汝成:《帝国主义与中国铁路》,第 29 页。

④ 伯尔考维茨:《中国通》,第 145 页。

察滇缅线,并继续前进至广州,这就又从南面深入囊括华中华南整
个地区了。不过,不管英国资产阶级的野心有多大,英国是迟至
1886 年才吞并了上缅甸的,就是到那以后,自然条件也使英国入
侵者始终未能建成滇缅铁路。此外,英国于 1885 年又曾派出考察
团窜到拉萨去"研究修建铁路",结果,野心也没有实现。倒是法
国后来终于修成了滇越铁路。①

　　西方入侵者在中国敷设电报线路的活动,也是破坏中国主权
的侵略行为。

　　早在沙皇俄国架设西伯利亚电线的 1862 年,俄国驻北京公使
巴留捷克(L. de Balluseck)就已向清政府提出架设恰克图至北京和
天津电线的要求。② 1863 年,英国驻华公使普鲁斯也提出架线要
求。③ 1864 年,上海英籍税务司狄妥玛(T. Dick)向江苏巡抚李鸿章
要求架设川沙海边至上海线。④ 同年,美里登向福建巡抚徐宗干要
求架设福州南台至罗星塔线。⑤ 1865 年,总税务司赫德著《局外旁
观论》,英使馆参赞威妥玛著《新政论略》,鼓吹在中国各省筑路、
开矿和架设电线,使清政府疑惧交加。对此,三口通商大臣崇厚认

---

　　①　以上资料转引自宓汝成:《帝国主义与中国铁路》,第 26—66 页;汪
敬虞:《十九世纪西方资本主义对中国的经济侵略》,第 434—447 页。
　　②　《总署收俄使巴留捷克照会》,同治元年正月初九日,《海防档》,电
线(一),第 1 页。
　　③　《总署收英使普鲁斯照会》,同治二年五月二十三日,《海防档》,电
线(一),第 3 页。
　　④　《总署收江苏巡抚李鸿章函》,同治四年二月十七日,《海防档》,电
线(一),第 89 页。
　　⑤　《总署收福建巡抚徐宗干函》,同治四年四月初二日,《海防档》,电
线(一),第 13 页。

为电线和铁路二事"于中国毫无利益,而徒贻害于无穷"①。湖广总督李鸿章认为由外国架线,"大有益于彼,大有害于我"②。江西巡抚刘坤一认为,"以中国之贸迁驿传,固无须此"③。福建巡抚李福泰斥之为"掠民扰众,变乱风俗"④。总之,在60年代清政府大官僚都反对外国架设电线。西方入侵者的一切要求,都没有得逞。

破坏中国领海、领土主权,掠夺电报线路敷设权的主要外商企业是英国的大东电报公司(The Eastern Extension Australasia and China Telegraph)和丹麦、挪威、英国和沙俄4国资本联合组成的大北电报公司(The Great Northern Telegraph Co.)的子公司大北中日电报公司(Great Northern China and Japan Extension Telegraph Co.)。中日公司挂丹麦招牌。

大东公司的远东架线计划是把欧洲通到印度的电线向东延伸,经槟榔屿、新加坡、西贡、香港直达上海。1870年4月,英国公使威妥玛向总理衙门要求广州、汕头、厦门、福州、宁波到上海的海线架设权,并许将"线端一头在通商口岸内洋行屋内安放"⑤。总理衙门屈服于英国的压力,允许"通融办理",但以"线端不牵引上岸,与通商口岸陆路不相干涉"⑥为条件。据此,英商便将海线接至停泊在吴淞口外的船上,收发电报。⑦ 清政府的这个"通融"办法,助长了西方入侵者的气焰。

也就在1870年,大北电报公司架设海参崴至长崎和横滨的海底

---

① 《夷务始末》,同治朝,第54卷,第18页。
② 《夷务始末》,同治朝,第55卷,第13—14页。
③ 《夷务始末》,同治朝,第41卷,第44页。
④ 《夷务始末》,同治朝,第55卷,第37页。
⑤ 《海防档》,电线(一),第79—81页。
⑥ 《海防档》,电线(一),第88页。
⑦ 《交通史电政篇》第1册,第3页。

电线,接着就组织大北中日电报公司着手架设上海长崎和上海香港
线。这家公司背着清政府偷偷摸摸地,从香港架设途经鼓浪屿、大戢
山岛到吴淞和上海的海底电线。① 1873年,南洋大臣李宗羲发觉大北
的架线活动,妄图借助英、美驻沪领事的力量阻止大北的非法活动。
殊不知,英、美正企图利用大北的行动造成既成事实,以实现他们在60
年代就已提出的侵略阴谋。1873年10月,总理衙门向英、美、丹3国
公使提出抗议后,扒手们自己也已认为"吴淞安设电台的事,是没有理
由来辩护的",却彼此相约"都不要去理会这项照会"。②

1874年日本入侵台湾的事件,终于使洋务派官僚认识到电报
的必要性。次年,南洋大臣沈葆桢就请准架设福州至厦门的陆线
和厦门至台湾的水线。③ 这条线路转又请求大北公司经手架设,
只是遭到闽浙总督李鹤年等人的反对,中途停办。停办电报说明,
顽固派还有一定势力,而兴办则说明洋务派也处境尴尬,他们一面
反对外国人架线,一面又不得不请求外国人架线,一面自行架线,
一面又丧失架线的国家主权。

1880年,李鸿章为架设天津到上海的陆上电报线,要求大北
公司给予技术合作。大北乘机提出条件,要求在20年内,不许他
国及他处公司在中国领水内架设海底电线。李鸿章表示许可。但
英国公使威妥玛随即在1881年向总理衙门提出,要求架设香港至
广州线。总理衙门认为既许丹麦架线,就不能拒绝英国架线。于
是英、丹两国便在掠夺中国电报架设权上进行了剧烈的竞争,其间
美国也曾伸手,还有华商的华合电报公司进行活动。这段历史关
系复杂,经过曲折,这里难以细说。

---

① 《交通史电政篇》第3册,第305—306页。
② 卿汝楫:《美国侵华史》第2卷,第162页。
③ 《洋务运动》第6册,第325页。

## 第七节　在华洋教会对房地产的掠夺

在西方资本主义发展史上,圣经和宝剑一直是对外扩张的锐利武器。他们运用宝剑掠夺落后地区的物质财富,又用圣经去麻痹那里人民的思想意识。二者相互为用,目标一致。

第二次鸦片战争以后,在清政府对外既投降又投靠的方针之下,可以看到,那些以宣扬圣教相标榜的西方来华教会,也对中国人民以暴力进行房地产的掠夺。本来,西方人来华传教已有相当长的历史,洋教士在中国的种种行径和活动是其来有自的,为了便于参照,对清前期的历史情况稍做回顾。

### 一、所谓"宗教迫害"

早在十六七世纪,即明代后期至清代前期,葡萄牙、西班牙、法兰西、意大利等国的耶稣会传教士就已渗入中国。当时一些传教士卖弄科技知识,博得了中国几个皇帝和某些士大夫的优礼,在社会上取得一定的地位。并利用这种地位去做宗教宣传,以掩护其刺探中国情况的行径。对此,明清封建统治者并非毫无察觉和防范。

尽管如此,清代前期,历任统治者为了利用传教士的科技知识,仍然把他们当做客卿加以礼遇。顺治曾任传教士汤若望(Schall von Bell)为钦天监,修造大清时宪历;并允许传教士在内地各省"随意往来传教"[①]。康熙时,有人告发汤若望等图谋不轨,

---

① 黄伯禄:《正教奉褒》,1904年,第27页。

清政府一度查禁天主教。但不久,由于查不到实据,康熙又利用他们助修历法,铸造火炮,对天主教的禁令实际上并未严格执行。1692 年(康熙三十一年)更明令弛禁。此后,康熙还命传教士测绘地图,可见对传教士是信任的。

然而,西方教会却要干涉中国的内政。1704 年,罗马教皇格勒孟德第十一把中国教民祀祖尊孔行为说成是"异端",并特地派一个名叫铎罗( C. T. M. de Tournon) 的教士到中国来宣布这个命令。大家知道,中国历代封建统治阶级一直把敬祖尊孔当做维护宗法家长制封建统治的重要手段。禁止祀祖尊孔就无异于动摇封建统治的伦理基础,当然不能不引起封建皇帝的坚决反对。所以,铎罗就受到康熙的严厉申斥。1706 年,康熙驱逐铎罗出京,并明令今后教士皆须遵行中国礼法,必决意永不西归者,才可给予照票,许其传教。然而,这个铎罗却蔑视康熙的命令,于 1707 年年初擅自在南京宣布教皇禁令,以致康熙命令把他押送澳门。此后,罗马教皇于 1720 年又派另一教士嘉禄来中国重申上述禁令。康熙在嘉禄带来的所谓教皇"敕谕"上批道:"乱言者莫过如此,以后不必西洋人在中国行教,禁止可也。"[1]这就是西方所说中国实行"宗教迫害"的由来。不过,终康熙之世,清政府并未严格执行禁教的命令。在顺治、康熙两朝,西方耶稣会传教士利用中国皇帝的优礼待遇,到各省活动。有记载说,康熙初年全国只有天主堂 30 余处,康熙末年发展到 130 余处,另一记载说多至 300 余处。[2]

雍正继位后,严格执行康熙的禁教命令。他于 1724 年年初将

---

① 陈垣辑:《康熙与罗马使节关系文书》,影印本。

② 杨光先:《不得已书》;徐宗泽:《中国天主教传教史概论》,第 242—244 页;赖德烈:《中国基督教史》( K. S. Latourette, A History of Christian Missions in China),第 158 页。

传教士遣送澳门或广州天主教堂安插，不许他们潜入内地，同时，禁止中国人入教。雍正对在京供职的传教士解释他禁教的理由说："教友惟认识尔等，一旦边境有事，百姓惟尔等之命是从，虽现在不必顾虑及此，然苟千万战舰来我海岸，则祸患大矣。"[1]后来的事实证明，雍正的这一说法是很有道理的。

事实上，不少西方传教士从放洋东来的那一天起，就已蓄谋侵略，踏上中国土地以后，直接对中国人民犯下了许多罪行。自从16世纪起盘踞在澳门的葡萄牙传教士，就长期地为西方来华的所谓"商人"侦察情况，协助他们在中国沿海进行抢掠，甚至利用宗教迷信，诱骗中国妇女儿童，卖到海外去作奴隶，"把基督教和奴隶制变成一回事"[2]。至于那些潜入内地的传教士，则更利用一切机会为任何一个西方侵略者提供情报。至今英国东印度公司的档案库里还保存着许多文件，说明18世纪潜入内地的那些传教士，经常"对一切外国商人，都主动地免费提供各种友好的协助、忠告和情报"[3]。这一点，清政府曾经有所察觉。因此，在1757年禁止洋商再来宁波贸易的时候，清政府就是把严禁设立天主堂，使"番商无所依托，庶可断其来路"联系起来考虑的。[4]

不过，清代前期各朝政府，对于传教士的阴谋活动，防范是很不够的。例如，1793年，英国马戛尔尼使团一到达中国，葡萄牙、西班牙、意大利、法兰西，乃至爱尔兰的在华教士就立刻去向他们提供"大量的情报"，口头的、书面的，从礼俗到政治内幕，各色俱

---

① 徐宗泽：《中国天主教传教史概论》，第255—256页。
② 博瑟：《葡萄牙绅士在远东1500—1770》，第235—240页。
③ 马士：《编年史》第1卷，第129页。
④ 《东华续录》，乾隆朝，第46卷。

全。① 这种行径，并没有引起清政府的注意。1805年，清政府又破获了北京传教士偷送地图出境的阴谋活动，地图上标示着从山东登州海口到直隶广平府一路的里程及教民分布情况。② 这份地图具有很高的军事价值。但这个案子仍旧没有引起清政府应有的注意，以致后来还有一些传教士留居北京。③

清政府利用传教士的科技知识，让他们留居北京供职钦天监，就是给他们留下了继续活动的内线。所以，自从雍正严令禁教以后，西方传教士仍旧不断地秘密渗入中国。法国教士孟振生（Mouly，Joseph Martial）描写他潜入北京的经过说："途中恐人知觉，令从者将余扮为病人，每晨以茶颒面，使颜色黧黄，每休息旅寓，则以茵褥蒙首，面壁而卧。"④北京且可渗入，其他城市和乡村，自然就更加易于潜居了。有记载说，到1841年，江南地区留存下来的天主堂，大大小小就达400余处之多。⑤

西方传教士到中国来进行侵略活动，都是以天主教堂等宗教机构做掩护的。这些机构都必须置备房地产作为长期的活动据点。应该着重指出的是，在鸦片战争以前，清政府并未给予外国传教士在中国随便置买田产房屋的权利。事实上，各地教堂，除北京的南堂、北堂是皇帝赐给身为钦天监官员的传教士以外，都曾盗买过房地产。于是，利用房地产以直接剥削中国人民，就成为西方教士在中国进行活动的一个重要方面。这种活动，在鸦片战争以前，已经很是猖獗。例如，康熙初，天主教传教士在杭州附近的大方井

① 普里查德：《中英早期贸易的关键年代》，第324、330、333—336页。
② 《清代外交史料》，嘉庆朝，第1册，第19、20、25—27页。
③ 马士：《编年史》第4卷，第156页。
④ 樊国梁：《燕京开教略》下编，第20页。
⑤ 徐宗泽：《中国天主教传教史概论》，第273页。

就曾购地一区,面积颇广。① 康熙中,上海天主堂就曾出租土地三百余亩。② 康熙末,广州天主堂为埋葬一个教士,就买地 11 亩做茔地,另田 26 亩,收取地租以做所谓"修扫之费"③。清政府严行禁教以后,1729 年（雍正七年）,还发现洋教士在山东历城县保有房屋 8 间,坟地 7 亩;在山东临清州有房屋 37 间,土地 4 顷 92 亩,"暗中托人每年潜收租息"④。有合法地位的北京教堂,除有皇帝恩赏宛平县立岱村河滩地 36 顷以外,从 1760 年（乾隆二十五年）到 1811 年（嘉庆十六年）又在上苇甸村、鹅房村等处兼并了大片土地山林。⑤ 在禁教期间,清政府收回的就是这些非法占有的房地产。

但是,到了鸦片战争以后,传教士却掀起一个重占这些非法占有物的所谓"还堂"浪潮,并乘机大事敲诈勒索。

## 二、所谓"还堂"交涉和强买民产

第一次鸦片战争以后,西方传教士根据 1843 年和 1844 年中美、中法不平等条约,首次取得在通商口岸租赁土地建造教堂的权利。这两个条约规定,美、法教堂所需土地,由各该国领事会同中国地方官择定,按照当地行情议定"租息",不得抬价勒,亦不得强租硬占。中法条约还规定,"在五口地方,凡佛兰西人房屋间数,地段宽广,不必议定限制"⑥。根据中美条约关于治外法权的规

① 方豪:《中国天主教史论丛》,第 60 页。
② 吴历:《墨井集》,1909 年。
③ 黄伯禄:《正教奉褒》,第 137 页。
④ 《雍正朱批谕旨》费金吾奏折。
⑤ 《清代外交史料》,嘉庆朝,第 3 册,第 52 页。
⑥ 王铁崖编:《中外旧约章汇编》第 1 册,第 54、62 页。

定,中国官员对违犯中国法律的合众国民人,其中包括传教士,并
无审讯治罪之权。而根据条约中片面最惠国待遇的规定,诸凡法、
美两国所享有的这些特权,又都无条件地适用于其他西方各国的
传教士。

最初,洋教士在通商口岸租赁房屋,需要通过清政府地方官
吏,还不是漫无约束的。比如,1845 年宁波法国教士顾芳济所需
房舍就是由宁绍台道台代为租赁的。次年,顾芳济欲添租房屋,宁
绍台道台又收买其邻近周、韩两姓房产,予以转租。① 1850 年,英
国教士借住福州神光寺,虽非地方官代为租赁,但也是经过地方官
批准,租约才能成立的。后来,当地人民坚持反对洋教士入居,地
方官还因势撤销租约,勒令神光寺僧人出具切结,保证不再租房给
洋教士。②

必须指出,根据条约,西方传教士虽取得了在五个通商口岸进
行活动的特权,但无权渗入其他城市和乡村。而此时所有中外不
平等条约都没有中国方面必须归还前此业经收回的教堂房地产的
规定,也没有中国方面必须撤销禁教命令的规定。但事实上,条约
一经签订,西方教士就猖狂活动,造成一系列所谓"还堂"交
涉——实际上就是掠夺中国人民房地产的一系列讹诈,同时,要求
撤销教禁,并且不断渗入内地。

1844 年,上海法国教士罗伯济向上海道台要求"归还"旧天主
堂。③ 法国公使剌萼尼支持这项讹诈,正式向清政府提出两项要
求,一是撤销禁奉天主教的命令,二是归还前所没收的教堂地产。
这两项要求中,前者直接干涉中国内政,后者毫无条约根据。但

---

① 《夷务始末》,道光朝,第 75 卷,第 46—47 页。
② 《夷务始末》,咸丰朝,第 2 卷,第 5 页。
③ 史式徽著,金文祺译:《八十年来之江南传教史》,第 4—5 页。

1846 年 2 月,道光却全盘接受了这两项无理要求,明白宣告"准免查禁"中国人信奉天主教,并承认"所有康熙年间,各省旧建之天主堂,除改为庙宇、民居者毋庸查办外,其原旧房屋尚存者,如勘明确实,准其给还该处奉教之人"。① 这里所说的"该处奉教之人",显系中国人而非外国教会团体。但事实上,上海县南门外的一处天主堂并不曾"给还该处奉教之人",倒成了法国教会的财产。上海城内的另一处天主堂则因旧址已改建关帝庙,由上海道宫慕久另拨董家渡、洋泾浜等三处之市肆房屋予以抵偿,也成了法国教会的财产,与该处奉教之中国人无关。②

这个时候,洋教士并不享有进入内地的特权,但是他们的活动却并不局限在 5 个通商口岸以内。总计 1846 年至 1850 年 5 年之间,洋教士非法潜入边区和内地,诸如西藏、四川、湖北、浙江、广东、河北、山西、江苏等地而被清地方官吏查获的就有 35 起之多。他们非法潜入内地以后,还要索"归还"天主堂旧址。1850 年,上海天主堂传教士赵方济(Maresca)通过法国领事敏体尼提出交涉,要求给还松江府属华亭县的天主堂旧址。清地方官吏认为,上谕只令将天主堂"给还该处奉教之人","法兰西不得过问"。③ 赵方济的讹诈,总算没有得逞。在内地,1851 年,浙江定海厅就发现洋教士霸占庙宇 6 处,地方官将其全部收回。④ 1853 年甚至在热河朝阳县松树嘴子地方也发现有洋教士建盖天主堂。⑤

但是,50 年代,上面所提到的洋教士的这些行径,还不是大量

① 《夷务始末》,道光朝,第 75 卷,第 5—6 页。
② 史式徽著,金文祺译:《八十年来之江南传教史》,第 4—5 页。
③ 《夷务始末》,咸丰朝,第 5 卷,第 1—2 页。
④ 《夷务始末》,咸丰朝,第 5 卷,第 20 页。
⑤ 《夷务始末》,咸丰朝,第 5 卷,第 6 页。

的。成为大量的、普遍的现象,乃是在第二次鸦片战争以后。

　　第二次鸦片战争以后的一系列不平等条约给予外国传教士进
入内地自由传教的特权。中法北京续约第六款并且规定,对于
"滥行查拿"传习天主教者"予以应得处分"。同时,清政府还承认
以前没收洋教士非法所占房地产的行为是对教士的"谋害",并在
这个意义上同意"归还"教产。"归还"的范围包括天主堂、学堂、
茔坟、田土、房廊等各项财产。从条文上看,"归还"仍规定给"该
处奉教之人"。但实际上一经"归还",就成为教堂、教会财产,而
教堂、教会财产又都是掌握在洋教士手中。尤其奇怪的是,清政府
应将上项财产"赔还"法国公使,由法国公使转交"该处奉教之
人"。① 于是,法国公使便成为中国领土上天主堂财产的合法代表
人,而教堂也就成了遍布城乡的外国租界了。

　　就在议订北京续约的当年和后一年,北京、济南、上海、杭州的
洋教士纷纷要求"归还"教堂旧址。第一批归还的是北京的南堂
和北堂。至于对待其他地方的"还堂"问题,清政府起初曾指示地
方官吏,断不可听传教士"凭空指控",任意讹索,必须查有确据,
方准"归还"。如果旧址已为有主之业,则另以空闲官地抵给,"难
将原基给还,以失民心"②。但是,在侵略者的炮舰威胁之下,清政
府很快就放弃了这个立场,积极支持洋教士恣意掠夺中国人民的
土地财产了。例如,前文所说上海城内天主堂交涉一案,本来已经
用别处市肆房屋抵还过了,到了这个时候,清地方官吏在法国侵略
军军官孟斗班(Cousin-Montauban)的威胁之下,又把关帝庙奉送
给法国教士。③ 又如,山东济南还堂案,清地方官吏并不以别处空

---

① 　王铁崖编:《中外旧约章汇编》第 1 册,第 147 页。
② 　《直省洋教成案》,无撰人出版年月,第 1 页。
③ 　史式徽著,金文祺译:《八十年来之江南传教史》,第 34 页。

闲地段抵换,却用暴力驱逐了天主堂旧址上的几十家居民。对于居民所受损失,只按地契原价给银 3747 两,钱 15848 千文予以补贴,至于房屋不动产则随着地皮移交给法国教士,连价值多少也没有估计。① 这样,清政府就开了运用封建国家机器为洋教士掠夺大量民财的先例。

1861 年,北京政变以后,清政府在若干问题上积极顺应外国侵略者,所谓"还堂"交涉也就愈演愈奇了。1862 年年初,太平军占领宁波,再次进攻上海,"沿海地方,均形吃紧",于是清政府为了向两年以前纵火烧毁圆明园、迫订城下之盟的英法侵略者乞求军事援助,"借师助剿",主动送给了外国侵略者更多的特权。对英国是取消了外商不得经营沿海豆类贸易的禁令,对法国则听任教士"任意指控",恣意讹诈。②

1862 年 4 月,奕訢为"还堂"问题上奏说,"现在既欲借外国之兵力帮同剿匪,则在我不能不许以一二,以事羁縻","未可稍事拘泥,致生枝节"。③ 这就是说,洋教士要求"还堂",不必进行查核,拘泥于历史上是否确有教堂存在的事实,也不必拘泥于有无民居,总得对洋教士"许以一二"。

从此,洋教士便以"还堂"为借口,掀起广泛的讹诈浪潮。勒索行为,遍及直隶、山东、山西、陕西、河南、湖北、湖南、四川、广东、江西、浙江、江苏、奉天等 10 多个省区。在直隶,洋教士提出旧教

---

① 《夷务始末》,咸丰朝,第 74 卷,第 3—4 页;《夷务始末》,同治朝,第 5 卷,第 15 页。
② 《夷务始末》,同治朝,第 4 卷,第 12、15 页。
③ 《夷务始末》,同治朝,第 5 卷,第 25 页。

堂有72处①,在江南,干脆不提多少处所,只指出了15个府县名
称。② 在1861—1868年短短的七八年间,历史上诸凡有过教堂的
所在,都遭到"还堂"的灾难,鸦片战争前一度广置田宅的教会地
主全都卷土重来。甚至历史上根本不是教堂的处所,凡是洋教士
立意侵占的,也都被说成是教堂旧址。

在山西绛州,洋教士提不出任何证据,硬指东雍书院为教会产
业,要求"归还"。地方政府以书院为士子读书之所,拟援例以他
处抵偿。法国公使却向总理衙门提出质问说:"书院本非天主堂
及各项庙宇时应诵经祭献者可比,士子读书,随地皆可,何必拘定
此处?"于是,在总理衙门的指示之下,这个占地43亩的书院并其
所属田地便"赔还"了洋教士。③

在陕西西安府,旧日天主堂遗址究在何处,已经无可稽考。传
教士,一无契据,二无亩数粮册,更指不出四至所在,却硬指城内土
地庙什字街草厂巷一处高大宅院,就是天主堂旧址。为了辨明产
权,长安、咸宁两县官员遍查新旧契据,证实该宅实系费、张二姓辗
转相承,现属已故翰林院编修张大枏子孙所有,并非天主堂旧址。
陕西巡抚刘蓉认为,"地系民业,地方官亦万难抑勒使从",拟以城
南3里之旧回寺一所另附渭河边房屋5间,一并相抵。张宅计地
7亩有零,回寺计地11亩有零,寺基大于宅基,即令张宅实系教堂
旧址,就地基面积而论,亦属足以"赔还"有余了。不料洋教士却
坚持"非省内张宅不可",同时,又拒绝付出任何代价,法国公使并
威胁说,必须教士付出代价,则法方便要从"上海税关扣偿"。这

① 《夷务始末》,同治朝,第5卷,第24页。
② 中国第一历史档案馆:《法国照会》,编号:187。
③ 中国科学院山东分院历史研究所编:《义和团运动六十周年纪念论
文集》,第168页。

场无理取闹的所谓"还堂"交涉,一直纠缠了 5 年,到 1866 年春,法国公使向总理衙门发出了最后通牒,限 6 个月内交还完竣。于是,恭亲王奕䜣遂以恐其"贻误大局","猝起衅端,责有攸归"去恫吓刘蓉,并且责问刘蓉未指出天主堂旧址所在,"足见除张姓住宅之外,别无教堂旧日基址可指"。同治帝则又严令刘蓉"迅速督属妥为办结,不得再事迁延"。结果,张宅也就一变而为天主堂旧址,转入洋教士之手了。① 根据刘蓉奏报的材料,可以发现,回寺只有正厅四进,两厢房屋 16 间,而张宅则有房屋 158 间,值银 1 万两之巨。②

1866 年春,法国公使对总理衙门提出最后通牒,是为西安和南京两地的"还堂"交涉而发的。南京和西安不同,双方都认为确曾有过天主教堂,但其地已改建仓廒。因此,南京地方官拟另行拨地抵充。洋教士不是诋其旷无人烟,就是诋其地基低湿,百般刁难。最后,法国公使在上述照会中说,如果 3 个月内不能办妥,"即可开炮破城,得城到手,难知何时交还中国"。同时,派兵船开入长江,并且要索所有交涉教务未结之省份,一经兵船到日,至少每日供给兵船费用 1000 两。③ 奕䜣所谓"猝起衅端,责有攸归",就是指的这次恫吓而言的。后来,南京交涉案也同西安交涉案一样以屈膝投降终结。当时的投降派内部,也有人不满意这样毫无掩饰的投降行为,李鸿章就深虑这样"任其指索",不独"后难为继",且有引起"民心不服"之虞。④

---

① 《夷务始末》,同治朝,第 39 卷,第 29—34 页,第 42 卷,第 66—70 页,第 43 卷,第 1—7 页。

② 刘蓉:《刘中丞奏议》第 20 卷,第 6—8 页。

③ 中国第一历史档案馆:《法国照会》,编号:156。

④ 《夷务始末》,同治朝,第 43 卷,第 32、40 页。

在"还堂"交涉中,很值得注意的是河南南阳一案。原来南阳府城迤西 12 里靳冈村确有教民聚居,"并未有实系教堂凭据"①。所谓"还堂"交涉的结果是,洋教士不仅在靳冈村占有了大片土地,而且在该地获得一种特权,即"修筑圩寨,既可建堂,复可自卫","一切均听其便"②。这就明确承认洋教士在中国内地享有收藏军器、进行武装割据之权!南阳"还堂"交涉也就开了 19 世纪末叶洋教士,特别是天主教士,在内地取得建筑圩寨特权的先例。

1871 年,总理衙门对 60 年代的"还堂"交涉说过一段总结性的话:"近年各省地方抵还教堂,不问民情有无窒碍,强令给还,甚至绅民有高华巨室,硬指为当年教堂,勒逼民间让还,且于体制有关之地以及会馆、公所、庵堂为阖境绅民所最尊最重者,皆任情需索,抵作教堂。况各省房屋,即属当年教堂,而多历年所,或被教民卖出,民间辗转互卖,已历多人,其从新修理之项,所费不赀,而教士分文不出,逼令让还。"③这段话多少反映了当时的实际情况,不过需要指出的是,"任情需索"的是洋教士,而"逼令让还"的正是清政府总理衙门自己。

至于中法《北京续约》所谓学堂、坟茔、土地、房廊的归还,也同样是对中国人民土地财产的讹索。例如,1866 年,北京天主堂教士拿出一张已不营业 50 余年的旧地契,要求"归还"土地。他们说,这块土地坐落在京西罗谷岭道徐儿山梨树洼地方,但"契内四至并无亩数",只载粮银 4 钱。根据总理衙门的计算,4 钱粮银,该得地 11 亩 3 分 9 厘,而教士强索归还的土地面积竟达 73 亩有

---

① 《夷务始末》,同治朝,第 69 卷,第 31 页。
② 《直省洋教成案》,第 35—47 页。
③ 《清朝续文献通考》,第 350 卷,第 10938 页。

零,外加煤窑 1 座。实际上,这块土地是陈文林的产业,有道光六年(1826 年)税印的红契作为证据。但是,法国公使诋其"并无别样实据呈验",而且当年传教士亦"未立有字据给予陈姓",无理地否认陈姓的所有权。经办的清地方官吏也就莫名其妙地把土地 29 亩、界内煤窑 1 座断归天主堂管业。对于地方官夺民产以授教士的处置,总理衙门还给以赞扬,说是"甚属讯断公允"。不料,天主堂教士和法国公使却坚持"除非分毫无少",不能收领完案。①问题后来究竟是怎样解决的,不得而知。但据北京天主堂主教樊国梁(A. P. M. Favier)后来在《燕京开教略》中所说,天主堂在京西有山林一区,"四面以巅为界,周可五十余里"②,也许与此次讹诈不无关联。

上面所说的是 19 世纪 60 年代洋教士所广泛掀起的"还堂"讹诈浪潮的经过和实质。这种讹诈构成了 60 年代洋教士勒索中国人民土地房产的主要内容。另外,从 60 年代起,洋教士深入内地,以租买为名,运用暴力和金钱两手来掠夺中国人民的土地房产的过程,也广泛地展开了。

第二次鸦片战争后所签订的中法《北京续约》中,法方担任翻译的传教士孟振生在中文本第六款规定的末尾,私自添上一句,"并任法国传教士在各省租买田地,建造自便"。③ 该约是以法文本为准的,中文本内私添文句并无法律效力,这是法国公使也承认

---

① 《夷务始末》,同治朝,第 43 卷,第 37 页;中国第一历史档案馆:《法国照会》,编号:140、177、183。

② 樊国梁:《燕京开教略》下编,第 61 页。

③ 王铁崖编:《中外旧约章汇编》第 1 册,第 147 页。

的。① 1861 年年初,法、美、西、日、德、荷、俄 7 国领事为了把内地
置产权夺取到手,曾在上海英国领事馆内策划过密谋。② 经过了 1
年时间,1865 年年初,法国公使柏德固(J. Berthemy)就同总理衙
门达成了一项协议。协议规定,中国政府承认法国传教士有在中
国内地租买房地产的权利,不过,契据上只能书写卖与本地天主堂
公产字样,不必专列传教士及奉教人之名。③ 这就是所谓柏德固
协议。根据这项协议,法国教士不仅有权成为通商口岸房地产的
租赁人,而且有权成为内地房地产的所有人。这实际上等于默认
上述私添文句的法律效力。协议并未正式公布,但根据最惠国条
款,诸凡订约国家的教会就都享有了这一特权。

就在签订柏德固协议的那一年,浙江会稽法国天主教教士田
某契买石童坊居民商友生的房地产业。地方官认为这项买卖是违
法的,扣押了卖主,引起了法国领事的"抗议"。对于这次交涉,总
理衙门根据协议精神指示办理通商事务的江苏巡抚李鸿章说,内
地建堂由来已久,天主教堂是可以作为买主置买产业的。李鸿章
又将上述指示通饬各关口。自此,洋教士以教堂名义租买产业就
是"合法"的了。④ 会稽案件也因而成为洋教士在内地租买房地产
的第一个"合法"的案例。

上面说过,在 19 世纪后半期的中国,所谓教堂都是掌握在外
国传教士手中的,所谓"教堂公产"就是外国教会或传教士的产
业。总理衙门扬言根据柏德固协议办理,卖给教堂的产业,不列传

---

① 何天爵:《真正的中国问题》(Chester Holcome, The Real Chinese
Question),第 323—325 页。

② 《上海新报》1864 年 2 月 18 日,第 298 号。

③ 王铁崖编:《中外旧约章汇编》第 1 册,第 227 页。

④ 《直省洋教成案》,第 33—34、35—36、53—54 页。

教士及奉教人之名，"产权不致落入外人之手，于中国仍属无伤"①。这不过是欲掩天下人耳目的自欺欺人之谈。

　　总理衙门也了解，产权属于教堂或洋教士，二者并无实质的区别。为了对教堂或洋教士的置产权加以限制，又对内做了下列规定："嗣后卖业之人须令于未卖之先报明该处地方官请示，应否准其卖给由官酌定，不得径将己业私行卖给，如有私卖者立加惩处。"②但是，规定本身并不能改变柏德固协议的精神，只不过是对教士享有的内地置产权附加上一重经官批准的手续，这层手续是否起到限制教士置产的作用，又以清政府和各级地方官吏媚外投降的程度为转移。

　　实际上，在柏德固协议签订以后，直到天津反洋教运动爆发的这段时间里，外国侵略者是经常使用炮舰直接威胁，迫使清政府惟教士之命是听的。法国公使馆代理馆务罗淑亚（Pochechouart）、英国公使威妥玛都认为这是解决"教案"的迅捷而有效的办法。③

　　比如说，1868 年，南京下关天主教会的房产是由陆姓承买而后交给教士的④；英国福音堂在武昌长街的地基是由张河清转买的⑤；盖州天主堂地基是由税务司马福臣出面代买的⑥，都没有事先报明地方官批准，又没有书写教会公产字样。总理衙门对于这些既成事实，也都予以承认。大致说，在此后五六年间，诸凡因租买而发生的所谓教案纠纷，特别在沿江、沿海地区，如江苏镇江、丹阳、扬州、南京，安徽安庆，福建福州等地，都是这样解决的。

---

① 《直省洋教成案》，第 33—34、35—36、53—54 页。
② 《直省洋教成案》，第 35—36 页。
③ 崇厚：《崇厚奏稿》，抄本，第 18 册。
④ 《成案》第 22 卷，第 7 页。
⑤ 《直省洋教成案》，第 26 页。
⑥ 《成案》第 22 卷，第 5 页。

在这个时候,只有当地人民起来反对,才能有效地制止掠夺。1866 年前后,法国教士在安庆已经买定了双莲寺房产,就是因为当地人民反对,才不得不退还出来,改作书院公所的。但是,清地方官吏害怕法国炮舰的恫吓,又在城外择买堂基,城内另租公所,给予法国教士。①

1868 年,英国教士马雅各(J. L. Maxwell)在台湾凤山县埠头地方购地建堂,当地人民起来反对,打毁教堂,赶走教士。② 同年,英国教士戴德生(J. H. Taylor)在扬州租地建堂,也被当地人民逐出扬州,焚毁教堂。③ 在河南南阳,由于人民反对,洋教士一直不得进入府城。但是就在这个时候,为炮舰吓昏了的清政府,"惟恐事机决裂,难以收拾",于当年 11 月就为江苏扬州,福建台湾,河南南阳等地教案迁延不结,向各该省督抚发出了必须迅速完结教案,不使外人有所借口,以免酿成巨案的指示。④ 扬州和台湾两地教案就在清政府上述指示和侵略者炮舰直接威逼之下,以赔款给教士而完结了。在交涉过程中,英舰武力攻占台湾安平炮台,杀伤清军副将以下 40 余人,扣留长江中国轮船一只,清政府也本着上述指示精神,不了了之。⑤ 至于南阳,不久以后,所谓天主教主教者就"黄帽赪袍,乘坐绿轿,前列旗牌,随从多骑,出城放炮",进出府城了。⑥

---

① 曾国藩:《全集》,批牍,第 6 卷,第 78 页。

② 《清季教案史料》第 1 册,第 16—26 页。

③ 《清季教案史料》第 1 册,第 5—15 页;《中华内地会不定期刊》(The Occasional Papers of the China Inland Mission),第 30 号,第 214 页。

④ 《直省洋教成案》,第 48—52 页。

⑤ 《清季教案史料》第 1 册,第 5—15、16—26 页;王文杰:《中国近世史上的教案》,第 121—122 页。

⑥ 中国第一历史档案馆:《法国照会》,编号:312。

　　然而,在这个时候,各级地方官吏在媚外投降方面,一般还不是毫无顾忌的。因此,无论是在租买案中,或者上文提到过的"还堂"案中,往往需要总理衙门一再指责催促,甚至直接出头,案件才能以满足洋教士的要索而完结。就是在地方封疆大吏积极投降的时候,地方基层官吏也并非都是亦步亦趋的。

　　例如,对于江苏镇江的一件租房案的处理,地方基层官吏和两江总督的看法就是大不相同的。原来镇江有夏履之者,私将房屋租给英国教士,后来由于当地人民反对,夏家又由夏李氏出面要求教士退租,引起了中外交涉。在这种情况下,镇江地方官一未责问"夏姓先租后退之非",二未另为教士觅屋"以弭衅端",这种做法自然是有利于当地人民的反对运动的。但是,两江总督曾国藩却申斥他说:"均有不合。"曾国藩把这个案件抓到手上以后,就一反地方官所为,援引安庆事例为洋教士另择堂基,同时要求镇江地方官"开导士民"不必与之为难,"再有聚众生事,断难姑容"。①

　　也有一些情况不是这样。比如,1869 年,淮安地方官在处理同类案件时,就不是置之不问,听任人民反对洋教士,而是横加干预。他所采取的解决办法,还不是消极地为洋教士另择堂基,而是主动地"开导士民,将原屋相让"的。这种做法符合清政府的媚外投降态度,无怪乎总理衙门认为此案处理"尚属妥协",给予嘉许了。② 然而,地方基层官吏普遍地采取这种态度,还是进入 70 年代以后的事情。

---

① 曾国藩:《全集》,批牍,第 6 卷,第 77—79 页。
② 《成案》第 22 卷,第 5—6 页。

### 三、清政府的媚外政策和洋教会的广泛掠夺

1870 年的天津反洋教运动显示了中国人民反对帝国主义的意志和决心。但是,在天津反洋教运动爆发时,大规模的农民起义已暂时转入低潮,清政府的反动统治在外国侵略势力的扶持之下,重新稳定下来。因此,天津反洋教运动虽然得到了全国性的响应,但很快就被中外反动派绞杀了。运动过后,清政府为了取媚于洋人,严惩与运动毫无关联的天津府、县官员,把他们流放到黑龙江;同时,又利用运动的声威,为侵略者借箸以筹,向各国公使提出了所谓"传教章程"的建议。

在所谓"传教章程"的建议书中,清政府列举了洋教士的某些不法行为,并且针对这些不法行为,提出了 8 条建议,要求各国来华教士实力奉行。如不这样的话,清政府认为,"众怒已成,将合中国百姓如津民之恨洋人,当其时,国家政令虽严,亦难挽救,岂非危险之至乎"①。可是,"没有一个外国政府对这个文件的反应是热烈的"②。所以建议也就毫无实际效果之可言。

"传教章程"的建议失败了。天津府县官员流放黑龙江了。在 60 年代所发生的那些事件的作用的基础上,这两件事又有力地促进了清政府所属各级地方官员,在"尽力避免同基督教徒发生冲突"③方面,趋向一致。从此,60 年代中所常见的,总理衙门与

---

① 《清朝续文献通考》第 350 卷,第 10935—10939 页。
② 宓吉:《传教士在中国》(A. Michie, Missionaries in China),第 61 页。
③ 英国国会文件:《关于中国政府一八七一年二月九日传教节略的通信》(B. P. P., Correspondence Respecting the Circular of the Chinese Government of February 9. 1871. Relating to Missionaries),第 4 页。

督抚,督抚与府、厅、州、县在处理所谓教案时表现出来的那种步调不一,就不常见了。清政府的媚外投降态度基本上贯彻到了各个地方基层。

比如说,江苏扬州英国内地会的教堂是租来的,1871 年租约期满,原业主前江南提督李世忠要求教士退还所租房屋,教士霸占不还。霸占不还显然是说不通的,而原业主又是一个有势力的大绅士。但是,经办其事的常镇道沈秉成等,却迫使李世忠出让产权,由官收买此屋,仍赁洋人。① 1872 年,武昌美国监理会购买的地基,是由武崇基出卖给俞锦山,再由俞锦山将契、地一并交给监理会的,既未照章书写契约,亦未事先报明地方官批准。这些行为,一则违背中外协议,二则触犯中国法律,又发生在省城,众目昭彰。但是,经办其事的汉黄德道兼江汉关监督李某,不过劝教士改写契约,书明卖作本地教堂字样,由江夏县税契盖印结案。② 1873年,浙江杭州英国长老会在杭州城内管米山③上购地建堂,教堂俯瞰粮道衙门,被认为有碍衙门风水,于是,地方官与洋教士之间发生了直接的冲突。在这场冲突中,当地群众是站在地方官一边的。但是,地方官却撇开群众,暗地里通过地方士绅同宁波美、英领事勾搭。地方官乞求收回上述地基,并赔偿教士损失 11000 元,另择城内地基一段给予教士,以作交换。洋教士认为,在整个协商过程中,地方官是"很大方的",是"以十分不讨厌的态度来进行交易

① 《中华内地会不定期刊》,第 30 号,第 227 页;潘文舫编:《新增刑案汇览》第 2 卷。
② 《直省洋教成案》,第 26 页。
③ 本名浅山,俗名管米山。

的"。① 这些事例中的有关地方基层官吏,可以说是,对于清政府
的投降媚外的诀窍,都已心领神会,运用自如了。因此,无须乎总
理衙门直接干预,也无须乎外国炮舰开来,他们已经能够自行了结
教案,讨得洋教士的欢心了。

进入 70 年代以后,由于清政府各级地方官吏努力投降媚外,
洋教士"谋田地房产不先禀商地方官,硬立契据,所在皆有"②,成
了遍及全国城乡的现象,而洋教士谋取田地房产的方式也就花样
翻新,愈演愈奇了。

强行霸占是一种常见的方式。比如说,1874 年,两江总督沈
葆桢在处理皖南教案时,就发现法国天主教教士在皖南一带霸占
了多处房产。但是,当沈葆桢要求归还上述产业时,传教士和法国
公使竟说有些霸占是必要的,公然表示要继续霸占下去。这种态
度,在 1877 年一件致总理衙门的法国照会里表现得非常突出。照
会说:"其侵占之房屋地基,从前教士半为教民所误。现在宣城之
徐村村内所占 3 处房屋,及殷村、高村,建平之徐村,广德之月湾街
5 处,教士已许定期搬让。惟宣城之徐村山上,与建平之城内教堂
围内陈姓地基一块,教士以已盖洋式房屋,坚求设法购买,不肯拆
还。查宣城徐村山上及建平城内程姓之基为地无多,断非教士之
所吝惜,且愿设法购买,可见不贪便宜。"③照会中特别强调"但从
前原由不得不查,就中情理不得不论"。"查"、"论"的结果如何
呢? 结果是,广德州建平县县令将地基价格白银 250 两交给地主
程安铭收领,同时,照会洋教士金缄三。照会上写道:"钦加同知

---

① 《中华长老会五十周年纪念刊》(Jubilee Papers of the Central China
Presbyterian Mission 1844—1894),第 86—87 页;孟利:《浙江教会的故事》
(E. Moule, The Story of the Chehkiang Mission),第 86—87 页。

② 李鸿章:《全书》,朋僚函稿,第 12 卷,第 32 页。

③ 中国第一历史档案馆:《法国照会》,编号:350。

衔建平县为照会事,所议程安铭地基一片,前经贵教堂砌入围墙内,托为购买。昨将地主程安铭寻觅前来,面议由官代买,定价曹平银贰百伍拾两,书立领状,载明坐落粘附加盖骑缝印信。为此照会,贵司铎查照执业可也。"①洋教士要霸占的,就是地方官代买而请其查照执业的,这就是洋教士"不贪便宜"的真相。

盗买盗卖是另一种常见的方式。比如说,1877—1883 年间,江西贵溪县鹰潭地方,就先后有桂冬喜、冯东初、桂良才等 9 人,把沙滩石、胡家井一带田地池塘卖给本地教堂,总值白银 158 两又钱 762 千文。事后查明,除未成交者外,多是盗卖公产,或是盗卖亲戚遗产。② 这个教堂显然就是用这种方式扩大土地占有的。还有的洋教士为了盗买盗卖,甚至不惜杀伤人命,1883 年,东北呼兰县一个法国教士,通过窦玉、侯希春、傅永泰等出名,将郭定恒的产业盗买到手。郭定恒觉察以后,依法起诉。地方官舍教士不问,把产业断归原业主抽赎,这已经是十分不公平的判决了。可是,洋教士拒绝回赎,并且开枪打死前往理论的地方官属吏,接着,倒打一耙,说地方官属吏打坏教堂的器物,抢先提出交涉,要索赔偿损失费白银3000两。经过总理衙门和法国公使之间连篇累牍的交涉,这个杀人犯和盗窃犯不但无罪,反倒收回了地价,又取得了那块土地的产权,而原业主却反要备价抽赎。至于业已掌握产权的传教士是否允予回赎,则是传教士的事情了。③

19 世纪末,有人概括上述掠夺方式说:"洋人爱某处房宅,其

---

① 皖南天主堂置产簿。原藏于芜湖天主堂。

② 王鹏九:《交涉约案摘要》第 2 卷,第 55—56 页。《教务教案档》,第四辑(一),第 53 页。

③ 柯寅纂:民国《呼兰县志》第 4 卷。《地方案件汇录》,《教务教案档》第 4 辑(三),第 1933 页。

人不卖,则寻一无业奸民指为己物卖与洋人,并串通书吏窃印文约,洋人即据为己有,驱逐业主,地方不敢科以盗买盗卖。"①如果把"地方不敢科以盗买盗卖",改为"地方官庇护盗买盗卖",就比较符合实际了。

所谓"捐献",也是洋教士掠夺房地产的一种惯用的方式。比如说,山东德州第七屯吴姓寡妇,在 1878 年领过美国教士的"赈济",1881 年就立契把房地产捐献给教堂。献约上写道:"因信耶稣圣教有年,既明上天主宰保佑之恩,又蒙荒年赈济之情",愿将宅院 1 处,平房 7 间,门楼 1 间,庄东地 2 分献给教会,永不反悔。照献约看,吴寡妇是为了报答上帝和传教士的"恩情"而自愿施舍产业的。然而,事实并不如此。这次捐献是吴寡妇的兄弟吴长泰出名的,吴长泰接受过上帝和传教士的同样"恩情",他不愿施舍自己名下的产业,却把寡嫂、寡弟妇的产业捐献出来,这中间就大有文章。而且,在把献约交到教士手上以前,吴寡妇已将上项产业改捐给本村官学,并经德州知州改写了契约。但是,传教士和美国公使向总理衙门提出交涉说,德州地方官涂改契约,阻拦捐献是不应该的,他们俨然以这份产业的主人自居,不容别人插手。② 也有立有卖契而实系捐献的。如安徽青阳县洛家潭地方,有周礼扬其人者,立下一张合同。合同的原文是:"立议合同人周礼扬自己情愿将自置洛家潭田地产业一处立杜卖契献与天主堂名下永远执业,听凭变卖,凭中三面议定,缘周礼扬并无亲生子婿亲侄料理身后,追思祭礼等事。今特求到本处天主堂,蒙本堂神父先准赏给身于亡过之日,炼狱弥撒叁台,并追思叁台,嗣后每年追思一台弥撒一台,自议定立字之后,各无悔异,空口无凭,立此合同两纸,各执

---

① 《东华续录》,光绪朝,第 138 卷,第 17—18 页。
② 《清季教案史料》第 2 册,第 196 页。

一纸,永远为据。"天主堂的置产簿上照录了这一合同之后,加注道:"此系献契,然仍立卖契见上廿二张引号,特录于此,以示实在,并知为献者当行之功也。"①所谓"当行之功"就是合同中规定的"弥撒",也就是换取土地的代价。照此看来,所谓"圣教",所谓"赈济",无非是骗占房地产的工具,也就昭然若揭了。

在有些情况下,洋教士就是直接以土地作为担保而发放所谓"赈济"的。愿意领受"赈济"的人,必须把土地上收获物的一部分交给教堂,自身则沦为教堂的佃户。1877—1879 年,华北地区遭到了数百年不遇的特大旱灾,教会乘机兼并了大量的土地。这中间,压价贱购的很多②,而"圣教"和"赈济"的欺骗作用也是不可低估的。

在上述种种方式不易奏效的场合,洋教士也采取收买或者租赁的方式,多少付以代价。其中,高价贿买者间或有之③,但更多的是贱价兼并。④ 许多事实表明,19 世纪后半期,从西方资本主义各国放洋到中国来的传教士,都是"非常精明的生意人"⑤,精于择地建堂,"广置田产,经营蓄息"⑥。他们精于运用暴力和金钱,圣教和赈济以及其他一切可资运用的手段巧取豪夺中国人民的土地财产。

更为奇特的方式,要算是内蒙古地区的所谓占垦了。19 世纪后半期,内蒙古地区有大片的可垦土地。鸦片战争以后,到中国来

---

① 皖南天主堂置产簿;赖德烈:《中国基督教史》,第 330—331 页。

② 赖德烈:《中国基督教史》,第 343 页。

③ 《清季教案史料》第 2 册,第 190 页。

④ 参看:《帝国主义怎样利用宗教侵略中国》,第 15—22 页。

⑤ 柯乐洪:《从陆路到中国》( Archibald R. Colquhoun, Overland to China) ,第 358 页。

⑥ 宓克著,严复译:《支那教案论》。

掠夺土地的洋教士早已进入这个地区,招佃开垦了。进入 70 年代
以后,占垦规模日益扩大。1871 年,教会在乌兰察布盟四子旗的
乌尔图沟一次租得的土地就有 45 顷,建立教堂,霸为教产。①
1873 年,已经进入内蒙古地区的萨拉齐小把拉盖教堂通过法国公
使,把教堂附近的 100 顷土地夺归己有。② 洋教士在哪里站稳脚
跟,就在哪里不择手段地向四外扩张垦区,内蒙古地区有名的 24
顷地大教堂,原向蒙古王公租借的不过是达拉特旗河滩地 24 顷,
后来就扩大到原租地的 5 倍甚至 10 倍以上。③ 1875 年,法国教士
到达三道河的时候,还是一个一无所有的外国人,经过了 5 年时
间,这里就出现了 7 处教堂,辖有教民一千有奇,分散居住在各个
教民村落里。所谓教民村落,据 1880 年有人对陕北靖边县成川、
宁条梁地区教民村落描写说,"每处男女百数十名不等,皆以垦田
为业,牛犁种籽多自洋人发给,秋后按粮品分"④。这类教民实际
上就是洋教士的农奴。洋教士能够役使他们,修筑圩寨,保护侵略
据点,又能够驱使他们冒着生命危险,去进行所谓武装开垦。内蒙
古地区的洋教堂多半就是这样建立和发展起来的。因此,70 年代
以后,随着洋教士占垦土地面积的扩大,教民村落的大量出现就成
了这里半殖民地化的一个显著标志。

　　上面提到的各个地方,都可以说是远离交通要道,远离政治经
济文化中心,甚至是远离府厅州县治所的所谓穷乡僻壤,但都没有
逃脱洋教士的黑手。这足以说明,进入 70 年代以后,洋教士已经

---

① 《义和团运动六十周年纪念论文集》,第 213 页。
② 《义和团运动六十周年纪念论文集》,第 214 页。
③ 《义和团运动六十周年纪念论文集》,第 215 页。
④ 童兆蓉:《童温处公遗书》第 2 卷,第 13—15 页;《教务教案档》,第
四辑(一),第 293、306、309 页。

是无孔不入地深入到中国内地的城镇和乡村来掠夺房地产了。

在深入内地乡村进行掠夺的同时,洋教士们并没有放松在通商口岸、通都大邑进行扩张。1884 年,江苏镇江英国领事在他的商务报告里记载说:"教会的异常增加是此地的新奇景象。"这里原有耶稣会、内地会,现在又加上了圣公会、美以美会、长老会、南方浸礼会,"每个教会都买了地产,建造了华丽轩敞的房子"①。资格较老的天主教堂,房产最多,集中在天主堂街,都是用来出租牟利的。那年 3 月 4 日的《申报》报道说,租户们因为生意清淡,要求天主堂减租,因而聚集请愿准备罢市的即达二三百人之多。镇江是 1861 年开埠的,1866 年,江南天主教主教开列的还堂名单里还列有这个地方。曾几何时,教会已经成为这里的大地主了。在当时的 29 个商埠中,镇江的变化无疑是富有代表性的。

上文提到过,1865 年总理衙门有过卖业人事先报明地方官批准的规定。一般说来,这个规定的意义是不大的。但是,这样说并不意味着它毫无作用。因为,一些对投降媚外还多少有所顾忌的地方官吏,可以根据这条规定来限制洋教士的掠夺活动。比如内蒙古地区和河南地区都发生过这样的事情。② 实际上,就是这种限制,不断引起法国公使向总理衙门提出交涉。1880 年,法国公使宝海(Bourée)又为广西发生同类事件向总理衙门提出照会。照会说,由于地方官执行上述规定,洋教士只得私相租买,因而激生事端,是与条约"厚待保护"教士的精神不相符合的,要求取消上述规定。③ 根据当时外文报纸的记载,交涉中间,总理衙门向宝海保证说,"此后绝对只按柏德固协议办事"。这家报纸认为,宝海

---

① 乌尔夫斯坦:《1860 到 1907 年间的中国天主教会》(Bertram Wolfesstan, The Catholic Church in China from 1860 to 1907),第 5 页。

②③ 中国第一历史档案馆:《法国照会》,编号:294、295、408。

的这一举动"取消了长期以来引起抱怨的原因"①。

1881 年,上海徐家汇天主堂出版了一部《契券汇式》,搜集了相当详尽的租买契约格式,是专供各地教士采择使用的。在该书叙言中,作者意味深长地说:"历观公庭案牍,每多田宅争讼,究其所以,概由写立文契未能详细而致,是则立契之疏漏脱落,所关岂浅鲜哉!"

1883 年年底,中法战争爆发。在战争期间,清政府不支持各地人民群众严密防范洋教士的要求和行动,反而严令各省督抚保护教堂,如有"借端滋扰纠匪报复"者,"即著严拿正法,毋稍宽宥"。② 因此,在华教会得以度过了首尾 3 年的反侵略战争时期,并且在战后时期更加肆无忌惮地进行掠夺。

中法战争后,值得注意的新现象是,清政府各级地方官吏以及士绅之流,纷纷采取较六七十年代更为积极的态度,主动为洋教士的掠夺活动效劳。而且,在这样的现实生活的基础上,洋教士是否得以顺利进行掠夺,也就逐渐成为清政府整饬吏治和立法的一个重要原则了。下面通过一些具体事例来说明这一演变过程。

内蒙古丰镇厅集宁七苏木滩地方,由于"滩草茂盛,地亦广大",成为天主教教士垂涎的对象。1883 年,三一教堂用银 4500两买到荒地 52 号,计地 260 顷。③ 1884 年,中法战争刚刚结束,天主教中蒙古教区主教就命教民前往占垦。这个地方本是蒙民牧地,蒙民同附近的汉民联合起来,对教堂展开斗争,并烧掉占垦土地上的禾苗。事情引起了中外交涉。交涉结果,清政府无视当地

---

① 《字林西报》1881 年 2 月 2 日,第 99 页。
② 《东华续录》,光绪朝,第 63 卷,第 4 页。
③ 《教务教案档》第 6 辑(二),第 699 页。

蒙汉人民的反对,"即将此地交与教民垦领开种"①。这是战后第
一次大规模的土地掠夺,通过对于这次掠夺的处理,清政府表明了
它坚持媚外投降的决心。这就是战后演变过程的基础。在这个基
础上,后来"续给之地更较原买之地又逾数倍矣"②。

　　1887 年,美国长老会教士企图在山东济南霸占一处房产开设
医院。他们说,这是 1864 年山东巡抚答应过的。根据美国公使田
贝的供认,这是扯谎。③ 谎言被揭穿了,他们就诱致一家房主出立
了一张将房屋出租 3 年的契约,企图明租暗占。济南一些绅民得
知这个阴谋,起来反对,要求收回租约,如果传教士实有需要,可以
另行商借,不能强行霸占。其实,租约上明明写着租期 3 年限,以
及在 3 年限内业主回赎的条件。一家外国报纸的济南通讯员说,
这是交涉中外国人的"惟一弱点所在"④。然而,主持交涉的地方
官员,并不重视这一事实。在激怒的群众面前,他扬言命令业主收
回租约。面对洋教士,却又解释说,那是他能想出的"解散群众的
惟一办法"⑤。在地方官员的庇护与合作之下,美国教士一边"挟
着皮包冲入该地住宅,命令住户空出房间,由他占领"⑥;一边声称
"保管租约的那位教士到北京去了"⑦,拒绝交出租约。令人十分
惊奇的是,经过交涉,不但没有收回任何权利,地方官又让给美国
教士在距济南 3 里的地方占有一大块地皮的权利。而且,1891 年

---

① 《义和团运动六十周年纪念论文集》,第 220 页。
② 《教务教案档》第 6 辑(二),第 699 页。
③ 卿汝楫:《美国侵华史》第 2 卷,第 260 页。
④ 《捷报》1887 年 7 月 1 日。
⑤ 《捷报》1887 年 6 月 17 日。
⑥ 卿汝楫:《美国侵华史》第 2 卷,第 260 页。
⑦ 《捷报》1888 年 2 月 24 日。

上述租约期满,又许可洋教士无限期地霸住下去。①

在那个时期,洋教士的掠夺活动有同地方官勾结,也有同地方劣绅勾结起来进行的,也有三者串通起来干的。1894 年,在江西,英国教士李德立就是以 60 两银子买通劣绅万和赓等出立"租约",占有了庐山牯牛岭,包括高冲、长冲、女儿城、教厂、讲经台在内的"一片四至辽阔"的公有土地,并在当年腊月照例税契。第二年 2 月,李德立上山建筑房屋,引起了当地人民的警觉,起来阻拦。后来,形成了中外交涉。在交涉过程中,传教士迫于人民的压力,愿将长冲 300 余丈以外地方全部退还,但又无理要索退价 1000 余元,赔偿损失费 2000 数百元,外加避暑费等 1000 余元,合计 4115元。地方官不但如数赔给,同时"严谕绅耆约束居民,不准稍滋事端",并且进一步考虑到,"长冲地方,从前绅民既未允从,此时若不勘明,将来难保无异言"。因此,派由委员偕同领事、教士往山钉界,竖立界石,"免贻后患"②。所谓后患,指的显然不是传教士将来越界占地,而是针对某些绅民可能反对而言的。

在洋教士掠夺土地房产的活动中,地方劣绅和地方官吏都成了洋教士的帮手。至于多少有点民族观念的地方士绅,他们在一定的条件下可能起来参加反对洋教士的斗争,但当事情涉及他们切身利害的时候,他们就脱离斗争,转而采取旁观甚至是同洋教士合作的态度了。

在这个时候,对于洋教士的掠夺活动,起作用最大,也最恶劣的,要数清政府各级官员。1865 年,浙江定海一案就是例证。原来,定海县属普陀山僧人在米家尖岛开有涂田 4000 余亩,成为邻近天主教教士垂涎的对象。教士指使教民在僧田内立标据为己

---

① 卿汝楫:《美国侵华史》第 2 卷,第 260 页。
② 王鹏九:《交涉约案摘要》第 2 卷,第 19—21 页。

有,由于僧人反对,没有得逞。恰好这时天主教堂失火,教士就借机诬告火是僧人放的,要索赔偿。浙江巡抚廖寿丰以一省大吏的身份,居然不问起火原因究竟如何,实际损失多少,就命令僧人将上述涂田的一半,即 2000 余亩,作为赔款,送给教堂。①

特别应该指出的是,在上述事件接连不断发生的情况下,清政府又颁布了相应的法令政策,进一步保证洋教士的掠夺活动得以顺利进行。

在"教案"交涉中,洋教士往往索取赔款,赔款由何处筹措拨付,本无具体规定。1891 年,正当反洋教运动在各地蓬勃开展时,南洋大臣刘坤一借着处理芜湖"教案"的机会,对于"教案"赔款,奏明皇帝,采取了由"教案"发生地点的"该关道及知县按月分赔"的办法。② 1896 年,总理衙门认为,这个办法不包括封疆大吏,"不足以昭公允而重考成",所以,奏准了一个新办法,规定"教案"赔款,由"该管督、抚、藩、臬、道及府、厅、州、县分年按成偿还归公"。总理衙门认为新办法的好处在于"庶几众擎易举,亦可互相告诫"③。

这一立法精神也贯彻到对"教案"地区地方官的处分上面。清政府因"教案"而处分地方官,并不是从这个时候才开始的。据不完全统计,1865—1870 年处分过 24 人,1871—1885 年处分过 5 人,1886—1895 年处分过 33 人。重要的是,处分的标准变了。70年代以前,处分的是那些不甘心投降,反对洋教士,因而酿成"教案"引起中外交涉的地方官吏。其中首推贵州提督田兴恕。他是因为反对洋教而遭戍新疆的。80 年代以后,处分的是那些对于洋

---

① 　马瀛纂修:民国《定海县志》,故实志,第 17 页。

②③ 　《东华续录》,光绪朝,第 133 卷,第 18 页;蔡乃煌:《约章分类辑要》,第 6 卷中,第 9 页。

教士的掠夺活动和掠夺成果保护不力,因而酿成"教案"引起中外交涉的地方官吏。其中首推四川总督刘秉璋。他是因为辖区内教堂财产被人焚毁而革职永不叙用的。① 1894 年,清政府又因处分议重议轻"难见信于洋人",订了一个"教案"处分章程,统一处分标准。章程规定:"除有心故纵以致酿成巨案者"应由总理衙门酌量案情随时奏请皇帝处理外,"如系事起仓猝迫不及防者,应将地方官照防范不严罪降一级留任,其保护未能得力者,照不应重公罪降二级留任"。②

关于卖业人应否报明地方官批准的问题,上文提到过,1880年总理衙门曾向法国公使宝海保证说,各级地方官吏将严格按照柏德固协议办理,但未行文通知各省。1895 年,在法国公使施阿兰的要挟下,总理衙门 3 次行文各省,明确规定:"卖业者无庸先报明地方官请示办理","嗣后各教堂置买产业,即不必先行报明地方官,以符定章"。③ 1899 年,山西省发生了一起教士购买土地的纠纷,光绪帝就指责说:"洋人购地,愿否应听之民间,岂容地方官加以挟制"。④ 这个上谕距离柏德固协议的签订不过 34 年。经过了 34 年的半殖民地化,如果有哪个地方官还记得报明批准的规定,并按照这个规定的精神办事,他就会被认为是对外人"加以挟制",可说是悖旨违法之举了。

与此类似的是,在 60 年代,清政府对于洋主教摆督抚的架子,还是要提出交涉的。到了 1899 年,却又明确规定"主教品位与督

① 王文杰:《中国近世史上的教案》,第 49、79 页。
② 蔡乃煌:《约章分类辑要》第 6 卷中,第 12 页。
③ 蔡乃煌:《约章分类辑要》第 6 卷中,第 12 页。
④ 《清实录》,德宗朝,第 455 卷,第 10 页。

抚相同"，司铎与府、厅、州、县，可以"各按品秩以礼相答"了。①

到了这个时候，清政府各级地方官吏，在中国人看来，是"庸懦畏事，任听教士购买田产，招致教民耕佃，有犯不敢过问"②；而在洋教士看来，他们完全变了，"谁吵得最凶，他们就给谁的最多"③。清政府各级地方官吏，从上到下，都已变，实际上成为侵略者洋教士为非作歹的帮凶了。

中国人民是坚决反对洋教士掠夺自己的土地房产的。这种反抗斗争，在中国近代史上写下了光辉的篇章。

1871 年，福建古田人民赶走了英国教士马约翰。④ 1873 年，山东即墨县人民驱逐了美国教士考比特（Corbett），使他不得不在夜里摸小路逃走。⑤ 同年，江西瑞昌县人民赶走了另一个美国教士，这个教士吓得钻入庙内，"几致废命"⑥。1874 年，美国教士海格思（Hykes, John Reside）、帅马德 2 人企图再往瑞昌，又被当地人民赶走。⑦ 同年，浙江湖州府以及平阳县人民又赶走了英国内地会教士。⑧ 特别值得注意的是福建延平和建宁两府，这两处的居民坚决反对英、美两国教士进入府城，终 70 年代，"不准洋人往其地界"⑨。1884 年，福建龙岩州人民还发出揭帖，不许把"山场、地基、店房、屋宇等物"典、卖给"外匪"，也不许"作中代字"，如有

---

① 《清朝续文献通考》第 352 卷，第 10955 页。
② 张之洞:《全集》第 117 卷，第 30 页。
③ 吉布森:《华南传教问题与方法》(Gibson, Mission Problems and Mission Methods in South China)，第 298 页。
④ 《清季教案史料》第 1 册，第 59、109 页。
⑤ 《捷报》1874 年 6 月 13 日。
⑥ 《清季教案史料》第 2 册，第 120 页。
⑦ 《清季教案史料》第 2 册，第 125 页。
⑧ 《捷报》1874 年 12 月 24 日，1874 年 11 月 12 日。
⑨ 《清季教案史料》第 1 册，第 132、59、109 页。

违犯者,革出州籍。①

中法战争后,反洋教运动蓬勃开展。比如 1886 年,四川重庆,
广西贵平,1887 年福建福安,山东济南、济宁、四川大足,1889 年湖
南石门,1890 年湖南龙州,四川大足,口外丰镇,1893 年湖南临湘,
湖北利川,江西泰州等地的反洋教运动都是直接针对洋教士的土
地掠夺的。这些斗争,都在不同程度上起了推迟、限制、或者阻止
掠夺的作用。

但是,在外来帝国主义侵略势力和中国封建统治力量相结合
的条件下,人民的反洋教斗争受到了压抑,而外国教会却得到了
扩张。

19 世纪 60 年代初,在中国活动的传教士估计有二三百人。
1885 年天主教传教士 761 人,新教传教士 1296 人。② 天主教传教
士多半来自法、意等国,而新教传教士大多是英、美两国人。1900
年,天主教传教士增加到 1356 人③,新教传教士人数估计在 2000
以上。这些人在各地建立的据点很多。1876 年,全国有新教教堂
312 所,1899 年就增加到 522 所。④ 1890 年天主教单江南教区(包
括安徽和江苏),就有大小教堂 732 所⑤,据不完全统计,1900 年,
天主教在全国各地有教堂、会所、学校 9383 处。⑥ 在有些地区,教

---

① 《清季教案史料》第 1 册,第 132、59、109 页。

② 赖德烈:《中国基督教史》,第 329 页;季理斐:《中国新教在华一世
纪,1807—1907》( D. Macgillivray, A Century of Protestant Missions in China
1807—1907),第 66 页。

③ 王治正:《中国基督教史纲》,第 238 页。

④ 季理斐:《中国新教在华一世纪,1807—1907》,第 668 页。

⑤ 赖德烈:《中国基督教史》,第 319 页。

⑥ 李秋:《增补拳祸记》。这里包括直隶、山西、山东、河南、内蒙古、湖
南、湖北、甘肃、江西、陕西、福建、台湾、广西、广东、云南等地。

堂还是非常密集的。比如直隶、山西、山东、河南4省只计天主教，就有教堂、会所4016处。[①] 1893年，台湾有教堂104所。[②] 1895年，厦门和汕头一带，只计英国长老会就有大小据点76处。[③] 这中间，天主教各派系势力最大，分布也最普遍。据1899年调查，江西全省有教堂113所，其中法国天主堂68所，英国耶稣堂20所，美国福音堂20所。[④] 可以说，到了19世纪末叶，基督教新旧各派系的据点，从沿海到内地，从城市到乡村，已经遍布全国各个地方。

教会的每一处据点无不拥有房产和土地。在许多情况下，这些房产和土地是用来出租牟利、剥削中国人民的。就以土地一项而论：上文提到过，教会在内蒙古地区占垦的大片土地是用来出租的；在四川、湖北、河南、直隶、山西、山东、江苏、江西、浙江、福建、广东、广西等省，教会，特别是天主教会广置田产，一处或者数千余亩，或者千余亩，或者三数百亩，目的也在于"收稞渔利"[⑤]。教会把土地出租给劳动人民耕种纳租，这些人就成为教会的佃户。对于佃户，根据各地的租佃习惯，教会或者出具牛具种籽，或者只提供土地，但都要求佃户将收获的4成、5成、6成、7成甚至8成以上无偿地交纳给教会。内蒙古地区新垦土地的地租率是比较低的，但也需以产品的十之三四交纳地租，就是这样，"耕者辛勤终岁，往往不足赡其家"[⑥]。除粮租外，教会还强令佃户每逢年过节，献纳鸡、鸭、鱼、肉、核桃、苹果、枣子以及教会特有的蜡烛费、瞻礼

---

① 李秋：《增补拳祸记》。这里包括直隶、山西、山东、河南、内蒙古、湖南、湖北、甘肃、江西、陕西、福建、台湾、广西、广东、云南等地。

② 《教务教案档》第4辑(四)，第2152—2162页。

③ 约翰斯坦：《中国和台湾》(J. Johnstan, China and Formosa)，附录。

④ 王鹏九：《交涉约案摘要》，附编。

⑤ 张之洞：《全集》第137卷，第37页。

⑥ 《义和团运动六十周年纪念论文集》，第216、150页。

费等等。① 教会还任意役使佃户来建造教堂,修筑圩寨,拉柴赶车,种菜挑水等等,从事无偿劳动。② 教堂的武装力量的重要来源之一也是他们的佃户。如果佃户抗租不交,交不足额,乃至不听役使,他们便用刑责、罚款、罚送匾、罚送酒席等等办法来压迫和惩罚佃户。③ 正像《绥远通志稿》所说:"究其实际情况,则所谓教堂与司铎云者,无异于封建社会之大地主。"④

洋教士之所以敢于剥削和压迫佃户,除了利用宗教迷信欺骗劳动人民的所谓神权以外,还依靠他们在清政府庇护下所享有的特权。他们可以指使各级地方官吏为他们刑逼佃户。一个教会地主分子供认过,"设被顽户抗吞,揆于义亦不得不函送请追"⑤。这就是说,佃户欠租,按照洋教士剥削者的意志是不能不送交地方官刑逼的。为了这个目的,上海徐家汇天主堂刊行了一部《函牍举隅》,那里面就列举了许多将佃户、租户送官究办的行文格式,以备各地教堂选用。这中间就有所谓"顽佃抗租劣保串庇"啦,"刁佃霸种缠扰不休"啦,等等名堂。这里必须说明,洋教士把佃户送官究办并不意味着他们尊重清政府,而只是表示清政府各级地方官吏已经沦为洋教士的"庄头",能够为洋教士的剥削活动直接服务罢了。

总而言之,洋教士霸占中国人民的土地财产是帝国主义同中国封建主义相结合的结果,而洋教士利用霸占来的土地房产剥削中国人民也是帝国主义同中国封建主义相结合的结果。如果说教会是 19 世纪后半期中国社会里的一个地主集团,那么这个地主集团的形成过程就是帝国主义和封建主义相结合的过程,同时,也是

---

①②　《义和团运动六十周年纪念论文集》,第 216、150 页。

③　《益闻录》1897 年 12 月 5 日;《义和团运动六十周年纪念论文集》,第 151 页。

④　《义和团运动六十周年纪念论文集》,第 216 页。

⑤　黄伯禄编:《函牍举隅》,序。

中国人民反对洋教会的斗争过程。因此,在 19 世纪后半期的中国,洋教士所霸占的土地房产,无一不沾满了中国人民的血泪。到了 1900 年,这些血泪就普遍地转化成愤怒,爆发为伟大的义和团运动。

# 第 五 章

## 中国资本主义近代民用企业的产生
## 及其和内外势力的联系和矛盾

19世纪60年代,上距鸦片战争后20余年,由于外国侵略势力多次武装入侵,封建中国在政治上已沦为半殖民地的国家。外国资本主义为了把封建中国变为它们的商品销售市场和原料供应地,不能不在输入商品的同时,也输进新式生产工具、生产技术和资本主义经营方式,为的是更加有效地榨取中国人民的财富。这种情况使得中国封建经济在六七十年代之交,加速了自身的分解,商品货币经济相应地有了较为明显的发展。在这个基础上,与西方科学技术传播相结合,社会生产力出现了新的内容,中国终于产生了资本主义近代企业。

中国资本主义近代企业产生的初期,由于封建势力的干预,新式企业的组织形式表现为官办、官督商办、官商合办和商办4种形式。官办企业主要集中在新式军用工业上。军用企业是非商品生产单位,与社会经济联系不甚密切,不过它对于70年代近代民用工业的兴起,在一定程度上起了促进作用。由于清政府在60年代太平天国战争以后,财政困窘,无力大量经营以商品生产为主要目的的官办民用工业;官商合办形式的民用企业虽经初步尝试,也因成效甚微,未能广泛推行。所以这两种形式的企业对当时国民经济的发展都不起重要作用。从民用工业发展的实际来审察,官督商办和商办的民用工业便成了中国资本主义发生时期近代工业的主要形式。

与近代工业企业产生的同时,70 年代中叶,以开采煤矿为发端的中国新式矿业进入了初步开发阶段;到 80 年代,已发展到金属各矿的开发。早期新式煤矿和金属矿的开发成效很差,除了极少数矿山如开平煤矿、漠河金矿外,多数矿山的开采常常未及投产,便因资本不足,或技术力量薄弱而告停歇。有的则因运输困难,产销脱节,虽一度投产,终以经营不善而出现亏蚀。到 19 世纪后期,又因帝国主义势力在更大范围的侵入,使得一些很有发展前途的矿山又先后为侵略者控制和吞并。

中国资本主义工矿企业的创立,标志着中国资本主义生产方式的逐步确立;新的阶级关系因之逐步形成。根据中国的具体历史情况,毛泽东同志曾指出:"如果一部分的商人、地主和官僚是中国资产阶级的前身,那末,一部分的农民和手工业工人就是中国无产阶级的前身了。"①作为新的社会阶级,中国资产阶级和产业无产阶级是随同中国近代工矿企业的产生、发展而逐步形成的两大阶级。而中国产业无产阶级又因近代初期资本帝国主义在华直接经营企业,先于中国资产阶级的发生和发展。

所有上述各种历史情况,都是本章加以研究的主要内容。归结起来也就是着重分析 19 世纪 70 年代到 90 年代甲午战争前,在半殖民地半封建的社会条件下,中国资本主义发展和不能发展,以及阶级关系新分野的基本状况。

---

① 毛泽东:《中国革命和中国共产党》,《毛泽东选集》(合订本),第 590 页。

# 第一节　近代资本主义企业的
## 产生条件和组织形式

## 一、近代资本主义企业产生的历史条件

在正常的资本主义社会中,资本主义企业的产生,须有商品市场和劳动力市场两个条件。由资本主义萌芽到资本主义机器大工业的出现,必然伴随着商品市场和劳动力市场的成长。中国资本主义近代企业的产生也不能脱离这个一般的历史条件。这方面的情况,本书前面有关章节中已有所论述。但是,中国资本主义近代企业的产生,又有它自己的特点。这是因为中国资本主义近代企业的出现,是在外国资本主义入侵之后。外国资本主义的入侵,截断了中国资本主义发生的正常道路。也就是说,中国机器大工业的出现,不是资本主义萌芽自然发展的结果,而是来源于外国资本主义的先进的生产技术的引进。它对中国资本主义的产生,起了决定性的作用。

马克思主义理论指出:"各种经济时代的区别,不在于生产什么,而在于怎样生产,用什么劳动资料生产。"[1]劳动资料的发展最重要的表现在生产工具、特别是机械性的生产工具的革新上。社会生产力的变化和发展总是从生产工具的变化和发展开始的。在一定条件下,生产工具的变化,又导致社会生产关系的变化,"手推磨产生的是封建主为首的社会,蒸汽磨产生的是工业资本家为首的社会"[2]。欧洲资本主义先行者英国正是由于蒸汽动力的使

---

[1]　《马克思恩格斯全集》第23卷,第204页。
[2]　《马克思恩格斯全集》第1卷,第108页。

用,把与它同处于工场手工业阶段的竞争伙伴荷兰和法国抛在后面,而"站到现代资产阶级发展的最前列"①。这个事例非常有力地说明了生产工具和生产技术的革新对资本主义近代企业产生和发展,具有极其重要的意义。

在中国,使用蒸汽动力进行生产,乃是鸦片战争、五口通商之后,也就是在中国进入半殖民地社会之后才出现的事物。这种新的生产工具的引进,是随同外国资本主义势力入侵而到来的。它对于封建中国社会生产的变化,必须给予应有的重视。因此,讨论中国资本主义近代企业产生的历史条件时,有必要对这方面的情况,先做一简要的叙述。

就目前所接触到的史料来看,西方生产技术的引进,最初见之于船舶修造业。这自然与这一时期西方殖民国家贸易侵略的扩大密切相关。

19世纪50年代初,成立于广东黄埔地区的于仁船坞公司,不仅已经使用蒸汽机抽水,而且还拥有"修理帆船、轮船和蒸汽机的全套设备"②。这可能是在中国土地上使用蒸汽机的最早记录。从科学技术发展历程来看,蒸汽机的发明和应用,是科学与生产相结合的产物。它是经过100多年许多国家发明家的努力,最后由英国的瓦特完成的。恩格斯说:"蒸汽机是第一个真正国际性的发明,而这个事实又证实了一个巨大的历史性的进步。"③这个"国际性的发明"通过外国势力的引进,它的应用在当时尽管还只限于外国在华经营的船坞公司里,但是,它对于受雇于船坞的中国工人的启发和训练所产生的影响,无疑也是具有"巨大历史性进步"

---

①　《马克思恩格斯选集》第2卷,第115页。

②　《字林西报》1865年4月4日,第309页。

③　恩格斯:《自然辩证法》,《马克思恩格斯全集》第20卷,第450页。

的意义的。作为广州第一家由中国人自设的机器厂陈联泰机器厂，最初就是在修理外国轮船的过程中，得到轮船司机指导工作，而在掌握技术以后开设起来的。①

值得一提的是，19 世纪中期，西方资本主义国家机器工业中广泛推行标准部件制的生产方法。由于这种作业法的推广应用，各种工具机在西方工业先进国家被作为商品大量生产出来，因而价格相对低廉。另一方面当时的轮船由于发动机耗煤过多，还不能直接从事远洋航行，只能以预制部件运抵海外装配成船后，就地作为沿海或内河航轮出售或营运，利润很高。② 50 年代中期，我国广东黄埔地区所制轮船大抵是运用现成部件装配而成的。有关记载反映：美商旗记船厂在 50 年代初成立后不久，就不断为美国琼记洋行装配船只；1856 年，它也为自己装配了一艘"升发号"轮船，准备在黄埔广州之间航行。③ 60 年代的一项史料追述 1856 年在黄埔地区的一家船厂里，曾制成一艘具有 80 匹马力、载重 150 吨的轮船"飞马号"下水的情景④，估计这艘轮船的制造也离不开标准部件的装配。

进入 60 年代，上述于仁公司的船坞的机器设备又有了进一步的改善。到 1867 年，它已经"装备着钳机浮门、蒸汽抽水机等。那里的工厂都装备着蒸汽推动的旋床、刨床、螺钻机、截斩机和压穿

---

① 参见陈滚滚：《陈联泰和均和安机器厂的概况》，《广东文史资料》第20 辑，1965 年 6 月。

② 参见陈振汉：《技术引进和晚清新式军用工业》，《经济科学》，1979年创刊号。

③ 哈维兰：《美国在华航业 1845—1878 年》，载《海王》，1957 年 4 月号，第 144 页。

④ 《捷报》1862 年 4 月 5 日，第 53 页。

机等;还有锅炉厂、炼铁厂、造船厂和铁工厂"①。这表明这家公司的船坞所拥有的生产设备,已经进入现代化机器工业阶段了。这就是 60 年代后半期在我国华南口岸客观存在的技术水平。

我国东南重要口岸之一上海,大约在 50 年代初期,在对外贸易上取代广州成为全国贸易中心,从而它引进外国先进技术的活动也以较快的速度展开。据当时的记载,1859 年,设在上海浦东的浦东火轮船厂经营造船、铁工、机器工程和炼钢等项业务。② 60 年代,上海的造船工业又有了进一步的发展。1860—1864 年 5 年中,在上海一共成立了 9 家外资船厂。1864 年年初,上海《北华捷报》回顾前一年的情况说:"由于本埠的贸易日益增长,故对到埠船只提供并扩大各种必需的设备,就成为迫不及待的要求。我们看到,新的船坞已经建造起来,旧的船坞也在扩建中,这就为修船和造船提供一切要求。继船坞的兴建,必然出现很多铸造厂。因此可以说,我们不仅是住在一个巨大的商业城市里,也是住在一个巨大的工业城市中。像在英国一样,许多种类的制造工程差不多都可以在上海迅速进行。"③

与上海外资船舶修造业和机器工业迅速扩充的同时,上海地区原有的锻铁、冶铸、铜锡器以及造船手工业等,便有相当一部分与外国机器工业发生了业务联系,代制机器配件。从而也就引进外国设备,逐渐地向资本主义近代机器工业转化。

应该进一步指出的是,60 年代在中国近代史上是一个带有十分关键意义的年代。这个年代的前半期,即 1860—1864 年,正是封建清政府的军队和农民起义军进行殊死战争的时期。在战争进

---

① 《英领报告》,1867 年,广州,第 54—55 页。
② 《上海年历》,1859 年。
③ 《捷报》1864 年 1 月 9 日,第 6 页。

程中,不论是清军或农民起义军都购买和使用了西洋新式武器①,清政府统治集团中洋务派官僚曾国藩、李鸿章等在战时通过租买、雇用不同类型的外国火轮船,对西方的造船技术的先进性有所认识。1861 年,曾国藩在安庆创办安庆内军械所,罗致华蘅芳、徐寿等一批科技人员,于次年进行火轮船的试制工作。华、徐参阅了当时能够看到的一些有关蒸汽机、火轮船的书籍,并参观了停泊在安庆的外国小轮船机械运转的情形,试制小型蒸汽机的模型。② 但当他们进一步试制暗轮轮船时,由于缺乏机械设备,技术条件不足,以致"虽造成一小轮船,而行驶迟钝,不甚得法"③。及至 1864年,镇压太平天国的战争虽然告一段落,但中原、西南、西北少数民族的反抗方兴未艾。曾国藩、李鸿章等洋务派官僚为强化封建统治,锐意将西方先进技术引进新式军火的制造。

1863 年,我国第一个留美学生容闳向曾国藩建议,设立机器工厂。容闳的计划是"先立一母厂,再由母厂以造出其他各种机器,……以立一切制造厂之基础",并强调他"所注意之机器厂,非专为制造枪炮者,乃能造成制枪炮之各种机械者也",换言之,就是"可用以制造枪炮、农具、钟表及其他种种有机械之物"。④ 经曾

---

① 据《捷报》1863 年 1 月 31 日载:1862 年,一艘名叫"模范号"商船装载一船新式武器,供应太平军,其中包括 300 门 6 磅重到 32 磅重的大炮,100箱小型武器与 50 吨军火。同年为清军运进的新式军火则包括极为有用的大炮与臼炮,加上各种能够发射的炮弹,与全套足以装备两万名士兵的武器。此项武器与军火的全部价值,估计不少于 20 万英镑这个整数。转见上海社科院历史研究所编:《太平军在上海》,第 468—469 页。

② 《字林西报》1868 年 8 月 31 日。

③ 曾国藩:《曾文正公全集》(以下简称《全集》),奏稿,第 27 卷,第 7页;有关内军械所制造小轮船情形,详见张国辉:《中国自制的第一艘轮船——黄鹄号》,《学术月刊》,1962 年 2 月号。

④ 容闳:《西学东渐记》,第 90 页。

国藩批准后,容闳携款 6.8 万两赴美采购机器。这是中国历史上第一次规模较大,并有计划地引进外国技术设备的活动。

　　与此同时,李鸿章经由上海道丁日昌奔走,买下设在虹口的美商旗记铁工厂(Messrs. Hunt & Co.)。这是一家使用一个小型蒸汽机带动机器的铁工厂①,在当时是"洋泾浜外国厂中机器之最大者"②。它的机器设备以"修船之器居多,造枪机器甚少"③。原厂主科而(T. J. Fall)在技术上能如法制造轮船、枪炮和机器。④ 李鸿章在买下铁厂后又将原先设在上海由丁日昌、韩殿甲分别主持的两个炮局并入铁厂,并奏请将容闳向国外购买的机器运到上海后,合并一起,成立江南制造总局。1867 年,为扩充规模,江南制造总局便从虹口迁往上海城南高昌庙,成立机器厂、汽炉厂、洋枪厂、铸铜铁厂、熟铁厂、木工厂、轮船厂、库房、煤栈等。⑤ 从江南制造总局生产设备的构成上看,它原先购买的旗记铁工厂,就有修理和制造一般机器的能力,及至合并了容闳从国外买来的工作母机后,它的技术条件和设备能力更加提高了。所以,到 1868 年即开办后的第三年,局内技术人员通过绘图、计算,"就厂中洋器,以母生子,触类旁通,造成大小机器三十余座"⑥。事实表明,中国技术人员掌握新式生产技术是具有非凡的聪明才智的。

---

　　① 《捷报》1870 年 1 月 11 日,第 22 页;参见《通闻西报》1873 年 7 月 29日,第 99 页。

　　② 李鸿章:《李文忠公全书》(以下简称《全书》),奏稿,第 9 卷,第32 页。

　　③ 《调任直隶总督曾国藩折》,同治七年九月初二日,转见《洋务运动》,第 4 册,第 17 页。

　　④ 李鸿章:《全书》,奏稿,第 9 卷,第 32 页。

　　⑤ 魏允恭:《江南制造局记》第 2 卷。

　　⑥ 曾国藩:《全集》,奏稿,第 27 卷,第 8 页。

在引进西方先进技术上与江南制造局差不多同时起步的,还有左宗棠经营的福州船政局。这虽是一家专门制造兵船的工厂,但其机器设备非常完备。

1866年,左宗棠在筹建福州船政局时就明确规定:"先购机器一具,巨细毕备,觅雇西洋机匠与之俱来,以机器制造机器,积微成巨,化一为百。机器既备,成一船之轮机,即成一船。"①在这里,左宗棠所说的"先购机器一具",指的是制造机器的工作母机,他期望引进的技术设备主要在能够自己制造轮机。他反复强调,"所以必欲自造轮机者,欲得其造轮机之法,为中国永远之利,并可兴别项之利"②。而且在员工掌握生产技术之后,"更添机器,触类旁通,凡制造枪、炮、炸弹、铸钱、治水,有适生民日用者,均可次第为之"③。这表明左宗棠经营船政局,从近期目标看,固在于加强沿海巡防力量,但他的长远目标实在于引进先进技术,学会制造机器,逐步发展与民生日用有关的生产事业。

福州船政局自1866年设立后,从国外引进新颖的生产设备。择其主要的部分来说,这家船局拥有:(一)铁厂:包括锤铁、拉铁两厂(车间),前者备有6个大铁锤和大炼炉16座,小炼炉6座,能自制150匹马力轮船机器的若干部分,包括竖机与螺旋机;后者拥有炼炉6座,碾铁机4座,装有100匹马力发动机1座,能锻制厚度在15厘米以下的铁板;另外所备制铜件的机器能制造包船的铜皮。(二)水缸厂:主要用于制造铜水缸,车间内装有15匹马力发动机1座,用以推动鼓风炉和运转附近两个小厂的机器;水缸厂除

---

① 左宗棠:《左文襄公全集》(以下简称《全集》),奏稿,第18卷,第3页。

② 左宗棠:《全集》,书牍,第8卷,第36页。

③ 左宗棠:《全集》,奏稿,第18卷,第3页。

了装配从国外运来的水缸和装合船只等工程外,还自造水缸 14
座,以供应 150 匹马力轮机使用。(三)轮机厂:船局所设轮机厂
装备 30 匹马力的发动机 1 座;这个厂(车间)主要为制造本局船
只需要的机器,投产初期,每年约能制造 500 匹马力的轮机。
(四)铸铁厂:装有 15 匹马力发动机 1 座,有铸铁炉 3 座,能熔铸铁
15 吨,平均每月铸铁 12—15 吨,其中包括 150 匹马力轮机的铁
件,此外还备有铸铜的设备。

　　从上述主要的设备来看,福州船局当时从国外引进的机器设
备达到了相当高的机械化程度;它所备的机床包括了车、削、刨、
旋、钻、剪、钳等等。而操纵机器的工人也相应地分为"锯木之匠、
造船之匠、冷铁之匠、铸铁之匠、刻模之匠、铸铜之匠、水缸之匠、翻
砂之匠、车床之匠、钳床之匠"等等,达二三千人。[1] 因此,从生产
力发展的角度联系福州船政局的创建来考察时,令人想起恩格斯
的一句名言:"现代的军舰不仅是现代大工业的产物,而且同时还
是现代大工业的缩影,是一个浮在水上的工厂。"[2] 以制造兵轮为
重点的福州船局在运用机器生产方面,诚然是起着现代大工业的
作用;但在半殖民地半封建的社会条件下,由于种种原因,它所拥
有的生产能力可惜不曾得到充分的发挥。

　　60 年代后半期,在引进西方先进技术上,除了规模宏大的江
南和福州两局之外,还有金陵机器局和天津机器局。这两家机器
局在初创时期新式设备的购置虽然远不及江南和福州两局,不过
它们先后出现在长江下游的南京和华北重要口岸的天津,对推动
社会生产力的发展都产生了一定的影响。

　　金陵机器局的前身是苏州洋炮局,原是李鸿章的淮军在 1863

---

[1]　《海防档》,福州船厂(一),第 134 页。
[2]　恩格斯:《反杜林论》,《马克思恩格斯选集》第 3 卷,第 212 页。

年附设的一个很小的兵工厂，1865 年随李升任两江总督而迁往南京。这个小工厂曾在清政府遣散"阿思本船队"时，买下这个船队所带来的制造和修理军火、轮船的各种机器设备。① 据李鸿章在 1864 年称：这家小兵工厂从外国人那里买到"汽炉、镟木、打眼、铰螺旋、铸弹诸机器"，并雇用外国匠人四五名。② 另据当年有关史料反映，这家小兵工厂的生产能力除了能制造枪弹、炮弹、药引、自来火之外，还造成几种迫击炮弹，而且不久之后，还可望造成步枪和雷管。③ 可见初创时期的金陵制造局在引进和利用西方技术方面也是取得一定基础的。

至于位于华北口岸的天津机器局，是在 1867 年由三口通商大臣崇厚设立的。最初这家机器局通过江苏巡抚丁日昌的帮助，从上海祺记、旗昌两洋行买来车床、刨床、直锯及卷锅炉、铁板机器等 8 种设备，并于 1868 年年底解运到天津。④ 与此同时，天津局还从香港购买修造枪炮和仿制炸弹、开花炮等机器。⑤ 1869 年，上述购买的各项机器陆续投入运转。这可能是华北口岸最早引进先进技术的记录。

综上所述，到 19 世纪 60 年代后半期，在几个重要口岸如广州、上海、福州、天津等地，由于先进技术的引进，渐渐地在社会经济的发展上引起反应。事实上，蒸汽机的引进，就是为蒸汽动力机械的发展开辟道路，从而为手工劳动过渡到由蒸汽动力和机器操作准备条件。19 世纪 30 年代，在资本主义先进国家出现了可供

---

①　鲍尔吉：《马格里传》，第 125 页。

②　《夷务始末》，同治朝，第 25 卷，第 7 页。

③　《捷报》1864 年 4 月 22 日，转见鲍尔吉：《马格里传》，第 131 页。

④　《海防档》，丙，机器局（一），第 45 页。

⑤　《崇厚片》，同治六年八月初七日，《洋务运动》第 4 册，第 237 页。

精加工的蒸汽动力车床、镗床、刨床和铣床等。大约到了 60 年代后期,这些先进的技术设备逐渐地输入到中国,其中一部分为外国在华工厂企业所使用①;但也有相当一部分被清政府的官办军用工业引进和使用。这就是说,通过技术引进,一种新的社会生产力因之出现于封建中国的土地上。尽管这种新的社会生产力在当时被局限在较小的范围之内;但是,社会经济发展的行程表明,新的生产力并不因使用范围的狭小而停顿起来。相反,蒸汽机动力在新式军用工业的引进和使用,使得燃煤的消费量迅速增加,从而对新式矿冶工业提出了强烈的要求。福州船政局在创办后两年,即 1868 年,便急切地派出船局煤铁监工前往台湾调查煤炭储藏量和开采情况②;江南制造局和天津机器局的开办,推动洋务派官僚忙于向各处查询、勘测煤铁矿的储藏和开发。事情的发展正如恩格斯所说那样,"工业领域一受到刺激,其后果是无穷无尽的。一个工业部门的进步会把所有其余的部门也带动起来"③。中国新式煤矿和金属矿正是由于新式军用工业(实即机器制造业)的刺激和推动,匆忙地进入开发阶段的。

　　另一方面,新式军用工业的创办,势必雇用大批新式产业工人。60 年代后期,人们可以看到,工业把劳动力集中到工厂和城市里的景象。在上述几个重要的通商口岸已经涌现了一批由中国人组成的技术力量。这时不仅在上海,已经有成批的"驶舡之

---

　　① 据统计,截至 1869 年,外国在华工厂企业已有 75 家,其中设在上海的有 35 家,在广州黄埔的有 7 家,在厦门、福州的有 3 家,在汉口的有 2 家,在香港九龙的有 23 家。参见汪敬虞:《十九世纪西方资本主义对中国的经济侵略》,第 310—311、315—316 页。

　　② 《贸易报告》,1869 年,淡水,第 163 页。

　　③ 《马克思恩格斯全集》第 1 卷,第 671 页。

人"，和"通晓轮机"的"舵工水手"①，而且在浙江宁波、福建漳泉和广东香山、新会一带也有不少人已经熟习驾驶轮船的技术。对于这些掌握技术的熟练工人的雇用，在管理方法和工资制度上就难以沿用旧的封建管理制度，不得不相应地采用一些资本主义管理方法和劳动剥削制度。这就是说，在引进西方生产技术的同时，势所必然地也引进了资本主义的雇佣关系。

这一时期，值得注意的另一个现象是，随着外国势力的入侵和商品经济的发展，中国社会财富分配状况也出现了新的特点。这就是在一向掌握大量财富的封建地主阶级之外，出现了一个新的富有阶层，即为外国势力效劳的买办阶层。

鸦片战争后，买办阶级这一殖民地和半殖民地社会的产物，开始成为一个新的社会集团势力。他们是由受雇于外国洋行的买办以及与洋商有密切联系的买办化商人所组成的。他们干着向洋行或洋东提供各地商业行情、参与进出口贸易的活动，从中谋取暴利。从19世纪40年代到90年代，通过频繁的进出口贸易活动，在买办阶层手中积聚了一笔为数可观的资财。

据英国蓝皮书记载：从1844年到1856年，中英贸易总值达44130万元，平均每年约为3400万元②；另据美国外交文件记录，从1845年到1855年，11年中，中美贸易总值达11625.2万元，平均每年约为1100万元。③ 由此可知，在40到60年代，英美两国对华贸易值年平均合计，大约在4500万元。在当时的中外贸易中，英、美两国的贸易额约占中国对外贸易总额的90%左右，其他

---

① 《洋务运动》第5册，第84页；清船政衙门编：《船政奏议汇编》第4卷，第9页。

② 转引自《马克思恩格斯选集》第2卷，第34页。

③ 达维斯：《美国外交和公文汇编：美国和中国第1辑1842—1860》第18卷，第116页。

各国合计约占 10%。① 依此估算,当时中国对外贸易总值全年通扯大约在 5000 万元左右。从 1840 年后的 20 年中,中国对外贸易总额通扯计算大约在 10 亿元左右。须知当时一切进出口贸易都需要买办商人参与成交;而每一次贸易成交中,买办所得到的经纪费用虽然不尽相同,大体上为贸易额的 2% 到 3%。那么,20 年中积累在买办阶层手中的资金,累积当达二三千万元左右。1864 年以后,中国有了比较可靠的海关统计数字。总计从 1864—1894 年进出口贸易总值为 50.6 亿余关两,合 75.9 亿余元。买办佣金一项仍以 2%—3% 计,这时期中买办的佣金数量达 1.5 亿到 2.2 亿元,连同 1864 年以前的估计数字,共为 1.7 亿到 2.5 亿元。② 尽管这个数字仅仅限于佣金收入,不包括买办阶层从非法的鸦片走私及其他各种活动中所获取的利润,它也足以表明这个阶层在当时已经是地主阶级之外一个最富有的阶层了。

这一时期,为流通领域服务的旧式商人中,也有一部分人由于在不同程度上与进出口贸易发生联系,从而也发生了不同程度的变化。例如通商口岸商业金融组织之一的钱庄,由于与外国资本在金融业务上联系之后,也发生了比较明显的变化。某些资力雄

---

① 参见黄苇:《上海开埠初期对外贸易研究》(以下简称《上海开埠研究》),附录,表 2、3。

② 有关买办阶层收入的数字曾有各种估计:严中平估计为 6.2 亿余关两(1890—1913 年)〔见《中国棉纺织史稿》,第 155 页〕;张仲礼估计为 500 万两(19 世纪 80 年代)〔见《中国绅士的收入》(The Income of the Chinese Gentry),第 191 页〕;黄逸峰估计为 4 亿两(1840—1894 年)〔见《关于旧中国买办阶级的研究》,《历史研究》1964 年第 3 期〕;郝延平估计为 5.3 亿两(1840—1894 年)〔见《十九世纪中国的买办》,第 102 页〕;汪熙据 1868—1936 年进出口贸易统计计算为 15.2 亿美元〔见《关于买办和买办制度》,《近代史研究》1980 年第 2 期〕。这些数字涉及的年限、范围各不相同,数字各异,但可以作为说明十九世纪后半期买办阶层拥有巨额资金的参考。

厚的钱庄主在为进出口贸易服务的过程中,既获取优厚的利益,也增长了对新式企业的认识。从而把自己的活动逐步地从流通领域转向生产领域,对投资或经营新式企业的兴趣有所增长。

此外,中国地主阶级一向是一个占有庞大社会财富的剥削阶级。这一阶级历来以兼并土地、榨取高额地租作为积蓄财富的传统方法。到了 19 世纪 60 年代,地主阶级中绝大部分虽然还是沿着传统的剥削方法积累资财,但这一阶级的代表人物中,一部分具有某些新倾向的官僚,由于与洋务接触较多,逐渐地对资本主义新事物有了某些认识,开始在地租之外,尽可能利用他们所握有的权势,介入了新式企业的经营,借以增殖他们手中所积累的财富。

上述分析表明,19 世纪 40 年代以后,面临外国资本主义势力的入侵,封建中国的经济结构从遭受严重的冲击中处于破坏状态。整个破坏历程的特点表现为外国势力"用暴力清除以自己的劳动为基础的生产方式和占有方式"[1],从而摧毁了农业手工业相结合的封建经济;在这种新的情况下,进一步发展起来的商品经济又必然导致商品市场的扩大、劳动力市场的扩大和一定数量的货币财富的积累。凡此种种,都为封建中国资本和劳动对立关系的形成提供了客观的条件。到了 60 年代,现代科学技术的传播、机器设备的输入和资本主义经营方式的推行等等,更为大量的社会游资向新式企业流注提供了新的有利的条件。所有这些有利条件的综合,推动了发展缓慢的封建中国经济的历史进程。反映在工业方面,五六十年代之交,就有过招股聚议机器织布的计划[2];在农业方面则有拟用西洋机器试行"垦辟"的议论。[3] 在航业运输方面,

---

① 　马克思:《资本论》,《马克思恩格斯全集》第 23 卷,第 834 页。
② 　《新报》1878 年 8 月 6 日,1879 年 2 月 27 日。
③ 　《申报》1887 年 3 月 27 日。

60 年代后期要求创办新式轮船公司的至少有 4 起之多,所提计划都强调由华商集资,购买轮船往南北洋各口行走,沟通口岸间的运输贸易。① 而第一家近代缫丝厂的创办人陈启沅这时正在安南一带经商,留心了解法国人所设缫丝厂中"机械制丝,产品精良",从而产生了回国仿效的意图。② 而在此之前 10 年,中国境内已出现了第一家外国缫丝厂。③ 在电讯方面,当外国资本的大北公司将海底电线引到中国之后,旅法侨商王承荣和另一位侨商王斌等人研究电报技术,"公同倾资雇匠",自制汉文电报机器,要求准予在上海开办电报公司。④ 总之,到 19 世纪 60 年代,封建中国母体里逐渐形成的资本与劳动的对立运动,更因先进生产技术引进所起的触媒作用,使得社会生产力和生产关系出现某些带有本质性的变化。在这些变化情况的推动下,中国资本主义近代企业终于在 70 年代初期出现,完全不是偶然的。

## 二、近代资本主义民用企业的组织形式

前面已经提到,中国使用机器的近代资本主义民用企业有"官办"、"官督商办"、"官商合办"和"商办"4 种组织形式。这几种组织形式的出现时期有先后,但在它们之间并不存在前后承继的关系。

---

① 参见张国辉:《洋务运动与中国近代企业》,第 131—134 页。

② 汪敬虞:《关于继昌隆缫丝厂的若干史料及值得研究的几个问题》,《学术研究》1962 年第 6 期。

③ 布朗:《两家缫丝厂》(S. R. Brown, The Two Filature),载《技术与文化》,1979 年 7 月号。

④ 《海防档》,电线(一),第 100—105 页。

所谓"官办"企业,是指由清政府筹拨开办经费和常年经费,指派官员负责创办的企业。在甲午之前,官办的民用企业,为数很少,仅有台湾基隆煤矿、兰州织呢局和湖北织布官局等几个单位。

到了70年代,清政府在兴办近代军用企业的过程中,发现了缺乏相应的燃料工业、矿冶工业和交通运输业相配合,军用企业的维持和发展就很困难。于是洋务派官僚便酝酿着创办民用企业。但是,清政府在长期内战之后,财政竭蹶,很难筹拨民用企业所需要的巨额资金。所以洋务派官僚便提出"官督商办"的组织形式,其目的在于在官府的监督之下,招徕社会上的私人资金,兴办民用企业。这种组织形式是甲午战争以前民用企业中最基本的、最主要的形式。

经营"官督商办"企业的具体措施是,先由官方提供部分官款作为垫支资本,同时指定与官方有一定联系的"商人"出面,向社会招募资本,然后由企业以经营所得,陆续归还垫支的官款。洋务派指定承办新式企业的"商人",成员复杂,其中有:和外国势力关系密切的买办、和买办有广泛联系的旧式商人的上层分子,也有退职的官吏,稍后还有少数地主分子。不论上述哪一类人物,他们一经官方委派后,便取得了半官半商的身份。依靠这种关系建立起来的若干近代企业由于与官方(主要是洋务派官僚集团)关系密切,都能从清政府那里获得减税、免税、贷款、缓息等优惠特权。甲午战争之前,中国近代企业中大型的航运、煤矿、电讯和纺织等部门的主要企业,几乎都采取这种组织形式。

七八十年代之交,中国资本主义经济略有发展,不少商人、地主和中小官僚出资创办中小型工矿企业。这些中小企业大部分都是民族资本的商办企业。但是,这些企业的主持者为了谋取清政府的庇护,尽可能地与官方拉拢关系,在企业的组织形式上,争取挂上"官督商办"的名义。这一类企业数量较多,但是规模都比较狭小。它们远不能与洋务派集团所经营的"官督商办"大型企业相提并论。

　　大约到八九十年代之交,在"官督商办"的组织形式之外,又有所谓"官商合办"的形式。采取这种形式的企业是由代表清政府利益的官僚和商人经过协议,订立合同,各认股份,对企业进行共同管理,按股份比例分配盈利或负担亏损。这类企业在筹建过程中,名义上虽标明"合办",实际上掌握企业经营管理大权的还是清政府委派的官僚,商方代表都是处于从属的无权地位。在企业内部,官商双方往往在企业的经营方针、发展前途以及管理权限等方面发生尖锐的矛盾。因此,这种组织形式虽然在时期上出现较晚,但只是洋务派官僚利用商人资本的另一手段,不为商人所重视。在甲午战争之前,这种形式未得到广泛推行。

　　在中国近代企业的发生时期,也有完全由商人、地主或中、小官僚自集资本,经营商办企业的,如分布在缫丝、碾米、面粉、纺织等部门的某些中小型企业,惟为数不多,规模也不大。

　　由此可见,全面地考察中国近代企业的产生过程,有必要按照资本主义近代企业产生的先后,选取典型,进行分析,借以探讨中国资本主义近代企业产生过程的某些特点。

## 第二节　近代船舶修造业

### 一、近代船舶修造业概况

　　前面说过,第一次鸦片战争以后,中国江海航运业的发展,引起西方入侵者在中国大事经营船舶修造业。同一发展,也对华商经营同一行业,发生了刺激作用。不过,在西方势力的竞争压迫之下,华商在这方面的发展,一直非常微弱。

　　根据片断记载,广州商人早在 40 年代就试制过轮船。例如,广州十三行商人潘世荣在 1843 年就曾仿制过轮船。① 1847 年,广州又有人试造小型轮船。② 到了 70 年代初,更有消息透露,有一批中国富裕商人甚至组织了一家造船公司,试制小型轮船。③ 所有这几项记载,都缺乏详细经过可说。1876 年,香港黄埔船坞公司把黄埔的船坞及其附属工厂设备以 25 年内不得为外商修理船舶为条件出卖给两广总督刘坤一。④ 这个苛刻的附加条件有力地限制了黄埔地区中国船舶工业的发展,以致在 5 年以后,黄埔地区已经是"情景萧条"⑤,随后也就迅速地衰落下去。不过这一时期广州的船舶修造业仍然维持兴盛景象。⑥ 到 90 年代,广州的几家船舶修造厂都具有较高的技术设备,制造过吨位不同,型号多样的各式轮船,包括双螺轮机船,明轮轮船等等。不过在这一时期里,修船业务比造船业务能有更多的赢利。⑦ 所以,直到 19 世纪终了,广州的船舶修造业仍以修配为主,并未发展船舶制造。

　　1858 年,广东买办郭甘章创设的甘章船厂（A-Cheong &

---

　　① 《夷务始末》,道光朝,第 63 卷,第 16 页。按:潘世荣是仁和行老板(参见梁嘉彬:《广州十三行》,第 178、345、348 页);有说潘世荣是潘仕成同族,而潘仕成即鸦片战争期间曾捐银仿造西洋战船,并雇美国壬雷斯制造新式水雷(参见魏源:《海国图志》第 92 卷,第 1 页)。

　　② 《中华丛报》1847 年 2 月,第 1 号,第 104 页。

　　③ 《通闻西报》1874 年 3 月 2 日。

　　④ 刘坤一:《刘忠诚公遗集》(以下简称《遗集》),书牍,第 6 卷,第 20 页;《贸易报告》,1876 年,广州,第 183 页;《捷报》1876 年 11 月 2 日,第 438 页;《申报》1876 年 10 月 31 日。

　　⑤ 《海防档》,丁,电线(二),第 301 页。

　　⑥ 《海关十年报告》,1882—1891 年,广州,第 104 页。

　　⑦ 《海关十年报告》,1892—1901 年,广州,第 196 页。

Company）是在上海出现的第一家华商修船厂。① 这家修船厂在初创时，"凑资不易"，开张后却"大得利益"。② 但是，迄今还没有发现更多的材料记述这家修船厂的进一步发展。

大约到 60 年代初，外资船厂在上海船舶修造业中居于垄断地位。为外资船厂服务的锻铁、造船手工业作坊，逐渐地积累起一定数量的资本。他们在手工操作的基础上，添置一二台简单车床，扩大生产，逐步发展为使用机器的近代资本主义工业。均昌修船厂大约是 60 年代中期在手工作坊基础上发展起来的一家机器修理厂。到 60 年代后期，上海商办的小型机器修船厂更见增多，它们大多都有一两台车床。1869 年的一项记载说："华商富民若在上海兴办船厂，可买西人做成的各种机器。"③这则简单的消息从一个侧面证明，上海的商人和手工业者中有一种向船舶修造业投资的倾向。

进入 70 年代以后，上海的华商船舶修造业有了一些发展。1874 年，在虹口出现一家附属于轮船招商局的同茂铁厂。④ 这家铁厂最初只能进行零星的轮船修理业务；两年后，便扩充成为运用汽机的中型修船厂，能自制汽船的锅炉、引擎等项机器，无须外国技术人员的帮助。⑤ 有的报道甚至说，这家铁厂除了修理轮船招商局的船只以外，还有力量承接订货，为顾客代制机器。⑥

和同茂铁厂同时发展的，有更多为航运业服务的船舶修造厂。

---

① 《捷报》1859 年 1 月 15 日，第 95 页。

② 徐润：《徐愚斋自叙年谱》（以下简称《年谱》），第 4 页。

③ 《上海新报》1869 年 12 月 18 日。按，这里所说的"船厂"实际上是指"修船厂"。

④ 《汇报》1874 年 8 月 14 日；《申报》1874 年 9 月 25 日。

⑤ 《英领报告》，1876 年，上海，第 18 页。

⑥ 《汇报》1874 年 8 月 14 日。

就目前所接触到的材料,可将这一时期上海华商船舶修造各厂的基本情况用文字做一简要说明,如附录统计表13。

就我们所接触到的资料来说,这一时期,上海商办的小型机器厂除附录统计表13所列各家之外,还有亚记(1883)、怡昌铜铁铺(1884年)、上海机器轧铜厂(1889年)、黄元春〔机器〕磨刀厂(1889年)、顺昌翻砂厂(1890年)等家,但历史资料没有对它们的情况做更多反映,只好置而不论。仅就附录统计表所作的概述来分析,人们不难看到,这一时期,上海商办的船舶修造业中,有很大的一部分是从手工作坊发展成为小型的船舶修配厂的。它们的特点是:设备简陋,资本力量薄弱,经营范围也非常狭窄。同时,它们又面临拥有船坞和成套设备的外国船厂的竞争;不仅无力修理大型轮船,就连拖船、驳船和中小轮船的建造,也几乎都无力和外国船厂相竞争。它们只能从外国船厂分取零星的舱面修理业务。这种业务上的主从关系,使这些船舶修造厂降为外国船厂的附庸。所以,从60年代以后,上海的华商船舶修造业经过二三十年的经营,个别厂家如发昌、均昌虽然稍有扩张,但总的看来,全行业没有多大的发展,即使像发昌、均昌等厂,最后也未能逃脱外国船厂的兼并。八九十年代之交,这些从事于船舶修造业务的机器厂为了保持生存,不得不另谋出路,为缫丝、轧棉等业制造简单机器,这对使用机器的民族资本主义企业是有一定帮助的。

广州、上海以外的地区,也有人从事船舶修造业务的活动。例如,曾国藩的安庆内军械所在1863年就试造过一艘小轮船,"行驶迟钝,不甚得法"①。1865年,曾国藩还支持在南京试造过小汽

---

① 曾国藩:《全集》,奏稿,第27卷,第7页。

船。① 同期中,左宗棠也在杭州仿造小轮船,未能成功。② 在南昌,1877 年有一个退休的漕运总督开设了一家专门制造挖河机器的工厂。据说,它所使用的机器是"从外国购来的"③。在天津,1880 年也有人"试造轮船"④;而香港的华商在 1881 年甚至计划成立一家新船厂,专为招商局和其他中国轮运公司修理船只。⑤到 90 年代,在武昌有以手工作坊起家的周天顺冶坊,稍后发展成为武汉地区历史最久的一家机器修船工厂。⑥

总的说来,在外国势力的侵略下,广州、上海最先创办的华商船舶修造业,经过长达 30 年的经营,发展十分微弱,其中比较有所发展的均昌船厂,最后也被外商吞并以去。

## 二、商办均昌船厂的产生、发展和结局

在中国近代船舶修造业中,上海华商均昌船厂的产生、发展和结局,很能说明问题。这家船厂的创办年月,现已无法确定。只知道 1884 年在上海发行的《沪报》上,曾刊有这家修船厂招揽业务的一则广告,自称在上海设立已有 20 余年。⑦ 到了 1893 年,这家修船厂又在《申报》上刊登广告,声称开设以来,已"历三十余

---

① 《字林西报》1868 年 8 月 31 日。

② 左宗棠:《全集》,奏稿,第 18 卷,第 6 页。

③ 《新报》1877 年 10 月 30 日,12 月 4 日。

④ 《益闻录》,1880 年 6 月 20 日。

⑤ 《字林西报》1881 年 10 月 27 日,第 407 页;另参阅埃德尔:《香港史》,第 558 页。

⑥ 《申报》1893 年 10 月 12 日。

⑦ 《沪报》1884 年 10 月 26 日。

年"①。据这两则广告推测,均昌船厂的设立时期当在 19 世纪 60 年代初期。

　　60 年代初期正是长江被迫开放,天津、营口、烟台亦相继辟为商埠,而行走于上海和日本间的航运业也在迅速开展起来,这些都给上海港带来了前所未有的繁荣。从 1860 年到 1864 年的 5 年中,进出上海的外国船只吨位曾由 43 万吨猛增到 187 万吨以上。② 因此,外国势力在这 5 年中便在上海开设了 9 家船厂,规模最大的祥生和耶松两家船厂就是在这个时期成立的。中国商办的均昌船厂也是在这一时期出现的。不过,迄今尚无材料足以确切证明这家船厂在初创时便已使用机器,很可能它在当时还只是一家手工工场。

　　均昌船厂的创办人及其早期的投资人现在也无从查考。目前只知道 80 年代初,这家工厂的主持人中有:厂主梁凤西,经理李松云、林云川等。③ 梁凤西是轮船招商局总办唐廷枢的亲戚,他们关系密切;80 年代初,梁还是一个经营股票生意的商人,唐廷枢套购或抛售股票大多由梁经手;很可能梁凤西也充当过洋行买办。④ 李松云原籍广东,除了与唐廷枢、郑观应交往密切外,还和外国商人常有往来。1867 年,他曾附股上海轧拉佛洋行主持的公正轮船公司,并充任该公司的买办。⑤ 轮船招商局成立后,大约由于唐廷

---

　　①　《申报》1893 年 5 月 17 日。

　　②　《捷报》1864 年 1 月 16 日,第 11 页,1865 年 6 月 25 日,第 98 页。

　　③　《中、日、菲行名纪事录》,1884 年;《捷报》1882 年 10 月 18 日,第 421;《申报》1883 年 5 月 23 日。

　　④　《沪报》1885 年 12 月 3 日;《国民政府清查整理招商局委员会报告书》(以下简称《报告书》)下册,第 35 页。

　　⑤　《捷报》1868 年 12 月 22 日,第 623、625—626 页,1869 年 6 月 26 日,第 331—332 页;《教会新报》第 90 号,1870 年 6 月 11 日,第 199 页。

枢的拉拢,他可能对招商局也有投资,因而负责该局一部分的业务。① 不过他的活动相当广泛,不限于新式航运业。到 80 年代,他先后投资于德商禅臣洋行主办的中国制造熟皮公司(China Tannery Co.)②、美商华地码(W. S. Wetmore)创办的上海电光公司③和英商平和洋行(W. Birt & Co.)主办的中国玻璃公司(Chinese Glass Works Co.)。④ 在这些公司中,他都具有重要地位,不是一般的附股者。例如,他既是上海电光公司的董事,又是中国玻璃公司的发起人之一。李松云与外商和大买办有如此广泛的社会联系,使人怀疑他出身于买办,他的均昌船厂可能吸收买办资本,甚至和外国洋行也有某种资本上的"联系"⑤。

均昌船厂坐落在上海虹口,这里原是上海船舶修造业的中心。这家船厂在 80 年代前半期只拥有资本 47000 两⑥,与当时外商的祥生、耶松船厂各拥资本 80 万两和 75 万两的企业相比较⑦,只能算是一家小型的企业。它的初期业务只限于修理船只,直到 1882 年才开始制造第一艘轮船——"犀照号",其后两年中陆续造成 5 艘轮船。在均昌所造的 6 艘轮船中,现在只有 4 艘留有具体记录可供查考,它们的基本情况是:

---

① 《申报》1883 年 8 月 13 日,1884 年 2 月 3 日。
② 《捷报》1882 年 11 月 15 日,第 519 页;《申报》1882 年 11 月 30 日。
③ 《申报》1885 年 4 月 20 日;《字林西报》1885 年 5 月 1 日,第 403 页。
④ 《捷报》1883 年 12 月 12 日,第 679—680 页。
⑤ 据《申报》1883 年 8 月 13 日载:均昌厂总机司为西人吉理文(E. W. Crements);另据 1884 年《中、日、菲行名纪事录》,称吉理文为均昌协理,如果此项记载属实,则均昌船厂这时很可能有外国资本渗透。
⑥ 《申报》1884 年 7 月 7 日。
⑦ 字林西报馆:《上海今昔观》,第 9—12 页;《捷报》1893 年 9 月 1 日,第 345 页,11 月 18 日,第 816 页。

| 船号① | 船名 | 建成时期 | 订购者 | 船身（英尺） | | | 吃水（英尺） | | 排水量（吨） | 时速②（英里） | 马力③（匹） |
|---|---|---|---|---|---|---|---|---|---|---|---|
| | | | | 长 | 宽 | 深 | 前 | 后 | | | |
| 1 | 犀照 | 1882 年 10 月 | 芜湖关道 | 56 | 11 | 6 | 3.5 | 5.0 | 35 | 13 | 120 |
| 2 | 兆昌 | 1883 年 4 月 | 轮船招商局 | 70 | 14 | 6.5 | 3.5 | 5.3 | 38 | 10.5—14 | 110 |
| 5 | 江练 | 1883 年 7 月 | 芜湖关道 | 90 | 13 | 8 | 4.0 | 6.3 | 85 | 13 | 150 |
| 6 | 淮庆 | 1884 年 1 月 | 刘铭传 | 80 | 12 | 7 | 3.5 | 5.5 | 115 | 13 | 28 |

注：①船号指建造之先后，3、4 两号未见记载，暂缺。

②均系平水时速，其中"兆昌"平水行速 10.5 英里，加快可到 14 英里。

③"淮庆号"为号马力（Nominal Horse Power），其余三艘均为实马力（Indicated Horse Power）。

资料来源："犀照"：《申报》1882 年 10 月 12 日；《捷报》1882 年 10 月 18 日，第 420—421 页。

"兆昌"：《申报》1883 年 5 月 23 日。

"江练"：《申报》1883 年 8 月 13 日；《捷报》1883 年 8 月 17 日，第 195 页。

"淮庆"：《申报》1884 年 2 月 3 日；《捷报》1884 年 2 月 6 日，第 152 页。

上表说明，均昌船厂所造的船只，载重量最大的"淮庆号"不过 115 吨；船身最长的"江练号"不过 90 英尺；船身长 80 英尺的"淮庆号"，只能容纳 20 位旅客。① 同时期中，耶松船厂在 1884 年所制的"源和号"轮船，船长 280 英尺，载重 2000 吨，吃水 9 英尺②；1885 年制造的"宝华号"轮船，能容纳旅客 800 人。③ 与拥有这样巨大生产能力的耶松船厂相比，均昌只是一家很小的船厂。

---

① 《捷报》1884 年 2 月 6 日，第 152 页。

② 《捷报》1884 年 6 月 13 日，第 667 页；《字林西报》1884 年 2 月 7 日，第 23 页。

③ 《申报》1882 年 10 月 11 日。

不过,当时船舶修理业务繁多,外商船厂不可能囊括无遗;而均昌船厂也颇注意改善经营方法,所以在一个时期内有所扩充。

80 年代初,均昌船厂具有比较高的生产效率,在不到两年的时间里,先后制造了 6 艘轮船,其中"犀照号"的制造时间仅用 3 个月;而船身稍大的"兆昌号"也只用了 5 个月。① 生产过程所需时间的长短与企业资本周转快慢密切相关。在一定的时期中,投资所得的剩余价值视资本周转时间缩短而增大。均昌船厂能够在较短的时间中修造船只,加速了资本周转速度,亦即为企业提供更多的利润创造了有利条件。与此同时,均昌也便能以较低的修理费用与外国同业进行竞争。例如,1890 年,湖广总督的"楚胜号"轮船驶往上海修理,祥生船厂索修理费 3500 两,而发昌船厂(即均昌船厂新改名称,它们的英文厂名都是(The Hongkew Iron Works Co.)却只索价 1900 两②,从而便揽得了这笔业务。

均昌船厂所造的轮船,吨位虽小,技术却比较先进。试以轮船的主要部件推进器而言,它的转动速度平均每分钟在 200—220 次之间,航行时速一般都在 13 英里左右,而当时外商在华船厂所造轮船的航行时速大都在 11 英里以下。耶松船厂所造的"源和号"被称为"远东所制造的最大的一艘商船"③,时速只有 12.65 英里④,比均昌所造的"犀照"、"江练"、"淮庆"各船的速度都低,比"兆昌号"的最高速度更要低 10% 。又如"犀照号"轮船下水试航

---

① 《申报》1883 年 5 月 23 日。

② 《"楚胜"轮船管带武永泰致湖北铁政局总办蔡锡勇电》,光绪十六年六月二十七日,见《张之洞电稿》(抄本)。

③ 《捷报》1884 年 6 月 13 日,第 677 页。

④ 《字林西报》1884 年 7 月 7 日,第 23 页,原记载为每小时 11 海里,现按 1 海里=1.15 英里计算。

时,最能挑剔的上海的外国记者除了说船上"油漆未干",油漆味较大以外,竟找不到其他缺点。①

均昌船厂的另一特色,是它所制造的船只,包括"设计、绘图、监造工作,俱是华人"担任。② 监制轮船的工程师是广东香山人许启邦,他曾在江南制造局学习过造船技术。③ 在许的设计下,均昌船厂所制造的船只"连船身带机器,都是由该厂自己制造的"④。一个资本力量远较外国在华船厂为低的均昌船厂,经过造船工人和技术人员的共同努力,竟然使企业的技术水平赶上,甚至在某些方面还超过当时上海的外商船厂,乃是一个非常值得重视的事实。

1884 年 6 月,均昌船厂经过一次改组。这是由于在 1883 年上海金融恐慌中,厂主梁凤西因股票投机破产后,随即死亡,使船厂资金周转发生困难,不得不转让给耶松船厂。⑤ 不过,其后又由方德庸接手,赎回经办,更名为发昌船厂。⑥ 改组后的均昌船厂,业务上略有扩充。如果就船厂历年所承接的订货来看,大抵在1884 年前,主要为清政府订货生产,如 1882—1884 年所制造的 6艘轮船中,芜湖海关道的订货就有 2 艘,轮船招商局的订货有 3艘⑦,以刘铭传名义所造的 1 艘很可能也是清政府某单位的订货。1884 年以后,发昌承造商人订货。1893 年,上海几家华商准备联合承办朝鲜汉城和济物浦(即仁川)之间的航运,他们所使用的第

① 《捷报》1882 年 10 月 18 日,第 420 页。
② 《申报》1882 年 10 月 11 日。
③ 《中、日、菲行名纪事录》,1884 年;另参阅《申报》1882 年 10 月 11日。
④ 《捷报》1883 年 8 月 17 日,第 195 页。
⑤ 《申报》1884 年 7 月 7 日;《字林沪报》1885 年 12 月 3 日。
⑥ 《中、日、菲行名纪事录》,1886 年。
⑦ 《申报》1884 年 4 月 2 日。

一艘轮船"汉阳号"，就是由发昌船厂承造的。①与此同时，发昌的业务又并不限于修造轮船。例如，1887年就为山东省制造新式扒沙船"泰通号"，供疏浚黄河之用②；1889年，还曾计划承办台湾官办基隆煤矿的煤砖厂等等。③

应该指出，这家船厂在1884年以后虽然与耶松船厂脱离了关系。但是，在方德庸主持下，有各种迹象表明，它与外国资本的"联系"，却没有割断。上海的外国船业资本家戴克（G. T. Darke）、阿美士井（O. Armstrong）和史丹福（B. R. Stanford）等先后进入公司的经理部④，实际上起着与方德庸共同"经理"的作用，而原来受雇充当总机司的吉理文在1884年后也以"协理"名义参与管理，这种种情况表明这家民族资本企业显然杂有外国资本。

到了19世纪20世纪之交，英商耶松船厂扩大资本到557万两，"掌握了上海全部的造船和船坞事业"⑤，从此人们再也见不到这家华商船厂的任何活动，它已被耶松所吞并。⑥均昌船厂的产生、发展和结局的历史表明，在外国强大势力的压迫之下，尽管民族资本主义的企业在生产技术上和经营管理上颇为完善，也是没有独立发展前途的。

---

① 《捷报》1893年6月2日，第785页，1893年8月18日，第249页。

② 《申报》1887年8月11日，1887年8月14日。

③ 《申报》1889年2月11日；《贸易报告》，1889年，淡水，第78页，1890年，淡水，第83页。

④ 《中、日、菲行名纪事录》，1886年、1891年。

⑤ 莱特：《商埠志》，第456页；《海关十年报告》，1892—1901年，上卷，第517页。

⑥ 《申报》1899年7月11日载发昌机器厂启事："小号因连年生意亏折，今盘与耶松船厂。所有各宝号往来款项，准于初八日摊还。特此布闻。"

# 第三节　近代航运业

## 一、近代航运业的酝酿

在第一章里,我们已经对两次鸦片战争以后,外国航运势力对中国帆船业的摧残进行了叙述。时至 60 年代中叶,洋船航运的优越性已成为朝野人士公认的事实。对于清政府而言,北运漕粮、南运豆石的沙船业的衰落成为必须解决的迫切问题。于是,首先为了漕运,同时也为了取利,官僚和商人都出现了兴办新式航运业的议论和决心。

1866 年到 1867 年间,在上海海关道应宝时、两江总督曾国藩和清总理衙门之间为了解决漕运问题,不断进行磋商,提出各种补救的办法。他们在来往的函件中,都注意到通商口岸有不少华商购买或租雇外国船只而诡寄在洋商名下的现象。从便于华商购买洋船的角度考虑,总署和两江总督采取了允许商人购买洋船、装运货物的方针。两江总督公告:"华商造买洋船,或租或雇,无论火轮夹板,装运出进江海各口,悉听自便",官府"既不绳以章程,亦不强令济运"。①

在这种客观情势的鼓励下,某些商人和官员也开始酝酿兴办近代航运业。1867 年,候补同知容闳创议"联设新轮船公司",并拟定章程,通过应宝时转送到曾国藩和总理衙门。章程在述及发起的动因时指出:外国轮船公司垄断长江航运,"操纵由己",对中国商人"大有窒碍"。因此,筹划中的新轮船公司将在长江行船,

①　《海防档》,购买船炮,第 864—865、866—867 页。

揽载中外客货,待业务有所发展后,再扩充南北洋航线,往天津、牛庄及福州等地试航。章程中未曾涉及运漕事宜。至于拟订的公司集资办法、内部管理、股东的权利义务以及公司盈亏的处理等等,大都依照西方股份公司的办法。不料这些规定和具体办法引起了总理衙门和两江总督的疑虑,他们害怕集事人中可能有洋人及买办在内。① 因而,容闳的动议被搁置下来。

1868 年,有一个沙船商人赵立诚向两江总督递送办理轮船运输的禀帖;紧接着前任常镇许道身也禀请招商集资,购买轮船,"其说以春夏承运海漕,秋冬揽载客货";又有"华商吴南记等"向两江总督和江苏巡抚请求"集资购办轮船,试行漕运",但都遭到曾国藩批驳。②

由此可见,19 世纪 60 年代后期,在旧式航运业遭受严重破坏的过程中,在不到两年的时间内,华商和官员中企图创办新式航运业,先后申请的就有 4 起之多,这表明了筹办新式航运业的主客观条件已经成熟。

在这一时期,活动在通商口岸的买办或买办化商人和洋商合作,或附股洋行从事轮船运输,较之 50 年代,更见活跃。清政府估计江海运输贸易上,由华商"与洋商合伙"经营的"居十之七八"。③ 总理各国事务衙门很想通过行政手段,对商人买、雇洋船的活动,进行管理和限制。于是,特在 1867 年 10 月公布《华商买造夹板等项船只拟议章程》。章程规定:华商租买轮船只准在通商口岸来往,不得私赴沿海别口,亦不得任意进泊内地河湖各口;

---

① 《海防档》,购买船炮,第 876 页。

② 曾国藩:《全集》,批牍,第 6 卷,第 75 页。

③ 《海防档》,购买船炮,第 877—881 页;该项章程亦见《字林西报》1867 年 9 月 11 日,第 3311 页。

而在税负上则照外国轮船一样,向海关交纳船钞货税。[1] 章程是由总税务司赫德起草,经曾国藩、李鸿章略加修改颁布的。十分明显,这项章程把华商轮船置于和外国轮船同等待遇,不得享受特殊优待。在外商航运势力已经霸占中国江海运输的条件下,此项章程只能起保护外国航运业利益的作用。

这一时期,另一个值得注意的事实是江海运输工具上的变化。它表现为轮船取代帆船(机帆船)的现象日益显著。例如,从1866年到1870年,往来于汉口、天津、宁波的船只所反映的总趋势,是轮船和帆船在数量上,尤其是在吨位上升降的现象非常明显。而汉口和宁波的吨位变化,更表明了大轮船取代帆船已成为不可阻挡的趋势了。

上述情况表明,一方面,在中国商人中一再提出创办轮船公司从事于近代航业运输;另一方面,轮船在江海运输贸易活动中起着日益重要的作用。这种主客观条件上的变化,都反映了到70年代初,中国近代航运业的产生已是势不可禁了。

1871年,直隶发生了严重的水灾[2],京津一带迫切需米,可是沙船因已凋敝,无力承担运输任务。李鸿章建议利用福州船政局所造的"万年清"、"安澜"、"伏波"各兵船暂行运输赈米。[3] 这个时候,内阁学士宋晋正抨击福州船政局和江南制造总局制造轮船糜费太大,提出应行裁撤的主张。总理衙门乘机建议"各局〔指江南局、福州局〕轮船由商雇买",企图用局部企业化的办法解决军

---

① 《海防档》,购买船炮,第877—881页。

② 参看李鸿章:《全书》,朋僚函稿,第11卷,第15页。

③ 同治十一年正月二十一日,李鸿章复王补帆函称:"采购赈米四万石,承商饬胡雪岩在沪定买三万石,台湾再办一万,开春购齐,派丁守嘉玮押运万年清、伏波、安澜三船……计每批可装一万数千石,若二月上旬放洋,中旬可至。"参看李鸿章:《全书》,朋僚函稿,第12卷,第2页。

用工业面临的经费困难。于是,招商创办轮船业的议论在 1868 年沉寂之后,到 1872 年又见热烈起来。直隶总督、北洋大臣李鸿章与总理衙门反复商议后,札委经办漕粮的浙江海运局总办、候补知府朱其昂在上海"设局招商",负责筹备,并向清政府奏明,将来"闽、沪各厂造成商船,亦得随时租领"。于是,第一个官督商办近代企业、轮船招商局遂于同治十一年十二月十六日(1873 年 1 月14 日)在上海正式成立。

### 轮船、帆船在江海运输地位的变化
#### 1866—1870 年

| 年　　份 | 帆　　　船 | | 轮　　　船 | |
|---|---|---|---|---|
| | 船　数 | 吨　位 | 船　数 | 吨　位 |
| 汉 口 | | | | |
| 1866 | 31 | 10569 | 231 | 176696 |
| 1868 | 85 | 10202 | 202 | 168046 |
| 1870 | 99 | 9721 | 230 | 205024 |
| 天 津 | | | | |
| 1866 | 171 | 45248 | 77 | 33328 |
| 1868 | 145 | 33922 | 126 | 68990 |
| 1870 | 101 | 23232 | 143 | 72362 |
| 宁 波 | | | | |
| 1866 | 269 | 37941 | 340 | 137556 |
| 1868 | 286 | 33765 | 247 | 168322 |
| 1870 | 219 | 23203 | 230 | 152158 |

资料来源:《海关统计报告》(Imperial Maritime Customs, Statistics of Trade at the Port of Hankow 1863—1872),第 4 页;(Statistics of Trade at the Port of Tientsin 1863—1872),第 5 页;(Statistics of Trade at the Port of Ningpo 1863—1872),第 5 页。

## 二、官督商办轮船招商局

轮船招商局是洋务派官僚所创官督商办最大的近代资本主义民用企业。这家企业一开始就难以集股。起初朱其昂在李鸿章支持之下,领借直隶练饷制钱 20 万串(约合银 12.3 万余两)招得上海商人郁熙绳投资 1 万两,朱其昂自己的投资数额不详。有人说李鸿章也投资 5 万两。此外,应邀认股者打算入股 10 余万两[①],但意存观望,并未缴款。那些预期可以争取的"依附洋人名下"的买办或买办化商人对待招商局的招股十分冷淡。[②] 买办化豪商胡光墉以"畏洋商嫉忌"为借口,拒不入股;而先前与朱其昂共同筹划的安徽籍买办李振玉又因"众论不洽",中途辞退。[③] 这样轮船招商局筹办了半年,实收资本大约还不到 20 万两。[④]

为了开展运输活动,轮船招商局在 1872 年 11 月向大英轮船公司以 55700 两购买载重 1 万石的轮船"伊敦号"(Aden)。[⑤] 不久,又分别向英、法和苏格兰商人购买"永清号"(载重 18000 石)、"利运号"(载重 17000 石)和"福星号"(载重 10000 石)。[⑥] 同时,在上海、天津两处为运输漕粮准备码头、栈房等条件。这时招商局花在轮船、码头、栈房等项上的支出总额已达 40 万两左右,远非实

---

① 《报告书》下册,第 18 页。

② 《汇报》1874 年 9 月 14 日;《字林西报》1874 年 2 月 26 日,第 183 页。

③ 李鸿章:《全书》,朋僚函稿,第 12 卷,第 36 页。

④ 《报告书》下册,第 79 页。

⑤ 《捷报》1872 年 11 月 28 日,第 458 页;《申报》,同治十一年十二月初二日。

⑥ 《报告书》下册,第 18 页、19—20、19 页。

缴资本所能应付,不得不依靠借债度日。① 在业务经营上,主持人朱其昂又不甚谙练。所以开张后仅半年时间,便传说亏蚀25000两。② 这时李鸿章接受了时在总理衙门任职的道员孙士达的建议,罗致财力雄厚、熟谙新式航业的闽、粤商人入局。经盛宣怀的推荐,怡和洋行买办唐廷枢、宝顺洋行买办徐润于1873年5月先后入局,主持局务,对轮船招商局进行第一次改组。李鸿章札委唐廷枢为总办,徐润、朱其昂、盛宣怀为会办,稍后又加派朱其诏为会办。改组以后的招商局所有集股、运输等业务统由唐、徐负责,朱其昂等负责漕运和处理一应"官务"③。

改组后的招商局规定资本100万两,先招收50万两,分作1000股,每股500两。④ 集资决定公布后,社会上传闻招商局"近殊盛旺,大异初创之时,上海银主多欲附入股份者"⑤。当年招得476000两⑥,但直到1881年才招足额定资本100万两。⑦

在唐廷枢主持下,招商局扩充了运输业务。1874年添购轮船3艘,停驶"耗煤多装货少"的"伊敦号",将其改作趸船。1875年,"福星号"因故失事,另添置轮船4艘,1876年又增购1艘。因之,3年来在行驶中的轮船陆续增为10艘。⑧

招商局在1872年年初创时,原在上海浦东和天津紫竹林开辟

---

① 《报告书》下册,第18页、19—20、19页。
② 《捷报》1874年9月19日,第293页。
③ 徐润:《年谱》,第18页;李鸿章:《全书》,朋僚函稿,第13卷,第24页。
④ 《报告书》下册,第20页。
⑤ 《申报》1873年7月29日。
⑥ 徐润:《年谱》,第18页。
⑦ 《轮船招商局第八年账略》,《新报》1881年10月13日。
⑧ 《报告书》下册,第21—23页。

码头,兴建储藏漕粮的仓库,贮藏量各在 5 万石左右。1873 年,唐、徐接手后,又租用上海耶松洋行的码头和堆栈,同时在汉口开辟码头,建造栈房。1874 年则以 10 万两的代价买下耶松洋行的码头和堆栈,又分别在宁波、镇江设置码头和趸船。1875 年由于长江货运增加,又在九江增置趸船 1 艘。至此,招商局在上海的堆栈可容纳漕米 40 余万石,天津可容纳漕米 30 万石左右,汉口栈房可容货3000吨,九江2000吨,宁波1000余吨。① 此外,为便于修理轮船需要,还附设了同茂船厂,前后经营了 5 年。它的简况已在本章第一节中述及,不赘。

招商局在开辟航线上作了很大努力,1873 年沿海航线有:上海—烟台—天津—牛庄线,上海—汕头—广州—香港线和上海—厦门线,1875 年后又增辟:上海—宁波,上海—温州,上海—福州等直达航线。内河航线则以上海—汉口、上海—宜昌两线为主,同时在广东内河行走轮船。此外,1873 年曾试行通航日本长崎、神户等处,其后又分别试行通航美国、南洋等地,都由于外国势力的压迫,未能正式开展起来。②

在国内航线上,轮船招商局也遇到了外国势力的严重倾轧。早在 19 世纪 60 年代,美商旗昌轮船公司就已在长江航线上形成巨大势力,并以少数轮船在北洋线上行走。进入 70 年代以后,在长江航线上英商太古轮船公司和旗昌进行了剧烈的竞争,并以新式铁壳轮船渐见优势。北洋航线上,英、美航运势力之间,也不择手段地争夺航业利润。

1873 年,轮船招商局出现后,航运的竞争阵势立即起了变化。曾经互相视为敌手的旗昌、太古和怡和等外商洋行,化干戈为玉

---

① 参阅《交通史航政篇》,第 243、248 页;《报告书》下册,第 22 页。
② 《交通史航政篇》,第 254、256 页。

帛,迅速地勾结起来,都把轮船招商局视做共同的打击对象。它们公然声言:在江、海航线上,"见他公司有船同日并走者,必与之争拒"①。这里所说的"他公司",指的就是轮船招商局。因此,每当轮船招商局的轮船在江、海行驶时,旗昌、太古等轮船公司便在同时、同一航线上将运费减去一半乃至三分之二,企图用跌价竞争的办法把招商局扼杀在摇篮里。

从 1873 年到 1877 年,在剧烈的竞争中,招商局依靠漕运专利,官款协济和国内商人的广泛支持,勉强维持下来。这几年中,它虽然每年发放股息,但对固定资产的折旧却无力进行提成,实际上是"毫无盈余"可言。② 而"意在陷人,不遑自顾"的外国航运势力在这场倾轧中,也很少利润可图。旗昌轮船公司意识到它那过时的木质轮船远逊于太古的铁壳轮船,即使挤垮了招商局,它也无力重新垄断长江航运。这时正值美国内战之后,国内经济建设有重大发展,新企业纷纷兴起,投资利润优厚。③ 旗昌轮船公司力图把在华所得利润转回国内投资。它在 1876—1877 年间,一再向招商局示意,愿意出让全部资产。招商局所着眼的是少一个旗昌,江海航运上便少一劲敌,而购得旗昌轮船后,可有船 27 艘"分布江海",也可增强对付太古的竞争力量,有意于承购旗昌的全部财产。此事经南、北洋通商大臣同意后,招商局便以 220 万两规银买下旗昌全部资产(主要的有轮船 16 艘、小轮船 4 艘、驳船 5 艘,上海、汉口、九江、镇江、宁波、天津等地的栈房、码头等等)。在轮船招商局的发展过程中,这是一次重大的扩充。这时它所拥有的固定资产超过了当时任何一家在华的外国轮船公司。

---

① 《申报》1874 年 6 月 12 日。
② 《海防档》,购买船炮,第 942 页。
③ 参见丹涅特著:《美国人在东亚》,姚曾廙译,第 490、495 页。

　　招商局在业务略见扩充的基础上，于 1875 年曾另招股份 20 万两，设立招商保险局，其业务则由招商局代为管理。由于保险业务利润优厚，1876 年 6 月，徐润、唐廷枢等另招股份 25 万两，设立仁和保险公司，一年后增资至 50 万两，所有股份存入招商局，其保险业务也委托招商局代为管理。① 招商局自办保险业务在一定程度上抵制了外国在华保险公司的挟制。②

　　购并旗昌轮船公司后，招商局的规模虽见扩充，但随之而来的困难却也不少。一方面，招商局在江海的运输业务因太古竞争，并未因船只增多而有所扩充，以致船多货少，不少船只不能投入运输；而来自旗昌的船只又大多是旧型号，"船大费巨"，运输能力低，常常是"多行一船则多赔巨款"。③ 兼以购买旗昌轮船公司，官私债务累积达 300 余万两（官款 190 万两，欠旗昌款 122 万两），利息负担十分沉重，而官款自 1880 年起须陆续还本。④ 另一方面，来自外国航运势力的倾轧，也未因旗昌的消失在程度上有所减轻。太古、怡和等洋行针对招商局上述弱点，继续削减运费，与招商局争夺货源，使招商局的处境陷入了新的困难状态。⑤

　　面对内外重重矛盾，招商局不得不进行整顿，以求生存。它所采取的办法主要的有：（一）对"年久朽敝"的旗昌旧船，或拆料存贮，以备配修他船；或量为变价，归还局本，借省停船看守之费。⑥

---

① 　徐润：《年谱》，同治十二年条。

② 　据徐润称：洋商嫉妒招商局轮船行走长江，借词船主如不雇用外国人，外国保险公司即不予保险。见《年谱》，同治十二年条。

③ 　李鸿章：《全书》，译署函稿，第 7 卷，第 22 页。

④ 　欠官款数目，见《招商局第六届账略》，《新报》1879 年 9 月 18 日；归本付息办法，见李鸿章：《全书》，奏稿，第 30 卷，第 31 页。

⑤ 　李鸿章：《全书》，译署函稿，第 7 卷，第 27 页。

⑥ 　李鸿章：《全书》，奏稿，第 30 卷，第 30 页。

在长江水道上以"新船、小船、费省者装货开行",以应付太古、怡和的倾轧。① 同时利用"北洋运漕购米之赢余,稍补长江之短绌"②。(二)由李鸿章出面向清政府请准缓缴官帑利息,将该局历年所借官款,"仿照钱粮缓征,盐务帑利缓交之例","暂行缓缴 3 年利息",3 年后再"分 4 年提还官本"。③ 至于附局商股之息,照章程规定应按年给付股息一分。李鸿章借口"官利既缓",商股之息也应有所改变,未经股东同意,便决定"将每年应付〔商股〕一分息银以一半给各商收领,一半存局作为续招股东",此项股息"亦按年计息,以五厘给商,五厘存局",到光绪八年(1882 年)"局本补足"后再全数发放股息,而且从光绪三年七月(1877 年 8 月)起,招商局如有盈余"暂缓派分,全数留局作为公股",也等到 1882 年后再行分派。李鸿章把这种办法,说作是"官商应甘苦与共"。④(三)请求加拨漕粮运输。招商局自开办以后,浙江省交运漕粮约在四五成,而江苏省交运的常不及二成。因此,李鸿章请求清政府规定"自光绪四年起,苏浙海运漕米必须照四五成一律加拨,不准再有短少"。(四)由李鸿章奏请:"嗣后沿江沿海各省遇有海运官物应需轮船装运者,统归局船照章承运。"⑤(五)招商局轮船行用、局内办公费以及栈房、船厂的开支,要求尽力撙节。

上述各种措施陆续实施后,招商局的困难日渐得到克服。从这些措施的内容看,恰是体现了李鸿章所说的招商局"赖商为承办,尤赖官为维持"。⑥ 然而,李鸿章的所谓"维持",其目的全在

---

① 李鸿章:《全书》,译署函稿,第 7 卷,第 22、23 页。
② 李鸿章:《全书》,译署函稿,第 7 卷,第 22、23 页。
③ 李鸿章:《全书》,译署函稿,第 7 卷,第 22、23 页。
④ 李鸿章:《全书》,奏稿,第 30 卷,第 30—31 页。
⑤ 李鸿章:《全书》,奏稿,第 30 卷,第 30 页。
⑥ 李鸿章:《全书》,奏稿,第 30 卷,第 31 页。

于把这些措施作为手段,以谋取与外国航运势力相妥协。他期望通过这些措施,能"相持一二年,以俟其〔外国航运势力〕输诚议和"①。事实的发展也正是如此,到了1877年,在招商局情况日见好转的条件下,李鸿章就指使唐廷枢与太古、怡和在国内主要航线上订立了"齐价合同",3家公司按一定比例规定水脚收入、货源分配和轮船吨数,并且议定统一的运费标准,以排挤其他轮船公司参与竞争。

进入80年代,招商局又经历了第二次大改组。这是因为1883年,中法冲突,时紧时松,动荡的时局给上海金融市场带来严重的不稳。长期依靠钱庄信贷周转的招商局,不时感到头寸紧张。而长期挪用局款的会办徐润,恰在这时因地产投机失败,宣告破产,亏欠招商局公款达163000余两②,陷招商局于周转失灵的窘境。这使得招商局以上海的全部栈产向天祥(Adamson & Co.)和怡和两洋行押借74.3万余两来应付困难。③ 李鸿章遂乘机改组招商局,派盛宣怀为督办,马建忠为会办,撤去徐润的职务,调唐廷枢北上,专主开办开平矿务局。④ 这次改组的影响是重大而深远的,它表明招商局由托庇于洋务派官僚的买办商人所经营的企业,向官僚直接经营的企业过渡。

盛宣怀、马建忠主持下的招商局,对外国势力的依赖程度,较前毫未减轻。他们接手之日,又正是中法谈判濒于破裂之时。主持局务的马建忠在李鸿章的支持之下,不顾一旦爆发战争,运输必更紧迫的前景,竟抢先于1884年7月,将全部局产以525万两的

---

① 李鸿章:《全书》,译署函稿,第7卷,第22页。
② 《光绪朝东华录》第3册,总第2717页。
③ 《轮船招商局第十一年账略》,《沪报》1885年12月7日。
④ 《字林沪报》1885年11月1日。

代价,卖与旗昌洋行,所有船只改挂美国旗帜,约定在战争状态结束后,照原价收回。①

中法战争后,1885 年 6 月,招商局向旗昌洋行办理收回全部财产的手续,旗昌经理斯密德(C. V. Smith)多方刁难②,强要招商局在名义上聘他为"总查董事",并且要在 3 年中,年给薪水5000两,作为"保护商局"的"酬劳"。③ 在这笔秘密交易中,旗昌洋行从 1884 年到 1885 年 1 年中,仅仅以银行期票作为抵押,坐收全年优厚的水脚收入,而招商局则毫无所得。④

招商局在收回后,财政状况并无改善。由于无力偿付 1883 年举借的两笔外债,不得不又在 1885 年以局产向汇丰银行抵借英金30 万镑,周息 7 厘,分 10 年偿还。⑤ 这笔外债不仅由于历年金银汇率的变动,招致重大的损失,即所谓"镑亏";而且在磋商过程中,更由于招商局默认汇丰银行可委派一个代表银行的总管(Superin tendant)驻局监督⑥,从而企业的活动经常受到束缚,企业的自主权受到了严重的损害。

招商局财政状况的恶化迫使李鸿章在 1886 年再次向清政府请求更多的特权和优惠。例如:以后招商局轮船运漕回空,免除北洋三口出口税 2 成;华商由鄂省附搭招商局轮船出口湖北帽合茶,

① 有关李鸿章、马建忠为出售招商局往来电文,详见李鸿章:《全书》,电稿,第 3 卷,第 4—10 页。
② 李鸿章:《全书》,电稿,第 6 卷,第 11 页。
③ 《报告书》下册,第 36 页;《交通史航政篇》第 1 册,第 156 页。
④ 《接办轮船招商局情节略》,《申报》1886 年 5 月 12 日。
⑤ 《交通史航政篇》第 1 册,第 158 页。
⑥ 《马士函稿,1886—1887》(打印件)(Memo, On Exchange as Affecting the China Merchant Steam Navigation Company, Enclosure in H. B. Morse to G. Detring),原件存北京大学图书馆。

照砖茶之例,每百斤减为出口税银 6 钱,并免去出口半税;此外由于企业迭借洋债,必须按期偿付,请求将原欠江南各省的官款暂缓在运漕水脚项下分年扣还,待偿清外债后,陆续拨还等等。① 从清政府取得的这些特权和优惠,在缓和招商局的财政困难和扩大运输鄂茶的货源上,都是起了一定作用的。

从 1886 年到 1894 年将近 10 年中,招商局的水脚收入基本上维持在 200 万两的水平,但是耗费在运输上的开支却十分浩大,常占水脚收入的 70%,最高时甚至达 84% 以上(见附录统计表 14)。而从运输、仓库和栈房上所获得的净收入的处理上,折旧比例多数年份达不到净收入的 40%(见附录统计表 15),大部分的净收入都作为利润,以股息、利息的形态被分配掉。所以,企业不仅不能依靠自身的积累进行扩大再生产,甚至连维持简单再生产的规模都难以办到。在这方面表现得最明显的是 1886 年后,招商局轮船的价值逐年下降(见附录统计表 16)。对于一个资本主义性质的近代航运企业而言,居于主要地位的轮船价值的下降意味着折旧提成和新投资补偿不了原有船只的损耗,这表示在 20 年的经营中,招商局的资产力量虽然有升有降,但是,它的总趋势却是日见减弱的。

## 第四节　近代煤矿工业

### 一、近代煤矿工业产生过程概述

中国的近代资本主义煤矿业创始于 19 世纪 70 年代。在这以

---

① 李鸿章:《全书》,奏稿,第 56 卷,第 10—12 页。

前的 20 年中,西方侵略势力早已多次为他们的兵舰、商船搜寻煤炭资源了。例如,1846 年,英国的兵船就到台湾淡水厅所属的鸡笼(即基隆)去寻找煤炭。① 1850 年,英国驻华全权代表文翰先曾向闽浙总督刘韵珂发出照会,要求购买台湾鸡笼煤炭②;后又向两广总督徐广缙要求,劝喻台湾"民人自行装运〔煤炭〕来港售卖",或者由英国派船只到台湾购运。③

进入 60 年代后,外国航运势力从中国沿海向长江内河渗透。外国轮船来往的数量,日见其增。它们需要燃料的数量也不断扩大。美国公使蒲安臣在 1864 年便称:"中国沿海的〔外国〕轮船每年耗煤达 40 万吨,费款约在 400 万两。"④这种情况促使外国势力迫切要在中国内地寻找煤炭资源。他们的公使、商人、浪人不顾清政府的禁令,纷纷潜往各地山乡勘探煤矿。英国使馆译员柏卓安在 1862 年在河北斋堂一带勘查过煤炭储藏量⑤;天津英商广隆洋行汉德逊(James Henderson),从 1860 年居住天津后,每年都在封河时节,"辄自备资斧",出入斋堂、磁州一带,"踏勘煤苗成色"。⑥而美国公使蒲安臣则乘清政府着手购买一支小舰队的时机,在 1863 年推荐一个叫做庞伯里的美国矿师到京西矿区调查煤炭蕴藏量。⑦

除了航运上的需要之外,还有通商口岸外资非法经营的工厂

---

① 《夷务始末》,咸丰朝,第 3 卷,第 14 页。
② 《夷务始末》,咸丰朝,第 2 卷,第 17 页。
③ 《夷务始末》,咸丰朝,第 3 卷,第 16 页。
④ 《美国外交文件》,1864 年,第 362 页,转见卿汝楫:《美国侵华史》第 2 卷,第 118 页。
⑤ 英国蓝皮书:《中国》第 3 号,1864 年,第 52—57 页。
⑥ 丁韪良:《中西见闻录》,1874 年 10 月。
⑦ 《海防档》,甲,购买船炮,第 317 页。

和公用企业,也急需煤炭。仅就上海而言,1858 年输入的煤炭只有29000余吨,到 1872 年便增加到 15.9 万吨。① 这些煤炭绝大部分是从英国、澳大利亚和日本运来,只有极少数来自我国台湾的手工煤窑。② 远道输入,煤价昂贵。据 70 年代初的记载:英国煤炭每吨售价 11 两,澳大利亚煤为 8 两,日本煤炭因质量低劣,每吨也需 5.5 两。③ 为了减轻煤价的负担,外国侵略势力的喉舌《字林西报》一再怂恿外国势力尽早在中国寻找煤炭供应。它煽动说:"对外国企业和外国资本说来,几乎没有别的事情能够像开采这个国家的矿藏那样值得注意的了。"④上海的英国商会更向英国公使强调:"鉴于廉价的燃料对于轮船、企业之成败极为重要,因此对中国各处煤矿的自由开放,以便外国〔资本〕的竞争,成为本会请求的正当目的。"⑤显然,侵略势力对于开发中国煤矿的图谋已经是跃跃欲试了。

　　这一时期,另一个重要事实是,清政府所经营的大型的军用工业如江南、金陵、天津机器局和福州船政局等都"向洋行购办"⑥大量煤炭,支出浩大。所以曾国藩在 1867 年向清政府表示:"挖煤一事,借外国开挖之器,兴中国永远之利,似尚可试办。"⑦同年,李鸿章则把开发近代煤矿当做"似尚近理"的事情,主张"由官督令试

---

① 《英领报告》,1865 年,上海,第 86 页,1872 年,上海,第 140 页。

② 19 世纪 60 年代进口上海的煤炭数量中,从台湾输入的约占 5%—10% ,参见《英领报告》,1870 年,上海,第 5—6 页。

③ 《英领报告》,1872 年,上海,第 141 页。

④ 《字林西报》1868 年 3 月 26 日,第 3967 页。

⑤ 《字林西报》1869 年 2 月 9 日,第 5783 页。

⑥ 《夷务始末》,同治朝,第 55 卷,第 15—16 页。

⑦ 《夷务始末》,同治朝,第 54 卷,第 4 页。

办"。① 因此,1868 年在中、英的修约谈判上,英国公使阿礼国"力求在中国地方开设煤窑"②,清政府并未根本拒绝,只是说:开发煤矿"系国家大利,其权操之朝廷",即使"借用外国机器开挖,亦欲为中国自谋,兼欲使轮船得买煤之益"。③ 中、英修约的谈判最后拟议的条文中关于采煤方面议立为:"句容、乐平、鸡笼 3 处产煤处所由南省通商大臣查看该处情形,自行派员试办。其应否雇用洋人帮工及租买机器,一切悉凭通商大臣主政。挖出之煤,华洋商人均可买用。"④但是,新约由于贪得无厌的英国商人及其政府的反对,不曾正式签字,句容等地的煤矿自也不曾着手开采。可是利用西法采煤的议论在清王朝内部逐渐地广泛起来。

到了 1873 年,轮船招商局开办以后,军用和民用近代企业消耗洋煤数量日见增加,清政府更苦于外国洋行在煤炭索价上"故意居奇"⑤。而经营这些近代企业的洋务派头面人物也担心,一旦中外关系紧张,洋煤来源断绝,势必使各局、厂"废工坐困",轮船亦"寸步不行"。⑥ 因此,为了保证新兴的洋务企业的正常营运,近代煤矿的经营已经是势所必行的事了。恰好到了 1874 年,为防备日本军国主义的侵略,清政府发起"海防"的讨论。经办军用企业的直隶总督李鸿章和两江总督沈葆桢重提"开采煤铁,以济军需"的问题,清政府允许先在"磁州、台湾试办"。⑦ 于是,中国近代煤矿工业的创办,便从酝酿进入具体行动了。

---

① 《夷务始末》,同治朝,第 55 卷,第 15—16 页。
② 《夷务始末》,同治朝,第 97 卷,第 27 页。
③ 《夷务始末》,同治朝,第 63 卷,第 72—73 页。
④ 《夷务始末》,同治朝,第 68 卷,第 37 页。
⑤ 《海防档》,机器局(一),第 107 页。
⑥ 李鸿章:《全书》,奏稿,第 19 卷,第 49 页。
⑦ 清代抄档:《上谕》,光绪元年四月二十六日。

　　从 1875 年着手磁州、台湾煤矿的筹建到甲午战争以前,20 年中,在全国范围内先后开发了大小近代煤矿 16 座。从组织形式上看,其中"官办"煤矿有 6 座;"官督商办"的有 9 座;商办的仅 1 座。从新式煤矿兴建的时期看,在 70 年代进行筹建的有 6 座,其中有 4 座建成投产。早期我国最大的两座新式煤矿,台湾基隆煤矿和直隶开平煤矿就是在这一时期兴建起来的。它们的建成和投入生产,给近代煤矿的经营奠定了基础。七八十年代之交,采矿业资本主义经营的招商集股活动大为活跃,社会资金流向新式煤矿业的势头,数年不衰。从 1880 到 1883 年的 4 年中,山东、直隶、江苏、安徽和奉天各省先后兴建了 6 座官督商办煤矿。但这些矿都是中小型企业;有的甚至在相当大的程度内依赖手工操作。在 1883 年秋发生的上海金融风潮中,商人资本受到重大损失,一度活跃的招商集股活动趋于停顿。其后直到 80 年代终了,在煤矿工业方面只筹建一个小型的官办山东淄川煤矿之外,私人资本在这一部门未做什么新的尝试。

　　90 年代初,更多新式企业的创建提高了煤炭的需要量。可是,近代煤矿业却未见相应发展。湖广总督张之洞期望湖北、湖南和四川各省有私人资本投向新式煤矿,"或仍旧窿,或开新山,或合资伙办,或独力采取",其产品均可由湖广总督"办筹销路"。①然而,这一号召并不曾激起商人的热情。张之洞只得在 1891 年动用官款,筹办湖北大冶王三石煤矿和江夏马鞍山煤矿。前者经营 3 年,耗资 50 万两,投产后未及半年便因矿中积水过多,无法排除

---

　　①　张之洞:《晓谕鄂湘各属并川省民间多开煤斤示》,光绪十六年十月初七日,《督楚公牍》(抄本)。

而停顿①；后者经营到 1893 年还"凿井未深，出煤尚须时日"②。到 1894 年勉强投入生产，"每日约出 30 吨"③，而又"灰矿并重，万不合炼焦之用"④。

综观甲午以前近代煤矿的发展状况，人们不难发现，在 20 年的发展历程中，惟有在七八十年代之交出现一段短暂的兴盛时期，到 80 年代后期，惟有开平煤矿略见成效，而基隆煤矿却已衰落不堪，其他利用私人投资开采的中小型煤矿几乎无一不苦于资本亏蚀、无力继续开发的状况。所以，全面地观察，近代煤矿业并没有多大的发展。有关近代煤矿的全面情况，详见附录统计表 17。

## 二、基隆、开平和利国驿煤矿

综合考察了中国近代煤矿产生过程后，还可以从不同的组织形式和不同的生产规模中选取少数煤矿企业作为典型，分析它们在发展过程中所暴露的某些矛盾。鉴于台湾基隆煤矿和直隶开平煤矿在官办和官督商办煤矿企业中一直具有重要的地位，而利用私人资本创办的中小型煤矿中，江苏徐州利国驿煤矿也颇具一定的代表性，它们的兴衰，基本上反映了整个近代煤矿工业发展的变化状况。因之，有必要对这几座煤矿的发展历程做详细的介绍。

---

① 《捷报》1894 年 6 月 1 日，第 845 页。

② 刘坤一：《遗集》第 21 卷，第 7 页。

③ 《蔡锡勇致张之洞电》，光绪二十一年六月初八日，《张之洞电稿》（抄本）。

④ 叶景葵：《汉冶萍产生之历史》（抄件），藏经济研究所；另据光绪二十一年十月三日蔡锡勇致张之洞电中亦称马鞍山煤"炼焦炭多碎"。见《张之洞电稿》（抄本）。

### （一）台湾基隆煤矿

在中国，第一座投入生产的近代煤矿是台湾基隆煤矿。

台湾夙以蕴藏丰富的煤炭资源著称。1866 年，福州船政局建立后，一直依赖台湾煤炭的供应进行生产。1875 年，两江总督沈葆桢奏准开发台湾煤矿，雇用英国矿师翟萨（David Tyzach）到国外选购机器，雇用矿师和工匠。[①] 1876 年成立台湾矿务局，同年 5 月便开始凿井工程，同时从煤井直到海岸修造一条轻便轨道，以便运输煤炭。开发煤矿的创办经费起初并无通盘估计，统由闽浙总督从饷项中筹拨。[②]

1877 年 4 月，基隆八斗煤井发现厚达 3 尺 5 寸"成色甚佳"的煤层。[③] 福建巡抚丁日昌为了确立基隆煤矿的垄断地位，指令台湾道将基隆煤矿附近的 12 座私营手工煤窑一概封闭，禁止手工煤户采掘。[④] 随后，还陆续封闭了附近其他手工煤窑。

1878 年，基隆煤矿正式投入生产。矿山的设备具有日产 300 吨的生产能力；但实际生产只日产 100 吨左右[⑤]，尚有三分之二的设备能力没有得到发挥。煤矿在正式投产后，常年经费取之于台湾道，在 1881 年以前，每年领取经费五六万两；1882 年以后增达 96000 两。[⑥] 历年来基隆煤矿的年产量大抵有如下页表。

上述数字表明，基隆煤矿投产后的产量逐年增加。1881 年，

---

① 《贸易报告》，1875 年，淡水，第 210 页；《英领报告》，1875 年，淡水，第 102 页；《申报》1875 年 10 月 3 日。

② 《洋务运动》第 7 册，第 72—73 页。

③ 清代抄档：《福建巡抚船政大臣丁日昌片》，光绪三年三月二十五日。

④ 林乐知、蔡锡龄：《西国近事汇编》，戊寅，第 2 卷，第 32—34 页。

⑤ 《英领报告》，1878 年，淡水与基隆，第 159 页；《申报》1885 年 4 月 18 日。

⑥ 刘铭传：《刘壮肃公奏议》（以下简称《奏议》）第 10 卷，第 7 页。

台湾道刘璈从事整顿,但很不得法,反而影响了生产的正常进行,使产量逐年下降。

基隆煤矿虽是为福州船政局用煤建立的官办企业,产品供给船政局,取价稍低于市价。矿务局把煤产分为官炭、总炭和粉炭三类。绝大部分优质的官炭尽先供应船政局,由后者付价自运,免税出口;总炭、粉炭销往市场,出口照例纳税。① 但基隆煤矿供应福州船政局的数量占全矿产量比重很低。1878 年福州船局运去4000吨,占年产量的 25%②;1879 年,仅运去 2609 吨,只占年产量的8%。③ 80 年代初,台湾道刘璈也曾指出:"官井每年出煤一百数十万石,官中止用二三十万石,所用之煤少,所存之煤多。"④

### 基隆煤矿产量
1878—1892 年                                                                单位:吨

| 年　份 | 产　量 | 资　料　来　源 |
|---|---|---|
| 1878 | 16017 | 《英领报告》,1878 年,淡水,第 158 页。 |
| 1879 | 30046 | 《英领报告》,1879 年,淡水与基隆,第 240 页。 |
| 1880 | 41236 | 《贸易报告》,1880 年,淡水,第 194 页。 |
| 1881 | 54000 | 《捷报》1882 年 1 月 17 日,第 74 页。 |
| 1883 | 31818 | 《英领报告》,1885 年,北京,第 74 页。 |
| 1887 | 17000 | 《贸易报告》,1888 年,淡水,第 292 页。 |

① 刘铭传:《奏议》第 10 卷,第 7 页;沈葆桢:《沈文肃公政书》(以下简称《政书》),第 5 卷,第 18 页。

② 《英领报告》,1878 年,淡水与基隆,第 158 页。

③ 《贸易报告》,1879 年,淡水,第 283—284 页。

④ 刘璈:《详论煤务屯销利害由》,《巡台退思录》,光绪年间活字本。

续表

| 年　　份 | 产　　量 | 资　　料　　来　　源 |
|---|---|---|
| 1891 | 7000 | 《贸易报告》,1892 年,淡水,第 78 页。 |
| 1892 | 5000 | 《贸易报告》,1892 年,淡水,第 78 页。 |

　　1883 年,中法战争期中,台湾煤矿遭到严重破坏,生产完全停顿。战后清政府在办理台湾的善后工作中,由于经费拮据,无力顾及煤矿的规复。但是,市场需煤殷切,商人张学熙在 1886 年请求承办,表示在恢复生产见到成效后,除了供应官方的煤炭减价优待外,还可以由台湾道"酌议抽厘"①。但是,张学熙的资本有限,无力置办机器,排除矿内积水,经营数月后便出现亏损,无力支持而告退。② 台湾巡抚刘铭传提出官商合办形式来规复矿山。他建议由两江总督、福州船政局和台湾当局共同凑集本银 6 万两作为官股;另委候补知府、李鸿章的外甥张士瑜招集商股 6 万两,合成 12 万两充作资本,用以购置机器,雇用外国矿师进行恢复。③

　　利用官商合办形式整顿煤矿,一度使基隆煤矿的生产有所改善。1887 年的最高产量曾达日产 100 吨④,全年产量达 17000 余吨。⑤ 但这时商人十分不满于官方的控制。当台湾当局要求商人提供资本,从八斗煤矿到基隆码头展建码头展造铁路,商人的反应非常冷淡,而官方则认为铁路"工程已有十之九,以后亦无须再添

①　刘铭传:《奏议》第 8 卷,第 3 页。
②　刘铭传:《奏议》第 8 卷,第 19 页。
③　刘铭传:《奏议》第 8 卷,第 20 页;《申报》1888 年 12 月 29 日。
④　《申报》1888 年 12 月 29 日。
⑤　《贸易报告》,1888 年,淡水,第 292 页。

资本"展接修造,决定退还商股,再度将煤矿改为官办。① 刘铭传又委派英国矿师玛体苏监督工程,并给予经营财务、销售和全矿事务的大权。② 但是,重归官办的基隆煤矿不久便又月月亏折三四千两。③ 很明显,经营性质的改变使这个已经略见起色的企业重陷于严重困难的境地。

1889 年,刘铭传企图摆脱基隆煤矿的亏累负担,竟然接受了英国驻台北领事班德瑞(Frederick S. A. Bourne)的拉拢,与英国商人范嘉士磋商"合同",准备由英国势力以分期偿还八斗煤井机器官本银 14 万两为代价,在 20 年内,任由英商据有台湾全部煤矿和石油矿的开采权。④ 但由于清政府的严厉驳斥,此项"拟立合同"未得实现。次年,刘铭传又拟将煤矿交由一个曾在厦门"包办洋药厘税"并与港粤商人有较深关系的广东商人蔡应维接办⑤,同样接受清政府的批驳作罢。

到了 90 年代,台湾煤矿在官方维持下更加衰落了。八斗煤井到 1891 年停止采掘⑥,打算在暖暖地方开采新井的计划未见实行。⑦ 台湾市场上需要的煤炭几乎完全依赖私营煤窑供应。⑧ 延至 1892 年 11 月,基隆煤矿终于全部停顿。⑨ 1893 年和 1894 年曾

---

① 刘铭传:《奏议》第 8 卷,第 19 页。
② 《贸易报告》,1887 年,淡水,第 282 页;《字林西报》1888 年 3 月 27 日,第 278 页。
③ 《洋务运动》第 7 册,第 81 页。
④ 刘铭传:《奏议》第 8 卷,第 24—28 页。
⑤ 刘铭传:《奏议》第 8 卷,第 29 页。
⑥ 《捷报》1892 年 1 月 22 日,第 78 页。
⑦ 《捷报》1892 年 4 月 8 日,第 456 页。
⑧ 《贸易报告》,1892 年,淡水,第 78 页。
⑨ 《洋务运动》第 7 册,第 100 页。

重提官商合办的动议,都未有具体的行动。① 1895 年《马关条约》
后,这座大规模的近代煤矿便随同台湾一并落入日本军国主义之
手了。

### (二)直隶开平煤矿

中国近代煤矿中规模最大、成效最显著的是官督商办的直隶
开平煤矿。

1876 年,直隶总督李鸿章鉴于轮船招商局和天津机器局等项
企业需煤孔急,派轮船招商局总办唐廷枢携带英国矿师马立师
(Morris)到一向以手工采煤著名的唐山开平镇一带进行勘察。勘
察的结果表明:整个矿区面积大约有 78 平方英里,煤、铁蕴藏量极
为丰富。煤质是中等烟煤,宜于轮船使用;铁砂经过化验,品质良
好,适用于制造船只枪炮。② 李鸿章认为很有开采的价值,指定唐
廷枢在负责轮船招商局的同时,主持开平煤铁矿的开采工作。同
时,为了防止地方守旧势力的阻挠,增派前天津道丁寿昌和现任天
津海关道黎兆棠会同督办。③

唐廷枢对开平煤矿的开采做了比较全面的筹划。他考虑到必
须有铁路运输才能适应大规模生产。他估算购置采煤机器和铁路
设备的费用各 40 万两左右,全部资本定为 80 万两。④

1877 年 9 月,开平矿务局拟定"官督商办"的章程,开始公开
招集资本。为了区别于官办企业,招商章程强调了两个方面。

1. 章程突出"商办"的性质。着重说明矿务局虽是"官督",

---

① 《捷报》1893 年 5 月 26 日,第 744 页,1894 年 3 月 16 日,第 793 页。
② 《英领报告》,1876 年,天津,第 108—109 页。
③ 《开平矿务局招商章程》(以下简称《开平章程》),第 20—21 页。
④ 《开平矿务局招商章程》(以下简称《开平章程》),第 20 页。

但煤铁仍由商人销售,一切均照买卖常规进行;进出煤、铁、银钱数目,每日有流水簿,每月有小结,每年有总结,允许股东随时核查。生铁和煤炭的销售均按市场价格,尽先满足天津机器局和轮船招商局的需要,余额或在天津出售,或由招商局轮船运往别口销售。这就既体现了"官督"的关系,又保证了"商办"的利益。

2. 章程保证大股东对矿山的管理权,并在利润的分配上订定"每年所得利息先提官利"(即股息)1 分,后提办事者花红 2 分,其余 8 分仍按股均分,认股在 1 万两的大股东则允许派代表 1 人到局司事;各厂的重要办事人员必须从商股中选充。① 十分明显,"章程"所做的这些规定,其着眼点都在于吸引私人资本的投资。

但是,实际情况并不理想。从 1877 年 9 月到 1878 年 10 月,在一年多的时间中,开平矿务局虽做了多方面的努力,所招集到的资本不过 20 余万两。② 可见开平矿务局早期招徕资本的工作和轮船招商局初创时的情景颇为相似,也是不顺利的。

1878 年,矿务局在唐山南麓乔家屯买地造房,并向国外订购各种机器,10 月,开始钻探工程。③ 钻探结果证实了煤质优良,与英国上等烟煤相仿。④ 第二年春天便着手凿掘煤井。至于原计划中铁矿的开采和冶炼,由于资本的限制,无法同时进行,改为在煤矿见效后再行筹办⑤,但始终未见实现。

根据矿山工程的进展速度估计,开平煤矿到 1881 年便正式投

---

① 《开平矿务局招商章程》(以下简称《开平章程》),第 23—26 页。

② 《开平矿务创办章程案据汇编》(以下简称《开平案据汇编》),第 24 页。

③ 《英领报告》,1879 年,天津,第 253 页;《捷报》1878 年 12 月 14 日,第 567 页。

④ 《开平案据汇编》,第 23 页。

⑤ 李鸿章:《全书》,奏稿,第 40 卷,第 41 页。

入生产。因此,矿区的运输越来越成为急需解决的问题。但是,矿务局未曾招到足够的资本,致使原拟修建铁路的计划无从进行,改筑由矿山到丰润县胥各庄一条长 15 里的短程"马路"(实际是一条轻便铁路,但在运输时暂不用火车头曳引),再由胥各庄到芦台挖掘一道长约 70 里的河道,并加浚芦台到天津的原有河道①,利用水陆兼运的办法,暂时解决煤炭外运的困难。全部工程从 1880年秋开始到次年 4 月完成。

1881 年年初,开平煤矿正式投入生产。矿山所开两井,一深30 丈,用于抽水通风,每分钟可抽水千斤;另一深 60 丈,用于提煤,其机器每日可提煤 100 万斤。② 实际上当时日产量只在 300吨(即 60 万斤)左右。③

开平煤矿正式投入生产后,产量不断提高。1882 年日产量达500 吨左右④,1883 年便超过了 600 吨⑤;从 1884 年七月以后,日产量曾长期地维持在 900 吨以上。⑥

从 1882 年开平煤矿正式投产以后到甲午前后,它的年产量有如下页表所列。

---

① 《开平案据汇编》,第 52、64 页;《英领报告》,1880 年,天津,第 129页。

② 《申报》1881 年 1 月 25 日。李鸿章在《直境开办矿务所》中曾说:"方定于〔光绪〕五年购办机器,按西法开二井,一提煤,一贯风抽水。其提煤井开深六十丈,贯风抽水井开深三十丈。"可与《申报》上述报道相参照。见李鸿章:《全书》,奏稿,第 40 卷,第 42 页。

③ 《英领报告》,1882 年,天津,第 88 页。

④ 《益闻录》,1882 年 5 月 20 日。

⑤ 《英领报告》,1883 年,天津,第 273 页。

⑥ 《英领报告》,1885 年,天津,第 4 页;《捷报》1885 年 6 月 5 日,第 639页。

### 开平煤矿的产量和外销量

1882—1896 年　　　　　　　　　　　单位:吨

| 年　份 | 产　　量 | 天津输出量 | 天津输出量占产量的% |
|---|---|---|---|
| 1882 | 38383 | 8185 | 21.3 |
| 1883 | 75317 | 8503 | 11.3 |
| 1884 | 126471 | 13731 | 10.9 |
| 1885 | 187039 | 17485 | 9.3 |
| 1886 | 187314 | 34100 | 18.2 |
| 1887 | 224705 | 46492 | 20.7 |
| 1888 | 241136 | 38042 | 15.8 |
| 1889 | 247867 | 51959 | 21.0 |
| 1890 | | 56855 | |
| 1891 | | 95552 | |
| 1892 | | 85589 | |
| 1893 | | 81840 | |
| 1894 | | 140796 | |
| 1895 | | 96775 | |
| 1896 | 488540 | 128098 | 26.2 |

资料来源:1.1882—1889 年数字见金达:《华北铁路和煤矿》,第 283 页。

　　　　2.1896 年数字见《贸易报告》,1897 年,天津,第 27 页。

　　　　3.1882—1896 年输出数量见《海关统计报告,1882—1896》。

从开平煤矿投产后的总趋势来看,从 1882 年到 1889 年,8 年中增产 5.46 倍;到 1896 年又上升 1 倍左右。这种稳步上升的生产状况,如果与同期中官办基隆煤矿日见减产相比,形成显著的对照。

在生产发展的推动下,开平煤矿的运输条件也有了重大的改进。1882 年,从唐山到胥各庄的"马路"改用火车运煤。① 1886

---

① 《英领报告》,1882 年,天津,第 91 页;《捷报》1882 年 11 月 15 日,第 531 页。

年,又利用李鸿章的关系,借用海军衙门名义将铁路延展到大沽。① 1889 年,矿务局开发唐山北面 50 里的林西煤矿,又将铁路延长 30 里,直达该矿。② 铁路交通对开平煤矿的生产和运输起了重大的作用,它不仅保证了开平煤矿的生产比较稳定地逐步提高,而且为开拓天津的市场提供了有力的条件。

1890 年,煤质优良、蕴藏丰富的林西煤矿建成后,使生产规模又有进一步的发展。这里值得指出的是,计划为林西煤矿招集商股 30 万两,很快就在上海集得 50 万两。③ 这个事实表明了开平煤矿已经赢得私人资本的信任,产生了巨大的吸引力。

1892 年,开平矿务局总办唐廷枢去世。李鸿章委派江苏候补道张翼继任。这个醇亲王侍役出身的张翼,对于近代企业的经营管理,一窍不通。这时,开平矿务局为了适应正在上升的生产能力,特添购轮船,以利煤炭外运,同时又着手秦皇岛港的建设。张翼为筹集秦皇岛港口工程的费用,一反矿务局历来招募商股的办法,改以矿务局财产作抵,向外国势力乞求贷款。第一次向英商墨林公司(Bewick Moreing Co.)举借英金 20 万镑(合行平银 140 万两)④,嗣后又向德华银行举借 45 万两。⑤ 到 1900 年,外债在开平矿务局的负债总额中约占 44% 的比重。⑥ 正因为如此,英国侵略者才能利用 1900 年"八国联军"侵略战争的混乱局面,使用欺骗、

---

① 李鸿章:《全书》,海军函稿,第 2 卷,第 25,第 3 卷,第 2 页。

② 《捷报》1889 年 9 月 21 日,第 356 页。

③ 《捷报》1889 年 9 月 21 日,第 356 页。

④ 徐义生:《中国近代外债史统计资料》,第 32 页。

⑤ 据开平煤矿 1900 年"卖约"所载,该局的负债总额是 429 万两。参见杨鲁:《开滦矿历史及收归国有问题》,第 165 页。

⑥ 据开平煤矿 1900 年"卖约"所载,该局的负债总额是 429 万两。参见杨鲁:《开滦矿历史及收归国有问题》,第 165 页。

讹诈的手段,轻易地攫夺了开平矿务局的全部财产。从而这个有重大发展前途的煤矿,就落入英国侵略者的手中了。

### (三)江苏利国驿煤铁矿

从 19 世纪 80 年代初叶以后,私人投资兴建的中小型煤矿中,以江苏徐州利国驿煤铁矿有一定的代表性。

利国驿煤铁矿开始筹划于 1882 年,由一个候选知府胡恩燮主持①,最初计划集资 10 万两,同时开发煤、铁两矿,希望在见到成效以后逐渐扩大。矿局主持人和上海瑞生洋行(Buchheirten Schmidt & Co.)商洽订购开采煤炭、炼铁的各种机器,其中包括"熔化生铁大洋炉 1 副,配用熟铁炉 20 余座,并拉铁全副机器,以及采煤项下开井、戽水、提煤、通风各项机器",共约需银 30 余万两。② 主持者热情很高,反对"因循观望",主张"一气呵成"。决定招集资本 50 万两,准备大举,并声言"不请官本,一律由商集股办理"③。

80 年代初,社会游资对矿业很有热情。利国驿煤铁矿刊登招股启事后,上海、南京一带要求认购股份的官、商,十分踊跃,登记入股的达七八千股之多(每股银 100 两)。④ 等到订购机器、修建厂房、请领官山、洽购民地等工作略见眉目,正要兴工开井时,恰遇上中、法战争以及随之而来的上海金融风潮,上海、南京各地金融混乱,以致原来争相认股的官僚和商人都以时局紧张、金融动荡为

---

① 盛康辑:《皇朝经世文续编》第 57 卷,第 20—22 页;亦见《申报》1883 年 1 月 13 日。

② 盛康辑:《皇朝经世文续编》第 57 卷,第 20—22 页。

③ 盛康辑:《皇朝经世文续编》第 57 卷,第 20—22 页。

④ 《申报》1885 年 5 月 2 日。

借口,拒绝缴纳股金。因此,矿局实际上收到的股款还不及认购额的三分之一。① 这时,据说两江总督左宗棠对该矿表示"关注",曾饬江宁藩司酌提官款若干接济。② 即使如此,原来设计的煤铁并举的计划仍因资本短绌,无法实现,矿务局遂决定暂停炼铁,先行开发煤矿。

1884 年,利国驿矿务局在钻探过程中发现了良好煤层,其厚度达 1.2 丈,而且煤质优良,蕴藏量估计还胜过开平煤矿。③ 但矿务局限于资本力量,只能部分地使用机器进行生产,即"用土法取煤,以机器提水"④,产量的提高自然受到影响。同时,矿山的运输条件也非常落后。从矿山运煤到徐州或萧县,只能利用畜力转运;水路方面虽有运河可供利用,但从韩庄到清江,沿途多"浅滩悬流","船运艰阻",生产和运销严重脱节,以致矿局"存煤山积,坐亏成本"。⑤

1885 年,矿局曾动员旧股东中的大户,"添本扩充"⑥,而这些"大户"多数是苏、扬一带的商人,夙负盛名的盐商李培松就是其中之一。⑦ 但所增集到的资本仍然为数有限,不足以支付原来订购机器的全部价款。因之,机器仍"不能取回",生产状况长期不见起色。⑧

1887 年,利国驿煤矿经过多种努力之后,仍不见转机。主持

---

① 《申报》1885 年 5 月 2 日。
② 《申报》1885 年 4 月 27 日。
③ 《申报》1884 年 4 月 9 日。
④ 胡碧澄:《灌叟撮记》,第 6、9 页。
⑤ 胡碧澄:《灌叟撮记》,第 6、9 页。
⑥ 胡碧澄:《灌叟撮记》,第 6、9 页。
⑦ 胡碧澄:《灌叟撮记》,第 6、9 页。
⑧ 《益闻录》1888 年 11 月 7 日。

人胡碧澄亲自到天津去要求李鸿章收受全矿,改由海军衙门办理。[1] 李鸿章鉴于利国驿煤矿产量丰富,煤质优良,很想接手。他特电上海轮船招商局总办马建忠,询问能否立即派矿师到徐州勘查[2];稍后又交给亲信盛宣怀办理。盛则派上海电报局主持人经元善亲到徐州调查估价。经过实地考察和研究后,经元善在1890年提出了一份比较详细的开采利国驿煤铁矿的建议书,就建炉厂、验煤层、修水道、建铁路、造船只、浚运河、通电报、免税厘、开钱庄、买客煤10个方面提出具体的意见。[3] 但海军衙门始终不曾接手,利国驿煤矿也只得在亏蚀中拖延岁月。直到1898年后,才改由一个与张之洞有联系的官僚周冕从"粤东集股"[4],正式接办。

## 第五节　近代金属矿工业

### 一、近代金属矿开发过程概述

中国近代金属采矿业开始于19世纪的80年代。这是因为前此10年中,中国近代企业初见成效,社会风气渐开,特别是近代军用工业的发展,迫切需要金属原料,所以近代金属采矿业便应运而生了。

从1881年热河平泉铜矿总局的成立到1894年汉阳铁厂的开工为止,这14年中,人们对金、银、铜、铁、锡、铅各矿的采冶都曾做了尝试,为此而成立的矿业公司或厂号达24家,其中金矿6家,银

---

① 胡碧澄:《灌叟撮记》,第9页。
② 《申报》1888年12月24日。
③ 经元善:《居易初集》第1卷,第15—23页。
④ 胡碧澄:《灌叟撮记》,第11页。

矿、铅矿各 4 家,铜矿 8 家,铁矿 2 家,它们的基本状况大致有如本书附录统计表 18 所述。

　　铁矿和金矿的采、冶比较重要。铁矿中的青溪和汉阳两厂,金矿中的平度和漠河两矿,都颇具代表性,值得稍为详细叙述。其他各矿虽然在筹建时都以招徕巨大资本相号召,如云南铜矿倡言招资 100 万两,宁海金矿招资 150 万两,招远金矿招资 60 万两,承平银矿以及施宜铜矿均宣称招资 40 万两,似乎都要建立大型的企业,实际上它们都只停留在口头宣传上,并未付诸实践。另一些所谓公司,竟有招集股本,收购手工矿砂者。云南铜矿和建平金矿就属于这种类型。等而下之,更有以招集到的资本,用于商业投机活动者,如施宜铜矿和顺德铜矿便是。而大艳山铜矿则借开发矿山为名,行垄断土地为实。它们几乎都没有或者很少从事于采矿活动。

　　有些矿虽然试行开采,但成效很差。热河平泉铜矿在 1884年开采时,每百斤铜砂只能提炼纯铜 18—20 斤,得不偿失,无利可图。[①]淄川铅矿在试采时,虽然使用机器生产,但操纵机器的工人都是生手,熔炼方法很不在行,每百斤矿砂仅能得铅 5 成[②],生产成本比手工冶炼还高。[③] 与淄川铅矿情况相似的还有承平银矿。这家采冶 10 年亏蚀达 40 余万两,1891 年改为土法生产,反而略见盈余。[④] 这些在开始时使用机器而后又退回到手工生产的矿场,显然是经营者并未掌握近代企业的生产管理技术的结果。

---

① 《益闻录》,光绪十年正月十三日(1884 年 2 月 9 日)。
② 《益闻录》,光绪十四年九月十三日(1888 年 10 月 17 日)。
③ 《益闻录》,光绪十四年十月二十一日(1888 年 11 月 24 日)。
④ 徐润:《年谱》,第 76 页。

80 年代的金属矿厂,除了极少数单位,如漠河金矿外,绝大多数都亏蚀不能发展。投资到这些矿、厂中去的股东往往损失绝大部分甚至全部资本。湖北施宜铜矿尚未进行正式开采,便宣告亏折,以退还 25% 的股本了事。① 直隶顺德铜矿在试采失败后,多数股本竟然被完全贪没。② 鹤峰铜矿经营了 3 年,毫无成果,又打出招收新股名义,规定老股 5 股抵作新股 1 股,使老股东损失 80% 的投资。③ 而公司主持人或大股东则又利用招募到手的股金进行商业性投机。这一时期中投资人和企业主持人之间为增资、退款和撤股引起了无数纠纷。有人不胜愤慨地指责这种弄虚作假的"集资"活动"是售诈也,非开矿也"。④ 这种"售诈"当然严重地损害了近代金属采矿业的发展。

## 二、青溪、汉阳铁厂的筹建与发展

### (一)贵州青溪铁厂

从 19 世纪 70 年代起,清政府为适应新式军用工业的需要,创办采冶工业都希望煤铁并举,以煤济铁。1875 年的磁州煤矿,1876 年的开平煤矿和 1882 年的利国驿煤矿,在初创时,主持人都表示煤铁相为表里,自应同时并举。⑤ 但是,相对于煤矿而言,开发铁矿特别是冶炼工作要求更高、更复杂的技术和更加庞大的资

① 《申报》1885 年 11 月 8 日。
② 《捷报》1885 年 7 月 3 日。
③ 《申报》1885 年 7 月 13 日。
④ 刘锦藻:《皇朝续文献通考》第 44 卷,第 7987 页。
⑤ 清代抄档:《上谕》,光绪元年四月二十六日;《清史稿》,食货志,五,第 16—17 页;《开平章程》,第 1—8 页。

本。所以,到了实际开发时,无论是开平或利国驿,都因限于资力,不得不改为先煤而后铁。因此,使用机器开发铁矿迟至 80 年代后半期才见出现。

1885 年,署贵州巡抚潘霨注意到"各省机器局及大小轮船每年用煤铁以亿万计",而海军衙门,制造铁甲兵船,对煤铁的需求"更属不赀"。因此鼓吹贵州"地瘠民贫",但"矿产极多,煤铁尤盛"。① 为贵州开辟财源,潘霨便主张开发铁矿,既可将产品"拨供邻省海防之需",又可为本省"民间多一生计,即公家多一利源"。② 他在 1886 年设立"矿务公商局","以股实绅商经理其事,官督商运"。先从收购和运销手工生产的铁砂入手。③

1887 年,"贵州机器矿务总局"宣布成立,选定铁厂厂址在镇远县的青溪,委派上海制造局候选道潘露(潘霨之弟)主持局务。这个局初建时,向商号借银 10 万两,计划在贵阳、汉口和上海招募资本 30 万两,向上海雇觅矿师和工匠④;并在 1886 年 11 月间派员携带官商银 8 万两,径往国外购买机器。⑤ 据有关记载称,青溪铁矿向英国谛塞德公司订购全副熔铁炉,计英金6800 余镑。炼贝色麻钢炉计 190 余镑,轧造钢铁条板机床计1400 余镑,又订轧造钢铁条板所用汽机等件,计 2300 余镑,总共 12000 余镑。⑥ 铁厂于1890 年 7 月 17 日开炉生产。⑦

----

① 《洋务运动》第 7 册,第 169 页。
② 《洋务运动》第 7 册,第 170 页。
③ 《洋务运动》第 7 册,第 176 页。
④ 李作栋:《新辑事务汇通》第 93 卷,第 5—6 页;《洋务运动》第 7 册,第 179 页。
⑤ 《洋务运动》第 7 册,第 178 页。
⑥ 薛福成:《出使日记》第 3 卷,第 54—55 页,光绪十六年七月廿九日。
⑦ 清代抄档:《贵州巡抚潘霨奏》,光绪十六年八月初三日。

据潘霨称:铁厂从 1886 年筹建到 1890 年开炉,在购买机器、建立厂房、购置物料以及运费开支等等,共耗用银 27.6 万余两,而所招商股远不敷支付,赖公款支持,前后陆续挪借公款达 192000 余两。[1] 按照铁厂估计:在投入生产后,每月用于收煤、采矿、售铁、运脚和薪工开支等项,约需银 18000 两;预期每月可产铁 120 万斤,照当时"生熟精粗"市价计算,约值银 22100 余两[2],收支相抵,略有盈余。从生产到销售,周期 4 个月,铁厂用于周转的经费约需银六七万两,每月在 15000 两左右。[3]

但是,铁厂投产后的情况与预期设想的大不相同。据化验,"生铁系属白口,性质甚硬,钢亦质粗性硬,均因不受车刨,难以适用。熟铁质地尚好,惟提炼未净,下炉归并,折耗渣滓,十仅得五"[4]。更重要的是铁厂没有在附近找到可靠的煤炭基地,开工后立即发现所用煤炭不合于炼铁的要求,以致在生产中"铁水和煤渣凝塞炉窍",铁水不能畅出[5],成为无法解决的难题。

铁厂正式开工后不到两月,主持人潘霨病故,铁厂"无人督

① 《洋务运动》第 7 册,第 182 页。

② 《洋务运动》第 7 册,第 182 页;另据潘霨在光绪十五年十二月初一日致张之洞电称:青溪铁厂"每日夜应出生铁二十五吨",见《张之洞电稿》(抄本)。

③ 《洋务运动》第 7 册,第 182 页。

④ 曾国荃:《曾忠襄公全书》(以下简称《全书》),书札,第 19 卷,第 36—37 页。

⑤ 乐嘉藻:《青溪铁厂始末》,见任可澄等纂:民国《贵州通志》,前事志,第 5 页;另参见张之洞在 1893 年在述及汉阳铁厂经营的奏折中曾提到:"……若煤质稍杂,洗炼配合稍不得法,即至积灰壅塞风眼,铁汁不能下注,凝堵炉门,全炉损坏,贵州青溪铁炉覆辙可鉴。"见张之洞:《张文襄公全集》(以下简称《全集》),奏议,第 34 卷,第 2—3 页。

理"，暂时停工。① 但对从上海招募来的工人舍不得全部遣散，留下半数准备复工时使用。1890 年 12 月间曾改由该厂会办候补知府曾彦铨主持，官方再度垫借 6 万两作为周转费用②，但直到 1892 年仍未见任何成效，铁厂长期处在停工状态。③

### （二）湖北汉阳铁厂

继青溪铁厂筹建之后出现官办湖北汉阳铁厂，到甲午战争之前，初步投入生产。

1889 年，张之洞在两广总督任内，注意到"两广地方产铁素多，而广东铁质优良"。可是仅广东一省，洋铁输入每年约达 1400 万斤，而本省铁货出口，数量却十分有限；如果就全国而言，情况更加突出。据海关贸易总册记载：1886 年各种铁货进口约值银 240 余万两，各省出口的铜、铁、锡合计只值银 118000 两，还不及进口值的二十分之一。特别是铁货进出口的总趋势更表现为：洋铁入口，日见其增，土铁行销，日见其少。④ 他分析产生这种现象的主要原因在于土铁"开采煎炼未得法，故销路甚隘"⑤。他向清政府建议要在广州筹建炼铁厂，其开办经费"先筹官款垫支开办，……然后招集商股归还官本"，计划择定广州城外珠江南岸凤凰冈地方作为铁厂厂址。张之洞通过驻英公使刘瑞芬，向英国谛塞德公司订购"熔铁大炉两座，日出生铁一百吨，并炼熟铁、炼钢各炉，压板、抽条兼制铁路各机器，共计英金 83500 镑"，同时向英国招聘技

---

① 清代抄档：《贵州巡抚潘霨奏》，光绪六年八月初二日。
② 《洋务运动》第 7 册，第 185 页。
③ 《洋务运动》第 7 册，第 186 页。
④ 张之洞：《全集》，奏议，第 27 卷，第 1—2 页。
⑤ 张之洞：《全集》第 132 卷，电牍 11，《张之洞致英大臣刘瑞芬与使德大臣洪钧电》，光绪十五年三月初十日。

术人员和工匠。①

1889 年 8 月,广州炼铁厂正在积极筹备中,清政府调张之洞为湖广总督,负责建造芦汉铁路。继任两广总督李瀚章对炼铁事业反应冷淡,于是铁厂随张从广州迁移到湖北,前此向国外订购的一应机器和招雇的技术人员也都一并前往湖北。②

1890 年 5 月,张之洞在武昌成立湖北铁政局,委派湖北补用道蔡锡勇为总办③;经向各地勘察后,择定汉阳大别山下,在方圆长 600 丈、广 100 丈的地方建设铁厂。据张声述,他之所以选定在这里建厂,是因为它"南枕山(大别山),北滨汉(汉水),西临大江(长江),运载极便";更重要的是它"与省城对岸,可以时常亲往督察;又近汉口,将来运销钢铁货亦便"。④ 机器设备除原向英国订购的以外,又因比利时郭格里尔厂(Cockerill)表示愿为汉阳铁厂训练工匠 40 名作为销售机器的条件,所以也向比利时进行部分订货。⑤ 随同英、比两国机器和图纸到来的,有 40 名左右的外国技师。⑥ 其中有英国的总监工贺伯生(Henry Hobson)率领的一批英国技师⑦,又续由比利时郭格里尔厂代雇的 28 名洋匠。⑧ 对于这种多方雇用外国技师的事实,张之洞说,是借鉴于贵州青溪铁厂的

---

① 张之洞:《全集》,奏议,第 27 卷,第 3 页。
② 《洋务运动》第 7 册,第 208 页;李鸿章:《全书》,电稿 11;张之洞:《全集》第 133 卷。电牍 12。
③ 《洋务运动》第 7 册,第 210 页。
④ 张之洞:《全集》第 135 卷,电牍 14,《张之洞致海军衙门电》,光绪十六年七月二十二日。
⑤ 薛福成:《出使日记续刻》第 4 卷,第 66—67 页。
⑥ 《海关十年报告》,1892—1901 年,汉口,第 304 页。
⑦ 《捷报》1891 年 7 月 31 日,第 137 页。
⑧ 张之洞:《全集》,奏议,第 34 卷,第 22—23 页。

失败,湖北"开炼大炉,自不得不多用洋匠,加意慎重"①。事实上,不同国籍的技师同集一厂,各为其本国厂主兜揽生意,彼此攻击,互相排挤,争夺铁厂领导权的风波迭起暗生,其结果反而给铁厂带来重大损害。

1889 年,张之洞在广州初创铁厂时原想使用广东闱姓商人捐款②140 万元(合银 98 万两),作为开办费用。但这笔捐款须到 1890 年冬才能到手,而向英国购买机器大炉的订金 13 万两必须早日支付。张便向香港汇丰银行贷款,估计在 1 年以后,当机器分批运到时,再由闱姓捐款偿还。③ 张之洞改任湖广总督后,无权支配闱姓捐款,广州只同意承担 13.1 万两,清政府虽决定从户部筹建铁路的经费中拨出库平银 200 万两作为开办汉阳铁厂的经费,但远不能满足铁厂的实际需要。张之洞向清政府提出的估计数字是:"除粤省订购煤铁机器定银 13.1 万两不计外,所有设厂、安机、采铁、开煤等费共需 246.8 万余两。"④事实上汉阳铁厂的开办经费远超过这个预估数字。铁厂不曾留下具体账目,难以确切计算它的开办经费,只可就张之洞历年奏请拨款数字,按年分别统计如下表。

① 张之洞:《全集》,奏议,第 34 卷,第 22—23 页。

② 广东每于乡会试或岁科试时,盛行一种赌博:博者预卜得中人姓名,各人资若干,各指定若干姓,榜发后,视所卜中者之多寡,定所得之厚薄,是谓之"闱姓"。参见冼宝干纂:《佛山忠义乡志》第 4 卷,舆地略三,风俗,转引自严中平:《中国棉纺织史稿》,第 108 页,注 6。

③ 张之洞:《全集》第 133 卷,电牍 12。

④ 张之洞:《全集》第 97 卷,公牍 12,第 1—11 页。

## 汉阳铁厂官办期间经费及其来源

### 1889—1896 年

| 拨款时间 | 拨款项目 | 金额（库平银·两） |
| --- | --- | --- |
| 1889 年 9 月 | 广州闱姓商人捐款 | 131670 |
| 1890 年 3 月—1891 年 2 月 | 历年户部铁路经费拨款 | 2000000 |
| 1891 年 4 月—1893 年 6 | 奏拨湖北省款（厘金、盐厘、粮道及盐道库存款等） | 528551 |
| 1892 年 3 月—1893 年 3 月 | 挪借湖北枪炮厂、织布厂款 | 1843384 |
| 1894 年 8 月 | 奏拨湖北省款（厘金、盐厘） | 200000 |
| 1895 年 9 月 | 奏拨江南筹防局款 | 500000 |
| 不 详 | 借拨江南筹防局款 | 500000 |
| 不 详 | 历年积欠华洋厂商票号 | 101199 |
| 不 详 | 厂内出售钢铁样品收入 | 24825 |
| 总 计 | | 5829629 |

资料来源：张之洞：《全集》，《张之洞电稿》（抄本）及《督楚公牍》（抄本），转见孙毓棠编：《中国近代工业史资料》第一辑，第 885—887 页。

上述统计总共 5829000 余两，系 1890 年到 1896 年 4 月官办期间的一切经费，其后该厂便改为招商承办。但汉阳铁厂的建厂工程在 1890 年 9 月基本竣工。因此，如果将奏请拨款时间截至 1893 年 3 月（3 月以后的款项作为开工后日常经费，另借拨江南筹防局款及历年积欠华洋厂商票号款共 60.1 万余元，因奏拨年月不详，暂不计算在内），则创办经费达 4503000 余两。此项经费中除去户部拨款 200 万两外，由湖北枪炮厂和织布局挪用者 184 万余两，占 40% 左右。这就是张之洞所说的"以湖北所设铁厂、枪炮厂，织布局自相挹注，此 3 厂连为一气，通盘筹划，随时斟酌，互相协助"[①]的具体规划。张之洞原就认为"铁厂与枪炮局本为一事，

---

① 张之洞：《全集》，奏议，第 33 卷，第 7 页。

相为表里,难分畛域"①,现在又加入织布局"联为一气,通盘筹划",这就使3家企业都丧失了独立性。

1890年5月,张之洞在札委蔡锡勇为湖北铁政局总办时,要求他从6月起,务必在1年内造成铁厂,安炉炼铁,赶造钢轨。②但是,他向清政府则表示"自〔光绪十六年〕八月初勘定厂基之日起,2年为期,约可开炉造轨"③。实际上直到1893年〔光绪十九年〕九月铁厂基建工程才基本完成,分有"炼生铁、炼熟铁、炼贝色麻钢、炼西门士钢、造钢轨、造铁货6大厂;机器、铸铁、打铁、造鱼片钩钉4小厂"(这里所说的"厂"实即车间),此外还有运矿铁桥、铁路、码头和起矿机器房等都在10月间竣工,"统计全厂地面,东西3里余,南北大半里"。④ 铁厂的两座生铁炉全开,每日可产生铁100余吨;贝色麻钢厂、西门士钢厂、熟铁厂3厂并炼,每日可产精钢、熟铁100余吨,每年可产精钢、熟铁3万余吨。⑤

1894年5月,铁厂正式投产后,立即遇到了原料和燃料供应的困难。据有关记载:张之洞在广州向英国订购机器时,曾有人建议先将铁石、煤焦寄厂化验,然后决定炼何种钢,配何种炉。张之洞当时尚未找到铁矿,信口作答说:"以中国之大,何所不有,岂必先觅煤铁而后购机炉?但照英国所用者购办一份可耳。"⑥及至炼铁厂移到湖北后,张虽在建厂的同时,积极派人勘查煤、铁资源,并于1889年和1891年间先后找到了大冶铁矿和王三石、马鞍山等

---

① 《洋务运动》第7册,第220页。
② 张之洞:《全集》第96卷,第21—22页。
③ 张之洞:《全集》,奏议,第29卷,第20—26页。
④ 张之洞:《全集》,奏议,第34卷,第1—2页。
⑤ 张之洞:《全集》,奏议,第39卷,第7页。
⑥ 参见《洋务运动》第8册,第526页;《薛福成致张之洞》,光绪十六年五月十日,《英署抄案》,北京大学图书馆馆藏。

处煤矿,但是对于何种煤才适于炼铁,仍然认识不足。而"马鞍山煤质含磺过重,不甚适用"①,以致所炼煤焦,耗多质松,不适于炼铁的要求。② 因此铁厂开炉投资后不到 5 个月,便因燃料缺乏,"煤铁不能相辅为用",被迫停炉。③ 在炼钢方面,由于大冶铁矿含磷较多,而从英国订购的 2 座贝色麻钢炉,系照英国所用酸法配置的大炉,不能去磷,以致炼出的钢含磷过多,容易脆裂,"各处铁路洋员化验,谓汉厂钢轨万不能用"④。

汉阳铁厂开工后,由于焦炭供应困难,只有 1 座炼铁炉投入生产。⑤ 这座炼铁炉从 1894 年 5 月 25 日升火,27 日出铁,日夜出铁 8 次,共 50 余吨,间或达到 67 吨。⑥ 到了 10 月间,终"因焦炭炉工未成,又因经费不能应手,既未能多购湘煤,又未便多买洋炭",不得已"暂行停炼"。⑦ 然而停炉之后,铁厂"以前欠款无从筹还,以后用款无从罗掘",更"不能再奏请拨款"。对张之洞本人而言,无铁当然无轨,"朝廷诘责,将奈之何"? 为此张之洞万分焦急,指示蔡锡勇:"生铁炉必须赶紧开炼。"⑧到了 1895 年 8 月(光绪二十一年七月),得知开平煤矿焦炭尚可凑合使用后,"始将生铁大炉重

---

① 张仲炘等纂:《湖北通志》第 54 卷,第 20 页。
② 张之洞:《全集》,奏议,第 39 卷,第 4 页;张继煦:《张文襄公治鄂记》,第 30 页。
③ 张之洞:《全集》第 39 卷,第 18 页。
④ 参见《洋务运动》第 8 册,第 527—528 页。
⑤ 张仲炘等纂:《湖北通志》第 54 卷,第 20 页。
⑥ 张之洞:《全集》,奏议,第 34 卷,第 22 页。
⑦ 张之洞:《全集》,奏议,第 39 卷,第 18 页。
⑧ 《张之洞致蔡锡勇电》,光绪二十一年六月初四日,《张之洞电稿》(抄本)。

复开炼"①,勉强支持到 12 月 5 日,又因"开平煤炭未到,不敷用。今日封炉,留火候煤到再开"②。这种时开时停的不正常的生产情况,使这一拥有巨大生产能力的炼铁厂,从 1894 年 5 月开工到 1895 年 10 月,在将近一年半的时间里,仅仅生产了生铁 5660 余吨,熟铁 110 吨,贝色麻钢料 940 余吨,马丁钢料 550 余吨,钢板、钢条1700余吨。③ 即使对铁钢质量存而不论,这 5600 吨的生铁产量不过相当于 2 座炼铁炉 2 个月的生产能力而已。

汉阳铁厂的产量低,产品销路少,一切费用仍全部依赖清政府拨款维持。1894 年中日战争爆发,随后又签订了《马关条约》。清政府既耗用了庞大的战费,又被迫支付巨额的赔款,财政窘迫万分。1895 年 8 月初清政府指示各省督抚对所办局厂"亟应从速变计,招商承办"④,以摆脱沉重的财政负担。张之洞在接到清政府的指示后,第一个反应便是将铁厂连同大冶铁矿、江夏、大冶、兴国各煤矿一起转让给外国商人。⑤ 他一再指示蔡锡勇分电德国、比利时的厂商,要它们派人从速来厂估价,一应路费可由铁厂负担,同时还要与上海外国洋行进行接触。⑥ 迫不及待的心情暴露无遗。人们记得,张之洞在创办汉阳铁厂时,信誓旦旦地高喊"浚利

---

① 张之洞:《全集》,奏议,第 39 卷,第 18 页。

② 《蔡锡勇致张之洞电》,光绪二十一年十月十九日,《张之洞电稿》(抄本)。

③ 《铁政局致张之洞电》,光绪二十一年八月廿七日,《张之洞电稿》(抄本)。

④ 《光绪朝东华录》第 128 卷,第 11 页。

⑤ 《张之洞致蔡锡勇电》,光绪二十一年七月十六日,《张之洞电稿》(抄本)。

⑥ 《张之洞致蔡锡勇电》,光绪二十一年十月二十六日,十一月初四日,十一月初五日,《张之洞电稿》(抄本)。

源而杜外耗"①,现在却要急于把这个已经建成的庞大企业全部让给外国商人了。不过,中日战争之后,人民群众爱国热情高涨,各方面群起反对张之洞向外国出售铁厂的意图,迫使他转而与盛宣怀相结合,由盛出面招商承办。其后又几经周折,铁厂在 1896 年以后便逐步变成盛系官僚的私产。②

## 三、平度、漠河金矿

### (一)山东平度金矿

山东省烟台附近的平度、宁海、栖霞等地,夙以蕴藏金属矿苗著称。据说,当地居民"往往于大雨之后,淘沙取金,易钱餬口"③。

19 世纪 60 年代后期,烟台的英、美商人以及他们的领事,常常借"游玩为名",潜往平度、宁海、栖霞各地寻觅金矿。④ 他们还故意在上海外国报纸上宣扬烟台附近矿藏丰富,招引各国浪人到烟台去。⑤ 1868 年中英、中美修约谈判后,清政府一再申明,开发各地矿山,"权自我操",并在 1869 年,派兵到各矿山巡防,外国侵略分子在行动上才稍有收敛。

80 年代初,国内出现一个开发金属矿的浪潮。1883 年,广东佛山巨富、前济东道李宗岱请求试办栖霞金矿,未获允准。两年后,他又请求开发平度金矿,得到清政府的允许。⑥ 李宗岱向国外雇请矿师,从旧金山购买一部春矿机。1887 年设立平度矿务局,

---

① 张之洞:《全集》,奏议,第 29 卷,第 20—21 页。
② 《张之洞致砚斋中堂》(原稿),光绪二十二年,北京大学藏。
③ 《矿务档》,山东,第 760 页。
④ 《矿务档》,山东,第 760—763 页。
⑤ 《矿务档》,山东,第 760—763 页。
⑥ 李秉衡:《李忠节公奏议》第 10 卷,第 26—27 页。

雇用 600 余名工人采矿,分为 3 班,"轮流换班、昼夜不停"①。当时山东所采各矿,据说"惟平度县使用机器开采"②。1889 年的关册记载,当年平度金矿出口金砂 3676 担,估计值银 16400 两左右。③

平度矿务局在筹办时原拟广泛地招集商人资本。但由于1883 年发生了上海金融风潮,一时间集资非常困难。据说,平度金矿的创办资本中有李鸿章所拨的官款 18 万两④;后来又曾向英国汇丰银行借贷 18 万两。⑤

在筹划开发平度金矿过程中,李宗岱对"矿脉之浅深长短,与所含金质之多寡,以及分化硫金之难易"并不了然,片面听从外国矿师的主张,贸然凿井开发,事后才发现金矿的含金量并不高。⑥特别是矿区与对外的交通条件十分困难。从平度金矿用大车载运矿石到烟台,每吨须耗银 8 两,相当于烟台到欧洲的 2 倍。⑦ 这就严重影响了矿务局的收入。

平度金矿资本不足,开办经费大部分依赖借款周转。1887年投资后,每年交付利息,到 1889 年便感到收支不平衡。1890年春的材料反映:矿务局用在机厂方面的费用约 20 余万两,储备原材料二三万两,工匠费用支出 10 余万两,外国矿师工资五六万两,贷款利息支付了四五万两,而到 1889 年年底,矿局库存硫金约

---

① 《申报》1887 年 6 月 10 日。

② 《捷报》1887 年 4 月 13 日,第 410 页。

③ 《贸易报告》,1895,烟台,第 46—47 页。

④ 《申报》1891 年 8 月 4 日。

⑤ 李秉衡:《李忠节公奏议》第 10 卷,第 26—27 页。

⑥ 马建忠:《适可斋记言》第 1 卷,第 7 页。

⑦ 《海关十年报告》,1882—1891 年,烟台,第 75—76 页。

30 余吨,只值 10 余万两。① 这使矿局财政周转上出现了严重的困难。

这时,旧金山侨商多次勘测与平度矿区相邻的宁海州金矿,准备开工。李宗岱乘机提出要求,将平度和宁海两矿合并,并争取到与李鸿章关系密切的马建忠、陈世昌、徐麟光等人共同主持,采取官督商办形式,得到了旧金山侨商林道琚的赞同。林派李赞勋作为他的代表,准备投资开发。当时盛传宁海矿务公司拥有资本 90万两②,就是指这一酝酿的情况而言的。但旧金山侨商虽认股 30万两,并未交款;马建忠等为宁海金矿垫银 15 万两后,认为把握很小,也借口"倾家","力竭求退"。③ 李宗岱又与李赞勋协议,改办招远金矿④,议定股本 60 万两,设立招远矿务公司,以陈世昌、徐麟光出资 30 万两,侨商出资 30 万两,共同接办平度金矿。⑤ 合同规定,如招远办有成效,应支付李宗岱经营平度金矿所亏空的 45万两,其中归还公款 6 万两,汇丰银行借款 18 万两,共 24 万两,其余 21 万两折作五成,拨入招远矿股。⑥ 招远局于 1892 年以招远玲珑山动工开采⑦,但经营仍不得法,几年间资本又亏蚀殆尽,采掘工程再度陷于停顿。

1895 年,李宗岱又邀侨商林道琚集股接办。同时李宗岱又向山东巡抚李秉衡请求在侨商资本到达前,允许他用土法碾石淘金,

① 马建忠:《适可斋记言》第 1 卷,第 7 页。
② 《贸易报告》,1890 年,烟台,第 50 页。
③ 《李鸿章致崔国因电》,光绪十六年十二月十八日;《李鸿章致张佩纶电》,光绪十七年九月初三日;李鸿章:《全书》,电稿,第 12、13 卷。
④ 《矿务档》第 2 册,第 1324—1325 页。
⑤ 《矿务档》第 2 册,第 1333 页。
⑥ 《矿务档》第 2 册,第 1342 页。
⑦ 《矿务档》第 2 册,第 1325 页。

以维持矿务局开支,倘有盈余,即弥补公款,归还洋债,事为李秉衡批驳,1896 年,平度金矿便遭封闭。[1]

### (二)黑龙江漠河金矿

黑龙江漠河金矿是少数收到成效的金矿之一。该矿坐落在黑龙江省爱珲西北,隔江与俄国接壤。矿区主要集中在漠河、奇乾河两处,蕴藏丰富,向有"金穴"之称。[2] 1885 年前,常有帝俄分子非法越境开采,黑龙江将军文绪派兵驱逐。[3] 1886 年,继任将军恭镗奏请举办漠河金矿,"以杜外人觊觎"[4]。翌年,清政府从"杜患防边"出发,决定开采漠河金矿,命令黑龙江将军恭镗和北洋大臣李鸿章遴选"熟悉矿务干员",前往矿区勘测。

1887 年,吉林候补知府李金镛奉李鸿章、恭镗委派,深入矿区勘察了 5 个月,所得样品经化验"1000 分中得净金 871 分,银 75 分,铅、硫磺、铁 54 分",据说成分与美国旧金山金矿相垺[5],可见漠河金矿是一个很有开发价值的矿山。

李鸿章向清政府奏准,委派李金镛总办漠河矿务,拟定黑龙江矿务招商章程 16 条和漠河金厂章程 10 条,积极筹备开矿、设厂。

招商章程规定,金厂为官督商办企业,资本 20 万两,全部招商集股,每年官利 7 厘(即 7%),若再有盈余,则作为 20 成均分,其

---

① 李秉衡:《李忠节公奏议》第 10 卷,第 26—29 页。
② 章鸿钊:《古矿录》,第 431 页。
③ 《皇朝掌故汇编》,外编,第 24 卷,第 11 页;《捷报》1885 年 7 月 24 日,第 90 页;《字林西报》1887 年 6 月 27 日,第 588 页。
④ 《光绪朝东华续录》第 80 卷,第 18 页。
⑤ 《洋务运动》第 7 册,第 321 页。

中 6 成交黑龙江将军衙门,报充军饷;商股得 10 成,办事人员得 4 成,要做到全厂人员从总办到夫役,"皆得均沾酌赏"①。

金厂章程还表明,工厂基本上沿袭手工采矿业中长期流行的亲身制。所有矿工都由把头招募,每一把头募二三十人为一班,归把头带领。吸水淘金机器及牛马、车辆、铁锨、铁锨等大工具,由公司供给,斧、锯、铁凿等小工具则由矿工自备。所得金砂按四六股分,厂得 4 分,工得 6 分,矿工所得之金砂,须按每两合爱平银(爱珲通用之银两,每两约合库平银 0.98 两)16 两的固定价格全部卖与公司。如有偷藏,轻则枷责,重则"正法示众"。矿工应用食物器具,须向公司货柜购买,"不准外人进沟贸易",以杜绝"暗收金砂,盗卖禁物"之弊。②

在拟定黑龙江矿务招商章程和漠河金厂章程的同时,李金镛进行了紧张的建厂活动。1887 年年底,他赶到保定和李鸿章商量设厂细节;次年又往返于天津、上海、烟台等地,参观平度金矿开采情况,商议借用该矿外国矿师;并多方设法筹集股本,购办机器、粮食等等。年终启程赴矿区,在漠河、奇乾河两处各设金厂。漠厂于 1889 年 1 月 14 日开工,乾厂于同年 2 月 11 日开工。③

在开工后的头两年,金矿的经营情况十分困难,首先是资金不敷周转。李金镛原来企望招集商股 20 万两。但是,80 年代初的上海金融风潮,使商情困敝,招股工作很不顺利。李金镛原期在公

---

① 《黑龙江矿务招商章程》,第 2、16 条。

② 《矿务档》第 7 册,第 4399—4402 页。关于漠河金砂成分,在 1890 年年底到 1891 年年初曾一度实行局得 3 分,工得 7 分,仅实行 4 个月后即废。参阅《总署收户部片》,光绪十九年十一月十四日,《矿务档》第 7 册,第 4525 页。

③ 《矿务档》第 7 册,第 4428 页。

司开办以前,可以招徕六七万两,不足之数暂向官府贷借,待开办以后,以续招的股本偿还。但是,在李金镛主持厂矿期间,所招集的资本不足 3 万两,官款方面也只有从恭镗处筹借到 3 万两;矿山的开办费用主要依靠李鸿章从天津商人处借到银 10 万两维持。①在支出方面,既须"延矿师、购机器、置轮船、买粮食、造房屋、修道路",又须把全部机器以及预先储备全矿食用一年的粮食,从上海辗转运到黑龙江"穷边极塞","事巨费绌"。②

有的报道称:1890 年夏秋间,聚集在漠河金矿周围的矿工约数千人,大多是从山东、直隶逃荒到关外的农民。③

由于交通条件十分困难,漠河和内地联系很不方便,使金矿产品的价值实现受到重大影响。据李金镛称:1889 年春,漠河所产砂金在爱珲就近销售,大约一个月内便可收到现款。但当年秋,帝俄势力在爱珲故意压低金价,使漠河所产之砂金不得不远去天津、上海销售,周转一次需要三四个月时间。这就造成了金厂虽有砂金,而且产量逐渐增加,但厂矿的流动资金却非常缺乏。④ 例如,开工后的头两年虽然共产砂金达 4.2 万余两(合银 65 万余两),但厂矿内资金周转却是"拮据万状"⑤,公司账面虽有剩余 6 万两之多⑥,但没有现款发付股息,矿局只得以未售的股票,填抵股息;而军饷报效却必须以现款缴解,而且不准延宕。⑦ 在这种情

---

①　李鸿章:《全书》,奏稿,第 61 卷,第 45—54 页;《矿务档》第 7 册,第 4486 页。

②　参见《漠河金矿章程》,第 6 条;《矿务档》第 7 册,第 4401 页。

③　《捷报》1890 年 8 月 22 日,第 227 页。

④　《矿务档》第 7 册,第 4667、4530、4534、4511 页。

⑤　《矿务档》第 7 册,第 4667、4530、4534、4511 页。

⑥　《矿务档》第 7 册,第 4667、4530、4534、4511 页。

⑦　《矿务档》第 7 册,第 4511 页;另见《申报》1892 年 12 月 8 日。

况下,李金镛原拟的开路、造轮等项都由于资本不裕无法实现。

1890 年 10 月,李金镛因病去世①,李鸿章指定该局提调袁大化主持局务。从 1891 年开始,正式发放股息。公司鉴于金厂初创时期特别困难,为酬答当时入股股东对公司的积极支持,因之,在股息分配上稍予优待。所以,第一年发放股息的办法规定为:股息分为三等,光绪十四年(1888 年)入股者,每股分利银 70 两,光绪十五年上半年入股者,每股分利银 42 两,下半年入股者每股分利银 23 两,十六年以后入股的不作区分。② 嗣后,由于生产逐渐步入正轨,每年都能按章程规定发付股息。1892 年更在官利之外,另发余利 20 两,相当于股金的 20%。③ 与此同时,矿务局陆续添招新股 12000 余两④,并陆续归还局欠黑龙江官款 3 万两和天津商款 10 万两。⑤

在扩充商股的基础上,公司于 1893 年到 1894 年间扩大生产规模。1893 年春在漠厂北沟添置淘沙机器 1 座⑥;1894 年又在观音山筹建一个规模较大的分厂。⑦ 由于观厂金砂丰富,"产金区域周围亘数十里"⑧,成色纯净,因此不但产量大增,而且金价陡长。在 1894 年一年中,漠、乾、观 3 厂共产金砂 28000 余两,其中开工

---

① 闵尔昌纂:《碑传集补》第 19 卷,第 13 页。
② 《申报》1891 年 10 月 9 日。
③ 《申报》1894 年 4 月 21 日。
④ 《矿务档》第 7 册,第 4486 页。
⑤ 《矿务档》第 7 册,第 4511 页。
⑥ 《申报》1894 年 4 月 21 日。
⑦ 《李鸿章致依克唐阿电》,光绪十九年六月二十七日,《袁大化致李鸿章电》,光绪二十年一月一日,《李鸿章致袁大化电》,光绪二十年一月十二日,均见李鸿章:《全书》,电稿 14。
⑧ 《支那经济全书》(日文)第 10 辑,第 520 页。

仅及半年之观厂产量约占三分之一,而所得金价竟占一半左右。①

### 漠河金矿历年产量统计

1889—1894 年

| 年份 | 产金量(两) | 折合银两<br>(爱平银) | 资料来源 |
|------|-----------|------------------|----------|
| 1889 | 18961 | 307236 | 《矿务档》,第 7 册,第 4530 页。 |
| 1890 | 23105 | 344967 | 《矿务档》,第 7 册,第 4534 页。 |
| 1891 | 20220 | 281666 | 《矿务档》,第 7 册,第 4538 页。 |
| 1892 | 15312 | 293784 | 《矿务档》,第 7 册,第 4542 页。 |
| 1893 | 10000 | 232612 | 《矿务档》,第 7 册,第 4546、4572 页。 |
| 1894 | 28370 | 766543 | 《矿务档》,第 7 册,第 4555—4556、4572 页。 |

注:金厂分建在漠河、奇乾河和观音山 3 处。

1894 年,公司除规定"官利"之外,又分发余利 18 万两,每股所得竟相当于股金的 176%。②

在漠河金矿生产日见扩大的过程中,封建生产关系对矿厂发展的束缚越来越见显著。在观音寺分厂创办的第二年,北洋大臣王文韶就以"出金渐多"为理由,强迫漠河金厂的军饷报效,从原定余利的十分之三提高到十二分之五③,其后,又以摊派赈款名义加重勒索。④ 从金厂开办迄至 1895 年,8 年中军饷和赈需报效,累积为 85 万余两;其中,1892 年到 1895 年 4 年的报效合计达 82 万

---

① 《矿务档》第 7 册,第 4572 页。
② 《矿务档》第 7 册,第 4561 页。
③ 《矿务档》第 7 册,第 4569 页。
④ 《矿务档》第 7 册,第 4589 页。

余两,占全部报效的 96% 以上。① 为了"捐助饷需",金厂有时甚至不得不动用扩大再生产所必要的公积金。②

在金矿生产扩大的过程中,封建落后的管理方法也便于经办人员营私舞弊。主管金厂的袁大化在 1894 年到 1895 年两年中,仅以"花红"的名义就分取了盈利 72000 两;在他任职期间,任用袁姓族人达 19 名之多,其中不少人盘踞要津,假借各种名义盗取矿产。③ 1895 年年底,袁大化离职,继任的周冕表现更为恶劣。他根本不进矿区,而尽量利用矿局资金在上海进行商业活动。从此矿务每况愈下,金产量在 1895 年曾达到 5 万两的高峰,以后就一直下降,再也不见起色。④ 1900 年,帝俄乘八国联军侵略时机,派兵强占漠河矿各厂,屡经交涉,拒不撤军,直到 1906 年始收回矿厂。⑤ 这期间矿厂所遭受的破坏和掠夺,其损失更是无法计算。

## 第六节　近代机器缫丝业

### 一、机器缫丝业的兴起

中国现代缫丝工业是在 19 世纪 70 年代初从广东开始的。其后,上海、浙江等地区相继出现了机器缫丝厂;到 90 年代中叶,又扩展到华北的烟台和华中的武汉。

---

① 《矿务档》第 7 册,第 4610 页。
② 《矿务档》第 7 册,第 4573 页。
③ 《矿务档》第 7 册,第 4608 页;并参阅第 4489—4502、4610、4612—4613 页。
④ 《矿务档》第 7 册,第 4618 页。
⑤ 参见丁文江:《中国官办矿业史略》,第 26—28 页。

1873 年,夙以手工缫丝著名的广东地区出现了第一个机器缫丝工厂,这就是在南海的继昌隆缫丝厂。从此珠江三角洲的机器缫丝工业发展迅速。两年后,有人仿照这家丝厂的机器,另建了 4 家丝厂。到了 1881 年,广州、顺德、南海等地,陆续增加到 10 家,拥有缫车 2400 部,年产生丝近 1000 担。① 80 年代中期以后,机器缫丝工业被认为"在广东已经牢固地树立了根基"②。当时顺德一县就已设有丝厂 42 家,新会县设有 3 家③,而全省丝厂拥有新式缫车估计在 25000 部左右。从此以后,广东机器缫丝业的发展比前更为迅速。80 年代后期,仅广州一地,就有机器缫丝厂五六十家④;进入 90 年代,据说顺德一县就有缫丝厂 200 多家,使用着新式机器。即使在蚕桑业不很发达的三水县,这时也出现了两家蒸气缫丝厂,雇用工人 300 多人,以致当地农民也广泛地植桑养蚕。⑤

1881 年,上海丝业公所主持人之一——浙江丝商黄宗宪在苏州河北岸筹建公和永丝厂,配备缫车 100 部。⑥ 同年,外商怡和和公平两家洋行也兴建丝厂。它们都在 1882 年修建竣工。当时上海很少熟悉缫丝机器的技术人员,这 3 家中外丝厂便共同聘请了一名意大利人麦登斯(Aug. H. Maertens)指导厂务。⑦ 由此可知,

---

① 《海关特种调查报告第三种——丝》,第 151 页;《字林西报》1882 年 1 月 16 日,第 47 页。
② 《英领报告》,1885 年,广州,第 4 页。
③ 陈启源:《广东蚕桑谱》,《广东厘务局详》;《申报》1887 年 12 月 5 日。
④ 《海关十年报告》,1882—1891 年,广州,第 577 页。
⑤ 《海关十年报告》,1892—1901 年,三水,第 264 页。
⑥ 上海通志馆编:《上海研究资料》,第 5 页。
⑦ 缪锺秀:《上海丝业概况》,《国际贸易导报》第 1 卷,第 1 号。

黄宗宪和外商的关系必很密切。① 但是,在 1882 年到 1887 年几年中,这 3 家丝厂所缫的生丝,质量欠佳,营业并不兴盛,一直到 1887 年以后才渐见转机。② 后来黄宗宪经营的公和永丝厂逐步有所扩充,到 1892 年已有缫车 858 部。③

80 年代中期以后,在公和永丝厂之外,上海又陆续出现了一些华商丝厂,据记载,它们的基本情况见下表。

### 上海华商缫丝厂
1884—1894 年

| 厂　名 | 开办年 | 资本(两) | 缫车(部) | 产丝量(包) | 职工人数 |
|---|---|---|---|---|---|
| 坤记丝厂 | 1884 | 240000 | 232 | 300—350 | 500 |
| 裕慎丝厂 | 1890 | 200000 | 200 | 250—300 | |
| 延昌丝厂 | 1893 | 100000 | | | 600 |
| 正和丝厂 | 1894 | | | | 400 |
| 纶华丝厂 | 1894 | 100000 | | | 1000 |

资料来源:日本东亚同文会:《江南事情》(日文),经济篇,第 150—152 页。

与此同时,原由外商经营的丝厂也有一些转移到中国商人的手中。例如,1882 年成立的英商公平丝厂在开办后的第 3 年(1885 年)即交由中国商人租办,后来终于转为华商企业。④

---

① 另据《申报》在 1888 年的报道中称:"黄佐卿〔宗宪号〕与上海洋行有密切关系",可供参考,见《申报》1888 年 9 月 23 日。

② 缪锺秀:《上海丝业概况》,《国际贸易导报》第 1 卷,第 1 号。

③ 《捷报》1882 年 1 月 17 日,第 63 页;《新报》1882 年 1 月 4 日;《农商公报》1915 年第 16 期,选载门,第 14 页。

④ 《申报》1885 年 3 月 20 日,1887 年 12 月 22 日;《中外日报》1901 年 5 月 23 日。

1892 年成立的美商乾康丝厂开办后不久,也转卖给中国商人。①

浙江虽与上海相邻,机器缫丝业却是迟至 90 年代才开始的。前此 10 余年中,先后有该省巡抚梅启照、卫荣光等召集绅商,计划设立机器缫丝厂,都未成为事实。② 到了 1894 年,才有会稽、山阴和萧山 3 县商人,分别在当地筹办起 3 家丝厂。③ 据记载:会稽开源永丝厂和山阴公豫源丝厂的筹建工作,进行得并不顺利,因此浙江全省在 1895 年前投入生产的机器缫丝厂,惟有萧山的合义和丝厂 1 家而已。④

至于烟台和武汉地区的机器缫丝业也很有限,1895 年前,两地也只是各有缫丝厂 1 家。

1877 年,德国宝兴洋行曾吸收当地商人的资本,创办烟台矿丝局⑤,但经营很不成功,经过几次改组,于 1886 年以 3 万两的代价转让给当时的东海关监督盛宣怀⑥,改组为股份公司,但也未真正发展起来。

武汉的缫丝厂是湖广总督张之洞所创设的纱、布、丝、麻 4 局

---

① 字林西报馆:《上海今昔观》,第 10 页;《捷报》1893 年 11 月 24 日,第 816 页。

② 参见《万国公报》1879 年 1 月 11 日;《申报》1884 年 12 月 16 日,1887 年 12 月 5 日。

③ 《浙江新定机器缫丝厂茧灶缴捐章程》,1895 年。

④ 《申报》1895 年 5 月 13 日;《中外日报》1899 年 2 月 18 日;王元缝:《野蚕录》第 3 卷,第 77 页。

⑤ 《英领报告》,1877 年,烟台,第 39 页;《新报》1881 年 9 月 30 日;施丢克尔著:《十九世纪的德国与中国》,杨人楩等译,第 153 页。

⑥ 《申报》1887 年 2 月 5 日;《海关十年报告》,1882—1891 年,烟台,第 75 页;王元缝:《野蚕录》,第 93—94 页。

中的 1 局,1894 年筹办,因经费困难,到 1895 年还只有小部分投入生产。①

以上叙述表明,中国近代机器缫丝业惟有在珠江三角洲一带曾经有一个比较兴盛的局面。但是,这种局面由于遭到以广东地方封建势力的干扰,经历坎坷。在上海地区,外商在 60 年代初期,就开办机器缫丝工厂。到 80 年代民族资本机器缫丝业才开始兴起。民族资本在强大的外国势力的竞争和压抑之下,发展十分艰难。这两个地区机器缫丝业的艰难境况,反映了 19 世纪后半期中国近代缫丝业兴衰的基本面貌。

## 二、广东继昌隆缫丝厂

继昌隆缫丝厂成立于 1873 年②,厂址设在广东南海。

广东地区一向是我国蚕丝业中心之一。这里气温高,雨量充足,一年四季都适宜于植桑育蚕,每年收茧可达 6 次到 8 次之多。③ 这一地区夙以手工缫丝业兴盛著名;大量的缫丝手工业劳动者散布城乡。他们具有丰富的生产经验和娴熟的生产技术。而位于珠江三角洲的南海、顺德、番禺等地尤其是广东手工缫丝业的中心。

鸦片战争前 30 多年中,广州生丝出口频年上升。1800 年到

---

① 《蔡锡勇、盛春颐致张之洞电》,光绪二十一年六月二十八日,《张之洞电稿》(抄本)。

② 继昌隆的成立时期,前人据《南海县志》系于 1872 年,据丝厂创办人陈启源自述,这个工厂成立于"癸酉之秋",按癸酉为同治十二年即公元 1873 年。见陈启源:《蚕桑谱》,自序。

③ 参见《中华丛报》1848 年第 8 号,第 427 页。

1833 年,从年平均 1187 担上升到 8082 担。① 战后生丝出口仍保持逐步增加的趋势。根据海关统计报告,1865 年,广州生丝出口数量达 8778 担,连同野蚕丝,则超过 13000 担,其后逐年递增;1868 年仅生丝的出口量便超过 1 万担,连同野蚕丝,则达 18000 担以上;1871 年生丝出口达 16000 担以上,1872 年达 18000 担以上,如果连同野蚕丝的出口量计算,都接近 2 万担。② 这种逐年递增的数字有力地说明了国际生丝市场对广东生丝的需求量在不断扩大。在这样的历史条件下,1873 年,终于出现了陈启源的第一家机器缫丝厂。

　　陈启源是广东南海的一个华侨商人。根据经历推测,他大约是一个出生于 19 世纪 30 年代而跨越 20 世纪初年的人物。他自述其家庭世代"以农桑为业"③;而他自己在年轻时一度志在"科场"④。所以,他的儿子追述他"善继先志,半儒半农;小有余蓄,经商海外,然未尝忘农桑之业"⑤。

---

①　马士:《东印度公司对华贸易编年史》第 2—4 卷,转见严中平等编:《中国近代经济史统计资料选辑》,第 16 页。

②　**广州生丝出口统计**
　　　**1865—1872 年**　　　　　　　　　　　单位:担

| 年份 | 1865 | 1866 | 1867 | 1868 | 1869 | 1870 | 1871 | 1872 |
|------|------|------|------|------|------|------|------|------|
| 生　丝 | 8778 | 9258 | 9272 | 11683 | 12795 | 15535 | 16772 | 18319 |
| 野蚕丝 | 5043 | 5686 | 5343 | 6536 | 4654 | 3022 | 3175 | 1157 |
| 小　计 | 13821 | 14944 | 14615 | 18219 | 17449 | 18557 | 19947 | 19476 |

　　资料来源:《贸易报告》,1869 年,广州,第 95 页,1871—1872 年,广州,第 213 页。

③　陈启源:《蚕桑谱》,自序。

④　桂坫等纂:宣统《南海县志》第 21 卷,第 4—6 页,《陈启源传》。

⑤　陈蒲轩:《蚕桑指南》,自序,第 1—2 页。

　　1854 年,陈启源出国经商。20 年中他遍历南洋各埠,同时又以很大的热情注意于植桑养蚕、缫丝等事。综合这些情况来看,陈启源对于手工缫丝和生丝贸易的情形是十分熟悉的。有人说,他在安南(越南)看到了法国人所设立的缫丝厂,对缫丝生产方法的改革"大有感悟",于是立意创办缫丝厂。① 也有人说,他是在暹逻(泰国)看到法国式的"机械缫丝,产品精良"而蓄意仿效的。② 总之,国外的新工艺促使他产生兴办缫丝厂的尝试。

　　1873 年,陈启源回国后,就在故乡南海简村创办一个称为继昌隆丝偈的缫丝厂。当时南海和邻县顺德、新会等地的农民世代以缫丝为副业,继昌隆丝厂设在简村百豫坊,所雇工人都来自"本村的左邻右里"。这家丝厂在初创时规模很小,不过有几十部缫车。后来逐渐扩大,最多时曾达到 800 部,工人达到 700 名左右。③ 丝厂所用的机器,当时叫做"机汽大偈"。在陈启源晚年所著的《蚕桑谱》中,还保存着他所设计的机汽大偈的图样。从图上可以看出,机汽大偈已经是用蒸汽煮茧的方法,这无疑是生产技术上的一大进步。至于机汽大偈是否已经采用蒸汽作为动力,是否有比较复杂的传动装置等等,从图样上以及陈启源对大偈所做的说明上,都还不能加以肯定。不过在当时或稍后的记载里,有的说"用机器

--------

　　① 马君武:《三十年来中国之工业》,《小吕宋华侨中西学校三十周年纪念刊》,第 4—5 页。

　　② 饶信梅:《广东蚕丝业之过去与现在》,《国际贸易导报》第 1 卷,第 7 号,1930 年。

　　③ 吕学海:《顺德丝业调查报告》(原稿,未发表);桂坫等纂:宣统《南海县志》第 21 卷,《陈启源传》。

牵轮,互相引力"①,有的说有很高的烟囱,机器声响很大。② 另据对创办继昌隆经过颇有所知的陈启源后裔追述:继昌隆缫丝厂在初创时没有现成机器,依靠陈启源边做、边想、边改。他"最初曾一度购入旧轮船的机件,改装试用,建有煮沸水炉锅一大座,贮冷水的大锅一大座,足踩式的缫丝工作位 300 个,焙茧室一间,连同焙房、焙舍、藏茧室等"。"机器安装,全由陈启源自行设计。他非常重视健全蒸汽方面的机器。起初在广州陈维太机器店定制和购买现成的铁具回厂装置,并在厂内设有铁工、熔铸及木工场等,依照陈启源的设计图样,监工铸造。机器设备中有煮沸水的大炉锅一座,高约 1.5 丈,阔约七八尺,另蒸汽炉一座,高约 1.2 丈,阔 6 尺,配有烟囱,高达 3.6 丈。煮沸水的大炉锅装有水喉,能送开水到每一个女工的缫丝工作位,以为冲茧之用。另有贮冷水大锅,亦配有水喉,输送冷水到各工作位,用来调节温度及必需的洗涤,使能迅速出丝。"③据此看来,《蚕桑谱》上的图样,也可能是陈启源的另一种设计,而不是当时实际应用的机器。即使最初没有使用蒸汽动力,随后也很快就用了蒸汽动力和传动装置,这是可以肯定的。

机汽大偈提高劳动生产率,十分显著。据称"每一女工可抵十余人之工作"④。实际上"女工一位每日得〔产〕丝 2 两有奇"⑤。

---

① 《新报》1881 年 11 月 7 日;徐赓陛:《不自慊斋漫存》第 6 卷,其中记有继昌隆厂"用机器展动各轮"。按:徐在 1881 年曾任南海县令。

② 《捷报》1874 年 6 月 13 日,第 526 页。

③ 陈天杰、陈秋桐:《广东第一间蒸汽缫丝厂继昌隆及其创办人陈启源》,《广东文史资料》1962 年第 2 期。

④ 徐赓陛:《不自慊斋漫存》第 6 卷。

⑤ 《循环日报》光绪七年八月二十三日"告白",转见铃木智夫:《草创时期的广东制丝业经营特征——从〈循环日报〉告白中所见》,见《近きに在りて》(近邻)1984 年 11 月,第 6 号。

陈启源也把他所设计的"新器"和手工缫丝的"旧器"作比较说："旧器所缫之丝,用工开解,每工人一名,可管丝口 10 条,新法所缫之丝,每工人一名,可管丝口 60 条,上等之妇,可管至百口。"① 可见即使没有采取蒸汽动力,也大大提高了劳动生产率。此外,新法所缫之丝,粗细均匀,丝色洁净,丝的弹性也较大,因此,售价也较手工缫丝高出三分之一。陈启源说:机汽大偈的产品,"成本则如是也,用茧则如是也,沽出之价,竟多三分之一"。所以,继昌隆在开工以后,"期年而获重利"②。

这种机器所需要的投资并不很大。根据 1887 年的调查:机器大者每座需银一千二三百两,小者只需数百两,大机器 1 座用女工 700 余人,小机器有的用 130 人,有的只用 80 人。每人需用各项器具值银 7 两。③ 这类大机器每座投资额共计为六千一二百两,小机器每座投资不过 1800 两至 2200 两,和手工缫丝工场的投资相差不大。④ 值得提出的是,这种丝厂的全部设备毋须从外洋进口。⑤ 在 19 世纪后期,这种机器主要在广州制造;20 世纪以后,机器的主要部分——蒸汽引擎在当时丝业中心顺德县的乐从就能生产,而丝釜在南海的石湾也能铸造。⑥ 其他部分,更是可以自制自

---

① 陈启源:《蚕桑谱》第 2 卷,第 4 页。

② 桂玷等纂:宣统《南海县志》第 26 卷,第 56 页。

③ 《申报》1887 年 12 月 5 日。

④ 考活:《南中国丝业调查报告书》(C. W. Howard, A Survey of the Silk Industry of South China),第 120、122 页。

⑤ 据光绪十三年六月广东厘务局称:这种机器前系购自外洋,近来则全由内地自造(参见陈启源:《广东蚕桑谱》,《广东厘务局详》)。因此,这种机器也可能最先来自外国,然后由内地仿制。

⑥ 考活:《南中国丝业调查报告书》,第 122—123 页;《海关十年报告》,1892—1901 年,下卷,第 264 页。

用。显然,投资小,设备简单,构造简易,无疑是新式丝厂在广东能够不断发展的主要原因。

如上所述,从 1873 年第一个丝偈开始,新式缫丝工业在珠江三角洲发展得十分迅速。两年间仿照陈启源设立丝厂的便有 4 家。[①] 陈启源在晚年追述他在创办丝厂后所产生的影响是:"三年间踵其后而学者约千余人。"[②]在这里,他说的大抵是指新式丝厂所雇的工人而言的。这种发展对广东部分地区的农民经济也引起了相应的变化。80 年代以降,在邻近南海、顺德、三水,以至距离丝厂地区较远的潮阳、普宁、揭阳、庵埠、澄海、嘉应州等地,农民植桑养蚕者大为增加,以致大片稻田变成了桑园。[③] 这里的蚕业收益在农民的总收入中逐渐上升到主要地位。

继昌隆缫丝厂的产生和发展,在中国生丝对外贸易上也发生了重大的作用。

众所周知,在继昌隆缫丝厂出现的 70 年代,正是日本开始角逐世界生丝市场的年头。当继昌隆创建时,中国土丝出口维持在 6 万多担的高水平上,而日本丝的出口量则不足 1 万担。然而,10 年以后(1883 年),华丝出口量下降到 59000 多担,日丝出口却猛增至 31000 多担,超过中国生丝出口的半数以上。[④] 正是在土丝(当时华丝出口仍以土丝为主)与日丝竞争相形见绌的状况下,广东厂丝以崭新的面貌出现,出口数量频年上升,显示了与日丝顽强

---

① 《海关特种调查报告第 3 号——丝》,第 151 页。

② 陈启源:《蚕桑谱》,自序。

③ 《海关十年报告》,1892—1901 年,三水,第 264 页;《贸易报告》,1888 年,汕头,第 361 页。

④ 参阅:《海关特种调查报告第三号——丝》,第 203 页;《海关十年报告》,1882—1991 年,1892—1901 年;《贸易报告》,1894—1895 年。

相颉颃的力量。

广东厂丝出口见之于海关统计自 1883 年始,这一年出口数量不过 1200 多担;两年后,它上升为 3400 多担;到 90 年代初便突破 1 万担的大关,1895 年,更高达 18000 担以上,而其趋势还在不断上升。① 这种出口数量扶摇直上的景象乃是在国际市场上与日本丝作猛烈的竞争中取得的。这不能不引起外国侵略者的注意。事实上,到 80 年代后期,上海外国势力的喉舌对此就已有所觉察,它指出:"自从 1884 年以来,广东的厂丝已经逐渐排除困难,打开销路,目前在他们的出口中已占据很重要的地位。"②

但是,广东机器缫丝业的发展也遭受到当地的势力的反对。在长时期里,在广州从事生丝贸易的出口商比较土丝和厂丝的质量说:厂丝的优点"在于丝经粗细均匀,改良了绕法,丝色洁净,同时丝的伸缩性也较大","缫机里面的水则用蒸汽保持一定的温度",更兼谨慎的操作,缫制出来的丝,"能达到优良的质量";而土

---

① **中、日生丝出口比较**

1883—1900 年          单位:担

| 年份 | 华 丝 出 口 | | | | 日丝出口 |
|------|------|------|------|------|------|
|      | 广州厂丝 | 上海厂丝 | 土 丝 | 合 计 | |
| 1883 | 1254 | | 57889 | 59143 | 31220 |
| 1885 | 3437 | | 46676 | 50113 | 24570 |
| 1890 | 10219 | | 50103 | 60322 | 21100 |
| 1895 | 18179 | 6276 | 70223 | 94678 | 58100 |
| 1900 | 34612 | 6242 | 37413 | 78267 | 45940 |

资料来源:《海关十年报告》,1882—1891 年,1892—1901 年;《海关特种调查报告第三号——丝》,第 203 页;《贸易报告》,1895—1900 年。

② 《捷报》1888 年 5 月 26 日,第 59 页。

丝(或称"七里丝")"是在农民家里用手摇机缫制的",农民"对于蚕茧的烘制、丝经的粗细和维持洁净,很少注意,也不注意绕法","他们的缫盆是用炭火温水",无法将温水保持在一定的温度上,这样也就很难保持产品的良好质量。① 它们之间的优劣是一目了然的。缫丝手工业者觉察到他们将处于受排挤、被取代的地位。为了维护旧有经济利益,他们自觉或不自觉地充当了社会旧势力的代言人,编制各种借口,攻击机器缫丝业的存在。有人诽谤男女同厂劳动,有伤风化;有人宣传工人技艺生疏,机器容易伤人;有人抱怨气笛声闹;更有人公开诅咒高大烟囱破坏"风水"。总之,对于机器缫丝厂的存在,"人们在幻想中觉得恶果很多"②,而封建生产方式的长期束缚,使他们本能地对资本主义工业的兴起,怀有强烈的反感,视之为"不祥之物",咒之为"鬼经"、"鬼濩"。③

大概由于厂丝出口能获得较高的售价,使手工丝织业的原料供应减少,因而引起了手工丝织业工人的反对。所以,继昌隆成立后不久,"机房中人"便"联群挟制,鼓动风潮",要"毁拆丝厂"。1875 年,丝织业行会手工业者终于起来破坏丝厂的正常生产。④这次事件的细节不详。1881 年,又发生了一次更大的纠纷,双方械斗非常激烈。这时南海一带的机器缫丝厂,除了继昌隆以外,又陆续增加了裕昌厚、经裕昌等厂,雇用工人共达 4400 百多人。机器生产使"每一女工可抵〔手工业者〕十余人之工作","以一敌十较之,实夺 44000 余人之生业"。兼以 1881 年又值"蚕茧歉收,市

---

① 《海关十年报告》,1882—1891 年,广州,第 576—577 页。

② 《捷报》1874 年 6 月 13 日,第 526 页。

③ 吕学海:《顺德丝业调查报告》(原稿);徐赓陛:《不自慊斋漫存》第6 卷,第 47 页;桂坫等纂:宣统《南海县志》第 26 卷,第 56 页。

④ 《字林西报》1875 年 10 月 19 日,第 379 页,10 月 26 日,第 403 页。

上无丝可买,机工为之停歇"。因此,10 月间组织在手工业行会
"锦纶行"的手织工人,一方面"勒令同行之人,概停工作";另一方
面聚众二三千人筹集"斗费",采办军火器械,捣毁了举人陈植槷
经营的裕昌厚丝厂,杀死 3 名丝厂工人,"并尽毁机器"。①

事件发生后,清地方官员勒令所有丝厂"克日齐停工作",
并且派兵查封各处缫丝厂,理由是"各省制办机器,均系由官
设局","平民不得私擅购置"。② 在广东无法立足的丝厂资本家
不得不把工厂迁至澳门,在 1882 年一年之中,就有 3 家丝厂从广
州迁去。③ 陈启源在 1881 年也一度把他的丝厂迁至澳门。④ 外国
侵略者则认为"清朝官员的愚蠢和偏见便宜了我们,我们希望中
国资本家会看到这个殖民地〔澳门〕对工业投资无可置疑地提供
的利益"⑤。但是,民族资本的企业是不能在殖民地获得发展
的,广东丝厂并未继续搬迁。清政府也在纠纷稍见缓和之后,
对未经搬迁的丝厂采取了息事宁人的态度,听其开设下去。到
了 80 年代后期,清政府曾"咨行粤省,劝导商民,广为兴办"各
种工厂。⑥ 但是,广东的地方督抚对民间经营新式企业仍然持
压制态度。例如,90 年代初,曾经有商人要求在南海开设丝
厂,两广总督就说,"商民设立机器缫丝,专利病民",不许"擅
制"。⑦ 所以,广东的民族缫丝工业终 19 世纪并不曾得到进一

---

① 参阅徐赓陛:《不自慊斋漫存》第 6 卷,第 17—28 页;《贸易报告》,
1881 年,广州,第 9—10 页;《字林西报》1881 年 11 月 7 日,第 443 页。

② 徐赓陛:《不自慊斋漫存》第 6 卷,第 17—28 页。

③ 《捷报》1882 年 4 月 22 日,第 424 页;《申报》1882 年 4 月 19 日。

④ 陈启源:《广东蚕桑谱》,广东厘务局详。

⑤ 《捷报》1882 年 4 月 22 日,第 424 页。

⑥ 张之洞:《全集》,奏议,第 35 卷,第 21 页。

⑦ 《益闻录》第 17 册,第 417 页,光绪二十一年九月二十三日。

步的发展。

## 第七节　近代棉纺织业

### 一、近代棉纺织业产生过程概述

在外国棉纺织品不断入侵中国市场的过程中,与外国势力有联系的买办化商人曾企图使用机器生产棉纺织品。19 世纪 50 年代末期,一个自称"湛深西学"的江苏太湖洞庭山商人席长卿就曾与美、法资本家商谈过"机器织布之道";到了 1865 年,他又进一步把"招股聚议及自制颜料备染布匹等事"与外国资本家"详细考究"。① 有的外国商人也曾企图就地利用中国的原料和劳力,开设棉纺织工厂。但直到 60 年代末了,所有这些企图都未见诸具体行动。

70 年代前期,中外商人都曾进行过设立棉纺织工厂的活动。例如,1871 年,美商富文就在广州设立过"厚益"纱厂,大约只存在半年左右。② 1875 年,上海一个在印度经营纱厂的英国商人,声言要设立纱厂。③ 继之怡和洋行也怂恿某些与它有往来的买办,准备组织股份公司,设立纺织厂。这些买办在 1878 年后,曾多方设法,疏通上海地方政府④,未成。

---

① 《新报》1878 年 8 月 6 日,1879 年 2 月 27 日。
② 《教会新报》1871 年 10 月 28 日,第 44—45 页,1873 年 9 月 6 日,第 6 页。
③ 《捷报》1875 年 1 月 21 日,第 60 页。
④ 《上海怡和洋行致香港函件》,《致机昔》,转见勒弗沃:《晚清西方在华企业》,第 41 页。

到了 70 年代中叶,主张自办现代棉纺织工业的呼声越来越高,例如《申报》、《汇报》在 1874 年和 1875 年就先后宣传从速兴办棉纺织工厂。① 在 1874 年的"海防"筹议中,各省督抚也直接、间接地涉及为浚饷源而经营新式企业。洋务派官僚更宣扬创办新式企业,"寓强于富"、"略分洋商之利"的思想。到了 1876 年,李鸿章因天津海关道黎兆棠的"再四讽劝"②,派幕僚魏纶先到上海筹办机器织布厂。他期望由江苏、直隶两省"筹垫公款 10 万两,定购机器",然后"再招商股"。③ 但是魏未能取得江南官场和上海商业社会的支持,无所作为。其后两年,又有一个前四川候补道彭汝琮向南、北洋通商大臣禀告,请求代为奏准设立"上海机器织布局"。这就是后来建成的中国第一家现代棉纺织工厂。

在 80 年代后期,上海机器织布局还在筹备过程中,广东和福建两省也酝酿兴建棉纺织工厂。筹建广东纺织厂的动议出自两广总督张之洞。1889 年张之洞任湖广总督后,筹备中的棉纺织工厂随同张迁移到湖北,改称"湖北织布官局",于 1892 年建成投入生产。④ 福建酝酿的纺织厂虽经 4 年的努力,未能成功,参与企业活动的股东们因之"亏折了本钱"⑤。

这一时期中,还出现了机器轧花厂。第一家是 1886 年的宁波通久轧花厂⑥;在 1891 到 1893 年中,上海接连成立了 4 家轧花

---

① 参见《申报》1874 年 10 月 17 日;《汇报》1875 年 1 月 18 日。

② 李鸿章:《全书》,朋僚函稿,第 16 卷,第 3 页。

③ 李鸿章:《全书》,朋僚函稿,第 16 卷,第 3 页。

④ 《致薛福成电》,光绪十八年十二月十七日,张之洞:《全集》第 137 卷,电牍 16;《贸易报告》,1893 年,汉口,第 56 页。

⑤ 《海关十年报告》,1892—1901 年,福州,第 95 页。

⑥ 《捷报》1886 年 9 月 18 日,第 305 页。据说,在 1873 年广东曾有人购买轧花织布机两架,但未见设厂生产,参见《申报》1878 年 12 月 14 日。

厂,即棉利(1891 年)、源记(1891 年)、广德泰(1892 年)和礼和(1893 年)。① 1893 年汉口出现了一家昌记轧花厂。② 不过,这些工厂大都使用从日本进口的足踏轧花机。兼做轧花和纺纱的机器纺纱厂是 1887 年的上海"轧花纺纱新局"(后来改称"华新纱厂")。但李鸿章已在 1882 年为上海织布局取得了专利 10 年的特权③,因此,这家商办的纺纱新局为织布局交付了垫款才换得设厂权,并且在名义上还要作为织布局的分局④,实际上它是一家自负盈亏的独立纱厂。⑤ 此外,在湖北沙市,1890 年,也有人为了"切断洋布在长江上游的销路","计划成立织布工厂"⑥。1890 年上海织布局开工后,纺纱利润优厚。到 1893 年,上海又有人积极筹建两家纺纱厂。一家是由安徽巨商、浙江牙厘局总办朱鸿度筹建的,另一家的创办人是上海织布局总办杨宗瀚。

　　1893 年 7 月,朱鸿度应天津海关道盛宣怀邀请,去天津共同协商创办纺织分局(即后来的裕源纱厂)事宜。他们议定在上海杨树浦设厂,招集股份 100 股,每股 500 两,其中由盛宣怀负责招 40 股,朱鸿度负责招 60 股。纺纱机器拟先定 50 张,以后陆续扩充到 100 张。由于盛宣怀的关系,这家纱厂在筹建初期得到了轮

---

　　① 《海关十年报告》,1882—1891 年,上海,第 340 页;《申报》1891 年12 月 16 日;熊本绪、方南溟撰:《中国工商业考》,第 14 页;日本东亚同文会:《江南事情》(日文),经济篇,第 157 页。

　　② 《申报》1893 年 10 月 12 日。

　　③ 李鸿章:《全书》,奏稿,第 43 卷,第 43— 44 页。

　　④ 1890 年 8 月 19 日主持上海机器织布局的马建忠致李鸿章的信中说:"查织布局与新纺纱局(即后来的华新纱厂)虽系各办各事,似应外合内分",见《盛宣怀档案》(未刊)。

　　⑤ 《申报》1888 年 4 月 22 日。

　　⑥ 《伦敦新闻纸》(以下简称《新闻纸》),1890 年 8 月 8 日,增刊,第 1 页。

船招商局和保险局在资金上的融通。①

朱鸿度在上海着手厂房的建造，并对购置纺纱机器进行调查和商洽订购事宜；盛宣怀在天津则同怡和、瑞生、信义、泰来、地亚士和三井等外国洋行为订购机器进行联系，并通过招标办法，达到廉价购买机器的目的，但未见成效。

正当这家纺纱分局积极筹备期中，1893 年 10 月，上海织布局毁于大火。李鸿章委派盛宣怀规复旧局，设法扩充。朱鸿度以津、沪两地，往返函商办理纺纱分局厂务，诸多不便；而纺纱分局筹建事务，贵在及时处理；同时也对盛通过招标购买机器的办法持不同意见。朱遂于 11 月间向盛建议：纺纱分局"一切用人、造厂等事，亦暂归一手办理，以专责成"②，事经盛宣怀同意。从此纺纱分局便归朱鸿度独办，当时被称为"朱道局"，1894 年定名为裕源纱厂。

杨宗瀚在主持上海织布局的过程中，见到纺纱"工简利近"。特在 1893 年 7 月向李鸿章建议："另招商本规银 30 万两，即就布局中间余地附建纱厂一座"，"与布局外合内分，划清界限，期于布纱两局，不稍迁混"。③ 杨所说的"外合"是指纱厂在对外，名义上附属于织布局，"内分"则指布、纱两局在财务上划清界限。同时杨宗瀚为纱厂所拟定的招股章程强调"此局（指纺纱局）全系商人股本，不领公款，不请委员，但责成商股中之廉干谨饬者总理厂务"，并"登报公开收支"。④ 这家纱厂曾得李鸿章批准，对外

---

① 据《盛宣怀档案》，转见陈梅龙：《裕源纱厂是怎样创建的》，《历史教学》1984 年第 5 期。

② 据《盛宣怀档案》，转见陈梅龙：《裕源纱厂是怎样创建的》，《历史教学》1984 年第 5 期。

③ 《杨宗瀚遗稿》，件存前上海历史文献图书馆。

④ 《杨宗瀚遗稿》，件存前上海历史文献图书馆。

称"同孚吉机器纺纱厂",并将资本扩充为 60 万两。只因当年 10 月间,织布局焚毁,杨宗瀚离局,"同孚吉纱厂"的筹建因之搁浅。

上海机器织布局虽然失火焚毁,但纺纱织布上的优厚利润促使北洋官僚集团急谋恢复。当年 11 月,李鸿章便以年来洋纱洋布大量进口,价值在 5200 余万两,而丝茶出口,"价值不能相抵",惟有自办纺织厂,"使所纺之纱与洋纱同,所织之布与洋布同",以改变贸易上的逆差。为此,他认为重建机器织布局"断难中止,亦难缓图",应仍在上海另设机器纺织总局,"筹集款项,官督商办"。① 于是调派亲信天津海关道盛宣怀,会同上海海关道聂缉椝,"一面规复旧局,一面设法扩充"②。

规复中的织布局计划在上海设一总厂,取名"华盛",另在上海、宁波、镇江等处"分设十厂,官督商办"。总厂计划共置"纱机 32 万锭,布机 4000 张",连同这时正在筹设中的湖北织布官局,全国共拟置纱锭 40 万锭,布机 5000 张,请求在总理各国事务衙门立案,要求全国纱机和布机"无论官办、商办,即以现办纱机 40 万锭子,布机 5000 张为额,10 年之内,不准续添,俾免壅滞"。③ 这就是所谓第二次十年垄断。

在不到一年的时间里,华盛纺织总厂的建厂工程基本就绪,计有纱锭 65000 枚,布机 750 张④,1894 年 9 月便已有一部分投入生产。紧接着上海裕晋、大纯两纱厂,宁波的通久源纱厂都作为华盛

---

① 李鸿章:《全书》,奏稿,第 77 卷,第 38 页。
② 李鸿章:《全书》,奏稿,第 77 卷,第 38 页。
③ 李鸿章:《全书》,奏稿,第 78 卷,第 10—12 页。
④ 《海关十年报告》,1892—1901 年,第 513 页。

分厂先后成立。① 镇江、重庆、广州等处也在积极酝酿设立纺织工厂。② 截至 1895 年,全国的机器纺织工业计有工厂 7 家,其资本和设备的基本状况,有如下表所统计。

| 厂　　　名 | 资本(两) | 纱锭(枚) | 布机(台) |
|---|---|---|---|
| 华 新 纱 厂 | 240000① | 12000② | — |
| 湖北织布官局 | 1040000③ | 30000④ | 1000④ |
| 裕 源 纱 厂 | 400000⑤ | 25000⑥ | — |
| 华盛纺织总厂 | 2500000⑦ | 65000⑥ | 750⑥ |
| 裕 晋 纱 厂 | 350000⑤ | 15000⑤ | — |
| 大 纯 纱 厂 | 400000⑤ | 20000⑤ | — |
| 通久源纱厂 | 300000⑧ | 18000⑨ | 400⑨ |
| 合　　　计 | 5230000 | 185000 | 2150 |

资料来源:①《申报》1888 年 4 月 22 日。

②《捷报》1893 年 11 月 24 日,第 816 页。原名纺纱新局,1894 年后改名华新。

③孙毓棠:《中国近代工业史资料》,第 949—950 页。

④《捷报》1893 年 3 月 17 日,第 393 页。

⑤熊本绪、方南溟撰:《中国工商业考》,第 14 页。

⑥《海关十年报告》,1892—1901 年,下卷,第 513 页。

⑦盛宣怀:《愚斋存稿》第 24 卷,第 10 页。

⑧《海关十年报告》,1892—1901 年,宁波,第 64 页。

⑨《贸易报告》,1894 年,宁波,第 72 页。

---

① 《海关十年报告》,1892—1901 年,下卷,第 64—65、513 页。

② 参见孙毓棠编:《中国近代工业史资料》第 1 辑,第 980—982、984—985 页;《申报》1894 年 4 月 28 日;另据光绪二十一年一月十日《上海机器纺织公所华商禀》称,当时筹设的纱厂中,尚有肇兴一厂。见《海防档》,丙,机器局(一),第 220—221 页。

《马关条约》签订后,凭借特权的外国纺织工厂旋即蜂拥而至。从而,中国棉纺织工业也就在外资工厂强烈倾轧中进入了艰难的历程。

## 二、几家棉纺织工厂的创办和发展

### (一)上海机器织布局

上海机器织布局开始筹办于 1878 年,到 1890 年才投入生产,从筹建到开工,前后经历了 12 年之久。

创办这家工厂的彭汝琮,是一个和官僚、买办都有交往的人物。[①] 彭在 1878 年 10 月同时向南、北洋通商大臣沈葆桢、李鸿章提出了设厂动议,拟订了 8 条设厂章程和 24 条预算细目。他在计划中强调所谓“寓强于富”的目的,认为只要“外国所需于中国者,自行贩运;中国所需于外国者,自行制造”,便能晋中国于富强境地。[②] 他所计划的上海机器织布局是一个兼营轧花、纺纱、织布的纺织厂,资本 50 万两,布机设备最初定为 480 台,后来又计划增至 800 台,预计在开工后半年间随着工人技术水平的提高,布匹的年产量可由 26 万匹增加到 45 万匹。随着年产量的增加,利润可由 9 万两增至 15 万两,通盘合算,红利可达 30%。[③]

织布局既是以抵制洋货相号召,所产布匹当然以仿制洋货为

① 彭汝琮,字器之,生平事迹不详,只知他在创办上海织布局之前,曾有四川候补道的官衔。1878 年到上海筹设织布局时,官衔已被革去。他和大买办徐润和洋务派官僚刘铭传都有交往。参见徐润:《年谱》,第 34 页。

② 《新报》1879 年 1 月 1 日。

③ 《捷报》1879 年 2 月 21 日,第 169—170 页;《新报》1879 年 1 月 2 日。

准则。彭汝琮所拟计划是使用中国棉花织造"长短广狭悉如洋式"的标布和粗棉布。他所估计的成本，列有高岭土和浆料达2000担之多，说明了设计者把当时英国织布厂所流行的织布掺杂办法也加以模仿。计划中要求布匹出厂后的税负要按照进口洋布完纳。只是为了节省水脚运费，才采用国产棉花，使布匹价格可以较洋布为低，以便于夺取洋布的市场。①

这个计划宣称资本已确有把握，亦不需公款协助。据彭汝琮说：他所征集的股份，大部分得自湖南、广东、直隶、山西4省，江、浙居其次，只有少量来自安徽和湖北。② 他还准备在年终亲自到内地催收股银。③ 至于机器的订购、厂地的选定、厂房的建造和洋匠的雇用，计划中也都做了安排；并在提出计划后便已着手定购机器和选定厂地。④

这个计划得到了李鸿章的赞许。他在批示中除了答应对布厂"力为保护"，还同意布厂出布"照进口洋布一例报税"，指示彭汝琮要在熟悉洋务的人员中挑选会办和帮办，以便联络一气，速收成效。⑤ 按照李鸿章的意图，彭汝琮提出共事人的名单有：太古洋行买办郑观应为会办，同一洋行的另一买办卓培芳、庚和隆洋行买办唐汝霖和江苏候补知县长康三人为帮办。长康的身份不详。彭汝琮说他"精明强干，熟悉商情"⑥，估计很可能也是买办或者和外商

---

① 《新报》1879年1月1日，1月2日；《捷报》1879年2月21日，第168页。

② 《捷报》1879年2月14日，第151页，2月21日，第171页。

③ 《申报》1880年1月20日。

④ 参见郑观应：《盛世危言后编》第7卷，第4页。

⑤ 《新报》1879年1月3日。

⑥ 郑观应：《盛世危言后编》第7卷，第5页；《新报》1878年12月28日。

很有联系的人物。当时上海的外国报纸报道说：在彭汝琮的背后有一批"中国商人组织的联合公司"作后台①，"公司资本主要出自商人"②，这无疑是指的郑观应、长康等所代表的买办和商人。

　　1879年5月，上海织布局的建厂工程正式动工。③ 恰就在这时，在几个创办人之间发生了严重的分歧。据郑观应揭发：彭汝琮在定购机器、觅购厂地、建造工厂等方面"或独断而不相谋，或会商而不见纳"④；特别是他先前扬言的、确有把握的股本50万两，"自始至终未见实际"⑤，因此坚辞会办职务。股东中支持郑观应的如广东籍的茶商和掮客也随之从布局退股，转而与一家外国洋行勾结，企图另组纱厂。⑥ 布局的建厂工程只好半途停顿⑦，而彭汝琮也因李鸿章的斥责离开了织布局。

　　李鸿章斥退彭汝琮后立即改组布局。这一年秋天，他委派浙江候补道戴景冯负责，"就近兼理局务"；戴又禀请增派吴仲耆、龚寿图两人会同办理。⑧ 这几个人都是官僚子弟⑨，毫无经营企业的经验，在上海商界缺乏号召力，因此在招股集资上一筹莫展。1880年夏，织布局又一次改组，由戴景冯之叔、翰林院编修戴恒出

---

① 《新闻纸》1879年5月16日，第544页。
② 《捷报》1879年1月17日，第45页。
③ 《申报》1879年7月5日；一说建厂工程始于1878年，实误。见《贸易报告》1880年，总论，第7页。
④ 郑观应：《盛世危言后编》第7卷，第4页。
⑤ 郑观应：《盛世危言后编》第7卷，第5页。
⑥ 《字林西报》1879年4月2日；《申报》1879年4月3日。
⑦ 《贸易报告》，1880年，总论，第7页。
⑧ 《申报》1879年12月11日；经元善：《居易初集》第2卷，第36页。
⑨ 戴景冯是翰林院编修戴恒的侄子，龚寿图是历任东海关监督、广东布政使龚彝图的兄弟，吴仲耆的祖父也曾担任过海关道。参见《申报》1879年12月11日。

面主持,前任会办龚寿图继续参与。鉴于两次集股失败,戴恒坚请时任新太古洋行买办的郑观应再次入局。郑提出延揽与各方面商人有联系的经元善"合志任事",作为入局条件。于是,改组中的机器织布局便由戴恒、龚寿图、郑观应、经元善以及蔡鸿仪、李培松等订立集股合同,公推郑观应"总持大纲",经元善"驻局专办"。①戴恒、龚寿图代表官方,而以龚专管"官务"②,郑观应、经元善代表商方,并经李鸿章札委,由郑"总办局务,常川驻局,专管商务"③,此外,苏北盐商李培松和宁波富商"业宏沪甬"的蔡鸿仪与郑、经向有交往,估计他们投资织布局大抵是应郑、经的招徕。④

在郑观应、经元善主持下,织布局非常强调企业的商办性质。1878 年彭汝琮拟定的设厂计划中虽然也说不请公款,但强调"小民可与图成,难于图始;商贾无人倡导,日久徒托空言"⑤,还流露出对"官"方的依赖态度。1880 年郑观应等人所拟的《招商集股章程》中却着重声明"事虽同官发端,一切实由商办,官场浮华习气,一概芟除"⑥。但机器织布局决定集股 40 万两,其中只有半数由主要创办人认招⑦,另一半还要请刘坤一、李鸿章酌拨公款,另向

① 经元善:《居易初集》第 2 卷,第 36 页。
② 《洋务运动》第 7 册,第 450 页。
③ 郑观应:《盛世危言后编》第 7 卷,第 6 页。
④ 郑观应:《盛世危言后编》第 7 卷,第 8 页;《申报》1880 年 11 月 18 日。
⑤ 《申报》1879 年 1 月 1 日。
⑥ 《申报》1880 年 10 月 13 日。
⑦ 郑观应:《盛世危言后编》第 7 卷,第 7—8 页称戴、蔡各认招股五万两,郑约同李道培松亦认招股份五万两;《申报》1880 年 11 月 18 日称戴、蔡、李共认股一半;又有说戴、龚、蔡、郑共认股一半(经元善:《居易初集》第 2 卷,第 36 页)。

各关道商凑,约合 10 万两,其余再陆续招集。① 刘坤一对此很不热心。② 但公开招股的工作却进行得非常顺利。自章程公布后不到 1 个月,所招集到的资本便达 30 万两,后来竟达 50 万两,远在预期目标之上。③ 因之,郑观应等公议禀告李鸿章要求缓领公款。④

郑观应为了使纺织机器能够采用纤维较短的中国棉花作原料,特从美国邀请纺织工程师丹科(A. W. Danforth)来华专门研究,随后又派人携带棉花随丹科到美国去试织,并对织布机进行改造,以求适合于使用中国棉花纺制棉纱,"改造至于再三,机张始臻完善"⑤。布机原定 400 张,为了慎重,先订购 200 张,一俟人手娴熟,再陆续添制;与订购机器的同时,布局在杨树浦购地 300 余亩兴工建厂。⑥

但是,就在这时,织布局内部,以龚寿图、戴恒为代表的一方和以经元善、郑观应为代表的另一方在对企业的经营方向上产生了尖锐的矛盾。在经元善等人的心目中,织布局应该向完全商办的方向发展。他们主张公开招股,在通商口岸、内地城市以及海外侨商集中的地方,分别设立了 36 个代收股份的机构,公布详细的入股手续。⑦ 这样广泛和公开的招股办法,在当时是少见的,但由此

---

① 郑观应:《盛世危言后编》第 7 卷,第 8 页。

② 刘坤一:《遗集》,书牍,第 7 卷,第 65 页。

③ 《申报》1880 年 11 月 16 日,1882 年 5 月 26 日;《捷报》1881 年 12 月 6 日,第 596 页;经元善:《居易初集》第 2 卷,第 38 页。

④ 郑观应:《盛世危言后编》第 7 卷,第 11 页。

⑤ 《申报》1883 年 7 月 6 日;参见郑观应:《盛世危言》第 7 卷,第 22—23 页。

⑥ 郑观应:《盛世危言》第 7 卷,第 22 页。

⑦ 《申报》1880 年 11 月 17 日。

引起了把织布局作为衙门的戴恒和龚寿图的异议。① 他们顾虑商股太多,将影响他们在布局的地位,竭力反对这种办法。双方相持不下,经元善因此退出布局,总办局务的郑观应也备受戴、龚等人的排挤。② 到了 1883 年,上海金融市场发生恐慌,股票市场一蹶不振。郑观应由于利用了他为织布局招收的股本进行股票投机,发生了重大亏空;同时他又以前兵部尚书彭玉麟奏调为借口,私离上海,遂使织布局的筹建工作陷于停顿。③

郑观应离局后,经理织布局的大权落入龚寿图、龚易图兄弟之手。龚易图原是官僚,1884 年在广东布政使任内因事被议落职。④这个退职官僚在织布局长期停顿的 1887 年,以 5 万两的投资被李鸿章委派为织布局总办⑤,并于同年 7 月拟订《重行开办织布局章程》十八条,着手恢复。

龚氏兄弟恢复布局采用了招募新股和整理旧股两项措施。旧股原为 50 万两,实收银仅 352800 两,其余 147200 两全系各项股票存局作为押款,其已收股银 35 万余两除付出购买机器等项成本银 21 万两外,下余 14 万余两,或投资于各项股票,或作为放款支出,并无现银存局⑥,经过核算,亏空约在 3 成左右。因此,《章程》规定旧股每股加银 30 两,换发新股 100 两股票 1 张,

---

① 经元善:《居易初集》第 2 卷,第 36—37 页。

② 郑观应、戴恒原都是织布局总办(见《盛世危言后编》第 7 卷,第 6页),但后来改为郑只管商务,由龚专管官务。据经元善称,这是戴恒"恐龚因此减色",不肯居郑之下,乃"单禀举龚为官总"的。见经元善:《居易初集》第 2 卷,第 37 页。

③ 曾国荃:《全书》,奏议,第 31 卷,第 12—13 页。

④ 陈衍等:民国《闽侯县志》第 38 卷,列传 5,上,第 31 页。

⑤ 《申报》1888 年 4 月 22 日。

⑥ 曾国荃:《全书》,奏议,第 31 卷,第 13 页;参见《织布局接受旧局账目清单》,《字林沪报》1887 年 7 月 27 日。

逾期不交,旧股票一律作为废纸。① 这个决定引起了无力加银的旧股东的反对,几经折冲,最后改以旧股 3 股抵新股 1 股了事。② 这时老股尚存 2900 余股,其中只有 1600 股如数加银③,他们的股本亏折了 30%,而无力加银的中小股东却承受了 60% 的损失。

至于招集新股,除龚易图投资 5 万两外,据说招集到资本 10 万两。④ 经手招募新股的主要人物乃是与官方有密切联系的商人张善仿、唐廉、徐士恺、周振镛等人。⑤ 他们在布局老股加银的纠纷尚未解决之前,已筹集到 24 万两资本,乃另设机器轧花纺纱新局,"以为布局先声",但须"先借付银两接济布局"作为条件,取得设局的权利⑥,后来的华新纺织新局就是从这里发展起来的。⑦ 1888 年 9 月,轧花纺纱新局的轧花部分先行开工⑧,接着在 1889 年 12 月 24 日织布局也开工试车⑨,并于次年 4 月 17 日正式投入生产。⑩

织布局坐落在杨树浦临江地区,占地 280 亩,厂房为长 550 英

---

① 《字林沪报》1887 年 7 月 26 日。

② 《申报》1890 年 11 月 7 日;曾国荃:《全书》,奏议,第 31 卷,第 14 页。

③ 曾国荃:《全书》,奏议,第 31 卷,第 14 页。

④ 《申报》1887 年 7 月 25 日。

⑤ 《申报》1888 年 4 月 22 日。

⑥ 《申报》1888 年 4 月 22 日。

⑦ 《申报》1888 年 4 月 22 日。

⑧ 《申报》1888 年 5 月 19 日,1888 年 9 月 9 日。

⑨ 《申报》1889 年 12 月 27 日。

⑩ 《字林沪报》1890 年 6 月 1 日。

尺,宽 80 英尺的三层楼房①;有布机 300 张②;发动机部门设有大立炉 5 座、小立炉 1 座、500 匹马力引擎 1 具。③ 开工的第二年,男女工人达到 800 人,每日成布 200 匹。④ 轧花纺纱新局厂址在虹口租界区内,有纱机 92 架,纱锭 12000 枚,昼夜开工,日可产纱 6000 磅⑤,它的轧花部分雇用工人多达 700 人⑥,估计它最初还是一个以轧花为主的工厂。

　　机器织布局在龚氏兄弟主持下,开工不到一年,又发生了亏空。⑦ 其时龚易图等曾经企图向德商泰来洋行借款弥补,受到股东的反对。⑧ 因此,1890 年冬,李鸿章改派轮船招商局会办马建忠接办,允许他挪借仁济和保险局公积金 30 万两,作为周转。⑨ 马建忠接手后,垫付旧款,添购新机,修造厂房,又感到资金拮据,也想向外国银行或钱庄告贷。⑩ 不料李鸿章斥责他"办事一味空阔"⑪。又改派淮系官僚、直隶通永道杨宗濂整顿,而杨则因北方

---

①　《字林西报》1891 年 4 月 10 日,第 319 页。

②　《海关十年报告》,1882—1891 年,上海,第 339 页。

③　《申报》1889 年 12 月 27 日。

④　《海关十年报告》,1882—1891 年,上海,第 339 页;李作栋辑:《新辑时务汇通》第 103 卷,第 13 页。

⑤　《海关十年报告》,1882—1891 年,上海,第 339 页;《捷报》1893 年 11 月 24 日,第 816 页。

⑥　《申报》1888 年 9 月 9 日。

⑦　《申报》1889 年 11 月 1 日,1890 年 12 月 19 日。

⑧　《字林西报》1890 年 9 月 5 日,第 229 页,1890 年 9 月 8 日,第 237 页。

⑨　《字林西报》1890 年 10 月 1 日,第 319 页。

⑩　李鸿章:《全书》,电稿,第 13 卷,《马建忠致李鸿章电》,光绪十七年五月廿八日。

⑪　李鸿章:《全书》,电稿,第 13 卷,《李鸿章复马建忠电》,光绪十七年五月廿九日。

业务无法摆脱,委托其弟即在 1888 年曾一度协助龚易图整理布局的另一淮系官僚杨宗瀚主持。[1]

织布局经由几次整顿后,渐具规模。到 1893 年止,布机已由 300 台增至 500 台,纱锭达 35000 枚[2],工人人数增加到 4000 人[3],日夜开工,布匹产量可达 600 匹。[4] 布匹主要在上海销售;上海以外,北及牛庄,南至福州,西达重庆。1893 年头 10 个月,单是外销布匹达 10 万匹左右。[5] 也就在这一年,织布局宣布了 25% 的红利。[6]

在织布局扩充过程中,官款及官僚投资在企业的资本构成中渐占重要地位。李鸿章在拨借仁济和保险局公积金 30 万两以外,不久又拨借绥巩局官款 10 余万两[7],其他洋务派官僚也陆续投资。到 1893 年 10 月止,不计保险局公积金,官款存银已达 265000 多两[8],几占织布局资本三分之一。

织布局投产后,营业非常兴盛,利润很高。据杨宗濂在 1893 年透露:"织布局每日日用五百两,获利约五百两,每月可得一万

---

[1]　参见《捷报》1890 年 10 月 3 日,第 390 页;《海关十年报告》,1882—1891 年,上海,第 339 页;杨寿彬等:《杨藕舫行状》,不著页次。

[2]　《捷报》1894 年 9 月 28 日,第 513 页。有说纱锭为 27000 枚,见《捷报》1893 年 10 月 20 日,第 628 页。

[3]　《捷报》1893 年 10 月 20 日,第 628 页。参见《益闻录》,光绪十九年九月十六日。

[4]　李鸿章:《全书》,奏稿,第 77 卷,第 38 页。

[5]　参见《海关十年报告》,1882—1901 年,牛庄,第 8 页;《贸易报告》,1892 年,福州,第 75 页,重庆,第 49 页;《捷报》1893 年 10 月 27 日,第 647 页。

[6]　《海关十年报告》,1892—1901 年,上海,第 513 页。

[7]　杨寿彬等:《杨藕舫行状》,不著页次。

[8]　李作栋辑:《新辑时务汇通》第 83 卷,第 9 页;亦见《申报》1893 年 12 月 21 日。

二千两。"①特别是纺纱利润尤为优厚。因此,到1893年夏,李鸿章决定大规模扩充织布局的纺纱部。为此,他电告驻英出使大臣薛福成,购置能制造14支、15支纱的新式细纱机100部,计划每日夜可出纱50包,每包重400磅;并照此比例配搭轧花、清花、梳棉、并条、粗纺、精纺、打包各机件,还要代为选雇总工程师一名来华,准备大举。②

正当李鸿章急图扩充时,织布局忽于1893年10月19日因清花间起火,蔓延全厂,举凡机器、原料、木料、木筏,无不焚烧殆尽,房屋檐椽门窗,也"无一寸不成焦土"③。事后清查,所余砖瓦、锅炉、机器、房屋并地基等等,仅值银10万两,所存花布等项合银30余万两④,而织布局财产约在110万两上下⑤,相抵之下,损失70余万两。除支付应还现款外,按照各商股总计分摊,仅合2成。⑥这就是投资于机器织布局的股东们最后所得。至于欠北洋各局的官款265000余两,则根据盛宣怀整理织布局的建议,转嫁给纺纱新局和以后新设的纱厂承担,要它们每出纱1包捐银1两,一直到偿清官款为止。⑦

① 翁同龢:《翁文恭公日记》,光绪十九年三月二十五日,第32册,第21页。
② 李鸿章:《全书》,电稿,第14卷,《寄伦敦薛使》,光绪十九年五月二十五日。
③ 《捷报》1893年10月20日,第628页。
④ 薛福成:《出使日记续刻》第9卷,光绪十九年十一月十日记。
⑤ 李作栋辑:《新辑时务汇通》第83卷,第9页;薛福成:《出使日记续刻》第9卷,光绪十九年十二月二十一日记。
⑥ 见李作栋辑:《新辑时务汇通》第83卷,第9页。
⑦ 李作栋辑:《新辑时务汇通》第83卷,第9页;参见《捷报》1893年12月22日,第917页。这个办法一直延用到1895年4月,其后外国在上海设立的纱厂,拒不捐纳,华籍纱厂也随之不再执行。参见《海关十年报告》,1892—1901年,上海,第514页。

上海机器织布局被焚后,纺织业的优厚利润使李鸿章不但急图恢复旧厂,而且还要全面扩充,多设分厂。1893 年 11 月,李鸿章调天津海关道盛宣怀会同上海海关道聂缉椝"一面规复旧局,一面设法扩充"[①]。这就是后来为李、盛集团所牢牢控制的华盛纺织总厂及其分厂。

### (二)湖北织布官局

19 世纪 80 年代后期,外国棉纺织品的大量输入,也引起了两广总督张之洞的注意。他说"洋布消流日多,年中以千余万计,大利所在,漏卮宜防"[②]。鉴于上海机器织布局享有 10 年专利的特权,他特以"粤设官局,本与商局有别"为理由,与李鸿章洽商,取得同意,便于 1888 年至 1889 年先后多次致电驻英出使大臣刘瑞芬,嘱为两广订购布机 1000 张,并按比例配购纺纱机;另又寄去华棉和布样。此外还托刘瑞芬代为雇聘洋匠。根据广东市场的实际情况,张之洞决定向英国订购的布机以能制造下述 6 种布匹为主,即原色扣布,原色上等、次等布,白色上等、次等布,竹布,斜纹布和提花色布。[③]

驻英公使刘瑞芬代表两广总督与伦敦柏辣德公司(Platt, Bros & Co.)订立定购布机合同。合同规定:"柏辣德公司承办广东织布机器 1000 张,照广东所寄布样,订购仿织原色扣布机 200 张,斜纹布机 200 张,原色次等布机 200 张,原色上等布机 100 张,白色

①　李鸿章:《全书》,奏稿,第 77 卷,第 38 页。

②　《张之洞致李鸿章电》,光绪十四年十月二十九日,张之洞:《全集》,电牍,第 10 卷。

③　刘瑞芬:《咨两广总督部堂》,光绪十五年七月二十七日发,《英署钞案》(抄本),北京大学图书馆馆藏。

上等布机 100 张,白色次等布机 100 张,提花布机 24 张,添置原色扣布机 50 张,并原色次等布机 26 张,共符 1000 之数",约定自 1889 年 7 月起,分 5 批陆续交货,共计英金 67112 镑 11 先令 5 便士;同时,柏辣德公司允代选雇熟手洋匠数名,前往广东,代为安装机器,指导中国工人操作。① 另外,刘瑞芬又向英国喜克哈葛里甫公司(Hicks, Hargraves & Co.)定购布厂所需要的汽机、锅炉、机轴、旋竿等件,计英金 17276 镑 6 便士,两项费用共计 84388 镑 11 先令 11 便士。②

张之洞最初计划先由官方"筹款垫办",等到规模粗具后,再招集商股,即所谓"官为商倡"。③ 可是织布厂全部机器连同运费约需银 40 余万两;购置厂址、修建厂房等至少也需 60 余万两,共需筹措 100 万两才足以应付。这时两广财政拮据,"库帑支绌,官本亦属难筹"④。而招集商股,更难在短期内达到目的。张之洞采取向"阖姓"商人派捐的办法解决资本问题,派定光绪十五年(1889 年)40 万两,作为"订购布机 1000 张及照配轧花纺纱机器的费用";派定光绪十六年 56 万两"为将来造厂及常年经费之用"⑤,在捐款未缴之前,定购布机所需支付的 22 万余两,暂由库款筹垫。⑥

布机及其他机器制成后,广东并未及时建厂,机器起运日期一

---

① 《刘瑞芬代两广总督与柏辣德公司定购织布机订立合同》,光绪十一年——十五年,《英署钞案》(抄本)。

② 《英国喜克哈葛里甫公司织布机需用之汽机锅炉等项合同》,光绪十一年——十五年,《英署钞案》(抄本)。

③ 张之洞:《全集》,奏议,第 26 卷,第 7 页。

④ 张之洞:《全集》,奏议,第 29 卷,第 4、3—5 页。

⑤ 张之洞:《全集》,奏议,第 29 卷,第 4、3—5 页。

⑥ 张之洞:《全集》,奏议,第 29 卷,第 4、3—5 页。

再拖延。1889 年 11 月,张之洞离粤后,继任总督李瀚章认为"两粤不产棉",不愿建棉纺织厂。于是,纺织机器便全部随张之洞运往湖北。

李瀚章对于闱姓捐款,只愿意交出光绪十五年派捐的 40 万两,对于十六年的 56 万两借口两广"应付之项甚多,皆须借用,难以分给"①。经多次磋商,张之洞一再让步,自动减为 16 万两,作为湖北向两广借款,"利息六厘,十年归还另数"②,仍未得两广同意;最后商定这 16 万两作为两广股本,款到后即按 6 厘起息,织布局开办后,获利则按股于息外分赢,亏折则由湖北单独承担,而对应付之 6 厘利息绝不短少。③

闱姓捐款既不能全数拨用,湖北织布局所缺资本便须另辟来源。1890 年 3 月,张之洞又从广东拨借应还山西善后局存款 20 万两,作为织布局常年经费。这笔借款原定年息 9 厘,张之洞自广东转借后,特与山西巡抚刘瑞祺情商,减为年息 4 厘。④ 1893 年 3 月,布厂动工又因资本无着,张之洞只得批拨湖北省善后局库款 20 万两解存布局备用⑤;6 月间又将湖北藩司善后局向来存当铺

---

① 张之洞:《全集》,电牍,第 12 卷,《李瀚章复张之洞电》,光绪十五年十二月十九日。

② 张之洞:《全集》,电牍,第 13 卷,《张之洞致李瀚章电》,光绪十六年正月初七日。

③ 张之洞:《全集》,电牍,第 13 卷,《张之洞致广东布政使王之春电》,光绪十六年正月初十日。

④ 《湖广总督张之洞片》,光绪十六年八月二十四日,《洋务运动》,第 7 册,第 508 页。

⑤ 张之洞批:《北布政司善后局详遵饬议筹司局两库款项十三万两解存本局备用》,《北布政司善后局详遵议局库提银七万两解布局备用》,光绪十九年三月初七日,《督楚公牍》(抄本)。

生息的公款银 10 万两提还,改发布局应用生息。① 由于"闹姓"派款须到 1890 年冬以后才能缴收,而湖北布局筹建期间急需款项,张之洞便在当年 4 月间请广东善后局向英商汇丰银行借洋债 10 万两,负息 5 厘②;到 8 月间又续借洋债 6 万两。③ 都从"闹姓"派捐中偿扣,其利息由湖北负担。于此可见湖北织布官局资本来源之庞杂。④

　　由于资本筹集过程大费周章,以致厂房建造一再拖延。直到 1893 年 1 月,湖北织布局才在武昌文昌门外临江地方建成投产。据当年 3 月间的记载,织布局有纱锭 3 万枚,布机 1000 张。最初每日开工 10 小时,清花和纺纱两部分已全部投产,每天可出纱

----

① 张之洞:《全集》,奏议,第 33 卷,第 14—16 页。

② 张之洞:《全集》,电牍,第 14 卷,《张之洞致王之春电》,光绪十六年四月十二日,《张之洞致李瀚章、王之春电》,光绪十六年四月十五日。

③ 张之洞:《全集》,电牍,第 14 卷,《张之洞致王之春电》,光绪十六年八月初一日,《王之春复张之洞电》,光绪十六年八月初十日。

④ 据湖广督署残档所载湖北织布局经费来源有如下表,可与上述情况参证

| 湖北织布局经费来源 | 数额(两) |
| --- | --- |
| 广东闹姓商捐 | 453400.00 |
| 广东闹姓报效 | 143000.00 |
| 湖北善后局拨款 | 300000.00 |
| 湖北枪炮局拨款 | 78375.11 |
| 山西省拨款 | 196000.00 |
| 湖北官钱局借款 | 49000.00 |
| 湖北官钱局代付款 | 60000.00 |
| 共　　计 | 1279775.11 |

资料来源:《端方署邸残档》,件存中国社会科学院经济研究所。

100 担,织布车间因工人尚需训练,暂未开工。① 织布局在投产后,最初几年的生产情况有如下表统计。

### 湖北织布官局产量

1893—1896 年

| 年　份 | 本色市布(担) | 斜纹布(担) | 棉纱(担) |
|:---:|:---:|:---:|:---:|
| 1893 | — | — | 2013 |
| 1894 | 70288 | 2970 | 4413 |
| 1895 | 94690 | 4255 | 7263 |
| 1896 | 72980 | 1560 | 18868 |

资料来源:《海关十年报告》(1892—1901 年),汉口,第 305 页。

1893 年秋,织布局投入生产后,张之洞发现生产棉纱利润更为优厚,立意在布厂之外增建纺纱厂。据他自称:建立纱厂的目的在于"协济铁厂之用"②。当时他主持的汉阳铁厂经费窘迫,他认为"惟有扩充布局纱厂,以其盈余,添补铁厂经费之一着"③,"既能辅佐布局之不逮,兼可协助铁厂之需要"④。

1893 年 8 月,他致电出使英国大臣薛福成,代向英国工厂探问,可否在 5 年内以分期付款方式购买纺纱机器,并表示愿负重息。⑤ 9 月间,薛电复称:英国工厂要求在订立合同时先交付全部

---

① 《捷报》1893 年 3 月 17 日,第 393 页。

② 张之洞:《全集》,奏稿,第 22 卷,《铁厂拟开两炉请饬广东借拨经费折》,光绪二十年十月初二日。

③ 张之洞:《全集》,电稿,第 14 卷,《张之洞致薛福成电》,光绪十九年八月十七日。

④ 张之洞:《全集》,奏议,第 35 卷,第 19 页。

⑤ 张之洞:《全集》,电牍,第 17 卷,《薛福成致张之洞电》,光绪十九年八月廿六日。

定价的四分之一,其余的分在 3 年内 6 次付清,负担利息 6 厘,合同须由湖北织布局作保,并由张之洞署名。① 也许是因为付款时间太短促,此项合同未曾成立。

这时,毁于一火的上海机器织布局正全力谋求恢复,盛宣怀在上海利用商人资本,订购机器,扩充设备,添设纺纱厂,进行得相当顺利。因此,张之洞认为在湖北扩充纱厂所需要的资本,也“惟有招商助官之一法”②。1894 年,张之洞通过比利时良济(Belgian Trading Co.)和瑞记两洋行,购买能纺 10 支至 16 支纱的纺机 90700 余锭,在织布局附近“添设南北两〔纱〕厂”;所需经费则动员商人投资。他计划纱厂资本“或官二商一,或官一商二,或官商各半”,“官款取给于纱布之余利,或由局自向银号通挪;商款出之于股票”。③ 计划中的南厂由织布局原委湖北试用道赵滨彦兼管,北厂则委江汉关道署理臬司瞿某为督办,另委知府盛春颐为总办。④ 到 1898 年,北厂筹备就绪,开始投入生产。张之洞再奏调广东候补道王某,常川驻局督办厂务⑤,这种官委督办、总办制度招致商股不满于官权太重,难于合作;同时,商股认为纱厂开工后尚需增加资本,要求官股在原投资本 30 万两外,再增发银 20 万两,以便纱厂能正常经营。张之洞拒绝这一要求,表示官股既不能在经营上握有大权,就“未便再添股本,只能就已拨之 30 万两按年取息,不问盈亏”⑥。这无异于强迫商人借债办厂,更引起商股

---

①　张之洞:《全集》,奏议,第 35 卷,第 19 页。

②　张之洞:《全集》,奏议,第 35 卷,第 19 页。

③　张之洞:《全集》,奏议,第 35 卷,第 19—20 页。

④　张之洞:《全集》,奏议,第 35 卷,第 19—20 页。

⑤　张之洞:《全集》第 100 卷,公牍,第 16 卷,第 1—2 页。

⑥　张之洞:《全集》第 100 卷,公牍,第 16 卷,第 1—2 页。

的反感。最后,商股被迫退股,纱厂遂全部收归官办,称为"湖北纺纱官局"①。计划中的南厂始终未曾建成,它所购置的机器40700 余锭运到湖北时,恰逢张之洞调任两江总督,便随同他在1896 年迁运到江苏,并准备以 60 余万两代价,移交苏州商务局招商办理。② 但江苏绅商观望不前,机器又只得运往上海堆栈存放,一切栈租、保险及华洋员匠随机照管,守候装配等所需各费,前后历时 5 年,统计 879000 余两。后经继任的两江总督刘坤一"延请公正行商,照时估值",将全部纱机 40700 余锭作价规银 50 万两,由张謇在 1899 年和 1902 年先后领去,作为大生纱厂的设备。③

## 第八节　近代铁路和电报业

### 一、铁路业

中国自办铁路运输始自 1881 年唐胥铁路。

1880 年,开平矿务局为了外运煤炭,从唐山到胥各庄修筑一条长约 15 里的轻便铁路,于 1881 年 6 月投入使用。建造"唐胥路的全部资本,统由开平矿务局承担"④。这是中国自办的第一条铁路。

中法战争后,清政府设立海军衙门,派奕譞、李鸿章等主持,并

---

① 张之洞:《全集》第 100 卷,公牍,第 16 卷,第 1—2 页。

② 张之洞:《全集》,奏议,第 43 卷,第 14—15 页。

③ 刘坤一:《遗集》,奏疏,第 32 卷,第 53—54 页;1902 年张謇第二次领机事,见汪敬虞编:《中国近代工业史资料》第 2 辑,第 606 页。

④ 《交通史路政篇》第 1 册,第 11—12 页;李鸿章:《全书》,译署函稿,第 18 卷,第 55 页;《英领报告》,1880 年,天津,第 129 页;《申报》1886 年 7 月27 日。

将有关铁路事宜划归海军衙门办理。他们从北洋防御需要出发，在 1886 年，将铁路从胥各庄展延至阎庄，又根据开平矿务局的要求，集资 25 万两，成立"开平铁路公司"，独立于矿务局之外。① 翌年（1887 年），又改开平铁路公司为中国铁路公司，拟集资本 100 万两，展修阎庄到芦台、北塘、大沽以至天津②，计长 175 里，于 1888 年 10 月建成通车。③

这条铁路的第一次扩展，都是在李鸿章的支持下进行的。最初，它原是隶属开平矿务局专事运输煤炭的。和矿务局一样，在性质上是官督商办的企业。及至接修阎庄到天津后，铁路公司名义上虽仍强调是"利益商贾"，"全照生意规矩"经营的，实际上由于海军衙门的参预和操纵，已经成为清政府海防设施的一部分了。主持铁路公司的正副总办，虽然仍是原来的伍廷芳和开平会办吴炽昌，但海军衙门另指派前福建布政使沈葆靖和署长芦盐运使、天津海关道周馥为督办，由他们"督率官商"④。

中国铁路公司原拟招集商股 100 万两，商人反应冷淡，仅仅集得股本 108500 两，不足招股额的 11%。⑤ 而修筑铁路的实际支出为 130 万两，除了动用公款 16 万两外，其余全赖外债维持。计借

---

① 《申报》，光绪十二年六月二十六日（1886 年 7 月 27 日），又，1887 年 4 月 26 日；《洋务运动》第 6 册，第 187 页；林乐知、蔡锡龄：《西国近事汇编》，丙戌，第 2 卷，第 127 页。

② 《申报》1887 年 4 月 26 日。

③ 《海防档》，戊，铁路（一），第 39 页。

④ 《交通史路政篇》第 1 册，第 44 页；《申报》1887 年 4 月 26 日；《沪报》1887 年 6 月 18 日。

⑤ 李鸿章：《全书》，海军函稿，第 3 卷，第 30 页。

英国怡和洋行银 637000 两,借德国华泰银行 439000 余两。① 当开平铁路公司成立之初,曾以"不动官帑,不借洋债"相号召②,实际上不到两年,这个公司既依赖官款,又乞求洋债,它的号召恰成了对现实的讽刺。

在修建阁庄到天津一线的同时,台湾巡抚刘铭传也提出了修建台湾铁路的计划。

台湾修建铁路,早在 70 年代后期便已酝酿。1877 年,清政府决定收回淞沪铁路并把它拆毁时,福建巡抚丁日昌即曾建议将路轨移至台湾,用以修建台北至台南的铁路,因经费支绌,无法实现。③ 1878 年,台湾道夏献纶也曾计划用已经拆卸并运到台湾的淞沪铁路的旧轨,修建台南到打狗(高雄)的铁路,也没有成功。④及至 1885 年,台湾建省,新任巡抚刘铭传又再次提出修建台湾铁路的计划。

台湾铁路原定由基隆修至台南,全长 600 余里。1887 年,由刘铭传先后委派台湾商务局的李彤恩、杨宗瀚,招商承办,而以内阁侍读学士林维源为督办。资本定为 100 万两,始终未曾招足,认股的虽达七成,实际缴款的不过 30 余万两,以致筑路所需经费,不得不经常依赖官款维持。开工后的第二年(1888 年),终于全部改归官办,而商股 30 万两则改充商务局购置轮船的经费。⑤

这条铁路于 1887 年由基隆开始兴修,至 1893 年年底始修至

---

① 《海防档》,戊,铁路(一),第 39—40 页;参见《驻英使馆函》,光绪十四年三月一日,《英署钞案》(抄本)。

② 李鸿章:《全书》,海军函稿,第 2 卷,第 2 页。

③ 吴铎:《台湾铁路》,《中国社会经济史集刊》第 6 卷,第 1 期。

④ 林乐知、蔡锡龄:《西国近事汇编》,戊寅,第 2 卷,第 2 页。

⑤ 刘铭传:《奏议》第 5 卷,第 23—24 页。

距基隆 198 里的新竹。由于经费不足,未能展延。① 继任巡抚邵友濂奏请截止。② 所以,到甲午以前,台湾省铁路仅有从基隆经台北到新竹一段,全长 77 公里,共耗银 1295000 余两③,于 1893 年通车。

八九十年代之交,为展建天津至通州一线铁路,在清政府的官员中发生了一场严重的争执。两广总督张之洞主张停修津通路,改修芦汉路(卢沟桥到汉口),获得清政府的准许。④ 并且为开展芦汉路的修建,清政府调张之洞为湖广总督,积极筹划修路、设厂事宜。

正当积极筹划修建芦汉路的过程中,清政府注意到,紧邻我国东北边陲,帝俄加速建造西伯利亚铁路,其目的显然在对我国扩张侵略势力。1891 年,为抵抗帝俄势力的威胁,清政府责成李鸿章主持修建关东铁路,从滦州境内之林西镇向东北延伸,"出山海关经锦州、广宁、新民厅至沈阳以至吉林,作为干线;然后由沈阳造支路至牛庄、营口",共计 2300 余里,粗估须经费 2000 万两左右。⑤ 为此,清政府决定缓办芦汉铁路,先办关东铁路⑥,并令"户部将原议每年筹拨之 200 万两自本年(光绪十七年)起移作关东铁路专款"⑦。1892 年开始施工,次年便铺轨到山海关⑧,1894 年向关外

---

① 《清实录》,德宗朝,第 320 卷,第 3 页;《申报》1893 年 8 月 8 日。
② 《洋务运动》第 6 册,第 280 页。
③ 《洋务运动》第 6 册,第 281 页。
④ 张之洞:《奏稿》第 17 卷,第 3—9 页。
⑤ 《洋务运动》第 6 册,第 273—274 页。
⑥ 《洋务运动》第 6 册,第 274 页。
⑦ 《洋务运动》第 6 册,第 276 页。
⑧ 李鸿章:《全书》,电稿,第 14 卷,《李鸿章致奕劻电》,光绪十九年三月二十日。

修建,到七月间中日战争爆发时,已筑路到中后所,在关外已筑路64公里,因战争停工。这条铁路的发展过程显见是以唐胥路为嚆矢,发展为津沽路,进一步发展延伸到关外。全部路程划分为商办、官办两部分,即从天津到军粮城、大沽、北塘、汉沽、芦台、唐坊、胥各庄、开平、古冶一段,其修建费用,系由中国铁路公司筹集,称为"商路";由古冶到滦州,又由滦州接至山海关,其修建经费全由清政府筹拨,因之称为"官路"。① 到 1894 年为止,关东和台湾两路合计不过 364 余公里。它对当时社会经济发展所起的作用是非常有限的。

## 二、电报业

中国自办的第一家电报企业,是 1882 年成立的中国电报局。但是,商办电报,至少在前此 10 年,便已开始酝酿。

还在瑞麟任两广总督期间(1866—1874 年),广东华侨何献墀、李璇就曾经计划"招集公司",兴办广州至香港的电报线。② 很可能未得瑞麟批准,这个计划不曾见于行动。

1872 年,一个在法国"贸易多年"的华侨商人王承荣也向总理衙门提出创立电报的计划。他自称在法国曾和福建华侨王斌等人"公同倾资雇匠"研究电报技术③,并从法国带回自制的汉字电报机器④,准备在上海开办。但这个计划也没有下文。

如本书第四章所述,70 年代初期,西方国家的远洋海底电线,

---

① 薛福成:《庸庵全书》第 8 卷,第 7 页。
② 《海防档》,丁,电线,第 306—307 页。
③ 《海防档》,电线(一),第 100 页。
④ 《海防档》,电线(一),第 105 页。

第一次接通中国口岸。中国面临着对外交通史上的一次重大变革。王承荣的计划是在这个大变革的发生时刻提出来的;至于何献墀等人的计划,虽然还不能判断它提出的确切时间,但它同样是这个新形势发展下的产物,看来是可以肯定的。

然而,在一个半殖民地半封建的社会里,商人毕竟无法独立地从事与军事、政治有密切联系的电讯事业。中国第一个资本主义的电讯企业——中国电报局,是作为洋务运动的重要组成部分出现的。

70 年代中期,清政府的洋务派认识到电讯事业在互通讯息、调遣军队上的重大作用,才主张架设电线。

1874 年,办理台湾海防钦差大臣沈葆桢为加强台湾防务,最先向清政府建议架设福州至台湾的电线。他雇用丹麦大北公司承办由福州陆路到厦门,而后改由水路到台湾的架线工程。但闽浙总督李鹤年认为"电线之在中国,可有可无"①,更兼大北公司借机勒索②,遂使此项工程于 1875 年中途搁浅。③ 翌年,福建巡抚丁日昌拟将留存的电线移至台湾,在旗后到基隆间架线,但因循拖延,直到 1877 年 8 月丁日昌离职时仍未竣工。④

1879 年,直隶总督李鸿章同样从防务需要出发,借天津鱼雷学堂教习贝德斯(J. A. Batts),在大沽北塘海口炮台和天津之间架设了一条长约 40 英里的电线⑤,在当年 5 月建成投入使用。⑥

--------

① 《海防档》,电线(二),第 199—200 页。
② 《海防档》,电线(二),第 199—200 页。
③ 《洋务运动》第 6 册,第 325 页。
④ 《洋务运动》第 6 册,第 334—335 页。
⑤ 《捷报》1879 年 3 月 31 日,第 413 页。
⑥ 《捷报》1879 年 5 月 24 日,第 543 页。

　　津沽电线建成后,李鸿章进一步领会电报"实为防务必需之物"。他以南北洋相去数千里,"调兵馈饷,在在俱关紧要"为理由,在 1880 年奏请架设津沪电线,沟通南北讯息。[①] 这一条电线从天津出发,循运河、越长江、过镇江而达上海,全线 3000 余里,跨越 3 省,从 1881 年 4 月开始架设,历时半年,于当年 11 月完工[②],并于天津设立电报总局,于 12 月间投入使用[③],成为中国正式开办的第一条陆路电线。

　　架设津沪电线的全部经费计银 178000 余两,原定先由北洋军饷筹垫,办成后,仿照轮船招商局章程,招集商股,分年缴还官款。[④] 电报总局成立后,李鸿章就委派盛宣怀为总办,负责招商事宜。并于 1882 年 4 月 18 日起,改为官督商办。[⑤]

　　官督商办的电报总局,以盛宣怀代表官方担任总办,代表商股的多是与新办企业有密切联系的人物,其中如上海织布局的郑观应、经元善,分别担任了电报局上海分局的总办和会办,另一名会办谢家福后来与轮船招商局的关系很密切。他们都是电报局初创时的主要投资人。[⑥]

---

① 李鸿章:《全书》,奏稿,第 38 卷,第 16 页。

② 李鸿章:《全书》,奏稿,第 44 卷,第 22 页。

③ 《海防档》,电线(二),第 294 页。

④ 李鸿章:《全书》,奏稿,第 38 卷,第 16 页。

⑤ 李鸿章:《全书》,奏稿,第 44 卷,第 22 页。

⑥ 经元善称,他在 1882 年投资电报局一万两(见《居易初集》第 2 卷,第 31 页),郑观应、谢家福的投资额不详,但《捷报》1882 年 4 月 22 日的一则消息称:电报局的主要股东就是上海分局的经理,估计他们的投资也占有相当重要的地位。盛宣怀在电局初创时的投资数额不详,惟据他在 1908 年称,他以家族戚属名义拥有股份九百股(见《盛宣怀未刊信稿》,第 117 页)。1901 年 11 月 7 日《刍言报》称盛是"电报局大股东"。

80 年代初,一些先前创办的官督商办企业,如轮船招商局、开平矿务局略见成效。它们已经分别按照章程规定,发付股息。这种状况很有利于其他近代企业进行集资活动。所以,1882 年电报局在上海进行的集股工作进行得相当顺利。它所出售的股票一度"不胫而走",股票的市价在公开招股后的 1 个月内,就出现 15%的升水,而且"已挂号而不得票者"竟然大有人在。①

电报总局在成立以后的 10 年中,先后修建了 5 条干线。除了津沪线以外,1883 年兴建了苏浙闽粤线和长江汉口线;1885 年兴建了川鄂云贵线(其中泸州至蒙自一段为官办);1888 年兴建了粤赣线,1889 年兴建了陕甘线(其中西安到嘉峪关一段为官办)。②连同各省官办、官商分办的电线,到 1895 年前,全国电讯交通,"东北则达吉林、黑龙江俄界,西北则达甘肃、新疆,东南则达闽、粤、台湾,西南则达广西、云南"③,基本上联系了全国各行省的重要城市,初步形成了一个"殊方万里,呼吸可通"的电线网。

电报局初创时招集资本 8 万两,作为分期偿还官款之用。及至修建苏浙闽粤线时,电报局估计到它较津沪线"道里加倍",而应设分局、分栈更在 1 倍以上,为了宽筹经费,遂将资本扩充为 80万元④,先招募 50 万元。⑤ 其中除原有资本连同未付利息并添置

---

① 《申报》1882 年 5 月 9 日。

·② 苏、浙、闽、粤线,参见《海防档》,丁,电线,第 432 页,长江汉口线参见上书,第 731 页,川鄂云贵线参见上书,第 1221—1222 页;粤赣线参见李鸿章:《全书》,奏稿,第 62 卷,第 28 页;陕甘线参见《洋务运动》第 6 册,第 417 页。

③ 《洋务运动》第 6 册,第 446 页。

④ 《华商公议接办苏浙闽粤陆路电线章程》,第二条,转见李鸿章:《全书》,奏稿,第 45 卷,第 35 页。资本单位由银两改为银元,据称是由于"电局收支款目,皆系洋款"之故。

⑤ 李鸿章:《全书》,奏议,第 53 卷,第 21 页。

设备,折为 10 万元作为旧股以外,实际上另招股本 34 万元。① 但在增招资本的工作开始时,恰逢 1883 年金融风潮,"市面清寥,商股观望"②,集股状况很不理想。除了经元善独认 26000 元以外,盛宣怀则挪用金州煤矿股款 20 万元③,以应急需。到 1888 年修建粤赣线时,又续招 30 万元④,才完成原定招股 80 万元的计划。

电报局自 1881 年创办以后,营业发展迅速。按照原议,官款178000 余两中,除分期交还现款 8 万两以外,其余的以电报局应收头等官报的电报费,陆续划抵。此项电报费,在第一年的后 3 个季度中,为银 3400 余两,第二年上升为 27700 余两,第三年超过了67400 余两⑤;在不到 3 年的时间里,所应收的官报电报费,即足以抵偿所应付的官款而有余。与此同时,电报局的营业状况也很兴旺。1882 年,即开办电报的第一年,电报营业收入为银 61000 余两,5 年后,收入上升为 410000 余两,又 5 年,达 631200 余两,到1895 年,高达 1555000 余两。⑥ 在不到 15 年中,营业额的增加几近 20 倍,表明了这一资本主义近代企业在对社会经济的发展,起着不可忽视的促进作用。

在营业不断发展的情况下,企业的利润也很显著。根据章程,股东在享受 10% 的官利之外,还可分得优厚的股息。电报局在第

---

① 《申报》1883 年 1 月 7 日,经元善在《居易初集》第 2 卷,第 31 页中,称集资 24 万元,实误。

② 经元善:《居易初集》第 2 卷,第 31 页。

③ 李鸿章:《全书》,奏议,第 53 卷,第 21 页;曾国荃:《全书》,奏议,第24 卷,第 23—26 页。

④ 其中有两淮存款移作股东 44000 元,参见《申报》1885 年 5 月 28日。

⑤ 李鸿章:《全书》,奏议,第 53 卷,第 21 页。

⑥ 盛宣怀:《愚斋存稿》第 3 卷,第 12—19 页。

一次增资时，旧股每百两连同未付官利股息，准换新股票 200
元①，核算股息约在 30% 以上。支付这样高的股息，虽然包含有吸
收新股的刺激作用在内，但这种情形，在当时其他资本主义企业
中，实属罕见。在其后的 10 年中，每年股息都维持在 7% 的水平
上②，有时还有所超过。如 1894 年分派股息 285000 余元，1895 年
为 274000 余元③，股息率都在 30% 左右，这在当时更是绝无仅
有的。

　　但是，为洋务派控制的官督商办电报局是一家独占性的企业。
它的出现排斥了其他民营电讯企业的存在。1881 年，当津沪电线
架设过程中，广东侨商李璇、何献墀再度筹划他们以前提出的架设
广州、香港电线的旧议。1882 年年初，他们向两广总督张树声呈
请，准备筹集资本 30 万元，设立华合电报公司，着手敷设广州、香
港间的线路。④ 可是，这家公司一开始就受到官方的冷遇，"中国
的官员们总是反对陆路电线掌握在私人手里"⑤。当华合公司架
设的电线展修至九龙将与香港水线相接时，英国侵略者又以英商
大东公司的海底电线不能在上海登陆为借口，拒绝华合公司的要
求，工程因之停顿。这时清政府令电报总局盛宣怀与大东公司进
行谈判。结果是：允许英国海线与电报局吴淞陆线相接作为换取
九龙陆线与香港海线相接的权利；同时，电报局借此机会强迫华合
公司"将粤线让归津沪电报总局承受，并将独立的华合公司改为
广州电报分局"⑥。从此以后，人们再也见不到其他民营电讯企业

---

① 《申报》1883 年 1 月 7 日。
② 《捷报》1893 年 8 月 18 日，第 247—248 页。
③ 经元善：《居易初集》第 1 卷，第 41—43 页。
④ 《海防档》，丁，电线（二），第 308 页。
⑤ 《捷报》1882 年 8 月 25 日，第 200 页。
⑥ 《洋务运动》第 6 册，第 356 页。

的酝酿和产生了。

# 第九节　资本主义近代企业与外国
## 侵略势力的联系和矛盾

中国资本主义近代企业是在国家陷于半殖民地的历史条件下产生的。外国资本主义在把封建的中国变为商品销售市场和原料供应地的过程中,不能不同时输进它们一向运用的生产工具和资本主义经营方式,以便有效地榨取中国人民的血汗。外国资本主义的侵略刺激了中国社会经济,使它发生了变化。在这种历史条件下产生的中国资本主义近代企业不可避免地与外国侵略势力发生广泛联系和深刻矛盾。

## 一、近代企业的主要资本来源

从 19 世纪 70 年代起,中国资本主义近代企业的发生常常出现招募资本困难的现象。这是当时中国的政治、经济、社会条件不利于资本主义发展的结果。只就资本来源而论,洋务派虽有意于经营民用企业,而清政府财政空虚,无力为近代民用企业提供资金;掌握财富的地主官僚和旧式商人习惯于旧式经营方式,即使在新式企业有利可图的条件下,也多心存观望。因此,比较有资力、有经验投资于新式企业的,多半都是大买办,或买办化商人,这些人是随着外国势力的侵入发展起来的。这些人物在沟通中外贸易的活动中积累了雄厚的资财,他们中的某些代表人物,多年交结外国势力,"熟悉中外语言文字",具备较多的"洋务"知识,同时也在通商口岸的商业社会里以及口岸和内地城镇之间,在调动货币资金上具有雄厚的能量。因此,70 年代初叶以后,通商口岸出现了一个令人注目的矛盾现象。这就是一方面,中国民族资本近代企业常感资金不足,另一方面,又有大量资金依附外商企业。为了争取买办商人的资本,以李鸿章为代表的洋务派官僚力求以"官督商办"形式争取游资。起初,某些大买办人物也受到笼络,投入李鸿章的怀抱。

如前所述,中国第一家近代大规模资本主义企业,是1873年初成立的轮船招商局。最初主持这家企业的是沙船主出身的朱其昂。朱对新式航运业务并无经验,购置轮船一再受外国愚弄,在招徕资本上,也缺乏号召力量,以致招商局成立之初,就面临"股份过少,恐致决裂"[①]的局面。到了1873年7月,熟悉新式航运业务的大买办唐廷枢、徐润接受李鸿章的笼络,先后入局,招商局才开始出现新局面。

唐廷枢、徐润接手后的10年中,轮船招商局前后两度增招资本,总计达200万两。主要都是吸收买办或买办化商人的资本,其中徐润名下便有48万两[②];唐廷枢家族中有不少人也是重要股东,他本人除了现金投资之外,还将原来附在怡和洋行行走的"南浔号"小轮船"随带入局经营"。[③] 估计他的投资额至少也在10万两以上,也许与徐润相差不远。[④] 买办商人刘绍宗、陈树棠、郑观

---

① 李鸿章:《全书》,朋僚函稿,第13卷,第13页。

② 徐润:《年谱》,第37页。

③ 《教会新报》1873年6月28日;另据《申报》记载,唐廷枢交由轮船招商局经营的小轮船为两艘,见《申报》1874年9月18日。有的记载称,唐廷枢委托外商经营的轮船共有6艘,即"洞庭号"、"汉阳号"、"南浔号"、"永宁号"、"满洲号"及"苏王那达号"。见《海王》杂志第17卷,第1号,第50页,第3号,第216—217页。

④ 参见《报告书》下册,第35页。

应、李松云等都有相当数量的投资。① 而招商局在上海、天津、汉口、香港、汕头等处的分局商董(即分局负责人)也多半都由买办或买办化商人充当。此外,上海著名茶商姚锟也是招商局投资人之一,他也和外国商人有密切关系。可见中国近代航运企业是依靠买办或买办化商人开创的。

唐廷枢、徐润主持轮船招商局之后,利用业务上方便,先后创办仁和、济和两家保险公司,后来合并成仁济和保险公司。这几家公司的资本,仍以买办或买办化商人的投资为多。经过查考,上述保险公司的主要投资人中除了唐、徐、刘绍宗、陈树棠等人之外,还有麦加利银行的买办韦华国,汇丰银行的买办唐国泰,柯化威洋行的买办郑秀山,及唐廷枢家族、买办商人唐应星、唐静庵等。②

当时在上海经营保险企业的华商还有 4 家,即"安泰"、"常安"、"万安"及"上海火烛保险公司"。这几家企业的发起人和主要的投资人大多也是买办或买办化商人。就目前所知,"安泰"原是一批"和澳洲和旧金山的贸易有联系的最有势力的中国商人"发起的③,它的董事中有广东著名买办甘章。它的经理何献墀则是一个曾供职香港殖民政府的侨商。④ "万安"的发起人及"常安"的经理和董事则与"安泰"公司基本上相同⑤,而"上海火烛保

---

① 据有关记载称,陈树棠在招商局有股份 10 万两(见《申报》1887 年 10 月 7 日);刘绍宗是琼记洋行在汉口、九江的买办,曾任招商局汉口分局商董;郑观应在 1881 年入局工作,也自称在此之前,早已有股份在局(参见《盛世危言后编》第 10 卷,第 1 页)。

② 参见《申报》1875 年 11 月 5 日;《沪报》1889 年 3 月 30 日;《万国公报》1878 年 1 月 15 日,1883 年 1 月 20 日。

③ 《字林西报》1877 年 3 月 14 日,第 239 页。

④ 《中、日、菲行名纪事录》,1880 年,第 205 页;《沪报》1886 年 5 月 2 日。

⑤ 《中、日、菲行名纪事录》,1880 年,第 205—206 页。

险公司"的首董就是有名的怡和洋行买办唐茂枝,经理则是高易洋行(Cowic & Co.)买办李秋坪。①

在19世纪50年代,上海的华商船舶修造业尚处在工场手工业阶段。1858年才有广东籍买办甘章出资兴建"甘章船厂"②。但因外国在华船舶修造厂的压制,民族资本的船舶修造业得不到发展的机会。直到80年代,从机器修配业务中逐步发展起来能自造小轮船的有均昌船厂和虹口船厂两家,它们的主持人都是与外商关系密切的人物,前者如李松云就曾是公正轮船公司的买办③,后者如张子标是一个与洋商关系非常密切的商人。④ 他们所招集到的资本,其来源大抵不外于买办或买办化商人。

80年代初期,上海、烟台出现的缫丝工厂的主要发动者也是买办或买办化商人。1882年,上海出现的第一家华商丝厂"公和永"是由一个和洋行关系密切的湖州丝商黄宗宪创办的。⑤ 黄同时又是上海丝业公所领头人之一。⑥ 这个公所主要就是由一批从事于生丝出口贸易的买办和买办化商人组成的。黄宗宪主持的公和永丝厂在80年代后期曾进行过扩充,他除了自己增添投资之外,无疑会吸收到丝业公所成员的资金。1885年在上海租办英商公平丝厂的华商是供职于外国洋行的"伙友"⑦,他们无疑是买办或买办化商人。90年代中期成立的源昌缫丝厂以怡和买办祝大

---

① 《字林西报》1882年11月14日,第466页。
② 《捷报》1859年1月15日,第95页。
③ 《捷报》1868年12月22日,第623、625—626页。
④ 莱特:《商埠志》,第532页。
⑤ 《捷报》1882年1月17日,第63页;《新报》1882年1月4日。
⑥ 《捷报》1902年7月16日,第131页。
⑦ 《申报》1882年2月5日,1885年3月20日,1887年12月22日。

椿为主要的股东。① 至于华北缫丝中心烟台,1883 年盘顶德国商人经营的"烟台缫丝局"并进行改组的华商,就是大买办唐茂枝。②

70 年代后期是中国机器棉纺织业的发动时期,在这个行业中,买办和买办化商人的活动也是非常活跃的。1878 年,彭汝琮在李鸿章"力为保护"之下筹建上海织布局时,邀集了太古洋行买办郑观应和卓培芳、庚和隆洋行买办唐汝霖充当会办和帮办,由他们分头招集资本。当时外国报纸宣扬在彭汝琮的背后有一个由"中国商人组织的联合公司","公司资本主要出自商人"。③ 十分明显,这里所指的商人主要的是指郑、卓、唐以及他们所联系的买办化商人而言的。1879 年,上海织布局第一次改组,郑观应离局,跟着就有一批广东籍的捐客和茶商也随之退股。④ 到了 1880 年,郑观应充当新太古洋行的买办,李鸿章又拉他再度主持上海织布局的商务。这时,他和几个主要经办人分头招集股份,以郑观应所招集到的为最大。应该说,那些响应他的号召而投资到织布局的人多半都是买办或买办化商人。

这一时期兴起的中小型资本主义企业,创建人也大多是买办或买办化商人。例如 1882 年,上海第一家面粉厂,即裕泰恒火轮面局的创办人就是先后充任过协隆洋行、太古洋行、太古轮船公司的买办陈可良⑤;同年成立的第一家玻璃厂,即中国玻璃公司的创

---

① 莱特:《商埠志》,第 548 页。
② 《申报》1883 年 7 月 25 日。
③ 《捷报》1879 年 1 月 17 日,第 45 页。
④ 《字林西报》1879 年 4 月 2 日;《申报》1879 年 4 月 3 日;《捷报》1879 年 4 月 4 日,第 319 页。
⑤ 《申报》1882 年 9 月 11 日,1884 年 1 月 1 日;莱特:《商埠志》,第 548—550 页。

办人就是前面一再被提到过的怡和买办唐茂枝①;1882 年成立的第一家造纸厂,即上海机器造纸总局的主持人曹子俊、曹子扱都是禅臣洋行的买办②;80 年代前期成立的最早的轧花厂即棉利公司(Minli Ginning Mill Co.),就是一个和洋行交往密切的买办化商人丁玉墀创办的③;1888 年设立的第一家机器碾米厂即源昌碾米厂,它的创办人是怡和洋行买办祝大椿④;而 1890 年设立的第一家火柴厂即燮昌火柴厂的创办人叶澄衷则是一个著名的买办化商人。他以依附洋商起家⑤,到晚年又委托外国洋行、外国律师作为他的产业的代理人。⑥ 这表明他与外国势力的交结,非同一般。

这种买办或买办化商人经营资本主义企业的情况不限于上海。上海以外的地方也不乏其例。比如,天津的第一家火柴厂,即1886 年成立的天津自来火公司的主要创办人之一就是天津汇丰银行买办吴懋鼎。⑦ 1887 年在宁波成立的第一家轧花厂即通久轧花厂的创办人,其姓名不详,但有材料反映,这是一家"依附在日本人保护之下"的工厂⑧,估计它的创办人或主持人乃是与外国势力有联系的买办或买办化商人。而设在香港的第一家华商糖厂,即 1882 年的利远糖厂,曾吸收了不少买办资本,徐润就是它的主

---

① 《申报》1882 年 8 月 2 日。
② 《申报》1882 年 8 月 12 日,1892 年 3 月 22 日,1892 年 9 月 4 日。
③ 《申报》1891 年 12 月 16 日。
④ 莱特:《商埠志》,第 548 页。
⑤ 辜鸿铭:《张文襄幕府纪闻》下卷,第 22 页;莱特:《商埠志》,第 560 页。
⑥ 《中外日报》1899 年 9 月 4 日。
⑦ 屠仁守:《屠光禄奏疏》第 3 卷,第 34—38 页;拉斯暮森:《天津》(O. D. Rasmussen, Tientsin),第 268 页。
⑧ 《捷报》1888 年 8 月 4 日,第 43 页。

要投资人之一。①

这一时期的近代矿冶业也是买办和买办化商人资本的活动场所。唐廷枢主持开平煤矿除吸收徐润、郑观应、吴炽昌等买办商人的资本外,还利用其兄长唐茂枝在上海的"巨大势力",吸收了一批"港粤殷商"的资本。② 先于开平煤矿创办的安徽池州煤矿的主持人是一个充当过汉口宝和洋行买办的杨德,徐润、唐廷枢也是池州煤矿主要投资人。③

金属矿的情形大致相似。1883 年由买办李文耀主持的承平银矿,经唐廷枢、徐润的协助,曾争取到不少买办或买办化商人的资本。④ 这家银矿在天津的代理人就是当地汇丰银行买办吴调卿。⑤ 同年,安徽境内第一家铜矿,即池州狮形洞铜矿也是由买办杨德主持的⑥;广东境内第一家银矿,即 1889 年开采的天华银矿先由买办商人何献墀创办,后改由唐廷枢、徐润主持。⑦ 他们所招徕的资本无疑多半来自买办或买办化商人。

根据上述大量历史事实,人们可以看到,随着近代资本主义企业的创办,大量的买办和买办化商人资本从流通领域转向生产领域流注。理论上说,投放到生产领域中去的任何资本,无论其积累来源如何,都必须按照资本的运动规律,进行增殖。但是,中国近代企业是在半殖民地的社会条件下产生,进入生产领域的买办或买办化商人乃是人格化的买办资本在发挥作用。他们所主持的近

---

① 徐润:《年谱》,第 82 页。
② 《新报》1878 年 3 月 14 日;《捷报》1897 年 9 月 3 日。
③ 《字林西报》1883 年 1 月 10 日。
④ 《沪报》1889 年 1 月 19 日。
⑤ 《捷报》1883 年 10 月 10 日,第 421—422 页。
⑥ 《申报》1891 年 7 月 8 日。
⑦ 徐润:《年谱》,第 45、47 页。

代企业和外国侵略势力会有矛盾,但仍然难免不受到与外国侵略势力的旧有人事关系和业务关系所制约。事实表明,不少买办或买办化商人在创办或主持中国近代企业的同时,往往还经理外国洋行的业务;更常见的是他们既把资本投放到中国近代企业中去,同时又不忘情于外国洋行企业的附股。这种一身而兼双重身份的人物如唐廷枢、徐润、郑观应、李文耀等等,投资于中国近代企业不问其动机为何①,总摆脱不了他们对外商的旧有关系的羁绊。马克思在论述社会经济形态的发展是一种自然历史过程时指出:"不管个人在主观上怎样超脱各种关系,他在社会意义上总是这些关系的产物。"②所以,通过这些人格化的买办和买办化商人资本的活动,中国资本主义近代企业不可避免地与外国资本势力存在着复杂的联系。这种联系的主要方面不能不带有浓厚的半殖民地性。这是中国资本主义近代企业在产生过程中的一个重要特征。

## 二、近代企业的业务活动

在半殖民地社会条件下产生的中国资本主义近代企业由于自身缺乏一个相当于由手工劳动发展到机器大工业生产的变革过程,因之,企业的经营方针和管理方法并不是从自己的经历中总结出来的东西。兼以企业的主要主持人即是买办或买办化商人,企

---

① 据当时的报道称:买办商人中,有不少人是出于不满足于"分西人之余利",存"自立场面"的要求而参与近代企业活动的。见《申报》1882年8月24日。

② 马克思:《〈资本论〉第一版序言》,《马克思恩格斯全集》第23卷,第12页。

业经营的方针和措施,很自然地都袭用外国洋行企业的办法。这些都使中国近代企业难以形成自己的独立地位,逐步地降为外国势力的附庸。在企业的经营活动上,这种情况表现在以下三个方面。

### (一)模仿外国经营制度和企业业务活动上对外国势力的屈服

众所周知,轮船招商局是近代中国第一个由中国人创办的大型资本主义企业。唐廷枢、徐润把买办资本转入招商局以后,他们把通行于外国洋行对买办的劳务关系的所谓"水脚提成制度"也移植到招商局来,作为经营业务的指导方针。

水脚提成制度的主要内容是:"局内商总董事人等年中辛工饭食以及纸张杂用,拟于轮船运粮揽载水脚之内,每百两提出五两,以作局内前项经费。其栈内经费则酌将耗米开支;船内经费则将所定月费开支,统俟年终核计。一年所得水脚银两,除每百两提去经费五两,又照各股东银每百两提出利银十两之外,如有盈余,以八成摊归各股作为溢利,以二成分与商总董事人等,作为花红。"①这种建立在以水脚收入多寡为基础的提成分红制度一向是外国洋行为了羁縻买办,使他们从切身利益出发,不择手段地为洋行兜揽运输业务,在保证洋商有利可得的前提下,分予买办些微余沥。现在,这种为外国洋行笼络买办的制度被移植到中国近代航运企业中来。于是总办、会办和主要局员名义上有领导和被领导的关系做维系,实质上却以佣金维系这种关系。从而,在招商局内外,船务、栈务的经营,悉由买办负责;栈货、货力的盈亏,但凭各船

---

① 《报告书》下册,第 20 页;《交通史航政篇》第 1 册,第 145 页。

各栈买办报销①,到了 1879 年,唐廷枢等又将这种提成分红制度加以推广,运用到总局和分局的财务关系上。这就是总局要求各分局在水脚提成基础上负担各自的常年经费。具体的办法是:"按各口所揽载水脚每百抽五,除将各口所置房产按生意大小,议还租银之外,余归各局开销,所有一切费用,不拘何项名目,均不能另支公账。"②推行这项措施,原期减轻总局对各分局的财政负担,但总分局之间的隶属关系一变而为业务经纪人之间的关系,其后果正如马良在 1885 年调查招商局时所指出:"分局之弊,失之太纵。"③同时总局也未因分局实行自包九五扣用的办法而减轻了对分局的负担。分局的开支"仍须总局年年贴补"④。

在唐廷枢、徐润一类买办商人主持下的轮船招商局在业务开拓上也缺乏远大目标和独立发展的要求,稍遇困难,便主动寻找外国势力的奥援,实际上是授人以柄,自投罗网,使企业受制于人。例如漕粮运输,这原是清政府给予官督商办轮船招商局的特殊优待。根据海运章程规定,清政府给予招商局运输每石漕粮的水脚(运费)是漕平银 0.561 两,比付给沙船运费优待 0.031 两,此项优待一直维持到 1880 年。⑤ 然而招商局的主持人不积极利用这种优待收入壮大企业的力量,一遇漕运紧张,船只调动困难时,便雇用外国轮船承运,把漕粮运输利益的一部分无条件地转让给外国在华的航运势力,而自己安于坐收清政府给予他们的运费和他们

---

① 参见汪熙:《从轮船招商局看洋务派经济活动的历史作用》,《历史研究》1963 年第 2 期。
② 《轮船招商局第七年账略》,《申报》1880 年 9 月 27 日。
③ 《洋务运动》第 6 册,第 125 页。
④ 《洋务运动》第 6 册,第 125 页。
⑤ 李鸿章:《全书》,奏稿,第 36 卷,第 33 页。

支付给外籍轮船公司运费之间的差额。① 这实质上乃是招商局收取中介费用的变相表现。而这种依傍外国势力，并与之朋分利益的行径在保险业上也有所反映。

1875 年，轮船招商局为抵制外国保险行业的歧视，特设立保险招商局；而后又由徐润出面成立仁和、济和保险公司，后再合并称仁济和保险公司。就其抵制外商保险业的动机而言，它们应该在进行保险业务上具有独立性。事实不然，这几家保险企业都为自己规定最高保险额，例如保险招商局规定每号轮船只保船本 1 万两，货本 3 万两②，仁济和公司的保险额则以 6 万—12 万两为限。③ 超过定额的船本和货本则主动向洋行保险业寻求援助，用所谓"转保"的办法即委托外商保险行承保。他们这样做，一方面可能出于资本力量的不足，但另一方面确也存有非分的奢望。他们一度妄想通过这种对外国势力的依附可换取后者的"互惠"。然而，这种仰人鼻息的行径很难引得外国势力的重视。经历了 10 多年的实践，他们不得不承认："我以额外之保费付予旗昌一家，而各洋行之额外保险绝无予我者，故外筹招徕，几无妙术。"④可见企图依附外国势力博取利益乃是他们实行"转保"办法的动机之一。凡此种种，显然都是来自买办商人的固有观念。

在外国势力猖狂侵略的条件下，中国民族资本企业难以保持企业所应有的独立性，从而企业也就不能正常发展。这方面的事实在航运和电讯两大部门和外商所订的齐价合同上表现得很突出。

---

① 《申报》1875 年 8 月 11 日。
② 《申报》1875 年 11 月 5 日。
③ 《沪报》1889 年 3 月 30 日。
④ 《沪报》1889 年 3 月 30 日。

航运业上的"齐价合同"的主要内容大体上包括以下几点：(1)参与合同的各公司在中国江海各主要航线上共同协议一个统一的运价；(2)参与合同的各公司如发现有关航线上有其他新公司行走轮船时，可联合一致，降低运费，以排挤该新公司，使其自行停歇或退出航线；(3)参与合同各公司在水脚收入、货源分配及轮船只数、吨数均按一定的比例加以规定。① 本来外国航业公司之间为垄断中国的江海航运早就有过类似的协议。轮船招商局成立后的第 6 年(即 1878 年)，李鸿章便指使唐廷枢，主动提出与太古、怡和等外国轮船公司进行商洽，表示愿在北方口岸和长江各口让出部分水脚，以换取外国势力在江海航线上停止竞争，即所谓"息争分利"。经协商，它们就天津、长江和福建等航线上订立客运、货运的价格，确定水脚收入的分配方案。② 此外，在广东线上招商局也与禅臣洋行进行与此相类似的协议。③

应该指出，"齐价合同"给中国商人带来很大的损害。因为在

---

① 参见汪熙：《从轮船招商局看洋务派经济活动的历史作用》，《历史研究》1963 年第 2 期。

② 参见《报告书》下册，第 26 页，按：招商局和外国在华航运公司第一次订立的"齐价合同"的原件迄未见到，惟有记载称当时三公司议立各条航线上水脚分配的比例是：

| 口 岸 别 | 轮船招商局 | 太古轮船公司 | 怡和轮船公司 |
|---|---|---|---|
| 天 津 口 岸 | 44% | 28% | 28% |
| 长 江 口 岸 | 38% | 35% | 27% |
| 福 州 口 岸 | 50% | – | 50% |
| 宁 波 口 岸 | 50% | 50% | – |
| 温州、宜昌 | 100% | – | – |

资料来源：《招商局史稿》(未刊)。

③ 《招商局史稿》(未刊)。

这个协定之下,轮船运费被人为地提高到垄断价格的水平,而内河和沿海客货运输中,中国商人及其货运量无疑居于压倒的多数。因此承受这种垄断价格措勒的,自必以华商为最多。此外,"齐价合同"还以中国招商局为一方,怡和、太古为另一方,规定双方运输份额。其后果便是限制了在招商局之外,不能有其他新轮船公司参加运输活动。在甲午战争之前,轮船招商局和怡和、太古等外资航业前后订立过3次"齐价合同"。在1882年年底订立的第二次"齐价合同"中就毫不掩饰地表示了"合同"的排他性。合同规定:招商、怡和、太古三公司"务要同心合力,彼此沾益,倘有别家轮船争衡生意者,三公司务须跌价以驱逐他船为是"①。实行这项协议不特限制了一般华商经营新式航业,就是连招商局自身也遭到了限制。1887年台湾商务局的两艘轮船准备参与福州—天津航线的运输,立即遭到了太古、怡和的反对。后来中国方面让步,声明将其作为招商局的一部分,仍不能取得两家外籍航业公司的同意,他们坚称这是背约行为,终于使台湾商务局的计划不能实现。② 然而这种"合同"并不能阻止新的外籍轮船公司侵入江海航线。例如1883年,英国道格拉斯轮船公司(Douglas Steamship Co.)就在华南沿海进行运输活动;1890年又有英国鸿安轮船公司(Hung An S. N. Co.)在长江线上航行。③ 事实正如当时一个稍具远见的企业家所指出的:"招商和怡和、太古订立3家合同,但能

①　《盛宣怀档案》,《招商、怡和、太古订立天津航线合同》1882年12月20日,第十八条,转见汪熙:《论晚清的官督商办》,《历史学》1979年第1期,第109页。

②　李鸿章:《全书》,电稿,第10卷,第20—21页。

③　严中平等编:《中国近代经济史资料选辑》,第240页。

压抑华商,不能遏制外人。"①

到了 1891 年,招商局和太古、怡和磋商第三次"齐价合同"时,太古洋行大班严吉迪(H. B. Edicott)更进一步怂恿招商局:"大众设法驱逐走江海的野鸡船,俾我 3 家可以独占其利。"②对于这个建议,招商局显然也是心向往之的。1892 年的一条秘密材料揭露了招商局和怡和、太古正酝酿另一个更加彻底的垄断方案,这就是"将小船归三公司买尽,停泊不走",以便从根本上达到"禁绝"其他"野鸡船"的目的。只是因为它们顾虑这种"小船"将会是"越买越多"而不敢轻易尝试。③ 然而,它们的勾结确实使一般华商经营新式航运业的希望破灭。1893 年,汉口的广东潮帮商人曾因不满三公司对货运所制定的苛刻条件,准备联合起来,"自置轮船,装载己货"④。但是,在中外航业互相勾结所形成的强大压力面前,潮帮商人的努力受到重重阻碍,一直到 1895 年,人们仍然不曾看到潮帮商人兴办航业的下文。

客观事实一再证明,"齐价合同"只是在符合外国在华航运业利益的前提下才能缔结,一旦情况稍有变化,"合同"便被太古、怡和所摒弃。例如,1878 年签订了"齐价合同"只过了 1 年,怡和、太古两家便彼此竞争撇开招商局各自削减北洋和长江各口的货运价格,单方面破坏了第一次的"齐价合同"。⑤

1883 年的第二次"合同"勉强维持到 1889 年。期满后,太古

① 经元善:《居易初集》第 2 卷,第 42 页。
② 《盛宣怀档案》,《严吉迪致盛宣怀函》(原译件)1891 年 9 月 27 日,转引自汪熙:《论晚清的官督商办》,《历史学》1979 年第 1 期。
③ 《盛宣怀档案》,《盛宣怀致陈辉庭函》1892 年 3 月 14 日,转引自汪熙:《论晚清的官督商办》,《历史学》1979 年第 1 期。
④ 《沪报》1893 年 12 月 5 日。
⑤ 《轮船招商局第七年报告》,《申报》1880 年 9 月 26 日。

便以该公司实力增强为借口,要求增加水脚份额。在事情还正在磋商过程中,太古便降低运价,挑起新的竞争作为要挟的手段。[1]到了 1893 年,招商局做出重大让步,将专由该局承运的平粜米,特准"由订有合同之英商怡和、太古""报装"[2],第三次"合同"才又成立。凡此种种,充分说明了中外航运势力的联系中,外国航业显然处在矛盾的主要方面。齐价与否全是视外国在华航业的利益为转移的。

应该指出,为了谋取企业利润,不惜牺牲民族权益,以换取外国在华企业的联合行动,在中国电报事业的发展过程中,也是存在的。其背景和形式虽然与近代航运业略有不同,但其实质毫无二致。

1887 年,中国电报局的电线展修到珲春铜柱,与帝俄陆上电线相距仅二十余里。由于陆上电线修建成本远较海底电线为低,因此中俄陆上电线相接后,必可收回一向被丹麦大北公司和英国大东公司的海底电线所垄断的中国对外的电讯业务。可是中国电报局联结俄线的正当行动却遭到把持中国水线的大北、大东公司的阻挠。按照国际惯例,帝俄不能推诿中俄电线相联结的要求,但是它与大北公司串通一气,故意刁难,声言中国电报局须与大北、大东两公司"议明办法,中俄〔电线〕乃可相接"[3]。当年八月间,经几番交涉后,中国电报局也屈服外国的压力,与大北、大东签订电报"齐价合同"。

此项"合同"首先把中国对欧洲的电报费,无论经由陆线或水线,划一价格,都规定在每字须付五个半法郎的高水平上,任何一

---

① 《沪报》1890 年 4 月 18 日。
② 李鸿章:《全书》,译署函稿,第 20 卷,第 50—51 页。
③ 《海防档》,电线,第 1405 页。

方不得违反;其次,它把中国对欧洲电讯中占极大部分的上海、福州、厦门3口的电费收入,不论经由陆线或水线,统统划归大北、大东两公司所得,而把不占重要地位的其他口岸电费收入划归中国电报局;最后,两公司将上海、福州、厦门3口所得电报费分与中国电报局十分之一,作为对电报局的"酬劳"。①

这项"合同"的不合理性清楚地反映了外国在华企业的专横跋扈和对中国的欺凌。水、陆两线电费价格的划一意味着陆线的电费收入必遭重大损害。须知对欧洲收发电讯的速度,水线远在陆线之上。那么,规定水陆两线电费相同就是从价格上保证了大北、大东两公司继续保持对欧洲收发电讯的垄断地位。至于中国电报局在名义上从两公司分润了10%的电费收入,实际上陆路电线的电费本来至少比水路电费要低25%。② 现在划一电费价格无异为两公司合法地增加了15%的额外收入。

由此可见,在半殖民地社会条件下,中外企业之间的联系,以及任何貌似平等的"合同"或"协议",究其实都是损害民族利益的绳索。这是轮船招商局、中国电报局与外国在华同类企业所进行的联系活动事实中一再证明了的。

### (二)近代企业的技术管理大权旁落受制于外国势力

中国近代资本主义企业的产生多半不是从工场手工业发展而来的,而是从国外移植进来的,生产技术力量严重不足。在口岸和内地城镇虽然也曾有一些资本主义作坊和手工工场,但是规模非常狭小,设备十分简陋,不曾为近代资本主义企业培养现代化管理人才。这就使中国近代资本主义企业在生产技术和管理方法方面

---

① 《海防档》,电线,第1404页。
② 《捷报》1892年11月25日,第787页。

处处依赖外国。

在世界经济发展历史上，一个技术落后的封建国家里创办近代资本主义企业，在最初阶段从工业先进国家引进设备和技术是普遍的现象。问题不在于是否引进国外设备和技术，而在于引进的同时，是否发展本国的设备和技术。达到借助外国先进的技术而不依赖于外国，这是一个经济落后国家发展近代企业过程中所力争的目标。然而在清政府的封建统治之下，中国近代企业在发展过程中没有在这一方面给予应有的重视，个别部门的努力也因封建落后势力的束缚，最后也都归于失败，以致企业的技术、管理大权旁落，长期被控制在外国势力代理人之手。这种状况不特在官办、官督商办企业里如此，就是某些规模较大的商办企业也不例外。

试以规模最大创建较早的轮船招商局而论，经营了 10 年之后，生产技术上仍一步也不能离开洋员，它所拥有的各船"船主、大副、二副、大车、二车皆洋人"①。1885 年的一项记载具体地指出"轮船招商局的船长和机械人员一百四十四人，全部都是外国人"②。1886 年的材料透露，唐廷枢、徐润主持招商局时，雇用总船主保尔登、总大车霨如，给予很大的权力。对于这种"事权过重"的现象，唐廷枢当时就说他在航运业方面，"虽在怡和经历数十年，尚不能深入其门"。③ 在洋员把持大权的情况下，被指派到

①　郑观应：《盛世危言后编》第 7 卷，第 22 页。按，该"条陈"虽未注明时间，显系郑观应在 1882 年任招商局会办时提出的。

②　《中国、朝鲜、日本大事编年与指南，1885 年》（The Chronicle and Directory for China, Corea, Japan for the Year 1885），第 396—398 页。

③　《盛宣怀上李鸿章禀》，光绪十二年十月二十三日，《招商局档案》（抄件）。

各轮船工作的中国技术人员自然遭到排挤,往往被安置在无关紧要的岗位,无法接触到技术上的要害部门。1895 年出版的一本书上反映:在招商局的每一条轮船上,"虽然由中国方面配置人手,但是指挥和管理的职员还是外国人"①。对于这种极不合理的现象,无论是招商局的主持者,还是他们的后台即洋务派官僚都无可奈何。

在轮船招商局里,有关企业经营的决定也往往喧宾夺主。1879 年的材料清楚地说明:轮船招商局的上海洋经理白得来(G. A. Butler)主持上海局的一切事务,中国人反而充当他的助手。② 不言而喻,这里所说的中国人无疑是指招商局上海分局的商董(经理)。从当时人所记述的这些材料中,人们可以看到在招商局里,外国势力的代理人在各个方面盘踞要津,居于操纵的地位。而这种太阿倒持的状况同样见之于这一时期兴建的其他近代企业中。如80 年代开办中国电报局架设津沪电线时,从"购备各项机器物料,采办木植",到"查勘设线道路",全部交由丹麦大北公司一手包办。③ 80 年代后期开始兴建铁路,从筑路技术到业务管理,无不掌握在外国代理人的手中。驻上海的英国领事达文波特(Henry Davenport)曾傲慢地说过,中国铁路公司的第一段铁路不但要从外国输入铁轨、机车、车皮,而且输入工程师、站长、司机乃至护路警卫。④ 甚至在中国铁路公司里,洋务委员毕德格(Pethick)既操"考察车站、栈房、码头等项用人之权",又掌握管理

---

① 干德利撰,张雁琛译:《中国的今昔》(R. S. Gundry, China Past & Present),转引自《洋务运动》第 8 册,第 442 页。

② 《申报》1879 年 2 月 11 日;《捷报》1879 年 2 月 14 日,第 139 页。

③ 《洋务运动》第 6 册,第 337 页。

④ 《洋务运动》第 8 册,第 407—408 页。

上述各处"存储物料"的权力。①

大多数工矿企业在创办过程中,不仅机器设备,全部依赖外国供应,而且装配何种机器,必须外国工程师设置,生产何种产品,又须外国工厂代为试制和试验。即使工厂已经建成,机器已经安装,仅仅因为洋匠尚未到齐,也不敢开工生产。武昌机器织布局在这方面就是一个典型的事例。这家工厂从订购机器到开车投产,前后历时三年半,到了预定的开工日期,又仅仅因为随机器而来的洋匠尚未到齐,织布局宁愿"停机待匠",不敢如期开工。用重金招聘的洋工程师在企业里跋扈嚣张,俨然以企业的主宰自居。尽管盛宣怀深恶轮船招商局的总船主保尔登和总大车蔚霞"事权过重"②,也无法约束。操纵上海机器织布局生产大权的美国技师丹科(A. D. Danforth)不但工资高昂,"岁支薪俸六千两",而且在厂骄横无忌,平日里收买少数人垄断技术,"机厂是伊专司,机匠皆伊信任"。1893年,他为"承揽纱机生意",远赴天津,临行前私下将机器厂"仅属之副匠一人",在他的心目中,中国总办的意见无需征求,也是无足轻重的。③ 总揽开平煤矿生产大权的英国工程师金达(C. W. Kinder)则是人莫予毒;主持平泉铜矿和承平银矿生产的英国技师哲尔者(J. A. Church)也独断专行,中国主持人朱其诏实居于隶从地位,无怪时论揶揄朱其诏的处境,称之为"政由宁氏,祭由寡人"④。张之洞创办的汉阳铁厂生产技术大权长期为英、比、德3国技师挟持,厂内洋匠也是仗势专横,"一切厂务不与

---

① 《沪报》1891年11月1日。

② 《盛宣怀上李鸿章禀》,光绪十二年十一月,《招商局档案》。

③ 杨宗瀚:《禀南洋商宪》,光绪十九年,《杨宗瀚遗稿》,存上海图书馆。

④ 《申报》1890年6月12日。

驻厂委员相商，……稍不如意，即以停工挟制"①。

至于一般商办企业，如上海船舶机器修造工厂原是从手工生产而逐步发展起来的，它们在外国势力的冲击下，先后降为外国在华船舶制造工厂的附属工场，它们是从依附者的地位上随着业务略有发展而逐步地发展为近代企业的。因之，无论是在业务和技术方面都难以割断与外国势力的联系。而另一部分由买办或买办化商人主持的企业中，其情况也没有多大的区别。买办黄佐卿创办的公和永丝厂是上海第一家由中国商人开设的丝厂。这家工厂在1881年建立起来后，找不到指导生产的中国技师，同怡和、公平两家外国丝厂合聘"意人麦斯登为工程师，指导厂务"②。不言而喻，这个外籍工程师对于公和永丝厂自然是不限于技术指导，而是对全厂厂务起着决定性作用的。

商办企业中那些规模狭小的工厂则不仅技术，而且连工具和原料都无不依赖国外的供应。例如，汉口昌记轧花厂所使用的脚踏轧花机依靠日本输入③，宁波通久轧花厂则不特机器购自日本，而且生产经营也离不开日本技师。④ 上海火柴厂所必需的木料以及其他原料都依赖国外供应。⑤ 厦门火柴厂在原料之外，生产经营还必须依赖日本技师"督理其事"。⑥ 像这样的情况当时在通商口岸是比较普遍的。这一时期中，当然也不乏独立发展的民族企业，如上海均昌船厂、广东继昌隆缫丝厂、武汉周天顺冶坊等等。

---

① 《张之洞电稿》(抄本)第25卷。

② 缪锺秀：《上海丝厂业概况》，《国际贸易导报》第1卷，第3号。

③ 《申报》1893年10月2日。

④ 《捷报》1888年7月13日，第44页；《海关十年报告》，1882—1891年，第381页。

⑤ 字林西报馆：《上海今昔观》，第11页。

⑥ 《贸易报告》，1889年，厦门，第83页。

但是,它们为数不多,在中国近代企业发展中所占比重很小,无力改变整个企业在发展过程中对外依赖性这一特征。

### (三)近代企业在资本周转上对外国金融势力的依赖

近代资本主义企业每逢资金不足时,就依赖外国洋行和外国银行的长短期贷款周转营业。而这乃是外国资本控制中国近代资本主义企业的重要的手段。

在中国近代资本主义企业中,第一个乞求外国资本的正是由买办商人主持的轮船招商局。招商局在 1883 年由于主持人的失职,加上上海金融恐慌的影响,资本周转失灵,唐廷枢利用他与英商怡和、天长两洋行的特殊关系,借到外债 743000 余两[1],暂时解决困难。[2] 这一笔外债可说开实业借款的嚆矢。从此以后到 1895 年,12 年中,外商洋行和外国在华银行与中国工矿交通企业接洽借款,就现在所掌握的材料统计,计达 26 起(详见附录统计表 19)。经过查明,实际借成的 10 起,借款合计达 395 万两,其中轮船招商局、中国铁路公司、湖北织布局各占 2 起,湖北铁政局、上海电报局、平度金矿、石门煤矿各占 1 起;经过试探未能达成借贷协议的 16 起中,计有上海织布局 4 起,台湾铁路公司 3 起,云南铜矿 2 起,开平矿务局、中国铁路公司、关东铁路、青溪铁厂、上海机器造纸局、湖北纺纱局、湖北织布局和甘肃织呢局等各 1 起。如果撇开借款是否成立,仅从进行借债活动的单位看,人们不难产生一个强烈的印象,即凡是规模稍大的近代企业,无不在资金周转上企图争取外国金融势力的支援。

湖广总督张之洞在向外国在华金融势力举借外债上,表现最

---

① 《轮船招商局第十一年账略》,《沪报》1885 年 12 月 7 日。
② 参阅《报告书》下册,第 33 页;徐润:《年谱》,第 89 页。

为突出。汉阳铁厂和湖北纺纱局在着手订购第一批机器时,就乞讨外国洋行借款①;武昌织布局在1890年5月为订购首批机器也要求汇丰银行贷款10万两,9月间在布厂纱锭开始运转时,又续借6万两。② 特别是这些企业借贷心切,往往不计债息的高低。张之洞为纺纱局借债时,公然声言,"纱利甚厚,重息无妨"③。而且企业产权也常随债款的成立而落于外国势力之手。1893年湖北织布局乞讨洋债,既作为本身借款的抵押品,同时又为纺纱局借款充当担保品。④ 凡此种种,都反映了张之洞主持的企业对外国金融势力依赖之深。

90年代初,棉纺织业在中国不特已经是一个利润优厚的行业,而且由于中国人口众多,消费量庞大,显然又是一个大有发展前途的行业。因此,棉纺织业近代企业的发展很招引外国金融势力的瞩目。

1890年,上海机器织布局开始投入生产后,怡和洋行便主动献"殷勤",表示织布局万一需要外界协助,它愿为该局充当国外经理部。⑤ 1891年春,汇丰银行获知织布局急需添置机器设备,立即示意愿向布局提供贷款100万两。⑥ 同年六月间,德华银行也

① 张之洞:《全集》,奏议,第27卷,第1—4页,第133卷,电牍12,第137卷,电牍16。
② 张之洞:《全集》,电牍,第12、13卷。
③ 张之洞:《全集》,电牍,第17卷,《张之洞致薛福成电》,光绪十九年八月初一日。
④ 张之洞:《全集》,电牍,第17卷,《张之洞致薛福成电》,光绪十九年八月十七日。
⑤ 勒费沃:《晚清西方在华企业》,第46页。
⑥ 《捷报》1891年5月22日,第619页。

不甘后人,表示可提供贷款 10 万两。① 从这里,人们不难理解,在中国近代棉纺织业具有发展前景的情况下,外国金融势力是不放过任何一个可供侵蚀的时机的。

　　外国势力对于中国近代资本主义企业的资本侵蚀,形式多种多样,随时间的推移,逐步升级。乘人之危,勒索高利并预扣息银是外国金融势力侵蚀企业最常见的一种办法。1890 年,汇丰银行对湖北织布局贷款 10 万两,就是一个典型事例。当时它利用织布局急切需要现金的状况,在交付贷款时便预扣借款 10%,作为"息银"和"纹水"。② 利用金银汇率变动,获取额外利益是侵蚀的另一种办法。1885 年,轮船招商局向汇丰银行借款 30 万镑,按当年汇率折银合 118 万余两③,及至借款成立后,银价频年下跌,招商局按汇率折银偿还债款,远超过原借数额。1887 年以前,该项债款的大部分已经偿还,当年招商局账面所记洋债只剩 433000 余两④,次年并未举借新债,而且还偿还一部分本金,可是账面上洋债数额反而上升为 511000 余两⑤,其原因就在于白银对外汇率的下跌。这笔借款抛开它的利息负担,招商局偿还汇丰银行的银两,即使从低估计,也超过借款额的 1 倍以上。

　　然而,有限的利息当然不是外国金融势力进行贷款的目的;通过贷款以控制企业才是贷款者真正目的所在。试观 1884 年 1 月,轮船招商局向汇丰银行洽商借款时,后者要求以局产作为抵押,债

---

① 李鸿章:《全书》,电稿,第 13 卷,《马道〔建忠〕来电》,光绪十七年五月廿八日。
② 《张之洞札》,光绪十六年八月二十三日,《督楚公牍》(抄本)。
③ 《马士致德璀琳函》,1883 年 8 月 3 日,见《马士函稿》。
④ 《轮船招商局第十四年账略》,《申报》1888 年 4 月 12 日。
⑤ 《轮船招商局第十五年账略》,《申报》1889 年 4 月 1 日。

务便可成立。① 可是次年,当招商局向该银行商洽第二次借款时,
汇丰银行便进一步提出在接受局产充作抵押品之外,银行还要派
1 名代表驻局,充当招商局的顾问,实际上这个代表是"为银行执
行监督招商业务而去的"②。同年,开平矿务局曾向怡和洋行探询
借款,后者毫不掩饰地表示,贷款必须以矿务局"所有局务归该
〔洋〕行经办"作为条件,方可成立。③ 1887 年 4 月,李鸿章指示盛
宣怀为上海织布局向外国金融势力洽商贷款,后者乘机提出成立
贷款的两项条件:(1)无条件地允许外国人在华设立工厂;(2)允
许洋员充当中国企业的主要成员。④ 开平矿务局和上海织布局的
两桩借款虽然都因条件过分苛刻,未能成立,但是外国势力企图通
过贷款达到控制中国近代企业的野心,却已暴露无遗了。

事情的发展并未到此止步。1886 年到 1887 年间传喧一时的
所谓美国费城辛迪加支持设立的"华美银行"提出一个全面吞噬
中国近代企业的贷款计划。此项计划中有关政府贷款部门包括全
部铁路、矿山、电讯、治河工程、排灌系统、要害、军营、舰只以及军
火工厂等等。这就是说,凡是与国防建设以及和国民经济发展有
关的主要实业建设几乎都包括在华美银行贷款计划之内。1887
年,华美银行向李鸿章派去的代表建议提供贷款 8000 万两,修建
铁路、设立铸币厂须以"极广泛的利权"作为交换条件。⑤ 华美银

① 《交通史航政篇》第 1 册,第 303 页。
② 《马士致赫德函》,1886 年 12 月 1 日;《马士致德璀琳函》,1886 年 8
月 3 日,1886 年 12 月 2 日,均见《马士函稿》。
③ 《沪报》1885 年 12 月 8 日。
④ 《马士法文函件》,1887 年 3 月 28 日,3 月 31 日,4 月 26 日,转见费
伟恺:《中国的早期工业化,盛宣怀和官办企业》,第 214 页。
⑤ 丹涅特著,姚曾廙译:《美国人在东亚》,第 506 页;徐义生:《中国近
代外债史统计资料》,第 12 页。

行的"极广泛利权"可以商洽中的上海电报局 250 万两借款为例，华美银行的条件是以招商局作为抵押品，由贷款者"供给一切材料和器械，提供设计师，工程师，以及对即将兴建的长途电线进行监督。① 十分明显，此项贷款计划如果实现，则中国的电讯、轮船事业都将为华美银行所操纵。难怪当时人把华美银行的计划非常形象地称之为"亚伦的巨蟒"。对此，国际金融势力内部矛盾尖锐，清政府封建官僚集团内部也矛盾重重，所以计划中途搁浅，未得实现。

上述事实证明了，外债乃外国侵略势力对中国近代企业进行渗透的有力工具。然而，发人深思的是，为外国洋行和外国在华银行贷放债款的资金构成中，竟然有相当大的部分恰恰来自中国资本主义企业在外国洋行和金融企业的存款！

中国近代资本主义企业所招徕的股金以及它们的流动资金通常都存入外国洋行或外国在华银行。在这方面，近代保险业中的仁济和保险公司的活动很具典型意义。这家公司初创时，资本主要是存放在轮船招商局和开平矿务局的。1886 年，存放在上述两企业的金额共计 90 万两，占全部资本额的 90%，余下的 10% 分别存入汇丰和麦加利两家外国在华银行。② 但是，到了第二年，该保险公司存放于外国银行的资金上升为 25 万两，居企业资本额的四分之一。③ 第三、第四年又继续上升到 50 万两，占企业资本的半数。同时因存放而发生关系的外国在华银行除上述两家之外，又增加了法兰西、有利两银行以及怡和洋行。④ 原来存放在轮船招

---

① 《捷报》1887 年 8 月 5 日，第 154 页。
② 《捷报》1887 年 4 月 22 日，第 442 页。
③ 《沪报》1889 年 3 月 30 日。
④ 《沪报》1889 年 3 月 30 日；《申报》1890 年 4 月 18 日。

商局和开平矿务局的金额则相应下降,到 1889 年减少了一半以上,4 年之间其比重从原占企业资本 90% 锐减到 44%。[①] 近代保险企业资金存放场所的变化这一现象的背后显然是隐藏着复杂内容的,它意味着企业的主持者既是为资本的安全寻找有利的庇护所,同时也是为以后万一出现紧急告贷时预为创造方便条件。

工矿企业同样也向外国在华银行存放资金。1882 年创办的直隶临城煤矿在招徕资本时,特意声明所有招收股本银两,都存放在阿加剌银行。[②] 1883 年招资的热河承德银矿着力宣扬它在天津的代理人就是当地汇丰银行的买办[③],借以暗示它的资金活动是与外国在华金融势力有着密切关系的。1887 年,上海机器织布局在增收新投资时,特意规定 1 万两以上的股金统统存放外国银行。

中国资本主义近代企业同外国金融机构的这种借贷或存放关系乃是对外国金融势力的严重依赖性的具体表现。

## 三、近代企业与外国侵略势力的矛盾

既然中国资本主义近代企业严重地依附于外国侵略势力,这些企业的存在和发展必然和外国侵略势力产生矛盾。中国既是一个被不平等条约紧紧束缚的国家,当然不可能采取任何政策措施保护中国新兴产业的发展。而外国侵略势力则拥有横行无忌的一切自由,破坏中国近代资本主义企业的发展。

第一家中国近代资本主义企业轮船招商局,是在外国航运势力大规模侵占中国江海航运业的情况下产生的。它在摇篮时代就

---

① 《申报》1890 年 4 月 18 日。
② 《申报》1883 年 8 月 12 日。
③ 《捷报》1883 年 10 月 10 日,第 421—422 页。

屡次遭到外国势力的破坏。当朱其昂在李鸿章支持之下筹划招商局时,寄希望于通商口岸的商人,特别是从握有大量资金的买办和买办化商人中吸收资本。上海的外国洋行则嗾使其买办商人报之以极端冷淡的态度。① 依附左宗棠起家的豪商胡光墉拒绝投资招商局,就是因为"畏洋商嫉忌"②。

轮船招商局开张后,向外国洋行购买现成轮船,屡遭愚弄。最初所购买的几艘轮船不是"耗煤多,装货少"的,就是"舱通而小",不合于客货运输③,这固然应归咎于经营者缺乏业务知识,同时也正是外国侵略势力对招商局的愚弄和破坏。

轮船招商局开始在上海宁波之间开辟航线时,中外航业之间的矛盾更加明朗化。美商旗昌轮船公司一听到招商局试航沪甬线,立即在同一航线上派出它最好的两艘轮船,与招商局展开竞争;与此同时,英国驻宁波领事也急忙四出探听情况,惟恐历来由英、美垄断的茶叶运输将因招商局行船而受到重大损失。④

1873 年,招商局经过改组,增强资本力量,除去在南北洋和长江线上开展国内运输外,还着手国外航线的开辟。在这两方面也遭到外国势力的阻挠。

在轮船招商局产生之前,长江和南北洋的航运业务一向为英、美各国航运势力所把持,而旗昌、太古、怡和及其他洋行又各为霸占更多的航业利润,彼此之间长期争夺不休,只要能够打击对方,无论什么手段,都使得出来。江海航线上一直由于它们的攘夺,闹

---

① 《汇报》1874 年 9 月 14 日;《字林西报》1874 年 2 月 26 日,第183 页。

② 李鸿章:《全书》,朋僚函稿,第 12 卷,第 36 页。

③ 《轮船招商局第一年账略》,《申报》1874 年 9 月 17 日。

④ 《英领报告》,1873 年,宁波,第 85 页。

得乌烟瘴气。

招商局成立后,原先处于严重对立地位的英、美航运势力迅速言归和好,勾结起来共同向招商局发起攻击。在国内航线上,它们猛烈降低运费,给招商局制造困难。例如,1873 年 6 月以前,江海航线的货运费,从上海到汉口每吨 4 两,到宁波 2.5 元,到天津每担 6 钱,到汕头去货每担 2 钱,回货 4 角,到广东 2 钱或 3 钱。当年 6 月招商局在上述各线行驶轮船后,外国航运势力便"并力相敌",大幅度下降运费;把去汉口的货运每吨减为 2 两,宁波减为 1 元或 0.5 元,天津每担 3 钱或 4 钱,汕头去货 1 钱或 1.2 钱,回货 2.5 角,广东 1.5 角或 1.5 钱。通盘计算,在多数航线上客货运费剧减 5 成,在个别航线上,如上海宁波线,则削减五分之四。① 其目的就在使招商局还未立稳脚跟的时候,便陷于重大的亏蚀而不能自立。而在国际航线上,招商局所遇到的困难更大。从 1873 年到 1881 年间,它先后派轮船试航日本、新加坡、槟榔屿、檀香山、旧金山、伦敦等处,都遇到破坏。例如在日本和吕宋(菲律宾),"当地定章多有偏护各该国之商船";在新加坡和槟榔屿招商局对欧洲来华船只,"力难与抗";1879 年,招商局轮船驶往檀香山,1880 年又试航旧金山②,也都先后遭到外国航运势力"竭力抗拒";1881 年装运茶叶,试航伦敦,"因洋商颇存妒心",无利可得③,都不得不先后停航。1883 年越南海防一线又因法国侵略越南和中国的战争,原订"代越南承运粮米"的业务,被迫中止,行驶南洋、新加坡、槟榔屿的轮船,因外国同业的跌价竞争,"亏折甚巨"。④ 总之前后

---

① ·《轮船招商局第一年账略》,《申报》1874 年 9 月 17 日。

② 《报告书》下册,第 29 页。

③ 《报告书》下册,第 31 页。

④ 《报告书》下册,第 32 页。

10 年中,招商局的远洋航线都受到外国势力的破坏,无不半途而废。

在航运业之外,工矿企业的情形也不例外。

中国资本主义近代工矿企业是在外国商品侵入中国达 30 余年之后才产生的。因之,随着中国近代工矿企业的出现,商品市场的争夺便成为日益严重的问题。矿冶业,特别是近代煤矿工业和纺织业在中国近代企业的发展过程中都遇到了销售市场的困难。1873 年,当中国近代煤矿的开发尚处于酝酿阶段时,外国煤炭的输入已达 111700 吨,其中以日本煤为最多,计 48800 吨,占总输入量的 43.7%。[①] 到了 1879 年,台湾基隆煤矿已经出煤,唐山开平煤矿也即将投产,洋煤进口量反上升为 178353 吨[②],80 年代中期,开平煤矿已能大规模生产,利用有利条件,经过反复较量,夺回了一向被日本煤炭所垄断的天津市场,但是它却不能在天津之外,扩大自己的销路。全国消耗煤炭最大的城市如上海,1882 年输入上海的日本煤炭约 19 万吨,1883 年上升为 27 万吨,1885 年以后的 3 年中,每年平均输入量都在 30 万吨左右。[③] 中国的大型煤矿如开平、基隆都不能在上海市场和日煤竞争,中小型煤矿更是无力插足。这表明中国近代煤矿企业在 80 年代以后虽然处在发展过程中,然而它并不能获得可靠的消费市场,从而使再生产的规模不能不受到重大的限制。矿冶采掘业中很具发展前途的漠河金矿也因为与矿区相邻近的爱珲市场为帝俄势力所控制,使得该矿的砂金无法在有利的价格条件下就近出售,严重地损害了漠河金矿再生

---

① 《英领报告》,中国,1875 年,第 148 页。

② 《贸易报告》,1879 年,第 273 页。

③ 《字林西报》1889 年 1 月 30 日,第 96 页。

产的能力。①

中国近代棉纺织业在市场上所受到的外国压力更加严重。

1891 年,正当中国第一家纺织厂即上海机器织布局开始运转后的第一年,便有国产棉纱向东北牛庄试销,其后也陆续分销东北各口。可是在此同时,日本棉纱也开始向这些口岸销售。于是中、日棉纱为占领东北市场而展开竞争。经几年的较量,东北 4 省市场每年的全部棉纱销售量约近 20 万担中,国产棉纱始终不曾超过 1 万担,东北市场基本上被日产棉纱所独占。在华南闽广地区,有国产棉纱试销的只有福州、厦门、汕头、广州 4 口。这几个口岸一向是印度棉纱的市场,每年销售量各达数万至数十万担,华纱年销量不过数百担到数千担,可以说华纱在华南各口根本无立足之地。② 在 90 年代后期,华中重庆、宜昌、沙市、长沙、岳州、九江、芜湖 7 个口岸,平均年销棉纱 245359 担,其中洋纱居 86.4%(211935 担),国产棉纱仅占 13.6%(33424 担)。③ 同期中,华北地区的天津、芝罘、胶州、秦皇岛 4 口平均年销棉纱 336531 担,其中洋纱占 93.7%(315278 担),国产棉纱仅占 6.3%,年销 20853 担,简直微不足道。④ 至于国产棉布的销售能力,更非外国势力的对手。1892 年,上海织布局在福州试销该局所产布匹,结果废然而返,连一匹都不曾成交。⑤ 这些情况清楚地表明,当中国近代工矿企业开始为自己的产品寻找销路时,中国没有保护关税可资依托,广大商品市场早已落入外国势力之手,国产商品只能在外国同类商品的压迫之

①《矿务档》第 7 册,第 4511 页。

② 参阅严中平:《中国棉纺织史稿》,第 144 页。

③ 统计数字系根据海关统计 1894—1898 年 5 年平均数字计算,参见严中平:《中国棉纺织史稿》,第 145 页。

④ 参见严中平:《中国棉纺织史稿》,第 145 页。

⑤《贸易报告》,1892 年,福州,第 75 页。

下拾取余沥,别无良图。这就迫使中国企业无从扩大再生产。

80 年代,引人注目的另一个严重问题是,外国侵略势力在控制商品市场的同时,还严密地控制了中国的金融市场。

本书第四章曾比较充分地分析了外国金融业通过对中国银钱业的短期信贷活动,将它的金融势力伸向中国资本市场。到了 80 年代,外国金融势力已经掌握了上海金融市场的领导权。

七八十年代,中国近代企业在创办过程中,大都在上海发售股票。在上海股票市场上,中国近代企业股票价格的变动强烈地吸引着各色商人,特别吸引富有投机性的钱庄主的注目。一些在 70 年代创办并渐奏成效的企业,到 80 年代初,其股票价格经常在票面价值以上盘旋。例如,轮船招商局票面值 100 两的股票,在 1882 年 2 月间在市场上竟然升水到 220 两,同期中,开平矿务局面值 100 两的股票在市场上的价格超过了 170 两,暂以 50 两交款的上海机器织布局的股票也上涨到 96 两,且不胫而走。即使那些在生产上暂时尚未奏成效的企业,如平泉铜矿、鹤峰铜矿、顺德铜矿等,它们所发售的面值 100 两的股票也都分别以 125 两、123 两和 160 两的价格畅销于市场。[①] 因此,在这一时期中,通过股票市场的活动,一方面是各种商人,其中有不少是依靠外国在华银行拆款进行营业的钱庄主,都以"股份票互相卖买"[②],从中牟取暴利;另一方面,中国近代企业也借此吸收了数量可观的货币资本,使企业的生产得以顺利地开展。对于产业资本家来说,这是一个令人神往的有利时机。曾经先后参与织布局、电报局等企业的经元善就把这一时期中出现的投资踊跃的现象誉之为"商务联群机缄已

---

① 详见《申报》1882 年 2 月 2 日股票行情。
② 《申报》1882 年 6 月 13 日。

萌芽勃发"①,换句话说,就是 80 年代初期,资本主义关系在中国无论在广度上和深度上都有了一定的发展。

　　然而,半殖民地的社会条件不可能给这一时期发展起来的投资热潮提供稳健的社会经济基础。1883 年,中法政治形势动荡,已经对上海金融市场产生重大压力。而一直在上海进行着的中外商人争夺生丝市场领导地位的斗争又进入决定性阶段。大丝商胡光墉终于因无力调动更多的资金对抗外商的压力,最后在 1883 年冬宣告破产,不少与胡有联系的丝行随之倒闭,一向与丝行融通资金的钱庄立即受到严重的影响。上海金融市场不时出现银根奇紧的现象。就在这个困难时刻,一向以短期信贷支持钱庄活动的外国在华银行却下令立即收回一切短期信用贷款。于是以"货币恐慌"形式出现的金融危机遂以不可阻挡的形势席卷上海。② 握有近代企业股票的钱庄和商号力争现金回笼,以维持借贷平衡。它们急不可耐地向市场抛售股票。企业股票的市场价格遂猛烈下跌,金融市场上随之出现了一片混乱的景象。许多正在募集资本的新创的工矿企业被迫中断集股,而经营已见成效的大型企业也在突然到来的金融恐慌中陷入困难境地。曾以溢价 1 倍左右、很受市场欢迎的轮船招商局、开平矿务局、上海织布局、中国电报局等企业的股票便都大为贬值。③

--------

①　经元善:《居易初集》第 2 卷,第 38 页。

②　参见汪敬虞:《十九世纪外国在华银行势力的扩张及其对中国通商口岸金融市场的控制》,《历史研究》1963 年第 5 期,第 73—74 页。

③　据《字林沪报》1892 年 5 月 3 日记载:"中法扰事之年,……开平矿股每股跌至二十六两,招商局股每股跌至四十五两。"另据徐润在 1895 年追记 1883 年冬上海股票价格猛跌状况时称:"百两轮股(轮船招商局面值百两的股票)跌至三十四两,百两之开平〔股票〕跌至二十九〔两〕,其余铜矿等股,更不可问。"见徐润:《年谱》,第 81 页。

　　严峻的事实表明,当中国旧式金融机构失去了独立地位而依附于外国金融势力之后,它们就自然没有能力抵制外国金融势力制造的"货币恐慌"。外国势力发动这场袭击的目的,当然在于使中国金融市场更加服从于外国金融势力的操纵。它给中国近代企业所带来的危害则是非常深远的。还在危机的进程中,不少中小型工矿企业纷纷闭歇清算,企业的直接经营者(实际上他们也就是企业的主要投资人)既承受资本贬值的全部损失,又要为企业的善后承担一切责任。所谓"承办者往往倾家,犹有余累"[1],就是对这一时期这一状况所做的概括。拥有资财的商人、地主从此对新企业的开创深怀畏惧情绪,"'公司'二字久为人所厌闻"[2],这无异破坏了中国近代企业发展的现实基础。

　　至于对近代企业曾寄托希望的中小商人和地主在遭受损失之后,对新创企业的号召几乎完全丧失了旧日的热情。1884 年,在金融危机过去后,云南铜矿曾在上海进行集资活动,"群情疑阻,观望不前",尽管四出兜揽,仍然"久无成效"。[3] 其后两年,漠河金矿向资金拥有者游说,"语以投股醵资",竟"百无一应"。[4] 即使在金融危机过去 10 年之后,商人对新式企业的投资仍旧抱着深畏固拒的态度。[5] 这种种现象说明,1883 年上海金融危机所产生的危害是严重而又深远的。

　　由此可见,中国近代企业在产生和成长过程中,处处遭受到外

---

[1] 《洋务运动》第 7 册,第 316 页。
[2] 《洋务运动》第 7 册,第 316 页。
[3] 岑毓英:《抚滇奏疏》第 1 卷,第 3 页。
[4] 刘锦藻:《清朝续文献通考》第 44 卷,第 7986 页。
[5] 参见《字林沪报》1893 年 7 月 19 日。

国侵略势力的破坏。谁都知道,开辟国内外航线对于近代航运业的发展,独立的商品市场和资本市场对于各种类型的工矿交通企业的成长,都是生死攸关的。可是,在半殖民地的中国,它们都先后为外国侵略势力所操纵,中国势力虽多次进行斗争,都因外国入侵者凭借其政治经济势力,在每一次斗争中,最后总是居于上风,从而使中国近代企业受到严重摧残。

## 第十节 资本主义近代企业与封建势力的联系与矛盾

中国资本主义近代企业在产生过程中不仅与外国资本主义侵略势力存在着尖锐矛盾,受到打击和压迫,而且与国内封建势力也存在着尖锐矛盾,受到阻挠和压制。在近代企业初创时期,居于压倒地位的组织形式是官督商办制度。这是一种封建势力对企业控制多于扶植的制度。在这种体制之下,封建主义和资本主义两种势力在企业的经营方式、方向和发展前途上存在尖锐的矛盾。矛盾斗争的结果,总是封建势力凭借政治优势取得领导地位,阻挠和压制了资本主义近代企业的发展。

### 一、近代企业的发展与封建势力的阻挠

19世纪后半期,农民大起义失败后,呈现在封建清政府面前的是,在旧的经济结构遭到外国势力破坏的过程中,同时酝酿着资本主义新式企业兴起的形势。这种新情势在航运业上表现非常突出。这是与外国侵略势力大举侵夺江海航运业务密切相关的。

在旧式航业遭到严重破坏的情势下,通商口岸的商人大多租

搭洋轮运输货物。有些资力比较雄厚的,则"自购洋船"运输①,甚至附股于外国轮船公司。这说明民族资本的新式航业是有可能在此时应运而生的。

事实上,在1867—1868年两年间,中国商人向清政府提出筹办新式航运业要求的就有4起。首先提出请求的是曾经留学美国的候补同知容闳。他倡议"设一新轮船公司,俱用中国人合股而成"。他所拟的章程中关于集资办法、公司管理、股东地位和利润分配等都仿照资本主义制度,因此遭到了总理衙门和两江总督曾国藩的非难和冷遇。还有一个经办过漕运的淮南绅士许道身也递送说帖,"招商集资购买轮船"。此外还有沙船商人赵立诚和"华商吴南记等",都请求集资试办轮船运输。但是,他们的请求都遭到两江总督曾国藩的批驳,不能付诸行动。

应该指出,曾国藩的多次批驳,并非出于他不了解新式航运业的优越性。实际上,他在1862—1864年镇压太平天国的战争中,经常使用各种类型的轮船,以转运粮饷,而且据他说是"不可一日无者"②。现在他所以一再批驳,实出于维护封建社会旧秩序的考虑。他深为忧虑的是:"用轮船则沙船尽革,于官亦未为得计。"③曾国藩所谓"未为得计"的顾虑可能是多方面的,社会治安自然是他最为关切的一个方面。因为当时江南局面只是表面上安定,而反抗清政府的力量依然"所在皆有",只不过一时间"无名可借,无众可附,是以粗安"。④ 兴办轮船运输势将淘汰旧式航业,招致大量舵工水手失业,很不利于地主阶级的统治。所以,曾国藩虽然目

---

① 《海防档》,购买船炮,第861页。
② 《海防档》,购买船炮(二),第358—359页。
③ 《曾国藩未刊信稿》,第285页。
④ 《洋务运动》第7册,第429页。

睹旧式航运业的凋敝,但仍是以消极态度对待新式航业的兴起。否则,中国资本主义航运业的创办是无须迟至 70 年代才见出现的。

60 年代酝酿创办新式企业的除航运业外,还有电讯和铁路。不过,兴办新式航业的倡议来自本国商人,而鼓吹兴建电讯、铁路并着手架线、筑路的却是外国势力的代理人。作为一个独立的主权国家,清政府禁止外国势力借兴办电线之名,行侵略中国经济主权之实,完全是义正辞严的。但是,清政府的当权者并不因势利导,在坚持主权的同时,自办或支持本国商人经营,却总是消极的延宕和压制。

事实是,在 1860 年中法《北京条约》商订时,法国代表葛罗(J. B. L. Gros)就曾向恭亲王奕䜣提出有关电线的事宜①;1863 年 2 月奕䜣又以"铜线法施之于中国诸多不便"为理由,拒绝了帝俄公使把留捷克要求从恰克图展线经北京到天津的建议。② 1865 年 2 月,总署向各地将军、督抚发出指示,坚持"铜线法施之中国诸多滞碍",要求各地将军、督抚"密为转饬所属,查照本处办法,力为设法阻止,以弭衅端而杜后患"。③

两年后,美国署领事孟金照会曾国藩,称其政府将派玛高温(MacGowan, Daniel Jerome)来华创办电线,并称此事前经蒲安臣公使取得总署同意等等。曾国藩以"无从究其虚实",特密函总署询问。④ 总署的回答是:"电线之设,洋人蓄志已久,其意倡于俄而英、法继之,一国扬其波,众国遂随其流。……本处无不相机辩论,

---

① 《海防档》,电线(一),第 31 页。
② 《海防档》,电线(一),第 1 页。
③ 《海防档》,电线(一),第 1 页。
④ 《海防档》,电线(一),第 63 页。

极力防维,数年来几致舌敝唇焦,未尝假以词色。上年法国李梅等复申前议,本处仍以不议不论置之。"①对于外国势力妄图自设电线的行动,总署采取防维的态度是正确的;但以"不议不论"的消极态度对待新式通讯工具的引进,又表明了自甘处于落后和愚昧的地位,显然是封建势力对引进科技的阻挠。

至于清政府的地方督抚这时几乎全部与总署取相同的态度。其中惟江苏巡抚李鸿章的复文除了表示遵照总署指示之外,却以试探的口吻提出自置电线的建议。他说:"铜钱费钱不多,递信极速,洋人处心积虑要办,将来不知能否永远禁阻",万一"洋人如不向地方官禀明,在通商口岸私立铜线,禁阻不及,则风气渐开,中国人或亦仿照外洋机巧,自立铜线,……学习既熟,传播自远,应较驿递尤速。若至万不能禁时,惟有自置铜钱以敌彼飞线之一法。"②处在 60 年代中期,李鸿章对于电讯技术的传播提出"能否永远禁阻"的疑问,表明他对新事物具有一定的见识;而且他还意识到民间仿效的问题。所以,他的对策是"万不能禁时,惟有自置铜线。"不言而喻,李鸿章所说的自置,当然是指"官办"电线,既可杜绝外国的要求,又可"禁阻"民间的"仿照"。然而,李鸿章在当时对自己的主张是游移而不是坚决的。一当总署追问具体情况,问他是否"另有中国自置之线?"③他急忙改口,强烈表示"铜线、铁路断不可行之中国",表白他的建议"原以备万不获已之时,存此一说,并未稍涉假借"。④ 显然,这是因为总署的峻拒态度,使李鸿章不得不改变自己的看法。

---

① 《海防档》,电线(一),第 66 页。

② 《海防档》,电线(一),第 8—9 页。

③ 《海防档》,电线(一),第 22 页。

④ 《海防档》,电线(一),第 23 页。

1866 年,清政府发起的"海防筹议"过程中,又涉及了架设电线的问题。这时担任督抚的洋务派官僚绝大多数仍然采取拒绝和否定的态度。两江总督曾国藩非常反对修建电线、铁路。他对中外通商以来的社会经济变化不做全面分析,单纯以"小民困苦无告,迫于倒悬"这种现象为借口,反对外国势力在中国兴办轮船、电线,认为这是"以外国而占内地之利";同时他也禁止中国商人从事此类活动,指斥为"以豪强而夺贫民之利",以致"车辂、任辇、旅店、脚夫之生路穷矣。"总之,在曾国藩看来,体现西方文明的铁路、轮船、电线等,不论是由中国或外国商人兴建,其后果都是"害我百姓生计"①。这表明曾国藩所要维持的是旧的封建统治秩序及其经济结构,反对引进任何会影响这种旧秩序的西方文明。闽浙总督左宗棠则向总署说明他在 1864 年就曾"面加辩驳",反对了福州税务司美里登请敷设电线的事。他认为外商敷设电线"不过为贸易争先起见。不知一商因信线置货、卸货,各商从而效之,彼此齐同置货卸货,究竟不能独得便宜",因此他断言设电线"于商无益,徒招民怨"。② 而他在当时应付美里登的办法是"给以价值,收其器具",封存在福州府库。③ 另一位与洋务有所接触的满洲贵族、三口通商大臣崇厚则称:"铜线、铁路……于中国毫无所益而贻害于无穷。"④如果说"贻害于无穷"是指畏惧失业群众危及封建统治秩序,那么江西巡抚刘坤一的论调就纯粹是因循守旧,安于落后的思想了。他说:"轮车、电机……以中国之贸迁驿传,

---

① 《夷务始末》,同治朝,第 54 卷,第 1—2、4 页。
② 左宗棠:《全集》,书牍,第 9 卷,第 54 页。
③ 左宗棠:《全集》,奏稿,第 18 卷,第 10 页。
④ 《夷务始末》,同治朝,第 54 卷,第 18 页。

固无须此。"①这时只有湖广总督李鸿章对架设电线的见解比较全面。他指出由外商敷设电线、铁路"有大利于彼,有大害于我",但"洋人贪利无餍,志在必行","将来通商各口洋商私设电线在所不免",深恐"官不允行,总做不到",因此"与其任洋人在内地开设铁路电线,又不若中国自行仿办,权自我操","但公家无此财力,华商无此巨资。官与商情易隔阂,势尤涣散,一时断难成议,或待承平数十年之后"②,再行举办。应该说李鸿章的见解在洋务派官僚中是有独到之处的。他看到了单靠政治上的禁阻是难以奏效的,只有通过自我兴办才能抵制外国的骚扰。这与他在 1865 年致总署的密件中所说的内容基本相同。所不同的是,在 1865 年,他认为"铜线费钱不多",现在他却不加分别地强调"公家无此财力,华商无此巨资"。这种矛盾只能说明李鸿章虽有比较正确的认识,却缺乏付诸实现的决心。

由于封建当权派拒绝引进新事物,无疑是 60 年代后期居住香港的广东商人何献墀、李璇③和 70 年代初旅法经商的王承荣等④兴办电线的要求得不到支持的主要原因。即使到了 70 年代中期,外国侵略势力的远洋海底电线已经延伸到上海,中外讯息的传递方法正在发生迅速的变化,闽浙总督李鹤年还是固执地认为:"电线之在中国可有可无。"⑤正是由于清政府官僚集团对引进西方科学技术的这种顽固态度,所以一再出现荒唐措施。例如,1875—1876 年间,清政府就不惜以高昂代价赎买吴淞铁路和福州到厦门间的电线,加以拆毁,将铁轨、电线抛到台湾去,任其变为一堆

---

①　《夷务始末》,同治朝,第 41 卷,第 44 页。

②　《夷务始末》,同治朝,第 55 卷,第 13—14 页。

③　《海防档》,电线(二),第 308 页。

④　《海防档》,电线(一),第 100、106 页。

⑤　《海防档》,电线(二),第 199—200 页。

废物。

这一时期,在工矿企业部门,企图运用机器生产的活动也同样受到压制。例如,在煤矿开发上,尽管清政府多次扬言,要购买机器,着手采掘,实际上却是徒托空言,不见行动。他们对民间自发开采煤矿的活动并不支持。例如 1868 年曾有两淮盐商何至华在江苏镇江买地采煤,遇到当地群众的激烈反对,清政府就不给予应有的支持,以致何至华不得不"惧而中止"①。1871 年,在江苏候差的一些官员中,有人申请在镇江开办新式煤矿,被两江总督曾国藩所阻②;1873 年上海商人魏镛等 3 人拟自备资本,聘请外国矿师在上元、句容等地勘探采掘,被金陵制造局阻挠,未果;其后不久,又有镇江商人王某禀请开发,也因为"江〔宁〕镇〔江〕两府人情汹汹",清政府不予疏导,被迫中止。③ 江苏省以外的地方也出现不少与此相似的情形。所以,1875 年的一则综合报道称:"前岁闻江宁之煤矿,言明将开有日矣,旋闻官与商争而止。又闻乐平之煤矿,言明绅民均愿开矣,旋闻委员与地方官不合而止","又闻广济之煤矿,言明本地之民愿开矣,旋闻武穴之商民不愿而止。"④这些事实说明,在 1875 年以前相近 10 年的时间里,多次要求开发新式煤矿的活动都由于封建势力的直接阻挠,或者得不到官方的支持而归于失败。

至于早期商办的工业企业虽然为数不多,但同样因封建势力的干扰而处境十分困难。以继昌隆缫丝厂为代表的广州、顺德、三水一带的中小型缫丝厂在成长过程中都遇到过封建势力的骚扰。

---

① 《洋务运动》第 7 册,第 413、427—428 页。
② 《洋务运动》第 7 册,第 413、427—428 页。
③ 《洋务运动》第 7 册,第 413、427—428 页。
④ 《申报》1876 年 6 月 16 日。

当这些中小企业刚刚步上正轨时,首先遇到的是经济地位日见凌替的手工丝织业者的反对,继则又遭封建清政府的压迫,勒令停工,以致这些企业为逃避摧残而不得不迁入澳门。

上述情况表明,到了60年代中期,在外国资本主义势力的刺激之下,某些经济部门出现过运用新式生产技术的尝试。如果不是由于封建势力的强大压制,中国资本主义近代企业是有可能在60年代后半期就开始兴起的。

洋务派引用新式生产技术进行军工生产时,李鸿章曾意识到洋机器"原不专为军火而设",他设想"数十年后中国富农大贾必有仿造洋机器制作以自求利益者,官法无从为之区处"。[①] 李鸿章所流露的忐忑心情不在于新生产方法的广泛应用,而在于随同新生产方法出现的经济关系。他那维护地主阶级根本利益的本能,预感到这种新的关系将对封建旧秩序产生冲击作用。否则,他就无需忧虑什么"官法""区处"的问题。但另一方面,李鸿章看到这种新关系又不是单凭封建政权所可能阻止的。因此,为了谋取地主阶级统治集团的利益,他采取控制这种新关系的方针,使之不超越封建制度所能容许的范围。李鸿章所倡导的官督商办制度就是在这种特定的历史条件下产生的。这种制度成为中国资本主义经济发展初期的主要形式,对近代中国社会经济的发展产生重大的影响。具体地说就是:一方面中国近代企业由于封建势力的介入,使企业所受到的外部压力有所减弱;但另一方面,或者说更重要的方面则是企业内部由此出现了资本主义和封建主义既联系又矛盾的复杂情况,使企业的进一步发展遭到了重大的阻碍。这成为中国资本主义发生、发展过程中一个特殊的问题。

---

① 李鸿章:《全书》,奏稿,第9卷,第34页。

## 二、近代企业发展过程中官商的结合和矛盾

### (一)近代企业中官商结合的社会基础

在中国资本主义近代企业中,官督商办的组织形式占据主导的地位。本章中所叙述的一些大型的近代企业,如航运业中的轮船招商局,近代矿冶业中的开平煤矿和漠河金矿,近代纺织业中的上海机器织布局以及上海电报局、中国铁路公司等,无一不是采取官督商办的组织形式。

从社会经济演变的角度来审察,官督商办制度乃是特定历史条件下的产物。当清政府统治集团中的当权者意识到资本主义新事物的出现已到大势所趋的时候,他们便从消极的压制转变为迎合和利用,力图使新事物为地主阶级统治服务。在这方面,洋务派淮系集团是走在最前面的。70 年代初,当新旧航运业的兴衰日趋尖锐的时节,李鸿章的反应远比其他封建大官僚敏捷。他声言"我既不能禁华商之勿搭洋船,又何必禁华商之自购轮船",同时开导江南官僚要"因时变通","勿胶成见"。[①]

但是,洋务派要有所作为,他们必须解决面临的两个难题:一个是怎样筹得创办近代企业所必需的巨额资金;另一个是如何罗致懂得洋务的人才。当时清政府经过长期的内战消耗,财政竭蹶,罗掘俱穷,无力为创办新式企业提供财政力量;而在人才方面,地主阶级知识界有如李鸿章所描述的只知"空谈学问",对与洋务有关的新事物"漫不经心",所知非常浅薄。[②] 因此,洋务派要突破这两方面的困难,显然只有在官场之外另辟蹊径。

---

① 李鸿章:《全书》,朋僚函稿,第 12 卷,第 28、29 页。
② 李鸿章:《全书》,朋僚函稿,第 13 卷,第 30 页。

　　当时在通商口岸,雇用洋船或自买轮船行走的商人是洋务派首先瞩目的人物。60年代的记载表明:这些人中有十之七八都是"与洋商合伙"的人物。①　具体地说,他们中有的是拥有资财的洋行通事,有的是"影射洋商名下"的富商②,另一些是开设嘉湖丝栈、闽广洋药糖栈、宁波杂货木行,以及经营徽州茶叶的商人。③这些商人主要都是买办和买办化商人。通事是为洋行充任译员的人物;影射洋商名下的富商即使不具有买办身份,也是与洋商关系密切的买办化商人;闽广洋药糖栈主要是由广州、潮州、汕头的买办或买办化商人经营的;尤其是鸦片贸易几乎由买办商人所独占;至于嘉湖之丝、徽州之茶的出口,就是买办和买办化商人所长期控制的行业。因此,洋务派官僚为创办新式企业筹集私人资本,在很大程度上不能不落在这些买办或买办化商人的身上。1872年年初,李鸿章在酝酿筹办轮船招商局的计划时,便说"缄致上海广、建〔广东、福建〕各帮妥议",显见他对上海买办和买办化商人集团的重视。

　　对于拥有雄厚资力的买办和买办化商人来说,他们愿意接受洋务派官僚的笼络,也有其自己的目的。时至70年代,资本主义近代企业的优厚利润对于这批懂得一些近代企业经营方法的人物,具有很大的诱惑力量,滋长了他们兴办新式企业以分取"洋商独擅之利"的念头。④　但是,在一个半殖民地半封建的社会里,经营近代企业立即会受到外国侵略势力的倾轧,封建守旧势力的阻挠,官吏豪绅的勒索,厘金捐项的剥削,凡此种种都不是他们自身

---

① 《海防档》,购买船炮,第809页。
② 李鸿章:《全书》,朋僚函稿,第4卷,第14—15页。
③ 李鸿章:《全书》,朋僚函稿,第3卷,第18页。
④ 徐润:《年谱》,第86页。

力量所能抵御的。现在,洋务派官僚既然招引,他们便以为得到了依靠。因此,代表封建政权的"官"和要求发展资本主义的"商"便在"官督商办"的组织形式下携手结合。这种结合的动因和发展的前景基本上可以概括为:洋务派官僚之"官"通过对近代企业的控制,取得近代企业的经济利益,同时也培植私人的政治势力;官督商办之"商"则在托庇于官方的庇荫,取得本身力量所难以获取的利益,从而积累商人资本。中国资本主义近代企业就是在这样的基础上产生的。它展示了历史条件的特殊性,同时也预示了发展前途的艰难。

### (二)官督商办企业中的官商联系与矛盾

1. 官督商办企业中的官商联系

从 19 世纪 70 年代到 90 年代,官督商办企业盛极一时:轮船招商局(1873 年),开平矿务局(1876 年),上海机器织布局(1878年),天津电报总局(1880 年),中国铁路公司(1887 年),漠河金矿(1889 年),华盛纺织总厂(1894 年)等等,各在其相关的经济部门中几乎都拥有法律上或事实上的独占地位,成为初期近代企业的支柱。

在官督商办企业中,涉及官商关系的准则,笼统地说,就是李鸿章在 1872 年为筹建招商局所做的规定:"由官总其大纲,察其利病,而由该商等自立条议,悦服众商"①,企业"所有盈余,全归商认,与官无涉。"②所谓"官总其大纲,察其利病",含糊笼统,漫无边际,不可能不影响到企业的盈亏。1875 年,两江总督沈葆桢为

---

① 《海防档》,购买船炮,第 920 页;亦见李鸿章:《全书》,译署函稿,第 1 卷,第 40 页。

② 李鸿章:《全书》,奏稿,第 20 卷,第 33 页。

招商局垫借官款 100 万两时,又为官商关系做了新的规定,"官商一体,商得若干之利,官亦取若干之息,……庶上下交而其志同"。这就改变了"盈余与官无涉"的原则。到了 1881 年,李鸿章自己又进一步规定官督商办的企业即使全部偿还垫借的官款,企业的经营活动(即所谓"局务")仍必须听从官方意旨,"并非一缴公帑,官即不复过问,听其漫无钤制"①。

事实上官督商办企业里的官商两种势力,从来就不是处于平等的地位。试就主要官督商办企业的发展经过来看,"官"凌驾于商的特殊地位,非常突出。当浙江海运委员、沙船商人朱其昂筹办轮船招商局时,必须听从李鸿章指派的天津海关道陈钦和天津道丁寿昌的监督和指导;招商局正式开张后,更"直接隶属于北洋大臣李鸿章,遇事必秉承其意志办理"②。1873 年招商局第一次改组,李鸿章在委派买办商人唐廷枢、徐润为总办、会办的同时,又指派追随他多年的官僚盛宣怀为会办,其任务就是"往来查察"③。不言而喻,盛宣怀便是继陈钦、丁寿昌之后,直接监督招商局的官方代表。

在矿冶企业中,主持开平矿务局的唐廷枢虽然获得了李鸿章的充分信任,但一切公私事务还必须与官方代表、前天津道丁寿昌、津海关道黎兆棠"会同督办",对"如何集资、立法",商方都必须与官方代表"妥细筹议,陆续禀呈"。④ 天津电报总局从官办企业过渡为官督商办企业时,商董郑观应、经元善、谢家福等自然都是主要的创办人和股东,但无权决定电报局的经营方针;操电报局

① 见《洋务运动》第 6 册,第 61 页。
② 《报告书》下册,第 18 页。
③ 见《洋务运动》第 6 册,第 58 页。
④ 《李鸿章批示》,光绪三年八月九日,见《开平章程》,第 21 页。

大权的乃是官方代表盛宣怀。《创办电报局招商章程》中声述该局改为"官督商办"的动机在于"使商受其利而官操其权"①,事实上商很少受其利,而官实操其权。中国铁路公司是为扩充开平铁路公司而设的,李鸿章为了加强官方的控制,在原有的正副总办伍廷芳、吴炽昌之外,另派福建布政使沈保靖、天津海关道周馥为该公司的督办大员,赋予很大权力,"凡一切维持保护之事,皆惟大员是赖,如遇铁路为难之事,……统由大员随时主持"②,代表商方权益的正副总办实屈居附庸地位。上海机器织布局原是由商人发起筹办的,筹办期中因故改组,李鸿章借机指派官员参加,改为官督商办。1880 年企业主持者分为"专管商务"和"专管官务"的两部分人,主持商务的郑观应、经元善经营企业的活动往往受制于"专管官务"的龚寿图,以致官商关系经常处于紧张状态。

"官"在官督商办企业里之所以居有特殊地位在很大程度上是与这一类企业依赖清政府给予优惠、特权密切相关。这些优惠扼要地说大抵有以下 4 个方面。

(1)垫借官款。几家主要的官督商办企业的创办资本往往依靠官方垫借,然后招集股本,分年归还官款。例如轮船招商局从1872 年到 1880 年,贷借官款,达 190 余万两③;开平矿务局的开办资本虽非来自官款,但通过李鸿章得到轮船招商局的很大挹注④,到 1880 年又向天津机器局和海防支应局贷借官款 5 万两⑤,以后

---

① 《创办电报局招商章程》,转见《洋务运动》第 6 册,第 489 页。
② 《中国铁路公司招股章程》,《申报》光绪十三年四月初四日。
③ 李鸿章:《全书》,奏稿,第 30 卷,第 32 页。
④ 《招商局档案》(抄件)。
⑤ 《开平案据汇编》,第 54 页。

继续告贷,到 1885 年所借官款共达 24 万两。① 天津电报总局改官督商办时,议定开办经费 178000 余两,除由商人归还 6 万两外,其余的全由北洋军饷筹垫。② 漠河金矿开办资本 20 万两,赖黑龙江官款接济 3 万两,李鸿章代其周转 10 万两,方克举事。③ 上海机器织布局开办后经常赖官款维持,1893 年结欠官款达 265000余两。④ 通过官款的陆续贷借,官权在企业中的地位很自然地便逐步提高。

（2）缓息免息。贷借官款,必须支付利息。当时官款的利率一般定为年息 8 厘。当企业在初创阶段,这样的利息负担无疑是沉重的。和李鸿章关系密切的一些官督商办企业常借李的力量,享受缓交或免除息银的优待。轮船招商局曾多次获得这方面的优待。仅 1877 年请准缓息 3 年便可缓交 457000 余两⑤,1887 年又请得暂缓拨还⑥官款 77 万余两。电报局在过渡为官督商办企业时,请求分年缴还官款,"免其计息"⑦。

（3）免税减税。官督商办企业原不同于官办企业,并无减税、免税的定例。但经过洋务派官僚的活动,它们也从清政府获得了免税、减税的优待。轮船招商局初创时,清政府允许该局往来各口轮船,"所有报关装货一切事宜悉照洋商章程办理"⑧。这就是说,

---

① 《支那经济全书》第 10 辑,第 630—631 页。

② 参见李鸿章：《全书》,奏稿,第 44 卷,第 22 页。

③ 李鸿章：《全书》,奏稿,第 61 卷,第 46 页。

④ 盛宣怀：《规复机器织布局禀》,光绪十九年十月二十三日,见《申报》1893 年 12 月 21 日。

⑤ 《洋务运动》第 6 册,第 44 页。

⑥ 《申报》1887 年 3 月 1 日;《沪报》1889 年 4 月 12 日。

⑦ 《洋务运动》第 6 册,第 337 页。

⑧ 《海防档》,购买船炮（三）,第 921 页。

在各口由招商局轮船运输的货物,只需完纳 5% 的关税,其余落地、筹防等捐项一概免除。嗣后它又享有从上海到天津随漕运货免天津进口税 2 成的特权;1881 年又经清政府允许:凡搭招商局轮船,自汉口运往天津由华商经营的湖北茶叶"只完正半两税以外,概不重征"[①];1886 年又得到卸漕空船载货可免除北洋三口出口税 2 成的优待。[②] 开平矿务局投产后,经李鸿章请求,援照官办台湾基隆煤矿成例,煤的出口税每吨由 6 钱 7 分 2 厘减为 1 钱。[③]电报局架线所需的电杆木料在各地采购可免交厘金;向国外购进电器、电线可免缴进口税。[④] 上海机器织布局的产品如在上海零星销售,可不负任何税厘;如由上海直接销往内地或经由其他通商口岸转入内地,都只"在上海新关完一征税,概免内地沿途税厘"[⑤]。

(4)营业特权。依靠洋务派官僚的特殊关系,一些主要的官督商办企业几乎都享有法律上或实际上的独占性营业特权。轮船招商局从创办之日起便享有承运漕粮的权利,并且在运费上也逾格优待;1880 年前,它所运输的漕粮每石运费为漕平银 0.561 两,超过沙船运费 0.031 两,1880 年后才降低运费与沙船一致。[⑥] 这一特权保证了招商局每年可有 22 万—25 万两漕运水脚的固定收入,这招致与招商局相竞争的外国航运势力的指摘,说它是清政府

---

① 《洋务运动》第 6 册,第 49 页。

② 李鸿章:《全书》,奏稿,第 56 卷,第 1—2 页。

③ 李鸿章:《全书》,奏稿,第 40 卷,第 45 页。

④ 《洋务运动》第 6 册,第 342 页。

⑤ 李鸿章:《全书》,奏稿,第 43 卷,第 44 页;另参见《海关十年报告》,1882—1891 年,第 339 页。

⑥ 李鸿章:《全书》,奏稿,第 36 卷,第 33 页。

对招商局的变相补贴。① 1877 年，李鸿章又为招商局奏准，包揽沿江沿海承运各省官物的特权②，进一步扩大了招商局运输货源。开平矿务局在兴办时，李鸿章借北洋权势，批准"距唐山 10 里内不准他人开采〔煤矿〕"③；即使"土窿采出之煤应尽商局〔指开平矿务局〕照时价收买，不准先令他商争售"④。1882 年，上海织布局尽管还在筹建期中，李鸿章便为它奏准专利的特权，即在 10 年内不准华商"另行设局"⑤。

来自清政府的各种优惠和特权对这些企业克服经营困难，获取优厚利润，以及支持它们与外国同类企业相抗衡上，当然是起着一定的有利作用的。

2. 官督商办企业中的官商矛盾

在官督商办企业里，官商联系中也孕育着官商矛盾。这种矛盾在企业的不同时期表现为不同的内容和形式。在企业初创时期，官商矛盾的焦点集中在资本的筹集上；到了企业略有发展以后，则集中在企业领导权上；嗣后又反映在"官"对企业的恣意诛求；最后，终因官权的不断膨胀，导致某些企业在实质上逐渐变为官僚的私产。兹分述如下：

（1）集资困难。社会上对创办官督商办企业的反应最初是冷淡和迟疑的，这表明商人对官方的号召不敢轻予置信。1872 年，沙船富商朱其昂在李鸿章的支持之下，为招商局招徕资本，沙船商

---

① 《捷报》1879 年 8 月 8 日，第 136 页。
② 《洋务运动》第 6 册，第 21 页。
③ 周叔娟：《周止庵先生别传》，第 26 页。
④ 盛宣怀：《愚斋存稿》第 2 卷，第 16 页。
⑤ 李鸿章：《全书》，奏稿，第 43 卷，第 44 页。

人表示"诧异",进行"阻挠"①;沙船业以外的商人则观望和疑虑。② 朱其昂转向买办商人招手,得到的却是更大的冷淡。③ 所以,在招商局初创的 1 年中,它所招集到的资本总共不过 17 万余两,其中官款垫借便占 12 万两。④ 1873 年改组后的招商局经唐廷枢和徐润多方活动,集资稍见顺利,也未能如愿以偿,直到 1874 年 6 月,所集资本只规元 476000 余两,勉强达到原议集资 100 万两先收 50 万两的规定。⑤ 1877 年招商局以 200 余万两巨款购买旗昌轮船公司时,原寄厚望于社会上的新投资,结果仅仅招集到 45000 余两⑥,只相当于购买费用的 2%。原来附股于旗昌公司的买办商人如顾春池、陈竹坪等表示宁愿撤股,也不愿投资招商局。

开平矿务局的集资状况也不顺利。1878 年 3 月计划招集资本 80 万两,经过两年多的努力,到 1880 年 10 月还只招集到 30 万两,而开发矿山的支出早已超过 40 余万两。⑦ 上海的一家外国报纸反映:"中国商人既然不愿购买轮船招商局的股票,自然也难指望他们会愿意购买由同一帮人主持的〔开平〕矿务局股票。"⑧此项报道在很大的程度上反映了商人对官督商办企业的踌躇心理。上海机器织布局筹备了 10 多年,屡起屡蹶,主要原因之一就在于集股困难。1878 年彭汝琮发起筹建,因股本无着,1 年后便离局而

---

① 《字林沪报》1883 年 11 月 10 日。

② 《英领报告》,1873 年,宁波,第 85 页;《捷报》1874 年 9 月 19 日,第 293 页。

③ 《字林西报》1874 年 2 月 26 日,第 183 页。

④ 《报告书》下册,第 19 页。

⑤ 《报告书》下册,第 19 页。

⑥ 李鸿章:《全书》,译署函稿,第 7 卷,第 28 页。

⑦ 《开平案据汇编》,第 54 页。

⑧ 《捷报》1878 年 2 月 14 日,第 152 页。

去。戴景洪、龚寿图等先后蝉联,在招徕股本上也都一筹莫展。

应该着重指出的是,就在官督商办企业难以集股的同时,上海及其相邻城镇拥有资金的商人,纷纷向外国在华企业投资。1872年轮船招商局集资无术,旗昌轮船公司则宣告增资到225万两,它所发售的股票竟成为当时华商追逐的主要对象,有人甚至愿出价212两购买该公司面值100两的股票而不可得。[①] 与此同时,另一些持有资金的商人则通过外国银行购买外国政府在华发行的公债。例如1872年上海法兰西银行为法国政府发售公债(是当年法国政府发行30万法郎"新政府公债"的一部分),上海的商人要求购买债券的"纷纷不绝"[②]。他们抢购的"热情"使外国银行的经理人也感到惊讶,认为这"在世界历史上也是罕见的"[③]。又如同年10月,外商东海轮船公司拟集股50万两,其第一批1650股中,由华商认购者竟达935股,几近60%,福州的一个魏姓买办一人便购买235股之多,投资金额在1万两以上。[④] 华商附股外商企业的现象一直在持续。1882年美国驻沪副领事声称:1872年设立的美国旗昌丝厂,1882年设立的英国怡和丝厂和公平丝厂里都"有中国人入股"[⑤]。

耐人寻味的是,除了外国在华企业之外,某些以私人名义设立的企业也能比较顺利地招集到资本。例如,70年代后期,招商局、开平矿务局都苦于集股困难,但徐润、唐廷枢以私人名义在1876

① 《新报》1877年3月28日;《捷报》1877年3月29日,第317页。

② 《申报》1872年7月27日。

③ 《通闻西报》1872年7月24日,第685页。

④ 刘广京:《势力的对抗》,第141页;按:东海轮船公司资本50万两,共分5000股,每股100两,招股时先收65两。见《捷报》1872年10月31日广告。

⑤ 《美国外交文件》,1883年,第132页。

年试办仁和水险公司,却能在不太长的时间内集得股金 25 万两,次年又增资到 50 万两;1878 年他们又另创济和水火险公司,号召集资 50 万两,3 年中他们就招集到 100 万两。①

这些事实雄辩地说明了,上海市场拥有充裕的资金和浓厚的投资商办企业的兴趣,惟独对于官督商办企业的招资持冷淡和迟疑态度,其原因显然在于商人顾虑投到官督商办企业中去的资金会受到封建势力的侵渔。而事实上,在官督商办企业里,从筹建集资时起,就存在着官商矛盾,虽然它的表现形式是比较隐蔽的。

(2)对企业经营管理权的争夺。洋务派官僚对于商人的迟疑心理是有所认识的。所以他们在创办官督商办企业时,为了争取社会信誉,在企业经营上做了不同程度的努力,也收到了一定的成效。他们为了取得商人的信任,特别重视按时发放股息。例如轮船招商局在 1874 年就宣扬每年发付股息"长年一分";1875 年在应发股息 1 分之外,增发余利 5 厘;其后各年的股息都维持在占股金 10% 的水平上。有人统计,在轮船招商局初创时投资 100 两,到 1880 年,仅股息所得累积便达 70 两之多。② 招商局还按年公布账目,如 1877 年盈利约近 50 万两,1878 年增为 75 万余两,1879 年猛增为 90 万两。③ 这些情况的及时公布,有利于改变社会视听,引起广大商人的注意。所以,1881 年招商局宣布增招资本 16 万两时,投资者纷至沓来,"争相附股"④。1882 年它又增资到 200 万两,即另招资本 100 万两,仅仅在 1 年中便如数招足⑤,实为招

---

① 徐润:《年谱》,第 25 页。
② 《报告书》下册,第 29 页。
③ 根据轮船招商局 1877 年、1878 年、1879 年损益计算书。
④ 《新报》1881 年 10 月 13 日。
⑤ 《报告书》下册,第 31 页。

商局自成立以来所未见的现象。

同期中,正在筹建的开平煤矿也不时传来煤质优良,采掘顺利的消息,估计出煤后在天津销售,每吨可得利润 3 元等等。① 上海机器织布局经郑观应、经元善等整顿后,在 1880 年公开招徕股本,自从招股章程公布后,不到 1 个月认股金额便达 30 万两,稍后增至 50 万两②,最后甚至出现集资已超过额定数目,只得对迟到的股款"退还不受"的现象。③

通过公开集股活动,商人资本在官督商办的企业里占有了相当大的比重,随之也便在企业的发展方向和经营管理上发生了官商权力的矛盾。不少官督商办企业为吸收商人投资,把集股章程定得很堂皇。例如开平矿务局的招股章程一再表示:"此局虽系官督商办,究竟煤铁仍由商人销售,似宜照买卖常规",企业内"所有各厂司事必须于商股中选充",并"请〔官府〕免派委员"。④ 轮船招商局在 1873 年改组时也在"局规"中定明:"总局分局逐月应办事宜应照买卖常规办理,遇有紧要事件、有关局务以及更改定章或添置船只,兴造码头、栈房诸大端须邀在股众人集议。"⑤1880 年改组后的上海织布局在招股章程中大肆宣扬该局"事虽由官发端,一切实由商办",并声言"仿照西法,由股份人公举沪市……熟悉商情者为董事,凡有大事,邀请咨商"。⑥ 但是到了企业开办有成效之后,这些动听的规定却都成为具文,使广大投资者大为不

---

① 《贸易报告》,1879 年,天津,第 273 页。

② 《申报》1880 年 11 月 16 日,1882 年 5 月 26 日。

③ 经元善:《居易初集》第 2 卷,第 36—38 页。

④ 《开平章程》,第五条。

⑤ 《报告书》下册,第 20 页。

⑥ 《上海机器织布局招商集股章程》,《申报》1880 年 10 月 13—15 日。

满。招商局会办郑观应就向李鸿章建议说:招商局的经营管理应按股份公司成例,"由众股东公举董事、总理、协理,由总理、协理慎选总管五人,报告董事会公决";在漕粮运输方面(属于官务)"虽有海运委员总理,本公司亦当委一熟悉米色公正无私之员,随同海运总理稽查,以免偷换"。① 这个建议的目的就在于维护和扩大商股权益,限制官方权力,减少官方对企业经营的干扰。这当然是妄想。

随着岁月推移,官商矛盾日益加深。上海织布局首先暴露出这种矛盾。官方代表戴恒、龚寿图和商方代表经元善之间,就在企业的经营方针问题上长时间里争持不休,虽经人"苦心调停","终难水乳",最后负有"驻局专办"名义的经元善被迫离局;戴恒等为了进一步抵消商方代表郑观应"总持大纲"的权限,向李鸿章献议,派龚寿图为"官总",郑观应为"商总",使郑经常处于"颇多为难之处"。② 而招商局的情况则表现为不论大小事件,大的如总局和各分局重要人事安排,轮船的造、买,小的如局内员工花红分配、轮船买办售票舞弊等等均必须通过盛宣怀听从李鸿章做决定。在招商局遗留的档案中有关这方面的记载盈篇累牍,形成了北洋对招商局事事过问,凡权必揽的局面,商股则处于无足轻重的地位。

到80年代初叶,官督商办企业中的官商矛盾已经从最初商人对投资的迟疑转变为官商对企业经营权力的斗争。在企业内部,官方权力并不因商股的增长而受到限制;相反,它却在继续膨胀中。

(3)"官"对企业的需索无穷。上面提到,官督商办企业通过洋务派大官僚从清政府取得若干优惠和特权。所以,官权在企业

---

① 郑观应:《盛世危言后编》第 10 卷,第 4—5 页。
② 经元善:《居易初集》第 2 卷,第 36—38 页。

中便随同优惠和特权的到来而不断扩张,于是官商矛盾便随着企业经营境况的顺逆而时隐时显,此伏彼起。

官督商办企业为取得优惠所付出的代价非常高昂,在某些情况下甚至是得不偿失的。一切优惠既然都来自清政府的逾格赐予,受惠的企业便无法拒绝封建政府的需索。"报效"就是各种需索之一,其形式是多种多样的。例如,有漕运上的优惠,就不能避免军运上的报效。军运在轮船招商局的全部运输业务中始终占有相当大的比重;特别是军运从不考虑运输线上的旺淡季节,随时指派,随意调用,成为企业苦于应付的一大负担。试举几次大规模的军运为例:1874 年有台湾军运①,1875 年有烟台军运②,1881 年有山海关军运③,1882 年有朝鲜军运④,以及 1883 年有广州军运。⑤这些军运都是临时征发性质,虽然征发单位也给予微薄的报酬,"照定数或七八折,或五六折",都远不敷运输成本,对于这一点招商局只能忍气吞声,"何敢希图厚利,自取愆尤"⑥。军运之外,还有"赈米"、"赈衣"的运输任务,其运费更低,"或折减,或免收"。在此同时招商局从来不敢对来来往往"携带行李动辄数千百件"的官员"按照吨位收价"⑦,只得忍受客运损失。

清政府除了向招商局勒索报效之外,还多次命令它提供现金捐款。1878 年,华北地区久旱不雨,清政府命令招商局提供"赈

---

① 李鸿章:《全书》,朋僚函稿,第 14 卷,第 9—10 页。

② 《洋务运动》第 6 册,第 60 页。

③ 《捷报》1881 年 11 月 1 日,第 452 页。

④ 《捷报》1882 年 9 月 1 日,第 237 页。

⑤ 《捷报》1883 年 8 月 31 日,第 247 页,11 月 28 日,第 604 页。

⑥ 《洋务运动》第 6 册,第 73 页。

⑦ 《马建忠盛宣怀禀〈李鸿章〉》,光绪十五年十二月二十四日,《招商局档案》(抄件)。

捐"18000 余两①,次年又命缴付筹防捐 15000 余两②,1890 年又缴付江浙"赈捐"2 万两③,1891 年李鸿章指令在招商局公积金内拨出 10 万两,专作"赈济"资金。④ 1894 年报效的名目,又有所增加,单为慈禧做寿,招商局就报效了 55000 两。⑤ 凡此种种都有损于招商局的业务发展。

电报局初系官办,官方垫款 178000 余两,1882 年改归官督商办,议定由该局先归还官款 6 万两,5 年中陆续缴还 2 万两,而所欠 98000 两则以"军机处、总理衙门、各省督抚、出使大臣洋务、军务电报应收信资陆续划抵"。及至所欠官款"抵缴完毕"后,电报局仍须对前项官电免费收发,作为对清政府的"报效"。⑥ 1882 年电报局还只有津沪 1 条电线,此项协议还不致给电报局带来太大的负担。其后几年该局在南北各省陆续架设电线,交由电报局发送的"官报"随电线扩充而猛增;特别是此类官报免费收发,"动辄数百言","连篇累牍",而且都必须列为"头等",优先发报,这就必然挤掉了大量交发的商务电报。"官报日多,商报日少"的后果,使电报局的收支陷入了"赔累不堪"的境地。1887 年,电报局在收入不敷开支的困难中要求改变"官报"免费的成规,几经请求,才勉强从当年 6 月起改为半价收费,亦即官报中的另一半费用仍强迫电报局"报效"。⑦

在矿冶企业中,"报效"表现为产品尽先满足官局需要,另还

---

① 《申报》1878 年 10 月 3 日。

② 《申报》1879 年 9 月 18 日。

③ 《招商局第十七届账略》,《申报》1891 年 5 月 11 日。

④ 《报告书》下册,第 43 页;亦见《交通史航政篇》,第 274 页。

⑤ 《报告书》下册,第 45 页。

⑥ 《洋务运动》第 6 册,第 337 页。

⑦ 《洋务运动》第 6 册,第 389 页。

提供现金捐献。例如开平矿务局章程规定：该局所产之煤须尽先"听机器局取用"；唐山细棉土厂所产洋灰要"先尽军械所官用"，并"按九折核算"。① 云南铜矿所有产品几乎全由官厅低价收购，"民间数十年不见商铜"②。至于捐献现金，则以漠河金矿最为突出。该矿章程定明：年终如有盈余则以其中十分之三交黑龙江将军衙门报充军饷③，其后又将比例提高到十二分之五。④ 事实上漠河金矿从 1889 年开办到 1895 年，7 年中"报效"累积达 855000余两，有时为报效及时上交，甚至侵及金矿的公积金。⑤ 上海机器织布局失火焚毁后，李鸿章令该局所欠官款"悉归以后商办各厂按每出纱一包，提捐银一两，陆续归缴"⑥，更是一种对商人异乎寻常的封建勒索。

"报效"之外，洋务派大官僚任意动用企业资金，也是企业因享受优惠待遇不得不付出的另一高昂代价。1880 年李鸿章为北洋海军购买铁甲兵舰时，从轮船招商局调支 100 万两⑦；1883 年他又指令招商局贷给当时的朝鲜政府 25 万两⑧，这一次临时动用招商局的流动资金，严重地削弱了该局应付当年上海金融恐慌的能力。1888 年刘铭传奏准设立台湾商务总局，置备浅水快轮揽载客货，计划招商集股 40 万两，李鸿章电令招商局动用该局资金 2 万

---

①　见南开大学经济研究所编：《启新洋灰公司史料》，第 24 页。

②　盛康编：《皇朝经世文续编》第 57 卷，第 43 页。

③　李鸿章：《全书》，奏稿，第 61 卷，第 54 页。

④　《矿务档》第 7 册，第 4569 页。

⑤　《矿务档》第 7 册，第 4610 页。

⑥　盛宣怀：《规复机器织布局禀》，与李鸿章批，《申报》1893 年 12 月 21日；另见《洋务运动》第 7 册，第 454 页。

⑦　李鸿章：《全书》，奏稿，第 40 卷，第 22 页。

⑧　《报告书》下册，第 33 页。

两,投放台湾商务总局。① 不久,台湾商务总局裁撤,招商局的 2 万两便无着落,最后"只得作为报效"而了结。② 1890 年李鸿章为缓和上海机器织布局资金周转的困难,电令挪用仁济和保险公司公积金 30 万两③;次年,又命令招商局动用资金 10 万两,作为对机器织布局的投资。④ 1894 年中日战争爆发,户部因军费不足,竟也动用招商局资金库平银 375000 两(合规银 411000 两)。⑤ 至于招商局根据北洋集团的示意,对该集团所控制的其他企业如开平、池州、荆门等矿务局以及上海织布局、华盛纱厂等企业在资金上给予短期"接济"更是司空见惯,举不胜举。

(4)官方权力的扩大与企业的变化。1883 年的上海金融风潮严重地袭击了所有的近代企业。资力薄弱的中小型企业绝大多数在风潮席卷上海时宣告搁浅。清理账目,折扣退股,成为这些企业在这一时期的主要纠纷。在官督商办的大型企业里,由此引起的矛盾集中在官方对商股采取进一步的压抑,这是官商双方争夺企业领导权的最后较量。

轮船招商局的会办徐润长期擅挪局款从事投机活动,在金融风潮中宣告破产,招致招商局资金周转失灵,而总办唐廷枢恰在国外,于是洋务派集团乘机委派盛宣怀到局"主持一切";次年又增派道员马建忠进驻,徐润受撤职处分,唐廷枢也同时离局。1885 年,李鸿章正式委派盛宣怀为招商局督办。于是该局的经营方针

---

① 《招商局第十五届报告书》,《字林沪报》1889 年 4 月 1 日;参见李鸿章:《全书》,电稿,第 10 卷,第 20 页。

② 《盛宣怀咨轮船招商总局》,光绪二十四年六月十六日,《招商局档案》(复印件)。

③ 《字林西报》1890 年 10 月 1 日,第 319 页。

④ 《报告书》下册,第 43 页。

⑤ 《报告书》下册,第 45 页。

及一应业务都在整顿的名义下全部由商人过渡到北洋官僚的手里。这一变化影响深远。它表明在企业管理上商人不复享有地位,企业的"商办"性质自然也就名存实亡。经过盛宣怀整顿以后的招商局,不再公开招集股份,遇有资金不足时,惟举借外债是赖。这就既堵塞了商人投资招商局的渠道,又引进外国势力,终于一步一步地不能摆脱北洋官僚集团的控制。

上海机器织布局也出现同样变化,且情况更为严重。该局商总郑观应也因挪用股本进行投机,在1883年的金融风潮中暴露了亏空的真相。郑本人借故私离上海。李鸿章经盛宣怀建议委派经元善和邵友濂主持股款清理工作。① 及至清理工作大致告一段落时,经元善为维护商股权益,特向李鸿章建议,"拨借官款十万两,再请通饬十处海关道各借存款三万两,分作十年拨还"②,借以恢复织布局,其目的在于使1881年招集的数十万两商股不致遭受太大的损失。在人事安排上,经元善还建议"另举颠扑不破之员,谨慎刻苦办理"③。尽管经元善在有关人事的建议上含糊其辞,其用心显然包含维护商股权益在内。这个建议不符合北洋集团的意图,李鸿章迟迟不作批复。延至1887年,淮系官僚龚易图完全撇开商股权益,以投资5万两的股东身份邀得李鸿章札委接办织布局。他到局后的第一个措施便是专横地宣布对先前投资的"老股"股金一律7折计价,并限期加价,逾期不交,旧股票作废。这个决定宣布后,立即引起旧股东的强烈抗议。他们在报纸上公开提出责问,明确要求"先将旧账揭清,昭示众商,追还侵挪之资,明

---

① 曾国荃:《全书》,奏议,第2卷,第13页;参见经元善:《居易初集》第2卷,第36页。
② 经元善:《居易初集》第2卷,第37页。
③ 经元善:《居易初集》第2卷,第37页。

示实存之数",至于追加股金,强调应根据自愿原则,"有力者听其加银,无力者给还余本",并警告新总办不要把"借本易产而买股"的商人视为是"人尽可欺"。① 这种借报纸公开陈述反对意见的举动还是近代企业创办以来的第一次,标志官商矛盾的尖锐化。不过这一次争议尚未涉及根本问题,经过调解后暂时缓和。但两年后,龚易图主持的织布局又告亏空。为逃避损失,龚"将局账各款浮开",力图把亏款转嫁给股东。于是官商矛盾更加尖锐化。② 但织布局仍牢牢掌握在北洋集团的手中。继龚易图之后蝉联入局的仍然是马建忠、杨宗濂等北洋亲信人物。到了90年代初期的几年中,官款及北洋集团官僚的资本不断挤入织布局,因而织布局被官僚控制的程度日见加深了。

1893年织布局失火焚毁。北洋心腹、津海关道盛宣怀奉派赴沪主持清理旧欠和规复新厂工作。盛宣布以布局所剩地产、烬余物料以及花布剩款等折价摊还旧股东,作为补偿。③ 先前以每股100两(后又增为130两)投资织布局的股东,历时10余年未得分文股息。最后只能收回股本10余两,不及原来投资额的2成!

至于规复新厂,盛宣怀在李鸿章的全力支持之下,利用北洋集团及他本人的身份、势力和财力,号召重新集资100万两。据一家外国报纸透露:盛在奉派时便敦促上海、宁波、苏州3地绅商认购杨树浦新织布局股份约60万两,在他抵沪之前,传说实际已经认购了一半。④ 显然,这些受到"敦促"的绅商决不是一般商人,而是

---

① 《申报》1888年7月13日。

② 详见《申报》1890年11月1日。

③ 盛宣怀:《规复机器织布局禀》,光绪十九年十月二十三日,《申报》1893年12月21日。

④ 《捷报》1893年12月15日,第940页。

与北洋集团深有瓜葛的人物。新厂取名华盛总厂,设立在织布局旧址上;并另在上海、宁波、镇江等地分设 10 厂,共拥纱机 32 万锭,布机 4000 张,同时限制全国纱锭为 40 万锭、布机 5000 张(包括湖北织布官局纱机布机在内),规定"十年之内不准续添"。①

在人事安排上,华盛总厂由盛宣怀堂弟盛宙怀任总管,主要的经办人中有严作霖、杨廷杲、严潆等②,都是与盛宣怀关系很深的人物。这样华盛总厂实际上就成了北洋李盛集团的私产了。大约在华盛设立后两年,盛宣怀殷殷嘱咐其妻庄氏说,"汝若要做生意",只须囤积棉花,因为"华盛归于荔荪〔盛宣怀之弟盛宙怀号〕一人做主,"棉花便"系自家可用之物,不怕卖不出"。③ 看来再没有其他史料比这个自白能更有力地说明华盛总厂和盛宣怀家族的关系了。

至于打着官督商办旗号,分设在上海、宁波、镇江等地作为华盛总厂的 10 家分厂,和北洋李盛集团的关系也非同一般。据现存盛宣怀的档案反映:裕源纱厂,最初是由朱鸿度和盛宣怀共同创办的。朱鸿度感激盛宣怀的拉拢,表示要"勉竭愚忱,以图报称"④,说明裕源纱厂和李盛集团夙有渊源。通久源纱厂、大纯纱厂的创办人严信厚和杨廷杲本就与李盛集团关系很深的;即使如裕晋纱厂的创办人黄佐卿也未能排除盛宣怀的拉拢和交往。⑤ 同兴纺织

①　李鸿章:《全书》,奏稿,第 78 卷,第 10、11 页。

②　李鸿章:《全书》,电稿,第 15 卷,《盛宣怀致李鸿章电》,光绪十九年十二月三十日。

③　《盛宣怀未刊信稿》,第 269、270 页。按:此信未注明年代,系盛宣怀为办理沪汉铁路在 1896 年去湖北后,发往上海的信件。

④　朱鸿度致盛宣怀函,光绪十九年六月二十九日,盛宣怀档案,转见陈梅龙:《裕源纱厂是怎样创建的》,《历史教学》1984 年第 5 期。

⑤　盛宙怀致盛宣怀函,光绪二十年三月十四日,盛宣怀档案。

厂是由盛宣怀掌握的轮船招商局设立的;集成纱厂是由内阁中翰陆树蕃禀设,松盛长纱厂是由候选同知周树莲禀设;肇兴纱厂是由广西候补知府吴炽昌禀设的。吴炽昌先后任过开平煤矿、开平铁路公司会办,曾得李鸿章赞许,称许他"熟习商务","通晓西国语言文字"①,一向与李、盛集团很有瓜葛。由此可见,经李鸿章、盛宣怀允许设立的这10家分厂的主持人,都不是一般的商人,他们与李盛集团原来就有不同程度的联系,否则是难以跻身其间的。

从轮船招商局和上海织布局在发展中所出现的变化雄辩地表明了,在近代中国国民经济各部门中占有重要地位的若干官督商办企业,在它们的发展进程中,由于官权的不断膨胀,先后都成了北洋官僚集团的禁脔,企业的商办成分日益减弱,而变为官僚私产的性质却日益明显起来。这种变化的实质乃是中国政府的封建统治关系对中国资本主义生机的扼杀,从而使中国资本主义近代企业的发展丧失了有利的时机。

甲午战争之前,在官督商办企业之外,中国近代企业中也存在着少数完全商办的企业。它们在当时的国民经济中所占比重虽然不大,但在发展的历程中,同样不能躲避封建统治的干扰。

近代缫丝工业的遭遇就是具有典型性的例证。从70年代初叶起,广东珠江三角洲的缫丝工业曾以商办形式起过积极的作用。但是,清政府的地方当局对这些商办企业并不曾加以保护。到了80年代初,南海一带丝织行会和缫丝工厂因争夺原料等等原因,发生了矛盾,致行会手工业者向新式缫丝厂发动破坏性的袭击。当时广东地方政府不但不作疏导,反而迁就落后势力的要求,借口丝厂未经"立案",粗暴地命令企业"永远勒停",命令业主将"机器

---

① 李鸿章:《全书》,奏稿,第42卷,第27页。

依限自行变价"出卖,具结"永不复开"。① 又如山东烟台原有一家外商经营的烟台缫丝局。1882 年,这家丝厂改由一批买办出资经营。1886 年这家企业转入时任烟台道台盛宣怀之手②,以后规定:所有机器不准民间仿效。③ 从此烟台的缫丝业就不能获得正常的发展。这种封建干扰违背了社会生产发展的要求,使得很有发展前途的广东和山东两省的缫丝业在一定的时期内遭到了重大的阻碍。

综合以上所述,可见中国资本主义近代企业从酝酿、产生和初步发展的进程中,都曾经遭遇到封建势力的压制。这种压制使得它只能在与封建势力取得妥协的状况下,借着官商结合的形式出现。

作为官商结合主要形式之一的官督商办企业,体现了"官"、"商"两种社会势力各为获取本身难以实现的利益,互相利用。不过历史地看,官督商办企业,是构成中国早期资本主义经济的一个主要部分。这些企业的创建和经营,在不同程度上对外国资本主义经济侵略起了抵制作用,并且与当时在中国出现的新的生产方式和先进的科学技术的应用,都有比较密切的关系。因此,从这一意义上说,官督商办企业的创建和经营,对于中国民族资本主义的发生和发展,在客观上是起了一定的促进作用的。

但是,从发展的观点来看,官督商办企业所赖以存在的官督商办制度所容纳的资本主义内容的进一步扩展,必然地与这种制度所要维系的封建统治秩序发生矛盾。而官督商办制度所固有的封

---

① 徐赓陛:《不自慊斋漫存》第 6 卷。
② 《海关十年报告》,1882—1891 年,烟台,第 75 页。
③ 王元綖:《野蚕录》第 3 卷,第 94 页。

建性,又大大便利了企业内官权的膨胀。所以,这种制度实质上又是一种封建势力对资本主义企业控制多于扶植的制度。实践证明,清政府推行的官督商办制度不但不能为中国资本主义的发展提供平坦的途径,反而使生产力与生产关系的矛盾更加尖锐起来,成为甲午战争前中国资本主义发生时期一个突出的矛盾。

## 第十一节 资本主义近代企业发展
## 过程中的阶级关系

### 一、资产阶级的产生

中国资本主义近代企业,是在 19 世纪 70 年代开始产生的。到甲午战争前夕,包括工、矿、电讯、交通运输等各项企业在内,粗粗计算,大约有 240 家左右。① 腐败的清政府不能提供可供分析的统计材料,这里所提到的近代企业只是就所见到的中外记载进行粗略统计。它们大致是:船舶机器修造业 27 家,轮船运输业 1 家,近代煤矿 16 家,近代金属矿 24 家,缫丝业约 103—113 家(其中分布在上海 5 家,顺德地区 42 家,广州地区 50—60 家,浙江、山东、武汉各 1 家),棉纺织业 8 家,铁路、电讯各 1 家,其他轻工业 47 家,共 228—238 家。② 这些企业的经济形式可分为官办、官督商办、官商合办和商办 4 种形式。在本书所涉及的时期中,大中型的近代企业大体上都是官督商办企业;官商合办企业曾有所尝试,并未成功;完全商办的企业为数虽稍多,但除个别单位外,多是小

---

① 官办的近代军用企业 24 家不是资本主义性质的企业,未计算在内。
② 上述近 240 家的企业中,若干重要的企业在本章做了叙述,其他可参阅统计附录表 20。

型企业,在这个时期不占重要地位。

中国资本主义近代企业是在外来侵略日益加深的社会条件下产生的。外来的多次军事打击,迫使清政府经济集团在面临灭亡的恐惧中逐步分化,其中洋务派官僚企图兴办新式企业以挽救危亡。这种实际状况使得中国近代企业的产生和资本主义先行国家有所不同。在西欧,资本主义工业是通过简单协作、工场手工业和大工业3个阶段发展起来的。这一过程中阶级关系的变化有如马克思所论述:"毫无疑问,有些小行会师傅和更多的独立小手工业者,甚至雇佣工人,变成了小资本家,并且由于逐渐扩大对雇佣劳动的剥削和相应的积累,成为不折不扣的资本家。"①西欧工场手工业大约从16世纪中叶到18世纪末叶在社会生产中居于统治地位。在这一阶段中培育了众多的"小资本家",而他们的进一步发展便成为现代资本家。中国资本主义大工业是在西欧机制品广泛侵入和刺激下出现的,一开始就利用外国输入的现成机器,基本上没有经历工场手工业阶段。因而这些企业的创办人或主持人自然就不是那些薄有资财的小业主或小商人所能胜任,而绝大多数是原来已有较大积累的剥削阶级利用他们的社会关系,从事于近代企业的经营。虽然,在中国近代企业发展过程中也不乏小手工业者和小业主向机器生产过渡。如轻工业中的轧花、缫丝、织布、面粉、火柴,重工业中的船舶修造等都有一定数量工场手工业的存在。但是,它们的规模很小,而且这种现象主要是发生于19世纪末叶和20世纪初,亦即是中国资本主义企业经历了一个发展阶段

---

① 《马克思恩格斯全集》第23卷,第818页。又马克思在论述西欧资产阶级的形成时还曾说过:"从封建生产方式开始的过渡有两条途径。生产者变成商人和资本家,……这是真正革命化的道路。或者是商人直接支配生产。"参见《马克思恩格斯全集》第25卷,第373页。

之后才出现的。在现在所涉及的时期中,从工场手工业发展成为大规模机器工业的即使不能说绝无,但却十分稀疏,它不成其为中国近代企业发展的一条途径。

在这一时期的近代企业中,与占主导地位的大中型工矿、电讯、交通运输企业发生资本关系的大抵是以下几类人物:在清政府里握有权力,兼有资财的洋务派官僚;依附外国势力,拥有大量资金的买办和买办化商人;旧式商人上层中某些带有新倾向的分子;少数侨商以及一部分略有新知识的缙绅地主分子。

在一个半殖民地和半封建社会里,投资到近代企业的官僚、地主和各式商人,出于种种考虑,总是不愿轻易暴露其姓名和身份。即使到了投资新式企业渐成热潮的 80 年代,这种现象仍然存在。上海机器织布局在 1881 年招集股本时称:投资者以"不愿著(署)名者多"①。这不能不使我们在分析近代企业的资本来源和构成时遇到了重大的困难。加以历史记载的残缺和散失,迫使我们只能从企业创办人或主持人的出身、身份和社会关系入手,探索近代企业的资本关系。近代企业的创办人或主持人往往不但是企业的主要投资人,而且也总是企业在集股过程中的主要负责人。因之,他们的身份和社会关系常常能为企业的资本状况透露某些消息。但是,也应该指出,在一个卖官鬻爵成风的社会里,官衔并不能确切反映企业创办人或主持人的真实出身和社会地位,所以这种分析是有其局限性的。

为了便于分析,现就 1895 年以前设立的近代企业中,选取若干具有代表性的企业,考察其主要创办人和主持人的出身、身份及其社会关系如下。

---

① 《申报》1881 年 4 月 28 日。

## 近代企业中若干典型企业主要创办人、
## 投资人的出身与社会关系

### 1872—1895 年

| 开办年 | 企业名称 | 组织形式 | 主要创办人、主持人、投资人及其社会关系 | 资料来源 |
|---|---|---|---|---|
| 1872 | 轮船招商局 | 官督商办 | 朱其昂（商人、道员）、唐廷枢（怡和买办、候选同知）、徐润（宝顺买办、郎中）、盛宣怀（天津海关道）创办并主持；主要投资人有郁熙绳（沙船商人）、朱其诏（候补知府）、朱其莼（候选同知）、宋缙（候选同知）、刘绍宗（琼记洋行买办，候选同知）、陈树棠（茶商、候选同知）、范世尧（商人）、郑观应（太古洋行买办）、唐廷庚（商人）、张鸿禄（商人、道员）、马建忠（道员）、黄建筦（商人、津海关道）、李松云（买办）、张振勋（南洋侨商）、陈善继（逻罗侨商）。主持人与李鸿章关系十分密切。 | 《报告书》下册，第18页；《招商局史稿》；《招商局档案》（抄件）；《盛世危言后编》第10卷，第1页；费伟恺：《中国的早期工业化》，第125页；郝延平：《十九世纪中国的买办》，第142页。 |
| 1873 | 继昌隆缫丝厂 | 商办 | 陈启沅创办（侨商） | 陈启沅：《蚕桑谱》，自序。 |
| 1876 | 仁和水险公司 | 商办 | 徐润、唐廷枢创办；投资人中有刘绍宗、陈树棠、韦华国（麦加利银行买办）、郑廷江（柯化威洋行买办）、唐国泰（汇丰银行买办）、姚锟（茶商）、唐应星（商人）、唐静庵（商人）。 | 《申报》1875年11月5日；《万国公报》1878年1月5日，1883年1月20日；《沪报》1889年3月30日。 |

| 开办年 | 企业名称 | 组织形式 | 主要创办人、主持人、投资人及其社会关系 | 资料来源 |
|---|---|---|---|---|
| 1878 | 济和水火险公司（两公司于1886年合并为仁济和保险公司） | 商办 | | |
| 1877 | 安徽池州煤矿 | 官督商办 | 杨德（汉口宝和洋行买办）、孙振铨（徽宁池太广道）创办；投资人中有徐润、唐廷枢、李振玉（买办、补用道）等。创办期中曾得左宗棠支持。 | 《海关十年报告》，1882—1891年，芜湖，第268页；《沈文肃公政书》第7卷，第25页；《字林沪报》1883年1月10日。 |
| 1878 | 直隶开平煤矿 | 官督商办 | 李鸿章委派唐廷枢创办；投资人中有徐润、郑观应、盛宣怀、吴炽昌（买办化商人、太守）、郑藻如（天津海关道）、张翼（候补道）。 | 《申报》1880年10月14日，1884年1月23日；《徐愚斋自叙年谱》，第75页；魏子初：《帝国主义与开滦煤矿》，第62、82页；经元善：《居易初集》第2卷，第32页；《中外日报》1898年10月10日；《招商局档案》。 |

| 开办年 | 企业名称 | 组织形式 | 主要创办人、主持人、投资人及其社会关系 | 资料来源 |
|---|---|---|---|---|
| 1878 | 上海机器织布局 | 官督商办 | 彭汝琮(前候补道)、郑观应创办;后由龚寿图(补用道)、戴景冯(候补道)、龚易图(道员)、戴恒(翰林院编修)主持;投资人中有郑观应、经元善(商人、主事)、李培松(盐商)、蔡鸿仪(商人、部郎)、卓培芳(太古洋行买办)、徐润、杨宗濂(直隶通永道、布政使、盐运使)、杨宗瀚(总办台北商务)、刘汝翼(前天津海关道)、龚照瑗(江海关道)、张善仿(商人)、卫静成(商人)、周晋镳(商人、候选知县)、唐廉(补用道)、徐士恺(商人、候补同知)。该局与李鸿章关系十分密切。 | 《新报》1878年12月28日;《申报》1879年12月11日;《居易初集》第2卷,第36页;《盛世危言》第7卷,第22页;《申报》1880年11月18日,1890年11月1日,1893年12月21日;《杨藕舫行状》,《光宣列传》第239卷,本传;《徐愚斋自叙年谱》;盛宣怀:《规复上海织布局禀》;《申报》1888年4月22日。 |
| 1880 | 山东峄县煤矿 | 官督商办 | 戴华藻(候补知县)、王筱云(道员)、黄佩兰(道台)、朱采(知府)主持;投资人中有峄县绅士王曰智(地主)、李伟(地主)、金铭(地主)等数十家及周盛波(军门)。 | 朱采:《清芬阁集》第8卷,第11页;《申报》1883年3月12日;《沪报》1883年9月6日。 |
| 1882 | 热河三山银矿 | 官督商办 | 李文耀(买办)、朱其诏创办;投资人中有唐廷枢、徐润;吴调卿(天津汇丰银行买办)为该矿驻天津代理人,与李鸿章有联系。 | 《捷报》1883年10月10日,第421—422页;《字林沪报》1885年6月15日;《徐愚斋自叙年谱》。 |

| 开办年 | 企业名称 | 组织形式 | 主要创办人、主持人、投资人及其社会关系 | 资料来源 |
|---|---|---|---|---|
| 1882 | 上海电报局 | 官督商办 | 李鸿章派盛宣怀创办并主持；投资人中有盛宣怀、郑观应、经元善、谢家福（商人、直隶同知）等人。 | 经元善：《居易初集》第2卷，第30页；《盛宣怀未刊信稿》，第117页；《捷报》1882年4月22日，第421页。 |
| 1882 | 江苏徐州利国驿煤矿 | 官督商办 | 胡恩燮（候选知府）、胡碧澄（两淮盐官）创办；投资人中有李培松及其他苏北盐商。该矿创建过程得左宗棠支持，并与李鸿章有联系。 | 《捷报》1882年9月23日，第311页；《申报》1885年4月27日；胡碧澄：《灌叟撮记》，第5—10页。 |
| 1882 | 烟台缫丝局 | 商办 | 唐茂枝主持；投资人中有唐廷枢、徐润、张鸿禄、郑观应、刘瑞芬（上海海关道、粤抚）、瑞莘侯（宁波海关道）、方汝翼（烟台海关道）等。1886年该局转移交盛宣怀接办。 | 《轮船招商局档案》；《海关十年报告》，1882—1891年，烟台，第75页。 |
| 1882 | 公和永丝厂 | 商办 | 黄佐卿（湖州丝商）创办，与上海外国洋行有密切联系。 | 《上海研究资料》，第5页；《申报》1889年9月23日。 |
| 1885 | 山东平度、招远金矿 | 官督商办 | 李宗岱（前济东道）创办；投资人中有马建忠、林道琚（旧金山侨商）、陈世昌（候选道）、徐麟光（同知）、李赞助（中书衔）等。该矿与汇丰银行、李鸿章均有联系。 | 李秉衡：《李忠节公奏议》第10卷，第26—29页；李鸿章：《全书》，电稿，第12、13卷。 |

| 开办年 | 企业名称 | 组织形式 | 主要创办人、主持人、投资人及其社会关系 | 资料来源 |
|---|---|---|---|---|
| 1887 | 云南铜矿 | 官督商办 | 唐炯(云南巡抚)、胡家桢(江苏候补道)主持;投资人中有卓维芳(太守)、张家齐(候补知府)、关相青(候选通判)、张长曜(候选通判)、王炽(票号商、候选同知)。 | 《申报》1883年12月27日;《光绪朝东华录》,第2册,第1770、2290页。 |
| 1887 | 漠河金矿 | 官督商办 | 李鸿章、恭镗(黑龙江将军)派李金镛(商人、吉林道员)创办并主持,招有商股,投资人不详。 | 李鸿章:《全书》,奏稿,第61卷,第45页。 |
| 1887 | 中国铁路公司 | 官督商办 | 伍廷芳(观察)、吴炽昌(买办化商人、太守)主持,与李鸿章关系密切。 | 《申报》1887年4月26日。 |
| 1889 | 广东天华银矿 | 官督商办 | 何昆山(港商,买办)、唐廷枢、徐润主持;投资人中有方曜(提督)、李玉衡(买办)。 | 徐润:《年谱》,第47页;《捷报》1889年11月8日,第565页。 |
| 1892 | 热河建平金矿 | 官督商办 | 李鸿章札委徐润主持;投资人中有郑观应。 | 徐润:《年谱》,第47页;郑观应:《盛世危言后编》第11卷,第25页。 |
| 1894 | 上海华盛纺织总厂 | 商办 | 盛宣怀奉李鸿章命会同聂缉椝(江海关道)在上海织布局旧址创建;投资人中有盛宙怀(候补知府)、严作霖(国子监学正、在沪办赈务著名)、许春荣(经营洋布商、钱庄主)、严潆(补用知府、招商局董)、杨廷杲(知府),均与盛宣怀关系密切,此外尚有上海、宁波、苏州各地绅商。 | 李鸿章:《全书》,奏稿,第77卷,第38页;李鸿章:《全书》,电稿,第15卷,第14页;《捷报》1893年12月15日,第940页。 |

上表所列,不过是 20 来家新式企业的主要创办人、主持人和投资人的情况,远非这一时期近代企业投资人状况的全貌。不过,通过这些企业的主要创办人和投资人去推测企业的资本来源,不难发现中国近代企业资本构成上的某些特点。

这个时期,新式企业投资人的身份地位大抵可分为官僚、商人(新旧商人)和地主 3 个部分。在每个部分中又都存在不同的阶层和集团。

70 年代以后,积极进行资本主义企业活动的官僚,主要是清政府洋务派官僚集团。这个集团又有洋务派大官僚和一般洋务官僚之别。上表中,一些规模庞大的官督商办企业几乎都与直隶总督、北洋通商大臣李鸿章有密切关系。轮船招商局、开平矿务局、电报总局、漠河金矿、中国铁路公司及华盛纺织总厂,都是经李鸿章支持和推动创办的。另一些企业则是主持人为了利用他的权势,争取他的支持而主动地向他投靠的。这后一种联系又视各企业的不同发展状况而有程度差别。上海机器织布局在争取北洋集团的联系中,从最初的商办转变为官督商办企业,最后则变为大官僚的私产。热河三山银矿、江苏利国驿煤矿、山东平度金矿等几乎都是为了寻求靠山而与北洋集团直接或间接地发生了某种关系,从而在设厂和开发上都得到了一定的支持。

洋务派官僚之外,新旧商人对这一时期近代企业的投资居于重要的地位。买办和买办化商人一类被称为新式商人,乃是半殖民地社会的特殊产物。起初,他们活跃于商品流通领域,为外国资本主义势力向内地的渗透起着传导和扩散的作用。到了 70 年代初,当中国资本主义企业兴起时节,他们又为西方资本主义势力和中国封建势力的结合起了媒介作用。其中一部分人物也从流通领域转向生产领域进行活动。他们所投放的资本具有举足轻重的地位。在中国资本主义发展进程中,买办阶级部分成员转化为民族资产阶级,成了中国近代阶级关系中一个具有历史意义的现象。

对于买办阶级成员的活动和作用也必须做阶层分析。就上表材料所记述,投资于近代企业的买办人物中如唐廷枢、徐润、郑观应等乃是买办阶级的上层。他们先后依附李鸿章,充当北洋集团经营近代企业的代理人;在他们的周围又聚集着一批资力雄厚,但缺乏条件夤缘权要的买办和买办化商人。唐、徐、郑等依附北洋集团,使大官僚和大买办在近代企业里结合和互相利用。不过随着中国资本主义的发展,买办资产阶级上层也会发生分化,也存在着不同的转化迹象。

买办阶级的中下层是一批与封建权要没有联系、或联系较少的买办或买办化商人组成的一个阶层。这一阶层人数众多,拥有相当数量的资金。早期洋务派官僚力求招徕"诡寄洋行"的买办资本,就包括这一部分人的资本在内。不过这一阶层的动向往往受本阶级上层分子所左右。洋务派在争取到买办阶级的上层人物后,也就在一定程度上调动了他们的积极性。但是,在经营近代企业的实践中,他们的经济利益往往遭到大官僚大买办的损害,得不到应有的保障,例如,池州煤矿的杨德、上海织布局的卓培芳都可视做代表。随着资本主义经济的发展,他们也经历了一个分化的过程,其中有相当一部分人转化为形成中的民族资产阶级的成员。

旧式商人的上层中也出现了对新事物具有兴趣的人物。如沙船运输业中的朱其昂、朱其诏、朱其莼、郁熙绳,钱庄主出身的经元善,淮北盐商李培松,四川票号商王炽以及在江南商业社会负有盛誉的李金镛、谢家福、蔡鸿仪等等,都是一批重要的活动人物。他们摆脱旧的经营方法,或亲身经营,或提供资本,投身到兴建近代企业的行列中去,自觉或不自觉地起着促进中国资本主义经济发展的作用。他们的转化也成为民族资产阶级的一部分。

这一时期中,还有一个值得一提的是侨商资本对国内新式企业的试探和支持。即使从断篇残简的记载中我们得知陈启沅、何昆山、林道琚、陈继善、张振勋、陈新泰、黄广余等等侨商,或自创近代企业,或附股官督商办企业。他们在中国资本主义近代企业的兴起上无疑是起了积极作用的。他们自然也是中国民族资产阶级的成员。

上表所列各类人物在甲午战争以前从事于近代企业的活动说明了一个事实,即"随着新生产力的获得,人们改变自己的生产方式,随着生产方式即保证自己生活的方式的改变,人们也就会改变自己的一切社会关系"。[①] 在半殖民地的社会条件下,一部分商人、地主和官僚在资本主义经济发展进程中,分割剩余价值,增殖个人财富,依靠资本对雇佣劳动的剥削取代封建剥削,从而也就改变自己的社会属性。中国民族资产阶级便是在这个历史运动中产生的。

## 二、资产阶级的各阶层

中国资产阶级的前身,即一部分商人、地主和官僚,在一个相当长的时期中经历了逐步转化的过程。由于社会地位的不同,经济力量的差异,他们对于中国资本主义经济的发展各自有着不同的要求,形成不同的集团。下面,从这些集团中选取某些具有代表性的人物,根据他们的社会经历,分析他们在参与近代企业的经济活动中所产生的影响和作用,借以说明中国资产阶级在形成过程中的若干特点。

### (一)洋务派官僚集团

清政府的洋务派集团是半殖民地的社会产物。在这个集团

---

① 马克思:《哲学的贫困》,《马克思恩格斯选集》第 1 卷,第 108 页。

里，与外国势力接触频繁的洋务派官僚中的李鸿章成为一个接受资本主义生产方式、带有资本主义倾向的集团中的首要人物，扮演了中国近代企业倡导者的角色。作为李鸿章亲信的盛宣怀则成了利用官势、积累财富的官僚集团中的典型人物。

李鸿章出身于安徽合肥官僚地主家庭。他的政治生涯是从追随湘军首领曾国藩镇压太平天国革命运动开始，嗣后独立地率领淮军残暴地扑灭捻军起义，前后 10 余年，在农民革命军的血泊中发迹，从曾国藩一个幕僚跃居为独当一面的督抚。

李鸿章所处的时代正是西方殖民势力对封建中国使用恐怖方法，"按照自己的面貌为自己创造出一个世界"的时代。① 第二次鸦片战争以后，外国侵略势力利用合法和非法的手段，把政治、经济、宗教、文化各方面的势力推向内地，促使中国社会各阶级的矛盾增添更加复杂的内容。作为洋务派官僚集团代表人物的李鸿章面临这种急剧变化的形势，意识到这是封建王朝"数千年来未有之变局"②。为了摆脱封建统治覆灭危机，李鸿章鼓吹"舍变法和用人，别无下手之方"③。他所说的"变法"指的是办理"洋务"，而所谓"用人"就是培植通晓洋务的人才，"使天下有志之士无不明于洋务"④。在李鸿章看来，"洋务"乃是清王朝赖以维持统治的惟一策略。⑤

李鸿章的洋务活动是从创办近代军用企业入手的。这是因为

① 马克思：《共产党宣言》，《马克思恩格斯选集》第 1 卷，第 255 页。
② 李鸿章：《全书》，奏稿，第 24 卷，第 2、3 页。
③ 李鸿章：《全书》，奏稿，第 24 卷，第 2、3 页。
④ 李鸿章：《全书》，奏稿，第 24 卷，第 2、3 页。
⑤ 李鸿章：《复刘仲良中丞》，光绪二年九月十四日信中称："至谓鄙人喜闻谈洋务之言以致冒险负谤。处今日喜谈洋务乃圣之时，……公等可不喜谈；鄙人若亦不谈，天下赖何术以支持耶？"李鸿章：《全书》，朋僚函稿，第 16 卷，第 30 页。

从长期内战中,他深知新式军器在战争中的重大作用。近代军用企业在性质上虽不属于资本主义生产事业的范畴,但是新式军用工业生产方法的运用,自然开拓了他对于西方民用生产方法的眼界。

进入70年代,在中国旧经济结构日益破坏的过程中,资本主义生产方式也在某些经济部门出现取代封建生产方式的现象。作为地主阶级政治代表的李鸿章很自然地也意识到这种新旧生产方式的交替,是不可能单纯地依靠政治力量所能禁阻得了的。1872年,李鸿章明白地表示支持商人兴办轮船运输业,"我既不能禁华商之勿搭洋船,又何必禁华商之自购轮船"①。其后两年,他又比较全面地陈述了创办近代企业抵制洋货侵入的主张:"盖既不能禁洋货之不来,又不能禁华民之不用。英国呢布运至中国,每岁售银三千余万,又铜铁铅锡售银数百万,于中国女红匠作之利,妨夺不少。曷若亦设机器自为制造,轮船铁路自为转运?"②

应该指出,李鸿章从自己的经历中看到了封建经济结构已无法维持,提出适应形势的变化进行改革,这是正确的。但是,洋务派是一个代表地主阶级利益的官僚集团,它的活动不会,也不能逾越本阶级利益所允许的范围。它所进行的经济活动,即所谓"求富",最终是以本阶级利益为依归的。洋务派一再揭示的宗旨是"必先富而后能强"。因之,"富"和"强"的关系在李鸿章的逻辑里就是:创办具有经济效益的生产事业,其终极目的在于维持和发展清政府的军用工业和其他暴力工具。1872年,他主张开发和经营煤、铁矿山,指出生产煤铁"销路必畅,利源自开,榷其余利,且

① 李鸿章:《全书》,朋僚函稿,第12卷,第29页。
② 李鸿章:《全书》,奏稿,第24卷,第20页。

可养船练兵,于富国强兵之计殊有关系"①。到了七八十年代之交,中国近代企业的兴建出现了一个微弱的高潮,李鸿章也更为完整地表示了他积极支持近代企业的创办就是为了"裕饷","夫欲自强必先裕饷,欲浚饷源莫如振兴商务",并自称"创办招商局之初意,本是如此"。② 80 年代后期,铁路的修建引起李鸿章的重视。然而在他心目中:"铁路之妙用在调兵运饷,铁路之命脉在商贾贸迁。商贾辐辏之地,多一里得一里之益;商贾稀少之地,多一里受一里之累。"③这就非常明显地反映了洋务派集团不是用建造铁路推动社会经济的发展,而是利用铁路汲取繁荣地区的财源;建造铁路的真正目的全在于"调兵运饷"。由此可见,以李鸿章为代表的洋务派集团参与近代企业活动的真正意图,不是为了发展中国的资本主义经济,而是为封建清政府寻找续命汤,用李鸿章的说法,就是"为国家〔清政府〕建万年不拔之基"④。

近代企业"官督商办"的组织形式是李鸿章倡导的。这种形式成为北洋官僚集团既谋私利,又可控制近代企业的有力手段。从创办轮船招商局开始,在近代企业产生期居于重要地位的开平矿务局、中国电报局、上海机器织布局、中国铁路公司以及远在边陲的漠河金矿,无一不因其为官督商办的组织形式而被李鸿章集团所控制。连同一向被李鸿章视为"命脉"的近代军用企业如江南、金陵、天津等机器局,都是洋务派李鸿章北洋集团扩张势力的政治经济基础。历史实际表明,北洋集团是一个贪婪的独占集团。这个集团在政治上维护清王朝的封建统治,在经济上为求私利遏

① 李鸿章:《全书》,奏稿,第 19 卷,第 50 页。
② 李鸿章:《全书》,奏稿,第 39 卷,第 32 页。
③ 李鸿章:《全书》,海军函稿,第 3 卷,第 28 页。
④ 李鸿章:《全书》,海军函稿,第 3 卷,第 28 页。

制民族资本主义的发展。历史恰是如此的矛盾,处于近代企业倡导者地位的李鸿章,从其社会经济关系和意识形态来看,他却是属于保持封建统治秩序的势力的代表。

在北洋集团里,盛宣怀曾长期博得李鸿章的信任,被李视为心腹。甲午战争以前,盛宣怀的主要活动是为李在经济领域扩张势力多方奔走,实是北洋集团总揽近代企业的主要代理人。

盛宣怀出身于江苏武进官僚世家。19 世纪 60 年代末,他在上海参与社会赈济活动,与官僚、买办相交结。1870 年入李鸿章幕,充行营文案兼充营务处会办。① 由于他"工于钻营,巧于趋避"②,为李鸿章所倚重。当李为了染指资本主义近代企业,在"财"和"才"上都期望买办势力支持时,盛宣怀便运用他的社会关系,为李物色了粤籍大买办出身的唐廷枢、徐润等,达成了大官僚和大买办两种社会势力的结合。1873 年,李鸿章推许他"熟谙洋务商情",委派为轮船招商局会办之一,其使命在"往来查察"③,换言之就是为李鸿章监督招商局的业务活动。

盛宣怀的行径历来被认为是一个"挟诈渔利","为利孳孳"的人物。④ 有确凿的材料证明,70 年代初,他从事股票投机,拥有相当数量的旗昌洋行的股票。⑤ 1876 年轮船招商局在盛、唐、徐几个主要主持人的策划下,以 200 余万两的高价购买了旗昌轮船公司

----

① 有关盛宣怀活动的资料来源,除注明出处外,主要根据《愚斋存稿》附录《盛宣怀行述》,并参考徐润的《徐愚斋自叙年谱》和经元善《居易初集》各书的有关记载。

② 参见《洋务运动》第 6 册,第 47 页。

③ 《洋务运动》第 6 册,第 58、38、63 页。

④ 《洋务运动》第 6 册,第 58、38、63 页。

⑤ 《盛宣怀档案·随吉致盛宣怀函》,光绪三年九月初二日,转引自汪熙:《论晚清的官督商办》,《历史学》1979 年第 1 期,第 115 页。

旧的木质轮船及其全部财产。据有关资料透露,促成这笔交易的原因之一就在于盛、唐、徐等为了把手中低价买进的旗昌股票,向招商局换取高价股款。① 这种假公济私的丑行被揭发后,李鸿章为其百般袒护,力称盛宣怀随他多年,"廉勤干练"②,至于"旗昌股票,唐廷枢、徐润或有一二,盛宣怀久在仕途,未必有此"③。但是,李鸿章的声辩是苍白无力的。事实是在这一次成交中,不特盛宣怀"蠹帑病公",而且李鸿章本人也不是干净的。另据档案材料透露,就在这次购买过程中,盛宣怀等发现了旗昌还另有房产30间,洋房17所,约值50万两。盛策划由少数亲信另组公司收买,估计每年可得8%的收益。为此,他特秘密地向李鸿章交底,并征询:"师如欲附股若干,乞密示。拟令招商局及小村、仲舫数人为之,候示。"④这个事例非常具体而深刻地暴露了盛宣怀、李鸿章之间的特殊关系,以及这种关系的现实基础。

1879年,经李鸿章奏请,盛宣怀署天津河间兵备道。同年,盛向李建议仿轮船招商局成例,招集资本创办津沪电线,1881年盛终被李委派为电报局总办。1882—1883年间,正是中国资本主义近代企业有所发展的时节,盛宣怀在上海从事金州煤矿的招股工作,往来沪、杭、苏、常经营私产,对股票的买进卖出兴趣特大。1883年年底上海发生了金融风潮,轮船招商局的经营遇到困难,李鸿章乘机派盛宣怀挈马建忠接管局务。盛则乘上海市场股票价格猛跌时机,又大量扒进招商局和电报局的股票。

---

① 《洋务运动》第6册,第43页。

② 《洋务运动》第6册,第58页。

③ 李鸿章:《全书》,奏稿,第40卷,第22页。

④ 《盛宣怀档案·盛宣怀致李鸿章密函》(稿本),光绪三年十一月,转引自汪熙:《论晚清的官督商办》,《历史学》1979年第1期,第102页。

　　这几年中,粤抚张树声、闽浙督抚何璟、张兆栋分别奏调,延揽盛宣怀为他们办理洋务,均为李鸿章所阻止。1884 年李调盛署天津海关道,兼管北洋"洋务"和"商务",地位日臻重要。1885 年招商局从旗昌洋行赎回后,李又委盛为该局督办,遥领局务。稍后,盛又利用醇亲王奕谯巡视北洋海陆军的机会,极力巴结,以致在1886 年又出任山东登莱青兵备道兼东海关监督。这时山东的防务和税务都听命于北洋,盛宣怀掌管的招商局和电报局都"以津沪为枢纽",而烟台地居津沪之中心,李鸿章将他安置在这里为的是便于他"控驭联络","势若指臂"。与此同时,盛又以重金贿赂,交结慈禧宠儿李莲英,"纳赘称弟子"。①

　　政治地位上的一再升迁,助长了盛宣怀控制近代企业的野心。作为招商局督办和电报局的总办,他有权优先获知各企业的内幕和津、沪等重要市场商品行情的变化和金融动向。他私下又安排亲信孙祥麟在上海"坐探以资耳目",指示后者"如有关系洋务、商务消息,密速禀报,其紧要者即随时公电飞报"。② 这个坐探经常向盛宣怀报告上海市场各重要企业股票行情的变化,并接受伺机秘密套购的任务。③ 在 1888 年一年内仅仅经过孙祥麟之手,就曾为盛宣怀"密购了仁济和保险公司股票 30 股(合银 13037.5 两),

---

　　① 沃丘仲子:《近代名人小传》中卷,第 143—144 页。

　　② 《盛宣怀档案·盛宣怀致孙祥麟函》,光绪十四年十月二日,转引自汪熙:《论晚清的官督商办》,《历史学》1979 年第 1 期,第 115 页。

　　③ 例如 1888 年 11 月 19 日,孙祥麟函盛宣怀:"承嘱收购轮船、保险两项股票,谨当遵办,惟现在竟无疋数,只可陆续购齐……自当谨慎秘密。"见《盛宣怀档案》,转引自汪熙:《论晚清的官督商办》,《历史学》1979 年第 1 期,第 115 页。

轮船招商局股票 505 股（合银 43630 两）。① 与此同时，盛宣怀也热衷于追逐外商企业的股票。1889 年 11 月初，他指使上海的另一个亲信："望即代买汇丰银行股票，趁此价较贱，请即迅速下手，尽数购买。"②从这里人们不难看到盛宣怀是怎样利用公私方便，积累其私人资本的。

与北京权贵的交结更增加盛宣怀在北洋集团中的声价。1892 年他又被调补天津海关道兼津海关监督，为北洋全面地管理对外交涉和"新钞两关税务"。事实上这次调动的背景实在于李鸿章更需要他于此时在北洋和北京权贵以及总理衙门之间沟通声气。1893 年，由李鸿章操纵的上海机器织布局遭火焚毁后，盛宣怀又奉委派，径赴上海督办华盛总厂，乘机为北洋全面控制了近代纺织工业。至此，人们可以看到：为北洋集团把持的轮、电、煤、纺四大类企业中，盛宣怀竟操纵其三，可见盛宣怀是北洋官僚集团中控制经济事业的主要代理人物。

在半殖民地的社会条件下，为北洋集团掌管经济的盛宣怀当然离不开与主要的外国侵略势力即英美的联系。这是因为北洋集团控制的近代企业如轮、电、纺等单位都设在上海，其经济利益和活动范围又都以长江中下游为重心。这一区域从 19 世纪 60 年代以后，长期为英、美势力盘踞。这自然使盛宣怀为北洋经管江南经济利益时，必须与英美势力打交道。而盛宣怀通过与外国势力的联系，对于培植个人的政治经济势力也是大有方便可沾。上面曾

---

① 《盛宣怀档案·孙祥麟致盛宣怀函》，光绪十四年二月二十二日，八月二十日，十二月二十六日，转引自汪熙：《论晚清的官督商办》，《历史学》1979 年第 1 期，第 115 页。

② 《盛宣怀档案·盛宣怀致雨记函》，光绪十五年十一月十二日，据汪熙按："雨记"是盛宣怀亲信杨廷杲经管的私账房的代号。转引自汪熙：《论晚清的官督商办》，《历史学》1979 年第 1 期，第 115 页，脚注①。

经指出,19 世纪 70 年代中期,盛宣怀与美商旗昌轮船公司结有不解之缘,为该公司的利益帮了大忙。到 80 年代,他与英商怡和洋行的关系就更加暧昧了。根据档案材料透露,怡和洋行上海行东 W. 机昔在 1885 年密函盛宣怀说:"谨向阁下证实我们之间所取得的谅解,凡由阁下之影响或由于阁下之介绍而取得之生意,由敝行将所赚之佣金的半数回报于阁下。"①此项档案记载有力地反映了盛宣怀的政治经济活动,与外国势力之间存有特殊的关系。1886 年五月间,海军衙门醇亲王奕譞到天津视察,引起了上海、天津各外国洋行为兜揽军需订货展开剧烈竞争。当时盛宣怀特遣一个亲戚到天津去,为怡和洋行招揽订货面见亦譞。事情暴露后,盛宣怀的计划未能得逞。而怡和洋行的天津行东 J. 机昔(J. Keswick)则通过盛的亲戚安抚盛宣怀说:"决不会〔因此〕受到任何憎恶的影响。"②也就在这一秘密活动进行期中,上海怡和洋行还收到盛的一笔定期存款 20 万两,洋行特给 6 厘利息。③ 这些情况表明盛宣怀与怡和洋行具有多么深的默契关系。此外,怡和洋行的档案还透露:1887 年 7 月,德国辛迪加在与美国米建威财团的竞争中,就是经过重贿盛宣怀才达成对电报局的一笔贷款。④ 可见,盛宣怀不只是北洋集团控制近代企业的主要代理人,同时还是外国在华政治经济势力的买办化人物。正因为如此,他才能周旋于中外反

---

① 《盛宣怀档案·W. 机昔致盛宣怀函》1885 年 8 月 18 日,转引自汪熙:《论晚清的官督商办》,《历史学》1979 年第 1 期,第 114 页,脚注⑤。

② 《怡和洋行档案·上海—香港,致 W. 机昔函》,1886 年 5 月 1 日,转见勒费沃:《晚清西方在华企业》,第 85 页。

③ 《怡和洋行档案·上海—香港,致 W. 机昔函》,1886 年 5 月 1 日,转见勒费沃:《晚清西方在华企业》,第 85 页。

④ 《怡和密函档·上海—天津,致 A. 米契函》,1887 年 7 月 28 日,转见勒费沃:《晚清西方在华企业》,第 113 页。

动势力之间,长袖善舞,历久不衰。

甲午战争后,李鸿章失去了北洋地盘,气焰一度消沉。然而为李做经纪人的盛宣怀却不曾受到重大影响。继任的北洋大臣王文韶和他夙有渊源,继续要他料理"洋务",津海关道的地位得以恋栈。洋务派后期的主要人物张之洞也需要利用盛宣怀调集江南资金支持汉阳铁厂,经营泸汉铁路,而英、美、日、德帝国主义更视盛为得力工具。所以,盛宣怀在李鸿章失势之后,自立门户,他的活动能量不但没有减弱,反而继续膨胀。

洋务派北洋官僚集团是近代中国半殖民地制度和半封建制度相结合的产物。这个集团的头面人物依靠政治地位进行经济活动,通过控制大型近代企业,谋取政治经济私利。如果说他们之间有什么不同的话,那仅仅在于李鸿章所依靠的主要是他拥有的政治地位,而盛宣怀则政治经济双管齐下,在政治上,他依仗李鸿章的支持和庇护,在经济上他又通过与外国势力勾结,厚积资财,伺机收购企业股票,从而达到控制企业的结果。

但是,洋务派北洋集团是一个复杂的构成体。在这个集团中,某些中等官僚如各地海关道,由于有较多机会接触洋务,对于通过近代企业获取优厚利润表现了相当浓厚的兴趣。例如,天津海关道郑藻如投资于开平煤矿,江海关道刘瑞芬、烟台海关道方汝翼、宁波海关道瑞莘候等投资于烟台缫丝局,江海关道龚照瑗、署天津海关道刘汝翼之于上海机器织布局,江海关道聂缉椝之于华盛纺织总厂等等[1],他们几乎都在不同程度上与近代企业发生了资本联系,在必要时也向企业提供某些方便。不过他们中大多数不直接参与企业活动,而是一面服官,一面分享企业利润。

_____

[1] 《招商局档案》,存中国第二历史档案馆;《申报》1893 年 12 月 21日;李鸿章:《全书》,奏稿,第 78 卷,第 10 页。

　　此外,还有相当数量的一般官僚,由于缺乏权势,为经营近代企业不得不与北洋拉拢关系。其中一部分人与李鸿章夙有瓜葛,如马建忠、杨宗濂、杨宗瀚、戴景冯、朱采、胡家桢、胡恩燮、李宗岱等等。他们为了经营厂矿企业,寻求奥援,几乎都与北洋集团发生了程度不同的关系。但他们在经营企业的实际过程中却是十分坎坷的。从发展的眼光来看,洋务派集团的分化和一部分成员的转化,到19世纪八九十年代之交,是明显存在的。因此,这一部分人实则是从他们经营近代企业的艰难历程中,逐步转向形成中的民族资产阶级,为后者提供基础的。

### (二)买办集团

　　买办和买办化商人在中国近代企业产生进程中曾是一支比较活跃的力量。甲午战争前,他们几乎在所有比较重要的近代企业的创办和发展中都很活跃。买办集团成员的资本力量有大小,他们与洋务派官僚的关系有亲疏,与外国势力的交结有深浅,因而可以划分为不同的部分或阶层。

　　在本书所涉及的时期中,买办集团的上层如唐廷枢、徐润、郑观应等人和外国势力的接触较早,拥资较厚,对经营近代企业具备较多的知识,和较大的号召力量。他们在70年代博得北洋官僚集团的重视,先后与李鸿章建立了较深的关系。他们的经济活动广泛地涉及轮船、电讯、煤铁、纺织各经济部门,以及若干金属矿山企业;而在政治上又在不同程度上为北洋李鸿章交结外国势力起媒介作用。70年代以后,随着中国资本主义经济关系的初步发展,各种矛盾突出,从而导致这一阶层的成员发生不尽相同的变化。因此,简要地分析他们的社会经历,将有助于对中国资产阶级形成过程中若干特点的认识。

　　在买办集团的上层分子中,唐廷枢与李鸿章的关系极为密切。

唐出身于广东香山县一个穷苦的家庭,童年时代就学于香港马礼逊书院(Morrison Educational Society School),嗣后又进英国教会学堂"深造"[1]。大约在 1848 年以后,他曾受雇于香港一家拍卖行[2]充任助手。1851 年后的几年中先后在殖民地政法机关香港巡理厅和大审判院充当译员。[3] 1858 年前在香港还开过 2 座当铺,历时 4 年。[4] 唐后来到了上海,任职于江海关,3 年中担任了副大写(副帮办)、正大写和总翻译的职务。[5] 1861 年后受雇于上海怡和洋行,初任推销员,往来长江新开各口,为该行开辟内地贸易。[6]由于他"出色地"为洋东效劳,两年后被提升为总买办。从而全面地照管该洋行在各地的业务,经常接受洋东特殊的差遣,往来于福州、镇江、汉口等地,视察营业状况,排解业务纠纷[7],深得洋东信任和好评。

　　唐廷枢的商业活动非常广泛。他不仅与外国洋行有很深的交结,而且与内地旧式商人也有广泛的联系。在充当怡和买办的时期中,唐曾开设"修华号"棉花行,为洋行收购棉花;并与其他买办合伙,在上海设立谦慎安(Hsin Sun On 音译)茶栈,在茶叶产地设

<hr>

① 《上海远东月报》1878 年 6 月号,转见徐润:《年谱》,第 58 页。

② 《捷报》1892 年 10 月 14 日,第 715 页;基里斯:《中国名人传》(Herbert A. Giles, A Chinese Biographical Dictionary),第 715 页。

③ 刘广京:《势力的对抗》,第 143 页。

④ 《怡和洋行档案》载:"唐廷枢自称在香港开设当铺,四年中每年可获投资的 25%—45% 的利润。"《唐廷枢致 W. 机昔(W. Keswick)函》1866 年 1 月 4 日,转引自刘广京:《唐廷枢之买办时代》,《清华学报》新 2 卷,第 157 页。

⑤ 刘广京:《势力的对抗》,第 143 页。

⑥ 《上海远东月报》1878 年 6 月号,转见徐润:《年谱》,第 58 页。

⑦ 徐润:《年谱》,第 12 页。

立了 7 所茶庄①,径向茶农收购茶叶。在金融活动方面,他曾与前怡和买办林钦伙开泰和(Taiwo)、泰升(Taising)和景义(Ching Yih)3 家钱庄②,可见他与上海旧式银钱业者也是有广泛的联系的。1868 年他还曾协助怡和洋行承受当地钱庄签发的庄票,对钱庄办理短期贷款,仅此一项,便为洋行赚取了优厚利益。③ 1869 年,他又从洋行通融到 2 万两资金从事于淮盐运销(自扬州运至汉口)前后历时 3 年。④

唐廷枢的广泛商业活动不但为自己积累了大量资本,而且在当时的商业社会里博得不小的声誉。在 1868 年以前设立的上海丝业公所、洋药局以及当年设立的上海茶叶公所中,他都被推选为董事。⑤ 依恃这种身份,他又参与社会"公益善举"活动,与官僚盛宣怀,豪商胡光墉、陈竹坪、徐润及旧式商人出身的李金镛、谢家福等都有较深的交往⑥,为 70 年代粤籍旅沪商人中具有很大影响的人物,并被公认为广(州)肇(庆)公所的实际领导人之一。

唐廷枢除了在中外贸易活动中十分活跃之外,对资本主义近代企业的经营也具有较多的知识,尤擅长于近代航运业务。1867 年,唐投资于英商公正轮船公司。这家公司主要行驶长江航线,吸收一批买办资本。唐廷枢被推举为主要董事;次年,又有以行走北洋航线为主的北清轮船公司继之成立,唐又以投资者的身份应该

---

① 刘广京:《唐廷枢之买办时代》,《清华学报》新 2 卷,第 151 页。

② 刘广京:《唐廷枢之买办时代》,《清华学报》新 2 卷,第 147 页。

③ 怡和档案:《约翰逊(上海)致 W. 机昔(香港)函》1869 年 2 月 1 日,转引自郝延平:《十九世纪中国的买办》,第 262 页,注第 112 页。

④ 刘广京:《唐廷枢之买办时代》,《清华学报》新 2 卷,第 161 页。

⑤ 徐润:《年谱》,第 14 页。

⑥ 徐润:《年谱》,第 15 页。

公司华股的要求担任董事,实际上是该公司华股的领袖。① 1872
年他又伙同怡和洋行上海经理约翰逊策划成立"东海(或称华海)
轮船公司"(China Coast Navigation Co.)②,并以主要投资人的地
位担任襄理。③

正因为唐廷枢在近代航运业上拥有丰富经验和多方面的关
系,所以,当轮船招商局在 1873 年处于进退维谷时,经盛宣怀荐
引,唐便被李鸿章视为能使轮船招商局摆脱困境的洋务人才,充当
该局总办。此外,唐还出资,捐买了福建候选道的官衔,以便于出
入官场。④ 在唐廷枢的一生的活动中,这是一个重要的转折。它
表明:在半殖民地社会,为外国洋行奔走效劳的买办,在一定条件
下,可以成为洋务派官僚经办新式企业的得力助手。1873 年,唐
廷枢充当轮船招商局总办时,形式上已不复是怡和洋行的总买办。
但这个总买办的职位是由他的兄长唐茂枝继任的。这样他与外国
洋行仍保持密切关系。

唐廷枢主持轮船招商局业务以后,实际上不只在企业的经营
上为洋务派效劳,同时在洋务交涉方面也是北洋集团的重要帮手。
1875 年,江南分巡苏松太兵备道冯焌光以"上海为东西两洋通商
总汇之所,洋务殷繁甲于他处"为理由,特设立"上海洋务局",委
派唐廷枢为会办,推许唐"办事认真","洋务最为历练"。⑤

唐廷枢擅长外文,能操一口流利英语,淮系官僚丁日昌称他

---

① 费维恺:《中国的早期工业化:盛宣怀和官办企业》,第 110—111 页;
刘广京:《势力的对抗》,第 142—143 页。

② 《申报》1872 年 10 月 31 日。

③ 《捷报》1874 年 10 月 22 日,第 399 页;《汇报》1875 年 3 月 16 日。

④ 徐润:《年谱》,第 58 页。

⑤ 《江南分巡苏松太兵备道札》,光绪元年二月初五日,《招商局档
案》,复印件,原件存南京档案馆。

"洋文洋语罔不周知"①。1875 年中英烟台谈判中,他充当李鸿章的翻译,是重要的助手之一。② 当时,怡和洋行深知他得到李鸿章的倚重,一再利用他们之间的关系对李鸿章施加影响。1876 年 8 月间,怡和洋行企图在修建铁路、开发矿山方面进行渗透,特指示它的代表莫里逊(Morrison)去找唐廷枢,伺机会见李鸿章,表示怡和洋行愿对中国铁路、矿山或其他方面的开发提供短期贷款和其他形式的经济支持。③ 果然,在九月的第一个星期里,莫里逊便见到了李鸿章。④ 十分明显,这中间唐廷枢无疑是起了穿针引线的作用。

1885 年秋,规模初具的开平矿务局曾向怡和洋行试探借款。怡和的主持人 J. 机昔提出成立贷款的条件是全面接管该矿的管理权。显而易见,这是一个包藏着攫夺开平煤矿主权的侵略阴谋。据怡和洋行档案透露,李鸿章对此感到犹豫。而一向在开平揽权的总工程师金达和充当李鸿章洋顾问的德璀琳则千方百计为实现怡和的阴谋奔走,这是不足为奇的。令人惊异的是充当开平矿务局总办的唐廷枢竟然也完全赞同怡和的条件,并且在 11 月间向李鸿章送上禀帖,表示支持怡和洋行全面控制开平矿局的要求。⑤ 这不能不引起人们对于唐廷枢的立场有所深思。

作为李鸿章处理洋务的主要助手之一,唐廷枢肯定参与北洋

---

① 《海防档》,福州船厂(二),第 686 页。

② 《字林西报》1876 年 9 月 5 日,第 227 页。

③ 《怡和洋行档案·上海—香港致 W. 机昔函》,1876 年 9 月 1 日,转引自勒费沃:《晚清西方在华企业》,第 109 页。

④ 《怡和洋行档案·上海—香港致 W. 机昔函》,1876 年 9 月 28 日,转引自勒费沃:《晚清西方在华企业》,第 110 页。

⑤ 勒费沃:《晚清西方在华企业》,第 79—80 页。按这次贷款由于各方反对,未能成立。

某些机密,可是他有时却将尚未公开的某种决定泄露给怡和洋行。例如,1889 年,清政府对修建铁路曾做了广泛的讨论和规划。唐廷枢得悉某些拟议和决定,便将广州汉口间将于1890 年修建干线以及准备举借外债的计划私下透露给怡和洋行的"老朋友"①,以便他们在贷款竞争中早做准备。作为北洋集团的智囊之一,唐廷枢的这种行径是他的职守所不能容许的。然而,李鸿章对此置若罔闻,他甚至向清政府推荐唐廷枢"堪备各国使臣"之选。② 这说明在拍卖国家主权上,唐、李之间的一致性已经达到水乳交融的地步。无怪唐廷枢在描述他和李鸿章的关系时,略带自谦而又颇为自满地说:"总督是领导,而我是推动者。"③可是长期旅居上海的外商则认为:"唐廷枢是李鸿章关于西方思想的一切事情上的机密顾问",而"唐在思想上与其说是中国人毋宁说是外国人"。④

严峻的事实表明,唐廷枢虽然不复具有买办的称号,出任官督商办企业的总办,但是,他对于怡和洋行的关系实在不是"藕断丝连"四字所能够概括的。

出身于宝顺洋行的徐润是李鸿章罗致的另一个大买办。他也是广东香山县人,生长于买办世家。⑤ 他伯父徐钰亭、叔父徐荣村先后都充当过宝顺洋行的买办。1852 年,年仅 15 岁的徐润随同叔父来到上海,寄身洋行学习丝茶进出口贸易业务,取得了洋东的赏识。50 年代末,他在充当洋行雇员的同时,便曾与同伙"合开绍

---

① 勒费沃:《晚清西方在华企业》,第 118 页。
② 盛昱:《论唐廷枢奏》,光绪十年十月二十六日,《意园文略》第 2 卷,第 14 页,转见《洋务运动》第 6 册,第 76 页。
③ 丁韪良:《花甲忆记》,第 351 页。
④ 《洋务运动》第 8 册,第 401 页。
⑤ 关于徐润的经历,除注明出处外,均根据徐润:《年谱》的有关部分,不另作注。

祥字号,包办各洋行丝、茶、棉花生意",并为吸收社会资金支持商号活动,合股开设敦茂钱庄。也曾为宝顺洋行远赴日本长崎设立经销据点,在对日本贸易中获得重利。

1860 年,徐润锐意经营茶业,先在温州设立润立生茶号,为外国洋行购运茶叶;次年改在宁州,为洋商收购乌龙茶,每担获利100 余两。于是放手在河口、宁州各处合股续开福德泉、永茂、合祥记等茶庄,调派专人收购和贩运。这一年宝顺行东为了奖赏徐润的"劳迹",提拔他任该行副买办,主持全行业务。从此他的活动更为积极,沿长江在镇江、芜湖、九江、汉口和华北的烟台、天津、牛庄等口岸为洋行开辟市场;并在上海汉口间行驶轮船,开展运输贸易。

在为洋行开辟市场的同时,徐润自己也进行商业经营,其内容非常庞杂,既经营合法商品如丝、茶、烟叶、皮油、白蜡、黄白麻及各种桐油等等,又贩卖毒品鸦片。此外,适应上海商业的发展,他还从事于地产投机。到 1863 年,他曾以低价买进房地 2900 余亩,造屋 2000 余间。次年又合股开设协记钱庄并在绸布庄附股。总之,徐润在宝顺洋行任事的八九年间,他自设或附股投资的商号,粗略统计竟不下十三四家之多。

1867 年,宝顺洋行闭歇。徐润独立经营,自设宝源祥茶栈,利用旧有关系设分号于河口、宁州、澧溪、漫江、羊楼洞、崇阳、湘潭、长寿街等茶区。据他自白,在茶叶生意上,无论自销或代客收购,都是"成本轻,获利重","佣钱生意均能得益"。与此同时,他继续在上海、镇江、天津等地购买房地,热衷于地产投机。

凭借丝茶贸易、贩运鸦片和房地产投机所积累起来的资财,徐润在上海商业社会里成为颇有影响人物之一,被同业推举为上海茶业公所、丝业公所和洋药局的董事。在广东旅沪商人中也居于领头的地位,长期掌管"广肇公所"和"广肇山庄"的账目。

徐润虽在依仗外国洋行发迹的,但他也很清楚在半封建的社会里还必须巴结封建势力。1862 年,亦即他任宝顺副买办的第二年,他便开始纳资捐官,"由监生报捐光禄寺署正",其后又在 1863年、1864 年和 1872 年多次捐买官衔,由光禄寺署正而员外郎而郎中。与此同时,他还参与"公益善举"活动,与胡光墉、陈竹坪、李金镛等相交结,"因友及友"而与淮系官僚盛宣怀、丁日昌、郭松林、刘铭传、龚照瑗等有颇深的联系。1871 年冬,曾国藩札委他参与挑选幼童出洋留学事宜。可见此时的徐润已不仅是买办商人,而是引起洋务派官僚的重视,在上海商业社会里成为"久贾而官"的人物了。

1873 年,经盛宣怀推荐,徐润任轮船招商局会办,协助唐廷枢负责招股、运输业务。1876 年,唐廷枢北上主持开平矿务,又时常为北洋办理洋务,实际上已无暇兼顾招商局,徐润遂成为该局的主要负责人,同时也是最大的股东。①

在主持招商局业务期间,徐润先后创办了仁和、济和保险公司,投资开平矿务局,继又与唐廷枢合谋,利用招商局资金筹划贵池煤矿,企望兼并池州煤矿,以垄断安徽煤务。

徐润虽然投身于近代企业的经营,始终不忘商业投机。他在主持轮船招商局期间②,利用职权,恣意挪用公款,醉心于房地产投机。终于在 1883 年因投机失败,陷招商局于"几难收拾"的地

---

①　据徐润自称,1883 年他拥有招商局股权 4800 股,合银 48 万两,另外由他招徕的各亲友投资也不下五六十万两。

②　李鸿章在光绪三年(1877 年)底称:"两年以来,〔招商〕局事最为纷拿。徐雨之独立撑撑,艰苦万状;而粤人性愎不受谏诤,同事多与龃龉,然无雨之,则已倾覆。昨来津辞差,未敢遽允。……"李鸿章:《全书》,朋僚函稿,第 17 卷,第 41 页。

步,因此被撤职,消沉了几年。1888 年应刘铭传招引,徐润去台湾,准备主持基隆煤矿。很可能是基隆矿的情况不甚理想,仅停留1 个月便借词而归。1890 年两广总督李瀚章委派徐润办理香山天华银矿,次年李鸿章又札委他"复回开平局会办矿务",并奔走于关内外为北洋勘采金属各矿,但成绩不著。

试就徐润在甲午战争以前的活动来看,他与北洋集团相结合后虽不如唐廷枢,一度失宠开革,但旋即复起,这就表明他与洋务派之间的关系究非一般。考虑到徐润所处的时代,正是中外民族矛盾尖锐化的年代,对此,他在所著的《自叙年谱》中却毫无反映,而津津乐道者,都是发家致富经验,足见他的民族观念比较淡薄。

在中国近代企业初创期中,太古洋行买办出身的郑观应也是一个活跃人物。他与北洋集团的关系也很密切。但是,在甲午战争之前,郑观应的思想、言论以及他所追求的目标,虽和唐廷枢、徐润有某些相同之点,却存在着很不相同的另一方面。

郑观应,广东香山县人,也是买办世家出身。其兄郑济东先在宝顺洋行充当买办,1867 年后改充旗昌洋行买办。[①] 其叔郑秀山是上海柯化威洋行(Overwe G. & Co.)的买办,他亲友中还有不少在外国洋行任事的。郑自 17 岁那年"小试不售,赴沪学贾",随其叔父学习英语,同时也在宝顺洋行"管丝楼[②],兼管轮船揽载事宜"。嗣后随传教士傅兰雅学习时,注意外国的政治、实业[③],这对

---

① 徐润:《年谱》,第 2、8 页;参见郑观应:《盛世危言后编》第 15 卷,第49 页。

② 上海外商洋行经营进出口业务的交易场所,当时称"楼"。丝有丝楼,茶有茶楼。受雇洋行收买华丝的买办称丝楼买办。

③ 参见郑观应:《盛世危言》,彭玉麟序;郑观应:《盛世危言后编》第 8卷,第 31 页。

他早期思想的成长产生了一定的影响。

1867年,宝顺洋行歇业后,郑观应受雇于上海和生祥茶栈,充当翻译,不久便主持该栈业务,和两湖、江西、徽州等地茶商发生了广泛联系。与此同时,他也投资英商公正长江轮船公司,被洋商推举为公司董事之一,兼做荣泰驳船公司生意。3年后,和生祥茶栈歇业,他去苏北经营淮盐,充当扬州宝记盐务经理。又3年,当他32岁时,太古洋行开办轮船公司,雇用他为买办,任总经理兼管栈房,于是沿长江各口开设为太古洋行服务的太古昌揽载行;同时还在北方的牛庄、南方的汕头开设"北永泰字号,代客办货"①。为了吸收社会资金支持运输贸易,他又经营上海恒泰钱庄。② 70年代轮船招商局和开平矿务局先后创立,他都参与投资。由此可见,郑观应在这一时期寄身外国洋行,经营进出口贸易,同时与各地商人交结,插足于旧式商业和金融业,附股于新创的资本主义近代企业,可说是一个具有多种关系的商人。但是,就其主要的身份而言,自然还是洋行买办。这是他与唐、徐相同的一面。

但是,60年代以后的20年中,在政治方面外国侵略加深,边疆屡现危机,中外矛盾趋于尖锐化;经济方面最明显的是与外国侵略势力相对立的中国资本主义经济渐见抬头,新旧经济关系的交替导致了社会阶级的改组。在这样变动不居的复杂环境中,各个阶级(或阶层)的人物都会有自己的观感和反应。在这一方面,郑观应和唐廷枢、徐润的态度很不相同。

郑观应虽然受雇于外国洋行,却很留意国内政治形势的变化,对国家民族危机感触较深。早年他和近代中国最早的资产阶级改良派思想家王韬有交往,思想上深受王的影响。他怀着浓厚的民

① 郑观应:《盛世危言后编》第8卷,第42页。
② 郑观应:《盛世危言后编》第10卷,第118页。

族主义感情从事著述。从早期的作品《易言》到后期的《盛世危言》,其间屡经删改,一贯集中于揭露外国资本主义的侵略和国内封建统治的腐败两个主题。在《易言》一书中他抒述自己的写作动机说:"内之积感于寸心,外之睽怀于大局,目击时艰无可下手,而一言以蔽之曰,莫如自强为先。"①后来在 1892 年为《盛世危言》作序时,他又申明:"幼猎史书,长业贸迁。愤彼族之要求,惜中朝之失策,……感激时事,耿耿不能下脐。"②他的著作涉及面很广,大多与实际的政治经济活动相关。简要地说,在政治上他敏锐地指出外国侵略者"阳托修和,阴存觊觎",而外国传教士的活动则是"侦探华人情事,欲服华人之心"。③ 在经济上则愤愤于中外税负的不公平,"外国税华货进口从其重,中国税洋货进口求其轻。"郑观应能够这样揭露大局真相,表明了他确与唐、徐一类人物有显著的区别。自然,我们并不能因郑的进步倾向而讳言他的缺陷。就他本人而言,自也不能彻底摆脱长期的买办生涯所带来的影响。譬如他虽然痛恨资本帝国主义的侵略,但对于侵略实质的认识还是比较浅的。他主张向资本主义国家学经济,"藏富于民";学政治,"开议院以通下情"。但是,资本主义制度的实质是什么? 在半殖民地的社会条件下,中国资本主义经济能否有独立发展的可能,他的认识就比较模糊。这显然是由于长期买办生涯限制了他观察问题的深度。

郑观应在洋行充当买办时,就与北洋集团的某些官僚如先后任天津海关道的黎兆棠、郑藻如、盛宣怀等都有联系。特别是与郑

---

① 郑观应:《盛世危言后编》第 15 卷,第 5 页。

② 郑观应:《盛世危言》,自序。

③ 郑观应:《易言》下卷,第 9 页。

藻如关系密切,是同宗、同里、同学,在客居上海时,彼此经常往来。① 所以,就在身任太古洋行重要买办职务时,郑观应便已为北洋集团所延揽。例如,1880 年受上海机器织布局的邀请,出面主持筹备工作。1881 年经盛宣怀、郑藻如的联名推荐,被李鸿章札委任为上海电报分局的总办。② 1882 年年底,郑观应与太古洋行所订的 5 年买办合同将届期满,李鸿章通过唐廷枢、李金镛,希望郑脱离洋行,参加招商局工作。这一方面是因为该局总办唐廷枢需要长期驻津为李经办洋务,会办徐润"一人照料,肆应不遑";另一方面,或者说更重要的原因,是洋务派集团看到郑在太古主持轮运,成绩卓著,使该洋行"船务日见兴旺"。③ 所以,争取郑到局开展业务。然而郑对完全脱离洋行专职于洋务派企业产生了严重的矛盾,既考虑到个人利益(包括优厚的薪给和养老金),又顾虑"官督商办之局,权操在上",万一北洋大臣更易,继任者"调剂私人","任意黜陟",反不如洋行"有合同可恃,无意外之虑",因此在去就之间"心若辘轳,殊难意决"。④ 从郑观应的平日言论看,他是了解洋行买办是为外国势力助纣为虐的。然而在与个人利益发生矛盾的关键时刻,便流露了他对洋行有较深的恋栈情绪。这就反映了长期的买办生涯在他的思想情感方面留下的烙印。

　　不过郑观应最后还是脱离了外国洋行,于 1882 年 4 月进入招商局任帮办,同时主持上海织布局业务。对此,他概括说:"初则学商战于外人,继则与外人商战,欲挽利权以塞漏卮"⑤,这表明他离洋行进招商局是抱着有所作为的希望而去的。郑观应所宣扬的

---

① 郑观应:《盛世危言》,郑藻如序。
② 郑观应:《盛世危言后编》第 12 卷,第 1 页。
③ 郑观应:《盛世危言后编》第 10 卷,第 2 页。
④ 参见郑观应:《盛世危言后编》第 10 卷,第 1、2 页。
⑤ 郑观应:《盛世危言后编》第 8 卷,第 43 页。

商战,其内容乃是"讲求泰西士农工商之学,裕无形之战以固其本"①。具体地说就是"兴学校,广书院,重技艺,别考课,使人尽其才;讲农学,利水道,化瘠土,为良田,使地尽其利;造铁路,设电线,薄税敛,保商务,使货畅其流"②。归纳起来就是在生产和流通领域广泛发展资本主义经济,借以挽回利权。这与李鸿章标榜的"稍分洋商之利"的宗旨在某些方面很有共通之处。正因为如此,他在参与洋务派企业后,一向视李为"兴商"的依靠③,期望通过洋务派发展中国资本主义经济。这在实际上是反映了私人资本在七八十年代要求发展的思潮。然而在半殖民地半封建的社会条件下,这些要求是无法实现的。郑观应曾把自己"未酬夙愿"的原因归结为"志大才疏"。④ 这就表明他对客观实际缺乏清醒的认识。

1884 年中法战争期中,郑观应为协助彭玉麟部署防务,离沪去粤。不久他所主持的上海织布局发现亏空,受到指责,避居香港,消沉了几年。其间经唐廷枢、盛宣怀等转圜,1890 年在偿还亏空款项后⑤,又任开平矿局广州分局总办。从此攀附盛宣怀。⑥ 1892 年,借盛奥援,再度进入招商局任会办,成为盛控制招商局、电报局的主要帮手。

郑观应参与洋务派企业活动后,发现了官督商办制度对资本

---

① 郑观应:《盛世危言增订新编》第 3 卷,第 48 页。

② 郑观应:《盛世危言》,自序。

③ 郑观应:《盛世危言后编》第 12 卷,第 4 页。

④ 郑观应:《盛世危言后编》第 8 卷,第 43 页。

⑤ 郑观应:《盛世危言后编》第 7 卷,第 13—14 页。

⑥ 1891 年郑观应函盛宣怀感谢他的援助时称:"如阁下于粤处有事差委,尽可效劳。每念鲍叔高谊,不知何以报之。"流露了依附心情。见《盛宣怀档案·郑观应致盛宣怀函》,光绪十七年二月二十五日,转引自夏东元:《郑观应思想发展论》,《社会科学战线》1979 年第 2 期,第 172 页。

主义工商业的发展并非像他所想象的那样"上下相维",而是"官"对商的束缚和阻挠。他指责"官"方说:"其不贪肥者则遇事必遏抑之;惟利是图者必借端而朘削之。"而清政府所推行的政策,"但有困商之虐政,并无护商之良法","未能惠工恤商"。[①] 从而他制造舆论,鼓吹摆脱"官督",实行完全商办的主张:"凡通商口岸内省腹地,其应兴铁路、轮舟、开矿、种植、纺绩、制造之处,一体遵民间开设,无所禁阻,或集股,或自办,悉听其便,全以商贾之道行之,绝不拘以官场体统。"[②] 应该说这些主张在这一时期是有利于民族资本主义经济的,反映了民族资产阶级的要求,特别是与这一阶级的中层的愿望相符合。

90 年代后,他与盛宣怀相结合,深得盛的信赖,为招商局和太古、怡和洋行商订第三次"齐价合同",向汇丰银行商洽第二次借款草约,同意外国银行派"总管"驻局和以局产作抵押的条件。这些都是不利于民族资本主义企业发展的。而在甲午战争后,更因盛宣怀提携,他又先后在盛所控制的汉阳铁厂、轮船招商局、粤汉铁路等盛系企业中充当总办、会办一类重要职位,10 余年中他的主张随着他的地位的上升而有所变化,变成了为资产阶级上层争利益的人物。

至于买办阶级的中下层人物,他们与封建大官僚联系较浅,或者几无接触。七八十年代,他们受到了资本主义经济的刺激,或者投资,或者直接从事于新式企业的经营,逐步地向民族资产阶级转化。这方面的人物是不少的,但因记载不全,可供分析的史料尚待挖掘。就目前所知,创办池州煤矿、后来又试图开发池州狮形洞铜矿的杨德,及投资上海机器织布局、早期曾一度担任会办的卓培芳

---

① 郑观应:《盛世危言增订新编》第 3 卷,第 6 页。
② 郑观应:《盛世危言增订新编》第 3 卷,第 8—9 页。

都可视为这一阶层的代表。

中、小买办人物的资力比较薄弱,他们所经营的企业大多属于中小型的规模。可是一当他们所经营的企业略见成效时,就会面临大官僚或大买办吞并的危机。杨德的遭遇就是一个实例。80年代初,杨德主持的安徽池州煤矿准备增资扩大生产,遭到了以李鸿章为后台的唐廷枢、徐润的倾轧和兼并的威胁。1883 年为抵制唐、徐的竞争,杨德特另招资本,雇用外国矿师,开发池州狮形洞铜矿,其目的为利用铜矿的盈余以支持煤矿的发展。但经营未能得法,到 1891 年不得不在亏蚀中闭歇①,他本人也在公私债务追比中于次年去世②,其家属被迫将矿局机器变价售卖归还债款。③卓培芳在上海织布局初创时曾是主要的投资人之一。及织布局受北洋集团控制后经过多次改组,在每一次改组中,中小商人的投资都要受到损害,利益受到侵犯。1890 年,卓培芳就在上海《申报》上公开为维护商股利益提出抗议。④ 1893 年织布局焚毁,不久又在盛宣怀的主持下重新规复,人们就再也听不到包括卓培芳的私股消息了。

买办阶级中下层的成员为数较多。他们中有相当的一部分人在中国资本主义近代企业兴起阶段做了不同程度的努力,向民族资产阶级转化。然而他们在转化过程中所暴露的情况却是颇为复杂的。杨德和卓培芳的遭遇很具代表性,它说明这一时期缺乏政治奥援的中小买办商人经营近代企业的道路是很不平坦的。这也就是中国民族资产阶级形成缓慢的症结所在。

---

① 《申报》1891 年 7 月 8 日。
② 《申报》1893 年 8 月 9 日。
③ 《申报》1894 年 9 月 12 日。
④ 《申报》1890 年 11 月 1 日。

### （三）旧式商人的上层人物

在七八十年代,旧式商人的上层中带有某种新倾向的人物,是中国民族资产阶级形成过程中一个重要的组成部分。当时旧式商人的上层人物如沙船商出身的朱其昂、朱其莼,钱庄主出身的经元善、苏北盐商李培松、沪上富商蔡鸿仪、票号商王炽以及李金镛、谢家福等等都曾活跃一时。他们的活动反映了私人资本向新式企业发展的倾向,是近代中国资本主义经济产生过程中富有意义的事情。在这里试以朱其昂、经元善为例,简要地介绍他们的经历和活动,以说明这一阶层在特定的历史时期所起的作用。

朱其昂出身于沙船世业的淞沪巨商。① 1862 年任江苏海运局会办②,并"纳资为通判,累至道员"③。海上运输有赖商业金融的支持,朱其昂与南北各地商人夙有联系。他在从事海运业务的同时,又在北京、天津、上海、广东等地开设华裕丰汇银票号。④ 李鸿章在 1872 年指派他筹备轮船招商局时,就曾称赞朱其昂"承办海运已十余年,于商情极为熟悉"⑤。

19 世纪 60 年代,外国航运业已经在中国南北一些重要口岸伸展势力。租雇洋船从事贩运贸易的买办和买办化商人是各口岸最为活跃的人物。出于业务需要,朱其昂不可避免地在海运活动中要与这批买办商人发生联系。例如,伙同外国商人在烟台合开清美洋行并自备轮船往来上海、烟台、天津各口的买办李振玉⑥与

---

① 《汇报》1874 年 10 月 16 日。

② 姚文枬等纂:民国《上海县续志》第 17 卷,第 4 页。

③ 《清史稿》,列传,第 239 卷。

④ 李鸿章:《全书》,奏稿,第 41 卷,第 38—39 页。

⑤ 李鸿章:《全书》,奏稿,第 20 卷,第 33 页。

⑥ 《捷报》1882 年 3 月 15 日,第 294 页。

朱其昂就有较深的关系;而拥有巨资和 4 艘轮船甚至使外国洋行老板都要另眼相看的旗昌轮船公司总买办陈竹坪与朱的关系也非一般。① 因之,朱对于新式航运业积有一定的常识。李鸿章称他"习知洋船蹊径"②,不是毫无根据的。结合这些情况来看,朱其昂显然是从旧式商人中游离出来具有新兴倾向的人物。

但是,也应该指出,朱其昂毕竟对新式航业缺乏全面了解。他在筹办轮船招商局的最初半年中虽宣扬"自以身家作抵",并未能争得旧式航业的资本支持;而在轮船业务上,又因"不识洋文,不通洋话",对各船雇用的洋人"不能驾驭"③,对买办资本的招徕更缺乏号召力量。所以,招商局在初创时便"资本不敷,招集商股甚微"④,不得不在 1873 年进行改组。朱在改组后的招商局里任为专管漕粮运输的会办。

在朱其昂的经历中还有值得一提的是,他在 1877 年从事航业之余,购买磨粉机器,在天津雇用 10 余工人,创设贻来牟机器磨坊,规模虽然较小,却是开中国机器面粉业的先河。

在创办贻来牟机器磨坊的第二年,朱其昂在天津去世。就朱所处的时代而言,他的经历和活动表明中国民族资产阶级的产生过程,同时也是旧式商人上层中一部分带有新倾向人物的转化过

---

① 《捷报》1875 年 8 月 28 日,第 213 页;另,上海琼记洋行老板何德在述及买办陈竹坪时曾称:"他除了在旗昌有 13 万两投资外,还有四条轮船,租界里的房地产有一半是他的。他现在与我们非常友好相处,而就其所拥有的财产而言,他是一个我们要向他叩头的人物!"琼记洋行档案:《何德(A. F. Heard)致小何德(Augustine Heard, gr.)函》1862 年 4 月 18 日,转引自郝延平:《十九世纪中国的买办》,第 100 页。

② 见《海防档》,购买船炮,第 910 页。

③ 《招商局历办实在情形禀》,《招商局档案》(复印件)。

④ 《招商局历办实在情形禀》,《招商局档案》(复印件)。

程,这种转化在近代企业初创时期显然是富有现实意义的。

经元善出身于浙江上虞商人世家。50年代后期来到上海继承父业,以旧式金融业者身份出入十里洋场,历任北市钱业会馆董事。① 借助于金融业的地位,他也参与社会"公益"活动。

19世纪70年代,资本帝国主义扩大对华商品侵略,促使为进出口贸易服务的上海钱庄在买办化轨道上加速步伐。作为一个钱庄主,经元善经常与买办或买办化商人发生业务联系,耳濡目染,向往于外国企业的集股经营。在公益事业活动中,他又有机会与官场相接触。1879年在赈务活动中他结识了盛宣怀②,次年又经郑观应力荐,参与筹建上海机器织布局,嗣后又主持上海电报分局。③

适应这一时期私人资本要求发展的愿望,经元善在上海织布局集股活动中改变了前此轮船招商局、开平矿务局集股时端赖主持人"因友及友,辗转邀集"的做法。他在国内重要商业城市和海外侨商集中地设立经理处(或委托办理),公开登报,招集股金,并公布投资人的姓名。此项办法对当时各地中小商人投资近代企业的情绪起了刺激作用,同时也意味着到了80年代,新式企业资本的招徕开始突破了商帮亲友的狭隘范围,向国内重要城市和海外华侨集中地扩大。

为经元善推行的广泛招集股金的办法,还产生了另一后果。这就是共同的投资关系使得经元善等把众多资力较小的商人吸引到自己的周围,逐步地形成为一支社会力量,尽管这支力量在开始时是比较微弱的。

---

① 中国人民银行上海分行编:《上海钱庄史料》,第35页。
② 经元善:《居易初集》第2卷,第31页。
③ 经元善:《居易初集》第2卷,第30页。

经元善的集资方法曾获得广泛的支持,即他所谓"商务联群机缄已将萌芽勃发"①。尽管这个带有事物本质性的问题未必为当时的企业活动家所充分意识到,但却是 80 年代出现的一个十分值得重视的现象。

朱其昂、经元善的经历和活动可说是从不同方面为旧式商人上层分子的转化提供了带有积极意义的范例。不过,就这个阶层的代表人物而言,他们的转化总是不能摆脱封建势力的干预,缺乏独立自主的条件。朱其昂只是到了晚年才在轮船招商局的活动之外,独立经营了一个小型面粉厂的,但未及正式开工便去世了。②经元善在经营新式企业上虽说是一个很有能力的人物,然而在甲午战争之前,尽管他对洋务派已啧有烦言,但在实际上并未摆脱盛宣怀的羁绊。他的企业活动也只局限于上海机器织布局和上海电报局,缺乏独立的作为。其他如资力雄厚的盐商李培松等的投资只限于织布局、电报局和峄县煤矿等官督商办企业;80 年代票号商王炽在唐炯督办云南铜矿期间,曾以巨款贷予矿局,并且用他开设的票号作为招徕资本的号召③,但始终不曾独立地创办或经营新式企业;李金镛、谢家福等在新式企业的经营上也是很有能力的人物,然而,他们的活动始终依傍洋务派,寄奢望于官督商办企业,缺乏独立创业的勇气。这中间自然有许多客观上的原因。不过就阶级形成的角度来考察,这表明民族资产阶级要形成为一支独立的力量,还有待于社会各方面力量的进一步分化和结合。至于旧式商人中的中下层,在甲午战争之前,总的说来还对近代企业采取

---

① 经元善:《居易初集》第 2 卷,第 38 页。

② 《捷报》1878 年 6 月 15 日,第 615 页,1878 年 7 月 6 日,第 6 页。

③ 《申报》1887 年 8 月 6 日;周锺岳纂:《新纂云南通志》第 235 卷,第 8 页。

观望态度,暂时还不大愿意改变自己一向习惯了的经营方式。

### (四)华侨商人

过去,人们对华侨商人投资于近代企业的历史,不曾给予应有的注意。今天由于历史资料尚未充分挖掘,我们也还难以估计侨商资本在新式企业中的历史作用。

就目前所接触到的材料来看,1873 年陈启沅在广东南海创设的继昌隆缫丝厂是近代华侨商人独资经营的第一家近代企业。它在中国资本主义企业发展史上占有不容忽视的地位。

陈启沅生平不详,根据他的经历推测,他大约在 19 世纪 30 年代出生于一个“世代以农桑为业”的家庭。[①] 在年轻时,陈曾有志于科场[②],但都未酬愿。1854 年出国经商。20 年中遍历南洋各埠,注意当地植桑养蚕和缫丝等业。所以,他的儿子追述他是一个“半儒半农”,“经商海外,然未尝忘农桑之业”的人。[③] 1873 年回国后,在南海简村创办机器缫丝厂,成为第一家侨商资本的近代企业。

甲午战争之前,像陈启沅那样在国内独资创办新式企业的侨商还不多见。而投资于官督商办企业的却是不乏其人。例如,1879 年轮船招商局派遣广东试用道张鸿禄、候选知县温宗彦到南洋、新加坡一带考察航运事宜,同时招徕华侨资本。他们在“暹罗之孟角(曼谷)”通过“设立机器耷坊”,并为“众所信服”的侨商陈善继(系驻新加坡、暹罗领事陈金锺之子)协助下,为招商局招集到一批华侨股金。根据招商局档案记载,当时响应号召的多数都

---

① 陈启沅:《蚕桑谱》,自序。
② 陈启沅:《蚕桑谱》,自序;桂坫等纂:宣统《南海县志》第 21 卷。
③ 陈蒲轩:《蚕业指南》,自序。

是广东籍侨商,也有少数福建籍侨商,有姓名可稽者,共有 28 人。各人的投资额最高为 5000 两,最低为 500 两,多数在二三千两,一共招集到股金 5 万两。① 次年,温宗彦从曼谷到达新加坡,又在该地募股,应邀投资的有 36 人,集得股金 65200 两;投资人中有后来声名显赫的广东大埔侨商张振勋,当时他的投资额为 3600 两。②

1880 年,郑观应、经元善筹办上海机器织布局时,也曾向旧金山、南洋、新加坡、长崎、横滨等城市募集华侨股金。③ 但迄今未能发现各该地侨商投资的具体状况。从招商局在南洋、新加坡的集股情形来看,估计织布局的私人投资中,也可能有侨商资本。

1885 年,台湾巡抚刘铭传为创办台湾商务局,曾派前浙江候补知府李恩彤和广东试用道张鸿禄,到南洋去募集资本,也曾招集到闽籍侨商陈新泰、黄广余等人的投资。④ 此外,1885 年兴建的山东平度金矿,到 1889 年,经改组与宁海金矿合并,也有旧金山侨商林道琚的投资。⑤ 据说林曾在旧金山"设局招股,共集洋元三十万"⑥。

上述事实说明,海外侨商是关心祖国的近代企业创设的。但在半殖民地半封建的社会条件下,国内新式企业得不到正常发展,侨商的投资屡遭亏损,阻碍了侨商资本的大量回归。华侨富商张

---

① 《招商局禀李鸿章》,光绪五年十一月十一日,《招商局档案》(复印件)。
② 《唐廷枢等禀李鸿章》,光绪六年二月二十一日,《招商局档案》(复印件)。
③ 《上海机器织布局启事》,《申报》1880 年 11 月 17 日。
④ 刘铭传:《奏议》第 5 卷,第 19 页。
⑤ 《矿务档》第 2 册,第 1324 页。
⑥ 李鸿章:《全书》,电稿,第 12 卷,《李鸿章致使美大臣崔国因电》,光绪十六年十二月十八日。

振勋在甲午战前便已开始投资国内新式企业,当时还只是作为一般的附股者。至于他在山东烟台创办张裕酿酒公司,交结官府,奉派以考察南洋商务大臣身份,在国外争取侨商资本的活动,那是甲午战争之后的事情。

综合以上所述,可知随着资本主义经济的出现,一部分商人、买办、地主和官僚通过新式企业的投资和经营活动,逐渐地向资产阶级转化。在半殖民地半封建的历史条件下,中国资产阶级在其产生过程中依其资本主义生产关系的特征,可区分为两个部分,即大资产阶级和民族资产阶级。历史的实际表明,洋务派大官僚和大买办的结合开始酝酿于 19 世纪 60 年代,经历了二三十年的发展过程。当时外国资本主义的侵略日益加深,清政府当权的洋务派为了拯救地主阶级的统治,通过大买办博取外国势力的支持;而依附于外国势力成长起来的大买办在半封建的社会条件下则需要大官僚的庇护。日益发展起来的政治经济关系的变化,使这两股势力各为自己的私利而结合起来。它们的结合恰是反映了中国政治经济半殖民地化的加深,使近代中国社会生产力不能得到充分发展的机会。

中国资产阶级的另一个组成部分是由人数众多、缺乏权势的一般商人、中小买办、地主和官僚转化而来的中小资本家。这种转化不是短期间内便能完成的,而需要较长的过程。在转化过程中,他们的共同特点表现为:一方面向往资本主义的发展,为他们投放到近代企业中去的资本要求实现增值;另一方面又不能割断与封建经济、封建政权所保持的密切关系,有的甚至与外国资本主义保持千丝万缕的关系。在半殖民地半封建社会条件下,在一定时期,他们也有反对帝国主义和封建主义压制的要求。这种情形充分说明这一阶级先天具有两重性。两重性造成软弱性,这是民族资产阶级所表现的政治和经济的特点。这种特点是有其深刻的经济根源的。事实上,在甲午战前,处在形成过程中的民族资产阶级在历史舞台上还不能成为一支独立的政治力量。

## 三、产业无产阶级的产生和发展

中国历史上一向或多或少地存在着丧失生活资料的流民群,以鸦片战争前夕为尤甚。鸦片战后的二三十年中,洋纱、洋布、洋糖、洋油(煤油)、洋铁、洋针以及其他一切冠以"洋"字的商品,都在不同程度上取代了中国相应的手工制品,从而使部分农民和手工业者丧失了生产资料。到60年代增辟通商口岸以后,情况尤其如此。事情的另一方面是,在50到70年代的农民大起义失败之后,清政府对人民加重了赋税榨取,地主阶级加重了地租剥削,也都迫使农民和手工业者丧失生产资料。到70年代,中国资本主义新式企业开始诞生时,这些一无所有的劳动者就成为资本主义的雇佣劳动者。但当时失业流民人数众多,显然不是少数资本主义企业所能吸收得了的。

### (一)近代产业工人的构成

在中国这块土地上,最早出现的资本主义近代企业,首先是由外国势力直接经营的。外国势力为了便利侵略,早在40年代便在中国非法设立了船舶修造企业。

50年代以后,外国势力又先后在上海、烟台设立了缫丝厂,在汉口、九江、福州设立了砖茶厂,在上海、天津设立了打包厂,在上海、汉口、汕头等地设立了制糖、硝皮、制革厂等等。这些企业竞相利用中国廉价的劳动力,借以获取巨额利润。

廉价的中国劳动力对外国资本所创造的巨大利润,大大地刺激了外国在华企业愈来愈多地雇用中国工人的兴趣。试观19世纪 60 年代,整个上海外国资本的船厂不过雇用了六七百个工人。[①] 而 80 年代以后,单是英国资本祥生船厂 1 家,就雇用了 1000—1400 个工人之多。[②] 1 家资本不到 7 万元的厦门新船坞公司,经常雇用工人 200 名左右。[③] 而附属于大沽驳船公司的 1 家船厂,所雇用的工人至少也在 300 名以上。[④] 在船舶修造业中,从 1870 到 1894 年,香港黄埔船坞公司的资本由 100 万元扩充到 156 万元的时候,它所雇用的工人便由不足 1000 人增加到 2500 人乃至 4500 人。[⑤] 这家公司的情况显然反映了它雇用工人的增长速度超过它的资本扩张速度。这个现象在当时是具有代表性意义的。

　　更多的产业工人集中在为出口作加工的外国企业中。在 80 年代初,上海的外国缫丝厂工人,大约在 2000 人左右。[⑥] 到了 90 年代增至 7000 人。在 90 年代后期,汉口的俄国砖茶厂,集中了数千工人[⑦],单是阜昌砖茶厂 1 家就雇有 2000 工人。[⑧] 在其他出口加工工业中,工人人数也增长得非常迅速。例如在制糖工业中,怡和洋行的汕头糖厂,开办两年,制糖机器从 10 架扩充到 20 架,被雇用的工人相应增加 1 倍以上[⑨],这家糖厂在操作机器的正式工

---

　　① 《字林西报》1865 年 5 月 27 日,第 490 页。

　　② 《捷报》1881 年 4 月 5 日,第 340 页。

　　③ 莱特:《商埠志》,第 827 页。

　　④ 按:1889 年 9 月 27 日《申报》载,该厂在 1889 年每月支付铁、木两作工人的工资达 2000 两,合 2800 元。按当时船厂工人工资最高额每月 9 元计,当在 300 人以上。

　　⑤ 参见莱特:《商埠志》,第 196—198 页;埃德尔:《香港史》,第 456 页,《通闻西报》1870 年 3 月 2 日,第 1734 页。

　　⑥ 《捷报》1888 年 8 月 24 日,第 210 页。

　　⑦ 《海关十年报告》,1892—1901 年,汉口,第 304 页。

　　⑧ 莱特:《商埠志》,第 712 页。

　　⑨ 《英领报告》,1882 年,汕头,第 113 页,1883 年,汕头,第 143 页。

人之外,还"雇用着很多的小工"①。最先在上海出现的制革厂——全美洋行硝皮厂,也雇有工人 200 人。② 随着某些旧有工厂的扩充和新工厂的陆续出现,被吸收到工厂去的工人也成倍地增加。90 年代初,单是在上海一地,从事于禽毛加工和清检生丝、棉花等项的女工,为数达 15000—20000 人之间。③

在其他各种轻工业中也雇用了相当数量的工人。例如上海瑞记洋行为进口火油而附设的油箱制造厂,雇用了 600 名工人④;上海祥泰木行(China Import and Export Lumber Co.)为进口木材而设立的锯木厂,经常雇用的工人在 400 人左右⑤;一个美国教会机构附设的印刷所——美华书馆,当初只有 2 个印刷工,1 个排字工,后来发展成为一个雇用工人近 100 人的企业。⑥

在外国势力经营的工业企业里,除了雇用固定工人之外,同时还存在着大批临时工人。香港黄埔船厂的临时工人在数量上几乎与固定工人相等。⑦ 而厦门新船坞公司在正式工人之外,竟然"每七天要用八百名临时工人"⑧。至于在生产季节性较强的出口加工工业中,受雇用的临时工为数更多。总计从第一次鸦片战争后到甲午战争前夕,外国势力在中国通商口岸非法设立的工业企业

---

① 《贸易报告》,1884 年,汕头,第 245 页。
② 《英领报告》,1878 年,上海,第 25 页。
③ 《捷报》1893 年 11 月 24 日,第 822 页。
④ 《捷报》1894 年 4 月 6 日,第 503 页。
⑤ 莱特:《商埠志》,第 588 页。
⑥ 《在华的教会印刷所》(The Mission Press in China),第 6、32 页,按:美华书馆原名花华圣经书房,1860 年改称。
⑦ 莱特:《商埠志》,第 198 页。
⑧ 莱特:《商埠志》,第 827 页;朱士嘉:《十九世纪美国侵华档案史料选辑》下册,第 418 页。

共达 191 家之多①,在这些工业企业里最先诞生了中国产业工人的队伍,他们是中国产业无产阶级的主要构成部分。

中国产业无产阶级的另一部分是 19 世纪 60 年代以后在中国人自己创办的近代企业中产生的。这些企业中有由清政府经营的一系列官办军用企业,有吸收私人资本参加的官督商办民用企业,以及七八十年代以后陆续兴建的商办的中、小型工矿企业。这些规模大小不同的企业里的产业工人,是中国产业无产阶级的另一个主要构成部分。

60 年代创建起来的几家近代军用企业,以及后来设立的电讯、铁路等企业里,大部分雇佣工人都是从清政府的裁余士兵转化而来的。他们来自农村,基本上都是破产农民和城乡手工业者。

到了 70 年代以后,官办或官督商办的近代企业直接从农民和手工业者中雇用产业工人。例如 60 年代末的台湾基隆煤矿,本来就有手工采煤工人 1300 余人,都是散居在煤矿附近的贫苦农民。② 后来随着官办基隆煤矿的开办,矿区附近的贫苦农民都先后为矿务局所吸收,转化为近代产业工人。在其他煤矿或金属矿也有同样情况。例如开平煤矿在创建之前,唐山地区本来就有"凿石、挖煤、作工馈口"者以千计。③ 云南的铜矿在机器开采之前最盛时,本来就有砂丁(即手工工人)数十万人,他们之中除了当地穷苦的农民之外,还有"川湖两粤力作功苦之人",远来"以求生活"。④ 黑龙江漠河金矿本来就有淘金工人从事于手工劳动,大多

①　汪敬虞:《十九世纪外资对中国工矿企业的侵略活动》,《经济研究》1965 年第 12 期。

②　陈培桂等纂修:同治《淡水厅志》第 4 卷,第 215 页。

③　杨嘉善:《遵查唐山等处矿厂并妨碍情形禀》,光绪八年;盛康编:《皇朝经世文续编》第 57 卷,第 18 页。

④　《光绪朝东华录》第 2 册,第 1498 页。

是由直隶、山东流徙而去的。① 至于中、小型矿山如池州煤矿、利国驿煤铁矿等，本来也有农民从事手工挖掘。这些矿山所创建的近代企业，都从矿区的本来手工工人中吸收产业工人。

中国新式航运业的产生和发展是与旧式帆船业的衰落平行发展的。近代航运业中的产业工人大多来自旧式航运业的舵工和水手。近代纺织业的产业工人大多也来自丝棉手工纺织工人。上海机器织布局所雇用的"大小女工多来自上海周围凡二三百里之远"②；1873 年创办的继昌隆缫丝厂，雇用女工六七百人③；八九十年代之交，广州有丝厂五六十家，有几家雇用女工达 800 人之多。④ 所有这些丝厂的产业工人，大多数都来自缫丝纺织手工业者，乃是毋庸置疑的。

无论是在外国人经营的企业里，或中国人经营的企业里劳动的产业工人，都是近代意义上的产业无产者。马克思在论述欧洲无产阶级的形成时曾指出："经济条件首先把大批的居民变成工人。资本的统治为这批人创造了同等的地位和共同的利害关系。所以，这批人对资本说来已经形成一个阶级，但还不是自为的阶级。"⑤中国产业无产者由自在的阶级转变为自为的阶级是 1919 年五四运动以后的事情。

## (二)近代产业无产阶级的若干特点

中国产业无产阶级与先行的资本主义国家的无产阶级一样，

---

① 《皇朝掌故汇编》（外编）第 24 卷，第 14 页。

② 《新辑时务汇通》第 103 卷，第 12—13 页。

③ 桂坫等纂：宣统《南海县志》第 21 卷，第 6 页。

④ 《海关十年报告》，1882—1891 年，广州，第 576—577 页。

⑤ 马克思：《政治经济学的形而上学》，《马克思恩格斯选集》第 1 卷，第 159 页。

都是丧失生存资料而富有组织性的阶级。此外,在中国条件下产生的中国产业无产阶级也有其自己的特点。

1. 高度的集中性

中国产业无产阶级在成长过程中表现了突出的集中性。与中国国内其他各阶级成员相比较,正如毛泽东同志所指出:"无论那种人都不如他们的集中。"①这一特点既反映在少数地区,也表现在为数不多的若干企业单位上,它是与中国近代企业产生的历史条件密切相关的。

中国近代企业是在外国侵略势力直接经营和刺激下产生的。近代企业中的绝大多数集中在少数沿海、沿江的通商口岸。这一时期工业企业主要都集中在广州、上海、天津和汉口等几大城市里。因而产业工人也高度集中在这少数几个大城市里。②

① 毛泽东:《中国社会各阶级的分析》,《毛泽东选集》,第8页。

② **近代工业工人地域集中情况**

**1894年**

| 地　区 | 工　人　人　数 | 占工人总数之% |
|---|---|---|
| 上　海 | 36220 | 47.75—46.40 |
| 汉　口 | 12850—13350 | 16.94—17.10 |
| 广　州 | 10300 | 13.58—13.20 |
| 天　津 | 3080—4180 | 4.06—5.35 |
| 福州及其附近 | 2970—3240 | 3.92—4.15 |
| 九　江 | 1000 | 1.32—1.28 |
| 南　京 | 700—1000 | 0.92—1.28 |
| 汕　头 | 600 | 0.79—0.77 |
| 厦　门 | 500 | 0.66—0.64 |
| 其　他 | 7630—7670 | 10.06—9.83 |
| 共　计 | 75850—78060 | 100 |

原编者注:上述人数仅指工厂工人,不包括采矿业工人。

资料来源:孙毓棠编:《中国近代工业史资料》第1辑,第1202页。

　　此外,19 世纪 60 年代以后,由中国人自办的近代企业又以官办和官督商办企业为主;私人经营的中小企业很少。仿照西方资本主义国家的企业规模兴建的官办、官督商办企业,一开始便拥有庞大的规模。所以,中国近代产业工人便集中在这些企业里。

　　根据有关记载,这些企业所雇用的工人数有如下表:

### 中国近代若干工矿企业雇用工人人数统计表

| 企业名称 | 开办年 | 记载工人人数的年份 | 工人人数 | 资料来源 |
|---|---|---|---|---|
| 近代军用工业 | | | | |
| 江南制造局 | 1865 | 1872 | 1300 余 | 《英领报告》,1872 年,上海,第 152 页。 |
| 金陵制造局 | 1865 | 1886 | 700 | 《申报》1891 年 11 月 18 日。 |
| 天津机器局 | 1867 | 1884 | 约 2000 | 张焘:《津门日记》中卷,第 9—10 页。 |
| 福州船政局 | 1866 | 1874 | 约 2000 | 日意格:《福州船政局》(英文),第 14 页。 |
| 近代矿冶采掘业 | | | | |
| 基隆煤矿 | 1876 | 1881 | 1000 | 《贸易报告》,1881 年,淡水,下篇,第 5 页。 |
| 开平煤矿 | 1878 | 1889 | 3000 | 《捷报》1889 年 4 月 12 日,第 429 页。 |
| 平度招远金矿 | 1883 | 1887 | 600 | 《捷报》1887 年 6 月 10 日,第 640 页。 |
| 漠河金矿 | 1889 | 1891 | 2000 | 丁文江:《中国官办矿业史略》,第 27 页。 |
| 大冶铁矿 | 1890 | 1890 | 1000 | 《申报》1890 年 6 月 2 日。 |
| 热河三山银矿 | 1882 | 1890 | 1000 | 《申报》1890 年 6 月 12 日。 |

| 企业名称 | 开办年 | 记载工人人数的年份 | 工人人数 | 资料来源 |
|---|---|---|---|---|
| 池州煤矿 | 1877 | 1885 | 300 | 《申报》1885 年 5 月 29 日。 |
| 热河土槽子遍山线银铅矿 | 1887 | 1888 | 200 | 《美国外交文件》,1888 年,第 321 页。 |
| 炼铁业 | | | | |
| 汉阳铁厂 | 1890 | 1891 | 3000 | 《捷报》1891 年 7 月 31 日,第 137 页。 |
| 机器缫丝业 | | | | |
| 继昌隆缫丝厂 | 1873 | 1873 | 600—700 | 桂坫等纂:宣统《南海县志》第 21 卷,第 4—6 页。 |
| 裕厚昌丝厂 | 1879 | 1881 | 500 余 | 徐赓陛:《不自慊斋漫存》第 6 卷,第 21 页。 |
| 上海坤记丝厂 | 1884 | 1884 | 500 | 日本东亚同文会:《江南事情》,经济篇,第 150—152 页。 |
| 上海延昌丝厂 | 1893 | 1893 | 600 | 日本东亚同文会:《江南事情》,经济篇,第 150—152 页。 |
| 上海正和丝厂 | 1894 | 1894 | 400 | 日本东亚同文会:《江南事情》,经济篇,第 150—152 页。 |
| 上海纶华丝厂 | 1894 | 1894 | 1000 余 | 日本东亚同文会:《江南事情》,经济篇,第 150—152 页。 |
| 棉纺织业 | | | | |
| 上海织布局 | 1890 | 1893 | 4000 | 《捷报》1893 年 11 月 24 日,第 822 页。 |
| 湖北织布局 | 1892 | 1893 | 2000—3000 | 《张之洞全集》,奏议,第 33 卷,第 14—16 页。 |

| 企业名称 | 开办年 | 记载工人人数的年份 | 工人人数 | 资料来源 |
|---|---|---|---|---|
| 宁波通久源纱厂 | 1894 | 1895 | 1200 | 《贸易报告》(中文版),1895年,宁波,第270页。 |

上列统计所反映的情况是很不完备的,如雇用工人数量相当多的近代航运和电讯交通等企业,迄今不曾见到有关雇用工人人数的记载。上述统计所记录的工人人数也并非就是各该企业在甲午战争之前雇用工人的最高数字。尽管如此,这些数字已足以反映早期中国产业无产阶级的高度集中的特点。例如在21个军用企业中,江南、福州、天津各局雇用工人人数都各在2000人以上;在16个煤矿企业中,雇用工人在1000人以上的有2处;在24个金属矿企业中,漠河、大冶都雇用1000人以上的工人,另云南铜矿,很可能也是一个拥有工人1000人以上的企业。至于炼铁业,甲午战争之前一共只设立了贵州青溪铁厂和湖北汉阳铁厂2家,前者在1890年投产后不久便停闭,而汉阳铁厂却是一家拥有工人3000人以上的庞大企业。棉纺织业在甲午之前共设有7家,雇用工人在1000人以上的便有3家,而湖北、上海两布局各有工人都在3000人以上。机器缫丝业在甲午战争之前全是民间私营企业,一般规模不大,而雇用工人在500人以上的竟也有5家。这种现象与企业的资本有机构成较低密切相关。这是因为中国劳动力价格低廉,使得企业的主持人在某些部分宁愿用人力来代替机械,从而也就提高了工人在企业里的集中程度。

中国产业无产阶级队伍在形成过程中就高度集中,这对无产阶级向内外反动势力进行斗争提供了十分有利的条件,因为"广大群众聚集在一个地方,就使无产者意识到自己的力量"①。

2. 卓越的生产技能

鸦片战后,黄埔和上海曾经是外国侵略势力掠夺中国财富的两个重要据点。在这些地方,侵略者使用现代生产技术,雇用廉价的中国劳动力,非法进行生产活动。从而这些地方便产生了掌握现代生产技术的中国第一代产业工人。

中国产业工人夙以勤劳、聪慧著称。诸凡在外资经营或中国人自营的工业企业里劳动的中国人,一旦与新的生产方法相接触,便能迅速掌握新型生产工具的操作技术。

19 世纪 40 年代中叶和 50 年代初叶,广东的黄埔、香港地区和上海是为适应航运的需要逐步形成的两个船舶修造业的中心。在这两个地区也就诞生了中国最早熟识机器生产的技术工人。他们掌握技术的熟练程度在当时便被认为达到了很高的水平。

某些外国新闻记者曾对中国工人迅速而熟练地掌握现代生产技术表示惊讶。他们说:"中国工人在各种手工艺上既有的技术,使他们能够极快地、灵巧地学习最细致而复杂的机器工作。中国手艺人普遍使用多量机械,这使中国工人能够迅速地学会欧洲机器更复杂的工作细节。"②早在 1856 年,一些宁波籍的工人就在上海制造了一艘汽船③;在 60 年代初期,黄埔地区的"修理船舶的〔中国〕工匠的技艺大有进步"④。从 60 年代起,这些具有熟练技术的上海和广东的船舶修造工人,开始走向全国各地,成为传播现

---

① 恩格斯:《共产主义原理》,《马克思恩格斯选集》第 1 卷,第 216 页。

② 高斯特撰,张雁琛摘译:《中国在进步中》,转见《洋务运动》第 8 册,第 431 页。

③ 兰宁、柯宁:《上海史》,第 384 页。

④ 威廉:《中国商业指南》,第 157 页。

代生产技术的骨干。例如,上海早期的外资船厂如耶松、祥生等家就都雇有广东籍工人。官办的军用企业是中国人所办最早使用机器生产的单位。历史最早、规模最大的江南制造局的工人中有不少就来自广东和宁波①;而福州船政局在1868年也特派专人来上海招收江浙工匠。② 天津机器局在1872年通过李鸿章从上海江南制造局调去"熟练可靠工匠"③。60年代末,左宗棠在陕西创办西安机器局,嗣后又在甘肃设兰州机器局,既招募在江南和金陵两制造局受过训练的工人,又选用宁波及闽粤一带的工人随同机器到兰州去④,其中一部分人还因左宗棠在哈密和吐鲁番等地设立局厂而把技术传播到边疆。70年代中期,丁宝桢在山东设立机器局,吸收天津和浙江一带的技工来教会本地工人掌握现代生产技术⑤;稍后,四川机器局又从山东机器局吸收技术力量。⑥ 80年代,云南筹建机器局,依靠广东工人支持⑦,吉林机器局则依靠来自上海、宁波和天津的熟练工人作为技术骨干。⑧ 张之洞在1885年称赞"粤工多习洋艺,习见机器,于造枪、造弹、造药、造雷,皆知门径;香港素多铁工,尤易招致"⑨。所以他在90年代筹建湖北枪炮局时特派人去广东招募技工;他所主持的湖北织布官局在1893

---

① 黄式权:《淞南梦影录》,第92页。

② 《海防档》,福州船局(一),第122页。

③ 李鸿章:《全书》,奏稿,第17卷,第36页。

④ 《海防档》,机器局(一),第127页;左宗棠:《全集》,奏稿,第30卷,第42页;左宗棠:《左文襄公书牍》第15卷,第41页。

⑤ 丁宝桢:《丁文诚公奏稿》第12卷,第46页。

⑥ 丁宝桢:《丁文诚公奏稿》第17卷,第41页。

⑦ 岑毓英:《岑襄勤公奏稿》第23卷,第20页。

⑧ 《京报》1886年1月28日。

⑨ 张之洞:《奏稿》第11卷,第21页。

年先后两次派出近百名的工人去上海专学纺织技艺。① 由此可见,广东、上海等地的产业工人在早期传播现代生产技术上是起了重大作用的。

中国工人掌握技术的能力是非常卓越的。60 年代在上海、厦门两地船坞中工作的中国工人,"学作兵械、兵船、水火机,亟其巧妙"②。祥生船厂"只要把设计和说明交给中国工人,他们便有能力完成一切必需的工作"③。江南制造局使用新式设备制造大炮的"全部制造过程都由中国工人动手"。据外国目睹者称:"中国工人的技艺不下于任何欧洲工厂的工人。"④福州船政局的工人,在与外国技术人员共事过程中,"口讲手书,颇能心通其意"⑤。无怪受雇于该局的外国技师称:当时在局工人的生产能力,"和欧洲〔工〕人毫无差别地能够胜任愉快",而该局所造 150 匹马力的船用引擎"可以和英国的机械工厂的任何出品相媲美而无愧色"。⑥在中小型军用工厂中,如山东机器局,所用的各种外国机器,包括碾压机、旋床、火药碾制机等,及一切蒸汽机和碾硝机、蒸磺机等全是由中国工人自己装配起来的。一个目睹山东机器局工人劳动情况的外国记者称:这些机器"都完美地转动着,没有丝毫震荡"⑦。由此可见,即使在一个只具中等规模的生产单位里,中国产业工人也已经掌握了较高水平的技术。

70 年代以后,官督商办企业和商办企业次第兴起,对技术工

---

① 《益闻录》1893 年 3 月 1 日,3 月 11 日。
② 《夷务始末》,同治朝,第 63 卷,第 77 页。
③ 《英领报告》,1879 年,上海;《捷报》1881 年 4 月 5 日,第 340 页。
④ 《捷报》1879 年 7 月 22 日,第 71 页。
⑤ 沈葆桢:《政书》第 4 卷,第 32 页。
⑥ 《洋务运动》第 8 册,第 370 页。
⑦ 《捷报》1878 年 6 月 29 日,第 676 页。

人的需要更为殷切。于是在这些企业里经由老工人的传授和指导,培养了一大批掌握现代生产技术的工人。他们学习勤勉,能力高强,在生产过程中能迅速地了解机器的性能,熟练地掌握生产技术。对于这种状况,外国技术人员不得不为之"敬佩和惊叹"。他们称赞中国工人工作灵巧,"比得上世界上任何国家的工人",并且敬佩"中国工人显然具有控制和使用机器工具的天赋能力"。①正是这些掌握了制造和使用近代机器的工人,构成了近代中国产业无产阶级的中坚。他们是近代中国新生产力的代表者。

### (三)产业无产阶级所遭受的经济剥削和政治压迫

中国产业无产阶级的工资水平极其低下,劳动时间极长,他们在政治上处于无权地位。

#### 1. 低下的工资水平

中国劳动力价格低廉一向是外国资本家、中国封建官僚和资本家攫取优厚利润的着眼点。1878 年,唐廷枢为开平煤矿招徕资本时,曾反复鼓吹由于中国采矿工人工资低廉,开发矿山必获厚利。他在集股章程中详细说明:英国煤矿工人平均每日工资 8 钱,产煤约 5 吨;中国煤矿工人每日工资不过 1 钱,产量虽然稍低,只能日产 2 吨,但是,投入生产后也较英国大为合算。② 这种观点一直是各企业主持人的共同信念。例如上海机器织布局在 1880 年的集股章程中明白指出:"中国工人每工不过二三百文,外国自七角半至一元,工价之悬殊几已过半。"③这种对工资低廉的宣扬,正好说明中国企业主要是依靠加重对工人的剥削来和外国资本势力

---

① 《捷报》1893 年 6 月 9 日,第 821 页。
② 《开平章程》,第 8—20 页。
③ 《申报》1880 年 10 月 13 日。

相竞争的。

事实上工人的工资达不到各企业招股章程上所开列的数额。例如上海织布局工人的工资就不是二三百文,而是 120 文左右。[①]然而这还不算是最低的。1894 年开工的宁波通久源纱厂女工工资最低的每天只有 50 文,技术熟练的最高工资也不过 90 文,折合银元,不过 4 分 6 厘到 8 分 3 厘。[②] 这样低下的工资率,在当时世界产业工人的工资记录上是罕见的。

外资工厂的工资较中国自办企业稍高。但是,他们对中国工人剩余价值的榨取也非常残酷。例如,在 60 年代前期创办的上海祥生和耶松两家船厂,经过了 30 年的剥削,到 90 年代初,其资本便分别从最初的 10 万两积累到 80 万两和 75 万两。[③] 它们每年赢利经常在 20% 左右,高的时候甚至超过了 30%,分配给一般股东的股息通常都在 10% 以上,少数发起股的股息甚至高达117%。[④] 而这两家船厂里中国工人的工资所得,熟练工人每日仅300 文,普通工人仅 200 文[⑤],折合银元不过 1 角 8 分到 2 角 6 分;又如美国资本旗昌丝厂的女工,每日工资所得不过 1 角 6 分![⑥]

除正式工人而外,还有为数众多的临时工,他们的工资更加微

---

① 《杨宗瀚遗稿》第 3 册。

② 《贸易报告》,1895 年,宁波,第 270 页。

③ 参见《字林西报》1865 年 4 月 21 日,第 367 页;《捷报》1892 年上海股市栏。又祥生船厂成立于 1862 年,耶松成立于 1864 年,各在 1891 年和1892 年从私人公司改为股份有限公司。

④ 汪敬虞:《十九世纪外资对中国工矿企业的侵略活动》,《经济研究》1965 年第 12 期,第 55 页。

⑤ 《申报》1881 年 7 月 19 日;《捷报》1892 年 3 月 4 日。

⑥ 麦仲华编:《皇朝经世文新编》第 13 卷,第 28 页。

薄,例如香港黄埔船坞公司的临时工几乎与正式工人的总数相等。[1] 厦门新船坞公司雇用正式工人 200 人,同时还有大批渴望受雇的临时工。只要这家公司需要,就能"轻而易举地雇到大批的临时工"[2]。同样,上海祥生船厂所在的地方,"总有很多劳力等待雇用,其数目远超过船厂所需"[3]。在大量待雇的临时工的竞争下,正式工人自然丧失任何提高工资的可能性。

工资的地区差别也极为悬殊。在纺织工业中,上海织布局工人每日工资一般可得 120 文[4],但同期中,宁波通久源纱厂的工资每日只有 50 文,至多不超过 90 文[5],比上海织布局低 25%—60%。在火柴工业中,上海燮昌火柴厂女工工资,平均每日为 1 角到 1.5 角[6],而重庆火柴厂则仅得 5.5 分[7],相差达 45%—63%。离沿海大城市越远的地方,工资水平越低,这是普遍存在于各地区和各行业的共同现象。

在半封建的社会条件下,工人不仅所得工资十分微薄,还要承受严重的封建剥削。在中国近代企业里,特别是在交通运输和矿冶业中,长期存在着封建把头制和包工制。大大小小的把头或包工头掌握了招雇、解雇工人和发放工资的权力。他们依靠这些权力,对工人进行敲骨吸髓的盘剥。盘剥的形式则是多种多样的。旗昌轮船公司和轮船招商局的工头对工人劳动所得的克扣,竟达

---

[1]　莱特:《商埠志》,第 198 页。
[2]　莱特:《商埠志》,第 827 页。
[3]　《捷报》1884 年 8 月 8 日,第 149 页。
[4]　《杨宗瀚遗稿》第 3 册。
[5]　《贸易报告》,1895 年,宁波,第 270 页。
[6]　日本外务省通商局:《清国事情》(日文)第 3 卷,第 566—567 页。
[7]　《海关十年报告》,1892—1901 年,重庆,第 136 页。

工人工资的 21%。① 上海会德丰驳船公司的工头借备办食宿和其他名目,每月扣取工人工资的 60%。② 而祥生船厂的工头则用延期发放工资的办法进行克扣;他们通过拖欠工资所得的收入最高时相当于工人 1 个月另 7 天的工资。③ 上海荣泰驳船公司(Cooperative Cargo Boat Co.)的老板对工人工资是两个月才发一次。④ 上海机器织布局规定:"工人一周内停工一日,〔扣〕除两日工钱;停两日,〔扣〕除四日工钱;停三日者,一周工钱全部扣除。"⑤ 在官办企业中,大小官员对工人的盘剥更是十分严重。1878 年关于台湾基隆煤矿的一项报告中称,这个矿的"挖煤工、木工、铁工和小工的工资已低到使〔煤矿〕官员们没有多少中饱的余地",即使如此,基隆煤矿的官员们"还是想尽一切办法寻找机会进行搜刮"⑥。

由此可见,在半封建的中国,产业工人既要受资本主义的剥削,又遭前资本主义的超经济的强制,这在世界产业工人的成长史上实是非常罕见的(有关各厂局工人工资情况参见统计附录表 21)。

2. 漫长的劳动时间

中国产业工人的劳动时间,在重工业如官办军用企业里,每个劳动日都长达 9 小时乃至 11 小时以上;轻工业如纺织工厂等则可

---

① 《捷报》1877 年 5 月 26 日,第 510 页。

② 《捷报》1882 年 7 月 14 日,第 37 页。该报载:会德丰驳船公司工人每月工资为 6 元,工头在供应食宿的名目下每月扣除 3.8 元。

③ 《申报》1881 年 7 月 19 日。

④ 《捷报》1882 年 7 月 14 日,第 37 页。

⑤ 《杨宗瀚遗稿》第 3 册。

⑥ 《英领报告》,1878 年,淡水、基隆,第 145 页。

以高达 13 小时乃至 18 小时。① 1881 年福州船政局将工时从 10 小时延长到 11 小时，与此同时，工资却反而"议减"②；1880 年天津机器局将工时从 $9\frac{1}{2}$ 小时延长到 $11\frac{1}{2}$ 小时，1883 年又将每周休息 1 天改为每两周休息 1 天③；1880 年金陵制造局也将工时延长到 11 小时以上④；1890 年江南制造局也将工时延长为 9 小时。⑤ 在纺织业中，上海机器织布局在 1880 年规定："每日十点钟为一工。"⑥到 90 年代以后，上海纱厂中据说有的已经超过了 10 小时。⑦ 1893 年湖北织布局则将工时延长到 12 小时，甚至到 13 小时。⑧ 为了榨取更多的剩余价值，有的企业对工人的作息做了十分苛刻的规定。汉阳铁厂为了在盛夏时节维持 12 小时的工时，强迫规定工人须在凌晨 4 时上工，到晚上 8 时歇工，仅仅从上午 10 时到下午 2 时给予一段休息的时间。⑨ 福州船政局每在严冬时节，迫令工人携灯上工，"点烛举事"⑩。

在矿山里，每班劳动 8 小时，分班操作。如开平煤矿"矿工三千人分为三班，每班工作八小时"⑪；平度金矿矿工 600 人，也分 3

---

① 《捷报》1888 年 7 月 13 日，第 45 页；另参阅本书统计附录表 22。
② 《申报》1881 年 12 月 3 日，12 月 23 日，1882 年 7 月 3 日。
③ 《申报》1880 年 8 月 14 日；《益闻录》1883 年 5 月 12 日。
④ 《益闻录》1880 年 10 月 23 日。
⑤ 《捷报》1890 年 9 月 5 日，第 289 页。
⑥ 《申报》1880 年 10 月 12 日。
⑦ 沙琴特：《英中贸易与外交》，第 261 页。
⑧ 《捷报》1893 年 8 月 17 日，第 393 页，11 月 3 日，第 695 页。
⑨ 《捷报》1891 年 8 月 7 日，第 191 页。
⑩ 《申报》1882 年 1 月 26 日。
⑪ 《捷报》1889 年 4 月 12 日，第 429 页。

班劳动,"昼夜不停"①。而矿山的工资制度不是计时工资制,而是按采矿吨数计算的计件工资制。因此,矿山的 8 小时工作制,丝毫不意味剥削的减轻,而是在"轮流换班,昼夜不停"的条件下,增加了工人的劳动强度,从而有利于资本对劳动的更残酷的剥削。

在中、外企业中劳动的中国产业无产阶级所遭受的残酷剥削,完全像马克思在《资本论》中对欧洲工人劳动状况所做的揭露一样:"资本由于无限度地盲目追逐剩余劳动,像狼一般地贪求剩余劳动,不仅突破了工作日的道德极限,而且突破了工作日的纯粹身体的极限。它侵占人体成长、发育和维持健康所需要的时间。它掠夺工人呼吸新鲜空气和接触阳光所需要的时间。它克扣吃饭时间,尽量把吃饭时间并入生产过程,因此对待工人就像对待单纯的生产资料那样,给他饭吃,就如同给锅炉加煤、给机器上油一样。资本把积蓄、更新和恢复生命力所需要的正常睡眠,变成了恢复筋疲力尽的机体所必不可少的几小时麻木状态。"②如果说,中国产业工人所受到的剥削,和欧洲工人还有一点不同的话,那就是在资本剥削之外,中国产业工人还要忍受各种超经济的强制!

3. 封建管理与政治压迫

在半殖民地半封建的社会条件下,中国产业无产阶级所受的政治压迫是和经济剥削相与俱来的。中国的封建统治者历来把开发矿山的工人视做"不逞之徒",外国殖民者更进而把广大劳动者视为先天的罪犯。1867 年,一本由殖民主义者编辑的香港人口职业统计中,竟然把中国的船夫和罪犯并列在一起,视做同一"职业"的人口。③ 在资本主义国度里的所谓"自由"、"平等"的面纱,

①　《捷报》1887 年 6 月 10 日,第 640 页。
②　《马克思恩格斯全集》第 23 卷,第 294—295 页。
③　迈伊尔:《中日条约商埠》。

在中国这块土地上是没人提起的。在这里,经济剥削是通过政治压迫去实现的,无偿劳动是依靠封建管理榨取的。

中国近代企业中顽固地沿袭着封建的、军事的管理制度。这种制度不但在军用工业中普遍存在,在民用工业中也同样推行。它在矿山的劳动管理上的使用更是司空见惯的事情。船政大臣沈葆桢在福州船政局成立后的第二年,便制定军事管制办法。他认为,对佣工、杂作(即厂中的辅助工人)"非以兵法部勒,则散而难稽,呼而不应"。所以规定"每十人以什长一人束之,每五什长以队长一人束之",而队长和什长都从可靠的"勤能武弁"中挑选。工人栖息的工棚称为"健丁营",其状况"略如营房"。① 继沈葆桢之后主持船政局的黎兆棠也承认,工人中如有违反规定的,"均按军法从事,历历有案"②。其他军用企业如江南、金陵、天津等制造局虽然没有留下像福州局这样具体的记述,肯定是大同小异,彼此效尤的。80 年代初期,云南巡抚唐炯对云南全省大小铜矿,一律规定每丁 25 人设丁目 1 名,丁目 10 人设丁长 1 名,丁长 4 人设总头 1 名,"逐层管束"③。此项办法在 1886 年又为两广总督张之洞在广东矿务局推广。④ 在这个时期中,凡是略具规模的矿山,无不采用这种制度。据记载:山东平度金矿在所雇工人中,"于十人设一什长,百人内设一百长",所有散工即由该什长、百长管辖。⑤ 福建石竹山铅矿在工人中,每 10 人设 1 夫头,每 30 人"另派一妥绅监督",工人受雇后须"各具连环保结",如有"不遵约束",即"送

---

① 沈葆桢:《政书》第 4 卷,第 26—31 页。
② 《船政奏议汇编》第 20 卷,第 4 页。
③ 《沪报》1886 年 7 月 25 日。
④ 《沪报》1886 年 7 月 25 日。
⑤ 《山东宁海州金矿图说》,第 13 页。

官究治"。① 江苏利国驿煤矿要求所有工人必须将姓名、年龄、籍贯等"册报在局,按旬点验,仿营制暗为部勒"②。金州煤矿虽未开办,但在章程中定明,所雇工人"需人互保","各给腰牌,并注册稽查"。③ 唐山开平煤矿对工人的管理更是繁苛。首先受雇工人必须交付保结④;而后分配到各个煤窑里受班头、把头和管工统治。矿务局明确规定:领导并管理技术工人的是班头,承办开山凿石、安铁路、放机器、修水沟等等。而管辖采煤工人的是把头,管工则充当把头的助手。凡"窑里采煤、拉车、垒矸子工人、马夫、看门,全归把头、管工约束";"所有开峒、采煤、垒土、挣土、装棚均听渠指挥,如有不听指挥,或不依法开采,或工作大意,或工人短欠,准告知煤师查办"。⑤ 在生产进行中,工人通常以 8 到 10 人为一起,配一头目,称为包工头。⑥ 包工头直接执行把头的意旨。如果没有把头的执照,窑里工人便不许出窑。从这些规定来看,工人在受雇期间是没有行动自由的。

不但如此,在封建的、军事的管理制度之下,封建刑罚普遍地成为统治工人的暴力手段。云南、广东境内各矿都在地方官府的庇护下,在矿场设立枷杖等各色刑具,公然声称这种设置是"以壮观瞻,而示敬畏"⑦。李鸿章庇护下的开平矿务局在企业内明目张胆地设立刑堂,置备刑具。1882 年李鸿章授权该局会办,如遇工

---

① 《奏办福建铅矿局章程》,第 6 页;《矿务档》第 5 册,第 2959 页。
② 胡恩燮:《白下愚园集》第 8 卷,《患难一家言》下,第 17—18 页;《申报》1883 年 1 月 5 日。
③ 《申报》1883 年 7 月 13 日。
④ 《开平案据汇编》,第 78 页。
⑤ 《开平案据汇编》,第 29—30 页。
⑥ 《开平案据汇编》,第 38 页。
⑦ 《沪报》1886 年 7 月 25 日。

人反抗，准予"就近督查审讯，量予枷责发落"①。张之洞控制下的汉阳铁厂允许提调"刑责"工人。② 此外，还有一些厂矿则邀集军队驻在厂矿，弹压工人。如广西天平山银矿在开办之先，便向当地官府"捐勇饷一营"，借以派兵驻厂"弹压"。③ 而黑龙江漠河金矿除了在河口专驻清兵 500 名外，还在矿区另雇使用"西法"装备"西械"弁勇 1 营，用以"弹压厂矿"。④ 1895 年汉阳铁厂工人反抗无理压迫，举行罢工，张之洞立即调来江南营勇 1 营，驻厂专事"震摄"，铁厂的总办更借兵勇淫威，乘机"严定厂规"。⑤ 列宁说："资本主义的社会劳动组织靠饥饿纪律来维持"，"农奴制的社会劳动组织靠棍棒纪律来维持"⑥，具体到半殖民地半封建的中国社会，两者兼而有之。

应该着重指出，外国在华的工业企业，同样使用棍棒纪律。在这些企业里，外国资本家及其仆从也是"任意"殴打中国工人的。1879 年，上海硝皮厂工人仅仅因为硝坏了 4 张牛皮，竟然遭到洋东的无理殴打。⑦ 同年，上海祥生船厂在修理三菱公司轮船的过程中，由于"机器甚重，工作极细"，中国工人无一不集中注意力，"留神工作"，可是贪得无厌的外国资本家却嫌他们不够迅速，而

---

① 《开平案据汇编》，第 78—79 页。

② 《恽祖翼致张之洞电》，光绪二十一年四月初三日，参见《张之洞电稿》（抄本）。

③ 张之洞：《全集》第 129 卷，电牍 8，《张之洞致李秉衡电》，光绪十三年四月四日。

④ 李鸿章：《全书》，奏稿，第 61 卷，第 45—54 页。

⑤ 《恽祖翼致张之洞电》，光绪二十一年六月二十五日，参见《张之洞电稿》（抄本）。

⑥ 《列宁全集》第 29 卷，第 381 页。

⑦ 《申报》1879 年 9 月 20 日。

洋督工便借此无端殴辱工人。① 尤其令人发指的是,1886 年上海公和祥码头公司的一个外国门警怀特竟然用"一个足足有一英寸直径的警棍毒打工人吴阿伍,而后又怂使警犬在吴阿伍的腿上咬伤两处,血流如注"②。对于这样极端野蛮的行为,英国驻上海领事馆却在受害者控告时,装聋作哑,拒绝受理。恩格斯在 1887 年说得好:"英、美、法三国的商人在国外甚至比在家里更能自由行动。他们的大使馆保护他们,必要时还有几艘军舰来保护他们。"③这方面的情况在本书第一章已经做了揭露。

通过上面的叙述,可以清楚地看到,中国产业无产阶级在其成长之初就"不仅苦于资本主义生产的发展,而且苦于资本主义生产的不发展"④。所以,这一时期压在中国产业工人身上的既有封建制的残暴压迫,又有资本制的残酷剥削。

### (四)产业无产阶级的反抗斗争

封建制和资本制对中国工人的残酷压迫和剥削,当然不能不引起中国工人的反抗。这种反抗斗争,一开始就具有反帝反封建的性质。

受外国侵略势力压迫最早的广东工人和其他劳动人民首先揭开反帝斗争的序幕。

早在英国侵略者霸占香港以后不久的 1848 年,以船夫为主的劳动人民就开始对抗香港殖民政府,拒绝服从殖民当局的统制条例,大

---

① 《申报》1879 年 11 月 8 日。

② 《捷报》1886 年 1 月 29 日,第 69 页。

③ 恩格斯:《暴力在历史中的作用》,《马克思恩格斯全集》第 21 卷,第 466 页。

④ 马克思:《资本论》第一版序言,《马克思恩格斯全集》第 23 卷,第 8—11 页。

批地离开香港。① 到了英法侵略者发动第二次鸦片战争时,香港的中国各业劳动者,又曾大批回归广州,拒绝为侵略者服务。②

随着外国侵略势力重心北移上海,上海的产业工人也爆发了反帝斗争。1859 年 9 月,上海码头工人发动了反对西方殖民者掳掠华工的斗争,开始了工人反帝斗争史的新篇章。③

60 年代以后,先后分布到全国各大城市的广东船舶修造业工人,总是站在反帝斗争的最前列。例如 1868 年在上海耶松船厂中,广东工人就曾经组织厂内职工为反对外国资本家降低工资进行过罢工斗争。④ 此后直到 1895 年,在将近 30 年中,见于记载的这样斗争共有 47 起之多,其中在外国企业中进行的或者矛头直接指向外国侵略者的斗争达 35 起。据侵略者自己说,广东工人总是"表示极坚定的立场",纵然在斗争中被"搞到倾家荡产,当尽押绝",也要"坚持到最后胜利"。⑤

从 1872 年到 1895 年间,香港码头工人为了反对殖民当局在牌照税和住宿登记方面的无理规定,进行了三次大规模的罢工斗争,其中单在 1872 年参加罢工的工人人数多达 5000 人。⑥ 上海搬运工人在 1870 年和 1888 年为反对租界当局擅自规定的车捐,先后爆发两次罢工斗争⑦,1882 年上海租界建筑工人二三千人举

---

① 迈伊尔:《中日条约商埠》,第 62 页。

② 《捷报》1858 年 8 月 14 日,第 6 页,9 月 18 日,第 27 页,10 月 2 日,第 34 页;迈伊尔:《中日条约商埠》,第 77—78 页。

③ 麦克莱伦:《上海史话》,第 46—47 页。

④ 《字林西报》1868 年 10 月 6 日,第 4627 页。

⑤ 《捷报》1911 年 9 月 23 日,第 753—754 页。

⑥ 《捷报》1872 年 8 月 10 日,第 107 页。

⑦ 《捷报》1870 年 7 月 28 日,第 60、68 页;《申报》1888 年 4 月 2 日、4 月 4 日。

行罢工,使得外国侵略者惊慌失措,说什么"上海已经变成了一个危险的骚乱的舞台"①。

特别值得提出的是,1884年中国工人在香港进行的一次大罢工,它在中国工人阶级反帝斗争史上写下了光辉夺目的一页。这次斗争的深远意义在于中国工人对法国侵略者发动中法战争的直接回击。斗争是由香港的船舶修造工人揭开序幕的,但很快就把香港的全部中国工人都组织到斗争中来。当时参加罢工的包括码头工人、航运工人、运煤工人、舂米工人、车夫、轿夫、艇夫、船户,乃至外国旅馆的服务员,声势浩大,行动坚决,前后延续了一个多月,终于获得了胜利。

原来在中法战争中,香港英国殖民当局口头上声称严守中立,实际上却为法国侵略者提供军事侵略基地。当时法国舰只经常从香港出发,拦截中国船只;他们的运输船只打着英国旗帜,无所忌惮地为法国侵略军输送军火补给。被中国军队击伤的法国舰只,公然回到香港修理。② 香港英国当局这种庇护法国侵略者的行径,理所当然地引起了当地中国人民的义愤,尤其是船舶修造业工人不能容忍。

1884年9月3日,1艘在台湾被击伤了的法国铁甲船"加利桑尼亚尔号"(La Galissioniere)驶到香港黄埔公司的船坞要求修理。在厂的中国工人立即要求英国当局拒绝接受。英国当局无理反对这个正义的要求,船厂工人立即集体协议,拒绝施工,用罢工来对抗这艘屠杀中国人民的敌舰。9月14日,又有1艘法国水雷艇"阿塔兰特号"(Atalante)驶入香港船坞。这一次船舶修造工人计划采取更有力的行动,"谋将水雷艇攻毁"。不料事机不密,被英

---

① 《新闻纸》1882年8月4日,第835页。
② 张之洞:《张文襄公电稿》第1卷,第5页。

国殖民当局侦知。因此,英国殖民者遂派了 2 艘"满载差队"的小轮驻扎船坞,企图对工人进行镇压。而法国侵略者则连夜将其船只仓皇逃离船坞。①

但是,船厂工人的正义行动,得到了香港其他各业工人的普遍支持。9 月 18 日,"法人在港购煤,令小工挑运上船,而小工皆哗然散去";9 月 27 日,法国商船到港,"民艇不起货";"法船在港买牛羊,民艇不载"。接着"法公司轮船之往来香港东洋者,其中司火华工,现亦不愿执役,悉数走散"。当法国驻上海领事李梅进住香港旅馆时,中国服务员不予接待,搭轮船,中国船夫拒绝接送。②

面对这样全面的大罢工,英国殖民当局仍然妄想对罢工斗争进行镇压。首先,他们企图从打击民艇入手。9 月 29 日,香港警察局无理拘捕了 11 名拒绝为法国船只运货的船夫,并对其中 8 名科处罚金,同时吊销了许多民艇的执照。这种蛮横手段立即激起了更多的民艇和搬运工人的愤怒,他们联合起来决定对所有"中外货皆不搬运"。于是,反对法国侵略者的斗争,便扩大成为反对一切外国侵略者的斗争,使"整个港口工作陷于完全停顿"。③

10 月 3 日,罢工斗争达到高潮。以船厂工人、民艇工人、搬运工人为主体的香港工人,进行了大规模的示威,参加者扩大到米厂工人,乃至"各行佣作"④。示威从清晨一直继续到下午。英国殖民当局"出动了所有的警察"。但无济于事。他们在镇压中打死

---

① 《捷报》1884 年 9 月 12 日,第 292 页,9 月 20 日,第 320 页;《申报》1884 年 9 月 26 日。

② 据《申报》1884 年 9 月 28 日,10 月 10 日;《捷报》1884 年 10 月 8 日,第 373,10 月 15 日,第 409 页;《张文襄公电稿》第 1 卷,第 8 页。

③ 《张文襄公电稿》第 1 卷,第 8 页;安达柯特:《香港史》,第 208 页。

④ 《张文襄公电稿》第 1 卷,第 9 页。

了 1 个示威者,逮捕了大批示威工人,判处这批无辜者以罚款和 6 个月到 1 年的苦役。① 并且连夜开会,策划进一步的镇压。

但是,蔓延整个香港的工人斗争,并没有被殖民当局的暴行吓倒。紧接着在 10 月 5 日,东区的码头工人又计划举行示威;隔了一天,九龙区油麻地工人又举行示威游行,声援香港地区的罢工。几天之内,满街张贴声援罢工的揭帖,严厉警告英国殖民当局,及早释放被捕工人。

这次香港工人的罢工斗争,从 9 月 3 日开始,一直坚持到 10 月 7 日,历时 35 天,终于迫使英国殖民当局低下头来"还所罚款,放所拘人","听华民不装法货"。② 显然,这次大罢工对中国人民抗击法国侵略者作出了直接的贡献。它部分地破坏了法军的补给线,使进攻淡水的法国侵略军陷于供应不继的困难。③ 罢工的风暴过去以后,英国侵略者的喉舌还心有余悸地说:这是"香港有史以来最严重的一次暴动"④。

这一时期,组成产业工人斗争的另一方面,乃是反对封建势力的压迫。这种斗争在许多企业中,特别是在清政府经营的军用企业中,进行得十分激烈。

1872 年江南制造局发生了一场引人注目的罢工斗争,它的直接起因就是由于总办任意殴打工人。⑤ 这次罢工前后持续了 3 天,最后迫使总办不得不释放在押工人,并进行赔偿。⑥

---

① 安达柯特:《香港史》,第 208 页;《捷报》1884 年 10 月 15 日,第 423—424 页;《申报》1884 年 10 月 10 日。

② 《张文襄公电稿》第 1 卷,第 10 页。

③ 《张文襄公电稿》第 1 卷,第 10 页。

④ 《捷报》1884 年 10 月 15 日,第 423 页。

⑤ 《通闻西报》1872 年 1 月 12 日。

⑥ 《通闻西报》1872 年 1 月 12 日。

　　随着工人阶级觉悟的提高,反对人身侮辱的斗争成为这一时期工人斗争的主要内容之一。江南制造局继 1872 年罢工之后,1883 年又以同样的原因再一次爆发了罢工斗争。① 而 1895 年汉阳铁厂反对无理笞责工人的罢工,声势更是浩大。罢工发生后,铁厂当局借张之洞权势,调来 200 名兵丁,"到厂弹压"。但在工人团结一致的反对下,兵丁也无能为力;最高当局不得不改变高压态度,接受工人的合理要求,答应以后"不得擅用刑责"②。罢工才告结束。

　　至于反对封建盘剥和资本主义的剥削,诸如反对工头无理克扣,反对延长工时,反对降低工资以及要求改善工人的劳动条件和生活条件的斗争,在这一时期中也此起彼伏,层出不穷。

　　在外国资本非法经营的企业中,外国势力假手工头统治工人。他们支持工头对工人的封建盘剥。因此,反对工头的无理盘剥,实质上也就成了反对外国势力的斗争。例如在 1877—1886 年这 10 年中,仅在上海一地,就先后爆发了 7 次反对工头狐假虎威盘剥的斗争。其中 1877 年在旗昌轮船公司,1879 年在祥生船厂,1881 年在英国轮船"天克楷司号",1882 年在会德丰驳船公司,1886 年在公和祥码头公司各爆发 1 次;祥生船厂在 1881 年和 1884 年连续爆发了 2 次。③ 虚骄而狂妄的外国侵略分子最初轻视这种自发斗争的威力,诬蔑为"以卵击石"④。然而,团结起来的工人斗争有力

---

① 《捷报》1883 年 5 月 11 日,第 511 页;《沪报》1883 年 5 月 8 日。

② 《恽祖翼致张之洞电》,光绪二十一年四月初三日,《张之洞电稿》(抄本)。

③ 参见《申报》,光绪五年七月廿一日,九月廿八日;《捷报》1883 年 2 月 21 日,第 208 页。

④ 《捷报》1877 年 5 月 26 日,第 510 页。

地教训了他们。1882 年会德丰驳船公司工人举行罢工时,支持工头为非作歹的外国洋行老板,被团结起来的愤怒工人吓得丧魂落魄,赶紧躲藏,不敢露面!①

在中国自办的企业里,反对剥削的斗争也是不胜枚举的。1881 年福州船政局的那次罢工,其导火线就是反对局方既延长工时,又降低工资。② 1882 年开平煤矿的一次罢工,为了反对当局故意制定高低悬殊的不合理的工资标准,以便拉拢一批,排挤另一批,瓦解工人群众的团结。这一次斗争很有声势,使大半个开平煤矿的生产工作陷于停顿,当地的封建官府对之也"束手无策"③。1883 年、1890 年,江南制造局的工人为反对延长工时,先后两次举行勇敢的罢工斗争。④ 1890 年轮船招商局的搬运工人联合其他行业搬运工人,展开要求增加工资的罢工斗争,取得了一定的胜利。⑤ 1891 年上海织布局罢工斗争的目的集中在改善工人的劳动条件和生活条件。⑥ 1889 年云南的铜矿工人为反对统治者的压迫和剥削,也曾进行反抗斗争的活动。⑦

以上所述,仅仅是这一时期中见之于记载的一部分历史事实,显然很不全面。但是它们却体现了中国产业无产阶级在成长过程中所表现的英勇气概和斗争精神。在内外反动势力的摧残之下,

---

① 《申报》1882 年 7 月 14 日,第 38 页。

② 《申报》1881 年 12 月 3 日,12 月 23 日,1882 年 1 月 26 日,7 月 3 日。

③ 《字林西报》1881 年 7 月 15 日,第 51 页;《捷报》1882 年 7 月 21 日,第 64 页。

④ 《捷报》1883 年 5 月 11 日,第 511 页,1890 年 9 月 5 日,第 289—290 页。

⑤ 《沪报》1890 年 2 月 26 日。

⑥ 《杨藕舫行状》。

⑦ 《益闻录》1889 年 11 月 23 日。

这许多次的斗争中有的并没有完全达到目的。但是,通过斗争不断提高了产业工人的阶级觉悟。80年代以后的历史实际表明,处在幼年阶段的中国产业无产阶级已经走上了有组织地进行斗争的道路。同世界上先进国家的工人阶级一样,中国工人阶级经历了长期的斗争考验,在实践中增长才干,积蓄力量,终有一天会从经济斗争走向政治斗争,从"自在阶级"走向"自为阶级"。

# 附　录

# 一、统　计　表

表1　1851—1872年北美、拉美、大洋洲和东南亚从香港掠去的苦力华工人数(分年统计)

| 年份 | 美国 | 加拿大 | 西印度 | 古巴 | 秘鲁 | 苏里南 | 澳大利亚 | 新西兰 | 夏威夷 |
|---|---|---|---|---|---|---|---|---|---|
| 1851 | 10000[1] | | | | 1101[16] | | | | |
| 1852 | 30000[2] | | 1200[8] | 300[13] | | | | | |
| 1853 | 4270[1] | | | 900[13] | 300[17] | 500[18] | 263[2] | | |
| 1854 | 16084[1] | | | | | | 2100[19] | | |
| 1855 | 3042[3] | | | | | | 10467[3] | | |
| 1856 | 4807[1] | | | 577[14] | | | | | |
| 1857 | 5803[4] | | | 2125[4] | 450[15] | | 17722[4] | | |
| 1858 | 5427[1] | | 776[9] | 2279[15] | 300[15] | | 8743[4] | | |
| 1859 | 3175[1] | 4000[7] | 372[10] | | 321[15] | | | | |
| 1860 | 7734[1] | 2875[7] | 3501[11] | | 542[15] | | | | |
| 1861 | 8434[1] | | 2297[6] | | 2120[15] | | 2809[5] | | |
| 1862 | 7532[5] | | 10421[5] | | | | 979[5] | | |
| 1863 | 7320[5] | 137 | 7809[5] | | | | 352[5] | | |

续表

| 年份 | 美国 | 加拿大 | 西印度 | 古巴 | 秘鲁 | 苏里南 | 澳大利亚 | 新西兰 | 夏威夷 |
|---|---|---|---|---|---|---|---|---|---|
| 1864 | 3041⑤ |  | 6607⑫ |  |  |  | 859⑤ | 327⑥ |  |
| 1865 | 2603⑤ | 1472 | 1293⑫ |  |  | 493⑥ | 994⑤ | 351⑥ | 780⑳ |
| 1866 | 2280⑥ |  |  |  |  | 825⑥ | 1148⑤ | 341⑥ | 262⑳ |
| 1867 | 2995⑥ |  |  |  |  | 291⑥ | 276⑥ |  |  |
| 1868 | 5629⑥ | 259 |  |  |  | 252⑥ | 294⑥ |  |  |
| 1869 | 14414⑥ |  |  |  |  | 500⑥ | 1249⑥ |  |  |
| 1870 | 11024⑥ |  |  |  | 381⑥ |  | 775⑥ |  | 361⑥ |
| 1871 | 5603⑥ |  |  |  |  |  | 1345⑥ | 2553⑥ |  |
| 1872 | 10362⑥ |  |  |  |  |  | 375⑥ | 2175⑥ |  |
| 合计 | 171579 | 8743 | 34276 | 6181 | 5515 | 2861 | 50750 | 5753 | 1403 |

| 年份 | 大溪地 | 新加坡 | 曼谷 | 纳闽岛 | 婆罗洲 | 三宝垅 | 马尼拉 | 孟买 | 全年总计 |
|---|---|---|---|---|---|---|---|---|---|
| 1851 |  |  |  |  |  |  |  |  | 11101 |
| 1852 |  |  |  |  |  |  |  |  | 31500 |
| 1853 |  |  |  |  |  |  |  |  | 6233 |
| 1854 |  |  |  |  |  |  |  |  | 18184 |
| 1855 |  | 46③ | 50③ |  |  |  |  |  | 13605 |
| 1856 |  |  |  |  |  |  |  |  | 5384 |
| 1857 |  | 329④ |  |  |  |  |  |  | 26429 |

续表

| 年份 | 大溪地 | 新加坡 | 曼谷 | 纳闽岛 | 婆罗洲 | 三宝垅 | 马尼拉 | 孟买 | 全年总计 |
|---|---|---|---|---|---|---|---|---|---|
| 1858 | | | | | | | | | 17525 |
| 1859 | | | | | | | | | 7868 |
| 1860 | | | | | | | | | 14652 |
| 1861 | | | | | | | | | 15660 |
| 1862 | | | | | | | | | 18932 |
| 1863 | | | | | | | | | 15618 |
| 1864 | 1035⑥ | | | | | | | | 14239 |
| 1865 | 698⑥ | | | | 62⑥ | | | | 8746 |
| 1866 | | 5280⑥ | | 159⑤ | 194⑥ | 436⑤ | | | 10931 |
| 1867 | | 781⑥ | 2204⑥ | | | | | | 4343 |
| 1868 | | 166⑥ | 178⑥ | | | | | | 8804 |
| 1869 | 379⑥ | 61⑥ | 381⑥ | | | | | | 18384 |
| 1870 | | | | | 70⑥ | | | | 12992 |
| 1871 | | 15068⑥ | 786⑥ | | | | | | 24569 |
| 1872 | | | | | | | 952 | 2370 | 14650 |
| 合计 | 2112 | 21731 | 5202 | 159 | 326 | 436 | 952 | 2370 | 320349 |

数据来源：(见下页)。

表 1 数据来源:

① 古丽姬:《中国移民》(R. Mary Coolidge:Chinese Immigration),第 498 页;另见《华工史料》第 3 辑,第 278 页。

② 埃德尔:《香港史》,第 272 页。

③ 《华工史料》第 2 辑,第 149 页。

④ 《华工史料》第 3 辑,第 38 页。

⑤ 香港政府文件,第 328 号,1868 年第 2 号文件的附件 2,香港理船厅关于 1861—1866 年香港运出华工人数,见《华工史料》第 2 辑,第 378—390 页。

⑥ 香港政府文件:1861—1872 年香港载运华工出国船只及人数统计表,见《华工史料》第 4 辑,第 533—540 页。

⑦ 魏安国:《从中国到加拿大》(Edgar Wickberg:From China to Canada, A History of the Chinese Community in Canada),第 13—14 页。

⑧ 克里门蒂:《圭亚那华工》;《华工史料》第 6 辑,第 9—10 页。

⑨ 《华工史料》第 6 辑,第 19—20 页。

⑩ 《华工史料》第 6 辑,第 23 页。

⑪ 《华工史料》第 6 辑,第 34 页。

⑫ 《华工史料》第 4 辑,第 521 页。

⑬ 蓝皮书,Cd—255,1855 年第 1 号文件,附件;《华工史料》第 2 辑,第 53 页。

⑭ 1845—1874 年苦力船暴动和遇难事件备忘录,《华工史料》第 2 辑,第 480 页。

⑮ 姚贤镐:《外贸史资料》第 2 卷,第 887 页。

⑯ 《中国社会科学院经济研究所集刊》第 1 期,第 271 页。

⑰ 1845—1874 年苦力船暴动和遇难事件备忘录,《华工史料》第 2 辑,第 480 页。

⑱ 荷属圭亚那(即苏里南)华侨组织广义堂成立一百周年纪念特刊。

⑲ 安达柯特:《香港史》,第 196—197 页;《华工史料》第 4 辑,第 529 页。

⑳ 坎贝尔:《英属苦力》,第 150 页;见《华工史料》第 4 辑,第 397 页。

**表2　1851—1872年从香港运往北美、拉美、大洋洲和**
**东南亚各地的苦力华工人数（分到达地统计）**

| 地　区 | 年　度 | 人　数 | 地　区 | 年　度 | 人　数 |
|---|---|---|---|---|---|
| 北美洲 | | 180332 | 东南亚 | | 31176 |
| 美国 | 1851—1872 | 171579 | 新加坡 | 1855—1872 | 21731 |
| 加拿大 | 1859—1868 | 8743 | 纳闽岛 | 1861—1866 | 159 |
| 拉丁美洲 | | 46338 | 曼谷 | 1855—1870 | 5202 |
| 英属西印度 | 1852—1865 | 34276 | 婆罗洲 | 1865—1870 | 326 |
| 古巴 | 1852—1859 | 6181 | 三宝垅 | 1866 | 436 |
| 秘鲁 | 1850—1870 | 5515 | 马尼拉 | 1872 | 952 |
| 苏里南 | 1858—1869 | 2361 | 孟买 | 1864 | 2370 |
| 大洋洲 | | 60970 | 合计　1851—1872年:320349人 | | |
| 澳大利亚 | 1854—1872 | 50750 | | | |
| 新西兰 | 1864—1872 | 5753 | | | |
| 大溪地 | 1861—1869 | 2112 | | | |
| 夏威夷 | 1865—1872 | 2355 | | | |

数字来源:见表1。

**表3　1861—1872年从香港出口的苦力船数（共403只）**

| 船　籍 | 船　数 | 百分数 | 船　籍 | 船　数 | 百分数 |
|---|---|---|---|---|---|
| 英　国 | 172 | 42.68 | 荷　兰 | 4 | 0.99 |
| 美　国 | 159 | 39.45 | 夏威夷 | 4 | 0.99 |
| 泰　国 | 21 | 5.21 | 意大利 | 1 | 0.25 |
| 德　国 | 19 | 4.71 | 奥地利 | 1 | 0.25 |
| 西班牙 | 8 | 1.98 | 萨尔瓦多 | 1 | 0.25 |
| 法　国 | 6 | 1.49 | 哥伦比亚 | 1 | 0.25 |
| 丹　麦 | 5 | 1.24 | 比利时 | 1 | 0.25 |

资料来源:根据粤海关藏档:香港理船厅编制1861—1872年香港载运华工出国船只
及人数统计表改制。

表 4　1850—1872 年苦力船海上暴动和遇难事件表

| 开船日期 | 船名 | 船籍 | 船长 | 出口港 | 目的地 | 人数 | 备注 |
|---|---|---|---|---|---|---|---|
| 1850.2.14 | 蒙塔古夫人 (Lady Montague) | 英 | 史密斯 (Smith) | 香港 | 卡亚俄 | 450 | 苦力病者多，一路共死 300 人，海上死亡率高达 66.67%，到达卡亚俄后被苦力暴动、被华籍译员阻止。——香港《德臣西报》(China Mail),1852 年，第 400 号,1856 年，第 595 号；香港《注册报》(The Register)1850 年 7 月 23 日；香港《每日新闻》(Daily News)1852 年 7 月 28 日。 |
| 1850.9.17 | 亚尔勃 (Albert) | 法 | 潘因 (Pain) | 金星门 | 卡亚俄 | 245 | 船于 10 月 2 日开回香港,船长、理货员和一部分水手为苦力所杀,约 140 名苦力到香港时分乘渔船逃走,其余被香港警察逮捕。——《德臣西报》1856 年,第 596 号,第 115 页；《华工史料》第 2 辑,第 90—92 页。朴杀船长、大副、二副,厨子、理货员各 1 人。迫水手及水手长返棹回华,船抵老万山,约 140 名苦力离船。——《中华丛报》1850 年 9 月,第 510 页。 |
| 1850.10.7 | 智利 (Chile) | 法 | | 金星门 | 秘鲁 | 300 | 中途船漏,改驶马尼拉,苦力遣散。——《华工史料》第 2 辑,第 90—91 页。 |
| 1851.12.6 | 胜利 (Victory) | 英 | 缪仑 | 金星门 | 秘鲁 | 355 | 1852 年 1 月 26 日船至新加坡,船长、职员、部分水手及厨子,被苦力杀了,于逼罗湾某二小岛登陆。——《德臣西报》1856 年,第 597 号,第 119 页；《华工史料》第 2 辑,第 90—91 页。 |

续表

| 开船日期 | 船名 | 船籍 | 船长 | 出口港 | 目的地 | 人数 | 备注 |
|---|---|---|---|---|---|---|---|
| 1852.1.20 | 比特利斯(Beatrice) | 英 | 爱德华 | 香港 | 秘鲁 | 300 | 船漏水,开入新加坡,进港时苦力暴动,离船起岸。——《华工史料》第2辑,第90页。 |
| 1852.1.24 | 斯巴顿(Spartan) | 英 | 马歇尔 | 厦门 | 悉尼 | 254 | 船行数日,苦力暴动,船长及水手多人重伤,苦力死者甚多,船开进新加坡。——《德臣西报》1856年,第608号,第163页。 |
| 1852.1.20 | 罗伯特·包恩(Robert Bowne) | 美 | 布莱生(Bryson) | 厦门 | 旧金山 | 410 | 苦力暴动,船长、水手共5人被杀,苦力在八重山岛登陆。英、美派军舰追剿,诬为海盗。苦力先后死去350人。——《华工史料》第3辑,第123页。 |
| 1852.8.23 | 额尔金爵士(Lord Elgin) | 英 | 麦克利兰(Mcleland) | 厦门 | 圭亚那 | 110 | 苦力因水肿及衰弱症,死亡45人以上。——《德臣西报》1856年,第606号,第154页。 |
| 1852.9 | 布连海姆(Blenheim) | 英 |  | 厦门 | 古巴 | 583 | 途中死395人,苦力暴动,迫船改驶新加坡。——《华工史料》第6辑,第176—178页。 |
| 1852.9.25 | 巴拿马(Panama) | 英 | 费敏尔(Fisher) | 厦门 | 古巴 | — | 苦力暴动,开入新加坡。——《德臣西报》第597号,第119页。 |
| 1852.9.24 | 哥仑布(Columbus) | 英 | 霍尔顿(Holton) | 厦门 | 古巴 | 266 | 苦力有重大死亡。——《德臣西报》1856年,第608号,第162页。 |
| 1852.10.13 | 吉斯特鲁德(Gestrude) | 英 | 坎贝尔 | 厦门 | 古巴 | 350 | 苦力企图暴动,1852年10月28日开入新加坡,船员数人受伤。——《德臣西报》1856年,第600号,第131页。 |

续表

| 开船日期 | 船名 | 船籍 | 船长 | 出口港 | 目的地 | 人数 | 备 注 |
|---|---|---|---|---|---|---|---|
| 1853.3.8 | 罗沙爱利斯 | 秘鲁 | 巴克莱(Barclay) | 香港 | 秘鲁 | 200 | 苦力暴动杀船长、船员及水手,夺船驶至新加坡上岸。——《华工史料》第2辑,第90页。 |
| 1853.3.19 | 恩普利沙 | 英 | — | 香港 | 秘鲁 | 425 | 船上发生瘟疫,华工死100余人。——《华工出国史料汇编》第2辑,第91页。 |
| 1853.8.18 | 英国君主(British Sovereign) | 英 | 哈利斯(Harvrys) | 厦门 | 古巴 | — | 船上死亡率甚高,船长、大副、水手均死,苦力暴动杀船长,9月12日,苦力夺船,驶至新加坡。——《德臣西报》1853年,第414号,1856年第606号。 |
| 1853.10 | 阿达马斯特(Adamast) | 英 | — | 香港 | 古巴 | 300 | 苦力暴动,迫船改驶新加坡。——《华工出国史料汇编》第2辑,第54页。 |
| 1853.12.3 | 阿姆赫斯特夫人(Lady Amhurst) | 英 | — | 厦门 | 古巴 | 250 | 苦力暴动,杀船长,驶新加坡上岸。——《华工史料》第2辑,第90页。 |
| 1854 | 沙姆洛克 | 英 | — | 香港 | 澳大利亚 | — | 补:中途触礁漏水,开到新加坡,苦力乘机冲出底舱四散逃走。——斯图阿特:《秘鲁华奴》,第71页。 |
| 1854 | (三桅船) | 英 | — | 香港 | 澳大利亚 | — | 补:在苏禄海峡触礁沉没。——斯图阿特:《秘鲁华奴》,第71页。 |
| 1854.3 | 圭米尼扎 | 秘鲁 | 本尼 | 汕头 | 秘鲁 | 600 | 遇难沉没。——《华工史料》第2辑,第90—91页。 |

续表

| 开船日期 | 船名 | 船籍 | 船长 | 出口港 | 目的地 | 人数 | 备　注 |
|---|---|---|---|---|---|---|---|
| 1854. 6 | 圣选哥 | 秘鲁 | 罗坦诺·罗莎 | 澳门 | 秘鲁 | 58 | 遇难沉没。——《华工史料》第 2 辑，第 90—91 页。 |
| 1855. 10 | 威弗利（Waverly） | 美 | 威尔曼（Wellman） | 厦门 | 古巴 | 442 | 船上死亡率高，开船后船长即死，苦力死 250 人以上，45 人失踪。船上仅余 146 人。《德臣西报》1855 年，第 561 号，第 182 页；《华工史料》第 3 辑，第 163 页。（因镇压苦力，舱门紧闭，苦力被闷死。死亡率 67.4%。） |
| 1856. 3. 13 | 约翰·加尔文（John Calvin） | 英 | 桑恩希尔（Thornhill） | 香港 | 古巴 | 298 | 途中苦力死 110 人（一说死 135 人）。——《德臣西报》1857 年，第 631，636 号。死亡率 45.3%。 |
| 1856. 3. 26 | 海巫（Sea Witch） | 美 | — | 厦门 | 古巴 | 600 | 在古巴东海岸沉没，救获 250 人，死亡 150 人。——鲁波克：《中国飞剪船和运油船》第 44 页；科比·杜方：《古巴华工史》，第 51 页。 |
| 1856. 4. 2 | 波特兰公爵（Duke of Portland） | 英 | 西摩尔（Cymour） | 香港 | 古巴 | 332 | 苦力在途中死 132 人（一说 128 人）。——《德臣西报》1857 年，第 631,636 号。死亡率 40%。 |
| 1857. 1. 29 | 安内斯（Anaris） | 法 | 卡利那（Carignac） | 汕头 | 古巴 | — | 船开次日，苦力暴动，船长、理货员（父子）及部分水手被杀。苦力夺船，开往距东来克斯点（Breakeri's Point）5 英里的东来海岸。——《德臣西报》1857 年，第 625 号，第 22 页。 |

续表

| 开船日期 | 船名 | 船籍 | 船长 | 出口港 | 目的地 | 人数 | 备 注 |
|---|---|---|---|---|---|---|---|
| 1859.2.9 | 亨利塔·玛利亚（Henrietta Maria） | 荷 | 巴克尔（Bakker） | 澳门 | 古巴 | 260 | 船至不老湾附近,船长、水手及200名苦力失踪,船上曾有暴动。《德臣西报》1857年,第613、632号。——补:船行16日,在不老湾发现该船剩下水手4人,苦力60人。苦力赶走船长、水手,上岸逃走。该船开往新加坡后,又复返中国装运苦力。——科比特:《古巴华工》,第52页。 |
| 1857.3.17 | 古尔玛（Gulmare） | 英 | | 汕头 | 古巴 | 240 | 补:开船次日,苦力暴动,被船长、水手开枪打死几名。有30多名苦力受伤,有209名苦力跳海自杀。底舱苦力放火烧船,火被扑灭,船回香港。——科比特:《古巴华工》,第29页。 |
| 1857.4.1 | 古尔纳（Culnare） | 英 | 瓦德洛卜（Wardrop） | 香港 | 古巴 | 326 | 苦力暴动,杀水手约33—40人。——《德臣西报》1857年,第631号,第46页。《华工史料》第2辑,第165页。 |
| 1857.10.14 | 凯塔·库珀（Keta Cooper） | 美 | 约翰·杰克森 | 澳门 | 古巴 | 650 | 补:船至印尼直港,苦力造反被镇压。——《华工史料》第3辑,第173页。 |
| 1858 | 诺尔玛 | 英 | | 澳门 | 古巴 | 276 | 到岸139人,途中死137人,死亡率50.36%。——《华工史料》第6辑,第178页。 |
| 1859 | 拿破仑第三 | 法 | | 澳门 | 古巴 | 200 | 途中死135人,死亡率67.5%。《华工史料》第4辑,第556页。 |

续表

| 开船日期 | 船名 | 船籍 | 船长 | 出口港 | 目的地 | 人数 | 备注 |
|---|---|---|---|---|---|---|---|
| 1859.12 | 格拉维纳 (Gravina) | 西 | | 澳门 | 古巴 | 350 | 途中死270人，死亡率77.14%。——科比特:《古巴华工史》，第54页。 |
| 1859.9 | 玛斯迪夫 (Mastiff) | 美 | | 澳门 | 古巴 | 650 | 途中起火，遇英国船救出苦力174名。——《苦力》，第74—75页。 |
| 1859.10.8 | 花坛 (Flora Temple) | 美 | 约翰逊 (Johnson) | 澳门 | 古巴 | 850 | 10月14日遇风暴，数日不息，船触暗礁，船长、船员乘舢板离船，一舢板装51人，船长及其弟在船内，到达印度支那土伦港，为法国船德号舰长偷苦力，到达地点，见船已下沉，850名苦力，一无踪影。——《香港日报》(Daily Press)，1859年，第666号;《德臣西报》1861年，第837号，第34页。 |
| 1859.11.26 | 挪威 (Norway) | 美 | | 澳门 | 古巴 | 1038 | 船行5日，苦力暴动，最后在底舱放火烧船，均被镇压，130名苦力在斗争中牺牲，同归于尽，船在途中失踪。——科比特:《古巴华工》，第54页。 |
| 1860.5 | 哥乌那摩敦 | 英 | | 黄埔 | 古巴 | 200余 | 夜间苦力投水逃走，船上开枪，舢板截回170余人。——《华工史料》第2辑，第91页。 |
| 1860上半年 | 沙勒斯麻迪尔 (Salos Martil) | 法 | | 澳门 | 古巴 | 950 | 船到古巴只剩100人，气息奄奄，余均死。——《华工史料》第4辑，第556页。死亡率89.77%。 |
| 1861 | 里昂尼达斯 (Leonidas) | 英 | 伍德 (Wood) | 澳门 | | 250 | 在澳门要塞下3里处，未开船前即发生暴动。——《德臣西报》1861年，第837号，第34页。 |

续表

| 开船日期 | 船名 | 船籍 | 船长 | 出口港 | 目的地 | 人数 | 备注 |
|---|---|---|---|---|---|---|---|
| 1861.10.5 | 秃鹰(Bald Eagle) | 美 | | 香港 | 旧金山 | 1000 | 船开出后无消息，失踪沉没。——《苦力》，第70页。 |
| 1861.8.3 | 威尔达根(Villed'Agon) | 法 | 伏生(Fourson) | 澳门 | 朋第契里(Pondi Chery) | 无 | 苦力暴动，遇难开入香港。——《中国评论》(China Review)第11卷，第18页，第2卷，第1页。 |
| 1861.2 | 雷俄呢达 | 西 | | 广州 | 澳门 | 250 | 途中苦力暴动，94人死亡或不知下落。——《华工史料》，第556—557页。 |
| 1861.9 | 奥古斯丁那号(Augustina) | | | 澳门 | 秘鲁 | 350 | 到秘鲁仅11名，其余全死于途中，上岸后又死6人，实到5人。粤海关档案，外国新闻纸摘译；《华工史料》第4辑，第557页。 |
| 1862 | 路克拉夏(Luccratie) | 英 | | 香港 | 澳大利亚 | 221 | 船驶至东沙岛沉没，部分华工得救。——《华工史料》第4辑，第534页。 |
| 1863 | 林里德尔(Ring Leader) | 美 | | 香港 | 旧金山 | 350 | 船驶至台湾迤南沉没。——《华工史料》第4辑，第534页。 |
| 1863 | 阿德维尔(Ardville) | 英 | | 香港 | 旧金山 | 231 | 船驶至台湾迤南沉没。——《华工史料》第4辑，第534页。 |

续表

| 开船日期 | 船名 | 船籍 | 船长 | 出口港 | 目的地 | 人数 | 备　注 |
|---|---|---|---|---|---|---|---|
| 1863 | 维京(Viking) | 美 | | 香港 | 旧金山 | 350 | 船驶至日本海沉没，华工全部死亡。——《华工史料》第4辑，第534—535页。 |
| 1865 | 伏泰特(Fautight) | 英 | | 香港 | 古巴 | 370 | 船驶至台湾以北海面沉没，淹死华工100余人。——《华工史料》第4辑，第534—535页。 |
| 1865 | 路易斯(Luisa) | 法 | | 香港 | 古巴 | | 华工暴动，船返回香港。——《华工史料》第6辑，第55页。 |
| 1865.6 | 加罗林(Carolin) | 法 | | | | | 苦力造反，被枪杀4名，余众被镇压下去。——《华工史料》第6辑，第55—56页。 |
| 1865.6 | 维尔德圣洛(Ville de Sanro) | 法 | | | | | 苦力造反，12人被枪杀，余被镇压下去。船驶往西贡。——《华工史料》第6辑，第56页。 |
| 1865.9 | 狄阿德·玛尔德(Deardet More) | 意 | 格拉卡摩(Glacamo) | 澳门 | 秘鲁 | 550 | 船抵大溪地，仅存162名苦力。——《中国评论》第11卷，第18页。死亡率70.55%。 |
| 1865.12.3 | 恒河光荣(Pride of Hanges) | 英 | | 黄埔 | 圭亚那 | 400 | 12月11日下午4时30分，苦力造反，船长被抛海，苦力夺船，命令大副驶往海南岛，苦力全部登岸。——斯图阿特:《秘鲁华奴》，第71页。 |

续表

| 开船日期 | 船名 | 船籍 | 船长 | 出口港 | 目的地 | 人数 | 备 注 |
|---|---|---|---|---|---|---|---|
| 1866.2.3 | 德列舍(Therese) | 意 | 波罗洛(Boloro) | 澳门 | 秘鲁 | 296 | 船行63天后，望见陆地，想系新西兰。苦力暴动，杀船员，水手12人，船开回澳门。——《德臣西报》1868年，第1595号。 |
| 1866.3.8 | 吉多(Jeddo) | 英 | 威斯特(West) | 厦门 | 圭亚那 | 480 | 4月28日船过印尼安直港口，在海中被苦力烧毁，烧死或溺死200人。——《德臣西报》1867年，第1203号。 |
| 1866.3.17 | 拿破仑·卡那瓦罗(Napolean Canavaro) | 意 | 丹摩尔(Demore) | 澳门 | 秘鲁 | | 船在海上被华工烧毁。——《德臣西报》1866年，第1103号，第53页。朴：又名白鹰号，为美国飞剪船，从澳门开往秘鲁钦察岛。——鲁彼克：《苦力和油滑的水手》，第36—61页，对该船事件有详细描述。见1951年9月21日《光明日报》，《史学》副刊载严中平《浮地狱里的滔天罪行》一文。 |
| 1866.3 | 香港(Hong Kong) | 法 | | 黄埔 | 古巴 | 300 | 开船后，苦力夺船，全部登岸。——斯图亚特：《秘鲁华奴》，第71页。 |
| 1866.7.28 | 普罗维登扎(Providenzr) | 意 | 维登暍吉(Videnwa yege) | 黄埔 | 古巴 | 380 | 在日本函馆海面被发现，船上仅42名苦力，无一欧人。——《德臣西报》1866年，第1644号。 |

续表

| 开船日期 | 船名 | 船籍 | 船长 | 出口港 | 目的地 | 人数 | 备注 |
|---|---|---|---|---|---|---|---|
| 1866.10.10 | 尤金·阿代勒（Eugene Adele） | 法 | 弗鲁顿（Frudden） | 黄埔 | 古巴 | | 苦力暴动，船长被杀，船员水手多人重伤，苦力在格斗中死5人，30人跳海。——《德臣西报》1866年，第1134号，第228页。朴：船抵大溪地苦力死过半。——姚贤镐《中国近代贸易史资料》第2卷，第898页。 |
| 1868.3 | 日斯巴尼亚德勒 | 西 | | 澳门 | 秘鲁 | 293 | 海上打死水手13人，通船回国，至澳门附近海口，苦力150人弃船逃散，其余均已被打死。——《华工史料》第4辑，第558页。 |
| 1868.8.19 | 高尔 | 秘鲁 | | 秘鲁 | 秘鲁 | 48 | 48名华工系1年前玻璃沙船由澳门载至秘鲁者，将船员全打死，只留船主1人，通其驶回中国，船主逃走，华工自行驶至日本哈勾达海口时已半年。——《华工史料》第4辑，第558页。 |
| 1869.1.19 | 弗德列·里克（Frederic） | 比 | 尼卡斯（Necaise） | 香港 | 古巴 | 379 | 2月5日船到巴到维亚，次日船被焚毁。船长，水手及366名苦力遇救。——《德臣西报》1870年，第2097,2101号。 |
| 1869.1.21 | 意大利亚 | 意 | | 哈瓦那 | 香港 | 150 | 由古巴期满回国的150名契约华工，到香港只剩76人，余均死于途中，到港之76名亦病势奄奄，死亡率49.33%。——《德臣西报》1870年，第2097,2101号。 |

续表

| 开船日期 | 船名 | 船籍 | 船长 | 出口港 | 目的地 | 人数 | 备 注 |
|---|---|---|---|---|---|---|---|
| 1869. 4. 4 | 塔马斯克(Tamask) | 法 | 荣内(Roune) | 澳门 | 古巴 | 235 | 船至巽他海峡,苦力暴动,杀船长,船开回巴达维亚,另换船长继续航行。——《德臣西报》1870年,第 2050 号。 |
| 1869. 12 | 恩科瓦克 | 意 | 罗斯先诺 | 澳门 | 秘鲁 | 548 | 苦力暴动,放火烧船。——《德臣西报》1870年,第 2334 号,第 5 页。 |
| 1870 | 贝拉格利加(Bellagaliga) | 西 | | 澳门 | 古巴 | 376 | 船开后 3 天,在海上触礁搁浅。——《华工史料》第 6 辑,第 182—183 页。 |
| 1870. 10. 4 | 新潘尼洛普(Nouvelle Penelope) | 法 | | 澳门 | 秘鲁 | 300 | 苦力暴动,杀船长,船员及水手多人。约 35 人离船他去。船返澳门。——《德臣西报》1870 年,第 2300 号。补:一说装苦力 310 名,船行 3 日后,苦力造反,用木棍、帆桁等物,与持枪船员搏斗,苦力死 100 余人,但击毙船长和 7 名水手。苦力登岸。船回澳门后苦力被株连同罪者甚多,有 16 名苦力被判处死刑。——科比特:《古巴华工史》,第 52 页。 |

续表

| 开船日期 | 船名 | 船籍 | 船长 | 出口港 | 目的地 | 人数 | 备　注 |
|---|---|---|---|---|---|---|---|
| 1871.5.4 | 唐黄(Don Juan)(原名多罗勒斯·乌加特,船籍萨尔瓦多,改名后挂秘鲁旗) | 秘鲁 | 卡雷(Caray) | 澳门 | 秘鲁 | 650 | 朴:开船两天后,船上起火,船长水手弃船乘小艇逃走,船上的苦力有的还戴着锁链,有的禁闭加锁。半小时后,受难苦力冲出前舱门紧闭,铁栅加锁,已经熏死和烧死600人,有很多苦力在冲撞中被踩死,最后被渔船救活了约50人。——《华工史料》第2辑,第410—412页。 |
| 1872 | 希望号(艾克斯比朗斯)(Esperarce) | 西 | | 汕头 | 哈瓦那 | | 此两船均发生过苦力暴动。——《华工史料》第6辑,第184页。 |
| 1872 | 喀麦林(卡米兰)(Carmeline) | 西 | | 汕头 | 哈瓦那 | | |
| 1872.8.26 | 发财号(Fachoy) | 西 | | 澳门 | 古巴 | 1005 | 开船4天后,苦力一连发生3次暴动,放火烧船,全体船员和水手均向苦力开枪,打死3人,将其余苦力按10名或15名,以发辫相连系在船边铁栏杆上,剥光衣服,猛力鞭打。还往底舱浇沸水,把暴动镇压下去。——《华工史料》第2辑,第462—468页。 |

续表

| 开船日期 | 船名 | 船籍 | 船长 | 出口港 | 目的地 | 人数 | 备 注 |
|---|---|---|---|---|---|---|---|
| | 追风<br>(Winged Racer) | 美 | 柯兰<br>(Coran) | 汕头 | 哈瓦那 | 700 | 船未开之前,船长鞭打60名苦力,酿成暴动。<br>——鲁波克:《中国飞剪船和运油船》,第36—60页。 |
| | 挑战者<br>(Challenger) | 美 | 克尔内<br>(Kearny) | 汕头 | 哈瓦那 | 900 | 开船后每隔几天就须镇压一次苦力暴动,船抵哈瓦那,死船长和水手7名,苦力150名。——鲁波克:《中国飞剪船》,第66—69页;《苦力船和运油船》,第36—60页。 |

## 表5　清政府经营近代军用企业概况表

1861—1894 年

| 局名 | 所在地 | 设立年份 | 创办人 | 主要产品 |
|---|---|---|---|---|
| 安庆内军械所 | 安庆 | 1861 | 曾国藩 | 子弹、火药、炸炮。 |
| 上海洋炮局 | 上海 | 1862 | 李鸿章 | 子弹、火药。 |
| 苏州洋炮局 | 苏州 | 1863 | 李鸿章 | 子弹、火药。 |
| 江南制造总局 | 上海 | 1865 | 曾国藩　李鸿章 | 枪、炮、兵轮、水雷、子弹、火药和机器，并设有炼钢厂。 |
| 金陵机器局 | 南京 | 1865 | 李鸿章 | 枪、炮、子弹、火药。 |
| 福州船政局 | 福州 | 1866 | 左宗棠 | 兵轮。 |
| 天津机器局 | 天津 | 1867 | 崇　厚 | 枪、炮、子弹、水雷、火药；设有炼钢厂。 |
| 西安机器局 | 西安 | 1869 | 左宗棠 | 子弹、火药。 |
| 福建机器局 | 福州 | 1870 | 英　桂 | 子弹、火药。 |
| 兰州机器局 | 兰州 | 1872 | 左宗棠 | 子弹、火药。 |
| 广州机器局 | 广州 | 1874 | 瑞　麟 | 子弹、火药、修造小轮船。 |
| 广州火药局 | 广州 | 1875 | 刘坤一 | 火药。 |
| 山东机器局 | 济南 | 1875 | 丁宝桢 | 枪、子弹、火药。 |
| 湖南机器局 | 长沙 | 1875 | 王文韶 | 枪、开花炮弹、火药。 |
| 四川机器局 | 成都 | 1877 | 丁宝桢 | 枪、炮、子弹、火药。 |
| 吉林机器局 | 吉林 | 1881 | 吴大澄 | 子弹、火药、枪。 |
| 金陵火药局 | 南京 | 1881 | 刘坤一 | 火药。 |
| 浙江机器局 | 杭州 | 1883 | 刘秉璋 | 子弹、火药、水雷。 |
| 神机营机器局 | 北京 | 1883 | 奕　譞 | 不详。 |
| 云南机器局 | 昆明 | 1884 | 岑毓英 | 子弹、火药。 |
| 山西机器局 | 太原 | 1884 | 张之洞 | 洋火药。 |
| 广东机器局 | 广州 | 1885 | 张之洞 | 枪、炮、小轮船。 |
| 台湾机器局 | 台北 | 1885 | 刘铭传 | 子弹、火药。 |
| 湖北枪炮厂 | 汉阳 | 1890 | 张之洞 | 枪、炮、子弹、火药。 |

资料来源:孙毓棠:《中国近代工业史资料》第一辑;中国史学会主编:《洋务运动》第4册。

### 表6 江南制造局历年收入支出表

1867—1894 年 单位：规平银两

| 年度（份） | 收　　入 | | | | |
|---|---|---|---|---|---|
| | 江海关筹拨二成洋税并筹拨专款 | 各处解存修造轮船军火及洋匠扣存工食各洋行缴还定银等项 | 各省解还奏调军火价 | 折变轮船废机器及厂内机器用废铜铁件等 | 共计① |
| 1867—1873 | 2884498.0 | 42959.9 | | | 2927457.9 |
| 1874 | 491682.1 | 45472.0 | | | 537154.1 |
| 1875 | 520594.8 | 28817.2 | | | 549412.0 |
| 1876 | 472594.6 | 58848.9 | | | 531443.5 |
| 1877 | 333974.8 | 19160.3 | | | 353135.1 |
| 1878 | 434779.1 | 9847.0 | | | 444626.1 |
| 1879 | 468472.4 | 18405.3 | | | 487147.7 |
| 1880 | 560995.3 | 27773.8 | | 5287.7 | 594056.8 |
| 1881 | 657226.0 | 87428.8 | | 1517.1 | 746171.9 |
| 1882 | 529037.7 | 85594.3 | | 1693.2 | 616325.2 |
| 1883 | 438148.0 | 135567.6 | | | 573615.6 |
| 1884 | 505205.8 | 361386.8 | 40660.0 | | 907252.6 |
| 1885 | 527132.3 | 77867.2 | | | 604999.5 |
| 1886 | 525468.5 | 20135.4 | 7786.7 | | 553390.6② |
| 1887 | 530669.2 | 27410.9 | 52124.0 | | 610204.1 |
| 1888 | 556932.5 | 11623.7 | | | 568556.2 |
| 1889 | 502347.3 | 128795.5 | | | 631142.8 |
| 1890 · | 793399.1 | 96096.9 | 6368.8 | | 895864.8 |
| 1891 | 679905.3 | 96594.9 | 10077.8 | | 786578.0 |
| 1892 | 647834.2 | 19108.4 | 6368.8 | | 678311.4 |
| 1893 | 564127.7 | 58638.3 | 6368.8 | | 629134.8 |
| 1894 | 622306.8 | 126851.3 | 68735.4 | | 817893.5 |

| 支　出 | | | | | | |
|---|---|---|---|---|---|---|
| 薪工膏火口粮及购地造屋等一切公费 | 东洋工匠工食 | 购置机器 | 定购物料及预付各洋行定银 | 购买军火 | 译书及办舆图经费 | 共计① |
| 431360.7 | 741567.0 | 110576.4 | 1533048.6 | 86899.4 | 16460.1 | 2919912.2 |
| 50918.3 | 129942.5 | 46615.3 | 303877.5 | 29642.1 | 6800.1 | 567795.8 |
| 37730.3 | 155003.9 | 27108.8 | 289384.8 | 14057.4 | 4755.2 | 528040.4 |
| 47788.8 | 150965.1 | 53834.8 | 279370.6 | 14287.9 | 3379.7 | 549626.9 |
| 39568.0 | 125555.9 | 26122.8 | 190574.9 | 27292.4 | 2458.2 | 411572.2 |
| 84649.2 | 106971.9 | 5846.0 | 66879.8 | 80817.3 | 3763.4 | 348927.6 |
| 73078.5 | 124458.5 | 3912.3 | 193014.7 | 345.3 | 2731.0 | 397540.3 |
| 63696.1 | 133034.2 | 60831.8 | 312161.2 | 16402.6 | 2245.9 | 588371.8 |
| 105469.0 | 166798.1 | 24227.5 | 534579.1 | 19894.9 | 2112.9 | 853081.5 |
| 132389.4 | 153127.8 | 71304.4 | 65564.8 | 189658.1 | 1725.6 | 613770.1 |
| 84777.2 | 163469.3 | 29430.2 | 241635.1 | 23856.5 | 3686.3 | 546854.6 |
| 76155.3 | 243983.5 | 32794.0 | 494848.4 | 133837.1 | 1578.6 | 983196.9③ |
| 68723.9 | 187702.7 | 9623.3 | 238089.2 | | 1036.2 | 505175.3④ |
| 73547.2 | 160622.0 | 16243.7 | 240001.1 | 771.2 | 502.2 | 491687.4 |
| 82133.9 | 179247.4 | 18939.2 | 379512.7 | 557.1 | 1152.3 | 661542.6 |
| 72717.8 | 153663.0 | 25463.0 | 233319.8 | 1657.2 | 697.4 | 487518.5 |
| 73499.3 | 157517.4 | 23992.1 | 411636.8 | 21472.5 | 573.2 | 688691.3 |
| 86740.1 | 177728.3 | 29034.6 | 441962.1 | 18674.6 | 1579.4 | 755719.1 |
| 84678.3 | 161201.9 | 55037.4 | 333304.3 | 9680.2 | 619.2 | 644521.3 |
| 94154.0 | 205248.5 | 27936.0 | 426109.6 | 8750.7 | 956.3 | 763155.1 |
| 91637.0 | 199906.8 | 133337.4 | 417072.9 | 184.7 | 1013.5 | 843152.3 |
| 93021.6 | 231902.3 | 222933.1 | 308782.4 | 22005.7 | 1291.8 | 879936.9 |

注:①共计系相加数,部分数字因尾数四舍五入关系与原数有0.1之出入。

②原数为553320.5957两。

③原数为983191.9226两。

④原数为515175.3059两。

资料来源:《江南制造局记》第4卷,第2—4页、6—8页。转见孙毓棠编:《中国近
　　代工业史资料》第一辑,第311—312页。

表7　金陵机器局历年收入支出表

1879—1891年

单位:两

| 年份 | 收入 | | | 支出 | | | | | | 结存 |
|---|---|---|---|---|---|---|---|---|---|---|
| | 上年结存 | 江南海关二成解拨洋税,江南筹防局,金陵应防局等支营等拨 | 共计 | 购买各项料物价值等项 | 工匠工食 | 委员、司事、亲兵等薪粮人等公费 | 修理厂屋工料等项 | 装运物料水脚、常船、轮船长夫等薪粮项 | 共计 | |
| 1879—1880 | — | 202414.7 | 202414.7 | 99272.5 | 69704.6 | 30443.7 | | | 199420.9 | 2993.7 |
| 1881—1882 | 2993.7 | 156047 | 159040.7 | | | | | | 157891.3 | 1149.4 |
| 1883 | 1149.4 | 108000 | 109149.4 | 53350.6 | 38066.1 | 15049.5 | 2390.9 | | 108857.2 | 292.2 |
| 1884 | 292.2 | 153075.8 | 153368 | 82205.8 | 48935.6 | 12290.2 | 2761.2 | 6973 | 153166 | 202 |
| 1885 | 202 | 118091.1 | 118293.1 | 50545.2 | 48559.6 | 11257.7 | 1721 | 6166.4 | 118250.1 | 43 |
| 1886 | 43 | 110000 | 110043 | 43646 | 47575.9 | 11257.7 | 1469.3 | 5953.4 | 109902.5 | 140.5 |
| 1887 | 104.5 | 114000 | 114104.5 | 46249.2 | 48432.1 | 12197.6 | 720.7 | 6451.9 | 114051.7 | 88.8 |
| 1888 | 88.8 | 114000 | 114088.8 | 50622.1 | 44055 | 11257.7 | 1564.6 | 6046.3 | 113545 | 82.2 |
| 1889 | 83.2 | 114000 | 114082.2 | 48625.7 | 44122.6 | 11600.8 | 3575.5 | 6053.9 | 113.978.7 | 103.4 |
| 1890 | 103.4 | 124531.9 | 124635.3 | 54930.1 | 48095.7 | 12197.6 | 2752.3 | 6620 | 124595.9 | 39.4 |
| 1891 | 39.4 | 114000 | 114039.4 | 50339.5 | 44120.5 | 11261.2 | 2246.8 | 6039.6 | 114007.7 | 31.6 |

资料来源:中国史学会主编:《洋务运动》第4册,第185—186、189—190、193—194、203—204、208—210、214—217、221—224、226页。

### 表 8　福州船政局历年收入支出统计

1866—1895 年

单位：两

| 年　份 | 共计 | 共收入 | 平均每年收入 | 共支出 |
|---|---|---|---|---|
| 同治五年(1866 年)十一月至同治十三年六月 | 7 年 8 个月 | 5360588 | 699206 | 5356948 |
| 同治十三年(1874 年)七月至光绪三年十二月 | 3 年 6 个月 | 1693800 | 483942 | 1636227 |
| 光绪四年(1878 年)正月至光绪五年十二月 | 2 年 | 967222 | 483610 | 896710 |
| 光绪六年(1880 年)正月至光绪十一年十二月 | 6 年 | 2845426 | 474237 | 2336026 |
| 光绪十二年(1886 年)正月至光绪十六年十二月 | 5 年 | 2973949 | 594789 | 2736397 |
| 光绪十七年(1891 年)正月至光绪二十一年十二月 | 5 年 | 1581605 | 316321 | 1409476 |

资料来源：《船政奏议汇编》第 11、17、19、21、42、45 卷有关各页，转见孙毓棠：《中国近代工业史资料》第一辑，第 431 页。

## 表9　日意格任监督期间福州船政局成船统计

### 1869—1874 年

| 船名 | 下水日期 | 船型 | 轮机马力（匹） | 载重（吨） | 速率（里/时） | 配炮（门） | 制造费用（两） |
|---|---|---|---|---|---|---|---|
| 万年清 | 1869.6.10 | 木质商轮 | 150 | 1450 | 80 | 6 | 163000 |
| 湄　云 | 1869.12.6 | 木质轮船 | 80 | 515 | ? | 3 | 106000 |
| 福　星 | 1870.5.30 | 木质轮船 | 80 | 515 | ? | 3 | 106000 |
| 伏　波 | 1870.12.22 | 木质轮船 | 150 | 1258 | 70 | 5 | 161000 |
| 安　澜 | 1871.6.18 | 木质轮船 | 150 | 1005 | 70 | 5 | 165000 |
| 镇　海 | 1871.11.28 | 木质兵轮 | 80 | 572 | 60 | 6 | 109000 |
| 扬　武 | 1872.4.23 | 木质兵轮 | 250 | 1393 | 90 | 13 | 254000 |
| 飞　云 | 1872.6.3 | 木质兵轮 | 150 | 1258 | 70 | 5 | 163000 |
| 靖　远 | 1872.8.21 | 木质兵轮 | 80 | 572 | 60 | 6 | 110000 |
| 振　威 | 1872.12.11 | 木质兵轮 | 80 | 572 | 70 | 6 | 110000 |
| 济　安 | 1873.1.2 | 木质兵轮 | 150 | 1258 | 70 | 5 | 163000 |
| 永　保 | 1873.8.10 | 木质商轮 | 150 | 1391 | 70 | 3 | 167000 |
| 海　镜 | 1873.11.8 | 木质商轮 | 150 | 1391 | 70 | 3 | 165000 |
| 琛　航 | 1873.12.31 | 木质商轮 | 150 | 1391 | 70 | 3 | 164000 |
| 大　雅 | 1874.2.28 | 木质商轮 | 150 | 70 | 70 | 3 | 162000 |

资料来源:《船政奏议汇编》;日意格:《福州船政局》;《福建船政志》(海军志);《洋务运动》第5册;池仲祜:《海军大事志》。

### 表 10　1875—1895 年福州船政局成船统计

| 船名 | 下水日期 | 船型 | 轮机马力（匹） | 载重（吨） | 速率（里/时） | 配炮（门） | 制造费用（两） |
|---|---|---|---|---|---|---|---|
| 元　凯 | 1875.6.4 | 木胁兵轮 | 150 | 1250 | ? | 5 | 162000 |
| 艺　新 | 1876.3.28 | 木胁兵轮 | 50 | 245 | 40 | ? | 51000 |
| 登瀛洲 | 1876.6.23 | 木胁兵轮 | 150 | 1250 | ? | 5 | 162000 |
| 泰　安 | 1876.12.2 | 木胁兵轮 | 150 | 1258 | ? | 10 | 162000 |
| 威　远 | 1877.5.15 | 铁胁兵轮 | 750 | 1300 | 80 | 7 | 195000 |
| 超　武 | 1878.6.19 | 铁胁兵轮 | 750 | 1250 | 80 | 5 | 200000 |
| 康　济 | 1879.7.21 | 铁胁商轮 | 750 | 1310 | 80 | ? | 211000 |
| 澄　庆 | 1880.10.22 | 铁胁兵轮 | 750 | 1268 | 80 | 6 | 200000 |
| 开　济 | 1883.1.11 | 铁胁快船 | 2400 | 2200 | 100 余 | 12 | 386000 |
| 横　海 | 1884.12.18 | 铁胁兵船 | 2400 | 2200 | 100 余 | 7 | 200000 |
| 镜　清 | 1885.12.23 | 铁胁快船 | 2400 | 2200 | 100 余 | 10 | 366000 |
| 寰　泰 | 1886.10.15 | 铁胁快船 | 2400 | 2200 | 100 余 | 11 | 366000 |
| 广　甲 | 1887.8.6 | 铁 胁 舰 | 1600 | 1300 | 92 | 11 | 220000 |
| 平　远 | 1888.1.29 | 钢 甲 舰 | 2400 | 2100 | 45 | 8 | 524000 |
| 广　乙 | 1889.8.28 | 钢胁壳鱼雷舰 | 2400 | 1000 | 110 | 9 | 200000 |
| 广　庚 | 1889.5.30 | 钢胁兵船 | 400 | 320 | 72 | 4 | 60000 |
| 广　丙 | 1892.1.2 | 钢胁鱼雷舰 | 2400 | 1000 | 110 | 11 | 200000 |
| 福　靖 | 1893.1.20 | 钢胁鱼雷舰 | 2400 | 1030 | 72 | 11 | 200000 |
| 通　济 | 1895.4.12 | 钢胁快船 | 1600 | 1900 | 11.5 海里 | 7 | 226000 |

资料来源:《船政奏议汇编》;《福建船政志》(海军志);《洋务运动》第 5 册。

## 表11 天津机器局历年收入支出表

1867—1892年 单位:两

| 年度(份) | 收 入 | | | | | 支 出 |
|---|---|---|---|---|---|---|
| | 津海关东海关四成洋税(包括招商局轮船税) | 户部拨边防饷银 | 北洋海防经费协款 | 各省划还军火等价银 | 共 计 | |
| 1867—1870 | | | | | 485333 | 483974 |
| 1870—1871 | 256080 | | | | 256080 | 244988 |
| 1872—1873 | 395269 | | | | 385269 | 394700 |
| 1874—1875 | 584287 | | | 330 | 584617 | 575494 |
| 1876—1877 | 445608 | | 34000 | 4511 | 484119 | 488364 |
| 1878—1879 | 338910 | — | 122632 | — | 461542 | 482539 |
| 1880—1881 | 453999 | | 217668 | | 671667 | 643757 |
| 1882 | 266000 | | — | 31768 | 297768 | 266969 |
| 1883 | 281697 | | — | 31739 | 313436 | 277078 |
| 1884 | 369000 | | | 29067 | 398067 | 454468 |
| 1885 | | | | | 356679 | 294066 |
| 1886 | | | | | 320332 | 296212 |
| 1887 | | | | | 300201 | 345966 |
| 1888 | | | | | 367321 | 296800 |
| 1889 | | | | | 358706 | 383074 |
| 1890 | | | | | 317713 | 328679 |
| 1891 | | | | | 421572 | 316419 |
| 1892 | | | | | 456472 | 509911 |

资料来源:①1867—1876年:见《始末》(同治朝)《崇厚奏》第78卷,第14页。

②1870—1892年均分见有关各年李鸿章奏折,载在《洋务运动》第4册,第243—286页。

### 表 12　1867—1895 年清政府经营若干近代军用企业收支统计

单位:两

| 名　　称 | 年　　度 | 共计年数 | 收入总计 | 支出总计 |
|---|---|---|---|---|
| 江南制造总局 | 1867—1894 | 27 | 16039875 | 16029790 |
| 金陵机器局 | 1879—1891 | 12 | 1428161 | 1427667 |
| 金陵火药局 | 1885—1892 | 7 | 351762 | 350404 |
| 福州船政局 | 1866—1895 | 29 | 1414825 | 14234570 |
| 天津机器局 | 1867—1892 | 25 | 7246894 | 7083458 |
| 山东机器局 | 1876—1892 | 16 | 600860 | 688236 |
| 四川机器局 | 1877—1893 | 16 | 241870 * | 892978 |
| 吉林机器局 | 1881—1891 | 10 | 847400 | 780881 |
| 浙江机器局 | 1883—1887 | 4 | — | 167936 |
| 湖北枪炮厂 | 1890—1895 | 5 | 2958162 | 2818487 |
| 总　　计 | | | 31129809 | 44474407 |

注:＊四川机器局的收入数字只包括 5 年(1877—1882 年),余缺。

资料来源:①江南局:《江南制造局记》第 4 卷,第 2—4、6—8 页。

②金陵局:《洋务运动》第 4 册,第 185—186、226 页。

③金陵火药局:《洋务运动》第 4 册,第 205—206、212—213、215、220、222、225—227 页。

④福州局:《船政奏议汇编》第 11、17、19、21、42、45 卷有关各页。

⑤天津局:《同治朝始末》第 78 卷,第 14 页;《洋务运动》第 4 册,第 243—286 页。

⑥山东局:《洋务运动》第 4 册,第 309—324、326—329 页。

⑦四川局:《洋务运动》第 4 册,第 343—344、350—352、354、356、358、362—364、366—371 页。

⑧吉林局:《洋务运动》第 4 册,第 402—403、408—409、411、414—415 页。

⑨浙江局:《洋务运动》第 4 册,第 423—434 页。

⑩湖北厂:《湖北兵工钢药厂自开办起至宣统元年止收支各款四柱清册》。

表 13　上海华商船舶机器修造厂概况
1866—1891 年

| 创设年 | 厂名 | 创办人 | 创办人出身 | 企业组织 | 创设时资本(元) | 生产状况概述 | 资料来源 |
|---|---|---|---|---|---|---|---|
| 1866 | 发昌机器厂 | 方举赞 | 打铁作坊主 | 合伙 | 200 | 初创时，仅有打铁炉1座，据称在1869年使用车床，早期专为老船坞（Shanghai Old Dock）锻制修配轮船零件。1876年能自造25尺,30尺,35尺轮船及轮船机器，汽锤、铜铁器皿等。80年代中期，有车床、钻床等近20台，雇工人达300人，厂址占地3亩;90年代中期衰落，1900年以4万元价卖给耶松船厂。 | 机器工业史料组编：《上海民族机器工业》，第77—86页（1966年版）;《申报》1876年7月3日;《新报》1876年12月2日;《申报》1893年5月17日。 |
| ? | 均昌船厂 | 李松云、梁凤西等 | 买办 | 集股 | | 详见本书第五章第二节第二目。 | |
| 1874年前 | 上海培亨铁厂 | | | | | 制造轮船、磨坊大小各等铜铁钢件机器以及修理业务。 | 《汇报》1874年7月22日。 |
| 1874 | 同茂铁厂 | | | | | 附设于轮船招商局的修配厂，修理装配轮船零件，也能自制小轮船，1879年闭歇。 | 《新报》1879年9月18日。 |

续表

| 创设年 | 厂名 | 创办人 | 创办人出身 | 企业组织 | 创设时资本(元) | 生产状况概述 | 资料来源 |
|---|---|---|---|---|---|---|---|
| 1875 | 邓泰记机器厂 | 邓亨泰 | 铜锡店主 | 独资 | 100 | 初自产自销各种铜器及修配业务,约在1880年买进车床1台,专事船舶修理,1895年后衰落。 | 《上海民族机器工业》,第90页。 |
| 1875 | 建昌铜铁机器厂 | 林文 | 打铁作坊主 | 独资 | 200 | 初创时,仅有学徒数人,分包老船坞打铁配件。1880年买进老式车床1台,为外商船厂及航运公司配零件,是外商船厂的辅助工厂。 | 《上海民族机器工业》,第89页。 |
| 1880 | 远昌机器厂 | 李某 | 打铁作坊主 | 独资 | 200 | 专门锻制、修配外轮零件。 | 《上海民族机器工业》,第91页。 |
| 1881 | 合昌机器厂 | 萧德胜 | 打铁作坊主 | 独资 | 300 | 专修德国亨堡轮船公司、美最时洋行的轮船。 | 《上海民族机器工业》,第91页。 |
| 1881 | 虹口铁厂 | 张子标 | | | | 1886年前后曾制造两艘小轮船。 | 《申报》1886年10月17日。 |
| 1882 | 永昌机器厂 | 董秋根 | 船长 | 合伙 | 400 | 初以修理船舶为主,1890年后置有10多台车床,用蒸汽引擎作动力,兼制缫丝车和小马力引擎,有工人100名。 | 《上海民族机器工业》,第99页。 |
| 1882 | 福昌机器厂 | | | | | 专造小轮船全副机器,并修理各种机器。 | 《申报》1882年10月9日。 |

续表

| 创设年 | 厂名 | 创办人 | 创办人出身 | 企业组织 | 创设时资本（元） | 生产状况概述 | 资料来源 |
|---|---|---|---|---|---|---|---|
| 1882 | 锦昌机器厂 | | | | | 使用动力机器，专做铜铁等件。 | 《申报》1882 年 8 月 21 日。 |
| 1885 | 广德昌机器厂 | 何德顺 | 祥生船厂机器部领班 | 独资 | 500 | 曾制造过 3 艘小轮船，1900 年歇业。 | 《上海民族机器工业》，第 92 页；《申报》1889 年 6 月 20 日；《益闻录》1890 年 10 月29 日。 |
| 1885 | 通裕铁厂 | 郑良裕 | 布号主 | 独资 | 500 | 修理小汽船 | 《上海民族机器工业》，第 93 页。 |
| 1885 | 张万祥铁工厂 | 张阿庄 | 打铁作坊主 | 独资 | 100 | 修理脚踏轧花车。 | 《上海民族机器工业》，第 101—102 页。 |
| 1887 年前 | 成和机器厂 | | | | | 1887 年扩充规模，迁虹口外虹桥，专造各种机器，小轮船、缫丝机器及石印、铅印机器。 | 《申报》1887 年 7 月 30 日。 |
| 1888 年前 | 顺成机器店 | | | | | 制造石印机器，小轮船机器，马力机器，汽炉以及切纸万能机器。 | 《申报》1888 年 10 月 11 日。 |

续表

| 创设年 | 厂名 | 创办人 | 创办人出身 | 企业组织 | 创设时资本(元) | 生产状况概述 | 资料来源 |
|---|---|---|---|---|---|---|---|
| 1888 | 大昌机器厂 | 周梦得 | 机器厂领班 | 独资 | 500 | 初创时仅有12英尺旧车床1台,雇用一两个师傅,有几个学徒,制造并修理小轮船和缫丝车。 | 《上海民族机器工业》第99页。 |
| 1888 | 鸿锠铁厂 | | | | | 制造铜铁各式轮船机器及印书车床等。 | 《申报》1888年3月24日。 |
| 1888 | 公茂机器厂 | | | 独资 | | 雇用工人40人,修理及添配机器。 | 《中国实业志》,江苏省,第789页。 |
| 1890 | 戴聚源铁工厂 | 戴金福 | | 独资 | 100 | 初仅雇三四个工人,专营船灯、门闩及小车铁箍等修配业务,1894年后为大工厂配打零件铁器。《中国实业志》称该厂1894年时有资本1000元,经营轧棉花车零件。 | 《上海民族机器工业》第102页;《中国实业志》,江苏省,第799页。 |
| 1891 | 炽丰机器厂 | | | 独资 | | 雇工人15人,修理各种机器。 | 《中国实业志》,江苏省,第790页。 |

### 表14 轮船招商局运费收支统计

1873—1893 年 　　　　　　　　　　　　单位:两

| 年度(份) | 水脚收入 | 各船费用 | 费用占收入% | 水脚结余 | 结余占收入% |
|---|---|---|---|---|---|
| 1873—1874 | 419661 | 333851 | 79.55 | 85810 | 20.45 |
| 1874—1875 | 582758 | 430126 | 73.81 | 152632 | 26.19 |
| 1875—1876 | 695279 | 558106 | 80.27 | 137173 | 19.73 |
| 1876—1877 | 1542091 | 1116263 | 72.38 | 425828 | 27.62 |
| 1877—1878 | 2322335 | 1915246 | 82.47 | 407089 | 17.53 |
| 1878—1879 | 2203312 | 1500705 | 68.11 | 702607 | 31.89 |
| 1879—1880 | 1893394 | 1282876 | 67.75 | 610518 | 32.25 |
| 1880—1881 | 2026374 | 1407996 | 67.48 | 618378 | 32.52 |
| 1881—1882 | 1884655 | 1347790 | 71.51 | 536865 | 28.49 |
| 1882—1883 | 1643536 | 1272831 | 77.44 | 370705 | 22.56 |
| 1883—1884 | 1923700 | 1541083 | 80.11 | 382617 | 19.89 |
| 1886 | 1897454 | 1398899 | 73.73 | 498554 * | 26.27 |
| 1887 | 2057408 | 1426200 | 69.32 | 631208 | 30.68 |
| 1888 | 2139226 | 1331770 | 62.25 | 807456 | 37.75 |
| 1889 | 2182445 | 1455994 | 66.71 | 726451 | 33.29 |
| 1890 | 1859355 | 1576967 | 84.81 | 382388 | 15.19 |
| 1891 | 1984560 | 1574832 | 79.35 | 409728 | 20.65 |
| 1892 | 2021665 | 1528577 | 75.61 | 493088 | 24.39 |
| 1893 | 2161354 | 1357690 | 62.82 | 803664 | 37.18 |

注: * 1886 年水脚结余中不包括大沽驳船6821 两。

资料来源:1.1873—1884 年水脚收入见《招商局史稿》所列数字。

2.1886—1893 年数字见盛宣怀:《愚斋存稿》第3 卷,奏疏3,第20—26 页。

3. 水脚结余,见招商局历年损益计算书。

### 表15　轮船招商局的净收入及其分配

1873—1893 年　　　　　　　　　　　　　　　单位:两

| 年　份 | 净收入 | 折　旧 | 折旧占净收入% | 利　润 | 利润占净收入% |
|---|---|---|---|---|---|
| 1873—1874 | 81608 | — | — | 81608 | 100.00 |
| 1874—1875 | 156144 | — | — | 156144 | 100.00 |
| 1875—1876 | 161384 | — | — | 161384 | 100.00 |
| 1876—1877 | 359162 | — | — | 359162 | 100.00 |
| 1877—1878 | 442418 | — | — | 442418 | 100.00 |
| 1878—1879 | 782126 | 428581 | 54.80 | 353545 | 45.20 |
| 1879—1880 | 673138 | 404387 | 60.07 | 268751 | 39.93 |
| 1880—1881 | 744794 | 451995 | 61.69 | 292799 | 38.31 |
| 1881—1882 | 604606 | 256849 | 42.48 | 347757 | 57.52 |
| 1882—1883 | 464374 | 156279 | 33.65 | 308095 | 66.35 |
| 1883—1884 | 912086 | 757084 | 83.01 | 155002 | 16.99 |
| 1886 | 464856 | 157974 | 33.98 | 306882 | 66.02 |
| 1887 | 669560 | 205171 | 30.64 | 464389 | 69.36 |
| 1888 | 835785 | 298742 | 35.74 | 537043 | 64.26 |
| 1889 | 745581 | 302691 | 40.60 | 442890 | 59.40 |
| 1890 | 257155 | 4486 | 1.74 | 252669 | 98.26 |
| 1891 | 516945 | 239934 | 46.41 | 277011 | 53.59 |
| 1892 | 567190 | 268386 | 47.32 | 298804 | 52.68 |
| 1893 | 843501 | 313528 | 37.17 | 529973 | 62.83 |

资料来源:根据招商局历年账略编制。

### 表 16　轮船招商局历年船值统计

1873—1893 年　　　　　　　　　　　单位:两

| 年　份 | 轮　船 | 小轮船 | 趸　船 | 驳　船 | 合　计 |
|---|---|---|---|---|---|
| 1873—1874 | 476141 | | 12078 | 1084 | 489303 |
| 1874—1875 | 733068 | | 15500 | 2000 | 750568 |
| 1875—1876 | 1342953 | 12738 | 40014 | 4121 | 1399826 |
| 1876—1877 | 2782391 | 49903 | 197960 | | 3030254 |
| 1877—1878 | 2828613 | | 257270 | | 3085883 |
| 1878—1879 | 2561400 | | 180000 | | 2741400 |
| 1879—1880 | 2241400 | | 180000 | | 2421400 |
| 1880—1881 | 1852000 | | 141000 | | 1993000 |
| 1881—1882 | 2626873 | | 168000 | | 2794873 |
| 1882—1883 | 2800000 | | 210000 | | 3010000 |
| 1883—1884 | 2500000 | 50000 | 115000 | 50000 | 2715000 |
| 1886 | 2300000 | 6000 | 115000 | 3000 | 2424000 |
| 1887 | 2160000 | 5000 | 100000 | 2000 | 2267000 |
| 1888 | 2090000 | 4500 | 94000 | 1500 | 2190000 |
| 1889 | 1994000 | 3500 | 80000 | 1500 | 2079000 |
| 1890 | 1964000 | 6500 | 80000 | 1500 | 2052000 |
| 1891 | 1800000 | 6000 | 62000 | 2000 | 1870000 |
| 1892 | 1820000 | 4000 | 55000 | 1000 | 1880000 |
| 1893 | 1640000 | 8000 | 50000 | 2000 | 1700000 |

资料来源:轮船招商局历年账略。

表 17　中国近代煤矿简况
1875—1891 年

| 开办年 | 煤矿名称 | 经营性质 | 创办人 | 基本状况简述 | 资料来源 |
|---|---|---|---|---|---|
| 1875 | 直隶磁州煤矿 | 官办 | 李鸿章 | 1875年开办，向国外订购机器，旋以运输困难，矿藏不旺，遂中止。1882年重组矿务局，拟招股40万两，集资未及半数，遇金融风潮，退还股金停办。 | 《李集》，奏稿，第40卷，第43页；《申报》1883年8月14日；《字林沪报》1884年3月3日。 |
| 1875 | 湖北广济兴国煤矿 | 官办 | 盛宣怀 | 1875年开始勘查；委季金镛在上海集股10万两，未果，旋以经费无着，停闭。 | 《英国领事报告》，1875年，汉口，第46页；《益闻录》1879年7月16日；《李集》，奏稿，第52卷，第43页。 |
| 1876 | 台湾基隆煤矿 | 官办 | 沈葆桢 | 1879年出煤，中法战争中受破坏；1885年恢复，归商办；1887年改为官商合办，旋又收回官办。详见本书第1492—1496页所述。 |  |
| 1877 | 安徽池州煤矿 | 官督商办 | 杨德 孙振铨 | 初创时资本10万两，1883年计划增资，在采煤之外，另采金属矿，1891年因亏损折停办。 | 《字林沪报》1883年1月10日；《申报》1887年10月21日。 |
| 1878 | 直隶开平煤矿 | 官督商办 | 李鸿章 唐廷枢 | 1876年筹建，前后招集商股100万两，1882年投入生产。详见本书第1496—1501页所述。 |  |

续表

| 开办年 | 煤矿名称 | 经营性质 | 创办人 | 基本状况简述 | 资料来源 |
| --- | --- | --- | --- | --- | --- |
| 1879 | 湖北荆门煤矿 | 商办 | 盛宣怀 | 移兴国煤矿设备到荆门开采，1880年出煤。1882年计划集资，未果，因资本短缺停办。 | 《新报》1880年4月8日；《申报》1882年11月15日。 |
| 1880 | 山东峄县煤矿 | 官督商办 | 戴华藻 | 初创时集资2.5万两，1882年增收股金至5万余两。设备简陋，部分系手工操作。 | |
| 1880 | 广西富川县、贺县煤矿 | 官督商办 | 叶正邦 | 1881年开办，资本不详；机器设备简陋，煤质低，运输困难，1886年闭歇。 | 《益闻录》1881年7月2日；《捷报》1886年3月24日，第314页。 |
| 1882 | 直隶临城煤矿 | 官督商办 | 纽秉臣 | 1883年招股，设备简陋，依革土法采煤，本小利微。 | 《光绪三十一年二月初八日，世凯折》，《户部抄档》。 |
| 1882 | 江苏徐州利国驿煤铁矿 | 官督商办 | 胡恩燮 胡碧澄 | 1882年筹建，拟集资50万两，未果，又因运输困难长期亏蚀，1887年季鸿章饬盛宣怀接办，但未正式办理。 | |
| 1882 | 奉天金州骆马山煤矿 | 官督商办 | 盛宣怀 | 1882年集商股20万两，被盛宣怀挪用于电报局，对矿山仅作勘测，但未开采，1884年停闭。 | 《申报》1882年10月22日；《光绪东华录》，第1821—1822页。 |
| 1883 | 安徽贵池煤矿 | 官督商办 | 徐润 | 1883年筹办，旋因徐润破产，煤矿改由商人徐秉吉接办，规模很小。 | 《徐润年谱》，第31页；《益闻录》1892年4月30日。 |

续表

| 开办年 | 煤矿名称 | 经营性质 | 创办人 | 基本状况简述 | 资料来源 |
|---|---|---|---|---|---|
| 1884 | 北京西山煤矿 | 官督商办 | 吴炽昌 | 1883 年筹建;矿局与醇亲王、李鸿章有联系。1884 年开采,1886 年称月产 10 余万斤。 | 《捷报》1883 年 11 月 21 日,第 583 页;《沪报》1886 年 3 月 24 日。 |
| 1887 | 山东淄川煤矿 | 官办 | 张曜 | 1888 年开始用少量机器开采,1891 年停闭。 | 《海关十年报告》,1882—1901 年,烟台,第 75 页。 |
| 1891 | 湖北大冶王三石煤矿 | 官办 | 张之洞 | 1891 年开始经营,耗资 50 万两,1893 年因积水过多,被迫停止开采。 | 《捷报》1894 年 6 月 1 日,第 845 页。 |
| 1891 | 湖北江夏马鞍山煤矿 | 官办 | 张之洞 | 汉阳铁政局出资,1891 年筹建,1894 年出煤,煤质低下。 | 《张集》,奏议,第 39 卷,第 4—5 页。 |

注:《李集》指《李文忠公全书》;《张集》指《张文襄公全集》,下同。

— 1741 —

表18　中国近代金属各矿简况

1881—1894年

| 矿名 | 创办人 | 成立年份 | 资本(两) | 停办年份 | 状况概述 | 资料来源 |
|---|---|---|---|---|---|---|
| 热河平泉铜矿 | 朱其诏 | 1881 | 340000 | 1886 | 1881年到1883年招股30余万两;1885年熔炼不得法,折本停办。1887年拟恢复,无结果。 | 《李集》奏稿,第40卷,第46页;《沪报》1883年4月19日,5月1日,1884年1月3日,1886年3月17日,1887年1月29日。 |
| 湖北鹤峰铜矿 | 朱季云 | 1882 | 200000 | 1883 | 1877年当地商人拟办,未成。1882年集股时遇金融风潮,股款难集。曾试采铜钞200余担,1883年停办。1885年拟恢复,无结果。 | 《申报》1877年9月12日,1885年7月13日;《沪报》1884年1月3日,1884年6月13日。 |
| 湖北施宜铜矿 | 王辉远 | 1882 | 400000 | 1884 | 未及正式开采,便以亏折停闭,主持人用股金贩卖雄黄,移抵栈欠;股东亏折股本75%。 | 《申报》1884年9月2日,10月5日,11月8日,1885年11月8日;《沪报》1884年1月3日,11月5日,1885年9月12日。 |
| 热河承平银矿 | 李文耀 | 1882 | 400000 | 1885 | 1882年使用机器生产,无成效,遇中法战争,股金难集,1885年亏停办。1887年再度开办,仍未得法,赔累数十万后,又改为土法生产。 | 《捷报》1883年10月10日;《申报》1883年6月29日;《沪报》1884年6月15日,1889年1月19日;徐润:《年谱》,第76页。 |

续表

| 矿　名 | 创办人 | 成立年份 | 资本（两） | 停办年份 | 状况概述 | 资料来源 |
|---|---|---|---|---|---|---|
| 直隶顺德铜矿 | 宋宝华 | 1882 | 200000 | 1884 | 开采后发现矿苗不旺,停办退股,股东几无所得。 | 《申报》1882年10月26日;《沪报》1884年1月3日,1月8日;《益闻录》1884年2月6日;《捷报》1885年7月3日,第11页。 |
| 安徽池州铜矿 | 杨　德 | 1883 | 300000 | 1891 | 开采后,每100斤铜砂只能炼3—4斤铜,不敷成本,亏折停办。 | 《申报》1891年7月8日,1893年8月9日;《捷报》1893年8月18日,第248页。 |
| 湖北长乐铜矿 | 金溁泉 | 1883 | 100000 | 1883 | 拟议未曾经营。 | 《申报》1883年3月18日;《沪报》1884年1月3日。 |
| 山东登州铅矿 | 盛宣怀 | 1883 | 300000 | 1883 | 拟议未曾经营。 | 《申报》1883年7月13日;《捷报》1883年9月14日。 |
| 福建石竹山铅矿 | 丁　枞 | 1885 | 100000 | 1888 | 集股试办,设小炉化铅,无成效,所化铅砂仅及通常的六分之一,且经费不继,遭闽督封闭。 | 《皇朝道咸同光奏议》第12卷,第15—16页;《矿务档》,第2962页;下宝第:《卞制军奏议》第11卷,第17—18页。 |
| 山东平度金矿 | 李宗岱 | 1885 | 210000 | 1889 | 详见本书第1515—1518页所述。 | |

续表

| 矿 名 | 创办人 | 成立年份 | 资本（两） | 停办年份 | 状况概述 | 资料来源 |
|---|---|---|---|---|---|---|
| 贵州青溪铁厂 | 潘露 | 1886 | 300000 | 1890 | 详见本书第 1505—1508 页所述。 | |
| 山东淄川铅矿 | 徐祝三 | 1887 | | 1892 | 1888 年试采，原计划可提炼 7 成，实际只得 4 成，成本高于手工生产，因而停歇。 | 《李集》，海军函稿，第 3 卷，第 6—7 页；《益闻录》1888 年 8 月 11 日,11 月 24 日；《关册》，1892 年，烟台，第 47 页。 |
| 云南铜矿 | 唐炯 胡家桢 | 1887 | 1000000 | 1890 | 1883 年曾集资试办，未果。1887 年再次集资，用机器开采，1889 年开采巧家厂，月产铜 7 万斤。旋因经费不敷，改向矿户收购矿砂。 | 《光绪朝东华续录》第 60 卷，第 1 页；《矿务档》，第 3187,3199,3204 页；《捷报》1884 年 9 月 20 日，第 323 页,1888 年 7 月 21 日，第 68 页,1890 年 10 月 3 日,第 399 页。 |
| 热河土槽子、遍山线银铅矿 | 朱其诏 | 1887 | ? | ? | 朱其诏领用官款，购买机器，1889 年雇用矿工 200 余人从事开采。1894 年改由张翼接办。 | 《李集》，海军函稿，第 3 卷，第 6—7 页；《京报》1888 年 4 月 15 日；《支那经济全书》第 10 辑，第 653—654 页。 |
| 海南岛琼州大艳山铜矿 | 张廷钧 | 1887 | ? | 1888 | 1887 年年底开工，成效不大，到次年 9 月底共采矿砂 14616 斤。 | 《矿务档》，第 3084 页；《张文襄公全集》第 131 卷，电牍 10。 |

续表

| 矿　名 | 创办人 | 成立年份 | 资本（两） | 停办年份 | 状况概述 | 资料来源 |
|---|---|---|---|---|---|---|
| 广东天华银矿 | 何昆山 | 1888 | 280000 | 1890 | 何原经办儋州银矿，大屿山铅矿，资本各 10 万两。1889 年唐廷枢、徐润参与投资，将两矿合并为天华银矿，续招股本 8 万元，旋以谱天华银矿资本不继停办。 | 《沪报》1886 年 5 月 2 日；《捷报》1888 年 4 月 7 日，第 364 页，1889 年 11 月 8 日，第 565 页；徐润：《年谱》，第 45，47 页。 |
| 广西贵县天平寨银矿 | 谢光绮 | 1889 | | ？ | 1889 年筹设公司开采，具体生产情况不详。 | 《皇朝经世文续编》第 57 卷，第 29—31 页。 |
| 黑龙江漠河金矿 | 李金镛 | 1889 | 200000 | 1900 | 金属矿中经营比较成功，详见本书第 1518—1523 页叙述。 | |
| 吉林天宝山银矿 | 程光第 | 1890 | 10000 | 1896 | 1890 年开办，部分使用机器，1896 年亏银 5 万两，1896 年查封。 | 《矿务档》，第 4146 页。 |
| 湖北汉阳铁厂 | 张之洞 | 1889 | | | 1896 年改归商办，详见本书第 1508—1515 页叙述。 | |
| 山东宁海金矿 | 马建忠、陈世昌等 | 1890 | 1500000 | 1890 | 接收平度金矿，开采宁海金矿，仅集资 30 万两试采 9 个月，即告失败，停办。 | 《山东宁海州金矿图说》第 10—13 页；《申报》1891 年 8 月 4 日；《海关十年报告》，1882—1891 年，烟台，第 75—76 页。 |

### 表19　中国近代企业贷借外国债款统计
1877—1895 年

| 年份 | 借款单位 | 贷款单位 | 金额(两) | 年息 | 期限(年) | 已否成立 | 资料来源 |
|---|---|---|---|---|---|---|---|
| 1877 | 云南铜矿 | 德国 | 3000000 | 不详 | | 未成立 | 《矿务档》第六册,第3174页。 |
| 1877 | 台湾铁路公司 | 华泰银行 | 500000 | 不详 | | 未成立 | 《申报》1887年7月30日。 |
| 1883 | 轮船招商局 | 天长、怡和两洋行 | 743443 | 7% | 2 | 已成立 | 《招商局第十年账略》;《沪报》1885年12月5—7日。 |
| 1885 | 轮船招商局 | 汇丰银行 | 300000镑 | 7% | 10 | 已成立 | 《招商局第十二年账略》;《申报》1886年5月12日。 |
| 1885 | 开平矿务局 | 怡和洋行 | 100000 | 10% | | 未成立 | 《沪报》1885年12月8日。按:原议每年借10万两。 |
| 1885 | 平度金矿 | 汇丰银行 | 180000 | 不详 | | 已成立 | 李秉衡:《李忠节公奏议》第10卷,第26页。 |
| 1886 | 云南铜矿 | 美国 | 不详 | 不详 | | 未成立 | 《捷报》1886年6月16日,第555页。 |
| 1887 | 中国铁路公司 | 怡和洋行、华泰银行 | 1076000 | 5% | | 已成立 | 《李文忠公全书》,海军函稿,第3卷,第30页。 |
| 1887 | 中国铁路公司 | 法兰西银行 | 3000000 | 6% | | 未成立 | 《捷报》1887年4月29日,第458页。 |
| 1887 | 台湾铁路公司 | 华泰银行 | 500000 | 不详 | | 未成立 | 《申报》1887年7月30日。 |
| 1887 | 台湾铁路公司 | 汇丰银行 | 500000 | 5% | | 未成立 | 《申报》1887年7月30日。 |

| 年份 | 借款单位 | 贷款单位 | 金额(两) | 年息 | 期限(年) | 已否成立 | 资料来源 |
|---|---|---|---|---|---|---|---|
| 1887 | 电报局 | 德国财团 | 4500000 | 4% | | 不详 | 《怡和洋行档案》,转见勒费尔:《清末西人在华企业》,第113页。 |
| 1887 | 电报局 | 米建威 | 2500000 | 3.6% | | 未成立 | 《捷报》1887年8月5日,第154页。 |
| 1887 | 上海织布局 | 不详 | 不详 | 不详 | | 未成立 | 《字林西报》1887年6月16日,第555页。 |
| 1888 | 中国铁路公司 | 汇丰银行 | 2000000 | 不详 | | 已成立 | 《李集》,海军函稿,第3卷,第30页。按:实借134500余两。 |
| 1889 | 湖北织布局 | 汇丰银行 | 100000 | 5% | | 已成立 | 《张文襄公全集》第135卷,电牍14。 |
| 1889 | 湖北织布局 | 汇丰银行 | 60000 | 5% | | 已成立 | 《张文襄公全集》第135卷,电牍14。 |
| 1889 | 湖北铁政局 | 汇丰银行 | 131670 | 不详 | | 已成立 | 《张集》,奏议,第27卷,第1—4页,第133卷,电牍12。 |
| 1889 | 石门煤矿 | 礼和洋行 | 40000余 | 15% | | 已成立 | 《申报》1890年2月14日。 |
| 1890 | 青溪铁厂 | 泰来洋行 | 300000 | 不详 | | 未成立 | 《张集》第135卷,电牍14。 |
| 1890 | 上海织布局 | 泰来洋行 | 250000 | 不详 | | 未成立 | 《字林西报》1890年9月5日,第229页,9月8日,第237页。 |
| 1890 | 关东铁路 | 伦道呵 | 30000000 | 4.5% | | 未成立 | 《李集》,海军函稿,第4卷,第4页。 |
| 1890前后 | 上海机器造纸局 | 不详 | 不详 | 不详 | | 不详 | 《申报》1892年3月22日。 |

| 年份 | 借款单位 | 贷款单位 | 金额（两） | 年息 | 期限（年） | 已否成立 | 资料来源 |
|------|----------|----------|------------|------|------------|----------|----------|
| 1891 | 上海织布局 | 汇丰银行 | 1000000 | 不详 | | 未成立 | 《捷报》1891 年 5 月 22 日,第 619 页。 |
| 1891 | 上海织布局 | 德华银行 | 100000 | 7% | | 未成立 | 《李集》电稿,第 13 卷,第 10 页。 |
| 1893 | 湖北纺纱局 | 柏辣、喜克两厂 | 99000 镑 | 6% | | 未成立 | 《张集》第 137 卷,电牍 16,第 138 卷,电牍 17。 |
| 1894 | 中国铁路公司 | 汇丰银行 | 200000 | 不详 | | 已成立 | 《交通史路政篇》第 7 册,第 32 页。 |
| 1895 | 湖北织布局 | 德华银行 | 60000 | 10% | | 未成立 | 《张之洞电稿》（抄本）。 |

### 表20　中国近代商办企业统计 *
1869—1894 年

| 厂　　名 | 所在地 | 成立时间 | 停闭时间 | 资料来源 |
|----------|--------|----------|----------|----------|
| 台湾锯木厂 | 基隆 | 1869 | | 《字林西报》1869 年 1 月 22 日,第 5723 页。 |
| 宁波印刷厂 | 宁波 | 1874 | | 《通闻西报》1874 年 2 月 27 日,第 179 页。 |
| 上海锯木厂 | 上海 | 1878 | | 《商埠志》,第 578 页。 |
| 贻来牟机器磨坊 | 天津 | 1878 | | 《捷报》1878 年 6 月 15 日,第 615 页。 |
| 巧明火柴厂 | 佛山 | 1879 | | 《羊城晚报》1962 年 1 月 11 日。 |
| 汕头榨油一厂 | 汕头 | 1879 | | 《关册》,1879 年,汕头,第 215 页。 |
| 油麻地火柴厂 | 香港 | 1880 | | 《捷报》1880 年 8 月 3 日,第 109 页。 |

| 厂　　名 | 所在地 | 成立时间 | 停闭时间 | 资料来源 |
|---|---|---|---|---|
| 潮阳榨油厂 | 潮阳 | 1881 前 | | 《关册》,1881,汕头,第7 页。 |
| 上海机器造纸总局 | 上海 | 1882 | 1892 | 《申报》1892 年 3 月 22 日,9 月 4 日。 |
| 广州造纸公司 | 广州 | 1882 | | 《捷报》1882 年 9 月 9 日,第 270 页。 |
| 同文书局 | 上海 | 1882 | 1897 | 徐润:《徐愚斋自叙年谱》,第 31 页。 |
| 裕泰恒火轮面局 | 上海 | 1882 | | 《申报》1882 年 9 月 11 日。 |
| 广州机器印刷局 | 广州 | 1882 | | 《捷报》1882 年 9 月 9 日,第 270 页。 |
| 清和印花染坊 | 上海 | 1882 | | 《申报》1882 年 9 月 19 日。 |
| 利远糖厂 | 香港 | 1882 | 1886 | 《捷报》1886 年 2 月 17 日,第 172 页。 |
| 撷华书局 | 北京 | 1884 | | 张静庐:《中国近代出版史料二编》,第 366 页。 |
| 泰和火轮机器面粉局 | 上海 | 1886 | | 《申报》1886 年 6 月 21 日。 |
| 翕成号面粉局 | 上海 | 1886 | | 《申报》1886 年 10 月 5 日。 |
| 上海制冰厂 | 上海 | 1886 | 1890 | 《捷报》1886 年 4 月 17 日,第 387 页,1890 年 8 月 22 日,第 224—225 页。 |
| 厦门自来火局 | 厦门 | 1886 | 1889 | 《申报》1886 年 9 月 22 日;《海关十年报告》,1882—1891 年,厦门,第 521 页。 |
| 中西大药房 | 上海 | 1887 | | 《中国征信所工商厂号调查表》。 |
| 蜚英馆石印局 | 上海 | 1887 | 不久即停 | 《申报》1887 年 3 月 16 日;《捷报》1887 年 10 月 13 日,第 391 页。 |

续表

| 厂　　名 | 所在地 | 成立时间 | 停闭时间 | 资料来源 |
|---|---|---|---|---|
| 福州制糖厂 | 福州 | 1887 | 1890 | 《捷报》1887 年 5 月 20 日,第 549 页;《海关十年报告》1882—1891 年,福州,第 427 页。 |
| 福州机器面粉厂 | 福州 | 1887 | | 《捷报》1887 年 5 月 20 日,第 549 页。 |
| 荣昌火柴厂 | 上海 | 1887 | 不久即停 | 《申报》1887 年 7 月 8 日;《清国事情》第 3 卷,第 566 页。 |
| 上海造纸局总局申源分局 | 宁波 | 1887 | 1892 | 《申报》1887 年 2 月 4 日。 |
| 同裕昌印字局 | 上海 | 1888 | | 《申报》1888 年 9 月 9 日。 |
| 鸿文书局 | 上海 | 1888 | 不久即停 | 张静庐:《中国近代出版史料初编》,第 368 页。 |
| 源昌碾米厂 | 上海 | 1888 | | 《商埠志》,第 548 页。 |
| 筲箕湾机器制纸局 | 香港 | 1888 | | 《申报》1888 年 3 月 4 日;《捷报》1894 年 2 月 2 日,第 168 页。 |
| 宏远堂机器造纸公司 | 南海 | 1889 | 1906 | 《广东官纸印刷局厂章程》;《捷报》1890 年 1 月 17 日,第 56 页。 |
| 森昌泰火柴厂 | 重庆 | 1889 | | 《支那之工业》,第 241 页。 |
| 唐山细棉土厂 | 唐山 | 1889 | 1894 | 《启新洋灰公司史料》,第 19 页;《捷报》1894 年 7 月 6 日,第 14—15 页。 |
| 燧昌火柴厂 | 上海 | 1890 年前 | 不久即停 | 《清国事情》第 3 卷,第 566 页。 |
| 慈溪火柴厂 | 慈溪 | 1889 | 不久即停 | 《捷报》1889 年 1 月 11 日,第 45 页。 |
| 广州电灯公司 | 广州 | 1890 | 1899 | 《海关十年报告》1892—1901 年,广州,第 196 页。 |

| 厂　　名 | 所在地 | 成立时间 | 停闭时间 | 资料来源 |
|---|---|---|---|---|
| 燮昌火柴厂 | 上海 | 1890 | | 《申报》1890 年 8 月11 日。 |
| 北京机器磨坊 | 北京 | 1891 | 1895 | 《捷报》1891 年 9 月 1 日，第 328 页；《光绪东华续录》，第 124 卷，第 12 页。 |
| 泰昌正火柴厂 | 重庆 | 1891 前 | | 《支那之工业》，第 241 页；《海关十年报告》1882—1891 年，重庆，第 110 页。 |
| 福州机器焙茶厂 | 福州 | 1891 | | 《捷报》1891 年 1 月 9 日，第 33 页。 |
| 杭州石印厂 | 杭州 | 1892 | | 《捷报》1892 年 12 月 23 日，第 939 页。 |
| 太原火柴局 | 太原 | 1892 | 1899 | 《太原工业史料》，第 16 页。 |
| 汕头榨油二厂 | 汕头 | 1893 | | 《海关十年报告》1892—1901 年，汕头，第 165 页。 |
| 义和公司 | 广州 | 1893 | | 《支那之工业》，第 142 页。 |
| 湾仔肥皂厂 | 香港 | 1894 前 | | 《捷报》1894 年 8 月 31 日，第 353 页。 |
| 中英大药房 | 上海 | 1894 | | 《中国征信所工厂商号调查表》。 |
| 大来生机器磨房 | 天津 | 1894 | | 《申报》1894 年 2 月11 日。 |

注：＊船舶机器修造、缫丝和棉毛纺织厂不在本统计之内。

表21　各厂局工人工资统计

| 厂局名称 | 所在地 | 记载工资年份 | 工人种类 | 工资记载 | 折合每日工资①（元） | 资料来源 |
|---|---|---|---|---|---|---|
| 祥生船厂 | 上海 | 1881 | 有训练的男工 | 三百文 | 0.2777 | 《申报》1881年7月19日。 |
|  |  | 1881 | 普通男工 | 二角 | 0.2 |  |
|  |  | 1881 | 普通男工 | 二百文 | 0.185 |  |
|  |  | 1881 | 普通男工 | 一百九十文 | 0.1759 |  |
| 耶松船厂 | 上海 | 1881 | 男工头 | 每月八元 | 0.2667 | 《申报》1881年7月6日。 |
|  |  | 1892 | 有训练的男工 | 三百文 | 0.26 | 《捷报》1892年3月4日。 |
| 上海机器织布局 | 上海 | 1890 | 一般男女工人平均 | "男女工每日辛食二百文" | 0.174 | 光绪十六年,抄本张之洞电稿。 |
| 上海某纱厂 | 上海 | 1894 | 普通男工 | "每日工资4至6便士" | 0.15—0.23 | 沙琴特:《中英商务与贸易》,第261页。 |
|  |  | 1894 | 普通女工 | "每日工资1.5至4便士" | 0.05—0.15 |  |
| 湖北织布官局 | 武昌 | 1893 | 经过训练的男工 | "每月工资7至10元"② | 0.233—0.333 | 《捷报》1893年3月24日。 |
| 通久源纱厂 | 宁波 | 1895 | 普通女工 | "每日五十至九十文" | 0.046—0.083 | 《关册》,1895年,宁波,第270页。 |
| 各缫丝厂 | 上海 | 1895前 | 熟练女工 | "每日……一角六分" | 0.16 | 《皇朝经世文编》第13卷,第28页。 |
| 燮昌火柴厂 | 上海 | 1907 | 普通男工 | "二角至三角" | 0.20—0.30 | 《清国事情》第3卷,第567页。 |
|  |  | 1907 | 普通女工 | "一角至一角五分"③ | 0.10—0.15 |  |

| 厂局名称 | 所在地 | 记载工资年份 | 工人种类 | 工资记载 | 折合每日工资①（元） | 资料来源 |
|---|---|---|---|---|---|---|
| 火柴厂 | 重庆 | 1901 | 普通女工 | 六十文 | 0.055 | 《海关十年报告》，1892—1901年，下册，第136页。 |
| 豆饼制造厂 | 汕头 | 1893 | 熟练男工 | "每月工资三四元，另给饭食" | 0.12（另给饭食） | 《关册》，1893年（中文版）第92页。 |
| 苏州洋炮局 | 苏州 | 1864 | 很熟练的男工 | "每月工食……少者七八元" | 0.233—0.266 | 《同治朝夷务始末》第25卷，第4—10页。 |
| 江南制造局 | 上海 | 1904<br>1904<br>1904 | 男技工<br>男童工<br>普通男工 | | 0.344—0.902<br>0.187—0.22<br>0.128—0.282 | 《江南制造局记》第2卷。 |
| 福州船政局 | | 1874<br>1882<br>1882 | "木工"、"铁工"<br>"匠作小工"<br>"运夫" | 每日三百文至四百文④<br>"月支银四两二钱"<br>"月支银三两三钱" | 0.20—0.277<br>0.194<br>0.153 | 日意格：《福州船政局》第14页、《船政奏议汇编》第24卷，第14—15页。 |

原编者注：①折合银元单位系按当地大致的银钱比价。

②指湖北织布局送上海学习后有技术而回的工人的工资，一般工人较此为低。

③娄昌火柴厂工资系1907年的记录，1894年应较此略低。

④福州用小钱，每两约换制钱2000文。

转引自：孙毓棠编《中国近代工业史资料》第1辑，第1212—1213页。

表22 各厂局工人劳动日长度统计

| 厂局名称 | 年份 | 工人劳动日长度 | 休息日 | 资料来源 |
|---|---|---|---|---|
| 上海机器织布局 | 1891 | 11 小时（大概包括 1 小时用饭时间） | 不详 | 《新辑时务汇通》第 103 卷，第 12—13 页。 |
| 湖北织布官局 | 1893（3 月）<br>1893（11 月） | 10—12 小时<br>13 小时 | 每两周停工一日<br>每两周停工一日 | 《捷报》1893 年 8 月 17 日，第 393 页。<br>《捷报》1893 年 11 月 3 日，第 695 页。 |
| 宁波通久源纱厂 | 1895 | 12 小时 | 不详 | 《关册》，1895 年，宁波，第 270 页。 |
| 上海各缫丝厂 | 1896 前后 | 11 小时（或以上） | 不详 | 《皇朝经世文新编》第 13 卷，第 28 页。 |
| 江南制造局 | 1890 | 9 小时 | 每两星期停工一日，加工时不休息 | 《捷报》1890 年 9 月 5 日，第 289—290 页。 |
| 金陵制造局 | 1880 | 11 小时以上 |  | 《益闻录》1880 年 10 月 23 日。 |
| 天津机器局 | 1880 | 11.5 小时 | 每两周停工一日 | 《申报》1880 年 8 月 14 日；《益闻录》1883 年 5 月 12 日。 |
| 汉阳铁厂建筑工人 | 1891 | 12 小时 | 不详 | 《捷报》1891 年 8 月 7 日，第 191 页。 |
| 福州船政局 | 1881 | 11 小时 | 不详 | 《申报》1881 年 12 月 3 日，12 月 23 日。 |

资料来源：参见孙毓棠编：《中国近代工业史资料》第一辑，第 1222 页。

# 二、引用书刊目录<sup>*</sup>

## 中　文　部　分

### （一）档案（包括抄本、手稿等）

中国第一历史档案馆馆藏

　军机处录副奏折

　上谕档

　题本

　法国照会

　清档

中国第二历史档案馆馆藏

　招商局档案

中国社会科学院经济研究所藏

　清代户部抄档　　简称清代抄档

　崇厚奏稿（抄本）

　张之洞电稿（抄本）

---

　\* 书中所征引的书刊,本书目未全录,只接近全录。排列次序,原则上按书名的笔画简繁为顺序,某些部分略有变通。出版年中文部分之在清代者,加注公元,民国年代,概改公元,日文部分的日本年号,也概改公元。书名后简称,系指脚注中的简称。

督楚公牍（抄本）

端方署邸残档

安徽屯溪档案资料

清代农业生产收成表

租簿"分关"地亩老账

光绪二十三年祁门各式状词抄底

轮船招商局档案（抄件）

吕学海：顺德丝业调查报告

太平天国历史博物馆编藏（南京）

吴煦档案

北京大学图书馆馆藏

清档·禁止贩运私盐

张之洞致砚斋中堂（原稿）

英署抄案

道光年间夷务和约、条款、奏稿（抄本）

南京档案馆馆藏

招商局档案（复印件）

海关总署藏

东海关残档

〔前〕上海历史文献图书馆馆藏

杨宗瀚遗稿

山东宁海州金矿图说

开平矿务局招商章程　　简称《开平章程》　光绪三年（1877年）

国民政府清查招商局委员会报告书　　简称《报告书》

奏办福建铅矿局章程

查复铜山县利国煤铁矿务全文　　徐州道郑国熙　　光绪八年（1882年）

浙江新定机器缫厂茧灶缴捐章程　　1895年

晋账新捐折收实银章程　　光绪四年（1878年）四月二十日刊

黑龙江矿务招商章程

### 抄本手稿

二三四五六年分事杂记抄本　　佚名　　南京博物馆馆藏

太平遗事抄本　　王稺安　　原藏浙江绍兴鲁迅图书馆

汉冶萍产生之历史（抄件）　　叶景葵　　中国社会科学院经济研究所藏

光绪政要（抄本）　　沈桐生辑　　中国社会科学院经济研究所藏

跰弛录　　黄叔涛辑录　　无锡图书馆馆藏

避难纪略　　佚名　　苏州博物馆馆藏

避难记略（或胪列备览）手稿　　佚名　　常熟文管会藏

### 调查报告

上海洞庭东山会馆落成报告书　　1915 年

民商事习惯调查报告录　　1930 年

台湾土地制度考查报告书　　程家颖　　1963 年

奉天省农业统计调查报告书　　奉天农业试验场　　宣统二年（1910 年）

顺德丝业调查报告　　吕学海

# （二）书　籍

### （经典著作）

马克思恩格斯全集　　中共中央马克思恩格斯列宁斯大林著作编译局译
人民出版社第一版

马克思恩格斯选集　　中共中央马克思恩格斯列宁斯大林著作编译局译
人民出版社第一版

马克思恩格斯《资本论》通信集　　中共中央马克思恩格斯列宁斯大林著
作编译局译　　人民出版社　　1976 年

资本论　　马克思　　中共中央马克思恩格斯列宁斯大林著作编译局译
人民出版社　　1975 年

自然辩证法　　恩格斯　　曹葆华等译　　人民出版社　　1971 年

列宁全集　　中共中央马克思恩格斯列宁斯大林著作编译局译　　人民
　　出版社第一版

斯大林全集　　人民出版社版

毛泽东选集　　中共中央毛泽东选集出版委员会编　　人民出版社
　　1966 年


（专著）

一—三画

1700—1937 年中国银货输出入的一个估计　　余捷琼　　上海商务印书
　　馆　　1940 年

八十年来之江南传教史　　史式徽著,金文祺译　　上海土山湾印书馆
　　1929 年


十八世纪产业革命——英国近代大工业初期的概况　　芒图著,杨人楩等
　　译　　简称《产业革命》　　商务印书馆　　1983 年

十九世纪的德国与中国　　施丢克尔著,乔松译　　三联书店
　　1963 年

十九世纪后半期的中国财政与经济　　彭泽益　　简称《财政与经济》
　　人民出版社　　1983 年

十八—十九世纪新疆社会经济史研究　　佐口透著,凌颂纯译　　新疆人
　　民出版社　　1983 年

十九世纪西方资本主义对中国的经济侵略　　汪敬虞　　人民出版社
　　1983 年

三邑志略　　熊宾　　光绪三十一年(1906 年)刊本


广东十三行考　　梁嘉彬　　国立编译馆出版　　1937 年上海公共租界
　　史稿　　上海人民出版社编辑、出版　　1980 年

上海公共租界制度　　徐公肃等　　南京国立中央研究院　　1933 年

上海开埠初期对外贸易研究 1843—1863 年　　黄苇　　简称《上海开埠
　　研究》　　上海人民出版社　　1961 年

马嘉理案和烟台条约　　王绳祖

## 四画

义和团六十周年纪念论文集　　中国科学院山东分院历史研究所　　中
　　华书局　　1961 年

六十年的变迁　　李六如　　作家出版社　　1957 年

六十五年来中国国际贸易统计　　杨端六　　1928 年

开滦矿历史及收归国有问题　　杨鲁　　1932 年

中国财政史　　胡钧　　上海商务印书馆　　1920 年

中国度支考

中国厘金史　　罗玉东　　上海商务印书馆　　1936 年

中国近代史　　范文澜　　上编第一分册　　人民出版社　　1951 年

中国近代史稿　　中国社会科学院近代史研究所编　　第一册　　人民
　　出版社　　1978 年

中国近代史上的教案　　王文杰　　协和大学中国文化研究会
　　1947 年

中国工商业考　　熊本绪、方南溟撰

中国关税沿革史　　莱特著，姚曾廙译　　简称《沿革史》　　三联书店
　　1958 年

中国经济史论丛　　全汉升　　第二册　　〔港〕新亚研究所　　1972 年

中国经营西域史　　曾问吾　　上海商务印书馆　　1936 年

中国铁路发展史　　肯特著，李抱宏译　　三联书店　　1958 年

中国基督教史纲　　王治心　　1948 年

中国棉纺织史稿　　严中平　　科学出版社　　1955 年

中国天主教史论丛　　方豪　　商务印书馆　　1947 年

中国天主教传教史概论　　徐宗译　　上海圣教杂志社　　1938 年

中国农业经济研究　　田中忠夫著,江馥泉译　　上海大东书局
　　1934 年

中国官办矿业史略　　丁文江　　北平地区调查所　　1928 年

中国通与英国外交部　　伯尔考维茨著,江载华等译　　简称《中国通》
　　1959 年

中国买办资产阶级的发生　　聂宝璋　　中国社会科学出版社
　　1979 年

中华帝国对外关系史　　马士著,张汇文等译　　三联书店　　1957、
　　1958 年

中法外交关系史考　　张雁深　　长沙文史研究社　　1950 年

中葡通商研究　　张天泽

日本经济史　　守屋典郎著,周锡卿译　　三联书店　　1963 年

日本维新史　　诺曼著,姚曾廙译　　商务印书馆　　1962 年

日本资本主义的发展　　楫西光速等著,阎静先译　　商务印书馆
　　1963 年

日本资本主义发展史　　野吕荣太郎著、张廷静译　　1953 年

甘宁青史略　　慕寿祺撰

太平军在扬州　　周邨　　上海人民出版社　　1957 年

太平天国全史　　简又文　　香港猛进书屋出版

太平天国典制通考　　简又文　　香港简民猛进书屋出版　　1958 年

太平天国革命史　　张霄鸣　　上海神州国光社　　1933 年

太平天国史事考　　罗尔纲　　三联书店　　1979 年

太平天国史论丛　　南京大学学报编辑部太平天国史研究室编辑、出版
　　1979 年

太平天国史新探　　南京大学历史系太平天国研究室编　　江苏人民出
　　版社　　1982 年

太平天国革命思潮　　彭泽益　　上海商务印书馆　　1946 年

太平天国经济制度　　郭毅生　　中国社会科学出版社　　1984 年

太平天国史记载订谬集　　罗尔纲　　三联书店　　1955年

太平天国学刊（第一、二辑）　　太平天国历史研究会编　　中华书局
　1983、1985年

太平天国革命亲历记（上）（下）　　呤唎著，王维周译　　中华书局
　1961年

太平天国的历史和思想　　王庆成　　中华书局　　1985年

邓嗣禹先生学术论文选集　　黄培、陶晋生编　　〔台〕食货出版社
　1980年

## 五—八画

古今图书集成　　蒋廷锡等辑　　中华书局　　1934年

台湾通史　　连横　　商务印书馆　　1947年

台湾经济史初集　　台湾银行经济研究室编　　台北市台湾银行印
　1954年

左文襄公在西北　　秦翰才　　重庆商务印书馆　　1945年

世界经济危机（1848—1935）　　戴有振等译　　世界知识出版社
　1961年

甲午战前之台湾煤务　　黄嘉谟　　1961年台北

各国立约始末记　　陈元鼎　　商务印书馆　　1907年

在华领事裁判权论　　梁敬錞　　1934年

老殖民主义史话　　严中平　　北京出版社　　1984年

安徽省之土地分配与租佃制度　　郭汉鸣、洪瑞坚　　南京正中书局
　1937年

江南制造局记　　魏允恭　　上海江南制造局　　1905年

吴兴农村经济　　中国经济统计研究所编辑、出版　　1939年

沙俄侵华史　　复旦大学《沙俄侵华史》编写组编　　上海人民出版社
　1975年

沙俄侵华史　　中国社会科学院近代史研究所编　　人民出版社
　1978年

抗戈集　　孙毓棠　　中华书局　　1981 年

近代中国反洋教运动　　李时岳　　人民出版社　　1958 年

周止庵先生别传　　周叔娟　　1948 年

明史　　张廷玉等撰　　中华书局　　1974 年

明清农村社会经济　　傅衣凌　　三联书店　　1961 年

明清徽州土地关系研究　　章有义　　中国社会科学出版社

金融市场论　　交通银行总管理处编辑、出版　　1945 年

英国产业革命史论　　诺拉斯著,张格伟译　　上海商务印书馆

　　1936 年

现代英国经济史(上、中)　　克拉潘著,姚曾廙译　　商务印书馆

　　1964 年

## 九画及以上

帝国主义侵华史　　丁名楠等著　　第 1 卷　　人民出版社　　1973 年

帝国主义与中国铁路　　宓汝成　　上海人民出版社出版　　1980 年

帝国主义怎样利用宗教侵略中国　　人民出版社编辑、出版　　1951 年

美国侵华史　　卿汝楫　　三联书店　　1956 年

美国人在东亚　　丹涅特著,姚曾廙译　　商务印书馆　　1959 年

洋务运动　　牟安世　　上海人民出版社　　1956 年

洋务运动与中国近代企业　　张国辉　　中国社会科学出版社

　　1979 年

南洋华侨通史　　温雄飞　　上海东方印书馆　　1929 年

咸同云南回民事变　　王树槐　　台北

科学研究方法十讲　　严中平　　人民出版社　　1986 年

烟酒税史　　程叔度等编　　(民国)财政部烟酒税处　　1929 年

鸦片战争史论文专集　　列岛编　　三联书店　　1958 年

鸦片战争前中英通商史　　格林堡著,康成译　　商务印书馆

　　1961 年

清史稿　　赵尔巽等撰　　中华书局　　1977 年

海国图志　　魏源撰　　上海积山书局　　光绪乙未年(1895 年)

清代回民起义　　林平　　上海新知识出版社　　1957 年

清代边政通考　　（民国)边疆政教制度研究会编　　蒙藏委员会发行
1939 年

清代捐纳制度　　许大龄　　北京哈佛燕京学社　　1950 年

清代台湾大租调查书　　台湾银行经济研究室编辑　　台湾银行发行
1963 年

清代山东经营地主底社会性质　　景甦、罗仑　　山东人民出版社
1959 年

喀什噶尔　　库罗帕特金著,中国社会科学院近代史研究所翻译室译
商务印书馆　　1982 年

越南人民抗法八十年史　　陈辉燎著,范宏科等译　　三联书店
1973 年

福建佃农经济史丛考　　傅衣凌　　协和大福中国文化研究会
1944 年

漠河金矿沿革纪略　　1918 年

湘军志　　王闿运撰


湘军记　　王定安　　光绪十五年(1880 年)


粤海关志　　梁廷枏　　木刻本　　不著年代

豫鄂皖赣四省之租佃制度　　孙文郁编　　金陵大学农学院　　1936 年

（官书政书）

大清一统志　　上海宝善斋石印本　　光绪二十八年(1902 年)

大清会典事例　　昆冈等纂修　　商务印书馆　　光绪三十四年(1908
年)

大清历朝实录　　简称"《清实录》××朝"

大清皇帝圣训　　简称"〔庙号〕圣训"

雍正朱批谕旨

谕折汇存　　上海慎记书庄　　光绪癸卯年(1903 年)石印本

大清律例　　唐绍祖等奉敕修纂

大清律例通考　　吴坛　　乾隆四十三年(1778 年)

大清律例增修统纂集成　　陶东皋、陶晓笕增修　　上海文渊山房　　光
　　绪二十七年(1901 年)

刑案汇览

新增刑案汇览　　潘文舫编

乾隆户部则例

户部现钱各案节要

光绪会计表　　刘岳云　　教育世界社石印本　　光绪二十七年(1901
　　年)

筹饷事例　　咸丰八年(1858 年)

筹饷事例条款　　咸丰元年(1851 年)

咸丰三年冬季部例推广捐例章程

咸丰三年冬季部例颁发空白执照章程

农漕案汇　　刘岳云


清盐法志　　盐务署编

盐法议略　　王守基纂

两淮盐法志　　铁保编　　扬州书局重刊　　同治九年(1870 年)

淮北票盐续略　　许宝书编

淮南盐法纪略　　方濬颐编

两浙盐法续纂备考　　杨昌浚纂


均赋余议　　金蓉镜　　1917 年

江苏省减赋全案　　刘郁膏　　同治五年(1866 年)

浙江省减赋全案　　（清）觉罗兴奎等撰　　同治十三年(1874 年)

清赋章程摘要　　清户部编　　光绪十三年(1887 年)

贵池清赋刍言　　王源瀚　　1915 年

安徽清厘田赋条议酌存　　于荫霖

清赋问答　　朱靖旬

解州清丈地粮章程图说附　　于荫霖辑　　光绪二十二年(1896 年)

江苏省例　　同治十三年(1874 年)

江苏省例续编　　光绪乙亥(1875 年)

福建省例　　台湾银行重印本


东华录　　王先谦编　　上海广百宋齐　　光绪十七年(1891 年)

东华续录　　潘福颐编

光绪朝东华录　　朱寿朋编　　中华书局　　1958 年

续文献通考　　王圻

清朝续文献通考　　刘锦藻纂　　上海商务印书馆重印　　1955 年

熙朝纪政　　王庆云　　光绪刻本

皇朝政典类纂　　席裕福　　光绪二十九年(1903 年)

平回志　　杨毓秀等编

平定云南回匪方略　　简称《云南方略》

平定关陇纪略　　简称《关陇纪略》　　易孔昭等撰　　光绪十三年
(1887 年)

平定粤匪纪略　　杜文澜

平定陕西甘肃新疆回匪方略　　简称《陕甘新方略》

山东军兴纪略　　清张曜撰　　济南书局　　同治十三年(1874 年)

苗疆屯防实录　　扬州古旧书店据原稿复印本

湖南苗防屯政考　　但湘良纂　　光绪九年(1883 年)


办理华洋各案　　津海关总署　　同治十一年(1872 年)

交涉约案摘要　　王鹏九　　光绪二十六年(1900 年)

直省洋教成案

通商约章成案汇编　　予伯编、李鸿章序　　简称《成案》

福建台湾奏稿　　沈葆桢　　台湾银行经济研究室辑　　1965 年

船政奏议汇编　　清船政衙门编　　光绪十四年(1888 年)

皇朝道咸同光奏议　　王延熙等编　　光绪二十八年(1902 年)

同治中兴京外奏议约编　　祁寯藻等编　　光绪元年(1875 年)

北洋公牍类纂　　甘厚慈编　　光绪三十三年(1907 年)

署理江宁府句容县事公牍存稿　　邓炬

通饬顺天畿东各州县编查保甲示　　周金章　　光绪十年(1884 年)

冈州公牍　　聂尔康　　同治六年(1867 年)

全滇纪要　　云南课吏馆编　　光绪三十一年(1905 年)

陕卫治略　　严作霖　　光绪十九年(1893 年)

晋政辑要　　安颐等纂修　　光绪十三年(1887 年)

天彭治略　　潘彬

东三省政略　　徐世昌　　宣统三年(1911 年)

（奏稿文集）

二—五画

丁文诚公遗集　　丁宝桢　　简称丁宝桢《遗集》　　光绪丙申(1896 年)

卞制军政书　　卞宝第　　出版年不著

马中丞遗集　　马丕瑶　　光绪二十四年(1898 年)

马端敏公奏议　　马新贻　　简称《奏议》　　光绪二十年(1894 年)

文诚公集　　袁保恒　　宣统三年(1911 年)

不得已集　　杨光先　　1929 年

不自慊斋漫存　　徐赓陛　　光绪八年(1882 年)

水流云在馆奏议　　宋晋　　光绪十三年(1887 年)

王侍郎奏议　　王茂荫　　同治? 年

开县李尚书政书　　李宗羲　　简称《政书》　　光绪丁酉年刊本

中复堂遗稿　　姚莹

毋自欺室文集　　王炳燮　　光绪十一年(1885 年)

左文襄公全集　　左宗棠　　简称左宗棠《全集》　　光绪十四—十八年
　　(1888—1892 年)

左文襄公奏稿　　左宗棠　　简称左宗棠《奏稿》

石樵先生遗集　　张石樵

毛尚书奏稿　　毛鸿宾　　宣统元年(1909 年)

玉山朱氏遗书　　王德森辑　　1915 年

未灰斋文集　　徐　鼒　　福宁郡斋刊版　　咸丰十一年(1851 年)

龙冈山人文钞

成山庐稿　　唐炯


## 六—七画

出山草谱　　汤肇熙　　光绪十年(1884 年)

圭山存牍　　李钟钰　　光绪二十一年(1895 年)

安吴四种　　包世臣　　光绪十七年(1891 年)

江忠烈公遗集　　江忠源　　同治三年(1864 年)

存悔斋文稿　　何嗣焜　　光绪十九年(1893 年)

观山文稿　　章乃羹　　1935 年

观所尚文存　　夏孙桐　　1915 年

刘中丞函奏议　　刘蓉　　简称《奏议》　　光绪十一年(1885 年)

自强学斋治平十议　　薛福成　　光绪二十八年(1902 年)

刘壮肃公奏议　　刘铭传　　简称《奏议》　　宣统元年(1909 年)

刘文庄公奏议　　刘秉璋　　刊年不详

刘坤一遗集　　刘坤一　　中华书局　　1959 年

刘忠诚公遗集　　刘坤一　　简作《遗集》　　宣统二年(1909 年)

刘武慎公遗书　　刘长佑　　光绪二十六年(1900 年)

刘襄勤公奏稿　　刘锦棠

吕忠节公奏议　　吕贤基　　简称《奏议》

乔勤恪公奏议　　乔松年

合肥李勤恪公政书　　　李瀚章　　　合肥李氏石印

岑襄勤公奏稿　　　岑毓英　　　简称《奏稿》　　　光绪二十三年(1897 年)

沈文肃公政书　　　沈葆桢　　　简称《政书》　　　光绪十八年(1892 年)

李文忠公全书　　　李鸿章　　　简称李鸿章《全书》　　　光绪三十一至三十
　　四年(1905—1908 年)

李文恭公遗集　　　李星沅　　　简称《遗集》　　　同治五年(1866 年)

李文恭公行述　　　李概等纂

李忠节公奏议　　　李秉衡　　　1930 年

沧芴华馆遗文

沣西草堂文集　　　柏景伟　　　西安印　　　光绪二十六年(1900 年)

闲斋诸集

补过斋遗集　　　甘雨润

求益斋文集　　　强汝洵　　　同治刊本

求实斋类稿　　　蒋德钧

求自得之室文钞　　　吴嘉宾　　　同治刻本

抚吴公牍　　　丁日昌　　　光绪三年(1877 年)

抚皖奏议　　　王植

抚滇奏疏　　　岑毓英

退庐疏稿　　　胡思敬　　　1913 年

## 八—九画

抱润轩文集　　　马其昶

南皮张宫保政书　　　张之洞　　　上海图集成印书局刊　　　光绪二十七年
　　(1901 年)

周悫慎公全集　　　周馥　　　周氏刊本　　　1922 年

居易初集　　　经元善　　　光绪二十七年(1901 年)

室丰斋类稿　　　李桓　　　光绪六年(1880 年)

松龛先生全集　　　徐继畬　　　1915 年

林文忠公政书　　　林则徐　　　简称《政书》

胡文忠公遗集　　胡林翼　　光绪十四年(1888 年)

知止堂集　　黄恩彤

径德堂文集　　龙启瑞

岳宝公牍　　英文　　光绪二十六年(1900 年)

青萍轩文录　　薛福保　　光绪六年(1880 年)

罗文恪公遗集　　罗惇衍撰

易言　　郑观应

张季子九录　　张謇　　1933 年

张大司马奏稿　　张亮基撰　　光绪十七年(1891 年)

张中丞奏议　　张联桂　　光绪二十五年(1899 年)

张文襄公全集　　张之洞　　简称《全集》　　1928 年

张文襄公奏稿　　张之洞　　简称《奏稿》　　1918 年

张文襄公电稿　　张之洞

张文襄公公牍稿　　张之洞　　1928 年

张靖达公奏议　　张树声　　光绪二十五年(1899 年)

张弼士侍郎奏陈振兴商务条议　　张振勋

柏堂集　　方宗诚　　光绪八年(1882 年)

虹桥老屋遗集　　秦湘业　　光绪十五年(1889 年)

适可斋记言　　马建忠撰　　中华书局　　1960 年

显志堂类稿　　冯桂芬　　光绪二年(1878 年)

骆文忠公奏议　　骆秉章　　简称骆秉章《奏议》　　光绪四年(1878 年)

逊斋文集　　吴承志

## 十一十一画

唐中丞遗集　　唐训方　　光绪十七年(1891 年)

徐制军奏疏遗集

宦滇略存　　叶新藻　　1914 年

郭侍郎奏疏　　郭嵩焘　　光绪壬辰年(1892 年)

庸书　　陈炽　　光绪二十二年(1896 年)

庸庵全集　　薛福成　　光绪二十三年(1897 年)

海岳轩丛刻　　杜元穆　　光绪三十三年(1897 年)

桐乡劳先生遗稿　　劳乃宣　　桐乡卢氏校刊　　1927 年

校邠庐抗议　　冯桂芬　　光绪三十年(1904 年)

钱敏肃公奏疏　　钱鼎铭　　光绪六年(1880 年)

谏垣存稿　　陈浚

屠仁守集　　屠仁守

屠光禄奏疏　　屠仁守撰　　1922 年

盛世危言　　郑观应　　光绪十九年(1893 年)

盛世危言后编　　郑观应

盛世危言续编　　郑观应　　上海赐书堂本　　光绪二十一年(1895 年)

盛世危言增订新编　　郑观应

虚受堂文集　　王先谦

续富国策　　陈炽　　光绪二十三年(1897 年)

## 十二—十三画

曾文正公全集　　曾国藩　　简称《全集》　　光绪二年(1878 年)

曾忠襄公全书　　曾国荃　　简称《全书》　　光绪二十九年(1903 年)

曾忠襄公抚晋批牍　　曾国荃

童温处公遗书　　童兆蓉　　宁乡童氏村阴书屋藏版

期不负斋全集　　周家楣　　光绪十一年(1885 年)

期未信斋文编　　徐宗干　　咸丰五年(1855 年)

敬孚类稿　　萧穆　　光绪三十三年(1907 年)

敬简堂学治杂录　　戴杰　　光绪十四年(1888 年)

敬慎堂公牍　　沈秉堃

愚斋存稿　　盛宣怀　　1931 年

赌棋山庄所著书　　谢章铤　　光绪十至二十八年(1884—1902 年)

棠溪文钞　　沈用增撰

颐情馆闻过集

晚华居遗集　　周恩煦　　宣统元年(1909 年)

痰气集　　金蓉镜　　光绪三十四年(1908 年)

楚南鸿爪　　胡文炳

廉江公牍　　聂尔康

雷竹安先生文集

## 十四画及以上

谭中丞奏稿　　谭钧培　　光绪二十八年(1902 年)

谭嗣同全集　　蔡尚思、方行编　　中华书局　　1981 年

谭文勤公奏稿　　谭钟麟　　宣统三年(1911 年)

墨井集　　吴历　　1907 年

墨花吟馆诗文钞　　严辰

黎文肃公遗书　　黎培敬　　光绪十七年(1891 年)

樊山公牍　　樊增祥　　大达图书供应社 1934 年再版

燕鸿爪印　　程亮荪　　光绪三十二年(1906 年)

窳翁文钞　　陆懋修　　光绪年间

魏源集　　魏源　　中华书局　　1976 年

蕙堂文集　　顾家相　　1924 年

灌叟撮记　　胡碧澄　　1925 年

(日记年谱碑传)

乙丙日记　　汪士铎

郭嵩焘日记　　湖南人民出版社古籍编辑室校点　　湖南人民出版社
　1981 年

求阙斋日记类钞　　曾国藩　　同治十二年(1873 年)

翁文恭公日记　　翁同龢　　商务印书馆　　1925 年

清代日记汇抄　　上海人民出版社编并出版　　1982 年

津门杂记　　张焘　　光绪十年(1884 年)

三星使书牍　　郭嵩焘　　上海广智书局　　宣统二年(1910 年)

左文襄公书牍　　左宗棠

两罍轩尺牍　　吴云

许竹筼先生出使函稿　　许景澄　　1922 年

何桂清等书札　　苏州博物馆等编　　江苏人民出版社　　1981 年

曾文正公家书　　上海　　1936 年

曾国藩未刊信稿　　江世荣编注　　中华书局　　1959 年

道咸同光名人手札　　商务印书馆　　1924 年

盛宣怀未刊信稿　　北京大学历史系近代史教研室整理　　中华书局
　　1960 年

庸闲斋老人自叙　　陈其元　　见《庸闲斋笔记》

杨藕舫行状　　杨寿彬等

马相伯先生年谱　　屠仁守　　1939 年

王先谦自定年谱　　王先谦

南溪韩公〔超〕年谱　　陈昌运撰

林文忠公年谱　　吴应麒编　　商务印书馆　　1929 年

骆文忠公自撰年谱　　骆秉章

徐愚斋自叙年谱　　徐润　　简称徐润《年谱》　　1927 年(跋)

曾文正公年谱　　黎庶昌

崇德老人自订年谱　　曾纪芬　　1933 年

续修京兆归氏世谱　　归兆钱

镜湖自撰年谱　　段光清　　中华书局　　1960 年

续碑传集　　缪荃孙辑　　江楚编译书局　　宣统二年(1910 年)

碑传集补　　闵尔昌辑　　北平燕京大学国学研究所　　1923 年

大阜潘氏支谱

太原家谱　　叶耀元篡　　书名叶署"洞庭王氏家谱"　　1911 年

祠堂条规　　马丕瑶辑　　光绪十五年(1889 年)

彭氏宗谱　　彭讷生等　　光绪七年(1881 年)

项城袁氏家集　　丁振铎辑　　宣统三年(1911 年)

（经世文汇集）

时务通考　　点石斋编辑　　光绪二十三年(1897 年)

洋务经济通考

皇朝经世文编　　贺长龄　　道光六年(1826 年)

皇朝新政文编　　阙铸补斋编　　光绪二十八年(1902 年)

皇朝经世文四编　　何良栋　　光绪二十八年(1902 年)

皇朝经世文新编　　宜今室主人(储桂山)编　　光绪二十八年(1902 年)

皇朝经世文新编　　麦仲华辑　　光绪二十四年(1898 年)

皇朝经世文统编　　光绪二十七年(1901 年)

皇朝经世文续编　　盛康　　光绪二十三年(1897 年)

皇朝经世文续编　　饶玉成编

皇朝经世文续编　　葛士濬辑　　光绪二十三年(1897 年)

皇朝蓄艾文编　　于宝轩编　　光绪二十八年(1902 年)

皇朝经济文编　　自求强斋主人编　　光绪辛丑(1901 年)

皇朝经世文三编　　陈忠倚　　上海书局石印本　　光绪二十八年
（1902 年)

皇朝经世文新增续编

新辑时务汇通　　李作栋辑　　光绪二十九年(1903 年)

新辑志士文录初编　　阙名编

（资料书）

十九世纪美国侵华档案史料选辑　　朱士嘉编　　中华书局　　1959 年

上海研究资料　　(民国)上海通社编　　上海中华书局　　1936 年

上海钱庄史料　　中国人民银行上海分行编　　上海人民出版社
　1960 年

上海小刀会起义史料汇编　　上海社会科学院历史研究所筹备委员会编
　上海人民出版社　　1958 年

义和团　　翦伯赞等编　　神州国光社　　1953 年

开平矿务局创办章程案据汇编　　简称《开平案据汇编》　　上海著易堂

书局　　铅印本　　光绪丙申年(1896 年)

中法战争　　邵循正等编　　上海新知识出版社　　1955 年

中国近代工业史资料　　陈真编　　三联书店　　1957 年

中国近代工业史资料　　汪敬虞编　　中华书局　　1962 年

中国近代农业史资料　　李文治编　　三联书店　　1957 年

中国近代铁路史资料(1863—1911 年)　　宓汝成编　　中华书局
1962 年

中国近代对外贸易史资料(1853—1927 年)　　姚贤镐编　　中华书局
1962 年

中国近代外债史统计资料(1853—1927 年)　　徐义生编　　中华书局
1962 年

中国近代手工业史资料(1840—1949 年)　　彭泽益编　　三联书店
1957 年

中国近代经济史统计资料选辑　　严中平等编　　科学出版社
1955 年

中国近代航运史资料(1840—1895 年)　　第一辑　　聂宝璋　　上海人
民出版社　　1983 年

中国货币史资料　　中国人民银行总行参事室金融史料组编　　第一辑
中华书局　　1964 年

中国历代户口、田地、田赋统计　　梁方仲编　　上海人民出版社
1980 年

太平天国　　向达等编　　神州国光社　　1952 年

太平天国印书　　南京太平天国历史博物馆编　　江苏人民出版社
1981 年

太平天国史料　　金毓黻、田余庆编　　开明书店　　1950 年

太平天国资料　　中国科学院历史研究所第三所编辑　　科学出版社
1959 年

太平天国译丛　　太平天国历史研究会编　　第 1、2 辑　　中华书局
1981、1983 年

太平天国史料译丛　　王崇武等辑译　　神州国光社　　1954 年

太平天国史料专辑　　上海古籍出版社　　1979 年

太平天国资料汇编　　太平天国历史博物馆编　　中华书局　　1979 年

太平天国文书汇编　　太平天国历史博物馆编　　中华书局　　1976 年

太平天国文物图释　　罗尔纲著　　三联书店　　1956 年

太平天国革命文物图录续编　　郭若愚编　　上海出版公司再版
　　1954 年

太平天国革命文物图录补编　　郭若愚编　　群联出版社　　1955 年

太平军在上海——《北华捷报》选译　　上海社会科学院历史研究所编
　　上海人民出版社　　1983 年

太平天国史料丛编简辑　　太平天国历史博物馆编　　中华书局
　　1980 年

江浙豫皖太平天国史料选编　　南京大学历史系太平天国史研究室编
　　江苏人民出版社　　1983 年

吴煦档案中的太平天国史料选辑　　静吾等　　三联书店　　1958 年

太平天国革命在广西调查资料汇编　　广西壮族自治区通志馆编　　广
　　西壮族自治区人民出版社　　1962 年

戊戌变法　　翦伯赞等编　　神州国光社　　1953 年

四国新档　　1966 年　　台北

华工出国史料汇编　　陈翰笙主编　　第 1—8 辑　　简称《华工史料》
　　中华书局　　1981 年

回民起义　　白寿彝编　　神州国光社　　1952 年

交通史路政篇　　(民国)交通铁道部交通史编纂委员会编辑、出版　　1935 年

交通史航政篇　　(民国)交通铁道部交通史编纂委员会编辑、出版　　1931 年

交通史邮政篇　　(民国)交通铁道部交通史编纂委员会编辑、出版　　1930 年

台湾私法附录参考书　　临时台湾旧惯调查会

农工商部统计表　　清农工商部编　　清宣统元年(1911 年)

宋景诗历史调查记　　陈白尘　　人民出版社　　1957 年

达衷集　　许地山编　　上海商务印书馆　　1931 年

矿务档　　台北　　1950 年

武训历史调查记　　武训历史调查团　　人民出版社　　1951 年

咸同贵州军事史　　凌惕安　　贵州慈惠图书馆　　1932 年

洋务运动　　中国科学院近代史研究所史料编辑室等编　　上海人民出版社　　1961 年

帝国主义与开滦煤矿　　魏子初　　神州国光社　　1954 年

帝国主义与中国海关　　第六编中国海关与中葡里斯本草约　　中国近代经济史资料丛刊编辑委员会编　　科学出版社　　1959 年

海防档　　台北　　1957 年

美国迫害华工史料　　朱士嘉编　　中华书局　　1958 年

鸦片战争　　齐思和等编　　神州国光社　　1954 年

鸦片战争末期英军在长江下游的侵略罪行　　中国科学院上海历史研究所筹备委员会编　　上海人民出版社　　1958 年

康熙与罗马使节关系文书　　陈垣

通商各口华洋贸易总册　　1891、1894 年

启新洋灰公司史料　　南开大学经济研究所编　　1963 年

捻军　　范文澜、翦伯赞等编　　神州国光社　　1953 年

捻军资料别集　　聂崇岐编　　上海人民出版社　　1958 年

清代外交史料　　嘉庆朝　　北平故宫博物院编　　1932 年

清代地租剥削形态　　中国第一历史档案馆、中国社会科学院历史研究所编　　中华书局　　1982 年

清代中俄关系档案史料选编　　第三编　　故宫博物院档案部编　　中华书局　　1979 年

清季外交史料　　王彦威辑,王亮编　　1932 年

清季教案史料

筹办夷务始末　　简称《夷务始末》　　北平故宫博物院　　1930 年

筹办夷务始末补遗(晒蓝本)　　简称《夷务始末补遗》

（杂著）

**一——五画**

一斑录　郑光祖　道光二十三年(1843年)刻

上海闲话　姚公鹤　商务印书馆　1926年

小方壶斋舆地丛钞　王锡骐编　光绪十七年(1891年)

广陵史稿　佚名　扬州古籍书店本

广东蚕桑谱　陈启源　光绪二十三年(1897年)

义乌兵事纪略　黄侗　1933年

不远复斋见闻杂志　张廷骧　1925年

不自慊斋漫存　徐赓陛　光绪六年(1880年)

王同春开发河套记　顾颉刚　1935年

中西纪事　夏燮　同治四年(1865年)

中外大事记　倚剑生　光绪二十四年(1898年)

中西见闻录　丁韪良　光绪三年(1877年)

中国近三百年岁计表　秦德纯

太平天国史事日志　郭廷以　商务印书馆　1946年

太平天国史事日志　佚名　扬州古籍书店本

开滦矿历史及收归国有问题　杨鲁　1932年

见闻琐录　欧阳昱　百隋砖齐藏版　1925年

见闻随笔　齐学裘　光绪二年(1876年)

古矿录　章鸿钊　1954年

正教奉褒　黄伯禄　光绪三十年(1906年)

未信余编　驼浦遗民

白下愚园集　胡恩燮

石渠余记　王庆云　光绪十四年(1888年)

龙沙纪略　方式济

让斋诗稿　归庆枬

区田试种实验圕说　冯绣　光绪三十四年(1908年)

农政全书　徐光启　中华书局　1956年

农学丛书　　江南总农会编译　　光绪二十三年(1897 年)

## 六—八画

光宣列传　　金梁辑　　1934 年

台湾私法人事编　　台湾银行经济研究室编辑(1961 年)及台湾私法债权
　　编 1960 年

安徽捻军传说故事　　阜阳专区文学艺术工作者联合会编　　第一辑
　　安徽人民出版社　　1960 年

如梦录　　张乃修

江浦埤乘　　侯宗海、夏锡宝编纂　　光绪十七年(1891 年)

江西忠义录　　沈葆桢等监修　　同治十二年(1863 年)

江苏昆山南通安徽宿县农佃制度之比较及改良农佃问题之建议　　乔启
　　明　　南京金陵大学　　1926 年

光绪会计录　　李希圣　　上海时务报局　　光绪二十二年(1896 年)

当差纪略　　李　辅　　光绪二十二年(1896 年)

西政丛钞　　湖南督学使署编　　光绪二十八年(1907 年)

西域闻见录　　青照堂丛书本三编

西学东渐记　　容闳　　上海商务印书馆　　1915 年

西国近事汇编　　林乐知口译,蔡锡龄笔述

西巡大事本末记　　（日)吉田良太郎著　　上海书局石印本　　光绪二
　　十七年(1901 年)

存悔斋文稿　　何嗣焜

地主罪恶种种　　华东军政委员会土地改革委员会编　　1950 年

米脂县杨家沟调查　　延安农村调查团　　三联书店　　1957 年

竹素园丛谈　　顾思瀚辑

问心斋学治续录　　张联桂　　光绪十一年(1885 年)

再续汉口丛谈　　王葆心

师竹斋笔记　　龚溥庆　　敦厚堂本　　1920 年

师竹楼随笔

巡台退思录　　刘　璈　　光绪年间活字本

抚郡农产考略　　何刚德　　光绪二十九年(1903 年)

两浙宦游纪略　　戴槃　　同治七年(1868 年)

兵燹记　　蔡蓉升

求阙斋弟子记　　王定安

严陵纪略　　戴槃　　同治七年(1868 年)

苏南土地改革访问记　　潘光旦、全慰天　　三联书店　　1952 年

近代名人小传　　沃丘仲子

国朝文汇　　丁集

牧沔纪略　　李辀　　光绪二十二年(1896 年)

征西纪略　　曾毓瑜撰　　光绪二十年(1894 年)

苟全近录(见《漏网喁鱼集》)

苗变纪事　　韩超　　见振绮堂丛书初集

金壶七墨　　黄钧宰

金钟山房文集　　施浴升


九—十一画

宝彝堂文存　　傅鸿泽　　宣统元年(1909 年)

思痛记　　李圭

明清笔记说丛　　谢园桢辑　　1960 年

柳溪随笔　　杨仲溪

皇朝掌故汇编　　宋澄之等辑　　光绪壬寅(1902 年)

省心堂杂著　　何见扬

闽丝异　　郭柏苍

闽产录异　　郭柏苍

胡文忠公抚鄂记　　汪士铎

张文襄公治鄂记　　张继煦　　1947 年

张文襄幕府纪闻　　辜鸿铭　　1910 年刊

癸丑见闻录

珊瑚舌雕谈初笔　　许起(壬瓠)　　光绪十一年(1885 年)

春在堂笔记　　俞樾

海国公余录辑　　张煜南　　光绪二十四年(1898 年)

烟霞草堂文集　　刘光蕡　　1918 年

振绮堂丛书初集　　汪康年编　　宣统二年(1910 年)

蚕桑谱　　陈启源　　1903 年重版

蚕桑指南　　陈蒲轩

蚕桑萃编　　卫杰　　光绪二十五年(1899 年)

浙志便览　　李应珏　　光绪丙申(1896 年)

益闻录　　光绪五至十九年(1879—1893 年)

晦暗斋笔语　　董沛　　光绪十年(1884 年)

桑麻水利族学汇编　　李有芬　　武昌府署藏版　　光绪十三年(1887
年)

租核　　陶煦　　1927 年

通甫类稿　　鲁一同　　咸丰九年(1859 年)

康居笔记汇函　　徐珂　　1933 年

淮南杂著　　曹允源

清芬阁集　　朱采　　光绪三十四年(1908 年)

清史列传　　中华书局　　1928 年

清稗类抄　　徐珂　　1917 年

道咸宦海见闻录　　张集馨　　中华书局　　1981 年

庸闲斋笔记　　陈其元

野蚕录　　王元綖　　农业出版社　　1962 年

淞南梦影录　　黄式权

患难一家言(下)　　胡恩燮

### 十二画及以上

滇中琐记　　杨琼

湧幢小品　　朱国桢　　1934 年

棉业图说　　　农工商部　　宣统二年(1910 年)

鹏砭轩质言　　　戴遵芬　　　光绪五年(1879 年)

皖志便览　　　李应珏　　　光绪二十四年(1898 年)

增补拳祸祸教记　　　李秋辑

燕京开教略　　　樊国梁　　　1905 年

壶天录　　　百一居士　　　见清代笔记丛刊第七函

梦园丛说　　　方浚颐　　　光绪元年(1875 年)

慈禧传信录　　　费行简著　　　1926 年

翠岩室诗钞　　　韩弼元

漏网喁鱼集　　　柯悟迟　　　中华书局　　　1959 年

醒睡录　　　邓文滨

黔南职方纪略　　　罗绕典　　　道光二十七年(1847 年)

澡雪堂文集　　　钟体志　　　光绪二十年(1894 年)

藤香馆诗抄

灌木未定稿　　　傅怀祖撰

瀛壖杂志　　　王韬

## （地　方　志）<sup>*</sup>

### 广东省

高州府志　　　陈兰彬等纂　　　光绪十六年(1890 年)刻本

琼州府志　　　张岳崧纂　　　光绪十六年(1890 年)补刻本

肇庆府志　　　江藩等纂　　　光绪二年(1876 年)刻本

东莞县志　　　陈伯陶等纂修　　　1927 年铅印本

四会县志　　　吴大猷纂　　　光绪二十二年(1896 年)刻本

----

　　* 书名按笔画简繁排列,并以省、府、县(州)、乡为序,即:府志置县志之前,乡土志、里镇志随所属县后。书名笔画只计地名的笔画,"重纂"、"续修"等词不计。一地志书若有两种以上,按刻本先后为序。

茂名县志　　许汝韵纂　　　光绪十四年(1888 年)刻本

南海县志　　桂坫等纂　　　宣统三年(1911 年)刻本

香山县志　　陈澧纂　　光绪五年(1879 年)刻本

顺德县志　　周朝槐纂　　1929 年刻本

高明县志　　梁廷栋等纂　　　光绪二十年(1894 年)刻本

清远县志　　朱润芳等纂　　　光绪六年(1880 年)刻本

番禺县志　　史澄等纂　　　同治十年(1871 年)刻本

(宣统)番禺县续志　　丁仁长等纂　　　1931 年重印本

佛山忠义乡志　　冼宝干等纂　　　1926 年刻本

增城县志　　赖际熙纂　　1921 年刻本

## 广西省

浔州府志　　王俊臣纂　　　同治十三年(1874 年)刻本

浔州府志　　夏敬颐等纂修　　　广西壮族自治区博物馆油印本　　　1957 年

平乐县志　　伍嘉猷等纂　　　光绪十年(1884 年)刻本

贵县志　　梁崇鼎等纂　　1935 年铅印本

容县志　　封祝唐等纂　　　光绪二十三年(1897 年)刻本

桂平县志　　程大璋等纂　　　1920 年铅印本

邕宁县志　　莫炳奎等纂　　　1937 年铅印本

## 山东省

重修宁海州志　　王厚阶纂　　　同治三年(1864 年)刻本

峄县志　　王宝田纂　　　光绪三十年(1904 年)刻本

高密乡土志　　傅骏声纂　　　宣统元年(1909 年)石印本

重修泰安县志　　孟昭章等纂　　　1929 年铅印本

黄县志　　尹继美纂修　　　同治十年(1871 年)刻本

德平县志　　李敬熙纂　　　光绪十九年(1893 年)刻本

**山西省**

大宁县志　　李华棠纂　　光绪九年(1883 年)刻本

五台县续志　　郭维恒等纂　　光绪八年(1882 年)刻本

长治县志　　杨笃纂　　光绪二十年(1894 年)刻本

**云南省**

云南通志稿　　王嵩等纂　　道光十五年(1889 年)刻本

续云南通志稿　　唐炯等纂　　光绪二十七年(1901 年)刻本

新纂云南通志　　周锺岳纂　　1949 年铅印本

永昌府志　　刘毓珂等纂修　　光绪十一年(1885 年)刻本

大理县志稿　　周宗麟等纂　　1927 年铅印本

元江志稿　　刘达武纂　　1922 年铅印本

呈贡县志　　李蔚文等续纂　　光绪十一年(1885 年)增刻本

景东县志稿　　侯应中纂　　1923 年石印本

路南县志　　杨中润纂　　1917 年铅印本

蒙化志稿　　梁友檍纂　　1920 年铅印本

沾益州志　　李景贤纂　　光绪十一年(1885 年)刻本

**甘肃省**

新修固原直隶州志　　锡麟纂　　宣统元年(1909 年)铅印本

重纂秦州直隶州新志　　王权等纂　　光绪十五年(1889 年)刻本

重修皋兰县志　　张国常纂修　　1917 年石印本

**四川省**

叙州府志　　邱晋成等纂　　光绪二十二年(1896 年)刻本

大竹县志　　陈步武等纂　　1928 年铅印本

云阳县志　　刘贞安等纂　　1935 年铅印本

中江县志　　陈品全等纂　　1930 年铅印本

光绪井研志　　吴嘉谟等纂　　光绪二十六年(1900 年)刻本

丹棱县志　　　朱文瀚等纂　　　光绪十八年(1892 年)刻本

永川县志　　　马慎修等纂　　　光绪二十年(1894 年)刻本

续汉州志　　　曾履中等纂　　　同治八年(1869 年)刻本

兴文县志　　　何鸿亮纂　　　1943 年铅印本

江津县志　　　刘泽嘉等纂　　　1924 年刻本

新修合川县志　　　张森楷纂　　　1921 年刻本

合江县志　　　刘天锡等纂　　　1929 年铅印本

重修成都县志　　　衷兴鉴等纂　　　同治十二年(1873 年)刻本

芦山县志　　　刘天倪等纂　　　1943 年铅印本

华阳县志　　　曾鉴等纂　　　1934 年刻本

秀山县志　　　李稽勋等纂　　　光绪十八年(1892 年)刻本

金堂县续志　　　曾茂林等纂　　　1921 年刻本

重修南川县志　　　韦麟书等纂　　　1931 年铅印本

南溪县志　　　胡元翔等纂　　　同治十三年(1874 年)刻本

南溪县志　　　钟朝煦纂　　　1937 年铅印本

威远县志　　　吴容纂　　　光绪三年(1877 年)刻本

荣县志　　　赵熙等纂　　　1929 年刻本

荣昌县志　　　敖册贤续纂　　　光绪十年(1884 年)增刻本

隆昌县志　　　耿光祜纂　　　同治十三年(1874 年)刻本

崇宁县志　　　易象乾等纂　　　1925 年刻本

峨眉县续志　　　朱荣邦等纂　　　宣统三年(1911 年)刻本

重修涪州志　　　王应元等纂　　　同治九年(1870 年)刻本

重修彭县志　　　吕调阳等纂　　　光绪元年(1875 年)刻本

彭水县志　　　支承祜等纂　　　光绪元年(1875 年)刻本

富顺县志　　　卢庆家等纂　　　1931 年刻本

温江县志　　　曾学傅等纂　　　1921 年刻本

新都县志　　　闵昌术等纂　　　1929 年铅印本

遂宁县志　　　王懋昭等纂　　　1929 年刻本

直隶绵州志　　　伍肇龄等纂　　　同治十二年(1873 年)刻本

绵竹县志　　黄尚毅等纂　　1920 年刻本

绵竹县乡土志　　田明理等纂修　　光绪三十四年(1908 年)刻本

越嶲厅全志　　马湘等纂　　光绪三十二年(1906 年)铅印本

简阳县志　　汪金相等纂　　1927 年铅印本

綦江县志　　戴纶哲纂修　　光绪十四年(1888 年)修 1915 年刻本

德阳县志　　刘宸枫等纂　　同治十三年(1874 年)刻本

黔江县志　　陈藩垣等纂　　光绪二十年(1892 年)刻本

增修灌县志　　郑玚山纂　　光绪十二年(1886 年)刻本

灌县乡土志　　徐昱等纂　　光绪三十三年(1907 年)刻本

## 江西省

江西通志　　刘铎等纂　　光绪七年(1881 年)刻本

九江府志　　黄凤楼等纂　　同治十三年(1874 年)刻本

南昌府志　　曾作舟等纂　　同治十二年(1837 年)刻本

赣州府志　　陈观酉纂　　道光二十八年(1848 年)刻本

上犹县志　　李临驯纂　　光绪十九年(1893 年)校补刻本

大庾县志　　刘人俊等纂　　1919 年刻本

万安县志　　周之镛等　　同治十二年(1973 年)刻本

万载县志　　杜修斌等纂修　　同治十一年(1872 年)刻本

龙南县志　　钟益驭纂　　光绪二年(1876 年)刻本

安仁县志　　徐彦楠等纂　　同治十一年(1872 年)刻本

安义县志　　彭斗山等纂　　同治十年(1871 年)活字本

安福县志　　周立瀛等纂　　同治十一年(1872 年)刻本

兴国县志　　金益谦等纂　　同治十一年(1872 年)刻本

奉新县志　　帅方蔚纂　　同治十年(1871 年)刻本

南昌县志　　魏元旷等纂　　光绪三十二年(1906 年)修 1919 年刻本

南康县志　　卢鼎峋纂　　同治十一年(1872 年)刻本

高安县志　　熊松之纂　　同治十年(1871 年)刻本

泰和县志　　彭启瑞等纂　　光绪四年(1878 年)续修刻本

崇仁县志　　黄炳奎纂　　同治十二年(1873 年)刻本

云都县志　　何戴仁等纂　　同治十二年(1873 年)刻本光绪二十九年
　(1903 年)补刻本

湖口县志　　周谟等纂　　同治十三年(1874 年)刻本

新喻县志　　吴增逵纂　　同治十二年(1873 年)刻本

彭泽县志　　欧阳焘等纂　　同治十二年(1873 年)刻本

德化县志　　吴彬等纂　　同治十一年(1872 年)刻本

赣县志　　褚景昕纂　　同治十一年(1872 年)刻本

## 江苏省

续纂江宁府志　　汪士铎等纂　　同治十三年(1874 年)修光绪六年(1880
　年)刻本

苏州府志　　冯桂芬纂　　同治十三年(1874 年)修光绪八年(1882 年)
　刻本

松江府续志　　姚光发等纂　　光绪十年(1884 年)刻本

淮安府志　　吴昆田等纂　　光绪十年(1884 年)刻本

上江两县志　　汪士铎等纂　　同治十三年(1874 年)刻本

上海县志　　俞樾等纂　　同治十年(1871 年)刻本

上海县续志　　姚文枬等纂　　1918 年刻本

太仓州志　　张采纂　　崇祯十五年(1642 年)刻本

太仓直隶州志　　佚名纂　　光绪初年稿本

丹阳县志　　徐锡麟等纂　　光绪十一年(1885 年)刻本

丹徒县志　　吕耀斗等纂　　光绪五年(1879 年)刻本

续丹徒县志　　高觐昌等纂　　1930 年刻本

无锡金匮县志　　秦缃业等纂　　光绪七年(1881 年)刻本

平望续志　　黄兆柽纂　　光绪十三年(1887 年)刻本

续纂句容县志　　萧穆等纂　　光绪三十年(1904 年)刻本

江阴县志　　季念诒等纂　　光绪四年(1878 年)刻本

江都县续志　　桂邦杰等纂　　1926 年刻本

重修华亭县志　　姚光发等纂　　光绪五年(1879 年)刻本

吴县志　　曹允源等纂　　1933 年铅印本

周庄镇志　　陶煦纂　　光绪八年(1882 年)刻本

吴江县续志　　熊其英等纂　　光绪五年(1879 年)刻本

武阳志余　　庄毓铉等纂修　　光绪十四年(1888 年)活字本

沛县志　　侯绍瀛纂修　　光绪十六年(1890 年)刻本

重修奉贤县志　　张文虎等纂　　光绪四年(1878 年)刻本

宜兴荆溪县新志　　吴景墙等纂　　光绪八年(1882 年)刻本

光宣宜荆续志　　周志靖纂　　1921 年刻本

宝山县志　　朱延射等纂　　光绪八年(1882 年)刻本

金山县志　　黄原本等纂　　光绪四年(1878 年)刻本

金坛县志　　汪凤等纂　　光绪十一年(1885 年)活字本

重修金坛县志　　冯煦等纂　　1926 年铅印本

青浦县志　　熊其英等纂　　光绪五年(1879 年)刻本

再续高邮州志　　夏子金阳纂　　光绪九年(1883 年)刻本

三续高邮州志　　高树敏纂　　1922 年刻本

高淳县志　　陈嘉谋纂　　光绪七年(1881 年)刻本

高淳县志　　吴寿宽纂　　1918 年刻本

宿迁县志　　方骏谟纂　　同治十三年(1874 年)刻本

崇明县志　　李联琇等纂　　光绪七年(1881 年)刻本

昆新两县续修合志　　汪坤等纂　　光绪六年(1880 年)刻本

昆新两县续补合志　　李传元纂　　1923 年刻本

常昭合志稿　　庞鸿文等纂　　光绪三十年(1904 年)活字本

重修常昭合志　　丁祖荫等纂、庞树森续纂　　1949 年铅印本

溧水县志　　丁维城纂　　光绪九年(1883 年)刻本

(嘉庆年)溧阳县志　　史炳等纂　　光绪二十二年(1896 年)刻本

溧阳县续志　　冯煦等纂　　光绪二十五年(1899 年)活字本

嘉定县志　　杨震福等纂　　光绪八年(1882 年)刻本

嘉定县续志　　金念祖等纂　　1930 年铅印本

**安徽省**

安徽通志稿　　安徽通志馆纂修　　1934 年铅印本

凤阳府志　　魏家骅等纂、张德霈续纂　　光绪二十三年(1897 年)修三十

　　四年(1908 年)活字本

续修庐州府志　　林之望等纂　　光绪十一年(1885 年)刻本

广德州志　　丁宝书等纂　　光绪七年(1881 年)刻本

重修五河县志　　俞宗诚等纂　　光绪二十年(1894 年)刻本

凤台县志　　葛荫南等纂　　光绪十八年(1892 年)活字本

宁国县通志　　周赟纂　　同治八年(1869 年)修,光绪二十五年(1899 年)

　　增补抄本

祁门县志　　汪韵珊纂　　同治十二年(1873 年)刻本

全椒县志　　江克让等纂　　1920 年活字本

庐江县志　　卢钰等纂　　光绪十一年(1885 年)活字本

寿州志　　葛荫南等纂　　光绪十五年(1889 年)活字本

芜湖县志　　鲍实等纂　　1919 年石印本

怀宁县志　　舒景蘅等纂　　1918 年铅印本

建德县志　　周学铭等纂　　宣统二年(1910 年)铅印本

南陵县志　　徐乃昌纂　　1924 年铅印本

亳州志　　宗能征纂修　　光绪二十年(1894 年)活字本

涡阳县志略　　朱国衡纂修　　1936 年铅印本

涡阳风土记　　王佩箴等纂　　1924 年活字本 1926 年铅印本

宿州志　　丁逊之等纂　　光绪十五年(1889 年)刻本

滁州志　　熊祖诒纂修　　光绪二十二年(1896 年)活字本

婺源县志　　汪正元纂　　光绪九年(1883 年)刻本

续修舒城县志　　赵凤诏等纂　　光绪三十三年(1907 年)活字本

潜山县志　　刘廷凤纂　　1920 年铅印本

霍山县志　　何国祐等纂　　光绪三十一年(1905 年)活字本

霍丘县志　　王寅清纂修　　同治九年(1870 年)活字本

歙县志　　许承尧纂　　1937 年铅印本

黟县三志　　程鸿诏等纂　　同治十年(1871年)刻本

黟县四志　　程寿保等纂　　1923年刻本

**河北省**

畿辅通志　　黄彭年等纂　　同治十年(1871年)修,光绪十年(1884年)刻本

广平府志　　胡景桂纂　　光绪二十年(1894年)刻本

重修天津府志　　徐宗亮等纂　　光绪二十一年(1895年)修,二十五年(1899年)刻本

文安县志　　李兰增等纂　　1922年铅印本

丰润县志　　郝增祜等纂修、周晋坤续纂修　　光绪十七年(1891年)刻本

玉田县志　　李昌时纂、丁维续纂　　光绪十年(1884年)刻本

西宁新志　　杨笃纂　　同治十二年(1873年)修,光绪元年(1875年)刻本

邢台县志　　周祜纂　　光绪三十一年(1905年)刻本

枣强县志补正　　方宗诚纂修　　光绪二年(1876年)刻本

房山县志　　高书官等纂　　1928年铅印本

昌平州志　　缪荃孙等纂　　光绪五年(1879年)修,二十二年(1886年)刻本

续修故城县志　　王埙德纂、范翰文续纂　　同治十二年(1873年)修,光绪十一年(1885年)续修刻本

唐县志　　张惇德纂　　光绪四年(1878年)刻本

深州风土记　　吴汝纶纂　　同治十年(1871年)纂,光绪二十六年(1900年)刻本

清苑县志　　诸崇俭纂　　同治十二年(1873年)刻本

望都县图说　　陆保善等编　　光绪三十一年(1904年)铅印本

雄县新志　　刘崇本纂　　1930年铅印本

滦州志　　王大本等纂　　光绪二十四年(1898年)刻本

**河南省**

永城县志　　胡赞采等纂　　光绪二十九年(1903 年)刻本

宁陵县志　　吕敬直纂　　宣统三年(1911 年)刻本

重修正阳县志　　陈全三等纂　　1936 年铅印本

南阳县志　　张嘉谋等纂　　光绪三十年(1904 年)刻本

项城县志　　施景舜纂　　1914 年石印本

夏邑县志　　黎德芬纂　　1920 年石印本

**陕西省**

续修陕西通志稿　　宋伯鲁等纂　　1934 年铅印本

同州府续志　　马先登等纂　　光绪七年(1881 年)刻本

米脂县志　　高照煦纂　　光绪三十三年(1907 年)铅印本

岐山县志　　张殿元纂　　光绪十年(1884 年)刻本

重修泾阳县志　　宋伯鲁纂　　宣统三年(1910 年)铅印本

定远厅志　　余修凤纂修　　光绪五年(1879 年)刻本

续修南郑县志　　刘定铎等纂　　1921 年刻本

**贵州省**

贵州通志　　任可澄等纂　　1948 年铅印本

安顺府志　　邹汉勋等纂　　咸丰元年(1851 年)刻本

黎平府志　　陈瑜纂　　光绪十八年(1892 年)刻本

古州厅志　　余嵩庆等纂　　光绪十四年(1888 年)刻本

独山县志　　艾应芳纂　　1965 年贵州省图书馆油印本

桐梓县志　　犹海龙纂　　1929 年铅印本

绥阳县志　　李培枝等纂　　1928 年铅印本

黄平县志　　李承栋纂　　1965 年贵州省图书馆油印本

瓮安县志　　朱勋等纂　　1915 年铅印本

## 浙江省

杭州府志　　　王棻纂、吴庆坻重纂　　　1922 年铅印本

湖州府志　　　周学浚等纂　　　同治九年(1870 年)修,同治十三年(1874 年)
　刻本

双林镇志　　　蔡蓉升原纂、蔡蒙续纂　　　1917 年重纂,上海商务印书馆铅
　印本

乌程县志　　　周学浚等纂　　　光绪五年(1879 年)修,七年(1881 年)刻本

光绪兰溪县志　　　唐壬森纂　　　光绪七年(1881 年)修,十五年(1889 年)
　刻本

永康县志　　　潘树棠等纂　　　光绪十八年(1892 年)刻本,1932 年石印本

龙游县志　　　余绍宋纂　　　1923 年铅印本

归安县志　　　陆心源纂　　　光绪八年(1882 年)刻本

(光绪)东清县志　　　陈坤等纂　　　1912 年校印本

安吉县志　　　张行孚等纂　　　同治十三年(1874 年)刻本

长兴县志　　　周学浚等纂　　　同治十二年(1873 年)修,光绪元年(1875 年)
　刻本

汤溪县志　　　戴鸿熙纂　　　1926 年修,1931 年铅印本

孝丰县志　　　潘宅仁等纂　　　光绪五年(1879 年)刻本,同治十三年(1874
　年)修

寿昌县志　　　李饪等纂　　　1930 年铅印本

定海县志　　　马瀛纂修　　　1924 年铅印本

奉化县志　　　张美翊等纂　　　光绪二十七年(1901 年)修,三十四年(1908
　年)刻本

昌化县志　　　许昌言等纂　　　1919 年修,1924 年铅印本

宣平县志　　　皮树棠纂修　　　光绪四年(1878 年)刻本

临安县志　　　董运昌等纂　　　宣统二年(1910 年)活字本

南浔镇志　　　汪曰桢纂　　　咸丰九年(1859 年)修,同治二年(1863 年)刻本

南浔志　　　周庆云纂　　　1922 年刻本

诸暨县志　　　蒋鸿藻纂　　　光绪三十四年(1908 年)修,宣统二年(1910 年)

刻本

桐乡县志　　严辰纂　　　光绪十三年(1887年)刻本

萧山县志稿　　姚莹俊纂、杨士龙续纂　　1935年铅印本

富阳县志　　蒋敬时等纂　　光绪二十五年(1899年)修,三十二年(1906年)刻本

景宁县志　　严用光等纂　　同治十二年(1873年)刻本

新登县志　　张子荣等纂　　1919年修,1922年铅印本

慈溪县志　　杨泰亨等纂　　光绪十四年(1888年)修,二十五年(1899年)刻本

鄞县志　　张恕等纂　　同治十三年(1874年)修,光绪三年(1877年)刻本

嘉兴县志　　石中玉等纂　　光绪三十四年(1908年)刻本

重修嘉善县志　　顾福仁纂　　光绪二十年(1894年)刻本,1918年重印本

德清县新志　　程森纂　　1923年修,1932年铅印本


**湖北省**

湖北通志　　张仲炘等纂　　宣统三年(1911年)修,1921年刻本

宜昌府志　　王柏心等纂　　同治五年(1866年)刻本

大冶县志　　黄昺杰纂　　同治六年(1867年)刻本

孝感县志　　沈用增纂　　光绪八年(1882年)刻本

武昌县志　　柯逢时纂　　光绪十一年(1885年)刻本

鹤峰州志　　雷春沼纂　　同治六年(1867年)刻本

鹤峰州志续修　　陈鸿渐纂　　光绪十一年(1885年)刻本


**湖南省**

湖南通志　　曾国荃等纂　　光绪十一年(1885年)刻本

巴陵县志　　吴敏树等纂　　同治十一年(1772年)刻本

巴陵县志　　杜贵墀等纂　　光绪十七年(1891年)刻本

续修宁乡县志　　童秀春纂　　同治六年(1867年)刻本

永明县志　　周诜诒纂　　光绪三十三年(1901年)刻本

平江县志　　李元度等纂　　同治十三年(1874 年)刻本

石门县志　　申正飏纂　　同治七年(1868 年)刻本

祁阳县志　　李馥纂修　　1926 年修,1931 年刻

长沙县志　　张延珂等纂　　同治十年(1871 年)刻本

耒阳县志　　宋世煦纂　　光绪十一年(1885 年)刻本

华容县志　　熊绍庚等纂　　光绪八年(1882 年)刻本

邵阳县志　　黄文琛等纂　　光绪二年(1876 年)刻本

攸县志　　陈之骥纂、严鸣琦续纂　　同治十年(1871 年)刻本,光绪十八年
　　(1892 年)重印本

浏阳县志　　邹焕杰等纂　　同治十二年(1873 年)刻本

临湘县志　　熊兴杰等纂　　同治十一年(1872 年)刻本

桂东县志　　郭岐勋纂　　同治五年(1866 年)刻本

桂阳直隶州志　　王闿运纂　　同治七年(1867 年)刻本

善化县志　　张先抡等纂　　光绪三年(1877 年)刻本

湘乡县志　　黄楷盛纂　　同治十三年(1874 年)刻本

湘阴县图志　　郭嵩焘等纂修　　光绪六年(1880 年)刻本

湘潭县志　　王闿运等纂　　光绪十五年(1889 年)刻本

道州志　　许清源等纂　　光绪四年(1878 年)刻本

新化县志　　刘洪泽等纂　　同治十一年(1872 年)刻本

新宁县志　　刘长佑等纂　　光绪十九年(1893 年)刻本

蓝山县图志　　雷飞鹏纂　　1932 年刻本

零陵县志　　刘沛纂　　光绪二年(1876 年)刻本

嘉禾县图志　　雷飞鹏纂　　1931 年铅印本

衡山县志　　文岳英等纂　　光绪元年(1875 年)刻本

衡阳县志　　彭玉麟等纂　　同治十三年(1874 年)刻本

黔阳县志　　杨大诵等纂　　同治十三年(1874 年)刻本

醴陵县志　　江普光等纂　　同治九年(1870 年)刻本

醴陵县志　　刘谦纂　　1948 年铅印本

**福建省**

福建通志　　沈瑜庆等纂　　1938 年刻本

同安县志　　吴锡璜纂　　1929 年铅印本

闽侯县志　　陈衍纂　　1933 年刻本

淡水厅志　　陈培桂等纂修　　同治十年(1871 年)刻本

**内蒙古、吉林、黑龙江、新疆**

土默特旗志　　高赓恩纂　　光绪三十四年(1908 年)刻本

绥远志略　　廖兆骏纂　　1937 年铅印本

吉林通志　　李桂林等纂　　光绪十七年(1891 年)刻本

黑龙江志稿　　张伯英等纂　　1933 年铅印本

呼兰县志　　柯寅纂　　1930 年铅印本

新疆图志　　王树枏等纂　　宣统三年(1911 年)活字本,1923 年铅印本

新疆吐鲁番厅乡土志　　曾炳熿编　　光绪三十三年(1907 年)修,民国油
　印本

（工具书）

中国实业志　　实业部国际贸易局编印　　1933 年

中国经济年鉴　　1934 年

中外条约汇编　　(中英文对照)　　海关编

中外旧约章汇编第 1 册　　王铁崖编　　1957 年

约章分类辑要　　蔡乃煌编　　光绪二十六年(1900 年)

最新中外地名辞典　　葛绥成编　　中华书局　　1948 年

（报纸、刊物）

上海文史资料　　第 20 辑

上海市通志馆期刊　　第 1 册

大陆杂志　　第 66 卷　　台北

广东文史资料　　第 2、5、20 辑

小吕宋华侨中西学校三十周年纪念刊

中山大学学报　1959 年

中华内地会不定期刊

中国社会科学　1981 年

中国经济史研究　1986 年

中国近代经济史研究集刊　第 1—3 卷,1932—1934 年

中国社会科学院经济研究所集刊　第 3、4 辑

中国华侨历史学会通讯　1983 年

文物　1959 年、1974 年

文史资料辑存　第 5 辑

甘肃文史资料　第 1 辑

历史学　1979 年

历史研究　1955—1969、1980—1983 年

历史教学　1984 年第 5 期

史学月刊　1961—1965 年

史料旬刊　第 9—35 期

内蒙古大学学报　1964 年

云南省历史研究所研究集刊　1982 年

外国历史知识　1984 年

东方杂志　第一年第 2 期

安徽史学工作通讯　总第 1、3 期

江汉论坛　1981 年第 1 期

江阴地方文史资料选辑　第 2 辑

西北师院学报　1982 年

地平线　1978 年(香港)

农商公报

近代史研究　1980—1985 年

近代史资料　1954—1963、1980 年

社会科学(第 2 卷第 2 期)　1937 年

社会科学杂志　　第 2 卷

社会科学战线　　1979 年

学术月刊　1962 年

学术研究　1962 年

国际贸易导报　　第 1—8 卷

南开指数年刊　　1936 年

经济科学　1979 年

经济研究　1955、1965 年

复旦学报　1983 年

清华学报　　第 10 卷 1935 年 4 月(北平)、1961 年(台北)

食货　1977 年(台北)

浙江文史资料选辑　　第九辑

厦门大学学报　　1961 年

新中华　　第 2 卷　　1934 年

新农村　　第 20 期

新建设　1963 年

新疆大学学报　　1979、1980 年

靖江地方文史资料选辑　　第 4 辑

福建文史资料　　第 1 辑　　1962 年

福建文化季刊　　第 1 卷


人民日报

上海新报　　同治元年(1862 年)

万国公报

天津时报

中外日报

中国时报

内蒙古日报　　1962 年

东西商报

汇报　　光绪二十五年(1899 年)

申报

字林沪报

光明日报

沪报

农商报

农学报　　第 1—57 期

农商公报　　1915 年

时务报　　1897 年

京报　　第 5、8 册

刍言报

教会新报

新报

华侨历史学会学术讨论会论文　　1981 年

太平天国史学术讨论会论文　　1981 年

华侨论文集　　广东华侨历史学会编　　第 8 辑

华侨史论文集　　广州暨南大学华侨研究所编　　第 3 集

中国华侨历史学会通讯　　1983 年第 3 期

南洋问题资料译丛　　简称《南洋译丛》　　1963 年

# 外 文 部 分

## （英、法文）

## （一）档案、原稿、报告、年历等

英国国会文件

（British Parliamentary Papers）简称《蓝皮书》

上院小组委员会关于东印度公司事务的报告书,1830 年

（Reports from the Select Committee of the House of Lord Appointed to Enquire into the Present State of Affairs of the East India Company,1830）

下院调查东印度公司事务小组委员会第一次报告书,1830 年

（First Report of the Select Committee of the House of Commons Enquire into the Affairs of the East India Company,1830）

下院小组委员会第一次报告书,1830 年

（First Report of Select Committee of the House of Commons 1830）

下院考察东印度公司当前情况及大不列颠印度和中国之间贸易情况小组委员会报告书,1830 年,作证记录 I.

（Report of Select Committee on the Present Conditions of the East India Company and the Trade between Great Britain, India and China, 1830,Evidence I.）

下院院刊

（Journal of House of Commons）1840 年届

广州、厦门和上海 1844 年的贸易统计

（Returns of Trade at the Ports of Canton, Amony and Shanghai, for the Year 1844）

1846 年中国各口贸易报告

（Returns of the Trade of the Various Ports of China for the Year 1846）1847 年

最近中国各口贸易报告

（Returns of the Trade of the Various Ports of China Down to the Latest Period）
1847 年

下院关于中英商务关系特别委员会报告

（Report from the Select Committee of the Commons on Commercial Relations
with China）1847 年

小组委员会报告书

（Report of Select Committee of the House of Commons）1847 年第 1 卷

数据和文件

（Papers and Accounts）第 31 卷,1846 年,第 60 卷,1847 年

1847 年和 1848 年中国各口贸易统计

（Returns of Trade of the Various Ports of China, for the Year 1847and 1848）

广州香港贸易报告

（Returns of the Trade at Canton and Hongkong）1848 年

1849 年中国各口贸易统计

（Returns of Trade of the Various Ports of China for the Year 1849）

有关中国内战的文书,1853 年

（Papers Respecting Civil War in China,1853）

国会行政文件

（House Executive Document）1854 年

关于在华鸦片贸易的文件

（Papers Relating to the Opium Trade in China,1842—1856）简称《鸦片文件》

提交上院的统计

（Returns to an Order of the House of Lordes）1857 年 3 月 20 日

额尔金伯爵赴华赴日有关文件,1857—1859

（Correspondence Relative to the Earl of Elgins Special Missions to China and
Japan,1857—1859）1859

中国 1864 年第 3 号,1869 年第 3 号

（China, No. 3）

1866 年上海港贸易报告

（Report on the Trade at the Port of Shanghai for the Year 1866）

关于天津条约修约的通讯

（Correspondence Respecting the Revision of the Treaty of Tientsin）1871

关于中国政府 1871 年 2 月 9 日传教节略的通信

（Correspondence Respecting the Circular of the Chinese Government of February 9. 1871 Relating to Missionaries）

皇家钦定鸦片委员会第一次报告书

（The First Report of Royal Commission on Opium）第 1 卷,1894 年

阿米拉:区域研究,中国

（J. J. O'meara, Area Studies, China）

英国外交部档案编号 F. O. 97/99

英国驻华领事商务报告（Commercial Reports from Her Majestys Consuls in China）简称《英领报告》

怡和档案剑桥大学藏

美国外交文件（Papers Relating to the Foreign Relations of the United States）1883 年

美国国务院摄制、缩微胶卷,FM112R6 第 6 卷

马士函稿,1886—1887 年（打印件）（Memo, On Exchange as Affecting the China Merchant Steam Navigation Company, Enclosure in H. B. Morse to G. Detring）北京大学图书馆馆藏

中国海关（China Imperial Maritime Customs）:

海关贸易报告 1865—1891（Reports on Trade at the Treaty Ports in China, 1865—1891）简称《贸易报告》

海关统计报告 1882—1896（Returns of Trade at the Treaty Ports and Trade Reports Part I. Report on the Trade of China, and Abstract of Statistics; Part II. Port Trade Statistics and Report,1882—1896）

海关十年报告（Decennial Reports on Trade, Industries, etc. of the Ports Open to Foreign Commerce, and on the Condition and Development of the Treaty

Ports Provinces）

海关特种调查报告第三种——丝（Special Series，No. 3 Silk，Replies from
　　Commissioners of Customs to Inspector General's Circular；No. 103，Second Series
　　（Reprinted in 1917，with a Treatise on "Manchurian Tussore Silk"）1881 年

鸦片（Special Series，No. 4，Opium，1881）

访察茶叶情形文件（Special Series，No. 11，Tea，1888）1889 年

中国陆路贸易报告（China Overland Trade Reports. ）1861、1862 年

上海年历（Shanghai Almanac）1857、1859、1860、1861、1863 各年

华英年历（Anglo–Chinese Calendar）1848、1851、1855 各年

香港年历（Hongkong Almanac）1846 年

中国、日本、菲律宾等地行名纪事录（The Chronicle & Directory for China，
　　Japan & the Philipine）简称《中、日、菲行名纪事录》1866、1867、1868、1880、
　　1881、1883、1884、1886、1887、1891 各年

中国、朝鲜、日本大事编年与指南，1885 年（The Chronicle and Directory for
　　China，Corea，Japan…for the year 1885）

中国行名录（China directory）1863、1864 两年

华北、日本等地案头行名录（The North China and Japan Desk Hong List）1870、
　　1871、1879 各年

年鉴和指南（Chronicle and Directory）1880 年

# （二）报纸、刊物

大陆报（Overland）

中国电讯（China Dispatches）

中国时报（The Chinese Times）

中国邮报（China Mail）又作《德臣报》

北华捷报（North–China Herald）简称《捷报》

伦敦新闻纸（London and China Express）简称《新闻纸》

字林西报（The North China Daily News）

远东时报(Far Eastern Review)

香港电讯(Hongkong Telegraph)

通闻西报(Shanghai Evening Courier)

1848 年曼彻斯特商工协会理事会第 28 次年报(Annual Report of the Board of Director of the Chamber of Commerce and Manufacters Manchester)又,1849 年第 29 次、1851 年第 31 次年报,1854 年 1 月 26 日会议记录

1897 年工部局年报(Annual Report of Shanghai Municipal Council 1897)

天下月刊(Tien Hsia Monthly)

中华丛报(The Chinese Repository)1840—1849 年

中华内地会不定期刊(The Occasional Papers of the China Inland Mission)

中华长老会五十周年纪念刊(Jubilee Papers of Central China Presbyterian Mission Kiang Mission)

中国社会及政治学报(Chinese Social and Political Science Review)1933—1936 年

东方和非洲研究学院通报(Bulletin of the School of Oriental and African Studies)第 21 期,1958 年

亚洲研究(The Journal of Asian Studies),第 4 期,1959 年

亚洲广汇报(Journal of the North China Branch of Royal Asiatic Society)1874 年

英国皇家亚洲学会中国分会会报(Journal of the China Branch of the Royal Asiatic Society)第 23 卷,1889 年

技术与文化(Technology and Culture)1979 年 7 月号

南开社会经济学报(Nankai Social and Economic Quarterly)1936 年 4 月号

海王(American Neptune)

# (三)专著

## 一画

1750 年后大不列颠的劳工状况简史    库钦斯基(Jürgen Kuczynski, A Short History of Labour Conditions in Great Britain, 1750 to the Present Day)    伦

敦　　1847 年

1847 至 1947 年古巴的华工研究　　科比特（Duvon Clough Corbitt, A Study：The Chinese in Cuba 1847—1947）简称《古巴华工》　　威特摩尔 1971 年

1850—1880 年赴美华工　　卓启扬（音译）（Kil young So, Chinese Emigration into U. S. A. 1850—1880）　　纽约　　1978 年

1857—1858 年之中国　　柯克（G. W. Cooke, China：being "The Times" Special Correspondence from China in the Year 1857—1858）　　简称《中国》　　爱丁堡　　1861 年

1860 到 1907 年间的中国天主教会　　乌尔夫斯坦（Bertram Walfesston, The Catholic Church in China from 1860 to 1907）　　1909 年

一个美国工程师在中国　　帕逊士（Parsons, An American Engineer in China）　　纽约　　1900 年


## 二画

十七、十八世纪的中英关系　　普立查特（E. H. Pritchard, English Chinese Relations during the Seventeenth and Eighteenth Centuries）　　1930 年

十九世纪的科学和工业　　柏纳尔（J. D. Bernal, Science and Industry in the Nineteenth Century）　　1953 年

十九世纪中国的买办：东西之间的桥梁　　郝延平（Yen-Ping Hao, The Comprador in Nineteenth Century China：Bridge between East and West）简称《十九世纪中国的买办》　　1970 年

十九世纪大不列颠的工业和商业革命　　诺尔斯（L. C. A. Knowles, The Industrial and Commercial Revolution in Great Britain during the Nineteenth Century）　　伦敦　　1947 年

二十世纪的远东　　肯特（P. H. B. Kent, The Twentieth Century in the Far East）　　1937 年

二十世纪之香港、上海及其他中国商埠志　　莱特（Arnold Wright, Twentieth Century Impressions of Hongkong, Shanghai and Other Treaty Ports of China）　　简称《商埠志》　　1908 年

人民英国史　　莫尔顿(A. L. Mortan, A People's History of England)　　伦
敦　　1951 年

三画

工艺史　　盛加等编( C. Singer, E. J. Holmy and A. R. Hall, T. I.
Williams, ed., A History of Technology)　　牛津　　1958 年

广东番鬼录　　亨特( W. C. Hunter, The Fan Kwae at Canton)

大君的首都　　阿礼国( R. Aleock, The Capital of Tycoon)　　1863 年

大不列颠与中国　　科斯丁( W. C. Costin, Great Britain and China 1833—
1860)　　牛津　　1937 年

大英轮船公司百年史　　喀布( B. Cable, A Hundred Year History of the P. &
O. )　　伦敦　　1937 年

上海史　　兰宁、柯宁( G. Lanning S. Couling, The History of Shanghai)　　上
海　　1921 年

上海史话　　麦克莱伦(J. W. Maclellan, Story of Shanghai from the Opening of
the Port to Foreign Trade)　　1889 年

上海今昔观　　字林西报馆( North China Herald Office, Shanghai, Past and
Present)　　1893 年

上海:会审公廨和工部局　　柯腾涅夫( Kotenev A. M., Shanghai：Its Mixed
Court and Council)　　1925 年

马格里传　　鲍尔吉( D. C. Boulger, The Life of Sir Harliday Macartney)
伦敦　　1908 年

飞剪船和领事　　格里芬( E. Griffen, Clippers and Consuls)　　1938 年

四画

什么是鸦片贸易　　端纳·马地臣( Donald Matheson, What is the Opium
Trade)　　1857 年

太平叛乱　　勃龄( C. L. Brine, The Taiping Rebellion)

太平叛乱和西方列强　　邓嗣禹(Teng Su Yu, The Taiping Rebellion and the

Western Powers)　　伦敦　　1971 年

日本贸易精览　　东洋经济新报社编纂(Foreign Trade of Japan)　　1935 年

不发达世界的国际经济 1865—1914　　兰托姆( A. J. H. Latham, The International Economic of Underdevelopment World,1865—1914)　　1978 年

不列颠帝国简史　第 2 卷　现代帝国和联邦　　威廉森( James A. Williamson, A Short History of British Empire, Vol. II, The Modern Empire and Common Wealth)　　伦敦　　1934 年

不列颠历史统计提要　　密切尔( B. R. Mitchell, Abstract of British Historical Statistics)　　剑桥　　1962 年

不列颠海军与中国海盗 1832—1869　　福克斯( G. Fox, British Admirals and Chinese Pirates)　　简称《海盗》

不列颠贸易和中国的开放　　格林堡( M. Greenbery, British Trade and the Opening of China,1840—1842)　　剑桥　　1951 年

不列颠和中国的中亚细亚　　兰姆( A. Lamb, British and Chinese Central Asia, The Road to Lhasa, 1867 to 1905)　　1959 年

不列颠在中国和印度的鸦片政策　　欧文(D. E. Owen, British Opium Policy in China and India)　　简称《鸦片政策》　　1934 年

不列颠的鸦片政策及其在印度和中国的后果　　特奈尔(Turner, F. S., British Opium Policy and its Results to India and China)　　1876 年

不列颠对华贸易史上的若干主要事件:其现状及其前景　　马地臣(James Matheson, The Present Position and Prospect of the British Trade with China, together with Some Leading Occurences in its Past History)伦敦 1969 年

中日条约商埠　　迈伊尔(W. F. Mayers, Treaty Ports of China and Japan)　　1867 年

中华帝国对外关系史　　马士( H. B. Morse, International Relations of the Chinese Empire)　　简称《对外关系史》　　上海　　1910、1911 年

中国　　马丁(R. M. Martin, China)　　1847 年

中国　　李希霍芬(F. von. Richthofen, China)　　1876 年

中国纪游　　莫里逊(G. R. Morrison An Australian in China)　　1902 年

中国杂记　　斯当东(Sir George Staunton, Miscellaneus Notes Relating to China and our Commercial Intercourse with that Country)　　伦敦 1850 年

中国绅士　　张仲礼(The Chinese Gentry)　　1955 年

中国总论　　卫三畏(Samuel Wells Williams, Middle Kingdom)　　伦敦 1883 年

中国战争　　欧脱罗尼(John Ouchterlong, The Chinese War)　　伦敦 1844 年

中国之回顾　　北华捷报馆(North-China Herald Office, A Reprospect of Political and Commercial Affairs in China)　　1868—1872, 1873 年; 又 1873—1877,1878 年

中国名人传　　基里斯(Herbert A. Giles, A Chinese Biographical Dictionary) 上海　　1898 年

中国和台湾　　约翰斯坦(J. Johnstan, China and Formosa)　　1897 年

中国的铁路　　肯德(P. H. Kent, Railway Enterprise in China)　　1907 年

中国货币论　　耿爱德(E. Kann, The Currencies of China)　　上海 1926 年

中国金融论　　魏格尔(S. R. Wagel, Finance in China)　　1914 年

中国对外贸易　　雷麦(C. F. Remer, The Foreign Trade of China)　　纽约 1933 年

中国和中国人　　塞尔(H. C. Sirr, China and The Chinese)　　伦敦 1849 年

中国首要问题　　寇堤斯(L. Curtis, The Capital Question of China)　　伦敦 1932 年

中国蚕丝工业　　刘大钧(D. K. Liu, The Silk of China)　　上海 1941 年

中国商业指南　　卫三畏(Samuel Wells Williams, The Chinese Commercial Guide)　　香港　　1863 年

中国基督教史　　赖德烈（K. S. Latourette, A History of Christian Missions in
　　China）　　1929 年

中国人中一住户　　复庆（R. Fortune, A Residence among the Chinese）
　　伦敦　　1857 年

中国对外贸易史,1834—1881　　班思德（T. R. Banister, A History of the
　　External Trade of China,1834—1881）　　1931 年

中国国际贸易统计　　肖梁林（Hsiao Liang-Lin, China's Foreign Trade
　　Statistics 1864—1949）　　1974 年

中国和中国人民　　田贝（Charles Denby, China and Her People）　　波士顿
　　1906 年

中国绅士的收入　　张仲礼（The Income of the Chinese Gentry）　　1962 年

中国在世界中的地位　　费正清（J. K. Fairbank, Chinese World Order）
　　哈佛　　1968 年

中国的历史和文化　　赖德烈（K. S. Latourette, The Chinese, Their History
　　and Culture）　　纽约　　1946 年

中国关税的自主斗争　　莱特（S. F. Wright, China's Struggle for Tariff
　　Autonomy）　　简称《自主斗争》

中国沿海贸易与外交　　费正清（J. K. Fairbank, Trade and Diplomacy on the
　　China Coast）　　简称《贸易与外交》　　哈佛　　1953 年

中国通与英国外交部　　伯尔考维茨（N. A. Pelcovits, Old China Hands and
　　the Foreign Office）　　简称《中国通》　　1948 年

中国为发展海军而斗争　　罗林森（J. L. Rawlinson, China's Struggle for Naval
　　Development,1839—1895）　　剑桥　　1967 年

中国各领事城市访问记　　乔治·斯密士（G. Smith, A Narration of an
　　Explanatory Visit to Each of the Consular Cities of China in the year 1844,
　　1845,1846）　　1847 年

中国的政治、商业和社会　　马丁（R. M. Martin, China Political, Commercial
　　and Social）　　伦敦　　1847 年

中国政治和商务之回顾,1868—1872（A Retrospect of Political and Commercial

Affairs in China 1868—1872）　　1873 年

中国条约口岸对外贸易报告　　布莱南（B. Brenan, Report on the State of Trade at the Treaty Ports of China）　　简称布莱南《报告》　　1898 年

中国移民的社会和经济概貌　　西华德（G. F. Seward, Chinese Immigration in its Social and Economic Aspects）　　旧金山　　1881 年

基督新教在华一世纪　1807—1907　　季斐理（D. Mac Gillivray, A Century of Protestant Mission in China 1807—1907）　　1907 年

中国从鸦片战争到辛亥革命　　谢诺等著（英译本）（Chesnaux, Jeal etal, China from the Opium War to the 1911 Revolution）Tv, by Anne Desteny.

中国的早期工业化：盛宣怀和官办企业　　费维恺（A. Feuerwerker, China's Early Industrialization：Sheng Hsuan-huai and Mandarin Enterprise）1958 年

中英外交与商业关系　　地咽（Dean, B., China and Great Britain, The Diplomacy of Commercial Relations, 1860—1864）　　1974 年

中英早期贸易的关键年代　　普里查德（E. H. Pritchard, The Crucial Years of Early Anglo-Chinese Relations 1750—1800）　　1936 年

中美贸易　　潘序伦（S. L. Pan, The Trade of the United States with China）1924 年

从陆路到中国　　柯乐洪（Archibald R. Colquhoun, Overland to China）1900 年

天津　　拉斯暮森（O. D. Rasmussen, Tientsin）　　1925 年

**五画**

汇丰　　柯利斯（M. Collis, Way Fong）　　1965 年

东方贸易　　米尔布恩（W. Milburn, Oriental Commerce）　　1813 年

东南亚的华侨　　普什尔（V. Purcell, The Chinese in South East Asia）　　伦敦　　1952 年

东方水域的贸易　　帕金生（C. W. Parkinsan, Trade in the Eastern Seas 1793—1873）　　剑桥

东印度公司的兴起和衰亡　　木克侯依（R. Mukherjee, The Rise and Fall of the East India Company）　伦敦　1937 年

东印度公司对华贸易编年史 1635—1834　　马士（H. B. Morse, The Chronicles of the East India Company Trading to China, 1635—1834）　简称《编年史》　1926 年

加州的华工　邱平（Ping Chui, Chinese Laborers in California）　1963 年

印华鸦片贸易　希尔（J. S. Hill, The Indo-Chinese Opium Trade）　伦敦　1884 年

出卖上海　豪塞尔（E. O. Hauser, Shanghai, City for Sale）　1940 年

世界漫游记　胡伯纳（M. L. Hübner, A Ramble Round the World）

布莱克布恩商会赴华团报告（Report of the Mission of China of the Blackburn Chamber of Commerce 1896—1897）　简称《耐维耶报告书》

白银王国　麦肯齐（C. Mackenzie, Realms of Silver）　1954 年

白银与中国　平涅克（A. W. Pinnick, Silver and China）　上海　1930 年

台湾岛　达卫森（O. W. Davidson, The Island of Formosa）

台湾今昔　戴维逊（J. W. Davidson, The Island of Formosa, Past and Present）　1903 年

## 六画

关于中国财产的技术概念　　黄伯禄（P. Hoang, Nations Techniques sur la Propriety）　1897 年

关于中国海关的起源、发展和活动的文件汇编　　海关总税务司造册处编（海关总署）（Statistical Department of the Inspectorate General of Customs, Documents Illustrating of the Origin Development and Activities of the Chinese Customs Service）　简称《文件汇编》　上海　1939 年

回忆录　庞伯里（R. Pumpell, Reminiscence）　1918 年

回忆录　福士（R. B. Forbes, Personal Reminiscence）　波士顿　1882 年

华中茶叶贸易　　朱祖晦（T. H. Chu, Tea Trade in Central China）
1936 年

华中及华南地区的贸易　　伯恩（Bourne, Trade of Central and Southern China
1896—1897）　简称《华中贸易》

华北、满洲及东蒙纪游　　韦廉臣（A. Willamson, Journeys in North China
Manchuria and East Mongolia, With Some Account of Corea）　简称《华北
纪游》　1870 年

华南传教问题与方法　　吉布森（Gibson, Mission Problems and Mission
Methods in South China）　1901 年

在太平天国的日子里　　马士（H. B. Morse, In the Days of Taiping）　麻省
1927 年

在华十二年　　士卡斯（John Scarth, Twelve Years in China）　爱丁堡
1860 年

在华行医志：二十年经历记　　雒魏林（W. Lockhart, Medical Missionary in
China：A Narrative & Twenty Years Experience）　伦敦　1861 年

在华的教会印刷所（The Mission Press in China）　1895 年

在美国费城商务部的演说词　1859 年的 5 月 31 日　列卫廉（Speech of
Hon. William B, Reed at the Board of Trade in the City of Philadelphia on
Tuesday, May 31,1859）

产业资本主义下的工人简史　　库钦斯基（Jürgen Kuczynski, A Short History
of Labour Conditions under Industrial Capitalism）

长江上游游记　　庄延龄（E. H. Parker, Up the Yangtze）　1899 年

同治中兴　　莱特（M. C. Wright, The Last Stand of Chinese Conservatism：The
T'ung-chih Restoration,1862—1874）　加利福尼亚　1957 年

外国在华权利和利益　　韦罗璧（W. W. Willoughby, Foreign Rights and
Interests in China）　巴尔的摩　1920 年

传教士在中国　　宓吉（A. Michie, Missionaries in China）　1893 年

早期中美关系史　　赖德烈（Lalouretle, The History of Early Relations between
the United States and China,1784—1844）　1917 年

## 七画

花甲忆记　　丁韪良（W. A. P. Martin，A Cycle of Cathay）　　纽约　1900 年

远东工商业　　布尔果英（J. Burgoyne，Far Eastern Commercial and Industrial Activity）　　1924 年

远东经济发展中的西方企业　　艾伦等（G. C. Allen，Western Enterprise in Far Eastern Economic Development）　　1954 年

近代关税史　　阿细勒（Percy Ashley，Modern Tariff History）　　1926 年

近代英国经济史　1850—1886　　克拉潘（Sir. John Clapham，An Economic History of Modern Britain，1850—1886）　　剑桥　　1952 年

李希霍芬书信集　　李希霍芬（F. von. Richthofen，Letter from Baron. Rithofen）　　1903 年

李希霍芬通信集　1870—1872　　李希霍芬（Baron Richthofen：Letters 1870—1872）　　1903 年

李泰国和中英关系，1854—1864　　葛森（J. J Gerson，Horatio Nelson Lay and Sino-British Relations，1854—1864）　　哈佛　　1972 年

## 八画

苦力　　根室·巴什（Gunther Basth，Bitter Strength）　　伦敦　　1964 年

苦力船和运油船　　鲁波克（B. Lubbock，Coolie Ships and Oil Sailers）　　格拉斯哥　　1935 年

英中贸易与外交　　沙琴特（A. G. Sargent，Anglo-Chinese Commerce and Diplomacy）　　牛津　　1907 年

英国对华外交　　季南（E. V. G. Kiernan，British Diplomacy in China，1880 to 1885）　　1939 年

英国在远东的经济权益　　高卢（E. M. Gull，British Economic Interest in the Far East）　　1943 年

英国蓝皮书，中国　第 3 册　关于中国移民出洋文件　香农　（Shannon，British Parliamentary Papers，China）　　简称《英国蓝皮书，第 3 册，移民出

洋文件》 1971 年

英美在华轮运势力的对抗 刘广京 （Liu. Kuang-Ching, Anglo American
Steamship Rivalry in China, 1862—1874） 简称《势力的对抗》 哈佛
1962 年

英属圭亚那华工 克里门蒂（C. Climenti, The Chinese in British Guiana）简
称《圭亚那华工》 香港 1915 年

英属各地的苦力华工 坎贝尔（P. Campbell, Chinese Coolie Emigration to
Countries within the British Empire） 简称《英属苦力》 伦敦
1923 年

治外法权在中国的发展 耆顿（G. W. Keeton, The Development of
Extraterritoriality in China） 伦敦 1928 年

物价研究引论 莱顿（Walter. T. Layton, An Introduction to the Study of
Price） 伦敦 1938 年

金沙江 吉尔（Wm. Gill, The River of Golden Sand） 1883 年

国际银行 巴斯特（A. S. J. Baster, The International Banks） 1935 年

法德的经济发展 拉克潘（J. H. Clapham, The Economic Development of
France and Germany, 1815—1914） 剑桥 1928 年


## 九画

茶 屠加雪夫（B. P. Torgasheff, China as a Tea Producer） 1926 年

茶叶全书 乌克斯（William H. Ukers. All About Tea） 纽约
1935 年

茶区旅行 （罗伯特）福庆（Robert Fortune, Travels in the Tea Country）

南中国丝业调查报告书 考活（C. W. Howard, A Survey of the Silk
Industry of South China） 1925 年

鸦片飞剪船 勒伯克（B. Lubbock, The Opium Clipper） 波士顿
1933 年

重庆进口贸易备忘录 史盘斯（William, D. Spence, Memorandum by Mr.
Spence on the Import Trade of Chunking of the Navigation by Steamers of the

Upper Yangtze）

战时与和平后的中国　　德庇时（J. F. Davis, China: During the War and Since the Peace）　1852 年

美国华人史（插图本）　　麦康（Ruthanne Lum Mccun, An Illustrated History of the Chinese in America）　旧金山　1979 年

美国关税史　陶雪格（F. W. Taussig, The Tariff History of the United States）　1930 年

美国人在东亚　丹涅特（T. Dennett, Americans in Eastern Asia）　简称《东亚》　1922 年

美国蚕丝工业史　松井七郎（Shichiro Matsui, The History of the Silk Industry in the United States）　1930 年

美国裴理舰队出航中国海和日本纪事　霍克斯（F. L. Hawks, Narrative of the Expedition of an American Squadron to the China Seas and Japan, Performed in the Years 1852, 1853 and 1854, Under the Command of Commodore M. C. Perry, United States Navy）　1856 年

美国外交和公文汇编,美国和中国第 1 辑　1842—1860　达维斯主编（J. Davids Editor, American Diplomatic and Public Papers; The United States and China; Series I, 1842—1860）　简称《美国公文汇编》第 1 辑 1973 年

厘金的起源　1853—1854　皮尔（Edwin Beal, The Origin of Likin, 1853—1854）

欧洲历史统计 1750—1970　密琪尔（B. R. Mitchell, European Historical Statistics）　1978 年

剑桥欧洲经济史　赫巴库克和波斯坦编（H. J. Habakkuk and M. Postan. ed., The Cambridge Economic History of Europe）　简称赫巴库克:《经济史》　剑桥　1966 年

香港史　埃德尔（E. J. Eitel, Europe in China, The History of Hongkong from Beginning to the Year 1882）　1895 年

香港史　安达柯特（G. B. Endacott, A History of Hongkong）　伦敦

1973 年

香港,其出生、幼年及壮年　　塞伊尔(G. R. Sayer, Hongkong, Birth, Adolescence and Coming of Age)　　1858 年

总税务司在北京:中国海关总税务司赫德书简,1868—1907　　费正清 (John King Fairbank, The I. G. in Peking:Letters of Robert Hart, Chinese Maritime Customs,1868—1907)　　简称《总税务司在北京》　　1975 年

## 十画

真正的中国问题　　何天爵(Chester Holcome, The Real Chinese Questions)　　1900 年

资本主义发展的研究　　道布(M. Dobb, Studies in the Development of Capitalism)　　伦敦　　1947 年

舰队司令巴加传　　费力谟尔　　(A. Philimore, The Lift of Admiral of the Fleet, Sir William Parker)　　伦敦　　1880 年

海外华侨　　宓亨利(H. F. McNair, The Chinese Abroad)　　上海　　1925 年

旅华日记　　李希霍芬(F. von Richthofen, Tagebiicher aus China)　　1907 年

旅华五年记　　福士(F. E. Forbes, Five Years in China,1842—1847)　　1848 年

浙江教会的故事　　孟利(E. Moule, The Story of the Cheh-Kiang Mission)　　1891 年

秘鲁华奴　　斯图瓦特(Watt Stewart, The Chinese Bondage in Peru)　　1951 年

## 十一画以上

维多利亚时代的在华英国人　　宓吉(A. Michie, The Englishmen in China during the Victorian Era)　　简称《英国人》　　伦敦　　1900 年

清代名人传略　　恒慕义(Arthur W. Hummel, Eminent Chinese of the Ch'ing

Period,1644—1912）　　华盛顿　　1944 年

菲律宾群岛　　布莱尔和罗伯森编（E. H. Blair and J. S. Robertson, The Philippine Islands,1493—1898）

琼记洋行,1858—1863　　洛克伍德（S. C. Lockwood, Augustine Heard and Company,1858—1863）　　1971 年

棉花贸易和工业兰开夏　　1600—1780　　华茨渥斯和蔓茵（A. P. Wordsworth and J. de L. Mann, The Cotton Trade and Industrial Lancshire, 1600—1780）　　曼彻斯特　　1931 年

葡萄牙海上帝国　　博瑟（C. R. Boxer, Portuguese Seaborne Empire）　　伦敦　　1969 年

葡萄牙和巴西引论　　李佛谟尔编（H. V. Livermore, Portuguese and Brazilian Introduction）

葡萄牙绅士在远东　　博瑟（C. R. Boxer, Fidalgos in the Far East,1550—1770）　　海牙　　1848 年

晚清西方在华企业,1842—1895 年间怡和洋行活动概述　　勒费沃（E. Le Fevour, Western Enterprise in Late Ching China, A Selective Survey of Jardine Matheson & Co's Operation 1842—1895）　　简称《晚清西方在华企业》　　哈佛　　1970 年

福州船政局　　日意格（P. Giquel, The Foochow Arsenal）　　1875 年

蓝烟囱　　海德等（F. E. Hyde and J. R. Harrio, The Blue Funnel）　　利物浦　　1957 年

赫德与中国海关　　莱特（S. F. Wright, Hart and Chinese Customs）　　简称《赫德》　　1950 年

罂粟的灾难和英国的犯罪　　丁林（J. F. B. Tinling, The Poppy Plague and English Crime）　　伦敦　　1876 年

# （日　文*）

支那经济全书　　日本东亚同文会编　　东京　　1907—1909 年

日本对华投资　　日本东亚研究所　　1940 年

生丝とその贸易　　早川直濑（生丝与其贸易）　　1928 年

台湾私法附录参考书　　临时台湾旧惯调查会

江南事情　　日本东亚同文会　　1910 年

买办制度之研究　　根岸佶　　1948 年

近代江南的租栈　　松村祐次　　1972 年 9 月

扬子江　　藤户计太　　1901 年

鸦片战争的研究,资料篇　　佐佐木正哉编　　1954 年

热河省之土地　　油印本　　日伪热河省长官房土地科编　　1938 年

清国事情　　日本外务省通商局　　1907 年

清朝时代に於ケル满洲の农业关系　　大上末广（清朝满洲农业关系）
　　1933 年

第一部调查第三回报告书　　临时台湾旧惯调查会编

满洲之富源——吉林省　　中东铁路管理局商业部编　　大河原厚仁译
　　1917 年

满洲旧惯调查报告　　南满洲铁道株式会社编　　1913—1915 年

社会经济史学　　1981—1982 年

近きに在りて（近邻）　　第 6 号　　1984 年

满铁调查月报　　第 15、18 卷

---

\* 包括书刊;对日文书刊名只差一个介词即与中文同者,原书名略。

# 三、外国人名中英文对照

## 二—三画

丁林　Tinling, J. F. B.

丁美霞　Otin Y Mesia, F.

丁韪良　Martin, W. A. P.

卜鲁斯　Bruce, W. A.

卜鲁纳　Brunat, P.

马丁　Martin, P.

马士　Morse, H. B.

马立师　Morris

马尔斯伯里　Malmesbury, J. H. H.

马安　Markhan, J.

马西　Marcy, W. L.

马休斯　Martius

马地臣　Matheson, J. W.

马沙利　Marshall, H.

马林尼　Marlini

马迪森　Matheson

马肯齐　Mackenzie

马科蕾　MaCaulay, C.

马格里　MaCartney, H. S.

马戛尔尼　MaCartney, G.

马理生　Morrison, G. S.

马辉　Murphy, Robert C.

马雅各　Maxwell

马斯特　Master, J.

马福臣　Macpherson, A.

马嘉理　Margary, A. R.

马额峨　MacGregor, F. C.

马儒翰　Morrison, J. R.

大卫森　Davidson, S. C.

卫三畏　Williams, S. W.

小布莱德雷　Bradley Jr.

小劳文罗斯　Browne, J. R.

小奈伊　Gideon Nye Jr.

小梅士　Augustus A, Hayes Jr.

士开　Skdy, J. V.

士委诺　Swinhoe, R.

飞余　Fish, M. W.

义律　Elliot, C.

# 四　画

孔气　Skachkov, K. A.

孔普敦　Concpton

丹尼　Denny, O. W.

丹科　Danforth, A. W.

巴加　Parker, W.

巴兰德　Brandt, M. A. S.

巴麦尊　Palmerston, H. J. T.

巴驾　Parker, P.

巴夏礼　Parkes, H. S.

巴留捷克　Balluseck, L. de,

巴富尔　Balfour, G.

巴德诺　Patenotre, J.

韦尔士　Wells, G. W.

贝立斯　Baylies, N.

贝色麻　Bessemer, H.

贝奈特　Bennet

贝勒　Perry, M. C.

贝德斯　Batts, J. A.

贝德禄　Baber, E. C.

瓦克　Walker, W. F.

瓦特　Watt, J.

瓦敦　Warden

比利　Beale, T. C.

戈登　Gordon, C. G.

文惠廉　Boone, W. J.

文翰　Bonham, S. G.

日意格　Giquel, P.

# 五　画

包义德　Boyd, G. M.

包义德　Boyd, T. D.

包尔　Baur, J.

包令　Bowring, J.

包德　Potter, M. L.

田贝　Denby, C.

史丹福　Stanford, B. R.

史亚实　Smith, A.

史盘斯　Spenee

史密实　Smith, A.

尼尔　Neale

尼科森　Nicbolson, F. C.

尼科逊　Nicolson, A. M.

布尔布隆　Bourboulon, A. de

布尔利　Burrell

布里基　Bridge, W. T.

布拉齐里亚　Brazillia

布拉特雷　Bradley, C. W.

布莱森　Bryson

弗朗西斯　Francis，E.

弗福布斯　Forbes，F.

卡尔登　Carlton

卡特赖特　Cartwright，E.

本廷克勋爵　Bentinck，W. C. C

艾伦堡罗　Ellenborough

记里布　Gribble，H.

甲克森　Jackson

甲克森　Jackson，W.

兰勃　Lamb，C.

汉纳根　Hanneken，C. V.

汉密尔顿　Hamilton，W. N.

汉德逊　Henderson，J.

司梅尔　Smale

加梅哈梅哈第三　Kamehamaha III

白得来　Butler，G. A.

白鲁斯　Brance，C. A.

立德　Little，A. J.

# 六　画

西门子兄弟　Siemens，C. W.　Siemens，F.

西华　Seward，G. F.

西华德　Seward，W. H.

列卫廉　Reed，W. B.

考比特　Corbett

托马士·金　King，T.

托马斯　Thomas，S. G.

亚历山大·马地臣　Matheson，A.

达文波特　Davenport，H.

达拉斯　Dallas，A. G.

华为士　Ward，W. W.

华尔　Ward，F. T.

华尔身　Walsham，J.

华地玛　Wetmore，W. S.

华若　Ward，J. E.

吉尔　Gill，W.

吉尔尼　Gearney，Dénnis

吉尔克里斯特　Gilchrist，S.

吉罗福　Glover，G. B.

吉拉德　Girard

合信　Hobson，B.

伊利　Eli Boggs

朴希佛尔　Perceval，A.

安邺　Garnier，F.

米拉　O'Meara，J.

米建威　Mitkiemicz，C. E. S. K. de

机昔　Keswick，J.

机昔　Keswick，W.

汤若望　Schall von Bell，J. A.

汤普森　Thompson

乔治·侯德　Heard，G.

乔治·斯密士　Smith,R. G.　　杨越翰　Young,J. R.

乔祺　Church　　　　　　　　约瑟夫·查甸　Jardine,J.

孙威尔　Samwer　　　　　　　约翰夫·何德　Heard,G.

毕特门　Pitman,J. C.　　　　　约翰逊　Johnson,F. B.

毕德格　Pethick　　　　　　　多德　Todd,W.

祁理蕴　Griswold,J. N. A.

# 七　画

冷士　Swire,J. S.　　　　　　李伯尔曼　Luberman,G.

花马太　Holmes,M. G.　　　　李克劳　Lee,C. A.

阿贝拉　Abella,F.　　　　　　李泰国　Lay,H. N.

阿礼国　Alcock,R.　　　　　　李太郭　Lay,G. T.

阿迈特罗斯　Amedroz,H. F.　　李梅　Lemaire,M.

阿伯丁　Aberdeen,　　　　　　李梅　Lemaire,V. G.

阿美士井　Armstrong,O.　　　连那士　Reynolds,E. A.

阿美士德　Amerhst　　　　　　麦华佗　Meehurst,W. H.

阿思本　Osborn,S.　　　　　　麦克卡台尔　McCartel

阿思德　Arendt,K.　　　　　　麦都思　Medhurst,W. H.

阿文罗斯　Browne,J. R.　　　麦登斯　Maertens,A. H.

何天爵　Holcombe,C.　　　　麦莲　McLane,R. M.

何伯　Hope,C.　　　　　　　严吉迪　Edicatt,H. B.

何伯　Hope,J.　　　　　　　杜那普　Dewsnap,J.

何恩比　Hornby,E.　　　　　宋克　Sonk,M.

何德　Heard,J.　　　　　　　伯麦　Bremer

希尔　Hill,J. S.　　　　　　伯洛内　Ballonet,M. de

希亚特　Hyatt,F. H.　　　　　伯驾　Parker,P.

苏石兰　Sutherland,J.　　　　沙利文　Sullivan,G. G.

李让礼　Legendre,C. W.　　　狄妥玛　Dick,T.

| | |
|---|---|
| 庞伯里 Pumpelly，R. | 克拉兰敦勋爵 Clarendon |
| 吴利国 Wolcott，H. G. | 克莱德 Cryder，W. |
| 吴秉文 Huber，A. | 克隆普顿 Crompton，S. |
| 玛体苏 Matheson，H. C. | 沙费尔 Xavier，G. D. A. |
| 玛高温 MacGo wan，D. J. | 怀特 White，J. |
| 玛魁斯 Marques，G. F. | 迪特马尔 Dittmar，W. |
| 张伯斯 Chambers | 辛格来 Sinclair，C. A. |
| 伽罗 Caro，H. | 利斯 Rice，E. W. |
| 克奈卜 Knapp | |

# 八　画

| | |
|---|---|
| 帕士脱 Pastor | 拉华雷 Robinet，W. M. |
| 帕尔逊 Parsons | 拉顿 Leighton |
| 帕托克坨 Patacto | 拉特福特 Lightfoot，J. |
| 帕金斯 Parkins，W. H. | 拉期 Leitch，J. |
| 孟斗班 Cousin-Montauban， | 非沙 Frazer，G. |
| 孟振生 Mouly，J. M. | 罗沙 Roza，T. de S. |
| 凯氏 Kay，J. | 罗伯逊 Robertson，D. B. |
| 凯尔库尔 Kelkue von Straolonitz，F. A. | 罗伯聉 Thom，R. |
| 凯莱 Williamkelly | 罗素 Russell，J. |
| 凯锡 Keswick，W. | 罗淑亚 Rochechouart，L. J. E. |
| 金达 Kinder，C. W. | 拔克浩斯 Backhouse |
| 金执尔 Cingell，W. R. | 奄美利 Emery，W. |
| 金能亨 Cunningham，E. | 若逊 Jackson，R. B. |
| 金登干 Campbell，J. D. | 欧格纳 O'Conor，N. R. |
| 金斯米尔 Kingsmill，T. W. | 宝海 Bourée，F. A. |
| 金戴维 King，D. O. | 波塔多 Botado |
| 明多 Minto | 范嘉士 Hankard |

# 九　画

费士莱　Fitz-Roy, G. H.

费尔德　Field

费金　Verguin, E.

费雪　Fischer, Otto

费朗　Fearon, R.

赵方济　Maresca, F. X.

柯立　Collyer, C. S.

柯伯德·侯德　Heard, C.

柯乐洪　Colquhoun, A. R.

柯拜　Cauper, J.

柯勒尔　Köller, F.

保尔　Paul, L.

保罗福布斯　Forbes, P.

柏尔德密　Berthemy, J. F. G.

柏卓安　Brown, J. M.

柏理　Perry, O. H.

契尼　Kearning, L.

威尔金森　Wilkinson, W. H.

威尔逊　Wilson, J. H.

威妥玛　Wade, T. F.

威廉斯　Williams, J. M.

威廉森　Williamson, G.

威廉华地码　Wetmore, W. S.

贺尔特　Holt, A.

贺布　Hope, J.

贺伯生　Hobron, H.

施兰登　Sladen, H. B.

施克士　Skeggs, C. T.

美礼登　Meritens, E.

美里登　Meritens, E. B. de.

美哲　Major, J.

科尔　Cole, W.

科而　Fall, T. J.

科里尔爵士　Collier, F. A.

济宁佐索托　Soto, L.

复庆　Fortune, R.

胡安　Juon

哈里斯　Harris, T.

哈格里夫　Hargreave, J.

哈特费尔特　Hadfield, R.

拜里斯　Baylis, N.

拜兹　Bates

查甸　Jardine, W.

茹费里　Ferry, J.

俄理范　Oliphant, L.

# 十　画

| | |
|---|---|
| 郭士立　Gutzlaff, C. | 特龙琛　Tronson |
| 郭恩　Gough, H. | 特劳特曼　Trautmann, J. |
| 哥士耆　Kleczkowski, M. A. C. | 铎罗　Tournon, C. T. M. de |
| 浩尔　Hale, F. H. | 高林士　Collins, C. E. |
| 浩格　Hogg. W. | 高第丕　Crawfork, T. P. |
| 莱尔　Laire, D. | 高登　Gordon, G. J. |
| 莱佛士　Raffies, S. | 海格思　Hykes, J. R. |
| 莱顿　Layton, J. H. | 海德逊　Henderson, J. |
| 莱恩　Laen, D. L. | 海格　Hague, P. |
| 莱特　Wright, S. F. | 海斯　Highs, T. |
| 恩卡那考　Encainacao | 贾流意　Carr, L. |
| 哲尔者　Church, J. A. | 顾盛　Cushing, C. |
| 格兰特　Grant, P. V. | 爱棠　Edan, B. |
| 格里斯　Griess, P. | 爱勒谟　Elmore, J. F. |
| 莫尔海　Muirhead, D. | 爱德华巴里　Parry, E. |
| 莫里逊　Morrison | 泰勒　Tyler, J. |
| 莫希特　Mushet, R. F. | 拿蒲那　Laprairk, D. |
| 莫郊里邦克　Marjaribank, C. | 班德瑞　Bourne, F. S. A. |
| 莫鄂　Moore, T. | |

# 十一—十二画

| | |
|---|---|
| 密切尔　Mitchell, W. H. | 琅威理　Lang, W. M. |
| 密契尔　Mitchell, A. | 琐离完　Sullivan, G. G. |
| 密迪乐　Meadows, T. T. | 康诺利　Connoly, J. |
| 敏体尼　Montigny, L. C. de | 寇堤斯　Curtis, D. |

梅乐和　Maze, F. W.

梅辉立　Mayers, S. F.

黄腾培克　Barker, W.

葛乃　Canny, J. M.

葛尔西耶　Garciay Garcia, Aurelio

葛罗　Gros

葛郎森　Göransson, G. F.

富文　Vrooman

揽文　Lamont, J.

舒斯文丁格　Schwendinger

斯不莱　Sprye, R.

斯坦莱　Stanley

斯图亚特　Steward, C. H.

斯密德　Smith, C. V.

斯密斯　Smith

斯梅尔　Smale

斯蒂文生　Stephenson, R. M.

雅令　Aplin

惠代尔　Whittal, J.

惠托尔　Whiltal

惠特奈　Whitney, E.

奥格登　Ogden, W. S.

奥斯丁　Austin, S.

彭培礼　Pumpelly, R.

温彻斯特　Winchester, C. A.

# 十三画以上

福士　Forbes, R. B.

福士　Forbes, P. S.

福克斯　Fox

福格森　Fergnoson, D.

福格森　Furgessen, T. T.

雷米　Rami

蒲安臣　Burlingame, A.

窦纳乐　MacDonald, C. M.

塞姆　Syme

翟萨　Tyzach, D.

赫尔姆　Hulme

赫德　Hart, R.

赫德森　Hudson, J. S.

裴理　Perry, M. C.

慕维廉　Muirhead, W.

嘉谟伦　Cameron, E.

雒魏林　Lockhart, W.

额尔金　Elgin

德克碑　D'Aiguebelle, P.

德庇时　Davis, J. F.

德威仕　Davis, J. W.

德威呢　Thevenet, M.

德都德　Davies, H. T.

德滴　Tait, J.

德璀琳　Detring, G.

樊国梁　Favier, P. M. A.

墨菲　Murphy, R.

霍夫曼　Hoffmann, A. W. V.

霍西　Hoise

霍金斯　Hawkins, E.

颠地　Dent, L.

璞鼎查　Pottinger, H.

魏尔顿　Weldon, W.

魏亚特　Wyatt, J.

魏伯　Weble, D.

魏特尔　Weddel

魏理　Wyllie, R. C.

戴克　Darke, G. T.

戴维德　David, D. M.

戴德生　Taylor, J. H.

懿律　Elliot, G. A.

# 后　记

　　在这里,需要简单回顾一下和本书写作有关的某些往事。

　　1961 年中宣部和高教部联合召开高等院校文科教材会议,会上决定为高等院校政治经济学专业编写一本 30 万字左右的中国近代经济通史(1840—1949)教材。同年秋,中宣部抽调经济研究所中国近代经济史组和中国人民大学经济系经济史教研室的同志组成编写组,以我为组长,孙健同志为副组长,集中到高级党校招待所专门从事这本书的编写工作。总计先后参加过这项工作的同志还有中央工商行政管理局、北京大学、武汉大学、中山大学、中南财经学院等单位的王方中、马健行、全慰天、孙健、刘文娟、汪敬虞、李文治、李德彬、吴承明、张国辉、宓汝成、屈真、陈振中、郑友揆、赵德馨、姚贤镐、徐再文、聂宝璋、梁思达、章有义、彭泽益、彭雨新、谭彼岸、魏金玉、魏重庆等(以姓氏笔画为序)。这许多同志,各自着力研究的范围不同,因而意见分歧,编写全书的提纲始终未能统一成定稿。于是各人便从专题研究入手分工合作。他们之中,有的写出了很有水平的论文,有的提供了颇有价值的长编或资料,有的参加讨论,提出了很有启发性的意见,还有的则做了许多行政组织工作。总之,所有参加工作的同志都努力作出了自己的贡献。但由于不同的原因,不少同志陆续离开编写组返回自己的原单位。到了 1964 年经济所的全体同志更奉调返回研究所搞政治运动,编写组终于不复存在了。再到 1965 年,经济所的全体同志都被派往房山县搞农村四清运动,至 1966 年"文化大革命"便开始了。

　　文化浩劫过后,万象更新。1979 年经济研究所再次提出编写中国近代经济史的任务。这时确定的目标已由最初的通史教材改变为 1840—1894 年断代史的专门著作,全书分量也从 30 万字左右膨胀到 140 万字。现在印行的这本书,虽不乏借鉴从前编写组各同志阶段性成果之处,但从总体看来,无论从写作的目的、规模、构架或所提出的问题等哪一方面看,已不成为 20 多年前那本教材的继续完工,完全是另起炉灶的另一份工作了。但由于前后两项工作都是由我主持的,所以我借这个机会向曾经不同程度参加过 60 年代编写组工作的同志表示真挚的谢意。至于本书若有舛谬处,当然和并未执笔写这本书的同志无关。

严中平

1989 年 1 月 10 日

# 再版后记

本书初版于 1989 年。由于本书分量较大,参加编写人员较多,编写时间拖延较久,加上本书最后定稿之时,主编严中平先生已进入耄耋之年,精力有所不济,因此书中存在不少讹误,出版 11 年以来已陆续有所发现。此次再版,除原参加编写人员分头进行校订以外,又承人民出版社魏海源编审从头至尾仔细复校一遍,特别是对全书分量繁重的统计表格,都逐一进行复核,校正不少错误。对此,本书全体编写人员表示衷心的感谢。由于本书主编严中平先生以及参加编写的章有义、彭家礼两先生在本书初版以后,先后去世,本书的原版未能在严先生亲自主持之下进行,而章、彭两先生参加编写的部分,也未能由他们亲自审阅,进行复校。因此本书的再版,仍然难免遗留未及发现的错误。值此再版之际,恳请专家和广大读者不吝随时赐教,以便将来有机会三版时,加以补正,不胜感幸。

汪敬虞

2000 年 7 月

责任编辑:魏海源　郑海燕
封面设计:肖　辉
版式设计:陈　岩
责任校对:智福和　张杰利

**图书在版编目(CIP)数据**

中国近代经济史(1840—1894):全2册/严中平主编.
　—北京:人民出版社,2012.4
(人民文库)
ISBN 978-7-01-010756-1

Ⅰ.①中…　Ⅱ.①严…　Ⅲ.①中国经济史-1840—1894
　Ⅳ.①F129.5

中国版本图书馆 CIP 数据核字(2012)第 045527 号

中国近代经济史(1840—1894)
ZHONGGUO JINDAI JINGJISHI (1840—1894)

严中平　主编

人民出版社 出版发行
(100706　北京朝阳门内大街 166 号)

北京瑞古冠中印刷厂印刷　新华书店经销

2012 年 4 月第 1 版　2012 年 4 月北京第 1 次印刷
开本:710 毫米×1000 毫米 1/16　印张:116.75
字数:1470 千字

ISBN 978-7-01-010756-1　定价:187.00 元

邮购地址 100706　北京朝阳门内大街 166 号
人民东方图书销售中心　电话 (010)65250042　65289539

# 中国近代经济史

## 1840-1894

### 【上册】

严中平 主编

人民出版社

# 《人民文库》出版前言

人民出版社是党的第一家出版机构，始创于 1921 年 9 月，重建于 1950 年 12 月，伴随着党的历史、新中国的发展、改革开放的巨变一路走来，成为新中国出版业的见证和缩影！

"指示新潮底趋向，测定潮势底迟速"，这十四个大字就赫然写在人民出版社创设通告上，成为办社宗旨。在不同的历史时期，出版宗旨的表述也许有所不同，但宗旨的精髓却始终未变！无论是在传播马列、宣传真理方面，还是在繁荣学术、探索未来方面，人民版图书都秉承这一宗旨。几十年来，特别是新中国成立以来，人民出版社出版了大批为世人所公认的精品力作。有的图书眼光犀利，独具卓识；有的图书取材宏富，考索赅博；有的图书大题小做，简明精悍。它们引领着当时的思想、理论、学术潮流，一版再版，不仅在当时享誉图书界，即使在今天，仍然具有重要影响。

为挖掘人民出版社蕴藏的丰富出版资源，在广泛征求相关专家学者和老一辈出版家意见的基础上，我社决定从历年出版的 2 万多种作品中（包括我社副牌东方出版社和曾作为我社副牌的三联书店出版的图书），精选出一批在当时产生过历史作用，在当下仍具思想性、原创性、学术性以及珍贵史料价值的优秀作品，汇聚成《人民文库》，以满足广大读者的阅读收藏需求，积累传承优秀文化。

《人民文库》第一批以 20 世纪 80 年代末以前出版的图书为主，

分为以下类别：（1）马克思主义理论，（2）中共党史及党史资料，（3）人文科学（包括撰著、译著），（4）人物，（5）文化。首批出版100余种，准备用两年时间出齐。此后，我们还将根据读者需求，精选出20世纪90年代以来的优秀作品陆续出版。

由于文库入选作品出版于不同年代，一方面为满足当代读者特别是年轻读者的阅读需要，在保证质量的前提下，我们将原来的繁体字、竖排本改为简体字、横排本；另一方面，为尽可能保留原书风貌，对于有些入选文库作品的版式、编排，姑仍其旧。这样做，也许有"偷懒"之嫌，但却是我们让读者在不影响阅读的情况下，体味优秀作品恒久价值的一片用心。

在社会主义文化大发展大繁荣的今天，作为公益性出版单位，我们深知人民出版社在坚持社会主义文化前进方向，为人民多出书、出好书所担当的社会责任。我们将从新的历史起点出发，再创人民出版社的辉煌。

《人民文库》编委会

# 目　录

# 编辑说明

　　《中国近代经济史（1840—1894）》叙述第一次鸦片战争到甲午战争时期中国半殖民地半封建经济的历史。

　　本书是中国社会科学院经济研究所中国近代经济史组的集体研究成果。这个组于 1954 年开始组织人力收集、整理和编辑中国近代经济史行业史资料，接着从事专题研究。在这个基础上，于 1981 年开始写书。

　　本书原想写成体系完整、内容全面、结构严密的通史型专门著作，但因受编写人员和专题研究范围所限，作为通史所应该处理的问题，如生产力问题、人口问题、商业问题、少数民族地区的问题，等等，有的未能着力研究，有的完全没有涉及；全书结构比较松散，各章节篇幅也不一致。所以，形式上虽采取通史体例，实际上更接近于专题论文汇编。在观点方面，由各章节执笔人各抒己见。

　　各章执笔人，分列如下：

　　第一章　严中平、汪敬虞、彭家礼

　　第二章　宓汝成

　　第三章　李文治、章有义、张国辉、刘克祥

　　第四章　汪敬虞、严中平、魏金玉、周广远

　　第五章　张国辉、汪敬虞

　　简萍、尚列、萧平同志承担全书的资料辅助工作。简萍同志校对了全书脚注，编排了引用书刊目录；尚列同志编排了外国人名中英文对照表。

　　此外，彭泽益、姚贤镐、聂宝璋等同志，虽未参加执笔，但他们的研究成果已被吸入书中，为本书增色不少。在 1962—1964 年间，中国人民大学、武汉大学、湖北财经学院和中山大学的几位同志，曾和我们合作过一个时期，共同编写高等学校中国近代经济史教材。他们的研究成果，也对本书有所帮助。彭泽益同志仔细阅读本书的全部初稿，提出了宝贵意见。对所有这些同志，我们在此致以衷心的谢忱。

严中平

1987 年 5 月 7 日

# 前　言

　　中国经济发展历程是从第一次鸦片战争以后开始发生巨大变化的,第二次鸦片战争以后,变化加速发展。关于这两次战争的发生及其性质,如今还存在一些不够确切的认识,需要澄清。

　　如今人们说到第一次鸦片战争以前的中外关系,几乎众口一词地指责当时中国政府对外实行"闭关自守"政策。"闭关自守"这个提法,不知创自何人,起于何时,亦不详其具体内容。我们怀疑这是英国的鸦片贩子叫喊出来的,随着清政府禁烟政策的日趋严峻,他们就叫嚷得更加起劲。

## 一、海盗掳掠和所谓"闭关自守"

　　马克思在《中国革命和欧洲革命》那篇文章里说:"与外界完全隔绝曾是保存中国的首要条件";通过第一次鸦片战争,英国用大炮打破了天朝帝国万世长存的迷信,"野蛮的、闭关自守的、与文明世界隔绝的状态被打破了"。接着又说,"仇视外国人,把他们逐出国境,这在过去仅仅是出于中国地理上、人种上的原因,只是在满洲鞑靼人征服了全国以后才形成一种政治制度。欧洲各国从17世纪末为了与中国通商而互相竞争,它们之间的剧烈纠纷曾经有力地推动了满洲人实行这样的排外政策,这是毫无疑义的。可是,推动这个新的王朝实行这种政策的更主要的原因,是它害怕外国人会支持很多的中国人在中国被鞑靼人征服以后大约最初半个世纪里所怀抱的不满情绪。由于这种原因,外国人才被禁止同中国人有任何来往,要来往只有通过离北京和产茶区很远的一个城市广州。外国人要做生意,也只限和行商进行交易;政府特许这些行商专门从事对外贸易,用这种方法阻止其余的臣民同它所仇视的外国人发生任何接触"。①

马克思所说清政府只许外国人到广州一个城市来,并只许他们和行商进行交易,是人们所说"闭关自守"政策的主要内容。马克思所说推动清王朝实行这种政策的"更主要的原因"是清王朝在征服中国的最初半个世纪里害怕外国人支持对新王朝怀抱不满情绪的"很多中国人",也符合历史实际。不过,马克思所说中国"出于地理上、人种上的原因","仇视外国人,把他们逐出国境",中国的地理和人种自古以来就是如此,这就意味着自古以来,中国一贯仇视外国人。这一点与历史实际是不完全符合的。

这里不是讨论古代中西交通史的地方,只说两点。② 首先,从地理上说,中国是一个比全欧洲还要辽阔的地方,历史悠久,资源丰富,人民勤劳,生产发达,国民经济体系具有高度的自给自足性。有人企图用自给自足的小农经济结构去解释"闭关自守"的原因。可是自汉以后,中国就和外国保持长期的交往。在陆上,自汉以后,地球上最高的高原——帕米尔高原的雪山深谷并未挡住丝绸之路对西方的贸易联系;在海上,自唐以后,西南太平洋和东印度洋最险恶的台风飓风也未阻断中国对东南亚、南亚和东非的贸易联系。要说出于地理上的原因,使中国政府实行"与文明世界隔

---

① 马克思:《中国革命和欧洲革命》,《马克思恩格斯选集》第 2 卷,第 2,6—7 页。

② 参见严中平:《科学研究方法十讲》,第十讲《关于马克思的失误》。

绝的"、"闭关自守"政策,是不符合历史实际的。

其次,从人种上说,西方世界民族众多,在政教合一的中世纪社会,许多民族都信仰基督教,而基督教又是一种排他性很强的宗教。各国之间常因教派不同而相互仇视。即使自然科学家也会因为持有不同于圣经的观点而被视为异端,绑上火刑架。而中国则是一个以汉民族为主体的国家。汉民族是一个信奉多神教的民族,容忍任何宗教信仰的存在,因而欢迎任何异教人、异族人和异国人来华贸易和定居。一位研究中英关系史的美国人普立查特公正地指出:"在16世纪西方商人入侵以前,中国人对异邦人的态度是极其开明的,甚至是好客的。外国人受到热情的接待。他们的商业活动受到鼓励;他们的宗教仪式和宣传,不管多么奇怪,都没有受到歧视。事实上,外国人被放在和中国人同等的地位上,官职对他们开放。他们受到帝国政府的充分保护。……世界上任何其他国家对待外国人的态度都不像中国这样宽宏大量。"①这种"宽宏大量"的对外态度吸引许多异教人、异族人、异国人来华贸易和定居。唐乾符五年(878年),黄巢起义军攻入广州,在混乱中遇难的外国人达12万人,其中包括波斯人、阿拉伯人、印度人和南洋各岛人,其宗教信仰有回教、祆教、犹太教和基督教。这就证明在中世纪的中国,谈不上什么出于人种上的原因,"仇视外国人,把他们逐出国境",实行"闭关自守"的政策。

中国政府的对外政策,自明代初叶开始发生变化。公元1367年,朱元璋始建明王朝的统治。当时倭寇对中国北部沿海的骚扰已很严重。朱元璋在处理对外贸易问题时,命令只许外商通过几个指定港口入境,防止倭寇伪装商人入境,创立了新的朝贡贸易制

---

① 普立查特:《十七、十八世纪的中英关系》(E. H. Pritchard, English-Chinese Relations during the Seventeenth and Eighteenth Centuries),第96页。

度。设"市舶提举司"、"通夷情,抑奸商,俾禁有所施,因以消其衅隙也"。① 这就把外国来华的朝贡使团和贸易商人都放在市舶提举司的管辖之下,"贡舶与市舶,一事也。凡外夷贡者,有贡舶即有互市,……非入贡,即不许其互市矣"②。这是几千年来中外贸易史上的第一次大变化,其目的在于防止外国歹徒到中国来和中国人非法接触,以绝海寇,不是什么由于仇视外国人而闭关自守。

但是倭寇为患,愈演愈烈,其故在于沿海奸民的引狼入室。于是朱元璋在洪武二十七年(1394 年),又一次采取坚决措施。这一年,朱元璋下令说,"海外诸蕃多诈,绝其往来,惟琉球、真腊、暹逻许入贡。而缘海之民,往往私下诸蕃,贸易蕃货,因诱蛮夷为盗,命礼部严禁绝之,违者必置之重法"③。所谓"违者必置之重法"的具体办法是,"凡沿海去处下海船只,除有号票文引,许令出洋外,若奸豪势要及军民人等擅造二桅以上违式大船,前往蕃国,潜通海贼,同谋结聚,及为向导,劫掠良民者,正犯比照谋叛巳行律处斩,仍枭首示众,全家发边卫充军"。④ 这是几千年来中外贸易史上的第二次大变化,其目的在于防止中国歹徒到外国去和外国歹徒进行非法接触,勾引海盗,也不是什么仇视外国人,实行"闭关自守"政策。

朱元璋以后,历朝明政府对于防止中国人到外国去和外国人进行非法接触的禁令执行越来越严厉,史有"片板不许下海"之说,可能是任何船只都不许出海了。但吏治腐败,沿海奸民之勾引倭寇甚至下海为盗者反日益猖獗。大约从 16 世纪的 20 年代初叶

---

① 《明史》第 81 卷,食货志。
② 王圻:《续文献通考》第 26 卷,市舶互市。
③ 王圻:《续文献通考》第 26 卷,市籴二。
④ 《万历会典》第 167 卷,刑部律例,关津。

起，葡萄牙人也肆虐闽浙沿海，伙同倭寇组成几大批国际海盗群。

中国沿海的海盗为患，闹了200年，到16世纪的四五十年代，才从清除内奸入手，逐步平息。到了隆庆元年（1567年），明政府终于开海禁，许民于福建的月港（海澄县）前往东西两洋贸易。这就从另一方面证明，中国政府并不存在什么仇视外国人，实行"闭关自守"的政策。

自从所谓"地理大发现"以后的那三百多年里，西方老殖民主义泛滥全世界。马克思说："只要商业资本是对不发达的共同体的产品交换起中介作用，商业利润就不仅表现为侵占和欺诈，而且大部分是从侵占和欺诈中产生的。""占主要统治地位的商业资本，到处都代表着一种掠夺制度，它在古代和新时代的商业民族中的发展，是和暴力掠夺、海盗行径、绑架奴隶、征服殖民地直接结合在一起的。"①

马克思所说的"新时代"指的就是16世纪以后那三百多年的西方老殖民主义扩张时代。在那三百多年里，西方老殖民主义以所谓贸易的名义，到处都进行海上掠夺，征服殖民地。他们闯到中国，也同样行动。

最先闯进中国的老殖民主义者是葡萄牙人，他们于1514年初次到达珠江口外的伶仃岛时，就在岛上竖起一根刻有葡萄牙王标志的石柱，表示那个小岛已是葡萄牙王的领地。紧接着，就在广东海面洗劫商船，掠人为奴。1553年他们又通过贿赂，窃据澳门，把那个半岛变成窝藏海盗、掠人为奴、蓄养娼妓、酗酒行凶和走私贩毒的黑窝，为害达四百多年。接踵而来的是荷兰人。他们于17世纪20年代也在中国沿海同样行动。后来荷兰头目宋克（Martiuus

① 马克思：《资本论》第3卷，《马克思恩格斯全集》第25卷，第369—370页。

Sonk）自己曾经说过，"我们过去在中国沿海的行为使全中国对我们如此深恶痛绝，以致把我们看成是杀人犯、山贼和海盗。我们对中国人的行为，委实非常残忍凶恶"。[①] 再以后，接踵而来的是西班牙人和英国人。西班牙人在菲律宾于 1603、1639、1662、1762 各年对华商华侨进行过 4 次种族绝灭性的大屠杀，最多的一次达 3 万多人。英国人是在 1637 年首次来华贸易的。那次以魏特尔船长（Capt Weddel）为首的英国所谓商人闯进珠江，掳走虎门炮台 44 尊大炮中的 35 尊，然后直闯广州，一路上炮轰村镇，抢劫财物，回国就向英国政府提出建议：占领海南岛。[②] 这几个西方老殖民主义国家"为了与中国相互通商而相互竞争"，不仅彼此相互砍杀，而且洗劫中国商船。

1644 年清王朝入主中原后，东南沿海忠于明王朝的势力以台湾为根据地和新王朝进行了长期的武装斗争。清政府"害怕外国人支持对新王朝怀抱不满情绪的很多中国人"，在 1655—1672 年的 17 年中，5 次颁布私人出海的禁令，在 1660、1662 和 1678 各年 3 次命令内迁沿海居民，形成几千年来中外贸易史上的第三次大变化。这些禁令的目的在于断绝沿海居民和台湾郑氏的联系，巩固新生政权，并不禁止外商来华贸易，更不是什么仇视外国人，实行"闭关自守"政策。所以在 1683 年台湾郑氏败灭的次年，清政府就明令开广州、厦门、宁波和上海四口对外通商，许人民出海贸

---

① 博瑟：《郑芝龙的兴衰》（C. R. Boxer, The Rise and Fall of Nicolas Iquau［Cheng Chi-lung］），《天下月刊》（Tien Hsia Monthly），1941 年 4—5 月号，第 18—19 页。

② 马士：《东印度公司对华贸易编年史，1635—1834》（H. B. Morse, The Chronicles of the East India Company Trading to China, 1635—1834）（以下简称《编年史》）第 1 卷，第 23、192 页。

易。此外在 1717—1727 年 10 年间曾禁民去南洋，不禁去日本，更不禁外商来华，只是部分海禁。

　　四口通商执行了 92 年，到了 1756 年，英商通译员洪任辉(James Flint)乘武装商船闯进宁波、定海和天津港口，提出种种无理要求。乾隆皇帝下令说，"向来洋船进口，俱由广东之澳门等处，其至浙江之宁波者甚少。……近年乃有专为贸易而来至者，将来熟悉此路，进口船只，不免日增，是又成一市集之所。在国家绥远通商，宁波原与澳门无异，但于此后多一市场，积久留居内地者益众，海滨要地，殊非防微杜渐之道"。① 次年，乾隆又令，"虎门黄埔，在在设有官兵，较之宁波可以扬帆直至者，形势亦异"。"将来只许在广州收舶交易"。"而浙省海防亦得肃清。"②从此清政府便只许欧美各国商人到广州一个口岸通商，但并不禁止欧美各国东方殖民地商人到其他三口贸易，亦不禁华民出海。这是几千年来中外贸易史上的第四次大变化。乾隆说得很清楚，他的决定为的是防微杜渐，肃清海防，谈不上什么仇视外国人，实行"闭关自守"政策。

　　总而言之，就闭关而论，明清两代处理对外贸易的四次决策，有三次是针对东西方的海盗冒险家而发的自卫措施，一次为的巩固新生政权。这是任何主权国家都有权采取的政策，任何人都无权横加指责。我们深感遗憾的是，这一切都是一种消极的海防政策。是不是和西方相比，中国的造船制炮技术都落后得太远，无力和西方在海上抗衡，不得不退缩到海疆以内来实行消极的海防政策呢？

　　一位研究远东贸易史的英国学者说，"中国的船只特别适宜在西太平洋和北印度洋的季风带里航行。中国帆船有大致千吨以上者，其适航结构的科学性，直到 19 世纪的中叶还走在欧洲的前

---

　　① 《高宗圣训》第 281 卷，饬边疆，第 4—5 页。
　　② 《东华续录》，乾隆，第 46 卷。

头,无论载人运货,再没有什么船只比中国船只更适于在远洋风暴里航行的了"。① 于此,人们不禁记起郑和下西洋的舰队就是 15 世纪世界上最大的远洋舰队。另一个研究西方殖民主义史的英国学者说,"中国之所以能顶住葡萄牙人与荷兰人的侵略,保持领土完整,除去漫长的海岸线和巨大的人力资源而外,毫无疑问,要归功于它所拥有构造坚固的船只,足以守卫沿海"②。

在火炮制造方面,早在 16 世纪第一个 10 年,中国的工匠就已学会葡萄牙人的铸造技术,制成所谓"佛郎机铳"。1598 年,菲律宾的西班牙总督报告说,马尼拉的华侨铸炮工场发明一种铸炮新工艺,制炮很容易,他一次就订购 50 尊。③ 在 17 世纪的 20 年代,一个葡萄牙人在澳门所开的铸炮工场就是由两个中国工匠造炮的。1637 年左右,澳门铸炮工场所造的大炮,在以后长达四分之一个世纪里,享有远东第一的声誉。④

上面所引西方学者的观察证明,至少从 16 世纪初叶以后的很长时间里,中国的造船制炮技术并不比西方落后多少,实际上,明清两代的中外海上战斗中,中国武装也多次取得胜利,那么正当西方各国大力支持海外扩张的那几百年里,明清政府为什么不加强海上力量,而是采取龟缩于海疆以内的消极海防政策呢?这是一个至今还没有认真研究过的重大问题。

---

① 帕金生:《东方水域的贸易,1793—1873》(C. W. Parkinsan, Trade in the Eastern Seas, 1793—1873),第 321—323 页。

② 李弗谟尔编:《葡萄牙和巴西引论》(H. V. Livermore, Portuguese and Brazilian Introduction),第 195 页。

③ 布莱尔和罗伯森编:《菲律宾群岛,1493—1898》(E. H. Blair and J. S. Robertson, The Philippine Islands, 1493—1898)第 3 卷,第 206 页。

④ 博瑟:《葡萄牙绅士在远东,1550—1770》(C. R. Boxer, Fidalgos in the Far East, 1550—1770),第 100 页。

　　明清消极海防政策,对中国的对外经济关系,产生了严重的后果。中国东南沿海诸省商品经济比较发达,而地狭民贫,具有出海谋生和经营对外贸易的长期传统,绝对禁止中外交往是逆历史潮流而动的压制人民强烈要求的措施。明代奸民勾引倭寇来犯,就是对逆历史而动的反动。这个问题,明清地方官员是有所认识的。但是,东南沿海居民的经济利益和沿海国防大局比较起来,毕竟轻重悬殊,应放在次要地位。如果把消极海防政策曲解为"闭关自守"政策,那么,我们认为不必从自给自足的小农经济着眼,而应该从中国封建经济整个体系的自给自足性去寻找其物质基础。

　　明清政府的消极海防政策对中国人民的海外活动,产生了很大的阻碍作用。在明代,郑和七下西洋,为中国和东南亚、南亚和东非的几十个国家建立了友好关系,是大利于中国商人同这些国家的经济交往的。但是1511年,葡萄牙人占领马六甲以后,马六甲以西的印度洋面,便成为葡萄牙海盗冒险家恣意肆虐的内海,没有政府的远洋海军做保护的中国商人便不复西航印度洋了。1567年,明政府开月港,许华民前往东西洋贸易以后,福建沿海商民便开始到菲律宾进行贸易和定居。但是1603年菲律宾的西班牙人对中国在菲律宾的华商华侨进行一次有计划、有步骤、精心部署的种族绝灭性大屠杀,连逃避到深山密林里的老人、妇女和儿童也未能幸免,遇难者达3万多人。对此,明政府官方认为华商为"甘心就夷之民,无足怜惜";华侨在菲岛久留不归,于中国,于他们的父母亲属,"皆为无足轻重之人";"中国四民,商贾最贱,岂以贱民兴动兵革"? 若"提师渡海远征,胜负难料,国体攸关,何敢轻率启衅"①。

---

　　① 严中平:《老殖民主义史话选》,第381—382页。

朱元璋以来一百多年明政府忽视远洋海军建立的消极海防政策,至此终于形成了不敢渡海远征,视华商华侨为化外的软弱对外态度。这种态度直接鼓励了菲岛西班牙人肆无忌惮地残害华商华侨的气焰,在 1639 年又一次对华商华侨进行了种族绝灭性大屠杀。

1644 年,清王朝建立统治,为了巩固新生政权,严禁人民下海,1727 年后,直到鸦片战争时的一百多年间,未闻再有禁民下海的命令。在这一百多年里,西方各国来华和中国商民前往南洋的贸易活动进入大发展时期。其间沿海各省华商出海口岸就增加到一百多处,他们所到之处遍及西太平洋各国,他们所经营的进出口贸易品种、数量和价值都有相当大的增加。然而在这个时期里,清政府仍然继续执行消极海防政策,无意于发展远洋海军。华商出海,不曾受到清政府的任何支持,华侨对南洋各岛的开发,不曾受到清政府的任何保护。这种情况和西方各国,特别是西班牙、荷兰和英国在南洋的殖民地征服形成极其明显的对照。华商华侨纯粹是运用勤劳的双手,从事和平劳动的。他们是在殖民主义的恣意虐待下,在南洋立足的。他们的贸易活动,出口多于进口,换回了大量的白银。有一个材料说,在 1565—1820 年这 250 多年间,中国的丝绸流向马尼拉,西班牙银元流向中国,中国累积取得入超白银达 4 亿元。[①] 中国对南洋其他各岛的贸易,无疑也有大量白银入超。这种贸易关系对中国经济的发展究竟发生了什么作用,也是至今尚未经人认真研究过的一大问题。

① 普什尔:《东南亚的华侨》( V. Purcell, The Chinese in South East Asia),第 614 页。

## 二、所谓贸易自由和两次鸦片战争

1684 年,清政府开四口通商后,废弃了明代"非入贡,即不许其互市"的制度,许外商自由到指定港口进行贸易。① 后来,为了约束外商的不法行为,制定各种管理外商条例。

就在限令广州一口通商以后的第二年(1759 年),两广总督李侍尧奏定《防范外夷规条》,其中说,"近来有等嗜利之徒,将所有房屋……招诱夷商投寓……任听汉奸出入夷馆,勾引教诱,或纵蕃厮人等,出外闲游,酗酒行凶,嫖宿疍妇,殊乖体制";又说,"夷梢"、"种类各别,性多强暴,约束甚疏,每致生事行凶,而附近奸民疍户,更或引诱酗酒奸淫,私卖货物,走漏税饷,在在均须防范严密"②。李侍尧以后,广东地方当局又多次颁布管理外商条例,都是为的约束外商的不法行为,不是什么仇视外国人,不是"实行闭关"自守政策。在此前后,西方各国无不对入境贸易的外国船只商人及其入境港口贸易活动施加这样那样的限制,其限制之严,甚至较中国尤有过之。如果把中国对外商的限制说成是中国的"闭关自守"政策,那么西方有的国家岂不比中国更加"闭关自守"?

英商的"凶横滋事",就连 1794 年来华的英国特使马戛尔尼(Macartney)也不得不承认。他大言不惭,自称兼任法兰西国王特使,以庆贺乾隆寿辰为名,跑到中国来提出许多狂妄要求,其中包括把广州附近的一块地方和舟山群岛中的一个岛割让给英国。此人曾经说过,西方商人的"走私狂热是如此强烈,老于走私的惯用

---

① 费正清:《中国在世界中的地位》(J. K. Fairbank, Chinese World Order),第 245 页。

② 《史料旬刊》第 9 期,第 308—309 页。

手法又是如此其难于防范,以致尽管(英国商船)印度斯坦号的全部货物都已免税,而二副汉密尔顿(W. M. Hamilton)还是情不自禁地要走私。他在外衣下面藏着一包手表。他的这项走私被帝国官员所查获,加以没收,但经过交涉,又发还了,然而我们还是埋怨我们自己所经常蒙混欺骗的人对我们不公平"①。

英商"埋怨我们自己所经常蒙混欺骗的人对我们不公平",涉及到管理条例的许多规定。其中被今人耻笑的一条是禁止外商把外国妇女带到广州去。当时中国社会的风俗是男女授受不亲,而外国妇女越是在正式场合如宴会、舞会等,越是穿得袒胸露背,她们在大路上,也和男人大表其亲昵之态,这一切当然被中国当局认为有伤风化,应予禁止。这种禁止是完全可以理解的。

其实英商所"埋怨"的规章,许多都是具文,并未真正妨碍外商的行动自由。其中行商制度是他们诋毁中国"闭关自守"的又一重要问题。所谓行商是经由广州地方当局特许的半官方商人,即通常所说的"十三行"。行商经手进出口贸易,负责为外商报关纳税,代理商船和商人在华贸易和生活的事务以及对政府的交涉事项,负有约束外商行动的责任。因而被英商攻击为行商垄断对外贸易。但这种所谓垄断是把外贸交由几家行商经营,并非指定某一家行商专利。而自 1600 年以后,英国的对华的主要商品贸易就是由英国东印度公司独家专利的,直到 1834 年才废除该公司的专利。相比之下,英商的独占权远比行商的经管权更加严格。事实上,相互竞争的多家行商,恰恰为一家专利的东印度公司提供了利用操纵的绝好机会和进行交易的绝好条件。对英商来说,广州是世界上最好的一个贸易港口。1830 年,英国下院组织过一个

---

① 博瑟:《葡萄牙海上帝国,1415—1825》(C. R. Boxer, Portuguese Seaborne Empire, 1415—1825),第 339 页。

"考察东印度公司的当前情况及大不列颠、印度和中国之间贸易情况小组委员会"查阅大批文献，传集大批和对华贸易有关的英国、美国和印度商人，进行了广泛细致的调查研究，其所出第一次报告书就达 5 大卷之多。

这个小组委员会听惯了英商诋毁广州贸易的许多流言飞语，一再追问在广州进行合法贸易的商人在广州做生意方便不方便，而他们所得的答复是比英国"更加方便得多"。据此，小组委员会作出结论说，绝大多数在广州住过的作证人都一致声称广州的生意几乎比世界一切其他地方都更为方便好做。据说，这种方便，绝大部分都是因每一只商船的生意通统都归（行商中的）一个人，即行商所经理的缘故。①

然而，诋毁中国对外贸易制度的叫嚣，还是越喊越凶。其中鸦片贩子走私鸦片最不"方便"，所以语言也最为恶毒，以至赤裸裸地鼓吹发动侵略战争。

就在英国下院小组委员会得出上述结论的 1830 年，大鸦片贩子马地臣（James Matheson）起草一份请愿书，纠集广州的 47 个东印度公司以外的英商联名提交英国下议院。这份请愿书说，英国在广州的生意是在"不顾中国各种限制"的情况下，发展起来的。如今生意已经发展到如此庞大的规模，需要英国政府为他建立"永久而光荣的基础"了。请愿书说，过去英国两次派遣使臣的失败，已足够证明，"对中国，任何高明的外交都一无所得。"所以英国政府应该"采取一种对国家来说是值得去做的决策，即取得接

---

① 英国蓝皮书：《下院调查东印度公司事务小组委员会第一次报告书，1830》（B. P. P, First Report of the Select Committee of the House of Commons Enquire into the Affairs of the East India Company, 1830）第 5 卷，第 133、6、10 页。

近中国海岸的一个岛屿，从而把地球上的这个辽远角落上的不列颠商务，置于今后（中国政府）的横暴压迫范围之外"①。

1836 年 2 月，马地臣公开发表一个小册子，说什么，"上苍有宠，把地球上最逗人喜爱的大片土地分派给中国人——那么一个怯弱、贪婪、妄自尊大、冥顽不化到奇怪地步的民族，其人口达全人类的三分之一以上。这个特别民族的政策是把自己以及一切他们所占有的东西隐藏在神秘莫测之中，——为的独自享受那块土地上的一切。因此，他们就表现出全面的排外精神"。对中国的贸易是在"最稀有、最难堪的条件之下"进行的。广州外商"经常遭受最可耻的监视和限制"，"身为地上王子的商人则克服这一切冷漠敌视态度"，"以高贵而坚忍的精神，冒一切危险，不顾一切困难，经过多年不屈不挠的斗争"，才把贸易发展到每年投资以百万镑计的庞大规模。而如此大量贸易却常常被"反复无常、肆无忌惮的广州地方官员所杜撰出来的最儿戏、最可笑的借口停顿下来"。"总之，我们的君主和他的人民被中国人以如此侮辱的态度相对待，遭受如此之大的损失，真是向来所绝未曾见，绝未受到过的。""如今已是决策的时候了，是算账的吉祥时候了。""而算账只要一艘主力舰，两艘巡洋舰，三四艘小兵舰就很足够了。"②

1839 年，林则徐到广州执行禁烟令，空前严厉，鸦片走私即将不复可能。于是，另一个大鸦片贩子查甸（Willian Jardine）面见英

---

① 怡和档案：《马地臣私人通信簿》，《请愿书底稿》，1830 年 11 月 14 日，英国剑桥大学藏。

② 马地臣：《不列颠对华贸易史上的若干主要事件：其现状及其前景》（James Matheson, The Present Position and Prospect of the British Trade with China, Together with Some Leading Occurrences in its Past History），第 1、4、64、68、76、79 页。

国外交大臣巴麦尊(Lord Palmerstan)提出侵华战争的战略政策和具体行动方针。① 第一次鸦片战争终于爆发了。

时至爆发鸦片战争的 1840 年,英国产业资本主义的发展已进入成熟阶段,爆发过几次资本主义周期性经济危机。英国的机制工业品泛滥全世界。中国这么大的一个市场,成为英国工商界梦寐以求的一块肥肉。他们在鸦片贩子的鼓动之下,也纷纷向英国政府提交请愿书或备忘录,要求打开中国大门,给予英商以贸易自由。但是,我们不能用观念去说明历史,必须用历史事实去揭示历史真相。

英国的对华政策是英国的对外政策的一个组成部分,所以,揭示对鸦片战争的历史真相还必须把它放在更加广阔的视野下去加以研究。

马克思在历数老殖民主义进行资本主义原始积累的主要因素以后说:"跟踵而来的是欧洲各国以地球为战场而进行的商业战争。这场战争以尼德兰脱离西班牙开始,在英国的反雅各宾战争中具有巨大的规模,并且在对中国的鸦片战争中继续进行下去。"②马克思所说鸦片战争的"战争"一词,原文用的是复数字,可见马克思把两次鸦片战争都看成是商业战争的继续。

马克思所说尼德兰脱离西班牙的战争是 1567—1609 年间的荷西战争;他所说的反雅各宾战争是 1793—1815 年间的拿破仑战争。荷西战争以后的两百多年里,西方许多国家之间,几乎没有一年不进行商业战争。商业战争有三个战场:一个在欧洲陆地,另一个在国际海域,还有一个就在落后国家或地区。前两个战场,为的

---

① 参见严中平:《英国鸦片贩子策划鸦片战争的幕后活动》,《近代史资料》1958 年第 4 期。

② 马克思:《资本论》第 1 卷,《马克思恩格斯全集》第 23 卷,第 819 页。

是争夺霸权。而争夺霸权的目的,则是为的在落后国家和地区争夺征服和掳掠的独占权。他们常常在欧洲本土并未宣战或已进入和平状态以后,在国际海域却不断地厮杀。总之,商业战争都是直接间接地对殖民地征服和掳掠的战争。在远东海域,他们经过两百多年的厮杀,西班牙人继续保持对菲律宾的殖民统治,葡萄牙人的东方殖民帝国被肢解,荷兰人对东南亚的广大地区建立了殖民帝国,英国人对在马六甲以西地区建立了殖民帝国,在马六甲以东地区也拥有很大的势力。

就在乾隆下令限广州一口对外通商的同一年,英国人在孟加拉统治阶层中的叛徒、内奸、分裂主义者、投降主义者的协助之下,打赢了普拉赛(Plassey)之战,一举征服印度次大陆的大谷仓孟加拉邦,建成为印度殖民帝国3省中的第一大省。在1757—1765年这8年内,英国人从孟加拉人身上掳得财富600万镑。① 英国人的疯狂掳掠到1770年造成空前大饥荒,使孟加拉的3000万人口饿死了1000万人。

1794年,正在征服印度的英国东印度公司派遣马戛尔尼勋爵前来中国,以英王特使的身份向作为一个主权国家君主的乾隆要求割让一个小岛和广州的一块地方,交给英国管理。就在马戛尔尼来华的前几年,即1790—1792年,英国商人大举进攻南印度的迈苏尔(Mysore)王国,割去这个王国的一半领土。在1792年,英国商人用武力胁迫印度东岸的卡那蒂克(Cannatic)和坦久尔(Tanjore)两个土邦的王公签订条约,接受英国人的控制,到了1810年,终于吞并了这两个土邦,建成为印度殖民帝国三省中面积仅次于孟加拉省的马德拉斯省。

———

① 木克侯依:《东印度公司的兴起和衰亡》(R. Mukherjee, The Rise and Fail of the East India Company),第439页。

1814 年,英国又派阿美士德勋爵(Lord Amherst)出使中国,提出增开通商口岸等多项要求。就在阿美士德来华的前两年,英国人发动了对尼泊尔廓尔克人的战争,历时两年,迫使廓尔克人割让一部分领土。而紧跟阿美士德来华后的两年(1817—1818 年),英国人又对马拉它人(Maratha)发动侵略战争,把他们的领地并入孟买辖区,建成印度殖民帝国的第三大省。

在发动鸦片战争的前一年(1839 年),英国人为了阻挡沙皇俄国南下争夺印度霸权,发动了阿富汗战争(1839—1842 年)。在这场战争中,英国人惨败得只剩下一个人逃回印度。但紧接着到1845 年,英国人就发动了第一次锡克战争,1848—1849 年又进行了第二次锡克战争,吞并了锡克人的大片领土。

1853—1856 年间,英国人为再次阻挡沙俄南下,进行了克里米亚战争。在此同时,英国人于 1853 年吞并了印度的那格浦尔(Nagpur)土邦,从海得拉巴德(Haidarabad)王公手里夺走了该邦最富饶的比哈尔(Bihar)地区,更于 1856 年吞并了奥德(Oudh)土邦。也就在 1856 年,英国人发动了第二次鸦片战争(1856—1860年),在这次战争进行中的 1857—1859 年,英国人血腥镇压了印度人民争取独立的大规模起义。

1858 年,英国议会通过法案解散东印度公司,把这家公司所征服的印度殖民帝国从东印度公司的户头转账到英国国王的名下。其时,这个殖民帝国的直辖领土凡 1370000 平方英里,人口15600万。① 而当时不列颠王国的总人口不过 4000 万左右。

我们只要稍一回顾 1757 年后 100 年内,英国在印度的征服史和中英关系史,就不能不惊叹清政府限令广州一口对外通商,并在

---

① 马克思:《印度的管理》,《马克思恩格斯全集》第 9 卷,第 202 页。

广州实行限制中外非法接触的政策是完全必要的;同时,也就不难
理解马克思把两次鸦片战争定性为商业战争的道理。不过,既然
人们提到鸦片战争时就容易联想到英国资本主义的发展和所谓自
由贸易,那么,我们就有必要对这个问题稍加分析。

自从英国人开始比较经常性地开展对华贸易以后,英国的社
会生产力一直生产不出什么值得中国人民广泛欢迎的商品来。他
们自认为王牌货物的毛织品,始终得不到中国人民的广泛欢迎。
即使到了19世纪的四五十年代,英国人自认为使用机器生产的另
一种王牌货物棉纺织品,也只在富裕阶层中找到不多的销路,谈不
上在广大人民中和中国的手工棉纺织品进行竞争。然而自从18
世纪后半叶开始,中国的茶叶却日益成为英国广大人民所普遍欢
迎的消费品。英国的对华贸易,进口多于出口,形成巨大的收支逆
差。起初,他们是向中国大量运送白银去平衡这种逆差的。到了
18世纪和70年代以后,他们找到了鸦片这种毒品来交换茶叶。
到了19世纪20年代以后,中国政府严禁鸦片进口,所谓英国"商
人"便在伶仃岛上建立据点,武装走私鸦片。

在两次鸦片战争前后,鸦片走私已发展成中、英、印三角贸易
和英、印政府财政收入的生命线。根据英国官方统计,在1837—
1839年间,英国销华合法商品的总值平均每年不过91万多镑,而
从中国进口的商品总值,平均每年却高达427万多镑,英国对华贸
易的逆差,平均每年达330多万镑。到了1859—1862年,英国输
华合法商品的总值,平均每年不过440多万镑,而从中国进口的商
品总值,平均每年却高达980多万镑,英国的逆差达540多万镑。
两次鸦片战争前后,英国对华贸易的如此巨大逆差,都是依靠从印
度向中国走私鸦片去平衡的。这样,鸦片走私就成了中、英、印三
角贸易的生命线。

在此同时,英国从中国进口的茶叶还给英国政府提供了大量的

关税收入。从 19 世纪初叶到 1846 年为止,英国从茶叶上所征得的进口关税共达 16700 多万镑。随着茶叶进口的增长,这种关税收入也日益膨胀。在 1846 年一年内,就达 500 万镑。另外,印度殖民政府也从鸦片专卖和鸦片过境税上取得大量的财政收入。这项收入在 1835—1839 年间,平均每年为 128 万多镑,在财政总收入中的地位超过 5%,到 1855—1859 年间更上升到 448 万多镑,在财政总收入中的地位超过 14%。可见鸦片走私又是英、印政府财政收入的生命线。因此,英国是无论如何都必须向中国输出鸦片的。

林则徐禁止鸦片走私的措施终于导致英国发动第一次鸦片战争。英国发动这场战争的直接目的,首先为的是运用战争手段强迫中国接受鸦片。这一点,早在 1844 年就已经由英国自己道破了。① 但是,这个目的并未如愿以偿。对华输出鸦片,还必须进行武装走私,于是经过 16 年,英国人便又发动第二次鸦片战争,其结果是迫使清政府把鸦片列为合法商品订入条约。用战争手段强迫中国政府接受就连英国的公正人士也深恶痛绝的鸦片毒品,乃是英国发动这两场战争的突出特点,为任何其他商业战争所绝无的海盗行径。

作为马克思主义者,不能用自由贸易和"闭关自守"这些观念去说明两次鸦片战争的性质。从英国建立印度殖民帝国和对华贸易的历史实际作判断,两次鸦片战争都是商业战争性的海盗掳掠战争。这一点,马克思和恩格斯已经多次指出过。② 这两次战争

---

① 欧脱罗尼:《中国战争》(John Ouchterlong, The Chinese War),第 38 页。

② 恩格斯:《英国人对华的新远征》;马克思:《关于印度的法案》,《马克思恩格斯全集》第 12 卷,第 186、560 页;马克思:《新的对华战争》,《马克思恩格斯全集》第 13 卷,第 568 页。

破坏中国主权,把中国沦为殖民地和半殖民地,而把中国沦为殖民
地和半殖民地的直接目的,首先便是强迫中国人民接受鸦片。至
于向中国推销机器制成品那种观念,固然可以用英国资本主义的
发展去作说明,却不能用来说明英国发动两次鸦片战争的历史实
际。只有明确了两次鸦片战争的商业战争性,才能认清这两次战
争后,英国人凭借其战胜者、征服者的条约权利、政治声势和炮舰
威力对中国人民所进行的所谓"自由贸易"的本质特征。

# 第 一 章

## 19世纪40年代初至70年代初西方
## 入侵者对中国政治上的间接统治
## 和经济上的暴力强制

　　第一次鸦片战争中的英军炮火,把昏庸愚蠢的清王朝打得吓破了胆。此后清政府便定下一条对外方针,既败于西方来的英国人之手,干脆同样拜倒于所有西方国家的脚下,甚且尤有过之,不管曾否对华发动过战争,也不管在中国海面是否拥有武装力量,都是一样。总计从签订江宁条约的1842年到签订烟台条约的1876年这34年间,清政府就和西方各国签订条约、章程等等81项,无一不破坏中国的神圣主权。于是中国便成为西方各国共同压迫的半殖民地。

　　中西各项不平等条约,都以和平通商为名,列有协定关税权、领事报关权等,破坏了中国的关税自主权;以公平审判为名,列有领事裁判权,破坏了中国的司法自主权;又以弹压外商不法行为为名,列有在中国通商口岸长驻炮舰的特权,仅仅这条长驻炮舰权,就为外人在华的行动自由提供了充分的保障。恩格斯说:"英、美、法三国的商人在国外甚至比在家里更能自由行动。他们的大使馆保护他们,必要时还有几艘军舰来保护他们。"①事实上,西方

---

　　①　恩格斯:《暴力在历史上的作用》,《马克思恩格斯全集》第21卷,第466页。

国家的在华炮舰,也确实多次以武装威胁中国官员或实弹轰击中国居民的手段,强迫中国官员屈服于他们超越条约权利以上的无理要求。

条约权利、炮舰威力,为西方入侵者树立了战胜者、征服者的政治声势。政治声势是一种无形的但又无所不在的强制暴力。只要是外国人,他就拥有高于中国人的政治地位、法权地位、社会地位,从而也就拥有高于中国人的经济地位,从而也就拥有为所欲为的行动自由。

1854年4月,英国驻上海领事阿礼国(R. Alcock)报告英国驻华公使文翰(Sir George Bonham)说:"我自己过去十年在(厦门、福州、上海)三口的经验,使我不得不承认,条约所建立的制度,整个儿都是空想,不能实现。外国人随时都准备玩忽法令,以武力抗拒中国官员的干涉。而他们(中国官员)出于政治上的原因,对海外强权国家及其人民尤其不敢有任何公开的冲突或敌对行动。"①阿礼国所说外国人随时都准备玩忽法令,指的是中国海关官员根据条约所执行的报关纳税的法令;他所说的"政治上的原因",指的就是外国人在中国的政治声势。阿礼国的话足以证明西方入侵者对中国的间接政治统治保证了他们商人对中国进行暴力强制性经济侵略。

## 第一节 西方入侵者在中国的
## 行动方式一般

具体的历史实际,要比我们上面所概括的复杂得多。条约上

① 《阿礼国致文翰》1854年4月10日,英国外交部档案,F. O. 97/99。

关于领事裁判权的规定,给予在华外国人以为所欲为的特殊权利,
让我们先从这个问题说起。

## 一、领事裁判权对外国罪犯的庇护

在鸦片战争以前,西方来华商人曾经多次企图拒绝接受中国
法庭的审判,都未得逞。①

1843 年 10 月 8 日签订的中英《五口通商章程》的第十三条规
定,英国人犯有罪行,"如何科罪,由英国议定章程,法律发给管事
官照办。华民如何科罪,应治以中国之法,均应照前在江南原订善
后条款办理"②。

此条所谓"前在江南原定善后条款",说的是 1842 年 8 月 29
日签订《江宁条约》以后,中英所议定的《善后章程八款》。这个章
程的第七款规定,"英国商民……与内地居民发生交涉狱讼之
事,……英商归英国自理"。③ 这个章程并未正式签订,所以各项
条约汇编都不载。不过在 1843 年 10 月 8 日签订《通商章程》以前
的 1843 年 8 月 22 日,英国已根据这个章程所定的治外法权原则
颁布了《改善英国臣民居留中国管理法》,把中国和英帝国的直接
统治区同等看待,规定英国代表在中国的司法权力同他们在英国
本土和所征服的殖民地上所拥有的权力一样。④

---

① 梁敬𬜯:《在华领事裁判权论》,第 5—14 页。

② 本书所引中外条约原文,均见王铁崖编:《中外旧约章汇编》第 1 册,
以后不另加注。

③ 《道光年间夷务和约、条款、奏稿》,北京大学图书馆藏抄本。

④ 柯腾涅夫:《上海:会审公廨和工部局》(Kotenev, A. M. , Shanghai:Its
Mixed Court and Council),第 3 页。

1843 年上半年,美国代表顾盛(C. Cushing)说,他在和耆英的交涉中,"在任何情况下,美国都不应该把对任何美国公民的生命和自由的裁判权让给任何国家,除非那个国家是我们大家庭的一员——一句话,除非它是一个基督教国家"①。"在中国,我发现大英帝国已经规定它的臣民取得中国司法的绝对豁免权,而葡萄牙则通过它自己在澳门的地方司法权,达到这样的目的。加上和这个问题有关的所有其他考虑,我认为,英国和葡萄牙免除中国的司法管辖,而美国则服从中国的司法管辖,那对在华美国人就是莫大的耻辱。"②可见在 1843 年 10 月 8 日把英国享有领事裁判权正式定入中英《通商章程》以前,中英在南京协议但未正式签订的"善后章程"第七款,已经被外国人视为不可动摇的既定原则。

耆英在和顾盛的谈判中,曾经声明,中国给予英国人的司法豁免权,"他国夷商,不得援以为例"③。但在顾盛的压力之下,耆英不敢坚持"既至中国,应以中国为主"④的原则,在 1844 年 7 月 3 日所签订的中美《五口通商章程·海关税则》第二十一条上,终于作出这样的规定:"嗣后中国民人与合众国民人有争斗、词讼、交涉事件,中国民人由中国地方官捉拿审讯,照中国例治罪,合众国民人由领事等官捉拿审讯,照本国例治罪。"据此,则美国人在中国杀了人,中国政府连捉拿之权都没有。

1843 年 10 月 8 日签订的中英《五口通商附粘善后条款》第六

---

① 达维斯主编:《美国外交和公文汇编:美国和中国第 1 辑,1842—1860》(J. Davids Ed.，American Diplomatic and Public Papers，The United States and China，Series I，1842—1860)(以下简称《美国公文汇编》)第 1 辑第 8 卷,第 18—19 页。

② 达维斯:《美国公文汇编》第 1 辑第 9 卷,第 119 页。

③ 《道光年间夷务和约、条款、奏稿》,抄本。

④ 黄恩彤:《知止堂集》,文,第 6 卷。

条规定了英国人在通商口岸或常住或不时往来,须经中国地方官和英国管事官议定界址,不许逾越,不可妄到乡间游行,更不可远入内地贸易;凡系水手及船上人等,俟管事官与地方官先行立定禁约之后,方准上岸。"倘有英人违背此等条约,擅到内地游行者,不论系何品级,即听该地方民人捉拿,交英国管事官依情处罪。"据此,凡英国人之擅到内地游行者,中国便有权捉拿。

1858 年 6 月 18 日签订的中美《天津条约》第十一条规定:"大合众国人,无论在岸上、海面欺侮华民、骚扰、毁坏物件、殴伤损害一切非礼不合情事,应归领事等官按本国例惩办。至捉拿犯人以备质讯,或由本地方官,或由大合众国官,均无不可。"大概是由于 1844 年后 14 年的实践证明,赋予美国人以捉拿豁免权,使美国人在中国的违法行动实在太猖狂了吧,所以这条规定恢复中国地方官对美国人犯的捉拿权,但并无审判权。

1858 年 6 月 26 日签订的中英《天津条约》第九条规定,"英国民人准听持照前往内地各处游历、通商,执照由领事官发给,由地方官盖印。……如其无照,其中或有讹误,以及有不法情事,就近送交领事官惩办,沿途止可拘禁,不可凌虐。如通商各口有出外游玩者,地在百里,期在三五日内,毋庸请照。惟水手、船上人等,不在此列,应由地方官会同领事官,另定章程,妥为弹压"。这条规定把英国人在中国的活动范围,由口岸的议定界址,扩大为内地一切地方,只要持有英国领事的执照,就能闯进任何穷乡僻壤;其通商口岸地在百里以内,期在三五日内者,连执照都不需要。这就扩大了英国人的活动范围,英国人如有不法行为,中国地方官虽拥有捉拿拘禁之权,却不可"凌虐"。

外国人享受条约权利是一回事,条约如何执行是另一回事,在英人事事倚势横行,清政府事事屈从的形势之下,中国地方官并不敢独自捉拿英国人犯。据同治四年(1865 年)五月英国公使威妥玛(T. F. Wade)致总理衙门的复照说,英国人自口岸进入内地,"向来不用执照"。无照乱窜便是违法行为,但从来没有听说过有哪个英国人因此被地方官捉拿拘禁过。其次,英使照会还说,"查地方官遇有英民犯事,多有并不自行往捕,转致领事官代为拿人"。例如同治三年十一月①,奉天地方官指控英人在黑松林犯有杀人重案,就是行文领事官请为代拿的。英国公使威妥玛说,地方官请领事代拿,"其意欲免拒捕,别生事端,未为不可"。可见地方官对犯事英民,并不敢捉拿拘捕,而是请求英国领事代为拘拿的。威妥玛还说"向来凡用此法,悉臻妥善"。因此,他向总理衙门提出"暂增一法","通行各省,转饬地方官等,凡遇领事出票代捕内地英民送交该地方官时,即须立时转付,并将何人何处何日何时,如何交到详细情形,速为知照领事官知悉,以为查办之据"。到了同治四年十月,总理衙门终于屈从英国公使的要求,向各省发出通令,凡"英民犯案,须由领事官出票,交地方官转传"②。于是中国地方官独自捉拿英国人犯的权利,便被彻底否定了。

外人犯案,"须由领事官出票交地方官转传",领事官是否出票,当然是领事官的事情。这条规定的后果,十分严重。例如在芝罘,就出现洋人放肆劫掠的案件。为此,总理衙门于同治八年正月照会各国公使"嗣后如有外国无赖流氓,或在内地,或在海洋,无论抢劫中外民人客商银钱货物,即由所在地方官派兵役捕拿","倘有不法洋人持械拒捕,官役格杀勿论"。官役拿获后,"由关道就近邀各国领事官会同审明语音,如系有约之国洋人,即送交本国领事官惩办,如系无约之国洋人,即由中国究办,照例治罪"。

---

① 本书凡阴历月、日用汉字,阳历用阿拉伯数字。下同。

② 予伯编,李鸿章序:《通商章程成案汇编》(以下简称《成案》)第27卷,第7页。

美国公使对总理衙门如此正当的要求,仍然坚持拿人"须先知会领事,出有拘票"。英国公使于肯定中国官员武装捉拿之余,又提出附带条件,说什么"倘有不法洋人持械拒捕,准由捕拿之兵役用兵器搪格,以击倒拿获为限,万一遇到杀伤之时,自当向该兵役详细查询,是否情势难遏属实,以昭万不得已之意"。至于无约国人犯审判一节,美国公使认为"可邀一外国官与地方官陪审";法国公使认为,"处治该犯,不可过用严刑,庶免各国生不悦之忿";英国公使认为,若该犯"向英国领事官恳求做主之事,而英国领事官揆情度理,自应代为分析",如此等等。① 据此,则中国政府对无约国人犯的审理,也没有完全的自主权。

1843年中英《通商章程》第八条规定,遇有中英民人交涉词讼案件,应由中英双方"公同查明其事,既得实情即为秉公定断"。1858年中英《天津条约》第十六条规定,中英两国民人有犯事者,"彼此均须会同公平审断,以昭允当",在这里,首次在条约上明确规定会审制度。1876年中英《烟台条约》的第二端第三条对"会同公平审断"做了解释,"被告者为何国人,即赴何国官员处控告;原告为何国之人,其本国官员只可赴承审官员处观审,倘观审之员以为办理未妥,可以逐细辩论,庶保各无向隅,各按本国法律审断"。这里把"会审"明确规定为"观审"。中国观审者对于外国审判原告为中国人的外国人犯时,若认为办理未妥,可以"逐细辩论",其最后判决权还是掌握在外国承审员手里。

条约规定,任何一方都有权到对方法庭观审,"会同公平审断",在字面上说得十分"公平",不偏不倚,似乎中英双方都有同

①《成案》第26卷,第10—11页。

等地位。但是事实却不是如此。

同治三年（1864年）三月初七日，盐商焦体贞和船户胡公发等驾盐船从泰州运盐120引，行至南京附近草鞋峡内江，泊在僻静处所守风。内江不是大型船只的航道，僻静处所更不是任何船只行驶的主航道。旗昌洋行的"湖广号"轮船却正对盐船驶来，盐船鸣锣示警而"洋船不理，竟一撞而过"，将盐船撞沉，盐斤1000包和其他什物，全部沉入江底，并淹死船户女眷3人，洋船扬长而去。对此，南洋大臣李鸿章认为，"洋船明知该盐船，置若罔闻，任意冲突，实属有心贻害，若不从严究办，非但巨万商资悉归乌有，且于国课军饷，大有关碍"。所谓从严究办，当然就是扣押"湖广号"，责令赔偿财命。但同年七月二日，中国地方官带同焦体贞和胡公发等5人前往上海美国驻沪总领事馆进行交涉时，"该总领事一味袒护洋商"，说什么"盐船见轮船不早起碇，轮船见中国船不早停轮，该两造皆错，所有盐价船价，断还一半，共银1424.37两，女命3口，共偿银300两，由旗昌行主，措缴给领"。地方政府照会美国总领事，要求赔偿全部盐价船价，女命3口，每口偿银300两，另给焦体贞等由南京至上海往来川资。美总领事复称："案已定断，无权再改，如谓不公，应请咨明总理衙门照会驻京公使，倘公使以为有错，可嘱领事再查。"总领事把事情推到北京，用的是拖延策略。果然，地方政府也认为"若原告久住沪城，守候详咨，照饬复审，未免遥遥无期，益增困苦"。因而照会总领事先将所断的盐价船价和赔偿女命银共1724.37两，给发焦体贞等领回，"如原告允为如此了结，便可完案，倘尚有未甘，再当详咨照会公使核办"。既然原告久住沪城，益增苦累，所谓"详咨照会公使核办"，当然就成了一句空话。然而奇怪的是，李鸿章本来认为"湖广号"、"有心贻害"，若不从严究办，就"大有关碍"的，至此却笔锋一转，说什么"此案既据美领事遵断赔偿,姑准如所议完案"①。

此案明明是"湖广号"轮船不听盐船警告,直向泊在僻静地方的盐船冲去,以行船撞沉停船,"实属有心贻害",而美国总领事却说什么"盐船见轮船不早起碰",断为"两造皆错"。这就是美国总领事的"秉公定断"。而司法审判权既然掌握在美国领事手里,就连李鸿章也无可奈何。

同治七年九月,英商轮船"得来更号"在天津水面横冲直撞,冲沉巡船一艘,溺毙4人,又不交关税,不领红单,扬长而去。总理衙门以"得来更号"既走私漏税,又撞沉巡船,溺毙人命,照会英国驻华公使,请其于该船下次再来时,不向其发给单照卸货。但英国驻津领事,既未和税务司联系,按章惩罚其走漏行为,又未复照三口大臣,擅自向"得来更号"照旧给予开舱卸货单据,发还船牌,令其出口。而"得来更号"对淹毙4人的家属仅发给抚恤费400元,还要求从海关税收中提还它的所谓"耽延日期费用"。而总理衙门也说什么"此案现将命案罚银完结,应即准其暂行销案"②云云。这个事例说明,掌握海关行政大权的洋税务司同样放纵外国罪犯,至于中国最高外交当局对拥有领事裁判权的外国领事包庇外人的违法行为,更加无可奈何。

光绪元年(1875年)二月二十八日,招商局"福星号"轮船在沿海自北南下,适遇怡和洋行"澳顺号"轮船自南北上,至撩木海面,在相距三里时,"福星号"鸣笛示警,直线前进,并停车缓行,而"澳顺号"却改向曲线前进,并快速航行,直撞"福星号",造成"福星号"船米俱沉,溺死职官24人,乘客38人的巨大惨案。此案英方起初坚持"两船均错",损失各半分担的主张。他们把"福星号"

---

① 《成案》第30卷,第26—27页。
② 《成案》第30卷,第27页。

船货行李杂物的损失估值 197429.3 两,减为 141335.56 两,另加"澳顺号"修理费 29079.01 两,两共 170444.57 两,各半分担,合银 85207.285 两,扣除"澳顺号"修理费后,"福星"应实得银 56000 余两。后来华方对所谓"两船均错"的荒谬说词,逐条驳斥,英方也不得不承认"澳顺"撞沉"福星","福星"行船不错,错在"澳顺"。但对损失赔偿问题还坚持"两船均错",各半分担的原则。至于死难家属的抚恤,英方仅同意对职官每人给予 300 两,乘客每人 100 两,两共 11000 余两。掌握领事裁判权的英国上海领事武断决定如此判决后,"澳顺"轮船随即离港,其船主也乘船远去。直到光绪二年十二月,"澳顺"才支付船货损失赔偿费 36876 两,至于死难家属的抚恤费,直到光绪三年二月二十四日仍分文未付。①

这个案子的奇突之处在于,英国领事既承认"错在'澳顺'",又判定损失由各半分担,并且"澳顺"的修理费用还由对"福星"的赔偿费中扣除。在执行这项判决中,"澳顺"又将已经达成协议的赔偿费由 56000 余两减为 36876 两,至于死难家属的抚恤,事主却分文不付。这就是英国驻华领事的所谓"秉公定断"。

光绪二年,有人总结洋船碰沉民船案件的领事审判结论说,"洋船碰沉民船,赔偿者十不一二"②。历史文献上还有这样的记载:一只美国商船触沙搁浅。美商雇请中国渔民帮同搬运货物,言明每人日给银 2 元。经过 10 多天的搬运,货物驳完后,美商却自食其言,渔民随美商到了上海,不料美商却诬称他们是海盗,捆绑了 16 个人送交上海道究办。这 16 个渔民中有 7 个是南汇人,被押解南汇审讯。无论在上海还是在南汇,被诬渔民都不承认是海

---

① 《成案》第 30 卷,第 28—29 页。

② 《太常寺卿陈兰彬奏》,光绪二年十月二十四日,中国科学院近代史研究所史料编辑室等编:《洋务运动》第 6 册,第 10 页。

盗。而美国驻沪领事还是坚持诬陷，于是又在上海进行中美会审，仍然不能定为海盗。其时16人中，有不少患病，1人已死亡。最后是由清政府官员定案释放，美领亦不复过问。①

领事裁判权倚势横行的最严重后果在于包庇外国杀人凶手。这个时期，凡涉及中外双方的伤毙人命大案，中国政府对中国有关人犯都是严格按律处刑的。例如同治五年正月，上海客民张湛金刀伤法国巡捕巴陇一案，在同年十一月已经由刑部会同都察院和大理寺按故杀者斩律处斩监候，根据中国律例，应俟同治六年秋后处决。但法国公使催迫甚急，总理衙门和刑部于同治六年六月就特拟专条，为表示对法"友谊之笃"，变更常例，提前下令执行。②

掌握领事裁判大权的外国领事，却是另一副面孔。他们遇到自己国人犯罪时，"专以庇护洋人为主"③，或"重罪轻判"，或"空言了事"，或"有意纵释"④，经常诬赖狡辩，虽杀人大案，也不例外。

同治三年五月二十四日，有一个叫做彭尚会的人路过（汉阳?）亿生洋行门前，当时那里正是"众人喧嚷之处"。该行英人炉礼士平举洋枪，对人施放，第一枪放空，第二枪击中彭尚会的左后胁，彭负伤转身，炉再开第三枪，击中彭的胸部致死。关于这件事情的经过，无论是汉阳知县孙福海到现场传集人证所得的调查结果，还是孙福海和英国领事卫士达会讯炉礼士所得的供词，也无论

――――――――――

①  陈其元:《庸闲斋老人自叙》，第40页。

②  《成案》第26卷，第8—9页。

③  总理各国事务衙门:《清档·禁止贩运私盐》，北京大学图书馆馆藏，英551，第78册。

④  总理各国事务衙门:《清档》第6册，《江苏巡抚李鸿章致总理衙门》，同治三年六月十六日。

是后来英国公使和卫士达发给中国方面的照会,都并未提出彭尚会和炉礼士有何仇隙,当时因何滋事,以致炉礼士开枪射击的理由,可见炉礼士纯属无故杀人。炉礼士也供认"亲自放枪,中伤彭尚会致死",不过"不知枪内有子,非有心毙伊性命"云云。但是,当彭尚会第二枪负伤转身以后,炉礼士再开第三枪,谁能相信"不知枪内有子"的欺人之谈呢?

然而英国驻汉口领事却硬说:"此案虽系耳目所能到,实意料所不及,应问以误伤致死之罪",将该犯定罪,罚洋 500 元给尸亲养活。而英国驻华公使也说:"炉礼士放枪,并无故意杀人","即使本大臣当日同审,亦不能定为故杀。而过失杀人,本国定例,亦不能使之就死。来文粘单所称尸亲但求抵命一节,即使彼时解送香港,亦不能应其所求"。接着英领就以"将该犯倾产,遣离中国,绝其生计"为名,把炉礼士送去香港,最后是以赔偿尸亲 400 元了结。① 这个事例说明,不论外国人犯下多大罪行,外国领事只消把犯人送出中国去就可逍遥法外了。

同治四年五月,有 18 个法国人和美国人在厦门伙劫华商"源昌号",铳毙"宝盛"杂货店伙计陈昆。法国领事把法国犯人送往上海,而上海法国领事则扬言没有见证,硬把该犯送上法国兵船,"解往安南管束"。同年五月,英船水手在福州行凶杀人,英国领事把犯人"押回香港",说什么"华民应照中国律例,英人应归英国律例,各归各办,和约明著"②。

上面的许多事例充分说明,在领事裁判权的庇护之下,外国入侵者在中国的行动具有多大的为所欲为的随意性和伤天害理的残暴性,就连外国使领人员也并不否认这种作用。

---

① 《成案》第 26 卷,第 6—7 页。
② 沈瑜庆等纂:民国《福建通志》,外文志,第 5 页。

1861 年美国商船"安格尼斯号"(Agnes)和英国商船"布莱克本号"(Blackburn)在宁波违章卸货,宁波海关根据条约规定没收已卸的货物;并进行罚款。美国公使蒲安臣(A. Burlingame)并不否认违章卸货为违法行为,也不否认宁波海关有权没收已卸货物,但一口咬定,没收货物是对物的事情,进行罚款是对人的事情,而一涉及对人的事情,就属美国领事的权力范围①,宁波海关对人进行罚款,就是"侵犯了美国的领事裁判权"②。这一事件过了两年以后,蒲安臣终于承认,"我们的国旗曾经被用来庇护在中国的所有(美国)流氓",应该"取缔当时在外国人中盛行的那种嚣张不法的情况"③云云。

1868 年,汉口一家英国商行在宣告破产以前的几天内,收进中国茶商的大量茶叶,分文未付就逃之夭夭。汉口英国领事不仅不为中国茶商追还茶款,而且未对英商采取任何司法措施。面对这样一件公案,英国公使阿礼国也不得不承认他们的诉讼程序并非"绝对完美无缺的"。他说:"可以肯定,在过去两年里,外国洋行的一系列破产中,必然也会造成中国人的巨额损失。对于这些损失,我们的法律并没有提供补救或赔偿。"④阿礼国的所谓英国法律对中国人所受的损失没有提供补救或赔偿,这种事情比起庇

---

① 英国蓝皮书:《关于天津条约修约的通讯》(British Parliamentary Papers, Correspondence Respecting the Revision of the Treaty of Tientsin),第 24—25 页。

② 《美国外交文件》(Papers Relating to the Foreign Relations of the United States),1863 年,第 2 卷,第 840 页。耆顿:《治外法权在中国的发展》(G. W. Keeton, The Development of Extraterritoriality in China)第 1 卷,第 316 页。

③ 马士:《中华帝国对外关系史》(H. B. Morse, International Relations of the Chinese Empire)(以下简称《对外关系史》)第 2 卷,第 130 页。

④ 英国蓝皮书:《关于天津条约修约的通讯》,第 80—81 页。

护杀人罪犯来,不过是鸡毛蒜皮的小事而已。

这种司法豁免权,不但适用于在华外人,而且扩大到为外国人服务的中国人。1844 年年初,福建当局和英国驻福州领事达成协议十条,其中第九条规定,外商"所用通事,有犯法滋事……或由管事官押送地方官衙门办理,或由地方官照会管事官查拿办理,彼此均不得庇护推托"①。此中所谓外商所雇华人犯法后,"或由地方官照会管事官查拿办理",授权英国领事查拿办理华人,严重地损害了中国司法管辖权。

这个协议达成后半年,厦门发生一件英人所雇华人被抢案。英国驻华公使德庇时(J. F. Davis)即向耆英提出交涉,为该华人追回被抢财物。从此"英国人认为有权为他们所雇华人向中国当局要求赔偿"②。此例一开以后,华人在洋行充作行伙、买办者,遇有讼事,即使讼事本身与洋行毫无关系,洋行也"代为禀请领事官照会地方官追理"③,外国领事则"索谢入己"。例如 19 世纪 70 年代初,沙俄驻天津领事孔气(K. A. Skachkov)和署理美国驻天津副领事英国人密迪乐(T. T. Meadows)就经常包揽词讼,"凭空结撰,言不如意不止"。

事情终于发展到这样。外国人把外国国旗或船只的执照卖给华商,华商便在洋旗和执照的掩护之下走私漏税,一旦败露,"洋人洋行均为之出头承认","领事官亦为之辩白"④。洋人还受雇

---

① 黄恩彤:《知止堂集》,文,第 9 卷。

② 耆顿:《治外法权在中国的发展》第 1 卷,第 252 页。

③ 《总理衙门光绪元年七月十二日咨南洋》,《交涉约案摘要》,债务成案狱讼,下。

④ 《总理衙门同治元年九月十六日致湖广总督官文文》,总理各国事务衙门:《清档》,英 551,第 78 册。

于华商,在华船上充任"坐船","借势抗厘"①。他们或者在自己
船只之后,"搭民船数只",或于自己船只之中,夹带华商货物,"认
为己货",借以偷漏税厘②。洋船所装货物有时根本就是华商货
物,但"洋商认为己货,包揽代报关税希图避重就轻"。1868年总
理衙门在致英国公使的节略中,就指出这类英商"与华商扶同作
弊"③。

　　事情的严重还在于外国领事庇护受雇华人为他们向中国政府
要求豁免权。例如同治四年(?)德国驻牛庄副领事就照会山海关
道,说什么"洋行所雇华人,若用洋行名号代洋行办理买卖等事,
自属洋行之事。该洋行自应请领事官做主,以遵条约,至中国官拿
获洋人所雇华人一节,若在犯法处所,适遇其人其地在雇主住处以
外,捕役自可登时拿获,毋庸先行知会领事官,且中国官员一经出
票,捕役即可在雇主住处以外,将其拿获,毋庸先行知会领事官。
惟中国官员若肯将此出票之事与领事官声言自为更美,但为礼貌
而已,并非例所当然。至于德人住处以内,则捕役自不能直入捕
拿。如遇此事,中国官员自应先期知会领事官,领事官或准捕役入
拿,或领事官令人代拿转交中国捕役亦可。以上所云雇主住处之
内,皆指其房屋、栈房、院园等处,若无墙篱之空地,不为住处之
内"。这就是要求中国政府对德国私人的房屋、栈房、院园,都给
予外国使馆那样的外交豁免权,连受雇于德国人的华人罪犯都无
权拘拿。

　　总理衙门对这项破坏中国主权的狂妄要求,原则上是完全同

――――――――

　　① 《总理衙门同治元年八月十三日致法国公使哥士耆照会》,总理各
国事务衙门:《清档》,英551,第78册。
　　② 《刘坤一奏》,同治五年四月甲辰《筹办夷务始末》(以下简称《夷务
始末》),同治朝,第41卷。
　　③ 《总理衙门致英国公使节略》,《夷务始末》,同治朝,第63卷。

意的，不过对于"其兴讼之人，是否真正洋行之伙，致讼之由，是否真正洋行之事，应由各该管事遇事随时查察，以绝借词假冒"①。据此，兴讼之人若是洋行真正之伙，致讼之由若是真正洋行之事，中国官方便无前往拘捕之权。即使中国地方官认为兴讼之人，并非真正洋行之伙，致讼之由，并非真正洋行之事，而德国管事官认为兴讼之人是真正洋行之伙，致讼之由是真正洋行之事，那么中国官方也没有前往拘捕之权；既无权拘捕，当然也就谈不上审讯判决。

光绪元年（1875 年）七月十二日总理衙门发给南洋大臣的咨文里说，据闽浙总督所咨福建通商局司道的报告，"闽省各口，自开办通商以来，凡华民与洋人交涉事件因而至讼者，应由领事官照会地方官秉公审理，历办在案。近来有华人在洋行充作行伙买办者，遇有讼事，该洋行行主亦代为禀请领事照会地方官追理，遂致洋案较多。本司道悉心酌议，嗣后凡系真正洋人与华民涉讼者，仍由领事官照会地方官秉公审理，其有华人在洋行作为买办伙伴与华民华商因案互讼，应令自赴地方官呈明，听候讯断，该洋行主不得干预，领事官亦毋庸代为照会"。总理衙门认为"如华人在洋行充作行伙买办者遇与华人涉讼情事，自当归中国官员讯办，领事官不得过问"②。这个文件透露出，在光绪元年七月以前，福建各口的洋行曾经为他们所雇用的行伙买办"代为禀请领事照会地方官追理"其和华人涉讼案件。但是，以后我们即将看到，即使已经不复受雇于洋人的卸任买办，也横行无忌，而中国官民人等也莫可如何！

由于领事裁判权的存在，很快就形成一种社会风气，处处"媚

---

① 《成案》第 27 卷，第 8 页。
② 《成案》第 25 卷，第 13 页。

夷、艳夷而鄙华,信夷而压华"①。这种社会风气更加助长了外国
入侵者的气焰。

## 二、所谓领事和商人其人

在五口通商时期,只有英国一个国家派出官员到中国来担任
领事,其他各国的驻华领事,多数都由商人兼任。法国的第一任官
员领事是 1847 年才到达上海的。在这以前,法国的驻"上海、宁波
和华北"的领事,是一个叫做爱棠(M. Edan)的雷米钟表行的伙
计。美国的第一任官派领事墨菲(P. Murphy)是 1854 年才到达上
海的。② 在这以前,美国驻在各口的领事,都是商人。

在西方著作中,有人把商人充任美国驻华领事的那些年,特别
称为商人领事的"时代"。当时美国驻华使领的待遇极低。1850
年,美国国务院委派过 3 个驻华公使,都因为每年只有 2000 元的
待遇而不就。在 1844 年中美签订《望厦条约》以后的 7 年时间
里,美国只有 8 个月有官派公使。③ 1854 年,美国驻华公使麦莲
(R. M. McLane)报告国务院说,美国的驻宁波领事麦克卡台尔
(McCartel)是一个行医的神父。此人除诊所而外,没有领事办公
室。后来,另一个美国驻宁波领事不会说中国话,又没有钱聘请通
事,生活"极其节俭"。美国第一任官派上海领事墨菲是向英国的

---

① 曾国藩:《求阙斋日记类钞》,壬戌五月,第 55 页。

② 莱特:《赫德与中国海关》(S. F. Wright, Hart and Chinese Customs)
(以下简称《赫德》),第 79 页;费正清:《中国沿海贸易与外交》(J. K.
Fairbank, Trade and Diplomacy on the China Coast)(以下简称《贸易与外交》)
第 1 卷,第 373 页。

③ 丹涅特:《美国人在东亚》(T. Dennett, American in Eastern Asia)(以
下简称《东亚》),第 190 页。

上海领事馆或商人借债临时聘请通事的。①

美国驻华使领人员的待遇低得无人愿就,于是美国在华的最大鸦片贩子旗昌洋行就出了好多的美国领事。一位西方学者解释其中的奥妙说,那是因为领事这个职位的"声势",部分地就来自旗昌之为美国的最大商行。② 不用说,领事的"声势",更加能够抬高旗昌的"声势",否则旗昌为什么要掏腰包挂起美国领事的招牌呢? 前引1854年麦莲发给国务院的报告说,福州和厦门两口,根本没有多少美国商务利益可言。可是美国领事的治外法权,使一批美国人或自称是美国人的不法之徒把美国领事馆当做避难所,躲进去以逃避追捕。可见领事的"声势"有多么大的妙用。

旗昌洋行是美商在华最大的一家洋行,因而它所出的美国驻华领事也最多。在五口通商时期,这家洋行的7大股东中有4个任过美国领事,5个通商口岸中,有3个口岸的第一任领事都是旗昌的人。它的股东保罗·福布斯(Paul Forbes)任广州的第一任美国领事达10年之久。③ 另一股东祁理蕴(J. N. A. Griswold)头年入股旗昌,第二年就任上海领事连任达7年之久。"后一职位(领事)几乎自动地跟着前一职位(旗昌股东)转。"④然而美国领事之跟着旗昌转,又不必其人是旗昌的多大股东,就是旗昌的伙计也行。例如吴利国(H. G. Wolcock)就只是旗昌的伙计,由保罗·福布斯任命为美国驻宁波的第一任领事,可见旗昌任命领事就像开设分店一样的得心应手。吴利国后来任美国驻上海的第一任领事,旗昌的另一股东金能亨(E. Cunningham)就任上海的副领事,

---

① 丹涅特:《东亚》,第187—188页。
② 费正清:《贸易与外交》第1卷,第394页。
③ 达维斯:《美国公文汇编》第1辑第18卷,第341—342页。
④ 费正清:《贸易与外交》第1卷,第394页。

大概也都是那个保罗·福布斯任命的。①

　　然而事情的蹊跷还在于旗昌的人担任美国驻华领事，就因为不领取美国的国库经费，所以就不承认是美国驻华公使的下属官员，自认为自己就拥有制定美国对华政策的大权。② 而更加奇怪的是，1853 年 8 月 4 日，美国驻华公使马沙利（H. Marshall）写给国务院的报告里又说，国务院给一个叫做魏伯（D. Weble）的美国驻福州领事发来训令，可是在中国，从来没有听说过有这么一个神秘的人物。③

　　1853 年，美国的一个外交人员说过："我们在国外的领事从事商业活动是非常普遍的。在中国，他们都属于为首的一批美国洋行。"④现已查明，在 19 世纪四五十年代还有这样一些美商领事：琼记洋行的柯柏德·侯德（Colbert Heard）任过俄国的上海和香港两地领事⑤。金能亨从美国驻沪副领事下台后，立刻当上瑞典、挪威的驻沪领事。普鲁士驻华领事金戴维（David O. King）是美商史密斯洋行（Smith King & Co.）的老板。⑥ 先后担任过智利驻广州领事和美国驻澳门领事的小奈伊（Gideon Nye Jr.）便是美商布

---

①　费正清：《贸易与外交》第 1 卷，第 394 页。

②　费正清：《贸易与外交》第 1 卷，第 394 页。

③　费正清：《1853—1854 年上海临时制度》（J. K. Fairbank, The Provisional System in 1853—1854），参见《中国社会及政治学报》（Chinese Social and Political Science Review），1935 年正月号（以下简称《临时制度》(1)），第 486 页；参又，上文续篇，见《中国社会及政治学报》1935 年 4 月号（以下简称《临时制度》(2)）。

④　达维斯：《美国公文汇编》第 1 辑第 4 卷，第 231 页。

⑤　洛克伍德：《琼记洋行，1858—1863》（S. C. Lockwood, Augustine Heard and Company, 1858—1863），第 73—74 页。

⑥　费正清：《贸易与外交》第 1 卷，第 433 页。

尔·奈伊洋行(Ball Nye & Co.)的人。① 须知普鲁士与智利和中国都没有外交关系。而1855年这个小奈伊还以智利驻广州领事的身份闯到并无条约口岸的台湾去,和当地的中国官员签订一份所谓《开放台湾对美贸易》的合同。根据这个合同,小奈伊除取得按照固定价格购买台湾全岛樟脑的专利权②外,还企图在打狗(今高雄)建立永久性居留地,甚至要求美国政府出钱买下整个台湾。③ 而他则"愿意对于在那里建立一个独立政府的美国人保证给予保护"。他说,这样,就不但可"开发台湾的丰富资源",还"有利于人道、宗教和文明的进展"④。美国的驻华公使则把他的这个计划称为"真正的美国观点"⑤。

　　1855年,美国国会通过一项"改组美国外交和领事体制"的决议案。⑥ 次年,国会又通过决议,禁止美国驻外领事兼营商业。⑦ 因此,美国的官方文件和私人著作都说美国的商人领事"时代"到1855年便已结束。但是,从1849年起,一直到1861年,美国的驻厦门领事这个职位都由布拉特雷(C. W. Bradley)和希亚特(F. H. Hyatt)两个家族当做私产继承着。1849年,老布拉特雷"单纯地为了在地方当局的眼里抬高身价",把他的儿子小布拉特雷拉出来任美国驻厦门的副领事。1853年,老希亚特接替这个职位以

---

① 　格里芬:《飞剪船和领事》(E. Griffen, Clippers and Consuls),第279、362页;达维斯:《美国公文汇编》第1辑第15卷,第184页,第17卷,第102页。

② 　达维斯:《美国公文汇编》第1辑第12卷,第229—230页。

③ 　达维斯:《美国公文汇编》第1辑第12卷,第269页。

④ 　达维斯:《美国公文汇编》第1辑第12卷,第232页。

⑤ 　达维斯:《美国公文汇编》第1辑第12卷,第233页。

⑥ 　达维斯:《美国公文汇编》第1辑第1卷,第 XLVI 页。

⑦ 　达维斯:《美国公文汇编》第1辑第8卷,第172页。

后,也把他的儿子小希亚特拉出来,先任代理领事,后又任副领
事。① 1859 年,老布拉特雷则跑到汕头去自任为美国驻汕头的
领事。②

在五口通商时期,厦门的对外贸易极少,汕头尚未正式开港,
但却是绑架华工出国的两大中心。老布拉特雷是"为了自己的方
便去充任那个带有商务特权的(汕头)领事职位的。③ 不用说,所
谓"商务特权"就是绑架华工的特权。1858 年法国的驻华公使曾
向美国驻华公使建议,"不管什么商人都不得兼任领事"④。但
1861 年,美国公使承认,他派到汉口去的美国代理领事是一个"在
中国经商多年",又对领事职务十分熟悉的美国人。⑤ 1862 年,美
国驻天津领事又是那个旗昌洋行的弗兰克·福士。⑥

英国是第一次鸦片战争战胜清政府的国家。英国人的气焰最
高,最适于充当领事。例如,1854 年英国的驻广州副领事温彻斯
特(C. A. Winchester)就兼任秘鲁的驻广州领事。1855 年英国的
驻上海副领事罗伯孙(D. B. Robertson)则兼任丹麦的驻上海领事。
至于英国商人之充任其他国家驻华领事的就更多了。例如,19 世
纪 50 年代初,英商宝顺洋行的老板比利(T. C. Beale)同时就任葡
萄牙的上海领事和荷兰、普鲁士的上海副领事。⑦ 宝顺洋行是一
家和怡和洋行齐名的大鸦片贩子和大人口贩子,它的人主要是担

---

①　格里芬:《飞剪船和领事》,第 287 页。

②　格里芬:《飞剪船和领事》,第 303 页。

③　格里芬:《飞剪船和领事》,第 287、303 页。

④　达维斯:《美国公文汇编》第 1 辑第 8 卷,第 258 页。

⑤　达维斯:《美国公文汇编》第 1 辑第 18 卷,第 230 页。

⑥　《北华捷报》(North-China Herald)(以下简称《捷报》)1875 年 8 月
28 日。

⑦　费正清:《贸易与外交》第 1 卷,第 419 页。

任厦门和汕头领事。另外,从 1846 年起,英商德记洋行(Tait & Co.)的老板德狄(James Tait)是西班牙的驻厦门副领事。1848 年英国驻厦门领事列敦(J. H. Layton)已经说他"利用他的官职身份强迫和侮辱了当局"。可是到了 1851 年,此人又兼上了荷兰的驻厦门副领事,1852 年更兼上葡萄牙的驻厦门领事,1856 年又自己任命自己为尚未开港的汕头西班牙领事,而他行里的一个伙计则当上了美国驻厦门的代理领事。① 比利和德狄之所以戴上这么多的领事头衔,显然是为的绑架华工。此外,英商康诺利(John Connoly)从 1849 年起就担任法国的驻厦门领事,还曾想再戴上秘鲁领事的头衔,因为他所绑架的华工都是送到那个国家去的。1862 年,香港甘明和洋行(Caminho & Co.)的帕士脱(Pastor)乘坐苦力船到未开口岸去捕捉华工,他的身份就是"秘鲁领事"②。

有人说,在 1853—1855 年间,英国商人遍任比利时、西班牙、葡萄牙、丹麦和秘鲁各国的驻广州领事;在 1857 年,英国人遍任葡萄牙、比利时、荷兰、汉堡、卢贝克、不莱梅、普鲁士、丹麦和暹逻各国的驻上海副领事。③ 除暹逻外,所有这些国家都和中国没有外交关系。

如今还可以在剑桥大学图书馆所藏怡和洋行的档案里看到一个奇怪的文件。这就是 1849 年 6 月 1 日以夏威夷国王加梅哈梅哈第三(Kamehamaha Ⅲ)的名义任命怡和洋行的约瑟夫·查甸(Josseph Jardine)为夏威夷王国驻"广州及其他各口总领事"的国书副本。身为夏威夷王国外交大臣的怡和洋行职员、英国人魏理(R. C. Wyllie)在通知约瑟夫·查甸这项光荣任命的信里,详详细细地描述了夏威夷王国驻外领事的服装式样,要他在中国采购衣

---

① 费正清:《贸易与外交》第 1 卷,第 213—214 页。

② 《大陆贸易报》(Overland Trade Reports)1862 年 2 月 28 日。

③ 马士:《对外关系史》第 1 卷,第 347 页。

料,按式裁制,然后说:"伦敦方面会把合式的纽扣送给你的。"①不久,约瑟夫·查甸果然就自称为夏威夷王国驻广州及其他各口的领事了。然而直到现在,我们还没有发现,当年有任何一个夏威夷人到过中国。

以后我们即将看到官派领事都拥有战胜者、征服者的政治声势和炮舰威力,都是侵略活动的急先锋。至于商人领事,本来就是为了掳掠中国人而来的,他们戴上领事头衔以后,就也具有战胜者、征服者的威风,当然更加放肆地进行掳掠。

## 三、西方入侵者的行动方式一般

以后我们即将分项叙述外国入侵者对中国人民进行暴力强制或暴力掠夺的罪行,这里先来看看他们行动方式的一般状况。

以英、美为首的外国入侵者是怎样看待中国的呢? 在中国历任厦门、福州、上海、广州四口领事,后又升任为驻华公使的英国女王陛下的官方代表阿礼国说:"自然法则与道德规范之统治国家的生命、昌盛与衰微,正与其统治人类生命一样。……人类尽瘁文明,殊途同归,总是达到一个惟一的结果,就是弱者拜倒于强者之前。"而"商业乃文明的真正先驱,……是主上施舍下来,把人类从野蛮与孤立所造成的卑贱与丑恶中解放出来的人间使者"。中国"尽可在奄奄待毙中苟延一时",最后,"总是要倒亡的"②。前面说过,以智利驻广州领事身份闯到台湾去的美国人小奈伊提出

---

① 怡和档案:《上海怡和洋行达拉斯(Dallas)致香港怡和洋行大卫·查甸(David Jardine)的信》1853 年 4 月 12 日,剑桥大学藏。

② 阿礼国:《对外关系上的中华帝国》(The Chinese Empire in its Foreign Relations)《孟买季刊》(Bomby Quarterly Review)1856 年 4 月号,转引自费正敬:《临时制度》(1),参见《中国社会及政治学报》1935 年 1 月号,第 484 页。

美国人应在台湾建立独立政府的建议,被美国驻华公使称为"真正的美国观点"。

19世纪50年代中期,上海一个有影响的外国商人说,他来中国的目的,是在最短的时间里,赚得最多的钱,"在两年或者最多三年之内,我希望赚一笔钱,然后走开。以后,上海被水淹了,被火烧了,对我又有什么关系呢"?"我们是来赚钱的,能赚多少,就赚多少,为了这个目的,只要法律允许,不管什么方式方法都行。"①以下,我们就来看看所谓"只要法律允许"是什么意思。

让我们先从英国领事的声势说起。一位西方作家说,英国领事选择领事馆址,首先考虑的问题,不是便利商务联系,或者环境舒适,而是在"官府所在的城墙以内,升起英国的国旗,以维持不列颠的声势"。1844年11月,阿礼国接任英国驻厦门领事,他的第一件事情,就是在城内升起不列颠国旗,以维持不列颠的声势。1845年,厦门当局终于在他的压力之下同意他在被毁的道台衙门的旧址上"用中国钱建造英国领事馆"。在道台衙门旧址上建造英国领事馆,显然是为的使领事具有道台的声势。但用中国钱建造,是哪门子道理呀。在福州,1844年开港贸易后,英国公使德庇时训令英国驻福州领事李太郭(G. T. Lay),要在福州城内选择馆址,"以维持不列颠的声势"。英国的驻上海领事馆原来也设在上海县城里,后来因为远离贸易港口才搬到外滩去的。19世纪40年代末,广州的进出口贸易都在城外"十三行"成交,一切顺利,但英国驻华公使文翰却坚持英国人有权进入广州省城,以"维持不列颠的优越地位和声势"。他认为,贸易在城外进行,在商业上未尝不可,但"政治上,入城问题却不可避免地事关面子问题,不列

① 阿礼国:《大君的首都》(R. Alcock, The Capital of Tycoon),第37—38页。

颠不能等闲视之"①。查中英《江宁条约》第二条说,"大英国君主
派设领事、管事等官住该五处城区,专理商贾事宜"。"城区"不等
于"城内",并未规定英国有权进入城内建造领事馆,闹了多年的
广州入城问题,纯粹是英方为了维持政治声势所进行的无理取闹。
只是由于广州人民的坚决反对,才没能得逞。

　　一位西方学者总结这个时期英国驻华领事的作风说,他们
"作为不列颠商业扩张的先锋,都根据不列颠在印度的长期传统,
固执不列颠在印度的经验,怀着不列颠所固有的优越感和白人所
独具的思想感情,加上对土著的蔑视,这一切形成条约口岸新任官
员的处事态度。他们发现他们在和中国的官方的日常斗争中,处
在改造者的地位,要用计谋胜过对手,最后的一手就是诉诸皇家海
军。在最后摊牌时,他们的决心,他们坚持诉诸大炮以排除障碍的
声势,最能达到目的,因为没有一个中国官员是愿意走向这个结局
的"②。1861 年英国驻华公使卜鲁斯(Sir Frederick Bruce)总结清
政府官员的对外态度是"在任何情况下,连碰都不敢碰到外国
人"③(着重符号是英国外交部人加的)。这个总结,完全是真实
的写照。

　　如此这般的所谓领事和商人在中国为所欲为。1853 年美国
驻华公使马沙利初到上海,一眼就看出英国人在中国的"征服行
动,既不畏惧冥冥苍天,又不顾及人间正义"④。当时美国人在中
国的征服行动并不比英国人多半点文明。马沙利是出于嫉妒这样
说的。我们不妨从英国人说起。1844 年春,中国宁波当局逮捕了

————————

①　费正清:《贸易与外交》第 1 卷;第 200、202、204、279 页。

②　费正清:《贸易与外交》第 1 卷,第 172—173 页。

③　《卜鲁斯致罗素》1861 年 5 月 30 日,英国外交部档案,F. O. 17/352。

④　《马沙利致国务院》1853 年 9 月 30 日,费正敬:《临时制度》(1),参
见《中国社会及政治学报》1935 年 1 月号。

一个犯有勒索罪行的罗某。此人在鸦片战争中是投靠英军的汉奸,成为英国译员罗伯聃(Robert Thom)的左右手,这个时候,罗伯聃恰恰出任英国驻宁波领事,他得知罗被捕后,立刻跑到宁波治安机构去,把英国国旗挂到该机构的门道上,要求立即释放罗犯。英国的国旗就代表英国的政治声势和炮舰威力,终于迫使宁波当局把罗犯释放了。罗伯聃的这个行动,就连英国外交大臣也认为是降低了英国领事的身价。① 然而到了1849年,罗伯聃又向宁波道台发出警告说,"从西洋来的外国人,脾气特别急躁火暴",要求他发出公告,"父教其子,兄教其弟",对外人"讲究礼貌"。②

1844年8月的一天,上海中国低级官员逮捕了一个犯有罪行的姚姓基督徒,此人在战时充当过英军通事。英国驻上海领事巴富尔(G. Balfour)"为了维持不列颠的声势",当天下午就派人到道台衙门要求在一小时内释放姚犯,否则他就要下旗撤离上海。人是放了的。但第二天一早,巴富尔又要求上海道宫慕久向他正式道歉。宫慕久态度友好,只是拖到夜里,尚未送交"满意的答复"。于是巴富尔便通知宫慕久说,他将下旗闭馆,于次日下午1点,撤出上海。宫慕久请求延缓时间,次日凌晨,巴富尔通知宫慕久,他已雇好船只,将于中午12时开往舟山去调来炮舰。宫慕久说,他将于下午1点亲自拜访巴富尔。但巴富尔扬言,他的船定于中午开航,于是宫慕久亲自向巴富尔送来道歉照会。而巴富尔又不满意于照会的措辞,只是重新升起英国国旗,表示对宫慕久还有商量余地。后来,宫慕久终于送来巴富尔认为满意的道歉照会,事情才算了结。当时英国驻华公使德庇时,肯定了巴富尔的一切行动,只是对他下旗撤退这一点是否恰当表示怀疑。不过一位西方学者总

---

① 费正清:《贸易与外交》第1卷,第331—332页。
② 费正清:《贸易与外交》第1卷,第174页。

结经验说,"不久就清楚了,这种闪电战的外交方式,总是能取得成功的"①。

闪电式外交方式并不仅限于升旗降旗,更常见的还是动用武力。例如 1845—1846 年,英国驻福州领事阿礼国和通事巴夏礼(Sir H. S. Parkes)为了维持英国的所谓"声势",开列了 19 个地方,要福州地方当局遍贴告示,禁止群众"污辱外国人"。后来巴夏礼发现只有 8 个地方贴了告示,于是阿礼国向香港请调炮舰,开到福州。② 阿礼国后来调任英国驻上海领事,又大玩其炮舰外交。

1848 年 3 月 8 日,麦都思(W. H. Medhurst)、雒魏林(William Lockbart)和慕维廉(William Muirhead)3 个英国传教士到青浦郊游。西方的记载说,他们在那里向失业的漕船水手分发宣传基督教义的传单,"在喧闹杂沓之中,雒魏林医师的手杖不经意的把最前排一人的脸给擦伤了","引起水手的骚动",但"并未造成伤害"。就在这一关头,知县衙门派来的差役把他们 3 人救了出来。青浦知县"手段敏捷,彬彬有礼,备了轿子,派了警卫,把这 3 位遭难的外侨送回上海"③。

上面是西方作家所述 3 个英国人的"遭难"经过,查中英《五口通商附粘善后条款》第六条规定,"广州等五港口英商或常川居住,或不时往来,均不可妄到乡间任意游行"。雒魏林等 3 人私去青浦首先就是违约的行为。而他们遭事,是由英国人的违约行动和蛮横行为所引起的。但是,阿礼国歪曲事实,调动兵舰,大事威

---

① 费正清:《贸易与外交》第 1 卷,第 173—174 页。

② 费正清:《贸易与外交》第 1 卷,第 175 页。

③ 兰宁与柯灵:《上海史》,转引自上海社会科学院历史研究所筹备委员会编:《上海小刀会起义史料汇编》(以下简称《史料汇编》),第 580—581 页。

胁,蛮横要求青浦当局立即惩凶道歉。当时青浦的漕船水手不下13000 人,青浦当局顾虑激起群众的愤怒,对阿礼国的要求稍有迟疑。阿礼国便"立即向中华帝国宣战",并于 3 月 13 日通知上海道台咸龄,说什么他将停止英国商船向海关交纳一切税饷,并封锁港口,不许任何漕船出海;还说,如果在 48 小时以内不逮捕 10 个罪犯,他就要采取其他措施。这时,上海港停有满载大米的漕船1400 艘,即待起航。阿礼国手里所掌握的英国皇家海军轻巡洋舰卡尔特尔斯号(Childers)有炮 10 门,完全有能力摧毁一切漕船。同月 19 日,阿礼国又直接向南京两江总督提出威胁。于是两江总督便撤去咸龄的道台职务,命令江苏按察使到青浦去开庭办案。结果,找出了两名"凶手",于 3 月 29 日判决,把凶手押往租界区枷号示众,为期至少 1 个月。

英国驻华公使文翰向英国外交部报告说,他认为"阿礼国的行动超越了他的职权范围"。但是外交大臣巴麦尊却批准阿礼国的"决定和他所采取的行动",不过指示说:"这样的行动必须看做是例外,下不为例。"①

阿礼国并不是越权行动的惟一英国领事。1855 年,英商广隆洋行(Lindsay & Co.)在福州强占地皮,建造房屋,受到人民的强烈反对。英国驻福州领事麦华陀(Walter H. Medhurst),就亲自率领英国炮舰赛马号(Race Harse)赶到现场,派 40 名水兵用炸药轰毁了地面的界碑②,用英国的炮舰树立英国的"声势"。

不仅英国官派领事动不动就调动英国炮舰逞凶,就连美国的商人领事,也这样干。19 世纪 50 年代中期,美国驻厦门领事老希亚特选定鼓浪屿兴建领事馆,就曾有美国的炮舰把炮口对准他正

---

① 马士:《对外关系史》第 1 卷,第 392—394 页。
② 达维斯:《美国公文汇编》第 1 辑第 20 卷,第 166 页。

在修建房屋的地方,进行示威。他在房屋落成后说:"我们在维护
我们权利方面的坚定态度,似乎已经取得了中国人的尊重。"①而
美国驻华公使巴驾(P. Parker)则称赞这类人物,"都是有教养、有
才华的人,如果他们留在自己的国家,都可能得到财产和有影响的
卓越地位。但是他们自愿放弃所有这一切,为了一个目的,就是为
中国人办好事"②。下面试看外国公使、领事是怎样伙同外国商人
为中国人"办好事"的。

一个商人戴上领事头衔,就具有三重身份。首先,他是某一国
家的代表,拥有代表某一国家的身份地位,哪怕就是自封为无约国
的领事也罢。英、美、法 3 个有约国家的领事都既有条约权利,又
有政治声势和炮舰威力;无约国的葡萄牙领事,则有武装划艇。其
次,他是外国的公民,根据治外法权,无论犯下什么罪行,都不受中
国法庭的审判。最后,他是商人,他的目的是发财。他当领事,就
是为自己发财。

这里要指出的是,不仅前来中国的所有西方侵略者和他们东
方殖民地的人,都各有其守护神,甚至中国人只要登上悬挂西方旗
帜的任何一条船只,或者和西方人搭上某种关系,也都自动地受到
西方领事的守护。1849 年,澳门当局就埋怨,"这里每一个国籍不
明的外国人都自称是葡萄牙人"。例如,意大利人,西属马尼拉人
以及亚洲社会的渣滓,通常都说是来自澳门。而"中国政府的懦
怯和软弱又是如此之远近周知,根本不可能希望他们能制止这些
人的非法行为"③。这里所说的外国人,肯定有不少就是和葡萄牙
人搭上关系的中国人。

---

① 达维斯:《美国公文汇编》第 1 辑第 8 卷,第 358、366 页。
② 达维斯:《美国公文汇编》第 1 辑第 17 卷,第 38 页。
③ 费正清:《贸易与外交》第 1 卷,第 347 页。

这个时期的在华外商,除去长期走私鸦片,积有大量资本的英商怡和、宝顺和美商旗昌、琼记等少数几家洋行外,其他洋行拥资极少。就连旗昌这样的大洋行,除 7 个大股东外,其他投资人也只有很少的资本。这些小股东一般都以三四年为一期,到时便捆载而去,返回美国另行投资了。①

事实上,鸦片战争后闯到中国来的很多所谓商人都是流浪汉、冒险家乃至罪行累累的逃犯。他们到了中国,无所不为。早在 1842 年的 9 月 12 日,《江宁条约》签订还不到 1 个月,璞鼎查(Henry Pottinger)就在发给印度总督的公文里埋怨英国商人的行为了。他说,"约束英国人远比保护英国人困难得多";认为必须选派一个好人来充任英国驻华的最高代表,赋予他强大的权力,使他能够驱逐英国公民,逮捕和没收他们走私的船只和货物"。"除非英国当局的头头拥有非常的权力,他就会发现,暴乱分子实在太多了。"②

半年以后,即 1843 年的 3 月,璞鼎查所担心的事情就发生了。他在发给外交部的公文里说,在广州,有 200 来个"没有适当约束"的印度水手,向中国人挑衅,造成流血事件。他们使"中国政府和中国人民极为厌恶"。1844 年 10 月,璞鼎查一回到伦敦,就向外交大臣埋怨英国商人,"和别人相比,个个都是更大的恶棍"③。

1846 年 7 月 4 日,住在广州十三行街的英商孔普敦

---

① 洛克伍德:《琼记洋行》,第 8、122 页。

② 科斯丁:《大不列颠与中国,1833—1860》(W. C. Costin, Great Britain and China, 1833—1860),第 102—103 页。

③ 科斯丁:《大不列颠与中国,1833—1860》(W. C. Costin, Great Britain and China, 1833—1860),第 114 页。

(Compton)被近处小巷子里一个水果摊贩的叫卖声吵得怒不可
遏,冲出去踢翻地摊,并把小贩赶出巷子。这次事件很快就由一个
广州小吏调处了。不料第二天黄昏,另一个外国人乔祺(Church)
又被一个摊贩吵得怒不可遏,用甘蔗杆殴打那个小贩,从而引起争
吵。孔普敦和另外两个外国人还把小贩捆将起来进行殴打。而十
三行街的外国人经过和英美领事一番商讨后,拿起武器驱赶街道
上的中国人。中国人向他们扔石头,他们就开枪,当场打死 3 人,
打伤 6 人。不久,中国当局派出武装人员弹压中国人,事态才未致
继续扩大。英国驻华商务监督德庇时随即向耆英提出严惩中国肇
事人的强烈要求。① 英国人行凶打死中国人,德庇时却要求耆英
惩办中国肇事人,真是奇闻;而耆英却又派出较高级军官率领大批
士兵加强对十三行街的保卫,又把十三行街附近的小贩都驱逐
干净。

德庇时在发给巴麦尊的报告里说,孔普敦在领事法庭上承认
他多次犯有暴行,他应对这次冲突的爆发负责,所以领事法庭对他
课以 200 元的罚金。德庇时不无怨气地诉苦说:"在广州,对付我
们国家的人远比对付中国政府困难得多,而我又不是被迫承认这
一点的第一个人。"

不料孔普敦一面承认罪责,一面又向香港最高法院起诉。最
高法院的首席法官赫尔姆(Hulme)认为,德庇时处理问题的整个
程序不正规,所以必须整个推翻。但令人奇怪的是,英王陛下法律
官员也支持赫尔姆的决定。而巴麦尊于训令德庇时退还 200 元罚
金之余,又告诉孔普敦说:"政府完全同意罚款 200 元,只是由于
程序上有缺点,才使你免于受罚"云云。

---

① 马士:《对外关系史》第 1 卷,第 381—382 页。

德庇时受了一肚子窝囊气，便向巴麦尊发泄，说赫尔姆是一个惯于喝得醉醺醺的家伙，醉鬼越早离开公安司法神庙（Themis）越好。就连巴麦尊也对伦敦的对华贸易商人"愤怒地埋怨"说，在华年轻人"踢翻水果摊以取乐，把中国人当做球踢以取乐"①。

以上所举英国人的刑事犯罪，并不只是少数人的个别行动。1856 年，英国驻上海副领事罗伯森的备忘录里说，截至当年的 12 月 12 日为止，他一共处理了 503 起英国人的刑事案件，其中包括杀人犯 4 人，重罪犯 103 人，重罪嫌疑犯 23 人，侵入住宅犯 9 件，绑票犯 13 件，接受赃物犯 9 件，勒索犯 14 件，非法侵夺财物犯 17 件，酗酒犯 29 件，行凶杀人犯 48 件，有意破坏犯 11 件，其他刑事犯如强奸等 191 件，各种嫌疑犯 32 件。把这一年常驻上海和到沪后又离去的英国人都计算在内，共计 630 人。试看 630 个英国人，在不足一年的时间内，竟闯出了 503 起刑事犯罪或犯罪嫌疑案。②

美国人又怎样呢？美国作家丹涅特总结这个时期来华的美国人的行动说，加利福尼亚淘金狂的失意者，跑到上海来发财；旧金山的叛逃水手到了上海后再次叛逃。这些家伙散布中国沿海，尽情地靠（掠夺）中国人生活，而且生活得很好。③ 1853 年 7 月，金能亨报告马沙利说，当时上海的六七十个美国人，都是从美国船上叛逃下来的。从加利福尼亚开来的一只船上的水手，全体要求退职。这一要求被拒绝以后，他们就全部都叛逃了。"这些家伙，横

---

① 科斯丁：《大不列颠与中国》，第 128—129 页；马士：《对外关系史》第 1 卷，第 383—384 页。

② 《罗伯森上包令备忘录》1856 年 12 月 12 日，英国外交部档案，F. O. 83180。

③ 丹涅特：《东亚》，第 188 页。

行于中国城郊,和中国居民发生种种冲突,中国政府对于这种情况
毫无办法。因为他们的治安人员根本无力对付外国人。"①马沙利
的报告也说,上海的美国亡命之徒,藐视一切法律。因为他们已经
坐过监牢,不用畏惧坐牢,而监牢也关不住他们。他们更无钱可以
课加罚款。这些人日日夜夜地跑进上海去酗酒、吵闹、骚扰。其他
美国使领人员送给国务院的公文里,也充满了有关这类人物造成
惨案和刑事犯罪的报告。马沙利甚至迫切请求美国总统拨给一笔
专款,在上海买一块地皮,盖一座监牢,专门囚禁美国犯人。②

　　英美商人无故行凶的惨案,并不罕见。早在 1843 年的 11 月
14 日,即上海正式开港后的第三天,就已发生了。这一天,有一个
英国人违反《五口通商附粘善后条款》的规定,跑到上海城外一英
里半的地方去"打猎"和"郊游",开枪打伤了两个儿童。这两个儿
童是在宅房篱笆后面被打伤的。英国驻上海领事巴富尔说:"除
非不顾人命,无论如何,谁也不该那样打枪。"③1858 年 3 月,英国
全权代表额尔金(Lord Elgin)的座船开到闽江口外,有两个美国人
自称引水,上船来给他领航,其中一个根本没有引水执照,另外一
个虽有执照也无能领入闽江口以外去。额尔金探问把他领进口内
的中国引水,为什么他不做闽江口外的领港业务,那个中国引水
说:"他不敢那样做,因为美国人太猖狂",说时把手切过喉咙,作
杀头状。④

　　宁波正式开港后,合法贸易很少,却很快成为镇海、舟山、温州

---

① 卿汝楫:《美国侵华史》第 1 卷,第 101—102 页。

② 丹涅特:《东亚》,第 188 页。

③ 费正清:《贸易与外交》第 1 卷,第 211 页。

④ 《额尔金勋爵致克拉兰敦勋爵》(Lord Clarendon)1858 年 4 月 2 日,
英国外交部档案,F. O. 12/287。

和宁波外国歹徒的一个重要据点。1848 年,泊在宁波的葡萄牙武装划艇不下一打。两年后,这里出现了二十来个外国人,都是划艇上叛逃出来的走私贩子和恶棍。他们来自澳门、果阿或马尼拉,在宁波和镇海流浪,专靠勒索中国商人为生。有两个分别叫做胡安(Juon)和波塔多(Botado)的人,一次邀约同伙来到一家干鱼铺,用盖有伪造该铺图章的文件强索 12000 文钱的欠账。"地方当局惟恐触犯外国人就会招来麻烦",对他们无可奈何。有时,恶棍们还用伪造的文件把中国人赶出自己的住宅。而布拉齐里亚(Brazillia)和帕托克砣(Patacto)两人,则冲进一座住宅大院里,殴打了其中的 4 家人,强奸了 1 名少女,后来又把押在监狱里的同伙抢走。①

19 世纪 50 年代中,英国驻宁波领事报告当地的情况说:"在过去一段时间里,逃亡的(外国)水手和其他不法之徒,已经习惯于把本口当做他们的聚会所。他们戴着假面具,在夜晚出来,抢劫中国人的住宅和身上的财物。"②英国驻上海领事阿礼国也说:"来自各国的这群外国人,生性卑贱,无有效的管束,既为全中国所诟病,又为全中国的祸患,他们放纵强暴,乃是欧洲各国的渣滓。"他们在商务上和中国的体面人物闹纠纷,把允予进入和贸易的特权变成欺诈和暴虐的手段,他们的放纵行为,既对他们的本国政府无所畏惧,又根据条约,在很大程度上,受到本地政府的保护。中国人固然是最大的受害者,但却不是惟一的受害者,没有一个欧洲大家庭的政府或国家的品德不受损害的。③

---

① 费正清:《贸易与外交》第 1 卷,第 341 页。

② 达维斯:《美国公文汇编》第 1 辑第 8 卷,第 250 页。

③ 莱特:《中国关税的自主斗争》(S. F. Wright, China's Struggle for Tariff Autonomy)(以下简称《自主斗争》),第 56 页。

敲诈勒索和抢劫,为的是金钱,把中国人当做球踢,为的是
"取乐",无故杀人又是为的什么呢? 前面说过,英国人在上海近
郊开枪打伤两个篱笆后面的儿童,或许是误伤吧。1847年10月
21日,香港外国人所办的《德臣报》上有一则报道说,一个外国人
到九龙去郊游,把枪口对准一家农舍门口的母鸡在瞄准。一位老
人挥手,示意他不要开枪,接着老人自己便遭到了枪击,不久,老人
便死在香港医院里。① 这种有意杀害无辜,又是为的什么呢?

据上所述,我们看到外人在华的一切行动,从居住、经商到旅
游,无不充满了暴力行动;从而形成两大特点:为所欲为的随意性
和伤天害理的残酷性。

## 第二节　为所欲为的海陆掳掠

前面我们说过,在条约权利、炮舰威力和政治声势的庇护之
下,外国入侵者在中国的行动方式一般都带有为所欲为的随意性。
既然无法无天,为所欲为,很自然地便带有伤天害理的残酷性。他
们行动的这两种特性,在海盗掳掠和绑架"苦力"两件事上,表现
得最为突出。

海盗掳掠是由鸦片走私刺激起来的。在第一次鸦片战争以后
的中英各项条约上,都没有把鸦片当做合法商品许予进口的规定。
但是,向中国输出鸦片越来越成为中、英、印三角贸易和英印财政
收入的生命线,而清政府则既无力于,又不敢于查禁鸦片走私,所
以战后鸦片走私便大为猖獗起来。鸦片是一种体积很小而价值很
大的特殊商品,特别适宜于走私,因而也特别适宜于拦路抢劫。

---

① 《额尔金致克拉兰敦》1858年4月2日,英国外交部档案,F. O.
17/287。

"鸦片成为刺激海盗的有力商品。"①随着鸦片走私的猖獗，海盗抢劫也跟着猖獗起来。海盗既然进行抢劫，那就不必放过其他财物，就连小小的渔船，也一并杀其人，劫其货。当然更不妨上陆洗劫。另外，随着海盗的猖獗，中国沿海又兴起一种以保护商船为名的所谓护航行当。"护航队"既然保护商船，当然就要勒索护航费，凡拒绝交纳者，即洗劫之。这样，中国沿海便出现一种鸦片走私、海陆掳掠、海道护航三位一体的怪事。但是如此混乱的中国沿海，毕竟不利于正常贸易，所以在中国拥有最大贸易利益的英国政府便命令皇家海军扑灭海盗。但是中国沿海的金钱财物对皇家海军的诱惑又如此之大，以致皇家海军对合法商船也进行轰击，加以洗劫；他们还以搜剿海盗为名，上陆打家劫寨。这样，中国沿海便又出现另一个怪物，即皇家海军和海盗的统一。

## 一、鸦片走私、海陆掳掠和
## 海道护航的三位一体

这个三位一体中，包括许多国籍的人。有据可查的有英国人、美国人、葡萄牙人、其他欧洲人、印度人、菲律宾人等等，也有中国人。我们不知道哪个国籍的人占多数，但确知他们在海上都悬挂外国的国旗，使中国海防人员不敢接近；他们置备武器，销售赃赃，借以聚集和由以出发的根据地在香港和新加坡。这两个英国统治之下的殖民地是走私犯、抢劫犯、杀人犯等一切歹徒的黑窝。香港和新加坡的英国殖民政府，从来就不禁止鸦片走私，香港殖民政府还正式授权英国人有权进行海上护航，倒是对海盗定有法规，进行过审判，那是专对中国人而设的。至于外国人，既然是三位一体，

---

① 费正清：《贸易与外交》第 1 卷，第 335 页。

又对殖民地带来了繁荣,所谓审判海盗,不过是装装样子罢了。

　　在鸦片战争以后,香港成为鸦片的转运中心。这个中心,"吸引了许多走私贩子和海盗"。1841 年 10 月,香港的监狱一经开门,立刻就挤满了待审的海盗。到了 1843—1844 年,每月平均收押 60— 90 个中国人,其中许多都是犯有海盗罪行的。但是,即使是西方人也承认,聚集到香港来的"两大彪悍集团是不列颠人和中国人。他们彼此协作,狼狈为奸"。为了防止海盗,香港殖民政府于 1844 年、1846 年两年颁布过一系列条例,检查登记下层居民和船户,管制中国船只的到达和离去,违者加以重惩。这些条例是针对中国人而发的。但"不法的欧洲水手和法外之徒联合在一起",条例对他们没有任何效力。① 当时,中国政府是严禁出海船只携带武器的。中国人当海盗,从哪里来的武器呢? 原来香港的仓库看守人员"不仅向他们供应武器军火和经理掳掠赃物,并且在商业机构和政府部门里收买坐探,向他们提供高价货物〔鸦片〕的消息,特别是关于警察和英军炮舰的活动情报"。这样,在不列颠人和欧洲水手的协作之下,英国统治下的香港既是囤积鸦片的巨大货栈,又是提供武器抢劫鸦片的巨大匪巢。1844 年,海盗聚集了一支 150 艘作战船只的庞大舰队,向一切过往的中国船只勒索买路费。他们甚至抓去了虎门炮台的军官和他的关防,割去他的耳朵,勒索赎金 6 万元。②

　　英国占领什么地方,什么地方就成为走私鸦片的货栈,跟着也就成为海盗出入的匪巢。1841 年 9 月,英军侵占定海,接着又侵占镇海和宁波。于是,这个地区的鸦片走私便空前猖獗起来。早

---

　　①　福克斯:《不列颠海军与中国海盗,1832—1869》( G. Fox, British Admirals and Chinese Pirates,1832—1869)(以下简作《海盗》),第 91、94 页。

　　②　福克斯:《海盗》,第 92 页。

在 1842 年的 10 月,舟山英国占领军海军少将巴加(William Parker)就已在报告里说,他要注意舟山海域的海盗活动了。① 这个时候,舟山是英国侵略势力在香港以北地区的总基地,驻有大批海陆军,经常派出船只到大陆来接运物资。除非是外国人或者在外国旗帜的保护指挥之下,中国海盗是不敢闯入这个禁区的。英踞舟山的海军迟至 1846 年才撤退。经过 5 年的经营,舟山成为香港以次,东南沿海的鸦片走私和海盗出入的又一大黑窝。

1844 年英国驻宁波领事的报告说,舟山有鸦片趸船 3 至 5 艘,单是运往台州、温州等浙江沿海各口的走私鸦片,每月达 100—200 箱。1845 年估计整个沿海走私鸦片中,有十分之一,即每年3500—3600箱都是从舟山运出的。这些鸦片是什么人走私的呢? 1845 年 3 月,有一个广东人驾驶英籍船"船主欢喜号"(Owner's Delight)向宁波走私鸦片。此人不仅会说英国话,取一个英国名字叫汤普森(Thompson),还领有舟山英国占领当局所发的行船执照,不用说,是在英国国旗的保护之下走私的。而一个美国的鸦片贩子拜兹(Bates)尽管并无英国当局的授权,却也悬挂英国国旗走私鸦片。1846 年 8 月,宁愿辞谢英国驻厦门副领事的职位不干,却热衷于鸦片走私的英国人大卫森(Samuel C. Davidson)公开告诉英国驻宁波领事罗伯聊说,他一次就走私鸦片 38 箱。②

为了走私鸦片,船上武器齐备。既然有了武器,也就不妨抢劫。1847 年 8 月,英国军舰"岱达勒斯号"(Daedalus)发现 1 只大帆船,船上配有 12 磅火炮 3 尊,旋回炮数尊,火药 400 磅,投掷敌船后就能发出恶臭和窒息气体的"臭壶"12 个,此外,还有长矛、刀剑和"伪造证件"。这只船是由鸦片趸船的大班指挥的,携有伪造

---

① 福克斯:《海盗》,第 97 页。
② 费正清:《贸易与外交》第 1 卷,第 333 页。

证件,水手25人,其时正在向宁波输送鸦片。"岱达勒斯号"把这
只船连船带人缉押送往香港。① 英国海军是保护鸦片走私而不是
缉拿鸦片走私的。"岱达勒斯号"把人船都押到香港,显然是因为
这只船既走私鸦片,又进行海盗抢劫才做出的决定。这个时候,英
国海军捕获中国海盗都移交给中国当局处理。"岱达勒斯号"把
全体船员都押送到香港去,可见他们全部都是英国籍的人,所谓
"伪造证件",当然就是伪造英国当局的行船执照,从而也就悬挂
英国的国旗。香港殖民政府于1844年10月成立最高法院,于
1847年1月成立海军军事法庭,以后即将看到香港法院是怎样判
处英国海盗的。

　　海盗虽由抢劫鸦片而起,诸凡商船渔船,得手皆抢劫之。在19
世纪40年代,鱼汛期的舟山海域,约有渔船4000只,都是海盗的抢
劫对象。1848年1月,英国驻宁波领事琐离完(G. G. Sullivan)报告
说,中国船只结队航行,仍不免遭到抢劫。海盗把人掳去当人质,要
付大笔的赎金才得放回。交付赎金,领回人质,必有约定的时间和
地点。这就是说,海盗已经是公开活动的了。镇海的水师也许是顾
虑英国的国旗,或者是畏惧海盗的炮火,总是躲在港内不敢出海。
他们的这种畏缩态度,激起镇海渔民的无比愤怒,以致有一天,渔民
聚集到八九千人,冲进官府衙门,大肆破坏,直闹得当局卑躬屈膝地
恳请英国军舰"艾斯皮格尔号"(Espiegle)出海去保护渔民。②

　　在19世纪40年代初,鸦片贩子以香港、舟山为基地,但并不
限于在香港、舟山地区走私,他们闯到东南沿海遍设鸦片趸船,分
销到一切得手走私的港汊去。事实上,北起长江口,南至海南岛,
无处不走私,因而也就无处无海盗。早在1842—1844年各条约口

---

　①　费正清:《贸易与外交》第1卷,第335页。
　②　费正清:《贸易与外交》第1卷,第336页。

岸开港之初,英国驻各口的领事就已要求英国海军扑灭海盗了。①
1842 年,厦门当局曾拒绝璞鼎查以英国海军扑灭海盗的要求。②
但到了 1847 年 3 月至 1849 年 7 月这两年多的时间内,英国的两
艘军舰已 8 次追击海盗,俘虏 499 个中国人,交给了厦门地方当
局。而 1849 年英国驻厦门领事估计福建沿海至少有海盗 4000
人。③ 这里有多少外国人,史无明文。

海盗猖獗,清水师不敢出海,沿海商船渔船的惟一出路,只是
寻求外国人和外国旗帜的保护。于是,悬挂外国旗帜、由外国人组
织领导的武装船只,便兴起一个以保护中国船只为业的所谓"护
航"行当。所谓"护航"船只,多半都是两桅方帆船、两桅纵帆船等
中式船身而西式帆具的划艇(Lorcha),即所谓夹板船。这些护航
船都悬挂外国国旗,由西方白人任头目,"依靠优于亚洲方式的欧
洲式行动纪律和白人的声势"行事。④ 福建巡抚徐继畬说,葡萄牙
人的夹板船"每只配夷人五六名,广东水手十余人,安设夷炮数
门,护送商船,往来各省港口"⑤。总之,西方人和外国国旗是从事
护航的首要条件。中国旗帜和中国人只能成为海盗抢劫的对象,
谈不上护航。

西方人从事护航,是得到他们在华的官方代表支持的。1848
年 9 月,香港的最高法院作出决定,肯定英国人有从事护航的权
利。这个决定得到英国外交大臣巴麦尊的支持,条件是护航不要
落到"不受任何法律约束的那些英国人手里去"⑥。可见巴麦尊深

---

① 科斯丁:《大不列颠与中国》,第 112 页。
② 福克斯:《海盗》,第 99 页。
③ 费正清:《贸易与外交》第 1 卷,第 336 页。
④ 马士:《对外关系史》第 1 卷,第 406 页。
⑤ 徐继畬:《松龛先生奏疏》第 7 卷,第 12 页。
⑥ 马士:《对外关系史》第 1 卷,第 407 页。

知"不受任何法律约束的那些英国人"在护航勾当上是罪恶昭彰
的。1850 年,英国废除航海法,香港政府颁布条例,管理船舶登
记,授予船舶以在英国国旗的保护之下出海航行的执照,为期 1
年,期满可以更新。①

香港政府的上述登记制度,是专对英国船主而言的。1855 年
3 月,英美代表取得协议,对广州至黄埔进行单程航行的中国驳
船,也给予悬挂英、美国旗的权利。同年和次年,香港殖民政府又
颁布条例,对在香港租地定居的中国住户也授予领取执照在英国
国旗的保护之下出海航行的权利。② 于是,英国国旗便又成为中
国歹徒的护身符。

外国国旗的保护是有实效的。它不仅受到中国官方的尊重,
就连海盗也望而生畏。海盗一旦冒犯了那面旗帜,招来的打击是
异常沉重的。③ 而事情很快就发展到这样,西方人的武装力量迫
使中国官方对悬挂洋旗的走私船和海盗船都不敢干涉。例如,
1855 年 11 月,一只悬挂英国国旗的夹板船在广东走私,被清方截
留,英领要求释放被扣罪犯未遂。英国巡洋舰"拉特雷尔号"
(Ratfler)随即用武力劫去那只船。包令(John Bowring)断然声称,
"我不能允许中国当局侵犯我的司法权,不管我对于那些有了英
国国旗的保护与特权,而又忽视所应遵守各项规定的人,是多么地
不予同情,都是如此"。1856 年 5 月,包令坦率承认,在英国国旗
保护之下的中国夹板船是"参预罪恶行动的"④。就在这一年,英
国人公开扬言,广东当局到亚罗号上去逮捕海盗时,污辱了英国国

---

① 马士:《对外关系史》第 1 卷,第 409 页。
② 科斯丁:《大不列颠与中国》,第 178 页。
③ 马士:《对外关系史》第 1 卷,第 410 页。
④ 科斯丁:《大不列颠与中国》,第 178—179 页。

旗,悍然发动第二次鸦片战争。

发给航行执照,授予船只以悬挂英国国旗的勾当是大有油水可捞的。例如,1856 年 4 月,一只大型中国船从澳门出海,就私自悬挂美国国旗;到了上海,这只船才以 100 元的代价贿赂一家美国商行,用它的名义向美国领事馆去登记,借以取得美国航行执照和悬挂美国国旗的权利。① 登记和发给航行执照的收费具有巨大的"诱惑力",以致所有国家的驻华领事都滥发航行执照,授予悬挂该国国旗之权。1848 年 1 月,英国驻福州领事若逊(R. B. Jackson)报告说,葡萄牙人的夹板船,悬挂英国国旗的纵帆船和 1 只荷兰三桅船已对福州至厦门的中国船护航了几个月。② 同年,另一记载说,宁波的护航队有英国船、美国船,还加上一个由欧洲各国人组成的杂牌船队。到了 1861 年下半年,仅上海一港,就有挂英旗的各式船 193 只,挂美旗的 129 只,挂其他国旗的 50 只。③ 要知道,任何国家的驻华领事,不管有约国还是无约国,根本就没有颁发航行执照、授予悬挂国旗的权利。此中奥妙,除去登记发照大有油水可捞而外,还应加上一条,那就是除英国而外,其他各国的驻华领事本身多半都是"商人",也就是鸦片贩子、海盗、护航船主或其同伙!

由外国领事发给外国执照,授予外国国旗,由外国人组织指挥,使用外国型号的护航船队是怎样保护中国船只,免受海盗袭击的呢? 有一个记载说,中国船只在出海以前就和护航船队达成协议,言明从何处到何处,支付护航费若干,以求护航队的保护。例如,夹板船从福州护送装载杉木的中国船只至浙江各口,每华船一

---

① 科斯丁:《大不列颠与中国》,第 179 页。
② 莱特:《自主斗争》,第 191 页。
③ 莱特:《自主斗争》,第 191 页。

只,索银25元,合25只为一帮,每航行一次索护航费625元。如
果华船凑不成帮,则随时议价,多寡不等。① 这里要说的,不在护
航费之高低,而在护航、勒索、抢劫根本就没有区别。

早在19世纪40年代,香港的《中国邮报》就登载海盗骚扰沿
海商船和村庄的消息,同时,也对护航制度进行抨击。因为护航以
保护商船为名,实则进行勒索和抢劫。"欧洲船只(主要是葡萄牙
的)在护航的掩护之下,对中国航船犯下了罪行。"②现代的一位西
方学者说:"以不法之徒为主的冒险家,从要求护航费给予保护走
向对一切和平商人勒索买路钱,只不过再前进一小步而已。紧跟
护航制度而来的就是最为可怕的罪行"。就是因为这个缘故,香
港殖民政府才于1848年警告英国的护航船主不要犯下民刑
罪行。③

在宁波发生过这样的事情,如果华商船只不和护航队达成协
议,私自出海,那么到了海上,护航队就追上去,把旗帜抛到这种船
上去。要是这种华船把这种旗帜悬挂起来,那就表示接受护航,要
交出护航费,否则就被说成是破坏协议,要受到惩处。有人说,这
是"葡萄牙人最爱用的办法"④。所以,连英国人也承认"护航费
很快就变成勒索,而勒索又变为剽劫和谋害"⑤。另一个西方人也
评论说:"泛滥中国沿海的外国不法之徒",从"保护"行当上大获
其利,其中许多人很快就变成了"保虎"。"这些恶棍公开勒索,抢
劫乃至杀人。"1858年10月,额尔金报告英国外交大臣克拉兰敦

---

① 《夷务始末》,咸丰朝,第4卷,第15页。
② 福克斯:《海盗》,第106页。
③ 马士:《对外关系史》第1卷,第406页。
④ 费正清:《贸易与外交》第1卷,第342页。
⑤ 丁名楠等著:《帝国主义侵华史》第1卷,第81页。

勋爵(Lord Clarendon)说,他在福州近郊见到几只夹板船,各备有10—20尊重炮。据说,这些船绝大部分都扬言保护中国船只,防御海盗。但是,众所周知,在许多情况下,他们自己便是最坏的海盗。在他们的水手中,常常不难发现有欧洲人,而他们又是在外国旗帜的保护之下行事的。

1859年11月,英国驻华公使卜鲁斯报告英国外交大臣罗素勋爵(Lord John Russell)说,一个葡萄牙护航队的马耳他人马林尼(Marlini)在香港受审时证明,那些夹板船惯于袭击中国商船和水师船,屠杀船上的人,还袭击村庄,对毫无防卫能力的居民犯下了各种各样的残害和勒索罪行。[1] 1861年,卜鲁斯在发给罗素的报告里又说过,镇海已成为各国坏蛋的渊薮。这班人借口护航,或雇给中国当局当兵,却向中国的商船勒索金钱以维生。最近他们就在港口里抢劫商船。[2] 这些材料都证明,欧洲人的所谓护航,不仅在海上对船只进行勒索、抢劫和杀戮,就是在陆上,也对毫无抵抗能力的和平居民进行勒索、抢劫和杀戮。

那么,外国官方对这些恶棍又采取了什么态度呢? 对于那些本身便是鸦片贩子、海盗、护航船主或其同伙的商人领事而言,只举一个事例便够了。1852年6月22日,葡萄牙人玛魁斯(G. F. Marques)就任葡萄牙驻宁波领事。这位领事的额定办公费每月200元,其中房租50元,由澳门葡萄牙政府开支;薪金150元,全由护航队收入开支,分肥收入超过薪金的部分上缴澳门葡萄牙政府。但是实际上玛魁斯领事的收入又是随着夹板船的收入增长的。就在这位领事上任的头一年9月,葡萄牙护航队在上海掳获1只运糖的中国商船,硬说那是海盗船,把它押到宁波。宁波地方

---

① 莱特:《自主斗争》,第188页。
② 《卜鲁斯致罗素》1861年5月30日,英国外交部档案,F. O. 17/352。

当局的调查证明,那是一只合法商船,船上的武器完全是为了自卫
的(此时中国当局允许出海船只携带武器自卫)。但是玛魁斯却
开庭审讯,硬说他们是海盗,船、货都应该当做合法的战利品处理。
他的处理办法是,自己独吞这只船,让葡萄牙护航队的"水手"去
瓜分全船的货物。① 这位领事就任后的第二年,即 1853 年,宁波
葡萄牙护航队共得护航费 22 万元,玛魁斯从中提取 4% ,即 8800
元作为他的额外收入。② 对于这样的领事,只须附加一句话,这时
葡萄牙和中国并未签订任何条约,他根本无权到中国任何口岸去
充任葡萄牙领事。

在 19 世纪 40 年代,惟一派有驻华官方代表的英国,对于护航
队的海盗行径,和西方其他商人领事同样客气。1848 年 2 月,前
述那个英国鸦片贩子大卫森买了 1 只叫做斯派克号(Spec)的洋
船,替宁波的中国商人护航。这只船重 105 吨,装炮 9 尊,有毛瑟
枪 23 杆、手枪 5 把,另刀剑等各种武器齐备。1846 年 12 月 19 日
的证件上载明,"斯派克号"是从事香港至"厦门及中国东北(南)
部沿海航行的",有效期 6 个月,船员 23 人,其中 9 人来自马尼拉,
1 人来自葡萄牙殖民地果阿,1 人来自加尔各答,大副和 1 名炮手
来自英国,其他各人来历不明,到 1848 年 6 月,这只船的证件有效
期早已失效。船长和 1 名炮手又不见于证件记载,1 名英国水手
且无航行牌照。所有船员都在近年来著称于中国沿海的 10 艘走
私船上干过某种勾当。

斯派克号于 1848 年 6 月 20 日从宁波出航,到海上去寻找他
那只为渔船护航的姊妹船狄多号(Dido),给它送去火药、炮弹等
军用品。第二天早晨,斯派克号在一个群岛附近瞥见一只中国渔

---

① 《捷报》1852 年 9 月 25 日。

② 费正清:《贸易与外交》第 1 卷,第 344—345 页。

船。这只船有船员 24 人,携有海关执照。上午 9 点,斯派克号向这只渔船开火,当场打死渔船船主郭金(Kwo-Kin),打断一个水手的双腿。于是,有的船员便举起郭金的尸体,让英国人看看他们干了什么勾当,但英国人又射击了一阵,然后跳上船去,把郭金的尸体抛下海,把船员捆在甲板上。那个被打断双腿的渔民"恳求给他止疼药"。斯派克号的炮手,英国人弗朗西斯(E. Francis)则挥剑砍去,然后把他抛下海。后来,斯派克号又把渔船拖到岸边,囚禁了 18 个渔民和一个儿童,其时渔船上的人已死亡 5 人,重伤若干人。

6 月 22 日,英海军小型巡洋舰卡尔特尔斯号舰长毕特门(J. C. Pitman)发现斯派克号正在从渔船上搬走货物,要求斯派克号船主、英国人科尔(W. Cole)解释那是怎么一回事。科尔说,他把那只船当做海盗船,打死了几个人,打伤了几个人。毕特门问他是否知道这样做的严重后果,科尔说:"不! 没有什么事,一向就是这样干的。"科尔不知道他不该无目的地在外海航行,更提不出他这样行动的任何证件。他承认他没有通知卡尔特尔斯号,也没有要求附近的中国水师去查实那只船是不是海盗船,就向它开了火。

毕特门向附近中国水师查询的结果表明,中国水师知道那是一只渔船而非海盗船,其行船执照完全正确有效,船员不是海盗。他们也认为斯派克号没有权力那样行事。但是英国船经常那样行动,而他们不敢冒犯英国国旗,所以并未采取任何行动。

英国驻上海领事阿礼国对斯派克号的海盗罪行又取得了更多的证据。因此,英国海军便把斯派克号以海盗罪押送到香港去受审,香港的《德臣报》发表社论,对于"在中国蜚声如此长久"的斯派克号和船主科尔干出这样的事情表示遗憾。但是斯派克号简简单单地运用银元就买通了渔船上的水手和受伤的人避不出庭,以致在法庭上连一个原告也没有,于是法庭凭科尔的一面之词便宣

告关于斯派克号的海盗罪行证据不足,不予受理。然而不需要其
他证据,仅仅毕特门舰长和斯派克号船长的航海日志就已经足够
证明斯派克号船长等人是犯有海盗罪行的了。①

这一事件有几点值得注意。首先,就连斯派克号的船主科尔
自己也承认他"一向就是"不分青红皂白地轰击中国船只,杀人劫
货的,这样的行动司空见惯,根本算不了怎么一回事。其次,中国
水师明知斯派克号所攻击的是一只合法的渔船,斯派克号本身才
是海盗船,但是,根据经验,英国人经常那样行动,而他们则不敢冒
犯英国国旗,不敢进行干涉。再次,斯派克号没有合法证件进行外
海航行,船员也没有合法的身份证件,他们杀人劫货的海盗罪行有
死伤多人的血的证据可查,但英国人却唆使中国受伤渔民避不出
庭,因而这一滔天罪行也就烟消云散了。② 后来,这只海盗船继续
在海上进行洗劫,一直肆虐到 19 世纪 70 年代。③

1856 年 7 月 1 日,一个美国海盗伊利(Eli Boggs)在香港法庭
受审。他发表了长达两小时的辩护词,"毫不战栗,没有请求宽
恕,而是证明对他的审讯乃是和所有沿海的海盗都有同盟关系的
一个中国船主和一个殖民地次级官员的阴谋结果"。事实是,这
个家伙用加农炮、手枪和刀剑残杀 15 个人,并强迫活着的都跳下
大海,其中有一个抓住绳子和船尾,被他开枪射死,"法官被他的
年青和勇敢所感动",不把他当做杀人犯判刑,而把他当做海盗判

---

① 费正清:《贸易与外交》第 1 卷,第 338—340 页;勒伯克:《鸦片飞剪
船》(B. Lubbock, The Opium Clippers),第 257、296 页。按勒伯克说,此次海
盗罪行发生于 1848 年 10 月,不知孰是。

② 费正清:《贸易与外交》第 1 卷,第 340 页注。

③ 勒伯克:《鸦片飞剪船》,第 257 页。

处终生流放。谁也不会相信这个家伙判刑后会真的服刑。①

护航和抢劫乃大利所在,很自然地引起了剧烈的竞争。1851
年3月,大卫森的护航船狄多号从温州护送中国船只去宁波,一出
海,就遇上葡萄牙人第8号夹板船的拦截。狄多号船主拉期(J.
Leitch)以鸟枪威胁葡萄牙人,而第8号夹板船则招来葡萄牙人的
第28号夹板船,要和拉期决一死战。拉期寡不敌众,放弃护航,损
失护航费每船46元。

英国人和葡萄牙人在宁波也争夺护航权。在这里,事情的蹊
跷在于英国驻宁波领事海格(P. Hague)同时又是葡萄牙的驻宁波
领事。1851年,葡萄牙人沙费尔(G. Das A. Xavier)强迫400多名
渔民悬挂葡萄牙国旗,接受他的护航。不料作为英国领事的海格
不承认沙费尔对护航的独占权。同时,大卫森也和其他一些渔民
达成协议,让渔民悬挂英国国旗。于是葡萄牙人抓走了英方保护
下的渔民,对整个护航队树立了优势地位。海格为了解决纠纷,于
1851年9月5日起草了一份《使用葡萄牙船只保护商船渔船章
程》,企图削弱葡萄牙人的势力。但沙费尔则支持葡萄牙第8号
夹板船殴打狄多号保护之下的渔民,又把大卫森留在一个岛上从
事护航的英国人赶走,并重伤了几个人。因此,大卫森便被迫退出
护航。奇怪的是后来他还向渔民讨要两个月零七天的护航费,每
月450元。两年后,英国领事还在给大卫森向20个渔民追讨这笔
1005元的所谓护航费,同时,大卫森则又通过一个葡萄牙人,即
"勒索中国船只的主要领袖人物之一"的恩卡那考(Encainacao),
获得对另一批渔船的护航权。②

这个时候,宁波水域的全部海上活动,大部分都被葡萄牙人控

---

① 勒伯克:《鸦片飞剪船》,第297页。
② 费正清:《贸易与外交》第1卷,第342—343页。

制。他们发放护航证件,向进出宁波港口及邻近水域的一切船只
征派护航费。葡萄牙人的猖獗,迫使宁波当局采取以毒攻毒的
策略。

有一个以布兴有兄弟为首的广东帮海盗,在宁波地区活动。
有人说,布兴有是从上海美国领事馆领得行船执照的,那当然就是
悬挂美国国旗的一群,显然还有美国人参预组织指挥。1851年后
期,这个广东帮在宁波纠集了一两千人,有船17只。1852年正
月,经过英国海军兵船狮身人面号(Sphinx)和浙江巡抚的安排,由
浙江水师收编布兴有集团。给予布兴有以五品顶戴,各盗首每人
得银1000元,水手每人得银30元。据英国领事馆所得情报,盗首
共得63000元,水手共得24000元,另被扣商船又出资2万元。布
兴有的船队中有3只编入水师船队。①

收编后的布兴有海盗群和葡萄牙护船队发生了剧烈的斗争;
1854年4月,在火并中,一个葡萄牙人和两个广东人丧生。葡萄
牙领事玛魁斯随即从澳门调来一艘炮舰,向宁波城和布兴有的船
队开火,迫使布兴有签字承诺,不再向葡萄牙人所护航的渔船收
费。② 不过,到了1857年6月26日,布兴有帮又把葡萄牙人打得
惨败。宁波如此混乱,也迫使其他国家不得不出来干预。1859
年,英国驻宁波领事判处一个名叫奥斯丁(Samuel Austin)的英国
夹板船主3个月监禁,罚款150元;判处另一个夹板船主福格生
(Daniel Fergnoson)罚款100元;命令奥斯丁·克拉尔洋行(A.
Krall)解散他的护航船队,否则罚款5000元。法国领事也命令法
国护船队撤出舟山海域,美国领事的决定不详。③ 这些记载证明,

---

① 费正清:《贸易与外交》第1卷,第343—344页。
② 费正清:《贸易与外交》第1卷,第345页。
③ 马士:《对外关系史》第1卷,第408—409页。

在宁波、舟山地区从事护航和海盗掳掠勾当的并不限于葡萄牙人和广东人,也有英国人和法国人,美国人大概也不例外。

## 二、皇家海军和海盗的统一

历史的辩证法就是这样的无情,西方侵略者的走私、抢劫和护航所造成的混乱局面同时也损害了西方的利益,因而西方侵略者又不得不出来收拾局面。在这方面,行动得最积极的是拥有最大利益的不列颠人。用卜鲁斯的话说:"我们香港和新加坡居留地之成为武器弹药的仓库,对东方是一个极大的灾难。这个地区的海盗和土匪就是由我们装备起来的。而我们的士兵和水手则又被派去镇压他们。"①然而不列颠的士兵和水手进袭海盗的活动,同时也是对中国人民的一场灾难。

前面说过,早在 1847 年,英国海军就已追击过厦门海面的海盗了。但是作为一项政府的政策,却是从 1848 年开始的。这一年6 月,英国海军部训令东印度和中国海域的英国皇家海军司令科里尔爵士(Sir Francis A. Collier)协助中国政府确保中国沿海的贸易安全。同年 11 月,海军部又训令科里尔,在英国驻五口领事和中国当局的同意之下,可以随时进行"保护护航船只和扑灭海盗"。同年,香港最高法院肯定英国船只具有护航权,外交大臣巴麦尊又指示皇家海军对英国护航船只给予保护。②

1848 年,英国皇家海军在南部海域多次沉重打击海盗船队。其中在 9 月 28 日至 10 月 3 日的那次行动中,皇家海军在珠江上击溃 1800 人的海盗船 23 只。在同年 10 月 18 日和 20—22 日那

---

① 福克斯:《海盗》,第 149 页。
② 福克斯:《海盗》,第 102—105 页。

次行动中,皇家海军在海南岛水域击溃 3150 人的海盗船 64 只。
1850 年 3 月 4 日,皇家海军在紧靠香港港口的海域又击溃海盗船
13 只。① 为此,两广总督徐广缙特致函包令,对英军的行动,表示
赞赏。② 从此,中国高级地方当局就默认皇家海军有权在中国沿
海追击海盗。

　　尽管在 19 世纪 40 年代末叶,英国海军的这几次行动,对南部
沿海的大股海盗进行了毁灭性的打击,南部沿海的海盗活动并未
就此绝迹。1849—1860 年间,《德臣报》每周都揭载向香港中央警
事厅报案的海盗案件,平均每 3 天就有 4 起。一般还认为,有一起
申报的就有多起未报的案件。这许多海盗抢劫的主要对象是向市
场运货的小船。例如,抢去 3000 个鸡蛋,3 担活鸡,10000 个铜钱
之类,乃是常事。不过,鸦片才是大价钱的掳获物。有一次,海盗
竟劫去鸦片 150 箱之多。

　　在这些年代,香港地区的海盗活动为什么这么猖狂呢? 1862
年 3 月,英国驻华公使卜鲁斯说:"外国人只要认为违反条约有利
可图而又无人追究其责任,他们就决不承认条约对他们有任何约
束力。"这位英国官方代表"清醒地看到,应该由不列颠人自己对
海盗势力的增长负责"。因为香港就是"一个武器仓库,一个走私
贩子的老窝,一个走私的货站"。"我们的香港和新加坡居留地之
成为武器弹药的仓库,对东方是一个极大的灾难。这个地区的海
盗和土匪就是由我们武装起来的。……我毫不犹疑地说,允许出
售这些东西,无论从人道上说,还是从政策上说,整个儿都是无从
辩解的。……我相信只有我们是这样干的。荷兰人和西班牙人都

---

① 马士:《对外关系史》第 1 卷,第 405 页。
② 福克斯:《海盗》,第 147—149 页。

不允许。中国的海盗船队都是从香港和新加坡武装的。"①研究不列颠海军扑灭中国海盗历史的福克斯也说："当时的报纸就已指出,英吉利人应该对这种事态负责。新闻记者不仅谴责不列颠海军对于他们本来易于控制的活动行动不力,麻木不仁,而且还指责香港政府对于出卖航行执照和火药都太不经心,因为航行执照恰好保护了海盗,而海盗又正好是从香港取得军火供应的。新闻记者肯定地认为,这些海盗如果不是全部从这块殖民地装配出去的,也有绝大部分如此。"特别值得注意的是,福克斯评论当时报纸的这种言论说,"然而,他们显然不让人们去注意不列颠鸦片贸易和海盗盛行之间有什么联系"②。可见,这时"刺激海盗的有力商品","大价钱的掳获物"仍然是不列颠的鸦片贸易。

持有香港航行执照,悬挂英国国旗的海盗船只,当然不仅在华南沿海活动,他们在东部沿海也同样猖狂。1855 年 4 月,怡和洋行的上海负责人朴希佛尔(A. Perceval)就向香港的怡和总行告急说,在上海沿海,"海盗为所欲为,使生意受到严重损失",匹头和鸦片同样地遭殃。朴希佛尔把日益严重的情况向英国海军司令赐德龄(J. Stirling)和英国公使包令做了报告,说是有 10—15 个欧洲人参加海盗群,掳去一只英籍横帆船,追击其他几只。③ 在这里,朴希佛尔明确肯定了"欧洲人"从事掳掠。其实,根据当时的形势,没有"欧洲人"的组织、领导和指挥,中国人就是抢劫中国船只也是办不到的,更不用说抢劫外国船了。

英国海军对中国海盗的作战,到 19 世纪 60 年代末叶告一段落。这里再来看看英国海军给中国人民带来了什么。

---

① 福克斯:《海盗》,第 147—149 页。
② 福克斯:《海盗》,第 117—118 页。
③ 福克斯:《海盗》,第 123 页。

英国政府为了鼓励英国海军追击海盗,在 1825 年通过一项
《鼓励捕获或摧毁海盗船只法》。此法规定,凡攻击海盗的作战人
员,每击毙或生俘海盗 1 名,即给予奖金 20 镑,对于漏网逃逸的海
盗,每名也给予海军人员奖金 5 镑。1850 年,英国下议院对 1825
年的立法做了补充规定,除肯定奖金制度外,又规定英军捕获海盗
船,货物应归原主,但英军应抽取其八分之一当做奖赏。据此,在
上述那次海南岛战役中,英军除取得船货的八分之一作为赏金以
外,英国政府又向海军支付了 42425 镑奖金。总计 1840—1850 年
间的 12 次战役,英政府共付出奖金 93005 镑,对 1851—1868 年间
的 50 次战役又付奖金 56238 镑。①

问题就出在奖金和奖赏上。1850 年在下院讨论中,已经有人
对英军称为海盗的那些人之为真正海盗有何证据,提出了疑问,担
心按海盗人头给奖,可能成为"刺激水手冒险的诱惑物"。但下院
的决议,不仅并未取消按人头给奖的制度,又增加了提取所获海盗
船货八分之一的更大"诱惑物"。

自古迄今,没有任何一只海盗船挂出它是海盗船的旗帜在海
上行动,追击海盗时难以区分合法船只和海盗船只。这个古老的
困难问题,成为当时英国海军放肆行动的借口,也成为今天西方作
者为这些行动做辩护的饰词。他们说,"追捕海盗的问题是极端
复杂的。英国海军军官如得不到中国当局的适当协助,便是瞎子
和哑巴。而土著引水员又不能掌握所有沿海各省的地方方言。因
此,有些外国人就倾向于采取最简单的办法,即把所有的中国船只
都当做海盗船"②。

1854 年,英国驻华公使包令和英海军司令赐德龄承认,"不够

---

① 福克斯:《海盗》,第 110—116、201—204 页。
② 费正清:《贸易与外交》第 1 卷,第 336 页。

审慎而过分热衷于消灭坏事的愿望引导〔英国海军〕犯了许多错误,使无辜者和有罪者同归于尽,甚至把无辜者当做罪人"。同年11月,赐德龄取得两广总督的同意,由广东派出一名高级将领和一艘水师船会同英海军"检查已知有海盗出入或者怀疑其有海盗出入的每一个港口和每一处地方,检查每一只可疑船只"。同时,澳门的葡萄牙总督和美国的驻华舰队司令也支持赐德龄的行动计划。广州的领袖商人则提供5000元以备赐德龄支用。另一个富商又向大英轮船公司承租两条轮船参加赐德龄的任何讨伐行动。这样,就组成了一支英、美、葡、华四方的联合舰队追击海盗。后来,沿海各省的地方大员又在取得咸丰的诏准以后,派人参加这个船队,这个船队一直活动到1866年。就在1856—1860年第二次鸦片战争期间,英国海军仍然取得清地方官员的协助,追捕海盗。仅上报英国政府取得奖金的作战行动就有17次。①

那么,得到中国当局和商人派船派人联合行动的这支海盗追捕船队是否就能正确区分合法船只和海盗船只呢?

还是让英国人自己来作评论吧。福克斯在说到19世纪50年代后期英军追击海盗的历史时说:"必须承认,在没有中国人的协助之下,英国人曾多次追捕过海盗。这些行动不时地造成严重的错误,遭到无辜者的诅咒。这种行动所固有的罪恶,并没有逃过有识之士的注意。但是,海军部的往来文件很少提到这种过分热衷的海军官方所犯的错误。"②可见,英国海军追捕海盗,殃及无辜,并非出于无从区分合法船只和海盗船只,而是既出于"这种行动所固有的罪恶",又出于海军军方"过分热衷",而这又是海军部文件所很少提及的。那么英国海军所"热衷"的是什么呢?

---

① 福克斯:《海盗》,第123—126、201—203页。
② 福克斯:《海盗》,第2页。

且让第二次鸦片战争中的英国全权代表额尔金勋爵来回答这个问题吧。

额尔金对于1859年2月对两艘英国火轮战船和一艘炮舰追捕海盗的行动就抱怀疑态度。他写道，"我担心，我们在这次追捕中干了某些可怕的非正义的事情。我们对于有所毙俘的水手就给予直接利益，当然是一种野蛮的制度；结果是，不仅追捕常常是根本不必要的，而且本职任务也因无利可图而被忽视了"①。这就是说，皇家海军追捕了合法商船，"忽视了"真正的海盗船。他们把所谓扑灭海盗的行动和杀人越货巧妙地统一起来。

因热衷于奖金而干出"可怕的非正义的事情"，并非额尔金个人所"担心"的事情。1860年10月，海军部主任秘书阿迈特罗斯(H. F. Amedroz)在审查了过去10年报到海军部请奖的25次追捕海盗的经过以后说："一只战船击溃海盗船队，可以把1000名海盗夸大为5000名。"不管怎样，"根据已知船只以估计海盗人数，夸大还是有限度的。"但是，"最近关于追捕海盗的记述中，竟包括对海盗村镇的攻击。这就使人判别谁是真正的海盗大为困难了"。对击溃海盗的奖金，"在过去几年里，不仅是言过其实的，而且成为对中国沿海居民进行放肆攻击的诱惑物"②。英国驻福州领事威尔金森(Sir W. Henry Wilkinson)根据领事馆的档案材料叙述19世纪60年代初福州的情况说，"毫无疑问，我们的炮舰有时是会发生错误的"。他举英国炮舰比藤号(Bittern)的事例说，这艘炮舰

---

① 福克斯:《海盗》,第127页。
② 福克斯:《海盗》,第139页。

至少击沉64艘所谓"海盗"船,但中国当局查明,所谓海盗都是"无辜良民"①,不用说那64艘中国船上肯定是有不少"诱惑物"的。

福克斯总结英国海军扑灭中国海盗的全部历史过程说:"不列颠人在控制海盗的过程中,暴露出他们民族在中国干了许多最坏的事情。不列颠商人武装海盗船队而又要求女王陛下的战船去保护他们以对抗海盗;不列颠官员保护护航队,而护航船队则在英国国旗的保护之下去抢劫他们本已收取护航费应加保护的货物。不列颠人和其他西方人还参加到海盗船的水手里去。对不列颠海员捕获海盗给予优厚的奖赏则常常造成无辜者生命财产的损失。"②这样说来,英国皇家海军和海盗究竟有多大的差别呀!

当年的阿迈特罗斯和现代的福克斯把秘密说得再清楚不过了。这里只要再附加一点。其他西方国家的在华炮舰,并不比英国海军干净。例如,1864年,法国驻华公使柏尔德密(J. F. G. Berthemy)向英、美、俄各国公使建议,要由4国兵船在中国沿海和长江上检查一切夹板船和中国船只。对此,卜鲁斯评论说,"在中国,法国军官比被指为海盗的那些人还要令人恐惧"③。显然,这乃是卜鲁斯的经验之谈。至于美、俄两国的军官难道能比英、法军官更好一些吗?

这里无须叙述海盗盛衰的全过程。简单说,经过一场第二次鸦片战争,英国已强迫清政府把鸦片贸易合法化,从而消除了走私

---

① 刘玉苍译:《福州开辟为通商口岸情况》,《福建文史资料》第1辑,1962年。

② 福克斯:《海盗》,第190页。

③ 福克斯:《海盗》,第153页。

和海盗的首要目标。到了19世纪60年代后期,中国沿海的海盗活动便销声匿迹了。

## 第三节 惨绝人寰的"苦力"贸易

西方入侵者在中国为所欲为的暴力行动,在"苦力"贸易上也表现出伤天害理的残酷性。

第一次鸦片战争以后,中国东南沿海的失业农民,大量外流。外流的主要去处在南洋群岛和美洲。前者被称为"猪仔",后者即所谓"苦力"。在出身籍贯、出国方式、契约性质、劳动时间和奴役方式等许多方面,"猪仔"和"苦力"都有所不同。"猪仔"贸易是中国黑社会头目"大伯公"所经营的。"大伯公"指使"客头"租定船只,到闽粤农村去拐骗劳力,运送到海峡殖民地去。在那里,"客头"和洋人雇主议定身价,从中收取佣金。雇主买得"猪仔"后,和"猪仔"口头约定偿债契约,为期1年至3年不等。期内雇主督令"猪仔"劳动,供给膳宿,不付工资,期满后"猪仔"即成为自由人。

"苦力"贸易是由西方在美洲的殖民政府作出决定,拨发专款,委派专人到中国经营的。这些苦力贩子到中国沿海收买中国歹徒,或自行动手拐骗或绑架劳工,集中到口岸特设的拘留所"巴拉坑"(Baracoon)里,聚集到足够装满运输船的人数以后,便用暴力强迫他们在自愿出国承工的契约上按下手印,装运出国。所谓自愿承工的契约,本是一种劳工欠付出国船资和伙食经费的一种债务契据。实际上,便是卖身契据。苦力贩子把劳工运到目的地后,便把他们连同这种契据一同拍卖。凡持有这种契据的买主,不仅对他们拥有强迫劳动权,而且拥有质押权、转卖权和留置权。运去美国的苦力称为赊单工,运去拉丁美洲者称契约苦力,赊单苦力所欠债务是利上加利的。"客头"通过重利盘剥和其他手段长期留置苦力。拉美苦力贩子在巴拉坑和运输船上任意拷打苦力，美洲的买主强迫他们从事过重的劳动，直到使其累死或老死为止，致使出国苦力的死亡率极高。

下面专门揭露西方入侵者残害苦力的罪行，不及"猪仔"。

## 一、沿海口岸的苦力掳掠

### （一）厦门

厦门本来是闽南各县人民出海谋生的港口。1846 年，澳大利亚人从这里掠去 121 人；1847 年，古巴从这里掠去 800 人；1849 年，秘鲁掠去 75 人。1882 年，英国驻华公使包令说，最近到厦门专门装运苦力的英国船 9 艘，共约 4000 吨。"是一次突然涌到的庞大船队。"[1]这些船都是开往英属西印度群岛的。

这些外国苦力船，在厦门是凭借政治声势、炮舰威力掳掠苦力的。1846 年，最早到厦门掠卖苦力的英国商人德滴，在厦门开设了一家德记洋行——又名大德记卖人行，专门接受各殖民地苦力贩子和苦力船的委托，包揽掠卖苦力的勾当。他手下雇有几百名拐子、人贩和打手。[2] 此人一身兼任西班牙、葡萄牙和荷兰 3 国驻厦门的领事。包令说，他是"厦门贩运苦力出洋的主要人物，因为兼任 3 国领事而享有一切便利和势力"[3]。英国商人康诺利则兼

---

① 陈翰笙主编：《华工出国史料汇编》（以下简称《华工史料》）第 2 辑，第 5—6 页。

② 马士：《对外关系史》第 2 卷，第 182 页；费正清：《贸易与外交》第 1 卷，第 214 页。

③ 《华工史料》第 2 辑，第 6 页。

任法国和秘鲁驻厦门领事,专为秘鲁掠买苦力。① 另外,还有两家
英商洋行,即合记洋行(Syme Mnir & Co.)和怡和洋行,都是卖人
行,兼营鸦片走私。这些英国商人完全无视中国政府禁令,把收购
和囚禁苦力的监牢——巴拉坑设在厦门闹市,紧挨着海关。另外,
他们还租用一条囚禁苦力的趸船"移民号"(Imminrant),就泊在厦
门对面鼓浪屿的码头边。② 包令说,中国当局对此"无力加以干
预"③。英国官方是全力支持英商的这种勾当的。例如,包令就曾
到厦门审阅了合记卖人行所建巴拉坑的蓝图。④ 1852 年 10 月,厦
门地方当局曾拘押一名拐匪,英商合记洋行老板塞姆(Syme)竟敢
带领他的店伙同德记卖人行店伙一道,闯进中国官衙,悍然把被拘
押的拐匪抢走;扬言该拐匪受英人雇用,享有治外法权,中国无权
拘押。⑤ 这种横暴行为,理所当然地引起厦门人民的愤怒和反抗。
而英国当局则命令泊在厦门港的英国炮舰"火蛇号"(Salamander)
陆战队上岸镇压,开枪打死群众 12 人,伤 16 人。这就激起厦门全
市和附近 18 乡人民奋起罢市、示威。⑥

美国驻厦门领事布拉特雷,父子二人都是德记卖人行的大股
东。为了取得掠卖华工的便利,花了很大一笔贿赂,谋得美国驻厦

---

① 费正清:《贸易与外交》第 1 卷,第 214 页。
② 费正清:《贸易与外交》第 1 卷,第 217—218 页。
③ 《华工史料》第 2 辑,第 3 页。
④ 费正清:《贸易与外交》第 1 卷,第 217—218 页。
⑤ 坎贝尔:《英属各地的苦力华工》(P. Campbeel, Chinese Coolie
Emigration to Countries Within the British Empire)(以下简称《英属苦力》),第
101—104 页。
⑥ 马士:《对外关系史》第 1 卷,第 452 页;坎贝尔:《英属苦力》,第
101—104 页;费正清:《贸易与外交》第 1 卷,第 217—219 页。

门领事的职位。①

　　早期厦门的苦力卖人行付给拐匪的"人头钱"是每名 8 元,运到外国出售的价格可高达 100 元。② 可见拐匪所得极微,而苦力贩子的利润极高。囚禁苦力的巴拉坑是一种牢房式的建筑,里面排列一间间的木棚,每间面积为 120×24 英尺,顶棚极低,每间要住 10—12 人,都挤在地铺上,肮脏不堪。一个巴拉坑常囚禁着 500 名苦力。③ 包令说:"我本人亲自看到,集中在巴拉坑的苦力,都被剥去衣服,赤身露体,并在他们身上打上或涂上 C.(去加利福尼亚)、P.(去秘鲁)、S.(去夏威夷)的字样。"④ 在巴拉坑,苦力被迫签订到外国劳动 8 年的卖身契约,都是施用酷刑后,抓住苦力的手指在契约上按上手印。送到巴拉坑来的苦力,有许多人周身被捆绑起来,"为了使他们在途中不能呼救","有的嘴被塞住,有的头被蒙着"。⑤ 苦力在巴拉坑受尽残害,不少人是带伤、带病被押送上船的。有的因重病被船上退回,放在一间简陋的小屋里。有人看见里面有 6 人已经毙命,尸体已腐烂;另一人则还在挣扎,无人过问。⑥ 一位西班牙驻厦门领事承认,从厦门运往古巴的"中国佬",

---

　　① 陈孔立、蔡如金:《帝国主义侵略厦门和厦门人民的反帝斗争》,《厦门大学学报》1961 年第 2 期,第 38—39 页。

　　② 陈孔立、蔡如金:《帝国主义侵略厦门和厦门人民的反帝斗争》,《厦门大学学报》1961 年第 2 期,第 38—39 页。

　　③ 《英国驻华商务监督关于中国人出洋的通信》,1853 年,见香农:英国蓝皮书:《中国》第 3 册,《关于中国移民出洋文件》(Shannon, British Parliameatary Papers,China)(以下简称英国蓝皮书,第 3 册,《移民出洋文件》),第 28—29 页。

　　④ 《华工史料》第 2 辑,第 6 页。

　　⑤ 达维斯:《美国公文汇编》第 1 辑,第 86 页。

　　⑥ 英国蓝皮书:《额尔金伯爵赴华赴日有关文件,1857—1859》(Correspondence Relative to the Earl of Elgins Special Missions to China and Japan,1857—1859),第 24 页。

100 个当中,至少 90 个是像猎捕野兽那样捕获并押送上船的。①

　　1847—1853 年,先后共有 40 只外国苦力船从厦门掠走 1 万
多人。其中 36 只是英国船。运往澳大利亚和圭亚那殖民地的共
5062 人。运往古巴的共有 5205 人。这 40 只苦力船中,有 30 只是
从厦门装船出口的,10 只是在汕头的南澳岛装船的。② 在南澳装
运苦力,时间在 1852 年 11 月以后。这是因为 1852 年 7 月,厦门
英商卖人行同古巴签订了掠卖大批契约苦力的合同,人数约
8000—15000 人,需要 16 个月才能全部运出。③ 而厦门人民罢市
示威反对苦力贸易事件以后,卖人行在厦门掠卖苦力的行动不得
不有所收敛。所以转到汕头的南澳岛和妈屿岛去。此时汕头还未
辟为通商口岸,英国船在那里任意横行。德记虽声名狼藉,但以西
班牙领事身份派了一名代理领事驻在南澳,专为苦力船出口签
证。④ 从 1846 年起,最先到厦门为古巴掠贩苦力的英商朱吕塔公
司(Znlueta & Co.),是委托德记包揽的。⑤ 到 1852 年,德滴手里
握有为古巴输送苦力的大批合同。⑥ 澳大利亚的苦力也是由他包
揽输送的。1852 年 10 月,英政府同伦敦的海德·和济洋行
(Hydt. Hodge & Co.)定约,为圭亚那招募华工。该行驻广州经理
的华记洋行(Turner & Co.)要从厦门出口苦力,也委托德记代理。
德记常以幼童充数。经圭亚那医生检验,近半数体力不合格。而

---

① 　科比特:《1847—1947 年古巴的华工研究》(Duvon Clough Corbitt, A
Study: The Chinese in Cuba 1847—1947)(以下简称《古巴华工》),第 28 页。
② 《美国驻厦门领事致美驻华特使函》,1853 年 3 月 27 日,《华工史
料》第 3 辑,第 95— 98 页。
③ 《华工史料》第 2 辑,第 4、29 页。
④ 　费正清:《贸易与外交》第 1 卷,第 214 页。
⑤ 　科比特:《古巴华工》,第 4—5 页。
⑥ 《华工史料》第 2 辑,第 9 页。

德滴则拒绝退换。① 后华记洋行建议改在伶仃、金星门等地接装苦力，要求包令提供武装护航船队。② 1855 年，英苦力船"英格伍德号"（Ing-Wood）从宁波、镇海、慈溪一带装上 40 多名被拐卖的中国女孩，最大的仅七八岁，开到厦门被检举扣留。这只船也是委托德记经理的。③

## （二）汕头

1860 年才正式辟为条约口岸。这里原是英国鸦片走私船集结之地。1852 年 11 月，在厦门事件的高潮中，英国为圭亚那招募华工的专员怀特（J. White），同一只鸦片走私船的船长定约，从汕头为圭亚那掠去了 1000 名苦力。据说："其中大部分是男童。"④ 从此，到这里掳掠苦力的西方苦力船日益增多。1852—1856 年，美商巴拿马地峡铁路公司在华招工代理人，就是南澳苦力贩子的最大主顾。该公司大概从南澳掠去苦力 20000 人。⑤ 1855 年一年中就有 12 只大型外国苦力船（共 12772 吨），从这里掠去 6388 名苦力，其中 5 只美国苦力船的吨位和装运苦力的人数，均占总数的一半左右。⑥

据卫三畏估计，1852—1858 年，从汕头掠运出洋的苦力共有40000 人。其中掠往古巴的共为 33610 人，占 84%。在同一时期，

---

① 克里门蒂：《英属圭亚那华工》（C. Climenti, The Chinese in British Guiana）（简称《圭亚那华工》），《华工史料》第 6 辑，第 11、12、15、16 页。

② 《华工史料》第 2 辑，第 29 页。

③ 《华工史料》第 2 辑，第 107—131 页。

④ 英国蓝皮书第 3 册：《移民出洋文件》，第 28—29 页。

⑤ 陈泽宪：《加勒比地区招募华工纪略》，《华工史料》第 6 辑，第 272 页。

⑥ 《华工史料》第 3 辑，第 16 页。

仅妈屿岛被虐致死的苦力共 8000 人,从船上投海自杀的还不在
内。① 在妈屿岛死去的苦力,大都是被巴拉坑苦刑折磨致死的,其
重伤、重病被苦力船拒收者则被弃于海滩,无人过问。有人在妈屿
岛亲眼看到被遗弃的苦力尸堆,有已死的,也有还在尸堆中挣扎
的。他们是从正在那里装载苦力的美国船上抬下来的,颈子上还
系着船上发的号牌和船票,穿着船上发的苦力服。这些垂死的人
说,已有四五天未进饮食,有的则以手指口,表示饥饿。人们看到
这只美国苦力船,一次就抬下 7 名垂死的苦力,放置海滩,附近一
些已被抛弃在那里的尸体,共有 16 具。②

**从厦门、南澳运往各殖民地的苦力船只和人数 ***

1847—1853 年

| 年　度 | 目的地 | 船籍 | 船只数 | 装苦力数（人） | 出口港 | |
|---|---|---|---|---|---|---|
| | | | | | 厦门 | 南澳 |
| 1847—1853 | 哈瓦那 | 英　国<br>西班牙 | 11<br>4 | 3862<br>1343 | 9 | 6 |
| 1848—1853 | 悉　尼 | 英　国 | 15 | 3485 | 14 | 1 |
| 1851—1852 | 檀香山 | 英　国 | 2 | 300 | 2 | — |
| 1852 | 旧金山 | 美　国 | 1 | 410 | 1 | — |
| 1852—1853 | 秘　鲁 | 英　国<br>秘　鲁 | 1<br>1 | 500<br>404 | 1 | 1 |
| 1852—1853 | 圭亚那 | 英　国 | 5 | 1577 | 3 | 2 |
| 共　计 | — | — | 40 | 11881 人 | 30 | 10 |

注:* 根据达维斯:《美国公文汇编》第 1 辑第 18 卷,第 114 页的数据改制。从厦
　　门运往海峡殖民地的"猪仔",不在统计之列。

---

　　① 卫三畏:《中国商业指南》(Samuel Wells Williams, The Chinese
Commercial Guide),第 236 页。
　　② 参见《华工史料》第 3 辑,第 20—22 页。

1860 年的《北京条约》有准许民人自愿出洋承工的规定。西方国家便在汕头设立招工馆,假手拐匪、人贩掳人。著名拐匪杨浚洸原在妈屿开店,"名曰贸易,实则专贩人口出洋"。此人于1863年到汕头开设福源行,仗恃曾充洋行买办,借势横行。被害之家不敢控诉。后来终于被官府逮捕,就地正法。① 杨浚洸被镇压后,汕头的西方苦力贩子才转到澳门。

### (三)广州

珠江三角洲的沿海各县,"地狭人稠",劳动人民多"望海为生"。第一次鸦片战争前,英国入侵者曾多次从广州偷运华工出口。战后,英国、美国、古巴、秘鲁等国,先后都到广州掠贩苦力。它们以广州为中心,分别以黄埔、澳门和香港为输出港。苦力主要来自珠江三角洲和沿海各县。

据西方档案记载,1849—1855 年,美国从广州掠去的苦力人数为②:

1849 年　900 人　　　1853 年　(缺)

1850 年　3118 人　　　1854 年　13100 人

1851 年　3502 人　　　1855 年　3506 人

1852 年　15000 人

上述数字主要是从黄埔直接运出的契约苦力。1855 年以后,掠往美国的华工,都转到香港上船出国,称为"赊单苦力"。一些美国苦力船,经常泊在黄埔,专门从事掠卖苦力的勾当。例如长期泊在黄埔江面的"米心扎号"(Messenger)和"燕子号"(Swallow),

① 《夷务始末》,同治朝,第97 卷,第30—34 页。
② 《华工史料》第2 辑,第8 页。

就曾分别囚禁苦力578名和750名。①

1857年12月，英、法侵略军窃据广州后，广州巡抚耆龄奏报说，"夷人在粤东，利用匪徒，拐骗人口出洋，由来已久。自咸丰七年夷人入城，此风更甚。然当时尚未设馆，系用利诱，捉至趸船，一有成数即扬帆而去"②。英国公使卜鲁斯也承认，"外国以付给'人头钱'勾引中国匪徒，拐骗人口，并且施以暴力绑架"③。

随着英、美、法、西、秘鲁等对苦力的争夺，广州的苦力掳掠活动越来越猖狂，使广州陷入人人自危的恐怖局面。造成这种局面的罪魁祸首，自然是"欧洲人"。因为"拐匪胆敢犯法，实缘有外国趸船作为后盾，故有恃无恐"。"在外国趸船未泊黄埔以前，从未闻拐骗'猪仔'（按：指契约苦力）之事。"④1859年11月，"泊在黄埔（长洲）悬挂美国、荷兰、秘鲁等国国旗，收购被拐苦力运往哈瓦那等地的趸船经常有六七艘之多。苦力经纪人有美、法、葡、西等国人"⑤。到1860年1月，泊在黄埔的仅美国苦力趸船就有5艘。⑥ 这些美国趸船同西班牙苦力贩子签订了掠卖苦力的合同，一次就收到50万元的定洋。付给拐子的"人头钱"从每名10英镑10先令（合45银元），提高到95元。⑦ 当时长期泊在黄埔海面的外国苦力趸船勾结黄埔河道的拐匪和人贩，把拐来的苦力，验收

---

① 《华工史料》第2辑，第185、264页；朱士嘉：《美国迫害华工史料》，第3—4页。

② 《筹办夷务始末补遗》（以下简称《夷务始末补遗》），咸丰朝，第3册下，第559页。

③ 《卜鲁斯致罗素函》，参见《华工史料》第2辑，第234页。

④ 《华工史料》第2辑，第231—232页。

⑤ 《华工史料》第2辑，第288—289页。

⑥ 《华工史料》第2辑，第248—249页。

⑦ 《华工史料》第2辑，第9、344页。

编号,囚禁黑暗底舱①,积有成数,即用小船送往澳门。拐匪、人贩在外国人的重赏之下,采取各种阴险毒辣的手段。他们"暗在各处私设窟穴,藏匿被拐之人,伺机偷运出海"②。他们四处活动,用诱赌、诱酒、讹诈、索欠,诡称介绍职业,下蒙汗药以至打闷棍、套麻袋等暴力绑架的手段,到处抓人。"就在光天化日之下,只要人们离开自己的住宅,哪怕是通衢大街,谁也免不了被暴徒绑架的危险。"③甚至广州中国海关的职员隋季云也被掳上趸船。④ 在黄埔长洲一带,西班牙苦力贩子的中国仆人,因害怕半路上被绑架,在大白天也不敢单身行走出半英里的路程。⑤ 在黄埔珠江河道,经常泊有40—50只溚船,在岸边排列成行。拐来的苦力,一律先送到溚船,经过私刑逼迫,直到人人俯首听命,然后用小艇(称为"舿舴艇"),送到外国趸船。⑥ 苦力被送上溚船后,如仍不愿出洋,就要受各种酷刑。根据美国"米心扎号"趸船被拐苦力证词:如不愿出洋,即用刀背在身上乱砍。送回溚船后,立即被铁链捆住,用大棍毒打一百多下,再送到洋船上,仍说不愿,被洋人拳打脚踢。把两个拇指用绳缠住吊起,脚尖刚能落地,然后挥拳痛打。用绳缠住腰,抛到河里,由船拖着走,名曰"坐水牢"。打完后,装进竹笼,扔到河里泡着。两手合绑着,用木楔插入指间,用力敲打,其痛钻心。令屈膝长跪,两手反缚套住双脚,小腿上放上木棍、竹竿,用力在上

---

① 《华工史料》第 2 辑,第 262 页。
② 《华工史料》第 2 辑,第 345 页。
③ 严中平:《五口通商时代疯狂残害中国人民的英、美领事商人》,《大公报·史学周刊》第 75 期。
④ 《华工史料》第 2 辑,第 59— 60 页。
⑤ 《华工史料》第 2 辑,第 289 页。
⑥ 《华工史料》第 2 辑,第 229 页。

面乱踩。绑住两脚,用燃着的香烛烧灸①( 按:米心扎号船被掳苦力证词共 107 份,这里仅举数例)。到 1860 年为止,广州地区被掠卖的苦力约有六七万之众。②

谁都知道,拐匪的暴行是外国人指使的,受害群众怒不可遏。1859 年年初,就有人多次张贴榜文,悬赏取得外国人的首级。③ 有的出于激愤,遇到外国人即群相殴打。④ 广州各界人士也曾散发"揭帖"和投递禀呈,要求占领军和广州地方当局严加查禁。同时,广州金星门临近各县,受害最甚。当地群众为了自卫,自发惩治拐匪。在十几天内就杀了几名拐子以泄恨。⑤ 正是在这种情况下,英法占领军当局以"维持治安"为名,强迫广州地方当局,允许他们在广州等地设立招工公所,并出示准许民人自愿出洋承工,"毫无禁阻"。这是外国强迫清政府把苦力贸易"合法化"的前奏。

### (四)澳门

澳门属中山县,被葡萄牙窃据后,几百年来,长期掠卖中国人口。从 1851 年开始⑥,这里成为臭名昭著的苦力贸易的罪恶渊薮。形形色色的西方冒险家和中国败类聚集这个弹丸之地,靠掠卖中国人,以维持它的繁荣。⑦ 所谓苦力贸易,实际是"以最坏形

---

① 《华工史料》第 2 辑,第 304—334 页。
② 《华工史料》第 2 辑,第 175 页;《广州二十三个行帮团体联合致广州英国领事的禀呈》,姚贤镐:《外贸史资料》第 2 册,第 470—471 页。
③ 《华工史料》第 3 辑,第 224 页。
④ 《夷务始末》,咸丰朝,第 4 卷,第 47—48 页。
⑤ 《华工史料》第 2 辑,第 172—173 页。
⑥ 《华工史料》第 2 辑,第 486—487 页。
⑦ 《华工史料》第 2 辑,第 405 页。

式出现的奴隶贸易"①。人们在澳门经常看到许多被掳华工,"以
辫相连,接成一串,牵往囚室",完全是"一种奴隶牛马之惨状"。②

这里说的"囚室"就是巴拉坑。这些"奴隶牛马"原来从黄埔、
长洲、金星门直接出口,后来为避免中国当局的查禁,改在澳门设
馆收购。当时澳门是拉丁美洲殖民地、特别是古巴和秘鲁苦力的
主要出口基地。同时南澳、金星门也有出口。③ 1859 年,英法在广
州强行设馆招工,目的之一就是为了和澳门竞争。这时,美国改从
香港掠贩"赊单苦力"。古巴、秘鲁、葡萄牙因系无约国,不能在广
州设馆,也以澳门为出口据点。澳门同香港的苦力贩子为争夺暴
利,互相攻讦,各不相让。

古巴、秘鲁、巴拿马等国在澳门设有招工代理机构和代理人,
他们仍是代表各自国家专营苦力贸易的商业团体。1867 年,澳门
已有秘鲁苦力经纪人 6 人,古巴苦力经纪人 10 人,招工机构共 30
家。④ 他们用预付"人头钱"的办法,同当地拐匪首领签订合同。
由拐匪头目组织手下人贩,分赴内地乡村,四出拐人,送到巴拉坑
"交货"。合同规定掳掠苦力的名额,要在澳门上船前如数交足。
大头目定约承包后,再与二包、三包立约。如过期不能如数交足,
承包人要赔偿船租损失,并追回预付"人头钱"本息。因此,层层
紧逼。立约以后,人贩即分途千方百计哄骗掳捉,力求如期如数交
齐。送到巴拉坑的苦力,在上船前 3 日,由葡官一一问话(是否自
愿出洋做工)。但承包头人有时雇人冒名顶替,当官答应"愿意"
出洋,随即押送上船。船开出港外后,即用大木船将苦力送至运输

---

① 《华工史料》第 2 辑,第 174 页。
② 容闳:《西学东渐记》,第 149—150 页。
③ 《华工史料》第 2 辑,第 149—150 页。
④ 姚贤镐:《外贸史资料》第 2 册,第 878 页。

船上,掉回冒名顶替之人。有时赶换不及,冒名者也被掠往
古巴。①

澳门巴拉坑,采取各种酷刑,强迫苦力签订契约。行刑时敲锣
打鼓,燃放鞭炮,以掩盖苦力哀嚎呼救之声。② 在上船之前,把所
有的苦力集中于一间大屋子外面的场地上,由看守人高声喊叫:
"愿去的站这边,不愿去的站另一边。"然后,对不愿去的严刑拷
打,直到承认愿去为止。坚决不去的,被打到快死的程度,然后关
进黑牢,每天只喝一点稀粥米汤。实在熬不过,就服鸦片自杀,或
上吊自缢。③ 在逼签契约时,苦力排队走上台子,一名葡人把契约
念给他听,也许他一个字也没有听懂(按:澳门苦力来自各地,说
着11种方言,对葡人讲的粤语多数听不懂)。④ 于是,有人捉住他
的手,把大拇指用力按在契约纸上。"这就是'自愿'签订的契
约。"⑤对于坚决不愿出洋的人,除酷刑拷打外,有些带病的人被赶
出门外,这些异乡人身无半文,生活无着,告贷无门,因此很多人倒
毙街头。1871年,澳门街头的苦力弃尸达348具。⑥

巴拉坑每交出1名苦力,有50元的收益。但是这笔钱要在苦
力装上船以后才能到手。⑦ 洋人给拐匪头目的报酬是每名苦力约
100元,拐匪头目本人坐分50元,付给二包(名为"猪仔跛")每名

---

① 总署清档:《未署名人寄总署函附澳门拐骗猪仔八条》同治十二年;
科比特:《古巴华工》,第42页。

② 斯图瓦特:《秘鲁华奴》(Watt Stewart, The Chinese Bondage in Peru),
第40页。

③ 《美驻澳门领事致美驻华特使华若翰函》,1859年11月28日,《华
工史料》第3辑,第59—60页。

④ 科比特:《古巴华工》,第42页。

⑤ 丁韪良:《花甲忆记》(W. A. P. Martin, A Cycle of Cathay),第32页。

⑥ 《华工史料》第2辑,第455页。

⑦ 科比特:《古巴华工》,第42页;《华工史料》第2辑,第464页。

约 50 元,发给苦力每人不过几块钱。① 澳门出口苦力几十万人,拐匪头目从中大发横财,其手下羽翼也各得其利。

巴拉坑。1855 年澳门有巴拉坑 5 家。② 1865 年增至 8—10家。1866 年,中国各口实行合法化招工,无约国涌到澳门,巴拉坑猛增至 35—40 家。③ 1873 年,仅葡、秘、西 3 国的巴拉坑就有 300余所。④ 1872 年,在澳门的人口贩子达 800 人之多。⑤ 靠掠卖苦力为生的,达三四万人。⑥

澳门巴拉坑收购苦力的价格,最初(1851 年)为每名 3 元,1855 年增加到 8 元,1865 年逐渐增加到 35—40 元。1866 年,国内口岸实行"合法化"招工,无约国都转到澳门收购苦力,价格猛涨到 60—80 元。⑦ 澳门苦力贸易,达到了极盛时期,超过香港。⑧1868—1874 年,哈瓦那专门掠卖苦力的伊凡内兹公司(Francisco Ibaneze & Co. )派驻澳门的代理人阿贝拉(Francisco Abella),活动最为突出。他在澳门住了 7 年,先后为古巴、秘鲁、澳洲、美国掠卖苦力 10 万人以上。1874 年回国后,写了一本小册子,叙述他的亲

―――――――

① 总署清档:《未署名人向总署报告澳门拐骗"猪仔"八条》同治十二年。

② 《华工史料》第 3 辑,第 10 页。

③ 《梅辉立的报告》1866 年 11 月 12 日;《华工史料》第 4 辑,第 399页。

④ 总署清档:《澳门—美国人致香港—美国人的信》,同治十二年(附件),《华工史料》第 1 辑第 1 册,第 252 页。

⑤ 《华工史料》第 4 辑,第 531 页。

⑥ 总署清档:《澳门—美国人致香港—美国人的信》,同治十二年(附件),《华工史料》第 1 辑第 1 册,第 252 页。

⑦ 《梅辉立的报告》1866 年 11 月 12 日,《华工史料》第 4 辑,第 399页。

⑧ 《华工史料》第 2 辑,第 488 页。

身经历。他也承认,苦力掠卖是"沾满了血迹的篇章"①。

从 1853 年到 1874 年,澳门共运出苦力将近 30 万人,其中绝
大多数是运往古巴和秘鲁的。在这个时期,古巴从中国掠去苦力
140084 人。② 其中从澳门运出的,估计 122000 人。③ 秘鲁从中国
运去的苦力约"十二万有奇"④,从澳门掠去的,估计约 111000
人。⑤ 另据丁韪良(W. A. P. Martin)《中西见闻选编》记载,每年从
澳门运往古巴的幼童,不下 600 人。

澳门的苦力贸易夺去了香港的利益。长期以来,英、美宣扬以
维护自由和人道自居,谴责澳门的苦力贸易为不折不扣的奴隶贸
易。澳门则反唇相讥,指出香港英、美商人从苦力贸易所得的利
润,比澳门还多。这也是事实。最后香港当局终于采取了断然措
施,禁止到澳门装运苦力的船只进入香港。这样,这些船只就无法
利用香港的港务设施和物资供应。其远航所需的淡水、食物、燃
料、船用器材、船舶维修以及改建夹层舱和舱口加装铁栅栏等等,
都是澳门无法解决的。当时有 12 只秘鲁苦力船驶至澳门,不能进
入香港,只得空船离去。在香港的压力下,里斯本于 1873 年 3 月,
停闭了澳门的苦力贸易。从此以后,掠贩契约苦力出洋的买卖,
"几乎完全为英人垄断了"⑥。但事隔不久,澳门当局又仿照香港

---

① 科比特:《古巴华工》,第 42 页。

② 《华工史料》第 6 辑,第 106 页。

③ 根据《华工史料》第 4 辑,第 555 页;科比特:《古巴华工》,第 19、20、
52 页;《华工史料》第 3 辑,第 264—265 页;《古巴华工事务各节》第 1 册;克
里门蒂:《圭亚那华工》,第 9 章等数据估算。

④ 《华工史料》第 1 辑第 3 册,第 1043 页。

⑤ 根据克里门蒂:《圭亚那华工》、宓亨利:《海外华侨》(H. F. McNair,
The Chinese Abroad)第 210 页等数据估算。

⑥ 德·赫苏斯:《澳门史》,第 412 页。

的办法,改头换面,把非法掠卖人口,改名为"合法"招工,把囚禁奴隶的巴拉坑改名为"自由旅馆",把契约苦力改称为"自由旅客"(或"移民"),继续进行苦力贸易。

### (五)香港

1850 年以后,香港对美洲的苦力贸易,由于美国加利福尼亚淘金狂潮和南北美洲种植园的需要,"前途更加光明了"①。在 1845—1877 年间,香港掠卖苦力的情况"是最坏的"②。西方奴隶贩子和冒险家,在这里不择手段地任意拐骗和绑架中国人,多多益善。③ 由于这里不属中国管辖,"拐骗之徒,寄迹其间,恣其所为……法令所不能及,缉捕所不能到","贩人渔利之风极盛"。④

在香港,任何人都有出洋的"自由","不受任何限制"。所以,香港掠卖苦力出洋的"贸易"和与它有关的商业都获得巨大的利润。⑤ 这里,同澳门一样,曾经设有收容苦力候船出洋的"活人仓库"(Dopot,即巴拉坑),"戒备森严,行动诡秘,令人惊心动魄"。⑥ 到 1906 年,专门接纳出洋苦力的"客栈",还有 20 家。⑦ 到中国口岸掠运"活人货物"(Human Cargo)的外国苦力船,一般都是先到

---

① 费正清:《贸易与外交》第 1 册,第 239 页。

② 坎贝尔:《英属苦力》"序言",第 14 页。

③ 安达柯特:《香港史》(G. B. Endacott, A History of Hongkong),第 127 页。

④ 总署清档:《两广总督瑞麟致总署文》,同治八年八月十五日。

⑤ 埃德尔:《香港史》(E. J. Eitel, Europe in China: The History of Hongkong from the Beginning to the year 1882),第 515 页。

⑥ 埃德尔:《香港史》,第 387—388 页;《华工史料》第 4 辑,第 520 页。

⑦ 《驻新加坡总领事孙士鼎致外务部申呈》,光绪三十二年八月初二日,参见《华工史料》第 1 辑,第 1 册,第 302 页。

香港船厂,改建夹层舱,舱口加装铁栅栏、铁门和甲板上的炮位,
"同奴隶船一样"①,为了超额多装苦力,严防苦力造反或跳海逃
跑,要把原来的货船改成一座囚牢船。例如,美国太平洋邮船公司
的苦力船就有三层舱位收容苦力,通常要超载苦力 20% —30%。②
苦力船远航所需食物、淡水、燃料及一切船用器材物资,在离开中
国前,几乎全部都要在香港备办齐全。③

1861 年到 1872 年间,从香港开出的苦力船达 403 艘,其中英
国船 172 艘,美国船 159 艘,分别占 42.68% 和 39.45%。其他各
国共 72 艘,占 17.87%。④

从 1851 年到 1872 年,从香港掠往南北美洲、大洋洲的契约苦
力人数众多,其中掠往美国西部的共 171579 人;掠往英属殖民地
的 124108 人。美国和英国共掠去 295687 人。可见从香港掠走的
苦力,基本上由美、英两家垄断了。此外,从这里掠往古巴的契约
苦力,从 1852 年到 1859 年,共有 6181 人;掠往秘鲁的,从 1850 年
至 1870 年,也有 5515 人。⑤

美国把从香港掠去的契约苦力,称为"赊单工",硬说他们是
自愿、自费到美国做工的"自由移民"或"自由旅客"。但曾在美国
驻香港领事馆任职 10 年,专为赴美"赊单工"办理签证的托马

---

① 《美国第 44 届国会参众两院联合调查华人入境问题特别委员会的
报告:汤姆斯·H.金的证词》(以下简称《44 届证词》),《华工史料》第 3 辑,
第 259—260 页。

② 《美国第 44 届国会参众两院联合调查华人入境问题特别委员会的
报告:汤姆斯·H.金的证词》(以下简称《44 届证词》),《华工史料》第 3 辑,
第 259—260 页。

③ 安达柯特:《香港史》,《华工史料》第 4 辑,第 531 页。

④ 参见本书附表 3。

⑤ 《44 届证词》,《华工史料》第 3 辑,第 256 页。

士·金(Thomas King)在美国第 44 届国会调查华工问题特别委员会上作证说:"从香港运往美国的华工都是契约苦力。"苦力在头人的胁迫下,说自己是自愿自费、并未签约承工的自由旅客,借以取得去美国的签证。这是因为香港的美国领事馆对每名赴美苦力要收取 3 元"签证费"。签证费是"非正式收入",另外还有其他间接收入(即贿赂),"二者是非常可观的财源"。"美国领事馆官员们的这种切身的利益,使得从香港掠卖苦力赴美的买卖,一直持续不断。"①实际上自己花钱买船票去美国的中国人,最多不过百分之三四。②

在这个时期,美国基本上(特别是南部)还是一个实行奴隶制的国家。大量美国船只,因参加苦力运输而大发其财。美国一方面极力追求苦力贸易的暴利;另一方面又害怕古巴、秘鲁和西印度等地方运去大量廉价苦力,对使用奴隶的美国南部种植园,构成竞争和威胁。③ 所以大喊大叫反对苦力贸易。1862 年,美国曾制定一项法案,禁止美国公民和船只从事苦力贸易。1867 年,美国为了建造铁路,需要廉价劳力,特别组织了太平洋邮船公司专航香港至旧金山一线。尽管赢利累累,美国政府每年还给该公司 500 万元的补助。当时有几批预定从香港运往美国新奥尔良的"活人货物",在开船前纷纷跳海,企图逃跑,淹死许多人。④ 1878 年 11 月 15 日,香港华东医院向殖民政府报告:"美国苦力船'查理士·欧克'(Charles Oak)号装运的全是被卖为奴隶的契约苦力。"⑤甚至到 1904 年 9

---

① 《44 届证词》,《华工史料》第 3 辑,第 259—260 页。
② 《44 届证词》,《华工史料》第 3 辑,第 290 页。
③ 《华工史料》第 3 辑,第 5 页。
④ 《华工史料》第 3 辑,第 256 页。
⑤ 《华工史料》第 3 辑,第 526 页。

月,香港大法官在判处掠卖苦力出洋的拐匪时还说,"事实证明,在
香港绑架无知华民出洋的事,久已盛行。那座囚禁苦力的巴拉坑,
就是香港工部局设计的。'头人'强迫华工当官诡称自愿自费出洋,
或者用冒名顶替的办法将苦力蒙混出海,已成为家常便饭,历来如
此"①。据英国驻广州领事罗伯逊说,香港的苦力掳掠和澳门一
样。② 香港移民局官员司马理(Smale)和怀特奥尔(J. Whiltal)坦率
承认,香港存在绑架苦力的暴行,并指出:"如果不是英国以武力在
中国夺得立足点,苦力贸易本来是无从发生的。……对于这种不断
为人类文明抹黑的苦力贸易,英国负有不容推卸的责任。"③截至
1872 年,从香港出口的苦力比澳门的人数多三分之一。

总之,香港是掠卖苦力的大本营,所谓"自愿、自费","自由出
洋"纯属欺世之谈。而清政府主管各国招工事务的总理衙门,竟
然也随声附和,说什么赊单工是"不待承招,自愿自费,自行出洋,
别无招致之法(按:这就是说并非出于拐骗),本系毫无禁阻";并
承认中国同各国签订招工条约章程,"均不适用于赊单工"。④ 这
就为南洋"猪仔"贩卖和掠往美国和英属殖民地的赊单苦力,大开
方便之门。靠垄断非洲奴隶贸易起家的英国,和长期使用奴隶的
美国,都成了苦力奴隶的"救世主",而清政府还说旧金山因"善待
华工而致富"⑤。(关于 1851—1872 年从香港掠往美洲、东南亚和

---

① 坎贝尔:《英属苦力》,第 19 页;《华工史料》第 4 辑,第 270 页。

② 坎贝尔:《英属苦力》,第 152 页;《华工史料》第 4 辑,第 399 页。

③ 《香港苦力出洋》,1868 年,《华工史料》第 2 辑,第 375 页。译文略
有改动。

④ 周家楣:《期不负斋全书》第 2 卷,第 119 页;《总署致五国公使书》,
《华工史料》第 1 辑第 1 册,第 897 页。

⑤ 周家楣:《期不负斋全书》第 2 卷,第 119 页;《总署致五国公使书》,
《华工史料》第 1 辑第 1 册,第 897 页。

大洋洲 16 个国家和地区的华工人数和载运苦力的西方船只数,参阅附录统计表 1、2、3。)

### (六)上海

五口通商以后,英、美、法等西方入侵者都曾在上海掳掠苦力。早在 1849 年,上海英商祥胜洋行就曾租雇 1 艘美国苦力船"亚玛三号"掠去 200 名,运往旧金山,每名苦力都同这位英商签订了契约。这是一件典型的所谓"赊单苦力"契约。现在旧金山历史博物馆(Wells Fango History Room)藏有一份原件,因其具有历史价值,现将原件照录如下:

> 英商华民合同立议约。今有祥胜行特雇花旗国船,名亚玛三,装运自愿出洋佣工之人,驶往加拉映呢哑国(即加州)唪兰嘶戈口(即旧金山),代为寻觅生理。自上海起行,一应伙食船钞等费,俱系祥胜行东家代为应付。到彼处尚需东家代荐生理,其代付之银理应归还,俟生理定确,即向本东家预支伙食船钞水脚洋银,每人壹佰贰拾伍元,交还祥胜行东家亲收。即向该处雇为作工之商议定,每月扣去工金若干,待一切扣清,方照月付银。此系两愿,不得异言。今欲有凭,立此议约,各执一纸为照。
>
> 　　道光己酉(1849)年　月　日立　英商华民签字画押①

可以肯定,这批运往旧金山的华工是当地白人淘金集团早期直接从上海掠去的。1849 年秋天,米拉(James O'Meara)到过旧金

---

① 《地平线》双月刊,1978 年 12 月第 2 期;卓启扬:《1850—1880 年赴美华工》(Kil Young Zo, Chinese Emigration into U. S. A. 1850—1880),第 85 页;邱平:《加州的华工》(Ping-Chui, Chinese Laborers in California),第 12 页。

山的金矿地。那时旧金山已有几百名华人，都不是契约华工。他
在矿区没有看到华工在金矿厂淘金。① 因为这艘"亚玛三号"，
1849年10月15日才到达旧金山。这是从中国到旧金山载来百
人以上的第一条苦力船。② 毫无疑问，所载华工并非自愿，而是在
上海及附近县乡直接掠捕的。当时有记载说，"英夷捉人于上海，
乡人卖布粜米，独行夷场（租界）者，辄被掠去，积数月，竟失数百
人"③。

西方入侵者在上海掠卖苦力，屡次遭到上海人民的反抗。
1857年12月，一艘美国苦力船"犹太浪人号"（Wandering Jews）在
上海掠去650人，被群众检举，经上海苏松太道薛焕向驻沪美领提
出交涉。美领奈卜（Knapp）等诺言搪塞，诡称该船长提出保证并
交付保证金，只从上海载客去厦门，决非开往古巴，所以准许该船
结关。"犹太浪人号"是1艘1100吨的大船，开到吴淞口外加装
苦力。货主（即托运人）是西班牙的苦力贩子洛宁佐·索托
（Lonenzo Soto），代理商是英国人康诺利。他找到1名中国拐匪，
在上海附近乡间，拐骗乡民。该船泊在吴淞，时间很长，船上已关
押300名苦力。当薛焕会同驻沪美领上船查问被囚禁船上的"苦
力"时，他们纷纷下跪，请求放他们上岸。据说，拐子给了三块钱，
请他们上船做工，上船后即被关起来。他们中知道要去古巴做工
的不超过30人，其余多以为要送到上海当兵。有一部分人因怕事
后受刑，承认自愿出洋做工。而中国当局则表示，自愿者可准其出
洋。当新任美领向船长卡尔登查问：是否曾向美领馆提出过保证
和押金，保证该船只装去厦门的旅客，决不装苦力出洋时，他说：从

---

① 卓启扬：《1850—1880年赴美华工》，第84—85页。
② 根室·巴什：《苦力》（Gunther Basth, Bitter Strength），第64页。
③ 黄钧宰著：《金壶逸墨》第4卷。

未做过这种保证,更未交付押金。原来,前任驻沪美领奈卜和副领事小布拉特雷与这次掠卖苦力去古巴有利害牵连,所以任意撒谎。这条苦力船泊在吴淞接装苦力,4个月后,于1858年1月31日开往厦门,于2月3日在驻厦美领多迪的庇护下,加装苦力后,开往古巴。①

第二次鸦片战争后,英、法侵略者气焰更加嚣张。英、法占领军在广州强行设立招工公所,搞所谓的"合法化"招工,如愿以偿。法国同西班牙勾结,设立联合招工馆,专为古巴输送苦力。1859年夏,西班牙的苦力贩子租雇法国苦力船来到上海,泊在吴淞口接装苦力。该船雇得4名中国拐匪,开始"用术拐骗,继则在僻地捉人"。上海苏松太道照会英、美、法3国领事,加以制止。3领事诡称不知情。6月30日,船上苦力起事。一些苦力在逃跑中被船上开枪打死,以致"群情汹汹"。在此同时,大批愤怒的群众,聚集在洋泾浜马路,拦截掳人匪徒。适有英船水手2人路过,被群众指为掳人之人,群相横殴。时驻沪英领事李泰国见状上前劝解,群众指为外国苦力贩子。李当场被刺伤。与李泰国同行的医生合信(Hobson)逃到一间木匠铺躲避。事态扩大后,法军舰开进黄浦江,英、美、法3国在洋泾浜集会,安设炮位,进行威胁。经苏松太道据理交涉,侵略者掳人理屈,慑于群众声势,只得承认追回原船,放回掳去的苦力157人,并索回每人身价洋50元。这只是6月20日以前掳去的一批,6月20日以后掳去的人,没有追回。4名为虎作伥的拐匪,被捕获就地正法。另外,6月11日在宝山县属吴淞口外,曾截获渔船1只,船上有1名外国人,和被拐苦力34人。同一天在上海东乡,有2名掳人的外国水手,被乡民殴毙。这是西方

---

① 《华工史料》第3辑,第176—189页。

侵略者在上海行凶掳人的又一铁证。①

　　1874 年前,西方侵略者从我国沿海口岸掠卖苦力运往南、北美洲的情况,略如上述。另据卫三畏估计,从 1850 年到 1875 年的 25 年间,通过苦力贸易掠卖出洋的契约苦力,共约 50 万人。②(不包括南洋猪仔和去美国、澳大利亚、加拿大等地的赊单工)另据舒文丁格(Schwendinger)估计,这个时期运往海外各地的契约苦力共有 75 万人。③ 这个时期可分为两个阶段。从 1845 年到 1859 年上半期是明目张胆的暴力掳掠时期;从 1859 年到 1874 年是"合法化"招工阶段。所谓"合法化"招工不外凭借条约特权,为暴力掳掠找到一块遮羞布而更加有恃无恐罢了。

　　这里还应提到西方侵略者对中国妇女儿童的掳掠。鸦片战争后,英国人在华南各地为圭亚那招工时,英国殖民部曾指示招工专员要极力资助华工家属子女同行。④ 西班牙和法国苦力贩子包揽苦力掠卖的合同,都列有专条要取得一定比例的女性。其目的是为了长期揸留华工以及在当地繁殖后代。到了 19 世纪晚期,葡萄牙人就深入厦门、宁波、慈溪、镇海等地专门拐贩幼女。⑤ 19 世纪中期以后,旧金山的商人除了掠贩赊单苦力外,还开设妓院。从广州、香港拐去一批批贫苦妇女,操皮肉生涯,契约期至少 4 年。平

---

① 关于英、法在上海掳掠苦力的暴行,参见:《华工史料》第 2 辑,第 73 页,第 3 辑,第 178—189 页;《地平线》双月刊,香港,1978 年 12 月第 2 期;卓启扬:《1850—1880 年赴美华工》,第 85 页;邱平:《加州的华工》,第 120 页;俞樾等纂:同治《上海县志》;《夷务始末》第 41 卷,第 40—46 页。

② 卫三畏:《中国总论》(Samuel Wells Williams, Middle Kingdom)第 1 卷,第 66 页。

③ 舒文丁格:《美国与苦力贸易的关系》,参见广州暨南大学华侨研究所编:《华侨史论文集》第 3 集,第 439 页。

④ 《华工史料》第 6 辑,第 9—10 页。

⑤ 《华工史料》第 2 辑,第 107—137 页。

均每天接客 7 次,每次收费 38 美分,4 年要为老板挣得 3400 余美元。1 个妓院平均 9 个妓女,除去开支,老板每年的净利至少有 5000 美元。1852—1873 年,旧金山一家专门贩卖中国妇女的协意堂(Hip Yee Tong)贩卖 600 名中国妓女,获得 20 万美元的净利。①

## 二、"浮动地狱"里的迫害和斗争

苦力出国,人数众多,航程辽远。尽管西方各国都争着派船装载苦力,而苦力船仍然供不应求。因此,西方苦力贩子便租下普通商船改装为苦力运输船。尽量多装,横施迫害,被称为"浮动地狱"。

苦力运输给西方航运商,特别是英、美航运商,带来惊人暴利。从中国口岸到太平洋沿岸的航运成本,每人只须 5 元左右,而装运苦力的船票每人收 50—70 元。② 为了争夺惊人暴利,海盗冒险家干出比运送黑奴更加惨绝人寰的暴行。

在 1860 年前,英国人基本上垄断了苦力运输业,其后美国却占了优势。19 世纪 70 年代前,载运苦力的美国船达 32 艘之多。③法国苦力船为自己殖民地运送苦力不多,它的船队主要是为古巴包揽承运。为此,法国曾在广州设立了一个法国—古巴联合招工组织,不仅提供船队,而且帮古巴收购苦力,获取"佣金"。④

---

① 成露茜:《美国加州的华人妇女》,《中国华侨历史学会通讯》1983 年第 3 期,第 38—41 页。

② 田贝:《中国和中国人民》(Charles Denby, China and Her People)第 2卷,第 110 页。

③ 舒文丁格:《美国与苦力贸易的关系》,《华侨史论文集》第 3 集,第 440 页。

④ 马士:《对外关系史》第 2 卷,第 119 页;《华工史料》第 2 辑,第 365 页。

　　苦力船一般都是古老的,有的甚至是破烂不堪、早已废置不用
的旧船。由于苦力船供不应求,这种船稍加修理后,便被苦力贩子
高价抢购①,加入了载运苦力的行列。

　　为了多装苦力,装货的大舱,一般都改建夹层舱,美国苦力船
一般是三层舱位。② 由于苦力都是被拐骗和掳掠来的,为了严防
反抗,苦力船的装备同奴隶船一样,如舱口加设铁栅栏,船上备有
防暴器械,火枪、瞭望楼、巡丁,甲板上还有 4 尊大炮的炮位,以及
各种刑具。船员都随身带有武器,船上火网密布、戒备森严,如临
大敌。③ 底舱、夹层舱,舱门紧闭、密不通风。由于超额滥载,舱内
拥塞。"睡觉只有一尺地方",苦力只能"交股、架足而眠"。空气
窒息,晕船呕吐,便溺纵横,狼藉满舱,奇臭逼人。加以海上酷热,
上下蒸郁,疫病流行,传染迅速,往往"日间尚并肩倚背而谈,夕已
僵挺","夜间犹强自挣扎,旦已奄奄"。④ 痢疾、霍乱是多发病。
患病的苦力,还没有断气,就被扔进海里。⑤

　　去拉美的苦力船,两次越过赤道,航行时一般需时 4 个月至半
年。⑥ 如此漫长的海途,船上只备有供 4 个星期饮用的淡水。⑦

---

　　① 　根室·巴什:《苦力》,第 61 页;《华工史料》第 2 辑,第 145 页。
　　② 　《华工史料》第 3 辑,第 258 页。按:美国法律规定,客船只许有两层
舱,三层舱是违法的。
　　③ 　《华工史料》第 2 辑,第 395—396 页;科比特:《古巴华工》,第 45 页;
士卡斯:《在华十二年》(John Scarth, Twelve Years in China),第 258—260 页。
　　④ 　温雄飞:《南洋华侨通史》,第 177 页。
　　⑤ 　《华工史料》第 2 辑,第 463 页;据说苦力船装上的苦力人数,十倍于
该船的法定容量,参见《华工史料》第 3 辑,第 75 页。
　　⑥ 　根室·巴什:《苦力》,第 59、69 页;马士:《对外关系史》第 2 卷,第
183 页。
　　⑦ 　《华工史料》第 2 辑,第 18 页。因船上淡水不足,途中渴死 70 人,斯
图瓦特:《秘鲁华奴》,第 65 页。

"食物粗劣,量亦不足","一杯淡水要卖一个银元",很多苦力因缺水而渴死。一次,苦力到甲板上寻水喝,船主说他们聚众闹事,"用洋枪打死 40 人"①。一般船上每隔几天,就要镇压一次苦力暴动。② "苦力船的船长是世界上最无情的暴徒"③,无不想方设法折磨苦力。如美国苦力船"罗伯特·包恩"(Robert Bowne)号船长布莱森(Bryson)就曾下令把苦力分批带到甲板上来,剪掉 200 名苦力的辫子,用水和大扫帚向他们身上冲刷,使苦力感到莫大耻辱,酿成第一次苦力船抗暴事件。④ 他们夺船返航后,在台湾附近的八重山登岸。英、美会同派军舰搜捕。结果 410 名苦力中死去350 人。⑤ 有的船长按军事编制,把苦力编成班排,每日定时操练,以防造反。⑥ 鞭打苦力是家常便饭,每天常无故拉出苦力鞭打,或把苦力装入竹笼,或将苦力发辫系在铁柱上。⑦ 动辄给苦力锁上铁链。据苦力黄阿方说,开船第 2 天,船长把苦力叫到甲板上,挑出身强力壮的 173 人,全部锁上,两人锁一条铁链,船行两月从未放过。其余一百五六十人,一律脱去衣服,每天有藤条和木棍抽打10—25 下不等。⑧ 在如此虐待之下,手无寸铁的苦力,只有两种办

---

① 《古巴华工事务各节》第 1 册,第 4 条;《华工史料》第 1 辑第 1 册,第586—589 页。

② 鲁波克:《苦力船和运油船》( B. Lubbock, Coolie Ships and Oil Sailers),第 36 页。

③ 《华工史料》第 2 辑,第 466 页。

④ 《华工史料》第 2 辑,第 465 页,第 3 辑,第 118、123—125 页。

⑤ 《夷务始末》,咸丰朝,第 7 卷,第 15—17 页;《华工史料》第 3 辑,第123—162 页。

⑥ 斯图瓦特:《秘鲁华工》,第 60 页。

⑦ 《华工史料》第 2 辑,第 465 页。

⑧ 《华工史料》第 1 辑第 2 册;古巴华工口供册。

法,弱者一有机会就投海自杀;强者群起抗暴,破釜沉舟。

关于苦力船海上抗暴和遇难的情况,英国驻广州领事罗伯逊
编制了一份 1848—1872 年苦力船发生暴动和遇难事件备忘录。①
主要根据香港《德臣西报》(China Mail)的报道。一共仅记下 34
起,这个备忘录不仅遗漏太多,而且有些舛误、重复。根据现在接
触到的中外档案和文献资料,这个时期苦力船海上事件,至少还可
补充 40 起,共为 74 起。其中:

英籍船 27 起　　秘鲁船 6 起　　荷兰船 1 起　　法籍船 14 起

西班牙船 7 起　　比籍船 1 起　　美籍船 12 起　　意大利船 6 起

这 74 起事件中,斗争胜利,夺船登岸者 26 起;苦力放火烧船,同归
于尽的 5 起;苦力起事被镇压下去的 13 起;遇风暴、瘟疫、失火共
4 起;触礁、搁浅、失踪的 13 起;船上发生重大死亡(50% 以上)的
26 起。在 74 起事件中,据估算至少有 11000 名苦力丧命(见统计
附录表 4)。

苦力船上的迫害和斗争,导致惊人的死亡率。1860 年,法国
苦力船沙利斯麻的尔号(Salis Martil)从澳门装运 900 名苦力,开
到哈瓦那时,只剩下 100 人,死亡率近 90%。1861 年 9 月,另一法
国苦力船奥古斯丁地那号(Augustindila)装运 350 名苦力,开到秘
鲁时只剩 11 人,上岸后又死去 6 人,实到 5 人。② 死亡率高达
99%。这 74 只船多数是从香港、澳门开出的,其中英、美、法三国
共 44 只,占 60%。色厉内荏的船长们,被如火如荼的反抗斗争,
吓得心惊胆战。有条苦力船开到厦门,就因为船员、水手畏惧苦力
起事,拒绝装载苦力,一再延期开行。一位船长哀叹说:“苦力贸

① 《华工史料》第 2 辑,第 476—478 页。
② 《华工史料》第 4 辑,第 556—557 页。

易确是赚钱的买卖,但愿到达目的地时,我还能保住自己的脑袋。"①英国为圭亚那招到的苦力,曾找不到船只装运。1855 年,英国制定了一个《中国乘客法案》,但香港当局拒不执行。1859 年又制定法案,明确规定只许英国船只装运契约苦力,运往英属殖民地,不许从香港运苦力到其他地区(主要指古巴、秘鲁),1861 年,美国内战爆发后,政府下令禁止美船装运契约苦力。但是由于暴利所在,这些法令并未产生实效,英、美船只仍继续为古巴、秘鲁运送苦力,到 19 世纪 60 年代后期,才为法国和西班牙船所取代。

## 三、"苦力"贸易的合法化

西方入侵者在中国非法掠卖苦力,先造成清政府无力制止的既成事实,然后,又迫使清廷准许他们合法"招工",把苦力贸易合法化。

### (一)招工合法化的前奏

1858 年,英政府曾指示额尔金在天津同中国政府谈判签订和约的过程中,提出英国有权在华招工的要求。额尔金恐因此延搁了条约的签署,在议约时没有提出。②

在第二次鸦片战争中,英、法联军占领广州,各国苦力贩子抬价争购苦力,造成绑架公行的恐怖局面。英占领军当局抓住了这一点,向广东巡抚柏贵和两广总督劳崇光施加压力,于 1859 年 4 月在广州设立招工公所,迫令他们出告示,准许民人自愿出洋承

---

① 坎贝尔:《英属苦力》,第 105 页。
② 坎贝尔:《英属苦力》,第 116 页。

工。愿者可到公所报名。英国为圭亚那招到首批华工 372 人。①
每人连运费只花了 120 元左右,这时加勒比地区苦力价格为
400—1000 元,"合法化"招工使种植园主以大大低于市价的成本,
取得最廉价的华工。

### (二)1860 年中英北京条约续增条约

1860 年北京条约第五款规定:"大清皇帝允于即日降谕各省
督、抚大吏,以凡有华民情甘出口,或在英国所属各处,或在外洋别
地承工,俱准与英民立约为凭。无论单身或愿携带家眷,一并赴通
商各口下英国船只,毫无禁阻。该省大吏亦宜时与大英钦差查照
各口地方情形,会订章程,为保全前项华工之意。"②

据此,各国招工必须中外会订章程,双方共同监督进行。出洋
是自愿自费,严禁拐骗勒逼,"为保全华工之意"。

签约以后,1861 年 3 月 1 日,英、法占领军制定广州招工章程
十三条。同年 11 月 4 日,由两广总督公布施行。这段时期内,英、
法的招工公所,已由广州一地扩至九龙、汕头、厦门等处。英国主
要为西印度各岛种植园招工,法国主要代古巴招工,运往澳门装
船。1865 年以前,各国在华招工均按这个章程办理。③ 1860 年 3
月 8 日,美国驻广州领事也曾向联军统领衙门申请在广州设馆为
古巴、秘鲁招工。劳崇光本已"准其开设"。后来得知统领衙门已
拒绝美方的申请,乃借词招工馆必须设在英法联军辖区以内为由,
拒绝了美方要求。④ 在这以后,美国即专门在香港为美国西部掠

---

① 《华工史料》第 6 辑,第 31 页。

② 《夷务始末》,咸丰朝,第 67 卷,第 13—17 页。

③ 克里门蒂:《圭亚那华工》,第 204—205 页;《华工史料》第 6 辑,第
59 页。

④ 《华工史料》第 2 辑,第 229、351—353 页。

贩"赊单工"。秘鲁、古巴等无约国在广州无立足之地,只能尽量利用澳门,与英、美竞争。因此,澳门的苦力贸易一直是英、美攻击的对象。

1861 年 1 月 20 日,中国政府设立总理各国事务衙门后,总理所谓洋务。这个机构所办洋务,在赫德担任总税务司以后,全由赫德把持。关于外国在华招工的交涉,尤其如此。总理衙门的大臣们反而成了听命之人,任其摆布。

### (三)1864 年中西和好贸易条约和 1877 年重订古巴华工条约

1864 年,法商莎拉叶士通过驻广州的法国领事申请按中英会订章程,设立法国—古巴联合招工公所。粤督毛鸿宾采纳粤海关美籍税务司吉罗福(G. B. Glover)的意见,认为古巴非法国属地,法商为古巴招工,恐有转卖情弊。况吕宋(指西班牙)乃无约之国,夏湾拿(即哈瓦那)为专贩人口之地,因此饬令停办。法领为此要求赔偿损失。毛鸿宾害怕事情弄僵,曾函请海关道毓某密商吉罗福,注意查访,劝导到法招工公所投报之人,不要上当受骗。[①]

西班牙为了取得在华招工的权利,于 1864 年,遣使到天津议约,同年 10 月 10 日,签订《中西和好贸易条约》五十二款,其中第十款规定:"凡华民情甘出口,在日(日斯巴尼亚,即西班牙)及属地承工,应查明地方,会订章程。为保全华工,不得收有逃犯(按:指太平军余众)及拐骗之事。如有强勒逼迫情弊,必严厉禁止。"此约草签以后,总署即通饬两广允许法国为古巴招工。这时,古巴从澳门运出的苦力,多由法商代招,并包揽输送。法商除在广东各地设馆外,还在汉口设馆,在湖北省内地出示招工。又要求在九江

---

① 《两广总督毛鸿宾咨总署文》,同治三年,《华工史料》第 1 辑第 2 册,第 513—514 页。

设局出示,广招内地乡民。江西巡抚沈葆桢批示说:"照原议,华
民自愿去者可自便,不禁阻,不必设局出示。"总署认为:"虽有条
约载明不禁,但必须是自愿出国者,方准前往,如有拐骗,地方官应
究办,应在会订章程内明文规定,不能听其自便。"①湖北圻州知州
出示晓谕:"军民人等不要受骗","凡威逼强迫出洋者,按同治三
年刑部颁布新章,予以就地正法"。法使竟指责该知州"谎言惑
众"。经湖广总督转饬该知州:凡持有执照之外国招工者,应照条
例办事,准其招工。②

　　1866 年,广州法—古联合招工机构,又恢复"人头钱"办法。
据圭亚那招工代理人三顺洋行(Theophilus Sampson and Co.)反
映:"合法化招工的法令已经行不通了,广州的招工公所仍旧用
'人头钱'收买。大街上持枪绑架苦力的祸害又猖獗起来了。""还
有人在内地用武装齐全的船只,捕捉可供贩卖出洋的人。"③

　　广州合法招工以后,到 1865 年,从澳门出口的苦力船共 61
艘,装华工 22901 人,其中除 18 艘 7384 人是运往秘鲁的以外,其
余 43 艘 15517 人,全是运往古巴的。1866 年,澳门出口的苦力船
增至 86 艘,人数增至 33211 人。④ 从 1865 年 10 月 1 日到 1866 年
4 月 1 日的半年中,从澳门运往古巴的苦力达 13500 人,共装船 50
艘,其中法国船 30 艘。⑤ 可见合法化以后的猖狂掳掠,使澳门苦

　　① 《江西巡抚沈葆桢咨总署文及总署咨复》,同治三年八月二十三日,
《华工史料》第 1 辑第 1 册,第 38 页。

　　② 《湖广总督官文致总署咨文》,同治四年十二月十八日,《华工史料》
第 1 辑第 1 册,第 44 页。

　　③ 克里门蒂:《圭亚那华工》,第 199 页;《华工史料》第 6 辑,第 56 页。

　　④ 《英国驻华领事商务报告》,参见姚贤镐《外贸史资料》第 2 卷,第
878 页。

　　⑤ 《英国驻华领事商务报告》,参见姚贤镐《外贸史资料》第2卷,第878页。

力贸易成倍增长，其中以法国为古巴掠运者最多。

《中西和好贸易条约》迟至 1868 年 2 月 19 日才批准公布。驻在澳门的古巴代理商到厦门去招工，向当地人贩子预付"人头钱"①掳掠华工。这时香港、澳门和其他口岸，暴力拐架和苦力船上的野蛮迫害，激起了"浮动地狱"的抗暴斗争，举世震惊。就中以古巴苦力船占首位。因此，粤督瑞麟，坚决不准古巴设馆招工。西班牙公使找总理衙门交涉，总署答以须按二十二条办事。古巴因急于招工，同意按二十二条把契约期限减为 5 年，期满由雇主发给 50 元，作为回国船资，因此，同广州当局达成协议，准其设馆招工。②

1868 年 10 月，古巴商人啤唎哦，通过西班牙驻厦门领事巴礼劳，贿通兴泉永道曾某，会立约字，在厦门设馆招工。厦门沿海一带，暴徒"昏夜绑架乡民，载往大担（岛），重价售与外洋"③。1869 年 4 月 15 日，厦门商人目击古巴拐骗华工情弊，禀请驻厦门美领查禁。美领李让礼（C. W. Le Gendre）将原词抄送驻华美使转致总署。④ 总署派赫德到厦门调查，赫德申呈说：1870 年 2 月 23 日视察厦门西班牙的招工馆，见有人被禁于铁闩门内，问其由来，答称是被人拐骗来卖的。驻厦门美舰舰长致函赫德说，7 月 27 日，西班牙船"吗狗号"的苦力不知有多少人跳海。⑤ 1869 年 4 月 28 日，该船曾从厦门载往古巴苦力 400 人。6 月 8 日又有"非拉托加

---

① 科比特：《古巴华工》，第 22 页。

② 坎贝尔：《英属苦力》，第 150 页。

③ 朱士嘉：《美国迫害华工史料》，第 35 页。

④ 总署清档：《抄存驻厦门各国领事致厦门兴泉永道照会》，同治十年十二月十七日。

⑤ 总署清档：《赫德关于啤唎哦一案的申呈》，同治九年二月。

米号"装去 290 人,全是拐骗去的。① 有漳州陈何氏和同安邹陈氏
(均寡妇)因其子被拐卖,具禀控告。② 当时厦门海关税务司荣雅
国发现该船所立洋字合同有违章拐骗之嫌,曾扣发红牌,不许出
口。西班牙领事诬其"意存勒索"③。而兴泉永道曾某竟谎称:所
装苦力"均经会同委员及西国巴领事按名验讯,实系甘愿承招,并
无拐骗抑勒情事"④。1869 年 8 月 12 日(同治八年七月初五日),
总署曾为此通知各口关道:"二十二条行之既久,从未据各海关委
员追究有无被拐及查获拐匪照章惩治之事。而粤、闽、浙各省控告
被拐案件层见迭出,足见各委员等对二十二条专注意于每名 3 元
(指招工费)一款,其余均未悉心按照办理,殊非慎重办公
之道。"⑤

　　1868 年 10 月,古巴爆发十年内战。因苦力参加独立战争,
1870 年西班牙政府曾下令停止招工。⑥ 1872 年,西班牙驻华公使
丁美霞(F. Otin y Mésias)又要求在广东、福建各口招工。厦门方
面,因遭到七国领事(美、丹、布、英、法、荷、瑞)会衔向厦门道提出
抗议,要求禁止古巴"包办买人"。西班牙商人得知其事,不得不
缓招⑦,转向与广州官方纠缠。粤督以古巴华工受虐不堪,各国报
章,反映如一,实有可据,故禁止古巴招工。西班牙公使诬称中国

　　① 海关总署藏东海关残档:《福州将军文煜咨复总署》,附:《被拐华工
陈麒麟母禀词》,同治九年七月初十日。
　　② 海关总署藏东海关残档:《福州将军文煜咨复总署》,附:《被拐华工
陈麒麟母禀词》,同治九年七月初十日。
　　③ 《皇朝政典类纂》第 49 卷,第 17—20 页。
　　④ 总署清档:《福州将军文煜咨复总署》,同治九年七月初十日。
　　⑤ 总署清档:《总署咨上海关道》,同治八年七月初五日。
　　⑥ 科比特:《古巴华工》,第 21 页。
　　⑦ 《皇朝政典类纂》第 49 卷。

违约,两次提出严重抗议,要求赔偿未能招募 3000 名华工的损失,共计 333892.5 元。① 总署请各国驻京公使从中调解,均建议由中国政府派员赴古巴调查。总理衙门遵照 1873 年 9 月 21 日同治谕旨,于 11 月 29 日委任四品衔刑部候补主事、现任美国留学生监督陈兰彬、江汉关税务司英国人马福臣(A. Macpherson)和津海关税务司法国人吴秉文(A. Huber)同往古巴调查华工情形。为此,1873 年 10 月 22 日,中国政府曾同西班牙公使签署《古巴华工条款》,共四条。西班牙承认,"中国可派员前往",并"听中国委员任便查访"。1874 年 3 月 17 日,陈兰彬等 3 人在哈瓦那会齐,共收录古巴华工证词 1176 件。另有古巴苦力 1665 人分别联名呈递控诉禀词 85 份。陈兰彬的调查报告于 1874 年 10 月 20 日用中、英文刊布后,引起举世震惊。西班牙驻京署理公使丁美霞恼羞成怒,竟向中国提出抗议,声称报告不应付印,不应散发给局外人。广州市面刊出根据报告内容编印的《生地狱图说》,西班牙公使要求中国政府明令禁止出售,并予销毁。② 此时古巴残酷虐待华工真相大白,铁证如山。清政府态度转趋强硬。1877 年 11 月 7 日,同西班牙重订《古巴华工条约》十六条主要规定:(1)已到古巴的华工做到契约期满;(2)为严禁今后有人买卖华工,中国政府特在哈瓦那设领事馆;(3)原有华工行街纸(按指华工外出须有通行证)苛例,即予废除;(4)今后华工赴古巴承工,严守自愿自费原则,不待承招。签约后古巴虽多次要求仿美国赊单工例,为去古巴华工借

① 科比特:《古巴华工》,第 22—23 页;总署清档:《西班牙要求赔偿损失致总署照会》,同治十二年四月十六日,《华工史料》第 1 辑第 2 册,第 545 页。

② 《西班牙公使致总署照会》,光绪三年元月初五日、二月初九日,《华工史料》第 1 辑第 2 册,第 909、918 页。

垫船资旅费影射招工,均被清政府及粤督刘坤一严加拒绝,终未
得逞。①

### (四)1866 年中、英、法续订招工章程条约

总理衙门鉴于北京条约签订以后,各地招工办法不一,于
1864 年 9 月 24 日札知赫德于赴粤之便,详拟章程,呈两广督抚会
核后,咨总署核办。② 这次所拟章程共 19 条,其中 15 条系防止苦
力上船前的拐骗。其余 4 条涉及华工在船上及在外国的待遇问
题。赫德说,中国对后 4 条的问题"毫无管理之权",只能要求招
工国"多予矜恤"。这个章程是以广州的招工章程为蓝本,稍加增
改炮制出来的。赫德说,"劳崇光督部堂在任所商定之章程极为
周密"③。新拟章程由赫德呈送总署,恭亲王奕䜣于 1865 年 9 月 7
日将章程草案送交英、法公使,由英使威妥玛和法使伯洛内(Henri
de Ballonet)会同总署代表赫德共同商议后,提出《招工章程条约
(草案)》二十二条(以下简称"二十二条")。1866 年 3 月 5 日,由
奕䜣、阿礼国和伯洛内分别代表中、英、法 3 国签署了草约。阿礼
国曾将草约副本分传各口英国领事,并附发训令:"除按《招工章
程条约》规定条款外,禁止装运苦力出洋。"④

1866 年 7 月 26 日,英国首相斯坦莱(Stanley)通知阿礼国,英
议会西印度委员会反对关于契约期满以后,应由雇主出资将华工
遣送回国的规定。法国则不同意将契约期限由 8 年减为 5 年。两

① 《华工史料》第 1 辑第 2 册,第 945—961 页。
② 总署清档:《总署札知赫德赴粤与两广督抚会同拟定招工章程文》,
同治三年九月二十四日;《华工史料》第 1 辑第 1 册,第 117 页。
③ 总署清档:《赫德呈复总署文》,同治四年正月十五日。
④ 克里门蒂:《圭亚那华工》,第 199 页;《华工史料》第 6 辑,第 59 页;
坎贝尔:《英属苦力》,第 140—141 页。

国政府都拒绝批准。建议另立新约。① 虽然"二十二条"原为便利英、法招工而设，但是英、法的目的是要攫取合法掳掠的特权，而条约附言有"立予正法"之禁，因而托词拒绝批准。中国方面则以此约已由皇上御笔批定，不能更改。且美、比、德、荷、俄等国均表赞同。英法虽拒不承认，清政府仍决定公布施行。英国曾怂恿各国，要求收回成命，未能实现。1868 年 4 月 1 日英政府指令阿礼国，要求按《北京条约》旧章，在广州继续招工，被瑞麟严词拒绝。1869 年英国又另立新章二十三条，中国拒不接受。这一僵局持续了 7 年，这 7 年间英属圭亚那未能在中国口岸招工。② 直到 1872 年，英使威妥玛提出愿按西班牙同样条件（即承认"二十二条"关于将契约期缩短为 5 年，期满将华工资送回国）在粤招工。经总署及粤督同意，于 1873 年在广州恢复招工。③ 直到 1888 年，圭亚那种植园主因招雇华工费用（身价和船资等）高涨，不及雇用印度工合算，决定停止在华招工。

事实上，合法化以后，各口岸的拐骗仍极猖獗。1872 年，泉州、漳州一带"客头"匪棍指使伙党拐骗乡民和年幼妇女售与外洋。④ 同年 6 月 9 日，美使致总署的照会指出："1866 年招工章程公布实施已 5 年，掳掠之患不仅未见减少，且愈见加多"，"历来澳门掳掠华工，从未闻地方当局加以阻止，而福建、广东各口地方，官

① 总署清档：《中、英、法续订招工章程草约》，同治五年正月十九日，《华工史料》第 1 辑第 1 册，第 161 页。

② 克里门蒂：《圭亚那华工》，第 9 章；《华工史料》第 6 辑，第 62—64 页。

③ 坎贝尔：《英属苦力》，第 150 页。

④ 总署清档：《闽浙总督李鹤年咨转总署福建通商局、司、道会同按察使葆亨呈详》，同治十一年十二月三十日，《华工史料》第 1 辑第 1 册，第 90 页。

方且定计施策,助桀为虐,共相计议。此乃确有所据,无可怀疑者
也。彼等将二十二条内最关重要之条款擅自删除,仍按原来方式
办理,致有拐带华工遽行送船之事。"①这些都证明这个时期的所
谓合法化招工,实际是贿通官府,阳奉阴违,仍旧是拐骗掳掠。

1873年,澳门停闭苦力贸易后,古巴不得不同中国签订条约,
希图取得在中国口岸继续招工的合法权利,终未得逞。

### (五)1868年中美天津条约续增条款

1867年11月,美国驻华公使蒲安臣卸任回国前,向恭亲王辞
行,表示今后仍愿为大清国效劳。奕䜣竟派蒲为"钦差办理中外
交涉事务重任大臣"。另外派总理衙门的章京志刚和礼部郎中孙
家谷为副使,组成中国外交使团,分访欧美各国。1868年3月下
旬蒲安臣单独同美国国务卿西华德(W. H. Seward)进行密谈,不
让使团的中国大臣参加,也没有同他们商量,更未报经中国政府同
意,便擅自同西华德签署了由美国单方面拟订的《中美天津条约
续增条款》八条。其中第五条规定:

(两国)切念民人前往各国,或愿常住入籍,或随时来往,总听
其自便,不得禁阻。为是现在两国人民互相来往,或游历、或贸易、
或久居,得以自由,方有利益。除两国人民自愿往来居住外,别有
招致之法,均非所准。是以两国评定条例,除彼此自愿往来外,如
有美国及中国人将中国人勉强带往美国或运于别国,均照例
治罪。②

这个续增条约的主要目的,是为了招募华工开发美国西部,特
别是为了修建中央太平洋铁路。签约以后,去美华工大大增加。

---

① 《美使致总署照会》,同治十一年五月初十日。
② 《夷务始末》,同治朝,第69卷,第14—15页。

1867 年,太平洋沿岸华工人数为 5 万人,1876 年便增加到 11 万人。① 驻华美使田贝(C. Denby)曾一语道破,"蒲约是美国获得廉价劳动力的条约"②。条约文字冠冕堂皇,实际仍旧是通过驻港、澳、穗、厦、汕等地美国领事,收买拐匪,设馆诱骗。美国驻广州领事林干和驻厦门领事李让礼都曾为拐骗华工同中国当局办过交涉。③ 而美商同孚洋行(Olyphant & Co.)还同秘鲁签订 5 年合同,代秘招工,包招包运。根据合同,同孚可获得 332 万元的暴利。④ 同孚在广州市内私设招工馆,雇有拐匪曾维邦等多人四出拐骗,被广州当局查获禁阻。美领事林干竟带领美舰员弁,于公所会讯(被拐华工)时"辄敢结伙闯堂,肆行无忌"。被拐华工被提回后,"林干又为同孚代索赔款,意图胁制"⑤。美国拐卖华工,态度之横蛮可见一斑。

此外,到美国西部从事开发苦役的华工,从一开始就受到当地白人移民的歧视和排斥。随着白人移民愈来愈多,对华工的殴辱、驱赶、焚掠、屠杀也愈演愈烈。最后,美国于 1882 年禁止华工入境,实行排华。

### (六)1874 年中秘会订专条和通商条约

合法化以前,秘鲁曾从中国口岸掠去不少华工。合法化以后,

---

① 程华:《中外关系史上一出丑剧》,《外国历史知识》1984 年第 4 期,第 6 页。

② 田贝:《中国和中国人民》第 2 卷,第 111 页。

③ 朱士嘉:《美国迫害华工史料》,第 44—46 页。

④ 《李鸿章为同孚代秘鲁招工致总署函》,光绪四年八月初三日,《华工史料》第 1 辑第 3 册,第 1151 页。

⑤ 《总署致使美陈兰彬函》,光绪四年七月二十九日,《华工史料》第 1 辑第 3 册,第 1129—1130 页。

秘鲁与中国无条约关系,不能继续非法掳掠。因此,转到澳门掳掠
华工。20 年间已掠去 10 余万人。1872 年澳门当局宣布从 1873
年起,停闭苦力贸易后,秘鲁立即于 1872 年 11 月派海军司令葛尔
西耶(Garcia)为来华议约特使。清政府过去对秘鲁掠去华工情况
一无所知。1868 年 12 月和 1869 年 9 月,秘鲁华工代表曾先后将
联名控诉雇主残酷虐待华工的禀文,请求英、美驻秘使节转达中
国,予以救援。1869 年 4 月,驻秘美使将华工禀文转至驻华美使,
由卫三畏转至总理衙门。[1] 至此清廷对秘鲁掳掠和虐待华工已有
所了解。李鸿章在会见密使时,即要求秘鲁先将拐去受虐华工,全
部送回中国,然后再行议约。密使百般狡赖,谈判陷入僵局。旋经
美、英、法等国多方斡旋,最后于 1874 年 6 月 26 日签订了中秘《会
订专条》一款和中秘《会订通商条约》十九款。专条一款主要内容
是秘鲁同意中国派员赴秘彻查华工情形;合同期满,由雇主出资送
华工回国。《通商条约》第六款规定:

> "(两国)切念民人前往各国,或愿常住入籍,或随时来
> 往,或游历、或贸易、或佣工、或久居,得以自由,方有利益,除
> 两国人民自愿往来居住外,别有招致之法(按指拐骗强勒),
> 均非所准。现经两国严行禁止,不准在澳门地方及各口岸勉
> 强诱骗中国人,运载出洋。违者,其人各照敝国例从严惩治。
> 至所载运之船一并按例罚办。"[2]

签约以后,1874 年 7 月,容闳即赴秘调查华工情形,由美国医
生祁洛偕行。1874 年 10 月,容闳的调查报告附有华工受虐的照
片 24 帧,除华工证词外,还取得大量旁证。因此,签约后,秘鲁多
次要求招工,都被严峻拒绝。秘鲁曾赴香港招工,港方不允,又赴

---

[1] 《华工史料》第 1 辑第 3 册,第 965—966 页。
[2] 陆元鼎:《各国立约始末记》第 19 卷,第 5—8、12 页。

旧金山转贩华工,也无人愿去。后又与美国同孚洋行秘密签订代秘招工合同。1877 年 12 月 18 日,美驻广州领事林干照会粤督刘坤一,诡称同孚与秘订约,特辟广州至秘鲁航线,搭载由秘返国华工,回程装载货物,顺便搭载自愿赴秘之客商。请饬所属知照晓谕。刘坤一允其所请,在告示中明确指出:密约只准民人自愿往来居住,不准设法招致。其区别在于是否自备水脚盘川。自备费用则出洋后可以自由。倘系洋人或中国包工头代出水脚盘川,则出洋后必受其钳制,以便取偿,决无自由之理。生死皆在他人掌握。[①] 但是同孚洋行擅自在广州珠光里私设招工馆,雇拐匪曾维邦多人到各地拐骗华工赴秘。不收船费,议给身价。经广州地方当局查禁后,美使何天爵(C. Holcombe)会同密使爱勒谟(J. F. Elmore)竟向总署提出赔偿同孚损失的无理要求。[②] 但秘鲁利用条约,影射招工的骗局,终未得逞。

回顾苦力贸易始于第一次鸦片战争以后(1845 年),盛于 19 世纪 50—60 年代,全是运往美洲的。到了 1874 年以后,即逐渐趋于低潮。考其原因,约有以下几点:

1. 1873 年澳门停闭苦力贸易以后,秘鲁、古巴失去了非法掳掠华工的据点。

2. 1874 年和 1877 年中国同秘鲁、古巴签订的条约规定严守自愿自费原则,不许买卖华工或"别有招致之法"。此时古、秘残酷虐待华工的罪行,已暴露无遗,铁证如山。清政府态度转趋强硬。秘鲁、古巴签约后,虽多次要求仿照美国赊单制度招工,均被严加拒绝,未能实现。

---

① 总署清档:《刘坤一告示》,光绪四年五月初九日。

② 李鸿章:《李文忠公全书》(以下简称李鸿章:《全书》),译署函稿八,第 12—13、14—16 页。

3. 1861—1865 年美国内战期间,南部种植园遭到破坏。秘鲁、古巴的产品在国际市场大获其利。因而大量引进华工,扩大生产。但是 1865—1877 年,美国南部种植园战后生产迅速恢复、发展。所产棉花、甘蔗、烟叶等在国际市场上排挤了古巴、秘鲁的同类产品。古、秘因产品滞销减产,对华工的需求也随之减少。

4. 1868—1878 年古巴发生独立战争,持续 10 年,波及全境;1878—1884 年秘鲁同智利交战失利。两者种植园生产均遭到破坏。对华工的需求也相应减少了。

5. 如前所述,美国于 1882 年禁止华工入境,英属圭亚那于 1888 年停止在华招工。

19 世纪 70 年代中期以后,大量华工出国转向南洋。其性质与去美洲的契约苦力不同。不属本节范围,故不赘述。

## 四、去美洲"苦力"所受的残酷虐待

去美洲的苦力,在劳动中的悲惨处境,时间更长,更加残酷。这里只能分别就其荦荦大端略加叙述。

### (一)古巴

华工处境比奴隶还惨。西班牙管理华工条例规定,华工与黑人受同等待遇。但是,白人雇主煽动黑人对华工的仇恨,派黑人为华工的监工,使华工成为古巴社会"最底层的贱民"①。条例规定,华工不听指挥者,责打 12 鞭,反抗者加责 18 鞭,不服者戴镣铐。2

---

① 科比特:《古巴华工》,第 81—82 页。

人以上拒不劳动者,各打 25 鞭,并带镣劳动,晚间锁脚睡觉。私逃者锁脚 2 月,再逃者锁脚 4 月,加囚禁,并连续鞭打 9 天。①

黑人监工每人管 10 名华工,以他们过去所受雇主的虐待,加倍施于华工。古巴终年酷热,华工长时间在烈日下挥汗劳动,经常受监工棍打鞭抽,酷刑荼毒,死亡累累。除活活打死,或重伤致死者外,因受刑难忍,有很多华工自缢、自刎、服毒、吞烟、投河、跳井,甚至跳入糖锅自尽。8 年累积华工死亡率为 75%。② 平均劳动寿命只有 5 年。现据当时陈兰彬的调查报告略举数例:

1. 超时超量劳动。每天劳动 21 小时,只有 3 小时睡眠。华工张观控诉:"一天要做 21 小时,少做半小时即用皮鞭乱打,皮飞肉绽"③,又据王阿敬和唐健诉:"工夫实难做。每日早 3 点起身,做到 12 点。下午 1 点半开工,做到晚 7 点,未歇半小时,又去做到午夜 12 点。次日 3 点又出工劳动。"④

2. 监狱般的住所。华工与黑人同住在监狱式的"巴拉坑"。下工回来,即被锁禁。华工住在院内低矮小屋里。锌板为顶,潮湿、阴暗、闷热、不通风。另有一间大屋,中间设有一列特制的脚枷木架。受惩罚的华工在此睡觉,要把双脚放进脚枷孔内加锁,至次晨上工时开锁。⑤ 有的糖寮则将华工"夜间严闭一室,用铁环桎手(脚)于木榻边柱之上,转侧皆难"⑥。私设监狱在古巴种植园和糖寮已相沿成风。⑦

① 科比特:《古巴华工》,第 66—67、77—78 页。
② 科比特:《古巴华工》,第 83—84 页。
③ 《华工史料》第 1 辑第 2 册,第 599 页。
④ 《华工史料》第 1 辑第 2 册,第 602 页。
⑤ 《华工史料》第 6 辑,第 203、206 页。
⑥ 郑观应:《盛世危言》第 4 卷,第 4 页。
⑦ 姚贤镐:《外贸史资料》,第 918 页。

3. 无故鞭打。华工在烈日下光身劳动。管工则在树阴下挥鞭督促。① 据华工陈香诉,"卖到糖寮 5 年,无日不打。我问东家,我工夫不错,为何日日打我? 东家说,我非买你来做工,特买你来打的"②。华工梁百胜被管工打伤筋骨头颅,然后把他绑在马尾拖回来,登时身死。③

4. 带镣劳动。华工陈龙诉:经常用铁镣锁脚。脚镣重 50 斤,带镣仍需劳动。④ 上下工时,一手挽着脚链,以免磨伤踝骨,一手拿着工具。⑤ 华工陈阿才因带双重脚镣劳动,不幸跌入灰槽,不得起来,被活活烤死。⑥

5. 满工揹留。华工曾阿时诉:"8 年满工后,东家勒逼带镣劳动。"华工胡如诉:"满工后东家不给满身纸(即满工证),只得续立合同,再做两年。续约满工后即被送往工所。由工所出租 3 年,又回工所做无钱街工(指修路)5 年。共续做 8 年,仍不得脱身。"⑦华工任世桢、戴亿捷、梁兴照等诉:满工之日,东家即将我等送往工所。次日即锁脚做整街工夫,同监房命盗犯一样。后由工所勒逼我等签约,租给某商人做工。所得工银大部分上交工所。如 1 月挣 15 元,上交 10 元;挣 30 元,上交 24 元,期满仍回工所。这叫做"绑身工"⑧。从 1847 年到 1855 年,头几批来古巴的华工,

---

① 《美国公文汇编》第 1 辑第 17 卷,第 139—140 页。
② 《华工史料》第 1 辑第 2 册,第 599—600 页。
③ 《华工史料》第 1 辑第 2 册,第 632—633 页。
④ 《华工史料》第 1 辑第 2 册,第 867 页。
⑤ 坎贝尔:《英属苦力》,第 136—137 页。
⑥ 《华工史料》第 1 辑第 2 册,第 634 页。
⑦ 《华工史料》第 1 辑第 2 册,第 604—609、645 页。
⑧ 《华工史料》第 1 辑第 2 册,第 610 页。

做满 8 年,无一人能脱身回国。①

### (二)秘鲁

秘鲁华工所受虐待与古巴基本相同,有些方面尤有过之。曾泊在秘鲁钦查岛(Island Chincha)装载鸟粪的 8 艘英国船船长,目睹岛上残酷虐待华工的惨状,联名上书呈报英国政府。摘译如下:

1."钦查岛上片草不生,水源缺乏,到处堆满岛粪……华工运到该岛时,便有身高力大、手执大鞭的黑人工头,在码头上等候接管华工。这种皮鞭以 4 股牛皮拧成。未见过鞭打奴隶的人,难以想象它的厉害,很容易致人死命。……华工整日劳动,到下午 4 点左右,大多数已累得精疲力竭,眼看定额难以完成。此时黑人工头便任意挥动皮鞭,……华工稍有怠慢,立刻受到鞭打。华工在挨头几鞭时,痛苦哀嚎,响彻整个码头。我们在船上日复一日听到这种惨厉的哀嚎。打了 6—12 鞭后,华工已无声息。沉重的皮鞭仍继打在华工背上,便像被刀刺一样,皮开肉绽,鲜血四溅。再连打 3 鞭,华工痛得全身抽搐,满地打滚。打到 10 鞭便已昏死过去。直到打满 39 鞭,华工好像又苏醒过来,挣扎站起来,摇晃一下,随即倒地。……受过这样鞭打的人,死多活少。即使活下来,不久便自杀了。这里有很多华工跳崖投海自杀。常约上 100 多人集体跳海。岛的四周经常漂浮着华工的尸体。还有很多华工把自己活埋在鸟粪堆里,或藏在悬崖洞中,想伺机报仇,结果是活活饿死"②。

钦查岛气候潮热,奇臭熏人,华工顶着烈日,在工头皮鞭挥舞下,每日劳动 16 小时以上,有的还要带镣劳动。饥不得食,渴不得

---

① 《华工史料》第 3 辑,第 108 页。
② 《华工史料》第 2 辑,第 72—74 页。

饮。在饮水处多站一二秒,即遭鞭打。① 每日劳动定额,要挖采鸟粪 4—5 吨,要装 100 个独轮车。② 华工病了不能站立,还要跪着劳动。手裂开了,不能拉车,便用绳套在脖子上往返拉车。华工张贵诉:每天要挖运两大车鸟粪,否则将两手两足的指头用绳扎起吊打。③

1860 年运来 4000 名华工,20 年后只剩下 100 人。1863 年运来的 6000 名华工,命运相同。

2. 秘鲁种植园和糖寮华工所受虐待,也同古巴大同小异。1868 年 5 月 4 日,48 名华工从卡亚俄港运到了兰巴耶克(Lam-Bayeque),第二天便被寮主在颈上烙上了印记。从颈下到耳后,烙了个弧圈,像个 C 字。据华工说是寮主用烧红的烙铁烙的,伤疤尚未愈合。④ 充分证明寮主视华工与牲畜无异。

3. 出身奴隶的黑人监工,秉性凶残。认为用他们过去受过的虐待来虐待华工,“是一种体面的享受”⑤。他们使用的皮鞭是带刺的,一鞭子下去,便将皮揭开,第二鞭便血流不止。有人亲眼得见,华工宁愿自投炼糖火炉烧死,也不愿受此凌辱。⑥ 1871—1872 年间,常见黑人监工把几名华工带到山脚下打死,或用利刀开胸,或用火枪轰毙,或用皮鞭打死。⑦

--------

① 容闳:《关于秘鲁华工的调查报告》,《华工史料》第 1 辑第 3 册,第 1058 页。

② 斯图瓦特:《秘鲁华奴》,第 97 页。

③ 《华工史料》第 1 辑第 3 册,第 1058 页。

④ 斯图瓦特:《秘鲁华奴》,第 148 页。

⑤ 斯图瓦特:《秘鲁华奴》,第 101 页;《华工史料》第 6 辑,第 227 页。

⑥ 容闳:《关于秘鲁华工的调查报告》,《华工史料》第 1 辑第 3 册,第 1058 页。

⑦ 容闳:《关于秘鲁华工的调查报告》,《华工史料》第 1 辑第 3 册,第 1058 页。

据估计,秘鲁糖寮的华工被寮主虐毙者不下万人。① 能活到契约期满的华工不到三分之一。

### (三)美国

从 1849 年开始,到美国西部淘金的华工便遭到从欧洲(主要从爱尔兰)移来的白人淘金者的歧视和排斥。他们把西部金矿地视为"禁脔",不容他人染指。把华工贬为劣等民族,剥夺他们的基本人权。没有诉讼权,不许出庭作证。地方报纸编造舆论,推波助澜,诬蔑和丑化华工。华工在美,既得不到法律保障,更难望祖国的庇护,处于任凭白人暴徒任意凌辱、驱赶、抢劫、焚掠、屠杀等极端野蛮、残忍的绝境。

加州征收"外国人采矿税"。所谓外国人专指不许入籍的华工。税吏带着空白纳税执照在矿区巡回征税。遇见华工,不论是否采金,一律强迫纳税。一月数次,收税不给收据,如拒不重复交纳,立即拳打脚踢,刀棍齐下,或拔枪轰击,或绑在树上挥鞭痛打;或将数名华工拴在一起,由税吏骑马在前拉着,华工在后面爬行。抢得华工的财物,贱价卖给尾随的旧货商。② 华工每年交纳的矿税约 500 万元,占加州政府支出的半数以上。③ 白人采金者常强占华工开采的富矿,赶走华工。

早在 1849 年 7 月,在加州莫克鲁姆河(R. Mokelum)淘金的白人就曾集体勒令当时正在为一家英商公司淘金的数十名华工离开

---

① 崔国因:《三洲日记》,《晚清海外笔记选》,第 248、352 页。
② 西华德:《中国移民的社会经济概貌》(G. F. Seward, Chinese Immigration in its Social and Economic Aspects),第 40—41 页。
③ 勃莱克:《美国劳工与中国移民》,《华工史料》第 7 辑,第 203 页。

矿地,并发生流血事件。① 1852 年 5 月 1 日,在加州玉巴县(Yuba
County)福斯特和阿钦森河坝(Foster and Achinson's Bar)淘金的白
人,有组织地剥夺华工的采矿权,限 3 天内,全部华工离开该矿区,
进行暴力驱赶。此后不久,加州便公布了排斥华工的所谓《哥伦
比亚采矿公约》(Columbia Comention)。②

1864 年 10 月,旧金山白人暴徒,在闹市追逐华工,抓住后立
即击倒在地,用刀猛砍头部,重伤多处。③ 1861 年,加州白人多次
杀害华工,凶手多为税吏。另外卓忌(Truckee)矿区则焚烧华工窝
棚,华工仓皇奔逃,又被隐伏暗处的暴徒一一枪杀。④

1862 年 3 月 11 日,加州议会由 7 名议员签署的一份报告说:
"我们收到一份被白人杀害的 88 名华工的名单,其中 11 人是税吏
杀死的。凶手从未被法院判罪,均被宣布无罪开释……众所周知,
加州境内,特别是金矿区存在着大规模迫害华工的风气和
习惯。"⑤

1871 年,洛杉矶发生屠杀华工惨案,至少有 22 名华工被害。
另有 50 名华工被用本人发辫吊在电线杆上。⑥

1875—1876 年,加州的排华暴行逐步蔓延各州,特别是沿海
的俄勒冈和华盛顿州。此外加州中小城镇的华工,也遭到残暴的

---

① 根室·巴什:《苦力》,第 134 页;卓启扬:《1850—1880 年赴美华
工》,第 87—88 页。

② 邱平:《加州的华工》,第 19 页。

③ 根室·巴什:《苦力》,第 143 页。

④ 《44 届证词》,《华工史料》第 3 辑,第 292 页。

⑤ 西华德:《中国移民的社会和经济概貌》,第 38 页;《华工史料》第 7
辑,第 63 页。

⑥ 麦康:《美国华人史》(插图本)(Ruthanne Lum Mccunn, An Illustrated
History of the Chinese in America),第 77—79 页。

殴打和驱赶。

1877 年 7 月 24 日,上千名暴徒拥到旧金山的唐人街,焚掠华人住屋和店铺,任意屠杀华人。把载运华工来美的太平洋邮船公司的码头设施全部焚毁。暴行 3 日,未见警察露面。① 同年 9 月,无赖政客吉尔尼(D. Gearney)乘机组织以小业主为主的所谓"加州工人党"(与美国工人党迥异),专门煽动排华,提出"中国人必须滚回去!"的口号。企图以此同共和党竞选,捞取工人选票。

1878 年,据陈兰彬奏报,美国排华暴行"未了之案 200 余起,被监禁者 300 余人。交涉几无日无之"②。

1879 年加州议会修订"第二次宪法",限制华工入境,规定进口船只所载入境华人,不得超过 15 人,各大公司企业不得雇用华工,严禁华人充任公职。加州总督公然宣布 1880 年 3 月 4 日为排华日,放假一天。加州工会主席安妮·史密斯扬言,"他们说我们是暴徒,……不管怎么说,白皮肤也好,黄皮肤也好,我要看到每一个中国人被撵出加州"。吉尔尼之流号召工人拿起武器,执行宪法。③ 在竞选活动中,各政党都利用排华,争取工人选票,在全国范围激起轩然大波。

1882 年,美国政府片面撕毁条约,下令禁止华工入境,原定为期 20 年,后改为 10 年重申一次禁令。实际延续到 1943 年才宣布废除。

禁令公布前后,排华暴行不断升级。例如:1880 年 10 月 3

---

① 麦康:《美国华人史》(插图本),第 78 页;成露茜:《美国华人历史和社会》,广东华侨历史学会编:《华侨论文集》第 8 辑,第 74 页。

② 总署清档:《陈兰彬奏陈寓美华人多受虐待》,光绪四年十一月十五日,《华工史料》第 1 辑第 4 册,第 1330 页。

③ 麦康:《美国华人史》(插图本),第 79 页。

日,科罗拉多州暴徒打死华工1人,重伤多人,焚毁房屋、衣物,共值3万余美元。[①] 1885年9月2日,怀俄明州洛士丙冷(Rocksprings,即"石泉")煤矿区的白人矿工,由工会"骑士"带领,捣毁该市唐人街华工住房79间,屠杀华工28人,重伤19人。[②]事后,中国领事派人开棺验尸。只有5具是全尸,余皆零星残骨,或头或腰,或手或足。[③] 可见杀戮之惨。该市700余华工的住房、财物全被焚掠。

以上只是美国排华暴行中极少的部分。华工所受野蛮侮辱与迫害,比劳动中所受虐待,同样残暴。

## 第四节　畅通无阻的鸦片走私和
## 合法商品的走私漏税

英国发动第一次鸦片战争的直接目的之一,是用武力强制中国接受鸦片。但是战后,英国并未能迫使清政府把鸦片当做合法商品订入条约,于是以英国人为首的外国入侵者便凭借条约权利和炮舰威力强行走私。鸦片既是英印政府财政收入和中英印三角贸易的生命线,用走私去确保这条生命线,毕竟不是办法,通过第二次鸦片战争,英国终于强迫清政府把鸦片当做合法商品订入了条约。马克思把这场战争称为"海盗式的战争"[④],战后条约上的

----

① 总署清档:《使美陈兰彬致美外交部照会》,光绪六年十月初八。

② 《华工史料》第7辑,第209页。

③ 《使美郑藻如致总署电》,光绪十一年八月二十二日,《华工史料》第1辑第4册,第1333页。

④ 马克思:《英中条约》,《马克思恩格斯全集》第12卷,第604—605页。

鸦片合法化,也就是"海盗式"暴力掠夺的产物。

## 一、畅通无阻的鸦片走私

英国为了达到使清政府接受鸦片的目的,煞费苦心,条约规定和约外保证,公开扬言和暗地阴谋,威胁和利诱,伪善和诓骗,软硬兼施,诸凡在殖民地征服中所经常耍弄的手段,都使出来了。下面我们先从这些手段说起。

### (一)在鸦片问题上英方的压力和阴谋

早在鸦片战争还在进行中的 1841 年 5 月,英国外交大臣巴麦尊就训令英国来华的全权代表璞鼎查"利用一切有利的机会"给中国政府"一个印象","使它认识到改变一下有关这个问题的法律","把他们所不能禁止的一项贸易加以合法化,对中国政府会有多大的好处"。① 在 1842 年签订南京条约的前夕,印度总督艾伦堡罗(Lord Ellanborough)警告英国外交大臣阿伯丁(Lord Aberdeen)说,"不要干出损害我们财政收入事情来"②。这一切,都是要中国接受鸦片。

不过鸦片之毒害人体,英商之违法走私,久已臭名远扬,英国政府为强迫中国接受鸦片而发动这场肮脏战争,委实使这个号称太阳不落的国家,脸上很不光彩。因此,和鸦片走私没有直接利害关系的善良的英国人便纷纷向下院递送请愿书,表示愤慨,在1840 年 2 月至 8 月这短短的半年时间里,各地涌向下院的请愿书就达 150 多份。他们有的要求在印度禁止种植罂粟,禁止制造鸦

① 马士:《对外关系史》第 1 卷,第 659 页。
② 费正清:《贸易与外交》第 1 卷,第 135 页。

片；有的要求禁止英印商人走私鸦片；有的要求停止这场肮脏战
争；有的甚至要求政府对禁止英印商人走私鸦片作出民族保证
（National Pledge）。① 这就从道义上形成一种舆论，对政府施加了
很大的压力。因此，在南京谈判中，璞鼎查如公然迫使清政府把鸦
片走私合法化，订入条约，不仅在政治上很不策略，就在舆论上也
不光彩。

　　另一方面，1841 年 7 月 7 日和 1842 年 10 月 7 日，道光皇帝还
命令向他报送烟犯的详细名单，严加惩处。② 所以在 1842 年 8 月
29 日签订的《江宁条约》中和 1843 年 10 月 8 日签订的《善后条
款》和《通商章程》中，清政府的谈判代表耆英无论如何也不敢把
鸦片列为进口的合法商品，上奏道光皇帝。《江宁条约》第四条
说，"因大清钦差大宪等于道光十九年二月间经将大英国领事官
及民人等强留粤省，吓以死罪，索出鸦片以为赎命，今大皇帝准以
洋银六百万圆偿补原价"。这是鸦片战争后中英各项条约上提到
鸦片字样的惟一的一条，其他各处都只字未提。然而英国资产阶
级的利益是损害不得的。为此璞鼎查耍了一系列的花招，公开扬
言并不保护走私，而实际行动则使清政府无从禁止，既保住了英国
政府的脸皮，又保证了鸦片源源不断地涌进中国。

　　鸦片战争后，中国开放 5 个口岸，对外通商。鸦片走私，不是
通过条约口岸，就是通过非条约口岸。在条约口岸方面，璞鼎查在
南京谈判中就已迫使耆英作出书面保证：今后中国政府将只约束

---

　　① 《下院院刊》（Journal of House of Commons），1840 年，第 95 卷，第
141—623 页。

　　② 费正敬（费正清）：《1858 年条约前鸦片贸易的合法化》（J. K.
Fairbank，The Legalization of the Opium Trade before the Treaties of 1858）（以下
简称《合法化》），《中国社会及政治学报》1933 年 7 月号，第 222—223 页。

中国人走私鸦片，"对外国船只是否携有鸦片，不加过问，亦不采取任何行动"①。

耆英所说约束中国人走私鸦片云云，完全是一句空话。须知鸦片既由外国船只走私前来，"不过问"外国船只是否携有鸦片，又怎能约束中国人走私鸦片呢？对外国走私鸦片的船只，"不采取任何行动"，就不知道外国船只是否走私合法商品。所以，耆英的这一保证，把中国政府在条约口岸查禁一切走私的主权都断送得干干净净。如果说，还有什么保留的话，那就只有这一点，即并未订入条约。不过，《江宁条约》第四条的间接含义，却是十分清楚的。鸦片战争就是因为查禁英国人走私鸦片，引起了一场大祸，以赔偿烟价和丧失许多主权告终。查禁走私，自然必须动用武装，今后若查禁鸦片走私，不管是否强留英国领事官和民人，吓以死罪，有谁能保证不致引起战争的大祸呢？

从英国方面说，通过条约口岸向中国走私鸦片，是有了充分保证的。下面我们即将看到，中英《善后条款》和《通商章程》，两个条约对领事报关制度做了全面的、细致的规定，英国领事可以根据这些条约权利包庇英国人的一切走私行为，万无一失。所以，如何保证通过非条约口岸进行鸦片走私，便成为璞鼎查耍阴谋的主要问题。

在南京谈判中，璞鼎查也向耆英作出过保证，说是他将向英商发布公告，凡英商前往非条约口岸去进行贸易者，都是非法行为，得由中国当局加以缉捕和没收。他还将派遣英国官船（炮舰）前去禁止此等非法行为。后来，《善后条款》第四条规定，"广州、福州、厦门、宁波、上海五港口开辟之后，其英商贸易处所只准在五港

---

① 费正清：《贸易与外交》第 1 卷，第 135 页。

口,不准赴他处港口,亦不许华民在他处港口串同私相贸易,将来
英国公使有谕示明不许他往,而英商如或背约不服禁令及将公使
告示置若罔闻,擅往他处港口游弋贩卖,任凭中国员弁连船连货一
并抄取入官,英官不得争论;倘华民在他处港口与英商私串贸易,
则国法俱在,应照例办理"。粗粗看来,这种保证和条文,似乎只
是多此一举之谈。既然条约只开广州等五口对外通商,中国政府
对未开口岸当然便具有查抄外商船货之权,至于华民在这些口岸
与英商私串贸易,乃是中国内政,何须形诸条约。但仔细看来,璞
鼎查的保证却隐藏着极其险恶的阴谋。须知《善后条款》第十条,
只许英国官船有权在通商五口"湾泊",璞鼎查保证派英国兵船到
非条约口岸去禁止英商的非法行为,就意味着英国兵船也有权进
入非条约口岸湾泊了。至于条约所说任凭中国员弁把去到非条约
口岸游弋贩卖的英商船货,"一并抄取入官",则另有阴谋,这留待
以后再说。

　　1843 年 1 月 16 日,璞鼎查信守他对耆英的诺言,也为了保全
英国政府的面子,从香港发出一份禁止英商到非条约口岸进行走
私的公告。这份公告被英国鸦片贩子引为笑谈,同年 4 月 21 日,
大鸦片贩子、怡和洋行的马地臣在一封私人信里说:"全权代表发
布一个令人恼火的公告,反对走私(鸦片),不过我相信,这是为取
悦英格兰的圣徒们而发的。亨利爵士(璞鼎查)根本就不想实行,
毫无疑问,在私下里,他不过把这个公告当做开了一个好大的玩笑
而已。"①

　　1842 年 11 月 14 日,璞鼎查曾发出公告,指出条约口岸中,除
广州而外,其他四口尚未开放,英商不得前往。在华英国人中,也

---

① 　费正清:《贸易与外交》第 1 卷,第 135—137 页。

有把璞鼎查的公告当真的。舟山英国驻屯军司令何伯（Capt. Charles Hope）天真地认为，他如果不执行璞鼎查 11 月 14 日的公告，就是违反英国的航海法，应该受到军事法庭的审判。所以，1843 年 4 月，他就派出两艘兵舰到尚未开放的上海和吴淞去拦截鸦片走私船。他说："那些走私鸦片的老爷们，在上海到澳门沿海，往来活动，迄今无人过问。但是，只要他们开进长江，特别是开到上海去，那就是我应该禁止的非法行为。"这本是英国军方派出兵舰去实践璞鼎查的保证。但璞鼎查却说，他那份 11 月 14 日的公告和鸦片走私无关。向何伯的上级提出建议，要给他以撤职的严厉处分，这就无异于公开鼓励在未开口岸进行鸦片走私。于是，在 1843 年 5 月至同年 11 月 17 日上海正式开港的短短几个月内，通过吴淞走私的鸦片就达8000箱，价值 600 万元。①

在伦敦方面，150 多份谴责鸦片走私的请愿书给内阁提出了面子问题。所以保守党外交大臣阿伯丁勋爵于 1843 年 1 月 4 日向璞鼎查发出训令，要他力求把鸦片贸易合法化，否则，大不列颠虽然不可能禁止它的公民经营鸦片贸易，至少可以拒绝协助他们。为此，璞鼎查可以采用各种措施，"防止香港成为英国走私贩子的巢穴和市场"。这是经过维多利亚女王诏准的方针，当时为的是欺骗英国的"圣徒们"，今天为西方作家所广泛称颂。

在中国，璞鼎查为了使鸦片贸易合法化，于 1843 年 6 月，向耆英施加压力，要他指定一二个口岸停泊鸦片船，说是这样就可以对鸦片贸易有所控制云云。他私下说明他的计谋是，使中国当局非正式地把南澳或泉州辟为鸦片分销中心。在中英之间成立这样的君子协定，他就可以禁止鸦片船前往非条约口岸的任何其他地方

---

① 费正清：《贸易与外交》第 1 卷，第 138—141、229 页。

去,只许他们前往这种中心去。同时,中国当局也可以允许中国商人到这种中心去贩运鸦片。6 月 9 日,璞鼎查向外交部说明这个计谋的好处是,"这样安排可以把合法商业和(鸦片)走私截然分开,实际上,等于〔由中国政府〕批准鸦片贸易〔合法化〕。这就洗清了陛下臣民向这个国家运进鸦片这种绝对走私货所招来的耻辱,从而也尽力之所及地防止我们船只和中国政府巡逻艇之间的冲突。这就把这项贸易(如果不能合法化的话)安放在确定而正当的基础之上。在一个固定的地方进行鸦片贸易,和现在我们的船只向沿海一切地方(甚至超越条约所开 5 个口岸的范围)运送鸦片的现状相比,虽然售价要低,利润要少,但是我还是认为这并非只顾目前一时的权宜之计,经营这项贸易的人也无怨言可说"①。

璞鼎查的阴谋堪称是既保住了英国政府脸皮,又保住了鸦片贩子实惠的妙计。不料耆英却提出一个反建议,要求英方保证每年只运进鸦片30000箱左右,限期 10 年,并预付鸦片税 300 万元。这个反建议把鸦片贸易的道义责任直接放到英国政府头上去,恰恰撕破了英国政府的脸皮。这当然是璞鼎查所万难接受的。

璞鼎查建议对何伯进行严厉处分后,英国鸦片贩子便放胆向非条约口岸走私鸦片。璞鼎查的行动,受到大鸦片贩子的欢呼。1843 年 7 月,马地臣在一封私人信里说,鸦片贸易就应该像现在这样,由"体面的"商人经营,而不该落到亡命之徒和海盗手里去。这就是说,应该由大鸦片贩子怡和洋行这样的大洋行去垄断,而不该由小洋行或零散商人插手竞争。同年 8 月 1 日,璞鼎查终于找出一条既保住英国政府的面子,又保住大鸦片贩子实惠的妙计。

---

① 费正清:《贸易与外交》第 1 卷,第 144—145 页。

他向英商发出一个公告,警告说,鸦片贸易违反中国法律,不在海关税则征税5%的未列名商品之内,谁向"条约口岸"运进鸦片,就得自担风险,得不到英国领事的保护。一位西方作家评论这个公告说:"这就隐含着在条约口岸以外的地方设置的鸦片趸船不在此例,实无异于颁发一份特许状。"同年9月10日,马地臣在另一封信里说:"鸦片贸易合法化的一切希望都吹了。最后你会明白,如果合法化,就会无利可图。对我们来说,困难越大就越好。我们总会找到办法,排除各种困难干下去的。"①马地臣所说的办法,就是武装走私,这是小洋行所难以办到的事情。璞鼎查公开宣告,马地臣私下欢呼,英国全权代表和英国头号鸦片走私贩子心心相印,皆大欢喜。

中国海防军之无力查缉武装的鸦片走私船,对谁都不是秘密,这在鸦片战争以前,已经有20多年的历史了。即使是在鸦片战争期间,这种走私也从来没有停止过,不仅如此,这种走私还对英国侵略军作出了巨大的贡献。当时单是怡和洋行,就有五六只飞剪快船,专门从印度向中国运送鸦片,还有5只专门向黄埔、澳门、南澳、电白、泉州、厦门、鹿港、舟山等地的鸦片趸船运送鸦片,接运现金;珠江沿海,"几乎到处都可以找到鸦片走私贩子的足迹"②。这些走私船在沿海"探测了没有弄清楚的海面情况",对英国海军的沿海行动提供了必要的海图,而走私所得之现金,则又充做了英军的军饷③,发放下去,避免了从英印运送现金来。走私贩子干得如此之欢,以致大鸦片贩子亚历山大·马地臣(Alexander Maitcson)

---

① 费正清:《贸易与外交》第1卷,第146—147、150—151页注。

② 欧文:《不列颠在中国和印度的鸦片政策》(D. E. Owen, British Opium Policy in China and India)(以下简称《鸦片政策》),第196页。

③ 费正清:《贸易与外交》第1卷,第137—138页。

听到签订《江宁条约》时,公然宣称:"希望战争再延长几年。"①然
而,尽管走私如此畅通无阻,对于作为英国全权代表的璞鼎查来
说,还是不无问题。就在签约以后的第16天,即1843年10月24
日,璞鼎查又发出了一份公告,说是英国商船如停靠北纬32度长
江口以北的任何港口,即将被认为是违反皇家法令的行为,由皇家
海军捉拿到香港去受审。但如果到此以南的任何未开港口去,则
被认为违反中国法令,甘冒被驱逐、被攻击、被捉拿、被没收的风
险,"不受皇家海军的保护"。为什么皇家海军在长江口以北就捉
拿那些船只,到了长江口以南就不捉拿,而只是不加保护呢?

同年11月10日璞鼎查在发给阿伯丁的公文里解释说:"船只
闯进黄海或我所定的界线以北,将激起中国政府的惊恐,冒犯他的
偏见和尊严。而我确实不相信中国政府官员,甚至皇帝陛下自己
会对到长江口以南几个未开口岸去贸易的船只,多所关心。"②换
句话说,为了防止走私船只闯到长江口以北地带去,造成中英关系
的紧张状态,所以应该严格禁止,由皇家海军捉拿到香港去受审。
至于在长江口以南,则中国政府早就无力"关心"了。

前面说,英国外交大臣阿伯丁勋爵曾经训令璞鼎查,如果不能
把鸦片贸易合法化,那就拒绝协助鸦片走私,并且采取措施,防止
把香港变成走私贩子的巢穴。到了1843年11月,这位勋爵在得
悉璞鼎查关于鸦片问题的安排以后,便认为有必要"废止当前把
鸦片船排出香港水域和港口的任何措施",放任香港成为鸦片走
私贩子的巢穴。这个意见得到殖民大臣斯坦莱的赞赏,并于同年

---

①　勒费沃:《晚清西方在华企业,1842—1895年间怡和洋行活动概述》
(E. Le Fevour, Western Enterprise in Late Ching China, A Selective Survey of
Jardine, Matheson & Co'. s'Operations, 1842—1895)(以下简称《晚清西方在
华企业》),第159页。

②　费正清:《贸易与外交》第1卷,第148页,第2卷,第16页注63。

11 月 15 日变成训令送交璞鼎查。① 从此,香港便成为世界上最大的鸦片转运中心。各色鸦片走私船从这里把鸦片分送到长江口以南沿海一切愿意分送的地方去。鸦片走私船既可来去无阻,其他商品走私船当然更不在话下。所以,香港便又成为世界上最大的一切商品的走私中心。

最后还要附带说一下,1844 年 7 月 3 日所签订的中美《五口通商章程:海关税则》,即通常所说的《望厦条约》第三十三条规定,美国商人"擅自向别处不开辟之港口私行贸易及走私漏税,或携带鸦片及别项违禁货物到中国者,听中国地方官自行办理治罪,合众国官民不得稍有袒护"。不用说,中国地方官对美商在非条约口岸走私鸦片,也是无力"治罪"的。至于美国官方,据美国驻华公使列卫廉(W. B. Reed)说:"美国政府并不干预和限制美国公民在中国从事鸦片贸易。"②到了 1844 年 10 月 24 日签订的中法《五口贸易章程:海关税则》,即通常所说的《黄埔条约》中,又出现了新花样。该条约第二条说,除条约口岸外,法国商船"不得进中国别口贸易,亦不得在沿海各岸私买私卖。如果犯此款者,……其船内货物听凭入官。但中国地方官查拿此等货物,于未定入官之先,宜速知会附近地方驻口之佛兰西领事"。所谓"知会",当然就是取得佛兰西领事的同意。至于佛兰西领事是否同意入官,那当然是佛兰西领事的事情。其他各国领事根据片面最惠国待遇条款,当然也和佛兰西领事具有同样的权利。显然,这个条款把查缉非条约口岸走私漏税的规定都变成了具文。

---

① 费正清:《贸易与外交》第 1 卷,第 144、150 页,第 2 卷,第 16 页注 44、69。

② 莱特:《赫德》,第 133 页。

### （二）畅通无阻的鸦片走私

在中国，大英帝国的全权代表璞鼎查未能强迫清政府把鸦片贸易合法化，甚至还在条约上承担义务，要查察英籍商人走私漏税，其中当然包括查察鸦片走私。但在印度，帝国的殖民政府"却强迫孟加拉省种植鸦片，使该省的生产力受到极大的损害；它强迫一部分印度的莱特（农民）种植罂粟，用贷款的办法引诱另一部分莱特也去种植罂粟。它严密地垄断了这种毒药的全部生产，借助大批官方侦探来监视一切：栽种罂粟，把罂粟交付指定地点，使罂粟的蒸晒和鸦片的调制适合于中国鸦片吸食者的口味，把鸦片装入为便于偷运而特制的箱子，以及把鸦片运往加尔各答，在那里，鸦片由政府标价拍卖，国家官吏把鸦片移交给投机商人，然后又转给走私商人，由他们运往中国。英国政府在每箱鸦片上所花的费用将近 250 卢比，而在加尔各答市场上的卖价是每箱 1210 到 1600 卢比。可是，这个政府并不满足于这种实际上的共谋行为，它直到现在（1858 年——引者注）还直接跟那些从事于毒害整个帝国的冒险营业的商人和船主们合伙，分享利润和分担亏损"①。

下面，我们不妨来看看他们以及其他入侵者，究竟是怎样走私鸦片的。

在南京谈判中，璞鼎查曾向耆英作出过保证，要派兵船去禁止英籍商人到非条约口岸进行走私。1843 年 9 月，一只英籍走私船到非条约口岸去散发传单，说是该船运来大小鸦片坨子、毛织品和其他杂货待售。对此，耆英根据璞鼎查在南京谈判时的保证，要求璞鼎查进行查禁。璞鼎查答复说："我过去已经向阁下解释过十多次，对于这类违法祸害的最好防止办法都落在地方当局身上。

---

① 《马克思恩格斯全集》第 12 卷，第 590—591 页。

我高兴地获悉，中国当局已经注意约束中国人和外国船的交往贸易，如果这个办法能够执行下去，就能达到目的。"①这样，璞鼎查便把他的保证推得一干二净。

但是，在1843年10月8日签订的中英《善后条款》第十二条中，英方承担义务，要使英国管事官"将凡系英国在各港口来往贸易之商人，加意约束，四面察查，以杜弊端。倘访闻有偷漏走私之案，该管事官即时通报地方官，以便本地方官捉拿，其偷漏之货，无论价值、品类，全数查抄入官"。那么，英国管事官究竟是怎样"察查"、"访闻"和"通报"英商走私鸦片之案的呢？

1844年3月，一只英国商船"卡泰新尼安号"（Cartasinian）在广州走私鸦片。英国驻广州领事李太郭，对该船未得领事同意私自卸货的违法行为，根据条约规定，罚款500元。李太郭说："中国当局认为防止英商违反法规，乃是我的责任，他们也没有这个意志、力量或判断能力对这种事进行恰当而有效的处理"，所以他也就没有"通报"中国当局。②这里，我们毋庸追究李太郭的处理办法，只按违章卸货，罚款500元，而不按偷漏走私，将货物"全数查抄入官"乃有意包庇英商；我们要强调的是，这是英国领事查禁鸦片走私的惟一的一次行动，以后绝对没有发生过类似的事情。

不仅如此，英国领事还把"察查"走私漏税的条约义务和鸦片走私统一起来。对这一点，英国驻上海领事表现出十分奇特的行径。

上海开港后，鸦片趸船云集吴淞，走私鸦片，也走私进口的纺织品、棉花和出口的丝茶。1843年12月，上海道台宫慕久向英国驻上海领事巴富尔（G. Balfour）请求协助。巴富尔回答说，吴淞的

---

① 丹涅特：《东亚》，第166页。
② 费正清：《贸易与外交》第1卷，第347—348页。

走私船"尚在港外的海面上,并未进港,自然并未违反条约"①。大
家知道,吴淞位在上海下游的黄浦江和长江交汇处,乃进出上海港
的一切商船必经的水道,巴富尔把吴淞划到上海关的管辖范围以
外去,把江面说成是海面,借以推脱领事"察查"走漏的条约义务。
但这样一来,上海港便成为一个只管辖外滩江面的海港了。

　　1844 年 1 月,有一艘英国商船"阿梅里亚号"(Amelis)向巴富
尔申报进口一箱鸦片,意在试探领事对待鸦片的态度。巴富尔命
令它把鸦片抛入黄浦江。另一艘英国商船"迈茵盖号"(Maingay)
假造报单,隐瞒装有鸦片,事情败露后,把鸦片过儎到另一艘英国
船"威廉第四号"(William The Fourth)上。巴富尔把走私的鸦片
当做合法商品假送报单处理,罚款 1700 元,对私自开舱过儎货物
罚款 1500 元。但璞鼎查只同意前项罚款,命令巴富尔退还后项罚
款。理由是前一行动违反条约、规定,至于私自开舱过儎的是鸦
片,条约并无明文,查禁乃是中国当局的事情,领事只消通知海关
官员,禁止三船贸易,令其出港就够了。超过这个限度,英国领事
就成了中国的税收员。同年 3 月 2 日,璞鼎查还训令巴富尔通知
中国当局,"我自己和我属下的官员,将严格执行条约的规定,但
是,关于查禁鸦片贸易或合法商品的走私问题,全部的补救之道都
掌握在他们的手里"。据此,即使在上海这个条约口岸的外滩江
面范围以内,英国领事也不负有"察查"鸦片走私的条约义务。而
《善后条款》第十二款说,英国管事官要对英商"四面察查","访闻
有偷漏走私之案",并没有只可访闻察查合法商品的偷漏走私,不
许访闻察查鸦片的偷漏走私呀!

　　同年 3 月,巴富尔通知宫慕久说:"只要鸦片还在我们英国船
上,那就必须按照我们的法律处理,只有卸儎上岸或者已被中国人

---

① 费正清:《贸易与外交》第 1 卷,第 229 页。

买到手,那才落到中国法律的管辖范围之内。"宫慕久表示同意巴富尔的主张,说是中国当局将惩处为此走私的中国人,但他要求领事罚办英国船只。耆英照会巴富尔,试图利诱巴富尔协助缉私,建议罚金一半给上海关,一半归英国领事,他说:"没有英国领事的协助,中国当局不可能查禁上海港的走私活动。"①于此,不难看出,所谓按照英国法律处理英国船只走私鸦片,不过是英国领事包庇英国船只向中国走私鸦片的另一说法,而耆英则明确承认没有英国领事的协助,中国当局就不可能查禁上海的走私。这就难怪研究中国海关史的莱特也指出:"换句话说,中国当局并不享有每个主权国家都享有的那种权力,即搜查和扣留进口违禁品的外国船只的权力,哪怕这些船只公然闯进实行禁令的一国水域也罢。"②

以后还将看到,不平等条约所建立的领事报关制度,乃是英国领事包庇走私的护符,尤其是包庇鸦片走私。这一点,就连英国驻上海领事阿礼国（R. Alcock）也不得不承认。1849 年,他直截了当地说,领事报关制度给鸦片走私提供了"有效的保护"。因为中国政府不得到英国领事的行文,"显然提不出必要的合法证件来"。

然而外商走私鸦片,并不限于设置鸦片趸船。他们还在陆地上设置据点。在金星门、南澳和漳州,走私贩子都公然建造房屋、修筑道路,作久居之计。③

1844 年 2 月,广东当局在发给璞鼎查的一份很长的照会里,详细列举英人在南澳岛上所建房屋的数量、大小、地点,指责其违

---

① 费正清:《贸易与外交》第 1 卷,第 230—231 页;费正敬:《临时制度》(1),第 462 页。

② 莱特:《自主斗争》,第 71 页。

③ 莱特:《赫德》,第 77 页。

反条约规定。璞鼎查答复说,应该由中国当局把他们驱逐出去,同时建议派一个中国官员去给他们以 6 个月的限期,到期撤离。两个月后,耆英说:"南澳的英国人要求展期 10 个月,到时再考虑撤退。"耆英把限期展至 1845 年 4 月,说是到时即将派人推倒房屋。但是,始终并没有人敢去干这样棘手的差事。①

　　前面说过,璞鼎查把中国沿海的非条约口岸,以北纬 32 度为界,划分为南北两段。在南段英国政府将把英商走私船看成是违反中国法令的船只,"不受皇家海军的保护"。但是,美国国务院的一份档案透露,在南段非条约口岸,皇家海军"就停在走私船的近旁,一直等到中国人(中国走私贩子)相信,军舰对鸦片走私船的保护,和对合法商船的保护完全相同的时候为止"②。所谓不受皇家海军的保护,正是意味着受到皇家海军的保护,是赤裸裸地运用炮舰威力进行这种罪恶勾当。

　　一个国家的国旗代表一个国家的尊严。前面已经指出,英国领事在和中国地方官进行交涉时,国旗能发挥多大作用。国旗不仅在陆上能发挥作用,在海面也能发挥作用。英国夺得香港以后,随即组织香港殖民政府,颁布法令,其中包括登记各种船只,发放航行执照。只要取得香港政府的航行执照,就有权悬挂英国的国旗,受到英国海军的保护。这种航行执照,为期 1 年,过期失效。但是实际上却是无限期使用的。例如怡和洋行的一艘鸦片趸船,从 1845 年取得执照以后,一直使用了 13 年并未更换新照。③

　　发放航行执照是要收费的。这是香港政府的一笔财源,所以不管是什么国家从事什么营生的船只,来者不拒,一概发给。1843

---

① 　费正清:《贸易与外交》第 1 卷,第 239—240 页。
② 　达维斯:《美国公文汇编》第 1 辑第 4 卷,第 71 页。
③ 　费正清:《贸易与外交》第 1 卷,第 325 页。

年5月,怡和洋行本来是挂美国国旗的鸦片走私船"阿里尔号"(Ariel)在厦门一度被扣。美国东印度舰队司令员契尼(Commodore Lawrecnce Kearning)发出通告,严禁鸦片船悬挂美国国旗,于是凡悬挂美国国旗的走私船统统都到香港去向香港政府登记,领取英国的执照,挂上英国国旗。

香港政府的航行执照和英国国旗的问题,是导致亚罗号事件的导火线。亚罗号是一只由中国人制造、归中国人所有,由中国人驾驶,水手全是中国人的小船,为了进行走私,向香港政府注册,取得香港政府的航行执照,悬挂英国国旗,受到大英帝国保护。1856年,这只船泊在广州江面,广东地方当局派人到船上去逮捕了几名走私犯。英国驻广州领事巴夏礼硬说中国方面没有得到他的同意就登上这只船并扯下英国的国旗,这是"污辱"了大英帝国。因此,英国的炮舰开炮轰击广州,发动了第二次鸦片战争。但是这只船的航行执照久已过期失效,当时船上根本没有悬挂任何旗帜。

英国的国旗是能够掩护走私船只,吓退清政府水师船和海关巡逻艇的。但是鸦片是体积很小而价值很高的货物,是海盗洗劫的绝好对象,所以鸦片走私船是必须武装自卫的。这个时期的鸦片走私船都备有能发射重磅炮弹的"长炮"和专门作战的海员。①所有的趸船都全副武装,能够"击退中国人派出对抗它们的任何军事力量"②。"中国的水师船或海关巡逻艇谁也不敢接近它们。"③这些庞大的鸦片趸船,有时被称为"不动的炮舰",有时又

---

① 马丁:《中国的政治、商业和社会》(R. M. Martin, China Political, Commercial and Social)第2卷,第340页。

② 达维斯:《美国公文汇编》第1辑第18卷,第340页。

③ 费正清:《贸易与外交》第1卷,第455页。

被称为"浮动的城堡"。"与其说是商船,不如说是兵舰。"①它们
无法无天,干尽各种坏事。那些往来流动、运送鸦片、接运现金的
武装快船的活动,也是"最惊心动魄的"②。"它们必须在从来没
有探测过的偏僻港湾与中国的鸦片贩子打交道";"必须在辽远而
陌生的口岸开辟新的门路,必须探测新的海岸和港口",还必须以
最快的速度"传送消息和文件"③等等,总之,往来一切港汊,无所
不到。这就是对英国侵略者贩运鸦片的武装快艇的罪恶行径的
描写。

　　武装的鸦片走私船,既有那么大的武装力量,有时还有其他的
妙用。1853 年 5 月 18 日厦门小刀会发动起义,占领了厦门全市。
起义群众秩序井然,并未丝毫扰及英国领事馆,但英国驻厦门的副
领事拔克浩斯(Backhause)却命令怡和、宝顺和德记洋行把 3 只武
装的鸦片趸船开到港口以内去,把领事馆的现金和文件搬到宝顺
的趸船"阿穆斯特勋爵号"(Lord Amherst)上去。这就是说,遇到
这种情况,英国副领事不是退出厦门去以保安全,而是准备用"阿
穆斯特号"的炮火行凶。

　　不仅英国武装贩运鸦片,其他西方鸦片贩子也不例外。例如,
1853 年,美国驻华公使马沙利就向国务院报告说,"几乎所有在上
海和广州的我们美国人,都武装他们的船只,违抗中国政府的法
令,停泊在那里,满载鸦片,抓着一切机会,卖给中国人"④。

　　香港殖民政府向一切船只发放执照,很自然地使香港成为全
世界最大的鸦片走私总站。到 19 世纪 50 年代后期,总部设在香

---

① 费正清:《贸易与外交》第 1 卷,第 139 页。
② 勒伯克:《鸦片飞剪船》,第 3—7 页;欧文:《鸦片政策》,第 195 页。
③ 勒伯克:《鸦片飞剪船》,第 3—7 页。
④ 卿汝楫:《美国侵华史》,第 95 页。

港的鸦片走私洋行凡 50 多家，它们所属的鸦片走私船将近 100 艘，载重超过 20000 吨①，经常泊在各港口的趸船在 35—40 艘之间。② 他们的走私范围遍及广州、南澳、福州、厦门、漳州、鹿港、宁波、台州、温州和上海。③ 分运鸦片的小型帆船则走遍了一切港汊，甚至远达山东、直隶和东北地区。④

　　在条约口岸，走私进口的鸦片都公开交易。泊在吴淞的武装鸦片趸船竟达 10 艘之多。⑤ 把持上海海关行政权的李泰国，在 1855 年 7 月宣誓就职时，干脆把禁止鸦片走私排除在海关职守之外，不管鸦片走私到哪里，海关都"拒绝进行干涉"⑥。鸦片成了"唯一不受检查的进口货物"，它可以"在海关关员的面前公开地通过"⑦。在广州，"鸦片就在街道上成箱地公开运送并且像非违禁品一样地进行销售"⑧。在福州，"不是每个礼拜而是几乎每天都在离海关大门不到十尺（?）的地方，大白天里，就把鸦片搬上岸"⑨。在厦门，"鸦片小艇像渡船一样地来来去去，鸦片公开地在大街上贩卖"⑩。在宁波，"鸦片贸易，也同样是公开的。"⑪1847

---

①　勒伯克：《鸦片飞剪船》，第 382—384 页。

②　欧文：《鸦片政策》，第 195 页；费正清：《贸易与外交》第 1 卷，第 239 页。

③　费正清：《贸易与外交》第 1 卷，第 333 页；柯克：《1857—1858 年之中国》(G. W. Cooke, China: Being "The Times" Special Correspondence from China in the Year 1857—1858)（以下简作《中国》），第 25 页。

④　欧文：《鸦片政策》，第 195、201、236 页。

⑤　莱特：《赫德》，第 77 页。

⑥　《捷报》1855 年 8 月 11 日，第 6 页。

⑦　士卡斯：《在华十二年》，第 297 页。

⑧　马士：《对外关系史》第 1 卷，第 541 页。

⑨　达维斯：《美国公文汇编》第 1 辑第 20 卷，第 191 页。

⑩　费正清：《贸易与外交》，第 172 页。

⑪　士卡斯：《在华十二年》，第 297 页。

年英国公使德庇时在宁波,就亲眼看到鸦片贩子公开搬运鸦片。①
至于在所有停泊趸船的地方,条约口岸也好,非条约口岸也好,鸦
片都是在大白天搬上趸船,又从趸船上交给中国买主。"这种接
收和交付,就像任何合法贸易商品的成交一样公开进行。"②

畅通无阻的鸦片走私,毫不避人的鸦片买卖,使中国的鸦片销
量飞速扩张。有人说,在鸦片战争前的 10 年间(1830—1840 年)
平均每年输华鸦片 24000 箱,价值 1600 万元。③ 而鸦片战争后的
1845—1849 年,据香港殖民政府官员密切尔(W. H. Mitchell)估
计,从印度输出鸦片 220717 箱,其中有四分之三,即 165000 多箱
是集中香港分销到中国的,每箱售价以 500 元计,价值达 8270 万
元,或 1845 万镑。④ 到爆发第二次鸦片战争的 1857 年,上海一口
就进口 32000 箱,比战前的全国进口量还多 8000 箱。⑤

向中国走私鸦片,是当时外商获利最大的生意。有人说,
1856—1857 年内,印度鸦片在中国的销售价格相当于它在印度采
购成本的 5 倍。⑥ 中国的鸦片销售价格变动无常,这里所举的数
字,只是大致的估计。不过,在英印方面,统计是比较接近事实的。

前面说过,在签订《江宁条约》前夕,印度总督艾伦保罗曾警
告英国外交大臣阿伯丁,不要干出损害印度财政的事情来。鸦片

---

①　《英国国会文件:关于在华鸦片贸易的文件,1842—1856》( British
Parliamentary Papers: Papers Relating to the Opium Trade in China, 1842—
1856)(以下简称《鸦片文件》),第 28 页。

②　达维斯:《美国公文汇编》第 1 辑第 15 卷,第 205 页。

③　马士:《对外关系史》第 1 卷,第 210 页;李伯祥等:《关于十九世纪三
十年代鸦片进口和白银外流的数量》,《历史研究》1980 年第 5 期,第 82 页。

④　费正清:《贸易与外交》第 1 卷,第 237 页。

⑤　马士:《对外关系史》第 1 卷,第 556 页。

⑥　达维斯:《美国公文汇编》第 1 辑第 15 卷,第 231 页。

战争以后,从印度向中国走私鸦片如此通行无阻,导致印度的鸦片产量迅速膨胀,从而印度殖民政府所取得的鸦片收入也迅速膨胀。下面表列印度的鸦片产量和利润率,据此可知到 19 世纪 40 年代后半期,印度的鸦片产量,平均每年已突破 10 万箱,其利润率超过200% 至 300% 。

### 印度鸦片产量及其利润率

1835—1859 年 5 年平均数

| 年度 | 鸦片产量(箱) | 每箱成本(卢比) | 每箱销价(卢比) | 利润率(%) |
|---|---|---|---|---|
| 1835—1839 | 88774 | 309 | 921 | 198.1 |
| 1840—1844 | 92241 | 308 | 1109 | 260.1 |
| 1845—1849 | 146860 | 304 | 1072 | 252.6 |
| 1850—1854 | 209090 | 290 | 903 | 211.4 |
| 1855—1859 | 169584 | 291 | 1376 | 372.9 |

资料来源:英国蓝皮书:《鸦片文件》,1865 年,第 6—9 页。

巨大的鸦片产量和高额的利润,为印度殖民政府带来了巨大的财政收入。在鸦片战争前,鸦片收入在印度财政总收入中只占 6% ,到 19 世纪 40 年代后期便突破 10% ,到 50 年代后期,甚至高达 14%以上。可见鸦片收入益发成为印度财政收入的生命线了。

向中国输出鸦片,也是中、英、印三角贸易的生命线。从而又是英国财政收入的一大税源。这一点,留待以后再说。

### (三)鸦片进口的合法化

1858 年 11 月 8 日签订的中英《通商章程善后条约:海关税则》第五条规定:"洋药准其进口,议定每百斤纳税银三十两。惟该商止准在口销售,一经离口,即属中国货物,只许华商运入内地,外国商人不得护送,即《天津条约》第九条所载英民执照前往内地通商,并第二十八条所载内地关税之例,与洋药无涉。其如何征税,听凭中国办理。嗣后遇修改税则,仍不得按照别定货税"。所谓洋药指的便是鸦片。从此,鸦片就成为合法商品,许外商自由进口。在这个问题上,中国政府所保留的惟一权利是,以不得别定货税,即永远不得提高税则为条件换取了英商不得自口岸内销,和华商运入内地不得享受子口半税的优待。

**鸦片收入在印度财政总收入中的地位**

| 年度 | 财政总收入(镑) | 鸦片收入(镑) | 鸦片收入占总收入(%) |
|---|---|---|---|
| 1835—1839 | 22521595 | 1281000 | 5. 7 |
| 1840—1844 | 21809236 | 1166445 | 5. 3 |
| 1845—1849 | 24865245 | 2475997 | 10. 0 |
| 1850—1854 | 27831636 | 3299365 | 11. 9 |
| 1855—1859 | 31731125 | 4484147 | 14. 1 |
| 1860—1864 | 42980108 | 5312518 | 12. 4 |
| 1865—1869 | 46417162 | 6222506 | 13. 9 |

注:鸦片收入包括孟加拉的鸦片专卖收入和孟买的鸦片税收入两项。
资料来源:特奈尔:《不列颠的鸦片政策及其在印度和中国的后果》(F. S. Turner, British Opium Policy and its Results to India and China),附录 5。

鸦片贸易合法化,是英国对华侵略政策中蓄谋已久的重大决策。1854—1858 年,英国对华贸易逆差,平均每年达 7192759 镑,印度输华鸦片值平均每年为 6365319 镑,这就是说,英国的对华贸易逆差有 88.4% 要用输华鸦片去抵补。因此,第二次鸦片战争首先便是英国为了继续向中国倾销鸦片而发动的战争,1858 年 11 月中英《通商章程》中关于鸦片贸易合法化的规定,乃是英国运用炮火强迫中国接受的规定。

鸦片贸易合法化是英国用炮火强加于中国的这一观点,久已成为西方正直学者的定论。早在 1876 年,特奈尔在其《不列颠的鸦片政策及其在印度和中国的后果》一书里,就已指出,中国政府对鸦片的"合法化是在恐惧的情况下接受的"①。同年,丁林(J. F. B. Tinling)在《罂粟的灾难和英国的犯罪》一书里,说得更清楚,谓英国"使中国人记牢,对抗英国的大炮是没有希望的。……我们使他们深信(我们的)海陆军具有无可抗拒的威力,从而把鸦片贸易合法化。这是(我们)热烈追求了许多年的结果,最后总算达到了。毫无疑问,对那些为此急切以求的政客来说,目的就使手段神圣化了"②。1884 年,希尔(J. S. Hill)在《印华鸦片贸易》中说:"有理由相信,1860 年(误,应为 1858 年——引者注),这种贸易的合法化,是用武力从中国人手里取得的。"③直到 1932 年,寇堤斯(L. Curtis)还在他的《中国首要问题》里说:中国是"被迫同意鸦片贸易合法化的"④。

但是,也是在 20 世纪的 30 年代,一个如今被西方史学界尊为中国历史权威的美国人却出来做翻案文章。据他说,"人们常说,1858 年条约主要是外国人为了取得前所未有的利益设计的。一般说,这是不正确的。1858 年条约的主要目的是对 1842—1844 年签约后那段时期所出现的特殊情况加以承认,或者说给以法律批准。对于鸦片贸易来说,特别是这样"。"这种合法化不是强迫战败中国接受的。因为早在 3 年以前,条约口岸的中国当局就为

① 特奈尔:《不列颠的鸦片政策及其在印度和中国的后果》,第 121 页。
② 丁林:《罂粟的灾难和英国的犯罪》,(J. F. B. Tinling, The Poppy Plague and English Crime),第 80 页。
③ 希尔:《印华鸦片贸易》(J. S. Hill, The Indo-Chinese Opium Trade),第 29 页。
④ 寇堤斯:《中国首要问题》(L. Curtis, The Capital Question of China),第 73 页。

了税收已把鸦片贸易置于合法的基础之上了。"①下面是事实真相。

据前所说,可知这个美国人所说的第一次鸦片战争后的"特殊情况",就是英美等国的官方代表包庇鸦片走私、武装走私鸦片致使清政府不可能禁止走私的"情况"。对于清政府来说,既不可能查禁走私,而鸦片又是不纳分文关税的进口货,那么惟一可资选择的办法,就是征税进口。然而征税进口,最初也只是地方政府默认其进口,进行征税,中央政府并未确认其为合法商品。到了第二次鸦片战争以后,也没有史料足以证明清中央政府主动确认鸦片为合法商品。1858 年的《通商章程》,明定鸦片为合法商品,仍旧是英国代表强加于清政府的。

在清王朝的最高领导人方面,并未因鸦片战败就稍弛鸦片烟禁。前面说过,道光皇帝在 1841 年和 1842 年就曾两次下令奏报烟犯名单。据大高殿所藏军机处远不完整的档案透露,至少在1843、1846、1848、1849 各年,地方大员都曾向道光奏报过烟犯名单,多半都受到绞决或斩首的严厉处罚。② 不过,在此同时,西方海盗冒险家也蜂拥而来,猖狂走私。前面说过,在 1843 年 5 月至11 月上海正式开港前,通过吴淞走私进口的鸦片已达 8000 箱,价值 600 万元。上海正式开港后,西方海盗冒险家更在吴淞设置鸦片趸船,公开大量走私。从吴淞走私进口的鸦片,绝大部分都是通过中国的亡命之徒分销到内地去的。早在 1845 年,就已有人上奏道光说,上海、苏州地区的匪帮歹徒,连帮结伙,用全副武装的船只

---

① 费正敬:《合法化》,《中国社会及政治学报》1933 年 7 月号,第 219—220 页。

② 费正敬:《合法化》,《中国社会及政治学报》1933 年 7 月号,第 223 页。

走私鸦片,其人数之众多,行为之凶悍,使衙门胥吏和地方巡丁无从缉捕。在此同时,国内的罂粟种植也迅速扩大。1849 年威妥玛的一个札记说,他相信已有 9 个省份种植罂粟。①

结果,洋烟因武装走私而无从查禁,土烟因大利所在而广泛种植;烟禁未弛而鸦片流毒日广,烟匪横行而社会秩序混乱;在制度上,海关对一切进出口商货都有权加以监督检查,而实际上,惟独对于鸦片无人加以检查监督。国家对一切商货,无不加征税捐,惟独鸦片无税无捐;结果不独戕害人命,而且白银外流,使银贵钱贱的经济危机更加严重化。在这种情况下,鸦片战争前一度盛行的弛禁议论便又有所抬头。

1850 年咸丰继位,仍坚持严禁政策。但几个月后,即 1851 年 1 月 16 日,湖广道监察御史汤云松便上了"请变通烟禁酌收烟税"的奏折。汤指出洋船把鸦片走私进入广东、福建、上海和天津等处,云南、贵州和四川都种烟,最近据报,浙江的温、台各郡,甘肃的平凉也在种烟。汤在历数鸦片之为害以后,提出"寓禁于征"的建议。他的建议未得允行。1852 年 12 月,监察御史吴廷溥奏称,在口岸和内地,关卡官员已和商人协议非正式征税,而政府并无税收,所以他建议政府如征收从价 10% 的关卡税,必可获得大量税收。同年 12 月,六部九卿会奏仍主严禁。②

1853 年,太平军打乱清政府在沿江各省的统治秩序,截断其税收来源,而调兵练勇则又大大增加其军政开支。这就迫使清中央和地方政府千方百计地加紧罗掘,采取了卖官鬻爵、加征厘金等

---

① 费正敬:《合法化》,《中国社会及政治学报》1933 年 7 月号,第 225—226 页。
② 费正敬:《合法化》,《中国社会及政治学报》1933 年 7 月号,第 228 页。

一系列非常措施。在这种情况下,鸦片征税问题很自然地便被再次提了出来。

1855年8月15日,河南布政使英棨上奏"请收鸦片烟税"折。英棨说,近年由于鸦片进口,岁漏银一二千万两。沿海鸦片走私,盗匪随之,如影随形,二者与日俱增。挽救之道,莫若对进口鸦片统一征税,至国内则听其种植。① 英棨所说,还是鸦片战争前群议沸腾的那些老问题。他的开禁目的,是针对鸦片的走私进口而发的。土产免税,意在以土产抵洋货,免致漏银。不过,既明令对进口鸦片统一征税,那就意味着鸦片进口的合法化。这是在洋商武装走私,清政府无力缉私的现状下无可奈何的主张。

但是,即使如此,清中央政府始终并未开放烟禁。1857年12月7日,两江总督怡良针对上海"抽(鸦片)厘,可得百数十万两"的主张说:"抽厘必须官给执照,烟贩持为护符,竟可任其所之,莫能究诘,直是弛禁,不独显违谕旨,且以夷人要求不准之事,一旦作此掩耳盗铃之举,即使每年可得百万两,尚不可行,况处处受人挟制,徒饱言利者之欲壑,归公者不过十之一二,损国体,无裨军饷。"②

1853年9月,小刀会起义军占领上海县城以后,清政府军很快就包围上海县城及其近郊。这使得吴淞的中国的亡命之徒难以继续接近鸦片趸船,于是洋商干脆把鸦片卸到上海外滩的租界里去。在租界,鸦片"和其他任何商品一样的销售"。这种情况,到1855年2月清政府军收复上海县城以后,依然如故。有一个记载

---

① 费正敬:《合法化》,《中国社会及政治学报》1933年7月号,第230页。

② 《两江总督怡良等奏》,咸丰七年正月十二日,《夷务始末》,咸丰朝,第15卷。

说,1855 年 6 月,上海道台赵德辙曾要求上海外国领事协助,对鸦片像对"其他任何商品一样"进行征税,被外国领事所拒绝。鸦片继续公开卸进租界区,继续公开交易,继续成为中国对外贸易中惟一既不受检查又不纳关税的进口货。

外商走私鸦片,同时走私合法商品。1855 年 7 月,赵德辙向美国驻沪领事墨菲埋怨说,洋商用装鸦片的箱子运进硝石,又用鸦片箱子运出生丝。这就是说,既不受检查,又不纳关税的鸦片走私发展为走私进口违禁品的硝石和走私出口大宗的生丝。为了制止这种放肆的罪行,赵德辙通知英美领事,他将从 8 月 11 日起,查缉卸到上海的一切鸦片。其后 10 天,赵德辙所派的两个人试图对鸦片每箱征税 25 元。他们的这种企图又受到了外国鸦片贩子的抗拒,毫无所获。

赵德辙面对这种局面,妄图采取"以夷制夷"的策略,命令江海关税务司英国人李泰国采取行动。李泰国说,他在 1854 年 7 月就任税务司时就已向上海道台吴健彰声明过:"只要鸦片船只做鸦片生意,我们就不加干涉,干涉会对道台造成困难,也是陛下政府所不能接受的。"赵德辙说,不列颠当局无视鸦片的存在,但是不列颠政府把事关印度收入八分之一的鸦片走私,"寄希望于我们可以出于困难,……就默认其进行"。但是,既然李泰国的声明说什么"只要鸦片船只做鸦片生意,我们就不加干涉",如今鸦片贩子用鸦片箱子走私进出口商品,那就不是什么"只做鸦片生意"的事情。因此,就连李泰国也不得不着手把合法商品和鸦片区别开来。1855 年 8 月 24 日,李泰国根据赵德辙的命令,缉获了 25 箱鸦片,送存道台衙门,此举引起一群暴徒威胁要烧毁道台衙门,吓得赵德辙立即退还鸦片。史料没有说明所谓暴徒是中国人还是外国人,但是,在清军新近收复的上海,中国人显然是不敢如此放肆的。然而更加奇怪的是,英国驻沪领事阿礼国却策动美法两国领

事,组成所谓"混合法庭",对李泰国提出所谓"越权"问题提起公
诉。① 谁能理解,作为中国政府雇员的李泰国,执行他作为海关税
务司的职权去查禁走私鸦片,他究竟在哪一点上超越他的职权而
犯了所谓"越权"罪呢? 外国领事的所谓"混合法庭",又有什么权
力审讯中国官员呢?

　　1857 年 3 月 21 日上海《北华捷报》上出现中国官方征收鸦片
税每箱 12 两的消息。曾任江海关英籍税务司的威妥玛认为,那是
地方当局向所有商人行会劝捐助饷的行动,是对鸦片商人之为商
人的劝捐,和他们所经营的商品是鸦片无关。② 威妥玛的说法是
比较可信的。

　　上海这段经过具有典型意义。简单说,当时上海的实际情况
是,外国鸦片贩子不仅走私鸦片,而且在鸦片这种既不受检查又不
纳关税的特殊商品掩护之下走私其他商品,这就造成中国关税收
入的损失,中国地方政府为了保证关税收入,必须全面查禁其他商
品的走私,为了查禁其他商品的走私,就必须查禁鸦片的走私。但
是,地方政府面对外国领事包庇之下的外国鸦片贩子的武装走私,
是根本无能为力的。因此,上海地方当局才请求外国领事进行协
助,这种请求遭到外国领事的拒绝以后,上海地方当局的单独行动
再次证明他们是无能为力的。就连身为江海关税务司的英国人李
泰国为区别鸦片和合法商品而作的努力也被以阿礼国为首的三国
领事混合法庭作为"越权"。事情很清楚,阿礼国为了保证抵补英
国对华贸易逆差 88.4% 的鸦片利益,迫使中国政府除非把鸦片贸

---

　　①　费正敬:《合法化》,《中国社会及政治学报》1933 年 7 月号,第 234—
235 页。
　　②　费正敬:《合法化》,《中国社会及政治学报》1933 年 7 月号,第 241—
242 页。

易合法化,再没有任何其他道路可走。这就是前述那个美国人所说的"特殊情况",这也正是自从璞鼎查就已经开始的强迫中国接受鸦片的一贯策略。

英国在华当局迫使中国鸦片合法化的策略,在宁波以另一种方式表现出来。在那里,外国商人也在走私鸦片的同时,走私其他商品。

1856年夏,英国驻宁波领事辛格来(C. A. Sinclair)说,"设有领事的宁波很快就出现像并无领事和规章制度的汕头那种状态",轮船"柏鲁图号"(Plubo)和其他船只惯于进出本港,上下货物,并不通知领事馆,可能也很少通知海关。除去鸦片而外,洋船还进口硝石和硫磺这些东西,不久就流到太平军手里去制成火药,而这些东西都是领事的多次公告和中国法律所禁止进口的。港内出现一艘鸦片输送船,由外国和中国船把鸦片驳进仓库,中国当局有理由怀疑,在驳运鸦片的同时,也驳进其他商品。

1856年6月,宁绍道台照会英美领事说,鸦片是中国法律禁止进口的东西,洋船私自带入甬江,非法出售,同时也私运其他应该纳税的货物,二者难以区分,他已命令所属各郡,加强缉私,请求领事加以协助。辛格来一面通告英商,今后将由领事执行《通商章程》,一面复照宁绍道台,说什么实施任何禁令,都必须对各国一视同仁,不得歧视,不提协助查禁走私鸦片问题。

事情拖到1857年2月,宁波当局单方面采取行动,授权杨坊登记华商鸦片贩子从洋商手里买进鸦片的数量,每箱收费12元。但是,得不到领事协助缉私的任何措施,注定是要失败的。1858年2月,宁波当局设置一个专门向外人居留地征收鸦片烟税的"局",由一个叫李德球(Le Te Kew)的绅士聘请英国商人赫德森(J. S. Hudson)负责收税。李德球扬言除非得到他的同意,谁都不许购买"洋货"。洋货一词引起了英国驻宁波副领事密迪乐的强

烈反对。因为这就意味着查禁一切走私货物。在密迪乐的压力
之下,宁波当局终于把赫德森任命书上的职责改为"执行符合对
外条约的任务"。在此同时密迪乐又迫使宁波当局明确表示,新
设的局"和海关税则所列举的货物无关"。既"执行符合对外条
约的任务",又"和海关税则所列举的货物无关"。① 多么奇怪的
逻辑!

这个奇怪逻辑正反映英国千方百计强迫中国接受鸦片合法化
的策略决定。所谓"执行符合对外条约的任务",就是执行海关税
则上对未列名商品即鸦片征收 5% 的从价税那条规定;所谓"和海
关税所列举的货物无关",就是不得查禁合法商品的走私漏税。
1858 年 5 月 10 日密迪乐对宁波英商的通告说得更清楚。通告
说,道台新设的那个局"对海关税则上未加列举的某种外国产品"
按照条约和海关税则征收关税,"但是对海关税则所特加列举的
任何物品都无权收费或征税"。所谓"某种外国产品",就是按照
海关税则所定对未列名商品征收从价 5% 的进口税。当时,从价
5% 的进口税相当于每箱 25 元。②

1858 年 5 月 25 日,英国驻华公使包令批准密迪乐的安排。
包令在发给密迪乐的训令里说,"陛下政府的愿望是(对鸦片)加
征适中的关税,在此同时,对海关税则所列货物税的征收并不提供
保护。……我已经建议额尔金勋爵批准其他领事(对鸦片)每箱
征税 25 元。这就把鸦片列为条约所说未列名商品之列——但我
们不能坚持一种特定税率。毫无疑问,适中的关税会比高税率更

---

① 费正敬:《合法化》,《中国社会及政治学报》1933 年 7 月号,第 236—
240 页。
② 费正敬:《合法化》,《中国社会及政治学报》1933 年 7 月号,第 244—
245 页。

能保证税收,因为高税率将刺激鸦片走私"①。

1857 年 5 月,福州地方当局照会英国驻福州领事说,鸦片是由洋船运进港口、卸入外国仓库、经洋行买办之手分销出去的。政府决定令买办登记销售数量,征收鸦片税,以便派员到洋行去收取。由于事事牵涉洋人,为防止产生纠纷,请领事馆派出适当人选加以协助。福州决定征收的税则是每箱 48 元。包令认为税率太高,应减为每箱 25 元。包令借此机会又出了新花样。他把江海关的洋税务司制度推广到其他四口去,已经活动了两年有半之久。这次,他提出要在福州实行上海那样的洋税务司制度,但又禁止任命领事馆的职员去干涉鸦片贸易。② 包令的如意算盘没有得逞,福州当局的征税行动,结果不详。

1857 年 11 月厦门地方当局照会英国驻厦门领事,说是今后洋商应向当局报告卸岸鸦片,并听候当局检查仓库所存鸦片数量,税则定为每箱 48 元。这个税则当然为包令所拒绝。包令训令英国领事说,进口鸦片的合法化是陛下政府所"深为关切"的事情,领事"应在交涉中以最好的条件"达到合法化的目的。1858 年 3 月,厦门英国领事报告说,厦门对鸦片严格征税,每箱 48 元。③ 8 个月后,中英"通商章程善后条约海关税则"终于强迫清政府解决了鸦片贸易合法化和海关洋税务司制度两大问题。

以上就是上海、宁波、福州、厦门 4 口所谓"中国当局已为了税收把鸦片贸易置于合法基础之上"的简单经过。首先必须指

① 费正敬:《合法化》,《中国社会及政治学报》1933 年 7 月号,第 255—258 页。

② 费正敬:《合法化》,《中国社会及政治学报》1933 年 7 月号,第 246—250 页。

③ 费正敬:《合法化》,《中国社会及政治学报》1933 年 7 月号,第 251—255 页。

出,尽管早在 1851 年正月,汤云松就已请求咸丰皇帝"变通烟禁
酌收烟税",清中央政府始终并未开放烟禁,直到 1857 年 12 月,
怡良还斥责为增加税收而抽收鸦片厘金的主张为"显违谕旨",
"损国体"的行为。所谓"早在 3 年以前,条约口岸的中国当局
就为了税收已把鸦片贸易置于合法的基础之上"云云,指的是
1855 年 8 月上海道台赵德辙对上海外商走私鸦片每箱征税 25
元的决定。这个决定是针对外商利用装鸦片的箱子走私进口硝
石和走私出口生丝而发的,其目的在于防止走私非法商品的硝
石和走私合法商品的生丝,根本不是"把鸦片贸易置于合法的基
础之上"。而英籍税务司根据赵德辙的命令缉获 25 箱鸦片,则
又受到三国领事"混合法庭"斥为"越权"。这就证明,三国领事
不仅包庇鸦片走私,还包庇走私鸦片所掩蔽的其他合法和非法
商品的走私。

上海以外,宁波、福州、厦门 3 口对鸦片征税的措施,无不遭到
当地英国领事的阻挠破坏。这些阻挠破坏的目的,用包令的话说,
就是要以"最好的条件"达到鸦片合法化的目的。然而不管"条约
口岸的中国当局"如何征税,那也仅仅是地方当局的非正式措施,
丝毫并不意味着北京的中央政府正式开放烟禁。1858 年中英《通
商章程》把鸦片称为"洋药"加以合法化,才由中央政府正式开禁,
而《通商章程》却是在英国炮火之下签订的。综观第一次鸦片战
争以后,鸦片走私的全部历史以及中英关于鸦片问题的全部交涉
经过,任何公正的历史学家都会一致得出结论:鸦片贸易的合法化
乃是英国强加给中国的罪恶勾当,任何企图把英国人从这根耻辱
柱上解救下来的尝试都是徒劳的。

鸦片贸易合法化以后的问题是如何征税。

参与天津谈判的美国代表卫三畏说,中国政府在不许这种毒
品进口的问题上,"已经屈服","可尊敬的英国商人和政府,现在

可免于走私贩毒的污名了"①。

继璞鼎查任为驻华代表的德庇时说得很是动听:第一,只有这样,中国和英国的"善意谅解",才可以"长远保持"。第二,是帮助中国政府增加税收。因为"如果使鸦片贸易合法化,那么,五口内的全部船只都将在领事的监督下征课关税,它们都得缴纳船钞"。第三,还可以防止中国白银外流。因为"嗣后对于鸦片,便可用商品来交换,纹银就不至于再行流出国外"。第四,它又可以禁绝海盗。因为"沿海的海盗行为,都是由于对鸦片的处处查处而产生的"。鸦片合法化了,不查禁了,海盗自然也就绝迹了。②

但是,在谈判过程中,关于鸦片合法化以后的征税一节,中国的代表最初提出的税率是每100斤征税60两。③ 英国的谈判代表把中国提出的税率砍掉了一半。英方说,税率高不能高过中国鸦片贩子会设法逃税的高度,低要低得使鸦片走私的人"也会放弃偷税输入的念头"④。美国代表列卫廉主张税率既要高到足以限制鸦片的供应,又要低到足以排除走私。这样就不但可以禁绝鸦片的非法走私,而且可以限制鸦片的合法贸易。但是,人们一望而知,只要低到足以排除走私,那么高到足以限制鸦片的供应,就是一句空话。

1861年,海关总税务司赫德,在给总理衙门的禀帖和清单中,有这样一句话:"洋药之税不可太重,过重即令人随意走私漏

---

①　丹涅特:《东亚》,第326页。

②　莱特:《自主斗争》,第71—72页。

③　莱特:《赫德》,第133页;韦罗贝:《外国在华权利和利益》,第1093页。

④　《鸦片文件》,第1—3页。

税。"①由于《通商章程》中规定鸦片运入内地,"其如何征税,听凭中国办理",他就拟了两套办法:一是"进口时征一次重税,即每箱〔百斤〕六十两,完税之后,准往各处,而不另征别税";一是"进口时按〔每百斤三十两〕则例征税,俟洋药入内地后,由中国自行设法办理。"而他所拟的条例,实际上是有限制的后一套办法,即进口时卖主完纳正税 30 两,再由买主完纳子口半税 15 两,"即可在本府所属各州县售卖,而不重征税饷"。"一出本府交界运往别处,则凭地方官随时设法办理。"②这实际上就是在本府辖境以内,使鸦片等同于其他合法商品,任其自由泛滥。至于低税率的目的,当然不是为的增加中国的财政收入,而是为的推销鸦片。

在 1869 年中英修约谈判中,中国方面要求将鸦片进口关税由每 100 斤 30 两提高到 50 两。③ 在印度的英国鸦片贩子发出了一阵反对的叫嚣,说什么中国一提高鸦片进口税,印度政府鸦片收入的危机就要来临。"我们无论如何不能让中国的偏向引入歧途,也不能让违背商业金融原则的考虑,把我们弄得晕头转向。"④为了免于"印度政府的鸦片收入危机"的来临,中国就得"以低于英国对中国的丝茶课税的税率,准予合法地输入"他们的毒品。⑤

鸦片合法化以后,鸦片的输入大为扩张。从《天津条约》签订以后到 19 世纪 70 年代开始(1859—1870 年)的 12 年间,香港每年鸦片进口由 54000 多担上升到 95000 多担⑥,其中绝大部分都

① 《夷务始末》,咸丰朝,第 2934 页。
② 《夷务始末》,咸丰朝,第 2934 页。
③ 欧文:《鸦片政策》,第 246 页。
④ 欧文:《鸦片政策》,第 249 页。
⑤ 韦罗贝:《外国在华权利和利益》,第 1093 页。
⑥ 中国海关税务司总署编:《鸦片,1881》(China Maritime Customs, Opium,1881),第 64 页。1859 年单位原为箱,一箱约重一担。

是运进中国各口的。例如厦门,"鸦片贸易在进口中继续成为巨大的压倒一切的利益"。它在厦门一地的进口,一年达到 300 万元以上。其所以有这样的增长,是由于"现在只纳一个名义上的关税,就可以进口"①。天津、牛庄和烟台这 3 个新开口岸,吸引着众多的"上海白皮肤商人","这 3 个口岸的鸦片进口每年都在增加,因为那里的销售非常兴旺"。② 汉口刚要开埠,美国鸦片贩子琼记洋行就派人前去了解,在那里"鸦片怎么卖,品种、价格、数量、季节,论箱还是论斤……"③,准备大干。通商口岸以外的广大内地,情况亦复如此。到了 19 世纪 60 年代后期,鸦片贩子"向内地中国人供应洋药就像供给口岸居民一样的自由"④。在签订《通商章程》以前,鸦片在东北地区,还十分生疏,现在则以"极大的速度发展到不祥和可怕的程度。"⑤

鸦片进口合法化,并没有消灭鸦片走私,而是更加猖獗了。就在《通商章程》把鸦片进口合法化的同年,香港英国殖民政府把鸦片在本地的加工零销,包给出价最高的包销者。这种包卖的零销鸦片,实际上有 70% 是走私到中国内地去的。⑥ 邻近香港的广州,"每有一箱鸦片在海关申报,便有四箱走私进口"⑦。19 世纪 60 年代

① 达维斯:《美国公文汇编》第 1 辑第 20 卷,第 117 页。
② 刘广京:《唐廷枢之买办时代》,载《清华学报》1961 年 6 月,台北,第 175 页。
③ 洛克伍德:《琼记洋行》,第 92 页。
④ 欧文:《鸦片政策》,第 244 页。
⑤ 欧文:《鸦片政策》,第 236 页。
⑥ 莱特:《赫德》,第 588 页。
⑦ 莱特:《自主斗争》,第 230 页。

后期集中香港的鸦片,经广东、湖南走私到湖北武汉。[①] 所有这些
走私"之所以猖獗,完全是因为有一个坐落在〔中国〕海岸两英里
以内的英国自由港(香港)作为基地的缘故"[②]。当1842年璞鼎查
最初提出鸦片合法化之时,大鸦片贩子詹姆士·马地臣对此还有
点担忧,认为"如果严厉执行就会把鸦片贸易局限于香港,因之,
势必大大限制鸦片的消费量"[③]。这个顾虑现在可以完全解除了。

但是,鸦片对中国人民的毒害,从此更加泛滥了。19世纪50
年代中期,人们估计中国吸食鸦片的人约在200万至300万之
间[④],而在鸦片合法化以后,不过一二十年的光景,数字直线上升。
60年代中期,台湾"几乎所有各阶层居民都吸食鸦片"[⑤]。东北自
"牛庄开放对外通商以来,本省吸食鸦片的人数增加了两倍"[⑥]。
到了70年代中期以后,有人估计,中国吸食鸦片的人数,已经达到
成年男子的三分之一。[⑦] 有的认为甚至占全部成年人口的一半。[⑧]

## 二、合法商品的走私漏税

前面已经指出,西方入侵者在公然走私鸦片的同时,也走私其

---

① 《英国驻华领事商务报告》(Commercial Reports from Her Majestys
Consuls in China)(以下简称《英领报告》),1869年,汉口,第80页。

② 莱特:《自主斗争》,第301页。

③ 费正清:《贸易与外交》,第136页。

④ 《鸦片文件》,第53页。

⑤ 中国海关:《海关贸易报告》(China Imperial Maritime Customs,
Reports on Trade at the Treaty Ports in China)(以下简称《贸易报告》),1866
年,打狗,第39页。

⑥ 《贸易报告》,1871—1872年,牛庄,第20页。

⑦ 《贸易报告》,1882年,淡水,第257页。

⑧ 《英领报告》;1878年,烟台,第55页。

他商品。谁也无法区分鸦片走私和合法商品的走私漏税。不过西方入侵者在运用暴力走私鸦片的同时,又为包庇合法商品的走私漏税取得了条约权利,这就是不平等条约上关于领事报关制的各项规定。

### (一)所谓"担保"英商交纳税饷的领事报关制度

1842 年中英《江宁条约》第二条规定,"大英国君主派设领事、管事等官住该五处城邑,专理商业事宜,……令英人按照下条开叙之例,清楚交纳货税、钞饷等费"。那么英国的领事、管事等官怎样才能"令英人"清楚交纳货税、钞饷等费呢?

1843 年 2 月初,正当中英双方谈判《善后条款》和《通商章程》的过程中,璞鼎查训令英方代表团的通译员马儒翰(J. R. Morrison)说,"只有涉及关税的一切事务中,都经常有领事亲临现场,进行干预,才能防止勒索和保证帝国的税收"①。同年 3 月 25 日,璞鼎查在发致清方代表的照会中说,领事的责任是"监视照章交纳关税和其他加征,庶几不致发生弊端,全面地杜绝走私"②。璞鼎查所说"防止勒索",指的是清海关官吏的勒索;他们说的"弊端",指的是商人勾结海关官吏走私漏税。英国领事在"亲临现场"去防止这些弊端的同时,也"监视照章交纳关税和其他加征","保证帝国的税收"。璞鼎查果真是有这样的好心肠"保证帝国的税收"么? 就在 3 月 25 日照会清方代表的同一天,璞鼎查在发给阿伯丁的公文里说,"抽象的进行推论,认为我的意思是使陛下驻在各口的领事对中国税饷的征收和防止走私负有个人责任,没有

---

① 莱特:《自主斗争》,第 87 页。
② 费正清:《贸易与外交》第 2 卷,第 12 页注 33。

什么别的再比这种推论更有背我的本心了"①。这么说来,所谓
"保证帝国的税收",根本不是璞鼎查的"本心",他的"本心"在于
让英国领事"亲临现场"凭借大英帝国的政治声势和炮舰威力包
庇英国商人走私漏税。有谁令英国领事去"令英人"交纳税饷,而
不是令英国领事"令英人"不纳税饷呢? 事实上,英美领事都曾多
次出于所求未遂而令英美商人拒绝交纳税饷,对地方当局施加
压力。

1843 年 4 月,广州出口的茶叶,不是按照定例,每担交纳出口
关税 6 两,而是只纳 1 两。在珠江上,发生了广东巡抚的巡逻队攻
击运茶船的事件。据说,那些运茶船是由海关护送的。英国商人
埋怨海关官吏公开包庇走私。为此,璞鼎查在 4 月 13 日向广东巡
抚祁𡎴发送一封公开信,说是"查禁走私,必须依靠中国海关官员
的能力和忠诚去进行,英国的官员、公民和船只都不干预其事"。
两天后,璞鼎查也向英商发出公告,痛斥英商走私是"完全不能允
许的",如果忽视或者允许这种行为,那就将摧毁把合法贸易置于
"坚实、正常和庄严基础之上的"各种努力。因此,他扬言他要协
助中国当局制止这种非法行为,就连聚集在香港的走私船和走私
商人也得不到英国的保护。据此,祁𡎴便在 4 月 17 日照会璞鼎
查,要求他采取"空前严峻的"措施制止英国商人接受海关胥吏的
引诱。② 同年 7 月 22 日,璞鼎查又发出公告说,他将采取一切可
能的办法,使英商履行条约义务。如果英国领事或中国当局确凿

①　费正清:《贸易与外交》第 1 卷,第 120 页,第 2 卷,第 12 页注 34。海关总
税务司造册处编:《关于中国海关的起源、发展和活动的文件汇编》(Statistical
Department of the Inspectorate General of Customs, Documents Illustrating of the
Origin, Development and Activities of the Chinese Customs Service)(以下简称《文件
汇编》)第 6 卷,第 2 页。

②　费正清:《贸易与外交》第 1 卷,第 130 页。

有据地指控英商的违法行为,他就采取"紧急而坚决的"行动,以对付违法者。因为他们的行动直接关系到"英国在中国政府眼中和国际社会上的国家荣誉、尊严和信义"①。

璞鼎查的表现,很是蹊跷,英商所埋怨的是粤海关官吏包庇走私,不是广东巡抚衙门的官吏包庇走私;璞鼎查所要求的是粤海关官员的能力和忠诚,不是广东巡抚衙门官员的能力和忠诚;他谴责卷入走私罪行的是英国商人,不是中国商人;而他的公开信却是发给广东巡抚祁埙的,不是发给粤海关监督文祥的。这就不能不使人怀疑所谓广东巡抚的巡逻队攻击海关所护送的运茶船的事。其实攻击的乃英商走私船,广州海关从来没有护送外国商船的制度。既然是英国商人在走私,作为英国全权代表的璞鼎查怎么就不"令英人"交纳海关税饷呢,祁埙要求璞鼎查对英商采取"空前严峻"的措施,可见过去的措施并不"严峻",甚至比不严峻更坏。至于大英帝国的"荣誉、尊严和信义"早在肮脏的鸦片战争本身上就扫地以尽了。

1843 年的春夏几个月,中英双方进行了长期的谈判,于同年的 10 月 8 日,同时签订《五口通商附粘善后条款》和《五口通商章程、海关税则》两个条约。

《通商章程》第十五条规定,"向例英国商船进口,投行认保,所有出入口货物税,均由保商代纳,现经裁撤保商,则进口货船即由英官担保"。同约第三条规定:"英国商船一经到口停泊,其船主限一日之内赴英国管事官署中,将船牌、舱口单、投单各件,交与管事官查阅收贮,如有不遵,罚银二百元;若投递假单,罚银五百元,若于未奉官准开舱之先,遽行开舱卸货,罚银五百元,并将擅行

① 莱特:《自主斗争》,第 40 页。

卸运之货,一概查抄入官。管事官既得船牌及舱口单、报单各件,
即行文通知该口海关,将该船大小、可载若干吨、运来系何宗货物
逐一声明,以凭抽验明确,准予开舱卸货,按例输税。"

这是一条十分恶毒的条约规定。首先,英商进口船只的船牌、
舱口单和报单各件是由英商送交英国管事官署"收贮"的,并由英
国管事官"行文通知"该口海关的。中国海关如无英国管事官的
"行文通知",就连有无英商船只进口,也没有合法依据;其次,英
商如不遵行这种规定,仅罚款 200 元,若投递假单,仅罚款 500 元,
而进口英船货物,动辄几万至几十万元,这么小量的罚款,根本不
足以防止英商的走私行为。事实证明,即使中国海关发现英商大
量走私,也因为英国管事官并未将该船大小可载若干吨,运来系何
宗货物,向海关行文逐一声明,中国海关并没有英船进口的合法证
件,所以英国管事官便拒绝"令英人"按例输税。这就是说,这是
一条英国管事庇护英商走私漏税的条约特权。

同上章程第六条规定:"其英国商船运货、进口及贩货出口,
均须按照则例,将船钞、税银扫数输纳全完,由海关发给完税红单,
该商呈送英国管事官验明,方准发还船牌,令行出口。"据此,英商
船只进口时,即将船牌交英国管事官"收贮",出口时,又由英国管
事官发还船牌,令行出口。船牌始终掌握在英国管事官手里。若
英商运货进口和出口,并不扫数完纳船钞、税银,英国管事官完全
可以发还船牌,令行出口,中国海关并无禁其出口之权。总之,英
商船只,无论进口出口,都有绝对的行动自由,中国海关不得干涉。

《善后条款》第十二条规定,"英国公使曾有告示发出,严禁英
商不许稍有偷漏,并严饬所属管事官等,将凡系英国在各港口来往
贸易之商人,加意约束,四面察查,以杜弊端,倘访闻有偷漏走私之
案,该管事官即时通报中华地方官,以便本地方官捉拿,其偷漏之
货,无论价值、品类,全数查抄入官,并将偷漏之商船,或不许贸易,

或俟其账目清后,即严行驱逐出境"。这是肯定英国管事官员有单方面察查偷漏走私义务的一条规定,看来冠冕堂皇。但是英国管事官如果不进行"四面察查";或者"访闻有偷漏走私之案",并不"即时通报中华地方官",又将怎样呢?

中英《通商章程》第二条规定:"凡严防偷漏之法,悉听中国各口收税官从便办理。凡英商货船到口,一经引水带进后,即由各海关拣派妥实丁役一二人,随同看押,预防走私。"这是所有中英各项条约中授权中国收税官单方面察查走私惟一的一条规定,说的是中国方面拣派丁役随同英船在内港防止走私。但是英船在外港走漏,又将如何呢?

《通商章程》第七条规定:"凡英商运货进口,即于卸货之日,贩货出口者,即于下货之日,先期通报英官,由英官自雇通事转报海关,以便公同查验。"关于货物计量,有连皮过秤、除皮核算之货,若英商与海关人员"理论不明者,英商赴管事官报知情由,通知海关酌办"。第八条规定:英商用洋钱交纳税饷,"洋钱色有不足,即应随时由管口英官及海关议定,某类洋钱应加纳补水若干,公商妥办"。第九条又规定:"各口秤货之大秤、兑银之砝码、量物之丈尺均须按粤海关向用之式制造数副,镌刻图印为凭,每口每件发交二副,以一副交海关,以一副交英国管事官查收,以便按查轻重、长短,计货计银,遵例输税。"由此可见,诸凡报关纳税的一切手续及其有关事项,或者由英国管事官和中国海关"公同查验",或者由英国管事官"通知海关酌办",或者由英国管事官凭证监督。总而言之,中国海关实际上已是中英两国共管的机构,它没有单独行使职权的权利。

在鸦片战争以前,清政府在广州实行"保商"制度管理对外贸易。这种制度规定,每艘外商来船都必须在清政府特许的所谓"十三行"商人中邀请一家充任"保商"。保商的首要任务是保证外商向粤海关交纳一切船钞和关税,同时也为外商在广州的贸易和生活代理一切事务,主要进口货由保商承购,主要出口货由保商采买;报关纳税由保商办理;生活需要由保商代买;财产信用由保商作保;人身安全由保商负责;行动守法由保商监视;对官交涉文件由保商传递:总之,外商在广州的一切都由保商包办。因此,港脚商人何肯说:"你只消和一个行商打交道,别的什么都不用管,而你一经成交,那就什么事都不用烦心了。"①

鸦片战争以后,废除了广州的保商制度,外商在5个通商口岸的报关纳税事项都由领事"担保"。领事和外商可以和任何个人交往贸易,他们不懂汉语,可以"自雇通事"和买办担任通译员,其中通事是报关纳税所不可缺少的中介人物。在鸦片战争以前,外商和行商交往也必须通事居间中介。只有进口的鸦片、出口的白银等少数几种物品才有走私活动。当时外商虽然行为嚣张,还没有战后那种战胜者、征服者的气焰,广东当局还可以停止贸易相威胁,外商还有所顾忌。他们所经营的合法商品税率也低,既无走私的诱惑力,也无走私的实际行动。② 到了鸦片战争以后,外国领事和中国海关官员共管海关,走私漏税才猖獗起来。

许多著作都把走私漏税说成是海关官吏贪污腐化的结果,在这个问题上,人们普遍忽略了的一件事情是,走漏的商品都是外商的财产。进口商品由外商纳税,出口商品由华商纳税,但华商是把关税加入货价计算的。撇开关税的转嫁和归宿问题,可以肯定的是,当时人们思想上都把关税看成是外商的负担,所以走漏关税的最大受益者首先是外商,而不是任何中国人。其次中国海关是根

---

① 英国蓝皮书:《下院调查东印度公司事务小组委员会第一次报告书1830》第5卷,第133页。

② 马士:《对外关系史》第2卷,第1页注18。

据外国领事所通知的报单检验货物,按例征税的,如果外国商人向外国领事投送真单,关员是无从作弊的。如果他们报送假单,以有报无,以多报少,或者以贵报贱,那首先是外国商人的事情,其次是外国领事的事情,和任何中国人无关。1849 年,英国驻厦门领事莱顿宣布停止由领事馆转报上下货物报单,理由之一是这种制度意味着领事也参与走私。① 条约又规定,进口于卸货之日,出口于下货之日,先期通报英国领事,由英国领事"差自雇通事"转报海关,"共同查验",严禁英商在未得英国领事的允许和英国领事馆指派管事官到场"查验"的情况下,私自上下货物。英国管事官和中国海关"共同查验"卸货下货,如果出现以有作无,以多作少,或者以贵作贱的货单不符现象,在场的中国海关人员眼看和报单不符的货物卸船下货,视而不见,可以说是得了贿赂以后装聋作哑的,那么在场"共同查验"的英国管事官员的装聋作哑又是为的什么呢? 他们和贿赂勾当总少不了也有某种瓜葛吧? 在"共同查验"中的关键人物是英国领事馆"自雇"的通事。如果说中国海关人员因接受通事的贿赂而装聋作哑,那么通事要不是得到英方的贿赂,他干吗要为英商干这种火中取栗的勾当呢? 远在欧洲的马克思都说:"外国人经常贿赂下级官吏而使中国政府失去在商品进出口方面的合法收入。"②可见就从纯粹西方人的报道中,马克思也能锐敏地观察到下级官吏的贪污受贿首先归咎于外国人。

大概就是由于英国管事官亲临现场"共同查验"总洗不掉英国管事官贪污受贿、包庇走漏的罪名,所以到了 1850 年,上海的英国领事便授意海关监督对海关章程做了修改。新章程使英国管事

---

① 费正清:《贸易与外交》第 1 卷,第 349 页。

② 马克思:《英人在华的残暴行动》,《马克思恩格斯全集》第 12 卷,第 178 页。

官不复进行"共同查验",由英商向海关直接办理报关纳税事宜。
次年 7 月,文翰又提出,英商应直接向海关办理一切报关纳税手
续,英国领事的任务只限于向海关行文通知商船的到达,不再提供
货物报单,只要海关向英商发给纳税结关证件,英国领事就可向英
船发给船牌,许其离港出口。1851 年 8 月,吴健彰在接获阿礼国
通知英政府决定不再为担保中国税收干涉海关事务的决定以后,
对海关章程做了一次修改。新章程规定,外船到港,仍由外国领事
行文通知海关当局,但进口卸货凭证则由货物承运人持货物清单
去向海关领取,不过领事对无凭证卸下的、或者无证过儎的走私货
物仍有责令货物承运人交纳罚款和许海关没收其货物之责。对于
出口货也由承运人按照进口货的办法同样办理。①

不管章程怎样规定,如何惩处外商走私漏税罪行的最后决定
权总是掌握在享有治外法权的外国领事手里,因此,谁也不该幻想
海关章程的变动会对外商的走私漏税行为产生什么作用。

在 20 世纪 50 年代担任过英国驻广州领事两年多,接着又任
英国驻厦门领事的李泰国,在 1854 年 9 月总结他在广州所见走私
漏税的经验说,广州有 5 家通事,各有大批雇员承办外商的报关纳
税业务。如果外商进口货物 6000 包,他们只向外商收税 4000 包,
向海关申报 3000 包,其漏税 3000 包的法定关税中,有 2000 包是
为外商走漏的,只有 1000 包的法定关税归通事和海关人员朋分。
可见从这种走漏中获得最大利益的乃是外商,不是通事和海关人
员。根据可靠资料,在 1852 年和 1853 年两年,为外商代办报关纳
税手续的通事,平均每年收入达 20 万元,相当于广州外贸关税总
收入的八分之一。正是由于外商从走漏上节省了巨大的法定关

---

① 　海关总署:《文件汇编》第 6 卷,第 13—16 页。

税,而他们用以酬劳通事的些许小惠竟达如此巨量,所以形成这样的奇怪现象:通事宁愿向外商行贿买取报关纳税权。1854 年 12 月,英国驻华公使包令报告说,通事付给外商的这种贿赂每年达 12000 元。① 可以设想,外商从走漏上所获得的利益,必然要比此数大许多倍。

以后我们即将看到英国领事是怎样"担保"中国海关税收,也就是怎样包庇英商走私漏税的具体事例,这里,我们先来说明英国"担保"税收条约义务是怎样被废除的。

鸦片战争以后,通商五口一经开始,外商的走私漏税行为就在领事的包庇下,很快猖獗起来,并且愈演愈烈。

上海是 1843 年 11 月 17 日正式开港的,1844 年正月,英国驻上海领事巴富尔就强制道台宫慕久公布纳税章程,其中有一条规定,凡属个人行李和收藏品都可不受海关检查就进口。后来,又把免受检查的物品扩大为船用品和家用品。到第二次鸦片战争中,英国全权代表额尔金在研究了这一制度以后说,商人对能想象得到的可以称为船用品或家用品的各种商品都要免税,但是在 1843 年的《通商章程》中根本没有在这个名目之下列举任何免税品,而实际上一切声称是外国人消费品的进口货,统统都免税,换言之,在欧洲,只有外国君主的代表才在严格限制之下所享有的特权,所有在华的外国人都得享有。

上海英国领事对报关纳税的干涉,到 1845 年 9 月发展为直接向英商发给上下货物的报单,1847 年更发展为英国船只只要向英国领事馆付清税饷,就可取得船牌离港。②

---

① 海关总署:《文件汇编》第 6 卷,第 59—60 页;莱特:《自主斗争》,第 146—147 页。

② 费正清:《贸易与外交》第 1 卷,第 359—360 页。

　　大致是 1850 年的 12 月,英商广隆洋行的浩格(W. Hogg)向英
国驻上海领事阿礼国提出,他要更多走私了。阿礼国回答说:"走
私只能由中国人去禁止,……而他们不干。你在广州禁不了走私。
如果你在这里能禁止,你也就把上海置于和广州相比大为不利的
地位。你在这里只能靠一个英国港务长所组织的班子去禁止,假
定英国领事禁止了悬挂英国旗的走私,在其他国旗帜之下的走私
会更加疯狂。"浩格说:"我写信告诉领事,本年初的 3 个月内,我
因为走私的数量不到我邻居的一半,从而损失了 20000 元。我现
在认为,走私并不是那么不光彩的事情。我明确告诉阿礼国先生
说,我要和任何人一样地大事走私了。他回答说,有两条路可走,
走私,否则你就不必做生意。"①浩格所提出的问题,是外国商人个
人之间的关税负担平衡问题,阿礼国所提出的,是各口岸之间的关
税负担平衡问题,和各外国人之间的负担平衡问题,阿礼国把这些
不平衡说成是中国人"不干"禁止走私的结果。

　　1850 年 9 月 11 日,巴麦尊训令文翰说:"英国领事负有条约
义务,要眼见英国公民缴纳合法关税。如果中国的地方当局出于
自己的利益鼓励外商对所应缴纳的全部关税有所偷漏,他们(英
国领事)就不可能尽到这种条约义务。"巴麦尊也把走私漏税的责
任推到中国地方当局身上。但是同年 11 月 19 日文翰却报告巴麦
尊说:"除非英国领事自己负起税收官员的责任,(英商走私漏税
的行为)是无从禁止的。"这就是说,只有英国领事才能禁止走私
漏税。可见这种罪行首先乃是英国领事的事情。不是什么中国地
方当局的事情。但是文翰接着又说,即使英国领事自己负起税收
官员的责任,外商的走私漏税,也是禁绝不了的。因为美国的商人

---

　　①　费正清:《贸易与外交》第 1 卷,第 365—366 页。

领事"统统都是为他们自己的生意出力的,他们自己就走私,不可能禁止走私"①。在这里,文翰也提出了各外国之间的关税负担平衡问题。

1851 年 1 月,英国商船"约翰得格达尔号"(John Dagdale)在上海装运茶叶458651 磅,纳税茶叶只有 201251 磅,逃税茶叶占一半以上。事情败露后,吴健彰要求没收茶叶,阿礼国认为海关人员和英商串通作弊,只许对 4 家茶叶托运商各罚款 100 元,另漏税茶叶,加倍纳税。中英各项条约上,可并没有这样的规定。

当时《北华捷报》评论"约翰得格达尔号"事件说,这只商船照章纳税的出口货仍然比最近离港各船照章纳税的出口货多出四分之三。② 可见,以"约翰得格达尔号"事件为标志,至迟到 1851 年年初,上海海关的正常征税制度已经彻底崩溃了。

阿礼国对"约翰得格达尔号"的处理办法,不仅再一次暴露了中国海关对走私漏税的罪行,完全丧失施加惩处的自主权,而且也说明英国领事凭借英国的政治声势,何等蛮横地包庇英国走私贩子。

然而,阿礼国的决定,在英商中引起了愤慨。上海的英商商会说什么其他各国商人的走私不受约束,英商却受惩处,这对英国是不公平的。所以他们向阿礼国提出抗议,并要求给予赔偿。当时江海关正常征税秩序已不存在,外国商人各显神通,凭各自的本事去决定纳税之轻重。进而这也就破坏了正常的贸易秩序,危及外商自己的利益。阿礼国说:"或者采取某种措施,在纳税问题上,把英商和其他外商置于同等地位,或者我们必然会看到,在不远的将来,全部的出口贸易都落到其他外国商船手里去。……这就是

① 费正清:《贸易与外交》第 1 卷,第 381 页。
② 费正清:《贸易与外交》第 1 卷,第 367 页。

在 6 月下一个茶叶季度开始之前,必须解决的核心问题。"阿礼国
又说:"走私如此之盛","在所有商业活动中都注入了不定因素。
在各个人之间和各国籍之间,都对最不平等的关税负担缺乏防止
办法,从而使对外贸易整个儿垮台,其主要惩罚和最大损失正落在
对外贸易上"。这就使得外商"在毁灭和欺诈之间进行残忍的选
择"。当时《北华捷报》上一个署名益格鲁撒克逊人的作者也说:
"有什么好处呢?(走私漏税)这种罪恶的制度已经将市价提高到
足以抵得过节省下来的(关税)开支,这难道不是众所周知的事情
吗?"①可见,就连外国人也发出要求禁止走私的呼声了。

英商对所谓待遇不公的抗议,闹到伦敦去;巴麦尊在 1851 年
5 月 24 日发给文翰的训令里说:《江宁条约》第二条使大不列颠对
中国承担了义务,而中美、中法条约并无此项规定。最惠国待遇条
款足以使大不列颠解除此项义务。现在很清楚,中国当局既无意
于采取有效措施以保障中国税收,那就不能希望英国政府单独去
尽那种义务。条约协议必须认为是签约者双方都力求保障中国政
府取得正常税收的前提之下的。如今中国政府官员玩忽职守,不
作共同努力,致使英国商人对其他各国商人处于无力竞争的地位。
《善后条款》第八条规定:"设将来大皇帝有新恩施及各国,亦应准
英人一体均沾,用示平允。"据此,不列颠政府认为今后有权撤销
不列颠领事保障中国税收的一切干预。② 但是,中国官员玩忽职
守,就等于中国"大皇帝有新恩施及各国"吗?

巴麦尊硬说中国政府无意于实现中英条约所明确规定的意
图。但是,就在同年 12 月 29 日,文翰在发给巴麦尊的报告里却
说:"外国人的走私是真正可恶的(着重符号是原稿就有的——引

---

① 费正清:《贸易与外交》第 1 卷,第 367—368 页。
② 莱特:《自主斗争》,第 90— 91 页。

者注）。我看不出，人们所埋怨的（防止走私的）措施和我们自己
为同一目的在英格兰某些港口对进口茶叶所采取的措施有多大的
本质差别。我看不出，（两广总督）徐广缙如果是忠诚的，他除去
采取现行措施以外，还能有什么别的办法防止这种罪恶行为。"①
"真正可恶"的外国人并不把走私看成是不光彩的勾当。商人兰
勃（Charles Lamb）就说，走私贩子乃是"体面的窃贼"，这种窃贼
"不偷别的，只不过偷些税收，对这种盗窃，我决不顾忌"。②

　　巴麦尊的训令于1851年7月间送到香港，随即传达给各口的
英国领事，于是条约上英国管事官"担保"海关税收的条约义务就
一笔勾销了。巴麦尊公然撤销"令英人"交纳税饷的条约义务，当
然就意味着公开鼓励英商放胆地走私漏税。

　　前面说过，外商从事走私，是不择商品的品种的，他们走私鸦
片，同时也走私合法商品。前面所说1854年吴健彰发现泊在吴淞
的英商鸦片趸船，就是既走私鸦片，也走私丝茶的。不过，对于合
法商品的走私漏税，外国领事除去政治声势和炮舰威力而外，还有
领事报关制的特权。根据条约，他们有权和中国官员共管海关行
政权。然而在实际行动中，他们不是和中国官员共管海关，而是撇
开中国官员进行专断。这一点，在他们扣留外商所纳关税和指示
外商拒绝纳税的行动上，表现得最为突出。

　　在广州英国领事马额峨（F. C. Macgregor）在1848年就曾因广
东当局拒绝修改关于桂皮的内地征税制度让英国商船停止交纳关
税。③ 在上海，英国领事阿礼国在1848年曾借口青浦事件向咸龄
大事威胁，除扬言要调集炮舰以外，还声称要英国商船停止向海关

---

　① 费正清：《贸易与外交》第1卷，第392页。
　② 莱特：《赫德》，第79页。
　③ 费正清：《贸易与外交》第1卷，第307页。

交纳关税。1852 年,阿礼国又扣留英商应纳的法定关税 2278 两,
替一个英国商人向华商逼债。同年,他竟对吴健彰对某华商课加
罚款的事表示不满,扣压一只英商船只应纳的出口税达 4 个月之
久,终于迫使吴健彰屈服。① 中国官员处罚中国商人和英国领事
有什么相干呢?

　1849 年,厦门英国代理领事马理生(G. S. Morrison)为了替一
个英国商人甲克森追逼华商所欠 2300 元的债款,扣留关税 1700
元。这一行动就连英国香港的高级官员也认为领事不该充当债主
的代理人。② 同年,该领事还说,由于英商向他呈报的货物品种和
重量不实,以及海关舞弊,他拒绝向海关行文通知英船上下货物。
还说,如果在厦门能找到一个忠诚的海关官员,那个官员可以再到
领事馆去取得文件。英商向英国领事馆提交假单,首先,是英商呈
报的,不是海关呈报的;其次,这是英国领事应该"查察"的事情;
再次,还是应该由英国领事"即时通报中华地方官"的事情,怎么
要中国关员对假单负责,又要中国关员到英国领事馆去领取文
件呢?

　1852 年 3 月,美国驻沪副领事,即旗昌洋行的大股东金能亨
因强购上海地皮未遂,便限令吴健彰在 24 小时以内在地皮租赁契
约上加盖官印,又未得逞;随即通知吴健彰说:"我正式通知你,我
以后将不再和你联系。我认为中美条约的作用,在本埠已经终结。
在发生争端的这项权利得到承认以前,美国进口的船只将不再交
纳任何进出口税饷。我将立刻写信给广州的美国公使,请他火速
派遣军舰来。同时,我要把居住在这里的我国侨民武装起来自卫,
直到军舰到达上海的时候为止。""我还通知你,这次争执所停付

---

① 费正清:《贸易与外交》第 1 卷,第 400、350 页。
② 费正清:《贸易与外交》第 1 卷,第 350 页。

的关税,不得要求补偿。""如果中国官员由于我所采取的步骤而采取任何行动,以致阻碍中国商人和我国商人进行交易,那么,我国商人由此所受的损失,就应由中国政府赔偿,并且在争端解决以前,由应付给中国的关税里扣除。"金能亨的这一行动,就连美国公使巴驾也斥责说,他"就像是一个国家的最高权威那样行事,只差宣布战争状态"①。1856 年 8 月,福州的美国商人企图把福州变成自由港,借口有一个美国人被害,把 4 只满载茶叶的商船开出港口,扬长而去,未交任何税饷。②

1858 年,文翰给额尔金的报告里说,外国领事凡遇对地方当局有求不遂时,动不动就以拒绝报关纳税相要挟,具体说,在福州,英国领事要挟过一次,美国领事要挟过三次。③

下面再来看看,在领事的包庇之下,外国商人是怎样走私漏税的。

### (二)合法商品的走私漏税

在广州,到 19 世纪 40 年代后期,走私漏税的问题,已经十分严重。有一个材料说,1846 年从广州出口的丝茶共 4500 万磅,纳税 130 万两,1847 年,出口增至 4600 万磅,关税反而降为 95 万两。另一个材料说,在 50 年代初,外商向广州进口的货物,常常只交纳法定关税的二分之一至三分之二。可见,早在 40 年代后期,广州的海关行政权已经不起作用。

1851 年 7 月 10 日,文翰把巴麦尊同年 5 月 24 日的决定照会两广总督徐广缙。7 月 19 日文翰又照会粤海关监督说,此后英国

---

① 费正清:《贸易与外交》第 1 卷,第 399—400 页。

② 马士:《对外关系史》第 2 卷,第 29 页。

③ 莱特:《自主斗争》,第 146—147 页。

领事在关税问题上的惟一任务,只是在英国船只到港时,向海关行文通知其到达,但不附交其他文件;只要英商出示完税红单,领事即行发还船牌,准其离港出口;英领此后也不复到场"查验上下货物,而由英商直接自行办理一切报关纳税手续"①。可以设想,英商此后在广州的走私漏税行为,必然更加猖獗了。

在上海,根据 1844 年正月英国驻沪领事巴富尔所颁布的章程,诸凡英商个人的行李和物品都可不受海关的检查,自由进口。所谓个人的行李和物品漫无边际,什么东西都可以在这个名目之下走私进口。当时借此走私的风气之盛,连巴富尔也看不下去。1845 年,巴富尔发出公告,提醒英商不要钻这一条的空子。同时,巴富尔又警告英商,对待海关官员要"客气一些,耐心一些","海关官员如有诉怨,他就要采取坚定的措施"。② 这就透露出英商常常钻那一条的空子,对海关官员是不客气的,不耐心的。西方作家评论这个时期外商的行动方式也说:"具有冒险而恃强脾气的外国人,处在先驱者的地位上,行动太贪婪了。他们一开始就是难以约束的。""年青的英美商人扮演对外贸易日常活动的中心角色,也就是走私的中心角色。"③

西方商人之所以敢于走私漏税,从根本上说,乃是西方在华领事包庇的结果。1844 年 12 月,英国商船"玛丽·安·魏伯号"(Marry Ann Webby)不仅企图运出中国政府严禁出口的大米 320 担,还未得允准,私自装上茶叶 274 箱。巴富尔认为这种行动有损他在中国人眼里的"声望",令英商交纳罚金 200 元。④ 但是,条约

---

① 费正清:《贸易与外交》第 1 卷,第 390 页。
② 费正清:《贸易与外交》第 1 卷,第 359 页。
③ 费正清:《贸易与外交》第 1 卷,第 357 页。
④ 费正清:《贸易与外交》第 1 卷,第 360 页。

规定英商船只不向英国领事提交船牌、舱口单、报单各件,才罚款200元。"玛丽·安·魏伯号"的走私行为,和这种规定毫不相干,应按照《善后条款》第十二条的规定,即"偷漏之货,无论价值、品类,全数查抄入官,……英领不得稍为袒护"。巴富尔的处理办法说明,中国海关官员对英商走私案件,完全丧失独立惩处的自主权,而巴富尔恰恰"袒护"了英商,有损了他的"声望"。

1845年9月,上海英国领事对海关行政权的破坏,发展到不经海关同意,直接向英国商船发给准单,许其上下货物。1847年6月,英领阿礼国更进一步决定,英船只要付清税饷,取得纳税证件,就可以把纳税证件送存领事馆,即行离港出口,不必等候海关的结关红单。此项红单可以由该船代理人随后向领事馆去领取。① 根据条约,外商船只不取得结关红单是不得离港出口的。如今船只先行离港,由代理人在船只离港后领取红单,为的什么呢?原来英商经营出口贸易,最大宗的货物是茶叶,在伦敦市场上,每年最先到达的新茶,市价最高,利润最厚,所以各大洋行都自备特别快船向英国赶运茶叶。阿礼国的决定,就是为的便利他们的快船抢时间,及早开出上海到吴淞去装上茶叶、生丝或其他土产,赶回伦敦去。换句话说,就是为便利他们从吴淞走私出口茶叶。

不过,西方各帮走私商人之间,存在尖锐的矛盾。1850年6月,"玛丽·伍德夫人号"在吴淞卸下鸦片后,到上海申报空船进港。在上海,"玛丽·伍德夫人号"接受怡和洋行负责人达拉斯(A. G. Dallaos)的委托,装上生丝519包,既未取得海关的允准,私自上货,又谎报空船出口,逃避应纳税饷,到吴淞又装上怡和的生丝180包。事情败露后,阿礼国按照达拉斯违犯《通商章程》第七

---

① 费正清:《贸易与外交》第1卷,第360页。

条的规定,责令他罚款 200 元,并"交给女王"。

达拉斯对罚银 200 元并无异议,但他指控"玛丽·伍德夫人
号"在四五月间曾从吴淞走私出口生丝 500 包,也应受到惩罚。
于是阿礼国责令"玛丽·伍德夫人号"船主特龙琛(Tronson)补税
8107元,又按《通商章程》第六条的规定罚款 200 元,也"交给女
王"。西方作家说,达拉斯走私生丝,乃是他设计打击大英轮船公
司的圈套。① 我们这里不必过问。

我们要说的是,"玛丽·伍德夫人号"在上海私自装上生丝,
又谎报空船出口,当然是彻头彻尾的走私行为,根据条约,当然应
该"全数查抄入官"。可见阿礼国和巴富尔一样,肆无忌惮地破坏
上海的海关行政权。更加奇特的是,两次罚款,都"交给女王",这
堪称国际关系史上的空前奇闻,莫非这种做法,能够对"英国在中
国政府眼中和国际社会上的国家荣誉、尊严和信义"增添什么光
彩吗?

阿礼国一面侵夺江海关的行政权力,袒护英商走私,一面又表
示今后对任何走私案件的处理,都"仅仅是中国当局的事情"。6
月 23 日,阿礼国发出公告说,他拒绝"承担中国海关官员的本职
任务。一方面政府的收入受损失,另一方面,正直商人的利益受损
失,两者都由法律解决"②。但是,由谁家的法律去解决呢? 英国
人在中国是享有领事裁判权的,当然是由英国的法律去解决了。
而用英国法律去解决,又怎么能"仅仅是中国当局的事情"呢?

其实,就在 1850 年,阿礼国已经在一封写给英国商人的信里
说,在上海,"你只有依靠一个由英国官员组成的班子,才能禁绝
走私"。这是我们所知阿礼国掠夺江海关行政权的最早信息。前

---

① 费正清:《贸易与外交》第 1 卷,第 362、363 页。
② 费正清:《贸易与外交》第 1 卷,第 365—366、473 页。

面说过,就在 1850 年 11 月,文翰也说过,"除非英国领事自己负起税收官的责任,不可能禁绝走私"①。到 1851 年 7 月,上海的外国商人和领事一致得出一个非此即彼的结论,或者是"以某种有效的海关办事班子去检验船只的卸货和离港,防止走私和漏税,或者是让中国当局从中国商人身上去征税。前一种办法只能在中国官员和(英、美、法)三国商人合作的基础上才能成功,而这又是不可能的"②。

到了 1851 年,上海已超过广州,成为各口岸中对外贸易量最大的一个港口。上海关管理制度的变化,对其他四口的海关,具有典型的示范作用。就在这一年的 8 月,阿礼国一面照会吴健彰传达巴麦尊 5 月 24 日决定,一面于 8 月 19 日向英商发出通告说:"从今天起所有来船除通过领事馆(向海关)通知其首次到达以外,所有(报关纳税)事务都由商人向中国海关当局直接办理,除非两方提出诉讼或发生纠纷,非由领事馆干预不可外,领事馆概不干预。"通告中包括阿礼国致吴健彰照会所说的内容,规定英国领事对海关日常事务的干预只有三条:第一,向海关报告商船的到达;第二,转送进口货舱口单;第三,保存船牌,一直到船主或代理人提交盖有海关大印的结关红单以后,始发给船牌,准予船只离港出口。③ 阿礼国把英国领事干预海关事务的范围缩小到仅存这三条,看来好像已经"不干预"海关事务了。但是江海关查获一切英商走私漏税行为,都是海关和英商"发生纠纷"的事件,只要英国还在中国享有领事裁判权,英国领事就有权庇护英商一切走私漏税的条约特权。

---

① 费正清:《贸易与外交》第 1 卷,第 381 页。
② 费正清:《贸易与外交》第 1 卷,第 389—390 页。
③ 费正清:《贸易与外交》第 1 卷,第 365—366 页。

1851 年 8 月,吴健彰为适应新形势,颁发新海关章程十条,主要内容是:英领既向海关通报英船到港后,该船货物承运人就应向海关请领书面证件,以便开舱卸货;承运人应向海关提交进口货物清单,写明货物的品类和件数等项,据以领取准单,卸货上岸;承运人受托运货出口时,于货既上船后,提交舱口单,申报船只结关出口;外商收购丝茶,须向中国经手人索取"货站登记签条",持向海关指定钱庄交纳关税吨税,钱庄即将完税证件送交海关,不复像过去那样,通过领事馆转交;外商交清一切税饷后,海关即发给完税红单,一式三份,一份给予外商,一份送交领事,一份存档;领事收到红单后,即退回外商船牌,准予该船离港出口。章程第十条规定,"今后海关监督将对任何走私之案,不论何人与何国籍,皆照章缉拿,没收全部货物,绝不宽贷"。这最后一条,纯粹是空话。江海关不得英国领事的同意,什么走私货物都是没收不了的。

吴健彰完全知道江海关对"真正可恶的"外国商人的走私行为是"缉拿"不了的,所以在同年 9 月,便在取得英、美领事的同意以后,任命一个美国人拜里斯(N. Baylis)为港务长,企图以毒攻毒,利用白皮肤去查缉白皮肤。据说,走私曾一时有所收敛,关税收入比过去同期增加 1 倍。[①]

但是,后来的事实证明,英商并未受到这个章程的多大约束。对他们来说,领事停止干预,倒是一个决定性的收获。当时他们对付中国海关官员及其属吏,已经积有丰富的经验,即使是最严厉的章程,也有办法大大减轻负担。而领事停止干预,他们便不复畏惧领事的干预而有所收敛了。1852 年 5 月 12 日《北华捷报》评论说,"本口走私情况愈演愈烈,最近纳税章程的改变对正直商人没

---

① 莱特:《自主斗争》,第 92—93 页;费正清:《贸易与外交》第 1 卷,第 396—397 页。

有任何好处,却使他们成为不法之徒的牺牲品"。"一家商行只纳法定关税的20%,另一家纳50%,第三家又纳70%。而正直商人则纳全税。"生丝可以两包捆成一包,只纳一包的税;白市布以灰色市布报关,从而以低率纳税,4个月内,申报进口的印花布仅850匹,而市场却已售出25000匹,这些印花布是以色布或条带之类报关的,每匹纳税10分,而印花布则应纳税28分。所以,阿礼国通知巴麦尊的决定以后不到6个月,"改革海关章程的希望便完全破灭了"①。

1852年11月6日,《北华捷报》发表评论说,防止走私的"惟一有效办法是保持一个由活跃、机敏而忠诚的人所组成的办事班子去管理海关事务,监视每天进出口货的到达和离去。没有对本口日常事务的专心致志的监督,一切其他防止走私的办法都是无效的"②。既然中国官员"在任何情况下,连碰都不敢碰到外国人",那么,只有外国人才能组成这样一个办事班子。不过由外国人直接掌管中国海关的行政管理权,时机虽已成熟,毕竟是关系一个国家神圣主权的重大问题,具体实现起来,还是一个颇为曲折的过程,这是我们在下一节所要叙说的事情。这里,先说广州、上海以及其他3个通商口岸的走私漏税情况。

在厦门,英国领事记里布(H. Gribble)在1844年春曾为一只丹麦商船"丹斯柏格号"(Danesborg)作保报关,后经记里布和海关官员联合查实,这只船的英商托运人实际上装茶678箱,只报关20箱。当时,海关当局要求记里布协助没收走私茶叶。但丹麦船长却把记里布侮辱了一顿,然后扬长而去。巴麦尊谴责记里布为外国船只作保报关,但进出厦门的外国船只,本来多数都悬挂英国

---

① 莱特:《自主斗争》,第94—95页。
② 莱特:《自主斗争》,第96页。

国旗,记里布事件以后,群相扯下英国旗,改挂其他国家如西班牙等国的国旗,逃避英国领事的约束。而西班牙的驻厦门领事,却是英商德记洋行的老板德滴(James Tait)。此人正是一个从事大规模掠卖苦力和走私漏税的大恶棍,他将怎样为悬挂西班牙国旗的商船作保报关,就不堪闻问了。据英国领事估计,1846 年厦门贸易值 261240 镑中,走私的货物值 40000 镑。1848 年,厦门合法商品的贸易价值仅 292416 镑,鸦片值却达 250000 镑。至于走私究竟有多大价值则难以估计。到 1849 年,英国驻厦门代理领事马理生为了便利英籍和非英籍走私贩子相竞争而不再要求英商从英国领事馆取得上下货物的证件,放手让他们自行掌握申报货物数量和价值,自由走私漏税。① 到了 1853 年,据英国驻厦门领事巴夏礼说,厦门进口货中报关纳税者不足一半,海关所知的出口货物,不过徒存其名而已。②

在福州,英国驻福州领事阿礼国早在 1846 年就已拒绝承担"担保"中国海关税收的义务,不向海关转报英籍商船的应纳税饷,说是征税乃是海关"惟一而特定的"任务,他殊不愿代劳检验。在宁波,据 1850 年的估计,有一半的对外贸易都是走私的。③ 总之,在福州和宁波两口,限制走私只是碰机会的事情。④

上面的事实说明,到了 1850 年下半年,至迟到 1851 年年初,5 个条约口岸的合法商品的走私漏税行为,已使各口海关的正常征税手续彻底崩溃了。当时在华的西方官、商以及今天的西方作家都把这种崩溃说成是中国海关官员贪污腐化的结果。但字里行

---

① 费正清:《贸易与外交》第 1 卷,第 348—350 页。
② 莱特:《自主斗争》,第 57 页。
③ 费正清:《贸易与外交》第 1 卷,第 350、361 页。
④ 莱特:《自主斗争》,第 57 页。

间,他们也不免流露出真实情况来。例如著名中西关系史专家马士(H. B. Morse)就说过,到了1851年,在华外商对于他们生命财产之不可侵犯性,已经形成一种不可一世的观念,愤恨税收当局试图对他们进行限制的一切企图,甚至连以任何方式打听一下舱口单是否准确无误也不行。① 前面说过,1854年4月阿礼国根据经验就肯定"外国人随时准备玩忽法令,以武力抵抗中国官员的干涉"②。所有这些能说走私漏税是中国官员贪污腐化的结果么?

鸦片战争以后,条约规定中国正式开辟五口对外通商,但外国入侵者的走私活动,从来就不限于5个条约口岸。他们走遍东南沿海一切大小港汊、岛屿、城镇。走私鸦片,也走私合法商品。他们所经营的进口洋货和沿海土货的贸易数量都很庞大,特别是汕头北销的糖,淡水内销的米,温州出口的茶,到19世纪50年代已使中国的沿海航运业者受到严重的失业威胁了。据英国公使馆秘书尼尔(Neale)的考察报告,1856年到达淡水的外商船只凡45艘,载去货物1万吨。③ 第二次鸦片战争中,英国全权代表额尔金在汕头亲眼看到外国商船上下货物,据悉1857年一年内进出汕头的外商船只达120艘。根据条约,这些船只开进汕头,没有一艘是合法的。④

非条约口岸的走私规模,大约要以九龙地区为最大。英国根据《江宁条约》强占香港后,随即把香港定为自由港,免除一切进

---

① 马士:《对外关系史》第2卷,第11页。

② 《阿礼国致文翰》1854年4月10日,英国外交部档案,F. O. 97/99。

③ 《卜鲁斯致罗素》1861年12月30日,英国外交部档案,F. O. 17/358。

④ 《额尔金致克拉兰敦》1858年3月6日,英国外交部档案,F. O. 17/286。

出口货物的关税负担。西方作家评论这个决定说:"在紧靠大商
业中心的中国本土的海岛上,开辟一个自由港,无异于替那些存心
逃避中国征课和关税的人们开一个方便之门",是"对中国税收的
一个公开挑衅"。① 不仅如此,1860 年的中英《北京条约》第六条,
又把九龙司地方"付与"英国,"并归英属香港界内",于是在大陆
上又出现了一个自由港,使九龙也为走私贩子开了方便之门。此
外,澳门半岛,历来就走私猖獗。可以设想,通过香港、澳门和九龙
两路的走私规模必然很大。中国政府是迟至 1887 年才在九龙和
拱北设立海关的,就关册有记录的材料统计,1887—1888 年度,这
两关的进出口总值达 4000 余万关两,占该年全国贸易总值的
20%以上。

时至 19 世纪,一个商人到任何国家进行贸易,都必须按照该
国的规章制度缴纳进出口关税,这是国际公认的国家主权问题。
根据条约,英国在华领事有义务"令英人"缴纳海关税饷,那么,英
国领事为什么包庇英商走私,外国商人为什么"甚至连(中国官
员)以任何方式打听一下舱口单是否准确无误也不行"呢? 这些
问题最好用阿礼国的话来回答。1851 年阿礼国说:"我们应该根
本拒绝让予关税征税权。……要知道……尽管外国强权可以把这
个权利让给中国皇帝,……而没有忠诚可靠的臣僚,公平征收关税
是不可能的。……皇帝获得这份权利,没有别人帮忙是不可能适
当运用的。"②原来,中国皇帝对自己国境关卡征收关税的权利不
是中国皇帝所固有的,而是外国强权让给他的。果然,到了 1853
年,阿礼国便找到机会,着手收回这份"让予权"了。

---

① 莱特:《自主斗争》,第 33—34 页。
② 宓吉:《维多利亚时代的在华英国人》(A. Michie, The Englishmen in
China during the Victorian Era)(以下简称《英国人》)第 1 卷,第 146—147 页。

## 第五节　西方入侵者对中国
## 海关行政权的掠夺

外国入侵者对中国进行经济侵略的一个毒辣的手段是直接掌握中国的海关行政权。这一侵略是从 1843 年建立领事报关制度破坏中国海关行政权开始的,到 1854 年,英、美、法三国领事终于掠夺了江海关的行政权,经过第二次鸦片战争,再扩张到所有各关,直到全国解放为止,外国人直接掌握中国海关行政权,前后历时 90 多年。

在中国海关任职多年的英国人莱特,在他那本《赫德与中国海关》里,开宗明义第一句话,就引用 1899 年伦敦《泰晤士报》的评论说,中国海关的洋税务司制度是任何天才所创造的最为惊人的纪念碑之一。接着,莱特就把这种制度称为世界文官制度的一个奇迹。1940 年,在中国各关任职的外国人分属于 23 个国籍。他们的领导人是由中国政府选拔和任命的,但享有治外法权,而由领导人任命的外国人也享有"破格的特殊权利"。由这些人所组成的税务司署不仅成为中国首要的税收机构,为中央政府提供不断增加的财政收入,而且更重要的是,保证了中国政府对内对外许多义务的顺利完成,成为中国对外门户开放的象征,成为中国对世界各国商务关系上顺利而安全交往的桥梁。① 一个在西方被尊为中国历史权威的美国人说,江海关洋税务司制度的创立过程,就是"英国领事在中国沿海树立秩序"的过程,就是"不列颠十字军强制实行法制"的过程。"从历史的广泛意义上说,不列颠打开中国

---

① 莱特:《赫德》,第 1 页。

的大门,必然成为维多利亚史诗的一个光辉的篇章。""这种制度
给予所有在华外国人以特殊权利,同时也标志着外国肢解中国或
统治中国的中断。"①

　　西方入侵者对中国海关行政权的掠夺过程,从直接掌握江海
关开始,到掌握全国各关,前后历时不过 5 年。但这一过程却可以
看成是外国对华进行暴力侵略史的一个相当完整的缩影。西方各
国的对华侵略方针,既怀有长远的规划,又窥伺有利的时机;既利
用既得的条约特权,又背弃应尽的条约义务;他们所施展的手段,
既倚仗政治声势,又动用炮舰威胁;对清政府既打击,又拉拢;既威
胁,又利诱;他们相互之间,既相互矛盾,又相互协调;而清政府则
既有被动的、消极的、无可奈何的投降,又有主动的、积极的、心甘
情愿的投靠。其结果是,所谓洋税务司署为中国政府提供不断增
加的财政收入,就是不断强化掌握中国的财政金融命脉;所谓洋税
务司署成为中国对世界各国商务关系上顺利而安全的桥梁,就是
保证了世界各国对华侵略顺利而安全的保障;所谓标志着外国肢
解中国或统治中国的中断,就是赋予世界各国以"破格的特殊权
利",把中国变成许多帝国主义联合统治的半殖民地,所谓维多利
亚史诗的光辉篇章,正是中国人民的黑暗历史。

## 一、英、美、法三国领事对
### 江海关行政权的掠夺

　　西方各国对华侵略的长远谋略是打开中国全国大地的一切方
面,任凭他们自由深入。当时入侵中国的急先锋是不列颠殖民帝

---

① 　费正清:《贸易与外交》第 1 卷,第 263、371—372、464 页。

国,掠夺江海关行政权的罪魁祸首是英国驻上海领事阿礼国。

1849 年正月,1850 年 2 月,1852 年正月,1852 年 6 月,阿礼国四次向英政府建议,动用武装,向镇江进军,1849 年正月,阿礼国向文翰建议说,"像中国这样疆土辽阔人口众多的帝国,如能不需作战就能对首都作有力的封锁与围困,那好处是非同小可的,而这恰恰又是在我们掌握之中的事情:每当早春季节,北京仰赖漕船通过大运河供应当年的粮食,我们开一支小小的舰队到运河上去,就可以达到(封锁首都的)目的了。这种要挟手段,比毁灭十个沿海或边境上的城市还要有效。须知身在饥饿的宫廷和饥饿的人民之中,皇帝只有两条路可走,不逃走就得屈服"①。1850 年 2 月,阿礼国再次建议说,要取得苏州作为贸易中心,"以杭州和镇江为侧翼,有什么东西妨碍我们呢? 条约吗? 条约已成为废纸了;中国政府的拒绝吗? 他们已在我们的掌握之中了。"像 1842 年那样,用一支小小的舰队去封锁镇江,3 个月内就能取得一切。② 同年 6 月,阿礼国急不可耐地大喊,"采取强有力的措施以保卫我们利益的时机已经降临,再等就不安全了"③。1853 年 2 月,太平军自武昌东下,长江下游震动,清地方大员向阿礼国求援,开始实行主动的、积极的、心甘情愿的投靠政策。阿礼国又一次建议,"凭三四只轮船与兵舰,英国只要小有作为,便会产生决定性的作用,独断自己的要求条款,其事是何等的轻而易举,而又何等的信而无疑呵"④。

不仅如此,英国外交大臣巴麦尊早在 1850 年 9 月 29 日的备忘录里就说:"我清楚地看到,我们被迫给予中国另一次打击的时

---

① 宓吉:《英国人》第 1 卷,第 426 页。
② 费正清:《贸易与外交》第 1 卷,第 375—376 页。
③ 宓吉:《英国人》第 1 卷,第 439 页。
④ 英国外交部档案,F. O. 228/161。

间,正在迅速到来,打击必须占领扬子江的一处地方以截断大运河的交通。不过给予中国人以行动信息是不合适的。这要让他们在我们行动中和行动后去领悟,像中国和葡萄牙、西班牙的美洲政府,这样半开化的政府,隔十年八年就要受到一次教训,才会老实。……他们听不进言词,不仅必须看到棍棒,而且必须肩头挨了棍棒才会屈服于论据。"①1851年9月30日巴麦尊进一步要求外交部的人向他报告,在什么季节截断通过长江的水路,以断绝北京的供应最为有效,准备动武。② 我们看到了英国官方如此狂妄而急迫的侵略野心,对于他们掠夺江海关行政权的行径,就不会拘泥于什么条约权利问题,须知,掠夺江海关行政权不过是他们更大侵略阴谋中的一个小小插曲而已。

1853年5月18日,厦门小刀会发动起义,赶走清地方当局,占领外侨居住区和海关官署。文翰指示英国驻厦门领事说,中国当局既无力保护英商的贸易,英商就不再有纳税义务,到中国当局重返厦门以后,他们才有权征收关税,在厦门被占期间,英商关税也不要补交。③ 不久,小刀会退出厦门,清政府恢复对厦门的统治,因而英国对厦门海关也没有向掠夺海关行政权的方向发展。到同年9月7日,掠夺江海关行政权的机会终于来临了。

### (一)所谓江海关"不存在"后的领事代征制度

1853年9月7日凌晨4时左右,刘丽川领导的小刀会在上海起义,3小时内就占领了上海全城。起义军纪律严明,秩序井然,

---

① 费正清:《贸易与外交》第1卷,第380页。
② 费正清:《贸易与外交》第1卷,第391页。
③ 莱特:《赫德》,第91页;费正敬:《临时制度》(1),《中国社会及政治学报》1935年1月号,第497页。

在全部过程中,只杀了知县袁祖德和他的卫士两个人,苏松太道兼
江海关监督吴健彰躲到了居民家里。刘丽川和英美在上海的官方
人士素有来往,例如,他和英国领事馆李泰国的信件往来就一直保
持到 1854 年年末①,在起义的当天,他就到旗昌洋行去面见美国
公使马沙利,表示友好。他所领导的起义军丝毫没有扰及外人居
住区,许外商自由进入县城,照常贸易。因此,在 3 天内,英国商人
就以低价抢购了生丝 3000 包。②

　　据同年 9 月 10 日《北华捷报》的报道,在 7 日傍晚,租界区的
一群暴徒冲进设在租界区的海关官署,把一切拿得动的东西洗劫
一空。第二天凌晨,暴徒又把门窗、木板、椽木也都抢走。《北华
捷报》说,当时只要有一个外国人站在官署门口,就能防止抢劫。
到了第二天下午,英国皇家炮舰"斯巴达人号"(Spartan)的水兵就
占据这个官署。当时正在上海的英国植物学家复庆(R. Fortune)
说,洗劫是中国人干的,但是他又说,当时租界区的英国人和美国
人已经采取自卫措施。官署"不是被乌合之众的流氓所袭击的,
而是左邻右舍头脑清醒而又干练有为的人干的。他们认为那些东
西理当归他们所有"③。但是,这个时候,租界外国人鉴于政治局
势紧张,已在租界的边界挖有壕沟,立有栏栅,经常派海军和义勇
队巡逻放哨。海关官署所在的那段江面,正是外国商船和军舰麇
集的地方,官署的左邻右舍正是英美领事馆和怡和、宝顺、旗昌等

---

① 葛森:《李泰国和中英关系,1854—1864》(J. J. Gerson, Horatio
Nelson Lay and Sino-British Relations, 1854—1864),第 41、261 页。

② 怡和档案:《上海怡和洋行负责人朴希佛尔(Perceval)致香港怡和洋
行负责人大卫·查甸(David Jardine)》,1853 年 9 月 14 日剑桥大学藏。

③ 复庆:《中国人中一住户》(R. Fortune, A Residence Among the
Chinese)第 7 章。

大洋行所在。在光天化日之下,竟然没有一个人去拦阻抢劫。除
去外国的海盗商人,难道还有什么别的"头脑清醒而又干练有为
的人"去进行洗劫吗? 除非是外国人,难道外国领事能够熟视无
睹吗? 英国炮舰"斯巴达人号"上的水兵总不能说是中国"暴
徒"吧。

就在起义的当天和第二天,上海的外国人就扬言,海关已经不
复存在,"没有人收税了",纷纷把仓库里的丝茶装运出口①,连香
港的外国报纸也说上海外商处于"走私狂热之中"。10 天后,《北
华捷报》发表社论说,"再没有更好的机会把上海变成自由港的
了"。

江海关道吴健彰和美国副领事金能亨同是旗昌洋行的股东。
所以起义的第二天,金能亨便策划两个外国人把他从城内接到城
外去,住进了旗昌洋行。这个时候,吴健彰丢掉了官印、关防,蒙受
了耻辱,九死一生,成为外人刺刀保护之下的一个难民,关于海关
问题的那张牌,便操到了外国人手里。② 阿礼国把这个外国人保
护下的江海关道当做一张王牌,认为吴健彰"既然人还在,北京政
府就没有理由另派一个人来"③。他跑到怡和洋行去和该行上海
负责人朴希佛尔商讨行动方针。经过"一段很长时间的会谈"以
后,阿礼国接受朴希佛尔的建议④,于 9 月 9 日向英商公布一个
《海关机构空缺期间船舶结关暂行章程》(Provisional Rules for the
Cleaning of Ships in the Absence of Customs House Establishment)。

---

① 怡和档案:《朴希佛尔致大卫·查甸》1853 年 9 月 14 日。

② 马士:《在太平天国的日子里》(H. B. Morse, In the Days of Taiping),
第 51 页。

③ 怡和档案:《朴希佛尔致大卫·查甸》1853 年 9 月 14 日。

④ 怡和档案:《朴希佛尔致大卫·查甸》1853 年 10 月 4 日。

章程规定,由英国领事向英商代征海关税饷,英商可以用现金交纳,也可以用40天的期票交纳,至于期票是否兑现,将由英国政府决定。

阿礼国扬言"一国政府因受灾难无力享受其权利,并不构成另一个国家忽视此种权利以乘机渔利的理由,倒是真正忠实承认此种权利之最强有力的理由"。所以女王陛下领事在当前这种特殊情况下,"只有遵守条约,采取一切措施,保障中国政府的权利,不受违反条约的损失"[①]。

前面说过,阿礼国认为中国皇帝征收关税的权利不是中国皇帝所固有的,而是外国强权让给他的,如今怎么中国政府又有了这种权利,由女王陛下的领事去"保障"了呢? 这个问题,最好还是由出主意的朴希佛尔来回答。朴希佛尔说:"实行代征,则我们财产因叛乱受到任何损失时,便有理由向中国要求赔偿。"[②]阿礼国在发给文翰的报告里也说,如果放任商人自由进出,那么"逻辑的结论就是,200万镑的英人财产万一在纷乱中受到损失,就没有取得赔偿的任何保障"[③]。1855年5月19日阿礼国在发给伦敦外交部的备忘录里还说,"为英国商人和贸易着想,领事突然必须想出办法,使英国商船得以不付税饷,结关出口,使贸易不间断地进行下去。这种办法,虽然违反国际条约的明文规定,但却无损于英国的良好信誉,更未使他本人或他的政府对未付关税承担金钱上的责任"[④]。原来如此。阿礼国关于代征关税的报告于同年11月12

---

① 海关总署:《文件汇编》第6卷,第18页。

② 怡和档案:《朴希佛尔致大卫·查甸》1853年10月14日。

③ 《阿礼国致文翰》1855年9月27日,英国外交部档案,F.O.228/205。

④ 莱特:《自主斗争》,第107页。

日送到伦敦,同月 24 日外交大臣克拉兰敦的训令说,如果清政府恢复统治,就把代征的关税交给他们,否则就还给商人。① 可见克拉兰敦是不在乎"英国的良好信誉"的。

阿礼国宣布英国领事代征关税,美、法两国也跟着宣布代征。不过他们的代征章程并无期票是否兑现要由政府去决定的条文。这个时候,法国对华没有多少贸易可言,美国是英国对华贸易的惟一竞争对手。美国副领事金能亨宣布代征,也为的美商一旦受到损失取得赔偿。他自己保留期票是否兑现的决定大权,则为的随时取得现金以支持清政府,挫败英国肢解中国的阴谋②,好为美国取得更大利益。这也说不上什么遵守条约义务。

不过,阿礼国转念一想,很快就发现把吴健彰当做王牌就可以使北京政府不"另派一个人来"的想法,未免过于天真。要说身在租界的江海关监督竟不能到设在租界区的海关官署去执行征税任务,毕竟很难自圆其说。于是这个已成为上海狄克推多③的人物,在 9 月 25 日便又以吴健彰留在租界将招致小刀会前来捕捉,从而有损租界的中立地位为词,把他送出小刀会封锁线,放逐到清军防线去。④ 从此,阿礼国掠夺江海关行政权的阴谋便进入一个新阶段。但是就连英国新任驻华公使包令也向英国外交部说,"是我们"强迫帝国官员迁出外人居住区的,否则吴健彰本来是可能征收关税的。⑤

① 费正敬:《临时制度》(1),《中国社会及政治学报》1935 年 1 月号,第 503 页。

② 丹涅特:《东亚》,第 217 页,按丹涅特说美领章程代征现金,误。

③ 费正清:《贸易与外交》第 1 卷,第 420 页;费正敬:《临时制度》(1),《中国社会及政治学报》1935 年 1 月号,第 483 页。

④ 怡和档案:《朴希佛尔致大卫·查甸》1853 年 9 月 27 日。

⑤ 费正清:《贸易与外交》第 1 卷,第 447 页。

吴健彰在 10 月 10 日照会阿礼国说,自那日起,他以常州漕运使关防行使海关监督的职权。① 对此,阿礼国答复说,"须俟清政府官军收复上海县城",吴健彰回到上海复职视事以后,他才"准备"和吴"进一步谈判征收关税问题"②。这就是说,中国的海关长官不得进入中国领土上的海关官署去执行他的征税职权;即使是清政府军收复上海县城,他到海关官署去复职视事,也还要和阿礼国"谈判",取得阿礼国的同意。

吴健彰在照会被拒后,10 月 12 日又照会阿礼国说,第一,请他提交 9 月 7 日以前 10 艘英国商船所欠的关税 45000 两;第二,声明他已奉两江总督的命令,在北新和浒墅两关向中国商人登记 9 月 7 日以后经过这两关运往上海的丝茶数量,以便向中国商人征税,但照会以委婉的口气征求阿礼国的意见,对此项丝茶关税究竟是由领事代征,还是由中国征收,希望阿礼国"早日赐复"。针对吴健彰的这种软弱态度,阿礼国在 10 月 13 日复照里,重申清政府军收复上海县城,吴健彰复职视事为"谈判"关税问题的先决条件,并声明在此以前英商"不得向中国政府交纳关税"。

10 月 14 日,吴健彰照会阿礼国说,9 月 7 日以前,英船 10 艘所欠丝茶关税,在事变前就已"检验完毕,并已结账,其三联单亦已登记注销。因此,有证据证明其数额准确无误",请阿礼国"速命"英商付清欠税。同时,吴健彰又说,9 月 7 日以后,华商是得到清军的保护,才得向上海运送丝茶的。如果阿礼国不能代征此项丝茶关税,中国方面即将向中国商人征收。至此,我们看到,中国政府在北新和浒墅两关向中国商人征税,本是中国的主权,而吴健

---

① 《怡良等片》,咸丰三年十一月三日《夷务始末补遗》,第 1 册上。

② 费正清:《贸易与外交》第 1 卷,第 424 页注;费正敬:《临时制度》(2),《中国社会及政治学报》1935 年 4 月号,第 75 页。

彰则一再向阿礼国征讯是否代征,这就不仅肯定了阿礼国在租界
代征关税的合法性,连在清军控制区征收关税的主权也断送了。

然而 10 月 18 日阿礼国的复照却矢口否认 9 月 7 日以前,10
艘英国商船已经结账的事实,并进而指责吴健彰"擅离职守",对
吴健彰按照条约或普通商业条例的何项条款向他追索欠税,表示
"诧异"。至于向中国商人征税一节,阿礼国说,上海是在英国军
舰的大炮掩护之下才有生命财产安全的;中国官兵的保护,"即使
有之,其效果亦微不足道"。不仅如此,1853 年 5 月 18 日厦门小
刀会起义后,文翰就训令厦门英国领事要等中国当局重返厦门恢
复职务,才承认其征税权。接着阿礼国便说,今上海的关署既不复
存在,中国政府对上海又丧失控制能力,那么"贵国皇帝根据何种
平等权利或条约权利向英国商人追收是项税款呢"? 总之,"中国
皇帝既在一个通商口岸丧失其统治权力,是否有权在该口岸继续
征收关税,已成为一个必须考虑的问题"。阿礼国考虑的结果认
为,吴健彰"实无权向我方提出要求,本领事也无权代征任何关
税"。至中国政府向中国商人征税一节,"既不恰当,亦不免轻率,
对于英国商业乃是一种敌对的与侵略的行为",英国政府必将"采
取自卫办法,在其他方面进行报复"。[①]

人们还记得阿礼国在 9 月 9 日的代征布告里强调,一个国家
因灾难无力享受其征收关税权乃是另一个国家真正忠诚承认此种
权利的强有力的理由。39 天以后,阿礼国倒又认为中国政府向中
国商人征税乃是对英国商业的敌对与侵略行为了。阿礼国先则强
调上海是在英国军舰的大炮掩护之下才有生命财产安全的,后则
扬言英国将采取自卫办法,在其他方面进行报复,不用说,这就要

---

① 费正敬:《临时制度》(2),《中国社会及政治学报》1935 年 4 月号,第
78 页。

动用军舰进行报复。

### (二)英美矛盾和英法炮舰对临时海关的驱逐

1853 年四五月间,上海英国领事馆的通译员密迪乐曾到苏州、常州、丹阳一带进行侦察,文翰还亲自跑到南京去面见太平天国领导人。经过侦察,英国人对太平天国的军政设施和社会秩序,"一致得有非常之好的印象",发现太平军是一支"比一向所想象的还要可怕的团体",而清政府在南中国的统治则"一去不复返了"。所以文翰多次向天国领导人表示,英国乐于采取"完全中立态度","只要中国人自己所选择、所服从的人做君主,不管他是谁,英国人是完全准备承认他是中国君主的"①。

英国人的所谓中立,掩盖着他们从太平天国手里取得重大利益的企图。这时,许多在华外国人和太平军的少量接触,普遍宣传天国军政设施的整肃性和对外友好态度,以为太平天国出于和外国人宗教信仰的共同性,取得胜利后,将会采取对外开放政策,扩大通商和传教范围。"他们认为基督教和文明在中国已露曙光。英国新教徒尤其相信,他们的劳动,忽然得到了出人意料的巨大收获。商人预料,在气度恢弘的新政府统治之下,贸易将要扩张。""现在太平天王才是我们的希望,但愿他早日完全成功。"②文翰向外交部报告说,"从叛党那里可能得到的政治利益和商业利益将比从皇帝那里可能得到的多得多"③。上海小刀会是扬言他们和太平天国有联系的。到 9 月起义以后,上海外国人对小刀会取得

---

① 《文翰致克拉兰敦》1853 年 4 月 22 日,参见英国蓝皮书:《有关中国内战的文书》(Papers Respecting Civil War in China),1853 年,第 16—17 页。

② 《捷报》1855 年 3 月 10 日。

③ 怡和档案:《达拉斯致大卫·查甸》1853 年 4 月 12 日。

成功的可能性估计很高。①

美国公使马沙利对局势做另一种估计。1853 年 4 月 1 日,马沙利乘美舰"石斯规哈那号"(Sus Quehannah)离沪上驶,上海英商认为马沙利的行动是由旗昌洋行发动的,是去给吴健彰帮忙的。"旗昌几乎和道台(吴健彰)成为二位一体了"。4 月下旬,吴健彰用外国船"阿格奈斯号"(Agnes)、"羚羊号"(Antelope)、"帝汶号"(Devan)、"科学号"(Science)以及由外国人驾驶、指挥的一批划艇开到上海去支援清军对太平军作战。上海英商认为"阿格奈斯号"、"帝汶号"和"科学号"不是从旗昌买来的,就是从旗昌租来的。② 5 月 20 日马沙利报告国务院说,当时的局势,"是美国争取重大利益的绝好机会。"他所谓机会是向清政府方面伸手的机会。6 天后,马沙利又对国务院说,"我不能逆料从叛军方面会发生任何可资歌颂的变化。""这出戏的第二幕可能表现出一个完全没有道德意识,没有教养和没有生活依据的群众……推翻政府制度、社会秩序,在无政府与血泊中进行的暴乱。"③

5 月 30 日,马沙利报告国务院说,文翰经过南京之行,对太平天国的方针政策,产生了"最强烈的同情"。大不列颠拥有一切机会成为"新政权的保护人",进入长江,把势力伸张到中国的西部,和英国在印度、缅甸的势力连成一片。有谣言说,中国政府正在寻求"俄国的援助,其结果将使俄国的势力伸张到黄河流域甚至长江流域,把北中国变成俄国的保护国。这样,英俄就瓜分了中国。为了对抗这种瓜分,马沙利决定支持清政府。1853 年 6 月 4 日,

---

① 费正敬:《临时制度》(2),《中国社会及政治学报》1935 年 4 月号,第 67 页。

② 怡和档案:《达拉斯致大卫·查甸》1853 年 4 月 25 日。

③ 卿汝楫:《美国侵华史》第 1 卷,第 110、14 页。

马沙利通过吴健彰的安排，到昆山去会见两江总督怡良，向怡良提出援助清政府镇压太平军的建议，条件是"皇帝颁布命令，大赦政治犯，使叛军解甲归田；宣布中国境内的宗教、思想和信仰自由；允许一切与中国订有友好通商条约各国的人，有权在中国境内一切地方自由进出来往；开放长江及其支流，许以轮船通航。"在这些条件满足以后，"美国才能以（太平军）违反美国人的利益为借口，出面干涉"①。事后马沙利报告国务院说，"叛党只为夺权作斗争"，"老百姓是无所谓的。"他支持清政府，为的是提高清政府的地位，防止英俄瓜分中国领土。②

1853 年 9 月马沙利在追随阿礼国宣布代征关税以后，于 9 月 20 日在发给怡良的照会里宣告，美国的代征为的是在中国官员不可能征收关税的情况下，确保中国根据条约所应得的关税收入。同月，英国驻沪副领事威妥玛报告说，马沙利热烈赞赏付给皇帝合法关税的主张。他谈到不管道台的其他执掌如何，也要把他海关监督的职位树立起来。③

前面说过，10 月 10 日，吴健彰照会阿礼国，说他将以常州漕运使的关防执行海关监督的职务。10 月 13 日，朴希佛尔说，这是得到马沙利支持的行动。④ 10 月 18 日阿礼国对吴健彰向华商征税的计划，以"实行报复"相威胁。马沙利说阿礼国的立场是"怪诞得难以成立的"。他认为英国人部署海军，建立营房，以及诸如此类的措施乃是走向政治控制的行动，于是决定树立吴健彰的权

---

① 卿汝楫：《美国侵华史》第 1 卷，第 139—140 页。

② 费正清：《贸易与外交》第 1 卷，第 416 页。

③ 费正敬：《临时制度》(2)，《中国社会及政治学报》1935 年 4 月号，第 73 页。

④ 怡和档案：《朴希佛尔致大卫·查甸》1853 年 10 月 13 日。

力地位。马沙利和吴健彰商定指派两只武装船只泊到黄浦江面
去，设立水上海关，进行征税。10 月 24 日，金能亨照会吴健彰说，
你在这里有足够的武装力量保卫你的安全。你把海关设在什么地
方，美商就在什么地方纳税，临时代征章程定于 10 月 28 日停止执
行。同日，金能亨通告美商到浦东吴健彰的水上海关去纳税。①
10 月 26 日，吴健彰照会上海各国领事，他将于 10 月 28 日在租
界对面陆家嘴江面的船上征收关税，希各国领事通告商人前去
纳税。

　　但是，28 日，吴健彰的"阿格奈斯号"和"羚羊号"开到陆家嘴
江面去准备征税时，英国炮舰"斯巴达人号"则说"阿格奈斯号"设
有适当的弹药库以保卫它自身的安全，是一个"危险的邻居"，勒
令它开到苏州河里去。法国炮舰"加西尼号"（Casini）则声称"羚
羊号"炮轰上海城里的小刀会，有两发炮弹落到城南的天主堂里，
勒令它开回上游去。② 法国领事且更进一步，于 10 月 29 日发出
通告，说什么在上海重建海关以前，法国商船可以免税进出上海
港。所谓"危险的邻居"和炮弹落到天主堂里的说法，当然是鬼
话，实质乃是阿礼国蓄意和马沙利斗法，破坏江海关行政权。法国
人不过倚仗上海狄克推多和阿礼国的声势，助纣为虐罢了。阿礼
国如此猖狂施展炮舰威力，就连香港政府的检察长也认为是"非
法的"③。

　　10 月 28 日，吴健彰的水上海关被英法炮舰赶出陆家嘴以后，隔
了一天，吴健彰率领卫队企图进入租界区，卫队被阻在租界以外，只

---

　　①　莱特：《赫德》，第 96—97 页；费正清：《贸易与外交》第 1 卷，第
424—425 页。

　　②　费正清：《贸易与外交》第 1 卷，第 425—426 页。

　　③　莱特：《赫德》，第 97 页。

身前往美国领事馆。11 月 5 日《北华捷报》的一则报道说,有一个官员进入租界区,想占用海关官署,英国军舰"斯巴达人号"的卫兵"当然不能让他得逞"。《中国对外关系史》的作者马士说,阿礼国公开扬言,为了保持租界区的中立地位,不许帝国当局在这个地区执行税收职务。这样一种"从一个国家的领土上挖出一块地方来,排斥其现存政府行动的中立,在地球上的其他地方是找不到的"①。就连文翰也斥责阿礼国以武装维持中立的做法为"越权"②。

阿礼国如此以武装维持中立地位的租界区,丝毫并不中立。阿礼国自己就承认,外国的亡命之徒乃至"多少还是有声望的人"给小刀会出主意、送粮食、送火炮,每天都从绝对禁止帝国军队侵入的租界区送到城里去。他们公开的目的,就是拖延小刀会对帝国武装的抵抗。③ 这种拖延乃是他们大发横财的绝好机会。随着政府军对县城封锁的强化和城内物资的日益匮乏,他们向小刀会提供物资的利润也日益优厚。例如火药,起初每桶仅索价 3 元,到1853 年冬,便高至二十五六元。小刀会还从宁波买得两艘外国船,驶入黄浦江,阻断江面。④ 1853 年 11 月 14 日,江苏巡抚吉尔杭阿探得外商为小刀会提供加农炮 3 尊,存在"斯巴达人号"水兵驻守的海关官署,派兵三四百人前往截取。"斯巴达人号"水兵当即向清军开火,死 3 人(一说遗尸六七具),伤 14 人。⑤ 后来,吉尔

---

① 马士:《对外关系史》第 2 卷,第 12 页。

② 费正敬:《临时制度》(2),《中国社会及政治学报》1935 年 4 月号,第84 页。

③ 费正清:《贸易与外交》第 1 卷,第 432 页。

④ 《怡良、许乃钊奏》,咸丰三年十月二十一日,《夷务始末》,咸丰朝,第 7 卷。

⑤ 《史料汇编》,第 589,998 页;费正清:《贸易与外交》第 1 卷,第 430 页;费正敬:《临时制度》(2),《中国社会及政治学报》1935 年 4 月号,第 96 页。

杭阿指责阿礼国允许小刀会毫无阻碍地通过租界取得各种军需品
和日用品,甚至"在他的防区以内开设出售抢得物资的市场。① 江
苏巡抚许乃钊说,"贼以夷为奥援,夷即以贼为利薮。盖英夷之
心,惟恐上海之早日戢兵矣"②。

不仅如此,从英美船上逃出来的亡命之徒,还率领小刀会的小
股人员出击,把清军士兵抓到城里去杀头,或者殴打致死,每抓到
一个,就有一笔偿金。③ 老实的复庆说,我们作为一个团体,本来
是可以保守中立的,但却欢呼小刀会占领县城,祝愿他们成功。这
不是什么秘密。所有外国的文武官员、传教士、商人、店员(公正
的是少数)都是同情小刀会,反对政府军的。在一年多的时间里,
政府派来大军向小刀会进攻。他们的目的不是通过战斗把小刀会
赶走,而是通过切断小刀会的供应线以饿走他们。但是他们的打
算被所谓中立的外国人所挫败了。租界处在上海城东北面的很大
一带地方,接连城墙,许多人向小刀会供应物资,大赚其钱,出了问
题,就躲到租界去,受到英美旗帜的保护。④ 这一切都拆穿了阿礼
国把吴健彰赶出租界,用武力赶走他的水上海关船只等一系列所
谓"中立"的说辞究竟是什么内容。

### (三)英美合作和临时海关的崩溃

水上海关被英法炮舰赶出陆家嘴江面,重占海关官署的清方

---

① 莱特:《自主斗争》,第 105 页。
② 《许乃钊奏》,咸丰四年三月二十二日,《夷务始末》,咸丰朝,第
7 卷。
③ 雒魏林:《在华行医志:二十年经历记》( W. Lockhart, Medical
Missionary in China: A Narrative & Twenty Years Experience),第 312 页。
④ 复庆:《中国人中一住户》,《史料汇编》,第 126—128 页。

人员遭到伤亡撤退,清地方官员乃谋求在内地进出口货运通路上设置关卡。吴健彰通过江苏巡抚许乃钊咨请浙江和江西两省当局设法办理。据 11 月 21 日吴健彰发给阿礼国的照会,我们得知旗昌洋行从内地运送出口货,曾被松江地方当局所扣留,后经吴健彰疏通,才予放行。后来又有金斯密洋行(Smith, King & Co.)从杭州运送茶叶,也被松江当局所扣留。吴健彰对阿礼国说,他已接到两江总督怡良和江苏巡抚许乃钊的训令,在上海南北两岸设置关卡,"检验货物",此后,中国商人运送丝茶到沪,可向这些关卡或海关官署"呈报";外商运送棉纺织品或棉花等货至内地,则由外国领事向关署"申请通过证"。

但是,阿礼国在 11 月 28 日的复照里却说,现行临时章程继续有效,检验货物和申请通过证都不得作为内地各关卡可以对货物征收违反条约所定任何关税或附加税的借口。这也就等于否定中国政府在内地征税的合法性。

12 月 21 日中国方面的一项公告说,江苏巡抚已应吴健彰的请求,凡运入上海及一切出口货,都必须存入仓库,等候上海县城收复以后启运。1854 年 1 月 12 日的另一公告说,江苏巡抚许乃钊已经咨请浙江巡抚黄宗汉和江西巡抚张芾禁止丝茶运入江苏,杭州北新关禁止一切货物运入上海。1 月 14 日,泊在苏州河的吴健彰海关船"阿格奈斯号"收到美国商船"贝弗莱号"(Beverly)的一张字据,准予出口。字据说,"只要 1853 年 9 月 7 日以后所有在本口上下货物的外国商船都经各自政府批准付税,它也将付税。但同一天,阿礼国照会吴健彰说,传闻外国商船在吴淞上货逃税,如中国当局不加查察,就将使临时章程丧失效力。① 对此,吴健彰复照说,英领应命

---

① 海关总署:《文件汇编》第 6 卷,第 36 页。

令英国进口船只向吴淞或"阿格奈斯号"海关人员出示船牌,海关
人员即据以检验卸货,其关税收入存入领事馆;至出口货,则由货
主将纳税字据送交领事馆,再由领事馆通知海关。①

阿礼国和吴健彰的照会,有两点值得注意。第一,吴健彰要求
英国商船向"阿格奈斯号"出示船牌以便检验卸货,其应纳关税仍
存入领事馆,这就肯定了英领代征制度的合法性。第二,出口货的
货主也要把字据送交领事馆,由领事馆通知海关。照会没有说明
出口货税向谁交纳,看来也是交给领事馆的。

在此同时,美国使领人员继续和阿礼国斗法。1853 年 12 月 8
日,马沙利在发给国务院的报告里惊呼,阿礼国的行动就是"大不
列颠在上海阴谋攫取权力"。1854 年 1 月 4 日,马沙利授权金能
亨根据最惠国待遇条款,在其他国家的商船自由进出上海港时,美
国商船也不必结关,把上海"当做自由港"②。同月 9 日,马沙利报
告国务院说,"我衷心希望英法当局继续不承认中国人的征税权。
因为中国屈服的立场就清清楚楚地使我有权利根据(中美)条约
第二条的规定,把上海当做自由港"。马沙利认为英国也会采取
同样立场的。"这样,他就错上加错,使我取得一切利益而不致遭
受违反条约的指责。"③而只要上海成为自由港,香港之为贸易港
口的价值,即将随之降低。贸易越是向北转移,对香港的距离越
远,对美国西岸的距离越近。④

① 费正清:《贸易与外交》第 1 卷,第 433—434 页;费正敬:《临时制
度》(2),《中国社会及政治学报》1935 年 4 月号,第 106 页。

② 丹涅特:《东亚》,第 221—222 页。

③ 费正敬:《临时制度》(2),《中国社会及政治学报》1935 年 4 月号,第
107 页注。

④ 卿汝楫:《美国侵华史》第 1 卷,第 216—217 页。

1 月 20 日,金能亨根据马沙利的授权通告美商,只要中国海关按照临时章程允许其他国家的商船结关出口,美国商船就不需取得中国海关的结关证件,可以向领事馆领得船牌离港。1 月 26 日金能亨终于向美商宣布上海为自由港。接着各国商船便纷纷公开装运丝茶出口。

金能亨的行动引起阿礼国和他的争吵。阿礼国指责他不和自己采取一致行动,既支持吴健彰的水上海关,又把上海宣布为自由港。金能亨在 1 月 30 日的复信里,反讥阿礼国的所作所为,使吴健彰对于大批到港的外国商船不受监督,不知道其到达和离去,甚至连派一个小划子去查问一下也不行。中国船只必须武装以自卫,而所有的武装船只都被英国人赶出外船停泊处,怎么能希望吴健彰正常执行海关职务呢? 这就好比"捆起一个人的手脚扔到水里去,而又否认他会淹死,说是他会游泳云云"[1]。令人不得不大为惊奇的是,阿礼国也坦率承认,金能亨比拟得颇为相像。[2]

文翰关于上海小刀会起义和英领颁布临时代征章程的报告于 1853 年 11 月 12 日到达伦敦,11 月 22 日外交大臣克拉兰敦勋爵训令文翰说,临时代征章程是合法的、适当的。但是,除非所有国家都合作,临时章程就将毁灭英商贸易。临时章程只有在中国严格遵守条约义务时,才是公正的。但中国已不复遵守条约义务,保障英商的安全了。因此,阿礼国必须尽早停止执行临时章程,不得无限期地充当中国关税征收人。如果中国政府重新建立起来,或者其他人另建新政府,就把税款交给他们。如果继续处在无政府

---

① 莱特:《自主斗争》,第 114 页。

② 费正清:《贸易与外交》第 1 卷,第 426 页。

状态,那就把税款退还给商人。①

克拉兰敦的训令于 1854 年 1 月 14 日送达阿礼国。训令除上
述内容外,还指示和美国在华代表合作。因此,阿礼国便从和美国
使领的对抗态度一变而为寻求合作的态度,从排斥吴健彰重建海
关一变而为支持他重建海关。这时,英国人对中国政治局势的估
计,已不像过去那样赞赏太平天国了,所以阿礼国对金能亨说,事
情已经明确,小刀会事件,只是一场地方叛乱,不需把帝国排除于
租界以外以保持中立地位。1 月 30 日,阿礼国照会吴健彰说,英
国领事"不能无限期地为中国海关征税",要求吴健彰说明还需要
多少时间才能在适当地方重建海关。这个照会安下一根钉子,说
是除非上海失守以后其他各国商人都照章纳税,英国商人并不交
纳通常应纳的关税。

2 月 6 日,英、美、法三国领事联合照会吴健彰,说是吴健彰可
以在苏州河北岸设立临时办公处,于 2 月 9 日开始征收关税。这
个照会也安下那个钉子,即海关对缔约国或非缔约国的任何商船,
都同等征税。

就在苏州河北岸的临时海关开始征税的 2 月 9 日,海关人员
发现美国商船"野鸭号"(Wild Duck)准备从吴淞走私出口丝茶
4000 吨。同时,他们也登上泊在吴淞的 3 艘英国鸦片趸船上去企
图"查察"。不料英国鸦片贩子认为这些人的行动"鲁莽"到不堪
容忍的地步,当场把他们毒打了一顿,并扣下一个当做罪犯囚禁起
来。为此,吴健彰向阿礼国提出交涉,要求"授权"关员去"查察"
鸦片趸船,并对毒打和扣押关员的行为表示道歉。阿礼国答复说,

---

① 费正敬:《临时制度》(1),《中国社会及政治学报》1935 年 1 月号,第
501 页;费正清:《贸易与外交》第 1 卷,第 420 页。

如果吴健彰提出合法证件,他就支持吴健彰对英国人的指控。①
阿礼国的答复,是有条约依据的。前面说过,中英《通商章程》的
第三条和第七条规定,英商运货进出口文件,都是由英官转报海关
的。英国鸦片趸船久已泊在吴淞,猖狂走私鸦片,也走私合法商
品,英国领事从来没有转报过江海关,吴健彰哪里来的合法证
件呢?

"鲁莽"事件以后,吴淞走私更加猖獗。2月13日,就是那艘
"野鸭号"从吴淞不纳关税出口,给吴健彰留下一张字据说是美国
公使决定要它付税,它就付税;至于货物的品类和数量清单,须等
决定付税以后才能提交。3月9日,英国商船"爱德华·里安爵士
号"(Sir Edward Ryan)从吴淞运货出口,既没有向吴健彰报关纳
税,又没有向阿礼国申请出口。3月18日,从上海运货出口的英
船4艘、美船3艘、丹麦船1艘,向苏州河海关以现金交了关税,但
从吴淞出口的英船3艘、美船3艘、沙俄船1艘,有的以字据代替
现金纳税,有的拒绝提交货物清单,吴健彰根本无从知道它们究竟
应纳多少关税。

3月17日,从上海出口的不莱梅商船"阿里斯特号"(Arisids)
又开创一个恶劣先例。该船由英商公平洋行(G. C. Schwahe &
Co.)的特劳特曼(J. Trautmann)承运货物。特劳特曼是一个日耳
曼人,而日耳曼在上海并无领事。依照惯例,无领事国家的商人承
运货物出口,都由英国领事报关。但特劳特曼拒绝向任何国家的
领事或吴健彰提交货物清单。吴健彰于无可奈何之余,请求普鲁
士领事金斯密报关,被拒,于是吴只好满足于接受特劳特曼的一纸
字据。那张字据说,17日在港的8艘外国商船,如果不纳全税,也
要对茶叶每担纳税2两(法定税额2两5钱),对生丝每担纳税9

---

① 费正清:《贸易与外交》第1卷,第440—441页。

两(法定关税额10两),在这种条件下,他才纳税6250两。这个
税额只相当于他全部应纳税额的一半左右。当时外国人盛传吴健
彰从中贪污。而吴健彰辩解说,出口税将由华商交付,他随时可以
向华商索取所欠余额。① 吴的属员罗元佑投书《北华捷报》说,吴
"极愿和外国人友好,深信特劳特曼终将处事公平",才接受他的
字据的。② 但6月16日吴健彰会见英国公使时,又说,这只船的
出口丝茶,已在到达上海之前,在内地征过关税了。③ 我们不知道
事实真相究竟如何,但特劳特曼所开创的这个先例,后果却十分
严重。

特劳特曼的字据以其他各国商船都交纳关税为条件纳税,
那么所有商船的纳税字据都互为条件,也都自动丧失其约束力。
于是,英商的"约翰伍德号"(John Wood)首先援例,以同样
条件向海关交了字据。吴健彰拒绝接受它的字据,它就把字据留
在英国领事馆扬长而去。接着,阿礼国又同样放走其他3艘英国
商船。于是从上海出口的一切外国船只都不纳任何关税,自由进
出。④ 总之,吴健彰所建的苏州河临时海关也彻底崩溃了。这就
是前面所说那个钉子的作用。

前面说过,4月10日,阿礼国在发文里分析临时海关彻底崩
溃的原因说,"外国人随时准备无法无天地行事,用武力干扰中国
官员。本省中国人具有更加酷爱和平的传统,特别畏惧和憎恶冲

---

① 莱特:《自主斗争》,第116页。
② 费正敬:《临时制度》(1),《中国社会及政治学报》1935年1月号,第
477—480页。
③ 莱特:《赫德》,第102页。
④ 费正敬:《上海江海关洋税务司的创建》(The Creation of Foreign
Inspectors of Customs at Shanghai),《中国社会及政治学报》1936年1月号,4
月号(以下简作《创建》)(1),第481页。

突和暴力行动。加之出于政治上的考虑,他们也不敢和外国强权发生公开纠纷和敌对行动。"阿礼国所说"中国官员普遍地软弱无力",确是事实,不过那是阿礼国把吴健彰的手脚都捆起来扔到水里去的结果。这里可以补充的一点是,这个时候,把上海造成这样局面的外国人,除去上海港的船上人员而外,租界和吴淞的 25 家洋行,所有的男性白人不足 250 人。①

阿里斯特事件以后,吴健彰迅速采取行动。3 月 22 日,吴健彰照会阿礼国,建议进口税仍由外商交纳,出口税仿照广州办法,改由华商交纳。3 月 25 日又照会阿礼国说,奉两江总督和江苏巡抚的训令,外商的走私逃税行为,迫使海关不得不和各国协商,改变征税办法,在白鹤渚和闵行镇两处设置关卡,对中国商人运往上海的一切出口货,进行登记,收取字据,不论关税由华商或外商交纳,都由华商负责征收;其进口货仍由外商交纳。此项办法俟上海收复后,再行另议。② 对此英、美、法三国领事联合照会吴健彰,拒绝承认这种办法的合法性。

吴健彰在白鹤渚和闵行镇设关的办法虽不成为全面恢复江海关行政权的有力措施,毕竟也触到了外商经营出口贸易的痛处。4 月 10 日,阿礼国在报告里说,中国当局所采取的措施,在即将到来的贸易季节里会导致贸易转到别的渠道上去,造成在上海的投资人遭受重大损失。4 月 24 日,英、美商人也叫喊,他们在内地所订购的丝茶,在内地被迫纳税,或者被扣留,除非作出"正常安排",最近两三个月商务最繁盛的季节内,上海的贸易必将分散到别的

---

① 费正敬:《临时制度》(2),《中国社会及政治学报》1935 年 4 月号,第 70 页。

② 费正敬:《创建》(2),《中国社会及政治学报》1936 年 4 月号,第 45 页。

渠道上去。总之,正常安排,迫在眉睫。

### (四)先打后拉,既威胁又利诱,掠夺江海关行政权

1854 年 3 月以后,形势急转直下。首先,早在 1853 年 11 月,小刀会企图和太平军联合没有实现,上海外国人也已认识到小刀会并非太平军体系的武装力量。到了 1854 年 2 月,太平军北伐军不仅未能夺得北京,反而从静海突围南走,损失惨重。这次失败使太平天国的威望大为失色。而外国人和太平天国的进一步接触,又使他们逐步明确了天国所崇奉的拜上帝教和他们的基督教大异其趣,而天国维护中国主权的立场又极其坚定。于是西方入侵者普遍地认为太平天国"只是一颗虚假的救星,和清王朝相比,更不值得支持"。1844 年中美《通商章程》第三十四条规定,《通商章程》应俟 12 年后,两国派员公平酌办。到了 1854 年,"为贸易利益着想,推动条约的修改,已经是时候了"①。

其次,1854 年二三月间美国新任驻华公使麦莲和新任驻沪领事墨菲先后来华。4 月,英国新任驻华公使包令也到职任事。他们都奉有本国政府的训令,要在对华政策上,采取更加协调一致的行动。4 月 20 日,包令和麦莲会谈关税问题以后,又征得法国驻华公使布尔布隆(A. de Bourboulon)的同意,"要鼓励和尊重条约义务,除非绝对不可能遵守此项义务,什么也不能导致我们去承认、庇护或者保护违反条约的行为"②。后来的事实证明,所谓"鼓励和尊重条约义务",恰恰正是破坏条约,掠夺江海关行政权。

就在这个期间,上海所发生的泥城之战也加速了事态的发展。

---

①　费正敬:《创建》(1),《中国社会及政治学报》1936 年 1 月号,第 500 页。

②　费正清:《贸易与外交》第 1 卷,第 449 页。

前面说过,许乃钊认为外国人和小刀会的关系是"贼以夷为奥援,夷即以贼为利薮"的。外国亡命之徒还不断率领小刀会的人到清军防线去捕捉清军士兵,双方不时发生小冲突。英、美、法三国要从清政府手中捞到修约利益,决定实行先打后拉,又威胁又利诱的手段。

1854 年 4 月 4 日,英、美、法三国领事借口前一天的所谓政府军袭击租界事件,向吉尔杭阿致送哀的美敦书,限下午 4 时以前,全部拆除跑马厅军营,当日下午不到 3 点,阿礼国和墨菲就指挥英、美海军正规部队,携炮 4 门,在租界义勇队的协助之下,向跑马厅发动突然袭击,"射击十分准确,收效很大",全部摧毁了跑马厅清军营房,并又炮轰苏州河对岸的清军。此役受到清军的微弱抵抗,英美攻击军仅 400 人,死 2 人,伤 15 人。清方在跑马厅一带的吉尔杭阿所部约 10000 多人。战斗一打响,署江苏巡抚许乃钊就"坐船先退",兵勇一口气溃逃到苏州去的达 3000 人。① 这就是西方文献所说的"泥城之战"。

许乃钊关于泥城之战的奏报说,在战事的第二天,吴健彰就到租界去面见阿礼国,责以"助贼与官兵为难"。"该酋不能复辩。吉尔杭阿亦以此意寓书,不复严诘";"于诘责之中,仍寓羁縻之意","各夷酋皆以为非,该酋亦爽然自失,刻下虽为修好之辞,仍宜悉心防范"。② 但是,西方记载却说,"在战事发生后的第二天早上,统率中国官兵的官员曾到租界向阿礼国'恳求宽恕'"。阿礼国也说,"吴道台今天早上同我会谈,传达了吉尔杭阿对于停止敌

---

① 《江西学政吴若准奏》,咸丰四年五月十日,《夷务始末》,咸丰朝,第 8 卷。

② 《许乃钊奏》,咸丰四年三月二十二日,《夷务始末》,咸丰朝,第 7 卷。

对行动的愿望"。不仅如此,清官方还"请求外侨转告叛党,在官
兵建造营房期间,停止攻击行动。事情就这样安排妥当,叛党严格
遵守约定"①。根据清政府官员对外的一贯态度,西方记载比较可
靠。英、美、法三国欲拉先打策略的先打行动收到预期效果。

　　4月24日,英、美、法三国领事发出联合通告,禁止三国公民
参加小刀会或清军任何一方作战,也禁止向任何一方供应枪炮、弹
药和生活用品;后来又采取措施,加筑界墙,加强巡逻,隔断租界和
城内的联系。这样中西官方的对立关系便缓和下来。连西方作家
也说,"中国人(清地方官员)与外国官员的关系,在泥城之战以
后,比以前融洽了"②。显然,这就是打后再拉的结果。

　　英、美、法三国领事对清地方官员的先打后拉,为的是取得更
多的贸易利益,当前迫切需要解决的是对海关问题作出正常安排。
为此,他们施展了既威胁又利诱的策略。

　　5月1日,三国领事再论吴健彰3月22日和25日的照会说,
条约明文规定关税的征收地点、数额和方法,三领事无权允准吴健
彰的方案,必须把去年9月7日以来各国在履行条约义务上所采
取的办法各自报告本国公使,听候裁决。③就在这同一天,阿礼国
报告包令说,在即将到来的贸易季节里,关税征收方法,必须防止
中国人阻断贸易,或者把贸易引到别的口岸去。"如果在海关行
政上把关税征收权以任何方式置于三个缔约国的控制之下,我就
不放弃成功的希望。我相信在任何其他基础上,既要保障中国的
税收,又要维护诚实商人的合理要求,就事情的性质而言,将会证
明是无效的、不中用的。""我把这个信念向美国公使做了广泛的

---

① 《史料汇编》,第601页。
② 丁名楠等:《帝国主义侵华史》第1卷,第110页。
③ 费正清:《贸易与外交》第1卷,第450页。

论述，……要对中国这样困难的问题，找到新的调整方案和切实办法，除非……使三强政府联合起来作出最大努力，不管在计划上和行动上怎样直截了当，怎样切合时宜，都得不到好结果。"①这是阿礼国掠夺江海关行政权的又一信号。

　　三国领事掠夺江海关行政权的阴谋，首先是由一向对吴健彰装出友好姿态的美国官员开始施展的。5月初，麦莲在美国军舰"石斯规哈那号"上召见吉尔杭阿和吴健彰。据许乃钊的奏报，在这次会见中，麦莲表示，"现在贼匪踞扰沪城，以致中华商务有碍，各国贸易有损，实堪愤恨。""刻下本公使亲自来沪，欲往镇江等处察看贼匪情形，如有可为之处，可以商量；并欲整顿商务，使中华税务，有盈无绌。"又有"许多要事，有益中华"，须"面见总督"；倘总督不予接见，"只好专人前往天津，投递奏章"。② 吉尔杭阿的奏报说，麦莲在会见吴健彰时，表示美方将"从上海起，一路剿办逆匪，开通长江，如上海等处，有一贼未平，即不敢越次而进"；又说，"必将商人应完新旧税银，逐一追缴清楚"③。西方作家还说，麦莲和美使馆参赞伯驾还表示，如果清政府不派钦差进行修约谈判，则美国便将转向太平天国方面去。④ 在美国军舰上接见是示威；专人前往天津和转向太平天国方面去是恫吓；追缴新旧税银，则是利诱；至于察看贼匪情形，"如有可为之处，可以商量"的"有益中华""要事"，则意味着协助清军镇压太平军，乃是更大的利诱。

---

　　① 费正敬：《创建》(2)，《中国社会及政治学报》1936年4月号，第48页；费正清：《贸易与外交》第1卷，第450页。

　　② 《许乃钊奏》，咸丰四年四月二十一日，《夷务始末》，咸丰朝，第7卷。

　　③ 《吉尔杭阿奏》，咸丰四年闰七月七日，《夷务始末》，咸丰朝，第8卷。

　　④ 丹涅特：《东亚》，第223页。

麦莲在如此威胁利诱之余,还用行动加强他言词的分量。5
月 22 日麦莲乘轮船两艘,上驶镇江、江宁、和州、芜湖等处,"停驻
瓜州,与逆匪往来勾结"①。麦莲的这一行动,震动了怡良的神经,
使他由坚决拒绝会见麦莲一变而为急于会见。他在 5 月 25 日和
28 日两次通知美方,要求定期相见。②

怡良是在 6 月 21 日会见麦莲的。在这以前,三国领事相互之
间以及他们和吴健彰之间,已就关税问题,进行过仔细的讨论。根
据讨论结果,阿礼国于 6 月 15 日向包令提交一份备忘录,对他 5
月 1 日的那份建议提出进一步的设想。阿礼国认为,要有一个
"可以信赖的人作为三个缔约国领事的代表,由三领事和道台联
合任命为海关监督(Inspector)(即后来所称的税务司)",所有公
署的一切文件,都要得到他的副署,才能公布施行。他还有权查阅
中国官员逐日的文件,保有海关的全份(外文)文件。这些文件及
其中文本要随时准备接受三强领事的检查,必要时,每月月底由三
强领事进行校对,审核其符合实际,或指出其差误。③ 阿礼国表
示,一旦建立了这样的海关管理制度,英美领事就不仅尽力使英美
商人缴纳今后的关税,还将追缴过去的欠税,将期票兑现。同时,
他将撤销过去禁止在租界设置海关的主张,并动用英国的武装保
护海关的安全。④ 这时,小刀会还占据上海县城,可见,只要夺得
江海关的行政权,租界区的所谓"中立"地位也就烟消云散了。

---

① 《上谕》,咸丰四年六月庚辰(按六月无庚辰)《夷务始末》,咸丰朝,
第 8 卷。

② 费正敬:《创建》(2),《中国社会及政治学报》1936 年 4 月号,第 53
页。

③ 海关总署:《文件汇编》第 6 卷,第 49—50 页。

④ 莱特:《自主斗争》,第 119 页。按原注阿礼国此发文日期为 1854 年
1 月 23 日,误。

6月19日,英国领事馆通译员麦华陀乘船至镇江游弋,扬言将赴江宁"察看情形",经黄岩镇左营游击叶长清等"再三劝阻,坚持不从"①。同月21日,包令在和吉尔杭阿的会谈中表示,"上海贼久未平,以致英国贸易滞销。兹愿将贼驱逐,无论送往何处,不必过问,即将城池交还贵国"。吉尔杭阿是欢迎英国驱逐"贼党"的,怕的是英国"将该逆另送一处,再扰乱一处"。其实包令多半是要把他们送往美国种植园去当奴隶。但包令的建议被拒后,立刻就威胁说,"果欲若是为难,我当坐大轮船赴天津,奏闻大皇帝处置"。这次会见后的第二天,小刀会2000人出西北两门,当潮勇追至破木桥畔时,即遭"夷人"的迎面枪击,潮勇还击,并未伤人。但第二天,包令便对吉尔杭阿"声色俱变,云必欲昨日还枪之潮勇5人,送往处斩,否则惟贵司是问;且于明日黎明,传集水师,烧毁房屋,直犯苏州";"狂悖情形,见于辞色";尤其狂悖的是,居然拿出假托许乃钊名义发致包令的照会底稿,逼使原样照抄交回。②而许乃钊也就照抄不误,因此丢了乌纱帽。③

6月21日,怡良和吴健彰在昆山接见了麦莲。次日,麦莲提交两份说帖。据麦莲发给国务院的报告,他向怡良提出全面修改条约的要求,主要是,开放长江及其支流的"任何口岸、城市及港湾",准美商用自己的货船进入贸易;美国人有权为了"商业和其他目的"进入中国的"任何地区";又有传教、租赁和建筑的自由;等等。麦莲认为,这样可使美国的棉纱布广泛地进入中国市场,"使英国曼彻斯特的产品不能再在中国销售","中国的土布也就完全绝迹,中国的纺织业永远得不到发展"。麦莲提出的交换条

---

① 《许乃钊奏》,咸丰四年六月庚辰,《夷务始末》,咸丰朝,第8卷。
② 《许乃钊奏》,咸丰四年六月庚辰,《夷务始末》,咸丰朝,第8卷。
③ 《上谕》,咸丰四年六月庚辰,《夷务始末》,咸丰朝,第8卷。

件是"立刻采取有效措施",迫使美商立即交付欠税。但如果中国
不派钦差大臣进行上项谈判,美国就将有权转向太平天国方面去。
麦莲指责内地设卡是违反条约的行为,除非撤销内地关卡,美国就
不强制美商交纳关税,"也不能就过去九个月的关税问题作出双
方都满意的安排。"麦莲把关税问题隐藏在广泛要求中不显眼的
项目里,既威胁,又利诱,终于迫使怡良同意撤销内地关卡,并授权
吴健彰就关税问题和三国领事"作出永久性的(解决)"基础。①
怡良向咸丰报告麦莲所提各项条件后,说是麦莲要求"襄助中华,
削平反侧,否则奏明本国,自行设法办理,有不尽已道之处,咎在华
官"②等等。

6 月 27 日麦莲和包令分别向本国政府报告昆山会议的结果,
都说在关税问题上,俟三国领事协作取得成果后,即将通过领事法
庭追缴所欠关税。同日,包令也向吴健彰表示,"如果将来的关税
征收问题能置于满意的基础之上,领事就有权尽最大努力追缴欠
税"③。

6 月 29 日,吴健彰和英、美、法三国领事举行了会议。7 月 6
日阿礼国向包令报告会议结果说,"我的同伴(吴健彰)立刻非常
热情地采纳了(6 月 15 日)备忘录的建议"④,达成了 8 条协议。⑤

---

① 费正敬:《创建》(2),《中国社会及政治学报》1936 年 4 月号,第
63—64 页。费正清:《贸易与外交》第 1 卷,第 457 页。

② 《怡良奏》,咸丰四年六月二十一日,《夷务始末》,咸丰朝,第 8 卷。

③ 费正敬:《创建》(2),《中国社会及政治学报》1936 年 4 月号,第
65—66 页。费正清:《贸易与外交》第 1 卷,第 458—459 页。

④ 费正敬:《创建》(2),《中国社会及政治学报》1936 年 4 月号,第
68—69 页。

⑤ 协议原文见海关总署编:《文件汇编》第 6 卷,第 51—55 页。译文见
姚贤镐:《外贸史资料》第 1 册,第 500—503 页。

协议的第一条说,"过去海关监督所遇到的主要困难,为无法获得严格遵守条约和海关章程所必须的廉洁、认真及懂得外国文字等必要条件的海关关员。惟一有效的补救办法,只有在海关机构中引用外籍人员,由道台慎重遴选,加以委任,并将成为道台进行工作时之干练而可靠的助手"。第二条说,"实行这个办法的最好方式,即由道台派任一个或数个确实廉洁的外国人为税务司,受道台之命工作"。第三条说,道台任命税务司"最好的方式为每一缔约国的领事各提司税官 1 名,由道台加委"。第四条说,由领事提名和由道台加委的税务司"除经各国领事同意变更整个制度,以致税务司的工作已无必要,或者已无益处外,不得以任何其他方式革除或调动税务司的职务。"据此可知,江海关道组织海关机构的"最好方式"是派任一个或数个外国人为税务司;派任洋税务司的"最好方式"是加委外国领事所提名的候选人,而无权加委非领事所提名的人选;道台对于如此加委的"洋税务司",除非得到领事的同意,不得以任何方式革除或调动其职务。这就是说,作为道台"可靠助手"的洋税务司并不是道台的直属官员,而是领事的直属官员,他们是戴着中国官员职衔的外国官员。

协议第三条说,由 3 名洋税务司组成的税务司署,"得受权选任各级华洋属员。在遴选华籍职员时,将从道台方面获得各种便利及协助,道台得根据税务司署所推荐的若干人选予以任命"。第四条说,这些华洋属员,"只有根据税务司的建议,才能免除其职务"。这就是说,洋税务司有权自由选任外籍职员,道台无权提出华籍职员的候选人,只能任命洋税务司所推荐的华籍人选;除非根据洋税务司的建议,道台无权解除华洋职员的职务。总之,道台对海关的人事任免权,完全被洋税务司所架空。

协议第四条说,对于洋税务司勒索、贪污或失职的控告案,可由"外侨直接向各该国领事提出,各该国领事正式通知中国当局

及其他条约国领事后,向彼等提出控诉"。但此等控告案件,"应
由各该国领事进行审讯及宣判",只在"如有必要及正当理由"时,
才"由道台及三国领事会同审查","此等会审法庭,采投票方式作
决定,道台有两票权"。这就是说,华人并无控告洋税务司勒索、
贪污或失职之权;外侨所提出的这种控告,只有在"有必要及正当
理由"时,才许道台参预会审,至于究竟有无必要及正当理由,则
由外国领事去作决定;在会审法庭上,道台有两票权,但在三国领
事面前,他将永远处于少数地位。

协议第五条说,税务司署的职能与责任是"特别着重于监督
航运及关税方面正确遵守海关章程及条约规定"。为此,税务司
署有权"详细检查出口装单和进口舱单、卸岸及装船准单、所纳关
税及港口结关单,从而查出各方面的一切错误、违法及舞弊行
为。""当发现任何舞弊或不法行为时,随时向海关总监督及三国
领事揭发",由会审法庭审理判决。但"海关总监督保证,海关专
理华事部门,不再为任何外籍船只或外籍货主签发卸货或装船准
单、完税收据、港口结关单或任何其他正式文件。换言之,上述各
项文件未经税务司副署用印者,概不生效。""在任何情况下,除了
通过一个经正式承认的外国领事外,将不准任何外籍船只报关,或
不按照本章程在港内停泊、装货或卸货。"这就是说,协议剥夺了
海关专理华事部门向外籍船只或外籍货主签发任何文件的权力,
把检查出口装单、进口舱单、卸岸及装船准单、所纳关税及港口结
关单各项权力都交给税务司署,由洋税务司去监督执行。这就在
实际上进一步强化了领事报关制。人们不禁要问,如果洋税务司
并不"详细检查"各种单据,或者检查而并不去"发现"不法行为,
或者"发现"了不法行为而并不向海关总监督及三国领事"揭发",
或者"揭发"了,而在会审法庭上,三领事凭借 3 票多数并不认为
应加惩处,又将如何呢? 1861 年,李泰国总结过去 6 年的经验说,

领事法庭的法官本身便是商人。他们的利益使他们反对他们认为未经授权的海关权力和海关禁令。他们不可能成为公正的审判员。①

总而言之,英、美、法三国领事通过 1854 年 6 月 29 日的协议,把江海关的行政权掠夺得一干二净。

上述协议达成后的第五天,即 7 月 4 日,吴健彰正式请求三国领事指派税务司人选。英国领事指派了威妥玛,美国领事指派贾流意(Lewis Carr),法国领事指派史密实(A. Smith)。这 3 人中,只有威妥玛通晓中文,被任为总税务司。实际上,所谓税务司署便成了威妥玛一人的办事机构。这种由英国人在中国海关行政独占鳌头的局面,以后也一直持续下来。

7 月 6 日,英、美、法三国领事通告外商,新海关择于 7 月 12 日在苏州河北岸执行职务。7 月 8 日,《北华捷报》的一篇评论说,尽管外国人在清政府和小刀会的对峙中仍持中立态度,但是领事的公告已明确表示外国人协助清政府征收关税了。因此,我们的态度"必须有所改变"。"不论大清帝国的政权怎样受到叛军的蔑视和损害,我们必须遵守条约所承认的大清帝国政权","承担向内战一方交纳关税的条约义务"。如果小刀会干扰关税征收业务,"我们完全有办法给入侵者以惩罚,击退任何对我们的进攻"。阿礼国所一再强调的所谓"中立",就此结束。从开始到结束,此种所谓中立就是一场掠夺江海关行政权的大阴谋。

最后还需要补充的一点是欠税问题。1853 年 9 月小刀会起义后,英美领事是向英美商人收取期票以代替用现金交纳关税的,他们从一开始就认为追缴欠税存有可能性。1854 年 6 月,英美领

---

① 莱特:《赫德》,第 185—186 页。

事都向中国官方表示,俟江海关组织机构妥善解决以后,就将尽力
追缴英美商人的欠税,所以中国官方并未怀疑收回欠税的必然性。
至于英美商人,大约从来没有认为补交欠税有其必要性。不过英
国方面,从皇家法官、外交大臣到驻华使领却争辩追缴欠税的合法
性。英美使领之间也有分歧。这个问题的最后结局,英美不同,过
程曲折。这里不必叙说。

有人估计,从 1853 年的 9 月 7 日至 1854 年的 7 月 12 日,英
美两国商人应纳关税约 120 万两,其中美商欠 354149 两,英商欠
80 多万两。[①] 美商所欠,于 1856 年 4 月结案,实交 73284 两,约相
当于欠税的 21%。[②] 英商所欠,一文未交。

## 二、在洋税务司管理下江海关的走私
## 漏税和洋税务司的身份问题

西方作家评论阿礼国和威妥玛的为人,说他们"都是维多利
亚时代的英雄。他们都全心全意地、坚持不懈地、富有建设性地致
力于英国贸易的扩张"[③]。威妥玛掌握江海关行政权以后,抱定两
条方针,一方面决不干涉鸦片走私,另一方面抑制合法商品的
走私。

---

① 费正清:《贸易与外交》第 1 卷,第 460、453—454 页。费正敬:《创
建》(2),《中国社会及政治学报》1936 年 4 月号,第 55—56 页。

② 费正敬:《创建》(2),《中国社会及政治学报》1936 年 4 月号,第
82—83、87—88 页;《夷务始末》,咸丰朝,第 13 卷。

③ 费正敬:《洋税务司的身份问题,1854—1855》(J. K. Fairbank, The
Definition of the Foreign Inspectors Status, 1854—1855)(以下简称《身份问
题》),见《南开社会经济学报》(Nankai Social and Economic Quarterly),1936
年 4 月号,第 161 页。

　　1855 年 9 月 1 日的《北华捷报》曾以社论的方式透露，洋税务司不受理鸦片走私的案件。[1] 这究竟是否 1854 年 6 月 29 日吴健彰和三国领事签订协议时的口头谅解，现已无从查考。事实是，自从江海关洋税务司制度成立的那一天起，江海关从来就不曾查禁过鸦片走私。

　　威妥玛抑制合法商品的走私漏税，是可以理解的。前面说过，外国商人的走私漏税把上海关的征税制度破坏得彻底崩溃了，这并不利于外国的对华贸易，所以许多外商也呼吁恢复正常秩序。威妥玛抑制走私，就是为的抑制这种搬起石头砸自己脚的不正常行径。然而他的作为也有很大的局限性，据《北华捷报》的报道，从 1854 年的 7 月 12 日到 1855 年的 1 月 31 日，上海关实收关税 1267834 两。[2] 但 1854 年 11 月 8 日，麦莲报告国务院说，直到那时为止，上海的对外贸易只有一部分交纳关税。[3] 另据 1855 年正月，包令发给外交部的报告说，过去 6 个月内，单是出口关税就高达 100 万两。[4] 可见那 1267834 两的关税收入，绝大部分都征自出口货，进口货多半都是走私漏税的。而 1856 年三四月间包令又透露，通过洋税务司的"影响"，出口的丝绸、粗丝、染色棉手帕和印花棉布就降低了关税[5]，可见出口货也有走漏。

　　威妥玛抑制合法商品走私漏税的具体措施是强化对外商船只

---

　　① 费正敬：《身份问题》，《南开社会经济学报》1936 年 4 月号，第 127 页。

　　② 费正敬：《身份问题》，《南开社会经济学报》1936 年 4 月号，第 130 页注 6。

　　③ 费正敬：《身份问题》，《南开社会经济学报》1936 年 4 月号，第 131 页注 10。

　　④ 科斯丁：《大不列颠与中国》，第 163 页。

　　⑤ 科斯丁：《大不列颠与中国》，第 165 页。

上下货物和报关纳税的检查和监督,凡违反规章制度者都课加罚
款或没收其货物。但是,长久以来,外国商人一向就是拒绝中国关
员干涉他们走漏的。诸凡英商的走漏案件都由英国领事处理,
"中国政府从来没有要求过,不经英国领事的积极干预,海关就能
处罚英商的走私船只,或者没收英商的走私货物"①。外国领事深
知中国关员胆小如鼠,在和外国人发生矛盾时,多半宁愿滑过去,
袒护外国人,逃避责任,所以外国领事就放肆包庇走私,外国商人
也就放肆进行走私。到了洋税务司制度成立以后,外国商人公然
反对海关人员检验货物的品类、数量和价值是否和报单相符,用老
一套所谓偶然疏忽,为走漏进行纠缠辩解。他们对任何惩罚都暴
跳如雷。海关为商人报关纳税,印有空白报单,由商人自行填写商
品的品类、数量和价值。但他们却坚持用自己的纸张报关,只写上
船名和货物件数,不写包装的内容、标号、数量、重量和价值;填写
上下货物的准单,同样不合规格要求。如果海关要求他们写出必
要的准确细节,他们就扬言,商人没有义务去干这些事情,海关可
以自己去了解这一切。②

外商走私漏税,诡计多端。他们报关纳税,或者以多报少,以
贵报贱,以有报无或者偷运禁品,私自卸岸装船。威妥玛说,上海
这地方,很少有几个洋行不因走私漏税在海关上臭名昭著的。他
们一经查获,总说是由于笔误。奇怪的是,所谓笔误总是误向一个
方向,即走漏关税。他举例说,一个著名的洋行,企图把捆成8包
的4000匹市布以2000匹报关纳税;把装运火枪钢帽的9个箱子,
报成给传教士运来的螺丝和书籍。另一家从宁波纳税出口茶叶
484担,检查证明实为700担。而英国领事拒绝海关没收走私茶

---

① 莱特:《赫德》,第186页。
② 莱特:《赫德》,第111、185页。

叶,理由是,宁波纳税的证件就是 484 担。像这样走私漏税的事情,天天都在发生。[①] 最奇特的走漏方式,是用走私进口的棉布包装茶叶出口,又以复出口棉布的名义报关,要求退还棉布进口税,从而以进口棉布的名义取得无本利润。[②]

1854 年,中国南部粮食歉收,米价腾贵,外商纷纷从上海和宁波贩米南运,但是,大米是严禁出口的货物。1854 年 7 月,海关已没收过英籍商船"安尼塔号"(Anita)从上海走私出口的大米。然而 1855 年还是有许多英、美和印度商船申请出口大米,其中英商便有 5 家之多。他们的申请遭到拒绝后,便转而走私。1855 年 4 月 5 日,宝顺洋行的"魏诺特号"(Wynaud)申报空船出口。但两周后,海关缉私船长瓦敦(Warden)却发现它在上海和吴淞之间的江面上从一只宁波船上过载大米。大副承认已经过载了 1100 包,货主承认是 1760 包,海关监督兰蔚雯说有 2200 包。兰蔚雯一面命令瓦敦把"魏诺特号"押进上海港,一面请求英领阿礼国扣留"魏诺特号"。而阿礼国则说,他不知道有走私大米这回事。4 月 26 日,威妥玛宣布没收大米,释放"魏诺特号",于是威妥玛和阿礼国发生了争吵。

威妥玛说,他是根据英国驻华公使 1854 年 5 月 18 日所颁布的《五口章程》(General Regulation for the Five Ports)办事的。这项章程的第十四条规定,凡英船从中国海关取得结关证件,又从英国领事取得离港证件后离港出口,就不得再上下货物,违者罚洋 500 元,货物没收。在这里,令人奇怪的是,作为江海关首席税务司的威妥玛不是根据江海关的规章制度办事,而是根据英国公使所颁布的章程办事。

---

① 莱特:《自主斗争》,第 163—164 页;《赫德》,第 214 页。
② 莱特:《赫德》,第 185 页。

　　然而,阿礼国却说,"魏诺特号"过载大米的江面不在上海港
的管辖范围之内,因而不能没收其大米。阿礼国还说,税务司"只
是消息提供人,并不是法官",根本无权没收大米。对此,兰蔚雯
向阿礼国指出,根据中英《善后条款》第四条的规定,如英船擅往
非条约口岸"游弋贩卖,任凭中国员弁连船连货一并抄取入官,英
官不得争论"。今"魏诺特号"现在江海关管辖范围之外过载大
米,就该"连船连货,一并抄取入官,英官不得争论"。对此,阿礼
国暂时无词以对,只好在 5 月 7 日同意没收大米。① 但阿礼国对
于作为海关首席税务司的威妥玛具有什么身份,有无没收非法走
私货物的合法权利,发生疑问,把问题提到英国外交部去。

　　在英国外交部作出决定以前,宝顺洋行的老板,时任葡萄牙驻
沪领事的比利拒绝服从没收大米的决定,纠缠不休。他说"魏诺
特号"所装大米是运到广州去的,广州正严重缺米;大米又是用做
压舱物上船的,并非贸易货物;"魏诺特号"不装大米,就将不能出
海;大米分量太少,不应受到羁留;洋税务司对此案并无司法权,不
能作出判决;商船"梅南号"(Menam)也从宁波运过大米;条约并
未禁止运米;大米并非公认的商业货物,而是生活必需品;中国法
律禁止出口铜钱,而铜钱照样出口;尤其是商船"奥达克斯号"
(Andax)刚刚把大米当做压舱物装运出口,威妥玛完全知有其事,
并未加以没收,如此等等。

　　比尔所说的"奥达克斯号"是怡和洋行运送鸦片的一只轮船,
每月从香港向吴淞运送鸦片。1855 年 4 月,这只船路过宁波,当
着威妥玛的面装载大米上船,威妥玛正是乘这只船来到上海的。
到了上海,作为税务司的威妥玛并未对该船大米征税,更未没收。

---

　　①　费正敬:《身份问题》,《南开社会经济学报》1936 年 4 月号,第 146—
147 页;莱特:《赫德》,第 114 页。

据此，比尔指责威妥玛袒护怡和，歧视宝顺，向阿礼国提出抗议，又向香港英国法庭提出申诉。香港法庭的检察长正是宝顺洋行的法律顾问布里基（W. T. Bridge）。布里基认为，如果"魏诺特号"泊在港口以内，它就违反了条约，在领事的司法管辖范围之下；如果它在海上，就不在中国的司法管辖范围之内；如果在上海至吴淞的江面上过载大米，并非条约所称的"他处港口"；总之，中国海关根本无权惩处"魏诺特号"的走私。不过布里基声明他也无权对此案作出判决。

1855年9月6日，英国外交大臣克拉兰敦根据中英《善后条款》第四条的规定，肯定了威妥玛和兰蔚雯没收大米的决定。[①] 不过，同年12月，克拉兰敦又转告皇家法官的意见说，中法《通商章程》第二条规定，如法国船只擅往非条约口岸进行贸易，"其船内货物听凭入官，但中国地方当局查拿此等货物，于未定入官之先，宜速知会附近驻口之佛兰西领事"。而根据中英《善后条款》第八条关于最惠国待遇条款的规定，英国也得享有此等权利。因而中国当局无权没收魏诺特的货物，否则就违反最惠国待遇条款，授予中国当局以约外的"特殊权利"[②]。

在这里，我们又看到一系列奇谈怪论。例如比尔所说大米是生活必需品，就不是公认的商业货物；"魏诺特号"不用大米压舱，就不能出海等等，纯粹是无理取闹之说。阿礼国所说税务司只是消息提供人，并非法官；"魏诺特号"在江面过载大米，不在上海港管辖之内等等，纯粹是信口雌黄之谈。最古怪的莫如中法条约关于中国地方官对进入非条约口岸贸易的法国商船，应在没收其货

① 费正敬：《身份问题》，《南开社会经济学报》1936年4月号，第146—147页。
② 莱特：《自主斗争》，第137—138页；《赫德》，第114页。

物之先,宜速知会附近驻口之法国领事的那条规定,"知会"也就意味着根本无权没收,而这还出之于皇家法官之口!

在这场争吵闹剧尚未收场的 1855 年夏季,直接关系江海关行政管理业务的中英官方人事出现了全面的变动。4 月 9 日,英国驻沪副领事罗伯逊接替阿礼国任英国驻沪领事,5 月 1 日,苏松太道赵德辙接替兰蔚雯江海关道的职务,6 月 1 日,另一英国驻沪副领事李泰国接替威妥玛任江海关英籍税务司。

西方历史学家说,罗伯逊和李泰国两人,一个自我抬举,一个为侵略而挑衅成性。罗伯逊就任英国驻沪领事,是"从领事这个职位具有尊严和强暴性这个意义上去就任这个职位的"。他认为英国领事是上海外国人的当然领袖,是英国对华贸易和在华英商的监护人,是英商和中国当局交往的惟一中介人。至于江海关的英籍税务司"不管是领事的下属,还是道台的下属,抑或是两者的下属都不能独立行动"。总之,英籍税务司和海关道所制定的海关章程不经他的批准,就不能适用于英籍商人。①

海关洋税务司年俸 6000 元(约合 2000 镑)。这是一个比多数英国领事的年俸还高的优厚职位。威妥玛就是看上这个待遇,"毫不迟疑地"就任这个职位的。② 但是在不足 1 年的时间里,来自阿礼国和英商的那种"没完没了的争吵和立意搞垮新制度的行动"使威妥玛对这个职位深感厌倦。③ 比尔揭露威妥玛袒护怡和洋行走私大米的行为,显然也使威妥玛大失体面。因此,威妥玛在

---

① 费正敬:《身份问题》,《南开社会经济学报》1936 年 4 月号,第 143 页;莱特:《自主斗争》,第 136 页。

② 费正敬:《身份问题》,《南开社会经济学报》1936 年 4 月号,第 133 页。

③ 莱特:《自主斗争》,第 134 页。

1855年4月便决意辞去这个职位，回到英国驻华的代表机构里去。

李泰国（H. N. Lay）是历任英国驻广州、福州、厦门领事（1843—1845年）李太郭（G. T. Lay）和澳门一个中国女人的混血儿。西方作家说，李太郭为人温和而李泰国则比他父亲更具有"侵略性"[①]；又说李泰国之为人，自高自大，骄横跋扈。[②] 此人在上海副领事任上，长于钻营，"行为诡谲，善于探听内地时事，间亦将各夷奸计暗递消息"[③]，深得江苏巡抚吉尔杭阿的欢心。到威妥玛决意辞去税务司职务时，李泰国当面向吉尔杭阿请求他向英国公使包令关说调他接任税务司，而吉尔杭阿也就向包令发送照会，要求调他接任。

李泰国在江海关英籍税务司的任上历时8年，全力侵夺中国的海关行政权，不仅在江海关的行政管理上为洋税务司制度作出了范例，而且在1858年的《天津条约》谈判中，发挥了"非常显著的作用"，为西方全面掠夺中国海关行政权制造了条约依据，为西方对中国的贸易侵略创造了"明确而广泛的条件"。[④] 下面我们先来说他在江海关税务司任上的活动。

在很长时期内，在沪英商以怡和洋行和宝顺洋行两家鸦片贩子为最大，他们走私鸦片，即以走私鸦片之所得从事各种经济活动。这两家历来就是互为水火的死对头。怡和的资本雄厚，宝顺

---

① 费正敬：《身份问题》，《南开社会经济学报》1936年4月号，第143、138页。

② 莱特：《自主斗争》，第145页。

③ 《两江总督何桂清奏》，咸丰八年六月二十一日，《夷务始末》，咸丰朝，第29卷。

④ 莱特：《赫德》，第112页。

的头头比尔则是一个"高傲而睚眦必报"的人物。这个家伙身任
外人慈善事业的司库,广事交游,实际上成为上海外侨的领袖人
物。罗伯逊为树立个人地位的高傲态度,李泰国为树立个人地位
的专断作风,在互为水火的怡和与宝顺之间,各自偏袒一方,在查
缉海关走私问题上大闹起来。①

1861 年李泰国的备忘录回顾过去 6 年的情况说,有的洋行利
用自己的房屋设备招待过往的公使、领事和海军军官等,结交权
势。这些权势人物在处理对华问题上也就征求乃至按照洋行的意
见办事。如果公使、领事对他们有所妨碍,他们是惯于痛加申斥
的。洋行的人不习惯于遵守海关的规章制度,也无意于遵守。他
们诚实时只是拒绝照章办事,阴险时就利用他们在中国和英国的
影响,威胁英籍海关官员,使海关官员不敢和他们公开作对。② 在
这种情况之下,就是洋税务司,当然也无从禁绝走私。

根据中英关于领事裁判权的条约规定,阿礼国认为他才是审
判英商违法案件的惟一法官,英籍税务司不过是"消息提供人"。
根据关于洋税务司的四国协议,洋税务司只是领事的代表,只对四
国混合法庭负责。但是洋税务司又是中国海关监督任命的中国官
员,他是不是应该对中国政府负责呢?

1855 年 7 月 14 日,威妥玛在发给包令的报告里说,"税务司
从来没有被领事看成是单纯的中国官员。他们是由领事提名经中
国海关监督任命的。在接受任命时,曾经发誓在受到舞弊或失职
的指控时,要作为被告出席四国混合法庭受审。在实践中,如果对

---

①　费正敬:《身份问题》,《南开社会经济学报》1936 年 4 月号,第 143—
145 页。

②　费正敬:《身份问题》,《南开社会经济学报》1936 年 4 月号,第 158
页。

某一船只产生怀疑,总是请求领事通过税务司或巡逻艇向该船送一书面通知,教他听从巡逻艇的命令,接受检查。至于领事对海关案件的法律权威如罚款、没收当然由领事判处"①。自从五口通商以来,中国海关对外商的走私漏税行为就已丧失司法审判权。根据威妥玛所说,可见洋税务司检查走私船货,也要通过领事授权才行。

1855 年 8 月 1 日,罗伯逊在发给包令的报告里说,税务司应该是领事的下属,是在领事的监督之下执行海关任务的。他的行动应该就是领事的行动。"为两方利益工作,就会有两个权威。而上海现在的情况正是这样。除非加以改正,我看不出陛下领事怎么能恪尽厥职,怎么能不致丧失他对中国当局发挥影响力量的光荣,就是对他本国人也是如此。"②

但是,英国政府却从更加深远的意义上去决定政策。他们认识到,像罗伯逊所说的那样,由英国领事紧紧掌握江海关行政权,就会把英国政府拖进中国的行政管理中去。但是中国不可能成为第二个印度,英国不可能对中国进行殖民地直接统治。③ 英国只能破坏中国的主权,对中国实行半殖民地的间接统治。因此,1855 年 9 月 8 日,克拉兰敦在发给包令的训令里说,他"充分肯定在中国海关税收上实行外国监督的巨大利益"。但是任命外国人去征收中国关税,同时又避免外国的直接干涉,也是非常重要的。洋税

---

① 费正敬:《身份问题》,《南开社会经济学报》1936 年 4 月号,第 158 页。

② 费正敬:《身份问题》,《南开社会经济学报》1936 年 4 月号,第 157—158 页。

③ 费正敬:《身份问题》,《南开社会经济学报》1936 年 4 月号,第 162 页。

务司应该"在一切方面都是中国官员,而非外国所任命的官员,也
不是外国的代表"。领事控制洋税务司的官方行动,惟一办法
是向中国当局提出申诉。同年 10 月,包令在向罗伯逊传达这
个训令时说,中国海关的英籍税务司不是英王陛下的臣僚,而
是代表江海关道执行任务的中国官员。如果他损害英国人的
权益,英国领事只能向江海关道提出交涉。英国领事应把江海
关道向他知照海关章程的事看成是一种礼遇而不是一种权利。
这样,在江海关洋税务司制度成立以后的将近 15 个月的时候,
事情才得到明确的结论,英籍税务司的身份是中国当局任命的
中国官员,而非领事的下属。他作为税务司强制外国人按照海
关税则完纳关税,不受领事的司法管辖。[①] 同年 10 月 14 日,克拉
兰敦再次发出训令说,皇家法官否认英籍税务司应受英国领事的
司法管辖,四国协议所规定的英籍税务司失职后应受混合法庭审
讯的规定不能实现。这也就连带地否认了英国领事任免英籍税务
司的权力。

　　1856 年的美国领事立法也禁止美国的驻外使领人员有权
推荐美国人受雇于任何外国政府,不用说,美国领事对就任中
国海关税务司的美国人也并没有司法管辖权。[②] 这样,英美两
国政府都明确规定英美籍税务司是中国官员的身份地位,但
是,必须提出,作为中国官员的洋税务司究竟为谁服务,还是
一个问题。

---

　　① 莱特:《自主斗争》,第 139—140 页;《赫德》,第 115—116 页。
　　② 莱特:《赫德》,第 112 页;费正敬:《身份问题》,《南开社会经济学
报》1936 年 4 月号,第 161—162 页。

## 三、西方入侵者对各关行政权的全面掠夺

### (一)英国全面掠夺各关行政权的阴谋和压力

英国政府否定英国领事对英籍税务司的司法管辖权,丝毫不意味着英国政府尊重中国海关行政权。相反,这意味着英国放弃了领事对中国海关的外部控制,造成英国政府尊重中国独立主权的假象,以便于英籍税务司对中国海关进行内部控制。从保留中国独立主权的外貌上看,英籍税务司仅仅是中国政府聘请的客卿,但从英籍税务司掌握中国海关行政权的实质上看,则是英国对华实行了半殖民地的间接统治,这是当时英国既不能征服中国,而又力求统治中国的最好侵略方针,也就是把中国沦为半殖民地的最好方针。所以英国政府很快就明确了,它对中国的政策并不停止在仅仅控制江海关的行政权力上,而是进一步控制中国所有各关的行政权力。

早在江海关成立洋税务司制度之初,上海的英国商人就已叫嚷,上海加强缉私,其他四口依旧走私,将把他们置于对其他四口外商的不利地位,毁灭他们在上海的贸易。就是根据这种奇怪的逻辑,早在 1854 年 10 月 4 日,克拉兰敦就已在包令的报告上批示,可以预见的主要问题是,把洋税务司制度推广到其他四个口岸去。后来,巴麦尊在下院答复质询中也明确宣告,他已命令包令把上海的洋税务司制度推广到其他四口去。① 1855 年 1 月 29 日克拉兰敦在发给包令的训令里,肯定上海的洋税务司制度是成功的,同时也和上海英商唱同一调子,说是在上海一口实行这种制度,将

① 莱特:《自主斗争》,第 132 页。

会毁灭上海的英商贸易。1855年9月克拉兰敦就训令包令说,上
海的洋税务司制度如果不推广到其他口岸去,那么通过上海的进
出口贸易就可能分散到其他口岸去。因此,包令应该通知中国的
钦差大臣,英国政府不能容忍这种各口"不平等"制度。不仅如
此,英国政府不可能否认中国海关有权禁绝鸦片贸易,洋税务司要
是强制禁止鸦片走私,就危及到不列颠和印度的利益。① 但是,出
乎克拉兰敦意料的是,包令在1856年的报告里却指出在新制度之
下,上海的贸易有所扩张,例如在1854—1855年的贸易年度,单是
茶叶出口一项,就比前一年度增加了2000万磅。1855年英国对
上海的出口就比前一年增长了75%。

　　1856年12月9日,克拉兰敦在通过英国商务部征求英国对
华贸易大商行和商会的意见后,训令包令说,除非其他各口也实行
同样的制度,上海的制度就不能永久实行下去。如果推广不成,那
就应和美法两国代表取得联系,采取一致行动,结束上海的制度,
同时通知中国当局,确保关税收入是中国当局的责任,英国政府没
有这样的责任。克拉兰敦所谓英国政府没有责任的最大隐痛,显
然在于洋税务司既然负责查缉走私,那就要断绝鸦片走私。而鸦
片走私却是万万禁绝不得的。②

　　出乎克拉兰敦意料的是,1857年2月4日,包令向他报告说,
上海的制度,"特别是对鸦片贸易发挥了想象不到的特殊的安全
保护作用"。不仅如此,由于税务司的"影响",海关抽取关税收入
以改善航道,改革征税制度,纠正各种弊端,对贸易也产生了有利
的作用。在其他口岸,"使人非常担心的是,对中国法律的习惯性
违反是产生麻烦、苦恼和困难的根源"。税务司从海关监督和领

---

① 莱特:《自主斗争》,第140—142页;《赫德》,第116—117页。
② 科斯丁:《大不列颠与中国》,第165页。

事手中接管权力以后，无数的问题，当场就解决了。而江海关英籍税务司也从中就取得了巨大而又日益增长的重要身份地位，提高了不列颠的声誉和尊严。①

在这里，有必要来看看中国当局的态度。如前所述，江海关洋税务司制度是1854年6月由两江总督怡良和麦莲达成原则协议，于同年7月12日由江海关道吴健彰和三国领事具体建立的。在1855年9月以前，有关地方官员对中央政府一直守口如瓶。1854年2月16日，怡良和许乃钊的会奏说，从1853年9月7日上海小刀会起义后，直到同年11月20日吴健彰在内地设关征税期间，"大关各口均无货船进入"，从11月20日到12月30日，内地关卡只收得商税2278两。这两个封疆大吏绝口不提三国领事颁布暂行章程实行代征的事实。1854年7月怡良上奏说，"所有上海税务已委领事官会同苏松太道办理妥善，嗣后必当严饬本国商民恪遵条约"②。怡良对他和麦莲协议出卖江海关行政权的罪恶勾当含糊其辞。咸丰六年二月丙午（3月24日）怡良的奏章里出现了苏松太道兰蔚雯禀称"英夷司税李泰国"字样。③ 这是地方大员首次向北京政府透露江海关已由外国人"司税"的最初消息，至于李泰国为何司税，则只字不提。到1855年9月，两广总督叶名琛才说，自小刀会起义以后，"该夷商出口进口，货物无可稽查，偷漏者为数颇巨。咸丰三年冬间，前上海道与英、美、法各国领事再三会议，直到四年春间，始议定一切税饷，俱由各该领事代为经理，不待官为稽查"④。这时距1853年9月9日三领事发布暂行章程已达

---

① 莱特：《赫德》，第117页；《自主斗争》，第141—142页。

② 《怡良奏》，咸丰四年七月十五日，《夷务始末》，咸丰朝，第8卷。

③ 《怡良奏》，咸丰六年二月十八日，《夷务始末》，咸丰朝，第12卷。

④ 《叶名琛奏》，咸丰五年八月十八日，《夷务始末》，咸丰朝，第11卷。

两年之久,并把代征的时间拉后半年多。可见地方当局对中央是
多方掩盖事实真相的。

在 19 世纪 50 年代初,江海关报送中央政府的税收是根据
1843—1849 年的实解额上报的,在 1851—1852 年度为545687两,
到 1852—1853 年实解 591941 两,有盈无绌。① 前面说过,《北华
捷报》称,1854 年 7 月 12 日至 1855 年 1 月 31 日半年间江海关实
解已达 1267834 两。税收如此增长,使清政府上上下下,大喜过
望。地方大僚把这种增长看成是洋税务司的功劳,倍加赞赏。
1856 年 3 月怡良和吉尔杭阿的会奏说,"李泰国呈称,福州关税,
偷漏甚多。有商船 1 只,装茶叶出口,照例约该完纳税银 25000
两,该船仅完税银 1700 两。又福州设关以来,征收茶税,每担 1 两
5 钱或 1 两,或不及 1 两,较上海每担征银 2 两 5 钱者,大有区别。
又宁波关毫不稽查,全无税则,运米出洋,亦不阻止"②。李泰国如
此揭露福州、宁波两口的走私漏税情况,显然是为的在地方当局面
前讨好卖乖,制造舆论,把上海的洋税务司制度推广到其他口
岸去。

英国驻华公使包令也遵循伦敦政府的意图,积极活动。在
1856 年,包令就不止一次地向两广总督叶名琛提出在广州实行洋
税务司制度的要求。叶名琛未加理会。咸丰六年五月闽浙总督王
懿德和福州将军有凤会奏说,"臣等叠准英吉利夷酋包令照会,以
上海地方,已设立司税官,代为稽查税务,并代征税银,于事甚为有
益,请福州关口依照办理,而又不归臣等管束,来去听其自如,即所
用之夷人,亦不容臣等查察,屡次渎请,不得已,将请立司税官一

① 费正清:《贸易与外交》第 1 卷,第 262 页。
② 《怡良、吉尔杭阿奏》,咸丰六年三月十一日,《夷务始末》,咸丰朝,
第 13 卷。

节,咨商两广总督叶名琛就近与该夷熟商,妥为谕止"①。从这篇会奏所说包令的要求看来,他在福州所要实行的英籍税务司不容地方官查察的制度竟比英国政府所确定的原则还要恶毒得多。不过,在叶名琛对包令的要求尚在拖延未复的 1856 年 10 月 29 日,在更大范围内破坏中国主权的第二次鸦片战争的炮火终于打响了。

第二次鸦片战争的第一个回合以 1858 年 6 月的《天津条约》结束。这个条约并没有中国聘请外国人管理海关的规定。这种规定见于 1858 年 11 月中英双方在上海签订的《通商章程善后条约:海关税则》第十条的新增条款,该条规定,"通商各口收税如何严防偷漏,自应由中国设法办理,条约业已载明,各口划一办理,是由总理外国通商事宜大臣或随时亲临巡视或委员代办。任听总理大臣邀请英人帮办税务并严查漏税,判定口界,派人指泊船只及分设浮桩、塔表、望楼等事,毋庸英官指荐干预。其浮桩、号船、望楼等经费,在于船钞项下拨用"。这里要说的是,这显然是李泰国以战胜者的身份强迫清方谈判代表接受的条文。

在《天津条约》和《通商章程》的谈判中,李泰国如何以战胜者的气焰强迫清方接受他所提出的条款,在清方代表花沙纳、桂良和耆英的奏章里,说得淋漓尽致。他们一则说,"李泰国立逼应允(英方条款),无礼已极"②;二则说,李泰国复会同英使威妥玛"至桂良、花沙纳行寓,逼索议准照会,神色俱厉"③;三则说,"李泰国

① 《有凤、王懿德奏》,咸丰六年五月二十七日,《夷务始末》,咸丰朝,第 13 卷。

② 《桂良、花沙纳、耆英奏》,咸丰八年五月二日,《夷务始末》,咸丰朝,第 25 卷。

③ 《惠亲王等奏》,咸丰八年五月十一日,《夷务始末》,咸丰朝,第 26 卷。

狡骄异常,万分可恶"①;四则说,"英夷头目,往来公所,咆哮要挟,
皆系李泰国从中煽虐,为其谋主"②;就连现代西方作家也说他对
待中国官员"傲慢粗暴"③。

　　李泰国威逼清方代表接受条约规定之余,又巧言令色,取得江
苏按察使兼署江海道薛焕的信任,窥探北京政局的内幕。1859 年
6 月,李泰国提出北京应创立一个特殊机构以处理对外事务的主
张,得到了薛的热烈支持,说什么有了这样一个机构,他就可以和
李泰国充任中间人,为中国谋得许多好处。他们说的处理外国事
务的特殊机构就是后来的总理各国事务衙门。④

　　"中英通商善后条约"规定,"任凭"中国"总理外国通商事宜
大臣""邀请英人帮办税务","各口划一办理",并未对各口如何划
一办理作出具体规定。在 1861 年 1 月北京政府设立"总理各国事
务衙门"以前,对外总理各国事务的大臣是钦差大臣两江总督何
桂清,具体和英方代表协议各口划一办理洋税务司制度的则是薛
焕。早在 1858 年 6 月,何桂清就在奏章里给李泰国评功摆好了。
他说李泰国自咸丰四年任海关司税以来,"关税较旺,未始非该夷
严查偷漏之力",如今李泰国又要求江苏巡抚赵德辙督同薛焕查
办税则,而薛焕也"恩信足以服之,不致以异类相视",正可以李泰
国任事。⑤ 到了中英《通商善后条约》签订以后,薛焕更向何桂清
强烈推荐李泰国去划一各口洋税务司制度。1859 年 9 月,李泰国

　　① 《桂良、花沙纳奏》,咸丰八年五月十八日,《夷务始末》,咸丰朝,第
27 卷。
　　② 《奕䜣奏》,咸丰八年五月十三日,《夷务始末》,咸丰朝,第 26 卷。
　　③ 莱特:《赫德》,第 126—127 页。
　　④ 莱特:《赫德》,第 145—146 页。
　　⑤ 《何桂清奏》,咸丰八年六月二十一日,《夷务始末》,咸丰朝,第 29
卷。

终于受命去划一办理各口海关行政了。

李泰国自称他的职务为"总税务司"( Inspector General of Customs )。他的第一个行动是辞退江海关的法、美两个税务司爱棠( B. Edan )和飞余( M. W. Fish ),由英国人德都德( H. Tudor Davies)独揽大权。接着李泰国就前往广州。英国公使向各口英国领事发出通告,要求他们协助李泰国。

李泰国于 1859 年 10 月到达广州。当时广州在英、法联军占领之下已达 3 年之久,粤海关久已失其作用。李泰国草拟了海关章程,策划粤海关监督恒祺于 10 月 13 日照会英国领事任命英国人费士莱( G. H. Fitz-Roy )为税务司,英国人赫德和马迪森( Matheson)为副税务司,费士莱到任前,由美国人吉罗福代理。这个计划立刻遭到美国驻广州领事柏理( O. H. Perry )的强烈反对。柏理认为海关的人事安排歧视美国人,海关章程违反美国人的治外法权。美国驻华公使华若翰( J. E. Ward )也说,"我有充分的证据证明在广州所公布的章程,首先提交英国公使,然后又提交英国领事审订的,在颁布以前取得了他们的批准"①。为此,华若翰特向何桂清提出警告,说什么粤海关税务司应按美国的贸易利益任用美国人,海关章程应在实施前提交美国领事和美国公使审查,这场争夺粤海关税务司职位的矛盾引起英、美两国政府一级的交涉。美国政府坚持除非有关各国都在海关机构里取得相应的职位,并对海关章程拥有发言权,海关工作就不可能顺利进行。后来,只是由华若翰表示妥协,李泰国的计划才得以实现。而李泰国则于 1860 年正月任命华若翰的弟弟华为士( W. W. Ward )为汕头税务司以安抚华若翰。不过,这以后,李泰国在其他各口建立洋税务司

---

① 达维斯:《美国公文汇编》第 1 辑第 18 卷,第 166 页。

的计划，又因英、法对华政策的紧张状态所中断。①

李泰国在上海、广州和汕头"划一"办理海关事宜的行动是中国海关行政权全面丧失的先例。中英《善后条约》第十条所说，"任凭"中国总理大臣"邀请"英人"帮办"税务，"毋庸英官指荐干预"的规定，在实践中成为中国必须任命英人主办税务的先例。所谓"毋庸英官指荐干预"，曾经使桂良、花沙纳、何桂清等清政府大员抱有幻想。他们在奏章里说，"今拟各口一律照办，由总理大臣自择，不准夷酋荐引，盖久暂去留均听我便，外夷之虚实举动，亦可稍知梗概"②。在实践中，广州的海关章程是由李泰国起草的，粤海关的洋税务司是由李泰国策划恒祺照会英国领事指荐的。英美关于粤海关洋税务司的争执以及汕头洋税务司的任命既说明所谓"帮办"税务的洋税务司是外国势力入侵中国的关键职位，又说明所谓"毋庸英官指荐干预"不过是安抚清政府的空话。

### （二）清政府的积极投靠政策和总税务司制度的形成

第二次鸦片战争以后，中国海关行政权的全面彻底沦丧，固然是由于西方入侵者在条约上取得了"任凭"总理大臣"邀请"洋员"帮办税务"的规定，同时也是清政府中央当权派积极投靠西方入侵势力的结果。这在关税问题上表现得非常显著。

原来在第二次鸦片战争的那几年里，中国内部农民起义的烽火也烧遍了大半个中国，其势之猛，使清王朝的宝座朝不保夕。举其大者，例如云贵总督恒春就因回民起义军的泛滥而自缢；太平军秦日纲部在江苏高资一战，击毙了江苏巡抚吉尔杭阿；秦日纲和石

---

① 莱特：《赫德》，第 143—144 页。

② 《桂良、花沙纳、何桂清、明善、段承实奏》，咸丰八年十二月二十六日，《夷务始末》，咸丰朝，第 33 卷。

达开大破清江南大营,致大营统帅钦差大臣向荣自缢于丹阳;清钦差大臣江南提督和春重建江南大营,又被陈玉成、李秀成所破,致和春自缢于无锡浒墅关;陈李两位骁将又大破清江北大营,致钦差大臣德兴阿受到革职处分;陈李在三河镇之役又斩清名将江苏巡抚李续宾,连湘军总头目曾国藩也疏陈办事"艰难竭蹶",请开去兵部侍郎衔。在此同时,李秀成又连克杭州、常州、扬州、苏州、松江等江南名城,进袭上海,威逼宁波;捻军则活跃于山东、安徽、河南广大地区。总之,农民起义军正把清政府拖进绝望的深渊。

本来,在第一次鸦片战争中,被打得丧魂落魄的清政府,产生了在任何情况下连碰都不敢碰到外国人的彻底投降态度。那可以说是一种被动的、消极的、无可奈何的投降政策;到了第二次鸦片战争中,清政府再次被打得丧魂落魄,但是在农民起义的巨大冲击下,他们所耿耿于怀的是谁会推翻自己的宝座,不是国家的利益,一旦得知外来侵略势力不仅无意于推翻自己的宝座,反而力求保住自己宝座以后,他们的对外政策就在许多问题上从被动的、消极的、无可奈何的投降转变为主动的、积极的、心甘情愿的投靠,把战争中的奇耻大辱都忘得一干二净,对外笑脸相迎,磕头求救了。

在1860年的10月24日和25日两天签订中英、中法《北京条约》以后,只隔一周的时间,英军便撤出北京,又一周,法军也相继退去。这就表明英法侵略军并无意于夺取清王朝的宝座。从1861年正月开始,时任英方通译员的威妥玛在北京和当权派恭亲王奕䜣与户部右侍郎文祥等进行了频繁的接触。在这些接触中,这个全心全意扩张英国贸易的维多利亚时代的"英雄",很快就使他们相信,英国并无意于中国的土地人民,只不过要求开展贸易而已,为此,英国还准备伸手援助清政府以削平"叛乱"。

1861年的正月十一日,威妥玛向英国驻华公使卜鲁斯报告说,"再没有比他们谈到叛乱的神情更为丧气的了"。"接着他就

谈到国家大事,说是'现在(第二次鸦片战争所引起的)各种困难
都解决了,只有南方的长毛和北方的捻匪是例外'。他说,'只要
我们能够平定叛乱,样样(对外关系的)事情都会好办'。而他认
为,只要有了我们的武器和我们的部队,他们是能够平定叛乱的。
我告诉他,他自己的人缺乏训练。我举例说,1809 年葡萄牙人在
我们军官的统辖之下才两年,就已成为非常优良的军队。他说,
'两年? 如果在更短时间内再无有效办法,皇清就没有救了'。"①

　　同年正月二十日,威妥玛的另一报告说,"这次捻匪的进军把
他(咸丰)吓坏了。他认为热河要比北京安全些。这是恭亲王自
己的话。这样的招供,痛苦地宣告这个国家的统治力量已经沉沦
到何等无底的深渊里去。文祥永远忘不了而又三番五次追逼你的
一件事情是:'除非你们外国人能够想出转危为安的急救办法,帝
国必至灭亡,而且为期不远'。恭亲王以多种不同的说法提出这
样一个问题,我们能不能用武装人员或军官来帮助他们。……我
告诉他,武装干涉内战有个困难,就是既经进入干涉,就难以退出。
我们的经验教训我们,这类援助通常都要引起占领,占领则产生吞
并,而这乃是我们国家所强烈反对的。……文祥用那种惯常的衷
心领悟的神气说,'这种看法既公允又有见识'。恭亲王则以我从
未经验过的激动声调说,'你们英国人在这一点上是完全对的。
这也就是我们何以胆敢向你们提出这个办法的道理'。总而言
之,假如要从他们身上搞到点什么,那是再方便也没有的了"②。

　　威妥玛声称军事援助导致占领、占领导致吞并于前,而英国又

---

① 《卜鲁斯致罗素(Lord John Russell)附件》1861 年 3 月 12 日,英国外
交部档案,F. O. 17/350。

② 《卜鲁斯致罗素(Lord John Russell)附件》1861 年 3 月 12 日,英国外
交部档案,F. O. 17/350。

强烈反对吞并中国于后,这碗米汤,把奕䜣和文祥灌得神魂颠倒,以致他们把英国侵略者当成贴心的知己。在这种情况下,英国在海关行政权问题上,"要从他们身上搞到点什么,那是再方便也没有了"。

威妥玛和奕䜣会谈中一个突出问题是对英国 800 万两的赔款如何支付。中英《北京条约》第三款规定,除去在天津已付 50 万两和在广州已付部分外,其余银两应于通商各关所收关税内分结扣缴二成,以阳历 3 个月为一结,进行清算。自本年阳历 10 月 1 日至 12 月 31 日为第一结,如此陆续扣缴 800 万总数完结,均当随结清交,大英钦差大臣专派委员监收外,两国彼此各应先期派数员稽查数目清单等件,以昭慎重。当时清中央政府最大收入来源的田赋已因镇压农民起义军被各省截留、调拨干净,关税收入成为支付赔款的惟一可靠来源。《北京条约》的这条规定,成为把关税充做偿付外债基金的最早一项条约义务。这时海关收入都存入海关道所指定的钱庄,由海关道掌握报载。根据"两国彼此各应先期添派数员稽查数目清单等件"的规定,外国人便取得了稽查收入清单和支配收入的大权。这是外国直接控制关税收入以控制中国财政的开始。

各口关税收入由外国人监督支付,赔款却是中央政府的条约义务。只从这一点说,中央就必须有一个总揽的机构。于是,奕䜣等欣然接受李泰国的建议,于 1861 年正月 20 日明令设立总理各国事务衙门,由恭亲王奕䜣、大学士桂良、户部右侍郎文祥管理通商事务。关于由谁来具体掌握关税收入支付赔款的问题,奕䜣、文祥和前粤海关监督现任直隶总督的恒祺都一致盛赞李泰国是最为适当的人选。在和威妥玛的一次谈话中,文祥宣称,没有外国人的帮助,他们就不可能处理好赔款问题。威妥玛表示,中国可以任用中国人、英国人、法国人等等,英国并不介意。文祥随即说,"不会任用中国人,因为事情很清楚,他们从来就不把关税收入全部上缴,例如薛焕就不向中央作报告已达 3 年之久了"。奕䜣说,李泰国在江海关税务司任内,上海的关税收入有所增加,现在则要求他对通商各口的关税来进行全面监督。文祥又和威妥玛表示,他意在任命李泰国为总税务司,因为"李泰国任事不仅在贸易和关税事务上有好处,还可以在全面对外事务上充任机密顾问"①。这样,在设立总理衙门的第二天,就明令任命李泰国为总税务司,于是过去曾被奕䜣称为应该"立即拿下,或当场正法或解京治罪"的"市井无赖"李泰国便被提拔为总税务司,实际上又是清政府的枢密顾问了。

不过,李泰国却因病回国就医。1861 年 6 月 30 日,奕䜣根据李泰国的推荐,任命费士莱暂代总税务司,李泰国是到 1863 年 5 月才来中国复职的。在李泰国离职期间,各口海关"划一"办理洋税务司制度的进程,由费士莱和赫德于 1861 年推广到镇江、宁波、天津、福州、汉口和九江六口,于 1862 年推广到厦门,于 1863 年推广到芝罘、淡水和打狗,牛庄是 1864 年才建立起洋税务司制度的。② 就在李泰国回国期间,上海和香港的英国商人煽起一股反对洋税务司制度的浪潮。这股浪潮正好说明英国走私贩子的气焰是何等嚣张的。

李泰国在上海税务司任上,为了维护上海的正常贸易秩序,对外商的走私漏税行为有所抑制。他的抑制行动,引起了惯于走私的英国商人的反对,他们力图恢复英国领事对海关规章制度和惩治走漏决定的否决权。1861 年 8 月,香港和上海的英国走私贩子把李泰国的回国看成是围攻他的良好机会,几乎同时向新任外交

---

① 莱特:《自主斗争》,第 158—159 页;《赫德》,第 149—151 页。
② 莱特:《自主斗争》,第 162—163 页。

大臣罗素勋爵递交文件,攻击李泰国所实行的海关制度,提出许多要求。香港的英国商会说,"现行海关制度,严重损害外国人对中国的贸易关系,特别是英国人的这种关系"。罪恶的根源在于几乎所有条约口岸的洋税务司都几乎无限制地行使没收货物的权力,对外商贸易的细节建起最为蛮横的统治。为了约束洋税务司这种不负责任的权力,不该因为他们是中国政府的雇员,就免除他们对领事法庭的义务。商会认为极端严重的是,应该剥夺中国海关官员没收货物的权力,除非经过英国领事公开而公正的审讯,英国人就不得因违犯税收法规受到罚款或没收货物的处分。他们强烈抗议海关雇用外国军官指挥缉私船只在中国和香港沿海水域里保护中国的海关税收。①

上海的英商商会更进一步要求,"今后帝国海关对海关章程的任何变化,除非首先送交英国当局审查,就对外国人没有约束力"。这个商会认为,没有英国领事的积极干预,海关就对英国船只和人民课加罚款或没收财产是不合适的。他们建议,涉及英国船只或人民的一切海关案件,都应该由英国领事公开审判。如果这样做不到,那就应该组织混合法庭,由中英当局以同等权威公开审判。对此,罗素在 1862 年 2 月发给卜鲁斯的训令里说,"很明显,中国政府是不会屈服的,对这些案件要求他们服从领事法庭的判决,也是不公正的"②。

从香港和上海英商商会的这些要求中,人们不难看出,他们破坏中国海关行政权的野心是多么的猖狂,也说明,他们在中国各关走私漏税的行为又是多么的猖狂。

1861 年 11 月,赫德在备忘录里叙述过去 6 年英国商人和领

---

① 莱特:《赫德》,第 180—181 页。
② 莱特:《自主斗争》,第 183、189 页。

事对待英商违法行为的态度说，"商人所望于领事指导行动的愉快观念是，他们有权干任何事情，而中国人除去条约所明确规定的以外，无权干任何事情"。赫德举"艾伦主人号"（Ellen Master）的案子为例说，这只船从未开港口温州装运 1500 包盐到上海。盐是禁止外国人经营的商品。尽管船主承认走私属实，而英国领事却拒绝海关没收这批货物，理由是，装盐出口是由温州中国当局批准的。接着又发生"波浪号"（Wave）事件。这只船装运火药 9 桶半驶进上海港，被英籍巡查员当场查获，海关当即加以没收。英国领事密迪乐竟以巡查员未经他授权，居然敢于查获走私货物为理由罚他向货物托运人贝奈特和拉顿（Bennet and Leighton）交付赔款，其数和被没收的火药价值相等。密迪乐扬言，未经他授权，海关就不得没收走私货物。而只要尚未卸货上岸，他就不授权查获走私货物。这就难怪卜鲁斯也说，"我从来没有对付过这样难以驾驭的恶作剧的下级属员"①。

　　李泰国对香港商会的各条指控，列举英商对英领无理取闹的许多事例，接着说，他们的真正目的就在于使英籍海关官员向英国领事法庭负法律责任，从而使英国人不可能担任中国政府的行政职务。领事法庭的法官本身就是商人。他们出于自己的利益，反对税务司行使他们所谓未经授权的权力和禁令。他们是不可能成为公正无私的审判官的。李泰国说，中国政府虽然给予英国人以治外法权，可并没有放弃对违犯税收法规者加以审判的权力。但他们认为英国领事只能从政治上进行干预，而不能从法律上进行干预。中国政府遇到英国人违犯法律时，也没有义务诉诸英国领事法庭，要它去强制课加罚款或没收货物。然而接替密迪乐任英

---

　　①　莱特：《自主斗争》，第 163—164 页；《赫德》，第 214 页。

国驻上海领事的麦华陀也认为领事法庭是受理罚款和没收货物的惟一法庭。[1]

英国高级官方人士总算比英商和英领看得远一些。1862 年 2 月,英国全权代表额尔金认为,根据英商、英领的要求办事,就会助长走私,而中国政府就会把走私的全部责任都推到外国政府身上。所以,制定海关章程和保障税收的问题,必须留给中国政府去自由处理。如果英国领事认为规章制度违反条约规定,可以从外交上提出交涉。要是中国当局对领事的干预,充耳不闻,那么就设立混合法庭,受理初审诉讼,混合法庭应有中国代表。[2] 两个月后,卜鲁斯举"魏诺特号"和宝顺的事例警告英国领事说,"除非中国当局对违反税收章程的惩处出现不公平的现象,陛下政府就不受理这种诉讼。我必须提醒你们,不要轻易以没有作弊意图去为明目张胆的违章行为作辩护。这是在任何国家都不允许的"。卜鲁斯还进一步说,"经验证明,运用治外法权原则,除非极其小心谨慎地局限在保障外国人安全的最小范围以内,就会成为瓦解的祸根,其结果将对各方面都不利"[3]。卜鲁斯的所谓经验是特别值得重视的。自从第一次鸦片战争后西方取得领事裁判权以来,英国领事放肆地破坏中国的海关行政权,集 20 年的经验,终于明白了领事裁判权正是瓦解正常贸易的祸根。

1863 年,英国政府终于作出决定:

1. 根据条约,中国当局在没收英商财产时,没有义务提交英国领事法庭进行审判;必须承认,中国政府还得保留未经同意放弃的一切主权范围内的权力,其中包括它在自己领土以内强制执行

---

① 莱特:《赫德》,第 185—187 页。
② 莱特:《赫德》,第 188 页。
③ 莱特:《自主斗争》,第 165 页。

税收法律之权。强制施行这种法律的通常方式是,在法律受到违
犯时,查获和没收那些违法货物。条约上没有任何条款剥夺或者
限制中国政府的这种权力。但不经领事干预,不得强制施行针对
人身的惩处。

2. 中国政府行使没收货物的权力时,如有不公,只能由领事
通过外交途径去取得补偿,领事不得进行司法干预。

3. 根据条约,船只既经付清税饷,中国政府就不能拒绝发给
红单以强制支付罚款或没收货物,但船只已付清税饷而尚未对违
法行为作出补偿时,则海关可拒绝发给离港证件。

4. 中国当局在进行罚款或没收货物时,如有必要,可通知领
事法庭,领事法庭可以作为中国法庭的"辅助法庭"行事,但中国
当局不能作为民事原告向领事法庭要求征收正规税饷。

5. 英国人作为中国海关官员执行职务的行为,不受英国法庭
的审讯。他的越权行为只受中国政府所明确批准的法规裁制。

6. 现存条约并未规定,未经英国领事批准,中国当局就不能
在中国水域查获英籍船只的走私行为,但若仅怀疑其为走私,自以
取得英国领事的批准或授权为宜。①

李泰国以总税务司的身份暂时离职回英。他在英国期间,受
清政府的委托,采购 6 只炮艇,组成以阿思本(Capt. S. Osborn)为
首的一个舰队开来中国。李泰国私自和阿思本签订合同,规定阿
思本只接受他所传达的皇帝意旨,不接受任何其他方面的命令,而
他也拒绝任何其他方面向阿思本传达命令。

李泰国于 1863 年 5 月 9 日在北京复职。自以为只向恭亲王
奕䜣个人负责,要求撤销南北洋两个管理对外事务的钦差大臣,由

---

① 莱特;《赫德》,第 190—192 页。

他个人独揽对外事务,甚至拒绝提交阿思本舰队的开支账目,要求在北京拨出一座王府供他居住。这个自我膨胀者毫不隐瞒他打算掌握阿思本舰队的指挥权以后,就可以实现他成为中华帝国实际独裁君主的愿望。① 不用说,这乃是危及清王朝宝座的大事,就连主动投靠派头子奕䜣也不能容忍。到 1863 年 11 月 15 日,奕䜣终于解散阿思本舰队,撤销李泰国的总税务司职务,任命赫德为总税务司。不过,李泰国在上海所创建的海关组织和各项规章制度却为其他各口"划一"办理所沿袭,诸凡申请报关、检验货物、登记税钞、交纳现金、核查单据、保管账册、记录统计等等都为外国势力从海关内部控制中国关税收入打下了基础。

赫德接任总税务司职位,历时达半个世纪之久。在这期间,赫德的侵略之手,伸得更长。在海关问题上,赫德掌握了有关中外贸易的一切捐税制度的创制和管理,一切有关航运的水道测量,灯塔、浮标设置,引水管理等等,其中最值得重视的是 1864 年成立的海关会审制度。

海关总税务司乃是中国政府所聘请的外国客卿,是执行中国法令规章的中国官员。他执行中国法令规章的任何行为和任何外国不相干。前面已经指出,英国政府所制定的对华政策,也承认中国当局惩处英商走私犯罪行为,没有义务提交英国领事法庭去审判,英国人认为惩处不公平时,只能通过外交途径取得补偿,领事不得进行司法干预。但是,赫德却利用总税务司的权力和他对北京当权派的影响力量,组织了所谓海关会审公堂。这种会审公堂由各口海关监督、外国驻口领事和该口洋税务司混合组成,有权审判外商违法行为所应承担的罚款或没收船货的一切案件。法庭的

---

① 莱特:《自主斗争》,第 171 页。

名义首脑是中国的海关监督,但是,任何一个案件,只有通过洋税务司才能决定是否提交会审,而海关监督对于洋税务司以外任何人的意见是不予信任的。①至于外国领事,既有权参加会审,当然就对案件的审判具有发言权。由此不难设想,外国领事和洋税务司对海关法规的实际执行,当然处在主宰一切的统治地位。英国政府所谓领事对海关的判决不得进行司法干预的政策,在赫德手里,却变成了领事以参加会审公堂的办法积极进行司法干预。

前面说过到了第二次鸦片战争以后,清政府的对外政策在许多问题上,已由被动的、消极的、无可奈何的投降转化为主动的、积极的、心甘情愿的投靠。正是在这种政策的指导之下,赫德飞扬跋扈,把手伸进中国政治、经济、军事、外交和文化等各个方面,"从谈判一项条约到解决一项土地争端",总理衙门"总是依靠北京总税务司的忠告和协助"。②赫德和各关洋税务司成为中央政府的最高顾问和地方当局的太上皇。1871 年 6 月 16 日一家外国报纸译一篇中国人的文章说,"各口岸的外国籍税务司起初是在我们的道台的统辖之下,可是近年来,这些洋人已经把他们的身份抬高到与道台平等的地位,并且时常胆敢制止道台将关税银两拨做公共事业之用。关于国际事务方面,他们时常事先不与道台作任何商谈便向外籍侨民发表演说。""总税务司住在北京,终日无所事事。他把时间消磨在怂恿总理衙门修造军舰和在我们的沿海一带建立兵工厂。这类建议一旦付诸实施,当然他就能更多地任用他的亲信。"③所谓"亲信",首先便是英国人。

1885 年 8 月赫德自己也曾在一封私人信件里说过:"我们主

---

① 马士:《对外关系史》第 2 卷,第 152 页。

② 马士:《对外关系史》第 3 卷,第 390 页。

③ 姚贤镐:《外贸史资料》第 2 册,第 934—935 页。

持的工作,虽然叫做海关,但其范围很广,目的是尽可能在各方面为中国做些有益的工作;它确是改革各地海关管理制度以及改革中国一切生产事业的一个适当的核心组织,而最关重要的是它的领导权必须掌握在英国人手里。"①不用说,总税务司这个"为中国做些有益的工作"的职位之所以"必须掌握在英国人手里",就是为的更加便于英国对中国施展侵略活动。

然而,在清政府的主动积极投靠政策之下,赫德却"赢得了各方面"大小官僚的"尊敬"。② 被他们亲昵地称为"我们的赫德"③。奕䜣曾经毫不掩饰地说,从赫德进入海关的第一天起,就在"所有的场合都能和谐地和富有成效地进行工作"!④

## 第六节 协定关税、免税、减税、退税、逃税和子口半税

一个国家的政府,为了保证它的国库收入,制定各种征税制度,对在它的管辖范围之内的经济活动,课征各种捐税,根据它的方针政策,对不同的经济活动,实行不同的税则税率,本国人和外国人概无例外,这是一个独立国家的固有主权,不容任何外国侵犯。

到了鸦片战争时期,西方入侵者为了向中国推销他们的产品和掠夺中国的资源,不惜破坏中国主权,强制中国政府签订不平等条约,把中国进出口的海关税则钉死在一个世界罕见的极低水平

---

① 马士:《对外关系史》第 3 卷,第 390 页。
② 莱特:《赫德》,第 258 页。
③ 莱特:《赫德》,第 160 页。
④ 莱特:《赫德》,第 258 页。

上,罗列千奇百怪的免税品目,制定随心所欲的免税、退税和子口税制度,从税制上把中国沦为一个半殖民地国家,条约权利只是西方势力入侵中国的合法依据,并不是约束他们侵略行动的有效准则,在实际行动上,他们又倚仗胜利者征服者的条约权利、政治声势和炮舰威力,从中国地方官僚手里榨取约外特权,乃至不顾中国政府的禁令,抗命逃税,而中国政府则无可奈何。

## 一、举世罕见的进出口税率水准

两次鸦片战争以后,西方入侵者强制中国政府接受协定关税制度,结果就造成这样的奇异现象:进口税的税率水准低于出口税,对外贸易税低于国内贸易税,洋货负税低于土货,洋商负税低于华商。这一切对于中国经济的半殖民地化,都具有难以估量的作用。

鸦片战争前,英国的社会生产力还不够强大。英国商人自以为价廉物美的棉毛纺织品始终打不开中国的销路。他们不甘心承认英国的社会生产力还不够强大,把这种现象归咎于中国的"禁止性关税"。例如:英国东印度公司驻广州的职员莫郊里邦克(C. Marjaribank)就在1830年英国"下院考察东印度公司当前情况及大不列颠、印度和中国之间贸易情况小组委员会"上说,外国货输入到中国去,销路比较好的是原料,而不是制成品。中国政府有意保护工业。"从加征羽缎(Camlet)很高的、禁止性的关税上,应该可以得出这样的结论。羽缎这种货物在中国普通卖40元左右一匹,关税高达18元,是即关税几乎高达售价的50%,而羽缎乃是最像丝织品的货物。我们对中华帝国没有像对印度帝国那样的权力。我们曾经用高额的禁止性的关税把印度的制造品排挤出英格兰市场,又对于我们货物之进入印度给予各种各样的鼓励,就用这样自私的(我用这个字眼并无嫉恨之意)政策,我们把达卡和其他地方的土著制造业压了下去,而把我们的货物去泛滥他们的国家。我们对中国并没有同样的权力。我们可以用高额的关税排斥他们的货物,可是却不能强迫他们按照我们的条件接受我们的货物。我们应该说,在保护自己方面,他们是很够伶俐的。"①

这种指责毫无根据。当时清政府对进出口商品加征关税,既没有利用"禁止性关税"以保护国内工业的思想,也没有"禁止性关税"这种事实。事实是:当时进出口贸易的报关纳税手续都由行商办理。行商于报缴中央规定的正税而外,还加收多种"规礼"。正税报送中央国库,规礼则留作地方开支,也是一种合法加征,不过也有一部分归有关官吏和经手人所中饱。规礼并无固定标准,在同一时期,不同的行商就可能有所不同。因此不管英商怎样叫嚷负担禁止性关税,在 1843 年中英代表讨论税则时,英商经过"十天最勤奋的查访"也没有提出一个税则清单来。② 西方作家说,在鸦片战争前夕,中国对进口英国棉毛织品所征的进口税,最高只 30%—40%,而英国对华茶的进口税则高达 100%—200%。③ 对比之下,要说中国实行禁止性进口关税,纯属诽谤之词。

其实,问题的实质并不在于中国是否实行禁止性关税,而在于英国如何采取"各种各样的鼓励政策",把中国的土著工业像对达

---

① 英国蓝皮书:《下院考察东印度公司当前情况及大不列颠印度和中国之间贸易情况小组委员会报告书,1830》(B. P. P,Report of Select Committee on the Present Conditions of the East India Company and the Trade between Great Britain, India and China,1830),作证纪录 I(Evidence I),第 58 页。

② 马士:《对外关系史》第 1 卷,第 92 页。

③ 费正清:《贸易与外交》第 1 卷,第 118 页。

卡的工业那样"压了下去"。在 1830 年,英国在华还没具有像在印度那样的"权力",到了 1843 年协定海关税则时,英国便开始改变了这种局面。

　　1843 年中英所签订的《通商章程》,基本上全盘接受了英方代表团翻译员罗伯聘(Robert Thom)所提的方案。罗伯聘本来是怡和洋行匹头经纪人。他所表列的鸦片战争前夕进出口关税负担远比行商所实际征收的正税和规礼总和低得多,而他所建议的新定税则又比他所列战前关税负担低得多。这个方案表列进口货 115 种商品,在协定税则上,新税较旧税略有提高的只有 14 种极不重要的商品,其他都有下降;所列出口货 89 种商品中,只有 27 种极不重要的商品略有提高,其他都有下降。对这个税则,就连英国全权代表璞鼎查也认为,"在各方面都比商人敢于建议的更为有利"①。下面表列几种重要商品的新旧税率:

第一次鸦片战争前后进出口关税负担示例

| 货　品 | 市　价<br>(元) | 旧征税则(两) | 旧征税率(%) | 新定税则(两) | 新定税率(%) | 新税率较旧税率增(+)减(−) |
|---|---|---|---|---|---|---|
| **进口货** | | | | | | |
| 棉花 | 每担 10.0 | 1.7400 | 24.19 | 0.4000 | 5.56 | −18.63 |
| 棉纱 | 每担 25.0 | 2.4064 | 13.38 | 1.0000 | 5.56 | −7.82 |
| 头等白洋布<br>二等白洋布 | 每匹<br>平均 5.0 | 0.6459<br>0.7020 | 29.93<br>32.53 | 0.1500 | 6.95 | −22.98<br>−25.58 |
| 本色洋布 | 每匹 2.5 | 0.3750 | 20.74 | 0.1000 | 5.56 | −15.18 |
| 斜纹布 | 每匹 2.5 | 0.2864 | 14.92 | 0.1000 | 5.56 | −9.36 |

①　《罗伯聘税则草案》,英国外交部档案,F. O. 228/32。

续表

| 货　品 | 市　价（元） | 旧征税则（两） | 旧征税率（%） | 新定税则（两） | 新定税率（%） | 新税率较旧税率增(+)减(−) |
|---|---|---|---|---|---|---|
| 五种棉纺织品平均 | — | — | 19.88 | — | 6.01 | |
| 大呢 | 每丈 | 1.2420 | — | 0.1500 | — | |
| 六种毛织品平均 | — | — | 45.93 | — | 6.95 | −38.98 |
| 出口货 | | | | | | |
| 各种茶叶平均 | 每担 20.0 | 6.0000 | 30.89 | 2.5000 | 12.87 | −18.02 |
| 湖丝 | 每担 350.0 | 23.7330 | 9.43 | 10.0000 | 3.97 | −5.46 |
| 丝织品 | 每担 400.0 | 8.9374 | 3.11 | 12.0000 | 4.17 | +1.06 |
| 土布 | 每担 50.0 | 2.6507 | 7.37 | 1.0000 | 2.74 | −4.63 |

注:每两合 1.39 元,新旧从价税率是编者根据罗伯聃原资料计算的。按此时进口
　　棉纺织品共 8 种,总值 2090000 元,表中所列 5 种值 1975000 元。又进口毛织
　　品共 8 种,值 1047000 元,表中所列 6 种值 1037500 元。

资料来源:罗伯聃:《中国对外贸易表,1844》(R. Thom, Foreign Trade of China,
　　1844),见英国外交部档案,编号 F. O. 228/32。

　　上表说明,经过第一次鸦片战争,英国强迫中国政府接受了极
低的海关税率,无论进口、出口商品,新定税率都比旧征税率大为
降低,只有出口丝织品略有提高。这显然是为保护英国丝织工业。
当时英国最急于向中国推销的主要商品是棉毛纺织品,前者的新
旧税率相比,最低下降了 7.82%,最高下降了 25.58%。出口方
面,英国自华输入的最大项是茶叶,这项出口税率也降低了
18.02%。此外,中英《通商章程》又规定:"凡属进口新货,例内不
能赅载者,即按价值若干,每百两抽银五两。"这就把海关税则所
不载的一切进口货税率都钉死在 5% 的低水平上。而随着英国社
会生产力的全面发展,海关税则所不载的进口货却又是日益增

多的。

上述税则都是由正式条约所固定下来的。在实践中,英国驻华官员又一再倚仗权势,强迫清政府降低某些商品的税率;例如1845 年,清政府就屈从英国驻厦门领事巴夏礼的要求,把樟脑的出口税自每担 1.5 两减为 1 两,1847 年又屈从英国驻华商务监督德庇时的要求,将粗木料的税率自值百抽十减为值百抽五。1856年上海道台又屈从外商的要挟,把丝织品的进口税减低 10%,把印花布的进口税率自约 9% 减至 5%,把染色手帕的进口税从每块0.01 两,约合从价 10%,降为 5%。①

不仅如此,《江宁条约》中文本第十条的文字规定"秉公议定",英文本第十条的文字规定"A Fair and Regular Tariff of Export and Import Customs and other Dues"②,这些都不能解释为中国放弃了关税自主权。"秉公"和"公平的和正规的"(a fair and regular),在意义上并不含有须经对方同意,或对方有权参与拟订的意思。协定关税的原则是后来中美《望厦条约》和中法《黄埔条约》确立的。1844 年中美《望厦条约》第二款规定:"倘中国日后欲将税例更变,须与合众国领事等官议允。"中法《黄埔条约》第六款规定:"如将来改变则例,应与佛兰西会通议允后,方可酌改。"③这样就把协定关税的原则在条约中固定下来。而片面的最惠国待遇条款,不仅使中国让与某一侵略国家的权益同样普遍优惠其他国家,而且使中国不经每个侵略国家的同意,不能修改税则。

不仅如此,清政府又屈从美国的要求,把上等洋参的税率自每100 斤课税 38 两减为 4 两,下等洋参税率自每 100 斤 3.5 两减为

---

① 莱特:《自主斗争》,第 14 页。
② 参见海关:《中外条约汇编》(中英文对照)第 1 卷,第 355 页。
③ 中美、中法条约,参见海关:《中外条约汇编》,第 678—744 页。

2.7 两;黑白铅自每 100 斤 0.4 两减为 0.2 两。① 法国则要求在税则中规定的上等丁香与下等丁香之间,增加中等丁香一项,上等丁香每 100 斤税银 1.5 两不变,中等丁香每 100 斤定为税银 1 两,下等丁香税银自 0.5 两减为 0.25 两。大瓶洋酒自每 100 瓶税银 1 两,减为 0.2 两,小瓶洋酒每 100 瓶及桶装洋酒每担税银自 0.5 两减为 0.1 两。②

　　1854 年英法两国为了扩大对华侵略,悍然发动第二次鸦片战争。于是进出口税率再被压低,统以值百抽五为原则。英国侵略者所根据的理由是在制定 1843 年税则时,"均以价值为率,每价百两征税五两",现在货价渐减,而从量税不变,以致原定税率超过值百抽五,现在应该按照值百抽五的原则,重新制定税则。但是《江宁条约》并无值百抽五的规定,1843 年税则也不是按值百抽五的原则制定的。如在 1843 年进口税则中,阿魏、上等丁香、玛瑙、大手帕、牛黄、儿茶、象牙、火石、乳香、没药、洋生铁、洋熟铁、未列名金属、胡椒、木香、洋青、乌木、檀香木的从价税率均达到从价10% 或以上,洋参进口税率甚至达到 50% 至 80%。③ 由此可见,"值百抽五"是英国侵略者通过第二次鸦片战争向清政府攫夺的另一项新的特权。

　　1858 年中英双方修改税则的会议是在上海举行的,咸丰指示清方代表桂良和花沙纳的主要使命,是要通过这次会议去推翻《天津条约》所定北京驻使等他认为最难接受的条款。④实际负责谈判税则的清方代表是江苏按察使薛焕和布政使王有

①　《夷务始末》,道光朝,第 68 卷,第 25 页。

②　《夷务始末》,道光朝,第 23 卷,第 17—18 页。

③　参见姚贤镐:《外贸史资料》第 1 册,第 391—394 页。

④　《夷务始末》,咸丰朝,第 31 卷,第 21—22 页。

龄,英方代表是俄理范(Laurence Oliphant)和威妥玛,税则草案则
出自英国驻沪领事馆职员而又兼任上海海关税务司的英国人李泰
国之手。①

李泰国所提出的税则草案不仅充分考虑了英国在华商人的意
见,并且还征得了美、法两国公使的同意,充分考虑了美、法的利
益。为了照顾美国的利益,美国棉布的进口税率低于值百抽五。②
为了照顾法国的利益,生丝的出口税率也低于值百抽五。③

1858 年税则基本上是接受李泰国草案制定下来的。④ 进口
176 种商品中,有 77 种的税率不足 5%,出口 174 种商品中有 97
种的税率不足 5%。⑤ 中国出口最重要的丝茶两项税则未有增减。
签订税则后,广州英商商会在致英方代表的函件中表示,1843 年
的税则已经"无可非议",因为"他们不知道世界上还有任何别的
国家会有比它更为公道的税则"。⑥ 对于这个已经"无可非议"的
税则,再加削减以后的 1858 年税则,英国驻华公使阿礼国不禁问
道:"哪个国家有像中国这样低的对外贸易税则呢?"⑦

---

① 马士:《对外关系史》第 1 卷,第 599 页。

② 列卫廉:《在美国费城商务部的演说词》1859 年 5 月 31 日(Speech of
Hon. William B. Reed at the Board of Trade in the City of Philadelphia on
Tuesday, May 31. 1859.),第 25 页。

③ 《额尔金致马斯伯里》1858 年 11 月 8 日,见英国蓝皮书:《额尔金伯
爵赴华赴日有关文件,1857—1859》,第 424 页。

④ 参见姚贤镐:《外贸史资料》第 2 册,第 773—790 页。

⑤ 莱特:《赫德》,第 377 页。

⑥ 据《威妥玛致额尔金函》1858 年 10 月 1 日,参见英国蓝皮书:《额尔
金伯爵赴华赴日有关文件,1857—1859》,第 415 页。

⑦ 《阿礼国备忘录》1870 年 5 月 3 日,载英国蓝皮书:《关于中国修约
致商会书》,1870 年,第 9 页,转见莱特:《赫德》,第 383 页。

**1858 年和 1843 年的进口税率比较**

| 货　品 | 市　价<br>（元） | 1843 年税<br>则（两） | 1843 年税<br>率(%) | 1858 年税<br>则（两） | 1858 年税<br>率(%) | 1858 年税率较<br>1843 年税率<br>增(+)减(−) |
|---|---|---|---|---|---|---|
| 棉　花 | 每担 8.50 | 0.400 | 6.54 | 0.350 | 5.72 | −0.82 |
| 斜纹布 | 每匹 2.20 | 0.125 | 7.89 | 0.080 | 5.05 | −2.84 |
| 斜纹布<br>（美） | 每匹 3.00 | 0.`100 | 4.63 | 0.100 | 4.63 | — |
| 印花布 | 每匹 1.95 | 0.200 | 14.25 | 0.070 | 4.98 | −9.27 |
| 袈裟布 | 每匹 1.95 | 0.150 | 18.68 | 0.070 | 4.98 | −13.70 |
| 棉　纱 | 每担 20.00 | 1.000 | 6.94 | 0.070 | 4.86 | −2.08 |
| 平　均 | | | 8.49 | | 5.03 | −3.46 |
| 床　毡 | 每对 6.00 | 0.100 | 2.31 | 0.200 | 4.62 | +2.31 |
| | 每丈 1.10 | 0.070 | 8.83 | 0.045 | 5.63 | −3.20 |
| 羽　纱 | 每丈 1.10 | 0.070 | 8.85 | 0.050 | 6.31 | −2.54 |
| 羽　缎 | 每丈 2.20 | 0.150 | 9.46 | 0.100 | 6.31 | −3.15 |
| 平　均 | | | 7.36 | | 5.73 | −1.63 |

　　资料来源:英国蓝皮书:《额尔金伯爵赴华赴日有关文件,1857—1859》,第 418—
　　423 页。

　　这里不可能具体列举各种商品的税率变动数字,只举少数事
例。据此可知,英国输华的首要货物棉纺织品税率都有下降,其中
增长较快的棉纱,税率下降了 2.08%,斜纹布下降了 2.84% 等等。
总之,下降为哪个国家都没有的极低水平。这当然是通过第二次
鸦片战争,英国在华进一步掌握了类似他们在印度所掌握的那样
权力的结果。从这一点上说,半殖民地和殖民地是没有多大本质
差别的。

　　这里不妨对中外税率做一比较,用以说明这次税率的半殖民
地性。例如 1859 年英法签订了互惠关税协定,英国以减低法国酒

的进口税为条件,从每公担 159 法郎减低到 27.5 法郎,才换得法
国减低英国各种麻、棉、毛织品的进口税,但平均税率仍达 15%。①
这个税率比当时中国对同类货物所征的进口税率高出 3 倍。19
世纪 70 年代初叶,德国进口棉纱征税 15%—30%②,相当于中国
同类进口税率的 3—6 倍。1864 年美国对廉价棉布所课的进口税
为每码 5 分③,合每匹 2 元,而中国进口税率则为每匹 8 分,美国
进口税约为中国进口税 25 倍。④ 一般说来,当时中国进口税率水
准只及美国六分之一。⑤

　　不仅如此,西方国家一向是把关税当做保护本国产业的主要
手段,它们一般对于有损本国产业发展的进口商品,重征进口税,
对本国制成品不征或轻征出口税。只有在特定情况下,有的国家
才对某种原料品课征出口税,其目的仍是为了阻抑外国利用这种

---

　　① 阿细勒:《近代关税史》(Percy Ashley, Modern Tariff History),第 300
页。

　　② 阿细勒:《近代关税史》(Percy Ashley, Modern Tariff History),第 47
页。

　　③ 陶雪格:《美国关税史》(F. W. Taussig, The Tariff History of the
United States),第 193 页。

　　④ 当时 1 匹约合 40 码,美金 1 元约合 1 海关两。

　　⑤ 中美两国进口税率水准的比较:

| 年　份 | 美国(%) | 中国(%) |
|--------|---------|---------|
| 1860 | 15.67 | — |
| 1865 | 38.46 | 6.70 |
| 1870 | 42.23 | 5.60 |
| 1875 | 28.20 | 5.76 |

资料来源:美国数字据陶雪格:《美国关税史》,第 527 页;中国数字据中国海关统
计计算得出。税率水准是指关税占进口货值%。

原料加工制造,以与本国相竞争。有的国家对本国特产课征出口税,这种出口税最后是会由外国消费者去负担的。

中国的情况则相反,出口税率水平高于进口税率水平,起了反保护作用。如1844年及1845年两年,进口税平均合从价5.33%,而出口税则合8.2%和9.0%①,后者高出前者2.87%至3.67%。第二次鸦片战争以后,原则上进出口货物都按值百抽五确定税则,但由于在议定税则时,李泰国高抬进口货价,结果所定税率常不及5%。自1858年确定税则后,直到1894年甲午战争爆发时的36年间,进出口货物的市价同趋下落,而出口货的下落尤甚,其结果就形成出口税率日益高于进口税率的奇异现象。如1875年出口税平均合从价5.76%,1885年合5.75%;而1875年出口税平均合10.06%,1885年则合12.15%。②

再拿几种进出口商品做比较,更可看出当时中国协定关税的畸形状态。19世纪70年代以前,中国茶叶在世界市场上居于垄断地位,并已成为不少国家资产阶级的生活必需品。根据协定税则,中国只征出口税每担2.5关两,而英国则征进口10关两,美国更高至21关两。③ 美国对中国米课进口税每包二角二分,而中国对美国面粉根本不课进口税;美国对中国植物油课进口税25%,而中国对美国煤油课进口税5%;美国对从中国进口的药材、衣服无不课税,而中国对自美国进口的药剂、衣服,却给予免税待遇。④

---

① 费正清:《贸易与外交》第1卷,第252页。
② 姚贤镐:《外贸史资料》第2册,第796—797页。
③ 《贸易报告》,1869年,附录,第8页。
④ 贺长龄:《皇朝经世文编》第71卷,第16页。

## 二、千奇百怪的免税品目

西方资本主义国家对某些商品实行免除进口关税的制度。例如，对外交使节所消费并不出卖者免税，对价值甚低或者没有商业价值者如邮包、样品等等免税，对服务于国家某项政策者如军用物资和工业原料等等免税。1843年中英《通商章程》规定除"洋米、洋麦、五谷等"，根据中国政府的传统政策继续免税外，其他一切进出口商品都不免税。到了1858年中英《通商章程》上，列出许多品目，加以免税。这些免税品目，都是为外国势力的入侵服务的。例如出口金、银、洋钱免税，就是为适应西方入侵者的鸦片换取中国贵金属；砖瓦等建筑材料就是为英国在香港大兴土木而免税的。问题不仅在于协定关税把不应免税的商品列为免税商品，尤其在于条约规定，含糊其辞，使用伸缩性很大的概念，可以扩大其内涵，增加免税品目，而掌握中国海关行政大权的洋税务司也就利用这一点，牵强附会，任意扩大免税品目。

前面说过，1844年英国驻沪领事巴富尔所颁布的海关章程规定，诸凡个人行李和物品都可免税进口。所谓"行李和物品"漫无边际，可借以任意扩大免税范围。英商扩大免税范围的行为，就连巴富尔也看不下去。所以他在1845年就提醒英商不要钻这一规定的空子。到第二次鸦片战争以后，终于把空子正式订入条约。1858年签订的中英《善后条款》第二条规定："凡有金银、外国各等银钱、面粟、米粉、砂谷、米面饼、熟肉、熟菜、牛奶酥、牛油、蜜饯、外国衣服、金银首饰、搀银器、香水、碱、炭、柴、薪、外国蜡烛、外国烟丝烟叶、外国酒、家用杂物、船用杂物、行李、纸张、笔墨、毡毯、铁刀、利器、外国自用药料、玻璃器皿，以上各物进出通商各口，皆准免税。"这里所列的烟、酒、香水，在外国乃是重税的奢侈品，到中国则定为免税品;铁刀、利器应列为违禁品,也定为免税品;出口蜜饯和各种糖果,每 100 斤征税 5 钱,出口毡毯每 100 匹征税 3 两 5 钱,进口却一一免税,出口药材 27 种,每 100 斤征税自 3 分至 9 两不等,进口药材 27 种,每 100 斤征税自 3 分 5 厘至 30 两不等,而所谓"自用药材"则全部免税,根本不列究竟哪些药材是所谓"自用药材"。

最奇突的是所谓"家用杂物"和"船用杂物"两类,不明所指何物,一律免税。须知所谓"自用"、"船用"、"杂物"也都是商品,一旦进口以后,究竟是自用、船用,还是投入市场销售,首先要看运货进口者是否具有诚实的品德,其次便看掌握海关行政权的洋税务司是否具有公正的品德。事实证明,这些品德都不是西方入侵者所具有的。

事实上,洋税务司正利用"自用"和"船用"这两个橡皮概念,任意扩大免税品目。例如,在税则上,帆布、绳索和煤本是应税品,但又可以用到船上去,洋税务司在区别这些物品应否纳税问题时,"完全依靠商人的保证"而定。李泰国说过,"这些货物一旦起岸之后,海关就无力阻止商人出卖,于是许多这样的货物就这样起岸了"①。1871 年总税务司向各口税务司发出一个通令,规定免税类别。他把免税品分为 12 类,即食用、饮用、吸用与嚼用、洗濯与发香用、照明与生火用、桌上用、室内用、穿戴用、通讯用、混合和医药用、交换用和"不为出卖的个人用品",每一类中列举许多免税品目为例,但又可以类推到那些未列入的商品。例如蜜饯一项,赫德就认为,可以类推到酸面食品、糕饼、糖果、咖啡、巧克力、可可、香料、酱油、调味品、香精、外国胡椒、芥末、瓶装盐、餐桌用酱油、

---

① 海关总署:《文件汇编》第 6 卷,第 107 页。

醋、油以及鳀鱼酱、番茄酱、乌斯特郡酱等等，都给以免税待遇。又
如外国衣服既已免税，赫德就把头、脚、身各部位穿戴的一切制成
品都列为免税品；而既然这些制成品都得在"自用"的名义下享受
免税待遇，那么这些商品的零售店、成衣店、鞋帽店"为男女衣着
用而进口的合理数量的原料"，也就应该免税，至于多少叫做"合
理数量"，只有天晓得。免税章程上还有家用杂物一项，于是赫德
便把客厅、餐厅、卧室、浴室、厨房、食品房、账房的各种家具、弹子
房用品、网球场用品、保险柜、电铃、煤气设备、火炉、窗帘、书籍、乐
器、科学器材、鞍具、车辆等等都包括在免税之列。① 由蜜饯而推
到酱油，由衣服而推到缝制衣服、鞋、帽的材料，由家用杂物而推到
车辆，可称为连锁免税。然而，列出品目毕竟还是一种明确规定，
至于那个"不为出卖的个人用品"，究竟可能包括什么，只有凭外
商和洋税务司的"天理"、"良心"了。

更奇怪的是，并不以"自用"品报关或显然并非自用品，而洋
税务司硬要说是"自用"而给予免税待遇。例如1872年天津英商
飞龙洋行和德商世昌洋行运入奶油、手套、小鞋、玻璃蜡台等货进
口，"据报均系出售"，总理衙门认为既非"自用"、"船用"，自应征
税，指令总税务司赫德按章征税。但赫德认为"均系应免税之
物"，而总理衙门也就"依议"了。② 1874年，葡萄牙通源洋行把大
量洋碱（按：指肥皂）运往苏州，江海关监督认为"通商章程第二款
所载免税各物，系指洋商自用者而言，今通源洋碱有120件之多，
运入内地系属售卖，应补完进口税银"，而总税务司赫德则认为
"洋碱系列名免税之货，无论运进多少，卖与何人，皆不能征其进

---

① 《总税务司通令》，第一号（第一类），1872年，海关总署：《文件汇
编》第1卷，第261—271页。
② 《成案》第12卷，第6—8页。

口税银"。而总理衙门竟同意准予免税。①

　　1861 年,英国公使卜鲁斯对船用物品免税问题做过解说,他认为"就规定文意看,是指在船上消费的物品而言,根本不包括船舶在船坞内修理时所需用的东西在内"②。可是到了 1881 年,德国又强迫清政府签订《德商船厂修船免税新章》,列举金属、木类、杂类物品 76 种全部准予免税,其中包括面盆架、茅厕具。把这两项东西也说成是修船用料,堪称举世奇闻。然而,即此尤有未足,又加上一条"一切未能预言实用修船各物"③。谁知"一切未能预言"的"各物"是什么? 它们又会连锁免税到多少商品呵!

　　豆油为营口(牛庄)出口大宗,自 19 世纪 60 年代初叶以后,外国轮船载运出口"虽多至千数百斤,皆以自用为名,不肯纳税,甚至有不请准单,即将油斤下船"者。1883 年总理衙门把此案交赫德办理。赫德申复说,"此项油斤,各轮船用以擦抹机器,……当以一千之数为额",允其免税出口。总理衙门认为"尚属允协",并通饬各关"即照总税务司所拟办理"。④

　　1843 年中英《五口通商章程》的海关税则,已经为了供应香港大兴土木,把砖瓦定为免税品。砖瓦属于建筑材料,既然这种建筑材料可以免税,那么其他建筑材料也就应该免税。据此,外商便要求整船的木料免税;建筑需用灰泥,而灰泥是用石灰、水泥或石膏粉与砂加水混合而成的,所以石膏也应该享受免税待遇。

　　总而言之,一切所谓"家用杂物"、"船用杂物"以及一切"不为

---

　　① 《成案》第 12 卷,第 5— 6 页。

　　② 《卜鲁斯致罗素函》1861 年 11 月 10 日,第 158 号,英国外交部档案,F. O. 17/356。

　　③ 《德商船厂修船免税新章》,1881 年,参见《中外旧约章汇编》第 1 册,第 393 页。

　　④ 《成案》第 12 卷,第 9 页。

出卖的个人用品"和"一切未能预言实用修船各物"都应免税;一
切为制造这些用品所需用的原料材料都应免税;判断这些千奇百
怪的物品是否应该免税,实权掌握在总税务司手里。清政府对总
税务司的判断,无不认为"尚属允协"。大家知道,根据国际惯例,
外国使节驻在一个国家,那个国家对使团自行消费的某些物品,是
给以免税待遇的。到了半殖民地的中国,不是外交使节,而是所有
一切外国人,对自行消费的和类推引申能和"家用"、"船用"沾上
边的,都享有外交使节的免税待遇。这不能不说是国际关系史上
的一大怪事。

### 三、洋商洋船运送洋土货的退税和逃税

1843 年中英《通商章程》的第六条规定,凡英商所运"进口、出
口货物,均按新定则例,五口一律纳税"。这条所说英商进出口货
"五口一律纳税",当然都是指来自外洋和去向外洋的一切货物而
言;所谓"均按新定则例,五口一律纳税",就是按照"通商章程"所
定税则纳税,凡有进口出口都须纳税,根本不存在一部分纳税,另
一部分免税的问题。

中英《通商章程》是 1843 年 10 月 8 日签订的,同年 11 月,厦
门海关当局要求对进口的全部英商货物"一律纳税",英国驻厦门
领事记里布坚持只有售出的进口货才纳进口税,其未经售出者不
纳。上海和宁波的英国商人也提出同样要求。1844 年年初,上海
的江海关监督宫慕久竟然决定,只对已经开舱报验者征税,其未经
开舱报验者不征。这年 2 月 8 日耆英的奏报说,"有英吉利'佛礼
萨'货船一只,因上海销路尚未疏通,不能久待,请将已经开舱报
验之货,照例完税,并按吨输纳船钞,(其尚未开舱报验之货)仍载
出口,另赴他处销售。该道因货未销售,未便收其税钞回复。领事

巴富尔以若不收其税钞,以后商船皆可随意往来,不足以杜弊端,坚请征收等情。臣查章程内未经议及原货出口如何办理。巴富尔见及于此,尚属晓事。函商署督臣璧昌、抚臣孙善宝,皆以为善,批饬照办"①。耆英所说巴富尔"坚请征收"的话,有点古怪,真相待查。

不过,1844 年 3 月的道光上谕却命令只对卸船上岸的货物征收进口税。后来耆英又奏称,广州和上海的现行办法是只对卸船上岸或申请检验的货物征税,其未经卸岸或检验者可免税运往其他口岸销售。徐继畬在厦门也实行同样办法。于是 4 月 25 日,道光便命令把这种办法定为统一制度通行各口。② 必须指出,既经允许洋商从外国运来的洋货中,未经卸岸或未经检验者可以不征进口税,转运其他口岸销售,这也就等于允许洋船有权在中国五口之间经营洋货的沿海航运和沿海贸易。上自道光皇帝下至宫慕久就这样把五口之间的沿海航运权、沿海贸易权和关税征收权断送给了洋商洋船所经营的洋货。我们说不上这种决定,究竟是出于洋人的压力,还是出于中国官员的无知和愚蠢,总之,主权就这样断送了。

清政府的决定,被美国谈判代表顾盛所利用,订入 1844 年 7 月 3 日签订的中美《五口通商章程》海关税则第三条。这条规定,美商至五口贸易,"其五港口之船只装载货物,互相往来,俱听其便"。同约第十条规定,"或有商船进口,止起一分货物者,按其所起一分之货输纳税饷,未起之货,均准其载往别口售卖,倘有进口并未开舱即欲他往者,限二日之内即行出口,不得停留,亦不征收

---

① 《夷务始末补遗》第 6 册,第 140 页。

② 费正清:《贸易与外交》第 1 卷,第 314 页;《夷务始末》,道光朝,第 71 卷,第 19—22 页。

税饷船钞,均俟到别口发售,再行照例输纳"。同约第二十条又规
定,"合众国民人运货进口,既经纳清税饷,倘有将已卸之货运往
别口售卖者,禀明领事官转报海关,检查货税底簿相符,委员验明,
实系原包原货,并未拆动抽换情弊,即将某货若干担已完税若干之
处填入牌照,发该商收执,一面行文别口海关查照,俟该船进口,查
验符合,即准开舱,免其重征"。

　　中美《通商章程》的上述规定,是指原船所运的原包原货并无
拆动抽换情弊而言,若由洋船转驳其他船只进口,即使是原包原
货,也不得享受免税待遇。这本来是毫无误解余地的问题,但事实
上,从广州进口的洋货,在广州海关取得免税牌照以后,经常出口
至香港,驳上其他船只,运至其他口岸销售,同样持免税牌照,拒绝
交纳进口税。①

　　原船原包原货在一口纳税后即享受免税待遇的制度,悄悄地
向退税制度发展。1845 年 7 月,宁波英商马肯齐(Mackenzie)通过
英国领事罗伯聘向海关要求,对他在宁波已纳税而出口去新加坡
的货物,退还所纳关税,没有得逞。但 1847 年 3 月,英国驻上海领
事阿礼国却迫使上海道同意对那些已在上海纳税而出口到其他通
商口岸的货物发给一种"关税证"。这种关税证可以用做现金代
纳其他货物的进口税,实际上无异于是一种退税证件。后来,宁波
英国领事也取得了同样的权利。必须指出,宁波、上海的退税办法
都是只适用于复出口至外洋的商品,但是外商对复出口至中国口
岸的商品也享受了这种待遇。1847 年 8 月,浙江巡抚的奏章里
说,到达宁波的外国洋货,基本上都来自广州,这种货物已在广州
纳过税,取得"验单",所以无论在宁波销售或者转运上海,都不纳

①　费正清:《贸易与外交》第 1 卷,第 316 页。

税,因此,当月宁波关税只收得400两。上海和宁波当局实行这样的制度,都小心翼翼地不做书面承诺。

1848年2月,广州英商商会向广州海关要求,对在广州已纳进口关税的货物复出口至外洋时,发给证件,这种证件可以用做现金代纳该出口商以后所应纳的关税。同年9月,当这个问题还悬而未决时,英国驻华公使就训令英国驻各口领事,不要把在一个口岸所取得复出口特权马上推行至另一个口岸。因为这种特权不见于条约规定,如果推广得太过分了,就可能导致已在实行的口岸停止实行。1852年,阿礼国警告上海外商说,退税证不是条约权利,而是"约外特权",这种证件只发给那种复出口至外洋的已纳税进口货,"只能用以代付以后的关税"。[1] 实际上,外商在向海关申报复出口到外洋,取得退税证后也运销其他口岸。有人甚至用复进口洋货的包装材料包装出口商品,以进口洋货复出口外洋的名义请得退税证,因而不仅免除了洋货复进口税,而且免除了土货出口税,取得无本利润。[2]

上面所说,都是洋商洋船洋货在五个通商口岸之间进行洋货贸易的免税问题,实际上,洋商洋船不仅在通商口岸之间进行贸易,还在一些未开口岸之间进行贸易,他们不仅经营洋货的这种转口贸易,还经营土货的这种转口贸易;而华商也利用洋船经营洋货或者土货的这种转口贸易,这就在如何纳税免税上引起了一系列的复杂问题。

清政府对沿海的洋商、洋船、洋货和华商、华船、土货,一向是分别征税的。洋商洋船运输洋货,在海关纳税,其收入报送中央国

---

① 费正清:《贸易与外交》第1卷,第316—317页;莱特:《自主斗争》,第212页。

② 海关总署:《文件汇编》第6卷,第110页。

库;华商华船运输土货,在常关纳税,其收入归地方政府所有,以一
定数额出包给商人去征收,各省并无统一税则,一般都比洋商、洋
船、洋货所纳的关税为轻。如今洋商洋船经营各口之间的转口贸
易,取得了免税退税的特权,他们经营已开、未开口岸之间的土货
转口贸易,是在海关纳税,还是在常关纳税呢? 免税退税问题又如
何处理? 洋商利用华船经营洋货或土货,如何纳税、免税和退税?
华商利用洋船经营洋货或土货,又将如何纳税、免税和退税? 我们
对这些问题,所知甚少,可以肯定的是,无论洋商华商,都千方百计
地逃避较重的海关税,交纳较轻的常关税,而又争取洋商洋货交纳
海关税后所享受的免税退税权利。在这场斗争中,取得最后胜利
的常常总是洋商或者依附洋商的华商乃至假冒华商的洋商。

　　根据定制,华商出口土货,在常关纳出口税,到另一口岸也在
常关纳进口税,如果从第二个口岸再出口至第三个口岸,还得在常
关纳出口税和进口税。常关根本不存在免税制度。中外条约和常
关税制对华商进出洋货都无规定,更没有洋商进出土货可以免税
的规定。

　　1845 年 8 月,英商从广州运出土货,在常关纳了出口税,到了
其他口岸时,却要求退还他在广州所纳的出口税,未能得逞。1848
年 4 月,英商莫罗洋行用洋船从上海装运土货至广州,广州海关要
求他们出示在上海已纳海关出口税的证件,并按海关税则所规定
未列名商品交纳从价 5% 的海关进口税。但英国驻广州领事却
说,从其他口岸进口的华船已纳出口税者,到广州就不纳进口关
税,只按常关规定,每担交纳小额费用,而不管所运是什么货物。
不久以后,一个巴希(Parsee)①商人要求对他从广州交纳出口关

------

　　①　巴希人是印度的一个少数民族。

税的土货发给免税证件,保证他到上海后不纳进口关税。英国领事也要求,在上海已纳出口关税的土货到广州免税进口。这些要求都未得逞。但"事情很清楚,把外国人所享受的特权也推广到土货上去的趋势已经存在了"①。

1848 年 4 月,厦门英商合记洋行的"厦门邮船号"( Amoy Packet)扬言为华商运糖去上海,要求按常关税则(217 两)纳税,不按海关税则(567 两)纳税。根据 1847 年耆英和德庇时所达成的协议,必须提交华商货主的姓名。因此终于暴露出,不管合记怎样扬言他们纵容了"最失体面的最可恶的"弄虚作假行为,其实,糖就是他们自己的。于是厦门海关便对这批货物课征海关出口税,还要求上海海关对其加征海关进口税,另外加征华商船只所应纳的其他加征,这就大大超过了海关和常关所应纳的货税总额。这是在这类纳税纠纷中,中国政府取得胜利的少数事例中的一例。

也是在 1848 年,英船"索菲亚·弗拉塞尔号"(Sophie Fraser)从厦门运糖 170 篓去上海,只纳常关税,未纳海关税而去。不过到了上海,江海关还是坚持向它加征了海关进口税。

英商和中国当局发生纠纷的消息传到伦敦后,英国外交部于 1849 年 2 月向在华英国代表发出通知说,中国政府在条约上并未给予英商在一个口岸交纳出口税的土货,到另一口岸就有免税进口的权利。必须补充的是,中国政府在条约上根本并未给予英商以经营沿海土货贸易的权利。1849 年 12 月,一个葡萄牙商人用他的"道光号"洋船从福州运送 1000 篓橘子去宁波,福州海关认为中国不干涉洋船运货到澳门或任何其他外国去,但是用洋船从一个口岸运送土货到另一个口岸,便侵夺了中国商人的沿海航运

---

① 费正清:《贸易与外交》第 1 卷,第 317—318 页。

业,"道光号"就是到了宁波,宁波海关也通不过,所以把橘子扣留
下来。这个商人求助于福州英国领事。英国公使文翰训令英国领
事说,这件事不要闹到钦差大臣徐广缙那里去,否则就会引起徐广
缙"改变其他口岸的办法"①。而其他口岸则是诸事顺遂的。

1854 年,厦门英商德记洋行的"吉台号"(Kitty)洋船向福州运
送杂项土货,按洋船交纳出口关税,取得免税证件,到福州不纳进
口关税。不过后来"吉台号"又从厦门运送土糖 188000 斤,纳关
税 300 两,取得免税证件去宁波,也要求免税进口,遭到宁波当局
的拒绝。宁波当局说,宁波的常关收入,主要都得自福州的土糖和
其他土产品的进口税。海盗已经使此项收入下降了,不能再许洋
船所运土货免税,所以要求两个华商货主在常关纳税 160 两。为
此,华商通过德记洋行和英国驻厦门领事向厦门海关提出,要退还
其在厦门海关所纳高于厦门常关税的那部分关税,也被厦门海关
所拒绝。这是在这类纠纷中,中国当局取得胜利的少数事例中的
又一事例。

但是,另两艘英籍洋船"艾律莎号"(Eliza)和"玛丽·安号"
(Marry Ann)从厦门运送土糖去宁波,在厦门纳海关出口税 492
两,到宁波又纳常关进口税 224 两。英国驻厦门领事巴夏礼提出
了强烈抗议,说什么对一次货运,不该适用两种征税标准,既征海
关税又征常关税,所以或者是厦门海关退还超出常关出口税的那
部分海关出口税,或者宁波常关退还常关进口税。这次厦门海关
在英国领事的压力下,终于允许英国洋船运输土货,只纳常关税,
不纳海关税。据此,英国领事便在 1854 年 9 月 21 日向洋商发出
通告,洋船从厦门运送土货至福州和宁波,一律在厦门常关纳税,

---

① 费正清:《贸易与外交》第 1 卷,第 319 页注。

不在海关纳税,到达目的地也只纳常关进口税。当时海关对粗糖征税 12% ,常关只征税 2% 。①

但是,厦门当局给予英商洋船的优待,造成厦门海关税的巨大损失。1854 年 10 月 22 日,厦门海关向英国领事表示,许英船在常关纳税,仅仅是一种适用于宁波的临时便宜措施,问题应该由广州的钦差大臣徐广缙做最后决定。一周后,厦门海关就向运糖去福州的英籍洋船"危机号"征收海关税。

按 1845—1846 年,从厦门运往福州的土糖价值 237000 元,从上海运往厦门的棉花价值 134911 元,从苏州经上海运往厦门的土布价值 218665 元。这三项的华船贸易值就达 590576 元。英国领事决心为英籍洋船争得这项土货贸易权,拒绝厦门海关对"危机号"征收海关税的要求,只同意延期付款,把问题提到英国驻华公使包令那里去,意在由包令向徐广缙摊牌。不料包令说他不能一再向钦差大臣提出条约所未授予的权利要求。他说,钦差大臣是有权向各省发出通令的,事情只能一步一步地悄悄进行。可是,到了年末,厦门当局终于撤销了对英籍洋船的限制。英领巴夏礼得意洋洋地说,他为英商洋船"参与中国沿海贸易权"的问题,终于取得了最后的胜利。

不过,巴夏礼的胜利只是一种地方性的安排,并无条约依据;推广到其他口岸去,还有困难。例如在宁波,英国领事要求在上海已纳海关出口税,取得免税证件后,到宁波就该免税进口。但宁波当局特别反对华商货主所运土货免税进口,而英领也同样反对英商所运土货要:(1)在厦门交纳出口关税;(2)在上海交纳进口关税;(3)在宁波交纳进口关税。这些交涉,结果未详。②

---

① 费正清:《贸易与外交》第 1 卷,第 320—321 页。
② 费正清:《贸易与外交》第 1 卷,第 311—324 页。

总起来说,在 1858 年以前,洋船运输洋货或土货究在海关或常关纳税或免税,既无条约规定,洋商凭他们的权势就能逃避较重的海关税,乃至免税。这些活动在不同的口岸遇到不同的对待,有时得逞,有时也不能如愿。这个问题到 1858 年的中英《天津条约》上,终于最后解决了。

1858 年中英《天津条约》第 45 条规定,"欲将该货(进口洋货)运出国外,亦应一律声禀海关监督,验明发给存票一纸,他日不论进口、出口之货,均可持作已纳税饷之据"。所谓"存票"相当于过去海关补发的"验单",在这里首次出现。应该指出的是,这个规定所说的存票,只适用于进口后复出口至外洋的洋货,作为曾经交纳进口关税若干的凭证,可用以代替现金抵充以后洋货所应纳的关税。1861 年 11 月 4 日,赫德擅自越权,向各口税务司发出通令,说是凡已纳出口税和复进口税的土货,如欲再运出国时,可在复进口时声明出国,并于 3 个月内装运出口,即可享受存票待遇,给予退还复进口税的待遇。① 1863 年,赫德又把 3 个月出口的限期延长为 12 个月,并可以存票代替现金。② 这就把存票推广适用到出洋土货上。同年,赫德还通令,凡已纳进口税的洋货和已纳出口税和复进口税的土货,运往上海和华北三口时,一律发给存票③;后又通令,允许其他各埠洋商也得享受同等权利。④ 于是本来只适用出口至外洋的洋土各货的存票制度,又推广适用于往来沿海各口的洋土各货,至于领取存票的时限,并无规定。到了1876 年的中英《烟台条约》上,这个时限被定为 3 年。所有这些优

---

① 海关总署:《文件汇编》第 1 卷,第 6—10 页。
② 海关总署:《文件汇编》第 4 卷,第 429 页。
③ 海关总署:《文件汇编》第 1 卷,第 28 页。
④ 海关总署:《文件汇编》第 1 卷,第 32 页。

待洋船沿海贸易的规定，到 1862 年镇江、九江、汉口对外开放后，又都适用于洋船的长江贸易各口。

所谓存票只是一张已纳关税若干的凭证。后来洋商要求据存票退还已经交纳的关税现款。赫德说，"对于许多小商人说来，发还现款将是一个很大的恩惠"①，欣然照办。这就根本改变了存票的性质，不管洋商在领得存票以后，是否继续经营对华贸易，有无再纳关税的必要，只要领得存票，就可兑得现金。对于赫德所越权创立的这套制度，后来继任的总税务司梅乐和（Sir Frederick William Maze）曾经评论说，"世界上没有一个国家的存票制度比中国更自由的了，同时也没有一处把这项特权滥用得如此罪恶昭彰的了"。在这种制度之下，偷税漏税竟发展到这样程度，以致有许多贸易经纪人竟专门以此为业，绝大部分的营业收入都是非法的。这就难怪西方入侵者也不得不承认，"存票制度使税收遭到了无数的损失"②。

## 四、深入穷乡僻壤的子口税单

第二次鸦片战争以后，西方入侵者破坏中国税制主权，强加于中国的一个最为恶毒的制度是子口半税制度。这种制度规定，诸凡洋商经营洋货进口和土货出口，除去在口岸海关交纳进出口正税以外，如果运入内地或自内地运出，只消再纳从价 2.5% 的子口半税，就可遍运天下，不再交纳任何捐税。这种制度把中国经济的发展前途彻底扭转到为外来侵略服务的半殖民地轨道上，丧失独立自主的可能性。

---

① 海关总署：《文件汇编》第 1 卷，第 363 页。
② 海关总署：《文件汇编》第 4 卷，第 437 页。

英国侵略者夺取内地税特权的企图,在第一次鸦片战争时就已经酝酿了。1840年4月25日,英国首相巴麦尊应同年3月20日格拉斯哥印度协会的请求,命令英国在华特命全权代表在未来对华和约中加入下述条款:中国进口的英国货物,"自一省转运到另一省时,另行加征的税额,总共不得超过百分之几,或相当于货物进口税的二分之一或三分之一"。① 因此,1842年8月29日的《江宁条约》就规定:"英国货物自在某港按例纳税后,即准由中国商人遍运天下,而沿路所经过税关,不得加重税例,只可按估价则例若干,每两加税不过□□分。"②究竟抽税若干,未做具体规定。次年6月26日,中英双方在香港交换《江宁条约》的批准书,因当时中国"国内关税定例本轻",遂协议"洋货各税,一切照旧轻纳,不得加增"。既未确定税率,也未拟具实施办法。

19世纪50年代初叶,江南各省地方政府为筹措镇压太平天国革命的作战经费,对过往商品加收厘金,内地税课大为增加。1854年2月13日,英国政府在其致驻华公使包令修改《江宁条约》的训令中,要求清政府"不得在外国进口的货物上和为向外国出口而购买的货物上,课征内地税和通过税"③。1857年4月20日,英政府给额尔金的指示中,更明确提出要"像在土耳其那样,以缴纳一种代偿金的办法,来代替一切内地税"④。于是1858年6

---

① 《巴麦尊致懿律和义律第11号训令》1840年4月25日,参见严中平:《英国资产阶级纺织利益集团与两次鸦片战争史料》,载列岛编:《鸦片战争史论文集》,第55页。

② 原文为"每两加税不过分","□□"为著者所加。

③ 马士:《对外关系史》第1卷,附录十六,第767页。引文中"通过税"原译为"子口税"。

④ 英国蓝皮书:《额尔金伯爵赴华赴日有关文件,1857—1859》,第4页。

月 26 日中英《天津条约》第 28 款和同年 11 月 8 日《通商章程》第 7 款,就出现了子口税的具体规定。条约和章程的要点如下:

(一)子口税率定为进出口税率的一半,缴纳子口税后,可免征其他内地税,进口洋货和出口土货均可适用。

(二)只有外商才能享受子口税特权。

(三)外商在内地税和子口税之间,有自由选择的权利。

(四)《天津条约》规定进口洋货应在通商口岸向海关缴纳子口税,出口土货则在内地首经子口缴纳,《通商章程》则改为后者在运抵通商口岸时,向海关缴纳。

外商享有子口税特权,贩运洋货入内地,或自内地贩运土货至通商口岸,均较华商优越。如洋商自内地贩运土货至通商口岸,不论远近,只纳 2.5% 的子口税,而华商则"逢关纳税,遇卡抽厘",负担甚重。少数华商为了分享洋商的利益,甚至"冒充洋商",以便"偷漏税饷"。总理衙门为此与英国公使卜鲁斯议定:凡洋商入内地买土货,"必须向海关请领买土货报单"①。并命总税务司赫德拟具实施办法,这就是后来习称的三联单和运照制度。其办法是:"洋商自海口入内地买土货,一经该商呈报海关,应给该商三联报单,俟到单内指定地方,买齐土货,欲运至海口下船,该商即将三联报单在首经第一子口呈交,该第一子口收下三联报单,即将一单盖印加封,飞速移送该商所报出口海关查照,又将一单盖印,按月呈送本〔总理〕衙门备查,其余一单留该子口,即照单填发该货运照,给该商前往路上各子口呈验盖戳放行,俟到出口海关设卡之处,则由卡带同运货之人赴海关请领已在海关完纳半税单据,方准

--------

① 《总理衙门咨南洋大臣》,咸丰十一年九月二十七日,参见《成案》第 8 卷,第 15 页。

过卡。"①

三联单制度是优待外商经营出口贸易的一种特权制度,实行的结果,华商假托洋商请领三联单的现象日益严重。当时夏燮论及华商在两湖产茶地区贩茶时,即"动称英商雇伙,多抗不完纳厘金,类此情形,则内地奸商,人人皆可称为洋行雇伙,内地货物种种皆可指为洋商采办"②。如从内地运到宁波的棉花,几乎全都说是外商购买的,而实际外商从宁波输出棉花则微不足道。外商每月为几千件棉花请三联单,每件棉花取费5角,转售华商,尚求之不得。因为华商得到三联单后就能够借以逃避许多地方税课,而按照法律,华商是应该交纳的。③ 又如,生丝从内地运至口岸时,如果为华商所有,每包须完纳税厘30两以上,而外商于完纳每担5两子口税后,就可不再纳税。④ 这样的例子是不胜枚举的。

凭借子口单护运洋货内销,也是外商的特权。例如上海运入汉口的洋货,有很大部分就利用子口单转运四川、陕西等省销售,英国驻汉口领事说,这些内销洋货的99.9%都是华商经营的,至于护运这些货物的子口单,则是那些"靠说谎为生,靠作伪谋利"的外商代为领取的,如果中途发生障碍,就可请求外国领事去"协助"。⑤ 又如福州进口洋铅的子口税是每担1钱3分7厘,内地税是3钱5分,高出子口税1倍有奇,如果华商要经营洋铅内地贸易,又不愿交纳较高的内地税,就只有向外商非法购买子口单。⑥

1858年《通商章程》签订后,额尔金在发给英国外交大臣马尔

① 《总理衙门咨各省》,咸丰十一年十二月,参见《成案》第8卷,第7页。
② 夏燮:《中西纪事》第17卷,第17页。
③ 《贸易报告》,1866年,宁波,第18页。
④ 《贸易报告》,1866年,上海,第8页。
⑤ 《英领报告》,1878—1880年,汉口,第22页。
⑥ 《英领报告》,1869年,福州,第65页。

斯伯里(Malmesbury)的报告中,称子口税制度是"将来发展对华贸易的关键"[1]。可见侵略者是十分重视这项特权的。事实表明,子口税制度大大地便利了西方侵略势力推销洋货,搜刮土产。例如在福州,1869 年领有子口单运往内地的洋标布计 2820 匹,1871年增至 97324 匹,"由此可见,这种税单的作用很大"[2]。又如,镇江在 1869 年共签发洋货内运子口单 739 张,运往内地城镇 59 处,货值共 250193 两。[3] 5 年之后,签发子口单数目增至 13615 张,运往内地城镇 174 处,货值增至 3490698 两。[4] 5 年以内,运入内地的洋货货值增长了 13 倍。显然,子口税单在这里发挥了很大的作用。

按照清政府的财政体制,子口税由海关征收,报解中央。至于厘金等内地捐税,则例不上报,多由地方政府自行加派、自行支销。如今征收子口税以后的商品,既免纳其他内地税,地方政府的税收当然就被压缩了。地方政府为了保持捐税收入,乃降低税率以与子口税竞争。例如 1875 年福州厘金局减低厘金税率以后,所有棉布匹头和海峡殖民地的产品,便都放弃了领取子口税单的特权[5],而宁愿沿途交纳厘金以内销。有的地方政府采取另一办法,即加重土货厘金,以补偿因实行子口税制而短少的财政收入。这个办法直接破坏土货的流通和生产,削弱土货对洋货的竞争力,其作用是极其恶劣的。[6]

---

①　参见英国蓝皮书:《额尔金伯爵赴华赴日有关文件,1857—1859》,第426 页。

②　《贸易报告》,1871—1872 年,福州,第 154 页。

③　《贸易报告》,1869 年,镇江,第 40 页,附件二。

④　《贸易报告》,1873 年,镇江,第 56—59 页。

⑤　《贸易报告》,1875 年,福州,第 200 页。

⑥　罗玉东:《中国厘金史》上册,第 134 页。

　　这个时代,洋税务司控制下的中国海关,是根据货物的启运地以区别洋、土货的。因此,所有自香港启运的货物都被当做洋货,都可享受洋货内销的子口税待遇。于是便有不少国产土货特地绕道香港以取得"洋货"名义,其中最突出的是销行于长江流域和华北一带的广东和台湾产的蔗糖。因为直接从产地运入上述区域的蔗糖,出口时应纳出口税,进口时应纳复进口半税,而运入内地时,又应"逢关纳税,遇卡抽厘",负担极重。但先运香港,取得洋货名义然后运入内地,则仅在出口时纳一出口税,自香港运入内地时,再纳一进口税,即可在口岸销售。如欲运往内地,再纳一子口半税,即可免纳一切厘金。而 19 世纪 70 年代初,自镇江内销的蔗糖,在内地的厘金负担却 10 倍于子口税。1871 年镇江这种"洋糖"的进口,比 1870 年增加 12.4 万担。① 浙江巡抚卫荣光称:"近来闽广货物绕越香港,照例作为洋货进口,完半税而免常税者不一而足。"②迟至 1900 年,这种现象仍然存在,如美国人帕逊士(Parsons)曾称,运往广东北部的西江烟草是先运往香港,取得洋货名义后运往内地,以便免除厘金负担。③

　　外销土货的子口税是到达出口口岸后向海关上交的,如果外商或依附外商的华商凭三联单自内地贩运土货,在到达口岸之前,即沿途出卖完毕,那么,他们就逃避了内地税,也逃避了子口税。如运到口岸而并不出口,则只是交纳子口税而逃避了内地税。据

---

　　① 《捷报》1874 年 10 月 29 日,第 417—418 页。按赤糖进口税为每担 1 钱 2 分,白糖为 2 钱,复进口税及子口税均为进出口税的半额。

　　② 中国社会科学院经济研究所藏清代户部档案抄件(以下简称《清代抄档》):《卫荣光奏折》,光绪十二年十一月十日。

　　③ 帕逊士:《一个美国工程师在中国》(Parsons, An American Engineer in China),第 156—157 页。

说 1870—1872 年间,镇江海关共发三联单 3418 张,收回者仅 1516 张,其他三联单所护运的土货在到达镇江前就在中途卖出了。又 1872 年镇江出口土货价值只占三联单护运土货的 25% ,其余都销于镇江及其附近地区,因此连海关洋税务司也不得不承认,华商如果不向外商购买三联单,"最终势必退出国内贸易"①。与华商相较,"洋商入内地,执半税之运照,连樯满载,卡闸悉予放行;而华商候关卡之稽查,倒箧翻箱,负累不堪言状"②。最后终于造成这样的状态:"倚洋人则生,否则死;冒洋人则安,否则危。"③

## 五、对俄陆路贸易的免税和减税

中俄两国,壤土相接。两国人民在陆上的交往,具有悠久的历史。1858 年 5 月 28 日,中国代表奕山在炮口的威逼之下与俄方代表签订了不平等的《瑷珲和约》。这个条约割去了中国的大片领土,其第二条规定,"两国所属之人互相取和,乌苏里江、黑龙江、松花江居住两国所属之人,令其一同交易"。签约后,俄方拒绝中方指定集中贸易地点,以便官员监督的要求,坚持不受限制的自由贸易。最后,双方同意每隔 8 天轮流在海兰泡和瑷珲两地组织一次为期 7 天的集市,而黑龙江两岸居民则可以在黑龙江的任何地方自由贸易。《瑷珲和约》是沙俄在第二次鸦片战争的中国危难时期迫使中国签订条约的第一项趁火打劫。

沙俄在这次战争中迫使中国签订条约的第二项趁火打劫是抢

---

① 《贸易报告》,1871—1872 年,镇江,第 89 页。

② 马建忠:《复李伯相札议中外官交涉仪式,洋货入内地免厘》,《适可斋记言》第 4 卷。

③ 陈炽:《厘金》,《庸书》,内编,上卷,第 35—36 页。

在英、美、法 3 国之前,于 1858 年 6 月 13 日迫使清政府签订中俄
《天津条约》。这个条约的第四条废除了已实行了 160 多年陆路
贸易的时间和人数限制,规定在"陆路前定通商处所",往来无限。
其第三条规定,"由海路之上海、宁波、福州府、厦门、广州府、台
湾、琼州府等 7 处海口通商。若别国再有在沿海增添口岸,准俄国
一律照办"。第七条规定,"通商处所俄国与中国所属之人若有事
故,中国官员须与俄国领事官员,或与代办俄国事务之人,会同办
理"。但在俄文本上却还有这样的约文:"俄国人获罪,应照俄国
律例科罚。中国所属之人有与俄国人因人命、产业、伤害等事获罪
者,应照中国律例科罚。俄国人在中国内地犯法,应审讯治罪者,
解送俄国边界地方或俄国办事官员驻扎海口办理。"这就在俄文
本上偷偷摸摸地把俄犯由中俄双方官员"会同办理",篡改为"解
送"俄国官员单独办理,塞进了完全的治外法权。

沙俄的第三项趁火打劫是在 1858 年 10 月 16 日迫使中国签
订《塔尔巴哈台议定赔偿条约》。这个条约借口俄商货物被焚事
件,从中国榨取武夷茶叶 5500 匣,每匣 55 斤,3 年交清。同约又
规定许俄商至塔尔巴哈台"仍照从前伊犁议定章程,两下通商"。

第四项趁火打劫是在 1859 年 4 月,迫使中国签订《黑龙江通
商条规》。第五项趁火打劫是在 1860 年 11 月 14 日迫使中国签订
《北京续增条约》。这许多趁火打劫,多方面破坏中国主权,只就
贸易关系而言,有以下各点,必须注意。

《黑龙江通商条规》第一条规定,"通商后两国卖货,俱不征
税"。《北京续增条约》的第一条规定,中俄东部边界从什勒喀河
和额尔古纳河汇合处起,沿黑龙江顺流而下,到该江与乌苏里江汇
合处,然后由乌苏里江口往南至兴凯湖,又从松阿察河之源跨兴凯
湖到白棱河河口沿山脊到瑚布图河口,再从此沿珲春河和海之间
的诸山到图们江口。第二条规定,西部边界应顺岭的走向和大河

的流向及中国常驻卡伦的路线而行,即从沙宾达巴哈界碑起往西直到斋桑湖,再由此往西南行到特穆尔图淖尔(伊塞克湖)南至浩罕边界。同约第四条规定,本约第一条所定各交界处,"准许两国所属之人随便交易,并不纳税"。

同约第五条规定,"俄国商人,除在恰克图贸易外,其由恰克图照旧到京①,经过之库伦、张家口地方,如有零星货物,亦准行销"。"俄罗斯商人,不拘年限,往中国通商之区一处往来,人数通共不得过200人。"这就正式废除了《恰克图条约》所订每3年一次的限制,只是人数仍维持旧制。所谓经过库伦、张家口"照旧到京",说的是1705年以后俄商的来华路线,在那以前他们本来是通过尼布楚、嫩江一线前来的。此时,库伦、张家口已发展成俄商来华的重要货物中转站。所谓"零星货物,亦准行销",无异于把这两个中转站正式辟为俄国商品的进口商埠。

同约第六条规定,"试行贸易,喀什噶尔与伊犁、塔尔巴哈台一律办理。在喀什噶尔,中国给予可盖房屋、建造堆房、圣堂等地,以便俄罗斯国商人居住,并给予设立坟茔之地"。这也就是把喀什噶尔辟为对俄贸易商埠。

同约第七条规定,"俄罗斯国商人及中国商人至通商之处,准其随便买卖,该处官员不必拦阻;两国商人亦准其随意往市肆铺商,零发买卖,互换货物,或交现钱,或因相信赊账,俱可。居住两国通商日期,亦随该商人之便,不必定限"。这就许俄罗斯商人"至通商之处",随意活动,不征税,无任何限制。

同约第八条规定,"除伊犁、塔尔巴哈台二处外,即在喀什噶尔、库伦设立领事官"。"倘有犯罪之人,照《天津和约》第七条,各

---

① 后来改为天津,参见《总理衙门奏》,同治元年二月十四日《夷务始末》,同治朝,第4卷,第33页。

按本国法律治罪"。这就把《天津条约》中文本所无而俄文本所有
的私货公然订入了双方协议的正式条约。①

以上五项趁火打劫的中俄条约,给予沙俄以许多贸易特权,但
都是原则性的,并未对商务税务的细则作出具体规定,因此,沙俄
便于1862年3月4日迫使清政府签订了《陆路通商章程:续增税
则》。这个章程又大大扩大了贸易地区,例如第一条就规定,"两
国边界贸易,在百里内均不纳税"。第二条规定,"俄商小本营生,
准许前往中国所属设官之蒙古各处及该官所属之各盟贸易,亦不
纳税;其不设官之蒙古地方,如该商欲前往贸易,中国亦断不拦
阻"。

章程第三条规定,"俄商运俄国货物前往天津,……止准由张
家口、东坝、通州直抵天津,任凭沿途各关口中国官员迅速点数抽
查,验照放行"。第四条规定,"俄商路经张家口,按照运津之货总
数,酌留十分之二于口销售"。第五条规定,"俄商运俄国货物至
天津,应纳进口正税,按照各国税则三分减一,在天津交纳。其留
张家口二成之货,亦按税则三分减一,在张家口交纳"。第六条规
定,"如在张家口二成货物已在该口纳税,领有税单,而货物有未
经销售者,准该商运赴通州或天津销售,不再纳税"。第八条规
定,"俄商如由天津运俄国货物,由水路赴议定南北各口,则应按
照各国税则,在津补足原免三分之一税银,俟抵他口,不再纳税。
如由天津及他口运入内地,均应按照各国税则纳一子税"。

关于出口税问题,章程第十条规定,"俄商在他口贩卖土货,运
津回国,除在他口按照各国总例交纳税饷外,其赴天津,应纳一复进
口税(即正税之半)"。第十一条规定,"俄商在天津、通州贩买土货,

---

① 参见《中外旧约章汇编》第1册,第88页。

照第三款之路,由陆路回国,均按照各国税则完一正税,领取执照,不再重征"。第十二条规定,"俄商在张家口一处贩买土货,应交出口税银,按照各国税则交一子税(即正税之半),在张家口交纳,该口发给执照以后,不再重征"。第十三条规定,"俄商在通州买土货,应预先报明东坝,按各国税则完一正税,由东坝收税"。第十四条规定,"俄商在天津或他口贩卖别国洋货,由陆路回国,如别国已交正税、子税,有单可凭,不再重征,如别国只交正税,未交子税,该商应按照各国总例在该关补交子税"。此外,在"续增税则"上还规定了进出口许多商品的税则,其中砖茶每100斤纳出口税6钱,较中英海关税则所定每100斤纳税2两5钱,不足四分之一。

这些规定表明,沙俄通过第二次鸦片战争中几次趁火打劫的不平等条约,不仅取得英法通过武装入侵所取得的一切通商特权,还取得对华通商的许多特殊的优待权利,例如在黑龙江沿岸的贸易不纳税,在全部中俄陆地边界100里以内的贸易不纳税,在蒙古全境的贸易不纳税,由陆路经张家口运入天津的货物,留二成在口销售者仅纳正税的三分之二,到达天津后也只纳正税的三分之二,尤其是这个时候,已成为土产销俄大宗的砖茶所纳出口税不足一般茶叶出口税的四分之一,损失特大。

然而沙俄并不以取得这许多优待为满足,在1862年签订《陆路通商:续增税则》以后,还多次提出更多的要求。例如要求自其他通商口岸贩运土货经过天津时免纳复进口半税;要求取消陆路进口货在张家口只酌留十分之二的限制;要求取消蒙古境内俄商只作"小本营生"的限制等等。1865年,俄国公使提出修约要求,"开列多款","而以张家口任便通商为最重"。[①] 张家口距北京甚

---

① 《夷务始末》,同治朝,第67卷,第23页。

近,清政府恐其"聚人渐多",造成对北京的威胁,坚决反对。1866
年夏,俄使又来要挟,"其意甚坚",清政府终于被迫屈从了上述自
他口运货经天津免纳复进口半税的要求,其他要求推迟至两年后
再议。① 1867 年,俄使又提出在张家口设立领事馆和开设行栈的
要求,终于迫使清政府于 1869 年 4 月 27 日签订改订《陆路通商章
程》。

《陆路通商章程》的第二条取消了俄商在蒙古境内只作小本
营生的限制,改为"俄商准许前往中国所属设官之蒙古各处及该
官所属之各盟贸易,亦不纳税"。其第四条取消了俄商由陆路运
货至天津,在张家口只酌留二成的限制,改为"任听酌留若干于口
销售"。第五条规定酌留张家口之货交一正税。这样一来,外蒙
便成为沙俄大举入侵的重点地区,而张家口则成为沙俄入侵华北
地区的一大据点。

沙皇俄国对中国西部的侵略野心,和他们对中国北部的侵略
野心同样迫切而狠毒。19 世纪 70 年代初,他们趁新疆阿古柏叛
乱的机会,出兵伊犁。这就导致 1879 年 10 月 2 日中俄《伊犁条
约》和《陆路通商章程》的签订。这两个条约丧失主权过大,为清
政府所极力反对,同时其他西方入侵者也进行干涉,于是便于
1881 年 2 月 24 日另行签订了《改订条约》和《改订陆路通商章
程》。据这两个条约,清政府以 900 万卢布的代价收回伊犁等部
分被占领土,在贸易方面,有以下各点:

《改订条约》第十条许俄国在伊犁、塔尔巴哈台、喀什噶尔、库
伦、吐鲁番和肃州(即嘉峪关)设立领事馆,其余科布多、乌里雅苏
台、哈密、乌鲁木齐、古城 5 处"俟商务兴旺,始由两国陆续商议添

---

① 《夷务始末》,同治朝,第 41 卷,第 1—2 页。

设"。这就一举安设 6 个侵略据点，"俟商务兴旺"后更设的据点还有 5 个。第十一条规定，"两国人民在中国贸易等事，致生事端，应由领事官与地方官公同查办"。这就破坏了中国的司法审判权。第十二条规定，"俄国人民准在中国蒙古地方贸易，照旧不纳税，其蒙古各处及各盟设官与未设官之处，均准贸易，亦照旧不纳税。并准俄民在伊犁、塔尔巴哈台、喀什噶尔、乌鲁木齐及关外之天山南北两路各城贸易暂不纳税。俟将来商务兴旺，由两国议定税则，即将免税之例废弃"。第十四条规定，"准俄商前往肃州贸易，货帮至关而止，应得利益照天津一律办理"。第十六条规定，"将来俄国陆路通商兴旺，如出入中国货物必须另定税则，较现在税则更为合宜者，应由两国商定，凡进口、出口之税均按值百抽五之例定拟。于未定税则前，应将现照上等茶纳税之各种下等茶出口之税，先行分别酌减。至各种茶税，应由中国总理衙门会同俄国驻京大臣，自换约后一年内会商酌定"。事实上，条约签订后并未如期会商。不过这些规定，把免税减税的协定原则又推广到许多贸易处所去，其中最奇怪的是，并不指明贸易处所，而是"天山南北两路各城贸易，暂不纳税"，后来也并未因"商务兴旺"而议定税则，"将免税之例废弃"。

1881 年 2 月 24 日签订的《改订陆路通商章程》，重新肯定过去各项条约上关于俄商陆路贸易的许多优待特权。此外，又在第五条上规定，"由俄国运来货物至肃州者，所有完纳税饷等事，应照天津一律办理"，这就是说，减纳进口税的三分之一。第十条规定，俄商在肃州贩运土货，或在内地贩运土货经肃州回国者，也照天津一律办理。第三条规定，俄商"由俄国边界运货经科布多、归化城前往天津者"，也和由恰克图、尼布楚前往天津一样，可经由张家口、东坝、通州行走；其待遇也和恰克图、尼布楚相同。

《改订条约》和《改订陆路通商章程》破坏中国主权的重大发

展是新辟许多免税减税贸易处所,其中特别值得重视的是关于肃州贸易的规定,这标志着沙俄的侵略矛头又从西部深入中国的腹里地区。

俄商对陆路贸易的免税减税特权,后果十分严重。须知华商经陆路向俄国出口茶叶,是逢关纳税,遇卡抽厘的。在减税特权的掩护之下,俄商出口茶叶的负税比华商减轻 20%。因此,在 1860 年前,在恰克图对面中国境内买卖城经营茶叶输出的山西茶行有 100 余家之多,到 1863 年便减为六七十家,再到 1868 年便只剩下 4 家。① 1872 年华商运销俄国的砖茶,到天津起岸陆运时,不再交纳复进口税,但俄商在汉口、九江、福州等地设厂制造砖茶,成本大为下降,华商仍然无力和俄商竞争。② 此外,华商对蒙古、天山北路和满洲的陆路贸易也全落入俄商之手。③

陆路进出口贸易的减税免税优待,本来只是对沙俄的,此例一开,后来其他国家经营对华陆路贸易也迫使清政府给予优待。例如 1886 年 4 月 25 日中法所签订的《越南边界通商章程》的第六条就规定,"凡各项洋货进云南、广西某两处边关者,于到关时,即……按照中国通商海关税则减五分之一收纳正税……如该商愿将洋货运入内地,须再报关,照通商各海关税则收纳内地子口税"。第七条规定,"凡各项土货运出云南、广西某两处通商处所,……如系该商先领三联单,自赴内地采买,并未完过内地税厘者,应照中国通商各海关税则,先征内地子口税,再照中国通商海关税则减三分之一征出口正税"。在 1887 年 6 月 26 日中法所签订的《续议商务专条》的第二条上,把前约所谓"某两处通商处所"

① 《英领报告》,1868 年,天津,第 3 页。
② 《英领报告》,1873 年,天津,第 133 页。
③ 《万国公报》1874 年 11 月 28 日,第 7 年,第 313 卷,第 178 页。

定为广西的龙州和云南的蒙自,但"缘因蛮耗系保胜至蒙自水道必由之处,所以中国允开该处通商,与龙州、蒙自无异"。[1] 1893年12月5日中英所签订的《印藏条款》第四条上也规定,除应禁货物外,"其余各货,由印度进藏,或由藏进印度,经过印哲边界者,无论何处出产,自开关之日起,皆准以5年为限,概行免纳进出口税;俟5年限满,查看情形,或可由两国国家酌定税则,照章纳进出口税。在1894年3月1日中英所签订的《续议滇缅界、商务条款》的第八条上,英国"答允自条约批准之日起,以6年为期,中国所出之货及制造之物,由旱道运入缅甸,除盐之外,概不收税;英国制造之物及缅甸土产,运出缅甸,由旱道赴中国,除米之外,概不收税"。

## 第七节 西方入侵者对中国江海领水主权的破坏和洋船对中国航运业的排挤

中国本来是一个内河和外海航运都很发达的国家。单就海洋航运而言,中国人民根据悠久的经验积累,就发明了特别适宜于航行中国沿海、西南太平洋和印度洋特殊风潮的各种船型结构,其适航性远远超过欧洲船型。自唐宋以来,中国商船就远航印度、阿拉伯半岛乃至东非沿岸,只是到了1511年葡萄牙海盗占领马六甲以后,他们的抢劫暴行才使中国商船不复西出马六甲海峡。在16世纪初至19世纪初那300多年里,先后闯入东亚海域的西方侵略者,无不进行海盗掳掠。但是直到19世纪的20年代,估计航行东南亚的中国商船还有300艘左右,载重85000吨,相当于英国东印

---

[1] 1895年6月20日《中法续议商务专条附章》第二条,将蛮耗改为河口,第三条另开思茅对法通商。

度公司来华商船吨位的 4 倍。①

在鸦片战争以前,适用于不同要求的沿海商船,型号繁多,大者超过 1000 吨。广东沿海有船 1200 艘,每艘载重以 150 吨计,共达 18 万吨。福建有专驶台湾的横洋船,有南下广东的南漕船,有北上江浙的北漕船,其中仅横洋船即达 1000 艘,约 15 万吨。江浙两省有驶往天津、牛庄的沙船,有驶往山东的卫船,有驶往福建的南船,还有专驶宁波的宁船,总计约 3500 艘,每艘以 100 吨计,即得 35 万吨。以上各种商船共约 5800 多艘,载重 68 万多吨,每年贸易总值约达 2600 多万元。② 这个数字超过鸦片战争前夕广州全部进出口贸易总值 2500 万元。③ 此外,无法统计的沿海和内河的船只和贸易量,肯定要比这个估计大许多倍。

鸦片战争以后,西方入侵者恣意掠夺中国江海的航行权和贸易权,对中国固有的航运和贸易造成极大的排挤压力。

## 一、省港澳所谓"小船"的航运和贸易

一个国家的沿海水域,属于该国主权范围,不容他国侵犯。这是国际公认的一条准则。英、美两国在 1817 年就曾互相承担义务,不在对方海域进行航运。④ 一个国家的内河航运和内地贸易,更属于该国的主权范围。"在世界大多数先进国家中,内河航行

---

① 田汝康:《十七世纪至十九世纪中叶中国帆船在东南亚航运和商业上的地位》,《历史研究》1956 年第 8 期,第 16 页。

② 田汝康:《再论十七世纪至十九世纪中叶中国帆船在东南亚航运和商业上的地位》,《历史研究》1957 年第 12 期,第 6—7 页。

③ 鸦片战争前夕广州进出口贸易总值系根据罗伯聃的估计。见英国外交部档案,F. O. 228/32。

④ 费正清:《贸易与外交》第 1 卷,第 361 页。

权是保留给本国的公民的。"①"一个国家向另一个国家要求内河
航行权,在任何国际法体系中都是完全没有根据的。""没有一个
西方国家曾经把这个特权让予给任何其他国家","也没有任何条
约承认这样一个原则"。② 在鸦片战争时,清政府没有这样的国际
法知识,但它还是具有保护中国航运主权的思想意识的。外商侵
夺中国航运贸易的条约特权,或者进行约外的非法行动,完全是外
商暴力强制的结果。

早在 1843 年中英谈判五口通商附粘善后条款时,英方代表璞
鼎查就一再要求中国沿海一切港口,对香港自由通商。香港既已
成为英国领土,这种要求,无异于根本否定《江宁条约》只许广州
等五口对外通商的既有规定,是中方代表耆英无论如何也不敢接
受的。璞鼎查此计未逞,乃迫使耆英开放广州对香港和澳门的所
谓"小船"贸易。

中英《五口通商附粘善后条款》第十七条所说的"小船",专指
往来省港澳的"二枝桅、或一枝桅、三板、划艇等名目"。"此等小
船,非大洋船可比,且不时往来,进口每月数次不等,亦与大洋船之
进口后即停泊黄埔者不同,若与大洋船一例纳钞,未免偏枯。嗣后
此等小船,最小者以 75 吨为率,最大者以 150 吨为率,每进口一
次,按吨纳钞一钱,其不及 75 吨者,仍按 75 吨计算;倘已逾 150
吨,即作大洋船论,仍按新例,每吨输钞 5 钱。至福州等口并无此
等小船往来,应无庸议。"香港至澳门航线属于沿海贸易,澳门至
广州航线属于内河贸易。这条规定既破坏了中国沿海的领水主
权,又破坏了中国内河的领水主权。在鸦片战争以前,洋商洋船倚

---

① 魏楼拜:《外国在华权利和利益》(W. W. Willoughby, Foreign Rights and Interests in China),第 846 页。

② 阿礼国语。参见莱特:《赫德》,第 431—432 页。

仗武装暴力,在中国沿海,随意闯入任何港口,走私鸦片,也走私合
法商品,那当然已经是破坏中国领海主权的行径。如今以条约形
式允许所谓"小船"行驶省港澳航线,只不过是把洋商洋船破坏领
水主权的行径加以合法化罢了。

第十七条又规定,所谓英籍"小船"行驶省港澳航线,"除仅只
搭客,附带书信、行李,仍照例免其纳钞外,倘载有货物,无论出、入
口及已、未满载,但有一担之货,其船即应按吨输纳船钞"。这就
正式规定搭客小船免纳船钞。而省港澳航线的往来客商是随着香
港的日益繁荣不断增多的。至于所谓"行李",又是一个橡皮概
念。诸凡进口鸦片,出口违禁品,皆可以"行李"名目,免纳船钞。
这是省港澳航线走私猖獗的合法外衣。

同约第十三条规定,华商欲带货往香港销售者,先须在5个条
约口岸的海关,"遵照新例,完纳税银,由海关将牌照发给,俾得前
往无阻"。若华商欲赴香港置货者,准其在五口请领牌照,"于运
货进口之日完税。但华民既经置货,必须用华船运载带回,其华船
亦在香港请领牌照出口",与在五口所给赴港牌照无异。"凡商船
商人领有此等牌照者,每往来一次,必须将原领牌照呈缴华官,以
便查销,免滋影射之弊。其余各省及粤、闽、江、浙四省内如乍浦等
处,均非互市之处,不准华商擅请领牌照往来香港,仍责成九龙巡
检会同英官,随时稽查通报"。同约第十四条规定,英方"必须特
派英官一员,凡遇华船赴彼售货、置货者,将牌照严行稽查。倘有
商船商人并未带有牌照,或虽有牌照而非广州、福州、厦门、宁波、
上海所给者,即视为偷漏乱行之船,不许其在香港通商贸易,并将
情由具报华官,以便备案。如此办理,不惟洋盗无可混迹,即走私
偷漏各弊,亦可杜绝矣"。同约第十六条又规定,"各港口海关按
月以所发给之牌照若干张,船只系何字号,商人系何姓名,货物系
何品类,若干数目,或由香港运至各港口,或由各港口运至香港,每

月逐一具报粤海关,粤海关转为通知香港管理之英官,以便查明稽核。该英官亦应将来往各商之船号、商名、货物数目,每月按式具报粤海关,而粤海关即便通行各海关,查明稽核,如此互相查察,庶可杜绝假用牌单,影射偷漏等弊,而事亦不致两歧"。

这些规定,显然是耆英要求订立的。其目的是杜绝华商从香港到通商五口走私偷税。但根据条约,中国官厅必须取得英方的充分协作才能杜绝这些走漏行为。而英方从签订条约的那一天起就无意于进行协作。条约第十三条英文本缺少下述规定,即"其余各省及粤、闽、江、浙四省内,如乍浦等处,均非互市之处,不准华商擅请牌照往来香港,仍责成九龙巡检会同英官,随时稽查通报"。这是英文译员罗伯聃故意隐瞒的条文,就连签订条约的璞鼎查也一无所知。英国外交部是迟至 1844 年 10 月才发现这个缺漏的。但罗伯聃解释说,这句中文本所有而英文本所无的条文,"既不是(在中文本上)私自暗中增加的,也不是(在英文本上)仅仅忽视不载的",而是因为"对我们(香港)殖民地完全不发生影响"。① 这里不必评论罗伯聃的这种"既不是"和"也不是"的说法是何等的古怪荒唐,所要指出的是,罗伯聃深知英方根本无意于派人"随时稽查通报",清政府也无力"不准华商"往来香港,所以约文之有无缺漏,对香港"完全不发生影响"。

英方无意于协作,在实践中,耆英杜绝偷漏的意图当然不能不落空。但条约规定,却使洋商洋船对通过香港进行沿海航运和贸易的华商华船处于特殊有利地位,从而排挤了华商的航运和贸易。

香港就在大陆近边的沿海航线上,本来是一个荒凉的小岛,英国割得后,把它辟为自由港,不征进出口关税,很快就繁荣发达起

① 费正清:《贸易与外交》第 1 卷,第 126 页。

来,成为中外商船和贸易货物的巨大集散地。华商经营沿海贸易,南来北往,一般都路经香港。条约规定,华商执有五口以外各海口所发牌照前往香港者,"即视为偷漏乱行之船,不许在香港通商贸易",但洋商则并无此等限制,这就从根本上阻绝了五口以外各口华商经过香港所经营的沿海航行和贸易。这个禁令当然是对华商经营沿海贸易的沉重打击。

此外,华商经营沿海航运和贸易,本来只纳较轻的常关税,不纳较重的海关税。如今执有五口牌照的华商虽有在香港通商贸易之权,但因此也就视为往来外国的贸易,"按照新例,完纳税银",即在海关缴纳较重的船钞和进出口税,这就加重了华商沿海贸易的税钞负担。

就省港澳航线上的英籍"小船"而言,随着香港的繁荣发达,往来也跟着日益频繁。在 1844—1847 年间,这种"小船"的进出航次便达 730 艘,载重 19077 吨。① 1848 年,香港洋商组成一个省港小轮公司(Hongkong and Canton Packet Co.),专门行驶省港澳航线。② 1855 年,这家公司已拥有小轮 6 艘。③ 另外有人说,1855 年行驶这条航线的轮船共有 8 艘,不久又增加了 5 艘。④ 在第二次鸦片战争期间,外商武装船只伙同外国侵略军对珠江中国帆船进行大规模的破坏。例如,1857 年 5 月就毁帆船 40 只,6 月,又毁帆船 70—80 只。⑤ 在这种情况下,洋商在这条航线上,对华商的排挤当然更加严重。

---

① 费正清:《贸易与外交》第 1 卷,第 127 页注。
② 埃德尔:《香港史》,第 276 页。
③ 《华英年历,1855 年》(Anglo–Chinese Calendar for 1855),第 84 页。
④ 格里芬:《飞剪船和领事》,第 140 页。
⑤ 《海王》(American Neptune)第 22 卷,第 1 号,第 33—35 页。

## 二、洋船吨税的减免和走漏

鸦片战争以前,清政府对洋船所加征的船舶税,称为"船钞",以船舶的长宽相乘之积的大小定课税的多少。① 第一次鸦片战争以后,船钞改以船舶的载重吨数为课税标准,故船钞又称"吨税"。当时规定每吨容积合中国容积 122 斗。② 中英《五口通商章程:海关税则》第五条规定,"凡英国进口商船,应查照船牌开明可载若干吨,定输税之多寡,每吨输银五钱"。同年中英《五口通商附粘善后条款》第十七条规定,航行省港澳航线的所谓"小船",凡在 150 吨以下者,每吨纳钞 1 钱,这是中外不平等条约上有关吨税的最早规定。这就把新定船钞削减到旧征船钞十分之二的水平,甚至连十分之二也不到。③

到了中英《通商章程》签订后的 8 个月,中美在 1844 年的 7 月 3 日,签订了《五口通商章程:海关税则》。这个章程对航行中国江海的洋船吨税又做了新的规定。首先,中英《通商章程》关于英船每吨纳钞 5 钱的规定是指不论来自外洋,还是来自中国其他口岸的英船而言,也不论是否开舱卸货,每进口一次,即须纳一次吨税。中美《通商章程》的第六条和第十条,1844 年 10 月《中法五口通商章程》第十五条,也有相同的规定。必须指出,这些规定,不论洋船来自外国,还是来自中国其他口岸,都是指它们经营对外贸易而

---

① 梁廷枏:《粤海关志》第 9 卷,第 13 页。

② 《五口通商章程:海关税则》最末附言,参见王铁崖编:《中外旧约章汇编》第一册,第 50 页。

③ 英国蓝皮书:《1847 年英国下院对华关系报告书》,第 153 页;马士:《对外关系史》第 1 卷,第 349 页;莱特:《自主斗争》,第 37 页。

言,并非经营沿海贸易,也只纳一次船钞。但是,1848 年,有一家
莫罗洋行(Murrow & Co.)的船只从事沿海贸易,也以这些规定为
根据,硬说既已纳过一次船钞,拒绝再次纳钞。而广州海关也就默
认在华所有洋船,每年只纳一次船钞。还有的洋行,又持无约国登
记证,根本拒绝缴纳船钞。

其次,中英《善后条款》第十七条规定,英籍小船"仅只搭客,
附带书信、行李",免纳船钞,那仅指往来省港澳的小船本身而言,
到了中美《通商章程》第七条上,这个原则就变成了"凡合众国民
人,在各港口若载有货物,凡本国三板等小船运带客商、行李等均
不须输纳船钞";载重在 150 吨以下者,每吨纳钞 1 钱,"若雇用内
地艇只,不在按吨纳钞之例"。这就把往来省港澳小船的免钞待
遇,扩大到行驶"各港口"的小船及其"雇用内地艇只"上。我们尚
未看到华商船只有何免钞的规定,所有这许多洋船免除船钞的规
定,都为洋船排挤华船的航运业提供了特殊优待条件。

第二次鸦片战争以后,西方入侵者再次倚仗权势,为洋船排挤
华船航运业取得了更多的优待条件。1858 年中英《天津条约》继
续保留过去中西不平等条约上关于洋船减钞、免钞的各项规定,但
新约的第二十九条把善后条款第十七条所定省港澳航线上 150 吨
以下的小船,每进口一次,每吨纳船钞 1 钱的规定,改为"凡船只
出口,欲往通商他口并香港地方",由海关发给"专照,自是日起以
4 个月为期,如系前赴通商各口,俱毋庸另纳船钞",这就废除了省
港澳航线上此等小船每进口一次,纳钞 1 钱的规定,改为在 4 个月
内前往通商各口都免纳船钞。同条又把 150 吨以上的船只每吨纳
钞 5 钱的规定,改为每吨纳钞 4 钱。

1858 年中法《天津条约》第二十二条重申 1844 年中法《五口
通商章程》第十五条的规定,"凡大法国船,从外国进中国,止须纳
船钞一次"。据此,法国驻上海领事爱棠坚持法国商船来华后,不

论若干年月,都只纳船钞一次。总理衙门复照法国公使布尔布隆说,尽管法国商船在几个口岸出卖进口洋货或收购土货出口,都只纳船钞一次。但这条规定明明说的是"从外国进中国",并不适用于从事中国沿海航运的法国商船,法国公使理屈词穷,不得不承认此条不适用于在中国沿海进行航运的法国商船。但法国公使还是节外生枝,于1865年9月迫使清政府签订《更定法国商船完纳船钞章程》。这个章程规定,"凡船只出口欲往中国议定通商他口,并往来安南国内法国所辖埠头与附近之日本码头,该船主禀明海关监督,发给专照,自是日起以四个月为期,如系前赴议定通商各口,俱毋庸另纳船钞,以免重输"①。这就使法国商船于初次进口纳一次船钞后,在4个月内无论进出中国通商口岸或安南与日本各埠,都不再纳钞。沙俄也于1865年迫使清政府承担义务,对呢廓来业福斯克(尼古拉耶夫斯克)海口至图们江海口的来华商船,也给予4个月内只纳钞一次的优待。1868年,清政府又屈从于西班牙公使的要求,给予菲律宾和中国通商各口航线上的西班牙商船以同样的优待。这些规定的后果,十分严重。须知中国通商各口对安南和日本各埠的商船往来,在4个月内,可以往来多次。菲律宾至潮州、厦门两港的航程不过900里,每4个月可往返许多次。据此,则西班牙商船行驶这条航线,不论进出多少次,都只纳一次船钞。这对中国船只的外海航运,当然是极其沉重的打击。

不仅如此,1843年中英《五口通商章程:海关税则》虽有以中国容积122斗作为测量外国商船载重、吨位的规定,在实践上,海关并不具体测量外商船只的载重吨位,而根据外国领事转报的商船船牌所载吨数折合英制吨位,加征船钞。这就为西方商船走漏

---

① 海关总署:《文件汇编》第1卷,第20、22、54、55页。

船钞大开方便之门,1863年,海关发现北德联邦的某艘来船少报
载重吨位,走漏船钞,总税务司根据总理衙门的意见发出通令,说
是海关对北德商船的载重吨位,有所怀疑,应即进行度量。普鲁士
政府对此大为不满,建议废除中国的度量方法,采取1865年西方
各国所定的噶拉(Galatz)换算表,计算应纳船钞的载重吨位。
1870年,德国公使又向总理衙门提出抗议,说是中国海关对德国
商船实施差别待遇多征了4艘德船的船钞。但是调查结果证明,
不是海关多征船钞,而是这4艘德船少报吨位,走漏船钞。另外还
有其他外商控诉海关多征船钞,要求缴纳最低额的船钞,结果又证
明,即使按照曾经缴纳过的最高额船钞计算,也大大低于实际应纳
的钞额。①

　　船钞的征免,还有其他不少问题。1861年9月,中德《通商条
约》第三十一条规定,德籍商船"遇有破烂及别项缘故急需进口躲
避者,无论何口均可进去,不用完纳船钞"。1870年,德国公使照
会总理衙门说,"现在本国与法国交战,本国商船恐在海中被法军
所获,有躲入中国口内者。其在该口内躲避,并非所愿,即与条约
所载遇有别项缘故急需躲避进口者相同,应请不纳该商船钞"。
这个在特殊情况下躲避进口即免纳船钞的要求,引起总税务司赫
德于1870年先后拟定《初议洋商躲避收口船钞分别征免章程》和
《核定各项船钞分别征免章程》。这两个章程对各种具体情况分
别做了征免规定,其总的原则还在给予外籍商船以各种优待。

　　赫德所拟后一章程,把1865年噶拉换算表定为各国船只不同
计量载重吨位换算为英制吨位的统一标准,从而废弃了1843年所
定的华制计量方法。"各国商船准赴各关请由该关派人度量其

————————

① 海关总署:《文件汇编》第1卷,第199页。

船,再照所算之吨数纳钞。"章程如此规定,在实践中,中国海关与外商发生吨位争执时,仍由其驻京公使和总理衙门交涉解决;各国商船吨位仍以领事转报的船牌吨位为准,海关所能丈量的,仅限于华商所有的洋式船只而已。① 这样,结果当然就重征华商所有的洋式船只,轻征洋商所有的洋式船只。

两个章程所定船钞征免条例,贯彻 4 个月纳钞一次的原则。例如,凡开往其他通商口岸和香港、吕宋、安南、日本、呢啰来业福斯克等处的洋船,可在出口时领取 4 个月专照,凡在期内复进口时免纳船钞。凡收口躲避之船,其来自外国者免纳船钞;其来自其他通商口岸又携有 4 个月专照者,扣除躲避日期后不足 4 个月即免纳船钞,超过 4 个月或起卸货物者,即按例纳钞。但"凡有往他口之轮船,因煤炭烧完,进此口买煤炭而复行者,该船实非搭客进口,在口内并无起货下货等事,自应按躲避收口例,免征其钞放行"。这就并无 4 个月专照的限制。

特别值得注意的是,"凡有公司轮船,其由某国立定合同,投传文信,按期定数,由外国来、往外国者,各关所给之四个月专照即勿用指定某船收执。缘此项船只,有时抵充来往,皆系公司按期出口之船,即按其已纳一次之钞,免纳四个月之钞"②。这就特许外国某艘邮船,可以将其所取得的 4 个月专照,转让其他任何邮船作为 4 个月免纳船钞的凭证。但所谓邮船,绝少只运信件而不搭客运货者,这就对以邮递为名而实际上搭客运货的所谓邮船都给予 4 个月免钞的特权。后来赫德更把这项免钞特权扩大到中国与曼谷、新加坡、槟榔屿、巴达维亚、旧金山、马赛、南安普顿之间的一切

---

① 莱特:《自主斗争》,第 295 页。
② 《成案》第 7 卷,第 9—10 页。

商船。① 这时,苏伊士运河已经通航,欧洲来华轮船,4 个月内可往返两次。② 据此,则欧洲来华邮船,每行驶两次只纳一次船钞。到了 1880 年 3 月的《中德续行条约》第二款上,德国又取得这样的特权,"中国允德国船只已在中国完纳船钞者,如往中国通商各口,或往各国口岸,在四个月内,均不重征"。这就对德国往来中国任何口岸和任何外国的一切轮船,一旦取得 4 个月专照,不论进出多少次,都只纳一次船钞。这是国际航运史上前所未有的奇异制度。

最后还需要补充一点。所有吨税收入的开支,在 1865 年还只划出十分之一建造航标,3 年以后,这个比例便提高到十分之七,而其余的十分之三,则由赫德掌握,任意开支。总而言之,在半殖民地的中国,海关对外国商船所征的船钞即吨税,从收入到支出,都掌握在西方入侵者手里。因而吨税问题,就不只是优待洋商排挤华商航运业的问题,同时也是一个财政问题。

## 三、沿海领水主权的破坏和洋船
## 对华船沿海航运业的排挤

### (一)五口通商时期洋船对华船沿海航运业的排挤

船舶吨税是船舶航运的一项负担,也是直接关系到航运业发展的一项重要负担。不平等条约所强加于中国的协定关税,优待洋商洋货,苛征华商土货,从而直接阻碍了华商航运业的发展。这里只考察领海主权的破坏和洋船对中国航运业的排挤问题。

以上所说洋船的吨税问题,按理都只限于洋商洋船经营口岸

---

① 海关总署:《文件汇编》第 1 卷,第 187—188 页。
② 莱特:《赫德》,第 300 页。

洋货的航运贸易而言,并未涉及土货,更未涉及未开口岸。事实上,不仅洋商洋船肆无忌惮地经营已开和未开口岸之间的洋货和土货沿海航运和贸易,华商也租用洋船或假冒洋商洋船经营一切口岸之间的航运和贸易。这种发展,从 19 世纪 40 年代就已开始了。

1847 年春,厦门中国当局警告华商不得用英国船运送土货。对此,英国驻华公使德庇时,立刻向耆英提出抗议,说是《五口通商附粘善后条款》第十三条,既然特别指明华商可以从五个通商口岸对香港贸易,那就意味着对其他任何港口都不加限制。英国公使提出这样的逻辑,毫不奇怪,实际上,问题并不在于用什么逻辑说话,而在于他的"诡辩词句之中,隐含着威胁"。到了同年 9 月,耆英终于在"威胁"之下,被迫允许华商使用英籍船只运送土货,条件只是提交华商货主的姓名,自行交纳关税,吨税则由英国船主交纳。耆英告诫厦门当局说,干涉华商用英船运货,违反英国享有的"习惯权利"。可见在此以前,进出厦门的中国商人早就使用英船运送土货了。①

耆英许厦门华商用英船运送土货以后,英国驻宁波领事索理汪(Sullivan,G. G.)立刻要求在宁波也实行同样办法。在宁波当局还在等候上级训令期间,索理汪就向华商发出公告,说什么"我们英国船结构坚实,行驶快速,在各种风向中都能快速航行,运货安全,不畏海盗"等等。索理汪报告说,华商是乐意的,只是惟恐当局不予批准。② 但是,一位西方学者详述许多事例说,"事情很

---

① 费正清:《贸易与外交》第 1 卷,第 334 页;海关总署:《文件汇编》第 6 卷,第 9 页。
② 费正清:《贸易与外交》第 1 卷,第 334—335 页。

清楚,把外国人所享有的特权也扩大到土货上去的趋势已经存在
了"①。

华商雇用洋船运货,在很大程度上是由海盗造成的。当时沿
海的海盗猖獗,曾迫使华商避开海运,改由陆运。但他们很快就发
现,陆运所费太贵,又不得不回到海运上来。在沿海水运上,洋船
不仅悬挂洋旗,为海盗所不敢劫,而且携有武器,足以自卫;又构造
坚实,行驶快速和享有水上保险等种种优越条件。条约上,虽然没
有允许洋船经营土货运输的明确规定,但在西方入侵者的压力之
下,中国官方也无力坚决反对。1847 年耆英对德庇时允许华商利
用英船运送土货后,香港英国当局就发出公告,说是中国政府已经
允准英国船只运货,而耆英更同时行文闽浙总督和海关监督示意
遵行。②

1848 年,英国驻福州领事报告说,许多小型的武装洋船,悬挂
英国、葡萄牙、丹麦、荷兰等国的国旗,经常在厦门至上海沿海的一
切港口之间,往来行驶。另一记载说,投入沿海航运的洋船,主要
都是 50 吨至 300 吨的夹板船,这些船不仅在通商口岸之间往来,
也开往华商所要到达的任何港口去。1850 年,大英轮船公司开辟
香港至上海的定期航班,3 年后,行驶这条航线的轮船就增加到 5
艘。它们运输货物并无洋货、土货之别。

1854 年英国驻福州领事报告说,宝顺洋行的二桅纵帆船"才
菲尔号"(Zephyr)和一只中国人所有但悬挂荷兰国旗的三桅纵帆
船"西伦号"(Syren)从淡水装运大米回来。葡萄牙夹板船经常从
厦门向台湾各口运送鸦片和少量布匹,运回木材。这些船都是华

---

① 费正清:《贸易与外交》第 1 卷,第 318 页。

② 莱特著,姚曾廙译:《中国关税沿革史》(以下简称《沿革史》),附录
丙,第 584—585 页。

商包租的。华商不愿用中国船运送高价货物去冒险，所以租用外国船。外国船主对于行驶非条约口岸的指责回答说，他们的船是租给中国商人运货的，中国船不可能安全地进行这种运输，而中国当局也不敢反对外国船进行这种运输。

所谓中国当局并不敢反对外国船只沿海运输土货，显然是自从1847年耆英屈从于德庇时以后各口的普遍现象，外国官方人物对于外国船无权经营沿海航运是一清二楚的。1854年，包令在向英国船发放航行执照时，曾向英国船主指出，条约并未给予悬挂英国旗帜的商船从事沿海航运的权利，"中国海关默许他们这样做，并不就等于赋予他们以这样的权利"。1856年，包令说，"英国商船没有条约权利装运中国货物从一个港口到另一个港口去，……直到目前，所有的不过是默认和不干涉而已。对于这种没有合法根据的贸易，我实在无法给以正式保护"①。同年，英国外交部在发给来华特使额尔金的训令里也指出，英国在《江宁条约》上，"并没有取得从事土货沿海贸易的权利，不能认为，中国某些官员默许他们这样做，他们就取得了这项权利"。1858年，额尔金在谈判天津条约时还说过，"用武力（把洋船在口岸之间运输土货的权利）强加于人，不是欧洲国际惯例所允许的事情"②。

不管英国某些高级官员怎样认为英国商船并无在中国沿海经营土货运输的条约权利，事实是，外国商船放肆地破坏中国领海主权，从事沿海航运。这种航运既有洋船自营的，也有华商包租的；既运洋货，也运土货；既行驶已开口岸，也行驶未开口岸：这当然严重地排挤了华商的沿海航运业。

1857年，怡和洋行的约瑟夫·查甸在写给额尔金的信里，对洋

---

① 费正清：《贸易与外交》第1卷，第322页。
② 莱特：《自主斗争》，第192页。

船经营沿海航运提供了不少情况。查甸说,在未经开放的口岸,有
许多国家的船只从事商业活动,其中英国船占绝大多数。但是,在
沿海一带,悬挂英国国旗的,并不一定就是英国商人或其他外国商
人的船只。中国人雇用外国船,有时还买了外国船,仍旧保留外国
旗帜。在沿海航行的大部分(外国)船只,现在都从事中国的国内贸
易。过了几年,这种船只的数目不断增加。这部分是由于中国帆船
抗风暴的能力较弱,尤其是由于它们常被海盗抢劫的结果。

同时,外国水险公司当然不承保中国的帆船,其结果是〔中国
商人〕非常普遍地愿意使用外国船只。这种情况,不久将使从事
沿海贸易的中国帆船大受排挤。

一个未经条约承认的非常重要的港口是汕头。糖为该埠出口
的大宗,其附近各县出产各种蔗糖,主要取道上海运往北方各省,
最近两年,大有发展,现在的出口数量极大。汕头还有用外国船或
中国船从上海、宁波装运大量的豆饼、大豆之类进口。

在扩展沿海航运方面,外国船只已经在福建和浙江两省的各
个口岸装货(虽然大部分是中国人交运的)。其中我可以举出输
出糖、米之类的泉州,以及附近盛产的明矾,但在这类地方没有任
何一处出现过类似正规(合法)的贸易。

"现在开往台湾的外国船只多半是由中国人包租的。对外国
船只能提供便利的口岸,看来只有西南海岸的旗后(Apes Hill 今
高雄)与台南,以及北边的基隆与淡水。台湾的主要产品为大米,
大部分输往大陆,最近开到台湾的船比以往更多了,主要是来装煤
的。但是外国贸易的价值还不太大,据我所知,出口的目的地,差
不多全是中国沿海各地。"①

---

① 姚贤镐:《外贸史资料》第 1 册,第 454—456 页。

　　总起来说,在 1850—1860 年这 10 年间,洋船在中国沿海一切口岸经营一切洋、土货的航运和贸易。当时厦门、福州、宁波三口的直接对外贸易很少,市面商业基本上都靠沿海贸易维持,并相当繁荣,在此同时,汕头、温州、淡水、台湾、天津、芝罘、牛庄也兴起了洋船贸易。《天津条约》开放这些港口的对外贸易,不过是对既成事实加以合法化罢了。

　　根据汉堡领事的报告,1853 年从事中国沿海航运和贸易的汉堡船只 25 艘,另不来梅船 9 艘,到 1855 年,前者即增至 39 艘,后者增为 10 艘;再到 1856 年,单是汉堡船即达 90 艘,即在 3 年内,船只增加了 2.6 倍。① 这个时期,对中国沿海的最大入侵者是英美商船,可惜我们不知道他们在华发展的具体情况,只知道在 1844 年广州的 12 家美国洋行已拥有商船 28 艘②,据 1856 年的半年统计,开到上海的英籍商船 141 艘中,三分之一是经营沿海航运和贸易的③。美籍商船 51 艘,情况类似。洋船航运的如此快速而大规模的发展,当然就是对中国航运业快速而大规模的排挤。

　　1845 年,兼管福州海关事务的福州将军敬敫说:"向来在厦商人将本省漳州府属及同安县之棉、布等物,由海道运至宁波、乍浦、天津、锦州、盖平及台湾、鹿港一带销售,复在宁波等处贩卖江浙之棉布以及各种货物至厦门售卖。其各省商船之来厦者,亦如此辗转行运。至外洋所产之大呢、羽纱、哔叽等类一切贵重之器物,则专有闽、广商船赴粤运销。……今自夷人来厦开市,凡洋货皆系夷商自行转运,闽无赴粤之商,粤省亦鲜来闽之贾。"④可见,在这么

---

① 施丢克尔著,乔松译:《十九世纪的德国与中国》,第 50—51 页。

② 达维斯:《美国公文汇编》第 1 辑,第 19 卷,第 17 页。

③ 格里芬:《飞剪船和领事》,第 265 页。

④ 《夷务始末》,道光朝,第 30 卷,第 29—30 页。

早的年代,就已经出现洋船排挤闽粤航线上的华船航运了。

### (二)第二次鸦片战争后洋船对华船沿海航运业的排挤

洋船对华船沿海航运的更严重的排挤,还是 1858 年以后。在
第二次鸦片战争中,俄、美、英、法各国在 1858 年强制清政府接受
不平等的《天津条约》,新开 11 个商埠对外通商,其中汕头(潮
州)、天津、牛庄(营口)、芝罘(登州)、淡水(台北)、台湾(台南)、
琼州 7 个商埠都位于东部沿海,单就北部各口而言,就把洋船的航
线从上海向北延伸 1500 英里。在这以前,外国船只未尝不到这些
口岸进行走私活动,如今正式开港,当然就无所顾忌了。

中美《天津条约》第十四条规定,美国人在各条约港口市镇
"居住贸易,任其船只装载货物,于以上所立各港互相往来,但该
船只不得驶赴沿海口岸及未开各港私行违法贸易。如有犯此禁令
者,应将船只、货物充公,归中国入官;其有走私漏税或携带各种违
禁货物至中国者,听中国地方官自行办理治罪,大合众国官民均不
得稍有袒护"。

美国早在 1844 年的中美《五口通商章程》上就已取得进口洋
货在通商各口之间的航运贸易权,中美《天津条约》第十四条的所
谓"任其船只装载货物"在"各港互相往来",其货物一词当然包括
一切洋货、土货在内。这是正式允许洋船在条约口岸之间经营土
货航运的第一次条约规定。至于同条所定美国船只"不得驶赴沿
海口岸及未开各港私行违法贸易",只不过是纸面文章,中国当局
之无力在任何港口缉拿外国船只在未开口岸私行违法贸易,早就
是人所共知的公开秘密了。

《天津条约》给予外国商船经营沿海航运的条约特权,将会产
生什么后果是不言而喻的。所以亲手签订中美《天津条约》的美
国代表列卫廉在签约以后,便洋洋得意地说,这个条约"将会把中

国的大部分沿海贸易都从本地船只转移到外国船只的手里。因为外国船只由于行驶便捷，防范海盗周备，还有可以保险和取费低廉等等理由，已经为人们所偏爱了"。"根据这些规定，沿海的美国小船会比其他（船只）都居于有利的地位。"①

这种形势，就连清政府官僚也估计到了。中外各项天津条约是 1858 年 6 月签订的，同年 8 月，两江总督何桂清上奏说："江苏一省，精华全在上海，而上海之素称富庶者，因有沙船南北贩运，逐什一之利也。今听该夷将上海货物运至牛庄，各处货物运至上海，资本既大，又不患风波盗贼，货客无不乐从。而上海之商船船户，尽行失业，无须数月，凋敝立见。"②因此，到了 1858 年 11 月 8 日签订的中英《通商章程善后条约：海关税则》的第五条上，便出现了这样的规定："豆石、豆饼在登州、牛庄两口者，英国商船不准装载出口。其余各口，该商照税则纳税，仍可带运出口及外国俱可。"同年签订的中法《通商章程善后条约：海关税则》的第五条也有同样规定。清政府禁止洋船从登州、牛庄两口运出豆石、豆饼，是因为这类货物一向是这两个口岸的出口大宗，是沙船北运漕粮至天津后，回空装载的主要货物。当时北运漕船至少达 3000 多艘，赖以为生者数以万计。③ 可见在 1858 年，清政府虽然基本上全盘接受了英法代表所提出的条约草案，但在登州、牛庄两口豆石、豆饼的出口运输上也还为维持大量沙船的运输业务争得了这么一点保留。

但是，在 1861 年 4 月 3 日牛庄正式开港前，英商福格森

---

① 丹涅特：《东亚》，第 321 页。

② 《夷务始末》，咸丰朝，第 30 卷，第 29—30 页。

③ 《夷务始末》，咸丰朝，第 32 卷，第 16 页；又，同治朝，第 3 卷，第 23 页。

（T. T. Furgessen）就已闯到那里去进行豆石、豆饼的出口了。同
年,英国公使又向总理衙门提出修改善后条款,完全开放豆石、豆
饼的强烈要求。① 总理衙门对于英国公使的要求,起初还企图以
洋商雇用中国船只运输豆石、豆饼为条件开放登州、牛庄两口的这
项贸易。② 但终究顶不住洋大人的压力,发明一个"结其心而资其
力"以镇压起义农民的方针③,由奕䜣和总税务司李泰国达成协
议。据1861年9月8日李泰国发给各关税务司的通令说,"各国
公使与恭亲王会商关于土产沿岸转口贸易的纳税办法,作出如下
的决定:一、在出口港纳出口正税;二、在进口港纳半税"④。1862
年3月24日上海英国领事悍然发出通卡,自即日起,外商船只自
牛庄和登州出口豆石至任何港口,与其他中国土货无异。⑤ 再到
1863年,中国和丹麦的《天津条约》第四十四条终于明确规定,"丹
国商民(在)沿海议定通商各口载运土货,约准出口,先纳正税,复
进他口再纳半税;后欲复运他口,以1年为期,准向该关取给半税
存票,不复更纳正税,嗣到改运之口,再行照纳半税"。这样,中国
沿海各口之间包括豆石、豆饼在内的土货运输的领海航运主权,便
以条约权利的形式断送干净了。丹麦当时在中国并没有多大的势
力,它之所以在条约上取得这么大的特权,显然是其他强权的压力
和清政府投靠政策的结果,同时也借助于海关总税务司赫德的具

① 地咽:《中英外交与商业关系,1860—1864》(Dean, B., China and
Great Britain, The Diplomacy of Commercial Relations, 1860—1864),第80—83
页。

② 《夷务始末》,同治朝,第3卷,第23页。

③ 《夷务始末》,同治朝,第32卷,第20页。

④ 海关总署:《文件汇编》第1卷,第50页。

⑤ 《字林西报》(The North China Daily News)1862年5月11日,第
1660页。

体操作，这是人所共知的。

洋商洋船觊觎中国沿海航运，由来已久。《天津条约》和《通商善后条约》一经签订，他们立刻开展了中国沿海航运的活动。1859—1860 年间，美国商人便大量雇用轮船和大型帆船经营沿海航运。有一个记载说，"当一艘有较大容积，一年四季都可航行，以及有保险条件的洋式船只（轮船）从事这项贸易后，估计至少能把十五艘中国木船赶出竞争领域"①。1863 年，上海输入外国制品较 1860 年有所减少，但进口总值却由 1860 年的 4100 万两增至 8200 万两。这么巨额增加的主要原因在于沿海和长江各埠的转口贸易。原来由华商帆船运输土货，沿途关卡林立，捐税繁多，如今"土货多改由洋船，以期运输敏捷，苛税免除也"②。也就在 1863 年，英国驻上海领事报告说，到达上海的英国商船有十分之七是从事沿海航运和贸易的。③ 到了 1865 年，有人说，上海的转口贸易继续大为增长，"实缘中国沿海及内河输送货物之工具，渐由本国帆船改为洋式轮船耳"。④

这里应该特别指出轮船的作用，外商轮船行驶中国沿海航线，虽然早在 19 世纪 50 年代初就已开始，但其大规模侵夺沿海航运，却是 60 年代的事情。轮船经营江海航运，不仅具有行驶便捷，四季通行，享有保险条件，不畏海盗抢劫和减免捐税等优越条件，而取费低廉，尤其吸引顾客。1865 年的海关报告说，"来往于各港口间的无数艘轮船，运费一律低廉，毫无例外，低到中国人甚至可以

---

① 格里芬：《飞剪船和领事》，第 307—308 页。
② 班思德：《中国对外贸易史，1834—1881》（T. R. Banister, A History of the External Trade of China, 1834—1881），第 90—91 页。
③ 莱特：《自主斗争》，第 188—192 页。
④ 班思德：《中国对外贸易史，1834—1881》，第 96—97 页。

利用轮船来运酱菜了。在这种情况下,帆船根本没办法与轮船竞
争了,这些是对帆船货运打击的根本原因。本省(江苏)官员为禁
止当地商人雇用外国轮船运输豆饼出过告示。……因为有成千上
万的帆船闲置在黄浦江上,闲置得都快要烂掉了。……船舶数量
的减少会使上海失去生气。一些商店和工业部门是靠这些水上居
民的光顾才使自己的买卖兴隆起来的。上海滩生气勃勃,租借地
的街道熙熙攘攘,也全靠他们。可是现在这些厂商纷纷倒闭
了"①。

　　黄浦滩闲置商船中最突出的是经营牛庄和登州豆类运输的沙
船。有人说,"沙船聚于上海,约三千五六百号,其船大者载官斛
3000石,小者五六百石"②。豆类沿海贸易的开放,立刻改变了牛
庄、登州两口的贸易形势。1862 年到达牛庄的外国船只只有 86
艘,共 27747 吨;3 年以后(1865 年),便增加到 274 艘,91118 吨。③
1862 年到达登州的外国船只为 348 艘,10745 吨,4 年后(1866 年)
便增加到 493 艘,17383 吨。④ 在豆石贸易开禁之前,"英船北上,
在沪装货者十之八九"⑤。开禁以后,牛庄、烟台两口,出现大量专
为运载大豆的空船进口。在开禁后的 5 年中,牛庄进口的空船,最
多达到 84 艘(1867 年),登州最多达到 131 艘(1864 年)。⑥ 外国
船只的大规模入侵,使得原来从事南漕北运和豆类南运的中国沙
船,遭受沉重的打击。1864 年,停泊上海"无力转运"的沙船就"以

---

① 《贸易报告》,1865 年,附录,第 131—132 页。
② 齐学裘:《见闻随笔》第 2 卷,第 9—11 页。
③ 《贸易报告》,1865 年,牛庄,第 13—14 页。
④ 《贸易报告》,1863 年,烟台;1867 年,烟台,第 24 页。
⑤ 《夷务始末补遗》,同治朝,第 162 页。
⑥ 《贸易报告》,牛庄、烟台,各年。

千百号计"①。在不到 10 年的时间内 3000 多艘的沙船,便直线下降,只剩四五百艘。②

豆类贸易的开放,首先在以上海为中心的沙船业中,引起了强烈的反对。③ 直接处理沙船申诉的江苏巡抚李鸿章,在 1862 年建议:"各口豆类生意,准外国商船贸易。专将上海一口归内地商人运销。"④而总理各国事务的奕䜣,则连这一项办法,也不敢和英国"执约立争"。处境艰难的沙船帮,从李鸿章那里可能得到的,一是在豆石以外,再分沾一点奉天等处杂粮米谷运销之利⑤,一是禁止华商雇用外国轮船运销豆石,以求所谓沙船利益之保全。⑥ 然而,即使这一些"补救之计",也不能长久维持。1867 年,华商雇用外国轮船运输豆石的禁令,就因英国公使阿礼国的要求而被撤销。⑦

沿海航运既经开放,洋船对华船的排挤,当然决不限于豆类贸易。1871 年,上海的一家外国报纸回顾 19 世纪 60 年代的情况说,"广州、福州、宁波、上海、山东和天津的帆船日渐减少"。"以前这些帆船所获得的利润已经全部被外国轮船夺去,偶然有一些零星货物的运输,目前也归了外国的帆船。"⑧

更具体一点说,如在天津,自 1861 年 1 月正式开关后,洋船立

---

① 《夷务始末》,同治朝,第 28 卷,第 38、41 页。

② 《总署致曾国藩函》,同治六年二月初八日,《海防档》,购买船炮,第 861 页。

③ 《夷务始末》,同治朝,第 7 卷,第 49—50 页。

④ 《夷务始末》,同治朝,第 7 卷,第 50 页;第 32 卷,第 20 页。

⑤ 《夷务始末》,同治朝,第 2 卷,第 21 页。

⑥ 莱特:《赫德》,第 403—404 页。

⑦ 莱特:《赫德》,第 403—404 页。

⑧ 《捷报》1871 年 6 月 16 日,第 445 页。

刻蜂拥而来。"外国船只的出现,虽然引起了洋货进口暂时的突
然增加,其最明显的效果却是夺取了中国帆船的运输业务。要知
道过去许多年来,洋货都是由中国帆船大量运来的。(开关后)很
快就表现出来的结果,就是一切洋货及某些土货都由外国船装运
了。"①1865 年的天津海关报告说,"中国人很热衷于乘轮船,客运
量十分可观。从北京南下的各品官员,几乎完全不走陆路,离开本
港(天津)的轮船,几乎没有一艘不搭载官员的"。这个报告还透
露了中国帆船的另一严重弱点。"肇祸最多的是货运量很大,来
往于天津和南方港口汕头和厦门之间的木船。这种木船又大又
笨,在海潮中不大容易驾驶,因此在 1865 年经常在水上出事。"②
1866 年,左宗棠上奏请求购机器雇洋匠试造轮船的理由,就在于
帆船遭受外国轮船的排挤十分严重。他说,"自洋船准载北货行
销各口,北地货价腾贵。江浙大商以海船为业者,往北置货,价本
愈增,比及回南,费重行迟,不能减价以敌洋商。日久消耗愈甚,不
惟亏折货本,浸至歇其旧业。滨海之通,四民中商居什之六七,坐
此阛阓萧条,税厘减色。富商变为窭人,游手驱为人役,并恐海船
搁朽。目前江浙海运即有无船之虑,而漕政盖难措手"③。由此可
见,洋船对中国帆船的排挤,已经严重危及清政府的漕运大计了。

　　在福建,情况也是这样。据同治五年(1866 年)六月十三日福
州将军兼管闽海关税务的英桂报告说,"兵燹(太平天国战争)之
后,商业既属萧条,而运货民船又为洋船侵占。自福、厦二口办理
通商,轮船常川来往,商贾懋迁,维期妥速,内地商货每多附搭轮船

　　①　海关总署:《文件汇编》第 6 卷,第 182 页。
　　②　《贸易报告》,1865 年,天津,第 31 页。
　　③　左宗棠:《左文襄公奏稿》(以下简作左宗棠:《奏稿》),第 13 卷,第 1
页。

运销,既免节节厘金,又无遭风被盗之患,进出口岸系报完洋税。咸丰十一年(1861年)间,福州口本地(注册登记的)商船尚有五十九号,逐年报销,至今仅存二十五号;厦门口(注册)商船四十号,亦存十七号;泉州口(注册)商船一百七号,今存六十五号;涵江口(注册)商船十六号,今存五号;宁德口(注册)只有商船二号;铜山口(注册)只有商船三号。其福、厦等处从前北省各项商船进出口者每年计有一千余只,今减去不止一半,是洋船日多,则民船日少"①。

外国人所写的1865—1866年福州商务报告也说,"由本埠(福州)运往中国其他口岸用帆船装载的货物,已经有三分之一改由外国轮船运载。似乎可能在不多几年之后,沿海航线只剩下寥寥几只无足轻重的帆船"。不仅如此,"中国人需要较小的轮船从宁波载运小量杂项货物到上海,这对易于腐烂的货物最合适,例如橘子鲜果等等,这类货物需要运输迅速"②。

在营口,1865年的海关报告说:"自从营口开放以来,外国船舶的声誉与年俱增,不仅把本港当地木船排挤了一半;而且在一定程度上把大孤山的木船生意也抢了过去。大孤山位于黄海之滨,是一个重要港口。"③

1873年的广州报告说:"过去两年,广州、上海、天津间的直接运输建立起来了。从此,不必再由香港转运了。……迄今沿岸贸易已为后者(外国人)所垄断。他们的轮船夺走了帆船的货运,以致该业全部消失。"④

① 清代抄档。
② 《英领报告》,1865—1866年,福州,第40页。
③ 《英领报告》,1865年,牛庄,第19页。
④ 《英领报告》,1873年,广州,第11页。

　　关于外商轮船排挤华商帆船的情况,缺乏精确的统计。在洋
税务司管理下的中国海关只对进出各口的"洋船",即悬挂外国旗
帜的船只的吨位和贸易价值留有记录,对华商帆船并无记载,而悬
挂外国旗帜的洋船,又并非全部都是外商经营的船只,其中包括华
商租赁的外商船只,或买得挂洋旗权利的华商船只。不过,悬挂洋
旗的帆船,运量很少,可以把海关所记"洋船"进出口贸易价值统
计的绝大部分都看成是外商轮船的贸易价值,据以表示外商轮船
排挤华商帆船的发展趋势,下面以天津海关统计为例,表示这种
趋势。

**进出天津洋船对各口货运价值**

1867—1874 年

| 年　　份 | 货运价值<br>（天津银两） | 洋货占% | 土货占% |
|---|---|---|---|
| 1867 | 11354111 | 60. 7 | 39. 3 |
| 1868 | 16771662 | 62. 7 | 37. 3 |
| 1869 | 18051250 | 58. 9 | 41. 1 |
| 1870 | 16305018 | 65. 2 | 34. 8 |
| 1871 | 17636502 | 60. 0 | 40. 0 |
| 1872 | 18193273 | 55. 9 | 44. 1 |
| 1873 | 19138126 | 50. 8 | 49. 2 |
| 1874 | 19617392 | 50. 0 | 50. 0 |

资料来源:刘广京:《英美在华轮运势力的对抗,1862—1874》( Lin Kwang-ching,
　　Anglo-American Steamship Rivalry in China,1862—1874)(以下简称《势力的对
　　抗》),第 154—155 页。

　　在 1861 年 1 月天津对外开放以前,没有洋船进出天津,所有天
津对沿海各口的贸易都是由华商帆船运送的。上表说明,天津开放
后只经过 6 年的时间,经由洋船进出天津对沿海各口的贸易货值已

达 1100 余万两,到 1874 年以后,更增长至将近 2000 万两,上表还表明,在 1867—1874 年这 7 年中,进出天津的洋船货运中,土货常占40% 以上,最低也有 34.8%,最高达 50%。从天津运往沿海其他各口的土货以煤、羊毛皮、鹿茸、烟草、棉花等项价值为最高。从其他各口,主要是从上海运销天津的土货,以茶叶、丝织品、红白糖、粮食等项价值为最大。这些土货的沿海进出口贸易,主要都是由中国商人经营的。1867 年的天津海关税务司报告说,利用洋船进出商货的华商店铺,有 20 家在广州和香港设有分店,有 7 家在汕头、3 家在福州、至少有 10—12 家在上海有分店。不用说,这些华商店铺同时也经营洋货的沿海埠际贸易。① 天津如此,其他沿海各口也莫不如此。例如 1869 年的海关报告说:"上海到宁波航线上轮船降低运费以排挤帆船,基本上已经使所有的帆船都停止了航运,所剩的只有 9 艘划艇而已。"② 总之,在沿海航运上,洋船,主要是外商所有的轮船已经严重排挤了华商所有的帆船。

## 四、长江领水主权的破坏和洋船
### 对长江华船航运业的排挤

### (一)第二次鸦片战争后长江领水主权的破坏

第一次鸦片战争后,英国就取得了所谓"小船"的省港澳航运和贸易特权,破坏了珠江的内河航运和贸易主权了。不过掠夺中国的内河航行和贸易特权,还不是英国入侵者的主要目的。当时他们认为除广州以外,在中国的东海岸"再有四五个(像厦门)这

---

① 刘广京:《势力的对抗》,第 108—109 页。
② 刘广京:《势力的对抗》,第 167—170、88 页。

样的口岸准许英国通商,也许就足够了"①。但是他们很快就发现,"假想市场的美景冲昏了商人的头脑,使他们看不见障碍,……很快就供给太多,结果产生了停滞。这时,香港英国的有识之士,已经看到中国手工纺织业对英国纺织品的顽强抵抗"②。但是,英国工商资产阶级入侵中国市场的愿望是极其强烈的。他们捏造许多莫须有的罪名,诬称中国政府为阻碍英国货的内销设置障碍,诋毁中国人民排外,要求扫除障碍,深入内地农村市场。

从 1848 年 10 月开始,急于向中国推销棉纱布的英国棉纺织中心的曼彻斯特商工协会,就在 1848、1849、1851、1854 各年 4 次向政府提交备忘录,诬称中国政府庇护中国人排外,阻碍英国商品内销,要求迫使中国政府开放内地市场。③

然而在这个问题上,叫喊得最凶的还是那个侵略中国的凶神恶煞、英国驻上海领事阿礼国。1848 年 3 月 23 日,阿礼国向文翰建议说,扩大对华贸易的"基本的、最重要的条件是进入初级市场,去除旨在限制我们货物在内地的自由流通以及限制土产从内地流到海口的一切财政上的借口,或者是给以有效的监督。最后,废除一切可耻的内地旅行上的限制"。1848 年 4 月 14 日,阿礼国针对国内降低茶叶进口税,以提高中国支付能力的议论,直接向英国外交部说,"为了使我们的贸易能够在健全、繁荣而永久的基础上作更进一步的扩张,我不相信在现在的情况下,我们从中国出口

---

① 马士:《对外关系史》第 1 卷,第 65 页。

② 香港《中国邮报》(China Mail)1849 年 12 月 2 日社论。

③ 《1848 年曼彻斯特商工协会理事会第 28 次年报》(Annual Report of the Board of Director of the Chamber of Commerce and Manufacters Manchester, 1848),第 15—16 页;《1849 年第 29 次年报》,第 18—20 页;《1851 年第 31 次年报》;《1854 年 1 月 26 日会议记录》。

的任何提高可以成为有效的办法"①。接着他就强调指出，"为我们对华商务之大规模的、充分的发展，还要有别的根本条件，其中尤以进入初级市场，排除限制我们货物自然流通的障碍，以及取消一切阻碍内地旅行的限制，最为重要，最有效力"②。到了1849年元月到1852年6月，阿礼国认为巴麦尊所说的"适当时机"已经到来。这就是趁太平军把清政府打得一筹莫展的时机向中国动用武力。前面说过，在这短短的两年多的时间里，阿礼国向他的上级四次提出建议，狂叫开一支小小的舰队到镇江去截断大运河的南北通道，迫使清政府开放全国市场。只是由于太平军迅速占领南京，才不得不暂时采取观望态度。

　　1854年，英国外交部在发给新任驻华公使包令的训令中，明确指示包令在修约谈判中"争取广泛地进入中华帝国的全部内地"的权利，至少要争取到"扬子江的自由航行并进入沿江两岸一直到南京为止各个城市"的权利。③ 包令还接到训令，要在对华侵略上和美、法两国采取协调行动。

　　这时，先后担任美国驻华领事和公使的马沙利、麦莲、伯驾和墨菲都是侵华急先锋。例如，1853年7月，马沙利就已向美国国务卿马西（W. L. Marcy）报告说，开放长江，"会给我国在华侨民带来巨大的利益，而他们的企业在开发内地数以千计的有利的就业机会方面，会起开路先锋的作用"；"只要指出一点就已足够了，那就是整个长江流域估计包含75万平方英里的面积，四周围绕着丰富而宝贵矿藏的群山，一旦在长江及其支流应用轮船运输，你就可

---

① 宓吉：《英国人》第1卷，第206页。

② 斯当东：《中国杂记》（Sir George Staunton, Miscellaneous Notes Relating to China and our Commercial Intercourse with that Country），第42页。

③ 马士：《对外关系史》第1卷，第672页。

以想象得到整个长江流域的贸易就会全部为将来的上海所吸收。
这是很自然的,因为上海是横贯美国的太平洋铁路西部终点站的
最近联络点"。① 1854 年美使麦莲(R. M. McLane)在昆山和怡良
的会见中,既威胁,又利诱,要求开放长江,让"美国公民任意船载
货物从上海进入长江及其支流的任何口岸、城市或港湾"②。他把
这一点称为一切要求的"精髓"③。

　　1854 年,英、美、法 3 国公使联合向清政府提出修改旧签条约
的要求。这个要求本身便是以一种强盗逻辑提出来的。原来
1844 年《中美五口通商章程:海关税则》的第三十四条和同年《中
法五口通商章程:海关税则》的第三十五条都有 12 年后可以修改
通商章程的规定。根据这些规定,美、法两国在 1844 年签约后的
第十二年,即 1856 年才可提出修约谈判。但英国是在 1842 年签
订《江宁条约》的,1842 年以后的第十二年,为 1854 年,因而英国
在 1854 年便提出修约谈判。而美、法两国也提前两年在 1854 年
提出修约要求,这是毫无道理的。特别值得重视的是,《中美通商
章程》所规定 12 年修约,说的只是"稍有变通之处",而 3 国代表
所提出的修约要求,却是开放内地贸易等一系列的重大问题。

　　就在开放内地贸易的要求上,麦莲也胡搅蛮缠,曲解条约款
项。《中美通商章程》的第十五条规定,"各国通商旧制,旧广州官
设洋行经理,现经议定将洋行名目裁撤,所有合众国民人贩货进口
出口,均准其自与中国商民任便交易,不加限制,以杜包揽把持之
弊"。这里所谓"与中国商民任便交易",当然是指广州裁撤洋行

---

① 　达维斯:《美国公文汇编》第 1 辑第 4 卷,第 71 页。

② 　达维斯:《美国公文汇编》第 1 辑第 5 卷,第 126 页;参见《夷务始
末》,咸丰朝,第 8 卷,第 19 页。

③ 　达维斯:《美国公文汇编》第 1 辑第 5 卷,第 319 页。

后,美商在五口和中国商人任便交易而言。但麦莲却说这就意味着美国民人"有权进入内地,把所购买的货物带到上海,并从上海把他所要销售的货物送至内地"①。

其实,西方入侵者在中国的行动并不考虑有无条约权利。前面已经说过,英国的阿礼国就曾一再叫喊要派出一支小小的舰队到镇江去。为了强制修约,麦莲、包令和法国公使哥士耆(M. A. C. Kloczkowski)就要率领3国炮舰闯到天津去示威。麦莲还向国务卿马西献计说:"美国海军力量和英、法海军力量的联合出现于上海和广州,对维护三国与中国签订的有关条约所取得的权利,现在是很有必要的。"②他又建议由美国总统直接写信给中国皇帝,提出修约要求。如果中国再加拒绝,那么,"采取一个比单纯显示海军力量更加积极的措施的时刻就到了。在这样一个紧急时刻,不但闽江、黄埔,而且白河、扬子江都必须由英、法、美3个条约强国加以封锁,一直到向中国任何人进行买卖的商业特权受到尊重,不加任何限制,所有其他的条约规定都得到承认和执行为止"③。他利用太平天国作为他向清政府施加压力的筹码,向两江总督怡良威胁说,如果中国政府"无意进行有关该项权利的友好谈判,那么,本国政府认为有权完全撇开目前中国政府而采取行动"④。所谓撇开中国政府,就是转向太平天国政权。

继麦莲之后与中国谈判修约问题的,是一个以中国通闻名的伯驾。1855年9月国务卿马西在给他的指示中,把打开中国内地贸易定为两项主要任务之一。指示中写道:"在修约中有两项你

---

① 达维斯:《美国公文汇编》第1辑第5卷,第125页。
② 达维斯:《美国公文汇编》第1辑第5卷,第312页。
③ 达维斯:《美国公文汇编》第1辑第5卷,第315页。
④ 达维斯:《美国公文汇编》第1辑第5卷,第125页。

必须加以重视,即美国外交代表在北京朝廷所在地的居留和我国
贸易的无限扩充,扩充到中国领土以内,凡是能找到商业的地
方。"①这里虽然没有具体点出内河贸易,但是"在中国领土以内,
凡是能找到商业的地方"的"无限扩充",不用说,内河航行和内地
通商,都一概包括在内。

　　1856年伯驾一到中国,立即威胁两广总督叶名琛,说什么"他
不能容忍美国的高级官员一个接一个、年复一年地受到中国居高
位者的冷遇"。这种"不能忍受的日子,肯定会一天一天地临近,
就像太阳在天上那样地肯定"。"如果中国现在不把对待西方强
大国家的关门和傲慢的政策改为自由交往和友好的政策,必然要
引起灾难的后果。"②几乎和伯驾同时,美国驻上海领事马辉
(Robert C. Murphy)在给国务卿的信中也说:"当新的条约拟定
时,广大的扬子江流域必然要开放。……从来没有这样有利的时
机来进行这一事业。搞得好的话,不需要别的东西,只须在扬子江
上有两三条兵舰,就能完成这一项大业。"③

　　不过西方入侵者实际取得更多条约特权,却是在英、法两国大
动干戈,占领北京、大烧圆明园以后。在破坏中国领水主权方面,
1858年的中英、中法《天津条约》和1860年的中英、中法《北京条
约》,除在中国沿海增开天津、牛庄等7个通商口岸以外,又在长
江开辟了4个通商口岸,其中(汉口、九江、镇江于1861—1862年
开放,南京至1899年才开放)汉口的开放,把洋船的长江航线从上
海上溯了1000英里。④　这里不可能对一系列条约特权都加详说,

---

　　①　达维斯:《美国公文汇编》第1辑第6卷,第19页。
　　②　达维斯:《美国公文汇编》第1辑第6卷,第62页。
　　③　达维斯:《美国公文汇编》第1辑第19卷,第252—253页。
　　④　达维斯:《美国公文汇编》第1辑第15卷,第171页。

只就开放长江,任凭外国势力深入初级市场各条指出以下各点。

增开通商口岸,并不意味着外国势力能够深入到初级市场。为了深入初级市场,英国强迫清政府在《天津条约》的第二十八条上,建立了子口半税制度,对中国的财政税收制度加以"有效的监督"。此外,为了深入初级市场,英国又强迫清政府在《天津条约》第九条上,特许"英国民人准听持照前往内地各处游历、通商",这些前往内地游历、通商的英国人在沿途"派船、雇人装运行李、货物,不得拦阻";而在通商各口,英国人又"有出外游玩者,地在百里、期在三五日内、毋庸请照",这就授权英国商人自由进出中国的穷乡僻壤,持子口税的三联单雇船、雇人装运进出口货物,"不得拦阻"。

在长江贸易方面,中英《天津条约》第十条规定:"长江一带各口,英商船只俱可通商。惟现在江上下游均有贼匪,除镇江一年后立口通商外,其余俟地方平靖,大英钦差大臣与大清特派之大学士尚书会议,准将自汉口溯流至海各地,选择不逾三口,准为英国出进货通商之区。"这就一举破坏了汉口以下的长江内河的领水主权,把这条中国商业活动的大动脉开放为外国势力入侵初级市场的无阻通道,后果极其严重。

### (二)洋船对长江华船航运业的排挤

太平天国首都南京是 1864 年才失陷的。条约既然规定,"江上下游均有贼匪",要到"平靖"以后才由双方大臣会议镇江以外各口的通商问题,那么只要长江两岸还有"贼匪"存在,就谈不上镇江以外各口的通商问题。

但是,英国入侵者深入长江的要求是迫不及待的。早在 1860 年的 11 月,英国公使卜鲁斯就已对恭亲王奕䜣施加压力,要求立即开放汉口和九江两口对外贸易。他以严禁英商经营武器军火贸

易为条件诱使奕䜣的欣然同意,授权给他和江海关税务司去拟定
长江通商章程。奕䜣提出的惟一保留条件是海关税收不得减少。
中国这条大江的对外通商章程要英国公使和海关税务司去草拟,
并不奇怪,总税务司李泰国早就拟定过广州的海关章程。

英国全仅代表额尔金为了立即深入长江,指派海军中将贺布
爵士率领上海的一批英国商人,乘坐 10 艘船舰沿江直达汉口。上
海英国领事于 1861 年 3 月 18 日发布《长江通商收税章程》。这个
章程规定,英商船只以各项船舶证件向英国的上海领事馆换取内
河专照(River Pass),凭照驶入长江,上驶者向上海关交纳各项税
钞,下行者向镇江关交纳,英商禁止进行武器军火交易,但"一切
根据此项办法核准的船舶在镇江上游的沿江各口或地方装卸合法
商货","毋庸在该船返抵镇江之前履行任何海关手续"。据此,英
国商人就认为在镇江和汉口之间的任何口岸或地方都有权进行贸
易。同年 3 月 25 日,上海英国领事馆参赞巴夏礼在九江又和江西
布政使张集馨拟定《长江各口通商暂订章程》,这个章程第七款规
定,"自镇江以上,汉口以下,沿途任便起货、下货,不用请给准单,
不用随纳税饷,俟回镇江,遵照前章办理"。同年 4 月 30 日,总理
衙门对这个章程做了修改,但仍规定,"各船领照行过镇江,无论
在何处,俱可起下例准买卖之货物,毋庸关署发单,其出口税亦俟
回镇江时,始行着完"①。这就是说,在镇江至汉口长江各口都可
任便通商。这 3 个章程都准许英商船只"带应用兵器以为保卫之
资",只是要由上海的江海关派出一二人随船往返,以防船只在任
何地方私将器械、火药等类出卖。这就是 1860 年卜鲁斯对恭亲王
施加压力所提出的交换条件,所不同的只是卜鲁斯以禁止武器军

---

① 参见《中外旧约章汇编》第 1 册,第 156 页。

火贸易以换取汉口和九江两口立即开港,而这3个章程却在实质上使镇江至汉口整个航线上一切口岸加以开放。据西方著作说,这是根据额尔金发给巴夏礼的训令拟定的,而额尔金正是签订《天津条约》,协议除镇江一口外,"其余俟地方平靖"后,才由双方商定"不逾三口"的那个英国全权代表。至于江西布政使和巴夏礼签订《长江各口通商暂定章程》,以及总理衙门修改暂定章程为什么同意开放镇江、汉口线的全部口岸,尚无更多的材料可资说明,可以肯定的是,那显然是屈服于英国政治压力和炮舰威力的结果。

这个开放镇江、汉口线全部口岸的章程,就连总税务司赫德也认为未免过分。他在1861年6月,就已敦促恭亲王撤销无限制沿江贸易的规定,把镇江以上的通商口岸只限在汉口和九江两处,1861年九十月间,恭亲王和英国公使共同拟定另一个《扬子江英国贸易暂行修正章程》。同年11月2日发生辛酉政变,同月14日,慈禧、奕䜣集团以同治的名义批准这个修正章程,总税务司赫德随即通令各关税务司付诸实施。这个修正章程规定汉口、九江为对外开放口岸,其所应交纳的海关税钞在江海关交纳,这后一点剥夺地方政府的税收来源,受到了强烈的反对。

总税务司赫德为解决税钞问题,遍访通商各口,重新修订修正章程为《长江通商统共章程》,于1863年1月1日开始生效。《统共章程》规定镇江、九江和汉口为长江正式开放通商的口岸,把上行大洋船和常川经营长江贸易的江轮别为两类,前一类如从镇江上驶,应凭船舶证件在镇江请领镇江专照(Chingkiang Pass);后一类则在上海请领内江专照;关于税钞,除长江各口的进出口正税和复进口半税都在上海交纳外,其他都和沿海口岸相同。

关于长江贸易一系列章程的产生经过,大致如上。由此可知,从最初的制定到历次的修改,无不是在外国公使和总税务司赫德

的操纵之下形成的,其中只有镇江至汉口航线各口,无限制上下货
物一点,毕竟彻底否认《天津条约》的明文规定,实在说不过去,不
见于最后规定的《统共章程》。不过,西方入侵者广泛深入长江的
野心是一直存在的,所以到 1876 年 9 月 13 日中英《烟台条约》的
第三端第一条上,终于规定正式开放宜昌、芜湖为通商口岸。"又
四川重庆府可由英国派员驻寓,查看川省英商事宜。轮船未抵重
庆以前,英国商民不得在彼居住、开设行栈。俟轮船上驶后,再行
议办。"此外,又规定安徽之大通、安庆,江西之湖口,湖广之武穴、
陆溪口、沙市等处,均系内地处所,并非通商口岸,按长江《统共章
程》,应不准洋商私自起下货物,今议通融办法,轮船准暂停泊,上
下客商货物,皆用民船起卸,仍照内地所定章程办理。除洋货半税
单照章查验免厘,其有报单之土货,只准上船,不准卸卖外,其余应
完税厘,由地方官自行一律妥办。外国商民不准在该处居住,开设
行栈。其实,即使在通商口岸,大洋船到口,也必须"皆用民船起
卸",外商也不必到处"开设行栈",只需指使买办商人,便可代理
一切,这就是说,"准暂停泊"的 6 口,实际上也无异于正式通商口
岸。但是英国商人却认为条约只开宜昌、芜湖两口,对于他们所要
求的门户开放而言,"简直连隔靴抓痒都谈不上"。①

　　然而,长江的开放终于激起洋商争先恐后地拥入长江航线的
浪潮。1861 年 3 月 18 日上海英国领事颁布《长江通商收税章程》
后不到 1 个月,美商琼记洋行的火箭号(Fire Dart)轮船便开往汉
口,接着英国的怡和、宝顺、沙逊、吠礼查(Fleacher)和美商的旗
昌、同孚等行的轮只便接踵而至,次年,行驶长江航线的外商轮船

---

① 伯尔考维茨:《中国通与英国外交部》(N. A. Pelcovits, Old China
Hands and the Foreign Office)(以下简称《中国通》),第 74 页。

已达 20 多艘①,载重 33000 多吨。1864 年各洋行新订造的轮船到达后,拥有一二艘轮船行驶长江航线的洋商超过 10 家。②

前面说过,到 19 世纪 50 年代初,上海已超过广州,成长为中国对外贸易吞吐量最大的港口。有人估计 1852 年进出上海的贸易中,由帆船运载的货值不少于 1400 万两。③ 这些进出口商品中固然有大量来自或销往外洋和其他通商口岸的洋货,更多的还是通联沿海和沿江各地的土货转口贸易。而其中大部分又都来自或销往长江沿岸各港和广大内地。有人说,每年沿长江把准备出口的货物运到上海的帆船就达 5300 艘。④ 长江通航以后,经营外洋贸易的大洋船可以直达汉口;经营上海至汉口航线的洋船则遍历各个口岸。这些洋船对长江线华商帆船的排挤,同样是非常快速而又广泛的。

"自长江通航以后,出入货物概由洋船运输,以期稳速,而以轮船为最多。良由中国帆船行程缓慢,不但有欠安稳,而且无定期,上行之时尤感困难。于是下行船只只到达目的地后,不顾(船只)价值如何,即行就地出售者,比比皆是也。(帆船)较轻便之洋式帆船,如横帆船、纵帆船之类,逊色已多,而轮船则尤非其敌也。"还必须指出,外国轮船之排挤中国帆船,并不只限于他们具有优越的航行条件和免除捐税的条约特权,还对中国帆船施加暴力摧残。1861 年至 1864 年在中国的美国地质学家彭培礼描写了 1 只外国轮船在上海附近的吴淞江怎样撞沉 1 只中国小船和淹死

---

① 《捷报》1863 年 5 月 30 日。

② 刘广京:《势力的对抗》,第 39、41—42 页。

③ 兰宁、柯宁:《上海史》( G. Lanning S. Couling, The History of Shanghai),第 388 页。

④ 塞尔:《中国和中国人》( H. C. Sirr, China and The Chinese )第 1 卷,第 223 页。

船上 4 个中国船民以后说:"我刚才引述的这个例子是无可原谅
的,因为娱乐而出外游览,耽误几分钟是无关紧要的,可是外国轮
船在遇有帆板或小船碍路时,总是直冲过去将它们撞沉,不管它们
上面的乘客有多挤。在中国的水道上,难得有一天没有船只被这
样撞沉的。"①这里特别值得注意的是,外国轮船遇到中国船"总是
直冲过去,将它们撞沉"和"中国水道上,难得有一天没有船只被
这样撞沉的"。可见外国轮船草菅人命,故意撞沉中国船只绝不
是个别事件。而凡遇这类中外纠纷事件,凶手都得到领事裁判权
的保护,致中国受害人沉冤莫伸,这在前面已有叙说。

外国轮船不仅故意行凶,还制造借口,对中国船只横加勒索。
据同治元年(1862 年)《上海新报》的记载,外国轮船停泊外滩江
面,缆锚沉落水底,凡有中国沙船驶过,轮船、洋船常"借此勒诈,
指为碰坏船中物件,索洋多元。如近来来庄大发船被法国轮船水
手将耆舵吊打,勒赔银一千三百五十两;彭同茂赔银一千一百两;
其余杨元春庄、茂盛黄庄、福顺徐长源赔银六百两、四百两、三百两
不等"②。可以引为对比的是,轮船撞沉帆船,淹死人命,确实无可
抵赖时,通常对每一死者家属不过给予抚恤费 100 元,如今借端勒
索,则动辄 1000 元以上!

然而,洋船排挤中国帆船的更严重罪行还在于肆无忌惮地进
行海盗掳掠。早在 1863 年 4 月,英国驻镇江领事就指出,那些洋
船上的外国人,"几乎毫无例外,都是一些无原则或无品行的人,
事实上也就是不法之徒。他们不但把条约和章程一概置之度外,
而且把中国人看成是可由他们任意抢劫的人"③。英国领事作出

---

① 施丢克尔著,乔松译:《十九世纪的德国与中国》,第 23 页。
② 《上海新报》同治元年闰八月十四日。
③ 莱特著,姚曾廙译:《沿革史》,第 200—205 页。

如此评价,总该是确凿无误的事实吧。这里特别值得注意的是,"几乎毫无例外"是"不法之徒"。这就是西方人引为骄傲的基督教文明!

总而言之,洋船在沿海和内河航线上排挤华船的行径,从第一次鸦片战争开始,便已开始,但愈演愈烈,则是第二次鸦片战争以后的事情。当然,尽管洋船对帆船进行猛烈的排挤,中国帆船尚未完全绝迹。这是因为它有小而轻便的优越性。在沿海,它们不复行驶通商大港,还活跃在未开小港之间;在沿江,它们不复行驶长江主流,还活跃在支流上,就在江海主航道通商口岸之间,也还降低运价,艰苦地挣扎着。

下面试以汉口进出口贸易价值的统计资料说明轮船对长江航线中国帆船的排挤情况。

### 进出汉口洋船货运价值统计
#### 1863—1873 年

| 年　份 | 货运价值<br>（汉口银两） | 洋货占% | 土货占% |
|---|---|---|---|
| 1863 | 18707391 | 26. 4 | — |
| 1864 | 19747501 | 27. 7 | 72. 3 * |
| 1865 | 22139064 | 36. 2 | 63. 8 * |
| 1866 | 27695485 | 40. 4 | 59. 6 * |
| 1867 | 30195232 | 34. 7 | 65. 3 |
| 1868 | 26565087 | 29. 2 | 70. 8 |
| 1869 | 27606321 | 29. 1 | 70. 9 |
| 1870 | 29809671 | 31. 1 | 68. 9 |
| 1871 | 34504218 | 27. 1 | 72. 9 |

续表

| 年　份 | 货运价值<br>（汉口银两） | 洋货占% | 土货占% |
|---|---|---|---|
| 1872 | 31868356 | 24.3 | 75.7 |
| 1873 | 35598699 | 23.9 | 76.1 |

原注：＊包括运进汉口的洋货复出口，每年约 100000 两，合 0.5%。

资料来源：刘广京：《势力的对抗》，第 154—155 页。

从上表可知，在 1863—1873 年间，经由洋船运送的货价从
18707391 两上升为 35598699 两，即在短短 10 年内增加了 90%。
所谓"洋船"包括悬挂外国旗帜的帆船，但可以肯定，90% 以上都
是经由外商轮船运输的，而在这个时期以前，外商轮船尚无权进入
长江。

## 第八节　全面掠夺中国领土主权的租界
### ——外国"冒险家的乐园"

前面我们已经就西方入侵者破坏中国各项主权的经过及其后
果分别进行了叙说，这里我们再来叙说他们在通商口岸全面掠夺
中国领土主权的租界的经过。

租界是中国领土上的国中之国，是外国"冒险家的乐园"。所
谓"租界"起初只是由外国人租赁的居留地，并不是由外国人全面
掌握管理大权的特定地段。但是，在清政府官员"在任何情况下，
连碰都不敢碰到外国人"的情况下，西方入侵者一步一步地蚕食
中国政府对这种地区的一切主权，终于把居留地变成为租界。截
至 1870 年为止，他们在中国的 19 个对外开放的水陆商埠划定了
13 个外国人居留地，其中有 10 个划出了由外国人掌握一切管理
大权的租界。我们不可能对 13 个租界一一加以叙说，只举上海

为例。

## 一、1845 年后侵蚀租界主权的最初阴谋

1843 年中英《善后条款》第七条规定,中国准许"英人携眷赴广州等五口居住,中华地方官必须与英国管事官各就地方民情,议定于何地,用何房屋或基地,系准英人租赁"。"英国管事官每年以英人或建屋若干间,或赁屋若干所,通报地方官,转报立案;惟房屋之增减,视乎商人之多寡,而商人之多寡,视乎贸易之衰旺,难以预定数额。"1858 年中英《天津条约》第十二条规定:"英国民人,在各口并各地方意欲租地盖房,设立栈房、礼拜堂、医院、坟墓,均按民价照给,公平定议,不得互相勒掯。"这是两次鸦片战争后到烟台条约以前,中国允准外国人在中国通商口岸使用房屋或基地的全部条约根据,说的都是租赁使用权,并非占有所有权。

到了 1876 年的中英《烟台条约》第三端第二条上,终于出现了这样的规定:"新旧各口岸,除已定有各国租界,应无庸议,其租界未定各处,应由英国领事官会同各国领事与地方官商议,将洋人居住处所划定界址。"这条规定,在条约上第一次出现"租界"字样,把 1876 年前各国在各口非法霸占的居留地合法化为"完全脱离中国管辖"的租界,赋予各国以继续霸占租界的条约特权。而关于"由英国领事官会商各国领事官与地方官商议,将洋人居住处所划定界址"的规定,则把英国一国划定界址的行动,变成各国联合破坏中国领土主权的一致行动,由贸易商埠的所谓"领事团"共同压迫中国。不过,在英语文献中,还沿用居留地字样,只在汉语文献上才称为租界,以下,我们沿袭汉语文献的传统,一律称为租界。

上海最早出现租界区的官方文件是 1845 年 11 月 29 日苏松太道①宫慕久和英国驻上海领事巴富尔所签订的《上海租地章程》。该章程的序言说：“划定洋泾浜以北，李家庄以南之地，准租与英国商人，为建筑房舍及居住之用。”这样，便确定了租界的南北经界，默认东面以黄浦江为界，只是西面尚未明定界线。1846 年 9 月 24 日，宫慕久和巴富尔又协议划定英租界的四至经界为东到黄浦江、南到洋泾浜、西到界河（今河南路）、北到李家庄（今北京路）。这个地区的面积约计 830 亩。到了 1848 年 11 月 27 日，英领阿礼国又迫使上海道麟桂扩大租界地段，东南至洋泾浜桥，东北至苏州河第一渡场，西南至周泾浜，西北至苏州河滨的苏宅。这就把面积扩大到 2820 亩。但是 1845 年的《上海租地章程》的第十五条明确规定，“今后英商租地，应定明亩数，每户不得超过十亩”。而 1848 年上海的全部长住外商不过 100 多人，次年，也不过 175 人。② 即使每人都租 10 亩，也不过 1700 多亩。可见，这时英国人已随意扩大租界面积，而且越来越肆无忌惮了。

巴富尔在签订《租地章程》之初，就阴谋把租界据为英国的“专管的土地”（Exclusively under the Jurisdiction of British）。这一点，在章程上是有所反映的。章程第九条规定，“洋商租地建屋后，得报明停租，退还押手，但业主不得任意停租，尤不得增加租银”。业主既不得增加租银，则不论地价上涨多少倍，业主都没有

---

① 苏松太道又称上海道，兼署江海关道。
② 上海人民出版社编：《上海公共租界史稿》（以下简称《史稿》），第 318 页。按本文以下所据史料和引文除特别注明者，皆取自《史稿》所载徐公肃、丘瑾璋所著：《上海公共租界制度》和蒯世勋所著：《上海公共租界史稿》两文，参见《史稿》第 17—67、148—184、307—386 页，为免烦琐，以下不再加注页码。

取得更多收益之权；而业主不得停租，则租赁便成永租，实际上也就意味着租户取得了土地所有权。只要洋商把租界内的土地一片接一片都租赁到手，则租界的全部土地就成为洋商的所有物。

巴富尔的阴谋，在《租地章程》的第十四条上暴露得更加明显。该条规定："他国商人愿在划归英商承租之洋泾浜界址内租地建房或赁屋居住、存货者，应先向英国领事申请，藉悉能否允准。"中国地方政府同意划定地区准予英国商人向地区内中国业主租入房屋地基，丝毫并不排斥中国业主有权将房屋地基出租给非英国人的外商。"他国商人"在这个地区内向业主租入房屋地基，怎么"应先向英国领事申请，藉悉能否允准"呢？这条规定严重地破坏了中国政府对自己领土上的行政管辖权，后来就曾引起了美商能否承租英租界土地的纠纷。

巴富尔为了把英租界夺为英国"专管的土地"，在《租地章程》上，又对华人的行动加上种种禁令。例如章程第十七条规定，"已定界址内开设店铺，发售食品或酒料，或租与洋人居住，领事官应先发给执照，予以监督，方准其开设。倘有不遵，或有不规犯事，则予禁止"。这显然是专指华商在界内开设店铺或租与洋人居住而言的，从而剥夺了华人在自己土地上自由开设店铺的权利。

章程的第一条规定，在所定租界地区内，"商人租地，地方官宪应会同领事官划定界址，注明步、亩，树立界碑"，"华民禀明分巡苏松太兵备道、上海知县及海防同知衙门，以便转报上级官宪"。"原业主与租户出租、承租各字据，经查核钤印，交还收执。"可见划定租界经界，只是表明中国地方政府允许洋商可以在租界以内向中国业主择地承租，并非中国地方政府把整个租界土地一举出租给任何洋商或外国。业主与租户所签订的出租、承租各字据都必须呈交地方政府"查核钤印"，才能生效。从这一点上说，中国政府是保留租界地区领土主权的。从中国政府方面说，划定

— 306 —

租界区,意味着禁止外国人到租界以外的任何地方去居住,丝毫并
不意味着禁止中国人在租界以内居住。有一个说法讲,在签订
《上海租地章程》之初,巴富尔就以"华洋分居可以避免彼此纠纷
为借口",把中国人赶出租界区,只有为外国人服役的中国人才能
在租界以内居住。① 这更是巴富尔的蛮横行径,但并不见于《上海
租地章程》。

章程第二条规定,"洋泾浜北首旧有沿江大路,原为粮船纤
路,嗣因地势下沉,损坏未修。该地现已出租,各租户应予修复"。
路工完成后,官员、拉纤粮船者及体面商人均得行走,惟禁止无业
游民在路上扰乱。除洋商本人货船及私人船艇外,其他各种小船
均不准停泊洋商私有地基下之码头,免启争端,"洋商得在码头筑
造门栏,任意开关"。这条规定,把洋泾浜北首沿江大路列为半禁
区,禁止所谓"无业游民"通行,把洋商码头列为完全禁区,禁止一
切华人的所谓"小船"停泊。

尤其严重的是,1847 年上海道台所公布的一条章程,"准英商
租地界址内,除悬挂英国之旗外,他国人不得悬挂本国之旗"。所
谓"他国人"当然包括中国人,这就排斥了中国政府对这片国土享
有领土主权的象征,俨然把它变成英国的领土。这个章程显然是
被当时英国驻上海领事阿礼国强制公布的。

1848 年,美国圣公会主教文惠廉(Bishop W. J. Boone)在苏
州河北岸的虹口非法建造教堂。这位主教在上海城内传教,却到
苏州河北岸去强占地皮,在取得地方当局同意划界以后,却又不去
指定经界,只是怂恿美国商人去任意租占土地。② 1849 年,美国驻
沪领事祁理蕴(J. N. A. Griswold)向上海当局要求开辟像英国人那

---

① 塞维尔:《江南传教史》,参见《史料汇编》,第 754 页。
② 马士:《对外关系史》第 1 卷,第 349—350 页。

样的租界,未遑。1852 年,美国驻沪副领事金能亨送给上海道吴健彰 3 张租契,要求他加盖关防。吴健彰因他所租的地皮在英租界地区以内,根据《上海租地章程》第十四条的规定,要求他首先取得英国领事的同意。于是金能亨便向吴健彰发出最后通牒,限吴在 24 小时内予以满意的答复,否则即将命令美国商人拒绝交纳关税,并调来炮舰,自由行动。以后我们还将回到这个故事上来,这里只消指出,这桩公案是由英国领事准予美国人得在英租界内租赁房屋、地皮解决了的。英租界也就成了英美两国的租界,金能亨的最后通牒只是西方入侵者倚势破坏中国领土主权的又一生动事例。

1848 年,上海法商雷米钟表行(Remi Watch Stare)的老板雷米上书法国驻沪领事敏体尼(L. C. de Montigny),要他向中国当局提出交涉,准许他租入土地。他说:"我所需要的地方,是在北达洋泾浜,西至森林工场,至于东南两面,我还不能切实指明要到何处,但我希望沿着河浜,伸张得越远越妙。"据此,敏体尼发给吴健彰的照会里说,他"已选得洋泾浜的右岸,由城边乡村起,一直至将来所需要的地点止。"对此,吴健彰答复说,如果他能取得英国人的同意,就可以在租界以内为法国人划定租界地段。于是敏体尼也向吴健彰发出最后通牒,说是法国公使即将乘坐军舰向北京中国政府控诉吴对"大法国的无礼"云云。吴健彰卸任后,到了1849 年年初,继任上海道麟桂终于被迫划出上海北门外,南至城河,北至洋泾浜,西至关帝庙褚家桥,东至潮州会馆沿河至洋泾浜东角,计地 2 亩 3 分 8 厘,作为法国租界。总算并未"伸张得越远越妙"。

法国租界的界址一经公布,就连本身也要求过占有租界的美国领事祁理蕴也说,"中国是个独立的国家,若是把一块一块土地分别给予这个那个国家,让他们在那里享有管理的特权,此种制度是不能容忍的"。"上海有五十〔?〕个国家的领事,每国的领事都得到英国领事所有的那样大的租界。"①中国其他通商口岸照样也可以有租界,请问怎样找到这许多的地方来做租界呢?

要把租界变成"完全脱离中国管辖的"外人禁区,只有悬挂外国国旗是不够的,必须破坏中国对租界区的行政管辖权、武装警卫权、财政收支权和司法审判权等等。

《上海租地章程》第十二条规定,"洋泾浜北首界址内租地、租屋,洋商应会商修建木石桥梁,保持道路清洁,树立路灯,设立灭火机,植树护路,挖沟排水,雇用更夫。领事官经各租主请求,召集会议,公同商议,摊派以上各项所需经费。雇用更夫由洋商与华民妥为商定,其姓名由地保、亭耆报明地方官宪查核。更夫条规应予订立,其负专责管领之更长,由官宪会同遴派,倘有赌棍、醉汉、乞丐进行扰乱并伤害洋商,领事官知照地方官员,依法判处,以资儆诫。建造围栅,应由官宪按照地基情况,会同划定;围栏已造,应布告示知开关时间"。章程第二十条又规定:"道路、码头及修建闸门原价及其后修理费用,应由'租主分担'。分担者应请领事官选派正直商人3名,商定应派款数,倘仍有缺款,分担者亦可公同决定征收卸货、上货一部税款,以资弥补。一切均应报明领事,听候决定遵办。"这两条规定所说的种种措施,都是上海县地方政府的市政问题,属于中国领土主权上的行政管辖权范围,怎么能"报明领事,听候决定遵办"呢?

根据《上海租地章程》,租界洋商既单方面掌握了道路、桥梁等市政管理权,又单方面掌握了捐税收支权,还和中国方面共同掌握更夫雇用权,以及圈围租界栅栏的设置启闭权。中国政府只是

---

① 董枢:《上海法租界的摇篮时期》,《上海市通志馆期刊》第1册,第75—91页。

还保留对租界违警华人的司法审判权。就是根据这些规定,租界洋人便于 1846 年成立了三人道路码头委员会(Committee on Roads and Jetties)。这个委员会就是以后常设机构"工部局"的雏形。至于建造圈围租界的栅栏,定时启闭,则初步把中外之间一家一户出租承租的地段变成一个租界地区由外人管辖。

## 二、1853 年后武装割据租界
### 和所谓"自治政府"

西方入侵者破坏中国政府对租界的领土主权,在 1853 年开始迈出了重大的步骤。原来太平军在这一年的 3 月 19 日一举攻克南京,4 月 1 日又克镇江。太平军向长江下游的胜利进军,把清政府的沿江大吏吓破了胆,3 月上半月,钦差大臣向荣和江苏巡抚杨文定多次通过上海道吴健彰向阿礼国紧急求援。他们那种不顾民族尊严,磕求求援的丑态和南京、镇江的失守,充分暴露了清王朝的统治已经到了穷途末路的境地。这就直接鼓励了上海的西方入侵者放手进行侵略。同年 4 月 8 日,在阿礼国的策动之下,租界外国人组成了一支武装部队,即所谓"万国义勇队"(Volunteer Corps),亦称"万国商团"。这是租界本身所拥有的第一支武装组织。同时,英美领事和洋商巨头还成立一个"协防委员会",推定 5 人为委员。4 月 12 日,阿礼国又召集上海全体洋人会议,英美领事和各国在沪海军军官都被邀出席,这次会议决定由"协防委员会"和各外国文武当局协商建筑租界的长期防御工事,以保护租界的安全。所谓防御工事,除去在租界四周树立栏栅以外,还在洋泾浜和苏州河之间沿泥城浜地带,挖掘一条很宽的壕沟。这就是所谓护界河(Defense Creek)。这样,租界便成为义勇队和外国正规军巡逻据守的武装禁区了。

　　1853 年 9 月 7 日,刘丽川、陈阿林领导的小刀会在上海发动
起义,占领上海县城。以后我们即将看到,直到 1855 年 2 月 17 日
小刀会退出上海县城这 17 个月期间,以武力把租界划为禁区的西
方入侵者究竟干了些什么。在这里,我们只指出:到了 1854 年 7
月 11 日,英、美、法 3 国领事不征求清地方政府的任何意见,擅自
召集 49 个外国租地人大会,通过一份《英、美、法租界租地章程》。
阿礼国在会上说明制定章程就是外人为"共同利益"和统一"治理
组织"制定"法典"。这部法典的明确目的在于"经由租地人为全
体外人社会获得自治的权利和为市政目的而征税的权力"。因为
仅由领事行使职权,而无一市政机关,就不足以确保租界的安全,
所以必须"立即创立某种形式的市政机关"。"法典"赋予这种市
政机关以"法律依据",可以采取"合法行动"。这个市政机关是一
个"自治政府",它的职权不再限于道路、码头等等事项,而应保障
生命财产的安全。至于"一切为保持健康、维持清洁、组织警察、
为开发并管理岁收所必需的规程和办法,都包括在市行政之内"。
这个自治政府的"最初而又最大的利益之一,便是使驻在当地的
文武官员由于一种严重的需要而不得不采取、可是不能为任何法
律原理所容许的许多办法成为合法"。尽管"在条约上,英国、美
国、法国都没有取得在中国领土上保护他们臣民的权利。根据条
约他们不取得中国的同意,也不能合法地进行保护。但是作为自
我保卫,工部局能够做这种事,租界当局如没有足够的力量进行保
卫,除去保持严格的中立以外,就没有别的办法"。

　　阿礼国的这套说词,是彻头彻尾的强盗逻辑。根据国际惯例,
外国侨民住在某一国家,遇到那个国家发生国内外战事,生命财产
受到威胁,保障安全的惟一办法是从那个国家撤退出去,不管什么
样的"严重需要",侨民所采取的自卫行动,都是"不能为任何法律
原理所容许的"。自卫也不能为租界当局带来这种"道义上的权

力"。任何情况都不能使非法"成为合法"。租界乃是中国的领土,区区 49 个外国租地人怎么能背着中国政府制定管理租界的所谓"法典"呢? 他们又有什么权力"创立某种形式的市政机关",即"自治政府",赋予这种"自治政府"以"法律依据"和"合法行动"权呢? 这就从多方面更加严重地破坏了中国的主权。

新章程第一条就规定所称的租界包括英、美、法 3 国租界,这就意味着,在租界的管理问题上,三领事采取一致行动。

章程第七条规定,租界土地,"每亩年租 1500 文,每年于 12 月中预付该业户,以备完粮"。"完粮"就是完纳地税。业户既从租户所交地租中,取出一定数量向中国政府交纳地税,当然意味着中国政府对界内土地仍掌握领土主权。但第十三条又规定,"华民如违反以上各条章程,领事官即传案查讯,严行罚办",这就剥夺了中国政府对界内华民的司法审判权。

新章程破坏中国领土主权最严重的规定是第十条。大概就是由于阴谋中的"自治政府"的合法性"不能为法律原理所容许"吧,所以作为正式文件的这份新章程,没有自治政府、市政机关、市政权力、法律根据、合法行动等等字样,仅在第十条含糊其辞地说什么,为了修造道路桥梁,雇用更夫等,"三国领事官,传集各租主会商,或按地输税,或由码头纳饷,选派三名或多名经收,即用为以上各项支销,不肯纳税者,即禀明领事饬追,倘该人无领事官,即由三国领事官转移道台追缴,给经收人具领"。所谓按地输税之税,乃是对中国领土主权的掠夺;所谓码头纳饷之饷,乃是对中国财政主权的掠夺;而 3 国领事所选派的 7 名"董事",名义上是用以代替过去道路码头委员会的机构,其实英文名称就叫做"市政委员会"(Municipal Committee),只是汉语名之曰"工部局"。既称"市政",当然就不只是管理道路桥梁等项事务,而是"市政机关",也即"自治政府"。这个"自治政府"成立后的第一件事情,便是在 7 月 17

日第一次董事会上通过决议,正式请求英、美、法 3 国海军长官继续驻兵租界,接着,便分设各种委员会,分别掌管租界的一切事务。

章程所说的"更夫",在英文本称为警察。工部局成立后所设置的第一个分支机构就是所谓"防卫委员会"(Defense Committee),其任务是编练警察。工部局扬言,警察是代替更夫的。但更夫是由上海地方政府查核的,更长是由地方政府遴派的,都是非武装人员,而警察则是由防卫委员会编组,归工部局指挥的武装部队,并建有专职衙门的"巡捕房"。于是租界区除去由各国领事分别指挥的各国正规军部队而外,又拥有由工部局指挥的义勇队和警察两支武装部队。其中警察的职权,除管理道路,协助征税、搜查军器等一般警务而外,还包括"解除华人武装"。这就意味着外国人的武装全面占领了租界区。

1854 年章程所规定的工部局设立后,立即开始对租界华人征收地租、码头税、房捐和巡捕捐。

当时,为逃避小刀会和太平军进入租界的华人极多。1855 年 1 月,阿礼国悍然动用武力,烧毁他们在界内的房屋,强迫华人迁出界外。"时值隆冬,居民无所归宿,状至凄惨。"不过,避入租界的华人中,颇有苏、常一带的地主老财,这些人身上很有油水可捞,如果把租界华人全部驱逐出境,对外国人的侵略行动乃至日常生活是不利的。所以后来又允许华人在租界继续住下去。因此,租界也就继续成为华洋杂处的地区。

1855 年 2 月 17 日,小刀会退出上海县城,清政府恢复对上海的统治,其中当然包括对租界区的统治。因此,所谓保持租界的中立地位以保障洋人安全的借口已站不住脚,于是上海领事团便在 3 月间宣告工部局设置武装警察为违法行为,应立即解散;原有的警察官,除非得到中外当局的签署文件,不得执行职务。同时义勇队也宣告解散。4 月间,阿礼国却又和工部局共同签署文件,把临时性的非正式警察改组为永久性的常备警察，由旧工部局指挥。后来，工部局之下又设立一个"警察处"的专职机构，一直存在下去。

阿礼国如此这般的放肆行动，就连英国政府也认为未免过分，不予支持。1855 年 5 月，英国驻华公使包令向阿礼国传达政府的这个意见。但上海英国人认为"此处实际情形之需要，实较强于另一半球之坦白胸襟"。所谓实际情况的需要，便是不断破坏中国领土主权的需要。例如，阿礼国烧毁租界华人住宅后，便迫使上海当局和领事团议定了华人在租界的"购地章程"，有限制地允许华人在租界购地建屋，和洋人享有同等权利，和洋人同样向工部局纳税，但华人却在租地人会议上没有代表权。这就剥夺了租界华人在租界的参政权。

第二次鸦片战争，进一步暴露了清王朝极端的虚弱，引起西方入侵者进一步深入侵略的野心。1860 年，英租界当局把解散已经 5 年的义勇队又重新编组起来，作为进行侵略的暴力工具。1861 年 6 月，英国驻沪领事麦华陀把租界称为"神圣的英租界"，并向英国公使建议，把工部局的职权扩大到财政、地产、警务、港务、捐税和市政等各个方面。1862 年 7 月上海当局向麦华陀要求对租界华人进行征税，麦华陀答复说："地方官与领事已有多年之谅解，即地方官对于租界华人之管辖权，须经英领之同意。已有如许华人赖吾人之保护，分沾吾人之利益，殊觉不便脱离已有之规则。"对中国方面的要求，加以拒绝。这就剥夺了中国地方政府对租界华人的征税权，扩大工部局对华人的管辖权。对此，就连英国公使卜鲁斯也认为未免过分。1862 年 9 月 8 日，卜鲁斯训令麦华陀说："中国政府从未正式放弃其对于华人之管理权，英国政府亦未曾要求或明白表示若何愿望以取得保护华人之权。""依照条约，吾人无权干涉中国政府与其人民之关系。神圣的英租界一词，

实在毫无意义,吾人不能强迫华人纳税,供给地方上之需用,除非
得中国政府之允许"。又说:"上海的英租界既不是将该处地方转
让,亦不是租与英国政府,不过是议定在某地方内容许英人自便取
得土地,俾得聚居的利益。如此取得的土地,依旧是中国的土地,
要照常缴纳地税"。但是,就在同一天,工部局提交租地人大会一
份扩大工部局职权的议案,经大会所作出的决定中,有一条规定
说,工部局所需经费应由中国官方负担,在关税中扣缴。这就是
说,由中国人出钱去维持外国人的机构以统治中国人。

就在如此蚕食租界主权的同时,入侵者还酝酿更大的侵略步
骤。1862年6月,防卫委员会向洋人特别会议提出一项大上海市
计划,其行政区域包括上海城厢和外围地带,形成中国第一大城
市。这个大上海市应置于英、美、法、俄4大国的保护之下,由中外
产业所有人选举产生一强有力的政府,举办税收,对外辟为自由
市。1863年3月,租界租地人大会又向英国公使递上决议条陈
说:"关于华人应受中国政府管辖问题,依照条约之严格文字察
之,或许不误,但吾人从实际上考察,依照条约之精神察之,则颇不
然。对中国政府在租界内之行动,予以若干之限制,实对于本重要
商埠将来之安全与幸福有莫大关系。"但是1863年4月8日,英国
外交大臣罗素训令卜鲁斯说:"英租界内之土地属于中国无疑,不
能以华人居住于界内而免除其对该国之义务。"美国驻华公使蒲
安臣也在1864年发给美国驻沪领事西华(G. F. Seward)的训令里
说:"外人办理市政,时常侵犯华人之利益,……我不能同意于任
何不顾中国权利,即不顾一个主权国家对于其土地与人民应有之
权利的办法。"然而早在1863年6月12日,上海领事团就已迫使
上海当局同意,工部局有权向租界华人征收20%的房捐,其所得
以一半交付上海地方政府。这就正式承认,上海地方政府不仅对
界内洋人无权征收任何捐税,就是对华人也丧失了直接征税权,只

能从工部局手中分得房捐的一半。这当然是对中国领土主权的严重破坏。

### 三、1858 年后对租界华人司法审判权的掠夺

西方入侵者对租界区中国领土主权的更加严重的破坏表现在租界区的司法管辖权上。1858 年中英《天津条约》第十八、十九两条规定，英国人如被中国人"欺凌扰害"、"放火焚烧房屋或抢劫者"，或在海洋被中国强盗抢劫者，其中国人犯都由中国政府"按律严办"，或追还赃物。同约第二十二条规定，中国人有欠英国人债务不偿或潜行逃避者，"中国务须认真严拿追缴"。总之，中国人对英国人有侵犯者，都由中国政府严拿严办，即使是由英国领事拿获，也必须送交中国政府审办。

但是，1863 年，上海美国领事一面声称："中国官厅对于居住美租界的中国居民之管辖权，吾人当绝对承认"，一面又迫使上海中国当局同意，中国政府对界内中国人犯的"拘票非先经美领事加签，不得拘捕任何人"。据此，则美国领事就可包庇助纣为虐的中国人犯，拒不加签拘票，中国政府无权拘捕，当然也就谈不上惩处。

1868 年 12 月 28 日，上海领事团强迫上海当局签订了《上海洋泾浜设官会审章程》。该章程第一条规定，中国"遴委同知一员，专驻洋泾浜，管理各国租地界内钱债、斗殴、窃盗、词讼各等案件，立一公馆，置备枷杖以下刑具。……凡有华民控告华民及洋商控告华民，无论钱债与交易各事，均准其提讯定断，并照中国常例审讯。并准其将华民刑讯、管押及发落枷杖以下罪名"。这就是说，中国官员对界内华民罪犯虽有单独审判之权，但审讯处刑是受到严格限制的。

　　上述章程的第二条规定，"若案情只系中国人，并无洋人在内，即听中国委员自行讯断，各国领事官，毋庸干预"。但"凡遇案件牵涉洋人必应到案者，必须领事官会同委员审问或派洋官会审"。据此，若洋商对华民进行敲诈勒索，诬称华民拖欠债务，就必须领事官会同委员审问。章程第十条规定："委员审断案件，倘有原告捏砌诉词诬控本人者，无论华洋，一经讯明，即由该委员将诬告之家，照章严行罚办，其罚办章程即先由该委员会同领事官酌定。"这条虽说"原告捏砌诉词"者，不论华洋，即由该委员将诬告之家，严行罚办，但洋人是不受中国法庭审讯罚办的，所谓严行罚办只对华人而言，至于如何罚办，则由该委员会同领事官酌定。这不仅破坏了中国的司法权，而且破坏了中国的立法权。

　　同一章程第三条规定："凡为外国服役及洋人延请之华民，如经涉讼，先由该委员将该人所犯案情移知领事官，立将应讯之人交案，不得庇匿；至讯案时，或由该领事官或由其所派之员，准其来堂听讼，如案中并不牵涉洋人者，不得干预。凡不作商人之领事官及其服役并雇用之人，如未得该领事官允准，不得拿获。"据此，凡为英国领事馆或英国人服役或延请之华民犯案时，中国委员不得英国领事官的允准，即不得拿获；中国委员为了审讯该华民必须将该人所犯案情移知英国领事官，英国领事即应"立将应讯之人交案"。事实并非如此，所谓"来堂听讼"，就是"会审"，在上海"会审公廨"上，外国陪审官对于纯粹华人案件，不但"出庭会审"，而且"擅自讯断"。① 到了后来，中国官方代表，反而成了配角。② 正如他们自己所承认的，在"中国和我们共享审判权"的过程中，我

---

① 　徐公肃等：《上海公共租界制度》，第 138 页。
② 　柯腾涅夫：《上海：会审公廨和工部局》，第 78—79 页。

们总是习惯把审判权完全操在我们"自己手里"。①

举一个例:按照《公审章程》,凡案情重大者,应移送上海县审理(第四条),但实际上这种案件的移送权完全掌握在公廨手里。一本专门研究上海公共租界的著作中写道:"此等案件,公廨既无管辖权,自应移送中国官厅。乃公廨必先行审问,然后决定移送与否,这与国际间之引渡无甚差别。外人亦公然称之为引渡(Extradition),一若上海租界与华界,俨如两国,岂非怪事。"②然而这种怪事,却被侵略者说成是健全中国法制的改良措施。

这种状况的出现,并不限于上海。在厦门的公共租界,就有一个"和上海公共租界会审公廨的情况相同"的法庭。③ 汉口同样也有一个,专门"审判在该地外国租界内华人所犯的轻微罪行"④。在上海,法国人侵者坚持对法租界"有绝对管辖权",早在法租界设立会审公廨以前,法国领事就已掌握了华人与华人间案件的审判权。⑤ 设立公廨以后,所有华人之间的民事案件,一无例外地都由会审公廨受理。⑥ 当然,也有些口岸,并没有设立会审公廨,例如宁波就没有正式成立租界,因此也没有设立会审公廨。但是,那里专设的外国巡捕,有权审理外国人居住界内的一切案件。⑦

就上海的"会审公廨"而言,这种会审制度,流毒极深。须知凡和洋人搭上某种关系的华人,从为洋人张罗进出口贸易的买办

---

① 英国蓝皮书:《关于天津条约修约的通讯》,第 437 页。

② 徐公肃等:《上海公共租界制度》,第 138 页。

③ 耆顿:《治外法权在中国的发展》第 1 卷,第 404 页。

④ 耆顿:《治外法权在中国的发展》第 1 卷,第 405 页。

⑤ 耆顿:《治外法权在中国的发展》第 1 卷,第 400 页。

⑥ 魏楼拜:《外国在华权利和利益》,第 543 页;科腾涅夫:《上海:会审公廨和工部局》,第 8 页。

⑦ 耆顿:《治外法权在中国的发展》第 1 卷,第 400 页。

到充当洋人家庭仆役的华民,都受到会审公廨的庇护。中国政府
对租界华人司法审判权是迟至 1930 年以后才逐步收回的,总计这
种会审制度的为害达半个世纪之久。

　　在我们所说的时代,所有和中国订有不平等条约的外国人都
享有各该国领事裁判权的庇护,同时,还有许多无约国的冒险家泛
滥中国沿海各地,他们有不少是由有约国的人担任他们国家的驻
华领事的,也有不少并无领事,这些冒险家应该受哪个国家的司法
管辖呢? 1863 年上海成立公共租界后,工部局随即迫使上海当局
正式承认英美领事对界内无约国人犯的司法审判权。到了 1868
年的《上海洋泾浜设官会审章程》第六条上,就出现了这样的规
定:"倘系无领事管束之洋人,则由委员自行审断,仍邀一外国官
员陪审,一面详报上海道查核。倘两造有不服委员所断者,准赴上
海道及领事官处控告复审。"第七条规定:"其无领事之洋人犯罪
即由委员酌拟罪名,详告上海道核定,并与有约之领事公商酌
办。"这又是对中国司法管辖权的严重破坏。诸凡一切和中国并
未签订不平等条约的各国人,当然都不得享受不平等条约上关于
治外法权的条约权利,当然都由中国行使司法管辖权,有约国的官
员有什么权力对这种国家的人犯进行"陪审",和中国官"公商酌
办"和"复审"呢?

　　最后,还必须补充一点。西方入侵者把上海辟为自由市的阴
谋未能得逞以后,乃转而从修改租界章程入手,蚕食中国的领土主
权。在这个问题上,法国和英、美不相协调。法国在 1861 年独自
公布《公董局章程》,自行其是。英、美对《土地章程》进行了反复
修改,拟定"上海洋泾浜北首租界章程",以洋泾浜为界,把以南地
带划为法租界,以北划为公共租界。于 1869 年送请英、美、法、俄
和北德联邦公使团"暂行批准"施行。这个章程在由上海工部局
草拟、修改,经上海外国纳税人讨论通过,上海领事团作出决定,和

北京公使团"暂行批准"施行的全过程中，始终不许中国地方政府和中央政府进行干预。到了 1897 年，租界当局才要求公使团转请北京总理衙门正式批准。当年的首席公使英国人窦纳乐（Sir Claude M. MacDonald）函复上海领事说："请求总理衙门正式批准一节，本公使团认为该章程施行多年，其效力不成问题，故可无须总理衙门之批准。"奇怪的是，同年上海领事团把这份章程经上海道转询南洋大臣刘坤一的意见时，得到的回答是："本大臣从未顾及此事，故现亦不欲过问。此事可由工部局与领事妥为磋商。"租界章程类似租界的宪法，这部外国人统治中国部分领土的根本大法就是这样产生的。

新章程的第九条大大扩张了工部局的征收捐税权力，除对马路、码头、房屋、地皮都可抽捐而外，"并准抽收货捐，租界内之人，将货物通过海关，或在码头上起卸货物，下船转运，均可抽捐，抽捐多少，照货物之价值而定，但货价每一百两，不得逾一钱；又准其随时酌量情形，抽取各项之捐"。工部局掌握如此广泛的征税权，俨然是一个独立国家的中央政府。

新章程全部只有 29 条，但列举各项市政管辖权的"后附规例"则达 42 条。章程的第十一条规定，"凡已经批准附入章程以后规例内一切权柄势力，并规例内议归局董应办之事、应得之物，均给予公局值年之董事，及将来接办之后任。该局董事有随时另行酌定规例之权，以便章程各项更臻完善，并可将酌定规例增改停止，但不能与章程相背。……局董照章酌定之例，……必奉有约各国领事官驻京钦差批准，及特请众位执业租主齐集会议应允，方可照办"。这就赋予公局董事以漫无限制的市政立法权。董事"增改停止"规例只需要执业租主、领事和公使批准，即可照办，不与中国政府相干。

新章程第二十七条规定："公局可以做原控告人，亦可以被人

控告,均由公局之总经理人出名具呈,或用'上海四人公局'出名
具呈。""公局若系被告,所受被告责任,亦与寻常之人不殊,惟将
应受之责任专归于公局之产业,不与经手之各董事及经理人等相
干。凡控告及其经理人等者,即在西国领事公堂投呈控告。"这就
明确规定,工部局的董事个人,"在行政管理上不接受任何人的控
告",取得了完全的诉讼豁免权。①

　　还必须指出,这个新章程在反复修改中,北京公使团曾于
1864年提出章程应该遵守的5条原则,其中有一条说:"市政机关
内,应有华人代表,俾随时咨询,如对华人有所举措,须得其允
许。"1866年,上海领事团送呈北京公使团的章程草案上,本来也
列有华人参加租界市政管理的规定,但是到了1869年公使团所批
准的土地章程上,这条规定却全部被删掉了。因此,租界华人负有
纳税义务,却没有参政的权利。直到1928年,在租界华人和全国
舆论的谴责之下,工部局才设有华董。但华董在工部局的地位,实
际也谈不上参预大政,就连外国报纸也不得不承认租界行政大权,
一直掌握在很少几个大洋行的经理手里,所以外国人把这种政局
取名为"大班寡头政治"(Tapan Obligarchy)即大洋行老板的政治。

　　华人在租界的参政权本来是北京公使团决定的5条原则之
一,为什么在批准土地章程时,公使团又删去这条规定呢? 显然,
这是当时已升任英国驻华公使阿礼国所策动的结果。就在批准土
地章程的1869年,阿礼国在发给上海英商的信里说:"为提倡外人
利益与商务起见,必须施加压力。吾人在中国之地位,系由武力所
创造,系由赤裸与强猛之武力所创造。如欲改良或保持此地位,仍
须使用某种武力——潜伏(在)武力或显著武力——方能成功。"

---

　　① 《1897年工部局年报》(Annual Report of Shanghai Municipal Council
1897),第245—248页。

一个美国人在《纽约时报》上评论公共租界工部局的地位说,在理论上,它是外强领事团的下属机构;事实上,它独立于领事团、公使团和外强政府。"只要中国人认为,在工部局的背后有领事团,在领事团的背后有公使团,在公使团背后有外强海陆军,他们和领事办交涉就是畏首畏尾的。"①这些话,道出了上海公共租界发展史的本质特征,也道出了近百年中外关系史的本质特征。外国入侵者破坏中国主权,在中国取得半殖民地的间接政治统治地位,既然是依靠赤裸裸和凶猛的武装暴力所取得的,又是运用公开的和隐蔽的武装暴力所保持和扩张的,那么所谓条约和章程就既不是他们取得这种地位的依据,又不成为约束他们行动的规范。我们上面叙说西方入侵者在租界内所取得的各种权力,不过是想说明在我们所说的时代以内,他们已经逐步全面地掌握了租界区中国所有的一切主权。

西方入侵者既然掌握了租界区中国所有的一切主权,租界自然就成为中国大地上的国中之国。他们在这里掌握行政管辖权、武装自卫权、法律制定权、市政管理权、治安维护权、捐税收支权和司法审判权等等一个独立国家所拥有的一切主权。从而,他们在这里从事政治、经济、军事、社会、文化等一切活动,便具有高度随意性。这一切活动,归根结底,都是为的对中国进行经济侵略,吮吸中国人民的血汗。他们组织任何社团,开设任何工商企业,都不向中国政府登记注册,甚至拒绝中国人入内参观。他们对中国工人进行伤天害理的残酷剥削,甚至任意屠杀,都不受中国政府的检察惩处。他们运用暴力强制和先进技术,白手起家,谋取暴利,不向中国交纳任何捐税。他们在这里实行种族歧视,禁止中国人和

---

① 魏楼拜:《外国在华权利和利益》第 1 卷,第 518 页。

狗进入他们的公园。其实这里乃是外国的走私贩、毒品贩、诈骗
犯、盗窃犯、绑票犯、杀人犯等一切外国社会渣滓所自由进出、借以
躲藏和由以出发的大黑窝。这个黑窝的危害并不限于租界一隅，
而遍及整个上海全市，以致连外国人也把上海称为外国"冒险家
的乐园"。我们所要指出的是，这里也是中国各种败类的黑窝。
他们和外国人同样残害中国人民，依附外国势力发财致富。

## 第九节　中外贸易的基本形势

在 19 世纪的 40 年代初叶至 70 年代初叶这个西方自由资本
主义的黄金时代，西方先进国家对中国进行经济渗透的主要方式
是用机制工业品换取中国的土特产品，是即所谓"自由贸易"。前
面说过自从第一次鸦片战争以后，西方入侵者就对中国进行半殖
民地间接统治。在这种统治下，西方商人在政治上、经济上、政权
上和社会上具有远高于中国商人的优势地位，因而所谓贸易关系
便带有暴力强制性。但是在市场上，贸易毕竟是通过买卖双方的
协议进行的。因此，贸易关系便成为社会生产力水平的对比关系。
自从第一次鸦片战争以后，30 来年的事实证明，西方的社会生产
力仍旧生产不出什么值得中国人民广泛欢迎的廉价工业品来。这
就是这一时期中外贸易的基本形势。

### 一、产业革命和英国的社会生产力水平

人们在谈论第一次鸦片战争时，往往联想到英国的产业革命，
从产业革命史上去寻找这场战争的所谓历史背景。他们寻找的结
果发现，从 18 世纪的六七十年代起，英国就开始了产业革命，到了
19 世纪的 20 年代，英国资本主义的发展已经达到了爆发资本主

义周期性经济危机的成熟阶段,英国的社会生产力已经强大得足以把机制产品销往全世界的任何角落,成为所谓"世界工厂"。他们认为,资本主义的英国在国内外,都掀起了自由贸易的浪潮,但是封建主义的中国却仍然实行闭关自守政策。于是,中英之间便发生了矛盾,矛盾导致战争。

用"自由贸易"和"闭关自守"的矛盾去说明这场战争的所谓历史背景,实质上就把这场战争说成是先进的资本主义和落后的封建主义的冲突,抽去了侵略和被侵略的民族矛盾,为英国的侵略罪行进行辩护。而先进战胜落后,却又是历史的必然,因而中国之失败,也就成了天命。我们不能接受这样的观点。下面先从英国的产业革命说起。

### (一)英国棉纺织业的技术革新

产业革命这个概念,内涵很复杂。简单说,这指的是英国从18世纪六七十年代开始的生产技术大变革,以及这一变革所导致的生产、交换和分配方式的大变革。这些变革把英国资本主义的发展从工场手工业阶段推向机器大工业阶段,到爆发第一次鸦片战争的1840年,英国资本主义生产方式已经发生三次周期性经济危机。这些变革是以史无前例的迅猛速度和庞大规模实现的,影响所及,遍及社会经济的一切方面,所以称为"革命"。

在产业革命中,英国社会生产力的发展是一个遍及工矿交通运输和农牧各业的复杂现象,这里不可能全面叙说,好在最先发生技术革新的是棉纺织业,在两次鸦片战争前后,英国资产阶级自信最有能力和最为迫切向中国推销的也是棉纺织品,下面就把英国棉纺织业的技术革命当做重点,略加叙说。

欧洲本来不产棉花,无所谓棉纺织业。在中世纪,威尼斯商人曾从中近东进口棉制品,也进口少量棉花。地中海沿岸的一些地方曾利用这种棉花,开始仿制棉纺织品。到了14世纪,安特卫普曾是一个小小的棉纺织业中心,但发展微弱,产品不足以和毛纺织品相竞争。这种地理的、历史的特定条件,使欧洲大陆许多国家直到18世纪后期,还根本不存在棉纺织业,即使有,也微不足道。这就使欧洲大陆成为英国棉纺织业技术革新后的重要销售市场。

英国的棉纺织生产技术是17世纪初叶才由安特卫普移民传去的,到40年代,曼彻斯特成为棉纺织业中心,主要都是散布在农村的家庭手工业。不过英国绅士逐渐形成一种穿戴棉织品的时髦风尚,连王后也喜欢穿上东方的丝绸和印花布出来见客。这种风尚引起毛纺织界的嫉妒和反对。

1700年,英国政府颁布法令,绝对禁止进口印度、波斯和中国的印花布;后来,又更加严厉地禁止买卖、穿着或拥有这些棉制品。这些禁令保护了英国棉纺织业的发展。

在这种保护政策之下,英国棉纺织业为了扩大生产,很快就出现技术革新。人们通常把新技术的发明年代或取得专利权的年代当做技术革新的时代指标。从这个意义上说,英国棉纺织业的技术革新可以上溯到凯氏[①](John Kay)发明飞梭的1733年。这种飞梭提高布面幅宽度,增加布匹产量,因而消耗大量棉纱,使棉纱供不应求。于是魏亚特(John Wyatt)和保尔(Leuis Paul)便在1735年发明了罗拉纺纱机(Roller Spinning),并于1738年取得专利权。这种纺机把捻卷棉纱的环形旋转运动和拉长棉纱的直线牵伸运动合并起来,由罗拉锭同时完成,使纺纱劳动第一次摆脱人类的手指,改由物质机械去加工,是真正的"工作机"。由此可见,英国棉纺织业的技术革新最早可以追溯到18世纪的30年代。

--------

①　保尔·芒图著,杨人楩等译:《十八世纪产业革命》(以下简作《产业革命》),第153—155页。

在罗拉纺机的基础上，1767 年哈格里夫（James Hargreave）发明了多锭珍妮纺纱机（Spinning Jenny），使一架纺机可以同时纺制多根棉纱。1767 年大概是海斯（Thomas Highs）又发明了水力纺纱机，使纺纱劳动摆脱了人类肌肉的限制。到了 1774—1779 年间，克隆普顿（Samuel Crompton）把多锭的珍妮纺机和水力纺机两种装置结合起来，发明了走锭纺纱机（Mule Spinning）。这就是今天许多棉纱厂所采用的一种纺纱机的原型。

现代棉纺织业生产技术上的另一重大突破是蒸汽动力的利用，利用蒸汽力量推动机器运转，首先是由瓦特（James Watt）发明的。瓦特的发明，起初只能推动机械进行直线的往复运动，1782 年发明复式蒸汽机后，才能推动机械进行环形旋转运动。利用这种发明作动力的第一家纺纱厂是 1784 年或 1785 年开设的。在棉织业方面，自从凯氏发明飞梭以后，一直很少进展，直到 1789 年，卡特赖特（Edmund Cartwright）才试图开设蒸汽动力的棉织工厂，1806 年，才出现第一家使用蒸汽动力的棉织工厂。[①] 其时距发明飞梭的 1733 年已过了 70 多年了。

现代机械化生产技术的产生，主要集中在三个方面，其一是运用工作机代替人的双手去进行原料的加工制造。这种革新使加工过程高速化和规律化，从而使产品实现数量上的提高和质量上的标准化。其二是运用蒸汽去发动机械，用矿物能源代替人类和动

---

① 关于纺织机械的发明年代，有不同的说法。上文据华茨渥斯和蔓茵：《棉花贸易和工业兰开夏，1600—1780》（A. P. Wordsworet and J. de L. Mann, The Cotton Trade and Industrial Lancshire, 1600—1780），第 21—23 章；诺尔斯：《十九世纪大不列颠的工业和商业革命》（L. C. A. Knowles, The Industrial and Commercial Revolution in Great Britain during the Nineteenth Century），第 47—55 页。芒图：《产业革命》，第 192—193 页。

物肢体能源、风力和水力自然能源,从而消除肢体能源的量的极限
和风水能源的地理限制。其三是运用传动装置,把热能转化为机
械能,从而使生产过程有可能不知疲倦地连续进行。从这些意义
上说,英国棉纺织业在纺纱和织布这两大工序上,到18世纪末19
世纪初就已完成了发动、传动和加工上的革命性创造发明。尽管
这些创造都是少数人根据实践经验实现的,但这些发明创造本身
却完成了机械科学原理上的革命性突破,为现代机械科学奠定了
基础。

棉纺织业新兴技术的生产工效,空前强大。在技术革新前,至
少要5个手纺工人的纺纱产量,才能足够供应1个手织工人的棉
纱消费量。[1] 棉纱供应不足,严重地束缚了手织业的发展。技术
革新开始后,即使是最早的珍妮纺机,每架的产纱量也抵得上6—
24个手纺工人的产纱量,水力走锭纺纱机的每架产纱量则抵得上
几百个手纺工人。到了19世纪60年代初,一个看管蒸汽动力走
锭纺机的工人,把366磅棉花纺制成纱只需15个小时,而手纺工
人则需劳动2700个10小时工作日。[2]

棉织业新兴技术的生产工效超越于手织业生产工效的倍数远
不如棉纺业。19世纪的10年代,动力织机的产布量并不比手织
业高多少。在19世纪20年代中叶,每台织机的产布量只抵得上
7个半手织工。织机的发展方向不在于提高每台织机的产布速
度,而在于简化看管织机运转的劳动,提高织机工人所能看管的织
机台数。在1833年,一个青年工人配上一个12岁的儿童做助手,

---

① 赫巴库克和波茨坦主编:《剑桥欧洲经济史》(H. J. Habakkuk and M.
Postan, ed. , The Cambridge Economic History of Europe)(以下简作赫巴库克
《经济史》)第6卷,第1分册,第290页。

② 马克思:《资本论》第1卷,《马克思恩格斯全集》第23卷,第429页。

可以看管 4 台织机,其工效相当于手织工人的 20 倍。① 纺织两大工序新兴技术上这种超越于手工劳动的不同程度,使英国机械化棉织业的发展长期落后于机械化棉纺业的发展。这也是后来英国棉纱销华量的增长速度远远超过棉布增长速度的技术基础。

### (二)英国的社会生产力一般

考察技术革新的社会作用,必须注意三个方面的问题:第一,某一生产部门的机械化大生产不可避免地和其他许多生产部门发生密切联系,没有其他生产部门相应的技术革新,就不能充分发展;第二,某一生产部门内部某些工序的技术革新,不可避免地需要其他工序相应的技术革新,成龙配套,才能使这个生产部门充分发展;第三,从家庭手工业向机器大工业的过渡,意味着直接生产者劳动方式和生活方式的彻底变革,不可避免地要受到直接生产者的顽强抵抗。下面我们先说前两个问题。

马克思对一个工业部门的技术革新必然引起其他工业部门出现相应的技术革新,早有精辟的评论。他说:"当大工业特有的生产资料即机器本身,还要依靠个人的力量和个人的技巧才能存在时,也就是说,还取决于手工工场内的局部工人和手工工场外的手工业者用来操纵他们的小工具的那种发达的肌肉、敏锐的视力和灵巧的手时,大工业也就得不到充分的发展。"②简单说,要用机器进行生产,必须首先把机器生产出来。产业革命初期的机器是木料制成的,后来,随着机械运动量的增大,必须用钢铁制造。而制造钢铁部件,则又必须首先在采矿、冶炼机械工业上实现技术革新。英国棉纺织业的技术革新,虽然起步很早,而机械工业的起步

---

① 赫巴库克:《经济史》,第 315—316 页。
② 马克思:《资本论》第 1 卷,《马克思恩格斯全集》第 23 卷,第 420 页。

却很晚。

首先,发展机械工业必须有机械工程师和技术工人。早期的木制机器都是机器的使用人、织机匠、钟表匠、木匠等类工人制造的。到 19 世纪 20 年代,曼彻斯特和伦敦才出现用机器制造机器的机械工程师。直到 1861 年,英格兰和威尔士从事机器生产的厂主、职员、经理人员和商业人员总共只有 60807 人。如果不包括小型机器(如缝纫机等)的生产者和工作机上的工具(如纱锭等)的生产者在内,技师只有 3329 人。① 早期的机械工业规模很小。1824 年有人说,伯明翰制造的机器都是轻便手提式的结构。这种所谓机器,多属于工具一类,而且寿命不长。其大型机器,结构笨重,成本过高,运用水力发动,还受地形的限制。在 19 世纪 20 年代,主要冶金企业,差不多都已完成第一次技术革新。但使用机器生产的机械工业大多规模很小,不可能使用蒸汽动力。30 年代后期,一个法国人记述他在伯明翰见到的情况说,金属加工业"陷入割裂状态","越来越分散"。1838 年,有 175000 人口的伯明翰,只有 240 部引擎,共 3595 马力,其中用于金属制造业的仅 2155 马力。从 1840 年起,英国的机器生产部门才日益多方面地采用机器生产。② 工作机上的工具部分,一直是由手工生产的,大致从 1850 年起,才有越来越多的部分采用机器去制造,例如精纺机的纱锭等等。③ 但在 19 世纪 40 年代,伯明翰渐渐普及一种制度,即小企业主租赁一间厂房,由另一家中心发动机厂提供动力,把他的机器接在传动装置上进行生产。据 1851 年人口普查的统计,在英格兰和

---

① 马克思:《资本论》第 1 卷,《马克思恩格斯全集》第 23 卷,第 486 页。
② 马克思:《雇佣劳动与资本》,《马克思恩格斯全集》第 6 卷,第 505 页。
③ 马克思:《资本论》第 1 卷,《马克思恩格斯全集》第 23 卷,第 411 页。

威尔士的 677 家引擎和机器制造业中,只有 14 家各雇用 350 多个工人,雇工不足 20 人的倒有 537 家,有 77.6% 的工人都是在不到 10 个工人的工厂里劳动的。① 另一记载说,直到 1856 年,伯明翰的绝大多数钢铁制造厂只不过雇用五六个工人。在 19 世纪的前 60 年内,这个钢铁中心还不是进行大工厂的集中生产,而是增加了更多的小型手工场。

现代资本主义的发展,不仅要求机械工业生产那些制造商品的生产工具,也还要求它生产出运输商品和传递信息的工具。马克思说:"工农业生产方式的革命,尤其使社会生产过程的一般条件即交通运输工具的革命成为必要。"②就中英之间的远洋贸易而言,交通运输工具的革命尤其具有重大意义。

长久以来,中英之间绕过好望角的货运航线,单程便需时 3 个多月,往来一次,需时半年以上。传递信息的办法是先从海路到达苏伊士,转陆路到达亚历山大,再经海路到达伦敦,这也需时两个多月。这条交通运输路线是把蒸汽动力应用于海船才缩短时间的。

船的使用蒸汽作动力的装置是 1803 年发明的。最初,这样装置起来的船舶在船体两侧各有一具安有横板的车轮,由船体内部的蒸汽锅炉推动旋转,使船舶前进,乃是真正的所谓"轮船",这种轮船若载重超过一定数量,便把两个轮子压到水线以下,所以不适于远洋航行。运用蒸汽动力以推动船舶前进的一大突破是 1838 年发明的螺旋桨。但早期使用螺旋桨的蒸汽锅炉,为了避免海水

---

① 克拉潘著,姚曾廙译:《现代英国经济史》上卷,第 203—204、226、546,中卷,第 54—55 页;道布:《资本主义发展的研究》( M. Dobb, Studies in the Development of Capitalism) ,第 264 页。

② 马克思:《资本论》第 1 卷,《马克思恩格斯全集》第 23 卷,第 421 页。

腐蚀炉体,需要随船携带大量淡水;由于航途缺少加煤站又要随船携带大量煤炭;而剧烈震动的推进装置又必须应用钢铁材料制造船体和机械部件。如此,都需要在船舶制造工艺上实现一系列的技术革新。直到19世纪二三十年代,所谓轮船还不适于远洋航行。40年代开辟横渡大西洋的航线,那是远洋航行的最短航线。就在这条最短的远洋航线上,轮船也只用于载客和运送邮件,并不载货。到了1843年,铁壳轮船才制造成功;其后10年内,复式蒸汽机的发明大大节约了煤炭消耗;到了1870年左右,冷面凝汽机(Surface Condenser)的发明,使锅炉用淡水的循环利用成为可能;再到80年代,钢质船体才制造成功。① 所以有人说,现代化轮船运输进入远洋航线的新时代是19世纪八九十年代才开始的。② 英国轮船吨位超过帆船是在80年代前期。③

在中英航线上,具有重大意义的还有两件大事,即1869年苏伊士运河的通航和1871年海底电线的通联。前者把中英航线缩短了28%,大大降低了海运成本;后者把中英之间的信息传递,从几个月缩短为几个小时。以后我们即将看到,这些交通运输业的现代化给中英贸易带来了多大的变化。

现代化棉纺织业的充分发展,除需要机械制造和交通运输业的相应发展外,还需要许多其他部门也具有相应的发展,例如为了染色和印花,就需要化学工业的发明创造,才能从天然染料向合成

---

① 威廉森:《不列颠帝国简史》第2卷,《现代帝国和联邦》(James A. Williamson, A Short History of British Empire, Vol II, The Modern Empire and Common Wealth),第45页。

② 赫巴库克:《经济史》,第267页。

③ 密切尔:《不列颠历史统计提要》(B. R. Mitchell, Abstract of British Historical Statistics),第218页。

染料过渡,如此等等,这里不多加叙说。让我们采取前人概括性的总结来说明产业革命对英国社会生产力一般的提高状况。有人说,直到1830年,"英国还没有一种工业已经渡过了全面的技术革命,所以古老形式的工业组织和各种各样的过渡形式还充斥于全国。甚至在棉纺方面,早期的带金属零件的木制机器依旧通用,金属制造的走锭精纺机才发明不久,而且只有比较进步的纱厂中才使用"①。直到50年代,英国走向工业国的路线虽已确定,但所走的路程还不到一半。②

不仅如此,大规模发展棉纺织业,必须有大量的棉花供作原料。在1861—1865年美国内战以前,英国进口的棉花,基本上来自美国。而在美国,把棉花纤维从籽棉上剥离下来,是靠人的双手去完成的,一个工人的平均工作日只能剥出一磅棉花,这是英国棉纺织业发展上的一大障碍。1793年,美国人惠特奈（Eli Whitney）发明了轧棉机,使一个黑人妇女每天能轧出100磅棉花。③ 从此,美国的棉花生产便加速度地扩张起来。1795—1800年,平均每年增产1800万磅;1815—1820年,5年共达10000万磅,19世纪40年代后期,一年就达10000万磅。可见,英国棉纺织业的原料供应问题,是到1793年以后逐步解决的。

现代纺纱厂,把棉花纺制成纱,需要经过梳棉、并条、粗纺、精纺等多道工序才完成最后产品。这许多工序前后衔接,其中一道工序实现技术革命,便需要其他工序也实现技术革新才能配套成龙。现代化梳棉机是一个美国人发明的,到19世纪50年代才传

---

① 姚曾廙译:《现代英国经济史》上卷,第188、237—238页。
② 赫巴库克:《经济史》,第334—349页。
③ 《马克思恩格斯全集》第23卷,第429页。

到英国。① 这就是说,在英国纺纱厂里,现代化梳棉工序的机器设备是到 19 世纪 50 年代才开始配套成龙的。

前面说过棉纺织业的纺纱和织布两大工序,在 18 世纪末、19 世纪初,便已完成了发动、传动和加工上的革命性创造发明,从而完成了机械科学原理上的革命性突破,运用这些机械科学原理去进一步改进机械设备,使之臻于完善,又是一个永无止境的创造发明过程。这里要说的是从手工走向机器的新技术配套装置。

"当工作机不需要人的帮助就能完成加工原料所必需的一切运动,而只需要人从旁照料时,我们就有了自动的机器体系,不过这个机器体系在细节方面,还可以不断改进。例如,断纱时纺纱机自动停车的装置,梭中纬纱用完时使改良蒸汽机立即停车的自动开关,都完全是现代的(1867 年著作中的话)发明。"②

走锭纺纱机是18世纪70年代发明的。但英国纺纱厂的精纺工序,一直依靠纺工灵巧的双手去完成,到1825年才发明有效的自动走锭精纺机。而这种精纺机又成本过高,难以普遍推广,迟至50年代初,一般纺纱厂原则上还在依靠手工精纺,自动走锭精纺只是例外。精纺工序的另一种机器称为环锭纺机。在19世纪70年代,环锭精纺机还在试验阶段,其推广应用是到 90 年代才开始的。③ 不仅如此,精纺机的制造发明,都着重在提高 100—200 支细纱的生产工效上。④ 而中国古老的手工棉纺织业,一向都利用亚洲棉进行生产。亚洲棉只能生产 24 支以下粗纱,所以中国人民的传统习惯都消费粗纱织品。英国现代棉纺织技术的发展方向,和中国人

---

① 赫巴库克:《经济史》,第 161 页。

② 《马克思恩格斯全集》第 23 卷,第 420 页。

③ 莫尔顿:《人民英国史》(A. L. Morton, A People's History of England),第 371 页。

④ 姚曾廙译:《现代英国经济史》中卷,第 49、113 页。

民的消费习惯又不对路。这是英国棉纱布开拓中国市场的一个不利条件。

已经完成从手工向机器过渡的那些生产机械,比较全面的进一步改进是在 19 世纪 30 年代以后。在那以前,英国厂主固然利用机械装置对工人进行相对剩余价值的剥削,同时也利用延长劳动时间,对工人进行绝对剩余价值的剥削。1832 年,英国通过立法,限制工厂工作日的劳动时间不得超过 12 小时,1847 年,又一次立法,限制劳动时间不得超过 10 小时。不管工厂主怎样规避立法限制,这两次都起了促进他们改进机器,提高劳动强度,借以增加相对剩余价值的作用。

1832 年后生产技术的改进,为英国棉纺织业带来了空前的大跃进。马克思说:"英国工业的蓬勃发展,在 1833—1847 年时期,即实行 12 小时工作日时期,超过了实行工厂制度以来的最初半个世纪,即工作日不受限制时期,而从 1848 年到现在(1867——编者注)实行 10 小时工作日时期又超过了 1833—1847 年时期,而且超过的幅度比前一幅度大得多。"①从下面的数字上,可以看出这种蓬勃发展,主要是靠提高相对剩余价值的剥削形成的。1850 年,英国棉纺织厂使用的动力比 1838 年提高 38%,而工人数只增加 27.7%;1856 年的动力又比 1850 年提高 19.7%,而工人数只增加 14.6%。② 有人计算,如以 1829—1831 年的年平均生产率为 100,则 1844—1846 年的棉纺年平均生产率为 178,1859—1861 年更高达 237;其棉织生产率,在 1844—1846 年增为 323,到 1859—1861

① 《马克思恩格斯全集》第 23 卷,第 457—458 页。
② 马克思:《英国工厂制度》,《马克思恩格斯全集》第 12 卷,第 204—205 页。

年更增至 615①, 可见相对剩余价值是成倍增长的。

只就加工制造和交通运输的技术革命而论, 以上情况说明, 英国对华贸易的现代化进程是 19 世纪 60 年代才开始的。

### (三) 英国的机器排挤手工问题

下面来说考察技术革新的社会作用应注意的第三个问题, 即直接生产者对工厂制度的顽强抵抗。

人们在考察技术革新时, 都惊叹于机器的生产工效高于手工生产的巨大程度。这种生产工效的巨大差异造成机制产品和手工产品生产成本的巨大差异, 价值规律的作用使机制产品的市场价格低于手工产品。这就是通常所说机器排挤手工的问题。由于机器的生产工效大大高于手工生产, 所以人们往往倾向于过高估计新兴技术的推广速度和机器排挤手工的进展速度。

前面已经指出, 在纺纱和织布两大工序上, 机器的生产工效都高出手工的许多倍。有人计算 19 世纪 30 年代初, 爪哇手纺工人纺制棉纱的物化劳动价值相当于棉花价值的 117%, 英国机纺的加工成本只相当于棉花价值的 33%。② 另有人计算, 在 1830 年, 英国机纺 40 支纱的成本为每磅 1 先令 7 个便士; 二者纺制 100 支纱成本分别为每磅 3 先令 4 $\frac{1}{4}$ 便士和 12 先令 4 便士。③ 机制棉纱

---

① 库钦斯基:《1750 年后大不列颠的劳工状况简史》(Jürgn Kuczyski, A Short History of Labour Conditions in Great Britain, 1750 to the Present Day), 第 49 页。

② 马克思:《资本论》第 1 卷,《马克思恩格斯全集》第 23 卷, 第 429 页。

③ 英国蓝皮书:《下院小组委员会第一次报告书, 1830 年》(B. P. P., First Report of Select Committee of the House of Commons, 1830) 第 5 卷, 第 436 页。

成本的降低形成棉纱布市场价格的下降。有一个材料说明,英国
100 支纱的每磅售价,1786 年为 38 先令,1801 年为 8 先令 9 便士,
到 1842 年更降为 2 先令 9 便士。[1] 用手纺车纺制棉纱,爪哇、印
度和中国,生产工效没有多大差别,机纺和手纺这种工效和生产成
本的对比,基本上也适用于中国。棉纱成本的下降当然造成棉布
成本的低落。

有一个材料说,英国机制长布(long cloth)1830 年的市场价格
比 1820 年下降了 48.5%。[2] 在机制产品的剧烈竞争之下,英国手
织工的工资收入迅速下降。

**机器竞争下英国手织工人的工资收入**

1797—1834 年

| 年　　度 | 平均每周工资收入 | |
|---|---|---|
| | 先令 | 便士 |
| 1797—1804 | 26 | 8 |
| 1804—1818 | 14 | 7 |
| 1818—1825 | 8 | 9 |
| 1825—1832 | 6 | 4 |
| 1832—1834 | 5 | 6 |

资料来源:诺尔斯:《十九世纪大不列颠的工业和商业革命》,第 119 页。

在机器和手工如此剧烈的竞争下,英国手织业还存在了很长
的时间,这是手织工人对机织业进行顽强抵抗的结果。

---

[1]　《不列颠百科全书》(英文),第 9 版,第 6 卷,第 499 页。
[2]　英国蓝皮书:《下院小组委员会第一次报告书,1830 年》(B. P. P.,
First Report of Select Committee of the House of Commons,1830)第 5 卷,第 188
页。

　　在技术革新前,英国的棉纺织业都是家庭手工业。当时这种
手工业,或者是以农业为主的家庭副业,主要目的是自给自足;或
者是以纺织为主业,以农业为副业,主要目的是出卖。以出卖为目
的的生产,当然感受市场竞争的压力最为敏感。

　　据恩格斯的记述,曼彻斯特家庭手工纺织业的情况,大致是这
样的。这种家庭手工业者大多住在城市附近农村,已是在包买主
统治下的资本主义性家庭手工业。作为一家之主的父亲从事织
布,他的妻子、儿女从事纺纱。他们把纱布交给跑四方的包买商,
从包买商手里取得工资报酬。市场需要随着人口的缓慢增长而逐
渐扩大。竞争对工资不发生显著影响,他们凭工资收入维持全家
生计,能"生活得不错",大部分甚至还能够蓄积一点钱,租进一小
块田地,在空闲时耕种。不过,他们是"蹩脚的庄稼人",在田里劳
动只是为了"做些有益健康的工作,这种工作对他们已经是一种
休息",所以做得马马虎虎。他们"在什么时候织布和织多少是随
他们便的",他们"无须乎过度劳动"。他们就这样过着庸碌而舒
适的生活,"诚实而安静地、和和气气而又受人尊敬地生活着"①。

　　棉纺业在出现技术革新后,大约从 1792 年年底开始,机器纺
纱业提供的棉纱又便宜又多,使得手织业者不用纺纱就可以利用
充分的棉纱从事劳动。这样一来,他们的收入增加了,"于是人们
纷纷拥向棉织业"②。直到进入 19 世纪以后,手织业的从业人数
还在增长。如 1806 年,大不列颠只有手织工人 184000 人,到 1820
年,便增至 240000 人。这个人数继续保持了 10 多年,才开始下

————————

　　①　恩格斯:《英国工人阶级状况》,《马克思恩格斯全集》第 2 卷,第
281—282 页。

　　②　马克思:《资本论》第 1 卷,《马克思恩格斯全集》第 23 卷,第 486 页。

降。所有这些手织业者都是家庭手工业者。①

马克思所说手织工人收入增加的现象大致是在 18 世纪后期；前表所列手织工人的每周平均工资在 19 世纪初叶就已下降了。为什么工资下降而从业人员还在增加呢？

首先,任何一项机器发明,都受到和手工业有关者的强烈反对,难以迅速推广。发明飞梭的凯氏就受到手织工人和包买主的强烈反对,一度被迫逃亡到法国。他那项 1733 年的发明是迟至 18 世纪五六十年代才开始被采用的。1738 年取得罗拉纺机专利权的保尔曾因欠债而被关进监狱,他的发明到 1761 年还未得推广。1767 年发明珍妮纺机的哈格里夫利用自己的发明所经营的企业曾经被人捣毁过。他的发明,只是由于不需大量投资,其结构又适于在家内安装生产,才逐渐得到推广。1767 年海斯就发明水力纺纱机,到 1780 年,纺织工人还向下院请愿禁止使用他的水力机。②

新式机器固然提高工效,降低生产成本,能够获取高额利润。但 19 世纪前期还是商业统制产业的时代,机器发明人多半不是资本家,也不具备经营商业和管理工厂的才能,多半不是成功的大工业经营家。

其次,在和工厂制度的竞争中,包买主制度也有其优越性的一面。资本家办工厂,必须把大量资本投放在地基、厂房、机器设备等固定资产上,还必须储备流动资金以支付折旧、保险、捐税、办公、会计等各项费用。这一套投资,一遇市场呆滞,就成了无利可图的负担。而包买主则收购产品,给付工资,具有极大的灵活性,可以根据市场的盛衰,随时伸缩订货生产。19 世纪初,一个棉织

① 诺尔斯:《十九世纪大不列颠的工业和商业革命》,第 53 页。
② 芒图:《产业革命》,第 161、164—168、171、180、299 页。

品包买主说,他经常雇用 1000 名织工,分散在 3 个村庄里给他生产订货。那些家庭织工为了取得订货,总是竞相压低工资报酬,这就削减了成本开支。因此,包买主制度对工厂制度的抵抗,"出乎意料的顽强"。在动力机器对手工业的优势还不够强大的棉织业里,这种制度便"不合常情地"拖延着。①

再次,棉织业从家庭手工业向工厂大工业的过渡,意味着生产者劳动方式和生活方式的巨大变化。在工厂制度下,生产者不复是生产资料的所有者,倒是变成为生产资料的附属物。他们全家必须抛弃环境恬静、空气清新的农村住宅,迁入人口拥挤、喧噪龌龊的贫民窟,不再租入小块田园,作为"有益健康的工作"去耕作,也不再取得田园收入以补助家用。在工厂,他们对劳动方式,不再具有独立自主权,而是必须在工头的监督之下,遵守操作规程,服从工厂纪律,否则即将受到惩处。这种劳动不复像自己家庭那样,可以随时停工,随时上工,而是跟着机器的不停运转,不停地紧张进行。他们不再是"在什么时候织布和织多少是随他们便的",不再"无须乎过度劳动",而必须从事 12 小时以上的过度劳动。他们的妻子儿女不再受到作为一家之主的父亲的爱护和帮助,只干力所能及的轻松活计,而是必须独当一面,成为机器的延伸部分。总之,他们不再"受人尊敬地生活着",而是在厂主奴役之下的可怜虫。他们相互之间,虽有血缘关系,却没有感情上的联系和经济上的相互依存,毋宁都是受失业威胁的竞争对手。这是彻底破坏古老传统的历史性大变化。因此,即使手织业的工资所得远远低于工厂织工,他们也难以割舍自己的那架织机、那块田园和那所住宅。

---

①  赫巴库克:《经济史》,第 314、348、289 页。

　　进入 19 世纪以后,英国工场手工业时期那种为进行资本原始积累所实行的圈地运动等国内剥夺过程,还在猛烈地进行着。这一过程为英国劳动力市场增添了大批的相对过剩人口,他们尽力压低生活水平,拥向一切可以勉强餬口的劳动行业。手织业恰恰又是一门并不需要多少技术训练的行业。

　　不仅如此,机器的生产率固然是由它所代替的人类劳动衡量的,但是"由于资本支付的不是所使用的劳动,而是所使用的劳动力的价值,因此,对资本说来,只有在机器的价值和它所代替的劳动力的价值之间存在差额的情况下,才会使用机器"[1]。对资本家来说,只有这种差额才决定商品的生产费用。而"机器本身在某些产业部门的使用,会造成其他部门的劳动过剩,以致其他部门的工资降到劳动力价值以下,从而阻碍机器的应用,并且使机器的应用在资本看来是多余的,甚至往往是不可能的,因为资本的利润本来不是靠减少所使用的劳动得来的,而是靠减少有酬劳动得来的"[2]。马克思指出过,英国煤矿本来是使用女工和童工劳动的,只是到了法令禁止女工和童工以后,资本家才采用机器。而直到 19 世纪 60 年代,英国有时还不用马匹而用妇女在运河上拉纤,因为维持过剩人口中的妇女劳动之所费是微不足道的。

　　在棉纺织业里,纺纱部门使用机器生产的结果,恰恰使棉织部门的劳动力过剩,以致这一部门的工资降到劳动力价值以下,从而阻碍了棉织机的推广。1839 年英国政府发表的关于手织工人状况的报告书就充分说明了这一点。报告书说,那些在 1839 年还继

---

　　① 马克思:《资本论》第 1 卷,《马克思恩格斯全集》第 23 卷,第 430—431 页。

　　② 马克思:《资本论》第 1 卷,《马克思恩格斯全集》第 23 卷,第 431 页。

续使用旧式手织机的织工们的极端贫困,随着不可抵抗的机器竞
争的扩大,已经逐渐严重起来了。可是,贫穷越严重,普遍采用新
设备就愈益受到推迟,"因为工资降得那么低,以致用人比用机器
更为有利"①。

　　由于上述种种原因,18 世纪 60 年代发明的手工珍妮纺机
一直沿用了 60 多年,到 19 世纪 30 年代才出现决定性的衰落;
在 18 世纪 80 年代就已可能使用的蒸汽动力织机,到 40 多年
后的 19 世纪 30 年代才开始广泛应用。② 1840 年,手纺工人尚
未完全消灭。③ 同年,手织工人还有 50 万人,每天劳动 15 小时。④
1851 年的普查表明,棉纺织业的 50 多万工人,差不多有三分
之二是在 50 人以下的作坊里劳动的。⑤ 马克思说,在 1856 年
以前不久,棉织业才有工厂制度,"还没有把手摇织布制度排挤
掉"⑥。近年西方的研究表明,英国手织业的最后绝灭时间一
直拖延到 19 世纪 60—70 年代,其绝灭,并"不是因为所得的
报酬太少,而是因为再没有青年从事这个正在灭亡的手艺
了"⑦。如果从发明飞梭的 1733 年算起,那么手织业的生命
一直延续了一百三四十年之久。机器织工人数和手工织工
人数的对比估计如下。

---

① 芒图:《产业革命》,第 193 页。
② 道布:《资本主义发展的研究》,第 264、265 页。
③ 莫尔顿:《人民英国史》,第 371 页。
④ 《马克思恩格斯全集》第 6 卷,第 636、762 页。
⑤ 姚曾廙译:《现代英国经济史》中卷,第 39 页。
⑥ 《马克思恩格斯全集》第 12 卷,第 206 页。
⑦ 赫巴库克:《经济史》,第 439 页。

**不列颠棉织业机器织工人数和手工织工人数比较**

1806—1860 年 单位:千人

| 年 份 | 机器织工人数 | 手工织工人数 |
|---|---|---|
| 1806 | 90 | 184 |
| 1810 | 100 | 200 |
| 1815 | 114 | 220 |
| 1820 | 126 | 240 |
| 1825 | 173 | 240 |
| 1830 | 185 | 240 |
| 1835 | 220 | 188 |
| 1840 | 262 | 123 |
| 1845 | 273 | 60 |
| 1850 | 331 | 43 |
| 1855 | 371 | 27 |
| 1860 | 427 | 10 |

资料来源:密切尔:《不列颠历史统计提要》,第 184 页。

根据这个估计,机器织工人数迟至 1835 年才超过手工织工人数,到爆发第一次鸦片战争的 1840 年,不列颠还有手织工 123000人,到爆发第二次鸦片战争的前 1 年,还有 27000 人。英国机械化棉纺织业的生产力既然在英国本土还没有把手织工人排挤干净,它当然没有力量把棉纱布远涉重洋地送到中国市场上来战胜中国的手工棉纺织业。

最后,还需要对毛纺织业作点简单补充。在英国,毛纺织业是几乎遍及农村每个家庭的传统手工业,在产业革命前,毛纺织品一直居于各种出口商品的第一位。毛纺织业的技术革新,许多都是从棉纺织业移植过去的。毛纺织业的最先加工工序是把羊毛梳松以便并条。这道工序曾试用过多种机器,其关键性的发明是到

1834 年才取得专利权的,到 19 世纪后半叶才广泛使用。① 把梳松
后的羊毛并条的机器是 1832 年由美国人发明的。这项被称为毛
纺业里具有珍妮纺机对棉纺业那样伟大作用的技术革新,可以用
动力推动。但到 1850 年,在新英格兰的推广,尚未普遍,在别的两
个地方才开始采用,而在其他地方,则闻所未闻。② 直到 1870 年,
各主要地区一般都采用了,但根据工厂视察员的报告,在 1871 年,
除约克郡外,英格兰和威尔士总共才有 5 部并条机。③

　　1767 年发明的珍妮棉纺机,到 18 年后的 1785 年才在北方开
始应用于毛纺,而 1775 年发明的走锭棉纺机真正成功地应用于毛
纺,则是在 55 年以后的 1830 年。1835 年的一本著作说,粗纺工
序已在工厂里进行,但毛纺粗纺机还是靠手工操作的,严格说,不
能算是工厂生产。40 年代的一般经营方法,还是织呢匠买进已分
类好的羊毛,在毛纺织厂里进行粗梳、精梳和头道纺,然后拿回家
去进行精纺和织造,织成后卖给商人去进行染色和整理。迟至
1857 年的一份报告还说,英格兰、苏格兰和威尔士的毛纺厂所使
用的动力,还有三分之一以上是水力。在约克郡的毛纺区西莱定,
毛纺厂平均每家只使用 14.6 马力的动力。④

　　毛织业从家庭工业向工厂工业的过渡是 19 世纪三四十年代
的事情,其进度远较棉织业缓慢。根据 1839 年的材料,毛纺织厂
或毛丝纺织厂平均每厂只雇用 58 个工人,就是特别指明其为大型
企业的约克郡 342 家毛丝厂,平均每家也不过 75 人。当时大量的
劳动都是在家内进行的。就在大型的毛纺织企业里,"从头到尾

---

① 姚曾廙译:《现代英国经济史》上卷,第 189—190 页。
② 姚曾廙译:《现代英国经济史》中卷,第 28 页。
③ 姚曾廙译:《现代英国经济史》中卷,第 116 页。
④ 姚曾廙译:《现代英国经济史》上卷,第 545 页。

整个生产过程都掌握在同一些人手里——而不问工作是在厂内或是在厂外进行的"。有人估计,在 40 年代,不能认为英国的呢绒制造业者所掌握的动力平均能大大超过 10 匹马力。直到 1858 年,约克郡从事呢绒工业的工人,只有一半是在工厂里劳动的,还有极大部分的计件织工织呢匠在厂外劳动①。须知 1858 年已经是第二次鸦片战争的年代了。

**英国毛、麻、丝动力织机统计**

1835—1874 年                                        单位:千台

| 年　份 | 毛织机 | 麻织机 | 丝织机 |
|--------|--------|--------|--------|
| 1835 | 5 | 0.3 | 2 |
| 1850 | 42 | 4 | 6 |
| 1856 | 53 | 8 | 9 |
| 1861 | 65 | 15 | 11 |
| 1871 | 115 | 40 | 12 * |
| 1874 | 140 | 52 | 10 |

注:＊1870 年数。

资料来源:密切尔:《不列颠历史统计提要》,第 195—198、203、210 页。

英国的棉毛纺织品有的搀用丝麻原料。"在 1830 年以前,除去棉纺织业而外,任何纺织工业都还没有受到动力织机的影响。"②到了 1841 年,"织工通常都自己有一台或几台织机——至少有这样多的固定资本是自己的——但也有时租赁织机或租赁供织机用的某种复式滑车"③。总之,就整个纺织工业而言,主要的

---

① 姚曾廙译:《现代英国经济史》上卷,第 247—248 页。
② 姚曾廙译:《现代英国经济史》上卷,第 102 页。
③ 姚曾廙译:《现代英国经济史》上卷,第 231 页。

经营形式还是家庭手工业。30 年代以后,毛、麻、丝动力织机的统
计有如上表。

第一次鸦片战争后,中国被迫向所有外国开放五口通商。当
时英国是社会生产力发展最为先进的国家,纺织业又是英国最为
先进的产业部门,英国的情况如此,其他外国就不须多说了。

## 二、中国小农经济对机制
### 棉纺织品的顽强抵抗

鸦片战争前夕,作为中国封建经济中心支柱的小农经济是工
农结合的统一体。所谓工农结合是多种家庭手工业和农业的结
合,其中分布最广的手工业是棉纺织业。这种可以动员妇女儿童
的弱劳力和农闲时期以及一切不适于户外劳动时的强劳力都进行
生产的手工业,不仅广泛分布于棉产丰富的各省,也同样广泛分布
于棉产很少的各省。鸦片战争前夕,广州从印度进口的棉花高达
50 万担,价值 500 万元①,是超越其他合法进口商品的最大项。那
多半是运销梅岭以南各缺棉地区,充当手工棉纺织业原料。农村
手工棉纺织业的生产目的,有的纯粹为了自给,只以剩余出卖;有
的则主要为了出卖。在各种封建剥削之下,难以维生的贫苦农民,
衣不蔽体,仍然出卖纱布,就是为的偿租还债。在不少地区,农民
单纯依靠农业劳动,不足以维持全家生计;单纯依靠手工业劳动,
也不足以维持全家生计,惟一出路在于兼营工农两业。在鸦片战
争以前,一度远销欧美的所谓"南京布",就是这样生产出来的。
正因为如此,耕织结合的小农经济体成为分布最广泛、韧性最坚强

---

① 罗伯聃:《中国对外贸易表》,英国外交部档案,F. O. 228/32。

的经济形态。鸦片战争后,这种经济形态对进口棉纱布发挥了极其顽强的抵抗力量。在 19 世纪 40 年代初至 70 年代初这 30 年里,西方棉纺织业生产力还不能广泛摧毁这种经济形态,而洋纱的充分供应,解除了手织业原料不足的限制,促成洋纱土布的生产。结果,外力造成了纺织分离,却使耕织结合更加紧密了。

通商五口开放之初,英国资产阶级"兴奋若狂"。他们"一想到和三万万或四万万人进行贸易,大家好像全都发了疯似的"。他们对中国人民的消费习惯茫无所知,把钢琴和吃西餐用的刀叉都大批地运到中国来。菲尔德一家有名的商行向中国运进的刀叉,售价几乎抵不上运费。伦敦一家商行向中国运进的钢琴,"也遭到同样的命运"①。

就在中国人民普遍消费的棉纺织品上,中国人口之众多,也引起英国资产阶级的狂热性投机浪潮。亲手签订中英各项条约的英国全权代表璞鼎查公开向英国纺织资本家宣称,他已打开中国的大门,任凭他们进出,而"这个国家异常庞大,倾所有兰开夏纺织厂的出产,都不足供给他一省消费之用的"②。他们有的人甚至说,"所有英国兰开夏纺织厂的出品都供应中国一省的制袜的需要,犹恐不足"③。还有的夸大说,在福州,"几乎在每三个人当中,就有一人穿着一些我们的纺织品"④。有的说,在广州,"对英国产品有巨大的需要,哗叽已经脱手,羽纱得到好的价格,对英国货的

---

① 柯克:《中国》,第 168—169 页。

② 英国蓝皮书:《额尔金伯爵赴华赴日有关文件,1857—1859》,第 244 页。

③ 班思德:《中国对外贸易史》,第 64 页。

④ 英国蓝皮书:《最近中国各口贸易报告》(Returns of the Trade of the Various Ports of China Down to the Latest Period),1847 年,第 3 页。

欲望在坚定地增长"。① 因此,他们拼命地进货,在 1842—1845 年
的短短 3 年里,运到中国的棉纺织品总值由 70 万镑扩大到 170 万
镑,3 年之中,增加了近一倍半。② 美国侵略者也唱着同一个调子。
美国总统泰勒(J. Tyler)在给国会的咨文中说:"西方国家的产品,
在中国方面已有相当销路","若能将数个连贯该帝国各部分的口
岸为过去欧美人士所未曾进入者,予以开放,对美国产品的需求之
扩大,必无疑义"。③ 总而言之,在五口开放之初,弥漫于英美侵略
者头脑中的是一幅美妙的狂想图景。

就英国而论,狂热引起投机。在 1834—1837 年间,英国输华
制造品,平均每年值 981167 镑,在 1838—1842 年间,平均每年值
882495 镑。到开港贸易的 1843 年,便一跃而至 1456180 镑,1844
年又跃至 2305617 镑,1845 年又跃至 2394827 镑,此后便进入衰退
状态,直到第二次鸦片战争以后再迅速上长。

**英国制造品输华值**(年平均数)

1838—1862 年　　　　　　　　　单位:镑

| 年度 | 数值 |
|---|---|
| 1838—1842 | 882495 |
| 1843—1847 | 2090406 |
| 1848—1852 | 1664416 |
| 1853—1857 | 1738872 |
| 1858—1862 | 4127611 |

资料来源:《英国蓝皮书》,1864 年,第 92 卷,第 23 页。

---

① 费正清:《贸易与外交》,第 286 页。
② 严中平:《两次鸦片战争史料》,《经济研究》1955 年第 1—2 期。
③ 卿汝楫:《美国侵华史》第 1 卷,第 51 页。

19 世纪 50 年代初一个在中国的 3 个省份中住了 10 年的英国人说道:"我还没有看见过一个靠劳作生活的中国人穿过一件用我们的布料做的衣服。""就粗布而论,我们的制造品没有一点点竞争的机会。"①另一个英国人说:"我们永远找不到一个人会承认我们的布和他们的布一样好。就我对于布的知识而言,他们偏好土布是正确的。"他透露的一个消息是:在《江宁条约》签订以后的最初几年中,"运往伦敦的生丝实际上是用曼彻斯特的上等棉布包装的"。这就是说,"英国棉布是可能找到的最无价值的东西,比寻常的包装材料——杭州粗棉布——还要便宜和无用"②。

在福州,1847 年英国驻福州的领事说:"关于英国或其他外国在这个港口进行贸易,目前还看不出任何有希望的前途。"他估计福建每年对进口棉织品的消费,应在 200 万匹以上,但是,实际通过海关在福州上岸的,只有几百匹。就是这"几百匹布,据说也远没有得到满意或有利的价格"。而在他看来,"如果把这个大城市和这个省份的庞大人口考虑在内,就是两百万匹,似乎也不算太大"③。

在广州,还在西方商品大批拥进的 1845 年,就发生了存货积压的现象。在此之前一年,"本来要运往其他口岸的货物被截留在广州销售",现在由于卖不出去,又转运出口到上海推销。④ 这一年广州的英国领事说道:广州的外国洋行对"订货的稀少和由北方来的朋友的消失,表示焦虑不安地失望",因为"这些人过去

---

① 严中平:《两次鸦片战争史料》,《经济研究》1995 年第 1—2 期。

② 姚贤镐:《外贸史资料》,第 1350 页。

③ 英国蓝皮书:《1846 年中国各口贸易报告》(Returns of the Trade of the Various Ports of China for the Year 1846),第 19—20 页。

④ 费正清:《贸易与外交》,第 286 页。

一向都是在广州的市场上购买货物的"。①

即使是新成长起来的贸易中心上海,也出现了停滞的状态。1843年上海一开埠,西方商人就把大量商品拥进上海,但是为时不久,就出现了与他们愿望相反的转折。在1845年,进出口市场已经出现"物价跌落"的现象。② 1846年的进口货值即较前一年下降了13%,1847年又继续减少了5.4%,1848年更大幅度地下降20.1%。以后虽有回升,但极不稳定,一直到1854年还没有恢复到1845年的水平。③《天津条约》签订后,1858年12月上海的一家外国洋行老板仍然说:中国人"不会因为一纸条约,就立刻投入棉制衣料〔的购买〕中来"。需要的增加,"必然是逐渐的,而不是突然的","上海市场已经非常滞涩","正在途中的〔棉织品〕供应量,对预期的任何需要量而言,都嫌太多"。④

英国的对华贸易如此,美国的对华贸易同样遇到了困难。还是拿主要商品棉纺织品来说,1850年美国驻厦门领事说:"这里对棉织品的需要,和在广州、上海一样,长期受到限制。""大批的美国床单、衬衣布、斜纹布,发生积压,卖不出合适的价格。"⑤尽管在19世纪50年代初期,美国对中国的出口棉织品有一定的增长,但是在此以前,棉织品的推销一直停滞不前,而进入60年代以后,又再度出现停滞的局面。

总起来看,侵略者的好景是不长的。在外国商品连续3年"发了疯似的"拥向中国之后,紧接着的是过度来货所引起的积压

① 费正清:《贸易与外交》,第298页。
② 英国国会文件:《1846年中国各口贸易报告》,第4页。
③ 黄苇:《上海开埠初期对外贸易研究》(以下简称《上海开埠研究》),第43页,附录:表一。
④ 洛克伍德:《琼记洋行》,第25页。
⑤ 达维斯:《美国公文汇编》第1辑第20卷,第20—21页。

和停滞。

这当然引起侵略者的失望和埋怨。

1847 年,即中国进口货的量、值开始转趋下降的第二年,英国下院一个调查中英贸易状况的小组委员会,在报告中说:"可惜我们应当承认:近来同这个国家的贸易处于十分不能令人满意的状态,扩大我们的交往的结果并没有证实我们的合理的期望,自然,这种期望是以自由进入这个蔚为壮观的市场为依据的。"①

1852 年,广州英国代办的报告说:"我们与这个国家的商约充分生效至今已将近 10 年,……1000 英里长的新海岸已对我们开放,新的商埠已经直接在生产地区和沿海最方便的地点建立起来。但是,就我们所预期的对我国工业品的消费数量的增加而论,其结果又怎样呢? 老实说,结果就是,经过 10 年以后,贸易部的报表告诉我们,亨利·璞鼎查爵士在 1843 年签订条约时所见到的当时的贸易量,较之他的条约本身在 1850 年年底所证明给我们的还要大!"②

"一个拥有如此庞大人口"的国家,消费他们的制造品,"竟不及荷兰的一半,也不及人口稀少的北美或澳大利亚殖民地的一半",这在他们看来的确"是一个奇怪的结局"。他们叫起来了:我们把我们的一切制造品推销到印度去,如今每年达八九百万镑,"中国的人口抵得上印度的 3 倍,为什么我们对中国的贸易每年达不到 800 万镑呢?"

他们把这种情形的出现,归结为清朝政府的人为的阻碍,大事渲染什么,"我们的货物在〔中国〕内地被沉重的通过税挡住了去路"。"英国制造品之向〔中国〕内地运销是被不知名的、无限制的内地课税阴险地阻挡住的。"但是,在 40 年代中期,他们已经承

---

① 《马克思恩格斯全集》第 12 卷,第 585 页。
② 《马克思恩格斯全集》第 13 卷,第 602 页。

认"关于内地加税问题,至今尚无可资非议的根据"。他们的货物运到内地大城市,"并无任何通过税或别的税负"。广州附近"并没有什么(内地)税"。从厦门到漳州,"一个小钱的税也没有征过"①。后来成为严重问题的厘金,是 1853 年才从扬州附近的仙女庙开始的。所以在此以前,把英国货在中国市场上的滞销,说成是"被沉重的通过税挡住了去路",纯粹是无稽之谈。

马克思对上述现象有过精辟的解说。在 1858 年一年内,马克思接连指出:"我们仔细地考察了中国贸易的历史以后得出的结论是:一般说来,人们过高估计了天朝老百姓的需求和购买力。在以小农经济和家庭手工业为核心的当前中国社会经济制度下,谈不上什么大宗进口外国货。"②"这个市场失败的主要原因看来是鸦片贸易,事实上,对中国的出口贸易的全部增长额始终都只限于这一项贸易,第二个原因是国内的经济组织和小农业等等。"③"我们证明过鸦片贸易的增长与西方工业品的销售成反比。我们曾认为,除了鸦片贸易之外,对华进口贸易迅速扩大的主要障碍,乃是那个依靠着小农业与家庭工业相结合的中国社会经济结构。"④在《资本论》第三卷中,马克思还写道:"因农业和手工制造业的直接结合而造成的巨大的节约和时间的节省,在这里对大工业产品进行了最顽强的抵抗;因为在大工业产品的价格中,会加进大工业产品到处都要经历的流通过程的各种非生产费用。"⑤

---

① 以上各项材料皆见严中平:《两次鸦片战争史料》,《经济研究》1955 年第 1—2 期。

② 《马克思恩格斯全集》第 12 卷,第 604— 605 页。

③ 《马克思恩格斯全集》第 29 卷,第 348 页。

④ 《马克思恩格斯全集》第 13 卷,第 601 页。

⑤ 《马克思恩格斯全集》第 25 卷,第 373 页。

这种巨大的节约和时间的节省，就在当时来到中国的西方侵略者的目击报告中，也有所反映。

例如，在 19 世纪 50 年代初期，他们在福建就看到那里的农民，"不仅是一个农民，而且兼为一个手工业者"。"在庄稼正在生长时，在收获之后，或在雨季不能进行户外劳动时，他就动员他的家庭成中纺纱或织布。总之，在一年中空闲的时间里，都从事于这种形式的家内手工业。"①

在浙江，到 19 世纪 60 年代中期以后，他们看到那里的农民"自己种棉花，或以自己田地里的生产物交换棉花，自己做成简单的织布机，梳棉、纺纱，全都自己动手，除了家庭成员帮助之外，不要其他帮助，就把棉花织成布匹"②。

在四川，他们看到那里的农民"买很多棉花而不买棉布"，他"把棉花买来，在家庭里织成布匹供自己使用，或者在村庄里出卖，或者藉行商销到远地"③。

在直隶，他们看到"在许多乡村里，织布劳动几乎不值什么，因为这种农闲期间的劳动力若不用来织布，便是闲散无所事事的"④。

浙江的棉布，只要"以较棉花略高的价格"，就可以从织布农户的手中"卖给邻近城镇的工匠和店主"。⑤

四川、福建的农户把他们所织的"布匹的售价超过棉花的价

---

① 姚贤镐：《外贸史资料》，第 1335 页。
② 《贸易报告》，1869 年，宁波，第 54 页。
③ 《英领报告》，1869—1870 年，汉口，第 216 页。
④ 《贸易报告》，1866 年，天津，第 88 页。
⑤ 《贸易报告》，1869 年，宁波，第 54 页。

钱"的部分,全部算做他们的"利润",因为"他们的时间和劳动都
不算钱"。①"这种劳动如不从事纺织,也将归于虚耗。""除了原
料的成本以外,他生产布匹时,几乎没有其他花费。"②这就是说,
中国农民纺纱、织布,除了原料以外,几无其他成本可言。③　只要
进口棉纺织品的价格略高于中国棉花的价格,中国农民的手工织
布就有和外国进口棉纺织品进行周旋的余地。而来到中国的英、
美棉纺织品,不但要支付原料和加工生产的成本,而且还要加上关
税、运费、保险费等一系列的费用,以及扣除进口商人和中间商人
的利润。它在这方面之处于劣势地位,是显而易见的。当然,大工
业生产的效率无疑大大超出中国农民的手工生产,但是,只要生产
力的提高还不足以弥补这些"流通过程的各种非生产费用",它就
难以和中国手工棉布相竞争。

　　这正是五口通商时期西方侵略者在中国所遇到的情况。1844
年一个长期居住中国的英国人搜集了中国生产的各式各样的土布
布样,标上当地的价格,送到英国,看是不是能按照这样的价格在
英国生产出来。得到的回答是:"他们在曼彻斯特不能按同样的
价格生产那种布匹,更说不上按照这种价格在中国出卖了。"④英
国进口的本色棉布,在19世纪30年代初到50年代末的30年间,
由于劳动生产力的提高,在中国的销售价格,下降了57%(由每匹
7两下降到每匹3两)。然而一直到50年代末,它在天津市场上
的售价,按尺码计算,虽然低于土布三分之一以上,但是按重量计
算,同样宽的土布每码要高出洋布差不多87%。⑤　1847年上面提

---

① 《英领报告》,1869—1870年,汉口,第216页。
② 姚贤镐:《外贸史资料》,第1335页。
③ 姚贤镐:《外贸史资料》,第1343页。
④ 姚贤镐:《外贸史资料》,第1335页。
⑤ 《贸易报告》,1866年,天津,第89页。

到的英国国会下院小组委员会在调查当时出口到中国的棉布销售情况以后说道：英国棉布在中国是一种亏本生意，"照小组委员会的意见，'公平地说，亏本 35% 至 40%'"①。总之，在 19 世纪 70 年代以前，英国的社会生产力还不能广泛扭转这种形势。

对于工农结合的自然经济的坚固性，还应该补充两点事实：第一是鸦片战争以后由于鸦片走私、战争赔款以及各种封建剥削的增加，加重了农民的负担，使农村中农业和家庭手工业的结合，在某些方面说来更加牢固。农民除在小块土地上辛勤耕作，忍受沉重的封建剥削，不得不从事更多的家庭手工业生产，以抵交沉重的租税。专靠农田，已不能维持一家的最低生活。而兼营一些手工业，则"虽暴横尚可支持"②。寥寥七个字，准确地反映了贫苦农民不得不从微薄的家庭手工业中寻找出路的严峻现实。

第二，由于负担的加重而造成的极度贫困，使得广大农民即使在廉价的外国机制品面前，也缺乏起码的购买力。且不说洋布价格高于土布，就是洋布价格低于土布，它也未必能立刻在中国得到畅销的机会。19 世纪 60 年代初期，中国的市场进一步对外开放后，在 1861 年，天津洋布价格甚至"仅及土布价钱的一半"，但是即令如此，它也只是使"直隶和邻省的城市和集镇的人民因洋布较土布便宜而购买洋布"，而广大的"农村人民仍然爱好他们自织的土布"。③ 其所以如此，固然有"土布比较耐穿"，适宜于"做粗重的劳动"的原因，但农民手中没有最起码的购买力，只好穿着不计成本的自织土布，也是重要原因之一。一直到 80 年代，西方侵略者还不得不承认：只有当中国"农民得到较高的生活水平，并且

---

① 严中平：《两次鸦片战争史料》，《经济研究》1955 年第 1—2 期。
② 包世臣：《安吴四种》第 26 卷，第 34 页。
③ 《英领报告》，1863 年，天津，第 133 页。

让他们的妻女去受教育,到那时我们的纺织品与手工织的土布的竞争"才"更加有利"。①

因此,认为在19世纪40—60年代,中国市场上已经"洋货充斥",资本主义国家的商品已经"深入穷乡僻壤","小农业和家庭手工业相结合的封建自然经济整个解体",是不符合历史实际的。

要对五口通商以后30年间中国自然经济的分解的程度,有一个正确的估计,不妨从以下两个方面加以分析比较。

第一是西方国家机制工业品入侵的速度。以棉纺织品而言,在1845—1855年的10年中,英国输华的棉纱由260万磅上升到290万磅,增加仅11%多,棉布则由310万匹下降到200万匹,减少30%以上。② 从1856年起,再过10年到1867年,棉纱的全国进口量仍不过360万磅,棉布不过420万匹。③ 和战前的1838年比较,棉布进口略有上升,棉纱进口则反而减少了25万磅。④ 这就是说,开放了五口,经历了30年的光阴,外国棉纱棉布的入侵,基本上在原地徘徊。

西方国家商品入侵的速度,还可以同印度的情况加以比较。马克思说:在西方国家入侵以前,中国和印度的生产方式都是以小农业与家庭工业的统一为其广阔的基础。但是,"在印度,英国人曾经作为统治者和地租所得者,同时使用他们的直接的政治权力和经济权力,以便摧毁这种小规模的经济公社……他们通过他们的商品的低廉价格,消灭了纺织业,——工农业生产的这种统一的

---

① 姚贤镐:《外贸史资料》,第1343页。
② 柯克:《中国》,第166页。
③ 姚贤镐:《外贸史资料》,第1602—1603页。
④ 《中华丛报》,(The Chinese Repository),1843年10月,第516—517页。

一个自古不可分割的部分,这样一来也就破坏了公社"①。这是一种什么样的速度呢? 马克思说:"从 1818 年到 1836 年,大不列颠向印度输出的棉纱增长的比例是 1∶5200。在 1824 年,输入印度的英国细棉布不过 100 万码,而到 1837 年就超过了6400 万码。"②英国输印棉纱在 19 年间增加了 5199 倍,输印棉布在 14 年间增加了 63 倍。而输到中国的棉纱、棉布,在漫长的 30 年间,几乎没有变化。西方商品的入侵,在印度和在中国所表现出的差别,是十分显著的。这里的秘密全在于英国在中国还不掌握"直接的政治权力"。

第二是西方国家机制品在中国的消费水平。拿棉纺织品来说,英国曼彻斯特工商联合会对 1853 年世界各国消费英国纱布的总值和平均每人的消费量,做过一个全面的估计。它表明:1853年全世界消费英国纱布的国家共有人口 8.8 亿,消费总值为 5400万英镑,平均每人的消费值为 3.01 便士。占消费英国纱布总人口将近一半的中国消费总值只有 140 万英镑,平均每人只有 0.94 便士。作为英国殖民地的印度,平均每人是 9.09 便士,中国每人的平均消费和印度比较,只相当它的九分之一多一点。③

这样一个消费量能取代多少个手工纺织纱布的劳动量呢? 这也可以做一个粗略的估计。就拿 1853 年来说,这一年中国进口英国棉纱为 520 万磅,各种棉布为 260 万匹。④ 当时中国手工纺纱 1磅或织布 1 匹,大抵需要两个劳动日。⑤ 那么,520 万磅棉纱和

① 《马克思恩格斯全集》第 25 卷,第 373 页。
② 《马克思恩格斯全集》第 9 卷,第 147 页。
③ 严中平:《两次鸦片战争史料》,《经济研究》1955 年第 1—2 期。
④ 柯克:《中国》,第 166 页。
⑤ 周学浚等纂:同治《湖州府志》第 29 卷,第 5—6 页,称:"纺者日可得纱四五两","织者月成布一匹"。土布较洋布短窄,假定洋布一匹抵土布二匹计算。

260 万匹棉布所取代的手工劳动约为 1560 万个劳动日。如果一个农民一年之中有 3 个月从事手工纺织劳动,那么,它所替代从事手工纺织的农民,不过 173000 人的样子。这在中国的几亿农业人口中,仅只沧海一粟。单纯从这一点看,它对农工结合体的分解作用,可以说是微乎其微的。

当然,我们不能这样机械地看问题。这样的计算,只是便于得到一个比较具体的印象。我国幅员广阔,经济发展不平衡。外国资本主义的商品入侵以及这种侵略所发生的影响,不仅内地与沿海地区在程度上有所不同,就是在沿海的不同地区,也有差别。而且外国商品的入侵对中国工农结合体的分解,是一个很长的过程,其中也包括排挤中国手工业品的国外市场在内。马克思在分析英国棉纺织品入侵印度的过程时说:"英国起先是把印度的棉织品挤出了欧洲市场,然后是向印度斯坦输入棉纱,最后就使这个棉织品的祖国充满了英国的棉织品。"①对于中国说来,这个过程同样存在。中国著名的手工棉布——号称南京布的紫花布的出口,从有记载的史料看来,至少可以追溯到 18 世纪初叶。② 最高的出口量,曾经达到 336 万匹(1819 年)。③ 但是,进入 19 世纪 30 年代以后,中国出口的棉布,虽然"在色泽上和纹路上仍然优于英国制品"④,但是输出的数量已经开始少于英国棉布的进口。⑤ 到了 30

---

① 《马克思恩格斯全集》第 9 卷,第 146—147 页。

② 在文献记载中,中国海上贸易之有南京布,可以追溯到 1734 年。参见马士:《编年史》第 1 卷,第 224 页。陆上贸易之有棉布,也可以追溯到 18 世纪初年,参见方式济:《龙沙纪略》,第 23 页。

③ 马士:《编年史》第 3 卷,第 347 页。

④ 《中华丛报》1834 年 2 月,市场报告。

⑤ 马士:《编年史》第 4 卷,第 271—272 页。

年代和 40 年代之交,中国输英的棉布下降到只有 2700 匹①,输到美国的棉布,价值只及 2300 元②,连高峰时期的尾数都不到。

否认中国封建社会制度下工农结合的自然经济对外国资本主义商品入侵的顽强抵抗,是不符合历史实际的。否认洋货对自然经济具有分解作用,也是不符合历史实际的。

## 三、贸易中心从广州向上海的转移

鸦片战争前夕,广州是对外通商的惟一口岸。五口通商以后的最初几年,广州仍然是对外贸易的最大中心。从对外贸易上占有最大份额的中英贸易看,在整个 40 年代,由广州输往英国的货值,仍居于五口的首位,在各口总值中的比重,最高达 91.7%（1846 年）,最低也在 75% 以上（1848 年）③,中美贸易的状况亦复如此。

但是,即使在这个时候,广州对外贸易的绝对值,已经出现下降的趋势。40 年代下半期（1845—1850 年）,广州输出的茶叶,由 7600 万磅下降到 5500 万磅,生丝由 6800 包下降到 4300 包。进口的棉花由 7700 万磅下降到 6400 万磅。④ 对英国的贸易总额,由 3100 万元下降到 1600 万元。⑤ 进口的美国商船由 93 只下降到 70

---

① 《中华丛报》1843 年 10 月,第 516—517 页。
② 赖德烈:《早期中美关系史,1784—1844》(Latourette, The History of Early Relations between the United States and China, 1784—1844),第 80 页。
③ 黄苇:《上海开埠研究》,第 144 页。
④ 马士:《对外关系史》,丝茶见第 1 卷,第 366 页;棉花见第 1 卷,第 364 页。系 1845—1849 年数字。
⑤ 《捷报》1851 年 9 月 27 日,第 34 页。

只。① 无论从哪个角度看,下降的趋势是相当明显的。

　　和广州对照,上海在同一时期(1845—1850 年)中,茶叶的输出由 380 万磅上升到 2200 万磅,生丝出口由 6400 包上升到 17000包②;对英国的贸易总额,由 1100 万元增加到 1200 万元③;进口的美国商船,由 17 只上升到 62 只④,上升的趋势也是十分明显的。

　　进入 19 世纪 50 年代以后,贸易重心之由广州北移上海,就更加引人注目了。

　　在出口方面:中国的出口大宗茶叶,在 1846 年由上海出口的只占全国出口的七分之一,1851 年就增长到三分之一,紧接着在1852 年超过全国出口的一半,1853 年又进一步几乎达到 70%。⑤50 年代中期,中国茶叶出口,基本上集中在上海、广州、福州 3 个口岸,而 1855 年上海一处出口的茶叶,超过广州、福州两口之和的30%。从上海运往美国一国的茶叶,比广州对各国的整个出口还要多⑥,从广州出口的茶叶,这时已落后于福州,屈居各口的第三位。⑦ 60 年代以后,广州出口茶叶直线下降,在 1861—1870 年的10 年间,由将近 30 万担下降到 6 万担⑧,远远落在上海、福州和新开口岸汉口之后。生丝出口,在 1845 年时,上海、广州各占一半,而广州略高于上海。到了 50 年代中期以后,则几乎全部由上海供

---

① 达维斯:《美国公文汇编》第 1 辑第 19 卷,第 100 页。
② 马士:《对外关系史》第 1 卷,第 366 页。
③ 达维斯:《美国公文汇编》第 1 辑第 19 卷,第 306 页。
④ 达维斯:《美国公文汇编》第 1 辑第 4 卷,第 318 页;第 19 卷,第 153页。系 1846—1852 年之数字。
⑤ 马士:《对外关系史》第 1 卷,第 366 页。
⑥ 达维斯:《美国公文汇编》第 1 辑第 18 卷,第 107 页。
⑦ 达维斯:《美国公文汇编》第 1 辑第 18 卷,第 281 页。
⑧ 《英领报告》,1872 年,广州,第 12 页。

给。① 60 年代中期(1867 年),包括丝茶在内的全部出口,上海一口达到 3600 多万海关两,差不多相当广州的 4 倍。②

在进口方面,19 世纪 40 年代中期(1844 年),广州进口的英国粗哗叽为上海进口的 3 倍多,50 年代中期(1855 年),则倒过来不及上海的一半,60 年代中期(1863 年),则几乎全部集中于上海,粗哗叽的进口,已不见于广州。③ 60 年代终了(1869 年),上海的全部进口货值,达到 4900 万海关两,而广州则不过 500 多万海关两,只相当上海的九分之一。④

船舶进口,亦复如此。19 世纪 40 年代中期(1845—1846年),广州进口的英国商船,相当于上海进口的 2 倍以上,到了 50年代中期(1854—1855 年),也倒过来,广州只有上海的一半。⑤在 1850—1860 年 10 年间,上海进口船只由原来相当于广州的一半上升到广州的 3 倍半,10 年之中,上海进口的船只数增加了 5倍半,而广州则仅仅增加 1 艘。⑥

由此可见,五口通商以后,上海对外贸易的扩大同时伴随着广州外贸的缩小。马克思在 1858 年指出:"五口通商和占领香港仅仅产生了一个结果:贸易从广州转移上海。"⑦当时的事实就是这样。曾经被西方商人幻想为"永远是对外贸易的主要港口"⑧的广州,在五口通商之后不到 10 年的光阴,便已趋于衰落。

---

① 马士:《对外关系史》第 1 卷,第 366 页。
② 姚贤镐:《外贸史资料》,第 1615—1616 页。
③ 黄苇:《上海开埠研究》,第 169 页。
④ 姚贤镐:《外贸史资料》,第 1611—1612 页。
⑤ 达维斯:《美国公文汇编》第 1 辑第 19 卷,第 37、123、153、288 页。
⑥ 格里芬:《飞剪船和领事》,第 399— 400 页。
⑦ 《马克思恩格斯全集》第 29 卷,第 348 页。
⑧ 《捷报》1856 年 8 月 9 日,第 7 页。

上海、广州以外的厦门、福州、宁波,情况各有不同,但总的说来,它们的对外贸易,除了个别商品以外,一直不占重要地位。

厦门是中国传统的南洋贸易港口,也是英国入侵者最先垂涎的口岸之一。在新开的四口中,它是开放最早的一个。厦门开埠的最初几年,对英国的进出口贸易,的确有过比较迅速的增长。从开埠的1843年到1850年,对英国的进出口,分别增加了180%和280%。但是厦门贸易的规模,一直很小,即使在贸易迅速增长的1850年,厦门的进口货值只相当上海的四分之一,出口仅及上海的四十分之一。① 10年以后(1860年),厦门的进出口贸易,达到了200万元的水平②,这个时候,上海进出口贸易总值在8000万元以上③,和上海比较起来,厦门瞠乎其后。

福州是四口中开放最晚的一个。因为五口之中,以福州最为邻近红茶主要产区的武夷山,所以开埠之初,西方商人对它成为一个取代广州华茶出口的口岸,抱有莫大的希望,从19世纪50年代上半期开始,这里的红茶出口,的确有过显著的增长。1853年在美国旗昌洋行的带头下,不少外国洋行争相非法闯进内地茶区,直接收购茶叶。④ 在其后几年内,福州的茶叶出口,迅速上升。1856年以后,一直超过广州,1859年并一度超越上海,达到4700万磅的高峰。⑤ 但是,除了茶叶以外,福州几乎没有别的贸易可言。在茶叶贸易高峰的1859年,出口货值达到1100万元的时候,福州全

---

① 《捷报》1851年9月27日,第34页。
② 达维斯:《美国公文汇编》第1辑第20卷,第140页。
③ 黄苇:《上海开埠研究》,第138页。原统计单位为两,换算为元。
④ 洛克伍德:《琼记洋行》,第43、45页。
⑤ 马士:《对外关系史》第1卷,第366页。

部进口货值,不过 200 余万元。① "不管怎样,福州只能算做一个单一商品的口岸,它打破将有繁荣的美梦。随着以后的变动,它又从那么惊人的成就中,回到原来的状态。"②60 年代以后,福州的进口贸易基本上没有什么变动,出口却一天一天地衰落下去。

宁波是中国沿海帆船贸易的重镇,也是对日贸易的传统港口。但是宁波开放以后,对西方的贸易也没有发展起来。1844 年开埠的当年,贸易总额仅 50 万元,实属微不足道,而其后 10 年,则每况愈下,减到不足此数的十分之一。③ 除了鸦片走私之外,这个港口没有什么值得一提的贸易记录。进入 60 年代以后,宁波的贸易几乎全部转到上海,它本身的对外贸易额,是通商五口中最少的一个。④

由此可见,在 19 世纪 60 年代以前,上海以外的四口中,原有的广州趋于衰落,其他三口,也并没有得到西方入侵者所期望的发展。这就是说,开放五口"并没有造成五个新的商业中心"。只是新的贸易中心向北移了将近 1000 海里。

19 世纪 60 年代以后,中国又被迫开放了天津、汉口等 9 个口岸。对外贸易有了相应的增长。60 年代中期(1865 年),中国各通商口岸的进出口贸易总值第一次超过了 1 亿海关两。⑤ 在将近四分之一的世纪中,贸易总额增加了大约 3 倍。但是,一直到 60 年代终了,占主导地位的港口,仍然是上海和广州两口。这两个口岸的贸易总额共达 1.8 亿元,占总数 90%,其中上海一口为 1.3

---

① 马士:《对外关系史》第 1 卷,第 467 页。
② 格里芬:《飞剪船和领事》,第 297 页。
③ 德庇时:《战时与和平后的中国》(J. F. Davis, China: During the War and Since the Peace),第 100 页。
④ 卫三畏:《中国商业指南》,第 188 页。
⑤ 姚贤镐:《外贸史资料》,第 1591 页。

亿元,占总数一半以上。而新开口岸一共不到 1700 万元,其中超过 500 万元的,只有天津、汕头两口,70 年代以后成为贸易重镇的汉口,此时直接对外贸易总额不到 200 万元,只占全国各口贸易总额的 1%。① 这就是说,在 70 年代以前,还没有力量同时扩张到新开的各个口岸。

## 四、英国在中国对外贸易上的优势地位②

在 19 世纪 30 年代初期(1830—1833 年),广州独口贸易时期,英国在中国对欧美各国合法贸易中所占的比重,输入中国者占 80%,自中国输出者占 74%③,1833 年在来华的 189 只商船中,有 107 只归英国东印度公司和港脚商人所有。它的吨位,占全部来华船只吨位的 64% 以上。④

五口通商以后,英国继续维持其优势地位。19 世纪 40 年代中期(1845 年),英国对华贸易总额占中国对外贸易总额的 76%⑤,40 年代末期(1849 年),上海一口的进口货值中,英国占 80.6%,出口货值中,英国占 82%。⑥ 50 年代初期(1852 年),停泊在香港的各国商船,有一半以上为英国所有。⑦ 60 年代初期(1863

---

① 　姚贤镐:《外贸史资料》,第 1610—1617 页,原统计单位为海关两,换算为元。
② 　本节中提到的贸易数字,均不包括鸦片走私。
③ 　严中平等:《中国近代经济史统计资料选辑》,第 4—5 页。
④ 　马士:《编年史》第 4 卷,第 343 页。
⑤ 　丁韪良:《花甲忆记》第 2 卷,第 101 页。
⑥ 　黄苇:《上海开埠研究》,第 139—140 页。
⑦ 　达维斯:《美国公文汇编》第 1 辑第 20 卷,第 330 页。

年）进入上海的 3400 艘商船中,属于英国的有 1790 艘。① 一直到 60 年代终了（1869 年）,英国对华的进出口贸易在中国全部对外贸易中所占的比重,仍然分别维持在 92% 和 76% 的水平。②

在中国对外贸易中居第二位的,是美国。美国之有商船来华,是从 1784 年开始的。它入侵虽晚,却进展迅速。1800—1801 年间,美国进入广州的商船只数首次超过英国。③ 它的对华贸易额在 1817 年也第一次超过英国东印度公司。④ 18 世纪 80 年代中期,英国人还认为"美国和中国没有直接通商的可能性"⑤,甚至认为"美国人已经放弃了（扩张）对中国贸易的一切念头"。⑥ 19 世纪 30 年以后,英国人却惶惶不安起来,担心如果"不及时采取谨慎的办法来对付美国人在中国的进展,大不列颠和英属印度同中国的贸易就将处于不安全的地位"⑦。

但是,美国当时在广州的贸易,实际上还不足以构成对英国的威胁。鸦片战争以前,美国商船在只数上虽然有时超过英国,但在吨位上仍远落在英国之后。美国的贸易额虽然在 1817 年一度超过东印度公司,但并未继续保持这种地位。而且当时英国在中国的贸易,除东印度公司外,还有港脚贸易,如果两者合在一起,那么即使到 1817 年,美国仍然大大落后于英国。从长期看,在鸦片战争以前,美国的对华贸易很不稳定。19 世纪 30 年代以后,广州的

---

① 黄苇:《上海开埠研究》,第 174 页。
② 姚贤镐:《外贸史资料》,第 1595 页。
③ 米尔布恩:《东方贸易》（W. Milburn, Oriental Commerce）第 2 卷,第 486 页;马士:《编年史》第 2 卷,第 358 页;丹涅特:《东亚》,第 45 页。
④ 丹涅特:《东亚》,第 74 页。
⑤ 赖德烈:《早期中美关系史》,第 74 页。
⑥ 赖德烈:《早期中美关系史》,第 74 页。
⑦ 赖德烈:《早期中美关系史》,第 74 页。

美国贸易显见下降,几乎回到 19 世纪初期的状态。①

五口通商以后,美国对华贸易的比重,仍然很小,但表现出较大的增长速度。在 1845—1860 年的 15 年间,美国对中国的出口额由 230 万元上升到 890 万元②,增加了将近 3 倍;同时期中,英国对中国的出口则由 1050 万元上升到 2340 万元③,增加 1 倍多一点。60 年代中期(1865 年)到 60 年代末期(1869 年)的 5 年中,美国对华出口在中国进口中所占的比重,由 0.7% 上升到 2%,中国对美国的出口在中国出口总额中所占的比重,由 9.8% 上升到 13.6%④;同一时期,英国对华出口在中国进口中所占的比重,由 91.6% 上升到 92.4%,中国对英国的出口在中国出口总额中,则由 84.5% 下降到 75.6%。⑤ 在个别口岸贸易中,美国还居于领先地位,例如在 19 世纪 50 年代后期的厦门,出口到美国的茶叶,几乎相当于出口到英国的 10 倍。⑥ 带头到福建内地采购茶叶的美国洋行老板甚至夸耀"美国人第一个在福州进行的成功的试探,把一个巨大的港口加进外国人的财源中来"⑦。在其他口岸,美国的贸易在数量上和英国的差距,到 50 年代以后,也在逐渐缩小。1853 年美国公使马沙利在谈到上海美、英两国的贸易发展均势时就说:"尽管美国在上海的贸易额远逊于英国,但其迅速增长的情

---

① 丹涅特:《东亚》,第 75 页。

② 潘序伦:《中美贸易》(S. L. Pan, The Trade of the United States with China),第 22 页;达维斯:《美国公文汇编》第 1 辑第 18 卷,第 116 页。

③ 严中平:《两次鸦片战争史料》。原单位为英镑,按 1 镑=4.4 元换算为元。

④ 姚贤镐:《外贸史资料》,第 1598 页。

⑤ 姚贤镐:《外贸史资料》,第 1595 页。进出口均包括印度在内。

⑥ 达维斯:《美国公文汇编》第 1 辑第 20 卷,第 119 页。

⑦ 洛克伍德:《琼记洋行》,第 4 页。

况将引起人们的注意，两国贸易额的差距，正在逐年缩小。"①

英、美两国是 19 世纪 60 年代以前西方入侵中国的两股最大势力。在中西贸易上，除这两个国家而外，其余各国都无足轻重。1845 年中国的输出总值为 3700 万元，95% 是对英、美两国输出，其余各国不足 200 万元，只占 5%；输入总值为 2000 万元，英、美以外的国家总共为 140 万元，只占 7%。② 在当时仍为贸易中心的广州，1846 年进口总值为 1240 万元，英、美两家共占 1160 万元；出口总值2320万元，英、美两家共占 2160 万元：都在 90% 以上。③ 老殖民主义国家如葡萄牙、西班牙和荷兰，这时已经或正在退出中国贸易的舞台。70 年代以后在中国贸易的角逐中地位日趋重要的法国和德国，这时还没有显露头角。法国在鸦片战争以前曾经有过一个活跃时期。18 世纪初叶，在专营对华贸易的中国公司（La Conpaqnie de la China）等东方贸易机构的"努力"下，它在广州的贸易似乎取得了一些成果。④ 1716 年，法国开到广州的船只，曾经达到 6 艘，几乎占当年来华外国船只总数的三分之一。⑤ 但是，后来法国的海外实力开始走向衰弱，18 世纪 20 年代以后，长期停滞。一直到鸦片战争，法国同中国只有少量的直接贸易。鸦片战争以后，情况未见改变。法国商人虽然是中国生丝的大买主，但在战后一个

---

① 英国蓝皮书：《国会行政文件》（House Executive Document），第 123 号，《中国》，第 99 页。

② 英国蓝皮书：《下院关于中英商务关系特别委员会报告》（British Parliamentary，Report from the Select Committee of the Commons on Commercial Relations with China），第 4 页。

③ 英国蓝皮书：《广州香港贸易报告》（British Parliamentary Papers，Returns of the Trade at Canton and Hongkong），第 11—12 页。

④ 张雁深：《中法外交关系史考》，第 16—17 页。

⑤ 马士：《编年史》第 1 卷，第 157 页。

相当长的时期中,此项生意差不多都在伦敦市场上成交,或者通过
伦敦金融市场的周转。① 这种状况,延续了将近 40 年,一直到 80 年
代初,华丝直接输入欧洲,才"多数不复经由伦敦转运"②。

　　德国在 1871 年统一以前,其境内的日耳曼小邦,在 18 世纪中
叶,也开始插足中国贸易。但是,在 1842 年以后的 20 年中,各小
邦同中国的贸易,和英国比较起来,微不足道。"德国的商人和厂
主只能拾些英国商人的饭桌上落下来的面包屑。"③在最初的几十
年中,德国同中国的贸易,和法国一样,主要是通过伦敦转手。汉
堡的进口商往往在伦敦购入中国货物,而英国商人则经过伦敦向
中国输出德国的毛织品。德国的毛纺织厂老板常常不知道他们生
产的料子从英国运往哪里,而中国的买主则把这些料子当做地道
的英国货。④ 一句话,欧洲大陆同中国的贸易,这时基本上还掌握
在英国商人的手里。

　　在西方侵略者对中国的海上贸易中,还应该提到"正在迅速
地成为亚洲的头等强国"⑤的沙俄。前面提到,在两次鸦片战争以
后,沙俄不但乘机扩大和控制中俄之间的陆路贸易,而且不费一兵
一卒,攫取了长江和沿海的贸易特权,夺取了原来在中国商人手中
的全部砖茶贸易。事实上,从 19 世纪 50 年代初起,沙俄的商船和
兵舰,在没有任何条约根据的情况下,已经不断进入中国沿海口
岸。他们不顾中国的反对,打着别国的旗号,进行"违反条约并且

---

　　① 　马士:《对外关系史》第 1 卷,第 480 页。
　　② 　班思德:《中国对外贸易史,1834—1881》,第 208 页。
　　③ 　施丢克尔著,乔松译:《十九世纪的德国与中国》,第 46 页。
　　④ 　施丢克尔:《十九世纪的德国与中国》,第 46— 47 页。卫三畏:《中
国商业指南》,第 106 页。
　　⑤ 　《马克思恩格斯全集》第 12 卷,第 665 页。

违反明显的商业惯例"的走私活动。① 他们的"商船"公开停在外国走私船只麇集的吴淞,而"大量的俄国布匹",通过中国商人之手,在距离他们遥远的福州出现。② 他们的贸易量,居然比不上英、美,但其手段却同样恶劣。

总之,在鸦片战争后的 20 多年中,英、美以外的西方侵略者在中国的贸易,仍然处于无足轻重的地位,他们各自的相对地位,和战前比较,基本上没有发生什么显著的变化。

## 五、对外贸易的商品结构和贸易平衡

中国对外合法贸易的商品结构,直到 19 世纪 60 年代后半期,丝茶出口仍占出口总值的 88%(1869 年)至 94%(1868 年)。③ 1867 年,中国供给西方世界茶叶消费量的 90%④,生丝消费量的 36%。⑤ 在进口方面,撇开鸦片不计,英国输华棉纺织品的价值,在 50 年代,达到输华货物总值的 70%(1856 年)到 80% 以上(1853 年)。⑥ 美国输华纺织品在输华货物总值中所占的比重,最高甚至接近 90%。⑦ 60 年代下半期,中国进口的棉纺织品,仍占进口总值的 30% 以上。⑧

但是,在战后 20 多年中,这几项主要进出口商品的数量和价

① 达维斯:《美国公文汇编》第 1 辑第 3 卷,第 285 页。
② 格里芬:《飞剪船和领事》,第 295 页。
③ 姚贤镐:《外贸史资料》,第 1609 页。
④ 马士:《对外关系史》第 2 卷,第 404 页。
⑤ 马士:《对外关系史》第 2 卷,第 405 页。
⑥ 严中平:《两次鸦片战争史料》,《经济研究》1955 年第 1—2 期。
⑦ 潘序伦:《中美贸易》,第 206 页。
⑧ 姚贤镐:《外贸史资料》,第 1608—1609 页。

值却各有不同的变动趋势。

在 18 世纪 20 年代以前生丝居于出口的首位。鸦片战争前的出口量,最高曾经达到 14600 担(1836 年)。① 在鸦片战争刚刚结束的 1843 年,一度降到 1400 多担。② 但从 1845 年起,生丝出口又迅速回升,这一年的出口量超过了 10000 担。③ 到 60 年代末,达到 48000 多担④,比 1843 年增加了 33 倍。其中最高的一年(1858 年)达到 69000 担⑤,比 1843 年增加了 48 倍。

茶叶在 18 世纪 20 年代以后,是中国最主要的出口商品。鸦片战争前,它的最高出口量超过了 40 万担(1832 年)⑥,战后初期也曾一度下降到 13 万多担(1843 年),但很快恢复到 53 万担。⑦ 以后几乎是直线上升,到 60 年代终了,达到 153 万担的高峰。⑧ 和 1843 年比较,增加了将近 11 倍。

和丝茶出口变动的趋势不同,英、美棉纺织品的进口呈现出停滞不前的状态。

英国开始试探中国棉纺织品市场,是在 18 世纪 70 年代后期。1777—1778 年间,广州的港脚贸易中,开始出现棉纱的项目。⑨ 1781

---

① 《中华丛报》1840 年 8 月,第 191 页。

② 马士:《对外关系史》第 1 卷,第 366 页。原单位为包,按 1 包=80 斤换算为担。

③ 《中华丛报》1840 年 8 月,第 191 页。

④ 姚贤镐:《外贸史资料》,第 1606 页。

⑤ 马士:《对外关系史》第 1 卷,第 366 页。

⑥ 马士:《编年史》第 4 卷,第 325 页。

⑦ 马士:《对外关系史》第 1 卷,第 413 页。

⑧ 姚贤镐:《外贸史资料》,第 1606 页。

⑨ 普里查德:《中英早期贸易的关键年代,1750—1800 年》(E. H. Pritchard, The Crucial Years of Early Anglo-Chinese Relations,1750—1800),第 161 页。

年港脚商人又首先在广州试销英国棉布。[1] 5 年以后（1786 年），东印度公司也参加进来。[2] 经历了大半个世纪，第一次鸦片战争时（1841 年），英国输华棉纺织品的价值，达到 58 万英镑，第二次鸦片战争时（1857 年），又上升为 170 万英镑。[3] 16 年间，增加不及 2 倍。

美国棉布推销中国，开始于 19 世纪的 30 年代。到 50 年代，成为美国输华的最重要的商品。1850—1853 年间，输华布匹总数增加了 1 倍以上。[4] 曾经大量销往美国的中国南京布，这时已在美国绝迹。但就输华棉布总值而言，美国还远远落后于英国。进入 60 年代后，美布来华，又出现停滞的局面。首先由于美国内战，美国棉布"销得奇慢"，"中国捎客购买美国棉货一天天减少"。[5] 70 年代初，才逐渐恢复原来的数量。[6] 但是，此后美国整个的对华出口，都处于徘徊不前的状况。整个 70 年代，从美国进口的总值，没有超过中国全部进口的 3%。[7] 棉布在美国对华输出中虽占很大比重，但在中国进口中的比重微乎其微。

在丝茶出口迅速上升和棉纺织品进口相对停滞的形势下，中国和西方国家的贸易，基本上维持鸦片战争以前的模式。这就是说，毒害中国人民将近一个世纪的鸦片，继续成为弥补西方国家对华贸易逆差的惟一手段。

---

① 普里查德：《中英早期贸易的关键年代，1750—1800 年》（E. H. Pritchard, The Crucial Years of Early Anglo-Chinese Relations, 1750—1800），第 161 页。

② 马士：《编年史》第 2 卷，第 120 页。

③ 严中平：《两次鸦片战争史料》，《经济研究》1955 年第 1—2 期。

④ 潘序伦：《中美贸易》，第 206 页。

⑤ 洛克伍德：《琼记洋行》，第 48 页。

⑥ 潘序伦：《中美贸易》，第 206 页。

⑦ 姚贤镐：《外贸史资料》，第 1598 页。

　　不幸的是,第一次鸦片战争后的 20 多年内,外国海盗冒险家
在中国沿海,不仅猖狂走私鸦片,而且猖狂走私合法商品,使中国
方面记载的进出口贸易统计极不完整,特别是关于鸦片进口的数
量,各家的统计或估计,根据不同的资料来源,包括不同的内容范
围,差别很大。因此,很难对贸易平衡和收支平衡进行准确的计量
分析。下面利用英国和印度的统计,进行研究。这里还必须说明,
英国官方报告中所列的出口计算价值同出口的实际价值"一点也
不符合"①;就连这种和实际价值不符合的官方报告,也没有长期
的系列统计可用。因此,这里所列的数字,就只限于指出大的趋
势。下面首先表列英国官方统计所载中英之间合法商品的贸易平
衡状况。"合法商品"一词是区别于走私鸦片而言的,1858 年 11
月,中英签订《善后条约》以后,鸦片便成为合法商品了。

### 中英合法商品贸易统计(年平均数)
1837—1882 年　　　　　　　　　　单位:英镑

| 年度 | 中国输英值 | 英国输华值 | 中国出超值 |
|---|---|---|---|
| 1837—1839 | 4273858 | 911560 | 3362298 |
| 1842—1846 | 5323388 | 1783888 | 3539500 |
| 1854—1858 | 9157001 | 1964242 | 7192759 |
| 1859—1862 | 9886403 | 4440402 | 5446001 |
| 1878—1882 | 12662927 | 8054823 | 4608104 |

资料来源:英国蓝皮书,《皇家钦定鸦片委员会第一次报告书》(B. P. P. ,The First
Report of Royal Commission on Opium) ,1894 年,第 1 卷,第 712 页。

　　这个统计表明,从第一次鸦片战争前夕的 30 年代末到第二次
鸦片战争后的 70 年代后期,中国的对英贸易一直保持稳定的增长

---

① 　马克思:"英中条约",《马克思恩格斯全集》第 12 卷,第 601 页。

趋势,50 年代中后期增长尤速。在此同时,英国的对华输出,只在第一次鸦片战争后的三四年间,因狂热的投机浪潮,增长较快,接着就明显减慢,只是到第二次鸦片战争以后才有了快速的增长。显然是这次战争后,中国被迫开放长江和沿海更多口岸的结果。然而,不管英国资产阶级怎样费尽力量向中国推销其机制产品,都未能扭转对华贸易的逆差形势。这种逆差最低也有 350 多万磅,最高竟达 700 多万磅,约合 2000 多万两。

这个时期,英国对华贸易的巨大逆差主要是由大量进口中国茶叶造成的。有材料说,1840 年,英国进口华茶 3000 万磅,1846年增至 4000 万磅。① 另一材料说,1846 年,英国消费华茶 5600 多万磅,经营华茶贸易的投资约 1000 万镑,运输茶叶的商船 6 万吨,英国征收茶叶进口税 500 万镑;19 世纪开始以来,英国已售出茶叶 138500 万磅,征得茶税收入 16764.4 万镑。② 可见,利用鸦片抵补对华贸易的巨大逆差,不仅是英国对华贸易的生命线,同时也是英国国库收入的生命线。英国资产阶级政府必须把向中国走私鸦片并进而强迫中国政府把鸦片贸易合法当做头等国策。

在两次鸦片战争前后,中国对英美贸易一直保持出超,只有对印度的合法贸易,中国处于入超地位,但入超量很小。所以中国对英美贸易的出超趋势可以看成是中国对外贸易的总趋势。下面根据材料本身的分阶段记载,略说中英印的贸易平衡和收支平衡问题。

首先是中国和印度之间白银和鸦片的对流统计。

---

① 英国蓝皮书:《数据和文件》(Papers and Accounts),1847 年,第 60卷,第 13 页。

② 英国蓝皮书:《小组委员会报告书》(Report of Select Committee of the House of Commons),1847 年,第 1 卷,第 489 页。

### 中印贸易上白银和鸦片的对流

1838—1844 年

| 年　度 | 印度输华鸦片（箱） | 印度输华鸦片（银两） | 中国输印白银（银两） |
|---|---|---|---|
| 1838—1839 | 31995 | 8012973 | 6113996 |
| 1839—1840 | 4245 | 595424 | 1392690 |
| 1840—1841 | 17874 | 3653162 | 2627164 |
| 1841—1842 | 26321 | 5393663 | 3179168 |
| 1842—1843 | 30229 | 8235149 | 6225148 |
| 1843—1844 | 35618 | 9801600 | 10963419 |

注:资料原据加尔各答和孟买的海关报告册,马德拉斯无鸦片输华,对华白银进出
口无记载;原统计以卢比计价,按 0.288 卢比折合银 1 两换算成银两数。中国
从加尔各答和孟买输入少量黄金,已折成白银,从中国输印白银中剔除,中国
输印白银是净出超。孟加拉土每箱 120 斤,孟买土每箱 100 斤,输华鸦片箱数
为两处箱数总和,重量不一致,但不影响价值。

资料来源:英国蓝皮书:《小组委员会报告书》,1847 年,第 1 卷,第 468—482 页。

　　上表所列 1838—1839 年度的印度输华鸦片将近 32000 箱,价
800 万两。印度的财政年度从前一年的 5 月 1 日至后一年的 4 月
30 日,1839—1840 年度正值林则徐 1839 年 3 月 18 日严令外商呈
缴鸦片以后那个印度财政年度。这个年度的印度输华鸦片从前一
年度的 32000 箱猛跌为 4000 多箱。可见只要中国政府不畏强暴,
严禁外商走私,鸦片的为害是完全可以根绝的。然而从 1840 年 6
月 22 日英国舰队开始封锁广州以后的战争年代,随着英国侵略军
在中国沿海逞凶,鸦片走私迅速扩张,到 1843—1844 年度竟增长
到 35600 多箱,价值 980 多万两。

　　上表所列印度输华鸦片值,只是英印商人在加尔各答和孟买
两个海关的申报价值,据此,每箱鸦片仅值银 200 多两,当时鸦片
在中国的销售价格高达每箱 400 两左右。所以中国为支付鸦片进

口所付出的价值远比表列的价值高得多。前表所列 1837—1839年间,中国对英国合法贸易平均每年只出超 1000 万两左右,英印商人用鸦片抵补这项逆差以后,还从中国运出白银 600 多万两。以后即将看到,英国在这场肮脏战争中,对中国人民所进行的掳掠和对中国政府所榨取的赔款共达 2800 多万元,约合 2000 多万两,其中付给英国政府的赠款 2100 万元,约合 1500 万两。这笔赔款到 1844 年全部付清。上表所列 1840—1841 年至 1843—1844 年 3个年度的中国输印白银共达 20367735 两,其中属于英国官方的白银仅 250 多万两①,可见 1500 多万两的赔款,绝大部分并未流入印度,而是直接运入了伦敦国库。上表所列 1838—1839 年度至1843—1844 年度中国政府对印度的白银净输出共达 3000 万两,加上直接流入伦敦国库的白银,其总数无论如何绝不在 4000 万两以下。可见大英帝国所坚持的鸦片走私以及为强迫中国接受鸦片所进行的肮脏战争对中国经济造成了多么严重的危害。

战争赔款付清后,鸦片走私继续增长。走私鸦片向来都是用白银支付的。大量走私鸦片所取得的白银在抵补英国对华贸易逆差以后,还导致中国白银大量外流。这种外流,1845 年为 3700000镑②,约合 1100 多万两;1846 年为 4500000 镑③,约合 1350 万两。

大量的白银外流,造成中国市场上的严重银荒。早在 1844 年2 月,英国在华官员就已纷纷报告通商各口发生了银荒。例如,这个月的 10 日,英国代表团的财务秘书斯图亚特（C. H. Steward）向

---

① 英国蓝皮书:《数据和文件》,1846 年,第 31 卷,第 94—95 页。

② 英国蓝皮书:《小组委员会报告书》,1847 年,第 1 卷,第 962—964页。

③ 英国蓝皮书:《小组委员会报告书》,1847 年,第 1 卷,第 161 页。

璞鼎查报告说,广州缺乏现银进行交易①;同月 12 日,英国驻厦门领事记里布向璞鼎查报告说,厦门英商要以现银出售英国货,比沿海任何口岸都困难②;同月 23 日,英国驻宁波领事罗伯聘报告说,宁波缺乏现银,英商必须采取以货易货的办法出售货物。③ 英国公使包令说,1845 年 6 月以后,上海市场上的细丝银严重不足,英商售货,卖不到现银,只好以洋布交换茶叶;在广州,也由于同一原因,英商被迫采取以货易货的办法出售洋货,因而洋货售价被削减 12%—15%。④ 到 1864 年,外国人所办的《德臣报》多次报道各口的银荒状况。例如这年 2 月 26 日的一期就说,上海市场极度缺乏现银,以致有些洋行没有现银支付零用;同年 4 月 16 日的一期说,广州市场银荒,进口货难以销售,如此等等。

洋货对华销售的衰退,促使英国政府于 1847 年组织一个小组委员会,专门研究如何开拓中国市场的问题。从事对华贸易的英商在这个委员会上报告说,一是由于英印商人的鸦片走私,吸收了大量白银,造成银荒;二是由于从英国进货太多,超过了中国的支付能力,所以在中国的英国进口商除非采取以货易货的办法,否则难以销售。所谓"以货易货",就是英商通过经纪人和中国进出口商人进行交易,以布匹换取茶叶。布匹作价若干,换取茶叶若干。但只规定各种等级的茶叶若干担,不定每担作价若干两,在两个月内交货。到了实际交付茶叶时,茶价却被抬高了。这样,英商便负担茶价上涨的风险,一般损失 15%—20%。英商是迫于银荒才以布匹和茶叶进行物物交换的,否则,布匹根本销售不出去。所以英

---

① 英国外交部档案,F. O. 228/32。

② 英国外交部档案,F. O. 228/31。

③ 英国外交部档案,F. O. 228/31。

④ 英国蓝皮书:《小组委员会报告书》,1847 年,第 1 卷,第 363—364 页。

商在布匹作价上又损失 15%—20%。这样一进一出,英商共损失
30%—40%。到 1845—1846 年如此严重的损失致使不少英国在
华商人完全停止向中国推销英国制造品,也停止从中国贩卖茶叶,
英国进口的华茶,有许多就是中国商人的投资。

小组委员会根据调查作出结论说,开关以后,中国政府是忠实
履行条约义务的,所谓中国政府加征内地税以阻挠英国货物内销
的说法,纯属无稽之谈;中国这么大的一个国家,开关后销售英国
制造品之所以未能如人们所希望的那样发展,既不是因为受到其
他国家的竞争,也不是因为中国人对英国货物没有需求,而是因为
中国无力支付外国进货。小组委员会建议,为了扩大英国制造品
的对华销路,必须提高中国的出口;而为了提高中国的出口,英国
就必须降低华茶的进口税。这时英国对华茶征收 200%—350%
的进口税,而中国的出口税,最高仅 10%,平均不过 5%—7%。就
连当时英国的驻华公使包令,也持同样观点。①

这里不去评论小组委员会不认识英国制造品在中国难以扩张
市场的根本原因在于小农经济对洋货发挥了顽强的抗拒能力,但
认为鸦片耗去中国对洋货支付能力的观点却是正确的。这一点,
小组委员会虽已触及,但就是不敢触动英印政府的鸦片利益,转而
从英国降低茶税上去寻找出路。事实证明,降低茶税的出路,纯粹
是幻想。在 1846 年,英国的茶叶进口税是平均每磅 2 先令 2 $\frac{1}{4}$ 便
士,1851 年降至每磅 2 先令,另征附加税 5%;1856 年再降为每磅
1 先令 9 便士。② 下表是英国 1857 年以前进口华茶、华丝的统计。

---

① 英国蓝皮书:《小组委员会报告书》,1847 年,第 1 卷,第 3—7、9、18、
62、90、370 页。

② 《茶叶全书》下册,第 66 页。

### 英国消费华茶量和华丝进口量

1846—1856 年

| 年份 | 茶叶(千磅) | 生丝(包) |
|---|---|---|
| 1846 | 46746 | 20270 |
| 1847 | 46315 | 22379 |
| 1848 | 48735 | 23692 |
| 1849 | 50022 | 21422 |
| 1850 | 51172 | 11008 |
| 1851 | 53949 | 23109 |
| 1852 | 54713 | 28701 |
| 1853 | 58834 | 35563 |
| 1854 | 61953 | 57219 |
| 1855 | 63429 | 52210 |
| 1856 | 63278 | 58551 |

资料来源:华茶消费量据《捷报》1857 年 10 月 17 日,第 47 页;华丝进口量据《字林
西报》1867 年 11 月 13 日,第 3527 页。

由上表可见,不管英国是否降低茶叶进口税,英国所消费的茶
叶量都在增长,同时,英国进口的中国生丝,也在迅速增长,至于英
国的对华出口,则增长很不稳定,速度也很有限。总之,英国制造
品的对华销路,并未因英国消费中国更多茶叶而有显著的增长,其
基本趋势如下表:

### 英国对华输出的申报价值

1849—1857 年　　　　　　　　　　单位:镑

| 年份 | 棉制品 | 毛织品 | 总计* |
|---|---|---|---|
| 1849 | 1001283 | 370878 | 1537109 |
| 1850 | 1020915 | 404797 | 1574145 |

| 年份 | 棉制品 | 毛织品 | 总计＊ |
|------|--------|--------|--------|
| 1851 | 1598829 | 373399 | 2161268 |
| 1852 | 1905321 | 434616 | 2503599 |
| 1853 | 1408433 | 203875 | 1749597 |
| 1854 | 640829 | 156959 | 1000716 |
| 1855 | 883985 | 134070 | 1277944 |
| 1856 | 1544235 | 268642 | 2216123 |
| 1857 | 1731909 | 286852 | 2449982 |

注：＊总计包括棉毛制品以外的少量其他各项货物。

资料来源：马克思：《对华贸易》，《马克思恩格斯全集》第 13 卷，第 602 页。

英国从中国进口的丝茶迅速增长，而对华出口的制造品却增长缓慢，其结果当然造成英国直接对华贸易的巨大逆差。前面表列英国对华的合法贸易，在鸦片战争前夕的 1837—1839 年平均每年只逆差 330 多万镑，进入 50 年代以后，这个逆差便由 1850 年的 420 多万镑迅速扩大到 1854 年的 950 多万镑，即在短短的 10 多年内，增长了 185％。另一统计记载英国的逆差如下。

**英国的直接对华贸易统计**

1850—1856 年　　　　　　　　　　单位：镑

| 年份 | 自华输入 | 对华输出 | 英国逆差 |
|------|----------|----------|----------|
| 1850 | 5849025 | 1574145 | 4274880 |
| 1851 | 7971491 | 2161268 | 5810223 |
| 1852 | 7712771 | 2503599 | 5209172 |
| 1853 | 8255615 | 1749597 | 6506018 |
| 1854 | 10588126 | 1000716 | 9587410 |
| 1855 | 10664315 | 1277944 | 9386371 |

续表

| 年份 | 自华输入 | 对华输出 | 英国逆差 |
|---|---|---|---|
| 1856 | 10652195 | 2216123 | 8436072 |

资料来源:英国蓝皮书:《提交上院的统计》(B. P. P, Returns to An Order of the House of Lordes),1857 年 3 月 20 日,第 2 页。

美国是对华贸易的第二大主顾。中国的对美直接贸易也有 400 多万至 900 多万美元的顺差。

### 美国对华直接贸易统计

1850—1856 年　　　　　　　　　　单位:千美元

| 年份 | 自华输入 | 对华输出 | 美国逆差 |
|---|---|---|---|
| 1850 | 6593 | 1605 | 4988 |
| 1851 | 7065 | 2485 | 4580 |
| 1852 | 10594 | 2663 | 7931 |
| 1853 | 10574 | 3737 | 6837 |
| 1854 | 10506 | 1398 | 9108 |
| 1855 | 11049 | 1719 | 9330 |
| 1856 | 10454 | 2558 | 7896 |

资料来源:潘序伦:《中美贸易》,第 22 页。

印度是对华贸易的第三大主顾。1847 年,英国驻华领事报告 1846 年英国的对华输出约 1000 万元,美国的对华输出约 300 万元,而印度对华输出合法商品的最大项棉花仅 500 万元,鸦片却高达 2300 万元。[①] 可见鸦片走私在中印贸易乃至中国整个对外贸易上具有特殊的重要意义。这一点,英国官商是十分清楚的。

---

① 英国蓝皮书:《1847 和 1848 年中国各口贸易统计》(B. P. P, Returns of Trade of the Various Ports of China, for the Year 1847 and 1848),第 72—73 页。

1850 年,包令说:"鸦片贸易在我国对华商务关系上是一个最重要的因素。……投在鸦片贸易上的英国资本比投在任何其他对华贸易上的资本都要大。……目前中国每年的鸦片消费量为 5 万箱,价值3000万元。"[1]同年,《北华捷报》分析英国对上海的输出情况说,英国输入上海最主要的棉纺织品只占上海进口贸易的 15%。尽管各国政府力求推销他们的制造品,但在华外商对那些货物却很冷淡,因为那些货物的在华销路很有限,利润很低,他们最关心的生意是贩卖鸦片。[2]

印度究竟向中国走私多少鸦片,缺乏精确统计。人们常引的材料是马士的估计。但马士是根据麦都斯所提供的材料进行估计的。而麦都斯所提供的材料只限于加尔各答和孟买两港的对华输出,不包括土耳其鸦片以及印度达曼和果阿走私输华鸦片在内,就连麦都斯自己也承认他的材料对输入中国的鸦片数量并未提供确切的线索。[3] 可以肯定,马士的估计是过分偏低的。

### 中国鸦片进口量值的估计
#### 1844—1854 年

| 年份 | 马士的估计(箱) | 其他估计 | |
|---|---|---|---|
| | | 箱 | 元 |
| 1844 | 23667 | 40000 | 20000000[1] |
| 1845 | 33011 | 38000 | 23000000[2] |
| 1846 | 28072 | 42000 | 25000000[3] |
| 1847 | 33252 | 39000 | 21000000[4] |

---

① 英国蓝皮书:《1849 年中国各口贸易统计》(B. P. P,Returns of Trade of the Various Ports of China,for the Year 1849),第2—3页。

② 班思德:《中国对外贸易史 1834—1881》,第 39 页。

③ 英国蓝皮书:《鸦片文件》,第 51 页。

| 年份 | 马士的估计（箱） | 其他估计 | |
|------|------|------|------|
| | | 箱 | 元 |
| 1849 | 43075 | 50000 | 30000000⑤ |
| 1854 | 61523 | 65000 | 24000000⑥ |

资料来源：①英国驻广州领事马额峨的估计，参见英国蓝皮书：《广州、厦门和上海
  1844 年的贸易统计》( B. P. P, Returns of Trade at the Ports of Canton,
  Amoy and Shanghai, for the Year 1844 )，第 4 页。
②英国蓝皮书：《最近时期中国各口的贸易统计》，第 39 页。
③英国蓝皮书：《1846 年中国各口贸易报告》，第 34 页。
④英国蓝皮书：《1847 和 1848 年中国各口贸易统计》，第 12 页。
⑤英国蓝皮书：《1849 年中国各口贸易统计》，第 2 页。
⑥柯克：《中国》，第 166 页。

上面是我们认为比较可靠的 19 世纪四五十年代的一些统计。这
些统计来源不同，内容不同，缺乏前后的可比性，很难对进出口贸易平
衡作出定量分析，因而很难对这一时期的白银流出转变为流入这样的
重大问题作出确切的说明。这里只对这个问题提供零星的参考信息。

长期以来，外国对华的合法贸易，一直处于逆差地位，只是由
于印度鸦片的大量走私，才在抵补逆差之余，还吸收中国的大量白
银流出。在 19 世纪四五十年代，鸦片走私继续大幅度增长，继续
吸收大量的白银。但 1853 年太平军占领南京后，南京的丝织业大
批停歇，后来苏浙地区的动荡，也影响丝织品的正常生产，这就使
得生丝的生产由内销转为外销①，大大促进了生丝的出口，从而使

---

① 1857 年 1 月 3 日，《北华捷报》评论说："就我们所能得到的最可靠
的情况看来，到现在为止，中国生丝的产量似乎并没有相应的增加。……运
往上海生丝的增长，是从 1853 年的夏季开始的。当时南京已被太平军占领，
所有通往生丝产区的交通线均被切断。据说，南京及其附近一带，每年消费
生丝足有二万包，这个数量就足以解释上海额外供应的来源。"

英美对华贸易逆差增长得更快。以英国而论，这项逆差就由1842—1846 年的平均每年 3539500 镑，猛增至 1854—1858 年的平均每年7192759镑。其中 1854 年的逆差达 9587410 镑。美国对华的贸易逆差也由 1850 年的 4988000 美元猛增至 1854 年的9108000 美元。而印度对华的鸦片走私，仅从 1844 年的 2000 万元增加到 1849 年的 3000 万元，到 1854 年又落为 2400 万元。显然，鸦片走私已不足以抵补英美对华贸易的巨大逆差，因而造成白银的向华流入。

中国的国际收支，究竟在哪一年变白银外流为内流，很难确指。有人说，"在1852 年不仅纹银的外流完全停止了，而且流向恰好相反"[1]。也有人说，"直到 1853 年为止，各方面所慨叹的中国白银外流，已变为不断的内流"[2]。另有人说，在 1853 年，"有大量银币和银块输入以清偿贸易逆差"[3]。冯桂芬说得更具体，"迨咸丰五六年间（1855 年、1856 年），中华丝市骤盛，（外国）一年中买丝至六七千万两，各货及鸦片不足抵，则运银偿之，银遂骤贱，以迄于今，是为中外通市一大转关"[4]。我们认为，把这一转变定为1853 年，可能更接近事实。从下表可知，在 1850—1852 年，英国向中国输送的白银最高的一年不过 50 多万元，而 1853 年突然跃升到186 万多元，1856 年更达 900 多万元，1853—1856 年 4 年总计23022252 元。此外，有的记载还说，1854 年加尔各答和孟买向中国

---

[1] 端纳·马地臣：《什么是鸦片贸易》(Donald Matheson, What is The Opium Trade)，第 14 页。

[2] 宓吉：《英国人》第 1 卷，第 103—104 页。

[3] 卫三畏：《中国商业指南》，第 289 页。

[4] 冯桂芬：《用钱不废银议》，《显志堂稿》第 11 卷。

运进白银20921435元,1855年又运进7344298元①,1845—1855年间美国也平均每年向中国运送白银100万美元。② 总之,至迟从1853年起,中国国际收支从入超转变为出超是确定无疑的。

### 英国对华(包括香港)输出的白银值
1850—1856年

| 年 份 | 盎 司 | 伦敦银价*(便士) | 折合便士 | 中英汇价 | 折合银元 |
|---|---|---|---|---|---|
| 1850 | 244860 | $60\frac{1}{16}$ | 14691600 | 4s. 9d. | 257747 |
| 1851 | 511580 | 61 | 30694800 | 4s. 7d. | 558087 |
| 1852 | 259080 | $60\frac{1}{2}$ | 15544800 | 4s. 9d. | 272715 |
| 1853 | 2278480 | $61\frac{1}{2}$ | 138987280 | $6s.2\frac{1}{2}d.$ | 1865601 |
| 1854 | 9602480 | $61\frac{1}{8}$ | 585751280 | 6s. 4d. | 7707253 |
| 1855 | 5471080 | $61\frac{5}{16}$ | 333735880 | $6s.6\frac{1}{2}d.$ | 4251412 |
| 1856 | 12666080 | $61\frac{5}{16}$ | 772630880 | 7s. | 9197986 |

注:*伦敦银价据耿爱德:《中国货币论》(E. Kann, The Currencies of China),第220页。此处将1850—1852年3年平均作60便士计算;将1853—1856年4年平均作61便士计算。银元对英镑汇价,1850—1852年3年据《捷报》1852年9月14日上海市场价;1853—1856年4年据《捷报》1857年1月30日市场价。
资料来源:英国输华白银盎司数根据英国蓝皮书:《提交上院的统计》,1857年3月20日。

1856年后的贸易平衡和收支平衡更加缺乏资料,只找到

---

① 英国蓝皮书:《鸦片文件》,第68—69页。
② 潘序伦:《中美贸易》,第22页。

1860—1866 年的欧洲输华白银统计如下。

**欧洲输华白银值**

1860—1866 年

| 年份 | 镑 | 元 |
|------|--------|---------|
| 1860 | 4902611 | 21766705 |
| 1861 | 1222151 | 5426350 |
| 1862 | 2830477 | 12567318 |
| 1863 | 3076364 | 13659058 |
| 1864 | 2099156 | 9320253 |
| 1865 | 1034382 | 4592656 |
| 1866 | 757078 | 3361426 |

资料来源:英国蓝皮书:《1866 年上海港贸易报告》(Report on the Trade at the Port of Shanghai for the Year 1866)。

根据这个统计推测,这些年里中国的对外贸易必然保持出超,就连鸦片也不足以抵补外商的贸易逆差。

第二次鸦片战争以后,中国边境对外贸易的水陆"海关",全部由洋税务司管理。洋税务司编制的进出口贸易统计,只限于向海关交纳海关税的洋船或洋式船只的进出口货量、货值,不包括向常关交纳常关税的中国帆船的进出口货量、货值。此项缺漏为数不少。例如运入中国的鸦片,都先运至香港,然后分由洋船、洋式船或中国帆船分销各口。有人分别这两项统计,在 1865—1871 年 7 年间,前者分销各口的总数为 481412 担,后者为 141310 担,两者共计622722担。[①] 这就是说,两者进口总数高出洋船和洋式船

---

① 姚贤镐:《外贸史资料》第 2 册,第 1038 页。

进口数的 29.4%。其次,海关对根据条约禁止进出口、免税进出口和走私进出口、未经条约特许外商经营沿海贸易的一切进出口货物,都无记载。据 1864 年英国领事罗伯森的报告,1863 年上海等 11 个海关所记进口净值为 27580398 镑,出口总值为 31471596 镑,两项共 59051994 镑,而以上各项海关无记载的进出口货值就高达26062201镑①,和进口净值相差无几。第三,全国各关都记有白银进出口统计,惟独最重要的上海付诸缺如。所有这些缺漏都使我们对这个时期的贸易平衡和收支平衡,难以进行全面研究。

根据如此缺漏的海关统计,在 1865—1871 年间,中国的对外贸易,进出相抵,中国一贯保持逆差。② 这就意味着,中国应有白银流出。但是,凡记有对外白银进出口统计的各关,都有白银入超,各关对上海的白银进出口也都有白银入超。有人还认为上海对外国的白银流动也处于入超地位。③ 何以全国对外贸易保持逆差,而白银又保持入超,是一个非常复杂而又缺乏可靠依据进行研究的问题,这里不加讨论。

尽管如此,我们还是不能不对进口鸦片在对外收支上的意义再说几句。根据远不完整的海关统计,我们发现进口鸦片的价值常常占到出口茶价值的 70% 以上,这就是说,中国出口最大项的茶叶所得有 70% 以上是用来支付鸦片这种毒品的欠账的。如果把进口鸦片值和出口生丝值相比,那么前者经常超过后者,这就是说,中国全部蚕丝的出口也不够支付这笔毒品账!

---

① 《罗伯森致罗素》1864 年 7 月 26 日,英国外交部档案,F. O. 17/413。
② 姚贤镐:《外贸史资料》第 3 册,第 1591 页。
③ 余捷琼:《1700—1937 年中国银货输出入的一个估计》,第 6—7 页;又参见姚贤镐:《外贸史资料》第 2 册,第 1064—1065 页。

**海关所记丝茶和鸦片的交换**

1867—1875 年                                    单位:千海关两

| 年份 | 进口鸦片值<br>(A) | 出口茶叶值<br>(B) | %<br>(A/B) | 出口生丝值<br>(C) | %<br>(A/C) |
|------|------|------|------|------|------|
| 1867 | 28824 | 31123 | 92.6 | 14750 | 195.4 |
| 1868 | 23248 | 33252 | 69.9 | 22461 | 103.5 |
| 1869 | 24696 | 33203 | 74.3 | 17540 | 140.8 |
| 1870 | 24115 | 27443 | 87.9 | 10306 | 124.9 |
| 1871 | 26235 | 36012 | 72.9 | 22745 | 115.3 |
| 1872 | 24878 | 40284 | 61.8 | 25091 | 99.2 |
| 1873 | 26141 | 35199 | 74.3 | 25338 | 103.2 |
| 1874 | 28565 | 36826 | 77.6 | 19859 | 143.8 |
| 1875 | 25355 | 36698 | 69.1 | 20107 | 126.1 |

资料来源:姚贤镐:《外贸史资料》第 3 册,第 1602、1606 页。

# 第十节　买办资产阶级的产生

第一次鸦片战争后,中国社会开始出现一个新兴的阶级,即买办资产阶级。买办资产阶级是依附西方入侵势力的扩张而发生、成长的。在西方资本主义世界,一个国家的资产阶级可以到另一个国家去投放资本,招雇人员,经营企业。他们的一切经济活动都以尊重所在国家的主权,遵守所在国家的法规为前提。因此,所在国家并不存在买办资产阶级的问题。

经过第一次鸦片战争,西方入侵者破坏了中国的独立主权,依仗征服者、胜利者的政治声势、炮舰威力和条约权利对中国进行半殖民地性的间接政治统治。因此,他们在中国的经济活动便带有政治暴力的强制性。从而依附西方入侵势力而发生成长起来的买办资产阶级也就具有和民族资产阶级很不相同的本质特征。

## 一、买办资产阶级的本质特征

列宁说,"所谓阶级,就是这样一些集团,这些集团在历史上一定社会生产体系中所处的地位不同,对生产资料的关系(这种关系大部分是在法律上明文规定了的)不同,在社会劳动组织中所起的作用不同,因而领得自己所支配的那份社会财富的方式和多寡也不同。所谓阶级,就是这样一些集团,由于它们在一定社会经济结构中所处的地位不同,其中一个集团能够占有另一个集团的劳动"①。这是列宁总结社会各阶级的本质特征对"阶级"下的一个定义。对于我们当前的问题来说,需要明确的是,买办资产阶级在近代中国社会经济结构中所处的"地位",所起的"作用"和取得财富的"方式"。

我们把买办资产阶级理解为这样一个阶级:这个阶级在近代中国的社会经济结构中,和外国资产阶级结成直接的人身雇佣关系或直接的资本合作关系;他们处在投靠、勾引和支持外国资产阶级入侵中国的帮凶者的"地位"。在外国资产阶级的操纵、指使和庇护之下,发挥为外国资产阶级压迫和剥削中国人民的"作用";通过为外国资产阶级积累资本的"方式"以积累自己的资本。

我们说和外国资产阶级结成直接的人身雇佣关系是非常容易理解的。这就是指那些和外国洋行达成协议结成主雇关系的人物,如掮客、通事、买办、看银师等等,不管协议的时间长短,也不管协议是否采取合同形式,只要他们事实上和外国资产阶级结成主雇关系,秉承外国雇主的意志以剥削中国人民,就是通过为外国资

---

① 列宁:《伟大的创举》,《列宁全集》第 29 卷,第 382—383 页。

产阶级积累资本的方式以积累自己资本的人物,就是买办资产阶级分子。在这些人中,资本积累得最多的是捐客和买办,特别是买办。买办是以长期合同的形式受雇于外国资产阶级的人物,合同便是他们必须通过为外国资产阶级积累资本的方式以积累自己资本的有效保证。但是受雇于外国人的仆役,当然谈不上积累资本,说不上是什么买办资产阶级。买办资产阶级作为一个阶级完全是外国资产阶级的帮凶,是反动的。不过,一旦买办解除他们和外国资产阶级主雇关系的合同,他们就不再负有为外国资产阶级积累资本的义务。在历史上,有一些买办,在任职买办期间积累了大量资本,到解除买办职务以后,自行投资兴办企业,这就是买办资本向民族资本转化的现象。尽管他们的企业可能和外国资产阶级的企业还保持某种联系,但作为民族资本的企业,必然和外国资产阶级会产生或大或小的矛盾,已经不是通过为外国资产阶级积累资本的方式以积累自己的资本了。这时,不能再称为买办资产阶级。至于解除买办职务后投资兴办企业,而又再次受雇于外国资产阶级,再次充任买办的人物,便具有民族资产阶级和买办资产阶级的两重性。

和外国资产阶级直接结成盈亏与共的资本合作关系的那种人也可称之为买办资产阶级。这种人,不管他是否具有买办身份,都是通过为外国人积累资本的方式去积累自己资本的。在历史上,不少买办在充当洋行代理人的同时,又自立行号。这种企业所买的商品就是洋行所卖的商品;其所卖的,也就是洋行所买的,它们之间结成盈亏与共的资本合作关系,事实上无异于洋行的分支机构。这种企业就是通过为外商积累资本的方式去积累自己资本的。有些买办所设的行号,就是因为和洋行结成了如此密切的关系,所以一旦解除买办身份,他的行号也随之闭歇。

买办的投资活动,情况复杂。他们可以用自有资本为主,吸收

一部分不具买办身份者的资本设立行号;也可以附股到那种主要
并非买办资本所设立的行号里去。在这种情况下,主要是由买办
资本开设的行号应称为买办资本的企业,附股这种企业的非买办
资本也应称之为买办资本;但主要不是由买办资本开设的行号,则
通称为民族资本的企业,而买办的投资仍称为买办资本。这就是
买办资本和民族资本相互渗透的现象。在这里确定买办资本的标
志,仍然是企业是否通过为洋行积累资本的方式以积累自己的资
本。至于那些附股于洋行企业的华商资本,其性质就更加如此。
总之,这种资本积累方式是买办资本和买办资产阶级的本质特征。

在中国半殖民地社会,外国入侵势力和中华民族的矛盾构成
各种矛盾中的最主要矛盾,外国入侵势力处在这一矛盾的主要方
面。因此,从总体上说,中国经济的各个领域都是在适应外国入侵
势力需要的总方向上发展变化的。这就是说,中国经济各个领域
都和外国入侵势力保持有某种直接间接的、非常紧密或相对疏松
的联系。总之,都可以说,在一定意义上是为外国入侵势力服务
的。但是,并非所有这样为外国入侵势力服务的资本,都是买办资
本,其人都是买办资产阶级分子。那样,从富商大贾到乡村小贩,
便无往而不买办资产阶级分子。这显然是不恰当的。

外国入侵势力是通过他所直接控制的人身关系和资本关系逐
层伸张其侵略势力的。因此,接受外国侵略势力或其买办所直接
庇护、指使或控制,但并不形成盈亏与共的资本合作关系的那些资
本,应称为买办化的资本,或者资本职能的买办化。例如,外国银
行通过资金的拆放,直接控制着钱庄的资本运动,他们之间的关系
就不是盈亏与共的资本合作关系,而是一方剥削另一方的资本控
制关系。因此,尽管钱庄的资本运动助长了外国势力的入侵,但不
能把钱庄的资本看成是买办资本,只能称之为买办化的资本或钱
庄职能的买办化。至于那些不在外国侵略势力或其买办的直接庇

护指使或控制之下的资本,尽管在推销洋货或者收购土产上也是间接为外国侵略势力服务的,却并非买办化的资本。买办资本和买办化资本的区别在于是否结成盈亏与共的资本关系。

事物经常处在发展变化的过程中,总同时存在着两种形态的或多或少的某些特征的过渡形态,人们对于那许多过渡形态常常很难确指其属性。这里存在着量变到质变的问题。例如,以鸡毛小店甚至以出卖劳力为生的人,未尝不可以购买洋行的少量股票,他们也和洋行结成盈亏与共的资本合作关系。但把这种人也定为买办资产阶级分子,就未必恰当。究竟购买多少洋行股票才应称之为买办资产阶级分子,我们却很难得出一个量的界限来。不仅如此,历史文献记载又缺漏不全,或者含糊其辞,这给进行历史研究带来了极大的困难。例如,许多买办资产阶级积累了大量的资本,但除少数外,我们无法知道他们都投资于哪些企业;即使确知有现任买办投资于某个企业,也不知道那家企业是否以买办资本为主和是否和洋行资本结成了盈亏与共的资本合作关系,甚至公认为民族资本的企业,究竟有无买办资产阶级的投资也无据可查。因此,即使在观念上明确了买办资本的本质特征,在研究具体问题时,仍难免判断错误。同时,事物既处在不断发展变化之中,反映事物的概念也必须有所发展,增加新的内涵。上述买办资本的本质特征,是根据19世纪后期的历史情况概括而成的。不一定适用于20世纪,特别是四大家族建立统治政权以后的所谓买办资产阶级或官僚买办资产阶级。

## 二、掮客的职能及其资本积累

第一次鸦片战争以前,中国政府对广州进出口主要商品的经营管理,也和英国政府赋予东印度公司以独占主要商品的对华贸易一样,赋予官方特许的"十三行""行商"以独占经管权。1834
年,英国废除东印度公司的独占权以后,广州"行商"继续掌握这
种独占权。对此,英国在《江宁条约》第五条上,强迫清政府裁撤
"行商"制度,许英商在通商口岸无论与何商交易,均听其便。

此外,在广州"行商"经管主要商品的进出口贸易的同时,清
政府还针对外商的非法行径,赋予"行商"以代外商交纳进出口关
税和"管束"外商的职权。实际"管束"外商的人物是"通事"。通
事的主要业务是向外商宣示政府法令、为外商书写禀帖、通关报
税、领取船舶出入许可证件乃至装货、卸货、检验、招雇驳船及搬运
工人等等,并防止"奸民"和外商勾串。在清政府历次《防范夷人
章程》中,常常把通事和行商并列,可见通事也是管理外事工作一
种半官方人物。

通事以下有买办。道光十五年(1835 年)奏定的《防范夷人章
程》说,外商商馆所需看门、挑水等项人夫,"责成买办代雇,买办
责成通事保充,通事责成洋商(即'行商')保充,层递钳制,如有勾
串不法,惟代雇保充之人是问"①。可见当时的买办乃是为外商服
务的仆役头目,地位很低,谈不上有多大资本。

当时的买办,包括两种人:一是专为泊在黄埔和澳门的外商船
只采买物料和食品的商船买办,由澳门同知"选择土著殷实之人
承充",从澳门同知处领取腰牌并从粤海关监督处领取执照。二
是在外商商馆代外商管理总务和看守金库的商馆买办,向粤海关
监督领取印照并由"行商""结保"。对于外商来说,这两种买办都
是不可缺少而深得信任的人物。外国人说,买办"不仅是洋行的
总管、账房和银库保管员,而且还是大班(外商头目)的机要秘

---

① 梁廷枏:《粤海关志》第 29 卷,第 32 页。

书"，在商馆中"最重要的中国人是买办"。① 既为外商所不可缺少，又为外商所深加信任，是买办人物的长期传统。第一次鸦片战争后，旧的通事和买办被废弃，出现了新的捐客和新的买办。

1844 年的中美《五口贸易章程》第八条许美国商船雇用"跟随、买办，及延请通事、书手，雇用内地艇只，搬运货物，附载客商，或添雇工匠、厮役、水手人等，均属事所必需，例所不禁，应各听其便，……中国地方官勿庸经理"②，这就把买办、通事等类人物从中国政府核准以"管束"外商的半官方人物变成由外商雇用以进行侵略的爪牙。随着外国侵略势力的扩张和深入，早在 19 世纪的40—70 年代，这种爪牙便已开始转化成买办资产阶级。

两次鸦片战争以后，中国被迫开放 10 多个口岸，许外商自由贸易。但是外商来到任何口岸，都引起中国人民的广泛抵制和反对。另一方面，在任何口岸，中国商人都久已形成一整套古老的商业经营方式、商人行会组织和商品流通渠道，"一货有一货之公所"③，一业有一业之公所，一地有一地之会馆，壁垒森严，不得僭越。外商语言不通，行情不明，不知交易常规，不识买卖对手，对华商更无信用之可言，所以除非通过中国人的居间媒介，不仅做不了生意，就连食宿也无所措手足。

广州是一个具有中外贸易悠久历史的港口"十三行"的"行商"制度裁撤后，外商总以为旧"行商"以外的新对手"不及旧商之可靠，故夷商之有资本者，多不肯舍旧而趋新"④，仍各投"素所相

---

① 许地山编：《达衷集》下卷，第 141 页；亨特：《广东番鬼录》(W. C. Hunter, The Fan Kwae at Canton)，第 53—56 页。
② 王铁崖编：《中外旧约章汇编》第 1 册，第 52 页。
③ 《夷务始末》，道光朝，第 70 卷，第 27 页。
④ 《耆英等奏》，道光二十五年五月初〔?〕日，清代抄档。

信之行店十余家"①,进行交易。至于其他新开四口,则华商"与各
夷语言不通,气味各异,向不与夷商对手交易"②。在上海,直到
1859 年,外商还根本不知道"谁是茶叶的所有者"③。在汉口,
1861 年外商因找不到可靠的华商对手交易,不得不以货易货。④
1865 年,英国驻上海领事报告说,当茶季到来时,外国商人不借助
于本地代理人,"就不可能从内地买到茶叶"⑤。1871 年的上海外
文报纸报道说,有 9 家俄商,自恃通晓方言,由汉口携带资本到内
地去活动,但每笔交易都必须征求华籍"先生们"的意见,才能做
成。⑥ 总之,除非通过中国人的居间媒介,外商是什么生意也做不
成的。

五口通商之初,最早在中外之间充当媒介人的,基本上是广东
能说外语并熟悉对外贸易的通事、捎客和买办一类人物。1843 年
10 月,英国驻宁波领事罗伯聃就是携带持有粤海关执照的香山籍
通事江彬和源华去上任的。⑦ 同年 11 月,英国驻厦门领事记里布
也是带着广东的一个通事上任的。⑧ 同月,英国驻上海领事巴富
尔刚到上海,立刻就发现广东人已纷纷前来这个口岸⑨,特别是广
东的"下流人"携带大量鸦片蜂拥而至⑩,其中头一个到上海贩卖

---

① 《夷务始末》,道光朝,第 68 卷,第 29 页。
② 《夷务始末》,道光朝,第 70 卷,第 15 页。
③ 《捷报》1859 年 3 月 12 日,第 126 页。
④ 《上海新报》,同治元年八月初一日。
⑤ 《英领报告》,上海,1865 年,第 131 页。
⑥ 《字林西报》1871 年 1 月 19 日,第 8183 页。
⑦ 《夷务始末》,道光朝,第 70 卷,第 26 页。
⑧ 费正清:《贸易与外交》第 1 卷,第 220 页。
⑨ 莱特:《沿革史》,第 84 页。
⑩ 《德臣西报》1847 年 3 月 25 日,5 月 13 日;费正清:《贸易与外交》第
1 卷,第 219 页。

鸦片的便是熟悉英语、深得外商信任的潮州籍郭姓买办。① 单是美商大鸦片贩子旗昌洋行就从广东带来 3 名买办②,而上海贝德福(Bedford & Co.)和莱特(Wright & Co.)两家美籍洋行,从买办以至厨师都是广东人。③ 后来,宁波掮客越来越多。天津开埠以后,以掮客为业者,"通常都是宁波人"④。

在五口通商的初期,媒介中西贸易的广东人是掮客和买办。掮客只凭通晓外国话,在中外商人之间"传达语言,说合价值"⑤;"惟恃口舌腰脚,沟通买者与卖者之间,赚取佣金,即俗称之二分佣钱"⑥,对于买卖双方的盈亏不负任何责任。⑦ 正因为掮客的任务仅在于"传达语言,说合价值",所以在历史文献上,有时把掮客又叫做通事。不仅洋商雇有华籍掮客,通华语的洋人也有充当掮客的,华商也雇用通外语的掮客。⑧

洋商雇用华籍掮客,一般都签有合同。这种合同都属临时性质,"一宗交易既毕事,雇佣关系遂即解除"⑨。掮客为完成一宗交易,必须负责为洋东寻找货主,磋商价格,乃至完成交货手续。一名掮客可以同时为多家洋行媒介生意。不同洋行的掮客职责不同。例如航运掮客,主要就只介绍华商货主⑩;"猪仔掮客"就以谎

---

① 姚公鹤:《上海闲话》,第 28—29 页。

② 刘广京:《势力的对抗》,第 182 页注 49。

③ 马士:《在太平天国的日子里》,第 39 页。

④ 《贸易报告》,1866 年,天津,第 96 页。

⑤ 《总署咨南洋》,同治二年八月,《通商约章类纂》第 15 卷,第 28 页。

⑥ 徐珂:《清稗类抄》第 17 册,农商类,第 85 页。

⑦ 《捷报》1866 年 10 月 25 日,第 167—168 页;《字林西报》1866 年 10 月 19 日,第 2211 页。

⑧ 《字林西报》1867 年 3 月 23 日,第 2727 页。

⑨ 姚公鹤:《上海闲话》,第 65 页。

⑩ 《捷报》1864 年 8 月 13 日,第 130 页。

言诱拐华工①；银行的掮客，就经手存放业务，保证华商信用，如汇隆银行在接受抵押放款时，就严格规定抵押货物必须存入银行的仓库，必须有合格的检查员或掮客对货物质量或价值提供书面证件②；后来上海出现了证券市场，于是又有证券掮客经纪各种证券，兼做银元买卖。③

　　在新开口岸对外贸易的初期，掮客在引进外国入侵势力的过程中发挥了极大的作用。如在上海，英商的贸易活动就是由一个叫做阿林(Alum)的广东籍掮客开始进行的，当时英商的生活必需品都要靠他张罗。阿林为英商扫除上海华商对洋商的"排他性障碍"，"教给中国人用以货易货的方式，把英国制品推向内地，又利用自己的影响使丝茶生产者向上海运送产品"。④ 他对英国主人的忠诚，博得英商向他贷款8000元开设一家义盛行(Esang Hong)仓栈，由他一手经营。在上海开港以后的第三年(1845年)，上海外商的全部贸易总额竟有三分之二是由阿林一人经手的⑤，后来宁波人穆炳元也发挥了颇大的作用。有人说，穆熟悉英语深得外商信任，"无论何人接有大宗交易，必央穆为之居间"⑥。

　　掮客既取得外商的充分信任，便从仅仅是"传达语言说合价值"的雇员上升为外商买卖的代理人。早在1857年，上海外商便

---

① 马士：《对外关系史》第1卷，第452页。

② 《字林西报》1865年5月11日，第433页。

③ 《字林西报》1867年3月28日，第2743页。

④ 费正清：《贸易与外交》第1卷，第220页；莱特著：《沿革史》，姚曾廙译，第50页。

⑤ 兰宁和柯宁：《上海史》，第404页。

⑥ 姚公鹤：《上海闲话》，第65页；徐珂：《清稗类抄》第17册，农商类，第86页。

已有人派遣捐客"赴内地产丝处所收买蚕茧",而"该夷商并未偕来"。① 1860 年的记载说,福州怡和洋行的巨额华茶贸易,主要就是靠两个华籍雇员发展起来的,一个叫吴秉元(Woo Ping Yuen),即阿魏(Awei),一个叫林阿钦(Lin A Chen),即阿甘(A Kan)。林阿钦就是以怡和"特约代理人"的名义在福州收购茶叶的捐客,对怡和的业务负全部责任。② 上海有一个名叫金紫奎的捐客,从1864 年起就充任上海怡和洋行的"独家代理人",为怡和收购丝茶,在 1864—1867 年间,金为怡和所收购的丝茶,价值 1000 万两之多。金一面充当怡和的独家代理人,一面还和仁记洋行等家保持往来。③ 这正是捐客的特点,即同时受雇于多家洋行。

捐客同时受雇于多家洋行,为多家洋行经理大量的进出口贸易,仅佣金收入就可以积累大量资金。他们掌握了大量资金,很自然地便自立行号,赚取商业利润。例如,前述两个捐客吴秉元和林阿钦就都设有自己的行号。林阿钦的行号叫福兴隆(Foo Sing Lang),在 1859 年这一年为怡和洋行收购的茶叶就值 9 万多两。④ 广州的许多捐客都自设仓栈,承办对外贸易商品的存放。⑤ 捐客所设的行号,有不少还有洋行的投资。例如,怡和洋行就和金紫奎合伙开设怡和银行(E-Wo Bank),为怡和收购丝茶支付款项,每月能保持 100 万两的流水。⑥ 宝顺洋行也和它的捐客阿穆合伙经营

---

① 《夷务始末》,咸丰朝,第 17 卷,第 3—4 页。
② 《捷报》1860 年 10 月 13 日,附录。
③ 《字林西报》1867 年 3 月 22 日,第 2723 页,3 月 25 日,第 2730—2731 页。
④ 《捷报》1860 年 10 月 13 日,附录。
⑤ 《英领报告》,1869 年,广州,第 45 页。
⑥ 《字林西报》1867 年 3 月 22 日,第 2723 页。

茶叶生意,年达七八十万两。① 他们经营这么大的生意,凭佣金和
商业利润的收入,大发其财。王韬说,"中外贸易,惟凭通事(捎
客)一言,顷刻间,千金赤手可得"②。其实,每月保持 100 万两流
水的买卖,所得何止千金? 他们发了财,也就大为显赫起来。例如
林阿钦,在福州就很有"声望"③;金紫奎"臭名昭著"④;阿穆的声
势之大,竟使其他洋行的捎客,对宝顺的生意,不敢染指。⑤

　　这样,捎客和洋行的关系,便逐步发生了质的变化,先则由惟
恃口舌腰脚,说合价值,沟通买卖的临时性雇员,上升为替洋行经
理买卖的经常性代理人;后则由买卖代理人发展为自立行号和洋
行的企业相联系,甚至和洋行合资经营。简单说,这就是由单纯的
人身结合关系发展为盈亏与共的资本合作关系,依靠为洋行积累
资本的方式以积累自己的资本,这就是买办资产阶级。

## 三、买办的职能及其资本积累

　　从媒介中外贸易上说,买办制度是捎客制度的发展。捎客既
然从沟通买卖的临时性中介人上升为经理买卖的经常代理人,甚
至和洋行合资经营某种行号,那么,他们实质上便已成为代理洋行
买卖的经常性买办人物。事实上,有不少买办便是由捎客转化而
来的。例如,广东人林阿钦,本来就是一个茶叶捎客,福州所有和
怡和洋行进行交易的 11 家茶行,都必须通过林阿钦才能成交。后

---

① 《捷报》1860 年 6 月 9 日,附录。
② 王韬:《瀛壖杂志》第 1 卷,第 8 页。
③ 《捷报》1860 年 10 月 13 日,附录。
④ 《字林西报》1867 年 3 月 22 日,第 2723 页。
⑤ 《捷报》1860 年 6 月 9 日,附录。

来,林阿钦终于成为福州怡和洋行的买办。① 不过,大批买办,主要并不是由掮客转化而来,而是另有来源。

### (一)买办人物和买办制度

在五口通商初期,买办仍然是凭口舌腰脚为外商服务的仆役头目,按商船买办和洋行买办的不同,分别为外商负责进出口商品的打包、解包、装货、卸货、检验等行外杂务和采买物料、备办伙食、招雇工役、看守金库等行内杂务。② 他们多半是旧日在广州和外商久有交往的人物。直到 19 世纪 70 年代初期,还有记载说,上海洋行的买办,"半皆粤人为之"③。不过,至迟到 50 年代,江浙人,特别是长于做生意的宁波人,纷纷投身于买办。1850 年前后,上海怡和洋行的买办杨坊、汇丰银行的买办王槐山都是宁波人,旗昌轮船公司的买办陈竹坪是浙江湖州人。④ 著名丝业中心南浔镇也出了不少买办。⑤ 在汉口,有许多广东买办,也有许多宁波买办;在"招徕货运,出售洋货"方面,宁波买办且具有决定性的作用。⑥

第一代买办采取学徒制培养第二代买办。到了第二次鸦片战争以后,增开通商口岸,买办成为紧缺人才。所以在上海,一个英国人就开设"英字话馆"⑦,培养英语买办;一个法国人则设塾教授

---

① 《捷报》1860 年 10 月 13 日,附录。

② 费正清:《贸易与外交》第 1 卷,第 352 页。

③ 王韬:《瀛壖杂志》第 1 卷,第 8 页。

④ 郝延平:《十九世纪中国的买办:东西之间的桥梁》(Yen-Ping Hao, The Comprador in Nineteenth Century China：Bridge between East and West)(以下简称《十九世纪中国的买办》),第 175 页。

⑤ 周庆云:《南浔志》第 33 卷,第 3—4 页。

⑥ 郝延平:《十九世纪中国的买办》,第 175 页。

⑦ 《上海新报》,同治二年七月初五日。

英、法、意三种外语买办①；由外商资助的教会团体，也"介绍教友中之有才能者"，向洋行输送买办，不少教友因当买办而"积巨资，多成一时之豪富"。②

起初，凡通"夷语者"，只消向洋行提供"保证书"，或者和洋行签订"合同"，就能入行充当买办。随着洋行赋予买办职能的扩大，洋行便要求买办提供更大的保证，在"保证书"之外，还需有殷实铺保或人保。③ 铺保或人保，亦称"荐保"。一般"行伙（买办）皆有荐保"，"若无荐保，必须本行东相信，始托其代办"。④ 汉口有些洋商在招收买办时，要求买办首先应是一名商人⑤，例如该埠兆丰洋行（Hogg & Co.）的买办冯阿林（Fong Alum）就是一名茶商。⑥ 汉口如此，其他口岸，特别是上海更加普遍。此外，也有以"保金"作保的。例如，1867 年沙逊洋行买办陈荫棠就以垫付洋东亏空银12000两为条件，取得该行的买办身份。⑦ 这就无异于以现金买得买办身份，是一种买办和洋行的资本结合方式。当买办能很快发大财，所以有些人便借债以买得买办身份。史料记载，有的人要充当商船买办，但"两手空空，万难捆挡"，因而在接手之初，必须"借银以支销一切"。⑧

随着洋行经营范围的扩大，所需买办增加。经营轮船航运业的洋行，每艘船上都需要配以买办。洋行的总行需要买办，其各口

---

① 《上海新报》，同治九年二月初七日。
② 史式徽著：《八十年来江南传教史》（圣教杂志丛刊），金文祺译。
③ 《字林西报》1868 年 1 月 21 日，第 3751 页。
④ 津海关道刊刻：《办理洋商各案》第 24 册，第 24 页。
⑤ 《捷报》1865 年 9 月 16 日，第 146 页。
⑥ 《字林西报》1868 年 4 月 10 日，第 4019 页。
⑦ 《申报》，光绪十一年正月二十七日。
⑧ 《申报》，同治十一年六月初八日。

分行需要买办，其各个附属企业也需要买办。60 年代中叶，宝顺洋行在香港、广州、厦门、上海、汕头、福州、镇江、九江、宁波、汉口、天津、烟台、牛庄、淡水、打狗、基隆各地都设有据点①，各据点都设有买办，例如，天津是亚培、徐子荣，牛庄是陈洛明，镇江是黄墨砚，九江是徐渭南、郑济东，汉口是盛恒山、杨辉山，烟台是梁枝，等等。所有这些买办都归总买办徐润统率，都向徐润"通报市面新闻并各货交易行情"，特别是以洋药为名的鸦片价目，"上落尤大，此事更当认真考查"。② 所谓"总买办"显然就是代表洋行统率所有买办的总头目。

在总买办之下，设有"副买办"或"帮买办"等各色名目的华籍雇员，他们都向总买办领取薪资，可见是直接受命于总买办的助手。③ 此外，洋行为了鉴定白银的成色、真伪，还雇有"看银师"。看银师虽直接向洋行领取薪资，其人选则往往由买办确定，因而又是买办的另一助手。④ 曾经有这样的情况，即洋行为了缩小买办的职权，企图利用捎客媒介生意，把买办降低为看银师。这就表明看银师在洋行雇员中的地位，仅次于买办。⑤

看银师的职责，一般虽以鉴定白银成色为主，但他们往往和钱庄保持密切关系，可以为洋行调拨资金，通融现款，以致有些外商

① 《香港年历》(Hongkong Almanac)，1846 年；《华英年历》(Anglo-Chinese Calendar)，1851 年；《中国行名录》(China Directory)，1863 年，1864 年。

② 徐润:《徐愚斋自叙年谱》(以下简称《年谱》)，第 8 页。

③ 《申报》，光绪十一年正月二十七日，二月初四日。帮买办即副买办，一般无佣金收入。

④ 《捷报》1864 年 6 月 4 日，附录。

⑤ 《捷报》1864 年 1 月 9 日，附录。

缺乏看银师,"贸易即无法进行"①。在没有买办的情况下,看银师
也能出头为外商经纪买卖。② 这种看银师实际已兼具买办的职
能。不过在更多的情况下,买办也同时具备看银师的职能,而看银
师则难以取代买办。至于其他华籍雇员如学徒、工力等,不用说都
由买办招雇,向买办支薪。③ 这样,洋行便有了一套以总买办、副
买办、看银师以及其他雇员所组成的一个雇员班子,叫做"买办
间"或"华账房",备有自己的办公房屋。琼记洋行的"买办间"拥
有看银、出纳、会计、仓库保管员、听差和苦力等人员,"洋行老板
对这一套从不过问"。④ 唐廷枢的买办间扩大到这样,以致怡和洋
行的航运业务经理机构也设在他的买办间里。⑤ 买办间的人数可
以比洋行的行员还要多。例如1860年在琼记洋行的香港总行里,
外商行员不过8人,而买办间则多至30人;这家洋行的上海分行,
外商行员不过6人,而买办间则多至20人;其广州分行,外商只有
1人,而买办间也多至20人。⑥ 然而洋人只要控制总买办,就能驾
驭总买办之下的全套人马。

作为仆役头目的买办,工资极低。宝顺洋行买办徐润在学徒
期间,每月仅得工资10元,经过10年,才递增至50元,到1861年
升任总买办后,他主持的买办间全体人员,每月工资也不过480

---

① 《中国陆路贸易报告书》(China Overland Trade Report)1861年10月
31日,第10页。

② 达卫森:《台湾岛》(O. W. Davidson, The Island of Formosa),第173
页。

③ 《字林西报》1872年2月20日,第159页。

④ 洛克伍德:《琼记洋行》,第41页。

⑤ 刘广京:《势力的对抗》,第145页。

⑥ 郝延平:《十九世纪中国的买办》,第24页。

元。① 有些小洋行的买办,每月仅得工资 25 元。② 但洋行老板对这样的低工资还要加以克扣。例如旗昌老板就以买办刘森的私下收入丰厚为借口,剥夺了他应得的买办收入。③ 而买办也并不把工资当做收入的主要来源。许多买办之所以向洋行领取工资,成为买办,目的还在借此取得洋行雇员的身份,从而得到外国侵略势力的庇护。④

### (二)买办资本的积累方式

微薄的工资收入,无论如何不可能使买办"积巨资,多成一时之豪富"。他们凭其对洋东的无限忠诚,获得了洋东的充分信任,从而洋东便放手让他们充当买卖代理人,给以经手佣金;洋东支持他们自立行号,直接为洋行的购销服务,从而取得利润收入;洋东还让他们保管金库,使他们在周转资金上有机会取得利息收入。代理佣金、行号利润和资金利息是买办积累资本的三大主要来源。

1. 代理买卖的佣金收入

19 世纪 70 年代以前,外国侵略势力对中国进行经济侵略,无非是收购土产和推销洋货两大类。以收购土产而论,早在 40 年代末期,外商就已把在广州实行过的办法,即派遣中国人按照合同到内地去收购茶叶运到上海了。⑤ 这种办法,风险很小,保费很低,

---

① 徐润:《年谱》,第 4、5、8 页。

② 士卡斯:《在华十二年》,第 108 页。

③ 《捷报》1875 年 8 月 28 日,第 213 页。

④ 《英领报告》,1869—1870 年,第 25 页。

⑤ 英国蓝皮书:《1847 和 1848 年中国各口贸易统计》,第 61—62 页;姚贤镐:《外贸史资料》第 1 册,第 406 页。

有时不过 2.5% 而已。① 这种为外商进入内地收购土产的人物，便是买办。1853 年，上海旗昌洋行首次派遣捎客深入武夷山区去收购茶叶，极为成功。紧接着，怡和、宝顺、琼记等行便接踵而至，派遣捎客或买办深入武夷。时隔不久，旗昌和琼记两家在福州所收的茶叶，就都依靠买办"定期巡视，核实市场情况了"②。60 年代的记载表明，洋行派遣买办到内地收购土产，诸凡议定价格、签订合同、支付款项、接收货物等等，都由买办全权办理，就连内地华商是否信实可靠，也都靠买办判断和保证。③ 怡和洋行的每一笔生丝交易，都由买办先和华商说定，然后再由行东承诺。④

在推销洋货方面，洋行也无不惟买办是赖。这一时期，进口洋货的最大项是鸦片，其次是棉纺织品，在广州，洋行很早就把大部分鸦片和其他洋货都交给买办去推销⑤，在其他各口，洋行舍此也别无其他推销办法。不仅如此，以出租轮船为业的复升洋行（Chapman & Co.），把船只出租的租价也交由买办决定，对承租华商的信用也由买办作保。⑥ 总之，"洋行把所有签订贸易合同的权力都交给它们的买办"⑦。历史文献上充满了这样的记载：洋行进出口商品的成交，都要首先征得买办的同意⑧，在买办定出商品价

---

① 福士：《回忆录》（R. B. Forbes，Personal Reminiscence），第 359 页；复庆：《中国人中一住户》，第 220—221 页；郝延平：《十九世纪中国的买办》，第 175 页。

② 洛克伍德：《琼记洋行》，第 130 页。

③ 《英领报告》，1864 年，福州，第 82 页，1868 年，汕头，第 156 页；《字林西报》1869 年 6 月 10 日，第 6187 页。

④ 《字林西报》1867 年 3 月 23 日，第 2727 页。

⑤ 士卡斯：《在华十二年》，第 110 页。

⑥ 《字林西报》1868 年 5 月 9 日，第 4115 页。

⑦ 《字林西报》1866 年 12 月 14 日，第 2403 页。

⑧ 《字林西报》1866 年 11 月 28 日，第 2347 页。

格以前,洋行"既不能买,也不能卖"①;洋行的买卖,不通过买办经手,总是办不成的"②;买办担保所有跟洋行打交道的中国商人稳妥可靠;买办在洋行和中国商人打交道方面,所做的事情,比洋行老板要多得多③;琼记洋行的老板说,"要我数一数买办不干什么,远比数一数他干什么要容易得多"④。因此,当时人们便把买办看成是洋行的"独家代理人"⑤;汉口巨大茶叶出口商万益洋行的买办,甚至被称为该洋行老板的"人格和信用的化身"⑥。

买办以无限忠诚换得洋行的无限信任。他们既然成为洋行的"独家代理人",成为洋行老板的"人格和信用的化身",那么,他们对洋行也就很自然地由金库看守人上升为现金出纳人。

有一条记载说,洋行对买办所经手的商品,诸凡清点、加封、上船等等手续都不到现场监督,从来没有发现分量不足的问题,金银行情经常波动,洋行并不查账,顶多也不过发现"有些劣质银元需要退换而已"⑦。外国在华最早开设的一家银行(丽如银行),就把"看管存放的每天结余款项"定为买办的职责之一。⑧ 琼记洋行的买办,负担保管现金,一切开支都由他支付。⑨ 贝德福洋行的现金,由买办保管,洋东连一个铜板也不经手。⑩ 在 19 世纪 60 年代,外商习惯上已不随身携带现金,需要支付现金时,只需开一张

---

①　《捷报》1864 年 8 月 6 日,第 126 页。

②　马士:《在太平天国的日子里》,第 66 页。

③　洛克伍德:《琼记洋行》,第 40 页。

④　马士:《在太平天国的日子里》,第 66 页。

⑤　《捷报》1864 年 8 月 6 日,第 126 页。

⑥　《字林西报》1866 年 1 月 25 日,第 1306 页。

⑦　士卡斯:《在华十二年》,第 109 页。

⑧　《捷报》1864 年 6 月 4 日,第 91 页。

⑨　洛克伍德:《琼记洋行》,第 42 页。

⑩　马士:《在太平天国的日子里》,第 66 页。

"买办支票",收款人便可据以向买办领得现金。① 贝德福洋行老
板勃吉斯(Burgess)需要付现时,只需写一张便条,收款人便可持
条向他的买办劳生领取现金了。② 买办支付现金,常常是通过钱
庄办理的。洋行对钱庄庄票的信用,只要买办认为可靠,便不须其
他保证。③ 反之,庄票如得不到买办的保证,就很难得到洋行的信
任。④ 买办在需要现款时,可以代表洋行向钱庄借贷⑤,而当他以
洋行名义向钱庄借贷时,又根本不需要征得洋行的同意。⑥

　　买办充当洋行的买卖代理人,当然要从洋行取得报酬,这就是
佣金。佣金名目繁多,参差不齐。例如,有媒介生意的佣金,有保
证华商信用的佣金⑦,还有"销价差额佣金",等等。所谓"销价差
额佣金",是指洋货销售价格超过规定水平才能取得的佣金。这
种佣金是洋商刺激买办扩大洋货销售的手段。上海仁记洋行雇用
买办阿吴(A-Wo)的合同上所附的"佣金收入表"就明确规定,当 1
匹洋布的售价超过 2 两时,阿吴就可得佣金 4 钱,否则不付佣
金。⑧ 洋行一面以佣金刺激买办全力为他们效力,一面又尽量压
低佣金。1864 年 9 月 23 日"上海洋商总会"借口避免所谓"佣金
的混乱",联合规定丝、茶、鸦片等几项商品的佣金为 3%,其他几
项商品为 5%⑨,一般佣金率不过 2%—3%,即使如此,洋商还嫌

---

① 《捷报》1864 年 6 月 4 日,第 91 页;洛克伍德:《琼记洋行》,第 42 页。
② 马士:《在太平天国的日子里》,第 66 页。
③ 《字林西报》1866 年 11 月 28 日,第 2347 页。
④ 马士:《在太平天国的日子里》,第 80 页。
⑤ 《英领报告》,1864 年,福州,第 82 页,1868 年,汕头,第 156 页。
⑥ 《字林西报》1868 年 5 月 6 日,第 4111 页。
⑦ 《字林西报》1866 年 11 月 28 日,第 2347 页。
⑧ 《字林西报》1871 年 10 月 14 日,第 9091 页。
⑨ 《捷报》1864 年 10 月 1 日,第 58—59 页。

佣金"过高"。① 上海以外其他口岸的佣金更低。例如天津的匹头佣金仅 1%,其他商品一般也不相上下。② 上面的情况说明,买办积累资本的一个主要来源就是经理洋行买卖所得的佣金。买办作为一个买办,他们只是洋行的一名雇员,是人身结合关系,而非资本结合关系,但是作为买卖的代理人,他们是通过为洋行资本积累方式,以积累自己资本的。

2. 自立行号的利润收入

买办以洋行买办的身份代理洋行买卖,这种身份并不禁止买办自立行号,获取利润。买办自立行号,一般都和他的雇主"经营同样的商品","插手贸易场中的一切买卖"。③ 在上海,所有的外国洋行几乎没有一家不进口鸦片,从而洋行买办也就争着做鸦片生意。④ 上海丽如银行经营银元生意,它的买办阿兴(Sheen)也买卖银元,同时经营鸦片生意,每年营业额高达 300 万至 500万元。⑤

表面看来,买办既为洋行代理买卖,自己又经营同样业务,似乎彼此存在着竞争和矛盾。实际上,洋行不经买办的媒介,既不能买,也不能卖;而华商则无力进入外国市场。双方都必须通过买办经手。买办自立行号,主要经营洋行所经营的进出口商品买卖,和洋行直接对手交易;或者经营洋行从事进出口贸易所需要的各种辅助行业,和洋行直接挂钩。总之,他们的投资方向和经营方针都是为洋行服务的。他们的行号,和洋行存在着高度的利益一致性。对于洋行来说,和买办的行号对手交易和经过买办和其他华商交

① 《贸易报告》,1875 年,芝罘,第 79 页。
② 《捷报》1875 年 8 月 28 日,第 214—215 页。
③ 《字林西报》1867 年 3 月 28 日,第 2743 页。
④ 《字林西报》1866 年 11 月 21 日,第 2323 页。
⑤ 《捷报》1864 年 6 月 4 日,附录。

易,不仅没有差异,亦且更加方便。这些行号在名义上虽是中国人
所设的独立行号,实质上却已无异于洋行的分支机构。

天津旗昌洋行买办刘森开有 3 家行号,其中两家买卖商品,和
旗昌对手交易;一家为旗昌经纪生意,收取佣金。旗昌还为刘森的
行号提供资金,目的就在于借助刘森的活动能力以开展旗昌在上
海至天津航线上的轮船运输和贸易活动。据刘森说,他和旗昌曾
经成立协议,凡他的行号所得利润,"一钱归我,一钱归旗昌"①。
这就是说,刘森开设的 3 家行号,形式上是中国人的独立经营,实
际上却和旗昌融为一体,至于旗昌利用刘森的活动能力,在上海至
天津航线上所取得的航运和贸易利益,则又是刘森行号以外的
收入。

上海仁记洋行(Gibb, Livingston & Co.)的买办徐荫三开设谦
泰利炒茶栈,得到了仁记的支持,原因就在于这个茶栈,为仁记收
购茶叶提供了方便。② 就是因为买办在买和卖两方面都比外国人
自己做起来更为有利③,所以在汉口,"洋行要求买办首先必须是
一个商人。④ 因此,洋行对于买办自立行号,不仅是默许的,而且
是支持的。例如,上海汇隆银行经营汇票生意,它的买办周金贵
(Chou Gin Kwei)也买卖汇票。周的这些买卖,"是每天都在发生
的事情",汇隆老板认为那是"买办的私事",不加干涉。⑤ 徐润在
1861—1868 年担任宝顺洋行买办期间,自设许多行号,从来没有

① 《捷报》1875 年 8 月 28 日,第 213—215 页。
② 《上海新报》1869 年 8 月 17 日。
③ 庞百里:《回忆录》(R. Pumpelly, Reminiscence),第 385 页。
④ 《捷报》1865 年 8 月 17 日。
⑤ 《捷报》1857 年 1 月 10 日,第 95 页。

受到宝顺的干涉,反而得到宝顺的支持。①买办所立行号,得到洋行的支持,当然是因为买办所立行号和洋行具有利益的一致性。简单说,这就是"买办发了财,洋行也就繁荣了"②;或者说,"买办为洋行赚了钱,也就是为自己赚了钱"③。

必须指出,"买办发了财"并不是单纯运用经济规律进行经济活动所取得的利益,其中包含着相当成分的暴力强制性。他们依仗洋人势力行动的这种暴力强制性有时猖狂得和外国人并无二致。

这一时期,外国亡命之徒,在中国沿海进行海盗掳掠,而又组织所谓"护航队",强迫中国商船交出买路钱。泰源洋行的买办吴豪泉就公然威胁华商,说什么华船必须由他护航,"如有不遵者,即差兵船往剿"④。外国人口贩子掠卖华工,同孚洋行的买办陆富成也设馆拐骗华工。⑤曾经当过洋行买办的许浚光在澄海和潮阳两县交界处的妈屿"开设行店,名为贸易,实则私贩人口出洋"。1863年,许浚光又在汕头开设福源行,"依恃曾当洋行买办,藉势横霸,动辄从中播弄,遇事武断挟制,历年汕头一带私贩人口出洋之案,该贩无不包庇,被拐人口,畏其报复,莫敢控告"⑥。

一个已经去职的买办,竟然"依恃曾当洋行买办"的身份,"藉势横霸",以致被拐人口之家,也"畏其报复,莫敢控告"。那么,现

---

① 徐润:《年谱》,第12页。

② 庞百里:《回忆录》,第385页。

③ 《美国领事报告》1905年8月,第23页。

④ 《上海新报》,同治八年七月十日。

⑤ 《广州府复曾维邦禀稿》,光绪四年四月二十二日,参见朱士嘉:《美国迫害华工史料》,第57页。

⑥ 《两广总督瑞麟广东巡抚张兆栋奏》,同治十三年九月,《夷务始末》,同治朝,第97卷。

任买办的威风，当然就更大了。例如，旗昌洋行的买办刘森，就"仗恃洋行，捏称美国成本，蒙混照会，以势压理，扰累商民"，而美国领事也扬言，"刘树滋（即刘森）即旗昌行"，"凡刘之生意，莫非（旗昌老板）莫鄂（T. Moore）之生意"。① 买办有了威风，自己做起生意来，无论是否经营和洋东一样的生意，都会无往而不利。

　　就是由于买办人物具有特殊的威风，所以他们的人数迅速膨胀，他们自立行号，遍及贸易领域的各个方面。早在 1846 年的《香港年历》上，就已出现一个买办阿高（Acow）开设的阿高行（Acow & Co.）。② 进入 19 世纪 50 年代以后，贝德福洋行的买办马劳生就开设一家钱庄③，怡和洋行的买办林钦也开设一家福兴隆行。④ 到了 60 年代，买办自立行号，已成为普遍现象。林钦又和怡和洋行的另一个买办唐廷枢合伙开设廉慎安茶栈。⑤ 汉口宝顺洋行的第一任买办王恒山，就是著名茶栈鸿遇顺的老板。⑥ 在上海有不少买办自立生丝行号，其中有一个拥有两个字号⑦，另一家的字号，则"闻名全上海"⑧。上海宝顺的著名买办郑观应在江西和福建开设揽载行，为宝顺和其他洋行揽载服务。⑨ 上海旗昌洋行的买办龙平尧本来是平祥（Ping Heong）和瑞祥（Loey Heong）两家著

---

① 津海关公署：《办理华商各案》，第 6、8、21 页。
② 《香港年历》，1846 年，第 34 页。
③ 马士：《在太平天国的日子里》，第 55 页。
④ 《捷报》1860 年 10 月 13 日，附录。
⑤ 刘广京：《唐廷枢之买办时代》，《清华学报》1961 年 6 月号，第 151 页。
⑥ 《申报》1889 年 3 月 13 日。
⑦ 《捷报》1860 年 6 月 9 日，附录。
⑧ 洛克伍德：《琼记洋行》，第 130 页。
⑨ 郑观应：《盛世危言后编》，参见《洋务运动》第 8 册，第 83 页。

名生丝商人,和旗昌有密切往来,1887年投入旗昌充任买办后,为旗昌收购生丝,当然就更加顺手了。①

大买办徐润和唐廷枢是依靠经理洋行买卖的佣金和自立行号的利润发财致富的突出典型。徐润在当上宝顺洋行买办的前两年(1859年),本已和宝顺的买办曾继圃合开了一家"包办各洋行丝、茶、棉花生意"的绍祥字号②,另外还开了一家敦茂钱庄;次年又在温州开设润立生茶号,为洋行收购茶叶;由于茶叶生意利润优厚,徐便在河口、宁波、宁州等茶叶集散地开设润立清、福德泉、永茂合、祥记等茶号;1861年,徐润由"帮账"升任买办以后,进一步扩大投资,先后开设宝顺丝茶土号和顺兴、川汉各号,经营茶叶、生丝、烟叶、白蜡、黄白麻、桐油等各种土产的收购和推销鸦片;还开设一家协记钱庄、一家元昌绸庄和一家成号布店。总计徐润在任职宝顺买办的七八年内,自行开设的行号不下十三四家。③ 这些行号如果不是和洋行对手交易的买办性企业,也是接受洋行直接庇护或控制的买办化企业。

怡和洋行买办唐廷枢兄弟多人都是买办,都自立行号。唐廷枢本人起初在上海开设修华号棉花行④,后和他人合伙开设谦慎安茶栈。这个茶栈在内地分设有7家茶庄。⑤ 又和别人伙开泰和、泰生、清益三家钱庄;此外,他还投资于轮运、典当和盐业;他的商业活动遍及上海、镇江、扬州、汉口、天津和许多内地较小城镇。

① 刘广京:《势力的对抗》,第26页。
② 徐润:《年谱》,第5页。
③ 徐润:《年谱》,第2—13页。
④ 徐润:《年谱》,第12页。
⑤ 刘广京:《唐廷枢之买办时代》,《清华学报》1961年6月号,第150—151页。

唐廷枢之弟唐瑞枝、唐国泰都是怡和洋行的买办,都是茶栈老板。① 唐廷枢之兄唐茂枝,则一面接替其弟在怡和的买办职位,一面又是他的"权益代表"②。

唐廷枢投资于公正、北清两家轮船公司,担任董事以后,向旗昌老板表白说:"你可以完全放心,只要我还有幸能为你服务,我就尽我最大的努力照顾好你的行号和利益。"③这就是说,只要他担任旗昌洋行的买办,不管他投资于什么企业,他都要照顾好旗昌的利益。由此可见,唐廷枢对于洋东是多么忠诚。

买办对于洋东的无限忠诚是完全可以理解的。因买办能"积巨资,多成一时之豪富",就是通过为洋行积累资本的方式积累起自己的资本。所以历史上便出现这样的现象,徐荫三的谦泰利炒茶栈和他的仁记洋行买办职位共进退,到他辞去仁记的买办职位以后,这家炒茶栈也就宣告歇业。④ 1871年,上海谣传怡和不久即将闭歇,唐廷枢的买办职位难保,因而他开设的三家钱庄便在债主的压力下被迫清算。⑤ 1873年,天津谣传旗昌洋行将调换买办,因而刘森所开设的行号也被迫宣告破产。⑥ 买办的企业随着他们买办职位的解除,甚至只是谣传洋行闭歇或撤换买办就歇业或破产,突出表明了买办的资本积累和外国入侵势力结成了多么密切的关系。

买办通过为洋行积累资本的方式为自己积累起来的资本,数

---

① 《申报》1889年3月13日;《捷报》1898年2月7日,第318页。

② 《捷报》1897年9月3日,第459—460页。

③ 刘广京:《唐廷枢之买办时代》,《清华学报》1961年6月号,第164—165页。

④ 《上海新报》1869年8月17日。

⑤ 刘广京:《唐廷枢之买办时代》,《清华学报》1961年6月号。

⑥ 郝延平:《十九世纪中国的买办》,第97页。

量肯定很大,史料表明,有的买办,本来腰兜只有百把元的资金,当上买办以后不久,就积累到数千元。① 一个每月工资只有 25 元的买办,6 年后就变成为成千上万的富翁。② 福州南台茶叶贸易中的买办,"皆起家巨万"③。1859 年的资料透露,香港的买办,通常都拥有四五万元的资本,其中有两个号称 10 万以上。④ 19 世纪 60 年代末叶,上海的英国领事透露,买办资本,几年之间即可加倍,甚至增至 4 倍。⑤ 总之,凡人一当买办,便能很快大发横财。香山陈守善和徐玉林两人都因依附洋人致富百万。陈守善在澳门租买地皮,建屋收租,每日〔月?〕就可得银百余两。徐玉林专门雇用查看坟地风水的"地师","岁修"竟至万金。⑥

3. 周转资金的利息收入

上文多次提到买办开设钱庄。钱庄这种中国古老的金融机构,在周转市场资金上发挥很大的作用,买办代理洋行买卖或者自立行号为洋行服务而又成为洋行的金库保管和现金出纳员,自然和钱庄发生密切关系,进而投资于钱庄。

在 40 至 50 年代之交,上海的第一批大买办中的杨坊就开设有名的泰记钱庄。⑦ 他的密友丁健彰(译音)在 50 年代进入贝德

---

① 津海关公署:《办理华商各案》,第 6、8、21 页。
② 士卡斯:《在华十二年》,第 108—109 页。
③ 《申报》,光绪六年十二月十一日,1881 年 1 月 10 日。
④ 柯克:《中国》,第 58 页。
⑤ 《英领报告》,1869—1871 年,第 25 页。
⑥ 郭嵩焘:《郭侍郎奏疏》第 5 卷,第 63 页。
⑦ 马士:《在太平天国的日子里》,第 41 页;《上海新报》1864 年 3 月 21 日。

福洋行前就已开有荣丰(译音)钱庄。① 这个洋行的另一名买办马罗山(译音)也是一个"非常机灵的生意人和钱庄老板"②。50 年代后期,上海李百里洋行(Shaw Bland & Co.)的买办是永协丰(译音)钱庄的大股东。③ 到了 60 年代,向钱庄投资的买办日益增多。前面说过,大买办徐润开有敦茂和协记两家钱庄,大买办唐廷枢开有 3 家钱庄。汇丰银行第一任买办王槐山出身于钱庄业。④ 继王槐山之后任汇丰买办的席正甫,在担任买办之前就插足于钱庄,到担任买办之后,又继续在银钱业中"拥有势力"⑤。在上海以外的其他通商口岸,存在着同样情况。例如汉口,开埠后只过了 4 年,"洋行买办在本地银号中就已拥有广泛的权益"⑥。又如天津,最老的一名买办就是当地的一名钱商。⑦

买办投资于钱庄,为的是从钱庄和外国银行、洋行的资金周转上,通过为外国入侵势力积累资本的方式以积累自己的资本。他们周转资金的手段是用钱庄的庄票供给洋行作为支付手段或者以现金保管员的身份,利用洋行资金,周转取息。

在上海,唐廷枢在担任怡和洋行买办期间,经常利用他所保管的怡和金库中未到期的庄票贴现,周转茶栈生意,他的手法之严密,就连怡和老板也感到惊讶。⑧ 琼记洋行的买办利用保管琼记

---

① 马士:《在太平天国的日子里》,第 28 页。丁健彰就是吴煦所说的丁隆江,参见《吴煦档案》,第 180 页。

② 马士:《在太平天国的日子里》,第 55 页。

③ 《捷报》1860 年 3 月 31 日,第 51 页。

④ 《字林西报》1884 年 1 月 11 日;《申报》1884 年 1 月 12 日。

⑤ 《捷报》1865 年 9 月 16 日,第 146 页。

⑥ 《捷报》1865 年 9 月 16 日,第 146 页。

⑦ 《字林西报》1884 年 11 月 17 日,第 480 页。

⑧ 刘广京:《唐廷枢之买办时代》,《清华学报》1961 年 6 月号,第 149 页。

金库的机会,一方面把琼记的现金存入自己往来的钱庄生息,另一方面又以生息的存款开出延期支付的庄票以支付琼记应付的开支。① 上海的许多外国银行和洋行对自己买办的投机买卖,进行押放。② 在汉口,外国银行或洋行接受的庄票,不仅是由买办担保的,而且往往就是由买办自己的钱庄开出的③,而洋行接受的庄票,不仅"未到期前,任凭买办使用"④,就是到期以后的款项,也经常留在买办手中⑤,放任买办用以周转资金,赚取利息。天津旗昌洋行甚至为它的买办刘森在天津和上海两处开设行号,垫付资金⑥,而琼记洋行老板也说过,他的买办在钱庄有往来账目,"随时为我准备巨额款项"⑦。许多买办经常向钱庄通融款项,替洋行清偿债务,不少买办又在洋行的企业里投放资本。⑧ 总之,在资金周转上,洋行、买办和钱庄三者融为一体。

买办利用这种融为一体的关系,周转资金,当然从中赚得利息。琼记洋行的买办用琼记的现金存放钱庄所得的利息,10 倍于他的年薪。⑨ 上海汇丰银行的买办王槐山,本来只是钱庄的一名"庄伙",谈不上有多大资本。此人就任汇丰买办后,为汇丰存款放息,"岁存庄家(汇丰)何止数百万,汇丰获息无算,王亦骤

---

① 洛克伍德:《琼记洋行》,第 42 页。
② 《字林西报》1866 年 11 月 21 日,第 2323 页。
③ 《捷报》1866 年 1 月 27 日,第 14 页。
④ 《英领报告》,1865 年,汉口,第 134 页。
⑤ 《捷报》1864 年 1 月 9 日,附录。
⑥ 津海关公署:《办理洋商各案》第 3 卷,第 6、22 页。
⑦ 洛克伍德:《琼记洋行》,第 42 页。
⑧ 《捷报》1860 年 6 月 9 日,附录。
⑨ 洛克伍德:《琼记洋行》,第 41—42 页。

富"①。怡和洋行买办金紫奎用怡和钱庄的资金为怡和包揽生丝
生意,连应得的佣金也不要。他说,"我手中经常有怡和的大笔资
金,因此,我才不去向他们要佣金哩"。② 可见买办在资金周转上
所获得的利息收入是何等丰厚。

## 四、华商资本对外商企业的附股活动

如果买办只是由于受雇于外商,便在外国人的庇护之下,具有
特殊的身份和威风,那么投资于外商企业,和外商融为一体的华
商,当然就具有更加特殊的身份和威风了。因此,早在 19 世纪
40—50 年代,许多华商便已寻找机会,投资于外商企业。外商对
于精通商品流通渠道、远近市场行情、行帮会馆规章、金融周转习
惯和风俗人情世故的华商,当然也乐于招揽利用,因而双方便在资
本投放上结合起来。最便于附股于外商企业的人物,首先当然是
那些和洋行保有人身关系的买办,而买办又因亲及友,也能动员非
买办的各色商人共同投资附股。这就形成一股争相附股的浪潮。
诸凡附股于洋行企业的华商资本,都和外商结成盈亏与共的资本
合作关系,在为外商积累资本的同时积累自己资本的。

### (一)轮船航运业

鸦片战争前,西方蒸汽轮船,就已来到中国。战争结束后,入
侵中国的西方轮运势力,很快就有了进一步的发展。与此同时,中
国的某些商人跟着也就附股于外商的轮运企业。早在 1848 年,当
大英轮船公司(Pennisular and Oriental Steamship Co. )准备派船行

---

① 《字林沪报》1884 年 1 月 11 日。
② 《字林西报》1867 年 3 月 23 日,第 2727 页。

驶广州邻近口岸的时候，就已经有人透露说，这个计划是会得到中国商人"赞助"的。① 当时华商究竟怎样"赞助"法，现在不得其详。有据可查的是，到50年代中期，行驶广州江面的外国轮船中，就有两家有本地人的投资。② 在开放长江航运的《天津条约》签订的次年（1859年），上海琼记洋行就订造轮船，准备航行上海—汉口线，其第一艘轮船"火箭号"的10万元造价中，就吸收了中国商人1万元的投资。③

进入19世纪60年代以后，华商的附股活动逐渐多起来。例如，商人李振玉、高顾三（译音）（Kow-Ku-San）在1860年就已和美国人花马太（M. G. Holmes）共同组织一家清美洋行（Holmes & Co.），用63750两银子购置一只"飞龙号"（Dragon）轮船，航行上海—芝罘—天津一线。④ 在1862年旗昌洋行创办旗昌轮船公司（Shanghai Steam Navigation Co.）前后，怡和、宝顺两家最老的洋行已经开始试办轮船，接着，英商广隆、吠礼查和沙逊等洋行也经营同一事业。⑤ 同时，"几乎每一家二流洋行都争先恐后地置备轮只"，参与长江航线的竞争活动。⑥ 而这些行驶长江航线上的明轮汽船，很多都是华洋商人合资置办的。⑦

旗昌洋行在创立轮船公司以前，曾长期利用过广州"行商"的

① 《中国丛报》1849年2月号，第112页；参见格里芬：《飞剪船和领事》，第140页。

② 格里芬：《飞剪船和领事》，第140页。

③ 《海王》1957年1月号，第43页。

④ 《捷报》1882年3月15日，第294页；1882年3月1日，第238页。

⑤ 《汇报》1874年9月14日。

⑥ 《捷报》1877年3月29日，第317页。

⑦ 麦克莱伦：《上海史话》（J. W. Maclellan, Story of Shanghai from the Opening of the Port to Foreign Trade），第50—51页。

资本。到了旗昌轮船公司创办的时候,中国商人的势力,已经发生
了明显的变化。旧日的"行商"失去了原有的地位;相反,上海新
兴商人的经济力量,则迅速发展。于是旗昌洋行在筹措旗昌轮船
公司的资金上,自然把注意力转向上海新兴的商人身上。

1861 年 3 月,负责筹备旗昌轮船公司的金能亨以 45000 元的
资本从旧金山买了 1 只 456 吨的旧轮船"惊异号"(Surprise),试航
长江。据说,这个"小计划",很得到一些中国商人的"支持"。① 
于是,金能亨便着手进行一个集资 32 万元的大计划。为引诱"中
国朋友"的投资,金能亨把 1 艘"眼看就可以赚钱"的"威廉麦特
号"(Williametle)轮船从广州调到上海,经过修整后经营长江航
运,其所获利润,立即分配给中国股东。金能亨到处宣扬:虽然他
"承担了风险",但是没有"分取一文利润"。② 这种招徕办法,十
分见效,以致 32 万元开办资本中在上海招募的 17 万元,很快地就
被"中国的老朋友"认满了。③ 接着在 1861 年 8 月至 1862 年 3 月
间,金能亨又把资本增加到 100 万两,这个数目也很快地认足。在
这次招股中,中国人又"是最大的股东"④。他们的投资估计占资
本总额一半以上。⑤

这些中国股东,究竟是一些什么人物呢? 从出席历届旗昌轮船
公司股东代表大会的名单中,人们可以找到一些线索。以 1863—
1864 年的股东代表大会而言,在 9 个出席的中国股东中,有 3 个是

---

① 刘广京:《势力的对抗》,第 18 页。
② 刘广京:《势力的对抗》,第 28 页。
③ 刘广京:《势力的对抗》,第 19 页。
④ 刘广京:《势力的对抗》,第 24、29、30、183 页。
⑤ 盛宣怀:《愚斋存稿》第 1 卷,第 5 页。

旗昌洋行自己的买办①,其余 6 人,也多是上海的豪商巨贾,他们之中,有的也早已钻进了买办的圈子。例如后来担任了旗昌轮船公司总买办的陈怡春(竹坪)在 19 世纪 60 年代初就和怡和洋行发生了关系,经常做银钱投机生意。② 此外,他还经纪生丝,并且在上海汉口间经营大规模的货运业务。③ 在旗昌洋行的 3 名买办中,顾春池也是一个大丝商,他的牌号,经常出现在上海外国报纸的广告中。④ 旗昌轮船公司的附属机构——金利源仓栈,主要也是由他提供的资本。⑤ 在这些企业中,单是陈、顾两姓的股份,就不下 20 万两。⑥ 可以肯定,旗昌的华籍股东主要就是买办和进出口商人这两种人物,而且往往是一人而兼具这两种身份。

在旗昌轮船公司成立以后的数年中,外国航业资本在长江航线上展开了激烈的竞争。竞争中的一个突出现象是:得到中国商人支持的,就能够与旗昌相抗衡,而得不到支持的,就难有立足的余地。

最先企图与旗昌相抗衡的是琼记洋行。前面说过,这个洋行在 1859 年就曾经利用中国商人的资本订购轮船。等到旗昌轮船公司成立以后,它也提出一个类似的计划,企图和旗昌相竞争。但是,在华商的目光正集中在旗昌轮船公司的当口,琼记洋

---

① 刘广京:《势力的对抗》,第 26、182 页。此三人为 Ahyune、Chongfat 和 Koo Fun Sing。按 Koo Fun Sing 即顾春池。参见《势力的对抗》,第 147 页;《教会新报》1869 年 1 月 30 日,第 94 页。

② 徐润:《年谱》,第 10 页;参见姚文枬等纂:《上海县续志》第 21 卷,第 13 页。

③ 《字林西报》1867 年 3 月 23 日,第 2727 页,1879 年 4 月 21 日,第 363 页;刘广京:《势力的对抗》,第 182 页。

④ 刘广京:《势力的对抗》,第 182 页。

⑤ 《教会新报》1869 年 1 月 30 日,第 94 页。

⑥ 轮船招商局档案抄件,经济研究所藏。

行竟"找不到必需的资本。"它的老板何德(John Heard)在 1862
年年初不得不一再承认:"我们航业公司的计划总是希望得到中
国人的资助,我们也试着这样做,但是收效不大";"我们经常想
着这个和中国人发生联系的计划,但是我们从来得不到足够的
鼓励。"①

和琼记洋行有同样遭遇的,还有英国的天长洋行(W. R.
Adamson & Co.)。该洋行在 1862 年组织了一个中日轮船公司
(China and Japan Steam Navigation Co.),在上海各报刊登广告,公
开招集股份,但筹办经年,在上海始终得不到"足够的鼓励",最后
不得不宣告流产。② 不过,它在香港却顺利地得到了大批"中国朋
友"的支持。

琼记洋行在 1863—1864 年间,先后从美国订购了"金山号"
(Kin Shan)、"江龙号"(Kiang Loong)和"休王那达号"(Suwonada)
3 艘轮船,航行于香港广州之间。这 3 艘轮船中,"金山号"有 7 个
华商参加投资,"江龙号"有两个,"休王那达号"有 10 个。在"金
山号"的 17 万元购价中,华商的投资占 45000 元,在 34 份股权中,
华商占了 9 股。③

1865 年琼记洋行纠合了香港的大船坞公司老板拿蒲那
(D. Laprairk)成立了一个专门航行香港、澳门和广州的省港澳轮
船公司(Hongkong Canton and Macao Steam Boat Co.)④,在这个资
本为 75 万元的公司中,有广东大买办商人郭甘章(Quok Acheong)

---

① 刘广京:《势力的对抗》,第 25 页。
② 刘广京:《势力的对抗》,第 25 页。
③ 《海王》,1957 年 1 月,第 45—50 页。
④ 《海王》,1957 年 1 月,第 46—47 页;迈伊尔:《中日条约商埠》(W.
F. Mayers, Treaty Ports of China and Japan),第 114 页。

的不少投资,后来直至 19 世纪终了,华商一直是一支"稳固的支持力量"①。从 60 年代的郭甘章到 90 年代的李新(Lee Sing)和彭鹏(Poon Pong)都是公司的董事②,而邢泰蕃(Sin Tak Fan)则是公司的大股东。③

1865 年,琼记把"江龙号"开进长江,企图与宝顺洋行联合组织一个专业轮船公司和旗昌竞争。④ 1866 年以后,长江和沿海航线上都开始出现与旗昌相抗衡的专业轮船公司,这些新的竞争者,都曾在中国商人中找到了支持自己的力量。

1865 年至 1866 年之交,传说有一批"会做生意"的英国资本家纠合了一批中国商人打算购买轮船航行长江,目的在于从旗昌公司那里"挤出一部分它企图独吞的利润"。⑤ 一年以后,产生了第一个与旗昌竞争的公正轮船公司(Union Steam Navigation Co.)。

"公正"是由英国轧拉佛洋行(Glover and Co.)出面开办的,资本为 17 万两。它成立于 1867 年 7 月。在此之前,轧拉佛洋行已经开始涉足长江航运,它当时担任"惇信号"(Tun Sin)轮船的代理人,而这艘 773 吨轮船的所有者,主要是中国商人。⑥ 在"惇信号"轮船的基础上发展起来的公正轮船公司⑦,又接收另一艘华商

---

① 《上海差报》(The Shanghai Evening Courier)(以下简称《差报》)1874年 1 月 28 日,第 91 页。

② 《海王》,1957 年 1 月,第 47 页,1889 年 8 月 3 日,第 149 页。

③ 《捷报》1889 年 8 月 17 日,第 200 页。

④ 刘广京:《势力的对抗》,第 55—57 页。

⑤ 《英领报告》,1865—1866 年,汉口,第 155 页。

⑥ 《字林西报》1867 年 3 月 5 日,第 849 页;刘广京:《势力的对抗》,第72 页。

⑦ 《上海新报》1869 年 6 月 26 日。

轮船"罗拿号"(Norna)①,吸收了大量"本地居民"的资本。而这
些中国籍的船东就成了持有公正股票的大户。

在1869年6月公司的股东代表大会上,有5个中国股东代表
出席了会议,目前能查清他们身份的有3个,一个是前面曾经提到
的广东大买办商人郭甘章,一个是怡和的买办唐廷枢,另一个则是
公正自己的买办李松筠(松云)。② 这个名单是不完备的,因为自
称"与洋人创办公正轮船公司"并被举为董事的宝顺买办的郑观
应③,并不见于5人名单之内。而郑既然是公正的创办人之一,看
来是不会不入股的。

继"公正"之后,有1868年同孚洋行的轮船公司和北清轮船
公司(North China Steam Navigation Co.)同时建立。

同孚也是美国在华的一个老牌洋行,1865年就已参加长江线
上的航运活动。1868年5月,这家洋行的老板小梅士(Augustus
A,Hayes Jr.)曾经企图组织一家轮船公司。它的发起资本只有1
万英镑。这一笔小资本据说来自"引水和船长的储蓄"。值得注
意的是,它的筹备工作的第一步,却是要把当时为华商所有的1只
载重665吨的轮船"虹口号"(Hongque),纳入他的计划之内。1

---

① 刘广京:《势力的对抗》,第72、143页;《上海新报》1868年12月19
日。

② 《捷报》1868年12月22日,第623、625—626页,1869年6月26
日,第331—332页;《教会新报》第90号1870年6月11日,第199页。另外
两人为 Sin Chang 和 A Keong。

③ 郑观应:《盛世危言》第3卷,第32页。《盛世危言后编·郑观应简
历》,参见《洋务运动》第8册,第83页。按公正轮船公司的华籍股东,以后
又有所变动,如出席1874年股东大会的华籍大股东 Poyuen King、Ming Hing
和 Sung Kee,均未见于前此之股东名单。参见《捷报》1874年6月6日,第
507页。此外,还有为数众多的小股东,如朱新记就是其中之一。参见《申
报》1873年3月12日。

万镑的发起资本,在"虹口号"的所有主中间,居然也发生了号召力量。只是由于旗昌的降价竞争,才迫使它中途流产。①

以航行上海—天津为主的北清轮船公司是接收一个和中国商人有密切关系的惇裕洋行(Trautmann & Co.)的轮船组成的,额定资本30万两②,实收19.4万两③,其中三分之一是由"和北方贸易有关的中国商人认购"的。④ 公正轮船公司的股东唐廷枢是这个公司华股的领袖,他在1868年10月同时担任了两个公司的董事。而他之接受这个职位,则出于公司华股股东的要求。⑤ 唐廷枢及其所代表的华股势力,构成了旗昌轮船公司的潜在威胁。

然而,成为旗昌轮船公司的实际威胁的还是1869年开始航业活动的怡和洋行。怡和很早就开辟了香港—上海间的不定期航线。19世纪60年代后期,由于旗昌的势力由长江扩充到沿海,怡和立刻加强了自己的竞争力量,于1869年开始筹划上海—福州间和上海—天津间的定期航运业务。在这一过程中,怡和大肆活动,广泛吸收华股。

1870年2月,上海怡和洋行经理约翰逊(F. B. Johnson)首先看中了前述"飞龙号"的中国船东,要他们把这艘轮船委托给怡和经营。7月,约翰逊又进一步打北清轮船公司的主意,怂恿怡和的

---

① 刘广京:《势力的对抗》,第73—74页。亦说后合并于太古轮船公司。参见《新报》1877年3月28日。

② 《字林西报》1868年8月18日;《上海新报》1868年10月13日。惇裕亦名宝裕,1866年开始航行上海天津一线。

③ 刘广京:《势力的对抗》,第11页。

④ 刘广京:《势力的对抗》,第78页。

⑤ 费维恺:《中国的早期工业化:盛宣怀和官办企业》(A. Feuerwerker, China's Early Industrialization: Sheng Hsuan-huai and Mandarin Enterprise),第110—111页;刘广京:《势力的对抗》,第78、142—143页。

买办唐廷枢买下北清的轮船"南浔号"（Nanzing），把它委托给怡
和经营。次年8月，通过同样的办法，又把另一只华商轮船"罗拿
号"由公正轮船公司转到怡和名下。①

　　在接受委托经营的同时，怡和又积极酝酿组织轮船公司。
从1870年10月到1871年5月，约翰逊和另一侵略分子凯锡
（W. Keswick）不断动员本地商人同怡和一起进行投资。他们
的活动得到了华商的积极反应。1872年1月约翰逊说，以怡
和买办阿魏为首的"福州行打算投资现金1.5万—2万两，作
为我们购置新船之用"。"从上海有势力的中国人那里也会得
到同样的数目。"②1872年10月，在约翰逊和唐廷枢的共同策划
下，一个资本50万两的东海轮船公司（China Coast Steam
Navigation Co.）终于正式成立了。③ 在第一批入股的1650股
中，华商股份竟占了935股，其中唐廷枢一人包揽的股份达到
700股（唐自占400股），余下的235股，则由福州的买办阿魏
一手承担。④ 而公司的华股董事席位，也就先后落在唐廷枢、唐

　　①　以上参见刘广京：《势力的对抗》，第81、143页。南浔号亦名南
新号，原为惇裕洋行所有，1868年转手于北清（参见《申报》1872年10
月31日；《教会新报》1873年6月28日）。罗拿号的船东，此时为香港
商人郭阿宝（Kwok A Poo）（译音），参见刘广京：《势力的对抗》，第209—
210页。
　　②　刘广京：《势力的对抗》，第136页。
　　③　《申报》1872年10月31日，东海变名华海。资本50万两，共分5000
股，每股100两，先收65两。参见《捷报》1872年10月31日，广告。
　　④　刘广京：《势力的对抗》，第141页；参见《十九世纪的中国轮船业》
（Steamship Enterprise in Nineteenth-Century China），载《亚洲研究》（The
Jorunal of Asian Studies）1959年第4期。

茂枝弟兄的手里。唐廷枢一度还担任了公司的襄理。①

　　19 世纪 70 年代,在沿海航线上出现了威胁旗昌势力的同时,长江航线上也出现了新的竞争者。1871 年,英国资本的马立师(Morris, Lewis and Co.)和美记(Müller, H. & Co.)两家洋行的船队,同时闯进了长江。② 在这两家洋行的船队中,都有华商的资本,其航行长江的 3 只轮船中〔美记洋行的"洞庭号"(Tungting),马立师洋行的"汉洋号"(Hanyang)和"富沙白里号"(Shaftes Bury)〕,有两只("洞庭号"和"汉洋号")主要都是"中国人所有的"。活跃一时的唐廷枢"在这两只轮船中都占有很多的股份"③。

　　两年以后(1873 年),一个和英国航业资本家贺尔特(A. Holt)发生密切联系的太古轮船公司(The China Navigation Co.)成立了。这是惟一的一个自称没有利用中国资本的航运企业。在公司成立时,它的创办者太古洋行老板冷士(J. S. Swire)就宣称他自己的家族和"他的少数朋友"能够供给公司所必需的资本。④ 但是在公司成立之前,冷士并没有放弃对"包括中国人在内"的可能认股人的注意。⑤ 事实上,主要是中国人所有的"惇信号"轮船,在公司成立之前一年,就已由公正转为冷士所有了。⑥ 而在公司成立以

---

　　① 《捷报》1874 年 10 月 22 日,第 399 页;《差报》1877 年 12 月 31 日,第 3 页;《字林西报》1878 年 1 月 1 日,第 3 页;刘广京,《势力的对抗》,第 143 页;《汇报》1875 年 3 月 16 日。

　　② 《申报》1872 年 7 月 17 日。

　　③ 《申报》1872 年 7 月 7 日;刘广京:《势力的对抗》,第 78、192 页。该书将洞庭号亦列为马立师洋行所有。又汉洋轮亦作汉阳。(参见《申报》1873 年 5 月 19 日)富沙白里号似应为沙富白里。

　　④ 刘广京:《势力的对抗》,第 116 页。

　　⑤ 刘广京:《势力的对抗》,第 116—117 页。

　　⑥ 《申报》1873 年 4 月 2 日;刘广京:《势力的对抗》,第 120—121 页。

后,又通过买办对华商货运,极尽兜揽招徕之能事。据说当时太古
的买办,"均归货多之揽载行所荐"①。

　　在各家轮船公司竞相吸收华商资本的形势下,旗昌也加强了
招徕华股的措施。他们除了在轮船公司之外,先后设立了金利源
仓栈、扬子保险公司(Yangtze Insurance Association)等航运辅助机
构,除去在栈租和保险方面,给予旗昌股东和中国货主以种种优待
以外②,还想尽各种办法,扩大招股范围。1868 年,他们将股票面
值由 1000 两减为 100 两,以便"那些原来不愿意或者无力作巨额
投资"的中国人,也有机会认购轮船公司的股票。③ 这个办法显然
产生了效果,当年旗昌的资本就增加到 187.5 万两。④ 1872 年,旗
昌进一步把资本扩充到 225 万两,它的股票竟成为竞买的对象,有
许多华商甚至以 212 两的高价购买面值 100 两的股票,"尚不可
得"⑤。旗昌在它的"中国朋友"中间具有这样大的吸引力,以至
在同一年,金能亨和旗昌老板福思(P. S. Forbes)在旗昌轮船公司
之外,又组织了一家中国太平洋轮船公司(China Trans-Pacific
Steam Ship Co., Ltd.),专门航行香港至加利福尼亚的航线。而
"香港的中国商人仍然认购公司股票"⑥,所以在 50 万镑发起资本

---

　　① 郑观应:《盛世危言后编》,转见《洋务运动》第 6 册,第 122 页。
　　② 如规定股东不仅可以短期免费利用仓栈,而且还可以享受按货运比
例分红的优待,参见《上海新报》1863 年 6 月 16 日,旗昌告白;刘广京:《势力
的对抗》,第 28—29 页。
　　③ 刘广京:《势力的对抗》,第 91 页。
　　④ 《捷报》1872 年 1 月 4 日,第 10 页;刘广京:《势力的对抗》,第 102
页。
　　⑤ 《新报》1877 年 3 月 28 日;《捷报》1877 年 3 月 29 日,第 317 页。
　　⑥ 《字林西报》1872 年 9 月 24 日,第 293 页;刘广京,《势力的对抗》,
第 127、205 页。

中,这个公司又专门提出十分之一的股份,在中国招募。①

到 1874 年,在旗昌轮船公司的资本中,以顾春池、陈竹坪为代表的买办和丝商的资本,曾经达到 60 万两,其中顾、陈两人的股份,占三分之一。② 另一方面,在"老朋友"之外,又增加了一批新的"中国朋友",如宝顺洋行(Dent & Co.)的大买办徐润,这时也加入了旗昌的股东行列。③

### (二)银行保险业

如前所述,早在 19 世纪 40 年代中叶,外国银行已在中国开设分行。不过,直到 1864 年,所有在华设立分行的外国银行都是英国的东方殖民地银行,总行设在英国或印度,经营好望角以东英国殖民地的银行业务,在中国的分行,只做中西汇兑业务,尚未发挥存放、贴现、发钞等银行职能。1864 年,后来在很大程度上控制中国财政金融命脉的汇丰银行(Hongkong and Shanghai)开始创立。它的总行设在香港,是专门从事对华金融侵略的第一家外国银行。汇丰从 1864 年 7 月开始招股,"几乎每一个在香港、中国和日本做生意的商号和个人都对它发生兴趣",以致在不到半年的时间内,

---

① 《字林西报》1872 年 9 月 24 日,第 293 页;《差报》1874 年 8 月 3 日;《上海新报》1872 年 9 月 25 日。

② 《申报》1874 年 4 月 10 日;徐润:《年谱》,第 24 页;李鸿章:《全书》,朋僚函稿,第 16 卷,第 37 页;《海防档》,甲、购买船炮(三),第 958 页。

③ 《差报》1877 年 1 月 15 日,第 2 页;《字林西报》1877 年 1 月 16 日,第 51 页。在 1876 年出席旗昌轮船公司股东大会的名单中,有中国股东 Foo Chong、Koo Fong Sing、Koo Fung Kee, Lee Ki、Yu Kee 5 人,其中 Yu Kee 即徐润之行号"雨记"。

就已认足 500 万两的庞大资本。① 这里所要强调的是,这家在很
大程度主宰中国金融市场达 80 年之久的外国银行,在开始集股
时,就特别着重吸收"华人股份"②。在公司正式成立的报告中,董
事会大为宣传"整个商业界以及许多中国商人都对本行有利益关
系,并都给予全力支持"③。可惜今天找不到所谓"许多中国商
人"都是什么人。看来,其中必然有许多买办。

继汇丰之后,有 7 家英商大洋行在 1872 年发起组织华利银行
(Bank of China)。这年 1 月,银行的临时委员会报告说,在上海,
有"许多有势力的本地商人,已经愿意出面担任这个企业的积极
发起者和支持者"④。与此同时,香港方面也组成一个临时委员
会,由两个"有地位的中国商人"和 3 家洋行的代表组成。⑤ 有人
估计,银行股票的认购额将 3 倍于发行额。⑥ 5 月间有消息说,预
计 8 月 31 日所有的股份就要全部收齐。⑦ 这家银行后来由于立
法上的困难,中途流产。但在其招股过程中,华商踊跃投资是肯
定的。

下面来说保险业。水运保险是现代航运业不可缺少的附属事
业,也是非常吸引华商投资的事业。早在 1835 年和 1836 年,宝顺
和怡和两家洋行就在澳门和广州分别开设了于仁洋面保安行

---

① 巴斯特:《国际银行》( A. S. J. Baster, The International Banks),第
168—170 页;《捷报》1864 年 8 月 6 日,第 126 页;《字林西报》1914 年 7 月 1
日,第 9 页。

② 《上海新报》1864 年 9 月 6 日。

③ 《捷报》1866 年 8 月 25 日,第 135 页。

④ 《字林西报》1872 年 1 月 17 日,第 49 页。

⑤ 《捷报》1872 年 2 月 1 日,第 93 页。

⑥ 《字林西报》1872 年 2 月 7 日,第 123 页。

⑦ 《捷报》1872 年 5 月 11 日,第 362 页。

（Union Insurance Society Co.）和谏当保险行（Canton Insurance Office）。① 于仁在创办时就已吸收了中国人的资本,有的记载甚至说,这家公司是"广东省城商人联合西商纠合本银"共同开设的。②

第二次鸦片战争后,随着长江航线的开放,轮船驶入长江,西方势力也伸入内河航运的保险业。例如,1862年旗昌轮船公司就开设了一家拥有资本20万两的扬子保险公司。后来,祥泰、履泰、太平、沙逊和汇隆5家洋行也在上海成立一家保家行（North-China Insurance Co.）和扬子相对抗。③ 如前所述,扬子公司的母公司旗昌轮船公司的资本有一半以上是中国人的投资,那么扬子公司当然也少不了中国人的资本。立意和扬子相对抗的保家行同样也吸收中国商人的投资。1865年的招股章程说,"华人如欲搭股合作者,不论股份多寡",都可写信或当面商量。④ 它的实收资本不久就由12.5万两增加到25万两⑤,1869年续增至30万两⑥,不久又增至60万两。⑦ 在整个60年代,保家行经常获得巨额利润,股东

---

① 肯特:《二十世纪的远东》（P. H. B. Kent, The Twentieth Century in The Far East）,第216页;《汇报》1874年7月4日;《申报》1881年12月15日。按谏当成立于1805年,每五年停业一次,进行改组。参见格林堡:《不列颠贸易和中国的开放,1840—1842》（M. Greenbery, British Trade and the Opening of China, 1840—1842）,第171页。

② 《汇报》1874年7月4日。

③ 《上海新报》1865年8月8日;《捷报》1864年1月2日,第3页。

④ 《上海新报》1865年8月8日。

⑤ 《字林西报》1867年10月19日,第3443页,1868年10月20日,第4675页;《申报》1874年9月22日。

⑥ 《字林西报》1869年10月29日,第6671页。

⑦ 《沪报》1883年4月18日。

每年除坐得 10% 的固定股息外,还可获得 60%—80% 的红利。①
大利使华商附股十分踊跃,以致保家行老板在 70 年代初提出限制
华股办法:凡申请入股者实得股份的多寡,以申请人能给公司经手
多少保运货物为转移。② 这就使那些力图入股而又无力为公司带
来保运货物的华商,只好望洋兴叹。

在扬子、保家两家成立后的 10 年中,上海和香港又陆续出现
5 家外国保险公司。它们是 1864 年成立的泰安保险公司(The
China Fire Insurance Co. )③,1865 年成立的保宁保险公司④,1866
年成立的香港火烛保险公司(Hongkong Fire Insurance Co. )⑤,
1870 年成立的宝裕保险公司(China and Japan Marine Insurance
Co. )⑥,1871 年成立的华商保安公司(The Chinese Insurance
Co. )。⑦ 这 5 家中,除泰安一家还不能确定有无中国商人附股外,
其他 4 家,或者在最初成立时,或者在以后的改组过程中,都掺入
了中国人的资本。

保宁的创办者是美国琼记洋行。⑧ 上文说过,琼记是最早利
用华商资本角逐长江航运的洋行之一。因此,在保宁公司中,自然
也参加了中国商人的资本。19 世纪 70 年代中期以后,公司中连
续出现了华商大股东。其中锺新记(Chung Hing Kee)和裕安(Yee

---

① 《字林西报》1868 年 10 月 20 日,第 4675 页。
② 《捷报》1871 年 4 月 5 日,第 247 页。
③ 《捷报》1864 年 1 月 2 日,第 3 页。香港行名称为中国火烛保险行。
④ 《字林西报》1868 年 12 月 11 日,第 4855 页。香港行名称为中外众
国保险公司。
⑤ 《字林西报》1868 年 12 月 11 日,第 4855 页。香港行名称为中外众
国保险公司。
⑥ 《上海新报》1869 年 12 月 2 日。
⑦ 《上海新报》1871 年 5 月 9 日。
⑧ 《申报》1873 年 2 月 27 日。

On),都是代表中国股东的大字号。①

　　香港火烛保险公司是中国领土上最早的一家火险公司,其中也有华商投资。这个公司成立以后,每年获得的盈利,经常相当于股本的 50% ,股票升水曾经达到 400% 。② 香港的一家英国报纸说,"这种兴旺的情形主要归功于它的经理们"③。

　　宝裕公司是由和华商关系密切的英国宝裕洋行经理的。在创办时,似乎还没有华商股份。1875 年,公司改组,原来的部分股东另建新宝裕公司,公开招收华商股份。④ 并且特别宣布要和其中也有中国股份的于仁、扬子和保家行竞争。从此以后,华商就逐渐成为这家保险公司的主要投资人。

　　1871 年成立的华商保安公司,在中西商人"合作"的关系上,出现了一个新的变化。该公司的发动者,主要是受保家行入股办法的限制"欲买股份而不得"的中国商人。⑤ 他们创办华商保安公司,有抵制保家行的一面,用他们自己的话说,就是要把"华商自己贸易中"的"厚利"收归己有,在公司"股份之中,务欲华人居其大半"⑥。同时还竭力照顾保运货物的华商利益,规定"保险付银之家","与有股份人一样算付"公司的股息。⑦ 但是,这个要分厚利的华商保安公司,却请美国的同孚洋行作为他们的首领。⑧ 而

---

①　《差报》1877 年 8 月 28 日,第 3 页,1878 年 8 月 6 日,第 3 页;《字林西报》1878 年 8 月 6 日,第 127 页。

②　《伦敦新闻纸》(London and China Express)(以下简称《新闻纸》),1878 年 10 月 18 日,第 1108 页。

③　《字林西报》1868 年 12 月 11 日,第 4855 页。

④　《申报》1875 年 11 月 8 日。

⑤　《上海新报》1871 年 3 月 14 日;《捷报》1871 年 4 月 5 日,第 247 页。

⑥　《上海新报》1871 年 3 月 14 日。

⑦　《教会新报》1872 年 9 月 21 日。

⑧　《上海新报》1871 年 8 月 24 日;《教会新报》1872 年 9 月 21 日。

公司董事会主席的席位,也一直由外国人占据。①

此外,还有一些华商附股活动,记载不详,只能附记备查。

牛庄是东北黄豆、豆油和豆饼出口的中心,在 1861 年开港当年,英国商人便在那里着手筹办豆油厂。② 该厂整整筹办了 7 年,到 1868 年才正式开工生产。③ 有人说,这家油厂"和一家经营油坊的著名广东商人有多年的交情"④,可以设想,其中很可能也有那个广东商人的投资。不过,到了 1873 年秋天,终于在当地手工榨油业者的强烈反对下,被迫停业,出赁给本地一家商号。⑤

1861 年,怡和洋行在上海开设外商在华的第一家缫丝厂,即所谓"纺丝局"(Silk Reeling Establishment)。纺丝局在每年蚕茧上市时,派出两名买办在上海附近开设 4—5 个收茧站。直接向蚕农收购蚕茧的代理人达 600 人。据说,这家缫丝厂吸收有中国人的资本。⑥ 不过,工厂经营到 70 年代便关闭了。直到 1875 年,才有美国商人李克劳(Claude A. Lee)串通华商彭济泰丝行(Pengeetai Silk Hong),企图开设第二家外商缫丝厂⑦,但没有成功。

1869 年前后,英商纠合大批中国商人企图在黄埔开设制糖厂,因手工榨糖业者的反对未成。⑧ 与此同时,外商在香港另开一家精糖制造厂。这家精糖厂的筹办人物,"包括中国籍和外国籍

---

① 《差报》1878 年 3 月 27 日,第 3 页。

② 《英领报告》,1866—1868 年,牛庄,第 4 页。

③ 《英领报告》,1869 年,牛庄,第 89 页;《字林西报》1868 年 10 月 29 日,第 4707 页。

④ 《贸易报告》,1868 年,牛庄,第 6—7 页。

⑤ 《英领报告》,1873 年,牛庄,第 71 页。

⑥ 布朗:《两家缫丝厂》(S. R. Brown, The Two Filature),载《技术与文化》(Technology and Culture)1979 年 7 月号,第 561、558 页。

⑦ 《字林西报》1893 年 5 月 15 日,第 431 页。

⑧ 《捷报》1870 年 9 月 29 日,第 243 页。

在内的一些香港居民"。有的资料透露,所谓中国籍的香港居民,大部分都是出售精糖原料的中国糖商和为洋商拉拢生意的捐客。他们入股的主要目的,只是想从供给原料中获取利益,并不指望制糖利润。所以外商在筹建遭到挫折时,埋怨说,"中国的捐客名义上和公司发生联系,却用一切办法吸取公司的脂膏"①。

1871 年,一个在广州多年的美国人富文（Vrooman）在广州开设一家厚益纱厂。当时富文兼任美国驻广州领事②,纱厂就设在美国领事馆的附近。③ 富文和广州行商伍绍荣是"老朋友"④。厚益纱厂从一开始就有"华友"投资,全部设备仅值 2 万元,有纱锭 1280 枚。⑤ 工厂于 1871 年 7 月开工生产,即使每天开工 24 小时,也只能生产 15 支粗纱 800 磅。⑥ 但工厂还是大受中国商人的欣赏,以致股票出现 40% 的升水。⑦

不过,富文是一个骗子,并没有多大的资本。厚益开工后,一切费用,全赖中国股东垫支,而工厂生产效率低下,资金周转失灵,订机的欠款,不能及时还清,以致美国新任驻广州领事以公司欠款 600 元为由,禁止工厂开工,而富文则"武断地"宣告停办。⑧ 中国股东先是抗议洋经理和美国领事的专断行为,后来,当富文试图把工厂转为己有,擅自开工时,华商则采取拒绝态度,以致工厂纺出

---

① 《捷报》1872 年 5 月 18 日,第 385 页。
② 《捷报》1872 年 4 月 4 日,第 262 页。
③ 《捷报》1871 年 4 月 12 日,第 260 页。
④ 《教会新报》1873 年 9 月 6 日;《捷报》1872 年 5 月 18 日,第 391 页。
⑤ 《教会新报》1871 年 10 月 28 日,1873 年 9 月 6 日。
⑥ 《捷报》1871 年 7 月 7 日,第 503 页。
⑦ 《捷报》1871 年 4 月 22 日,第 260 页。
⑧ 《捷报》1872 年 2 月 15 日,第 122 页,4 月 4 日,第 262 页。

来的纱,"找不到一个买主"①。在这种情况下,富文便转而要求伍绍荣接办,但又以伍绍荣增加资本以偿付欠债为条件。② 这个交易没有做成,工厂终于以 4900 元的代价,将机器拆散拍卖完事。③

以上我们从人身雇佣关系和资本合作关系两个方面去说明买办资产阶级的发生过程。买办资产阶级为了积累资本,还必须把势力深入到商品购销和资金周转等商品流通领域去。他们在这些方面的活动使华商出现了职能买办化的现象,最后形成了买办资本商业高利贷剥削网。这个问题留到第四章里去说。

## 五、买办资产阶级势力向政治舞台的渗透

时至 19 世纪 70 年代初叶,买办资产阶级大概已经成为中国拥有流动资金最多的一个阶级。强大的经济能量使他们具有挤上政治舞台的必要和可能。另一方面,到了 60—70 年代,清政府大官僚办理所谓"洋务"也需要借助于他们。他们向政治舞台渗透,早在第一次鸦片战争以后就已开始。

在两次鸦片战争时代,清政府的封建官僚都是对外国事务毫无所知的人物。一旦强敌压境,愚昧的地方当权者都对外国人无所措手足,很自然地便依靠那些在对外关系上积有经验的人物去办理洋务,于是广东的买办以及买办化的人物便进入官僚幕府,深得重用。而这些人物也以捐得官衔,出入官府提高社会地位,大干其里通外国的勾当。

早在第一次鸦片战争期间,到广东去主办对英交涉的钦差大

---

① 《字林西报》1872 年 5 月 16 日,第 451 页。
② 《捷报》1872 年 5 月 18 日,第 391 页。
③ 《捷报》1872 年 6 月 1 日,第 431 页。

臣、两广总督琦善就把当过宝顺洋行买办的"通晓夷语八品衔鲍鹏"揽为心腹要员,一切交涉全由琦善、鲍鹏二人商办。义律对鲍鹏"言语倨傲,动加呵斥"①;鲍鹏则对琦善装模作样,既花言巧语,又威胁恫吓。

第一次鸦片战争以后,两广总督上奏说,江浙外商船只日增,"一时难得差往说话之人",特挑选为外商"素所深信"的伍崇曜和吴天显到上海去襄办"夷务"。② 伍崇曜在鸦片战争前就已附股于旗昌洋行③,吴天显是麦克尼亚克洋行(Magniac & Co.)的买办。④事实上,这个时候许多广东籍的买办或买办化的人物都当上职司通商口岸行政长官的道台,例如厦门的兴泉永道台、宁波的宁绍台道台⑤和上海的苏松太道台都是。其中苏松太道台吴健彰特别刺眼。吴健彰就是广州长期经理对外贸易的"行商"之一同顺行的老板吴天垣,是买办吴天显的老弟,堪称买办世家。吴健彰本人虽未当过买办,但在 19 世纪 50 年代前期乃是旗昌洋行的七大股东之一,是一个通过为旗昌洋行积累资本的方式以积累自己资本的典型。此人对外有和美国驻沪副领事金能亨共同投资旗昌洋行的合伙之雅,对内先是"积资援例得候补道分发浙江,旋改调江苏补用上海道"⑥,后正式当上了苏州、松江、太仓两府一州的道台,主管上海的江海关行政,因而成为处理这个最大通商口岸对外事务的第一线行政官员,同时也就成为地方大僚办理"夷务"的幕后最高助

---

① 郭廷以编:《近代中国史》第二册,1947 年版,第 305 页。

② 《夷务始末》,道光朝,第 57 卷,第 20—22 页。

③ 徐珂:《清稗类钞》第 17 册,第 102—104 页。

④ 夏燮:《中西纪事》第 11 卷,第 7—8 页;梁嘉彬:《广东十三行考》,第 350 页。

⑤ 《夷务始末》,咸丰朝,第 4 卷,第 8 页。

⑥ 夏燮:《中西纪事》第 11 卷,第 7—8 页。

手。吴健彰的这种地位,在两件事情上显示得非常突出。一件是
1853年2月太平军从武昌向南京进军,把沿江清地方大僚吓得丧魂
落魄,3月1日,吴健彰奉江苏巡抚杨文定的指示,深夜11点钟跑到
英国驻沪领事馆,向英领阿礼国恳求英国火速派出军舰去替清政府
镇压太平军;同月4日,他又奉钦差大臣向荣的指示,再次向阿礼国
告急求援。① 另一件是在1853—1854年上海小刀会占领上海县城
期间,以阿礼国为首的英、美、法三国领事破坏江海关对进出口商品
的关税征收权,吴健彰俯首帖耳,最后终于在1854年的6月怂恿两
江总督怡良屈从三领事的要求,彻底出卖了江海关的行政权。这一
出卖最后导致中国海关行政权的全面丧失。此外,在1853—1854年
间吴健彰还以江海关税收作抵,向上海洋商借银10多万两,以作清
政府雇募船炮,进攻上海小刀会起义军之用。② 这可算是清政府所
借的第一笔外债。他们既在经济上通过为外国侵略势力积累资本
的方式以积累自己的资本,自然也就力求挤上国内的政治舞台,既
挟外国的政治优势以恫吓封建官僚,又利用操纵封建官僚的政治地
位以里通外国,更便于积累资本。

　　1855年,吴健彰在封建官僚的内讧中被赶下台,但没过多久,
又被两江总督何桂清重用,和另一个勾结外国侵略势力的江苏巡
抚薛焕一起办起"夷务"来。③

　　兼理江海关行政的苏松太道台是一大肥缺,1855年吴健彰下
台后,怡和洋行买办,"以通事奸商起家致数百万"的丝业、钱业巨
商杨坊,就通过浙江巡抚黄宗汉的提拔,和另一个"宁波绅商张庭

---

　　①　严中平:《太平天国初期英国的侵华政策》,参见北京太平天国史研
究会编:《太平天国史论文选》上册。

　　②　徐义生:《中国近代外债史统计资料》,第4—5页。

　　③　《夷务始末》,咸丰朝,第19卷,第21页。

学"一起，"随同抚臣委员与各夷理论"了。① 黄宗汉由浙江巡抚升任两广总督后，便重用广州"行商"怡和行伍敦元家族的伍崇曜办理"夷务"。1858 年，黄宗汉由于"提解军饷，入不敷出"②，曾通过伍崇曜向旗昌洋行借款 32 万两，其借款利息且是由伍崇曜捐纳的。③

到了 19 世纪 50 年代末 60 年代初，当时太平军占领江浙广大地区，直逼上海城下，对外国入侵势力和清王朝的反动统治都形成严重威胁，于是清政府便进一步借助外国势力以镇压革命人民。从借助洋兵，举借外债到招聘洋匠以制造船炮等等，开始展开一场所谓"洋务运动"。

事情可以从 1860 年说起。这一年，外国公使公然向清政府提出协助镇压起义人民的建议。次年，苏松太道吴煦出面，"邀集上海官绅定议乞援于曾国藩安庆军次"④。跟着又有江苏绅士潘曾玮、浙人龚橙等跑到北京去"恳请借用英法等国官兵"⑤。于是臭名昭著的以美国流氓华尔为首的"常胜军"便组成了。夏燮记述当时江苏巡抚薛焕的处境说，"薛大臣之抚苏也，驻节沪中，危如累卵，遂有与洋商相依为命之势"⑥。曾国藩也表示"借助夷兵，事属可行"。尽管清中央执掌洋务大权的恭亲王奕䜣明知借助夷兵，"亦似深为中国设筹，其实不过阴为保护各国买卖起见"⑦，但他也知道"保护各国买卖"，也就保护了清王朝在江浙的统治政

---

① 《夷务始末》，咸丰朝，第 10 卷，第 27 页。
② 《夷务始末》，同治朝，第 20 卷，第 15—16 页。
③ 徐义生：《中国近代外债史统计资料》，第 4—5 页。
④ 李鸿章：《全书》，"奏稿"，第 21 卷，第 10—11 页。
⑤ 《夷务始末》，同治朝，第 4 卷，第 54 页。
⑥ 夏燮：《中西纪事》第 20 卷，第 7 页。
⑦ 《夷务始末》，同治朝，第 27 卷，第 27 页。

权,因而密谕上海官绅,"若肯受雇助剿,可令华夷两商自行经理"。①

我们有兴趣的是所谓"上海官绅"和"华夷两商"是些什么人物。可惜史料只给我们提供了很少的线索。

邀集上海官绅定议乞援曾国藩安庆军次的苏松太道台吴煦不知是否买办,但从已公布的"吴煦档案"看来,这个兼任江海关监督的苏松太道台显然和外国人具有非同一般的密切关系,或者根本就是和洋商结成盈亏与共的资本合作关系的人物。此人在1861—1862 年曾 4 次向上海洋商借银将近 70 万规平两,作为上海会防局和常胜军的经费。② 可见他在经济和军事两方面为中外反动势力的结合上是发挥了很大作用的。

跑到北京去恳请清政府借用英法等国官兵镇压人民的潘曾玮出生于广州"行商"同文行潘振承家族。这个家族的潘仕成在第一次鸦片战争时曾在耆英的幕下和英国谈判条约,在第二次鸦片战争时,又在桂良的幕下和英国谈判条约。潘正炜是潘振承的第三子,自立同孚行,积累资产至2000万元,可以说是一个出身于"夷务"世家而又靠对外贸易发家的显赫人物。③ 显然,他就是凭这样的家族出身和巨额财富,才能以一个庶民身份跑到北京去提出对国家大计的要求的。他的要求,切合中外反动势力急于结合的时机,所以上海的"华夷两商"便"自行经理"起"常胜"、"常安"等军了。

中外反动势力的结合,越来越密切。1862 年,李鸿章以镇压

---

① 范文澜:《中国近代史》,上编,第一分册,第 207 页。

② 徐义生:《中国近代外债史统计资料》,第 4—5 页。

③ 恒慕义编:《清代名人传略,1644—1912》(Arthur W. Hummel, Eminent Chinese of the Ching Period,1644—1912)第 2 卷,第 605—608 页。

太平军有功擢升为江苏巡抚。次年,这个洋务派大头目就向上海洋商借银 2 万两。《上海新报》记载说,"昨闻前礼拜李抚台在洋泾浜洋行内借银两万两,言明两月归楚,洋行当即应允。但去岁(1862 年)吴道台(吴煦)曾有此举,李抚台闻之,大以为国体攸关,不应向洋行告贷。现在李抚台复蹈吴道台前辙,是自相矛盾,是责人而不知责己也。焉有居上位者言与行违乎,殊不足以率属临民,使中外闻知咸相非议也"。① 可见形势比人强,李鸿章在不足一年的时间内,前后"自相矛盾",后来的事态发展表明,"自相矛盾"的决不只是区区 2 万两而已。

就在借洋债 2 万两的同一年,财政紧迫,李鸿章把上海的嘉湖丝栈、闽广洋药糖栈、宁波杂货行、洋行通事、影射洋商名下的富商等等,通统列为筹措财源的对象。②

在这批对象中,除宁波杂货行情况不明外,基本上都是买办或买办化商人的企业。洋行通事是买办的同义语,影射洋商名下的富商是典型的买办化商人;闽广洋药糖栈主要是来自广州、潮州、汕头的买办化商人经营的,尤其是鸦片贸易,几乎由买办或买办化商人所独占;至于嘉湖丝栈,同样是顾春池、陈竹坪等买办巨商所控制的行业。

但是,李鸿章企图从这些买办或买办化商人身上开辟财源的计划并不曾得到实现。直接在侵略者卵翼之下的洋行通事"未必肯捐巨款",而向依附于外商的买办化华商办捐又"几于升天入地之难"。③ 于是洋务派又不得不把筹措饷需的任务寄托在吴煦与杨坊身上。

---

① 《上海新报》,同治二年九月二十二日。

② 李鸿章:《全书》,朋僚函稿,第 3 卷,第 18—19 页。

③ 李鸿章:《全书》,朋僚函稿,第 4 卷,第 14 页。

依附上海洋行势力的吴煦、杨坊等买办或买办化商人在上海拥有雄厚的财力。李鸿章老早就已看到在筹饷问题上,他们"与洋商洋行合为一气,通融缓急,他人所弗及"。① 所以当李鸿章意欲办理沪中宁绍绅捐的时候,自然地就要求助于他们出面"创首"了。② 而在一般买办化商人中间筹饷,发生困难以后,李鸿章就只能求助他们来解决。他在给左宗棠的函稿中透露说:筹饷事"沪上舍此巨富,无从着手"。③ 曾国藩甚至直接向吴煦表白:"东征饷需","非得尊处赶紧接济,断难启行前进"④。就是这个吴煦,为洋务派官僚"以一隅之地,每年筹饷至二三百万"⑤。可见曾李等洋务派官僚为筹措饷需对吴、杨等买办或买办化商人的依赖是何等之深!

在洋务派官僚的重视与依靠下,吴煦与杨坊等人也就越发"势焰冲霄"起来。⑥ 他们伙同一起,"假托洋人",开洋行、造市房,置办轮船、沙船等等。⑦ 在强大的洋行轮运势力面前,一般华商只能诡寄洋商名下,几乎没有独立经营轮运业的可能。而杨坊却敢于在外商的报端公告经营轮运业务,显然由于他有中外反动势力靠山的缘故。⑧

19 世纪 60 年代初期与上海买办商人的接触,在李鸿章等洋务派官僚与买办资产阶级结合的整个历程中,还只是一个开端。

---

① 李鸿章:《全书》,朋僚函稿,第 1 卷,第 10 页。
② 李鸿章:《全书》,朋僚函稿,第 1 卷,第 57 页。
③ 李鸿章:《全书》,朋僚函稿,第 5 卷,第 15—16 页。
④ 江世荣:《曾国藩未刊信稿》,第 28 页。
⑤ 李鸿章:《全书》,奏稿,第 21 卷,第 10—11 页。
⑥ 许起(壬瓠):《珊瑚舌雕谈初笔》第 6 卷,第 20 页。
⑦ 李鸿章:《全书》,朋僚函稿,第 1 卷,第 49 页。
⑧ 《上海新报》,同治元年十二月六日,同治三年二月二十六日。

虽然不曾从一般买办化商人身上捞到什么油水,而且处身于抽捐派饷对象地位的买办或买办化商人与曾、李之间一时还谈不上在经济方面的相互依赖与利用,但这并不妨碍在其他方面进行勾结。

利用西法开办洋务企业,招雇洋匠,购置机器,造炮制船,凡此种种对于洋务派官僚来说完全处于昏聩懵懂之境,不知从何下手。买办和买办化商人遂得乘机厕身于洋务派行列,并受到洋务派极大的宠信与重用。

1863 年曾国藩、李鸿章开办机器局,遍求洋务人才,于是物色到容闳、丁日昌。出身于琼记、宝顺买办的容闳,经买办曾继圃介绍入曾国藩幕以后,一开始就被授以五品军功,并得戴蓝翎。同年11 月曾国藩委派他携巨款赴美购办机器。① 1865 年回国,承曾国藩专折请奖,破例授予五品实官。此后他便以候补同知的资格在江苏省官署充当译员,月薪高达 250 金。容闳自己回顾说:"若以官阶论,当日之四品衔候补道,无此厚俸也。"②

丁日昌原是由于在广东有制造军火的经验而被李鸿章调用的。于 1864 年被委任为苏松太道台,一手处理上海地区的洋务事宜。次年,由他负责创办洋务派最大的企业江南制造局,因而得到曾、李的重视。③ 从此他便"由上海道而盐运司而藩司,未几又升为江苏巡抚"④。俨然成为洋务派中仅次于曾、李的要员。但是应该指出,这位洋务要员同样也是"以诸生充洋行雇用"的买办人物。⑤ 由于他与外来侵略势力勾结特别紧密,所以江南一带人们

---

① 容闳:《西学东渐记》,第 90 页。

② 容闳:《西学东渐记》,第 97—98 页。

③ 恒慕义:《清代名人传略》第 2 卷,第 721 页。

④ 容闳:《西学东渐记》,第 98 页。

⑤ 《洋务运动》第 1 册,第 130 页。

皆呼之为"丁鬼奴"①。

正如曾国藩、李鸿章之依靠容闳、丁日昌一样,另一个洋务派官僚左宗棠则有胡光墉、黄维煊。在胡光墉的一生经历中,主要是经纪外债、向洋行洽购军火。他虽然不见有买办身份,但与外商广有交接,关系十分密切。左宗棠有关外债军火等项,"非胡光墉莫举"。作为福建船政局的襄办人黄维煊,则肯定是一名"与西人习"的买办或买办化的人物。②

买办商人受到封建统治当局如此重用,不能不在社会上,特别在买办人物中间,引起强烈的反响。一些买办人物积极向政界钻营,纷纷捐买官衔,以抬高自己的社会地位。

远在19世纪50年代初期,人们就已看到洋行买办捐买官衔的事实。进入60年代,更多的买办利用开展洋务运动的时机捐买官衔,积极向洋务派靠拢。买办商人唐茂枝就是由于看到没有官衔就没有个人发展前途,而捐了一个五品衔。随后他又进入怡和,充当买办。③ 他的兄弟唐景星则是以怡和买办的身份取得福建道的官衔。当然在一个卖官鬻爵的封建社会里,官衔并不等于实授,然而它究竟不失为进身捷径。关于这一点,徐润的报捐活动提供一个很好的例证。

1862年,当李鸿章抵达上海急于筹措饷需的时候,徐润即在买办任上由监生报捐光禄寺署正。1863年更在江南粮台报捐局加捐员外郎,并加捐花翎。1865年他又趁江南制造局开创的机会,在李鸿章的皖营捐输分局报捐员外郎,分发兵部学习行走。一年以后就由李鸿章出面"奏保四品衔"了。到这个时候,徐润即以

---

① 《洋务运动》第1册,第131页。
② 张恕等纂:《鄞县志》第44卷,第37—38页。
③ 《捷报》1897年9月3日。

---

— 441 —

宝顺买办的身份踏进了洋务派的门槛。招商局创办的前一年
(1871 年)他就被曾国藩札委"办理挑选幼童出洋肄业事宜"①。

事情很清楚,19 世纪 60 年代,尽管在封建官僚眼中,洋行买
办仍被视为鄙贱的职业②,买办人物不过是一些"声色巨利"之外
不知其他的"佻傥游闲"之徒③,事实上封建官僚和买办这两个不
同的社会阶层正在以洋务运动为中心酝酿着进一步的结合。二者
相互接近的趋势,预示着不久的将来即将有官僚买办结合的新的
发展。这就是 1872 年新式轮运业招商局的出现。

通过招商局的创办,可以看到洋务派官僚不仅依赖有势力的
洋行买办,而且还要网罗一批买办化商人。所以如此,不仅为了借
助买办商人通晓新式轮运的业务能力,而且还要依赖买办化商人
的资本力量。朱其昂即是作为开办人出现的。原来诡寄于洋商名
下,与美商花马泰在芝罘伙开"清美洋行"从事北方各口贸易的买
办商人李振玉④,则先"在津与朱等合伙",筹备招商事宜⑤,随后
又在上海"会同设局"⑥。招商局开办刚刚半年,1873 年 6 月,徐
润、唐景星又被李鸿章札委先后入局充当"总办"、"会办"。大量
买办资本及大批买办人物同时拥入了招商局。外国轮运势力所驾
驭的一套人马,有不少都通过招商局挤入到洋务派的行列。没有
买办势力混杂其间,招商局是很难办成的。

以上是 19 世纪 40 年代初叶至 70 年代初叶中国买办资产阶

①　徐润:《年谱》,第 8—13 页。
②　郑观应:《盛世危言后编》,参见《洋务运动》第 8 册,第 83 页。
③　冯桂芬:《校邠庐抗议》下卷,采西学议,第 37—38 页。
④　《捷报》1882 年 3 月 15 日,第 294—295 页。
⑤　李鸿章:《全书》,朋僚函稿,第 12 卷,第 36 页。
⑥　李鸿章:《全书》,译署函稿,第 1 卷,第 38—39 页。

级发生期的历史情况,这个阶段的资本积累方式决定了它具有充
当外国侵略势力帮凶的阶级本质。它在政治经济领域里的势力扩
张意味着中国经济的半殖民地化。当然,不能把曾经充当洋行买
办的所有中国人都看成是外国侵略势力的帮凶。他们之中,有些
人是向民族资产阶级转化的,例如著名买办郑观应和容闳就是这
样的人物。

# 第 二 章

## 农民大起义时期的经济形势

自从 1840 年鸦片战争爆发以后,只经过 11 年的时间,即到了 1851 年年初,广西便爆发了太平天国革命。① 接着,又先后爆发了捻军、苗民、回民等多次农民起义。这次起义浪潮遍及西藏以外的全国各省,历时 24 年②,直到 1874 年,大规模的起义军才被最后镇压下去。③ 这次起义浪潮是中国封建社会按照自己的道路向前发展的一次伟大斗争。势力最为强大的太平天国革命是被中外反革命的武装力量联合镇压下去的,外国支持清政府所兴办的新式军火工业,对镇压其他起义也发挥了很大的作用。我们可以说,起义是由外国侵略者的直接间接掠夺所触发的,又是被中

---

① 太平天国的金田起义,究竟发生于何日,史学界尚有不同看法,一般认为发生于 1851 年 1 月 11 日,也有认为发生于更早的几个月。还有认为"金田起义包括了洪秀全通知各地会众汇集金田以后所进行的一系列活动和斗争,是指发生于一段时期内的事,而不是指发生于某一天的事,因而不可能指明某一天是金田起义日"(参见王庆成著:《太平天国的历史和思想》,第66 页)。这里取一般说法,作 1851 年年初。

② 大起义最后被镇压的是云南回民起义。清政府以 1872 年攻下大理作为平定年份;实际上起义的回民余部在李国纶的率领之下,据腾冲与清军对抗,最后被镇压系在 1874 年 4 月。

③ 在 1874 年,新疆尚处在一片动乱之中;但最初是以农民为主的反清起义,从 1867 年阿古柏设立政权起,起义性质发生了变化,不包括在大起义之内。

外反动势力所联合绞杀的。这是中国沦为半殖民地以后震撼全国的第一次重大政治动荡,对于中国的经济发展前景具有极大的影响作用。

对于这次起义浪潮的分析、研究,只有对太平天国史的研究成果较多,对其他起义史的讨论尚处在开始阶段。本书以太平天国的历史为主,附带涉及其他起义。

## 第一节　鸦片战争对中国经济的破坏和阶级矛盾的激化

### 一、战时英军的破坏、抢劫、勒索和战争赔款

在鸦片战争期间,英国侵略军在广东、福建、浙江、江苏四省境内放肆地进行了破坏、抢劫和勒索;战争结束时,又敲诈了大量的赔款。这些都对中国经济造成了极大的破坏。

英国鸦片贩子在中国沿海早就泊有全副武装的鸦片走私船。1839 年 3 月,英国驻华代表、商务监督义律(C. Elliot)命令英商缴出鸦片后,随即退居澳门,组织鸦片走私船队,多次进行武装挑衅。

1839 年 10 月 18 日,英国外交大臣巴麦尊勋爵训令义律,即将派遣海军封锁珠江和白河。11 月 4 日,他在又给义律的训令里说,英国发动战争的目的,是对"不列颠君主所派官员个人所受的暴行,从而也就是对不列颠君主所受的污辱要求满足;其次,对于以暴力囚禁不列颠人民而以其生命勒索去的赎金必须要求偿还;由于被中国政府当做赎金收取去的特种物品不能归还回来,陛下政府必须坚持那种物品所值的价值应由中国政府给还;要中国政府偿还行商所欠某些不列颠商人的债务;为索取补偿而派遣远征

军到中国,将支出庞大的开销,中国政府必须支付其一部分"①。
英国的这些要求,后来都通过《江宁条约》榨取到手。

1839年11月4日,巴麦尊致英国海军部的咨文里提出英军的战略方针是,"占领中国沿海的某处岛屿,以之作为供应与行动基地";"相信舟山群岛的一个岛,似乎很合乎这样的要求";"立刻对中国沿海的某些处所实行严格的封锁","有理由相信监视四个或五个主要地点就够了,例如珠江、厦门、台湾、舟山群岛附近沿海、黄河口、白河"。"海军司令同时应该捕捉或扣留一切找得到的悬挂中国旗帜的商船,不管是政府的或其臣民的,都是一样。""这些行动的目的是双重的:首先,是以截断沿海贸易来困扰中国政府;其次,尽可能多多掌握中国人的财产,用以保证中国政府答应提出来的要求。起初可能有大量的商船落入陛下巡逻艇之手,接着为了避免被捕捉,其余船只就会留在港内,帝国所有沿海省份都会痛切感受贸易停顿的影响的。"②英军在华的前期行动方针,就是根据这个训令进行的。后来,英国政府又训令英军深入长江,进军南京,从而英军又在长江沿江执行同样的行动方针。

巴麦尊训令英国皇家海军"尽可能多多掌握中国人的财产,用以保证中国政府答应提出来的要求"。这是出自外交大臣之手的正式文件的提法,当然并不妨碍英国人"尽可能多多掌握中国人的财产",装进私人的腰包。人们不会忘记盎格鲁—撒克逊人是具有悠久海盗传统的民族。1841年5月30日,英国海军大臣明多勋爵(Lord Minto)在发给英国侵华军海军司令巴加爵士的送

---

① 严中平编译:《英国鸦片贩子策划鸦片战争的幕后活动》,《近代史资料》1958年第4期,第56—57页。

② 严中平编译:《英国鸦片贩子策划鸦片战争的幕后活动》,《近代史资料》1958年第4期,第58—59页。

别信中说,他希望在他们旧雨重逢时,巴加"多少总比现在富裕些;大致 3 年以后,料想你就会满载从中国抢得的东西回到我们身边来的"①。以如此身份的人物向如此身份的将领发出如此这般的送别词,不难想象英国侵略军到了中国,将会怎样对待中国和平居民的财产!

从 1840 年 6 月 21 日起,所谓"东方远征军"的英军舰队陆续到达中国海面。海陆军分别归伯麦(Bremer)和布耳利(Burrell)指挥。6 月 22 日,伯麦宣布,从 28 日起封锁珠江海口;另遣一个小分队北犯。7 月 5 日,英军陷定海,同月 28 日封锁甬江口至长江口沿海。同年 8 月底,英军到达大沽口外,随即进行封锁。从此,中国的绝大部分领海,便都在英军的封锁掳掠之中。

英国最初战略,是对北部施加压力,迫使清政府屈服。所以它的舰队在封锁珠江口以后,即行北航,攻占定海,作为基地。英军在定海洗劫官库。② 它的水兵,"成群结队,或数十人,或百余人,凡各乡各嚣,无不遍历;遇衣服银两,牲口食物,任意抢劫,稍或抵拒,即被剑击枪打"③。8 月中,英国舰只出现于大沽口外。直隶总督琦善奉旨相机办理,前往大沽与英方全权代表英军总司令懿律(G. Elliot)会晤,劝导其回粤办理。当时北方气候渐寒,定海英军大批病倒。挨到 9 月中,懿律南返广东。12 月初,中英双方开始谈判。懿律旋因病离去,改由义律负责。义律于同月 17 日"索

① 费力谟尔:《舰队司令巴加传》(A. Philimore, The Life of Admiral of the Fleet, Sir William Parker)第 2 卷,第 427 页。
② 中国史学会主编:《鸦片战争》(以下简作《鸦片战争》)第 5 册,第 316 页。
③ 《鸦片战争》第 3 册,第 341 页。

赔洋银 600 万元"①;1841 年 2 月 13 日,义律宣布与琦善达成初步协议,即所谓"穿鼻草约",包括割让香港、官宪以平等地位交往和广州开市贸易等项。② 英国政府对这个协议不予承认。2 月 27 日,英军攻占虎门;4 月中旬,兵临广州城郊。在这里,英军"打破门扇,抢夺耕牛,搜索衣物,淫辱妇女,发掘坟墓,祸及枯骨"③;向来与外国商人进行贸易的十三行,则被抢掠一空。清靖逆将军奕山,派商人伍绍荣与广州知府余保纯为代表,前往英营,要求停战。26 日,双方达成协议(即《安善章程》),奕山除同意于 6 日内率部退至离广州城 60 英里以外的地方、广州不设防等条件外,又应允赔偿军费 600 万元(折银 420 万两)④;另赔偿所谓英商"损失"669615 元。⑤

5 月上旬,英军陆续从广州、虎门退出,转行北犯;它在沿海、沿江每攻破一个城邑,于破仓取粮之外,掳掠一切金银财货。英军究竟掳掠多少财物,只有他们自己知道。这里简列一些事例如下。

1841 年 8 月底,英军一部占领厦门,掳得"价值大约两万元的金银条"⑥。另一部分于 10 月陷镇海,把铸炮所的 200 吨存铜,全都装到运输船上。⑦ 按时价银 1 两换铜 4 斤计,这些铜值银 10 万两,约合 15 万元。英军溯甬江占领宁波,"每日搜取人家财物"⑧,

---

① 佐佐木正哉编:《鸦片战争的研究·资料篇》(日文),第 37、43 页。

② 佐佐木正哉编:《鸦片战争的研究·资料篇》(日文),第 81—82 页。

③ 《鸦片战争》第 3 册,第 32—33 页。

④ 刘长华:《鸦片战争史料》;《鸦片战争》第 3 册,第 149 页,第 5 册,第 223;佐佐木正哉编:《鸦片战争的研究·资料篇》,第 107、108 页。

⑤ 宾汉:《英军在华作战记》,《鸦片战争》第 5 册,第 235—236 页。

⑥ 《鸦片战争》第 5 册,第 316 页。

⑦ 《鸦片战争》第 5 册,第 316 页;卫三畏:《中国总论》第 2 卷,第 527 页。

⑧ 《夷务始末》,道光朝,第 1565 页。

对"可供两年之用的仓库存谷和价值十七万元的白银,以及丝绸无数,掳为己有"①;"市肆积钱数万缗,银数万两,尽取之";"掠大户","资累巨万"②;"墙根地窟,靡有孑遗"。总之,"一城皆空"。③ 他们到郊区,"四出骚扰,烧毁房屋,抄掠银钱,……强夺牲畜。……一切耕种买卖,皆不能做"④。他们到了余姚,也"大掠而去"⑤。12 月 3 日,英军入慈溪,恣意焚掠;"张贴伪示","勒令慈溪殷户付给银 40 万两"(未给)。⑥ 1842 年 4 月,英军在退出宁波前夕,索犒军银 120 万元⑦,有确数可计的至少付给了 25 万元。⑧ 5 月中,英军占乍浦,"杀掠之惨,积骼塞路;或弃尸河中,水为不流。其最可惨者,尤莫如妇女"⑨。

1842 年 6 月上旬,英军占吴淞,"抢掠商船"⑩。同月 19 日,英军占上海,大掠 4 天;又出卖"护照",进行搜刮。在该城四郊,"持械

① 《鸦片战争》第 5 册,第 316 页。

② 《鸦片战争》第 4 册,第 406 页。据署名"战地军官"在其所撰《去年在中国》一书中说,英军对英国军人的掳掠,自我美称为"奖品采办团"(Prize Agents),在"武装保护"下,进行抢夺。单举被抬走的制钱,即价值 16 万元(参见邓嗣禹:《鸦片战争期间英国人的军纪问题》,黄培、陶晋生编:《邓嗣禹先生学术论文选集》,第 317 页)。

③ 黄钧宰:《金壶七墨》第 2 卷,第 9 页。

④ 佐佐木正哉编:《鸦片战争的研究·资料篇》,第 302 页。

⑤ 《鸦片战争》第 4 册,第 422 页。

⑥ 中国社会科学院经济研究所藏,清代档案抄件(以下简称清代抄档):慈溪县知县王武学禀报,转引自《浙江巡抚刘韵珂片》,道光二十二年二月十七日。

⑦ 《鸦片战争》第 6 册,第 68 页。

⑧ 清代抄档:《两广总督革职留任祁𡎴片》,道光二十四年正月二十三日。

⑨ 朱翔清:《埋忧集》第 10 卷,《乍浦之变》,转引自丁名楠等著:《帝国主义侵华史》第 1 卷,第 47 页。

⑩ 清代抄档:《德珠布兴伦奏》,道光二十二年六月初九日。

破门,……每入室翻箱倒箧,凡一切银钱首饰,细而软者,虽微必攫"。① 7月5日,侵略军海军司令巴加、陆军司令郭恩(H. Gougn)照会江南提督、苏松兵备道,勒索赎城费100万元(实给50万元)②;另一方面,英军向浏河居民索牛100头、鸡1000只、鹅100只、鸡子10000个,并蔬菜等物。③ 过常熟白茆港,英军向居民勒索银10万元(未给)④;7月21日至镇江,劫取官库所藏纹银六七万元⑤,向当地居民索黄牛200头、鸡1000只、鸭200只、火腿100只、鸡鸭蛋100石、果300石、菜400石;并"向殷〔实〕户宅逐次搜索";或者对"本地人出城者",搜身数次,"如有物件,即便夺去"。⑥ 其杀戮破坏之惨,致镇江城里"妇女尸满道上,无不散发赤体";"无市不空,无家不破";"重垣峻宇,尽成瓦砾场"。搜索"城内店铺典〔当〕,富家现银,不下千余万,城内为之一空"⑦。撤出镇江时,把"瓜州至仪征之盐艘巨舶,焚烧一空,火光百余里"⑧;"其各商之籍隶镇江者家产资财,半遭掳劫"⑨;又拦劫漕船。8月1日,英军胁迫扬州绅商交银100万元,作为不攻扬州的交换条件,实际被诈去50万元。⑩ 8月4日,英军前锋迫南京,勒索赎城银300万元。

---

① 《鸦片战争》第3册,第131页。

② 《鸦片战争》第5册,第451、465页;佐佐木正哉编:《鸦片战争的研究·资料篇》,第223页。

③ 《鸦片战争》第3册,第99页。

④ 《鸦片战争》第3册,第100页。

⑤ 欧脱罗尼:《中国战争》,第423页。

⑥ 《鸦片战争》第3册,第162页。

⑦ 《鸦片战争》第3册,第162页。

⑧ 《鸦片战争》第6册,第132页。

⑨ 清代抄档:《大学士管理户部事务潘世恩奏》,道光二十三年二月十六日。

⑩ 《鸦片战争》第4册,第637页,第6册,第76页等。

两江总督牛鉴被迫应允先行筹措交银五分之一，即 60 万元。①

1842 年 8 月 29 日，中英间签订《江宁条约》，其中规定清政府向英国赔偿军费 1200 万元，"价补"被缴鸦片烟价 600 万元，支付广州行商所欠债务 300 万元；共计 2100 万元。

据 1841 年 5 月英国外交大臣巴麦尊致英国全权代表璞鼎查训令估计，这次"远征"中国的军费不少于 100 万镑。② 按当时每元合 4 先令 10 便士折算③，约合 4137931 元。英国实际勒索到手的先后两次赔款，共计 1800 万元，估计是军费的 4.35 倍。《江宁条约》中赔款项的所谓"商欠"，指的是广州经营进出口贸易的行商所欠英国商人的债款。在鸦片战争前，外国商人特别是英国东印度公司为便于对广州行商实施经济控制，常用商利放款，使中国商人成为外商的债务人。这里的"行欠"，具体指的是 1836 年破产的兴泰行商人所欠英商的 226 万余元，和 1837 年破产的天宝行商人所欠英商的约 100 万元。这些都是商行私人的积欠，和清政府无关；且早经中、英有关商人协议解决，分期偿还，并在 1838 年 11 月至 1839 年 2 月间，归还过 3 次；只因战争爆发，才中止支付。如今英国政府竟推翻原定协议，增加利息，强制清政府接受，作为赔款中的一项。至于所谓补偿鸦片烟价，则是把清政府合法没收和销毁了的走私毒品，也作价索赔，订入国际条约，堪称国际关系史上的空前丑闻。

《江宁条约》第六条规定："自道光二十一年六月十五日〔即 1841 年 8 月 1 日〕以后，英国在各城收过银两之数，按数扣除。"实际上，英军在各地勒索的银两，只扣除了在上海、扬州和宁波 3 笔中的银 125 万元抵作赔款；英军在各地劫掠官库各项，都没有算

---

① 《鸦片战争》第 5 册，第 468、469、470、477、480—481 页等。
② 马士：《中华帝国对外关系史》第 1 卷，第 343—344 页。
③ 马士：《中华帝国对外关系史》第 1 卷，第 343—344 页。

在抵付赔款数之内。

《江宁条约》签订后,英军南下,广州人民激于义愤,于 1842 年 11 月火烧十三行,延及英、美商人。英方又行索赔。次年 5 月 26 日(道光二十三年四月二十七日)被索去银 314077.75 元;其中赔英商 67387.25 元,余下的 246680.50 元赔给美商。[1]

英军在各地劫掠的财物,难以数计。单就镇江一地说,英人自己就承认"大为可观"[2]。英军军人讳言掳掠,把所得财货,说作是"缴获"(Captured)的、"找到"(Found by)的,并称之为"合法的战利品"、自己"采办"得来的"奖赏金"(Prize Money),而大量落入侵华海陆军人的手中。这些财货经变卖后,有一部分在这次侵华战争结束后上交英国国库;在英国国会文件中,沿称"奖赏金"的名目,开列了一张长长单子。单就在厦门、舟山、镇海、宁波 4 地掳掠所得,扣去上面已经提到的,即值 6 万英镑,约合银 248276 元。[3]

---

① 佐佐木正哉编:《鸦片战争的研究·资料篇》,第 239—240 页。

② "在〔镇江〕政府的官库中,我们只发现价值六万元的纹银。当时凡是携带财物出城而被认为掳获品的,都由我们扣留下来。由这批财物出售所得的现银,加上库存六万元……就大为可观了"(柏纳德:《"复仇神"号轮船航运作战记》,第 35 章,中国科学院上海历史研究所筹备委员会编:《鸦片战争末期英军在长江下游的侵略罪行》,第 101 页)。

③ 1841 年 8 月在厦门劫得的银属货币暨其他银器,变卖值 922 英镑;同年 10 月在舟山劫取的财物,变卖值 8049 英镑;同月在镇海劫取的社仓谷、粮储、油等,变卖值 14760 英镑;同月在宁波劫取的铜钟 3 口,重 12 吨,加上其他零星物件,变卖值35806.3英镑;加上 1842 年 7 月在镇江掳掠的金银首饰尚未售出的部分,合计作 6 万镑〔参见"英国国会文件"(British Parliamentary Paper ⅩⅩⅩⅠ,448〕转引自邓嗣禹:《鸦片战争期间英国人的军纪问题》,参见黄培、陶晋生等编:《邓嗣禹先生学术论文选集》,第 317 页〕。按当时汇率,折合银 248276 元。

### 赔款、掳劫和勒索

1840 年 7 月—1843 年 4 月　　　　　　　　　　　　单位:元

| 项目 | 年　月 | 依据文书或地点 | 数　额 | 备　注 |
|---|---|---|---|---|
| 赔款 | 1841.5 | 广州,停战协定 | 6000000 | |
| | 1841.5 | 广州 | 669615 | 赔外商损失,其中包括西班牙籍船费 41243 元 |
| | 1842.8 | 南京,江宁条约 | 21000000 | |
| | 1843.4 | 广州 | 314077.75 | 其中赔美商的部分为246680.5元 |
| 掳劫 | 1841.8 | 厦门 | 20000 | |
| | 1841.10 | 镇海 | 150000 | 黄铜 200 吨折合 |
| | 1841.10 | 宁波 | 170000 | 现金和纹银折合 |
| | 1841.10 | 宁波 | 160000 | 制钱折合 |
| | | 厦门、舟山、镇海、宁波、镇江五地 | 248276 | 掳劫物的变卖值 |
| 勒索 | 1841.10 | 宁波 | (250000) | |
| | 1842.7 | 上海 | (500000) | |
| | 1842.7 | 镇江 | 65000 | 六七万元折中计 |
| | 1842.7 | 镇江 | (500000) | 强迫扬州绅商交出 |
| 总　计 | | | 28796963.75 | |

注:细目中数字加有"( )"者,在赔款中扣除,未计入"总计"。

　　总计军事赔款、鸦片烟价、商欠、抢劫和勒索各项之有数可查的,列如上表。赔款、勒索和掳掠的直接结果,使中国的白银大量外流,至少达银 2880 万元,或折银 2000 余万两。

　　鸦片战争期间,英军的破坏和掳掠,直接对中国和平居民造成巨大的生命财产的损失。其军事行动的影响所及,也对中国的经济生活,造成了极大的破坏。据当时文献记载:从 1840 年"六月以后,英逆夷船在洋游弋",追逐劫掠商船,"海洋不靖";尔后,封锁的海域日益扩大,由华南珠江口经华东的闽江口、长江口直至渤海湾,"南北商船……观望不前","宁波、乍浦、上海等处……商贾难以互通","南北各省""赴浙商船,因之甚少","赴苏商船,亦皆闻风裹足"。总之,整个东南沿海的贸易,几乎全部停顿,致商民、水手,大量失业。如浙江沿海,"半系捕鱼为业,煮海为生之户"。商渔船只,多经定海出海,英国侵略军"占据定城,各船已裹足不前"①,舟山渔场的"渔船不得出海"②,严重地影响了浙江的渔业、盐业。英军入长江后,向来从四川、湖南、湖北、江西等省运至下游各商,多"畏避"歇业;镇江失守后,南京戒严,使"江路梗塞,凡南北一切商船,并竹木簰筏,俱成绝路"。芜湖关"以每年之旺月,直成无税之空关"。

遭到英军侵扰的地区,广大居民,转徙流离,耕耘失业,破坏了正常的社会经济生活,给中国经济带来了难以估计的损害。1842年战争结束后,有人记上海情况说:"自防堵后,百用腾贵,米价每石六千";"本年洋人入扰,邑人之远飏,无论乡人亦不知其底极。洋人至时,正农功吃紧际也,亦概弃而不治;去后仍然"。有人说:"患定后,人各复初……若云复元气,固根本,则必连稔三载,庶家给户足耳"!其实这只不过是一个良好愿望。中国在鸦片战争中,用度浩繁,上下交困。广东、福建、浙江、江苏4省沿海、沿江各地广大居民遭到战争的打击,或被抢掠一空,或"失业废时",弄得"民穷财尽,殆不可支"。③其他各省在清军征调所过,为保障供给,尽力输将,"民之贫者愈窘,民之富者亦贫"④,绝不是3年所能

① 清代抄档:《浙江巡抚刘韵珂奏》,道光二十年十二月十四日。
② 《清实录》,宣宗朝,第362卷,第20页。
③ 《鸦片战争》第6册,第77页。
④ 吕贤基:《吕忠节公奏议》(简称《奏议》)第1卷,第1—2页。

恢复元气的,而是"国脉自此伤也"①。

　　1841 年 4 月 27 日在广州,英军迫奕山赔偿 600 万银元,后者以期限迫促,紧急张罗,先由行商交出 200 万元,其余 400 万元,由广东藩司、盐运、海关三库垫支。② 奕山奏明:这笔垫支款项,由行商在今后 4 年内,"在生意估价行用内,按数摊出","全数归补"。③ 另赔偿英、美商人损失两笔(669615 元和 314077.75 元),不明款自何出,大约也取自行商。

　　按照《江宁条约》规定,赔款在签约时立即交银 600 万元为第一期,余额由清政府从 1843 年 6 月起至 1845 年 12 月每半年一次,分 6 期共 7 期交清。若未能如期交足规定的数额,加年息 5%。英国以交清赔款作为撤军条件,即:交清首期 600 万元,英军退出南京、京口等处江面,并从镇海的招宝山撤军。定海的舟山和厦门的鼓浪屿,则待赔款全数交清并五口开港后,方行撤退。

　　清政府偿付第一期 600 万元(折银 426 万两),除了扣除英国侵略军在战争期间向扬州、上海两地勒索到手的各 50 万元,共折银 70 万两外,分从(一)运库提用银 54 万两,(二)部拨和山东解拨江苏军需银中提取银 65 万两,(三)江宁藩库和江安粮道及龙江关库共提取银 50 万两,(四)苏州藩库和浒墅关库提用银 45 万

---

　　① 董宗远奏中语,参见《鸦片战争》第 6 册,第 77 页。又,本段及上一段中引语未加注者,均转引自彭泽益:《十九世纪后半期的中国财政与经济》(简称《财政与经济》),第 18—19 页。

　　② 《鸦片战争》第 5 册,第 235—236 页,第 6 册,第 42 页;亨特:《广东番鬼录》,第 45— 46 页。

　　③ 《夷务始末》,道光朝,第 29 卷,第 29 页。

两,和(五)浙江和安徽藩运各库共提用银 141 万两,凑足付给。①
上述第(一)笔系从商捐项下动支,第(二)笔归军需案内报销,其
余(三)、(四)、(五)3 笔,清政府责成各省地方官府设法使商民捐
输来充数。但在民间的抵制下,地方当局认为"剿夷之银可劝捐,
而赂夷之银不可劝捐"②;一时从民间的"捐输"所得,只银 182 万
两。这期赔款实际出自官库的是 119 万银两。1843 年 6 月应交
付第 2 期赔款为 300 万元,清政府迫使广东行商认缴,作为抵还赔
款中的"商欠"部分。③ 同年 12 月间应交第 3 期赔款银 300 万元,
除去扣还英军前在浙江向宁波士民索取的 25 万元外,由广东地方
当局从藩关各库筹拨付给。④ 1844 年 6 月应交付第 4 期赔款银
250 万元,仍由广东地方筹措。同年 12 月应交付第 5 期赔款银
250 万元和 1845 年 6 月、12 月应交付的第六、七两期赔款各 200
万元,则都从粤海关税银中提取支付。

　　据上表,鸦片战争一役,英国从中国榨去赔款银 2800 万元,折
合银 1960 万两。这笔巨款,直接取自商民的,约计 1510 万元,占
总数的 54%;余下的 1290 万元,取自官库,占 46%。

---

　　① 洋银每元含银七钱二分,且成色不足,签约过后,双方即"议定以库
纹七钱"折算。可是交付赔款时,英方节外生枝,以洋银市价增昂,"藉口索
增","酌定每元以纹银七钱一分折"。清政府百计张罗,付给 425 万银两,以
"大约足数"了结。参见清代抄档:《伊里布等片》,道光二十二年九月二十九
日。

　　② 夏燮:《中西纪事》第 9 卷,附录,刘韵珂:《致金陵三帅书》。

　　③ 第 2 期交付赔款 300 万元,由怡和行伍绍荣缴 100 万元,行商公所
缴 134 万元,孚泰行易元昌、广利行卢继光等 9 家,合缴 66 万元。此外,由于
"尾数逾期四日",加息 209 元。

　　④ 广东地方当局从藩库存款和寄存粤海关税款及运库可动拨银两中
共集款 128.7 万两,从广东盐课中提取拨补广东兵饷银 55 万两,又从粤海关
新征税银中提用 8.8 万两。

英国以赔款之名所实施的赤裸裸的暴力掠夺,除了直接取自商民,其取自官库的又何尝不都是敛之于民!

## 二、银贵钱贱的严重化及其
## 对社会经济的破坏作用

清代币制,银两和铜钱(或称制钱)并用。小额买卖通用铜钱,大宗交易以纹银收支;完粮纳税,银、钱搭配。清初规定银与钱的法定比价为银 1 两合制钱 1000 文(云南例外,钱 1200 作银 1 两)。这个比价一直维持到 19 世纪 20 年代。此后,外商以鸦片抵补贸易逆差,使白银大量外流。据时人黄爵滋估计:每岁外流银两数,从 1823 年前的"数百万两",经 1823—1831 年间"一千七八百万两"、1831—1834 年间的"二千余万两",至 1834—1838 年间达"三千余万两"。这还只是单计广东方面说的。此外,福建、浙江、山东、天津各海口所外流的白银,没有计算在内,"合之亦数千万两"[1]。银价因白银大量外流而上升,钱价大幅度地下跌,到 1840 年鸦片战争爆发时,每银 1 两,易制钱 1600 有零,与法定比价相较,涨了 60%。

鸦片战争期间,鸦片仍有走私进口。从战争结束至 1850 年间,贸易情况发生变化,鸦片走私进口量"续有增益",但同时期中丝茶出口"激增"。出现了在前 5 年白银外流仍多;到了后 5 年日趋减少,而渐趋向平衡。在这 10 年里,白银每年外流究有多少?

---

[1] 《鸦片战争》第 1 册,第 463 页。按另一估计,鸦片战争前夕,中国的白银流出,每年不在1000万两以下(严中平等编:《中国近代经济史统计资料选辑》,第 28 页)。黄爵滋的估计似嫌太高。

据林则徐估算："岁去五千万有数可稽,其以洋银入者不及一也"①,则该在 4500 万两上下。到了 19 世纪 50 年代初叶以后,随着出口丝茶的增长,对外收支平衡才有所好转。

上述由贸易逆差而外流的白银,还没有包括西北陆路贸易和边境贸易上的纹银"出边"量;其数究有多少,无从考查,估计也不少。

中国产银原本不旺。在 1800 年前后,年产银不过 44 万两。鸦片战争过后,每年在采厂数,虽仍有二三十处,但"地宝之泄日甚","矿砂有时或竭",产量更趋衰萎。清政府鉴于国内存银日少,银源日竭,在 1844 年几次密谕云南、贵州、广西、四川等省督抚,鼓励民间"自为开采"。1848 年,清政府再次谕令各省督抚,"如有苗旺之区,酌量开采,断不准畏难苟安"。尽管在云南楚雄府属龙潭地方新开一些银厂和磄硐,但截至 1850 年,都未"大臻成效"②。

中国银货的流通量,据当时一个外国人估计,约合 5 亿银元。③ 为支付赔款、平衡国际贸易逆差而大量输出的结果所构成的"银荒"越来越严重。1847 年,英国下议院特别委员会调查对华贸易所获得的印象是,在中国,"现银差不多全部流出〔去〕了"④。白银越缺,银价越贵,制钱越贱。下表是根据河北省宁津县大柳镇一家杂货店的账册所统计的银钱比价。

当时还不存在全国的统一市场。银钱比价的变动,在各省市场上,反应不一。除了云南、贵州较稳定,在 1845 年前后,维持在

---

① 吴应麒:《林文忠公年谱》,第 191 页。
② 参见彭泽益:《财政与经济》,第 26—27 页。
③ 马丁:《中国》(R. M. Martin:China)第 1 卷,第 176 页。
④ 姚贤镐编:《中国近代对外贸易史资料,1840—1895》(简称《外贸史资料》)第 1 册,第 518 页。

"每银一两均易制钱一千六百数十文"①外,其他各省的银价都在上升,钱价都在下跌。例如,在鸦片战争结束的 1842 年,山东银 1两换制钱 1400—1500 文不等,西安换钱 1480 文,福建换钱 1590文,江西换钱 1600 文,湖北换钱 1626 文,浙江换钱 1600—1700文。1845 年,"京中纹银每两易制钱几及二千文,外省则每两易制钱二千二三百文不等"②。1846 年,在陕西,银每两换制钱 1200—1800 文不等;在山西,换 1700 文至二千数十文不等;甘肃将及2000 文,在山东,银 1 两换制钱 2100—2200 文,河南则在2200—2300 文之间。1847 年,在广西,银 1 两换制钱数由前数年的 1600文有零骤增至 1900—2100 文。③ 到了 1850 年前后,福建、湖南、江西和江苏等省的市价,平均每银 1 两,也换制钱 2000 文左右。广东高州更突出,在 19 世纪 50 年代末,"连岁银价每两换制钱二千六百文"④。有人概说,这 10 年间,银的钱价,"按昔钱价平时盖倍之,较贵时几及三倍"⑤。

---

① 清代抄档:《贵州巡抚乔用迁奏》,道光二十六年十月十一日,《云贵总督李星沅奏》,道光二十七年二月十二日。

② 刘良驹:《请饬定银钱划一疏》,盛康编:《皇朝经世文续编》第 58卷,户政三,钱币上。

③ 中国第一历史档案馆馆藏,军机处录副奏折(以下简称一史馆藏,录副奏折);《广西巡抚郑祖琛奏》,道光二十七年七月二十三日。

④ 陈兰彬等纂:《高州府志》第 50 卷,纪述三,咸丰元年条。

⑤ 王庆云:《石渠余记》第 5 卷,第 10 页。康熙末年,银一两换钱"自八百数十文递减至七百数十文"(同书,同卷,第 9 页)。

## 华北农村银钱比价

| 1834—1850 年 | | 1834—1836 = 100 |
|---|---|---|
| 年份 | 银 1 两兑制钱数 | 银钱比价指数 |
| 1834 | 1356 | |
| 1835 | 1420 | 100 |
| 1836 | 1487 | |
| 1840 | 1644 | 116 |
| 1841 | 1547 | 109 |
| 1842 | 1572 | 111 |
| 1843 | 1656 | 117 |
| 1844 | 1724 | 121 |
| 1845 | 2025 | 142 |
| 1846 | 2208 | 155 |
| 1847 | 2167 | 152 |
| 1848 | 2299 | 162 |
| 1849 | 2355 | 166 |
| 1850 | 2230 | 157 |

资料来源:据严中平等编:《中国近代经济史统计资料选辑》,第 37 页表 30 改制。

银、钱比价的大幅度波动,对国家财政和国民经济都带来不利的影响。财政收入主要出自田赋。"以银准粟,昔之一两,今之三两",从民间征取银 1 两,实竭民间"三两之力";"民安得不贫"?民既日贫,导致征收困难,"逋欠则年多一年,亏短则任多一任"[1],

① 冯桂芬:《显志堂稿》第 11 卷,第 23—24 页。

诛求无已,则激成事端。就支出说,"常以三两而供一两之用"①。财政支出大宗之一的兵饷,弁兵所得的是价格日益趋跌的制钱;而武官却又掌握着价格日益上涨的白银,上下其手以牟利。这就加深官兵之间的矛盾,酿成军心不稳。处此财政困局下,统治集团中人对银贵钱贱问题,一再发出"官民交困"、"兵民交困"、"官困而民益困"的叹声。

清政府掌权的官员对银贵钱贱的原因,说法不一;因而,他们设想的补救方案也不同。如户部认定制钱之日贱是由于制钱日多,主张暂停鼓铸;或对鼓铸中的"卯额","量为酌减"。② 可是,一些地方奉令"停炉"之后,"银价未能平减"③,甚或"银价益贵,钱价益贱"④。有人既认为"近来银价之昂,……实由于现银之少";在增开银矿、银产无望后,便设想采取某种措施"以佐银之用","以济银之穷"。于是,或主张铸大钱,当十、当五十以至当五百、当千的大钱,与制钱并行;或主张发行钞票;或主张参用黄金,"以金一两,当银若干两,准米若干石"⑤。1842 年,山东道监察御史雷以诚就建议增铸当十大钱,"以平银价,以济理财之穷"⑥;广西巡抚梁章钜建议铸当千、当五百大钱。安徽巡抚王植和礼部给事中江鸿升先后在 1846、1848 两年也分别提出类似建议。⑦ 1844

---

① 　冯桂芬:《显志堂稿》第 11 卷,第 33—34 页。

② 　清代抄档:《大学士管理户部事务潘世恩奏》,道光二十一年八月十五日。

③ 　清代抄档:《江苏巡抚程矞采奏》,道光二十二年二月初八日。

④ 　清代抄档:《直隶总督讷尔经额奏》,道光二十一年正月初五日。

⑤ 　清代抄档:《浙江巡抚梁宝常奏》,道光二十六年七月十三日。

⑥ 　清代抄档:《山东道监察御史雷以诚奏》,道光二十二年十一月十八日朱批。

⑦ 　清代抄档:《安徽巡抚王植奏》,道光二十六年八月二十二日朱批,《礼部给事中江鸿升奏》,道光二十八年十一月初十日朱批。

年,江西巡抚吴文熔则主张采取"贵钱贱银"的措施,具体办法是,对"各省应行征解、坐支之款",如兵饷、文武官廉俸,书工役食、祭祀驿站等费,由各省藩库按照市价折算,一概放钱以济银不足。①1845、1846 两年,御史刘良驹、内阁侍读学士朱嶟等人,先后提出了类似主张。所有这些建议,由清廷发布谕旨,着各省督抚就各该地方实际,复陈意见。终以议论不一,没有采行,银贵钱贱的形势继续恶化。

### 银的钱价和工、农产品零售价指数

| 年份 | 银的钱价 | 农产品零售价 | 手工业品零售价 |
|---|---|---|---|
| 1834—1850 年 | | 1834—1836 = 100 | |
| 1834—1836 | 100 | 100 | 100 |
| 1843 | 117 | 82 | 100 |
| 1844 | 121 | 84 | 99 |
| 1845 | 142 | 83 | 102 |
| 1850 | 157 | 94 | 120 |

资料来源:据严中平等编:《中国近代经济史统计资料选辑》,第 38 页,表 31 改制。

其时,农产品和手工业产品的零售价格,以制钱计算。这种价格,未随银价的提高而上涨,或上升极微。农产品的零售价,则有下跌。手工业品(蒲席、白毛边纸、酒、铁钉等等),在整个 40 年代,价格相当平稳;直到 1845 年,才稍见上涨,若与战前比较,也只涨了 2%;1850 年,涨了 20%。在 1834—1850 年间设以 1834—1836 年为 100%,银的钱价和农业、手工业零售价的指数如下表。

——————

① 中国第一历史档案馆馆藏,上谕档(以下简称一史馆馆藏,上谕档):《军机大臣管理工部事务穆彰阿等奏》(户部主稿),道光二十四年五月初二日。

指数说明白银对工农产品的购买力，急剧上升，1843 年涨了 17%，至 1850 年涨了 57%。农产和手工业制品的白银价格，则大幅度下跌。

农民出售农副产品，手工业者出售手工业品，一般都收进制钱；但他们在某些场合，例如交纳赋税、交付租银、添置大件农具，却必须支出白银，或以钱折银。他们在如此一收一支中，便遭到严重损失。就农民说，在商品经济比较发达的江南地区，农业小生产者在"银荒"中，"毕岁勤动，低估以售之，所得之钱，不可输赋"。① "蚕棉得丰岁，皆不偿本"②；"银积于上，钱滞于下"，凡"布帛菽粟以钱市易者，无不受其亏损"③；"自谷帛贱于银，而农桑之利夺矣"。农桑之利既夺，"耕织之人少，而谷帛之所出亦少矣"④。1845 年，有人说，湖南有些地区，虽"岁事丰稔，高下一律"，但是因为"银价日昂，钱复难得，农者以庸钱粪直为苦"，形成"丰岁之荒"。⑤ 1851 年，在湖南宁乡，"石谷值银四钱或三钱，银一两易制钱二千，漕折则石米当输银七两三四钱不等，民大困"⑥。有人记四川某些地区在 1850 年前后，虽"连年丰稔"，而"谷贱伤农，每岁所得，不敷工本"。⑦ 在其他各省农村，或多或少都有类似现象。

当时有人说："古人有言，谷贵伤民，谷贱伤农。今之为农，贵

---

① 求自强斋主人编：《皇朝经济文编》第 51 卷，第 36 页。
② 包世臣：《安吴四种》第 26 卷，第 37 页。
③ 吴嘉宾：《求自得之室文钞》第 4 卷，第 15 页。
④ 徐鼒：《未灰斋文集》第 3 卷，第 4 页。
⑤ 左宗棠：《左文襄公全集》（以下简称左宗棠：《全集》），书牍，第 1 卷，第 35 页。
⑥ 佚名：《宁乡县志事纪编》，咸丰元年条。
⑦ 清代抄档：《许乃普、何彤云奏》，咸丰三年十一月初十日。

贱皆伤。竭终岁之力作,先供富民之租税,而后给己食,不足则称贷。……谷入即粜以偿所贷。当其粜时常贱;当其籴时常贵,无所往而不困。……丰年犹可,一遇水旱,则相率而之沟壑,否则为盗贼。"①

个体手工业者的处境与农民近似。他们把自己所生产的产品作为商品出卖,同时买进所需要的全部生产资料和消费资料。买进时往往是大宗的,须用银两支付;出卖时相反,由于多半是小量的,收到的是制钱。在银两日益升值而制钱日益贬值,产品的出售价格又总赶不上银钱比价变动的情况下,他们的利益也遭到损害。湖南湘阴某山区数千丁口中的百分之八九十都是"贫苦力作,或造纸为业"的手工业者,终岁劳作,仅能"薯芋充粮"。②

个体手工业者在当时手工业生产中仍占着主要地位。这些手工业者生计遭到严重影响,意味着个体手工业生产的衰败。

手工业铺坊也同样大受损害。至于受雇于这些铺坊的工匠,每年工价约得制钱 10 千文。按法定比价计算,一年工钱可换银 10 两;而在银价日昂情况下,"银每两值 2000",佣工 1 年只得银 5 两③,即减少了一半。于是手工工匠和作坊老板之间的矛盾便激化起来。当时地方官员处理他们的矛盾,往往采取稍稍增高年度"辛工钱"谋求缓解。但是提高"辛工钱"又总以"永久不加"、"毋许勒索"为条件。例如 1844 年,浙江嘉兴地方官府调解制香铺坊

①　吴嘉宾:《求自得之室文钞》第 7 卷,第 22 页。
②　左宗棠:《全集》,书牍,第 1 卷,第 45 页。
③　吴嘉宾:《求自得之室文钞》第 4 卷,第 11 页。

的业主和雇工(当时称"作司")的纠纷就是如此。① 在银价年年增涨的条件下,"永久不加"的制钱工价,当然只能使工匠的境遇每况愈下,虽"终岁勤劳,未尝温饱"②了。

总之,农民和手工业者受银贵钱贱的冲击,都日益贫困化,以至破产。

银贵钱贱也冲击了商业。农工业生产的萎缩,首先从根本上削弱了商业活动。在社会需求方面,物价增涨幅度虽然跟不上银价的上涨幅度,但毕竟"百物随银腾贵,尤为闾阎切肤之痛"。广大人民压缩消费,自然也削弱了商业的基础。

例如食盐,在银价昂贵的条件下,"民间买盐用钱,商人赴场领盐、纳课用银,银价加往日一倍"。对此,盐商提高盐价以转嫁损失。如长芦盐,在鸦片战前,根据距离产地近远的不同,官定价格每斤制钱16—24文不等。到40年代中,盐商暗中抬价,实际价格每斤增至23—34文,甚至60—70文,即一般涨价42.5%,个别的涨至3.25倍。盐商在易银完课时,在"每换银一两"所需之钱"足抵昔年二两有余",盐价暗中抬高总难及1倍,因而"本重利轻",致"商力疲困","纷纷思退"。在此同时,盐枭随之猖獗,更使官盐"滞销",盐商"倒罢"。盐商是封建社会一大商业集团。他们的"倒罢",意味着封建性商业资本势力经不起银贵钱贱的冲击而趋向衰落。③

就一般商业而论,民间贸易,往往"趸置论银,而零卖论钱"。在银贵钱贱情况下,"论银者不加而暗加,论钱者明加而实减",影

---

① 《嘉兴县正堂朱勒石永禁碑》,道光二十九年闰四月,《历史研究》1955年第2期。

② 中国史学会主编:《太平天国》(以下简称《太平天国》)第3册,第294页。

③ 参见彭泽益:《财政与经济》,第35页。

响所及,商贾便因"利薄"而"裹足不前"。① 如散布于城乡各地的小商小贩,向来是"业微业,利微利","役手足,供口腹",贩卖"盐米布帛,取便日用",在批发价格和零售价格间赚取一些差额。在社会经济衰萎,一般购买力萎缩的情况下,获利的可能性也随之减少。他们本小利薄,生计日益贫困,甚至失业。江南原是中国商品经济最发达的地区,在 19 世纪 40 年代,有人泛论商情说:"商贾不行,生计路绌;推原其故,皆由银贵。"②到了 40 年代末叶,出现"富商大贾"、"倒罢一空","凡百贸易,十减五六"③的现象。湖南因商业衰落,"向之商贾,今变而为穷民;向之小贩,今变而为乞丐"④。可见大商、小贩都遭到了打击。

银钱比价的波动,又为奸商豪贾制造"窥时操纵"的机会。他们"乘其〔银〕贱收之,贵时出之"的投机行为,随着银之日贵、钱之日贱和银钱市价的剧烈波动,更形加剧。还有高利贷者,在人民群众普遍贫困化的过程中,不仅提高放款利率,还要求以足色、足量银两清偿债务。例如湖南长沙的当铺,"出银不过九四、九五,每两必轻三分、二分;进银则要十分足色,每两必重秤三分、二分;利率名虽加三,实则加四、加五"⑤。在百业萧条中,典当业由于盘剥狠,利润高而一业独秀。江南素称富庶,可是在城市、在集镇,处处都有典当铺户。太平天国首义地区的广西桂平一带,当铺充斥墟

---

① 冯桂芬:《显志堂稿》第 11 卷,第 33—34 页。

② 包世臣:《安吴四种》第 26 卷,第 37 页。

③ 冯桂芬:《显志堂稿》第 11 卷,第 33—34 页。

④ 骆秉章:《骆文忠公奏议》(以下简称骆秉章:《奏议》)第 5 卷,第 11 页。

⑤ 张延珂等纂:《长沙县志》第 19 卷,第 35 页。

场,广大农村盛行高利剥削。① 高利贷的盛行,是城乡经济衰败的反映。它们的活动,又严重损害了广大劳动群众的经济利益。

### 三、赋役加征、天灾、土地
### 兼并和社会动荡

清政府在鸦片战争中的军需消耗、战后的赔款支付,都必须取之于加征赋役。赋役加重、银贵钱贱,加之天灾,都造成财富的再分配,都加速劳动人民的贫困化。其结果,集中表现为地主阶级对土地的兼并;进而激化着政府和人民、地主和农民之间的矛盾,以致社会极度动荡。

#### (一)赋役加征和社会矛盾的激化

截至 1840 年,清政府财政收入的主要来源,是地丁、漕粮、关税、盐课 4 项;此外有些杂赋,收数甚微。丁粮税课 4 项称为"正供",都有定额,共为银四千四五百万两。由于每年总有一些水旱偏灾,地丁年须"豁免十之二三",实际岁入,罕有直过银 4000 万两。岁支王公百官俸银、廪食、兵饷、杂支等项,不到银 4000 万两。② 河工、赈灾、军费等等,在清代财政上名为"例外支出",仰给予卖官鬻爵,即靠所谓"捐例"收入和动拨财政结余来补苴解决。

清王朝的财政结余,有过库存银高达 8000 余万两的年份(乾隆四十二年,公元 1777 年),此后为补济种种"例外支出",特别是

---

① 广西壮族自治区通志馆编:《太平天国革命在广西调查资料汇编》第 1 辑第 1 章。

② 《清史稿》第 213 卷,《列传·王庆云》;一史馆馆藏,录副奏折:《翰林院侍讲汪振基奏》,咸丰三年十二月初九日。

18 世纪初嘉庆初年的大量军费开支,使库贮大为减少。截至鸦片战争爆发的当年,库存银只有 1035 万两。

在鸦片战争一役中,清政府的巨额"例外支出",一是军费,二是赔款。所耗军费无确数。多的说是 7000 万银两,少的说是 1000 万两。[①] 设折中计之,则为银 4000 万两。这一笔,相当于常年一年的全部岁入。赔款情况已详上文。这笔支出,相当于常年一年岁出的半数。

同一期间,丁、漕、税、课 4 项征收量都有减少。"正供"收入减少,"例外"支出剧增,致使财政收支陷入困境。

在英国武装进犯下,清政府仓皇应战,在第一年所耗经费,便使国库存银骤减,到 1841 年结算,只有 680 万两,较 1840 年减少了 35%。这次战争结束的第二年(1843 年),再减到仅剩银 290 万两;与 1841 年比较又减少了 57%。或者说,经过这次战争,国库存银约耗去四分之三。在整个 40 年代,财政情况一直不佳,库储也一直陷在困窘的局面。截至 1848 年 3 月 20 日(道光二十八年二月十六日),户部上奏告急,"银库仅存银一百二十三万九千余两,比较历年甚形支绌"[②]。到 1850 年年底(阴历十月三十日;阳历 12 月 3 日)结算,库存银只 187 万余两,即使把当时起解在途、已拨未解的共 225 万余两加在一起,也不过 412 万余两。[③] 银库存银的减少,是财政窘迫的一种反映。怎么来补救? 这在整个 40 年代构成清政府的一大难关。

---

① 魏源:《魏源集》,第 205 页;《清史稿》,食货志·六。

② 清代抄档:《大学士管理户部潘世恩奏》,道光二十八年二月二十三日。

③ 《管理户部卓秉恬密折》,道光三十年十一月十七日,中国人民银行总行参事室金融史料组编:《中国货币史资料》第 1 辑,第 171 页。

清政府为整顿财政,曾设想出种种方案。如 1843 年署盛京将军禧恩提议,"征收商税,以裕课帑"。他说:"富商大贾,坐拥丰资,操其奇赢,以攫厚利,竟无应输之课,殊不足以昭平允。"他认为征收商税,"既不失政体,亦不累及闾阎,而于修备大有裨益"①。也有人主张就原有的财政收支,进行改革的。但也有人说,"徒议变盐之章程,裁漕运之浮费,节河工之岁修","不过纸上空谈,难期实济",而主张"盐归地丁","计户征课",漕粮实行折征,河工不再加工堤防,而重疏导②,但也都未见实行。最后,决心"与其正赋之外别费经营,何若于正赋之中核实筹划"③;付诸实施是就正赋各项加强搜刮。

捐输是临时筹措经费的例行办法,年入大致也有 400 万两。鸦片战争后,清政府推广捐例,滥卖官爵,以求能筹措得更多的收入。

在 1843—1850 年 8 年间,清政府推广捐例,除照旧由户部经手外,又准各省分别采行,报部议叙。捐资则有以钱折银的,也有以米合银的。几经折合,"捐资半而得官倍之"。而捐输实收数量,则是另一回事。除各省捐银自行动用,并不造册奏报,无可考察外,户部的收数,已大不如前了。总计 8 年合计约 720 万两。④当时人说:"开捐……无非挖彼注兹之法。今则无可挖,何有

<hr />

①　一史馆馆藏,录副奏折:《理藩院侍郎、署盛京将军禧恩奏》,道光二十三年六月十三日朱批。

②　清代抄档:《布彦泰片》,道光三十年十二月初九日。

③　一史馆馆藏,录副奏折:《大学士管理户部卓秉恬等奏》,道光三十年四月十一日。

④　许大龄:《清代捐纳制度》,第 58 页。参见汤家龙:《道光朝捐监之统计》,《社会科学杂志》第 2 卷,第 4 期,1931 年 12 月。

注?"①这就是说,民间普遍穷困,有力捐输者减少了。另外,捐纳者的人数却大有增加(67000余人)。这种捐输名曰"乐捐",实与勒索无异,而不论乐捐与否,一旦捐纳,便寄希望于补上实缺,以"官阶为利数","及其补官之日",便"朘削多方"。② 据说,道光提及开捐一事,"未尝不咨嗟太息,憾官途之滥杂,悔取财之非计"③。这个"非计"的"取财"办法,促进吏治更加腐败。

盐课、关税,同为两项大宗财政收入来源。银贵、钱贱,使两项收入,同受影响。就盐说,"课出于商,商出于盐,盐售于民"。盐商在银贵钱贱的形势之下,力求转嫁损失而私提盐价,或于盐中掺和泥沙杂质。官盐既质劣价高,私盐随之充斥。于是出现官盐滞销,盐课短绌现象。④ 过去盐课岁额740余万,此时,"实征常不及500万"⑤,还不到额征量的七成。至于关税,须以商力丰厚为条件。战后,商业衰萎,各常关"动以年歉货少为词,任意亏短"⑥。

财政收入中的最大项是地丁和钱漕,或统称田赋。其额征量占常年收入的70%。在关税、盐课以及捐输各项收入有减无增的情况下,清政府便着重在田赋中寻求增加税收的出路。康熙曾有"永不加赋"的上谕,道光不敢公然否定这一"祖制",转而加重浮收。

地丁税率,大致说,各直省上则地每亩科银二钱三四分,中则、

---

① 冯桂芬:《显志堂稿》第11卷,第32页。
② 吕贤基:《奏议》第1卷,第39页。
③ 曾国藩:《曾文正公全集》(以下简称曾国藩:《全集》),奏稿,第1卷,第25页。
④ 清代抄档:《两江总督、管理盐政陆建瀛奏》,道光三十年二月二十日。
⑤ 《清史稿》,第213卷,《列传·王庆云》。
⑥ 清代抄档:《江南道监察御史福昌奏》,咸丰二年十月二十八日。

下则地为一厘数毫。其中少数地方如甘肃,亩科银有只二毫的。①
地丁例征银两。根据 1657 年的定例,可按银七钱三的比例交纳。
事实上,民间用钱折银交纳者多,达 75% 上下。② 清政府征收田
赋,截至乾隆初年,"尚少浮收之弊","其后诸弊丛生"。③ 如漕粮
征本色米,征收者或就斛面浮收,或竟折扣计算;如征折色银,地方
州县规定较市价为高的米价,勒索民间银两;或更折合比市价为多
的钱数,勒交钱文。地丁在征收者若勒缴钱文时,也每每提高银的
钱价,以多收钱文。各省地方当局执行清廷加强征取的政令,也为
了便于从中营私,在增征田赋上,普遍采取的办法有二:一是利用
银有定数,钱无定额,借口"制钱笨重,难于起解",或银钱比价,
"按之市价,不免赔累",违反民间惯例,也违反户部定例,拒收制
钱,勒征白银;二是藉银价昂贵为辞,任意增加折银的钱数。1840
年,军机大臣穆彰阿称通过这种手法的实征量,能"倍取于民"④。
1850 年,曾国藩说:"朝廷自守岁取之常,而小民暗加一倍之
赋。"⑤其实,所谓"倍取",只是最小数字。清政府遂得"不居加赋
之名,阴得加赋之利"⑥。

---

① 王延熙等编:《皇朝道咸同光奏议》第 36 卷上,第 1—2 页。
② "各直省百姓,以钱完赋,无虑十之七八"(《江西巡抚吴文熔片》,道
光二十四年四月)。又,"民之以钱输赋者,通天下无虑十之七八"(《侍读学
士朱嶟贵钱济银折》,道光二十六年)。均参见清代抄档。
③ 《清史稿》第 121 卷,《食货·二》。
④ 《穆彰阿折》,道光二十年二月初一日。又,御史李维翰在道光三十
年四月初二日折中有类似说法,均参见一史馆馆藏,录副奏折。
⑤ 曾国藩:《全集》第 1 卷,第 41 页。
⑥ 汤成烈:《治赋篇·四》,葛士浚编:《皇朝经世文续编》第 34 卷,
户政。

### 银钱比价和田赋银一两折价

1840—1853 年　　　　　　　　　　单位:(制钱)文

| 年份 | 比价(银一两换制钱数) | | 田赋银一两折制钱数 | | |
| --- | --- | --- | --- | --- | --- |
| | 法　定 | 市场行情 | 折征 | 相当法定比价(%) | 相当市场行情(%) |
| 1840 | 1000 | 1500—1600 | 2900 | 290 | 193—181 |
| 1843 | 1000 | 1500—1600 | 4000—5000 | 400—500 | 290 * |
| 1845 | 1000 | 2200—2300 | 3300 | 330 | 147 ** |
| 1846 | 1600 | 1900 | 2825 | 177 | 149 |
| 1853 | 1600 | 2000 | 2800—2900 | 125 | 143 |

注:＊以赋银一两折征数的折中计。

　　＊＊以银钱市场行情的折中计。

资料来源:郑光祖:《醒世一斑录》,杂述;刘良驹:《请饬定银钱划一章程疏》,盛康编:《皇朝经世文续编》第 58 卷,户政三、钱币上;李星沅:《筹议搭放银钱章程》,《李文恭公奏议》第 10 卷,苏抚;包世臣:《复桂苏州第二书》,《安吴四种》第 7 卷下,中衢一勺;冯桂芬:《用钱不废银议》,《显志堂稿》第 11 卷;柯悟迟:《漏网喁鱼集》;《耆英奏折》,《史料旬刊》第 35 期。

　　例如,就长江流域情况说。在安徽,"私收折价至十数倍";在江西,赋银一两,"勒折至七八两之多";在湖北,吏胥下乡征粮,"每逢粮少者,银一两勒钱七八千、十千不等,粮多者勒钱五六千不等"①;在湖南,地丁正银 1 两,民间有费至数两者。在江苏的苏州、松江一带,最高可达法定比价的 3 至 4 倍;就是和市场比价相较,也高出 43% 至几乎 2 倍不等,参见上表。

　　在华北地区,山东州县征收粮赋,既不遵定例收银,又借口银价昂贵,不顾银钱行市实际,"今年加一百,明年加二百,日加日

---

① 《太平天国》第 3 册,第 15 页。

多,靡有底止"①。在华南,广西民间易银完粮,"有纳银一两,规取制钱至十余千者"②。在西南地区云南府属,"任意私折",粮每石加银二三两不等。③ 这里粮价,每石常在银 1 两上下,浮收量达赋额的 2 或 3 倍。贵州田赋向来征实,"皆收米"。鸦片战争前夕,有"改纳银"的,"石米一金"。到 19 世纪 40 年代,有"于一金外复收石米者";"有石米之外又征银二两、三两以至数两者"。④ 这样,既征米、又征银,银又加增,实际征收之重,与华北和长江流域各省比较,不相上下。

漕粮也有类似情况。漕粮征米,限于江苏、浙江、江西、安徽、湖南、湖北、河南、山东诸省。按户部则例,漕米改折,如在江苏,米每石折银 1 两至 1 两 2 钱。⑤ 战后,长江中、下游各地粮价,虽因地区和季节而不同,但通扯计之,大致米 1 石值银 1 两左右;用制钱计算,约在 2000 文内外。⑥ 各省以漕粮折征现银、制钱,并不以米粮市价为准,虽各地相差很大,但有一点是相同的,都大大超过米粮市价。如中游的湖南,漕米 1 石,有费至数石者。⑦ 湖北漕米本色除水脚外,每石加米七八斗至石余不等;折色,每石连耗米水脚,收银四五两或钱九千十千不等。⑧ 在下游的浙江乌程(今并于

---

① 王延熙等编:《皇朝道咸同光奏议》第 27 卷,第 20 页。

② 莫炳奎等纂:《邕宁县志》第 14 卷,第 5 页。

③ 李蔚文等续纂:《呈贡县志》第 6 卷,田赋。

④ 凌惕安:《贵州咸同军事史》(以下简称《军事史》)第 8 册,第 5 编,第 4 页。

⑤ 李星沅:《李文恭公遗集》(简称《遗集》)第 20 卷。

⑥ 冯桂芬:《显志堂稿》第 11 卷,第 30 页。

⑦ 骆秉章《奏议》第 8 卷,第 13 页;童秀春纂:《续修宁乡县志》第 10 卷,赋役、新章。

⑧ 胡林翼:《胡文忠公遗集》(以下简称《遗集》)第 85 卷,第 21 页。

吴兴),1843 年漕粮折钱,每石实收 6478 文。① 按诸行情,足足增征 2 倍多。在江西,漕米 1 石折钱五千六千不等。② 江苏各地加征尤重。在 1842 年,"每米一石,收米至三石内外,折钱至十千上下"。1846 年,在"连年丰稔,上米一石价银七八钱"的行情下,"而民户折漕重者至银六两"。③ 漕米 1 石折征量,按米市常价,相当于市价的 4 石;若按该年特廉的米价,竟相当于 8 石! 近人论述,这些地方漕粮 1 石的实际负担额,重征至 3、5、6、8 倍,甚至于 10 倍不等云。④

浮收勒折,早成田赋征收中的痼症。"州县明开浮勒之端","吏胥暗启讹索之渐。"征收者在浮收勒折中分肥,上则道府,中则同寅幕友,下至佐贰生监,则公同分肥,谓之"陋规"或"漕规"。吏胥下乡征粮,轿马纷纷,"以帮费为名,捐款为词",任意勒索。如长江中下游各地,征收胥吏,对计征单位,若"一亩有零","无论一分一厘,皆并作二亩";征额零数,如"米一升有零","无论一合一勺,皆并作二升";而又在"遇合收升"、"正银见厘收分"外,索水脚钱每石四五千,收银费每两五钱不等。⑤ 计量时,或用大斛,或借口成色不好,"七折八扣";既有"淋尖"、"踢脚"和斛外抛洒等弊,又有水脚费、验米费、筛选费等等加派。其弊窦之多,"虽神仙不可测识"⑥。有人估计,经过地方官员的"浮勒"和经手吏胥的舞

---

① 南京太平天国博物馆馆藏吴煦档案:《乌程县收支账册》,道光二十三年马任账。

② 中国科学院历史研究所第三所编:《太平天国资料》,第 76 页。

③ 包世臣:《安吴四种》第 26 卷,第 37 页。

④ 臼井佐知子:《太平天国前苏州府、松江府的赋税问题》,《社会经济史学》(日文)第 47 卷,第 2 号。

⑤ 刘谦纂:《醴陵县志》第 8 卷,人物志、人物传,四,刘之辉。

⑥ 冯桂芬:《显志堂稿》第 5 卷,第 37 页。

弊,民间的额外负担,竟至数倍、10 倍,甚至"数十倍于正供"。①
在浙江诸暨县,书役作弊,另有一套。百姓按照旧规,每两加耗 3
钱 2 分,拒不收受,故意使之超越征收限期,然后前往乡间横肆勒
索,加上"夫马饭食等项规价","小户往往因欠银二三钱,完钱至
千余文"。② 这种情况,不只出现在长江流域,在其他非征漕地区
也都存在。例如广东,"常有正供银米不过几厘、几合,而所勒至
有钱数千、银十数元者"③。在贵州,"钱粮之重,不在正供,而在格
外"④。如绥阳县在鸦片战后 10 年间,几乎隔年就添加一种新的
附捐名目。⑤ 征收中的"浮勒"和舞弊,同样都有"踢脚"、"淋尖",
只是叫法不同,分别称做"踢斛"、"零尖"。还有所谓"样盘"、"蹦
戥"等名目。单举"蹦戥"一项,征收者给业户 1 张串票,征银数无
论是 1 两、2 两,还是只有 1 钱、2 钱,都须加纳银 2 钱至 5 钱不等,
是为"蹦戥"。这是以串票的张数而不是以征额为准的额外浮收,
设若 1 张串票征银额只有 1 钱,加纳的"蹦戥"银最少也达银 2 钱。
那么,这个"格外"便是"正供"的 2 倍了。这些正赋以外的"浮
勒",越是小业户遭受越重。

　　清政府的加重征取量,不单全国各省不同,即同一省内,也各
地不同。时人做过总的估计,道光朝的后 10 年(1841—1850 年)
和前 20 年(1821—1840 年)相比,增加到 2 倍,与嘉庆年间
(1796—1820 年)相比,增加到 3 倍,大致符合实际。

　　自从摊丁入地起,田赋按田亩均摊。征收中,清政府历来"宽
于富户,而苛于平民"。乾、嘉以来,显宦豪绅,往往凭借权势,勾

---

① 胡林翼:《遗集》第 23 卷;骆秉章:《奏稿》第 8 卷。
② 《清实录》,宣宗朝,第 341 卷,第 32—33 页。
③ 陈澧纂:《香山县志》第 22 卷。
④ 胡林翼:《遗集》第 58 卷,官黔书牍。
⑤ 参见李培枝等纂:《绥阳县志》第 4 卷,编制,又,食货,田赋。

结官吏，规避应纳的田赋。他们被称为"大户"。一般中、小庶民地主和自耕农，则称为"小户"。地方官吏把"大户"所规避的赋额，转嫁给"小户"。于是，"大户"和"小户"交纳田赋轻重的差别，"迥乎天壤"。"同一百亩之家，有不完一文者，有完至数十千者。"①还有"连阡累陌，从不知完赋为何事者"②。

在江苏，征收钱漕的官吏，每"以大户之短交，取偿于小户"③，即所谓"剜小户之肉，补大户之疮"。常见的情况是"小户"所交，超过"大户"的几倍，以至一二十倍。冯桂芬说："绅户多折银，最少者约一石二三斗当一石，多者递增，最多者倍之。民户最弱者折银约三四石当一石。"④柯悟迟说："大户只完正额，不纳附加，或仅纳零头"；以1亩为准，在"大户"，"将票米总算扯"，"不过四五十文"；若是"小户"，"每亩必要一千零"。⑤取此两数相比，相差20以至20余倍。征漕情况相似。

浙江绅户与民户，同样有"重轻之别"；"民户以偏重为苦"。⑥豪绅富户，罕有按额完粮的。他们不是把持包揽，多收少纳，就是捏称灾歉，以图蠲免。州县官于是"不能不取盈于乡曲之小户，以为挹此注彼之谋"。⑦

长江中游各省情况类似。如江西兵米，通常大户完本色，小户完折色；本色额米一石约一石六斗，合市价3000文；折色则纳钱6600文，较大户加重1倍。湖口一带，将地丁在三四钱以下的畸零

---

① 冯桂芬：《显志堂稿》第10卷，第1页。
② 盛康编：《皇朝经世文续编》第36卷，赋役三。
③ 《清实录》，宣宗朝，第435卷，第9—10页。
④ 冯桂芬：《显志堂稿》第10卷，第1页。
⑤ 柯悟迟：《漏网喁鱼集》，第5页。
⑥ 左宗棠：《全集》，奏疏，第8卷，第30—31页。
⑦ 王延熙编：《皇朝道咸同光奏议》第27卷。

小户，单立名目称"小钱粮"，加以恣意苛索。① 泰和一些族大、丁繁的家族，"积欠钱漕，动至盈千累万。差役不敢临门"，地方官亲行"催征坐守"，他们或"以一纸限状搪塞，或完些许了了"。地方官府若派"差勇拘拿"，他们便"抗官殴署，拒捕夺犯"。地方官对这些大户无可如何，而向"小户"加强压榨，藉谋补偿。湖南"大户仅完正额"，或正额也不完足，小户则被"任意诛求"。湖北的情况，通常是"大户粮多而纳少，小户粮少而输多"。包揽钱粮的绅监被称为"蝗虫"者，"其零取于小户者重，其整交于官仓者微"。"蝗虫"越多，钱粮亏短也越多。官府"以小户之有余，暗为取偿"。结果，"大户折色之价日减，小户折色之价日增"②。

在长江中、下游各省的一些地方，"小户"苦于田赋苛重，有把田赋寄于"大户"名下者；"大户包揽小户，小户附托大户"。③ 出现"大户"日多，"小户"日少的现象。"小户"既日少，则供州县官吏取偿以补"大户"短纳的"小户"，负担便更重。

直隶的"刁健者习成包抗，良善者每受苦累"。④ 甘肃的"富者巧为买嘱〔征粮者〕，则钱粮日减；贫者不遂贪欲，则钱粮日增"；还有"彼种无粮之地，此交无地之粮"的。年复一年，"官豪之欺隐愈多，而乡愚之赔累愈甚"⑤。

总之，田赋负担不均，是全国各地的普遍现象。所以有人总论说，"纳米之人，有善有恶，有强有弱。弱者、善者完纳正米之外，有大样米、小样米、尖米各名色，有九折、八折、七折各扣头，又有书

① 曾国藩：《全集》，批牍，第 6 卷，第 38—39 页。
② 胡林翼：《遗集》第 23 卷。
③ 《清实录》，宣宗朝，第 435 卷，第 9—10 页。
④ 龚巩祚：《地丁正名》，参见自求强斋主人编：《皇朝经济文编》第 39 卷。
⑤ 左宗棠：《全集》，奏稿，第 38 卷。

差之茶饭钱、串票钱各花项。约纳一石正粮，而所费加倍；若夫强而恶者，串通粮户，包米上仓，不惟正米之外不容加折，即应纳之粮亦不足色足数"①。所谓"强而恶者"和"弱而善者"，也就是"大户"和"小户"，或"绅户"和"民户"。

田赋事实上并不以土地的多少、肥瘠作为稽征的准则，形成以业户的"贵贱强弱为多寡"②。而且，这个或"多"或"寡"，不单是"绅"与"民"不一样，即使同是"绅"、同是"民"，此"绅"与彼"绅"、此"民"与彼"民"，"亦不一律"。③ 在此种不一律中有一点是肯定的："大户愈占便宜，小户愈多苛刻。"④

田赋的征收对象是地主和自耕农。清政府加重田赋的实征量，损害了地主和自耕农的利益。按：交纳地丁系以银为准。在银贵钱贱的情况下，上文已述，白银对工农产品的购买力急剧上升，农业和手工产品的白银价格大幅度下跌。土地的占有者为交纳地丁，必须把价格大幅度下跌的农产品去换来价格急剧上升的白银，即使赋税税率在名义上并未增加，实际负担却已提高。在1843—1850年间，单以此而增加的幅度大致从34%到65%。⑤ 何况，清政府采取转以银贵钱贱为利的对策，加重实际的征收量，致群"以办漕折饷为苦"⑥。试以江苏的苏、松地区为例。地租每亩实收，"牵算不过八斗"；地主交纳田赋，须"输其六"，净得只有2斗。而须交纳的6斗，征收时"收本色者少，收折色者多"，又加上米的银

---

① 清代抄档：《内阁侍读学士董瀛山折》，道光二十八年九月二十九日。
② 冯桂芬：《显志堂稿》第10卷，第1页。
③ 冯桂芬：《显志堂稿》第10卷，第1页。
④ 李概等纂：《李文恭公行述》，第38页。
⑤ 参见彭泽益：《财政与经济》，第43页。
⑥ 左宗棠：《全集》，书牍，第1卷，第35页。

价下跌,致"昔日卖米三斗输一亩之课而有余,今日卖米六斗输一亩之课而不足"。① 地主的利益受到损害。不过,"赋从租出",地主便尽最大可能地提高押租、折租,"盘剥日甚",加重对佃户的地租剥削。如在嘉庆年间,各省实物地租率一般都在 50% 左右;货币地租每亩从 100 文至 3000 文不等,以 1000—1900 文为最普遍。② 鸦片战后的 10 年间,一般说虽仍是对半分租,实则往往过之。苏南的实物地租率,"多者二十而取十五,少亦二十而取十二三"③。这就是说,租率上升至 60% 至 75%。据近人调查,广西桂平一带地租在鸦片战争前一般"百种千租";战后 10 年间,激增至"百种二千租"④,即加了 1 倍!"百种"者,指谷种 100 斤,一般可播田 10 亩,亩产谷二三百斤。"千租"者,指纳租谷 1000 斤。即使以亩产 300 斤计,"百种二千租",剥削率也相似,达 66.6%。设若亩产量折中按 250 斤计,则剥削率高达 80%。货币地租方面,凡银租都因银贵钱贱而加重剥削;就是钱租,也显有上升。东北地方领垦荒地,向官府交纳地租实增 1 倍多⑤;突出的如在奉天,有亩租交制钱 6000 文的。⑥ 地主的赋税重负便转嫁在佃农身上。

---

① 曾国藩:《全集》,奏稿,第 1 卷,第 40—41 页。
② 参见李文治:《中国近代农业史资料》第 1 辑,第 25 页。
③ 陶煦:《租核》,推原。
④ 《太平天国革命在广西调查资料汇编》第 1 辑,第 1 章。
⑤ "奉天昌图厅……佃户领垦地亩,于嘉庆年间,……奏奉谕旨,每荒地十亩,作为一天,每天交纳地租……计合东钱三千六百文。……近来王局办事人等,藉称银价昂贵,每天勒征实银五钱五分,按照东钱约合八千零,较之定制,已逾倍外。"《给事中方允奏》,道光三十年九月十三日,题本,财政,二十、地租,道光三十年,一史馆馆藏。
⑥ 《奉天府尹惠丰题》,题本,刑科,土地债务,道光二十三年,一史馆馆藏。

自耕农无从转嫁,则陷入困境。他们在重赋之下,"有以所得不敷完纳钱漕,弃田不顾者";更多的是"终岁原垅","妇孺杂作",即使年值丰收,也"不免冻馁";一遇水旱灾荒,被迫"相继流亡"。①

18 世纪初,清政府执行摊丁入地的政策,按丁供役的差徭,本已科入丁银;然而,在一些地区,仍有遗存,年年履行供差义务。如在华南广西容县,凡修葺城垣、公署、刑狱,即"派民供役";上司过境,亦"勒派民夫,多至千数百名"。② 在永安(今蒙化),无论是押解犯人、护送饷鞘,还是盘仓、递文、修葺城墙、衙署以及地方官出巡,都向民间滥征无偿劳役。③ 在云南,官府每有需求,里正之流即"驱夫供役","杠抬迎送",轮派长途奔波。④ 贵州与之大同小异。在西北,当时有人说:"差徭之病民,莫甚于西北各行省,而陕西为尤甚。"⑤当时陕西每年需供之差,不单有非常的"兵差",还有经常的"流差"。⑥ 民间为此不只"岁糜无数之赀,人滋不测之弊",而且贪官恶吏"盘踞苛索","不可究诘"。⑦ 一旦派差令下,"役车载道,摊派频仍;官吏借此开销,书役从而讹索"。如乘骑虽有定数,长随和办差书役之流,便"乘间讹索"。在本官的纵容下,其家人则借势逞强浮开冒领,"欲不餍不止"。有需车数辆,乘骑数匹,而竟征调至数十辆、百余辆、数十倍乘骑的。"小民"不只

---

① 《耆英奏折》,《史料旬刊》第 35 期,地,第 291 页;左宗棠:《全集》,书牍,第 1 卷,第 35 页。

② 封祝唐等纂:《容县志》第 28 卷,第 5—6 页。

③ 《太平天国革命在广西资料汇编》第 1 辑,第 1 章。

④ 唐炯等纂:《续云南志稿》第 175 卷,艺文志,诗,二,第 32、39 页。

⑤ 宋伯鲁等纂:《陕西省通志稿》第 30 卷,差徭,第 1 页。

⑥ "兵差"不全是供应军事需要,包括地方行政紧要公事所派之差;"流差"是地方行政所派之差。

⑦ 宋伯鲁等纂:《续陕西省通志稿》第 30 卷,差徭,第 1 页。

"舍其农务",而且还须自备口粮、草料,"先期守候,苦不堪言"![1]
"民间岁输差钱不下一百余万串。"[2]设以 1.6 串合银 1 两计,所输
差钱,足足相当全省地丁额征银(155 万两)[3]的 40% 。民间"脂膏
竭矣",官吏"追呼如故"!

　　总起来说,清政府在赋役上厉行加征,严重侵害了劳动人民的
经济利益,从而激起了他们对封建政府的不满。当时有人对政府
运用各种手法,增加田赋实征量,愤慨质问:"官以用不足而腹诸
民,民不足而将谁腹乎?"力役上的徭繁吏横,更使民间闻讯色变,
竟有以"早死相祝"者。田赋的畸重畸轻,负担在"大户"、"小户"
上的利害矛盾,有一部分存在于地主阶级的不同阶层之间,本质上
乃是地主阶级和农民群众的矛盾,只是通过清王朝的封建统治和
农民群众之间矛盾的形式表现出来。而地主为转嫁负担,"视佃
农苦瘠漠不动心,残忍刻薄,恣意征求"[4],严重危害农民的利益,
更激化着地主与农民的矛盾。

### (二)天灾、土地兼并和社会动荡

　　中国的国民经济体系是建立在小农经济的中心支柱上的。鸦
片战争对中国经济所造成的危害,无论是英军的破坏、劫掠和勒
索,或是清政府的加赋、勒捐、科敛、骚扰,或是银贵钱贱所造成的
经济影响,其绝大部分都是通过地租、赋税、利润等等财富分配和
再分配的经济杠杆,直接、间接地落到小农身上,使他们破产。而
天灾,则更使土地加速集中、失业队伍急剧扩大和社会动荡不宁。

----

① 《陕西省通志稿》第 20 卷,田赋,第 4 页;第 30 卷,差徭,第 1 页。
② 《陕西省通志稿》第 20 卷,田赋,第 4 页;第 30 卷,差徭,第 2 页。
③ 《陕西省通志稿》第 20 卷,田赋,第 4 页;第 30 卷,差徭,第 2 页。
④ 王炳燮:《毋自欺室文集》第 6 卷,第 35、36 页。

1. 天灾、土地兼并和失业流民的增加

水、旱、雹、震等天灾,在所难免。截至此时,清王朝立国 200
年间,年年有之,只是严重程度不一和受灾地区广狭有别。鸦片战
争后,清廷以财政拮据,命令尽可能地撙节河工经费①,原本不强
的防灾、抢险、救灾能力,遭到削弱。当时有人论述黄河水患说:
"天时之不能抢护者十只二三,人事之缓于补救者十恒六七。"②灾
荒一旦形成,清政府更在赈济中出现重重弊窦,使天灾成为民间的
更大灾难。

在整个 19 世纪 40 年代,天灾频繁而严重。受灾区域,在黄河
流域,有河北、河南、山东、山西、陕西、甘肃 6 省;在长江流域,有湖
南、湖北、江西、安徽、江苏、浙江 6 省;在珠江流域,有广东、广西两
省;此外,如福建、台湾、云南、贵州也年年都有局部灾害。就灾害
种类说,既有水、旱、风、雹,还有地震以及其他等等。就一地说,各
种灾害,或并发、或交替发生;就一年说,则在这里、那里参差发生。
在这些年中天灾之尤较严重的,有 1841 年起连续 3 年黄河中游的
3 次决口。1841 年,"黄流横决",几淹河南"省城重地";"下游州
县被淹","直注〔江苏〕洪泽"。③ 从开封至山东近千里沿河两岸,
旁及苏北,处处大水;由于"黄河漫水灌入亳州涡河,复由鹿邑归
并入淮"④,整个皖北,几全成泽国。1846—1850 年间,黄河、长江
两流域各省,"旱虐连年,水灾累岁";特别是 1847 年,黄河流域的

---

① 《清实录》,宣宗朝,第 391 卷,第 10 页。

② 清代抄档:《湖南布政使黄贡珍奏》,道光三十年八月二十二日。

③ 《清实录》,宣宗朝,第 355 卷,第 26—27、29—30 页,第 445 卷,第 16
页。

④ 《清实录》,宣宗朝,第 355 卷,第 26—27、29—30 页,第 445 卷,第 16
页。

旱灾,"几及〔河南〕全省"①;1848 年、1849 年两年长江中游的连续决口,湖北、安徽、江苏、浙江等省遭灾之重,为这些地区在此前百年间所未有。它如 1848 年洪泽湖漫溢,苏北的高邮、泰州、宝应、兴化、东台、盐城 6 州县境,"几成巨浸"②;黄河上游的甘肃,在整个 40 年代,几乎没有一年没有自然灾害。③ 珠江流域两广各地,也连年水、旱、蝗灾不绝。综计本部 18 省 1500 余州县④中,每年平均超过三分之一的县份,即 500 余县受灾;其中灾情严重需要政府赈济的,就 1847—1849 年 3 年说,平均每年达到 120 县,约达全国州县数的十二分之一。

这些年间水旱灾害频仍,除了气候异常外,吏治腐败是个重要原因。举防灾的河工说,这本是一项重要政事,年拨大量经费,设有专职——河道总督负责。林则徐早在 1831 年受任河东河道总督时就已指出:"河工尤以杜弊为亟。"⑤以"修防第一要件"的物料而论,据林则徐"挨次履勘"所见,"秫秸每垛长至六丈,宽至一丈五尺","头一层在堤上者谓之'门垛',其余则为'滩垛'为'底厂'。大抵门垛近在目前,多属完整;'滩垛'、'底厂'则为掩藏之数。……其显然架井虚空朽黑霉烂者,固无难一望而知。更有理旧翻新,名曰'并垛';以新盖旧,名曰'戴帽'。中填碎料杂草,以

---

① 《清实录》,宣宗朝,第 355 卷,第 26—27、29—30 页,第 445 卷,第 16 页。

② 《清实录》,宣宗朝,第 459 卷,第 2—3 页;韩弼元:《翠岩宝诗钞》,《悯灾黎》,转引自周邨:《太平军在扬州》,第 13 页,注 17。

③ 张国常纂:《重修皋兰县志》第 14 卷,灾异,第 9—12 页。

④ 据《清史稿》第 54 卷,第 58—75 页。本部 18 省有 1263 县,直隶州、直隶厅、散州、散厅共 251 个,共计 1554 个。但州、县、厅数并非固定不变,时有增减。

⑤ 林则徐:《林文忠公政书》(简称《政书》),甲集,东河奏稿,第 1 卷,第 2 页。

衬高宽,旁插短节秸根,以掩空洞"。总之,"积弊更仆难数"①。在备料上积弊如此,河防、抢险等所有工序上,莫不都有弊窦。在黄河东段如此,其他河道的河工也大抵类此。在19世纪30年代初已是这样,到了40年代更是每况愈下。"河工习气,服食起居,务求精美,一切用度浩繁。"河工经费虽然年年拨,数亦不少,而"半属靡费"②。在防灾、抗灾工事中既如此营私舞弊,偷工减料,汛期一到,就难免洪水滔滔,人为鱼鳖。

**道光朝最后5年直省受灾蠲免赈济县数**

**1846—1850 年**

| 年份 | 受灾蠲免县数 | | | | 受灾蠲免县在直省总县数中比重(%) | | | |
|------|------|------|------|------|------|------|------|------|
| | 总数 | 缓征 | 免征 | 赈济 | 总计 | 缓征 | 免征 | 赈济 |
| 1846 | 527 | 398 | 101 | 28 | 35.13 | 26.53 | 6.73 | 1.87 |
| 1847 | 826 | 504 | 153 | 129 | 55.07 | 33.60 | 10.20 | 11.27 |
| 1848 | 621 | 368 | 139 | 114 | 41.40 | 24.53 | 9.27 | 7.60 |
| 1849 | 551 | 264 | 180 | 107 | 36.73 | 17.60 | 12.00 | 7.13 |
| 1850 | 501 | 393 | 89 | 19 | 33.40 | 26.20 | 5.93 | 1.27 |

资料来源:据汤象龙:《咸丰朝的货币》,附表改制;载《中国近代经济史研究集刊》第2卷,第1期,1933年1月。

"荒政"中原有备荒制度,在全国各地广泛设置常平仓以应急需。在这个期间,各省州、县常平仓所存稻谷,经常被各该地方官员私行变卖,"任意侵挪",弥补各该州县亏空;"捏造册籍",不是"以无为有",便是"折银代价","有名无实"。③ 偶遇偏灾,便无从

---

① 《政书》,甲集,东河奏稿,第1卷,第12页。

② 清代抄档:《湖南布政使黄贡珍奏》,道光三十年八月二十二日。

③ 《清实录》,宣宗朝,第459卷,第22—23页。

措手。"上司按籍而稽,谓有仓谷可以碾米,责之州县;州县猝不
能办,只凭一纸空文,饰词申复。"其实,"有动碾之名,而无平粜之
实"①。赈济中的积弊,形成"视办灾为利薮"②的恶政,"藉捐赈为
名,浮冒侵吞"。③"官则肥己营私,吏则中饱滋弊。"④等而下之的
胥役豪棍,也朋比为奸,串同侵渔。⑤在救灾工作中发放赈粮,有
在赈粮中搀和糠秕,短缺升斗,私饱己囊的;有将乡绅的家丁、佃
户,混入丁册,冒领赈粮的;有将已故流民、乞丐,入册分肥的;有将
衙署皂隶、步快列名影射的;有公然传单,纠约分赃,并设立"灾
头"以及"管账"、"包厨"等名目吞没赈粮的;还有强索赈票,不许
办赈委员检查户口的。办赈中设置粥厂,灾民"延颈待哺",有关
官员却"从容局外",托名钩稽,"自便己私",不顾灾民死活。粥厂
往往又不按规定"四乡分设",致四野灾民,难以"相率就食";群集
少数几处,"更有拥挤践踏"以致发生伤生事故。经手粥厂的书
役,克减米麦,多搀生水,习为故事。他们为减省柴炭,并有以"石
灰入米,任其糜烂","致饥民食之,多生疾病,以致僵卧道路"
者⑥;如此等等,不一而足。

在社会经济衰敝,民鲜盖藏的情况下,遇上破坏性极大的天
灾,被灾者有求于官,希望能有以赈济之。可是,在玩愒殃民的荒
政支配下,每每造成极其悲惨的景象。如1841—1843年间,河南、
安徽、山东遭灾致命者数以百万计。1847年,河南一省,灾民遍

---

①　王延熙编:《皇朝道咸同光奏议》第32卷,第8—9页。

②　《上谕》,转引自《军机大臣穆彰阿等奏》,道光二十六年十一月初一
日,题本内政,道光二十六年,一史馆馆藏。

③　《清实录》,宣宗朝,第470卷,第21页

④　《清实录》,宣宗朝,第472卷,第7—8页。

⑤　《清实录》,宣宗朝,第463卷,第7页。

⑥　吕贤基:《奏议》第1卷,第22—26页。

野;第二年估计,饥民不下三四十万,沿黄河一带,"人皆相食"①;
广西桂平大旱,"屠人鬻于市"②;1848 年长江大水,"亿万灾黎,嗷
嗷待哺"③;转徙流离,饥寒交迫。第二年,水灾更重,遭灾者"几于
鸿嗷半天下"④;持续到 1850 年,"饥而兼疫,……饿莩载涂,有目
不忍睹者"⑤。有人路过安徽桃宿,眼见灾民东下,"乱发残衣,飞
扬道路";经过处,"余肢断体,零落沟渠,犬吸血以相争,鸟啄睛而
不去。呜呼伤已!""邳宿而西,河北灾民,携筐背釜,襁负南行者,
络绎不绝。"数达"五十万"⑥。灾荒造成饥民,饥民转成流民。他
们除了在本省成千上万地流来流去,其"阑入京师地面"的,或意
图进入京师的,尽管一再遭到各地地方官府递解回籍,或拦截阻
止,仍年年不绝。⑦ 1843 年头 9 个月里有 42 起,1844 年有 27 起,
1845 年有 39 起,1846 年头 9 个月有 200 起;每起人数,越来越多,
由不过二三十人、五六十人而至一百余人、数百人不等。

　　流民到处流动,构成社会的不安因素。

　　在鸦片战争以前,中国的地权分配,已集中得相当严重了。截
至 1840 年,全国耕地税亩面积约 75000 万亩。皇室所有和各种名
目的庄田,约 8300 万亩,在耕地总数中占 11%。其他大官僚和民
间大地主占有土地量也颇为惊人。截至道光中,如曾历任大学士、

---

①　《丛编简辑》第 6 册,第 440 页。

②　程大璋等纂:《桂平县志》第 33 卷,纪事。

③　《清实录》,宣宗朝,第 459 卷,第 16—17 页。

④　曾国藩:《曾文正公家书》,第 100 页。

⑤　张延珂等纂:《长沙县志》第 33 卷,第 11 页。

⑥　黄钧宰:《金壶七墨》第 8 卷,第 8 页。

⑦　《清实录》,宣宗朝,第 335 卷,第 29—30 页,第 339 卷,第 7—8 页,
第 357 卷,第 20 页,第 470 卷,第 21 页;《直隶总督讷尔经额奏》,道光二十三
年十月十四日,道光二十六年九月十七日等件,一史馆馆藏。

总督的琦善一家,占地 256 万余亩[①];协办大学士英和田产 57000
亩;内务府一个四品衔郎中庆玉家拥有 33000 亩。[②] 民间巨富一
家所占土地,也有成千上万亩的。如直隶静海娄步瀛、湖南武陵丁
炳鲲[③]等家,各有田 4000 亩以上。江苏吴江沈懋德有田万余亩。[④]
这次战争过后,不仅广大农民群众很多迅速陷入破产的境况,就是
小土地出租者和中、小地主,也多有败落下来的。这些人被生计所
迫,不得不把仅有的少量土地忍痛出售,而这也就是缙绅、豪强、富
商大贾和高利贷者大显身手,兼并土地的绝好机会,使土地集中的
过程更加速了。

　　山东章丘县有一家称为矜恕堂的孟家地主,在鸦片战争前的
120 年间(1718—1838 年),前后 7 次买进的土地不过 46.86 市亩;
而在鸦片战后的 9 年里(1842—1850 年),先后 15 次买进土地共
计 196.7 市亩(其中园宅等非耕地占 3.34%)。[⑤] 这 9 年里买进的
土地比在此前 120 年间买进的多 3 倍多。又,该省淄川县有一家
称为荆树堂的毕姓地主,在乾隆末年(18 世纪末)拥有土地 100 余
市亩;当嘉庆年间(19 世纪头 10 年代前后)添至 300 余市亩;到道
光末年(1840—1850 年)更增至 900 余市亩。[⑥] 也就是说:这家地
主在 50 年间的田产增加到 9 倍;而绝大部分土地是在最后 10 年,

①　德庇时:《战时与和平后的中国》第 1 卷,第 41 页。
②　《德兴奏》,道光二十年二月初七日朱批,题本,法律,第 38 卷,贪污、
一般案件,一史馆馆藏。
③　《京报》第 5、8 册。
④　熊其英等纂:《吴江县续志》第 19 卷,第 5 页。
⑤　参见景甦、罗仑:《清代山东经营地主的社会性质》,第 69、82、85 页
等。
⑥　参见景甦、罗仑:《清代山东经营地主的社会性质》,第 69、82、85 页
等。

也就是在鸦片战后 10 年间新买的。江苏的苏、松地区突出地表现出了战后 10 年间土地急剧集中的趋势。在 19 世纪 40 年代初,该地区的田主有不堪重赋"朘削","弃田不顾者";很多"小户"在"脂膏已竭"的情况下,"苟有恒产,悉售于大户";当 40 年代中,"小户之田,或契买,或寄粮,犹水之就下,急不可遏"。① 再过一些年,形成了如此局面:"大户"所占土地,"已将十分之九","小户"所有,"不过十分之一"。②

据江苏无锡《倪氏宗祠置产簿》记载,在 19 世纪 40 年代,该祠共买田 31 起,超过 1 亩的只有两起,其余都在 5 分左右。这些土地在交割之后,由原田主佃耕。③ 这个事实说明这些土地的卖主原来都是自耕农。但出卖土地的,不仅仅限于陷入破产境地的自耕农,就是小土地出租者以及一些中、小地主,也多有受生计所迫,不得不把仅有的少量土地,忍痛出售的。卖田者多,造成地价下跌。整个长江中、下游各地的土地价格,从 30 年代到 40 年代,平均每亩从银 20 多两跌至不到 20 两。④ 据安徽黟县江崇艺堂置产簿的记载,该处每一税亩土地价格,在 1830—1839 年间是银 41.3 两;在 1840—1849 年间跌至银 31.91 两;在 1850—1851 年间,更跌至 19.55 两。⑤ 也就是说,与 30 年代比较,地价下跌 52.7%。地价的下跌,显然给有力者购置地产提供有利条件。

这里有官僚兼并土地的两个例子。曾任两江总督的陆建瀛,

---

① 柯悟迟:《漏网喁鱼集》,第 4、6 页。
② 李概等纂:《李文恭公行述》,第 38—39 页。
③ 无锡博物馆展品。
④ 赵冈、陈钟毅:《明清的地价》,载《大陆杂志》第 60 卷,第 5 期。
⑤ 章有义:《明清徽州土地关系研究》,第 88—90 页。地主惯于瞒税逃税,税亩比实际田亩大。

在 1838 年和他的兄弟析产时,继承水田 116 亩零。1849 年,长江中游水灾,他乘机在两年内就买进了 1234 亩作为"义田"①。40 年代初,山西巡抚梁萼涵,在原籍有田 1000 余亩,在寄籍却有田 5500 余亩。② 寄籍的土地,都是他在山西巡抚任上新置的。陆、梁两人增置土地的情况,都是在他们获罪抄家时揭发出来的。而两人即使在获罪审理之时,还被评为持身"清操素著"、"廉正自爱"的人物。③ 那些并不素著清操而自爱者,又该兼并多少土地啊!?

这里还有富商兼并土地的几个例子。四川富顺李振亨,"业盐致富","置腴沃数千亩"。④ 合川富商潘世干原以"数千金起家","拥资数十万",转手"买田百余顷"。⑤ 以经营进出口贸易著称的广东十三行行商中,多有兼置大量土地的。如怡和行伍家,在其 5000 余万两的巨额家财中,稻田先于住宅、商铺和钱庄而占居首位。另一同孚行潘家是仅次于伍家的"资财雄厚的商人",也把"大量财产投放在土地上"⑥。1853 年,有一个御史列举他所知道的拥资数百万、数千万的豪富凡数十家,其中有浙江慈溪冯云濠两兄弟、冯本怀三兄弟;山西太谷孙、曹、贾三家,平遥侯家,介休张家,榆次许、王两家族;江西万载宋家,安福蒋澄浦两兄弟;河南张

---

① 一史馆馆藏,录副奏折:《河南巡抚陆应穀奏》,咸丰三年三月十三日。

② 《已革前任山西巡抚梁萼涵家产》,题本,内政,道光二十八年,一史馆馆藏。

③ 一史馆馆藏,录副奏折:《广州将军穆特恩等奏》,咸丰三年二月十七日朱批;《清实录》,宣宗朝,第 469 卷,第 4—5 页。

④ 卢庆家等纂:《富顺县志》第 12 卷,第 53 页。

⑤ 张森楷纂:《民国新修合川县志》第 48 卷,第 9—11 页。

⑥ 格林堡:《鸦片战争前中英通商史》(中译本),第 37 页注 5。

百川叔侄两人;福建尤溪林国华兄弟两人等。[1] 他们都是以商起家,又是田连阡陌的大地主。

土地被有力者兼并的结果,除了贵族、官僚之家占田万亩、数万亩外,庶民地主一家置地千亩、数千亩、万亩的在南北各直省,也到处都有。如在湖南,桂阳州邓氏家族,"兄弟田数百顷","以富雄一方";所畜马匹,"游食田野数十里,不犯人禾"。[2] 在江苏,长洲徐佩瑗,拥有土地六七千亩;吴江柳兆薰的稻田就有 5000 亩上下。[3]

土地分配不均情况,与其前相比,有加无已。在湖南,耕地的百分之五六十,"归于富者"。某些县份如嘉禾,"土地尽为富者所有"[4]。据近人调查,太平天国革命前夕,广西东南部的桂平、贵县等县境内土地高度集中,80% 以上的土地为地主所有。[5] 主要生产资料的土地的分配既如此不均,当然决定了"富者益富、贫者益贫"。

土地的集中化既然是在大批农民和小土地所有者以至中、小地主的破产、没落为前提而加速展开的,伴随出现的便是失业队伍——"浮口"或"游食者"的急剧扩大。所谓"失南亩之利,故失业者多"[6]。这种情况在 19 世纪 40 年代中,已经构成一个社会问题。如有人记江西赣州府属情况说:"今之浮口,患更甚于昔。"[7]有人记

---

① 一史馆馆藏,录副奏折:《广西道御史章嗣衡奏》,咸丰三年十月十三日。

② 王闿运等纂:《桂阳直隶州志》第 22 卷,第 25 页。

③ 《太平天国史料专辑》,第 98—386 页。

④ 雷飞鹏纂:《嘉禾县图志》第 28 卷,第 8 页。

⑤ 《太平天国革命在广西调查资料》。

⑥ 陈观酉等纂:《赣州府志》第 20 卷,第 5 页。

⑦ 陈观酉等纂:《赣州府志》第 20 卷,第 5 页。

东南情况,"游民激增,每省不下 20 万人"①。到了 1850 年,有人综述说:"然今日之患,则莫甚于游食者多","数百家之聚,数十人不等习以为常";"乡里如此,城邑可知"。若与其前 20 年时相比,"浮口"足足增加 10 倍。②

2. "盗匪"和社会动荡

大量流民谋求生存,相互串联,组成集体行动;或以乞食为名,强讨硬索;或恃众横行,流为盗匪:造成了社会的大动荡。

畿辅之地习称"首善之区",统治势力最强,其治安也为统治者所最关心。在整个 40 年代,先后任直隶总督的琦善和讷尔经额历年每月例行奏报"地方安静"、"民气恬熙"③;实际情况则是另一回事。顺天、河间、冀州 3 府所属州县,"宵小之徒,肆行无忌","著名贼匪,扰害居民";饶阳、献县、武强等处,情况类似。④ 大名府属各县,界连山东、河南,成为"盗贼出没之所"。他们每以二三百人为一群,分头出动;并设有据点,"排列鸟枪,击柝夜巡,以防官兵查拿"⑤。在上述各地,另有"盐枭结伙,百数十人,或二三百人不等,用驴驮载私盐,执持枪炮器械,强行售卖"。若有地方官查拿,施放枪炮,既用以拒捕,兼作讯号,使其他盐枭群行"闻声往助"⑥。

河南、山东各州县,素称畿辅藩篱,情况相似。河南"盗贼"或

---

① 盛康编:《皇朝经世文续编》第 34 卷。

② 王植:《抚皖奏议》,第 61—62 页。

③ 清代抄档:琦善(道光二十年一至七月)和讷尔经额(道光二十年八月至三十年十二月)的每月奏折。

④ 《清实录》,宣宗朝,第 353 卷,第 17 页;潘福颐编:《东华续录》第 2卷,道光三十年四月壬午条。

⑤ 《清实录》,宣宗朝,第 416 卷,第 9—10、20—21 页。

⑥ 《清实录》,宣宗朝,第 417 卷,第 14—15 页。

“装扮兵役,白昼吓诈”;或“执持刀械,夤夜劫掠”。他们不单劫掠一家一户,并有强抢集镇情事。① 滑县、封丘等地“盗贼”,多者四五百人为一股,少者亦六七十人。其与河北、山东连界地方,在1847年,“灾民啸聚”,“不逞之徒乘机勾结”,公然执持枪械,扰害行旅,到处抢劫。② 山东的兖州、沂州、曹州、东昌、泰安5府和临清、济宁2州,“盗贼公行,肆无忌惮”;有“捻”、“掖”、“枭”、“幅”名目。其头目“有顺义王、顺天王、黑王、四爷之号”,穿戴“红顶、蓝顶,并有花翎、黄马褂”,其器械则“长矛、鸟枪、抬炮俱备”,肆行劫掠,“挫辱官弁”。③ 有些在所经过的村镇,一方面向富有者勒献财帛,强借当铺银钱;另一方面又把“钱货米粮,飞洒道旁”,任令贫民拾取,名曰“放赈”。因此,“各乡旷野之处”,每有被官府称做“奸民”的当地土著,“售卖食物,名为接济行旅”,实以粮食相供应。④“盗贼劫夺行旅”,“辄云,令知县赔汝”。“山东一省,半成糜烂”。⑤

长江流域的四川、湖南、湖北、江西、安徽各地,“匪徒结党成群,几于所在皆有”⑥。如湖北黄梅、江西德化,都有“游民结伙同

① 《清实录》,宣宗朝,第355卷,第15页,第381卷,第15页,第402卷,第23—24页。

② 清代抄档:《江南道监察御史张廷瑞奏》,道光二十七年九月初八日朱批。

③ 清代抄档:《江南道监察御史毛鸿宾奏》,道光二十一年十月十八日。

④ 《清实录》,宣宗朝,第383卷,第3—4页,第448卷,第17—19、25页。

⑤ 清代抄档:《江西道监察御史王东槐奏》,道光二十七年十月十二日。

⑥ 一史馆馆藏,录副奏折:《抄奉特旨交办事件》,咸丰元年十二月十八日。

行,横索钱米,攘窃财物"。① 江苏苏北各地,盐枭千百为群,与山东、河南的捻众串联一起,在地方营汛"讳匿延搁"下,"盗风日炽","竟有持械拒捕重情"。② 江、浙交界处,"匪徒盘踞","肆行劫夺";"太湖土匪,乘间伺劫"。③ 浙江绍兴府仅1845年上半年就发生重大抢案"多至百有余起"④。开化、慈溪、萧山各地抢劫巨案,层见叠出。⑤ 台州、温州两府沿海一带,"盗贼结伙四出。托贩灯草、皮条为名,专劫典当、大户及过路巨商,赃数动辄盈千累万"。"一经得财,即行窜归,沿途扮作客商,无人敢向盘诘。"⑥

西南地区更不平靖。云南矿业(铜、铅、锡)旺时,吸引三江、两湖、川广各地富商大贾前往投资,集聚本省贫民和川、湖、两粤力作苦工之人充当矿夫(或作"砂丁");其他商贾负贩,百工众技,也不远千里往聚矿场。到了矿业衰落时,依矿为生的劳动群众大量失业。他们与破产农民、手工业者相结合,致某些多山府、县充斥"亦民亦匪"、"民匪难分"的游民。地方官害怕"贼"势,不敢认真缉拿;老百姓遭"贼"抢劫,若告官,既受差役索诈,又有受"贼"报复之虞,日久乃形成"贼不畏官官畏贼,民虽被贼莫鸣官"⑦的局面。

在华南,有人说:"今日盗贼之多,……劫案迭出,几乎无处不然。而最多且甚者,莫如两广。"⑧两广盗贼之多,除去和其他各省

---

① 《清实录》,文宗朝,第6卷,第7页,第24卷,第3页。
② 《清实录》,宣宗朝,第403卷,第16页。
③ 《清实录》,宣宗朝,第402卷,第36—37页。
④ 《清实录》,宣宗朝,第417卷,第25页。
⑤ 《清实录》,宣宗朝,第409卷,第2—3页。
⑥ 《清实录》,宣宗朝,第460卷,第19—20页。
⑦ 林则徐:《政书》,丙集,云贵奏稿,第8卷,第6页。
⑧ 史澄等纂:《番禺县志》第19卷,第17页。

出于同样的经济灾难,致使人民贫困化而外,还有其特殊的原因。
这就是鸦片战争后,清政府遣散了战争时招募的壮勇,出现大批的
无业游民,流为盗匪。例如广东,鸦片战争一过,就"盗风大炽"。
广州府属一带,"土匪劫掠为生,结党聚众,数万余人";"其著名积
匪,如香山、新会、顺德等处,姓名皆历历可数"。南海、番禺、东
莞、三水等县,"皆有盗贼巢穴"。他们"出没无常","地方文武,不
肯实力查拿"。① 香山县城内外,单计 1844 年冬至 1845 年春夏之
交半年时间里,"报劫者不下数千案";连香山司巡检鲁某,也被俘
去,被"剃须勒赎"。② 与清远、英德、阳山各县连界的佛冈厅属大
庙地方,地僻山深,"各村庄富民甚多",1849 年,邓南保等纠众至
500 余人,"恃强索诈",并商定行动计划:"如不允从,即行劫掠",
并拟乘该年英人"欲进省城"的机会,进广州"劫掠仓库钱粮及在
城殷富商民"。③ 所有这些盗匪中,多杂有被遣散的壮勇。广东地
方当局对盗匪的镇压,迫使其中不少人溯西江拥进广西。广西地
方在这些年中本已"十室九空,冻馁难堪",加上从广东的大批拥
入,更使广西"盗匪猖獗","日甚一日"。这些人不完全是失业者、
破产者群众,连"原日农民,亦哄然舍耒耜相从"。一时股数甚多,
几遍全省;"每到一处,文武员弁望风先遁,有不及脱逃者,则被掳
勒赎"。"匪"等白昼公行劫掠,来往横行,"常将其地富户、货店之
银物尽数劫掠以散于其党";"饱则去,村落为墟"。④

---

① 《清实录》,宣宗朝,第 413 卷,第 8 页。

② 《清实录》,宣宗朝,第 418 卷,第 20—21 页。

③ 一史馆馆藏,录副奏折:《两广总督徐广缙等为拿获英德县首匪邓南
保等奏》,道光二十九年四月九日。

④ 罗衍:《罗文恪公遗集》上卷,第 8 页;龙启瑞:《经德堂文集》第 6
卷,第 4—5 页。

总而言之,战后各省都由于经济形势的恶化,普遍出现社会大动荡。

### 四、吏治腐败和抗租、抗粮斗争的高涨

鸦片战争时,广东民间流传一个说法:"官怕洋鬼,洋鬼怕百姓。"这个说法,生动地反映了"清王朝的声威一遇到不列颠的枪炮就扫地以尽,天朝帝国万世长存的迷信受到了致命的打击"①。既然为官府所畏惧的洋人还畏惧老百姓,那么老百姓就更无所畏惧了。这种精神上的解放,鼓舞了人民群众起而进行反压迫、反剥削的斗争。当时有人指出:"大凡愚民滋事,半由地方官激变而成,或因苛派相争,或因浮收起衅;始而乌合,继乃鸱张。"②这就是说,吏治的腐败乃是引起"滋事"的导火线。

清政府吏治的腐败,表现在许多方面。为叙述方便起见,前面我们已对赋役征派、河工作弊等等方面有所叙说。下面再作为一个突出问题,稍加论列。起义农民多以反贪官相号召,并由反贪官发展为反清王朝的全面统治的。

#### (一)吏治腐败

清王朝立国之初,责成中央、地方大员的职责,在于安民、兴利、除弊;力求树立"惩贪"、"以清廉为本"的吏治风尚③;到了200年后的鸦片战争前后一二十年间,官场风气"以畏葸为慎,以柔靡为恭","守成者多,有为者少"。京官通病,一"退缩",二"琐屑";

---

① 《马克思恩格斯全集》第 9 卷,第 110 页。
② 清代抄档:《浙江道监察御史张灏奏》,道光二十二年二月十一日。
③ 王庆云:《石渠余纪》,吏治,第 2 卷,第 12—13 页。

外官通病,一"敷衍",二"颟顸"。"章奏粉饰,而语无归宿。"通国"十余年间,九卿无一人陈时政之得失,司道无一人析言地方之利病,相率缄默"。① 有人历述当官的精神状态和一般习气是,"或假详慎之名,以开诿卸;或饰持重之意,以蹈萎靡;或畏阻于当前,或回避于事后;或图小效而为粉饰,或处大事而少担当。总之,事无大小,幸无纠察,则悠忽以便取安;迨奉严谕,始张皇以求塞责"。②"中外臣工,皆有牢不可破之积习,滔滔皆是,不谋而合。养尊处优,弥缝讳饰,瞻徇依违,规避迁就,封疆之积习也。藩司但课钱粮,不讲吏治之优劣;臬司但稽案牍,不顾地方之利病;监司但问节寿,不问属吏之贤否,此司道之积习也。上媚大吏,下悦同僚,苟且偷安,侵凌朘削,恣为奸滥,罔上营私,府、厅、州、县之积习也。克扣粮饷,巧取陋规,贪藉空名,视为利数。不谙营阵,不讲战守,不修器械,不事教演,无事则坐享安荣,有警则闻风胆落,行伍之积习也。其在京大小官员,……岂无一二矫矫自好之士,而时宜不合,往往困顿终身。遂使人人动色相戒。"③州县官贪污舞弊尤为恶化。有人说,"古之州、县,未必皆廉明正直;……今之为州县者,未必皆贪酷暴虐,无如上司婪索,书吏刁诈"。"设有非分之事,总可馈送。上司既受其贿,不得不包涵。"④而最高当局的道光皇帝,则加以宽纵。从上到下,整个封建官僚机器腐朽败坏了。

最接近人民的官僚是州县官。所谓"天下者州县之所积也"。州县官最亲民。封建政府和人民的关系,直接表现为州县官对人民的关系。

---

① 曾国藩:《全集》,奏稿,第 1 卷,第 7—8、12 页。
② 王延熙编:《皇朝道咸同光奏议》第 21 卷,第 6—7 页。
③ 一史馆馆藏,录副奏折:残折。
④ 柯悟迟:《漏网喁鱼集》,第 26—27 页。

　　州县官的本职,原广泛及于禁暴、安民、农桑、学校、征课、治安等等方面;概括言之,是"抚"和"征"。他们的首要职责落在"征"上,即催科赋役。这是既与国家财政收入有关,也与他们的个人利益(政治上的考成,经济上的营私)有关的事情。实际上他们往往"不理民事,不问疾苦,动辄与民为难"①。一贪二酷,成为常例。每值征粮,"州县以粮书为爪牙","粮书以黎庶为鱼肉"。② "民之完纳愈苦,官之追呼亦愈酷"。有人说:"吏役四出,昼夜追比;鞭扑满堂,血肉狼藉";"鱼肉百姓,巧诛横索";"或本家不能完,则锁拿同族之殷实者,而责之代纳;甚或锁其亲戚,押其邻里"。③ 还有更残酷的。例如在贵州、甘肃,"州县浮勒太甚,吏胥因缘为奸";民间稍有怨言,地方官便"纵勇扰民"。

　　作为"抚"民之官的州县官,遇有民事纠纷,理该秉公处理。可是,其时贿赂公行,刑以贿免;奸吏舞弊,蠹役诈赃,甚或结党营私,擅作威福;并滥用非刑,押毙无辜,不一而足。就维持治安的捕务说,州县为求不碍自己的考成,讳饰盗案;不只"缉捕不力,反或挟嫌诬害善良"④。设若迫于命令,不得不作追捕,每每"先期出示";"比至其地",则明知故纵,捏称"盗遁"。然后,"官吏则焚烧附近之民房示威","差役则讹索事主之财物,满载而后归"。⑤ 终至发展成"州县吏役,纵匪殃民"⑥,习以为常。

　　① 《耆英奏》,道光二十三年,《史料旬刊》第35期,第291页。
　　② 胡林翼:《遗集》第85卷,抚鄂批札,第1页。
　　③ 曾国藩:《全集》,奏稿,第1卷,第42页。
　　④ 《清实录》,宣宗朝,第332卷,第16—17页。
　　⑤ 曾国藩:《全集》,奏稿,第1卷,第43页。
　　⑥ 《清实录》,宣宗朝,第448卷,第4—5页。

### （二）抗租抗粮斗争的高涨

农民的抗租斗争，从 19 世纪 30 年代起，开始出现日渐高涨的趋势。到了 40 年代，由于地主的加重租额和农民的觉醒，南、北各省的抗租斗争蓬勃开展，尤其是集体的抗租斗争大为增加。仅以《清实录》所载的计算，这 10 年间大规模的集体行动次数，就和前此 40 年（1800—1839 年）的次数相当。

在这 10 年里，浙西的杭州、嘉兴、湖州 3 府，浙东的绍兴、宁波 2 府，和江苏的苏州、松江、太仓 2 府 1 州，几乎每年都有抗租大案。1840 年冬，浙江秀水佃户拒交地租，对素来"盘剥佃户苛刻"的地主沈某，"聚众拆毁"其住家房屋。① 次年，秀水镇西乡人"虞阿南倡议抗租"，"胁众"千余人，并号召邻圩戽水于田，钉栅于滨，拦截催租船只的进路。②同年山阴等县有所谓"刁佃"、"抗租抢夺之事"；杭州、湖州两府属，也接连发生借灾"聚众抗租"、"讹诈抢夺"的事件。③ 1844 年，余姚的佃户胡阿八等发动抗租，"业户催租"便持械对抗；到了 1848 年，他们更"结群毁富门"，对于平日收租苛刻的地主，给以严厉的打击。其邻县慈溪的佃户，一再响应，采取类似行动。④

1842 年，江苏苏、松两府农民向地方当局请愿"酌减"租额，遭到"查禁"，便径自"勒令"业户减让租额。其中昭文县由徐二蛮等首倡，"聚众"焚烧运丁船只，并打毁业户多家。⑤ 1845 年前后，太

---

① 一史馆馆藏，录副奏折：《闽浙总督刘韵珂奏》，道光二十三年二月二十九日朱批。

② 一史馆馆藏，录副奏折：《浙江巡抚管通奏》，道光二十三年九月十六日朱批。

③ 《清实录》，宣宗朝，第 364 卷，第 19 页。

④ 《清实录》，宣宗朝，第 417 卷，第 25 页。

⑤ 李星沅：《遗集》，奏议，第 12 卷，第 59 页。

仓州滨海县乡民连续展开斗争，"勒令各业户"减收地租，并以打毁地主房屋相威慑。① 1846 年，昭文东乡一带佃农，因地主抬价收租，"心怀不甘"，在佃户张荣荣等倡导下，写贴揭帖，"挟制各业户减价收租"。地主置之不理，佃户集众打毁业户房屋 36 家。②

其他各省，包括台湾在内，也连年发生大小不一，激烈程度不同的抗租斗争。其中最引人注目的，一是湘西苗民抗交屯田的"屯租"；二是蒙古科尔沁旗佃户的抗欠地租。

湘西凤凰、永绥、乾州、保靖、古丈坪 4 厅 1 县是苗族聚居地区。在嘉庆初年置有大量屯田，"召佃耕种纳租"，以资军食。③ 屯租比民业佃租为轻，与钱粮相比则倍重。鸦片战争后，广大苗民群众境况日益恶化，无力完纳屯租的一年比一年增多。到了 1844 年，在乾州有被官府污蔑为"痞苗"的石观保等人，曾"伙众挟制"，抗交屯租；不过当年由于"附众无多"，未能取得胜利。1846 年冬，石观保"伙党渐盛"，到 1847 年冬，"聚众千人"，举行"烧毁仓廒"的暴动，终于迫使清政府作出一些让步，许"新旧佃欠，分别豁免"，并减让屯租额 10%。④

1849 年，蒙古哲里木盟科尔沁左翼后旗昌图额尔厅的蒙、汉佃户不堪蒙古王公地主的加重剥削，在吴保泰等人倡导之下，"抗欠地租"，"延不交纳"⑤；持续到 1852 年，蒙古王公地主与地方官

① 《清实录》，宣宗朝，第 434 卷，第 28 页；柯悟迟：《漏网喁鱼集》，第 8—9 页。

② 李星沅：《遗集》，奏议，第 12 卷，第 51、55 页。

③ 《苗疆屯防实录》第 7 卷，第 9 页，扬州古旧书店据原稿本复印油印本。

④ 《清实录》，宣宗朝，第 450 卷，第 12—13、41 页，第 451 卷，第 6 页；但良纂：《湖南苗防屯政考》卷首，第 56 页，第 9 卷，第 45 页。

⑤ 《清实录》，文宗朝，第 33 卷，第 5 页。

府相勾结,企图用暴力镇压,抗租佃户随即针锋相对地转化为武装暴动。

抗租的斗争对象本只是收租地主,由于官府"派差缉拿",群众便把矛头指向官府。如1845年江苏昭文佃户贴出布告,"勒令各业户减收麦租";地方官派差捕人,农民便鸣锣集众拒捕。① 同年,常熟佃户向官府请愿,要求减租不遂,便捣毁县署。当时江苏巡抚李星沅调兵近千名进行弹压,农民乃集数千人手执农器,抗拒3个多月。②

在19世纪40年代前期,苏浙各地佃农抗租的目的仅在减轻租额,一般要求减轻40%—50%。例如1841年浙江的秀水佃户虞阿南、倪福元等"会齐"各庄佃户决议:"每租米一石,只准还谷六斗。"如"业户不依",则"齐心抗欠"。③ 1842年,江苏华亭佃农展开抗租斗争,"欲令业户让租一半"。

这些年间的抗租斗争,还表明佃农具有较高的斗争艺术。他们的斗争有组织、有计划,有理、有节。例如,1842年,江苏华亭、娄县就涌现出马洪洲等群众领袖。他们首先利用庙会宣传抗租的必要性,接着便在县属各村串连,组织群众,公议决定勒令地主答应减轻租额;并商定了行动计划:"以鸣锣为号,务须齐集。"他们选定以官僚地主徐行、倪楷两家为"先行勒让"的对象;若不从,便以"打毁〔器皿〕唬吓,使各畏惧",但不伤人。在行动中,他们除把倪楷换为文生冯某作为斗争对象外,一切都照预定步骤进行。他

① 《清实录》,宣宗朝,第434卷,第28页;李星沅:《遗集》,奏议,第12卷,第50、51页。

② 柯悟迟:《漏网喁鱼集》,第8—10页。

③ 一史馆馆藏,录副奏折:《浙江巡抚管遹奏》,道光二十三年九月十六日朱批。

们的行动取得预期效果后,紧接着"逼令"徐、冯两家,"出具让租若干字据",使往"各处粘贴"①,以扩大影响。

佃户群众在实践中提高了斗争艺术,使封建官府"不胜骇异"。地方官运用暴力镇压,群众便"焚烧运丁船只"。清廷曾命令对他们"认真查拿,不可姑息";江苏当局也认为此风断不可长,亟宜严加惩创"。但是,他们面对手执农具严阵以待的农民群众,无可奈何地首鼠两端,虽"调兵往捕",更怕"别滋事端",而不敢贸然行动。② 这些情况说明了佃农既意识到阶级的团结力量是和封建政府作斗争的有力武器,又暴露了封建统治力量的虚弱。

在鸦片战后 10 年间,田赋征收定额虽未提高,但"银钱转折",或"银谷转折",却使实际负担提高了。加上地方州县的苛敛,吏胥的讹索,而且动辄滥用国家机器实施暴力强制,抗粮斗争也急剧高涨。在某些地区,银贵一度成为发生抗粮斗争的直接导火线。例如湖南的郴州(1841 年)、耒阳(1844 年),浙江的奉化(1844 年)、石门(1847 年),福建的台湾(1844 年),江西的临川(1847 年)、乐川、贵溪(1848 年)等地较大规模的抗粮斗争,直接起因都是折征过重。时人说:"漕之讧也,起于银贵。"③说得有一定道理。

遭受重赋损害的,不只是广大农民群众,也包括中下层地主阶级。后者之中有些具有文武生监功名,是农村中的头面人物,有一定的号召力。他们倡首发动,广大农民积极支持。1845 年,浙江

① 一史馆馆藏,录副奏折:《江苏巡抚孙善宝等奏》,道光二十三年八月二十七日朱批。

② 一史馆馆藏,录副奏折:《江苏巡抚孙善宝等奏》,道光二十三年八月二十七日朱批。

③ 《清实录》,宣宗朝,第 408 卷,第 25 页。

奉化文生张文渊"挟制完粮减价",乡民负耒赴城者"以数万计"①,就是一个典型。

　　在整个19世纪40年代,抗粮斗争在南北各省此起彼伏,绵延不绝。其著者如1840年,江苏丹阳乡民以"完粮折价"过重,聚众抗官毁署,拒交钱粮。② 1841年,江西新喻监生万国彩"纠众"闹漕抗官。③ 1842年,山东潍县,"乡民因纳粮与县吏争哄";江苏川沙、南汇、奉贤3县,乡民"纠约","恃众挟制"各该县地方官,以遭到鸦片战争战火的意外损失,要求免征,或减轻征额④;湖北崇阳,诸生锺人杰等聚众达2万人,"抗粮不完"⑤;浙江缙云胡喜芹等"拥众"挟制地方官发布减价完粮告示⑥;归安嵇祖堂等人"诱胁乡民,哄堂抗粮","戕害兵役,殴毙地保",阻止各村完粮,"各粮户纷纷效尤"⑦。1843年,有所谓嵇祖堂案的"逸犯",恃众抗粮,迫使官府"停征"⑧。同年在湖南的耒阳,有文生蒋庆云、蒋文葛兄弟

---

① 《清实录》,宣宗朝,第421卷,第14页,第428卷,第16页;张美翊等纂:《奉化县志》第11卷,大事记。

② 《清实录》,宣宗朝,第339卷,第9—10页,第340卷,第3—4页。

③ 《清实录》,宣宗朝,第349卷,第20—21页。

④ 《耆英奏》,道光二十三年正月二十日朱批,一史馆馆藏。

⑤ 《清实录》,宣宗朝,第364卷,第12页,第365卷,第15页,第366卷,第22、24页,第370卷,第16页,第379卷,第24页,第381卷,第15—16、21页。

⑥ 《清实录》,宣宗朝,第364卷,第12页,第365卷,第15页,第366卷,第22、24页,第370卷,第16页,第379卷,第24页,第381卷,第15—16、21页。

⑦ 《清实录》,宣宗朝,第364卷,第12页,第365卷,第15页,第366卷,第22、24页,第370卷,第16页,第379卷,第24页,第381卷,第15—16、21页。

⑧ 《清实录》,宣宗朝,第388卷,第24—25页,第391卷,第22—23、31—32页,第394卷,第12页。

聚众千余抗粮,护理道台高某遣家丁带民壮"密拿","民壮被伤",
"家丁被虏"。① 在江西安仁,有"棍徒"高嫩伙等,"聚众抗漕,拒
捕伤官"。② 1844 年,耒阳段、阳两姓,抗不完粮;"痞棍"阳大鹏
"纠众至千人之多","夺犯攻城","拒伤官兵","哄堂塞署,挟制
减粮";"凡充户书、粮差、里差者",都被抄抢一空。③ 在台湾嘉
义,武生郭崇高和洪协等人,"聚众数千",反对折征,"汹汹欲
变"。④ 封建统治集团面对抗粮大案接连发生,在 1845 年,有人提
议对银钱转折问题,定个划一章程,以防止纠纷迭起。可是,清政
府于次年制定的章程,远远脱离实际,因此,抗粮斗争仍继续展开。
除了上文已述浙江奉化张文渊倡首向县当局要求"完粮减价",聚
众上万,滋闹县城事件⑤外,1846 年,又有河南新乡县民希图减少
纳粮钱文,粘贴匿名揭帖,"聚众哄堂,致伤官长"⑥;江苏昭文县的
金德顺等反对征收漕粮,"恣意讹索",纠众直入县署,"将法堂、内
室尽毁",又毁漕书薛三家。⑦ 镇洋县也发生捣毁漕书住屋的类似
案件。江苏当局旋派兵勇前往镇压,乡民"集数千人,皆执兵器"
抵拒,"势甚狂悖","锋不可撄";省当局只得使"弁勇返棹,官亦回

① 《清实录》,宣宗朝,第 396 卷,第 12 页;一史馆馆藏,录副奏折:《湖
广总督裕泰奏》,道光二十三年八月十七日朱批。
② 《清实录》,宣宗朝,第 403 卷,第 6—7 页。
③ 《清实录》,宣宗朝,第 406 卷,第 4—5 页。
④ 《清实录》,宣宗朝,第 403 卷,第 26 页;一史馆馆藏,题本:《军机大
臣穆彰阿会刑部奏》,道光二十五年九月二十五日。
⑤ 《清实录》,宣宗朝,第 421 卷,第 14—15、17 页,第 422 卷,第 10 页。
⑥ 《清实录》,宣宗朝,第 428 卷,第 16 页。
⑦ 《清实录》,宣宗朝,第 435 卷,第 10—11 页;柯悟迟:《漏网喁鱼集》,
第 7 页。

城"。①

1847年，在浙江石门、江西临川、山东堂邑等地都有抗粮、闹漕的事件。1848年，江西乐川、贵溪等县，"相继以漕事哗，贵溪尤甚"②。1849年，河南涉县以武生李长青为首，"花户等〔抗〕欠漕粮"，拒捕伤官③；安徽青阳章位南等，"恃众哄闹"，"抗不完纳"当年新赋银米。④ 江苏句容监生唐崇增等在征粮时，倡为"完七缓三"之说，纠众不完粮，"抗拒伤官"。⑤ 1850年，江西庐陵县"刁徒"杨习堂等聚众拆毁乡征粮局，"拒伤兵役"⑥；湖北通城"刁徒"王尚志等聚众抗粮，伤官殴差；湖广总督派员往拿，"犹敢负固不服，拒捕伤人"⑦；陕西渭南县民"以加赋聚数千人，环城而哗"⑧；福建武平"官征钱粮，民多怀疑，不肯纳"，"盗贼乘之，煽动滋乱"⑨；山东堂邑，因县令"苛敛虐民"，万余人围城"闹漕"⑩；还有广东东莞，因一抗粮生员自杀后，"合邑士子"抗议，即"印长红通帖罢考"。⑪

抗租和抗粮这两种斗争密切相关。前者可以推动后者的发生，后者也会带动前者的展开。整个19世纪40年代在苏南、浙西

---

① 《苟全近录》，第22页。
② 闵尔昌辑：《碑传集补》，王柏心：《蒋公墓志铭》第16卷，第12页。
③ 《清实录》，宣宗朝，第474卷，第19页。
④ 《清实录》，宣宗朝，第474卷，第23页。
⑤ 《清实录》，宣宗朝，第475卷，第23、24页；一史馆馆藏，录副奏折：《两江总督陆建瀛等片》，道光二十九年十一月二十一日朱批。
⑥ 《清实录》，文宗朝，第6卷，第7页。
⑦ 《清实录》，文宗朝，第37卷，第26页。
⑧ 曹允源：《淮南杂著》第2卷，第42页。
⑨ 闵尔昌辑；《碑传集补》第32卷，陈应奎传。
⑩ 《潘焕龙传》，《清史列传》第73卷，第22页。
⑪ 《清实录》，文宗朝，第30卷，第22页。"长红"，与大字报相似。

一带接连发生的抗租抗粮斗争,就表明这点。其中 1842 年的苏州、松江两府的华亭、娄县、南汇、奉贤、昭文 5 县,抗粮和抗租互相影响,交互发生尤是一个典型。① 这两种斗争开始时,并非完全拒纳官赋、私租,只要求减轻一些租额、革除赋税中的弊端而已。民间的暴力行动,只是企图实现合理的要求,对封建官府并不就存意造反。可是,封建统治当局不仅拒绝人民的合理要求,而且,动辄派兵镇压,以为非如此"不足以惩刁顽"②,使矛盾激化,不少抗租、抗粮的经济斗争,便变质成为直接反对地方政权的政治斗争。

与此同时,为要求赈灾、反对勒捐,而激成闹署抗官的事件,也频繁发生。如 1842 年,浙江余姚县"匪徒",以呈请赈济为名,"拥入〔官〕仓内凶闹"③;桐乡、安吉乡民"纠众肆闹","毁署伤官",抢去库银。河南河内、修武、武陟、安阳、汤阴、封丘、浚县等 7 县百姓,反对"派科勒捐","聚众上堂,凌辱官长"。④ 1843 年,浙江桐乡灾民滋闹地方官署;湖南武冈州"痞棍"曾如炷,"阻米出境","纠众戕官"。⑤ 1844 年,广西昭平"盗匪"抢劫饷船。1846 年,浙江奉化民间反对县里书役向粮户私索票钱,"酿成巨案";河南新乡县民贾学彦等"粘贴匿名揭帖",要求减纳钱粮,进而"聚众哄堂","伤官长";江苏昭文县在"地棍"金得顺等倡率下,反对官府

---

① 一史馆馆藏,录副奏折:《江苏巡抚程矞采奏》,道光二十二年十一月二十五日。

② 一史馆馆藏,录副奏折:《安徽巡抚曹楗奏》,道光二十九年十一月二十七日朱批。

③ 《清实录》,宣宗朝,第 364 卷,第 19 页。

④ 《清实录》,宣宗朝,第 368 卷,第 28 页。

⑤ 《清实录》,宣宗朝,第 393 卷,第 3、7、11 页,425 卷,第 6 页,第 428 卷,第 16 页,第 345 卷,第 10 页,第 470 卷,第 20 页,第 471 卷,第 12 页,第 475 卷,第 23 页。

"滋意讹索",毁县署"大堂暖阁",并纠众拒捕。① 1849 年,江苏苏
州饥民聚集于阊门,"白昼抢掠"俞、周、高 3 姓大户;常州府饥民
数百人赴府报灾,然后"纠约千余人拥至城内绅士余姓家",以"求
赈"为词,抢劫财物粮食。② 1850 年,江苏句容"刁民"在该县开仓
征粮之际,"纠众阻挠,抗拒伤官"③;江西德化等地、湖北黄梅一
带,都"有游民结伴同行,横索钱米,攘窃财物"④。所有这些,只是
见于官书中的一些记载。所谓"匪徒"的"凶闹"官仓、"盗匪"的
抢劫饷船、饥民的各种骚扰等等,无非是民间反压迫、反剥削的各
种不同的形式罢了。

### (三)暴动和起义

抗租抗粮,以及各地因这种那种原因所触发的吃大户、抗讹
索、阻米出境等等,此起彼伏,整个社会动荡不宁。在这种形势下,
民间不顾官府"禁邪教"的法令,破坏"严保甲、整乡约"的措施,秘
密习教、结社的活动,广泛展开。

清廷屡次命令各省督抚严缉各该省教匪,要求"净绝根株",
而"教"的名目却越来越多,"匪"的队伍也越来越大。1842 年,湖
北崇阳锺人杰倡首的抗粮斗争,迅即分头纠众"达数万人","拒捕

---

① 《清实录》,宣宗朝,第 393 卷,第 3、7、11 页,第 425 卷,第 6 页,第
428 卷,第 16 页,第 345 卷,第 10 页,第 470 卷,第 20 页,第 471 卷,第 12 页,
第 475 卷,第 23 页。

② 《清实录》,宣宗朝,第 393 卷,第 3、7、11 页,第 425 卷,第 6 页,第
428 卷,第 16 页,第 345 卷,第 10 页,第 470 卷,第 20 页,第 471 卷,第 12 页,
第 475 卷,第 23 页。

③ 《清实录》,宣宗朝,第 393 卷,第 3、7、11 页,第 425 卷,第 6 页,第
428 卷,第 16 页,第 345 卷,第 10 页,第 470 卷,第 20 页,第 471 卷,第 12 页,
第 475 卷,第 23 页。

④ 《清实录》,文宗朝,第 6 卷,第 7 页,第 24 卷,第 3 页。

捆官",攻占通城,自立为"锺勤王",成为清政府镇压白莲教起义后规模最大的暴动。从这时起,全国各地接连发生暴动事件。如白莲教、天理教发动斗争于华北各省,捻党活动于河南、山东、安徽一带,斋教散布在湖南、江西、浙江、福建各地,天地会势力更遍及长江流域和华南各地。单据《东华录》记载,在 19 世纪 40 年代,大大小小的各种反清暴动,达 110 余次;涉及的地区,有湖北、湖南、四川、山东、江苏、广东、广西、福建(包括台湾)等省;而以在湖南各地发生的最为频繁。到 40 年代末,湖南新宁县先有瑶民雷再浩与汉民李辉、陈名机在黄陂岗地方纠党结会,与广西全州瑶民萧灿等遥相呼应,暴动起事;继有李沅发组织的"把子会",以"劫富济贫"相号召,反对绅户"勒索重利",宣布要"替天行动",杀死代理知县万某,攻占县城,活动于湘、桂两省交界山区。① 广西地方更是极不平靖。全省"领府十一",而所谓被"匪徒"蹂躏之区,"已近十之七"。而且,"地方大吏,苦于兵力有限,经费无多,顾此失彼,仓皇失措"②。当时,有人提心吊胆,担心"一夫狂呼"③即揭竿而起事件的发生;也有人喻作时势"如人满身疮毒,脓血所至,随即溃烂,……势必有不可收拾之一日"④。在社会经济形势的急剧恶化下,大规模的起义革命,已处在一触即发状态。

---

① 《清实录》,宣宗朝,第 474 卷,第 2—5、15—16、24—25 页;《湖广总督裕泰奏》,道光三十年六月二十二日朱批,《刑部尚书阿勒清阿奏及附件,〔李源发〕供单》,一史馆馆藏,题本。

② 龙启瑞:《经德堂文集》第 6 卷,第 5—6 页。

③ 左宗棠:《全集》,书牍,第 1 卷,第 35 页。

④ 龙启瑞:《经德堂文集》第 6 卷,第 5—6 页。

## 五、少数民族地区民族矛盾的激化

中国广土众民，各个地区社会经济的发展极不平衡。但经济上落后的少数民族聚居地区，也和汉族聚居地区一样，受到战后银贵钱贱的破坏影响和官赋、私租加重剥削的危害。而这些地区，又有民族压迫的特殊问题。民族矛盾和经济矛盾交织在一起，使民族间的矛盾急剧激化。

中国少数民族很多，集中聚居地区的情况也各有差别。这里主要只述回、苗两族为主的少数民族，以及新疆的情况。

清政府没有科学的民族概念。满贵族在入主关内之前，与蒙族结成联盟，建立了统一的清帝国之后，标榜全国人民"皆我赤子"，一视同仁；但其实却执行以满族为主，联蒙制汉，或联蒙汉以制其他少数民族的民族歧视政策。

清政府对回族的歧视毫不掩饰。《大清律例》规定："盗犯已行"罪，汉人犯者赃在银 50 两以上，才处徒刑；银 100 两以上，才处流刑。若是回民，则"结伙 3 人以上"，"不计赃数"，"发云贵、两广极边烟瘴充军"。[①] 还有这样的成案："回杀汉者，抵死"，"汉杀回者，令偿敛葬银 24 两"[②]了事。如此歧视，由来已久。在经济比较稳定，阶级冲突不怎么尖锐时，尚可相安，到了经济衰退、阶级矛盾尖锐时，便易于激变。

汉、回之间礼俗互异，相互轻侮，经常因细故、积误会而形成矛

---

① 参见《大清律例增修统纂集成》第 24 卷，第 16 页；祝庆祺编：《刑案汇览》第 16 卷，第 12 页；吴坛：《大清律例通考》第 24 卷，第 29 页。

② 杨毓秀等编：《平回志》第 3 卷，志，甘肃一，第三页；白寿彝编：《回民起义》第 3 册，第 107 页。

盾。这类误会、矛盾若被各族豪强所操纵，便"贪横构衅"，发生械斗。地方当局又以"暗中挑拨"，"意图两伤"①为得计；到了不得不处理这些事件时，辄"以强弱为曲直"，谁强就袒护谁。一般说来，汉较回强，在处理时，地方当局便总以袒护汉族为多。

回民在全国各地与其他兄弟民族——主要是汉族，错杂相居，形成大分散、小集中的状态。在云南、陕西、甘肃3省，回民居住比较集中。如1850年前后，云南人口700余万，"汉民占十之三四，回民占十之一二"，其他被称为"夷"或"彝"的10余个少数民族共占十之五六。② 回民在诸少数民族中独占多数，与汉民约成1与2之比。③ 陕西，"汉回错处"④，甘肃，"自省垣及所属府、厅、州、县，大半参居回民"⑤。但总的说来，汉民多于回民。回民的宗教团结坚强，并有清真寺公费，缓急可资通融。在这些省份，敢于反抗、并有能力反抗民族歧视的，首推势众心齐的回族。所以当民族矛盾激化时，采取最激烈的形式——武装斗争的多半是回民。而一旦发生暴力行动，回族内部的统治阶级为了转移劳动群众的目标，就惯于煽动民族情绪和宗教狂热，以至不分是非曲直，仇杀异常酷烈。

18世纪初，清政府在云南确立自己的统治后，禁止汉族与少

---

① 李丙元：《永昌保山县汉回互斗及杜文秀实行革命之缘起》，《回民起义》第1册；林则徐《全集》，丙，云贵奏稿，第10卷，第20—21页。
② 《钦定平定云南回匪方略》（以下简称《云南方略》）第19卷。
③ "滇省夷人……十居其七；汉民不过二分，回民仅止一分"，《云贵总督张亮基奏》，《云南方略》第9卷。
④ 杨毓秀等编：《平回志》第1卷，志，陕西，上，第一，第3卷，志，甘肃，一，第三。
⑤ 杨毓秀等编：《平回志》第1卷，志，陕西，上，第一，第3卷，志，甘肃，一，第三。

数民族之间典当和买卖土地；到了 19 世纪中，这个禁令已成具文。汉民利用土司"图得价银"的弱点，经常廉价兼并彝民土地。凡彝民向汉民以土地作抵的典当、债务，汉官多回护汉民，以过期不赎为词，把彝民田地断归汉民。通过这类方式，彝民的土地日益被汉民兼并。到 19 世纪 20 年代，个别地区如永北厅北胜土司管辖地，已典出十之三四，十之七八不等，致彝民"无田可耕"①。1848 年，云南当局解决永昌汉、回仇杀案，严令保山（永昌府首县）回民将产业全数售予汉民，"腴田"多被汉族豪强所占有。② 回民既怨官府，又仇汉民。

在云南，矿业（包括铜、银、铅等）和农业一样，同是重要的经济支柱。经营者主要是回、汉两族人民中的有资力的人物。云南矿业到嘉庆时已趋衰落，至道光更每况愈下。矿业的不景气，激化了矿业投资人物之间的矛盾。这种矛盾若发生在不同民族间，即回汉之间，他们往往各自煽动本族群众"分朋树党"，发生激烈械斗。在 1840 年前，所谓"汉回构隙"，"争利斗狠"的事件，已屡有发生。1845 年，保山地方汉、回之间因争矿利发生了一次大规模的械斗，该省其他地方回民也相继响应。到了 1847 年更演变成为循环仇杀。林则徐受任云贵总督处理此案，"调兵一万有奇，用饷四十万"③，镇压回民，惩处汉民，并命令双方具结互保，才算把仇杀压制了下去。在处理善后中，清政府虽然宣布原则为："但当别其为良为匪，不必歧以为汉为回"；"汉回同体，执法持平"④；但事

---

① 王崧等纂：《云南通志稿》第 58 卷，食货志，二，田赋，二。
② 咸丰五年十月二十四日，《云南方略》第 1 卷，《陕西道监察御史陈庆松奏》。
③ 林则徐：《全集》，丙，云贵奏稿，第 4 卷，第 7 页。
④ 《回民起义》第 1 册，第 26 页。

实上处处"护汉抑回";又把所有当地回民数千人"驱逐徼外",强制迁往潞江西岸、自然条件恶劣的官乃山落户。清政府原想借弹压手段和隔离措施以减少双方仇杀,事实则恰恰相反,"仇衅愈结愈深"。他们既失"故业","其稍有刚气者",便经常在"沿边滋扰",从曲靖至永昌上下 2000 余里间,"每思乘机报复"。① 至于由此而形成的汉回两个兄弟民族间的隔阂的影响尤甚,直至解放前夕,还没有完全消失。②

　　在陕西,汉、回之间,"间衅数开,结党寻仇,械斗劫杀,往往而有"③。在甘肃,"自来回、汉杂居,动相仇杀"④。地方官通常采取弥缝调和办法来解决,"不复论其情之曲直,但计其势之强弱","每多偏蔽汉民"。⑤ 这样,回民积怨日久,先与汉人拼命,渐而至于与官府为敌。

　　苗民以聚居在贵州的为最多。当时所称之苗,不只限于苗族一族⑥,还包括水、回、侗、瑶、彝、布依等少数民族。在贵州,苗族集中聚居的地区叫"苗疆",约占全省面积的一半。与贵州毗邻的湖南西部凤凰、乾州、永绥、古丈坪、保靖等 4 厅、县苗族聚居区,也别称

---

　　① 《云南方略》第 1 卷;刘毓珂纂修:《永昌府志》第 28 卷,大事记,道光二十八年正月条。
　　② 参见吴乾就:《云南回族的历史和现状》,《云南省历史研究所研究集刊》1982 年第 1 期,第 154 页。
　　③ 杨毓秀等编:《平回志》第 3 卷,志,陕西,上,第一。
　　④ 曾毓瑜撰:《征西纪略》第 1 卷。
　　⑤ 杨毓秀等编:《平回志》第 1 卷,志,陕西,上,第一。
　　⑥ 苗,在清代文献上,有作为对苗族的专称,也有作为对贵州以至整个西南少数民族的泛称;也有在其他少数民族族名下加一苗字的,如"侗苗""仲家苗""水家苗"等。对苗族本身,又有各种不同称谓,如"红苗"、"黑苗"、"花苗"等等。正文中的苗,主要专指苗族,也包括苗族聚居地区的其他少数民族。苗族人民当时在贵州,主要聚居在东北和东南部。

"苗疆"。1726 年,清政府在"苗疆"实施"改土归流"的政策,事实上是与土司进行妥协,形成"土流并存"的局面;并"挑选精壮",在贵州的苗疆里,"且屯且戍,以此弹压苗民"①,实行军事封建的专制统治。单在古州、八寨、台拱、丹江、清江 5 厅,即分设 120 堡。在湘西苗疆的兵力部署是:沿边环计 700 余里内,苗寨 2000 余处,"共设营、汛官兵 10470 员名屯备";又建置汛堡、屯卡、碉楼、哨台、炮台、关厢、关门共 1172 座②,以资警备。清政府委派"流官",掌握府、厅、州、县的地方政权,州、县以下的基层政权仍控制在少数民族首领"土司"手里。"凡有催科、差徭及缉拿、拘捕事,俱责成土司。"③

清政府歧视、钳制苗民,制造汉苗隔阂,以便操纵。例如在雷山、剑河等 6 厅,规定杂居比例为"汉三苗七",以利"强弱相制"。④ 同时,又禁止汉、苗人民自由往来。汉人不准私入苗地,苗民也不得私往汉人集居地区;连赶场也有限制,必须由寨长"押苗人以同来,复押之以同往"。此外,严禁汉苗通婚,违者"从重处治"⑤。1826 年重申这些禁令:不许汉人"私入苗寨,勾引滋扰"⑥。

苗等各少数民族人民在"土流并存"的统治下,深受两位一体的压迫和榨取。即:同知、通判等流官通过土司、通事等土官搜括民财,土官依仗流官(包括屯军的千总、把总)维护着世袭的统治权益。"每〔流〕官派一夫,土司辄取数夫,勒令折价;或指称误差,横加讹索。""官用民夫一次,民间受累无穷。"⑦"官取于民者十

---

① 任可澄等纂:《贵州通志》,前事志,第 37 卷。
② 《苗疆屯防实录》第 1 卷,《屯防纪略》第 3 卷,屯防纪略。
③ 艾应芳纂:《独山县志》第 22 卷,宦绩,第 36 页。
④ 《清实录》,高宗朝,第 99 卷,第 23 页。
⑤ 《清实录》,高宗朝,第 607 卷,第 36 页。
⑥ 《上谕》,参见凌惕安:《军事史》第 2 册,第 1 编,第 85 页。
⑦ 《贵州通志》,前事志,第 27 卷,第 17 页。

之三,土司、通事、差役取于苗者十之七。"①土官对各该族人民,"侵其田土,役其子女",不只"苛派临而身家难保",而且使之"受辱难堪","非刑搕索之,家倾乃已"。②

贵州"跬步皆山,田土硗薄"。1737 年,清政府在古州、八寨、台拱、丹江、清江 5 厅置屯军 8939 户,对每户授给土地上等的 6 亩、中等的 8 亩、下等的 10 亩,附近山地不限。③ 18、19 世纪之际,铜仁、石砚苗地置屯军,每军百名,设百户一、总旗二。屯军每名授水田 4 亩,百户 6 亩,总旗 5 亩。除山地,仅屯田即达 30 万亩,相当于全省"实在成熟田"的四分之一④,超过"苗疆"耕地的一半。所有屯田,官文书中都记做"苗民呈缴",或"情愿"让出以养兵;其实,没有一亩不是由军、政当局凭暴力从苗族人民手里夺取来的。这些夺来的屯田,虽有上、中、下三等之分,实际"悉皆膏腴"。⑤

往后,苗民一再采取暴动形式,反抗清王朝的军事封建专制统治,形成所谓"苗变"。就其规模较大的说,据《贵州通志》"前事志",在 1737—1840 年的 100 年间,不下 10 余次,也就是平均 10 年 1 次。这些"苗变",无一例外地都被清政府镇压了。每次"苗变"参加者之被杀的变成"绝户",幸存的被称做"叛苗",他们的土地绝少例外都被收做官有或充做屯田。还有屯军头目,督促屯军

① 胡林翼:《论东路事宜启》,《遗集》第 58 卷,宦黔书牍。

② 《贵州通志》,前事志,第 23 卷。

③ 《贵州通志》,前事志,第 37 卷;罗绕典:《黔南职方纪略》第 6 卷,第 10—11 页。

④ 雍正二年(1724 年)贵州田地数为 1074344 亩。(梁方仲编:《中国历代户口、田地、田赋统计》,乙表 61。)这里以此数为主要依据并考虑往后年份增添了一些成熟田来计算的。

⑤ 罗绕典:《黔南职方纪略》第 6 卷,第 11 页。

开垦的"山冈畸零隙地"①,事实上很少不是公然霸占各族群众早经开垦的熟地。随着屯田面积的不断扩大,到 19 世纪 40 年代,苗民劳苦大众保留在手的土地,都是屯军所不取的"山头地角,水易湿而旱易干"②的畸零贫瘠之地。

上述屯田,到了 19 世纪 50 年代,已半为汉族地主分子所侵占,所谓"今日之食屯者,半是刁生劣监"③。

清政府尽管采取民族隔离政策,禁汉人擅入苗寨,实际上总是禁而不止。据 1826 年调查,进入"苗疆"的汉人客民,已有 71495 户。④ 这些汉人大致有两类:一是"奸商"、高利贷者;二是劳动群众。前一类人"百计欺给"苗民,不择手段地盘剥侵占。例如,他们或酿酒、磨豆腐、宰猪售肉,有意赊给苗民,日积月累,"变抵田产数十百金",进而把苗民的"田产妻孥",尽攫为己有。⑤ 高利贷者出借钱物,月利率超过 3 分。青黄不接时,利息更重。借谷 1 石,1 月之内须还至 2 石、3 石不等;在这些"客民"、高利贷者的盘剥下,苗民匮乏不堪。⑥ 还有一些人,通过代交钱粮方式,最后竟把苗民土地讹为己有。⑦ 1839 年年初,清廷虽查禁客民、流民盘剥苗人,但收效甚微。这样,在兴义,田地"悉为客有";在修文,苗民

---

① 《清实录》,高宗朝,第 418 卷,第 1—2 页。
② 李承栋纂:《黄平县志》第 7 卷,武备,第 34—35 页。
③ 胡林翼:《遗集》第 58 卷,宦黔书牍,第 1—2 页。
④ 凌惕安:《军事史》第 2 册,第 52 页。
⑤ 胡林翼:《遗集》第 58 卷,宦黔书牍,第 1—2 页。
⑥ 胡林翼:《遗集》第 58 卷,宦黔书牍,第 7 页。
⑦ "诸苗……不敢亲见官府,其田粮辄请汉民之猾者代之输而倍偿其数。谓代输者为田主,而代者反谓有田者为佃丁。传及子孙,忘其原始,汉民辄索租于诸蛮。诸蛮曰:我田也,尔安得租? 代输者即执州县粮单为据,曰:我田也,尔安得抗租? 于是讼不解,官不能辨为谁氏之田,大抵左袒民而抑诸蛮獠人"(黄钧宰:《金壶七墨》)。

"悉为佃户"。①

因利害冲突而形成的所谓"汉苗不和",实质上乃是以民族矛盾形式所表现的阶级矛盾。

在少数民族内部,也有贫富的分化。到19世纪40年代,也出现了或占地千余亩、或土地遍布数十寨、或产量达千挑的大地主,而与穷苦苗民形成了阶级的对立。

苗民承租屯田、或承租本族和汉族地主的土地,一般都对半分租。看来似乎并不特别苛刻;可是,在土质贫瘠、生产水平很低的苗族聚居地区,却是很苛刻的。佃农保留的租余部分,常不足以餬口。承种土司土地的苗民,还须提供力役和礼品。土司凭借握有统治权力,以"退佃"为手段,"辄虐使其苗",责令"岁上牛、羊、鸡、猪,以为年例年租",并"多方科派之"。② 苗族大众生机,更濒临绝境。

当18世纪,清政府规定,"苗疆"的一部分地方"粮特从轻",另一些地方"永予免收"。随着时日的推移,这些规定都成具文。官府巧立名目,对免征者进行"采买"。而"采买"并无一定办法或限额,其榨取之重,比征银有过之而无不及。至于"从轻"者,更日益从重。苗民迫于"催比",有"挖出亲尸"检取殉葬银器,抵交赋税的。③

"苗疆"还有一种传统的贡赋叫做"鸡粮"。到1840年前后,

---

① 贺熙龄:《复陈汉苗土司各情疏》,转引自侯哲安、杨有耕、翁家烈:《太平天国革命时期的贵州各族农民大起义》,太平天国史学术讨论会(1979年)论文。

② 贺熙龄:《复陈汉苗土司各情疏》,转引自侯哲安、杨有耕、翁家烈:《太平天国革命时期的贵州各族农民大起义》,太平天国史学术讨论会(1979年)论文。

③ 韩超:《苗变记事》,第1页,《振绮堂丛书初集》。

官府把"鸡粮"的鸡,先折成银价,再折成钱价。所谓一只鸡的鸡价,有竟至须"纳钱数千"的①,超过同一时期苏、常一带白米1石的价格。可见贡赋之重! 对于没有土地的苗家,则须纳"烟户钱",更是一种无情的压榨。

苗民等各族大众在官赋、私租、高利贷等种种苛敛压榨下,"终岁勤劳,竭其物力仅足输官,无余粟以自赡";"终日采芒为食,不得一粟入口"。② 这样,他们不仅无法维持简单再生产,就连劳动力的再生产也难以维持。

苗族劳动人民在如此重压之下,忍无可忍,奋起反抗。他们说:"为良则畏盗,而又畏官畏差,为盗则一无所畏。"他们说:"为盗而死,忍饥而死,等死耳! 犯法可以赊死,忍饥则将立毙。"③所有这些表明,苗等各族人民为争取生存权利,已经准备起而做一番拼死的斗争。

新疆是我国少数民族聚居较多的一个地区。在这里,以维吾尔族为主体,居住着哈萨克、塔吉克、柯尔克孜、汉、满、回、蒙等十几个民族。18世纪中,清政府统一新疆后,为巩固边围,于1762年(乾隆二十七年)设将军府以加强对新疆的治理。它除在伊犁派驻总统伊犁将军为全疆最高军政长官,又在乌鲁木齐、喀什噶尔等11城④分设办事大臣、驻防大臣、领队大臣等职官。在民事上,清政府制定"因俗施治"的原则,在汉族聚居地区设置州、县等行

---

① 邓善燮:《条陈苗疆善后事宜十五事》,"鸡粮者,原其始不过苗民向化,自愿于收成后各献一鸡,以输奉上之忱";凌惕安:《军事史》第8册,第5编,第8页。

② 胡林翼:《遗集》第53卷,宦黔书牍,第1—2、7页。

③ 胡林翼:《遗集》第58卷,宦黔书牍,第1页。

④ 十一城是西四城的喀什噶尔、叶尔羌、英吉沙尔、和阗,东四城的阿克苏、库车、辟展、乌什和东路的三城:哈密、吐鲁番、哈喇沙尔。

政管理机构;在厄鲁特蒙古、吐鲁番、哈密等维吾尔等族聚居地区实行原有的札萨克制,由总理回务札萨克郡王、协理图撒拉克齐世袭管辖;在南疆,沿袭传统的伯克制①,但革除世袭,由清政府随时升补简放。伯克准内地官制,"官秩自三品以下至七品不等";不给官俸,代之以分配定量土地和种地人的制度。② 最高级的阿奇木伯克为三品,"每员给二百帕特玛籽种地亩,种地人百名"③;其下至七品的各级伯克,以次递减。"种地人"又做"小回子",或音译做"燕齐"、"烟齐"、"延齐",从屯田余丁中拨给。他们在耕种之余,兼为伯克家服役,"如奴仆"④。清政府授给各级伯克的土地和"种地人"的定额,如下表。

---

① 伯克,回语音译,意即官长。它是一个总名;据《清史稿》,共有32种(参见第 117 卷,志 92,职官 4)。最高的是"掌综回务"的阿奇木伯克,最低的是"承办挖铜事务"的密斯伯克。在其他官书如《西域图志》、《回疆则例》,列有 31 种;《回疆志》中作 27 种,《西域同文志》中作 26 种。伯克职名在上述各书有互见者,有仅见于一书者,若去其重复,拢总计之,共 35 种。

② 《清史稿》第 76 卷,志 51,地理 23,新疆。帕特玛,突厥语中重量单位的音译。它的重量,不同时期不同地方,都略有差异。法定折合率,每 1 帕特玛合官石 5 石 3 斗(王庆云:《石渠余记》第 4 卷,纪屯田,第 17 页)。下 1 帕特玛种籽量的地亩,约合 26.5 亩(参见包尔汉:《论阿克柏政权》,《历史研究》1958 年第 3 期)。

③ 《清史稿》第 76 卷,志 51,地理 23,新疆。帕特玛,突厥语中重量单位的音译。它的重量,不同时期不同地方,都略有差异。法定折合率,每 1 帕特玛合官石 5 石 3 斗(王庆云:《石渠余记》第 4 卷,纪屯田,第 17 页)。下 1 帕特玛种籽量的地亩,约合 26.5 亩(参见包尔汉:《论阿克柏政权》,《历史研究》1958 年第 3 期)。

④ 《西域闻见录》第 7 卷。

**各品伯克使用土地和种地人量**

| 官 阶 | 土 地 | | 种地人 （人） |
| --- | --- | --- | --- |
| | 按籽种计（帕特玛） | 亩 | |
| 三品 | 200 | 10600 | 100 |
| 四品 | 150 | 7950 | 50 |
| 五品 | 100 | 5300 | 30 |
| 六品 | 50 | 2650 | 15 |
| 七品 | 30 | 1590 | 8 |

资料来源：据《钦定皇舆西域图志》，第30页，"官制"。

新疆地旷人稀，清政府占有大量官田和屯田。[①] 各级伯克占有的"养廉田"也不少。举南疆的库尔勒、轮台、库车、沙雅尔、赛里木、拜城、阿克苏、乌什、喀什噶尔、英吉沙尔、叶尔羌及和阗等12个地区为例，最初实设各级伯克257人，除了其中从事村落行政、征集粮税及管理水利灌溉如明伯克、密喇布伯克等74人不授予养廉田外，共授给"养廉田"达40万亩和"种地人"3288人。当时这些地区耕地总计约150万亩，有59000户。[②] 伯克的183家

---

① 1760年（乾隆二十五年），清政府决定在新疆"招民开垦纳粮"，屯垦事务开始推行。1772年（乾隆三十七年），清廷采纳陕甘总督文绶奏陈"屯田五事"的主张，更推动了民垦的发展。屯田分"兵屯"（包括流放犯人垦殖的"遣屯"）与"民屯"两大类；而民屯又分三种：一是维吾尔等族人民开垦的"回屯"；二是内地无业贫民移殖开垦的"户屯"；三是招集内地商贾入疆屯垦的"商屯"。"兵屯"与"民屯"性质有别。兵屯的土地属于官府，按期轮换兵丁，牛只、农具、籽种由官府无偿发给，收获全部交官，由武职官员管理，是封建国家所有制。民屯从升科年起，土地属垦者所有，牛只、农具、籽种，由官府借给，分年偿还，收获物按额定赋税率——"每亩实纳银五分"交官，由地方官管理，是封建制度下的个体所有制。

② 《大清一统志》，西域图志。

（假定 1 家只有 1 人任伯克）仅占总户数的 0.31%，而享有收益的土地却达到耕地总量的 26.67%。伯克作为个人来说，对土地并不享有所有权；而作为总体，实际上在耕地总量中占有了这么大比重的"养廉田"，把当地土地高度集中于自己手里，特别是在五品以上的高级伯克手里。①

伯克在政治上掌握行政权力，在经济上享有大量土地的收益权，并被优免了赋役，又得使唤、奴役"种地人"，实是享有特权的封建领主，使新疆的封建农奴制具有自己的特色。

清廷本来禁止伯克额外侵占土地以及"逾额"和"私役"种地人。但伯克凭借执掌民政的权势和地位，既"逾额"，又"私役"。鸦片战后 10 年间，伯克经常"挟势占种官地"、"役回种地"。② 1846 年，清政府查明库车阿奇木伯克皮鲁斯 1 人额外占种的官田和民地达 42863 亩，超过定额的 4 倍多；私役和变相私役的种地人 198 名③，比额定人数几乎增加 1 倍。这说明伯克作为封建领主的势力在膨胀。

从 18 世纪中叶起约 100 年间，新疆农业上的直接生产者——农民，分别为 5 类：（一）自耕农，（二）耕种官田的佃农，（三）耕种屯田的兵（包括"遣犯"）和民，（四）为伯克耕种的"种地人"，（五）在世袭的王公土地上耕种的农民。④ 这 5 类农民中，第一、二两类是个体农民，第三类的兵屯基本上是"国家佃农"，第四、五两类的基本属性是农奴。譬如"种地人"，就是使用自己的农具，为伯克，并在伯克或

---

① 　五品以上的高级伯克 28 人，在养廉田总量中占有约 40%；其余伯克155 人，在养廉田总数中占 60%。参见佐口透著：《十八—十九世纪新疆社会史研究》凌颂纯译，第 152—153 页。

② 　一史馆馆藏，上谕档：道光二十六年。

③ 　一史馆馆藏，上谕档：道光二十六年。

④ 　参见佐口透：《十八—十九世纪新疆社会史研究》，第 233 页。

其代理人的监督指挥下从事农业生产的。他们对生产都没有积极性。例如兵屯之兵,"虽任耰锄之役","不期收获之丰","只图塞责"。① 到50年代,新疆各族人民推举迈买铁里和尼雅孜两人为代表,向伊犁将军札拉芬泰请愿,要求革退伯克、裁撤燕齐、退还私占官田等5项要求,表明新疆人民已不堪忍受封建农奴制度的剥削,要求改革这一制度。

1759年,清政府对新疆民田田赋,沿袭旧制,额定十分取一;对官田,则责成耕种者分半入官②,随着岁时的推移,实征额日益加重;在鸦片战后10年间,如在库车一带,已是额征粮石的2倍。又从18世纪初起,与内地征收常制的地丁合一,"按亩出赋"不同,在新疆实行"按丁索赋"。这样,"富户丁少赋役或轻;贫户丁多则赋役反重"。如此情况,连封建统治集团成员也说:"事理失平,莫此为甚。"③

新疆各族人民尤引为苦的,是无休无止的徭役和额外的摊派勒索。除了将军府和本地郡王、伯克所需人力、物力,统用摊派解决外;郡王、伯克们又常借公用名目,滥行派差,横行征敛。他们(一般限于四品以上)按例轮班进京时,除向属下摊派旅途及献礼所需的牛、羊、油、面,以及运送物资的畜力之外,每乘机无偿攫取大量土特产品,供他们进玉门关后大干交易营私活动。1852年7月,清政府查明叶尔羌三品阿奇木伯克爱玛特藉年班进京,"讹索路费",就曾迫使"各回庄共摊元宝千锭……羊羔皮二千张"④。伯克渔敛之苛之滥,使广大群众无法安生,每遇回庄出现征敛者,

---

① 刘锦棠:《刘襄勤公奏稿》第7卷,第16—17页。

② 参见《乾隆户部则例》第18卷,田赋、田地赋贡。

③ 左宗棠:《全集》,奏稿,第53卷,第34页。

④ 《清实录》,文宗朝,第65卷,第17页。

"回子惧怕,有全行逃散"者。①

南疆各地大、小衙门的编制中原有应差工匠。伯克使之有额无匠,借以侵吞额设工匠的津贴和口粮;遇有工务,便向民间额外派役。还有其他名目繁多的陋规。如在奇台,新官上任"派照粮";旧官卸任"派帮粮"。在其他各地,伯克也普遍派"红钱",名为"克列克里克",又有"色里克"的名目。这些,都"钱无定数"②。还有根本没有名目、没有定章的,任伯克想派多少,就规定多少、榨取多少。伯克的擅作威福,滥肆苛敛,害得广大群众无法安生。

新疆岁需饷银三百数十万两③,全赖内地各省接济。鸦片战后 10 余年间,此项协饷时有时无。新疆当局乃就地加重征索。清政府派驻新疆的大员,多出自宫廷禁卫的武将。他们对"民政未能周知,吏事素少历练",听任各伯克自行其是。凡将军府有所征派,伯克便"倚势作威","借端需索","大约官取其一",阿奇木伯克等"取其二"。④ 伯克"敲比无虚日",民间交纳稍有迟滞,辄遭"滥行枷责";由于他们系以官的名义勒派征取的,以致民间"只知怨官,不知怨"伯克⑤,从而扩大着清政府与各族群众的矛盾。加之"语言不通,文字不晓",伯克从中"传语恐吓","颠倒混淆",更使各族群众"视官府若寇仇"。⑥ 此外,少数王公、伯克也有分离思想;稍有风吹草动,即蓄意制造或扩大民族矛盾,进行分裂活动。

将军和伯克的搜括,加剧了新疆各族各业人民的贫困破产,到

---

① 《清实录》,文宗朝,第 321 卷,第 35—36 页。

② 《各城大小衙门陋规》,转引自蔡锦松:《论一八五七年新疆库车农民起义》,《新疆大学学报》(社会科学版)1980 年第 3 期。

③ 左宗棠:《全集》,奏稿,第 53 卷,第 340 页。

④ 左宗棠:《全集》,奏稿,第 53 卷,第 340 页。

⑤ 左宗棠:《全集》,奏稿,第 53 卷,第 340 页。

⑥ 刘锦棠:《刘襄勤公奏稿》第 7 卷,第 17 页。

19 世纪 40 年代,已形成遍地是"贫民"、"饥民"和"无业回子"(指维吾尔等少数民族失业群众的流民群)的局面。他们一再掀起抗徭、抗粮、抗差等斗争,要求变革以伯克为标志的封建农奴制度。在社会秩序动荡下,连营兵也经常纠众乞饷、围官索饷,使社会秩序更增动荡不宁。

总起来说,随着"回汉仇杀"、"汉苗不和"的愈演愈烈,和新疆社会矛盾的激化,使民族间的利害冲突与阶级矛盾交织一起;设有某种事故,即足以触发剧烈的动乱了。

## 第二节  太平天国为夺取政权和巩固政权所采取的财政经济措施

前面对第一次鸦片战争后中国经济情况和阶级矛盾的激化,做了分析。到了 19 世纪 50 年代,激化了的阶级矛盾,终于导致太平天国革命(1851—1864 年)的发生。太平军及其余部的军事行动,遍及广西、湖南、湖北、江西、安徽、江苏、河南、山东、山西、河北、浙江、福建、广东、四川、贵州、云南、陕西、甘肃 18 个省份。同时,各地各族人民,直接、间接受到太平天国革命的鼓舞和影响,也相继起义,反对清王朝。其中规模最大的,有捻军起义(1855—1868 年)、贵州苗民起义(1855—1873 年)、云南回民起义(1856—1874 年)、陕甘回民起义(1862—1873 年)和新疆回、维吾尔等族的起义(1864—1871 年)。[①] 捻军流动作战,活动地区及于安徽、

_____

① 新疆各族人民的反清起义坚持到 1871 年;但新疆仍不平靖。1865 年,中亚浩罕军官阿古柏入侵,并于 1876 年在南疆建立所谓"哲德沙尔"(音译,意为"七城")的伪政权,暴戾残酷,更陷新疆人民于水深火热之中;1877 年,阿古柏兵败自杀,新疆才渐趋平定。

江苏、湖北、山东、河南、河北、山西、陕西、四川、甘肃 10 省；苗、回等族的起义，使贵州、云南、甘肃（包括今宁夏）、新疆 4 省的全省各地，几乎都曾处于战火之中。此外，还有广东、广西等地的三合会起义，四川的"啯"和"顺天军"以及东北的"马贼"等等的动乱。总之，20 多年间，除西藏外，全国各省几乎处处都掀起了反对清王朝的斗争。

所有上述斗争，都是以农民为主体的反对政治压迫和经济剥削的正义斗争。在地主阶级统治、剥削、压迫下，处境最困难的是农民群众和其他小生产者；其他各阶级、各阶层，包括封建地主阶级下层，也遭到某些损害。因此，这些起义的阶级构成，以农民为主体，也杂有其他阶级、阶层的受害者。各少数民族的起义，则是反对民族压迫和民族歧视，以民族斗争形式表现出来的阶级斗争。

当时，中国还不存在资产阶级和产业无产阶级；封建统治之下的农民，不可能成为新兴政治、经济制度的缔造者。这许多起义中，只有太平天国在 1853 年颁发过《天朝田亩制度》，和 1859 年颁发过《资政新篇》两个纲领性文件；其他的，或者只发布过一些揭露封建官府压迫人民罪行的文告，或者只提出过一些激励人民奋起斗争的口号。太平天国所提出的纲领，对发动农民起义来说，并未发生过动员作用；对巩固政权来说，也不具有实际意义。太平天国自从金田起义起始终为夺取政权和巩固政权进行斗争。为了满足军需国用，它的财政经济措施，随着斗争形势的发展变化而变化。

## 一、太平天国的社会经济纲领

洪秀全以宗教领袖、政治首脑和军事统帅的身份，领导太平天国革命。他有他自己的一套充满神学色彩的政治理论。在金田起

义以后不久,他登极为天王,随即在革命队伍中以不容置疑的政治
权威和宗教权威,强制推行他的政治理论和社会经济思想。他构
想的"地上天国"、"小天堂",便成为太平天国革命追求实现的理
想目标。太平军从发动金田起义后不到两年的时间,席卷了长江
中、下游各地;天国领导者估计形势,认为1853年3月奠都南京就
标志着已经踏入了"小天堂"。他们在继续展开革命战争的同时,
着手重新缔造一个"新天新地"的社会。1853年秋冬间,太平天国
颁布了题为《天朝田亩制度》的纲领文件,设想通过经济改革和社
会改革来实现在地上建立"天堂"的理想。1859年,它又刊刻了一
个纲领性的文件——《资政新篇》。

### (一)《天朝田亩制度》

在中国农民战争史上,久已存在要求以平分土地为目的的平
均主义思想。到了明末,李自成以"均田免粮"作号召。在当时,
这只是一个口号罢了。

洪秀全除了构想"小天堂",还有一个观念:一切物类都是"皇
上帝"所创造。他说:"皇上帝当初造天不造地,……犹有田亩开
垦否乎?""皇上帝不造地上桑、麻、禾、麦、菽、豆及草、木、水、火、
金、铁等物……尔身犹有所穿、犹有所食、饔餐犹有所炊爨、器械犹
有所运用否乎?"①根据这个观念,一切物类理该归"皇上帝"所
有,也该由它"统一运用"。太平天国天王是"皇上帝"在人世的代
表,因此,一切物类也该都归天王"所有"和"统一运用"。

太平天国奠都南京后,立即着手组织新的社会生活。当时传
出的《待百姓条例》规定:"不要钱漕,但百姓之田,皆系天王之田;

---

① 《太平天国印书》上册,第19页。

每年所得米粒,全行归于天王收去。每月〔年?〕大口给米一担,小口减半,以作养生之资。……店铺买卖本利,皆系天王之本利,不许百姓使用,总归天王。"①到了同年秋冬之间,洪秀全从上述思想出发,结合起义以来约 3 年时间里在革命队伍里实行公有共享的经验,刊刻了《天朝田亩制度》②,成为争取把"小天堂"化为现实的一个具体纲领。

太平天国设计一个一"公"二"平"的新社会。《天朝田亩制度》的内容,广泛涉及经济、政治、军事、文化、宗教等许多方面。最主要的有三项:一是土地的分配和使用;二是社会组织形式;三是财富分配和人们的生活方式。

有人把《天朝田亩制度》说成是要付诸实施的政策(或政策纲领)文献,有人说成是描绘人间天国的宗教教义性质的文献。③ 农民往往运用宗教语言进行阶级斗争。《天朝田亩制度》是一个假托神的意志,使用了宗教语言的纲领性政策文献。太平天国领袖们把《周礼》中关于土地分等分配的设想,和《圣经》中平分土地的片断教义,结合起来,制定了这个具体纲领。这是中国农民革命史上第一个,同时也是最后一个、最为完整的纲领。因为它是第一个,所以其内容难免有疏漏,甚至有矛盾之处;因为它是最完整的,反映农民的阶级意志也最显著。

从"公"的原则出发,《天朝田亩制度》以"天下人人不受私,物物归上主",为处理物质财富的总的指导原则。对当时最主要的

---

① 金毓黻、田余庆编:《太平天国史料》,第 505 页。

② 《太平天国印书》上册,第 407—413 页。下文中凡转引自《天朝田亩制度》者,不再加注。

③ 赵德馨:《重议〈天朝田亩制度〉的性质》,《江汉论坛》1981 年第 1 期。

生产资料——土地,明确规定:"归上主"所有。也就是土地"王有"。

"王有"的土地,分配给每个社会成员使用。其具体办法是:天下田,按产量多寡分成上、中、下三级九等,"好"、"丑"搭配,以家庭为单位,"算其人口多寡",不论男女,16 岁以上者分给一份,15 岁以下者减半。若土地在此处不足,则将居民迁彼处;"彼处不足,则迁此处"。遍天下"丰荒相通;此处荒,则移彼丰处以赈此处;彼处荒,则移此丰处以赈彼荒处。"太平天国大胆地否定土地私有,主张天下人"均耕",不容许任何剥削制度的存在,体现了革命的彻底性。

太平天国从一开始,就有比较严密的军事编制。据 1852 年刊刻的《太平军目》:5 人为"伍",5"伍"为"两",4"两"为"卒",5"卒"为"师",5"师"为"军"。太平军的编制即以此为本,以军为单位,由 13125 人组成。最上有全军统帅,派出"总制"、"监军"指导各军。[①] 太平天国设想,在土地"王有"的基础上,仿太平军编制,重新组织整个社会。《天朝田亩制度》规定:"凡设军,每13156[②] 家先设一军帅,次设军帅所统五师帅,次设师帅所统五旅帅,共 25 旅帅;次设 25 旅帅各所统五卒长,共 125 卒长;次设 125卒长各所统四两司马,共 500 两司马;次设 500 两司马所统 4 伍卒,共 10000 伍卒。""以次类推,直至添多 13156 家另设一军帅。"上起军帅、师帅,下至两司马、伍长,都以其乡人为之,简称乡官。其人选条件,是能够遵守、奉行太平天国的制度、政策、法令,并努

---

① 《太平天国印书》上册,第 71 页。

② 按照军制组织社会,不同处只在于军制中以人为单位,社会上则以家为单位。社会上的一军家数,理该与军队中的一军人数同,但在原文中两数有出入。

力从事农业生产的劳动者。乡官的产生方式，每年由下而上地保举，最后由天王裁定、"调选"。乡官的军帅，督率所属各级乡官，贯彻执行地方行政长官即县的监军的政令，社会结构正与军中的编制一致。

在太平天国的社会改革设计中，"两"是社会经济的基层单位。"两"的首脑两司马，统管所属25家的社会经济生活。每个社会成员在分得的土地上，以一个家庭为一生产单位，从事农业生产，兼行种桑养蚕，绩缝衣裳，养母鸡、母猪为副业；陶、冶、木、石等匠作，则在25家的范围内，在农闲时"治事"。两司马根据每个社会成员从事生产是否尽力，进行"赏"、"罚"。凡当收成时，两司马督伍长往各家，除留足"每人所食可接新谷外"，所余全归国库。副业方面，"凡麦豆苎麻布帛鸡犬各物及银钱亦然"。每"两"设一国库，由两司马掌管，收藏一切剩余产品，上报数字给军帅的"典钱谷"、"典出入"处。"两"的成员家庭遇有婚、娶、弥月、喜事的特殊需要，由国库给予定量的钱谷，全国一致；其鳏、寡、孤、独、废疾者，由国库拨给钱谷赡养。每"两"设一礼拜堂，"两司马居之"，在那里每日对25家中童子教读圣经和太平天国的印书。凡礼拜日，"两"中25家的男女，都往礼拜堂听讲道理。"每家设一人为伍卒，有警则首领统之为兵，杀敌捕贼；无事则首领督之为农，耕田奉上。"各家或有争讼，由"两司马"处理；若解决不了，逐级上报，直到军帅，由"军帅会同典执法判断之"。既经判决，军帅再把其事上报监军，由监军逐级上报，直至天王，作"或生或死，或予或夺"的最后判决，然后发交军帅执行。"两司马"对"两"中的"贤"者、"良"者，负有向上级保举的任务，以供中央遴选。"举得其人，保举者受赏；举非其人，保举者受罚。"这些，表明两司马兼司文化教育、武装自卫、司法行政等职能。

太平天国设想一旦贯彻执行《天朝田亩制度》，理想社会就实现了。这个社会将是"遍天下一式","有田同耕,有饭同食,有衣同穿,有钱同使","无处不均匀,无人不饱暖"。这就是太平天国追求实现的社会生活。若用太平天国文书的原话说,即:"此乃天父上主皇上帝特命太平真主救世旨意也。"

《天朝田亩制度》规定平分土地以后,对居民老死是否退还,没有规定;对人口和土地发生增减变化时,如何重新分配,并无只字述及。在太平天国所设想的社会中,独立的手工业不存在了,商业没有必要了。《天朝田亩制度》根本没有提到这些问题。

要实施《天朝田亩制度》必须废除土地私有制,不只必须剥夺地主的土地所有权,就连自耕农和仅有少量土地的贫农也不例外。废除土地私有制并不符合农民的私有观念;而侵犯自耕农和贫农的利益,必然会引起这部分农民的不满。如果这个《制度》一旦付诸实施,必致产生两个严重问题:一、由于侵犯了部分农民群众的利益,必将导致模糊农民反对地主的阶级意识;二、天国政权势必把自己置于和农民相对立的地位,而农民乃是太平天国革命的阶级基础。

广大贫苦农民渴求保障最低限度的生活。他们憎恨贫富悬殊,产生平均主义思想。这种思想有其革命性的一面,《天朝田亩制度》就体现了他们的这一思想。但是,根据《制度》所设计的办法,农民耕耘所获,扣除必要的口粮以后,全部剩余产品都交给"国库"。在这样的分配制度下,若五谷丰登年份,固可保证人人饱暖;但这个"饱暖",也只能属于"必要"限度内的最低水平。因此,即使是佃农,在丰收之年,也未必能够得到多少利益。情况原较佃农优越的其他农民,肯定不可能得到更大的利益,反而会或多或少地受到损害。所以,这种分配方案带有严重的空想性。

太平天国所设计的社会经济生活,实际是把农民千百年来过惯了的农业、手工业相结合的经济体制,视为理想的体制,明确规定了以 25 家所结成的"两"为基层单位,并使之永恒化。历史证明:中国工农结合的小农自然经济,必须有商品经济作补充。在这个时候,商品经济已有所发展,并且出现了资本主义的萌芽。太平天国却把自然经济理想化,排斥商品流通和商品生产,这就必将造成生产力的倒退,而不是生产力的前进。完全背离了社会经济发展的客观规律,暴露了农民小生产者的狭隘性。

封建社会众多农民聚集的居民点构成自然村落;村落组成整个农村社会。他们以这样的社会观去认识世界,也以这样的社会观去改造世界。《天朝田亩制度》所设计的社会结构正是这样。它所设计的社会基层单位"两",由 25 家组成。这 25 家各自独立,并无经济上的必然联系,构不成一个集体,只不过是个体经济的集中罢了。要使这 25 家结成一体,必须有赖于超经济的强制权力来进行组织。"两"的首脑即"两司马"以及依次上推的各级乡官,便体现着这种权力。各级乡官虽以"公举"产生,并把努力从事农业生产作为选拔标准之一,具有农民民主的色彩。但农民并无罢免乡官的权力,而乡官既拥有绝大的权威,就必然要成为主宰人民生活的专制统治者。显然,这乃是封建专制统治之下农民思想局限性的反映。

《天朝田亩制度》反映了贫苦农民要求平分土地的愿望和对理想社会的追求。它的核心内容是关于土地的分配和使用的设计;其他方面都是围绕这个中心而展开并为之服务的。它受当时政治形势的制约,关于土地分配的设计,既不可能实施,也没有实施。

### (二)《资政新篇》

1856 年,太平天国内部发生流血变乱,蓬勃发展着的革命形势顿即逆转。一时领导核心分崩离析,太平军将士人心不一,导致军事上接连失利,被迫处于消极防御状态。1859 年,洪秀全谋求重振革命形势,采纳洪仁玕的题为《资政新篇》①的政策建议,"旨准颁刻"。这个《新篇》,成为太平天国的又一纲领文件。

洪仁玕是洪秀全的族弟,"拜上帝会"的最早成员之一。按他自己的说法,"自幼读书",是个农村小知识分子。在他 26 岁(1847 年)以前,与洪秀全过从甚密,基本上具有共同的理想。金田起义时,洪仁玕离开广东到了广西,但没有赶上起义队伍,又折回广东。1852 年他在广东发动一次小规模起义,失败、被捕,脱逃后去了香港。在 1852—1858 年,基本上是在香港度过的。1859 年,他离开香港到广州,经江西、湖北,乔装商人辗转到达南京。洪仁玕在香港的所见所闻,构成他的社会蓝图的思想素材。他对太平天国革命的斗争实践,是比较隔膜的。

1859 年 5 月,洪仁玕到南京后不久受封为干王,执掌国政。洪秀全"降诏天下,要人悉归其制"②。洪仁玕抱着要"善辅国政,以新民德"的愿望,从"事有常变,理有穷通"的世界观出发,强调"审时度势"、"因时制宜"的必要性,提出了《资政新篇》,论述了世界"万邦"或盛或衰的大势,明确提出效法西方资本主义国家政治、经济的主张;并强调当时正是关键时刻,应抓紧这个"有为之日",移植西方的政教文化,"奋为中地倡"。这种主张,反映了他突破农民思想的局限,试图把中国引向资本主义的发展道路。至于怎样使农民能从封建的土地关系中获得解放的问题,则不在他的视野之中。因此,他的纲领的严重缺陷,是不切合革命现实的迫

---

① 《太平天国印书》下册,第 677— 694 页。下文中凡转引自《资政新篇》者,不再加注。

② 太平天国历史博物馆编:《太平天国文书汇编》(简称《文书汇编》),第 533 页。

切需要。

《资政新篇》对太平天国的政治、社会、文化、教育提出革新主张,着重论述发展经济问题。它倡导引进西方的先进生产技术,如铁路、轮船、工业制造等等,以求发展工、商、农、矿各种生产事业。《新篇》宣布奖励私人发明、保障专利;鼓励"财主"投资兴办银行等"大有利商贾士民"的事业。洪仁玕在撰写的另一文件中又称,若能这样,才能叫做"善用财帛"①。

《资政新篇》主张"准富人请人雇工","禁卖子为奴";强制"游手偷闲"和不事生产的"富贵"人"归于正业",使之"自食其力","自养其身"。这些表明,洪仁玕主张资本主义的雇佣制度和加强劳动立法。

洪仁玕认识当时西方国家"技艺精巧";在对外关系上,《资政新篇》抨击"闭关自守"的做法,谴责这是"浅量者所为",势必自食恶果,落到有如"全体闭塞,血脉不通"的局面。《新篇》中确定对外原则,是睦邻、平等,并以此为基础发展通商。对来华外人约法两章:一、严禁禁物(如鸦片)入口,"走私者杀无赦";二、不得擅入内地,但技艺精巧并愿为中国献策者除外,准许他们在"不得毁谤国法"的条件下,进入内地,"教导我民"。对在华已经存在的外国资本主义势力,《新篇》认为尽可与之竞争,并有把握战而胜之。

不难看出,太平天国两个纲领文件的思想是相互矛盾的。《天朝田亩制度》设计废除私有制,消除剥削;《资政新篇》恰恰相反。它主张保护私有,承认百万富翁的存在,鼓励富人雇工生产,不废除任何剥削制度,客观上企图引进资本主义的生产关系取代封建主义的生产关系。《天朝田亩制度》体现了农民要求有地可

---

① 《太平天国印书》下册,第 788 页。

耕的愿望,但不符合社会发展的方向,有悖于社会发展的规律;《资政新篇》符合社会发展方向,但未触及当时经济问题的根本,即土地问题。太平天国在颁行《资政新篇》之后,并没有以《新篇》代替《天朝田亩制度》,后者仍一再重刊。如果《新篇》在实践中得到修正补充,对中国经济发展是可能起到有益作用的。但由于它未能结合革命的现实需要,不仅天国政权在军事斗争中无暇贯彻执行,就是在天国领导层中,也未得到重视,如天国的军政人员对《新篇》"皆不屑看"[1],欲实行改革而事事都得不到改革。[2] 就是洪秀全本人,也只在首次阅读时几乎逐条加批"是"字,以后就无所作为了。所有这些表明:太平天国,以及在其直接间接影响下遍及几乎全国的各地各族起义,虽然做了艰苦的斗争,终于逃不脱阶级的、历史的局限性,缺乏变革社会的科学理论原则和有效的行动能力。

## 二、太平天国的军需国用

太平天国的开支,绝大部分是军需,加上一些行政费用(或作"国用")。

军需主要包括军食、军械两项。在 1859 年杨辅清部编有洋枪队以前,太平军一直是以刀箭戈矛、土枪土炮装备的。这些土造武器,花费不大。洋枪、洋炮多为战利品。例如 1860 年太平军破清军江南大营,就获大炮 200 尊[3];同年李秀成在青浦痛击美人华尔(F. T. Ward)所率的"常胜军","得其洋枪二千余条,得其大炮十

---

① 《太平天国》第 2 册,第 845 页。
② 《太平天国史料译丛》,第 123 页。
③ 《捷报》1861 年 1 月 12 日。

余条";1862年夏太仓之战,破"鬼兵三四千人",并破清兵万余众,"得其大炮、洋枪不计其数";继攻松江,上海来救的外国干涉军"用舟庄〔装〕洋药、洋炮千〔十?〕余条而来",经迎战,"鬼败我胜",夺其火药、洋炮、洋枪。① 另一来源是价买。此中有少量是从清军营员、弁卒买取到手的,苏南、浙西"卖买街"上的洋枪等军火,多半就是直接、间接来自清军。绝大部分则是从外国军火贩子手里买到的。当时有人说:太平军"置办军火,夷人过昂其值,兵火后贼所掠之金银,半归夷人"②。天国为抵御清军和外国干涉军的联合进攻,迫于急需,为此忍痛付出高价收买,可能成为最后几年货币支出中一个比较大的项目。

军食为太平军生命所系。为此,太平天国在筹饷中特别重视粮食问题;所谓"非专意于粮,然究以粮为大宗"③。1854年,它制定照旧征粮收税方针,从这时起至1856年武昌、九江相继失守前,军粮基本上仰给予长江中游的江西、湖广各地。按亩征粮所得,除去就地供应,便源源运至南京资用。天国势力虽未及于苏北平原,但这里也是太平军粮食的一大供给地,在扬州一带收购取得。到了1857年镇江失守,苏北平原的粮食基本上才不再流入天国辖区。到这时,粮食来源虽然随着辖区缩小而减少,但安徽省境长江南北各地所产粮米还可以分别经过金柱关、裕溪口源源输送到江南,支持军事斗争的展开。李秀成分析1858、1859两年清军围攻南京而无损于南京的形势说:"得幸粮〔食〕丰足,件件有余,虽京兵少,有食有余而各肯战,固〔故〕而坚稳也;……是以八九年之困不碍。"又说:"那时上有皖省无为、巢县、芜湖,有东、西梁山之

---

① 《文书汇编》,第511、523、524页。
② 《丛编简辑》第2册,第152页。
③ 《太平天国》第3册,第270页。

固,有和州之屯粮,⋯⋯虽被德帅〔指德兴阿〕攻破两甫〔浦〕,尚有和州之上未动,京中兼有余粮,固〔故〕而稳也。"①

洪仁玕也说:"江之北、河之南,自〔古〕称为中洲渔米之地",当时"京内所恃以无恐者,实赖有此地屏藩资益也"。② 所谓"资益",主要指的就是粮食。

清政府镇压太平天国,自始把断绝太平军粮源作为重要战略。曾国藩上奏说:目前"江南之贼粮不绝";"欲攻破金陵,必先驻兵于滁、和,而后可去江宁之外屏,断芜湖之粮路"。③

1861 年太平军失守安庆,接着是芜湖、东西梁山、金柱关、裕溪口等要隘相继失陷。太平军对长江中下游全失控制,南京上游的粮道被截断。影响所及,南京难以"久守"。天国当局其时在东征中,于苏南、浙江开辟新的辖区,加紧征粮,而始终没有取得充裕的粮食,军事行动一再受到不利的影响。如 1862 年陈玉成守庐州,遭清军进攻,"被逼不甚〔堪〕,又无粮草,将兵之心已有乱意"④,终致失守;次年春,李秀成渡江西征,军次六安,以"无粮中止";折回至南京附近九洑洲,"兵又无粮,扎脚不住,自散下苏州、浙江。此举前后失去战士数万人"⑤,致太平军的有生力量遭到严重的损折。1863 年,洪秀全命令李秀成和李世贤分别力攻西梁、无为、芜湖和金柱关的战略目的,是"图取庐州、和州之米,欲复昔岁之旧观,以保金陵"⑥。太平天国这一战略部署未能实现,南京

---

① 《文书汇编》,第 497 页。
② 《文书汇编》,第 554 页。
③ 曾国藩:《全集》,奏稿,第 14 卷,第 21 页。
④ 《文书汇编》,第 521 页。
⑤ 《文书汇编》,第 526 页。
⑥ 曾国藩:《全集》,奏稿,第 18 卷,第 21 页。

城里最后便陷入粮尽食绝的困境。

太平天国从 1853 年定都南京以后，始有国用的支出。其中如各王府的行政用费，"给粮给种，招民给本钱而救民命"①的赈抚用费，兴修浙西的海宁海塘用费，如此等等。但在军事行动压倒一切的局面下，军需而外的全部国用，在整个财政支出中，肯定只占极少的比重。

### 三、太平天国的财经措施

#### （一）圣库制度

太平军从"人人皆是上帝所生，人人皆当同享天福"②的原则出发，在酝酿起义时，就号召"凡拜上帝者团聚一处，同食同穿"，一律平均，过着物资公有共享的生活；严申纪律；"有不遵者，即依例逐出"。③ 这种生活方式，保障了饥饿农民的物质需要，从而得到了他们的支持和拥护。1850 年 7 月，洪秀全、冯云山作为"拜上帝会"的领袖，命令全体会众到桂平金田村"团营"。所有会众都把自己所有的"田产屋宇变卖，易为现金，……缴纳于公库"④，从公库取得衣食等生活必需品。这种公有共享制度，到 1851 年 10 月，正式定名为"圣库制度"。

起义者为免遭清政府的镇压株连，一般都率领全家成员参加。因而在太平军的队伍里，便有许多非战斗员的男女老少⑤，从而使

---

① 《文书汇编》，第 499 页。
② 《文书汇编》，第 302 页。
③ 《文书汇编》，第 551 页。
④ 《太平天国》第 6 册，第 870 页。
⑤ 《太平天国》第 1 册，第 63 页；《文书汇编》，第 551 页。

军队的给养成为沉重的负担。

圣库制度是为保证这一庞杂队伍的给养而创设的供给制度。这种制度把绝对平均主义的观念，具体化成"天下一家"的现实。它的"同食同穿"、"一律平均"之类的规定，对于进行武装斗争中的饥饿农民而言，也确乎像是登上了"天堂"，享上了"天福"，足以激励他们的革命热情，因而对于壮大和巩固起义队伍，坚定斗争的决心，是起了积极作用的。李秀成自述其参加起义经过，就是由于在家"种地耕山"，"孤寒无食"，受太平军的"同家食饭"的宣传才参加的。① 他又说，其他"数万"人，多数也"各实因食而随"。② 清方的《贼情汇纂》说：贫苦大众一旦参加太平军，"竟获温饱，食未尝之食，衣未见之衣"，骤得如是享用，故"其气自振"。③

圣库制度又是考验起义参加者是否忠诚于革命和维护军纪的一种制度。洪秀全在金田起义时发布的第一道"诏旨"，即郑重申明："别男行、女行，秋毫莫犯"，公私和睦、团结。④ 萧朝贵在贵县东乡以天父名义对起义者说："要修好炼正，不得入村搜人家物。……有银钱须要认得破，不可分尔我。"⑤同年秋，太平军克永安，已被推为天王的洪秀全颁布《永安破围诏》，重申革命原则："各军各营众兵将，各宜为公莫为私。总要一条草〔义同'心'〕。……继自今，……凡一切杀妖取城，所得金宝、绸帛、宝物等项，不得私藏，尽缴归天朝圣库，逆者议罪。"⑥这些命令后来条

① 《文书汇编》，第484页。
② 《文书汇编》，第484页。
③ 《太平天国》第3册，第293页。
④ 《太平天国》第1册，第63页。
⑤ 《太平天国》第1册，第60页。
⑥ 《太平天国》第1册，第65页。

例化成《定营规条十要》和《行营规矩》,定得更具体详明。如《行营规矩》规定:"军兵男妇不得入乡造饭取食,毁坏民房,掳掠财物",不许"瞒昧吞骗军中兄弟行李"①。起义军对所谓"为私"者的惩罚是很严厉的。例如还在金田"团营"前夕,"拜上帝会"会众,有一人私收天地会首领张钊赠金,便被处以死刑。又如,太平军在桂平莫村扎营时,发现军中有违反纪律而"各为私"的现象,就认为缺乏"公心",对革命"不忠心"②,给以严厉批评。分散的农民群众,就在这样的圣库制度之下,组成为一个纪律严明的强有力的战斗集体。

不过,起义队伍毕竟是由小私有者农民和农村无产者组织起来的。圣库制度把他们结成一体,却不能根绝他们的私有观念;就是太平天国的领导人也不例外。试看洪秀全在批评或严惩"为私"群众的同时,又以物质享受和荣华富贵诱导群众。在同一个《永安破围诏》里,他一方面要求"同心放胆同杀贼,金宝包袱在所缓,脱尽风情顶高天";另一方面又宣称,一旦成功,"金砖金屋光焕焕,高天享福极威风,最小最卑尽绸缎,男着龙袍女插花"③。这就暴露了洪秀全以及起义队伍思想上的尖锐矛盾。他们接受推行圣库制度,目的却在于取得更多的财富。这说明圣库制度从它开始实行时起,就包含了自我否定的破坏因素。

1852 年 4 月,太平军从永安突围北上时,不过三四万人;在湖南、湖北大量扩军,到武昌沿江东下时,号称拥有 50 万人;克安庆,太平军人数激增至 70 余万;打下南京时,更拥众百万。洪秀全等农民革命领导人,利用宗教迷信和军令纪律,有可能约束几万人的

---

① 《太平天国》第 1 册,第 156 页。
② 《太平天国》第 1 册,第 155 页。
③ 《太平天国》第 1 册,第 68 页。

私有欲望,却无力改造数逾百万之众的私有观念。而这种观念,却一直在发挥作用。随着军事上的接连胜利,在军事缴获和强制征发来源充沛①的情况下,私有观念且更急剧膨胀起来。缴获不归公的现象经常发生,而且愈演愈烈;太平天国领导人对这些行为进行劝导和告诫,甚至施以严刑峻法,终不能、也没有根除“为私”的观念。

早在 1852 年秋,太平军围攻长沙时,洪秀全发布命令,“通军大小兵将,自今不得再私藏私带金宝,尽缴归天朝圣库。倘再私藏私带,一经察出,斩首示众”②。同年刊行的《太平条规》,虽把“不得……匿金银器饰”列作一条法令,对私藏缴获物者一经察觉,也曾“杀无赦”③;但是,实际上不只是太平军战士,就是太平军将官,也不能遏制私心的膨胀。他们在广西与清军转战时,与战士过着大体同样的生活,“奔走于榛莽陵谷之间,自备军火,裹粮以行”;“敝衣草履,徒步相从”。④ 缺粮时共同吃粥,缺盐时共同淡食。可是一进入武昌,就动心于“繁华之区,锦绣山积”,开始“盛饰”驻扎之处,用缴获之物“创设卤簿仪仗”,坐上封建官府的“绿蓝围轿”。⑤ 于是,上行下效,军中新老兄弟,始则“爱衣饰华美”,渐至于“插戴满头珠翠,压首难胜”,终至于珠玉佩环,“悬带于腰项襟袖之间”。⑥ 从而等级差别也就明显化了。到 1853 年 4 月攻下扬州后,终于公开宣布:“准新旧兄弟腰金五两”,“逾数即杀”。⑦ 禁

① 《太平天国》第 3 册,第 269 页。
② 《太平天国》第 1 册,第 69 页。
③ 《太平天国》第 6 册,第 925 页。
④ 《太平天国》第 3 册,第 179、163、164、179、174 页。
⑤ 《太平天国》第 3 册,第 179、163、164、179、174 页。
⑥ 《太平天国》第 3 册,第 179、163、164、179、174 页。
⑦ 佚名:《太平天国史事日志》上册,第 9 页。

止私藏财宝，变成为限量私有，使"为公"原则遭到破坏。

限量私有的制度也坚持不了。革命队伍中事实上充满"私藏秘积"①的现象。但天国领导人不仅没有意识到这个问题，反而被多如"山积"的物资所迷惑，以为在"以天下富室为库，以天下积谷之家为仓"②的物资基础上，尽可把公有原则，推广到整个社会；一进入南京，即全面实行公有共享制度。据清方探悉，太平天国行政系统实行圣库制度有如下述。中央有"总圣库"，设"总圣官协理"，总管物资的收藏、发放；其下分设"典圣粮"、"典买办"、"典油盐"等职官，专司粮食、油盐的收入、发放以及日用物品的采购、收支等具体事务。太平天国官员"虽贵为王侯，并无常俸，惟食肉有制"：天王日给肉 10 斤，以次递减，至总制半斤，以下无。"朝内各官一切衣食，皆向各典官衙取给，军中亦然；……每逢礼拜日，开单向各典官衙"领取。"礼拜钱及粮米油盐，一律皆有定制"：官员每人每 7 日给钱 100 文，散卒半之；每 25 人每 7 日给米 200 斤，油 7 斤，盐 7 斤。"凡私藏金银"，视同背叛，"定斩不留"。③ 天国公职人员中，除最高领导层成员，如洪秀全、杨秀清、韦昌辉、石达开、秦日纲之外，虽"官至丞相名目，不许有妇女同处，即母子亦必别居"，违者"法当斩"。④

太平天国在革命队伍中实行的圣库制度，推广到社会，便是公有共享的体制。在奠都南京前后，分别于武昌、扬州，分设男馆、女馆，安置城中居民。日用油、粮、衣食，"无论贵贱"，平均配给。⑤

---

① 《太平天国》第 3 册，第 277、269、231、299 页。
② 《太平天国》第 3 册，第 277、269、231、299 页。
③ 《太平天国》第 3 册，第 277、269、231、299 页。
④ 《太平天国》第 4 册，第 63 页。
⑤ 佚名：《太平天国史事日志》，第 16 页。

这种体制在这两地旋即弃置,在南京持续期间较长,也无法维持到底。

　　例如,太平军进入南京后,在废止商业、取消手工业的个体所有制而按不同工种分设各种的"营"和"衙"从事集体的生产之余,分别设立"男营"、"女营"(或"男馆"、"女馆"),安置全城居民的男性和女性。天国当局又把前此缴获和征发所得的粮食,计口配给,使整个南京竟似一大兵营。南京居民对这种公有共享制度,既不习惯,更不满意;认为它使自己的"财物为之一空","妻孥忽然散尽",是"荡我家资"、"离我骨肉",于是"嗟怨之声"不息。① 他们或消极抵制,或相率逃亡。同时,圣库制度也因为没有社会生产的物质基础,行不多久,便出现难以为继的局面。例如粮食,在征战中的缴获、征发所得,虽然不少,毕竟经不起全城军民"坐食"的消耗。加上浪费和管理不善,使问题更加严重,如入城时"发粮无数,来取即予之"②,"恣取浪掷"③。各官衙"凡赴典官处支取银钱及一切物件,概不行文,随手写一纸条",盖一印,"见条即照数发给"。④ 这样,充足的物资,旋即"渐见空虚"。清军探报说,1853年年底,南京尚存谷 127 万石,米 75 万石;圣库实存金和银,分别为 184700 余两和 3880000 两,又钱 2355000 串。全城每月按规定放米约 30 余万石,每月发礼拜钱约 20 万串。存粮只够 4 个月消费;到 1854 年四五月间,南京的圣库便资乏粮尽。⑤ 同时,由于废除了商业,没有流通和调剂渠道,使粮荒日益严重。

---

① 转引自《文书汇编》,第 114 页。
② 《太平天国》第 4 册,第 656 页。
③ 《太平天国》第 3 册,第 277 页。
④ 《太平天国》第 3 册,第 327 页。
⑤ 《太平天国》第 3 册,第 278 页。

太平军攻占了南京、镇江等地,控制了鄂东以下的长江航道,一再派出船只,从中游各地"满载米粮,运馈江南"①。清方官员曾认为,太平军从湖广取得供应,将"粮无竭时"②。事实不然。因为太平天国的圣库制的供应系建立在民间的"进贡"和太平军的强制征发即"打先锋"的基础之上的。暴力能改变财富的占有方式,并不能创造财富,一再征取,终有竭时。对太平天国来说,最初虽然"银钱粮米,络绎于道"而来;继则所获之物"渐次减〔少〕"。③圣库制的分配制度,单纯凭借政权力量终究无法长期维持下去。后来,南京存粮日少,口粮分配便极不稳定,时或足额,时或减半,有时甚至全不分发。

物资的匮乏,特别是粮食的匮乏,导致天国当局厉行两项措施:一是疏散人口;二是减少口粮定量。

1854 年春,天国当局令女官传谕:城中姊妹悉于翌日五鼓,各背被 1 条,出城各奔生路,"妇女出城者甚众"④。闰七月,"赶女八九万出城,至乡墟割稻",实则听其各自走散。9 月间,女营"犹有23 万之众",到了 11 月,只剩下"11 万有零"。⑤ 男营遣散稍晚;闰七月采取措施:不发米,悉使出城"割稻自食"⑥。也是听其各自走散。

---

① 　张亮基:《张大司马奏稿》(简称《奏稿》)第 4 卷,第 27 页。
② 　一史馆馆藏,录副奏折:《江苏按察使查文经奏折》,咸丰三年九月初二日。
③ 　《太平天国》第 3 册,第 276 页。
④ 　南京大学历史系太平天国史研究室编:《江浙豫皖太平天国史料选编》,第 98 页。
⑤ 　郭廷以:《太平天国史事日志》上册;《丛编简辑》第 1 册,第 226 页。
⑥ 　郭廷以:《太平天国史事日志》上册;《丛编简辑》第 1 册,第 226 页。

初进南京城时的口粮标准，"每日男子给米一升，女子发米三合"①。不久，改定每人每日精壮男子发米半斤，老弱者减半；女子按入伍先后规定不同米量。进军湖南以前入伍者，"发米六两"；军至湖北以后入伍者，"发米三两"；到1854年夏，"均以稻代"。② 碾稻成米，如以七五折计，则这时的口粮标准较前便减少了四分之一。精壮男子实际得米不过6两4钱，老弱者只有3两2钱；女子因入伍先后不同，分别只有4两5钱和2两2钱5。1854年五月天国当局下令，"一概吃粥"，"禁吃饭，犯者立杀"。③ 可是，如上配给的稻米，"即作粥亦不饱"，以致"咸有怨言"。到1855年冬，由于"乏粮"，"颇多饿死"。④ 圣库制度已难以为继。

太平天国当局面对这种严重局面，早于1854年四月，即发布诰谕，先就人民不愿拆散家庭的思想作出承诺，一待推翻清政权，家人"仍然完聚"⑤。这个诺言，意味着准备恢复一家一户的家庭制度。但迟到1855年春，才决定解散女营，恢复家庭生活。1856年，外国人访问南京后得悉，个人财产私有权也已得到尊重。⑥

太平天国在其他占领地区，未见上述分配制度的记载。但在军队和政权机构中，"圣库"名目，则一直保留。尤其值得注意的是，在实施圣库制度的同时，根深蒂固的私有观念、封建等级观念，恶性发作。天国领导人原来宣传的"人人不受私，物物归上主"的原则，进了南京以后，便被公然践踏。据混入太平天国队伍阴谋作

---

① 《太平天国》第4册，第760页。
② 《太平天国》第3册，第276页。
③ 《太平天国》第3册，第279页，第4册，第715页。
④ 佚名：《太平天国史事日志》下册，第19页。
⑤ 《文书汇编》，第114页。
⑥ 达维斯：《美国公文汇编》第1辑第6卷，第132页。

乱的张继庚在 1853、1854 年之际探知:"圣库前九月禀报时,尚存
〔银?〕八百余万〔两〕,现只存百万不足。"而东王府"有一万余
两",天王府"有七千余两",北王府"有一千余两";其余大小官衙
"藏银尚属不少,衣服更不计其数"。① 一些领导人物从"圣库"中
可以"取用不竭",他们的"净桶、夜壶俱以金造","碗箸亦用金
打"②;"足以自奉"③;其他掌权的官员,对从外地运送的财物,船
只一靠码头,有"私自送入己馆"④的;只对下层"殊有限制",使他
们只能"日餍粗粝",以盐为肴。⑤ "圣库"制度终于变成"名虽公
而实不公"⑥;严禁"私藏"而变为"无不藏私"。⑦ 有些突出的例
子。如 1854 年,圣库中百余名典金官员,"均怀金数百两"⑧;天王
的胞兄洪仁达、洪仁发掌权时,在封王晋爵中乘机大发横财;官员
中"极富者","一馆中箱笼总不下数百件",其所属"骑马入市中买
物,服饰极华"。⑨ 京外诸将则私分圣库财产,或者把征发所得据
为己有。有的部队出仗获胜,满载而归,除了把谷、米、牛、羊、猪、
鸡这类不便私人留用的交公外,银钱衣物,则任意截留,各自收藏。
等级差别,不仅在上、下层之间悬殊;就是同一阶层的,也有很大差
别。如在天国的军、公人员中,凡在广西起义者,"名为老兄弟",

　　① 《太平天国》第 4 册,第 774 页。
　　② 《太平天国》第 4 册,第 615 页。
　　③ 《太平天国》第 4 册,第 636 页。
　　④ 《太平天国》第 3 册,第 277 页。
　　⑤ 《太平天国》第 3 册,第 277 页。
　　⑥ 《太平天国》第 4 册,第 636 页。
　　⑦ 《太平天国》第 4 册,第 637 页。
　　⑧ 《太平天国》第 4 册,第 400 页。
　　⑨ 《丛编简辑》第 3 册,第 256 页。

"所食者美味,所衣者锦绣";其后参加者,"皆恶衣恶食"。① 上文提到的口粮标准表明,官方公然推行了等级特权制度。

平均共享思想,曾经使起义参加者万众一心,紧密团结;特权制度则使革命队伍内部产生分裂。据清方记载,太平军中有人因待遇不公而"不服","曾有数千人结盟",企图出降官兵,曾"被东王牌刀手搜出盟簿,按簿而诛"。② 1863 年,洪秀全告诫全军说:"今兹天朝失去光荣,妖魔助其仇敌,必因各人奸邪行恶,不守正道之故……失败与灾难是其结果。""尔等奉令献出一切私人财物于圣库,但尔等留为己有,……自今以后各宜悔改。"③这个时候,太平天国政权已经到了覆灭的前夕。

洪秀全看到圣库制度败于个人私欲的扩张,但不可能认识到绝对平均主义的圣库空想和"个人奸邪行恶"的私有观念之间存在着不可调和的尖锐矛盾。这种矛盾根植于封建统治之下的小农经济,连洪秀全本人也不例外。所以尽管他看到现象,但无力识其本质,终至于回天无术。可以说,即使没有中外反革命强大势力的进攻,只是这一矛盾的发展,也必将使太平天国陷于失败。

### (二)缴获与征发

太平天国首义者毁家纾难,奉献自己家财,上缴圣库,毕竟数量有限,可一而不可再,无法保障源源的取给。继而在进军中,他们除缴获清方军火、财物而外,又运用革命权威,向民间实行强制征发。直至革命失败前夕,这一直是太平天国取得物资的一种重

---

① 皮明庥、孔宪凯:《湖北鄂城发现一百万字的太平天国资料》,参见《历史研究》1980 年第 1 期。

② 皮明庥、孔宪凯:《湖北鄂城发现一百万字的太平天国资料》,参见《历史研究》1980 年第 1 期。

③ 简又文:《太平天国全史》下册,第 2135 页。

要方式。

缴获是太平军对清方军火、财物的剥夺。这既削弱敌方,又增强自己,使清廷痛心疾首。

太平军在广西桂平、武宣、象州、平南各地的战斗中,胜败互见。总的说,胜多败少。对比之下,清军"火器精,粮饷足"①,太平军两皆不如。但它战而失利,无所失,或所失不多;战而胜,则清军的火器和粮食,便都成为自己的战利品。例如,1851年中,在金田附近与清军作战中,清都统巴清德败遁时,"锅帐炮位,粮食辎重,尽行抛弃",悉为太平军所有。② 太平军还利用"地理熟"的条件,深入敌后,用奇袭方式夺取清方财物。如1851年就发生过震惊清廷的"贵县劫饷"事件。③ 在历次武装斗争中,清军既不能保守州、县城池,这些城池的地方库藏,当然也为太平军所没收。例如太平军在该年秋攻克永安,就没收了官库和义仓所藏的武器、银钱、粮食。

1852年4月,太平军从永安突围后出广西,北上两湖,其后东下南京,一路上所过府县,清军望风奔溃,各地"遍地金银粮米,任其载运"。其中著名的,如1852年年底占领岳州,起出清初吴三桂旧存大批炮位,征用民船5000只④;次年初攻武昌,"封武库、仓廪府藏",截获清户部从南方各省转运来的饷银127万余两,又没收湖北省库储银约100万两。⑤ 在黄州,截获江西省寄存的待解云

① 姚莹:《中复堂遗稿》(以下简称《遗稿》)第5卷,第9—10页。
② 《太平天国》第4册,第357页。
③ 《清实录》,文宗朝,第48卷,第16页。
④ 郭廷以:《太平天国史事日志》上册,第197页。
⑤ 一史馆馆藏,录副奏折:《湖广总督张亮基奏》,咸丰三年〔?〕月初六日;陈徽言:《武昌纪事》,《太平天国》第4册,第593页。

南的铜本银两。① 太平军至九江,悉获城中府库银钱物资。占安庆后,截获安徽刚刚征缴的上年全省地丁和地方捐输款项,计有藩库银 30 余万两,总局饷银 4 万余两,制钱 4 万余串,仓米 3 万余石,还有数量不明的常平仓谷;军械有各种大炮 189 尊等等。② 据浙江巡抚何桂清的奏报:太平军克南京所得,值银"不下数千万两"③。太平军取扬州,尽获清军防守扬州的大、小炮位和各项军装、器械、粮秣,以及"运库实存百余万两帑银"。太平军克瓜洲,缴获 1000 余只满载的漕船和漕粮。④

1853 年 3 月初,清廷发布上谕:"近来被贼各郡县,一闻警急,辄纷纷逃避,甚至迁徙一空。粮饷军装,尽被掳掠,借寇兵而赍盗粮,深感痛恨!"⑤因而令各地厉行"坚壁清野"政策,破坏一切物资。尽管如此,太平军仍有缴获。如 1854 年西征军至江西,克饶州,得漕米万余石、仓米千余石;至乐城,尽得城内所积仓谷。1856 年,湖南茶陵清军闻风先溃,遗弃的军火悉为太平军所缴获。⑥ 同年再克扬州,清军江北大营粮台的粮、钱和军火器械⑦,都为太平军所得;破江南大营,把该营"器械什物,运齐入〔南〕京"⑧。1860 年,太平军第二次攻破清军江南大营,截获营中饷银 200 万两。⑨

---

① 一史馆馆藏,录副奏折:《张芾片》,咸丰三年二月初四日朱批。

② 一史馆馆藏,录副奏折:《安徽巡抚李嘉瑞奏》,咸丰三年四月初二日;《国子监司业宗室保极奏》,《丛编简辑》第 5 册,第 306 页。

③ 一史馆馆藏,录副奏折:《浙江巡抚何桂清奏》,咸丰五年。

④ 吟唎著:《太平天国革命亲历记》,王维周译,上册,第 103 页。

⑤ 《东华录》,咸丰朝,第 19 卷,第 11 页。

⑥ 《郭嵩焘日记》第 1 册,第 25 页。

⑦ 一史馆馆藏,录副奏折:《江宁布政使文煜奏》,咸丰六年三月十二日。

⑧ 李秀成自述,《文书汇编》,第 495 页。

⑨ 苏州博物馆等编:《何桂清等书札》,第 199 页。

据清方官员记载:同年,"苏、杭、常州之失,各有六十、八十、百万"银两为太平军所缴获。①

太平军筹措国用的另一方式,是采取暴力手段,向民间强制征发。他们自攻占南京以后,即舍弃以往攻地不守的方针。每占领一个州、县,随即以军事行动,经略四乡。这种行动目的,除了在政治上、军事上显示革命威势、震慑残敌,更重在征发财物,名叫"打先锋"。在民间或称之为"起潮头"。

太平军最初转战于广西境内各地,强令"富者出资"。清方记载说:"金田贼势渐蔓延,搜刮附近绅富无噍类"。又说,"搜括富室巨家,必掘地三尺","搜括靡遗"②。太平军从广西进军两湖,每攻下一城,即"遍索官幕、绅商、富户,……择肥而食,悉索无遗"③。对"官幕吏胥避居家属及阀阅之家,其抄愈甚"④。太平军攻下岳阳,在搜索富户中,单从汪某一家,即"得谷八千石,地窖内掘出银〔钱?〕四千串"⑤。还有其他什物无数。在武昌,"令户有珍珠金玉者,悉出以佐军"。接着,太平军"三五成群,见高门大楼,闯然而入","衣物银钱、器具粮食,席卷一空"。⑥ 单在历任云贵、湖广总督的程矞采家,即令家丁抬出"元宝银六十万两","其余锭件、金珠无算"。⑦ 据称:太平军向民间强行征发所得,值银

---

① 胡林翼:《遗集》第75卷,抚鄂书牍,第3页。
② 夏敬颐等纂:《浔州府志》第56卷,第24页。
③ 张亮基:《奏稿》第2卷,第33页。
④ 《太平天国》第3册,第273页。
⑤ 《太平天国》第3册,第15—16页。
⑥ 《太平天国资料》,第35—36页。
⑦ 《武昌二、四年先后失陷被杀、被焚记所闻》,参见佚名:咸丰《二三四五六年分事杂记》(抄本),南京博物馆馆藏。

"逾千万"；民间"积蓄"，"纤毫俱罄"。①

　　太平军攻下南京，做了一次全面的"搜妖"行动。官僚家的财物，即"妖产"，都查抄充公。扬州被攻克之前，该地推富商江寿民为代表，向太平军"馈银数十万〔两〕以求和"。② 太平军进入扬州后，又没收城内豪商、富室财产，单计所得"二十七典精华，十万余窖藏，不下千万厚资"。③

　　太平军在皖、赣、鄂各省的征发对象是富户大家以及典当铺户。如1853年太平军至湖北大冶，"时时觅挈富民，拷取财物"，勒令交纳"重金准赎"④；至黄州，"搜括富家大姓"；在麻城，"尽封富室质库"。⑤ 同年，太平军初至江西高安，征发所及，"惟典铺大家为甚"；1855年再至，"惟以仇视官绅，苟勒绅富"⑥；1856年克崇仁，对民间之有"家资者"，"逼财赎命"；同年克奉新，"括富户金帛，多者数千，少亦数百"。⑦ 太平军的行动步骤是：至一村、一庄，每于事先觅该村、该庄穷民，或发动地主、富户家的佃户、佣仆，在确认谁家是富室、谁家是"官幕家眷"、谁家是"绅衿"之后，便"逐户搜罗"。粮米之类不易隐藏物品固被尽数征发，就是"瓦沟所藏之金，水塘沉没之银"，亦必设法捞取发掘。⑧ 太平军对抗拒不交财物者，则"杀之"以惩。⑨ "打先锋"于每占一地后实行一次，数

①　张亮基：《奏稿》第2卷，第17页。
②　《癸丑闻见录》，第39页。
③　佚名：《太平天国史事日志》下册，第35页。
④　黄昺杰纂：《大冶县志》第8卷，寇兵。
⑤　洪良品：《龙冈山人文钞》，第58页。
⑥　熊松之纂：《高安县志》第9卷，兵防志·兵事。
⑦　曾作舟等纂：《南昌府志》第18卷，武备；黄炳奎纂：《崇仁县志》第五卷之二，武备志·武事。
⑧　《太平天国》第3册，第272页；佚名：《太平天国史事日志》，第9页。
⑨　黄炳奎等纂：《崇仁县志》，第五卷之二，武备志·武事。

日即止。据《潜山县志》载：太平军"每攻陷一城，则恣意杀掠，谓之打先锋；数日止掠，曰安民"。因此，"农无失业，所残性命亦无多"①。

进入 19 世纪 60 年代，在开拓苏南、浙江辖区中，以"打先锋"的方式补济军需仍起着重要作用。如 1860 年太平军克常熟，"各富户米困尚多，窖藏金银亦颇饶裕"，至是尽为其所"受用"。② 象山地居浙东海隅，浙东富户颇多迁居于此；1861 年 12 月太平军攻占之后，"一网打尽"；"所获资财之丰，为入浙江后所仅见"。③ 不过，进入 60 年代，"打先锋"越来越"滥"了。一是对象"滥"。这时虽然仍以富室、大户为主，但也广泛及于贫民。如在浙江昌化，"富户窖金地下，尽被掘获"④；在义乌，迫令富户纳款，"必尽献所蓄而后已"⑤；太平军至湖州东山，"搜括"、"绅富"。⑥ 可是，同时也"搜括四乡"，即使贫家也"无有免者"。⑦ 在浙江丽水，太平军"搬运粮食，络绎不绝。富者仓廪皆罄，贫者亦升斗无余"⑧。二是行为"滥"，缺乏节制。如 1861 年太平军攻下兰溪后数月间，"逐月至乡"打先锋，不是"数日"即止。尽管不是每个地方都是"逐月"。而在一地安民之后，太平天国地方军政当局为求达到某种

---

① 刘廷凤纂：《潜山县志》第 8 卷，武备·兵事。

② 汤氏：《鳅闻日记》（以下简称《汤氏日记》），《近代史资料》1963 年第 1 期，第 75 页。

③ 佚名：《辛壬脞录》，《近代史资料》，总第 34 号，第 195—196 页。

④ 许昌言等纂：《昌化县志》第 15 卷，事务·兵氛。

⑤ 黄侗辑：《义乌兵事纪略》。

⑥ 周腾虎：《沧苅华馆遗文》第 2 卷，《上浙江巡抚王雪轩书》，咸丰辛酉。

⑦ 《汤氏日记》，《近代史资料》1863 年第 1 期，第 81 页。

⑧ 皮树棠纂修：《宣平县志》第 18 卷，丽水咸同间兵事。

目的,还不乏以"打先锋"作为一种强制的手段的。

太平军在初期进军至湖南道州,即号召"富人助饷",实即强制征发,复"令各乡进贡"。① 所谓"进贡",就民间说,是"投诚向化","以迎王师"②的一种表现;而太平军的接受"进贡",则演变成为"劝"贡、"责"贡、"招"贡,又另具作用,它既是打击地方豪富的一种手段,又是征发财物的另一重要方式。这种方式,也一直持续到失败前夕。

太平天国官书记述从金田起义到攻克南京的总形势是:"战胜攻克,马到成功。且闾阎安堵,若忘铎镝之惊,士女归心,共效壶浆之献。"③这里的所谓"共效壶浆之献",是指太平军的军行所至,受到群众热情欢迎慰问。各地群众除奉献财物(主要是粮食)而外,还常赠送枣、栗、灯、鸡作为礼品,祝愿洪秀全"早日登基"。这是群众自愿补给军需,表达拥戴之忱的政治行动。

太平军攻下武昌后,把"进贡"制度化,设"进贡公所",接受群众的"贡礼"。"凡金银、钱米、鸡鸭、茶叶,皆可充贡。"纳"贡"后,发给"贡单",以资凭证。这种措施取得很好效果,"民出金帛者肩摩踵接","次第进入"奉献。但太平军在接受群众自愿贡礼之余,又进而"责"贡、"招"贡,实施强制进献。在武昌,太平军推行"进贡"制,根据不同对象作出不同对待:对那些真诚拥戴的一般居民,贡献"盘米,上压百钱,或千钱",收后即发给贡单,给予保护;对那些半心半意、虚情假意的典商、富户,则责贡甚严。设有敢于违抗不贡者,一经搜出所藏金银,"阖门斩首"④。这样,这些人

---

① 周诰诒纂:《永明县志》第32卷,武备志·军事。
② 《文书汇编》,第116页。
③ 《太平天国印书》下册,第552页。
④ 《太平天国》第4册,第572、594、595页。

家慑于革命权威，有被"劝"贡黄金多至数百两者。①

太平军从武昌沿江东下，直至扬州，沿途各地，纷献"贡"礼；所谓"犒贼之举，自黄州以下皆然"。②"富厚之家，必千金、数百金，谷米数百石，……配以群物。"③

太平军入南京，城中居民"率皆纠聚进贡，或金银，或珠玉玩好"④。有人以诗记事说，"聊当壶浆箪食迎，贱者鸡豚贵金玉"⑤；"前村箪食，后村壶浆"⑥。

1853 年年中，西征军至赣、皖、湘、鄂诸省，各地群众纷纷献礼。如赖汉英部从安庆西入江西，沿路人民纷纷进贡。⑦ 进攻南昌时，"南（昌）、新（建）两邑以豕、鸡、鹅、鸭、银、米进贡者，不知凡几"⑧。路过南康，人民贡钱、米、鸡、豚，既以劳军，更助军需。曾天养部入饶州，该州及附近万年、余干一带居民，进贡粮食物资，源源不绝。樟树、临江、瑞州各地情况相似。次年秋，罗大纲西上赣、皖，乡民以米粮、食盐进贡，源源不绝。在黟县，士绅"即以数万金纳贡"⑨。太平军至湖北荆门，"四乡进贡者甚多"；至湖南常德，进而扫辰州，取桃源，"常德一府四县之富户，家家门挂'顺天太平'四字，焚香顶礼，边〔鞭〕炮迎拜王爷，贡纳银钱、谷米、马匹无数"。⑩ 总之，太平军在征途中，在各地人民的支持下，取得了能够

---

① 《太平天国》第 4 册，第 572、594、595 页。
② 佚名：《广陵史稿》上卷，第 28 页。
③ 《太平天国》第 3 册，第 272 页。
④ 《太平天国》第 4 册，第 696 页。
⑤ 《太平天国》第 4 册，第 729 页。
⑥ 柯悟迟：《漏网喁鱼集》，第 17 页。
⑦ 曾国藩：《全集》，书札，第 2 卷。
⑧ 《太平天国资料》，第 71—72 页。
⑨ 《何桂清等书札》，第 121 页。
⑩ 《太平天国》第 3 册，第 7 页。

"因粮宿饱,如取如携"的便利。

太平军把"进贡"作为一种征发手段,初时明确规定以"殷实之家"的"户"或"众户",为重点对象。在 19 世纪 50 年代,太平军每至一地,都这么"晓谕"①,也这么做。这些"户"或"众户",一经贡讫,便领得"贡照"作为不再进贡的凭证。没有骚扰,民间也乐于响应太平军的号召。到了 60 年代,在苏浙辖区,太平军除指定某个"姓氏",即某人、某户而外,日益流向于以"城乡居民",实即某地为对象。某地"进贡"后,太平军给一小令旗(被称为"安民旗"或"进贡旗"),上书"太平天国、奉令安民"字样,于村头"扯于树梢"。② 于是,"进贡"便从个人或众户的"向化"一变而为对一个地方的勒征。招"贡"从作为重责富户助饷的一种措施,一变而为不分贫富的村镇集体负担。例如 1861 年,在浙江慈溪,"勒限各乡,按都图进贡"。贡额多寡,"以村落大小,户口贫富为差"③。在诸暨,余天安出示,"命四乡各村进贡(米、粟、财帛、豕、鸡须备)"④。贡物数量虽因"图"、村而异,而就同一个"图"、村的居民来说,一般便形成殷户、富商以"洋钱、元宝"进献。贫家则以"鸡、豕、羊、鹜、鱼、肉、菜蔬"为贡了。⑤

总起来说,太平军的强制征发,就勒令"富者助饷"说,其对清方官宦之家以及其他富户既是一种经济斗争,又是一种政治斗争。其经济效果很具体,其政治效果也很显著。当时就有人说:"当贼初起,常以诳言鼓动一世之贫民。彼贫民忌恨富民,而欲坏之久

---

① 《文书汇编》第 116、120 页。
② 《太平天国》第 6 册,第 733 页。
③ 杨泰亨等纂:《慈溪县志》第 50 卷,前事·纪事。
④ 蒋鸿藻纂:《诸暨县志》第 15 卷,第 17 页。
⑤ 《汤氏日记》,《近代史资料》1963 年第 1 期,第 90 页。

矣。皆谓害不及我而甚有利,则孰肯出死力以为富民卫? 虽出钱财莫之应也。"①又有人对太平军剥夺程裔采家财产感慨说,"居官不爱民,但知恃势以敛财,不顾怀璧之招盗,乃至名丧家亡,……令旁观者为之太息,亦可哀矣"②。这些议论,表明太平军的强制剥夺行动,发挥了政治鼓动作用,大长了贫苦人民的志气。通过对清方高官显宦家财的剥夺,又体现了太平天国反对清朝统治的政治目的。但是同一种措施,行动上的差异,后果便大不相同。大体说,在50年代皖、赣、鄂辖区,"打先锋"是对缙绅富户的打击;对贫苦大众,在客观上具有提高其社会地位的作用。因此,太平军的行动,是得到贫苦大众的支持的,绅缙富户也不敢有所抗违。到了60年代苏浙辖区,"打先锋"的对象既"滥",贫民小户便产生不满。这就给富户以利用乡情,拉拢贫户,共与太平天国为敌制造了机会。同时,太平军的行动上缺乏节制,也给地方歹徒和"野长毛"进行骚扰、劫掠以可乘之机,而使辖区秩序不宁。至于进贡,在50年代,"招"贡以富户为重点对象时,对富户也是一种政治上的打击,进入60年代,责贡对象既渐移至"村"、"图"的全体居民,则富户转可以贡额较多,显得在保障该村、"图"的平安上,尽了较大的力量,转得"市恩"于贫苦大众。

### (三)从土地"王有"到地权私有和租佃关系

太平天国在进军南京途中,一路号召:"士农工商,各力其

---

① 吴敏树:《黄特轩传》,转引自彭泽益:《太平天国革命思潮》,第13页。

② 《武昌二、四年先后失陷被杀、被屠记所闻》,佚名:咸丰《二三四五六年分事杂记》(抄本),南京博物院藏。

业"；"安居桑梓，乐守常业"①，并未触动既存的土地制度。太平天国的理想是土地"王有"，"田产均耕"。② 1853 年 3 月克南京后，"见菜地，争贴封皮"，"使人种菜"，设典农官主之③，这大概就是土地王有的最初尝试。但不久，天国就否定了土地"王有"的原则，而肯定土地私有了。

1853 年 7 月底，太平军西征部队在安民告示中宣布："尔等自今宜……恪守天王诏旨，为农为圃，各宜其生；乃积乃仓，毋废厥业。……我天朝断不害尔生灵，索尔租税，尔等亦不得再交妖官之粮米。"④这个告示号召"不得再交妖官之粮米"，显然是起过积极作用的。至于不"索尔租税"中的租税，并没有兑现。天国政权随即在自己的统治地区设官建政，"稽查所设乡官一军之地，共有田亩若干，以种田一石，终岁责交钱一千文、米三石六斗计征"⑤。曾国藩在 1863 年年初一件奏折中追述说："粤匪初兴，……听民耕种以安占据之地；民间耕获，与贼各分其半。"⑥"其半"即是租税。

到了 1854 年，杨秀清、韦昌辉和石达开致洪秀全《本章》说："建都天京，兵士日众，宜广积米粮，以充军储而裕国课。弟等细思，安徽、江西米粮广有，宜令镇守佐将，在彼晓谕良民，照旧交粮纳税。"⑦洪秀全采纳了这个建议。

过了 7 年，太平天国在浙江发布的告示中又说，"业各有主，

---

① 《文书汇编》，第 111 页。
② 《文书汇编》，第 302 页。
③ 《太平天国》第 4 册，第 654 页。
④ 《新发现的太平天国告谕三件》，第 1 件，《历史研究》1981 年第 2 期。
⑤ 《太平天国》第 3 册，第 275 页。
⑥ 曾国藩：《全集》，奏稿，第 18 卷，第 24 页。
⑦ 《文书汇编》，第 168 页。

未可屯田";"民既受诏,又难掠野"。"若按户摊派,贫富未免不均;而论产征粮,输纳尚是易举。"①这无异是对为什么晓谕良民照旧交粮纳税的一种解释。

天国当局正是急于保障军需、国用,考虑到沿袭旧时的征赋、收税制度易于见效,便承认"产"、"业"的私有,不再采行一度拟向民间分取收获物若干的办法。事实上,早在1853年秋,太平军已有过责民间按亩交粮若干斤的行动了。②

"照旧交粮纳税"原则一经确立,安徽辖区当局立即按旧制征收地丁银。1855年,天国中央派员往江西征粮,发出布告说:"田赋虽未奉其〔有?〕定制,尔粮户等,亦宜谨遵天定,暂以旧例章程,扫数如期完纳。""无论富户贫民,……倘有不遵,查出……治罪,决不姑宽。"③湖北的情况类似,照旧例征收田赋。嗣后,每占领一地,都照此执行。如在苏南,李秀成说,"苏州百姓应纳粮税,并未收足;田亩亦是听其造纳,并不深追"④。说明当地百姓除了自己造册、自报田额之外,是按照旧例办的。1861年,太平军势力几遍全浙,侍王李世贤部林彩新命令人民:"照依旧规","输饷"、"捐粮"。⑤ 所有这些表明太平天国在所有辖区,普遍贯彻执行了照旧征赋收税。

在激烈的国内战争中,清方官府的册籍档案和民间的田契串票,大量散失和焚毁。起义农民也多有自发向地主展开夺地斗争的。天国辖区外逃地主的土地,一时成为"无主"土地,农民

---

① 《文书汇编》,第 136 页。
② 《丛编简辑》第 5 册,第 382 页。
③ 《文书汇编》,第 118 页。
④ 《文书汇编》,第 512 页。
⑤ 《文书汇编》,第 158 页。

更多据而耕种,成为事实上的占有者。地权问题,因此混乱不清。

太平军每占领一个地方,着手建政设官,为了使征赋收税有所依据,总令乡官在造报烟户名册时,填写各户田产,注明业、佃,以备查考。另一方面,天国当局又征集旧时粮册,照旧施用。若无旧粮册,则以其他册籍,如缙绅录、地方志等等,作为稽征田赋的依据。在后期的浙、苏辖区,如嘉兴府属,还于 1860 年、1861 年两年,编造过田册。如常熟,甚至于 1861 年做过田地清丈。

天国地方当局在清理田亩、编制地籍中,要求做到"毋得混乱,厘毫无差"①。对土地所有者的"藏匿规避"行为惩处甚严。在浙江嘉兴,地方当局规定:"倘有一户隐匿者,则十户同坐。"为此,地主富户为隐匿而"率皆逃避"。② 这样,太平天国地方当局的清理地籍工作,尽管抓得很紧,进展却很慢。该处从 1861 年春天起在一年多时间里,"所编田亩,十不过一二"③。在常熟,"每丘插旗细查","一日不过数十亩"④;也没有进行到底。

1861 年冬,天国苏浙辖区地方当局为了杜绝逃赋,采取发放田凭办法确定地权。当时规定,凡隐匿田亩拒不领凭,一旦发觉,即将其隐匿土地充公。田凭上载明:"给凭之后",概作自产;"如有争讼霸占情事",准该"花户禀请究治","以安恒业,而利民生"。⑤ 田凭制度使出钱领取田凭者对地权取得了太平天国的法律保障。这样,田凭制度虽为保障田赋而设,却同时具有双重意义。农民在领凭后固然确保了原来自有的土地、"租不输业"的土

① 《文书汇编》,第 192 页。
② 《丛编简辑》第 4 册,第 192、514 页。
③ 《丛编简辑》第 4 册,第 192、514 页。
④ 《丛编简辑》第 4 册,第 192、514 页。
⑤ 太平天国起义百年展览会编:《太平天国革命文物图录》,第 63 页。

地和所耕种的"无主"的土地;而就后两类的土地说,也就是所谓出钱领凭,"租田概作自产"。① 与此同时,也确保了地主对土地的所有权。

天国当局所发的田凭是土地所有权的一种公据。其时,天国辖区较稳定的地方,是苏南(时称苏福省)和浙江(主要在浙西)。在皖、赣省境控制地区较少,也不稳定。李秀成既主持国政,又直接管辖苏浙两省;以他的名义在吴江所发的一张"荡凭"("田凭"的一种)中称:"所有各邑田亩,业经我忠王操劳瑞心,颁发田凭,尽美尽善。"②说明苏南各邑,普遍推行。在浙江所发的田凭,无论格式和文字内容,都与在江苏颁发的相同。这些田凭在两省的划一颁发,相对于当时太平天国控制的地区说,基本上也可以算在全境内的统一颁发了。这也就是说:太平天国辖区的土地制度,是因循旧制,在不少地区,仍是以地主所有制占主导的封建土地私有制。

太平天国革命斗争作用所及,打击了地主势力,改变了天国辖区农民和地主的力量对比;农民反封建剥削的斗争,广泛地展开。如在长江中游的湖北黄梅一带,地主文人说:"贫民多挟贼凌富";即使交租,也以秕谷代好谷,"石谷不满一斗米";"田风大坏","阖邑皆然"。③ 安徽怀宁是在1853年6月为太平军所占领的;到了1856年,佃户有"积租三年"未交者。④ 在芜湖,从1853年到1858年,地主中有"籽粒无收者"。这就是说:自从太平军到来后,有些佃农一直没有交过地租。在桐城,地主文人的打油诗说:"东庄有

---

① 《太平天国资料》,第104页。
② 郭若愚编:《太平天国革命文物图录续编》,第63页。
③ 邓文滨:《醒睡录》,初集,第7卷,第29页。
④ 舒景蘅等纂:《怀宁县志》第20卷。

佃化为虎,司租人至撄其乳,西庄有佃狠如羊,掉头不顾角相当。"①在黟县一带,成批的佃农不再向地主交租;其有交的,也只交四成、五成、七成不等。② 当然,佃农承租土地,照旧订租佃契约,承认负有交租义务,甚至除正租外,还承认额外租。这种情况也是有的,但比较少见。在长江下游的江苏、浙江辖区,固然也有"佃心不变",照旧还租的,更多的是"佃风已变","乡民齐心不还租","各佃心存叵测","皆思侵吞"地租。③ 还有采取暴力行动的。无锡佃户在太平军到后不久,聚众一火烧毁"仓厅"——大地主的收租机构;"白日持刃相向","遇有积愤宿怨"的地主,即"畅所欲为",使之"身家莫保"。④ 也有一些佃户,对中、小地主"不输租,各业户亦无法想";有的出于私人情分交租若干,即"乡业熟悉田佃者,或可每石收一二斗"不等。⑤ 太仓有地主"欲稍收租","佃农悍然不顾,转纠众打业户家屋","什物尽毁"。⑥ 在松江,浦北各乡租籽,不过十分之三,"且有粒米无收者";浦南田租,"多者六成,少亦五成","平时严于课租者,诸佃不纳"。⑦ 在长洲、元和各县,地主有的"粒米无收",也有收"六成、五成"的。在常熟(包括昭文),部分农民当太平军占领县城时,"趁势将本镇绅富房屋全行打坏,……租簿掷在污泥水中";军事行动过后,局面较稳定,

---

① 光聪诚:《闲斋诸集》,后编,食新叹。
② 章有义:《太平天国失败后江南租佃关系的一个缩影——皖南黟县佚名地主簿剖析》,《中国社会科学院经济研究所集刊》第 2 辑。
③ 《太平天国史料专辑》第 159 页;《汤氏日记》,《近代史资料》1963 年第 1 期,第 97 页。
④ 《丛编简辑》第 1 册,第 279 页。
⑤ 《丛编简辑》第 1 册,第 284 页。
⑥ 《丛编简辑》第 1 册,第 176 页。
⑦ 《太平天国》第 6 册,第 180、464 页。

虽连岁丰稔,但在佃户的抵制下,"业户不得收租","饿死不少"。① 江阴东北乡农民,佃农也拒交地租。② 在浙江绍兴地主"向佃户收租,如乞丐状,善者给数斗,黠者不理,或有全家避去者",形成所谓"租多渔夺"。③ 在桐乡,"乡人不肯纳租,户户无所取给"④。

关于农民拒交地租的情况,截至19世纪50年代末,未见天国当局有所干预的记载;看来,他们对农民的行动是默认或支持的。在60年代的江、浙辖区,有些地方的当局明文规定:地主必须先向地方当局报明田亩、圩名存案,领取"收租票"之类的凭证,然后才许收租。租额不得由地主私定,须"定于局"⑤。同时,也晓谕佃户照常输租。天国当局的这一措施,意在既能保证田赋收入,又能兼顾佃农不受地主的恣意剥削。

天国当局官定的租额,照旧额减至二成到五成不等。事实上,佃农交租量确有不同程度的减少。如苏州所属三县与旧时租额比较,在1860年是五成,"每亩四五斗不等"⑥;次年,再减至三成。也有因未定租额,致有5斗、2斗、籽粒无著者;1862年,天旱,特规定八折征收,"每亩三斗三升"⑦。在吴江,天国当局规定,"亩收租息米三斗"⑧。四乡农民反应不一:有置之不理,"齐心不还租";地主也偶有所收超过定额的。常熟、昭文一带,"亩收六四",

---

① 柯悟迟:《漏网喁鱼集》,第47页;《丛编简辑》第4册,第460页。
② 《太平天国》第5册,第436页。
③ 范城:《质言》,《近代史资料》1955年第3期,第78页。
④ 《丛编简辑》第4册,第138页。
⑤ 《太平天国》第6册,第769页。
⑥ 《太平天国资料》,第101页。
⑦ 《文书汇编》,第145页。
⑧ 《太平天国资料》,第106页。

即六四折；"少者五成"。松江"多者六成，少亦五成"，也有"彼此观望"，不交"粒米"。① 在无锡、金匮，"大抵半租而已"②。在浙江诸暨，"田家输租，不过三分"③，即按三成交租。

苏南地方以苏州为例，在太平天国设官建政前，每亩实物地租量在1石至1石5斗之间。如今无论是减交几成，或实交几斗，都减少半数左右。这是太平天国支持农民斗争的结果。

在第一节已指出，在太平天国革命爆发前，苏南、浙西一带农民的抗租斗争，只提出减租四成的要求；在太平天国统治之下，所减租额可达五成左右。应该说，这是当时农民所能接受的理想租额。农民支持太平天国革命是很自然的。不过这一措施，也产生了有利于地主的副作用。比如收租票，在地主手里就成为一张催租符，用来向农民逼租，事实上具有了超经济的强制权力。

地主对于减租是不甘心的，总力求收得全租，以致激起农民的激烈反抗。如1860年9月，常熟地主企图照常收租，"田夫猝起焚拆"其屋。另外，有人"催佃户还租，虚发限票"，结果也"激变四野"。④ 吴县地主设"租息局"，"董事十余人襄其事"，农民根本置之不理。不只"三限已过，并无还者"，而且集众百余，"哄入局，将襄理十余人擒去，殴打屈辱"，并把他们扣留起来。经人说合，才予释放。⑤ 农民态度强硬，地主也无可奈何。有人记道："年景尚

---

① 《太平天国》第6册，第458页。
② 《丛编简辑》第1册，第279页。
③ 何桂笙：《劫火纪焚》，转引自郭毅生：《太平天国经济制度》，第139页。
④ 柯悟迟：《漏网喁鱼录》，第47页；《汤氏日记》，《近代史资料》1963年第1期，第98页。
⑤ 《太平天国史料》，第106页。

好,惟租尚未归还"①,似乎又不敢催租。

佃户抗租,地主便借口"赋从租出",企图抵赖田赋。天国当局以征取田赋为重,对业、佃双方的矛盾斗争,一再作出干预,企图予以调整和制止。干预的总趋势是从不许业户"势压苛收"和制止农民"抗还吞租",日益向着对农民加强压力的方向倾斜。苏南的情况尤为明显。

1860 年 9 月,常熟、昭文两县监军"讲道理",劝民纳税完粮,又着乡官整理田亩粮册,"欲令业户收租"。在农民的强力抵制下,收租局董严朗三等"连夜入城见伪主将钱,请兵下乡,剿灭乱民。不料,钱姓不肯轻信擅动刀兵,反怪乡官办理不善"。局中诸人"败兴而归,从此势弱,……只得散去"②。

1861 年正月,无锡、金匮的天国地方当局出示追收 1860 年田赋,宣布:"业田收租完粮,自行投柜;或顽佃抗租,申诉押追。"③同年九月,该两县赋租总局经董薛某奉地方当局命令发出通知:"锡、金住城各业户完赋无力,本阁节经示谕佃农照常输租,抵办钱粮在案"④;偏重于"谕佃农照常输租"。

1862 年 9 月,办理长洲军民事务黄某告示称:"粮从租办,理所当然。……业户佃户,情同一室。"上年"招业收租,并饬抚天侯徐饬令各乡官设局照料,毋使归来业户,徒指望梅。……苦乐不均,盖由佃户畏强欺弱,亦由乡官弹压不周,殊负忠王暨熊爵宪笃实爱民之意。"⑤

---

①　吴燮恺:《劫难备志》,王稚安:《太平遗事》(抄本),藏浙江绍兴鲁迅图书馆。

②　《汤氏日记》,《近代史资料》1963 年第 1 期,第 97 页。

③　《丛编简辑》第 1 册,第 276 页;窦镇辑:《师竹庐随笔》第 2 卷,自述。

④　《文书汇编》,第 134—135 页。

⑤　《文书汇编》,第 145—146 页。

天国当局在同属苏南地区的租佃关系上3年间作出3种反应,演变的形迹是从默认佃户抗租,进而偏袒地主,终则通过乡官保护地主的利益。

1861年7月,浙江桐乡民务官符天燕、钟良相颁布的"规约"申明:田产"准归原主认领收管,□□〔有敢〕侵占者立究";"种租田者,虽其产主他徙,总有归来之日,该租户仍将该还钱米缴还原主,不得抗欠"。[①] 这就不只是保证辖区在乡地主,而且也保证逃亡地主的地租权益,进一步维护封建地主的土地所有权了。天国当局对租佃关系的这种变化,使天国政权日益脱离农民。

在皖、赣、鄂辖区,天国当局前期对于地主抗粮行为,辄以严刑峻法加以制裁。1856年,江西抚州当局责令原监生胡晴波"供粮",此人抗不交纳,"杀之";同年,一个家产素封的廪贡生李铭善以输粮不应,"杖毙之"。[②] 到了后期苏、浙辖区,当局对抗粮者虽有以"封产入公"、"枷号责比"相惩戒,更多的还是倾向于采取绥抚手法,支持地主为交粮而收租。1860年12月,太平军攻克常熟,地方当局即出示各业户"收租完粮",并号召流亡在外的地主"即行回家收租完粮"。[③] 太平军在"讲道理"时,往往责令业主必须纳粮的同时,也"令业主收租"。这是太平天国承认封建土地所有制和封建租佃关系的必然结果。

在苏浙辖区,从1862年起,更出现粮、租一元化的现象。这种做法,使天国当局更进一步地卷入了地主和农民的利害冲突之中,而与农民直接相对立。

粮租征收一元化,是使征粮机构兼司收租,称为"租粮局"或

---

① 《丛编简辑》第4册,第73页。

② 沈葆桢等监修:《江西忠义录》第6卷,绅士传。

③ 《丛编简辑》第4册,第489页。

"租息局"、"赋租总局"等，由乡官主持，受太平军保护。在苏南的吴江、无锡、常熟，浙西的桐乡、嘉善各地，一时相继设置。它所规定的办法是：先由业户把田亩数和佃户姓名报"局"，经"局"盖戳后发给旅帅等乡官，向农民收取相当于赋、租总和的粮食或货币；然后留下田赋部分，把地租部分发有关业户。也有这样的情况：旅帅持盖了"局"戳的某种凭证，着佃户亲到业户家和"租粮总局"，分别清缴地租和田赋。① 少数中、小地主"其不归局者，业主自收"。

太平天国的这一措施为的是取得田赋。但在究竟支持哪个阶级、维护哪个阶级的利益上，却犯了原则性的失误。因为设置"租粮局"，固然使地主无从抗粮，事实上却在替地主向农民逼租。

农民和地主的反应，也证明了这一点。例如，有些地主分子探悉地方当局将设置"租粮局"，立即奔走相告，加紧筹划，备办桌椅笔砚，并传集旧时的地保、催子、圩甲之类人物，使之催粮收租。这些人的气焰也顿形嚣张起来。有个地主说："以长毛之威，不怕租米不还也。"②他们还进一步指使乡官作为催租人。吴江的同里业户公议："令各卒长发追租单。"无锡、金匮的地主就此企图恢复旧时租额，谋求"足额收"③。有的还设想要求几个太平军军人驻在局中，以壮声势。例如有一个地主分子就密函其亲信说：须"讨得毛〔指太平军〕中之驯良者三四人"，"厚其俸食"，"留在局中"

---

① 《太平天国史料专辑》第 152 页；佚名：《避难纪略》(抄本)，苏州博物馆藏；《汤氏日记》，《近代史资料》1963 年第 1 期，第 124 页。

② 《又致晓秋表弟》，转引自罗尔纲：《太平天国史事考》，第 215 页。

③ 知非：《吴江庚辛纪事》，《近代史资料》1955 年第 1 期，第 44 页；《丛编简辑》第 1 册，第 279 页。

等等。①

农民则以对租粮局兼收租粮,"汹汹结党打局"②。吴江莘塔的佃户,"无肯还租"。常熟南乡对"收过租米之局,众佃竟欲索还"③;西乡业主准备收租,佃农"四散"不理。苏州一些佃户有到"租息局"哄闹的,有准备放火烧局的;还有杀死"租息局"局董的。在浙西某些地方,更出现农民"鸣锣聚众",拆毁"租粮局"的暴动。

太平天国地方政权面对这个局势,往往采取镇压措施,"发兵痛剿"。这样,本为农民争取利益的武装力量,不自觉地反而充当保护地主收租的工具。天国当局的这种做法,不只是未能解决地主和农民两个阶级之间的矛盾,反而使问题更加复杂化,使局势越来越难以收拾,终致使自己几乎完全失去农民的支持。

### (四)工商业政策

太平军在征战途中,一路号召:"士农工商,各力其业"④,"商者商而贾者贾,尽可乐业以如常"⑤;并以严明的军纪,加以保证。例如初期从广西向长江流域进军时,在湖南,从蓝山至嘉禾沿路,太平军"遇途卖酒浆者,饮之馨,辄投以钱"⑥。所到之处,"买饭求浆,多给市值"⑦。"其到汉口也,先使人安抚市肆,令如常买卖,

---

① 《两浑致某函》,南京博物馆展品。

② 《汤氏日记》下卷,《近代史资料》1963年第1期,第125页;《丛编简辑》第4册,第397页。

③ 《汤氏日记》,《近代史资料》1963年第1期,第98页。

④ 《文书汇编》,第111页。

⑤ 《太平天国》第2册,第751页。

⑥ 雷飞鹏纂:《蓝山县图志》第7卷。

⑦ 一史馆馆藏,录副奏折:《湖北按察使江忠源折》,咸丰三年四月十五日。

毋得关门";"其买市物也,照常市价,无有短少。市人安之"。①
以后攻克南京,即使在戎马倥偬之中,仍力戒妨碍商人和商业活
动。当时,长江上转运军政需用物资往来不绝,"间有商船过,一
问即放去"。有商人路过镇江,"被拿住","盘诘即释"。② 1853 年
6 月,太平军到丹徒,"关照街市各铺照旧开张"③;七月,在溧阳,
太平军四百余人上街宣讲政策:"居民铺户,不必惊惶。买办物
件,均照市价付给。"④北伐军经涡阳,"仇官而不害民,市不易
肆"。西征至安庆,为了军事需要,一度征集沿江船只,"帆樯相属
十余里";旋闻"民人某姓言:……吾等之船皆任贩运,若概行封
禁,则货源不通,皆坐困矣"! 太平军立即发还原征船只。"他船
援其说以免者凡数千艘。"⑤在东征中,太平军"入市购物,遵市价,
不强取"。给价公平,"决不短少"。"有取醋而不给钱者,店主诉
诸头目,即斩以徇。"⑥太平军以自己的行动,切实保护了商人和商
业,赢得了人心。有人赞称:"粤人出示安民,……农工商贾,各安
其业,俨然有王者风。"⑦

　　但是,太平天国设想新社会的经济生活是自给自足的,不需要
商业。定都南京后,天国当局即行宣布:"凡物皆天父赐来,不须
钱买。"⑧在刊刻的《待百姓条例》中规定,"店铺买卖本利,皆系天

①　王茂荫:《王侍郎奏议》第 2 卷,第 19 页。
②　《癸丑见闻录》,第 35—36 页。
③　《江浙豫皖太平天国史料选编》,第 93 页。
④　《粤匪杂录》,转引自罗尔纲:《太平天国史订谬集》,第 13 页。
⑤　杜文澜:《平定粤寇纪略》,附记四。
⑥　叶蕴云:《辛壬寇记》,《近代史资料》1963 年第 1 期,第 199 页。
⑦　《太平天国》第 3 册,第 10 页。
⑧　《太平天国》第 4 册,第 716 页。

王〔父〕之本利,不许百姓使用,总归天王"①。据此原则,初克南京时,一度传锣令百姓贸易如故,旋即又收缴了各行各业店铺所存货物,转交给总典买官、总典油盐官等掌管。对人民所需生活、生产资料,运用战争中缴获和征发的大量物资,统一配给。这种废除商业的政策和已经相当发达的商品经济形成尖锐矛盾,转资敌方以攻击的借口。曾国藩指陈太平天国的罪状之一,就是"商不能自贾以取息,而谓货皆天主之货"②;借以煽动人们敌视太平天国革命运动。

太平军在永安建国,对百工技艺人等,编制成营,设典官主之。最早成立的是土营,有似工兵。其后又适应军事需要,陆续设置典炮、典铅码(子弹)、典红粉(火药)等官,负责军需物资的生产、备办、管理等事。太平军既克南京,进一步把军中的这种编制,推广到社会,在废除商业的同时,废除了个体手工业,设置匠"营",集中各种工匠"听使"③,归各工"衙"管理。如土营集中泥水、木工、油漆等匠(后又分别立营),素业织机的手工业工人集中于织营。有关当局向"营"、"衙"下达生产任务,如由机匠衙对织营供应原料,"限日缴缎匹若干"。各业工匠在官方的督促下,曾"各效其职役"。有所需求,一时"无不如意"④。但这些手工匠人,"但有口粮,无雇钱"⑤。实践表明,这种制度是行不通的。南京是中国丝织业的重要中心,"居民习此者半"⑥。太平军将到未到之际,机户

---

① 金毓黻、田余庆编:《太平天国史料》,第 505 页。
② 曾国藩:《全集》,文集,第 3 卷,第 1 页。
③ 《太平天国》第 3 册,第 139 页。
④ 《太平天国》第 3 册,第 117 页。
⑤ 《太平天国》第 4 册,第 737 页。
⑥ 《丛编简辑》第 2 册,第 342 页。

外逃,"北至〔南〕通,南至淞沪"①。其留在城中的由天国组织"织营",集中的丝织工人"凡数千人"②,最多时达14000人。这种以集体生产方式取代个体手工业的制度不得人心,致手工工人不久或逃散,甚或反叛而危害于太平天国革命事业。"衙"、"营"制在实践中碰壁,天国随即听之任之。往后,虽仍设有"营"、"衙"机构,如木营、金营、刷书衙、镌刻衙等等,只是军队和行政机构的附属组织,不再是社会的一种生产组织形式。

太平天国废除商业的政策,妨害了社会生活的正常秩序,带来不便,也引起不安。它在"物又渐乏"的情况下,乃许南京城内"听人出城自买",默认商业的存在。采取这一措施后,"逃者纷纷"③。于是,改而采取统制经营政策。一方面让"老兄弟"经营商业,另一方面在不准居民出城买物的同时,允许有愿经营某项商业者,可向指定的官员——佐天候(陈承熔)处请领执照,"赴圣库领本",开设各种店铺,分别称"天朝某店"。经营的货种和利润,俱有限制。这种经营方式实行不久,物价腾贵,又在所设茶馆中拿获清军奸细④,因此认为"不便",又行"议罢"。最后"各店俱歇",致南京城再次变成"没有商业、看不到店铺,也看不到任何商货出卖"的城市。⑤

南京城内无店铺商货,而天国官、将、兵民的日常生活,都有求于乡间的供应。于是,在城郊各地便出现所谓"民贼互至处"的集

---

①　汪士铎等纂:《续纂江宁府志》第6卷,实政,第4页。
②　《丛编简辑》第2册,第340页。
③　《太平天国》第4册,第716页。
④　《丛编简辑》第3册,第256页。
⑤　勃龄:《太平叛乱》(C. L. Brine, The Taiping Rebellion),第195页。

市。这种集市被称为"买卖街",相当兴旺。先后至少出现了7处。①但对城里,则明白宣布禁令:"天京乃定鼎之地,安能妄作生理,潜通商贾。"②即使如此,南京城里尔后也没有禁绝商业,仍有做小买卖的。有人叙述1859年前后状况,街上有茶馆、肉铺、豆腐店之类,"市廛如旧"③。

太平军在其后陆续占领的一些重要城邑,如扬州、镇江、庐州、苏州、杭州、长兴等地,鉴于在政治上、军事上都具有重要地位,为保障秩序和有利于军务,也采取与南京类似的措施,在城区禁止经营商业的同时,于郊区则听民间自发形成"买卖街",或指定地区,许民间交易,调剂物资,并给予保护。

参与"买卖街"上商业活动的,基本上是辖区中的"小民"。买卖街若处在与清统治区接壤的地方,清方治下的居民也有前往参加的,被称做"外少";甚至还有清军的弁、卒以负贩、小商的面目前往交易。到了19世纪60年代,买卖街上出现开设行铺的坐商。买卖街的开市时间各地不一。南京近郊,都在每日五更天未明前交易,"日出即行罢市"④。六合、长兴等地,则整日开市。商品多半是鸡、鸭、蔬菜、肉食及其他农副产品。天国后期在苏南、浙西各地,上街的商品无论品种、数量,都大为增加,小自手提纸包的糖豆,大至"丝数十车",甚至还有洋枪、火器。⑤

买卖街是战争状态下适应生产和生活需要自发形成的,在一

---

① 买卖街或说有八处,或说有六处;这里"七处"是据《赵烈文日记》所记。参见《丛编简辑》第3册,第256页。

② 《太平天国》第4册,第738页。

③ 《丛编简辑》第4册,第157页。

④ 《太平天国》第7册,第1页。

⑤ 蔡蓉升原纂,蔡蒙续纂:《双林镇志》第32卷;《太平天国》第5册,第276页;《丛编简辑》第4册,第151页。

定程度上起着调剂有无的作用。

太平天国从发动西征起,在其控制地区,一般不再采取废除商业的措施。1853 年 9 月,石达开到安庆主持军政,商旅不惊,照常贸易,给予保护、支持,进而谋求通过商业,兼能尽速恢复攻占地区的秩序以至为军事斗争服务。首先,如为"安集流亡","招民交易";或"予以资本",使之"贩卖治生";继则有意让商人各"就其所习之业,如卖棉纱、布、线、绳、茶叶之类",在"上下左右"来往,"限日期回报"①,借以侦察清军情况。待商业既经展开,天国当局更予以支持,目的在于"利民生"、"裕国课"。②

太平天国承认商业存在之后,逐渐从不干预发展为鼓励。在商业实践的基础上,到 1858 年,以《醒世文》形式,广泛宣传"百般贸易俱可做,烟酒禁物莫私营"③。其后,各地地方当局在发布的各种文告中,都承认商业的存在。

太平天国对洋烟,即鸦片,从发动起义之日起即深恶痛绝,强调"洋烟、黄酒不可贩卖吸食";倘有"贩卖者斩,吸食者斩,知情不禀者一体治罪"④;并设卡局严密查缉,"如寻针芥"。⑤ 一有发现,即严惩不贷。但这并不意味着在太平天国领域内,私贩、私食鸦片的现象确已绝迹。

虽说"百般贸易俱可做",盐却是例外。清政府对盐是采取统制专卖政策的。太平天国对盐无统一规定,但在盐的运销通道上,军政当局基本上都沿袭旧制,实行统制专卖政策。19 世纪 60 年

---

① 《太平天国》第 3 册,第 161 页。
② 《太平天国文物图释》,陆,工商业,乙、商凭。
③ 《太平天国印书》,第 666 页。
④ 《太平天国》第 3 册,第 225 页。
⑤ 《太平天国资料》,第 191 页。

代,在苏浙辖区,地方当局就先后在长江各口和盐运通道上,陆续设立管理、售卖机构。例如1861年,在常熟境内长江各口,设立盐行,"按图分人口散销";又立"盐公所"于鹿苑等处,禁止民间食用江北私盐,"着乡官按户派售"。① 在苏州,设"盐公所",凡卖盐者须至"该所领凭"。② 在浙江嘉兴、吴兴,盐为太平军"所专利","任盐官,设盐公堂",禁民间私贩私买③;在绍兴,设"盐师帅"、"董其事"。④ 只是这种统制措施并不完备,有些地方仍听盐贩自由销售。

在太平军占领区,最初参与商业活动的,基本上是一些"贫不能度"的小商贩。在安徽桐城一地,1854年前后,"不下千人";在庐州一带,负贩于长江南北数十里间,"往来如织"。⑤ 个别地方如江苏的扬州、瓜洲一带贸易,还有清方一些现任和退职官员混迹其间。⑥

江南一带原是商品经济比较发达的地区,又是当时出口丝、茶的主要产地。太平军占有这一地区后,地方当局为了征取商税,采取一系列措施便民通商,"招徕四民","庇民贸易",使之成为太平天国治下商业最兴盛的地区。从业人员不只是小商小贩,也有比较富裕的商贾。这个地区接近上海,颇有一些上海巨商,"身携巨

① 佚名:《避难记略》或《胪列备览》(手稿),常熟文管会藏。
② 潘钟瑞:《苏台麋鹿记》,《太平天国》第5册。
③ 《丛编简辑》第4册,第141页。
④ 《太平天国》第6册,第769页。
⑤ 《丛编简辑》第1册,第229页。蔡蓉升纂:《双林镇志》第32卷,兵灾记。
⑥ 《高邮州知州魏源禀》,转引自一史馆藏,录副奏折:《江南河道总督杨以增片》,咸丰三年三月三十日朱批;佚名:《广陵史稿》,第三,南京图书馆藏抄本。

资"进入,或自己经营,或代外国商人办货、销货。

1860 年后,民间商人希望有所庇护,某些太平天国军政人员希图借机图利,出现了官民合伙谋利的商业行为。这种现象在浙西一带尤为盛行。那里的较大买卖,很多就是由军(官)民合营的。伙办的方式不一,有合伙出资的,也有"长毛发本",民间商人"为之谋主总管钱货出入"的;更多的则是商人"借长毛之名以居奇",防备遭到劫夺,太平天国军政人员只是挂个名①;有些商人则借用太平天国军政人员的资本以经营,月付高利,如"每千按月取息六分"。② 若遇搅扰,就由天国人员出面禁压。其中有些太平天国职官带头经商,发财致富,为众所瞩目。

太平天国也举办一些公营商业,作为补充。除了盐的统制专卖,太平军占领下某些城市既不准民间经商,而商业仍有不可缺乏的情况下,军政人员便有兼营商业的。如在常州,"非长毛不得入城",而"城中各色店皆开"。③ 显然,开店者只能是"长毛"了。又如在常熟,时人记道:"贼安居后,各乡镇多开张店铺,……惟城中店铺,皆贼所开张","牌署天朝"。④ 某些地区经过战乱,地方残破,数百里无人烟。为沟通有无,太平军兼营一切往来买卖,如 19 世纪 50 年代末安徽休宁一带。最经常的,是出售"先锋货",即太平军征发所得物资中多余的、或不济用的,作低价拍卖处理。据记载:"即此所入,亦复甚巨。"⑤

---

① 《丛编简辑》第 4 册,第 75、224 页,又第 2 册,第 183—184 页;汤氏:《鳅闻日记》下卷,《近代史资料》1963 年第 1 期,第 120—121 页。
② 《丛编简辑》第 4 册,第 191 页。
③ 归庆枌:《七月杂咏》,参见《让斋诗稿》。
④ 《丛编简辑》第 4 册,第 397 页。
⑤ 《太平天国》第 3 册,第 268 页。

太平天国在施行扶持商业措施的过程中,逐渐形成一套管理制度。1854 年年初,太平军明令商贾"挂号",领取凭证,然后开业。到了 19 世纪 60 年代,这种凭证有"店凭"、"印凭"、"凭执"、"商凭"、"执照"等不同名称。1856 年,西征军将领赖裕新在《安民晓谕》中宣布:"一切贸易,无容闭歇;……务要照常平买平卖,以应军民。不得格外高价过取,致失公平伤事,民定干究。""凡官兵如见子民安业买卖,胆敢恃势抢民货物,不依平买给价者,民宜当即扭拿禀送,论罪处斩。"①

天国地方当局,曾对商人制定过经营公约,主要是:"一切货物,务须公平交易,既不得奇货自居,亦不得高抬市价。""如敢垄断渔利,有害民生者",准各铺户检举"禀究"。当局为防止清方奸细混迹,经商者"凡是置办货物,上下客商,尤须询明来踪去迹,不准容留匪类"。行商外出,须领取"路凭";若须进出清方统治区,领取"剃头凭"后特许剃头前往。天国为了保护商人,还严禁太平军侵犯商人利益,不得妨碍、扰乱商业活动。若发生"需索派扰"情节,准"商民会同该管乡官,指名具禀",或径行"捆送",天国当局即"从严究办,决不宽贷"。倘有不法棍徒,强赊强买,换用小钱低银,不遵市价,"许受害商户指禀拿究"②。

天国地方当局对商业政策执行得很严格。例如在浙江海宁,有囤积居奇者,太平军即"打毁店家",以予惩戒,于是店家皆"畏势作买卖"。③ 在皖东南,太平军还派人巡查。当时有人说,"街坊上,规矩严;巡查几个,早一班,晚一班,往来巡游。不强卖,不强

---

① 《文书汇编》,第 120 页。
② 据朗天义陈〔炳文〕发给嘉兴陆松盛南货店《凭执》,郭若愚:《太平天国革命文物图录》,补编。
③ 《太平天国》第 6 册,第 695 页。

买,违者就打"①。在浙西产丝大镇南浔,地方当局对丝船派武装护运,使之"晏然出境"②。

在对外贸易方面,太平天国在开放国内商业前早已宣布了照常通商的政策。

1853年4月,英国香港总督文翰在太平军攻下南京后不久前往访问,得悉了太平天国的态度:对在华英人,若"照常经营商业",将"悉听其便"。③ 在返沪途中,镇江守将罗大纲、吴文孝正式备函声明:为"和洽中外,通商不禁,货税不征",但禁止贩卖鸦片。④ 在上海的某些英商,受这些讯息鼓舞,一再雇用中国小船,装载鸟枪、手枪、火药、洋刀诸物,溯江而上,希图做成交易。他们还希望能够在镇江常驻,进行贸易。⑤

1854年,太平天国宣布:"平定时,……万国皆通商,天下之内兄弟也。立埠之事,候后方定,害人之物为禁。"⑥事实上并没有等到"平定"之后就已在对外通商了。到1861年,对外正式声明:"永远通商营业。"⑦

太平天国昧于近代国际交往准则和国际形势,为求取得军火武器,称外人"尽是兄弟之辈",后来还作出过有损于国家主权和民族利益的诺言。如1861年5月,李春发、莫在暌受命照会美国水师提督称:"所有贵国通商获利,经过长江,有何不可"?"经过

---

① 周公楼:《劫余生弹词》。

② 周庆云纂:《南浔志》第45卷,大事记,第6页。

③ 《太平天国》第6册,第910页。

④ 《太平天国》第6册,第911页。

⑤ 一史馆馆藏,录副奏折:《咸丰三年十月二十一日朱批,怡良、许乃钊奏折,附件:勒内士致太平天国殿左五检点罗大纲》。

⑥ 《文书汇编》,第300页。

⑦ 《文书汇编》,第323页。

商船，……有贵国领事官执照，即便放行"；"贵国人民犯法，自当送交贵国惩治"。① 同年6月，天国当局同意英国远东海军司令何伯(J. Hope)的要求，准英国在南京江面停泊兵舰1只，以"保护"过往英国商轮；继又应停泊南京江面的英国兵舰舰长雅令(Captain Aplin)的要求，准英国在七里洲岸上"借地"3丈，建置煤仓，以便囤置军用、商用船只的燃料。② 这种态度给外国商人和教士以可乘之机，得在天国领域不受管辖，自由游览和通商。他们得寸进尺，一家"臭名昭彰的大商行(宝顺洋行)"，竟拟在芜湖和太平天国建立鸦片贸易关系。③

窜入天国辖区的外国人，有商人、教士、公职人员和刺探情况的流氓、冒险家。1860年年底，容闳在苏州亲眼看见两个美国人和英、法籍人各一，和太平天国当局纠缠，希图取得商业利益。他们自报身份或"贵族"、或"医生"、或"副将"。容闳说：人亦"莫辨其真伪"④。其实，他们乃是乘机谋利的冒险家。

欧美冒险家走私鸦片和军火。军火供应清军，也供应太平军。"牛芒鬼子(外国冒险家)，满船运购军火，以获大利。"⑤美国琼记洋行雇员费朗(R. Fearon)向老板报告说，南京的天国当局对军火有多少就买多少。⑥ 戈登(C. G. Cordon)率"常胜军"与太平天国为敌，但李秀成和谭绍光在1863年还是在会衔给他的信里说："军装炮械，……你处图利，我处置办，听从通商，原无禁令"；"此时你

---

① 《文书汇编》，第315页。

② 郭廷以:《太平天国史事日志》下册，第763、764页。

③ 呤唎著:《太平天国革命亲历记》下册，第442页。

④ 容闳撰，徐凤石、恽铁樵译:《西学东渐记》，第十章。

⑤ 李鸿章:《全书》，朋僚函稿，第1卷，第58页。

⑥ 《费朗致黑尔特(A. Heard)》，1861年2月21日，参见洛克伍特:《琼记公司》，第94页。

处如有枪炮洋货,仍即照常来此交易"。① 外国冒险家哄抬军火价格,攫取暴利。在太平军占领南京后的半年间,上海的火药售价,从每桶 3 元飞涨至二十五六元②,即增加到七八倍。太平天国究竟先后买进多少军火,无从查考。1862 年 4 月,据上海某洋行 1 只船上的字据所开,拟供给太平军的,有步枪 3046 支,野炮 795 尊,火药 484 桶,又 10947 磅,子弹 18000 发,另炮盖〔发炮铜帽?〕45000 万个〔原数如此,疑有误〕以上。③ 准备一次成交的数量如此,估计多次的总量应不在少数。

在华外商利用轮船,在长江和苏南、浙西的一些河流上非法航行和停靠;除运进洋货和运出土产外,还经营国内贸易。他们或者从长江中游武汉等地把大米、食油等商品下运南京等地;或者把淮盐等物上运中游各地。在上海至苏州的内河上,外商船只,或外商雇用的船只,来往不绝。从上海至浙西的嘉兴、湖州等地,也有类似情况。还有溯长江进常熟福山口,转销商货于苏南各地的。④ 1860 年前后,外国商轮频繁承运湖南、湖北的茶叶至上海出口。船经太平天国辖区,扬长而去,天国当局也无可奈何。总之,一批在华外国人在中国内战期间,在长江中下游,到处破坏中国主权,横行牟利。

大致说来,太平天国的商业活动范围,在 19 世纪 50 年代后六七年间限于江西、安徽和湖北东部各地;60 年代初三四年间限于

---

① 《文书汇编》,第 324—325 页。

② 一史馆馆藏,录副奏折:《怡良、许乃钊片》,咸丰三年十月二十一日朱批。

③ 德禅苏:《上海史》(法文),转引自简又文:《太平天国典制通考》,中册,第 714—715 页。

④ 《丛编简辑》第 4 册,第 393 页;郭廷以:《太平天国史事日志》下册,第 292 页。

江苏南部、浙江西部和东部的宁波、绍兴一带。军事、政治势力可以把疆土分割成为相互对峙的区域，但物资流通总会以这种那种形式结成一定的商业联系。太平天国治下的部分商业活动，可延伸到辖区外的清朝统治地区。两区之间的商业交往，"辄获数倍利"。"人多冒险，趋之若鹜。"①

1861年12月9日，太平军占领宁波，取得了一个出海港口，为进行沿海贸易和直接的对外贸易创造了可能性。当时宁波当局"急欲恢复商业贸易"②，对外商"不愿干涉"，并答应给予帮助和保护。③ 战争行动过后不久，国内商船就准备南往泉州、北往山东从事沿海贸易。外国轮船也有同样活动。④ 但1862年5月10日宁波就被中外反革命的联合武力所攻陷，一度出现的沿海贸易和直接对外贸易的可能性终于消失。

天国辖区的大宗商业，是盐、粮食和生丝3项。这种商业不仅从清统治区取得自己所需要的商货，还取得对外输出的物资，对天国的政治、军事的发展一度发挥了积极作用。

1853年春，太平军首次占领扬州，其后六七年间控制了国内最大盐场——两淮盐场，特别是淮南盐场的运销通道。太平军加强收购盐斤。扬州附近的仙女庙、三江口等地的太平军与清军防区犬牙交错，"大舟小楫"，"日夕运送"，"滨江滩垸，倏成闹市"。⑤ 太平军把收购所得的这种生活必需品，除供应辖区内部消

---

① 《丛编简辑》第2册，第176页。

② 王崇武等：《太平天国史料译丛》，第111—112页。

③ 北京太平天国历史研究会编：《太平天国史译丛》第1辑，第79—81页。

④ 此船于宁波失守前四天开到甬江口外，但在英军封锁下未进宁波港。

⑤ 光绪《两淮盐法志》第54卷，第31、36页。

费外,还大量销往清统治区的湘北、鄂东、赣东北等淮盐的旧销场。①

粮食,是天国力求从清统治区取得的一项重要物资。粮食的主要来源地有两处:一是里下河地区以至广大苏北平原;二是湖广、江西地区。自从太平军占领扬州,里下河一带的商贩向太平军辖区运送粮食的生意非常兴旺,曾经引起清方严令禁止,但总也禁止不住。不单如此,清军水师见利眼开,也有贩粮给太平军的。②苏北平原在相当长的时间内实际上成为太平天国的粮仓。镇江附近一带军米,主要就是由这个粮仓补给的。"湖广熟,天下足。"19世纪50年代中,湖广连年丰稔。太平军控制着长江,从而也就控制了湖广余粮经长江外运的通道,沿江许多荒滩洲渚,一时成为清统治区商人和天国辖区商人贸易的大小米市。③ 清政府惟恐粮食"资敌",对江运粮食禁止甚严,但商人"冒死渔利",清方官员也只能徒唤奈何!

进入19世纪60年代,天国夺得盛产蚕丝的苏南、浙西地区。生丝向来有内销和外销两个销路。内销主要是销往南京、苏州、杭州3地的官府织造局。这时,各该局不再织造;民间更因战乱而普遍穷困,对丝的需要量大为缩减,内销量接近于无。于是,生丝成为天国辖区虽缺海口而尽可间接外销的一种物资。每年的上丝季节,上海的外国洋行,或亲往天国辖区直接收购,或由出口商人深入乡间收购,辖区生丝生意兴隆。在60年代最初几年,丝市交易,一直"非常昌旺",据英人估计:年交易值800万—1000万英镑。④

---

① 一史馆馆藏,录副奏折:《高邮州知州魏源禀》,参见《江南河道总督杨以增片》,咸丰三年三月。

② 佚名:《广陵史稿》第4卷;佚名:《太平天国日志》下册,第16页。

③ 骆秉章:《奏稿》第3卷,第31页。

④ 呤唎著:《太平天国革命亲历记》下册,第506页。

按当时每英镑折规平银 3 两计算,约合银 2400 万—3000 万两。
这样大量的外销,对天国辖区的丝业,乃至农业生产起过很大促进
作用。

区际贸易,即从清统治区输入布匹、棉花之类和从天国辖区输
出茶叶,价值不如外销生丝巨大,而对辖区经济也有一定作用。

太平天国在区际贸易上取得的直接利益,首先是商业利润,其
次是商税收入。譬如盐,1855 年前后,淮南出场盐价每斤"仅收一
钱";同年,在湖南,"每谷一石,值钱五六百文";"农民卖谷一石,
买盐不能十斤"。[1] 按此计算,盐价每斤五六十文。从产地和销场
的巨大差价,不难想见商业利润是丰厚的。[2] 又如生丝,天国当局
对从南浔输出者每包征正、附税 24 元[3],1860—1863 年间,年平均
外运为 8 万余包。[4] 据此计算,税金年入约 200 万元。这在当时
也是一笔较大的数目。

区际贸易又发挥了政治的、军事的作用。曾国藩说:民间"遍
食贼中私盐,国家大利,国家引地,该逆暗中夺去,殊堪痛恨"[5]。
骆秉章说:盐"委之于敌,不仅足资其军食,且能增其富源,助长祸
变。官军明失淮盐之利,而饷无可筹;逆贼阴据淮盐之利,而祸以
愈烈"[6]。在江西久管粮台的李桓,就粮食销入太平天国辖区发表
议论说:"此种奸商,虽为渔利起见,而内亏省垣储备之需,外资强
寇饱腾之具,以致官军日日攻战,贼食仍充。据我土地,损我士卒,

---

①  骆秉章:《奏稿》第 3 卷,第 30 页。

②  《两淮盐法志》第 54 卷,第 31 页。

③  周庆云纂:《南浔志》,大事记,四,湖滨寇灾记略,第 45 卷,第 12 页。

④  吟唎著:《太平天国革命亲历记》,附录,乙。

⑤  光绪《两淮盐法志》第 54 卷,第 36 页。

⑥  骆秉章:《奏稿》第 3 卷,第 30—31 页。

耗我军饷,生人涂炭,全局凋敝。"①尽管这些议论不免夸张之词,但这种贸易对太平天国无论在政治上、军事上都具有充实自己、打击清方的作用,则是确凿的。

就太平天国总的商业政策说,也取得良好效果。除了商利、商税收入而外,商业也促进辖区经济的复苏,在一定程度上具有"利民生"的效果。

江南地区原是商品经济比较发达的地区。在清军败退时,某些著名城市,如苏州、杭州,曾被糟蹋得残破不堪。许多商业集镇,甚至不再存在。太平天国执行支持、扶植商业的政策,苏、杭两地迅速恢复,农村买卖转盛,不只使有些旧商业城镇恢复了活力,还新兴了一些集镇。例如,江苏宜兴的大埔,位居大运河上河道交汇处,商贾云集;旺季,"交易日数十万金",成为"通省都会"。② 无锡的东亭和堰桥,"商贾往来如织,小市遂为雄镇"。荡口居无锡和苏州、常熟交界处,"巨商、店铺、负贩,营生者甚众";"百货堆积,人烟凑集,经年商船上下,络绎不绝"。③ 吴江县在一定程度上取代了苏州的商业地位,县属同里,"市上热闹,生意繁盛,较平时数倍"。军民"日日来往买取物件","盈千累万,不计其数","五方杂处,昼夜肩摩踵接"。④ 大运河边的芦墟,成为当时通往上海的水上孔道,商业极盛。盛泽在南北道路梗阻的情况下,成为上海和江、浙商贾"必由之路",商店鳞次栉比,人众为平时的数倍,成为蚕丝贸易中心。长兴的鸿桥,"西连都家三乡诸荡,东接太湖,

---

① 李桓:《宝韦斋类稿》第 32 卷,尺牍,四,第 12—13 页。

② 吴景樯等纂:《宜兴荆溪县新志》第 5 卷,咸丰、同治年间粤寇记略,第 12 页。

③ 《汤氏日记》,《近代史资料》1963 年第 1 期,第 113 页。

④ 知非:《吴江庚辛纪事》,《近代史资料》1955 年第 1 期,第 39、500 页。

烟波渺弥,汉港纷歧,舟楫往来易于趋避",“四处商贾,俱麇集于兹"。“帆樯林立,阛阓尘嚣",成为繁盛的商业集镇。[①] 乌程县的钱漤,庐舍增平时三分之一,阛阓增四分之三",由一小村成为一大市镇。[②] 吴兴的乌镇,以处在江苏松江和浙江湖州、嘉兴两省三府交界之处,原有“极大市肆,丝业所萃",这时,“贸易若承平然",“市色甚明",一派“太平景象"。[③] 在国内战争激烈展开的非常时期,天国辖区出现如上景象,是难能可贵的。这是与扶植商业的政策措施密切不可分的。

### (五)田赋和税捐制度

1854 年,太平天国决定照旧征赋收税;赋指田赋,税主要指商税。由于军需浩繁,不久即就田赋加征附捐,还新辟一些财源,如凭照费、卡税。此外特设军需捐,又作大捐、特捐等。

这种捐税,从 1853 年 5 月太平军发动西征起,沿长江各村镇每“各举数耆老",以资接应,“或输钱数百千"、“粮数百石",以助军需,然后,“则按田亩而摊之"。[④] 同年 6 月,太平军在江西南昌等地,“计亩征粮",“田一石,或出谷一石、二石不等"。[⑤] 9 月,在安徽安庆,“征租赋"[⑥]等等。这些已具有田赋性质。

次年,确定了征取赋税方针。征收方式,几乎全都照旧。征取对象是土地所有者,即业户或粮户。在浙江奉化,规定对占田不过

---

① 周学浚等纂:《长兴县志》第 1 卷,第 28 页。
② 周学浚等纂:《乌程县志》第 36 卷,第 22 页。
③ 李圭:《思痛记》下卷,第 20 页。
④ 《太平天国》第 3 册,第 274—275 页。
⑤ 《太平天国史资料》,第 72 页。
⑥ 太平天国历史博物馆编:《太平天国资料汇编》第 2 册上,第 145 页。

5亩的贫户免征。征收项目有粮和银；征收期限也依旧制。《皖樵纪实》记1853—1858年间在安徽潜山田赋征收实况说："贼勒地丁银"、"贼勒征上忙地丁银"、"贼勒征下忙地丁银"、"伪监军黄振钧……勒钱粮"。① 这些表明天国田赋征收，仍分地丁银与粮米两项；也分上忙、下忙两期。

清制，为通知粮户交粮，由"输催"发给"易知由单"或"由单"；征毕发给收据，称"纳户执照"。太平天国加以沿用，给粮户交粮的通知，或照旧称"易知由单"，或称"便民易知由单"、"漕粮小票"。交纳田赋后的收据，称"执照"或称"串票"、"纳照"、"存照"。

太平天国除照旧向土地所有主征取田赋外，又采取"着佃代完"（或"着佃启征"、"着佃办粮"）作为补充。这种方式的起因，是由于地主逃亡，无从向业主征取。或者由于佃户抗交地租，地主难以交纳粮赋；以及由于地权不明，田亩界址不清，难以向业主征取，乃以实耕为主，"不分业佃，随田纳款"②。早在1853年已有这样的事例。如这年十一月，南京附近陈墟桥蔡村佃农不向地主交租，直接"交长毛钱粮"③。到了太平天国临近失败时，在苏南、浙西各地，仍有"着佃办粮"的。这种直接向佃户征取田赋的办法，始终与照旧向地主征取兼采并行。江苏吴江县各乡就是如此。

在封建土地所有制下，佃农耕耘所获，一部分交纳地租；一部分留下归自己食用。地主所得地租，一部分作为田赋向封建国家交纳，余下的为地主所有的净租。采取着佃完赋方式，佃户交纳了田赋，一般不再向地主交租。"地租的占有是土地所有权借以实

① 《丛编简辑》第2册，第93—98页。
② 《丛编简辑》第1册，第267页。
③ 汪士铎：《乙丙日记》第2卷，第19页。

现的经济形式。"①在"着佃征粮"制下，天国当局对交纳田赋的佃户，称为"粮户"，发给"收照"，称其土地为"承耕田"。佃户对不交租而只纳粮很是拥护②；在这种场合，"认真租田当自产"③，便是很自然的事情。这也就意味着佃户对土地具有实际所有权。

佃户纳粮而不交租，地主惟恐由失收地租而竟致失去地权，因而嫉视天国当局采取"着佃征粮"这一变通措施。当太平天国在苏南建设地方政权初期，他们一时忍受了；待惊魂稍定，即行抵制，向地方当局诉说无租可收，并以无粮可交相要挟，又向乡官游说，放弃这种办法。当时有人说："贼匪征粮米，欲向佃收粮，毋庸业主收租办粮。后因乡官申明：'江苏多租田，向业收粮可也'。"④就现在所知，在无锡、常熟，各地方当局除了非采取"着佃启征"方式不能取得粮米者外，其由"着佃启征"改为向业户启征就是由此而来的。

这种"着佃征粮"，或作"责令佃户输纳"的办法，当附征日益增多，业主迁避，则佃户转多负累了。

根据记载和太平天国的遗存文物，无论是安徽各县如桐城、芜湖、太平、铜陵等地，还是在湖北大冶、黄梅，和江西、江苏、浙江辖区各地，太平天国征取田赋虽说"一切皆因旧章"，但田赋征税率，总的说来，有所减轻。就所见资料，除了极少数地区与旧时相同，或稍有超过外，在绝大多数地区，与旧例比较，大致减免一至九成不等。

皖、赣、鄂各省天国辖区中的田赋征税率，记载不一，有作"种

---

① 马克思：《资本论》第 3 卷，第 828 页。

② "乡农各佃既免还租，踊跃完纳〔田赋〕速于平时。"参见汤氏：《鳅闻日记》，《近代史资料》1963 年第 1 期，第 110 页。

③ 《太平天国》第 5 册，第 436 页。

④ 黄叔涛辑录：《断弛录》(抄本)，第 6 本，无锡图书馆馆藏。

一石，终岁责交钱一千文，米三石六斗"的①，也有作"石种八斗米"，或"每石熟禾五斗"的，又有"每亩收钱二百文，米六升"的②，相差悬殊。如安徽桐城县，根据太平天国粮串计算，在1854、1857年，每亩年纳不足银1钱、米5升5合。③据此，太平天国所征赋额，比清统治时期为轻。1856年，浙江巡抚何桂清就太平天国征粮情况奏称："按粮册正耗。少加减免。"④同年，美籍传教士丁韪良（W. A. P. Martin）也有报道，太平天国在安徽征收田赋，低于旧例；在江西，与旧例比较，"减税至半额"⑤。这些说法，基本符合事实。太平天国征收田赋，严禁额外浮收。征收者确也不敢揸勒需索。太平天国既照旧例"少加减免"，又祛除浮勒，民间实际负担，便大为减轻。这点，连太平天国的敌人也不得不承认。或者说："贼专恃括敛，以充战糈；然尚能疏节阔目，民畏之怨之，犹尚恕之。……此贼所以根株盘结，历八九年而不可动摇者也"⑥；或者说："贼假仁义使地方相安，……又善取之，轻取之，民渐有乐于相安者。"⑦这说明天国赋税政策在政治上也取得很好效果。

　　1860年年中，太平天国决计东征，其战略目的，除了"陪辅京师"外，还在于期能"军用丰（裕）"。⑧东征主帅李秀成为了有利于建置辖区，特向天王奏准：苏省所属郡县应征钱漕正款，"酌减

①　《太平天国》第3册，第275页。
②　《丛编简辑》第2册，第93页。
③　据桐城县后一军帅统下粮户朱浣曾所执"纳米执照"、"春纳"和"秋纳"上所记数字核算。参见《太平天国资料》，第5—7页，影印件。
④　一史馆馆藏，录副奏折：《何桂清奏折》，咸丰六年九月十六日。
⑤　《捷报》1856年10月4日。
⑥　《丛编简辑》第6册，第196—197页。
⑦　雷寿南：《雷竹安先生文集》，《禀骆中丞〔秉章〕》。
⑧　《文书汇编》，第63—64页。

若干"①,以除旧布新。然而,此时革命形势已非前时可比。苏浙各地辖区的幅员已比前期缩小且不稳定。另一方面,从开拓这个辖区的第一天起,军事上不只是几乎一直处在与清军两线作战的态势之中,而且还要对付英法干涉军。军需、国用的支出,又比前期大为增加。这是太平天国后期财政所面临的严峻形势。面对这种幅员缩小、支出增加的局面,太平天国最高当局主观上虽想减轻赋额②,实际上却事与愿违,就田赋正额说,根据上、下忙执照,有"照九成完纳"、"减免一成"等戳记或字样③,有"权依旧额取十之五六"④,但由于增征附捐,实际征收额,一年比一年加重。

苏、浙辖区的田赋税则,记载不一。1860 年 10 月,当时人记江苏吴县太平军出示:熟田每亩完米 3 斗,荒田每亩完米 5 升。⑤又据天国当局 1861 年一件文书,田分三等:上等每亩收米 2 升 5 合、银 2 分 5 厘;中等米 1 升 5 合,银 1 分 5 厘;下等米 1 升,银 5 厘。又,熟地每亩完银 1 分 8 厘,新垦地每亩完银 1 分 2 厘;山每亩完银 3 厘 5 毫;塘每亩完银 2 厘 4 毫。⑥ 反映实收情况的史料颇多,但所记差别很大。如浙江秀水亩纳米大斛 4 斗,钱 640 文;桐乡亩收白米 2 斗,又钱 700 文,折价每石 6700 文。奉化 5 亩起征,亩纳米 1 斗等等。这里就太平天国统治时期较长的江苏、浙江两省各 3 个府县田赋征收实况,列表如下。

---

① 《文书汇编》,第 51—52 页。
② 《太平天国资料》,第 3— 4 页。
③ 东珊监军发给廿六都一图花户杨伦珊等《完纳执照》,苏州博物馆馆藏。
④ 蔡蓉升原纂、蔡蒙续纂:《双林镇志》第 32 卷,纪略、杂记。
⑤ 《太平天国史料专辑》第 26 页。
⑥ 《文书汇编》,第 136 页。

### 太平天国江苏浙江辖区田赋税率

1860—1863 年

| 地区 | | 辖 治 期 间 | 亩税率 | 资料来源 |
|---|---|---|---|---|
| 江<br><br>苏 | 苏州 | 1860 年 6 月—<br>1863 年 12 月 | 1860 年：米 6 升<br>1861 年：米 2 斗 3 升<br>1862 年：3 斗 3 升 | 赵烈文：《能静居士日记》，《丛编简辑》第 3 册，第 168 页；蓼村遁客：《虎窟纪略》，《太平天国史料专辑》，第 38 页；《太平天国文书汇编》，第 209 页。 |
| | 常熟 | 1860 年 9 月—<br>1863 年 1 月 | 1860 年：花田六七百文，稻田三四斗或纳糙米 3 斗，钱 270 文<br>1861 年：粮 3 斗 7 升<br>1862 年：粮 5 斗 4 升或米 3 斗 7 升，钱 280 文 | 龚又村：《自怡日记》，《太平天国史料丛编简辑》第 4 册，第 420、468 页；佚名：《庚申避难日记》，《丛编简辑》第 4 册，第 538 页；汤氏：《鳅闻日记》，《近代史资料》1963 年第 1 期，第 110 页。 |
| | 吴江 | 1860 年 6 月—<br>1863 年年底 | 1860 年：米约 1 斗四五升，钱约百文<br>1861 年：米 2 斗 6 升，钱 360 文 | 知非：《吴江庚申纪略》，《近代史资料》1955 年第 1 期，第 43 页；倦圃野老：《庚癸纪略》。 |

| | | | | |
|---|---|---|---|---|
| 浙 | 嘉兴 | 1861 年 6 月—1864 年 3 月 | 1861 年:粮 2 斗<br>1862 年:粮 2 斗 6 升、钱 400 文<br>1863 年:粮 4 斗 8 升、钱3000 文 | 鹤樵居士:《盛川裨乘》和沈梓:《避寇日记》,分别见《丛编简辑》第 1 册,第 20 页和第 4 册,第 208、237 页。 |
| | 石门<br>(即崇德) | 1860 年 9 月 6—17 日<br>1861 年 4 月—1864 年 4 月 | 1861 年:米 1 斗 7 升<br>1862 年:米 1 斗 7 升 5 合<br>1863 年:米 1 斗 6 升 8 合 | 石门沈庆余、关顺酉、匡记、范万春、吴加惠等:《便民预知由单》,见郭若愚编:《太平天国革命文物图录》及《补编》。 |
| 江 | 海盐 | 1860 年 4 月 6—8 日<br>1861 年 4 月—1862 年 12 月 | 1861 年:米 1 斗(因灾,减为 4 升)<br>1862 年:米 3 斗 5 升 | 《海盐颜令占祭易知由单》和《颜一善金记易知单》,见《补编》。冯氏:《花溪日记》,《太平天国》第 6 册,第 708 页。 |

上表表明:19 世纪 60 年代初的田赋税率,逐年提高。

赋额增重,导致田赋难征。于是地方当局通过乡官,严加催逼。"虽家无担粮,亦必竭蹶张罗",否则,拘拿管押,"祸不旋踵而至"。或者,"勒乡官具限状"。若未能如期完成征收任务,"非捆锁,即枷杖"。[①] 在此同时,又倚重旧时的胥吏、甲书一流人物来

---

① 柯悟迟:《漏网喁鱼集》,第 57 页。

征取。

地方当局的这些对策,非但没有解决田赋难征问题,反而把问题更加复杂化、严重化。旧胥吏等既被倚重,又迫于严催,除对人民施展各种毒辣手段外,还倚仗天国声势,违反不许"浮收粒米,揹串留难"①的禁令,重演故伎,恣意浮收。在浙江桐乡一带,就出现旧时征漕中的"淋尖"、"插替"、"踢斛"等等现象。于是,有正粮"每石,须完两石之数",外加"使费"、"解费"的;也有浮收三四倍的。② 这当然要引起民间的不满,并愈来愈严重。因此,有人就说,民"困贪官久矣! 以致皇舆版荡如此。……岂知〔太平天国〕用故衙门吏胥,仍贪酷旧规,……百姓大怒"③。这种说法是比较客观的。

田赋之外,又有田捐、火药捐、柴捐等附捐名目。1857 年 3 月在安徽潜山,乡官议决,每亩捐钱 375 文;闰五月,"勒征地丁银",每亩复收钱 200 文,"限同缴"。次年,每亩 200 文,米 6 升。④ 日后的田捐,当即起于此。

田捐归谁交纳? 按上引"闰五月"条,是由业主缴纳地丁时一并清缴的,后来征及佃户。

1860 年 4 月,太平军克溧阳,每亩每日纳"田捐一文"⑤。无锡、金匮和浙西的嘉兴、秀水也是这样。桐乡"每月二百文,办三个月"。⑥ 征收办法,一般每隔 3 个月或半年总收一次,也有每年

---

①　太平天国《易知由单》中语,郭若愚编:《太平天国革命文物图录》,续编。

②　《丛编简辑》第 4 册,第 58 页。

③　《丛编简辑》第 4 册,第 208 页。

④　《丛编简辑》第 2 册,第 95、97 页。

⑤　冯煦等纂:《溧阳县续志》第 16 卷,纪闻·溧灾纪略。

⑥　《丛编简辑》第 4 册,第 237、211 页。

亩捐 150 文的,如平湖;有亩捐 200 文的,如上虞。此项钱文,着佃户出捐,由业户收缴。[①] 只种五六亩田的佃农,每年即需交田捐银 1.5 两左右。[②] 这对于贫穷的佃农是一项沉重的负担,就是对于仅有少量土地的自耕农也并不轻。

田捐所入,大都充做行政费用。有的地方不收田捐,而在征收田赋时附征"局费若干",性质与田捐相同。

火药捐,天国称"红粉捐"。据《皖樵纪实》说,在 19 世纪 50 年代后期已有此项名目,详情不明。1860 年东征中,续收此捐。捐率因时因地不同。如 1861 年在常熟,每亩办折红粉钱 70 文;次年,减为 60 文。[③] 在浙江嘉兴,每亩 50 文;吴江独异,征米:1861 年年底,征米 1 斗 8 升,加征"红粉"1 斗,超过田赋正额的半数。[④] 也有不按亩而按户捐的,如在常熟鹿苑,每家出红粉 1 斤。[⑤]

配制火药的硝,用土法制成:"拆旧墙、锤碎、煎炖。"煎炖需柴。因此,又随田附征柴捐。捐率不一。1861 年,在浙江秀水,每 20 亩日解 1 斤;在嘉兴,每亩每 10 日派 5 斤,不供柴者,每斤折价 3 文。后又增解费 250 文。此捐约为田捐的半数。

天国各地方军政当局每有所需,"多下乡官捐资应之费"。如 1860 年冬,安徽旌德当局命该县一些军、师、旅帅着每旅各派银 1000 两,粮油各 1000 斤,以应军需。[⑥] 地方上的一些公共建筑费

---

① 《桐乡黄仁安田捐支照》,郭若愚编:《太平天国革命文物图录续编》,第 74 页。

② 殿前忠莱朝将何给倪鼎魁《捐缴军需由单》,太平天国十三年第 137 号。

③ 《太平天国》第 5 册,第 371 页;《丛编简辑》第 4 册,第 472 页。

④ 《丛编简辑》第 4 册,第 86 页。

⑤ 佚名:《避难记略》(稿本),常熟文管会藏。

⑥ 《文书汇编》,第 188 页。

用,也取之于民,如为筹措海塘基金,在浙西、苏南某些县份,按亩摊捐。这些还可以说是为地方谋福利的。至于嘉兴守将听王陈炳文为了建造听王殿而向嘉兴府属各县随粮附征砖瓦费,则纯粹是苛政了。

简单地说,天国后期的田赋日益加重,征收手续也非前期的"善取"可比。正税之外附加日多。单是根据一张灶课执照上开列的数字,附加就达正额的 5.5 倍。① 民间负担大为加重。② 地主固有"费大于租"、"几难餬口"之虞,农民更多破家勉应,"无一不困"。③

还须补充一点。太平天国对赋税,一般都通过"乡官"来征取。乡官制度规定了乡官握有极大权力。充任乡官的,包括了劳动人民、地主缙绅等各阶级各阶层的人物。他们除少数真诚支持太平天国事业者外,更多的是抱着各种各样的自私动机。多数乡官,当革命形势高涨,锐气正盛时,都努力效劳;即使就任时是勉强的,为形势所迫,也不敢不战战兢兢地为天国办些好事。随着革命形势日趋衰沉时,天国军政当局缺乏足够的威势以资震慑,他们便一面应付天国当局,一面自谋私利;到了天国革命失败前夕,他们中既有假太平军或天国地方当局的名义和权威,滥行"索诈"、"逼掠",作威作福、鱼肉人民的;又有与清军暗通款曲,准备里应外合

---

① 给赵阿昂《业户执照》(原件),浙江博物馆藏。

② 据《沈梓日记》,在浙江平湖,1861 年"每亩完粮米三斗";第二年,合附捐,每亩增至 7 斗。在嘉兴,每亩完粮米 4 斗 8 升,钱 3000 文;又海塘费、造听王府费每亩各 15 文,田捐每日每亩 1 文,柴捐每亩每 10 日 5 斤(或折钱 15 文),另加解费 5 文。在秀水,每亩完粮米大斛 4 斗,钱 640 文;另,田捐每亩 240 文,柴捐每 20 亩每 10 日解 10 斤,及零费 56 文(参见《丛编简辑》第 4 册,第 237—238 页)。田赋加附捐各地不同,而都相当繁重。

③ 《丛编简辑》第 4 册,第 420 页。

的。尽管这样的乡官是少数，但对天国革命事业的危害，却是很大的。单就前一类情况说。例如，江苏常熟南乡有个金姓师帅，在照例向民间征收田赋时，私嘱其所属旅帅某某："某处田亩肥腴，农民饶裕，可以多取不为虐"①，而任意榨取。谢家桥军帅归二，家本殷富，"腴田千顷"；当上军帅后，把清统治时期"大户"将赋额转嫁给"中户"、"小户"的手法又施展出来，唆使属下重征厚敛，"勒索十万浮余"。还公然声称：惟如此，"始无枉乡官之名"②。昭文军帅夏某，用人都是旧衙门的"房科吏役，素办钱粮等辈"。其所属卒长、两司马，很多是地方上的旧经造人员。③ 开征田赋，公同舞弊，"蔽匿私收肥己"。他们"以钱为命"；有的假借为太平军而私捐民间，敛取"盈千累万，尽充囊橐"。浙江的吴兴盛川镇殷户沈枝珊当上乡官后，"掳掠搜括"，更积资至数十万金之多。④ 恶行蔓延，有些出身贫穷的农民和手工业者一充乡官也急剧蜕变。他们在"科敛赋税"中，采取"浮收借诈"，以及"勒捐索贺"等手法，成为富翁，甚至还有借势报私仇，私刑逼死人命的。乡官如此恶政，当然激化天国和广大人民之间的矛盾。

清政府在商业、交通要冲设置常关征收货物通过税。太平天国也沿袭旧制，到 19 世纪 50 年代中，在武昌、武穴、九江、安庆、芜湖、太平（今当涂）、南京各地设关征税。安徽无为也设有一关卡，但设置年份不明。据记载：征税大抵参照清朝则例进行。船只按大小计，"长一丈，抽税千钱"；船载货物，分粗、细两种。粗货如盐、布、棉花、煤、米之类，"船长一丈，税钱二千"；细货如丝、绸、苏

---

① 《汤氏日记》，《近代史资料》1963 年第 1 期，第 86—87 页。
② 《汤氏日记》，《近代史资料》1963 年第 1 期，第 86—87 页。
③ 《汤氏日记》，《近代史资料》1963 年第 1 期，第 109—110 页。
④ 《丛编简辑》第 2 册，第 196 页。

货,税额加倍;也有记作从价"十分抽一"的。船、货完税之后,给一凭证。每关上下各隔二三十里设一卡,由各该关派员复查;对持有凭证者不再收税,只征"照单银"100 文。①

关税的收入不多。武昌、芜湖两关,设于战事频仍地区,一直"不暇榷税",只具军事上的关防作用。19 世纪 50 年代中,九江关月收"不过数千钱"。其他各关,由于来往客商,"无非附近贫民小贸于数十里之内",缺少大量商货通过,税收"似有实无"。② 只有无为、太平两关,据清方探悉:"日收税银,为数甚巨。"③

1861 年年底,太平军攻下宁波,把浙海关的里关改名天宁关,于慈溪丈亭设巡卡,无一定税率。根据该关出的一张《纳税执照》载:棉花 30 包,重 2880 斤,完纳钞税银为 2 两 3 钱 4 厘。据在华外人观察:宁波口岸设置税关,曾是促使太平军进攻宁波的原因之一。④

商业中的各色牙行,沿袭清制,对充当牙商者颁给牙帖,不许无帖私开;并"援照旧章",酌定课额,其数不明。

到了 19 世纪 50 年代末,太平天国当局以"舆图未广,采办维艰",开始对手工业者征税,"以资接济"。⑤ 有一张"榨凭"载明:开榨坊者须领"照凭",否则,"以漏税治罪"。又规定税率:一榨能出油 200 斤及其以上的大榨,日取税油 4 斤;出油 100 斤的小榨,

---

① 《太平天国》第 3 册,第 276—277 页;又第 4 册,第 641 页。《金陵杂记》列举了除了南京的 6 处设关的地名。《贼情汇纂》记作"自武昌至江宁"间,共设 4 关。这里兼据两者,包括南京,作 7 处。

② 《太平天国》第 3 册,第 277 页。

③ 刘锦藻:《清朝续文献通考》第 30 卷,征榷考,二,征商。

④ 参见呤唎著:《太平天国革命亲历记》,第 409 页。

⑤ 郭若愚编:《太平天国文物图录,续编》,第 64 页。

日取税油2斤。① 亦即税率为2%。此税收数一直不多。在浙西，对缫丝业，征丝车捐②，捐额不详。

常关关税、牙帖额课以及手工业税，收数不多。为了保障军、政费用，沿用厘金，另收卡税。

清地方当局为筹措军费，于1853年在仙女庙开征厘金，次年又于江北大营采行"抽厘助饷"的措施，命令在江苏全省推广实施。太平军攻占苏南各地，在辖区内部各乡要冲，设置卡所，向过往商人征税，事实上就是沿用厘金税制，但未用厘金名称。这种税，姑名之曰"卡税"。

卡的设置，无定数；总的趋势，日设日多。举常熟为例。太平军于1860年秋攻下此地，即在城外各乡镇闹市和水路要冲设置税卡。第二年在紫竹庵、支塘、吴桥、徐市、张市、白茆口、龙王庙等地设卡。过了一年，又在莘庄、三官塘等处设卡；致常熟一县之内，"各乡市镇，十里三里，寸节俱设小卡"③。

卡税税率参差不一，常熟是"每千钱纳五文；每货值千钱"，"纳钱十五文"。④ 浙江海宁与常熟同；嘉兴重一些，1861年，"凡客商来往货物，每一千文税三十文"，但对大米，免一半税。⑤ 在宁波，"船运肩担之物，取什一、二有差"⑥。大致说：税率各地不一，也与清方的厘金差不多。水路卡所兼收船课，如嘉兴陡门桥，大船抽税100文，小船50文。⑦

--------

① 《榨坊照凭》，郭若愚编：《太平天国文物图录，续编》，第64页。
② 《太平天国》第5册，第320页。
③ 《汤氏日记》，《近代史资料》1961年第1期，第113页。
④ 《丛编简辑》第4册，第406页。
⑤ 《丛编简辑》第4册，第76页。
⑥ 张恕等纂：《鄞县志》第16卷，大事记下。
⑦ 《丛编简辑》第4册，第183页。

据记载:"乡人出市鬻物,不论贵贱",都要抽税;"担柴只鸡,亦不得偷漏"。① 船货完税后,发给"零税票"(或没有票名而被称做"卡票")。在本境(一般指在一县范围内)过他卡,出钱若干,加一印,不再完税。②

此项税收成为后期辖区一项重要财源,是各地军、政费用的主要来源。年入数字不详。个别地方如 1861 年前后的嘉兴陡门桥卡,当米市旺季,仅米税一项,即日入三四百千文。苏州夹浦卡当丝市旺期,"日收税银数千两"③。个别大宗货种如生丝,年入税银约 200 万元。

民间经营商业,领一面"奉令通商旗",取钱 300 文。若开设商铺营生,除领店凭交凭费外,在营业中,有日捐、月捐、客捐、股捐等名目。这些捐不是每个地方都抽。捐额,一般按资金多寡、营业额大小确定。如海宁,1861 年 5 月,"店大者日三百,小者十文";第二月"加倍"。在慈溪,每店按营业额,"每千五十文"④。在常熟,"千金本,日捐十千;百金本,日捐一千";余类推。"虽素菜摊","日收四五文"。⑤

凭照费:太平天国建都南京不久,为严查奸宄,安定社会秩序,即定有发给凭照的办法,如门牌、船凭。这些,在 19 世纪 50 年代,都不收费;进入 60 年代,门牌开始收费,无定数;"量力多寡","多则千百洋,少则一二角"。⑥ 一般是一二元。也有兼收钱和米的。

---

① 柯悟迟:《漏网喁鱼集》,第 5 页;佚名:《避难记略》(手稿),常熟文管会藏。

② 陆筠:《海角续编》,参见柯悟迟:《漏网喁鱼集》,第 126 页。

③ 《太平天国资料》,第 102 页。

④ 《太平天国资料》,第 191 页。

⑤ 《丛编简辑》第 4 册,第 390—391 页。

⑥ 《太平天国》第 5 册,第 368 页。

如在常熟,"每户一牌完米一石五斗,钱八百文,加耗二百文"①。在江苏吴江、震泽和浙江的绍兴等地,还另有规定,"贫户无力完者",并责于富户"有力者倍完以足之"。② 船凭收数记载不一,有作"视船大、小,出钱千百不等"③;或"大船二三十千,小船三四千";也有作"民船不论大小,领船凭,每张二千八百文"。④ 1861年起,太平天国在常熟,令"业主呈田数给凭",亩收5升,折钱125文。⑤ 若按米计算,自耕农所出凭费,相当地主所出的半数。也有的不作区别,给凭时,每亩概收360文⑥,如1862年在吴江便是。

此外,在个别地方,开征户捐、丁口捐、房捐。如1860年在常熟,每户按月捐钱240文,或作420文;1861年在海宁,每人日征20文;1862年在嘉兴,每间房屋日捐3文。

太平军为宽筹军饷,或应付军事急需,另设军需捐,或作"大捐"、"特捐"。此外,还有"借饷"、"助饷"等名目,则是"大捐"的委婉称谓。

在19世纪50年代,太平军写"大捐"的对象是富户。如1857年,太平军过福建长汀,曾勒令"上户出番镪〔即银元〕2000元,马4匹;中户出番镪1000元,马2匹;下户出番镪500元,马1匹"。⑦这所谓"下户",也只能是豪绅地主中人。1861年,在江苏的吴江同里镇,天国当局先于5月"令富户十余家,捐钱一千千文";6月,

---

① 《太平天国资料》,第100页。

② 《太平天国资料》第6册,第769页;柯悟迟:《漏网喁鱼集》,第57页。

③ 吴恩藻:《湖防纪略》,潘玉璿等纂:《乌程县志》第36卷。

④ 《汤氏日记》,《近代史资料》1963年第1期。

⑤ 《丛编简辑》第4册,第516页。

⑥ 《太平天国资料》,第104页。

⑦ 《太平天国》第6册,第814页。

再向 14 家绅户共捐银一千数百两；10 月，"请"董事 14 家，各"借捐"军饷"八十千"，其中潘姓某"揞不肯捐"，即被"管押"，"责三百"板，然后再定解决办法；结果，除按原额出捐，更"罚八十千，又费三千"，才予以释放。① 11 月，在浙江的绍兴，饬曾为清政府"总理捐费"的何某，"助军饷两万两"。② 次年，对"曩称富人"者，写大捐，"千金、万金不等"。③ 但同时也有以某一地方为对象的。如 1862 年在常熟，天国当局就按图"派办饷银，八千、三千、二千不等"；又，"开捐兵饷，每图派三百千、四百千不等"④；也有派粮食，或银粮兼派；以及派被服实物。如 1862 年在嘉兴，听王陈炳文出师，派盛泽出军饷；又派新塍、盛泽各办"湖绉号衣三千件"，"洋布号衣及棉被三千副"⑤。这样，大捐由以人、户为对象，转为以都图、或以乡官管下的各户为对象；于是，贫民、小户便也在写捐之列。结果，"种田五亩以外皆捐"，"各农户出捐，或数十〔文〕，或十数，四五数"。⑥ 写捐写到只种 5 亩田的农户身上，只有四五文钱的捐数，大捐之"大"、特捐之"特"，便失却原意，说不上是一种对豪绅、地主的打击。而与此同时，即在 1862 年前后，某些地方当局新制一种"护凭"，力谋使"贫富相安"；对富室、殷户有时要求"借款助饷"，所持态度不再是严峻强制，而是温语相劝。例如 1862 年一件向某些"绅董""借款助公"的公文中写道："此系目前急

---

① 知非：《吴江庚辛纪事》，《近代史资料》1955 年第 1 期，第 42 页。
② 《绫天安周批山阴军帅何万春文》，太平天国十一年十一月二十四日（原件），浙江博物馆馆藏。
③ 《太平天国》第 6 册，第 769 页。
④ 《丛编简辑》第 4 册，第 401 页。
⑤ 《丛编简辑》第 4 册，第 194 页。
⑥ 《丛编简辑》第 4 册，第 531 页。

紧,……万不得已之举,并非故多滋扰,务期该董等不辞劳苦,协力赞襄。"①或者劝"绅富""出头办事","竭力报效,以为民望"。②如此措辞,表明把"绅董"一流人物不再作为打击对象,而是作为依靠对象了。这正是太平天国对封建剥削阶级从打击滑向依靠的一种反映。

总起来说,太平天国在展开革命战争初期,实行圣库制度,通过暴力缴获和征发,充分保障了自己的供给,沉重打击了封建统治势力,从而赢得奠都南京的巨大胜利。此后,它开始在攻占地区设官建政,把圣库制度作为革命政权的财政基础。然而,公有共享的圣库制度,以及据此所实行的对社会生活的改组,并不是科学地认识世界、符合社会发展规律的产物,只是农民平均主义的幻想。太平天国运用政权力量,按平均主义去变革社会生活的方案强加给社会,稍作尝试,如取消商业、禁止个体手工业的存在等,立即遭到实践的惩罚。运用暴力的缴获和征发,只能暂时救燃眉之急,毕竟不能经常和持久,必须把补给建筑在生产的基础上。这就提出了初生的革命政权应以什么所有制作为自己赖以生存的经济条件的问题。农民不是一种新兴生产关系的代表,太平天国革命领袖终于不得不实行"照旧交粮纳税"制度,中止实施变革社会的一系列方针政策。在"照旧交粮纳税"制度之下,天国虽然曾经实行农民政权所能实行的、有利于农民的某些办法,如责富者纳重税,贫者纳轻税,以至着佃征粮等等;但建筑在封建经济基础之上的天国政权,也不得不逐步适应封建经济的要求,即在承认土地私有的前提

① 《文书汇编》,第 260 页。
② 绫天安赵致军帅何春海《海醒》,太平天国十一年十一月(原件),浙江博物馆馆藏。

下,承认封建土地所有制,号召流亡地主归来,以至保留外逃地主的土地产权;为了责令地主完粮,准许地主收租。这种做法,促使天国统治区阶级关系日益复杂化、尖锐化。农民与地主的矛盾原是对抗性的;佃农抗租,地主拒绝交粮,激化着太平天国政权与地主阶级的矛盾,也激化与农民的矛盾。太平天国为了维持自己的存在,急于征粮,定出了"抗租与抗粮同办"的对策。这是太平天国政权依赖于封建经济基础的必然产物。天国政权这样不自觉地急剧向着保护封建经济倾斜,毕竟与农民利益日趋背离,失去他们的竭诚支持,而注定自己归于失败。

# 第三节　大起义期间清政府的筹饷措施及其经济后果

时至太平天国革命爆发前夕的 1850 年,清户部库存余额为银800 万两。太平天国革命,使全国财赋中心的长江中下游地区,长期成为主要战场;同时,全国各地都爆发了武装斗争。战争使清政府"正供"的经常收入如地丁、漕粮锐减,盐课、关税也仅存虚名。清政府一向依靠捐输作为临时筹措款项的重要手段。但是,这次全国规模的大起义前后持续 24 年,战事持久,战区广大;在正常收入日减,而军费支出日增,捐输所得又日少的情况下,清政府乃不顾人民死活,厉行搜括,除去就原来的赋税项目增重加收外,又增设新税,并采取膨胀通货和举借内外债的措施。

## 一、巨额的军费开支和濒于崩溃的财政状况

1851 年年初,太平天国革命爆发后,清政府从全国各地调兵遣将,前往广西"剿办";同时又令邻近广西各省"添防设备"。截

至同年年底,为此所花的军费,包括金田起义前夕镇压各种动乱所花的,共达银 1800 余万两。① 1850—1851 年两年的这笔"例外"支出,相当于全国常年一年岁出的一半。户部为筹措这笔经费,除动拨广西本省库储和"发给内帑"外,又从江苏、江西、贵州、湖南、湖北、山东、广东、山西、福建、江西、河南、云南、四川等 10 余省移缓就急,调拨接济,才算应付过去。

1852 年,清政府令各省督抚、盐政等官员督饬藩、运各司,确查各该省可减可删之款,奏明上报,备户部"分拨"②。可是,各省都以预筹"防堵",省库空虚,无款可拨为词上报。而战争又使该年财政收入大为下降,仅得 2500 万两,所支款项,则达 3100 万两,计赤字 600 万两,几乎达到同年岁入总数的四分之一。这笔赤字是依靠捐输收入应付的。③

"天下财富,东南为重。"清政府一向把长江中、下游各省看做财政命脉所在。太平军到达这个地区后,统治集团中即有人惊呼:"岂能复为征税计。"④1853 年年初,户部估算,该年岁入与 1852 年相比,至少又将少收银 1000 万两。该年二月中旬(3 月 19 日)太平军占领南京,同月下旬,清政府官员中有人发出哀鸣说:

---

① 《清朝续文献通考》第 67 卷,国用考,五,用额。

② 《东华录》,咸丰朝,第 17 卷,第 4 页。

③ 捐输所入,"自咸丰二年二月起截至三年正月止,……除在京王公、大小官员节次捐输数目……外,统计各省督抚将军以及所属文武官员先后共捐银一百二十九万零五百五十三两,并陆续报收绅商士民捐银四百二十四万七千九百六十两,钱四万三千串"。参见一史馆馆藏,录副奏折:《大学士管理户部祁寯藻等奏》,咸丰三年正月二十六日。

④ 一史馆馆藏,录副奏折:《左副都御史文□奏》,咸丰三年二月二十九日。

"三月如不获胜,实不能支矣。"①五月初,太平天国的西征军再克安庆;六月,户部密奏说:"军兴三年,糜饷已达二千九百六十三万余两",盘点银库,截至 6 月 12 日仅存银 227000 余两,连正常行政费用也无法开支了。②

国库存银来自各省解送。太平军占领长江中下游地区后,被兵各省地丁既"无可催征";尚属完善的如江苏则要求"缓征",山东、山西、陕西、浙江等省,则或请"留用",或办"防堵",使地丁收入,远远不能足额。它如盐课,关税、杂赋,也都无法照旧征收。③同时,各路军营粮台则又"请饷纷纷",使户部"日不暇给"。这些情况造成了"外省之款既拨之无可拨,部库之项亦筹之无可筹"的局面。后来,清政府为镇压遍地烽火,军费的开支,更越来越大。1857 年 6 月,户部奏:单计"部拨之银,已及六千五百余万"两。④

清政府进行反革命战争,究竟花了多少军费? 由于军事行动历年久、地域广,承办军需者并非一人,册报多有缺漏等等原因,早成一笔糊涂账。⑤ 连职司财政的户部堂官,也说不清楚。1868 年年初,户部尚书宝鋆等也只能极其笼统地奏报,自军兴以来,"综

①　中国科学院历史研究所第三所编:《太平天国资料》,第 54 页。

②　一史馆馆藏,录副奏折:《祁寯藻等密折》,咸丰三年六月十六日,又,同月二十八日。

③　一史馆馆藏,录副奏折:《祁寯藻等密折》,咸丰三年六月十六日,又,同月二十八日。

④　盛康编:《皇朝经世文续编》第 56 卷,《户部遵议胜保奏请各省普遍抽厘疏》。

⑤　清政府用于镇压太平天国的全部军费,外人估计,有作 20630 万两的(松井义夫:《清朝经费的研究》,载《满铁调查月报》第 15 卷,第 1 期,1935 年 1 月),也有作 25600 万两的〔皮尔:《厘金的起源,1853—1864》(Edwin Beal, The Origin of Likin, 1853—1864),第 82 页等,看来这些数字估计得都偏低。

计军需用款,所费何啻万万"。① 若单根据户部奏销册有案可稽的,做一不完全统计,则约达银 4 亿两,铜钱和米粮尚不在内。这个总数中的各项开支如下表。

### 户部奏销镇压大起义军费

单位:万两

| 项目 | 数额 | 比重(%) |
|------|------|---------|
| 太平军 | 17060 | 43.1 |
| 捻军 | 3173 | 8.0 |
| 西北回民起义 * | 9244 | 23.4 |
| 云贵苗回起义 | 7874 | 19.9 |
| 粤、桂、闽各省起义 | 2234 | 5.6 |
| 总计 | 39585 | 100.0 |

注:* 原作"西北战剿军费"为银 11889 万两;考虑到新疆的回民起义从 1867 年起
　　已发生质变,减去其中光绪元年至三年的 2645 万两。
资料来源:据彭泽益:"清代咸丰年间军费奏销统计"文中统计改制(载《中国社会
　　科学院经济研究所集刊》第 3 辑)。

估计奏销的缺漏部分和不入奏销的各种支出,至少也不会少于上述数字。则实际所花军费,该按下表数字各增 1 倍,为银 8 亿两上下。

清政府在镇压农民大起义中,饬令各地举办团练。团练有官团、绅团(又叫民团)之别;前者由州县官创办,由地方士绅主持,经费大部分依靠本地士绅筹措捐派,间或在本省兵饷中支拨一部分,大部分不入奏销。至于绅团,经费全由地方士绅自筹。既不取官方分文,自然更无报销可言。当时团练,几乎遍及全国各州县,

① 清代抄档:《户部尚书宝鋆等折》,同治六年十二月初十日。

估计军需支出很大,至少达23000万两。①

早在1853年夏,清政府为支出"例外"费用,已经到了难以为继的地步。此后,它的统治地区大小无常,且多残破,每年各项税课所得,平均不足旧额的十分之四五。② 清政府国库储备,在1850年,还剩银800万两。太平军起义后,入不敷出,年年亏耗。到1853—1857年,剧减至平均年约11万余两,在1858—1864年间,进一步减少到每年平均只有6万余两。③ 一个封建大国的库藏,不过与一家地主(还不能算是大的)的资财相似,这足以看出它的困窘了! 国库如此,各省地方库藏,虽情况不同,一般都不免"竭蹶不遑"④,"司库荡然"⑤。如贵州在19世纪60年代藩库存银,多年间只有80余两。⑥

这样,在大起义期间,清政府的财政,一直都是处在濒于崩溃的状态。

## 二、搜刮民财的筹饷措施

在大起义期间,清政府一展开镇压行动,即以"凡有款可动,无不悉索以从"的方式来筹措军费。1853年上半年,户部主管奏

---

① 关于军费估计,统见彭泽益:《财政与经济》,第123—137页。
② 清代抄档:《宝鋆等奏》,同治六年十二月初六日。
③ 清代抄档:《户部左侍郎皂保奏折清单》,同治四年三月十三日。
④ 《清朝续文献通考》第69卷,国用考·会计。
⑤ 清代抄档:《江西巡抚沈葆桢折》,同治元年十二月二十日,《湖南巡抚李瀚章折》,同治五年二月二十日,《陕西巡抚邵亨豫折》,同治十三年十二月十五日。
⑥ 贵州省库存银只80余两,不足以当用,索性不予提用,权充"镇库"。凌惕安编:《军事史》,第1编,第45页。

陈当时实况道:"臣等备员农部,多或十余年,少亦一二载,从未见窘迫情形,竟有至于今日者。若军务再不速竣,中外经费同时告竭。……大局涣散,不堪设想。"①"既不能坐以待困,则必须变以求通。"咸丰朱批:"不可稍存畏难之心。"②清政府决定向民间厉行搜刮,美其名曰"借资民力"。采取的办法,主要有下述几种。

### (一)加征田赋

田赋是清政府的最大收入来源。在农民大起义时期,清政府对发生战事的地区,既无从征得田赋,或者征不足额,便对自己尚能控制的地区,加重征派。

最初,清政府曾拟用"借征"办法进行预征。1853 年,它打算在山西、四川、陕西3 省"借征",即预征 1854 年的一年钱粮;以后按年递推,"以济军需"。"俟军务告竣,停征一年"③,以相抵偿。这个办法遭到有关地方当局的抵制,未能实行。④ 于是,转而采取加重田赋征额的三项办法:一是加征附加税捐("附征");二是改变田赋的计征办法;三是加重浮收勒折。

清王朝从康熙五十年(1711 年)制定"永不加赋"政策后,一直以此相标榜,其实进入 19 世纪已经维持不下去了。在农民大起义期间,更没法遵守这一"祖制",而公开采取"附征"措施。

"附征"名目甚多,各地不一;所征数额,更是差别很大。1854

---

① 一史馆馆藏,录副奏折:《祁寯藻等折》,咸丰三年六月十六日。

② 一史馆馆藏,录副奏折:《户部折》,咸丰三年七月初三日。

③ 一史馆馆藏,录副奏折:《前国子监祭酒彦昌折》,咸丰三年十一月初十日。

④ 地方上各省,则仍有"借口军饷紧急","先期催征",或违例预征的。《清实录》,穆宗朝,第 283 卷,第 3 页,第 285 卷,第 3 页。

年,江苏扬州、通州两属办"亩捐",花户"无论贫富",照地丁银数抽捐,每亩捐 20—30 文不等。[①] 后来江南各州县也有举办的,或称"田捐"。从 50 年代中起,安徽就因"各州县支应兵差,款项无出",每亩捐钱 400 文,或谷 2 升[②];在霍山,凡田亩"收租十石者","捐稻两石充饷"。[③] 1861 年年初,僧格林沁在山东镇压捻军,奏准于省内按亩捐资,每亩制钱 20 文。[④] 广东海滨的沙田,在升科之后,又在 1862、1863 年对东莞、香山等县于正赋之外,加征银 2 两,按"主八佃二"比例分担。其他州县办理捐输或派捐,或包捐,"也大率按亩派捐"[⑤]。湖南平江等县按粮捐军费。[⑥] 河南民间有粮 1 两者,"办兵差车马之费又倍之",而寻常差徭"不在此内"。[⑦] 总而言之,在农民大起义期间,全国各地,每"粮银一两,派差银数倍不等"[⑧]。

　　上文提到,清政府曾拟实行"借征",遭到有关地方当局抵制。四川总督裕瑞就是其中的一个。他认为"借征"不妥,奏准"罢借征,办津贴"。[⑨] 于是附征又有"津贴"名目。1854 年,四川地方当局规定,除了边瘠地方,"所有腹地州县",田赋照正项钱粮 1 两,

---

　　①　乔松年:《乔勤恪公奏议》(以下简称《奏议》),第 1 卷,第 14 页;佚名:《广陵史稿》,第三。

　　②　曾国藩:《全集》,奏稿,第 21 卷,第 48 页。

　　③　何国祐等纂:《霍山县志》第 14 卷,第 21 页。

　　④　宋伯鲁等纂:《陕西省通志稿》第 202 卷,文征,第 7—8 页。

　　⑤　周朝槐等纂:《顺德县志》第 5 卷,第 6 页;郭嵩焘:《郭侍郎奏疏》第 4 卷,第 57—58 页,第 5 卷,第 61 页。

　　⑥　李元度等纂:《平江县志》第 36 卷,第 9 页。

　　⑦　范文澜、翦伯赞等编:《捻军》第二册,第 77 页。

　　⑧　《清史稿》,志 96,食货二,赋役,仓库。

　　⑨　《清史稿》第 121 卷,志 96,食货二,赋役。

随粮带征"津贴"银 1 两,也就是令民间按钱粮正额,加倍交纳。接着,又强迫民间随粮捐助饷需,名曰"捐输"。捐输率不等,有的州县按钱粮 1 两加派捐输 2—3 两,有的则加派到 4 两。一个多年经理粮台的人记道:在 1860 年前后,"按粮津贴",实际是"按现年正项,倍取浮收",而且,"分公私两层",在纳税人是"一年而输四年之赋"。① 到了 19 世纪 70 年代初,甚至连鸦片税也按粮摊征②,以致田赋粮银 1 两,包括加征各款,增至七八两;多的甚至达十六七两。③

再就改变田赋的计征办法说。1853 年,清政府对有漕各省实行漕粮改折。漕粮额征粮依旧,但政府利用市场的银荒,提高大米银钱转折量;可以说是大起义前的银、钱折征的继续和扩大。江苏在 19 世纪 50 年代,米价每石约钱 2000 文上下,而每石糟粮折银纳钱,却达 8 千、10 千至 18 千文不等。④ 浙江杭、嘉、湖 3 府漕粮折征,最初每石收 6000 余文,以后逐渐提高,致 1 石之漕粮,合时价达 2 石以上。⑤ 湖北漕粮改收折色,连耗米,每米 1 石,折银四五两,或折钱 9 千文、10 千文,甚至多达十八九千文;最突出的是在监利,漕粮每石竟折钱 36 串文。⑥ 湖南漕米折色,"每石征完〔银〕六两四五钱"⑦。江西漕粮征折色,每米 1 石收银 2—5 两,或

---

① 李桓:《类稿》第 51 卷,尺牍 23,第 13—14 页。

② 清代抄档:《山东道监察御史吴鸿恩奏》,同治十三年八月初十日;《清实录》,穆宗朝,第 318 卷,第 7—8 页。

③ 《申报》,光绪元年四月二十二日,五月初一日,十月初二日。

④ 吴云:《两罍轩尺牍》第 5 卷,第 13 页。

⑤ 左宗棠:《奏稿》,初编,第 12 卷,第 4 页。

⑥ 胡林翼:《遗集》第 60 卷,抚鄂书牍,第 8 页,第 85 卷,抚鄂批札,第 1 页。

⑦ 吴兆熙等纂:《善化县志》第 8 卷,赋役、蠲政,咸丰五年记事。

收钱 3 千文至 7 千文不等;个别的如广信府,每石折银达八九两。[①] 山东漕粮,"按章征收者绝少,往往于官斗之外,倍蓰加收";如果折征钱文,"其浮收之数,与完米增至数倍者无异";州县的私相"加倍横征",还没有包括在内。[②] 河南各州县完漕,每米 1 石折解藩库银 3 两 3 钱[③],如此等等。其无漕各省如云南和贵州两省,为保证军粮供应,仿照厘金办法,由绅士经手,从 50 年代中起,改征所谓"厘谷"。云南省规定,按亩产十取一二;实则"漫无定章"[④]。贵州省规定,"按粮按亩,十取其一"。可是,厘谷征收中,"当局者迫于饷匮","不暇核实",征粮者因以为利,私加至十之四五。[⑤] 到了 70 年代初,重订章程,由绅办改为官办,进一步推广实行。

浮收、勒折原是清王朝田赋征收中早经形成的痼疾。从 19 世纪 50 年代初起至 70 年代初,更变本加厉。在江苏,漕粮浮收达 4 倍、5 倍以至超过 5 倍。[⑥] 湖北漕粮征收本色,除去耗米、水脚费等项,每石浮收从五六斗到 3 石零不等。[⑦] 江西漕粮征本色,每米 1 石,实收 1 石 4 斗至 1 石 8 斗不等;地丁银 1 两,实收银 1 两 5 钱至 1 两 8 钱。[⑧] 河南州县征漕粮,"倍蓰加收","任意浮收,随时加

① 赵之谦等纂:《江西通志》第 85 卷,第 21 页。

② 《清实录》,穆宗朝,第 163 卷,第 19 页,第 205 卷,第 4—5 页。

③ 《清朝续文献通考》第 66 卷,国用 4。

④ 岑毓英:《岑襄勤公奏稿》第 8 卷,第 15 页。

⑤ 《清实录》,穆宗朝,第 37 卷,第 55 页;黎培敬:《黎文肃公遗书》,奏议,第 5 卷,第 9 页;凌惕安:《军事史》第 2 册,第 1 编,第 47 页。

⑥ 吴云:《两罍轩尺牍》第 5 卷,第 13 页。

⑦ 胡林翼:《遗集》第 23 卷,第 21 页。

⑧ 《江西通志》第 85 卷,第 21 页。

征"。① 山东也"于官斗之外,倍蓰加收"②。安徽全省地丁银 1
两,实征有逾一两五六钱者。③ 又有记载说,该省钱粮浮收,"数倍
于正供",甚至有"十数倍者"。④ 广东征色米,正耗合计,原不过
每石折银 2 两上下;可是在州、县"折价太多"情况下,实征银至 5
两 8 钱,直至 8 两⑤,浮收达到三四倍。直隶通州、永平、遵化、河
间等府县,当银 1 两值制钱二千七八百文时,官府折收至四千七八
百文;或"每赋银 1 两,几费二三两银之数"⑥。山西额征每银 1
两,"必完至四五两"⑦。在贵州,"甚至正银一两收至十两以外"。
总之,通过浮收、勒折,清政府加重了聚敛,大大加重了农民负担。

此外,清政府采取一些其他措施,以增加田赋的征收量。举其
大者,一是清查隐地、"黑地"以及对淤涨沙田的加紧升科;二是开
放"禁地"、荒地和招商开垦。

沙田有种种,或在河沿、湖滨,或在海边,土质都很肥沃;但坍
涨无定,因而这些土地产权纠葛频繁。清政府利用这些情况,一向
都通过清丈收费升科。到了大起义时期,更加紧进行。例如江苏
的崇明,"聚沙成邑",全境都是沙田。通州、江都、武进、丹徒等 10
余个沿海和沿江州县,也时有新涨、新淤沙田。1857 年和 1868 年
两年,清政府对这些州县的沙田,就做了两次全面的清丈。1868
年规定,凡属老的沙田,价未缴清者,补缴欠价;课未交齐者,补缴
欠课;对于新涨、新淤的沙田,则采取有主缴价,无主招买的办法。

---

① 饶玉成编:《皇朝经世文续编》第 32 卷,户政,赋役,第 5 页。
② 《清朝续文献通考》第 3 卷,田赋三。
③ 胡林翼:《遗集》第 78 卷,抚鄂书牍,第 1 页。
④ 缪荃孙:《续碑传集》第 27 卷,第 6 页。
⑤ 《清实录》,穆宗朝,第 190 卷,第 20—21 页。
⑥ 《清实录》,穆宗朝,第 263 卷,第 14 页。
⑦ 《申报》,光绪六年二月初九日。

这就是所谓"于清厘积弊之中,略寓筹饷济军之意"①。

又如广东滨海地区,特别是在广州、潮州两府沿海,涨出沙田达"数千万顷"。1853 年,清廷命令两广总督叶名琛抓紧升科,当时估计,年可得银"数百万两"②。地方当局还把沙田变价出卖,以捞取现银。1866、1872 年和 1876 年就 3 次设局清丈,收取"花息"、捐银。

再如直隶,清初圈占的旗地,经过漫长年代,册籍档案多有散失,形成"迷失"的无粮无租的"黑地"。这种土地,散在各处,"几乎接陌连阡"。在 50、60 年代之际,单在昌平一县,即查出"黑地"440 余顷,"试办升科"。③ 辽宁原多无粮之地,也叫"黑地";在此期间,被查出的也升科纳粮。

其次,开放禁地和招商垦荒。

1854 年,清政府开放察哈尔、蒙古官荒地数千顷,招集富商,开垦升科。1857 年,黑龙江将军奕山派员"踏勘蒙古尔山荒地",从绰尔河(今呼伦贝尔盟札赉特旗、布特哈旗)至通肯河流域共毛荒1230000余垧,"招佃纳课";次年,照成案以"每亩五升升科"。1860 年招民试垦,规定垦户每垧先交押荒钱 1 吊,发给"小照",待 5 年后升科时再发"大照"。升科之前,每垧纳小租 60 文;到 1868 年,计放毛荒 20 余万垧,累积收缴押荒钱 20 余万千文。④ 1861 年,吉林凉水泉南界舒兰以北土门子一带"禁荒"约 10 万垧、省西围场边 8 万余垧、双城堡剩存"围荒"等可耕地 4 万余垧,"一律招垦"。1864

① 丁日昌:《抚吴公牍》第 21 卷。
② 《清实录》,文宗朝,第 105 卷,第 15 页。
③ 《清史稿》第 121 卷,志 96,食货二,赋役。
④ 席裕福:《皇朝政典类纂》第 3 卷,田赋三;张伯英等纂:民国《黑龙江志稿》第 8 卷,第 10 页。

年,把围场边荒以及裁撤的废围中的可垦荒地 3 万余垧,招民认垦;1868 年,再开围荒 2 万垧。① 辽宁的围场、边荒,早被流民私垦。1865 年,在承认既成事实的基础上,署盛京将军恩合将广宁属界牧厂、荒地,正式招佃认租②;奉天荒地早被流民私垦,到1867 年已不下数百万垧,同年丈量升科。③ 1863 年,清政府把热河围场四面边界荒地 8000 余顷,"招佃开垦","收纳押荒及升课银两",以济兵食。④

所有这些清查"黑地"和开放禁地,招商垦荒后的所得,都构成这一期间田赋的补充收入。

## 附:所谓"减赋"

当太平天国革命形势由盛转衰,清政府在非交战区厉行重征,对长江中下游湖南、湖北、安徽、江西、江苏、浙江 6 个战区省份,采取所谓"减赋"措施。重征和减赋,呈现矛盾的趋向,其实是事物发展的两个方面。"减赋"有双重目的:在财政上,"以予为取,以损为益";取中饱之资分其半而归之于公,分其半而归之于民⑤;在政治上,借以骗取人心。"减赋"既是对民间的加强搜括,又是对太平天国的政治攻势。

在 19 世纪 40 年代,上述 6 省额征地丁银在全国额征量中占

① 《清实录》,文宗朝,第 339 卷,第 6—7 页;又,穆宗朝,第 70 卷,第 11 页,第 101 卷,第 20—21 页,第 236 卷,第 6—7 页,第 241 卷,第 19—20 页。

② 《清实录》,穆宗朝,第 147 卷,第 8—10 页。

③ 《清实录》,穆宗朝,第 203 卷,第 23—24 页。

④ 《清实录》,穆宗朝,第 70 卷,第 11 页。

⑤ 李鸿章:《全书》,奏稿,第 3 卷,第 58—60 页;王定安:《求阙斋弟子记》第 28 卷,第 34 页。

到 37.6%①;漕粮更是基本上征自这 6 省。赋额极重,积弊也多;特别是江苏南部和浙西,科则畸重,且多浮收,被称做"浮赋"或"浮粮"。② 苛重的赋税超过了民间负担能力,形成"即追呼敲扑,法令亦有时而穷"的局面。③ 如江苏的苏、松粮道所属实征漕粮,与额征量比较,在 30 年代可征至七八成,40 年代可征至五六成,到了 50 年代只得四成。④ 浙江杭、嘉、湖三属漕粮征收量,从革命爆发前的七八成减至五六成⑤,还经常激起民间的抗粮斗争。此外,在 50 年代中,湖北漕粮"征收不满一半"⑥。湖南以湘潭为例,每年应征钱粮银四五万两,1854 年"止收得四千余两"⑦。事实说明,暴敛苛征已经走上绝境,必须作出某些变革。

太平军一度控制长江中下游各省的某些地方,然后又行放弃。革命的暴力有力地扫荡了各该地方的官僚政治,"既无衙蠹把持,亦无刁绅阻遏"⑧,客观上为清政府采取某种整饬措施创造了条件。而经过战争,地多荒芜,这些省份的行政当局,面对"民情凋

---

①　王庆云:《石渠余记》第 3 卷,第 33—35 页。

②　"浮赋",指高出通常水平赋额的田赋。据两江总督曾国藩、江苏巡抚李鸿章奏称:"苏、松、太浮赋,上溯之,则比元多三倍;……旁证之,则比毗连之常州多五倍,比同省之镇江等府多四五倍,比他省多一二十倍不等。"参见《清史稿》第 121 卷,志 96,食货二,赋役。

③　林则徐:《政书》,江苏奏稿,第 2 卷,第 24—25 页。

④　王庆云:《石渠余记》第 3 卷,第 37—39 页。

⑤　《浙江省减赋全案》第 2 卷。

⑥　胡林翼:《遗集》第 33 卷。

⑦　骆秉章:《骆文忠公自撰年谱》(以下简称骆秉章:《年谱》)上卷,咸丰五年乙卯纪事。

⑧　李桓:《类稿》第 57 卷,尺牍 29,第 5 页。

敝”,“脂膏已极”,虽想暴征,亦“无骨可敲,无髓可吸”,不得不“减价征收”。① 这是清政府能够实行,同时又不得不实行“减赋”的背景。

“减赋”喧嚷一时,其实主要内容不过两点:一是核定地丁和漕粮折价,裁革部分浮收;二是对江苏、浙江两省所特有的“浮赋”,稍做一些削减。实行经过如下。

1855 年,湖南地方当局继镇压省内的农民暴动之后,面临民间普遍抗交、欠交钱粮的局面,决定裁革一些陋规,改善田赋的征收状况,以缓和同人民的矛盾。巡抚骆秉章采纳湘潭举人周焕南的方案,即地丁每两加耗 4 钱;漕米折色照部章每石完纳 1 两 3 钱,外加纳 1 两 3 钱以资军饷,又加纳银 4 钱作县署公费,其他款目,一概裁革。首先在湘潭实行。接着,长沙、善化、宁乡、益阳、衡阳、衡山等县也照湘潭章程办理。同时,据骆秉章奏称:“严饬各州县,将钱粮宿弊,大加厘剔,……严禁吏胥衿棍扰索把持。”②这是所谓“减赋”的先声。

1856 年秋,太平天国领导集团发生内讧,浙江巡抚何桂清认为这是对太平天国加强政治攻势的良好机会。他向清廷建议,尽管目前财政“拮据”,但在太平天国革命势力影响所及之区,应采取“减免钱粮”措施,以收揽人心。③ 湖北巡抚胡林翼等也提出争取人心为重的主张,所谓“御贼之法,先结民心;救乱之略,先保民

---

① 胡林翼:《遗集》第 23 卷,第 1—4 页;曾国藩:《全集》,书札,第 16 卷,第 35 页;又《奏稿》第 21 卷,第 77 页;李鸿章:《全书》,奏稿,第 3 卷,第 58 页。

② 骆秉章:《奏稿》第 8 卷,第 12 页;又《骆秉章年谱》,咸丰五年己卯纪事。

③ 一史馆馆藏,录副奏折:《何桂清折片》,咸丰六年九月。

命"①。还有人认为"减赋"乃是能起"一新百姓之耳目"②的作用，说是"欲寒今日之贼胆，必先收今日之民心，欲收今日之民心，必先减最重之粮额"。这些都说明，"减赋"乃是对太平天国发动政治攻势的一种策略措施。

1856年年底，清军攻占武昌，1857年，胡林翼对一度被太平军占领的州县仿照湖南办法，裁减丁漕浮收，革除一些冗费。具体办法是，参照各州县土地肥瘠、产米多寡，米价低昂等情况，把漕粮折价，定在4000—6500文之间，并宣布禁革由单费、串票费、样米、号钱等额外需索。③

1856年，江西当局也打算仿照湖北办法"减赋"，未果。1861年，清地方政权基本上在全境恢复统治，终于把"减赋"作为"善后"措施。该省仿照湖南、湖北成案，裁革陋规和削减丁漕浮收。具体规定地丁正银1两折收制钱2400文；每漕米1石，折收制钱3000文；所有州县办公等费一概在内。④ 1862年6月又补充规定，地丁正耗1两1钱，征收库平银1两5钱；南昌、抚州等府属漕米，每石折价银1两9钱，广信府属7县漕米，每石折收银3两。⑤

1861年秋，清军攻占安庆，着手复辟旧秩序。1864年，清廷批准安徽巡抚乔松年的建议，裁撤浮费。⑥漕粮折色章程规定：漕米除部定每石折银1两3钱外，另加8钱上下作为司库提存之款，废

① 汪士铎：《胡文忠公抚鄂记》第4卷，第22页。
② 曾国藩：《全集》，书札，第16卷，第35页。
③ 参见夏鼐：《太平天国前后长江各省之田赋问题》，《清华学报》第10卷，第2期，1935年4月。
④ 李桓：《类稿》，行状，又卷37，尺牍9，第23—25页，第61卷，尺牍33，第30页；曾国藩：《全集》，奏稿，第4卷，第53页。
⑤ 曾国藩：《全集》，批牍，第6卷，第36—37页。
⑥ 《东华续录》，同治朝，第34卷，第58页。

止陋规和捐摊等费,另加丁漕余资若干,供州县办公费用。漕粮银两折征钱文数额,参照各地具体情况,每石"大例总在 5000 文以内","最多不过 6500 文"。①

江浙两省,除去仿照湘、鄂、赣、皖 4 省办法,即核减浮收,禁革陋规,革除大、小户名目而外,还对所属的某些州县减去部分"浮赋"。

江苏减赋的议论发端于 1863 年年初,直到 1865 年年中,清政府批准地方当局的意见,专减漕粮,不减钱粮;减漕办法:(一)常州、镇江两府普减十分之一;(二)苏州、松江、太仓两府一州,分别按原科则轻重,按则递减(见下表);(三)苏、松、太两府一州的沿海瘠区,酌加减数,但与上述按则递减通扯牵算,所减数不超过原额的三分之一。至于一切陋规,规定"只期足敷办公,不准逾额浮收"。②

### 苏松太三属漕粮科则递减表

单位:升

| 原科则 | 新科则 | 原科则 | 新科则 |
|---|---|---|---|
| 5 以下 | (不减) | 9.28—10.40 | 8.0— 9.0 |
| 5.03—5.13 | 4.99—5.0 | 10.47—16.62 | 9.0—10.0 |
| 5.15—6.60 | 5.0—6.0 | 17.72—19.65 | 10.0—11.0 |
| 6.66—7.73 | 6.0—7.0 | 20 以上 | 11 |
| 7.80—9.21 | 7.0—8.0 | | |

资料来源:据《江苏减赋全案》第 2、6 卷,"江苏田粮新旧科则表"改制。

浙江的减赋,奏定于江苏之前,实行于江苏之后。全省 11 府,

---

① 曾国藩:《全集》,批牍,第 5 卷,第 19—21 页。
② 《江苏减赋全案》第 2 卷,第 43 页。

除台州"地本瘠苦","无浮收应行核减之处"①外,其余 10 府,从1863 年年底起至 1865 年,经浙江地方当局先后奏明核减浮收数目。最先是温州(1863 年年底),其次是宁波、绍兴(1864 年),最后是嘉兴、杭州、湖州、金华、衢州、严州和处州(1865 年)。浙江奏定的核减浮收章程,主要有 3 点:(一)除酌减杭、嘉、湖 3 府漕米征额,其余各府县正额,照常征解;(二)禁革一切陋规,裁浮收,酌留平余为办公费;(三)革除大小户的差别。杭、嘉、湖 3 府漕粮,从额征总数减去三十分之八。②

经过所谓"减赋",在湖南,原额征地丁银 91 万两,加耗米银 5钱(计 45.5 万两),共计 136.5 万余两;漕米正耗合计 15 万余石,每石折征银 6 两,为 80 万余两。地漕合计为 216.5 万余两。按湘潭办法推算,所减约银 55 万两。在湖北减去浮收共 1645980 千文。江西"约计丁漕两项,每年核减浮收银数,不下百万两有奇"。安徽核减的浮收,估计为一百二三十万千文。江苏漕粮折征浮收约减少 167 万余千文,米 37 万余石;另减赋粮 543117 石。浙江核减浮收数目,共计钱 1826053 千文,米 48.9 万余石;又减征漕粮正额 266766 石。在所有经过"减赋"省份中,以江苏所减钱粮之数为最多。

总计湘、鄂、赣、苏、浙等 6 省所裁减的漕额及浮收等项共计银 150 万余两,钱 640 万余串和米 170 余万石。把钱和米按时价折合成银,估计为银 1075 万余两。③ 这些削减中除了苏、浙两省减了正额 80 万余石,约合银 100 余万两外,所革除的,只是原各种陋

① 马新贻:《马端敏公奏稿》(以下简称《奏稿》)第 1 卷,第 40—41 页。
② 参见夏鼐:《太平天国前后长江各省之田赋问题》,《清华学报》第 10卷,第 2 期,1935 年 4 月。
③ 参见夏鼐:《太平天国前后长江各省之田赋问题》,《清华学报》第 10卷,第 2 期,1935 年 4 月。

规、浮收中的一部分。

清政府的"减赋"措施,在一定程度上达到了它的预期目的。在政治上,它稳定了封建统治;在经济上,增加了实际财政收入。如湖南,骆秉章同意周焕南的裁减浮收办法时,系以限年内将当年额赋并上年欠额的"扫数全完不准蒂欠"①为条件的。1855 年实施"减赋"后,钱粮便有起色。民间不仅"全完"了当年田赋和"上年蒂欠";而且对 1851—1853 年的积欠,也"率皆踊跃输将"。减赋前一年,在官府的苛征下,"民情汹汹";"减赋"后,骆秉章奏报:"农安畎亩";"向之借钱漕聚众,动辄闹署殴吏者,自厘定新章以来,绝无其事"。② 在湖北,"减赋"后"举积弊而一更张之","民情极为欢悦,完纳俱形踊跃","为数十年来所未有"。③ 曾国藩、李鸿章总结"减赋"效果:"于虚额则大减,于实征则无减"。在大难之余,催科一事棘手尤倍的情况下,借"减赋之名",收"增赋之实",不单维持、而且增加了田赋的实征量。④

### (二)抽收厘金和加征捐税

直到大起义前夕,清政府一向不重视商税,征收极轻。从 1853 年起,开始征收,即厘金。当时厘金成为军饷的重要来源。就是到了大起义被镇压以后的半个世纪里,还成为支撑清代末世的重要财政支柱。

1853 年 3 月,太平军攻占镇江,清政府在扬州设江北大营,进行防堵。原来经过镇江的商船绕道扬州附近仙女庙等处,形成米

---

① 骆秉章:《年谱》上卷,咸丰五年乙卯。
② 骆秉章:《奏稿》第 8 卷,第 12 页。
③ 胡林翼:《遗集》第 30 卷,第 16 页。
④ 李鸿章:《全书》,奏稿,第 3 卷,第 60 页。

商"积聚之区"。帮办大营事务、已革刑部左侍郎雷以諴负责就地筹饷，采纳幕僚钱江的建议，从该年夏季起，向扬州附近的仙女庙、邵伯、宜陵、张网沟等镇各米行劝捐助饷，规定每米 1 石捐钱 50 文，或作米 1 升捐半文；半年间"几捐至两万贯"①。次年 3 月起，抽捐对象推广至各业铺户，如油、布、绸缎、南北货各店，按货值"百取其一"，叫做"厘金"、"厘捐"或"厘税"。同时，清政府采纳雷以諴的建议，令两江总督怡良、江苏巡抚许乃钊、漕运总督杨以增分别在大江南北商酌照行，于是厘金制度迅即在江苏全省铺开。从 1855 年起，其他各省也陆续行使。厘金遂成为一种新的税制。

当时清地方督抚和统兵大员各自为政，对抽厘办法和抽收税率，都各行其是，甚至同一省内也不统一。

厘金最初本定为"百取其一"，不久，各省出现很大差别。浙江的浙东一带最高，值百抽 9，陕西最低，直百抽 0.45，多数省份为值百抽 2；略如下表。一地税率，并非固定不变，而是不断提高。税率并不都是从价，某些货物如粮食、生猪之类，价格变动少，为省手续，从量抽税。一般说，"厘之正耗，较常〔关〕税为重"②。

### 各省创设厘金年月
#### 1853—1874 年

| 省别 | 创设年月 | 省别 | 创设年月 | 省别 | 创设年月 |
|---|---|---|---|---|---|
| 江苏 | 1853 年 6 月（咸丰三年夏） | 吉林 | 1857 年（咸丰七年） | 陕西 | 1858 年 7 月（咸丰八年六月） |

---

① 一史馆馆藏，录副奏折：《雷以諴奏》，咸丰四年三月十八日；《清史稿》第 422 卷，列传 209，雷以諴。

② 清代抄档：《御史孙翼谋折》，同治三年五月十五日。

| 省别 | 创设年月 | 省别 | 创设年月 | 省别 | 创设年月 |
|---|---|---|---|---|---|
| 湖南 | 1855 年 6 月（咸丰五年四月） | 安徽 | 1857 年（咸丰七年） | 广西 | 1858 年 11 月（咸丰八年十月） |
| 江西 | 1855 年 9 月（咸丰五年八月） | 福建 | 1858 年 1 月（咸丰七年十二月） | 山东 | 1858 年 12 月（咸丰八年十一月） |
| 湖北 | 1855 年 12 月（咸丰五年十一月） | 直隶 | 1858 年（咸丰八年） | 山西 | 1859 年 7 月（咸丰九年六月） |
| 四川 | 1856 年 1 月（咸丰五年十二月） | 河南 | 1858 年 4 月（咸丰八年三月） | 贵州 | 1860 年（咸丰十年） |
| 奉天 | 1856 年（咸丰六年） | 甘肃 | 1858 年 4 月（咸丰八年三月） | 浙江 | 1862 年（同治元年） |
| 新疆 | 1856 年（咸丰六年） | 广东 | 1858 年 5 月（咸丰八年四月） | 云南 | 1874 年（同治十三年） |

资料来源:据罗玉东:《中国厘金史》第 22 页第五表改制。

　　抽厘办法,按行商、坐贾分为"活厘"、"板厘"两种。前者系对转运中的货物征税,是一种通过税;后者乃对产地或销地店铺按月收捐,是一种交易税。抽厘的商品,最初只及大米,后来推及其他许多货物,所以叫做百货厘金。此外,还有盐厘(即盐课以外的盐税),茶厘(即茶课以外的茶税),洋药(即进口鸦片)厘,土药(即土产鸦片)厘,以及船户厘等等。1874 年各项收入在总数中的比例为:百货厘金约占 93.29%,茶厘为 2.26%,盐厘为 0.89%,洋药和土药厘分别为 3.17% 和 0.34%。[①] 其他年份的比例,大致相仿。

---

① 罗玉东:《中国厘金史》,第 470 页。

### 各省设厘最初税率

| 省别 | 值百抽厘 | 省别 | 值百抽厘 |
|---|---|---|---|
| 陕西 | 0.45 | 安徽、江西、湖北 | 2 |
| 直隶 | 0.5—1.5 | 广西、山东、四川 | |
| 福建 | 0.6 | 湖南 | 2—3 |
| 贵州、奉天、吉林 | 1.0 | 山西 | 3—4 |
| 河南 | 1.25 | 云南 | 5 |
| 广东、甘肃 | 1—2 | 浙江:浙西 | 4.5 |
| 江苏 | 1 | 浙东 | 9 |
| 其中上海 | 3—4 | 新疆 | ? |

资料来源:据罗玉东:《中国厘金史》第7—12章有关各省厘金税率制。

抽厘的手续名目繁多,一般在货物起运地征收一次,称"起捐";在转运途中重复征课,称"验捐"。某些省区也有只在货物起运地或到达地一次征取的。在销售地方,又有坐厘、埠厘、门市月厘、落地厘等名目。还有先捐后售的厘金。对于生丝、土布等在出产地所征收的产地捐就属于这一种。

征收厘金的机构叫"厘局"。在同一地方,许多单位都同时设局抽厘。例如江苏江北的里下河一带,从19世纪50年代中叶起的10年间,凡江北粮台、江南粮台,漕运总督和袁甲三军营,都设局抽厘。于是,"弹丸一隅","此去彼来,商民几无所适从"。江北大营粮台和江南大营粮台相互之间,又越境设卡,大肆争夺。① 在战事不断发展变化中,各地区之间的水陆"道途通塞靡常",厘局便跟踪商人汇聚之地,设置分局、分卡;又借口"稽查偷漏",把局、卡从

---

① 一史馆馆藏,录副奏折:《雷以諴折》,咸丰四年三月十八日;《清实录》,文宗朝,第349卷,第16—18页;乔松年:《奏议》第3卷,第6—7页。

交通要冲的市镇,遍及偏僻地方。湖北的厘金局卡最多时达 480 余处;到 1867 年,分局几经裁撤,还留有 86 处。① 广西在 1858—1872 年间,先后设立正卡、分卡 59 处。② 江苏在 1863 年前后,仅在里下河一带,就有一百余处;其分布情况,"有一处而设数卡者,有一卡而分数局者"③;以至一县之货,除入境、出境收厘之外,或由东而西、由南而北,尚须再行征收者。此外,当时各军营私设厘卡,"未经入奏者极多"。如詹启纶一军在镇江,设大小卡数十处;李世忠在皖北、淮北一带,曾设大小卡达 100 多处,兼收盐厘。当时人说:"卡若栉比,法若凝脂。"④"局愈多而民愈困,弊愈滋。"⑤

所谓"弊愈滋",难以尽述,略举之,例如商船初到,挨次停泊,员役便索"挂号钱";兵役上船,验视货物,便索"查舱费";稽查已毕,盖戳放行,索"灰印钱"。凡此稍不遂意,即以不服盘查,借词穷究,"任意威吓","视商贩之肥瘠而鱼肉之"。⑥ 在贵州荔波,除了贩运食盐、百货,一律见十抽一,另再稽征半厘、小厘、毫金和落地捐;"私加至十之四五"。有人统计:1854 年,从江苏泰州向苏州贩米,计米 1 石,成本制钱 2 千,"历十余局捐厘,便加至千文"。⑦

---

① 光绪《大清会典事例》第 241 卷,户部·厘税,第 1 页。

② 刘长佑:《刘武慎公遗书》第 13 卷,奏稿 12,第 86 页。

③ 《清实录》,穆宗朝,第 55 卷,第 36—37 页;《清朝续文献通考》第 49 卷,征榷考 21,厘金。

④ 《清朝续文献通考》第 49 卷,征榷考 21,厘金。

⑤ 一史馆馆藏,录副奏折:《兵部侍郎王茂荫奏折》,咸丰四年十二月十二日。

⑥ 一史馆馆藏,录副奏折:《户部侍郎罗惇衍奏折》,咸丰五年七月二十六日。

⑦ 一史馆馆藏,录副奏折:《兵部侍郎王茂荫奏折》,咸丰四年十二月十八日。

1864年,从常熟到上海节节"报捐",布1匹需外费二十七八文。①
厘局之胥役,横暴甚于常关。70年代中,《申报》记述长江航道上
抽厘情况说:从前商人自汉口向上海运货,只有武昌、九江、芜湖、
江宁、镇江、上海6处税关,"或此征而彼免,或仅纳船课之税";后
来厘卡之多,"不止于倍于税关之数,其司事巡丁之可畏,亦不止
倍于税关之吏役"。②

厘金本是一种商税;可是,在胥吏的诛求下,"只鸡尺布,并计
起捐;碎物零星,任意扣罚"③。或"行人之携带盘川,女眷之随身
包裹,无不留难搜刮"④。

李鸿章说:"田亩尽荒,钱粮难征;正项既不足以养兵,必须厘
金济饷。"⑤厘金成为拯救清政府生命的重要方剂。广大人民对之
切齿痛恨。出谋创设厘金的钱江,"与同幕五人赴里下河督劝",
"民间目为五虎"。⑥广东征收厘金的委员,"或为众所殴伤,或为
民间枷号"⑦。湖北、江西、福建、贵州、广东等省,在1861—1864
年间,先后相继发生为抗厘而闯关毁卡,歇业罢市等事件,直至
"毁局戕官,攻打城池"⑧。

厘金以外的苛捐杂税是清政府筹措军费的又一重要措施。清
政府既授权各省、各军当局就地筹饷,各省军政当局便在自己防区、
辖区里巧立名目,滥行派捐、抽税。江苏扬州一带非常突出。1855

①　柯悟迟:《漏网喁鱼集》,第99—100页。
②　《申报》,同治十三年八月十八日。
③　《清朝续文献通考》第49卷,征榷考21,厘金。
④　清代抄档:《御史陈廷经折》,咸丰十一年十月十五日,朱批。
⑤　李鸿章:《全书》,奏稿,第9卷,第2—3页。
⑥　《清史稿》第422卷,列传209,雷以諴,又第423卷,列传210,王拯。
⑦　《清史稿》第422卷,列传209,雷以諴,又第423卷,列传210,王拯。
⑧　陈昌运:《南溪韩公〔超〕年谱》,第21页,《振绮堂丛书初集》。

年,这里既有江北粮台的指捐、借捐、炮船捐、当典捐、油坊捐以及捐夫、捐树、捐柴等捐;又有江南粮台的米捐、饷捐等捐;漕运大员则开炮船捐、堤工捐、饷捐;驻军袁甲三部又开米捐等等。① 镇江驻军征收的叫"火捐",知府衙门征收的叫"府捐",道台衙门征收的叫"道捐";"又有局捐、日捐、保卫捐、大捐、小捐",还有名叫"借捐"的,"纷纷不一"。② 苏北、皖北一带,在李世忠管辖下,"下至仪〔征〕、六〔合〕,上抵〔安徽〕滁、和,环转数千里,一草一木皆有税取,民至水侧掘蒲根而食,犹夺其镰铲,以为私盗官物"。③ 西北甘肃的秦州、巩昌一带,"赋外勒派","二十倍〔正〕赋而犹未已"。④

所谓捐,都强制征收。有些省如贵州,州县官下乡,"手持令箭",劝捐助饷。⑤ 捐数在官方既任意高下,吏役复随意敲索。如指捐规定:"积产至一万两者,捐银一千两;至十万两者,捐银一万两;多少类推";"捐至一百万告止"。⑥ 收捐者"任意讹索","直如攫夺"。⑦

苛捐、杂税不仅繁多,而且随意榨取,有些捐,征收时有"印簿",称正捐,还可备供稽查;很多收捐者只以白纸写明征收数目。时人即曾经指出:"殊属不成事体","卑鄙龌龊",说是捐,简直是"诈赃"。⑧

---

① 佚名:《广陵史稿》,第三。

② 南京大学历史系太平天国史研究室编:《江浙豫皖太平天国史料选编》,第 118 页。

③ 《丛编简辑》第 3 册,第 263 页。

④ 慕寿祺撰:《甘宁青史略》第 20 卷,第 13 页。

⑤ 空六居士撰:《独山平匪记》,第 1、2 页,《振绮堂丛书初集》。

⑥ 佚名:《广陵史稿》,第三。

⑦ 《太平天国》第 5 册,第 130—131 页。

⑧ 佚名:《太平天国史事日志》下册,第 20 页。

　　这种任意讹索,连封建统治的最高当局咸丰皇帝也不得不承认:"若似此征求无艺,朘薄民生,尚复成何政体!"①然而事实是往后仍是苛捐叠生,直弄得"赋外之赋,役外之役,踵增而无底"②。

### (三)盐课的失收、整顿和加征盐厘

　　沿海7省(辽宁、河北、山东、江苏、浙江、福建、广东)都产海盐;内地一些省份,如河南、山西、陕西、甘肃、四川、云南、贵州以及边陲的蒙古、新疆地方,产池盐、井盐或矿盐。蒙古"盐向归藩部经理",新疆"向听民掣销"③,清政府对其他盐产地分成11个区,名为奉天、长芦、山东、两淮、浙江、福建、广东、四川、云南、河东和陕甘。④清政府就盐征税,名曰盐课。其中奉天从康熙中起,"无课者百七十余年"⑤,至1867年开征盐厘;其余10区都有定额。盐课总量在清政府岁入中是仅次于田赋的第二大宗。统治集团中有人把盐课与田赋作比较说:两者同是取之于民,而"小民惟知买盐,不知纳课,较之地丁漕米,尤无追呼征比之烦"⑥,认为"尤有裨国计"⑦。

　　盐课除了额课,还有"溢课"(即超过定额的盐税)、"正杂课"(随同正课奏销的杂课),和"杂课"(杂项收入,不入奏销)等名目。盐课虽有定额,但在不同时期时有多少;实则成为无定数。截至太平天国革命爆发时,全国各盐场盐课量,如下表。

　　当时有一个说法,"两淮盐课甲天下"。它的额课多,溢课多,

---

①　《清朝续文献通考》第46卷,征榷考18,杂征。
②　王权等纂:《重纂秦州直隶州新志》,前事志。
③　《清史稿》第123卷,志98,食货四,盐法。
④　《清史稿》第123卷,志98,食货四,盐法。
⑤　《清史稿》第123卷,志98,食货四,盐法。
⑥　骆秉章:《奏议》第3卷,第30页。
⑦　《清史稿》第123卷,志98,食货四,盐法。

杂课也多。太平天国革命爆发时,两淮盐产区的盐税收入,超过全国盐税收入总量的一半。两淮盐课的盈绌,对于全国盐税收入的或多或寡,具有举足轻重的作用。

在 1851—1874 年大起义期间,全国各个盐产区除了东北,几乎无不遭受到动乱不同程度的影响。

### 太平天国革命爆发前全国各盐场盐课量及在盐课总量中的比重

单位:银万两

| 盐场 | 课额 * | 比重(%) |
|------|--------|---------|
| 长芦 | 66 | 8.4 |
| 山东 | 33 | 4.2 |
| 两淮 | 345 | 44.2 |
| 浙江 | 102 | 13.0 |
| 福建 | 35 | 4.5 |
| 广东 | 78 | 10.0 |
| 四川 | 30 | 3.8 |
| 云南 | 37 | 4.7 |
| 河东 | 53 | 6.8 |
| 陕甘 | 3 | 0.3 |
| 总计 | 782 ** | 100.0 |

注: * 课额,包括"灶课"、"引课"两项,不包括"溢课"、"正杂课"。

　　* * 据《清史稿》,食货志四,盐课,1847 年实征课银为 7502579 两有奇。

资料来源:《清盐法志》据有关数字并参考王庆云:《石渠余志》第 5 卷,《直省盐课表》制。

　　两淮的淮南盐场所产,向来都从瓜洲、仪征出江。1853 年后十余年间,"江路梗塞,片引不行"①。淮北盐场所产向以三河尖为

---

① 方浚颐编:《淮南盐法纪略》第 1 卷,第 1 页。

销路总汇,正阳关为盐船必经孔道。捻军的行动使"淮河通塞靡常";淮北盐的销路便"畅滞不定"。① 1855 年后十余年间,云南盐井或掌握在起义回民手里,或为"武弁把持",井产几乎全停。②"咸丰年间,闽省军务渐起,……枭私乘间窃发,闽省盐务遂不可问。"③1860—1863 年间,太平军驰骋于浙江全省,浙江盐务,"几至不可收拾"。④ 当捻军纵横于山东、河南各地时,长芦盐因"河路梗阻,盐货各船,久不通行"。⑤ 川盐的贵州"引岸",从 19 世纪 50年代中起,因运道中梗,"岸废二十年"。⑥ "陕食河东之盐,甘食花马池、盐池之盐,各有引地",1862 年陕、甘回民起义后,河东盐、花马池盐,都"因路梗不能畅行"。⑦ "兵燹之后,户口流亡过半,食盐顿减"。清政府的盐政隳坏,盐课大半无收。

　　清政府对盐课,大致可以 1864 年为界,分为前后两个阶段,分别采取补苴、整顿措施。在前一阶段,它制定"但有可筹之方,不妨次第并举"的方针,采取各种应急权宜措施。当太平军势力达到长江下游,清政府惊呼"两淮盐课,全弃于地",停止"票法",先后相继采取"就场征课"(1853 年)、"设厂抽税"(1855 年)和"设局抽税"(1857 年)的办法征收盐课。规定大商、小贩在纳课之后,可不分引岸,运盐散销。"河东"仿行。淮北盐场方面,清政府对当地驻军"提盐抵饷"莫可奈何,形成"饷盐"名目。从此,李世忠

---

① 许宝书编:《淮北票盐续略》第 2 卷,第 35 页。
② 盐务署编:《清盐法志》第 282 卷,第 1 页。
③ 王守基撰:《盐法议略》,第 45 页。
④ 杨昌浚纂:《两浙盐法续纂备考》第 1 卷,第 1 页。
⑤ 《清盐法志》第 23 卷,第 48 页。
⑥ 《清盐法志》第 250 卷,第 14 页。
⑦ 《清盐法志》第 84 卷,第 28、30 页。

部辄下淮北盐场"封捆"盐斤,"与抢夺无异",垄断淮北盐课。①
云南从 50 年代中起,在盐官无权过问盐课情况下,特许"尽征尽
解",实际则迄未解过课款。还有把盐课摊入地丁的,如陕、甘的
部分池盐。1854 年清政府推广厘金制度后,地方军政当局把抽厘
助饷办法,引入盐货,最先行于淮南,经漕运总督王梦麟、安徽清军
统帅袁甲三奏准饬淮商按每引捐钱 200 文,半作皖营军饷,半作清
淮防务之用。从此,各路军营以及各省当局纷纷仿行,最后形成四
种主要抽厘方式,即:(一)入境抽厘(如湖北运进川盐,在宜昌设
局抽厘),(二)出境抽厘(如川盐运销湖北,川省于夔州设卡抽
厘),(三)境内抽厘(如广西省当局于桂平、梧州、平乐等处设卡抽
厘),(四)过境抽厘(如粤盐运销贵州,经过广西由该地设卡抽
厘)。所抽盐厘捐率,各地不同。如四川抽出境盐厘,每盐百斤抽
银 1 钱 3 分;广西境内盐厘,每盐 1 斤抽银 4 厘、2 厘 5 分不等。

在这一阶段,盐课与定额相比,大大减少。仅有河东盐区一度
(1855—1862 年)有溢课,实征额从 1855 年银 55 万余两增至 1862
年银 101.3 万两;而后又急剧下降。广东盐课征额,"犹十得八
九"。其余不是"课款无从征解",就是失收甚多。两淮盐课在
1854—1863 年间,如下表所示,只不过相当 1853 年实收数的十分
之一。但这不等于说,两淮盐税真有如清方官员所说,"全弃于
地"②,而是经过"盐厘"的方式被征取了。

全国所征盐厘,究有几何?无从统计。1861 年骆秉章说,"近
五六年湖北、湖南饷源稍裕,实收蜀省盐厘之利"③。两湖是这样,

---

① 《清史稿》第 123 卷,志 98,食货四,盐法;《曾文正公家书》,第 206
页。

② 《清史稿》第 123 卷,志 98,食货四,盐法。

③ 骆秉章:《奏稿》第 2 卷,第 2 页。

其他省份也相类似;大致盐厘收款,决不是一笔很小的数字。

最后,有必要指出,从 19 世纪 50 年代中叶起,清政府为取得盐和盐税,在长江被迫开放前不惜开门揖盗,故纵外籍船只在这条内河上运输食盐,从而构成了外籍船只入航中国内河经商的先例。

再述后一阶段情况。

**淮南盐课收入**

1854—1863 年

| 年份 | 钱数(串) | 银数(两) |
|------|-----------|-----------|
| 1854 | 52153. 055 | — |
| 1855 | 30445. 312 | — |
| 1856 | 30662. 256 | — |
| 1857 | 61849. 850 | 112163. 342 |
| 1858 | 2515. 655 | 283080. 669 |
| 1859 | 246. 960 | 287516. 544 |
| 1860 | 194. 400 | 179590. 295 |
| 1861 | 25. 760 | 223254. 399 |
| 1862 | 213215. 742 | 426371. 747 |
| 1863 | 180191. 676 | 426424. 463 |
| 总计 | 597034. 906 | 1938401. 459 |
| 年平均 | 59703. 491 | 193840. 146 |

资料来源:据刘隽:《咸丰以后两淮之票法》,第一表,载《中国近代经济史研究集刊》第 2 卷第 1 期,1933 年 11 月。

1864 年太平天国革命被镇压后,清政府对盐税的整顿措施进入后一阶段,其核心内容为重"厘"轻"课",加征盐税。

1864 年,清政府饬令曾国藩"整顿"两淮盐务。曾国藩针对两淮场灶久废、盐商星散、运销滞塞等情况,提出"疏销、轻本、保价、杜私"四项措施。为此,在瓜洲设立盐栈,制定盐的出场价格,在泰州和大通设立招商总局,招商领引,缴课运盐;在各省销盐口岸设立督销局,办理督销和抽厘事务。同时对道光、咸丰之交开始推行的运盐票法进行整顿,通过提高起票限额,淘汰零贩,专招大商,以及实行循环票运等措施,重新确认盐商专利,从而实际上恢复了原有的引商制度。①

嗣后,山东、浙江、福建、广东、四川、云南、河南和陕西等地,也都参照两淮办法,相继对盐务进行了"整顿":或由招贩试运开始,而后逐渐恢复引商,实行按引捐输和循环转运(如浙江);或由官府凑集资本,改埠商为整纲,以济商力之不足(如广东);或将盐商被参革和无商运盐的地区收归官运(如山东);或由原来的专商运销改为设局督销(如河南、陕西);或将官督商销改为官运商销(如四川);或将就井征税的自由买卖制改为就井官办制(如云南)②,等等,以期加强对引盐运销的控制。

清政府在整顿盐务的过程中,通过提高课额、推广和增加盐厘、提高盐价等等办法,全面加重了盐税。例如,为了扩大盐引运销和加强盐课征收,改变原来引滞课绌的状况,有的强行摊派销盐引额,限期销完,缴课续领,以盐引之畅滞定官吏之考成。有的改变盐课征解制度,将原来的"先盐后课"(即先运盐,后纳税)改为"先课后盐"(即先纳税,后运盐)③,责令盐商垫交盐课。其次,进

---

① 《清史稿》第 123 卷,食货四,第 3627—3628 页;刘隽:《咸丰以后两淮之票法》,《中国近代经济史研究集刊》第 2 卷第 1 期,1933 年。

② 马新贻:《奏议》第 3 卷,第 58—59 页;《清实录》,穆宗朝,第 162 卷,第 40 页,第 243 卷,第 25 页;《东华续录》,光绪朝,第 27 卷,第 16 页;第 116 卷,第 17 页;刘隽:《咸丰以后两淮之票法》,《中国近代经济史研究集刊》第 2 卷第 1 期。

③ 《申报》,光绪二年五月二十日;《东华续录》,光绪朝,第 33 卷,第 34 页。

一步推广和增加盐厘,把一些原来由于战争或其他原因尚未抽收盐厘的地区,陆续抽厘。如左宗棠于 1864 年攻下杭州后,即在浙江设卡按斤抽厘 8 文、10 文、12 文不等。此法随后推行及于福建,每征正课 1 两,加厘 5 钱(后减为 4 钱)。山东、广西以及停止盐课百多年的东北三省等地,也相继举办。① 原已抽厘的地区,则进一步提高税额,加强征收。曾国藩"整顿"两淮盐务时,即在安徽、江西、湖北、湖南 4 省销盐口岸;增设局卡,加强了对淮盐厘金的征收,税额也大大提高了。江西、湖北销售的淮盐厘金,每引分别高达 9 两或 11 两不等。② 鄂川盐厘也由 1861 年的每斤 10 文提高到 1864 年后的 18 文。③ 贵州的川盐厘金更是由于沿途局卡繁密、重复征收,每引高达四五十两不等。④

### 两淮盐课盐厘收数比较表

1865—1874 年　　　　　　　　　　　单位:银两

| 年份 | 盐税总数 | 盐　课 | | 盐　厘 | |
|---|---|---|---|---|---|
| | | 收数 | 比重(%) | 收数 | 比重(%) |
| 1865 * | 1888144 | 135005 | 7.1 | 1753139△ | 92.9 |
| 1866 * | 1592181 | 258775 | 16.2 | 1333406△ | 83.8 |
| 1868 * | 1492863 | 328367 | 22.0 | 1164496△ | 78.0 |
| 1869 * | 1422222 | 313635 | 22.0 | 1108587△ | 78.0 |
| 1870 * | 1116490 | 242358 | 21.7 | 874132△ | 78.3 |
| 1871 | 2541240 | 507342 | 23.9 | 1934898 | 76.1 |

① 《东华续录》,光绪朝,第 16 卷,第 9—10 页。
② 清代抄档:《曾国藩、李鸿章奏折》,同治五年一月二十五日。
③ 刘岳云:《农曹案汇》,第 23 页。
④ 《东华续录》,光绪朝,第 36 卷,第 16—17 页。

| 年份 | 盐税总数 | 盐 课 | | 盐 厘 | |
|---|---|---|---|---|---|
| | | 收数 | 比重(%) | 收数 | 比重(%) |
| 1872 | 2527449 | 656865 | 26.0 | 1870584 | 74.0 |
| 1873 | 2734084 | 733643 | 26.8 | 2000441 | 73.2 |
| 1874 | 2581954 | 664805 | 25.7 | 1917149 | 74.3 |

注:＊系半年征收额,1865 年、1866 年和 1869 年为下半年,1868 年和 1870 年为上半年。

△其中有一部分为钱文,按银 1 两换钱 2000 文,换算为银两。

资料来源:据刘岳云:《农曹案汇》,第 21—22 页制。

清政府通过这些办法使盐厘收入大大增加,远远超过额课,成为盐税收入最重要的组成部分。如同治后半叶,两淮盐厘每年近 200 余万两,比原盐课多几倍乃至 10 倍以上。详见上表。

从上表可以看出,在大部分年份,盐课在盐税总额中所占的比重不到 25%,最低只有 7.1%,而盐厘高达 75% 以上,最高达 92.9%。其他如四川、浙江等地,情况也大致如此。事实上,战后盐税的增加,主要是提高盐厘的结果。盐税内部构成的这种变化,表明战后盐引运销的日益积滞和人民对食盐税负的加重。

盐课、盐厘之外,盐斤加价也开始成为清政府临时筹款的重要项目。如长芦盐在 1848 年曾减价两文,到 1858 年增两文,名“盐斤复价”,1866 年“每斤再加两文”[1];1865 年,湖北对潞盐征军饷加价,每斤 2 文[2];1867 年,河南对长芦盐征防饷加价,每斤也是 2 文。[3] 到 50 年代末,山西盐价与大起义爆发前比较,每斤已经涨

---

[1] 《清史稿》第 123 卷,志98,食货四,盐法。

[2] 张仲炘等纂:《湖北通志》,志五十一,经政九,第 22 页。

[3] 李鸿章:《全书》,奏稿,第 18 卷,第 34 页。

了 5 文,长治等地于 1868 年又加价 15 文;长芦盐于 1859 年每斤加价 4 文,1867 年再加 2 文,1871 年又加了一次。① 盐斤加价的收数可观。举河东、长芦两盐场说,在 19 世纪 70 年代中,前者加价银达 30 余万两,超过额课(59 万余两)的一半;后者收银 20 万两,达实征额课(28 万两)的三分之二。② 因此,在尔后偶有军事、灾赈或其他紧急用款,沿以为例,经常采取盐斤加价办法来筹款。

### (四)推广捐纳和捐输

清政府在正常财政收入"不可恃"的情况下,"乃借助于捐输"。③ 在整个大起义期间,清政府滥卖官职封典,筹集捐款。当时各省绅士、商民、游幕及文武官员的随任子弟、现任候补、试用各官,只要按照捐例所载银数,就可指捐某项官职,或加捐分缺,或尽先授职等项;如只愿取得某项职衔,或捐文武监生、贡生,或请封典、级记,也可指项报捐。

这一时期捐纳特点是,捐例不惜一再减成,贱价出卖官爵;巧立名目,以广招徕。

**历年捐纳京官、外官、武官银数示例**

单位:银两

| 职　衔 | 1826 年 | 1851 年 | 1852 年 | 1854 年 |
|---|---|---|---|---|
| 京官:郎　中 | 7680 | 6912 | 5530 | 4147 |
| 外官:道　员 | 13120 | 11808 | 9446 | 7085 |
| 　　知　府 | 10640 | 9576 | 7661 | 5746 |

① 李鸿章:《清实录》,穆宗朝,第 254 卷,第 23 页。
② 《清朝续文献通考》第 66 卷,国用四,赋额。
③ 一史馆馆藏,录副奏折:《祁寯藻等奏》,咸丰三年六月十六日。

续表

| 职　衔 | 1826 年 | 1851 年 | 1852 年 | 1854 年 |
|---|---|---|---|---|
| 知　县 | 3700 | 3330 | 2664 | 1998 |
| 武官:都　司 | 3600 | 3240 | 2592 | 1944 |
| 营守备 | 2160 | 1944 | 1555 | 1166 |

资料来源:据彭泽益:《财政与经济》,第 147 页,"历次捐例所载捐纳京官、外官、武官各种职衔银数"表改制。

　　1851 年,清政府颁发《筹饷事例条款》,规定捐纳京官、外官、武官各种职衔,按照 1826 年条例所载银数核减一成①,即九折收捐。1853 年,太平军进军长江中、下游流域,清政府又特别颁定《推广捐例章程》六条,规定照定例银数核减二成②,即以八成收捐。1854 年,户部为搜括铜斤,开办捐铜局,规定捐铜抵收常捐、大捐。凡捐交十成净铜 40 斤,作抵实银 10 两,其余红铜器皿亦照净铜折算。在该局办理一切捐款时,还规定减收二成、实际减二成半,即以七五折收捐,并准搭收票钞、大钱。到了 1857 年,又规定可以按半银、半票收捐。③　此所谓"票",兼指票、钞和大钱。这些通货当时都在不断贬值,意味着官爵捐价也在不断下跌。

　　清政府考虑到出捐者本人有不愿捐官的,或者本人已无议叙可加的,在 1854 年规定:"可以为其兄、弟、子、侄以及五服以内同

---

　　① 《筹饷事例条款》,咸丰元年刊本。

　　② 《咸丰三年冬季部例推广捐例章程》,《咸丰三年冬季部例颁发空白执照章程》。又,据《清史稿》作"明年,〔即咸丰二年——引者〕,续颁发宽筹军饷章程,参见第 112 卷,志 87,选举七,捐纳。

　　③ 《筹饷事例》,第 1 页,咸丰八年刊本。

宗及外姻有服亲属捐取官阶职衔。"①

向例,由中央政府的户、吏两部掌管捐纳事项。到了这个时期,中央为便于各省及时济用,下放捐纳权;除准各省开捐外,军事机构的粮台也可设局劝捐,并可"酌减十分之一"交银。②

各省开捐本应按照户部筹饷事例办理,有关当局为了多得捐银,不仅对捐纳银数"减之又减",还对减成后应收现银部分大打折扣。拿各省减成章程合以筹饷例来看,"豫省以饷票折收,加一成现银,约居十成之二;湖广、川、浙约居十成之三;江西、两广约不及十成之三;云贵约居十成之二;安徽全收饷票,约居十成之一;其余各省均无过三成者"③。湖北又一度办"减成捐输",规定"交银二两五钱,作银五两"④,实即半价拍卖。

捐官手续,本来很繁琐。为了捐纳便利,户部预先把大批空白文武职衔及贡监"部照",发到各省、军营粮台,以便随时填发。执照费、归公杂费等,也一并"裁撤"。"无论虚衔、实缺,分发荣封,皆可顷刻而待"!⑤

进入19世纪60年代,清政府在加紧围剿起义军的同时,还加强政治攻势。清方军政当局设想出所谓"开捐伪职以裕军"的办法;通过各种渠道,向天国辖区广为散布。这种捐,又叫"罚捐";

---

① 一史馆馆藏,录副奏折:《兵部掌印给事中袁甲三片》,咸丰四年四月二十五日。

② 一史馆馆藏,录副奏折:《户部奏折》,咸丰三年三月二十三日。

③ 阎敬铭:《道府州县四项毋庸减成疏》,同治三年,王延熙编:《皇朝道咸同光奏议》第23卷,第6—7页。饷票,系由官银钱号接受户部部分现钱(银)作为票本,开给户部的"京钱票",以备发放兵饷的票据。

④ 胡林翼:《遗集》,抚鄂书牍,第77卷,第8页。

⑤ 柯悟迟:《漏网喁鱼集》,第23页。

说是出了捐，便赎了"从逆"之"罪"，并以此抵"议叙"。① 又一种则是针对重又落入清统治地区的人民的，如左宗棠率军进入浙江不久，发出"檄"文规定：绅富捐钱 80 千者给予六品功牌；60 千者七品；40 千者八品；20 千者九品。② 此时银 1 两换钱 2 千文上下。这是说，至多花 40 两银子，就可以买个六品官（相当于知州）；花10 两银子就可换个九品官。如此削价劝捐，除了要榨取尽可能多的收入外，还使更多地主获得功名以维护封建政权。

捐纳之外，又有所谓捐输，即由清政府按官、民出资报效银数，给予某种议叙的制度。

1851 年 10 月，清廷召集王大臣等与户部筹议饷需；后来由户部奏准，令王公、一品以下京外文、武大小官员，"量力捐输"。户部又"以粤西军需孔亟"，奏准命令各省"劝谕绅商士民，捐助军饷"。申明按捐款多少，"破格施恩，议给职衔"③。1852 年，吏、兵两部奏准《文职、武职捐输议叙章程》，具体规定：文职五品捐银500 两，或武职四品捐银 360 两议叙加一级。核其银数，以次递加，不得过五级。又，文职四品捐银 200 两，或武职四品捐银 180两，及文武职官六品以下者捐银 150 两，均给予记录两次。1853年又特下谕旨，"着各省督抚对捐输事务，妥为劝导"；如个人捐银1 万、数万以至 10 万两以上者，分别等差，或赏给盐运使衔，或赏给副将衔，或再另行赏给花翎，或举人，任凭选择。

清政府不单对捐者个人给予封爵，对某省、府、厅、州、县所属绅民捐数相加，达到一定数额，准增加该地科举中式名额。即：凡

---

① 佚名：《平贼纪略》下卷，《丛编简辑》第 1 册，第 294 页。

② "檄富阳县属，同治二年"，蒋敬时等纂：《富阳县志》第 14 卷，富阳咸同间事。

③ 一史馆馆藏，录副奏折：《祁寯藻奏》，咸丰三年正月二十六日。

绅士、商民捐资备饷一省至 30 万两者,加该省文武乡试定额各一名;一厅、一州、一县捐银 1 万两,加文武学定额一名,捐银 2000两,加文武一次学额各一名。① 其后标准降低,如一省捐额达 10万两,即可增定额一名。

在边陲少数民族聚居地区如蒙古、新疆,也开始广开捐输,主要对象是各该民族上层。这种捐输,在政治上又是一种笼络手段。

例如 1856 年,清政府就制定蒙古王公、台吉、塔布囊等贵族捐输银两和驼马的议叙章程;以及各旗管旗章京、副章京、参领、佐领等官员,分别按捐银或捐马多寡,给以各级和加官衔奖赏的办法。1862 年,又规定王公、台吉等捐输驼马等项,准移奖子弟。②

1857 年,清政府对新疆的王公、台吉、伯克等,也规定了捐输银两奖叙章程。1863 年续定章程,凡三、四、五、六、七品伯克,除随从“贼匪”复回本城及贪赃各罪俱不准捐复外,如犯别项公罪革职者,按规定捐足定额银两,准其开复原品顶戴,不食俸,不办事,若遇有挑补差使,仍按旧章办理。此外,捐输还进一步推广到平民,按捐银多寡,分别给金顶虚衔和从六品至三品的虚衔。③

各种方式捐输常常同时并用:(一)由各省地方官府偕同地方士绅,查明本地殷实上户若干,或者“家仅小康”的,派定捐额,指名勒捐;(二)有些用兵省份以“需饷孔亟”为名,不时各向旅居外省的本籍绅商勒捐助饷;(三)还有一些省份,直接派员到邻省地区向本省籍人士“劝捐”,或者由某省代其他用兵省份设局向各该

---

① 一史馆馆藏,录副奏折:《大学士裕诚、户部尚书祁寯藻等奏》,咸丰三年三月二十三日。

② 《清代边政通考》,第 327—329 页。

③ 《清代边政通考》,第 329—330 页。

省籍者劝捐济饷。①

捐输助饷并不限于用银纳捐,还可以用实物折合银两。邻近战区的州、县以及军营粮台,对"凡有可资军饷之用者","不论银钱、米面、豆、草等项"一律收纳。②

此外,有关军政当局对某些苛捐也有美其名曰捐输的。1856年,湖广总督官文、湖北巡抚胡林翼规定:汉阳鹦鹉洲停泊的竹木各商,凡出卖得价至100两者,劝捐银3两3钱;不及100两者,照上述比例扣减。其有贩往他处,不在本地售卖者,照该商完税关票,合以时价,照议定捐数,一律收捐。③ 1861年,骆秉章任四川总督,奏办军需,按粮多寡摊派而达到一定数量的,予以议叙。

清廷推广捐输,明文宣布不准"抑勒",只许"劝谕"、"劝导";暗中又命令各省当局"传旨饬令""绅士商民人士""竭力输将。"④

事实上,当局对于"豪富巨室,率皆置之不问"⑤,对于一般所谓"殷实之家及小康者,则竭泽而渔,竭山而畋"⑥。一户之家,"岁番三四",造成"怨声载道,叫苦连天"⑦;甚至有因被逼捐输导致"田产变卖,铺户关闭"的。⑧ 捐输措施,对庶民富户,形成严重威胁。

### (五)发行票钞和大钱

清政府在顺治年间一度发行过少量钞币,其后直到道光朝约

---

① 彭泽益:《财政与经济》,第 149 页。
② 李桓:《类稿》第 2 卷,奏疏 2,第 23—24 页。
③ 一史馆馆藏,录副奏折:《湖广总督官文奏》,同治四年五月十八日。
④ 锺琦:《皇朝琐屑录》第 34 卷,第 90 页。
⑤ 鲁一同:《复戴孝廉第二书》,《通甫类稿》第 2 卷。
⑥ 锺琦:《皇朝琐屑录》第 34 卷,第 90 页。
⑦ 王茂荫:《奏议》第 7 卷,第 7 页。
⑧ 清代抄档:《山东道监察御史孙翼谋奏》,同治三年五月十五日。

150 年间再没有发行过。1851 年,太平天国革命发生后,清政府的军费激增,财政收入骤减;铸钱的主辅原料铜和铅,向赖滇、黔两省供应;又因战争而水运阻隔,难以运至北京。在此情况下,陕西道监察御史王茂荫于 1851 年 9 月上"条议钞法折",主张发行定额银 10 万两的纸币,以应军用、河工急需。① 次年五月,福建巡抚王懿德、右都御史花沙纳,也先后奏请发行钞票。花沙纳甚至主张无限制地发行不兑现的钞票。同年十一月,四川学政何绍基奏请铸大钱等等。户部审议了各种发钞建议,认为:"徒恃空虚之钞为酌盈济虚之法",岂能取得民间的信任?② 可是,该年仅例外支出的军需、河饷,"即糜帑二千数百万两"③,达到这些年间经常岁出总数的三分之二。户部眼看着财政濒于崩溃,到了 1853 年,便再也顾不得民间的信任与否,奏准采行花沙纳的方案,着鼓铸大钱。

　　1853 年 4 月 5 日(二月二十七日),清政府令户部先发行官票,或"官银票";紧接着在同月 25 日(三月十八日),又令户部宝泉局、工部宝源局开铸量轻、面值大的铜钱。同年 12 月 24 日(十一月二十日)和第二年 2 月 28 日(咸丰四年二月初二日),又发行宝钞和铁质大钱。对此,清政府自欺欺人地说:"钱法与钞法相辅而行","洵为裕国便民之良法"。④

　　就大钱说,还在各省鼓铸。从 1853 年 7 月起两年里,先是福建,接着是广西、贵州、陕西、甘肃、江西、直隶、云南、河南、湖南、湖北、热河、四川、山东、江苏、浙江等省,都相率开炉铸造;连在江苏扬州的江北大营,也开炉铸造大钱。

---

① 王茂荫:《奏议》第 1 卷,第 1—8 页。

② 一史馆馆藏,录副奏折:《祁寯藻折》,咸丰二年六月十八日。

③ 《清史稿》第 124 卷,食货 5。

④ 《清朝续文献通考》第 20 卷,钱币 2。

官票、宝钞都是纸币,前者代表银两,后者代表制钱。官票面值,分 1 两、3 两、5 两、10 两、50 两 5 种;宝钞,分 500 文、1000 文、1500 文、24 千文、54 千文、10 千文、50 千文以至 100 千文 8 种。铜质大钱,有当十、当五十、当百、当五百、当千 5 种;铁质大钱,有当一、当五、当十 3 种。

此外,户部又说,"铁既可以抵铜,铅似可以佐铁";在 1854 年,一度铸造铅钱。这种铅钱只在北京一地用做搭配散钱,向各地推行为时短,数量也少。

清政府原以银两和制钱作为通行货币。1853 年 4 月起一年间,突然增加票钞、大钱21 种之多,币制顿行混杂。这些不同名目货币之间的兑换率,除了铜铁大钱分别注明当若干制钱外,户部规定:银票 1 两抵制钱 2000 文,宝钞 2000 文抵银 1 两。

清代原定制钱 1 枚重 1 钱 2 分。1853 年 5 月间开铸当十、当五十的大钱,其重量分别是 6 钱和 1 两 8 钱。这就是说,铸当十大钱 1 枚,用铜量只相当于 10 枚制钱的一半;当五十的更少,只及十分之三。继当十、当五十之后,清政府放手加铸当百、当二百、三百、四百、五百以至当千的;不仅中央的户、工两部鼓铸大钱,地方上各省也设置机构,仿照户部成式铸造。面值越铸越大,单位面值的含铜量则一再削减。最后统一规定的含铜量以及相当制钱 1 文的倍数,有如下表。

**各种面值大钱含铜量及与制钱含铜量的比较**

|  | 当十 | 当五十 | 当百 | 当五百 | 当千 |
|---|---|---|---|---|---|
| 含铜量(两) | 0.44 | 1.20 | 1.40 | 1.60 | 2.00 |
| 相当制钱 1 文的倍数 | 3.67 | 10.00 | 11.67 | 13.33 | 16.67 |

资料来源:据彭泽益编:《中国近代手工业史资料》第 1 卷,第 570 页资料改制。

　　制钱的含铜量竟高至大钱的法定含铜的 3.67 倍至 16.67 倍,可见大钱压低铜质到何等程度。然而在实际铸造中,偷工减料,而铸大钱的工费则又与铸制钱的工费相当,所以面值越大,铸造利益也越大。政府从铸当五十的 1 枚大钱,可以获得"一本一利",铸当百的可以"一本二利"。① 铸当千大钱 1 枚,其工银、料银不过114 文,每枚净增铸钱收入 886 文,净利为工本的 7.8 倍。铸造铁大钱的获利更大。铁制钱 1 文重 1 钱 2 分,当五每枚重 2 钱 4 分,当十每枚重 3 钱。原料的铁,若采买山西平定所产,每斤合制钱40 文;若向民间收购旧铁,每斤合 15 文。如以每斤铁铸铁钱,然后当制钱文数用,减去铁价,估算鼓铸之利若用晋铁,为 2.3 倍(当 1 文)至 12.2 倍(当 10 文),若向民间收购的生铁为原料,则为 7.9 倍(当 1 文)至 34.3 倍(当 10 文)。② 至于印造各种面值的银票和宝钞,工本花费尤少。如"宝钞一张,工仅需制钱一文六毫"③;竟似"造百万即有百万之利,造千万即有千万之利!"④难怪清政府把发行票钞、大钱,视若操不涸财源之一法。

　　清政府为有利于票钞的行使,招商承办官钱号(局)。1853 年4 月,户部设立第一批官银号,即乾豫、乾恒、乾丰、乾益"四乾官号";第二年十月又设宇升、宇恒、宇谦、宇泰、宇丰"五宇官号"。地方上如福建、陕西、江苏、云南、四川、山西、热河、直隶、湖北、江西、浙江、山东、河南、安徽、吉林、甘肃等省城或重要府城,在1853—1855 年间,也先后设置官银钱局。这些官银钱号(局),仿民营银号、钱庄发行"银票"、"钱票"例,滥发"京钱票"(北京)、

① 　清代抄档:《掌山西道监察御史宗稷辰折》,咸丰五年十一月十八日。
② 　参见彭泽益:《财政与经济》,第 89 页。
③ 　清代抄档:《祁寯藻等奏》,咸丰三年十一月十七日,附宝钞章程。
④ 　清代抄档:《闽浙总督王懿德奏》,咸丰四年三月二十七日。

"局票"（地方）的兑换券，与大钱、宝钞并用。

清政府是凭借超经济的政治暴力推行票钞和大钱的。它严定禁令："伪造者依律治罪不贷"；"如奸徒阻挠，初次枷号示众，再犯者发烟瘴之地充军"，遇赦不赦。"其有故意刁难，致大钱买物之价昂于制钱者，亦即照阻挠律治罪"①，等等。可是，熔制钱改铸大钱②，或者买铁铸钱，都能得到厚利。民间便"盗铸丛起，死罪日报而不为止"③。对于钱钞，民间也"私自论值"。如一个官员说："天下之大，岂能概治以阻挠之罪?"④

清政府如此搜括民财，就是统治集团内部，也认为行不通。有人指出："钞，名曰为宝，民间安用此为哉"!⑤ 又有人说："以仅费十余钱之一纸，遽欲永抵数两、数十两之宝银"，"户部先设欺人之术，天下安有受欺之人"!?⑥

清政府是为了敛财而发行票、钞的；为此，它规定了种种政令，可是它自己首先就不遵守。如户部规定：票钞十足兑现；凡民间完纳地丁、钱粮、关税、盐课及一切支官款项，银票或宝钞，可按规定成数交纳，零星小数以当百、当五十大钱凑交。文武官俸及各项工程，也按一定成数的银票或宝钞发给。实际上以官票兑现，连官银钱号也"非刁难不收，即抑勒市价"，使

① 《清朝续文献通考》第 20 卷，钱币 2。
② 《清朝续文献通考》第 20 卷，"制钱每千重百二十两，熔之可得六十两，以铸当千大钱，可抵三十千之用"。
③ 《清史稿》第 124 卷，志 95，食货五，钱法。
④ 一史馆藏，录副奏折：《左庶子庞锺璐折》，咸丰三年十一月二十四日。
⑤ 清代抄档：《闽浙总督王懿德奏》，咸丰四年三月二十七日。
⑥ 李桓：《类稿》第 81 卷，梦痕记五，第 10 页。

持票者"无从取银"。① 政府自己在日常收付中,对钞票也始终多放少收,甚至拒绝收受。例如收纳课税,法定实银和票钞各半,后来就改为银七票三,实际上又"三成搭收,徒张文告,屡禁罔效"。在北京,凡有收项的各衙门,对商民交纳票钞,"均不肯按照奏定成数收受",甚或"百计刁难而不收。"②在京外如直隶、河南等省,各州县征收钱漕税课,都是"收现银,〔或〕照现在银价核收现钱","百姓欲搭官票而官弗之许";山东"藩库搭放票钞,不搭收票钞"。③ 至于大钱,法定实钱 1000 文,交制钱 200 文、大钱 800 文;后来改为每千文交大钱 900、制钱 100。事实上在江苏各地,征收地丁、钱粮、盐课、关税,官府"止收银与制钱";"民有以大钱输纳者,概屏而不用"。④

在市场上,票钞、大钱、铁钱和地方钱票、局票杂沓流通、极度混乱的结果,当然不能不发生劣币驱逐良币的现象,即所谓"大钱出而旧钱稀,铁钱出而铜钱隐"⑤。对付官府的强制措施,民间则以"任意折算"相抵制。例如在北京,兑换银钱,"以制钱买银者,每两可以少数百文;以大钱买银者,须多数百文"⑥。"同一买物,同一用钱,而于大钱则增价,于制钱则减价"。⑦ 银票、宝钞也是这

---

① 清代抄档:《御史章嗣衡折》,咸丰三年八月廿二日。

② 清代抄档:《克勤郡王庆惠折》,咸丰四年二月初五日;《清史稿》第124卷,志99,食货五。

③ 清代抄档:《祁寯藻等折》,咸丰四年九月廿二日,《河东道总督李钧折》,咸丰四年九月初五日,《御史李鹤年折》,咸丰六年十二月初七日;《载垣等奏》,咸丰七年,《清朝续文献通考》第20卷,钱币2。

④ 清代抄档:《通政司参议曾望颜折》,咸丰六年二月初四日。

⑤ 清代抄档:《掌山西道监察御史宗稷辰折》,咸丰五年十一月十八日。

⑥ 清代抄档:《掌广西道监察御史伍辅辰折》,咸丰四年七月廿三日。

⑦ 清代抄档:《鸿胪寺少卿倪杰折》,咸丰四年闰七月初七日。

样。"凡以钞买物者，或坚执不收，或倍昂其值，或竟以货尽为词。"① 铁钱更被贱视。"凡持铁钱赴铺购买食物者"，比铜钱几加1倍。② 市场的运行规律，使商品出现了银两的、制钱的、大钱的、钱票的多种价格。不仅如此，而且还出现付劣钱，给劣货的现象。

票、钞、大钱的发行过程，也就是通货恶性膨胀的过程。1853年开始发行票、钞、大钱时，由于银票"无从取银"，钱票"无从取钱"，大钱"有整无散"，市场抗不收用，导致实际价值急剧跌落。例如票钞，到发行的第二年，北京已"以钞一千，只能易〔制〕钱四百及五百文"③。1861年8月，面额千文的宝钞，实际仅值制钱50文，即仅当面额的5%。官票情况也相类似。1856年年底，在北京"官票一两"，仅能易"制钱八九百文"。④ 若与当时银、钱行市比较，银票市价贬到票面值的30%。1859年年底，票面20两的银票，仅抵实银1两；或官票银1两，仅值制钱200余文。若与当时银钱比价1两换6000余文相比较，面值贬得更加厉害，只相当于市值的三十分之一。进入19世纪60年代，"民间所存官票，互相惊疑不用，几同废纸"⑤。在京外各省，票钞更不值钱。1855年年中，在河南省城，官票1两，仅易制钱四五百文；宝钞1000千，"始犹易八九百文，旋只易制钱四五百文，商民尚不肯收买"⑥。1857年，在直隶各属，票钞"价值率多折减"⑦。山东济宁一带，宝钞在

---

① 清代抄档:《御史伦惠折》，咸丰四年八月十一日。
② 清代抄档:《户部尚书柏葰等折》，咸丰七年正月二十日。
③ 清代抄档:《京畿道监察御史王荣第奏》，咸丰四年四月二十二日。
④ 清代抄档:《云南道监察御史李鹤年奏》，咸丰六年十二月初七日，《江南河道总督庚长奏》，咸丰七年十二月十三日。
⑤ 清代抄档:《京畿道监察御史许其光奏》，咸丰十一年八月二十八日。
⑥ 清代抄档:《河东河道总督李钧奏》，咸丰五年九月初五日。
⑦ 清代抄档:《署直隶总督谭廷襄奏》，咸丰七年闰五月十四日。

1856 年开始使用时，"每千尚可易钱六七百文"；第二年，"仅易钱二百余文"；1858 年春，随着"价值日低"，"成为废纸"。① 在江苏清江浦一带，"无收受之人"②。1857—1858 年间，在福建福州，"钱票一千"，还能抵"铜钱一百二三十文"。③ 在当时，这是属于少见的。另有些省份，则根本拒绝行使票钞。例如票钞发到湖南，地方当局就说：当百大钱，尚有铜一两四五钱，且不能用；"以尽幅之纸，当银三两，其能用耶"？④ 搁在藩库，不使进入市面流通。

到 1862 年年底（同治元年十一月初七日），清廷准许户部奏陈的办法⑤："来年京饷并各省地丁等项，一律停收钞票。"⑥事实上宣布了停止票钞的行使。

大钱和票钞同一命运。最初，商民不肯使用大钱，举行罢市。在严令之下，京师算是被迫通用了，但官能"以一钱为当十"，民也会"以当十为一钱"⑦；或"任意折算，或径行不用"。⑧ 当千、当五百的铜质大钱流通了大半年，到 1854 年 7 月间，终于被迫停止行使。第二年，当五十、当一百大钱停止铸造。自此，市场上流通的，只有当五、当十两种。1857 年，"当十铜钱几至折二、折三"⑨；

---

① 清代抄档：《李钧奏》，咸丰八年三月十二日。

② 清代抄档：《江南河道总督庚长奏》，咸丰七年十二月十三日。

③ 清代抄档：《钦差大臣黄宗汉片》，咸丰八年三月十五日。

④ 《骆秉章年谱》，咸丰四年纪事，上卷，第 8 页。

⑤ 王先谦编：《东华续录》，同治十六年，第 19 页。

⑥ 王先谦编：《东华续录》，同治十六年，第 19 页。

⑦ 吴廷栋：《陛见恭记》，咸丰七年七月二十二日，葛士濬编：《皇朝经世文续编》第 47 卷，户政 24。

⑧ 清代抄档：《通政使李道生奏》，咸丰四年闰七月十五日。

⑨ 清代抄档：《御史陈庆松片》，咸丰八年正月二十七日。

1859 年 4 月,"竟至以十当一"①。过后稍有回升;直至八九十年代,当十铜大钱虽还在行使,每枚只能换制钱两枚。② 至于铁质大钱,在 1857 年,每百文市价仅抵制钱 35 文;继而"遽然不行",被视为"废物"。③ 此后,只有当一铁钱仍在市场流通,但市价"日见减落"④。再过两年,铁钱终于没有行市,也就是说,民间不承认它具有货币的价值。首都是这样,外省的拒用还更早一些。例如云南,1857 年,当十大钱初行时,"每文犹可当三四文用,继不过当一二文用";到 1858 年,市场上视当十大钱"为无用之物","不值一文用"⑤;在湖南,始终处于窒碍难行的状态之中。

通货膨胀对广大人民群众是一场灾难。例如在北京,由于币制混乱,票钞、大钱贬值,物价上涨,商品流通受阻。1855 年年底,"凡日用必需之物,价值无不随加数倍"⑥,劳动群众的生活,急剧恶化。1857 年,在"粮价增昂"下,"小民佣趁所得钱文","竟不能供一日之饱","苦累情形,不堪设想"。⑦ 他们"借工作以赡身家,从前日得百文而有余,今则数倍而不足;工价名为酌增,实为暗减"⑧。1859 年,在一切物料"日益腾贵"的情况下,"各项工价"虽然增加"不啻过倍","而工作人等食用愈艰"。⑨ 下层人民"生计

---

① 清代抄档:《署刑部侍郎袁希祖奏》,咸丰九年四月十九日。
② 清代抄档:《顺天府尹潘祖荫等奏》,光绪十四年正月三十日,《编修彭述片》,光绪二十四年二月十九日。
③ 清代抄档:《御史邵焌奏》,咸丰七年四月二十八日。
④ 《御史征麟附片》,咸丰五年九月初五日。
⑤ 清代抄档:《云贵总督吴振棫、云南巡抚张亮基折》,咸丰八年十月初六日。
⑥ 清代抄档:《曹登庸片》,咸丰五年十二月初四日。
⑦ 清代抄档:《户部尚书柏葰折》,咸丰七年正月二十日。
⑧ 清代抄档:《刘长佑折》,同治三年六月初九日,朱批。
⑨ 清代抄档:《彭蕴章等折》,咸丰九年八月廿九日。

日艰,饿殍相属于道"①。在长沙,1854 年通行当十、当五十、当百大钱,"初时尚以为便",旋即"不能流通";"旬日间,省城贸易歇业者,不知凡几"。"省城雇工之人支得一半大钱回家,亦不能用。"②在福州,1858 年春,"粮价贵(升米六百余文制钱),铁制钱贱(每百文只当十文),……穷人所得工食每日即进三四百文,只当三四十文之用"。一个政府官员在私函中指出:"一口不能饱,况欲养家乎……百姓真熬不过矣。"③"贫儒穷户劳动所得,不过票钱十千文,实不足以资餬口,以致阖室槁饿者,十有八九。"④

农民和手工业的小生产者和小商贩在不能保持正常买卖活动的情况下,作为卖者不能提高产品价格以应付通货膨胀,而对大钱,又处于两难困境:"不受,则货滞无以为生;受之,则钱入而不能复出。"⑤作为买者,他们则又受人操纵。若持大钱以购物,富商大贾或"以货阙为词",拒绝收受,或"故昂其值";还有借口大钱"字画不清,声音不响,不肯使用"者。在这种情况下,小生产者和小商贩便处于"极力央求","忍气售买,不敢比较"⑥的不利地位,只得任凭某些富商大贾或投机商人的刁难盘剥。

### (六)举借内外债

在农民大起义以前,清政府从未举借过国债。到了这次大起

---

① 《郭嵩焘日记》第 1 卷,咸丰八年十一月十六日。
② 骆秉章:《年谱》,咸丰四年纪事,上卷,第 8 页。
③ 《何桂清等书札》,第 152 页。
④ 陈浚:《谏垣存稿》,第 8 页。
⑤ 清代抄档:《江南道监察御史沈葆桢折》,咸丰四年闰七月十八日。
⑥ 清代抄档:《御史伦惠折》,咸丰四年八月十一日,《工科给事中宋玉珂折》,咸丰四年七月二十一日,《鸿胪寺少卿倪杰折》,咸丰四年闰七月初七日。

义期间,它为保障军需供应,举借内债,也借取外债。内债由推广捐输而来;外债则标志着中国封建势力与外国侵略势力相结合的深化。

举借内债创议于 1853 年。山西、陕西、广东等省议行"劝借",向殷实之家"暂时挪借,以助国用"。山西的"挪借"办法,系由地方官府向所属各"饶富之家"示以筹款成数,然后按照此数发给印票,规定分年按期归还。如有借至 10 万两以上者,除按年归还本银外,若借债人本身已有功名,准其赏给祖、父封典。[1] 陕西的"借"则采取"捐借兼行"办法。地方当局规定,对于捐输从一万、数万至十数万两者,如不愿请奖者,除由官府按数给予借贷印票,分年归还外,仍按照银数多寡,分别建坊给匾,以示优奖。[2]

陕西的"捐借兼行",对清政府临时筹措饷需,"颇著成效"。于是清廷令江苏、浙江等省都仿照办理。从 1857 年起,"劝借"办法,推广于江苏等省。该年,上海绅商筹借饷银 20 万两,由地方官发给"印帖为凭"。此外,根据接触到的史料,江西"借自绅富,立有欠票";贵州"发给印票,实收筹借之款";山东在 1864—1871 年间,陆续向旅居山东的浙江、广东两省绅商共借银 424540 两。在清军镇压西北各族人民起义期间,陕西"辄借富室之银以充饷,而给以票",每票以银 100 两、50 两为率。1864 年,甘肃责令旅居四川的陕甘商人,把各地陕西会馆积存的会底银半数,"借供兵饷";旋即派人会同四川官府传知各府、州、县陕西会馆的值年,照数提借,约定军务结束,由甘肃军需局筹还。同时,又对新疆、伊犁、喀

---

① 《清实录》,文宗朝,第 96 卷,第 25—26 页,第 118 卷,第 15—16 页,第 140 卷,第 13—14 页。

② 《清实录》,文宗朝,第 96 卷,第 25—26 页,第 118 卷,第 15—16 页,第 140 卷,第 13—14 页。

什噶尔、古城、巴里坤等处的山西、陕西商人,采取所谓"通挪借兑"办法,即把这些商人在新疆各城的"现存商资兑充军饷",然后由各商原籍官府"照数发还"。

以上所谓"劝借",实际都是强制勒索。在劝借时,虽都规定按期偿还,实际上到了军务结束之后,各省每借口"库款支绌",按照筹饷先例,由官府奏请给奖了事。有些绅商"不敢仰邀议叙",多以照章加广本省学额处理。结果,这些内债便由原来的借债人以全数捐助军饷为名,化借为捐,政府以官爵为偿了局。①

当太平军势力进至长江下游地区时,苏、浙一带的地方官员,屡有举借外债的意图。他们一再怂恿清廷尝试,并称之为"笼络""洋人"的办法。而外商则出于有利于深入侵略,也一再表示愿意提供贷款以支持清政府镇压太平天国。一笔笔外债也就形成了。

1853—1854年间,苏、松、太道吴健彰为雇募外国船炮攻打坚守上海县城的小刀会起义军,曾向外商借债,数目不详。仅就1855年、1856年两次从江海关关税中扣还的银数来说,本息合计为127728两。②

1857年5月,即英法联军侵略战争正在展开之时,据英国福州领事浩尔(F. Howe Hale)通告,福州地方当局曾拟向外商借债50万两,月息3%,以福州及其他通商口岸应征关税为担保,未成事实。③

1858年,英法联军侵占广州,广东人民奋起反抗,两广总督黄宗汉为了镇压人民,通过怡和行商伍崇曜经手向美商旗昌洋行借

---

① 以上关于内债各段,参见彭泽益:《财政与经济》,第150—152页。

② 参见徐义生编:《中国近代外债史统计资料》,第6页。

③ 马士著,张汇文等译:《中华帝国对外关系史》第1卷,第598—599页。

银 32 万两,月息 0.6%,由伍崇曜捐款偿还。①

第二次鸦片战争结束后,外债举借的次数急剧增加,其中有的本银还清,借据退销,银额无从查考。仅据有记录可查者,在 1861—1866 年间,至少借过 13 笔,折合库平银约 230 万两。所有这些外债,分别由江苏、福建、广东 3 省地方当局承借,贷款者都是侨寓上海、福州、厦门、广州各口的洋商;绝大多数由各口海关关税担保,借期多数不明,其中有可考查者,短则 4 个月,长则 1 年;利息率按月计,多数是 1%,也有少数几笔是超过或不到 1% 的。借款用途,毫无例外地都是为的镇压人民的反抗斗争,特别是镇压太平天国运动。这里就 1861—1865 年间清地方政府举借的外债表列如上。

此外,1862 年,戴潮春在台湾彰化起义,有的记载说:地方当局曾向洋商德记洋行筹借镇压费用②,情况不详。

上述外债,数额不大,借期较短,不附有损及主权的条件;一般都如期偿还,只具有临时的周转性质;是由各省地方当局出面举借的,这些借款有一点值得注意:没有一笔不是在最急迫的时候借成的。有了借款,"军饷赖以敷衍"③,防止饥兵"哗溃"④,从而使反动的军事镇压得以如期展开。这说明借款的数量虽然不大,其所发挥的作用却是重大的。

用于镇压大起义的外债,最重要的是所谓"西征借款"。太平天国革命失败后,左宗棠奉命镇压西北回民起义。西北地方贫瘠,税源不足,不能像长江流域那样借厘金"济军",只得连续举借外

---

① 《夷务始末》,咸丰朝,第 31 卷,第 16 页;又,同治朝,第 26 卷,第 27—29、30—31 页,第 30 卷,第 17—18 页,第 41 卷,第 52—53 页。

② 连横:《台湾通史》上册,第 146 页。

③ 《夷务始末》,同治朝,第 6 卷,第 51 页。

④ 《夷务始末》,同治朝,第 38 卷,第 20 页。

债,以充饷需。

1866 年 11 月,为从福建调拨湘军前往陕西、甘肃,左宗棠奏准,援引"由关督出印票、督抚加印,向洋商借银充饷成案"①,举借外债。左宗棠说,福建税务司布浪,"闻臣西征有期,询臣需借饷与否"? 清廷则屡以"陕甘需饷孔殷,各省协解,恐不能如期,停兵待饷,于剿贼机宜未免延缓"②为词,授权左宗棠举借外债。1867 年,左宗棠主持向上海洋商借款银 120 万两,是正式以清政府名义举借的第一笔外债。从这年到 1875 年,先后签订所谓"西征借款"③3 笔,共库平银 520 万两,统由左宗棠军上海采办转运局的委员胡光墉经手,款额、利息率等项,列如下表。

**西征借款**

| 年　　月 | 贷款者 | 数额:库平银万两 | 利息率 | 期限 | 担保 |
|---|---|---|---|---|---|
| 1867 年 4 月 | 上海洋商 | 120 | 月息 1.5% | 半年 | 闽海、粤海、浙海、江汉、江海各关关税 |
| 1868 年 1 月 | 上海洋商 | 100 | 月息 1.5% | 10 个月 | |
| 1875 年 4 月 | 怡和洋行 | 100 | 年息 10.5% | 3 年 | 各关关税 |
| | 丽如银行 | 200 | | | |

资料来源:据徐义生编:《中国近代外债史统计资料》,第 7—7 表改制。

1874 年 8 月,办理台湾等处海防大臣沈葆桢,为镇压台湾少

①　左宗棠:《全集》,奏稿,第 21 卷,第 64、67 页。
②　《夷务始末》,同治期,第 21 卷,第 64、67 页。
③　所谓"西征借款",其后在 1877 年 6 月,1878 年 9 月和 1881 年 5 月又连续借了 3 笔,这几笔借款用途,则主要用于平定新疆的阿古柏叛乱暴动集团。

数民族起义并筹措台防军饷,也向英商汇丰银行借款一笔,计库平银 200 万两,年息 8%,借期 10 年,由各关关税担保。

综上所述,在大起义期间,清政府于 1853—1875 年间,连续借取外债,至少超过银 1000 万两。其中在 1853—1866 年的 14 年间举借的是 288 万两;1867—1875 年的 9 月间举借的是 720 万两。后一阶段所借的数量,比之前一阶段的多到 1 倍半。外债的激增,是清政府加紧依靠外国资本主义侵略势力的一种表现,也是后者加紧干涉中国内政的一个方面。

### 三、各种搜刮所得及其经济后果

清政府所采取的各种财政措施,其收入缺乏全面统计,根据零星资料,可以分别叙述如下。

田赋,在农民大起义期间,清政府虽在其统治地区厉行加征,收入有所增加,但在统治薄弱地区,特别是长江流域各地,长期处在战乱动荡之中,失收颇多。所加不足以补所失,总的说来,田赋收入是减少了的。

在大起义时期,特别是 1851—1868 年间,各省多没有按例呈报田赋征收情况,这里只综合一些记载,先述增收情况,后述不足成数,以便对此时田赋的总收数得出一个比较接近实际的估计。

田赋的附征和浮收,在增加田赋的征入量上起了很大作用。如四川额定地丁银 67 万两,遇闰加征 2.2 万余两,合计不到 70 万两;平时实征银不过 66 万两。1854 年随粮带征津贴银 50 余万两,仅这一项,即相当于额征银的 72%、实征银的 76%。1862 年起又增捐输 100 万两。津贴与捐输相加,达到原额的两倍多。1849 年,云南全省额定民、屯、地丁等项银共 211177 两,本色米共

122649 石。1856—1873 年间,共收厘谷折米 2776474 石,按官价折银2726474两,平均每年收米 151470 石。单是厘谷每年收数,即相当于额征银的 71%,或本色米的 1.3 倍。贵州改征厘谷,1861年收银 40 余万两,达到额征地丁银(14.7 万余两)的 2.8 倍多;相当大起义爆发前夕(1850 年)实收地丁银(7.2 万两)的 5.7 倍。①

另一方面,清政府在其未能实施统治的省份,固无从征取;即使在尚能实施统治的省份,由于时有动乱,失收情况也很严重。

例如广西,从 19 世纪 50 年代初到 60 年代,统扯计之,每年所收不过相当于"旧额十之一二"②。"山东钱漕,素称繁富",据1861 年该省巡抚奏报,从 1855 年以来,"通省征收不及十分之七"。③ 据《户部则例》,1851 年福建田赋为银 106.7 万两;1860 年有人记道:事实上"闽省……地丁每年不过征收三十万左右"④。也就是说,实征不及三成。在 1860 年前后,河南"每岁征收仅得十分之半"⑤。

综计田赋的总收数,据李鸿章 1865 年奏称:"每年例入之数,十不及三四矣。"⑥1868 年年初(同治六年十二月)户部的奏折透露,从 50 年代初起 10 年间,所征收的地丁钱漕,每年"十不及四五"⑦。折中计之,失收的补上加征的,每年实收数量,大致只有四

---

① 参见彭泽益:《财政与经济》,第 170—171 页。

② 《刘武慎公遗书》,奏稿,《缕陈粤西军务饷需折》,咸丰十一年十一月十一日。

③ 张集馨:《道咸宦海见闻录》,第 275 页。

④ 一史馆馆藏,录副奏折:《山东巡抚文煜奏》,咸丰十年十二月二十六日朱批。

⑤ 《捻军》第 6 册,第 261 页。

⑥ 李鸿章:《全书》,奏稿,第 9 卷,第 4 页。

⑦ 清代抄档:《户部尚书宝鋆等折》,同治六年十二月初十日。

成。按,清政府田赋额征银年约 3200 余万两。据此估算,从 1851 年起 18 年间,每年田赋收入不过 1280 万两;18 年总计约 23040 万两。1869 年,户部奏准整饬田赋奏报制度,各省才重新按年具报征收数字,但不齐全。截至 1872 年止造报的省份,仅有直隶、山西、河南、浙江、广东、福建、湖南、四川、贵州、江西等省;征收地丁正耗等银每年不过一千三四百万两,平均只及战前的额征数的 42% 。

苛捐杂税是各省督抚和各路统兵大员"就地筹饷"的主要来源。其中厘金"岁入数倍课税","藩司署纸尾不能问其出入"。①确数难查考,只偶有一些零星数字可计,其他杂税,完全是一笔糊涂账,连估计都没法估计。

1861 年 2 月,户部奉命拟定厘金章程,要求各省督抚奏报所收税金,实际遵行者寥寥。截至 1875 年,设厘省份册报户部的仍不齐全。根据一些记载,江苏在 1853 年最初创设厘金半年间,收钱 2 万贯,从 1854 年起 10 年间,每年抽收约三四百万两,其中上海一地征收的,占其大宗。1862—1864 年收数最旺时,平均年达 320 万两。1864 年后,江苏厘金收入,呈现减少趋势。湘、鄂、赣是仿办厘金较早的省份,湖南在 1855—1862 年间,每年收入在银八九十万至一百一二十万两不等;湖北在 1855—1863 年间,年收银约一百三四十万两,最多年份达 400 余万两。江西在 1855—1860 年间,年收 150 万—190 万两之间,在 1860 年秋至 1864 年秋,平均年收银 199 万两,1866 年以后年入减至 130 万两左右。浙江收入也不少,在 1864—1872 年间,平均年入约 200 万两。福建在 1857—1861 年间,年入量从期初 24 万两增至期末 87 万两;1872

① 王定安:《湘军记》第 2 卷,第 16 页。

年以后,每年约一二百万两。广东在 1858—1860 年间,收入量年在 70 万—90 万两之间。广西在 1858—1868 年间,年入 50 万—70 万两。华北地区以河南收数较多,在 1858—1861 年间每年在 50 万—90 万两之间,个别年份达 120 多万两;1862 年以后,年入减至 50 万两上下。山东在 1860—1863 年间,年收有 3 万、6 万两不等。1864 年以后,渐增至 15 万两上下。山西在 1860—1868 年间,每年收入在 12 万—18 万两左右。在西南、西北和东北地区,四川在 1856—1873 年间,共收厘金 2100 多万两,平均年收数约 117 万余两。陕西从 1859 年起,年收约 20 多万两。奉天在 1865—1868 年间,年收数在四五十万两之间。如此等等。就全国估计,厘金从 1853 年夏起半年多时间里抽收钱"两万贯"起,到 1864 年前数年,平均年收入已达 1600 万两上下(最高年份接近银 2000 万两)。[1] 在 1853 年秋至 1864 年夏太平天国革命失败的 12 年间,平均每年约收 1000 万两(1857 年前抽厘省份不多,收入较少),总计达银 12000 万两。[2] 1865—1868 年,按年入银 1200 万计,共 4800 万两。[3] 在 1869—1874 年间,每年收入总数在银 1342 万—1464 万两之间。[4] 平均计之,5 年共收银 7015 万两。上述 3 数相加,即从 1853 年起至 1875 年的 23 年间的总收入,约达银 24000 万两,大大超过大起义前国内常关关税的收数,并有增长趋势;到期末,几与岁入主要来源田赋数额相等。[5]

捐纳和捐输两项中,前者多于后者。清政府尽力推广"捐

---

① 参见彭泽益:《财政与经济》,第 169—170 页。
② 参见罗玉东:《中国厘金史》,第 38、464—647 页,第二表。
③ 据 1853—1864 年和 1869—1874 年的平均数估算。
④ 参见罗玉东:《中国厘金史》,第 38、464—647 页,第二表。
⑤ 本段参见彭泽益:《财政与经济》,第 168—170 页。

例",而在各省富绅之家,功名已经重叠,虽稚子孩童都买了功名的情况下,报捐者数便不能不下降。据户部捐纳房历年所收捐纳银数,1851 年为 110 余万两,1852 年约 314 万两,1853 年只收得67 万余两。① 嗣后十余年,捐纳收入不断减少,其中年收量最多的不过 4 万两,最少的只有 3000 两。不过,实际收入远远不止此数;因为,从 1853 年起,清政府广开捐例,各省、各军粮台也收捐银,作为就地筹饷的主要手段,而这种捐纳收入数字,无从查考。

捐输名为乐捐,实际半属勒逼。当时官府出示办捐必云军需浩繁,惟有再为捐输,以济军火。② 这样,就向有力者进行威逼,迫其"自愿"捐输。在推广捐输之初的 1852 年 2 月起 1 年间,户部所收各省捐输达 5538469 两(其中文武官员捐银 1290553 两,绅商士民捐银 4247916 两)③,相当常年财政岁入总量的七分之一。可见这笔收入,是相当可观的。其后各省开捐,未必尽行册报户部。全国捐输数字,便难查考。这里就史料所及,列举一些省份在一些年份所收捐输银数如下:

| 江西 | 1852—1864 年 6 月 | 银 880 万两④ |
| 云南 | 1855—1873 年 | 银 800 万两⑤ |
| 四川 | 1866—1871 年 | 银 973.8 万两⑥ |
| 陕西 | —1855 年 | 银 430 万两⑦ |

---

① 据清代抄档:历年《户部银库大进黄册》。
② 柯悟迟:《漏网喁鱼集》,第 21、24 页。
③ 一史馆馆藏,录副奏折:《祁寯藻折》,咸丰三年正月二十六日。
④ 刘坤一:《遗集》第 8 卷,第 311 页。
⑤ 岑毓英:《岑襄勤公奏稿》第 11 卷,第 12 页。
⑥ 《申报》,同治十二年三月初八日。
⑦ 刘蓉:《刘中丞奏议》第 9 卷,第 4 页。

从上述 4 省看,此项收入,亦颇不少。据《清史稿》,此项总计"当不下〔银〕数万万〔两〕"。这个含糊不清的数字,表明了数量之大。同书又记,甘肃官商捐输,达 5000 万两,似又多得难以思议。① 姑照录以资参考。

在 1851—1861 年间,清中央政府各种通货的发行量,折合白银共约 6130 万两。达到战前一年岁入的 2 倍。如果把一些省份所铸的大钱和地方藩库或官局印制的钱票(省钞或司钞)包括在内,数量还要加多。

盐税在1864年前基本失收,盐厘收入数不详;此后到1874年,盐税,包括"课"与"厘"的收数,大致已恢复到战前课额三分之一的水平。

清政府通过各种渠道所搜括的收入,除以田赋中的部分充做经常行政费用,其余的基本上都充做镇压大起义的军费。数量日益增多的厘金,更是反动军事机器能够运转的主要饷源。曾国藩说:"众军倚厘为命"②,说明了厘金在清政府筹措镇压太平天国为首的全国大起义军费中的重要性。

### 清中央政府铸钱、票、钞发行量
1851—1861 年

| 项　　　目 | 发　行　量 | 折合银两<br>(万两) | 比重(%) |
|---|---|---|---|
| 户、工两部所属两局历年(1851—1861 年)铸钱交库数 | 钱 1109.05 万串 | 554.53 | 9.05 |

---

① 《清史稿》第 125 卷,志 100,食货六。
② 曾国藩:《全集》,书札,第 23 卷,第 37 页。

续表

| 项　　目 | 发　行　量 | 折合银两（万两） | 比重(%) |
|---|---|---|---|
| 铁钱局历年(1854—1859 年)铸钱共合京钱数 | 京钱 1502. 60 万吊 | 375. 65 | 6. 13 |
| 户部银票历年(1853—1860 年)发行数 | 银 978. 12 万两 | 978. 12 | 15. 97 |
| 户部宝钞历年(1853—1861 年)发行数 | 钱 2711. 30 万串 | 1355. 65 | 22. 12 |
| 乾字九号历年(1853—1861 年)交库京钱票折合制钱数 | 钱 4944. 79 万串 | 2470. 40 | 40. 33 |
| 宇字五号截至 1857 年 8 月清查时京钱票发行余额 | 京钱 1570. 78 万吊 | 392. 70 | 6. 40 |
| 总计 | 银 978. 12 万两<br>钱 8765. 14 万串<br>京钱 3073. 38 万串 | 6127. 05 | 100. 00 |

资料来源:据彭泽益:《财政与经济》,第 114—115 页。

　　清政府采取各种方式,向民间厉行搜刮,而美其名曰"通变权宜","借资民力"。清政府官僚、胥吏之贪污中饱,早成惯例,这时更变本加厉。当时朝野一致认为,中饱之数比上缴国库的还要多;连上谕也承认:"其实取民者多,归公者寡。"[1]有人说,除了厘金,"皆私取其九,公得其一"[2];但又有人说,征收厘金,"恃其无从查核,重征并计","恶役蠹吏,层层剥削","归于公者一,入于私者九"。[3] 还有人总结说,"大抵田赋之数,民之所出者二三,而国

---

　　① 《清朝续文献通考》第 46 卷,征榷考十八,杂征。
　　② 李桓:《类稿》第 72 卷,尺牍,第 44 页。
　　③ 朱潮:《请严汰劣员以肃吏治疏》,王延熙等编:《皇朝道咸同光奏议》第 21 卷。

之所入者一。关税之数,民之所出者十,而国之所入者一"①。

清政府从人民身上榨到巨额财源的惟一办法,是采取"暴厉"②手段,1883 年户部尚书阎敬铭奏陈前事称:"查咸丰初年"以来,"军兴既久,供应不恒,遂隳经制……不得不出于敲扑;州县之勒派,胥吏之营求,尚不在其中"。③ 1858 年,四川总督黄宗汉在私函中说:"到任至此,每出门总有百余张红呈,十分之九为书差私禀、吓诈。川省吏治,坏不可言,百姓不见天日矣!"田赋中征"津贴,县县发财","劣员都为肥己计","全省成书差鱼肉百姓世界,耳不忍闻,目不忍见之事,至今日开眼"。④ 黄宗汉是福建人。有一年他回籍,在私函中又说:"闽政之坏,甲于天下。鄙人以为吏治之坏,迨无过于四川者,岂料吾闽倍蓰焉。"⑤ 四川、福建两省堪称典型。这些典型反映了整个国家机器,实际成为压榨民间脂膏的机器。广大人民群众在这个机器的压榨下,被榨得脂尽膏竭!

在这场灾难中社会各阶级在不同程度上都遭到了损害,而受害最重的,则是广大劳动群众。

例如,田赋及其附加,都是土地税,形式上无论是地主还是自耕农,都按亩计征,不分厚薄。可是在事实上,地主不仅可以通过增租向佃户转嫁,还可以通过"飞洒"、"诡寄",向自耕农转嫁。农民的实际负担要比地主沉重得多。所以清政府采取增征田赋及其附加的措施,实质是搜括农民的血汗以镇压农民的一种政策措施。厘金是一种国内商税,厘卡遍地,条例、办法规定得越来越密,"析

---

① 冯桂芬:《罢关征议》,校邠庐抗议,上卷。
② 《郭嵩焘日记》,咸丰六年二月初十日。
③ 宋伯鲁等纂:《续陕西通志稿》第 202 卷,文征,第 25—26 页。
④ 《何桂清等书札》,第 142、144、151 页。
⑤ 《何桂清等书札》,第 142、144、151 页。

及秋毫,贩负俱不得免",成为"商累"。"货物昂贵,终归累民。"①
至于厘金引入于盐税,由于盐为人民生活所必需,无异于征取人头
税。不论贫富、不管负担能力,同等征取,受害最重的又是普通老
百姓。清政府推广捐纳的结果,使官吏"流品日杂",不只是"市侩
无赖厕其间",甚至"半皆起自勇丁"的所谓"军功人员",也"往往
捐一佐杂虚衔";既归入文职,便可保举递升至州、县官及州、县以
上的官职。这些人物以捐纳为"贸易"②,一经得官,"既怀有苟利
之心,取息较丰,又可为捐纳之本"③。这就形成恶性循环,益发加
剧了清王朝官僚政治的反动性和腐朽性;同时也急剧膨胀社会上
的官僚和缙绅阶层。清政府发行票钞、大钱,膨胀通货,必然的结
果是物价飞涨,各阶级、各阶层固然普遍遭到损害,但受害最重的,
是贫苦小民。清政府也不能不承认,"究之,害皆萃于小民","穷
黎实受其害"。④ 还有另一方面,清政府滥发的票钞,相当多的一
部分是通过支作军饷投入市场的。政府把不断贬值以至于形同废
纸的票钞发给军营;军营强使于民。这种措施实质无异嗾使军营
向民间进行抢掠。

　　财政原是通过政治权力对财富进行再分配的行动。在大起义
期间,清政府既苛敛民间,有关官员、吏胥乃以"奉旨"、"奉宪"为
护符,利用"当局者迫于饷匮","不暇核实"的机会,竞饱私囊。⑤
另一方面,一些文武官员,则冒饷渔利。如此种种再分配便在财政
的收入和支出的两个环节中,都恶性发展。

　　在财政收入环节中所发生的再分配,是通过清政府采取各种

①　宋伯鲁等纂:《续陕西通志稿》第202卷,文征,第26页。
②　《清实录》,穆宗朝,第36卷,第16页。
③　左宗棠:《全集》第12卷,第6页。
④　清代抄档:《刘少佑奏折》,同治三年六月初九日御批。
⑤　凌惕安编:《军事史》第2册,第1编,第47页。

搜括措施和经征官吏在征取中"先入私囊"的情况下发生，不再赘述。这里就支出环节中所发生的，做一补充。

清政府拨作军费支出的巨额财货，经过战争，除了化为灰烬和确已消费掉的而外，有相当一部分被武将、文官、经手吏役所私吞。当时，一笔军饷发下，"营务处有赘焉，粮台有规焉，军装有谢焉"；"逮营垒既立，饷糈下颁，不归于苞苴，即入于囊橐"①；还有"多列浮名，侵蚀散勇"②，侵吞军食的；如此等等。有熟谙当时官场内情者说："现在虽饷需支绌"，只要"有饷，便可侵渔"。③ 当时有人说："带兵投效诸员，一遂所欲，则广田宅，市姬妾，豪华奢纵不可胜言。"④李世忠在皖北，威福自专，富可敌国，"拥资至千万"⑤。清廷在清军破南京后20余天，谕内阁，所有同治三年六月以前未经报销的军饷，准"各路统兵大臣，各省督抚"，"免其造册销"。⑥这所谓"制度因时"的"特恩"，即使已往的侵冒中饱事实合法化，又无异于把剩余的军饷，听任私分。湘、淮两军的中、下级军官以及帮办军务的幕僚、士绅，在血腥镇压起义人民的杀人事业中，"冒饷致富"的，多有人在。据《湘军志》称，湘军"人人足于财，十万以上资殆百数"⑦。至于这两军的头子，在攻战胜利中乘机化公为私的财物，更难以数计。

归结起来说，清政府为镇压大起义而筹措军费和拨支军用的结果，使社会贫富两极急剧分化。广大劳动人民，特别是农民受害

---

① 沈用增：《棠溪文钞》第3卷，第24页。
② 沈用增：《棠溪文钞》第8卷，第4页。
③ 张集馨：《道咸宦海见闻录》，第249页。
④ 沈用增：《棠溪文钞》第3卷，第24页。
⑤ 刘岳云：《农漕案汇》，厘捐原起，第6页。
⑥ 《东华续录》，同治朝，第36卷，第20页。
⑦ 王闿运：《湘军志》，第16篇。

最重,陷于极端匮乏的悲惨境地;另一方面,封建统治集团中文、武官员,以及为这个集团效劳的地主豪绅,则趁机聚敛,终于出现"咸丰以来"二十余年间人民大众普遍匮乏不堪,而社会财富"尽归富贵"①的局面。

## 第四节 反革命战争对社会经济的破坏和
## 农民大起义对封建秩序的冲击

在 1851—1874 年的大起义中,清王朝为维持自己的统治,残酷地镇压了起义人民。前面说过,为进行这场反革命战争,清政府对全国人民进行了敲骨吸髓的压榨,而战争行动,更对人民的生命财产造成极大的破坏。这些都是中国经济的极大灾难。这次大起义最后虽然归于失败,但它以前所未有的广度和深度,对清王朝的封建统治秩序给予沉重的冲击,对社会经济结构也发生一定的改造作用。在本章,只叙说冲击作用,改造作用留到下章去说。

### 一、反革命战争对社会经济的破坏

清政府为镇压起义人民,到处征兵,使大批丁壮弃耕从军,对社会生产事业已是一大破坏;而反革命战争的破坏,尤其严重。

#### (一)征兵和兵灾
早在 19 世纪初叶,清政府的绿营常备军已是一支"平乱则不足,扰民则有余"的军队。到农民大起义前夕,用曾国藩的话来

---

① 《申报》,光绪二年八月十一日、十月初一日。

说,这支军队,一般以"千百械斗为常";其在贵州、四川的,则"以勾结盗贼为业";"其他吸食鸦片,聚开赌场,各省皆然";"大抵无事则游手恣睢,有事则雇无赖之人代充;见贼则望风奔溃,贼去则杀民以邀功",虽"章奏屡陈,谕旨屡饬,不能稍变"。① 太平军首义广西时,绿营一遇征调,"将帅莫知营制","将士各不相习,依例领军械,锅、帐、锹、斧、枪、矛皆窳钝不足用"。"州县发夫驮运载,军将拱手乘车马入于公馆;其士卒或步担一矛,倚民家及旅店门,居人惶怖,惟恨其不去。及遇寇,作屯垒壁不及肩。负贩往来营门,隘杂哗嚣,十军而九。"② 这样腐朽的军队,遇到太平军一触即溃。因此,战争爆发后,清政府便大量招募或强征丁壮补充营伍。从1852年起,清政府又动员全国地主阶级,普遍编练团练。这种按照封建宗法关系编组的队伍,"几遍十八省"③,先后受命的团练大臣就有百数十个。团练的设置,举广西为例,大体如下:省设团练局,省局之下各府、厅、州县均设总局;总局之下四乡设大团,圩、镇设小团。团丁来源,除鳏寡单丁免派外,家出一丁,准许雇人代替;年龄一般是20岁以上,50岁以下。在湖南蓝山,到1854年年底,"四境俱已立团。大姓自为一团,零户数村一团,山民僻远数十家一团,俱以营伍部署之"④。全国究竟有多少乡团、多少团丁,无从计数。据记载,湖北各州县团练,或数千、或数万人不等。在安徽凤台县团丁计1万余人⑤;浙江新登县各乡统而计之,凡五六

---

① 曾国藩:《全集》,奏稿,第1卷,第25页。
② 王闿运:《湘军志》,十五,营制,第1页。
③ 李鸿章:《全书》,奏稿,第38卷,第18页。
④ 雷飞鹏等纂:《蓝山县图志》第7卷,事纪,中,咸丰四年。
⑤ 葛荫南等纂:《凤台县志》第1卷,第4页,第4卷,第4页。

万人①;湖南平江四乡成立团局 147 处,设每局有团丁百人,则将近 15000 人。如果按这些县平均扯算,乘以 18 直省约1500州县,总计团丁达 2000 万人上下。还有全国临战地区的清地方政府,又常募集或强征丁壮,组成所谓"练"、"勇"之类名目的保安队伍。②丁壮既被征成"练"、成"团"、成"勇",也多变成"游手无著"③者。这些年富力强的精壮既脱产,或半脱产,成为纯粹的消费者,又无不各怀私欲,残民以逞。其中还有不少原是亡命之徒,平日"习于械斗,杀人夺货",既经团练,便更加如虎添翼。

在长时间里,清政府的主要镇压对象是太平军和捻军;其次则是陕、甘、新疆回民,云贵回民、苗民等。镇压太平军的主要武装是湘军和淮军。镇压捻军的主力是僧格林沁统带的蒙古骑兵。镇压西北回民起义的,除了湘军外,还有不少骑兵。湘军和蒙古骑兵,分别以湖南和蒙古作为兵源基地。以这两地为例,可以看出征丁成军所导致的社会经济后果。

1853 年湘军最初成军时,仅有"水陆湘军 16000 余人"④;往后不断扩充,经过 10 年到攻占南京前夕,单曾国藩直接指挥的,就有十几万人;若加上在湖南、湖北、四川、福建、浙江、广西各省不归曾国藩直接指挥的湘军、老湘军、楚军等名目的部队,总计约达 20 万人。在 1854—1864 年 10 年间,湘军被太平军击毙和溃散的人数也不少。单举 1858 年三河战役说,李续宾所统湘军全军被歼,

---

① 张子荣等纂:《新登县志》第 19 卷,武备,第 4 页。
② 参见凌惕安编:《军事史》第 2 册,第 1 编,第 50 页。
③ 《清朝续文献通考》第 216 卷,兵十六。
④ 《湖南巡抚骆秉章奏折》,参见黄楷盛纂:《湘乡县志》第 4 卷上,学校志,学额。

其"有名可纪者 9000 余人"①。一时湖南湘潭县属，"几于处处招魂，家家怨别"②。历年各次战役累积，死者至少也有 20 万人。当时湖南总人口稍稍超过 2000 万，假定男、女各半，男性丁壮在男性人口中占四分之一，则被征在军以及已被击毙的壮丁为 40 万人，约占全省男丁的 4%，或全省男性壮丁的 16%。如果考虑到还有大量劳苦大众"自动成营"、参加义军的，这些百分比还要更大一些。这么大量丁壮被编入伍，当然便严重危害了社会的生产事业。

蒙古地区一向是清政府的重要兵源基地。还在满族入关以前，1635 年（天聪元年）就规定，蒙古居民年在 18 岁以上、60 岁以下，"俱照律编审"③，从事"征明"。嗣后征取"兵差"，一直照此例办理。太平天国革命爆发后，清政府宣称："国家养赡兵丁，原为遇有军旅之事，共相奋勉，以期荡贼氛而保良善"④，加紧在蒙古征调兵丁。单从 1853 年年中起两年时间内，即太平军遣师北伐的两年内，即征调蒙古兵万余、马匹万余。例如，1853 年 5 月 1 个月里，清政府先着华山泰统领察哈尔蒙古官兵 4000 名驻防京师，并挑选壮马 5000 匹，赴直隶、山西备用。接着，又令其"再挑膘壮马 5000 匹"，"迅解来京"。命令内蒙古东三盟（哲里木、昭乌达和卓索图）蒙古王公选派蒙古劲兵、膘壮马匹，往热河木兰围场扎营，以备调拨。清廷刚"赏收"锡林郭勒盟苏尼特旗札萨克郡王齐旺札布"捐输"的军马 3000 匹，传谕再就马匹"择其膘壮者"护送热

---

① 方玉润：《星烈日记》，《丛编简辑》第 3 册，第 123 页。曾国藩在所撰"湘乡忠义总祠碑"文中，作"死者殆六千人"。参见黄楷盛纂：《湘乡县志》第 3 卷，建置二，祠庙。

② 曾国藩：《全集》，书札，第 8 卷，第 14 页。

③ 《清实录》，太宗朝，第 22 卷，第 21 页。

④ 《清实录》，文宗朝，第 80 卷，第 25 页。

河。① 同年冬,清政府起用哲里木盟科尔沁郡王僧格林沁为参赞大臣,"酌拨哲里木盟马队一千名、热河兵五百名"等归其调遣② 1854 年,清政府命山西巡抚恒春咨绥远将军盛埙带兵千名,赴山西防堵。1855 年夏,清政府调绥远城土默特官兵千名,赴河南归英桂调遣③等等。待僧格林沁受命镇压捻军,其所率蒙古旗兵以科尔沁旗为中心的一些盟、旗作为兵源基地。随左宗棠"西征"的蒙古兵,主要来自锡林郭勒等盟,及喀尔喀诸部落。蒙古本属地旷人稀的牧区,经一再征丁、派马,使牧区的人、畜都大为减少,致该区人民"困苦已极"④。锡林郭勒等盟及喀尔喀诸部落屡次遵调蒙兵,到 19 世纪 70 年代初,各该盟和部落向清廷奏称:由于抽丁,造成"游牧者寥寥",再也"不能凑集",只能"老弱凑数"⑤了。

其时全国各地,除西藏以外,处处都大量征丁招勇,致"民力已竭"⑥;"种艺既乏壮丁,耕垦并少牛马",农工废业,整个社会经济受到破坏。

清政府驱赶军队开往战争前线,军队很少不在沿途滥行需索、到处滋扰的。它们除了按例向过路各地要求供应油、盐、柴、米、粮、秣、夫役等等而外,总伴之以"格外之苛求"。1851 年,大学士赛尚阿率都统巴清德、达洪阿从北京驰往广西镇压太平军,一路骚扰;如经过湖南祁阳,"一卒需舆夫两名,骑卒需夫一名,肆扰特

---

① 《东华录》,咸丰朝,第 23 卷,第 34、39、43、45 页。
② 《文宗圣训》第 39 卷,简兵二,第 40 卷,简兵三。
③ 《文宗圣训》第 39 卷,简兵二,第 40 卷,简兵三。
④ 安定奏:《成绿营驼只变通购办由》,同治十年十一月二十四日,一史馆馆藏。
⑤ 《清朝续文献通考》第 209 卷,兵八,第 215 卷,兵十四。
⑥ 《清朝续文献通考》第 209 卷,兵八,第 215 卷,兵十四。

甚"。"巴、达尤悍戾,视知县如犬豕,供给丰,犹不餍。"①这支"京军"中的"贱者乃人担一矛,其衣被履笠胥民夫肩运,稍贵者无论矣。军万人,役夫乃不啻数万"。② 河南地处中原,清政府为镇压太平军,北兵南调,路所必经;而为了镇压捻军,大军又麇集于此;所以,在长时期中,兵差成为河南人民头上的巨大灾难。当时人说:"目下征调各路弁兵,冀图攻剿,讵知官兵之扰害,更甚于贼。逐日口粮若干,到处车马若干,少不如意,鞭挞立至。"③该省在1860年备办的"勇粮运费,较正供多至倍蓰"④。河南如此,凡有兵差之地,莫不如此。

除了军差和勒索而外,公然劫掠,几乎也成为常例。直隶也是一个征调中心。"各军云集,兵勇骚扰颇甚"⑤;对"大户则勒派车马,供支柴草";对"小户则摊派钱文,掳充长夫"。而且,"因缘讹索,车辆有出而无归,贫户十室而九逃"⑥。翁同龢说,"仆人曹喜……归省,行至涿州南,见难民遍野,露处号呼;而官兵抢掠之酷又倍于贼,万口同声,似非无据"⑦。李鸿章率部在直隶镇压捻军时,"兵无纪律,所过村庄,往往搜括财物,人皆苦之"⑧。他给曾国藩的一封信里说:"直境柴草维艰,兵与贼皆取资于民,千里无寨,

---

① 李馥纂:《祁阳县志》第2卷,事略志,咸丰元年条,第6卷,官师志,任瑛。

② 李馥纂:《祁阳县志》第2卷,事略志,咸丰元年条,第6卷,官师志,任瑛。

③ 《捻军》第五册,第168页。

④ 《清朝续文献通考》第215卷,兵十四。

⑤ 左宗棠:《左文襄公书牍》(以下简称《书牍》),家书,下卷,第6页。

⑥ 曾国藩:《全集》,奏稿,第27卷,第68页。

⑦ 翁同龢:《翁文恭公日记》,同治七年二月初八日,第8册,戊辰,第11页。

⑧ 《捻军》第3册,第361页。

所过已如梳篦";"故民仇兵甚于仇贼"。① 畿辅之地尚且如此,其他地方就更惨了。例如,镇压陕西回民起义的清军将领穆图善,对所部在行进途中的"杀掠奸淫,……一概徇庇纵容","由北山行走,一路……甚于盗贼"。② 陕西三原人民公禀巡抚刘蓉说,三原地当孔道,"过境兵络绎不绝","差官到局,打骂滋闹,直至持刀砍伤绅士"。"运载麦炭及面房骡头,均被拉差。……及到各县,又多勒支"。"乡间穷民,偶有牛车逃难进城,一并拉顾。"③又一公禀说:"兵勇出入城中,塞街填巷,……讹诈诬骗,无日不有;甚至佣菜、卖果之人,亦被强取,不与钱文;一有辩说,即行殴打嚷骂,并抢去已卖之钱。""货铺旅店,大半关门。""结群成伙,分赴乡村,拆毁椽木,抢拉牲头,道路行人亦多被其劫夺,或更致受重伤。"④镇压云南回民起义的清军总兵张名泰部在所过之处,"搜括殆尽"⑤。其他各支也无不"敲磕善良,毒害城乡",致民间"困苦流离,毫无生计"。⑥ 还有"乘机啸聚,椎埋剽劫"的,"贪财利"并"多肆杀戮"。⑦

有人私议说,"凡反乱之年,人皆曰兵荒马乱,吾独曰'兵闲马静'。何也? 彼未出兵,尚要忧愁家务;……至一出兵,内而仰事俯畜有资,己身口食盐菜足用,又搜劫人之财物银钱,……何等安闲!? 至于马放在田地中,无论禾稼豆麦,任其饱食,谁敢惊骇,何等安静,岂不是'兵闲马静'! 且贼之打劫,尚分物之贵贱,人之贫

① 李鸿章:《全集》,朋僚函稿,第 8 卷,第 14 页。
② 《平定关陇纪略》(以下简称《关陇纪略》)第 4 卷,第 10 页。
③ 《捻军》第 6 册,第 207—208 页。
④ 《捻军》第 6 册,第 206 页。
⑤ 杨琼:《滇中琐记》,第 3—4 页。
⑥ 《回民起义》第 2 册,第 413 页。
⑦ 《回民起义》第 2 册,第 415 页。

富。官兵……之打劫,值钱者不待言,贱至破衣、铁钉、女鞋亦收去。富者姑勿论,穷至三升、二升者亦不留。呜呼"!①

即使统治集团中人,对于清军的暴行,也无法讳饰。有的说:"军兴十年,兵顽济以勇,冀杀贼卫民也。淫掠或倍贼,民苦其来";"甚者,旌麾所过,村落为墟,至使民之畏兵甚于畏贼"。② 有的说:地方官吏苟且贪污,"虐取于百姓","兵之扰民,作践太久"。③ 他们之中有人承认:清军之"生事扰民",比要镇压的对象"更甚"④。

清军打仗得胜,在驻防之地或在休整的地方,骄横残暴。1853年冬,江北大营攻下扬州,主帅、钦差大臣琦善"严令闭城,纵令所部弁兵搜括银钱衣物;当典铺户,……搜洗一空。妇女附身衣着,……兵丁剥取净尽。马载骡负,充溢街巷,七昼夜不绝于道"。然后,"琦善兵丁从而火之。烟焰迷空,黯蔽天日"。"民命草菅,哭声相续"。⑤ 唐炯带了一批川军前往贵州镇压起义苗民,就其所撰"杂咏"说:"陷贼十余年,幸复见天日;何意官军来,乃更不如贼! 子女恣淫掠,资粮尽搜剔。……翻思在贼时,生路犹未窄。"⑥可见在清军攻占地区,他们在肆意屠戮之外的种种暴行也使居民难以生存。据署浙江按察使司段光清说,清军"凡克城之后,兵勇大掠","大邑五天,小邑三天,不能禁也"⑦。兵勇的"桀骜殃民"

① 李有明整理:《蓝朝鼎起义军在雅安》,《近代史资料》1982 年第 4期,第 7 页。
② 《捻军》第 3 册,第 274、277 页。
③ 曾国藩:《全集》,书札,第 30 卷,第 12 页。
④ 《云南方略》第 21 卷,第 19—20 页。
⑤ 一史馆馆藏,录副奏折:《侍讲学士晋康奏》,咸丰三年十二月十四日。
⑥ 唐炯:《成山庐稿》,诗稿,军行杂咏。
⑦ 李任等纂:《寿昌县志》第 10 卷,拾遗志,兵事。

暴行原是被清政府军、政当局视若司空见惯的行径的!

清军豫胜营李世忠部驻守安徽全椒,"专为坚壁清野之计",作践得"数十里无人烟,耕种者百人内三四人而已"。"城外附郭处,常有狼群来往。斗米价一千数百文,物价皆贵,饿死者盈路,人相食。"①西征统帅左宗棠在奏折中说:"各军每于人烟稍密,种植稍多地方,随时安扎营垒。始犹借称保护庄稼,给钱办粮;继则捐派民间,不给价值,甚且搜括殆尽,民不敢争,以致转徙流离。"②又说:"臣以直省征军粮食,无从责令民间供办之事;而甘肃各军,则习以为常,每营每日勒民间供给,一千斤或八百斤。以清水县一县而论,养总兵敖天印一营,每日须捐粮一千斤,每年须三十六万斤,视额征丁粮,奚止数倍。甘肃州县地方素称瘠苦,百姓何以堪此。闻敖天印性情惨刻异常,每征此军粮,竟创造非刑,以银钳夹粮户鼻孔,牵之以走。必待展转哀号,勒缴足数,而后释去。其勇丁之骚扰万状,又不待言。"③

清军战而败,为害更烈! 1852 年年初,被太平军击败的赛尚阿大营溃勇,入湖南永明境,"既遍淫妇女,复将财物卷掳";奔县城,"列物于市而贱售之","名则官兵,其实土匪"。④ 1860 年 5 月,江南大营溃勇,"奔无锡者十之七,奔江阴者十之三","所过村庄,辄肆淫掠"。⑤ "溃勇千百为群","纷纷而来,彻夜不绝,村民大扰"。⑥ 6 月,太平军攻苏州,守城清军"数万众不战而溃"。"苏

---

① 江克让等纂:《全椒县志》第 10 卷,杂类志。
② 《关陇纪略》第 13 卷,第 12 页。
③ 《关陇纪略》第 6 卷,第 27—28 页。
④ 周诜诒纂:《永明县志》第 32 卷,武备志,团练·兵事。
⑤ 《东南纪略》,第 5—6 页。
⑥ 《丛编简辑》第 3 册,第 140 页。

城逃兵放火",延烧四天,"尚未救灭",而已"烧民房数十里,烧死
居民无算";又,"溃勇到处,掳掠无已"①,直至残杀人民。1861
年,僧格林沁"剿"捻大败,其部所过,杀掠如箆。② 饥兵哗溃,或悍
卒兵变,为害与败兵类似。左宗棠统率下的毅字营兵勇,1874 年
在陕西的三原泾阳间哗溃,抢掠杀伤,恣意掳掠。泾阳原是"人物
殷阜,商贾辐辏"之地,经过这次溃兵杀掠,"从是凋残"!③

最后,还有必要一提团练的情况。

上面提到,团丁名为不脱离生产,实则成为游手好闲之徒。他
们集聚在一起,手里有刀矛、有棍棒,"其倚众横行,乃更甚于盗
贼"④。团练头子的团首,更是狐假虎威:以办团系"奉宪"、"奉
旨"为护符,威福自专,对所控制的城乡居民,敲诈勒索,随意鱼
肉。⑤ 如在山东,"团总"横行所在各地,"生杀由己,敛费无度";
"团费有倍蓰正赋者"。他们"按籍搜括,不纳,则缧绁从事"⑥。
河南的"联庄会"或"联团",更"公然设立刑具,审断讼狱。如有赴
县诉告者,则毁屋杀人"。⑦ 团练的危害,看似隐而微;但全国几乎
处处都有团练,其破坏生产、扰乱社会秩序之广泛,若与正规清军
相比较,或更有过之而无不及。

各地地方当局招募的"练"和"勇",其危害民间情况,基本上

---

① 《何桂清等书札》,第 200 页;王汝润:《馥芬居日记》,《清代日记汇
抄》,第 194 页。

② 《清朝续文献通考》第 215 卷,兵十四。

③ 宋伯鲁等纂:《重修泾阳县志》第 7 卷,兵事志,防汛。

④ 一史馆馆藏,录副奏折:《钦差大臣琦善片》,咸丰三年十月初六日,
《钦差大臣琦善奏》,同年十一月二十八日。

⑤ 胡在渭辑:《徽难哀音》,《近代史资料》1963 年第 1 期,第 151 页。

⑥ 《山东军兴纪略》第 11 卷,第 3 页,第 22 卷,第 4、22 页。

⑦ 《捻军》第 5 册,第 188 页。

与团练同。时人"喟然而叹":"天下兵革之祸,……非苦于贼,而苦于勇。非徒苦于豢勇以杀贼,而……苦于惧勇之毒","终年屡岁而无穷期"。①

总而言之,清政府直接、间接征丁成军,编丁成团,抽走了大量劳动力,脱离农、工业生产,已使社会生产受到损害。而其踪迹所至,想要什么就要什么,想要多少就要多少,什么时候要就要按时办到。所征凡钱财、粮食、草料、畜力,遍及民间的所有各种什物;还及于人的本身——人夫。兵祸之危害人民的生命财产和破坏社会经济生活,既极其广泛,又十分严重。

### (二)城乡破坏、土地荒芜和人丁死亡

清政府镇压大起义的反革命战争在各地持续时间,大致如下:湖南 4 年,湖北 5 年,江西、安徽和江苏各 12 年,浙江 5 年,广西十来年,广东 6 年,云南 18 年,贵州 13 年,新疆 13 年②;其余四川、河南、陕西、甘肃、山西、山东、直隶、福建等省,多则七八年,少则二三年。此中经济发达、人口稠密的长江中、下游,是太平军与清军反复争夺的地区。捻军活动在黄淮流域,"以各省论,皆属边界;以大局论,则居天下之中"③。所在上述各省、区,当起义队伍被镇压后,人口锐减,残破不堪,几成一片废墟。

1. 城乡破坏和土地荒芜

清政府在镇压太平军以及其他起义队伍时,为断绝起义队伍的供应,命令"实力奉行""坚壁清野之法","官兵又骚扰异常,几

---

① 李临驯纂:《上犹县志》第 16 卷,艺文志,上犹军务纪略。
② 新疆的 13 年,包括继农民起义而起的、变了质的动乱。
③ 《江浙豫皖太平天国史料选编》,第 14 页。

有兵过如洗之惨"! ① 清军在行动中到处烧掠,以至所过之处,一片白地。"民间畏兵如虎,不堪其扰也。"②时人记道:"官军败贼及克贼所据城池后,其烧杀劫夺之惨,实较贼为尤甚。"又说:"至官军一面,则溃败后之掳掠,或战胜后之焚杀,尤属耳不忍闻,目不忍睹。其惨毒实较贼又有过之无不及。余不欲言,余亦不敢言也。"无锡人有号拙翁者记:"吾邑克复,……城内之屋尚存十之七,官兵进城火其半,仅存十之三。"③据一个外国人记载,在太平天国管辖下,"南京和苏州之间一带乡间是可爱的花园;运河两岸十八里内全都排列着房舍",居民熙熙攘攘。"自苏州复归于清军之手后,这些房舍以及无数桥梁全部消失了","没有一幢房子。四周乡间,举目荒凉"。④ 清方记载:"李秀成初入浙三日后,即禁止杀掠。……民颇安之。及大军进剿,官兵……杀掠,孑遗遂少。"⑤曾国藩在私函中写道:"近年从事戎行,每驻扎之处,周边城乡,所见无不毁之屋,无不伐之树。"他又说:"大抵受害于贼者十之七八,受害于兵者十有二三"⑥;广大国土到处残破、土地荒芜,基本上是清军暴行的后果。

长江中、下游各省,特别是江苏南部地区,原是"民稠地密,大都半里一村,三里一镇,炊烟相望,鸡犬相闻";到了太平天国失败

---

① 一史馆馆藏,录副奏折:《上谕》,咸丰三年正月十三日,转引自《兵科给事中袁甲三折》,咸丰三年正月十九日。

② 《山东军兴纪略》第4卷下,捻匪·七。

③ 拙翁窦镇辑:《师竹楼随笔》第2卷,自述。

④ 1865年1月13日《中国之友》,转引自呤唎《太平天国革命亲历记》,第544页。

⑤ 李应珏:《浙志便览》第6卷,浙中发匪纪略。

⑥ 曾国藩:《全集》,书札。

后,一变而为"一望平芜,荆榛塞路,有数里无居民者,有二三十里无居民者"。① "耕田之民,百不存一。"② 江苏的江浦县"瓦砾荆榛,弥望皆是"。丹阳这个运河左岸的小城,几乎完全荒芜。③ 金坛"田地全荒,无人过问"④。六合"邑里萧条,村墟零落"⑤。江宁、镇江、常州等府县,"村市平毁,人物凋耗","田地山场,大半荒弃";溧水、溧阳等县,情况类似。⑥ 就江宁府说,据赋役册籍,原有耕地 63922 顷 80 余亩,1864 年垦熟田地降至 29233 顷 41 亩零,抛荒的超过原有耕地的一半。⑦ 高淳县,1847 年统计,田地、山荡等共 7390 顷有余;在 19 世纪 60 年代中,大半荒芜,抛荒土地的比重之大,超过江宁;直到 1880 年,抛荒的各种土地,总计还有 3238 顷有余。⑧ 句容"户口凋零","田地山场大半荒弃"。⑨ 苏州府"田野荒芜,遍地荆棘,鸡犬不留,浑似沙漠"⑩。从苏州往常州 100 里间,遍地荒蒿,杂草没胫;所有桑树全被砍倒。无锡城乡各地,本是"炊烟相接","市肆繁盛"之地,经过内战,满目寂寞荒凉,哀鸿遍地。有数里无居民者。间有破壁颓垣,孤嫠弱息,以人相食。⑪ 在昆山,"家家有饿殍,户户断炊烟,其存者析骸而食"。嘉定县"田

---

① 李鸿章:《全书》,奏稿,第 3 卷,第 44 页。
② 吴嘉宾:《求自得之室文钞》第 25 卷,第 5 页。
③ 吟唎撰:《太平天国革命亲历记》,第 545 页。
④ 冯煦等纂修:《重修金坛县志》第 8 卷,第 5 页。
⑤ 《六合县志》,《捻军》第 3 册,第 315 页。
⑥ 丁维城纂:《溧水县志》第 2 卷,舆地志,第 52 页。
⑦ 汪士铎等纂:《续纂江宁府志》第 8 卷,第 5 页。
⑧ 吴寿宽纂:《高淳县志》第 5 卷。
⑨ 萧穆等纂:《续纂句容县志》第 2 卷,第 1 页,第 6 卷,第 4 页。
⑩ 李鸿章:《全书》,奏稿,第 3 卷,第 1 页。
⑪ 《丛编简辑》第 1 册,第 316—317 页。

荒地白,屋宇全毁,尽成荒土"①。苏州、常州两府所属各县的"著名市镇,全成焦土;孔道左右,蹂躏尤甚";"连阡累陌,一片荆榛。""虽非穷乡僻壤,亦复人烟寥落。"②松江府和太仓州的抛荒土地,几占耕地的三分之二。苏北的徐州、淮安等府县曾是捻军活动地区;清军镇压捻军后,也是一片破败景象。如萧县,"阖邑残破无完堵"③;沛县"村落尽成灰烬"④。截至70年代初,江苏抛荒土地,"凡数百万亩"⑤。

　　浙江"夙称饶富";经过战争,"膏腴之地,尽成荒瘠","凋瘵已甚"⑥;全省"田土荒芜,弥望白骨黄茅,炊烟断绝。……民间田器毁弃殆尽,耕牛百无一存。谷、豆、杂粮、种子,无处购觅"。经过战乱的一些幸存者,"昼则伏荒畦废圃之间,撷野菜为食;夜则偎枕颓垣残壁之下,就土块以眠"⑦。"各市镇悉成焦土,远近乡村亦复人烟寥落。"⑧省会杭州及其附近地区,"数里一见人,十室九无屋;……荒村断鸡犬,官道走麋鹿"⑨。杭州府属的临安、新登、于潜、昌化和湖州府属的长兴、武康、孝丰、安吉各县,处处"室庐尽成灰烬,田地久已荒芜"⑩。在长兴,据说人相食,有肉店公开标价,"人肉每斤钱二百文"。浙中很多府县,如金华、兰溪,土地肥

① 王汝润:《馥香居日记》,《清代日记汇抄》,第197页。
② 李鸿章:《全书》,奏稿,第3卷,第58页。
③ 见《捻军》第3册,第288页。
④ 见《捻军》第3册,第287页。
⑤ 强汝询:《求益斋文集》第3卷,海防议。
⑥ 一史馆馆藏,录副奏折:《护理浙江巡抚布政使蒋益澧折》,同治三年十一月廿九日。
⑦ 左宗棠:《全集》,奏稿,第4卷,第31页。
⑧ 戴槃:《两浙宦游纪略》,第32页。
⑨ 薛时雨:《入杭州城》,同治三年,《藤香馆诗钞》下卷。
⑩ 左宗棠:《全集》,奏稿,第11卷,第44页。

沃,特别是后者曾是繁盛的商业中心,内战后到处残破,大道上长满野草。① 永康"村墟寒落,鸣吠无闻"②,很多村镇变成废墟;义乌、武义、浦江类似。1866 年,浙江全省荒地达 112000 顷。湖州府"土著不足","遍地蒿莱",多是"荒产"。直到 1870 年,除了所属德清情况不详外,该府乌程等 6 县,原熟加新垦,还比不上荒芜未种的土地多。③ 由上表,可以看出在 1870 年以前荒芜未种土地还要多得多。

### 湖州府属各县田地山荡荒熟比例

1870 年　　　　　　　　　　　　　　　　单位:顷

| 县 | 原熟新垦 | 荒芜未种 | 荒地相当于熟地的百分比 |
|---|---|---|---|
| 乌程 | 4312 | 6721 | 156 |
| 归安 | 5200 | 4205 | 81 |
| 长兴 | 3921 | 10075 | 257 |
| 武康 | 2104 | 3172 | 151 |
| 安吉 | 960 | 7012 | 730 |
| 孝丰 | 1603 | 6029 | 376 |
| 德清 | ? | ? | ? |
| 总计 | 18100 | 37214 | 206 |

资料来源:据宗源瀚:"禀稿"改制:见《颐情馆闻过集》,"守湖稿",第 11 卷。

---

① 《李希霍芬通信集,1870—1872》( Baron Richthofen, Letters 1870—1872),第 74—76 页。

② 潘树棠等纂:《永康县志》第 11 卷,祥异志,永康咸同寇乱纪略,第 37 页。

③ 宗源瀚:《禀稿》,《颐情馆闻过集》,守湖稿,第 11 卷。

　　江西也"凋敝异常"①；特别是沿长江一带，数百里间"不闻鸡犬声，惟见饿民僵毙于道"②。万载县"百三十余年"以来，未有动乱，"人民众庶，财物滋丰"。大起义期间，经太平军"三陷县城"，"重以浏（阳县）勇、叛勇"的蹂躏，"民穷财尽，生计索然"。③ 省中其他州县，大致都是这样。湖北的黄陂、孝感、安陆各县境，"田畴荒秽，村落萧条，……鸡犬罕音，牛羊疏迹"④。应山地方"房室之成为灰烬，财帛之化为烟云"，"均非数十年所能复"。⑤ 樊城"物多凋耗，民不能堪"⑥。1865 年年初，曾国藩奏报安徽情况说："用兵十余年，通省沦陷；杀戮之重，焚掠之惨，殆难言喻。"全省中以"皖南受害为最重"；皖东北滁县、全椒、来安、天长、盱眙等属，及淮北凤阳、颍州、和州、泗州等属，为"受害较重"地区；沿江安庆、池州、太平和皖中庐州、六安等属，为"受害次重"地区。就皖南的宁国、广德一府一州说，"野无耕种，村无炊烟"；"地方虽有已复之名，而田地多系不耕之土"。⑦ 从安庆往皖北的宿县、亳县一带，"千余里间，人民失业，田庐荡然"。田地荒芜，耕种无人；"尤甚者，或终日不过行人，百里不见炊烟"⑧。从东流至江西彭泽，"沿江数百里，人烟寥落"。"道路相属"，满是僵毙的饥民。徽州、池州以下，长江南北一带，"四野无人，仅病且弱者遗留在家"。凤

---

①　刘坤一：《刘忠诚公遗集》第 1 卷。

②　简又文：《太平天国典制通考》，第 753 页。

③　杜修斌纂修：《万载县志》第 14 卷，武事。

④　《捻军》第 1 册，第 372 页。

⑤　《捻军》第 3 册，第 229—230 页。

⑥　左宗棠：《左文襄公尺牍》下卷。

⑦　曾国藩：《全集》，奏稿，第 21 卷，第 75、77 页。

⑧　曾国藩：《全集》，奏稿，第 20 卷，第 23 页。

阳、定远等县，"环视数百里内，蒿莱弥望，炊烟几绝"。① 从霍山、六安往河南的光山、固始，和从英山往鄂东，沿路田野，杂生草木，"长如拱把"，行人在大路上须"辟荆而走"。妇女以"斤量计值"，"约百钱三斤"；由于人"多则贱"、"瘦则轻"，"无有一人值三千钱者"。② 从安徽的凤阳、颍州，东至江苏的徐州、泗阳，西北至河南的归德、陈州各府所属，"旷土闲田，比比皆是"，"几于千里废耕"。③

附带指出：内战之后恢复耕作的土地，也因"荒乱之余，元气未复"；"荒芜已久，无力壅培"，致收获大减。例如在江宁府，"岁获比前不及一半"。④

华北平原曾经"被兵"地区，同样"村落丘墟"。山东、河南各省"田亩荒芜"，"庐井零落"，"民之颠连而无告者，所在皆是"。⑤ 就是京师附近的"畿内"各地，也是"邑里萧索"，"凋敝不堪"。特别是在豫东与安徽毗邻地带，"东西三百余里，南北二百余里，皆无人烟"⑥。

太平军首义省份的广西，当六七十年代之际，全省"工商失业，田土荒芜"；"庐舍为墟"，"百姓流离转徙，不安其生"；地方十分凋敝。桂林府属永福至思恩府属迁江的五六百里间，官马大道两旁，"绝少人烟，遍生榛莽"。⑦

贵州、云南、陕西、甘肃的苗、回等族起义被镇压后，地方残破

---

① 唐训方：《唐中丞遗集》，条教，第 6 页。
② 邓文滨：《醒睡录》第 3 卷，第 26—28 页。
③ 曾国藩：《全集》，奏稿，第 21 卷，第 77 页，第 20 卷，第 23 页。
④ 汪士铎等纂：《上江两县志》第 6 卷，第 16 页。
⑤ 《捻军》第 1 册，第 405 页。
⑥ 《捻军》第 2 册，第 301 页。
⑦ 《刘长佑遗书》第 24 卷上，札谕，第 20—21 页。

程度,同样严重。

在贵州,通省"地鲜完善,民尽流离","半属空地"。① 当时,在黔东北的遵义、绥阳、湄潭、余庆、龙泉(凤冈)地方,"往往竟日无人烟,田土大都黄茅白骨充塞","耕种者十不一二"②。思南、铜仁府属各县,"榛莽成林"③。当时公文书中充满了"城廓已毁"、"室庐已墟"、"田园已荒"、"地方残破"、"道殣相望"、"满目凋残"、"人相食"之类的词句。苗族聚居地区绝大部分的苗寨被夷平了;仅存的一些也只是丁弱寨小,难以自存的寨子。贵州社会经济本不发达,经过20年的动乱,更倒退若干世纪,陷入与"草昧无异"!④ 过了60年,直到20世纪30年代,尚未尽复元气。⑤

云南在各族人民起义被镇压后,"疮痍遍地,凋敝情形,不堪言状"。有人记道:登山四望,"村落丘墟","满目荒凉"。⑥ 英人吉尔(Wm. Gill)1877年经云南前往缅甸,只见一片荒凉,府城半为废墟⑦;永昌府属算是恢复较快的地区,仍有四分之三的地方杂草丛生。⑧ 1878年地方官奏报:"旧荒如故,新旷转多"。1882年,英人柯乐洪(A. R. Colquhoun)从广西进云南,到了临安⑨,还是满眼

① 《军事史》第8册,第5编,第18页。

② 任可澄等纂:《贵州通志》,前事志,第37卷,第24、25页等。

③ 《军事史》第8册,第5编,第7页。

④ 《贵州通志》,前事志,第39卷,第25页等。

⑤ 《军事史》第8册,第5编,第37页。

⑥ 甘雨润:《补过斋遗集》第2卷。

⑦ 吉尔:《金沙江》(Wm. Gill, The River of Golden Sand)第2卷,第303、311、315、336、337页。

⑧ 吉尔:《金沙江》(Wm. Gill, The River of Golden Sand)第2卷,第303、311、315、336、337页。

⑨ 临安领州三:石屏、阿迷、宁州;辖县五:建水、河西、通海、蒙自、嶍峨,设治建水。民国废。

断垣残壁,一片残破景象。景东平原,更是一片荒芜;很多村落成为一片废墟。其北的蒙化一带残破情况,更有过之而无不及。①清政府在克复地区,只要民间还有耕种,总迫不及待地征取田赋。田赋的征收成数,在一定程度上反映出了一地的破坏、荒芜的程度。若以此为准,云南全省遭到破坏最严重的,是顺宁、大理、云南、普洱、临安诸府和蒙化、镇沅两厅所属各地。② 直至 1891 年,省城昆明,仍是"一片瓦砾"③。全省物产,原以农、矿两业为主,战时及战后,农不归农,特别是滇西一带,尤其严重。矿业方面,官逃丁没,峒废山封。在 1858—1874 年的 17 年间,没有炼出过 1 斤铜,也没有炼出过 1 斤铅。经营一百余年的采矿业,全被废弃。简言之,通省"民少而贫,元气大伤"④。

在陕西、甘肃两省,当回民起义被镇压后,"地方凋敝,甚于东南"⑤。"死者既暴骨如莽,生者复转徙之他。"⑥蝗旱继之,疠疫又继之。"浩劫之余,孑遗有几"? 呈现"千里萧条,弥望焦土"的景象。1865 年,陕西巡抚刘蓉奏陈陕西情况:中部"西〔安〕、同〔州〕、凤〔翔〕三府地最沃饶。……向日绣壤相错之地,树木丛生,椏杈成拱";今则"或行数十里,不见一椽一屋一瓦之覆。炊烟尽绝,豺獾夜嗥。气象殆非人境"。⑦ 如三原本是一个富庶县份,在

---

① 柯乐洪:《克莱赛纪行》(A. R. Colquhoun, Across Chryse)第 2 卷,第 135—136、179、279 页,转引自王树槐:《咸同云南回民事变》,第 242—243 页。

② 参见王树槐:《咸同云南回民事变》,第 331—332 页。

③ 《回民起义》第 1 册,第 277 页。

④ 《回民起义》第 1 册,第 277 页。

⑤ 《续修陕西省通志》第 178 卷,纪事十二,第 1 页。

⑥ 《关陇纪略》,序。

⑦ 转引自简又文:《太平天国典制通考》中册,第 754 页。

乱后,县属原"五百余村,仅存东里蔡、王二堡,余则屋宇尽成灰烬,田园尽为荆榛"。"犁耙锄锤之器"尽毁,"牛马骡驴之畜"俱失;"水渠无不堵塞","庄房无不残破","耕作之资全无"。① 西南汉中府一带,原也是该省的富庶之区,经过战乱,"郡城内屋宇尚不足十之二"。"其余一片草莱,荒凉满目。"②陕北延安、榆林两府和绥德、鄜州(富县)两直隶州,"地本瘠苦,土著甚少"。"从前耕种多系山西、四川侨寓之民,兵燹频仍,大半逃回祖籍,""数百里无人烟"。③ 至于怀远(横山)、定边、甘泉、延川等州县,或全境"居民寥寥",或只在"附城数里之地"有人耕种,"余则蓬蒿满目"。④ 陕西省所辖七府、五直隶州,绝大多数遭到了战争的严重破坏,全省土地,大部废耕。

甘肃"变乱十余年,被祸惨烈,甲于天下"⑤。该省原系"耕与牧交资"之区,经过动乱,"牛羊尽矣"!⑥ "回产既无人耕牧,汉产亦多荒芜。"⑦省中"甘〔州〕、凉〔州〕、肃〔州〕素称腴地,"频年戎马","死亡既多,川原耕种不过十之三四;其旱地更无过问者"。⑧全省景象,"千里荒芜";特别是甘东北的平凉、庆阳、固原、泾州一带,"祸害之惨"和"萧条残破"程度,尤为"天下所无!"⑨甘肃残破如此,终清之世,人民元气都未能得到恢复。宁夏的金积堡是甘回

---

① 宋伯鲁等纂:《续修陕西通志稿》第30卷,田赋·五,第5页。
② 聂崇岐编:《捻军资料别集》,第69页。
③ 宋伯鲁等纂:《续修陕西通志稿》第28卷,田赋·三,第6页。
④ 聂崇岐:《捻军资料别集》,第69页。
⑤ 王树枬等纂:《新疆图志》,奏议,第2卷,第4页。
⑥ 《关陇纪略》第13卷下,第3页。
⑦ 左宗棠:《书牍》,家书卷上,第75页。
⑧ 左宗棠:《全集》,奏稿,第44卷,第43页。
⑨ 左宗棠:《全集》,奏稿,第31卷,第37页。

起义的最重要的根据地。它遭到破坏的程度，集中地反映出宁夏的破坏情况。这里位在黄河东岸的两套平原南端，有秦渠、汉渠并流，灌溉旱田数万顷；因而附近村落林立。当起义爆发时，金积堡之东有堡寨 450 个、之西有 120 个。清军攻占金积堡后，大肆残杀，不许重建堡寨和渠道，一大片地区顿成荒漠。①

新疆地方幅员辽阔，除了戈壁，膏腴之田遍及天山南北两路。南疆的塔里木河及其上游喀什河、叶尔羌河、和田河一带，农业繁盛，即使在动乱时期，人民依然耕作，荒芜尚少。阿古柏负隅顽抗，毁堤决河，致良田淹没，农民流离。举叶尔羌河决堤后果为例。"数百里间田庐漂没，城堡坍塌"；而玛喇尔巴什地方，因处低洼，"竟成泽国"。② 喀什、叶尔羌、英吉沙尔、和田诸城，破坏殆尽。山北从乾隆年代以来，大兴屯垦，沟渠纵横，田地辟治。③ 新疆地广缺水，民争水而不争地，农业生产向来指靠渠水灌溉。④ 在动乱中，所有水渠失修，多被破坏，事定后，"渠多壅废"，致"鞠为茂草"，"地皆荒芜"。⑤ 奇台、济木萨(阜康)、喀喇沙尔、乌鲁木齐、昌吉、绥来(玛纳斯)等地，荒芜尤甚！

新疆有不少大片地区水草丰饶，牲畜充牣，向设有马、驼、牛、

---

① 1873 年，该地设宁灵厅。有称清军"在金积堡杀了五万人"(参见库罗帕特金著，中国社会科学院近代史研究所翻译室译：《喀什噶尔》，第 140 页)。直至 1940 年，人口仅约 4 万人(参见葛绥成：《最新中外地名辞典》，金积条)。

② 刘锦棠：《奏稿》第 2 卷，第 53 页。

③ 参见曾问吾：《中国经营西域史》，第 387 页。

④ 新疆水源导自山谷融解的雪水，而不赖天然的雨水。天若淋雨，地现碱性，反有害植物的生长。这是新疆的特殊现象。参见曾问吾撰：《中国经营西域史》，第 387 页。

⑤ 王树枏等纂：《新疆图志》，奏议二，第 24 页，奏议五，第 27 页。

羊诸牧厂。天山北路特别繁盛。如乌鲁木齐一词,一说原义便是
"好围场"。动乱前,牧厂畜群达数万头。动乱中,"官厂荡然无
存";动乱后,只留得"数百匹"。① 矿业方面,19世纪初,在"官本
商资,竭力兴作"之下,经半个多世纪的经营,"金、铜、铅、铁、煤
厂,纷布林立";动乱中,全遭破坏。如塔城喀图山金矿,"承平之
时,列厂千区,矿丁数万",在动乱中,遭到"摽掠",矿夫四散,年久
积水漂没,厂基遂废。如孚远水西沟铁矿,在动乱前,曾是省内铁
的盛产区之一;经过动乱,"熸灰为烬","墟落萧条"。② 北疆商品
经济已相当发达。早在乾隆时,乌鲁木齐东西袤延八里,市廛迤逦
相属,肩摩毂击,有"小苏杭"之称。经过动乱,"满城已同平地",
汉城城中"仅剩残垣"③,"疮痍满目,无百金之贾,无千贯之肆。
自城南望见城北,榛芜苍莽"④。伊犁的惠远城,"广衢容五轨,
地极边,诸夷会焉",原是边境贸易的一个中心。经过动乱,
"旧时都会之地,夷为灰烬","商旅裹足"。新疆特产向来经玉
门关大量东入内地,内地的绸缎、纸张、瓷器、漆器和竹木器
具,西行出关,输往新疆。动乱平定时,"玉门以西官道行千
里,不见人烟"。商旅几绝。农、工、矿、商各业,都凋敝不堪。⑤
有人说,从18世纪中以来百余年间民间屯垦成绩,几乎完全消失,

---

① 王树枬等纂:《新疆图志》,实业·一,第11—13页,实业·二,第1、
5、6、8、11页。
② 王树枬等纂:《新疆图志》,实业·一,第11—13页,实业·二,第1、
5、6、8、11页。
③ 《陕甘新方略》第303卷,第2页。汉城即迪化;满城即巩宁,在迪化
城西北八里。
④ 参见王树枬等纂:《新疆图志》,实业·二,第14页。
⑤ 王树枬等纂:《新疆图志》,实业·二,第14页。

民间元气,"凋耗尽矣"!①

新疆动乱以后,清政府发展军屯,内地农民"络绎不绝"移往垦殖;尽管如此,过了约 40 年,即到 1915 年,才算恢复到 120 年前即 1795 年的垦地水平②,从这里也可以想见当时破坏的严重。

总而言之,长江中、下游的皖、赣、苏、浙,黄淮两河流域平原,西北的陕、甘、新和西南的云南、贵州,经过 24 年的动乱,劫灰遍地,处处残破。许多城镇破坏了,广袤原野荒芜了,国家的社会经济秩序,濒于崩溃。

2. 人丁死亡

少数民族起义杂有民族仇杀;此外,各地起义军都镇压那些压迫和剥削他们的官僚、缙绅、地主、富豪;对一般人民,力戒滥杀。如太平军从广西北上湖南时,"所过非官吏不妄杀"③;进军至武昌,东王杨秀清传令:"官兵不留,百姓勿伤。"④武昌城破后,"遇害者数万人",是"自巡抚至典史员弁绅民"⑤之流人物。民户千数百户阖家死亡,其中很多是自杀的,即所谓"殉节。"⑥此后,太平军每占领一地,除了镇压负隅顽抗的清方官兵,基本上遵守"不许妄杀良民一人"的纪律。英国上海领事馆翻译密迪乐在 19 世纪 50 年代中写的一件报告中说:"关于他们〔指太平军〕残杀自己同胞的传

---

① 参见曾问吾撰:《中国经营西域史》,第 342、387、401 页。

② 例如,新疆垦地面积,1759 年为1055万亩,1885 年为 1027 万亩,1915 年为1050万亩。据温斯:"新疆的垦殖"(H. J. Wiens: Cultivation Development and Expansion in China's Colonial Realm in Central Asia)附表:载《亚洲研究》第 26 卷,第 1 期,1966 年。原系英亩,按 0. 165 英亩=1 亩折合。

③ 王闿运纂:《桂阳直隶州志》第 17 卷,人物·褒忠传,谢希韩条。

④ 《太平天国文书汇编》,第 114 页。

⑤ 王葆心:《再续汉口丛谈》,第 47 页。

⑥ 王葆心:《再续汉口丛谈》,第 47 页。

说,不仅是夸张的,而且是大肆夸张的。"他们正在尽力保护那些村庄和没有城墙的城镇,保护所有愿意留下来悄悄归顺太平军统治的人。① 在剧烈的军事斗争中,出于各种原因,杀戮波及"良民",也是难以绝对避免的。一说,1860 年,太平军攻克无锡时,黄和锦上表洪秀全说:"共杀男妇老幼妖民"197800 余口。② 另有记载说,1861年,太平军攻克杭州时,杀居民 14 万余人。③ 洪秀全命令,"凡未助妖之人,均须恩赦"④。这个命令未及严格遵行。上述说法虽不免都有夸张,但也定有不少"良民"当做"妖"被枉杀了的。

清反革命武装的方针正好相反,掌军权者鉴于一般人民对旧秩序怀有不满情绪,即使不是积极支持起义军,也是并不反对起义军,因而对一般居民也产生阶级仇恨。而他们所统率的士兵,虽多出身于劳动人民,而小私有者的贪财欲望,也多乘军事行动的机会大事膨胀,大批地枉杀无辜。例如湘军,"以戮民为义"。地方"一经湘军之所谓克复,借搜缉逋匪为名,无良莠皆膏之于锋刃"。⑤清方认为江西是一个民情"从逆如归"的省份。李元度率湘军进入江西,曾国藩嘱咐他"无惑于妄杀良民恐伤阴骘之说"。还说:"斩刈草菅,使民之畏我远过于畏贼,大局或有转机。"⑥曾国藩又教其弟曾国荃,"断无以多杀为悔之理"⑦。在这样的统帅率领之下的湘军特别残忍。他们攻陷安徽宁国府城时,"大呼直入,一律

---

① 北京太平天国历史研究会编:《太平天国史译丛》第 2 辑,第 65 页。
② 顾思瀚辑:《竹素园丛谈》第 1 卷,第 16 页。
③ 参见《太平天国》第 5 册,第 232 页。
④ 南京大学历史系,太平天国研究室编:《太平天国史新探》,第 336页。
⑤ 蔡尚思、方行编:《谭嗣同全集》,第 345 页。
⑥ 曾国藩:《全集》,书札,第 5 卷,第 42 页。
⑦ 《曾文正公家书》,家书·三,第 66、72 页。

斩薙无遗";攻陷安庆时,"诛戮殆尽,并无一名漏网",浮尸蔽长江;曾国藩还说什么仅"差快人心"。① 清军的其他部队,并不比湘军仁慈。如镇压捻军的清军,"专以杀戮为功";破一圩、一寨,便把圩、寨中人"诛戮","不留遗种"②;"遍地尸横,一无漏网"。③ 在镇压陕甘回民起义中,多隆阿督副都统穆图善在陕西大荔攻破回民聚居的羌白堡,"堡中老弱妇女,哭声震天,尽屠杀无遗"④。左宗棠受命镇压起义,在"进剿"各股回民义军时,采取所谓"先抚后杀"的策略,滥肆残杀,每克一城,屠戮辄以千计。1873 年,清军既占领肃州,他向清廷奏称:"安肃道史念祖、署肃州知州李宗笏入城,环视尸骸枕藉,即老弱妇女,亦颇不免。"⑤清军镇压起义的回民,也镇压"匪";而所谓"匪"者,用左宗棠的奏折中用语,有两类:一是在动乱中无家可归流而为"匪"的"匪";又一是"因官军诛求无厌",无所控诉,激而为"匪"的"匪"。⑥ 这样,这个"匪",便是不堪压榨剥削,奋起反抗的穷苦汉族老百姓。据《平定关陇纪略》,总计清军在镇压回民起义中仅在交战中击杀的起义军,至少达 388000 余人。⑦ 所杀无辜或且过之。清军镇压贵州苗民起义时,诛戮无已,

---

① 《曾文正公家书》,家书·三,第 66、72 页。

② 《捻军》第 6 册,第 96 页。

③ 姜簴:《归德府军务探报》,《近代史资料》1982 年第 4 期。

④ 《回民起义》第 3 册,第 68 页。

⑤ 左宗棠:《奏稿》第 44 卷,第 8 页。

⑥ 左宗棠:《奏稿》第 32 卷,第 11 页。

⑦ 《平定关陇纪略》,中辑集的奏折中多有关于"阵斩"、"击毙"的数字,其中有作"三四千"、"二三百"或"百数"、"千数"的。对这些数字,分别作为"三千五"、"二百五"、或"一百三十"、"一千三百"计。这里的 38 万余的数字,就是据该《纪略》中所记数字累积得出。至于记作如"横尸十里"、"毙杀无算"等等,则由于无从计数而概未计入。

"劫杀满道";手段更加残酷,每用"生坑"①——即活埋。镇压云南回民起义的清方一军官说,杀人必至杀得精疲力竭方止。②

进入19世纪60年代,一些西方国家除了源源供应清政府以洋枪、洋炮帮同清军残杀中国人民外,还对中国人民进行直接的残杀。配合清军镇压起义军的这些外籍军人,也都犯下了滥杀中国人民的罪行。例如1862年3月,他们在上海附近闵行帮同清军镇压太平军时,就滥肆烧杀,镇上街道房屋,"烧成一片焦土","许多地方尸积如山"③,其中绝大多数都是平民老百姓。

民族仇杀的根源是阶级斗争。回民义军把汉族人民当做残杀对象的根本原因,在于清朝统治者实行民族压迫、民族歧视政策和挑起民族仇恨。陕、甘以至新疆的起义回民(包括维吾尔等其他少数民族),在当时,不懂得、也不可能懂得应把压迫民族的统治阶级和人民大众区别开来;他们把本民族的要求无条件地摆在第一位,在争取民族生存的斗争中夹杂了民族仇杀,这是回民起义的消极面。民族间的残杀,在陕、甘、新疆,一时相当严重。且举甘肃为例。据记载,1863年10月,"回目马大汉率死党拔狄道州城,……居民逃避不及,多被残杀"④。12月,回民攻占宁夏,"城中汉民屠戮罄尽"⑤;起义回民入固原,"焚杀汉民殆尽"⑥。汉民报复,同样滥肆仇杀。如1873年年初,起义回民穆三(生花)部至

---

① 《军事史》第6册,第3编,第75—76页。

② 见柯乐洪:《克莱赛纪行》第1卷,第263页,转引自王树槐:《咸同云南回民事变》,第238页。

③ 北京太平天国历史研究会编:《太平天国史译丛》,第58页。

④ 《回民起义》第3册,第167页。

⑤ 《关陇纪略》第1卷。

⑥ 《东华续录》,同治朝,18,第6册,第18页。

平凉,城中汉民民团在地方官吏的嗾使下,尽屠城内回民。① 相互的仇杀,导致"汉祸既惨,回亦无归"②。甘肃全省人口民族构成,在起义以前,"汉多于回";起义被镇压后,"回多于汉"。③ 贵州起义苗民,与汉人斗争时,使山巅谷地,"土石皆赤"。

一般说,大兵之后,必有大疫。实际上,在内战激烈展开的年代,疫疠已广为流行。如1861年前后,从江西彭泽到安徽东流一带,由于"连年战斗,尸骸腐朽,蒸郁积为瘟气,……肿头烂足而死者十有八九,多道毙"④。1858年昆明"疫疠大作,病饥饿死者日从城上弃之,不计其数"⑤。1861年,腾越地方,"刀兵之余,时疫流行,吾民几无噍类"⑥。次年,永昌府"瘟疫大行,尸骸遍野"⑦。1863—1864年间,江川县属"死以兵戈者少,疫亡者多"⑧。1867年,景东"瘟疫流行,饥馑备至,已不成世界"⑨。1873年,路南大疫,"生民几无孑遗"⑩。

老百姓由于种种原因饿死的也不少,或避乱荒山、僻处,饥饿而死;或处在围城之中,粮绝而死;还有在粮荒粮价奇贵下,无力买粮而活活饿死。第一种情况在内战期间,到处都有发生。第二种情况,如1857年云南昆明被起义回民所围,数月

---

① 马重雍:《清同治初穆生花起事始末》,《甘肃文史资料》第1辑。
② 《左宗棠书牍》,家书,下卷,第4页。
③ 《东华续录》,同治朝,81,第20册,第63页。
④ 邓文滨:《醒睡录》,初集2,迁徙须防乱后瘟。
⑤ 《回民起义》第2册,第434页。
⑥ 《回民起义》第2册,第225页。
⑦ 刘毓珂等纂修:《永昌府志》第28卷,第27页。
⑧ 《左宗棠书牍》,家书,下卷,第4页。张中孚并举同治二年十二月情况为例,病死者四百余,降亡者七十余。
⑨ 侯应中纂:《景东县志稿》第21卷,第15页。
⑩ 杨中润纂:《路南县志》第3卷,第4页。

不解,城中人多饿死。1861 年冬太平军围杭州,城中"草根、榆皮皆尽",计 1 月内饿死者不下 10 余万人。① 最后一种情况,如在 1865—1866 年间,甘肃的皋兰大饥,粮价从"每市斗小麦一石,价银一百六七十两"急剧涨至斗粟"值银三十七八两";致"人相食,死者无算"。②

直接、间接由内战丧生者人数,这里做一番估计。

长江中、下游各省,特别是其中皖、赣、浙、苏 4 省,死于战祸者为数最多。例如江苏的江宁府属,内战后土著生存下来的,只有"十之四五"。苏州一府人丁,1830 年为 3412694 人;到 1865 年,只有 1288145 人。③ 35 年间不仅未见增加,反而减少 200 多万,即减少了 63%。溧阳在太平天国革命爆发前,有男女 40 余万人;到 1865 年,册报实在男女"不满四万"。④ 句容人口,经过内战,遗存者不到十分之三。金坛"合境遗黎不满三万,较全盛时仅百分之二三矣"⑤。战后镇江居民,"靡有孑遗"⑥,一说只有穷民数百人。⑦ 清浦等县,"户口散亡多矣"!"居民转徙,十室九空"。1830 年,无锡人口 34 万;1865 年,只有七万二千零。"宜兴一带有

① 南京大学历史系太平天国研究室编:《江浙豫皖太平天国史料选编》,第 190—191 页。

② 张国常纂修:《重修皋兰县志》第 14 卷,志五·灾异,第 6 页。

③ 梁方仲编著:《中国历代户口、田地、田赋统计》,第 436 页。

④ 冯煦等纂:《溧阳县续志》第 16 卷,第 14 页。

⑤ 冯煦等纂修:《重修金坛县志》,费宗彝序。

⑥ 高觐昌等纂:《续丹徒县志》第 7 卷,丹徒粤寇兵事纪略,上。

⑦ 美商琼记洋行行东约翰·何德三世(John Herad Ⅲ)日记。转引自郝延平:《中国近代沿海商业的不稳定性》,见《食货》,复刊第 7 卷,第 7、8 合期,1977 年台北。

十里无人烟者"。① 有人估计:单计苏南(常、镇、江、苏、松五府和太仓一州),丧失人口约达 1720 万人。②

浙江人口也大为减少。1864 年,左宗棠入浙时说:"人民死于兵燹,死于饥饿,死于疾疫,盖几糜有孑遗。"③杭州人口,从 80 万减至数万。④ 新登"民口本十万有奇,至此仅万人"⑤。德清孑遗之民,"不过十之二三"⑥,长兴人口的变动亦同。永康"阖邑之众",损十之七。⑦ 严州府属战后人民稀少;"遂安人存十之七,桐庐、寿昌人存十之五,淳安、建德人存十之四,分水人存十之二"⑧。整个嘉兴府在 1838 年总计 541386 户,2933764 人;每户平均 5.4 人;1873 年户数和人口数,分别减至 253447 户和 953053 人,平均每户 3.7 人。⑨ 嘉兴府属 7 县中人口减得最多的是嘉兴、秀水,其次是嘉善、平湖、海盐,参见下表。

① 冯桂芬:《校邠庐抗议》,第 115 页。

② 王业键:《太平叛乱对江苏南部人口的影响》(Yeh-Chien Wang:The Impact of the Taiping Rebellion on Population in Southern Kiangsu),《中国论集》(Papers on China)第 19 卷(1965 年),第 149—151 页。

③ 《左宗棠书牍》,家书,上卷,第 34 页。

④ 李应珏:《浙中平匪纪略》,《江浙豫皖太平天国史料选编》,第 228 页。

⑤ 张子荣等纂:《新登县志》第 19 卷,新城咸同间兵事。

⑥ 程森纂:《德清县新志》第 11 卷,艺文志·2,第 17—18 页。

⑦ 潘树棠等纂:《永康县志》第 11 卷,"祥异志","永康咸同寇乱纪略",第 36 页。

⑧ 戴槃:《两浙宦游纪略》,严陵纪略,第 23 页。

⑨ 梁方仲编:《中国历代户口、田地、田赋统计》,第 450—451 页。

### 嘉兴府户口变动情况

#### 1838—1873 年

| 县 \ 年份 | 户 数 | | | 丁 口 数 | | |
|---|---|---|---|---|---|---|
| | 1838 | 1873 | 减少比例 | 1838 | 1873 | 减少比例 |
| 嘉 兴 | 100741 | 42122 | 51.2% | 629577 | 158714 | 74.8% |
| 秀 水 | 78934 | 19169 | 75.7% | 502860 | 133973 | 73.5% |
| 嘉 善 | 68049 | 16379 | 76.0% | 277013 | 96478 | 65.2% |
| 海 盐 | 97232 | 51967 | 47.6% | 523461 | 180849 | 65.5% |
| 平 湖 | 73839 | 30953 | 58.4% | 304306 | 109390 | 64.1% |
| 石 门 | 54440 | 42500 | 32.0% | 379422 | 158376 | 58.3% |
| 桐 乡 | 68151 | 50557 | 25.8% | 327125 | 114354 | 65.1% |
| 全府合计 | 541386 | 253647 | 53.2% | 2943764 | 952134 | 67.6% |

资料来源:据许瑶光等纂:《嘉兴府志》第 20 卷,第 8—28 页;"户数、丁数"制。

安徽南部的徽州、宁国、池州、太平和广德四府一州,"其民死于兵疫饥饿者十有八九,存者无几"[1]。其中徽、宁两府,"孑遗之民,存什一于千百"、"积骸成莽,人类将尽"。[2] 据口碑流传,湘军进旌德时,挨村洗劫残杀,见男人说是"长毛","逢人便杀";1853年,该县城乡人口约 30 万,1863 年清军"克复",最后只剩下 18人![3] 黟县户口统计,在 1867 年户数为 19097 户,口数为 155445

---

① 胡传:《上皖南道袁爽秋观察》,《台湾日记与禀启》第 1 册,第 140页。

② 沈葆桢:《政书》,奏折,第 7 卷。

③ 《太平天国时清军蹂躏旌德时的一些传说》,见《安徽史学工作通讯》总第 3 期。

口;若与半个多世纪前的 1810 年比较,减少 13635 户和 91033 口。① "皖北三河运漕一带,有百里无人烟者。"② 有人估计,清军与太平军作战中,"皖民之〔被〕掳杀、流亡死伤以百万计"③。清军在皖北进剿捻军,杀良冒功,滥行屠戮。如蒙城、亳州是捻军的起义中心,清军因此"痛憾蒙亳",不分青红皂白地"剿洗",以绝所谓"祸种"。

据清方统计,1851 年,江苏人口为 4430 万人,浙江为 3011 万人;1865 年,江苏仅遗 1920 万人,浙江 638 万人。④ 即使不计 10 余年中的自然增殖,两省人口也剧减 4883 万人。安徽、江西两省所受战争影响都不亚于江、浙。1851 年,安徽和江西两省人口分别为 3763 万人和 2452 万人⑤,共计 6200 余万;经战乱丧生,如以上数三分之一计,该有两千万余人。长江中、下流域单计皖、赣、苏、浙 4 省人民在内战中丧生的,就上所计,该是 4500 万人。⑥

太平军从广西北上后,该省一直处在扰攘动乱之中。这次革命失败后,该省当局奏报:在动乱中死亡者达五六百万人。广东在 50 年代中发生三合会起义。清地方当局镇压三合会并滥行残杀,

---

① 程寿保等纂:《黟县四志》第 9 卷,户口。又,1867 年的户与口竟成 1 与 8.3 之比;原因在于很多"小口"、"女口"无家可归,成为"附口"。

② 冯桂芬:《校邠庐抗议》,第 115 页。

③ 王定安:《湘军志》第 6 卷,第 1 页。

④ 严中平等编:《中国近代经济史统计资料选辑》(以下简称《资料选辑》),第366 页。

⑤ 严中平等编:《资料选辑》第 366 页。

⑥ 外人对太平天国期间丧生者数,有估计在 1 亿—2 亿之间,也有估计为二三千万者。华裔美籍学者何炳棣认为二三千万的数字偏低。参见邓嗣禹:《太平叛乱和西方列强》(Teng Su Yu, The Taiping Rebellion and the Western Powers),第 411 页。

据外人估计,死亡超过 100 万人。①

捻军的活动地区,除苏北、皖北、鄂北一带,还包括河南、山东,以至河北、陕西等广大华北平原。山东的曹州、济南、青州、沂州和河南的开封、归德、陈州、许昌、汝州、光州等府县,"小民饥饿转徙而死及被掳杀者,不知凡几"②,整个华北平原人口丧生者数,缺资料,无从总计。

西南的云南、贵州和西北的陕西、甘肃,是苗、回等各族人民激烈展开起义斗争的地区。这些起义被镇压后,人口骤减;特别是苗、回等少数民族的人口减得尤多。1876 年,据贵州巡抚黎培敬奏称:该省人口减少约 500 万人,"存者不及从前(即动乱前)十分之一";又一说:"死于兵疫者几四百九十万众"。③ 结果是,苗民精壮殆尽,汉人死亡几半。云南在动乱中,"民之死于战阵,死于饥寒者,不可胜数"。1873 年,据云南当局奏称:"各属自遭兵燹,百姓死亡过半。""通省百姓户口,不过当年十分之五。"④如果按云南人口在 1855 年为 750 万人⑤估计,则丧失生命者至少有 375 万人。

1865 年,左宗棠奉命"西征"时说,关陇人民已是"死亡过

---

① 谢诺等著:《中国从鸦片战争到辛亥革命》(英译本)(Chesnaux, Jeal et. al., China from the Opium War to the 1911 Revolution)Tv. by Anne Desteny, 第 149 页。士卡斯:《在华十二年》,第 220 页。

② 《捻军》第 1 册,第 225 页。

③ 任可澄等纂:《贵州通志》,前事志,第 39 卷,第 25 页;《贵州军事史》第 8 册,第 5 编,第 37 页。

④ 《云南方略》第 49 卷,第 43 页。全省丧生者数,中外载籍中又有作"十分损七,不减数百万众";或作减少八分之五,以及乱后人口仅为乱前五分之一的。参见王树槐:《咸同云南回民事变》,第 316 页。

⑤ 严中平等编:《资料选辑》第 367 页。

半".① 这是一个毛估数字,说明伤亡的严重。

　　陕西回民丁口原有七八十万,起义失败后遗存的不到十分之一②;此外,强制迁往甘肃的平凉、会宁、静宁、安定等地定居的,不过六七万人。③ 根据这些做一计算,回民死者达 60 万人。汉民死的也不少。西安、同州、凤翔 3 府和乾州 1 厅,"百余年来,休养生息,鸡犬相闻。至道咸时,户口称盛极焉"! 战乱中,汉民被"杀伤几五十余万"④;特别是西安府的泾阳和同州府的大荔两县,丧生的尤多。如 1841 年泾阳有烟户 3 万、人口 19 万,到了 1864 年,分别减至 12000 户和 7 万余人⑤,分别减少了五分之三上下。1843年,大荔人口 203116 人,1874 年,只有 72679 人,减少了约三分之二。⑥ 绥德州在 1843 年总人口 11 万余人,在 1867—1869 年间"兵乱死亡,约达万口"⑦。延安府的保安县乱前有人口 51000 余人,1867 年经"招抚",仅有 170 余人。⑧ 减少的人口中固然有流徙外方的,但绝大多数是直接、间接死于兵乱之中了。

　　甘肃回民原有 300 万人,经战乱减少了三分之二,即 200 万人。非回族的、主要是汉族人民死亡的约略与之相等。如肃州城中汉民

① 《左宗棠书牍》,家书卷上,第 75 页。
② 王树枏等纂:《新疆图志》,奏议二,第 4 页。又,据马兆麟:《瑞记书稿摘要》,第十三本,陕西回民"丁口近百万",起义失败后"只遗十分之一",《回民起义》第 2 册,第 279 页。
③ 左宗棠:《全集》,奏稿,第 44 卷,第 52 页。
④ 宋伯鲁等纂:《续修陕西通志稿》第 31 卷,户口,第 1 页。又有西、同、凤三府死亡者十居六七,"几于靡有孑遗"的记载,同书,第 28 卷,田赋·三,第 1 页。
⑤ 宋伯鲁等纂:《重修泾阳县志》第 3 卷,贡赋志,户口。
⑥ 宋伯鲁等纂:《续修陕西通志稿》第 31 卷,户口,第 6 页。
⑦ 宋伯鲁等纂:《续修陕西通志稿》第 31 卷,户口,第 16 页。
⑧ 宋伯鲁等纂:《续修陕西通志稿》第 31 卷,户口,第 17 页。

原有 3 万余人，回民起义被镇压后，"民人存者，不过十之三四"①，仅有老羸男妇千一百余口；安西"民人存者"，"不过十之三四"。固原州城原有数万户汉民，经"屠戮"，"仅存百四十七户，数百里烟火寂然"。② 灵州"汉民屠戮罄尽"③。宁夏地方，"靡有孑遗"。

在陕、甘回民起义中，假定非回族人民丧生者数与丧生的回民数相等，则在这次动乱中，回、汉等族人民丧生的共达 520 万人。

在新疆，当维吾尔族、回族等族人民发动起义时，北路"户口伤亡最多"，其中"汉民被祸尤酷"；接着，起义演变成为当地民族封建上层互攘权位的混战，以及中亚安集延人的入侵，加上阿古柏政权的残杀，白彦虎的劫杀，全疆各族人民，都深遭祸害；最后，在清军进攻中，丧生者不少，使南路烟户顿减。④ 新疆平定时，乌鲁木齐满、汉两城，"只余汉民及残回数十人"⑤；喀喇沙尔及库尔勒两城，都空无一人⑥；吐鲁番则"靡有孑遗"⑦。1878 年，据左宗棠奏陈：乌鲁木齐、昌吉、阜康、绥来、奇台和济木萨县丞所属暨呼图巡检所属原有民户 23780 户；在平定后，虽大力招垦，而"现报承垦者"不过 6260 户⑧，只相当于原有户数的 27.5%。

在农民大起义期间，全国人民直接、间接因战乱而丧生的人数，就上面所述，粗略总计，至少达 6500 万余人。如果把无数字可计的各省丧生者人数共作 500 万人，则生命丧失总数为 7000 万

---

① 左宗棠：《全集》，奏稿，第 44 卷，第 43 页。
② 《关陇纪略》第 10 卷，第 13 页。
③ 《关陇纪略》第 1 卷，第 58 页。
④ 左宗棠：《全集》，奏稿，第 53 卷，第 32 页。
⑤ 《陕、甘新方略》第 300 卷，第 19 页。
⑥ 《陕、甘新方略》第 306 卷，第 13 页。
⑦ 曾炳熿编：《新疆吐鲁番厅乡土志》。
⑧ 《陕、甘新方略》第 306 卷，第 13 页。

人。大量人口的死亡,劳动力的丧失,也就是说,社会生产力遭到严重的破坏。

## 二、农民大起义对封建政权的冲击

全国规模的大起义,虽然没有推翻清王朝的中央政权,却摧折了它的许多地方政府,只是在不同地区程度不等而已。

太平军在长江中、下游的鄂、皖、赣、苏、浙5省的某些地区,彻底推翻过清地方政府,建立自己的政权,进行了短则一年、二年,长则十一二年的统治。例如湖北,太平军三克武昌,摧毁了省级行政机构。在鄂东蕲春、广济、蕲水、罗田一带,在1857年前推翻了地方政府。安徽省属8府59州县,曾被太平军占领者"十居其七",被捻军等攻占者,"十居其三";扣去其中重叠的,"几乎遍及全省"。① 沿长江各府州县,如安庆府属,从1853年6月起至1861年6月,不再存在清地方政府。1853年前后,在所谓"粤捻丛杂"下,"东至清淮,西至确山,二千余里无一干净之土"。② 这是说,这个地区的清地方政权,或被推翻,或处于风雨飘摇之中。江西全境约有四分之三的地方政府被推翻,只是久暂不同,其中九江,达4年8个月(1853年9月—1858年5月)。直到1858年年底以后,清政府对江西的统治,才渐趋恢复。江苏江南地区的江宁、镇江、常州3府,清官方无从实施其行政权力。苏州、松江2府和太仓1州,从1860年起,清地方政权,先后被太平军所推翻,为期3年、4年不等。浙江省11个府城中的10个(杭州、嘉兴、湖州、宁波、绍

---

① 曾国藩:《全集》,奏稿,第21卷,第75、77页。
② 曾国藩:《曾文正公家书》,手札,第22—23页。

兴、台州、金华、衢州、严州和处州）都被太平军攻下过。① 全省76个州、厅、县，除了定海、泰顺、瑞安等6个厅县外，其余70个地方政府都被推翻，或被赶跑过，为期短则1天，如玉环；长则3年3个多月，如嘉兴。总之，在这5个省份，许多地方政府遭到过推翻；其未被触动的，也在起义声势之下，软弱无力。可以说，清王朝对这5省的统治权，基本上全受到冲击。

云南、贵州的起义群众，从19世纪50年代中叶起，使清地方政府处于瘫痪状态各达10年左右。1854—1864年间，清政府7次更换云贵总督，其中恒春与其妻在督署上吊自尽；潘铎被回民刺死；刘源灏和福济畏惧起义烽火，借故迟不赴任；张亮基在任上遭到监视，一切外发文报，须经看守的回民拆看，始能发递；劳崇光受命后过了两年，才到滇边平彝，再转往昆明就任。在1862年起6年多的时间里，云南巡抚不敢驻昆明。这个省的许多州、府地方官，处于"呼应不灵，不能办事，钱粮税课不能征收"②的困境，事实上地方政权无从实施统治。

贵州辖12个府、1个直隶州、3个直隶厅、58个州、厅、县和53个土司区划，仅有贵阳、遵义、安顺、黎平、思州5个府城和毕节、龙泉、余庆3个县城，以及水城、郎岱、平远2厅城、1州城未被起义人民所攻占，其余都经起义军占领过，久暂不等。当时人称，"失陷城池至百余座，被兵市镇四千余处"③。仍受清政府统治的不过占全省府县的七分之一地区。就连省城贵阳，也处于"数十里外"皆义军和"道路不通"的状态。在19世纪50年代末，贵州巡抚号

---

① 惟一未被太平军攻占过的温州府城，在1862年10月初，一度为"金钱会"起义群众所占领。

② 唐炯等纂：《续云南通志稿》第82卷，第10页。

③ 《贵州军事史》第8册，第5编，第37页。

令"不能出省〔城〕外"。至于省属各地,"其民则逃亡转徙,百里无烟;其官则遥领虚署,十无一实。兵饷两空,寸筹莫展,待毙而已"①。

西北的陕、甘两省,自从 1862 年回民起义爆发后 10 年间,地方政权也受到沉重打击。早在 1863 年,清政府对陕西的中西部便失去了控制。甘肃(包括今宁夏以及青海)全境起事者,"回股林立,通省沸腾","军政堕坏,溃乱踵起"。1865 年陕甘总督杨岳斌奏报说,"自宁〔夏〕、灵〔州〕失利,诸军溃变以来",起义军其势"益骄,东驰西突,无复忌惮"。当时,"河狄之贼扰于南,平固之贼扰于东,宁灵之贼扰于北,凉肃之贼扰于西,几于攘不胜攘,防不胜防。臣若株守省城,则孤城终成坐困;若出省剿办,则根本时虞动摇"②。"平凉一府,古称雄镇",回民起义后,3 次被攻占。该府所属各县,"守令多寄居村落,力不能制土匪,甚且藉土匪以自固,假以义旅之名,任其蚕食村堡"③。全省很多地方政权,"名虽仅存,实则亡矣"!④ 清政府的甘肃能够进行有效统治的,只不过兰州、秦州、巩昌 3 府罢了。

1864 年,新疆维吾尔等各族人民起义,矛头集中于驻防新疆的满、汉官员;自伊犁将军明绪以下各都统、参赞、办事大臣,或自尽、或遭起义军击毙,几乎全部死尽,继任官员只遥领而已。从 1866 年起至 1877 年的 10 余年间,清政府能够始终控制在手的,只巴里坤一地。

还有大片地区,清地方政府虽依然存在,实际上却处于无政府

---

① 《贵州军事史》第 6 册,第 3 编,第 131 页。
② 《关陇纪略》第 2 卷,第 61—62 页。
③ 锡麟纂:《新修固原直隶州志》第 7 卷,艺文志,奏疏,第 30 页。
④ 《关陇纪略》第 3 卷,第 1 页。

状态。例如捻军活动地区就是如此。捻军活动于安徽、江苏、湖北、河南、山东、河北、山西、陕西等省,无意对任何一个地方进行长期统治。在 1853—1866 年间,捻军"日踔数百里,追师不能及",许多地方政府事实上不再存在,或者不时处于摇摇欲坠之中。1861 年,在整个山东西南部,据清官书记载:"贼帜连绵,五色闪动,干戈如林。"是时,"东昌西南莘〔县〕、冠〔县〕、馆〔陶〕、朝〔城〕、观〔城〕、濮〔州〕六州县,道路阻塞,官吏不知存亡"①。实际是无力统治。曹州府属菏泽等 8 县、沂州府属兰山等 2 县、兖州府属曲阜等 7 县、泰安府属东阿等 5 州县以及济宁州及所属金乡等 3 县,到处战火,"数百里皆震"②。地方政府也多名存实亡。1862 年,在河南的光州、息县、正阳、信阳、罗山、桐柏、泌阳等州县,"横亘千数百里","遍地捻氛"③;归德一带,"捻匪肆抢,几乎遍地皆贼"。地方官"闻警先奔,无复世界"。④ "奸民"、"乡愚",反复抗官、骚动,"官吏莫敢究诘"。⑤ 这就说明地方政府徒有其名。

华南的广西自太平军北上后,20 年间,"贼匪蜂起","股匪"踞地自雄。冯常、陈戊养等在柳州,陈开、黄鼎凤等在浔州,范亚音等在容县,张高友、陈金刚等在平乐、修仁等,都推翻了清地方政府。其他庆远、太平、思恩、南宁、泗城、镇安各属,先后又有大股数千人、少或数百人占地自守。广西当局奏报说,全省州县,"十陷八九";"监司守令,遥拥虚号",惧不到任,或挤在省城桂林,"或依

---

① 《捻军》第 4 册,第 231 页。
② 《捻军》第 4 册,第 51 页。
③ 宋伯鲁等纂:《续修陕西通志稿》第 201 卷,文征,第 37 页。
④ 《捻军》第 5 册,第 148 页。
⑤ 刘长佑:《刘武慎公遗书》第 1 卷,第 46 页。

附庄寨,仰息团总","莫能有为"。①

还有一些地方,清朝地方官员一般尚在行使职权,可是也经常发生小规模的暴动,不时出现州、县城池被占据,地方官员被"幽囚"、被"戕害",使清政府的权威,都有不同程度的削弱。

如上所述,可见清政府尚能巩固地执行统治权力的地区,所剩无几。当时在华外人冷眼旁观说:"清政府不过在全国三分之一左右的地区,有一点聊胜于无的权威而已。"② 这个说法,基本上符合事实。这样,在大起义的猛烈冲击下,清王朝封建政权,遭到了极大的削弱。

清王朝的封建统治秩序,是建立在封建地主阶级基础之上的;大起义的势力对各地封建势力,也给以沉重的打击。

太平军每攻占一地,在镇压敢于顽抗的清政府官吏的同时,也镇压了不少地主缙绅;如太平军攻占浙江绍兴,分途搜"妖","积尸载途,城中耆旧,略可尽矣"。③ 在征战中,对付"官幕吏胥避居家属及阀阅之家",每每"杀其人而焚其庐"。④ 团练是地方封建势力组织起来的地主武装。团首一般都是经过清政府仔细挑选的所谓"正绅",是地方封建势力的头面人物、骨干分子。太平军对之更给以严厉的惩处。如在赣北的湖口、彭泽、都昌、鄱阳、高安各地,太平军在扫荡"团练"之余,"缉拿"办团"绅士",剥夺其"资财",使之"家破无归",使其"父母兄弟妻子流离播越"。⑤ 在安徽芜湖的金家圩,封建势力组团顽抗 10 年;1863 年太平军攻破之,

---

① 《刘武慎公遗书》,奏稿,第 2 卷。
② 北京太平天国历史研究会编:《太平天国史译丛》第 1 辑,第 71 页。
③ 《太平天国》第 6 册,第 769 页。
④ 《太平天国》第 3 册,第 273 页。
⑤ 曾作舟等纂:《南昌府志》第 18 卷,武备。熊松之纂:《高安县志》第 4 卷,兵防志·兵事。

把办团者歼击殆尽,而且使集聚该地的宁国、太平、金陵的"富家大族",死者无算。① 浙江湖州团练头子赵景贤拒绝投降,太平军攻破后,对这股顽固势力经约两年的陆续清查,对其"凶恶之著名者,皆杀之"②。诸暨的包立身组织团练,"筑堡屯坞",负隅顽抗;太平军攻破后,几乎尽予歼灭,"死者逾万"。③ 总之,若乡民团练"相抗",太平军必予"残杀",即或不敢顽抗,"但知其曾经团练,或搜出旗帜器械,亦必寻其首事,屠焚之而后已"④。通过这种军事镇压,太平天国在肉体上消灭了不少地主阶级的头面人物和骨干分子;加上在第二节已经提到的对各地缙绅豪富所做的政治的、经济的打击:长江中、下游各地封建势力,遭到削弱。

其他起义、暴动势力的打击对象,也都是指向地主、豪绅等封建统治势力。这样,在它们的行动所及地区,旧制度旧势力都在不同程度上受到了冲击。

例如,捻军驰骋于黄淮流域,主要打击对象是富家大户。如山西《浮山县志》记:捻军在"四境焚掠富家房屋,资财无算"⑤。山东《定陶县志》记:"四乡围寨间为所破,多有杀伤。"⑥捻军大队经过处,伴之以"焚掠",对各地的封建势力,给以狠狠打击。

贵州经历 20 年的动乱,"全局糜烂"⑦。苗族群众除了通过"打官家"方式打倒了清地方官府和本族头人,又通过"打闹"方式给以汉苗两族地主以致命的打击。云南情况与贵州类似。在各族

---

① 《丛编简辑》第 3 册,第 264 页。

② 蔡蓉升:《兵燹记》。

③ 《越州纪略》,《义民包立身事略》。

④ 《太平天国》第 3 册,第 274 页。

⑤ 《捻军》第 3 册,第 324 页。

⑥ 《捻军》第 3 册,第 368 页。

⑦ 凌惕安编:《军事史》第 8 册,第 5 编,第 9 页。

地主大量死亡、外逃的情况下,封建统治势力大大削弱了。

陕西中部西安、同州、凤翔3府,在全省中是封建地主势力最为雄厚的地区,陕回起义斗争,"亦惟西、同、凤最烈";"殷实之家,焚掠殆尽";"富民之以身免者,十之二三,略存家资者,更寥寥无几"。① 兴安和米脂,分别是陕南和陕北两个地区封建势力比较雄厚的府县。经过回民起义,当地"殷实之家",不是"顿成窘迫",就是"家道中落"。② 这些,意味着陕西通省封建势力,都遭到了打击。

甘肃情况与陕西相似,而又有过之。在民族的仇杀中,社会各阶级、各阶层分子都多死亡,封建势力遭到了削弱。

在新疆维吾尔等族农民在库车起义,集中打击的对象原是清政府的官员和本地的伯克。各级伯克在起义群众的暴力行动中,很多被打死;也有一些伯克钻进起义队伍,于尔后的争权夺位的互斗中先后被杀。几经动荡,所有伯克,或死或逃;幸存者也是"家产荡尽","拮据万状",只得"混迹为民",以图生存。③ 伯克制度随着各个伯克分子权势的衰落而分崩离析。④ 原以伯克为核心的封建农奴制度,随之土崩瓦解。

各地封建势力遭到打击和削弱,又意味着清封建政权基础的遭到打击和削弱。

---

① 刘蓉:《刘中丞奏议》第14卷,第27—28页。
② 童兆春:《童温处公遗书》第5卷,第17页。
③ 刘锦棠:《刘襄勤公奏稿》第15卷,第16页。
④ 伯克的名目在19世纪80年代新疆恢复安定后仍在沿用,但其职能已改变,视若书吏等办事人员,不再拥有行政职权。

# 第 三 章

## 农民大起义失败后清政府强化
## 封建统治的政策措施

19世纪50年代初叶至70年代中叶历时20多年的农民大起义,沉重打击了清王朝封建统治。有些地区,一段时间内,清代地方政权被彻底摧毁,地主阶级封建权势被彻底打垮。一俟农民起义失败后,一度从濒于灭亡的危机中挣扎过来的封建王朝,对人民进行了凶狠的反攻倒算。

为了挽救自己的灭亡,清政府对外日益实行既投降又投靠的政策。1861年的北京政变是一个转折点。从此,清王朝进一步投靠外国侵略者,借助外国势力扑灭起义烽火,维持了20年政治局势的相对稳定。地主阶级对人民群众的反攻倒算,就是在这种政治局势的条件下进行的。

为了对人民群众进行反攻倒算,清王朝全力强化国家机器,同时采行扶植地主阶级权势地位的措施,诸如整顿正规军、生产新式武器、整顿基层统治机构、实行严刑峻法、维护地主阶级土地产权等等,所有这种种政策措施都发挥了稳定政治局势的作用。

事情的另一方面是,大起义毕竟沉重地冲击了封建秩序,对后来的历史发展产生了深远的影响。由于起义后的农民增强了反抗精神,清政府所推行的强化封建统治的政策措施,不能不受到一定程度的抵制。这就使农村的政治经济形势出现了非常复杂的图景:地主阶级的反扑和农民阶级的抵抗互相对垒;农民的得地和失地、自耕农数量的增加和自耕农经济的恶化、地权的分散和地权的集中等同时存在或交替出现；租佃关系中封建依附关系加强和松弛、地租剥削与反剥削的斗争，长期持续。农业生产也出现了新的不平衡：相当一部分老垦区农业生产衰退，某些新垦区的农业生产则有所发展；一方面是农业生产力的严重停滞和凋敝，另一方面是部分地区商业性农业的显著发展和农业资本主义因素的增长。然而，透过这些纷繁复杂和彼此矛盾的现象，仍然不难发现战后封建阶级关系和社会经济发展变化的基本趋势：封建依附关系趋向松弛化，而封建的压迫和剥削日益严重化；商品货币经济有所发展，而农业生产却趋于低落，农民经济状况普遍恶化。

这就是大起义失败后20多年间中国封建经济的概貌，也是中国资本主义产生的历史背景。近代中国工业企业正是在这样的基础上，在这个基础所制约的市场条件下发生和发展的。

## 第一节　清政府强化封建统治和维护
## 地主产权的政策措施

在经受长期的战争破坏以后，社会经济亟待恢复，劳动人民盼望休养生息，而清王朝统治者首先考虑的是如何加强镇压，巩固封建统治。

清政府是通过强化国家机器以巩固封建秩序、维护地主产权以巩固封建经济关系的。但强化国家机器导致了疆臣权势的上升和官绅阶层的膨胀；维护地主产权则妨碍荒地的垦复；加强财政搜刮则促成广大农民的贫困化，妨碍农业、手工业生产的发展。清王朝的政策措施与历史发展潮流完全背道而驰，充分反映出封建上层建筑对当时经济基础所起的破坏作用。

## 一、强化国家机器

国家是阶级压迫的工具。清政府巩固封建统治的首要措施是强化国家机器。这主要表现在三个方面：一是整顿正规军，加紧新式军器生产；二是整顿基层统治机构；三是实行严刑峻法。

### （一）整顿正规军和生产新式军器

军队是国家机器的强大支柱。在清政府强化国家机器的政策措施中，加强军队及其装备占有压倒一切的重要地位。按照李鸿章的说法，就是"国家诸费皆可省，惟养兵设防，练习枪炮，制造轮船之费万不可省"①。太平天国失败后，清政府为了加强和扩大武装力量，在继续镇压西北、西南等地起义人民的同时，大力整顿正规军和加强团练组织。

1. 正规军的汰弱留强和改革军训

整顿正规军的主要办法是汰弱留强和改革训练。汰弱留强为的是加饷，即所谓"以裁兵之饷加给存养之兵"，借不增军饷开支而收精兵之效。当时清军除中央直接控制的八旗、绿营等经制兵外，还有由地方官绅招募的大量勇丁，其中主要是湘勇和淮勇。八旗、绿营久已颓废腐化，失去战斗力。勇营队伍庞杂，也有不少老弱。针对这种情况，清政府决意裁兵。

1866 年，清政府批准左宗棠在闽、浙两省裁兵增饷。此后，屡

---

① 李鸿章：《李文忠公全书》（以下简称李鸿章：《全书》），奏稿，第 19 卷，第 45 页。

次颁布裁兵命令,特别是在镇压西南、西北起义人民之后,裁兵令尤其频繁。① 但是,这些命令并未收到多大实效。各省督抚总是以"伏莽尚多"、"民心难驯"和失业兵勇"积成隐患"为由,不是干脆拒绝裁兵,就是不赞成大量裁减。当时,两江总督李宗羲、直隶总督李鸿章、两江总督沈葆桢、湖南巡抚王文韶、两江总督刘坤一都先后表示过反对裁减兵勇,或不肯按部令裁减。②

在裁兵的争论中,清中央强调裁撤勇丁,其用意不仅在于缩减军饷开支,还在于抑制乡勇头目的兵权。湘、淮军将领则强调裁汰绿营,改变兵制。结果,勇丁仅裁撤一部分,大部分都编为"防军",分屯于各省要隘重镇,专事镇压民变;另一部分则用于补充绿营缺额。绿营亦仅汰去部分老弱,并以健勇替补,基本上维持原额不变,仍然分驻要地,负"建威消萌"之责,兼充"缉捕"、"察奸"、"缉私"、"承催"、"护漕"、"守汛"及其他差役。至于八旗,乃清朝"兴龙之师",更是不容变革的。

这样一来,除原有的经制兵仍旧保留、并得到充实外,又增加了一批巡防军,非经制的勇丁一变而为经制兵了。

再就水师而言,战时由曾国藩创立的长江水师,非但没有裁撤,还从1865年起,正式建立营制,择地驻扎,专事"诘奸"、"捕盗",与原有外海、内河水师鼎足而三。

清政府整顿正规军的另一措施是改革军事训练,加强武器装备。前者即练习洋操,后者即采用新式武器。这就是当时洋

---

① 如1872、1878、1880、1884、1885各年和1891年,清廷都曾反复饬令各省裁减留防勇丁。

② 参见席裕福:《皇朝政典类纂》第324卷,兵二,兵制,第13页,又第326卷,兵四,兵制,第12—13页,又第329卷,兵七,兵制,第7—8、12页;李鸿章:《全书》,朋僚函稿,第15卷,第27页,又第17卷,第29—30页;刘坤一:《刘坤一遗集》,书牍,第9卷,第1995页。

务派标榜的所谓"自强"之道。1862—1863 年,经崇厚、李鸿章等训练并使用洋枪的军队,在镇压起义农民中曾发挥过很大作用。后来,清政府便深感重新训练军队的必要性,决定逐步从额设经制兵中,即主要从绿营中,抽调精壮,轮番训练,教以洋操和使用洋枪洋炮之法,并提高饷额,是即所谓"益饷以练兵"。1865—1866 年间,先后训练京师神机营和选练直隶六军,别立营制,名曰"练军"。1870 年又通饬各省督抚自行咨取淮军、直隶练军教训章程,切实照办。自此,练兵活动遍行各省。据1873年兵部覆奏,福建、浙江、江苏、广东、山西、山东、湖南、河南及甘肃诸省均已相继推行。这时抽练之兵不过原额十之二三,因饬令各该省继续抽练,未开练省份皆行试办。到 1880—1888 年间,湖北、广西、四川、东北三省及云南亦接踵举行。截至 1894年,除个别省份外,全国绝大多数省份或迟或早都已建立练军。这些练军屯聚于通都要镇,专防"内寇",其作用与前述防军相同,故有"防练军"之称。

在陆军逐步以洋枪、洋炮代替弓、矢、刀、矛和抬枪、鸟枪的同时,水师也改习枪炮,停习弓矢。外海水师则逐渐以兵舰代替艇船、舢板。自 1874 年日本侵台事件平息后,海防问题也受到清廷的重视。1875 年正式下令筹备海防,由南北洋分段督办。在这一名义下,增烟厘,复捐纳,举外债,竭尽罗掘之能事。经营了十几年,终于在 1889 年成立了一支拥有船舰 25 艘的北洋海军,而南洋和粤洋则一直没有正式成军。此外,清政府为了建立新式水陆军,还采取相应措施,培养新式军事人才,如选派留学生出国学习,在天津、北京、广州和江宁等地设立军事学堂等等。

如上所述,所谓裁兵增饷,实际上是增兵增饷。清军各营兵额,截至 19 世纪 90 年代初期,总共达 110 万人以上。有人统计,甲午战争前夕,陆军总数为:旗营 266872 人,绿营 599019 人,勇营和练军108750人,合计 974641 人。① 这项数字没有包括水师,勇营和练军数字也大大低估,这里仅包括直隶、河南和广西三省的练军,但当时有练军的凡十多省。据 1898 年兵部、户部核算,"各省防军练军凡 36 万余人"②。甲午前的数字从低估计,当不下 26 万人,加上前列旗营和绿营数字,即达 1125891 人。再据 1896 年户部及盛宣怀计算,各省绿营勇营共有 80 余万人③,加上旗营266872 人,亦可能超过 110 万人。比之战时虽有减少,比战前则无疑是增加了。据王庆云统计,1849 年各省绿营共585412 人,外有京巡捕营10000人,合计 595412 人。④ 又 1851 年曾国藩《议汰兵疏》提到,八旗额数"常不过 35 万"⑤,而姚文栋《八旗兵制考》则谓中外禁旗驻防额兵常不过 20 万。⑥ 估计当时八旗实数不至超过 90 万人。可见太平天国起义前,旗绿各营总数不会超过 90万人,太平天国失败后净增 20 万人以上。就饷需而言,原来旗绿各营岁饷不过2000万两,战后加上防勇,岁饷增至三千几百万两。⑦ 这就是裁兵增饷政策的实际结果。

在整编旧军、改革军训和组建新军的过程中,开始形成兵为将

---

① 参见沈鉴:《辛亥革命前夕我国之陆军及其军费》,《社会科学》第 2卷第 2 期,1937 年 1 月,第 390 页。

② 《清史稿》,兵志三,第 1—2 页。

③ 《清史稿》,兵志二,第 9 页;宜今室主人编:《皇朝经世文新编》,通论,第 1 卷,第 12 页。

④ 王庆云:《石渠余记》第 2 卷,第 45—48 页,列朝直省兵额表。

⑤ 曾国藩:《曾文正公全集》(以下简称曾国藩:《全集》),奏稿,第 1卷,第 12 页。据罗尔纲考证,坊刻本"三"误作"二"。

⑥ 葛士濬编:《皇朝经世文续编》第 62 卷,第 7 页。

⑦ 薛福成:《庸庵全集》,文编,第 2 卷,第 37 页。又 1896 年户部亦奏各省兵勇岁饷"约三千余万"(《清史稿》,兵制二,第 8 页)。

有的传统,镇压农民起义的湘、淮军等地主武装,逐渐蜕变为私人军队。这就为后来的军阀割据种下祸根。同时,所招士兵多来自失业半失业农民。这也是后来军阀私军的兵员来源。

2. 新式军器的生产

在整顿正规军的同时,清政府又大力兴办军用工业,加紧新式军器生产。用洋法训练的封建军队,自然需要洋枪洋炮来装备。早在19世纪50年代中,曾国藩、李鸿章目睹洋枪洋炮的威力,已认识到购买和制造新式军器的重要。1854年2月,曾国藩编练湘军时,就要求清廷命令两广总督叶名琛为湘军购买洋炮1000尊,以装备其水师。这年4月,当他率领的陆军在湘潭、岳州两次战役中,濒临覆灭的关头,都赖有水师"开放大炮,……专意射火焚船"①,扭转了败局。曾国藩总结这两次战役说,"湘潭、岳州两次大胜,实赖洋炮之力"②。1862年,李鸿章借英国轮船的接运,得以远航长江,登陆上海。此后,李鸿章便全力笼络洋人,为湘、淮军购买西方武器。

单靠进口武器,显然难以及时满足需要。最有效的办法是自己设厂制造。所以,清朝统治者认为,"自强以练兵为要,练兵又以制器为先"③。曾国藩则提出了"先购后制"的具体步骤。1861年,他在《复陈购买外洋船炮折》中说:"购成之后,访募覃思之士,智巧之匠,始而演习,继而制造,不过一二年,大轮船必为中外官民通行之物。"④事实上,早在内战还处于相持阶段时,清朝统治者便

①　曾国藩:《全集》,奏稿,第2卷,第56页。

②　曾国藩:《全集》,奏稿,第3卷,第7页。

③　《筹办夷务始末》(以下简称《夷务始末》),同治朝,第25卷,第1页。

④　曾国藩:《全集》,奏稿,第17卷,第6页。

决定仿造新式军器了。

1861 年,曾国藩首先设立"安庆内军械所",仿制"洋枪洋炮"。① 次年,李鸿章在上海设"上海洋炮局","铸造开花炮弹"。② 1863 年,清军攻陷昆山,李鸿章又派洋员马格里(H. S. Macartney)在松江附近一所庙宇中雇用 50 名工人制造弹药。清军攻陷苏州后,李鸿章又命马格里将其主持的弹药厂移至苏州,加以扩充,设立"苏州洋炮局",制造枪子和炮弹。③ 不过,这两个局规模不大,设备简陋,只能算是清政府开办新式军用工业的最初尝试。

1864 年,太平天国虽被镇压,人民大众反抗清王朝封建压迫的斗争仍在华中、西北和西南广大地区继续进行,先后历时 10 余年之久。在此期间,清政府乃加紧兴办新式军用工业。

从 1865 年设立江南制造总局起,到 1895 年中日战争结束,30 年中,清政府共建立了 21 个大小不等的军用工业企业。由清政府中央直接拨款设置的 4 个规模较大的军用企业,即江南制造总局、金陵机器局、福州船政局和天津机器局都是在 19 世纪 60 年代中后期建立起来的。70 年代后,各省督抚也纷纷自筹经费,设立了各该省直辖的机器局。这些局大都是中小型企业(详见统计附录表 5),只有张之洞在 1890 年创办的"湖北枪炮厂"规模较大。这 21 个大小不等的军用企业中,除了福州船政局专业制造兵船、炮舰,江南制造总局在 1885 年前制造过几艘兵船外,其他各局都主要是制造枪支弹药。甲午之前,湖北枪炮厂尚处初创阶段,江南、金陵、福州、天津四局则在镇压国内人民反抗和抵御外来侵略方面发挥了作用。

---

① 黎庶昌:《曾文正公年谱》第 7 卷,第 20 页。

② 李鸿章:《全书》,奏稿,第 9 卷,第 31 页。

③ 鲍尔吉:《马格里传》(D. C. Boulger, The Life of Sir Harliday Macartney),第 78—79、132 页。

各局的创设经过和生产情况如下：

江南制造总局建于 1865 年。是年,李鸿章通过江海关道丁日昌,买下了上海虹口的美商旗记铁工厂（Messrs. Hunt & Co.）,又将上海洋炮局并入,并增添容闳以 6 万两白银从美国买回的机器设备,合组成"江南制造总局"。1867 年,为了扩充规模,将该局从虹口迁至上海城南高昌庙,占地 70 余亩,建有楼房、船坞、库房及生铁厂（实即车间）、木工厂、舆图局、翻译馆等。随后又陆续扩充,到 1870 年,该局占地增至 400 余亩。①

江南局的创办经费,包括容闳购买机器款,约 54.3 万两。②常年经费起初由淮军军饷项下筹拨,月约万余两。③ 1867 年,曾国藩主张制造兵船,奏请拨留江海关洋税二成,年约五六十万两,以一半作为该局"专造轮船之用"④。（江南局历年经费收支详见统计附录表 6）

江南制造总局原计划造船,但开局后,因"攻剿方殷","军事孔亟",李鸿章下令把造船的机器用为制造枪炮,"专造枪炮","以应急需"⑤;1867 年后才兼造兵轮;1874、1879 年和 1881 年先后设立火药厂、炮弹厂、水雷厂;1890 年设炼钢厂,为造枪炮提供钢材;1893 年又设栗色和无烟两火药厂;逐渐发展成为一家综合性近代军用工业。

---

① 应宝时:《东南制造总局记》,俞樾等纂;同治《上海县志》第 2 卷,第 28—29 页。

② 魏允恭:《江南制造局记》第 4 卷,第 14—15 页。

③ 李鸿章:《全书》,奏稿,第 9 卷,第 33 页。

④ 曾国藩:《全集》,奏稿,第 27 卷,第 7 页。

⑤ 曾国藩:《全集》,奏稿,第 33 卷,第 5—6 页;又参见《捷报》1870 年 1 月 11 日,第 22 页;《通闻西报》（Shanghai Evening Courier）1873 年 7 月 29 日,第 99 页。

这家制造局生产的枪支,最初系英国旧式前膛枪。[①] 此后,70—90年代,随着西方武器的不断更新,又相继仿造后膛枪、林明敦枪[②]、英国"新利枪"[③]、奥地利漫利夏枪和德国新毛瑟枪。后两种枪在试制见效后,曾大量投入生产。[④]

在大炮的制造上,江南局在1870年及稍后相继制成254尊"开花子轻铜炮"和40尊美国式千斤重铜炮。1872、1878年先后试造成来福子熟大炮和两尊"四十磅阿姆斯脱朗炮"。据说后者是当时"中国所造的最好的炮"[⑤]。其后,制炮技术未有进展。1890年有人指出,该局仿造的阿姆斯脱郎式的前膛炮,式样陈旧,国外"均已停造"[⑥]。但仿造后膛新炮的工作到1893年方见成效,这年造成了800磅阿姆斯脱郎大炮和40磅全钢快炮各1尊。[⑦]

在制造轮船方面,1863年,曾国藩嘱托容闳赴美购买机器时,"探访该处船厂机器实价"[⑧]。容闳购买的机器中就有不少属于造船的机器。1867年,曾国藩获准提取江海关一成洋税专作造船之用。次年,江南局所造的第一艘木壳兵船"惠吉号"下水。[⑨] 此后近10年间,造船技术不见进展,所造兵船皆系木壳。虽1876年建成"金瓯号"铁甲船,但"不能出海,炮位布置亦不合法",只是一艘

---

① 《海防档》,(丙)机器局(一),第101页。

② 李鸿章:《全书》,译署函稿,第2卷,第47页。

③ 魏允恭:《江南制造局记》,第65页。

④ 李鸿章:《全书》,奏稿,第77卷,第1页。

⑤ 《海防档》,(丙)机器局(一),第101页;《捷报》1878年12月28日,第611页。

⑥ 薛福成:《出使日记》第1卷,第53页。

⑦ 薛福成:《出使日记续刻》第8卷,第15—16页。

⑧ 李鸿章:《全书》第9卷,第31页。

⑨ 惠吉号的机器是在上海购买的,制造局只配造汽炉和木壳(参见《海防档》,丙,机器局(一),第101页)。

200 匹马力的"小轮船"①。其后可能由于费用大、成效小,造船一度中断。1881 年浙江巡抚梅启照奏请恢复仿造铁甲船业务,亦遭署两江总督刘坤一的反对,谓江南局"现在制造枪炮弹药,业必专而始精,不必再造铁甲船,致糜工费"②。次年,为加强江防和海防,左宗棠、彭玉麟又奏请添造小轮船和快船,该局才于 1885 年造成"保民号"钢甲船,以后又改为专修南北洋各省兵轮船只,造船业务遂完全停歇。③ 从 1867 年到 1894 年,江南局计造成兵船 8 艘、小型船只 7 艘。各船制造时间、规格、费用等,详如下页表。④

　　江南局的其他主要产品有:各种炮 585 尊(其中劈山炮 311 尊),各种枪支 51285 支,各种火药 4081469 磅,各种水雷 563 具,各种炮弹 1201900 颗(其中格林炮子 772000 颗),各种铜引 411023 支。⑤ 所有这些产品都经清政府调拨,分发各地驻军,包括:一、禁卫军,奉天和伊犁的清军;二、南北洋大臣辖区的驻军,南北洋各军械所,台湾、福建等军械所;三、各地炮台及驻防各地的兵舰;四、各省总督和巡抚所辖之清兵。⑥ 江南局产品种类和数量之多、供应范围之广,说明了它是供应清政府镇压人民所需武器规模最大的一个军工单位。

---

　　① 中国科学院近代史研究所史料编辑室等编:《洋务运动》第 4 册,第 37 页。

　　② 刘坤一:《刘坤一遗集》第 2 册,第 594 页。

　　③ 魏允恭:《江南制造局记》第 3 卷,第 1 页。

　　④ 张国辉:《洋务运动与中国近代企业》,第 32 页。

　　⑤ 魏允恭:《江南制造局记》第 3 卷,第 2—37 页。

　　⑥ 参见魏允恭:《江南制造局记》,第 5 卷有关各页所列详细分配表。

### 江南制造总局制成兵轮统计
#### 1868—1885 年

| 船　名 | 制成年份 | 船　型 | 长度（尺） | 宽度（尺） | 马力（匹） | 载重（吨） | 配　炮（门） | 制造费用（两） |
|---|---|---|---|---|---|---|---|---|
| 惠　吉 | 1868 | 木壳明轮 | 185 | 27.2 | 392 | 600 | 9 | 81397 |
| 操　江 | 1869 | 木壳暗轮 | 180 | 27.8 | 425 | 640 | 8 | 83306 |
| 测　海 | 1869 | 木壳暗轮 | 175 | 28.0 | 431 | 600 | 8 | 82737 |
| 威　靖 | 1870 | 木壳暗轮 | 205 | 30.0 | 605 | 1000 | 15 | 118031 |
| 海　安 | 1873 | 木壳暗轮 | 300 | 42.0 | 1800 | 2800 | （巨炮）20 | 355198 |
| 驭　远 | 1875 | 木壳暗轮 | 300 | 42.0 | 1800 | 2800 | （大炮）18 | 318717 |
| 金　瓯 | 1876 | 铁甲暗轮 | 105 | 20.0 | 200 | — | 后膛 120 磅弹子炮 1 | 62586 |
| 保　民 | 1885 | 钢板暗轮 | 225.3 | 36.0 | 1900 | — | 克鹿卜炮 8 | 223821 |
| 小型船只（7 艘） | 1875 年以前 | — | — | — | — | — | — | 97058 |
| 总　计 | — | — | — | — | — | — | — | 1422851 |

　　金陵机器局,亦称江宁机器局。它的前身是苏州洋炮局。据 1864 年李鸿章称:苏州局每月可造大小炸炮"约四千余个"[1]。又据记载,苏州局除造成枪弹、炮弹、药引、自来火之外,还制造迫击炮弹,而且还有可能制造步枪和雷管。[2] 它曾为李鸿章的淮军提供大量新式军器,在镇压太平军时发挥了作用。1865 年,李鸿章署两江总督,苏州洋炮局也随迁南京,在雨花台择地建厂,改称金陵机器局或称金陵制造局。

---

① 《夷务始末》,同治朝,第 25 卷,第 7 页。
② 《捷报》1864 年 4 月 22 日。

　　1872 年,李鸿章为扩充金陵局,曾派马格里到欧洲添购机器设备。① 到 1879 年,金陵局已具相当规模,计有机器厂(车间)3 处,翻砂、熟铁、木作车间各 2 处,还有火箭局、火箭分局、洋药局、水雷局及乌龙山暂设炮台机器局等。② 1883 年,附设日产火药千磅的火药局也已投产。1885 年中法战后,清政府指示增强海防、江防,金陵局再次扩充,增建厂房,添购了 50 余台制造枪炮子弹的机器。③

　　金陵局虽经扩充,但机器设备不全,"所出枪炮无多",局址地势亦不合宜,"不能展拓"。④ 在清中央直属的 4 个大型军工单位中,居于末位。其常年经费,1879 年规定,由南北洋各拨银 5 万两,1883 年南洋加拨 1 万两,合计 11 万两。(金陵局各年经费收支详见统计附录表 7)

　　李鸿章创办金陵局的目的有二:一是装备他所控制的淮军,二是为天津大沽炮台提供大炮。当时清政府正在各地残酷镇压起义人民,武器十分缺乏,曾从其他地方运去很多硝石和硫磺,要求金陵局加紧军火生产。1866 年,李鸿章出师镇压捻军,又从该局带走很多大炮。捻军失败后,金陵局的军火就源源不断地北运天津,装备淮军。⑤ 本来金陵局在 1869 年就已能制造多种口径的大炮、炮车、炮弹、枪子

---

　　① 　鲍尔吉:《马格里传》,第 188 页。

　　② 　曾国荃:《曾忠襄公全书》(以下简称曾国荃:《全书》),奏议,第 25 卷,第 35 页。

　　③ 　曾国荃:《曾忠襄公全书》(以下简称曾国荃:《全书》),奏议,第 25 卷,第 55 页。

　　④ 　张之洞:《张文襄公奏稿》(以下简称张之洞:《奏稿》)第 24 卷,第 16 页。

　　⑤ 　牟安世:《洋务运动》,第 70 页。

以及各种军用品。① 但它为大沽炮台所造的大炮却在演放时一再爆炸,全部成为废物。为掩人耳目,李鸿章虽撤去了马格里的职务,但又立即将他推荐给郭嵩焘,充当出使英国大臣顾问。②

中法战争期间,金陵机器局所造军火除供应南北洋各军需要外,还接受了广东、云南、浙江、台湾、湖北、江西等省的订购,制造各式大炮 175 尊。③

福州船政局,又名马尾船政局,是闽浙总督左宗棠创办的一个专门造船的军事企业。左宗棠认为,"欲防海害而收其利,非整顿水师不可;欲整顿水师,非设局监造轮船不可"。因而于 1866 年向清政府建议创办福州船政局,以达"捕盗而护商"、"习劳而集费"的双重目的。④ 直接主持建厂造船的是曾与左宗棠一起镇压太平军的法国侵略分子日意格(Prosper Giquel)和德克碑(Paul D'Aiguebelle)。船政局筹建不久,左宗棠被调任陕甘总督,他推荐前江西巡抚沈葆桢主持该局,并安排"为洋人所素信"的胡光墉经管"延洋匠、雇华工、开艺局"等具体工作。⑤

1867 年,马尾船坞竣工,向国外购买的机器亦陆续运到,船政局建成投产。1869 年 6 月,第一艘轮船"万年清号"下水。⑥

---

① 韦廉臣:《华北、满洲及东蒙纪游》(A. Williamson, Journeys in North China Manchuria and East Mongolia, with Some Account of Corea)(以下简称《华北纪游》)第 2 卷,第 290 页。

② 鲍尔吉:《马格里传》,第 242 页。

③ 曾国荃:《全书》,奏议,第 25 卷,第 55 页。

④ 左宗棠:《左文襄公全集》(以下简称左宗棠:《全集》),奏稿,第 18 卷,第 1—4 页。

⑤ 左宗棠:《全集》,奏稿,第 19 卷,第 27 页。

⑥ "万年清号"实是一艘利用法国旧轮机(即引擎)装配起来的木质暗轮,配备有 6 门大炮,载重 70 万斤,约合 400 吨,时速顺风顺水 90 里,逆风逆水 70 里(《洋务运动》第 5 册,第 87 页,沈葆桢折)。

船政局的创办经费约计 47 万两,从 1866 年 11 月起,由闽海关每月指拨常年经费银 5 万两。① 1873 年又另从茶税项下每月增拨 2 万两。② 据船政局历年报销统计:自 1866 年至 1895 年的 29 年中共耗银 1400 余万两。③（船政局历年经费收支状况详见统计附录表 8）

左宗棠原来估计,5 年内可造大轮船 11 艘,每艘 150 马力,载重 100 万斤;小轮船 5 艘,每艘 80 马力,载重三四十万斤,总计所费不逾 300 万两。但自第一艘轮船下水后,船政局在日意格任监督的 6 年间（1869—1874）④,共造成大小轮船 15 艘,耗费 530 余万两,远超过原来的估计（日意格任监督期间福州船政局成船统计详见统计附录表 9）。

1874 年,日意格的雇聘合同期满,船政局辞退了一部分外国技师,有关船只的设计施工改由船政局培养的技术人员主持。到 1895 年继续造成 19 艘兵船。这些兵船在轮机马力和载重量上都比以前所造的有明显的提高。

在西方发达国家,到 19 世纪 60 年代后期木轮船已被淘汰,造船技术进入了铁壳、铁胁轮船阶段。但是,日意格等封锁新技术和新工艺,以致福州船政局直到 1876 年才在本国技术人员的主持下,开始铁胁船的制造。1877 年 5 月下水的"威远号"兵轮,是在这方面

---

① 《船政奏议汇编》第 2 卷,第 14—15 页。

② 《船政奏议汇编》第 11 卷,第 1—2 页。

③ 《船政奏议汇编》,第 11、17、19、21、42、45 卷有关船政局报销各折。

④ 按同治五年福州船政局和日意格订立的合同规定,日意格、德克碑的任期为五年,以铁厂开工之日算起。但到同治七年,日意格向沈葆桢请求"五年之限请以明年正月为始"（见《洋务运动》第 5 册,第 82 页）。即从 1869 年算起。所以日意格在所写的《福州船政局》一书中称合同的有效日期始于 1869 年 2 月 12 日。

取得成绩的第一艘铁胁船。其后又在 1883 年 1 月制成"开济号"铁胁巡海快船(即巡洋舰),轮机 2400 马力,载重 2200 吨,时速 100 里。这是船政局全部由中国技术人员设计和施工的第一艘最大的兵船(1875—1895 年船政局造船统计详见统计附录表 10)。

1883—1884 年中法战争期间,福州船政局遭到侵略者的严重破坏。战后经修复,继续制造巡海快船。1888 年 1 月,"龙威号"(后改名"平远号")双机钢甲兵舰下水。据说该舰"轮机灵活,钢甲坚密,炮位整严"①,可能是船政局制造技术达到最高水平的产品。此后所造船只,无论在设计或工艺技术上,再未见有新的突破。

天津机器局建于 1867 年,是华北地区第一个最大的官办军用工业,最初由三口通商大臣崇厚筹办。1870 年发生了天津教案,崇厚出使法国,李鸿章接任直隶总督,兼管此局事宜。

早在 1862 年,崇厚在雇用英国人训练洋枪队时,就曾得到外国势力的支持,试制英国式炸炮和炮子。是年 8 月,据说已造炮两尊,火力"甚为猛烈";不久又续造 10 尊。② 这是天津试制新式军火的开始。

1865—1866 年间,恭亲王奕䜣一方面因训练京师神机营急需炸炮、炸弹和各式新式军器装备;另一方面提防曾国藩、李鸿章在南方大造军火,导致地方势力过分膨胀,向清廷陈奏:神机营所训练的威远队亟须新式军火,而此类军火目前只有李鸿章在江苏经营的洋炮局能够制造。"惟一省仿造究不能敷各省之用",莫若在京畿附近设立总局,"专制外洋各种军火机器",一旦有事,"较往

---

① 《洋务运动》第 5 册,第 380 页。
② 《三口通商大臣崇厚奏》,同治元年八月二十一日,又《三口通商大臣崇厚奏》,同治元年九月二十一日,《崇厚奏稿》,中国社会科学院经济研究所藏抄本。

他省调拨,匪惟接济不穷,亦属取运甚便"。① 李鸿章在充任直隶总督后也说,天津设机器局,即"补南局(指南方各局)所未备",更"隐寓防患固本之意",是一项"极为远虑深谋"的措施②,都为天津局的创设制造舆论。

在筹建天津机器局的过程中,崇厚完全听从英国商人兼充丹麦领事密妥士的安排。1867 年,在天津海光寺先建铸造局,称为"西局",分别向上海、香港购买各式机器,仿造枪、炮、炸弹、炮车、炮架等。③ 1869 年又在天津城东贾家旺地方设立火药局,称为"东局"④。但两局的进展都非常迟缓。

李鸿章接手后,从江南局调来亲信沈葆靖,辞退密妥士,并着手扩建厂房,添构机器,建造火药库。⑤ 到 1876 年,天津局的军火产量比前两年增加了三四倍⑥,且能维修轮船、兵舰和挖河机器船等。⑦ 1877 年试造水雷。⑧ 局内分工,东局以制造火药、洋枪、洋炮、各式子弹和水雷为主,另附设水师、水雷、电报学堂;西局以制造军用器具、开花炮弹为主,兼造各炮车器具、电线电机、电引等等。⑨ 1887 年新建栗色火药厂,以"最新式机器,制造最新式的炸药"⑩,

---

① 《夷务始末》,同治朝,第 44 卷,第 17 页。
② 李鸿章:《全书》,奏稿,第 17 卷,第 16 页。
③ 参见《海防档》,(丙)机器局(一),第 45 页;《洋务运动》,第 4 册,第 237 页;《贸易报告》,1868 年,天津,第 16—17 页。
④ 《夷务始末》,同治朝,第 8 卷,第 12 页。
⑤ 李鸿章:《全书》,奏稿,第 20 卷,第 12 页。
⑥ 李鸿章:《全书》,奏稿,第 28 卷,第 1 页。
⑦ 李鸿章:《全书》,奏稿,第 31 卷,第 12 页。
⑧ 李鸿章:《全书》,奏稿,第 33 卷,第 25 页。
⑨ 李鸿章:《全书》,奏稿,第 42 卷,第 3—4 页。
⑩ 《捷报》1887 年 10 月 17 日,第 455 页。

供应各海口炮台和各兵舰的需要。① 1893 年又建成一个小型炼钢厂,从英国买来全套机器设备,能铸造六英寸口径的小钢炮。② 从生产能力看,天津局次于江南局,远胜于金陵局。

天津机器局所造军火,除就近供给直隶各军、各兵轮、炮船需要外,还按时拨发吉林、奉天、察哈尔、热河及分防在江南的水陆淮军。此外,中原地区也从天津局支取火药和铜帽。③

天津局的创办经费共计 213000 余两,从 1867 年起由津海、东海两关"四成洋税"指拨常年经费,年约 30 余万两。1880—1887年,每年又从户部西北边防饷内增拨 1 万两。④ 1888 年后,另从海军衙门拨支洋药厘金,作为常年经费的补助(历年经费收支统计详见附录统计表 11)。

这一期间各省督抚经营的是一些中小型的军用工业,如左宗棠于1866 年设立西安机器局,从江南、金陵两局调募一批熟练工人,制造洋枪、铜帽和开花炮弹。⑤ 1872 年,左宗棠把西安局迁到兰州,更名兰州机器局。这个局规模不大,只能制造铜引、铜帽、大小开花弹,仿造普鲁士式螺丝炮和后膛枪。⑥ 1882 年,兰州局停办。⑦ 为镇压西南少数民族起义,云贵总督岑毓英雇用法国人指导,在昆明仿造开花大炮,1880 年设云南机器局,制造枪支、炸炮⑧,规模很小,生

---

① 《洋务运动》第 4 册,第 284 页。
② 《捷报》1883 年 5 月 19 日,第 714 页。
③ 《洋务运动》第 4 册,第 261 页。
④ 李鸿章:《全书》,奏稿,第 46 卷,第 22 页。
⑤ 李希霍芬:《李希霍芬通信集》,第 107 页。
⑥ 左宗棠:《全集》,书牍,第 14 卷,第 49 页。
⑦ 张国常纂修:民国《重修皋兰县志》第 12 卷,第 37 页。
⑧ 岑毓英:《岑襄勤公奏稿》,(以下简称《奏稿》)第 17 卷,第 7 页。

产技术也十分落后,每月经费约 730 余两。①

在各地督抚经营的新式军用工业中,丁宝桢创建的山东机器局稍具规模。它在 1875 年设立于山东泺口,1876 年购买制造火药和枪支的机器②,同时修建火药、机器、生铁、熟铁车间;并以济南附近章丘、长山的煤矿作为供应燃料的基地③;1877 年投入生产,主要制造子弹、火药、各种炮弹,也曾仿造英国马氏呢枪,但不得法,未正式投入生产。④ 这个机器局开办费计 186000 两⑤,常年经费约 6 万两。⑥ 在各省创办的新式军用企业中,还可算是经费比较充裕的一个单位。

1876 年,丁宝桢调任四川总督,在成都创办了四川机器局,规模很小。它的创办经费仅 77000 余两。1879 年,清政府以四川局"制造未能精良",一度停办。⑦ 但第二年又恢复生产,主要产品为火药和子弹。⑧ 虽然也曾制造枪支,但质量低劣,"枪筒大小不能划一,后门枪弹多有走火,又或不能合膛"⑨。此外,尚有 1874 年创办的广州机器局、1881 年的吉林机器局、1883 年的浙江机器局、1885 年的台湾机器局等,规模都很狭小,大抵只能制造子弹、火药或修理枪支。惟 1890 年创办的湖北枪炮厂,经过 6 年修建,于 1895 年正式投产,能制造枪、炮、子弹和火药等,是仅次于江南局

---

① 《洋务运动》第 4 册,第 447 页。

② 《洋务运动》第 4 册,第 289 页。

③ 丁宝桢:《丁文诚公遗集》(以下简称《遗集》),奏稿,第 12 卷,第 44—45 页。

④ 李鸿章:《全书》,译署函稿,第 8 卷,第 10 页。

⑤ 丁宝桢:《遗集》,奏稿,第 12 卷,第 47 页。

⑥ 李秉衡:《李忠节公奏议》第 6 卷,第 10—11 页。

⑦ 丁宝桢:《遗集》,奏稿,第 17 卷,第 35—36 页。

⑧ 《光绪朝东华录》,总第 2263 页。

⑨ 刘秉璋:《刘文庄公奏议》第 5 卷,第 11 页。

的大型兵工厂,不过它所发挥的作用主要在甲午之后。

根据各制造局很不完全的材料,从低估计,从 1865 年到 1895 年,清政府在经营新式军用工业中所耗费的资金,累积约在5000万两以上(历年若干重要军用企业经费支出情况见附录统计表12),相当于清政府 19 世纪 70 年代通常年份全年财政收入的总和。这一时期,清政府一再为自己的财政竭蹶叫苦,在中央是"部藏无余",在地方是"库储告匮"①,司农仰屋,罗掘俱穷。然而,它在近代军用工业的经营上,毫不吝啬。这一事实有力地说明了在镇压太平天国革命以后,清政府仍然不顾财政状况的空前窘迫,人民生活的极度困苦,用搜刮来的人民钱财,加紧制造屠杀人民的武器,继续把加强武装镇压作为维持和巩固封建地主阶级专政的有效手段。

### (二)整顿基层统治机构

清王朝强化国家机器的另一项政策措施是整顿基层统治机构,亦即整顿保甲制度,加强团练组织。

### 1. 整顿保甲制度

清政府历来把保甲制度当做"弭盗防奸"正本清源的法宝。它的组织形式大体是:十家为牌,十牌为甲,十甲为保,分设牌头、甲长和保正,负"稽查之责"②。其主要作用就是控制户籍,监视人民的一切行动,"稽其犯令作匿者"。在农民大起义的打击和影响下,各地保甲组织逐渐松弛,丧失原有的约束能力。1865 年,太平天国革命刚被镇压,清政府即通令各省督抚整顿保甲制度,"讲求旧章,认真办理",并"明示劝惩,随时举劾"。如果奉行不力,立即

---

① 《光绪朝东华录》,总第 23、25 页。
② 光绪《大清会典》第 17 卷,户部,第 2 页。各地保甲的组织形式和名称不完全一致,但基本内容大体相同。

"从严参责"。① 1870—1874 年间,再次重申此项命令。② 其后,又不断对某些省份发出这类指示。③ 1887 年,清政府鉴于各地"盗案"频繁,复又通令各省以办理保甲成效作为对地方官考成的准绳。④ 这样,在中央和各省督抚的三令五申之下,各地纷纷恢复和整顿保甲组织。从 1865 年到 19 世纪 90 年代初,先后整顿和加强保甲的地区,见于记载的,即有江西、浙江、安徽、福建、江苏、广东、湖南、湖北、贵州、四川、陕西、河南、山西、直隶、热河、奉天等十几个省区。有的重申旧例,有的另订新章。一些过去未正式办过保甲的地方,这时也开始举办了。例如,浙江开化县从 1872 年起开始建立保甲⑤;山西口外归化等七厅从 1884 年起正式编定户籍⑥;热河东部在 1891 年金丹教民起义被镇压后,亦开始筹办保甲⑦,等等。

强化保甲制度,在那些所谓"民气桀骜不驯"或客民大量流入的地区,特别雷厉风行。例如,战后湖南的哥老会和散勇很多,四川的哥老会势力强大,山西游勇也到处"伺隙而动"。针对这种情况,各该省都重订保甲章程,严加防范。⑧ 江西及浙江、福建的一

---

① 《清实录》,穆宗朝,第 140 卷,第 18 页。
② 《穆宗圣训》第 9 卷,第 7 页。
③ 例如,1872 年连续饬令湖南、贵州和河南巡抚认真办理保甲;1873—1874 年饬令盛京将军、四川总督等力行保甲。
④ 《光绪朝东华录》,总第 2233 页。
⑤ 汤肇熙:《出山草谱》,初篇,第 1 卷,第 32—33 页。
⑥ 张之洞:《奏稿》第 6 卷,第 10—11 页。
⑦ 《光绪朝东华录》,总第 3052—3053 页。
⑧ 《穆宗圣训》第 137 卷,第 16 页;李瀚章:《合肥李勤恪公政书》第 8 卷,第 49—50 页;张之洞:《奏稿》第 4 卷,第 15 页;席裕福:《皇朝政典类纂》第 326 卷,兵四,兵制,第 8 页。在湖南省聚族而居的地方则按族编联保甲,各清各族。

些地方斋会盛行,地方官也借编查保甲的机会,严厉查禁。① 一些历来民风强悍,暴动频繁的所谓"蛮乡"、"悍乡",诸如贵州苗民地区,河南南阳、汝宁一带,广东惠州、广州和雷州三府的一些县份,官府在血腥镇压同时,运用保甲力量,加强约束稽查。②

在那些人口流动频繁、客民数量较多的地区,强化保甲的政策是同限制人口流动的措施结合在一起的。其目的主要是加强对客民的户籍管理和人身控制。

战后,清政府曾多次下令清查各地客民,限制人口自由流动。1870年,清廷命令曾国藩、张之万、英翰、杨昌浚等分别对东南几省的流民进行核查,即所谓"分别良莠",予以处置。他们认为"安分守业"者,就"量给荒田,暂行耕种";其"强行不法之徒",则"查明原籍,递回管束";实在无籍可归者,也要"另编保甲,随时稽查"。③ 1874年,重申禁止直隶、山东等省流民迁徙关外的旧例。④ 1877年,鉴于当年直隶、山东、山西、河南、安徽、江西、福建等省水旱为灾,"饥民逃亡甚多",清廷谕令各有关邻省"筹款赈济","次第资送回籍"。⑤ 次年又改乾隆年间准流民出外谋生成例,再次下令驱赶各处饥民回籍。⑥

---

① 刘坤一:《刘坤一遗集》,书牍,第3卷,第1643页;汤肇熙:《出山草谱》,初篇,第1卷,第24页;福建《省例》,十三,户口例,第433页。

② 《东华续录》,同治朝,第93卷,第28页,又第94卷,第38页;席裕福:《皇朝政典类纂》第336卷,兵十四,绿营兵,第16页;徐赓陛:《不自慊斋漫存》第2卷,第58—60页;张联桂:《问心斋学治续录》第1卷,第45—47页;张之洞:《全集》,奏稿,第10卷,第33—35页。广东沿海各县保甲多按家族编联,实行"房清其房,族清其族"的办法。

③ 《清实录》,穆宗朝,第295卷,第33页。

④ 《清实录》,穆宗朝,第363卷,第9页。

⑤ 《清实录》,德宗朝,第47卷,第4页。

⑥ 葛士濬编:《皇朝经世文续编》第39卷,第16页。

　　按照清廷的上述命令,各有关地方官府,加强了对外来人口的盘查和驱赶,防止所谓"不法之徒"或"无业游民"入境。如江西巡抚刘坤一下令,各处游勇,"勒令各回原籍",其"来历不明人户,毋许寄居;土著居民遇有外乡亲友到家,即须报明牌甲。倘敢私藏匪类,送官从重究办"。① 安徽婺源县规定,凡外来客民,"须有人作保",并本人具"不敢入匪切结",方容居留。② 河南卫辉府作出决定,凡寄居流民,"容留者查其来历,出入者问其缘由"③。四川彭县发布告示,凡系客户,必须查明由何处迁移,"若来自外州县,更须仔细问明,有人认保,方可招留"④。张之洞在山西口外归化等七厅采取的措施是,"良民之有业者"收编入籍,"游民之无籍者"驱逐出境。⑤ 一些土地大量荒芜、官府着手招垦的地区,也都采取了类似措施,刘蓉在陕西办理"营田局"招垦时规定,土著认垦须取"亲族保结",客民则须"同乡铺户保结"。⑥ 马新贻在浙江办理招垦时,虽为广招徕,"不择地而居,不择人而予",但也同时规定,各地一律"不准存留无业游民"。⑦ 到 70 年代以后,认垦客民增多,限制条件也愈来愈严。1879 年浙江布政使司颁发的《土客善后章程十条》规定,客民及其眷口,必须详细"填入门牌","牌内无名者不准容留"。⑧ 1890 年嘉兴县颁发的《续议章程》进一步规

①　刘坤一:《刘坤一遗集》,公牍,第 1 卷,第 2762—2763 页。

②　《申报》,光绪五年十二月二十一日。

③　严作霖:《陕卫治略》第 9 卷,《示谕申明乡约保甲以善风俗以防盗贼》,光绪十六年。

④　潘彬:《天彭治略》第 2 卷,第 3—7 页。

⑤　张之洞:《全集》,奏稿,第 6 卷,第 10—11 页。

⑥　葛士濬编:《皇朝经世文续编》第 33 卷,第 1 页。

⑦　马新贻:《马端敏公奏议》(以下简称《奏议》)第 3 卷,第 57 页。

⑧　石中玉等纂:光绪《嘉兴县志》第 11 卷,土客交涉,第 49 页。

定，"按季编查户籍"，"专察客民,不准容留同乡"。客民"丁口及雇工年貌、籍贯等,必须详细开册呈县,并由地方士绅协同镇董率棚头、甲长亲诣复查"①。有的地方则开始实行严格的"取保具结"制度,以防止人口自由流动。据记载,同治年间从江西、福建等地前往长兴租垦荒地的"棚民",都是由"原籍取亲邻保状、地方官印结",而后准其居住的。②

对被允许居留或承垦的客民,则将其单独或与土著混合编立保甲,签立禁约,互相稽查,防止复行流徙或进行其他违法活动。如前述1870年命令东南诸省核查流民的上谕就曾要求将无籍可归的流民"另编保甲,收缴军械,责成该管道府随时稽察"③。但更多的是客民和土著混合编立保甲,互相稽查。马新贻在浙江办理招垦时,即对客民"寓以保甲之法",令其"与本地农民互相稽察"。④ 河南卫辉府对"寄居"流民,不管乡村集镇,一律按户或按里编为保甲,立约互保。⑤ 张之洞在山西口外七厅编立保甲时规定,"业户租户一律清查,里甲互立保结,稽查逃匿"⑥。陕西和河南阌乡等地官府,为了防止客民"聚众滋事",还特别禁止客民集中居住和自立村寨。阌乡规定,客民"不得聚处一村",并将原来"萃集一村"的客民,"每里酌分二三户,令乡里各长认真稽查"。⑦陕西巡抚刘蓉办理"营田局"时提出的一个重要限制条件是客民

---

① 石中玉等纂:光绪《嘉兴县志》第11卷,土客交涉,第51页。

② 周学濬纂:同治《长兴县志》第10卷,物产,第34页。

③ 《清实录》,穆宗朝,第295卷,第33—34页。

④ 马新贻:《奏议》第3卷,第51、57页。

⑤ 严作霖:《陕卫治略》第9卷,《示谕申明乡约保甲以善风俗以防盗贼》。

⑥ 张之洞:《奏稿》第5卷,第5页。这里的"业户",主要是土著民,"租户"主要是客民。

⑦ 严作霖:《陕卫治略》第4卷,《禀藩抚》,光绪六年。

不得"擅立村寨"。① 富平县保甲章程第一条就规定，客民"按照烟户编入各里册之尾"，"由该里土著牌保约束"。② 对他们采取"分而治之"的策略。在江苏宜兴，浙江湖州、开化等地，各乡还纷纷"自立禁约"，禁止客民建立自己的组织或从事其他有碍封建秩序的活动③，否则就要被镇压或驱赶。江苏也是这样，如在铜山、沛县开垦湖地的山东曹州、济宁客民，因为"聚族立团"而被曾国藩下令"勒限驱逐"。④ 在开化进行"斋党"活动的一些客民也被迫转往他处。⑤

2. 加强团练组织

团练原是一种"以本地之人筹防本地事宜"的非经制性军事组织。因为在清政府看来，它"既无兵丁征调之繁，又无粮饷转运之费"，"无事则既集之众可令暂散归农，有警则奉官传唤，一呼云集"，可达"寓兵于农"之目的，一向被统治者视为维持地方封建秩序、防止人民反抗的"至善"之法。⑥ 太平天国失败后，清政府为了加强团练，一方面把它和保甲结合起来，即所谓"编保甲以成团练"，"寓团练于保甲之中"，按户或按牌抽丁编练。⑦ 另一方面把它由原来的非经制性组织变为经制性组织。

---

① 刘蓉：《刘中丞奏议》，(以下简称《奏议》)第 13 卷，第 32 页。

② 樊增祥：《樊山公牍》第 1 卷，第 27 页。所引保甲章程大约是在回民起义和 1876—1878 年大荒之后订立的。

③ 周家楣：《期不负斋全集》，文集四，第 7—8 页；汤肇熙：《出山草谱》，初篇，第 1 卷，第 27 页。

④ 曾国藩：《全集》，奏稿，第 24 卷，第 2—4 页；《清史稿》，食货志一。

⑤ 汤肇熙：《出山草谱》，初篇，第 1 卷，第 27 页。

⑥ 郑光祖：《一斑录》，杂述六，第 30 页。

⑦ 周金章：《通饬顺天畿东各州县编查保甲示》，光绪十年，见葛士濬编：《皇朝经世文续编》第 68 卷，兵政七，第 10 页；樊增祥：《樊山公牍》第 3 卷，第 22 页。

有的经常操练，成为常设的队伍；有的虽"团而不练"，但遇警则鸣锣集合。这样，团练原有的那种暴力工具的职能进一步加强了。

农民大起义期间，清政府极力鼓励各地地主兴办团练，作为镇压革命的辅助手段。一时团练兴起，"几遍十八省"①。战后，各地团练基本上延续下来。有些地方虽一度废弛，但随着封建统治危机的日益加重，在官府的督促下，也一一进行规复和整顿。② 1868年，清廷为了防止原太平军和捻军起义区"伏莽潜匿，乘机窃发"，通令江苏、安徽、河南和山东各省督抚督促各地，尤其是徐、海、颍、亳、归、汝、曹、沂等处地方官，照旧整顿"乡团"③。1870—1871年间，连续饬令湖南巡抚在会党盛行地区认真整顿团练，加强"团防"。1874年又给四川总督发出同样的指令。④ 从日本侵台到中法战争期间，清廷和疆吏在筹备海防的名义下，又纷纷饬令广东、福建、浙江、江苏和直隶等省沿海各州县加强团练。其实际作用也不过是清除所谓"内匪"，以及"捕盗缉私"，防止"游勇奸民乘机窃发"而已。⑤ 此外，陕西、山西、河南、湖北、贵州等地也都加强了团

---

① 李鸿章：《全书》，奏稿，第10卷，第13页。

② 例如广东遂溪、陕西山阳、河南卫辉府以及四川彭县等地，团练原已废弛，但在1874—1894年间，相继重新筹办或进行整顿。

③ 《穆宗圣训》第137卷，第8页。

④ 《穆宗圣训》第137卷，第12—13、14—15、20页。

⑤ 徐赓陛：《不自慊斋漫存》第2卷，第41—43页，又第5卷，第86、132—134页；张之洞：《南皮张宫保政书》，奏议初编，第4卷，第13页；左宗棠：《全集》，奏稿，第63卷，第48页；汤肇熙：《出山草谱》，三篇下，第4卷，第45—46页；《清史稿》，兵制四，第7—8页；葛士濬编：《皇朝经世文续编》第68卷，兵政七，第10—11、12页。

防或"保甲守助"、"联甲守助"。① 按照"联甲守助"条规,牌户或
团丁遇有"盗案"等,必须立即携械集合,进行弹压,且可"格杀勿
论"。如果闻警不到,就要受到处罚,甚至"照通匪论"②。

　　经过整顿和加强后的团练,成为清政府维持地方封建秩序的
一支不可缺少的武装力量。从某种意义上说,其重要性不亚于绿
营、练军等正规军。

　　在整顿和加强保甲、团练的过程中,清政府还进一步推广过去
被用来对人民实行严密控制和残酷压迫的"连坐法"。这就是所
谓"十家联牌法",即强迫 10 家连环认保,如有 1 家违犯封建法
纪,其余 9 家必须立即自动告发,否则就要被处以"连坐之罪"。③
上面提到的一些地区搞的"互立保结"、"立约互保"以及"互相稽
查"等做法,都是连环认保的一种形式。有的地区则更为具体,如
四川彭县规定,"如佃客有窝盗情弊,定提业主并究"④。河南卫辉
府连坐的范围更大,如寄居客民有"强盗"、"窃盗"发生,除"并治
房主、地主外",还"坐罪四邻"、"坐罪甲长"、"坐罪约正副"。⑤

　　保甲团练和与此相联系的"连坐法",不仅被用来防范和

--------

　　① 宋伯鲁等纂:民国《续修陕西通志稿》第 196 卷,风俗二,第 13 页;张
之洞:《奏稿》第 4 卷,第 15 页;严作霖:《陕卫治略》第 9 卷,《发各县编查保
甲示》;张之洞:《南皮张宫保政书》,奏议初编,第 7 卷,第 3 页;《光绪朝东华
录》,总第 2936 页。

　　② 潘彬:《天彭治略》第 2 卷,第 7 页;严作霖:《陕卫治略》第 9 卷;张之
洞:《张文襄公公牍稿》第 10 卷,第 15 页。

　　③ 参见张先抡等纂:光绪《善化县志》第 15 卷,兵防,第 24 页;张联桂:
《问心斋学治续录》第 1 卷,第 47 页;徐赓陛:《不自慊斋漫存》第 2 卷,第 60
页;葛士濬编:《皇朝经世文续编》第 68 卷,兵政七,第 11、12 页。

　　④ 潘彬:《天彭治略》第 2 卷,第 3—7 页。

　　⑤ 严作霖:《陕卫治略》第 9 卷,《示谕申明乡约保甲以善风俗以防盗
贼》、《发各县编查保甲示》。

镇压人民的反封建斗争,还被用来保护侵略者,镇压人民的反侵略活动。在反洋教斗争比较激烈和频繁的地区,竟有这样的规定:人民如有反洋教行为,"乡保知情不举,并予究办"①。四川大足县人民1891年的反洋教斗争被镇压后,县官进而大力整顿团保,责成保正保副"侦缉"反洋教绅民,"排解"民教争端②,直接为外国侵略势力张目。某些地方的团练甚至是在外国传教士的直接策动和指挥下组织起来的③,本来就是同侵略者沆瀣一气。在这个腐朽的王朝统治下,连保甲团练也打上了半殖民地的烙印。

有必要附带指出,保甲以及团练的主持和操纵者,不外是一些被官府称之为"廉明绅耆"、"公正绅士"或者"有力之家"的地主豪绅。④ 这些人本来就在土地关系和宗法关系上,对当地人民处于统治地位,再加上官府授予的"稽查约束"人民的权力⑤,就如虎添翼,更可以为所欲为了。这些人"非官而近于官"⑥,把团保当做施展淫威的工具,随意欺压敲诈乡民,动辄送官究治。他们还可借

---

① 江苏江都、甘泉县示,见《益闻录》第1063号,第13册,第200页,参见李时岳:《近代中国反洋教运动》,第68页。

② 《近代史资料》1958年第1期,第124、126—127页。

③ 据1865年年底贵州巡抚张亮基奏,"天主教主教法人胡缚理出示谕各属办团,仅于示尾添注督臣与臣同阅字样,臣亦不与之较"。(《夷务始末》,同治朝,第37卷,第36—37页。)

④ 详见湖南《善后保甲简明章程》、河南卫辉府保甲章程;又见徐赓陛:《不自慊斋漫存》第5卷,第133—134页;严作霖:《陕卫治略》第6卷,《晓谕举充乡里各长不准蒙混搪塞》(陕州)。

⑤ 有的地方甚至给保甲长以功牌顶戴,借以增强他们的威势。葛士濬编:《皇朝经世文续编》第68卷,兵政七,第12页。

⑥ 冯桂芬:《校邠庐抗议》上卷,第12页。

用团保之名,肆行派捐,"搜索农村小户",从中渔利。[1]　竟有为谋取地保一职而"使费不下数十千(文)之多"者。[2]　官府把他们的一切欺压人民的行为看成"情形既熟,措置攸宜"[3],有利于维持封建秩序,非但不加以限制,反而按其"功绩",从优奖赏。[4]　通过整顿和加强保甲团练,官与绅进一步连为一气了。

### (三)实行严刑峻法

实施严刑峻法是清政府强化国家机器的另一个重要方面。"治乱国用重典",这是封建统治者的"祖训"。他们总是企图以所谓"辟以止辟"的恐怖手段根绝人民的反抗。自从太平天国革命爆发起,一直到战后,清王朝的刑法愈来愈严酷,死刑的范围不断扩大,并且把权力下放,使地方官绅直接掌握生杀大权。

1. 死刑执行权的下放

清代律令原规定,各省"盗案"及一切死刑案件,须由地方官申报上司,解省审勘,由督抚专折题奏,经刑部会同都察院、大理寺复核,并由皇帝批准后,才准行刑。"虽封疆大吏,亦无专杀之权。"1853 年,也就是太平天国建都南京的那一年,清政府为了加强对人民的镇压,改变旧章,下放司法权力,通令各省督抚札饬所属地方官,对所谓"土匪"、"凶徒",即行就地正法,并饬"团练绅民

---

① 郭嵩焘:《三星使书牍》第 1 卷,郭侍郎书牍,第 56—57 页;汤肇熙:《出山草谱》第 5 卷,第四编,第 45 页;潘彬:《天彭治略》第 2 卷,第 3—7 页;严作霖:《陕卫治略》第 9 卷,《谕办保甲以弭盗贼》,《发各县编查保甲示》,又第 10 卷,《谕各乡保》;郑观应:《盛世危言》第 5 卷,第 25—26 页。

② 汤肇熙:《出山草谱》第 5 卷,第四编,第 16 页。

③ 潘彬:《天彭治略》第 2 卷,第 4 页。

④ 严作霖:《陕卫治略》第 9 卷,《发各县编查保甲示》;葛士濬编:《皇朝经世文续编》第 68 卷,兵政七,第 10 页。

合力缉拿,格杀勿论"。① 从此各省相沿成习,渐而至一般"盗案",亦不待审转复核,概行就地处决。"题奏之件十无一二。"② 结果,控制团练的乡绅也就名正言顺地掌握了生杀大权。保甲按定例虽无刑罚权,但实际上也往往擅作威福,直接对人民施加刑罚。③

这样,把执行死刑的大权由皇帝直接下放给州县地方官,而且赋予并非政府官员的"绅"以专杀之权。这是清代刑律的第一大变化。

1869 年,御史袁方城奏请盗案审理恢复旧制,遭到直隶总督曾国藩的反对。清廷采纳后者的意见,继续推行就地正法章程,并令山东、河南一体照办。次年通饬各省,"仿照直隶等省现办章程",严办"土匪游勇"。④ 1873 年,御史邓庆麟又奏请将盗贼土匪,照旧例办理,各省督抚还是以"游勇马贼根株未尽"为由,反对规复旧制。⑤ 1879 年曾一度规定距省城较近州县不准先斩后奏,但各省并未执行。据1881 年刑部奏称,各省就地正法案件,"每岁犹不下数千百人"⑥。1881—1882 年间,京官再议废止就地正法章程,仍然遭到各省将军督抚的反对。奉天、黑龙江、直隶、热河、察哈尔、绥远城、乌鲁木齐、山西、山东、河南、陕西、四川、江苏、湖南、湖北、安徽、广东、广西、江西、云南等省都先后复奏,"碍难规复旧制"。结果,刑部最后议决,除广西系太平天国首义地区、甘肃仍在进行军事镇压,均适用就地正法章程外,其他各省一般"盗

---

① 《清实录》,文宗朝,第88 卷,第4 页。
② 光绪《大清会典事例》第850 卷,刑部,刑律断狱,第5 页。
③ 《申报》,光绪六年三月十九日。所述为江西情况。
④ 《穆宗圣训》第137 卷,第11—13 页。
⑤ 光绪《大清会典事例》第850 卷,刑律断狱,第5 页。
⑥ 光绪《大清会典事例》第850 卷,刑律断狱,第5 页。

案"，限期一年规复旧制办理，但"实系土匪、马贼、会匪、游勇，案情重大，并形同叛逆之犯"，仍准先斩后奏。①

这样的规定实际上并不妨碍各地官府对一般"盗案"继续实行就地正法的处置办法。所谓"案情重大"，又无明确界限，而是"由地方官酌核情节"。② 他们仍然可以自由扩大滥杀的范围。例如，山西、湖北、陕西、广东、江苏等省都是就部章做了任意的解释和补充，拟定各自的就地正法章程的。1883 年年初，张之洞奏定的山西"盗案"就地正法章程规定，嗣后盗案，"如有执持刀械火枪者，聚众至三人以上者，行劫二次者，行劫至伤事主者，拒捕伤人者，入城行劫赃数较多者，窝线分赃至二次者"，只要符合其中一条，即行就地正法。③ 1884 年边宝泉奏准陕西"盗案"处置办法："如有执持刀械火枪强劫并聚众 5 人以上者，夥众抢劫至二三次者，纠劫拒捕伤人及致伤事主者，入城行劫及连劫数家者，匪党平空抢夺妇女已成杀伤事主者，有一于此……著准就地正法。"④ 1883 年，涂宗瀛奏定湖北办理"盗案"章程，1886 年年初，张之洞奏定广东"盗案"就地正法章程，1887 年及 1891 年江苏巡抚和两江总督先后奏定江苏各府"盗案"就地正法章程，都对部章做了类似的任意解释和补充规定。⑤ 所有这些，无疑进一步扩大了各级地方官杀人害命的特权。1891 年，湖广总督张之洞甚至命令湖南

---

① 光绪《大清会典事例》第 850 卷，刑律断狱，第 5—6 页。

② 张之洞：《奏稿》第 10 卷，第 28 页。

③ 张之洞：《奏稿》第 4 卷，第 15 页。

④ 边宝泉：《酌拟抢劫重案就地正法各条疏》，葛士濬编：《皇朝经世文继编》第 84 卷，刑政一，第 8 页。

⑤ 参见张之洞：《奏稿》第 25 卷，第 39 页，又第 10 卷，第 28—29 页；葛士濬编：《皇朝经世文续编》第 84 卷，刑政一，第 5 页；《光绪朝东华录》，总第 2937 页。

臬司授予民团以诛杀之权，并且叮嘱，"切勿过于拘牵，令团丁事主多所顾虑"①。惟恐地方官绅不敢放手杀人。

还有一些省份，则以本省地方情形特殊为理由，干脆拒绝执行部章，或执行不久又奏请改为就地正法。如四川总督丁宝桢，强调该省"盗匪之多甲于天下"，且地域广袤，交通闭塞，要求州县报获"盗犯"，仍准就地正法。② 新疆巡抚刘锦棠则借口"新省地处极边，州县诸凡创始"，要求"暂准将死罪各犯，仍照变通章程，就地正法"。③ 广东本已于1883年夏规复旧制，到1885年12月，两广总督张之洞又借口"盗劫日多"，奏准"盗案"重行就地正法，规定：嗣后拿获"持械夥劫、凶暴众著之各项盗匪，无论水陆，不分首从"，先行惩办，就地正法，"民间拒捕者，格杀勿论"。④ 次年又奏准拐卖人口者，"不分首从，均即立置重典"，就地处决。⑤ 江苏于1887年奏准淮安、徐州、海州三属"盗案"先斩后奏，1891年又奏准将就地正法章程推行到全省。⑥

清廷之所以几度拟议逐步废止就地正法章程，其目的无非是为了恢复皇帝垄断生杀之权的传统，并非有意珍惜民命。而各省地方官则"惮于解勘，藉图简便"，总以各种借口援用这个章程，滥施杀戮，"草菅人命"。⑦ 所谓"规复旧例"，不过一纸空文。

① 张之洞：《张文襄公公牍稿》第10卷，第15页。
② 丁宝桢：《丁文诚公奏稿》第23卷，第17、19页。
③ 刘锦棠：《人命重案碍难遽复旧制疏》，葛士濬编：《皇朝经世文续编》第85卷，刑政一，第11页。
④ 张之洞：《奏稿》第10卷，第29页。
⑤ 张之洞：《奏稿》第13卷，第29页。
⑥ 《光绪朝东华录》，总第2937页。
⑦ 刘锦藻：《清朝续文献通考》第244卷，刑三，第9881页。

### 2. 量刑等级的提高

在定罪和量刑方面,死刑范围不断扩大。就盗案而言,清律本有首从之分。按照雍正成例,"盗案"有所谓"法所难宥"和"情有可原"之别,亦即按首从分等量刑。前者斩决,后者按例减发新疆为奴,尚可"贷其一死"①。但是,从 1856 年起,改为不分首从,一律斩决。1870 年更正式纂为定例。② 这是清政府为镇压人民一反传统刑律的第二大变化。

按照新例,只要"聚众持械抢劫",就不问情由一概杀戮。"把风接赃",虽未分财物者,亦照为首之罪一律"问拟"。地方官如有酌情减刑者,即"照讳盗例参处"③。咸丰、同治以降,刑法中死刑之多,条文之苛繁,远远超过以往任何一个朝代。在 1870 年的续修律例中,死罪即多达 1400 余项,比唐律多 3 倍。④ 到了光绪年间,更是"章程繁密,较前加倍"⑤。此外,各省地方还不断扩大死刑范围。如广东、广西对掳捉 15 岁以下幼童勒赎,照普通掳捉勒赎罪加一等,罪应斩绞监候者,"加拟立决";罪应充军者,"加拟绞监候";如被捉在 3 人以上或掳捉 3 次以上,主犯自然立即斩决,即使胁从,原应绞监候者,"加拟立决",原应充军者,"加拟绞监候"。1887 年,直隶亦奏准援照两广章程办理。⑥

实行株连的罪行范围也扩大了。按照清初成例,只有"谋反"、"谋叛"等少数大罪才株连亲族。农民大起义失败后,对所谓

---

① 刘锦藻:《清朝续文献通考》第 243 卷,刑二,第 9871 页。
② 《清实录》,文宗朝,第 159 卷,第 22—23 页;席裕福:《皇朝政典类纂》第 392 页,刑二十四,刑律盗贼,第 6 页。
③ 席裕福:《皇朝政典类纂》第 392 卷,第 6 页。
④ 刘锦藻:《清朝续文献通考》第 244 卷,刑三,第 9887 页。
⑤ 刘锦藻:《清朝续文献通考》第 242 卷,刑一,第 9859 页。
⑥ 光绪《大清会典事例》第 795 卷,刑部,刑律盗贼,第 7 页。

"邪教"、"奸党",亦"坐其妻孥",滥杀无辜。①

在清廷厉行"诘奸禁暴"的号令下,各地方官用武力抓剿"强盗"、"土匪"时,自然以滥杀为常事。例如,1892 年 6 月,清军和湖南岳州城守营、长江水师岳州镇标镇压岳州"会匪",当场击毙数十名,会党逃至湖北通城,又被该地勇团截杀若干名,最后捉拿 7 人,亦全部斩决。② 类似杀戮,不胜枚举。就是一般案件,地方官在办案断狱过程中,也"多以武健苛刻为能,创立各种非刑,任意残虐"。酷刑虐民成为一时风尚。③ 他们往往超越定制,私立班馆,擅设刑械,严刑逼供。在北方各省,据说"办案有提两耳,令其直立,逾时气脱者,有摩其腹使气上涌,一扑而亡者";在南方各省则有"快乐床椅"、"老虎凳"等名目。对"犯人"肆意敲扑凌虐,极尽残暴之能事,"即偷窃小犯,亦或立毙杖下"。④ 至于笞责,更是动辄"数百千余"。据说江苏常熟知县汪某,办案笞责,以一千为单位,故有"汪一千"之号。⑤ 他们热衷于滥施刑狱,既是为了避免"讳饬徇隐"之咎,猎取"弭盗安良"的官誉,更是为的借机诈财索贿,"酷以济贪"。如步军统领衙门审案,无论轻重,书吏先坐小堂叙供,然后,上呈。所立班房,有"第四间"、"第五间"名色。第四间内有木桶、绳床;第五间内有尿桶、虫坑。"人犯一到其中,湿热污秽、上下熏蒸,真有朝不保夕之苦"。此外还有"鹦哥架"、"大铁

---

① 刘锦藻:《清朝续文献通考》第 244 卷,刑三,第 9883 页。

② 张之洞:《奏稿》第 20 卷,第 28—30 页。

③ 刘锦藻:《清朝续文献通考》第 244 卷,刑三,第 9877 页,光绪八年上谕。

④ 陈彝:《条陈办案积弊疏》,葛士濬:《皇朝经世文续编》第 87 卷,刑政四,第 18 页;《清实录》,文宗朝,第 160 卷,第 25—260 页。

⑤ 张之洞:《张文襄公公牍稿》第 11 卷,第 22 页;葛士濬:《皇朝经世文续编》第 87 卷,刑政四,第 18 页。

链"等酷刑。书役立此班馆、刑具的目的,无非"借以需索钱文"①。为了索贿,各地官吏书役,遇案必株连罗织、诛求无厌;如不遂所欲,就删改供状、捏造罪名,置之死地才罢休。② 就这样,一大批罪行轻微的犯人乃至无辜者,不是惨死杖下,就是冤毙狱中。

清政府严刑峻法的矛头不仅针对人民的反封建斗争,而且指向人民的一切反帝爱国运动。1870 年,曾国藩、李鸿章奉命查办天津教案,先后逮捕八九十人,设局熬审,最后拟定"正法"20 人,"军徒"25 人。③ 这就开了严刑镇压人民爱国运动的恶例。从此,清廷和疆吏雷厉风行地禁止人民触犯洋人,把敢于同侵略者进行斗争的人民一律称做"匪徒",严加惩办。中法战争爆发后,人民反侵略斗争的情绪高涨,而清廷却极力加以抑制,竟然通谕各省地方官切实保护各国,包括法国在内的"官商教民",如有"借端滋扰"者,"即著严拿正法,毋稍宽贷"。④ 在清廷保护洋教的政策下,地方官发布各色各样的命令、告示,不准人民有任何反洋教的言行,甚至连教堂附近交谈观望也在禁止之列。例如,湖广总督张之洞在武穴教案了结后,严饬州县地方官"随时查访,如再匿名揭帖,捏造无根之言,希图煽乱,务即悬赏严拿","从重治罪"。⑤ 苏松太兵备道也出示警告人民,如有散布流言和匿名揭帖以反对洋教者,即"分别斩绞"。安徽营务处则出示禁止人民三五成群在省

---

① 徐克刚:《请清厘刑狱疏》,葛士濬编:《皇朝经世文续编》第 87 卷,刑政四,第 18 页。

② 《清实录》,德宗朝,第 159 卷,第 12 页。

③ 《夷务始末》,同治朝,第 76 卷,第 12—13 页,又第 77 卷,第 18—19 页。

④ 《清实录》,德宗朝,第 189 卷,第 13 页。

⑤ 张之洞:《奏稿》第 19 卷,第 32 页。

城天主教堂附近"交耳窥探"。"如敢故违,定即提案重究,决不宽贷"。① 清朝统治者就是这样对洋人保护备至,而对人民群众管制森严、鱼肉宰割。

### （四）国家机器对内镇压作用的加强

作为阶级统治工具的国家机器,本来有两个基本的职能,即对内镇压被统治阶级的反抗,对外抵御侵略。然而,农民大起义失败后的清政府,对内大大加强了镇压,对外妥协投降,勾结侵略势力,还是为了加强对人民的镇压。

两次鸦片战争后,中国的领土和主权进一步遭到破坏。可是,清政府在强化国家机器的过程中,无论是整编和组建军队,改革军事训练,还是输入和仿造船舰军火,改良装备,在大多数场合都不是为了抵御侵略。前面已经提到,整编和新建的绿营、防军、练军和内河水师,都是屯驻在通衢重镇和江河要道,专防"内寇",镇压民变,而不是抵御外侮。建立新式海军后,连原有的外海水师,也"仅任沿海捕盗之责"②。北洋海军,名为御外患而设,实际情况是,湘淮军头子"挟以自重则有余",国家赖以"御敌则不足"。③用醇亲王奕譞的话说就是,"我国之兵,为防家贼而已,非为御外侮也"④。设厂制造船舰枪炮的目的亦是如此。力主江南制造局

---

① 《益闻录》,第 1067、1068 号,第 13 册,第 224、230—231 页,参见李时岳:《近代中国反洋教运动》,第 68—69 页。

② 《清史稿》,兵志六,第 11 页。

③ 1886 年兵部左侍郎黄体芳揭露李鸿章办海军的意图说,"再阅数年,兵权益盛,恐用御外敌则不足,挟以自重则有余。"(《洋务运动》第 3 册,第 18 页)。

④ 梁启超:《戊戌政变记》,参见中国史学会主编:《戊戌变法》第 1 册,第 290 页。

---

建造兵船的曾国藩,在 19 世纪 60 年代就承认,造船的目的是"为本省捕盗护运之用,初无耀兵瀛海之意"①。到 70 年代末又说,"上海机器局及福州船政局,开办已阅数年,所购皆系洋器,所用多西人,彼中习见熟闻,知我本不立意开衅"②。在这方面,李鸿章也承认,"我之造船本无驰骋域外之意,不过以守疆土、保和局而已"③。其实"守疆土"也是假的。就在说这话的两年半后,出现了沙俄等外国势力侵占和分割新疆的严重危机,李鸿章居然公开提出放弃新疆的反动主张。④ 至于"保和局",甲午战争的事实表明,不过是卖国投降的同义语。

1874 年,日本侵台事件后,清政府曾筹议增强"海防"。奕訢根据内外形势的变化,提出练兵、简器、造船、筹饷等四条作为"内堪自立,外堪应变"的方针⑤,在仿造新式武器的同时,不惜巨款购置大型军舰,似乎有意抵挡一下,其实仍无抗御西方强国的信心。李鸿章声称,不但"目前固须加强和局,即将来器精防固,亦不宜自我开衅,彼族或以万分无理相加,不得已而一应之耳"⑥。不久又把这种"加强和局"的妥协方针发展为公开的投降政策,并美其名曰"羁縻"。⑦ 奕訢在力主购置铁甲船加强海防时也承认,"若谓以此足御泰西各国,不但得数铁甲船未敢自信,就使海防一律办

①　曾国藩:《全集》,书牍,第 32 卷,第 14 页。
②　江世荣:《曾国藩未刊信稿》,第 285 页。
③　《洋务运动》第 5 册,第 122 页。
④　李鸿章:《全书》,奏稿,第 24 卷,第 19 页。
⑤　《洋务运动》第 1 册,《总理衙门奕訢等奏折》,光绪元年正月二十九日。
⑥　李鸿章:《全书》第 7 卷,第 12 页。
⑦　《洋务运动》第 2 册,第 336 页。

齐,亦无从得有把握。仍当遇事筹维,慎于操纵"①。话比李鸿章隐讳一些,意思是一样的。

从客观上说,清政府训练的军队以及购置或制造的船舰枪炮也没有抗抵外国侵略的能力。其基本原因有二:

第一,无论是购自外国,还是自己制造的船舰枪炮,其质量和性能都远远落后于当时西方国家的同类产品。1862 年,英国曾卖给清政府一批船舰,组成所谓阿思本舰队,但不过是一些英国淘汰下来的过时产品。② 80 年代西方国家在中国海面行驶的兵船,"铁甲计厚七八寸,内衬木板,厚尺八寸,……机器、锅炉、巨炮皆在厚甲之中。船上炮位用电线燃发,一时同响"。而清政府购买的兵船"多是木壳"。至于外国技师为中国所造的小铁甲船,"铁厚不及六分,木厚不及寸半"③。这样的兵船,"可以供运输,不能备攻击;可以靖内匪,不能御外侮"④。

兵船如此,其他军械武器也不例外。山东巡抚丁宝桢说:"制造军火诸器,各国尤恃为不传之秘,即任购买,亦往往以旧式及用剩不堪之物搪塞,不肯轻易以利器授人。"⑤ 各机器局虽不惜重金聘请外国人担任技术指导,但所生产的兵船和枪炮弹药,同样"比之西洋新制瞠乎其后"⑥。李鸿章也承认,其自制军器,"以剿内

---

① 《洋务运动》第 2 册,第 338 页。

② 《泰晤士报》1863 年 5 月 8 日,转引自罗林森:《中国为发展海军而斗争,1839—1895》(J. L. Rawlinson, China's Struggle for Naval Development, 1839—1895),第 37 页。

③ 曾国荃:《全书》,奏议,第 24 卷,第 3 页。

④ 《洋务运动》第 2 册,第 393 页。

⑤ 丁宝桢:《遗集》,奏稿,第 12 卷,第 51—52 页。

⑥ 李鸿章:《全书》,奏稿,第 17 卷,第 50 页。

寇,尚属可用;以御外患,实未敢信"①。

第二,更重要的是,清政府整军经武的活动始终是在外国势力的支持和控制下进行的。军事训练由洋人当教习和顾问,军事学堂由洋人当教官,新式军械和器材主要由洋人包揽供应,重要军火制造厂由洋人担任技术指导,甚至买进的船舰也要由洋人充当管驾。总之,一切离不开洋人。当时英、法、德、俄诸国无不积极插手干预清政府的军事活动,尤以英国、德国最为得势。他们一方面通过以旧冒新、抬高价格等卑劣手段,借军火供应以攫取巨额利润;另一方面,也是更重要的一方面,则通过派遣顾问、教练和技术人员,取得军事管理权。北洋海军即先后由英人琅威理(Copt. W. M. Lang)和德人汉纳根(Constantin von Hanneken)担任"总查",其实际地位等于提督。军事管辖权已部分落入侵略者手中。

事实证明,用洋枪洋炮装备而又由洋人直接控制的清朝军事力量,注定只能服从外国侵略者的需要,而不可能同侵略者作认真的较量,充其量也不过"力保和局"而已。19 世纪 70 年代初期,清政府经营的几家大型军用企业已初具规模,就在这时发生了日本侵略者派军登陆台湾的事件,清政府对之不敢抵抗;掌握南北洋军权,平日汲汲于购买船炮、建造局厂的李鸿章、沈葆桢等更是极力强调"铁甲尚未购妥,不便与之决裂"②。结果毫无道理地以"抚恤"名义赔偿日本白银 10 万两了事。中法战争、中日战争等,更是以丧权辱国告终。当然,这并不排除清政府开办的新式军用企业为反侵略战争生产过一定数量的武器;在反侵略战争中也不乏部分将士不畏强暴、为国捐躯的壮举。但这些不足以改变总的局势和问题的基本性质。如中法战争中,镇南关大捷,反而屈膝投

---

① 李鸿章:《全书》,奏稿,第 24 卷,第 13 页。
② 《夷务始末》,同治朝,第 98 卷,第 40 页。

降;在中日战争中,虽个别舰艇奋勇杀敌,而不免全军覆没。这一切固然是由清政府所推行的对外投降方针决定的,同时也与其武装力量虚弱有很大关系。

清朝统治者在侵略者面前卑躬屈膝、拱手称臣,而对老百姓却是耀武扬威、心狠手毒。他们不但以"御外寇不足,平内患有余"①而沾沾自喜,而且通过对外妥协投靠,换取帝国主义的支持,加强对内镇压。农民起义失败后,旗营、绿营和防勇、练军星罗棋布,江河水师节节梭巡,"水陆联为一气"②,到处形成军事恐怖的气氛。大小军火工厂更是与之密切配合。这些企业的创建和生产,都是为着一个目标:镇压人民反抗。例如,闽浙总督左宗棠在福州船政局创办之前,多次声言,东南沿海地区"海盗时有出没","必造船以资军用"。③ 当他在1866年着手筹建船政局时,亦不隐讳其直接目的就是"以靖海患"④。广东机器局自制和购买的大小轮船20余艘,也"皆为捕盗"⑤。四川机器局是基于"内地人情浮动,伏莽时虞"而创办的。⑥ 1890年,湖北枪炮厂的筹建,则首先是因为该省"会匪萌动"⑦。因此,哪里民情浮动,清政府就在那里加紧军火工厂的创办和生产。甚至愈是灾情严重、民不聊生,清政府的军火生产愈是扩大。1877—1878年,华北各省旱情十分严重,两江总督沈葆桢奏陈清廷,"目前旱情如此之广,饥民如此之众,设匪

---

① 刘锦藻:《清朝续文献通考》第217卷,兵十六,第9635页。
② 刘坤一:《刘坤一遗集》,书牍,第6卷,第1795页;刘锦藻:《清朝续文献通考》第226卷,兵二十五,第9726页,光绪十一年彭玉麟奏。
③ 左宗棠:《全集》,奏疏,第11卷,第65页。
④ 林则徐等著:《道咸同光名人手札》,第1集,第2册,第223页。
⑤ 《洋务运动》第2册,第504页。
⑥ 丁宝桢:《遗集》,奏稿,第17卷,第37页。
⑦ 张之洞:《奏稿》第20卷,第1页。

人乘机蠢动,军火器械若非豫储于平日,安能取办于临时"?① 直隶总督李鸿章也强调,"北省伏莽甚多,匪徒乘机思逞","设军火无措,必致贻误大局"。② 因此,江南、天津两制造局每遇国内水旱灾情严重之时,便纷纷扩充设备,扩大生产。

正是这些军火工厂的新式武器装备了清军,使它们比过去使用刀矛弓矢的旗绿兵更加凶狠。1866 年,李鸿章的淮军在苏、皖、豫、鲁等省镇压捻军的过程中,就使用了金陵制造局生产的大批军械和多门大炮。③ 在镇压西北回民起义时,左宗棠的军队依靠西安、兰州两机器局提供的枪炮弹药,大显威风,仅肃州一役,清军发射的炮弹即达 2400 万余颗。④ 在围剿西南少数民族起义的战争中,云南机器局制造的军火为攻破大理城起了决定性的作用。⑤ 1891 年,淮军提督叶志超在镇压热河以李国珍等为首的"金丹教"起义时,更是倾用大量新式枪炮、弹药,进行屠杀,遇害者多达 2 万余人。⑥ 这些同西方列强比较"瞠乎其后"的武器装备,在仍然以刀矛弓矢为主要武器甚至手无寸铁的国内反抗者面前,无疑是显示过强大"威力"的。李鸿章在镇压"金丹教"起义后夸耀说,热河义军"皆系亡命犷悍,若非枪炮快利,子药应手,断不能以少击众,克日剿灭"⑦。平日清朝统治者引以自豪的所谓"勇到即歼"、"剪

---

① 沈葆桢:《沈文肃公政书》(以下简称《政书》)第 7 卷,第 60 页。
② 李鸿章:《全书》,奏稿,第 31 卷,第 12 页。
③ 鲍尔吉:《马格里传》,第 172 页。
④ 曾毓瑜:《西征纪略》第 3 卷,参见白寿彝编:《回民起义》,第 2 册,第 41 页。
⑤ 莫里逊:《中国纪游》(G. R. Morrison, An Australian in China),第 203 页。
⑥ 李鸿章:《全书》,奏稿,第 74 卷,第 14 页。
⑦ 李鸿章:《全书》,奏稿,第 74 卷,第 16 页。

除迅捷"、"迎刃而解"①,等等,也是这种"威力"的反映。洋务运动后期的代表人物张之洞,曾评价新式军用企业的历史作用说:"自发捻削平以来,各省遂无大乱。其实陬澨边隅,乱萌时有,即如近年热河教匪,甘肃回匪,亦甚披猖。或兵甫集而众降,或锋一交而乱溃,实由同治初年洋枪洋炮流入中华,渐推渐广,官军所用,无论精粗,总系洋械,火器精利,声威震惊,乱民无抗拒之资,宵小弭孽芽之渐。"②

正因为如此,清朝统治者自以为有恃无恐,穷兵黩武的气焰十分嚣张。"封疆牧令,心粗手滑,动辄用兵。"③ 他们的信条是:"水弱民玩",必须"济之以猛"。只有"严行创惩","严拿重办",才能遏止"乱萌"。④ 尤其凶恶的是州县官往往因勒索不遂,诬民为盗,请兵弹压;武弁则急于邀功,妄加剿洗。⑤ 例如,1875—1876 年,四川东乡县乡民反抗县官违例苛敛,官兵"杀人如草","且举无数无干之老弱妇孺而杀戮之"。⑥ 1878 年,浙江定海金启兰等反抗查荒升科、山东陵县蔺汰等抗粮斗争,亦都惨遭官兵杀戮。⑦ 热河"金丹教"起义的教徒被"杀戮殆尽"⑧。清王朝就是凭借残暴的

① 潘彬:《天彭治略》第 5 卷,第 3—4 页;严作霖:《陕卫治略》第 9 卷,《谕办保甲以弭盗贼》。

② 张之洞:《奏稿》第 30 卷,第 8 页。

③ 张之洞:《奏稿》第 1 卷,第 11 页。

④ 李鸿章:《全书》,朋僚函稿,第 13 卷,第 9 页;刘坤一:《刘坤一遗集》,书牍,第 5 卷,第 1770 页;张之洞:《张文襄公公牍稿》第 10 卷,第 15 页。

⑤ 李瀚章:《合肥李勤恪公政书》第 8 卷,第 23 页。

⑥ 张廷骧:《不远复斋见闻杂志》第 3 卷,第 2—3 页。

⑦ 《清实录》,德宗朝,第 77 卷,第 15—16 页,又第 82 卷,第 13 页。

⑧ 《光绪朝东华录》,总第 3050、3052 页。

屠杀政策,迫使人民"饿死不敢为非"①,以维持其封建统治。

在动辄用兵、实行军事镇压的同时,地方官吏还利用刑权下放,滥施刑狱,鱼肉人民。前面提到,由于清政府实行严刑峻法,地方官吏非刑虐民,已经成为一种时尚。他们热衷于滥施刑狱,既是为了避免"讳饰徇隐"之咎,猎取"弭盗安良"的官誉,又是为的乘机诈财索贿,"酷以济贪"。因此,遇案必株连罗织,诛求无厌;如不遂欲,就删改供状,捏造罪名,置之死地方休。② 这也是他们坚持"就地正法"章程的根本原因之一。地方士绅则通过操纵团保,串通官府,为非作歹,残害人民。民情稍有浮动,即行鸣锣报警,出动团练,格杀勿论。对民间诉讼案件,或"直入官堂,插言剖判";或一纸嘱托,遥执州县审判。③ 甚至私设公堂,签票传案,擅用刑罚,武断乡曲。④ 至于佐贰差役从中贪缘舞弊,勒索敲诈,上下其手,连封建统治者也感到"弊窦不可胜言"⑤。

在镇压农民起义和人民反抗的过程中,清朝军队和地方官绅往往杀人如麻,血流成河。又因无人及时掩埋尸体,继而瘟疫流行,造成各地人口的大量死亡。因此,战后出现的大片地区人烟稀

---

① 据记载,1876—1877 年山西五台奇荒大饥,孟昭列等聚众千余起事,受到官府的残酷镇压,未酿成大案,封建文人分析说,这是由于"民情恭顺,饿死不敢为非"(郭维恒等纂:光绪《五台县续志》第 4 卷,第 6 页)。另载,1878 年河南奇灾,"小民甘心一死,绝不为乱"(葛士濬编:《皇朝经世文续编》第 39 卷,第 3 页)。

② 《清实录》,德宗朝,第 159 卷,第 12 页。

③ 文硕:《奏禁仕路颓风事》,《京报》,光绪八年四月初十日。

④ 《新报》,光绪六年六月二十五日;《字林沪报》,光绪十五年十二月二十六日。

⑤ 刘锦藻:《清朝续文献通考》第 244 卷,刑三,第 9877 页,光绪四年都察院奏;刘坤一:《刘坤一遗集》,公牍,第 1 卷,第 2760—2761 页;葛士濬编:《皇朝经世文续编》第 87 卷,第 12 页。

少甚至绝迹的情况,不完全是战争本身造成的,在相当程度上也是清王朝官绅依仗特权滥杀无辜的结果。

必须指出,清政府的对内镇压是得到帝国主义全力支持的。外国人认为,"最符合于他们利益的还是维持清王朝的威信和权力,使它更有力量压制内乱"①。1866 年,英国大使馆参赞威妥玛在提交清政府的《新议略论》中,告诉清政府说,如肯实行各项"新法",包括训练水陆军,"各国闻之,无不欣悦","其最为欣悦者",就是"内地从此容易治平,外国民人来往通商,常行居住,易得保全,各国亦可无虑"。② 所谓外国民人"易得保全",指的是清政府对外国人无微不至的保护。清政府把人民反侵略的爱国行动视为比"戕官毙命"还要严重的罪行③,惟恐防范、镇压不力。1868 年,台湾凤山、江苏扬州、河南南阳先后爆发反洋教斗争,清政府"惟恐事机决裂,难以收拾",向各该省督抚发出指令,赶紧完结教案,不使外人有所借口,酿成重案。结果,当地政府以赔款和答应洋教士其他要求而完结。④ 1870 年,天津教案爆发后,曾国藩立即增调淮军数千人前往弹压,并"务令多缉正凶","不得稍存宽纵"。⑤对镇江人民反对洋教士租房的革命行动,曾国藩则指示地方官

---

① 这是美国资产阶级作家赖德烈在谈到 1860 年以后西方列强尤其是英国和美国对清政府的态度时说的一段话。参见赖德烈:《中国的历史和文化》(K. S. Lalourette, The Chinese, Their History and Culture),第 364 页。

② 《夷务始末》,同治朝,第 40 卷,第 30—31 页。

③ 曾国藩:《全集》,奏稿,第 29 卷,第 13 页;张之洞:《张文襄公公牍稿》第 10 卷,第 5 页。

④ 参见魏金玉:《十九世纪下半期在华教会对房产土地的掠夺》,《经济研究》1965 年第 8 期,第 56 页。

⑤ 曾国藩:《全集》,奏稿,第 29 卷,第 22 页。

"开导士民","不必与之为难"。并恐吓说:"再有聚众生事,断难姑容。"①1891 年,芜湖教案中,知府沈秉成竟命令兵船向爱国人民开炮。② 同年张之洞办理武穴教案和宜昌教案,也严饬地方官对爱国人民"务获严办",不要"以拿匪弭乱为搪塞洋人",并加派弁兵、炮船进行弹压。③ 1894 年,英国传教士租赁庐山土地盖房,当地人民起而阻拦,引起中外交涉。地方官不但答应传教士索取赔款的无理要求,而且"严谕绅耆约束居民,不许稍滋事端"④。这样一来,外国侵略者在中国领土上愈加横行无忌了。

清政府强化国家机器,恢复和加强封建统治,是以对外投降投靠、牺牲国家主权为条件的。因此,对内统治的强化,也就意味着帝国主义对中国人民压迫的加深。而且,尽管清王朝付出如此高昂的代价,它的统治基础还是愈来愈不稳固。就在强化国家机器的过程中,封建政权内部出现了疆吏专横、绅权嚣张的形势。湘、淮军将帅"皖则党皖,楚则党楚,各树其援",肆意搜刮人民,"无不得心应手"。⑤ 土豪劣绅操纵基层政权,或倚恃勋戚权势,"武断乡曲","结官分肥",无恶不作。⑥ 这一方面表明人民遭受无数小君

---

① 曾国藩:《全集》,批牍,第 6 卷,第 77—79 页。

② 王文杰:《中国近代史上的教案》,第 96 页。

③ 张之洞:《张文襄公公牍稿》第 10 卷,第 5 页;《张文襄公电稿》第 13 卷,第 24 页。

④ 王鹏九:《交涉约案摘要》第 2 卷,第 19—21 页。

⑤ 《申报》,光绪六年三月初九日。

⑥ 马新贻:《奏议》第 8 卷,第 10 页,圩董庇犯滋事请革职归案讯办片,同治八年十月初七日,所述为苏北徐海一带情况;丁宝桢:《奏稿》第 8 卷,第 27 页,沥陈办事竭蹶情形片,光绪五年十二月二十日,所述为四川情况;左宗棠:《全集》,奏稿,第 58 卷,第 48 页,复陈奉旨查办事件大概情形折,光绪七年十二月十九日,所述为李瀚章家族在乡倚势妄为情况;《申报》光绪十九年三月二十九日,所述为江苏海门情况。

主的层层压迫和剥削;另一方面也意味着清王朝开始陷入分崩离析的状态。地方督抚垄断军权、财权,各自为政,清政府难以驾驭,形成"内轻外重"的局面。① 豪绅依势横行,地方官仰其鼻息,处于"为绅监印"的地位,以致皇朝政令"不为刁绅所搅,即为巨室所钳"。② 受到农民革命沉重打击的清王朝指望依靠军阀豪绅维持自己的封建统治,反而削弱了自己的权力。

然而,封建统治者的血腥镇压并未彻底消灭人民的反抗斗争。"捕盗之员弁兵勇,棋布星罗,而劫案层出不穷"。③ 清政府对广西这个"昔年倡乱之区"的统治倍加残酷,累年不断"剿捕",而民气依然"不静(靖)"。"小之则劫掠时闻,大之则聚啸立起。"④其实又何止广西如此。各省"报劫"奏章有如雪片纷飞。长江流域和浙、闽、云、贵、陕、晋等省,会党散勇到处"借端滋事",抗官、劫狱、焚衙的案件"层见迭出"。⑤ 1891 年,热河东部爆发的反洋教、反蒙古王公、反贪官的暴动,参加者达数万人。⑥ 各地抗粮抗捐的斗争,更是此伏彼起,动辄聚众成千成万⑦,以致地方官卒处于"附循

---

① 李鸿章致郭嵩焘函称:"都中群议,无能谋及远大,但以内轻外重为患,日鱼思思然欲收将帅疆史之权。"(李鸿章:《全书》,朋僚函稿,第 7 卷,第 2 页)。

② 李辅:《牧沔纪略》下卷,第 96 页;《光绪朝东华录》,总第 2941 页。

③ 《刘坤一遗集》,书牍,第 6 卷,第 1795 页。

④ 张联桂:《张中丞奏议》第 4 卷,第 60 页。

⑤ 刘坤一:《刘坤一遗集》,奏疏,第 10 卷,第 381 页;张之洞:《张文襄公公牍稿》第 9 卷,第 2 页,又第 10 卷,第 15 页;张之洞:《奏稿》第 4 卷,第 14—15 页,又第 20 卷,第 38 页;刘秉璋:《刘文庄公奏议》第 4 卷,第 30 页;葛士濬编:《皇朝经世文续编》第 64 卷,第 4 页,又第 84 卷,第 5 页。

⑥ 《光绪朝东华录》,总第 3050 页。

⑦ 各地抗粮斗争详见下节。

整顿,在在为难"的境地。①

## 二、加紧财政搜刮

　　长期的战争破坏和巨额的军费开支,弄得清王朝国库空虚,战后财政陷入了比战争期间更为艰窘的境地。正如统治者自己所分析的那样,对农民起义是"竭天下全力以平之"的,而对镇压起义后的残局则须"举天下既竭之力以应之"。两者"难易之间不可数计"②。

　　财政是维持国家机器正常运转、巩固统治的重要保证。在战后财政异常困难的情况下,清政府一切财政政策的基本出发点,就是加强对人民的搜刮,以维护和巩固自己的统治。

### (一)财政支出的膨胀

　　农民起义被镇压后,清政府的财政支出并没有下降,而是继续膨胀。各级官府一面叫喊"财用匮乏"、"罗掘无方",一面加紧搜刮,增养兵勇,以致"民日困而取财不已,财日匮而增兵不已"。③

　　增兵的结果是军费开支的大量增加。军饷本来就是清政府最大的财政支出项目,旗、绿额饷 2000 余万两,占全年财政收入的一半左右。农民起义失败后,由于练兵加饷,常年军饷明显增加。到七八十年代,旗、绿额饷和防勇、练军薪饷已达三千数百万两,80年代中期起超过 4000 万两。据统计,1885—1894 年,平均每年的

---

①　《刘坤一遗集》,书牍,第 9 卷,第 1968 页。

②　李宗羲:《开县李尚书政书》(以下简称李宗羲:《政书》)第 6 卷,第 29 页,《星变陈宫疏》。

③　《洋务运动》第 3 册,第 525 页。

军饷开支为 4136 万余两,占全年财政支出的 53.3%。① 而且,就在 19 世纪 80 年代前后,创办南北洋海军、修筑炮台、购买船舰枪炮以及各地开办军火工厂等项费用空前增加。海军常年军费 400 万两,修筑一座炮台动辄百十万两,向外国购买船舰枪炮,耗费更大。仅就船舰一项而言,1867—1894 年共购入大小船舰 51 艘,铁甲舰每艘需款百余万两,快艇每艘亦数十万两,购船总值当不下数千万两。② 在向外洋购买的同时,各地又先后开办军火工厂自行制造。如前所述,1865—1895 年,各地共开办大小军火工厂 21 处。其中规模较大的如江南制造局、金陵制造局、福州船政局、天津机器局和湖北枪炮厂等,创办经费和常年经费各多达数十万两,其余各厂亦自数万两至一二十万两不等。③ 80 年代以后,制造和购买船舰枪炮、修筑炮台、训练海军等项费用,每年不下一千数百万两。加上旗、绿、防练各饷,达五六千万两以上④,比战前增加 1 倍有余。军费开支占全年财政收入的百分之七八十。用统治者自己的话说,就是"竭天下十分之物力,八分以养兵勇"⑤。

镇压农民起义后,各级政府又纷纷扩充和增设官僚机构。其中有的是直接加强对人民暴力统治的机构,如团防局、保甲局、清讼局、发审局、候审所以及筹防局、支应局、采办局、转运局、报销局

---

① 据刘岳云:《光绪会计表》,第 1—5 页计算。

② 参见陈真:《中国近代工业史资料》第 3 辑,第 12—13 页;《洋务运动》第 3 册,第 45、49、59、61 页。

③ 参见孙毓棠:《中国近代工业史资料》第 1 辑(上),第 565—566 页,附录;陈真:《中国近代工业史资料》第 1 辑,第 72、152、160—166、196—201 页。

④ 李鸿章:《全书》,奏稿,第 39 卷,第 34—35 页;薛福成:《庸庵全集》,文编,第 2 卷,第 65 页;郑观应:《盛世危言》第 5 卷,练兵,第 18 页。

⑤ 《洋务运动》第 3 册,第 540—543 页。

等;有的是整顿财政和加强对人民搜刮的机构,如清查藩库局、交代局、清源局、招垦局、官荒局、清赋局、纲盐局、牙厘局等。此外还有诸如塘工局、铁绢局、桑线局、忠义局、收养幼孩公局等所谓"善后"机构。此等局所,一些省区往往数以百计。各局之间机构重叠,官职纷繁,仅薪俸开支一项就达 1000 多万两。① 再加上"办公"费用,数额就更大了。各地为了应付这项开支,不是大量截留税收款项,就是额外加征耗羡、平余、陋规。如江西等地,充做地方"办公"费用的丁漕耗羡,将近正额的一半。② 海关、常关和厘金局卡的行政费用超过其税收额的十分之一以上,少数厘卡甚至所征税额不敷薪俸开支。

皇室和宫廷的费用开支也空前增加了。叶赫那拉氏(慈禧太后)自 1861 年通过宫廷政变把持朝政后,恣意享乐,过着穷奢极欲的腐朽生活。她当政数年间,宫廷常年费用即增加 1 倍。到光绪年间,"更增数倍"③。70 年代后,又开始大兴土木,什么三海工程、南海工程、惠陵工程、圆明园工程、清漪园(颐和园)工程、热河庭园工程等等,接连不断。每项工程为期数年至 10 余年,耗资数百万两。颐和园的修建,耗费尤为惊人。到甲午战争爆发时为止,仅挪用海军费用一项即逾 5000 万两。为修园而卖官筹款,捐纳官吏多达 10 余万人。④

所有这些,使清政府的财政支出日益增大。据统计,1874 年

---

① 中国社会科学院经济研究所藏清代户部档案抄件(以下简称"清代抄档"):《户部议复御史管廷献奏请节糜费折》,光绪二十一年六月十七日。

② 《申报》,同治十二年八月二十四日。

③ 《穆宗圣训》第 31 卷,第 4 页,《朱批钟佩贤折》,同治六年五月戊辰:《谕折汇存》第 3 卷,第 49 页。

④ 费行简:《慈禧传信录》中卷,第 66—67 页。一说五六千万两以上(胡钧:《中国财政史》,第 342 页)。

的财政支出为 7000 万两,比战前增加了 1 倍;19 世纪 80 年代以后,历年支出常在 8000 万两以上。① 与此同时,在遭受农民战争巨大冲击后,清政府的财政、税收和会计制度空前混乱。相当一部分地区的户口、田亩册籍散失,赋额无稽,征课紊乱。厘金的创设和征解更是各自为政。再加上各种外销款项的不断增加,乡勇和地方官府往往自行筹款,不入奏销,甚至任意截留中央的款项。原有的一套解款、协拨、奏销制度,多归废弛。中央对地方财政既无法进行有效的稽核和控制,各地方之间在财政上的矛盾也日益尖锐。这些进一步加剧了清王朝的财政困难。为了摆脱困境,清政府只得采取对内加紧赋税搜刮,对外乞求借债两条办法。

### (二)放荒招垦

战后,土地大量荒芜。"荒地一年不开,钱粮一年无着。"②因土地荒芜而造成的田赋短缺,是清政府战后财政支绌的重要原因之一。③ 清朝统治者认为,"国家理财之道,莫如核经赋;足经赋之道,莫如无旷土"④。同时,因土地荒芜,"民不务本,易以为乱"⑤,直接妨碍地方封建秩序的巩固。招垦升科自然成为清政府开辟财源、加强搜刮、稳定秩序的"第一要务"⑥。

---

① 参见秦德纯:《中国近三百年岁计表》;刘岳云:《光绪会计表》第 1 卷,第 3—5 页。

② 严作霖:《陕卫治略》第 4 卷,《禀藩抚》。

③ 据记载,1863—1873 年通同估算,各省地丁除四川全完外,大多只完七八成,最少的只及二三成,平均为六成。短缺数额达一千余万两(参见同治《户部现钱各案节要》)。

④ 席裕福:《皇朝政典类纂》第 3 卷,田赋三,第 3 页。

⑤ 张树声:《张靖达公奏议》第 3 卷,第 29 页。

⑥ 席裕福:《皇朝政典类纂》第 3 卷,田赋三,第 18 页。

早在1862年,清廷就已谕令各省疆吏于地方收复后,"招集流亡,垦辟地亩"。1869年又饬令各地方官切实讲求招垦开征事宜,以期田亩粮赋"渐复旧额",并要求各省每年年底将全年田赋额数同上届征收,开具比较清单奏报,以此考核招垦成效。1880年又通令各省查勘荒地,限期上报荒地数额。户部在整顿田赋和筹备饷需的奏折中,也多次指令各省查核荒地,劝垦开征,不得借词短欠。① 江苏、浙江、安徽、河南、山西、陕西、甘肃、新疆、云南、贵州等土地荒芜严重的省区,为了广事招徕和恢复田赋旧额,纷纷成立专门机构,拟定章程,查勘荒地,招民认垦。甘肃、新疆为了解决劳力和赋税缺乏的问题,还采取了鼓励客民入籍垦荒的措施,如甘肃按垦户领地承粮的多寡,决定准其入籍和应试的期限。② 新疆除对垦户按规定拨给地亩外,还贷给一定数量的耕牛、种籽和房屋修理银两,并安插流放人犯,规定各犯到达新疆后,即照民屯章程拨给地亩,于钱粮全完3年后,准其入籍为民。③ 因此,这两个地区的荒地垦复,取得了较好的效果。

早在19世纪50年代,清政府为了筹措军需,已开放口外和东北围场禁荒,招民开垦。农民大起义失败后,清政府为解决财政困难,继续对热河、察哈尔、内蒙古和东北等地的围场、旗荒和其他官

---

① 参见席裕福:《皇朝政典类纂》第3卷,田赋三,第3、8、18页;《东华续录》,同治朝,第77卷,第10页;《光绪朝东华录》,总第863、931、968—969页;沈桐生辑:《光绪政要》(抄本),财政一,《户部议复御史王兆兰奏统筹出入,权出入而重度支折》,光绪元年三月二十六日,又《户部奏准综核度支整顿财用折》,光绪二年十一月初十日。

② 席裕福:《皇朝政典类纂》第3卷,田赋三,第13—14页。

③ 刘锦棠:《刘襄勤公奏议》第12卷,《新疆田赋户籍造册咨部立案折》,光绪十三年三月初五日,又《新疆助垦人犯筹款安插情形折》,光绪十一年十二月二十日;《光绪朝东华录》,总第2246页。

荒进行更大规模的丈放升科。热河原有围场 72 处,从 60 年代初开始丈放,到 1880 年年底,已丈放 31 处。① 直隶口外张家口、独石口、多伦诺尔 3 厅和山西口外丰镇、归化、托克托、和林格尔等 7 厅的旗荒、官荒和马厂地亩,原系商人、清廷宗室和满蒙王公把持私放;太平天国失败后,清政府先后将这些地亩收归官办,并于 1882 年成立了"丰宁垦荒局",专门负责这一地区的荒地招垦和清丈升科事宜。② 奉天盛京、海龙城以及吉林西部等地围场,也因流民私垦,官府"莫能禁逐",或因"防兵需饷孔亟",在七八十年代相继弛禁丈放,计亩升科。③ 奉天于 1867 年开始对盛京附近已垦荒地 50 余万亩清丈定则。此后,由近及远,对各地垦熟地亩逐一丈量升科。到 70 年代中,仅凤凰、暖阳城和汪清门外南北一线,已有升科熟地 180 余万亩。④ 吉林荒地绝大部分是从这时起丈放的。起初,由于没有一套相应的田赋征收制度,以致"有招佃之虚名,无征租之实效"。1868 年,户部要求吉林将军和其他官吏亲往放垦地区履勘,严定界限,防止官胥舞弊和流民私垦。自此以后,清查私垦和浮多地亩,成为封建统治者在这一地区进行财政搜刮的重要手段。1880 年,在省城正式成立"荒务总局",着手进行全省新旧放垦荒地的清丈事宜,直到 1888 年才基本结束,统计丈量的

---

① 《光绪朝东华录》,总第 1019 页。

② 安斋库治:《清末绥远的开垦》,《满铁调查月报》第 18 卷第 12 号,1938 年 12 月;李鸿章:《全书》,奏稿,第 66 卷,又第 43 卷;张之洞:《全集》第 6 卷,《筹议七厅改制事宜折》,又第 8 卷,《口外编籍无碍游牧折》。

③ 《光绪朝东华录》,总第 1789—1790 页;李桂林等纂:光绪《吉林通志》第 31 卷。

④ 南满洲铁道株式会社:《满洲旧惯调查报告》,一般民地,中卷,第 98—99 页。

放垦地亩达 101 万余垧。① 黑龙江的荒地丈放和升科办法大体上仿效吉林,不过其规模比后者要小得多。该省从 1860 年起招民试垦,"借裕度支",到 1868 年已放荒 20 余万垧。此后则时禁时放。②

清政府对台湾和浙江沿海某些岛屿的禁垦条例,也在 70 年代中期废除了。过去,内地人民前往台湾和进入高山族居住区,商人前往台湾贸易,台湾人民鼓铸器皿农具等,都受到严格限制。60年代后,台湾开埠通商,对外贸易发展,帝国主义侵占台湾的野心愈来愈明显。在这种情况下,清政府不得不"因时变通",于 1875年宣布废除旧禁,"以广招徕"。③ 向系封禁的浙江象山、宁海两县对海的南田岛,也于同年开禁,"听民耕作",并"清丈界址,征收粮赋"。④

### (三)丈田清赋

丈田清赋是在田赋征收方面和招垦升科同时推行的另一项重要搜刮措施。

农民战争对户籍制度和赋役制度的冲击,使清政府征收田赋十分困难。不少地区,或因田亩册籍散失,粮额无案可稽;或因人口流徙不定,土地时耕时废;或因产权转移频繁,户、地、粮三者关系混淆不清,以致豪绅地主以熟报荒,隐匿转嫁田赋,州县官吏将完作欠,任意贪污中饱,一部分农民也因起义影响而暂时逃避了赋

---

① 葛士濬编:《皇朝经世文续编》第 33 卷,户政十;《光绪朝东华录》,总第 240 页。

② 席裕福:《皇朝政典类纂》第 3 卷,田赋三,第 19 页;张伯英等纂:民国《黑龙江志稿》第 18 卷,财赋,税捐。

③ 沈葆桢:《政书》第 5 卷,第 14—16 页;《光绪朝东华录》,总第 21 页。

④ 《光绪朝东华录》,总第 150 页。

税负担,有的甚至"几不知完粮为何事"①。这种状况不但严重影响清政府的财政收入,而且对战后封建秩序的恢复和巩固也是一个严重障碍。因此,农民起义一被镇压,以清丈田亩、追缴民欠、重新编制户口和田亩册籍为主要内容的田赋整顿(即"清赋"),立即被提到日程上来,并被认为是解决战后财政困难"行之最简而取之至近"的"正本清源"之策。②

太平天国战争期间,清政府在湖南、湖北、江西、安徽、江苏、浙江6省相继推行"减赋"政策。太平天国失败后,清政府很快将这种以裁减浮收为主要内容的"减赋"政策转变为以丈田亩、清户口、查钱粮为主要内容的清赋政策。1864年年初,江苏地方政府在清军攻陷苏州后不久,即印发"清粮照单",令业户详细填报,听候勘丈③,开始了清赋的准备工作。四月,清廷饬令曾国藩、李鸿章整顿江南田赋,以正赋取代战争期间的粮捐、亩捐,并且"务令认真收纳,年清年款"④。从此,江、浙、皖3省即相继由减赋转为清赋,或利用减赋的形式进行清赋。江苏在减赋期间,还在川沙等地开始了试验性的田亩清丈。⑤ 此后又颁发"通省清丈章程",进行了全省范围的查勘和清丈。或以赋役全书为据,以田为经,按书求图,按图求田,按田定赋,荒熟并丈,重新编造图甲;或以户为经,先清户,而后按户求田,全面清丈,重立户名,分别编造"丘领户"

① 刘长佑:《刘武慎公遗书》第17卷,第30页。

② 《申报》,光绪六年二月初十日。

③ 陆筠:《海角续编》,见柯悟迟:《漏网喁鱼集》,外一种。

④ 《穆宗圣训》第30卷,第9—10页。

⑤ 李鸿章:《全书》,奏稿,第9卷,第9页;刘郇膏:《江苏省减赋全案》第2卷,第39—40页。

和"户领丘"两种册籍。① 浙江在镇压农民起义后，一方面采取耕者完粮、"就佃编户"的办法，很快恢复了田赋征收；另一方面，在省城设立"清赋总局"，开始了大规模的清赋运动，以确定产权，恢复原有的钱粮数额和征收制度。这一活动直到19世纪80年代才基本结束。② 安徽也先后进行了"逆产"、无主荒地和客民垦复地等的清查。③ 在江西，清赋是按照"寓抚字于催科"的方针进行的。其基本内容是，编审图甲，查造征粮册籍，严格土地买卖过割手续和田赋完纳期限，并大力追缴民欠，以改变战后钱粮征额短缺的局面。④

陕西、云南、贵州等省，在镇压少数民族起义后，都把清赋作为"当务之急"。陕西在回民起义失败后，地丁征额大幅度下降。巡抚刘蓉认为，"善后之法，莫急于清查田亩，招集流亡"。因此，他于1865年着手成立"营田局"，制定"正经界，立限制，缓钱粮，定租谷"等4项查地垦荒措施，对"叛产"、"绝产"进行全面清查，招民认垦纳粮。⑤ 1874年，云南回民起义全面失败，同年，地方政权即对全省荒熟田地进行全面清查，分段丈量，估计荒地成数，并限10年垦复，照原额征赋。1884年，10年限满，又由布政使司制定章程，颁发告示，再次对全省田亩、钱粮进行清查。其办法是，"按亩确查，据契清田，依田清界，按界求粮"。凡成熟田地，每丘各发一照，"务使军田、民田、官庄、叛产一一分晰，荒、熟、缓、征一一实

---

① 李宗羲：《政书》第4卷，第31页；丁日昌：《抚吴公牍》第12卷，第1页，又第37卷，第16页。

② 参见觉罗兴奎等：《浙江省减赋全案》和有关地方志。

③ 安徽通志馆纂修：民国《安徽通志稿》，财政考，第3卷，田赋。

④ 《光绪朝东华录》，总第1995—1996页。

⑤ 刘蓉：《奏议》第8卷，又第10卷，又第13页。

在"。在清理田赋的同时,又"编联保甲,以清奸宄"①。贵州当局在 1874 年苗族起义失败后,也曾多次清理土地粮额,责令荒地限期升科。1886 年进一步强行规定,各县钱粮一律全征全解,不准缓免。②

除上述地区外,战后进行大规模清赋的还有山西、新疆、台湾、广东、顺天、直隶和奉天、吉林、黑龙江等。

山西、新疆和台湾各地的丈田清赋,在战后清赋活动中是规模最大的。这些地方的田赋征收,一向十分混乱。山西向无鱼鳞图册,田赋的隐匿、转嫁相当普遍。为了维持田赋征收,介休等县曾在 19 世纪 60 年代进行清丈,并绘制鱼鳞图册。③ 1877 年大灾后,人丁大量死亡,土地荒芜,丁册紊乱,粮赋差徭无法摊征,全省"公私穷困,几乎无以自立"④。在这种情况下,巡抚曾国荃提出"清查荒地,编审丁册,均减差徭"的整顿财政办法。从 1879 年起,在解州、阳曲、太谷、曲沃等地进行了户口、地粮的全面清查和勘丈。其基本措施是,将清户、清粮、清地三者紧密结合,而又按先后次序进行,即所谓"清地先清粮,欲清粮先清户"。先按户查契,而后执契求田,查出隐地、规复钱粮原额。⑤ 山西特别是解州的地粮清丈,被认为是最有成效的。清政府曾要求各省督抚仿照执行。⑥

---

① 《全滇纪要》,财政门;岑毓英:《奏稿》第 11 卷;李蔚文等续纂:光绪《呈贡县志》第 6 卷,田赋,第 27—29 页。

② 岑毓英:《奏稿》第 16 卷,《移置县治划正经界清查田粮折》;犹海龙纂:民国《桐梓县志》第 9 卷,食货志,第 13—14 页。

③ 安颐等纂修:光绪《晋政辑要》第 9 卷,户制,田赋。

④ 《光绪朝东华录》,总第 1359 页。

⑤ 马丕瑶:《马中丞遗集》,《解州清丈地粮章程》;《光绪朝东华录》,总第 1359—1360 页。

⑥ 清代抄档:《户部议复勾稽州县经征钱粮积弊疏》。

　　新疆和台湾两地的清赋,是在各该地建省前后在财政上采取重大措施,除了全面清丈土地外,还对原有的赋税制度进行了某些改革。新疆在阿古柏叛乱被平定后,即拟建省。为了解决建省后的财政问题,1877—1880 年间进行了全面的土地丈量,将原来的"按丁索赋"改为"就田征赋",按土质肥瘠和水利条件制定科则,征"什一之税"。[①] 1884 年建省后,又搞了隐粮的清查和新垦地亩的清丈升科,并废除了落后的"伯克"封建土地所有制,将"伯克"的世袭领地归公,改租为赋。[②] 台湾于 1885 年建省后,巡抚刘铭传鉴于该省田亩册籍散失,粮赋征收混乱,财政支绌,提出"清查田亩以裕饷需"的措施,从"会查保甲,就户问粮"入手,对全台户口、田亩和赋则进行全面查丈和审定,重新制定和统一了全台田赋科则,按户填给丈单,并将屯田改租为赋,编丁为民。[③]

　　广东和直隶、顺天分别进行的是沙田和旗地的清查丈量。1866—1889 年间,广东为了筹措海防和炮台修筑等费用,先后 6 次对广州和潮州等属沙田进行清丈和升科升则。[④] 直隶、顺天对旗地中无租无粮"黑地"的清查,从咸丰末年以后就几乎没有间断过,然而收效很小。1889—1891 年,李鸿章按照户部奏定的《顺天各属议租议赋章程》,再次对直隶、顺天各属旗地进行了大规模的

---

　　① 《光绪朝东华录》,总第 905—906 页。

　　② 刘锦棠:《刘襄勤公奏议》第 12 卷,第 16—17 页,又第 7 卷,第 14 页。

　　③ 刘铭传:《谕办台湾地方清丈章程示》,葛士濬编:《皇朝经世文续编》第 32 卷,户政九,第 17—18 页;刘铭传:《刘壮肃公奏议》(简称《奏议》),第 7 卷,第 1、2—4、12—14 页。

　　④ 《刘坤一遗集》第 1 册,第 392 页;《光绪朝东华录》,总第 2670—2671 页。

清查和丈量,并对当时普遍存在的旗地产权和佃权纠纷规定了处理办法。①

清政府通过上述清赋措施,不同程度地提高了钱粮征额。山西和台湾的清赋被认为是收效最大的。特别是山西解州,据说通过清丈,钱粮年清年款,"一无累粮,且无荒地"②。台湾清赋后,全省田赋从原来的 18 万余两,提高到 67 万余两,增加了 2.7 倍。这种巨额增长,连统治者也没有想到。③ 吉林通过清赋,共收荒价钱 110 余万千文,每年增收大、小租银 6 万余两,据说"每年添此进款,实于饷源大有裨益"④。新疆的地粮征额也在清丈后增加 1 倍左右。⑤ 这些新增加的赋额,虽然有一部分出自原来隐田瞒赋的豪强大户,但大部分负担还是落在广大自耕农民头上。至于广东在沙田清丈中,多次收取"花息"和亩捐,提高科则,更是明显地加强田赋搜刮。

招垦升科,尤其是对封禁区的放垦,本来是恢复和发展农业生产的一项基本措施。但是,在遭受农民起义沉重打击后的清王朝,政治腐朽,财政困窘,已经不可能从恢复和发展社会经济的角度来考虑招垦与放荒问题,而只是把它作为维持和增加田赋收入的手段。在查荒招垦和清粮征赋的关系上,有的地方官吏就明白提出

① 《光绪朝东华录》,总第 2951—2952 页;(清)户部编:《清赋章程摘要》。

② 清代抄档:《户部议复勾稽州县经征钱粮积弊疏》。

③ 《光绪朝东华录》,总第 2761 页;刘铭传:《刘壮肃公奏议》第 7 卷,第 6 页。

④ 《光绪朝东华录》,总第 2494 页。

⑤ 《光绪朝东华录》,总第 905 页。

"清粮本而开荒末"的原则。① 有的地区在农民起义失败后曾设立"劝农局",劝农认垦,但旋即改为"清查局",查田征赋。② 地方官府对于招垦荒地,往往"虚应故事",而升科征粮则急如星火,甚至"耕种之计朝定,催科之吏夕来"。③ 有的地方官府还向垦荒农民索取地价和规费。原主归耕,则勒令补交欠赋;一经开垦,官府又以清查私垦和隐赋为名,反复勘查丈量,从中讹诈需索,甚或对垦地"任意予夺",擅作威福。④ 在这种情况下,招垦放荒已经完全失去其恢复和发展生产的积极作用,变为一种搜刮苛政。

尤为严重的是,一些地方官府不顾土地大量荒芜的实际情况,硬性规定清丈后的粮额必须与旧额相符。⑤ 为了恢复旧额,只好公开强摊硬派。他们或以荒为熟,将短缺粮额摊赔于成熟地亩,或"以地为田,改山作地",任意变换和提高科则,甚至"按户伸亩",强迫百姓按比例扩大承赋面积。⑥ 这就大大加重了农民的田赋负担。同时,在清赋过程中,丈量、验契、给单、换照无不有费,再加上官吏胥役重复征收,额外敲诈,清赋本身就成为百姓的一种沉重负担。

① 刘汝璆:《清查荒地议》,葛士濬编:《皇朝经世文续编》第 33 卷,户政十,第 7 页。

② 如江苏高淳等地就是这样。(参见陈嘉谋纂:光绪《高淳县志》第 7 卷,赋役,土田,第 8 页。)

③ 《清实录》,穆宗朝,第 177 卷,第 6 页;《光绪朝东华录》,总第 79 页,光绪元年五月丁酉彭玉麟奏。

④ 《清实录》,德宗朝,第 42 卷,第 11 页;《光绪朝东华录》,总第 79 页,光绪元年五月丁酉彭玉麟奏;《清实录》,穆宗朝,第 327 卷,第 29—30 页。

⑤ 参见刘郇膏:《江苏省减赋全案》第 2 卷,章奏,第 39—40 页;余绍宋纂:民国《龙游县志》第 27 卷,掌故二,第 3 页。

⑥ 《清实录》,德宗朝,第 115 卷,第 3 页;《申报》,光绪六年四月十三日;席裕福:《皇朝政典类纂》第 3 卷,田赋三,第 17 页;《谕折汇存》第 8 卷,第 46 页,又第 5 卷,第 34 页。

### （四）推广厘金制度

厘金原是一种临时筹饷的"权宜之计"。因此，太平天国革命一被镇压，就有人提出裁撤厘卡。这种主张遭到一些地方督抚的坚决反对，谓厘金"万不可骤议裁撤"①。后者得到清廷的支持，致厘金长期保留下来，变成一种经常税制。

为了增加厘金征额和加强中央对厘金的控制，清政府对厘金制度进行了某些整顿，如指令各省上报局卡数目，裁并多余厘卡，确定厘金定额，每年将厘金收支款额分两次造册报部，并随时将款项拨解部库，又要求各厘局裁撤冗员，杜绝中饱等等。与此同时，进一步扩大了厘金的征收范围和品目。

农民大起义期间，厘金局卡繁密，许多省区"几于十里一亭，五里一榭"。战后，清政府迫于舆论压力，宣布裁撤多余厘卡，其实明裁暗增，"有增无减"②。到19世纪80年代，安徽还有局卡70处，浙江则"为局七十，为分卡者数百"③。江西、湖北、广西等省各有局卡七八十处以上。④ 这些还只是正卡，至于各种分巡卡和私卡，更是不计其数。⑤ 连地瘠民贫的贵州省也同样是"局卡林立，

---

① 罗玉东：《中国厘金史》上册，第196页。

② 《申报》，光绪六年二月初一日，又光绪十七年三月初六日。

③ 《光绪朝东华录》，总第909页，光绪六年四月乙卯《裕禄奏》；潘彬：《天彭治略》第5卷，第5页。

④ 《申报》，光绪二十年七月十二日；光绪《大清会典事例》第241卷，第1页；李宗羲：《政书》第2卷，第4页，《致沔阳州厘局论裁卡书》。

⑤ 如江西名为局卡七十余处，实则"分卡林立，小票纷纭"，局卡无形无数。浙江嘉兴一带，则局下有卡，卡下有分卡，分卡下有摇卡，名目纷繁，"或一二里一卡，或三四里一卡。如网之密，如梭之织"（《申报》，光绪二十年七月十二日，又光绪二年七月十三日）。

如布罗网"①。

征收的货品和名目也不断增加。无论商品大小、数量多寡,也不论铺户、脚贩,莫不抽厘。即使尺布只鸡,盘川包裹,亦不能免。简直是"无处不卡,无货不税"②。

厘金局卡的增加和征收名目的繁多,导致一货多征,税率陡增。如上海有卡捐、货捐、钱捐、牙厘捐、进口出口捐、树木捐、房市捐、船捐等多种名目,各自设局,单独征收,其中绝大部分是重复征收。③ 同一种名目中又有多种捐款。如金陵米捐,除正捐外,又有育婴堂、善堂、救生局、义渡局等附捐;浙江丝捐,除正捐外,又有海塘捐、善后捐、沪捐等。④ 结果,单位商品所缴纳的厘金额和厘金率都大幅度提高。金陵每石米所缴纳的厘捐不下数百文,将近货值的一半,浙江的丝捐也远远超过货值的 10% 以上。⑤ 各省的厘金税率,最初大多为 1%—2%,而到光绪年间,大多增至 5%—10%,最高达 20%。⑥ 上海的豆、油、豆饼等货物的税率,同、光后更增至 10 余倍到 30 余倍。⑦

至于局卡官吏、巡丁在征收过程中的抑勒苛索,更加严重。任意加大货量、货值,提高税额、税率,以及无故刁难、贱价强买货物、勒索各种规费等,是他们敲诈商贾百姓最常用的手段。稍不遂意,即指为

---

① 《光绪朝东华录》,总第 475 页,《丁宝桢奏》,光绪三年九月丁巳。
② 《清实录》,德宗朝,第 232 卷,第 9 页,光绪十二年九月。
③ 《申报》,同治十三年九月十五日。
④ 《申报》,光绪四年九月十四日,又光绪二年三月十二日。
⑤ 《申报》,光绪四年九月十四日,又光绪二年三月十二日。
⑥ 参见罗玉东:《中国厘金史》上册,第 61—63 页。
⑦ 《申报》,光绪元年十月初九日。

偷漏,勒罚数倍、十余倍,甚至罚到数十百倍。[①] 还有的四出兜揽,半路邀截,公开抢掠。因此,商贾百姓"畏厘卡甚于畏盗贼"[②]。

清政府在整顿、推广盐茶和百货厘金的同时,也加强了对鸦片厘金的征收。1858 年中英《通商善后条约海关税则》将鸦片贸易合法化以后,一些通商口岸所在的地方政府,已经开始对贩卖鸦片的华商征收厘捐。广东还采取招商包缴并逐年增加缴纳款额的办法,以筹措海防饷需。[③] 清政府鉴于各地税率过低,互不统一[④],偷漏严重等情况,企图通过关厘并征、海关一次征收的办法来防止偷漏,增加收入,同英国进行了将近 10 年的谈判。1885 年,《烟台条约续增专条》规定,每 100 斤鸦片在海关缴纳关税 30 两的同时,由华商缴纳厘金 80 两,清政府才算达到了关厘并征的目的。据说每年因此可增税收 300 万两。[⑤]

鸦片进口贸易合法化以后,一些官吏纷纷要求对国内鸦片（"土药"）的种植和贩运完全开禁,并提高税厘征额。[⑥] 英国为了

---

① 丁日昌:《抚吴公牍》第 34 卷,第 7—8 页,又第 50 卷,第 12 页;《申报》,光绪十八年五月初八日。

② 《申报》,光绪六年二月初一日。

③ 参见刘岳云:《农曹案汇》,第 35 页。

④ 据 1868 年海关调查,各开放口岸鸦片厘捐,每担最低 14.76 两,最高 105.5 两,平均为 43.3 两（参见莱特:《中国关税沿革史》,第 220—221 页）。

⑤ 罗玉东:《光绪朝补救财政之方策》,《中国近代经济史研究集刊》第 1 卷第 2 期。又据光禄寺卿袁昶（见王延熙等编:《皇朝道咸同光奏议》第 17 卷,第 7 页）和《中国度支考》云,每年不下六百万两。

⑥ 例如,有人提出,栽种罂粟地亩,按赋则二十倍征收。河南则每亩加征 300 文,较原赋增加三倍。左宗棠在提出增加洋药税厘时,也要求增加土药税厘（刘岳云:《农曹案汇》,第 33 页;《清实录》,德宗朝,第 182 卷,第 17 页,光绪十年四月庚午）。

保证"洋药"畅销,也要求提高"土药"税率。① 在外国侵略者和国内财政困难的双重压力下,清廷于 1890 年指令各省制定章程,整顿土药税厘。于是,各省纷纷修订章程,大力加强对鸦片种植、贩运的稽核和税厘的征收。有的按亩收税;有的于罂粟开花时按亩履勘;有的提高税率以增加征额;也有的降低税率以扩大销路。各种办法无所不用其极。② 鸦片的种植和贩运也因此而完全合法化。此后,鸦片税厘竟成为各省一项重要的税源。

### (五)举借外债

清政府为了增加财政收入,在国内大肆搜刮,但仍然无法弥补其日益增大的财政亏空,于是又举借外债。而外债绝大部分是以外国直接控制下的海关税收为担保举借的。

第二次鸦片战争后,帝国主义完全攫取了我国的海关行政权。随着西方列强对华经济侵略的不断扩大,海关税收额日益增长。1864 年的关税额为银 7872257 两,1894 年增至 22528605 两,30 年间增长将近 2 倍。③ 在清政府财政收入中所占比重也由七分之一左右上升到四分之一左右。清政府在战后新增加的许多开支,如购买船舰枪炮,开办军火工厂和其他新式企业,修筑炮台,训练海军以及驻外使馆等费用,很大一部分是依靠关税支付的。由于关税收入稳定可靠,在财政状况日益恶化的情况下,清政府于 1873 年决定将四成关税解部封存,以备急需。④ 各地方官府特别是通

---

① 总税务司赫德曾提出将土药税厘增至每担 220 两(席裕福:《皇朝政典类纂》第 96 卷,征榷十四,杂税,第 4 页)。

② 《光绪朝东华录》,总第 2735 页,光绪十六年四月甲寅;《申报》,光绪十九年四月十四日。

③ 姚贤镐:《外贸史资料》第 2 册,第 800—801 页。

④ 《穆宗圣训》第 30 卷,第 23 页,同治十二年正月乙酉。

商口岸所在的地方官府要求部分或全部截留，以备地方开支。而李鸿章则要求将其径解海军衙门，专充海防之用。① 可见这时关税在清政府财政收入中已占着极其重要的地位。

关税在财政上的地位越高，清政府就越是倚重海关洋税务司，把他们一个个捧为高级顾问和特等"功臣"②。在财政整顿、对外交涉等重大问题上，也对之无不言听计从。国家财政大权遂逐渐落入外国侵略者手中。

在财政依赖海关税收的同时，清政府又以关税为抵押举借外债。

战后时期的外债，大部分集中在左宗棠"西征"和中法战争前后。"西征借款"一共有 6 笔，按其用途可分为前后两部分：前 3 笔被直接用于镇压西北地区少数民族起义，其款额和情况前章已有论述；后 3 笔则有一部分被用于平定新疆阿古柏暴乱政权，款额共计 1075 万两，全部由英国汇丰银行提供。第四次"西征借款"举借于 1877 年 6 月，左宗棠原以借 1000 万两，后来实借 500 万两。次年 9 月举办的第五次"西征借款"350 万两，是华商和汇丰银行的混合借款。先是由上海采办转运局委员胡光墉在上海、苏州、杭州一带联合华商，组织乾泰公司集股认贷，其贷款条件则完全仿照外债成案，按月一厘二毫五起息，以关税作押，由粤海、浙海、江海、闽海、江汉 5 关出票，加盖督抚印信，6 年偿还本息。但华商深恐清政府将来不能如期偿还，借款变成报效捐纳，认股不甚

---

① 李鸿章：《复奏海防条议疏》，陈忠倚编：《皇朝经世文三编》第 46 卷，兵政二，第 6 页。

② 1866 年，清政府因赫德等人管理关税，为镇压农民起义提供饷需"有功"，特授予赫德以按察使衔。各口洋税务司和打子手头目等也分别被授予一等二等金功牌（李鸿章：《全书》，奏稿，第 10 卷，第 4—5 页）。

踊跃,所以胡光墉只募得原额的半数(175 万两),其余一半改由汇丰银行承贷。这样,这次贷款变成了华洋混合借款,共同发行债票。① 第六笔"西征借款"举办于 1881 年 5 月,款额 400 万两,由陕甘藩库担保,实际由海关扣抵。

中法战争前后,由于国防吃紧,财政支绌,清政府又接连举债,以支付海防费用和一部分日常军饷,形成又一次借债高潮。直接或间接用于中法战争的借款有"广东海防借款"4 笔,款额 501 万余两,"滇桂借款"100 万两,"福建海防借款"358 万余两,"援台规越借款"298 万余两。1883—1885 年,外债额 18412543 两,其中借债最多的 1885 年,外债额达 1359 万余两,占当年财政收入的17.6%。② 这些债款全部由汇丰银行、怡和洋行、宝源洋行等英国商人集团贷放,其中汇丰银行所贷部分为 10734543 两余,占58.3%。③ 这些借款实际上有一部分被挪作粤、闽、台等省的一般军饷,一小部分(190 万两)作为援助越南抗法的滇桂军饷,而订购的海军船舰,则直到中法战争结束后两年,才驶到中国。

中法战争结束后,清政府的外债数额有所减少,1886—1890年间,共计 7683977 两。此后至甲午战争爆发,未见借债。而这时的外债用途则开始扩大,不只是用于河工和铁路建筑,而且消耗于廷苑修建,直接供清朝统治者挥霍享乐。1885 年的"神机营借款"500 万两,名为修建京西铁路煤矿,实际上除支付船炮款 248 万两外,全部用于修缮颐和园。以后又有用于北京南海工程和三海工

---

① 第五次"西征借款"的华商承贷部分,可以看做是中国发行国内公债的开始,不过,这笔内债是华商倚恃洋商的特殊势力才形成的(参见徐义生:《中国近代外债史统计资料》,第 3 页)。

② 据徐义生:《中国近代外债史统计资料》,第 2—3 页表一。

③ 据徐义生:《中国近代外债史统计资料》,第 2 页表一。

## 1877—1890年清政府举借外债表

| 年月 | 借款名称 | 贷款者 | 数额（库平两） | 利息率 | 期限 | 担保税项 | 用途 | 备考 |
|---|---|---|---|---|---|---|---|---|
| 1877.6 | 西征借款4. | 汇丰银行 | 5000000 | 年息10% | 7年 | 各关洋税 | 左宗棠军新疆军饷 | 原拟借1000万两 |
| 1878.9 | 西征借款5. | 汇丰银行 | 1750000 | 年息10% | 6年 | 各关洋税 | 左宗棠军新疆军饷 | |
| 1881.5 | 西征借款6. | 汇丰银行 | 4000000 | 年息8% | 6年 | 陕甘藩库收入 | 左宗棠军新疆军饷 | 实际由海关扣抵 |
| 1882—1884 | 新疆俄商借款 | 新疆俄商 | 120000 | | | | 朴发新疆塔城兵饷 | 由户部拨晋、豫、陕、皖、解塔城军饷清还 |
| 1883.9 | 广东海防借款1. | 汇丰银行 | 1000000 | 年息8% | 3年 | | 中法战争广东经费 | 原拟购驾舰2艘，后拨作军饷 |
| 1884.1 | 轮船招商局借款1. | 天祥、怡和等洋行 | 678000 | | | 轮船招商局所有码头、仓栈等 | 偿还轮船招商局所欠银号、银庄等债款 | |
| 1884.4 | 广东海防借款2. | 汇丰银行 | 1000000 | 年息8% | 3年 | | 中法战争广东经费 | 原拟购驾舰2艘，后拨作军饷 |
| 1884.10 | 广东海防借款3. | 汇丰银行 | 1000000 | | | | | 原拟购驾舰2艘，后拨作军饷 |

续表

| 年月 | 借款名称 | 贷款者 | 款额（库平两） | 利息率 | 期限 | 担保税项 | 用途 | 备考 |
|---|---|---|---|---|---|---|---|---|
| 1884.10 | 沙面抚款借款 | 汇丰银行 | 143400 | | | 加抽太古洋行来往省港轮船码头捐 | 偿付1883年广州沙面焚毁洋商房屋物件抚恤银 | |
| 1884.12 | 滇桂借款 | 宝源洋行（麦加利银行、渣打洋行） | 1000000 | 年息8% | 3年 | 各关洋税 | 中法战争期间滇桂军饷各40万两，刘永福军饷20万两 | |
| 1885.2 | 福建海防借款 | 汇丰银行 | 3589781 | 年息7% | 10年 | 各关洋税 | 中法战争期间闽省边防军饷，后余款60万两拨入神机营 | |
| 1885.2 | 广东海防借款 4. | 汇丰银行 | 2012500.293 | 年息7% | 10年 | 粤海关税及洋药厘金 | 中法战争期间广东军需用款 | |
| 1885.2 | 援台规越借款 | 汇丰银行 | 2988861.822 | 年息6% | | 各关洋税 | 中法战争期间援台湾越军饷 | |

续表

| 年月 | 借款名称 | 贷款者 | 款额<br>(库平两) | 利息率 | 期限 | 担保税项 | 用途 | 备考 |
|---|---|---|---|---|---|---|---|---|
| 1885.3 | 神机营借款 | 怡和洋行 | 5000000 | 年息7% | 10年 | 各关洋税 | 名为修建京西铁路,实际除付船炮款248万两外,用于修建颐和园 | |
| 1886 | 轮船招商局借款2. | 汇丰银行 | 1217140 | 年息7% | 10年 | 轮船招商局产 | 向旗昌洋行赎还轮船招商局用款 | |
| 1886.7—10 | 南海工程借款 | 汇丰银行 | 300000<br>700000 | 年息7% | 10年<br>30年 | 粤海关洋税 | 奉宸苑修缮三海工程用 | 按即广东善后局汇丰借款 |
| 1887.1 | 三海工程借款 | 德国华泰银行 | 980000 | 年息5.5% | 15年 | 各关洋税 | 修缮三海工程用款 | |
| 1887 | 津沽铁路借款 | 怡和洋行<br>华泰银行 | 637000<br>439000 | 年息5% | | | 津沽铁路用款 | |
| 1887.10 | 郑工借款1. | 汇丰银行 | 968992 | 年息7% | 1年 | 津海关等洋税 | 防堵黄河郑工决口工程及购买挖泥轮机 | 按行平银103.2两=库平银100两平库折合 |

续表

| 年月 | 借款名称 | 贷款者 | 款额（库平两） | 利息率 | 期限 | 担保税项 | 用途 | 备考 |
|---|---|---|---|---|---|---|---|---|
| 1888.5 | 郑工借款 2. | 汇丰银行 | 1000000 | 年息 7% | 4 年 | 津海关洋等税 | 防堵黄河郑口工决工程及购买挖泥轮机 | |
| 1888 | 津通铁路借款 | 汇丰银行 | 134500 | | | | 津通铁路订料用款 | 原订借款 200 万两,后停工候议,未借足 |
| 1889.5—9 | 鄂省织布局借款 | 汇丰银行 | 160000 | 年息 5% | | 广东闱姓捐款利息由湖北偿还 | 湖北织布局造厂费用 | |
| 1890.4 | 嵩武军借款 | 德国泰来洋行 | 182481.75 | 年息 6.5% | 4 年 | 由户部于晋、鲁、豫、直各省收入项下清还 | 山东嵩武军用款,垫还华商借款 | |
| 1890.4 | 山东河工借款 | 德华银行 | 364963.5 | 年息 6.5% | 4 年 | 由户部于晋、鲁、豫、直各省收入项下清还 | 山东河工用款,购买挖泥轮机 | |

程的两笔借款,款额为 198 万两。外债用途的扩大,表明清政府在
财政上对外债的依赖程度加深。

据统计,1877—1890 年,清政府共借外债 24 起,合计库平银
36366620. 365 两。各笔外债的举借年月、名称、承贷者以及款额、
用途等,详如下页表。①

此外,从 1877 年至甲午战争前夕,属于拟借未成或成否不详
的借款有 21 起。其中既有海防名义的军费借款,也有开矿、修路、
购船、设厂、开设电报局等实业性借款,还有直接为增发钱钞以摆
脱财政困境的开矿和购机铸币、发钞借款。有的款额多达二三千
万两。这些借款虽因某种原因未借成,但从一个侧面反映了当时
清王朝的财政状况和动向。

这一时期的外债有以下几个特点:

第一,绝大部分借款的用途是军事性和非生产性的。1877—
1890 年间的 24 笔借款,按其用途性质,大体可以分为军事费用借
款、廷苑工程借款、河工借款、实业借款和对外恤款借款等 5 类。
各类借款的次数、款额及其所占比重,见下表②:

1877—1890 年借款用途分类表

| 类别 | 次数 | 款额<br>（库平两） | 占总数<br>（%） | 备注 |
| --- | --- | --- | --- | --- |
| 军事费用借款 | 13 | 26123624. 865 | 71. 84 | 包括神机营借款 248 万两 |
| 廷苑工程借款 | 3 | 4500000 | 12. 37 | 包括神机营借款 252 万两 |
| 河工借款 | 3 | 2333955. 5 | 6. 42 | |
| 实业借款 | 5 | 3265640 | 8. 97 | |

---

① 据徐义生:《中国近代外债史统计资料》,表一编制。

② 据徐义生:《中国近代外债史统计资料》,表一编制。

| 类别 | 次数 | 款额<br>（库平两） | 占总数<br>（%） | 备注 |
|------|------|------------------|----------------|------|
| 对外恤款借款 | 1 | 143400 | 0.40 | |
| 合计 | 25 * | 36366620.365 | 100.00 | |

注：* 因按其用途将神机营借款分作两次统计，故借款次数比原数多一次。

从表中可以看出，军事费用借款多达 13 起，款额 2612 万余两，占借款总额的 71.84%。这些名为"御外"、"自强"的军事借款，不管是在左宗棠"西征"期间，还是在中法战争期间，大部分都是用于一般的军饷开支，用借款购买而能够在防卫战争中直接发挥作用的船炮，却直到中法战争结束 2 年后才运到中国。廷苑工程借款 450 万两，则完全是供清朝最高统治者挥霍享乐。从 19 世纪 80 年代中叶开始，虽有一部分借款被用于铁路修建和其他洋务企业，但数额和比重很小。这方面的借款，包括用于赎还轮船招商局的借款在内，仅 326 万余两，只占这一时期外债总额的 8.97%。借款用途的这种军事性和非生产性特点，是由清王朝财政的空前困窘和它本身的极端腐朽决定的。

第二，利息率高，借款条件苛刻。进行高利盘剥是帝国主义列强贷款的直接目的之一。清政府所借的绝大部分债款都要偿付高额利息。当时西方发达国家之间的借贷，一般为年息三厘，最多不过四五厘①，而清政府的借款利息一般高达八九厘，再加上经纪人的舞弊渔利，清政府的实付利息往往比当时通常的国际借贷高四五倍。而且，借款以金币计算，折合白银偿还，由于银价下跌，形成镑亏，加重了还款负担。此外尚有"扣头"、"贴补"等名目。清政

① 郑观应:《国债》,《皇朝经世文统编》第 37 卷,第 33 页。

府所借的多次债款都是按九五折付款,借款百两,实得 95 两。还必须指出的是,西方国家贷给清政府的许多笔借款,都是在中国就地发行债券股票,由中外商人认购,其中相当一部分认购者是中国人。① 外国侵略者就是这样直接以中国的钱财做本金,对清政府进行高利盘剥。

贷款的其他条件也十分苛刻。除每笔借款必须以关税或其他财源做担保外②,一部分借款还有其他附加条件。如中法战争期间,英国汇丰银行贷给清政府的 1000 多万两债款,都有一个条件,即款项必须用于购买债权国的军需品和船炮。1887—1890 年的几起河工借款也主要是用于购买债权国的不合实用的挖泥轮机。这样,贷款国不仅从债款本身获得高额利息,而且达到了商品倾销的目的。至于以关税为借款担保,则使外国侵略者加强了对中国海关及其税收的控制。

第三,愈到后来,各项借款愈具有明显的政治性质。19 世纪七八十年代,随着资本主义向帝国主义转化,西方列强在中国的争夺日益加剧,贷款开始成为它们在中国物色和扶植走狗、攫取和争夺路矿权益的重要手段。于是围绕借款发生的角逐尖锐化了,借款本身的政治色彩也越来越浓厚了。中法战争前,一些大型借款几乎完全由英国财团怡和洋行、汇丰银行等垄断;中法战争后,法、德、美等国财团也空前活跃起来。战争期间,法国侵略者曾企图向

---

① 《字林沪报》,光绪十一年五月二十四日;《皇朝经世文统编》第 37 卷,第 33 页。

② 1877—1890 年的 24 笔借款中,载明担保财源的 18 笔,其中以关税为担保的 10 笔,款额 25290135.115 两,占同期外债总额的 69.55%。其余的担保条件分别为晋、豫、鲁、直、陕、甘等省藩库收入,广东闱姓捐款以及轮船招商局局产等。

清政府提供 2000 万两贷款,借以换取在台湾开采煤矿和建筑铁路等项特权。此后,英、德垄断集团也开始了减低利率以攫取更大特权的竞争。因此,1885 年以后,借款利息率一般已降低至年息 7 厘以下,期限则大多延长到 10 年以上。1886—1887 年间,当清政府向英、法、德诸国在津银行进行借款交涉时,德国华泰银行的代理商礼和洋行即以年息 5 厘 5 毫的少有低利,向清政府提供借期 15 年的 500 万马克(98 万两)贷款。后来华泰银行又和英国怡和洋行共同参加了对津沽铁路的贷款。到 1889 年,德国财政垄断集团设立德华银行以后,德国财团对中国资本输出的阵地已基本巩固。英国汇丰银行则通过 1889 年的武昌织布局借款,直接渗入了当时洋务派兴办的新式企业。这时美国侵略者也开始参加竞争。1887 年,美商米建威(Coult Eugene S. K. de Mitkiemicz)曾企图勾结李鸿章共同设立华美银行,并打算由美国财团提供 2500 万两的巨额贷款。这一举动不仅直接和英国财团发生尖锐冲突,也引起了清朝统治者内部一些人的反对。只是在奏章弹劾、众议沸腾的攻击下,美国财团的企图才未能得逞。1890 年,奥商伦道呵也曾企图向清政府贷以 3000 万两的巨款,修筑营口至珲春的铁路。[①]

通过这些政治性贷款,帝国主义列强不但部分控制了清政府的财政,开始获取工矿、铁路权益,渗入洋务派近代企业,而且着手确立势力范围。它们已经在为瓜分中国做准备了。

### (六)搜刮政策的破坏作用

从清政府为强化封建统治所采取的上述财政措施中,可以

---

① 　参见徐义生:《中国近代外债史统计资料》,第 3—4 页。

看出,这时清政府的搜刮重点,虽然仍是田赋,但厘金和海关
税收在财政收入中越来越占有重要地位,外债则被用以应付某
些紧急需要。这种情况使清政府财政收入的构成发生了明显
变化。

田赋原是清政府最主要的收入来源,一向占岁入总额的三分
之二乃至四分之三以上。前面说过,农民大起义爆发后,清政府的
田赋征额急剧下降,镇压农民起义的军饷主要是靠厘金和捐输支
付的。农民起义被镇压后,田赋长期不能复额,而财政支出却不断
增加。在这种情况下,清政府一方面继续搜刮厘金和捐输,到
1885—1894 年间,厘金一般占到政府岁入的 15%—20%;另一方
面,越来越把海关税收视为重要财源,它在政府岁入中所占的比重
日益增大,80 年代后期,已占到岁入的四分之一左右。与此相反,
田赋在政府岁入中的比重却不断下降。19 世纪 80 年代末 90 年
代初,田赋仅占岁入的三分之一左右。1885—1894 年间,田赋和
关税、厘金数额及其在岁入中所占比重如下表。①

<h3 style="text-align:center">田赋和厘金、关税数额及其占岁入比重表</h3>
1885—1894 年　　　　　　　单位:千两

| 年 份 | 岁入总额 | 田赋 | | 厘金 | | 关税 | | 其他 | |
|---|---|---|---|---|---|---|---|---|---|
| | | 数额 | 占岁入% | 数额 | 占岁入% | 数额 | 占岁入% | 数额 | 占岁入% |
| 1885 | 78276 | 30213 | 38.6 | 13980 | 17.9 | 14717 | 18.8 | 19366 | 24.7 |
| 1886 | 82304 | 31260 | 38.0 | 15693 | 19.1 | 15401 | 18.7 | 19950 | 24.2 |

---

① 据刘岳云:《光绪会计表》编制。其中关税额据姚贤镐:《外贸史资料》第 2 册,第 801 页,并按 100 海关两＝101.69 库平两换算成库平两,岁入总额亦据此复核。

| 年 份 | 岁入总额 | 田赋 | | 厘金 | | 关税 | | 其他 | |
|---|---|---|---|---|---|---|---|---|---|
| | | 数额 | 占岁入% | 数额 | 占岁入% | 数额 | 占岁入% | 数额 | 占岁入% |
| 1887 | 85787 | 31187 | 36.4 | 16747 | 19.6 | 20889 | 24.3 | 16964 | 19.5 |
| 1888 | 94196 | 31581 | 33.5 | 15565 | 16.5 | 23559 | 25.0 | 23491 | 25.0 |
| 1889 | 86187 | 30587 | 35.5 | 14931 | 17.4 | 22192 | 25.7 | 18477 | 21.4 |
| 1890 | 92465 | 31915 | 34.5 | 15324 | 16.6 | 22368 | 24.2 | 22858 | 24.7 |
| 1891 | 95394 | 31816 | 33.4 | 16327 | 17.1 | 23915 | 25.1 | 23336 | 24.4 |
| 1892 | 88816 | 31270 | 35.2 | 15316 | 17.2 | 23072 | 26.0 | 19158 | 21.6 |
| 1893 | 88670 | 31535 | 35.6 | 14007 | 15.8 | 22361 | 25.2 | 20767 | 23.4 |
| 1894 | 93264 | 31498 | 33.8 | 14216 | 15.2 | 22904 | 24.6 | 24646 | 26.4 |

财政收入的这种变化,并不表明作为财政基础的社会生产力有多大的进展,而是意味着社会经济走上了畸形的发展道路。进出口商品受子口税单的保护,繁密的厘金局卡和苛重的厘税负担便成为对农业和手工业国内消费品的生产和流通的巨大摧残力量。而海关税收的增加,在实行协定关税和丧失海关行政权的情况下,则意味着帝国主义经济侵略的扩大和深入。

这时清政府的财政收入虽然有所增长①,但增长得自商品流通,而非得自商品生产,其结果便造成对经济的破坏,进而导致财政税源的衰竭。

试以厘金而论,如前所述,厘金的增加主要是由于扩大征课范围和提高税率,这就必然造成对生产和流通的破坏。到19世纪

---

① 19世纪70年代初,清政府的岁入已增加到6000余万两,大大超过战前水平,80年代中期后,岁入已达8000余万两,比战前增加1倍以上。

80 年代后,许多地区就因厘金苛扰而生产衰退、商业凋敝、物价腾贵。有的地方甚至被弄得"郊关寥落,鸡犬无声,城市萧条,舟车绝迹"①。一些农业和手工业产品在国内市场上对洋货的竞争能力,也因厘金的打击而日益削弱,甚至被排挤于市场之外。例如,江南地区的土布销售市场,由于"厘捐日重而逐渐为洋纱洋布所侵占";又如广西大米向来运销广东,到七八十年代,运粤米船因厘金苛扰而"几乎绝迹",大米市场完全为洋米所侵占。② 这一切又导致厘金征收额的缩减。尽管税率不断提高,到 90 年代后,仍然出现了厘金收入持续下降的趋势。③ 至于征收和增加鸦片税厘,名为"寓禁于征",实则无异于"饮鸩止渴"。姑且不论鸦片对全国人民身心所造成的严重危害,仅就财政经济而言,每年征收三四百万两的"洋药"税厘就意味着竭耗二三千万两的白银;而"土药"税厘的开征和国内鸦片种植的合法化,则使原来被用于种植粮食和经济作物的大量肥沃土地改种毒品,导致一些地区的粮食短缺和经济凋敝。这种做法正如当时报刊所评论的,好比"挖肉补疮;疮不见愈,……肉已糜烂"④。

推广捐例,卖官筹款,导致吏治腐败,国家筹款措施成为各级官吏贪污中饱的门径,使财政搜刮的后果愈加严重化。须知买官捐爵之人率相以官为贸易,"因本求利",一旦得缺,自然无不"计

---

① 《新报》,光绪五年三月十三日。

② 《清实录》,德宗朝,第 343 卷,第 8 页,又第 63 卷,第 5—6 页,又第 161 卷,第 15—16 页。

③ 刘岳云:《光绪会计表》第 1 卷;罗玉东:《中国厘金史》上册,第 188 页;李希圣:《光绪会计录》,第 4 页。

④ 《申报》,光绪十八年十一月二十二日。

母取赢,为充囊橐而不止"。① 结果,横征暴敛,冒支滥销,需索侵吞,各种手段无不用尽。如田赋征收,每征赋银 1 两,贪污中饱多达 1 两 5 钱。② 税厘征收,更是"收敛于商贾者不少,征解于国家者不多",贪污中饱之数,"少者等于官收,多者三倍不止",甚至"入公家者一,而充私囊者十"。③ 经办洋务企业和购买船舰枪炮,同样任意浮冒,贪污中饱"习为故常"④。因此,清朝统治者哀叹,卖官筹款"得于捐输者甚微,而失于帑项者至巨"⑤。

海关税收虽是一个稳定增长的项目,但是自从第二次鸦片战争以后,海关税则就被钉死在一个极低的水平上,关税收入的增长即是对外进出口贸易量的增长,特别是鸦片和棉纺织品两大项目的增长。前者不仅意味着中国劳动力的受害,而且意味着中国对外收支状况的恶化;后者则意味着中国手工棉纺织业的解体。关税收入之用作对外债务的担保,是外国人掌握中国海关行政权的结果。由于利息率高,清政府借债愈多,本息负担愈重,能够到手的关税收入愈少。据统计,1885—1894 年,清政府支付的外债本息 3339 万余两,平均每年将近 334 万两。占全年财政支出的 4.3%,占海关税收的 15.8%。最多的一年(1892 年)占财政支出总额的 6%,占海关税收的 19.6%。⑥ 具体到某些省份,情况还要严重,如广东在中法战争期间,海防借款达 500 万两,每年应还本

---

① 　阎敬铭:《清道府州县四项无庸减成疏》,祁寯藻等编:《同治中兴京外奏议约编》第 2 卷,第 22 页;《光绪朝东华录》,总第 1161 页。

② 　费行简:《慈禧传信录》中卷,第 34 页。

③ 　《申报》,光绪三年十月十八日;张之洞:《请修省以弭灾变折》,《谕折汇存》第 4 卷,第 57 页;《字林沪报》,光绪十六年二月十四日。

④ 　《光绪朝东华录》,总第 1050 页;《洋务运动》第 3 册,第 128、545 页。

⑤ 　《光绪朝东华录》,总第 3912 页,光绪二十二年十一月乙未。

⑥ 　参见徐义生:《中国近代外债史统计资料》,第 21 页。

息 70 余万两至八九十万两不等,约占该省岁入的三分之一。① 巨额的外债本息支付是造成广东财政收支严重不敷的主要原因之一。② 至于借款以银计,还债以金价折算;经纪人的中饱,债款的非生产性开支等,无不意味着对财政状况的损害。

西方列强对清政府的贷款,都是用烂板银元或纹银支付的,归还本息自应以银计价。但是,在 1873 年世界经济危机后,国际金融市场上金涨银落,帝国主义为了敲诈盘剥,把对清政府的贷款由原来的按银计价改为按该国金币计价。尽管它们支付的仍然是银元或纹银,但清政府偿还本息却必须按金币汇价付以足色纹银。结果,随着持续的金涨银落,实际支付的外债本息也就不断增加。清政府对此毫无办法,只得哀叹:"借款论镑,洋人百计绕算,中国受累无穷。"③ 同时,每借一笔债款,中间往往几经周转,经纪人乘机层层渔利,清政府支付的利息又一次提高。如 1877 年的第四次"西征借款",汇丰银行贷款银 500 万两,作价英金 1604276 镑 10 便士,年息 1 分(10%),伦敦发行的债券则是年息 8 厘(8%),九八发行。而左宗棠呈报清政府时,这笔债款的利息率却增为月息一厘二毫五(1.25%),折合年息一分五厘(15%),遇闰年则达一分六厘二毫五(16.25%),比贷款者在伦敦发行的债券利息提高了将近1倍。类似这样的情况是不少的。下表是几笔债款的利息

---

① 广东常年财政收入为 280 余万两(参见张树声:《张靖达公奏议》第 4 卷,第 19—20 页)。

② 光绪十四年四月初三日督部堂张之洞致粤海关监督咨文,转见汤象龙:《民国以前关税担保之外债》;载《中国近代经济史研究集刊》第 3 卷,第 1 期。

③ 《清实录》,德宗朝,第 351 卷,第 5 页。

## 几笔借款的利息率情况示例

| 年 月 日 | 借款名称 | 中国借款所付 | 经手人所报 | 洋行或银行贷出 | 银行在市场上发行 | 中国所付利息为洋行或银行贷出利息（%） |
|---|---|---|---|---|---|---|
| | | | | 利 息 率 | | |
| 1867. 4 | 西征借款 1. | 月息 1.5% | 月息 1.3% | 月息 0.8% | | 187.5 |
| 1868. 1 | 西征借款 2. | " | " | " | | 187.5 |
| 1875. 4 | 西征借款 3. | 年息 10.5% | 年息 10.5% | 年息 10% | | 105.0 |
| 1877. 6 | 西征借款 4. | 月息 1.25% | 月息 1% | 年息 10% | 年息 8%（九八发行） | 150.0 |
| 1878. 9 | 西征借款 5. | | | | 年息 8% | 150.0 |
| 1881. 5 | 西征借款 6. | 年息 9.75% | 年息 9.75% | 年息 8% | | 121.9 |
| 1883. 9 | 广东海防借款 1. | 月息 0.75% | 月息 0.75% | | | 112.5 |
| 1884. 4 | 广东海防借款 2. | " | " | " | " | 112.5 |
| 1884. 12 | 滇桂借款 | 年息 8.5% | 年息 8.5% | " | | 106.3 |
| 1885. 2 | 福建海防借款 | 年息 9% | 年息 9% | 年息 7% | 年息 7% | 128.6 |
| 1885. 2 | 广东海防借款 4. | " | " | " | | 128.6 |
| 1885. 2 | 援台规越借款 | 年息 8.5% | 年息 8.5% | 年息 6% | 年息 7% | 141.7 |
| 1885. 3 | 神机营借款 | 年息 7.5% | 年息 7.5% | 年息 7% | 年息 6% | 107.2 |
| 1886. 7—10 | 南海工程借款 | 年息 8.5% | 年息 8.5% | 年息 7% | 年息 7% | 121.4 |

率情况。① 如下表所示,清政府实际承担的利率比外国银行或洋行贷出的利率高出 5% 至 87.5% 不等。这种肆无忌惮的贪污中饱,进一步加剧了财政状况的恶化。而且,如前所述,所借债款的用途又绝大部分是军事性和非生产性的,即使少数用于洋务企业,也因经营腐败,有亏无赢,毫无收益。基于上述原因,清政府所借外债,非但丝毫无补于财政状况的改善,反而加速了财政的枯竭。关于这一点,清朝统治者自己就说得十分明白:所借债款,"息无所出,且将借本银以还息银。岁额所入,尽付漏卮"②。如此恶性循环,使清王朝一步步落入了帝国主义高利贷剥削的深渊。

这样一来,尽管清政府在战后的财政收入有所增加,但远远赶不上支出的增加速度,因而无法摆脱入不敷出的困窘局面。80 年代后,财政收入增加了,清政府却"内而枢府,外而封圻,不曰时事之艰,即曰度支之匮"③,莫不为财政支绌、内外交困的局面而苦恼万分。从《光绪会计表》一书所列 1885—1894 年财政收支数字看,虽然并无财政赤字,甚至略有节余。试看下表④。

### 清政府财政收支表
#### 1885—1894 年

单位:千两

| 年份 | 岁入 | 岁出 | 盈余(+)或亏空(-) |
|------|------|------|------------------|
| 1885 | 77086 | 72865 | +4221 |
| 1886 | 81270 | 78551 | +2719 |
| 1887 | 84217 | 81280 | +2937 |

---

① 据徐义生:《中国近代外债史统计资料》,表一编制。
② 沈葆桢:《政书》第 6 卷,第 10 页,《筹议出关饷需碍难借用洋款折》。
③ 潘彬:《天彭治略》第 5 卷,第 1 页,《上陈少师徒桂师书》。
④ 据刘岳云:《光绪会计表》编制。

续表

| 年份 | 岁入 | 岁出 | 盈余(+)或亏空(-) |
|------|------|------|------------------|
| 1888 | 88391 | 81967 | +6424 |
| 1889 | 80762 | 73079 | +7683 |
| 1890 | 86808 | 78410 | +8398 |
| 1891 | 89685 | 79355 | +1330 |
| 1892 | 84364 | 75645 | +8719 |
| 1893 | 83110 | 75433 | +7677 |
| 1894 | 81034 | 80276 | + 758 |

从表中看,各年盈余,少则 70 余万两,最多达 800 余万两。这是由于按照清朝会计制度,"凡已用未销,确系有着者,系报实存"①,而不报支出。再加上各省地方延迟奏销,挪后掩前,结果形成虚假的账面盈余。实际上,这时清中央入不敷出的情况已经十分严重。正如清朝统治者自己所哀叹的那样,部库空虚,财力匮乏,"实如人之病在心腹"②。在中央层层加重摊派、转嫁财政危机的情况下,各省地方财政尤为窘迫。下表是山东等 9 省常年入不敷出的情况。③

---

① 张之洞:《奏稿》第 5 卷,第 15 页。

② 清代抄档:《光绪十七年四月二十五日户部奏部库支绌、亏短甚巨、酌拟筹饷办法折》。

③ 资料来源:户部抄档:《御批山东巡抚陈士杰折》,光绪十年闰五月初九日(山东);《光绪朝东华录》,总第 940 页,《曾国荃奏》,光绪六年六月丁未(山西);《申报》,光绪元年一月初十日(河南);张树声:《张靖达公奏议》第 1 卷,第 8 页(江苏);又第 4 卷,第 19—20 页(广东);《字林沪报》,光绪十一年六月二十九日(浙江);清代抄档:《福建省历年地丁税厘出入大数清单》(福建);熊影钊:《奏贵州库款亏空折》,《谕折汇存》第 8 卷,第 45 页(贵州);《清实录》,穆宗朝,第 292 卷,第 7 页,同治九年十月乙未(陕西)。

### 山东等 9 省常年收支和入不敷出情况简表

| 省份 | 资料年代 | 常年岁入 | 常年岁出 | 入不敷出情况 |
|---|---|---|---|---|
| 山东 | 1884 | 250 万—260 万两 | 照收入"不啻倍蓰" | 250 万—260 万两以上 |
| 山西 | 1880 | 300 余万两 | 500 余万两 | 200 万两以上 |
| 河南 | 1875 | 210 余万两 | 300 余万两 | 100 万两以上 |
| 江苏 | 1873 | 570 余万两 | 700 余万两 | 130 万两以上 |
| 浙江 | 1885 | 370 万两 | 500 万两左右 | 100 万两以上 |
| 福建 | 1874—1884 | 250 万—350 万两 | 300 万—400 万两 | 数十万至百余万两 |
| 广东 | 1880 | 280 余万两 | 440 余万两 | 160 万两 |
| 贵州 | 1883 | 30 余万两 | 一百数十万两 | 100 万两左右 |
| 陕西 | 1870 | 150 万—160 万两（包括协饷） | 410 余万两 | 180 万两 |

如表中所示,各省不敷部分大多超过岁入总额的一半,山东、贵州、陕西 3 省更超过岁入的 1 倍乃至 3 倍以上。其他未列入表中的江西、广西、四川、甘肃、黑龙江等省,也同样因入不敷出而惶惶不可终日。如广西 80 年代后,因"增费浩繁",财政"倍形竭蹶"①;四川常年"以岁入之数比岁出之数,不敷甚巨"②;黑龙江自光绪后,同样"民生日蹙,国用日匮"③;甘肃更是收入寥寥,而支出日增,计无所出,只好挪借协饷,"稍为点缀"④。

为了弥补巨大的财政亏空,清政府又百般加紧搜刮,不能自已。广大人民群众在遭受长期的战争折磨以后,不但得不到休养

---

① 张树声:《张靖达公奏议》第 2 卷,第 10 页。
② 《光绪朝东华录》,总第 1126—1127 页,光绪七年十一月乙丑。
③ 张伯英纂:《黑龙江志稿》第 18 卷,财赋,第 9 页。
④ 清代抄档:《陕甘总督谭钟麟奏》,光绪九年十二月二十日。

生息的机会,反而日益陷入水深火热之中。

## 三、维护地主阶级的土地所有权

原农民起义军占领区,土地关系发生不同程度的变化。官绅地主或逃亡他乡,或死亡绝户。这部分土地有的被农民占耕,有的长期荒废。农民起义失败以后,地主阶级卷土重来,于是地主死亡绝户的"绝产"问题,参加农民起义的"逆产"问题,尤其还乡地主的"原主"产权问题,便被提上日程。关于上述土地问题的处理,成为清政府强化封建统治的一个重要方面。

### (一)维护"原主"产权

在农民起义期间,地方政权和豪绅地主遭受沉重打击,地主绅权急剧衰落。在太平天国长期占领的地区,有的农民直接向地方政权领取田凭,形成领凭后"租田概作自产"的局面;有的农民拒绝向地主交租,实际改变了封建地权的性质。针对上述现象,还在农民大起义期间,清王朝派往原农民军占领区的文武官吏和在京御史,已纷纷上疏,提出清查土地、恢复"原主"产权的建议。农民大起义失败后,清政府更不断发布各种谕令、指示、批示、章程,确定维护原主产权的原则和措施,为地主的反扑夺地提供政策依据。

早在 1863 年 7 月,清政府就对山东白莲教起义区颁发了一道清理土地产权的指示,饬令各地方官"查明"原业主"给领"土地,支持地主以"原主"身份恢复土地所有权。①

1863 年 10 月,御史朱澄澜、吕序程等就维护原主产权的问题

---

① 《清实录》,穆宗朝,第 74 卷,第 31 页。

提出了具体建议①,其中尤以朱澄澜的建议最为周密。基本内容有四:一是放宽逃亡地主的认地限期;二是保护失契地主的土地产权;三是官府在没收起义农民土地时不得损害地主产权;四是防止佃户"侵吞"地主土地。②

朱澄澜的上述建议是有针对性的。当时农民起义还在继续,其他形式的反抗斗争更未停止,广大农村的社会秩序并没有稳定下来。就是在起义已被镇压的地区,逃亡地主也还心有余悸,不敢立即返乡,只有放宽认地限期,才能确保他们的土地产权。在长期战争中,不少地主的田产契据散失,很多州县的赋税册籍荡然无存。如苏州府属,"兵兴之后,官之册档,民之契券,多有毁失"③。常熟"经造田册多失"④。又如皖南地区,"民间契据,大约十无一存"⑤。桐城县属,"兵燹之后,在官则粮册间有不全,在民则契据或有遗失"。完全凭契认地,碍难实行。而且,不少农民已将逃亡地主的土地作为"绝产"垦为己有。他们经过长期革命战争的洗礼,精神面貌发生了显著变化,斗争性大为加强,对地主的反扑夺地必然进行坚决抵制。在这种情况下,保护无契"原主"的产权,特别是防止佃户霸捂地主土地,对维护地主的土地所有权十分重要。因此,1864 年 6 月,清军攻陷南京前夕,清政府特别通令各省督抚,参酌朱氏建议,结合本地具体情况,"汇入现议章程,一并妥议具奏"⑥。

---

① 《东华续录》,同治朝,第 28 卷,第 23 页。

② 朱澄澜:《奏荒产宜设法杜弊疏》,祁寯藻等编:《同治中兴京外奏议约编》第 3 卷。

③ 冯桂芬:同治《苏州府志》第 12 卷,田赋一,第 60 页。

④ 龚又村:《自怡日记》第 22 卷,同治二年八月二十二日。

⑤ 王延熙等编:《皇朝道咸同光奏议》第 29 卷,户政类、屯垦。

⑥ 《清实录》,穆宗朝,第 107 卷,第 12 页。

朱氏建议和清廷通令下达后,进一步明确和统一了维护"原主"产权的基本原则,那就是:不管地主在籍还是逃亡在外,不管契据完备还是散失不全,也不管土地抛荒还是已被他人占垦或改作他用,一律归还"原主"。正是在这一原则指导下,各级地方官府根据本地区的具体情况,进一步制定了维护原主产权的方针和措施。

1863 年,陕西回民起义失败后,巡抚刘蓉即建议对起义地区逃亡地主的土地进行清查,"暂时招种,将来仍可给还"[①]。此后又就原主认地手续和限期做了规定。在云南回民起义地区,据 1872 年巡抚岑毓英奏报,曾对曲靖一带的土地进行清查,"招集流亡,各归各业"[②]。1874 年又下令寻甸州将"回民所占汉民产业一并追缴发还原主"[③]。同时宣布,起义期间的一切土地买卖无效,地产退还原卖主。"有契纸者准原主照当时接过银数取赎,或无契纸,或有契而未接价银者,均追还原主。"即使其地已被起义者修盖房屋,而现在被拆修书院、官廨,也须以地基归还原主。[④] 贵州苗民起义被镇压后,巡抚陈宝箴即下令逃民还乡认田,"有田业者归业"[⑤],并规定了"原主"含义、认田手续以及对垦民自由处置占垦土地的时间限制,以确保"原主"产权不受侵犯。[⑥]

清政府特别重视恢复长江中下游各省原太平天国占领区的

① 刘蓉:《奏议》第 2 卷,第 1 页。
② 岑毓英:《奏稿》第 6 卷,第 30 页。
③ 岑毓英:《奏稿》第 10 卷,第 19 页。
④ 岑毓英:《奏稿》第 10 卷,第 22 页。
⑤ 陈宝箴:《筹办苗疆善后事宜》,凌惕安:《咸同贵州军事史》,第五编,第 5—7 页。
⑥ 《核定清查田业章程》,凌惕安:《咸同贵州军事史》,第五编,第 10 页。

"原主"产权。在豪绅地主遭受打击严重的江苏,地方政府早在1863年已开始着手恢复"原主"产权。是年,嘉定县制定的"清粮章程"即就有关"原主"认地问题做了规定。① 1864—1865年间,金坛县制定的"开垦章程",因对无主荒地有"令邻佃缴价认垦"之类的规定,地方官因此受到两江总督曾国藩的严厉申斥,谓"将来业主归来,作何归结,不可不预为议及"。② 为防止出现"原主"因害怕负担田赋而不敢认田的情况,曾国藩在对金陵善后总局草拟的"清查田亩章程"所作的批示强调,"此次设局,系清查田亩荒熟,并非办理升科事宜,仍应以查亩为本。不必升科及加赋,节外生枝"。③

浙江省恢复"原主"产权的政策措施也是从1863年开始实行的。当时,杭州知府刘汝璆向巡抚左宗棠上了一个"清粮开荒"的条陈,主张开荒与清粮同时并举,如不清粮而开荒,则"原主"产权没有保障。因此建议:何者系由亲属代为经管,何者其人尚存,何者系绝户之产,先把产权搞清楚,然后招垦。土地有亲族为之经管者,"责成亲族开荒纳税";确知其人未绝其田又无人经管者,暂存公招佃,俟日后"业主归来","向公呈领"。④ 该省的有关政策主要是根据这一建议制定的。1864年年底,清军攻陷嘉兴府不久,就任知府即宣布四条善后措施,其一是"禁侵占以清地主"⑤,也是旨在恢复"原主"产权。

---

① 杨震福等纂:光绪《嘉定县志》第3卷,第28—29页。
② 曾国藩:《全集》,批牍,第5卷,第25页。
③ 曾国藩:《全集》,批牍,第5卷,第25—26页。
④ 刘汝璆:《上浙抚论清粮开荒书》,葛士濬编:《皇朝经世文续编》,第39卷。
⑤ 沈梓:《避寇日记》,《丛编简辑》第4册,第309页。

　　安徽关于维护"原主"产权的问题,主要是按照两江总督曾国藩的意图进行的。1864—1866 年间,他对下属发布了不少指示和批示。在对广德州的批示中,对可能影响"原主"产权的情形做了充分估计,谓"客民一聚千百,一连数里,窃恐原业已归,方谋牛种,而客民于(业主)将耕未耕之际争先夺之。或原业人住东乡,而田在西乡,客民初以为无主,已垦而不复相让。土著之势方孤,客民之势方众,强取强求,皆事情所必有"。因此,指令知州杨玉辉"及时清理客民已垦之田,除将来主客相争之患"。并令对所有荒田先行普查,不必"俟有主各业领照投放之后"。由于该州"招垦章程"对保障"原业"产权规定不够周详,杨玉辉因此受到曾国藩的指责,谓其对查田"漫不经心"。① 1865 年,曾国藩对安徽布政使朱璟拟定的"垦荒章程"又做了如下批示,荒田"总有业主,断不可注明入官字样"。② 其为逃亡地主考虑之周详备至,可谓用心良苦。

　　相对江苏而言,江西太平军占领的时间较短,关于恢复原主产权的记载很少,只见于曾国藩的几个批示。如关于临川县的批示说,"确有田产器物可指者,追还故主"③。关于南康府的批示说,除"逆产"及无人认领者外,"其余概还原主"。④ 说明这里也一度推行恢复"原主"产权的政策措施。

　　由于这次农民大起义的时间长,地区广,影响深,地主大批逃

----

　　① 曾国藩:《全集》,批牍,第 5 卷,第 32—33 页。

　　② 曾国藩:《全集》;批牍,第 5 卷,第 23—25 页。

　　③ 曾国藩:《全集》,批牍,第 6 卷,《临川傅锡恩控李清臣为伪职逞凶逼勒继串书役请饬讯一案由》。

　　④ 曾国藩:《全集》,批牍,第 6 卷,《南康知府会禀委办南康充公田产等案议定章程由》。

亡,田土易主或归属不明的情况相当普遍。地方官府在恢复"原主"产权的过程中,往往面临着十分复杂和困难的局面。对此,地方官府按照清廷提出的基本原则,尽量放宽"原主"认地限制,加重对农民强占他人土地的惩罚,以达到维护原主产权的目的。

逃亡地主的土地,有两种情况:一是抛荒;二是被人占垦。前者影响封建王朝的田赋征收,造成财政上的损失;后者则直接危及"原主"产权。对逃亡地主的抛荒土地,地方官府采取的措施通常是代为招垦或照管,待地主回籍,即予归还。这样既能恢复田赋收入,又能保障"原主"产权。上面提到的陕西、浙江都是采取这种措施。陕西是由官府"暂时招种"的。1864年,招募四川农民到陕南垦荒,"量力授田,薄其租税",如原主回籍,"即将原业给还"。①浙江是"暂存公招佃",如有业主归来认田,"改照有主田产办理"。或"饬令业主酌给垦户工本",而后将地领回自行处理;或"仍令原垦之人佃种",原主收租执业。② 1864年,江苏嘉定"清粮章程"也规定,无主之田"报局暂归公",俟原主到案,"即行给单"归业。③1863年,安徽巡抚唐训方曾对皖北荒田一度办理军屯和民屯。其民屯地亩,嗣后如原主还乡认领,即"将附近荒田如数拨给";军屯地亩则"俟秋后将田交地方官归还原主"。④ 1864年,曾国藩制定的"皖南垦荒章程"规定,"业主佃户并无人者,由局查明报县立案,一面募人佃种,声明业主何人;倘日后回乡,仍将原田归还"。⑤

① 刘蓉:《奏议》第3卷,第11页。
② 马新贻:《奏议》第3卷,《办理垦荒新旧比较荒熟清理庶狱折》,同治五年八月二十二日。
③ 杨震福等纂:光绪《嘉定县志》第3卷,第28—29页。
④ 唐训方:《唐中丞遗集》,教条,第6—7页。
⑤ 曾国藩:《全集》,批牍,第5卷,第23—25页;程鸿诏等纂:同治《黟县三志》第1卷,第24—25页。

1866年,曾国藩给安徽布政使何璟的批示也提出,"荒田本有主而暂归局募佃"①。这都是由官府代逃亡地主招垦,为地主日后还乡认田做好准备。

已被农民占耕的地主土地,则勒限归还。为了防止农民霸措田产,清政府在清查土地时特别强调明确业主和垦户的身份。如曾国藩对安徽桐城县清理产权的指令中规定,业主及垦民必须限期呈报,有业主者,领田时发给"田单",即土地所有权的凭证;无业主而由佃户耕种的,发给"借种小单"②,以官契的形式区别原主和垦农的不同身份,以便日后逃亡地主还乡认领。前述"皖南垦荒章程"也规定,凡土地"无业主有佃户者,应由佃户具结暂垦,声明原系何人之业"。③ 贵州"核定清查田业章程"拟定的办法是,荒田已有人耕种者,须向清查局出具"认耕字","有业主者俟业主归认,仍即退还,不准霸占"。④

在浙江和江苏某些地区,地方官府有时也采取由地主偿付垦费的手段,以换取实际上已成为土地所有者的垦农对"原主"产权的承认。前面提到,浙江巡抚马新贻的办法是,由地主"酌给垦户工本",而后收回。1865 年,江苏巡抚李鸿章制定的"垦荒章程"规定,"凡作佃田者,业户未贴开荒使费,田虽成熟,不得向佃户征租"。这当然不是剥夺地主的征租执业权,只是通过补贴垦费以削弱农民的反抗。事实上,按照章程规定,即使地主不贴垦荒使费,垦农从第四年起,也必须交

---

① 曾国藩:《全集》,批牍,第 5 卷,第 17 页。
② 曾国藩:《全集》,批牍,第 5 卷,第 17 页。
③ 曾国藩:《全集》,批牍,第 5 卷,第 23—25 页。
④ 凌惕安:《咸同贵州军事史》,第五编,第 12 页。

租。① 同样,昆山县采取"着佃征粮"的措施②,也不是承认农民的土地产权,因为农民在纳赋的同时必须纳租。这是在太平天国占领期间农民取得土地实际所有权的情况下,重新肯定他们的佃户地位。

一些地方官府还硬性规定垦民归还"原主"土地的期限,对拖延归还或拒不承认"原主"产权的农民给以严厉的惩处。甘肃肃州办理屯垦时曾规定,所垦之地,如"原主归来认业,有契据为凭,仍准开荒人耕种三年,然后退还原主"。陕甘总督左宗棠认为此条"欠妥",限期太长。他的办法是,"或另拨给荒地抵交原主;或当年粮草均由承垦人自收,酌给原主十分之一,次年始由原主自行耕获"③。不承认"原主"产权者,被认为是一种严重的犯法行为,是绝对不能容忍的。上述李鸿章"垦荒章程"规定,如未得垦荒使费的农民到第四年"仍不交租",亦即拒绝承认"原主"产权,即"以霸占田亩例论"。④ 安徽颍州知府李文森拟定的"淮北善后章程",甚至载明,"占人田产捂不退还者,仍照甘心从逆论"。这条苛刻规定,特别得到曾国藩的赞赏。⑤

为了保护契据散失的地主产权,一些地方官府在认地凭据和手续方面,也相应做了灵活的规定。1863 年,江苏嘉定"清粮章程"载明地主认地的条件是,"原主到案,呈有契据印串,或契串遗失,而能指定图号、亩分、粮数者,取具董保业户无捏切结,即行给单"。⑥ 安徽巡抚唐训方规定,对军屯、民屯地亩,"原主"只要"有

---

① 《上海新报》,同治四年十二月十六日。
② 汪堃等纂:光绪《昆新两县续修合志》第 18 卷,第 17—18 页。
③ 左宗棠:《全集》,批札,第 5 卷,第 25 页。
④ 《上海新报》,同治四年十二月十六日。
⑤ 曾国藩:《全集》,批牍,第 5 卷,第 9—10 页。
⑥ 杨震福等纂:光绪《嘉定县志》第 3 卷,第 28—29 页。

印契可凭",或"有邻右可证",即将原地归还,或以附近荒田"如数拨给"。① 贵州的"原主"认田手续是,有契者呈验契据,无契者取具保结执照。② 可见,有无契据都不影响"原主"认田。不但如此,有的地区越到后来,"原主"范围越大,认地条件越宽。19 世纪 70年代中,贵州规定,如"原主"死亡,又无嫡派子孙,三代以内亲友认地,亦准给还。③ 1883 年,安徽宣城办理垦务时,更将"原主"认田资格扩大到五服以内,并且不受有无契据的限制。④

由于不少地主迟迟未归,或者存亡不明,一些地方官府又大都放宽了地主的回乡认地年限。大部分地区的"原主"认田年限都不短于 3 年。如陕西规定,"其业主之流徙来归者,自该地方被扰之日算起,定以三年。流离不返,即行截止"⑤。贵州"核定清查田业章程"虽规定外逃地主回乡认业,以 1 年为限,但同时载明,如契据被带往外省,或当与外省人,契约业经带往原籍者,认地期限可延长至 3 年。因此,农民承垦荒地,必须领照管业期满 3 年,无人告发,"方准私自出卖"。如承领不满 3 年即行出卖,"田价田业概行充公,并照授受同科之例,一并治罪"⑥。实际上,逃亡地主在 3 年之内仍可回乡认田。江、浙、皖一些地区"原主"认田年限更长。1865 年,安徽布政使何璟规定,逃亡地主在农民开垦 3 年之内,"分别有契无契,准其领田执业"。曾国藩对此批道:"惟三年以后(原主)始归本籍,实有印契呈验者,仍应准其领回。"⑦就是

---

① 唐训方:《唐中丞遗集》,教条,第 6—7 页。
② 凌惕安:《咸同贵州军事史》,第五编,第 10 页。
③ 凌惕安:《咸同贵州军事史》,第五编,第 10 页。
④ 《沪报》,光绪九年二月二十八日。
⑤ 刘蓉:《奏议》第 13 卷,第 12 页。
⑥ 参见凌惕安:《咸同贵州军事史》,第五编,第 10—12 页。
⑦ 曾国藩:《全集》,批牍,第 5 卷,第 23—25 页。

说只要地主持有田产契据,认田可以不受 3 年期限的限制。因此,直到 1883 年宣城县办理垦务时,还有原主认田的问题。1866 年,浙江严州知府戴槃所拟"招垦章程",对外逃地主回乡认田的期限,也是规定农民以开垦 3 年为限。3 年后仍无业主归认,"准垦种各户作为永业"。但同陕西以地方被扰之日算起、3 年为限的规定,地主认田时间显然放宽了。① 1869 年,两江总督马新贻制定的"招垦章程"规定,原业主必须在 1870 年年底以前认领,过期即"以无主论",听官招垦,"虽有契据亦不准理"。② 这个规定是针对一些地主有意拖延认地、逃避田赋负担以及州县官吏"以熟报荒"、侵吞租赋而采取的。事实上,当时离太平天国失败已有 5 年,逃亡地主已有充裕的时间返乡认地,两年期限不能算短。即使如此,也未真正实行,因此,到 1876 年,杭州府又规定,"所有无主荒田,限定 3 年内,有主出认,田还业主。业户起还垦本,另拨荒田与垦户;或业户无力起还垦本,归原垦户管业"③。从太平天国失败算起,地主回乡认地的年限已超过 15 年。

上述情况表明,在维护"原主"产权方面,各地的具体政策虽互有差异,但基本原则都没有超出朱澄澜的建议,因而是一致的。上述原则和政策措施的推行,恢复和维持了地主阶级的土地所有权,从而巩固了清王朝封建统治的阶级基础和经济基础。

---

① 戴槃:《定严属垦荒章程并招棚民开垦记》,葛士濬编:《皇朝经世文续编》第 33 卷,第 8—10 页。这个章程对在乡地主认田做了较为严格的限制,即原来在籍,并不即行报明认领,而是等荒田经人垦熟才前去认领,则"将所种田亩罚半归(垦)户执业"。其所以做如此规定,可能同地主投机取巧、有意规避田赋,以致影响该地区的荒地恢复和清政府的田赋征收有关。

② 马新贻:《奏议》第 7 卷,《招垦荒田酌议办理章程》,同治八年八月十四日。

③ 董运昌等纂:宣统《临安县志》第 2 卷,第 40 页。

清政府从各方面放宽对"原主"认领土地的限制,势必为豪绅地主冒充"原主"侵占土地创造条件。这不但加剧了地主同农民特别是同垦民之间的矛盾,也使地主阶级内部不断出现产权纠纷,不利于封建秩序的恢复和"原主"产权的维护。在这种情况下,某些地方官府又不得不对"原主"认田采取某些限制措施。如1868年,江苏巡抚丁日昌就一度限制金坛县"原主"认田。谓"原主弃田不耕已十余年,业已与田义绝,无论是真是假,均不准领"①。

还有个别地区,由于农民起义的猛烈冲击,豪绅地主势力衰落,客民力量强大,广大农民特别是客民对地主阶级的反扑夺地进行强烈的抵制,清政府维护"原主"产权的政策措施难以顺利推行。皖南地区就是属于这种情况。如前所述,曾国藩等对安徽特别是皖北地区推行维护"原主"产权的措施,对占地垦种农民的惩处是异常苛刻的。但在客民力量强大的皖南地区,这种政策的推行就遇到了很大阻力。在一些州县,无论"业归原主"还是"客民认主交租",都"势难实行"。1883年,巡抚裕禄在一纸奏折中说,"客民不远千里,扶老携幼而来,费数年胼胝之勤,始获辟成沃壤孰肯俯首听命让归诸无据冒认之田主";若令垦民认主交租,又"必致懦弱者弃田转徙,强梁者搆衅忿争。纵或在官勉强承顺,亦必仍前抗欠。土民但有认田之名,而无收租之实。租既无收,粮亦无着,终必课赋虚悬"。这对于地主和官府都不利。结果,清政府"衡量时势,揣度人情",只好采取由垦民缴价承买的折衷办法。②在广德州,则一开始就是交租与交价兼采并行的。据1870年知州李孟荃所订的《招垦章程》规定,民垦无主之田,每亩交制钱600

---

① 丁日昌:《抚吴公牍》第10卷,第1页。

② 裕禄:《办理皖省垦务片》,葛士濬编:《皇朝经世文续编》第33卷,第18—19页。

文,买为永业;民垦有主之田,每亩交租谷 80 斤。如原主出卖土地,垦民可优先购买,熟田每亩 600 文,荒田 300 文。① 到光绪年间,主要是采取由垦民缴价承买的办法。也是由官府统一规定价格。上述裕禄奏折中规定的地价是,熟田每亩 1.4 元,熟地 7 角,荒田 3 角,荒地 2 角。原主尚存者价给原主,无主者归公。这是清朝地方政府在垦民的强烈斗争下被迫作出的些许让步,其出发点仍是维护"原主"产权。

### (二)没收"逆产"

"逆产"又叫"叛产",是指起义农民的田地房产。没收"逆产"是清政府对起义农民所实行的阶级报复,也是恢复和扩大封建土地所有制的重要手段。

没收"逆产"的暴行,最早是从爆发太平天国革命的广西开始的。如陆川县的赖、陆等姓的土地,博白县黄姓的土地,玉林县赵姓的土地,平南县覃姓的土地,都由于有人参加起义而作为"逆产"被没收。② 在那里,除去参加起义者本人,清政府还把起义参加者所属整族的土地也都予以没收。

随着农民起义的先后失败,各地没收"逆产"的活动也相继提上日程。1863 年 7 月,清政府饬令山东巡抚阎敬铭,对"逆产"饬属"确切履勘,一律入官"③。同年 11 月,又命令江、浙、皖等省督抚于新复各处督饬该州县"确切查明实在逆产入官"。所谓"实在逆产",是指起义参加者原有的田产。命令强调,"其土著之贼及

---

① 丁宝书等纂:光绪《广德州志》第 56 卷,杂著,《张光藻上州尊书》。

② 广西壮族自治区通志馆编:《太平天国革命在广西资料汇编》,第 117—235 页。

③ 《清实录》,穆宗朝,第 74 卷,第 31 页。

勾结入伙者,所有逆产自宜查明入官,至附近贼匪村庄沦为贼产者,亦应勘明给还原主,以恤流氓"①。也就是说,"逆产"只限于起义者祖遗或起事前置买的田产。至于起义者在起义期间向地主夺得或购置的田产,则必须归还原主。这也就是前述朱澄澜建议中提出的,官府没收起义农民土地时不得损害地主产权,从而避免了没收"逆产"同维护"原主"产权之间可能出现的矛盾。这一基本原则一直为各地推行没收"逆产"政策时所遵循。

1863 年,清军攻陷陕西回民起义的主要据点渭南、大荔等地后,刘蓉立即着手清理"逆产",下令各州县,"叛产、绝产共有若干,分别村庄亩数,详细查明",并强调划清"逆回叛产"和"逃亡绝产"的界限。② 在实行军事镇压和"逆产"清理的过程中,刘蓉对起义者和全体回民实行残酷的屠杀和驱逐政策。把他们通通赶出原来的居住地,而后将其田地房舍没收充公。如渭南县,"自军务告竣,全境遂无一回民,其田庐尽成叛产"③。咸阳县城外回民田产也一律作为"叛产"。据光绪年间一讼案透露,一个被称为"良回"的妇女在城外的房屋即被官府没收招佃。④ 陕甘总督左宗棠在镇压甘肃回民起义时,也是采取同样的方针。1873 年,左宗棠攻下肃州后,除对所谓"首恶"、"死党"和"助逆"者尽行磔死或枭首外,又将所谓"随声附和、无逆迹可指者"强行押往兰州等处。"肃州回民既已迁尽,所遗地亩房屋概没入官。"⑤其他如甘州、凉

---

① 《东华续录》,同治朝,第 28 卷,第 23 页。

② 刘蓉:《奏议》第 2 卷,《筹办营田以资战守疏》,同治二年十二月二十二日。

③ 樊增祥:《樊山公牍》,第 167、57 页。

④ 樊增祥:《樊山公牍》,第 57 页。

⑤ 左宗棠:《全集》,批札,第 7 卷,第 44 页。

州等地的回民也都惨死殆尽①,其田产一律被没入官。同时还对陕甘回民进行了大规模的迁徙。如把陕西西安回民 3 万余人迁往秦安和清水;把甘肃固原回民数千人迁往平凉;把金积堡回民 2 万余人迁往化平;把河州回民 3 万余人迁往平凉、静宁和定西,等等。② 其土地房产则全行充公。因此,陕、甘地区的回民"逆产"数目相当庞大。据陕西兴安府石泉县知县陆堃报称,"回逆叛产约计不下数百万亩"。③ 据此推测,陕甘两省爆发起义各州县,"叛产"面积当为数不少。

在被没收的陕甘回民"逆产"中,除相当部分属于无辜回民的田产外,也有不少是参加起义的上层分子,其中包括有职衔的回族地主的田产。许多无辜回民和上层分子曾一再要求发还没官田产,但遭到清政府的拒绝。刘蓉说,即使回民"虔诚归命,亦断不能将客民已垦之田拱手相让"④。左宗棠在批驳肃州回人刘金章要求偿还祖遗田产的禀文时嘲讽说:"查肃州刘氏一门,多居右职,世受国恩。肃州被陷,久居贼中,十年之久不能自拔,且与马之侄结为婚姻。觍颜苟活,衣冠扫地,尚敢以华胄自居,何耶?!"⑤对"多居右职,世受国恩"的回族上层分子尚且如此,对下层回民更不待言了。

西南回民、苗民起义区,对"逆产"的清理为时较晚。在云南,因各地回民起义被镇压的方式不同,其土地处理办法也有差别。

① 秦翰才:《左文襄公在西北》,第 78 页。

② 参见林干:《清代回民起义》,第 60—61 页。

③ 刘蓉:《奏议》第 2 卷,《筹办营田以资战守疏》,同治二年十二月二十二日。

④ 刘蓉:《奏议》第 16 卷,《附陈回逆碍难安插陕境疏》,同治五年四月十八日。

⑤ 左宗棠:《全集》,批札,第 7 卷,第 44—45 页。

云南东部和南部的回民起义是以"就抚"形式结束的,清政府所采取的措施主要是剥夺起义回民在起义期间所占领或购买的土地。1872 年,云贵总督岑毓英在"安抚告示"中规定,对"就抚"回众的田产,"必须认真清查,实系祖遗或咸丰五年以前自行置备,立契投税,中证确凿,方准认明清还。自咸丰六年既乱之后,当时回强汉弱,产业多被霸占,纵有契券可凭,无非恃强逼迫。其中原主故绝者,充作地方公项,概不准该回等认为已业"。① 这样,回民 10 余年间购置的产业全部被残酷剥夺了。这种处理方式,既剥夺了农民土地,又维护了"原主"产权。至于云南西部的回民起义,因为是直接用武力镇压的,起义者的全部田产都被作为"逆产"处理。据岑毓英说,"迤西地方叛产颇多"②。可见被剥夺的当地回民土地一定不在少数。

贵州还在军事镇压时,即已开始抄没起义者的田产,甚至"民之被胁自投来归者",其田产也"抄没而株累之"。③ 1873 年起义失败后,清查和没收"逆产"的活动更加紧进行,据贵州巡抚陈宝箴所制定的清田措施,起义苗民按"先后顺逆"被分为三类:曾参加起义而最先投降官军的苗民,免予抄没田产④,"有业者须令复业,无业者拨绝逆田产与之";顺降清者,没收原有田产,另"拨绝逆田产,使之佃种",纳租十分之一;坚决抗击清兵,最后被迫投降者,没收所有土地财产。据陈宝箴说:"其负〔隅〕各苗,破巢擒渠,

---

① 岑毓英:《安抚告示》,李景贤纂:光绪《沾益州志》第 6 卷,艺文下。
② 岑毓英:《奏稿》第 8 卷,第 38 页。
③ 骆秉章:《骆文忠公自撰年谱》,第 109 页。
④ 据《核定清查田业章程》:苗民"被胁勉从,见已投诚,或投诚后旋即身故,其家属尚有老幼男妇,……查明实有田土若干,一概发还。"(凌惕安:《咸同贵州军事史》,第五编,第 9—10 页)。

不得已而乞降免死,如乌鸦坡之类,无论有业者,只令佃种公田,岁纳租谷十之二。"①可见只有第一类苗民的田产不作为"逆产"没官;第二、三两类苗民都是先抄没其田产,而后令其佃种官田,其区别只是缴纳租额轻重不同。不但如此,起义苗民亲属的土地也在抄没之列,按规定,"其逆犯业已正法,尚有子弟及三代以内亲支者,原业准给一半"②。这也就等于株连到起义者的三代亲族。

同云南一样,贵州地方官府确定起义苗民的田产也是以起义前的契据为准。苗民在起义期间夺占或置买的土地一律归还原主。③ 为了防止遗漏"逆产"和侵犯"原主"产权,贵州当局在清查苗民"逆产"时采取了由起义苗民首报和各寨互立保结的办法,即所谓"示意降苗,各将本寨绝逆田产自行指出,并与邻寨团首互相出结,承认己业。如有隐讳逆产及侵占者,查出并己业充公"。这就使"良苗"乃至"团首"也都备受株连。如果苗民不愿申报或申报不实,则直接按"降苗"所报各寨死亡、存留人数分别"逆产"、"良产"数量。"如某寨先已报明原日系百户,今只存三十户,则以三分作良田,七分作逆产。"④事实也是如此。经清军屠杀后,苗民所存"不过十之三"。因此,被没收的苗民田产约为十分之七。⑤

黄淮流域捻军及白莲教起义区的山东、河南、直隶、安徽等省部分地区,地方政权没收"逆产"的活动也很酷烈。以 1861 年宋景诗领导的白莲教黑旗军在山东西部的占领区而言,1862 年起义失败后,在 1863—1864 年,先后查出东昌、曹州、临清、兖州等属

---

① 凌惕安:《咸同贵州军事史》,第五编,第 5—6 页。
② 凌惕安:《咸同贵州军事史》,第五编,第 5—7 页。
③ 凌惕安:《咸同贵州军事史》,第五编,第 5—7 页。
④ 凌惕安:《咸同贵州军事史》,第五编,第 5—7 页。
⑤ 凌惕安:《咸同贵州军事史》,第五编,第 5—7 页。

"逆产"2 万余亩入官。①

　　在捻军起义的皖北地区，"逆产"数量不多。1864—1865 年间，据安徽巡抚乔松年奏报，参加捻军的多系无地农民，"其匪首之田，皆系攘夺得之"，必须"勘明给还原主"。只有起义者"本人自置之产，乃可入官"。因而"逆产则甚少"②。针对这种情况，两江总督曾国藩强调，"逆产"与民产荒田"不能相提并论"，前者的处置办法是"充公而由官招佃"，后者是"暂时归局募佃"。两者"务须剖析分明，以免牵混"③。1866 年，布政使何璟提出的清查办法是，由各州县"查明著名叛逆及叛逆之父母祖孙兄弟共有田若干，造册查考"④。据此，起义农民的三代亲属的土地也在清查之列，并不像乔松年所说的只将起义者本人自置田产入官。⑤ 至于被抄没的"逆产"数额，则确如乔松年所说，为数"甚少"。如宿州仅江、李等姓土地 8300 多亩⑥，亳州胡、王等姓土地 540 余亩⑦，寿州"逆产"多一点，有土地 16358 亩，园地 2395 畦，房基 4 处。⑧ 此外，邻近的河南永城县赵姓 200 多亩也被作为"逆产"没收了。⑨ "逆产"数量虽然不大，但从这些地方一般农民占地不过数亩或十数亩的情况推断，被剥夺的起义农户也不下万户。

---

　　① 《清实录》，穆宗朝，第 91 卷，同治三年正月己未。
　　② 乔松年：《乔勤恪公奏议》第 7 卷，第 35 页。
　　③ 曾国藩：《全集》，批牍，第 5 卷，第 24 页。
　　④ 曾国藩：《全集》，批牍，第 5 卷，第 24 页。
　　⑤ 起义农民及亲属的土地造册后如何处理，何璟没有说明，但从上述广西、贵州的清查方针和中国封建社会的亲族株连法来看，其亲属土地很可能也在全部或部分没收之列。
　　⑥ 丁逊之等纂：光绪《宿州志》第 8 卷，第 30—31 页。
　　⑦ 卢钰等纂：光绪《庐江县志》第 3 卷，第 71 页。
　　⑧ 葛荫南等纂：光绪《寿州志》第 9 卷，第 44 页。
　　⑨ 胡赞采等纂：光绪《永城县志》第 6 卷，第 4 页。

原太平天国占领区,有关"逆产"的记载较少,只见到曾国藩关于江西南康府的几个批示,指出"实系叛逆及无辜胁从者显示区别";其"实系叛逆及无人认领者酌量充公"。①

对被抄没"逆产"的处理办法,各地不同。有的直接分配给兵丁或其眷属,有的变卖得价,也有的由官府招佃收租。一个地区或者以某一种方式为主,也有的同时采用两种或多种方式。

陕西、甘肃和新疆的回民"逆产",有一部分直接分给了清军眷属,变成了"军田"。如素以肥沃著称的金积堡地区,在回民迁出之后,所遗土地分给了原来住在陕西瓦窑堡的清军眷属。② 也有的由官府拍卖得价。如1865年清政府下令将甘肃肃州一带"逆产"变卖充饷。③ 又如甘肃伏羌县的"逆产",因变价拍卖,该县户书、门丁借端讹索,弄得"民怨沸腾"。④ 新疆的回民"逆产",主要是用于筹办屯田。⑤ 对陕西的回民"逆产",也曾有人提出变卖充饷或开办屯田,但都遭到刘蓉的反对。他认为变卖难免里胥粮正侵吞;开办屯田则"兵民错杂,易起争端"。因而主张招垦,认为"变卖利在富民,招垦利在穷民"⑥。并设立"营田局",负责"逆产"的招垦和收租事宜。其具体办法是,承垦"营田"的农民,"自发执照之日算起,以六年租粮及额,即为永业"。⑦ 即最初6年,国家以土地所有主的身份征收地租,垦民以纳租的方式缴纳地价。

① 曾国藩:《全集》,批牍,第6卷,第51—52页。

② 林干:《清代回民起义》,第60—61页。

③ 刘蓉:《奏议》第14卷,第27页。

④ 左宗棠:《全集》,咨札,第42页。

⑤ 户部:《新疆屯田事宜清单》,葛士濬编:《皇朝经世文续编》第66卷,第7页。

⑥ 刘蓉:《奏议》第14卷,第29—30页,又第13卷,第29页。

⑦ 刘蓉:《奏议》第13卷,《陕西各路垦荒事宜疏》,同治四年。

价款缴足,从第七年起即可升科纳粮,垦民取得产权。如能提前交足价额,也可提前管业。① 所收租粮则"用资官军口食"②。

在云南,岑毓英提出,对滇西"逆产"较多的地区,可同时采用三种办法:一部分用于安置无业勇丁,令其耕作,照纳钱粮;一部分变卖提价,用作书院修缮之资;其余招佃耕作,所收租息除缴纳钱粮外,分别用于书院膏火、阵亡伤废各弁家属养赡以及孤贫口粮。至于"逆产"较少之处,则不安置勇丁,只变卖提价和招佃收租。③

贵州被抄没的苗民土地,基本上采取两种处理办法:一是兴办屯田解决兵食问题。贵州原有屯田,在苗民起义以前半为地方士绅侵占。经过苗民起义,屯田制几被冲垮。1873 年 12 月遂有曾纪凤兴屯之议,"查收叛绝之产以为屯田","募凯撤之勇以充屯丁"。认为这样"既可消纳散卒,又可开垦地利"。④ 又据 1876 年九月巡抚黎培敬奏报,在贵州苗民起义区创设"碉屯",修建碉堡,拨兵驻守,同时将"叛绝荒芜之产"交由碉兵就近开垦。⑤ 嗣后云贵总督岑毓英又建议令兵勇"垦荒纳粮"。二是召民垦荒,即招佃收租。按照陈宝箴筹办善后的方针,"有业者归业,无业者使佃耕公私田亩,开垦荒田"⑥被抄没的"逆产"就是"公田"的一部分。地租征收则是核计每年收谷多少,一律按佃 7 官 3 的比例分配,其

①　刘蓉:《奏议》第 14 卷,第 27—28 页。

②　刘蓉:《奏议》第 2 卷,《筹办营田以资战守疏》,同治二年十二月二十二日。

③　岑毓英:《奏稿》第 8 卷,第 38 页。

④　凌惕安:《咸同贵州军事史》,第五编,第 2 页。

⑤　黎培敬:《黎文肃公遗书》,奏议,第 6 卷,《创设碉屯拨兵驻守以资捍卫折》,光绪二年九月二十六日。

⑥　凌惕安:《咸同贵州军事史》,第五编,第 5—7 页。

用途也是补充军饷。①

江、浙、皖、赣以及山东等太平天国和捻军起义地区，因"逆产"数量较少，也比较分散，通常是作为官田，由地方政府经管，招佃收租。山东当局曾一度准备对东昌、曹州、临清、兖州等几处较为集中的"逆产"进行移民垦殖，但不是因为垦民过于"强悍"，未便迁移，就是因为"安土重迁"，"未便强令迁移"，只好改为零星招佃。并规定一律按官地交租纳粮，"不得照民地仅纳钱粮"②。江苏沛县王、刁两姓湖团的所谓"通贼"逆产，除拨还强占沛民土地外，"余俱量充公地"③，招佃收租。在江西南安府，也有一部分充公"逆产"被直接分给清军阵亡家属，或被变卖得价，作为阵亡勇丁抚恤之用。④

清政府运用残暴手段，大量抄没起义农民及其亲属的土地，将其分给清军兵勇及其眷属，或者招佃屯垦，一方面使一部分原来有地的农民破产；另一方面又通过分给无地或少地的兵丁及其眷属土地的办法，解决饷需，以稳定军心，强化镇压力量。特别是贵州的"碉屯"，在苗民区修筑碉堡，以便对苗民进行监视和镇压，而又通过没收苗民土地解决驻守碉兵的粮饷供应。这种政策措施的残酷性和反动性是显而易见的。从土地制度的角度看，将民田蜕变为军田、屯田、官田，将自由农民的小土地所有制蜕变为封建国家所有制，也是对当时历史发展趋势的一种反动。

### （三）清理"绝产"

经过长期农民战争的地区，出现了大面积无主荒地，这就是所

---

① 凌惕安:《咸同贵州军事史》,第五编,第 14 页。
② 《清实录》,穆宗朝,第 91 卷,同治三年正月己未。
③ 侯绍瀛纂修:光绪《沛县志》第 16 卷,湖团志附。
④ 曾国藩:《全集》,批牍,第 6 卷,第 51—52 页。

谓"绝产"。清政府在维护"原主"产权、没收"逆产"的同时，又对"绝产"进行了清理。其处置办法是：或承认垦民产权，准予执业升科；或被没为官田，国家以土地所有主的身份强迫农民完纳官租，或勒令垦民交价承买。其没收为官田的，无论采用哪种形式，都是剥夺农民土地，以恢复和扩大地主阶级的土地所有权。

在大多数场合，清理"绝产"是和清查"逆产"同时进行的，其处理方式也基本相同。如1863年七月，清政府命令山东巡抚阎敬铭抄没"逆产"，也包括"绝产"在内。谓"实系逆产及无业主之田"，"一律入官"。[①] 1863—1864年，在东昌、曹州、临清、兖州等地抄没"逆产"的同时，也清查出"绝产"荒地3万余亩，入官招佃，按官地交租纳粮。[②] 其他地区也大体相同。在陕西，刘蓉虽然强调"回逆叛产与逃户绝产，界限必须划清"，但这里的"逃户绝产"并不是真正的无主荒地，而是指业主逃亡、下落不明的土地，对它采取的办法是"暂时招种"，"或使业主回籍，即将原业给还"。待以后查明，其"实系逃亡（按指外逃死亡），便可作为官产"。[③] 可见对于真正的"绝产"，其处理方式是同"逆产"完全一样的。

在苗民起义的贵州，据1873年曾纪凤拟定的善后条款，"绝产"也是与"逆产"同时并按同一方式处理，"凡绝、逆产应追入公"。又据"核定清查田业章程"规定，"逃亡故绝，既无嫡派子孙，又无三代以内亲支者，所遗田土自应照例充公"。和"逆产"一起，兴办屯田，安插屯丁。[④] 1876年，贵州巡抚黎培敬奏设碉屯，其中

①　《清实录》，穆宗朝，第74卷，第31页。

②　《清实录》，穆宗朝，第91卷，同治三年正月己未。

③　刘蓉：《奏议》第3卷，第11页。

④　凌惕安：《咸同贵州军事史》，第五编，《筹办善后条陈七款》，又《续定清查田业章程》。

也有一部分土地是"绝产"或逃户土地，如"后业主归来"，则又另拨"闲田绝产以偿之"。① 同"逆产"一样，这种充公绝产也是禁止典卖的。如已被占垦，垦耕农民只能"承佃分谷"，而不能取得产权，不能典卖。"盗卖者应追价治罪"，而买主则以"从前所备私价，准其作为押租承佃，另立佃约，每年核计约可收谷多少，以七成归该户，以三成归公。不耕之日，将原银由局还退另佃"。② 这种办法，既没收了卖主的地价，又剥夺了买主的地权，而封建官府，独擅其利。后来大概是由于上述办法严重挫伤了垦民的积极性，阻碍了荒地的垦复，才被迫改变方式，"暂予升科"，承认垦民产权。③

在云南，有一部分"绝产"被用来安置遣散的"胁从回人"。1874 年，岑毓英在攻陷寻甸州后奏报说，准备将原住沾益州、马龙州、宣威州、南宁县、平彝县各属回民，遣送回籍，其中有平彝县的回民 220 余户因与汉民仇怨太深，不敢回籍，拟将寻甸州城十里外绝产"清查分拨，计口授田"。④

太平天国长期占领的江苏南部和浙江地区，虽然不少"绝产"是采用垦户执业升科的政策，但并不意味着垦民能立即取得真正的土地所有权。如浙江，地方官吏为饱私囊⑤，对民垦"绝产"每长

---

① 黎培敬：《黎文肃公遗书》，奏议，第 6 卷，第 14 页。

② 凌惕安：《咸同贵州军事史》，第五编，《续定清查田业章程》。

③ 凌惕安：《咸同贵州军事史》，第五编，《续定清查田业章程》，第 14 页。

④ 岑毓英：《奏稿》第 10 卷，第 19 页。

⑤ 据当时报载，长兴、乌程、安吉等县，"官以岁收租息全归善后之用，不若正赋必须扣解，其中侵肥正自不少"，因而对民垦绝产每抑不升科，征收地租（《申报》，光绪六年四月十六日）。又据周家楣称："官则每亩受其钱千计，既不必报解，可为利己。"（周家楣：《期不负斋全集》，文集，第 4 卷，第 7—8 页）。

期征租,抑不升科,使垦民沦为佃农地位。如乌程、归安等地,"绝产"征租之制长期"因循未改"。① 此种情况,当时论者就指出,"不啻官为业主而客民为佃户"②。嘉兴府某些州县,部分民垦"绝产"一直拖到辛亥革命以后才升科纳粮。③ 同时,也有相当数量的"绝产"被没为官田。如江苏武进县奔牛镇,1880 年"拨本乡无主田数百亩"归金台书院收租以充经费④,新阳县也把民垦无主土地没为官田,征收系脚钱(即押租)和地租等。⑤ 在浙江省龙游县属,同治前期,将民垦"绝产"另行编号,责成绅董收租完粮,或拨充书院、婴堂、义塾及浮桥公产。以上各项没官"绝产"凡 4000余亩。又散处四乡的民垦"绝产"若干亩,责成各图董保就近经理,征租完粮。⑥ 1870 年,湖州府属民垦"绝产"数千亩,先令垦民完纳官租,3 年以后以十分之八归垦民,十分之二归馨山书院。⑦

安徽省的"绝产",北部原捻军占领区以兴办屯田为主。同治初年,凤阳、定远一带就曾采用这种办法。据巡抚唐训方制定的"兴办屯田告示",无论土著、客民,如愿承垦荒地,由官府发给耕牛种子,按年征租。耕种 3 年后,如能偿清牛价种价,"给为永业,升科纳粮"⑧。这是一种有限期的国有制,垦民要先作定期的官

---

① 《申报》,光绪六年四月十六日。
② 《申报》,光绪六年四月十六日。又据同年四月十九日《申报》,嘉兴府招民垦荒,"该客民始则利其免科,继则利其租轻,争先占垦"。所说就是指民垦绝产交纳官租。
③ 金蓉镜:《均赋余议》,第 18 页。
④ 庄毓鋐等纂修:光绪《武阳志余》第 3 卷,第 32 页。
⑤ 《光绪朝东华录》,总第 4469 页。
⑥ 余绍宋纂:民国《龙游县志》第 27 卷,第 28—30 页。
⑦ 周学濬等纂:同治《湖州府志》第 18 卷,第 27 页。
⑧ 唐训方:《唐中丞遗集》,教条,第 7—8 页。

佃,然后才能取得土地所有权。

皖南地区的"绝产",基本上采取没官办法。或由官府拍卖,勒令垦民交价承买;或由官府以地主身份,向垦民征收地租。如1870年,李孟荃办理广德州垦务,制定招垦章程,查丈有主无主熟田,"有主归主,无主归官。田既归官,即由官卖,以田价充地方公用"。并由官府制定统一的价格,熟田每亩600文,荒田每亩300文,垦民交价后才能取得产权。① 广德州属的建平县,对民垦"绝产"采用变卖及征租两种方式。1878年春,查出民垦"绝产"4400多亩,同年冬又查出新垦"绝产"23600多亩,分别变卖或征租。不过地价和租额都大大上升了。熟田每亩价格由过去的600文增至1600文,荒田由过去的300文增至800文。② 租钱每亩多至600文。1880年,垦民因租额过高,纷起反对。③ 宣城的办法也与建平基本相同。1881年,该县成立"垦务局",清丈土地,所有民垦"绝产"概令交价承买。地价以银元计,熟田每亩1.4元,荒田3角,熟地7角,荒地2角。如垦民不愿交价承买,则按年交租,在租种期间,如有人出价购买,"仍听卖给他人,不准把持霸占"④。垦民不但没有地权,也没有佃耕权。宣城处理"绝产"的这种办法,通行于宁国府属各州县。太平府属的"绝产"也是采用由垦民价买或交租的办法,并且一直延续到20世纪初。⑤

---

① 丁宝书等纂:光绪《广德州志》第18卷,第34页。又据该书第56卷,第57页,同治后期,广德州变卖"绝产"得价十多万千文。按上述价格计算,所卖"绝产"约有二十多万亩。

② 汤鼎恒:《建平县详复公田款文卷》,丁宝书等纂:光绪《广德州志》第51卷,第19页。

③ 《益闻录》,光绪六年四月二十二日。

④ 《益闻录》,光绪七年八月初二日。

⑤ 《东方杂志》,第一年第二期,实业,第15页,光绪三十年二月。

清政府对"绝产"的处理，虽各个地区的具体做法不完全相同，但主要还是没为官田。即使拨给垦民作为永业，也多通过价卖或征租过程。所谓交价承买，实际是在农民花费工本垦荒为熟并持有事实上的所有权的情况下，清王朝以主权者的身份所进行的剥夺活动。垦民虽然通过缴价获得了产权，但从另一方面看，官府向垦民勒收地价、地租的过程，恰恰就是否定和剥夺农民土地产权的过程。

## 第二节　豪绅地主的土地兼并和地权分配

在农民大起义期间，清王朝封建秩序受到严重冲击，一些地区地主的权势下降，农民获得土地，地权相对分散。但是，随着农民起义的失败和封建秩序的重建，一些地区的地主阶级卷土重来，反扑夺地，绅权逐渐恢复。特别是在镇压起义的过程中，产生了一批"军功"官僚地主，兼并土地，鱼肉乡里。绅商富贾也乘机低价大面积包揽收买土地，导致一些地区地权的更加集中。不过从全国范围来看，由于农民起义的影响，以及战后一些地区大量无主荒地的存在，地权分配在一段时间内还是呈现分散趋向，农民小土地所有制有所发展。

至于农民经济状况，在国内封建主义和外国资本主义的压迫剥削之下，不但没有相应改善，反而日趋恶化。由于一些地区经济作物种植的扩大和农产商品化程度的提高，农民内部的两极分化也加剧了。为数不少的农民贫困破产；有的农民虽一度得地，但旋即丧失。因此，即使在农民起义失败、阶级力量对比逆转的情况下，农民的反抗斗争也并未停止。

## 一、豪绅阶层的膨胀和地主绅权的扩张

农民大起义失败以后,清王朝为恢复和巩固封建统治秩序,极力扩大其封建统治队伍,使豪绅阶层的人数大为膨胀。

所谓"豪绅",是对有权势的地主官僚总的称呼。按照明清等级制度,豪绅或官绅是不同于"凡人"的特权阶层。根据其地位和享有权利的大小,这个阶层可以分为官僚缙绅(或缙绅)和绅衿两个等级。考取入仕并有职衔品秩的人,亦即一切现任、离任、候补和封赠的大小官员,都属于缙绅等级;凡是获取功名而未做官的举人、监生、生员等,则属于绅衿等级。①

这两个等级的法律和社会地位很有差异,缙绅的权势要大得多。但相对于人民而言,它们都属于享有特权的统治阶级。有功名而又入仕的缙绅,固然对人民群众拥有特殊的权势地位;有功名而未入仕的绅衿,可以捐买官位品级,也对人民群众拥有不同程度的权势。在官的有这种地位,退职的,如果是大地主,有钱有势,也有这种地位;就是中小地主,也不例外。这类人物,人们通通称之为"豪绅地主"或"豪绅"。在经济关系上,豪绅或者原先就是地主,或者因入仕搜刮而成为地主。其他地主亦大多受到他们的庇护。因此,在实际生活中,豪绅比严格意义上的"缙绅"和"绅衿"范围要大得多。

① 对缙绅和绅衿等级有两种不同的分法。在明代,举、贡多入仕,每置缙绅等级;生监没有取得入仕的资格,不包括在缙绅等级之内,但也可以把是否具有官品作为划分标准,凡入仕有品级者列入缙绅等级,其未取得入仕资格的生监及未入仕的举、贡皆列入绅衿等级(参见经君健:《论清代社会的等级结构》,《中国社会科学院经济研究所集刊》,第3辑,1981年8月)。

太平天国革命前后,清王朝曾经通过各种途径扩大豪绅特权阶层。一是增广"正途"学额,二是推广"捐纳"(捐输),三是封赏"军功"。

在清代,通过考试录取的生员、举人、贡生、进士叫做"正途"。清代后期,一再采取"增广"措施,按各省州县加派田赋银额增加生员和举人的"正途"学额。据统计,太平天国起义前全国的生员学额文武分别为 25089 名和 21233 名,太平天国失败后分别扩大为 30113 名和 26806 名①,分别增加 20% 和 26% 。

所有"正途"出身的举人、进士以及由此出身的官吏,都要经过生员考试,因此,可以把历年录取生员数目作为估计全国"正途"人数的依据。太平天国起义前后(以 1850 年为界)各 30 年间录取的文武生员人数及其在各省人口中所占比重,如下表。② 全国生存的生员人数由太平天国起义前的 739199 人增加到太平天国失败后的 910597 人,增加了 23.2% 。在全国人口中所占的比重也由 0.18% 提高到 0.24% 。

捐纳在农民大起义时期甚滥。为了广为招徕,清政府又一再降低捐价。③ 这样,地主富户纳捐者愈多。如当时人所说:"其价愈廉,趋之若鹜"④;"家有数金之藏,皆以援例报捐相耀"⑤。有的甚

---

① 张仲礼:《中国绅士》(The Chinese Gentry),表 20、22、102。

② 张仲礼:《中国绅士》(The Chinese Gentry),表 20、22、102。

③ 据光绪四年四月二十日刊载的《晋帐新捐折收实银章程》:白身捐纳监生,道光十一年须交银 108 两,光绪四年减为 16 两,为原捐价的 14.8% 。捐纳京朝官和地方官,亦按过去定价打一九折,即该交银 100 两者折交库平银 19 两。

④ 陈兆文:《请停止捐纳道府州县叙实官疏》,求自强斋主人编:《皇朝经济文编》第 28 卷,第 3 页。

⑤ 郭嵩焘等纂修:光绪《湘阴县图志》第 12 卷,第 39 页。

至"鬻卖田产"、"借贷亲友"以报捐。就这样,没有功名的庶民地主多通过捐纳,跻身于绅衿之列,已有功名的则通过捐纳猎取更高的官阶。捐纳的推广大大加速了特权地主阶层的膨胀。有人估计,太平天国起义前,全国110万绅衿中,约35万属于非"正途",占32%;

**太平天国前后生员人数及其占人口比重变化表**

| | 太平天国起义前 | | | 太平天国起义后 | | |
|---|---|---|---|---|---|---|
| | 生员总数 | 人口<br>(1000 人) | 生员占人口% | 生员总数 | 人口<br>(1000 人) | 生员占人口% |
| 八 旗 | 3219 | — | — | 4325 | — | — |
| 奉 天 | 2091 | — | — | 4832 | — | — |
| 直 隶 | 83925 | 36900 | 0.23 | 86182 | 17900 | 0.46 |
| 江 苏 | 41362 | 29600 | 0.14 | 53754 | 21300 | 0.25 |
| 安 徽 | 38029 | 36600 | 0.10 | 48756 | 20600 | 0.24 |
| 浙 江 | 53100 | 30400 | 0.17 | 65974 | 11700 | 0.56 |
| 江 西 | 39830 | 26500 | 0.15 | 62197 | 24500 | 0.27 |
| 福 建 | 35017 | 25800 | 0.14 | 47380 | 23500 | 0.20 |
| 河 南 | 48111 | 29100 | 0.17 | 56382 | 22100 | 0.25 |
| 山 东 | 53990 | 36200 | 0.15 | 58565 | 36500 | 0.16 |
| 山 西 | 45316 | 10300 | 0.44 | 48694 | 10800 | 0.45 |
| 湖 北 | 32067 | 28600 | 0.11 | 46997 | 33600 | 0.14 |
| 湖 南 | 35659 | 20000 | 0.18 | 50329 | 21000 | 0.24 |
| 陕 西<br>甘 肃 | 55015 | 29800 | 0.19 | 63646 | 8700 | 0.73 |
| 四 川 | 40296 | 22300 | 0.19 | 58762 | 71100 | 0.08 |
| 广 东 | 39116 | 21100 | 0.19 | 53309 | 29700 | 0.18 |
| 广 西 | 30059 | 8100 | 0.37 | 34063 | 5100 | 0.67 |
| 云 南 | 39083 | 6200 | 0.63 | 40882 | 11700 | 0.35 |

续表

| | 太平天国起义前 | | | 太平天国起义后 | | |
|---|---|---|---|---|---|---|
| | 生员总数 | 人口<br>（1000 人） | 生员占人口% | 生员总数 | 人口<br>（1000 人） | 生员占人口% |
| 贵　州 | 22213 | 4800 | 0.47 | 22817 | 7700 | 0.31 |
| 商　人 | 1701 | | | 2751 | | |
| 总　计 | 739199 | 402300 | 0.18 | 910597 | 377500 | 0.24 |

注：（1）人口数，太平天国前系 1842 年的数字，太平天国后系 1885 年的数字。
　（2）生员总数中包括后来成为贡生、举人、进士的人数。

而太平天国失败后，全国绅衿增加到 145 万，其中约 53 万属于非"正途"，占 36%。①

特权地主阶层的膨胀情形，因地区而不同。在没有受到农民战争冲击或冲击较小的地区，捐纳人员较多，直隶、四川等省即属此类。四川可能是全国捐纳最多的一个省。1863 年，陕西巡抚刘蓉筹办军饷时，曾建议在四川省办捐，一次就颁发贡监职衔及实官捐照 11000 份。② 还有的地区，由于在镇压农民起义的过程中大发横财，捐纳人员也相应增多。如湖南某些州县，参加湘军的文武官佐，或以掳劫致富，或因冒饷起家。他们除买田经商而外，就是替子孙捐买官爵。湘乡、善化等县，捐纳贡监职衔和实官的动辄数百人。③ 就是经受农民战争冲击、豪绅地主一度没落的地区，保存

---

① 张仲礼：《中国绅士》，第 137 页。

② 刘蓉：《奏议》第 2 卷，《请颁发空白执照疏》，同治二年十一月二十二日。直隶情形，详见光绪十三年九月二十四日《字林沪报》刊载的《直隶布政使陶谕定均徭章程》。

③ 黄楷盛纂：同治《湘乡县志》第 7 卷；张先抡等纂：光绪《善化县志》第 21—22 卷。

下来的地主富户也汲汲于功名官爵,力图恢复他们的权势。所以,特权地主阶层的膨胀成为当时全国的普遍现象。

捐贡、捐官,一般都经过捐监,因此可以把捐监作为捐纳人员的基本人数。道光年间,每年捐监人数平均在1万人左右;咸丰以后,历年捐监人数比道光朝增至两三倍以上。有人估计,太平天国起义前,历年生存的纯监生人数约31万,太平天国失败后增加到43万。太平天国起义前,约有4万上层绅士来源于捐监,占上层绅士的33%,而太平天国失败后有10万上层绅士来源于捐监,占上层绅士的一半。① 至于捐纳虚衔,不一定经过捐监,人数无法估计。有人说,光绪年间,为修颐和园筹款而捐得官衔的就达10万人。②

所谓"军功",是指由于参加军事组织、镇压起义人民而获得官爵品级。这一时期,各省成千上万的人参加了中央的正规军和地方的团练武装③,其中许多头目因屠杀百姓"有功"而得官。尤其是湘、淮军将帅的家乡湖南、安徽两省,成了军功人员最集中的地区。湖南军功人员以湘乡县为最多,大小军功1万多人;其次宁乡县,军功凡2600多人,衡阳、湘阴等县,军功亦各在1000人以上。④ 据此估计,全省军功约有五六万人。安徽军功集中于皖中、

---

① 张仲礼:《中国绅士》,第136—138页。
② 胡钧:《中国财政史》,第342页。
③ 在农民战争期间,各省普遍办团练,或谓"几遍十八省"(见光绪六年八月二十七日李鸿章奏疏)。农民起义失败后,各地团练基本上延续下来,变为经常制度(详见本章第一节)。
④ 曾国荃等:光绪《湖南通志》第158—195卷;黄楷盛纂:同治《湘乡县志》第10—13卷;童秀春纂:同治《续修宁乡县志》,故事编,第13卷;郭嵩焘等纂修:光绪《湘阴县图志》第12卷;彭玉麟等纂:同治《衡阳县志》第20卷。

皖北各州县,如庐江、怀宁、舒城等县,每县皆数百人,较少的州县也有数十人。① 全省合计当在 2 万人左右。其他各省州县,军功多寡不等。如河南宁陵县,仅团练保举一项即达 74 人。② 江苏句容县,荐举的 50 人中大都是军功。③ 四川成都县,咸、同年间阵亡武官 109 人④,与生存者合计当不下数百人。广东顺德县,四品以上武职即 105 人⑤,五品以下军功人员当为数更多。西北、西南、鲁、豫、江、浙、鄂、赣等省区,或长期鏖战,或邻近战区,军功人员亦当为数不少。清代后期,全国军功人数缺乏具体记载,可能在 10万人以上。

由此可对全国官绅人数作一个大致估计。太平天国革命以前,军功人数不多;至于历年生存生监人数,捐监以 30 万计,"正途"以 70 万计,合计不过 100 万人。太平天国革命失败以后,历年生存官绅人数,"正途"以 90 万计,捐纳以 130 万计,军功以 10 万计,三项合计约为 230 万人。⑥ 比太平天国革命前增加 1 倍以上。

值得注意的是,在豪绅地主阶层膨胀的同时,这个阶层的内部构成也发生了变化,即缙绅等级的人数大为增加。前述军功人员

---

① 据卢钰等纂:光绪《庐江县志》第 7 卷,该县军功 690 人;据舒景蘅:民国《怀宁县志》第 16 卷,该县军功 411 人。据赵凤诏等纂:光绪《续修舒城县志》第 31 卷,该县军功在 300 人以上。

② 吕敬直纂:宣统《宁陵县志》第 8 卷,第 68—77 页。

③ 萧穆等纂:光绪《续纂句容县志》第 7 卷,第 1—6 页。

④ 衰兴鉴等纂:同治《重修成都县志》第 6 卷,第 25—34 页。

⑤ 周朝槐纂:民国《顺德县志》第 7 卷,第 7—9 页。

⑥ 此外尚有八旗贵族、有正式编制的各级武职,均未计算在内。又据张仲礼估计,太平天国革命前,全国绅士人数约 110 万,其中"正途"75 万,捐纳 35 万;太平天国失败后全国绅士约 145 万,其中"正途"92 万,捐纳 53 万（张仲礼:《中国绅士》,第 137—138 页）。

固然都有品级,都在缙绅等级之内,就是监生和生员也多通过捐贡和捐官挤入缙绅行列,改变他们的门第。有人估计,太平天国起义前,全国110万绅士中,属于较高等级的为12万人,占11%,而太平天国失败后的145万绅士中,属于较高等级的为20万人,占14%。①

缙绅等级队伍的扩大,表现为现任官吏及候补官员的增加。太平天国革命时期及以后的数十年间,大量新增衙门,从而增加了不少官吏。如漕运则于粮道之外,新设海运局,下又分设省局、沪局、津局诸名目;税务则于关差之外,增设牙厘局,下又有总局、分局、总卡、分卡诸名目;盐务则于运使之外,增设纲盐局、督销局、盐厘局;财政则于藩司之外,增设交代局;刑案则于臬司之外,增设清讼局、发审局、候审所等机构。此外还有其他各种局所,几乎"每办一事,即创立一局"②。因此,各省大小局所往往数以百计。局所内部的官缺更是五花八门。诸如总办、帮办、会办、提调、随员以及总局委员、分局委员、差遣委员、司事委员等等,不一而足。这还只是有正式品级的官吏。为了给没有品级的在籍绅士以一官半职,又增添"采访"、"印书"、"修志"、"慈善"以及"施医"、"民更"、"清街"、"浚湖"之类的名目,务使那些"罢官归里之人,以及钻谋之寒士,皆得有所栖止"。③ 就这样,"绅"在不断地跻身于"官",导致官僚队伍的扩大。仅浙江一省,上述局所,"已有数百,而在局之人,自官而绅而丁役,何止数千"④。同时,原有机构的闲

---

① 张仲礼:《中国绅士》,第137—138页。
② 《清实录》,德宗朝,第229卷,第14页,光绪十二年六月甲申。
③ 《申报》,光绪六年正月二十日。
④ 《申报》,光绪六年正月二十日。

散官员也在增加。中央各部门的额外官员，少则数十，多则至数百。① 至于候补官员，就一省而论，有的候补道多至百人，候补州县官多至千人，候补丞佐更难以估计。以前每省现任官佐不过数百，现在等缺候补的官佐多至数千。②

　随着官绅阶层的膨胀，豪绅地主的权势也大为扩张。

　前面说过，豪绅地主内部区分为缙绅和绅衿两个等级。它们各自享有程度不同的特权，缙绅和凡人相比，在法律上享有不受侵犯的特殊权利。"凡人"殴詈缙绅，要加重判刑。缙绅与"凡人"发生诉讼案件，无须亲自出庭，可由家人代理；犯罪受审，可免受肉刑；即使判刑，也可用罚俸或缴纳赎金赎免。绅衿虽然从"官"、"民"界限来看，属于"民"的范畴，在同"凡人"发生刑事诉讼案件时，没有明文规定他们具有特殊的法律地位，但还是不同于"凡人"，如诉讼不受拘押，不必亲自出庭，轻罪可以纳赎，重罪流放，予以地区上的照顾，等等。在赋役方面，缙绅和绅衿都享有优免权，官职和品位越高，优免额越大。由于缙绅和绅衿的特殊地位，特别是同官府的相互勾结，使他们能够获得许多非法的特权，乃至发展为左右官府，包揽钱粮，干预词讼，武断乡曲。在整个封建时代，皇帝是"依靠地主绅士作为全部封建统治的基础"的。③ 在封建政权遭受危机时，更要从地主豪绅那里寻求支持力量，而这又必然造成地主绅权的扩张。太平天国战争时期及其以后的情况，正是这样。

　地主豪绅权势的扩张，表现在很多方面：

――――――――――

① 潘敦先：《请停捐纳实官议》，陈忠倚编：《皇朝经世文三编》第22卷，第7页。

② 潘敦先：《请停捐纳实官议》；陈兆文：《请停捐纳道府州县实官疏》，陈忠倚编：《皇朝经世文三编》，第28卷。

③ 《毛泽东选集》，合订本，第587页。

第一是兴办和控制镇压农民的团练武装。从咸丰年间开始，凡农民起义波及地区，都普遍兴办团练。例如湖南平江县，四乡成立团局 147 处，由士绅充当团总团佐。[①] 安徽凤台县的团练由 90 多个士绅主持。[②] 浙江新城县，各乡设局办团，抽丁五六万，地主豪绅权势大增。[③] 山东省堂邑县，全县有十五六个团，每团管辖二三十个村庄，团长都是地主豪绅。[④] 其他各州县，豪绅地主掌握团练武装的情形大致相似。而且，各地区间的团练武装互相纠联。如江、浙、皖一带，即"联团数百里"[⑤]。

上一节已经提到，清政府为了加强对人民的镇压，授予团练以诛杀之权，遇有违犯封建法纪的所谓"暴乱"行为，都由"团练绅民合力缉拿，格杀勿论"。[⑥] 地方绅士乘机勾结官府，压迫百姓，扩大自己的权势。1882 年，文硕奏报说："近年绅士居乡，多不守法，……其病源于咸丰年间办理团练。彼时军务之责是绅士与有司共任之，……而自此滥觞之后，历时既久，习不为怪，彼此效尤，几同常例。"[⑦] 此种情况，据说河南、安徽、湖广、四川等地"大率有之"。[⑧] 其实又何止上述四省区。

地方豪绅权力之大，不仅可以将他们的意图上达督抚大吏，而且可以直至中央。州县官吏的命运，如禄位之久暂，官爵之升降，

---

① 李元度等纂：同治《平江县志》第 36 卷，第 9 页。
② 葛荫南等纂：光绪《凤台县志》第 1 卷，第 4 页，又第 4 卷，第 4 页。
③ 张子荣等纂：民国《新登县志》第 19 卷，武备，第 4 页（按：民国后，新城县改名新登县）。
④ 武训历史调查团：《武训历史调查记》，第 11 页。
⑤ 张德坚：《贼情汇纂》第 10 卷，《太平天国》第 3 册，第 272 页。
⑥ 光绪《大清会典事例》第 580 卷，刑部，刑律断狱，第 5—6 页。
⑦ 文硕：《奏禁仕路颓风事》，《京报》，光绪八年四月初十日。
⑧ 文硕：《奏禁仕路颓风事》，《京报》，光绪八年四月初十日。

每取决于地方绅衿和居乡缙绅之喜怒。州县官吏只有对豪绅地主百般顺从,任其所欲,才能取得他们的欢心,得以官运亨通。否则就要遭到他们的反对,以致公私"在在掣肘"①;甚或捏造事实,"蜚语中伤",使不得安于其位。② 因此,有人得出结论说:"官与绅相角,而官恒负。"③

第二是直接、间接干预地方行政权。地方豪绅以团练武装为资本,以官爵品秩为护符,藐视官府,干预公事。如当时沔阳知州李辀所说,地方豪绅"有利要兴,有害要除。小事使小绅言之,大事使大绅言之。挟制官长,势在必行"④。这里所谓的"兴利"、"除害",自然都是从少数豪绅地主的角度说的。也就是胁迫地方官吏按照他们的意图办事,以维护豪强的一己私利。巨绅如此,青衿亦然。当时论者谓,"逮乎一衿既得,列于绅董,往往干预公事,武断乡曲"⑤。无论绅、衿,皆"视干预公事为固然"⑥。而地方官吏,"上迫于长官之考成,下迫于豪横之把持,英气销铄,专意结合士绅,保其一日之利"⑦。结果,普遍形成"官卑绅尊"的局面。即所谓"当官藉巨族为护符,权绅视牧令如奴隶。颐指气使,所由来矣"⑧。有的州县实权甚至完全被地方豪绅掌握,"官不过为绅监

---

① 李辀:《牧沔纪略》下卷,第45页。

② 文硕:《奏禁仕路颓风事》,《京报》,光绪八年四月初十日。

③ 张曜:《山东军兴纪略》第22卷上,第35页。

④ 李辀:《牧沔纪略》下卷,第4页。

⑤ 《申报》,光绪十九年三月二十九日。

⑥ 文硕:《奏禁仕路颓风事》,《京报》,光绪八年四月初十日。

⑦ 金蓉镜:《痰气集》,第7页,《复抚军密查地方吏治文》。所述为湖南光绪年间情况。

⑧ 驼浦遗民:《未信余编》,第95页。

印而已"①。"官卑绅尊"的现象虽不自晚清始,但地主绅权的这种嚣张情形是太平天国起义以前少有的。

第三是干预和把持地方司法权。上节提到,按定例乡约保甲并无刑罚权,太平天国失败后,保甲滥施刑狱。而这种刑罚权实际被控制在被称为"地头蛇"之类的绅董手中。一些地区的情况是,"无论何事,须由绅董讯明曲直,差役不与较,惟命是听,至绅董不能判断,始许禀官"②。至于巨绅豪族,对民间诉讼案件,更是"随其亲疏喜怒左右之,视其贿赂厚薄高下之;不仅干谒请托,竟自直入公堂,插言剖判,颠倒是非,几欲两造曲直,凭其一言断定"③。甚至私设公堂,"擅施刑杖,枉押农民"④。湖南、浙江以及其他许多地区都不乏此类事例。⑤ 如果农民稍有反抗,他们即诬之为"奸盗",指使地方官吏任意判处死刑。⑥

第四是掌管地方财政权,横征暴敛,搜刮农民。在农民大起义时期及以后的二三十年间,各省多增设各种财务税收机构,如四川各州县设置"夫马局"、"三费局"等,负责办理田赋加派事宜。这类机构多由地方豪绅主持。还有的地方,豪绅把财政权和武装团练权结合在一起,肆意敲诈。如湖南善化县团练干预本县税收权⑦;贵州遵义团绅设立公局,制造印簿,直接派捐。⑧ 各地勒索

---

① 李辀:《牧沔纪略》下卷,第96页。
② 《申报》,光绪十九年三月二十九日。
③ 文硕:《奏禁仕路颓风事》,《京报》,光绪八年四月初十日。
④ 文硕:《奏禁仕路颓风事》,《京报》,光绪八年四月初十日。
⑤ 参见《新报》,光绪六年六月二十五日;《字林沪报》,光绪十五年十二月二十六日。
⑥ 张曜:《山东军兴纪略》第22卷上,第5页。
⑦ 张先抡等纂:光绪《善化县志》第32卷,第45页。
⑧ 黎培敬:《黎文肃公遗书》,奏议,第9卷,第7页。

农商的厘局,也多操诸地方豪绅之手。① 财政权的控制,反过来助长地方豪绅政治威风的嚣张。如四川合江县局绅,"狐假虎威"、"睥睨一切"②;东乡县局绅,依仗权势,"妄预官事";吉林绅士于焯堃,"设立税局,擅理民词"。③ 如此等等。

第五是把持地方垦政权,掠夺农民。农民起义失败后,有些州县成立了清产招垦之类的机构,西北回民起义地区,东南太平天国起义地区,都不例外。所有这类机构,都操纵在豪绅地主之手。据1882年记载,在农民起义地区,凡招民复业垦荒事宜,如领田、清丈、升科等手续,必须先向主持垦务的豪绅办理,州县官畏其权势,任从他们把持。否则,"官不能收赋税,民不获事耕耘"④。地方豪绅每利用清产招垦,肆意勒索规费,侵占农民土地。

总之,地方豪绅控制着武装、行政、司法、财政、垦政等地方大权,他们实际上掌握着基层政权,执行地方官的职能,地方政令"不为刁绅所搅,即为巨室所钳"⑤。在这里,他们兼具绅士和官吏的双重身份。而"朝廷命官"也是为这些绅士服务的。

此外,地方豪绅还大力推广宗族制,增强族长权力,把族权和政权更加紧密地结合在一起。如湖南曾国藩就令零陵筹建"族团"⑥,蒋德钧也向湖南巡抚陈宝箴建议加强"练族"等。⑦ 所谓"族团"、"练族",就是把团练武装和宗族制融合为一,族长一身而

---

① 驼浦遗民:《未信余编》,第62—63页。
② 刘天锡等纂:民国《合江县志》第5卷,第77页。
③ 《清实录》,德宗朝,第42卷,第11页,光绪二年十一月庚午。
④ 文硕:《奏禁仕路颓风事》,《京报》,光绪八年四月初十日。
⑤ 《光绪朝东华录》第3册,总第2941页。
⑥ 曾国藩:《全集》,批牍,第1卷,《零陵县禀》。
⑦ 蒋德钧:《求实斋类稿》,续编,第1卷,《上湘抚陈中丞简明条约三则》。

二任。李鸿章的幕僚冯桂芬则建议将保甲与宗族制相辅而行①，也是企图把两者融合起来。所有这类建议和措施，其目的在于加强豪绅地主对宗族的控制，以发挥族权的作用，把宗族变成为维护封建统治的一股政治力量。豪绅地主亦借此扩充自己的权势。

就在这个时候，长江流域以南各省豪族大姓，加紧建置族田、义庄，企图通过"抚恤"之类的"慈善"手段，巩固宗族，借以达到约束、控制农民族众的目的，发挥地方官吏所不能发挥的作用。咸丰年间，湖南湘阴县邵河清等，其后平江县施连发等，相继聚众暴动。各姓豪绅，或令各房长逐户清查，对族众实行约束；或纠合族勇将族内参加暴动的人扭送官府。② 宗族制度成为豪绅用以约束、制裁农民族众的工具。

就这样，在相当一部分地区，豪绅地主不但把持了地方军权、政权和财权，也恢复和扩大了族权，加强了对农民的统治地位。当然，如前面所提到的，各个地区绅权扩张的程度不同。某些地区，尤其是经过农民战争严重冲击的地区，地主绅权或明显衰落，或虽有恢复，但尚未达到农民起义以前的程度。而另外一些地区，如四川、湖南、湖北、广东、广西、台湾和直隶等省，安徽中北部各州县，江苏北部和南部的苏州府属，以及山东、河南某些地区，或由于农民战争期间豪绅地主不曾受到严重冲击，或由于团练军功人员较多，或由于地权比较集中，地主绅权都明显地扩张了。地主绅权的这种变化，势必对战后的土地占有关系产生重大的影响。

---

① 冯桂芬：《显志堂类稿》第 11 卷，《复宗法议》。
② 郭嵩焘等纂：同治《湘阴县图志》第 28 卷，《兵事志》，第 21 页。

## 二、豪绅地主的土地兼并

豪绅阶层的膨胀和地主绅权的扩张,导致豪绅地主对土地的兼并。[①]

从兼并的内容和方式看,豪绅地主或凭借暴力掠夺农民税田,或运用经济力量买田,都是过去兼并的继续。这个时期的特殊现象是依势规复"原业",以及通过清理"绝产"、"逆产"进行兼并。所以农民起义失败后,土地占有关系呈现逆转。

### (一)战后豪绅地主的卷土重来

在原农民起义地区,特别是太平天国长期占领的江、浙、皖三省部分地区,地权发生了很大变动:有的地主离乡逃亡,土地转移到农民手里;有的由于太平天国地方政权的政策措施,农民取得了土地产权;有的由于农民战争的影响,农民反抗精神增强,抵制地主收租,实际上取得产权;还有的由于契券散失,疆界混淆,桃僵李代,地权关系紊乱,等等。地主的土地所有权受到重大冲击,不少农民获得土地。农民起义失败以后,地主阶级立即卷土重来,反扑夺地,程度不同地恢复了旧的封建土地关系。

上节已经叙述了清政府维护"原主"产权的基本原则和政策措施。地主豪绅则以此为护符,大肆反攻倒算,以"原业"或"原主"名义侵夺在战争期间转移到农民手中的土地,进行合法或非法的土地兼并。1863 年,清军一占领江苏奉贤,该县地主就狂叫:

───────

① 　就在这一时期,外国传教士通过教堂兼并土地,动辄数千数百亩。这是另一种性质的土地兼并,将在其他章节论述,这里从略。

"田归原主!"①同年,金匮一段姓地主,在太平军刚一退出县城,即入城"认勘印契",清产夺田。凭着他对田亩情况的熟悉,不但夺回了自家私产和族中"公产",凡族姓绝户或逃户田产,无不一一为之"清厘"。② 在绅权嚣张的苏州府属吴县、长洲、元和等县以及太仓州一带,豪绅地主一俟太平天国失败,即行清田逼租。③ 皖南地区的地主反扑夺地的活动也十分猖狂。如黟县一家李姓"名族",在太平天国占领期间,"祀产簿籍俱灰灭"。太平天国一失败,该族士绅即逼着一个熟悉族产田亩的病危老农开列田亩清单,然后又亲自"周履阡陌",将田亩、佃名"挟册记注",使族产和租额"尽复旧规"。④

在广西,一些地主豪族更是公然使用暴力夺回农民占有的土地。如在"大成国"时期,农民曾一度夺取地主的土地。"大成国"失败后,"仍然如旧霸占"。在这种情况下,地主并"不禀官查追,辄敢寻衅私斗,甚至持挺开枪,逞凶仇杀"。而官府直接为地主撑腰,勒令"所有侵夺他人田产,务须赶紧给还,听其管业;倘有霸占寸土,定行从严究办"⑤。

一些地方"公产"也相继清查复原。如苏州府原有宾兴局田1000余亩,由县征租。自太平天国攻克苏州,该田转归农民所有,

---

① 吴廷嘉、沈大德:《太平军在奉贤的斗争》,《太平天国史论丛》,第300页。

② 《近代史资料》1980年第2期,第220页。

③ 参见王炳燮:《毋自欺室文集》第6卷,第2—3页;柯悟迟:《漏网喁鱼集》,第95—96页。

④ 何承培:《李丽春先生传》,程寿保等:民国《黟县四志》第14卷,文录。

⑤ 刘坤一:《刘坤一遗集》,公牍,第1卷,第2756页。

1867 年,江苏巡抚丁日昌清查田亩,规复旧制。① 常州府武进县延陵书院原有田地 500 余亩,起义期间,产权转移。起义失败后,即由地方士绅庄毓铉等"清理复旧"②。镇江府丹徒县坐落婴洲的育婴堂田亩,在太平军占领期间实际上转归农民所有,1863 年,由常镇道许某"谕董委派往洲清理,设局征收"③。

许多地区地主阶级的反扑夺地,是通过各种清地清赋机构进行的。为了明确征赋对象,规复钱粮原额,清政府在清赋和招垦的过程中,特别重视地权的归属和"原主"产权的恢复。这就为地主的反扑夺地创造了条件。更重要的是,这类清地清赋机构本身就大都操纵在豪绅地主之手。他们正好假公济私,直接侵夺农民土地。太平天国失败后,江苏、浙江、安徽等省各州县成立的"劝农局"、"清垦局"、"清查局"、"清赋局"等机构,其主要任务之一就是为地主清理地产。各局所定章程,表面是清赋,实际上也是为地主清地的。清地办法好像不分农民和地主,实际上主要是为的保障地主阶级尤其是豪绅地主的"原业"产权。如浙江嘉善县的"清粮局"规定,原业主认领土地,由业主自行呈报,有单据者以单据为凭。但有些地主既无单据,又不能说明单据号数,仅凭口头向局报称有水田若干亩,即可领田。④ 在清地清赋过程中,农民辛勤开垦的土地,一经地主呈报,便归地主所有。在江苏、安徽等省,都有类似的机构,为地主清理地产。⑤

经过长期战争,田亩经界多已混乱,通过清地清赋措施恢复旧

---

① 冯桂芬纂:同治《苏州府志》第 25 卷,第 56 页。
② 庄毓铉等纂修:光绪《武阳志余》第 3 卷,第 31 页。
③ 吕耀斗等纂:光绪《丹徒县志》第 36 卷,尚义。
④ 顾福仁纂:光绪《重修嘉善县志》第 10 卷,第 31 页。
⑤ 如浙江省在省城设立"清赋总局",安徽省在各府州设立清产机构(详见本章第一节)。

有的土地关系,是一种行之有效的办法,有不少地主因此夺回了土地。如江苏江宁地主贡生邓嘉祥、生员冯树滋和地主王永福等收回了部分或所有已失土地。① 宜兴举人吴登,监生陆廷升,诸生王溥渊、储君宜等,或夺回本家已转移到农民手中的土地,或帮着亲属清出丧失的土地。② 皖南一个曾经参加团练的商人地主曾用所谓"相地术"的迷信手段夺回被农民垦种的土地。③ 皖北霍丘县僧人岚光,夺回他在农民起义期间丧失的寺产。河南正阳县地主黄大生,恢复他失掉的庄田④,等等。

以上虽然只是个别地区地主夺田事例,由于这时地主夺田活动是在清政府大力推行维护"原主"产权政策措施之下出现的,因而是整个地主阶级普遍开展夺地活动的具体反映。在这种政策措施下,不少地主不仅规复"原业",甚至还侵占农民土地。

西北和西南农民起义地区,地主阶级夺地情形和江、浙、皖等省不完全一样。回民和彝民、苗民起义是带有民族斗争性质的武装斗争。当地汉人地主固然遭受严重打击,部分汉族农民也避兵逃亡。回民、彝民和苗民起义失败以后,在清查土地时,清政府不仅采取了阶级报复的手段,而且采取了民族压迫的手段,把回、彝、苗族起义参加者和无辜百姓,或从居住区强行迁往其他荒芜地区,或从起义区赶回原居住区或者其他地区。再加上清政府的残酷屠戮和民族间的相互仇杀,地主和农民的死亡比例都很大,如向称富庶的陕西省西安、同州、凤翔三府,地主仅以身免者不过十之二三,

---

① 汪士铎等纂:同治《上江两县志》第 24 卷下,耆旧,又第 11 卷,建置。
② 周志靖纂:《光宣宜荆续志》第 7 卷,第 6 页,又第 9 卷中,第 9、33 页。
③ 据中国社会科学院经济研究所藏屯溪资料。
④ 陈全三等纂:民国《重修正阳县志》第 2 卷,第 59 页。

能保存家产者更寥寥无几。①此后，除陕西部分地区外，前往垦荒的客籍农民也较少，这些地区长期处于地多人少、大量土地抛荒的状况。在西北、西南农民起义区，虽然也都成立过清田清赋之类的机构，如陕西巡抚刘蓉曾经大力推行清田招垦，云南巡抚岑毓英曾清查全省荒芜田地，"据契清田"②，既清田赋，又定产权。但在大多数场合，地主恢复旧的地权归属关系，不是直接从农民手中夺回他们在农民起义中丧失的土地，而是在原有土地上进行开垦。在这些地区，生存下来的地主大都恢复了土地产权。但从表面上看，夺地与反夺地的斗争，似乎没有太平天国起义地区那样激烈。

### （二）霸占"绝产"和"逆产"

地主豪绅在战后反扑夺地的过程中，除了以"原主"身份夺回原有土地外，还用种种手段霸占"绝产"和"逆产"。

前文提到，清政府对战后某些地区出现的大面积"绝产"的处理办法是：或没为官田，征收地租；或令垦民交价承买；或授予垦民永远为业。但这类土地一经农民花费工本、开垦成熟之后，地主豪绅往往冒充"原业"、"原主"进行掠夺。

1867年，江苏巡抚丁日昌说："各处荒田，往往垦民甫办有眉目，即有自称原主，串同局董书差，具结领回。垦民空费经营，转致为人作嫁。"③1869年，两江总督马新贻也说："垦荒极费工本，牛种农具，一一均须置备，更须自盖草房栖止。成熟之后，忽为原主认去。"④这里所称"原主"，其中绝大多数并非真正的土地原主，

---

① 刘蓉：《奏议》第14卷，第27—30页，《复奏陕西叛产碍难变卖疏》。
② 详见本章第一节。
③ 丁日昌：《抚吴公牍》第37卷，第9页。
④ 马新贻：《奏议》第7卷，第52页。

而是虚冒。尤其是直接掌握清产招垦机构的地方豪绅,以及和他们有血缘裙带关系的地主富户,乃是民垦"绝产"的主要侵夺者。江苏宜兴县举人吴登主持该县清粮招垦机构时,尝谓"冒占人田,君子弗为"。他只认领了自家"祖业"。因为他没有凭借招垦机构的特殊地位侵占民垦"绝产",遂大为时人所称道。① 这一事例正好从反面说明,豪绅地主冒充"原主"侵夺农民垦田的活动已习以为常,司空见惯。

地主豪绅侵夺民垦绝产的一个卑劣手法是"冒荒"。即荒地一经开垦成熟,他们就冒称"原主",诡托有荒地若干亩,向官府报领。1880 年,浙江省杭州、嘉兴、湖州等府属,实系熟田而冒称荒田报领者凡 500 多万亩。当时论者指出,"荒田之占,多系豪强兼并,而贫苦小民绝无所得"②。这里地主所报的"荒田",就是他们从垦民那里侵夺来的已垦熟田。嘉兴、秀水等县,原有荒田较多,何者已开垦成熟,何者抛荒未垦,难以稽察。豪绅地主遂串通地方吏胥,大事隐冒,以熟作荒,逃避赋税。③ 1880 年,嘉兴县办理查田的几十个庄书,侵吞熟田数万亩。④ 孝丰县豪绅通过掌管"善后局",承领"绝产",侵占大量土地。⑤ 淳安县管理户籍的吏胥,曾拟将农民垦熟的良田若干亩,偷换业主姓名,奉献某地主,使据为己有。⑥

皖南地区,豪绅地主侵夺民垦"绝产"的活动持续了几十年。

---

① 周志靖纂:《光宣宜荆续志》第 9 卷,第 6 页。

② 《申报》,光绪六年六月初九日。

③ 《申报》,光绪六年四月二十三日。

④ 《新报》,光绪六年九月初九日。

⑤ 方秉性:《孝丰的一座封建堡垒》,《浙江文史资料选辑》第 9 辑,1964 年 12 月。

⑥ 章乃羹:《观山文稿》第 8 卷,第 12 页。

这里垦民势力较大，豪绅地主"无据冒认"的夺田活动一再引起垦民的反抗，但还是有不少土地被地主夺去。所谓"一家而兼有昔时数姓之田"①，就是当时地主冒认农民垦田的实录。1896 年，安徽巡抚福润说："绅宗豪族交相侵占，以多报少，以熟报荒。"②也是指的豪绅地主冒称"原主"侵夺农民开垦的土地。

　　地主凭借暴力夺田，在西北、西南少数民族起义地区不像江、浙、皖等省那么厉害，但也有事例可征。陕西南郑县清产局清查"绝产"之时，地主富户每贿赂局绅，"凭空没田三四百亩，隐匿不报"。③ 他们所隐匿的土地，主要是"绝产"。按官府章程有权承领近亲"绝产"的农民，反而遭到局绅拒绝④，领不到土地。

　　豪绅地主为了夺田，甚至煽动土著反对客民，挑起武斗，从中渔利。1877 年，江苏宜兴县爆发了以贡生吕兆文为首的驱逐客民的暴行。他们拆毁客民房屋，抢夺客民牲畜什物，强迫他们返回原籍。⑤ 尤其是绅权嚣张的苏州府属，客民几无容身之地。当客民初至承垦之时，地主佯装不知。俟数年开垦成熟，便前来占夺。他们自称"原业"，诬控客民占垦"有主"之田。客民被迫舍田他迁，致"数年之功，沦为乌有"。1887 年，有浙江省台州、温州等府农民，通过监生周鸿邕的关系，到苏州府昆山县境垦荒。地方豪绅遂"以飞语上闻"，进行诬控。周鸿邕因此被捕下狱，客民也被押送回籍。⑥ 1888—1889 年间，宁波府农民到昆山县垦荒，地方豪绅为

---

① 裕禄：《办理皖省垦务片》，《沪报》，光绪九年二月二十八日。

② 安徽通志馆纂修：民国《安徽通志稿》，财政考，第 3 卷。

③ 刘定铎等纂：民国《续修南郑县志》第 7 卷。

④ 刘定铎等纂：民国《续修南郑县志》第 7 卷。

⑤ 周志靖纂：《光宣宜荆续志》第 9 卷，第 48 页。

⑥ 李传元纂：民国《昆新两县续补合志》第 23 卷，第 9 页。

了侵夺客民开垦成熟的土地,沟通江苏巡抚黄彭年将客民驱逐出境。①

浙江省驱逐客民的活动,以绅权嚣张的嘉兴府属最为猖獗。1880 年,嘉兴、秀水、桐乡等县,土客之间的土地纠纷已经层出不穷。1883 年,秀水、桐乡两县豪绅地主,煽动乡民,焚杀客民,制造惨案。② 客民亦曾对此进行激烈的反抗。

安徽地主驱逐客民的活动是从 1870 年开始的。豪绅联名上书清廷对客民进行诬告,清政府遂即发布指示,令将客民"强行不法之徒,查明原籍,递回约束"③。不过,这里客民势力强大,对豪绅地主侵夺土地的暴行进行了坚决抵制,迫使地方官府不得不采取变通办法。同、光之际,令客民对所垦土地交价承买。这种办法先从广德州开始④,后来推行于整个皖南。地方豪绅对这种政策措施坚决反对,广德州绅士张光藻就是其中一个典型。光绪初年,他对主持客民买地的知州李孟荃大事攻击,谓其偏袒客民,使土著丧失土地;指责他企图多收地价,挥霍公款。⑤ 1883 年,豪绅反对客民买地的活动更加剧烈,或鼓动"原业主"不按官府规定办理产权转移手续;或将肥沃土地指为祭田、学田,不准客民出价认买,甚至煽动土著百姓,捣毁办理垦务人员的居室。他们的意图有如当时安徽巡抚裕禄所指出的,"挟势力而冀兼并","必欲由官勒抑客民取其垦熟之田,尽归土民收租以快其欲"。⑥ 这里所说"土民"显然指的是豪绅地主。

---

① 李传元纂:民国《昆新两县续补合志》第 23 卷,第 13 页。
② 严辰纂:光绪《桐乡县志》第 24 卷,第 65— 66 页。
③ 《清实录》,穆宗朝,第 295 卷,第 33 页。
④ 丁宝书等纂:光绪《广德州志》第 56 卷,杂志,第 14—17 页。
⑤ 丁宝书等纂:光绪《广德州志》第 56 卷,杂志,第 14—17 页。
⑥ 《沪报》,光绪九年二月二十八日。

　　各地豪绅还利用没收"逆产"措施进行兼并。如陕西南郑县某局绅，为了侵夺一个孀妇的土地，指诬其"从贼被污，迫令改嫁"。① 他们为了霸占"逆产"以及"绝产"，还倡议官府变价充饷，企图通过假手变卖，达到侵占土地的目的。陕西巡抚刘蓉指出，里胥粮正等地方豪绅，对逆绝地产，"平日早谋侵吞，值此筹饷艰难，亦往往倡为变产充饷之议，谓数万、数十万不难咄嗟立办，其实不过欲乘官司急售之时，图遂平日之愿。所图既遂，则又必借故展延"②。以后，刘蓉采取了设局招垦的办法，各地豪绅仍然"非故意含混，冀便私图，即假手吏胥，视同具文"③，霸占"逆产"的活动始终没有停止。西南苗民起义地区，原先没为屯田的"逆产"，后来也逐渐被当地生员和监生所侵占。当时论者就指出，"今日之食屯者，半是刁生劣监"④。

### （三）夺占官田

　　豪绅地主兼并土地的另一个重要方面是，凭借权势，掠夺官荒或业经农民垦熟尚未取得合法地权的官田。

　　当时，官荒、官沙、官滩、芦荡等地，本是无主土地，有的向来供当地农民放牧、采樵和渔猎之用；有的因草莽丛生，本无多大经济价值，后经农民劈荆斩棘，开垦耕作，收益渐丰。不管属于哪种情况，只要这些无主土地有了一定的经济价值，就成为豪绅地主群相

------

① 刘定铎等纂：民国《续修南郑县志》第 7 卷。
② 刘蓉：《奏议》第 14 卷，第 29 页。
③ 刘蓉：《奏议》第 16 卷，第 8 页。
④ 黎培敬：《黎文肃公遗书》第 6 卷，《创办碉屯拨兵驻守以资捍卫折》，光绪二年九月二十六日；胡林翼：《条陈东路情形》，葛士濬编：《皇朝经世文续编》第 16 卷。

争夺的对象。如皖北淝河东李营孜一带,向来供当地人民砍柴打鱼的一些河滩公地,咸、同之际,即为豪绅练总李得三霸占收租。① 江苏崇明县的新淤沙地,同、光之际,也都落入吏胥和地方豪右手中。② 江苏青浦县杨家桥地方,有民垦淤滩数百亩,1893年,娄县豪右王某,竟雇用打手横暴占夺。③ 据1885年户部奏称,江苏、安徽、江西等省,芦洲、沙田甚多,多被官绅据为己有。④ 其实岂止上述三省,其他各地也莫不如此。

广东惠州府博罗县,有大片湖淤田,被地方豪强霸占。1875年,县设局清查,拟招佃征租,而县民畏其权势,"并无一人出而承佃,即间有承佃之人,亦苦于势力不敌,各皆退避歇手"⑤。该省沿海沙田更是豪绅地主追逐的对象。这里的沙田系就海滩围筑而成;每当沙田淤成,"即有富豪,承沙报税"⑥,使霸占合法化。此项沙田,动辄百顷千顷,取得沙田产权的人,转瞬成为奴役千百家农户的大地主。湖南洞庭湖沿岸州县,豪绅地主掠夺淤沙的活动,过去尚为有限,到19世纪80年代末则日见增多。1889—1890年间,湖南巡抚王文韶奏称,官绅占据官洲官沙,"皆近年情形,臣初

---

① 阜阳专区文学艺术工作者联合会编:《安徽捻军传说故事》第1辑,第259—260页。

② 李联琇等纂:光绪《崇明县志》第6卷,第22页。

③ 《益闻录》,第1325号,光绪十九年十月二十五日。

④ 《沪报》,光绪十一年一月初六日。

⑤ 张联桂:《问心斋学治续录》第2卷,第25—27页。

⑥ 丁仁长等纂:宣统《番禺县续志》第12卷,第2—3页。又据同治五年御史朱镇奏,"广东滨海州县每于海潮退后,水涸成滩,名曰沙地,绅衿据为私产"(《清实录》,穆宗朝,第177卷,第1页,同治五年五月甲戌)。又据宣统《番禺县续志》第12卷,第2—3页,"沙坦既成,田亩弥望,田辄以千百顷计"。此类土地均被豪绅霸占。他们为了保护土地收益,还雇勇护沙。仍据《番禺县续志》:"必雇护沙之勇,用为防御。"

次抚湘时尚不致此"①。在直隶，豪绅地主掠夺民垦淤滩地的情况同样十分普遍。如安州白洋淀的淤积滩地，经农民开垦成熟后，先有杨、赵两姓争相"承垦"，1872 年又有高阳县绅士孟传全申请"领种"。② 1868 年，天津有河滩地四五百顷，为温姓地主隐占私种。③ 静海县有官荒 1000 多顷，经郭殿报请升科，户部即给照执业④，等等。

　　在东北和台湾等新垦区，地方豪右勾结官府或旗人贵族，霸占民垦官荒和旗地，动辄数十顷，多者百顷。如奉天新民厅马泳帮纠合觉罗得夥霸旗人张殿福地 100 多顷。⑤ 凤凰城及沿边一带，地方豪右影射报垦，对民垦熟地肆行侵占，动辄数十百顷，原垦贫民"转失故业"⑥。吉林和黑龙江官荒弥漫，地方豪右包揽转售，从中渔利。⑦ 如吉林五常堡，地方豪右利用官府放垦，包揽地亩，仅于焊堼 1 户即"开地三千余响，纳租不及千响"⑧。这里所谓"开地"，表面上是向官府揽垦荒地，实际上是侵占农民开垦成熟的土地，向垦民征收地租。这种包揽户虽然也向官府交租，但租额较低，实际上是当地最大的二地主。在台湾，由福建漳州、泉州和广东潮州农民开垦的荒地，也多被地方豪绅侵夺。

　　地方豪绅为侵夺民垦官荒、官沙，采用了多种卑劣手段。有的

---

　　① 《光绪朝东华录》，总第 2703 页。按王文韶第一次任湘抚在 1871—1878 年间。

　　② 张树声：《张靖达公奏议》第 6 卷，第 31 页。

　　③ 《清实录》，穆宗朝，第 235 卷，第 29—30 页。

　　④ 《清实录》，文宗朝，第 267 卷，第 12 页。

　　⑤ 《清实录》，穆宗朝，第 297 卷，第 19 页。

　　⑥ 《清实录》，穆宗朝，第 297 卷，第 19 页。

　　⑦ 《清实录》，穆宗朝，第 352 卷，第 8—9 页。

　　⑧ 《清实录》，德宗朝，第 42 卷，第 11 页。

用伪契、废契或其他地契冒认。如直隶文安县境东淀淤地，南北宽六七十里，东西长一百四五十里，多被豪强制造伪契影射侵占，每户动辄数百亩。① 湖南华容、安乡、龙阳等县洞庭湖沿岸地带，由农民垦熟的淤积沙洲，到光绪中期，多被沿湖豪绅以废契印照影射侵夺。② 江苏崇明县地方豪右则用已被冲坍的土地契据，霸占新涨淤沙。③ 直隶中部地区，河湖纵横，如卢沟至下口百余里间，有淤积官荒 5000 多顷。到咸丰年间，经农民垦成膏腴。地方豪右竟借用别处地契霸夺。④

有的通过低价购买。清政府对官荒、官滩有时采取价卖办法，通常定价较低，地方豪绅乘机垄断价买。如江苏省江阴县沿江的 20 多万亩沙田，同治以前每亩定价银 4 分，1881 年增为 8 分，都比民田价格低得多。但这些沙田须分区筑圩，方可垦种。一圩多则千余亩，少亦数百亩，非普通农民力所能为。豪绅地主乘机倚势蒙混，垄断贱买，霸占筑圩。⑤ 崇明也有豪强和吏胥串通，贱价购买的情况。⑥

有的以报垦或揽垦升科的方式进行掠夺。如泉州、漳州和潮州农民到台湾开垦，开始时并无人过问，一俟土地开垦成熟，地方豪绅即向官府递禀呈报，谓某处有荒田若干亩，愿归领垦。如光绪年间嘉义农民开垦官荒，每不领垦照。"刁狡之徒，观其垦地将

---

① 《光绪朝东华录》，总第 1294 页，光绪八年二月癸酉李鸿章奏。

② 张之洞：《张文襄公公牍稿》第 9 卷，第 5—6 页。

③ 李联琇等纂：光绪《崇明县志》第 6 卷。

④ 黄彭年等纂：同治《畿辅通志》第 38 卷，第 67 页。

⑤ 郑志先：《详话沙田》，《江阴地方文史资料选辑》第 2 辑，第 27—33 页。

⑥ 李联琇等纂：光绪《崇明县志》第 6 卷，第 22 页。

熟,潜赴官司请愿领照,据为己有。"①就这样,他们"不费一钱,但以势力情面丐得垦照一纸,霎时可以坐致千顷,富有万钟"。据当时人报道,台湾土地,"全系绅民包揽"②。可见豪绅霸占之甚。直隶、东北一带的豪绅地主侵夺民垦旗地,也常采用这种方式。

还有的借用各种名目的地方"公田"名义兼并官地。江苏崇明县的户总、豪右侵占官沙就是用的善堂、书院、香火等"公田"名义。③ 广东东莞等地豪绅地主则用"明伦堂"的名义侵夺沙田。"明伦堂"本是办理学校教育的地方组织。当地豪绅每遇农民围垦沙田,便抑价强买;或者承佃他人土地作二地主;或者包揽民业代为收租,从中渔利。他们把这些土地通通称之曰"明伦堂沙田"④。于是,"明伦堂"便成为豪绅地主霸占沙田的变相机构。1889 年东莞县知县张璇说:"查东莞县明伦堂田产,不过系该县绅士公局,并非全属有关学校之用,多系绅宦土豪依附托名,寄挂明伦堂,预为抗欠地步。"⑤可见地方豪绅不仅假借"明伦堂"的名义侵夺土地,而且利用它逃避国家赋税。

豪绅地主掠夺民垦官荒、官沙、官滩,既是对农民的一种残酷的经济掠夺,也往往是地主阶级内部的权势斗争。在这里,完全是权势的大小决定着地权的归属。⑥ 为了取得某处官田,豪绅不但勾结和贿赂官府,而且往往借助宗族势力。光绪年间顺德县的胡

---

① 程家颖:《台湾土地制度考查报告书》,第 25 页。
② 《字林沪报》,光绪十三年七月十一日。
③ 李联琇等纂:光绪《崇明县志》第 6 卷,第 22 页。
④ 陈伯陶等纂修:民国《东莞县志》第 102 卷,第 1—11 页;《光绪朝东华录》,光绪十五年十一月戊申。
⑤ 陈伯陶等纂修:民国《东莞县志》第 100 卷,第 8 页。
⑥ 如江苏江阴县,据说沙田产权最后归属于谁,完全决定于豪绅权势的大小(《江阴地方文史资料选辑》第 2 辑,第 27—33 页)。

玉林领批围筑大南沙田数百顷,就是和地方官府相互勾结进行的。① 而在新会、番禺、东莞等地,争夺沙田是各地主宗族之间长期斗争的一个重要方面。如新会县三江村,以赵氏一族势力为最大。咸同之际,发生赵氏倚势侵占他姓田产及强割他姓禾稻案件8起,其中有3件就是占夺沙田。② 光绪年间,番禺县潘姓出了一个翰林,倚势侵夺梁姓沙田。③ 东莞县豪绅何崇炬与周姓的争讼,豪绅何桂芳与吴姓的争讼,都是为了侵夺沙田。④ 有的豪绅将沙田捐为族产,也是企图借助宗族势力以保住其产权。如番禺县官僚何会祥有沙田若干亩,曾这样说过,"我有田留之子孙,子孙未必能守,或因权利而互相争讼,或因势弱而他族侵略"。他为了预防日后子孙遭受其他豪族侵夺,索性把沙田捐作族姓祠产。⑤

### (四)强买和贱买民田

利用传统的土地买卖方式,仗势强买或压价贱买农民的土地,历来是豪绅地主兼并土地的一种重要手段。光绪年间,李蕊论述当时地方官吏追求土地的情形时,谓因赃犯案不过罢官,"归买田宅,扬扬〔洋洋〕得意,是罢职适投其愿"。张雅安论述晚清军功地主,谓日夜所切心而筹谋者,"置良田宅,购美姬妾,为子孙图要职"。

还在太平天国起义期间,江浙等地逃亡上海的豪绅地主,已在进行土地买卖活动。例如,曾做过四川盐茶道的苏州某绅,在逃亡上海期间,即大量收买其他逃亡地主的地契。因当时无租可收,地

---

① 《清实录》,德宗朝,第 205 卷,第 12—13 页。

② 据聂尔康:《冈州公牍》各卷统计。

③ 《广东文史资料选辑》第 5 辑,第 88 页。

④ 《光绪朝东华录》,总第 2113 页。

⑤ 丁仁长等纂:宣统《番禺县续志》第 19 卷,何会祥传。

价极贱,每亩仅价洋 1 元,该盐茶道在十几天的时间内就贱价买进几万亩土地。① 太平天国革命失败以后,部分地主衰落,另一部分地主则乘机兼并。如浙江富阳县,地主富户大面积购买,往往 1 户购买数十户的田产。② 苏州府大地主专买成片土地,一次交易就是几十亩、几百亩,连中小地主也变成了兼并的对象,对农民几亩、十几亩小块地产已不放在眼里。③ 到光绪年间,土地买卖愈加频繁。如江苏高邮州属,土地买卖一般在清明节总付田价。每当节日,各钱铺为应付民间支付田价需要,印制票面额为数十千文到数百千文的戳票,否则“不足以资周转”。④ 广西省人烟稠密、物产丰富的某些地区,人们争购土地,地权转移极为频繁,以致“朝秦暮楚”。州县官卸任之时,为了中饱私囊,每用降低税契钱的办法诱令买主投税,一时所收税银激增,每州县少者三五万两,多的十余万两。这种频繁的地权转移,有一部分是在中小土地所有者之间进行的,同时也反映出地主土地兼并的加剧。

关于官绅通过购买兼并土地的实例,如扬州王俊夫,捐同知衔,得海防差,以贪索所得广买田宅。⑤ 江苏六合县候补道徐承祖,除开设钱铺外,又买田 1700 多亩。⑥ 通州张謇以科名致富,买田3200多亩。⑦ 靖江县郑襄哉,于光绪前期考中生员,开始放债折

---

① 谢国桢编:《明清笔记说丛》,第 130—131 页。

② 蒋敬时等纂:光绪《富阳县志》第 15 卷,第 2 页。

③ 《字林沪报》,光绪十五年十月十一日。

④ 高树敏纂:民国《三续高邮州志》第 1 卷,钱币,第 95 页。

⑤ 《益闻录》,第 88 号,光绪七年正月二十七日。

⑥ 曾国荃:《全集》,奏议,第 30 卷,第 25 页。

⑦ 张謇:《张季子九录》,文录,第 1 卷,第 18 页。

田,不久就变成了大地主。① 江浙一带还出现一些军功地主,如扬州驻防总兵詹启伦及所部候补游击毛可法,候补知州方长久等,在江都、仪征一带大置地产②,浙江山阴县军功保举人员回家买田作"富家翁"③,等等。

掌握州县税收机构的地方吏胥,也乘机兼并土地。据当时人论述,充漕总 1 年,可捐纳官阶,坐享半生;连充二三年,可广置田园。苏州府属,由同治初至光绪中叶 20 多年间,很多吏胥通过侵蚀漕赋、包揽词讼致富,变成地主。还有的捐纳职衔,跻身缙绅,"光堂广厦,良田千顷"。昭文县漕总张某,捐五品衔,买田万亩。常熟县漕总严、潘等人,其富与张相埒。浙江归安县的吏胥,在1887 年前的 20 年间,每年勒索陋规不下万贯,多变成"巨室"④。安徽贵池县,绅衿兼充保书,征收钱粮。这类保书有几百个,每年侵蚀粮赋不下数万两,多变成"华屋连云,臧获成列"的"首富"。⑤江西安溪县,粮房户总,有的家资多至十数万。⑥ 这类暴富无不兼并土地。

这时黄河流域官绅从事买地活动的,如直隶文安县生员李树勋,扩殖土地至 4000 多亩。⑦ 某候补道在涿州、良乡、房山、固安等地置买旗地 1700 余亩。⑧ 河南项城县大官僚袁甲三,谓放债不

---

① 蔡克谦:《巨富郑襄哉剥削起家凄惨下场》,《靖江地方文史资料选辑》第 4 辑。郑氏放债必索押地契,而且"多抵少借",以图贱价得地。郑氏兼并土地的活动在光绪年间。

② 曾国藩:《全集》,批牍,第 5 卷,第 38、39 页。

③ 《字林沪报》,光绪十五年十二月二十六日。

④ 《字林沪报》,光绪十三年正月十三日。

⑤ 《申报》,光绪六年五月二十三日。

⑥ 《申报》,光绪十八年十一月初一日。

⑦ 李兰增等纂:民国《文安县志》第 6 卷,第 3 页。

⑧ 周家楣:《期不负斋全集》,政书,第 6 卷,第 38 页。

如买田,陆续买地至四五千亩,分布在很多村庄。① 河南南召县捐纳四川道台的彭令,所置土地从 50 顷增加到 600 多顷,分布在方城、南召、南阳三县 100 多个村庄。② 山东济宁州潘对凫,在农民军打击下一度"家产荡然",1889 年入仕后,陆续买地 5000 多亩。山东海丰县官僚吴氏有地数千亩,也是这一时期购置的。③ 陕西米脂县杨家沟马家,在鸦片战争前,原是靠放债买地起家的庶民地主,同治、光绪数十年间,分衍成很多家,其中有科举功名者 8 人,有 3 人做了县官,占地规模一直不断扩大。④ 以镇压回民起义擢升提督的董福祥,在甘肃固原一带兼并土地,连亘百余里,牛、马、羊、驼以万计。⑤

湖南、安徽两省更发展起来一大批军功地主。一些本来有科举和捐纳职衔的,也多获致军功,靠掠夺及冒饷暴富。据方志记载,"近岁以来,天下富者皆以领兵起家,视所统多少、岁月深浅为富大小,此其正也"⑥。就是说,官阶越高,带兵越多,在职时间越长,其富愈显。这些人或开票号典当,或豪买豪卖居奇垄断,更致力于置买田宅。⑦ 1870 年,一外国人报道,湖南官僚在家乡以所积财富大量买地收租,并拥有很多华丽的别墅。⑧ 据说,曾国荃每打

---

① 《袁氏家书》第 4 卷,第 23—24 页,见丁振铎辑:《项城袁氏家集》。

② 中共南召县委办公室:《彭"善人"的剥削史》,《人民日报》,1964 年 3 月 11 日。彭家于乾嘉之际发家,清末挂"千顷牌"。

③ 李文治:《中国近代农业史资料》第 1 辑,第 187 页。

④ 延安农村调查团:《米脂县杨家沟调查》,第 2—35 页。

⑤ 《义和团》第 1 册,第 38 页。

⑥ 王闿运纂:同治《桂阳直隶州志》第 20 卷,第 27 页。

⑦ 李桓:《宝韦斋类稿》第 93 卷,第 46—48 页。

⑧ 《李希霍芬书信集》(Letter from Baron Richthofen)关于湖南省的报道,第 9 页。

一次胜仗,攻陷一座城市,必回家"问舍求田"①。曾国荃死后,有宅第 3 处,田 6000 亩以上。曾国藩兼并土地的活动,甚至远到距原籍湘乡数百里外的衡阳县。② 到他儿子曾纪泽主持家务时,还在继续用曾国藩搜刮来的钱大买田宅。③ 素以"廉洁"相标榜的左宗棠也买了不少土地。他幼年读书时,还是个家产甚微的所谓"寒士",1864 年,以军功擢陕甘总督,开始大买土地,到 1879 年,已是湘阴县有名的大地主。计所置爵田、墓田祭田、义庄等各项田产,至少在1000亩以上。就是一个普通军功,也靠薪饷收入广置田产。长沙举人周乐,早年"田无升合,屋无立锥"。1853 年投湖北巡抚胡林翼幕,1866 年致仕还乡大置地产,至 1899 年,租田增殖至五六千石以上。④

湖南因为是湘军发祥地,军功人员特别多,每州县动辄百计千计,几乎都发展成为大小不等的地主。如平江县,在数十年间发展起来的军功地主,收租几万担者十几家,几千担者几十家,几百担者无数家。⑤ 又如湘潭县,衣锦还乡的湘军将领,无不"挥霍煊赫,所过倾动,良田甲第,期日而办"⑥。郭松林就是其中之一。他还乡之后,即以掳获的几万两银子大买田宅。⑦ 曾国藩老家湘乡县,军功更多达 1 万多人,绝大部分都成了当地的特权地主。

淮系军功地主,土地增殖之速,更超过湘军地主。在皖中地

---

① 徐珂:《康居笔记汇函》,仲可笔记,第 78 页;曾纪芬:《崇德老人自订年谱》,第 3—4 页。

② 徐珂:《康居笔记汇函》,仲可笔记,第 78 页。

③ 曾纪芬:《崇德老人自订年谱》,第 8 页。

④ 中国社会科学院经济研究所藏:周氏分家书。

⑤ 李六如:《六十年的变迁》,第 1 页。

⑥ 王闿运等纂:光绪《湘潭县志》第 8 卷,第 168 页。

⑦ 王闿运等纂:光绪《湘潭县志》第 8 卷,第 182 页。

区,尤其是淮军头子李鸿章的家乡合肥县,出现了很多大的军功及官僚地主,如总督张树声、提督张树珊兄弟,巡抚刘铭传,提督周盛传、周盛波兄弟,提督唐殿奎、唐定奎兄弟,每家每年所收租谷在2万石至5万石不等。① 总兵卫汝贵,除在五河、邳州、睢宁、泗州等处开设典当外,在合肥原籍买田收租约2000石。② 最大的地主还在李鸿章兄弟,据后人调查,李家分布在合肥东乡原籍的土地就有50多万亩,占该乡全部土地的三分之二。这些大地主还在其他州县大肆兼并。如霍山、六安、舒城等州县都有他们的"寄庄"③。其余数以千百计的参将、游击以下各级军功武职,也同样以劫掠、冒饷所得,兼并土地。

皖北一些州县的军功地主也不少,如凤台县提督徐善登捐书院田3000多亩④,宿州以办团练授知府衔的周田畴捐书院田4000多亩⑤,他们自己占地之广,更不难设想。涡阳县当过提督的马玉昆"富连阡陌"⑥,等等,都是这时发展起来的军功地主。

皖南虽然很多地主没落了,但从遣散的垦地湘勇、驻防清军武官和当地从戎人员中,也发展起来一批军功地主。光绪初年,各州县要求参加科举考试的客民,有的就是新发展起来的垦地湘勇地主。在这里驻防的清军和湘军武官,有的也就地购买土地,如在郎溪县驻扎的一个方姓统领,役使士兵筑圩占田2800亩⑦;湘军霆

---

① 郭汉鸣、洪瑞坚:《安徽省之土地分配及租佃制度》,第48页。
② 张之洞:《全集》,奏稿,第23卷,第8—9页。
③ 郭汉鸣、洪瑞坚:《安徽省之土地分配及租佃制度》,第48页。
④ 魏家骅等纂、张德需续纂:光绪《凤阳府志》第18卷中,第32页。
⑤ 丁逊之等纂:光绪《宿州志》第20卷,第17页。
⑥ 王佩箴等纂:民国《涡阳风土记》第8卷,食货志,第16页。
⑦ 华东军政委员会土地改革委员会编:《地主罪恶种种》,第15页。

营宋某以银 2400 两在芜湖买田 2000 亩。① 靠镇压太平天国发迹的旌德县大官僚周馥，购地 4000 余亩。据他自己记述，所购皆为下等；至于膏腴沃址"则大有力者为之"，他的财力是办不到的。② 看来这里官绅地主从事买地活动的大有人在。皖南还出现了一些客籍遥领的"寄庄"。如不少外籍地主在南陵县购置土地，派人经管。占地较多的有 4 家，最多者凡 2 万多亩，号"某某堂"③。这类地主也可能是那时发展起来的皖中军功地主。

豪绅地主不但收买土地，还乘地价低廉捐置族田、义庄，军功地主尤为普遍。如当时报刊所载，"兵燹之后，各省带兵者半由匹夫而至专阃，……置产赡族，屡见于邸抄之中"④。官僚和军功地主的这种活动，长江流域以江苏、浙江、安徽、湖南等省为最。四省豪绅大量建置族田，主要是在太平天国革命失败以后开始的。湖南省如湘乡的曾国藩、曾国荃、周建武，湘潭的郭子美，平江的李元度，耒阳的刘厚基，长沙的瞿鸿机；浙江省如杭州的许庚身，平湖的王大经，钱塘的许宝莲；安徽省如合肥的李鸿章，旌德的周馥等：捐置族田、义田，动辄数百、数千亩。豪绅麇集的苏南各州县，建置义庄之风尤盛极一时。武进、江阴、华亭、奉贤、宜兴、吴江等县，这一时期都有关于建置族田义庄的事例。官僚地主集中的吴县、常熟、无锡等县尤为突出。这时无锡县新建义庄 12 家。⑤ 吴县和常熟有关义庄的记载比较详细，咸丰以前，吴县有义庄 31 家，义田

① 李翱：《当差纪略》，第 13 页。

② 周馥：《周悫慎公全集》第 35 册，第 15 页。

③ 刘家铭：《南陵农民状况调查》，《东方杂志》第 24 卷，第 16 号，1927 年 8 月。

④ 《申报》，光绪二年二月二十五日。

⑤ 参见潘光旦、全慰天：《苏南土地改革访问记》，第 64—69、57—61 页。

44000多亩；同治以后新建33家，义田24600多亩。① 咸丰以前常熟县有义庄27家，义田24000多亩；同治以后新建63家，义田39600多亩。② 这类族田、义庄名义上是族姓公产，实际掌握地权及租米分配的是族中豪绅地主。他们借此控制和压迫族中穷苦农民。所不同的是，这类土地关系附着更为浓厚的血缘宗法性质。

在豪绅地主依势兼并的同时，还发展起来一批商人地主。广东富商盛行兼并土地。咸、同之际，买办商人徐润在广州、香山一带买山场100多处，围田400余亩。③ 同、光之际，番禺县富商张风华投资围田数百顷。④ 从化县诸罗庄有官荒30顷，先由洋行商人陈寿官包揽开垦，后来又转售给另一洋行商人潘启官。⑤ 在汕头，华侨商人也大面积收买土地，发展起来一批华侨地主。⑥ 其他地区也不乏商人买地的事例，如江苏海门徐某，"白手起家，耕种贸易，积有数千金，另买田宅以遗子孙"⑦。直隶滦县刘利合堂，以商起家，1880年开始买地56亩，至1895年，共买地1759亩。⑧ 山

---

① 曹允源等纂：民国《吴县志》第31卷；叶耀元：《洞庭王太厚家谱》第2卷下；《大阜潘氏支谱》；潘光旦、全慰天：《苏南土地改革访问记》，第64—69页。

② 朱国桢：《涌幢小品》第10卷；归兆镁：《续修京兆归氏世谱》中卷，义庄志；庞鸿文等纂：光绪《常昭合志稿》第17卷；潘光旦、全慰天：《苏南土地改革访问记》，第57—61页。

③ 徐润：《年谱》，第9—10页。

④ 丁仁长等纂：宣统《番禺县续志》第21卷，第4—5页。

⑤ 《上海新报》，同治五年三月七日。

⑥ 《英国皇家亚洲学会中国分会会报》(Journal of the China Branch of the Royal Asiatic Society) (以下简称：《亚洲学会会报》)第23卷，第110—116页。

⑦ 《申报》，光绪十年九月十四日。

⑧ 据中国社会科学院经济研究所藏《利合堂地亩老账》统计。

东 46 县 131 家经营地主中,以经商起家置地的 64 家,占 49%。①
四川涪陵,嘉、道前大地主尚不多见,收租谷无过 3000 石者。道、
咸以后,出现了不少经商致富的大地主,如陈、向、孟、徐、冉、余等
家,所收租谷都在 3000 石以上。②

这类商人地主不少捐有功名头衔,有钱也有势。如徐润就捐
有道台衔。浙江镇海县李子容经商致富,而后捐官买地,是兼有三
重身份的大地主。③ 陕西渭南县职官姜恒太,是个占地 1000 亩的
商人地主,他的两个弟弟都捐了实官。④ 这些士大夫化的商人地
主,同前面说的官僚、军功地主,有许多相似之处。

豪绅地主兼并土地的一个重要特点是依仗封建权势,压低地
价,强行购买土地。例如合肥李鸿章的子侄辈就骄横不法,"逼占
人妇女,强买人田宅"⑤。左宗棠在写给儿子孝威的信中说,"买地
须彼此情愿",不要"用势力压迫"。可见当时官僚依仗权势强买
土地已习以为常了。左孝威在给他父亲的信中谈到购买湘阴戴竞
堂的房产土地时说,"我不买无人肯买"。显然,左家一插手,旁人
再不敢问津。所以戴家是"半卖半送"的。有的豪绅地主甚至颠
倒黑白,无中生有,给农民加上"盗贼"、"霸种"等罪名,以达到侵
夺田产的目的。如浙江兰溪县官僚地主唐志欧就诬民行窃,诈取
银洋,勒索田产契券作抵。⑥ 安徽天长县张戟门殴辱李僧,霸占庙
产。直隶昌平县 6 户农民,在明陵有升科纳粮地 100 余亩,清室贵

① 景甦、罗仑:《清代山东经营地主底社会性质》,第 112 页。
② 王应元等纂:同治《重修涪州志》第 18 卷,第 1 页。
③ 马其昶:《抱润轩文集》第 12 卷,第 10—11 页。
④ 樊增祥:《樊山公牍》第 2 卷,第 55 页。
⑤ 欧阳昱:《见闻琐录》,后集,第 2 卷,第 24—25 页。
⑥ 左宗棠:《全集》,奏稿,第 5 卷,第 18 页。

族延思侯诚端诬控该民户侵种田亩,迫令交租。① 涞水县车厂村,地方豪右勾结王府,诬民侵占旗产,挟制县官插旗定界,强迫农民交租②,等等。总之,豪绅地主为了兼并土地,是无所不用其极的。

## 三、某些地区地主土地所有制的 延续和扩展

农民大起义失败后,官绅阶层的膨胀,绅权的扩张,土地兼并的加剧,这一切反映到土地分配上,就是某些地区地权的集中,地主土地所有制的扩展。

农民大起义虽然给予封建土地关系以严重的冲击,但起义失败后,清政府采取维护"原主"产权、没收"逆产"、清理"绝产"的措施,使地主阶级卷土重来,全部或部分地夺回了一度落入农民手中的土地,程度不同地恢复了旧的土地占有关系。部分地区则由于军功官僚地主的兴起,商人地主的兼并,地权出现新的集中。

从全国范围来看,农民大起义失败后,无论是起义地区还是其他地区,地主所有制都延续下来了。但延续的程度,亦即地主土地所有制范围大小的变化,因地区而异。有的虽然基本延续下来,但地主占有的土地减少了;有的同战前相比,没有多大变化;还有一部分地区,原有的地主土地所有制,不但没有受到多大的冲击和破坏,而且进一步加强和扩展了。

地主土地所有制扩展的地区,又可以分为以下三种类型:一是新兴军功地主集中的地区;二是某些农业新垦区;三是原来土地就相当集中的地区。

---

① 缪荃孙等纂:光绪《昌平州志》第 1 卷,第 15 页。
② 劳乃宣:《桐乡劳先生遗稿》,年谱,第 6 页。

新兴军功地主集中的皖中和湖南部分地区,战后地权的集中、地主所有制的扩展最为显著。

以合肥为中心的皖中各州县,太平军对地主的冲击不大,旧有地主基本上保存下来,而且,在农民战争以后发展起来一批军功地主,他们凭借搜刮来的大量民脂民膏和贪污来的军饷,并依仗封建权势,大事兼并土地。不但没有因农民战争而促成地权分散,反而有不少自耕农民丧失了世代相传的土地。以致"田归富室,富者益富","贫者益贫","十室九空"。① 在这一地区,垦民亦多沦为佃农。如全椒县属,垦民"或佃田,或垦山",似乎没有取得土地产权。相反,一些富户却"坐拥良田美宅"②。在军功地主的兼并下,皖中相当广大地区,地权分配呈现逆转。如合肥东乡一带,李鸿章一家就占去了全部土地的三分之二。③ 如果加上其他地主占地,地主所有制所占比重可能高达70%到80%,甚至更高。

湘军地主集中的湖南,咸丰初年,太平军在这里虽然进行过激烈战斗,但因占领时间较短,地主阶级没有受到严重冲击。此后该省各州县虽然不断爆发农民暴动,对封建势力的威胁仍然不大,旧有地主多原封未动。如桂阳州属,几大姓若邓、李、陈、黄、钟、彭等大地主,"大抵从宋元至今,田宅相承"④。加以新发展起来的军功地主及豪绅地主,肆意兼并土地,地权呈现明显的集中趋势,地主所有制占据统治地位。如石门县属,地主"富连阡陌",农民"无产

---

① 卢钰等纂:光绪《庐江县志》第 2 卷,第 4 页。

② 江克让等纂:民国《全椒县志》第 4 卷。

③ 参见郭汉鸣、洪瑞坚:《安徽省之土地分配与租佃制度》,第 48 页;田中忠夫著,汪馥泉译:《中国农业经济研究》,第 12 页。

④ 阙名:《桂阳风俗记》,参见王锡祺:《小方壶斋舆地丛钞》,第 6 帙,第 3 册,第 61 页。

者多"。① 巴陵县的情况是，"十分其农，而佃种居其六；十分其力，而佣工居其五"②。长沙、善化等县则"各处田产，半归富户"，"乡民佃种多于自耕"。③ 军功地主集中的湘乡、湘阴、平江等县，更不例外。正如湘乡籍大官僚刘蓉所说，湖南在太平天国期间，"晏然无恙，吾乡（按指湘乡）又因此跻致名位，广积金钱，旧日凿井耕田之子，椎牛屠狗之夫，皆高牙大纛，美衣华屋，以自豪于乡里"④。由于这些地区的军功人数极多，土地几被兼并殆尽，地主所有制占着绝对统治地位。

战后土地集中、地主所有制扩展的另一类地区，是 19 世纪中叶以后开始大规模放荒招垦的东北、台湾等农业新垦区。这些地区的大部分土地都集中在地主手中。

在东北，虽然有关于地权分散的记载，如谓奉天"大地主不多，拥有 200 天至 400 天（按：一天即一晌，相当于关内 6—10 亩）者，就算是富有的了"等。⑤ 但这些记载往往自相矛盾，如 80 年代一个叫约翰·罗斯（Rev. John Ross）的英国传教士报告说，在东北，一个六七口人的家庭维持生活的土地数量最少为 3 晌即 3 英亩。"田场大多数是耕者自有的。我从未听说过租佃的事情。"但又说，"这里占地 100 英亩以上的土地所有者很多，有地 200 英亩以上的也不少。……一个有 100 英亩土地的人便是富翁了"。"如果一个人口少的家庭而拥有大田场，通常是把它分成 5 英亩

---

① 申正飏纂：同治《石门县志》第 12 卷，第 15 页。

② 杜贵墀等纂：光绪《巴陵县志》第 13 卷，第 2 页。

③ 杨巩：《湖南农务章程》，第 1 页，《农务详细章程》，光绪三十年；张先抡等纂：光绪《善化县志》第 16 卷，第 10 页。

④ 刘蓉：《与瑟庵从弟书》，葛士濬编：《皇朝经世文续编》第 56 卷，第 5—6 页。

⑤ 李希霍芬：《中国》(F. von Richthofen, China) 第 2 卷，第 153 页。

至 30 英亩的小块按前述的条件出租。"①按照约翰·罗斯的估算，一个占地 100—200 英亩的所有者，即占有 30—60 个普通农户的土地，而这种土地所有者又"很多"。应当说，这里的地权相当集中。又据光、宣之际外文报刊的报道，奉天"自耕农"占据统治地位。② 但这里所说的"自耕农"田场面积都比较大，一般为五六十亩至百多亩。显然，这种"自耕农"中包括了相当部分雇工经营的地主。事实上，这一时期的东北耕地主要是内务府庄园和八旗贵族土地。新放垦的官荒旗地，也是地主揽垦的居多。如 1870 年有人奏报，奉天有的豪强，"一人捏造数名，报垦数十百顷"③。吉林有的地主开荒 3000 余晌。④ 光绪后期，官地旗地逐渐民地化，地权也大多落入地主手中。据 1908 年的统计，奉天承德、辽阳、海城、辽中等 23 府厅州县或地区，占地超过 1000 亩的 93 家大地主，土地总面积达 513150 亩，平均每家达 5500 余亩。⑤ 这类地区，地主所有制显然占居统治地位。

台湾地区的地权也很集中。⑥ 这里豪绅恶霸依势包揽侵占。其情形与广东沿海沙田区略同。或谓台湾新垦土地"全系绅民包揽"⑦。农民很难取得土地产权。

---

① 《亚洲学会会报》第 23 卷，第 79—82 页。该传教士所说的租佃条件是："土地是按年租佃的，地主和佃农可以自由废约。每英亩土地约 150 元，如系钱租，每英亩为七元五角，等于地价的百分之五，但比较普遍的地租形态是实物地租，其租额按土地性质而不同，占收成的三分之一、五分之二或七分之三不等。"

② 《远东时报》(Far Eastern Review)，1909 年 2 月，第 322—324 页。

③ 《清实录》，穆宗朝，第 297 卷，第 19 页。

④ 《清实录》，德宗朝，第 42 卷，第 11 页。

⑤ 转见李文治：《中国近代农业史资料》第 1 辑，第 194 页。

⑥ 台湾于 1885 年建省，任命刘铭传为第一任巡抚。

⑦ 详见《豪绅地主的土地兼并》目。

早在 1850 年,"台民无业者十之七,皆仰食于富民"①。1890年,台湾南部的土地多由佃户耕种。② 据光绪后期的调查,"大租"(田底租)地主的土地占全台耕地面积的十分之六。③ 如加上其他一般地主占地,可能超过十分之七,自耕农占地不到十分之三。

还有一部分原来地权就比较集中的地区,或因没有受到农民起义的冲击,或虽受冲击,但战后封建阶级采取了严厉的反扑措施,或因豪绅势力强大、商人地主兴起、其他地主兼并等等原因,农民大起义失败以后,地权集中的形势基本延续下来,甚至有所扩大。直隶、山东、福建、广东、四川等省,以及苏州、云、贵等部分起义区,多数都以地主所有制占据优势地位。

直隶省中北部是贵族庄田、旗地集中的地区,庄田凡 229万多亩,旗地 1631 万多亩。这类土地和直隶耕地总面积相比,虽然为数不大,但分布地区比较集中。在这类地区,农民取得土地产权相当困难。如中部的唐县,所有膏腴,"半属旗地"④。雄县原额民地4405顷有奇,庄田旗地却达 3675 顷,占全部土地的 83.4%。故当时论者谓该县"虚存版籍"⑤。北部的房山县,庄田旗地亦"十耗其七"⑥。像这类地区,贵族庄田所有制显然占据统治地位,这时旗地虽然已逐渐向民地转化,也主要是

① 徐宗僎:《斯未信斋文编》第 5 卷,第 7 页,请筹议私储。
② 《贸易报告》,1890 年,台南,第 13 页。
③ 程家颖:《台湾土地制度考查报告书》,第 74 页。
④ 张惇德纂:光绪《唐县志》第 1 卷,第 14 页。
⑤ 刘崇本纂:民国《雄县新志》第 3 卷,第 1 页。
⑥ 高书官等纂:民国《房山县志》序 2,第 1 页。

转移到汉人地主手里①，土地的所有制性质没有发生根本的变化。

　　直隶各州县地权集中趋势还反映在地主户数及其占地面积的增长上。如故城县属，从前"间有巨室"，到光绪年间，占田 3000 亩者已有数家。② 这时景州和枣强县的富户也到故城县买田立庄。③ 地主的发展是以自耕农的没落、农民小土地所有制的缩小为前提的。

　　关于直隶的地权分配，有两个比较具体的记载：一个是宣化府的西宁县，"计村二百，为佃庄几三之一"④。即有 66 个村庄的农民几乎全部佃种地主的土地。其余 134 个村庄也不可能全是自耕农，必然也有相当一部分土地为地主所有。这 200 个村庄的地主占地合计当在 50% 以上。一个是北京附近的武清县，据 1888 年的报道，各类农户比重，自耕农占 70%，佃农占 30%；各类地主比重，占地 100 亩者占 60%，占地 1 万亩者占 10% 强，其余 30% 大概在 100 亩至 1 万亩之间，此外尚有占地 10 万亩的最大地主一两户。⑤ 从地主占地情形考察，尽管自耕农的户数比重较大，但他们每户所占土地很少，总计其所占耕地面积不会超过 50%，地主所有制仍占居统治地位。又据 1883 年的报道，直隶一个县份不明的

----

　　① 据石赞清《豫筹河患疏》：卢沟以下至下口，宽四五十里，长五六十里，原来大部系旗产，尽皆膏腴。咸丰年间，多被监生影射占种（黄彭年等纂：《畿辅通志》第 38 卷，第 67 页）。又据民国《雄县新志》载：雄县地主梁玉笙，由咸丰至光绪中期约三十年间，"置庄头地百余顷"。玉笙子元禧，继续购置庄头地亩，田连数州县。光绪年间，辅国公毓森在永清县置买旗地二三千亩（民国《雄县新志》第 5 卷，第 63 页）。由此可见，庄田旗地的转移主要发生在地主之间。

　　② 范翰文续纂：光绪《续修故城县志》第 4 卷，第 29 页

　　③ 范翰文续纂：光绪《续修故城县志》第 4 卷，第 21 页。

　　④ 杨笃纂：同治《西宁新志》第 39 卷，第 1 页。

　　⑤ 《亚洲学会会报》第 23 卷，第 82—85 页。

村庄,共有 300 户人家,其中占地 400 亩者 8 户,占地 100 多亩者 30 户,大多数农户占地不到 20 亩,不少人家没有土地。① 据此估计,地主所有制也占统治地位。

山东的地权集中,同样十分明显。据 1888 年的调查估计,莱州自耕农和佃农户数的比重,前者占 60%,后者占 40%。但地主中 50% 以上是雇工经营。② 也就是说,雇工的户数与佃农的户数基本相等。据此可知,自耕农同雇农户数的比重,前者占 40%,后者占 60%。再考虑到佃农和雇工单位户数和劳力数的耕地面积通常大于自耕农,可以肯定,地主所占土地、出租地和雇工经营地合计,当占全县耕地的 60%—70%,甚至更多。该调查又谓地主之中,占地 100 亩者占总户数的 30%,占地 1 万亩者占总户数的 10% 以上,又占地 10 万亩者一二户。这个调查对大地主所占比重的估计可能偏高,但该地区大部分或绝大部分的土地集中在少数地主手中,则是无疑的。又如西北部的清平县,光绪年间,据说左、王两姓大地主应完钱粮占全县粮额的一半。③ 与该县其他中小地主合计,地主所占耕地面积可能高达 70% 左右。曲阜县也是地权集中的地区。据 1894 年的数字,孔氏荒熟地亩合计凡 109697 亩,又所辖屯地、厂地、祭田 125678 亩。④ 该县地主所有制显然居统治地位。

据 1957 年山东大学对山东的济南—周村区、运河区、山东半岛区、鲁北区和鲁西区 42 县中 197 个自然村光绪年间农村阶级结

---

① 《捷报》1883 年 8 月 3 日。

② 《亚洲学会会报》第 23 卷,第 82—85 页。

③ [日]吉田良太郎著:《西巡大事本末记》第 2 卷,第 1 页。

④ 《光绪朝东华录》,总第 3499—3501 页。

构所做的调查,为分析这些地区的地权分配状况提供某些参考材料。① 如将该调查统计所列地主及其他非农户除去,各类农户户数及其百分比如下表。

山东省光绪朝五类地区各类农户户数及其百分比

| 地区 | 总户数 | 分类户数 | | | 各类农户% | | |
|---|---|---|---|---|---|---|---|
| | | 自耕农 | 雇农 | 佃农 | 自耕家 | 雇农 | 佃农 |
| 济南—周村区 | 10328 | 7616 | 1553 | 1159 | 73.8 | 15.0 | 11.2 |
| 运 河 区 | 2765 | 1878 | 506 | 381 | 67.9 | 18.3 | 13.8 |
| 山东半岛区 | 4327 | 2637 | 611 | 1079 | 61.0 | 14.1 | 24.9 |
| 鲁 北 区 | 4561 | 2501 | 1532 | 528 | 54.8 | 33.6 | 11.6 |
| 鲁西—鲁南区 | 2331 | 1182 | 321 | 828 | 50.7 | 13.8 | 35.5 |
| 共 计 | 24312 | 15814 | 4523 | 3975 | 65.0 | 18.6 | 16.4 |

注:①总户数原为 26252 户,其中地主 810 户,本表为便于考察地权分配,地主户数未计算在内。

②原有富农 1130 户。该书把雇用长工 1—3 人者定为富农,把雇用长工 4 人以上者定为地主,又该书第 69 页关于淄川县栗家庄的调查,把占田 30—50 亩者定为富农。但是,在北方旱地区,一个壮劳力(加上若干辅助劳力)可耕作 20—30 亩,甚至更多一些,雇用两个以上的长工,其耕种面积通常超过 50 亩,而且雇主不必参加主要劳动,因此,雇用长工 1—3 人的"富农"中,有一部分属于雇工经营的地主,故亦剔除不计。

③该书第 69 页,关于栗家庄调查,把占地 15 亩以下者定为"贫雇农"。因此,雇农也占有少量土地。

资料来源:据景甦、罗仑:《清代山东经营地主底社会性质》,附表一改作。

---

① 被调查的五区 42 州县是:(一)济南—周村区,包括历城、章丘、长山、邹平、泰安、新泰、肥城、平阳、益都、淄川等 10 州县;(二)运河区,包括夏津、堂邑、聊城、汶上、东平、德州等 6 州县;(三)山东半岛区,包括昌邑、掖县、蓬莱、福山、栖霞、招远、莱阳、胶县、平度等 9 州县;(四)鲁北区,包括利津、博兴、临邑、临淄、滨县、蒲台、惠民等 7 州县;(五)鲁西—鲁南区,包括冠县、范县、濮县、菏泽、郯城、费县、沂水、清城、安丘、邹县等 10 县。

如表所示,各类农户共计 24312 户,其中自耕农 15814 户,占全部农户的 65.0%,佃农和雇农合计 8498 户,占 35.0%。我们可以根据各类农户比重对地权分配作如下估计,农民小土地所有制比重和地主所有制比重大致相等。

这是总的情况,至于各个地区,则互有差异。其中鲁西—鲁南区及鲁北区,佃农及雇农所占比重更大一些,分别占到总农户的 49.3% 和 46.2%。而且,如前所述,佃农和自耕农相比,前者田场面积一般较大。这是由于佃农要以一半左右的产品交纳地租,只有田场面积大于自耕农,才能维持一家人的最低生活。至于一个雇工经营的大田场,单位劳动力所能耕种的土地面积也比普通农户要大得多。这是由于大农场使用的劳动力多,可以实行简单协作,从而劳动生产率较高。据此,在佃雇农户数超过 40% 的这两类地区,地主所有制当占据统治地位。

广东、福建两省地权分配有许多共同的特点。这两省一向地狭人稠,人均耕地和农户田场面积都比较小,一些地区族田比重较大,永佃制或包佃制较流行。由于地主兼并激烈,地权一向比较集中,甚至形成同一土地上产权的双重或多重分割。在广东,特别是广州府沿海诸县,如前面已经提到过的,既有豪绅地主的依势侵夺,又有富商凭借财力的大面积购买,地权的集中趋势十分显著。又据 1888 年的调查,东部沿海汕头地区,佃农占 75%[1],地主所有制显然占据绝对优势。

在福建,虽有这样的记载:富户很少有人愿意购买土地,他们把地产认为是最不合适的投资,因此地价下跌[2],但这可能是某一

---

[1] 《亚洲学会会报》第 23 卷,第 110—116 页。

[2] 《亚洲学会会报》第 23 卷,第 107—110 页;《捷报》1890 年 3 月 7 日,第 276 页。

短时期的局部现象。事实上,长期以来,福建的地权兼并一直十分激烈,许多地主不仅在自己家乡购买土地,还在台湾竞相兼并土地。在永佃制流行的地区,地主则不仅兼并田底,而且并及田面。关于地权分配的情况,据 1888 年的调查说,福州的农业经营面积一般为 10 亩至 100 亩左右,其中 50% 的土地为耕者所有,50% 为租佃地,如果再加上一部分雇工经营的地主土地,地主土地所有制当大于农民小土地所有制。调查还说,这里的大地主很少,占田1000 亩的只有 1 家,占田 100 亩至 300 亩的也只有少数几家。① 这种情况,如上面所指出的,是由于人均土地和农户田场面积狭小的结果。这并不等于说福建没有大地主,如厦门一个洪姓商人地主,"家有百万之富,田亩甚多",其佃户多达 1000 人。②

四川除少数州县外,地权的集中趋势也是十分明显的。如云阳县属,除南境少数地方田少山多,"谷石逾百,即称大有",地权比较分散外,其余如凤鸣院以上村庄,"土田较沃,富民亦多";县之北境则"地多膏腴,益之盐卤之利,茶蔗之饶",富者"田庐卤井,资皆巨万",地权比较集中。③ 如彭县,据光绪初年统计,全县共计56700 户,其中上户 521 户,中户 14748 户,下户 41491 户。下户占总户数的 73.2%。这类农户大概指佃雇农民,也可能包括占地很少的半自耕农。论者并谓,农民疾苦,"盖非独兼并使然,而私租之为害也"。可见地权高度集中在该县是一个公认的事实。④ 光

---

① 《亚洲学会会报》第 23 卷,第 107—110 页。

② 《上海新报》,同治十一年九月十五日。

③ 刘贞安等纂:民国《云阳县志》第 13 卷,第 4 页,又第 23 卷,第 13页。

④ 吕调阳等纂:光绪《重修彭县志》第 31 卷,第 46 页。

绪中期井研县情况也是"无田之家居大半"①。大部分土地显然为地主所垄断。

　　四川地权的集中趋势还表现为大地主特别是商人地主的兴起。这一时期,涪陵、富顺、简阳、芦山、大竹、秀山等州县,都涌现出一批家资巨万的大地主或商人地主。他们无不热衷于兼并土地。如富顺县盐商李振亨,购买"腴沃数千亩"②;简阳县胡日嵩,以农商致富,大买地产,分布在很多村镇,"田田宅宅,相继络绎"。又该县商家悦除自己广置田产外,还以商业赢利为诸弟买田千余亩。③　其次,有所谓"力农起家"者。如芦山县的任体良兄弟,"以农起家,富冠全县"④。叙州府的李博章,"以勤俭起家,财雄一邑"。⑤ 眉州夏次珊,以善治田,买田 1000 多亩。大竹县蒋仕超"家资万石"⑥。彭县舒璠有田 1000 余亩。⑦ 光绪中期的秀山县,据说"最富之家,田无过万亩"⑧。言外之意,占田千亩、数千亩者可能大有人在。像这类地区,地权也呈现集中趋势。就全省而论,这可能是大多数州县的普遍现象。

　　此外,湖北某些地区,地权也很集中。如广济县,据 19 世纪 80 年代的调查,虽然那里的大地主不多,只有少数人拥有 300 亩土地,有 200 亩地就认为很富有了。但属于农民所有的土地,通常

---

① 吴嘉谟等纂:《光绪井研志》第 8 卷,第 3 页。
② 卢庆家等纂:民国《富顺县志》第 12 卷,第 53 页。
③ 汪金相等纂:民国《简阳县志》第 10 卷,第 3—6 页。
④ 刘天倪等纂:民国《芦山县志》第 10 卷,第 5 页。
⑤ 刘天倪等纂:民国《芦山县志》第 10 卷,第 5 页。
⑥ 陈步武等纂:民国《大竹县志》第 9 卷,第 12—13 页。
⑦ 吕调阳等纂:光绪《重修彭县志》第 7 卷,第 35 页。
⑧ 李稽勋等纂:光绪《秀山县志》第 7 卷,第 10 页。

只占耕地的 10%—30% ①,亦即 70%—90% 的土地被掌握在地主手中。

上述地权集中的各省州县,都是属于没有发生农民起义、或受起义冲击较小的地区。但也还有一部分农民起义地区,战后仍然保持着地权集中的形势,甚至有所加剧,其中以江苏苏州和云南、贵州某些地区较为明显。

苏州府属地区,一向豪绅麇集、地权集中。太平天国占领期间,豪绅地主纷纷避入上海或其他地区,还有的投入湘、淮军,或组织团练武装,因而得以保存下来。② 太平天国起义失败后,苏州地主很快就恢复了封建权势,他们原先占有的土地很多都原封未动。即所谓"各家其家,各业其业,衣冠不废","有田者岿然而独无恙"。③ 这样,苏州豪绅地主在战后时期的土地占有方面,仍然居于绝对优势。或谓苏州地主"类皆世绅巨室"④,或谓"苏属业主半是缙绅巨室"⑤。随着时间的推移,土地日益集中于豪绅手中,即所谓"田日积而归于城市之户"⑥。同、光年间,常熟县拥有良田万亩的即有绍兴籍孙姓、南浔籍张姓、周家码头周姓、田庄林姓、鹿苑钱姓、施家桥张姓、湖荡滩邹姓、仓巷归姓等 8 家,有 4000 亩以上的地主,更是指不胜屈。⑦ 在苏州近郊各县,地主囊括百分之八

---

① 《亚洲学会会报》第 23 卷,第 102—104 页。

② 据当时人记载:"若荐绅巨族,尽室先行,富商大贾,携资远遁,得不死"(龚又村:《自怡日记》第 25 卷,同治五年十一月转录《天坛劝善文》)。

③ 陆懋修:《��翁文钞》第 2 卷,第 7 页;陶煦:《租核》,第 6 页。

④ 《申报》,光绪十四年十月二十三日。

⑤ 《字林沪报》,光绪十五年十月十一日。

⑥ 陶煦:《租核》,第 6 页。

⑦ 朱孟谋:《常熟的封建地主》,《文史资料辑存》第 5 辑,第 42—43 页。

九十的土地。正如当时论者所说,"吴中之田,十九与绅富共有"①;"自耕者十不及一,佃耕者十不止九"②。其他各县,地主所有制的比重可能略低一些,也同样居于绝对统治地位。如昆山县,据 20 世纪 20 年代的调查,光绪后期各种农户的比重是,自耕农占 26%,半自耕农占 16.6%,佃农占 57%。③ 据此推算,地主占地当在 70% 左右。

苏北的扬州以北各州县,地权分配同苏州地区相似,只是那里受到农民起义的冲击更小,地主基本延续下来,地权分配几乎没有发生多大变化。据 1888 年的报道,苏北地区的大地主相当普遍,自耕农很少。在兴化和泰州一带有不少占地 1000 亩至 10000 亩的大地主。那里耕地的十分之七或十分之八是出租的。此外尚有雇工经营。据此估计,地主所占土地不会低于 80%。再往北,地主就更大、更普遍了。一家陈姓地主,据说拥有 40 万亩土地,另一家姓杨的,有地 30 万亩。至于有地 4 万亩至 7 万亩的人为数也很多。"而自耕农便少有了。"④这里地主所占土地的比重,也是相当可观了。

云南、贵州两省,封建土地占有关系曾受到农民战争的冲击。回、彝、苗民起义失败后,清政府通过维护"原主"产权、没收"逆产"、清理"绝产"等措施,云、贵两省的地权分配出现了逆转,不少地方维持着原有的地权集中状况。

农民大起义以前,云、贵地区有两类地主:一是回、苗地主。在贵州省属,如大定县苗族"土司"地主便是。这类土司,任意侵占

① 陶煦:《租核》,第 6 页。
② 王炳燮:《毋自欺室文集》第 6 卷,第 1 页。
③ 乔启明:《江苏昆山南通安徽宿县农佃制度之比较及其改良农佃问题之建议》,第 9 页。
④ 《亚洲学会会报》第 23 卷,第 98—102 页。

苗农土地。一直到辛亥革命后,全县土地仍然至少有 20% 为土司私产①;一是汉人地主。他们向苗农放高利贷,苗农须以土地作抵押,最后以土地抵偿债务。结果,苗农土地逐渐为汉人地主所占有。② 咸、同年间,苗民所掀起的起义,主要就是为了争夺土地。当时虽然有些地主被打垮,但是,如上所述,战争结束以后,农民很少取得土地,相反,有些苗农的土地被剥夺改为屯田。后来这类屯田又多被私人侵占。贵州土地分配状况,从苗汉地主的兼并考察,有不少州县地主所有制占着相当大的比重。

云南省的地权分配也没有因回、彝起义而趋向分散,有些地区的农民反因起义失败而丧失原有土地。如西部的大理县,回民的田产房屋被鹤庆、丽江、剑川、浪穷等籍军官所占有。③ 中部富民县的几个区,有一个区三千数百户,其中有田耕种、足衣足食的只占十分之一,十分之九的农户耕地不足或没有土地;又一个区 4000 多户,"稍蓄盖藏者不过十之三",其余十之七的农户,"全恃耕佣度活"。这类靠佣耕生活的主要是佃雇农;还有一个区,"贫寒者十之七八"。这些贫寒者都是无地少地的农民。④ 像富民县这 3 个区,地主土地所有制很可能占据统治地位。

总之,农民大起义虽然给予封建土地制度以严重的冲击,但起义失败后,封建土地所有制在各个地区毫无例外地延续下来了。至于未受农民战争冲击、或冲击较小,以及军功官僚地主、商人地主膨胀的地区,地权愈形集中,地主土地所有制更加扩大。这是农

---

① 杨选人:《贵州大定县的农民》,《东方杂志》第 24 卷第 16 号,第 15—16 页,1927 年 8 月。

② 胡林翼:《条陈东路情形》,葛士濬编:《皇朝经世文续编》第 16 卷,第 2—3 页。

③ 周宗麟等纂:民国《大理县志稿》第 3 卷,第 37—38 页。

④ 叶新藻:《宦滇略存》上卷,第 18—19 页。

民起义失败后地权分配上的逆转。当然,各地的地权分配情况十分复杂,即使在一个省或州县范围内,地区间的差异也极大。

## 四、某些地区农民小土地所有制的增长

大起义失败后,与部分地区地权集中、地主土地所有制扩大的同时,也有一部分地区出现地权分散的趋势,农民小土地所有制有所增长。

战后地权的分散趋势,主要发生在两个区域:一是太平军长期占领或影响较深的江苏、浙江、安徽、江西、湖北等省某些州县;一是捻军和回民起义的山东、河南、陕西以及山西等某些州县。这些地区的地主阶级在农民战争期间受到沉重的冲击,尤以太平天国起义地区为甚。因而,这些地区的阶级关系发生了比较明显的变化。起义失败后,在这些地区围绕垦荒及产权问题不断发生两种势力的斗争。豪绅地主企图侵夺农民开垦成熟的土地,农民则全力维护对垦田的产权。这种斗争制约着地权分配。凡豪绅地主遭受打击重、垦民力量大的地区,地权趋向分散的情况就比较显著。

江苏苏、松、太地区,苏州府属的地权分配情况已如前述。而松、太地区的情况则有所不同。那里的地权本来就不如苏州集中。苏州地主占地动辄数千亩数万亩,松江地主占地较少,如娄县、华亭县的最大地主,占田不过五六千亩,户数不过两三家;占田 1000至 3000 亩的也不过数家。① 而占田数亩、数十亩的农户则"车载斗量","不可胜数"。② 近海诸县,若奉贤、青浦、南汇等县,占田1000 亩者不多见,有田数百亩就是当地大地主了。这类地主一个

---

① 《申报》,光绪十四年十一月初三日。
② 《申报》,光绪十四年十一月初三日。

村镇也不过数家。① 在这种情况下,自耕农所占的比重也就比较大。如 1882 年,奉贤、青浦等县久雨成灾,乡民进城报荒,动辄1000 人。1883 年,太仓州嘉定县风潮为害,乡民纷纷聚众进城报荒。1891 年,松江府华亭县久雨成灾,乡民赴县报荒者"纷纷如蚁"②。这类报荒要求减赋的农民主要都是自耕农。

在农民战争期间,江宁、常州、镇江三府豪绅地主受到的冲击较大。如常州府之阳湖、无锡等县,兵后"殷户鲜少"③;江阴县兵后"里无富室"④。江宁府六合县,镇江府金坛县,以及常州府金匮县等,豪绅地主权势严重削弱,非短期内所能恢复。另一方面,农民的精神状态发生了较大变化,尤其是客民较多的地区,出现"土弱客强"、"强客压主"的现象。⑤ 这类客民"强悍难驯"⑥。地主对客民的控制缺乏足够的力量,这对地权分散不能不产生一定的影响。同时,江、常、镇 3 府荒地较多。1869 年,3 府已垦熟田不及十分之五。其中尤以江宁府为最,所属 7 县原额田地 55200 余顷,至1883 年,未垦荒地仍有 3 万多顷。⑦ 大量荒地尤其是无主绝产的存在,是农民取得土地产权的一个有利条件。

这里的农民取得土地,主要有两个途径:一个是通过购买。当时,由于荒地乏人开垦或垦费昂贵,得不偿失,有些地主宁愿放弃

---

① 《字林沪报》,光绪十五年十月十一日。

② 《益闻录》,光绪八年六月初五日,又光绪八年六月十二日,又光绪九年九月初十日,又光绪十七年二月二十九日。

③ 庄毓鋐等纂修:光绪《武阳志余》第 3 卷,第 21 页。

④ 何栻:《悔余庵全集》,文稿,第 8 卷,第 7 页。

⑤ 秦湘业:《虹桥老屋遗集》,文集上,《保甲议》;《招客民垦荒利弊说》,《皇朝经世文统编》第 25 卷。

⑥ 萧穆等纂:光绪《续纂句容县志》第 5 卷,第 6 页。

⑦ 马新贻:《奏议》第 7 卷,《招垦荒田酌议办理章程折》,同治八年五月十四日。

土地。1869 年,两江总督马新贻奏称,"近来江南荒田因垦种乏人,类多贱卖"①。1880 年,两江总督刘坤一也说,地主因收租困难,每"视田业为畏途,而别谋生计"②。如大官僚邓廷桢的后人有祖遗田 240 多亩,以"无从招佃","宁愿充公"。还有人说,江宁府属地价一向低廉,战后"更过而无问者",地价再次暴跌。③ 这在当时的江宁、常州、镇江 3 府是普遍现象。它反映地主重建封建土地关系的意图遇到一定阻力,从而引起地权流向的改变。正是在这种情况下,一部分农民可能通过购买获得土地。如光绪中期,句容全县耕地共为 50169 亩,其中部分客民土地"半称向土民契买而来"④。

更重要的一个途径是垦民向官府认垦或自己占垦无主荒地而获得土地产权。或谓从实行招垦以后,"荆豫客民来开辟殆尽",客民"多强暴不循土风"⑤;或谓"客民争携耒耜来受膄厘",对有主之田"强行霸占",而"乡民无可如何"⑥,等等,都是农民通过垦荒取得土地的反映。当时论者在谈到金坛的土地开垦情况说:

---

① 马新贻:《奏议》第 7 卷,《招垦荒田酌议办理章程折》,同治八年五月十四日。

② 刘坤一:《刘坤一遗集》第 2 册,第 570 页。

③ 《申报》,光绪五年十二月二十二日。又据张乃修《如梦录》,1863 年,无锡县租田每亩售价三千,"尚无主顾"。另据马新贻奏称,1869 年,江南上田每亩三四千文,中田一二千文,山圩田地每亩数百文(马新贻:《奏议》第 7 卷,《招垦荒田酌议办理章程折》)。

④ 邓炬:《署理江宁府句容县事公牍存稿》,第 12 页。

⑤ 萧穆等纂:光绪《续纂句容县志》第 6 卷,风俗。

⑥ 《益闻录》,第 971 号,光绪十六年四月二十四日。所说对有主之田"横行霸占",疑不实。农民主要是开垦无主绝产。地主为了兼并垦民开垦成熟的土地,每冒充"原主"。所谓客民"横行霸占"可能是地主为侵夺垦民土地制造借口。

"外来客业,轻去其乡,来为谋利。前之开垦渐多,原为抵征轻而易办,不至亏本。今多有将已垦熟田贱价求售,另谋生计。"①从农民对垦田承担田赋及对垦田有权售卖的情况来看,就是取得产权。又据1869年马新贻奏称:"盖垦种荒田,类皆穷苦农民,图为己产。如有原主,则明知此田不为己有,安肯赔贴心力代人垦荒?"因此,马新贻建议"必以无主之田招人认垦,官给印照,永为世业"。他又说:"此等垦户即系业户,必不肯舍之而去,久之即成土著矣。"②又据江苏巡抚丁日昌对金坛县的垦荒批示规定,荒田经农民开垦成熟,如有"原主"认领,"无论是真是假均不准领"。③ 地方官府采取的这种政策措施,促成了农民小土地所有制的发展。

由此可见,江、常、镇3府属,垦民通过垦荒取得土地产权的当为数不少。江宁府属,太平天国革命失败以后,土著多"自种自食",每户不过"十余亩而止"。④ 所谓"自种自食",显指自耕农民。当地农民既然多占有土地,因而每"自顾不暇"。⑤ 他们不但无余力开垦更多的土地,甚至农忙之时还需要雇用短工。⑥ 据当时论者说,金坛县农民,"本业则赖此养活家口"⑦;句容农民"居乡者多土著"⑧。这类"本业"和"土著"虽然不排除佃耕农民,但就当时农村社会条件状况考察,主要是旧有和新生的自耕农。

总之,江、常、镇3府属,由于农民革命的冲击,地权趋向分散

---

① 江国凤等纂:光绪《金坛县志》,附吴炳煦禀。
② 马新贻:《奏议》第7卷,《招垦荒田酌议办理章程折》。
③ 丁日昌:《抚吴公牍》第37卷,第9页。
④ 沈葆桢:《政书》第1卷,第18页。
⑤ 汪士铎等纂:光绪《续纂江宁府志》第2卷,李宗羲同治十三年奏折。
⑥ 沈葆桢:《政书》第7卷,《江宁府属拟请酌减漕粮折》。
⑦ 江国凤等纂:光绪《金坛县志》,附吴炳煦禀。
⑧ 萧穆等纂:光绪《续纂句容县志》第6卷。

是比较明显的。这时无锡县占田数亩至数十亩的农户大量存在①；镇江府丹徒县，1884 年发生灾荒，到县城要求减免田赋的农民动辄数千。② 英国人在 1888 年的报道说得尤为清楚，据说太平天国革命以后，镇江"大地主不复存在"，"只剩下自耕农"，"十分之九的土地为耕者所有"等等。③ 这无疑反映了部分真实情况。在江、常、镇 3 府中，江宁、镇江两府地权变化更大一些。这里虽然有一些地主延续下来，但在相当广大地区，农民小土地所有制曾经占据优势地位。

　　与苏南毗连的浙江省，受到农民战争冲击的各州县，地权分配也出现了不同程度的分散趋势。据现存太平天国地方政权颁发的 1000 多件田凭和收税单据，花户占田面积多在 10 亩以下，少数在 10 亩以上，很少有超过 30 亩的。④ 虽然这是战时情况，可能同大户外逃有关，但还是可以作为农民小土地所有制广泛存在的一个佐证。

　　太平天国革命失败以后，地主阶级遭受打击沉重、垦民力量较强的杭州、湖州、严州、嘉兴等府某些州县，农民所有制占着相当大的比重。

---

① 秦湘业：《浙漕变通议》，光绪《无锡金匮县志》第 38 卷。

② 《益闻录》，光绪十年十一月二十九日。

③ 系英人阿克逊·汉姆报道，见李文治：《中国近代农业史资料》第 1 辑，第 629—630 页。该报道还说，长江南岸的土地为先来者所占耕，耕种几年后便发给他一张地契，令其完纳田赋。在这种情况之下，只有能在田地上进行生产劳动维持生活的农民才能占有土地，而且是少量土地。按这个报道，对农民土地所占比重可能有些夸大，但基本符合当时实际。

④ 据《文物》1963 年第 11 期，《浙江发现的太平天国田凭和各种税收文物》。这项资料没有反映出地主占地情况，有一定局限性。据上文作者论断，"太平军每克一城，地主富户大多逃匿异乡，也许是这个缘故，那些据有大量土地的地主富户是很少领到田凭的"。

在浙江垦荒的农民主要是客民。如孝丰县"客民夥于土著"①,嘉兴府属"客民丛集"②,安吉县"客民纷至沓来"③,昌化县"客民纷纷盘踞"④,等等。浙江与江苏交界的各州县,客民不下数十万。⑤ 客民既多,力量较强,当时人一再论述,或谓垦荒客民"伦类不齐","土著之势不敌客户";或谓温州、台州等府籍垦民,"性情剽悍,习尚强卤";或谓皖、楚、闽、粤等省籍垦荒兵勇与温、台等府籍垦民,"愈来愈众","其势非土著所能抗衡"⑥,等等,都是客民力量增强的反映。这就加剧了同土著之间的矛盾。

客民同土著的矛盾,主要是围绕土地问题发生的。在农民战争期间,离乡外逃图保生命安全的,占有大量土地抛荒不耕的,主要是地主富户。农民大起义失败以后,客民纷纷移垦,目的就是为获取土地变为自耕农。据1882年浙江巡抚陈士杰颁布的"晓谕土客示"说,"无主荒田固已无存,即偶有荒芜,皆系有主之业"。因此劝谕客民"毋庸再行招致同乡纷纷来浙,以致无地可垦,进退两难"。这个晓谕就是考虑到客民的上述目的而发的,从侧面反映出客民开垦无主荒地已经或能够取得产权。然而,地主总是力图恢复旧有的土地产权和兼并垦民的土地。封建国家虽然制定了维护"原主"产权的政策措施,但地方官吏为了广行招徕,开荒为熟,以邀功赏,尤其为了多收官租以饱私囊,希图扩大"绝产"面积,因而地方官府的做法有时并不利于豪绅兼并,甚至触动地主的"原

---

① 潘宅仁等纂:光绪《孝丰县志》第3卷,第74页。

② 金蓉镜:《均赋余议》,第18页。

③ 《申报》,光绪七年四月十七日。

④ 许昌言等纂:民国《昌化县志》,首卷,第1页。

⑤ 曾国荃:《全书》,书札,第22卷,《致黄子寿》。

⑥ 《申报》,光绪七年四月十九日。

主"产权。所以当时封建文人一再指责地方官府"庇客压土"①。
所谓垦民更加"有恃无恐"、"霸占强买"②；所谓土著还乡，"田为
人占，屋为人居，力不能夺，讼不能胜"③；突出地反映了当时地主
阶级的情绪。总之，浙江省客民聚居的某些州县，一由于垦民剧烈
的反抗斗争，二由于地方官府对招垦采取了变通措施，有不少垦民
取得土地，地权发生不同程度的分散化。

　　土著农民取得土地产权的机会要更多一些。因为他们对当地
情况比较熟悉，何地原主尚存，何地属绝户田产，他们比较清楚。
如杭州、湖州、严州3府荒地最多的12个县，都是先尽本地人承领
垦种，余荒才由客民陆续开垦。④ 严州府的分水县，同治年间只剩
下少数不占有土地的人。⑤ 这说明这里已经没有或者很少无土地
的土著农户。嘉兴府属，其土地原主尚存的，原有佃耕农民为了取
得土地产权，有的放弃原来佃田，也另觅荒地开垦。⑥

　　这一时期土著或客民占垦土地和取得产权的情形从很多方面
反映出来。如有记载说，湖州府长兴县，荒田一经遣散兵勇开垦，
便占为己有，"土著有被掳在外逃归本乡者，反不得与垦户争"⑦；

---

① 周家楣:《期不负斋文集》第4卷，第7—8页。

② 《申报》，光绪六年四月六日，系关于长兴县的报道。

③ 《申报》，光绪七年四月十九日。

④ 马新贻:《奏议》第3卷，《办理垦荒新旧比较荒熟清理庶狱折》，同治五年。

⑤ 《李希霍芬书信集》，第14页，关于浙江及安徽的报道，1871年7月25日。

⑥ 据金蓉镜:《均赋余议》，第18页，"佃户既畏归耕，业户亦畏赔粮，往往脱籍徙业，不敢承种，比比而是"。这里所说"佃户"显然指过去老佃户。他们"畏归耕"显然是为了摆脱旧地主的地租剥削。他们舍去旧的耕地主要是由于可以择垦绝产取得土地产权。

⑦ 《申报》，光绪六年四月十六日。

或谓这里由主归认稍迟者,膏腴沃壤"无不为其霸占",因而在这里垦荒的数千客民多占有土地①;或谓到湖杭等府垦荒客民,每"任力之强弱,认垦田之多少"②;或谓荒田既经客民开垦成熟,流亡土著一旦生还,"反至无所归宿"。土地辗转易主,境内土地遂"尽非原户"③。在嘉兴府属,或谓移垦之宁、绍、温、台等府客民,"搭棚居住,择肥翻垦"④;或谓垦民"擅改阡陌","则并经界而废之"⑤;或谓客民所到之处,驱牛一犁,在田内打个圈圈,任意垦种。⑥ 如乌程县属,荒田经客民开垦成熟而未呈报者凡数万亩。⑦由于客民容易通过垦荒取得土地,于是"客之黠者,则又售其已垦之田,步步移换"⑧。

另一些材料则反映客民已经获得产权。如 1874 年兰溪县办理保甲时所规定的"禁令",按户发给门牌,写明"禁承垦抗粮,承佃抗租"。⑨ 禁令将"承垦"和"承佃"区别开来,是由于"承垦"是向官府领地开垦,垦民能取得土地产权。在湖州、嘉兴等府,由于客民垦田所报亩数不实,"皆多占亩分"。如据 1880 年的报道,湖州府长兴县农民垦荒,"一亩之田占至二亩者有之;初认几亩,其

①　《申报》,光绪六年四月初二日。

②　《申报》,光绪七年四月十九日。

③　《申报》,光绪七年四月十九日。

④　石中玉等纂:光绪《嘉兴县志》第 11 卷。

⑤　石中玉等纂:光绪《嘉兴县志》第 10 卷。

⑥　《申报》,光绪九年四月二十七日。

⑦　《申报》,光绪四年九月十二日。

⑧　《申报》,光绪四年九月十二日。

⑨　转见王兴福:《太平天国革命后浙江的土地关系》,《史学月刊》1965年第 5 期。

毗连之田无人承认,因而侵及归并者有之。往往完租十亩,而实垦二三十亩"①。对此,地方官府曾采取"按亩伸粮"的措施,整顿田赋,令各按税亩增加四分之一。② 这类措施表明垦民已经取得土地产权。农民获得土地还反映于当时一些人的议论。或谓无论"为土为客,均以纳粮为便"。因为"纳粮则世业可守,既不患原业之索归,又不患后来之侵占"③。但是也有的客民为了逃避赋税负担,对所垦土地抗不升科。④ 这种情况从另一个侧面反映出垦民取得产权并不困难。

当时,垦民开垦无主荒地,一般是先向官府交租交捐,然后升科纳粮,正式取得地权。同治年间,湖州府之东洲有荒田数千亩,经客民开垦,官府令先纳官租 3 年,然后以所垦田的十分之二归书院,其十分之八归垦户,升科纳粮。⑤ 到嘉兴府垦荒的农民,据说"始则利其免科,继则利其租轻,争先占垦"⑥。这里的"租"是指开垦无主土地完纳的官租。湖州府的安吉、孝丰、武康等县,杭州府的余杭、临安、于潜、昌化等县,都"广收异乡人,使之分田垦辟,

---

① 《申报》,光绪六年四月十六日。

② 《申报》,光绪六年四月十三日,又四月十六日,又四月二十二日。这 3 天的《申报》都有关于"按户伸亩"的报道。如某户在税册有田 10 亩,伸作十二三亩纳税。

③ 《申报》,光绪七年四月十九日。

④ 如浙江杭、嘉、湖三府属,"湘楚客民占地垦种,喧宾夺主,去来无定,抗不升科"(《光绪朝东华录》,总第 4402 页)。

⑤ 周学濬等纂:同治《湖州府志》第 18 卷,第 27 页。

⑥ 金蓉镜:《均赋余议》,第 18 页。按:地方官府著垦民交租交捐而抑不升科,是因为升科纳粮须上解中央,收租收捐可以留充地方公用和饱私囊。另据周家楣:《期不负斋全集》,文集,第 4 卷,《致筱元书》:于客民垦田,"官则每亩收其钱千计,既不必报解,可为利己"。

岁令完捐若干缴官”，“而赋则阙而弗征”。① 这里的“捐”就是规复正式田赋以前的税捐。以上这种交租交捐的土地，如当时论者所说，“不啻官为业主，而客民为佃户”②。客民所垦辟的这类土地后来都升科纳粮改为永业。

还有的客民通过购买取得土地。如在严州府分水县垦荒的客民纷纷购买土地③，湖州府安吉县的垦民“皆置产乐业为子孙永久计”④，等等。

总之，浙江在原太平天国占领区，无论土著或客籍农民，多通过垦荒或购买获得土地。他们取得土地的过程，有的是在开垦之后即升科纳粮；有的是先向官府交租交捐，几年之后改为永业。垦民由“完租”、“完捐”过渡到“完粮”是取得土地产权的两个阶段。地方官府征租收捐的措施，并没有最后剥夺垦民获得土地的权利，只是推迟了他们取得产权的时间。

关于浙江各地区的地权分配状况，1866 年，浙江巡抚马新贻的一个奏报可供研究参考。他把原太平天国占领区各府州县按“被灾”轻重、“荒产”多寡情形分成三类地区。⑤ 下面根据这个奏报，对各个地区的地权分配作一个大致估计。

马新贻所说“被灾最重、荒产最多”的第一类地区，即地主阶级遭受打击严重、农村阶级关系变化较大的地区。这类地区包括

---

① 《申报》，光绪七年四月十九日。

② 金蓉镜:《均赋余议》，第 18 页。

③ 《李希霍芬书信集》，第 14 页。

④ 《申报》，光绪七年四月十九日。

⑤ 马新贻:《奏议》第 3 卷，《办理垦荒新旧比较荒熟清理庶狱折》，同治五年。按:马氏分类并不十分准确，如昌化县被列入“被灾重荒产最多”一类。而据许昌言等纂:民国《昌化县志》，首卷，“该县绝少客民”。县志所载当较为可靠。

杭州府的富阳、余杭、临安、于潜、新城、昌化，湖州府的长兴、孝丰、安吉、武康，严州府的淳安、分水等县。1866 年，这类地区已垦地只占原额田地的 20%—30%，未垦荒地占 70%—80%。同治前期，这类地区的无主荒地，先有土著农民承领垦种，后有客民陆续移入认垦。如其中的孝丰县，原额田地 762737 亩，同治初年只有熟田77519亩，有主及无主荒地几乎占到 90%。这些荒地主要靠客民开垦。同治年间，该县客民已超过土著。到 1877 年，客民之移入更是"月盛岁增"①。又如长兴县属，"种田之户客多于土"②。安吉县属，"土著稀少，客民纷至沓来"③。像这类地区，无论土著和客民都比较容易通过垦荒获得土地。

"被灾次重、荒产亦少"的属于第二类地区，即地主阶级遭受打击和农村阶级关系变化较前者稍次的地区。这类地区包括杭州府的仁和、钱塘，嘉兴府的嘉兴、秀水、嘉善、海盐、平湖、石门、桐乡，湖州府的乌程、归安，严州府的建德、桐庐、寿昌，金华府的金华、兰溪、汤溪，衢州府的龙游，绍兴府的诸暨等县。1866 年，这类地区已垦地占原额田地的 40%—50%，未垦荒地占 50%—60%。其未垦荒地，有小部分由土著农民垦种，大部由客民开垦。其中归安县，战后"村墟寥落，荒田多为客民开垦。"④龙游县属，"乱后业田之户，多系客民"⑤。这类地区，农民所有制占着相当大的比重。以桐乡县为例，据同治年间地方士绅严辰说，"十亩以下之零星小

①　潘宅仁等纂：同治《孝丰县志》第 4 卷。
②　《申报》，光绪六年四月初六日。
③　《申报》，光绪七年四月十七日。
④　陆心源纂：光绪《归安县志》第 6 卷。
⑤　余绍宋纂：民国《龙游县志》第 30 卷。

户……殆无万〔虑〕万数"①;全县负担"米捐"(即田赋)的有数万穷黎。② 又说,"浙江(实指桐乡县)则巨绅率不置田为产,而田多为小户之产"③。这说明该县自耕农户数及所占耕地面积占着极大比重。当然,并不是说桐乡县没有地主。严辰就说过,"大户有千亩数百亩者"。沈梓在《避寇日记》中也提到一个占田 3000 多亩的刘姓地主。但是,该县地主占地比重不会太大。农民占地估计在 70% 以上。④ 再如汤溪县,经过农民战争,"富室多中落","田易佃为主自有而自耕者十且八九"。⑤ 秀水县属,由客民开垦的土地凡 54000 多亩,有主之田只有 16000 余亩。在这里,客民所占有的土地占着相当大的比重。⑥

"被灾较轻、荒产亦少"的属于第三类地区,也就是地主阶级遭受打击较轻、农村阶级关系变化不大的地区。这类地区包括杭

---

① 严辰等纂:光绪《桐乡县志》第 6 卷。

② 严辰等纂:光绪《桐乡县志》第 4 卷。

③ 严辰:《墨花吟馆诗文钞》,上卷,第 103 页。

④ 据严辰《桐邑征银刍议》:"无虑万数"指占田较少不起捐的农户。这类农户如以万户计,每户按占田 7 亩计,共该 7 万亩。又据严辰《上抚藩两宪禀呈》:"伏查桐邑米捐现虽办至一万数千,而民生困苦,惨被追呼,不能为执事渎陈之,以代数万穷黎请命。"此处所说"穷黎"指占田 10 亩以上(塘南)或 20 亩以上(塘北)须承担亩捐的农户人数。这类农户如以两万户计,按桐乡全县户口,计为 50557 户,114273 口。如每户占田平均 15 亩计,共该 37 万亩。这就是全县自耕农和半自耕农所占耕地面积的总和。按该县田地山荡共计 516242 亩。据此,农民约占全部耕地的 70%。这样计算虽不一定精确,但与实际情况不会相差太远(所据资料见严辰等纂:光绪《桐乡县志》第 4 卷,建置,又第 6 卷,食货;严辰:《墨花吟馆诗文钞》上卷,第 103 页)。

⑤ 戴鸿熙纂:民国《汤溪县志》第 3 卷。

⑥ 在这类地区,有些县份的地主所有制仍然占据统治地位。如仁和县,据 1888 年的报道,其农户比例是,自耕农占 40%—50%,佃农占 50%—60%(《亚洲文会学报》第 23 卷)。

---

州府的海宁州,湖州府的德清,严州府的遂安,金华府的东阳、义乌、永康、武义、浦江,衢州府的西安、开化等县。1866 年,这类地区已垦地占 70%—90%,荒地不多,客民也少。一般说地权分配变化不显著,只有个别县区变化较大。如义乌县,有些地主被迫变卖田产,明显地衰落下去了。[1] 但大部分地区的地主基本延续下来。农民小土地所有制虽有发展,但不显著。

以上三类地区,农民小土地所有制和地主所有制的比重大致是,第一类地区农民小土地所有制基本占据统治地位,有少数县份地主土地所有制可能仍占居相当大的比重;第二类地区农民与地主两种土地所有制可能相差不远,若龙游、桐乡、汤溪等县,农民小土地所有制显然占优势;第三类地区地主所有制基本占着统治地位,但相对太平天国革命以前而言,地权还是趋向分散的。

在安徽省,曾经受太平天国革命冲击的地区,地权分配的具体情况不一,但大部分地区的趋势是分散。

皖南各州县,被太平军占领的时间较长,封建土地关系变化较大,其中尤以宁国、广德两府州属为最。在这两府州属,一是荒芜田地较多,或谓二府州荒田不下数百万亩。[2] 二是垦民数量较大,力量较强。[3] 先有遣散的湘军兵勇留垦,继有外籍农民移垦,客民比重迅速增加。或谓宁国一县,客民几为土著 3 倍[4];或谓宣城和

---

① 黄侗:《义乌兵事纪略》,第 25 页。

② 金安清:《皖南垦荒议》,求自强斋主人编:《皇朝经济文编》第 40 卷,户政八,屯垦。

③ 据光绪九年六月十六日《申报》:客民占人田宅,"无处不有,习以为常","土著畏客过于豺虎"。据两江总督沈葆桢论述皖南垦荒情形,也说客民贫而强,致"土民无以自存"(见沈葆桢:《政书》第 7 卷,《皖南急于和民不急于招垦片》)。以上所说主要反映地主的意志。

④ 周赟:《书宁国县田赋后》,同治《宁国县通志》第 4 册。

泾县,客民 10 倍于土著。① 这些外籍垦民对当地地主的夺地活动,作了顽强抵抗。农民大起义失败后,逃亡地主陆续归来,"稽查田亩,指认屋宇"。广德州属地主为了规复旧有地产,共同议定,令垦民所垦土地,或交价购买,或按季交租。垦民对地主恢复封建土地关系的这种企图,给予坚决回击。他们说:"予等来时,蔓草荒烟,绝无人迹;田尽草莱,屋皆荆棘。予等既费其财,又劳其力,开垦多年,始得田皆成熟。尔本籍民人,今日归来,即欲坐享其成,天下无此易事也。"②当时的报刊也认为垦民拒不退地乃在情理之中,谓"客民不远千里,扶老携幼而来,费数年胼胝之勤,始获辟成沃壤,孰肯俯首听命,让而归诸无据冒认之业主!"③

正是由于垦民的坚决斗争和社会的舆论压力,封建王朝恢复"原主"产权的政策措施在这一地区难以顺利推行,地方政权不能不采取变通措施。如广德州属,地方士绅曾经建议,令客民所垦田亩无论有主无主,皆以一半归垦户执业,另一半有原主者为原主,无主者划为官田收租。④ 当时主持广德州垦务的李孟荃,没有采纳上述建议,而是全部"听原垦户承买",并规定了较低的价格。垦民交价之后,"发给田凭,永远管业"。⑤ 又在清理土地时,采取了四乡同时齐丈的办法,规定原主必须亲自到场认田,不准托人代认。结果,因田多奔走不及而被划为官田者有之;因"田多不敢多认"被划为官田者有之。或谓土民有田者,"十分之中仅认一

---

① 《申报》,光绪九年六月十六日。
② 《上海新报》,同治九年四月初五日。
③ 《沪报》,光绪九年二月二十八日。
④ 丁宝书等纂:光绪《广德州志》第 36 卷,杂著,《张光藻上州尊书》。
⑤ 丁宝书等纂:光绪《广德州志》第 18 卷,第 34 页。

二"。① 有不少地主土地被划为官田,旋被垦民所购买。② 其原主尚存并业经认领的地,地主虽然可以收租,但由于官府规定的租额较低,限令地主每亩收租谷 80 斤③;并且规定,原主出卖土地,垦民得优先购买,并规定了较低的价格,熟田每亩 600 文,荒田每亩 300 文。垦民力强,每抵制交租,地主收租困难,有的不得不出卖土地。如 1883 年安徽巡抚裕禄所说,"屡次因客民交租势难实行,始有土民买卖之议"④。看来,这类有主土地也有不少为垦户所购买。

1881 年,宁国府知府桂某在垦民反对认主交租的情况下,也采取了类似的变通措施,即无论有主无主土地,都由垦民交价承买,并由官府统一规定土地价格:熟田每亩 1.4 元,熟地 7 角,荒田 3 角,荒地 2 角。"有主者价皆归主,无主者价亦归公。"⑤为了防止土客交产时发生纠纷,规定领田交价皆在垦务所办理。垦民交价之后,由官府发给"田凭联单以为执业之据"⑥。

皖南地区官府上述政策的推行,使得一部分客民通过占垦或价买的方式获得了土地。同治年间,仅广德州属所收地价即为制钱"十余万千"⑦,估计作为官田出卖的约有 24 万亩。⑧ 官定地价

---

① 据丁宝书等纂:光绪《广德州志》第 36 卷,杂著,《张光藻上州尊书》。
② 一般自耕农占地不多,在清丈时不会不亲临现场认领。土地被划为官田的,主要是占地多的地主。
③ 《益闻录》,光绪七年三月十一日。
④ 据光绪九年安徽巡抚裕禄《办理皖南垦务片》,葛士濬编:《皇朝经世文续编》第 33 卷。
⑤ 《益闻录》,光绪七年三月十一日。
⑥ 《益闻录》,光绪七年三月初二日。
⑦ 丁宝书等纂:光绪《广德州志》第 56 卷,第 14—18 页。
⑧ 当时广德州出卖官田所收地价,缺乏具体数字,暂以制钱 12 万千文估计。又所卖官田,熟田按三分之二、荒田按三分之一估计。那么,该州作为官田出卖的,熟田当为 16 万亩,荒田当为 8 万亩,合计 24 万亩。

既低,原垦户又有优先购买权,不难设想,购买者主要是垦荒农民。1874 年,广德州原有熟田及新垦田两者合计共为 353822 亩,其中垦民买田如按 24 万亩计,即占全部耕地的 67% 强。光绪年间,新垦田续有增加,垦民所占比重要更大一些。该州户口,1879 年共28858 户、129548 口,其中客民凡 23560 户、109567 口。客民户、口分别占总户、口的 81.6% 和 84.6%。① 这一部分客民大多成为新的小土地所有者。如 1875 年知州文翰所说,该州客民"虽寄籍年限不齐,要皆置有田产,葬有坟墓,与土民联姻通好,共土民纳粮当差"②。其中虽然也有新发展起来的地主,但为数不很多。即所谓土著"原业",其经过长期农民战争而保持原产不变的,也主要是自耕农。延续下来的旧有地主所占有的耕地面积,也有不同程度的减缩。总之,战后广德州的地权分配,土客自耕农合计,占据主要地位。

广德州所属的建平县,也有不少垦民取得土地产权。1878 年,知县汤鼎恒呈报垦荒情形时说,河南、湖北等省客民挈家就垦已经 10 多年,"置有田产坟墓,烟户粮差俱已有名",又说,"土客民人多有已垦田地隐匿不报"。③ 可见无论土著和客民,多通过垦荒取得土地。1877—1878 年间,建平县查出新垦地 23605 亩,其中无主土地 23232 亩,占全部新垦地的 98.4%。这类无主地主要为垦民所占有。1879 年,全县开垦熟田共为 233125 亩,其中由客

---

① 另据光绪元年广德州知州文翰呈报,"现在通境所有民数,土民不过十分之一,客民约居十分之九"(丁宝书等纂:光绪《广德州志》第 51 卷,表疏,第 9 页)。

② 丁宝书等纂:光绪《广德州志》第 51 卷,表疏,第 9 页。

③ 丁宝书等纂:光绪《广德州志》第 51 卷。

民开垦者 86019 亩,由土著农民开垦者 147106 亩。土著垦田占
63.1%。① 土著自耕农的发展尤为显著。

宁国、徽州、池州等地,战后农民小土地所有制也有不同程度
的增长。宁国在官府推行价卖政策后,据说从此土客"各有恒
产"。虽然垦民价买土地数量不详,但从价卖前"有主之业百不获
一,侵占之产十居其九"②的情况看,垦民获得的土地当不在少数。
此外,有关垦民经济状况的一些记载,也反映垦民获得了土地。如
有的记载说,到徽州、宁国两府垦荒的桐城县农民,"竭力开垦,多
致小康"③。池州府的建德县,太平天国革命以前,"业农者终岁勤
劬,而不获一饱";太平天国革命以后,则因荒田颇多,"落落数十
家,躬耕堪以自给"。④ 这都从一个侧面反映了部分佃雇农向自耕
农的转化,即封建土地所有制向农民小土地所有制的转化。土著
和客籍自耕农的迅速发展,大大改变了农民和地主两类土地所有
制所占的比率。

相对于江、浙、皖三省而言,江西、湖北两省豪绅地主因农民战
争而受到的冲击要小得多。但也有一些地主衰落下去,丧失了部
分土地。如赣南大庾县,以"离乱日久","半皆田粮失存"。⑤ 这
类"田粮失存"的业户主要是地主。而且经过农民战争,地价急剧
跌落。江西过去地价每亩值钱十多千文⑥,1863 年,彭泽县"粮田

---

① 丁宝书等纂:光绪《广德州志》第 16 卷,第 21—24 页。
② 《益闻录》,光绪六年十二月初九日。
③ 萧穆:《敬孚类稿》第 16 卷,第 11 页。
④ 周馥:《玉山集记》第 2 卷,第 14 页。
⑤ 刘人俊等纂:民国《大庾县志》第 14 卷,第 53 页。
⑥ 据刑科题本,嘉庆八年,江西宜春县地每亩 16730 文,万载县每亩
19441 文。

每亩价仅数千"①。地主衰落,地价下跌,势必给农民以更多的购买土地的机会。在湖北的个别地区,可能由于太平天国革命的影响,也出现了地权的分散趋向。如孝感县,太平天国革命以前,"有有田之家,有无田之家"。太平天国革命以后,由于"土满人稀",租率下降,"佃得十之八"。地权分配发生变化,即所谓"近来有田者皆自有而之无,无田者皆自无而之有矣"②。这类"自无而之有"者,显然是由原来的佃雇农发展起来的自耕农。武昌地区,则因地租减少而出现"无求田者"的情况。③ 像这类地区,地权分配有较大的可能趋向分散。

总起来说,在江、浙、皖、赣、鄂 5 省,除皖中、苏州及苏北中北部地权趋向集中,以及一部分地区变化不明显外,其余地区同农民战争前相比,地权基本趋向分散,农民小土地所有制有不同程度的扩大。

捻军起义的山东,回民起义的陕西、甘肃,以及 1877—1878 年间遭受重灾的山西、河南部分州县,是战后时期地权趋向分散的另一区域。

关于山东,前面根据山东大学的调查统计等资料,分析了该省的地权集中状况。这是就一般而言,同时,某些州县也有反映地权分散的记载,如东部的青岛,据说光绪间无最大地主,贫富不甚悬殊。④ 中部的益都县,据 1888 年的报道,该县人口 25 万口,耕地约 25 万亩。其中占地 500—600 亩者,8 至 10 家,占地 1000 亩者一两家,占地一二百亩的中小地主户数不详。大概由于很多中小

---

① 欧阳焘等纂:同治《彭泽县志》第 18 卷,第 15 页。
② 沈用增纂:光绪《孝感县志》第 5 卷,第 12 页。
③ 柯逢时纂:光绪《武昌县志》第 3 卷,第 14 页。
④ 《申报》,光绪三十二年五月十七日。

地主雇工经营,佃农较少,租佃地只占 10%。[1] 从地主户数、占地情形以及出租土地的比重等来看,地主占地不会超过耕地的一半。上述地区,农民小土地所有制都稍占优势。

陕、甘两省,受农民冲击的某些府县,地权分散的趋势也是很显著的。同治年间,陕西泾阳、三原、高陵、醴泉等县,殷富各家多衰落,土地产权发生很大变化。如刘蓉所说,"即其仅有之田地,有契券有凭据者今皆属之何人",即一家独有的地产也不能执据管业。[2] 在这一地区,地主绅权的恢复,封建土地关系的重建,都比较困难。如武功县属,回民起义之前,地方士绅把持吏治,武断乡曲;光绪年间,这些人户"或不能供赋役、葺田庐"[3]。陕南的兴安府,过去殷实之家,现在"转不免顿成窘迫"[4]。在陕北,米脂县富户高照暄,也由于农民战争的影响,"家道中落"[5]。士绅阶层本身也在发生变化。光绪年间,郃阳县"读书者多寒门"[6]。府谷县封建文人,"耕且读者十七"[7]。绥德州则"尤少彬雅之士"[8]。榆林的监生、秀才,"鲜不家种数亩数十亩"。这说明经过农民战争的冲击,过去的大地主多已变成中小地主,中小地主则降为力作农夫。这是地主阶级没落、地权分散的一种反映。

农民起义失败后,回民内部的阶级关系也被打乱,很多回民地

---

①　《亚洲学会会报》第 23 卷,第 85—89 页。该县耕地 25 万亩似指税亩,实际耕地当超过此数。

②　刘蓉:《劝谕泾阳县清县土民条约》,葛士濬编:《皇朝经世文续编》第 93 卷,第 10 页。

③　宋伯鲁等纂:民国《续修陕西通志稿》第 196 卷,第 16 页。

④　童兆蓉:《童温处公遗书》第 5 卷,第 17 页。

⑤　高照煦纂:光绪《米脂县志》第 7 卷,第 11 页。

⑥　宋伯鲁等纂:民国《续修陕西通志稿》第 195 卷,第 16 页。

⑦　宋伯鲁等纂:民国《续修陕西通志稿》第 196 卷,第 14 页。

⑧　宋伯鲁等纂:民国《续修陕西通志稿》第 196 卷,第 2 页。

主衰落下去,丧失了土地。1872 年,左宗棠采取强迫回民迁居的措施,"在各地安插回汉民人,拨给地亩耕种"①。这种措施也给予回民地主以严重打击。

西北回民起义失败以后,陕、甘地区出现了大面积的"逆产"和"绝产"。如前所述,对这类土地的处理,有的是拨充屯田,如左宗棠在甘肃选择绝荒"拨为兵屯,督令开垦耕种"②,但也有一部分为农民所占垦。如陕西西安、同州、凤翔 3 府州县有大面积荒地,由河南、湖北、四川移民占种。③ 咸宁、长安两县"叛产",1877 年由客民 6000 余户和土著 7000 余户分别占耕。④ 直到 1896 年,陕西境内仍有不少荒地,可供农民择垦。其认垦客民多无家室,土著农民亦旋垦旋弃。⑤ 在这种情况下,地主不会迫切追求土地。⑥ 地权遂呈现分散趋势。如光绪前期的岐山县,"近数年时和岁丰,人各安业,不鞭笞而赋早输,一召呼而役即赴"⑦。就是中小土地所有者大量存在的反映。又如富平县属,"田百亩者不多见"。一般情况是,"县则膏腴鲜十亩之家,乡则盖藏无数钟之粟"⑧。这里农民的经济状况似乎远不如岐山,但从地权分配的角度看,农民小

---

① 《申报》,同治十一年三月二十三日,陕甘总督左宗棠奏稿。
② 《教会新报》第 2 卷,第 100 号,第 250 页,同治九年八月初一日。
③ 刘蓉:《筹办陕西各路垦荒事宜疏》,盛康编:《皇朝经世文续编》第 39 卷,第 60 页。另据柏景伟:《沣西草堂文集》第 1 卷,第 23 页,《营田局子午、黄良二厫叛产应归堡寨议》:长安附近的两千个村庄,有叛产 2266 亩,分别为两湖及四川农民所占耕。
④ 柏景伟:《沣西草堂文集》第 2 卷,第 17—18 页,《复克庵中丞》。
⑤ 《光绪朝东华录》,总第 3830 页,光绪二十二年七月戊戌张汝梅等奏。
⑥ 关于陕西地主弃地情形详见下节。
⑦ 张殿元纂:光绪《岐山县志》第 3 卷,第 35 页。
⑧ 宋伯鲁等纂:民国《续修陕西通志稿》第 195 卷,第 12 页。

土地所有制占着绝对优势。

山西、河南两省某些州县地权的分散,与上述各个地区不同,不是由于受到农民战争的冲击,而是遭受严重自然灾害破坏的结果。1877—1878 年间,山西、河南久旱,土地荒芜,发生严重粮荒,农民离乡逃亡,地主富户也多没落下去了,农业生产长期不能复苏。如在山西,直到 1883 年,榆次、霍州、吉州、芮城、和顺、介休、垣曲、太原以及口外和林格尔等地,仍有很多荒地。村邻社长"迫于官命",勉强认领,却"无人垦种完粮"。① 1886 年,解州采取"授田"措施,用"百计便民,三年升科"的办法,以广招徕,鼓励垦荒。据说这种措施一度产生比较好的效果,"输纳省于往昔,地丁扫数全完"②。就是说有不少农民种地完粮。这类垦荒农民很多变成小土地所有者。所谓"富者不肯置田而趋于淫佚,所日事耕种者皆茅檐极穷之民"③,从一个侧面反映了自耕农的广泛存在。又据 1888 年的报道,山西省完全没有土地的农民所占比重极小。虽然仍有占地数百亩及上千亩的大地主,但所占比重不大。由于农民取得土地产权比较容易,直到甲午战争前后,地权仍然呈现分散趋势。

河南陕州,1877—1878 年大灾后,"地广人稀,无人耕种"。1878 年 7 月官府"迭经出示劝垦,设法招徕",规定每种荒地 1 亩,发给种籽钱 100 文。如种满 5 年,原主仍未回籍,其地即由承种人呈州给照执业,照例完纳丁漕钱粮。至 1881 年 8 月复查止,据说

---

① 张之洞:《奏稿》第 1 卷,第 27 页,《札善后局派员分查荒地》,光绪九年三月二十三日。

② 《字林沪报》,光绪十二年二月二十三日。

③ 曾国荃:《曾忠襄公全书》,书札,第 13 卷,第 22 页,《复阎丹初》。

荒地已全部垦完认种。"认种各户,其原业主十不及三,余皆族邻代种。"①从上述情况看,垦荒者绝大部分可能发展为自耕农。

综上所述,凡是农民起义影响较深、新旧绅权遭受打击较重、受抵制较力以及荒地较多的地区,诸如长江流域原太平天国起义区,黄河流域捻军和回民起义地区,以及山西、河南曾遭受严重自然灾害而一度地荒人稀的地区,除少数例外,地权分配都出现不同程度的分散,农民小土地所有制有不同程度的增长。即使在前述地权集中的诸省,也有一部分州县或村镇存在着地权分散的状况或趋势(当然,反过来,在地权分散的各地区,也存在地权集中的情况)。如果作地区范围上的比较,农民大起义失败后,地权呈现分散趋势的区域比地权进一步集中的区域可能要更大一些。就全国范围而言,地主土地所有制固然延续下来了,某些地区的地主土地所有制还有进一步扩大的趋势。但有一部分地区的地权分配状况没有明显的变化,还有相当一部分地区,地权趋向分散,地主土地所有制有所削弱,农民小土地所有制扩大了。因此,如果就全国地权分配做一个粗略的估计,在农民起义失败后的一段时间内,地权的分散趋势,是主要的。这是这次农民大起义历史作用在地权分配上的体现。

## 五、自耕农经济地位的恶化

在原农民起义地区,虽然有一部分农民获得了土地,自耕农数量有所增长,但由于战后封建主义和外国资本主义的残酷压榨,除个别地区外,自耕农的经济状况并没有得到相应的改善,有的甚至

---

① 严作霖:《陕卫治略》第 4 卷,《禀抚宪藩宪》、《详抚藩臬粮台粮本道》。

更加恶化。

### （一）赋税负担的加重

促使自耕农民经济恶化的一个重要因素是赋税负担的加重。

农民大起义失败后,不少地区豪绅地主逃避、转嫁、侵蚀赋税的现象十分严重,州县官吏则勾结地方士绅浮收勒折,教堂教民则依仗外国势力逋欠赋税。他们所逃避、转嫁、侵蚀、浮收勒折和逋欠的部分,都被摊派到无权无势的自耕农民和一部分中小庶民地主身上。在这个时期,不仅田赋加派,诸如差费、亩捐之类有所增加,对外赔款、教案"恤金"等等也往往摊派于税亩。

赋税、特别是额外浮折勒索对农民所形成的压迫,各个地区不同。北方农民除钱粮及其浮收外,主要苦于差徭征派,长江流域和南部各省农民则苦于地丁和漕粮(有漕省份)的勒折浮收,四川和云南农民则苦于亩捐、津贴。

清政府在镇压捻军和西北少数民族起义时,顺天、直隶、河南、山西、陕西等省的差徭征派已空前沉重,战争结束后,差徭又成为"调剂穷员"、豢养官吏的一种特殊途径。为此而增设的差徭名目有"例差"、"借差"、"夫马差"等。地方官府定期给官吏和候补人员以查驿站、税收或缉捕之类的差事,让其借机搜刮,以此成为惯例,谓之"例差"。官吏因私回籍,亦给缉捕、催饷等印札,让其沿途需索,借省川资,谓之"借差"。至于道府大吏则不需自己出省出府,自有家丁执印四出搜刮。[1] 这样,差徭名目越来越多,农民负担越来越重。

19 世纪 60 年代末的直隶,永平、遵化、河间等县赋徭浮费猛

---

① 参见《光绪朝东华录》,总第 759—760 页,光绪五年六月癸卯阎敬铭奏;《谕折汇存》第 8 卷,第 54 页。

增,赋银 1 两,浮费 2 至 4 钱不等,外加"津贴"二三钱。正银 1 两"几费二三两银"①。到光绪年间,"京畿差务纷繁",情形更加严重。1883 年,有人奏报,顺天府宁河县一带,抽收粮税,吏胥需索,"较例税不啻倍蓰"②。

河南民间出车马供差,向按田亩计派,各州县不但勒令粮户折价包办,而且往往勾结恶绅,"藉办兵差,派车敛钱"③。如武陟县每亩派钱达 300 文。④ 陕州的情况是,"百姓之累,莫甚于差徭;科派之多,每逾于正赋"⑤。新安县更有"兵差"、"流差"、"杂差"等多种名目。同治年间,地丁 1 两,兵差派至 10 千文以上,喂养驿站马匹、接送省内外过往"公差"官吏诸项费用,尚不在内。⑥ 因此,"乡间不堪其苦"⑦。

1874 年,陕西省每粮赋 1 斗,征地丁银 1 钱,按时值折合制钱 100 余文,农民所摊差钱则高至四五百文,有的超过 1000 文。差钱超过地丁银数倍。⑧ 据籍隶朝邑的阎敬铭奏报,1869 年前,该县粮银 1 两摊差费一千数百文,民间"困苦已极"。1869 年改革差章,粮银 1 两尚派钱 300 文。⑨

---

① 《清实录》,穆宗朝,第 263 卷,第 14 页,同治八年七月甲午上谕。
② 《清实录》,德宗朝,第 175 卷,第 11 页,光绪九年十二月丁巳。
③ 《清实录》,穆宗朝,第 144 卷,第 23 页,同治五年六月己亥;《清实录》,德宗朝,第 187 卷,第 16 页,光绪十年七月己酉。
④ 缪荃孙:《续碑传集》第 32 卷,第 1 页。
⑤ 严作霖:《陕卫治略》第 1 卷,《禀两司抚宪本道》。
⑥ 熊祖诒:《上当事书》,葛士濬编:《皇朝经世文续编》第 32 卷,第 10—11 页。
⑦ 《清实录》,穆宗朝,第 144 卷,第 23 页,同治五年六月己亥。
⑧ 于承谟:《上陕西藩宪谭文卿禀》,高照煦纂:光绪《米脂县志》第 31 卷,第 15—17 页。
⑨ 《光绪朝东华录》,总第 761 页。

在光绪前期,山西各州县差徭"供亿之烦,几于日不暇给"。征发的车辆、骡马、夫役都摊派在土地上①,所派差钱,大县五六万千文,小县亦万千文至数千文不等。② 介休县每亩地丁制钱 200文,差钱则派至四五百文。③ 汾州府属,每亩摊派公费钱三四百文。④ 两县差钱都超过地丁正额。1880 年,有人论述山西差银之重,谓正银 1 两有完至四五两者。⑤ 1879 年,阎敬铭曾经对晋陕两省差徭繁重情形上报清廷,谓 20 年来差徭日重,"粮银一两派差银数倍不等。"灾荒年份,田赋虽可停征,差银则照旧摊派。如1877—1878 年,晋陕两省大旱,"饥馑荐臻,钱粮悉予蠲缓,而差钱必取盈"⑥。

山东漕粮,据说不但绝少按章征收,普遍官斗之外,加倍科敛,且借"样盘"进行额外需索。如果完纳折价,其浮收同样严重。尽管官价已每石高达 12 千文,州县官吏犹不以为足,复于官价外加倍横征。⑦ 而且,山东征收钱粮是采取由粮差领票代纳、然后下乡征收的办法。粮差无不"加倍取偿"⑧。粮户的负担又增加了1 倍。

---

①　《光绪朝东华录》,总第 601 页。

②　张之洞:《全集》,奏稿,第 3 卷,第 21 页,《裁减差徭片》,光绪八年六月十二日。

③　《申报》,光绪五年六月初七日。

④　朱采:《清芬阁集》第 9 卷,第 46 页,《示禁纠首浮派》,光绪十一年。

⑤　《申报》,光绪六年二月初九日。

⑥　阎敬铭:《条陈山陕差徭苦累拟设法减轻疏》,求自强斋主人编:《皇朝经济文编》第 39 卷。

⑦　《清实录》,穆宗朝,第 163 卷,第 19 页,同治四年十二月丁未,又第205 卷,第 4—5 页,同治六年六月丙戌。

⑧　《光绪朝东华录》,总第 1372 页。

　　江苏、浙江、安徽、湖北、湖南、江西、福建、广东、广西等省的钱粮浮收,都十分严重。同治中叶,江苏兴化漕价每石5300文,经书索价8000文。① 通州每石收至10余千文。② 东台每石正价5800文,外加车票、脚力、经书川饭等费数百文。③ 1879年,浙江桐乡钱粮每两定价2280文,而差保有收至三千文、四千文者。"甚至揸票重征,无弊不作。"④余姚的零星小户,每粮银1钱,被勒完二三千文不等。⑤ 1881年,富阳漕粮每石勒折钱6750文,并递增至9950文。⑥ 钱塘更为严重,"勒折浮收,弊端百出"。乡民完漕,于正供1石耗米2斗5升外,书办加收四五斗;折漕1石,索钱八九千;完银1两,另送饭米1斗;以洋银折钱,每元少作八九十文。又有抽丰、由单、串票等费。⑦ 19世纪70年代的温州府泰顺县,"征收浮费有三四倍,多至五六倍。稍忤其意,则悬票不给,逾岁即指为抗欠,甚或至于倾产"⑧。

　　福建田赋之重也由于浮收。光绪前期,南安、安溪等县,专设"班馆"催粮。班馆吏胥为了满足浮收贪欲,每对粮户擅施刑杖。安溪县粮差则截取串票,下乡催收。每赋银1两,官折制钱二千四五百文,粮差则勒收四五千文,有的更加收数倍。此外,农民还要

①　丁日昌:《抚吴公牍》第35卷,第7页。
②　丁日昌:《抚吴公牍》第19卷,第8页。
③　丁日昌:《抚吴公牍》第35卷,第5页。
④　严辰等纂:光绪《桐乡县志》第6卷,新政,食货志上,第7页。
⑤　《清实录》,德宗朝,第114卷,第6页,光绪六年六月甲辰。
⑥　《清实录》,德宗朝,第126卷,第14页,光绪七年一月壬午。
⑦　谭钟麟:《特参糊涂知县陈国香折》,光绪六年,《谕折汇存》第5卷,第34页。
⑧　周恩煦:《晚华居遗集》第2卷,第19页。

另出差役饭食钱、盘缠钱、好看钱等。① 到 1892 年,每赋银 1 两更增至五六千文,另加串条、油朱、纸张等费。② 此外,又有各种田赋加派,如塘工加派、河务加派等,少者加征一二年,多者至 10 年以上。粮差还乘机贪索,较原额多收数倍。据当时人说:"一二两钱粮可以破中人之产。"③浮收勒折的受害者则是无力伸雪的"乡民"④。

　　四川省田赋加派对自耕农所形成的威胁尤其严重。全省 100 多州县,除比较贫瘠的数十州县而外,余皆按亩派捐。从咸丰年间开始,加派数额越来越大。1875 年,捐输与杂派合计,"有正粮一两加至七八两者"⑤。或谓加征超过正额"几有十倍不止"⑥。1879 年,津贴、捐输、杂派与正赋等项合计,每正额 1 两,"大县完多者将近十两,小县完少亦须五六两"⑦。如隆昌县夫马局加派,起初按赋粮 1 石加征钱 800 至 1000 文,不久增为 2000 文,1874 年复增为五六千文,有的多至七八千文。⑧ 如东乡县属,津贴、捐输、茶课与正赋等项合计,至光绪初年,每赋银 1 两折增至 13030

---

　　①　佚名:《论安溪县包征之弊》,求自强斋主人编:《皇朝经济文编》第54 卷。

　　②　《申报》,光绪十八年十一月初一日。

　　③　佚名:《论安溪县包征之弊》,求自强斋主人编:《皇朝经济文编》第54 卷,第 8 页。

　　④　《申报》,光绪十八年十一月初一日。

　　⑤　《申报》,光绪元年四月二十日。

　　⑥　薛福成:《庸庵全集》,文编,第 1 卷,《应诏陈言疏》。

　　⑦　张廷骧:《不远复斋见闻杂志》第 3 卷,第 2—3 页,《张司业东乡寨奏议》。

　　⑧　耿光祜纂:同治《隆昌县志》第 30 卷,第 1 页。

文。① 金堂县属,光绪前期,正赋与加派合计,赋银 1 两,须完 4 两有奇。光绪季年,增加教案赔款,复增至 10 两以上。② 荣昌、峨眉等县,在光绪中期,赋银 1 两加收 3 两有奇,还是比较少的。③

各州县历年捐输加派银额,如永川县,1865—1893 年的 29 年间,共计银 229800 多两,该县 1865—1893 年又申解津贴银144287两。④ 如彭县,1864—1878 年的 14 年间,共计银 209900 多两。⑤ 如荣县,从 1873 年起,每年捐输加派银 28000 两。⑥ 这还只是上解国库的部分。此外,在征收田赋加派的过程中,上级官吏又向州县索取陋规,州县及粮书粮差则向农民逼索浮收,在州县操纵夫马局的地方士绅则从中瓜分以饱私囊。重重剥削大大加重了自耕农的负担。⑦

在考察这一时期自耕农民的田赋负担时,特别需要注意的是自耕农民和豪绅大户之间在田赋负担上的差异。这种差异虽然久已存在,但清政府在农民大起义期间及其以后,由于廉价卖官鬻爵,豪绅阶层膨胀,大小户之间的田赋负担差异比以往更加严重了。

在直隶,凡生监捐职和得有"功牌"者,可免派差徭,于是地主富户纷纷捐纳功名,以图巧避。彼等捐纳需资无几,可以"谬厕绅

---

① 李宗羲:《遵旨查复东乡一案疏》,葛士濬编:《皇朝经世文续编》第87 卷,第 15 页。

② 曾茂林等纂:民国《金堂县续志》第 3 卷,第 4—5 页。

③ 朱荣邦等纂:宣统《峨眉县续志》第 3 卷,第 3—4 页;敖册贤等续纂:光绪《荣昌县志》第 7 卷,第 8—9 页。

④ 马慎修等纂:光绪《永川县志》第 4 卷,第 8—9 页。

⑤ 吕调阳等纂:光绪《重修彭县志》第 4 卷,第 37 页。

⑥ 赵熙等纂:民国《荣县志》第 7 卷,第 8—9 页。

⑦ 丁宝桢:《奏稿》第 18 卷,《沥陈办事竭蹶情形片》。

衿"。有的同族比邻集钱合捐一个职衔或监生,"藉为护符,抗差不出"。他们不仅包揽族邻戚友的土地,甚至包揽一村的赋税差徭,从中取利。州县官吏惟恐得罪绅衿,遂将一县之差徭"尽派于无告之穷民"①。

如前所述,陕西每丁银 1 钱,普通粮户所摊差钱超过正额数倍。而城中士绅,每丁银 1 钱,只摊差钱 100 余文。② 朝邑县的绅衿大户则勾结官府,减免差徭,将其加派到农民身上。这样,"大户减则弱户益增"③。作为"弱户"的自耕农民,差徭负担益发加重了。

江、浙、皖以及湖广、两广等省,由于地主绅权嚣张,田赋完纳上的大小户差异,尤为严重。如苏北南通州属,1867—1868 年间,漕粮折收钱文,每石折价,绅户即大户收钱 2800 文,乡户即小户收钱 6000 文,有的高到 18000 文。④ 江北其他各州县,绅户每石折收钱 2000 至 3000 余文,乡户每石折收钱六七千文,有的多至一万五六千文。

在苏南地区,豪绅地主集中的苏州府属,豪绅地主逃避和转嫁田赋的情况,一向十分普遍,"兵燹之后,此弊更甚"⑤。1867—

---

① 《清实录》,德宗朝,第 138 卷,第 2 页,光绪七年十月辛酉;《字林沪报》,光绪十三年九月二十四日,《直隶布政使陶谕定均徭章程》。

② 于承谟:《上陕西藩宪谭文卿禀》,高照煦纂:光绪《米脂县志》第 31 卷,第 15—17 页。

③ 李建:《邑侯王公编审碑记》,葛士濬编:《皇朝经世文续编》第 30 卷,第 1 页。

④ 丁日昌:《抚吴公牍》第 20 卷,第 4 页,《饬议江北钱漕均平征收章程》。

⑤ 《申报》,光绪二年十二月初十日。

1868年间,大户不仅对自己应完漕赋肆意拖欠[1],且包揽小户漕赋从中渔利。小户每石漕粮折价遂多至七八千文乃至1万多文。江苏巡抚丁日昌为了整顿钱漕,曾经下令各州县革除大、小户差别,不分绅民,漕粮折价每石均以3400文为准。告示一出,豪绅地主即群起而攻之。丁日昌说:"谣言谤书,如蜂起,如雷轰,如决堤之奔流,如乘风之暴雨。"[2]由于豪绅的疯狂反对,大、小户名目始终未能禁革。1876年,苏州田赋仍"视职之大小,人之强弱,以定等差"。豪绅大户一般按正额交纳三四成,最多交纳八九成,从不足额。[3] 1884年,元和县田赋"城户"与"乡户"不同,"强户"与"弱户"不同,被称为"城户"、"强户"的豪绅地主,只按正额交纳三四成;而被称为"乡户"、"弱户"的自耕农民和部分中小庶民地主,不但必须足量交纳,还要赔纳大户的短交部分。如吴江县田赋,"有十数顷之家而所完无几者,有一二亩之家而横征倍之者"[4]。又据1886年的报道,苏州绅户赋税拖欠累累,有的历年所完不及3成,有的大事包揽,从中渔利。[5]

松江府属,大、小户差别在减赋时一度有所销匿,但从19世纪70年代起,又重新出现,且日益严重。1892年,该府商人富户每"捐纳头衔","以绅户自居,短交银米"。农民的田赋负担则日益加重。如当时论者所说:"大户所少完之数,无非取偿于小户。大户之价愈短,则小户之价愈长。""小民无辜,亡家破产。"[6]

浙江省在完纳漕赋方面,大、小户情形和江苏大致相同。1880

① 丁日昌:《抚吴公牍》第19卷,第8页。
② 丁日昌:《抚吴公牍》第9卷,第8页。
③ 《申报》,光绪二年十月初三日。
④ 陶煦:《租核》,第20页。
⑤ 《字林沪报》,光绪十二年十二月十二日。
⑥ 《字林沪报》,光绪十八年闰六月初五日。

年报载,豪绅拖欠累累,征粮差役怕得罪他们,连他们的欠粮"长单"都不敢去送。① 宁波县一个豪绅拖欠大量田赋,粮差前往催征,该绅不但拒不交纳,而且对粮差肆意呵斥、殴辱。② 1886 年,据海盐县某缙绅家的教书先生记述,当地豪绅完纳钱漕,"或应征一百者仅完一半,并有不及一半者"③。农民户完粮,如果迟交一月半月,吏胥即加利取偿。实完之数比正赋多两三倍,还要另加船钱、酒饭钱等等,"所费又复不赀"④。如桐乡县,1883 年,田赋每两原定折钱 2280 文,粮差截票下乡征收,每两征钱多至三四千文。有的还不给串票而重复征收。⑤ 嘉兴府属的豪绅地主,每采取隐田报荒的手法逃避及转嫁田赋。1880 年,绅户"有田百亩者报荒五十亩";而农民则"有田十亩,不论荒熟,征足十亩之粮"。地方官吏虽奉令清查,但在县绅操纵之下,并不实地查勘,而是采取"改荒增熟"、"按成加征"的办法以应付功令。结果,原已照实呈报田亩和完纳田赋的自耕农民,每以 10 亩之田"完至十二三亩之粮";而原来隐瞒虚报的绅户,100 亩仍只纳 50 亩之粮。报刊论者因此得出结论:"故田多之家,永无照亩完纳之日。"⑥其实他们连田赋册上的 50 亩赋税也不会照定额十足完纳。

安徽省各州县,田赋浮收转嫁情形也相当严重。据 1896 年的记载,绅户每逢开征钱粮,"随意封送银两,谓本年之所应完就此了结,余欠概置不理"。各绅户完纳粮银多寡,又因职位高低、权

---

① 《申报》,光绪六年十月十二日。

② 《申报》,光绪六年八月十五日。

③ 《字林沪报》,光绪十二年十二月十六日。

④ 《申报》,光绪六年十月十二日。

⑤ 严辰等纂:光绪《桐乡县志》第 6 卷,新政,第 7—8 页。

⑥ 《申报》,光绪六年四月二十四日。

势大小而有等差,有只完正项而不交火耗者,有只按漕平交纳者,有全不投交者,还有包揽小户漕赋从中侵蚀中饱者。对这类地主,"州县畏其势力,弗与为难"①。农民户的田赋负担则大为增加。如贵池县,田赋由书保包收,他们视花户之强弱以定等差,每正额1石折收制钱八九千文至一万四五千文不等,浮收之数高出正额数倍。有的农民已经完纳,保书仍然"匿账重征"②。

安徽豪绅还利用灾荒侵蚀税粮,盘剥农民。当时福润就指出,"有势者既免粮,而且食灾费";"无钱者虽真灾而仍需完粮"。③"无钱"的自耕农民,即使遭受灾荒,仍须完纳田赋,而所完田赋,一部分落入豪绅私囊。

江西各州县,田赋上大、小户的差别始终没有改变。1865 年,该省布政使孙长绂说:绅户纳粮,"完数极少,官为暗赔",叫做"绅户情米"。当然,地方官吏是不会替绅户赔粮的,所谓"官为暗赔",无非是取偿于自耕农民和中小庶民地主。孙又说:生监包揽漕粮,从中侵蚀,叫做"包户"④。生监侵蚀的部分又加派在农民身上。左都御史胡家玉兄弟有田六七百亩,咸、同两朝 20 余年间,田赋"从未完银一厘,完米一合"⑤。占地很少的农民,田赋负担则特别沉重。如彭泽县属,把完纳田赋不满 2 钱的小自耕农叫做"不上套",对他们的田赋"皆倍上加倍征收"。⑥ 又湖口县属,将完纳

---

① 福润:《皖抚奏陈变通清赋办法疏》,光绪二十二年,于宝轩编:《皇朝蓄艾文编》第 18 卷。

② 王源瀚:《贵池清赋刍言》上卷,《贵池清丈议并序》。

③ 福润:《皖抚奏陈变通清赋办法疏》,光绪二十二年,丁宝轩编:《皇朝蓄艾文编》第 18 卷。

④ 刘铎等纂:光绪《江西通志》第 85 卷,第 21 页。

⑤ 《申报》,同治十二年十二月初三日。

⑥ 欧阳焘等纂:同治《彭泽县志》第 8 卷,第 47 页。

田赋不满 2 钱的农户叫做"小粮"。这类农户田赋,如折交钱文,正额银 1 钱,收制钱三四百文,"较大粮加倍";如交纳实物,每石粮只量 4 斗零①,即 1 石田赋需交米 2 石 5 斗。

光绪年间,农民的田赋负担继续增加。就漕粮折价而言,1874 年,临川县原定每石米折交制钱 3420 文,1884 年,每石折价增至七八千文,农民实际交纳 10 多千文。②

江西各州县征粮吏胥,还对粮户额外勒索。如对小户钱粮每先截票代完,然后持票"加倍勒追"。还有的豪右包揽丁漕,私收私用,并不交官,以致粮差仍向粮户重征逼索。③ 各知州、知县官亲家丁,则带勇征粮,到处投谒乡绅,催逼农民,有的农民被逼致死。④

湖北、湖南两省,光绪年间,伴随着绅衿地主阶层的膨胀,官僚吏胥的勒索,农民的漕赋负担有加无已。如湖南会同县,据 1875 年的记载,绅户对田赋任意拖欠,里差畏势不敢催征;生监除拒交本户钱粮外,并包揽乡民粮赋,从中侵蚀。里差前往催征,往往受到绅衿殴辱;县府欲行传讯则又抗不到案。⑤ 如军功较多的湘潭县,地方官吏每违例浮收以饱私囊;地方豪绅则挟地方官吏之短长,任意拖欠;农民则被"浮收勒折,自倍蓰至十百不止"⑥。

据光绪年间记载,湖北各州县,每届钱漕开征,催役持票下乡,向粮户逼索酒食费和串票钱;农民赴柜投纳,"米则零升直以斗

---

① 周谟等纂:同治《湖口县志》第 3 卷,第 21 页。

② 《光绪朝东华录》,总第 1806 页。

③ 《光绪朝东华录》,总第 1806—1807 页。

④ 《光绪朝东华录》,总第 1806 页。

⑤ 胡文炳:《楚南鸿爪》,第 27 页,《续修会同县志序》。

⑥ 王闿运等纂:光绪《湘潭县志》第 6 卷,赋役。

计,银则数钱竟作两论"。收粮官吏"任意浮收,无敢致诘"。甚至不给票据,"被催重纳"①。其缙绅子弟,则钻充里书、柜书,包收钱粮,从中取利。② 豪绅地主直接参与了分割赋税、掠夺农民的活动。

广东和广西两省,农民田赋负担苛重,主要由于豪绅地主的拖欠和转嫁。光绪初年,广西凌云县的田赋,一般只收五六成,最多7成。田赋不能足额的原因,"半由土豪之包抗"③。绅权势重的广东,田赋转嫁尤为严重。如陆丰县,绅衿大姓欠粮,"虽千百不敢过问";农民小户欠粮,"虽锱铢而累及数家"。④ 如南海县,"经征粮米而加倍浮收"⑤。农民粮赋,每石所完银额,高至七八两,超过正额数倍,陆丰县更高至八九两乃至10两。⑥ 这些都无非是以小户之盈余而补大户之不足。

四川、云南、贵州等省,豪绅地主也都以各种手段,将田赋负担转嫁给自耕农民。四川庞大的田赋加派,虽然名义上是按税亩一体均摊,但实际上负担最重的是自耕农民,豪绅地主不只摊派较少,还利用征收加派机会对农民肆意敲诈。各县负责筹款的夫马局,大权就操在地方豪绅之手。如东乡县各项加派,皆由"局绅官吏敛之"。为了勒索肥己,局绅官吏规定:"粮民之交纳者,先完杂费,继完津捐,然后许完正赋。杂费不完,串票不可得。无串票,则

---

① 屠守仁:《屠光禄奏疏》第2卷,《清查湖北积弊片》,光绪十年。

② 李辅:《牧沔纪略》下卷,第45页,《钱漕善后事宜》,光绪十九年。

③ 曾国荃:《全集》,督粤批牍,第5卷,第42页,《凌云县赵令禀批》。

④ 徐赓陛:《不自慊斋漫存》第5卷,第110—121页,《覆本府条陈积弊》。

⑤ 《清实录》,德宗朝,第140卷,第5页,光绪七年十二月丙寅。

⑥ 《清实录》,穆宗朝,第190卷,第20—21页,同治五年十一月辛巳;徐赓陛:《不自慊斋漫存》第5卷,第14页,《到任禀地方情形》。

官治以抗粮之罪。"①

　　云南、贵州两省情形大致相同。云南的夫马局也是在地方士绅把持之下进行活动的。绅董串通胥役，"暗地加派，图饱私囊"。文武绅衿概不承担夫马差派，负担差派的"止力作穷民"②，即小自耕农。贵州各州县，地方官绅假"办公"之名，横征暴敛，每赋银 1 两有加征至 10 多两者。③ 这些负担也都落在自耕农头上。

　　向自耕农民转嫁田赋的不单有豪绅地主，还有洋教堂及其教民。

　　这一时期，外国侵略势力逐渐侵入中国农村，在某些州县建立教堂，有的教堂还在附近购买土地。教堂及其部分教民，都依势规避赋役，向农民转嫁。或谓村民"一入教门，则差役绝不过问"④。或谓教民"负租项，欠钱粮"，种种不法之事，"擢发难数"。⑤ 或谓教民"抗粮忤逆诸案"，一有教堂为之缓颊，"立即宽释，或且反坐"。⑥ 如广东陆丰县教民，其专横情形，据 1878 年知县徐赓陛记述：彼等"恃教士为护符，词讼抗传，钱粮抗纳，几成痼习"；在外国侵略势力干扰下，"清查田亩，一体完粮，颇形窒碍"。⑦ 教堂逃避及侵蚀田赋情形尤为严重。如山西长治县天主堂，有田产 117 处，

---

①　张廷骧：《不远复斋见闻杂志》第 3 卷，第 23 页，《张司业东乡案奏议》。

②　《光绪朝东华录》，总第 1449 页。

③　《申报》，光绪六年二月初九日。

④　谢章铤：《赌棋山庄所著书》，文集，第 6 卷，《修吏治以固民心疏》。

⑤　郑观应：《盛世危言》第 4 卷，第 48 页，《传教》。

⑥　周家楣：《期不负斋全集》，政书，第 2 卷，《上恭亲王书》。

⑦　徐赓陛：《不自慊斋漫存》第 5 卷，第 36 页，《禀请札行领事禁止教民抗粮》。

绝大部分不纳田赋,更谈不上各种差派。① 教堂、教民即使交纳钱粮,也每不足额。如山东清平县属,在左姓和王姓两家大地主,应完钱粮约占全县粮额的一半。光绪后期,两家都入了天主教,依势"挟制官长,欺压乡里"。所交钱漕亦不满 5 成,地方官府无可奈何。②

地方官吏的贪婪浮收,豪绅地主的侵蚀转嫁,教堂教民的倚势拖欠,这部分田赋差徭主要加在小土地所有者自耕农身上,致使农民的赋税差徭负担日趋沉重。

为了摆脱封建赋税和差徭的残酷压榨,许多农民被迫丢弃土地,离乡逃亡,有的垦荒农民则放弃即将升科的熟地,另觅新荒。如安徽旌德,不少前去垦荒的江西、湖北客民因荒地开熟一二年,"业主向其收租,官府催其完粮",苛扰不堪,他们纷纷弃地,"远飏他处"。③ 咸丰、同治之际,江苏、浙江两省原太平天国占领区,因田赋"抵征轻而易办",不少农民曾通过开垦或价买获得土地产权。到了光绪年间,清政府规复原有的田赋征收制度。垦民一闻照旧有科则"开办丁漕,银米并纳,不胜惶恐","多有将已垦熟田贱值求售",另谋生计者。④ 其他自有荒地的农民也不敢继续开垦。据1875 年报载,荒地开垦,"初一二年所收之谷,尚不敷本年用度,故定例可邀免征,今闻有竭蹶甫垦之田,庄书粮差等均报为

---

① 人民出版社编:《帝国主义怎样利用宗教侵略中国》,第21 页。直到解放前夕,该教堂共田产168 处,只有 15 处承担田赋,而且所完甚少。

② [日]吉田良太郎:《西巡大事本末记》第 2 卷,第 1 页。

③ 于荫霖:《安徽清厘田赋条议酌存》第 2 卷,第 9 页,《各县荒熟情形数目》,光绪二十二年。

④ 汪国凤等纂:光绪《金坛县志》,附:吴炳煦禀;李宗羲:《政书》第 6 卷,第 12 页,《江宁垦熟田地酌减科则书》,同治十三年。

熟,照例征粮,故皆畏葸不敢复垦"。① 光绪前期,山西各州县,有的农民苦于赋役苛重,出卖土地,离乡逃亡。② 一些占地较少的农民,干脆"弃地而逃"③。介休县由于赋役繁重,甚至出现"以田予人亦无人受"的情况。④ 陕西三原等地,因税徭苛重,到处"井里凋敝,人烟稀少",许多自耕农民"甘作流佣,留滞异乡,不思返里修治农业"。官问其故,则曰:"恐派差徭也,恐征钱粮也。"一些地主富户每有墓田数十亩,给予守墓人耕种,通常并不取租,只令耕者纳粮。农民起义失败后,守墓人无不告辞,地主"许以资助,仍不肯留"。查问其故,则皆曰:"恐派差徭也,恐征钱粮也。"⑤四川省农民,同治年间,由于"照亩加科,按户勒派",中等人家,"不数年已破其产"。⑥ 光绪年间,云南元江县农民因"迫于追比",有的连自己的土地"亦不敢承认"。⑦ 同治、光绪之际,贵州瓮安县,因田赋苛重,"人皆以田为累"。该县乡绅在一纸"为民请命"的呈文中提出:"惟有缴契缴照,俾民田尽作官田,由官安佃收租,我辈尽充官佃。或无田,斯无罪耳。"⑧绅衿地主尚且如此,一般自耕农民

---

①　《申报》,光绪元年十二月初三日。

②　《光绪朝东华录》,总第601页。

③　张之洞:《奏稿》第5卷,《筹议七厅改制事宜折》,光绪九年九月二十九日。

④　《申报》,光绪五年六月初七日。

⑤　马先登等纂:光绪《同州府续志》第10卷,良吏传,第11页,《三原县令余庚阳禀请蠲缓征徭文》。

⑥　驼浦遗民:《未信余编》,第61—62页。

⑦　刘达武纂:民国《元江志稿》第8卷,第19页。由于农民放弃土地,粮无所出,地方官吏迫于功令,采取招佃开垦,收租完粮的变通办法,叫做"封租抵粮"。

⑧　朱勋等纂:民国《瓮安县志》第15卷,第8页,《县绅陈受泰等公禀》。

可想而知。

关于这一时期赋役繁重问题的严重性，光绪年间刘光蕡作过如下概括："今耕者之税不征粟而征银，农已困矣。加以诸凡所费，胥责之民，民惟有弃田而逃耳。"①刘氏所说的耕者，自然指的是自耕农。这些农民在重重搜刮之下，弃地荡产乃是很自然的事情。

自耕农民放弃土地产权，固然可以摆脱赋税的苛扰，但也因此而失去了赖以生存的首要条件。值得注意的是，有一部分农民即使放弃产权，仍未能摆脱赋役负担。这就是所谓"产去粮存"。如浙江西安等地，"有若典押之业无力回赎，豪右有田无税，安坐而享其成；贫民有税无田，赔粮而重其累者"②。江西一些苦于赔款、亩捐负担的自耕农民，纷纷典押土地，而粮未过户，以致土地"辗转典质而承空粮"③。广东各地，光绪年间，土地买卖频繁，"田屡易主，户不更名，以致有粮无地，有地无粮，不一而足"④。其"有粮无地"的主要是过去的自耕农。山西解州也是"奸民种无粮之地，良民纳无地之粮"⑤。直隶、安徽、四川、台湾等省，都不同程度地存在着土地买卖不过割税粮，地主"有田无赋"，农民"有赋无田"的现象。⑥ 四川大竹县，原来产茶颇多，后因茶地税重，"种者伐

① 刘光蕡：《烟霞草堂文集》第 1 卷，《井田说》。

② 刘汝璆：《上左季高中丞清粮开荒书》，《皇朝经世文统编》第 25 卷，地舆部十，屯垦，第 10 页。

③ 胡思敬：《退庐疏稿》第 3 卷，《请免江西加征并缓办地方自治折》。

④ 谭钟麟：《谭文勤公奏稿》第 17 卷，《遵旨复陈户部筹款各条折》。

⑤ 于荫霖辑：《解州清丈地粮章程》，清丈章程，第 1 页。

⑥ 参见《字林沪报》，光绪十二年九月初三日；张之洞：《勘办清丈请暂免田房契片》；《江西巡抚德馨疏》；刘铭传：《谕办台湾地方清丈章程》（以上均见葛士濬编：《皇朝经世文续编》第 32 卷。）连横：《台湾通史》上册，第 125 页；王源瀚：《贵池清赋刍言》第 5 卷；李钟钰：《圭山存牍》第 20 卷，第 75 页。

之,以避催科"。但地方官府并不因此而免税,"卒至茶去税存"①。在有些地区,由于原主逃亡,土地荒芜,钱粮无着,官府责令亲族或其邻右代偿。如山西解州,农民卖地逃亡,所遗钱粮,官府迫令逃亡者亲族代为赔垫。② 浙江嘉兴和贵州一些州县则将短缺粮额"归于成熟田亩摊赔"。"甲死则责偿于乙,东荒则责偿于西。"③在这种情况下,自耕农不因放弃土地而相应减轻田赋负担,生计之困苦可知。

### (二)入不敷出的农民生计

自耕农民的收支状况,取决于他们的生产能力、经营规模、年成丰歉、赋税负担和农副产品以及其他物品的价格等多种因素。

关于农业收成将在本章第四节讨论。为了考察这一时期农民的收支状况,这里可简单讨论一下直接影响农民收支的生产能力、经营规模和农产品价格等因素。

由于遭受长期的战争折磨,特别是清朝统治者的烧杀抢掠和横征暴敛,农业生产力遭受到极其严重的破坏,不少地区土地荒废、水利设施毁坏,农民的耕牛农具、房屋家什被劫洗或破坏殆尽,广大自耕农民的生产能力空前下降,其经营规模也因生产能力低下和占有土地面积有限,而趋向萎缩。在南方地区,大都是三五亩,10 亩以上即属少见。北方地区因产量低,田场面积较大,通常也不过十多二十亩,30 亩以上已不多见。关于大起义失败后农民的生产能力和经营状况,1866 年浙江巡抚左宗棠有如下一段奏

---

① 陈步武等:民国《大竹县志》第 12 卷,物产志,第 6 页。此种没有茶树的茶地税,直至民国后才获豁免。

② 于荫霖辑:《解州清丈地粮章程》,清丈章程,第 1 页。

③ 《清实录》,德宗朝,第 115 卷,光绪六年七月庚午;张佩纶:《特参黔抚贪黩营私折》,《谕折汇存》第 8 卷,第 46 页。

报:"即有可耕之田,苦无能耕之人,兼之农具既不皆备,耕牛尽被宰伤,往往数家之中置器一分,而彼此通用,一村之内蓄牛一头,而先后递耕。播种既不同时,收成必多偏歉。加以佣工有费,贷牛赁具又有费,竭终岁之劳,所得不偿所费。"①这一奏报真实地反映了战后相当长一段时间、相当大一部分地区农民生产经营上的困难境况。

至于农副产品价格,虽因时因地而异,但大多偏低。如七八十年代,江浙一带米价"甚贱",石米仅千余文。② 江西谷价报贱时,谷每石仅四五百文。③ 山西也是"粮价较贱",每石只值银1两上下。④ 光绪中期,四川荣县,"田谷俱贱"⑤。贵州同样"米价过廉",如安顺、大定等府,石米仅值银5钱零。⑥ 瓮安更是"谷贱如泥"⑦。因此,"谷贱伤农"的呼吁频见于当时奏章书报。1871年,南京上等熟米每担(145斤)仅1400文,若新谷登市,洋银1元可易大米1石,论者叹曰:"谷贱如此,其农奈何!"⑧1880年《申报》载文说,松江一带,"迩年收数日薄,售日贱,以致生计渐蹙,户口萧条"⑨。陶煦认为,苏州"农日贫,而工商因之益贫,其故在田租

---

① 觉罗兴奎等:《浙江省减赋全案》第10卷,第2页,《浙抚奏查明嘉善县从前大缺田地摊赔银米恳请豁免折》,同治五年四月十八日。

② 《申报》,光绪七年闰七月二十七日。

③ 席裕福:《皇朝政典类纂》第27卷,田赋二十七,第13页。

④ 安颐等纂修:《晋政辑要》第9卷,户制,田赋一,第109页,所述为80年代前期情形。

⑤ 赵熙等纂:民国《荣县志》,食货七,第17页。

⑥ 岑毓英:《奏稿》第16卷,第30页。

⑦ 朱勋等纂:民国《瓮安县志》第15卷,田赋,第8页,《县绅陈受泰等公禀》。

⑧ 《上海新报》1871年9月30日。

⑨ 《申报》,光绪六年六月二十一日。

之重，又益以十数年之谷贱也"①。光绪后期的云南，也有人提出，"其民苦甚，……穷其究竟，殆由粮价日下，银价日高"②。

诚然，当时粮食的价格情况十分复杂，季节差价、地区差价和丰歉差价，十分悬殊。不能单纯用"谷贱"来概括当时的粮价。但是，在当时历史条件下，因商人的控制，粮价的贵贱涨落总是朝着不利于农民的方向发展的。正如当时论者所说，"贵则无米可卖，而且买以自食；贱则自食有余，而又势难不卖。农人之苦，两无所避"③，所谓"年丰则谷贱伤农，年啬则十室九空"④，就是这种苦况的概括。

同时，外国侵略者通过收购中国农产品和农产制成品榨取中国农民。在农产品输出过程中，虽然刺激了中国某些经济作物的发展，有少数农民富裕起来，但买办资本商业高利贷剥削网的压价盘剥，则使更多的农民遭受巨大损失。⑤

在中外反动势力的压迫掠夺下，包括自耕农民在内的广大农民，每沦于收支不敷的困窘境地。

关于这时自耕农的田场收支情形，当时有些人做过粗略估计。

同治年间，江南地区有田 10 亩的农户，按栽插两季计算，丰年每亩产麦 1 石，稻 3 石，折米 1 石 5 斗。麦米合计 25 石。8 口之家，壮劳力日食米麦 8 合，老幼日食 4 合，全家一年共食米麦 17.25 石（其中米 11.52 石，麦 5.76 石）。尚余稻约 7 石，麦约 4 石。稻每石卖钱 800 文，麦每石卖钱 1200 文，共计 10400 文。赋税差徭每亩 500 文（实际不止 500 文），10 亩共计 5000 文，尚余

---

① 陶煦纂：光绪《周庄镇志》第 4 卷，第 1 页。
② 叶新藻：《宦滇略存》上卷，第 21 页。
③ 《申报》，光绪七年闰七月二十七日。
④ 施景舜纂：民国《项城县志》第 5 卷，第 5 页。
⑤ 关于洋商压价收购中国农产及其制成品情况，详见本章第四节。

5400 文。"制衣服,买犁锄,岁时祭祀,伏腊报赛,亲戚馈遗,宾客饮食,嫁女娶妇,养生送死之费,皆出其中。"①区区 5400 文显然不够上述各项开支。

同治后期,苏南的无锡县,自耕农田多者不过 10 亩,少者仅数亩。收获之后,每石米卖钱 2000 余文,而漕粮折价每石须 4500文。为了完纳漕粮,农民每被迫廉价出粜。因此,农民经岁勤劳,"不足供八口一年之食",以致"小则号寒啼饥,大则卖男鬻女"。②

据 1881 年的记载,江浙地区,一个雇有 1 名长工、种田 5 亩的小土地所有者收支如下:每田 1 亩,丰年出谷 5 石,钱漕每亩1000文、800 文不等。谷 1 石值钱 1000 文,每亩所余不过 4000 文有奇。而长工薪水 12 千文,外加饭食每日 40 文,全年 14400 文。均摊于田亩,则每亩实需本钱 5280 文,而谷价 4000 文之外,约亏1000余文。估算者总结说:"即有春花豆麦贴补,米既甚贱,杂粮可知。最好出入相准,而终岁勤动,已无盈余。"③

据 1887 年的记载,江苏吴江县平望一带,农家收支今昔比较,"服田全赖人工,旧时雇工价廉,资本较轻;今则佣值加增。再加膏壅,所费已巨。每亩收成不过二石有奇,每石获钱不过二千上下,除去粮租工本,所得无多"。④

---

① 强汝询:《求益斋文集》第 4 卷,第 15—16 页,《农家类序》。

② 秦湘业:《折漕变通议》,光绪《无锡金匮县志》第 28 卷,艺文。

③ 《申报》,光绪七年闰七月二十七日。必须附带指出,这一估算将农户的经营面积估计过低。因为按此估算,土地所有收入,除完赋外,全部为长工所消耗。也就是说,长工没有为雇主提供任何剩余产品。这是不可能的。事实上,一般不会出现雇用一个长工而只经营 5 亩土地的情况。如果把田场面积定为 10 亩或更多一点,计算出来的结果就合乎情理了,但同样可以得出入不敷出的结论。

④ 黄兆枟纂:《平望续志》第 1 卷,第 1 页。

　　另一些记载谓光绪年间,丰稔之年,江南上地每亩收米 2 石。农民为了完纳漕粮,新谷登场即须出粜,每石售洋 2 元,每亩所产共计 4 元,除完纳漕赋 1 元外,仅余 3 元。因此种地几十亩的农户,才可供一家饱暖。如果只有地数亩,"仅可免一身之饥寒"①。事实上,种地几十亩、可供一家饱暖的农户是很少的。如宝山县,每亩产值,上地不过 2000 文,下地不过 1000 文,漕赋和忙银每亩则须五六百文。在漕赋的重压下,一般农户"生计转益艰难,事畜之资日形贫困"②。一遇荒歉,则更难支撑。如浦东沿海一带,丰年每亩收稻 3 石,或棉 100 斤。据 1883 年记载,数年以来,水旱为灾,产量骤减,每亩只收稻 1 石余或棉数十斤,每亩赋税却须数百文,农家收支愈感不敷。③

　　据光绪年间记载,安徽贵池县,全县粮户 45000 余家,其中"穷窘不能自存者不下三万家"④。自耕农田场收支不敷的,占着极大比重。

　　1870 年的湖南《醴陵县志》引了这样一段记载:"农夫八口之家,耕不过二三人,田不过十数亩,完官租,应公役,又私自戚里往来,庆吊相仍,其所赢无几。一家男女长幼衣食嫁娶皆出其中。其俭者析薪数米尚能自给;其稍耗者,左支右绌,已不免剜肉医疮之患。岁值水旱,家口嗷嗷,操券以贷,出倍称之息。"该志接着谈到醴陵的情形,谓"醴俗亦然"。并补充说:醴陵自经农民战争,官

---

　　① 《申报》,光绪三年十一月二十五日。
　　② 朱延射等纂:光绪《宝山县志》第 3 卷,《编修廖寿丰等呈都察院请减嘉定、宝山漕粮文》,光绪五年。
　　③ 《字林沪报》,光绪九年十二月二十四日。
　　④ 王源瀚:《贵池清赋刍言》下卷,第 6 页。

府征派频繁,"输刍挽粟,民力尤瘁,十室九空,不待岁祲而已难支"①。又据同治《巴陵县志》,"农民世业难以自给"。因此,每年离乡到湖北监利、沔阳、江陵、潜江等地谋生的不下数万人。② 其中一部分是占地较少的自耕农。

自耕农较多的黄河流域各省,农民的经济状况也每况愈下。山西口外的和林格尔、托克托等厅,在同治、光绪之际,农民"终岁勤动,一年所入,不足以上完国课,并不足仰事俯畜。"在重赋压迫之下,农民被迫逃亡。③ 又据1879年曾国荃奏报,蒲州、解州、平阳、绛州、泽州、汾州所属部分州县,"农民经岁勤动,粮役而外,已不足供仰事俯畜之计"④。又直隶各州县,据1883年的报道,自耕农民有地30亩者已称"上农",而占地10亩、20亩的农户占大多数。通常每亩平均产值不过3元,占地10亩的农户,全年田场收入才30元。每亩赋役银至少1角,牲畜、肥料、农具诸费至少5角。除去上项开支,10亩田场收入多者不超过25元。每家以5口计,每人每年的生活费只有5元。即使占田20亩的自耕农,每人每年的生活费也只有10元。因此,很多自耕农摆脱不了饥饿的威胁。⑤ 再如河南项城县,光绪年间,"人多地少,出不足用"。因而农民"终岁勤劳,节衣俭用,常苦不足"⑥。

--------

① 江普光等纂:同治《醴陵县志》第1卷,风俗。
② 杜贵墀等纂:光绪《巴陵县志》第13卷,田赋上,又第52卷,杂识二,引同治十一年县志。
③ 曾国荃:《全集》,奏议,第10卷,《查明和托二厅遗粮无法招佃请予豁除疏》。
④ 曾国荃:《全集》,奏议,第16卷,《请蠲缓二忙以利垦荒疏》,光绪五年。
⑤ 《捷报》1883年8月3日,第136—137页。
⑥ 施景舜纂:民国《项城县志》第5卷,第5页。

在西南地区,据光绪后期的估算,四川绵竹县,每人约占田2.6亩,上田1亩每年所产粮食约值钱10千文,中下田1亩每年出产约值钱6千文。除支用解款、衙门公费等外,一人一岁约得17千文有奇。凭此"仅给衣食。若遇冠婚丧祭,水旱遍灾,则负债失业,流离转徙"①。这是按全县每人平均占有土地及其收入来估算农民收支的。而在通常情况下,自耕农的占有和经营的土地面积,大体相当于所在地区的人均耕地面积。所以,这一估算恰好适用一般自耕农民。

以上只是若干地区农民收支状况的估算,自然不可能很精确。但得出的是同一结论:由于种种的压迫和掠夺,特别是赋役的苛重和土地产量及其出售价格的低下,即使在正常年景乃至上稔之年,大多数自耕农民不能依靠田场收入来维持一家数口的生活。设若遇上天灾人祸,更是艰窘难支,甚至倾家荡产。

在当时条件下,摆脱这种入不敷出困境的办法,主要有三条:一是从事副业,以副补农;二是仰赖借贷;三是变卖田产。

几乎所有的自耕农民都必须程度不同地依赖副业来弥补田场收入的不足。这是当时农副结合、耕织结合最深刻的社会经济根源。

农家副业中,首推纺织业。长期以来,有相当多的农户——包括自耕农在内,依赖纺纱织布收入弥补家庭生计,其中尤以江苏省为最。如沛县,"农夫男业耕耘,……女业纺织"②。松江府和太仓州所属各州县,农户更是多以纺织为业。③ 如宝山、嘉定等县,农

---

①　田明理等纂:光绪《绵竹县乡土志》,户口,第9页。
②　侯绍瀛纂修:光绪《沛县志》第3卷,风俗。
③　包世臣:《安吴四种》第26卷,《答族子孟开书》。

家"耕种实为谋食,纺织本为营生"①。崇明县农户,"妇女织布以济农丁之困"②。其他各省,如江西新喻县,农家靠妇女纺织以"补农之不足"③。湖南攸县,户户纺织,贫者"恒赖此支半载食用"。④湖北孝感县,当谷贱伤农或岁值旱荒,农民多靠织布收入维持生活。⑤ 此外,南方的广东、福建,北方的直隶、山东等省,不少州县的农户也都兼事纺织副业,赖以弥补家庭生计。例如,广东番禺,"邑中女红以纺织为业"⑥。东莞妇女以"棉纺织为生计"⑦。山东德平,"男以耕耨为生,女以纺织为业,终岁不倦"⑧。据说,在山东全省,"纺纱业是许多贫苦妇女的靠山"⑨。在直隶望都,也有很多村庄,农民致力于耕织,以纺织为副业⑩,等等。

农民这种以副补农、农副结合的状况,自古皆然。但是,值得注意的是,农民大起义失败后,随着农民经济状况的恶化,他们从事家庭手工业和副业的条件越来越差。如浙江长兴,大起义失败后,"邑内桑圃荒芜,屋宇器具十去八九,而育蚕家结茅为屋,蚕多室窄,举家露宿,蚕妇虽饘粥不给,昼夜喂饲无倦容,饥寒之中继以劳苦,往往有因蚕致病不起者"⑪。这是战后农家副业生产条件恶化的一个很生动的事例。显然,这种情况不会局限于浙江长兴一

---

① 《申报》,光绪三年十一月二十一日。
② 李联琇等纂:光绪《崇明县志》第4卷,第2页。
③ 吴增逵纂:同治《新喻县志》第2卷,第88页。
④ 陈之骥纂、严鸣琦续纂:同治《攸县志》第18卷,第2页。
⑤ 沈用增纂:光绪《孝感县志》第5卷,第39页。
⑥ 史澄等纂:同治《番禺县志》第7卷,第1页。
⑦ 陈伯陶等纂修:民国《东莞县志》第15卷,第12页。
⑧ 李敬熙纂:光绪《德平县志》第1卷,第9页。
⑨ 《贸易报告》,1886年,烟台,第41页。
⑩ 陆宝善等编:光绪《望都县图说》,序。
⑪ 周学濬等纂:同治《长兴县志》第8卷,蚕桑,第4页。

地。同时,这时农民是在把自己的直接需要压低到最低限度的情况下,尽可能更多地出卖副业产品,换取现款以弥补亏空。显然,副业产品的这种商品化,并不表明农家手工业的扩大和社会商品经济的正常发展,而是农民经济状况恶化的反映。战后时期,某些地区即使还有"耕以足食,织以致余"①的情况,但已属罕见。更多的是如湖南湘乡那样,妇女"夜以继昼"地纺织,获取收入,"以资赋税之不逮,而免其夫于系扑"。②

就在广大农民经济窘迫之时,一向赖以补充家计的副业产品特别是手工纺织品,因同、光年间洋纱洋布大量输入,逐渐侵占和取代农村、城镇的土纱土布市场而受到严重打击。例如,19 世纪90 年代后,上海县"纺织之户十停八九"③,江西抚州民间"相率罢织"④,南昌妇女停织"愁叹坐食"⑤,广东番禺、东莞等县,"纺事渐疏"⑥,"遂多失业"⑦。相当广大地区的农家收入因之顿减。或谓南方数省纱布之利"半为所夺"⑧。如江苏嘉定县洋布行而土布贱,农家织布收入"仅得往日之半"⑨。上海县因纺织业收入减少,"民情益形贫乏"⑩。当时有人指出洋纱洋布倾销对农民所造成的

① 魏元旷等纂:光绪《南昌县志》第 56 卷,第 28 页。

② 黄楷盛纂:同治《湘乡县志》第 2 卷,第 77 页。

③ 姚文枬等纂:民国《上海县续志》第 7 卷,第 7—8 页。

④ 何刚德:《抚郡农产考略》下卷,第 2 页,光绪二十九年。

⑤ 魏元旷等纂:光绪《南昌县志》第 56 卷,第 28 页。

⑥ 陈伯陶等纂修:民国《东莞县志》第 15 卷,第 12 页。

⑦ 史澄等纂:同治《番禺县志》第 7 卷,第 1 页。

⑧ 郑观应:《盛世危言》第 3 卷,第 16—17 页。

⑨ 杨震福等纂:光绪《嘉定县志》第 8 卷,第 16—17 页。

⑩ 姚文枬等纂:民国《上海县续志》第 5 卷,第 3 页。

后果说:"中国织妇机女束手饥寒者不下数千万人。"①

农民经济状况因田场收支不敷、家庭副业受损而急剧恶化,纵或正常年景,已经难以维持生活,一遇上自然灾害,惟有仰赖高利贷和典卖田产一途。

小农经济基础脆弱,经不起自然灾害的袭击,历来如此。就在农民起义失败后,自然灾害更加频繁,而农民抵御自然灾害的能力又比以往更加衰弱。这样,自耕农民仰赖借贷和典卖田产的情况也就愈加普遍了。如江苏农民,同治年间,一遇灾荒,"即弃其田,并入大户"②。光绪初年,江北旱荒,赣榆县农民纷纷出卖田宅。③江苏其他州县和浙江地区,受灾农民也纷纷以活卖或绝卖的方式变卖祖产。④

一向自然灾害频繁的黄河流域各省,农民因灾出卖土地的现象更加严重。1878—1879 年,直隶保定以东、河间以南广大地区发生灾荒,不少农民宰杀耕畜,贱卖土地,藉济一时之急。⑤1877—1878 年,河南大部州县发生灾荒,农民力不能支,纷纷将土地房产卖给地主富户,离乡逃亡。⑥ 以后回乡反无地可耕。⑦ 1882年,有人建议对因灾出卖的土地,"准原主回赎",买主纷纷反对,

---

① 湖南督学使署编:《西政丛钞》,商,第 44 页,光绪二十八年。另据薛福成:《庸庵全集》,海外文编,第 2 卷,光绪十九年《强邻环伺谨陈愚计疏》:由于洋纱洋布输入,"中国之织妇机女束手坐困者,奚啻千百万人"。

② 金文榜:《与彭通政论去差徭减重赋书》,自求强斋主人编:《皇朝经济文编》第 39 卷。

③ 《申报》,光绪三年正月二十四日。

④ 《申报》,光绪元年十二月初一日。

⑤ 张之洞:《奏稿》第 1 卷,《畿辅旱灾请速筹荒政折》,光绪五年八月。

⑥ 《捷报》1879 年 1 月 31 日,第 102 页。

⑦ 王先谦:《虚受堂文集》第 15 卷,《仁寿堂记》。

"民间多因赎地兴讼",准原主回赎措施又行停止。① 这时山西各州县农民也多因旱灾廉价变卖土地房产。由平遥至绛州的南北五六百里、东西七八百里间,农民丧失土地的情形非常严重。② 1883年,蒲州农民逃亡而土地转入寺庙宗祠的约有十之四五,也有的出卖给其他族姓,以致土地多非昔日原主。③ 稷山县农民不仅卖地,连住房也被迫拆毁变卖。④ 山东各州县,1876年,有不少农民因灾出卖土地,1877年,有的地区灾后丰收,而失地农民仍"不免枵腹"⑤。

农民因灾卖地,而地主乘机压价兼并。结果,灾情愈重,卖地农户愈多,地价愈贱。如光绪初年,苏北大灾,沭阳县的地主富户,"惟以二三折价购田为能事"⑥。这时皖北也因旱灾地价暴跌。如凤台县,上等地每亩也只能卖钱数十文或数百文。⑦ 同治年间,直隶天津一带遭受旱灾,不少农民靠变卖"祖遗田产"苟延旦夕,地主富户则肆意压价兼并。他们以粮食支付地价时,不仅高抬粮食折价,甚至在粮食中搀和泥沙。1877—1878年,直隶再次发生灾荒,当农民出卖土地时,地主富户千方抑勒。结果,农民所获地价,"往往值十之价,仅得二三"⑧。这时,河南、山西两省,也因旱灾地价大幅度下跌。据说河南项城农民"愿将田地每亩数百文售为暂

---

① 《清实录》,德宗朝,第144卷,第2—3页,光绪八年三月乙丑。

② 《申报》,光绪四年二月二十六日。

③ 张之洞:《张文襄公公牍稿》第21卷,《批河东道黄照临详查核代赋津贴》,光绪九年十二月二十三日。

④ 曾国荃:《全集》,奏议,第11卷,《特参知县疏》。

⑤ 《万国公报》第10卷,第452期,光绪三年七月初十日。

⑥ 《申报》,光绪三年十一月十五日。

⑦ 葛荫南等纂:光绪《凤台县志》第4卷,第6页。

⑧ 《益闻录》,第93号,光绪七年二月二十七日。

时延命之计"①,可见农民是迫于饥饿而卖田的。山西汾阳,过去值10千文的土地现在卖不到1千文。② 亦即地价下跌了90%以上。1876年,山东大灾,农民卖地也只能卖到原价的15%,甚至低到10%以下。即使在那些丰收有望、地价稍有回升的地区,也只能卖到原价的三分之一。③

有的农民,因不忍割弃祖传的几亩土地,企图靠高利贷维持生计,但他们一旦跌进高利贷陷阱,就很难爬出来。借高利贷必须以土地为抵押,一旦到期无力还债,债主即以土地折抵。因此,对自耕农而言,因生活压迫而借债常是丧失土地的前奏。

几乎各个地区都通行借债须以土地抵押的习惯。如江苏嘉定县,太平天国革命失败后,民间借贷除书立借约外,借款人必须写一个抵押卖田房活契。日后如无力偿还,债权人即凭契收夺田房。甚至有地主在放债时,迫令借款人将抵押契写成"绝契","图以贱值得产"。④ 四川井研县也盛行指田借贷之风,据当地县志载:"子钱家重出贷,其息什二;或百千称息五石、四石,非有保住质田不得予。"⑤在陕西地区,指田借债的习惯同样十分流行。据1888年的记载,三原县蒋姓地主"之购田也,亦效市井法,贷钱于民"⑥。蒋氏放高利贷的直接目的就是压价兼并农民土地。由于农民经济状况的不断恶化,他们仰赖借贷的最终结局是丧失地权,彻底破产。据1875年报载,江浙许多兼租地经营的自耕农,在高利贷的压榨

① 丁振铎辑:《项城袁氏家集》,文城公集,函牍,第1卷,《致张子青中丞》。
② 《申报》,光绪四年三月初九日。
③ 《万国公报》第10卷,第452期,光绪三年七月初十日。
④ 金念祖等纂:民国《嘉定县续志》第5卷,风俗,第9页。
⑤ 吴嘉谟等纂:光绪《井研县志》第8卷,第4页。
⑥ 刘光蕡:《烟霞草堂文集》第4卷,《蒋君绳武墓志铭》。

下,多以绝卖祖遗地亩为结局。① 同治光绪之际,山东堂邑、馆陶等县,有不少农民,因借高利贷到期无力偿还,土地被债主剥夺。② 光绪前期,河南泌阳有的农民指田借粮,无力清偿,最后也以土地折给债主。

收支不敷,仰赖借贷,变卖土地,这是自耕农民破产的一般过程。在当时的社会条件下,农民很容易丧失地权,却很难离开土地和农村另谋生计,其主要出路乃是租地耕种。这样,势必加剧佃户竞争,而使地主有条件坚持高额地租剥削,在那些人多地少、地权集中的地区,尤其是这样。

### (三)农民的抗粮斗争

自耕农本是封建社会农民阶级中一个最有活力的阶层。在一般情况下,他们总比租佃农民的经济条件稍好一些。自耕农的广泛存在,是封建社会稳定的基础。战后自耕农经济地位的恶化,必然导致阶级矛盾的尖锐化和社会动荡。如前所述,残酷的赋役搜刮,是导致自耕农经济地位恶化的重要因素。因此,阶级矛盾的激化也首先表现在战后各地连绵不断的抗粮斗争上。

还在大起义期间,由于革命风暴的鼓舞和推动,江浙、湖广、河南和贵州等省区,曾先后出现抗粮殴官斗争的高潮。农民起义失败后,清政府不但没有给农民以休养生息的机会,反而变本加厉地进行赋役搜刮,不少农民完全被剥夺了恢复和发展生产的起码条件。这种状况,正如当时浙江巡抚左宗棠所指出的:"身家不暇计,而先筹夫维正之供,衣食且不资,而更困以公摊之款。民力几

---

① 《申报》,光绪元年十二月初一日。

② 武训历史调查团:《武训历史调查记》,第73—74页。

何,焉能不尽。"①农民被逼得走投无路,惟有继续反抗以求生存。因此,尽管农民起义失败了,全国大规模武装斗争处于低潮,但广大农民抗纳钱粮、殴惩贪官污吏的斗争并没有减弱。在那些农民战争影响较深或所谓"民俗强悍"的地区,更是抗粮成风。例如,浙江临海、黄岩、宁海 3 县一些地区,"俗悍民强,拒捕抗粮,习以为常"②。江西东乡,"民情素称强悍",乡民"视纠众抗粮、捆捉书吏、挟制官长为常事"。③ 直隶鸡泽,"抗粮成风"④。广东陆丰,"民情刁玩,习抗欠为故常"⑤。广西马平县,"惯习抗粮"⑥。等等。

从斗争的内容和形式看,这一时期各地农民的抗粮斗争,大体可以分为两类,一类是逃避升科和逋欠钱粮的经常性斗争;另一类是以要求减轻田赋负担或殴惩地方官吏为内容的群众请愿或暴力行动。

逃避升科的斗争大多发生在荒地和垦荒客民较多的地区。在这些地方,封建官府"创为招垦之法,罗致客民,立限管业"。原以为招垦可以变荒为熟,征赋有望。可是,"客民来去不定,承种之田,多少亦无额可稽"⑦。使清政府的田赋征收极为不易。垦荒客民利用他们无家室、庐墓牵挂的有利条件,经常迁徙,择垦无主荒地,获取收成,一到升科年限,即弃地他往。在一个时期内,江苏、

----

① 觉罗兴奎等:《浙江省减赋全案》第 10 卷,第 2 页,《浙抚查明嘉善县从前大缺田地摊赔粮米恳请豁免折》,同治五年四月十八日。
② 马新贻:《奏议》第 3 卷,第 35 页,《台州府属临、黄、宁三县县丞移改分防折》,同治五年五月二十日。
③ 《刘坤一遗集》第 1 册,第 174 页,《东乡县刁民纠众抗粮拿获审办折》,同治七年七月二十四日。
④ 夏孙桐:《观所尚斋文存》第 7 卷,第 12 页,《族祖庚孙公行述》。
⑤ 徐赓陛:《不自慊斋漫存》第 5 卷,第 14 页,《到任禀地方情形》。
⑥ 桂坫等纂:宣统《南海县志》第 15 卷,列传,第 12 页。
⑦ 《申报》,光绪十一年八月二十三日。

安徽、浙江以及陕西、山西口外等地,都普遍存在着这种情况。如安徽境内有一种定期流动的垦民,"春种秋收,虚来实返,地非本产,册无户名",官府对他们"无从究诘",很难责其纳粮。① 在皖南太平府属,客民开垦荒地,"大都旋耕旋弃"②,也是意在逃避升科。浙江嘉兴府,"客民去往不常,春夏种田时一班人,至秋冬时另换一班人,故即世家豪族,亦无从责其还粮纳租"③。19 世纪 90 年代,江苏荆溪一带的客民,因"地邻三省,境绕十峰",客民十分"凶悍",往往"既不完赋,又不纳租,……狡黠者将升科而预换别名,桀骜者砌浮词而连类上控"。④ 苏州新阳县属,有荒田 10 万亩,"客民麇集私垦","任意私占",据说"又不完粮,不愿有人开垦"。⑤ 上述客民中,一部分是抗租的佃农,更多的是实际占有土地而又抗不纳粮的自耕农。

　　在陕西和山西口外地区,由于人少荒多,一些客民和土著农民,往往"旋垦旋弃",没有可靠之利,"不肯固定地块耕作"。⑥ 山西口外各厅,咸丰初年即有逃亡之户,自 1868 年绥远城将军德勒克多尔济奏请改照地丁钱粮开参,"催科因之紧迫,以致逃户日众,废地日多"。这些农民都逃往蒙古"空地甚多、水草茂盛"的地区谋生,使清政府在这一地区的粮赋日益减少。据 1879 年奏报,和林格尔厅所属南窝子等村,逃户遗留额粮 2508 石零,上窑子等

　　① 《光绪朝东华录》,总第 3771 页。

　　② 《东方杂志》第一年第 2 期,实业,第 15 页,光绪三十年二月二十日。

　　③ 《申报》,光绪九年四月二十七日。

　　④ 《皇朝经世文统编》第 25 卷,地舆部十,屯垦,第 15 页。

　　⑤ 刘坤一:《招垦苏州府属新阳县境荒田疏》,王延熙等编:《皇朝道咸同光奏议》第 29 卷,户政类,屯垦,第 24 页。

　　⑥ 张汝梅:《奏清查荒田情形折》,刘锦藻:《清朝续文献通考》,田赋四,考第 7533 页。

村,遗留额粮287石零,托克托城厅所属安兴遵三里,逃户遗留额粮1120石零,兴遵二里遗留额粮110石零,等等。①

一些地区农民逋欠田赋的情况也十分普遍。如直隶永年县北乡一些村庄,自咸丰以后,一直"抗差欠粮,与胥役为仇"②。在江浙一带,上面提到的住迁无常的垦荒客民,固然旨在逃避田赋,就是那些定居的客籍农民,"亦不肯纳钱粮,甚至殴差滋事"③。在江西,由于原有的一套钱粮征收机构瓦解、征收制度废弛,给农民的逋欠提供了条件。每届征粮,粮户"徘徊观望,相率因循,始则收谷待价,继则变价图利",就是抗不纳赋。④ 前述江西东乡县,据说"节年钱漕抗欠累累"。广信府德兴县小梅庄杨姓公产,历年积欠地丁1500余两,漕米820余石。⑤ 广东陆丰县,粮户相率隐粮瞒产,以致全县额征地丁仅5800余两,民米仅1500余石,而且每年征收均不及7成。其中大宫乡郑姓一村,约有地丁40余两,民米10余石,据说村民仅自认丁银4.2两多,民米1石1斗零。⑥ 这些抗欠田赋的粮户中,既有豪族富室,也有一般自耕农民。广西南宁府属等地,"应纳钱粮,隐匿拖欠,完者寥寥,相习成风",甚至"几不知完粮为何事"。⑦ 此种情况,在其他地区也都程度不同地

① 曾国荃:《全集》,奏议,第13卷,第17页,《勘明和托二厅荒地仍恳豁除疏》,光绪五年。

② 夏孙桐:《观所尚斋文存》第7卷,第5页,《先考永年府君行述》。

③ 严作霖:《陕卫治略》第4卷,《禀藩抚》。

④ 《光绪朝东华录》,总第1997页。

⑤ 《字林沪报》,光绪九年十月初二日。

⑥ 徐赓陛:《不自慊斋漫存》第5卷,第25—26页,《禀大宫乡抗粮情形》,光绪三年。

⑦ 刘长佑:《刘武慎公遗书》第17卷,第30页,《清复州县粮额请奖疏》,光绪元年五月十五日。

存在。

农民这种逋欠钱粮的斗争,通常是单个的、分散的和非暴力的。但在地方官府的催逼下,也可能发展为有组织的暴力行动。如 1871 年,浙江湖州府,乡民聚众 17000 人,进行抗粮。① 1872年,福建漳浦官吏下乡催征钱粮,该地农民不仅抗欠不缴,"且纠率强徒,将官肆殴",并杀毙差役 2 名。② 1876 年,浙江平阳县乡民奋起抗漕,反对官府催逼田赋。③ 1877 年,广东陆丰县令鉴于县民隐赋瞒田,下乡清查,农民即以暴力相对抗,将县令派去的站书、图差,"一并殴打重伤"④。1882 年,福建长乐县县官下乡催粮抓人,村民即"聚众抗粮夺犯"⑤。1883 年,浙江德清等县,乡民"抗粮滋事"⑥,也是带有暴力性质的抗粮斗争。有些地区,连团练也加入了抗粮行列。如山东陵县的团练就"包霸钱漕,抗官蔑法"。侯家庄的团练,"纠连十八庄,聚众抗粮"⑦。

农民大起义失败后,一些地区的田赋加派和浮收勒索十分严重。因此,以反对加征浮收和殴惩地方官吏为目的的群众性请愿和暴力斗争,是战后农民抗粮斗争的一个重要方面。

1868 年,江西东乡县农民拒不缴纳按粮摊派的捐款,要求核减钱粮完数。知县出示禁止核减,强行如数征收。结果,农民数百

---

① 《捷报》1871 年 5 月 5 日,第 318 页。
② 《申报》,同治十一年九月二十一日。
③ 《申报》,光绪二年八月初三日。
④ 徐赓陛:《不自慊斋漫存》第 5 卷,第 25—26 页。
⑤ 《清实录》,德宗朝,第 134 卷,第 1 页,光绪七年八月癸亥。
⑥ 《清实录》,德宗朝,第 156 卷,第 2 页,光绪八年十二月乙卯。
⑦ 戴杰:《敬简堂学治杂录》第 1 卷,第 1 页,《陵县利弊论》。

人直入县署,哄堂喧闹,用石块击伤知县,并将户书房屋焚毁。[1]
1874 年,河南汜水农民,为反对柜书额外需索完粮串票、纸笔等
钱,"纠众入城,毁坏科房门窗",并持械"拥进衙署,逞凶滋闹",与
丁役发生殴斗,互有受伤。[2] 1876 年,浙江定海厅乡民,因官府将
大衢山开垦成熟地亩查丈升科,增加粮额,群起抗拒,并杀伤官
兵。[3] 1877 年,四川东乡县农民,因官府连年"违例苛敛",地丁正
额 1 两,往往征至七八两甚至 10 两不等,且自 1869 年后,"局中有
巨万之征收,无一纸之清账",所征赋额大部落入官吏局绅私囊。
乡民袁廷蛟等,率众三四千人"赴局算账"。随即因官府武力镇压
而发展为暴动。暴动者曾一度围攻县城,围困官军,并夺去军装马
匹,竖旗持械同官军对峙。[4] 1880 年三月,浙江巡抚谭钟麟,因钱
粮未复旧额,令各州县清查地亩,并派候补道和候补同知等三员赴
嘉兴府属查勘荒田。该地农民恐官府重演将荒作熟、升科纳粮惯
技,数千人进城"执香求免"。上述三员依仗权势,"饬即拿办"。
请愿者气愤已极,当即将候补道等 4 人"捉而挟出城外"。后来出
动官军才将"委员"夺回。[5] 几乎在同一时间,湖州府长兴县令认
为照章查勘田地,旷日持久,不如"按户伸亩"来得便捷,可收"事
半功倍"之效,故令粮户如有田 100 亩,即伸作 125 亩。消息传出,

---

① 刘坤一:《刘坤一遗集》第 1 册,第 174—176 页。又据刘坤一说:抗
粮之众达数千人。(《刘坤一遗集》第 4 册,第 1683 页,《致曾中堂》。)

② 钱鼎铭:《钱敏肃公奏疏》第 5 卷,第 9 页,《汜水县民因粮票索费纠
众滋事分别查办折》。

③ 《清实录》,德宗朝,第 77 卷,第 5 页,光绪四年八月己亥。

④ 《清实录》,德宗朝,第 26 卷,第 16 页,又第 60 卷,第 2—4 页;张廷
骧:《不远复斋见闻杂志》第 3 卷,第 2—3 页,《张司业东乡案奏议》;张之洞:
《奏稿》第 1 卷,第 3—4 页,《陈蜀民困苦情形片》,光绪五年五月十一日。

⑤ 《益闻录》,第 48 号,光绪六年四月初一日。

"阖邑哗然"。乡民先是赴县声诉,官府以洋枪镇压,激怒众人,"遂大哗拥进"。县令翻墙逃窜,暴动者将其衣箱什物抬到大堂外付之一炬,以示惩罚。① 1886 年,江苏丹徒县南乡和东乡农民 100多人,因灾要求减免钱粮,官府不允,请愿者即哄闹县署大堂,揪打知县,捣毁书吏住房,酿成大案。②

上述暴力抗粮斗争,大部分参加的人数不多,规模不大,持续时间不长,使用的武器更劣,有的只是石块棍棒,基本上是缺乏足够思想准备和严密组织的自发斗争。但其中也有个别斗争参加的人数多达数千人或上万人,持续时间几个月,甚至几年,具有一定的规模和斗争水平。如前述四川东乡的抗粮斗争就很有代表性,此外如江西东乡县农民的抗粮斗争,从 1858 年"设局"要求豁免当年钱粮开始,中间几起几落,规模越来越大,终于发展为 1868 年的大规模抗粮暴动。有的虽然持续时间很短,但表现了严明的纪律和巧妙的斗争策略。如前述浙江长兴农民反对"按户伸亩"的斗争,据说在焚烧县令衣箱什物时,"竟无敢有私匿一物者"。当时,县衙幕友、仆从等拟行逃跑,暴动者说:"无庸,我等为欲见官耳,与若无涉也。"又在路过厘捐局时,该局委员疑有抢劫发生,暴动者又说:"无恐,我等为田赋,非为捐项也。"③可见这次行动,纪律严明。

清政府为了巩固封建秩序,维持和增加田赋收入,凭借经过强化了的国家机器,对上述各种形式的抗粮斗争,特别是群众性的暴力行动,无不进行残酷镇压,甚至格杀勿论。1863 年,山东丘县

---

① 《申报》,光绪六年四月十三日。

② 《谕折汇存》第 10 卷,第 62—64 页,《奏丹徒刁民抗粮殴官折》,光绪十二年。

③ 《申报》,光绪六年四月十三日。

（今属河北省）乡民张本功等聚众多人，"意图入城抗粮"。结果张被处死。① 1869 年，该县赵鞍帼又"聚众抗粮"，赵被处死。② 1874 年，浙江天台县乡民沈修恬"聚众抗粮，殴官焚署"，击毙团绅，结果沈被捕杀。③ 1880 年，浙江嘉兴乡民因请求免丈荒田、挟持地方官，被抓获审讯者达 10 多人。④ 1887 年，河南洛阳县李廷勇等因"传帖聚众，阻挠收漕"，并反对知县"滥加粮额"，李被逮捕拷死。⑤ 清政府在镇压江西东乡、山东陵县、四川东乡和江苏丹徒抗粮斗争的过程中，更是大肆烧掠，滥杀无辜。为镇压江西东乡农民的抗粮暴动，清政府出动勇丁千余名，先后打死打伤和处死暴动者数十人，并将抗粮农民"所设各局"和十余名"首犯"的房屋全行焚毁。⑥ 1878 年，清政府在镇压山东陵县蔺汰领导的抗粮斗争时，先后捕杀乡民 20 余人。⑦ 1886 年江苏丹徒的抗粮斗争被镇压时，除两人斩首、4 人充军、十数杖责外，又将原"防范不力"的县令撤职，另委"精明干练之员"充任，以加强对当地人民的统治和镇压。⑧ 至于对四川东乡抗粮暴动的镇压，其残酷程度，更是骇人听闻。清军勇营除在镇压抗粮群众时大肆枪杀外，又借搜捕"要犯"为名，到各个村寨掳掠牲畜，拐抱幼孩，奸污妇女，滥杀无辜。每到一个村寨，屠杀老幼妇孺和无辜群众，动辄数十人，多的达数百人，成为

---

① 《清实录》，穆宗朝，第 85 卷，第 38 页，同治二年十一月庚申。
② 《清实录》，穆宗朝，第 270 卷，第 17 页，同治八年十一月丙子。
③ 《清实录》，德宗朝，第 1 卷，第 18 页，同治十三年十二月庚辰。
④ 《益闻录》，第 48 号，光绪六年四月初一日。
⑤ 《清实录》，德宗朝，第 248 卷，第 2 页，光绪十三年十月甲申。
⑥ 刘坤一：《刘坤一遗集》第 1 册，第 175 页，又第 4 册，第 1683 页。
⑦ 《清实录》，德宗朝，第 82 卷，第 13 页，光绪四年十二月丙子。
⑧ 《谕折汇存》第 10 卷，第 63—64 页。

当时轰动朝野上下的大惨案。[1]

　　这些频繁的和缺乏严密组织的抗粮斗争,虽然没有一次是以农民的胜利而结束的,但是,这些斗争本身说明清王朝的统治根基越来越不稳了,同时也显示了广大农民敢于斗争、不怕牺牲的英雄气概。因此,面对英勇无畏的反抗者,有些地方统治者在残酷镇压的同时,也不得不作出某些让步,如江西东乡知县被迫宣布停征捐款。[2] 有的则被迫改变策略,如直康永年县令等地方官吏对抗粮农民先是"严法惩办",但农民不畏强暴,"不受拘束",官府无法,只好"羁縻置之"。[3] 特别是四川地方官吏对东乡抗粮事件的残酷镇压,在清朝统治者内部引起了颇大的震动,一些官吏纷纷奏陈指责东乡和四川地方官吏横征暴敛、滥杀无辜,制造血案。所有这些,对于阻遏清政府赋税苛敛的恶性发展、延缓自耕农民经济状况恶化的进程,是有一定作用的。

## 第三节　封建租佃关系的松弛和逆转,地租剥削率的提高

　　农民大起义被镇压后,在经过强化了的封建国家机器的支持之下,地主阶级对农民进行了疯狂的反扑。这不仅表现在地主对地权的反攻倒算上,而且表现在封建租佃关系的逆转和地租剥削率的增长上。

　　农民起义和商品经济的发展,曾使一些地区的封建租佃关系出现了松弛化的趋向。但是,封建阶级在恢复和巩固了自己的统

---

① 《清实录》,德宗朝,第 93 卷,第 1—2 页。
② 刘坤一:《刘坤一遗集》第 1 册,第 176 页。
③ 夏孙桐:《观所尚斋文存》第 7 卷,第 12 页。

治地位以后,立即采取各种措施,强化对农民的超经济强制,扭转这种松弛化的趋向。租佃关系中这种松弛与反松弛的斗争,是战后农民与地主之间阶级斗争的重要表现。诚然,历史在发展,封建地主很难完全恢复过去那种对佃农的支配关系了。但是,在不少地区,商品经济的发展,一面促进地主阶级的奢侈风气,助长其剥削贪欲;另一面又破坏农民的手工副业,削弱其负担地租的能力。结果,佃农进一步贫困化了。

## 一、战后封建租佃关系中的松弛因素

在战后的某些地区,封建依附关系曾出现过某些松弛现象。这种松弛现象的起因,大致可以概括为以下三个方面:第一,在农民起义地区,由于农民革命的激荡,农民对地主的反抗精神有所增长,主佃之间的支配关系难以恢复原样;第二,在某些地区,大量就垦农民的流入,打破了该地区以往聚族而居的局面和长期稳固的主佃传统,削弱了地主的宗法统治力和对佃农的强制力,促成了永佃制的发展;第三,在另一些地区,商品经济的发展和地租形态的变化,使佃农在土地的耕作管理上有了较大的独立性。

### (一)农民斗争精神的增长

太平天国革命和继起的其他农民起义,大大鼓舞了农民的斗争意志,使他们对地主不复像以往那样吞声恭顺了。这是促成战后部分地区租佃关系中出现松弛现象的一个重要因素。

长期农民战争的熏陶和锤炼,使一些地区农民的精神面貌发生了空前的变化,提高了斗争勇气,增强了阶级意识。他们对自己过去一向信奉不移的传统封建观念产生了怀疑,开始看到了自己的力量,因而一反过去那种在地主和封建统治者面前卑怯、敬畏的心理状态。这是农民革命伟大历史作用的体现。农民革命虽然失败了,但农民的精神面貌和社会习俗却发生了深刻的变化,特别是佃农的反抗精神明显增强。正因为如此,战后某些地区的地主对农民的强制手段不如往日那样灵验了,他们在恢复和维持对佃农支配关系的过程中遇到了比以往更大的阻力。例如,在江苏江宁、镇江地区,起义失败后,外逃地主虽然纷纷返回原籍,但是,荒地招垦则劳力缺乏,旧日佃户则拒不交租。有的地主就因为难以收租,"视田业为畏途",只好"别谋生计。"①在苏、松、太地区,城市豪绅地主凭借权势,迅速恢复了对佃农的支配地位,依然对佃户"视之如奴隶,虐之如牛马"②。收租则"全仿州县征粮之法",章程极为严厉。③ 但乡间和沿海地区的庶民地主就大不一样。他们田产不多,一家有田数百亩已称"富室",政治权势甚微。他们在支配佃户方面,"欲效上项大户之所为而不能",难于像过去那样驾驭佃户。往日佃户"见田主则称'大相公',垂手低头,一言不发"。地主不但可以任意打骂佃户,倘或租谷偶有升合之欠,关押鞭笞,任其所欲。现在则"时异世殊,其威稍杀"④,不能为所欲为了。

　　当时这些乡间地主征租,"无不费尽周折"。遇上所谓"顽佃",更是"今日向索无着,明日向索无着;空劳脚步,徒费唇舌"。⑤ 这些地主深感自己力量单薄,非借官府暴力不足以制服佃农,因此,极力要求像城市豪绅地主那样,由官府"明定收租章程,专董经理",认为只要将派差催粮之力,用来为他们催租勒佃,则

---

①　刘坤一:《遗集》第 2 册,第 570 页。
②　《申报》,光绪十四年十月二十三日。
③　《字林沪报》,光绪十三年十月十四日,又十五年十月十一日。
④　《申报》,光绪十四年十月二十三日。
⑤　《字林沪报》,光绪十六年闰二月二十三日。

"顽佃虽顽,亦必惕于三尺法,而不敢恃蛮以终"。但是,封建官府权衡利害得失,往往不愿轻易应允。① 这样,一般庶民地主也就比较难以恢复过去对佃农那样的支配关系。

在浙江杭、嘉、湖,金、衢、严的一些地区,主佃之间的封建依附关系明显地松弛了。过去佃户任凭地主摆布,如今则"奸猾成风","佃强主弱",以致"有恒产者受制佃户"。过去一向把买田收租当做"捷径良方"的地主,开始"以田为累"了。② 如萧山县,太平天国革命前的惯例是,佃户欠租不清,地主即可撤佃,其法是以铁耙掘田之四角做标志,俗曰"起田"。新佃承契认种,不但要交"认租钱",而且必须替原佃代偿欠租。起义期间,"田主无权,民心大变"。1867 年,佃农刊印传单,统一田亩顶价,不准地主任意撤佃,而佃户则可以私顶私佃。从此以后,"佃户欠租,业主即不能起田;即起,亦无认种者"③。又如乐清县,在同、光年间,佃农以集体斗争的方式反对地主撤佃。如果地主招新佃,他们就"不许别人接种";如果地主自种,他们则以"损坏禾苗"、"偷掐稻穗"的方式进行破坏。④ 这些斗争迫使地主不敢随意撤佃。

安徽、江西以及陕西某些地区,地主对佃农的强制力也都程度不同地有所削弱。或者因中小地主居多,遭受农民起义打击后一时难以复苏,而佃农"人心不古",以致"佃强业弱",地主难于收取地租。或者因为原来的世家大族"公私凋敝",而外来客民佃户人

---

① 《字林沪报》,光绪十六年闰二月二十三日。

② 周庆云纂:民国《南浔志》第 30 卷,农桑一,第 3、18 页;汪曰桢纂:咸丰《南浔镇志》第 21 卷,农桑一;《申报》,光绪四年二月初二日。

③ 姚莹俊纂、杨士龙续纂:民国《萧山县志稿》第 4 卷,田赋上,第 35 页。

④ 陈珅等纂:光绪《乐清县志》第 4 卷,风俗,第 59 页。

多势众,以致"客强土弱",地主对客民佃农抗不交租的行为也无可奈何。或者因为战后农业生产衰退,佃农纷纷抛荒外流,地主无力约束佃农。① 所有这些,使地主不是有地而无佃耕种,就是有佃而不能顺利收租。

尤其使地主难以对付的是客民佃农那种顽强的反抗精神。客民佃农有着比一般土著佃农更丰富的社会经历和斗争经验,那些遣撤兵勇和无业游民,更是"性情剽悍,习尚强卤","桀骜不驯"。有的还建立了自己的组织,"造有会馆,私藏武器,动辄聚众"②,根本不把土著地主放在眼里。他们每到一地,往往房屋则择其好者强住之,田亩则择其好者强耕之,器具则强借之,"予取予求,强客压主"③。而每到纳租升科,"弱者弃田转徙,强者搆衅忿争",或者预换别名,借故拖欠。④ 有些地方,不但地主难以支配客民佃户,连"地保圩甲亦畏之如虎"⑤。特别是那些省府州县交界山区的客民佃农,"既不纳赋,又不交租",往往"借垦荒而招匪类"。官府则查缉为难,绅衿甚至畏惧报复而不敢禀官。⑥

毫无疑问,由于农民起义的重大影响,某些地区租佃关系中确

---

① 程寿保等纂:民国《黟县四志》第 14 卷,杂志,文录,第 21—22 页;沈葆桢:《政书》第 7 卷,《皖南急于和民不急于招垦片》;《沪报》,光绪十年九月初六日;宋伯鲁等纂:民国《续修陕西通志稿》第 195 卷,风俗一。

② 参见李文治:《中国近代农业史资料》第 1 辑,第 163—172 页;沈葆桢:《政书》第 7 卷,第 13 页;严作霖:《陕卫治略》第 4 卷;《清实录》,穆宗朝,第 295 卷,第 33 页。

③ 《益闻录》,第 728 号,光绪十三年十一月二十一日;葛士濬编:《皇朝经世文续编》第 33 卷,第 12 页。

④ 葛士濬编:《皇朝经世文续编》第 33 卷,第 12 页。

⑤ 周庆云纂:民国《南浔志》第 30 卷,农桑一,第 3 页。

⑥ 《皇朝经世文统编》第 25 卷,地舆部十,屯垦,第 15 页。

实出现了某种值得注意的新情况:佃农的反抗精神明显增长了,地主对农民的支配受到了顽强的抵制,封建依附关系呈现出程度不同的松弛现象。

### (二)农民流动和封建统治秩序的松弛

农民起义失败以后,某些地区曾一度出现地广人稀、劳力缺乏、佃农流动频繁的局面。这种局面打破了长期以来稳固的主佃关系,削弱了封建政权和地主对佃农的户籍控制和宗法统治,促成了某些地区永佃制的进一步发展。这是导致战后租佃关系中出现松弛趋势的又一重要因素。

清政府在反革命战争中滥事砍杀,致人口大量死亡,田园荒芜。农民起义失败后,一些地区的地主和官府招佃招垦十分困难,而佃农则因地多人少,大大缓和了对土地需求的急迫性,可以择主而佃,择地而耕。例如,在苏南地区,地主和官府"皆苦田多农少"[1]。地主和官府为了征租课粮,都急于招佃开垦,但"求之汲汲,应者寥寥";收租时,"稍加催索,则席卷潜逃"。[2] 浙江杭、嘉、湖、金、衢、严以及绍兴某些地方的情形是,"本地之农断不敷耕本地之土"。"业主自种则帮工难觅,招佃代种则无人承领。"为了解决劳力缺乏的问题,地主和官府招佃招垦,只好放宽条件,以广招徕。只要有人承领,就"不择地而居,不择人而予"[3]。与此相反,农民则可以提高自己的承佃承垦条件,并且可以随垦随弃,而无乏地耕种之虞。[4] 在皖南黟县等许多地区,地主因地荒无人垦种,惯

---

①　刘坤一:《遗集》第2册,第570页。
②　刘锦藻:《清朝续文献通考》第4卷,田赋四,考第7351页。
③　马新贻:《奏稿》第3卷,第51、57页,又第7卷,第53页。
④　参见顾福仁纂:光绪《重修嘉善县志》第10卷,土田,第5页。

例佃种 3 年不纳租,因此"佃益横狡"①。陕西某些地方,直到 19 世纪 90 年代中,仍然是地广人稀,荒地遍野。因为地多人少,农民往往"旋垦旋弃,作辍靡常",非有可靠之利,不肯固定地块常年耕作。② 这些情况成为佃农进行逋租或退佃斗争的有利条件,从而使他们在租佃关系中处于比较主动和灵活的地位。

正是由于这种原因,战后某些地区佃农的流动异常频繁。许多贫苦农民,成群结队地流往那些地广人稀的地区,使这些地区的客民大量增加,其数量甚至大大超过土著。如安徽广德州和宣城、宁国、南陵等县,客民 10 倍于土著。滁州的土著"十不存三四",其余全是安庆和河南光州等地迁来的客民。③ 青阳、霍丘、繁昌等地的客民数量则与土著不相上下。④ 到 19 世纪 90 年代初,整个皖南地区已经是"半土半客"⑤。浙江杭、嘉、湖和金、衢、严的部分或大部地区,客民数量也很多,甚或超过土著。浙江北部一些州县,客民总数"不下数十万之多"⑥。江苏江宁、镇江和江西北部一些地区,客民亦为数不少。在陕西西安、同州、凤翔以及汉中等地,同样客民四集。其中富平、凤县、南郑和孝义厅的客民数量,更是

---

① 程寿保等纂:民国《黟县四志》第 9 卷,政事志,田地。
② 刘锦藻:《清朝续文献通考》第 4 卷,田赋四,考第 7533 页。
③ 丁宝书等纂:光绪《广德州志》第 51 卷,表疏,第 9 页;《申报》,光绪九年六月十六日;熊祖诒纂修:光绪《滁州志》,第 2 卷(1),风俗,第 1 页。
④ 李应珏:光绪《皖志便览》第 2 卷,第 12、19 页,又第 31 卷,第 9 页。
⑤ 刘坤一:《刘忠诚公书牍》第 9 卷,《复李中堂》。
⑥ 参见金蓉镜:《均赋余议》,第 18 页;《申报》,光绪六年十月十六日;周学濬等纂:同治《湖州府志》第 18 卷,第 27 页;潘宅仁等纂:光绪《孝丰县志》第 3 卷,第 74 页;关承志:《逊斋文集》第 12 卷,第 43 页;戴槃:《严陵纪略》,第 1 页;曾国荃:《全书》,书札,第 22 卷,《致黄子寿》。

远远超过土著。① 除此以外,在内地某些湖滨、山区,也出现了较大规模的人口流动。如湖南华容的垸田多为澧州、荆州、龙源、益阳诸处人所佃种;道州"山间水旁之地,大半皆属客户"②。还有大量的人口从内地迁往边远地区,如直隶、山东人迁往关外,四川、江西等地的人迁往甘肃、新疆、内蒙等地。

上述客民中,有一部分通过占垦无主荒地或价买的方式,获得了一部分土地而成为自耕农,少数客民甚至上升为地主。其数量和比例,因地区而异。③ 但是,总起来说,客民中的大多数或绝大多数是佃农。这些客民佃农,一方面摆脱了原籍地主的束缚,另一方面,又为寄居地地主所难以驾驭。他们冲破了一些地区长期以来稳固的主佃关系,削弱了地主和官府对佃农的直接控制。十分明显,这种空前规模的佃农流动本身就是对封建租佃关系的一个重大冲击。

同土著佃户比较,客民佃农的一个显著特点是,成分复杂,流动性大。他们大多既无家室,又没有编入寄居地户籍,有的原籍尚有土地可种,因而住迁不定,来往无常,使地主无法控制。如江苏江宁、金坛、嘉定一带的客民佃农,多为来自江北的灾民,一遇地主收租催逼,即纷纷弃田逃回原籍。④ 浙江嘉兴客民来往不定,往往春夏种田时一班人,至秋冬时另换一班人,"故即世家豪族亦无从

---

① 参见宋伯鲁等纂:民国《续修陕西通志稿》第 31 卷,户口,第 1、4、5—10、13 页,又第 61 卷,水利五,第 18 页,又第 195 卷,风俗一,第 2—3 页;樊增祥:《樊山公牍》,第 34 页。

② 熊绍庚等纂:光绪《华容县志》第 1 卷,风土,第 15 页;许清源等纂:光绪《道州志》第 3 卷,第 5 页。

③ 关于各地客民的土地占有情况,详见本章第二节。

④ 刘锦藻纂:《清朝续文献通考》第 4 卷,田赋四,考第 7531 页。

责其还粮纳租"①。安徽境内有一种"无家客民,春种秋收,虚来实返。地非本户,册无户名"。因此,官府对他们也"无从究诘"②。陕西富平县,注籍客民只有5000余人,而"辗转牵引,倏来倏去者,正不知凡几"③。山西口外和林格尔、托克托等地的客民官佃,也是动辄转徙,因"无家室庐墓之恋,去后即不思归"④。在这种情况下,地主和官府自然很难凭借对本地佃农行之有效的统治方式,如户籍管理之类的办法,来控制客民佃农。

佃农的频繁流动,对某些地区封建地主原来赖以控制佃农的宗法制度,也是一个很大的冲击。农民大起义以前,许多农村一向聚族而居,一个村镇往往是一个或几个大家族,豪绅大户就是宗族的头目,既有地权,又有族权,凭借宗法制度以维持其对佃农的超经济强制。如果佃农抗欠田租,他们就以违反族规进行惩罚。频繁的人口流动,客民佃农数量的增加,不但打破了某些地区长期以来聚族而居的局面,而且明显地改变着这些地区的社会习俗和人们的精神面貌。当时不少人对不同地区或同一地区不同时期的聚族而居和五方杂处的情形做了对比。如安徽泾县北部,因为是聚族而居,"风俗敦厚,有事则自理之,不得已而后鸣官,故有老死不入县门者";而邻近的宁国、宣城、南陵等地,则因为战后土著稀少,居民主要是来自湖北等地客民佃农,既五方杂处,风俗各殊,而又土孤客众。因此,强住强耕强获,以及"掘人坟墓,伐人树木,拆人房屋,抢人庄稼"之类的事件,"无日不有,无处不有"。有的甚至"搆祸而刃伤事主"⑤。又如陕西汉中地区,汉江以北多为土著,

① 《申报》,光绪九年四月二十六日。
② 《光绪朝东华录》,总第3771页。
③ 樊增祥:《樊山公牍》,第35页。
④ 曾国荃:《全书》,奏议,第10卷,第30页。
⑤ 《申报》,光绪九年六月十六日。

"人民聚族而居,民俗素称敦朴";汉江以南则多系四川、湖广、江西等处前来"佃地开荒"的客民,因为是"五方杂处,民气最为嚣陵"。① 同一地区,在聚族而居和五方杂处的不同条件下,情形也迥然不同。还以安徽宁国为例。该地太平天国革命前的情况是,各处大多聚族而居,各有祠堂谱牒,宗法森严。因此,社会习俗"勤俭朴实","男子不为奸慝污辱事",故"牧民者易"。② 太平天国失败后,土著减少,客民增加,由聚族而居变为五方杂处,情形也就变成了前述那个样子。全椒也因战后土著十不存三四,客民"多侵入其间","民俗之敦庞,视昔稍逊"。③ 这些都说明,在人口流动、五方杂处的新条件下,地主很难顺利运用宗法统治的手段来支配佃农。

这种情况的造成,除了佃农流动打破了一些地区聚族而居的局面外,还有一个重要的原因是,地主宗族势力的削弱。起义期间,一些地区的地主世家豪族遭到沉重的打击,祠庙毁坏,谱牒散失,人丁流亡,地主宗族势力大为衰减。正因为地主家族人丁零落,"凋瘵不振"④,才在许多地区出现所谓"外来游民百十成群,欺业主人丁稀少,而恃强霸种"的情况。⑤

### (三)永佃制的扩大

土地大量荒芜,佃农流动频繁,使地主招佃为难。因为在荒地

① 宋伯鲁等纂:民国《续修陕西通志稿》第195卷,风俗一,第27页。
② 周赟纂:同治《宁国县通志》,舆地志,风俗,第23页。
③ 江克让等纂:民国《全椒县志》第4卷,风土志,第1—2页。
④ 周馥:《周悫慎公全集》第8册,第29页。
⑤ 刘汝璆:《上左季高中丞论漕粮开垦书》,《皇朝经世文统编》第25卷,地舆部十,屯垦,第10页。

较多的地区,佃农就有相应较多的自由选择地主,而且只要条件许可,总是争取领垦或占垦无主荒地,以便获得产权,并不甘心屈居佃户。针对这种情况,地主不得不对其支配佃农的方式作部分修改,以解决劳动缺乏、地租无收的严重问题。这就促成了战后某些地区永佃制的发展。

所谓永佃制,是指佃农对其租种的土地有永久性耕种权的一种租佃制度。这种制度在太平天国革命以前早已出现。太平天国革命失败以后,在某些地区又有进一步的发展。其具体情形和原因虽然相当复杂,但大多同战后的劳力缺乏、佃农流动,特别是佃农的反抗斗争有着直接联系。

起义期间,战火波及的省份有不少地主逃亡在外,土地荒废。待他们回乡后,一部分土地已由原佃或外来客民开垦成熟,于是立即发生了地权归属以及追租与抗欠的斗争。在官府的直接支持下,地主往往重新确立了对这些土地的所有权,责令原佃或客佃纳租。在浙江兰溪等地,还由官府设局清丈,明确业主、佃户身份,分别给以报单,其原则是凡土地"原主"即为业主,报垦升科者即为佃户。① 但是,在地多人少、劳力缺乏的情况下,地主为了防止佃户弃地他往,土地再度荒废,在夺回土地的同时,又不得不许以佃户永久耕作的权利。在江苏某些地区,由于佃农的坚决斗争,还形成了这样的惯例:即使佃农欠租,地主提起诉讼,也只能追租,而不得退佃。② 这是战后永佃制发展的一种情况。

另一种更为普遍的情况是,战后土地荒芜,地主和官府急于招

---

① 　国民党政府司法行政部:《民商事习惯调查报告录》第 1 卷,第 463 页。

② 　国民党政府司法行政部:《民商事习惯调查报告录》第 1 卷,第 317 页。

佃招垦，以便征租征赋，而佃农一则因地多人少，土地供求矛盾大大缓和，二则恐垦熟后佃权无保障，不肯承佃承垦。在这种情况下，地主和官府往往不得不许以永佃权，以广招徕。安徽某些地区就是这样。据调查，舒城、桐城、贵池、歙县等地的垦荒农民，绝大部分或大部分都获得了永佃权；芜湖、巢县、怀宁、太湖等地，获得永佃权的佃农也不少。① 在浙江，按左宗棠招垦时的规定，客民开垦成熟后可以永远耕种。除佃户欠租一年以上许业主撤佃外，业主平时只能收租管业，而不得任意撤佃。② 杭、嘉、湖和金、衢、严地区的一些客民佃农，因此而取得了永佃权。嘉兴和湖州两府属某些地主因谷贱赋重，土地无利可图，允许直接由垦户报垦升科。据载，垦种这种土地的佃农，主要是代地主完粮，租额较轻，或者平时根本不完租，只在丰年每亩交"余花息"一二斗，故名"余花田"。③ 租种这种土地的佃农，佃权有更充分的保障。江西在垦荒过程中的做法是，由人自由插标为界址，任意占领，招人开垦，而后向承垦者收租，但不得收回自种，承垦者于是取得永佃权。④ 不过，当时并不是任何人都可以获得这种插标占地的"自由"，实际只有那些权势地主才能这样做。因此，这里的永佃制是豪绅地主揽垦的产物。

永佃制的基本特征是，土地的所有权和使用权永久分离。在

① 金陵大学农业经济系：《豫鄂皖赣四省之租佃制度》，第 109—110 页。

② 国民党政府司法行政部：《民商事习惯调查报告录》第 1 卷，第 462 页。

③ 国民党政府司法行政部：《民商事习惯调查报告录》第 1 卷，第 467 页；顾福仁纂：光绪《重修嘉善县志》第 10 卷，土田，第 5 页。

④ 国民党政府实业部《中国经济年鉴》编纂委员会：《中国经济年鉴》，1934 年，第七章，第 G78 页。

永佃制下,土地被分为"田底"、"田面"两部分。① 地主对土地的所有权只限于田底,佃农则对田面有永久性的占用权。地主不能任意撤佃,也不能收回自种。如前面所提到的,在江苏某些地区,即使佃农欠租,地主也只能追租,而不能撤佃。在安徽广德州,凡属永佃田,业主"不能起佃自种"②。同时,佃农则可以转让、抵押或出卖佃权(田面)。在江苏松江府,"乡间自相买卖(田面),业主不与闻"③;浙江的田底、田面"均可自由让渡"④;在能见到的这一时期的租佃资料中,佃农典卖田面的情况是屡见不鲜的。《租核》一书所说的"田主虽易,而佃农不易;佃农或易,而田主亦不与"⑤的情况,在永佃制下是普遍存在的。这表明,佃农不再是地主土地上单纯的附属物,亦即有较多的人身自由。同时,由于永佃农有比一般佃农对土地较大的支配权,因而在生产活动上有较大的独立性。如在苏州,凡属永佃田,"田中事,田主一切不问,皆佃农任之"⑥;浙江嘉兴租种"余花田"的永佃农,"权力甚大","无论何事,业主不能过问"。⑦ 一些地主阶级辩护士因此而叫嚷:由于有了永佃权,"田土悉被佃户把持,不能操纵由我。故刁佃有所挟

---

　　① 在不同地区,田底、田面有不同的称谓,如安徽歙县等地称为大买、小买,舒城等地称为卖租、顶首,江西、福建一带称为田骨、田皮,浙江金、衢、严地区称为民田、客田,浙江萧山以及台湾等地称为大租、小租,广东称为粮田、质田,等等。称谓虽异,实质则同。

　　② 丁宝书等纂:光绪《广德州志》第56卷,杂著,第14页。

　　③ 《申报》,光绪十四年十一月初三日。

　　④ 国民党政府司法行政部:《民商事习惯调查报告录》第1卷,第317页。

　　⑤ 陶煦:《租核》,第1页。

　　⑥ 陶煦:《租核》,第1页。

　　⑦ 国民党政府司法行政部:《民商事习惯调查报告录》第1卷,第467页。

制,遂致揩租霸产,百般刁狡"①。这清楚地反映出地主对永佃农和一般佃农支配程度上的差异。事实上,在佃权辗转让渡,地主甚至不知佃户(直接生产者)姓名的情况下,也就无法像过去那样直接干预佃农的生产活动和日常生活。这表明永佃制下的封建依附关系有比较明显的松弛。

当然,正如前面所指出的,永佃权或田面权只是一种耕作权或使用权,没有构成土地所有权。因此,田面权并没有改变或突破土地的封建所有制性质。地租是土地所有权由以表现的经济形式。佃农的永佃权或田面权的维持或转移,都是以不妨碍地主征收地租为前提的。地主的地租收入一旦受到影响,佃农的田面权就有被剥夺的危险,田面权的转移也会受到干涉。而且,在封建地主掌握着土地所有权和国家政权的情况下,佃农的田面权是不可能有真正保障的。实际上,佃农丧失田面权的事例是经常发生的。在苏州地区,如果佃农欠租,地主就"强夺佃农之田面以抵其租而转以售于人",或"择土豪而减价售之,或择善堂之有势力者而助之"②,必以剥夺佃农的田面权而后快。又如前所述,左宗棠在浙江招垦,许给客民以永佃权的同时,规定了撤佃条件。③ 不但如此,在一定条件下,地主还可以利用佃农对田面权的留恋,加重地租剥削。"盖佃者无田面之系累,则有田者虽或侵刻之,将今岁受困,来年而易主矣。惟以其田面为恒产所在,故虽厚其租额,高其折价,迫其限日,酷烈其折辱敲吸之端,而一身之事畜,子孙之所依赖,不能舍而之他。"④这说明田面权对佃农也起着某种束缚作用。

---

① 《申报》,光绪五年十二月二十二日。
② 陶煦:《租核》,第11页。
③ 撤佃条件参见本书第926页。
④ 陶煦:《租核》,第11页。

不过,这种束缚同封建地主运用超经济强制手段使佃农固着在自己土地上,性质毕竟是不同的。

### (四)商品经济的发展和货币地租的增长

除了上述因素外,战后商品货币经济的发展,地主经营商业和移居城镇风气的普遍化,以及随之而来的地租形态的变化,对一些地区租佃关系中松弛趋势的出现,也起着一定的作用。

商品经济的发展及其对租佃关系的影响,虽然并不是太平天国起义失败以后才出现的,但在太平天国起义失败以后,更加显著了。第二次鸦片战争后,外国资本主义势力大大加强了对中国的经济侵略。洋货的进口和土货的外销,使中国的自然经济日趋解体,一些地区的农产品进一步商品化,地区间的商品流通也愈加频繁。商品经济愈发展,商业愈成为趋利者的热门。同时,战后某些地区劳力缺乏,土地荒废,地主的地租收入下降。这就形成了所谓"商贾利厚,田亩利薄"[1]的明显对照。正是在这样的刺激之下,地主兼营商业的风气越来越盛。在东南各省,由于战后"租息甚微",地主富户中"稍有力者类皆别谋生计"。[2] 在"别谋生计"中,经商就是最主要的一项。苏州地区的地主多经商上海、湖广;吴县西洞庭山,由于稍有家资者皆"服贾楚湘",以致乡间"丁壮愈稀,萧条日甚"。[3] 在无锡、金匮,地主大户往往"或精货殖,不专恃田",有的曾为名臣、循吏、文学、醇儒等显赫一时的仕宦世族,也纷纷"舍本逐末,惟利是趋。读书稽古

---

① 方浚颐:《梦园丛说》,内篇,第8卷,第11页。
② 《沪报》,光绪九年十月二十七日。
③ 《申报》,光绪九年十月二十七日。

之辈,百无一二"。① 浙江兰溪、慈溪等地,不少地主也都兼营商业。② 在陕西,乾州、高陵等地,过去地主经商者少,捻回起义后则是"务本者逐末","士人竞习商贾"③;号称"刀笔甲天下"的泾县,地主过去"多习为书吏",儒和贾等而下之。战后,士困农难,地主世族不再"习吏"、"习儒",转而经商④;岐山也是"逐末者众",地主相习"竞夸财利,较量锱铢",不再以什么诗书礼让为念。即使"素封之子,诗书之家,亦虑习俗渐染,日趋末流"⑤。云南蒙化一带,同样是"商贾云集","士鄙经书而艳贸迁"。⑥ 由此可见不少地区地主经商风气之盛。

与此同时,地主迁居城镇的风气也越来越普遍。起义期间,不少地主豪富逃往上海或其他城市,起义被镇压后,他们之中有的因经营商业,有的因留恋和羡慕城市的奢靡生活,有的因宅第被占被毁⑦,相继迁居城市。至于苏州地区的一些豪绅巨室,更是"皆在城中,无有居乡者"⑧。镇江也有不少地主不住在乡下。⑨ 贵州有

---

① 秦湘业等纂:光绪《无锡金匮县志》第 38 卷,艺文,第 57—58 页;秦湘业:《虹桥老屋遗集》,文中之上,第 4 页。

② 参见王锡祺:《小方壶斋舆地丛钞》第 5 帙,第四册,第 175—176 页;唐壬森纂:《光绪兰溪县志》第 1 卷,风俗,第 2 页。

③ 宋伯鲁等纂:民国《续修陕西通志稿》第 195 卷,风俗一,第 8 页,又第 196 卷,风俗二,第 150 页。

④ 宋伯鲁等纂:民国《续修陕西通志稿》第 195 卷,风俗一,第 8 页。

⑤ 张殿元纂:光绪《岐山县志》第 3 卷,官师,第 35 页。

⑥ 梁友檍纂:民国《蒙化志稿》,人和部,第 1 卷,第 4 页。

⑦ 如浙江孝丰一家吴姓地主,由于"村之为墟",而客民又占垦其地,于是弃其故居,移居安吉城内(亢树滋:《随安庐文集》第 2 卷,第 7 页,转见王天奖:《太平天国革命后苏浙皖三省的土地关系》,《新建设》1963 年第 8 期)。

⑧ 《申报》,光绪九年八月初七日。

⑨ 李文治:《中国近代农业史资料》第 1 辑,第 631 页。

些大地主则住在省城贵阳。①

地主经商或迁居城市,当然不能像过去那样直接干预佃农的生产经营。如在苏州地区,城市地主"皆以田连底面者为滑田,鄙弃不取,而壹取买田底,以田面听佃者自有之"②,乐于接受永佃制。这是战后劳力缺乏,佃户流动频繁,地主难于招佃的结果,同时也意味着地主居城后对田中事"一切不问"③,从而削弱其对佃户的人身控制,致佃户在生产上享有更大的独立性。

更重要的是,随着商品经济的发展,地主经商和居城风气的普遍化,地主在商业活动和日常生活上对货币的需求量也不断增加,从而引起了地租形态的变化,这就使战后某些地区货币地租和折租进一步发展。

在太平天国起义以前,货币地租和折租早已出现,官田、旗地、学田比较普遍。太平天国失败后到19世纪90年代中,货币地租和折租虽仍不占优势,但有比较明显的发展。一些资料表明,这一时期无论官田、民田,都有相当数量的实物地租改为货币地租,或者是实物地租和货币地租并存,而以后者作为补充形态,或者是额以实物,收以折价。折租实际上是实物地租向货币地租转化的一种过渡形态。

就全国范围而言,民田私田地租的货币地租或折租虽不甚普遍,但其发展趋势是很明显的。在某些地区,货币地租或折租已经占有相当大的比重。如苏州城市地主收租,太平天国起义前"均斛收本色",太平天国失败后则令佃户"一律完缴折色"。④ 苏州

① 李文治:《中国近代农业史资料》第1辑,第643页。
② 陶煦:《租核》,第11页。
③ 陶煦:《租核》,第1页。
④ 《申报》,光绪十年九月初十日。又据光绪十二年十月初八日《字林沪报》载:"苏地租米,俱收折色。"

府属其他地方的地租,过去全部交米,战后则"或交米,或交钱,或钱米与其他杂物并交";或秋熟纳谷,春熟纳钱。① 松江、太仓地区的地租,虽然总的来说还是"输米多,输钱少"②,但钱租和折租的比重也在不断提高。据英国"亚洲文会"在 1888 年所做的 12 个地区地租形态的调查,发现其中 8 个地区有多寡不等的货币地租。其中直隶武清和山东莱州的某些地区,货币地租的比重分别达到45% 和 25% 左右,而宁夏河套地区货币地租的比重可能还要高。③据日本人收集的台湾地区 18 至 19 世纪的 134 件租约中,共有钱租 54 件,其中属于 1752—1863 年间的 47 件,内有钱租 11 件;属于 1864—1894 年间的为 87 件,内有钱租 43 件。④ 可见这一地区的货币地租在太平天国起义以后有比较明显的发展。在其他地区也还可以发现一些货币地租的资料,不过比重很小。如从南京大学历史系收藏的皖南徽州一带成百件的租佃契约中,1858—1890年间的钱租契约占 5 宗。又如我们整理的皖南 12 家地主 412 宗出租土地的地租资料(记账年代为 1737—1905 年)中,钱租(包括折租和钱物混合租)只有 14 宗,其中有 4 宗可以确定是在太平天国革命以后开始实行的。⑤ 这说明,实物地租向货币地租的转化,在某些地区还只是刚刚开始。

战后官田、旗地和学田中的货币地租和折租已经占有相当大的比重。例如,某候选道在 1884 年认捐坐落在直隶涿州、良乡、房

---

① 《字林沪报》,光绪十一年十一月十四日;黄伯禄:《关于中国财产的技术概念》(P. Hoang, Nations Techniques Sur la Property),第 158 页。

② 《字林沪报》,光绪十一年十一月十四日。

③ 转见李文治:《中国近代农业史资料》第 1 辑,第 629—652 页。

④ 据"临时台湾旧惯调查会"编:《第一部调查第三回报告书》(日文本)统计。

⑤ 其实行年份是 1865、1867、1870、1871 年。

山、固安4州县的自置旗地和祖遗圈地170余顷,兴办"义学",所
征地租全是货币地租。① 热河锦州汉军旗人张某在咸丰末年至同
治年间承垦的官荒,交纳的也是货币地租。② 陕西定远厅书院,光
绪年间有田60宗,除两宗征收谷租外,其余均收钱租。③ 其他如
礼部所属北京丰台等处各厂官地,苏州长洲狱田,江苏溧阳和
广东番禺学田,直隶等省相当大一部分旗地,以及太平天国失
败以后各处放垦的很大一部分官荒、官地,也都是征收货币地
租或折租。④ 有的原来征收实物地租,后来也改征货币地租或
折租。如陕西营田局从1865年起招垦的入官"逆产",于1880
年后,改谷租为折租⑤;山东陵县于1873年规定,嗣后义田、学田
"一律交纳租钱"⑥;台北地方的拳和官庄,官租原系纳谷,1888年
清丈后,即改为纳银。⑦ 湖南、江西一些地区,原来征收稻米的学

---

① 周家楣:《期不负斋全集》,政书六,第38页。

② 《申报》,光绪三年正月十七日。

③ 余修凤纂修:光绪《定远厅志》第11卷,学校志,书院,第25—27页。

④ 参见《新报》,光绪七年十月初十日;《字林沪报》,光绪十八年六月初六日;冯煦等纂:光绪《溧阳县续志》;《字林沪报》,光绪十六年五月初八日;朱靖旬:直隶《清赋问答》,第33页;日伪热河省长官房土地科编:《热河省之土地》(日文油印本)第1卷,第250页;丁祖荫等纂、庞树森续纂:民国《重修常昭合志》第7卷,荒政;英文:《岳宝公牍》,初集,第13页;《字林沪报》,光绪十六年四月初七日;童兆蓉:《童温处公遗书》第4卷,第80页;聂尔康:《廉江公牍》第13册,第49页;吕耀斗等纂:光绪《丹徒县志》第36卷,尚义,第43页。

⑤ 宋伯鲁等纂:民国《续修陕西通志稿》第28卷,田赋三,第7页。

⑥ 戴杰:《敬简堂学治杂录》第2卷,第10—11页。

⑦ 台湾银行经济研究室编:《台湾经济史初集》,第960页。

田租,太平天国失败后也有不少改收折价。①

在钱租和折租制下,佃农必须以农产品交换货币纳租。为此,佃农必须按照市场需求情况和土地条件来安排生产,这就加强了佃农对商品货币市场的联系和依赖。对地主来说,既然收取货币,土地的种植安排和收获物的品种质量也就无关紧要。② 因此,一般地说,在货币地租的条件下,佃农在土地利用、耕作种植的安排和劳动时间的支配上,有较大的独立性,从而导致封建依附关系的松弛化。当然,这一时期的货币地租在大多数情况下,仍然没有超出封建地租的范畴和性质,这是无须赘言的。

## 二、某些地区超经济强制的强化

战后部分地区的封建租佃关系在不同程度上或一个时期内呈现出某种松弛化的趋势;但是,与此同时,地主阶级又力图反扑,使主佃之间已出现的松弛化趋势,不可能正常发展,更未促成整个封建租佃关系的瓦解。

前面说过,这个时期,清王朝从多方面强化国家机器,扩大绅权,支持地主阶级对农民的反攻倒算,这其中,当然也支持地主阶级对佃农的统治。因此,在一些地区的租佃关系方面,便出现了松弛和反松弛的斗争。在不同地区,这场斗争以何种方式进行,发展

---

① 参见刘洪泽等纂:同治《新化县志》第 10 卷;黄文琛等纂:光绪《邵阳县志》第 4 卷;徐彦南等纂:同治《安仁县志》第 6 卷;黄凤楼等纂:同治《九江县志》第 22 卷。

② 一些地区收取实物地租的地主,在租约中,对地租的品种、规格都有十分严格而具体的规定,如系稻米,则载明大米或糙米,籼米或圆粒米,或上等圆粒米。一些地主往往因租米不合规格而折辱佃户,或令佃户将米出粜,改用货币交纳,货币地租则没有这些问题。

与结局如何，则取决于不同地区的主佃双方阶级力量的对比等多种因素。一般地说，封建地主要想完全恢复过去那种对佃农的支配关系，是很困难的。但是，在少数豪绅地主势力异常强大，如苏南的苏、松、太地区，安徽的合肥地区以及浙江、湖南某些地区，地主阶级不但比较容易地恢复和保持了对农民原有的超经济强制，有的地区甚至空前强化，倒退为中世纪式的残酷统治。

### （一）追欠倒算和逼租虐佃

农民起义被镇压后，地主阶级的第一件事就是夺回土地，恢复对佃农的支配权和征租权。那些曾经在革命风暴打击下，一度成为"惊弓之鸟"，因"寇扰"无法收租，或"收租如乞丐状"①、望着佃农谷堆"垂涎"②的大小地主，一俟起义失败，立即卷土重来，夺田追租，残民以逞，其势"如饿虎出林"，"如毒蛇发动"。③ 皖南黟县地主在这方面的活动提供了典型材料。

从现存的黟县一家地主收租账簿的记录，可以清楚地看出，在太平天国于1864年夏最后退出这个地区以后，这家地主即向佃农猖狂反扑，进行了一次大规模的清租追欠的反攻倒算活动。从这年8月开始，一直持续了半年之久。其步骤是，先开列欠租清单，随即逐户追缴。清追不遂，就夺田撤佃。该地主有租田21宗，佃农32户，被列入追欠清单的就有23户。除去从未记账或从未欠

---

① 王德森：《岁寒文稿》第6卷，第12页；范城：《质言》（节录），《近代史资料》1955年第3期，第78页。

② 江苏常熟一龚姓地主在1862年九月的一篇日记中写道："廿二日，予往问朱心梅……恚，见稻堆蔽场，无路可走，知水田皆成熟矣。丰年景象，未免垂涎，惜租籽不收，于我无分耳。"（龚又村：《自怡日记》第21卷，《丛编简辑》第4册，第469页）。

③ 柯悟迟：《漏网喁鱼集》，第59页。

租者外,不论新佃、老佃,父子相继、子孙相承的世佃,乃至早已被撤换的原佃,只要有名可稽,有欠可追,一个也没有放过。甚至倒填账目,追记欠数。原来佃户少交几斤租子,账上有时记"让",有时注"欠",或者悬而不注,这时一律逐宗逐款累积欠额,肆意诛求。

值得注意的是,租簿上关于清租钱的折算方法,写着"照大众清租"。可见这种清租的地主,在当时当地并非只此一家。又如,同县孙居易堂租簿(记账年代是 1865—1884 年)载明前后被结算过欠租的佃户 36 名,其中有结算年代可考者 33 名,而在 1864—1865 年被结欠的就有 31 名之多。可以肯定,这家地主同样在太平军退出后一个短时期内,进行了一次大规模的清租。①

江苏、浙江等地的地主也都进行了类似的反攻倒算活动。逃亡在外的地主纷纷返回原籍,"安我乡土",重整家业。② 某些遭受打击较重的地区,在战后一段短时间内,逃亡地主虽然仍心有余悸,不敢立即贸然回籍③,卷土重来的时间稍晚一点,但毕竟是卷土重来,重新确立了对佃农的支配关系。苏州豪绅地主在太平军尚未退出时已经开始勒租。④ 常熟、昭文、太仓等地逃亡上海的地主,一闻起义失败的消息,立即向江苏布政使、按察使衙门投词要求征租。⑤ 苏州一个官僚甚至在逃亡上海期间贱价买得田地数万

---

① 上述清租追欠的详细情形,参见章有义:《太平天国失败后地主阶级反攻倒算的一个实例》,《文物》1974 年第 4 期。被孙居易堂清欠的佃户数字原文有差误,业经复查改正。

② 秦湘业:《虹桥老屋遗集》,文中之上,第 3 页。

③ 如江苏丹徒县,有一段时间,"邑之外贸与避寇者,未敢遽归"(吕耀斗等纂:光绪《丹徒县志》第 60 卷,见闻及跋)。

④ 陶煦:《租核》,第 12 页。

⑤ 柯悟迟:《漏网喁鱼集》,第 95— 97 页。

亩,起义失败后返回苏州,立即发动全体门客、隶仆,"四出张罗","按户收租"。如有逾期不纳者,即以"抗国课"论罪,"立送县官,枷责示警,绝无颗粒宽贷"。①

空前规模的农民大革命,固然给了地主阶级以沉重的打击,但是,从总体来说,遭受打击的毕竟只占地主阶级的一小部分。而且在起义失败后,他们中的相当一部分凭借封建政权的支持,很快恢复了元气。更为重要的是,在镇压农民起义的过程中,不少地区出现了一批新的官僚豪绅地主。他们靠镇压农民起义起家,农民起义失败后,继续以残害农民为能事。他们长于勾结官府,包纳钱粮,兜揽词讼,把持宗族,武断乡曲。有的甚至继续保持团练武装,集政权、军权、族权、地权于一身。因此,他们对佃农无不实行残酷的暴力统治和直接的人身压迫。

这些官僚豪绅地主面对战后租佃关系的松弛趋势,特别是佃农日益强烈的反抗精神,为了榨取地租,保证其征租权的实现,更是离不开暴力手段。例如,苏州一自恃镇压农民军"有功"的徐姓豪绅,每届收租,必"诡枷乡民两三名于门首",以使佃户"见之生畏",不敢延宕短欠。1890 年,一佃户因无力完租,该地主当即叫来差役"锁拿而去",随即又将其老母抓去逼死。② 浙江山阴一个解职还乡的团练头目,对欠租或稍有越轨行动的佃农,动辄"以营规从事"③。湖南一些团练头目,则"收租、守宅、喜庆婚丧,无不设勇"④,直接动用原来镇压农民起义的地主武装催逼地租。其他一

---

① 谢国桢辑:《明清笔记说丛》,第 130—131 页。
② 《新报》,光绪六年十月二十三日;《字林沪报》,光绪十六年三月十三日。
③ 《字林沪报》,光绪十五年十二月二十六日。
④ 《新报》,光绪六年六月二十五日。

些豪绅地主亦往往家置刑具,随意关押、拷打佃农。如苏州的豪绅地主动辄"以私刑盗贼之法,刑比佃农"①;如皋一吴姓地主家置刑具,笞挞佃农"如惩重囚"②;金匮一个张姓地主,经常对欠租佃农"私加非刑",甚至将其捆入特制的大藤筐中,抛置庭院,"家人共为地球戏,东西南北随意踢滚"。有一个老佃农,只欠少量租子,该地主竟然"尽拔其须"③。地主勒租虐佃的凶残程度,以至如此!

太平天国起义失败以后,苏州地区的"租栈"④,更是豪绅地主专门残害佃农的血腥机器。这种租栈,不但雇有经管账目的账房和下乡催租的"催甲",而且有县衙派给的或自己雇用的差役,有各种名目的刑具和关押佃农的"人房"(牢房)。其机构俨然如同官府衙门,收租则全仿"州县衙门之收漕"。秋收甫毕,即择日开仓,大书揭门,勒令佃户如限交租。⑤ 有的谷未登场,即提前开栈收租,并随即带同差役下乡催收。差役、催甲一下乡,有如饿虎出林,鞭笞折辱,敲诈苛索,无所不为,甚或"锁圩保,拘族邻,旁敲侧击,不厌不休"。⑥ 对于逾限欠租不缴的佃农,更是关押、拷打,戴枷游行示众,无所不用其极。⑦ 昆山"丰稔"租栈在重灾的1890年张贴催租告示说:"租田未尽歉收,租米故意延宕,地保催甲串吞,

① 陶煦:《租核》,第3页。
② 戴遵芬:《鹏砭轩质言》第3卷,第4页。
③ 邹弢:《三借庐笔谈》(清代笔记丛刊本)第8卷,第4页。
④ 苏州地主租栈在太平天国前已经存在,但它的大量出现,则是在太平天国起义失败以后。
⑤ 《字林沪报》,光绪十三年十一月十四日,又光绪十七年十一月二十三日。
⑥ 《字林沪报》,光绪十二年十月初七日,又光绪二十年九月十五日。
⑦ 《字林沪报》,光绪十三年十一月十四日,又光绪十七年十一月二十三日。

租风大为损伤;现奉大宪提办,一律血比追偿,告尔乡民知悉,租米勿再延抗。"①完全是一副十足的衙门派头。这里所说的"一律血比追偿",并非一般的威胁和恫吓,而是地主租栈逼租最常用的手段。吴县一家吴姓租栈,有一本租册简单记载了该栈 1890—1895 年间拘押、拷打元和县籍欠租佃农的一些情况。据这些简单的、极不完全的记载,6 年中被该栈拘押和拷打的佃农有 6 人②,共拘押 30 人次,拷打 72 人次,其中有两人 6 年分别被拘押 11 次和 10 次,即平均每年将近被拘押两次,毒打次数更不止此。租册中记有各种拷打名目③,受刑者因比枷而"发福"、"发圆",亦即因枷打而浑身发肿,甚至肿得变圆。可见其状之惨。

在地主勒租虐佃无所不用其极的情况下,佃农因无力完租而被逼死、打死是常有的事。1879 年,江苏通州一家佃户,因为地主勒租,全家 5 口被迫自杀④;苏州一家"素极严刻"的蒋姓租栈,在 1890 年的两天中,就接连逼死佃农 2 人⑤;有的仅欠租洋数元或租米数斗,甚至只稍交迟一点,即被逼死、打死。如昆山一地主将只

---

①　《益闻录》,第 946 号,光绪十六年二月二十五日。该栈为掩饰其罪行,曾登报"辟谣"。(见《益闻录》,第 951 号,光绪十六年闰二月十三日。)

②　据松村祐次:《近代江南的租栈》(日本文),第 378—380 页所引该栈租册资料。需要附带指出,这家地主租栈既然位于吴县,其佃户自然大部分是吴县人而不是元和县人。因此,被该栈拘押的佃农人数,当比此数要大得多。

③　租册中记载的主要拷打名目有:"比"(捆起来毒打),"开比"(脱光衣服毒打,直至皮肉开花),"比地□图"(到□图拷打游行示众),"比枷"(枷颈毒打或毒打后继以枷颈),"开比发头门"、"比枷发头门"(毒打至皮开肉绽,而后在租栈头门外枷颈示众)等。此外还有"比枷发父(福)了"、"比枷发元(圆)了"之类的记载。

④　《益闻录》,第 30 号,光绪五年十一月十六日。

⑤　《字林沪报》,光绪十六年闰二月二十三日。

欠租米 5 斗的佃农夫妇 2 人先后吊死、打死。① 如皋一地主将一未能按时交租的佃农活活打死。② 浙江海盐一个地主只因租子"米色不佳",即用菜刀将该佃户砍死。③ 诸如此类的例子,举不胜举。

这一时期官田、旗地佃农所受的直接暴力强制也仍然十分严重。王公贵族、大小官吏及其手下隶役,经常横行霸道,肆意欺压和虐害佃户,如热河的蒙旗王公及其手下人员时常依势侵扰,强霸佃户财产。"攘夺余粮,抢劫牲畜,比比皆是"④;内蒙的蒙公甚至强霸妇女,草菅人命。佃农"无人敢告,告也枉然"⑤。各处的旗地佃农,地租稍有拖欠,地主立即"严刑追比"。佃农因无法忍受地主的残暴虐害,有的弃地逃逸,有的情愿出钱推与他人承佃。此种悲惨情景,连李鸿章也觉得"目不忍睹"⑥。

按照清代的法律规定,地主本来是无权私置板棍擅责佃户的。如违,"乡绅照违制律议处,衿监吏员,革去衣顶职衔,照律治罪"⑦。在雍、乾年间,已经出现不少关于地主逼死、打死佃户而被处以极刑的案例。⑧ 可是,在这次农民大起义失败以后,清王朝权

---

① 《益闻录》,第 630 号,光绪十二年十二月二十二日。

② 戴遵芬:《鹂砭轩质言》第 3 卷,第 4 页。

③ 《字林沪报》,光绪十六年二月十九日。

④ 《光绪朝东华录》,总第 3100 页。

⑤ 杨悦春自述,转见蒙图素德:《中国旧民主主义革命时期内蒙古人民的革命斗争》,《内蒙古大学学报》(哲学社会科学版)1964 年第 2 期。

⑥ 李鸿章:《全书》,奏稿,第 43 卷,《量减旗租经征处分折》。

⑦ 参见《大清会典》第 100 卷,第 2 页;道光《大清律例》第 27 卷,第 26 页。

⑧ 参见刘永成:《论〈红楼梦〉时代的租佃关系》,《新建设》1963 年第 11 期;中国第一历史档案馆、中国社会科学院历史研究所:《清代地租剥削形态》上、下册各页。

力下放,绅权嚣张,自然助长了地主虐佃的残暴行径。上述一系列虐佃暴行,竟无一件是受到官府惩处的。有时官府因为害怕地主的过分苛虐而引起佃农大规模的反抗,试图稍加约束,转眼也即因地主豪绅的极力抵制而作罢了。1881 年,苏州府属长洲、吴县、元和 3 县官衙因豪绅地主苛虐和控比佃户案件过多,决定自当年冬季起,由各图专司田务的"经造"(地保)取代租栈的"催甲",统一催缴地租,"以免案牍酷比之烦"。豪绅地主却恐"权将旁落","以后租事愈不可问",联名上书布政使衙门,极力反对。而官府也就畏于豪绅威势,收回成命。① 1885 年,江苏布政使司鉴于地主把佃户押往县衙追比之前,往往私自关押拷打,曾饬各县晓谕地主,只准将佃户径直解往县衙追比,而不准私自关押拷打。苏州豪绅地主又联名上书布政使和按察使衙门,表示反对。结果,布政使、按察使衙门和苏州府署迫于压力,也把饬县晓谕地主不得私押佃户,改为饬县传谕经保,对欠租佃农"严提惩办而遏刁风"②。

　　一些乡间庶民中小地主,没有豪绅地主那样大的政治威势,不能像后者那样直接勾结官府,支使衙门胥役或私自刑逼佃户,但也大多自有一套强制和勒租的手段。有的是直接掠夺佃户的农产物,如松江一些中小地主,嫌将欠租佃农送官追比,既耗规费,又多周折,得不偿失,因而忍耐一年,待第二年新谷登场,即带领差役地保和仓工人员,将佃农收割之稻、砻磨之米,统统"登舟捆载以去"③。苏州的一些中小地主则直接到田里抢割佃农的禾稻,用所谓"捉散稻"的办法勒租。④ 有的将土地"诡附绅户名下",假借豪

---

①　《益闻录》,第 101 号,光绪七年四月二十四日。

②　《字林沪报》,光绪十一年十月初一日,又光绪十二年四月初二日。

③　《申报》,光绪十四年十一月初五日。

④　陶煦:《租核》,第 7 页。

绅地主的威势以达到苛索抑勒的目的。其具体办法是,"以自业田数十亩或数百亩,概寄大户",由大户代为收租纳赋。① 这种情况在苏州地区极为普遍,如吴县一个汪姓大地主就有中小地主的"寄栈田"3000 亩。因此,战后苏州一带,"大户益多,小户益少"②。广东也有类似情况。该省东莞一带豪绅地主假借"明伦堂"名义霸占沙田,附近一些中小地主多把田亩寄附"明伦堂","投托该绅代为出名(收租),使佃户不敢违抗,他人不敢与争"。③甚至有些庶民大地主也投靠或勾结势力更大的官绅地主,以提高自己的威势。如苏州一家"有田二千余亩"的大地主,本在城外设有租栈,但为了加强对佃户的强制力,复在城内租房,"与其戚彭氏同设一栈,欲借彭氏之势,使佃户各怀股栗也"。④

### (二)宗法统治的恢复和强化

有些地区宗法制度的恢复和巩固,也强化了主佃之间的超经济强制。战后地主纷纷修葺祠庙,厘定族规,撰修谱牒,兴建义庄,都无非为的是恢复和加强被农民革命削弱了的族权,巩固宗法统治,借以加强对农民的超经济强制。例如,太平天国起义军刚退出不久,安徽歙县程氏世忠祠即于1866 年重定族规,议定章程,恢复旧例;休宁某族于1876 年所定的"齐心公祀合同"规定,自该年起,佃户必须按年交租,"各家不得借口前有积欠,故意品扯,败坏

---

① 《益闻录》,第 101 号,光绪七年四月二十四日;《申报》,光绪九年正月二十二日。

② 华东军政委员会土改委员会编:《地主罪恶种种》,第 63 页;《申报》,光绪九年正月二十二日。

③ 张之洞:《南皮张宫保政书》,奏议初编,第 6 卷,第 16 页。

④ 《字林沪报》,光绪十一年二月十三日。

祖祀"。否则,"逐出祀外,以惩不孝"①。河南安阳东、西蒋村马氏宗族,于 1886 年分别厘定东、西支祠,家庙和义庄条规,明确规定,族内一切纠纷概由族长调处,任何人"不可轻易控告,违者以犯规论"。条规中还有一条重要"禁律",就是禁止"欺赖田租"。如违,轻则庙前杖责罚跪,不准进庙祭祀,重则呈官"责以大板四十"②。可见,封建宗法制度也是保证地租剥削的一个重要工具。

有些地区的宗法统治本来就相当强固,又没有受到农民起义的影响,在太平天国失败以后自然照旧维持,或者进一步加强。如安徽婺源、浙江富阳以及其他许多地区,往往"数里之镇,宗祠三五",不但乡落皆聚族而居,而且多世家大族。因此,"尊卑秩然","主仆之分甚严",农民不得轻易迁徙,封建地主凭借宗法制度维持原有的封建等级关系,并把农民束缚在土地上。③ 安徽怀宁在乾隆中叶,虽已有建祠堂、修谱牒一类的宗法活动,然而"不过一二望族"。到太平天国失败以后,则"比户皆知惇叙",宗法统治更加完整和严峻,"有不率教者,族主得施扑,居然为政于家"。④

不但官绅地主在战后始终把建祠续谱、厘规立约、敬先睦族等视为"竭力以成"之"大事"⑤,甚至有些早已出外经商的大地主,也极力利用宗法统治加强对佃农的直接控制。如安徽歙县的盐商就热衷于在家乡"扩宗宇"、"敬宗睦族"的宗法活动。⑥ 厦门一个"家有百万之富"的洪姓地主,一面在天津、上海和南方各省遍设

---

① 据中国社会科学院经济研究所藏:安徽屯溪档案资料。

② 马丕瑶辑:《祠堂条规》,第 16—22 页。

③ 汪正元纂:光绪《婺源县志》,疆域志,风俗,第 2 页;蒋敬时等纂:光绪《富阳县志》第 15 卷,风土,风俗,第 7 页;《申报》,光绪九年八月初七日。

④ 舒景蘅等纂:民国《怀宁县志》第 10 卷,第 8 页。

⑤ 周馥:《周悫慎公全集》,文集一,第 34 页。

⑥ 许承尧纂:民国《歙县志》第 1 卷,舆地志,风土,第 6 页。

商号,从事贸易,一面在家乡广置田产出租,"每人给田数亩,代其娶妻,俱以洪为姓"。洪家这样的佃户竟多达千人。洪氏本人也就成为当地一霸。① 很明显,洪氏既是地主,又是封建大家长。在这种条件下的佃农,不但是农奴,甚至带有家奴的性质。

宗法统治和地租剥削,二者密切关联,互相依存。一个地区的祠田、族田越多,那个地区的宗法统治也就越牢固。如广东不少地区,因为"祠产素丰",祠田、族田数量很大,祠长、族首"既藉豪势,兼恃财力;取公帑以恣挥霍,敛众费以供侵渔"。佃农往往被迫依附于豪强族首之下,"事无大小,皆听族首、族绅、祠长号召"。封建地主不但凭借宗法制度对佃农实行残酷的暴力统治和经济剥削,甚至经常驱使佃农从事大规模的械斗②,以达到其提高地方势力、分裂农民队伍的目的。

太平天国失败后,许多地区名为"济贫",实则强化宗法统治的义庄也有进一步的发展。有的地主为了抵消农民起义的影响,往往把建置义庄作为笼络人心、维持对佃农支配关系的一个重要手段。如苏州一个汪姓地主,在太平天国起义失败后,"家居不出,里中义举靡役不与",建诵芬义庄,捐田千余亩。③ 武进一个遭受农民起义打击的地主,将其战后经商所得的资产捐为该族祠产,供葺祠、祭扫以及族中"济贫"之用④,借以恢复其族权。在无锡,义庄本已废弛,由于一个地主在战后复又创行,"踵者遂数十家,

---

① 《上海新报》,同治十一年十月十六日。

② 张之洞:《奏稿》第 4 卷,第 16—17 页;李钟钰:《圭山存牍》,第21 页。

③ 曹允源等纂:民国《吴县志》第 66 卷下,列传,第 37 页。

④ 何嗣焜:《存悔斋文稿》第 3 卷,第 23 页。

敦睦之风,庶几近古"①。常熟、昭文两县的义庄也大部分是在太平天国失败后建置的。② 安徽歙县一些商人地主也纷纷"置义庄","收恤贫乏"③,以骗取族人的好感。一些豪绅地主,特别是那些因镇压农民起义而发了横财的刽子手,为了在自己脸上抹上一层"仁慈"的油彩,也往往将其抢劫和搜刮来的一部分钱财,购买田产,建置义庄,打着"敬宗睦族"的旗号,强化宗法统治,以扩充自己的权势。族田义庄的建置,江苏、浙江、安徽、湖南等省,盛极一时,官绅巨室,每姓所置动辄数百数千亩。

　　义庄土地不同于一般地主的土地,它既有所谓"恤贫"之"义",又有宗族之"公"。在农民反抗精神增强的新条件下,这一"公"一"义"的特征,使义庄地主的征租权能得到更充分的保证,江苏吴县潘氏义庄的"条规"说得十分清楚:"义田与大概私产不同。私产供一家之用,租缺尚可别挪;若义庄缺租,钱粮、赒给、公用从何挪补?嗣后收租,例限年清年款,不准颗粒拖欠。顽抗者分限追根,呈官立予准行。"无锡荡口镇华老义庄的"庄规"也有类似规定。④ 苏州一家彭姓义庄在光绪初年制定的"庄规"同样规定,"国课早完,不可拖欠。粮从租办,应用全取给于田租,如佃农恃顽,送官立惩"⑤。 就是这样,义庄地主打出"义"和"公"的招牌,催租逼佃的残暴行径反而变成了"行义",在同佃农的关系上

---

① 秦湘业等:光绪《无锡金匮县志》第30卷,风俗,第3页。
② 据统计,该两县1550—1894年累计建有义庄73处,其中建于1550—1850年间的16处,1851—1863年间的11处,而建于1864—1894年的46处(参见潘光旦、全慰天:《苏南土地改革访问记》,第61—69页),战后30年间比以前三百多年的建置数还多0.7倍。
③ 许承尧纂:民国《歙县志》第1卷,地舆志,风土,第6页。
④ 参见潘光旦、全慰天:《苏南土地改革访问记》,第94页。
⑤ 彭讷生等:《彭氏宗谱》第12卷,庄规。

变成了"公"对"私"、一族对一户的关系,从而增强了逼租威力。有的还采用扣除义谷的办法驱使同族人催逼地租。如吴县范氏义庄的"庄规"规定,"义庄勾当人催收租米不足,随所欠分数克除请受(如欠米及一分,即只支九分请受),至纳米足日全给"。① 在这里,通过义谷、钱粮和地租的一致性,义庄把政权和族权结合得更加紧密了。

### (三)官府对地主征租权的维护

地主对农民的超经济强制,是以封建土地所有制为前提的。因此,正如列宁所指出:"谁有地,谁就有权有势。"②但是,这种强制又不能离开国家政权的支持。地主的相当一部分强制权又是由国家政权来行使的。太平天国失败后,佃农反抗加强,"非严刑比责不为功"③,因而除非地主依仗国家政权的支持,就无法有效地支配佃农,保证其征租权的实现。所以,地主在恢复和强化对农民的超经济强制的过程中,愈来愈依赖官府的暴力。

战后租佃关系中的一个突出的现象,就是地主竞相把"送官究治"作为维持和加强对佃农的人身控制和经济榨取的有效手段。江西奉新登瀛集公田的章程规定,佃户抗欠田租,"即禀官究治"④。山东海丰宝箴堂地主在光绪前期所定的"租佃章程"具体规定,佃户分种各地,必须按划定的地块面积耕作,"不得遗漏短少",且须"按时上粪耕锄";收获时,所割庄稼"均须报清数目";平时所干的一切活路均须"听管事爷们随时查看";一切行动"须听

---

① 潘光旦、全慰天:《苏南土地改革访问记》,第94—95页。
② 《列宁全集》第6卷,1959年版,第337页。
③ 《字林沪报》,光绪十一年十二月初十日。
④ 帅方蔚纂:同治《奉新县志》第3卷,第51页。

管事爷们指使”。否则，不是罚一年的粮食“充公”，就是“革除另行招佃”，而最厉害的一招是“送官究治”。① 苏南某地主的“租由”上总是写着，“现届秋成，尔佃应选干圆好米，依限送仓”；“如故迟延观望，丑米搪交，违限拖欠，送官究惩”。② 此外，战后大量的租佃契约中，都可看到“送官究治”的条文。例如，在福建永安黄历乡现存的8件契约中，鸦片战争前的4件都没有“呈官究治”的条文，而鸦片战争后的4件中，却有两件分别写明：如欠租及其他违约事项，“许本主另行改佃、呈官究治无词”（1872年）和“任本主呈官究治，另行下伙改佃，佃人不敢阻占”（1877年）等字样。③ 这种直接以官府暴力为后盾的契约关系，乃是一种赤裸裸的超经济强制关系。而且，在不少场合，这种租佃契约本身，就是借助官府暴力达成的。如江苏吴江的豪绅地主，就是经某巡抚奏准同意，用拘押、鞭笞等残酷手段，强迫农民立契佃种土地的。契约上还写明，愿耕某氏之田，“子孙世世永为佃户”，如佃户逃亡或绝后，则以其亲戚代之。④ 金匮一恶霸地主，因佃户死亡，土地无人耕种，即强迫原佃邻居立契租种。邻居不允，该地主居然将其“挟去痛殴，复讼之官”，谓其“抗租”。⑤

正是倚仗“禀官”这种手段，地主更加随心所欲地催逼地租，惩办欠租佃农。如苏州地主遇佃户欠租，“无不送官追比”，每到

---

① 中国社会科学院经济所藏抄件，又见李文治：《中国近代农业史资料》第1辑，第295—296页。

② 黄伯禄：《关于中国财产的技术概念》，第156页。

③ 参见傅衣凌：《明清农村社会经济》，第29—30页。

④ 国民党政府实业部中国经济年鉴编纂委员会：《中国经济年鉴》，1934年，第七章，第G170页。

⑤ 《益闻录》，第135号，光绪七年十二月二十五日。

冬季，"业户之以佃户送县请比者，不绝于途"。① 在松江，被押往县衙或游街示众的欠租佃农"成群结队"②。浙江的一些地主，因为有官府暴力做后盾，逼租气焰异常嚣张。如山阴县一个"有田千亩"的地主，灾年遣司账下乡勒租，规定租谷"必以八成实量"，否则，"宁空船而归，送官究治也"③。皖南一些地主最常用的勒租办法则是"鸣保呈追"④。在湖北某些地区，如果佃户抗租，地主"必乞威力于牧令以惩之"⑤。直隶天津一带的情况，也大致相似，"倘租不足其额，辄禀送讯追；或地易主，而佃不退地，亦禀送讯究"⑥。官田旗地地主对付欠租佃农的常用办法同样是"送地方官监比"⑦。总之，太平天国失败后，地主控比佃农之风"遍行各处"⑧。官府的直接暴力成为地主强制佃农的重要手段。这种趋势，愈到后来愈加明显。

由于租赋同源⑨，"粮从租出，租由佃完"，封建官府为地主收租逼佃是很自然的。

还在镇压太平天国起义的过程中，江苏等省就开办了"租捐"，筹措军饷。其具体办法是，县衙统一印发"收租由单"，由地

---

① 《字林沪报》，光绪十二年十二月初五日；《申报》，光绪三年十二月初十日。

② 《申报》，光绪十四年十月二十三日。

③ 《字林沪报》，光绪十五年十二月二十六日。

④ 据中国社会科学院经济研究所藏：皖南租簿文约资料。

⑤ 胡林翼：《胡文忠公遗集》第 85 卷，第 4 页。

⑥ 徐宗亮等纂：光绪《重修天津府志》第 26 卷，风俗，第 5 页。

⑦ 朱以增：《请将顺直王庄遇灾削减分数并佃租归官征解疏》，葛士濬编：《皇朝经世文续编》第 38 卷，第 12 页。

⑧ 《申报》，光绪十四年十月二十三日。

⑨ 江苏吴江县令的《劝民还租歌》中说："粮出于租人共晓，租不完清粮亦少"（《申报》，光绪二年正月二十八日），颇能说明这种租赋同源的关系。

主持单向佃户收租,佃户完租后将收据交地保备查,地主收租后按定例完捐。① 这可以说是官府直接为地主收租的开始。1863 年,太平军退出苏州城前夕,苏州府又应当地豪绅地主的要求,设立了专门为地主收租的官方机构——"收租局",负责长洲、元和、吴县 3 县地主(主要是城市大地主)的收租事务。其交换条件是将所收地租的一部分解充镇压太平天国的军饷和地方官用。② 常熟县也于次年设立"催租局",由县印发"收租由单"。地主持单收租,县派"委员到局追比",谓之"比租由"。③ 这是租捐的进一步发展。

太平天国失败后,苏州豪绅地主纷纷恢复和设立租栈,自行收租,无须再由"收租局"直接掌管日常的收租事务。于是,"收租局也改名为"催租局"(又叫"追租局")。催租局是一种常设机构,其职责由原来掌管地主日常收租事务改为派遣差役为地主勒租,或拘押、追比欠租佃农,享有刑讯佃农的特权,成为专门残害佃农的暴力机关。1890 年,苏州豪绅地主为了对付佃农抗租,曾联合长洲、元和、吴县 3 县的乡间中小地主,一度将"催租局"扩大为"收租总局"。④ 吴江则设有专门为地主关押和拷讯欠租佃农的

---

① 江苏定例是每收租 1 石,完捐 480 文(参见陆筠:《海角》,附载于《漏网喁鱼集》,第 146 页)。

② 陶煦:《租核》,第 12 页;王炳燮:《毋自欺室文集》第 6 卷,第 2 页。

③ 陆筠:《海角》,附载于《漏网喁鱼集》,第 145 页。

④ 原有的"收租局"或"催租局",主要是为苏州城里的大地主收租。1889 年苏州等地遭受水灾,秋收不及六成,佃农普遍抗租。豪绅地主为了加强勒租力量,于 1890 年年初报请苏州府署批准,联合 3 县城乡大、小地主扩大设立"收租总局"。将所有地主编号造册,由总局统一收租,其条件是以所收租额的二成,由总局统一解缴地丁。但在开局征租后,该局又改为地丁由业户自缴,因而同官府发生矛盾,官令撤销(参见《字林沪报》,光绪十六年正月廿日,又同年二月初九日、十九日)。

"押佃公所"。①

在佃农增强反抗精神,租佃关系出现某种松弛趋势的情况下,"催租局"在保证地主征租权方面起着十分重要的作用,受到其他地区特别是邻近的松、太地区地主的称赞,说什么"催租之法莫善于苏州"。"噫嘻! 人不欲业田则已,苟欲业田,其必如长、元、吴三县之富绅巨室而后可哉!"于是这些地区也纷纷要求官府仿效苏州办法,设立"催租局",直接为他们逼租。②

但是,除了苏州等少数地区设立专门机构为地主收租外,各地官府更多的是利用原来的征粮机构为地主催租。他们有的是在秋收之后和办漕之前,张贴告示,勒令佃农按时完租。如上海县在1874 年开办冬漕前,即出示威逼佃农"赶紧砻米交租,以便业主完粮"③。有的还具体规定租谷的规格、质量。如上海县的又一个《谕催完租告示》勒令佃户"赶砻干净好米交纳",否则,"定即提案押追,决不宽贷"。④ 1889 年,浙江萧山水灾,佃农普遍无米偿租,县衙告示不但强迫佃户按时交纳,而且规定质量要好,如敢"将芽谷瘪谷搀和者","定当重究"。⑤ 至于对各种形式的抗租斗争,更是极力预先防范和禁止。松江府娄县一个新到任的县令,恐佃农抗租,即于1881 年开办冬漕前,出示"先将刁顽佃户禁止"⑥。扬州地主逼租,经常逼死佃农,命案迭出,官府即于每年七月前张贴告示,禁止佃户"自杀"。否则,"勒令死者家属自行殓埋,并坐以

---

① 黄兆枬纂:光绪《平望续志》第 2 卷,官舍。

② 《申报》,光绪十四年十月二十三日;《字林沪报》,光绪十七年十一月二十三日。

③ 《申报》,同治十三年十一月三十日。

④ 《申报》,光绪五年十一月二十七日。

⑤ 《字林沪报》,光绪十五年十一月十一日。

⑥ 《益闻录》,第 132 号,光绪十五年十一月十一日。

知死不救之罪"①。在佃农普遍抗租的吴江县,县令还写了《劝民还租歌》,广为张贴②,企图以软硬兼施、威福并用的手段,达到迫使佃农交租的目的。

有的地方官在征粮之前,先派粮差为地主下乡催租,或者为大地主"专设粮差",代为逼租。③ 原有的粮差变成了"租差"。在苏州,除专设"催租局"外,县衙为地主提供粮差催租已成"常例"。④那里的大地主每逢下乡催租,必带差役二三人偕行,名曰"差船"。每到冬季,县衙因地主纷纷催租,原有差役不敷使用,必须临时加雇,以致"城市酒肆无赖之人,悉受雇而为隶役"⑤。常熟、昭文县令则亲自下乡传谕经保为地主催租。⑥

官府为地主催租最常用的残酷手段是抓捕关押和严刑拷打欠租佃农。前面说过,太平天国失败后,地主催租逼佃最厉害的一招就是送官追比。而官府对佃农更是"治之如盗贼"。他们为了"速解钱粮,以邀上司之奖",对欠租佃农"勒限追比,不遗余力"。⑦甚至形成这样一种风气:官吏残害佃农越狠,越"能弋取声誉";否则,就被认为是"遄抗赋课",以致"谤讻丛集"。于是,一些州县官就"自诩精明,专务严酷",专以残害佃农为能事。⑧ 抓捕佃农不厌多,刑讯佃农不怕毒。浙江永嘉县令应一个吴姓地主的请求,一次

---

① 《申报》,光绪六年九月初八日。

② 《申报》,光绪二年正月二十八日。

③ 《汇报》,第 138 号,光绪二十五年十二月二十日。

④ 《字林沪报》,光绪十六年闰二月二十三日。

⑤ 陶煦:《租核》,第 12 页。

⑥ 《益闻录》,第 1024 号,光绪十六年十一月初二日;杜元穆:《海狱轩丛刻》,寄螺行馆,第 1 卷,第 12—13 页。

⑦ 《字林沪报》,光绪十二年十月初七日;《申报》,光绪二年十二月十三日。

⑧ 《字林沪报》,光绪十二年十月初七日。

就抓捕佃农 20 余人。① 江苏元和县令为了进行恫吓，防止佃农欠租，在谢塘镇一地，一次抓捕佃农 7 人，施行毒打后，又"荷以头号长枷"游行示众。② 吴县等地每到冬季，县衙拘捕佃农竟多至"收禁处有不能容者"③。至于对佃农的刑讯拷打，更是残酷至极。浙江山阴县令讯办一个欠租佃农，一听"无力完缴"，二话未说，即笞四百板，枷号示众。又一佃农请求宽限，该县令"当喝掌颊"④。各地惩办佃农的刑罚，名目之多，难以胜数。在苏州地区，仅鞭笞就有"枷比"、"一板见血"、"血比加浇头"、"带血比"等多种名目。⑤

　　按清律规定，对佃户欠租的惩治是杖八十。太平天国失败后，有的省份放宽限制，规定"比责佃户不得过满杖（按：清刑制杖一百为满杖）。再重亦准枷示而止，不得滥用木笼"⑥。可是，州县官府惩治欠租佃农时，满杖和枷示成了最起码的刑罚。而且，枷示必与杖责同时使用，谓之"比枷"，木笼也经常"滥用"。至于杖责程度，不是以百为极限，而是以百甚至以千为计量单位，即所谓"其杖也不计百而计千，其枷也不用轻而用重"⑦。往往被打至"血肉飞流"之后，还要荷以头号长枷示众。在苏州地区的县衙或"催租局"，每天如此刑讯佃农的案件，竟多达"百数十起"。每年冬季，长洲、元和、吴县三县衙门两侧，捆绑枷颈示众的欠租佃农"数以

---

① 《益闻录》，第 604 号，光绪十二年九月初九日。

② 《益闻录》，第 1028 号，光绪十六年十一月十六日。

③ 陶煦纂：光绪《周庄镇志》第 4 卷，第 3 页。

④ 《益闻录》，第 1211 号，光绪十八年八月二十九日。

⑤ "其尤为严峻者则曰带血比。带血比者何？谓受笞之后，两腿尚血液淋漓，复加重笞，使其痛上加痛也。受此刑者，即使壮盛之年，强悍之辈，亦必致肢躯委（萎）顿，筋骨受伤"（《申报》，光绪十四年十月二十三日；又参见光绪《周庄镇志》第 4 卷，第 2 页；《申报》，光绪三年十二月初五日）。

⑥ 《江苏省例续编》，藩例，同治十年。

⑦ 《字林沪报》，光绪二十年九月十五日。

百计",因枷打而拖毙者,"不可胜计".①

封建地方政权的经济职能本来是征粮,至于租佃之事,"定例丞佐官不得擅专"②。现在官府既然把为地主催租视为征粮的必要手段,代地主催租逼佃,也就成为地方官的一项任务。因此,在像苏州这类地权异常集中的地区,就出现了这样的情况:"为赋受刑者无几人,为租受刑者奚翅(啻)数千百人。"③不仅如此,在惩办和摧残佃农的过程中,衙门丞簿、胥役,还要敲诈勒索,"恃此为常例之出息"④。他们不但"视费之多寡,以定办之轻重"⑤,而且为了广开财源,大搞"株连蔓延之术"。不仅勒索于佃户,还勒索于其亲族、邻里或其他稍有瓜葛者,"锁圩保,拘族邻,旁敲侧击,不厌不休"⑥。从而使得这种摧残佃农的行径进一步恶性发展。

一个颂扬"同治中兴"的美国人曾说,同治朝土地政策的"致命弱点,在于没有过问日益增长的佃农问题和大地主对佃农地位的摧残"⑦。问题何止如此! 官府直接为地主催租逼佃的上述种种暴行表明,封建国家已经成为豪绅地主的驯服工具,怎么还能谈

① 参见《字林沪报》,光绪十二年十二月初五日;《益闻录》,第627号,光绪十二年十二月十二日;《申报》,光绪二年十二月十三日,又光绪五年十二月初五日。
② 陶煦:《租核》,第2页。
③ 陶煦:《租核》,第3页。需要附带指出的是,这种情况也同时说明,该地区土地兼并严重,小土地所有者被剥夺殆尽。
④ 《字林沪报》,光绪十二年十二月初五日。
⑤ 《申报》,光绪五年十二月初五日。
⑥ 《字林沪报》,光绪二十年九月十五日。
⑦ 莱特:《同治中兴,1862—1874》(M. C. Wright, The Last Stand of Chinese Conservatism: The T'ung-Chih Restoration, 1862—1874),第166—167页。

得上遏制地主对佃户的摧残？

清政府在直接运用暴力手段为地主征租效劳的同时，还通过保甲基层组织加强对佃农特别是客民佃农的户籍管理和人身控制，赋予地主以管束佃农的权力，以维护和强化主佃之间的支配与被支配、剥削与被剥削关系。前面提到的清政府限制人口流动和禁止客民自由迁徙的措施，既是出于巩固封建秩序的考虑，又是为了防止农民擅自离开原租土地，保证原籍地主的征租权，而防止客民自由迁徙，则是保证客民寄居地的地主征租权。如1879年浙江布政使颁发的"土客善后章程十条"规定，垦种有主荒地的客民一律"照章完租"，"不准秋后逃避他往"。① 马新贻也是靠"寓以保甲之法"以达到"业佃相安"的目的。② 在赋予和肯定地主以约束和管制佃户的权力方面，如河南卫辉府将客民编立保甲时明确规定，客民必须"各听房主、地主约束"③。四川彭县县令要求地主加强对客民的稽核管束，并告诫他们，招纳客民佃户不能"只图重租"，而必须查明来历，有人认保，方可招留。④ 封建政权这样做的结果，既提高了地主的政治威风，加强了他们对佃农的强制力量，又巩固了封建基层统治。在许多地区，保甲组织变成了地主勒租逼佃的工具。如浙江平阳县令向地方豪绅保证，对于他们的要求，只要有关"公事利弊，无不接见乐听"，同时命令圩董地保对"佃户逋租私顶"的行为，必须力行"禁绝"，"决不能稍从宽假"。⑤ 兰溪更是把禁止佃农抗租作为整顿保甲的一项重要内容。该县在

① 石中玉等纂：光绪《嘉兴县志》第11卷，土客交涉，第49页。
② 马新贻：《奏议》第3卷，第51页。
③ 严作霖：《陕卫治略》第9卷，《示谕乡约保甲以善风俗以防盗贼》。
④ 潘彬：《天彭治略》第2卷，第3—7页。
⑤ 汤肇熙：《出山草谱》第5卷，第45页。

1874 年查办保甲时,每户发有一纸门牌,内有四条"禁律",其中一条就是"禁承垦抗粮,承佃抗租"①。

总之,战后清政府不仅直接使用暴力保证地主的征租权,严禁佃户抗欠,而且运用国家权力迫使佃农固着原佃土地,巩固地主对佃农的支配关系。封建政权的上述做法,正是太平天国革命失败后,农村租佃关系中超经济强制加强的主要因素和显著特点。

## 三、地租剥削的加深

封建地租是封建土地所有权由以表现的经济形式。封建政权和地主阶级恢复和强化对农民的超经济强制,其目的是为了维持和加重对农民的地租剥削。

农民大起义失败以后,地主对佃农的地租剥削处于这样一种特殊的历史条件:一些地区的地主,一方面因遭受战争破坏和农民起义的打击而财力空虚、经济困窘;另一方面又因商品经济的发展和社会风气的日趋奢靡而需求陡增,从而使其对农民的反攻倒算和地租剥削愈加猖狂和贪婪。而农民则因生产力遭受长期战争的破坏,特别是封建统治者的残酷搜刮和掠夺,负担地租的实际能力大幅度下降。这就造成了战后地租剥削深度的急剧增长。在农业生产明显凋敝和衰退的地区,即使地租额维持不变,甚至有所下降,也不一定意味着地租剥削的减轻。

### (一)地主奢靡风气的滋长及其贪欲的膨胀

在农民起义期间,一些地区的地主虽然遭受了沉重的打击,但

---

① 该门牌现藏浙江省博物馆。参见王兴福:《太平天国革命后浙江的土地关系》,《史学月刊》1965 年第 5 期。

其贪欲和奢靡习性并没有因此而改变。那些曾经被弄得"囊无一文"、"身无一粒"①的逃亡地主,一返回原籍,立即恢复了过去那种奢靡的寄生生活。所谓"修我墙屋,宜尔家室,堂构重新,箕裘再绍"②,就刻画出了地主阶级恢复统治后的奢侈生活和得意心理。浙江兰溪地主遭受革命的打击不算轻,可是太平军一退出县城,他们的生活就"渐趋于奢"。馈遗宴饮,率相浮华争艳。③ 陕西朝邑,自捻、回起义后,地主"家道中落者极夥,然奢习未减"。战后的蒲城,一方面是"诸物昂贵,生计维艰",另一方面是富豪生活"日趋奢华"。④ 至于那些因镇压革命而发了横财的官僚缙绅,就更不待言了。所谓"先人则一意贪钱,后嗣则百般挥霍"⑤,颇能概括这些官僚地主及其家族的搜刮行径和奢靡生活。

尤其是战后商品经济的发展和洋货的入侵,进一步助长了地主的奢靡风气。如果说,在商品流通有限的闭塞状态下,一些乡间地主或许尚以"珍惜物力,切忌奢华"之类的"祖训"、"家规"自慰的话⑥,那么,随着商品流通的日益发展,地主就无不以奢靡为乐、斗阔为荣了。如湖南攸县,"昔时士大夫家居,非严寒不御裘";战后则不然,每年用于购买关中轻裘、苏杭和岭南锦绣者,动辄"数

---

① 柯悟迟:《漏网喁鱼集》,第 25 页。
② 王德森:《岁寒文稿》第 6 卷,第 12 页。
③ 唐壬森纂:光绪《兰溪县志》第 1 卷,风俗,第 2 页。
④ 宋伯鲁等纂:民国《续修陕西通志稿》第 195 卷,风俗一,第 16、18—19 页。
⑤ 郑观应:《盛世危言续编》中卷,吏治,第 1 页。
⑥ 乾、嘉年间皖南一家李姓地主的租簿扉页上写着这样一副对联:
　　　创业维艰,祖父备尝辛苦;
　　　守成不易,子孙宜戒奢华。

万金"。① 浏阳"往时民俗朴,城市罕酒家,宴会不设珍肴,衣服亦罕罗绮。今渐不然,以服饰骄人"②。四川彭水一带,"商贾未通时,民间衣止布素,食止鸡豚;近因各省通商,锦绣纨绮及山珍海馔,市肆中皆可购买",民俗渐变。③ 黑龙江地区也因商业发展和官兵转战内地,"一切悦目娱心之事,不招自至",民俗因之"由俭入奢"。④

　　洋货的入侵对战后地主奢风的发展产生更为明显的影响。第二次鸦片战争以后,洋货进口显著增加,并不断深入内地。其中特别是鸦片毒品、洋烟洋酒等嗜好品以及各种奢侈品,大而服食器用,小而戏耍玩具,由沿海而内地,由城市而乡村,"渐推渐广,莫之能遏"⑤。上海和其他城市以及沿海地区的地主、商人"争相购置"洋货,"服饰器用,习为奢靡"⑥。70年代的浙江一带,已经是"钟表玩具,家皆有之;呢绒洋布之属,遍及穷乡僻壤"⑦。浙江湖州有些地主,不但楼阁全仿洋式,家中器具亦不例外,"即一灯一镜,悉用舶来品。各出新奇,借以争胜"⑧。到90年代或稍晚些时候,"吸洋烟(按指吕宋烟、卷烟等)而嗜洋酒者,日见其多"⑨。进

① 陈之骥纂、严鸣琦续纂:同治《攸县志》第18卷,风俗,第4页。
② 邹焌杰等纂:同治《浏阳县志》第8卷,学校,第37页。当时一位大官慨叹湖南一带"世局日坏,而人情日竞于奢"(刘蓉:《与瑟庵从弟书》,葛士濬编:《皇朝经世文续编》第56卷,礼政七,第5页)。
③ 支承祜等纂:光绪《彭水县志》第2卷,第63—64页。
④ 徐宗亮纂:《黑龙江述略》,第17页,《小方壶斋舆地丛钞》,补编帙一。
⑤ 姚光发等:光绪《松江府续志》第5卷,第15页。
⑥ 顾家相:《蠡堂文集》第5卷,第3页。
⑦ 郭嵩焘:《伦敦致李伯相》,《三星使书牍》第1卷,第45页。
⑧ 周庆云纂:民国《南浔志》第33卷,风俗,第6页。
⑨ 《申报》,光绪十六年正月二十七日。

口的罐头、冰淇淋、果子露、卷烟等，已经深入四川等处内地，洋纱
（一种细布）及各种玩耍之物，也成为那些地方富户的时尚用品。①

正是在商品经济和洋货入侵的刺激下，战后地主的奢靡和
贪欲达到了惊人的程度。举凡衣食住行、婚丧喜庆、宾朋宴
饮，无不争阔斗奇，随意"逾制"②。他们"衣服则绸绫不足，必
尚锦绣；食用则鱼肉不足，必尚珍馔；居处则华屋不足，必尚洋
房；出入则小车不足，必坐马车"③。总之，战后地主"用度之奢
侈，百倍前人"④。

地主用度如此奢侈，势必要以贪济奢，"嗜利以济其欲"⑤，变
本加厉地榨取农民血汗。农民起义一被镇压，一些地区的地主
不但立即恢复了对佃农的地租剥削，而且贪得无厌地追缴陈
欠。其追欠年限之长、数额之大，十分惊人。如前文提到的黟
县那家地主，清租追欠的范围，不但有太平天国占领期间
（1853—1864 年）的新欠，而且有租簿自 1847 年开始记账以
来的旧欠乃至 1846 年以前的老欠。追欠的年限、数额有如
下表⑥：

---

① 刘天锡等纂：民国《合江县志》第 4 卷，礼俗，第 42 页；马湘等纂，光
绪《越嶲厅全志》第 10 卷之一，风俗，第 5 页。

② 本来按照封建等级制度，地主士绅"衣食服用，各有等差"。太平天
国失败后，则"但力能为，即任意服用"。例如，"向来缎衣貂帽，例非绅士不
能僭"；战后"则舆台胥吏亦有服之"。其他如宾延、婚丧也都"显逾于制"
（参见黄兆柽纂：光绪《平望续志》第 1 卷，第 2 页；黄厚本等纂：光绪《金山县
志》第 17 卷，志余，第 4—5 页；侯绍瀛纂修：光绪《沛县志》第 3 卷，第 6 页）。

③ 阙铸补斋编：《皇朝新政文编》第 1 卷，政治二，第 2 页。

④ 《申报》，光绪三年三月初二日。

⑤ 姚光发等纂：光绪《重修华亭县志》第 23 卷，杂志。

⑥ 表中租米原单位为斗、升，现按当时黟县地区计算标准，即 20 升为
一斗，16 斗为一石，折算简化为石。谷、豆项原斤后有两，亦略去。

太平天国失败后安徽黟县某地主追欠简表

| 地租实物种类 ＼ 追欠年限 | 1846 年以前 老　　欠 | 1847—1852 年 旧　　欠 | 1853—1864 年 新　　欠 | 合　　计 |
|---|---|---|---|---|
| 米 | 3.3 石 | 0.6 石 | 1.1 石 | 5 石 |
| 谷 | 2252 斤 | 596 斤 | 2710 斤 | 5598 斤 * |
| 豆 | 84 斤 | 130 斤 | 570 斤 | 784 斤 |

注：* 追欠清单所载此数比各期欠数合计多 40 斤。

被追欠的 23 名佃户中，有 6 名从 1847 年开始记账以来从未交租，这时也一律清算追缴，追欠数额相当于每年应纳租额的 50 倍以上。即就年年交租有账的佃户而言，其被追欠额亦平均相当于每年租额的 5 倍左右，最高的达 12 倍以上。十分明显，这样大的欠额，自然不可能在短时间内清缴。它不但可以滚到佃户的子孙头上，而且可以滚到后赁佃户头上。

这只是战后地主剥削贪欲空前膨胀的一个典型事例。正是这种空前膨胀的贪欲，驱使他们疯狂地追欠倒算，不择手段地提高租额和租率，加重地租剥削。

### （二）正租和浮收的加重

增加正租和进行额外浮收是地主加强地租压榨的主要途径之一。

地主提高正租额的具体手法是：

第一，增加单位面积租额。这是地主最常用的增租手段，在人多地少、地价上涨、佃农需求土地迫切或地权高度集中的时候或地区,尤其是这样。如广东番禺,因"田稀人众,供不逮求",于是地租"渐增"。① 湖南攸县,因"田价日昂",地租随之而上升。② 在苏州,随着土地日益集中于少数豪绅地主手中,地租的增长也就"日益无限量之程"③。1869 年和 1870 年,安徽亳州先后将"逆产"两起充入书院,原租分别为 20 千文和 87 千文,入书院后分别增加 4 千文和 48 千余文④,其增加比例分别为 20% 和 55%。1858 年开始归直隶广平府征收的护城河鱼藕租,租额原为三四百千文至 800 千文不等,从 1894 年起,每年增至 1200 千文。⑤

地主提高单位面积租额的一个重要手段是提高土地等则。在长期的耕种过程中,佃农对土地进行某些改良,或将旱地辟为水田,或提高土地肥沃程度等。到一定时候,地主就通过提高土地等则的办法,增加地租,把佃农的投资和劳动掠为己有。如湖南临湘有一宗学田,原来全部是旱地或中、下则水田,后来佃农将旱地辟为水田,太平天国失败后,官府进行清查,将新辟水田和原来一部分中、下则田,统统改成上则田完租,租额由原来的谷 22 石 5 斗或银 8 钱提高为谷 47 石 4 斗或钱 8 千文,分别增加 1 倍和 4 倍以上。⑥

如果地主不能迫使原佃增租,就要通过撤佃来达到目的。因此,增加地租往往同撤换佃户联系在一起。如前述黟县地主在清

---

① 丁仁长等纂:宣统《番禺县续志》第 12 卷,第 2 页。
② 陈之骥纂、严鸣琦续纂:同治《攸县志》,光绪十八年重印本,第 18 卷,风俗,第 2 页;陶煦:《租核》,第 6 页。
③ 陶煦:《租核》,第 6 页。
④ 宗能征纂修:光绪《亳州志》第 7 卷,学校志,书院,第 85 页。
⑤ 胡景桂纂:光绪《广平府志》第 89 卷,学校略上,第 5—6 页。
⑥ 熊兴杰等纂:同治《临湘县志》第 5 卷,学校志,书院,第 20—21 页。

租时,为了提高地租征额,就大批撤换了佃户。① 福建永安一个邓姓地主,有田一处,原租 2 石,1877 年撤佃后,租额增至 3 石。② 四川成都马厂官田在长期的垦种过程中,佃户把原有山坡旱地辟为水田,官府为了增加租额,即以佃户垦辟坡地"匿不报明,实属蒙混"为罪名,于 1881 年强行撤换全部佃户,然后将原来的旱地租全部改为水田租,租额由 205 石增至 437 石,提高了 113%。③ 德阳有一宗学田,原额租钱 270 千文,1871 年通过换佃,增加租钱 100 千文。④ 在射洪县,因为地主往往通过撤佃以达增租之目的,所以既有"增租之弊",又有"易佃之弊"。⑤ 山西口外归化等 5 厅的蒙旗地,"逐佃增租"是当地最多的讼案之一。⑥

第二,加大征租面积。在不增加单位面积租额的条件下,地主则千方百计地通过加大征租面积以增加地租总额。为此,地主总是把田头地角和山边林畔等非耕面积统统计入征租土地。⑦ 有的

---

　　① 在被该地主列入追欠名单的 23 名佃户中,被撤换的有 17 名,占 73.9%。通过撤佃,地主不仅获得了一笔旧欠,而且提高了地租实收量。如 11 号田,原佃年年短欠,新佃一连五年十足交租;12 号田原佃 1862 年交八成,次年未交,而新佃除头年交租不足外,其后一连五年十成交租,等等。

　　② 傅衣凌:《明清时代福建佃农风潮考略》,《福建文化季刊》第 1 卷第 1 期,第 14 页。

　　③ 《京报》,光绪七年三月初二日,又见《申报》,光绪七年三月十六日。

　　④ 刘宸枫等纂:同治《德阳县志》第 15 卷,学校,第 30—31 页。

　　⑤ 钟体志:《澡雪堂文集》第 8 卷,第 29 页。

　　⑥ 张之洞:《奏稿》第 3 卷,第 16 页。

　　⑦ 四川彭县一家舒姓地主因为没有将田边林畔计入征租面积而受到地主文人的特别称颂,谓其"田林畔竟不计入(征租面积)",是"厚待佃户"的"乡贤"(吕调阳等纂:光绪《重修彭县志》第 7 卷,乡贤志,第 35 页)。由此可见,不以田边林畔来加大征租面积的地主是很少的。

地主则干脆采取"虚地实租"的办法,来扩大征租面积。① 这实际上是增加单位面积租额的另一种手段。有时因为佃户垦辟余土,地主即"借逋欠为退佃计",以加大面积,提高租额。② 在土地的买卖过程中,卖主为了多得地价,也往往以少作多,虚报土地面积。地主即以虚报面积作为出租面积。结果,佃农负担地租的面积要比实际面积大得多。这在某些地区,也是加重地租的一个重要手段。如湖南善化,"流卖田亩,相习以少作多",因而地租苛重,佃农"多形拮据"。③ 苏州不少地方,也因"亩窄地硗",以致土地收成"实恒不足",佃农所负担的地租加倍沉重。④ 官田、旗地则大多通过清查"浮地"来加大征租面积。如吉林,于 1878 年通过清丈嘉庆末年以来招垦的官荒,加大面积,岁增租银 10 余万两。⑤ 1885—1888 年间,又在吉林府等处勘明纳租官地 633084 垧,其中新丈出的"浮多地"达 237570 垧,占 37.7%。⑥ 其后又对几经蒙公允准"永不勘丈增租"的蒙旗地进行清丈,结果增加征租面积 146000 余垧,新增面积超过原征租面积 1 倍多。⑦

第三,改变地租形态或征租方式。农民大起义失败后,占统治地位的地租形态仍然是实物地租,但在某些地区,货币地租也有了进一步的发展。而地主对地租形态的选择,除受客观

---

① 如陕西长安一家郭姓大地主,总是把八分地当一亩出租(参见长安县文教局:《长安县马厂地主庄园博物馆》,《文物》1959 年第 1 期)。

② 郭岐勋纂:同治《桂东县志》第 9 卷,风俗,第 4—5 页。

③ 张先抡等纂:光绪《善化县志》第 16 卷,风俗,第 10 页。

④ 王炳燮:《毋自欺室文集》第 6 卷,第 33 页。

⑤ 《政府公报》,第 1064 号,民国四年四月二十五日,转见南满洲铁道株式会社:《满洲旧惯调查报告》下卷,附录,第 104 页。

⑥ 据李桂林等:光绪《吉林通志》第 31 卷,第 1—8 页统计。

⑦ 《谕折汇存》,光绪二十四年七月二十四日,转见南满洲铁道株式会社:《满洲旧惯调查报告》,前篇,蒙地附录,第 86—87 页。

经济条件的制约外,就其主观要求而言,则是以最大限度地攫取地租收入为原则。如果他们认为钱租更有利,就不妨实行钱租制。反之,如果谷租更有利,则不妨将钱租改为谷租。这种事例,在这一时期皖南的一些地主租佃资料中,是屡见不鲜的。如黟县一家地主有租田二宗,曾先后由谷租改为钱租,但都只实行了一二年又改回谷租。通过这一变动,谷租征额分别增加 15% 至 27% 。①

更为常见的是征租方式的变换,即由分成租改为定额租,或由定额租改为分成租。太平天国革命前,已经出现了分成租向定额租转化的趋势。但是,在太平天国失败以后的一段时间内,随着生产力的严重下降,一些地区的地主为了防止地租减少或无收,又纷纷改定额租为分成租。在皖南祁门、黟县、休宁 3 县 12 户地主的 412 宗租田中,大起义前的 1829—1846 年,由分成租改定额租者 10 宗,由定额租改分成租者仅 1 宗;1860—1863 年,由定额租改分成租者 3 宗,没有分成租改定额租的;1864—1870 年,由定额租改分成租者 17 宗,由分成租改定额租者仅 1 宗;1871—1880 年,由定额租改分成租者 7 宗,由分成租改定额租者 9 宗。改制前后的租额变化,有如下页表。②

从表中可以看出,征租方式的变换趋势,太平天国起义以前是由分成租改为定额租;战争期间和战后最初几年,由于农田生产低落,又转而由定额租改为分成租;自 70 年代以后,随着生产力的稍许恢复,分成租改定额租的宗数又逐渐增加。

---

①　据中国社会科学院经济研究所藏:《孙居易堂租簿》。

②　据中国社会科学院经济研究所藏皖南租簿文约资料编制。

## 改制前后租额比较表

1829—1880 年 稻谷租,单位:斤

| 年度 | 征租方式变换 | 宗数 | 原租额 | 新定租额 | 改制前三年地租实收量 | 改制后三年地租实收量 | 后三年为前三年% |
|---|---|---|---|---|---|---|---|
| 1829—1846 | 分租改额租 | 10 | | 492 | 377 | 467 | 124 |
| | 额租改分租 | 1 | 40 | | 33 | 23 | 70 |
| 1860—1863 | 分租改额租 | 0 | | | 274 | 255 | 93 |
| | 额租改分租 | 3 | 514 | | | | |
| 1864—1870 | 分租改额租 | 1 | | 420 | 327 | 326 | 100 |
| | 额租改分租 | 17 | 2678 | | 1533 | 1719 | 112 |
| 1871—1880 | 分租改额租 | 7 * | | 459 | 318 | 399 | 125 |
| | 额租改分租 | 7 | 1025 | | 790 | 861 | 109 |

注:＊原为9宗,其中一宗改制前曾一度自种,另一宗改制后多年未记收数,均不便比较,故略去。

一般地说,生产下降时,分成租改定额租对地主有利,因租额不会随产量下降而下降;生产上升时,定额租改分成租对地主有利,因租额随产量同步增加。上述情况恰恰相反。这是因为随着战时和战后初期农业生产力的下降,农田产量大幅度减少,接近甚至低于原定租额,这时如果仍由佃农自行收获,地主按原额收租,佃农不是拒不交纳,就是早已自己果腹,根本无粮交纳。在这种情况下,地主通过临田照成监分的办法,则不管产量怎样低,总可以收到一定数量的租额。而当农业生产逐渐恢复时,地主为了免除临田监分、防止佃农偷割的麻烦,刺激佃农的生产积极性,又乐于将分成租改为定额租了。事实上,不管征租方式如何变换,结果几乎都是地租实收量的提高。如表中所示,除起义前的一宗定额租改分成租和起义期间的三宗定额租改分成租,地租征额有所下降,1864—1870 年间的一宗分成租改定额租,实收地租基本不变外,其他各宗,不管征租方式如何变动,地租实收量都有较明显增加,

最高增幅达25%。可见地主之所以改变地租形态或征租方式,无非为了保证他们最大限度地攫取佃农的剩余产品乃至一部分必要产品。

除了提高正租,又有各种形式的额外浮收和勒索。如果说,正租还会或多或少受到惯例上某种限制的话,浮收和勒索则是没有什么限制的。这种浮收和勒索,从来就相当普遍,到农民大起义失败后仍然相当普遍和严重。在江南以及其他不少地区,更是浮收勒索成风。所谓"米必一再筛净,额必格外加增",在某些地区已成为地主收租的一种习性。①

大斛收租和提高折价,是地主进行额外浮收的一种最重要的手段。在江苏、浙江一带,许多地主都备有两种斗斛,即"租斛"和"粜斛",前大后小。如浙江湖州的地主斗斛,"大率收租极大……粜冬米极小。习俗已成,不以为异"②。江苏松江地主的租斛一般要比漕斛大三升至七八升不等。苏州地主总以一石二三斗作一石计算。③ 有的租斛竟比漕斛大三分之一乃至一半以上。如一个徐姓地主的租斛比漕斛大1斗6升。1880年,长洲佃农对一家惯用大斛收租的地主提出控告,据县令较量,其租斛加大7升2合5勺,斗加大7升6合,升加大5合5勺。④ 有些地主还极力压低租米成色,以加大租米浮收数额,并为此专门备有所谓"抵还低米"的"巨斛"⑤。

---

① 《申报》,光绪七年三月十六日。

② 周庆云纂:民国《南浔志》第30卷,农桑一,第18页。

③ 陶煦纂:光绪《周庄镇志》第4卷,第2页;《字林沪报》,光绪十七年十一月二十九日。

④ 《新报》,光绪六年十月二十九日;《申报》,光绪十一年十一月初九日。

⑤ 《申报》,光绪六年十一月十二日。

地主大斛浮收的行径本来是非法的。① 而官府却往往不加罪责。有的地主因被佃户告发，不得不阳奉阴违地声明一下遵用漕斛，官府就不予追究。② 在封建政权的纵容之下，大斛浮收相习成风。如果有人用公斛收租，那简直是一种罕见的"功德"③。有的地主甚至把这种浮收进一步用契约的形式固定下来。如苏南某地主强迫佃农在"认佃契"中除保证"每届秋成，慎选圆粒好米送仓，决不拖欠"外，而且答应斛量时"淋尖"④，亦即接受变相放大的租斛。

此外，其他各种名目的浮收或附租也很多。如苏州除正租外，还有"春花"（麦租）。广东番禺一带有所谓"鸭租"。"佃户交租，必以鸭副之"⑤。顺德一带植桑养蚕的佃农除正租外，另有"桑花"⑥。福建永安一个邓姓地主在佃契上规定，佃户除正租外，每年还必须送"冬牲"、"食牲"若干只。⑦ 不少地方从订立租约到耕种交租，另有规费和勒索。如苏、松一带农民租种地主的土地，立

---

① 康熙四十三年（1704 年），清政府曾统一制定铁斛、斗、升，颁行全国。此后又规定地主收租以国家的仓斛为凭，不得"任用大斛剥佃"。并由各县"勒石永禁"（参见王庆云：《熙朝纪政》第 6 卷，《纪铁斛铁尺》；朱润芳等纂：光绪《清远县志》，首卷，《严饬奸佃短少租谷告示》，雍正十年）。

② 《申报》，光绪十一年十月初三日，又十一月初九日。

③ 据记载，同、光之际，陕西南郑有一个罗姓地主用公斛收租，"乡人皆谓有公量收、私量贷之遗风焉"（刘定铎等纂：民国《续修南郑县志》第 4 卷，人物志，孝义，第 8 页）。称颂罗姓地主有"公量收、私量贷之遗风"，正好说明其他地主都是"私量收"，亦即大斛浮收。

④ 黄伯禄：《关于中国财产的技术概念》，第 151 页。

⑤ 史澄等纂：同治《番禺县志》第 54 卷，杂记，第 13 页。

⑥ 周朝槐纂：民国《顺德县志》第 1 卷，舆地，第 24 页。

⑦ 傅衣凌：《明清时代福建佃农风潮考略》，《福建文化季刊》第 1 卷第 1 期，第 14 页。

契时除给地主司租交"汇租费"(每亩数额七八百文或数百文)外，"地保有需，中人有需。赁田一亩，已费数千文"。及至交租，司租又有所谓"盘钱费"或"看洋钱"(或千钱索 30 至 50 文不等)，催甲则有"例米"。① 某地主一租栈账房从佃户手中搜刮的浮收、规费，仅几年工夫就"数逾千金"②。足见这种浮收严重到了何种程度。

以上主要是物租浮收。如果地租是采取折租的形式，地主则任意提高折价。苏州等地的地主就是惯于采取这种手段进行额外浮收的。为了交纳折租，佃农就得凑米出售。但是，佃农卖米所得的通常是洋元，而地主的折租必以铜钱计算。这样，地主就通过提高租米折价和压低洋元对铜钱的比价(即"高抬折价，抑扣洋厘")的手段，进行双重的额外剥削。③ 在通常情况下，地主规定的折价要比市价高出一二分以上，再加上洋厘折扣，佃农往往必须粜米一石二三斗或一石四五斗才能完一石折租。④ 如 1883 年，新谷米价不过一元七八角，折钱一千八九百文，而地租折价高达二千二三百文；1884 年，每石折租普遍浮收四五百文⑤；1885 年，米价为一元五六角，折价高达二千三四百文，每石折租"实浮收三四斗不等"⑥。

与此同时，佃农还遭受着商人压低米价的盘剥。地主勒限完租，佃农必须在限期内粜米。商人则乘机压价敲诈。愈是丰年，米价和折价之差愈大。如 1879 年，苏州等地普遍丰收，地主高抬折

---

① 陶煦:《租核》,第 22 页;《申报》,光绪十四年十月二十三日。
② 《申报》,光绪七年三月十六日。
③ 《申报》,光绪九年十二月二十八日。
④ 陶煦:《租核》,第 2、21—22 页。
⑤ 《申报》,光绪十年九月初十日。
⑥ 《申报》,光绪十一年十月十六日。

价,佃户向各米行出粜之米,"壅积如山"。商人趁机压低米价,每石不过1.4元有奇。结果,在这样的大丰之年,佃农所获"仅足以完租折"①。次年,米价更贱至1.3元,而折价高达2000文以上。佃农必须粜一石六七斗米才能完一石折租。②

官田、旗地的额外浮收和勒索同样甚至更为严重。江西万安等地学田,佃农除正租外,还要请"租饭"和送鸭、鱼、酒等。有一宗面积11亩的租田,规定佃农交租12箩,另外负担"酒饭一餐,鸭二只,鱼六碗,老酒八壶"。还有两宗租田也规定佃户请租饭一餐,送鸭1只。③ 顺天、直隶王庄各田,员弁下乡收租,无不恃势抑勒,"择肥而噬,贪索无厌"④。奉天各处旗地,不但正租任意增减,而且有固定的"仓差规费"。依照惯例,此项规费由收租监督"供奉"本管上司,其数额开始三四千金,继而五六千金,到同治、光绪之际,已增至八九千金。⑤ 至于收租监督和差役在收取此项规费时所进行的肥己勒索,根本无法计算。直隶交河县征收旗租,正额之外有供印发收租串票的所谓"串票钱",其数额由胥役任意决定。1866年,县衙规定,串票一纸收钱20文,多收者"即以浮收论罪"。但是,这只不过使浮收合法化,并不能阻止浮收的增加。事实上,串票钱一直在不断加码。到19世纪末,串票一纸收钱已增至70文,连封建官府也不得不承认"浮收已甚"⑥。更有甚者,热河地方的蒙旗地,蒙公下属收租吏员依势侵扰,攘夺粮食,抢劫牲

---

① 《益闻录》,第28号,光绪五年十一月初二日。
② 《申报》,光绪六年九月二十八日。
③ 周之镛纂:同治《万安县志》第6卷,学校志,学田。
④ 朱以增:《请将顺直王庄遇灾酌减分数并佃租归官征解疏》,葛士濬编:《皇朝经世文续编》第38卷,第12页。
⑤ 《清史稿》,列传,第52卷,第43页。
⑥ 程蓉苏:《燕鸿爪印》,交河爪印,第34页。

口,乃至强霸财产,种种勒索暴行,"比比皆是"①。再如江苏镇江府的乐生洲公田,1883 年佃农以风潮为患,田禾漂没,赴府报灾。验灾书役竟然公开索贿,继因索贿未遂,捏报丰收,带差保赴郡收租。差保"到各户搜刮民物",无所不为。甚至有"欠租数百文,而差房使费,转至花去数千文之多"者。② 诸如此类,无法尽述。

### (三)押租制的发展和押租额的增加

征收和增加押租,是战后地主加重地租剥削的又一重要手段。而且,随着商品经济的发展和租佃关系中某些松弛因素的出现,押租在地租剥削中占着愈来愈重要的地位。

在农民大起义以前,押租早已出现;农民大起义失败后则愈加流行。在土地较好、人口较多、商品经济较发达的地区,押租也更普遍、更苛重。据当时人调查,19 世纪 80 年代,在江南一带,农民租种地主土地,通常都要预缴一笔称做"顶首费"的押租。③ 安徽南陵等地,即使佃农应募开垦荒田,也须缴纳"羁庄钱"④。在四川重庆附近,嘉陵江流域,川西汉州、成都、双流、彭县、井研,川北西充以及川南一带;都普遍通行"押佃"的习惯。⑤ 原来没有押租的地区,在战后也开始流行,如灌县的押租就是"起源于太平天国前

---

①　《光绪朝东华录》,总第 3100 页。

②　《申报》,光绪九年十月十一日。

③　《亚洲文会学报》,1889 年,上海,第 23 卷,第 118 页。

④　徐乃昌纂:民国《南陵县志》第 4 卷,舆地,第 5 页。

⑤　参见庄延龄:《长江上游游记》(E. H. Parker, Up the Yangtze),第 102—103、115、189 页;沈秉堃:《敬慎堂公牍》第 2 卷;《申报》,光绪七年三月十六日,以及有关州县志。

后"①。湖南长沙、善化、平江、浏阳、宁乡、桂东,江西安福,陕西镇安、定远、宁陕、佛坪等处,大都按地租多寡收取押租。有的即使姻族之间发生租佃关系,虽"以客礼之",但仍不能免纳押租。② 台湾地区的押租在这一时期也有明显的发展。据记载,在1752—1862年的100余年间的47件租佃契约中,言明有押租的12件,占25.5%,在1864—1894年间的87件租佃契约中,言明押租的39件,占44.8%。③ 押租已经占有相当大的比重。在淡水等地,有的地主还规定佃户先纳租1年,而后佃地受耕,以代替押租。④ 官地、官荒和旗地也都普遍征收押租钱或"押荒钱"。如天津官田承揽,江苏松江府横沙芦滩招佃,热河和东北围场官荒放垦,陕西宁陕、佛坪等处山林官荒招募外省流民开垦,都是先缴押租或类似押租的押荒银、佃价、稞金,而后领地垦种。⑤ 在陕西府谷准噶尔旗,

① 《增修灌县志》,建置门,转见《近代史资料》1955年第4期,第11页。

② 参见中国社会科学院经济研究所藏长沙周姓地主"分关";张先抡等纂:光绪《善化县志》第16卷,风俗,第10页;李元度等纂:同治《平江县志》第9卷,风俗,第3页;邹焕杰等纂:同治《浏阳县志》第8卷,第15页;童秀春纂:同治《续修宁乡县志》第24卷,第7—9页;郭岐勋纂:同治《桂东县志》第9卷,风俗,第10页;周立瀛等纂:同治《安福县志》第24卷,风俗,第5页;宋伯鲁等纂:民国《续修陕西通志稿》第195卷,风俗一,第3—4、23页,又第196卷,风俗二,第12页;余修凤纂修:光绪《定远厅志》第5卷,地理志,风俗,第3页;童兆蓉:《童温处公遗书》第4卷,第80页;马先登等纂:光绪《同州府续志》第10卷,良吏传,第11页。

③ 据"临时台湾旧惯调查会"编:《第一部调查第三回报告书》(日文)所辑资料统计。

④ 陈培桂等纂修:同治《淡水厅志》第11卷,风俗,第2页。

⑤ 参见《上海新报》,同治九年八月初八日;《字林沪报》,光绪九年九月二十九日;《申报》,光绪二年十一月初八日;宋伯鲁等纂:民国《续修陕西通志稿》第195卷,风俗一,第3—4、23—24页。

汉人承种蒙旗地,也是"先缴银后种地"①,性质类同押租。

押租的轻重视土质优劣、租额多寡和佃农对土地的需求程度为转移。一般不低于 1 年的地租总额。据调查,四川南部一带,在 80 年代,收租 1000 石的土地,一般要交 4000 两押金,押租与地租之比,大致为 4∶3。其他如四川汉州、江安以及台湾等地,押租也多为地租的 1 至 2 倍左右。② 超过地租好几倍的押租也不少见,如江南某些地区,没有田面权的佃农所缴纳的押租数额至少相当于 3 年的租金。③ 湖南善化,在 70 年代,通常每石田押规银 30 两,年纳租谷 10 石,按当时粮价计算,押租为地租的 3.3 倍。④ 四川灌县的押租更重,如 1878 年有公产 510 亩,押租 4320 两,岁收租谷 411 石⑤,按当时粮价计算,押租为地租的 7.4 倍;又文庙祀田 564 亩余,押租 6424 两,岁收租米 148 石、租谷 140 石⑥,按当时粮价折合,押租为地租的 10.6 倍。安徽庐江县一带,押租"亩可达十缗"⑦,而该县地租一般在千文以下,押租也相当于 1 年地租的 10 倍以上。直隶天津和吉林敦化一带的放垦官田,押租也很高。如天津一处官田,1869 年收押租 3000 两,岁收租米 200 石⑧,押租相当于地租的 6 倍。吉林敦化一处官田,1879 年每晌收押荒钱

---

① 童兆蓉:《童温处公遗书》第 4 卷,第 80 页。
② 庄延龄:《长江上游游记》,第 115 页;曾履中等纂:同治《续汉州志》,补卷,第 4—5 页;"临时台湾旧惯调查会"编:《第一部调查第三回报告书》各页。
③ 《亚洲学会会报》第 23 卷,第 118 页。
④ 张先抡等纂:光绪《善化县志》第 16 卷,风俗,第 10 页。
⑤ 《近代史资料》1955 年第 4 期,第 11 页。
⑥ 郑珴山纂:光绪《增修灌县志》第 7 卷,学校志,学校,第 51 页。
⑦ 李应珏:《皖志便览》第 1 卷,第 15 页,庐州府序。
⑧ 《上海新报》,同治九年八月初八日。

3330 文,岁收租钱 660 文①,押租为地租的 5 倍。现将直隶天津、湖南善化等几个地区的押租数额及其对地租的比率列表示意如下②:

**押租额所占租额的百分比示例**

| 地 区 | 年份 | 租地面积（亩） | 押租额 | 地租额 | | 押租为地租（％） |
|---|---|---|---|---|---|---|
| | | | | 谷（石） | 折合银钱 | |
| 直隶天津 | 1869 | | 3000（两） | 400 | 500（两） | 600 |
| 湖南善化 | 70 年代 | 10 | 30（两） | 10 | 9.1（两） | 330 |
| 江苏常熟 | 1878 | 3074 | 每亩5（元） | 每亩450（文） | 0.41（元） | 1220 |
| 四川灌县 | 1878 | 511 | 4320（两） | 411 | 582（两） | 742 |
| 四川灌县 | 1878 | 564 | 6424（两） | 436 | 614（两） | 1046 |
| 吉林敦化 | 1879 | （每垧） | 3300（文） | | 660（文） | 500 |
| 台　　湾 | 1888 | | 125（元） | 62.5 | 98（元） | 128 |
| 湖北利川 | 90 年代 | | 510（千文） | 10.6 | 19.9（千文） | 2563 |
| 四川新都 | 1890 | 300 | 1600（两） | 530 | 637（两） | 251 |
| 四川汉州 | 1890 | | 510（千文） | 155 | 484（两） | 105 |
| 台　　湾 | 1892 | | 200（元） | | 160（元） | 125 |

　　将押租和地价比较,其苛重程度同样十分明显。如 1891 年四川彭县某地主卖水田 50 亩,价银 1410 两,而该田原佃寄庄钱为 690 两③,押租相当于地价的 49%,亦即近乎地价的一半。在四川江安和陕西定远厅等地,押租往往"侔于地价",甚至有"田本百数

---

① 《字林沪报》,光绪十二年九月初三日。
② 资料来源除以上注明者外,余据有关州县志。
③ 潘彬:《天彭治略》第 3 卷,第 14—16 页。

十千,加取佃主数百金之利者"。①

尤为严重的是,一些地区押租的名目和数额还在不断增加。有的节外生枝,巧立名目。如湖北东湖县一带,除了名为"正庄钱"的押租之外,又有所谓"溜庄钱"。有时后者竟高出前者数倍。② 蕲州地方除庄钱外,又有所谓"转庄"③。有的则不断增加押租数额,如四川江油县庙田,多次"向各佃多加押租"④。陕西定远厅也是"押租屡加"⑤。在湖南浏阳,因人多田少,押租本已不轻,不过康、雍、乾年间,尚有"百余年授耕之田而批租(押租)不加者",到了农民大起义失败后则"渐罕矣"⑥。增加押租成了家常便饭。还有的以"加押减租"之名,行增押增租之实。其手法无非是押租多加,地租少减。如四川江安县,按通例加押40两,扣减租谷5斗。⑦ 如将所加押租折成稻谷并按年息3分的利率并入地租,则为6石。扣除减租5斗,实增5石5斗。

地主通过索取押租,不但收回了出租土地的相当一部分价格,保证了地租收入,而且为提高佃农的劳动强度,增加地租收入创造了条件。在有押租的租佃契约中,通常都要写上"欠租不缴,任凭扣押另佃"之类的条文。有的甚至进一步规定:"尽力耘壅,及时

①  沈秉堃:《敬慎堂公牍》第3卷,第3页;余修凤纂修:光绪《定远厅志》第5卷,地理志,风俗,第3页。

②  如某租佃案所示,地主收佃户庄钱40千文,又溜庄钱134千文,后者为前者3.35倍(熊宾:《三邑治略》第5卷,堂判,第25页)。

③  该处"贫民佃种富人之田,除佃种初日所上庄钱外,五年再行转庄,仍如承种时礼仪"。"转庄"成为该地佃农的沉重负担(《益闻录》,第72号,光绪六年九月二十日)。

④  蒋德钧:《求实斋类稿》第12卷,第24—25页。

⑤  余修凤纂修:光绪《定远厅志》第5卷,地理志,风俗,第3页。

⑥  邹焌杰等纂:同治《浏阳县志》第8卷,第15页。

⑦  沈秉堃:《敬慎堂公牍》第6卷,第31页。

粪溉;如有荒芜,照数赔租。"①所谓"赔租",当然首先是扣押。在这里,押租不仅具有保证地主地租收入的作用,而且还会给地主带来干预佃农耕作,强制佃农加大劳动强度的权力。这种权力在地租同产量密切联系的分租制租佃关系中显得更加重要。如苏南一个崔姓佃户在给地主的"分种揽据"中写明"当日交付顶首通足钱若干千文正",同时被迫保证"自揽之后,断不失耘吝壅,荒田误东。如有此等,听凭另招"。② 佃户为了不让地主扣吞押租,就必须付出更大的劳动,为地主源源不断地提供比押租数额更大的贡物。

本来押租起的是保证交租的作用,在终止租佃关系时理应如数退还。③ 但是,实际上在终止租佃关系以前,往往早已被地主借故扣吞。即使未被扣吞,也少有如数退还的。如湖北东湖县一个罗姓地主勒令其已佃种数十年的佃户退佃搬家,而又拒不退还"溜庄钱",因而兴讼。县令判决:原计溜庄钱 134 千文,除已退 45 千文外,令罗姓地主再退 45 千文,下余 44 千文,"即作罢论"。其"理由"是,"佃户种田已久",溜庄钱"不能全得"。另一赵姓地主撤佃,拒不退还溜庄钱,该县令亦判决原溜庄钱 400 千文,只退 300 千文。并勒令上述两家佃户限期搬家,否则,"传案重究"④。退一步说,即使退佃时地主如数退押,也是"总以新佃进规抵退旧

---

① 黄伯禄:《关于中国财产的技术概念》,第 154 页。

② 黄伯禄:《关于中国财产的技术概念》,第 158 页。

③ 也有少数地区的某些租约载明,押租不退,或按租种年份分成冲销。如台湾地区的押租即分有利押租、无利押租和撤佃不退押租三种,不过后者的比重不大(参见"临时台湾旧惯调查会"编:《第一部调查第三回报告书》所辑租约资料)。

④ 熊宾:《三邑治略》第 5 卷,堂判,第 25—26 页。

佃"。这样,押租就实际上成了地主的一笔固定财产①,并非仅仅起着保证原约地租的作用而已。

### (四)田赋的转嫁

除上述途径和手段外,地主阶级还有一种特殊的增租手段,这就是转嫁田赋。

地主向封建政权交纳的田赋是地租在统治阶级内部的再分配。将田赋转嫁给佃农负担,地主即增加了地租的所得部分;而对佃农来说,则无异是增加地租。战后,在原起义地区,佃农缴纳田赋的现象相当普遍。起义刚被镇压,官府即行征粮,但因田亩册籍大多焚毁散失,再加上地主有意逃避粮赋,自然给清政府的钱粮征收造成困难。于是,许多地方政权就采取了佃户完粮的办法。即"令百姓田,种者皆完粮,派胥役下乡,就佃编户"②。田赋负担完全压到了佃农头上。在江苏昆山、新阳、常熟、昭文、华亭、金山、江宁,浙江嘉兴、严州、兰溪,安徽歙县等地,战后一段时期都存在着佃农完粮的事例。昆山、新阳两县,太平天国失败后,即"创为著佃完纳之法"。当时因"业户远徙未归,或本系客户,恐其延宕",官府征粮,"著保向佃户扣除,每乡各拨差役坐图收缴"。③ 浙江嘉兴的做法是,如业户未经办粮,即"着佃完纳"④。在安徽歙县等地,清政府在凡能恢复统治的地区,以"抵征"的办法恢复田赋征

①　如长沙一周姓官僚地主,1861—1891 年间累计置田租 4890.5 石,收押租银4726两,钱 1328 千文。1899 年分家析产,因"日后换佃,总以新佃进规抵退旧佃",遂将押租和田产一起作为固定财产而加以分割(据中国社会科学院经济研究所藏该地主"分关")。

②　唐壬森纂:光绪《兰溪县志》第 2 卷,土田,第 7 页。

③　李传元纂:民国《昆新两县续补合志》第 18 卷,第 17—18 页。

④　《申报》,同治十二年九月十九日。

收,不管地主佃户,"分村立董,由董率保查实其人种田若干亩,从而征之",每亩输银 1 钱 5 分有零。1864 年,两江总督曾国藩下令恢复原定科则,"剔荒征熟,责成佃户扣租报纳",每亩输银 1 钱 2 分有零,称为"抵征"。① 又该县战后垦荒的惯例是"议定地税,概归佃农缴纳"②。有的原来由地主完粮的,后来也转嫁给佃户。如江南某还乡地主,1866 年订立的佃契规定,稻麦两季对半分收,田赋由佃户报册,而由业主完纳。到了 1869 年,所有佃户都另换佃约,田赋亦改由佃户负担。③ 江苏华亭、金山两县交界的盐场淤田,田赋向由地主完纳。1879 年,横浦盐场大使对场田进行清丈,确定田底、田面价格比例,出给佃户小票,"令其按票完赋"④。苏州等地则是"租户与业主各半完粮"⑤。至于安徽庐江、陕西三原等处,历来就是由佃户完粮,战后仍然照旧。⑥ 内蒙古某些地区的垦民,也是既缴租又纳赋。⑦

佃农完纳田赋以后,其负担的加重程度各地不同。有的完粮而暂不纳租或纳租很少,如前面提到过的浙江嘉善租种"余花田"的佃农,代地主完粮,平时并不纳租,只有丰年每亩交"余花息"数斗。有的是完粮减租,如上述安徽歙县是由佃户"扣租报纳",负

---

①　许承尧纂:民国《歙县志》第 3 卷,食货志,赋役,第 8 页。

②　金陵大学农业经济系:《豫鄂皖赣四省之租佃制度》,第 109—110 页。

③　转见李文治:《中国近代农业史资料》第 1 辑,第 261—262 页。

④　《申报》,光绪五年十一月二十七日。

⑤　《申报》,光绪九年八月初七日。

⑥　在安徽庐江,"绅衿钱粮,惯归佃户完纳";陕西三原,"田多之家,皆招佃户租种,除收租外,仍令佃户纳粮"(李应珏纂:《皖志便览》第 1 卷,第 25 页;马先登等纂:光绪《同州府续志》第 10 卷,良吏传,第 11—12 页)。

⑦　韦廉臣:《华北纪游》第 2 卷,第 13 页。

担基本不变。但更多的是完粮多而减租少，或者根本不减，以致佃农负担大大加重。如苏州，地租负担本已十分苛重，再加上佃户须与地主"各半完粮"，其负担的加重，是不言而喻的。在嘉兴，除著佃完粮外，佃户仍完半租，因此，"农民之受苦更深"①。广东南海、番禺、东莞、香山、顺德、新会等地的沙田佃农，除照额完租外，仍须同地主按成纳捐。同治、光绪年间，广东官府多次筹办沙田捐以充海防经费。其惯例是按沙田并沙田内之桑基、鱼塘、藕塘、葵围、果围、蔗基等，每亩捐银2钱，地主负担八成，佃农负担二成。② 而且，佃户一经完粮，地主之浮收勒索未除，粮差地保之浮收又至。如昆山、新阳一带，悍吏横行，地保助虐，"每逢差至，骚扰一乡，佃户惟惟从命。苟一龃龉，则拥至舟中，无名之费倍于正额，不待闻于业主而已任渠勒索矣"。并且，有的"历年完漕而不给一串，佃户不敢向彼索串"③。以致佃户既无法凭串向地主要求扣减地租，又难免差役重征，在经济上遭受双重的损失。在嘉兴地区，每至冬季，各庄书"开收使用零费，不问庄田自户，按亩勒收，少则钱数十文，多则百文、百数十文一亩，米则少或半升，多至一升二升不等。田无论肥瘠，只视种户之盈绌，以为差别。一不得欲，凶于虎狼"④。佃户完纳田赋，不但大大加重了经济负担，在人少田多、劳力缺乏的情况下，还起着为地主束缚佃农的作用。如浙江严州，地主"以佃户完粮，诚恐舍而他去"⑤。因为田赋由佃户负担，封建基层政权为了保证田赋收入，就会干预和阻止佃农的迁徙，从而保证

---

① 《申报》，同治十二年九月十九日。
② 《字林沪报》，光绪十年七月二十二日。
③ 李传元纂：民国《昆新两县续补合志》第18卷，第17—18页。
④ 《申报》，同治十二年九月十九日。
⑤ 《申报》，光绪四年二月初二日。

了地主的劳动人手和地租收入。

### （五）地租剥削率的提高

地主通过上述种种手段和花招加强对佃农的剥削和搜刮，这一时期各地区的地租剥削无疑是普遍加重了。但是，这并不意味着地主可以随心所欲地增加地租收入。相反，地主增租的主观欲望，不能不在客观上受到农民反抗斗争特别是农业生产力状况的制约。正因为如此，不管地主如何渴望增租，在某些地区，其中主要是江南太平天国起义地区，陕西捻、回起义以及云南哀牢山彝族起义地区，租额或地租实收量下降的事例并不少见。

这种下降不外以下两种情形，一是地主被迫降低租额；二是租额依旧，但地租实收量下降。

我们所见到的皖南祁门、黟县一带 1860—1894 年间租额发生变动的 29 宗租田中，租额增加的仅 4 宗，下降的 25 宗，下降的幅度从 5.9% 到 50% 不等。具体增减的情况如下表[①]：

#### 安徽祁门、黟县一带租额变动情况统计
1860—1894 年

| 年　　度 | 改订租额的租田宗数 | 租额增加 | | 租额下降 | |
|---|---|---|---|---|---|
| | | 宗数 | 增加幅度 | 宗数 | 下降幅度 |
| 1860—1869 | 11 | 1 | 12.5% | 10 | 5.9%—50% |
| 1870—1879 | 9 | 1 | 9.1% | 8 | 6.7%—40% |
| 1880—1889 | 8 | 1 | 16.0% | 7 | 15.0%—42.9% |
| 1890—1894 | 1 | 1 | 40.0% | — | |

---

① 据中国社会科学院经济研究所藏皖南租簿文约资料统计。

合肥有一宗面积 260 亩的学田,原租额 120 石,因土地瘠薄,产量低下,租额"递年减免"。到 80 年代中叶,租额减少到 60 石,下降了一半。[①] 在安徽、浙江两省交界的一些州县,如安徽广德、宁国、宣城和浙江长兴、安吉、孝丰,以及乌程等地,垦种无主荒地的客民佃农,向官府交纳的地租,同这些地区过去的租额比较,也有相当程度的下降。官府所定租额一般为制钱 600—800 文,而且垦种面积大于纳租面积,"往往完租十亩,而实垦二三十亩"[②]。租额的下降是十分明显的。在浙江嘉善、余杭等地,由于战后地多人少,佃农以抛荒相抗衡,地主也只好降低租额。嘉善有的每亩"岁收租息仅数百文",有的甚至"仅代完粮"。[③] 陕西三原等捻、回起义地区,地主原来向佃户收押、收租,并著佃户纳粮。战后,地主虽不退押、不免粮,但被迫"许以减租,或径行免租"[④]。又据调查,米脂县杨家沟马家地主的出租土地,每垧原订租额在 1863—1876 年间曾持续上升,而在 1877 年、1878 年连续重灾之后,则明显下降。如以 1863—1866 年为 100,则 1889—1892 年降至 95。[⑤] 云南哀牢山地区,在李文学、王泰阶领导的彝族起义(1853—1874 年)以后,一些汉族地主也被迫降低了部分租额,并免去了猎租。[⑥] 例如大

---

① 林之望等纂:光绪《续修庐州府志》第 17 卷,学校志,第 84 页。

② 《申报》,光绪六年四月十六日,又光绪四年九月十二日。

③ 顾福仁纂:光绪《重修嘉善县志》第 10 卷,土田,第 5 页。

④ 马先登等纂:光绪《同州府续志》第 10 卷,良吏传,第 11 页。

⑤ 据延安农村调查团:《米脂县杨家沟调查》,第 71—72、86—88 页所载马光裕堂和马维新出租土地租额变化表计算。

⑥ 刘尧汉:《云南哀牢山彝族反清斗争调查记录》,《近代史资料》1957 年第 3 期。

地主、镇压起义的刽子手刘宇清"为抚夷计"，曾减租一成半。①

在其他地区，即使像四川、湖南等租额普遍上升的地区，也同时存在着租额下降的情况。四川新都有的学田，"因水冲乏"，租额由原来的 7000 文减低为 2000 文，下降了 71%。② 湖南善化有的学田，亦"因连年旱歉"，从原额 110 石，减低为 70 石，租额下降了 36%。③ 黔阳也有相当一部分学田在太平天国失败以后降低了租额。下降幅度从 6.7% 到 60% 不等。具体情况见下表④：

### 湖南黔阳学田太平天国前后租额比较表

| 租田面积<br>（石谷） | 太平天国前租额<br>（谷、石） | 太平天国后租额<br>（谷、石） | 下降幅度<br>（%） | 备　考 |
|---|---|---|---|---|
| 20 | 8 | 7 | 12.5 | 书院新调进土地 |
| | 13 | 6 | 53.8 | |
| | 茶油 20 斤 | 8 斤 | 60.0 | |
| | 50（千文） | 40（千文） | 20.0 | 换佃 |
| | 4 | 1.7 | 57.5 | |
| 145 | 50 | 45 | 10.0 | |
| | 32 | 18 | 37.5 | 原佃欠租，清丈后<br>减租换佃 |
| 70 | 20 | 16 | 20.0 | |
| 50 | 16 | 10 | 37.5 | |
| 3（亩） | 6 | 5 | 17.0 | 换佃 |
| | 8 | 减让钱 6400 文 | | |

① 刘尧汉：《太平天国革命的一支洪流——云南哀牢山彝民起义军的土地纲领和盐铁等经济措施》，《光明日报》1961 年 4 月 10 日。
② 闵昌术等纂：民国《新都县志》第二编，政纪，教育。
③ 张先抡等纂：光绪《善化县志》第 11 卷，学校，第 28 页。
④ 杨大诵等纂：同治《黔阳县志》第 20 卷，礼书二，第 5—8 页。

续表

| 租田面积<br>(石谷) | 太平天国前租额<br>(谷、石) | 太平天国后租额<br>(谷、石) | 下降幅度<br>(%) | 备 考 |
|---|---|---|---|---|
| 8(亩) | 16 | 14.4 | 10.0 | |
| | 8.5 | 6.6 | 19.0 | 换佃 |
| 40 | 15 | 14 | 6.7 | |
| | 4.5 | 3 | 33.3 | |
| | 2 | 1.2 | 40.0 | |
| | 46 | 32 | 30.0 | 被水 |

从表中可以看出,好几宗租田的减租是在换佃以后进行的。其中有的是原佃辞佃不种,地主只好减租另招;有的是地主恼恨原佃欠租,以撤佃为惩罚,但因生产低落,仍然不得不应新佃的要求降低租额。前面说过,撤佃是地主增租的一种重要手段,现在又看到地主撤佃后减租。这说明地主的地租剥削归根结底要受到农业生产力的制约。

还有些地主拒不减低租额,又无法照原额收租,只好采取减少征收的折衷办法。苏、松、太地区就普遍存在这种情况。苏州一部分高租额的土地,征收时"例以八折算之"①。松江府属各县,太平天国失败后也都是"按额收租,必有成色"。每年通常由善堂或其他"公事"机构确定收租成数,一般地主则"较善堂公事所定成色更减半成或一成。大抵七八成率为常"。② 浙江衢、严、温、台四府各卫所屯田津租,也因"兵燹后招徕未复,丁佃疲累,征难足额",

---

① 陶煦:《租核》,第 1 页;李文治:《中国近代农业史资料》第 1 辑,第 266 页。

② 《申报》,光绪十四年十一月初三日,又光绪五年十一月二十七日。

自 1866 年起减折征收。温、台二卫以七折核减,严、衢以八八折征收。①

　　然而,更为普遍的是,地主在无法提高租额的情况下,顽固坚持原额,而其地租实收量却不能不下降。根据皖南祁门、黟县一带 8 家地主 100 多宗田租统计,以 1865—1867 年为基期,每取 10 年平均数,则实收地租指数如下:

　　1865—1874　99.6%

　　1875—1884　97.4%

　　1885—1894　95.2%

可见实收地租不是上升了而是下降了。江苏、浙江一带也都存在着地租收入下降的情况。用官府和地主的话说就是,"工本倍费,租息甚微"②。在扬州府江都县,学田"田额虽巨,租籽都不如额"③。江宁地主招募客佃耕种,往往"费资多而交租少"。据说"从前每亩收米一石者,今只收稻百斤或七八十斤,碾米不能四斗"。④ 地租收入减少一半以上。镇江溧阳的积贮仓公田,19 世纪初每亩收租米四五斗或 1 石,到 80 年代下降为收谷四五斗,合米 2 斗多,实收地租减少了一半到五分之四。⑤ 苏州一些地主特

<hr>

① 《光绪朝东华录》,总第 3577 页。

② 刘坤一、吴元炳:《奏为查明江苏各属荒熟田地数目据实复陈折》,《申报》,光绪六年九月二十日。

③ 桂邦杰等纂:民国《江都县续志》第 8 卷上,学校考上,第 32 页。

④ 沈葆桢:《政书》第 7 卷,第 18 页;又据光绪元年两江总督刘坤一奏称,江宁地主"添雇客民,工本既大,花息尤微,从前每亩收米一石者,今只收谷一石"(转见萧穆等纂:光绪《续纂句容县志》第 5 卷,第 25 页)。所称情况与沈折大体相同。

⑤ 史炳等纂:嘉庆《溧阳县志》第 6 卷,食货志,积贮,第 73—74 页;冯煦等纂:光绪《溧阳县续志》第 4 卷,食货志,积储,库仓,第 27 页。

别是豪绅地主不仅拒不减租①，而且肆无忌惮地增加租额和浮收。尽管如此，并不能避免地租实收量的下降。太平天国失败后不久，有些地主"实收租米，多者不过五六成，少者才及三四成"。以致租额成为"纸上虚名"②。直至 80 年代，此种状况仍无多大改变。据豪绅地主声称，其地租收入，"除抛荒无着，以及顽佃锢抗，统扯上腴仅及七成，中下之产不过四五成、二三成而已"③。这虽然有些故意夸大，但其地租实收量不同程度地下降，当是事实。新阳县的一部分学田，也因"租额议减未果"，太平天国失败后一直"租不及额"。④ 在松江、太仓地方，佃农很少如额交租，往往"缴七则欠三，缴六则欠四"，即使"幸遇丰稔之年"，收获租籽也不过八九成。如果年成稍歉，则"仅得半数或二三成"⑤。上海闵行镇一地主虽然坚持原额收租，甚至企图增加，可是，佃户历年积欠租钱 60 余千文，实收地租量显然减少。⑥ 当时苏、松、太一带的地主因为地租收入下降，不是哀叹"田租出息极微"，就是叫嚷地租"不足以完课"。⑦ 在浙江严州，战后有些地主每亩收租

---

① 清政府于 1863 年实行减赋，苏州地主先是拒不相应减租，继而玩弄只减虚额，而不减实租的花招。苏州租额一般为每亩一石五斗，征收时"例以八折"，实征一石二斗。地主声言每亩减其三斗，所减恰好等于虚额，至于原额在一石二斗以下的，根本不减（陶煦：《租核》，第 1—2 页）。并且强迫佃户负担催甲佣米。结果，"额虽减，而租未减；租之额虽减，租之实渐增"（陶煦：《租核》，第 1—2 页）。

② 王炳燮：《毋自欺室文集》第 6 卷，第 35 页。

③ 《益闻录》，第 101 号，光绪七年四月二十四日。

④ 李传元纂：光绪《昆新两县续补合志》第 4 卷，学校，第 33 页。

⑤ 《字林沪报》，光绪十五年十月十一日，又光绪十六年闰二月二十三日。

⑥ 《字林沪报》，光绪十二年十二月初二日。

⑦ 《字林沪报》，光绪十七年十一月二十三日。

"不过三四斗，不及往日之半"①；桐乡也是租米"约略半偿"②；湖州南浔一带地主的地租收入则因佃农反抗程度而异，一般由太平天国起义前的每亩租八九斗或一石减为六七斗，"顽佃或仅输三四斗"。地主因租额减少，"不敷纳粮"，以致"同、光以来，有力之家以田为累，不敢置买"。③杭州府钱塘、仁和等县的地租实收额也减少了。据说丰年每亩也只能收到糙米租六七斗，三四斗不等，而且租米皆系"次色"④。萧山某些地方的地租实收量同样明显下降，咸丰年间约收七八折。太平天国失败后，丰收年份六七折，"稍歉惟二三折"⑤。江西的情况大致相似。那时的地主深感太平天国失败以后"收取租谷甚为不易"，地租实收量远较所订租额为低，多则七八分，少则七六分或三四分。100亩地，从前收租250石，战后则只收200石。"虽大稔之岁，至多不过收租八分"。有些地区，咸丰以后，"从未闻有完全租者"⑥。雩都云阳书院租田，战后地租"每岁仅十之二三"⑦。德化的书院租田，也是"遇水即淹"，"水淹即免"，即使不免，也是完不及额，"旧欠甚多"，地租实收量下降。其中有一宗租田，租额45千文，太平天国失败后，每年仅收21千文有奇，收租量减少了一半以上。⑧建昌鹿洞书院租田的地租收入更是持续下降。据说

①　《申报》，光绪四年二月初二日。

②　严辰纂：光绪《桐乡县志》第7卷，食货志下，第4页。

③　周庆云纂：民国《南浔志》第30卷，农桑一，第31页。

④　《申报》，光绪元年十二月二十四日。

⑤　姚莹俊纂、杨士龙续纂：民国《萧山县志稿》第4卷，田赋上，第35页。

⑥　《沪报》，光绪十年九月初六日；葛士濬编：《皇朝经世文续编》第32卷，第13页。

⑦　何戴仁等纂：同治《雩都县志》第4卷，第17页。

⑧　吴彬等纂：同治《德化县志》第22卷，第13—14页。

道光年间"一律清完",咸丰以降则"颇行短绌";同治年间"尚纳七成",到光绪以后则"不过三四成"了。[①] 在陕西地区,前述米脂县马家地主出租土地每垧实收地租,如以 1863—1866 年为 100,则 1883—1886 年为 71,1889—1892 年为 67。[②] 同样是持续下降。

上述地区租额或地租实收量不同程度的下降,其原因固然同佃农的抗租斗争有关,但更重要的是由于战后农业生产的低落。这是反动统治阶级战时的血腥屠杀、破坏和战后的横征暴敛所造成的恶果。在土地产量大幅度下降的情况下,租额的下降显然并不意味着地租率(租额/产量)的下降和农民所受地租剥削程度的减轻。根据前述皖南黟县、祁门一带 8 家地主租簿中分成租记录统计,亩产指数(在分成比例不变的情况下,分租收入指数即为产量指数)大致如下(以 1865—1867 年为 100%):

  1865—1874  95.4%

  1875—1884  92.1%

  1885—1894  72.1%

可见产量下降的幅度比前述实收地租下降的幅度大得多。两者相比即得地租率指数:

  1865—1874  104.4%

  1875—1884  106.7%

  1885—1894  132.5%

30 年间,地租率几乎上升了三分之一。再如苏南上海、川沙、南汇、奉贤一带,过去亩产稻谷 3 石多,棉花上百斤;太平天国失败以

① 董沛:《晦暗斋笔语》第 2 卷,第 12 页。

② 参见延安农村调查团:《米脂县杨家沟调查》。1893—1894 年因年成丰收,实收地租额曾一度急剧上升。

后,产量大幅度下降,到70—80年代,"稻止收一石余矣,花只收数十斤矣"①。产量下降一半到三分之二以上。而地主按原额七八成收租,其下降幅度不到三分之一。两者相比,即可看出地租率大幅度上升。米脂县马家地主的地租实收量虽然下降了30%多,而该县同时期的农业收成下降了40%以上。② 租率同样是上升的。由此可见,伴随地租绝对量减少而来的实际是剥削程度的加深。

如果租额与产量以同一幅度下降,地租率也能维持不变。例如在分成租制下,分成比例不变,地租率就维持不变,又如在江宁地区,地主的地租收入由稻米一石减为稻谷一石,或一百斤、七八十斤,其下降幅度大约为一半,该地区的土地产量同样"不及从前一半"③。两者下降幅度大体一致,地租率也基本不变。但是,在这种情况下,农民的地租负担也不是没有变化。因为随着农田产量的低落,佃农剩余产品愈来愈少,甚或接近于零。虽然地租和产量以同一幅度下降,农民的负担仍然明显加重了。同样,即使地租率有所降低,也未必等于佃农负担减轻。例如陕西榆林、绥德、延安一带,19世纪80年代的租额减少到每垧(1垧合3至4亩)1斗上下,租率低至20%左右。但是,该地区每垧的产量不过五斗上下。④ 产量如此低下,在扣除种子以后,农民是得不到多少粮食的。在这种条件下,很难说有什么剩余产品。因而无论租率怎样低,佃农的负担总是十分沉重的。

总之,无论是租额增加还是减少,地租剥削率(即地租对佃农

---

① 《字林沪报》,光绪九年十二月二十四日。

② 参见《清代农业生产收成表》(3),陕西省约收分数,中国社会科学院经济研究所藏抄本。

③ 李宗羲:《江宁垦荒田地酌减科则疏》,葛士濬编:《皇朝经世文续编》第31卷,户政八,第17页。

④ 童兆蓉:《童温处公遗书》第1卷,第61页。

剩余劳动的百分比)无疑都普遍增长了。由于封建统治者的严重摧残,战后农业生产普遍低落,因而某些地区,虽然租额有所下降,租率反而上升。即或租率维持不变,甚至有所降低,但相对于佃农的负担能力而言,他们所受的地租剥削也并未减轻。至于租额增加的地区,更无须多说了。因此,这一时期地租剥削加重的表现形式,在许多地区,与其说是地租绝对量的增加,不如说是地租剥削深度的增长,佃农负担的恶性加重。

战后时期,地租剥削的加重及其特点已如上述。至于当时全国各地地租额和地租率的水平究竟如何,无从作出精确的统计。这里试就一些零星记载,综合起来,描绘一个大致的轮廓。

同过去一样,战后时期的地租量和地租率,地区间的差异十分悬殊。就地租量而言,稻米从每亩几升几斗至一二石(稻谷则加倍),麦、豆等从几升至几斗不等;钱租从每亩制钱几文几十文至三四千文,白银几分几钱至一二两不等。就收集到的直隶等 23 个地区近 2000 宗地租进行分类比较,发现南方和北方每亩租额通常相差 1 至 3 倍左右。最高和最低租额相差几百倍乃至几千倍。[1]造成这种巨大差距的基本原因是农业生产力发展水平和农业人口与土地比例上的差异。

一般地说,在农业生产力发展水平大致相同的地区,大部分租额是接近的。南方稻产区,"亩田石租(米)",仍然被认为是最通

---

[1]　如陕西某些地区,平均每亩租额只有小米三四升,而江南一些地区,地租额高达每亩稻谷三四石,湖南衡山有的学田租每亩竟高达 6.25 石,相当于陕西最低租额的 200 倍左右。陕西靖边县的蒙旗地租,平均每亩租银 0.001两,而山东莱州每亩最高达 2.66 两,后者相当于前者的 2000 余倍。陕西定边的蒙旗地租,每亩平均 0.83 文,而江苏苏、松地区的折租,每亩最高达三四千文,后者竟相当于前者的三四千倍还多(参见章有义、刘克祥:《太平天国失败后地租剥削问题初探》,《中国社会科学院经济研究所集刊》第 4 辑)。

行的地租量。据统计,江苏、浙江、安徽、江西、福建、广东、广西、湖南、湖北和四川10个主要稻产区的1109宗地租中,每亩0.5—1.5石的为766宗,占69.1%。而这766宗地租中,大部分租额是1石上下。当然,如果进一步考察,上述10省的地租量水平也互有差异。安徽、广东、广西、湖北大部分或绝大部分租额不到1石,而江苏、江西、湖南有相当一部分地租额超过1石。其中江苏租额超过1石的地租宗数更达50%以上。① 在亩产稻谷只有二三石的情况下,要普遍征收1石以上的租米,本来是几乎不可能的。地主为了增加地租量,就将地租由一次征收,改为两季征收,即夏征麦、豆,冬征米、稻,并且单独定额。在苏南和苏北部分地区,就是如此。试以江都县的几宗学田为例(见下页表),如果单征米租,每亩租额为8斗上下,加上麦租,租额即达1石以上。② 在四川,地租量一般是很高的,但从一些资料所反映的情况看,大部分租额在5斗以下,这是地主普遍征收高额押租而相应扣减地租的结果。③ 台湾地区的地租量则呈现明显不同的两种情况:在新垦区,一般都比较低,每亩仅租米一二斗;而在老垦区或熟地,每亩租米往往达1.5石上下,有的甚至高达三四石以上。④

① 参见章有义、刘克祥:《太平天国失败后地租剥削问题初探》,《中国社会科学院经济研究所集刊》第4辑。

② 桂邦杰等纂:民国《江都县续志》第8卷上,学校考上。

③ 绵州于1871年置买的一宗学田,每亩租额甚至低到7升6合。地主解释说:"因招压(押)租钱承买,租石碍难遽增。俟有余资,再行退押加租。"(伍肇龄等纂:同治《直隶绵州志》)。

④ 如1872年一租佃契约载明,水田二甲五分(合27.5亩),年纳租谷160石,每亩5.8石,折米2.6石。1877年又一招佃契约载明,水田三分五厘(合3.85亩),年纳大、小租谷30石,平均每亩7.79石,折米3.9石(台湾银行经济研究室编:《清代台湾大租调查书》第1册,第162—166页)。

### 江苏江都县学田麦、米租额示例

| 面 积 （亩） | 地 租 额 | | | 每 亩 租 额 | | |
|---|---|---|---|---|---|---|
| | 麦（石） | 米＊（石） | 合计（石） | 麦（石） | 米（石） | 合计 |
| 78.0 | 28.00 | 56.00 | 84.00 | 0.36 | 0.72 | 1.08 |
| 101.7 | 31.69 | 87.80 | 119.49 | 0.31 | 0.86 | 1.17 |
| 1397.0 | 556.47 | 1211.74 | 1768.21 | 0.40 | 0.87 | 1.27 |
| 275.2 | 100.00 | 236.50 | 336.50 | 0.36 | 0.86 | 1.22 |

注：＊原为稻谷，以稻谷2石折米1石，折成米石。

在北方地区以及云南、贵州一带，每亩租额一般在 5 斗以下，以 3 斗上下最为常见。据搜集统计的直隶、山西、山东、辽宁、吉林、黑龙江、陕西、甘肃、宁夏、云南、贵州等 11 个地区的 144 宗租田资料中，租额 5 斗以下的 97 宗，占 67.3%，5 斗以上的 47 宗，大部分属于云南、贵州两省稻产区，其他地区则不多见。[①]

至于钱租，南北地区之间的差异不如谷租大。这是因为南方地区的钱租除小部分系水田稻谷折租，租额较高外，大部分是旱地租，与北方地区的钱租差距不甚悬殊。在北方地区，每亩制钱二三百文或四五百文，白银一钱至三四钱，较为多见。在南方稻产区，如系水田折租，一般每亩制钱 1000 文左右或白银 5 钱以上。在江浙一带则每亩为 2000 文上下；如系旱地租，则一般在制钱 400 文或白银四五钱以下。[②]

就地租率而言，也是各地高低不同。最低 10%—20%，最高

---

① 详见章有义、刘克祥：《太平天国失败后地租剥削问题初探》，附表二，《中国社会科学院经济研究所集刊》第 4 辑。

② 各地钱租分类情况详见章有义、刘克祥：《太平天国失败后地租剥削问题初探》，附表二，《中国社会科学院经济研究所集刊》第 4 辑。

超过 80%。这种差别,即使同一地主的出租土地也是常见的。如湖南黔阳书院的 11 宗租田,最高租率为最低租率的 2. 67 倍(详见下表)。① 一般地说,地租率也同地租量一样,南方大多高于北方,稻产区大多高于麦产区或杂粮区。② 从全国范围来看,一些资料所反映的情况表明,在相当一部分地区,"租取其半"或"平分其粮",仍然是战后时期定额租和分成租最通行的租率。就地区言,山东、安徽、江西、贵州、宁夏等地,租率多在 50% 左右;直隶、山西、热河、东北、陕西、台湾等地,有较多一部分地租的租率不到 50%;而江苏、浙江、湖南、湖北、四川等地,相当一部分地租的租率超过 50%。不过后两部分地区,仍有一部分地租的租率在 50% 上下。③

### 湖南黔阳书院部分租田租率统计
#### 1872 年

| 土地产量(谷,石) | 地租额(谷,石) | 地租率(%) |
|---|---|---|
| 180. 0 | 47. 2 | 26. 2 |
| 180. 0 | 50. 0 | 27. 8 |
| 40. 0 | 12. 0 | 30. 0 |
| 80. 0 | 24. 0 | 30. 0 |
| 20. 0 | 5. 6 | 30. 0 |

---

① 据杨大诵等纂:同治《重修黔阳县志》第 20 卷,礼书二,第 4—8 页编制。

② 当然不能由此而简单地得出结论说,北方的地租剥削比南方轻,麦产区和杂粮区的地租剥削比稻产区轻。只有将地租量、地租率和生产力状况、农民负担地租的能力联系起来加以分析,而后才能得出正确的结论。

③ 各地区地租率情况详见章有义、刘克祥:《太平天国失败后地租剥削问题初探》,附表三,《中国社会科学院经济研究所集刊》第 4 辑。

续表

| 土地产量（谷，石） | 地租额（谷，石） | 地租率（%） |
|---|---|---|
| 15.3 | 6.0 | 32.7 |
| 6.0 | 2.0 | 33.3 |
| 145.0 | 50.0 | 34.5 |
| 5.0 | 2.0 | 40.0 |
| 147.0 | 60.0 | 40.8 |
| 4.0 | 2.8 | 70.0 |

佃农要把土地产量的一半无偿交给地主，其剥削已不算轻。但这还只是契约字面上的租率，如果加上前面提到的押租和各种名目的额外浮收、需索，以及佃农负担的田赋等，剥削就更重了。事实上，不少地方单就正租率而言，已在 50% 以上。如四川江安县，最通行的租率是 60%。① 据记载，19 世纪 80 年代初，在四川南部一带，佃农交给地主的租谷和自己所得部分的比例，大致为10∶4。② 据此计算，租率达 71% 左右。而在彭县，丰年每亩产谷不过 2 石六七斗，下田只 2 石左右，而每亩租额达 1 石七八斗至 2石 1 斗不等。③ 据此计算，租率当在 80% 以上。浙江鄞县，丰年每亩产谷 5 石，而大小租合计 3 石多，租率显然超过 60%。④ 该县其他一些地区则是佃户"丰年以七分完租，三分自食"⑤，即租率

---

① 据该县光绪十六年《举办学田核定章程》第十三条示："县属粮户多有自田自耕者。如田可出谷百石，作收租六十石算……"（见沈秉堃：《敬慎堂公牍》）。由此可见，该县地主通常按 60% 的租率收租。

② 庄延龄：《长江上游游记》，第 115 页。

③ 吕调阳等纂：光绪《重修彭县志》第 3 卷，风俗志，第 45 页。

④ 《申报》，光绪五年三月十九日。

⑤ 《申报》，光绪九年八月初七日。

70%。至于平年或歉年,租率自然更高。湖南宁乡的情况是,佃农"中年纳租外,仅获三四或二三"①。租率亦高达60%—80%。苏州的租率大致是"多者二十而取十五,少亦二十而取十二三"②。即租率60%—75%。这已经高得惊人,但实际征收中的正租率还远不止此。该地在"九成大熟"之年,每亩产米1石七八斗,租米达1石四五斗,由此推算,租率超过83%。且另收麦租二三斗,佃户业主"各半完粮"③。其剥削已达到无以复加的严重程度。

地租率的高低还同土质、水利条件和地理位置等有着密切的关系。一般地说,那些土质和水利条件较好、交通较方便的土地,地租率也更高。据调查,直隶武清、山东莱州等地,地租率视土地等级而递增,一般下田租率为30%,中田40%,上田则为50%。④其他许多地区也大都视土质优劣而定租额比例。在奉天则是"佃户各视距离港口远近,缴纳其收益的三分之一以至七分之一于地主"⑤。土质越好,地租率越高,因为这些土地产量较高,从而佃农的剩余劳动率较高,为地主的高比例租额征收提供了可能。而地主却把这些超额部分的地租视为他的优质土地所固有的。如在四川荣县,土地分上、中、下三等,"不粪而获曰上田,少粪而获曰中田,非粪不获曰下田"。地租率亦"升降因之。上田主得十之七,中田十之六,惟下田各半"。地主阶级解释这种差异说,"附产有差也"。⑥ 即地主土地本身所带来的产量有高低之分。当然,地租

① 童秀春纂:同治《续修宁乡县志》第24卷,第9页。

② 陶煦:《租核》,第6页。

③ 《申报》,光绪九年八月初七日,又十二月二十八日。

④ 李文治:《中国近代农业史资料》第1辑,第272页。

⑤ 李文治:《中国近代农业史资料》第1辑,第273页。

⑥ 赵熙等纂:民国《荣县志》,食货第七,第17页。

率同土地等级成正比的情况也不是绝对的。在有些地区，或因地主拒绝相应降低劣等地的租额，或因土地供不应求，一些经济条件恶劣的佃农只能租到条件苛刻而又土质低劣的土地。在这种情况下，劣等地的地租率往往比一般土地甚至优质地还要高，而这一部分佃农所受的地租剥削也就特别残酷。

战后地租的高度，还可以从地租对地价的比率来加以考察。①在不同地区或时期，由于不同条件的制约和影响，地租对地价的比率也是高低互见。低者3%—5%，高者15%—20%，而更多的是10%左右。据80年代的调查，川南一带地主的土地收益（地租/地价）通常不超过7%，川北则不超过4%。② 山东莱州和江浙某些地区，地租与地价的比率也大致为3%—5%。③ 这是较低的。较高而普遍的比率则是10%左右。如安徽霍丘，"拥田宅享租人者，利什之一"④。山东堂邑，从80年代末90年代初的一些地契看，地租亦约当地价的10%。⑤ 1890年前后，由一个官僚"捐公"的江

----

① 应当指出，封建地主所拥有的土地不是资本主义性质的地产投资，封建地租本质上不同于资本主义地租。因此，从政治经济学的角度说，用地租对地价的比率（或称"购买年"）来考察封建地租，是不妥当的。但是，在我们考察的这一时期，由于商品经济和商业高利贷的进一步发展，事实上存在着地租收入与商业、高利贷利息的比较。因此，我们也可以从地租与地价的比率这个侧面来分析地租的高度。

② 庄延龄：《长江上游游记》，第108页。

③ 据李文治：《中国近代农业史资料》第1辑，第644—645页。如莱州中等地谷租占产量40%，每亩产值3.4两，租值1.36两，每亩地价40两，则地租当地价的3.4%，又中等地每亩钱租2两，则当地价的5%。江浙某些地区地租对地价的比率参见《申报》，光绪元年十二月初一日；《中国近代农业史资料》第1辑，第266页。

④ 王寅清纂修：同治《霍丘县志》第3卷，食货志四，物产，第2页。

⑤ 《武训地亩账》，第3—4、158—159、202页。

苏清河境内湖田草地百余顷,时值约 30000 余千文,每年地租约 3000 余千文①;同时期松江、太仓地区,每石租田价值 10 千文—30 千文,每石租折价 2000 文左右②;四川黔江墨香书院于 1879—1890 年间买田 3 宗,合价 2000 余千文,年收租谷合钱 200 余千文。③ 都是地租占地价的 10% 左右。在直隶,旗地买卖的计价方法是,"以租为利,以价为本,大率合一分有余之利"④。亦即地租与地价之比,稍高于 10%。从另一些地租和地价可资比较的零星记载来看,情况也大致相似,详见下页表⑤。

表中所列 10 宗租田,虽然地租与地价的比率从 5.4% 到 13.9%,高低相差 1 倍以上,但大部分还是接近于 10%。这种大约 10 年左右就收回全部地价的地租剥削,显然是十分沉重的。⑥但是,还有部分地区的租额远远超过地价的 10%。而且由于某些地区的地价下跌,地租上升,地租对地价的比率越来越高。如 80 年代的苏州,一方面是田价极贱,每亩仅值钱 20 千文;另一方面是地主"以商贾之利求之于田,责之于租",以致"租日重而不足以厌其欲"。结果每亩租米高达一石四五斗,每石折价二千二三百

---

① 马丕瑶:《马中丞遗集》第 2 卷,第 47—48 页。

② 《申报》,光绪九年八月初七日,又十二月二十八日。

③ 陈藩垣等纂:光绪《黔江县志》第 3 卷,学校,书院,第 40 页。

④ (清)户部编:直隶《清赋章程摘要》,第 16 页。户部则例有地租一百三十两,准作地价一千两之例。(同上书)据此计算,地租当地价的 13%。

⑤ 据李文治:《中国近代农业史资料》第 1 辑、沈秉堃:《敬慎堂公牍》、傅衣凌《福建佃农经济史丛考》以及有关地方志编制。

⑥ 18 世纪英国的购买年为 20—25 年,19 世纪七八十年代普鲁士的购买年为 28—32 年(章有义:《中国近代农业史资料》第 2 辑,第 113 页)。显见当时中国封建地租是何等的沉重。

文。① 据此计算,地租约当地价的 19% 左右。在直隶某些地区,每亩土地的平均价格不到 10 元,丰年谷物产值 3—3.5 元,"租取其半",地租当为地价的 15% 以上。② 1894 年奉天辽中县的地租更高达地价的 20%,而且还在继续上升。③ 这种地价下跌、地租上涨的反向运动,正是农业生产凋敝、地租剥削恶性加重的一个表现。

### 贵州天柱等 10 个地区出租土地收益率示例
#### 1862—1891 年

| 地　　区 | 年度（份） | 租地面积（亩） | 地价额 | 地租额 | 地租/地价（%） |
|---|---|---|---|---|---|
| 贵州天柱 | 1875—1903 | 47.38 | 1811600 文 | 97800 文 | 5.4 |
| 湖南长沙 | 1887 | 40 | 900 两 | 谷 54 石（折银 54 两） | 6.0 |
| 四川江安 | 1890—1891 | | 14128 两 | 折银 883.4 两 | 6.3 |
| 福建永安 | 1865 | | 15 两 | 谷 1 石（折银 1.25 两） | 8.3 |
| 福建平潭 | 1865 | | 18000 文 | 1600 文 | 8.9 |
| 四川黔江 | 1879—1890 | | 2160000 文 | 233500 文 | 8.9 |
| 四川大宁 | 1875 | | 410000 文 | 40000 文 | 9.8 |
| 湖北孝感 | 1880 | 32 | 300000 文 | 36000 文 | 12.0 |
| 江西鄱阳 | 1862 | | 1060470 | 130829 文 | 12.3 |
| 直隶沧州 | 1880 | 224 | 770 两 | 160000 文（合 106.7 两） | 13.9 |

---

① 陶煦:《租核》,第 17 页;《申报》,光绪九年八月初七日,又同年十二月二十八日。

② 《捷报》1883 年 8 月 3 日,第 156 页。

③ 李文治:《中国近代农业史资料》第 1 辑,第 256 页表。

### (六)佃农的贫困化和抗租斗争

封建地主不顾战后农业生产的凋敝,采取竭泽而渔的手段,加重地租剥削,来满足自己的贪欲。结果,有的农户不但全部剩余劳动被剥夺,而且侵占了部分必要劳动。佃农的生产和生活愈来愈受到严重的威胁。马克思曾经指出,"产品地租所达到的程度可以严重威胁劳动条件的再生产,生产资料本身的再生产,使生产的扩大或多或少成为不可能,并且迫使直接生产者只能得到最低限度的维持生存的生活资料"①。农民大起义失败后的封建地租剥削——不只是产品地租,也包括货币地租——的严重程度,正是这样。它往往迫使直接生产者连最低限度的维持肉体生存的生活资料也无法得到。它不但使扩大再生产几乎完全不可能,甚至连简单再生产也无法维持。

从这一时期的农业生产力水平来看,佃农的生产规模极小,经营相当粗放,即使租率低于50%的地租,也往往侵及直接生产者的必要劳动。租率愈高,被侵占的必要劳动的比重愈大,愈是超出佃农的实际负担能力,威胁佃农的起码生活。从一些地区佃农收支的估算数字,可以看出当时地租侵占佃农必要劳动的严重情况②。

据1879年的记载,安徽芜湖一户全家8口的佃农,租种30亩土地,农产收入137400文,副业收入65000文,合计202400文,地租支出27000文,下余175400文,而雇工及家庭生活费需194600文,即使略去生产资料的补偿不计,已净亏19200文。地租显然侵

---

① 马克思:《资本论》第3卷,《马克思恩格斯全集》第25卷,第897页。

② 以下安徽芜湖等四个地区佃农收支估算资料来源、数字计算,详见章有义、刘克祥:《太平天国失败后地租剥削问题初探》,《中国社会科学院经济研究所集刊》第4辑。

占了佃农的必要劳动 10% 以上。

据《租核》作者陶煦的估计,80 年代初,苏州一户租田 10 亩而拥有田面权的佃农,春秋两季农产总值 61000 文,扣除地租 25800 文,下余 35200 文,而生产资料和工食费分别需 8200 文和 33200 文,两项合计 41400 文,收支相抵,净亏 6200 文。但是,支出项目中尚未包括佃户所交的田赋。如前所述,苏州的永佃田惯例是"佃户与田主各半完粮"。姑且按照这些显然偏低的数字计算,剩余劳动率不过 59% ,地租相当于剩余劳动的 132% ,侵及必要劳动的 19% 。

另据 1888 年的记载,广东汕头一个 5 口之家的佃农,佃种 10 亩水田,农产总值 150 元,扣除生产资料支出 40 元,生活费用 92 元,仅余 18 元,剩余劳动率不过 20% ,而地租为 60 元,相当于剩余劳动的 333% ,侵占必要劳动的 46% 。

又据 1883 年的记载,直隶一个家有 5 口的佃农,租地 30 亩,农产收入为 90 元,生产资料支出 12 元,地租 45 元,收支相抵,仅余 33 元,每人摊 6.6 元。显然不能满足起码的生活需要。[①] 何况该地农户耕地一般不到 30 亩,多数只有 10 亩至 20 亩。如以 20 亩计算,则每人仅有生活费 4.4 元,可以肯定,地租侵占必要劳动部分,超过 50% 。

地租侵占佃农必要劳动,意味着佃农收支不敷,经济状况恶化。上述芜湖佃农亏欠 19200 文,苏州佃农亏欠 6200 文,汕头佃农不敷 42 元,直隶佃农的不敷数额当在 60 元以上。类似情况在其他地区也相当普遍。如松江地区条件相似的佃农,一年所获,若先完租,则"所余无几,实不足以支日用";若先扣除人工、肥料、耕

---

① 前述芜湖佃户家庭生活费 164600 文(雇工费 30000 文除外),即 150 元,平均每人 18.75 元,汕头佃户每人生活费 18.40 元。

牛费用,保正图差需索,以及地方杂捐,则"所存之米已不及所完之租"。① 一句话,入不敷出。浙江一些地区同样是"力穑不足自赡","佃田者每苦亏本"。② 有人给1户租田5亩的佃农全年收支做了一个估算,如果自种,亏损1000多文,雇工耕种则亏损10000多文。③

值得注意的是,上述诸例中,除浙江的例子外,佃农的租地面积都在10亩至30亩之间,有的还有雇工。与一般佃农比较,他们的生产规模较大,经济条件较好,而地租率又不算太高,包括苏州那户佃农在内,地租率都未超过50%。即使如此,地租已经大大超出了他们的实际负担能力,造成严重的收支不敷。那些生产规模更小、经济条件更差、租率更高的佃农,其处境就更恶劣了。如在江苏苏、松、太地区,浙江杭、嘉、湖地区和湖南宁乡、四川彭县等地,租率往往高达百分之七八十以上,佃农每亩所余不过三五斗,即以租地10亩计,全年所得不过三五石,扣除种子,还不够一个人全年的口粮。④ 更不用说补偿其他生产资料消耗和养家活口了。

但是,以上都还只是按照契约租率而进行的字面上的估算。实际情况有的比这还要严重得多。在有的地区或时候,地租几乎囊括了佃农的主要农作物或大季(秋季)收入。如在江苏金山等地,土地收成有大熟、小熟之分,前者指稻谷、棉花,后者指蚕豆、菜、麦等。在正常年景,佃农的大熟收成往往被地租囊括,"田大

---

① 姚光发等纂:光绪《松江府续志》第5卷,疆域志五,风俗,第4页;《申报》,光绪十四年十一月初三日。

② 《申报》,光绪五年三月十九日,又光绪三年八月十六日。

③ 《申报》,光绪七年闰七月二十七日。

④ 据陶煦:《租核》一书估算,当时一个壮劳力全年的食米为5石5斗(见该书第17页)。

者稍有余粒,小者仅存糠粃"。供佃农食用的只是一点小熟杂粮和菜蔬。① 在浙江定海等地,稻田耕作分早晚两季,其中主要是早稻,晚稻则产量低而不稳。但是,该地佃农向以早稻抵租,而以晚稻"作为家人食息之资"。这样,佃农的食息之资也就少而不可靠,有时甚至"几无颗粒"②。在苏南和皖南某些地方,地主不但征稻征米,而且征麦征豆,杂粮或小熟收入也往往为地主所掠夺。

　　情况更为严重的是,有时地租几乎囊括佃农的全部农业收入。苏州地区有些佃农完租之外,"食用所需,几无升斗以馌妇子"。甚或"颗粒无留,莫谋卒岁"③。太仓某些佃农往往"偿债还租,竭其所入"④。在崇明,有时即使是大丰之年,也有所谓"熟荒"的情况发生,即佃农完租之外无以餬口。⑤ 浙江宁波有的佃农,完租甫毕,即已籴米而炊。⑥ 在安徽建德、婺源等地的一些佃农,也是"半纳田租半偿债",往往"场仅告涤,瓶已云空"。⑦ 天津官田佃户的情况同样是,除交租外,所余"不敷一分人工之用"⑧。

　　这些佃农主要是从事农业劳动,却不能从农业收入中获取基本的生活资料,而只得依靠微薄的副业收入,最大限度地加大劳动

---

　　① 黄厚本等纂:光绪《金山县志》第 17 卷,志余,第 5 页;姚光发等纂:光绪《松江府续志》第 5 卷,疆域志五,风俗,第 4—5 页。

　　② 《益闻录》,第 1281 号,光绪十九年五月十八日。

　　③ 《申报》,光绪九年八月初七日,又同年十二月二十八日;《益闻录》,第 28 号,光绪五年十一月初二日。

　　④ 《申报》,光绪九年十月二十一日。

　　⑤ 《申报》,光绪九年十月二十一日。

　　⑥ 宁波知府宗某《劝蚕桑告示》,《申报》,光绪五年三月十九日。

　　⑦ 周学铭等纂:宣统《建德县志》第 19 卷,艺文,第 69 页;汪正元纂:光绪《婺源县志》第 3 卷,疆域志,风俗,第 3 页。

　　⑧ 崇厚:《请定天津水田章程疏》,祁寯藻等编:《同治中兴京外奏议约编》第 3 卷,第 7 页。

强度,延长劳动时间,以勉强维持最低限度的生活。宁波佃农为了籴米而炊,"男子则操贾捕洋,妇人则佣工跕屉"①,借以获取一点现金。太仓佃农借以餬口的主要手段是"纺纱织布",或"绩麻织苎"。② 苏州佃农除苦力田事外,"其在暇日,或捆屦,或掏索,或赁春,或佣贩,或撷野菜以市,或拾人畜之遗以粪壅",再加以妇女出外佣工,"以贴补男子之坐食",无不"极治生之事"。③ 其他如苏北以及江西、湖南、山东等许多地区的贫苦佃农,也大都依赖副业以维持生活。他们靠水则渔,靠山则樵,靠城则佣,老稚勤作,四时无论。尽管如此,仍终年不得温饱。有时就连这一点维持肉本生存的副业收入,也有被地主夺走的危险。如苏州某些"穷以无告"的佃农,连鸡鸭土布也被地主夺去抵租,地主家中因此而"积布累累"。④ 安徽婺源的贫苦佃农,为了糊口,"戴月负薪,走市觅米"。然而,就是这样一点血汗和救命口粮,也往往"为负租家所夺",以致全家"数腹皆枵"。⑤

当时,佃农尽其所有不足以完租的现象绝不是个别的。如四川井研的佃农,如果收成稍歉,"虽罄所有,不足输租税"⑥。彭县佃农同样经常"赔租"⑦。江苏松江地区一些佃农,"盖藏已罄,杼柚皆空",而地主"犹催租不贷"。⑧ 有的佃农迫不得已变卖家什,甚至卖儿鬻女以抵租。在苏州,折卖家什而完租的佃农比比皆是。

---

① 《申报》,光绪五年三月十九日。

② 佚名纂:光绪《太仓直隶州志》第6卷,风土,风俗。

③ 陶煦:《租核》,第6页;《申报》,光绪九年八月初七日。

④ 陶煦:《租核》,第23页;《申报》,光绪三年十二月初五日。

⑤ 汪正元纂:光绪《婺源县志》第3卷,疆域志,风俗,第3页。

⑥ 吴嘉谟等纂:光绪《井研志》第8卷,第3—4页。

⑦ 吕调阳等纂:光绪《重修彭县志》第3卷,风俗,第45页。

⑧ 《字林沪报》,光绪九年十二月二十四日。

他们"衣具尽而质田器,田器尽而卖黄犊,物用皆尽而鬻子女"①,弄得倾家荡产,妻离子散。在江苏其他地区以及浙江、广东、湖南、直隶等地,佃农卖儿鬻女以抵租的情况,也是屡见不鲜的。② 这些佃农已经到了走投无路的地步。

就在佃农被苛重的地租剥削得无以为生的时候,高利贷者像一只凶残的饿狼一样扑来,贪婪地吸吮着佃农身上残存的一点膏脂。在租佃关系的范围内,高利贷盘剥是以佃农贫困化为前提的,它反过来又使得这种贫困化加剧。

地租愈是侵占佃农的必要劳动,佃农愈是因无法维持生产和生活而被迫仰赖借贷。他们有的"完租甫毕,便已借贷食米"③,靠高利贷以维持最低限度的生活;有的"耕耘粪壅悉由称贷而来"④,靠高利贷以筹措生产资金;有时甚至"贷银偿租"⑤,靠高利贷缴纳地租。在江苏、浙江、安徽等地,每届秋冬季节,佃农即纷纷"检点农具、衣被向典铺押钱"。大小典铺,有的因质典者太多而拥挤异常,应接不暇,甚至因拥挤混乱而失物伤人⑥;有的因收当太多,"质库牣溢,至不能容",甚至因"栈房不敷堆放,一概止当"。⑦ 苏州的佃农债户"繁密如星"⑧;直隶望都县一个上百户的村庄,除三

---

① 陶煦纂:《周庄镇志》第 4 卷,第 2 页。

② 《汇报》,同治十三年十月二十二日;葛士濬:《皇朝经世文续编》第 38 卷,第 12 页。

③ 王炳燮:《毋自欺室文集》第 6 卷,第 37 页。

④ 佚名纂:光绪《太仓直隶州志》第 6 卷,风土,风俗。

⑤ 张先抡等纂:光绪《善化县志》第 16 卷,风俗,第 10 页。

⑥ 《益闻录》,第 324 号,光绪九年十二月十五日;又第 1120 号,光绪十七年十一月二十四日。

⑦ 陶煦:《租核》,第 6 页;《申报》,光绪九年十二月二十八日。

⑧ 《申报》,光绪九年十二月二十八日。

五户自给外,"余皆负债之户"①。可见佃农仰赖高利贷的程度是非常严重的。

高利贷是地租剥削的继续和深化。地主往往以搜刮的高额地租为资本,兼营商业和高利贷。他们始则提高折价,压低粮价,增加地租征额,贱价囤积粮食,继而以高利出贷,高价出粜,牟取暴利;或者直接将佃农的欠租转为高利贷。这种地租、商业、高利贷三位一体的剥削,大大加重了封建地租的残酷性。苏州等地佃农在大丰之年尚不足以完租的悲惨处境,就是这样造成的。在苏北、浙江、安徽、山东、直隶、陕西以及其他各地,地主大都兼放高利贷。他们不但"坐食其租",而且以"倍称之息"对佃农进行高利贷盘剥。② 地主利用地租和高利贷的双重剥削手段,不但榨取了佃农的全部剩余劳动,而且剥夺了他们的劳动条件本身,首先是他们自有的少量土地。大量记载表明,当时到处都有自有少量土地的佃农为地租和高利贷所逼,抵押或绝卖一向视为命根子的一点"祖遗田亩"③。地主放债须以借债者自有土地作抵,佃农先是押地借债,继因无力还债而典地,最后典地到期无法赎取,只好贱价卖给债主,自己沦为租种该块土地的佃农,叫做"卖马不离槽"④。这就是地主兼高利贷者兼并佃农自有土地的"三部曲"。他们正是使用这样的手法,实现利息和地租辗转增殖,而迫使佃农的再生产在

① 陆保善等编:《望都县图说》,东路,第 18 页。

② 薛福保:《青萍轩文录》第 1 卷,第 7 页;杨笃纂:同治《西宁新志》第 39 卷,第 1 页;观山:《陕北唯一的"杨家沟马家"大地主》,《新中华杂志》第 2 卷第 16 期,1934 年 8 月;武训历史调查团:《武训历史调查记》,第 73—74 页。

③ 《申报》,光绪元年十二月初一日。

④ 金念祖等纂:民国《嘉定县续志》第 5 卷,风俗,第 9 页;徐乃昌纂:民国《南陵县志》第 4 卷,舆地,第 6 页;钟朝煦纂:民国《南溪县志》第 4 卷,礼俗下,第 11 页;前引《陕北唯一的"杨家沟马家"大地主》;《武训历史调查记》。

不断恶化的条件下进行。

至于那些自己完全没有土地的贫苦佃农,更只有依靠质当破衣烂絮和农具器物以借债。每到秋冬季节,特别是青黄不接之时,这些贫苦佃农被迫以十分苛重的利息借贷钱、米。他们不是"典衣易粟供朝食",就是"典衣买饼培田腴",甚至"无衣或且借衣典"。① 原指望秋收有获,到时赎物还债,稍有余资饷口。及至秋禾上场,催租逼债者如"蜂屯"、"猬集"。结果,还是颗粒无余。② 正如当时报刊上所描述的,"半年辛苦为谁忙,坐看儿女吞声哭"③。更严重的是,"仓廪嗟无斗粒余,那堪门外又催逋;佃人已借明年粟,田主犹征去年租"④。如果遇上水旱灾荒,土地颗粒无收,工本全失,而地主催租逼债如狼似虎,佃农更加陷入走投无路的绝境。有的因棉被质尽,无力赎取,只得一家数口"互抱通宵"⑤;有的"对荒田而痛哭","空杼柚以啼号"⑥;有的只好逃荒,甚至被迫自杀。⑦ 种种惨况,难以言状。

----

① 《申报》,同治十二年九月十九日;季念诒等纂:光绪《江阴县志》第9卷,风俗,四民,第2页;《申报》,光绪二年二月十九日;周学铭等纂:宣统《建德县志》第19卷,艺文,第69页。

② 《申报》,光绪二年二月十九日;周学铭等纂:宣统《建德县志》第19卷,第69页。

③ 《申报》,光绪二年二月十九日。

④ 《申报》,光绪二年二月十九日。

⑤ 《申报》,光绪二年二月十九日。

⑥ 《申报》,光绪九年十一月初六日。

⑦ 如江苏南汇一佃农,负债不下二百金,一年遭风雨大灾,"秋收无几,诸债猬集",只好全家"卷携所有,鼓棹他往",外出逃荒。常熟某佃农,"债台百级",秋收完租已觉不敷,而"索债者又相逼而来",走投无路,被迫自刭而死(《益闻录》,第1127号,光绪十七年十一月十九日,又第324号,光绪九年十二月十五日)。这仅仅是千百万佃农悲惨遭遇中的两个例子。

就是这样,在地主、商人、高利贷者三位一体的残酷压榨下,原来尚有少量土地的佃农,因长期入不敷出,逐渐失去了原有的土地,沦为全靠租地为生的贫佃;原来的贫佃则往往因质物借贷而逐渐丧失了起码的生产工具和生活资料,进一步赤贫化;而原来的赤贫下户,则"渐有饿死者"①。结果,除少数富裕佃农能维持原有的经济地位或稍有上升外,整个佃农阶层的经济地位每况愈下,普遍陷入日益严重的贫困状态。他们的生活水平,无论衣、食、住,都极端恶劣,经常面临着饥寒和死亡的威胁。就衣而言,他们普遍衣不遮体。苏州佃农"疏布之衣而补缀不完"②;松江"佃户类皆贫同乞丐,裋褐不完"③;贵州古州厅一带的贫苦农民一到冬天,"憔悴瑟缩之状,不堪寓目,甚有冻死街衢者"④。以食而论,他们经常处于"颗粒无存"、"饔飧莫给"的穷困状态。江苏太仓佃农饥不择食,"糟糠不厌"⑤;苏州佃农因食不果腹,"鲜不鸠形鹄面"⑥。直隶宣化的一些佃农,也是妻儿子女终岁"不能饱暖"⑦。在四川彭县,虽"几无寸土之旷",而佃农"常苦饥风"⑧。陕西地区,即使在秋收后,还是"民有菜色,俱不聊生"⑨。全国各地,以糠秕、豆饼、野菜、蕨根、树皮乃至观音土为食的贫苦佃农,无以胜计。至于住,

① 谭嗣同:《浏阳土产表数》,《农学报》第 3 期,光绪二十三年五月上。
② 陶煦:《租核》,第 6 页。
③ 《申报》,光绪十四年十月二十三日。
④ 余嵩庆等纂:光绪《古州厅志》第 4 卷,第 8—9 页。
⑤ 佚名纂:光绪《太仓直隶州志》第 6 卷,风土,风俗。
⑥ 王炳燮:《毋自欺室文集》第 6 卷,第 37 页。
⑦ 杨笃纂:同治《西宁新志》第 39 卷,第 1 页。
⑧ 吕调阳等纂:光绪《重修彭县志》第 3 卷,第 46 页。
⑨ 《申报》,光绪三年八月二十七日。

更是"编草为房"①,夏不遮雨,冬不避风。当时有人描述佃农的困苦说:"至于佃户之苦,不必问其力作艰难,但观其居必草茅,不庇风雨;食必粗粝,时杂糠秕;种种苦况,吞声忍受。偶有衣食完全、居处宽适者,不及百分之一。"②这段话大体上是符合实际情况的。总之,这一时期的大多数佃农已经成了"赤贫之户"、"极穷之民"。③

不言而喻,广大贫苦佃农既然无法维持最起码的生活,也就无力进行简单再生产。这不但是因为他们缺乏起码的生活资料,不能补偿体力上的消耗,而且也因为他们在日趋贫困的过程中,已经把耕畜、农具、种子等生产资料也消耗殆尽,无力补偿。例如,直隶许多佃农穷得连一头驴、一头牛或一头猪也没有④;山西地区的一些佃农"既无耒耜之具,牛马之畜,粪草之积",又"不耐耕作之劳"⑤;陕西一些地区的情况是佃农庄屋残破,犁耙毁坏,种子难购,一句话,"耕作之资全无"⑥;浙江一带的许多佃农,更是被弄得"种子已无,耒耜质尽"⑦,完全丧失了进行简单再生产的能力。

沉重的地租剥削摧残了农业生产力;农业生产力的凋敝和衰退,提高了地租剥削深度,其结果是进一步加剧了农业生产的衰退,形成一种恶性循环。这种状况意味着大起义失败后,封建土地

---

①　叶新藻:《官滇略存》上卷,第18—19页。

②　金文榜:《减租辩》,葛士濬编:《皇朝经世文续编》第37卷,第53页。

③　《申报》,光绪五年十一月二十七日;曾国荃:《全书》,书札,第13卷,第22页。

④　《捷报》1883年8月13日。

⑤　曾国荃:《全书》,书札,第13卷,第22页。

⑥　马先登等纂:光绪《同州府续志》第10卷,良吏传,第11—12页。

⑦　《字林沪报》,光绪十二年十月二十四日。

关系和农业生产力之间的矛盾,即地主和农民之间的矛盾,不仅没有缓和,反而愈来愈尖锐。这就必然激起广大农民新的反抗斗争,特别是广大佃农的抗租斗争。

战后地租剥削的沉重化迫使佃农只有"抵冒法律"以抗租之一途①,不管地主如何严催酷逼,也只有"比者愈甚,而欠者愈多"②。特别是在经受了长期农民战争的锻炼和熏陶以后,许多佃农摆脱了过去那种怯弱和逆来顺受的精神状态,因而这种斗争更加广泛而激烈。战后30年间,佃农抗租斗争的广泛和激烈程度都是空前的。有关资料记载表明,不管内地、边疆,不管民佃、官佃、旗佃,都经常有抗租斗争发生。在江苏、浙江、安徽、江西等农民起义影响较大的地区,抗租尤为普遍和激烈。如浙江嘉善佃农"玩法"而"习惯于抗租"。③ 龙游佃农则"抗租霸种,习以为常"④。在江苏江宁和苏、松、太等地区,佃农相率效法,"揩租霸产",抗租斗争成为"寻常之事"。⑤ 在安徽和江西等许多地区,战后的情况是,"民俗刁顽,目无法纪",抗租斗争屡见不鲜,以致地主收租不易。⑥从斗争的内容和形式来看,既有反对地主增租浮收的经济斗争,也有反对地主政治压迫和逼租虐佃等政治性斗争;既有单个的、自发的非暴力斗争,也有群众性的、有组织的暴力斗争。

如前所述,地主为了加重对农民的剥削,在战后不择手段地提

① 吴嘉谟等纂:光绪《井研县志》第8卷,第4页。

② 《字林沪报》,光绪九年十二月初七日。

③ 顾福仁纂:光绪《重修嘉善县志》第8卷,风俗,第31页。

④ 余绍宋纂:民国《龙游县志》第1卷,通化,第22页。

⑤ 《申报》,光绪五年十二月二十二日;姚光发等纂:光绪《松江府续志》第5卷,疆域志五,风俗,第4—5页;《汇报》,同治十三年十二月十四日。

⑥ 葛士濬编:《皇朝经世文续编》第16卷,第51页;《益闻录》,第51号,光绪六年四月二十二日。

高租额,进行额外浮收和勒索。许多地区的佃农对此进行针锋相对的斗争,用各种形式反对地主的增租、浮收。如安徽建平的客民佃农,曾因租价高低悬殊,与地主多次发生争执,后该县县令强行规定每亩折价600文,佃农以租价过高,群起反抗,纷纷将耕牛牵至县堂,"以代租息"。几天之内,县衙"竟为桃林之野"①。吉林长春、农安交界处蒙旗佃农也曾为反对官府清丈增租而进行了激烈的斗争。② 有的反对地主征收和增加押租。如湖北蕲州佃农为要求地主减免庄钱,曾多次进行斗争,并发展为武装暴动。③ 还有的反对地主大斛收租或其他浮收勒索。如苏州佃农曾将一家豪绅地主的收租巨斛夺往县衙控告。县衙慑于佃农威力,迫不得已罚地主"捐米助赈,并认修城垣"了事。④ 江苏镇江乐生洲"公田"佃农、奉天铁岭大狼洞沟官庄佃农,都发生过反对官吏勒索、逼租的斗争。⑤

在抗租斗争中,更为常见的是各种形式的拖欠和抗交。全国许多地区,例如湖北、湖南、广东、四川、陕西、直隶、内蒙、东北等地,到处频繁出现这类情况,而江苏、浙江、安徽、江西等地,佃农抗欠斗争更是十分广泛、激烈。这些地区的佃农,有的自动减少交租成数,有的拖欠不交,"屡经催索,粒米无还"⑥。浙江嘉善、桐乡、乌程、萧山、龙游、乐清以及严州等地,许多佃农都是自行确定交租

---

① 《益闻录》,第51号,光绪六年四月二十二日。

② 《谕折汇存》,光绪二十四年七月二十四日。

③ 《益闻录》,第72号,光绪六年九月二十日;《京报》,光绪七年正月十二日,又同年正月十三日。

④ 《新报》,光绪六年十月二十八日;《申报》,光绪六年十月二十九日。

⑤ 《申报》,光绪九年十月十一日;南满洲铁道株式会社:《满洲旧惯调查报告》,内务府官庄,第11—15页。

⑥ 《申报》,光绪十四年十一月初五日。

数量,而不愿受地主原定租额的约束。如嘉善有些佃农只交很低的租额,有的客民垦田,甚至"仅代完粮",否则辞佃。① 桐乡佃农也是租米"约略半偿"②。南浔佃农租米由起义前的每亩八九斗或1石,自行减至六七斗,"顽佃或仅输三四斗"③。萧山、龙游、乐清等地,有的佃农甚至连保结甲"不完颗"、"颗粒不交"。④ 在严州,战后地主每亩收租"不过三四斗,不及往日之半"⑤。安徽祁门的不少佃农长期拖欠,有的从1879年至1897年的19年间,租米"颗粒未交"⑥。宣城的客民佃农则干脆拒绝"认主交租"。地主控官,他们纵或暂时勉强承缴,过后"亦必仍前抗欠",弄得封建官府也毫无办法。⑦ 在江西,佃农拖欠不交的情况也很普遍,地主收租"甚为不易"。有的地方,据说从太平天国革命开始后的30年间,"虽逢稔岁,从未有完全租者"⑧。建昌、雩都等地的书院租田,由于佃户"历年抗欠不完",到八九十年代,实收租额只及战前原额的三分之一或十之二三。⑨

佃农抗欠斗争最为广泛和激烈的,还要数苏南地区。前面说过,苏南地主逼租是非常残酷的,但佃农的抗欠斗争也异常普遍和

---

① 顾福仁纂:光绪《重修嘉善县志》第10卷,第50页。

② 严辰纂:光绪《桐乡县志》第7卷,食货志下,农桑,第4页。

③ 周庆云纂:民国《南浔志》第30卷,农桑一,第3页。

④ 参见王兴福:《太平天国后浙江的土地关系》,《史学月刊》1961年第5期;陈珅等纂:光绪《乐清县志》第4卷,风俗,第59页。

⑤ 严州知府宗某《谕劝三事示》,《申报》,光绪四年二月初二日。

⑥ 据中国社会科学院经济研究所藏光绪二十三年祁门各式状词钞底。

⑦ 《沪报》,光绪九年二月二十八日。

⑧ 王邦玺:《条陈丁漕利弊疏》,葛士濬编:《皇朝经世文续编》第36卷,第51页。

⑨ 董沛:《晦暗斋笔语》第2卷,第9页;何戴仁等纂:同治《雩都县志》第4卷,第17页。

坚决。他们彼此效法,互相鼓舞,以致地主惊呼,"顽者益顽,不顽者亦顽"①。在原太平天国的心脏地区江宁,佃农率相"揹租霸产",地主很难全额收租。尤其是客民佃农,大都"强悍难驯,费资多而交租少"②。丹阳、武进一带有的佃农不但抗不交租,而且殴惩逼租地主,有时弄得地主不仅收不到租谷,且"受辱而归"③。在苏、松、太地区,抗欠斗争更是无时无地不在发生,地主几乎每次收租都遭到佃农的强烈反抗。1876 年,吴江县令所作的《劝民还租歌》,第一句就是,"莫欠租,莫欠租,欠租之人吴江多"④。苏州城郊长洲、元和、吴县的佃农,更是"率相逞刁,任意图赖",拒不向地主交租。有时"节交大雪,未见一完租之人"。纵然指送县衙,"亦恒置不理"⑤。松、太一带的地主,收租锱铢必较,"收得一钱便是一钱";而佃农则与之针锋相对,就是拖欠不交,"缴七则欠三,缴六则欠四。虽遇丰年,绝少清完之人"。往往是"旧欠未了,新欠继之。一有新欠,则旧欠置之脑后,永无还日"。有的佃农积欠至六七熟之多。⑥

　　这一时期,学田、官田、旗地佃农的抗欠斗争也很激烈。如江苏江都学田,因"旧佃因循把持",抗不纳租,故"田额虽巨,租籽都

---

① 《字林沪报》,光绪十六年闰二月二十三日。

② 《申报》,光绪五年十二月二十二日;沈葆桢:《政书》第 7 卷,第18 页。

③ 参见李文治:《太平天国革命对变革封建生产关系的作用》,《光明日报》1961 年 1 月 16 日。

④ 《申报》,光绪二年正月二十八日。

⑤ 《字林沪报》,光绪十一年十一月初一日,又同年十一月十四日,又光绪十三年十一月十四日,又光绪十六年闰二月二十三日。

⑥ 《字林沪报》,光绪九年九月二十六日,又光绪十五年十月十一日。

不如额"。① 广西平乐县学田"半被佃户隐占,每年征收不及十之
三"②。扬州的屯田佃户,战后普遍抗交地租,"虽有丁夫催缴,置
若罔闻"③。广州羊城书院学田佃户亦多拒不交租,有的甚至积欠
租额达四五十年之久。④ 四川成都马厂、陕西营田局等处官田佃
户,也是每每"争多论少",缺额短秤,以致地租"均未足额"。⑤

各地佃农进行抗欠斗争的方法和形式是多种多样的。有的以
事先粜卖和交租掺假的办法,不给地主如额交纳好米好麦,如浙江
桐乡、乌程、萧山和安徽巢县等地的佃农,将稻谷先行奢舂,或藏,
或粜,或典,待到完租时,则不是"以奢头粃米,约略半偿",就是
"另购芽谷和瘪谷还之田主,借以塞责",或者干脆以欠据代替租
谷。结果,"愈欠愈多,愈多愈不肯完。田主莫可如何"。⑥ 江苏常
熟、江阴等地的某些佃农,也是"半掺粃米",或"以糠粃土块掺和
米麦捯交,甚至用水潮湿,辄至霉烂"。⑦ 有的用调换或隐匿姓名
的办法,让地主无法查找,以达到拖欠和逋租的目的。浙江、皖南
一带的客民佃农常用这种办法对付地主;广东番禺羊城书院和南
海群房佃户,以及广西平乐学田佃户,也是如此。他们或隐匿真实
姓名,或将土地辗转顶卖,或"混改丘名",以致"缪辖混淆,莫可究

---

① 桂邦杰等纂:民国《江都县续志》第8卷上,学校考上,第32页。
② 伍嘉猷等纂:光绪《平乐县志》第5卷,书院,第22页。
③ 《益闻录》,第1221号,光绪十八年十月初五日。
④ 《字林沪报》,光绪十六年五月初八日。
⑤ 《申报》,光绪七年三月十六日;刘蓉:《营田总局章程》,葛士濬编:
《皇朝经世文续编》第33卷,第3页。
⑥ 严辰纂:光绪《桐乡县志》第7卷,食货志下,农桑,第4页;周庆云
纂:民国《南浔志》第30卷,农桑一,第1页;《字林沪报》,光绪十五年十一月
十一日;《治巢琐言》,葛士濬编:《皇朝经世文续编》第31卷,第15页。
⑦ 参见李文治:《太平天国革命对变革封建生产关系的作用》,《光明
日报》1961年1月16日。

诘”,“欠租无从追问”。① 斗争经验十分丰富的苏、松、太佃农,抗欠的方式和办法更多。他们有的“指熟为荒”,或“饰有为无”;有的设法折扣掗交:交钱则每串短数十文,并夹带沙壳,交洋则每元抬价百余文,并强掗烂板;有的硬抗软拖,任凭地主勒逼,“毫不经意,顺受怡然”,纵使地主差船押送追比,或县衙差牌催索,也不肯交租。② 面对如此顽强的佃农,即使豪绅地主,有时也不免“煞费踌躇”③。

退佃抛荒是这一时期某些地区佃农抗租斗争的一种重要形式,也是这一时期抗租斗争的一个重要特点。所谓抛荒,就是佃农以强行退佃的方式,离开地主的土地,使该地主因无佃可招而致土地荒废,地租颗粒无收。这种斗争,往往发生在地多人少、劳力缺乏的地区。

苏南地区,其中特别是江宁、镇江各属,战后一段时间内,土地荒芜、劳力缺乏的情况比较严重,佃农的抛荒斗争也比较广泛。那里的佃农大部分是来自江北的客民。他们和原籍只有一江之隔,原籍又有地可种,而寄居地的荒地数量大,荒芜的时间长,垦复十分不易。他们因“利息无多,往往弃田而归”④,以抛荒的手段来反抗地租剥削。江宁的客民佃农退佃抛荒时,不但携取收获物,甚至将地主提供的耕牛、农具也一起带走,致使地主“牛椇、田租均归

① 《字林沪报》,光绪十三年七月十二日,又光绪十六年五月初八日;伍嘉猷等纂:光绪《平乐县志》第5卷,书院,第22页。

② 葛士濬编:《皇朝经世文续编》第31卷,第4页;《字林沪报》,光绪十一年十一月十四日,又光绪十二年十月初七日,又光绪十三年十一月十四日;《申报》,光绪十四年十一月初五日;陶煦:《租核》,第13页。

③ 《字林沪报》,光绪十七年十一月二十三日。

④ 马新贻:《奏议》第7卷,第50页。

乌有"①。一些本地佃农也因"佃种利薄","相率抛荒"。② 尤其使地主伤脑筋的还是那些持有永佃权的佃农。他们经常"托故抛荒,又向别主领田开垦"。地主因其土地荒废,虽欲另招别佃,一则因佃少难招,再则因原佃持有"浮土"(田面权),他佃不敢承领,地主莫之奈何,遂至荒地不能垦复,"熟地听其复荒"。③ 镇江、金坛等地的情况也大致相似。那里的客民佃农因地租苛重,往往"避重就轻",复又"他徙";本地佃农同样"计穷力绌",弃地逃亡,土地抛荒严重。④

在苏、松、太一带,土地荒芜情况虽不如江宁、镇江两属严重,但同样是田多人少。正因为如此,在苏州才有所谓"刁狡业主勾引别家良佃,唆令退田,诱其承种己田"的情况发生。⑤ 这就为佃农的抛荒斗争提供了条件。那里的佃农,有的退佃转往他处垦荒;有的以退佃抛荒相威胁,迫使地主减低租额;还有的一经退田,"不但租米全赖,并将所借工本一并赖去"。结果,地主不仅租米无收,且"枉费工本"⑥。松江一些地方的情况是,佃农"弃田赖租抛荒者众"⑦,都以弃田抛荒作为"赖租"的重要手段。太仓、嘉定、宝山等地的客民佃农也经常潜逃,"颇以抛荒挟制业户"⑧。佃户抛荒对地主确实是一个现实威胁。

---

① 沈葆桢:《政书》第 6 卷,第 18 页。
② 沈葆桢:《政书》第 7 卷,《奏请豁除高淳县田地虚粮折》。
③ 《申报》,光绪五年十二月二十二日。
④ 谭钧培:《谭中丞奏稿》第 3 卷,第 57—58 页。
⑤ 《益闻录》,第 101 号,光绪七年四月二十四日。
⑥ 《益闻录》,第 101 号,光绪七年四月二十四日。
⑦ 姚光发等纂:光绪《重修华亭县志》第 23 卷,杂志,第 6 页。
⑧ 周保珪:《环溪文集》,《代邑绅请减漕项银两禀稿》;葛士濬编:《皇朝经世文续编》第 31 卷,户政八,第 14 页;杨震福等纂:光绪《嘉定县志》第 8 卷,风俗,第 2 页。

皖南和浙江杭、嘉、湖、金、衢、严地区,佃农的抛荒斗争也是相当广泛的。在皖南徽州、宁国、太平三府,抛荒逃租是客民佃农抗租最主要的形式之一。他们不但通过抛荒,使地主无租可收,甚至拆毁地主提供的庄屋,运走木料。[①] 本地佃农同样屡屡退佃抛荒。从当时徽州的一些地主租簿中,可以看到这方面的不少记载,如"(某佃)每说退佃不种";"荒芜,候召佃";"召佃无应,本田荒芜",等等。有的租田忽垦忽荒,或者一荒再荒。地主无可奈何地在账上批道:"又荒","又荒矣"![②] 在浙江嘉善等地,因为人稀田贱,佃农往往"旋垦旋弃"。客民佃农抛荒者更多。有的仅代地主完粮,拒绝多交租米,否则,"他日辞佃"。有些地主每亩仅收租息数百文。如果"业户多收,则明年荒废,并此数百文亦无之"[③]。

在江西、湖北、陕西以及直隶等省某些地区,佃农退佃抛荒的现象也是司空见惯。江西不少地方,由于战后人少田多,佃农纷纷辞佃退耕,致使地主的地租剥削大受影响,倘若"瘠薄之田,竟至白送与人承粮而不肯受"[④]。湖北孝感一带,因"兵燹以来,土满人稀",佃农"辄以逝将去汝恐吓田主",迫使地主降低租额。[⑤] 陕西不少地方,佃农"择地而耕",不仅客民"去留无定,即土著亦旋垦旋废,作辍靡常",地主为招佃收租而大伤脑筋。[⑥] 直隶天津的官田佃户,同样经常以抛荒的方式反对地租剥削,往往使"已熟之

---

① 程寿保等纂:民国《黟县四志》第9卷,政事志,田地,第9页。
② 据中国社会科学院经济研究所藏黟县某地主租簿。
③ 顾福仁纂:光绪《重修嘉善县志》第10卷,土田,第5页。
④ 葛士濬编:《皇朝经世文续编》第36卷,第51页。
⑤ 沈用增纂:光绪《孝感县志》第5卷,风俗,第2页。
⑥ 张汝梅:《奏请查荒田情形折》,刘锦藻:《清朝续文献通考》,田赋四,考第7533页。

田荒而不治"①。封建政权自食其果。

在地多人少的地区,佃农的抛荒斗争,严重威胁着地主的地租收入。因此,地主同官府互相勾结,采取各种手段,进行破坏和镇压。如江宁县令应地主的要求,下令禁革"浮土",即强行剥夺佃农的田面权,消除佃农进行抛荒斗争的一个有利条件。② 安徽绩溪一佃农因地主增租,抛荒不种,地主禀请县官"严究故荒,追租偿课",县官当堂断令佃户垦耕包租,"如再抛荒,定即提案追究"。③ 建平客民佃农 1880 年的"闹堂罢耕"斗争,也因官兵弹压而失败。④ 浙江严州一些地主则以"著佃完粮"的手段,防止佃农"舍而他去"⑤,凭借封建政权的强制力量,把佃农固着在土地上。

在农民大起义失败后,农民反抗斗争处于低潮的历史条件下,佃农的抗租斗争主要是采取自发的、分散的形式。但是,值得注意的是,即使在这种阶级力量的对比发生逆转的不利形势下,大规模的、有组织的抗租斗争,仍然屡见不鲜。而且从 80 年代以后,愈来愈频繁。这意味着农民大起义失败后,农民的阶级意识和阶级觉悟有所提高,预示新的农民革命将再度爆发。

这一时期不少地区的经常性抗租斗争已经不是单个佃农的个别行动,而往往是带有某种有组织的联合行动。苏州地区的佃农就是经常采取"聚众哗嚣"、"结党退田"、集体欠租、群起赴官等联合斗争方式来反对地主剥削的。地主追租,他们普遍不交,地主追不胜追;官府抓捕,他们又一齐赴官,差役抓不胜抓;再不然就是集

---

① 崇厚:《请定天津水田章程疏》,祁寯藻等编:《同治中兴京外奏议约编》第 3 卷,第 6 页。
② 《申报》,光绪五年十二月二十二日。
③ 据中国社会科学院经济研究所藏档案资料。
④ 《益闻录》,光绪六年四月二十二日。
⑤ 《申报》,光绪四年二月初二日。

体辞佃，"互退互揽，彼此辗转调换"，让地主守候多年，"租米全无"。① 在松江、江阴某些地区，"佃之强悍者首倡抗欠"，其他佃农"群相效尤"②，斗争带有明显的群众性和组织性。浙江萧山、乐清、乌程等地的佃农也都纷纷采取"连圩"、"结甲"、"联盟"等有组织的方式抗租。如乐清佃农往往"联盟立禁，颗粒不交"；萧山佃农也"结甲不完颗"③，都属于有组织的抗租斗争。直隶、热河等地的官地、旗地佃农，同样经常进行"结党抗拒"、"聚众抗官"等有组织的抗租斗争。1873 年，热河库克吉泰围场官佃反对官府驱佃夺地的斗争，参加者有 200 余人，曾夺取军械，施放枪炮，烧毁卡房，并设立"霸围会"组织。④

80 年代以后，各地有组织的、较大规模的抗租斗争和反对地主虐害佃农的斗争，更是风起云涌。1880 年，在湖北蕲州发生的要求减免庄钱（押租）的武装暴动，参加的佃农有数百人。暴动者曾将该州崇居等"三乡富户，抄毁一空"，并搜出地主团练军械，"竖旗设卡"，与前往弹压的官军对峙，围打官军营盘。封建官府大为震惊。⑤ 1883 年，镇江乐生洲公田佃农，为了反对收租吏役的勒索和逼租暴行，男女百余人打入收租馆，砸破门窗板壁，掷毁

① 陶煦：《租核》，第 13 页；《益闻录》，第 101 号，光绪七年四月二十四日；《字林沪报》，光绪十二年十月初七日，又光绪十三年十一月十四日。

② 姚光发等纂：光绪《松江府续志》第 5 卷，疆域志五，风俗，第 4—5 页；季念贻等纂：光绪《江阴县志》第 9 卷，风俗，第 2 页。

③ 参见姚莹俊纂、杨士龙续纂：民国《萧山县志稿》第 4 卷，田赋上，第 35 页；陈坤等纂：光绪《乐清县志》第 4 卷，风俗，第 59 页；周庆云纂：民国《南浔志》第 30 卷，农桑一，第 3 页。

④ 《清实录》，穆宗朝，第 374 卷，第 27 页，同治十一年十二月戊寅上谕。

⑤ 《益闻录》，第 72 号，光绪六年九月二十日；湖广总督李瀚章、湖北巡抚彭祖贤奏折，见《京报》，光绪七年七月十二日，又同月十三日。

"收租委员"烟床器具。"收租委员"被吓得钻入床铺底下。①
1889 年和 1890 年，江苏长洲、元和、吴县和浙江山阴、会稽、萧山
等地佃农，曾多次进行有组织的暴力斗争，反对地主灾年勒租的暴
行。长洲等三县佃农，捆绑殴惩勒租逼租的县官、粮书和租吏，撕
毁催租文书，锯断收租船只，并且直捣地主住宅，"数其催租急迫
之罪"，毁其门窗器物。山阴等地佃农，不但捆绑收租司账，砸沉
收租船只，而且鸣锣聚众，立约抗交，并议定对策：如果地主押送佃
户到官，"男则相率到县，女则同至渠家（指地主家），无得退缩"。
违约者则"群起而攻之"。佃农的这些英勇斗争，大大打击了地主
和官吏的嚣张气焰。② 1889 年和 1893 年，在吉林长春和农安交界
处曾两次发生蒙旗佃农反对官府勘丈增租的斗争，参加的佃农有
1000 多人。他们不但"聚众抗租"，而且"殴夺绳弓"，阻止丈量。
官府恐因激成剧变，曾不得一度中止丈量。③ 在苏州，豪绅地主
的虐佃暴行更经常激起佃农群众性的暴力反抗。有时成百上千的
佃农殴惩地主、账房，捣毁住宅、租栈、商店，给地主以报复性的打
击。1890 年发生的长洲佃农反对徐姓豪绅灾年逼租和逼死佃农
的暴力斗争，参加的佃农曾多达 1 万多人。④

　　事实证明，上述各种形式的抗租斗争，不管其直接结果怎样，

---

　　① 《申报》，光绪九年十月十一日。

　　② 《益闻录》，第 932 号，光绪十五年十二月二十五日，又第 933 号，光
绪十六年正月初九日，又第 1021 号，光绪十六年十一月二十二日；《字林沪
报》，光绪十五年十月二十日，又十一月十一日，又十二月十日，又十二月十
六日，又十二月二十六日，又光绪十六年正月十一日，又闰二月初九日。

　　③ 《谕折汇存》，光绪二十四年七月二十四日。

　　④ 《字林沪报》，光绪十一年十二月初十日，又十二月十三日，又光绪
十二年十二月二十六日，又光绪十六年闰二月二十三日，又二月二十四日，又
三月十二日。

都或多或少地打击了地主阶级的嚣张气焰,显示了佃农的斗争意志和阶级力量,从而在某种程度上限制着地主的无厌贪欲,使其不能如愿以偿,迫使他们稍许降低租额,或放慢增租速度。因此,这种抗租斗争多少起着抑制地租剥削恶性增长、延缓佃农贫困化进程的作用。也正是这种频繁而激烈的抗租斗争,才使得广大佃农能够在那种极端艰难的条件下勉强恢复和维持社会生产。

## 第四节　农业生产的不平衡发展和资本主义因素的增长

农民大起义前后的农业生产,发展很不平衡,大部分地区趋向衰落,局部地区有所发展,特别是经济作物的种植不断扩大。这种复杂现象是国内封建剥削和国外经济侵略造成的结果。

清代后期,长期战争对经济的破坏和战后封建压迫的强化,导致了农业生产的衰落。不过在此同时,由于大范围的农民移垦,某些地区的耕地面积有所扩大,某些优良品种和耕作技术有所推广。而外国势力入侵,对中国经济发展也产生影响,使农业生产有发展也有衰退,呈现畸形状态。

### 一、农业生产的基本情况

农民大起义及其以后的一个时期的农业生产,在北部、西北部、东北部地区和东南沿海地区,耕地面积有所扩大,生产有所发展。长江、黄淮流域和西南云贵地区,其中除个别地区外,基本趋向衰退。就农业生产的总趋势而言,衰退是主要的,发展是局部的。

这时西北部的新疆兴办屯田,北部的察绥地区和东北三省放荒招垦,耕地面积都有所恢复和扩大。北部成效显著的,首推绥远河套地区。这里虽然早在康熙年间即已开始垦殖,但直到这个时期才进入繁盛阶段。这时有不少地主商人来这里投资开渠,引水垦耕。山西、陕西、直隶、河南等省农民,纷纷移此开垦,建置村落。由同治至光绪数十年间,河套南北四百余里,东西六七百里间,开凿干渠80条,支渠无数,灌溉便利,变成沃野,一时民殷物阜,有"塞北江南"之称。其中土默特地区,已垦熟地10余万顷。①

东北地区耕地面积的扩大,尤为迅速。清代前期,内地农民即已陆续向东北移垦。当时清政府基本上采取禁垦政策。但荒地一经农民开垦成熟,清政府就不得不承认既成事实。因此,邻近关内的奉天府一带,早在乾隆年间即已大量开垦成熟。② 到清代后期,垦区继续扩大。1857年追认大凌河牧厂的开垦,1863年开放东厂荒地,光绪中期开放养息牧厂。这些所谓放垦,基本上都在农民私垦成熟之后予以追认,迫令农民纳粮交租。③ 吉林地区,早在乾隆、嘉庆之际,已有不少土地由农民私垦。道光间一度开放某些围场,后历咸丰、同治至光绪前期二三十年间,陆续扩大放垦范围。至1891年,计查出垦熟地亩43万余晌。④ 黑龙江因距内地较远,垦殖较晚,但到清代后期,也开始放垦。1860年,首先开放呼兰和

---

① 关于河套地区的开发情形,参见廖兆骏纂:民国《绥远志略》,第16页;张之洞:《奏稿》第6卷。高赓恩纂:光绪《土默特旗志》第5卷,第2—4页;顾颉刚:《王同春开发河套记》,1935年;《光绪朝东华录》,总第2166页。

② 《大清会典事例》第158卷;《古今图书集成》,食货典,第51卷;《东华录》,嘉庆朝,第15卷。

③ 参见徐世昌:《东三省政略》,各卷。

④ 李桂林等纂:光绪《吉林通志》第31卷。

绥化,接着开放通肯及其他地区。①

东北三大区,经历开禁放垦,垦熟地亩数量相当可观。据1909年统计,奉天11府厅,开垦成熟地凡63725104亩②;吉林各围场等地,至1888年已放垦1061652坰有余,其中已垦熟地为688867坰有余,按该地耕地亩积每坰10亩计,共计6888670余亩③;黑龙江在1860年至1904年,放垦1248742坰,按该地耕地亩积每坰12亩计,共计14984904亩。④ 以上东北共开垦地8000余万亩。

从农业生产力看,东北的耕畜较多。据光绪后期统计,奉天的兴京府平均每8亩地就有一头耕畜。其他如凤凰厅是10亩,庄河厅和锦州厅是20亩,奉天府和海龙府是23亩,新民府是27亩,锦西府是32亩,盘山厅是33亩,昌图府是41亩,法库府是54亩。总计11府厅平均,每20亩即有一头耕畜。⑤ 东北不仅耕畜较多,土地也比较肥沃。就在这一时期,东北有大量农产品尤其是大豆运往天津和上海。

这时东南沿海广东、福建和台湾,耕地面积也有扩大。广东珠江三角洲地区,筑围的沙田动辄百顷千顷,土地肥沃,产量也较高。

台湾地区,大陆农民早在鸦片战争前就已流寓开垦了。鸦片战后,清政府采取了奖励垦荒的政策,1874—1875年,船政大臣沈

---

① 参见大上末广:《清朝时代に於ケル满洲の农业关系》(清朝满洲农业关系)。

② 据奉天农业试验场:《奉天全省农业统计调查报告书》第2期第1册统计。

③ 据李桂林等纂:光绪《吉林通志》第31卷统计。

④ 据张伯英等纂:民国《黑龙江志稿》第8卷统计。

⑤ 奉天农业试验场:《奉天全省农业统计调查报告书》。原书为12府厅,其中洮南府数字疑不实,舍去。

葆桢巡视台湾,在这里修筑大道,招民垦荒,主张"一切旧禁尽与开豁,以广招徕,俾无瞻顾"①。1877 年,清地方官府制定垦荒措施,编制户口,设置乡长,建置"抚垦局",规定"番社"(即高山族村社)土地,自己无力垦种并愿招汉人承佃开垦者,"准报明存案,听其自便",并酌给耕牛、谷种和口粮银两,3 年升科。有商民自愿投资开垦者,报官即发垦单。②

在清政府奖励政策之下,大陆农民接踵移垦,如 1875 年有汕头、厦门农民 2000 余户移垦。从 70 年代中期到 80 年代中期,刘铭传任台湾巡抚,扩大垦区,内陆移垦日多,在各地建立村落。其本地之人从事农耕的,择地垦种,"准给垦单",执照营业,向土地私有制过渡。一向未垦的台东地区荒地,这时多变成良田;至于开垦较早的台北地区,"种茶开田,已无旷土"。在刘铭传任台湾巡抚期间,耕地面积急剧增长,由嘉庆年间的 6 万甲增加到 432008 甲,按该地亩积每甲 11 亩计,共 4752088 亩。

由于大陆农民的移垦,台湾的农业生产技术迅速提高。如台东的高山族 36 社,长期落后,就由大陆农民"授耕耘之法"③,由狩猎转向农耕。在同治至光绪初年,有些地区的高山族农民还掌握了水田耕作技术,所谓"渐能自开水平种莳禾稻"④。台湾农业主要是在这个时期发展起来的。

在其他各省沿湖、沿河地区,有筑围及开垦改造成田种植水稻

---

① 台湾银行经济研究室编辑:《福建台湾奏折》,第 11—13 页。

② 台湾银行经济研究室编辑:《台湾私法人事编》,物权篇,第 1 卷,第 9—12 页。以上并见林庆元:《十九世纪清政府在台湾的开垦事业》,《光明日报》1982 年 10 月 13 日。

③ 连横:《台湾通史》第 5 卷,第 82 页。

④ 《吴光禄使闽奏稿选录》,第 10 页。

的,也有在山丘地带开荒变为耕地种植杂粮的。

　　然而,在上述地区耕地面积扩大的同时,有更多的省份,土地长期荒芜未能垦复,农业生产趋向衰退。若西南的云贵,长江中下游各省,黄淮流域广大地区,除少数州县外(如湖南洞庭湖滨湖的筑围造田、直隶河床地的垦种等),基本呈现停滞或趋向衰退。

　　前面多次提到,在长江流域太平天国起义地区,黄淮流域捻、回起义地区以及西南彝、苗、回起义地区,人口大量死亡,土地普遍荒芜,劳力十分缺乏。在战后一个相当长的时间内,荒地一直未能垦复,耕地面积没有恢复到战前水平。据统计,江苏江宁府属7县,苏、松、常、镇、太五府一州属和浙江杭、嘉、湖以及金、衢、严地区,到70年代末80年代初,各有荒地万余顷或数万顷不等。① 江苏全省载至1894年秋勘止,荒田尚占"十分中之二三"②。安徽到1880年仍有荒田8万余顷,占原有耕地的四分之一。③ 云南1874年查勘和奏报荒地时,计划10年全部垦复,但5年后的情况却是"旧荒如故,新旷转多"。直到1888年,仍有一半荒地没有垦复。④ 至于贵州,1896年还是"地尽荒芜"⑤,垦复进展更为缓慢。陕西则直到19世纪终了仍未改变地旷人稀的局面。不仅客民"择地

---

　　① 参见《沪报》,光绪九年四月初九日;谭钧培:《谭中丞奏稿》第3卷,第57—58页;萧穆等纂:光绪《续纂句容县志》第5卷,田赋,第21页;谭钟麟:《谭文勤公奏稿》第7卷,第8—9页。

　　② 《光绪朝东华录》,总第3715页。

　　③ 《清实录》,德宗朝,第110卷,第9页。

　　④ 岑毓英:《奏稿》第11卷,第8—10页;葛士濬编:《皇朝经世文续编》第33卷,户政十,第15页;云南课吏馆编:《全滇纪要》,财政门,第450号。

　　⑤ 《清实录》,德宗朝,第40卷,第6页。

而耕",即使土著农民,也是"旋垦旋弃,作辍靡常"。① 可见荒地比例很大。耕地的长期荒芜是农业生产衰退的最显著标志。

但是,战后一个时期在原起义地区出现的客民移垦,对有些地区农业生产的恢复和发展也曾发生一定的促进作用,特别是有助于耕作技术和农作物优良品种的交流和传播。如江苏句容,以种稻为主,而品种不佳,后湖北、湖南的移垦农民带去良种"洋籼稻","性耐旱潦,米色晶白",被称为"嘉种"②,促进了该地的水稻生产。元和、吴江、震泽等地的优良稻种"飞来凤",其米"洁白匀净",被誉为"贵品",也是太平天国后由其他地区的农民带去的。③ 又如浦东奉贤、华亭等地,"民向勤耕织,不务蚕桑",咸丰末年,浙西、江宁一带农民流寓,传授蚕桑技术,遂使这一地区"植桑渐多"。④ 苏州娄门外向不产烟,后一绍兴客民利用不适宜于种植稻麦的荒地开垦种烟,获得成功。⑤ 开始了这一带的烟草种植。总之,农民的流动垦荒,有利于打破一些地区农业生产的闭塞和保守状态,加速了农业生产的发展步伐。同时,前面还说过,由于农民开垦荒地,部分起义地区的地权有所分散,自耕农有所增加。这也是农业生产恢复和发展的一个有利因素。但是由于封建政权的残酷压榨,这些自耕农的经济状况并未得到相应的改善,或稍有改善而又旋即恶化。自耕农的生产积极性没有得到充分发挥。总之,在封建政权的压榨之下,客民的流动移垦和自耕农的增长这些

---

① 《光绪朝东华录》,总第3830页。

② 萧穆等纂:光绪《续纂句容县志》第6卷,第5页。

③ 陶煦纂:光绪《周庄镇志》第1卷,第28页;《农学报》第36期,光绪二十四年五月下,江震物产表一。

④ 张文虎等纂:光绪《重修奉贤县志》第19卷,风俗;姚光发等纂:光绪《松江府续志》第5卷,疆域五,风俗。

⑤ 《申报》,光绪六年五月二十八日。

有利因素,都没有能够改变起义地区农业生产总的衰退趋势。

不但如此,就是在非农民起义地区,包括前述农业生产有所发展的地区,在封建压迫掠夺下,也有某些地区出现旋垦旋废或熟田转荒现象,如直隶天津官田,吉林敦化招垦官地,都由于农民"无粮饷口"、"无资垦地",或长期不能垦熟,或"已熟之田荒而不治"。① 山西口外归化等 7 厅,原有民田 31257 顷,到 1887 年只剩下 19047 顷,减少了三分之一以上。② 达拉特旗的官田旗地租额,咸丰年间原为 10 余万千文,到光绪年间,所收不及 3000 千文。③ 所有这类记述都是原有耕地陆续荒废的具体反映。

封建社会的小农经济,农民主要是依靠集约经营去发展农业生产,即在小块土地上投入较多的生产资料和大量活劳动。到了这一时期,农民日益贫困,集约经营受到严重的限制,再加上一些地区大量可垦荒地的存在,使一些农民由原来的集约经营改为粗放经营,广种薄收。所谓"应耕不耕,应锄不锄,应培壅者不培"④,就是指的这种情况。

这时农民普遍缺乏耕畜。战后浙江一带的情况是,"耕牛尽被宰伤",往往"一村之内畜牛一头,而先后递耕"。⑤ 据 1883 年旅居中国的外人报道,直隶省很多农民也由于过于贫穷,连一头耕畜或其他牲畜也没有。⑥ 就是有耕畜的,一遇灾荒,也被迫出卖。例如 1876—1879 年间,黄河流域各省连年灾荒,农民纷纷变卖耕畜。

---

① 祁寯藻等编:《同治中兴京外奏议约编》第 3 卷,第 6—7 页;《字林沪报》,光绪十二年九月初三日。
② 《内蒙古日报》1962 年 11 月 29 日。
③ 《光绪朝东华录》,总第 2165 页。
④ 《申报》,光绪四年二月初二日。
⑤ 觉罗兴奎等撰:《浙江省减赋全案》第 10 卷,第 2 页。
⑥ 《捷报》1883 年 8 月 3 日,第 136—137 页。

直隶天津县,农民耕畜"俱各变卖";入夏降雨,即"无牛可耕",播种之地仅占全部耕地的十分之三①。山西省农民亦纷纷将耕畜宰杀充饥,"几无遗类";有力之家即想置买耕牛,"亦苦有钱无市"。② 长江流域各省情形也并不好些。如 1882 年,安徽南部地区发生水灾,淹没农田,农民难以糊口,"每将耕牛售卖与人,为刀匕烹调之用"③。1888 年,长江中下游北部地区发生旱灾,苏北农民纷纷驱牛南渡,贱价出售④;安徽滁州、全椒一带,有牛驴的农民亦靠卖牛驴度日。⑤ 光绪后期,四川经过一次灾荒,农民所畜牛只几乎卖尽。⑥ 民间因无牛可耕,"或以人曳犁"⑦,事倍功半;或"膏腴土壤任其荒废",望田愁叹。⑧ 各地耕牛的严重缺乏,大大降低了农民的生产能力,限制了他们的经营规模和集约经营的程度。

缺乏肥料的情形也很严重。据 1883 年外人报道,直隶农民由于无力豢养牲畜,致肥料很少,而麦秆、秫秸乃至残梗叶片和杂草又统统被农民收去充做燃料,不能留在田内积肥养地,造成土地严重贫瘠。⑨ 又据光绪前期的记载,山西省从事耕种的都是"极穷之民",他们普遍"无耒耜之具,牛马之畜,粪草之积"。⑩ 即向以富庶著称的江苏松江地区,和过去也大不相同。或谓"三通膏壅"

---

① 《申报》,光绪二年六月初二日。

② 曾国荃:《全书》,奏议,第 10 卷,第 34 页。

③ 《益闻录》,第 184 号,光绪八年七月十七日。

④ 《益闻录》,第 811 号,光绪十四年九月三十日。

⑤ 《益闻录》,第 820 号,光绪十四年十一月初三日。

⑥ 都永和:《联民以弭乱议》,见于宝轩编:《皇朝蓄艾文编》第 6 卷。

⑦ 刘沛纂:光绪《零陵县志》第 5 卷,第 17 页。

⑧ 《益闻录》,第 184 号,光绪八年七月十七日。

⑨ 《捷报》1883 年 8 月 3 日,第 136—137 页。

⑩ 曾国荃:《全书》,书札,第 13 卷,第 22 页。

（即施三遍肥）只有富裕农民才能做到，"若贫农，荒秋餬口尚艰，奚暇买草子撒田为来岁膏壅计"！农民"又无力养猪，只赊豆饼壅田，其壅力暂而土易坚，故其收成每歉"①。在浙江乌程县，农民无力豢养猪牛及购买豆饼粪肥，甚至以豆饼充饥。② 光绪后期人泛论当时农民因贫穷影响施肥情形说："昔日之农有无相通，百亩之粪自易为之；今日之农，生计已蹙，一家数口，饘粥不给，更何力以粪田。"③

农民由于无力积储肥料，土地越来越贫瘠。当时人就说，"人力已绌，地力日竭"④。如江苏江阴县，早在道光后期，由于农民无力培植，土地已经"渐行瘠薄"⑤。据光绪年间记载，皖北涡阳县，"泽纳犹是，昔厚今薄，地气使然"⑥，即沟洫雨水没有变化，土质变得瘠薄了。据宣统年间记载，长江北岸的怀宁县，从前栽种水稻分早晚两季，后来由于"地质大异"，如加种晚稻，"所入犹不足偿耕耨之费，是以皆易早晚两季为中迟一季"。⑦ 因肥料缺乏而导致土地贫瘠和农业生产的衰退是十分清楚的。

水利破坏，灾荒扩大，是导致战后农业生产衰退的又一个重要因素。

农田水利的破坏，主要是由农政废弛、河渠失修造成的。光绪中期，御史华辉在一个奏折中谈到农民大起义失败后水利废弛、河患加剧的情形时说："中国水利，惟江南各省最为讲求。自发捻搆

① 姚光发等纂：光绪《松江府续志》第5卷，第2—4页。
② 周学濬等纂：光绪《乌程县志》第29卷，第23页。
③ 张振勋：《张弼士侍郎奏陈振兴商务条议》，第14页。
④ 张振勋：《张弼士侍郎奏陈振兴商务条议》，第14页。
⑤ 李星沅：《遗集》，奏议，第17卷。
⑥ 朱国衡纂修：民国《涡阳县志略》，第16页。
⑦ 舒景蘅等纂：民国《怀宁县志》第6卷，第2页。

乱以来,旧日河流亦多湮塞。民既无力修复,官亦置若罔闻。而于山僻省份及北方高燥、中原寥廓之区,则地方各官直不知水利为何事,惟日持三尺法以催比征徭而已。甘肃、陕西等省,田地尤多荒废。水利之不修,河患之所由日亟也"①。一些地区的实际情况确是如此。如江苏宝山县,境内河港纵横,农田藉资灌溉,数年一浚已成定例。到了道光末年,就已有十多年至数十年不一浚的,以致"旱涝不足以蓄泄而田畴荒"②。上海县之浦汇塘,关系华亭、娄县、青浦和上海4县河道之通畅,定例5年一浚,4县之民通力合作。到了这一时期,吏治腐败,每届修浚,地方吏胥从中侵蚀,修浚费实用于河工的不过十分之三,"故随浚随淤"③。青浦县吴淞江有五大支浦,农民赖以溉稻,到了这一时期也年久失修,"岁旱则涓滴绝流,潦则停潴者而无所宣泄",致"农田大病"。④ 金山县亦水利失修而农民困顿。⑤ 苏北山阳、盐城县境之市河、十字河,两岸田数千顷资其灌溉。该河自乾隆六年大挑以后,百多年没有挑浚过,"河淤田废,水旱均已成灾"⑥。浙江一带的情况同样是"池塘多漏而不修,堰坝或废而不治"⑦。直隶、山东、河南、皖北等地区,更是"河道处处淤浅,甚者竟成平陆"⑧。直隶自乾隆以后就很少讲求水利,道光、咸丰以降,由于军需浩繁,"更兼顾不遑",例定岁修之费"层叠折减",河务废弛日甚。到1871年前后,凡永定、

---

① 《光绪朝东华录》,总第3863页。
② 朱延射等纂:光绪《宝山县志》第4卷,第53页。
③ 俞樾等纂:同治《上海县志》第3卷,第6页。
④ 邱式金纂:光绪《青浦县志》第3卷,第5页。
⑤ 黄厚本等纂:光绪《金山县志》第17卷,第1页。
⑥ 刘锦藻:《皇朝续文献通考》第15卷,第3—4页。
⑦ 《申报》,光绪四年二月初二日。
⑧ 何嗣焜:《存悔斋文稿》第4卷,第16页。

大清、滹沱、北运、南运 5 大河系,及附丽 5 大河的 60 多条支流,原有闸、坝、堤、埝无一不损坏,减河引河无一不堵塞,每遇积潦即横冲四溢,淹没农田。① 在陕西一些地区,"水渠无不填塞",灌溉设施荡然无存。②

　　与河务废弛相联系,一些地方豪强往往争占河床淀地,或者以邻为壑,致水利益坏。如江苏宝山县,干河不下数十,支港不下数百,全县农田赖以灌注。道光末年,河床被人占夺种植棉花、水稻。③ 直隶文安县,原有很多湖淀,赖以蓄泄。后来湖淀渐淤渐高,被人占夺种植莲藕、水稻。④ 农民因经济困难,也无力维护水利。如昆山县佃农就"往往破损古岸,逐取鱼虾之利"。而地主管租人则利用田荒,以便报灾自肥,更不注意水利。⑤ 地方官或营私舞弊,侵吞水利公款。上述上海浦汇塘修浚费用之被侵吞即是一例。有的管闸官吏为索取私费,故意刁难,造成人为的灾害。如直隶天津县小站水稻区,全恃九宣闸放水灌注,而司闸之千总每"故意留难",用水之时不提闸板,以致"沟渠干涸,无水浸泡",致秧苗日见干枯。⑥ 或由于地区之间利害冲突,互相以邻为壑,破坏堤岸。如直隶文安县的王东大堤,长凡 140 余里,霸州、保定、文安等 6 州县依为保障,而雄县农田或被淹没。为此,同治至光绪数十年间,雄县绅民屡次扒堤泄水,致堤岸残破。⑦ 安州与清苑县,亦每

---

① 黄彭年等纂:光绪《畿辅通志》第 8 卷,第 52 页。
② 马先登等纂:光绪《同州府续志》第 10 卷,良吏传,第 11—12 页。
③ 朱延射等纂:光绪《宝山县志》第 4 卷,第 53—54 页。
④ 李兰增等纂:民国《文安县志》第 9 卷,第 49 页。
⑤ 汪堃等纂:光绪《昆新两县续修合志》第 46 卷,第 4 页。
⑥ 甘厚慈:《北洋公牍类纂》,续编,第 20 卷,《直隶营田局详营田沟渠干涸稻秧枯槁请提九宣闸放水文并批》)。
⑦ 李兰增等纂:民国《文安县志》第 9 卷,第 56 页。

为水利发生矛盾。安州绅民则筑堤捍水,以便把白洋淀变成膏腴;而清苑县濒堤诸处,则"岁苦淹没"①。又如任丘县令王蕙兰为了维护本县农田,禁止文安县民修筑堤岸,以利任丘县境洪水东注。结果下游之文安县境遭受水害,成熟禾稼"尽付东流"②。上述种种矛盾,在当时历史条件下是无法解决的。

水利的破坏,农民抗灾能力的低落,势必造成水旱灾害的频繁。江浙一带的普遍情况是,"潦则溢,旱则枯,旸雨偶愆,补救无可施"③,水旱灾荒频仍而至。两湖地区也因水利失修,往往低则淹,高则旱。如湖南衡山县,"近水诸农,其田常苦水潦,十种而九不收"④。湖北武昌等长江沿岸地区,洪水为患更为严重。⑤ 湖南耒阳等高阜地区则是"干旱时逢",往往"十年五旱,五年三旱;高高下下,只收一半"。⑥ 诸如此类,无以尽举。一向水旱频繁的黄淮流域,更是"平畴千里,沟洫荡然,经月不雨,便成赤地,三日为霖,弥积为潦"⑦。这些地区虽然沟渠不少,但因不讲水利,"旱无所蓄,涝无所泄",以致"丰歉一任天时"。⑧ 结果,无灾变有灾,小灾变大灾,大大增加了天灾的数量和破坏程度。北方各省,尤以1876—1878年旱灾最为严重。当时,直隶各州县,农村居民经年不见谷食者"十室而五",流亡转徙者"十室而三"⑨;山东各州县,

① 诸崇俭纂:同治《清苑县志》第2卷,第6页。
② 黄彭年等纂:光绪《畿辅通志》第8卷,第52页。
③ 《申报》,光绪四年二月初二日。
④ 文岳英等纂:光绪《衡山县志》第20卷,风俗,第5页。
⑤ 柯逢时纂:光绪《武昌县志》第3卷,风俗,第14页。
⑥ 宋世煦:光绪《耒阳县志》第7卷,风俗,第1页。
⑦ 沈葆桢:《政书》第3卷,第14页。
⑧ 黎德芬等纂:民国《夏邑县志》第1卷,地理,风土,第30页。
⑨ 张之洞:《奏稿》第1卷,第22页。

农民地亩变卖尽绝,饿死者累累①;山西省则赤地千里,饥民多至五六百万②;河南省灾情之重,"为二百数十年来所未有"③。光绪年间,南方各省也经常发生灾荒。据 1885 年的记载,两江、两湖、两广大水为灾,"为数十年来所未有",各省灾民流离道路。④ 1889年,江苏常熟县旱荒,嗷嗷待哺者不下数万家。⑤ 1890 年,江宁一带灾荒,江宁及邻县灾民不下数十万。⑥ 据 1886 年报道,广东省广州、肇庆两府,过去很少水灾,"数年十年而一见";近 20 年来则"几乎无岁无之"。⑦

　　下面试表列历年各省地方官吏向清政府所作灾荒呈报,借以说明灾情扩大趋势。

### 清代后期各省历年呈报灾荒州县数统计
#### 1851—1900 年

| 省别 \ 年度 州县次 | 1851—1860 | 1861—1870 | 1871—1880 | 1881—1890 | 1891—1900 |
|---|---|---|---|---|---|
| 直隶 | 187 | 189 | 315 | 570 | 541 |
| 山东 | 220 | 349 | 367 | 620 | 428 |
| 河南 | 232 | 125 | 421 | 755 | 462 |

① 《申报》,光绪三年正月二十五日,又光绪三年二月二十日。

② 曾国荃:《全书》,奏议,第 8 卷,《办赈难拘定例请变通赈济疏》。

③ 袁保恒:《文诚公集》,奏议,第 6 卷,《豫省赈抚危迫请拨巨款折》,光绪四年,项城袁氏家集本。

④ 王先谦:《王先谦自定年谱》中卷,《三海工程请暂行停罢折》,光绪十一年。

⑤ 《益闻录》,第 849 号,光绪十五年二月二十九日。

⑥ 曾国荃:《全书》,奏议,第 32 卷,第 2 页,光绪十六年。

⑦ 张之洞:《奏稿》第 13 卷,《大修广肇两属围堤工竣折》,光绪十二年九月十三日。

续表

| 省别＼年度＼州县次 | 1851—1860 | 1861—1870 | 1871—1880 | 1881—1890 | 1891—1900 |
|---|---|---|---|---|---|
| 山西 | 9 | 12 | 214 | 214 | 264 |
| 陕西 | | 战争 | | 208 | 283 |
| 甘肃 | 13 | 战争 | | 58 | 204 |
| 江苏 | 369(兵为主) | 339(兵) | 240 | 587 | 574 |
| 浙江 | 288(兵) | 74(有缺报) | 68(有缺报) | 266 | 326 |
| 安徽 | 196(兵) | 114(兵) | 231 | 442 | 327 |
| 江西 | 88(兵) | 20(兵,缺报) | 59(有缺报) | 226 | 221 |
| 湖北 | 160(兵) | 42(兵) | 156 | 230 | 297 |
| 湖南 | 55 | (兵,缺报) | 15 | 81 | 118 |

说明:①1851—1864 年间,所列州县次,注有"兵"字者,包括兵灾。

②1871 年后全系自然灾害,如水旱灾、雹灾、虫灾等。

③1871—1880 年,江苏、浙江、江西 3 省,有缺报年份。

④有的省区,某些年份记有被灾村数,如 1881—1890 年,直隶被灾区为 570 州县次,其中包括 50622 村次;山东被灾地区为 620 州县次,其中包括 118250 村次。因其他年份记录不全,故未入表。

资料来源:户档,见李文治:《中国近代农业史资料》第 1 辑,第 719—722、733—736 页。

　　由上表可以看出,北方的直隶省,1851—1860 年 10 年间发生自然灾害的地区为 187 州县次,到 1881—1890 年 10 年间便增至 570 州县次,较前者增加 2 倍以上。南方的江苏省在 1851—1860 年 10 年间,包括兵灾在内为 369 州县次,如把兵灾因素剔除,自然灾害约 200 州县次;到了 1881—1890 年 10 年间仅自然灾害即高达 587 州县次,也将近增加 2 倍。其他如山东、河南、甘肃、江西等省区,情况亦大体相同。而山西则更为突出,1851—1860 年和 1861—1870 年的两个 10 年间,自然灾害分别为 9 州县次和 12 州县次,而到 1871—1880 年和 1881—1890 年两个 10 年间,自然灾害都增加到 214 州县次,增加 20 倍左右。各地区的发展情况虽不完全相同,但自然灾害的递增趋势是一致的。

农民贫困化和频繁的自然灾害,直接导致土地产量下降,农业生产衰落。

在残酷的租税搜刮和频繁的自然灾害的双重打击下,广大农民的生产积极性和生产能力愈来愈低。他们普遍缺乏必要的口粮、种子、肥料、耕畜和流动资金。因此,既无力精耕细作,更谈不上生产技术的改进,地力亦日趋耗竭,产量递减自然成为不可避免的趋势。用当时人的话说,即"人事已绌,地力日竭,收成日减"①。大量记载表明,过去许多精耕细作的地区,诸如江苏、浙江、江西以及陕西某些地区,战后的普遍情况是,"广种薄收"、"俭种歉收",耕作粗放,产量低落。② 如前面提到过的江苏江宁地区,土地产量比战前下降了一半。③ 松江府属,在嘉、道以前,亩产稻谷二三石,棉花一二百斤;到 70—80 年代,"稻止收一石余矣,花只收数十斤矣",其他杂粮亦皆减产。④ 句容县据 1875 年的记载,"从前每亩收米一石者,今只收谷一石"⑤。苏北淮安府,道光以前生产米豆甚多,豆饼、豆油转销江南,业此者获利甚厚。后来历咸丰、同治至光绪 30 年间,产量递减,收获日薄,开设榨油坊亦随之减少。⑥ 湖南湘阴等地,过去"垦无虚土,山木茂然成林,地无遗利",19 世纪

① 张振勋:《张弼士侍郎奏陈振兴商务条议》,第 14 页。
② 参见姚光发等纂:光绪《松江府续志》第 5 卷,第 2—4 页;《申报》,光绪四年二月初二日;顾福仁纂:光绪《重修嘉善县志》第 10 卷,土田,第 5 页;葛士濬编:《皇朝经世文续编》第 33 卷,户政九,第 13 页。
③ 葛士濬编:《皇朝经世文续编》第 31 卷,户政八,第 17 页。
④ 《申报》,光绪六年六月二十一日。
⑤ 萧穆等纂:光绪《续纂句容县志》第 5 卷,第 25 页。
⑥ 吴昆田等纂:光绪《淮安府志》第 2 卷,第 7 页。

50—60 年代以后的情况,则"水潦岁作,田卒污莱,所在童山硗确,物产日啬,……而地利益微矣"。① 广东遂宁县,1840 年以后,由于水利失修,稻谷产量递减。② 农业生产衰退还反映于复种面积的减少。浙江安吉县,从前春夏兼种麦、豆;同治以后,"种麦者寥寥"③。又如前所述,安徽怀宁县的水稻种植也由从前的早晚两季改成了"中迟一季"④。

当时各省地方官所作夏秋收成的奏报,对农业生产的衰退反映得十分清楚。

如下页表所示,1821—1830 年间,各省夏秋收成分别为 7 至 8 成或 8 成以上,而到 1891—1900 年间,分别减少为 6 至 7 成或 5 成以上。70 年间分别减少了 2 至 3 成。各省收成递减的趋势和幅度也是大体一致的。例如,黄河流域的河南省,1821—1830 年的 10 年间,夏秋两季收成为 7 至 8 成;1851—1860 年的 10 年间,递减为 5 至 6 成;1881—1890 年的 10 年间又降为 5 成稍多。又如南方的浙江省,1821—1830 年的 10 年间,秋季收成为 7 至 8 成,1851—1860 年的 10 年间,递减为 6 成以上;1881—1890 年的 10 年间又降为 5 成以上。其余各省的情形大致相同。

---

① 郭嵩焘等纂修:光绪《湘阴县图志》第 25 卷,第 25 页。
② 徐赓陛:《不自慊斋漫存》第 2 卷,《到任地方情形禀》,同治十三年。
③ 张行孚等纂:同治《安吉县志》第 8 卷,第 4 页。
④ 舒景蘅等纂:民国《怀宁县志》第 6 卷,第 2 页。

### 清代后期直隶等 8 省农业收成预报成数统计

1821—1900 年

| 省别 \ 年度 \ 收成 | | 1821—1830 | 1831—1840 | 1841—1850 | 1851—1860 | 1861—1870 | 1871—1880 | 1881—1890 | 1891—1900 |
|---|---|---|---|---|---|---|---|---|---|
| 直隶 | 夏收 | 7—8 | 6—7 | 6+ | 6—7 | 6—7 | 6+ | | |
| | 秋收 | 7—9 | 7—8 | 7—8 | 7+ | 6—7 | 6+ | | |
| 河南 | 夏收 | 7—8 | 6—7 | 6 | 5—6 | 5+ | 5+ | 5+ | 5+ |
| | 秋收 | 7—8 | 7+ | 6+ | 5—6 | 5+ | 5+ | 5+ | 5+ |
| 陕西 | 夏收 | 6—7 | 7+ | 6—7 | 6+ | 5—6 | 5—6 | 5—6 | 5—6 |
| | 秋收 | 7—8 | 6—7 | 6—7 | 6+ | 5—6 | 5—6 | 5—6 | 6+ |
| 浙江 | 夏收 | | | | | | | | |
| | 秋收 | 7—8 | 6—8 | 6—7 | 6+ | 5—6 | 5—6 | 5+ | 5+ |
| 安徽 | 夏收 | 7+ | 6—7 | 6+ | | 5+ | 5+ | 5+ | 5+ |
| | 秋收 | 7—8 | 6—7 | 5—6 | | | 5+ | 5+ | 5+ |
| 江西 | 夏收 | 8+ | 7+ | 7+ | 7+ | 6+ | 6—7 | 6—7 | 6—7 |
| | 秋收 | 7—8 | 7—8 | 7+ | 7+ | 6+ | 6—7 | 6—7 | 6—7 |
| 湖北 | 夏收 | 7+ | 6—7 | 7—8 | 6—7 | 6+ | 6+ | 5—6 | 5—6 |
| | 秋收 | 7—8 | 6—7 | 6—7 | 6—7 | 6+ | 6+ | 6—7 | 6+ |
| 湖南 | 夏收 | 7+ | 7+ | 7+ | 6—7 | 6—7 | 6—7 | 6+ | 6+ |
| | 秋收 | 8+ | 8+ | 7—8 | 7+ | 7+ | 7+ | 7+ | 6—7 |

说明："+"表示某成以上。如 5+意即 5 成以上,不足 6 成。

资料来源:户档,转据李文治:《中国近代农业史资料》第 1 辑,第 755—757 页。

　　当然,各省州县官吏所呈报的农业收成并不一定准确。他们在春夏播种之时,每呈报风调雨顺粉饰政绩,在秋收季节则夸大灾情以侵蚀田赋,上下其手,以致偏离实际。但全国范围内长期一贯地呈现下降趋势这一事实表明,农业收成的递减是毋庸置疑的。

## 二、经济作物生产的扩大和
## 粮食作物的商品化

在相当广大地区农业生产衰退的同时,经济作物的种植和粮食生产的商品化,却呈现扩大的趋势。

中国经济作物的种植和发展,已经有了长久的历史。鸦片战争后特别是19世纪五六十年代以后,随着中国经济的半殖民地化,有些农产品和农产制成品的输出急剧增长,经济作物的种植和发展进入了一个新的历史阶段。

在1870—1894年的25年间,农产品及农产制成品的输出,以棉花增长速度最快,1870年的输出量仅23355担,1894年便增至747231担,增加了31倍。其次是烟草,1870年输出4233担,1894年增为113886担,增加了26倍。其他如生丝、茶叶、植物油、水果等,都有不同程度的增长。1870—1894年,茶叶、蚕丝、棉花、植物油、烟叶和豆饼6种主要农产品和农产制成品的输出量如下表。

### 历年主要农产品及农产制品输出数量统计
### 1870—1894年
单位:担

| 年度<br>品目 | 1870—1874 | 1875—1879 | 1880—1884 | 1885—1889 | 1890—1894 | 共计 |
|---|---|---|---|---|---|---|
| 茶 | 8174745 | 9377536 | 10255027 | 10543670 | 8761244 | 47112322 |
| 丝 | 310086 | 366650 | 345159 | 363265 | 477200 | 1882360 |
| 棉 | 159632 | 143473 | 158319 | 885613 | 2486699 | 3833736 |
| 油 | 294547 | 21037 | 28915 | 178848 | 477791 | 1001138 |
| 烟 | 43044 | 65522 | 69180 | 234211 | 503975 | 915932 |
| 豆饼 | 925788 | 251690 | 638231 | 343838 | 6651491 | 7811038 |

资料来源:杨端六:《六十五年来中国国际贸易统计》。

## 历年主要农产品及农产制成品输出价值统计

1870—1894 年　　　　　　　　　　　　单位:银,两*

| 品目＼年度 | 1870—1874 | 1875—1879 | 1880—1884 | 1885—1889 | 1890—1894 | 共计 |
|---|---|---|---|---|---|---|
| 茶 | 195888723 | 171920907 | 161179801 | 154370525 | 146088832 | 829448788 |
| 丝 | 125422606 | 111474196 | 94376012 | 98392433 | 128985414 | 558560661 |
| 糖 | 11964362 | 11739534 | 16613326 | 10651640 | 12088066 | 83056928 |
| 棉 | 1633118 | 1415923 | 1668279 | 9191619 | 25447289 | 39356298 |
| 烟 | 434754 | 606350 | 667550 | 2702892 | 5658172 | 10069717 |
| 豆 | 1035461 | 237136 | 691508 | 421949 | 6829790 | 9215844 |
| 菜 | 1044273 | 427568 | 404267 | 1844776 | 4023065 | 7743949 |
| 果 | 628678 | 558171 | 862027 | 2068835 | 3503260 | 7620971 |
| 油 | 1154006 | 111575 | 473382 | 736580 | 2592765 | 5068308 |

注:＊1870—1874 年系上海两,1875—1894 年系海关两。
资料来源:杨端六:《六十五年来中国国际贸易统计》。

就输出值而言,占比重最大的是茶叶、蚕丝,在 1870—1894 年的 25 年间,茶叶输出值银829488788两,生丝输出值银 588560661 两。其次为食糖、棉花、烟草、大豆等。① 1870—1894 年茶叶、蚕丝、食糖、棉花、烟草等 9 种主要农产品和农产制成品的输出值如

————————

①　在这一时期,外国农产品和农产制成品也在进口。如外棉的进口,1870—1874 年为 988726 担,1890—1894 年为 463335 担。茶叶的进口,1870—1874 年为 57358 担,1890—1894 年增至 74349 担。进口虽然增加,但还不及输出的 1%。惟食糖进口额较大,1870—1894 年的 25 年间,输入值银37248762 两,但仍比同期中国糖输出值少25808166两。这时米、面也在进口,并有增长趋势。如大米进口,1870—1874 年值银3193884两,1890—1894 年增为 46577707 两。

上表。

　　农产品和农产制成品的外销刺激了中国经济作物的发展。据记载，江苏江阴县就由于外国商人到内地收购生丝而扩大了桑树种植。① 外国商人在广东收购生丝，促使人们把稻田改成桑田。② 60 年代前期，美国内战使国际棉花市场价格上涨，促使了中国棉花的外销。浙江棉田就因这种刺激而扩大，以致有些农民将原来种粮食作物的土地改种棉花。③ 到中日战争前夕，日本兴建纱厂，浙江的棉田又进一步扩大。④ 湖北黄冈县的烟草种植业则由于经广东外销而扩张⑤，如此等等。

　　还有的外商深入中国农村，向农民贷款预购农产品经营出口。如同治年间，英商就到台湾农村，劝诱农民种植茶树"而贷其款"，收成之时"悉为采买"。⑥ 光绪年间，俄人在黑龙江阿城、双城、滨江等地，以现金和种子贷与种植甜菜的农民，订立契约，所产甜菜归其收购等。⑦

　　外国商人在中国掠夺农产品出口的同时，还在中国开设工厂，对丝、茶、棉、烟等农副产品，就地进行加工制造。以上述农产品为原料的中国近代工业也逐渐发展起来，再加以国内中小城市工商

---

　　① 夏孙桐：《观所尚斋文存》第 7 卷，第 14 页。

　　② 《贸易报告》，1871—1872 年，广州，第 213 页。（本小节所引《贸易报告》均见姚贤镐：《中国近代对外贸易史资料》。）

　　③ 《贸易报告》，1869 年，宁波，第 63 页。

　　④ 《贸易报告》，1893 年，宁波，第 281 页。

　　⑤ 《农学报》第 21 期，《烟叶述略》，光绪二十四年五月。

　　⑥ 参见连横：《台湾通史》下册，第 444 页。

　　⑦ 中东铁路管理局商业部编，大河原仁译：《满洲の富源——吉林省》（日文），第 273—274 页。

业的发展,地主奢靡风气的蔓延①,对某些经济作物和农产原料的需求剧增。从而经济作物单位面积产值较粮食作物为高,这种变化为某些经济作物的发展提供了条件。

关于经济作物的单位面积产值和收益,如植茶之利,咸丰、同治至光绪前期的福建建阳、建瓯、宁都一带,因茶价甚高,植者获利,当地人纷开茶山。② 同、光年间,台湾农民以种茶利厚,争出资本以兴茶利。③ 四川丹棱县,因种茶可以致富,"民家僧舍,种植成园"④。如蚕桑之利,"其利倍蓰"、"其利百倍"。⑤ 据说江西赣州府属,田1亩种桑4000株,采桑饲蚕缫丝,每亩获利不下50金,超过种稻数倍。⑥ 广东高明县,种桑养蚕的收益"十倍禾稼"⑦。南海县民种桑饲蚕,"岁获厚利"⑧。东莞种桑之户,"家有十亩,可以致富"⑨。山东临朐县,据1889年的报道,农民种桑养蚕,每亩产值达21元,超过种粮的收益。⑩ 如种蔗之利,光绪年间,江西抚州府,每亩可收蔗1万多斤,得价三四十千文;如兼制糖,可得价五

---

① 如江浙蚕丝,过去系"专制上用物料,或有贵重精良之品,而居民不以过问,故蚕丝终不大兴"。太平天国起义以后,"各口通商,民俗奢侈,于是浙之嘉、湖,踵事增华,桑者大盛"(《论丝厂》,何良栋编:《皇朝经世文四编》第36卷,第3页)。

② 海关总税务司编:《访察茶叶情形文件》,第95页。

③ 参见《领事商务报告》,1871年,淡水和基隆,第135页,1872年,淡水,第198—199页,1878—1880年,淡水和基隆,第116页。

④ 朱文瀚等纂:光绪《丹棱县志》第4卷,第64页。

⑤ 杨笃纂:光绪《长治县志》第8卷,第29页。

⑥ 《赣州蚕事》,《农学报》第14期,光绪二十三年十月。

⑦ 梁廷栋等纂:光绪《高明县志》第2卷,第30页。

⑧ 桂坫等纂:宣统《南海县志》第4卷,第31页。

⑨ 陈伯陶等纂修:民国《东莞县志》第15卷,第7页。

⑩ 《亚洲学会会报》第23卷,第85—89页。

六十千文。"其利奇厚,较之种稻不啻十倍。"①广东东莞,榨蔗为糖,"获利厚而种植多"②。如植棉之利,往往"胜于他产"③。或谓植棉"其利最厚"④。如 1888 年,山东益都县,棉田每亩可收生花150—200 斤,每斤价 200 文,每亩产值可达三四万文,远较粮田产值为高。⑤ 如植烟之利,江西兴国县,烟田收益"视稼圃反厚"⑥。湖南善化县,"一亩之烟可获利数倍"⑦。安徽怀宁县,"一亩烟之利厚于一亩田"⑧。江苏宿迁县种烟亦"所获倍蓰"⑨。四川南溪县,人们种烟,"力较逸于田,而利或倍之"⑩。广东四会县,农民种烟,"利逾种稻"⑪。山东临朐、临淄两县,烟叶每亩产值达 60 元,超过粮田数倍。⑫ 如种花生之利,据光绪年间的记载,直隶深州种植花生并自己榨油的农户,"其岁入过于种谷"⑬。丰润县的同类农户,亦"获利较厚"⑭。玉田县民种植花生,同样"利优于谷"⑮。

---

① 何刚德:《抚郡农产考略》下卷,第 10 页。

② 陈伯陶等纂修:民国《东莞县志》第 13 卷,第 11 页。

③ 黄凤楼等纂:同治《九江府志》第 9 卷,第 10 页。

④ 邹汉勋等纂:咸丰《安顺府志》第 14 卷,第 6 页。

⑤ 如 1895 年,益都县小麦价格为每斤制钱 50 文,据此,30000 文是 600 斤小麦的价值,而光绪末年,益都小麦亩产为 150—250 斤。如以 200 斤计,则小麦每亩为10000 文,约当棉花产值的三至四分之一。

⑥ 金益谦等纂:同治《兴国县志》第 12 卷,第 19 页。

⑦ 张先抡等纂:光绪《善化县志》第 16 卷,第 23 页。

⑧ 舒景蘅等纂:民国《怀宁县志》第 6 卷,第 4 页。

⑨ 方骏谟纂:同治《宿迁县志》第 7 卷,第 6 页。

⑩ 胡元翔等纂:同治《南溪县志》第 3 卷,第 2 页。

⑪ 吴大猷纂:光绪《四会县志》第 1 卷,第 88 页。

⑫ 《亚洲学会会报》第 23 卷,第 85 页。

⑬ 吴汝纶纂:光绪《深州风土记》第 21 卷,第 1—2 页。

⑭ 郝增祜等纂修、周晋堃续纂修:光绪《丰润县志》第 9 卷,第 20 页。

⑮ 李昌时纂、丁维续纂:光绪《玉田县志》第 5 卷,第 14 页。

山东高密县,花生种植"利倍五谷","以取值厚,田者利之"。① 泰安县属,"山陬水溪,播五谷不能丰获";80年代中叶后,改种花生,"收入顿增"。因此"种者日多"②。湖南新宁县,种花生榨油,"获利甚多"③。广东茂名县南路,种植花生榨油,"多获厚利"④,东莞县种植花生,"其利甚溥",花生遂为邑中出产一大宗。⑤ 其他如蓝靛、蒲草、柑橘等经济作物或园艺作物,其收益也都不同程度地高于粮食作物。⑥

在上述诸种因素的作用下,战后一些地区经济作物的种植迅速扩大,其中以蚕桑、棉花、烟草、茶叶、甘蔗等最为显著。

植桑养蚕在中国有着悠久的历史,但过去主要是作为农家副业的形式存在,鸦片战争后,特别是太平天国起义失败以后,这项古老的农家副业有了大幅度发展。植桑面积,养蚕农户,蚕丝产量和市场销售量,都有明显的增加,养蚕缫丝技术也有所改进。

在蚕桑业原来就比较发达的某些地区,如江苏浙江交界的太湖流域,江苏金陵地区,广东珠江三角洲地区,四川成都平原、岷江和嘉陵江流域以及山东胶东半岛等地,这一时期,蚕桑业日见扩大。或就地增加植桑面积,或由平原、丘陵地区向山区延伸,或由野桑、柘叶饲蚕向家桑饲蚕发展。

江浙蚕桑区虽曾一度遭受战争的严重破坏,但到同治后期已基本恢复,农民陆续回乡,"在每片可利用的土地上,桑树种植起

---

① 傅骏声纂:宣统《高密乡土志》,第41页。
② 孟昭章等纂:民国《重修泰安县志》第1卷,第44页。
③ 刘长佑等纂:光绪《新宁县志》第8卷,第13页。
④ 许汝韶纂:光绪《茂名县志》第1卷,第71页。
⑤ 陈伯陶等纂修:民国《东莞县志》第13卷,第11页。
⑥ 如四川威远县,"靛乃山中奇货,利倍于稻,多废稻田以种"(吴容纂:光绪《威远县志》第2卷,物产,第3页)。

来了,并有所增加"①。江宁农户,在种植粮食作物之外,"多以种桑饲蚕为业",蚕丝产量"年年增加"。② 丹徒县原来仅有野桑和柘林,这时则桑田桑园"遍境内"③。浙江湖州,"向时山乡多野桑,近亦多栽家桑矣"④。安吉县属,不但邻近城镇地区"家皆养蚕","迩时山乡亦皆栽桑"。⑤ 吴兴南浔一带,更是"无不桑之地,无不蚕之家"。缫丝之法也"日渐讲究"⑥。广东珠江三角洲,在70年代,农户纷纷"增植桑树"。"从前作其他用途的大片土地,现在也都变成了桑林。"⑦到90年代,南海县"遍地皆种桑麻油","各处均有桑市"。⑧ 肇庆府高明县农民则挖田为塘,四围筑基,"基六塘四,基种桑,塘畜鱼,桑叶饲蚕,蚕矢饲鱼,两利俱全"⑨。开始实行综合利用,为养蚕业开辟了新途径。80—90年代,一向以柞蚕丝闻名的山东胶东地区,蚕丝产量也大量增加,丝和丝织品成为烟台港最重要的输出品。⑩

一些原来蚕桑不多或根本没有蚕桑的地区,这一时期也相继植桑养蚕。如江苏昆山,旧时"鲜务蚕桑",战后则桑蚕"成为恒

---

① 《英领报告》,1875—1876年,上海,第31页。
② 《申报》,光绪七年四月二十九日。
③ 吕耀斗等纂:光绪《丹徒县志》第17卷,第19页。
④ 周学濬等纂:同治《湖州府志》第32卷,第30页。
⑤ 张行孚等纂:同治《安吉县志》第8卷,第29页。
⑥ 周庆云纂:民国《南浔志》第30卷,第21页。
⑦ 《英领报告》,1871年,广州,第91—92页。
⑧ 桂坫等纂:宣统《南海县志》第4卷,第31页。
⑨ 梁廷栋等纂:光绪《高明县志》第2卷,第30页。
⑩ 《海关十年报告》,1882—1891年,烟台,第46页;《英领报告》,1891年,烟台,第7页。

业"。① 常熟西乡,90 年代后,"讲求蚕业,桑田顿盛"②。无锡、金匮两县属,向年"饲蚕之家不多",战后则"荒田隙地,尽栽桑树,由是饲蚕者日多一日,而出丝者亦年盛一年"。③ 1896 年,张之洞曾说:"苏常蚕桑之利,近 10 年来日渐加多,渐可与浙相埒。"④江宁府的江浦县属,"蚕桑之利,昔日所无",战后则饲蚕者"几于比户"。⑤ 江北高邮,"民素不饲蚕",到 80 年代,则"以农兼桑者不可胜计"。⑥ 江西各属,"向无蚕桑之利",70 年代,各地栽种的桑树达数千万株。⑦ 广东东莞,种桑养蚕"未之前闻",80 年代后,"播种渐兴"。⑧ 又如直隶,原来仅深州、易州、完县等 5 州县有蚕桑业,到八九十年代后,清苑、满城、定州、束鹿、高阳、滦州、昌黎、丰润等 19 州县,"在在皆有"⑨。热河承德、永平府属地区,过去蚕丝"出产尚少",这时"所出渐多"。⑩ 此外,江苏的松江、常熟、昆山、新阳、句容、溧阳、丹阳、江阴、宜兴,浙江的温州,安徽的绩溪、滁州、全椒,江西的赣州、瑞州,山东的泰安、沂州、青州、东平,四川的铜梁、秀山以及奉天辽东半岛等地,都是这一时期发展起来的重要蚕丝产区。

　　这时清朝地方官吏还在一些原来蚕桑很少的地区,如广西、湖

① 汪堃等纂:光绪《昆新两县续修合志》,物产,第 6 页。

② 庞鸿文等纂:光绪《常昭合志稿》第 46 卷,第 5 页。

③ 《申报》,光绪六年五月十四日。

④ 张之洞:《奏稿》第 27 卷,第 18 页。

⑤ 侯宗海等:光绪《江浦埤乘》第 1 卷,第 21 页。

⑥ 夏子铏纂:《再续高邮州志》第 2 卷,第 26 页。

⑦ 《蚕桑成效》,《农学报》第 14 期,光绪二十三年十月;《贸易报告》,1880 年,九江,第 78 页。

⑧ 陈伯陶等纂修:宣统《东莞县志》第 13 卷,第 3 页。

⑨ 卫杰:《蚕桑萃编》第 1 卷,第 2—3 页。

⑩ 徐润:《年谱》,第 9 页。

北、河南、山西、陕西、云南、贵州等省的某些州县，采取推广措施，并取得了不同程度的效果。90 年代，湖北巡抚谭继洵先后在该省发放桑苗一千数百万株，劝谕民间栽种，并招募苏浙工匠传授蚕桑技术，获得成功，"不惟向产蚕茧之区，推行益广；即历无蚕桑之处，风气亦已渐开"，每年汉口所售丝价不下百余万金。① 广西容县，同治年间该县知县劝办，到 80 年代中，蚕桑业"蒸蒸日上"②。1889年，巡抚马丕瑶又在省城等地大力倡导，到1891年，各地种桑树达27600余万株，"民间桑事大起"。至年底，全省产丝凡20万斤有奇。③山西大宁县于道光末年和同治年间，经知县捐廉倡种，到光绪初年，"颇收其利"，所织绸绫"居然可比上川之产"。④ 1883年，张之洞在省城设立"桑棉局"，在平定、介休以及其他宜桑之处，栽植桑树。⑤ 陕西三原，由于知县刘青黎的倡导，到光绪年间，"蚕桑大起，野则树桑日广，城则茧丝盈市"。⑥ "素不知蚕桑"的云南河西、贵州黎平等地，也都由于地方官的倡办而出现了蚕桑业，"骎骎乎与吴、越、豫、晋争缫机之富"。⑦

　　就经营方式和规模而言，这一时期的蚕桑业仍然主要是一家一户的小型植养，但从地区和产量看，已发展到一个新的阶段。

--------

① 《农学报》第 6 期，光绪二十三年六月下；《光绪朝东华录》，总第3761 页，光绪二十二年二月戊子谭继洵奏。

② 何见扬：《省心堂杂著》上卷，第 16 页。

③ 马丕瑶：《马中丞遗集》，奏稿，第 1 卷，第 18 页，又第 3 卷，第 9、31页。

④ 李华棠纂：光绪《大宁县志》第 1 卷，物产，第 2 页。

⑤ 张之洞：《张文襄公公牍稿》第 3 卷，第 17 页。

⑥ 刘光蕡：《烟霞草堂文集》第 2 卷，第 22 页。

⑦ 黄尚毅等纂：民国《绵竹县志》第 6 卷，人物，第 19 页；陈瑜纂：光绪《黎平府志》第 3 卷，第 49 页。

　　棉花种植,早在鸦片战争前的数百年间已十分广泛。鸦片战后,尤其从同治至光绪的40余年间,播种面积进一步扩大。江苏、浙江、安徽、江西、湖北、河南、山东、直隶、陕西等省的一些老产棉区,在原有的发展基础上出现或扩大了一批棉花专业区。80年代的江苏通州、海门、如皋一带,"一望皆种棉花,并无杂树"①。松江府和太仓州,棉田更多。② 上海、南汇以及浦江两岸,"均栽种棉花,禾稻仅十中之二"③。或谓上海"棉田居其七"④。华亭县属,战后农民因无力购买耕牛、农具,皆"改禾种花",促成了棉花种植的扩大,各处棉田面积分别占到耕地的十分之三至十分之七不等。⑤ 江苏松江、太仓和通海所产棉花除运销本省外,还"盛行南北洋各路"⑥,成为当时最主要的商品棉产区之一。浙江杭州、绍兴等府,早在明代,植棉已相当普遍,这一时期又有进一步发展。据1893年的海关报告说,由于日本对中国棉花需求的增长,促成了宁波地区棉花种植的扩大。⑦ 光绪年间,浙江沿海沙地"皆棉田",由余姚县东至慈溪县观海卫,西至上虞县盖山一带,凡百余里间,百姓以"植木棉为业"。⑧ 安徽、江西、湖北、湖南等省植棉都

---

　　① 《申报》,光绪十年六月二十二日。

　　② 江南棉田发展较久,据明徐光启《农政全书》第35卷,《木棉》:上海县官民军灶地200万亩,棉田"当不止百万亩"。即棉田超过耕地面积的一半。据张采纂:崇祯《太仓州志》第15卷:"耕地宜稻者十之六七皆弃稻栽花。"

　　③ 《申报》,光绪二年七月二十八日。

　　④ 黄宗坚:《种植实验说》,《农学丛书》,第一集,第1页。

　　⑤ 姚光发等纂:光绪《华亭县志》第22卷,第4页。

　　⑥ 张之洞:《奏稿》第27卷,第18页。

　　⑦ 《贸易报告》,1893年,宁波,第281页。

　　⑧ 《各省农事》,《农学报》第15期,光绪二十三年十一月,上;《汇报》,第146号,第2册,第368页,光绪二十六年正月十七日。

十分普遍。安徽的宁国、定远、涡阳、和州,江西的德化、湖口、彭泽、都昌,湖北的黄冈、黄梅、麻城、江汉地区以及湖南的洞庭湖流域,都是重要的棉产区。湖北黄梅、江西德化一带,"秋收以棉花为大宗"①。武汉洲渚每岁所出棉花不下数十万担。② 湖南洞庭湖沿岸州县,随"淤洲日涨",种棉者"亦日加多"。③ 黄河流域的直隶、河南、山东、山西、陕西诸省的一些地区,棉花种植在农业生产和地方经济中占着十分重要的地位。直隶以正定、滦城、藁城等出产最丰。④ 河南的河南府属,棉花是主要商品,当地的各种输入品,主要是由出售棉花支付的。据 70 年代的外国旅行者记述,在阌乡植棉区走了整个下午,"极目四望,尽是棉花"⑤。在大路上,从河南府运载棉花前往湖北樊城、老河口一带的驮子络绎不绝。⑥ 山东省临清以东地区,也都大量植棉。⑦ 山西省以虞乡、猗氏、曲沃、蒲州等地出产最多。⑧ 陕西的棉花则运销四川、甘肃、青海以及北部蒙古等地。⑨

在这一时期还出现了一批新的产棉区。如江苏宿迁,过去很

---

① 《申报》,光绪十年十一月初七日。

② 《申报》,光绪二十一年十月初十日。

③ 《光绪政要》,实业八,《湖广总督赵尔巽奏推广农业种棉织布情形》,光绪三十四年十月十二日。

④ 韦廉臣:《华北纪游》,第 278—279 页;农工商部:《棉业图说》第 3 卷,第 1 页。

⑤ 韦廉臣:《华北纪游》,第 390—391 页。

⑥ 李希霍芬:《旅华日记》上卷,第 452 页。

⑦ 韦廉臣:《华北纪游》,第 202 页。

⑧ 韦廉臣:《华北纪游》,第 343 页;农工商部:《棉业图说》第 3 卷,第 2—3 页。

⑨ 李希霍芬:《中国》第 2 卷,第 67 页。

少种植棉花,布匹"夙仰通州",到同治末年,则"遍树木棉,间习纺织矣"。① 在某些蚕桑地区,也有类似情况。据 1880 年报载,"江西、浙江、湖北等处,向指专事蚕桑者,今皆兼植棉花"②。又江西鄱阳湖滨,从前专种五谷杂粮,同治间则改为"木棉与杂粮各半"③。直隶永平、承德两府属州县以及邻近蒙古地区,从前棉花"所种无多",到 90 年代,已"到处皆种"。④ 总之,从南至北,棉花种植都在扩大。

烟草于明代后期从南洋传入中国,鸦片战争前已在国内广大地区传播,到这一时期,吸烟已成为一种普遍的嗜好。据说,道光年间,吸烟者男子"什之一",女子"百之一"。到光绪初年,则"男女内外,老少长幼,行止坐卧,视同珍膳而不可离"⑤。这就促成了烟草种植的扩大,其速度甚至超过了蚕桑和棉花。

烟草传播最早的福建省,仅沙县一地每年即销售烟叶三四千担。⑥ 广东阳春、新兴等县,"莳此为利,几敌种稻"⑦。广西浔州府属,同治年间,土货之中,烟居首位。⑧ 长江流域各省,这时几乎到处传种烟草。苏北各县,如宿迁县民多种烟。⑨ 以产量计,沛县年产烟叶 40 万斤,萧县多至几百万斤。⑩ 浙江处州府景宁县则

---

① 方骏谟纂:同治《宿迁县志》第 7 卷,第 5 页。

② 《申报》,光绪六年六月二十一日。

③ 黄凤楼等纂:同治《九江府志》第 9 卷,第 1 页。

④ 徐润:《年谱》,第 90 页。

⑤ 张先抡等纂:光绪《善化县志》第 16 卷,第 23 页。

⑥ 程叔度等:《烟酒税史》第五章第六节。

⑦ 江藩等纂:道光《肇庆府志》第 3 卷,第 46 页。

⑧ 王俊臣纂:同治《浔州府志》第 8 卷,第 4 页。

⑨ 方骏谟纂:同治《宿迁县志》第 7 卷,第 6 页。

⑩ 《调查江苏徐属烟草报告》,《农商报》第 76 期。

"种烟颇多"①。江西广丰县是个老产烟区，光绪年间又有发展。90 年代中叶，该县每年外销烟叶达 1 万多担。② 湖南衡阳种烟久已有名，这时继续扩大。长沙府善化县，烟草传播和栽种尤为迅速，"或致废田与园而为之"③。湖北省均州，"产烟叶颇多"，黄冈县的烟草则"向与邓州争衡"。④ 四川秀山县城关附近，"旧饶苎麻、烟草之利"，到八九十年代，发生了很大变化，种麻者"里不十亩"，"独烟繁盛，捆载出境，岁万金"。⑤ 麻地变成了烟田。黄河流域，从上游的甘肃、陕西，到中下游的河南、直隶，烟田不断扩大。甘肃以兰州府烟田最多，又以皋兰县所产最负盛名，仅运销外地者即达 3 万多担。⑥ 河南省以南阳府所产最多。该府之南阳县，烟田"连阡累陌"；该府之邓州，更"纵横数十里皆烟田"。⑦ 山东济宁州，早在清代前期即以产烟著称。到了这一时期，烟草继续向东部传播，如宁海州(今牟平县)之"园户多莳种以为利"⑧，临朐、临淄农民约有十分之一种烟⑨，黄县种烟者也不少。⑩

烟草种植不仅在老区持续扩大，而新区也在不断产生。如江西石城县，从前只有一两个村庄种烟，以后迅速扩大，到清朝末年

---

① 严用光等纂：同治《景宁县志》第 12 卷，第 17 页。

② 点石斋编辑：《时务通考》第 17 卷。

③ 张先抡等纂：光绪《善化县志》第 16 卷，第 23 页。

④ 《烟叶述略》，《农学报》第 21 期，光绪二十四年正月，下。

⑤ 李稽勋等纂：光绪《秀山县志》第 12 卷，货殖志，第 40 页。

⑥ ［德］福克：《西行琐录》，《小方壶斋舆地丛钞》，第六帙，第 4 册。

⑦ 《烟叶述略》，《农学报》第 21 期，光绪二十一年正月，下；张嘉谋等纂：光绪《南阳县志》第 2 卷，第 41 页。

⑧ 王厚阶纂：同治《重修宁海州志》第 4 卷，第 1—2 页。

⑨ 《亚洲学会会报》第 23 卷，第 85 页。

⑩ 尹继美纂修：同治《黄县志》第 3 卷，第 4 页。

很多村庄都传播开来,"几于比户皆然"①。赣县一带,随着闽粤客民增多,在 70 年代出现了"栽烟牟利,颇夺南亩之膏"的情况。②龙南县属更是"竞植之"、"遍植之","甚者改良田为蔫(烟)畲"。③九江府也在同治年间开始种烟。该府瑞昌县,到光绪后期年产烟达 10 余万担。④ 安徽也发展起来一批新产烟区,如五河县,八九十年代种烟者渐多。宿松、凤阳、桐城等县,"产烟最旺"。其中宿松种烟始于咸丰,"盛于光宣"。凤阳产烟,亦"不亚桐、宿"⑤。湖北除老烟区均州外,在该省东部又发展起来一批新产区,如蕲州之青山、崇居、大同等地,"种烟者益广,岁可货钱十余万缗"⑥。湖南的郴州和辰州也是新发展起来的产烟区,尤其是辰州,所产烟叶远销上海。⑦ 同治年间的南溪县,土著之民多依山耕田,新籍之民多临河种地,而"种地者多栽烟"⑧。直隶北部的昌平州,光绪年间,烟草发展成为当地著名物产。⑨ 南部的邢台县,烟草也变成为当地主要农作物。⑩ 随着东北荒地的开垦,那里的烟草种植也很快发展起来了。

还有两项重要的经济作物是茶叶和甘蔗。在 1870—1894 年的输出总值中,茶叶居首位,蔗糖居第三位,占着相当大的比重。

---

① 刘锦藻:《清朝续文献通考》第 379 卷。
② 褚景昕纂:同治《赣县志》第 8 卷,第 2 页。
③ 钟益驭纂:光绪《龙南县志》第 2 卷,第 52 页。
④ 黄凤楼等纂:同治《九江府志》第 9 卷,第 1 页。
⑤ 俞宗诚等纂:光绪《重修五河县志》第 10 卷,第 39 页;程叔度等:《烟酒税史》第 4 章第 4 节。
⑥ 张仲炘等纂:民国《湖北通志》第 22 卷,第 30 页。
⑦ 《英领报告》,1872 年,汉口,第 59 页。
⑧ 胡元翔等纂:同治《南溪县志》第 3 卷,风俗,第 2 页。
⑨ 黄彭年等纂:同治《畿辅通志》第 13 卷,引《昌平州志》。
⑩ 周祜纂:光绪《邢台县志》第 1 卷,第 59 页。

但这两项经济作物的发展趋势和蚕桑、棉花、烟草等不同。后者在这一时期一直处于发展的趋势,而前者则经历了一个由发展到衰落的过程。

鸦片战争后,由于西方国家的需求,茶叶出口激增,由 50 年代的每年 100 万担左右增加到 80 年代的 200 多万担,货值由 50 年代的每年银 1000 万两左右增加到 70 年代的 3000 余万两,1872 年最高曾达 4028 万两。[①] 这就大大刺激了茶叶种植的发展。从 60 年代到 80 年代初,福建、台湾、安徽、江西、湖南、广东等地都一度迅速扩大,是近代茶叶生产的黄金时代。

福建特别是闽北武夷山区,是有名的产茶区。50—70 年代,因茶叶行销,价格亦高,种植迅速扩大。各处开荒栽茶,"漫山遍野,愈种愈多"[②]。延平、建宁两府属,"茶山遍地,不知凡几"[③]。延平、建宁、邵武三府交界的洋口地方,据说"十家中有二三家有茶山"。不但本地人靠种茶为生,汀州、永春、泉州以及江西、广东等地的农民也都纷纷前来开山种茶。[④] 其他各县亦有茶叶生产的发展,或谓"各郡伐木为坪,辟山种茶"[⑤];或谓自清明至谷雨,"江右采茶者万余人"[⑥]。广东珠江三角洲的丘陵地带,茶叶在农业生产中一向占着重要地位。如南海县,"山人向以种茶为业"[⑦]。鹤

---

① 参见姚贤镐:《外贸史资料》第 1 册,第 527 页,又第 3 册,第 1606 页。

② 卞宝第:《卞制军政书》第 4 卷,第 1—2 页。

③ 海关总税务司编:《访察茶叶情形文件》,第 95 页。

④ 海关总税务司编:《访察茶叶情形文件》,第 95—96 页。

⑤ 郭柏苍:《闽产录异》第 1 卷,第 13—15 页。

⑥ 郭柏苍:《闽产录异》第 1 卷,第 12 页。

⑦ 桂坫等纂:宣统《南海县志》第 4 卷,第 31 页。

山县山多田少,"故种茶者较多"。"无论土著客家,多以植茶为业"。① 1870 年后,据说这一地区的茶叶产量更是"异常地增加了"②。其中南海县,茶叶曾为出口大宗,光绪中叶虽然减少,1892年的出口额尚有56000担。③

长江流域各省植茶也相当普遍。浙江省杭州府各县,丘陵和山区多种茶树,而以长兴为最。④ 杭州府之于潜县,"仰食于茶者十之七"⑤。江西省义宁州属,由于植茶利多,道光中叶后逐渐发展,民户"因趋茶利,遂废田功"。至于过去的纺织及畜牧等,"更不暇计及"⑥。九江府各县茶园扩大尤为显著,每值春夏之交,九江即以茶叶生意为大宗,拣茶妇女"以数千计"⑦。广信府的玉山县和河口镇一带,是另一个重要产茶区,据西人 1852 年报道,那里上万英亩的土地都种着茶树,而且大部分的茶园是最近几年开垦和栽种起来的。⑧ 70 年代前后,安徽老茶区因战争而废弃的茶园陆续恢复,并有新的发展。据 1880 年报道,"在芜湖背后丘陵上,茶园和桑林正不断地扩张"⑨。又据 1884 年报道,"茶园的种植近来已扩张到芜湖南部"⑩。在六安州,茶叶是当地主要产品。怀宁

---

① 陈兴琰:《广东鹤山之茶业》,《国际贸易导报》第 8 卷,第 5 期,第 130 页。

② 《贸易报告》,1871—1872 年,广州,第 215 页。

③ 桂坫等纂:宣统《南海县志》第 4 卷,第 31 页。

④ 周学濬等纂:同治《湖州府志》第 32 卷,第 19 页。

⑤ 王棻纂、吴庆坻重纂:民国《杭州府志》第 81 卷,第 9 页,按:该志记事至宣统三年。

⑥ 龚溥庆:《师竹斋笔记》第 3 卷,第 30—31 页。

⑦ 《申报》,光绪十年三月二十八日。

⑧ 罗伯特·福庆:《茶区旅行》,第 263 页,按 1 英亩为 6.072 市亩。

⑨ 《英领报告》,1880 年,芜湖,第 143 页。

⑩ 《英领报告》,1884 年,芜湖,第 60 页。

县之旨泉冲,"居民多以种茶为业"①。皖南的徽州府植茶业尤盛,所属歙县、休宁、婺源、祁门、黟县、绩溪6县都出产茶叶,各县所产仅销售洋庄一项就为数不小。② 茶叶收入在当地农民经济生活中占着极其重要的位置,如祁门县属,"居民恒借养茶为生"③。两湖的茶叶种植,也有明显扩大,据1871年的估计,几乎较10年前增加了50%。④ 湖北以西部的鹤峰州产茶最盛,咸丰、同治间,外省商人纷纷来此设栈采买。⑤ "州中瘠土赖此为生计。"⑥湖南桂阳州属,同治年间,某些山区"茶树弥望"⑦。醴陵县属,光绪年间植茶之盛,"穷陬僻壤,青翠成丛",每年运销外地者凡2万多担。⑧巴陵县植茶也很普遍,"土人颇享其利"⑨。在某些地区,茶叶甚至取代了杂粮或其他经济作物。同治年间,平江"向种红薯之处,悉以种茶"⑩。浏阳原来家家种麻,咸、同以后则"皆舍麻言茶利","以素所植麻,拔而植茶"⑪。四川植茶,如丹棱县之西山,"蜿蜒数十里,种植成园"⑫。永川县居民"赖此为衣食者甚众"⑬,绵竹

---

① 舒景蘅等纂:民国《怀宁县志》第6卷,第4页。

② 何润生:《徽属茶务条陈》,《皇朝经世文统编》第61卷,徽州府茶叶外销额,1891年为85400多引,1893年为89000多引,1895年为11万多引。

③ 汪韵珊纂:同治《祁门县志》第15卷,第6页。

④ 《英领报告》,1871年,汉口,第38页。

⑤ 雷春治纂:同治《鹤峰州志》第7卷,第18页;王柏心等纂:同治《宜昌府志》第11卷,第44页。

⑥ 陈鸿渐纂:光绪《鹤峰州志续修》第7卷,第17页。

⑦ 王闿运纂:同治《桂阳直隶州志》第20卷,第24页。

⑧ 刘谦纂:民国《醴陵县志》第5卷,第33—34页。

⑨ 吴敏树等纂:同治《巴陵县志》第11卷,第11—18页。

⑩ 李元度等纂:同治《平江县志》第20卷,物产,第3—4页。

⑪ 谭嗣同:《浏阳麻利述》,《农学报》第12期,光绪二十三年九月。

⑫ 朱文瀚等纂:光绪《丹棱县志》第4卷,第64页。

⑬ 马慎修等纂:光绪《永川县志》第2卷,第65页。

县每年所卖茶叶值银"万金"①。灌县北部,"有力之家,兼并为豪,种茶千株,栽杉数万,亦与安邑千树枣,燕秦千树栗相埒"②。可见该地茶叶种植的普遍及其在地主经济中的重要地位。

在出口增加和洋商一度重价收购的刺激下,一批新茶区应运而生。如安徽建德,1861 年才开始种茶,到 70 年代已发展成为"绿叶青芽,茗香遍地"的著名茶乡。③ 江西安义,据 1871 年记载,"茶叶昔无近有,皎源西山最盛"④。建昌、吉安、瑞昌、庐山周围地区以及福州府的潭尾街地区,茶叶种植也是这一时期才发展起来的。⑤ 台湾是 60 年代出现的最重要的新产茶区。台北一带的茶叶栽培,据说是淡水辟为通商口岸以后才开始的。此后即迅速发展,并不断向南部扩展。⑥ 新茶园大部分是开垦的山林荒野,但也有不少是原来种植蓝靛或甘薯的土地。据 1872 年的报道,淡水地方向多种植蓝靛,今"乃改种茶树"⑦。1874 年又有报告说,随处都可看到农民"拔掉他们的甘薯,在有些地方甚至拔掉价值较少

---

① 田明理等纂修:光绪《绵竹县乡土志》,第 36 页。

② 徐昱等纂:光绪《灌县乡土志》下册,第 21—22 页。

③ 《英领报告》,1875 年,九江,第 60 页;《益闻录》,第 267 号,光绪九年五月二十三日。

④ 彭斗山等纂:同治《安义县志》第 1 卷,第 70 页。

⑤ 《英领报告》,1875 年,九江,第 70 页。

⑥ 台湾茶叶的扩展情形,在当时的《英领报告》中有大量的记述。如谓"许多一向用于种植靛青的田地,本年都已改植茶树"(1871 年);"种植茶树的土地年有增加"(1874 年);"淡水附近茶叶的种植已大量扩张,并且正努力向台南推广"(1876 年);"我们经常听说植茶事业传播到新的地方"(1878—1880 年);"本岛茶树的种植正在广泛而迅速地扩张中"(1880 年),等等。

⑦ 《申报》,同治十一年五月十九日。

的蓝靛草,以扩张茶地"①。台湾植茶业的发展,还明显地反映于茶叶输出量的增长。据统计,1865 年,淡水的茶叶输出量为180824 磅,1870 年增至 1405333 磅,1880 年又增至 1200 万磅以上。② 15 年间增加了 65 倍多。

由于茶叶种植的扩大主要是以国外需求为前提的,基础脆弱,又都是单个农户的小本经营,技术落后、资金单薄,在国际市场上毫无竞争能力。因此,到 70—80 年代,当印度、日本、锡兰等国以资本主义种植园的生产方式从事大规模的茶叶种植,采取免税或低税优待政策,向欧美推销茶叶时,中国的茶叶出口急转直下,国内茶叶的种植和经营状况明显恶化。首先是被迫贱价出售,这突出地反映在茶叶出口量和出口值的反向变化上。在 1870—1888 年间,输出量虽年有增加,输出值反而减少。如 1870—1874 年的5 年间,输出量为 8174745 担,输出值为银 195807872 两;1885—1889 年的 5 年间,输出量增为 10255027 担,输出值反减为154365525 两。输出量增加 25%,输出值反减 21%。平均每担价格由 23.95 两跌至 15.05 两,下降了 37%。③ 贱价外销导致茶商、茶农亏本,因而接着而来的是茶号倒闭,茶园荒废,茶农破产,茶叶生产衰退。1874 年,厦门茶叶输出即开始大量减少,附近地区茶叶生产下降,并与日俱甚。④ 1881 年后,因茶价低落,闽北地区的茶商、茶农亏本,结果,"有田者归田,无田者以砍柴为活",茶山"十荒其八"⑤,茶叶生产一蹶不振。安徽、江西和两湖茶农,虽因改制

① 《英领报告》,1874 年,淡水和基隆,第 112 页。
② 《英领报告》,1874 年,淡水和基隆,第 135 页,又 1880 年,淡水,第199 页。
③ 据历年《贸易报告》。
④ 《英领报告》,1875 年,厦门,第 4 页,又 1881 年,第 2 页。
⑤ 海关总税务司编:《访察茶叶情形文件》,第 106、96 页。

红茶以适应国外市场的需要,芜湖等少部分地区的茶叶种植在80年代后,仍有扩大,但大部分地区在70年代末80年代初,皆因售价渐低,茶叶种植日形萎缩。① 至于广东南海等地,八九十年代后,茶农"往往将地售作坟墓","夷为民居",茶树"百不存一"。②

　　甘蔗种植的发展情形和茶叶大致相同。鸦片战争前,广东、福建、台湾和四川都有不少地区植蔗榨糖。19世纪80年代以前,由于国内对蔗糖的需求以及出口增加,植蔗业一直在发展。如江西南康县,"嘉、道以来,种植繁多,埒于禾稼"③。雩都县,"河沿坝上,处处植之"④。此后逐渐向北扩展,吉安府泰和县、抚州府属诸县、广信府弋阳县、饶州府乐平县等地相继大量种植。⑤ 四川万县、云阳、简阳和叙州府属也多有出产。⑥ 台湾、广东两省的甘蔗种植,由于出口增加,扩大尤为迅速。1874年,台湾打狗出口蔗糖672677担,是"史无前例的"⑦。此后,台湾有"比过去更多的土地用于种植甘蔗"⑧。又据1882年报告,"甘蔗的种植正在增加"⑨。

---

　　① 参见《益闻录》,第267号,光绪九年五月二十三日;《申报》,光绪十年三月二十八日;《农学报》第29期,光绪二十四年闰三月,中;杜贵墀等纂:光绪《巴陵县志》第7卷,第2页;曾国荃:《全书》,奏议,第29卷,第8页。

　　② 桂坫等纂:宣统《南海县志》第6卷,第31页。

　　③ 卢鼎峋纂:同治《南康县志》第1卷,土产,第5—6页。

　　④ 何戴仁等纂:光绪《雩都县志》第5卷,第44—45页。

　　⑤ 彭启瑞等纂:光绪《泰和县志》第2卷,第25页;何刚德等:《抚都农产考略》下卷,第10页,光绪二十九年。

　　⑥ 刘贞安等纂:民国《云阳县志》第13卷,第5页;汪金相等纂:民国《简阳县志》第19卷,食货篇,第20—21页;邱晋成等纂:光绪《叙州府志》第21卷,物产,第28页。

　　⑦ 《贸易报告》,1874年,打狗,第141页。

　　⑧ 《英领报告》,1880年,台湾,第117页。

　　⑨ 《英领报告》,1882年,第二部分,台湾,第44页。

广东番禺、东莞、增城等县,"糖居十之四,其蔗田几与禾田等"①。汕头地区甘蔗种植的扩大,在海关报告中屡有记载,如谓"本年已有大量额外土地转用于种植甘蔗"(1863年);"甘蔗种植面积在邻近区域已有很大增加"(1874年);"汕头附近地区甘蔗种植正在扩张"(1875年);"过去三年内用于种植甘蔗的土地,已增加一倍"(1876年),等等。到1883年,还有报告说,"在邻近地区,甘蔗的种植还在增加"②。据外国人估计,1849年,广东省的蔗糖产量为40万担至45万担,到1883年,仅汕头地区的蔗糖产量即达200万担。③ 据此估计,这时广东全省蔗糖产量当在四五百万担以上,比1849年增加了10多倍。可见这一期间广东甘蔗生产的发展幅度是很大的。

但是,到80年代后期,中国蔗糖在国际市场上受到了欧洲甜菜糖和爪哇、马尼拉等地蔗糖的竞争,糖的输出逐渐减少。1880—1884年的5年间输出值为1600多万两,1890—1894年降为1200多万两。④ 不但如此,从80年代起,洋糖开始进口,打入国内市场,形成土糖出口渐减、洋糖进口渐增的严重局面,直接导致中国甘蔗生产的衰落。就在1884年,即海关报告中说汕头的甘蔗种植"还在增加"的第二年,国际市场糖价下跌,销售市场开始为欧洲甜菜糖所占领,汕头"直接运往美国的糖已经没有了,运往英国的

① 陈伯陶等纂修:民国《东莞县志》第13卷,第6—7页;赖际熙纂:民国《增城县志》第9卷,实业工商,第20页。
② 《英领报告》,1883年,汕头,第143页。
③ 《中国各口贸易报告》(英文本),1849年,广州,第4—5页;《英领报告》,1883年,汕头,第143页。
④ 据姚贤镐:《外贸史资料》第3册,第1607页。

也不关重要"。① 次年,马尼拉和爪哇糖对香港的廉价供应,又排挤了汕头糖,到90年代,汕头对香港的蔗糖出口下降到1886年以前的十分之一以下。② 就在1886年,汕头地区的甘蔗种植面积减少了三分之一,原来的甘蔗地多改种花生。③ 东莞县过去因种蔗利厚,发展迅速;后来洋糖输入,榨糖业衰落④,这必然影响植蔗业的发展。归善县由于受外糖排挤,种蔗之利日微,1894年,据说每亩生产费和地丁合计需银12元,而产值只有12.5元。从此,"咸因利微,少有人种"⑤。又如江西省植蔗区,在洋糖竞争下,糖行多亏本歇业,原来的蔗田纷纷改种杂粮。⑥ 甘蔗种植普遍衰落了。

茶叶和甘蔗种植由盛而衰的这一过程,突出地反映了这一时期中国农业的半殖民地性质。帝国主义力图把中国农业纳入自己需要的轨道,中国某些农业部门的生产开始卷入世界市场,但又缺乏任何竞争能力,再加上海关行政权被控制在外国侵略者手中,在关税方面缺乏保护性措施,在通常情况下,外国侵略者压价购买中国农产品及农产制成品,实行不等价交换,对中国农民进行残酷的经济掠夺。在世界市场上一旦出现稍有实力的竞争者,不但立即被排挤出世界市场,连国内市场也无法保持,这一时期的洋糖进口即一明证。在这种情况下,中国某些农业部门的兴衰势必以帝国主义的需求与否为转移。

除上述经济作物外,这一时期与输出有关的,如东北的大豆,

---

① 《海关贸易十年报告》,1882—1891年,汕头,第526—527页;《贸易报告》,1885年,汕头,第315页。

② 《海关贸易十年报告》,1882—1891年,汕头,第526—527页。

③ 《英领报告》,1886年,汕头,第2—3页。

④ 陈伯陶等纂修:民国《东莞县志》第12卷,第11页。

⑤ 《通商各口华洋贸易总册》,1894年,下卷,九龙口,第99页。

⑥ 户部抄档,转见李文治:《中国近代农业史资料》第1辑,第452页。

南方的水果,南北普遍种植的花生等,都有程度不同的发展。

在经济作物种植扩大的同时,粮食作物的商品化也有进一步的发展。

经济作物的发展和粮食作物的商品化,二者密切相关。经济作物的种植是以一定程度的粮食商品性生产为前提的。经济作物的生产者、加工者和贩运者都有赖于商品粮的供应,他们的人数愈多,专业化程度愈高,对商品粮的需求量愈大。

经济作物在其不断扩大的过程中,势必占用一部分原来的粮田。如江苏的许多棉农、蚕农将原来种粮食的土地改种棉花、桑树。华亭农民"改禾种花者比比"①。上海、南汇两县耕作用地,"禾稻仅十中之二"②。当时人论述江浙蚕桑扩展及其侵蚀粮田的情形时说:"向之栽桑一亩者,今必栽桑二亩,且或有不敷,必栽至二亩有余而止。不育蚕而有本业者,今见利思迁,改而育蚕,则亦必栽桑也。有绝不育蚕者,见桑业之利倍于谷,则有田四五亩者,亦必栽一二亩以尝试也,然则近来夺五谷之居,为不少矣。"③福建建瓯、宁德农民,"废磘田种茶取利",影响所及,"米薪倍贵"。④70—80年代,台湾农民纷纷拔掉甘薯种茶⑤,或将稻田改种甘蔗。⑥ 在广东,相当一部分桑田和蔗田原来都是种植水稻或甘薯的,据1871—1872年报道,"向来种稻的大片土地,现在已经或正

---

① 姚光发等纂:光绪《重修华亭县志》第23卷,第4页。
② 《申报》,光绪二年七月二十八日。
③ 佚名:《论丝厂》,《皇朝经世文四编》第36卷,第3页。
④ 郭柏苍:《闽产录异》第1卷,第13—15页。
⑤ 《英领报告》,1874年,淡水和基隆,第112页。
⑥ 《英领报告》,1880年,台湾,第117页,又1886年,台湾,第1页。

在辟为桑林"①。高明县属,本来就是"桑种园苑者肥美,田原者次
之",粮食生产处于次要地位,到光绪中期,连这种次质粮田也被
纷纷改为桑园。② 佛山农民也"多改禾田以植桑"③。在汕头地
区,也纷纷将粮田改种甘蔗。如据1874年的报告,"许多原来种稻
的土地已种上甘蔗"④。1882年的报告又说,"过去种植甘薯、稻
谷的土地,现在都用来种植甘蔗了"⑤,等等。在江西、湖南、四川
等地,都程度不同地存在经济作物侵蚀粮田的情况,如前面提到过
的,江西九江洲乡农民,将原来专种杂粮之地改为"木棉与杂粮各
半"⑥,亦即原来二分之一的粮田被改种了棉花。义宁州属,因"最
上腴土栽茶最多,杂粮暗耗于不觉"⑦。上等地被用去栽了茶树,
粮食产量也就自然下降了。赣县则因广种烟叶,"颇夺南亩之
膏"⑧。龙南县也是"改粮田为蔫〔烟〕畲"⑨。湖南善化农民为了
种烟取利,"至废田与园而为之"⑩。结果粮田和菜园都变成了烟
地。在四川威远县,农民则"多废稻田以种"蓝靛。⑪ 可见,在某一
地区耕地面积不变的情况下,经济作物种植的扩大,即意味着粮食
作物种植的缩小。从而刺激着另一些地区粮食生产商品化的发

---

① 《英领报告》,1872年,广州,第13页。又据1871—1872年广州《贸
易报告》说:"……广东人把许多稻田改成桑地。"
② 梁廷栋等纂:光绪《高明县志》第2卷,第30页。
③ 冼宝榦等纂:民国《佛山忠义乡志》第6卷,农业,第3页。
④ 《英领报告》,1874年,汕头,第15页。
⑤ 《英领报告》,1882年,汕头,第112页。
⑥ 黄凤楼等纂:同治《九江府志》第9卷,第1页。
⑦ 龚溥庆:《师竹斋笔记》第3卷,第30—31页。
⑧ 褚景昕纂:同治《赣县志》第8卷,第2页。
⑨ 钟益驭纂:光绪《龙南县志》第2卷,第2页。
⑩ 张先抡等纂:光绪《善化县志》第16卷,第23页。
⑪ 吴容纂:光绪《威远县志》第2卷,物产,第3页。

展。即使经济作物的种植不是占用原有耕地,而是利用新垦荒地,只要达到一定的专业化程度,他们的口粮也必须由其他粮农供应,结果都一样。

与此同时,生产粮食的农民也需要通过出卖粮食来换取某些经济作物产品及其他产品。因此,一些地区经济作物种植扩大的过程,既是这些地区粮食商品性生产的扩大过程,又是某些地区经济作物专业化程度提高的过程,实际上是一个事物的两个方面。当然,就同一地区而言,如果经济作物种植的专业化程度虽然较高,但所占耕地面积比重并不太大,仍可就地解决粮食供应问题,亦即在粮农户和经济作物专业户之间调剂余缺。如果经济作物种植面积比重较高而又无法就地解决粮食供应,情形就不同了,势必形成区域间长距离的粮食运销。如前述上海、南汇两县,以植棉为主,"禾稻仅十中之二",肯定大部分粮食要依赖外地供应。崇明"最宜木棉","通邑所产米麦,实不敷终岁民食,恒赖他郡客米,以为接济"。① 吴县洞庭山"恒恃蚕丝果实以易粟"②。通州以棉为大宗,粮食则"多仰给他郡"③。浙江余姚东北乡一带,"仅恃棉花、罂粟为生",粮食"逐日仰给于邻境"。④ 福建龙溪江流域和晋江流域地区,盛产柑橘等水果,而粮食"不得不仰赖于台湾、长江沿岸及安南"⑤。就福建全省而言,粮食也"常年尚须取给于邻省"⑥。这就说明,由于经济作物生产的发展,粮食销售市场显著扩大了。

---

① 《益闻录》,第 86 号,光绪七年正月初七日。

② 《申报》,光绪九年十月二十七日。

③ 陈启谦:《南通州》,《农学报》第 57 期,光绪二十四年十二月,下。

④ 傅鸿泽:《宝彝堂文存》第 1 卷,第 41 页。

⑤ 《福建省生产力及其货殖》,《东西商报》,第 39 号,第 9 页,光绪二十六年。

⑥ 卞宝第:《卞制军政书》第 4 卷,第 9 页。

　　这一时期粮食商品化程度的提高还反映于粮食运销的增长，特别是产米区和经济作物区之间粮食运销的增长。如安徽产米区所产稻米大量运销广东的甘蔗产区和蚕桑区。据 1884 年报载，"粤客在芜贩米者，源源不竭"，并从上海雇轮船装运。① 关于这两个地区之间的大米运销，1882 年有一段更有代表性的记载："自从本埠（按指汕头）设立炼糖厂以来，甘蔗的种植有了大量发展，过去种植甘薯、稻谷的土地，现在都用来种植甘蔗了。由于本埠与产米口岸间有定期的轮船往返，加之运费低廉，故外埠运来的米在价格方面能与本埠所产的米竞争，并占上风。既然本地人确信他们的糖能找到买主，他们就会越来越多地种植甘蔗了。上述情况将促使本埠贸易量的增加，因为既然糖的输出量增加了，米和作为甘蔗肥料用的豆饼的进口也会因而增加。"② 可见粮食的商品化和经济作物种植的扩大是互相促进的。光绪年间，每年由芜湖运出的大米达 300 万—500 万石。③ 每年由庐州之三河、运漕两处外运的粮食也有数百万石。④ 江苏的棉花和蚕桑生产区，除了一部分粮食从常熟、海州、江都、高邮等地区就近取给外，还要由两湖等地供应相当数量的粮食。⑤ 台湾既是重要的茶叶和蔗糖产地，也是这一时期发展起来的商品粮地区。福建、广东的相当部分粮食是由台湾运去的。台湾农民根据这些地区的粮食需求情况，调节粮食

　　① 《申报》，光绪十年十一月初四日。

　　② 《英领报告》，1882 年，汕头，第 112 页。

　　③ 鲍实等纂：民国《芜湖县志》第 35 卷，第 1 页。

　　④ 宋晋：《水流云在馆奏议》上卷。

　　⑤ 参见《益闻录》，第 94 号，光绪七年三月初四日；《东方杂志》七年 6 期，第 42 页，宣统二年六月；桂邦杰等纂：民国《江都县续志》第 6 卷，第 2—4 页；高树敏纂：民国《三续高邮州志》第 1 卷，物产，第 97 页；冯桂芬：《显志堂类稿》第 10 卷，第 14 页。

和甘蔗等的生产：如 1874 年，闽、粤地区谷物丰收，价格低廉，"并且在许多情况下低于本地谷物原来的成本"，台湾农民"也就大大地放弃种稻，而种植甘蔗"。①

　　粮食生产商品化，还可以从这一时期运进各大城市的商品粮数量进行考察。下表是上海、天津、广州、汉口 4 埠 1865—1894 年间米、麦、豆国内贸易统计：

### 上海等 4 埠米、麦、豆国内贸易分组统计
#### 1865—1894 年

1. 米类　　　　　　　　　　　　　　　　　　　　　　　　　单位：担

| 口岸<br>年度 | 上海 | | 天津 | | 广州 | | 汉口 | |
|---|---|---|---|---|---|---|---|---|
| | 进口 | 出口 | 进口 | 出口 | 进口 | 出口 | 进口 | 出口 |
| 1865—1869 | 56197 | 380859 | 321750 | 3721 | 4315 | | 1238 | 26 |
| 1870—1874 | 672263 | 6174890 | 1196491 | | 4089733 | | 289 | 2376 |
| 1875—1879 | 1403181 | 12096410 | 6633804 | | 3191888 | 28 | 4132 | |
| 1880—1884 | 2539097 | 18080285 | 7534402 | | 10383371 | | 30185 | 2589 |
| 1885—1889 | 2134676 | 21172947 | 9837823 | 521 | 11934411 | | 19449 | 171410 |
| 1890—1894 | 5060013 | 23407171 | 12431948 | 58457 | 14453725 | 6 | 3405 | 3922269 |

2. 小麦

| 口岸<br>年度 | 上海 | | 天津 | | 广州 | | 汉口 | |
|---|---|---|---|---|---|---|---|---|
| | 进口 | 出口 | 进口 | 出口 | 进口 | 出口 | 进口 | 出口 |
| 1865—1869 | 11986 | 633798 | | 1260 | 203688 | | | |
| 1870—1874 | 271990 | 1201016 | 48969 | 670 | 721519 | | | |
| 1875—1879 | 365811 | 4035869 | 964106 | | 1162972 | | 1670 | |
| 1880—1884 | 119847 | 2830250 | 1639903 | 1569 | 1043480 | | 8636 | 1750 |
| 1885—1889 | 299300 | 4021682 | 690477 | | 1450507 | | 2038 | |
| 1890—1894 | 456894 | 4955127 | 2067762 | | 1368424 | | | 198428 |

---

① 《贸易报告》，1874 年，打狗，第 141 页。

3. 豆类

| 年度 | 上海 进口 | 上海 出口 | 天津 进口 | 天津 出口 | 广州 进口 | 广州 出口 | 汉口 进口 | 汉口 出口 |
|---|---|---|---|---|---|---|---|---|
| 1865—1869 | 463444 | 212575 | 13994 | 60124 | 286050 | | 197 | |
| 1870—1874 | 180910 | 216930 | 10295 | 5597 | 653772 | | | |
| 1875—1879 | 228575 | 1243248 | 439489 | 50766 | 1075352 | | 352 | |
| 1880—1884 | 244479 | 982877 | 157641 | 88925 | 1893414 | | 1112 | |
| 1885—1889 | 663397 | 1384163 | 162992 | 65201 | 5365184 | | | 609617 |
| 1890—1894 | 2251552 | 1634304 | 159270 | 156002 | 14900161 | | 1269 | 1814903 |

说明：1. 本表为各通商口岸进口及输往各通商口岸土货之数字。

2. 进口中已减去复往外洋之数字，但未减去复往各通商口岸之数字。

3. 出口中包括出口往各通商口岸及复出口往各通商口岸两项数字，不包括出口往外洋数字。

4. 有不满 1 担者，未列入表。

资料来源：历年各海关报告。

    以上 4 埠米、麦、豆国内贸易统计只是反映于海关册登记的数字，4 埠国内贸易的实际数字比海关册数字要大得多。尽管如此，仍然可以从这些数字看出商品粮逐年增长的基本趋势。4 埠合计，1865—1869 年的 5 年间，米、麦、豆的进口量共计 1362859 担，出口量共计 1292363 担。1890—1894 年的 5 年间，米、麦、豆的进口量增加到 53154423 担，增加了 38 倍；出口量增加到 36146661 担，增加了 27 倍。国内粮食贸易量的增长，是粮食生产商品化进一步发展的具体反映。

    粮食生产的商品化很自然地导致以生产商品粮为目的的农业经营的发生。前述台湾的粮食生产就是这样一种性质的生产。那里不少农民直接为福建、广东等地市场提供粮食，并且根据这些市场的粮食需求和价格情况，确定粮食种植面积。而一些地主则将仓库、栈房设在鹿港等沿海港口,不少租佃契约规定,佃农交租,直接将稻谷送往港口,以便更快地运往内地出售。① 又据调查,山东一些雇工经营的地主,这一时期也开始进行较大规模的商品粮生产。如光绪年间,章丘县太和堂李姓地主,常年雇长工 13 人、短工 20—40 人、月工 3—5 人,经营土地 472 亩,每年约生产粮食 148000—185000 斤,其中家内食用的仅 17280 斤,约占总产的 10%,再扣除雇工食用和种子部分,实际作为商品粮出售的占总产的 70% 以上。再如淄川县树荆堂毕姓地主,常年雇长工 30 余人、短工 50 余人,经营土地 600 亩,每年约生产粮食 414000 斤,除用于家庭成员消费、种子、雇工食用以及牲畜饲料外,全部作为商品粮出售。② 从该地主家庭人数及雇工等情况看,食用粮不会超过 10 万斤,商品粮也显然占着相当大的比重。农产品商品化,促使地主兼并土地,扩大经营规模,绝不只是山东雇工经营的地主所特有的现象,乃是一般雇工经营的地主的共同倾向。

## 三、农业资本主义因素的增长

所谓农业资本主义,就是"雇佣工人(长工、季节工、短工等等)用业主的农具来耕种土地"。而自由雇佣劳动的使用,是农业资本主义的主要标志。③

19 世纪五六十年代后,中国农业雇佣劳动赖以发生和发展的

---

① 参见台湾银行经济研究室编:《清代台湾大租调查书》,各册。

② 参见景甦、罗仑:《清代山东经营地主底社会性质》,第 54—57、69—71 页。

③ 列宁:《俄国资本主义的发展》,《列宁全集》第 3 卷,1959 年版,第 163、203 页。

历史条件更加成熟了。前面提到,农民大起义失败后,国内商品经济进一步发展,封建宗法关系进一步松解,洋货进口和土货出口增加,农业中经济作物种植扩大,粮食生产商品化程度有所提高。在城乡商品经济的发展过程中,自然经济的解体过程进一步发展,农村两极分化过程进一步扩大,广大农民不断贫困破产,所有这些都为富农、地主和商人从事雇佣农工进行资本主义生产准备了条件。

农业资本主义生产的发展,具体表现在两个方面,一是农业雇工队伍的扩大及雇佣关系的变化;二是一些地区资本主义农业雇工经营的发展。

清代后期,长期战争对经济的破坏,封建政权苛捐杂税的搜刮,地主阶级沉重地租的压榨,买办商业高利贷资本的剥削,外国侵略者的经济掠夺,这一切不但剥夺了无数劳动群众的剩余产品,也促使部分农民丧失他们的土地,加速了他们的破产过程,从而扩大了农村雇佣劳动后备军。而农业生产商品化的发展,则加速了农业雇佣劳动日益普遍化。

这个时期,有关农业雇佣劳动的记载很多。例如,同治年间,江西安福县,“乡里穷人,往往受役于外,为人作田”①。湖南巴陵县,甚至“十分其力,而佣工居其五”②。光绪年间,四川南川县,“赤贫之户,赁山一幅,屋二三间,靠外出作工佣力”③。直隶贫苦农民只要能从自己的农作中抽出时间来,即为富裕的邻居同乡做佣工。④ 望都县赤炭村,居民 20 余户,以佣工为生者占二分之

---

①　周立瀛等纂:同治《安福县志》第 24 卷,风俗,第 6 页。

②　杜贵墀等纂:光绪《巴陵县志》第 52 卷,第 6 页。

③　韦麟书等纂:民国《重修南川县志》第 4 卷,第 28 页。

④　《捷报》1883 年 8 月 3 日。

一。① 山西省无业贫民，"专以佣工度日"②。陕西省"富户必有雇工"③。山东5区42县192个村的24781户农户中，有雇农4421户，占全体农户的17.8%。当然，各个地区发展很不平衡，鲁北区7县38村雇农所占比重最高，为32.3%；鲁西和鲁南区10县23村雇农占总农户的12.8%，在5区中是最低的。

农业生产的季节性较强，因而季节工和日工发展尤为迅速。尤其是烟草、蚕桑、棉花、茶叶等经济作物，由于季节性很强，种植和收获都需要大量短工。随着经济作物种植的扩大，在鸦片战争以前已经出现的劳动力市场，这时进一步扩大。如光绪年间，浙江长兴县，农忙作散工者，夏来冬去，凡数千人。④ 据1884年记载，嘉兴县每年夏季清晨，农工群集于北丽桥上以待召雇。⑤ 像这类短工市场，在南北各省都程度不同地存在。

还有不少失业农民离开家乡，到外地佣工。例如湖南巴陵县农民"多营生于湖北"。其中监利、沔阳、江陵、潜江一带的巴陵农工、木工、染工、酒工等，"不下数万"⑥。江西安福县很多农民外出佣工，春去冬归。⑦ 湖北和黄河流域一些省份的农民到江苏做雇工，苏北农民到江南做雇工，浙江绍兴府的农民，每于收割季节到钱塘沙地打短工，台州农民到余杭县做雇工，湖南、河南等省农民到浙江长兴一带做散工等等。山东、直隶、河南等省农民到张家口

---

① 陆保善等编：光绪《望都县图说》，第64页。
② 曾国荃：《全书》，奏议，第10卷，第26页。
③ 倚剑生：《中外大事记》，兵防，第5卷之三，第23页。
④ 周学濬等纂：同治《长兴县志》，光绪十八年邵同珩、孙德祖增补本，拾遗，下卷，第13页。
⑤ 《申报》，光绪十年闰五月十八日。
⑥ 杜贵墀等纂：光绪《巴陵县志》第52卷，第6页。
⑦ 周立瀛等纂：同治《安福县志》第24卷，第6页。

外和东北做雇工的更多。当时封建政权尽管强化保甲制度,还是不得不允许这些雇佣劳动者一定限度内的自由迁徙。因此,到外地佣工的人数日益增多。

这时不仅农业雇工队伍扩大了,而且雇工和雇主之间的封建宗法关系也有所削弱,雇佣自由程度有所发展。当然,农业雇佣关系性质的这种变化,早在鸦片战争以前的明清时代就开始了。①但到19世纪五六十年代,经过农民大起义的冲击,六七十年代商品经济发展的影响,雇佣关系又有进一步的发展。

农业雇佣劳动的自由性质,以短工最为明显。伴随失业农民大量流徙,在各地出现很多客籍短工。由于他们的流动性大,和雇主之间没有"名分"关系,在市场上可以与之讨价还价,在农忙季节每索取较高的工资。光绪年间,山西沁源县的雇工,在雇主需要时索资很高,雇主无如之何。②据1888年调查,广东汕头县平常的日工工资为银洋8分至1角,供给一顿午餐;插秧割稻等农忙季节的日工资则增为1—2角。③福建、云南等地也有类似记载。④由日工工资的季节差别,说明在劳动力市场上供求规律已在发挥作用。还有的地区,雇工的工资采取包干制,由雇工自理伙食。如湖北江夏县的各里屯,1886—1887年间,包干的日工工资为制钱80—120文。⑤1888年,广东汕头县,包干的日工工资为银洋3分;山东莱州,包干的日工工资为银洋6分。⑥这类单一化工资制

---

① 参见李文治:《论清代地主经济制与农业资本主义萌芽》,《中国社会科学》1981年第1期。

② 曾国荃:《全书》,批牍,第3卷,第22—23页。

③ 《亚洲学会会报》第23卷,第113、109、116页。

④ 《亚洲学会会报》第23卷,第113、109、116页。

⑤ 李有芬:《桑麻水利族学汇编》第3卷,第2页。

⑥ 《亚洲学会会报》第23卷,第82—83页。

度的出现,是农业雇佣关系的一个新发展。

这些农业雇工不仅视供求情况以确定工价,有的还要求取得同雇主的平等地位。四川《遂宁县志》载:"雇集耕佣,困难特甚……饮食动作必主人甘苦与共,指挥中节,始俯首就范,不持异议。否则,饭蔬犒饮之微,告语指顾之际,一拂其意,即相率引去,不肯一朝居。且要挟之余,又卤莽灭裂,置耕作之效益于度外。"①

基于上述情况,地主阶级中的某些人曾建议地方官府依靠暴力手段,规定工价,维护雇主利益,但遭到封建统治者的反对。山西沁源有过这样一个事例:光绪初年,该县久旱不雨,劳力供不应求。雇工要求提高工资,否则拒不出雇。沁源县训导徐作霖代表雇主向山西巡抚曾国荃建议,由官府"绳之以法,示以定价"。曾的批示说:"官若出示禁止昂价,其如民之不为工何! 此断非地方官所能令行禁止者也。"曾又说:"盖短工无名分统属,愿意则来,不愿意则往,曷能以无定之人立有定之法,更何能以有定之法绳无定之人!"②这就更清楚地说明,短工纯粹是自由雇佣劳动,雇主对雇工已不能依靠经济外强制手段,迫使雇工进行生产劳动了。

农业长工的身份地位,同样有所改变。对雇主有主仆名分的"雇工人",同雇主之间仍然有"名分统属"。但这一时期农业部门中"雇工人"已经很少,绝大多数属于"凡人"身份地位的自由雇工。而且随着封建宗法关系的进一步松解,在实际生活中,他们和雇主之间如发生刑事案件,所谓"名分统属"的关系已经不是那么严格了。

这一时期,农业经营者的身份地位的变化对主雇之间封建宗法关系的松解也产生一定影响。这时进行直接经营的地主,主要

---

① 王懋昭等纂:民国《遂宁县志》第7卷,第87页。
② 曾国荃:《全书》,批牍,第3卷,第22—23页。

是中小庶民地主,官绅地主所占比重较小。前述光绪年间山东省
131 户雇工经营地主,除 8 户系做官发家而外,其余 123 户都是靠
经营土地和工商起家的,占雇工经营地主的 94%。这类地主虽然
也占有大量土地,但和具有封建特权的官绅地主有所不同,他们和
雇工之间的关系,封建宗法因素比较微弱。至于自有土地的富农
和租佃富农,他们和雇工之间的关系基本是自由雇佣关系。

　　农民大起义失败后,农业雇佣关系的性质发生了较大变化,资
本主义因素有所增长,这是不可忽视的事实。同时也要看到,雇佣
关系中封建因素残余远未消除。尤其是在经营地主剥削下的长
工,尚未完全摆脱地主的超经济强制。当时农民是在找不到其他
生活出路的情况下沦为农业雇工的,因而在大多数场合,农业雇工
工资特别低下,据 1888 年关于山东莱州、益州,湖北广济,广东汕
头,贵州河关及江苏南部、浙江杭州等地农业雇工工资调查,除江
浙事例由于特殊原因工资较高外,其他各例工资都很低。如汕头,
农业长工的年工资只有 11 元。而这里每个成年人的饭食钱每月
就得 1.5 元,全年须 18 元。① 另据调查,光绪年间,山东 3 户雇工
经营地主的雇工工资,除一例稍高外,两例都很低。其中章丘县东
矾琉村每个长工的年工资平均制钱21200文,折合高粱 324 斤;旧
军镇长工的年工资平均制钱16000文,折合高粱 677 斤。② 雇工所
得工资,除去购买衣着及必需品等花销外,所剩无几。

　　如果同其他工种相比,也可看出农业雇工工资的相对低下。

---

　　① 《亚洲学会会报》第 23 卷,第 79—111 页。汕头农业长工工资为 8—
14 元,平均为 11 元。山东莱州长工年工资折合小米 500 斤,益都长工年工资
折合谷子 333 斤,湖北长工年工资折合稻谷 8 石或小麦 4 石。江苏、浙江工
资稍高是由于农民战争后地旷人稀、劳力缺乏而出现的暂时现象。
　　② 景甦、罗仑:《清代山东经营地主底社会性质》,第 72、63、78 页。

如 1875 年前后，四川合江县各类雇工的日工资，缝织工 60 文，木石、泥瓦等工 40 文，农工只有 20 文。此后 20 年，即 1895 年，缝织工 90 文，木石、泥、瓦等工 55 文，而农工只有 30 文。[1] 这时由于制钱贬值，工资数额虽有增加，实际工资并没有提高。在各类雇工工资中，农工的工资最低，增加的幅度最小。我们虽然不能单从农业雇工的工资高低来分析和判定雇佣关系的性质，但它反映了雇主对雇工剥削的残酷性，这是和国内封建主义、国外资本主义的压迫、掠夺分不开的。看来，在农业资本主义萌芽进一步发展的条件下，加在雇农身上的封建宗法因素的压迫相对松解，而雇农所遭受的经济剥削却更加沉重了。

战后农业资本主义因素的增长，还表现为资本主义农业经营数量的增长，即富农经济和经营地主的发展。

在经济作物种植扩大和粮食生产商品化的过程中，大多数农民经济状况日趋恶化，也有少数经济条件较好的农民经济地位上升，各地先后出现了一批所谓"以农致富"的经营者。以四川而论，不少县志有这类记载。如温江县彭元章，以"勤本业"致富，买田 200 亩；王万华"以勤俭起家，置田数百亩"。[2] 芦山县任体良，以力农起家，富冠全县。[3] 叙州李博章、秀山县尹孔章，都"以勤俭起家"[4]。彭县王于德，"经营耕作，得置良田"，凡数百亩。[5] 崇宁县属，农民"勤劬力穑，野无闲田"；"邑中富户，由农起家者，十居

① 刘天锡等纂：民国《合江县志》第 2 卷，第 32 页。
② 曾学传等纂：民国《温江县志》第 8 卷，第 52 页，又第 9 卷，第 61 页。
③ 刘天仉等纂：民国《芦山县志》第 10 卷，第 5 页。
④ 邱晋成等纂：光绪《叙州府志》第 35 卷，第 82 页；李稽勋等纂：光绪《秀山县志》第 11 卷，第 4 页。
⑤ 吕调阳等纂：光绪《重修彭县志》第 7 卷，第 27 页。

五六"。① 在中江县,由于粮价上涨,经营有利,"赁耕小户多有渐成殷富者"②。

至于一些重要经济作物区,由于收益较高,新兴的富裕农户可能更多一些。如广东增城,农民种植甘蔗、花生,制糖、榨油,"以农兼商","业此致富者甚众"③。东莞县属,据说只要"家有十亩之地,以桑以蚕",即"可以致富"④。据此看来,致富的农户当不在少数。同治、光绪之际,四川丹棱县,"民家僧舍"都广栽茶树,"种植成园,用以致富"⑤。山东高密一带,多种植棉花和花生,"以取值厚,田者利之"⑥。直隶滦州一些地方,因土瘠沙厚,"十耕而九不获",光绪年间改种花生,"昔无食而今果腹矣,昔无衣而今裤襦矣"⑦。丰润农民也因种花生而"获利较厚"⑧。经济作物的种植,促成农民的阶级分化,由于商品生产本身所固有的规律,一批富裕农户随之产生。

上述"以农致富"的农户,不管他们的结局如何,但可以肯定,他们的大多数或绝大多数都要经过一个以所获盈利直接扩大再生产的阶段,即富农阶段。例如,光绪年间,山东《峄县志》有这样一段论述:县境远近皆传种花生,亩产十余石,当地人不仅赖此维持生计,而且"以羡益殖其业焉"⑨。所谓"以羡益殖其业",当然就

① 易象乾等纂:民国《崇宁县志》第4卷,第12—13页。
② 陈品全等纂:民国《中江县志》第2卷,第12—13页。
③ 赖际熙纂:民国《增城县志》第9卷,实业,工商,第20页。
④ 陈伯陶等纂修:民国《东莞县志》第13卷,第3页。按:该志记事至宣统三年。
⑤ 朱文瀚等纂:光绪《丹棱县志》第4卷,第64页。
⑥ 傅骏声纂:宣统《高密乡土志》,第41页。
⑦ 王大本等纂:光绪《滦州志》第18卷,第37页。
⑧ 郝增祜等纂修、周晋塋续纂修:光绪《丰润县志》第9卷,第20页。
⑨ 王宝田纂:光绪《峄县志》第7卷,物产。

是把种花生的盈利用在扩大农业生产特别是花生的生产上。又如四川华阳的邝建祥,"致力耕稼,获殖益阜"①,也是用农业盈利,扩大经营。这就是说,利用雇工的剩余劳动以增殖资本,扩大再生产,也就是资本主义性质的富农经营。上面提到的四川遂宁雇工,"饮食动作必主人甘苦与共"的情况,其雇主大概就是这类富农。

富农大多是由一般自耕农发展起来的,也是自耕农追求的第一个目标。因此,一个地区富农的发展状况同该地区自耕农的数量和经济状况有着密切的关系。通常在地权比较分散,自耕农数量较多的地区,富农经济也比较发达。否则相反。在原太平天国起义的部分地区,在农民开垦、地权分散、自耕农增加的过程中,也相应产生了数量不等的富农。据报道,一绍兴客民在苏州得荒地50亩,先后种麦失败,到同、光之际,改种烟草,"竟尔丰收,且销场尤广"。该客民"自此连年获利"②。大概就是进行雇工经营的新兴富农。又本章第二节曾提到,浙江钱塘县到江苏垦荒的农民,"多得上腴之利,为富人居"③。安徽桐城到徽州、宁国两府属垦荒的农民,"竭力开垦,多致小康"④。在这些"小康"和"为富人居"的客民中,富农占着相当大的比重。在北方一些地区,由于自耕农较多,富农的数量也较大。据关于山东省42县192村农村阶级构成的调查,这个地区各类农户分配状况如下页表。

从表中可以看出,在全体农户中富农占到4.4%,而鲁西、鲁南和运河区则分别占到7.1%和5.3%,这在当时是相当高的。

---

① 曾鉴等纂:民国《华阳县志》第20卷,第3页。
② 吴承志《逊斋文集》第12卷,第43页。
③ 《申报》,光绪六年五月二十八日。
④ 萧穆:《敬孚类稿》第16卷,第11页。

### 山东省5区42县192村光绪年间各类农户户数统计

| 区别及县村数 | 总户数 | 雇农 | | 佃农 | | 自耕农 | | 富农 | |
|---|---|---|---|---|---|---|---|---|---|
| | | 户数 | % | 户数 | % | 户数 | % | 户数 | % |
| 鲁西—鲁南区10县23村 | 2507 | 321 | 12.8 | 828 | 33.0 | 1180 | 47.1 | 178 | 7.1 |
| 运河区6县24村 | 3014 | 506 | 16.8 | 381 | 12.6 | 1968 | 65.3 | 159 | 5.3 |
| 山东半岛区9县27村 | 3789 | 509 | 13.4 | 829 | 21.9 | 2288 | 60.4 | 163 | 4.3 |
| 济南—周村区10县80村 | 10736 | 1553 | 14.5 | 1159 | 10.8 | 7616 | 70.9 | 408 | 3.8 |
| 鲁北区7县38村 | 4741 | 1532 | 32.3 | 528 | 11.1 | 2501 | 52.8 | 180 | 3.8 |
| 共计42县192村 | 24781 | 4421 | 17.8 | 3725 | 15.0 | 15553 | 62.8 | 1088 | 4.4 |

备注:该书所说富农系指雇用1至3名长工的自有土地经营者。必须指出,这种划
　　分标准是值得考虑的。据该书所列太和堂李姓等3户雇工经营地主的材
　　料,每个长工的平均耕地面积分别为36.3亩、12.2亩和20亩左右。富农所
　　雇的每个长工的耕地面积不详。但是,我们知道,富农自己参加劳动,他们
　　为了避免劳力和资金的浪费,一般倾向于雇季节工(短工、月工、日工等),在
　　必须雇用长工时,则会相应雇用更多的季节工。因此,富农一个长工的耕作
　　面积通常比地主的大。根据上述情况可以大致推断,当富农雇用的长工人
　　数达到2至3名时,其土地面积大多超过100亩。这类农户如占地面积过
　　大,势必兼行土地出租,并随出租面积的增大而改变其社会性质。但现在无
　　法将这一部分应该划为地主的富农剔除。因此,仍按原书统计。

资料来源:据景甦、罗仑:《清代山东经营地主底社会性质》附表一改制。原表为
　　197村,其中有5村数字不全,舍去。

部分地区的富佃也有所发展。如前述四川中江县,"赁耕小户多有渐成殷富者"。这些"殷富"可能有一部分发展为地主,但

更多的是雇工经营的富佃。又如东北沈阳,据清代末年对 10 户佃农所做的调查,其中除一户田场为 80 多亩外,计 100 多亩者 6 户,200 多亩者 3 户。当时沈阳一般农户的田场面积为 57 亩,所调查的这 10 户佃农的田场面积都超过一般农户,甚至超过好几倍。他们每户都雇有"期佣",亦即农业季节工。有的所雇还不止一人。①据此推断,他们可能已发展成为带有资本主义性质的富裕佃农。其他地区也有一些关于富佃经营的事例。如直隶遵化县高起祥,租地百余亩,雇工经营②;河南淇县冯绣租地 30 亩,雇工 3 名,进行集约经营。③ 广东南海县海坦地方,也出现大租佃经营,雇用"疍户"耕种,计工给予薪米,种植稻谷和果树。④

这一时期各地还出现数量不等的农业大经营。

据 1888 年在华英人关于若干地区农业状况的调查,宁夏的田场面积平均为 250—300 亩,有少数达到 500 亩;山西平阳县的大田场一般为 100 亩;浙江杭州的大田场一般为 200 亩;仁和县的大田场为 100—200 亩;福建福州的大田场为 100—300 亩。⑤ 像这类田场一般需要几个乃至十几个劳动力。直隶北部平泉、建昌、朝阳、赤峰一带,某些富户占地更广,经营规模更大,这可以从他们的雇工人数反映出来。据说该地区的"首富",朝阳县下洼地方的王臣,有种地工人五六百人,离下洼不远的成全五、张三,各有种地工人二三百人,建昌县四家子地方的王某,也有务农"亲丁"百余

---

① 奉天农业试验场:《奉天农业生产费调查报告书》第 2 期第 2 册,第 80—103 页。

② 《申报》,光绪二年九月初七日。

③ 冯绣:《区田试种实验图说》,第 15—17 页。

④ 桂坫等纂:宣统《南海县志》第 16 卷,第 33 页。

⑤ 转见李文治:《中国近代农业史资料》第 1 辑,第 629— 650 页。

人。① 种地的雇工和"亲丁"如此之多,其田场面积当在几千亩乃至万亩以上。

这些农业大经营,有不少是专门从事某种经济作物或园艺作物种植的。例如,江西赣州刘芋珊,就在该州南乡种桑 13 万株,聘请蚕师指导种桑养蚕。按每亩植桑 4000 株计,桑地面积达 30 多亩。预计每亩可获利银 50 两,每年盈利 1500 余两。② 湖南湘乡县李笃真,买地数百顷,种植桑树,"以收蚕桑之利"③。1887 年,广西容县县民到广东购买桑苗数百万株,有的一户买种 10000 多株。④ 又光绪年间,四川灌县有力之家购买土地,"种茶千株,栽杉数万"⑤。台湾林维源,有茶树 896440 丛,盈利甚厚。⑥ 据当时人议论,谓买地种茶万株,四年成长,地价及各项生产费用需银 247 元,从第四年起即可采摘,每年可收鲜叶 4000 斤,焙制干茶 1000 斤,可售银 380 元。这类议论也是农业大经营的反映。⑦ 据 1893 年的记载,广东汕头一带有两种蔗农,一种是资金微薄的蔗农,占绝大多数;另一种是资金雄厚的大经营,每户资金有 1000 元左右。这类大经营有数十家。该地又有"造糖庄家",他们"置榨寮牛畜等具"。看来这类大经营可能兼开榨糖寮房,把农业和手工业作

---

① 徐润:《年谱》,第 79 页。

② 《农学报》第 14 期,《赣州蚕事》,光绪二十三年十月。按:刘为该州蚕桑会会董,所述系刘自己种植经营。

③ 《东方杂志》第 3 卷第 3 期,光绪三十二年三月。

④ 何见扬:《省心堂杂著》上卷,《查明土情宜桑上容邑侯禀》。

⑤ 徐昱等纂:光绪《灌县乡土志》下卷,第 21 页。

⑥ 《农学报》第 22 期,光绪二十四年二月上。

⑦ 当时的领事报告也说,100 元的开支可植茶 10000 株,占地 2 英亩(约合 12.1 市亩),从第四年起,每年可出青叶 3333 磅,制茶 666 磅,获利 100 元(《英领报告》,1872 年,淡水,第 198—199 页)。

坊结合在一起。① 前述增城以及直隶一些种植花生的地区,也有类似情况,即种植花生而兼开榨油坊。还有的专门从事大面积果树园艺经营。如光绪年间,四川江津县冉某,种植橘树百株,种枳和枇杷各百余株,桐树数百株,又种植甘蔗、棉、麻等经济作物若干亩,采用新的种植方法,经营了十多年。② 同治年间的綦江县,民多种橘,每家动辄数百数千株,大橘园有值钱 500 至 700 贯乃至 1000 贯的。年产值达数千两银子,多的可到 10000 两银子。③ 直隶正定县杨树棠,买地 200 亩,种植果树。④ 山东泰安县鲁氏,开水田数十亩,种植麦、谷、竹、麻,并有池蓄鱼,有塘植荷,有园艺菜蔬、果木。⑤ 尤其是广东省,大面积的果树园艺经营盛极一时。如增城县属,朱云生、朱采田合伙经营"启芳园",资金凡 5000 元,园内植珍品荔枝 1000 余株,乌榄、白榄各 600 余株,橙、柑、橘各二三千株,菠萝不可胜数,其他花、竹、树等等"以千万计",并兼养牛羊。该县的朱麟卿经营"适可园",种植荔枝及其他果树,又种玫瑰万余株,摘花出卖,"获利颇厚"。此外如刘先甲经营的"可园",王某经营的"岑叟园"等,其规模都不小。⑥

从事这些农业大经营的,有的是由自耕农、富农发展起来的土地所有者,也有的是商人。如安徽贵溪县的富商胡之龙,咸、同年

---

① 1893 年《通商各口华洋贸易总册》下册,第 91 页,汕头。

② 刘泽嘉等纂:民国《江津县志》第 7 卷之二,第 34 页。另据陈步武等纂:民国《大竹县志》第 13 卷,第 21 页,县东双河场多种橘树,"成园者数十家,半销垫江"。

③ 据戴纶喆纂修:光绪《綦江续志》第 10 卷,第 26 页,谓大橘园"岁亦出数千金至万金"。

④ 《农工商部统计表》,农政。

⑤ 孟昭章等纂:民国《重修泰安县志》第 4 卷,第 31 页。

⑥ 赖际熙纂:民国《增城县志》第 9 卷,第 15—17 页。

间垦山种茶 5000 多亩;光绪初年,又筹资 60000 元,建设日顺茶场,改制红茶。① 光绪年间,广东番禺县张凤华,把商业资金投向土地,批田数百顷,挖塘筑基,种桑养鱼。② 此外,上面提到的广东增城大果园经营者,以及 60—70 年代前往福建延平、建宁两府开山种茶的汀州、泉州和江西、广东等客籍人中,也可能有不少是商人。③

　　上述各种农业大经营,除了个别例外,大都雇用自由劳动者,进行商品性生产,经营者追求的是利润,其资本主义性质是不难确定的。

　　在农业大经营中,有必要提到的是这一时期部分地区出现的经营地主及其发展。

　　所谓经营地主,就是马克思说的"土地所有者自己花钱耕种,占有一切生产工具,并剥削不自由的或自由的、付给实物或货币报酬的雇农的劳动的大地主经济"④。这是相对于出租地主而言的。它的社会性质比较复杂。撇开经营地主本人的身份不说,就其经营情况而言,直接经营的土地在该地主占有土地总面积的比重,一般只占一小部分。即使对这一小部分土地进行雇工经营,其生产目的也不一定都是商品性的。至于使用的雇工,主要都是自由劳动者,具有"主仆名分"的"雇工人"已很少见,此外也有抵租抵债的破产佃农或其他劳动者,这些差别决定或影响着经营地主的性质。因此,不能笼统地说经营地主都是资本主义性质的。但是,在

---

① 《农商公报》第 20 期,政事,第 9 页。

② 丁仁长等纂:宣统《番禺县续志》第 21 卷,第 5 页。

③ 海关总税务司编:《访察茶叶情形文件》,第 59 页。

④ 马克思:《资本论》第 3 卷,《马克思恩格斯全集》第 25 卷,1974 年版,第 906 页。

自由雇佣劳动和农业商品性生产有较大发展的历史条件下,肯定有相当数量的经营地主进行的是资本主义性的农业经营,或者向这种经营过渡。

这一时期,各地不乏关于经营地主的材料。如光绪年间,江苏扬州李某,"自种良田几及百顷"①。江南昭文县李某,雇佣很多农业工人。② 浙江奉化地主黄某,"家居建岭,世代力穑,腴产数千顷"③。北方的经营地主更多一些,或谓陕西各州县"一家之中,贫苦者必有壮丁,饶富者必有雇工"④。这类"饶富者"可能包括部分经营地主。米脂县杨家沟马家,雇用大批长工,进行大规模经营。⑤ 直隶的经营地主,如故城李瑞有田三千亩,"自种良田若干亩"⑥。枣强县郑文焕,"饶于财",每夏秋赁工治田",所雇不拘老弱残疾。又有果木数千⑦,显然是一个以农为主、兼营果园的经营地主。文安李林勋,"宅心务农,起家至四十余顷"⑧。所谓"务农",大概指的是雇工经营。宛平县张乾元,以银5500两开垦荒地,引淤修坝。⑨ 这是一个直接经营土地并投资兴修水利的地主。

---

① 《益闻录》,第202号,光绪八年九月二十一日。

② 据光绪六年三月十八日《申报》载:有二十多人到李家抢劫,由于李家工人多,拿获三个抢犯。

③ 百一居士:《壶天录》中卷,第13页,见《清代笔记丛刊》,第7函。

④ 倚剑生:《中外大事纪》,兵防,第5卷之三,《陕西巡抚魏光焘奏办保甲保练章程折》,光绪二十四年。

⑤ 观山:《陕西唯一的"杨家沟马家"大地主》,《新中华》第2卷第16期,第85页,1934年8月25日。

⑥ 王壿德纂、范翰文续纂:光绪《续修故城县志》第7卷,第86页。

⑦ 方宗诚纂修:光绪《枣强县志补正》第2卷,第17页。

⑧ 李兰增等纂:民国《文安县志》第6卷,第3页。

⑨ 《农工商部统计表》,农政。

玉田县多富户，"种植则连阡累陌"①。这类富户中也不排除经营
地主。前面提到的平泉、建昌、朝阳一带的大土地经营者，亦可归
入经营地主一类。

山东也有不少经营地主，据关于光绪年间 42 县 192 村的调
查，共有地主 767 户，其中经营地主和出租地主户数及所占比重如
下表：

山东 42 县 192 村光绪年间经营地主和出租地主户数统计
1897 年前

| 区别及县村数 | 地主总户数 | 经营地主 | | 出租地主 | |
|---|---|---|---|---|---|
| | | 户数 | % | 户数 | % |
| 鲁北区 7 县 33 村 | 44 | 38 | 86.4 | 6 | 13.6 |
| 山东半岛区 9 县 27 村 | 75 | 31 | 41.3 | 44 | 58.7 |
| 济南—周村区 10 县 80 村 | 299 | 117 | 39.1 | 182 | 60.9 |
| 鲁西—鲁南区 10 县 23 村 | 258 | 72 | 30.2 | 180 | 69.8 |
| 运河区 6 县 24 村 | 91 | 18 | 19.8 | 73 | 80.2 |
| 共计　42 县 192 村 | 767 | 282 | 36.8 | 485 | 63.2 |

备注：1. 经营地主系指雇用长工 4 人以上的地主。
　　　2. 出租地主系指出租土地 50 亩以上的地主。
　　　3. 原表为 197 村，其中有 5 村数字不全，舍去。
资料来源：据《清代山东经营地主底社会性质》，附表一改制。

在 5 区 42 县 767 户地主中，经营地主 282 户，占 36.8%。其
中鲁北区 7 县经营地主所占比重最高，为 86.4%；运河区 6 县经
营地主所占比重最低，仅 19.8%。

据上述调查材料，山东的经营地主是比较发展的，但在全部地

①　李昌时纂、丁维续纂：光绪《玉田县志》第 7 卷，第 10 页。

主中,经营地主所占的比重仍然很小。而且这些经营地主的土地,也并非全部雇工经营,而是有相当一部分被用来分散出租。据另一个关于 46 县 123 村 131 户"经营地主风貌"调查统计,131 户经营地主共占地 232234 亩,其中直接经营地为 47158 亩,占 20.3%;出租地为 185076 亩,占 79.7%。① 根据上述山东两个调查,估计,两类地主的全部土地,其中出租地在 90% 以上,直接经营地在 10% 以下。可见比重很小。就其直接经营的规模而言,所调查的 131 户经营地主的雇工经营面积为 100—400 亩的 92 户,占 70%,401 亩以上的大田场只有 28 户,占 21%。还有 18 户则不足 100 亩。②

东北地区经营地主所占比重更大一些。如奉天省,宣统元年所调查的 13 州厅县占田 3000 亩以上的 93 户地主,除 35 户直接经营地和出租地情况不详外,其余 58 户共占地 378168 亩,其中雇工经营地为 49578 亩,占全部耕地的 13.1%;出租地为 328590 亩,占全部耕地的 86.9%。③ 这虽然是 1895 年以后的调查,参考东北清代前期经营地主的发展状况,1895 年以前的情形当与此相差不远。惟各州厅县发展情况相差悬殊。如东平县的 3 户地主,共占地 31680 亩,其中直接经营地只占 1.5%,出租地占 98.5%;辽阳县的两户地主,共占地 11211 亩,其中直接经营地占 60.6%,出租地占 39.4%。直接经营的田场规模也有大有小,最小的在 100 亩以下,一般在 100 亩至 1000 亩之间,也有在 3000 亩以上的,最高

---

① 景甦、罗仑:《清代山东经营地主底社会性质》,附表二。
② 景甦、罗仑:《清代山东经营地主底社会性质》,附表二。
③ 奉天农业试验场:《奉天省农业统计调查报告书》第 2 期第 1 册。其中新民、营口、庄河等三厅县,出租地中包括出典地 13605 亩。

的为 5013 亩。但这类大田场为数很少。① 东北地区经营地主较多的原因,是由于该地属于新垦区,人均土地较多,地块比较集中,地势平坦,这里饲养耕畜也比较容易,从而便于进行大规模经营。

关于经营地主的社会性质,根据上述调查资料判断,山东经营地主当具有某种程度的资本主义经营性质。至于奉天省,这是新开发的垦殖区,农业的开发主要是靠山东、直隶等省客籍移民。这些人既无家室,又缺乏工本和农具,以出卖劳动力为生,他们受雇于经营地主,主雇之间基本上没有封建宗法关系,经营的资本主义性质更为明显。

这一时期出现的各种类型的资本主义性雇工经营,虽然在整个农业经济中所占比重不大,但毕竟从一个侧面反映了这个时期农业生产的发展变化。

相对于个体农民经济而言,较大规模的农业经营具有一定的优越性。由于其经营条件较好,可以置备比较齐全的农具和充足的畜力,在生产过程中,可以适当地分工协作,可以及时耕种和收获,个别的还开始使用机器耕作。如 1880 年,有客民在距天津 150 里的地方,批租荒地 5 万亩,采取西法耕种。据当时人记述,"以机器从事,行见翻犁锄耒,事半功倍"②。这些优越条件,使得大经营在一定程度上提高了劳动生产率和单位面积产量。例如,光绪年间,山东章丘县个体农民的亩产,小麦为 85 斤,高粱为 180 斤,谷子为 188 斤,玉米为 195 斤,而经营地主的亩产是:小麦 145 斤,高粱 300 斤,谷子 350 斤,玉米 285 斤。大经营比个体农民的

---

① 以上所说,系占田 3000 亩以上的 93 户地主经营地及出租地的情况。此外,另有海城、辽中等十县 35 户地主,共占地 136992 亩,土地经营方式不详。

② 《益闻录》,第 66 号,光绪六年八月初七日。这家用机器耕作的大田场后来结果究竟如何,没有记载,但经营的资本主义性质是很清楚的。

单产高出三分之一以上。其他如历城、淄川等县数十个村庄,经营地主的亩产也都比普通农户为高。①

农民大起义失败后,农业资本主义发生、发展的历史前提,逐渐成熟,农业资本主义的因素有所增长,各地资本主义性农业经营时有出现。然而,从另一方面来看,当时的某些社会政治经济条件,又变成为农业资本主义发展的桎梏。如农村土地的分散,地块的零碎分割,人均耕地面积的狭小,交通运输的落后,一般商品生产和商业流通发展的不足等等,都直接或间接地妨碍着封建主义农业向资本主义农业的转化。而高额地租的压迫则是阻碍资本主义农业发展的最终根源。这时外国侵略势力也在利用中国的封建经济这一经济体制为其侵略活动服务。就这样,外国侵略者和中国封建势力相互勾结,中国的封建剥削制度和买办资本、高利贷资本相互结合,剥削农民。因此,外国侵略势力一方面刺激中国农业资本主义因素的增长,同时又成为中国资本主义农业进一步发展的严重障碍。

农业资本主义的产生,本来就十分缓慢②,在上述不利条件下,就更难以顺利发展了,有的甚至夭折在摇篮中。例如,咸、同年间,安徽休宁一租佃农曾试图进行资本主义性的雇工经营,开始雇用短工,以后雇用长工和季节工,进行集约经营,经营的租地面积也由 7.3 亩逐渐扩大到 19.5 亩,经营项目是种植水稻,兼营养猪、养鱼和养蜂副业,从 1854—1859 年间的收支账目看,经营目的显然是谋取利润。6 年总投资(生产资料和人工费用,家内劳动未计入)为 687894 文,扣除地租外的农业利润为 78057 文,利润率为

---

① 景甦、罗仑:《清代山东经营地主底社会性质》,第 138—140 页。

② "资本主义之渗入农业是特别缓慢的,其形式是非常繁多的"(《列宁全集》第 3 卷,第 148 页)。

11.1%,而同时期缴纳的地租为 220317 文,占总投资的 32.0%,亦即田场 73.8% 的盈利以地租的形式落入地主手中。大概就是基于地租苛重、利润低微的原因,1860 年后,该租佃农被迫缩小经营规模,田场面积由 1860 年的 19.5 亩减少到 1863 年的 5.8 亩[①],已经在一般佃农之下了。资本主义的租地经营宣布破产。在封建地租吞噬了绝大部分的农业利润的情况下,近代资本主义的租地农场主是难以顺利产生和持续的。

从社会性质上分析,这一时期发展起来的资本主义性农业经营,也是颇为复杂的。就雇主剥削自由雇工的性质而言是资本主义的,但又夹杂着不同程度的封建宗法残余。

这是一种既包括资本主义经济的特点又带有封建经济残余的一种过渡形态的经济。这种情况在经营地主身上表现得最为明显。

第一,经营地主不是租地农业家,而是土地所有者。在这里,地租和利润是合而为一的,剩余价值的不同形式的分离是不存在的。地主家庭和农业企业也是合而为一的。有的经营地主还享有封建功名,具有封建权势。他们不仅以封建家长的身份管理工人,甚至借用封建权势来处理他们的经济事务。

第二,大多数经营地主在雇工经营一部分土地的同时,兼行出租。如前面列举的山东 131 户经营地主中,只有 51 户地主的全部土地雇工经营,其余 80 户都兼行出租,而且出租土地在全部土地中占有很大的比重。奉天等地的经营地主也是一样。因此,就其剥削方式而言,他们仍是以封建剥削为主。把雇工经营和土地出租结合在一起的剥削形式,是经营地主本身的资本主义和封建主义二重性的突出表现。

---

① 据安徽休宁县一农户账簿统计。详见李文治:《中国近代农业史资料》第 1 辑,第 673—678 页。

第三,经营地主多兼放高利贷进行封建性剥削。如山东 131 户经营地主中,有 87 户从事高利贷活动,占 66% 强。其中开设钱铺、银号的 14 家,开设当铺的 8 家,从事一般高利贷活动的 65 家。① 他们总是乘人之危,把利息率抬得很高,一般年利率为 30%—50%,而且常用复利计算。粮贷利息率更高达 50%—100%。② 这种利用农民经济困难而进行的高利贷活动,是鸦片战争前封建社会久已存在的封建剥削形式的延续,是经营地主封建性的又一反映。

这一时期发展起来的资本主义性农业经营,不仅具有不同程度的封建宗法因素残余,而且打上了外国资本主义经济掠夺亦即半殖民地的烙印。在农业资本主义因素增长的过程中,农业雇工的剩余劳动,部分归经营农业的农场主,部分归中间商人;其服从于外国经济侵略而发展起来的农业生产,农民所创造的部分剩余劳动且为外国资本家所占有。这就是说,这时发展起来的资本主义性农业经营,经营者在自觉或不自觉地为输出而生产。这种情况,恩格斯早在 1858 年即已指出:"这种出口(按指丝茶输出)与其说是取决于中国政府给予多少方便,不如说是取决于外国的需求。"③外国侵略者为了达到经济掠夺的目的,控制着中国海关和对外贸易,控制着中国的交通运输,进而支配中国的农业生产。④

---

① 景甦、罗仑:《清代山东经营地主底社会性质》,附表二。

② 景甦、罗仑:《清代山东经营地主底社会性质》,附表二。

③ 恩格斯:《俄国在远东的成功》,《马克思恩格斯全集》第 12 卷,第 663 页。

④ 如外国资本主义对中国茶叶生产的支配,一家伦敦茶叶公司通讯说:"因为这次缺乏〔按:指金银〕恰巧发生于最需要使用它们以便茶丝买主到内地进行收购的时候——为了收购,就要预付一大部分资金使生产者得以维持工作。"

就这样,在中国农业资本主义因素增长的同时,外国侵略者把中国广大农民置于它的掠夺之下。也就是说,随着中国政治的半殖民地化,中国部分地区的农业经济也开始走向半殖民地化。中国这时发展起来的各种类型的资本主义性农业经营,不仅由于国内经济发展的作用,还由于外国资本主义经济侵略的影响。它是在中国农村经济半殖民地化过程中发展起来的。总之,近代中国农产商品化及资本主义性农业经营发生、发展的过程,同时也是中国农村经济半殖民地化的形成过程。

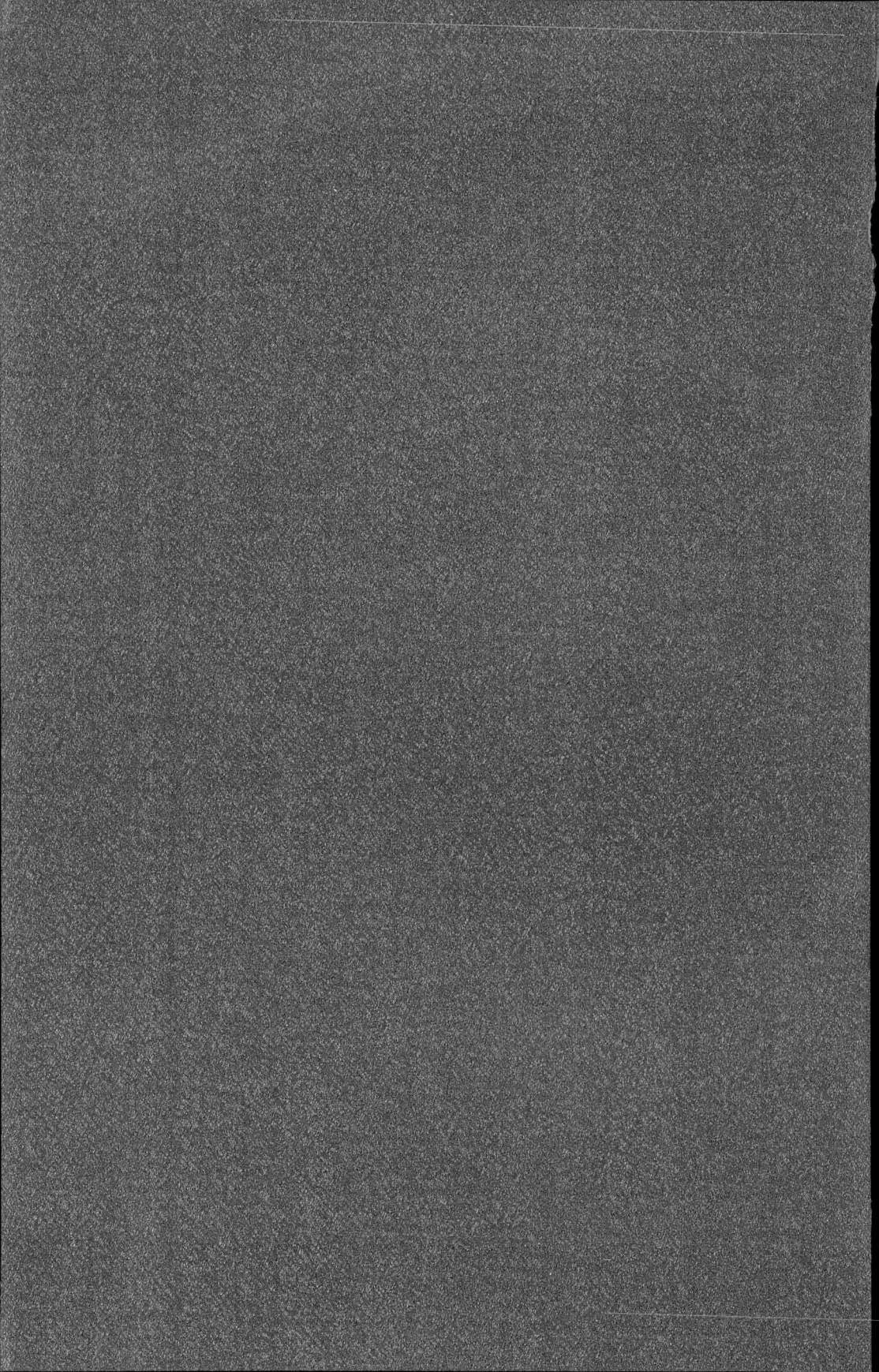